教师招聘考试

专项题库

山香教师招聘考试命题研究中心　主编

图书在版编目(CIP)数据

教师招聘考试专项题库／山香教师招聘考试命题研究中心主编. —北京：首都师范大学出版社，2021.5(2022.5 重印)

ISBN 978-7-5656-5635-4

Ⅰ.①教… Ⅱ.①山… Ⅲ.①教师-聘用-资格考试-习题集 Ⅳ.①G451.1-44

中国版本图书馆 CIP 数据核字(2020)第 009131 号

教师招聘考试专项题库

JIAOSHI ZHAOPIN KAOSHI ZHUANXIANG TIKU

山香教师招聘考试命题研究中心 主编

策划编辑 张文强
责任编辑 安晓东 曹亮亮　　封面设计 山香教育
首都师范大学出版社出版发行
地　址 北京市西三环北路 105 号
邮　编 100048
电　话 010-68418523(总编室)　　010-68982468(发行部)
网　址 http://cnupn.cnu.edu.cn
印　刷 河南黎阳印务有限公司
经　销 全国新华书店
版　次 2021 年 5 月第 1 版
印　次 2022 年 5 月第 7 次印刷
开　本 787mm×1092mm 1/16
印　张 76.5
字　数 2110 千
定　价 128.00 元

前　言

近年来，教师招聘考试越来越“火热”，使得考生在参加教师招聘考试时面临着两大困境：一方面，随着广大考生对教师招聘考试的不断探索，笔试分数的差距在不断缩小；另一方面，教师招聘考试的试题难度和灵活性也在不断提高。对此，考生需要在全面复习的基础上，补齐自身短板，做到“分毫必争”。因此，专项题库就成为考生的必然选择。

本书分为教育学、心理学与教育心理学、“小四门”（教育政策法规 + 新课程改革 + 教师职业道德 + 教育教学技能）三大专项，共五本图书。对于每个专项而言，有针对性地做题无疑是熟悉考试、提升实力的最佳途径。为此，山香教育在精研考情的基础上，按照专项精心挑选了大量试题，供考生复习使用。

本书具有以下特色：

1. 题量大。本书依托山香大数据甄选试题，其中教育学 2500 多道，心理学与教育心理学 2900 多道，“小四门”（教育政策法规 + 新课程改革 + 教师职业道德 + 教育教学技能）1100 多道，涵盖了各地区教师招聘考试所涉及的绝大部分知识点和题型。通过大题量、高强度的专项训练，达到快速提升考生能力的目的。

2. 内容精。本书试题由山香教育的实力派老师进行了反复研磨，题型、题量配比与考情高度契合。与其他同类图书相比，本书在专题前特设“考法透视”，指明本专题的复习重点、易考题型，通过限时的集中训练，击破考生的知识薄弱点，达到整体提升考生成绩的目的。

3. 解析妙。本书解析由山香教育的实力派老师进行了数轮优化，并结合考生的理解误区和题目迷惑点，特设“易错提示”“方法技巧”两个栏目。“易错提示”为易错易混点辨析，“方法技巧”为做题方法指导和知识点解读，这两个栏目大大提升了该书的实用性，使本书切实能够达到为考生答疑解惑、指点迷津的目的。

限于时间及水平，本书难免会有疏漏之处，衷心希望各位专家、学者及读者朋友们批评指正，同时希望本书能够帮助广大考生顺利通过教师招聘考试。

山香教育编辑部

部分考生在复习教育理论时，经常会纠结“题量大，做不完”这个问题。其实，教师招聘考试属于选拔性考试，我们需要做到的是比其他人分数高，而不是一定要考满分。所以对于有志从事教师事业的考生来说，多少试题都不为过。事实证明，教师招聘考试中一些经典试题存在重复考查的可能性，经过大量的刷题，在将来的考试中总会碰到原题。

目　录

Ⅰ　教育学 题本

教育学部分

Ⅱ　教育学 答案本

参考答案及解析·教育学部分

Ⅲ 心理学+教育心理学 题本

心理学部分

教育心理学部分

Ⅳ　心理学＋教育心理学 答案本

参考答案及解析·心理学部分＋教育心理学部分

心理学部分

V 教育政策法规 | 新课程改革 教师职业道德 | 教育教学技能

小四门部分

参考答案及解析·小四门部分

教育学部分

第一章　教育与教育学

专题一　教育概述

【考法透视】本专题以记忆为主，多以选择题、判断题等客观题形式进行考查，主要考查教育的概念、属性、基本要素、功能、起源等基础知识。

限时:70 分钟	用时:　　分钟	错题数:　　道	▶答案见 P261

▶答案见 P261

一、单项选择题

1. 下列不属于教育活动的四个基本要素的是(　　)

A. 教育者　　B. 受教育者　　C. 教育内容　　D. 教育场所

2. 教育与其他社会活动的根本区别集中体现在(　　)

A. 为人类社会所特有　　B. 培养人

C. 具有历史性　　D. 起源于劳动

3. 在家长会上，小刚父母碰到小红父母时说："你家小红教育得真好，她每次考试都名列前茅。"小刚父母所说的教育属于(　　)

A. 一种过程的教育　　B. 一种方法的教育

C. 一种社会制度的教育　　D. 一种社会公德的教育

4. 某家长认为目前学校课业负担过重，担心会影响孩子创造性和批判思维能力的发展，决定在家亲自给孩子上课。该事例说明学校教育具有(　　)

A. 正向显性功能　　B. 负向显性功能

C. 正向隐性功能　　D. 负向隐性功能

5. 教育是培养人的一种社会活动，是传承社会文化、传递生产经验和社会生活经验的基本途径。下列关于教育的概念，说法错误的是(　　)

A. 教育是人类特有的社会现象，动物界不存在教育

B. 教育随着人类的产生而产生，随着社会的发展而发展

C. 教育能增进人们的知识和技能，影响人们的思想观念

D. 教育就是指学校教育，即有目的地对学生身心施加影响

6. 我国最早提出"教育"一词的是(　　)

A. 孔子　　B. 墨子　　C. 孟子　　D. 荀子

7. 教育中的基本的、决定性的矛盾是(　　)

A. 教育者与受教育者的矛盾　　B. 教育者与教育内容的矛盾

C. 受教育者与教育内容的矛盾　　D. 受教育者与教育目的的矛盾

8. 从教育系统所赖以运行的时间标准以及建立于其上的产业技术和社会形态出发，我们可以将教育形态划分为(　　)

A. 非制度化教育、制度化教育

B. 家庭教育、学校教育、社会教育

C. 农业社会的教育、工业社会的教育、信息社会的教育

D. 原始社会教育、古代社会教育、近现代社会教育

9. 著名生态学家、生物学家劳伦兹发现，刚出生的小鸭子会发生“印刻”，即模仿第一眼看到的动物进行学习。这一观点支持了教育的(　　)

A. 神话起源说　　B. 生物起源说

C. 劳动起源说　　D. 心理起源说

10. 教育活动不仅存在于人类社会，而且存在于动物界，教育起源于生存本能活动，否认了教育的社会属性，这是教育的生物起源说的观点。生物起源说的代表人物是(　　)

A. 沛西·能　　B. 孟禄　　C. 凯洛夫　　D. 米丁斯基

11. 工业社会是在农业社会的基础上建立起来的一种比较高级的社会形态，以机器大工业的出现为主要标志。工业社会的教育也呈现出很多新的特征，关于其特征，下列说法错误的是(　　)

A. 现代学校的出现和发展　　B. 教育与生产劳动从分离走向统一

C. 教育的公共性日益突出　　D. 教育阶级性的出现和强化

12. “三人行，必有我师焉。择其善者而从之，其不善者而改之”反映的教育特点是(　　)

A. 教育是人类社会特有的现象，教育具有普遍性和广泛性

B. 教育是教育者引导受教育者传承经验的互动活动

C. 教育的目标是培养人、教育人，使其实现自己的价值

D. 教育是激励和教导受教育者自觉学习和自我教育的活动

13. 认为教育起源于儿童对成人的无意识模仿的是(　　)

A. 生物起源说　　B. 心理起源说

C. 劳动起源说　　D. 生活起源说

14. 教育的心理起源说否认了教育的(　　)

A. 社会性　　B. 经济性　　C. 文化性　　D. 政治性

15. 下列活动中，不属于教育现象的是(　　)

A. 父母教子女　　B. 幼猴学跳跃

C. 到电影院看电影　　D. 课外活动做航模

16. 教育影响是指教育活动中教育者作用于学习者的全部信息，是形式与内容的统一。下列哪一项属于教育影响的形式(　　)

A. 教科书　　B. 教育材料　　C. 教育原则　　D. 教育手段

17. 教科书、教学参考书等属于教育基本要素中的(　　)

A. 教育者　　B. 受教育者　　C. 教育媒介　　D. 教育媒体

18. 关于教育的起源一直是众说纷纭,其中,我国古代的朱熹所持的观点是(　　)

A. 神话起源说　　B. 生物起源说

C. 心理起源说　　D. 劳动起源说

19. 原始社会时期的教育内容主要包括生产劳动和生活方式等的教育,现代社会的教育内容则体现为"五育并举"。这表明教育具有(　　)

A. 历史性　　B. 永恒性　　C. 社会性　　D. 相对独立性

20. 教育最早的独立形态是(　　)

A. 学校教育　　B. 社会教育　　C. 自我教育　　D. 家庭教育

21. 教育是年青一代成长和社会延续与发展不可缺少的条件,为一切社会所必需,与人类社会共始终。从这个意义上说,教育具有(　　)

A. 生物性　　B. 阶段性

C. 历史性　　D. 永恒性

22. 参与教育活动,以期自身在语言、知识、智慧、学业、品德、审美和体魄等方面获得发展的人是指(　　)

A. 教育者　　B. 教师　　C. 受教育者　　D. 学生

23. 在教育史上第一个正式提出并把教育起源问题作为一个学术问题来认识的是(　　)

A. 神话起源说　　B. 生物起源说

C. 心理起源说　　D. 劳动起源说

24. 作为一种培养人的社会活动,教育有其自身的规律,在特定的时期,教育存在"超前"或"滞后"的现象。这说明教育具有(　　)

A. 永恒性　　B. 民族性　　C. 相对独立性　　D. 历史性

25. "只有通过适当的教育之后,人才能成为一个人。"这句话旨在说明教育是(　　)

A. 培养人的社会实践活动　　B. 使人得以生存的活动

C. 传递社会经验的活动　　D. 保存人类文明的活动

26. 我国的教育方针在其演进过程中虽有一定变化,但重视道德教育的优良传统没有改变。这说明教育具有(　　)

A. 历史性　　B. 长期性　　C. 继承性　　D. 永恒性

27. 从教育功能的呈现形式来看,教育功能可分为(　　)

A. 个体功能和社会功能　　B. 正向功能和负向功能

C. 显性功能与隐性功能　　D. 谋生功能和享用功能

28. 从教育的性质看,教育通过自我更新和变革,促进和引领人类社会的发展体现了教育的(　　)

A. 保守功能　　B. 超越功能　　C. 显性功能　　D. 隐性功能

29. 下列关于教育的基本要素的认识正确的是(　　)

A. 教育者是教育活动中教的主体　　B. 学习者是教育活动中学的客体

C. 教育内容是教育活动的基本目标　　D. 教育手段是教育活动的主体

30. 渗透在生产、生活过程中的口授身传生产、生活经验的现象,称之为(　　)

A. 自然形态的教育　B. 自我教育　C. 家庭教育　D. 社会教育

31. 赵老师为提高学生的学习成绩,尝试通过竞赛的方式调动他们的学习积极性,一段时间过后,很多学生的成绩都有明显的提高,但是,在竞赛的过程中存在恶性竞争现象,偷藏资料的行为也逐渐增多。这表明教育(　　)

A. 既有正向隐性功能,又有负向隐性功能

B. 既有正向显性功能,又有负向显性功能

C. 既有正向隐性功能,又有负向显性功能

D. 既有正向显性功能,又有负向隐性功能

32. 按照美国教育哲学家谢弗勒对教育定义的分类,作者自己创制的、其内涵在作者的某种话语情境中始终是同一的定义属于(　　)

A. 描述性定义　　B. 纲领性定义

C. 解释性定义　　D. 规定性定义

33. 教育本来应该是促进民主平等的重要途径,但实际上教育复制了原有的社会关系,再现了社会的不平等。这属于教育的(　　)

A. 正向功能　B. 负向功能　C. 显性功能　D. 隐性功能

34. “自有人生,便有教育。”这句话体现了教育的(　　)

A. 历史性　B. 永恒性　C. 继承性　D. 生产性

35. 马克思历史唯物主义在教育起源上坚持(　　)

A. 心理起源说　B. 生物起源说　C. 劳动起源说　D. 神话起源说

36. 在构成教育活动的基本要素中,主导性因素是(　　)

A. 教育者　B. 教育措施　C. 受教育者　D. 教育内容

37. 教育的本体功能是(　　)

A. 社会功能　B. 育人功能　C. 经济功能　D. 政治功能

38. 某学校组织学生去农基地体验农耕,小黑在经历了辛苦的农业耕作后,更珍惜在课堂学习的宝贵机会,在学业上更加刻苦。根据日本社会教育学家柴野昌山的分类,学农的经历对于小黑的教育功能是(　　)

A. 正向显性功能　　B. 正向隐性功能

C. 负向隐性功能　　D. 负向显性功能

39. 否定教育自身的发展规律,割裂教育的历史传统,把教育完全作为政治、经济的附庸。这样的观念违背了教育的哪一特性(　　)

A. 生产性　B. 永恒性　C. 相对独立性　D. 工具性

40. 关于教育的三要素的关系，说法不正确的是（ ）
A. 教育者是教育影响和受教育者之间的纽带
B. 受教育者是教育者选择和施加教育影响的对象
C. 教育影响是教育者对受教育者作用的桥梁
D. 这三个基本要素相互独立，没有关系

41. 董仲舒曾向汉武帝建议："古之王者明于此，是故南面而治天下，莫不以教化为大务。"从作用的对象看，这体现了教育的（ ）
A. 个体功能 B. 社会功能 C. 正向功能 D. 负向功能

42. 教育心理起源说是对教育生物起源说的批判，其代表人物是（ ）
A. 达尔文 B. 孟禄 C. 沛西·能 D. 利托尔诺

43. 在日常生活中，路边的公益性广告属于（ ）
A. 家庭教育 B. 学校教育 C. 狭义的教育 D. 广义的教育

44. 下列不属于教育媒介的是（ ）
A. 教育组织形式 B. 教育方法
C. 教育手段 D. 教育目的

45. 每一个民族都有自己的教育传统，不随时代变迁而消失。这说明教育具有（ ）
A. 继承性 B. 历史性 C. 长期性 D. 永恒性

46. 叶澜认为，构成教育活动必不可少的基本要素是（ ）
A. 教育者、受教育者、教育手段、教育内容
B. 教育者、受教育者、教育物资、教育内容
C. 教育者、受教育者、教育物资、教育手段
D. 教育者、受教育者、教育手段、教育环境

47. "生活的磨难教育了我们"中的"教育"指的是（ ）
A. 正规教育 B. 狭义的教育 C. 形式化教育 D. 广义的教育

48. 我国用"乌反哺、羊跪乳"的故事劝诫人们报答父母的养育之恩，这是（ ）的具体体现。
A. 生物起源说 B. 心理起源说 C. 劳动起源说 D. 神话起源说

49. 人类教育的高级形态是（ ）
A. 非形式化教育 B. 形式化教育
C. 非制度化教育 D. 制度化教育

50. 西汉初期实行的"罢黜百家，独尊儒术"的文教政策体现了教育的（ ）
A. 永恒性 B. 历史性 C. 相对独立性 D. 继承性

51. 下列关于教育功能的说法错误的是（ ）
A. 正向功能和负向功能是按照教育的作用方向来划分的
B. 隐性功能是不能转化为显性功能的

C. 教育的社会功能属于教育的派生功能

D. 隐性功能不见得都是负向功能

52. 教育的生物起源论和心理起源论的共同缺陷都否认了(　　)

A. 教育的科学属性　　B. 教育的生产属性

C. 教育的社会属性　　D. 教育的艺术属性

二、多项选择题

1. 下列属于信息社会教育的主要特征的是(　　)

A. 学校教育网络化　　B. 学校类型进一步多样化

C. 学校教育与生产劳动分离　　D. 教育目的是满足人们的多种需要

2. 下列关于教育的内涵,表述正确的观点是(　　)

A. "教育"一词最早出自"得天下英才而教育之,三乐也"

B. 西方观点认为,教育是"把受教育者内在的东西引导出来"

C. 赫尔巴特认为,教育是经验的改造或改组

D. 目的性、计划性和组织性是学校教育具有的特点

3. 下列现象中,属于广义的教育现象的有(　　)

A. 看一部优秀的电视剧　　B. 听一首优美的曲子

C. 参加一场激烈的足球赛　　D. 新生儿会紧紧握住手触碰到的东西

4. 以下属于非日常生活教育的特征的有(　　)

A. 自发性　　B. 同质性　　C. 创造性　　D. 自为性

5. 从横向看,教育的基本形式有(　　)

A. 家庭教育　　B. 学校教育

C. 自我教育　　D. 社会教育

6. 教育活动的基本要素缺一不可,学习与掌握教育基本要素有助于(　　)

A. 认识教育的质的特性

B. 剖析教育活动的机制

C. 研究和抓好教育各个部门的工作

D. 教师更好地研究学生,提高升学率

7. 教育的本质属性即教育具体而实在的规定性表现在(　　)

A. 教育是人类有意识地传递社会经验的活动

B. 教育具有经济功能

C. 教育是以人的培养为直接目标的社会实践活动

D. 教育是人类所特有的一种有意识的社会活动

8. 下列关于教育者的说法正确的有(　　)

A. 教育者是从事教育活动的人,包括学校教师、教育管理人员及参与教育活动的其他人员

B. 教育者是教育活动的组织者和领导者

C. 教育者是教育过程中"教"的主体

D. 教师是最直接的教育者,对受教育者知识、技能、思想、品德等方面的发展起着很大的作用

9. 下列属于狭义的教育表现形式的是(　　)

A. 小红是金华小学二年级的小学生

B. 小陈经常去隔壁邻居家学书法

C. 小黄以优异的成绩考入北大,成为一名大一新生

D. 小李用电脑学到了许多营销知识,成为了公司的营销精英

10. 教育功能不是杂乱无章的,而是有序的。以下属于教育功能的特征的是(　　)

A. 客观性　　B. 社会性　　C. 整体性　　D. 多样性

11. 教育的社会属性包括(　　)

A. 永恒性　　B. 继承性　　C. 历史性　　D. 相对独立性

12. 根据教育系统自身标准划分,教育可以分为(　　)

A. 非制度化的教育　　B. 制度化的教育

C. 古代社会的教育　　D. 现代社会的教育

13. 教育是人类社会生活不可或缺的重要组成部分。教育相对稳定的质的特点有(　　)

A. 有目的地培养人的活动

B. 教育者引导受教育者传承经验的互动活动

C. 激励与教导受教育者自觉学习和自我教育的活动

D. 教育者主导一切的活动

14. 教育的生物起源学说认为(　　)

A. 教育是只有人才有的本能

B. 教育是动物的本能

C. 教育是种族发展的需要

D. 教育不仅存在于人类社会,而且存在于动物界

三、判断题

1. 教育活动中教育内容和教育手段是影响教育活动成效的决定性因素。(　　)

2. 教育作为培养人的社会实践活动,其间接作用是通过培养社会所需要的人,满足社会的需要,促进社会的发展与进步。(　　)

3. 学校教育是指增进人们的知识和技能、影响人们思想观念的活动。(　　)

4. 教育的个体功能和社会功能是背道而驰的,强调个体功能会削弱社会功能。(　　)

5. 相对于生物起源说、心理起源说而言,马克思主义的劳动起源说更能反映教育起源的本质。(　　)

6. 只要人类社会存在,学校教育就存在。(　　)

7. 一个顽皮的孩子偶然把手指伸到火苗上,被灼伤,并由此获得火的有关知识。这一过程可以称为"教育"。(　　)

8. 教育的概念有广义和狭义之分，而“教育学”上所讲的教育主要指狭义的教育。（　）

9. 学校教育不仅明显区别于其他社会活动，并能够依据社会的要求和儿童的身心发展规律科学地、切实有效地培育人才，并明显区别于家庭教育和社会生活教育。（　）

10. 教育的直接和首要目标是有意识地影响人的身心发展。（　）

11. 课堂教学、书刊阅读、影视欣赏都属于狭义的教育。（　）

12. 从广义上讲，教师、家长以及社会上所有的人都可能是教育者。（　）

13. 受教育者既是教育的对象，又是学习和发展的客体，也是构成教育活动的基本要素。（　）

14. 只有当社会的发展处于负向时，教育才会发挥负向功能。（　）

15. 老猫能教小猫逮老鼠，老鸭子能教小鸭子游泳。因此，动物界也存在教育。（　）

16. 广义的教育包括学校教育、家庭教育和社会教育。（　）

17. 生产劳动中师傅教授徒弟生产技艺不属于教育范畴。（　）

18. 教育既作用于人，又作用于社会，但归根到底是首先并且直接作用于人。所以，教育的基本功能在于影响人的发展。（　）

19. 教育的发展必然能够推动社会的发展。（　）

四、辨析题

1. 凡是能影响人的身心发展的活动都是教育。

2. 世界上不同民族的教育往往表现出不同的传统和特点，这主要是因为教育具有阶级性。

五、简答题

简述教育价值与教育功能的区别。

专题二　教育的产生与发展

考法透视　本专题以记忆为主、理解为辅，多以选择题、判断题、简答题形式进行考查，主要考查不同时期教育发展的特点、内容及趋势。

限时:90 分钟	用时:　　分钟	错题数:　　道	▶答案见 P269

一、单项选择题

1. 当代国际社会中影响最大、传播最广、最具生命力的一种教育思潮是(　　)

A. 教育终身化　　B. 教育民主化　　C. 教育国际化　　D. 教育制度化

2. “谨庠序之教，申之以孝悌之义，颁白者不负戴于道路矣。七十者衣帛食肉，黎民不饥不寒，然而不王者，未之有也。”这里的“庠序”指的是(　　)

A. 官府　　B. 学校　　C. 家庭　　D. 社会

3. 古代斯巴达的教育目的是培养(　　)

A. 商人　　B. 政治家　　C. 军人　　D. 官吏

4. 教育(　　)是对教育专制性、等级化和特权化的否定。

A. 全民化　　B. 终身化　　C. 民主化　　D. 多元化

5. 西周各级各类学校教育的基本学科是(　　)

A. “四书”　　B. “五经”

C. “七艺”　　D. “六艺”

6. (　　)以后，学校教育制度已发展到比较完备的形式，形成了“学在官府，政教合一”的官学体系，并有了“国学”与“乡学”之分。

A. 西周　　B. 夏商　　C. 春秋　　D. 两汉

7. 教育现代化的核心是(　　)

A. 教育观念现代化　　B. 教育管理现代化

C. 教师素质现代化　　D. 教育内容现代化

8. 教育过程是管制和被管制、灌输与被动接受的过程，道统的威严通过教师、牧师的威严，通过招生、考试以及纪律的威严予以保证。这体现了古代教育特征中的(　　)

A. 专制性　　B. 阶级性　　C. 刻板性　　D. 象征性

9. “既追求让所有人都受到同样的教育，又追求教育的自由化”体现了(　　)的特点。

A. 教育全民化　　B. 教育终身化　　C. 教育多元化　　D. 教育民主化

10. 我国封建社会正式官办大学的开始是(　　)

A. 西汉的太学　　B. 东汉的鸿都门学

C. 隋朝的国子监　　D. 宋朝的书院

11. 人从出生到坟墓都要学习。此观点主要表达的思想是(　　)

A. 教育全球化　　B. 教育民主化
C. 教育终身化　　D. 教育现代化

12. 我国封建社会的主要教育内容是(　　)

A. "四书""五经"　　B.《诗》《春秋》
C.《礼》《易》　　D.《书》"六艺"

13. 从原始社会到资本主义社会,教育与生产劳动之间关系的历史演变过程是(　　)

A. 结合—分离—结合　　B. 始终紧密结合
C. 分离—结合—分离　　D. 始终相互分离

14. "六艺"中重在陶冶人的内在精神、情操的是(　　)

A. 数　　B. 书　　C. 御　　D. 乐

15. 日本"修业一生"的理念是现代教育(　　)特点的要求。

A. 全民性　　B. 广泛性　　C. 终身性　　D. 未来性

16. 不同时期有不同的教育内容,追溯历史,苏轼在少年时代,最有可能的学习材料是(　　)

A. 四书五经　　B. "六艺"　　C. 程朱理学　　D. "七艺"

17. "劳心者治人,劳力者治于人"的中国传统儒家思想把(　　)相隔离。

A. 教育与生活　　B. 教育与经济
C. 教育与政治　　D. 教育与生产劳动

18. 西周"六艺"教育以(　　)教育为中心。

A. 礼、乐　　B. 射、御　　C. 书、数　　D. 礼、书

19. 学校的出现是社会发展到一定阶段的必然产物,世界上许多国家在进入(　　)后出现了学校。

A. 原始社会　　B. 奴隶社会
C. 封建社会　　D. 资本主义社会早期

20. 终身教育的本质在于现代人的一生应该是终身学习、终身发展的一生,正式提出"终身教育"的人是(　　)

A. 保罗·朗格朗　　B. 杨贤江　　C. 杜威　　D. 孟禄

21. 西汉的最高教育机构是(　　)

A. 国子学　　B. 太学　　C. 官学　　D. 律学

22. 有史以来,除(　　)以外,教育都具有阶级性的特征。

A. 原始社会　　B. 奴隶社会　　C. 近代社会　　D. 现代社会

23. 战国时期,养士之风大盛。各家各派都不同程度地开展教育活动。稷下学宫是养士的一个缩影,它是一所由(　　)的学校,其特点是学术自由。

A. 官家举办、私家主持　　B. 官家举办、官家主持
C. 私家举办、私家主持　　D. 私家举办、官家主持

24. “百善孝为先”强调的是“六艺”中的(　　)

A. 礼　B. 乐　C. 书　D. 射

25. “教育与生产、生活相融合,教育内容主要为生产、生活经验。”这句话反映了(　　)的教育特征。

A. 原始社会　B. 现代社会　C. 封建社会　D. 古代社会

26. 古埃及设置最多的学校是(　　)

A. 古儒学校　B. 文士学校

C. 祭司学校　D. 武士学校

27. 当今世界,新科学技术在不断发展和深化,现代教育也酝酿着一场巨变,已有的现代教育思想和理论日益从理想和概念变为现实。现代教育要发生怎样的变化才能适应社会发展的要求(　　)

①教育终身化　②教育社会化　③教育生产化　④教育民主化

⑤教育国际化　⑥教育现代化　⑦教育多元化

A. ②③④⑤⑥⑦　B. ①③④⑤⑥⑦

C. ①②④⑤⑥⑦　D. ①②③④⑤⑥⑦

28. 下列关于不同时期教育发展特征的表述,正确的是(　　)

A. 原始社会的教育具有阶级性　B. 奴隶社会的教育具有普及性

C. 封建社会的教育具有全民性　D. 现代社会的教育具有生产性

29. 我国政府与一百多个国家和地区以及联合国教科文组织等国际组织建立了教育合作与交流关系,同各国政府签署了一千多项双边及多边教育合作与交流协议和执行计划。这反映了教育发展(　　)的趋势。

A. 个性化　B. 信息化　C. 全球化　D. 民主化

30. 现代教育越来越与人类的物质生产结合起来,生产的发展也越来越对教育提出新的要求。这体现了现代教育的(　　)特点。

A. 未来性　B. 科学性　C. 国际性　D. 生产性

31. 教育形成自己相对独立形态的标志是(　　)

A. 家庭的出现　B. 部落的形成

C. 学校的出现　D. 专业教师的出现

32. 在古代欧洲,曾经出现过一种旨在培养多方面发展的人的和谐教育,它是(　　)

A. 斯巴达教育　B. 雅典教育　C. 教会教育　D. 骑士教育

33. “以僧为师”“以吏为师”是古代(　　)教育的一大特征。

A. 印度　B. 中国　C. 巴比伦　D. 埃及

34. 世界上最早普及义务教育的国家是(　　)

A. 英国　B. 美国　C. 德国　D. 法国

35. (　　)强调职前教育与职后教育的一体化、青少年教育与成人教育的一体化、学校教育与社会教育的一体化。

A. 终身教育　B. 继续教育　C. 探究学习　D. 合作学习

36. 春秋战国时期,(　　)的兴起,冲破了“学在官府”的限制。

A. 书院　B. 私学　C. 寺院　D. 玄学

37. 我国汉代出现的研究文学艺术的专门学校是(　　)

A. 庠　B. 鸿都门学　C. 国子学　D. 书院

38. 樊迟请学稼,子曰:“吾不如老农。”请学为圃,曰:“吾不如老圃。”樊迟出。子曰:“小人哉,樊须也！上好礼,则民莫敢不敬;上好义,则民莫敢不服;上好信,则民莫敢不用情,夫如是,则四方之民襁负其子而至矣,焉用稼?”上述典故体现了这一阶段的学校教育(　　)

A. 与生产劳动相结合　B. 与生产劳动相脱离

C. 教育内容科学化　D. 实现了大众化

39. 我国西周学校教育的主要内容包括(　　)

A. 礼、乐、射、御、书、数

B.《诗》《书》《礼》《乐》《易》《春秋》

C. 琴、棋、书、画、诗、词

D. 剑术、骑术、游泳、狩猎、棋艺、吟诗

40. 学校教育与生产劳动相脱离,是从(　　)时期开始的。

A. 原始社会　B. 奴隶社会

C. 封建社会　D. 资本主义社会

41. 西欧中世纪的骑士教育是一种特殊形式的(　　)

A. 学校教育　B. 家庭教育　C. 社会教育　D. 教会教育

42. 人类最早的教学手段是(　　)

A. 文字材料　B. 口耳相传　C. 直观教具　D. 黑板加板凳

43. 我国唐朝学制中的“二馆”指的是(　　)

A. 博文馆和崇文馆　B. 崇文馆和弘文馆

C. 崇文馆和学文馆　D. 弘文馆和学文馆

44. 中国近代史上第一所国立综合性大学,既是全国最高学府,又是国家最高教育行政机关的是(　　)

A. 稷下学宫　B. 国子学

C. 国子监　D. 京师大学堂

45. 教育必须向所有人开放,人人都有接受教育的权利,且必须接受一定程度的教育,指的是(　　)

A. 教育的终身化　B. 教育的全民化

C. 教育的民主化　D. 教育的多元化

二、多项选择题

1. 20 世纪之后,现代教育的主要特点是(　　)
   A. 开始实施初等义务教育　　B. 教育的技术手段回归传统
   C. 教育逐渐走向民主化　　D. 教育普及化程度越来越高
2. 属于古代社会教育特征的有(　　)
   A. 官学与私学并行　　B. 教育普及制度化
   C. 教育与生产劳动相分离　　D. 出现了专门的教育机构
3. 教育民主是社会民主在教育领域的体现,下列先哲的理念中能够反映人类追求教育民主的是(　　)
   A. 有教无类、因材施教　　B. 把一切事物教给一切人
   C. 吾爱吾师,吾更爱真理　　D. 人人生而平等,人人都有同样权利
4. 现代教育的特征主要是(　　)
   A. 公共性和生产性　　B. 公益性
   C. 终身性和未来性　　D. 国际性
5. 西方封建社会出现过的学校类型有(　　)
   A. 教会学校　　B. 骑士学校　　C. 文士学校　　D. 职官学校
6. 以下关于全纳教育,表述正确的是(　　)
   A. 满足所有儿童的教育需要　　B. 资源通常是实施全纳教育的主要障碍
   C. 以终身学习为依托　　D. 强调重视多样性,消除各种学习障碍
7. 西欧封建社会的教会教育的教育内容是“七艺”,包括“三科”和“四学”。其中,“三科”是指(　　)
   A. 辩证法　　B. 文法　　C. 修辞　　D. 音乐
8. 以下属于“四书”的有(　　)
   A.《尚书》　　B.《论语》　　C.《大学》　　D.《孟子》
9. 指导教育教学改革的基本理念是(　　)
   A. 教育全民化　　B. 教育终身化　　C. 全纳教育　　D. 全面教育
10. 奴隶社会教育的特征包括(　　)
    A. 学校教育成为奴隶主阶级手中的工具,具有鲜明的阶级性
    B. 学校教育与生产劳动相脱离和相对立
    C. 学校教育趋于分化和知识化
    D. 学校教育制度尚不健全
11. 下列关于教育的发展,表述正确的观点是(　　)
    A. 中国隋唐时期,已经出现了完备的“六学二馆”的官学体系
    B.“七艺”是中世纪骑士教育的主要内容
    C. 普遍实施中等义务教育是近代社会教育的主要特征

D. 人文教育和科学教育携手并进是现代社会教育的特征

12. 追根溯源，教育产生于人类的(　　)过程中。

A. 社会文化　　B. 社会生产　　C. 社会道德　　D. 社会生活

三、判断题

1. 随着经济全球化，国际交往越来越频繁，这种情况下教师应该树立教育国际化的观念。(　　)
2. 一般认为，学校产生于封建社会，学校的出现意味着人类正规教育制度的诞生。(　　)
3. 在古代，受教育的目的主要不是获得实用的知识，而是社会地位的象征，教育的象征性功能占主导地位。(　　)
4. 教育在我们完成正规教育之后就宣告结束。(　　)
5. 教育的多元化是社会生活的多元化和人的个性化在教育上的反映。(　　)
6. 教育从产生开始就具有阶级性和等级性。(　　)
7. 纵观我国学校教育的历史，官学的出现早于私学。(　　)
8. 终身教育主要指正规教育，不包括非正规教育。(　　)
9. 教育的多元化就是指教育思想的多元化。(　　)
10. 古代社会的教育分为奴隶社会的教育和封建社会的教育。(　　)
11. 隋唐以后盛行的科举制度，对国家选拔人才没有多大的积极意义。(　　)
12. 教育既是明显的消费，又是潜在的生产。(　　)
13. 终身教育必须是多样化的，是多种教育形态的总和。(　　)

四、辨析题

1. 终身教育就是成人教育，成年人也应该进行终身学习。

2. 在原始教育阶段，教育与生产劳动合二为一，人人必须劳动，因而人人受教育。但到了古代教育阶段，教育只是少数人才能享有的，所以古代教育不如原始教育。

五、简答题

1. 简述现代教育的发展趋势。

2. 近代社会教育的特征有哪些？

3. 20 世纪后期教育改革和发展的特点主要有哪些？

4. 简述终身教育的特点。

六、论述题

试述现代教育与传统教育的不同。

七、案例分析题

有这样一名数学教师：一天到晚除了认真上课、精心批改作业，就是钻研各种难题。他对每年高考数学试卷的解答，总是最快最好的。但报纸，他从来不看一张；期刊，一年也翻不了几回；图书馆，难得光顾；影视，几乎不看。他觉得不能把时间浪费在这些上面。他的教学效果很一般，学生反映也不太好。对此，他很是不解。

请从现代社会的特点以及现代教育的发展趋势评价该教师的做法。

专题三　教育学及其产生与发展

【考法透视】本专题以记忆为主，多以选择题、判断题、填空题等形式进行考查，主要考查教育学的概念和根本任务，各发展阶段主要教育家的教育思想及代表著作。

限时:125 分钟	用时：　分钟	错题数：　道	▶答案见 P275

一、单项选择题

1.“教育是学生生活的过程”，这属于哪一流派的观点(　　)

A. 实验教育学　　B. 文化教育学

C. 批判教育学　　D. 实用主义教育学

2. 提出“生活即教育”“社会即学校”“教学做合一”思想的教育家是(　　)

A. 陶行知　　B. 黄炎培　　C. 蔡元培　　D. 杨贤江

3. 下列观点不能体现教育平等观念的是(　　)

A. 有教无类　　B. 因材施教

C. 学不躐等　　D. 把一切知识教给一切人

4. 在教育史上首次提出“教育遵循自然”的观点的教育家是(　　)

A. 苏格拉底　　B. 孔子　　C. 亚里士多德　　D. 柏拉图

5.“大学之道，在明明德，在亲民，在止于至善。”这句话出自(　　)

A.《大学》　　B.《中庸》　　C.《论语》　　D.《孟子》

6. 推动教育学发展的内在动力是(　　)

A. 教育规律　　B. 教育价值　　C. 教育现象　　D. 教育问题

7. 在我国教育发展史上，首次明确提出“美育”一词的是(　　)

A. 蔡元培　　B. 席勒　　C. 王国维　　D. 斯宾塞

8.《学记》中的“藏息相辅”即主张(　　)

A. 教与学相结合　　B. 学与思相结合

C. 课内与课外相结合　　D. 教学与劳动相结合

9. 下列属于道家思想的是(　　)

A. 有教无类　　B. 虚怀若谷　　C. 温故知新　　D. 以吏为师

10. 提出“人是唯一需要教育的动物”，并且最早在大学开设教育学讲座的教育家是(　　)

A. 康德　　B. 卢梭　　C. 裴斯泰洛齐　　D. 夸美纽斯

11.“口欲言而未能之貌”是朱熹对(　　)的解释。

A. 愤　　B. 启　　C. 悱　　D. 发

12. 教育学发展过程中存在“源”与“流”的关系问题，“源”是指教育实践，“流”是指(　　)

A. 教育问题　　B. 教育理论　　C. 教育现象　　D. 教育事实

13.“寓学习于游戏”的最早提倡者是(　　)

A. 卢梭　　B. 柏拉图　　C. 亚里士多德　　D. 苏霍姆林斯基

14. 教育思想集中体现在《理想国》之中，认为教育的最高目标是培养“哲学王”的教育家是(　　)

A. 亚里士多德　　B. 苏格拉底　　C. 但丁　　D. 柏拉图

15. 美育是自由的，宗教是强制的；美育是进步的，宗教是保守的；美育是普及的，宗教是有界的。这种观点是(　　)提出的。

A. 王国维　　B. 蔡元培　　C. 梁启超　　D. 席勒

16. 孔子提出的教育目标是培养(　　)

A. 君子　　B. 兼士　　C. 圣人　　D. 绅士

17. 提出“囊括大典，网罗众家，思想自由，兼容并包”的办学原则的教育家是(　　)

A. 蔡元培　　B. 黄炎培　　C. 陈鹤琴　　D. 陶行知

18. 朱熹是理学思想的集大成者、儒学发展史上的重要人物。下列观点不属于朱熹的教育主张的是(　　)

A. 先王之学以明人伦为本

B. 为学之道，莫先于穷理；穷理之要，必在于读书

C. 君子如欲化民成俗，其必由学乎

D. 读书之法，莫贵乎循序而致精，而致精之本，则又在于居敬而持志

19.“教育是一种社会历史现象，产生于生产劳动的需要，其根本目的在于促进人的全面发展。”这是(　　)的观点。

A. 实用主义教育学　　B. 制度教育学

C. 实验教育学　　D. 马克思主义教育学

20. (　　)不仅是我国古代最早的教育专著，而且也是世界上最早的教育专著。

A.《学记》　　B.《论语》　　C.《师说》　　D.《劝学篇》

21. 被誉为古代西方的第一部教学法论著的是(　　)

A.《理想国》　　B.《政治学》　　C.《大教学论》　　D.《论演说家的教育》

22. 我国的教育专著《学记》中提出的“大学之教也，时教必有正业，退息必有居学”体现了(　　)相结合的教育思想。

A. 游戏与学习　　B. 课内与课外　　C. 学习与思考　　D. 学习与行动

23. 主张回归自然，“复归”人的自然本性，认为一切顺其自然便是最好教育的是(　　)

A. 孔子　　B. 墨子　　C. 荀子　　D. 老子

24. 在教育史上最早提出反对体罚，明确教育目的是培养善良而精于雄辩术的人，只有善良的人才能成为雄辩家的教育家是(　　)

A. 苏格拉底　　B. 杜威　　C. 昆体良　　D. 布鲁纳

25. 被毛泽东称为“伟大的人民教育家”的是(　　)

A. 蔡元培　　B. 陈鹤琴　　C. 陶行知　　D. 李叔同

26.《学记》反对死记硬背，主张“要引导学生，但绝不能牵着学生的鼻子走”。下列选项中符合此观点的是(　　)

A. 博学于文　　B. 开而弗达　　C. 强而弗抑　　D. 道而弗牵

27. 19 世纪末 20 世纪初，在欧美一些国家兴起的用实验法等方法研究儿童发展与教育的关系的理论流派是(　　)

A. 文化教育学　　B. 实验教育学

C. 实用主义教育学　　D. 批判教育学

28. 近代以来，许多教育家致力于教育学的研究，各自的社会背景下产生了不同的教育学流派。其中，认为教育现象不是中立和客观的，而是充满利益纷争的，强调研究教育学的目的就是揭示这些现象背后的利益关系的教育学流派是(　　)

A. 马克思主义教育学　　B. 实用主义教育学

C. 制度教育学　　D. 批判教育学

29. 把教育目的分为“可能的目的”和“必要的目的”，主张教育的最高目的是道德和性格的完善的是(　　)

A. 杜威　　B. 赫尔巴特　　C. 夸美纽斯　　D. 卢梭

30. 在教育史上注重科学文化、历史知识的掌握和逻辑思维能力的培养，认为获得知识的途径是亲知、闻知、说知的是(　　)

A. 道家　　B. 墨家　　C. 儒家　　D. 法家

31. 曾系统阐述过教育与生活、学校与社会、经验与课程、知与行、思维与教学、教育与职业、教育与道德、儿童与教师的关系的教育家是(　　)

A. 布鲁纳　　B. 赫尔巴特　　C. 布卢姆　　D. 杜威

32. 下列人物中，认为教育的目的是培养治国人才，教育的首要任务是培养道德的是(　　)

A. 亚里士多德　　B. 柏拉图　　C. 苏格拉底　　D. 夸美纽斯

33. 热爱学生是教师的基本素养，正如教育家(　　)曾经说过：“一个好老师意味着什么？首先意味着他是这样一个人，他热爱孩子，感到跟孩子交往是一种乐趣，相信每个孩子都能成为一个好人，善于与他们交朋友，关心孩子的快乐和悲伤，了解孩子的心灵，时刻都不忘记自己也曾是个孩子。”

A. 卢梭　　B. 赫尔巴特　　C. 杜威　　D. 苏霍姆林斯基

34. 实用主义教育学是 19 世纪末 20 世纪初兴起于美国的一种教育思潮，下列不属于其基本主张的是(　　)

A. 教育起源于生产劳动，其劳动方式和性质的变化必然引起教育形式和内容的变化

B. 课程组织应以学生的经验为中心，而不是以学科知识体系为中心

C. 师生关系以儿童为中心，教师只是学生成长的帮助者，而非领导者

D. 教学过程应重视学生自己的独立发现和体验，尊重学生发展的差异性

35. 夸美纽斯认为德育比智育更重要，他认为道德教育的内容包括(　　)

A. 品行、勇敢、智慧、节制、劳动　　B. 勇敢、智慧、节制、公正、劳动

C. 毅力、智慧、节制、公正、劳动　　D. 友善、智慧、诚信、公正、劳动

36. 下列著作中，高度概括我国古代教育经验和儒家教育思想，对古代教育的作用、学校教育制度、教育原则和方法及师生关系等问题均做了精辟论述的是(　　)

A.《学记》　　B.《论语》　　C.《孟子》　　D.《大学》

37. 杜威的(　　)强调"儿童中心"，提出了"做中学"的方法，开创了"现代教育派"。

A.《民本主义与教育》　　B.《爱弥儿》

C.《经验和教育》　　D.《学校与社会》

38. 下列关于教育学派的说法中，正确的是(　　)

A. 实用主义教育学兴起于欧洲，代表人物是杜威

B. 实验教育学所强调的定性研究是20世纪教育学研究的一个范式

C. 批判教育学认为教育的根本目的是促进学生的全面发展

D. 文化教育学又被称为精神科学教育学

39. 历史上被誉为第一个"发现儿童"的教育思想家是(　　)

A. 柏拉图　　B. 孔子　　C. 卢梭　　D. 苏霍姆林斯基

40. 孔子是闻名世界的大教育家，其教育思想极其丰富而且自成体系。根据孔子的教育思想，下列对应有误的是(　　)

A. 教育对象：有教无类　　B. 教学原则：因材施教

C. 教育目标：教学相长　　D. 教学方法：不愤不启，不悱不发

41. "君子之教，喻也"体现了教学的启发性原则，这一句话出自(　　)

A.《学记》　　B.《中庸》　　C.《大学》　　D.《论语》

42. 反映孔子教育思想的文献是(　　)

A.《学记》　　B.《论语》　　C.《礼记》　　D.《中庸》

43. 首先提出把教育学作为一门独立学科的是(　　)

A. 康德　　B. 培根　　C. 夸美纽斯　　D. 卢梭

44. 荀子一直以"五经"为教育教学内容。其中，(　　)是荀子教育理论的核心和重点。

A.《诗》　　B.《书》　　C.《礼》　　D.《春秋》

45. 苏格拉底重视知识与美德的教学。在品德教学中，他不是把"真知"直接教给学生，而是通过对话、诘问，让学生陷入矛盾的困境，然后引导学生经过自己的思考、辨析获得真知。这种帮助学生获取真知的方法被后世称为(　　)

A. 雄辩术　　B. 启发法　　C. 产婆术　　D. 自然法

46. 提出"白板说"，认为人的发展完全是教育的结果的教育家是(　　)

A. 凯米　　B. 卢梭　　C. 皮亚杰　　D. 洛克

47. 西方教育思想史上的三个里程碑式的著作是(　　)

A. 柏拉图的《理想国》、夸美纽斯的《大教学论》、康德的《论教育》

B. 卢梭的《爱弥儿》、赫尔巴特的《普通教育学》、夸美纽斯的《大教学论》

C. 杜威的《民主主义与教育》、康德的《论教育》、夸美纽斯的《大教学论》

D. 柏拉图的《理想国》、卢梭的《爱弥儿》、杜威的《民主主义与教育》

48. 晏阳初在乡村教育实践中提出了“四大教育”和“三大方式”，以下不属于“四大教育”的是(　　)

A. 文艺教育　　B. 生计教育　　C. 卫生教育　　D. 社会教育

49. (　　)兴起于20世纪70年代，是当代西方教育理论界占主导地位的教育思潮。

A. 实验教育学　　B. 文化教育学　　C. 实用主义教育学　　D. 批判教育学

50. 规范教育学建立的标志是(　　)的出版。

A.《大教学论》　　B.《爱弥儿》

C.《民主主义与教育》　　D.《普通教育学》

51. 最早提出启发式教学的是(　　)

A. 孟子　　B. 孔子　　C. 老子　　D. 荀子

52. 杜威倡导的“新三中心论”是指(　　)

A. 教师、课本和课堂　　B. 教师、经验和活动

C. 儿童、经验和活动　　D. 学生、课本和课堂

53. “现代教育学之父”或“科学教育学的奠基人”是(　　)

A. 康德　　B. 洛克　　C. 赫尔巴特　　D. 夸美纽斯

54. 被毛泽东称为“学界泰斗，人世楷模”的是(　　)

A. 陶行知　　B. 蔡元培　　C. 杨贤江　　D. 徐特立

55. “顺木之天，以致其性”体现的是(　　)

A. 民主主义教育思想　　B. 实用主义教育思想

C. 自然主义教育思想　　D. 永恒主义教育思想

56. 20世纪实用主义教育学的代表人物是________，其代表作是________。(　　)

A. 杜威；《民主主义与教育》　　B. 赫尔巴特；《普通教育学》

C. 康德；《教育学讲授纲要》　　D. 凯洛夫；《教育学》

57. 提出“以美育代宗教说”的教育家是(　　)

A. 陶行知　　B. 蔡元培　　C. 王国维　　D. 胡适

58. 教育史上的两大对立学派——传统教育学派与现代教育学派的代表人物分别是(　　)

A. 凯洛夫和赫尔巴特　　B. 杜威和赫尔巴特

C. 赫尔巴特和杜威　　D. 夸美纽斯和杜威

59.《大教学论》是近代最早的一本教育学著作，在这部著作中，夸美纽斯提出(　　)

A. 普及教育思想　　B. 经验主义教育思想

C. 科学是对经验事实的描写和记录　　D. 教育是对人的发展的实际指导

60. 反对以赫尔巴特为代表的强调概念思辨的教育学的教育学流派是(　　)

A. 批判教育学　　B. 文化教育学

C. 实验教育学　　D. 实用主义教育学

61. 被称为科学教育学的开端的是(　　)

A. 昆体良的《雄辩术原理》　　B. 夸美纽斯的《大教学论》

C. 赫尔巴特的《普通教育学》　　D. 卢梭的《爱弥儿》

62. 主张教育要顺应儿童成长和心理发育的自然法则的教育家是(　　)

A. 洛克　　B. 卢梭　　C. 福禄贝尔　　D. 斯宾塞

63. 卢梭的教育思想集中于他的教育著作(　　)

A.《大教学论》　　B.《普通教育学》

C.《爱弥儿》　　D.《教育漫话》

64. 强调教学要以教师为中心、以课堂为中心、以教材为中心的教育家是(　　)

A. 赫尔巴特　　B. 夸美纽斯　　C. 杜威　　D. 班杜拉

65. 因撰写《帕夫雷什中学》《给教师的一百条建议》等著作而享誉世界的苏联教育实践家和理论家是(　　)

A. 苏霍姆林斯基　　B. 巴班斯基　　C. 马卡连柯　　D. 布鲁纳

66. 最先提出教育要适应儿童,主张德智体多方面和谐发展的教育家是(　　)

A. 柏拉图　　B. 亚里士多德　　C. 赫尔巴特　　D. 苏格拉底

67. (　　)是我国第一个以马克思主义思想撰写教育学著作的人,提出“全人生指导”的思想。

A. 蔡元培　　B. 陶行知　　C. 黄炎培　　D. 杨贤江

68. 在构建和谐社会的今天,实现“教育机会均等”已经成为教育改革追求的重要价值取向。两千多年前,孔子就提出了与“教育机会均等”相类似的朴素主张,他的“有教无类”的观点体现了(　　)

A. 教育起点机会均等　　B. 教育过程机会均等

C. 教育条件机会均等　　D. 教育结果机会均等

69. 下列关于近现代教育的说法,不正确的是(　　)

A. 陶行知提出“生活即教育”　　B. 梁漱溟主张“创造新文化,救活旧农村”

C. 蔡元培提倡“大职业教育主义”　　D. 晏阳初被誉为“国际平民教育之父”

70. 提出“教育是生活的过程,而不是将来生活的预备”的教育家是(　　)

A. 卢梭　　B. 杜威　　C. 斯宾塞　　D. 陶行知

71. 以教育现象和教育问题为研究对象,探索教育规律的科学是(　　)

A. 教育　　B. 教育学　　C. 教学论　　D. 德育论

72. 在西方近代教育中,依据教育心理学化的理念,提出初等学校教育应该从最简单的要素开始,以便循序渐进地促进人的和谐发展的教育家是(　　)

A. 洛克　　B. 卢梭　　C. 夸美纽斯　　D. 裴斯泰洛齐

73. 按照赫尔巴特的教育理论,在教育学的学科基础上,能够说明教育的途径、手段的是(　　)

A. 伦理学　　B. 心理学　　C. 实践哲学　　D. 生理学

74. 王老师在教学时,经常要求学生集中注意力深入思考,尝试把所学习的新观念同原有的旧观念结合起来。根据赫尔巴特的教学阶段论,王老师的教学属于(　　)阶段。

A. 明了　　B. 联想　　C. 系统　　D. 方法

75. 培根提出的(　　)为教育学的发展奠定了方法论基础。

A. 演绎法　　B. 归纳法　　C. 辩证法　　D. 阶级分析法

76. 最早以马克思主义为基础探讨教育学问题的著作是(　　)

A. 克鲁普斯卡娅的《国民教育与民主主义教育》

B. 凯洛夫的《教育学》

C. 杨贤江的《新教育大纲》

D. 布卢姆的《教育过程》

77. (　　)提出了庶、富、教的观点,认为人口、财富和教育是立国的三个要素。

A. 孟子　　B. 墨子　　C. 孔子　　D. 老子

78. 在教育问题上尤其重视道德教育,强调尚志养气和意志锻炼,主张舍生取义和生于忧患死于安乐的儒家学派的代表人物是(　　)

A. 孔子　　B. 孟子　　C. 荀子　　D. 墨子

79. "不闻不若闻之,闻之不若见之,见之不若知之,知之不若行之"是(　　)的观点。

A. 荀子　　B. 孔子　　C. 孟子　　D. 韩非子

80. "五指活动"是陈鹤琴对其"活教育"课程组织的形象表述,它体现了儿童生活的(　　)

A. 差别性　　B. 整体性　　C. 实践性　　D. 创造性

81. 把学生的"一般发展"作为教学的出发点的著作是(　　)

A.《教学与发展》　　B.《大教学论》

C.《国民教育与民主主义教育》　　D.《教育过程》

82. 朱熹把教育分为"小学"和"大学"两个阶段,其中"小学"以(　　)

A. 识字为主　　B. 读书为主　　C. 学事为主　　D. 穷理为主

83. 教育学对教育问题进行科学解释的目的不仅是要促进教育知识的增长,而且是要更好地开展教育实践。这说明了教育学的价值是(　　)

A. 丰富教育理论　　B. 科学解释教育问题

C. 反思日常教育经验　　D. 沟通教育理论与实践

84. 标志教育学作为一门独立的学科正式诞生的著作是(　　)

A.《学记》　　B.《普通教育学》

C.《大教学论》　　D.《教育漫话》

85.《大学》是我国至关重要的著作,它提出大学的终极目标是(　　)

A. 明明德　　B. 止于至善　　C. 化民成俗　　D. 明人伦

86. "相观而善之谓摩"是指教师在教学中要(　　)

A. 互相观察,互相模仿　　B. 互相观摩、切磋

C. 互相观摩,从而变得善良　　D. 注重教材教法分析

二、多项选择题

1. 关于教育，下列观点表述正确的是(　　)

A. 斯宾塞提出，科学知识最有价值

B. 亚里士多德提出，教育应该由国家负责

C. 卢梭提出泛智教育，主张把一切知识教给一切人

D. 福禄贝尔是教育史上第一个承认游戏对幼儿有教育价值的学者

2. 文化教育学的代表人物有(　　)

A. 狄尔泰　　B. 斯普兰格　　C. 利特　　D. 鲍尔斯

3. 古希腊哲学家苏格拉底的问答法分为(　　)

A. 苏格拉底讽刺　　B. 定义　　C. 助产术　　D. 反思

4. 我国历史上曾诞生过很多伟大的教育家，以下关于这些教育家的教育思想阐述正确的是(　　)

A. 荀子提出人性本善，主张教育的作用在于“化性起伪”

B. 孔子倡导“有教无类”

C. 墨子提出“兴天下之利，除天下之害”的教育目的

D. 孟子推崇“易子而教”的教育方法

5. 亚里士多德是古希腊伟大的教育家，他的教育思想主要反映在(　　)等著作中。

A.《政治学》　　B.《伦理学》　　C.《雄辩术原理》　　D.《乌托邦》

6. 裴斯泰洛齐的教学理论体系的重心是关于和谐发展的要素教育的理论。下列属于和谐发展的要素的有(　　)

A. 体育　　B. 德育　　C. 智育　　D. 美育

7. (　　)提出的教学理论被视为现代教学理论的三大流派。

A. 布鲁纳　　B. 赫尔巴特　　C. 赞科夫　　D. 瓦·根舍因

8. 以下教育家与其教育思想匹配正确的是(　　)

A. 蔡元培——五育并举　　B. 晏阳初——平民教育

C. 赞科夫——教学过程最优化　　D. 裴斯泰洛齐——教育心理学化

9. 下列有关教育的论述出自《论语》的是(　　)

A. 不愤不启，不悱不发　　B. 教也者，长善而救其失者也

C. 教，上所施，下所效也　　D. 学而不思则罔，思而不学则殆

10. 下列关于教育家及其教育主张，对应正确的是(　　)

A. 蔡元培——德、智、体、美和谐发展　　B. 柏拉图——体育应先于智育

C. 昆体良——最早提出反对体罚　　D. 奥苏贝尔——主动地接受学习

11. 以下属于孔子的教育思想的是(　　)

A. 有教无类　　B. 因材施教

C. 学而知之　　D. 道而弗牵，强而弗抑，开而弗达

12. 赞科夫提出的教学原则有(　　)

A. 高难度原则　　B. 高速度原则

C. 理论联系实际原则　　D. 理解学习过程原则

13. 陶行知的“生活即教育”和杜威的“教育即生活”的理论的相同点是(　　)

A. 承认教育和生活之间存在着密切的联系

B. 承认教育对改造生活的重要作用

C. 认为生活含有重要的教育意义

D. 认为学校是社会生活的一种形式

14. 下列属于英国资产阶级思想家、社会学家斯宾塞的教育观点和主张的有(　　)

A. 反对思辨,主张科学是对经验事实的描写和记录

B. 反对古典语言和文学的教育,特别重视体育

C. 主张一切教育教学中的被动、接受、吸收要让位于活动、表现、建构和创造

D. 主张启发学生学习的自觉性,反对形式教育,重视实科教育

15. 下列教育著作中,作者和其作品一致的有(　　)

A. 夸美纽斯——《大教学论》　　B. 洛克——《教育漫话》

C. 赫尔巴特——《教育学》　　D. 杜威——《民主主义与教育》

16. 下列教育家与教育思想的匹配中,正确的是(　　)

A. 裴斯泰洛齐——教育应该是自然的,顺应儿童的本性,运用自然的方法,培养自然人

B. 梅伊曼——教学可以按照明了、联合、系统、方法四步进行

C. 夸美纽斯——人人需要教育,一切男女儿童不分富贵贫贱都应该进学校学习

D. 杜威——教育即生活,教育即生长,教育即经验的改组或改造

17. 以下说法正确的是(　　)

A. 荀子主张“性善论”　　B. 孟子主张“性恶论”

C. 墨子主张“兼爱”“非攻”　　D. 孔子重视“仁”“礼”

18. 教育社会现象是反映教育与社会关系的现象。下列选项中属于教育社会现象范畴的有(　　)

A. 教师的教学方法问题　　B. 毕业生的去向

C. 学校管理体制的改革　　D. 学生的心理健康问题

19. 从根本上看,贯穿教育活动的基本矛盾、基本规律是(　　)

A. 教育与社会发展之间的矛盾　　B. 教育与自然之间的矛盾

C. 教育与课程之间的矛盾　　D. 教育与人的发展之间的矛盾

20.《学记》中提到的学生学习的过失有(　　)

A. 或失则多　　B. 或失则寡　　C. 或失则易　　D. 或失则轻

三、判断题

1. “社会即学校”是陶行知生活教育理论的本质论及核心。（　）
2. 孔子的“有教无类”是真正的教育平等思想。（　）
3. 一个好的教育工作者，应该是一个能够不断自我反思和发展的教育工作者。（　）
4. 教育学作为一门知识的历史要比教育学作为一门学科的历史悠久得多。（　）
5. 孔子的教学内容偏重社会人事，偏重文事，轻视科技与生产劳动。（　）
6. 孔子主张教育要培养贤士，贤士必须具备三个条件：“厚乎德行，辩乎言谈，博乎道术”。（　）
7. 昆体良对班级授课进行的一些阐述是班级授课制思想的萌芽。（　）
8. 夸美纽斯所提出的“教育心理学化”，就是把教育提高到科学的水平，将教育科学建立在人的心理活动规律的基础上。（　）
9. “长善救失”“豫时孙摩”等教学思想是在《中庸》中提出来的。（　）
10. 卢梭的自然教育理论认为，教育要服从自然的永恒法则，听任人的身心自由发展。（　）
11. 在《论语》中记载着许多关于“仁”的解释，孔子主张“仁者爱人”。（　）
12. 赞科夫的“一般发展”理论认为，“一般发展”是指学生智力的发展，即知识与技能的发展。（　）
13. 教育现象与教育问题是一回事。（　）
14. 洛克认为“人之所以千差万别，便是由于教育之故”。（　）
15. 道家的教育思想是“道法自然”，这与西方的自然主义教育思想是一致的。（　）
16. 朱熹是将教师的地位提高到与天地、先祖及君主并列的高度的思想家。（　）
17. “性相近，习相远”与孔子的“有教无类”思想本质上是不一致的。（　）
18. “教育即生活”并不是要在教育与生活之间画上等号。（　）
19. 卢梭教育思想的核心是自然教育理论，自然教育的目的是培养自然天性得到充分发展的自然人。（　）
20. 实用主义教育学的不足之处就是忽视了系统知识的学习，忽视了教师在教学过程中的主导作用。（　）
21. 赫尔巴特等人将儿童的发展看作是一种自然过程，主张教师不要过多干预儿童的发展。（　）

四、填空题

1. ________提出了“绅士教育论”。
2. 立足于文化传统来思考中国乡村改造和乡村教育的教育家是________。
3. 1939 年，苏联教育理论家凯洛夫明确提出以________理论为指导编写《教育学》。
4. “三人行，必有我师焉；择其善者而从之，其不善者而改之。”这句话是________提出的。
5. “捧着一颗心来，不带半根草去。”这句教育名言的提出者是________。
6. ________被称为“近代实验科学鼻祖”。

五、辨析题

1. 孔子提出的化性起伪中的"伪"指虚伪、不真诚。所以教育就是要改变人的虚伪、不真诚。

2. 苏联教育家苏霍姆林斯基在其著作《给教师的一百条建议》和《教育论》中阐述了他的和谐教育思想，他认为学校教育的理想是培养全面和谐发展的人。

3. 教育学不等同于教育科学。

六、简答题

1. 简述《学记》中包含的教学原则。

2. 简述批判教育学的主要观点。

3. 简述教育学研究的价值。

七、论述题

1.“教学做合一”是陶行知生活教育理论的方法论，它既是教学方法的界定，又是生活法的说明，同时又是“真知识”的源泉。从教学论意义上来说，“教学做合一”是在实践基础上的教学，体现的是主体性教学，同时又是创造性的教学。

问题：

(1)请简述“教学做合一”的含义。

(2)请结合陶行知的教育思想，联系教学实际，分析“教学做合一”的基本要点。

2. 试述杜威的主要教育观点。

3. 试述蔡元培改革北大的措施。

第二章　教育的基本规律

专题一　教育与社会发展

考法透视　本专题以理解为主，多以选择题、判断题、辨析题、简答题等形式进行考查，主要考查教育的社会制约性和教育的社会功能。

限时:90 分钟	用时：　分钟	错题数：　道	▶答案见 P287

一、单项选择题

1. 教育相对于社会发展具有相对独立性。下列关于教育与社会发展的论述正确的是(　　)

A. 教育的思想和内容与生产力的发展水平无关

B. 教育具有自身的规律，不会受政治制度的影响

C. 教育不受生产关系的制约

D. 教育要先行，可以超前于当前经济发展水平

2. 马克思说："再生产科学所必要的劳动时间，同最初生产科学所需要的劳动时间是无法相比的，例如学生在一小时内就能学会二项式定理。"这说明教育具有(　　)

A. 政治功能　　B. 文化功能　　C. 经济功能　　D. 人口功能

3. 目前，我国已经进入老龄化社会，人口老龄化将对社会方方面面产生影响。它最可能影响教育的(　　)

A. 规模　　B. 质量　　C. 结构　　D. 内容

4. 制约教育的性质、领导权和受教育权的根本因素是(　　)

A. 政治经济制度　　B. 社会生产力

C. 人口数量与质量　　D. 文化习俗

5. 现代学校总是用科学的眼光看待民族文化中的一切特质，否定其中丑恶的东西，倡导科学的民俗习惯和价值观念。这表明教育具有(　　)文化的功能。

A. 选择与提升　　B. 传递与保存　　C. 更新与创造　　D. 传播与交流

6. 我国政府通过在国外设立"孔子学院"，让更多的外国民众学习汉语、了解中国、喜爱中国。这说明教育可以(　　)

A. 创造、更新文化　　B. 传播、交流文化

C. 选择、提升文化　　D. 筛选、保存文化

7. (　　)的主要观点包括"教育是使个人收入的社会分配趋于平等的因素"。

A. "人力资本论"　　B. "教育万能论"

C. "教育独立论"　　D. "劳动力市场理论"

8. 在中国历史上，为集中权力、统一思想，秦始皇焚书坑儒，汉武帝独尊儒术。这体现了(　　)

A. 政治经济制度决定受教育权

B. 政治经济制度决定教育内容的取舍

C. 教育相对独立于一定社会的政治经济制度

D. 教育与社会发展的不平衡性

9. “建国君民，教学为先”揭示了教育的(　　)

A. 宗教功能　　B. 经济功能　　C. 文化功能　　D. 政治功能

10. 在资本主义社会中，劳动人民的子女可以接受教育，但他们能接受大学教育的机会远少于资本家的子女。这体现了(　　)对受教育权利的制约。

A. 生产力发展水平　　B. 民族文化传统

C. 政治经济制度　　D. 人口状况

11. 为加强校园文化建设，一些学校开设了黄梅戏、徽剧、凤阳花鼓戏等反映安徽传统文化的校本课程。这种做法主要体现了学校教育对文化的(　　)

A. 调节功能　　B. 评价功能　　C. 传承功能　　D. 激励功能

12. 教育能够把潜在的劳动力转化为现实的劳动力，这体现了教育的(　　)

A. 经济功能　　B. 育人功能　　C. 政治功能　　D. 文化功能

13. 我国明代东林党领袖顾宪成在无锡创办东林书院，东林书院强调“风声雨声读书声声声入耳，家事国事天下事事事关心”。这在一定程度上反映了教育的(　　)

A. 政治功能　　B. 人口功能　　C. 经济功能　　D. 文化功能

14. 影响受教育者的数量和教育质量的因素是(　　)

A. 政治经济制度　　B. 科学技术

C. 生产力　　D. 文化

15. 中国古代社会以儒家学说为核心，强调教育“在明明德，在亲民，在止于至善”，而西方则主张“知识就是力量”，注重通过学习知识达到对真理的认识。这种差异主要体现了文化类型对(　　)的影响。

A. 教育目的　　B. 教育对象　　C. 教育方法　　D. 教育内容

16. 五四运动和“一二·九”运动都是发端于学校，扩展到社会，进而形成全国性的政治运动。这体现了教育的(　　)功能。

A. 文化　　B. 经济　　C. 生态　　D. 政治

17. 社会对教育事业的需求程度最终取决于(　　)

A. 生产力水平　　B. 社会制度　　C. 文化背景　　D. 科技水平

18. 近年来，越来越多的“一带一路”沿线国家的留学生来我国学习，并把中国文化带回自己的祖国。这体现了教育具有(　　)

A. 文化传承功能　　B. 文化创造功能

C. 文化更新功能　　D. 文化传播功能

19. 近年来，部分学校开设了雕版印刷、根雕、女红等课程，这在一定程度上促进了非物质文化遗产的传承、保护与发展。该现象体现出教育具有(　　)

A. 经济功能　　B. 政治功能　　C. 文化功能　　D. 生态功能

20. 下列不属于教育对社会民主推进作用的是(　　)

A. 教育启迪人的民主思想

B. 教育民主化本身是政治民主化的重要组成部分

C. 民主的教育是政治民主化的孵化器

D. 教育可以化解社会矛盾和冲突

21. “寒门出贵子”这句话体现了教育的(　　)

A. 生态功能　　B. 社会纵向流动功能

C. 经济功能　　D. 社会横向流动功能

22. 现在越来越多的传统技艺经过开发走进了校园课堂，让更多的人了解它们，也吸引了越来越多的人去系统地学习它们，这在很大程度上避免了传统技艺的消亡。这主要体现了教育的(　　)功能。

A. 政治　　B. 人口　　C. 文化　　D. 经济

23. 《学记》提出“化民成俗，其必由学”揭示了教育的重要性和教育与(　　)的关系。

A. 宗教　　B. 经济　　C. 生产力　　D. 政治

24. 决定教育事业发展的规模和速度的是(　　)

A. 科学技术　　B. 生产关系　　C. 文化　　D. 生产力

25. 教育可以使原来为少数人所掌握的科学知识在较短的时间内为更多的人所掌握，从而提高劳动生产效率，促进生产力的发展。这说明教育具有(　　)的功能。

A. 再生产劳动力　　B. 再生产科学知识

C. 科学研究　　D. 促进科研技术成果的开发利用

26. 德国至今从小学到大学仍把宗教课列为必修课。这是教育内容受(　　)制约的体现。

A. 生产力和科技发展水平　　B. 社会政治经济的需要

C. 文化传统　　D. 受教育者的身心发展规律

27. 直接决定教育目的的因素是(　　)

A. 生产力　　B. 政治经济制度　　C. 科学技术　　D. 文化

28. 有的学校将本地的历史、风俗传统等作为校本教材的内容来利用，使学校教育的内容丰富而有特色。这反映了对学校教育发挥作用的是(　　)

A. 政治因素　　B. 社会因素　　C. 生态因素　　D. 文化因素

29. 蒸汽机时代要求工人具有初等教育水平，电气生产时代要求工人具有中等教育水平，自动化时代要求工人具有高中和高等专科以上水平。这说明影响人才培养规格的因素是(　　)

A. 生产力　　B. 生产关系　　C. 上层建筑　　D. 政治经济制度

30. 人力资本理论深刻揭示了(　　)

A. 教育对经济发展的促进作用　　B. 经济发展水平对教育的制约作用

C. 政治对教育的制约作用　　D. 教育对科学技术的制约作用

31. 教育可以再生产人的劳动能力,可以增加劳动力价值,还可以改变人的劳动能力的性质和形态,使劳动能力具有专门性。通常来说,一个国家人口的受教育范围越广,受教育程度越高,国民的综合素质就越高,劳动生产率就越高。这种观点主要体现了(　　)

A. 教育的经济功能　　B. 教育的文化功能

C. 教育的政治功能　　D. 教育的社会功能

32. 高校中的重点实验室承担着科技研发的重任。在导师的指导下,科研者研发出一些新型科技产品如智能机器人,从而大大提高了某些行业的生产效率。这体现了(　　)

A. 教育制约人口发展　　B. 教育影响政治经济制度

C. 教育对生产力的促进作用　　D. 教育对文化的传播作用

33. 14 世纪欧洲学校的课程有算数、几何、天文等,到 16 世纪增加了地理和力学,17 世纪又增加代数、三角、物理和化学等。这说明对教学内容变化产生影响的是(　　)

A. 生产力　　B. 生产关系　　C. 上层建筑　　D. 政治经济制度

34. 下列选项中,制约学校专业设置的是(　　)

A. 政治经济制度　　B. 科技文化

C. 教育目的　　D. 生产力发展水平

35. 美国是一个移民国家,学校的学生来自不同的种族与家庭,通过接受系统的学校教育,学生掌握现代文化知识,建立独特的族群和阶层文化,社会也因此充满生机与活力。这主要体现了教育的(　　)

A. 经济功能　　B. 文化功能　　C. 人口功能　　D. 政治功能

36. 教育的个体功能要转化成政治、经济功能,是通过提高人口素质来实现的。教育的人口功能体现为(　　)

A. 有助于人们树立新的社会价值观和婚育观,控制人口增长

B. 培养出政治经济制度所需要的人才

C. 教育有利于促进民主化进程

D. 有利于促进生产力发展,提高劳动生产率

37. 教育能传播思想、形成舆论,这体现了教育的(　　)

A. 政治功能　　B. 经济功能　　C. 文化功能　　D. 育人功能

38. 我国唐朝"六学二馆"等级森严的入学条件,充分说明政治经济制度决定(　　)

A. 教育的领导权　　B. 受教育权的分配

C. 教育目的　　D. 教育性质

39. 我国西周的"学在官府"以及欧洲的"政教合一"体现了教育的(　　)

A. 文化功能　　B. 政治功能

C. 个性发展功能　D. 经济功能

40. 文化在时间上的延续和空间上的流动都要借助于教育，这说明教育具有(　　)

A. 文化保存和延续功能　B. 文化创造功能

C. 文化选择功能　D. 文化融合功能

41. 现代教育发展的根本动因是(　　)

A. 政治需要　B. 科技进步　C. 经济水平　D. 产业革命

42. 某学校邀请环保部门的专家来校举办讲座和培训班，这大大提高了师生的环保意识，大家学会了主动对垃圾进行分类，关心校园环境。这体现了教育的(　　)

A. 经济功能　B. 政治功能　C. 文化功能　D. 生态功能

43. 墨子认为："国有贤良之士众，则国家之治厚；贤良之士寡，则国家之治薄。"这一思想体现的是教育的(　　)功能。

A. 政治　B. 经济　C. 文化　D. 人口

44. 自然科学的教育内容之所以不可能在古代社会占主导地位，主要是因为古代社会(　　)

A. 教育规模的限制　B. 教育质量的限制

C. 教师水平的限制　D. 生产力水平的限制

45. 教育的社会功能包括人口功能、政治功能、经济功能、(　　)和科学技术发展功能。

A. 精神功能　B. 意识功能　C. 理性功能　D. 文化功能

46. 科学知识再生产的主要途径是(　　)

A. 学校教育　B. 调查研究　C. 职业培训　D. 社会研究

47. 学生因受到良好的教育和训练，未来能够根据社会需要，并结合个人的意愿与可能条件更换不同的工作地点和工作任务。这属于教育的(　　)

A. 社会横向流动功能　B. 社会纵向流动功能

C. 社会横向变迁功能　D. 社会纵向变迁功能

48. 资本主义教育通过专门设置"公民课""宗教教育"向年青一代宣传资产阶级的思想和宗教精神，这体现了(　　)对教育的内容的影响。

A. 生产力　B. 政治经济制度　C. 文化　D. 科学技术

49. 诚实守信一直是我们传承的社会美德，这体现了教育的(　　)

A. 政治功能　B. 文化功能　C. 经济功能　D. 人口功能

50. 一个国家教育经费投入的多少最终取决于(　　)

A. 文化传统　B. 受教育者的需求

C. 生产力发展水平　D. 教育发展的规模

51. 社会成员经由教育的培养、筛选和提高，可以在不同的社会领域、社会层次、职业岗位以及科层组织之间转换和调动。这种教育的功能是(　　)

A. 社会流动功能　B. 文化传递功能

C. 社会改造功能　D. 人口控制功能

52. 科学知识在未用于生产之前，只是一种潜在的生产力，要把潜在的生产力转化为人能够掌握并用于生产的现实生产力，必须依靠(　　)

A. 自学　　B. 训练　　C. 培训　　D. 教育

53. 教育能够推进科学的体制化。这体现了教育的(　　)

A. 生态功能　　B. 科技功能　　C. 政治功能　　D. 文化功能

54. 在人类发展历程中，常出现教育与社会的政治经济发展不平衡的现象。这说明教育具有(　　)

A. 社会性　　B. 不适应性　　C. 超前性　　D. 相对独立性

55. 小周的家乡为某小县城，他在北京的某一流大学完成了本科、硕士、博士阶段的学业后，选择留在北京工作。这体现了教育在(　　)方面的作用。

A. 减少人口数量，控制人口增长　　B. 提高人口素质，改变人口质量

C. 促进人口结构趋向合理化　　D. 促进人口迁移

56. 某老师在课堂上给学生讲要“爱护自然，爱护生命，节约资源”，这体现了教育的(　　)

A. 政治功能　　B. 文化功能　　C. 经济功能　　D. 生态功能

57. 亚当·斯密在《国富论》中把学生在学习中学到的“有用才能”看成是一种固定资本。这说明他认为教育具有(　　)

A. 政治功能　　B. 育人功能　　C. 文化功能　　D. 经济功能

58. 一个受过初等教育的工人可以使劳动生产率提高30%，而一个熟练工人进修一年后，劳动生产率比他在工厂工作一年提高1.6倍。这说明教育能(　　)

A. 使人口结构趋于合理　　B. 培养社会政治人才

C. 促进文化交流　　D. 促进经济增长

59. 美国学者舒尔茨根据人力资本理论推算出美国1929～1957年教育水平对国民经济增长的贡献率是(　　)

A. 28%　　B. 33%　　C. 38%　　D. 53%

60. 小学开展经典诵读活动时，对传统文化要取其精华、去其糟粕。这说明教育对文化具有(　　)

A. 继承功能　　B. 传递功能　　C. 选择功能　　D. 创新功能

61. 教育对于促进可持续发展和提高人们解决环境和发展问题的能力具有重要作用，这体现了教育具有(　　)

A. 政治功能　　B. 经济功能　　C. 生态功能　　D. 文化功能

二、多项选择题

1. 下列关于人力资本理论的表述，正确的是(　　)

A. 人力资本是体现在社会产品生产和消费上的成本总和

B. 人力资本是对生产者进行教育、培训等支出及其接受教育的机会成本等的总和

C. 人力资本收益测算法是由西奥多·舒尔茨提出的

D. 人力资本理论强调教育及教育投资对国民经济增长的贡献率

2. 下列选项中，能体现教育对政治发展有促进作用的是(　　)

A. 中学阶段开设思想政治课程

B. 近年来，一些高校积极探索"产—学—研"一体化道路，取得了巨大成功

C. 某中学开展"公民教育"主题活动

D. 李某在大学学习汉语言文学专业，毕业后成为一名初中语文教师

3. 关于教育与社会发展的关系，下列观点表述正确的是(　　)

A. 统治阶级可以利用经济手段来控制教育的发展方向

B. 学校设置课程门类及其难易程度，可以不受生产力发展水平的制约

C. 受教育权是判断教育性质的主要标志之一

D. 文化观念会影响人们对教育的态度和行为

4. 教育的相对独立性，是指作为社会的一个子系统的教育，它对社会的能动作用具有自身的特点和规律性，它的历史发展也有其独特继承性。这主要表现为(　　)

A. 教育与社会发展不平衡

B. 教育是培育人的活动，主要通过所培育的人作用于社会

C. 教育具有自身的活动特点、规律及原理

D. 教育具有自身发展的传统与连续性

5. 生态文明建设是关系人民福祉、关乎民族未来的长远大计，也必然要求学校承担起生态教育的重任。教育的生态功能有(　　)

A. 开展生态文明知识竞赛

B. 树立建设生态文明的理念

C. 普及生态文明知识，提高民族素质

D. 引导建设生态文明的社会活动

6. 政治经济制度对教育的制约作用有(　　)

A. 决定了教育的性质、目的

B. 决定了教育的领导权

C. 决定了受教育权

D. 影响了部分教育内容

7. 教育影响社会的各个方面，那么教育对人口的影响是(　　)

A. 减少人口数量，控制人口增长

B. 改善人口素质，提高人口质量

C. 有利于人口迁移

D. 使人口结构趋向合理化

8. 下列关于教育发展的社会制约性，表述正确的观点是(　　)

A. 我国中部地区生产力发展水平对其教育结构有制约作用

B. 个体接受何种程度的教育由社会政治经济制度所决定

C. 儒家文化的价值取向对我国当代教育价值观的形成没有影响

D. "三孩"政策的实施对我国教育发展的战略影响较大

9. 生产力对教育起决定作用表现在(　　)

A. 决定着教育的规模和速度

B. 决定着教育的领导权

C. 制约着教育的内容和手段

D. 制约着教育结构的变化

10. 科学技术对教育的影响主要表现为(　　)

A. 科学技术能够改变教育者的观念

B. 科学技术能够影响受教育者的数量和教育质量

C. 科学技术能够影响教育的内容、方法

D. 科学技术对教育起着决定作用

11. 文化发展对教育的影响主要体现在(　　)

A. 对教育具有价值定向作用　　B. 影响教育内容的选择

C. 促进学校课程的发展　　D. 影响教育方法的使用

12. 教育的相对独立性主要表现在(　　)

A. 教育自身的历史继承性　　B. 教育与社会发展的不平衡性

C. 教育与其他社会意识形式的平行性　　D. 教育传递文化

13. 教育社会功能的主要特点有(　　)

A. 直接性　　B. 迟效性　　C. 超前性　　D. 潜在性

14. 教育与文化的联系密不可分,它对整个文化的作用有(　　)

A. 传播　　B. 传承　　C. 改造　　D. 创新

15. 学校课程的变化深受文化发展的影响,文化对课程的影响主要体现在(　　)

A. 更新课程理念　　B. 丰富课程内容

C. 改善课程结构　　D. 改变课程目标

16. 教育作为提高人口质量的根本途径,对(　　)有重要作用。

A. 提高人的科学技术水平　　B. 培养人的文化修养

C. 加强人的思想觉悟　　D. 改善人的道德水平

17. 基于人力资本理论,教育(　　)

A. 是一种消费活动　　B. 不是一种消费活动

C. 不是一种投资活动　　D. 是一种投资活动

18. 在西方封建社会中,教会学校的目的是培养教士和僧侣,课程内容是简单的“七艺”。随着社会生产力发展,资本主义教育目的在于巩固资产阶级和维护统治阶级利益,课程内容注入了科学知识,增加了很多新的学科。这表明生产力水平(　　)

A. 影响教育目的的确定　　B. 制约课程设置和教学内容的选择

C. 决定教育的规模和速度　　D. 制约学校结构

19. 关于传统教育与网络教育的区别,以下表述不正确的是(　　)

A. 传统教育是存在时空限制的教育,网络教育是跨时空的教育

B. 传统教育是升学的教育,网络教育是普及的教育

C. 传统教育是阶段式的教育,网络教育是无阶段的教育

D. 传统教育是非等级的教育,网络教育是开放式的教育

三、判断题

1. 教育可以“简化”文化，吸取其基本内容；教育可以“净化”文化，消除其不良因素。这体现了教育对文化的传播功能。（　　）
2. 人口的平均文化程度越高，人口出生率就越低。这体现了教育可以改变人口质量。（　　）
3. 教育是一种消费事业、福利事业，不具有生产性。（　　）
4. 教育是文化传播的代名词。（　　）
5. 教育能影响民主法制建设，能够保存、传递以至创造人类文化，还可以起到保护环境、控制人口数量的作用。这主要体现的是教育的个体功能。（　　）
6. 教育对社会政治经济制度起着巨大的影响作用，但它不起决定作用。（　　）
7. 教育程度的提高客观上推迟了人们的初婚年龄和生育年龄，这体现了教育的经济功能。（　　）
8. 过度重视教育不利于社会经济的发展。（　　）
9. 教育是一种影响政治经济的舆论力量。（　　）
10. 科学技术能够改变教育者的观念，也能够影响受教育者的数量和教育质量。（　　）
11. 在现代社会中，教育是使科学技术转化为劳动者精神财富的手段。（　　）
12. 教育能推进一个社会的民主化进程。（　　）
13. “朝为田舍郎，暮登天子堂”体现的是教育的社会变迁功能。（　　）
14. 文化对教育发展既有推动作用又有阻碍作用。（　　）
15. 教育是文化传递和保存最为基本和最为有效的手段。（　　）
16. 学校不仅是为一定社会培养所需要的人才的机构，而且也是一个国家管理青少年儿童的机构，这是教育的政治功能在实施社会控制上的表现。（　　）
17. 20世纪70年代，埃德加·富尔首次提出了“教育先行”的概念，用以概括教育先于经济而发展的倾向。这表明教育的发展可以不受生产力发展水平的制约。（　　）
18. 人口增长速度比较快的地区，教育发展应以提高教育质量为重点。（　　）

四、辨析题

1. 在阶级社会里，超阶级、超政治的教育是不存在的。

2. “服民以道德，渐民以教化”体现了教育与人口的关系。

3. 教育的发展依赖于经济的发展，所以应优先发展经济，后发展教育。

4. 教育对文化的选择是直接选择的。

五、简答题

1. 简述教育的科技功能。

2. 简述教育对人口迁移的影响。

3. 简述教育的政治功能。

六、案例分析题

在唐代，中央政权所办的各类学校，在校学生的总额为2681人，其中学习与生产有关的天文、兽医等专业的只有240人，其余2000余人毕业后都直接充实政权机构，充当国家和地方各级官吏。据统计，美国现有600所大学设管理学院或系科，拥有大学生70万、研究生10万。苏联和东欧国家除了设立专门培养经济管理干部的学院和系科以外，还把中央和地方所属党校都纳入统一的干部教育体系之中。

请运用“教育对政治的作用”这一原理对本材料进行分析。

专题二　教育与人的发展

考法透视　本专题以理解为主，多以选择题、判断题、辨析题、填空题、简答题等形式进行考查，主要考查个体身心发展的动因、影响个体身心发展的主要因素及个体身心发展的规律。

限时:140 分钟	用时：　分钟	错题数：　道	▶答案见 P296

一、单项选择题

1. “与善人居，如入芝兰之室，久而自芳也；与恶人居，如入鲍鱼之肆，久而自臭也”反映了(　　)对人发展的影响。

A. 遗传　B. 环境　C. 个体主观能动性　D. 教育

2. 在优越的环境中，有人一无所成；在不利的环境中，有人却能逆境成才。这说明了(　　)

A. 人的发展不受环境的影响

B. 环境对人的影响取决于个体的主观能动性

C. 好的环境不利于人的发展，坏的环境对人的发展更有利

D. 个人发展是好是坏，完全由环境决定

3. 下列说法中，最接近内发论思想的是(　　)

A. 仁义礼智，非由外铄我也，我固有之也，弗思耳矣

B. 生而同声，长而异俗，教使之然也

C. 一个人的身心发展是内外因素在个体实践活动中相互作用的结果

D. 最初的心灵像一块白板，一切观念和记号都来自后天的经验

4. 幼儿园教育既应杜绝“小学化”，又要注意幼小衔接，这体现了个体身心发展的(　　)

A. 互补性　B. 阶段性　C. 衔接性　D. 个别差异性

5. “龙生龙，凤生凤，老鼠的儿子会打洞。”这一说法属于(　　)

A. 遗传决定论　B. 环境决定论

C. 辐合论　D. 主体论

6. 青少年个体身心发展的顺序性要求在教育过程中必须做到(　　)

A. 抓关键期　B. 启发诱导　C. 循序渐进　D. 因材施教

7. 有调查指出，相对而言，美国人大器晚成，随着年龄的增长更加聪慧；而日本人则年少有为，从小就聪明伶俐。不同的人“年少有为”“大器晚成”，实际上反映了人的发展具有(　　)

A. 顺序性　B. 整体性　C. 阶段性　D. 个别差异性

8. 内发论强调人的身心发展是由自身的需要决定的，身心发展的顺序也是由人的生理机制决定的。下列属于内发论的代表人物的是(　　)

A. 荀子　B. 洛克　C. 华生　D. 高尔顿

9. 促进个体发展从潜在的可能状态转向现实状态的决定性因素是( )

A. 遗传因素 B. 环境因素

C. 个体主观能动性 D. 教育

10. 青春初期的孩子身高体重的增长已达到较高水平,而骨化过程还远远没有完成。这体现了人的身心发展具有( )

A. 顺序性 B. 不均衡性 C. 阶段性 D. 个别差异性

11. “当其可之谓时,时过然后学,则勤苦而难成”,这表明教育工作要抓住人的身心发展的( )

A. 关键期 B. 加速期 C. 稳定期 D. 高原期

12. 有的学生虽然身患残疾,但是他们的思维反应速度明显快人一筹。这说明人的身心发展具有( )

A. 不平衡性 B. 顺序性 C. 互补性 D. 个别差异性

13. 要正确看待学校教育在人的身心发展中的作用,对“教育无用论”和( )应予以批判。

A. “教育先行论” B. “教育万能论”

C. “教育优先发展论” D. “科学技术是第一生产力”

14. 遗传因素对人的影响在人的整个发展过程中总体上呈( )趋势。

A. 递减 B. 递增 C. 不变 D. 倒 U 型

15. 孟子提出“性善论”的观点,他认为人的本性中就有“恻隐、羞恶、辞让、是非”四端,这也是“仁、义、礼、智”四种基本品性的根源。这种观点是( )

A. 外铄论 B. 内发论 C. 多因素论 D. 相互作用论

16. 德国教育家第斯多惠认为:“无论是对一个医生还是对一个教师来说,最重要的就是必须首先认识人的一般天性和特殊天性,然后才能对症下药、因材施教。”这说明个体身心发展具有( )

A. 顺序性 B. 差异性 C. 阶段性 D. 互补性

17. 少年期学生表现出“成人的身体,儿童的心理”的特征,说明了其身心发展具有( )

A. 整体性 B. 顺序性 C. 不平衡性 D. 个别差异性

18. 某医院皮肤科接诊了一个 2 岁半就斑秃的孩子,其原因竟是父母为让孩子上好的幼儿园,一口气给她报了 4 个培训班。这说明教育应该适应个体身心发展的( )

A. 不平衡性 B. 阶段性 C. 差异性 D. 互补性

19. 高尔基 4 岁丧父,10 岁丧母,为了生存四处漂泊,贫民窟和码头就是他的“社会”大学的课堂。但在这么困苦的条件下,高尔基成了一名伟大的作家。由此可见( )

A. 人具有主观能动性,可以促进人的发展

B. 个体的成长发展需要不断地实践

C. 个体因素在人的发展中起次要作用

D. 环境与遗传因素对个人发展起决定作用

20. 小华和小强是一对双胞胎兄弟,哥哥小华对色彩的敏感度比较高,以后想当个画家;而弟弟

小强则数学思维比较强,以后想从事与金融相关的工作。这体现了人的发展具有(　　)

A. 顺序性　　B. 整体性　　C. 不平衡性　　D. 个别差异性

21. 我国针对不同年龄阶段的学生,提出了小学、初中、高中教育,又将各个阶段的教育分成不同等级。这一举措符合学生发展的(　　)

A. 顺序性　　B. 不平衡性　　C. 阶段性　　D. 互补性

22. "环境决定论"认为环境对人的身心发展起决定作用。"环境决定论"的代表人物有(　　)

A. 柏拉图　　B. 班杜拉　　C. 苏格拉底　　D. 华生

23. 教育通过对人的道德、智力、能力等方面的培养,从而提高人的自身素质和自身能力,体现了教育对(　　)的促进作用。

A. 人的主体意识提升　　B. 人的个体特征发展

C. 人的个体价值实现　　D. 人的个体行为社会化

24. 新学期,王老师接任初一班主任后,深入了解每个学生的特点和情况,并为每个学生制订了学习发展规划。王老师的做法关注了(　　)

A. 学生发展的顺序性　　B. 学生发展的不平衡性

C. 学生发展的互补性　　D. 学生发展的差异性

25. 不顾学生的年龄特征,在教育教学中搞"齐步走",违背了个体身心发展的(　　)

A. 顺序性　　B. 整体性　　C. 阶段性　　D. 互补性

26. 个体身心发展的互补性要求教育者要做到(　　)

A. 相互衔接　　B. 循序渐进　　C. 长善救失　　D. 教学相长

27. 作为个体身心发展的现实基础,为个体发展提供对象、手段、资源、机遇等的因素是(　　)

A. 个体主观能动性　　B. 遗传　　C. 环境　　D. 学校教育

28. 个体身心发展的特殊性表现在(　　)

A. 顺序性与可逆性　　B. 社会实践性与主观能动性

C. 连续性与阶段性　　D. 不平衡性与差异性

29. "人之所以千差万别,就是由于教育之故。"这一观点属于(　　)

A. 遗传决定论　　B. 教育万能论　　C. 辐合论　　D. 教育无用论

30. 机体某一方面的机能受损甚至缺失后,可以通过精神力量、意志、情绪状态对整个机体起到调节作用,帮助人战胜疾病和残缺,使身心依然得到发展。这表明个体身心发展具有(　　)

A. 阶段性　　B. 顺序性　　C. 互补性　　D. 不平衡性

31. "一齐人傅之,众楚人咻之,虽日挞而求其齐也,不可得矣;引而置之庄岳之间数年,虽日挞而求其楚,亦不可得矣。"这说明了(　　)对人的影响。

A. 教育　　B. 环境　　C. 主观能动性　　D. 遗传素质

32. 我国历史上著名的大思想家王阳明 5 岁还不能开口说话,却能默背祖父的众多藏书。这说明(　　)

A. 人的发展具有阶段性　　B. 人的发展具有不均衡性

C. 人的发展具有顺序性　　D. 人的发展具有整体性

33. 教育中“揠苗助长”的现象违反了个体身心发展的(　　)

A. 互补性　　B. 不平衡性　　C. 顺序性　　D. 个别差异性

34. “唯上智与下愚不移”体现了(　　)

A. 环境决定论　　B. 教育万能论

C. 遗传决定论　　D. 社会决定论

35. 下列说法错误的是(　　)

A. “蓬生麻中,不扶而直”体现了环境因素对人的发展的影响

B. “白板说”属于外铄论

C. 康德是“教育无用论”的代表人物

D. “狼孩”的故事说明遗传在人的身心发展中不起决定作用

36. “万物皆备于我”“人的心中自有浩然之气”表明了个体身心发展的(　　)观点。

A. 外铄论　　B. 内发论

C. 实践主体论　　D. 多因素相互作用论

37. 有的人记忆力强,有的人感知力强,有的人语言表达能力强,有的人写作能力强。这说明人的发展具有(　　)

A. 顺序性　　B. 阶段性　　C. 不平衡性　　D. 个别差异性

38. 六岁前是人类语言学习的一个敏感期,错过了将无法弥补,并且事倍功半,这反映了个体身心发展具有(　　)

A. 阶段性　　B. 差异性　　C. 不平衡性　　D. 顺序性

39. 学校教育在学生的身心发展中起主导作用,但家庭教育、社会教育和自我教育也对学生的身心发展有重要影响。这体现了(　　)

A. 学校教育是一种有目的地培养人的活动

B. 学校教育的主导作用是相对的、有条件的

C. 学校教育对人的影响比较全面、系统和深刻

D. 学校教育可以替代社会教育

40. 华生说过:“给我一打健康的婴儿,一个由我支配的特殊环境,让我在这个环境里教育他们,我可担保,任意选择一个,不论他父母的才干、倾向、爱好如何,他父母的职业如何,我都可以按照我的意愿把他训练成为任何一种人物——医生、律师、艺术家、大商人,甚至乞丐或强盗。”这种观点是(　　)

A. 遗传决定论　　B. 环境决定论

C. 家庭决定论　　D. 儿童决定论

41. 英国哲学家洛克的“白板说”是(　　)的典型代表。

A. 多因素论　　B. 综合论　　C. 外铄论　　D. 内发论

42. 学龄初期的学生身体发展缓慢,思维以形象思维为主;学龄中期的学生身心急剧变化,独立性增强,但又不易控制自己;学龄晚期的学生身心发展明显成熟,接近成人水平。这体现了

学生发展一般规律中的(　　)

A. 顺序性　　B. 稳定性　　C. 不均衡性　　D. 个别差异性

43. 在教育教学中,教师如何做到尊重学生的个别差异(　　)

A. 辩证地看待学生的优缺点,不绝对化

B. 对学生一视同仁,一样要求

C. 在学生之间进行横向的比较

D. 不同的学生犯了同样的错误,不考虑动机与原因就进行处理

44. 上帝为你关了一扇门,就一定会为你打开一扇窗。这说明教育要遵循个体身心发展的(　　)规律。

A. 互补性　　B. 顺序性　　C. 阶段性　　D. 个别差异性

45. 古人常叹息:“黑发不知勤学早,白首方悔读书迟。”这说明人的发展具有(　　)

A. 差异性　　B. 可逆性　　C. 危险期　　D. 关键期

46. 个体主观能动性的最高层次是(　　)

A. 生理活动　　B. 心理活动　　C. 物质活动　　D. 社会实践活动

47. 我国古代思想家董仲舒提出了“性三品说”,他把人性由高到低分为圣人之性、中民之性、斗筲之性三等。其中,“圣人”是先知先觉者,无需教育;而“斗筲”之性不可移,教也无用。这种观点属于(　　)

A. 环境决定论　　B. 教育主导论

C. 遗传决定论　　D. 外因决定论

48. “出淤泥而不染”“同流而不合污”说明人的身心发展的源泉和动力是(　　)

A. 主观能动性　　B. 社会环境　　C. 教育　　D. 遗传素质

49. 随着经济的发展,家长对孩子的教育越来越重视,“高价学位房”的报道屡见不鲜。在表示愿意购买“高价学位房”的受访者眼中,“高价学位房”意味着优质教育。对于家长花费巨资购买学位房的原因,下列分析不正确的是(　　)

A. 学校教育能促进人的身心发展

B. 学校教育能为人的终身发展打下基础

C. 学校教育能解决人发展过程中的所有问题

D. 学校教育能全方位系统地统筹人的发展需求

50. 在个体身心发展动因的问题上,辩证唯物主义的观点是(　　)

A. 内发论　　B. 外铄论

C. 多因素相互作用论　　D. 环境决定论

51. 人是一个积极、能动的主体,人的发展与动物的发展的显著区别之一就在于人是有意识的,具有主观能动性。这种主观能动性是通过人的(　　)表现出来的。

A. 教育　　B. 环境　　C. 遗传　　D. 活动

52. “一方水土养一方人”这句话反映了(　　)对人的发展的影响。

A. 环境　　B. 遗传　　C. 教育　　D. 社会活动

53. 曾有媒体曝光,有小学在学生报名入学时进行智力测验,后被教育主管部门叫停。该学校这么做,主要是过于(　　)

A. 夸大遗传对人的发展作用　　B. 夸大家庭教育对人的发展作用

C. 夸大环境对人的发展作用　　D. 夸大人的能动性对人的发展作用

54. 心理学家提出的"关键期"体现了人的身心发展的(　　)特点。

A. 个别差异性　B. 不平衡性　C. 互补性　D. 阶段性

55. 儿童身心发展有两个高速发展期:新生儿期与青春期,这是人的身心发展的(　　)规律的反映。

A. 顺序性　B. 不均衡性　C. 阶段性　D. 个别差异性

56. 学校教育促进人的身心发展的功能,主要体现在个体的个性化与个体的(　　)两个方面。

A. 社会化　B. 道德化　C. 群体化　D. 趋同化

57. 当外部环境大致相同时,学生的个体需求和动机不同,对教学的态度和行为也不同,这反映了(　　)对身心发展的影响。

A. 遗传素质　B. 家庭背景　C. 社会环境　D. 个体主观能动性

58. 古人云:"蓬生麻中,不扶而直;白沙在涅,与之俱黑。"这句话说明了(　　)对个体身心发展的影响作用。

A. 遗传素质　B. 环境　C. 教育　D. 个体主观能动性

59. 盲人的听觉、嗅觉和触觉一般都特别灵敏,这说明人的身心发展具有(　　)

A. 顺序性　B. 阶段性　C. 不平衡性　D. 互补性

60. 三国时期,诸葛亮在《诫子书》中提到"才须学也,非学无以广才,非志无以成学",这里所提到的影响人的发展因素有(　　)

①遗传　②教育　③环境　④个体主观能动性

A. ①②　B. ②③　C. ②④　D. ①③

61. 在小学阶段教学多采用直观形象的方式,而进入中学以后则可进行抽象讲解。这体现出儿童身心发展具有(　　)

A. 个别差异性　B. 阶段性　C. 顺序性　D. 不平衡性

62. "教育既有培养创造精神的力量,也有压抑创造精神的力量,甚至有的教育还在摧残儿童。"这说明(　　)

A. 教育在人的发展中起主导作用　　B. 教育在人的发展中具有导向性作用

C. 教育比遗传素质更能影响人的发展　　D. 教育对人的发展的主导作用是有条件的

63. 有人认为"我可以根据自己的需要,把孩子培养成什么样的人都可以",这种观点突出强调的是(　　)对儿童身心发展的影响。

A. 遗传因素　B. 生理成熟　C. 环境和教育　D. 先天因素

64. 一些事例显示,对"兽孩"进行的补救教育都不是很成功。这表明人的发展具有(　　)

A. 关键期　B. 顺序性　C. 可逆性　D. 模仿期

65. 洛克认为:"我们日常所见的人中,他们之所以或好或坏,或有用或无用,十分之九都是他们的教育所决定的。”康德甚至认为:“人只有靠教育才能成为人,人完全是教育的结果。”这些话反映了(　　)的观点。

A. 遗传决定论　　B. 教育无用论

C. 教育万能论　　D. 辐合论

66. 教学要促进学生的一般发展,注意做到认知因素与非认知因素、意识与潜意识、科学与艺术的统一。这体现了学生身心发展的(　　)规律。

A. 顺序性　　B. 稳定性　　C. 不均衡性　　D. 整体性

67. (　　)认为“一两的遗传胜过一吨的教育”,他认为个体心理发展是人类进化过程的简单重复,个体心理发展由种系发展决定(复演说)。

A. 弗洛伊德　　B. 威尔逊　　C. 格塞尔　　D. 霍尔

68. 高尔顿在《天才的遗传》一书中曾提过:“一个人的能力乃由遗传得来,其受遗传的程度如同机体的形态和组织之受遗传决定一样。”这样的观点属于(　　)

A. 内发论　　B. 外铄论　　C. 相互作用论　　D. 经验论

69. 人的身体发展遵循“由中心向周围发展”的顺序。这说明人的身心发展具有(　　)

A. 个别差异性　　B. 顺序性　　C. 阶段性　　D. 不平衡性

70. 许多地方出现的“狼孩”事件说明(　　)在人的身心发展中不起决定作用。

A. 教育　　B. 环境　　C. 个体主观能动性　　D. 遗传素质

71. 在我国反腐倡廉的斗争中,出现了多个高学历、高职位的大贪官,他们都受过良好的教育,但依然成为了犯罪分子。这说明(　　)

A. 社会是一个“大染缸”,人一进去就学坏

B. 社会环境是人发展的条件性因素

C. 贪官们的遗传素质有缺陷

D. 环境会决定人的发展方向

72. 对于童年期的学生,在教学内容上应多讲一些比较具体的、浅显的知识,在教学方式上应多采用直观教具。这体现了教育要适应儿童身心发展的(　　)

A. 稳定性　　B. 阶段性　　C. 不平衡性　　D. 个别差异性

73. 同一课堂中,有的学生专心听讲,有的学生心不在焉,长此以往,学生之间的学习成绩有了很大差异。这主要体现了(　　)对人的发展的作用。

A. 遗传　　B. 学校环境　　C. 社会环境　　D. 个体主观能动性

74. “知识蕴含着科学精神和人文精神”,这意味着知识具有(　　)

A. 认识价值　　B. 陶冶价值　　C. 能力价值　　D. 实践价值

75. “秀才不出门,能知天下事。”这体现了知识具有(　　)

A. 认识价值　　B. 能力价值　　C. 陶冶价值　　D. 实践价值

二、多项选择题

1. 儿童发展的未完成性涵盖了人的发展的(　　)

A. 确定性　　B. 可选择性　　C. 可塑性　　D. 开放性

2. 与家庭教育、社会教育相比较,学校教育在人的发展中起主导作用。其原因是(　　)

A. 学校教育是有目的、有计划地培养人的活动

B. 学校教育对人的影响全面而且系统

C. 学校教育有专门的教师来负责教育教学活动

D. 学校有运动场所、图书资料

3. 关于人的发展,下列表述错误的是(　　)

A. 高尔顿认为"一两的遗传胜过一吨的教育"

B. 卢梭提出了著名的"白板说"

C. 吴伟士认为,人的发展等于遗传和环境的乘积

D. 董仲舒的"性三品"学说,突出"命定"因素在人发展中的作用

4. 关于个体身心发展的动因,下列表述或观点倾向于"外铄论"的是(　　)

A. 化性起伪　　B. 人的心灵如同一块白板,可以任意涂抹

C. 万物皆备于我　　D. 行为主义的行为塑造理论

5. "教育万能论"的代表人物有(　　)

A. 洛克　　B. 康德　　C. 华生　　D. 高尔顿

6. 下列思想中,体现了教育是影响人发展的主导因素的有(　　)

A. 干、越、夷、貉之子,生而同声,长而异俗,教使之然也

B. 植物的形成由于栽培,人的形成由于教育

C. 人是教育的产物

D. 人之所以千差万别,便是由于教育之故

7. 下列哪些观点属于遗传决定论(　　)

A. 柏拉图的人分三等论　　B. 洛克的"白板说"

C. 中国的性善论　　D. 基督教的"原罪说"

8. 下列关于个体身心发展的规律与教育措施匹配正确的是(　　)

A. 身心发展的顺序性——循序渐进　　B. 身心发展的个别差异性——因材施教

C. 身心发展的不平衡性——长善救失　　D. 身心发展的互补性——抓关键期

9. 在以下表述中,没有体现个体身心发展的顺序性规律的是(　　)

A. 老师要严格要求学生,但不使学生感到压抑

B. 老师要等学生实在无法想明白的时候再去启发他

C. 只读书而不肯动脑筋思考,就会感到迷惑而无所适从

D. 老师不传授超出学生接受能力的知识

10. 教育的作用是培育人、促进人的发展。人的发展是整体性发展,大致可以分为(　　)

A. 生理发展　　B. 心理发展　　C. 精神发展　　D. 社会性发展

11. 遗传是人从上代继承下来的生命机体及其解剖上的特点,如机体的结构、形态、感官和神经系统的特点及本能、天赋倾向等。遗传在人的发展中的作用有(　　)

A. 遗传素质是人的发展的生理前提

B. 遗传素质是人的发展的外部条件

C. 遗传素质的成熟程度制约着人的发展过程及年龄特征

D. 遗传素质的差异性对人的发展有一定的影响

12. 人的身心发展受到多种因素制约，主要包括(　　)

A. 个体自身的因素　B. 环境因素　C. 活动因素　D. 遗传素质

13. 个体身心发展的差异性是指由于人的发展的主客观条件不一样，即遗传、环境、教育和自身主观能动性的不同，在身心发展上存在着个别差异。下列选项中符合个体身心发展的差异性特点的教育措施有(　　)

A. 因材施教　B. 弹性教学制度

C. 启发性教学　D. 组织兴趣小组教学

14. 学校是个体社会化的场所，学校教育是个体社会化的途径，学校教育主要通过以下哪些方面实现个体的社会化(　　)

A. 教育促进个体行为的社会化　B. 教育促进个体思想意识的社会化

C. 教育培养个体的职业意识和角色　D. 教育开发人的创造性，促进个体价值的实现

15. 学校教育在人的发展中发挥着主导作用，影响这一主导作用发挥的主要条件包括(　　)

A. 教育自身的状况　B. 人的主观能动性的调动

C. 家庭环境　D. 社会发展的状况

16. 下列属于个体身心发展的个别差异性的表现的是(　　)

A. 不同儿童同一方面的发展速度和水平不同

B. 不同儿童不同方面的发展存在差异

C. 不同儿童所具有的个性心理倾向不同

D. 群体间的差异

17. “性相近也，习相远也。”对这句话解释正确的有(　　)

A. 这是遗传决定论的体现，否认环境的决定作用

B. 后天的教育和社会环境才是导致人的发展差异的主要原因

C. 这是环境决定论的体现，抹杀了先天禀赋的差异

D. 这种观点为从平民中“举贤才”的主张提供了依据

18. 为什么说遗传素质是人的发展的物质基础(　　)

A. 为人的身心发展提供了可能性　B. 制约着人的身心发展过程

C. 影响着人的身心发展的个别差异　D. 具有一定的可塑性

19. 教育在人的个性发展中的作用包括(　　)

A. 唤起人的主体意识，促进人的主观能动性的发展

B. 尊重个体差异，促进人的独特性的形成

C. 有助于身体发展，促进人的健康体魄的形成

D. 开发人的潜能，促进人的个体价值的实现

20. 环境决定论完全否定了(　　)

A. 遗传作用　　B. 教育价值　　C. 家庭影响　　D. 人的能动性

21. 美国康奈尔狄克州有一个嘉纳塞·爱德华家族,这个家族八代子孙共600多人。爱德华一世是一位博学多才的神学家、哲学家、道德家。他的八代子孙中有13人当了大学校长,100多人当了教授,14人创建了大学和专科学校,60多人当医生,100多人当牧师,75人当军官,80多人成了文学家,1人担任过副总统,1人做过大使,20多人任过议员,18人成为报社、杂志社的主编或负责人。这是一个人才辈出的家族。下列分析和评价正确的有(　　)

A. 遗传决定论的观点是正确的

B. 爱德华家族人才辈出,其优良的遗传素质占主导地位

C. 良好家庭环境的熏陶,榜样的力量,家长对子女的期望作用,都有利于后代的成才

D. 子女的主观努力是他们成才的重要因素

22. "染于苍则苍,染于黄则黄,所入者变,其色亦变。"与这句话所反映的影响人身心发展的因素相吻合的说法有(　　)

A. 近朱者赤,近墨者黑　　B. 孟母三迁

C. 蓬生麻中,不扶而直　　D. 龙生龙,凤生凤,老鼠的儿子会打洞

23. 人的本质特点在于(　　)的统一。

A. 自然性与社会性　　B. 交往性与道德性

C. 受动性与能动性　　D. 共性与个性

24. 心理学家特尔门曾对智商在130以上的1528名超常儿童进行了历时50年之久的追踪观察与系统研究,得出的结论是:早年智力测验并不能正确地预测晚年的成就,一个人的成就同智力的高低并无极大的相关。这说明(　　)

A. 遗传素质对人身心发展的影响不是决定性的

B. 智力等遗传因素对人的身心发展有决定性的影响

C. 环境对人的身心发展起着主导作用

D. 不宜夸大遗传素质的作用

25. 关于个体身心发展的动因理论有(　　)

A. 内发论　　B. 外铄论

C. 辐合论　　D. 多因素相互作用论

26. 环境对人的发展的影响要通过(　　)才能实现。

A. 个体的主观努力　　B. 教育

C. 遗传　　D. 社会实践活动

27. 下列能体现个体身心发展具有互补性的是(　　)

A. 盲人一般听觉灵敏　　B. 聪明的儿童常常学习不努力

C. 意志坚强的人能战胜身体残缺的困难　　D. 失去双手的人能用嘴写字

28. 小强妈妈望子成龙心切,小强上幼儿园时,才刚刚学会认字,就给他报了一个作文班。上小

学后，明知道儿子不喜欢弹钢琴，还是给他报了钢琴兴趣班。这说明小强妈妈在教育过程中违背了儿童身心发展的（ ）

A. 互补性　　B. 个别差异性　　C. 稳定性　　D. 顺序性

三、判断题

1. 人的身心发展只需要学校教育而无需社会实践。（ ）
2. 俗语“人心不同，各如其面”说明个体身心发展具有个别差异性。（ ）
3. 随着环境、教育和实践活动的作用，人的遗传素质会逐渐地发生变化。这说明遗传素质具有可塑性。（ ）
4. 有的学生喜欢自然科学的科目，有的学生喜欢社会科学的科目，有的学生爱好音体科目。这反映了学生身心发展具有不均衡性。（ ）
5. 内发论者一般强调人的身心发展的力量主要源于人自身的内在需要。（ ）
6. 施泰伦认为人的发展等于遗传与环境的乘积。（ ）
7. 人的身心发展是由儿童已有的身心发展水平与社会、教育向儿童提出的要求所引起的新旧需要之间的矛盾运动而实现的。（ ）
8. 遗传素质为人的发展提供了可能，遗传素质的差异是造成个体间个别差异的主要原因。（ ）
9. 童年期学生的思维特点是具有较大的具体性和形象性，抽象思维能力还比较弱，对抽象的道理不易理解；少年期的学生，抽象思维能力已经有了很大的发展，但经常需要具体的感性经验做支持。这表明个体身心发展具有阶段性。（ ）
10. 精神分析学派认为人的性本能是最基本的自然本能，是推动人的发展的潜在的、无意识的、最根本的动因。这是一种内发论的观点。（ ）
11. 只要教育得法，人人都可以成为歌唱家、科学家、诗人。（ ）
12. 人是自然性和社会性的统一，若单纯强调人的自然属性，就会陷入“遗传决定论”。（ ）
13. 教学中可以将任何知识教给任何年龄的学生。（ ）
14. 错过某个特定行为发展的关键期之后，它将不再发展。（ ）
15. 社会发展离不开人的发展，因此教育的个体发展功能首先表现为促进个体个性化的功能。（ ）
16. 儿童发展的过程就是一个生理成熟的过程。（ ）
17. 教育对儿童的发展是有促进作用的，早教育就是早发展、早成熟。（ ）

四、填空题

1. 环境包括自然环境和社会环境两大部分，教育学中所说的环境一般指________。
2. 影响人身心发展的主要因素中，提供必要的生物前提和发展潜在可能性的是________。
3. 在影响个体身心发展的诸因素中，学校教育具有________的特殊功能。
4. 优生学的创始人________是遗传决定论的“鼻祖”，他认为个体的发展及其个性品质早在基因中就决定了，发展只是这些内在因素的自然展开，环境只起引发作用。
5. 人的身心发展速度呈现出加速与平缓交替发展的状态，这体现的是身心发展的________特点。

五、辨析题

1. 教育对人的发展起主导作用是有条件的。

2. 只要进行教育，就会对儿童发展产生积极作用。

3. “哲学家与搬运夫之间的原始差别要比家犬与猎犬之间的差别小得多”，这句话强调了遗传是人身心发展的决定性因素。

4. 人的身心发展在整个生命过程中是均衡和匀速的。

5. 与动物完全依靠本能学习不同，人类的行为学习有时即便错过了关键期，也能经过补偿学习而获得。

六、简答题

1. 环境是推动人身心发展的动力，主要表现在哪些方面？

2. 简述个体身心发展的个别差异性的教育要求。

3. 简述学校教育在个体身心发展中起主导作用的表现。

七、论述题

1. 试述“近朱者赤，近墨者黑”“勤能补拙”体现的教育学原理。

2. 试述学校教育的个体个性化功能和个体社会化功能。

八、案例分析题

1. 1964 年美国心理学家布卢姆发表了题为《人类特征的稳定性与变化》的研究报告，他认为“个人的智力成熟从出生到 4 岁发展到 40%，4 ~ 8 岁再发展 30%，8 岁以后发展剩下的 30%……如果儿童在这非常重要的早期岁月中得不到理智的刺激，他们的学习能量就受到了严重的妨碍”。青少年从出生到成熟并不是每年匀速地发展，而是经历过几次发展的高潮。第一次高潮是婴儿出生的第一年。在这一年内，婴儿身高增长 25 厘米左右，体重增加 7 千克左右。然后就缓慢下来，每年平均身高增长 2 ~ 3 厘米，体重增加 2 ~ 3 千克。第二次高潮是六七岁，这个时期身高、体重的发展不是那么显著，而明显的发展主要表现在大脑和心理上。6 岁儿童的大脑重量已经达到成人脑重量的 90% 以上，儿童的生理、心理状况已经为接受学校教育提供了必要的条件。第三次高潮是青春发育期，也就是少年期。女孩子在十二三岁，男孩子在

十四五岁。这个时期身高每年增长7～8厘米，体重增加5～6千克。少年期是一个过渡时期，既有儿童的特征，又有了成人特征的萌芽。

请根据所学的教育学知识，分析上述案例。

2. 有两个孩子：一个喜欢弹琴，想当音乐家；另外一个喜欢绘画，想当美术家。但不幸的是，喜欢弹琴的那个孩子聋了，喜欢绘画的那个孩子眼睛瞎了。然后喜欢弹琴的孩子改学绘画，喜欢绘画的孩子改学弹琴，开始了新的追求。后来，失聪的孩子成为了技术超凡、名扬四海的美术家，而失明的孩子，则成了技艺卓绝、享誉天下的音乐家。事实证明，只要努力，当命运堵塞了一条道路的时候，它还给我们留下了另外一条路。

(1)请结合案例谈谈，案例中反映了个体身心发展的什么规律？

(2)请结合案例谈谈，老师如何促进个体的身心发展？

3. 国学大师季羡林回忆说："我有意识地真正用功，是从这里开始的。我是一个很容易受环境支配的人。在小学和初中时，成绩不能算坏，总在班上前几名，但从来没有考过甲等第一。我毫不在意，照样钓鱼、摸虾。到了高中，国文作文无意中受到了王崑玉先生的表扬，英文是全班第一。其他课程考个高分并不难，只需稍稍一背，就能应付自如。结果我生平第一次考了一个甲等第一，平均分数超过九十五分，是全校唯一的一个学生。当时山大校长兼山东教育厅厅长前清状元王寿彭，亲笔写了一副对联和一个扇面奖给我。这样被别人一夸，我的上进心就被激起来了。从此认真注意考试名次，不再掉以轻心。结果两年之内，四次期考，我考了四个甲等第一，威名大震。"王寿彭给季羡林题写的对联中的上联是：才华舒展临风锦，下联是：意气昂藏出岫云，题头是：羡林老弟雅(察)。

结合案例，分析学校和个人在个体发展中的作用。

第三章　教育目的与教育制度

专题一　教育目的概述

考法透视　本专题以理解为主，多以选择题、判断题、简答题等形式进行考查，主要考查教育目的的内涵、意义与作用、结构、分类依据以及有关教育目的确立的理论。

限时:90 分钟	用时：　分钟	错题数：　道	▶答案见 P307

一、单项选择题

1. 明确规定受教育者的培养质量和规格标准的是(　　)

A. 教学设计　　B. 课程目标　　C. 教育目的　　D. 教学目标

2. "国家的教育制度只有一个目标，那就是造就公民。"这种教育目的观属于(　　)

A. 个人本位论　　B. 社会本位论

C. 生活本位论　　D. 知识本位论

3. 下列表述中属于社会本位论的是(　　)

A. 个人的一切发展都有赖于社会　　B. 个人价值高于社会价值

C. 社会要求会阻碍个体素质的发展　　D. 教育的目的应根据个人需要制定

4. 美国著名心理学家马斯洛提出需要层次理论，强调发展人的潜能；罗杰斯提出非指导性教学，强调师生之间形成一种良好的、民主的伙伴关系。从教育目的的价值取向上来说，他们的理论属于(　　)

A. 个人本位论　　B. 社会本位论

C. 教育适应生活论　　D. 教育准备生活论

5. 下列关于教育目的的层次，从抽象到具体进行排列的顺序是(　　)

①培养目标　②教学目标　③教育目的　④课程目标

A. ③①④②　　B. ①②④③　　C. ③①②④　　D. ①②③④

6. "教育在于使青年社会化——在我们每一个人之中造成一个社会的我，这便是教育的目的。"这句话体现了(　　)的教育目的观。

A. 个人本位论　　B. 文化本位论　　C. 社会本位论　　D. 科学本位论

7. 王老师认为教育不应被人当作是为学生谋求职业出路做准备的工具，而应该是学生自我发展和自我实现的手段。由此看出王老师主张(　　)教育目的观。

A. 人文主义　　B. 科学主义　　C. 自然主义　　D. 实用主义

8. 古希腊圣贤柏拉图认为社会的稳定和发展是教育的最高宗旨，教育的目的也应当依据社会的

要求来决定,教育的好坏也只能依据教育是否能为社会的发展与稳定服务。柏拉图的这一观点属于( )

A. 神学的教育目的论　　B. 社会本位论

C. 个人本位论　　D. 教育无目的论

9. 董仲舒在《春秋繁露》中讲到"教,政之本也。"他所指的"教"是道德教化,范围很广,但也包括教育,认为教育应当服务于政治。这体现出董仲舒对教育目的的看法属于( )

A. 能力本位论　　B. 社会本位论　　C. 知识本位论　　D. 个人本位论

10. 教育目的因社会发展各个历史时期的不同而在性质和内容上有所不同,也产生了不同类型的教育目的。人们通过接受教育获取许多知识和经验,在各种活动中能高效地完成任务,这属于( )

A. 价值性教育目的　　B. 发展性教育目的

C. 功用性教育目的　　D. 终极性教育目的

11. 某高校教育专家在谈到教育目的时说:"我们的教育是为了学生的发展,把学生塑造成一个人格健全的人,让他能够发挥才干获取幸福。"由此可以看出这位专家的教育目的价值取向是( )

A. 个人本位论　　B. 社会本位论　　C. 知识本位论　　D. 能力本位论

12. ( )既包含"为谁培养人""培养什么样的人"的问题,也包含"怎样培养人"的问题和教育事业发展的基本原则。

A. 教育目的　　B. 教育方针

C. 教育制度　　D. 教育法规

13. 受教育者因为有了目标,可以树立信心,坚强地排除各种困难,争取实现目标。这体现了教育目的的( )

A. 激励功能　　B. 调控功能　　C. 评价功能　　D. 定向功能

14. "人之性恶,需教之,否则必危害他人"反映了教育目的价值取向中的( )

A. 个人本位论　　B. 文化本位论　　C. 社会本位论　　D. 教育无目的论

15. 提出"教育的目的是为未来的生活作准备,注重受教育者怎样生活"观点的是( )

A. 斯宾塞　　B. 杜威　　C. 柏拉图　　D. 赫尔巴特

16. 对教育活动所要培养的人的个体素质做出预测和设想,既体现一定社会对受教育者质量规格的界定和要求,也体现人自身发展所应该达到的水准和高度的是( )

A. 教育目标　　B. 教育目的　　C. 培养目标　　D. 课程目标

17. 教育要培养"自由的人",是( )的观点。

A. 个人本位论　　B. 社会本位论

C. 宗教本位论　　D. 文化本位论

18. 下列哪项属于教育目的的个人本位论的观点及主张( )

A. 强调教育对人的精神世界的作用

B. 主张教育目的是培养合格公民

C. 强调教育要服从人的成长规律和满足人的需要

D. 认为教育没有外在的目的,而有它自身的目的

19. 在教育目的的决定方面,个人不具有任何价值,个人不过是教育的原料,个人不可能成为教育的目的。这句话的提出者以及代表的理论观点是( )

A. 涂尔干　社会本位论　　B. 纳托普　社会本位论

C. 凯兴斯泰纳　个人本位论　　D. 卢梭　个人本位论

20. 诺笃尔普认为:"在事实上个人是不存在的。因为人之所以为人,只是因为他生活在人群之中,并且参加社会生活。"这种教育目的的价值取向是( )

A. 伦理本位论　B. 科学本位论　C. 社会本位论　D. 个人本位论

21. 在社会本位论者看来,社会价值高于个人价值,个人的存在与发展依赖并从属于社会,( )的高低是教育的价值所在。

A. 社会效益　B. 个人利益　C. 经济水平　D. 个人素质

22. 教育目的不仅为受教育者指明了发展方向、预定了发展结果,也为教育工作者指明了工作方向和奋斗目标,这是教育目的的( )

A. 激励功能　B. 导向功能　C. 评价功能　D. 调控功能

23. 美国教育家帕克认为:"一切教育的真正目的是人,即人的身体、思想和灵魂的和谐发展。"这种教育目的观属于( )

A. 个人本位论　B. 社会本位论　C. 文化本位论　D. 生活本位论

24. 衡量和评价教育实施效果的根本依据和标准是( )

A. 教育目的　B. 教育任务　C. 教育规律　D. 教育原则

25. 教育目的反映人的需要和动机,是人们共同活动的基础,它不仅能指导整个实践活动过程,而且也能鼓舞人们为实现共同的目标而努力。这是教育目的的( )

A. 激励作用　B. 导向作用　C. 评价作用　D. 平衡作用

26. 下列选项哪个不属于教育目的的评价范围( )

A. 评价学校的办学水平、办学效益　　B. 检查教育教学工作的质量

C. 评价教师的教学质量和工作效果　　D. 评价教学方法的优劣

27. 教育目的可以发挥下列哪几种作用( )

A. 导向、规范和权威作用　　B. 激励、评价和统一作用

C. 导向、激励和评价作用　　D. 宣传、引导和激励作用

28. "君子如欲化民成俗,其必由学乎"体现的教育目的观是( )

A. 教育无目的论　　B. 社会本位论

C. 科学本位论　　D. 个人本位论

29. 教育活动的依据和评判标准是( )

A. 教育目的　B. 课程　C. 教育评价　D. 教学

30. 各级各类学校要完成各自的任务，培养社会需要的合格人才，需要制定各自的(　　)

A. 教育目标　　B. 课程目标　　C. 培养目标　　D. 教学目标

31. 马克思主义关于人的全面发展学说提出要培养德、智、体、美、劳等全面发展的人，为培养社会主义人才指明了方向。这体现了教育目的的(　　)作用。

A. 导向　　B. 激励　　C. 评价　　D. 调控

32. 新中国成立以来，我国教育目的多次变化。这说明了教育目的受(　　)

A. 文化传统的制约

B. 马克思主义关于人的全面发展理论的制约

C. 社会生产方式的制约

D. 外国教育目的的影响

33. 个人本位论强调教育应当从个人的需要出发，关注人的价值、潜能、个性及创造力等。下列属于个人本位论的是(　　)

A. 教育是为了培养社会公民

B. 个人的一切发展都有赖于社会

C. 教育的终极目标是培养"充分发挥作用的人"

D. 教育在于使青年社会化，造就一个社会的我

34. 教育目的所要回答的根本问题是(　　)

A. 教育为谁服务　　B. 教育怎样培养人

C. 要把教育引向何方　　D. 教育要培养怎样的人

35. 人的发展总是受到社会的制约，这意味着(　　)

A. 教育要坚持社会本位的价值取向　　B. 教育要充分考虑社会发展的需要

C. 教育目的的确定不应从个人出发　　D. 教育要为社会生活做准备

36. 教育是培养人的社会活动，教育目的常常带有不同时期的特点。这体现了教育目的的(　　)

A. 时代性　　B. 抽象性　　C. 继承性　　D. 规定性

37. 下列属于社会本位教育目的论的观点的是(　　)

A. "教育即生长"

B. "教育的目的就在于帮助人们充分地实现他们的自然潜能"

C. "今生只是永生的准备"

D. "古之王者，建国君民，教学为先"

38. 教育目的的层次结构中，其中最为具体化的是(　　)

A. 教学计划　　B. 教育目的　　C. 培养目标　　D. 教学目标

39. (　　)是教育方针中的核心和基本内容。

A. 教育目标　　B. 培养目标　　C. 教育目的　　D. 教学计划

40. 教育目的一般由两部分构成，一是要规定所培养的人的身心素质，二是要规定所要培养的

人的(　　)

A. 质量规格　　B. 社会价值　　C. 发展方向　　D. 发展速度

41. 衡量教育好坏的最高标准只能是看教育能否为社会稳定和发展服务,能否促进社会的存在和发展。这是(　　)的观点。

A. 神学教育目的论　　B. 社会本位论

C. 教育无目的论　　D. 个人本位论

42. 教育目的与培养目标是(　　)

A. 共同性与方向性的关系　　B. 教师与学生的关系

C. 学校与家长的关系　　D. 普遍与特殊的关系

43. 教育家(　　)曾说:"我十分明确地把培养有用的国家公民当作国家国民学校的教育目标,并且是国民教育的根本目标。"这是教育史上较为典型的社会本位目的论思想。

A. 涂尔干　　B. 柏拉图　　C. 凯兴斯泰纳　　D. 夸美纽斯

44. 小丽和小明是同班同学。小丽是品学兼优的好学生,希望老师能够讲述一些课本以外的知识。小明学习稍吃力,希望老师能够多讲一些习题多做练习。尽管两名同学对老师的要求不同,老师选择按照教学大纲的要求,在保证课堂进度的同时适度练习,同时让学生学到课本以外的知识。这个案例体现了教育目的的(　　)

A. 调控功能　　B. 评价功能　　C. 导向功能　　D. 激励功能

45. 赵校长多年来都认为不能让学生"死读书,读死书",教师应当尽量教给学生有利于他们生活、工作的科学知识。他认为通过这样的方式才能使学生幸福地学习和生活。赵校长的观点反映了教育目的论中的(　　)

A. 教育无目的论　　B. 社会本位论　　C. 辩证统一论　　D. 个人本位论

46. 教育的质的规定性主要体现在(　　)上。

A. 教育方针　　B. 教育目的　　C. 教育目标　　D. 教学目标

47. 从教育目的体现的范围看,可将它分为(　　)

A. 价值性教育目的和功用性教育目的

B. 终极性教育目的和发展性教育目的

C. 内在教育目的和外在教育目的

D. 正式决策的教育目的和非正式决策的教育目的

48. "办人民满意的教育"体现了(　　)对教育质量的规定性。

A. 教育方针　　B. 教育目的　　C. 教育功能　　D. 教育政策

49. (　　)是教育工作的核心或根本性问题。

A. 教育目的　　B. 教育目标　　C. 课程目标　　D. 培养目标

50. 学习"昆虫的种类"这节课时老师要求学生能准确识别昆虫,这种要求属于教育目的层次中的(　　)

A. 教育目的　　B. 培养目标　　C. 课程目标　　D. 教学目标

51. 教育应当根据儿童的身心发展规律和兴趣需要去促进其生长与发展，从而在此基础上建立民主的理想国家和社会。这一观点体现的是(　　)

A. 个人本位论　　B. 社会本位论

C. 文化本位论　　D. 生活本位论

52. (　　)是指社会一定权力机构确定并要求所属各级各类教育都必须遵循的教育目的。

A. 内在教育目的　　B. 正式决策的教育目的

C. 终极性教育目的　　D. 发展性教育目的

53. 我国古代各个历史时期的教育要求受教育者“修己、立己、成己”，以养成个人的“个性、智能、学识”，并要外化出去。这反映了教育目的的(　　)

A. “社会本位”价值取向　　B. “个人本位”价值取向

C. “文化本位”价值取向　　D. “官本位”价值取向

54. 教育目的对整体教育活动努力方向的指向性和结果要求体现了教育目的的(　　)

A. 定向功能　　B. 调节功能　　C. 评价功能　　D. 控制功能

55. “书中自有颜如玉，书中自有黄金屋，书中自有千钟粟”反映的教育目的的价值取向是(　　)

A. 个人本位论　　B. 社会本位论

C. 国家本位论　　D. 能力本位论

二、多项选择题

1. 确定教育目的会受到哪些主观依据的影响(　　)

A. 教育对象的身心发展实际及规律　　B. 教育发展程度和教育规律

C. 哲学观念　　D. 人性假设观念

2. 某学者认为教育就是要使受教育者成为社会需要的维护社会稳定的人，与该学者持相同教育目的观的是(　　)

A. 涂尔干　　B. 凯兴斯泰纳　　C. 福禄贝尔　　D. 马斯洛

3. 下列关于教育目的的价值取向确立应注意的问题，说法正确的有(　　)

A. 当代教育目的的选择和确立，要认清和摆脱科学主义和人文主义哲学观的片面性

B. 当代教育目的的选择和确立，在价值取向上不能将理性和非理性对立

C. 就现实社会的同一方面而言，教育对其适应或超越有固定的先后之分

D. 教育的人文价值与功利价值是对立的，应该引导“以义抑利”

4. 以下属于个人本位论的代表人物的有(　　)

A. 卢梭　　B. 巴格莱　　C. 萨特　　D. 孟子

5. 下列关于教育目的的说法，正确的有(　　)

A. 教育目的与教育方针既有联系，也有区别，教育目的较理想，而教育方针较现实

B. 按结构层次从高到低依次是教育目的、培养目标、教学目标、课程目标

C. 在当下中小学中，“升学率”最被看重，这属于教育中实然的教育目的

D. 教育目的是人提出来的,形式上是主观的,因此教育目的没有客观性

6. 一般情况下,教育方针的内容包括( )

A. 教育的性质 B. 教育的服务方向

C. 教育目的 D. 实现教育目的的根本途径

7. ( )是教育思想的核心,是教育工作的出发点和落脚点。

A. 教育价值观 B. 教育方法

C. 教育价值取向 D. 教育内容

8. 下列不属于社会本位论的代表人物的有( )

A. 杜威 B. 斯宾塞 C. 赫尔巴特 D. 裴斯泰洛齐

9. 下列关于"教育无目的论"的表述,正确的有( )

A. 是美国教育家杜威提出的观点

B. 并非指教育过程中不存在着任何目标

C. 反对家长和学校为儿童确定教育目的

D. 认为教育的唯一目的是使个人能维持生活

10. 教育目的具有的特点是( )

A. 强制性 B. 理想化 C. 历史性 D. 宏观性

11. 以教育目的的存在方式为依据,可以将教育目的分为( )

A. 外在的教育目的 B. 内在的教育目的

C. 实然的教育目的 D. 应然的教育目的

12. 下列观点符合教育目的的定向功能的是( )

A. 对教育社会性质的定向作用 B. 对学生学习的定向作用

C. 对人的培养的定向作用 D. 对课程选择及其建设的定向作用

13. 教育目的的制定要考虑的客观条件有( )

A. 生产力和科技发展水平 B. 一定社会的政治和经济制度

C. 制定者的哲学观念、理想人格 D. 儿童身心发展的规律

三、判断题

1. 在确定教育目的的价值取向上,应该处理好人和社会的关系。 ( )

2. 卢梭、福禄贝尔等人是教育目的的社会本位论的代表人物,他们主张确定教育目的应该从社会需要出发。 ( )

3. 个人本位的教育目的论典型的错误是抽象地谈论社会。 ( )

4. 针对教育功利化现象,杜威提出"教育无目的论",他旗帜鲜明地指出"教育活动不应该有什么目的"。 ( )

5. 教育目的是教育方针的政策性表达。 ( )

6. 如果不考虑学生身心发展的特点,就会导致实际教育活动脱离学生的发展水平,这说明人的身心发展的特点是教育目的选择、确立的依据。 ( )

7. 教育目的具有主观性和理想性，所以不受社会政治、经济、文化的制约。（　　）

8. 教育目的是一种教育理想，属于理想的范畴。（　　）

9. 教育目的只对受教育者具有目标导向作用。（　　）

10. 教育目的的内容结构的核心部分是对受教育者身心素质的规定。（　　）

四、辨析题

1. 教育目的和培养目标是同一概念。

2. 教育目的的“社会本位论”忽视了受教育者个人的发展，因此，我们应当坚持教育目的的“个人本位论”。

五、简答题

1. 简述马克思主义教育目的论的基本观点。

2. 简述教育目的的功能。

3. 简述确定教育目的的依据。

4. 什么是“教育适应生活说”？

六、论述题

1. 试述社会本位的教育目的论与个人本位的教育目的论的基本主张。

2. 试述教育目的与教育方针的关系。

七、案例分析题

有一所小学，从小学一年级开始抓分数，把学生考分作为评定三好学生的唯一标准，把各种平均分数作为评定各科教师教育质量的全部依据。学校不开设体育、音乐、美术课，也很少进行思想品德教育，几乎所有时间都用来上语文、数学课。在这种情况下，学生体质普遍下降、近视率增高，学生不知五线谱为何物，更没有画过什么儿童画。虽然有不少学生的语文、数学成绩较好，但多数学生成绩平平，没有学习的兴趣和信心，更谈不上有什么业余爱好。

这所小学的做法符合我国的教育方针吗？为什么？

专题二　我国的教育目的

考法透视　本专题以理解为主，多以选择题、判断题、简答题、案例分析题等形式进行考查，主要考查我国教育目的的基本精神、确立的理论依据、基本构成以及素质教育的内容。

限时：140 分钟	用时：　分钟	错题数：　道	▶答案见 P314

一、单项选择题

1. 马克思在《资本论》中指出，造就全面发展的人的唯一方法是(　　)

A. 生产劳动同智育与体育相结合　　B. 生产劳动同德育与体育相结合

C. 生产劳动同智育与美育相结合　　D. 生产劳动同德育与美育相结合

2. 首次将美育纳入教育方针的文件是(　　)

A.《中华人民共和国教育法》

B.《中国教育改革和发展纲要》

C.《中共中央关于教育体制改革的决定》

D.《中共中央 国务院关于深化教育改革，全面推进素质教育的决定》

3. 关于德育、智育、体育、美育在全面发展教育中的作用，下列表述正确的是(　　)

A. 德育起前提和支持作用　　B. 体育起灵魂和统帅作用

C. 智育起基础作用　　D. 美育起动力作用

4. 我国教育目的的根本性质是(　　)

A. 培养劳动者　　B. 为人民服务

C. 坚持社会主义方向　　D. 培养全面发展的人

5. 赵敏老师常对学生说："先学做人，后学做事，社会需要的是身体健康、和谐发展的建设者和接班人，而不是只会死读书的呆子。"这表明赵老师具有(　　)

A. 开拓创新的理念　　B. 素质教育的理念

C. 自主发展的意识　　D. 因材施教的意识

6. 在我国全面发展教育的组成部分中，学校体育的根本任务是(　　)

A. 传授基本体育知识与技能　　B. 提高运动水平

C. 增强学生体质　　D. 培养体育人才

7. 某初二老师组织学生春游，让学生饱览"霞映飞泉，野舟横渡，柳覆长堤"的美景，提高了学生的审美素养。该老师采用的美育途径是(　　)

A. 大自然　　B. 课堂教学　　C. 日常生活　　D. 课外艺术活动

8. 我国的教育目标是培养德智体美劳全面发展的学生，下列属于美育的是(　　)

A. 组织学生去森林公园捡垃圾　　B. 在课上采用新型体育器材

C. 开展各种道德讲堂活动　　D. 开设美术、音乐、书法课

9. 海伦·凯勒曾说:“如果我是大学的校长,我要设定一门‘如何使用你的眼睛’的必修课,致力于让学生善于发现生活中被忽视的欢乐。”这体现了(　　)的重要性。

A. 德育　　B. 美育　　C. 智育　　D. 体育

10. 学校十分重视对新校区的规划建设,这使得新校区十分美观,学生在学习学科知识的同时,还能培养审美能力。学校的这一做法体现了美育策略中的(　　)

A. 积极发挥校园环境的美育功能　　B. 美育与德育相融合

C. 美育与课堂教学相融合　　D. 美育与实践活动相融合

11. 美育能净化学生的心灵,激发学生热爱和追求美好生活的态度。它最高层次的任务是(　　)

A. 培养学生感受美的能力　　B. 培养学生鉴赏美的能力

C. 培养学生发现美的能力　　D. 培养学生创造美的能力

12. 现代教育与传统教育的根本区别在于重视(　　)的培养。

A. 智力　　B. 创新能力　　C. 高尚品德　　D. 劳动品质

13. 在全面发展教育中起导向和动力作用的是(　　)

A. 德育　　B. 智育　　C. 体育　　D. 美育

14. 现阶段我国教育目的的重点是(　　)

A. 发展学生的智力　　B. 发展学生的个性特征

C. 培养学生的思想政治素质和道德品质　　D. 培养学生的创新精神和实践能力

15. 下列哪项观点体现了素质教育的理念(　　)

A. 不要“尖子生”

B. 为减轻负担,不给学生留作业

C. 不要学生考试,尤其是百分制考试

D. 教育应该使学生主动、生动、愉快地发展

16. 应试教育和素质教育的本质区别是(　　)

A. 是否面向全体学生　　B. 是否促进学生个性发展

C. 是否培养学生的创新精神和实践能力　　D. 是否能提高学生的成绩

17. 马克思主义认为,全面发展首要的是(　　)的广泛、充分、统一、自由的发展。

A. 智力和体力　　B. 审美和体力　　C. 智力和审美　　D. 道德和体力

18. 下列有关素质教育与考试之间的关系的表述,正确的是(　　)

A. 素质教育就是要取消考试

B. 考试的存在就是阻碍素质教育实现的原因之一

C. 考试能够存在于素质教育中

D. 素质教育要极大地降低考试带来的影响

19. 素质教育的根本宗旨是(　　)

A. 提高国民素质　　B. 贯彻教育方针

C. 培养四有新人　　D. 适应市场经济需要

20. 素质教育必须面向全体人民，任何一名社会成员，均必须通过正规或非正规的途径接受一定时限、一定程度的基础教育。这体现了素质教育的(　　)

A. 发展性　　B. 全面性　　C. 基础性　　D. 全体性

21. “春姑娘用她那多变的魔棒，赋予了万物绚丽的色彩：五颜六色的花儿，嫩绿的小草，浅蓝的天空，构成了一幅多么和谐的画面！”这属于美育中的(　　)

A. 艺术美　　B. 自然美　　C. 技术美　　D. 旅游美

22. 我国制定教育目的的理论基础是马克思主义的(　　)

A. 剩余价值学说　　B. 资本和商品学说

C. 劳动学说　　D. 关于人的全面发展学说

23. 我国把足球纳入学校体育课程教学体系，将其作为体育课必修内容，为学生提供学习足球的机会，将学生足球特长水平纳入学生综合素质评价，写实记录，形成档案。针对这一做法，结合素质教育的相关内容，下列说法不准确的是(　　)

A. 有利于促进学生的全面发展　　B. 有利于促进学生的个性发展

C. 有利于增强学生的身体素质　　D. 有利于提升学生的学业成绩

24. 通过科学技术知识的教学和劳动实践，使学生了解物质生产的基本技术知识，掌握一定的职业技术知识和技能是普通中小学生在(　　)方面的要求。

A. 德育　　B. 智育　　C. 体育　　D. 劳动技术教育

25. 学校体育能够使学生在劳累之后在体力和精神上得到恢复和放松，这体现了学校体育的(　　)

A. 娱乐功能　　B. 教育功能

C. 健体功能　　D. 价值功能

26. 美育过程的起点是培养学生的审美(　　)能力。

A. 感知　　B. 理解　　C. 创造　　D. 关怀

27. 下列哪项表述是错误的(　　)

A. 美育有助于学生劳动观点的树立、技能的形成

B. 智育为人的发展提供物质基础

C. 使学生养成文明习惯是学校体育的任务之一

D. 美育可以提升人的精神境界和生活情趣

28. 育德、促智和健体属于美育的(　　)

A. 直接功能　　B. 间接功能　　C. 发展功能　　D. 超美育功能

29. 下列哪一项未列入学校体育的功能(　　)

A. 教育功能　　B. 娱乐功能

C. 健体功能　　D. 个体享用功能

30. 马克思主义关于人的全面发展学说在中国教育界的具体实践是(　　)

A. 新课程改革　　B. 素质教育

C. 教育的国际化走势　　D. 教育改革的实践

31. 马克思认为(　　)是导致人的片面发展的根本原因。

A. 社会分工　　B. 经济基础　　C. 先天遗传　　D. 后天环境

32. 下列选项中,不属于我国教育目的的基本特征的是(　　)

A. 教育目的有鲜明的政治方向

B. 坚持全面发展与个性发展的统一

C. 优越的社会制度保证教育的极高社会效益

D. 以马克思主义关于人的全面发展学说为指导思想

33. 联合国教科文组织于 1996 年提出了教育的四大支柱,即(　　)、学会做事、学会合作、学会生存。

A. 学会认知　　B. 学会交往　　C. 学会思考　　D. 学会学习

34. 下列是关于素质教育与应试教育区别的叙述,其中说法错误的是(　　)

A. 二者教育目的不同,素质教育以提高国民素质为宗旨,应试教育以考取高分为目的

B. 二者教育对象不同,素质教育是精英教育,只面对部分精英,应试教育则面对大众

C. 二者教育内容不同,素质教育立足社会需求,应试教育主要为了满足学生考试和升学需求

D. 二者评价标准不同,素质教育以多种形式全面衡量学生,应试教育以分数作为唯一判断标准

35. 与素质教育观相对的教育观是(　　)

A. 终身教育　　B. 应试教育　　C. 博雅教育　　D. 全面发展教育

36. 新中国成立后的第一个教育方针颁布于(　　)

A. 1949 年　　B. 1957 年　　C. 1985 年　　D. 1986 年

37. (　　)是引导学生掌握劳动技术知识和技能,形成劳动观点和习惯的教育。

A. 劳动技术教育　　B. 德育

C. 社会公益劳动　　D. 美育

38. 关于我国教育目的实现的策略,下列说法不正确的是(　　)

A. 要以素质发展为核心　　B. 要正确理解和把握全面发展

C. 要正确认识和处理各育关系　　D. 要以德智为主、体美为辅

39. 培养合乎时代需要的一代新人,应当特别注意的人才素质不包括(　　)

A. 创新精神　　B. 实践能力　　C. 开放思维　　D. 提高智力

40. 马克思主义个人全面发展学说的基本含义是(　　)

A. 个人劳动能力的全面发展

B. 个人智力和体力的发展

C. 个人脑力劳动和体力劳动的发展

D. 个人生产能力和劳动能力的发展

41. 我国依据马克思主义关于"人的全面发展学说"而确立的全面发展的教育目的的核心要求

是所有学生( )

A. 都个性成长
B. 德智体美劳平均发展
C. 各科取得优异成绩
D. 德智体美劳全面发展

42. 素质教育是以提高受教育者诸方面素质为目标的教育模式,在教学过程中,素质教育强调的是( )

A. 积累知识
B. 背诵知识
C. 搜集知识
D. 发现知识

43. 马克思主义关于“人的全面发展”的内涵,其一是指劳动能力的全面发展,其二是指实现人的个性的( )

A. 真正自由的发展
B. 真正全面和自由的发展
C. 有条件的自由发展
D. 有条件的全面发展

44. 素质教育是指一种以提高受教育者诸方面素质为目标的教育模式。素质教育的时代特征是培养学生的( )

A. 创新精神
B. 艰苦奋斗精神
C. 团结协作精神
D. 革命传统精神

45. 成绩一向不佳的小刚希望参加学校的男子篮球队,王老师拒绝了他的申请,关切地对他说:“小刚,你还是把心思多放在学习上,先把成绩提上来再说。”王老师的做法( )

A. 不恰当,不应该随意拒绝学生请求
B. 不恰当,不注重学生的全面发展
C. 恰当,体现教师对学生严慈相济
D. 恰当,体现教师对学生的关心

46. 实施美育应遵循形象性、情感性、差异性、创造性等原则,( )是遵循差异性的体现。

A. 根据学生的不同个性进行审美教育
B. 以情境教学为主要的教学方式
C. 引导学生掌握美的规则和美的显现方式
D. 引导学生将审美情感投入生活

47. 在教学研讨会上,作为教研组组长的周老师多次强调:“作为老师,我们要寻找、研究一种适合儿童的教育,而不是挑选适合教育的儿童。”周老师的这一观点体现了( )

A. 素质教育以提高国民素质为根本宗旨
B. 素质教育是面向全体学生的教育
C. 素质教育是促进学生全面发展的教育
D. 素质教育是促进学生个性发展的教育

48. 学生对居室、日用品、服饰等方面按美的标准做出选择与合理的配置属于美育中的( )的能力。

A. 感受美
B. 欣赏美
C. 创造美
D. 鉴赏美

49. 苏联教育家苏霍姆林斯基认为,“离开劳动,不可能有真正的教育”。以下不属于学校实施劳动教育的价值的是( )

A. 育人导向价值
B. 德育创新价值

C. 综合素质价值　　D. 教学创新价值

50. 素质教育是“为人生做准备”“为人生打基础”的教育。这体现了素质教育的(　　)

A. 全体性　　B. 全面性　　C. 发展性　　D. 基础性

51. 素质教育的核心是(　　)

A. 面向全体学生　　B. 培养学生创新精神

C. 促进学生全面发展　　D. 促进学生个性发展

二、多项选择题

1. 素质教育应贯穿于教育的全过程并渗透于教育的各个方面。实施素质教育的主要途径和方法有(　　)

A. 充分发挥教师的作用

B. 推进新课程改革

C. 加强学校内部管理、课外教育管理、班主任工作

D. 调动学生学习的主动性和积极性

2. 智育的任务包括(　　)

A. 向学生传授科学文化基础知识　　B. 培养和发展学生良好的品德能力

C. 发展学生的智力　　D. 培养训练学生,使其形成基本技能

3. 素质教育的任务包括(　　)

A. 培养学生的学习能力　　B. 培养学生的身体素质

C. 培养学生的心理素质　　D. 培养学生的社会素质

4. 美育的任务是(　　)

A. 树立学生正确的审美观点,提高审美能力

B. 培养学生的审美情趣,激发他们对美的热爱和追求

C. 发展学生表现美的能力

D. 发展学生创造美的能力

5. 下列关于素质教育,表述错误的观点是(　　)

A. 教育自身存在不能够适应社会发展的问题是素质教育产生的重要背景

B. 素质教育主要是面向健康的学生

C. 素质教育不是一种具体的教育模式

D. 素质教育就是要消灭考试制度

6. 我国教育目的的基本精神是(　　)

A. 坚持社会主义的方向性　　B. 坚持培养人的主体性

C. 注重提高全民族素质　　D. 培养全面发展的人

7. 素质教育的特点有(　　)

A. 全体性　　B. 合作性　　C. 基础性　　D. 未来性

8. 某小学开展全校学生参与的“童心课堂”“童趣社团”“童真沙龙”等系列教育活动,校园内营

造出生动活泼的学习氛围。学校更有效地推进“童乐校园”的建设，学生好学乐学，身心得到全面发展。从实施素质教育的角度分析，上述材料说明素质教育（　　）

A. 面向全体学生　　B. 促进学生全面发展
C. 可以开展丰富多彩的活动　　D. 促进学生主动学习

9. 孔子有不少关于美育的论述，蕴含着深刻而丰富的审美思想。下列能够体现孔子美育思想的是（　　）

A. 兴于诗　　B. 成于乐　　C. 游于艺　　D. 立于礼

10. 德育的基本任务包括（　　）

A. 培养学生良好的道德品质　　B. 培养学生正确的政治方向
C. 培养学生正确的价值观　　D. 培养学生良好的思想品德能力

三、判断题

1. 全面发展教育并不是均衡教育，它更多的是侧重于对学校的工作要求，学校应该为学生提供全面发展的平台。（　　）
2. 全面发展并不意味身心各方面共同、平均的发展。（　　）
3. 对于素质教育的目的来说，做人是成才的基础，成才是做人的发展。（　　）
4. 素质教育是全面发展教育的策略实施，而不是脱离全面发展教育另搞一套。（　　）
5. 劳动技术教育即组织学生参加生产劳动。（　　）
6. 学生的全面发展，主要依赖于自身的努力，与教师文化知识的广泛性和深刻性关系不大。（　　）
7. 素质教育主要包括德智体美劳五个方面，在教育过程中应坚持五育并举，智育先行。（　　）
8. 美术课是对学生进行美育的唯一途径。（　　）
9. 应试教育旨在培养学生单方面的应试能力，素质教育旨在发展学生多方面的素质，所以素质教育不培养和发展学生的应试能力。（　　）
10. 我国教育目的的精神实质之一是把受教育者培养为社会主义建设者（劳动者）。（　　）
11. 美育就是艺术教育。（　　）
12. 五育中，智育对应着数学、语文课，体育对应着体育课，美育对应着美术课，它们是一一对应的。（　　）
13. 全面发展与独立个性二者不相互排斥。（　　）
14. 素质教育就是要学生什么都学，什么都学好。（　　）
15. “体者，载知识之车寓道德之舍也”说明体育在人的全面发展教育中起导向和动力作用。（　　）
16. 美育可以促进学生道德品质的形成，艺术美和现实美都具有这种功效。（　　）
17. 在德、智、体、美、劳全面发展教育中，德育最重要。（　　）
18. 发展学生的体力只是体育课和课外体育活动的任务。（　　）
19. 智育就是传授知识。（　　）

20. 素质教育是对特定阶段、特定学校提出的要求。 ( )

四、填空题

1. 教育必须为社会主义现代化建设服务、为人民服务,必须与________和社会实践相结合。
2. 我国的教育目的主要是培养社会主义的________和________。
3. 德育是培养学生正确的人生观、世界观、价值观,使学生具有良好的________和正确的________,形成正确的思想方法的教育。

五、辨析题

1. 让学生上兴趣班,多开展文体活动,就是在进行素质教育。

2. 在实施素质教育的今天,对学生不能进行惩罚。

六、简答题

1. 素质教育的基本内涵有哪些?

2. 简述全面发展教育各组成部分之间的关系。

3. 马克思主义关于人的全面发展学说的主要内容包括什么?

4. 简述素质教育与全面发展教育的关系。

5. 在实施素质教育中应避免的误区有哪些?

七、论述题

1. 目前社会上各类课外补习班层出不穷。许多家长认为只要孩子成绩能得到提高,他们愿意花费大量的金钱和精力,让各式补习班“充实”孩子的周末和假期。但参加补课的大部分中小学生表示,他们并非自愿,而是被家长强制接受课外补课的,频繁的补课让他们不堪重负。目前这一趋势正向低年级蔓延,许多小学低年级的学生也开始加入浩浩荡荡的“补课大军”。许多教育专家对此现象表示担忧。

   请结合教育的功能和目的,谈谈频繁的课外补习对学生成长发展的影响。

2. 习近平总书记提出“培养德智体美劳全面发展的社会主义建设者和接班人”。把“劳”列入全面发展的素质要求,丰富了新时代党的教育方针。高位的制度设计要有力、有效地落实到教育实践之中,还有一系列的问题需要我们来作出回答。

   请论述一下家庭、学校、社会在劳动教育中的角色定位以及如何实现三者的有效联动。

3. 在我国教育目的的实践中，多年来一直存在着中小学片面追求升学率的倾向，严重背离了教育目的的基本精神。试结合所学知识，谈谈如何克服这种消极现象。

八、案例分析题

（一）案例客观题

案例 有人说，一个学生毕业后，智育不合格是次品，体育不合格是废品，德育不合格是危险品，美育和劳动技术教育不合格是半成品。

1. “五育”各自的任务是（　　）（多项选择）

A. 德育的任务是培养学生具有良好的思想品德和形成科学的世界观

B. 智育的任务只是向学生传授知识、技能

C. 体育的任务就是锻炼身体

D. 美育的任务是培养学生健康的审美观，发展他们感受美、鉴赏美、创造美的能力

2. 下列对于“五育”之间关系的叙述正确的是（　　）（多项选择）

A. “五育”之间既不能相互替代，又不能彼此分割

B. 美育和劳动技术教育是单独割裂、单独进行的

C. 体育为其他各育的实施提供健康基础，是各育得以实施的物质保证

D. 在“五育”中，德育是方向、灵魂，对其他各育起着导向和推动作用

（二）案例主观题

1. 光明学校本是一所薄弱学校，学生无心上学，违法犯罪活动时有发生，学业成绩一直比较差。李校长到学校任职后，决心改变这种状况，在调查研究基础上设计出了以美育为突破口带动学校发展的改革方案。学校的具体做法是：在上好音乐、美术课的基础上，要求每位学生都要参加课外艺术社团或兴趣小组的活动，成立了学校鼓乐队、合唱团、书法学社、美术社、工艺小组等各种艺术团体，定期开办艺术教育讲座，举办校园艺术节，及时展览和汇演艺术社团的创作成果。经过一段时间的努力后，学校艺术教育活动搞得热火朝天，学生们乐此不疲。而且，学校的整个面貌也发生了变化，违法犯罪现象不再发生，学业成绩明显提高，学生的精神面貌大为改观。

（1）请用美育功能原理分析光明学校的改革措施。

（2）如果你是学校领导，下一步准备怎么做？

2. 某学校为贯彻上级减负精神，决定每天下午第三节课后的课外活动不再把学生关在教室里自修，而是让学生去操场上活动。结果发现，学习用功的好学生，任凭老师怎么劝也不出去，而平时不认真学习的学生却玩得很高兴。后来，校领导发现了问题，说：“等检查过去了，一定要收回来……”

结合这一材料，谈谈你对减负问题的认识。

3. 9 月，正是各高校开学的时间，连日来，记者采访发现，不少大学新生几乎都是被家长“抱着”送进大学的。高校迎新时，各校报到处的马路上挤满了送学生的汽车。有的父母双手拎着几个箱子，孩子却空手而行。在一处新生报到台前，一位农村母亲拿着入学通知书满头大汗地到处找人，女儿却远远地坐在树荫下，当老师要她喊女儿自己来办时，她忙解释说：“她一路坐车累了。”在各处新生公寓，最常见的一景是：家长跑来跑去领公寓生活用品、铺床、买饭、打水，孩子则多甩手在一边看着，有些学生甚至不会存钱，找不到宿舍，找不到超市买牙膏。

请结合材料，从素质教育的角度谈谈我国应该如何深化义务教育教学改革？作为教师应该怎样做？

4. 在一次关于实施素质教育的讨论会上，老师们积极发言。王老师说：“素质教育就是多开展文体活动，多上文体课。”李老师说：“素质教育就是不要考试，特别是不要百分制考试。”

请运用素质教育的有关知识，分析教师们的发言。

专题三　学校与学校教育制度

考法透视　本专题以记忆为主，多以选择题、判断题、填空题等客观题形式进行考查，主要考查学校文化、教育制度的内涵、建立学制的依据以及现代学制的三种主要类型。

限时:60 分钟	用时:　　分钟	错题数:　　道	▶答案见 P324

▶答案见 P324

一、单项选择题

1. 虽然世界各国的政治、经济制度等各不相同，但是儿童入学的年龄基本上都是六至七岁，其主要依据是(　　)

A. 科技发展水平　　B. 文化传统

C. 人的身心发展特点　　D. 生产力发展水平

2. 制度化教育建立的典型特征是(　　)

A. 学校的产生　　B. 教育实体的出现

C. 学制的建立　　D. 定型的教育组织形式的出现

3. 发达国家实行 12 年甚至更多年限的义务教育，发展中国家实行 9 年义务教育，这反映了学校教育制度受(　　)

A. 历史传统影响　　B. 政治制度影响

C. 经济发展水平影响　　D. 社会成员意识影响

4. 以校园文化的呈现形态进行分类，下列属于校园隐性文化的是(　　)

A. 少先队入队宣誓仪式　　B. 校园的文化宣传墙

C. 友爱和谐的校园人际关系　　D. 班级庆祝建党 100 周年的主题黑板报

5. 非制度化教育相对于制度化教育而言，改变的不仅是教育形式，更重要的是(　　)

A. 教育制度　　B. 教育理念　　C. 教育机构　　D. 教育政策

6. 学校中的传统、仪式和规章制度，一般统称为(　　)

A. 校园组织与制度文化　　B. 学校教师文化

C. 校园精神文化　　D. 校园物质文化

7. 学校的学生对本校有着强烈的责任感和归属感，非常重视“人校一体”，积极投身到学校的建设中。这属于学校文化的(　　)成分。

A. 认知　　B. 情感　　C. 价值　　D. 理想

8. 清朝末年的“废科举，兴学校”标志着我国近代(　　)的兴起。

A. 前制度化教育　　B. 制度化教育　　C. 非制度化教育　　D. 后制度化教育

9. 一般认为，我国最早的学校出现在(　　)

A. 夏朝　　B. 原始社会　　C. 周朝　　D. 十九世纪末

10. 在学校文化中，有一种无形的力量(如学校的办学理念、校风、学风等)影响着学校的发展，这种无形的力量属于学校的(　　)

A. 精神文化　　B. 制度文化　　C. 规范文化　　D. 物质文化

11. 有一种学制最早产生于美国，因为它有利于教育的逐级普及，有利于现代生产和现代科技的发展而被世界许多国家利用。这种学制是(　　)

A. 单轨制　　B. 双轨制　　C. 分支型学制　　D. 六三三学制

12. 通过校园文化所形成的共同的思想、作风和价值观念，如同一种黏合剂，对每一位学生具有心理上和感情上的凝聚力量，使学校成员团结一致、齐心协力。这是校园文化的(　　)

A. 激励作用　　B. 凝聚作用　　C. 控制作用　　D. 辐射作用

13. 李老师教导学生说："社会主义现代化建设不但需要高级科学技术专家，而且迫切需要大量素质良好的中、初级技术人员、管理人员、技工和其他城乡劳动者。"由此可知，应大力发展(　　)

A. 高等教育　　B. 中等教育

C. 职业技术教育　　D. 初等教育

14. 学校文化的基本要素是(　　)

A. 教师文化　　B. 课堂文化　　C. 课程文化　　D. 学生文化

15. 允许智力超常的学生跳级、设立特殊学校与特殊班，这些说明学制的制定受(　　)

A. 社会政治经济制度的影响　　B. 人口的影响

C. 人的身心发展规律的影响　　D. 文化的影响

16. 下列哪项不是校园文化的特征(　　)

A. 导向性　　B. 互动性　　C. 渗透性　　D. 传承性

17. 苏联建立了第一个社会主义国家，它的学制类型为(　　)

A. 单轨学制　　B. 分支型学制　　C. 双轨学制　　D. 多轨学制

18. 国际上通常认为，高等教育的毛入学率(　　)为精英化阶段。

A. 低于15%　　B. 高于15%，低于50%

C. 高于50%　　D. 高于15%，低于70%

19. "教育主体确定，教育对象相对稳定，有相对稳定的活动场所和设施等教育实体出现，教育初步定型。"这些特征的出现标志着教育制度进入(　　)

A. 前制度化教育阶段　　B. 制度化教育阶段

C. 非制度化教育阶段　　D. 学校教育萌芽阶段

20. 校园文化是由下列(　　)整合而成的。

①物质文化　②组织与制度文化　③精神文化　④社区文化

A. ①②③　　B. ①②④　　C. ①③④　　D. ②③④

21. 学校文化的缩影是(　　)

A. 学生文化　　B. 校园文化　　C. 教师文化　　D. 环境文化

22. 教育制度的(　　)主要表现为:入学条件和各级各类学校培养目标的日益标准化。

A. 客观性　　B. 规范性　　C. 历史性　　D. 强制性

23. 学校文化的核心是学校各群体所具有的(　　)和行为方式。

A. 精神面貌　　B. 思想观念　　C. 抽象思维　　D. 理性思考

24. 教育从生产劳动中第一次分离的标志是(　　)

A. 学校的产生　　B. 剩余产品的出现

C. 有了国家　　D. 创造了文字

25. 国民教育制度的核心是(　　)

A. 学校教育制度　　B. 社会教育制度

C. 终身教育制度　　D. 职业教育制度

26. 下列选项不属于现代学制的是(　　)

A. 单轨制　　B. 双轨制　　C. 多轨制　　D. 分支型学制

27. 英国政府 1870 年颁布的《初等教育法》中,一方面保持原有的专为资产阶级子女服务的学校系统,另一方面为劳动人民的子女设立国民小学、职业学校。这种学制属于(　　)

A. 双轨学制　　B. 单轨学制

C. 中间型学制　　D. 分支型学制

28. 校风是学校中物质文化、制度文化和(　　)文化的统一体,优良的校风是学校办学指导思想和培养目标的集中体现,是培育优良学风、教风的保证。

A. 社会　　B. 精神　　C. 人文　　D. 地方

29. 欧洲实行双轨制,其中一轨是自上而下,其结构是大学(后来也包括其他高等学校)、中学(包括中学预备班)。这是(　　)

A. 普通教育　　B. 职业教育　　C. 精英教育　　D. 大众教育

30. 现代学校教育制度的类型中,(　　)出现最早,但其具有明显的等级性和不公平性,不利于教育的普及。

A. 双轨学制　　B. 单轨学制　　C. 分支型学制　　D. 三轨学制

31. 下列属于校园显性文化的是(　　)

A. 校风　　B. 班风

C. 校园活动仪式　　D. 学校人际关系

32. 学校文化建设的主力军是(　　)

A. 教育专家　　B. 学校校长　　C. 教职员工　　D. 学生

33. 一个国家配合政治、经济、科技体制而确定下来的学校办学形式、层次结构等相对稳定的运行模式和规定,指的是(　　)

A. 教学模式　　B. 教育体制　　C. 教育目的　　D. 教育制度

34. 近代(　　)的出现,开启了制度化教育的新阶段。

A. 学校系统　　B. 信息教育　　C. 终身教育　　D. 学制的建立

35. 学校(　　)建设的重点是尊重与参与、学习与创新、发展与诚信价值观的确立。

A. 物质文化　　B. 制度文化　　C. 教师文化　　D. 学生文化

36. 某学校通过开展多年的读书节活动,让师生充分感受到读书的快乐,营造书香校园,该校着重建设的是(　　)

A. 物质文化　　B. 精神文化　　C. 制度文化　　D. 习俗文化

二、多项选择题

1. 学校的产生需要一些基本条件,这些条件包括(　　)

A. 社会生产水平的提高,为学校的产生提供了必要的物质基础

B. 脑力劳动与体力劳动的分离,为学校的产生提供了专门从事教育活动的知识分子

C. 文字的产生和知识的记载整理达到了一定程度,使人类的间接经验传递成为可能

D. 国家机器的产生,需要专门的教育机构来培养官吏和知识分子

2. 确定学校教育制度的依据包括(　　)

A. 社会生产力和科学技术发展水平　　B. 社会政治经济制度

C. 教育对象的身心发展规律　　D. 国家的文化传统

3. 学校教育制度是国民教育制度的核心与主体,它是由三个基本要素构成的,即(　　)

A. 学校的性质　　B. 学校的类型

C. 学校的级别　　D. 学校的结构

4. 学制具体规定着(　　)

A. 学校的性质　　B. 学校的任务

C. 入学条件　　D. 修业年限

5. 下列关于学校教育的产生,表述正确的观点是(　　)

A. 西方严格意义上的学校教育系统形成于17世纪初期

B. 苏美尔学校被认为是人类最早出现的学校

C. 中国的学校教育正式产生于商代

D. 体脑分工和专职教师的出现是学校产生的客观条件

6. 影响教育制度的因素包括(　　)

A. 政治因素　　B. 经济因素　　C. 个人因素　　D. 文化因素

7. 学校物质文化是校园文化的物质载体。下列属于学校物质文化的是(　　)

A. 校园美化、绿化　　B. 后勤保障设施　　C. 规章制度　　D. 教学仪器

8. 教育制度在形式上的发展经历的过程有(　　)

A. 前制度化教育　　B. 非制度化教育

C. 义务教育　　D. 制度化教育

9. 教育制度的特点有(　　)

A. 客观性、独立性　　B. 客观性、取向性

C. 历史性、强制性　　D. 社会性、强制性

10. 学校文化的形成主要来自(　　)

A. 社会的主流文化　　B. 年青一代的文化

C. 社会的特定要求　　D. 外来文化

11. 学校文化从其形式上看,可分为物质文化和(　　)

A. 精神文化　　B. 传统文化　　C. 制度文化　　D. 思想文化

12. 以下属于学生文化特征的是(　　)

A. 多样性　　B. 互补性　　C. 过渡性　　D. 正式性

13. 校园精神文化的内容有(　　)

A. 学校人际关系　　B. 校风　　C. 规章制度　　D. 班风

14. 学校的制度文化的表达方式有(　　)

A. 组织形态　　B. 规章制度　　C. 角色规范　　D. 学校建筑

三、判断题

1. 广义的教育制度不仅包括教育行政机构,也包括教育实施机构。(　　)

2. 提出构建学习化社会的理想是非制度化教育的重要体现。(　　)

3. 非制度化教育就是对制度化教育的全盘否定。(　　)

4. 学校教育是一种非制度化的教育,在现代教育体系中,学校教育形态是教育的主体形态。(　　)

5. 双轨制有两个平行的系列,这两轨既不相通,也不相接。(　　)

6. 现代教育中,普通教育与职业教育日趋分化。(　　)

7. 终身教育是一种全新的教育制度。(　　)

8. 国家在制定教育制度时,只要判断制定的教育制度是否先进就行了。(　　)

9. 当代教育的发展中,学历教育和非学历教育的界限逐渐淡化。(　　)

10. 学校文化也称校园文化。(　　)

四、填空题

1. ________是学校管理的基本途径。

2. 最早提出“学校文化”这一概念的是美国学者________。

3. 一般认为,库姆斯等人的“________”概念、伊里奇的“________”主张都是非制度化教育的核心思想。

4. ________是学校管理的目标和尺度。

5. 学生文化是介于儿童世界与成人世界的一种文化现象,是学生从儿童迈向成年的一种过渡性产物。这体现了学生文化的________。

6. 现代教育制度发展的趋势之一是普通教育与________朝着相互渗透的方向发展。

五、简答题

简述现代教育制度的发展趋势。

专题四　我国的学校教育制度

考法透视　本专题以记忆为主，多以选择题、判断题等客观题形式进行考查，主要考查旧中国的学制沿革及我国现行学校教育制度的结构及类型。

限时:30 分钟	用时：　分钟	错题数：　道	▶答案见 P328

一、单项选择题

1. 我国 1922 年颁布的“壬戌学制”实行的是(　　)

A. 四四四制　　B. 五四三制

C. 六三三制　　D. 八四制

2. 辛亥革命后，南京临时政府对旧学制进行修改，形成新学制，明显反映了资产阶级在学制方面的要求，是我国教育史上第一个具有资本主义性质的学制。这一学制是(　　)

A. 癸卯学制　　B. 壬子癸丑学制　　C. 壬寅学制　　D. 六三三学制

3. 从类别结构上来看，我国现行学校教育可划分为职业技术教育、高等教育、成人教育、(　　)五个大类。

A. 基础教育和特殊教育　　B. 基础教育和继续教育

C. 初等教育和继续教育　　D. 初等教育和特殊教育

4. 中国近代教育史上第一部由国家颁布并在全国实行的学制是(　　)

A. 壬戌学制　　B. 癸卯学制　　C. 壬寅学制　　D. 壬子癸丑学制

5. 1904 年清政府颁布了《奏定学堂章程》，又称“癸卯学制”。下列关于这一学制的说法不正确的是(　　)

A. 其指导思想是“中学为体，西学为用”　　B. 以当时的日本学制为蓝本

C. 突出特点为教育年限长　　D. 是我国正式颁布的第一个学制

6. 在高中增加职业科，大中学校课程采用学分制、选科制的学制是(　　)

A. 壬寅学制　　B. 癸卯学制

C. 壬子癸丑学制　　D. 壬戌学制

7. 明确规定“初等小学，可以男女同校”的学制是(　　)

A. 壬寅学制　　B. 癸卯学制

C. 壬子癸丑学制　　D. 壬戌学制

8. 下列学制中，修业年限最长的是(　　)

A. 壬子癸丑学制　　B. 壬戌学制

C. 癸卯学制　　D. 壬寅学制

9. 以美国学制为蓝本，一直沿用到全国解放初期的现代学制是(　　)

A. 癸卯学制　　B. 壬寅学制

C. 壬子癸丑学制　　D. 壬戌学制

10. 为适应我国经济社会的不断发展，学校教育制度也不断完善，当前我国九年制义务教育学制年限划分采用的是(　　)

A. 六三制　　B. 五四制

C. 九年一贯制　　D. 多种形式并存

11. (　　)第一次明确规定以学龄儿童和青少年身心发展规律作为划分学校教育阶段的依据。

A. 壬戌学制　　B. 癸卯学制

C. 壬寅学制　　D. 壬子癸丑学制

12. 20 世纪初，在西方的影响下，体育的重要性已被国人所认识，(　　)正式确立了体育在新式学校中的地位，这也是中国首次实行的现代学制。

A. 壬寅学制　　B. 癸卯学制

C. 壬子癸丑学制　　D. 壬戌学制

13. 1993 年颁布的《中国教育改革和发展纲要》中的“两基”指的是(　　)

A. 基本普及九年义务教育和基本扫除青壮年文盲

B. 基础知识和基本技能

C. 基本普及九年义务教育和基本知识

D. 基本扫除青壮年文盲和基本技能

14. 中国近代教育走向制度化、法制化阶段的标志是(　　)

A. 京师同文馆的设立　　B. 京师大学堂的创设

C. 癸卯学制的颁布施行　　D. 壬子学制的颁布施行

15. 具有鲜明的“中学为体，西学为用”特征的学制是(　　)

A. 壬寅学制　　B. 癸卯学制

C. 壬戌学制　　D. 壬子癸丑学制

16. 普通中小学教育的性质是(　　)

A. 基础教育　　B. 职业教育　　C. 做人教育　　D. 专业教育

17. “癸卯学制”明文规定教育目的是(　　)

A. 忠君、尊孔、尚公、尚武、尚实　　B. 发扬平民教育精神，谋求个性发展

C. 中学为体，西学为用　　D. 健全人格，发展创造性

18. 清朝末年推行“废科举，兴学校”的举措，开始以日本学制为蓝本建立现代学制。由张百熙起草、国家正式颁布但未实行的现代学制是(　　)

A. 癸卯学制　　B. 壬寅学制

C. 壬子癸丑学制　　D. 壬戌学制

19.“三个结合”“六个并举”的办学原则是在(　　)中提出的。

A.《关于教育工作的指示》　　B.《关于改革学制的决定》

C.《中国教育改革和发展纲要》　　D.《中共中央关于教育体制改革的决定》

20. 对于提高我国民族素质具有奠基作用的教育是(　　)

A. 职业教育　　B. 基础教育　　C. 高等教育　　D. 特殊教育

21. 下列有关学制的叙述,正确的是(　　)

A. 我国是单轨制的典型国家

B. 我国正式实施的第一个现代学制是壬寅学制

C. 我国历史上的壬戌学制是以日本学制为蓝本的

D. 美国是单轨学制的代表国家

22. 在中国教育制度发展史上,中学阶段最早兼顾升学和就业双重需要的学制是(　　)

A. 癸卯学制　　B. 壬子癸丑学制

C. 壬戌学制　　D. 壬寅学制

23. 20 世纪初期,明明开学报到的时候碰到了很多前来报到的女生,他感到很讶异,父亲说过学校里只会有男生。而且课程上也有一些变化,读经课停开了,增加了一些自然科学的内容。这种现象的出现是因为实行了(　　)

A. 壬寅学制　　B. 癸卯学制

C. 壬子癸丑学制　　D. 壬戌学制

24. 在新中国不同时期的教育方针的表述中,首次明确提出“造就德、智、体、美等全面发展的社会主义事业建设者和接班人”的文件是(　　)

A. 1957 年的《关于正确处理人民内部矛盾的问题》

B. 1985 年的《中共中央关于教育体制改革的决定》

C. 1999 年的《中共中央国务院关于深化教育改革,全面推进素质教育的决定》

D. 2010 年的《国家中长期教育改革和发展规划纲要(2010 ~ 2020 年)》

25. 我国学制改革和发展的基本方向是重建和完善(　　)

A. 分支型学制　　B. 单轨学制　　C. 双轨学制　　D. 混合学制

26. 我国现行学校教育制度改革的方向是(　　)

A. 全面普及学前教育　　B. 全面普及义务教育

C. 全面普及中等教育　　D. 全面普及高等教育

27. 我国 20 世纪末提出的教育发展总目标里的“两重”是指(　　)

A. 重点普及义务教育,重点扫除青壮年文盲

B. 面向全体学生,促进学生全面发展

C. 全面贯彻党的教育方针,全面提高教育质量

D. 要建设好一批重点学校和一批重点学科

二、多项选择题

1. 我国学校教育的层次包括(　　)

A. 学前教育　　B. 初等教育

C. 中等教育　　D. 高等教育

2. 中国封建社会出现过的学校教育类型有(　　)

A. 官学　　B. 私学　　C. 骑士学校　　D. 书院

3. 关于学制,下列表述正确的观点是(　　)

A. 壬子癸丑学制规定了义务教育的年限

B. 特殊学校和特殊班级的设立,可以不考虑学生一般的身心发展规律

C. 义务教育年限的长短成为一个国家教育发展程度的重要标志之一

D. 壬戌学制又称"五三三"制

4. 下列选项中,以日本学制为蓝本的有(　　)

A. 壬寅学制　　B. 癸卯学制

C. 壬子癸丑学制　　D. 壬戌学制

三、判断题

1. 我国现行学制是由单轨学制发展而来的。(　　)

2. 我国的基础教育就是普通中小学教育。(　　)

3. 我国唐代已建立了现代意义上的学校教育制度。(　　)

4. 目前在我国,义务教育和基础教育是同一个概念。(　　)

四、简答题

简述我国当前学制改革的主要内容。

第四章　教师与学生

专题一　教　师

【考法透视】本专题以记忆为主，多以选择题、判断题、简答题、案例分析题等形式进行考查，主要考查教师的概念与作用，教师职业的性质、地位、形象、角色，教师劳动的特点，教师的职业素养，教师专业发展的相关内容。

限时:140 分钟	用时:　　分钟	错题数:　　道	▶答案见 P331

一、单项选择题

1. 教师由关注“我能行吗”转到关注“我怎样才能行”，表明教师的专业发展进入(　　)
   A.“非关注”阶段　B.“虚拟关注”阶段
   C.“生存关注”阶段　D.“任务关注”阶段
2. 经过长时间的积累，教师会形成个性化的、独特的、富有规律性的做法。这些做法属于(　　)
   A. 本体性知识　B. 通识性知识
   C. 条件性知识　D. 实践性知识
3. 教师通过捕捉教育情境的细微变化，积极主动采取应变措施，化不利因素为有利条件，保证教育活动顺利开展。这句话体现了教师劳动的(　　)
   A. 复杂性　B. 创造性　C. 示范性　D. 长期性
4. 教师针对不同的学生和不同的教育情况，机智灵活地运用教育规律解决教育问题。这反映的教师劳动的特点是(　　)
   A. 长期性　B. 示范性　C. 合作性　D. 创造性
5. 老师不仅要传授科学文化知识和训练学生的技能，发展学生的智力、培养学生的能力，还要培养学生的思想品德，促进其健康发展。这说明教师劳动具有(　　)
   A. 创造性　B. 长期性　C. 示范性　D. 复杂性
6. 教师的社会作用不包括(　　)
   A. 传递文化　B. 创造文化　C. 培养人　D. 直接推动社会发展
7. 叶圣陶指出：“教师以身作则，教师本身的行为就是标准和规范，也是一种及时有效的‘不言之教’。”这句话体现了教师劳动的(　　)
   A. 复杂性　B. 创造性　C. 长期性　D. 示范性
8. 学校经常开展教学观摩课，听课教师通过这种活动学习到了很多教育教学方法。但是人们常

说“教学有法,教无定法”,这说明教师劳动具有( )

A. 创造性　B. 示范性　C. 连续性　D. 长期性

9. 青年教师小李刚入职就加入王老师主持的名师工作室,积极参与各项教研活动,很快适应了岗位工作。这表明小李老师在专业发展上注重( )

A. 自我反思　B. 同伴互助　C. 自我研修　D. 脱产进修

10. “道之所存,师之所存也。”这句话反映了教师职业角色中的( )角色。

A. “传道者”　B. 示范者

C. “授业、解惑者”　D. “研究者”

11. “学高为师”“良师必须是学者”强调的是( )对教师专业发展的重要性。

A. 本体性知识　B. 条件性知识

C. 实践性知识　D. 一般文化知识

12. 教学过程中,你发现学生趴在桌子上,于是走到他面前,伸手摸他的额头,看其是否感冒发烧,这时你扮演的角色是( )

A. 研究者　B. 管理者　C. 传道、授业者　D. 家长代理人

13. 教育的影响作用往往不能立竿见影地显露出来,教师的劳动效果最终在学生独立地参加社会实践后才能得到检验。这体现了教师劳动的( )

A. 示范性　B. 长期性　C. 复杂性　D. 创造性

14. 教师的劳动成果是学生的品德、知识和能力,而非显性的物质财富。这说明教师的劳动具有( )特点。

A. 创造性　B. 长期性　C. 间接性　D. 示范性

15. 作文课上,老师要学生们写一件有趣的事,学生们都写不出。突然外面飘起了大雪,于是老师带学生们到教室外面观察雪花、解读雪花、感受雪花、堆雪人、打雪仗。最后,学生们写出了一篇篇佳作。这主要体现了教师劳动的( )

A. 复杂性　B. 示范性　C. 创造性　D. 专业性

16. 我国的教师职业就其身份特征而言是( )

A. 专业人员　B. 国家干部　C. 公务人员　D. 高级技术人员

17. 教师劳动的( )是由其工作性质、任务及过程的特殊性所决定的。

A. 连续性　B. 广泛性　C. 创造性　D. 复杂性

18. 在教师合理的专业知识结构中,教育原理、心理学、教学论、班级管理和现代教育技术等知识属于( )

A. 本体性知识　B. 条件性知识

C. 实践性知识　D. 技巧性知识

19. 某次语文公开课上出现了意外情况,语文老师正读到课文中“一千万万颗行星”时,甲同学发问:“老师,‘万万’是什么意思?”惹得全班同学哄堂大笑,甲同学猛然醒悟过来,满脸通红,垂头丧气地坐下了。语文老师见状便问大家:“大家都知道‘万万’等于亿,那么这里为

何不用‘亿’而用‘万’呢？”全体学生的注意力一下子被吸引过来，没有人再发笑，大家都认真地思考起来。案例体现了该教师具有较高的教育机智，同时也说明了教师的劳动具有（　　）的特点。

A. 广延性　　B. 创造性　　C. 示范性　　D. 长期性

20. 数学老师应该具有数学学科的相关知识和教授技能，同时还应了解该学科的发展历史和趋势。在教师的知识结构中，这属于教师的（　　）

A. 本体性知识　　B. 条件性知识　　C. 操作性知识　　D. 一般性知识

21. 教师的（　　）是其社会地位的综合体现，直接影响着教师群体职业权利的实现及教师个体的心理状态。

A. 专业地位　　B. 政治地位　　C. 经济地位　　D. 职业声望

22. “学为人师，行为世范”体现了教师劳动的（　　）特点。

A. 复杂性、创造性　　B. 连续性、广延性

C. 长期性、间接性　　D. 主体性、示范性

23. 某教师在入职前接受了职前教育，入职之后通过国培计划参加农村骨干教师短期集中培训。这主要体现了教师职业具有（　　）的特点。

A. 灵活性　　B. 创造性　　C. 专门化　　D. 自我发展性

24. 推动教师专业发展的巨大动力是（　　）

A. 专业态度　　B. 专业自我　　C. 专业理想　　D. 专业人格

25. 学生往往会“度德而师之”，因而要求教师应扮演好（　　）

A. 研究者角色　　B. 管理者角色

C. 示范者角色　　D. 授业、解惑者角色

26. 教育机智是教师良好的综合素质和修养的外在表现，教师表现教育机智的前提是（　　）

A. 对工作和学生的态度　　B. 意志的自制性和果断性

C. 教师的学历层次　　D. 教师的威严

27. 有人说教师工作是个无底洞，没有明显的时空界限。这反映了教师劳动的（　　）特点。

A. 复杂性和创造性　　B. 主体性和示范性

C. 长期性和间接性　　D. 连续性和广延性

28. 主张教师专业发展除了个人努力外，更大程度上依赖于教师学习团队的建设，这种观点属于教师专业发展的（　　）

A. 感性取向　　B. 理智取向

C. 文化生态取向　　D. 实践—反思取向

29. “资之深，则取之左右逢其源”强调教师应具有（　　）

A. 崇高的政治理论素养　　B. 精深的学科专业知识

C. 广博的科学文化知识　　D. 丰富的教育理论知识

30. 不少从教多年的教师，虽然经验丰富，却难以形成对教育教学工作的理论认识，这制约了他

们的专业成长。从知识结构的角度看,这是因为他们较为缺乏(　　)的储备。

A. 本体性知识　B. 条件性知识　C. 实践性知识　D. 程序性知识

31. “亲其师,信其道;尊其师,奉其教;敬其师,效其行”所体现的教师职业角色是(　　)

A. 传道者　B. 示范者

C. 教育工作实施者　D. 教育活动组织者

32. 一位数学老师不能正确解释圆周率的含义,说明他缺乏(　　)

A. 本体性知识　B. 条件性知识　C. 背景性知识　D. 实践性知识

33. 教育教学过程是教师直接用自身的知识、智慧、品德影响学生的过程。这反映了教师劳动的(　　)特点。

A. 个体性　B. 间接性　C. 广延性　D. 主体性

34. 教师专业化发展的奠基阶段是(　　)

A. 自我教育　B. 在职培训　C. 入职培训　D. 师范教育

35. 教师要根据不同的教学内容和条件,选择和创造不同的教学方法。这说明教师的劳动具有(　　)

A. 长期性　B. 创造性　C. 示范性　D. 社会性

36. 教育学生必须了解学生的年龄特征,这要求教师应具备(　　)

A. 教育科学知识　B. 精深的学科专业知识

C. 广博的科学文化知识　D. 政治理论修养

37. 教师职业的特殊要求是必须具有(　　)

A. 教育能力　B. 管理能力　C. 研究能力　D. 控制能力

38. “亲人不在身边,老师就是我们的亲人”反映了留守儿童所期待的教师角色是(　　)

A. 父母与朋友　B. 研究者　C. 管理者　D. 授业解惑者

39. 王老师下班后,仍惦记着情绪不好的小明,积极与家长进行电话联系,这反映了教师劳动的(　　)

A. 广延性　B. 创造性　C. 长期性　D. 主体性

40. 在校本教研中,经常采用“同课异构”的方式,这体现了教师劳动的(　　)

A. 复杂性　B. 广域性　C. 长期性　D. 创造性

41. 下列教育家中,与我国著名思想家、教育家孟子的“得天下英才而教育之”的观点有相似之处的是(　　)

A. 苏霍姆林斯基　B. 加里培林　C. 马斯洛　D. 裴斯泰洛齐

42. 实践—反思取向主张教师专业发展的途径是(　　)

A. 经过正规培训,向专家学习先进的学科知识

B. 用教育叙事、撰写日志等方法获得教育智慧

C. 依赖“教师文化”为其工作提供意义和支持

D. 通过学习团队建设进行协同教学、合作教研

43. 郑老师在指导新老师时说，了解小学生身心发展规律、学习心理等对做好教育教学工作极为重要。郑老师的体会表明教师不可忽视(　　)

A. 政治理论知识　　B. 文化基础知识

C. 学科专业知识　　D. 教育科学知识

44. 某小学每周组织同学科教师开展教学观摩活动，课后针对教学过程展开研讨，并进行教学反思。这种做法体现了教师专业发展途径中的(　　)

A. 教师培训　　B. 同伴互助　　C. 师徒结对　　D. 自我研修

45. “其身正，不令而行”反映了教师劳动具有(　　)

A. 复杂性　　B. 创造性　　C. 无私性　　D. 示范性

46. 在教育教学中，教师能够因势利导、灵活应变、对症下药，这体现了教师的哪种特殊能力(　　)

A. 表达能力　　B. 组织管理能力　　C. 教育机智　　D. 独创能力

47. 下列哪项不属于“自我更新”取向教师专业发展的基本特征(　　)

A. 将自己的专业发展过程作为反思的对象

B. 强调教师不仅是专业发展的对象，更是自身专业发展的主人

C. 目标直接指向教师专业发展

D. 要求教师不具有发展的自主性，强调集体合作与发展

48. 某学校开展青年教师赛课活动，张老师认真研读教材，依据课程标准制定教学目标，运用新教育理念设计教学过程和教学方法，制作了精美的教学课件，为参加比赛做好准备。讲课之后，评委向张老师提出了一些具有教育前沿发展趋势的问题。张老师根据自己的日常学习和体会，迅速做出恰当、合理的回答，赢得了评委的好评。张老师参加赛课的过程反映了教师工作具有(　　)

A. 示范性与细致性　　B. 复杂性与创造性

C. 全面性与榜样性　　D. 主体性与长期性

49. “茶壶煮饺子，有货倒不出”形象地说明了一名合格的教师需具备特定的(　　)

A. 师德素养　　B. 能力素养　　C. 专业知识　　D. 健康人格

50. 教师在教学中内省并获得实践智慧，这属于(　　)

A. 入职辅导　　B. 在职培训　　C. 同伴互助　　D. 自我教育

51. 杨老师关注学生的整体发展，关注课堂内部的活动以及实效性，关注学生是否真的在学习，鼓励学生自己去发现建构意义。根据叶澜关于教师专业发展的五阶段理论，该教师处于(　　)

A. 虚拟关注阶段　　B. 生存关注阶段

C. 任务关注阶段　　D. 自我更新关注阶段

52. 学生具有可塑性、依赖性和向师性的特点，教师的言谈举止、行为方式、为人处世的态度都会对学生产生潜移默化的影响。这体现了教师职业的(　　)角色。

A. 示范者　　B. 研究者　　C. 学习者　　D. 朋友、知己

53. 乌申斯基说:“如果你厌恶学生,那么,教育工作刚刚开始时就已经结束了。”这强调教师应具备(　　)

A. 高尚的师德　　B. 广博的文化素养

C. 专门的教育素养　　D. 扎实的学科素养

54. 评价教师专业性的核心因素是(　　)

A. 专业理想　　B. 专业知识　　C. 专业能力　　D. 专业自我

55. 夏丏尊说:“爱对于教育,犹如池塘之于水,没有水,便不能成为池塘;没有爱,便不能称其为教育。”这句话反映的是教师职业的(　　)

A. 长期性　　B. 伦理性　　C. 复杂性　　D. 创造性

56. 陶行知先生主张教师:“一言、一行、一举、一动,都要修养到不愧为人师表的地步。”这要求教师要做到(　　)

A. 必须育人为先　　B. 注重术业专攻

C. 兼顾公平　　D. 先进示范

57. 教师所享有的权利,尤其是(　　)的多少,反映了国家和社会对教师职业的重视与保护程度,直接影响着教师在社会民众及学生心目中的威信与地位。

A. 专业权利　　B. 荣誉权利　　C. 交往权利　　D. 生存权利

58. 作为教师,不仅要对学科的基础知识有广泛而准确的理解,而且还要熟悉学科内专家的创造发现过程和成功的原因。这属于教师专业知识中(　　)方面的内容。

A. 通识性知识　　B. 本体性知识　　C. 条件性知识　　D. 实践性知识

59. “让每个学生都成才成人”和“以学生为本”的学生观,追求真理、严谨治教的科学精神,爱岗、敬业、乐观积极的职业态度属于教师的(　　)

A. 专业理想　　B. 专业知识　　C. 专业能力　　D. 专业自我

60. 在教育学生的过程中,教师要注意学生的个性,即“一把钥匙开一把锁”。这意味着教师的劳动具有(　　)的特点。

A. 长期性　　B. 创造性　　C. 主动性　　D. 示范性

61. “学者未必是良师”说明想成为“良师”还必须具备(　　)

A. 学科专业知识　　B. 广博的文化基础知识

C. 教育科学知识　　D. 实践知识

62. 在教育过程中,教师的地位是(　　)

A. 教育者、组织者和合作者　　B. 教育者、指导者和促进者

C. 教育者、领导者和组织者　　D. 教育者、合作者和参与者

63. 叶澜等学者对教师专业发展阶段进行了研究,认为可以自觉依照教师发展的一般路线和自己目前的发展条件,有意识地自我规划,以谋求最大程度的自我发展的教师,处于专业发展的(　　)

A. “虚拟关注”阶段　　B. “生存关注”阶段

C.“任务关注”阶段　　D.“自我更新关注”阶段

64. 我国奴隶社会时期,教育的一个重要特点是“学在官府”“以吏为师”。按照教师职业的历史发展,这属于教师职业的(　　)

A. 非职业化阶段　　B. 职业化阶段

C. 专门化阶段　　D. 专业化阶段

65. 法国文学家加缪获得诺贝尔文学奖后,第一时间给他的小学老师写了一封信表示感谢。这反映了教师劳动具有(　　)

A. 复杂性　　B. 长期性　　C. 创造性　　D. 示范性

66. 春秋时期孔子兴办私学,“自行束脩以上,吾未尝无诲焉”。就教师职业的历史发展而言,这属于教师职业发展的(　　)

A. 非职业化阶段　　B. 职业化阶段　　C. 专门化阶段　　D. 专业化阶段

67. (　　)是教师知识结构的核心,也是教师向学生传授知识的必备基础。

A. 本体性知识　　B. 条件性知识　　C. 实践知识　　D. 缄默知识

68. 高年级学生希望教师能与他们一起分担痛苦与忧伤、分享欢乐与幸福,这说明教师具有(　　)的角色。

A. 父母　　B. 朋友　　C. 管理者　　D. 组织者

69. 新教师王老师在上入职后的第一节课时,尽管在教学内容和时间上做了很充分的准备,但是由于紧张,她的教学过程显得匆忙,语速快,也没有关注到学生,最后还没有按时下课。你认为王老师今后在教师能力素养方面应首先提高(　　)

A. 组织教育和教学能力　　B. 语言表达能力

C. 组织管理能力　　D. 自我调控能力

70. 教师要具有符合时代特征的学生观。这就要求教师正确理解学生全面发展与个性发展的关系、全体发展与个体发展的关系以及(　　)

A. 智力发展与创造力发展的关系　　B. 现实发展与未来发展的关系

C. 智力发展与体力发展的关系　　D. 思想发展与心理发展的关系

71. 教师的教育专业素养除要求具有先进的教育理念、良好的教育能力外,还要求具有一定的(　　)

A. 交往能力　　B. 研究能力　　C. 管理能力　　D. 学习能力

72. 李老师上课从不迟到,承诺过的事情都会一一兑现,其良好的品质深深影响着班上每一位同学。李老师所扮演的角色是(　　)

A. 学生成长的关护者　　B. 学生的榜样

C. 班级的领导者　　D. 班级的组织者

73. 教师的知识不仅要“博”,而且要“专”,就教师知识素养的构成而言,这里的“专”指的是教师的(　　)

A. 本体性知识　　B. 条件性知识　　C. 实践性知识　　D. 文化知识

74. 所谓“为人师表”是指教师在各方面都应该成为学生和社会上人们效仿的榜样、表率和楷模，这一含义是由(　　)

A. 社会舆论决定的　　B. 传统习俗决定的

C. 法律法规决定的　　D. 教师的工作对象决定的

75. 学生问：“老师，我考试总是很紧张，怎么办?”老师说：“你学习不够努力，没有复习好，所以就紧张了。”由此可以看出这位老师缺乏(　　)

A. 本体性知识　　B. 条件性知识

C. 实践性知识　　D. 通识性知识

76. 教师提高对自己教学活动的自我洞察力，发现和分析其中存在的问题，提出改进方案，是教师作为(　　)的角色。

A. 设计者　　B. 指导者

C. 组织者和管理者　　D. 反思者和研究者

77. 1966 年，联合国教科文组织在《关于教师地位的建议》中指出，应该把教师职业视为一种(　　)

A. 独立的社会职业　　B. 非独立的社会职业

C. 非专门化职业　　D. 专门化职业

78. 教师的最基本形象是(　　)

A. 道德形象　　B. 文化形象　　C. 人格形象　　D. 专业形象

79. 在学生眼里，老师是“吐辞为经、举足为法”的象征。这反映的是教师劳动的(　　)

A. 长期性　　B. 连续性　　C. 创造性　　D. 示范性

80. 陈老师发现今年所教班级的学生比去年所教班级学生的基础知识更加薄弱，于是她对去年的教案做了大幅度修改，在教学内容上增加了更多基础知识的讲解，并设计了更多的课堂活动帮助学生巩固所学内容。陈老师的工作反映了教师劳动的(　　)

A. 示范性　　B. 协作性　　C. 创造性　　D. 长期性

81. 某老师在讲“对偶”修辞时，发现一个学生烧废纸，灵机一动，写出“划火柴，烧废纸，影响上课纪律”，要求学生对下联。学生经过思考写道：“掏钢笔，写保证，遵守学校规章。”这种处理问题的方式反映出教师劳动具有(　　)

A. 示范性　　B. 创造性　　C. 长期性　　D. 复杂性

82. 师范学校的出现，与教师成为一种独立的社会职业，从时间上来说(　　)

A. 是同时的

B. 师范学校出现得早

C. 教师成为一种独立的社会职业的时间早

D. 说不清楚

83. 某教师对学生说：“我让你们干什么，你们就得干什么。”这种教师的管理类型属于(　　)

A. 仁慈专断型　　B. 放任自流型　　C. 民主管理型　　D. 强硬专断型

84.“智如泉源,行可以为仪表者,人之师也。”这句话告诉我们,教师(　　)

A. 不仅要提高道德认识,而且要加强道德实践

B. 不仅要有从教的学识,还要以身作则

C. 不仅要有丰富的学识,还要注意能力的提升

D. 不仅要有专业知识,还要有宽大的人文情怀

85. 教师的首要任务是(　　)

A. 教好功课,努力提高教学质量　　B. 做好学生的思想政治工作

C. 参与学校管理　　D. 参加教育科研活动

86. 根据最新的教育研究与理论发展趋势,以及新课程改革对教师提出的新要求,现代教师在教学过程中要扮演不同的角色,教师职业角色中最具核心性和基础性的角色是(　　)

A. 传道、授业者　　B. 引导者　　C. 管理者　　D. 课程开发者

87. 孟子说“征于色,发于声,而后喻”,意在强调教师的(　　)

A. 道德素养　　B. 专业知识　　C. 能力素养　　D. 教育机智

88. 关于教师劳动的社会价值和个人价值的关系,说法正确的一项是(　　)

A. 教师的个人价值的大小主要取决于他对社会的贡献

B. 教师的社会价值主要取决于他的个人价值

C. 教师劳动的个人价值与社会价值是对立矛盾的

D. 教师只有以自身的毁灭才能给他人带来光明

89.“家有一斗粮,不当孩子王。”这种说法反映了中国传统社会中教师普遍较低的(　　)

A. 政治地位　　B. 经济地位　　C. 法律地位　　D. 专业地位

90. 孟子说,“得天下英才而教育之”是君子三乐之一,这体现了教师劳动的(　　)

A. 社会价值　　B. 专业价值　　C. 个人价值　　D. 创造价值

91. 新冠肺炎疫情期间,学生停课不停学,各个学校的老师开始学习使用各类直播软件,当起了“网红”,做起了直播,对学生进行在线教学。这说明教师劳动具有(　　)

A. 创造性　　B. 复杂性　　C. 示范性　　D. 隐蔽性

92. 世界上最早的师范教育机构诞生于(　　)

A. 英国　　B. 法国　　C. 美国　　D. 日本

93. 下列选项中,体现教师劳动长期性特点的是(　　)

A. 学高为师,身正为范　　B. 桃李不言,下自成蹊

C. 学而不厌,诲人不倦　　D. 十年树木,百年树人

94. 下列选项中关于教师劳动创造性的表述不恰当的是(　　)

A. 灵活运用教育原则　　B. 创造性地设计教学方法

C. 事事与众不同　　D. 对不同学生因材施教

95. 在西方,最早的教育工作者被称为(　　)

A. 智者派　　B. 历史学派　　C. 犬儒派　　D. 毕达哥拉斯学派

二、多项选择题

1. 教师的学科专业素养包括( )

A. 具有先进的教育理念　　B. 精通所教学科的基础性知识和技能

C. 了解与该学科相关的知识　　D. 了解学科的发展脉络

2. 教师的知识素养有( )

A. 学科专业知识　　B. 教育科学知识

C. 科学文化知识　　D. 政治理论修养

3. 之所以说教师职业具有创造性是因为( )

A. 学生的学习往往是通过对教师的模仿来进行的

B. 教师在教学中需要因材施教

C. 教学情境往往是难以控制的

D. 学生的一举一动都反映着教师的影子

4. 一般来说,教师的职业角色包括( )

A. “授业、解惑者”角色　　B. “朋友”角色

C. “研究者”角色　　D. 示范者角色

5. 教师专业发展的内容包括( )

A. 专业理想的建立　　B. 专业知识的拓展

C. 专业自我的形成　　D. 专业能力的提高

6. 下列表述中,体现对教师能力素养要求的是( )

A. “要使学生获得一点知识的亮光,教师应吸进整个光的海洋”

B. 教师应“既知教之所由兴,又知教之所由废”

C. 教师语言表达要做到“生动、形象、具有启发性”

D. 教师应注意课堂教学中的自我监控与课后的自我反思

7. 教师个人为实现专业化应做的主观努力主要有( )

A. 善于学习　　B. 勤于反思　　C. 恒于研究　　D. 勇于实践

8. 下列关于教师职业的认识中,正确的是( )

A. 教师是一种要求从业者具有较高专业知识、技能和修养的专业

B. 教师是一个正在形成中的专业

C. 教师职业的专业化是一个持久的探索过程

D. 教师是一个非专业化的职业

9. 教师专业发展的途径包括( )

A. 师范教育　　B. 入职培训　　C. 在职培训　　D. 自我教育

10. 教师劳动的复杂性主要表现在( )

A. 劳动性质的复杂性　　B. 劳动对象的复杂性

C. 劳动任务的复杂性　　D. 劳动过程的复杂性

11. 作为一个合格的教师，需要掌握的教育科学知识包括(　　)

A. 教育学　B. 心理学　C. 各科教材教法　D. 教育智慧

12. 下列属于教师的教育教学能力的有(　　)

A. 教学实施的能力　B. 教学组织管理能力

C. 语言表达能力　D. 学生评价能力

13. 一名优秀教师所应具备的心理素质包括(　　)

A. 高尚的师德　B. 较高的教育机智

C. 愉悦的情感　D. 良好的人际关系

14. 下列教师在职提高的方式中，属于校外专业支援与合作的有(　　)

A. 教育叙事　B. 专家讲座　C. 校本培训　D. 业余进修

15. 结合中小学教师在职进修的特殊性，组织教师进修时，一般是(　　)

A. 以业余为主　B. 以自学为主

C. 以长期为主　D. 以短期为主

16. 教师是一种从事专门职业活动的专业人员，需具备专门的资格。下列哪些是成为一名教师应该满足的要求(　　)

A. 教师要达到符合规定的学历

B. 教师要具备相应的专业知识

C. 教师要符合与其职业相称的其他有关规定，如语言表达能力、身体状况等

D. 教师必须专门从事教育教学工作

17. 习近平总书记提出的“四有”好老师的标准包括(　　)

A. 有理想信念　B. 有道德情操

C. 有扎实学识　D. 有仁爱之心

18. 下列选项属于教师合理的知识结构的有(　　)

A. 一般文化知识　B. 条件性知识

C. 实践性知识　D. 个体性知识

19. 下列哪些是教师道德形象的体现(　　)

A. 理解学生　B. 公平公正

C. 奉献精神　D. 为人师表

20. 教师专业知识的拓展包括(　　)

A. 知识量的拓展　B. 知识质的深化

C. 知识结构的优化　D. 知识的创新

三、判断题

1. 教师劳动的复杂性主要体现在学生情况的复杂性、教师教育任务的多样性和影响学生发展因素的广泛性上。(　　)

2. 教师的个性、情绪、健康以及处理人际关系的品质等统称为教师的人格特征。(　　)

3. 教师职业的专业地位是教师职业社会地位的内在标准。（ ）

4. 只要有爱心，谁都可以当教师。（ ）

5. 教师教育就是师范教育。（ ）

6. 按照教师专业发展的理智取向，教师要进行有效教学，一要有学科知识，二要有教育知识，三要有实践知识。（ ）

7. 我国最早的师范教育产生于明末。（ ）

8. 教师劳动对象的复杂性表现在教师的言论行为、为人处世的态度都会被学生视为榜样，并被学生竭力模仿。（ ）

9. 作为一名教师，不仅要成为“经师”，更要成为“人师”。（ ）

10. 热爱教育事业是教师做好教育工作的前提。（ ）

11. “才高八斗”“学富五车”体现的是教师的文化形象。（ ）

12. 教师劳动是个体性和集体性劳动的结合。（ ）

13. 教育机智由老师的聪明程度决定。（ ）

14. 教师在教学活动中所表现出来的最突出的角色是管理者角色。（ ）

15. “身教重于言传”是教师劳动的创造性特点在教育实践中的体现。（ ）

16. 教师专业发展是指个体成长为优秀教师的过程。（ ）

17. 教师职业是以教书育人为职责的创造性职业。（ ）

18. “教师是人类灵魂的工程师”暗含了教育者与被教育者之间的改造与被改造的关系。（ ）

19. 教师对学生的影响是多方面的，不仅仅是课堂上、教学中对学生发挥影响。（ ）

20. “为人师表”说明作为教师必须具备专业态度。（ ）

21. 教师的表率作用主要体现在言行一致上。（ ）

四、填空题

1. ________是教师职业道德的基础，也是教师劳动积极性和创造性的源泉。

2. 从历史发展的总趋势来看，教师专业发展的核心以及最终体现就在于________。

3. 在教学过程中会遇到很多意想不到的情况，这要求教师能运用________来解决问题。

五、辨析题

1. 教师取得资格证书意味着教师已经达到了专业化水平。

2. 有人认为，“教师只要学科知识过硬、实践经验丰富就行了，是否掌握教育理论并不重要”。请对这一观点做出判断和分析。

六、简答题

1. 教师应如何做到热爱学生？

2. 请简要回答教师之间如何做到团结协作。

3. 简述教师劳动的特点。

4. 简述教师的作用。

七、论述题

联系实际，谈谈教师应具备哪些基本素养。

八、案例分析题

1. 记得在一个寒冬的早晨，同学们在上早读。我刚到校，来到班上。这时，一个学生走进教室，我大声说："你为什么又迟到？把手放下站好……"忽然，我听到有人嘀咕："……自己也迟到……"一个女同学正在向旁边的同学使眼色，脸上露出不服气的神情。我心头一惊，正要发作的火一下子熄灭了。这事儿使我陷入深思，我感到在学生面前，老师的一举一动都要十分审慎。

 案例中，教师扮演的是什么角色？为什么？案例给了我们什么样的启示？

2. 赵老师是学校公认的好教师。在师范院校就读期间，为了成为一名称职的语文教师，除了认真学习本专业各门课程，他还广泛涉猎了其他专业知识。在从事语文教学之后，他经常阅读中外名家名著。从教近10年来，为了提高自己的教育教学与科研水平，他还不断地学习教育学、心理学和现代教育技术的知识，通过反思自己的教学实践，创新教育教学方式，形成了独特的教学风格和实践智慧。

 请从教育学角度分析赵老师的知识素养。

3. 近年来，人工智能的发展环境发生了深刻的变化，呈现出深度学习、跨界融合、人机协同、自主操控等新特征。在可预见的未来，诸如超市收银员、银行柜台服务人员、高速公路收费人员、餐饮服务人员等将会被人工智能部分或全部取代。但是，根据一项国际研究的预测和分析，未来二十年最不容易被人工智能取代的职业之一是教师职业。

 请结合案例，运用教育学知识分析：人工智能时代教师职业角色的"不变"与"变化"各是什么？

4. 在一次公开课上，执教老师对一个胖乎乎的男孩说：“请你把这段课文给大家读一下，好吗？”“老师，现在我不想读。”这名学生不顾有听课老师在场，大胆地表达了自己的意愿。“你有权保持沉默。”执教老师笑容依然，“我们会耐心等待，以后再欣赏你的精彩表现。”果然，在后半节课上这个学生主动发言，以自己精彩的朗读博得了听课老师和学生的热烈掌声。

请分析执教老师在处理这一事件时所体现的教育教学素养。

专题二 学 生

考法透视 本专题以记忆为主，多以选择题、判断题、案例分析题等形式进行考查，主要考查学生的特点及现代学生观。

限时:70 分钟	用时： 分钟	错题数： 道	▶答案见 P342

一、单项选择题

1. 学生既是教育的对象，又是教育过程中发展的主体，学生主体作用的最高表现形式为（　　）

A. 自觉性　　B. 独立性　　C. 创造性　　D. 主动性

2. 在教育过程中，学生既是教育的________，又是学习的________。（　　）

A. 主体　客体　　B. 主体　主体　　C. 客体　客体　　D. 客体　主体

3. 在实际教学中，教师是学生的榜样，学生会模仿教师的言行举止，学生信服教师的教导胜过父母的话，年龄越小越是如此。此现象说明学生具有（　　）的心理特点。

A. 发展性　　B. 依赖性　　C. 独立性　　D. 向师性

4. “学生如同泥坯，他能否成型，依赖于教师的雕塑。”这个说法忽视了学生的（　　）

A. 可塑性　　B. 发展性　　C. 能动性　　D. 向师性

5. 学生小王在学习某单元的课程内容时总是摸不着头脑，他默默在心里鼓励自己克服困难。后来通过不懈的努力，他在此单元考试中取得满意的成绩，他又在心里默默地告诫自己不要骄傲。小王的行为体现了学生作为具有主体性的人的（　　）

A. 独立性　　B. 选择性　　C. 调控性　　D. 自我意识性

6. 教授语文的李老师每次遇到要求解析词语、诗句等题目都会让学生熟记标准答案并经常举行课堂小测来测试学生对标准答案的掌握程度，对于测试成绩在 80 分以下的学生，李老师会要求学生多次抄写答案，次日重新进行小测。通过这种高强度的训练方式，李老师所教班级的

成绩在期末考试时经常在年级名列前茅,但有家长对李老师的这种教学方式不赞同,因为李老师的教学方式忽视了学生的(　　)

A. 实践性　　B. 生成性　　C. 自主性　　D. 整体性

7.“染于苍则苍,染于黄则黄”,这说明学生作为教育的对象,具有(　　)的特点。

A. 独立性　　B. 可塑性　　C. 向师性　　D. 依附性

8. 某小学三(1)班班主任李老师用了一支比较别致的笔,不久全班多数同学也用上了和李老师一样的笔。这说明小学生具有(　　)

A. 依赖性　　B. 向师性　　C. 接受性　　D. 可塑性

9.“鸡不吃米强按头,到头来它也是不吃的。”这句话反映了(　　)

A. 学生是发展中的人　　B. 学生是独特的人

C. 学生具有主观能动性　　D. 学生是教育的对象

10. 某同学的数学成绩比较差,每次考试都不及格。这次考试及格了,该同学本以为老师会表扬他,没想到老师一进教室就当着全班同学的面问他:“你这次考得特别好,不是抄来的吧?”老师的这种做法忽视了(　　)

A. 学生是完整的人　　B. 学生是独特的人

C. 学生是学习的主体　　D. 学生是发展中的人

11. 承认学生的(　　)是发挥学生主体性的前提条件。

A. 独立性　　B. 调控性　　C. 选择性　　D. 创造性

12.“应当把成人看作成人,把孩子看作孩子。”这体现了什么样的学生观(　　)

A. 学生是责权主体　　B. 学生是独特的人

C. 学生是学习的主体　　D. 学生是完整的人

13. 悠悠喜欢唱歌跳舞,孙老师对她说:“整天蹦蹦跳跳的没有学生样,学生得老老实实学习才行!”孙老师的说法忽略了(　　)

A. 学生的心理发展　　B. 学生的全面发展

C. 学生的主动发展　　D. 学生的主体发展

14. 现代学生观承认儿童是独立的人,尊重儿童的人格与权利,确立了(　　)的原则。

A. 教师优先　　B. 儿童优先　　C. 教学优先　　D. 游戏优先

15. 学生既是教育的对象,也是教育的主体。以下是一些老师的学生观,其中正确的是(　　)

A. 王老师认为学生是被动的客体,学生应该接受教师的指导

B. 杨老师认为学生是发展中的人,具有明显的发展特征

C. 曾老师认为学生是成熟的人,他们能够独立完成一些任务

D. 邓老师认为学生是被塑造的人,他们需要教师的帮助

16. 1989 年 11 月 20 日联合国大会通过《儿童权利公约》,其核心精神是维护青少年儿童的(　　)

A. 受教育机会　　B. 社会权利主体地位

C. 身体健康发展权利　　D. 尊严和权利

17. 某校在实施一项帮助问题学生的特殊教育计划时，泄露了一些学生的家庭困难和个人生理缺陷等信息，导致这些学生的尴尬和不安，甚至有学生再也不愿意上学。根据联合国《儿童权利公约》，这所学校的做法违背了(　　)

A. 儿童最大利益原则　　B. 无歧视原则

C. 尊重儿童权利与尊严原则　　D. 尊重儿童观点原则

18. 作为一个教师，需要认识到学生并不是单纯的、抽象的学习者，而是有着丰富个性的完整的人。学习过程也并不是单纯的知识接受，而是学生整个内心世界的全面参与。这体现的学生观是(　　)

A. 学生是发展中的人　　B. 学生是完整的人

C. 学生是具有独立意义的人　　D. 学生处于教育和教学的主导地位

19. 学生主观能动性最基本的表现是(　　)

A. 独立性　　B. 自主性　　C. 创造性　　D. 自觉性

20. 现代学生观倡导(　　)

①学生是发展中的人　②学生是独特的人

③学生是单纯抽象的学习者　④学生是具有独立意义的人

A. ①②③　　B. ②③④　　C. ①③④　　D. ①②④

21. 周老师在考察学生的时候，没有带主观预想的框框，而是认为学生都是可爱的，能设身处地地体验学生的行为，坚信没有教不好的学生，只有不会教的老师。这集中体现的学生观是(　　)

A. 评价性的学生观　　B. 发展性的学生观

C. 被动性的学生观　　D. 移情性的学生观

22. 张老师在李鹏的评语册中写道："虽然还存在诸多不足，但只要继续努力，就一定能取得更大的进步。"该评语最能体现出张老师的学生观是(　　)

A. 学生是发展中的人

B. 学生是具有独立意义的人

C. 学生是独特的人

D. 学生是教育活动的对象和自我教育的主体

23. 魏巍在《我的老师》一文中提到："我们见了她(蔡老师)不由得就围了上去。即使她写字的时候，我们也默默地看着她，连她握笔的姿势都急于模仿。"这一叙述体现了学生的(　　)特点。

A. 可塑性　　B. 向师性　　C. 复杂性　　D. 创造性

24. 建立民主、道德、合法的教育关系的基本前提是(　　)

A. 学生是学习的主体　　B. 学生是责权主体

C. 学生具有可塑性　　D. 学生具有向师性

25. 学生是教师教育实践活动的作用对象，是被教育者、被组织者和被领导者。从学生自身特点来看，“嫩枝易弯又易直”体现了学生具有（　　）

A. 模仿性　　B. 创造性
C. 可塑性　　D. 选择性

26. 我国中小学生发展的时代特点不包括（　　）

A. 生理成熟期提前　　B. 自我意识减弱
C. 学习目的实用化　　D. 心理问题增多

27. 大数学家华罗庚在初中时期数学成绩非常差，他的数学老师跟全班同学说：“如果将来有一个人没有出息，那个人一定是华罗庚。”之后华罗庚通过自己的努力成为著名的数学家。案例中的老师违背了（　　）的学生观。

A. 学生是独特的人　　B. 学生是发展中的人
C. 学生是具有独立意义的人　　D. 学生在教育教学中的主导地位

28. 卢梭说：“大自然希望儿童在成人之前就要像儿童的样子。如果我们打乱了这个次序，我们就会造成一些早熟的果实，它们长得既不丰满也不甜美，而且很快就会腐烂；我们将造成一些年纪轻轻的博士和老态龙钟的儿童。”这段话体现了（　　）

A. 儿童的独特性　　B. 儿童的生成性
C. 儿童的自主性　　D. 儿童的整体性

29. 下列关于学生本质属性的论述，不正确的是（　　）

A. 学生是具有发展潜能的人　　B. 学生是一个完整的人
C. 学生是以升学为主要任务的人　　D. 学生是具有主观能动性的人

二、多项选择题

1. 下列关于学生的表述，正确的有（　　）

A. 学生具有独特性　　B. 学生具有可塑性
C. 学生是以学习为主要任务的人　　D. 学生对教育所施加的影响是无条件接受的

2. 联合国《儿童权利公约》的核心精神的基本原则包括（　　）

A. 无歧视原则　　B. 儿童利益最佳原则
C. 尊重儿童观点与意见原则　　D. 尊重儿童尊严原则

3. “学生是具有独立意义的人”的基本含义是（　　）

A. 每个学生都是独立于教师的头脑之外，不以教师的意志为转移的客观存在
B. 学生是学习的主体
C. 每个学生都有自身的独特性
D. 学生是责权主体

4. 慢养孩子，静待花开。从学生观来看，这体现了（　　）

A. 学生身心发展是有规律的　　B. 学生具有巨大的发展潜能
C. 学生是完善的人　　D. 学生是发展中的人

5. 关于学生，下列表述不正确的观点是（　　）

A. 不承认学生的主体地位，再好的教学设计也会落空

B. 学生最主要的权利是生存权

C. 受教育是学生的权利，但不是学生的义务

D. 现代中学生学习目的多元化，具有鲜明的自我利益意识

6. 学生是发展中的人，包括的含义有（　　）

A. 学生具有与成人不同的身心发展特点

B. 学生具有发展的可能性

C. 学生是具有发展需要的人

D. 学生具有获得成人教育关怀的需要

7. 教师培养学生的主体性的措施有（　　）

A. 建立民主和谐的师生关系，重视学生自学能力的培养

B. 重视学生主体参与课堂，获得主体参与的体验

C. 尊重学生的个性差异，进行有针对性的教育

D. 教育目标要反映社会发展需要

三、判断题

1. 学生作为教师教育活动的对象是相对的、暂时的，而作为自身生活、学习和发展的主体是绝对的、长期的。（　　）

2. 学生并不是单纯的、抽象的学习者，而是有着丰富个性的、完整的人。（　　）

3. 学生是学习的主体，任何教学手段必须通过学生起作用。（　　）

4. 学生是发展中的人，具有不成熟性，所以教师要容忍学生犯错误，不要惩罚学生。（　　）

5. 学生具有依赖性，因此学生并不能成为自我教育的主体。（　　）

四、论述题

请结合以人为本的学生观，说一说当学生犯了错应该怎么做。

五、案例分析题

1. 小明是某小学四年级学生，学习不积极，调皮数第一，经常上课说话、传纸条，扰乱课堂教学秩序，学习成绩也不尽如人意。班主任王老师和小明多次谈话，效果都不理想。但王老师也发现，小明很热情，与班里同学相处融洽，另外，他有一定的体育天赋，在各类体育比赛中名列前茅，为班级多次争得了荣誉。为更好地帮助小明转变，王老师去小明家做了家访，这才发现，小明父母忙于工作，陪伴照顾孩子的时间很少，这让小明感觉自己被忽视。有一天，王老师把

小明叫到办公室促膝长谈，委派他做体育委员，并让他负责管理班级的纪律，小明虽然有些难以置信，但还是高兴地接受了。从那天开始，小明以身作则，班级的秩序有了很大的改观。另外，王老师还发现小明在学习上的积极性也越来越强了，学习成绩也有了起色。

(1)作为教师，应树立什么样的学生观？

(2)请结合学生观的相关知识，分析案例中班主任王老师的做法。

2. 一对双胞胎兄弟是篮球爱好者，一天骑自行车上学途中，发现一篮球场上正在举行篮球比赛，便停下来观看，比赛结束后才赶紧骑车到学校，因此迟到了。老师问起来，小哥俩撒谎说路上车爆胎了，因为要修理车胎耽误了时间。

老师的处理方法是：把小哥俩分别请进两个办公室，询问并让他们写下：在哪个地方爆的胎？爆的是前胎还是后胎？在哪个修车点修的？总共花了多少钱？然后老师根据他们写的情况向家长和修车点分别进行了沟通，并根据实际情况对小哥俩进行了教育，此后老师继续对他们进行了积极的关注和引导。

问题：请结合材料，分析老师是如何贯彻“在教育过程中尊重和发挥儿童主体性”这一要求的。

3. 高虎是留守儿童，并且父母离婚，他跟着自己的爷爷奶奶生活。爷爷奶奶从未接受过教育，对高虎的学习也不能给予正确的引导，只是一味地宠溺。所以，高虎就形成了以自我为中心的性格特点。而且，在学校里也不敢与人交流，很自卑、孤僻。班主任马老师发现了这位特殊的学生，在课堂上经常给予高虎鼓励、期待。课余时间，马老师就把高虎叫到自己办公室或自己家里，辅导他的学习，并鼓励高虎要相信自己，每一个个体都是独特的，每位同学都有缺点、优点，只有自己发奋努力，未来才不是梦。在马老师的鼓励关心下，高虎的性格得到了完善，成绩也获得了提升。

请从学生观的角度，评析马老师的行为。

专题三　师生关系

考法透视　本专题以理解为主，多以选择题、判断题、案例分析题等形式进行考查，主要考查师生关系的表现形式、内容、基本类型，良好师生关系建立的途径与方法以及理想师生关系的特点。

限时：80 分钟	用时：　分钟	错题数：　道	▶答案见 P347

一、单项选择题

1. 下列关于师生关系的叙述，错误的是(　　)

A. 体现在教育活动中

B. 体现在师生交往过程中

C. 体现在教师对学生的管理和学生的顺从过程中

D. 具有一定的互动性

2. 在课堂上，教师让学生自主学习，学生各行其是，教师能够解答学生的问题，但不能给予及时的正确指导，不认真检查学习结果。这种师生关系的形态属于(　　)

A. 对立型　　B. 民主型　　C. 依赖型　　D. 放任型

3. 关于师生关系的理论中，“儿童中心论”的代表人物是(　　)

A. 赫尔巴特　　B. 哈贝马斯　　C. 杜威　　D. 凯洛夫

4. 中国人有句俗话说“师生如父子”，这句话的正确内涵是(　　)

A. 师生关系就是父子关系

B. 师生关系基本等同于父子关系

C. 教师对学生既有像父母一样的关爱，又有像父母对自己的子女一样的偏爱

D. 教师对学生有像父母一样的关爱，却没有像父母对自己的子女一样的偏爱

5. 西方学者罗森塔尔证明，教师对学生的认识和评价标准不同，就会产生不同的情感和期望，从而对学生的学习和发展产生重要影响。产生这种影响的师生关系类型是(　　)

A. 教育关系　　B. 组织关系

C. 心理关系　　D. 社会关系

6. 课堂环境对师生关系有重要影响。下列课桌摆放的形式中，(　　)不利于师生之间的交往及学生之间的交流。

A. “圆桌式”　　B. “半圆式”　　C. “蜂巢式”　　D. “秧田式”

7. “弟子不必不如师，师不必贤于弟子，闻道有先后，术业有专攻，如是而已。”这种观点给当今教育的启示是(　　)

A. 教学相长，相互尊重　　B. 乐教善教，讲究教法

C. 严于律己,为人师表　　D. 有教无类,教书育人

8. 师生关系是教育过程中最重要、最基础的人际关系,然而在师生相处的过程中并不会形成完全和谐的师生关系,总会在某些阶段出现一些师生适应问题。针对师生关系出现的问题,可用来改善的方法不包括(　　)

A. 更新教育理念

B. 了解学生的需要,培养良好的人格品质

C. 采用以教师为中心的教学模式进行教学

D. 采用民主的教育态度,改善自身的教育行为

9. 下列关于师生关系的说法中,错误的是(　　)

A. 师生在教学内容上结成授受关系

B. 教师指导、引导学生的目的是促进学生的自愿发展

C. 师生在人格上是平等的关系

D. 师生在社会道德上是互相促进的关系

10. 师生关系的表现形式中,处于最高层次的是(　　)

A. 伦理关系　　B. 教育关系　　C. 心理关系　　D. 人际关系

11. 教育教学中,要尊重学生的看法,鼓励学生质疑、发表不同的意见,以讨论、协商的方式解决争端。这种师生关系为(　　)

A. 仁慈专断型　　B. 强硬专断型

C. 民主平等型　　D. 放任自流型

12. 下列关于师生关系的表述,正确的是(　　)

A. 教师是中心,学生是主体　　B. 师生是上下级关系

C. 师生是单向关系　　D. 师生是民主平等的关系

13. 何老师在教育教学中,只管教书、完成教学任务,对学生不管不问,使得学生在他所教科目的学习上,处于一种无人管理的状态。何老师与学生之间的关系最有可能属于(　　)

A. 一般型师生关系　　B. 放任型师生关系

C. 专制型师生关系　　D. 民主型师生关系

14. “是故学然后知不足,教然后知困。”这句出自《礼记》的话体现了新型师生关系特征中的(　　)

A. 民主平等　　B. 教学相长　　C. 相互尊重　　D. 求知好学

15. 影响师生关系的核心因素是(　　)

A. 教师的素养　　B. 学校的管理　　C. 国家的政策　　D. 学生的认识

16. “青出于蓝而胜于蓝”反映出师生关系应具备的特点是(　　)

A. 尊师爱生　　B. 教学相长　　C. 民主平等　　D. 密切融洽

17. 建立和发展良好师生关系的关键在于(　　)

A. 教师　　B. 学生　　C. 学校　　D. 社会

18. "亲其师，信其道"表明教育目标的顺利完成受师生之间的(　　)

A. 道德关系的影响　　B. 心理关系的影响

C. 组织关系的影响　　D. 非正式关系的影响

19. 学生的发展依附于教师，教师处于绝对的权威地位。持这一观点的是(　　)

A. 杜威　　B. 卢梭　　C. 裴斯泰洛齐　　D. 赫尔巴特

20. 解决师生冲突的关键是(　　)

A. 学生　　B. 教师　　C. 校长　　D. 家长

21. 人类现实利益关系在教育教学中的反映是师生之间的(　　)

A. 道德关系　　B. 代际关系　　C. 权威与服从关系　　D. 授受关系

22. 一些教育行政部门和学校规定：不允许男教师与女学生单独谈话。这属于师生关系的(　　)

A. 学校调节　　B. 法律调节　　C. 道德调节　　D. 沟通调节

23. 师生关系是学校教育活动中最重要的关系，良好的师生关系是教学成功的重要保证，对良好的师生关系的理解应该是(　　)

①教师要让学生自由发展

②教师是权威，学生要无条件服从教师的管教

③学生作为独立的社会个体，在人格上与教师是平等的

④师生之间是朋友式的友好帮助关系

A. ①②　　B. ②④　　C. ③④　　D. ①③

24. 师生关系中最基本的关系是(　　)

A. 教育关系　　B. 心理关系　　C. 道德关系　　D. 人际关系

25. (　　)是促进学生身心健康发展、促进教育教学活动顺利进行的基本保证。

A. 良好的师生关系　　B. 良好的硬件设施

C. 良好的课堂纪律　　D. 良好的学校环境

26. 学生尊重教师，尊重教师的劳动，使教师感受到自身存在的价值和从事教育工作的光荣，从而增强工作的责任感、荣誉感，坚定献身教育事业的信念，发奋搞好教育工作，更好、更多地培养人才；学生在教师的爱护中，感受到师爱的温暖，感受到教师殷切的期待，学生以师爱为动力，奋发向上，不辜负教师的培养和期望。这说明师生关系具有(　　)

A. 激励功能　　B. 教育功能　　C. 调控功能　　D. 社会功能

27. 你总是微笑着看学生，学生也微笑着看你；你总是蹲下来看学生，学生也把你看作知己。这样的师生关系特点为(　　)

A. 教学相长　　B. 民主平等　　C. 关心学生　　D. 严师出高徒

28. 李老师教学能力强，善于与学生交流，经常倾听学生对于开展教学活动的意见，班上的学生学习积极性高，兴趣广泛，和老师配合默契。这属于(　　)的师生关系。

A. 专制型　　B. 放任型　　C. 民主型　　D. 权威型

29. 班主任赵老师与同事之间相互尊重、相互理解、相互学习、相互帮助，在班级管理中，赵老师也善于听取其他任课老师的意见，他的这种做法(　　)

A. 有利于处理好师生关系　　B. 是缺乏主见的表现

C. 有利于处理好师师关系　　D. 缺乏竞争意识

30. 学生必须服从教师，学生个性受到压抑。这体现的是(　　)

A. 教师中心论　　B. 学生中心论

C. 教育中心论　　D. 知识中心论

二、多项选择题

1. 新学期开始，张老师作为班主任想要与学生建立起良好的师生关系，他应该采取的措施包括(　　)

A. 了解学生的兴趣、学习态度等

B. 提高自我修养，学会自我控制

C. 在各方面照顾成绩好的学生

D. 主动与学生沟通

2. 影响师生关系的环境因素主要包括(　　)

A. 学校的教学设施建设　　B. 学校的人际关系环境

C. 课堂的组织环境　　D. 教师的领导方式

3. 下列教师的行为中，不利于建构良好师生关系的是(　　)

A. 利用 QQ、微信和学生谈心

B. 对班级中的学困生产生“魔鬼效应”

C. 认为好学生就是考试成绩高的学生

D. 利用业余时间学习书法、绘画

4. 下列选项中属于增强师生之间心理相容性的措施的是(　　)

A. 多接触学生，研究学生，了解学生的心理状态

B. 指挥学生，发挥权力性影响

C. 遵循教育规律，多采取讨论、启发等教学方法

D. 为人师表，以人格力量感化学生

5. 良好的师生关系具有(　　)功能。

A. 感化　　B. 调节　　C. 引动　　D. 求同

6. 理想师生关系的基本特征有(　　)

A. 尊师爱生　　B. 教学相长　　C. 民主平等　　D. 因材施教

7. 赵老师告诉张明、孙哲两位同学，明天上午作文课将点评他们的作文，到时请他们在课上现场朗读他们的作文。张明脸上挂着掩饰不住的喜悦之情，而孙哲似有心事，站在赵老师身旁不肯离开，最后请求道：“赵老师能不能不在班里读我的作文啊？我在作文里写的家事不想让同学知道。”此刻，赵老师意识到自己仅注意到学生作文的示范作用，忽略了学生背后隐秘的

心声。赵老师答应了,孙哲高兴地笑了。从师生关系的角度看,下列说法恰当的有( )

A. 倾听是建立良好师生关系的基础

B. 尊重有助于良好师生关系的建立

C. 民主将是师生伦理关系的要求

D. 满足学生所有意愿有助于良好师生关系的建立

8. 良好师生关系的作用有( )

A. 是教育教学活动顺利进行的保障　　B. 是构建和谐校园的基础

C. 是实现教学相长的催化剂　　D. 能满足学生的多种需要

9. 如何保证师生在人格上的平等( )

A. 尊重学生的独立人格　　B. 改革传统的(专制型)师生关系

C. 建立严格要求的民主的师生关系　　D. 维护好教师的尊严

10. 专制型师生关系下,学生的典型表现有( )

A. 学生唯命是从　　B. 学生学习被动

C. 学生不能发挥独立性、创造性　　D. 对教师的人格议论、轻视

11. 师生之间的关系主要表现在( )

A. 工作关系　　B. 人际关系　　C. 组织关系　　D. 心理关系

12. 教学相长是教师和学生在教学中共同的相互关系。以下哪些是对"教学相长"的正确理解( )

A. 相互制衡　　B. 相互促进　　C. 相互学习　　D. 相互发展

13. 某中学李老师时常看偶像剧,看明星的有关新闻,家人说他这么大年龄的人了,还搞这些小孩喜欢的东西。李老师说,他是为了能跟学生对上话才这样做的。下列说法正确的有( )

A. 李老师与时俱进,了解学生所思所想

B. 李老师教学有法,用学生喜欢的方式切入教学

C. 李老师自己喜欢偶像剧和追星,用学生喜欢当借口

D. 李老师不务正业,用旁门左道进行教学

三、判断题

1. "尊师爱生",先有尊师后有爱生。 ( )

2. 师生关系是各种教育关系中最基本的关系,也是影响教学质量的最直接、最活跃的因素。 ( )

3. 师生关系是一所学校的精神风貌、校风、教风、学风的整体反映,是一种重要的课程资源。 ( )

4. "学不可以已。青,取之于蓝,而青于蓝。"这表明荀况在师生关系问题上强调不唯师说。 ( )

5. 教师中心论以赫尔巴特为代表人物,片面强调教师的权威,视教师为凌驾于学生之上的主宰人物。 ( )

6. 师生关系是学校中最基本的人际关系,是指教师与学生在教育教学过程中为完成共同的教育任务而结成的一种特殊的社会关系。 ( )

7. 良好的师生关系可以提高教师的威信,但是不能提高教学效果。 ( )

8. 师生心理关系的实质是师生个体之间的情感是否融洽、个性是否冲突、人际关系是否和谐。 ( )

9. 新型师生关系的基本理念是平等、民主、合作。 ( )

10. 任何师生关系都能促进班集体凝聚力的形成。 ( )

四、简答题

1. 如何才能建立良好的师生关系?

2. 简述师生关系的内容。

五、论述题

结合实际,试述影响师生关系的因素有哪些。

六、案例分析题

1. 在一次考试前,几个同学在私底下商量:“这次数学考试,我们都考差一点,让数学老师受惩罚。”据了解,教数学的王老师的教育教学方式死板僵化,平时对待学生态度简单粗暴,歧视后进生,与学生关系紧张,有一次差点和学生因为矛盾而大打出手,很多学生都不喜欢他。

结合案例,从一名教师的角度谈谈怎样才能建立良好的师生关系。

2. 在高三班主任王老师的班上，有一位姓徐的同学很聪明，但自我约束力很差，经常迟到。一次，这位同学像往常那样又迟到了，王老师在教室门口拦住了他，不让他进教室。王老师看到他一副睡眼惺忪的样子，不禁火冒三丈，恶狠狠地批评了他，言语中还带着一些侮辱人格的话。当时，徐同学就与王老师吵了起来，说王老师侮辱了他的人格。正在僵持不下的时候，被校长看到了，校长把徐同学叫到一边，很和气地对他说了一些什么。徐同学起初很生气，后来渐渐平静下来了。课间的时候，徐同学向王老师道歉，他的道歉反而让王老师感到不好意思。王老师不由自主地对徐同学说："老师那样粗暴地对待你是不对的。"此后，王老师对自己过去常常用粗暴方式处理学生问题的行为进行了反思。在以后与学生的交往中，王老师也渐渐学会了尊重和理解学生。现在徐同学正在大学读书，每年暑假回来都去看望王老师。两个人成了最要好的朋友。

请运用师生关系的相关理论分析上述材料，并阐述你所获得的启示。

3. **镜头一：**早上，某学校的几位教师驾驶私家车上班，汽车进入校门，值周学生纷纷向车内教师问好或行队礼致敬。然而，令人遗憾的是，值周学生所得到的回应全部是冷若冰霜或漠然的脸色。

镜头二：3 月 5 日，某学校发动学生参加"学雷锋、做好事"活动，学生积极响应，一些学生想到了平时辛苦工作的教师，就主动把一些教师的自行车、电动车擦得干干净净。可令人遗憾的是，没有教师向学生表示真诚的谢意。

镜头三：某年轻教师在本学科教学中还算"出类拔萃"，然而，每当有学生从其身边走过或向他打招呼时，这位教师几乎从不"还礼"，甚至连一丝笑容都不曾露出。

结合师生关系的内容分析上述案例。

第五章　课　程

专题一　课程概述

考法透视　本专题以理解为主，多以选择题、判断题、简答题等形式进行考查，主要考查课程的概念、类型、制约因素以及主要课程理论流派的观点及代表人物。

限时:90 分钟	用时：　分钟	错题数：　道	▶答案见 P352

一、单项选择题

1. 按呈现状态，可将课程分为(　　)

A. 分科课程和综合课程　　B. 必修课程和选修课程

C. 校内课程和校外课程　　D. 显性课程和隐性课程

2. 中小学课程不管过去、现在、未来都应是“不变的学问”，因此，学习者要认真地阅读那些经历了许多世纪仍广泛流传的经典著作。这种观点属于课程理论流派中的(　　)

A. 经验主义　　B. 后现代主义

C. 永恒主义　　D. 结构主义

3. 教师的教学风格属于(　　)

A. 观念性隐性课程　　B. 物质性隐性课程

C. 制度性隐性课程　　D. 关系性隐性课程

4. 关于课程的描述正确的是(　　)

A. 学科课程按照儿童心理逻辑进行组织

B. 显性课程主要产生计划性和预期性的教育影响

C. 拓展型课程通常是必修课程

D. 经验课程在于让学生掌握人类文明精髓

5. 按照美国学者古德莱德的课程层次理论分类，学生在课堂学习中实实在在体验到的课程属于(　　)

A. 理想的课程　　B. 正式的课程

C. 运作的课程　　D. 经验的课程

6. 以学生的经验和主体活动为中心建立的课程理论是(　　)

A. 要素主义课程论　　B. 结构主义课程论

C. 儿童中心课程论　　D. 社会中心课程论

7.“课程”一词在我国始见于(　　)

A. 唐宋期间　　B. 明朝　　C. 汉朝　　D. 元朝

8. 有利于克服课程脱离实际生活的弊端,其目的在于满足地方或社区发展的实际需要,加强学生与社会现实和社区发展的联系,使学生了解社区,接触社会,关注社会并对社会负责,增强其社会责任感的课程属于(　　)

A. 分科课程　　B. 综合课程　　C. 地方课程　　D. 国家课程

9. 学校人际关系状况,师生特有的心态、行为方式等属于(　　)

A. 显性课程　　B. 活动课程　　C. 隐性课程　　D. 学科课程

10. 学生必须接受“自由教育”,受过这种教育的人,因为有广博的知识和理性的能力,将来也是适应力最强、对未来作了最充分准备的优秀公民和劳动者。秉持这种观点的人,在课程类型上倾向于(　　)

A. 学科中心课程　　B. 学生中心课程

C. 社会中心课程　　D. 活动中心课程

11. 我国从小学低年级起开设的道德与法治,在课程性质上属于(　　)

A. 综合实践活动课程　　B. 活动型综合课程

C. 分科课程　　D. 校本课程

12.“课程”一词最早出现在英国教育家(　　)的《什么知识最有价值》一文中。

A. 赫尔巴特　　B. 泰勒　　C. 斯腾豪斯　　D. 斯宾塞

13. 某学校充分利用校报、橱窗、走廊等进行文化建设,悬挂革命领袖、科学家、英雄模范等杰出人物的画像和格言。从课程理论的角度看,这些都属于(　　)

A. 活动课程　　B. 综合课程　　C. 显性课程　　D. 隐性课程

14. 近代以来,像夸美纽斯所倡导的“泛智课程”、斯宾塞根据功利主义原则设置的课程等,都属于(　　)

A. 学科课程　　B. 活动课程　　C. 综合课程　　D. 核心课程

15. 某小学开设“小发明家”“小科学家”等课程,让学生在课外活动时间自由选择学习。这些课程属于(　　)

A. 校本课程　　B. 地方课程　　C. 基础课程　　D. 国家课程

16. 反对“课程是活动或预先决定的目的”,认为学生的学习取决于他自己做了什么,而不是教师做了什么。这种课程观倾向于认为课程是(　　)

A. 文化　　B. 经验　　C. 目标　　D. 学科

17. 欧洲中世纪的宗教神学课程和工业革命后的以自然科学为基础的课程属于课程类别中的(　　)

A. 学科课程　　B. 活动课程　　C. 综合课程　　D. 融合课程

18. 永恒主义课程理论的主要代表人物是(　　)

A. 杜威　　B. 赫钦斯　　C. 巴格莱　　D. 布鲁纳

19. 根据美国学者古德莱德归纳的五种不同的课程类型,我国在义务教育阶段所制订的课程计划和统一使用的语文、英语教材属于(　　)

A. 经验的课程　　B. 理想的课程　　C. 领悟的课程　　D. 正式的课程

20. 提出课程研究的“活动分析法”的是(　　)

A. 布卢姆　　B. 泰勒　　C. 斯宾塞　　D. 博比特

21. (　　)注重拓展学生的知识与能力,开阔学生的知识视野,发展学生各种不同的特殊能力。

A. 拓展型课程　　B. 实践性课程　　C. 研究型课程　　D. 工具性课程

22. “无论我们选教何种学科,务必使学生理解该学科的基本结构。”依此而建立的课程理论是(　　)

A. 百科全书式课程理论　　B. 综合课程理论

C. 实用主义课程理论　　D. 结构主义课程理论

23. 下列选项中,不属于观念性隐性课程的是(　　)

A. 校风　　B. 学风

C. 班级管理方式　　D. 教师的教育理念

24. 为发展学生的兴趣、爱好和特长而开设的,可供学生自由选择的课程是(　　)

A. 综合课程　　B. 选修课程　　C. 学科课程　　D. 活动课程

25. 社会研究课综合了历史、地理、经济学、社会学、政治学、法学、人类学等有关学科内容。其课程类型是(　　)

A. 融合课程　　B. 广域课程　　C. 核心课程　　D. 相关课程

26. 把若干相邻的学科内容加以筛选、充实后按照新的体系合而为一的课程是(　　)

A. 学科课程　　B. 分科课程　　C. 综合课程　　D. 活动课程

27. (　　)对于“课程”的定义主要是指“功课及其进程”,这与今天人们对课程的理解基本相似。

A. 孔子　　B. 朱熹　　C. 王夫之　　D. 曾国藩

28. 某小学根据当地太极拳具有悠久历史的现实,在本校开设了太极拳课程。该课程属于(　　)

A. 国家课程　　B. 地方课程　　C. 校本课程　　D. 学科课程

29. 教育家杜威认为,决定学习的质和量的是儿童而不是教材,他提出教学应从儿童的经验和活动出发,而儿童的本能是他们获得经验的基础。这一观点属于(　　)

A. 社会中心课程论　　B. 形式主义课程观

C. 实用主义课程观　　D. 结构主义课程观

30.(　　)是和结构主义课程理论相对立的一种课程理论。

A. 要素主义课程理论　　B. 永恒主义课程理论

C. 社会中心课程理论　　D. 活动课程理论

31. 多尔设想的后现代课程标准中，最重要的特征是(　　)

A. 丰富性　　B. 循环性　　C. 关联性　　D. 严密性

32. 目前，我国小学开设的“语文”“数学”“英语”课程属于(　　)

A. 活动课程　　B. 综合课程　　C. 学科课程　　D. 融合课程

33. 1918 年，美国学者博比特的(　　)出版，该书被看作是教育史上第一本课程理论专著。

A.《课程》　　B.《课程编制的原理》

C.《怎样编制课程》　　D.《儿童与课程》

34. 存在主义课程论认为教材是(　　)

A. 对学生进行心智训练的材料　　B. 为学生谋求职业做好准备的手段

C. 给学生确立学习目标的依据　　D. 学生自我发展和自我实现的手段

35. 容易导致理论和实际脱节的课程理论是(　　)

A. 学科中心主义课程论　　B. 经验主义课程论

C. 社会改造主义课程论　　D. 后现代主义课程论

36. 属于结构主义教育流派的教育学家是(　　)

A. 布鲁纳　　B. 斯金纳　　C. 赞科夫　　D. 罗杰斯

37. 注重培养学生的探究态度和能力的课程是(　　)

A. 基础型课程　　B. 创新型课程　　C. 研究型课程　　D. 发展型课程

38. 提倡课程内容应该是人类文化的“共同要素”的是(　　)课程理论。

A. 要素主义　　B. 社会中心　　C. 经验主义　　D. 存在主义

39. 课程论成为独立学科的标志是(　　)

A. 博比特的《课程》　　B. 泰勒的《课程与教学的基本原理》

C. 夸美纽斯的《大教学论》　　D. 凯洛夫的《教育学》

40. 主张课程内容的组织以儿童活动为中心，提倡“从做中学”的课程理论是(　　)

A. 学科中心课程论　　B. 社会中心课程论

C. 经验主义课程论　　D. 要素主义课程论

41. 由学生自己来提出问题、设计方案、实施并得出结论的课程，属于(　　)

A. 实践型课程　　B. 研究型课程　　C. 拓展型课程　　D. 知识型课程

42. 能解决教育中无儿童、见物不见人倾向的课程观是(　　)

A. 课程是知识　　B. 课程是计划

C. 课程是经验　　D. 课程是活动

43. 在A学校，学校的课程相当一部分是在教师的指导下，由学生选择一些自己感兴趣的课题，通过自主探究进行学习。这反映出A学校主张的课程理论最有可能为(　　)

A. 学科中心课程论　　B. 活动中心课程论

C. 社会中心课程论　　D. 教师中心课程论

44. 学科中心课程理论认为(　　)是课程的核心。

A. 教师　　B. 知识　　C. 学生　　D. 民族利益

45. 相对于学科课程而言，活动课程所具有的特点不包括(　　)

A. 过程的实践性　　B. 组织的严密性

C. 内容的开发性　　D. 形式的多样性

46. 经验课程的主导价值在于(　　)

A. 使学生获得关于现实世界的直接经验和真切感受

B. 传承人类文明，让学生掌握人类积累下来的文化遗产

C. 使学生获得逻辑严密和条理清晰的文化知识

D. 促进学生认知的整体性发展，并形成全面解决问题的视野和方法

47. 下列表述与现代意义上的“课程”最不接近的是(　　)

A. 维护课程，必君子监之，乃得依法制也

B. 宽着期限，紧着课程

C. 一切的课程内容应当从学术(学问)中引申出来

D. 课程是学习者在学校指导下的一切经验

48. 学科课程分科过细，偏重书本知识，同实际生活距离较远，不能照顾到儿童的需要和兴趣，难以发挥学生的主动性。立足于克服这些缺陷的课程是(　　)

A. 综合课程　　B. 必修课程　　C. 选修课程　　D. 活动课程

49. 陶行知说：“学校无小事，处处是教育；教师无小节，处处是楷模。”学校的“小事”和教师的“小节”都属于(　　)

A. 显性课程　　B. 隐性课程　　C. 学科课程　　D. 综合课程

50. 最早提出活动课程思想的是(　　)

A. 杜威　　B. 培根　　C. 赫尔巴特　　D. 卢梭

51. 强调课程应该围绕当代重大的社会问题来组织，帮助学生在社会方面得到发展。这种课程理论是(　　)

A. 经验主义课程理论　　B. 结构主义课程理论

C. 社会改造主义课程理论　　D. 永恒主义课程理论

52. 经验课程强调教学内容的核心是(　　)

A. 学习者的经验　　B. 学科知识

C. 基础知识　　D. 当代社会生活经验

53. 某沿海城市在义务教育阶段全面开设海洋教育知识课程，这种课程属于(　　)

A. 国家课程　　B. 地方课程　　C. 校本课程　　D. 生本课程

54. 以下不属于拓展型课程的是(　　)

A. 文学修养　　B. 环境保护　　C. 艺术鉴赏　　D. 大学英语

55. 直接经验与间接经验的关系反映到课程类型上主要表现为(　　)的关系。

A. 活动课程与学科课程　　B. 学科课程与综合课程

C. 显性课程与隐性课程　　D. 选修课程与必修课程

56. 在教材的选择上，杜威建议“学校科目相互联系的真正中心不是科学，不是文学，不是历史，不是地理，而是儿童本身的社会活动。”该观点体现的是(　　)

A. 知识中心课程论　　B. 社会中心课程论

C. 学生中心课程论　　D. 结构主义课程论

57. 陶行知先生倡导的“生活即教育”“教学做合一”的思想，落实在课程类型上表现为(　　)

A. 学科课程　　B. 综合课程　　C. 活动课程　　D. 隐性课程

58. 显性课程的主要特征是(　　)，这是区分显性课程和隐性课程的主要标志。

A. 计划性　　B. 外显性　　C. 目的性　　D. 直接性

59. 下列哪种课程观没有体现“学习者是课程主体”的思想(　　)

A. 课程即知识　　B. 课程即复杂会话

C. 课程即活动　　D. 课程即经验

60. 在世界范围内，影响近代课程体系的最主要的观点是(　　)

A. 课程是知识　　B. 课程是经验　　C. 课程是活动　　D. 课程是游戏

二、多项选择题

1. 从课程设计、开发、管理主体或管理层次来分，可将课程划分为(　　)

A. 国家课程　　B. 地方课程　　C. 学科课程　　D. 校本课程

2. 下列属于综合课程的有哪些(　　)

A. 数学　　B. 科学　　C. 历史　　D. 艺术

3. 活动课程与学科课程相对立，它打破学科逻辑系统的界限，是以学生的兴趣、需要、经验和能力为基础，通过引导学生自己组织的有目的的活动系列而编制的课程，该课程的特点有(　　)

A. 重视儿童在学习中的自我指导作用与内在动力

B. 注重引导儿童从做中学

C. 强调解决问题的动态活动的过程

D. 注重教学活动过程的灵活性、综合性、形成性

4. 下列属于隐性课程的有(　　)

A.《中学生诗词选读》　　B. 学校建筑

C.《小学生日常行为规范》　　D. 幼儿园创设的游戏、环境

5. 活动课程是以学生从事某种活动的兴趣和动机为中心组织的课程,其优点包括(　　)

A. 便于开阔学生思维,打破传统学科框架

B. 培养学生自律性、创造性,促进个性的发展

C. 教学内容逻辑性强

D. 尊重学生的主体地位,强调课程应适合学生兴趣

6. 学科课程强调按照学科知识的逻辑体系来编制课程,这种课程的优点有(　　)

A. 有利于人类文化的传递

B. 重视知识逻辑,强调学生的需要和生活经验

C. 具有高度的简约性,便于组织教学和评价

D. 有利于发挥教师的主导作用,有利于提高教学效率

7. 持学科中心主义的课程理论流派有(　　)

A. 经验主义课程理论　　B. 后现代主义课程理论

C. 要素主义课程理论　　D. 永恒主义课程理论

8. 下列选项中,属于社会中心课程理论主张的是(　　)

A. 通过对社会问题的分析确定课程目标

B. 以掌握学科的基本知识、基本规律和相应的技能为目标

C. 课程以学科的分类为基础

D. 课程要建立一种的新的社会秩序和社会文化

9. 下列课程属于综合课程的有(　　)

A. 核心课程　　B. 融合课程　　C. 潜在课程　　D. 活动课程

10. 显性课程是(　　)学习活动,学生有意参与活动的成分很大。

A. 无计划的　　B. 无组织的　　C. 有计划的　　D. 有组织的

11. 课程的多样化主要是指(　　)

A. 课程需要反映不同地区的发展要求

B. 课程需要反映不同阶级的利益要求

C. 课程需要反映不同学生个人的发展要求

D. 课程需要反映国家的核心价值

12. 课程有多种分类,不同类型的课程具有不同的特点,下列关于不同类型课程特点的描述正确的是(　　)

A. 学科课程特别强调知识的逻辑,布鲁纳的结构主义课程是其典型代表

B. 活动课程特别强调学生的直接经验，杜威的活动课程是其典型代表

C. 显性课程是学校情境中以直接的、明显的方式呈现的课程，在学校课程建设中不可或缺

D. 隐性课程是学校情境中以间接的、内隐的方式呈现的课程，在学校课程建设中可有可无

13. 显性课程与隐性课程之间的相互关系的主要表现有（　　）

A. 递进关系　　B. 制约关系　　C. 互补关系　　D. 转换关系

14. 为了传承地域文化，很多地方教育主管部门根据当地的习惯与文化，按照国家相关规定，开发出一系列极具区域文化特色的课程，比如戏剧课程、方言课程等。这种类型的课程属于（　　）

A. 隐性课程　　B. 显性课程　　C. 地方课程　　D. 核心课程

15. 综合课程分为不同的类型，包括（　　）

A. 学科本位的综合课程　　B. 社会本位的综合课程

C. 知识本位的综合课程　　D. 儿童本位的综合课程

三、判断题

1. 隐性课程为显性课程提供间接经验的或价值体系的支持。（　　）

2. 狭义的课程是指某一门学科。（　　）

3. 选修课开设得越多越好。（　　）

4. 要素主义课程理论的代表人物是赫钦斯。（　　）

5. 永恒主义课程论是典型的儿童中心论，这种课程论主张课程要完全按照儿童的兴趣来组织而不考虑学科的逻辑。（　　）

6. 强调课程最终要由学生的需要来决定的是结构主义课程论。（　　）

7. 主张把课程的重点放在当代社会问题、社会改造和社会活动计划等方面上的是社会改造主义课程理论，其代表人物是布拉梅尔德。（　　）

8. “活动课程论”重视儿童对系统知识的学习。（　　）

9. 经验主义课程理论认为应以儿童的活动为中心，课程的组织应该心理学化。（　　）

10. 必修课程与选修课程的实质是学生“一般发展”与“个性发展”之间的关系。（　　）

11. 最早提出“隐性课程”这一概念的是美国教育家、课程理论专家布鲁纳。（　　）

12. 隐性课程的影响是非预期、非计划性的，所以应尽量减少它对学生的影响。（　　）

13. 课程是学校开设的全部学科的总和。（　　）

14. 历史上最早把“课程”用作一个专门的教育术语的教育家是斯宾塞。（　　）

15. 杜威所提倡的活动课程的主要意图在于：试图在儿童的现有经验与学科知识所代表的人类种族经验或逻辑经验之间架起一座桥梁，以解决儿童现有的经验与学科知识脱节问题。（　　）

16. 课程是先于教学过程预先编制好的、现成的知识体系。（　　）

17. “课程”与“课”是同一概念,“课”是“课程”的简称。 ( )

18. 分科课程的主导价值在于使学生获得关于现实世界的直接经验和真切体验。 ( )

19. 从课程论的角度来看,合理安排教室座位、布置优美的教室环境属于隐性课程。 ( )

20. 国家课程具有权威性、强制性和统一性,不可以进行校本化改造。 ( )

21. 隐性课程虽然与显性课程相伴而生,但它对显性课程教育效力的影响却往往是消极的。 ( )

22. 杜威选择木工、金工、缝纫等直接经验形态的课程内容,是为了让学生获得职业技能。 ( )

23. 从学生学习的结果分析,学生在隐性课程中得到的主要是学术性知识,而在显性课程中获得的主要是非学术性知识。 ( )

24. 学科是课程的知识来源,而课程是对学科的称谓。 ( )

25. 课程是一个历史的范畴,直接受制于教育目的,所以不同的时代有不同的课程观。 ( )

四、辨析题

1. 显性课程与隐性课程是对立的。

2. 活动课程夸大了儿童的个人经验,忽视了知识本身的逻辑顺序,影响了系统的知识学习,所以容易导致教学质量的下降。

五、简答题

1. 简述学科课程和活动课程的主要特征。

2. 学科课程也被称为“分科目课程”，是应用最为广泛的一种课程组织形态。简要回答学科课程的缺点。

3. 简述综合课程的优点。

4. 简述制约课程的因素。

专题二 课程目标

考法透视 本专题以记忆为主，多以选择题形式进行考查，主要考查课程目标的内涵、取向、确立依据及三维课程目标。

限时:20 分钟	用时: 分钟	错题数: 道	▶答案见 P360

▶答案见 P360

一、单项选择题

1. 某语文教师在讲授《咏鹅》时，确定的课程目标之一是：引导学生欣赏鹅的美好形象，使学生产生对鹅的喜爱之情，受到美的熏陶，激发学生学习古诗的兴趣。这符合新课改三维目标中的(　　)目标。

A. 知识与技能　　B. 过程与方法

C. 思维与智慧　　D. 情感态度与价值观

2. 整个课程编制过程中最为关键的准则是(　　)

A. 课程内容　　B. 课程方案　　C. 课程目标　　D. 课程设计

3. 思想品德老师在设计《看看谁的主意妙》一课的教学目标时,列举了知识与技能、过程与方法、情感态度与价值观目标。下列属于情感态度与价值观目标的是(　　)

A. 强化学生主人翁意识和团队精神

B. 让学生初步了解教室布置的科学性和合理性

C. 让学生认识到教室是自我生活和成长的重要空间

D. 通过学生自己动手布置教室,养成装扮教室的能力

4. 美术课上,郭老师在讲解《创意空间》这一节课时,没有直接介绍创意空间的概念及要求,而是让学生进行自由创作,利用手中的画笔、卡纸和模具来完成创意制作。这种课程目标取向属于(　　)

A. 普遍性目标取向　　B. 行为性目标取向

C. 生成性目标取向　　D. 表现性目标取向

5. 课程目标是教育的意图,是人们对课程与教学的预期结果,影响制定课程目标的因素有很多。在确定课程目标的过程中,考虑学科的基本概念和基本原理、探究方式和发展趋势等内容,属于(　　)对课程目标的影响。

A. 学习者的需要　　B. 当代社会生活的需要

C. 学科体系　　D. 师生关系

6. 学习完《送东阳马生序》后,教师让学生谈谈在当代社会应如何看待作者家贫嗜学、乐以忘忧的学习态度,学生们各有各的看法。这种做法是在检验课程目标分类中的(　　)

A. 普遍性目标　　B. 生成性目标　　C. 行为目标　　D. 表现性目标

7. 课程目标中的基础性目标是(　　)

A. 知识与技能目标　　B. 过程与方法目标

C. 情感和态度目标　　D. 思想和价值目标

8. 在课程与教学目标的取向上,主要有"普遍性目标""行为性目标""生成性目标""表现性目标"四种基本形式,其中(　　)是基于经验、哲学观或伦理观、意识形态或社会政治需要而引出的一般教育宗旨或原则。

A. 普遍性目标　　B. 行为性目标

C. 生成性目标　　D. 表现性目标

9. 某教师的教案中有"通过学习养成尊老爱幼的品质",该教师确立的课程目标属于(　　)

A. 知识与技能　　B. 过程与方法

C. 情感态度与价值观　　D. 问题与解决

10. 下列选项是某老师在讲授"物体沉浮的条件"一课时拟定的三维学习目标,其中属于过程与

方法目标的是( )

A. 能与同学互相协作友好相处
B. 注重实验探究方案设计的思考与改善
C. 能解释生活中常见的沉浮现象
D. 能说出物体沉浮的三种情况及其条件

11. 我国古代经典文献《大学》提出的"格物、致知、诚意、正心、修身、齐家、治国、平天下"的教育宗旨是典型的( )

A. 生成性目标
B. 普遍性目标
C. 表现性目标
D. 行为性目标

12. 课程目标设计的基本方式中，表现性目标的设计方式主要适用于( )领域。

A. 知识
B. 过程
C. 制作
D. 测试

13. 在制定教学目标时强调要用精确、具体、可操作的形式来表达教学目标，以及反映教学活动实施的预期结果和学生身心方面的行为变化。这属于( )

A. 普遍性目标取向
B. 生成性目标取向
C. 行为性目标取向
D. 表现性目标取向

14. 泰勒主张在确定课程目标时，首先要考虑的因素是( )

A. 学科专家的建议
B. 学生的兴趣和需要
C. 社会生活
D. 家长的需要

二、多项选择题

1. 课程目标确定的依据有( )

A. 对学生的研究
B. 对学科的研究
C. 对社会的研究
D. 对教师的研究

2. 课程目标具有( )特点。

A. 时限性
B. 具体性
C. 预测性
D. 可操作性

3. 在新课程的课程目标上，强调哪些方面的整合( )

A. 知识与技能
B. 过程与方法
C. 智力与思想品德
D. 情感态度与价值观

4. 下列哪些属于新课程"三维目标"中的"情感态度与价值观"目标( )

A. "通过对本节课的学习，掌握有效的学习方法"
B. "通过对本节课的学习，理解不同学习策略的基本含义"
C. "通过对本节课的学习，端正学习态度，养成良好的学习习惯"
D. "通过对本节课的学习，激起探究自然科学的兴趣，产生强烈的求知欲望"

5. 某小学科学老师将《我的手》一课的部分教学目标设定为：学生在观察与实践中知道手的基本构造、形态与功能，并能用语言或图画较准确地描述观察结果；与同学合作，并能设计出简单的实验验证自己的猜想。该教学目标属于三维目标中的( )

A. 情感与方法目标
B. 过程与方法目标
C. 知识与技能目标
D. 情感态度与价值观目标

6. 课堂教学要落实“知识与能力”目标，就要（　　）

A. 情境创设　B. 新知探究　C. 知识应用　D. 贯穿训练

7. 泰勒认为课程目标的来源有（　　）

A. 对学生的研究　B. 对当代社会生活的研究

C. 对教育目的的研究　D. 学科专家对目标的建议

8. 下列目标中属于能力目标的有（　　）

A. 学生能够背诵整首儿歌

B. 学生能够用手指作画

C. 学生能从文章中联想祖国的大好河山，激发学生对祖国的热爱

D. 学生能够把两个数字相加，得出正确答案

三、辨析题

新课程特别强调三维目标中的“过程与方法”“情感态度与价值观”，这说明“知识与技能”不是很重要了。

专题三　课程内容

考法透视　本专题以理解为主，多以选择题、判断题等形式进行考查，主要考查课程计划、课程标准、教材的相关内容。

限时:40 分钟	用时：　分钟	错题数：　道	▶答案见 P361

一、单项选择题

1. 以纲要形式编写的、有关学科教学内容的指导性文件是（　　）

A. 课程计划　B. 课程标准　C. 课程教案　D. 课本

2. 在小学体育教材中，水平一、水平二、水平三的学生全都学习田径，但学习难度以及对学生身体素质的要求依次升高。这种组织形式属于（　　）

A. 直线式　B. 并列式　C. 螺旋式　D. 循环式

3. 我国义务教育阶段的教学计划具有的三个特征是(　　)

A. 强制性、基础性、科学性　　B. 强制性、普遍性、科学性

C. 科学性、普遍性、基础性　　D. 强制性、普遍性、基础性

4. 课程计划是根据一定的教育目的和培养目标制定的有关学校教育与教学工作的指导性文件。一般制定课程计划的主体是(　　)

A. 教育行政部门　　B. 学校领导

C. 班主任教师　　D. 任课教师

5. 教学、评价和考试命题的依据是(　　)

A. 课程目标　　B. 学生发展特点

C. 课程标准　　D. 课程改革纲要

6. (　　)是学生获得系统知识的重要工具,也是教师进行教学的主要依据。

A. 教材　　B. 教师用书　　C. 教科书　　D. 课程标准

7. 为了节省时间,提高教学效率,对于一些理论性、难度或操作性相对较低的学科知识,比较适合的课程内容组织方式是(　　)

A. 直线式　　B. 螺旋式　　C. 纵向组织　　D. 横向组织

8. 苏联教学论专家赞科夫主张,教师所讲的内容,只要学生懂了就可以往下讲,不要原地踏步。这是(　　)的课程组织方式。

A. 心理式　　B. 横向式　　C. 直线式　　D. 螺旋式

9. 在不同单元乃至阶段或不同课程门类中,教师将课程内容重复出现,逐渐扩大知识面,加深知识难度。这种课程内容组织形式是(　　)

A. 螺旋式　　B. 直线式　　C. 横向式　　D. 纵向式

10. 规定了学科的教学目标与任务,知识的范围、深度和结构,教学进度以及有关教学方法的基本要求的文件是(　　)

A. 课程标准　　B. 教学计划　　C. 课程　　D. 教材

11. 我国中小学课程的主要组成部分是(　　)

A. 课程计划、课程目标、课程实施　　B. 课程计划、课程标准、教材

C. 课程计划、课程目标、课程评价　　D. 课程任务、课程主题、课程评价

12. 新课程的一个重要变化就是把沿袭多年的"教学大纲"改为(　　)

A. 教科书　　B. 教学参考书　　C. 课程计划　　D. 课程标准

13. 下列选项中不属于课程标准性质的是(　　)

A. 可评估性　　B. 家长可参与性

C. 可完成性　　D. 可伸缩性

14. 义务教育阶段教学计划规定的培养目标和课程设置等是针对全国绝大多数学校、绝大部分地区和绝大多数学生的。这反映了义务教育阶段教学计划的(　　)特征。

A. 普及性　　B. 普遍性　　C. 基础性　　D. 发展性

15. 综合课程打破了学科界限和知识体系,按照学生发展的阶段,以社会和个人最关心的问题为依据组织内容。这种课程内容的组织形式是(　　)

A. 垂直组织　　B. 横向组织　　C. 纵向组织　　D. 螺旋式组织

16. 学校教育的基础是(　　)

A. 教师　　B. 学生　　C. 班级　　D. 课程

17. 教师检查自己教学质量的依据是(　　)

A. 教材　　B. 教科书　　C. 课程标准　　D. 课程计划

18. 课程标准规定的课程目标和内容标准是(　　)在该阶段应该达到的基本要求。

A. 大部分学生　　B. 好学生　　C. 每一个学生　　D. 特殊学生

19. 下列对于教材的认识不正确的是(　　)

A. 教材是根据学科课程标准编制的、系统反映学科内容的教学用书

B. 教材是知识授受活动的主要信息媒介

C. 教材是课程标准的进一步展开和具体化

D. 优秀教师进行教学时不需要教材

20. 将课程内容按照由浅入深、由易到难的原则,在逻辑上前后联系,直线推进,不重复地进行排列属于(　　)课程。

A. 直线型　　B. 纵向式　　C. 横向式　　D. 螺旋式

21. 关于课程标准,叙述不正确的是(　　)

A. 教师必须认真研究和把握课程标准

B. 教师必须全面系统地理解课程标准

C. 课程标准有一定弹性,老师不必严格执行

D. 课程标准可作为教师检查自己教学质量的依据

22. 先学加减后学乘除,这种课程内容的组织方式是(　　)

A. 综合式　　B. 分科式　　C. 横向组织　　D. 纵向组织

23. 对于"课程标准"代替"教学大纲"的内涵,解读有误的是(　　)

A. 课程价值趋向从大众教育转向精英教育

B. 课程目标着眼于学生素质的全面提高

C. 从只关注教师教学转向关注课程实施过程

D. 课程管理从刚性转向弹性

24. 规定学校的教育教学、生产劳动、课外活动、不同类型课程之间结构的是(　　)

A. 学科设置　　B. 课程目标　　C. 课程计划　　D. 课时教案

25. 主张将课程进行螺旋式编排的是(　　)

A. 斯金纳　　B. 布鲁纳　　C. 布卢姆　　D. 维果斯基

26. 课程计划本身的特点不包括(　　)

A. 明确性　　B. 可操作性　　C. 简约性　　D. 复杂性

27. 课程标准通常包括了几种具有内在关联的标准，主要有内容标准和表现标准。下列内容不符合课程标准内涵的是（　　）

A. 它是按门类制定的

B. 它规定本门课程的性质、目标、内容框架

C. 它包括教学重点、难点、时间分配等具体内容

D. 它提出指导性的教学原则和评价建议

28. 各学科教材的编写都要以“三个面向”“三个代表”和“科学发展观”重要思想为指导，寓思想政治教育于学科教学内容之中。这体现了编写教科书要遵循的原则是（　　）

A. 科学性与思想性统一　　B. 理论与实践统一

C. 知识内在逻辑与教学法要求统一　　D. 知识与能力统一

29. 下列对“教材”最恰当的表述是（　　）

A. 学校教学的唯一依据　　B. 教师的教学用书

C. 学生的学习用书　　D. 落实课程标准的媒介

30. 课程组织的准则中，（　　）是指每一后续学习的课程内容建立在前面学习的内容的基础之上，但课程内容中对同一课程要素作更深、更广、更复杂的处理，做到由浅入深，由简单到复杂。

A. 连续性　　B. 顺序性　　C. 固定性　　D. 整合性

二、多项选择题

1. 课程标准的基本框架除前言和附录以外，还包括（　　）

A. 课程计划　　B. 课程目标　　C. 内容标准　　D. 实施建议

2. 下列关于课程计划编制原则的说法，正确的是（　　）

A. 保证实现教育目的与任务，体现课程结构的完整性

B. 依据科学的课程理论，处理好课程系统内部范畴的几个基本关系，体现基础性和多样性

C. 以教学为主，合理安排

D. 知识体系相对完整，保证学科之间的合理关系

3. 课程计划主要由（　　）组成。

A. 课程设置　　B. 学科顺序　　C. 课时分配　　D. 学年编制

4. 在选择课程内容时应遵循的原则有（　　）

A. 注重课程内容的基础性

B. 课程内容应贴近社会生活

C. 课程内容要与学生和学校教育的特点相适应

D. 课程内容应当由上级主管部门统一制定和推广

5. 教材是教师和学生据以进行教学活动的材料，它主要包括（　　）

A. 教科书　　B. 讲授提纲　　C. 参考书　　D. 讲义

6. 教科书编写应遵循的原则有（　　）

A. 内容的基础性与适用性　　B. 科学性与思想性统一

C. 知识的内在逻辑与教学法要求的统一　　D. 理论与实践统一

7. 义务教育阶段的课程应体现(　　)

A. 普及性　　B. 强制性　　C. 基础性　　D. 发展性

8. 教学大纲和教科书的编写通常采用(　　)

A. 直线式　　B. 螺旋式　　C. 波浪式　　D. 辐射式

三、判断题

1. 教材就是课程内容,包括学生应获得的直接经验和间接经验以及情感性经验。(　　)
2. 一般来说,综合度较强的课程,其知识内容之间的联系是紧密的,是按一定的结构组织起来的。(　　)
3. 课程内容应结合学科内在的逻辑顺序和学生身心发展的特点来组织。(　　)
4. 教材是课程标准的具体化。(　　)
5. 教科书是一门课程的核心教学材料。(　　)
6. 教学计划是根据国家课程标准和不同类型学校的教育任务制定的有关学校教学和教育工作的指导性文件。(　　)
7. 李老师上课时注重用教材教而不是教教材,这种做法是错误的。(　　)
8. 在课程标准的组成部分中,统率课程标准的指导思想是说明部分。(　　)
9. 课程标准和教学大纲基本上是一样的,只是提法更具有时代性。(　　)
10. 课程标准是对课程及其结构设计的总体规划,课程方案则阐释每门课程的性质。(　　)

四、辨析题

1. 课程标准是对学校课程的总体规划,它规定了学校应设置的学科、学科开设的顺序及课时分配,并对学期、学年、假期进行划分。

2. 课程计划是课程标准的具体实施步骤。

五、简答题

简述课程标准设计的原则。

专题四 课程开发、实施与评价

考法透视 本专题以理解为主，多以选择题、判断题等形式进行考查，主要考查课程设计、课程实施、课程评价的概念及主要模式。

限时:30 分钟	用时: 分钟	错题数: 道	▶答案见 P366

一、单项选择题

1. 根据著名课程理论家拉尔夫·泰勒的观点，课程开发的四个环节包括( )

A. 确定课程目标—选择课程内容—组织教育经验—完善实施方案

B. 确定课程目标—组织教育经验—实施教育活动—完善实施方案

C. 确定课程目标—选择课程内容—组织教育经验—评价实施效果

D. 确定课程目标—组织教育经验—实施教育活动—评价实施效果

2. 在课程设计、课程实施前通过评价收集相关方面的信息，有利于了解课程设计、课程实施前的状况和存在的问题，从而明确课程设计和实施的方向所在。这体现了课程评价的( )

A. 导向功能　B. 诊断功能　C. 调节功能　D. 激励功能

3. ( )主张评价应关注非预期的结果，评价的重点应放在课程计划实际的结果上，更多地考虑课程计划满足实际需要的程度。

A. 差距评价模式　B. CSE 评价模式

C. CIPP 评价模式　D. 目的游离评价模式

4. 泰勒的( )被称为课程论经典的学术著作。

A.《教育过程》　B.《课程与教学的基本原理》

C.《教育目的》　D.《教育与一般发展》

5. 持有忠实取向的教师在课程实施中的角色往往是( )

A. 课程创生者　B. 课程开发者　C. 课程变革者　D. 课程执行者

6. 以目标为中心而展开，针对 20 世纪初形成并流行的常模参照测验的不足而提出的评价模式是( )

A. 目标评价模式　B. 目的游离评价模式

C. 背景、输入、过程、成果评价模式　D. 以上都不对

7. “教师即研究者”的提出者是( )

A. 斯宾塞　B. 斯腾豪斯　C. 波斯纳　D. 泰勒

8. 美国课程理论家泰勒提出了课程编制的四个阶段，其中最为关键且指导课程设计展开的阶段是( )

A. 选择课程内容　B. 组织课程内容

C. 监测课程实施　D. 确定课程目标

9. 课程实施取向中的(　　)提倡教师要根据教学情境、教学目标、学生学习状态等，随时随地对教学做适当调整，以促进课程最大效度地被学生理解与掌握。

A. 忠实取向　B. 创生取向　C. 目标取向　D. 相互适应取向

10. 目标模式的代表人物是(　　)

A. 斯宾塞　B. 泰勒　C. 布卢姆　D. 斯腾豪斯

11. 班主任王老师在编制课程表时，将体育课和生产劳动课分开排。王老师遵循了课程表安排中的(　　)

A. 迁移性原则　B. 普遍性原则

C. 整体性原则　D. 生理适宜原则

12. 编制课程表时，尽量将文科与理科、形象性的学科与抽象性的学科(　　)

A. 随机安排　B. 分类安排　C. 集中安排　D. 交错安排

13. (　　)既是课程设计与实施的终点，又是课程设计与实施继续向前发展的起点。

A. 课程目标　B. 课程计划　C. 课程实施　D. 课程评价

14. 将课程理念转化为课程实践活动的桥梁是(　　)

A. 课程计划　B. 课程标准　C. 课程设计　D. 课程类型

15. 刘老师在教学中，特别注重课程实施过程中与学生讨论、对话和沟通所产生的灵感和实际经验。这说明刘老师的课程实施取向是(　　)

A. 忠实取向　B. 创生取向　C. 调适取向　D. 长善救失取向

16. 在安排课程表的过程中，要充分考虑各门学科之间相互影响的性质和特点，促使课程之间产生积极的促进作用。这主要体现了安排课程表应该遵循的(　　)原则。

A. 整体性　B. 生理适宜　C. 迁移性　D. 综合性

17. 认为教师角色是课程的开发者，这是课程实施的(　　)

A. 忠实取向　B. 相互适应取向

C. 主体取向　D. 创生取向

18. 学区影响课程实施的表现不包括(　　)

A. 学区对课程变革的行政支持

B. 学区从事课程变革的传统

C. 学区对课程计划的采用过程

D. 学区对课程目标的制定过程

19. 根据实现课程方案的程度低和高来评价课程，这体现了(　　)

A. 忠实取向　B. 相互适应取向　C. 创生取向　D. 互补取向

20. 下列哪项不属于课程设计的客观基础(　　)

A. 社会基础　B. 学生基础　C. 知识基础　D. 技能基础

21. 以预先规定的目标为中心来设计、组织和实施评价，从而确定学生通过课程学习所取得的进步的课程评价模式是(　　)

A. 目标评价模式　B. 目的游离评价模式

C. CIPP 评价模式　　D. 结果评价模式

22. 为了深化对课程实施的认识,提升课程实施的成效,急需将(　　)纳入课程实施及其研究之中,并给予相当程度的关注。

A. 校长　　B. 教师　　C. 学生　　D. 家长

23. CIPP 评价模式包含(　　)、输入评价、过程评价和成果评价。

A. 模式评价　　B. 内容评价

C. 目标评价　　D. 背景评价

24. 在课程实施过程中,师生在具体课堂情境中共同合作、创造新经验,这反映了课程实施的(　　)

A. 忠实取向　　B. 适应取向

C. 创生取向　　D. 文化取向

25. 以一定的课程观为指导制定课程标准、选择和组织课程内容、预设学习活动方式的活动是(　　)

A. 课程评价　　B. 课程实施

C. 课程组织　　D. 课程设计

26. 泰勒的课程编制原理主要强调的是(　　)

A. 目标对课程的主导　　B. 学生对课程的评价

C. 教师对课程的执行　　D. 专家对课程的设计

二、多项选择题

1. 课程评价的主要模式有(　　)

A. 目标评价模式　　B. 目的游离评价模式

C. CIPP 评价模式　　D. 过程模式

2. 关于现代课程评价的特征,以下说法正确的有(　　)

A. 全面进行评价,根本目的是促使学生获得高分

B. 重综合评价,关注个体差异

C. 强调质性评价,定量与定性相结合

D. 强调自评与他评相结合

3. 安排课程表应遵循的原则有(　　)

A. 生理适宜原则　　B. 迁移性原则

C. 整体性原则　　D. 简约性原则

4. 以下关于目标评价模式的表述,正确的是(　　)

A. 评价除了要关注预期的结果之外,还应关注非预期结果

B. 评价的目的不是“证明”,而是“改进”

C. 它只关注预期目标,忽视了其他方面的因素

D. 它的优点是操作简单,又容易见效

5. 课程实施的取向包括(　　)

A. 忠实取向　　B. 目标取向

C. 相互调适取向　　D. 创生取向

6. 课程评价的目的有(　　)

A. 改进课程　　B. 改进教学

C. 改善师生关系　　D. 监测教学进程

7. 在进行课程设计时,必然要考虑社会的各方面因素,包括(　　)

A. 学生基础　　B. 课程内容的选择

C. 课程设置的结构　　D. 课程设计的价值取向

8. 课程设计的主要模式有(　　)

A. 过程模式　　B. CIPP 模式

C. CSE 模式　　D. 目标模式

9. 课程评价的基本步骤包括(　　)

A. 把焦点集中在所要研究的课程现象上　　B. 收集信息

C. 组织材料和分析材料　　D. 报告结果

三、判断题

1. 课程的实施与其设计关系巨大,一般来说,课程设计得越好,实施起来就越容易,效果也就越好。(　　)

2. 差距评价模式旨在揭示计划的标准与实际的表现之间的差距,以此作为改进课程计划的依据,差距评价模式包括五个阶段,按先后顺序排列是:成本效益分析阶段—装置阶段—设计阶段—过程阶段—产出阶段。(　　)

3. 在新课程中,课程评价主要是为了"选拔适合教育的儿童",从而促进儿童的发展。(　　)

四、简答题

简述课程实施的运行结构。

专题五 课程管理

考法透视 本专题以记忆为主,多以选择题、判断题等形式进行考查,主要考查我国的课程管理政策、三级课程管理的内涵及校本课程开发的理念。

限时:40 分钟	用时: 分钟	错题数: 道	▶答案见 P368

一、单项选择题

1. A 市为满足本市人才培养和学生发展的具体实际需要和体现本土特色,安排市教研室组织人员编写了《我在 A 市》《我爱 A 市》《我与 A 市》三套充分体现了 A 市的经济和社会发展的具体实际的教材,并面向全市学生开设了一门以这三套教材为主的课程。这门课程在类型上属于( )

A. 国家课程 B. 地方课程 C. 校本课程 D. 生本课程

2. 校本课程开发是促进学校特色发展的重要途径。下列说法不正确的有( )

A. 校本课程开发必须落实为相关的校本课程书面教材

B. 应该加强一线教师的课程开发能力

C. 校本课程开发可以借助校外专家的指导

D. 地方教育行政部门应该鼓励学校因校制宜地开发校本课程

3. 实行国家、地方、学校三级课程管理,为的是增强课程对学校及学生的( )

A. 适应性 B. 普及性 C. 实用性 D. 时代性

4. 为了提高学生的身体素质,某校设计开发了多种具有当地民族特色的体育游戏课程。这种课程属于( )

A. 校本课程 B. 地方课程 C. 活动课程 D. 隐性课程

5. 校本课程开发的主体是( )

A. 教师 B. 学生 C. 学生家长 D. 社区代表

6. 校本课程常以( )的形式出现。

A. 公共课 B. 选修课 C. 必修课 D. 课外活动

7. ( )的宗旨是保证国家实现普通教育的培养目标和提高普通教育的水平,规定学生应掌握的基础知识和基本能力,体现国家对教育的基本要求。

A. 地方课程 B. 学校课程 C. 国家课程 D. 隐性课程

8. 充分利用当地社区和学校的课程资源而开发的多样性的可供学生选择的课程是( )

A. 国家课程 B. 地方课程 C. 学校课程 D. 基础课程

9. 校本课程的优点有( )

①能体现学校的办学特色 ②有利于通识性知识的学习

③能调动教师参与课程建设的积极性　④有助于学生掌握系统性知识

⑤能根据实际情况，及时修订课程内容

A. ①②③　　B. ②③④　　C. ①③⑤　　D. ②④⑤

二、多项选择题

1. 下列关于校本课程开发，表述正确的是(　　)

A. 校本课程开发的主体是专家而非教师

B. 校本课程开发要立足地方和学校的实际需要

C. 校本课程开发要体现个性化的价值追求

D. 校本课程开发要善于利用学校课程资源

2. 国家课程又称“国家统一课程”，它是自上而下由中央政府负责编制、实施和评价的课程。负责国家课程的课程编制中心一般具有的特征有(　　)

A. 免费性　　B. 权威性　　C. 多样性　　D. 强制性

3. 校本课程开发的理念有(　　)

A. 以专家为课程开发的主体　　B. 决策分享

C. 以学生为课程开发的主体　　D. 全员参与

4. 下列关于国家课程、地方课程、校本课程关系的表述，错误的是(　　)

A. 国家课程体现国家的教育意志

B. 地方课程是为了通过课程展现学校的办学宗旨和特色

C. 校本课程是为了通过课程满足地方社会发展的现实需要

D. 实行国家课程、地方课程、校本课程三级课程管理制度

5. 校本课程的开发途径有(　　)

A. 合作开发　　B. 规范原有的选修课、活动课和兴趣小组

C. 课题研究与实验　　D. 独立开发

6. 国家对课程的管理主要体现在(　　)

A. 教育部总体规划基础教育课程　　B. 积极试行新的课程评价制度

C. 制定基础教育课程标准　　D. 制定课程管理的各项政策

三、判断题

1. 校本课程是学校开发的、每个校内学生必须参加的课程。(　　)

2. 所谓地方课程，就是省、自治区、直辖市教育行政机构和教育科研机构编订的课程，属于一级课程。(　　)

3. 国家课程具有普遍适用性，但难以顾及各学校的特殊性。(　　)

4. 新课程改革要求实行国家、地方和学校三级课程管理。因此，学校要根据自身实际情况制定相应的课程标准。(　　)

5. 开发地方课程和校本课程就意味着要编写教材。(　　)

四、论述题

试述校本课程开发对教师专业发展的重要性。

五、案例分析题

1. 周五下午，某校三(2)班学生最盼望的“茶道课”开始了！在清雅的古典音乐中，老师、家长和孩子们一起煮水、温杯、洗茶、泡茶、品茶。教室里茶香四溢，所有人都凝神静气，沉浸在优雅淳厚的古风古韵中。

说起这“茶道课”还有一段故事呢！

半年前，班里一位对茶文化有研究的家长发现自己的孩子和班里不少同学都有喝碳酸饮料的习惯，于是她和班主任沟通，希望通过让孩子们学习茶道，亲近几千年的中国茶文化，来改变这种不健康的习惯。她的建议得到了班主任和家长委员会的积极响应，家长委员会很快为班级购置了茶具，并由这位家长亲自担任授课教师。她不仅教给孩子们泡茶的方法，还为孩子们讲解饮茶历史、饮茶与健康、中外茶道、饮茶与中国传统礼仪等。为了让更多孩子喜欢喝茶，她还和孩子们一起尝试在淡淡的茶水中加入水果、牛奶、蜂蜜、冰糖、抹茶等，制成了各具特色的“创意茶”。

如今，“创意茶”成为了孩子们最喜爱的饮料，“茶道课”也成为最受孩子们欢迎的课程之一。

请阐述上述校本课程开发及实施的案例对你的启示。

2. 上海某中学推出了“个性课程”体系，高中开设了选修课23门，活动课34门，初中活动课35门。除了必修课之外，将原来的选修课和活动课分化为5个层次的“个性课程”，即“讲座型”“发展型”“课题型”“竞赛型”和“补缺型”。每周按文、理科及综合科开设4～5个讲座，以社会热点和传播新信息为主，聘请专家、学者担任主讲。学生可自由选择，对学有余力和有特长的学生，通过组织发展兴趣小组、导师带研究生、强化训练等各种方式施以个性化教育，而且对个别学习有困难的学生进行学业再辅导，帮助他们顺利完成高中的学习任务。

试用学过的课程理论分析这所学校的课程。

专题六 课程资源

考法透视 本专题以记忆为主，多以选择题、判断题等形式进行考查，主要考查课程资源的概念及类型，课程资源开发和利用的原则与理念。

限时:30 分钟	用时: 分钟	错题数: 道	▶答案见 P371

一、单项选择题

1. 下列关于课程资源的说法正确的是( )
   A. 教师和学生不是课程资源　B. 课程资源具有多样性
   C. 课程资源越多越好　D. 课程资源就是教科书
2. 课程资源按其功能特点区分，可以分为( )
   A. 素材性课程资源和条件性课程资源
   B. 显性课程资源和隐性课程资源
   C. 校内课程资源和校外课程资源
   D. 物质形态的课程资源和精神形态的课程资源
3. 直接作用于课程成为课程的要素，并内化为学生身心发展素质的课程资源是( )
   A. 条件性课程资源　B. 素材性课程资源
   C. 活动课程资源　D. 显性课程资源
4. 通常把形成课程的要素来源以及实施课程的必要而直接的条件称为( )
   A. 课程标准　B. 课程结构　C. 课程评价　D. 课程资源
5. 某小学为培养学生的“工匠精神”和动手能力，与企业合作开发“手工陶瓷工艺品制作”课程。从空间上讲，这种课程资源属于( )
   A. 校内课程资源　B. 素材性课程资源
   C. 校外课程资源　D. 条件性课程资源
6. 课程实施的首要的基本条件资源是( )
   A. 教师　B. 学生　C. 教案　D. 教材
7. 课程资源的核心是( )
   A. 课程目标　B. 教材　C. 课程标准　D. 课程计划
8. 学校教育中基本而特殊的课程资源包括( )
   A. 教师　B. 学生　C. 教科书　D. 校长
9. 学校为增强学生体质，专门修建的综合性体育场馆属于( )
   A. 校外课程资源　B. 条件性课程资源
   C. 隐性课程资源　D. 素材性课程资源

10. 从课程资源的存在方式来区分,可以分为(　　)

A. 校内课程资源和校外课程资源

B. 显性课程资源和隐性课程资源

C. 素材性课程资源和条件性课程资源

D. 物质形态的课程资源和精神形态的课程资源

11. 在课程资源的开发与利用中,教师要树立新的课程资源观。下列符合新课程资源观的是(　　)

A. 认为教材是唯一的课程资源

B. 认为课程资源开发就是对教材的修改、更新和引进

C. 重视课程资源的开发,教师成为课程设计和课程创新的主体

D. 更多地关注“显性课程”,避免“潜在课程”因素的影响

12. 一般认为,课程资源也称教学资源。按其空间分布的不同,课程资源可分为校内资源、校外资源和网络化资源。下列选项中不属于校内资源的是(　　)

A. 教学挂图　　B. 幻灯片　　C. 实验室　　D. 科技馆

二、多项选择题

1. 下列选项属于隐性课程资源的有(　　)

A. 多媒体课件　　B. 教具　　C. 师生关系　　D. 班级文化

2. 课程资源开发和利用的基本原则包括(　　)

A. 共享性原则　　B. 实效性原则

C. 经济性原则　　D. 因地制宜原则

3. 以下属于课程资源的是(　　)

A. 教师、学生　　B. 博物馆、科技馆　　C. 教科书　　D. 网络资源

4. 课程资源的特点包括(　　)

A. 潜在性　　B. 动态性　　C. 多质性　　D. 多样性

5. 广西创造了独特的八桂文化。从历史文化资源来看,有丰富的文化遗产,如柳江人遗址博物馆等;从生活文化资源来看,有各少数民族在吃穿住行等方面留下的丰富生活文化资源,如三江侗族风雨桥等;从民间传统文化资源来看,有大量的民间艺术和民间游戏,如壮戏等。教师在教学中对这些课程资源进行了充分利用。此案例说明(　　)

A. 校外课程资源占主要地位　　B. 教师在课程资源的利用中起重要作用

C. 教学要注重开发和利用乡土课程资源　　D. 课程资源的开发要注重适应性

三、判断题

1. 教师的体态语言不属于课程资源。(　　)

2. 学生的生活经验、教师的教学经验是课程资源,学生间的学习差异、师生间的交流启发,乃至学生在课堂上出现的错误也是有效的课程资源。(　　)

3. 教材是唯一的课程资源。(　　)

4. 凡是课堂上发生的预设外的情况，老师都应该将其开发成课程资源。这才符合新课程改革的要求。 （ ）

5. 经济性原则是指课程资源的开发与利用是为了课程目标的有效达成和促进学生的全面发展。 （ ）

四、简答题

简述开发和利用课程资源的途径与方法。

五、案例分析题

有一篇名为《赴贵州支教引发的思考》的文章写道：老师们告诉我，由于工作条件所限，很多村小都没有配备风琴，音乐课往往就被取消了。我请老师们一起思考：是不是没有风琴就不能上音乐课？村中有哪些资源可以用来上音乐课呢？我说："也许在你的村庄里有一位老人，很喜欢拉二胡，我们能不能请他来教我们的学生欣赏《二泉映月》《江河水》？当地乡亲们耳熟能详的民歌、地方戏曲是不是也可以在教室内外、村头、打谷场作为教学内容？除了二胡，还有笛、箫这些民间非常普及的乐器……"这时，老师们就开始一个接一个地说：唢呐、芦笙、口琴……忽然，我听到树叶、手指，心中大喜。我说："如果树叶、手指都能作为音乐课的资源，那将来还能说没有风琴就不能上音乐课吗?"

请从课程资源开发和利用的角度，对以上案例进行评析。

第六章　教　学

专题一　教学概述

考法透视　本专题以识记为主，多以选择题、判断题等客观题形式考查，主要考查教学的概念、意义与一般任务。

限时:35 分钟	用时：　分钟	错题数：　道	▶答案见 P373

一、单项选择题

1. 下列属于教学活动的是(　　)

A. 观看清华大学线上公开课　　B. 自学通过了教师资格考试

C. 教师在家里模拟公开课授课过程　　D. 疫情期间师生线上互动解题

2. 教学的作用直接表现在(　　)

A. 促进教育发展　　B. 促进个体发展

C. 促进文化发展　　D. 促进社会发展

3. 我国现阶段教学的首要任务是(　　)

A. 培养社会主义品德和审美情趣

B. 关注学生的个性发展

C. 发展学生的智力、体力和创造能力

D. 传授系统的科学文化基础知识和基本技能

4. 教师的教和学生的学共同组成的传递和掌握社会经验的双边活动是(　　)

A. 综合实践　　B. 德育

C. 知识传授　　D. 教学

5. 教学在使学生形成科学的世界观、培养优良道德品质方面起着重要的作用。这是因为教学始终具有(　　)

A. 思想性　　B. 活动性　　C. 教育性　　D. 渗透性

6. 教学与教育的关系是(　　)

A. 整体与部分的关系　　B. 教学包含了教育

C. 部分与整体的关系　　D. 教学等同于教育

7. 学校教育的中心工作是(　　)

A. 思想教育　　B. 教学

C. 课外活动　　D. 社会实践

8.“教之于学就如同卖之于买”说明（　　）

A. 学生上学要交学费　　B. 教学相互依存

C. 一种新型师生关系　　D. 教师要为学生服务

9. 所谓在教学时要“用一把钥匙开一把锁”，是指教学要有（　　）

A. 针对性　　B. 逻辑性　　C. 知识性　　D. 创造性

10. 教学的根本目的是（　　）

A. 培养全面发展的人　　B. 传授知识

C. 发展智力　　D. 陶冶情操

11. 学校教育的基本途径是（　　）

A. 思想教育　　B. 教学　　C. 课外活动　　D. 社会实践

二、多项选择题

1. 教学的意义有（　　）

A. 教学是在教师引导下学生能动地学习知识以获得个性发展的活动

B. 教学是学校教育的主要工作

C. 教学是进行全面发展教育、实现培养目标的基本途径

D. 教学是传播系统知识、促进学生发展的最有效的形式

2. 关于教学含义的观点错误的是（　　）

A. 教学就是传授知识　　B. 教学就是上课

C. 教学就是智育　　D. 教学就是教师的教和学生的学的双边活动

3. 教学与智育的关系是（　　）

A. 有所联系，有所区别　　B. 在一定程度上教学等于智育

C. 智育是教学活动所要达到的目的之一　　D. 智育主要通过教学来实现

4. 教学作为一种活动、一个过程，具有多种形态，是（　　）的统一。

A. 主体性　　B. 多样性　　C. 能动性　　D. 共性

三、判断题

1. 教学是整个教育活动的一个重要组成部分，是实现教育目标的重要途径。（　　）

2. 在教学中，教主要是一种外化过程，而学主要是一种内化过程。（　　）

3. 教学由教与学两方面组成，因此教学包括学生在教学之外独立进行的自学。（　　）

4. 教学的任务就是提高学生成绩。（　　）

5. 培养学生具备良好的道德品质和个性心理特征，形成科学的世界观是教学的任务之一。（　　）

6. 坚持以教学为主的办学规律，要求学校领导集中全校所有的人力、物力和财力用于教学活动。（　　）

7. 有教师认为，课堂教学就是以传授学科知识、达成“双基”为目的，而不应再承担其他任务和功能。（　　）

四、简答题

1. 教学的一般任务是什么?

2. 为什么在学校教育工作中要坚持以教学为主?

专题二 教学过程

考法透视 本专题以理解为主,考查题型覆盖较全面,主要考查教学过程的构成要素、本质、基本规律以及结构。

限时:120 分钟	用时: 分钟	错题数: 道	▶答案见 P375

一、单项选择题

1. 按照教师组织教学活动中所要求实现的不同认识任务,可以划分出教学过程中学生认识的不同阶段,各阶段紧密联系,相辅相成。其中,(　　)是教学过程的中心环节。

   A. 运用知识　　B. 激发学习动机

   C. 巩固知识　　D. 领会知识

2. 毛泽东指出:"一个人的知识,不外直接经验的和间接经验的两部分。而且在我为间接经验者,在人则仍为直接经验。"下列关于间接经验和直接经验的表述,不正确的是(　　)

   A. 有目的地组织学生进行直接经验积累的活动就是教学

   B. 学习间接经验必须以学生个人的直接经验为基础

   C. 经验主义教育观违反了教学的规律,割裂了间接经验与直接经验的内在联系,影响了教学质量的提高

   D. 学生认识的主要任务是学习间接经验

3. 形式教育论重视发展学生的智力,认为学科内容的实用意义是无关紧要的。这一理论的代表人物是(　　)

   A. 赫尔巴特　　B. 洛克　　C. 斯宾塞　　D. 夸美纽斯

4. 杜老师每堂课都会给学生留下适量的课后作业和思考题，学生回家做作业的过程就是学生掌握知识阶段中的（ ）

A. 检查知识、技能和技巧　　B. 理解教材

C. 感知教材　　D. 引起学习动机

5. 学生的主动性、创造性是否得到良好发挥，是否取得良好的学习效果，是衡量教师主导作用发挥得好坏的根本标志。这要求教师在教学过程中要处理好的关系是（ ）

A. 智力活动与非智力活动的关系　　B. 掌握知识与品德教育的关系

C. 掌握知识与发展智力的关系　　D. 教师的主导作用与学生主动性的关系

6. 探究教学是一种极具创造性的教学，并无固定不变的模式，但学生获取知识一般仍要经历一些基本阶段，其中第一阶段是（ ）

A. 查找资料　　B. 作出结论　　C. 深入探究　　D. 明确问题

7. 在学习活动中，教师不应硬拉学生往前走、强迫学生学习，而应引导学生发挥学生的主体性。这说明在教学过程中应注重（ ）

A. 发展性　　B. 开放性　　C. 协同性　　D. 启发性

8. 教学活动从动力因素到发生机制，从理智投入到情感表达，从目标追求到行为取向，都应该关注学习者自身的意识和需要，关注学习者自身的品质和特点，进而更应该关心学习者自身的生长和完善。这属于教学过程基本功能中的（ ）

A. 助长生命　　B. 培育能力　　C. 传承知识　　D. 涵养品性

9. 在领会知识过程中，使学生获得关于所学内容的一个整体的表象，是所有教学活动的必经阶段。这一阶段是（ ）

A. 运用知识　　B. 检查知识　　C. 感知教材　　D. 引起学习动机

10.《礼记·学记》中说："记问之学，不足以为人师。"这主要体现的教学规律是（ ）

A. 直接经验与间接经验相统一　　B. 掌握知识与发展智力相统一

C. 传授知识与思想品德教育相统一　　D. 教师主导作用与学生主体地位相统一

11. 有人说："对学生而言发展能力最重要。"这一观点违背了教育教学要遵循（ ）的基本规律。

A. 间接经验与直接经验相统一　　B. 教师主导与学生主体相统一

C. 掌握知识与发展能力相统一　　D. 传授知识与思想品德教育相统一

12. 某教师认为自己只需要进行教学工作、传授教学知识，学生的行为习惯和心理健康等都与自己无关。这体现了这名教师在教学过程中没有认识到（ ）

A. 掌握知识与发展能力相统一的规律

B. 传授知识与思想教育相统一的规律

C. 教师主导与学生主体相统一的规律

D. 直接经验与间接经验相统一的规律

13. 小明今天在课堂上学习了三角形的相关知识，掌握了直角三角形的定理及其在现实生活中

的应用。这表明教学过程主要以传授( )

A. 直接经验为主　　B. 间接经验为主

C. 实践知识为主　　D. 生产知识为主

14. 关于教学的任务,实质教育论者( )

A. 重视实用知识的传授,忽视智力的发展

B. 重视智力发展,忽视知识的传授

C. 既强调智力发展,又重视知识传授

D. 主张在发展智力的基础上传授知识

15. 学校的模范教师刘老师,在上每一堂课之前都会先和同学们进行交流,了解大家的学习准备情况,然后才会设计教学过程。而在实际教学过程中,他也会不断启发学生思考,调动学生的积极性、主动性。这体现了刘老师在教育过程中遵循( )

A. 直接经验与间接经验相统一的规律　　B. 掌握知识与发展能力相统一的规律

C. 教师主导与学生主体相统一的规律　　D. 传授知识与思想教育相统一的规律

16. “授人以鱼,仅供一饭之需;授人以渔,则终身受用无穷。”这说明教学中应重视( )

A. 知识的传授　　B. 发展学生的能力

C. 培养学生积极的心理品质　　D. 培养学生良好的思想品德

17. 教师主导作用的正确和完全的实现,其结果必然是( )

A. 学生主动性的丧失　　B. 教师主动性的实现

C. 学生主动性的充分发挥　　D. 造成学生的被动

18. 要求学生高质量地完成书面或口头作业,形成一定的技能技巧,同时引导学生不断创新或改进,学会解决复杂问题。这属于学生掌握知识的( )阶段。

A. 理解教材　　B. 巩固知识

C. 运用知识　　D. 检查知识

19. 教学过程的“三要素说”认为,构成教学过程的基本要素有( )

A. 学生、教学目的、教学过程　　B. 学生、教学方法、教学环境

C. 教师、学生、教学内容　　D. 教师、学生、教学评价

20. 魏老师在课堂上把大部分时间交给学生讨论问题,学生自主学习的积极性很高,而魏老师作为课堂的引导者,保证学生不偏离主道,取得了很好的教学效果。这说明教学过程中( )

A. 掌握知识与发展智力相统一　　B. 教师主导作用与学生主体作用相统一

C. 学习知识与应用知识相统一　　D. 直接经验与间接经验相统一

21. 在教学过程中,学生学习的内容是已知的间接知识,并在教学中间接地认识世界。这就是( )

A. 有领导的认识　　B. 认识的教育性

C. 认识的交往性　　D. 认识的间接性

22. 学习成绩好并不意味着道德修养水平高。这要求教师在教学过程中应坚持( )

A. 直接经验与间接经验相结合

B. 教师主导作用与学生主体作用相结合

C. 掌握知识与发展能力相结合

D. 传授知识与思想品德教育相结合

23. 教育史上,在掌握知识与发展智力的学术争辩中,实质教育论以英国教育家( )为代表。

A. 裴斯泰洛齐 B. 杜威 C. 洛克 D. 斯宾塞

24. “教学过程是师生之间沟通互动、共同发展的过程”,这种观点属于教学过程本质的( )

A. 特殊认识说 B. 交往说 C. 发展说 D. 实践说

25. 我国古代既有“指引者,师之功也”的箴言,又有“师傅领进门,修行靠个人”的教谕。这体现了教学过程具有( )的规律。

A. 学生认识的间接性 B. 教学与发展相互促进

C. 知识学习与品德形成相统一 D. 教师主导作用和学生主体作用辩证统一

26. “教学过程最优化理论”的提出者是( )

A. 巴班斯基 B. 加涅 C. 布鲁纳 D. 赞科夫

27. 标志着教学过程理论形成的是( )

A. 杜威的五步教学法

B. 赫尔巴特的四阶段教学法

C. 孔子提出的“学而不思则罔,思而不学则殆”

D. 巴班斯基的教学过程最优化理论

28. 王老师在教授欧姆定律后,让同学们把课后习题做完,然后第二天进行抽查。这个过程属于教学中的( )

A. 心理准备阶段 B. 感知知识阶段

C. 理解知识阶段 D. 巩固知识阶段

29. 学生掌握知识过程中,由感性上升至理性的中心阶段是( )

A. 引起求知欲 B. 感知教材 C. 理解教材 D. 巩固知识

30. 巴班斯基认为,应该把教学看作一个系统,从系统的整体与部分之间、部分与部分之间,以及系统与环境之间的相互联系、相互作用之中设计教学。这一教学理论称为( )

A. 教学环境最优化 B. 教学内容最优化

C. 教学过程最优化 D. 教学方法最优化

31. 教学过程中,教师必须处理好的关系包括( )

①班主任与其他科任教师的关系 ②间接经验与直接经验的关系

③教师主导作用与学生主体作用的关系 ④知识与能力的关系

⑤知识教育与思想道德教育的关系 ⑥智力因素与非智力因素的关系

A. ①③④⑤⑥ B. ②③④⑤⑥

C. ①②④⑤⑥　　D. ①②③④⑤

32. “秀才不出门,能知天下事”的说法道出了教学过程中必须以(　　)为主的道理。

A. 传授书本知识　　B. 组织学生活动

C. 通过实践获得经验　　D. 学生的生活经验

33. 某教师上一堂诗歌欣赏课,学生要求逐字解释,老师就请学生一一解释并加入探讨。但又有学生提出不同看法,并以参考书为依据。老师激发学生讨论,课代表说:“不同的版本会有不一致的解释,有分歧是允许的。”这个教学片段体现了教学互动方式的(　　)

A. 单向性　　B. 双向性　　C. 多向性　　D. 成员性

34. 某小学语文老师在讲授人物描写方法后,让学生写一写自己眼中妈妈的形象。通过写作,学生体会到妈妈温暖的爱和细致的呵护,展现出对母亲的依恋与信任,也更尊重自己的母亲。这体现了教师在教学过程中坚持了(　　)

A. 间接经验与直接经验相结合的规律

B. 教师主导作用与学生主体作用相统一的规律

C. 掌握知识和发展智力相统一的规律

D. 传授知识与思想品德教育相统一的规律

35. 儿童中心论违背了(　　)

A. 间接经验与直接经验相结合的规律

B. 传授知识与发展智力相统一的规律

C. 知识教学与思想教育相统一的规律

D. 教师主导作用与学生主体作用相结合的规律

36. 电影《唐人街探案2》中,詹姆斯医生医术精湛,但是品行不良,接连杀害数人,威胁到公众的安全。类比在教学中,我们要注重教育过程的基本规律是(　　)

A. 间接经验与直接经验相统一　　B. 掌握知识与发展能力相统一

C. 教师主导与学生主体有机结合　　D. 传授知识与思想品德教育相统一

37. 形式教育与实质教育最本质的争论点就在于(　　)

A. 直接经验与间接经验　　B. 分科与综合

C. 人文主义与科学主义　　D. 知识与能力

38. 非智力因素是指除智力以外的对学习过程起着始动、定向、维持、调节作用的个性心理因素,以下不属于非智力因素的是(　　)

A. 爱好　　B. 情绪　　C. 意志　　D. 想象力

39. 下列选项不能体现教师主导作用与学生主体作用相统一的教学规律的是(　　)

A. 学不躐等　　B. 道而弗牵、强而弗抑

C. 不愤不启,不悱不发　　D. 教学相长

40. “博学之、审问之、慎思之、明辨之、笃行之。”这句话强调的是(　　)

A. 学习过程　　B. 教学方法　　C. 学习结果　　D. 教学原则

二、多项选择题

1. 学生在课堂中学习科学文化知识，增进自身品德修养和提高各项技能。这体现的教学过程的基本功能包括（　　）

A. 涵养品性　　B. 培育能力　　C. 助长生命　　D. 传承知识

2. 教学过程的结构包括（　　）、运用知识、检查知识五个阶段。

A. 激发学习动机　　B. 领会知识　　C. 掌握知识　　D. 巩固知识

3. 毛泽东同志曾经指出："研究任何过程，如果是存在两个以上矛盾的话，就要全力找出它的主要矛盾，抓住了这个主要矛盾，一切问题就迎刃而解了。"教学过程中的主要矛盾有（　　）

A. 教师与学生的矛盾　　B. 学生与教学内容的矛盾

C. 教学内容与教学手段的矛盾　　D. 教师与教学内容的矛盾

4. 教学过程的基本规律包括（　　）

A. 间接经验和直接经验相结合　　B. 掌握知识与发展智力相统一

C. 传授知识与思想品德教育相统一　　D. 教师主导作用与学生主体作用相统一

5. 在接受式教学理论体系中，下列表述正确的是（　　）

A. 强调积累知识，重视掌握知识的量　　B. 重视学习和思维的结果

C. 强调内在动机　　D. 重视教师的引导

6. 下列对掌握知识与发展智力的关系理解正确的是（　　）

A. 掌握知识是发展智力的基础　　B. 掌握知识是为了发展智力

C. 发展智力是掌握知识的重要条件　　D. 二者统一于学生的认识活动中

三、判断题

1. 教师在教学中的主导作用体现在要充分调动学生学习的积极性。（　　）

2. 理解教材指的是在感知教材的基础上，引导学生进行抽象思维的加工，形成概念，掌握所学内容的本质及与其他学习内容之间的联系。（　　）

3. 教学过程的实质是教师指导下的学生的认识和发展过程。（　　）

4. 间接经验与直接经验相结合的教学规律表明，学生的学习以间接经验为主，学生学习间接经验要以直接经验为基础。（　　）

5. 教学过程最优化中的"最优"就是"最理想的""最好的"意思。（　　）

6. 学生的主动学习是教学活动的基础，学生只有主动学习，教学活动才能取得预期效果。（　　）

7. 教学过程的对称性的最根本表现，就是在教学过程中教师与学生、教与学双方相互包含、相互依存、相对而成。对称性强调教师的权威，所以，教学过程是在教师的点拨和引导下学生主动发展的过程。（　　）

8. "勤能补拙""笨鸟先飞"说的是非智力因素对智力因素的补偿作用。（　　）

9. 在教学中，掌握知识和发展智力孰重孰轻？"实质教育论"重智轻知，而"形式教育论"重知轻智。（　　）

10. 孔子把学习过程概括为"导—学—习—行"的统一过程。（　　）

11. 教学过程是旨在培养人的文化生成的师生特殊交往实践过程，以教材为中介。（ ）

12. 学生在教学过程中处于被动的地位。（ ）

13. 认识—实践说强调了学生的主观能动性，但是削弱了教师的主导作用。（ ）

四、辨析题

1. 我们常说："教师要给学生一杯水，自己必须要有一桶水。"所以教学就是一个传递知识的过程。

2. 教学永远具有教育性。

五、简答题

1. 发挥教师主导作用的条件有哪些？

2. 教学过程的特殊性主要表现在哪些方面？

六、论述题

1. 有人认为素质教育可以用6个字概括——"教是为了不教"。请谈谈你对这句话的理解。

2. 试述在教学中，应该如何正确看待间接经验与直接经验的关系。

七、案例分析题

1. A 老师学识渊博，喜欢科研，认为教育就是教师对学生施加影响的过程。在课堂教学中，A 老师详细讲解每一个知识点，掌控着教育内容和进程，留给学生参与、思考的时间很少。B 老师才华横溢，爱好广泛，认为学生是学习和活动的主人，在开展综合实践活动前，B 老师经常让学生集体讨论，出谋划策，活动过程中鼓励学生积极参与、勇于实践和创新，活动结束及时总结。

   请运用教师和学生在教学活动中的地位的相关知识，评析 A、B 两位老师的做法。

2. 一天，语文老师正在讲课，突然天色大变，狂风呼啸，乌云滚滚，电闪雷鸣，哗哗哗……大雨倾盆而下，学生坐不住了，纷纷窃窃私语。见到这种情景，这位老师干脆放弃原有的教学计划，顺应学生的好奇心，让学生趴在窗前尽情地观察起雨景来，十分钟后才回到座位上。

   师：谁能用我们背过的古诗来形容一下刚才的天气？

   生：山雨欲来风满楼。

   生：碧山还被暮云遮。

   生：黑云翻墨未遮山，白雨跳珠乱入船。

   师：好，这一句极为贴切。

   生：老师，我认为应该是“白雨跳珠乱入窗”才对。

   生：改为“乱敲窗”更好，“乱敲窗”说明了雨点大，而且像个调皮的小娃娃，好像也要挤进来和我们一起读书。

   改完诗，教师又要求同学们把刚才的雨景和争论都写下来，不一会儿，一篇篇情真意切的习作便应运而生了。

   请结合教学过程的基本特点分析此案例。

3. 在教授一堂语文课《将相和》上，王老师让学生分角色表演，一个学生问：“我能不用书中的原话吗？”王老师和蔼地问：“为什么呢？”“因为书中的原话太长，我背不下来，如果拿着书表演又不太好。”学生说。“你的建议很好，那就用自己的话表演吧。”王老师交代了细节，同学们开始表演，气氛热烈。公开课结束后，有老师充分肯定王老师的做法，认为这样调动了学生的积极性。也有老师质疑王老师的做法，认为听学生的，弱化了教师的主导作用。

在听课老师的两种意见中，你赞成哪一种，为什么？

专题三　教学原则

考法透视　本专题以理解为主，考查题型多样，难度较大，主要考查我国中小学主要的教学原则的含义及其要求。

限时：120 分钟	用时：　分钟	错题数：　道	▶答案见 P382

▶答案见 P382

一、单项选择题

1. 张老师在讲授《太空生活趣事多》一课时，向学生讲述了宇航员在宇宙飞船里的活动情况，还与学生分享了我国宇航员刻苦训练的故事，鼓励学生认真学习，探索宇宙的奥秘。该教师使用的教学原则是（　　）

A. 启发性原则　　B. 理论联系实际原则

C. 直观性原则　　D. 思想性与科学性相统一的原则

2. 下列有关教学原则的表述错误的是（　　）

A. “我辈致知，只是各随分限所及”——量力性原则

B. “教之而不受，虽强告之无益”——启发性原则

C. “高者抑之，下者举之；有余者损之，不足者补之”——因材施教原则

D. “眼过千遍不如手过一遍”——理论联系实际原则

3. 墨子认为教育学生要做到“深其深，浅其浅，益其益，尊其尊”。这句话体现的教学原则是（　　）

A. 系统性原则　　B. 巩固性原则　　C. 量力性原则　　D. 启发性原则

4. 教师在教学过程中，随时要了解学生的发展水平、已有知识和能力状况，这是教学的基点和起点，也是学生知识的生长点。这体现的教学原则是（　　）

A. 巩固性原则　　B. 科学性原则　　C. 直观性原则　　D. 发展性原则

5.“读书无疑者，须教有疑；有疑者，却要无疑，到这里方是长进。”这句话体现的教学原则是(　　)

A. 启发性原则　　B. 科学性和思想性相统一原则

C. 理论联系实际原则　　D. 直观性原则

6. 朱熹说：“圣贤施教，各因其材，小以小成，大以大成。”这体现的教学原则是(　　)

A. 直观性原则　　B. 因材施教原则

C. 巩固性原则　　D. 循序渐进原则

7. 某教师在备课时根据课程标准的要求，分别罗列出重点知识、必需知识、一般知识。该教师的做法符合循序渐进原则要求中的(　　)

A. 抓主要矛盾，解决好重点与难点　　B. 将系统连贯性与灵活多样性结合起来

C. 由浅入深、由易到难、由简到繁　　D. 按教材的系统性进行教学

8. 教学过程中，张老师根据学生实际情况，在教学内容方面的选择上，从易到难、从简单到复杂，以满足学生的需要。这体现张老师教学过程中遵循(　　)

A. 因材施教原则　　B. 启发性原则

C. 循序渐进原则　　D. 长善救失原则

9. 英语老师在教学生语法时，既注重对语法概念的讲解，又注重指导学生将所学语法概念运用到实际的英语交流当中，从而有效促进了学生英语水平的提高。这里英语老师主要运用的教学原则是(　　)

A. 思想性(教育性)和科学性相统一的原则

B. 直观性原则

C. 因材施教原则

D. 理论联系实际原则

10. 下列不属于贯彻启发性教学原则应遵循的要求的是(　　)

A. 了解学生，从实际出发进行教学

B. 让学生动手，培养学生独立解决问题的能力

C. 调动学生学习的主动性

D. 启发学生独立思考，发展学生的逻辑思维能力

11. 学习《捞铁牛》这篇课文时，老师为了让小学生理解得更透彻，提前准备了船的模型、水盆和沙子，学生通过自己动手做实验对捞铁牛的原理理解得更透彻了。李老师遵循了(　　)

A. 循序渐进原则　　B. 直观性原则

C. 启发性原则　　D. 巩固性原则

12. 第斯多惠说：“一个坏的教师奉送真理，一个好的教师则教人发现真理。”这句话体现了教学的(　　)

A. 循序渐进原则　　B. 启发性原则

C. 巩固性原则　　D. 直观性原则

13.《礼记·学记》中说:“知其心,然后能救其失也。”这句话所体现的教学原则是( )

A. 因材施教原则
B. 启发性原则
C. 理论联系实际原则
D. 直观性原则

14. 教学规律是指教学现象中客观存在的,具有必然性、稳定性、普遍性的联系。教学规律对教学活动具有规约作用,是制定教学原则的重要依据。依据“间接经验与直接经验相统一规律”制定的教学原则是( )

A. 循序渐进原则
B. 理论联系实际原则
C. 因材施教原则
D. 量力性原则

15. 与“不愤不启,不悱不发”体现同样教学原则的是( )

A. 产婆术
B. 白板说
C. 教学相长
D. 泛智

16. 数学课上,老师有意让学习较差的学生回答简单的问题,体现的教学原则是( )

A. 启发性原则
B. 因材施教原则
C. 循序渐进原则
D. 直观性原则

17. 教师在讲授新知识时,一定要考虑学生已有的认知水平,关注大部分学生的“最近发展区”。这突出体现了下列哪一教学原则( )

A. 理论联系实际原则
B. 直观性原则
C. 巩固性原则
D. 量力性原则

18.《学记》中谈到:“良冶之子,必学为裘;良工之子,必学为箕。”这一表述体现了对( )教学原则的追求。

A. 理论联系实际
B. 直观性
C. 启发性
D. 循序渐进

19. “学而时习之”体现的教学原则是( )

A. 理论联系实际原则
B. 启发性原则
C. 循序渐进原则
D. 巩固性原则

20. 教学中使用地球仪作为教具体现了( )教学原则。

A. 直观性
B. 启发性
C. 巩固性
D. 循序渐进

21. “西邻有五子,一子朴,一子敏,一子盲,一子偻,一子跛;乃使朴者农,敏者贾,盲者卜,偻者绩,跛者纺。”这体现的教学原则是( )

A. 启发性原则
B. 因材施教原则
C. 循序渐进原则
D. 直观性原则

22. 一天,孔子的学生子路问:“听到一个很好的主张,要立即去做吗?”孔子答:“家有父兄,怎能自作主张。”冉有问:“听到一个很好的主张,需立即去做吗?”孔子答:“当然,应当立即去做。”公西华对此很不理解,孔子说:“冉有遇事畏缩不前,所以要鼓励他去做。子路遇事轻率,所以要加以抑制,使他谨慎。”此材料给教师的启示是( )

A. 根据学生的性格差异,因材施教
B. 根据学生的智力差异,因材施教
C. 根据学生的情感差异,因材施教
D. 根据学生的认知差异,因材施教

23. 张老师在讲解“除数是小数的除法”时，把学生回答的分12个烙饼的计算板书出来：12÷3=4（人），12÷2=6（人），12÷1=12（人），12÷0.5=24（人）。这一做法体现了（　　）

A. 巩固性原则　　B. 直观性原则

C. 理论联系实际原则　　D. 因材施教原则

24. 一般来说，儿童是依靠形式、颜色、声音和感觉来进行思维的——乌申斯基，这就要求我们在教学中要遵循（　　）原则。

A. 因材施教　　B. 直观性　　C. 循序渐进　　D. 巩固性

25. “不闻不若闻之，闻之不若见之”，这句话反映的是（　　）

A. 启发性原则　　B. 直观性原则　　C. 巩固性原则　　D. 系统性原则

26. 学生在学习圆锥体积的计算方法前，已经学习了长方体、正方体、圆柱体的体积计算公式。于是数学老师在教学前先向学生提问：“我们学习了哪些物体体积的计算方法？哪种物体的体积计算方法跟圆锥体积计算方法有关系呢？为什么有关系？有什么样的关系呢？”这体现了哪一教学原则（　　）

A. 直观性原则　　B. 因材施教原则　　C. 启发性原则　　D. 量力性原则

27. 允许成绩优秀的学生跳级，体现了（　　）原则。

A. 启发性　　B. 直观性　　C. 因材施教　　D. 巩固性

28. 王老师在小学语文课上，结合课文内容，用生动形象的语言向学生描绘深秋层林尽染与色彩斑斓的山林风光。这体现的教学原则是（　　）

A. 理论联系实际原则　　B. 直观性原则

C. 循序渐进原则　　D. 启发性原则

29. 我国古代墨子提出：“夫智者必量其力所能至而从事焉。”它所体现的教学原则是（　　）

A. 巩固性原则　　B. 量力性原则

C. 直观性原则　　D. 因材施教原则

30. “你要满足你的要求和愿望，你就必须认识和思考，但是为了这个目的，你也必须行动，知和行又是那么紧密地联系着，假如一个停止了，另一个也随之停止。”这句话反映的教学原则是（　　）

A. 思想性和科学性相统一原则　　B. 理论联系实际原则

C. 巩固性原则　　D. 量力性原则

31. 鲁宾斯坦曾经说过：“思维通常总是开始于疑问或者问题，开始于惊奇或者疑问，开始于矛盾。”基于这一观点，教学应遵循（　　）

A. 启发性原则　　B. 巩固性原则

C. 因材施教原则　　D. 直观性原则

32. “语之而不知，虽舍之可也。”这句话所体现的教学原则是（　　）

A. 循序渐进原则　　B. 巩固性原则

C. 量力性原则　　D. 启发性原则

33.(　　)是对教学方法的总结和升华,从微观层面进入到中观层面,从感性印象进入理性理解。

A. 教学规律　　B. 教学原则　　C. 教学内容　　D. 教学技能

34.“从我于陈、蔡者,皆不及门也。德行:颜渊、闵子骞、冉伯牛、仲弓。言语:宰我、子贡。政事:冉有、季路。文学:子游、子夏。”这句话体现的教学原则是(　　)

A. 启发性原则　　B. 因材施教原则

C. 巩固性原则　　D. 循序渐进原则

35. 贯彻启发性教学原则的首要问题是(　　)

A. 调动学生学习的主动性　　B. 加强教学的实践性环节

C. 抓主要矛盾,解决好重难点　　D. 了解学生,从实际出发教学

36. 数学课堂上,李老师发现班里非常调皮的小明在画孙悟空,他不但没有批评小明,还夸他画得特别传神。从此,小明在绘画方面突飞猛进,后来考上了理想的美术院校。该案例体现的教学原则是(　　)

A. 巩固性原则　　B. 直观性原则

C. 启发性原则　　D. 因材施教原则

37. 王老师在课堂上讲到“杂交水稻”时,向同学们讲述了袁隆平几十年来一身泥一身水,奋斗在田间,忠于职守,敢于创新,坚持梦想的先进事迹。这体现了哪一项教学原则(　　)

A. 科学性与思想性相统一原则　　B. 理论联系实际原则

C. 启发性原则　　D. 巩固性原则

38.“君子引而不发,跃如也;中道而立,能者从之”体现的教学原则是(　　)

A. 灵活性原则　　B. 启发性原则

C. 量力性原则　　D. 指导性原则

39. 某小学三年级老师在教“笑迎”这一新词时,首先复习“跃进”“斗志昂扬”等词语。“跃进”的“跃”字的右面一半就是“笑”字的下半部,“斗志昂扬”的“昂”字下半部加上“辶”就组成了“迎”。然后学生再学习新词“笑迎”,就很容易掌握了。这位教师运用的教学原则是(　　)

A. 启发性原则　　B. 循序渐进原则

C. 巩固性原则　　D. 量力性原则

40. 教师在教学过程中应弘扬教学民主,营造和谐活泼的课堂气氛,不搞一言堂,压抑学生的积极性。这种做法对应的教学原则是(　　)

A. 启发性原则　　B. 理论与实践相结合原则

C. 直观性原则　　D. 循序渐进原则

41.《论语·先进》有言,“求也退,故进之;由也兼人,故退之”,这蕴含的教学原则是(　　)

A. 巩固性原则　　B. 系统性原则

C. 因材施教原则　　D. 量力性原则

42.“不陵节而施之谓孙”体现的教学原则是(　　)

A. 理论与实际相结合原则　　B. 循序渐进原则

C. 启发性原则　　D. 巩固性原则

43. 张老师在讲解立体几何题时,针对几何体分割作辅助线的位置等提出了相应的问题。同学们积极发言,在张老师的不断引导下,成功地给出了答案,并理解了类似试题的解题思路。张老师遵循的教学原则是(　　)

A. 理论联系实际原则　　B. 直观性原则

C. 启发性原则　　D. 因材施教原则

44. 凡是需要知道的事物,都要通过事物本身来进行教学。这强调了(　　)

A. 学生的直接经验　　B. 组织复习

C. 补充必要的乡土教材　　D. 语言思想教育

45. 体现我国教育的根本方向的教学原则是(　　)

A. 理论联系实际原则　　B. 科学性和教育性相结合的原则

C. 因材施教原则　　D. 循序渐进原则

46. 教学原则中思想性与科学性相统一是指教学要在传授先进科学的基础知识和技能的同时,要结合知识和技能中的德育因素对学生进行教育。下列能够体现这一原则的情形是(　　)

A. 刘老师在语文课上讲苏轼的《念奴娇·赤壁怀古》时,对赤壁之战的历史和周瑜的人物形象也进行了讲解,使同学们很受启发

B. 张老师在道德与法治课上以生动形象的事例来帮助学生区分什么是“勇敢”,什么是“蛮干”

C. 王老师在化学课上讲到元素周期表中“镭”元素时,向学生介绍了该元素的发现者居里夫人献身科学的事迹,使同学们深受教育

D. 赵老师在地理课上讲到山西的风土民情时,对黄土高原的形成和黄河的发源进行了讲解,使学生们对我国北方的自然条件有了更深的了解

47. 教学不可“跃进”“欲速不达”,这句话所体现的教学原则是(　　)

A. 巩固性原则　　B. 启发性原则

C. 理论联系实际原则　　D. 循序渐进原则

48. 教师在教学中,应注意避免“把流水泼到一个筛子上”的现象的发生。这启示教师在教学中应贯彻(　　)

A. 系统性原则　　B. 巩固性原则　　C. 因材施教原则　　D. 循序渐进原则

49. 有一位学生在课堂上问老师:“老师,在月亮上看天,天是不是蓝的呢?”这位老师很不满意地说:“你懂什么,听老师说不就行了,你呀,经常在课堂上打岔,这是不礼貌的!今后不能这样。”这位学生听后鼓着气坐下了。这位老师违背了(　　)教学原则。

A. 启发性　　B. 系统性　　C. 巩固性　　D. 因材施教

50. 第斯多惠说:“教学必须符合受教学生的发展水平,从学生的发展水平出发开始教学,并且循序渐进地……继续教下去。”这句话表明教学应遵循(　　)

A. 量力性原则
B. 循序渐进原则
C. 巩固性原则
D. 启发性原则

51. 某班学生数学成绩普遍很差,新来的数学老师小张为了提高班上同学的数学成绩,给班上同学每天都出一张难度很大的试卷,要求当天完成,第二天讲评。大多数学生都不会做,数学讲评课上气氛更加沉寂了。在学期末的考试中,班上同学成绩并没有太大提高。小张老师主要违背了(　　)

A. 启发性原则
B. 巩固性原则
C. 循序渐进原则
D. 直观性原则

52. “复习是学习之母”与(　　)教学原则的思想相一致。

A. 巩固性　B. 启发性　C. 直观性　D. 理论联系实际

二、多项选择题

1. 贯彻思想性和科学性相统一原则的基本要求有(　　)

A. 保证教学的科学性
B. 结合教学内容的特点进行思想品德教育
C. 教师要不断提高自己的业务能力和思想水平
D. 在教学的全过程中加强知识的巩固

2. 下列表述中,能够体现循序渐进教学原则的是(　　)

A. 孔子《论语》中“闻斯行诸”的故事
B. 孟子“盈科而进”的教学方法
C.《学记》中“杂施而不孙,则坏乱而不修”的表述
D. 苏格拉底的“产婆术”

3. 教学原则是依据(　　)制定的。

A. 教学内容
B. 教学过程的基本规律
C. 教育部颁布的文件
D. 教学目的

三、判断题

1. “温故而知新,可以为师矣”说明教学应遵循巩固性原则。(　　)

2. 现代教学理论中所倡导的因材施教、启发诱导、循序渐进、理论联系实际、温故知新等教学原则都是对传统教学原则的继承和发展。(　　)

3. 王老师在课堂上介绍“青蒿素”时,还讲到了屠呦呦躬身钻研的故事,使同学们深受鼓舞。王老师在教学中遵循了理论联系实际的原则。(　　)

4. 贯彻直观性教学原则,要求根据学生的特征恰当选择直观手段。(　　)

5. 巩固性教学原则又被称为可接受性原则,是为了防止发生教学难度低于或高于学生的实际程度而提出的。(　　)

四、简答题

简述我国中小学常用的教学原则。

五、论述题

请结合你所在学科，选择一种教育原则并试举例论述。

六、案例分析题

1. 王老师教学生学习认字，当教到“天”字时，为了加深学生的印象，他开始引导学生：“你头顶上是什么？”学生想了想：“头发。”老师：“头发上面是什么呢？”学生：“屋顶。”老师：“屋顶上面呢？”学生：“瓦片。”老师有点着急：“你们好好看看，上面到底还有什么？”学生低语：“还有，还有小鸟在飞。”

   请运用所学教学原则来分析王老师的做法。

2. 子曰：“不愤不启，不悱不发。举一隅不以三隅反，则不复也。”

   朱熹：“愤者，心求通而未得之意；悱者，口欲言而未能之貌；启，谓开其意；发，谓达其辞。”

   《学记》：“道而弗牵，强而弗抑，开而弗达。”

   问题：以上教育思想体现了什么教学原则？请联系实际，谈谈在教学中如何贯彻这一原则。

3. 一位教师教“因式分解”这一单元时,发现学生的知识基础差别很大,于是对班里八位成绩好的学生提出了另外不同的要求,允许他们去图书馆自学解决问题,经过自学,这八位学生不仅顺利地完成了学习任务,而且还额外地选编了几十道有代表性的习题交给老师。教师将这些习题有选择地按程度分别介绍给班里其他同学进行练习和讨论,推进了全班同学的学习进度,使全班同学提前五课时完成了教学任务。

请用教学原则的相关知识对上述案例进行分析论述。

4. 在讲解完“颗颗穗粒多饱满”这句话之后,斯霞老师要求小学生用“饱满”这个词语造句。有的学生说:“麦子长得饱满。”有的学生说:“豆角长得饱满。”斯霞老师忽然走到教室门口,转过身,胸脯略微挺了挺,头微微扬了扬,两眼炯炯有神。她问学生:“这是不是精神饱满?”学生齐声回答:“是。”斯霞老师接着说:“让我看看大家的精神怎样?”同学们也挺了挺胸脯,坐得端端正正,“饱满”这个词,被学生理解和掌握了。

请运用教育学相关知识对该案例进行分析。

专题四 教学方法

考法透视 本专题以理解为主,考查题型覆盖较全面,考查难度较大,主要考查常用的教学方法的概念及其运用要求、国内外教学方法的改革与发展、教学方法的选择和运用。

限时:160 分钟	用时: 分钟	错题数: 道	▶答案见 P390

一、单项选择题

1. 教学有法,教无定法。教师根据学情以及具体教学环境,可采取不同的教学方法。下列说法正确的是( )

A. 数学老师教完平均数概念后,布置了一系列练习,采取了讲授法

B. 政治老师就某个国际经济主题组织了一场班级辩论,采取了谈话法

C. 科学老师课上和同学们一起观察了植物的光合作用，采取了实验法

D. 化学老师在课堂上展示了淀粉遇碘变色的实验操作，采取了演示法

2. 五年级的张老师在上课时用一段音乐导入新课，这种教学方法属于(　　)

A. 实践活动法　　B. 发现法　　C. 情境教学法　　D. 演示法

3. 教师运用讲授法时，不能言无不尽，要给学生留出思考空间，要(　　)

A. 有启发性　　B. 强调重难点

C. 切中讲授时机　　D. 把握时间长短

4. 在对古文、外语、专业术语等进行准确的翻译时，或对疑难词语给出恰当的解释时，运用的教学方法是(　　)

A. 描述式讲述　　B. 解说式讲解

C. 解析式讲解　　D. 解答式讲解

5. 一位地理教师带着地图走进教室，其采用的教学方法是(　　)

A. 讲授法　　B. 直观演示法　　C. 实验法　　D. 欣赏教学法

6. 一位语文教师在教学《会吹气球的瓶子》时，最容易使学生接受的教学方法是(　　)

A. 讲授法　　B. 欣赏教学法　　C. 行动研究法　　D. 直观演示法

7. 为使学生了解有关电荷的知识，老师在课堂上做了有关摩擦生电的实验。该老师所采用的教学方法是(　　)

A. 实验法　　B. 演示法　　C. 观察法　　D. 讨论法

8. (　　)是教师使用最早、应用最广的教学方法。

A. 讨论法　　B. 演示法　　C. 谈话法　　D. 讲授法

9. 李老师在上课时，借助标本和模型向大家讲述本节课的重点知识，便于学生快速理解。李老师使用的教学方法是(　　)

A. 实验法　　B. 演示法　　C. 练习法　　D. 实习作业法

10. 某教师在讲述“大漠孤烟直，长河落日圆”这一诗句时，播放了一段地理纪录片中关于沙漠景象的视频，使学生能够更好地领会诗中所蕴含的意境。该教师运用的教学方法是(　　)

A. 演示法　　B. 参观法

C. 提示教学法　　D. 情境教学法

根据以下案例，作答 11 ~ 12 题。

学习长方形和正方形特征的课堂上，张老师提问：“正方形的四个角都是直角，你是如何验证的？”小琳举手回答道：“我会用三角板上的直角与正方形的四个角一一比较。”张老师：“都是这样比的吗？”学生显然没有完全明白老师的意思，异口同声地回答：“是的。”教师注意到小美和小俊没有随声附和，就追问了一句：“绝大部分同学认为要比四次，你们认为呢？”小美胆怯地回答：“只要比两次就行了。”张老师：“怎么比？”小美继续回答：“先把正方形对折，然后再用三角板上的直角与正方形的两个角比较。”这时小俊脱口而出：“那我只要比一次就行了。”张老师让小俊走上讲台操作给大家看。只见小俊把正方形先横着对折一次，再竖着对折一次，四个角

就全部重叠了,所以只要比一次就行了。在随后动手验证“正方形每条边都相等”时,学生很自然地就想到了分别沿正方形的两条对角线对折,把四边形折到一起,看是不是完全重合。

11. 案例中,张老师主要运用的教学方法是(　　)

A. 以语言传递为主的方法　　B. 以直接感知为主的方法

C. 以实际训练为主的方法　　D. 以引导探究为主的方法

12. 下列对张老师教学行为的评论错误的是(　　)

A. 问题的提出明确具体,反馈适时恰当

B. 有利于激发学生的思维,调动学生学习的积极性

C. 有利于培养学生的独立思考能力和语言表达能力

D. 体现教师在课堂上的主体地位,有利于把控课堂节奏

13. 在教学过程中,教师有目的地引入或创设具有一定情绪色彩的场景来引起学生一定的态度体验,从而帮助学生更好地理解教材。这种教学方法是(　　)

A. 演示教学法　　B. 探究教学法

C. 程序教学法　　D. 情境教学法

14. 朱熹有云:“读书无疑者须教有疑,有疑者却要无疑,到这里方是长进。”朱熹的话对应的读书指导法的基本要求即(　　)

A. 提出明确的目的、要求和思考题

B. 教给学生读书的方法

C. 善于在读书中发现和解决问题

D. 适当组织学生交流读书心得

15. 学生在老师的指导下,将快熄灭的细木条插进玻璃管内,观察到细木条复燃,说明有氧气产生,因为氧气有助燃的性质,由此验证了“光合作用产生氧气”。这种教学方法属于(　　)

A. 讨论法　　B. 活动法　　C. 练习法　　D. 实验法

16. 某语文课上,王老师先引导学生阅读材料,然后运用通俗易懂的语言对教材内容进行解释、说明、论证。则王老师运用的讲授方法为(　　)

A. 讲述　　B. 讲解　　C. 讲读　　D. 讲演

17. 布鲁纳所倡导的发现学习是一种(　　)

A. 以直观感知为主的教学方法　　B. 以实际训练为主的教学方法

C. 以探究活动为主的教学方法　　D. 以情感陶冶为主的教学方法

18. 教师在课堂上采用小组讨论的教学方法,重点是培养学生的(　　)

A. 收集信息的能力　　B. 交流、协作和表达的能力

C. 创新能力　　D. 解决问题的能力

19. 在教师的支持和帮助下,学生通过主动探究,获取知识和能力的教学方法是(　　)

A. 范例教学法　　B. 程序教学法

C. 暗示教学法　　D. 发现法

20. 下列属于以直观感知为主的教学方法的是(　　)

A. 讲授法　B. 谈话法　C. 实习法　D. 演示法

21. 一位接受了亚里士多德或裴斯泰洛齐唯实论哲学思想的教师,在教学方法上最有可能采用(　　)

A. 启发式问答　B. 直观教学法　C. 问题解决教学　D. 探究教学法

22. 为使学生了解和熟悉显微镜的操作步骤和注意事项,孟老师在课堂上指导学生操作显微镜,让学生通过亲自动手,掌握显微镜的使用方法。孟老师采用的教学方法是(　　)

A. 现场教学法　B. 直观演示法　C. 练习法　D. 实验法

23. 李老师是初二(3)班的历史老师,为了讲好"隋朝的灭亡"这一教学内容,李老师做了如下教学设计:首先,从电视剧《隋唐演义》中精选了一个与教学内容密切相关且学生熟悉的短视频引入课堂教学;然后带领学生简略地回顾了隋朝的历史,并提出思考问题"隋朝快速灭亡的原因是什么?"在回答这个问题之前,李老师先给学生讲解了我国古代历史上朝代灭亡的一般规律,然后再引导学生分析隋朝快速灭亡的原因……李老师的这一教学片断运用的教学方法是(　　)

A. 讲授法、练习法　B. 演示法、参观法

C. 演示法、讲授法　D. 发现法、陶冶法

24. 某语文教师在讲解一篇故事性很强的课文时,先让学生按课文编写剧本、做道具,然后让学生分成小组进行表演,以便使学生身临其境,获得实际体验。这种教学方法的核心理念是(　　)

A. 发挥学生的主动性　B. 引导学生积极参与

C. 理论联系实际　D. 激发学生的情感

25. "教必有法",但"教无定法",指的是教学方法的运用必须(　　)

A. 坚持以启发式为指导思想　B. 做到最佳选择

C. 做到优化组合　D. 做到原则性与灵活性相结合

26. 暗示教学法强调(　　)

A. 利用环境的暗示信息,使上课如同游戏、表演

B. 教师提出课题,引导学生自己学习、获得学习结果

C. 将需要重点掌握的知识用纲要信号图式标示出来

D. 通过集体交流和研讨促进学习

27. 最早应用"启发式"进行教学的中外教育家分别是(　　)

A. 孔子、苏格拉底　B. 孔子、亚里士多德

C. 孟子、柏拉图　D. 朱熹、苏格拉底

28. 教师提出课题和一定的材料,引导学生自己进行分析、综合、抽象、概括等一系列活动,最后得出学习结果的方法即(　　)

A. 探究—研讨法　B. 发现学习法

C. 暗示教学法　　D. 范例教学法

29. 教师按照一定的教学要求提出问题让学生回答，通过回答、对话的形式引导学生思考、探究，获取或巩固知识，促进学生智能发展的教学方法是(　　)

A. 练习法　　B. 讲授法　　C. 谈话法　　D. 讨论法

30. 在教师指导下，由全班学生或小组成员围绕某一中心问题进行群体性讨论、发表看法，借以交流信息、互相启发的一种教学方法是(　　)

A. 读书指导法　　B. 演示法

C. 谈话法　　D. 讨论法

31. 发现教学、探究教学和问题教学都属于(　　)

A. 以掌握知识为主的方法　　B. 以训练技能为主的方法

C. 以陶冶情操为主的方法　　D. 以引导探究为主的方法

32.《学记》指出"独学而无友，则孤陋而寡闻""相观而善"等。这说明我们在教学中要注意运用(　　)

A. 谈话法　　B. 讨论法　　C. 讲授法　　D. 练习法

33. 某小学老师每天下午都会带着同学们去学校附近散步，看到花，就告诉他们如何区分雄蕊和雌蕊；看见蜜蜂，就告诉他们蜜蜂是如何帮助花朵授粉的。该老师采用的教学方法是(　　)

A. 实验法　　B. 演示法　　C. 练习法　　D. 参观法

34. 洛扎诺夫的暗示教学法比较适合的教育领域是(　　)

A. 语言　　B. 物理　　C. 化学　　D. 地理

35. 王老师在讲《落花生》一文时，让学生各抒己见，谈谈做人该做落花生这样的人，还是做苹果、石榴那样的人。王老师运用的教学方法是(　　)

A. 讲授法　　B. 谈话法　　C. 讨论法　　D. 发现法

36. 在学习"水资源"这一章节的时候，老师带领学生到水厂边参观边教学，这一教学方法属于(　　)

A. 准备性参观　　B. 并行性参观　　C. 总结性参观　　D. 复式教学

37. 中国古代教育家孔子倡导的"叩其两端"的方法，属于现代意义上的(　　)

A. 讲授法　　B. 谈话法　　C. 讨论法　　D. 练习法

38. 某教师提供不同形状的泡泡器，在学生猜想出不同泡泡器可能会吹出的形状后，让学生实验操作，解释和交流实验结论。该教师采用的教学方法是(　　)

A. 演示法　　B. 探究教学法　　C. 谈话法　　D. 讨论法

39. 五年级(1)班的科学老师在讲完"黄豆的内部组织"这一章节的内容后，指导学生进行黄豆栽培，并做好栽培记录。这种教学方法属于(　　)

A. 演示法　　B. 实验法　　C. 实习作业法　　D. 讨论法

40. 改变传统的定义式教法，将教师讲、学生听转变为在教师指导下，学生自学、先练，教师再

讲。从单纯传授知识转变为在传授知识的同时,培养能力,发展智力。这种教学方法称为(　　)

A. 愉快教学法　　B. 尝试教学法

C. 暗示教学法　　D. 纲要信号图表教学法

41. 刘老师上课讲碳酸氢钠的实验,一边演示一边讲解,采用的教学方法是(　　)

A. 谈话法　　B. 实验法　　C. 演示法　　D. 讲述法

42. 讲述和讲解都是讲授的基本形式,二者的区别体现在(　　)

A. 讲述在理科课程中运用较多,讲解在文科课程中运用较多

B. 讲述侧重于讲事而非说理,讲解侧重于说理而非讲事

C. 讲述偏向客观,讲解偏向主观

D. 讲述以解答问题为中心,讲解以叙述事实为中心

43. 教师在讲授《赤壁之战》一课时,注意引导学生分析其中的辩证法,对学生进行辩证唯物主义教学。这体现了讲授基本要求中的(　　)

A. 会进行强调　　B. 要有启发性

C. 切中讲授的时机　　D. 要有科学性和思想性

44. 某语文教师在讲生字“灭”的时候,在一个透明的玻璃杯里点燃一根蜡烛,然后在杯口盖上一块玻璃,火渐渐熄灭了。该教师采用的教学方法是(　　)

A. 讲授法　　B. 实验法　　C. 演示法　　D. 练习法

45. 下列有关演示的说法正确的是(　　)

A. 直观图像越逼真,学习的效果越好

B. 演示法体现了直观性、理论联系实际的教学原则

C. 演示法常用于物理、体育、音乐、美术的课程教学中

D. 在教学过程中,教师进行实验演示使学生得到感性知识,这属于模像直观

46. 下列方法中以教师活动为主的是(　　)

A. 读书、讨论　　B. 谈话、演示　　C. 实验、实习作业　　D. 练习、研究

47. 在形式上,尝试教学强调教与学的先后顺序,下列属于其特征的是(　　)

A. 先提出教学目标　　B. 提出问题,学生钻研

C. 学生读书,教师指导　　D. 先练后讲,先试后导

48. 古希腊哲学家苏格拉底创立了“产婆术”,它体现的主要教学方法是(　　)

A. 讲授法　　B. 演示法　　C. 谈话法　　D. 讨论法

49. 在教学过程中,教师和学生为实现教育目的、完成教学任务,而共同采用的方式是(　　)

A. 教学方法　　B. 教学策略　　C. 教学组织　　D. 教学工作

50. 讲完“面积的大小”一课后,孙老师要求学生回家量一量自家房间的面积,这种教学方法是(　　)

A. 实物演示法　　B. 实践探究法　　C. 实习作业法　　D. 实验法

51. 数学老师在讲完圆的面积后，告诉学生一个圆的半径长 2 厘米，让学生计算该圆的面积。这种教学方法是( )

A. 实验法 B. 练习法 C. 演示法 D. 读书指导法

52. 对于幼儿和小学低年级学生的教学，选择教学方法应注重( )

A. 直观性 B. 间接性 C. 科学性 D. 操作性

53. 自然常识课上，教师通过做水加温和降温的实验，让学生观察水的“三态”变化。这种教学方法是( )

A. 讲授法 B. 实验法 C. 演示法 D. 谈话法

54. 自习课上，李老师带学生去图书馆，指导学生选择图书和制订读书计划，并在阅读结束后向学生提出预先拟好的问题。李老师运用的教学方法是( )

A. 讲授法和谈话法 B. 读书指导法和演示法

C. 读书指导法和谈话法 D. 实验法和研究法

55. ( )的基本形式是在教师的指导下，学生运用书本知识解决实际问题的教学方法。

A. 练习法 B. 实验法 C. 实习作业法 D. 参观法

二、多项选择题

1. 下列不属于以情感陶冶为主的教学方法的有( )

A. 欣赏教学法 B. 读书指导法

C. 参观法 D. 情境教学法

2. 下列选项中关于讲授法的观点正确的有( )

A. 讲授内容要有科学性 B. 要注意启发

C. 要讲究语言艺术 D. 讲授内容要有思想性

3. 下列关于教学方法的表述，正确的是( )

A. 注入式教学把学生看成是知识的容器，讲授法是其典型代表

B. 讨论法和读书指导法属于以语言传递为主的教学方法

C. 演示法是一种辅助性教学方法，要和讲授法、谈话法等配合使用

D. 美国心理学家布鲁纳倡导的发现法是一种以引导、探究为主的教学方法

4. 中小学教学常用的练习方式有( )

A. 家长督促练习 B. 动作练习

C. 作文练习 D. 制图练习

5. 讲授法是指教师通过口头语言系统连贯地向学生传授知识的方法，下列属于讲授法的方式的有( )

A. 讲座 B. 讲述 C. 演讲 D. 讲解

6. 有效讲授的一个重要方面是要把握好讲授的时机，讲授的时机包括( )

A. 组织教学时 B. 为学生定向时

C. 学生分析理解难以到位时 D. 学生出现误读时

7. 下列有关暗示教学法的说法正确的有(　　)

A. 利用情境因素组织教学,能使学生在轻松愉快的环境中接受知识

B. 能有效地激发学生的学习动机

C. 有利于非智力因素在教学中发挥积极作用

D. 设置诱发学生学习潜力的外部环境的难度较低

8. 参观教学法是指组织或者指导学生到育种试验地进行实地观察、调查、研究和学习,从而获得新知识或巩固已学知识的教学方法,参观教学法可分为(　　)

A. 互动性参观　　B. 准备性参观

C. 并行性参观　　D. 可行性参观

9. 选择教学方法时,使用谈话法的要求是(　　)

A. 要善于理解　　B. 要善于启发诱导

C. 要准备好谈话计划　　D. 要做好小结

10. 运用讨论法进行教学时,其基本要求有(　　)

A. 讨论的问题要有吸引力　　B. 善于在讨论中启发引导学生

C. 做好讨论小结　　D. 讲究语言艺术

11. 关于讨论法的优点,以下表述正确的有(　　)

A. 能培养学生间的合作与交往能力

B. 能激发学生的学习兴趣

C. 能使学生在较短时间内获得大量系统的科学知识

D. 能提高学生学习的独立性

12. 下列体现启发式教学思想的有(　　)

A. 人不知而不愠　　B. 问则疑,疑则思

C. 教之而不受,虽强告之无益　　D. 不陵节而施之谓孙

13. 在情境教学法的运用中,教师创设的情境一般包括(　　)

A. 图画再现的情境　　B. 实物演示的情境

C. 音乐渲染的情境　　D. 生活展现的情境

14. 下列选项中,属于以语言传递为主的教学方法的是(　　)

A. 讲授法　　B. 参观法　　C. 讨论法　　D. 读书指导法

15. 以实际训练为主的教学方法有(　　)

A. 练习法　　B. 实验法　　C. 参观法　　D. 实习作业法

16. 物理老师在讲浮力时,准备了一盆水、一木块和一铁块,当铁块放入水盆时沉下去,木块放入水盆时浮上来。老师重复演示和讲解这一现象。这一教学案例用到的教学方法有(　　)

A. 讲授法　　B. 演示法　　C. 实验法　　D. 参观法

17. 张老师是某初级中学的生物教师。在学习“花的结构”第一课时知识时,张老师首先向同学

们讲述了花的基本结构，其后向同学们展示了花的解剖标本，放映了花的结构图片；第二课时，同学们来到生物实验室，张老师帮助同学们修订实验计划，指导同学们用镊子、刀片解剖一朵真正的百合花。该案例中张老师运用了哪些教学方法（　　）

A. 讲授法　　B. 演示法　　C. 练习法　　D. 实验法

18. 讲授法的优点有（　　）

A. 有利于培养学生的团队合作精神

B. 有利于提高教学效率和效果

C. 有利于加强对教学内容的管理

D. 有利于发挥教师的主导作用

19. 教师在选择教学方法时要遵循下列步骤和要求（　　）

A. 要明确选择教学方法的标准

B. 认真听取教育专家的说明和建议

C. 尽可能广泛地了解有关新的教学方法，以便自己选择

D. 对各种可供选择的教学方法进行比较

20. 生物课上，老师让学生分小组观察变色龙，了解其生活习性，并在全班进行学习成果交流。老师运用的教学方法主要有（　　）

A. 演示法　　B. 讨论法　　C. 讲授法　　D. 参观法

21. 教学方法的实质就是把教师的教、学生的学和教材的内容如何有效连接的问题。教学方法的选择，为实现教学目标和完成教学任务服务。在实际教学中，确定恰当教学方法应考虑的因素有（　　）

A. 师与生双边活动的配合、互动的质量　　B. 学校可能提供的物质与仪器设备

C. 学生的兴趣、水平、智能的发展　　D. 学科的任务、内容和教学法特点

三、判断题

1. 教学方法一旦形成后，就不会随着社会的变革而发生变化。（　　）

2. 适用于小学和中学低年级的非正式讲授，一般持续时间应是 45 到 50 分钟。（　　）

3. 教师在教学讲解中不应长篇大论、平铺直叙，而要运用恰当的比喻和事例，尽量做到生动有趣。（　　）

4. 启发性讲解的核心是调动学生学习的积极性、主动性，引导学生独立思考，发展思维能力。（　　）

5. 练习法是教学中常用的方法，必须通过一定数量的活动才有成效，这要求学生多做机械训练，以达到学以致用的目的。（　　）

6. 韩老师给学生上英语课时，经常伴随着优美的古典音乐给学生们朗读英语课文，提升了学生们对英语课的兴趣。韩老师使用了暗示教育法。（　　）

7. 教学方法具有单一性，因为优秀的教师可以做到以不变应万变。（　　）

8. 启发式教学是一种具体的教学方法。（　　）

9. 教师通过对教材中的典型事例进行分析,使学生掌握科学知识,属于目标教学法。（　　）

10. 在情境教学中,教学环境是与现实情境相类似的问题情境。（　　）

11. 教学方法是教师为完成教学任务而采用的教的方法。（　　）

12. 讲授法是教学的一种主要方法,运用其他方法,都需要配合适当的讲授。一般认为,教师的讲解质量决定学生学习的质量,教师讲授与分析对提高学生学习效率有重要意义。（　　）

13. 两种对立的教学方法体系是启发式和注入式。（　　）

14. 教学方式包含教与学。（　　）

15. 启发式教学就是教师多提出问题,学生多积极回答。（　　）

16. 讲授法很难关注学生的个别差异,不利于学生主动探究能力的培养,是一种注入式、灌输式教学。（　　）

17. 情境教学法由江苏省特级教师倪谷音首创。（　　）

四、填空题

1. 在学习某课题前,使学生为将要学习的新课题积累必要的感性经验,从而顺利获得新知识而进行的参观是________。

2. 提倡________,反对________,是当代运用教学方法的指导思想。

3. 指导学生读书,包括指导学生阅读教科书和________两个方面。

五、简答题

1. 简述讲授法的优缺点。

2. 选择与运用教学方法的基本依据有哪些?

3. 简述运用演示法的基本要求。

4. 简述谈话法的优点。

六、论述题

1. 很多教育工作者认为，为了体现素质教育的精神，更好地培养学生的创新精神和实践能力，教师需要转换课堂角色，普及案例教学，请对此进行评述。

2. 常言道“教学有法，但无定法”。某教师认为这意味着自己在教学中可以任意采用某一种教学方法。请结合教育学知识对此进行评析。

七、案例分析题

1. 某小学召开了教学改革研讨会，会上邀请教育专家针对如何在课堂教学中，通过启发式教学确立学生在教学活动中的主体地位，促进学生的全面发展，对全校教师进行了培训，但是有的老师以不以为然的口吻议论道：“什么启发式不启发式的，不就是多提问少讲课嘛，还用得着培训？”“启发式教学也不错，起码减轻了我们教师的负担，课堂上多提问学生，多让学生做练习就行了，省得我们讲了。”……

   请运用教育学知识对该案例进行分析。

2. 某校两位老师以“平行四边形的面积”为题开展同课异构的教学活动。

王老师首先告诉学生平行四边形的面积等于底乘高，然后列举了很多不同大小的平行四边形来计算它的面积，帮助学生掌握平行四边形的面积公式。这节课，学生虽然很快学会了平行四边形面积公式的应用，但是对于平行四边形的面积为什么等于底乘高还是不太清楚。

李老师首先让学生观察平行四边形的特征，让学生想一想平行四边形跟以前学过的三角形和长方形有什么联系，然后要求学生拿出纸、笔、直尺、剪刀，自己画一画、剪一剪。在动手操作的过程中，同学们发现可以把一个平行四边形变成一个长方形，或者是分割成几个三角形，他们尝试着用三角形或长方形的面积计算方法去推导平行四边形的面积计算公式。最后同学们自己总结出了计算平行四边形面积的公式。

请结合材料运用教育学知识分析：

(1)王老师和李老师分别采用了哪种教学方法?

(2)他们采用的教学方法各有何优缺点?

3. 谢老师在科学课上讲解食物链和食物网的知识时，首先播放一个两分钟的短视频，导入新课后，用PPT展示一些动植物的图片，并提出一系列问题：“这些动植物之间存在怎样的关联?它们能形成一个完整的食物链吗? 为什么?”让学生自己去发现、分析问题。

在讲解完食物链和食物网的概念之后，谢老师又提供4组动植物名称，要求全班学生分成4个小组讨论并绘制食物网，提高学生分析问题、解决问题的能力。

谢老师采用了哪些教学方法? 请结合案例进行分析。

4. 三年级来了两位新老师。李老师主要采用“教师讲，学生听；教师写，学生抄”的方法，不停地讲授书本知识，并结合大量练习。王老师则善于运用多媒体、设计游戏环节等手段配合教学，提出贴合学生实际生活的问题，并给予学生自由讨论、思考的时间。

结合以上材料，分析两位老师教学活动的相同点和不同点。你喜欢哪位老师的教学?

专题五　教学组织形式

考法透视　本专题以理解为主，考查题型覆盖较全面，主要考查班级授课制、复式教学、道尔顿制、特朗普制、设计教学法、导生制等教学组织形式的相关内容。

限时：100 分钟	用时：　分钟	错题数：　道	▶答案见 P402

一、单项选择题

1. 下列不属于教学组织形式主要内涵的是(　　)

A. 特殊的师生互动　　B. 特殊的时空安排

C. 特殊的教学呈现方式　　D. 教学因素的特殊组合

2. 我国最早采用班级授课制的是(　　)

A. 东林书院　　B. 北洋水师学堂

C. 京师同文馆　　D. 武夷精舍

3. 班级授课制是人类社会发展到一定历史阶段的产物，最早从理论上对班级授课制加以阐述的著作是(　　)

A.《民主主义与教育》　　B.《大教学论》

C.《普通教育学》　　D.《爱弥儿》

4. 最早提出对班级教学进行改造，强调学习者自定学习步调，要求依据每个儿童学习各学科的难易度，适当分配课程时间的是(　　)

A. 协同教学　　B. 道尔顿制　　C. 导生制　　D. 特朗普制

5. 学生在课前借助网络平台观看微视频进行自主学习，课堂上在教师指导下分组讨论、合作探究，这种新型教学组织形式是(　　)

A. 在线课堂　　B. 虚拟课堂

C. 翻转课堂　　D. 网络课堂

6. 柏克赫斯特创建的教学组织形式是(　　)

A. 班级授课制　　B. 设计教学法

C. 道尔顿制　　D. 分组教学

7. 微课是一种以视频为主要载体的新兴教学资源，从中小学生的注意时间考虑，微课时长一般为(　　)分钟。

A. 1 ~ 3　　B. 5 ~ 8　　C. 15 ~ 20　　D. 30

8. 在班级内部，教师根据学生的特点、兴趣与意愿进行分组教学，各组学习时间相同，学习内容不同。这种分组是(　　)

A. 外部分组　　B. 内部分组　　C. 能力分组　　D. 作业分组

9. 将课程分为两部分，一部分学生按学科自学知识和技能，另一部分通过音乐、艺术、集会以及开办商店、组织自治会等方式培养学生的社会意识。这段话描述的是教学组织形式中的(　　)

A. 文纳特卡制　　B. 贝尔—兰喀斯特制

C. 设计教学法　　D. 葛雷制

10. 道尔顿制是一种典型的(　　)教学组织形式。

A. 自学辅导式　　B. 教师讲授式

C. 系统学习式　　D. 师生互动式

11. 为完成特定的教学任务，师生按一定要求组合起来进行活动的结构是指(　　)

A. 教学策略　　B. 教学过程　　C. 教学组织形式　　D. 教学设计

12. 小明是三年级学生，小红是五年级学生，小红跟小明在一个班级上课，老师是同一个人。这种教学组织形式是(　　)

A. 分组教学　　B. 复式教学　　C. 道尔顿制　　D. 特朗普制

13. 在现代教学中，个别教学可作为教学的辅助形式。在进行个别辅导时，应注意的问题不包括(　　)

A. 教师要了解每个学生的学习情况

B. 以学生自己的独立学习为基础

C. 教师要指导学生学会正确的学习方法

D. 教师对学生的问题有选择地回答即可

14. 古代主要采用的教学组织形式是(　　)

A. 班级授课制　　B. 个别教学　　C. 分组教学　　D. 混合教学

15. 关于教学组织形式，下列表述不正确的观点是(　　)

A. 班级授课制可以采用“马蹄式”安排学生座位

B. 个别教学有利于拔尖人才的培养

C. “走班制”实行大、小班上课的多种教学形式

D. 分组教学容易造成学生的心理不平衡

16. 教师不教全体学生，而是把教学内容传授给其中一部分学生，再由他们中的佼佼者向其他学生传授的教学组织形式是(　　)

A. 个别教学　　B. 导生制　　C. 道尔顿制　　D. 班级授课制

17. 把大班教学、小班研究和个别教学三种教学形式结合在一起，并采用灵活的时间单位代替固定划一的上课时间的教学组织形式是(　　)

A. 道尔顿制　　B. 导生制　　C. 特朗普制　　D. 导师制

18. 在教师指导下，由学生自己决定学习目的和内容，在自己负责、自己规划的单元活动中获得有关知识和能力。这种教学组织形式是(　　)

A. 导生制　　B. 设计教学法　　C. 特朗普制　　D. 道尔顿制

19. 其原则是培养自我教育的能力,以使学生在民主合作的氛围中得到发展。中国第一个依照此原则设立的实验班在上海的中国公学。从以上信息可判断这种教学组织形式是( )

A. 特朗普制　　B. 道尔顿制

C. 贝尔—兰喀斯特制　　D. 文纳特卡制

20. 由于贫困山区的教师人数以及教学资源有限,学校往往把不同年级的学生组织在同一间教室上课。这种特殊的教学形式为( )

A. 复式教学　　B. 分组教学　　C. 现场教学　　D. 个别教学

21. 学生在教师指导下,各自主动地在实验室内,根据拟定的学习计划,以不同的教材,不同的速度和时间进行学习,用以适应其能力、兴趣和需要,从而发展其个性。这体现的教学组织形式是( )

A. 道尔顿制　　B. 德可乐利制　　C. 学习卡片制　　D. 自治教学法

22. 下列关于复式教学,叙述正确的是( )

A. 复式教学可以在同一年级内进行

B. 复式教学适用于学生多、教师少的情况

C. 复式教学中教师的教学和学生的自学或作业同时进行

D. 复式教学情景下的学生的基本技能和自学能力相对较弱

23. 班级授课制的特征可以用以下哪几个字来概括( )

A. 班、课、师　　B. 师、生、课

C. 师、生、时　　D. 班、课、时

24. 某校将全体学生分成两批,一批上午在教室里上课,另一批上午在学校的图书馆、体育馆、工厂、商店等场所进行有组织的活动,下午对调。这种做法属于( )

A. 葛雷制　　B. 文纳特卡制　　C. 复式教学　　D. 合作教学

25. 王老师组织学生到郊区的牛奶厂参观,请工人师傅为学生讲解牛奶的生产加工流程。王老师采用的教学组织形式是( )

A. 复式教学　　B. 小组教学　　C. 个别辅导　　D. 现场教学

26. ( )是一种集体教学形式,是一种最基本的教学组织形式。

A. 文纳特卡制　　B. 导师制

C. 道尔顿制　　D. 班级授课制

27. "导生制"的班级组织形式最早出现在( )

A. 英国　　B. 美国　　C. 德国　　D. 法国

二、多项选择题

1. 下列属于班级授课制特点的有( )

A. 教师和学生固定　　B. 时间和场所固定

C. 内容和教材固定　　D. 方法和手段固定

2. 小组教学指把一个班暂时分成若干个小组,由教师规定共同的学习任务,并由学生分组学习

的班级教学形式。关于小组教学的优点,下列说法正确的有(　　)

A. 有利于情感领域教学目标的实现

B. 有利于把控教学进度

C. 有利于培养学生的参与意识

D. 可以给学生提供更多的直接参与学习的机会

3. 孔子曾提出育人要“深其深,浅其浅,益其益,尊其尊”,即主张“因材施教,因人而异”。从现代角度看,其意就是承认个体发展的差异性,能够充分尊重和利用这种发展特点。下列符合这种观点的教育措施有(　　)

A. 个别辅导　　B. 分层教学

C. 小组合作学习　　D. 班级授课

4. 以下关于“班级授课制”的说法中,正确的有(　　)

A. 班级授课制仍然是我国教育教学的重要组织形式

B. 班级授课制的产生大大提高了教学效率

C. 班级授课制最早是由美国教育家夸美纽斯提出的

D. 最早确定班级授课制基本轮廓的著作是《大教学论》

5. 下列属于教学的辅助形式的是(　　)

A. 作业　　B. 参观　　C. 讲座　　D. 辅导

6. 下列属于分组教学的类型的是(　　)

A. 外部分组　　B. 内部分组　　C. 能力分组　　D. 作业分组

三、判断题

1. 班级授课制是最符合活动课程本质特征的教学组织形式。(　　)
2. 教学组织形式是固定不变的。(　　)
3. “道尔顿制”对班级教学的实施产生了重要的推动作用。(　　)
4. 复式教学在一定条件下对普及教育有积极意义,是班级教学的一种特殊组织形式。(　　)
5. 内部分组是指打破传统的按年龄编班的限制,按学生的能力或学习成绩等编组。(　　)
6. 分组教学是为了克服班级授课制的弊端而提出来的,因此它比班级授课制更优越。(　　)
7. 班级教学缺乏真正的集体性。(　　)
8. 翻转课堂强调学生在家先根据自己的兴趣爱好学习新知识,然后再由老师进行课内辅导。(　　)

四、填空题

1. ________的教学是一种先学后教的模式,是自主性、互动式、个性化的教学模式,有利于提升教学质量和学习质量。

2. 把两个或两个以上年级的儿童合编在一个班级,采用直接教学和布置、完成作业轮流交替的方式,在同一节课内由一位教师对不同年级学生进行教学的组织形式是________。

五、简答题

1. 简述实施个别教学的要求。

2. 简述当前教学组织形式改革的重点。

3. 简述班级授课制的优缺点。

六、案例分析题

1. 李老师为了提高学生的数学成绩，在他执教的初二(3)班进行了教育改革。课前，李老师在深入研究学生和教材的情况下，制作导学案，确定学生的学习任务。而后通过搜集资料录制教学微视频，上传到校园网的学习空间，让学生在课余时间观看教学微视频。学生通过合作交流，完成学习任务。课堂上，李老师首先检测学生自主学习的成效，而后给出进阶任务，让学生采用合作学习的方法尝试完成。遇到全班学生都不能解决的问题，李老师统一进行解答，然后根据学生学习的实际情况，对学习内容进行适度拓展延伸。

   请结合案例运用教育学知识分析：

   (1)李老师的教学改革采取了什么教学模式？

   (2)请分析此种教学模式的特点。

2. 刚从师范学校毕业的李老师是某中学的班主任，刚接手这个班级时，李老师告诉自己要对班里的学生一视同仁，为班级的所有学生提供均等的学习机会，然而几个月下来，李老师意识到自己在上课时总会不自觉地给予班干部和成绩好的学生更多的积极强化与鼓励。在课堂讨论以及回答问题时，总是先对他们进行鼓励，对其他学生却关注较少。李老师通过与其他任课老师交流，发现大家都有这种情况，通常都会对班内的优秀学生给予更多的关注和鼓励，而对班内表现平平的学生，就连名字都记不起来。

(1)分析案例中所揭示的问题及其原因。

(2)为了克服案例中揭示的问题，可以从哪些方面改进课堂教学组织形式？

专题六　教学工作的基本环节

考法透视　本专题以识记为主，考查题型覆盖较全面，主要考查备课、上课、作业的布置与反馈和课外辅导。

限时：130 分钟	用时：　分钟	错题数：　道	▶答案见 P407

一、单项选择题

1. 上课是教学工作的(　　)

A. 基本方法　　B. 基本环节　　C. 必要补充　　D. 中心环节

2. 在拟定教学计划时，(　　)被称为教案，它需要呈现教学目标、课的类型、教学重点和难点、教学过程和时间分配、教学方法、板书设计等。

A. 课题教学计划　　B. 学期教学进度计划

C. 课时教学计划　　D. 单元教学计划

3. 教师在备课过程中，通过钻研(　　)，可以了解本学科的教学目的、任务，掌握教材的体系、重点、难点和关键，明确教学中应注意的问题。

A. 课程标准　　B. 教学方法

C. 教学进度　　D. 学生水平

阅读案例，回答 4 ~ 6 题。

蒋老师是某校的优秀教师，曾代表学校参加过省级的公开课大赛。蒋老师在备课、上课和课外作业的批改上面都有自己的理解。例如，在备课方面，蒋老师认为备课是教学环节中非常

重要的一环，备课是上好课的先决条件；在上课方面，蒋老师喜欢按照组织教学、检查复习、讲授新教材、巩固新教材、布置课外作业的程序进行；对于课外作业的批改，蒋老师每次都会及时检查和批改作业，运用师生共同批改作业的方式，以不一样的形式让学生得到反馈。

4. 蒋老师认为备课非常重要是因为(　　)

A. 备课程序复杂，所花费的时间最多　　B. 备课是教师教学工作的起始环节

C. 备课要求严格，涉及的知识点广泛　　D. 备课能够发挥学生的主体地位

5. 案例中提到的蒋老师的教学过程属于哪一类型课的结构(　　)

A. 单一课　　B. 综合课　　C. 练习课　　D. 复习课

6. 对于学生来说，蒋老师批改作业的方式的优点不包括(　　)

A. 使学生养成按时完成作业的好习惯

B. 作业中的问题能够得到及时反馈

C. 能够快速完成教学任务

D. 培养学生发现问题、解决问题的能力

7. 上好课最根本的要求是(　　)

A. 板书有序　　B. 充分发挥学生的主体性

C. 教学方法适当　　D. 教学结构合理

8. 上好一堂课的关键是(　　)

A. 明确教学目的　　B. 组织好教学活动

C. 布置好课外作业　　D. 注重解惑纠错

9. 教师了解和检查学生学习情况与质量最常用的方法是(　　)

A. 口头提问　　B. 随堂书面测验

C. 检查书面作业　　D. 正式考试

10. 教师根据学科课程标准的要求和课程特点，结合学生实际情况，确定教学方法和重难点，撰写教案。这一教学环节属于(　　)

A. 备课　　B. 上课　　C. 课后辅导　　D. 测试

11. 根据参与备课的人数的多少，备课分为(　　)

A. 课前备课、课后备课　　B. 集体备课、个人备课

C. 单元备课、课时备课　　D. 学期备课、单元备课

12. 在一节课的基本构成中，贯穿一节课始终的是(　　)

A. 组织教学　　B. 讲授新知识　　C. 巩固新知识　　D. 布置作业

13. 了解学生个体的能力水平、学习态度和兴趣特点，这属于教学工作中的哪个环节(　　)

A. 上课　　B. 备课　　C. 说课　　D. 评课

14. 评价一节课好与坏的主要依据是(　　)

A. 教学方法是否得当　　B. 教学目标是否实现

C. 教学氛围是否活跃　　D. 教学重点是否突出

15. 下列各选项中，属于实践作业的是(　　)

A. 预习教材　　B. 朗读课文　　C. 写作文　　D. 做调查

16. 在学校教学工作中，主要目的在于巩固知识和培养技能技巧的环节是(　　)

A. 上课　　B. 课外活动

C. 布置和批改作业　　D. 学业成绩的检查和评定

17. 作业是结合教学内容，要求学生独立完成的各种类型的练习，日常最常用的作业类型是(　　)

A. 巩固型作业　　B. 预习型作业

C. 拓展型作业　　D. 综合型作业

18. 布置课外作业的目的是(　　)

A. 使学生进一步巩固所学知识，并培养独立学习和工作的能力

B. 复习已学过的知识，对已学过的知识进行巩固和加深

C. 使学生掌握新知识

D. 使学生对所学知识当堂理解、当堂消化

19. 教师要钻研教材，要努力做到懂、透、(　　)

A. 化　　B. 通　　C. 明　　D. 理

20. 化学课上老师用红磷和白磷等化学原料给学生们展示燃烧现象，学生们对此表现出了极大的兴趣。按照教师所使用的教学方法，该堂课属于(　　)

A. 新授课　　B. 演示课　　C. 技能课　　D. 复习课

21. (　　)是指课的基本组成部分及各部分进行的顺序、时限和相互关系。

A. 课的类型　　B. 课的结构　　C. 课程设置　　D. 课时安排

22. 教学过程中最基本的环节是(　　)

A. 组织教学　　B. 讲授新教材　　C. 巩固新教材　　D. 检查复习

23. 课的类型一般可以分为(　　)

A. 新授课和复习课　　B. 讲授课和实验课

C. 单一课和综合课　　D. 理论课和实习课

24. 备课必须首先从(　　)重视上课。

A. 精神上、思想上　　B. 物质上

C. 行动上　　D. 撰写教案上

25. (　　)是教师上课的必要补充。

A. 布置作业　　B. 检查作业　　C. 课外辅导　　D. 课后练习

二、多项选择题

1. 布置作业一般应遵循的原则有(　　)

A. 在内容上突出开放性和探究性　　B. 在容量上考虑量力性和差异性

C. 在形式上体现新颖性和多样性　　D. 在评判上重视过程性和激励性

2. 备课时,教师要写出哪三种教学计划( )

A. 课时计划 B. 单元计划 C. 学期计划 D. 培养计划

3. 下列选项属于备课内容的有( )

A. 了解家长 B. 钻研教材

C. 设计教学过程 D. 了解学生

4. 教师在布置作业时,下列做法可取的是( )

A. 课堂练习的布置与教学目标一致

B. 练习题的设计富于变化,并有适当的难度

C. 只给学生布置一些识记性的练习题

D. 给学生适当的帮助

5. 根据教学的任务划分,课的类型有( )

A. 传授新知识课(新授课) B. 布置作业课(作业课)

C. 检查知识课(检查课) D. 巩固新知识课(巩固课)

6. 在教学过程中,强调教师"吃透两头"所指的是( )

A. 充分认识学生 B. 充分理解教材

C. 认真备课 D. 严格管理学生

7. 要比较准确地测评学生的学业成绩,必须编制好试题,即命题。下列属于命题时应遵循的要求的是( )

A. 试题的分布范围要广 B. 试题类型要多样化

C. 试题间不应有任何重复或相关 D. 试题应有不同的难度

8. 作业的形式有多种,包括口头作业、书面作业和( )

A. 阅读作业 B. 背诵作业 C. 绘图作业 D. 实践作业

三、判断题

1. 课外辅导是对学生进行因材施教的重要途径和措施。 ( )

2. 课外辅导的对象是少数学习基础差的学生。 ( )

3. 对于中小学教师而言,备课的任务就是不断地分析和研读教材,认真掌握教材的核心内容,吃透教材的主旨意图,在此基础上,最终撰写出正式的教案。 ( )

4. 上好课是提高教学质量的关键,上好一堂课的内在动力是明确教学目的。 ( )

5. 备课环节是上好课的先决条件,备课时教师应把全部精力放在钻研教材上。 ( )

6. 组织教学是在课前进行的,目的在于使学生做好上课前的准备。 ( )

7. 教师在布置作业时,应争取家长的配合,让家长也额外布置一些作业给学生。 ( )

8. 观察、实验、测量、社会调查等不可作为课外作业的形式。 ( )

9. 上课前,教师必须写好课题计划与教案。但教案可以有详、有略。一般来说,新教师应当写详细些,有经验的教师可以写简略些。 ( )

10. 教师备课时要钻研教材,包括钻研教学大纲、教科书和阅读有关的参考书。 ( )

11. 一节课既有检查复习，又有新知识的讲授，还有练习巩固，从课的类型上看，这是一节综合课。（　　）

四、填空题

1. 一般来说，构成课的基本组成部分有组织教学、________、讲授新教材、巩固新教材、布置课外作业等。
2. 检查学生学业成绩的方法是多种多样的。常用的检查方式有两大类：________和________。

五、简答题

1. 一堂好课的标准是什么？

2. 简述布置作业的要求。

3. 简述上好课的基本要求。

六、论述题

1. 试论述教师教学工作的基本环节。

2. 请简要论述作业的育人功能有哪些，应该如何正确理解。

七、案例分析题

1. 新学期开学后，我任初二(3)班的化学老师。一次在课堂上板书时，由于粗心，写错了一个化学方程式，当时我并没有发觉，只听到下面有同学议论纷纷，但是没有人直接指出我的错误，一堂课就这样过去了。下课后我把课代表叫到了办公室，问他怎么回事，他才告诉我今天课堂上发生的事情，还解释说是同学们顾及我的面子。第二天一上课，我就在黑板上把上次写错的化学方程式写在了黑板中间，主动向学生承认了自己的错误，同时还告诫大家："化学是一门很严谨的科学，一点点的失误都有可能导致不可挽回的结果，老师也是有可能出错的，要勇于质疑。"课堂结束后，为加深学生对本单元所学方程式的记忆，培养学生化学学科学习的严谨性，我给大家布置了作业，所有学生把第二单元所学的每个化学方程式抄三遍。这时，我听到有学生小声说："都会写了，还让写。"这个学生的话引起了我的反思，随即我提出了老师应该怎样布置作业的问题。经过同学们的沟通，并向其他老师请教，最后我决定，常规性的作业必须写，但可以根据知识掌握的程度选择多写或者少写。经过一段时间的尝试，效果并不是很理想。有的学生可以很好地完成作业。但是很多学生并不能够正确地评价自己对知识的掌握程度，甚至有学生少写或不写作业。如何给学生合理布置作业让我犯了难。

如果你是案例中的教师，面对上述情况，你会如何给学生布置作业。

2. 有位教师在教"圆"这个概念时，一开始就问学生："车轮是什么形状？"同学们觉得这个问题太简单，便笑着回答："圆形。"老师又问："为什么车轮要做成圆形呢？难道不能做成别的形状，比如说，做成三角形、四边形等。"同学们一下子被逗乐了，纷纷回答："不能！""因为它们无法滚动。"老师再问："那就做成这样的形状吧！(老师在黑板上画了一个椭圆)行吗？"同学们开始茫然，继而大笑起来："这样一来，车子前进时就会一会儿高一会儿低。"老师再进一步发问："为什么圆形就不会一会儿高一会儿低呢？"同学们议论纷纷，最后终于找到了答案，因为圆形车轮上的点到轴心的距离是相等的。至此，老师自然地引出"圆"的概念。

教师应如何上好一堂课？请结合案例分析。

3. 吴老师是某中学新入职的英语教师，担任高一(2)班的班主任，下面是她这学期撰写的一篇教学日志。

今天是开学的第一天，为了上好这第一节课，我做了很多准备。我认真研究了教材和教学参考书，确定了第一节课的教学内容。我还参考了网上大量的教学设计，几经修改，写出了一份自己特别满意的教案。不仅如此，在课前我还反复演练导入、提问、讲解等教学环节。对这一节课，我信心满满。

然而没想到，这节课上下来让我十分尴尬。我为这节课精心设计的活动环节，学生兴趣不高；我所讲的很多内容学生已经会了，45 分钟的内容不到 30 分钟就讲完了，剩下的时间只好让学生自习……原以为自己准备充分，能有个好的开端，没想到弄成这样，我有点儿怀疑自己的能力了。

结合教学日志，谈谈教师应如何避免吴老师开学第一课中出现的尴尬。

4. **案例一：**在一次历史课上，一位有着三十年教龄的老师在讲课，听课老师听得入了迷，问这位讲课的老师准备了多长时间，讲课老师说："我准备了一辈子，但这节课的准备只用了 15 分钟。"

案例二：有人认为，看看教材，翻翻教参(教学参考书)，写份教案就是备课。

案例三：苏联一位著名的芭蕾舞大师，在谈到自己的成功经验时说："当我正式登台演出时，我的劳动实际上早已完成了。"

请谈谈上述案例对你的教学的启发。

专题七 教学评价

考法透视 本专题以识记为主，考查题型覆盖较全面，主要考查教学评价的基本类型。

限时:100 分钟	用时: 分钟	错题数: 道	▶答案见 P412

一、单项选择题

1. 英语老师想了解学生的学习情况，在课堂上就刚讲过的单词进行提问。这种评价属于(　　)

A. 诊断性评价　　B. 定性评价　　C. 形成性评价　　D. 相对评价

2. 数学教师在一个单元学习结束后，安排学生做思维导图，以评价教学情况。这属于(　　)

A. 总体性评价　　B. 家校合力　　C. 个体评价　　D. 形成性评价

3. 考虑被评价对象应该达到的水平，而不考虑被评价对象在其特定整体中位置的影响，这种评价属于(　　)

A. 相对评价　　B. 个体内差异评价

C. 绝对评价　　D. 总结性评价

4. 形成性评价与总结性评价的不同点在于评价的(　　)

A. 方法不同　　B. 主体不同　　C. 目的不同　　D. 内容不同

5. 教学评价的类型中，(　　)最关注的问题是测验的准确性和可靠性，即试卷的信度和效度。

A. 形成性评价　　B. 诊断性评价

C. 终结性评价　　D. 准备性评价

6. 老师利用课堂小测验的形式对学生进行评价，这种评价的目的是(　　)

A. 改进教学　　B. 了解学生　　C. 评定成绩　　D. 分班分组

7. 学校教师职称评定中，多年来存在着重视科研成果、轻视教学的倾向，我们可以用加大教学权重的方法来克服这种倾向。这突出了教育评价的(　　)

A. 调节功能　　B. 导向功能　　C. 激励功能　　D. 诊断功能

8. 在教学评价中，评价对象既是评价的客体，又是评价的主体，他们既要被他人评价，同时又要对自己的工作进行价值判断。这体现了教学评价的(　　)

A. 客观性原则　　B. 主体性原则　　C. 科学性原则　　D. 一致性原则

9. 为了有效查漏补缺，李老师在每周一的课堂中都会自编题目对学生进行测试，以充分掌握学生的学习情况。李老师运用的是(　　)

A. 形成性评价　　B. 诊断性评价　　C. 总结性评价　　D. 配置性评价

10. 为了有针对性地改进教学，某中学数学教师在每一单元开始时，会自行编制测试卷，对学生已有的知识水平进行摸底排查。在充分掌握学生们现有知识与技能的基础上,该教师再进行相应的教学设计。从形式上来看,该教师对学生所进行的这种评价属于(　　)

A. 形成性评价　　B. 个体性评价　　C. 诊断性评价　　D. 综合性评价

11. 语文教师张某在一年级新生入学后立即组织了一次认知水平测试并根据学生的认知情况调整教学计划。该认知水平测试属于(　　)

A. 诊断性评价　　B. 形成性评价　　C. 终结性评价　　D. 发展性评价

12. 小明期末考试数学没考好,妈妈批评了他,他对妈妈说:“我比上次考得好,上次我都没及格,这一次我及格了。”小明对自己这次数学考试的评价属于(　　)

A. 绝对评价　　B. 综合评价

C. 诊断性评价　　D. 个体内差异评价

13. 以常模为参照点,把学生个体的学习成绩与之相比,根据学生在该班中的位置和名次,确定他的学习成绩的等级的教学评价是(　　)

A. 相对性评价　　B. 绝对性评价

C. 个体内差异评价　　D. 过程性评价

14. 在课堂教学评价时,如果我们关注的重点是学生对学习内容的掌握程度,学生是否达到了教学目标的要求,应尽量采用(　　)

A. 绝对性评价　　B. 相对性评价

C. 常模参照评价　　D. 个体内差异评价

15. 根据评价所运用的方法和标准的不同来划分,选拔性考试属于(　　)

A. 目标参照性评价　　B. 个体内差异评价

C. 绝对性评价　　D. 相对性评价

16. 为了便于因材施教,学校对报名参加英语课外小组的学生进行水平测试,并据此成绩进行编班。这种评价属于(　　)

A. 诊断性评价　　B. 安置性评价　　C. 总结性评价　　D. 形成性评价

17. 张老师在课堂上讲完知识点之后,利用 iPad 给每个学生发了几道练习题,学生做完后提交。张老师在教师端上看学生的答题情况,再对错误率高的题目进行讲解。张老师的这种教学评价属于(　　)

A. 诊断性评价　　B. 形成性评价　　C. 总结性评价　　D. 比较性评价

18. 教学评价的目的是对课程、教学方法以及学生培养方案做出(　　)

A. 决策　　B. 评估　　C. 判断　　D. 分析

19. 在某种评价方式中,教师不仅是评价的客体,也是评价的主体,与学生在同一个教学模块中共同参与,双方得到反馈并改变教学内容和方式,评价的结论对整个教学过程提供诊断性意见。此种评价是(　　)

A. 诊断性评价　　B. 形成性评价

C. 总结性评价　　D. 阶段性评价

20. 为了解学生总体表现和学生之间的差异，最适宜采用的评价方法是（　　）

A. 定量评价　　B. 定性评价　　C. 绝对评价　　D. 相对评价

21. 下列关于发展性评价的说法错误的是（　　）

A. 根本目的是促进教师发展　　B. 注重过程评价

C. 倡导评价主体的多元化　　D. 关注学生本人在评价中的作用

22. 教学评价产生的肯定结果会给师生带来成就感和满足感，使师生产生进一步努力的愿望；而产生的否定结果则可以对师生起到警醒作用，激发其前进的斗志。这主要体现了教学评价的（　　）

A. 导向功能　　B. 激励功能　　C. 诊断功能　　D. 管理功能

23. 评价是为了促进学生的全面发展，发展性评价的核心是（　　）

A. 关注学生的学业成绩　　B. 关注学生在群体中的位置

C. 帮助学生认识自我、建立自信　　D. 关注和促进学生的发展

24. 进行教学评价时，应当考虑评价活动占课堂整体（　　）的比例，注重教学评价的实际效果，避免烦琐的评价程序，不能为评价而评价。

A. 教学目标　　B. 教学内容　　C. 教学时间　　D. 教学重点

25. 老师想要知道学生这学期的学习成果，在学期结束后对学生进行测验，这属于（　　）

A. 总结性评价　　B. 配置性评价　　C. 形成性评价　　D. 诊断性评价

26. 表明课程目标、教学目标的实现程度，对课程的有效性和实施效果做出判断，关系到名次与荣誉，这体现的是（　　）

A. 形成性评价　　B. 终结性评价　　C. 诊断性评价　　D. 相对性评价

27. 在教学过程中，对学生个体的同一学科内的不同方面，或不同学科间的成绩与能力差异进行的横向比较和评价，以及对个体两个或多个时刻内的成就表现进行的前后纵向评价是（　　）

A. 个体内差异评价　　B. 绝对评价

C. 总结性评价　　D. 相对评价

28. 某学生考试成绩在全班来说并不高，但跟他过去的成绩相比有进步，那么，在教学评价时就应给予该生肯定和表扬。对成绩不及格的学生，也不宜一味指责，以免学生心灰意冷、放弃努力。这种评价遵循了（　　）

A. 客观性原则　　B. 指导性原则

C. 计划性原则　　D. 发展性原则

29. 教案或教学材料初步形成后，可以向有经验的教师或专家咨询，也可以选取学生样本，进行试讲，借此发现不足。这一方式属于（　　）

A. 形成性评价　　B. 即时评价　　C. 同行评价　　D. 总结性评价

30. 教学评价有利于使教学过程成为一个随时得到反馈调节的可控系统，使教学效果越来越接近预期的目标。这说明教学评价具有（　　）

A. 调控功能　　B. 诊断功能　　C. 激励功能　　D. 导向功能

31. 诊断性评价和形成性评价是不同阶段的评价，以下有关陈述正确的是(　　)

A. 诊断性评价和形成性评价都是在教学过程中实施的

B. 诊断性评价的范围比形成性评价广，包括认知、动作技能以及情感领域等

C. 形成性评价一般是相对评价

D. 诊断性评价比形成性评价进行得频繁，比如某课某单元结束后的小测验

32. 根据教学评价的严谨程度，可以将教学评价分为(　　)

A. 形成性评价和总结性评价　　B. 常模参照评价与标准参照评价

C. 配置性评价和诊断性评价　　D. 正式评价和非正式评价

33. 驾驶执照考试、体育达标测试都属于(　　)

A. 诊断性评价　　B. 安置性评价

C. 常模参照性评价　　D. 标准参照评价

34. 医生要祛除患者的疾病，对症下药，就必须对患者进行仔细检查。教学工作也一样，教师必须了解导致学生学习成功或失败的原因，查明、辨认和确定学生的不足和“病症”，帮助学生在原有的基础上获得最大的进步。上述表述体现了教学评价中的(　　)

A. 形成性评价　　B. 诊断性评价

C. 总结性评价　　D. 结果性评价

35. 以下关于形成性评价与终结性评价的比较中，不恰当的是(　　)

A. 形成性评价是在教学过程之中进行的，终结性评价则是在教学过程结束之后进行的

B. 形成性评价是为了调整教学方案，终结性评价则是检测学习结果、评定学习成绩

C. 形成性评价和终结性评价是依据评价在教学过程中的作用不同进行的分类

D. 形成性评价是在教学过程结束之后进行的，终结性评价则是在教学过程之中进行的

36. 下列有关教学评价的叙述中，阐述最恰当的是(　　)

A. 形成性评价是教学活动告一段落时用于把握最终结果而进行的评价

B. 教学评价具有诊断功能、激励功能、调控功能、教学功能

C. 定量评价是对评价做“质”的分析，对获取资料进行思维加工

D. 从课堂纪律状况分析控制水平属于与学生因素有关的指标

37. 关注学生在学习过程中是否存在偏科现象属于(　　)

A. 发展性评价　　B. 诊断性评价

C. 个体内差异评价　　D. 相对性评价

二、多项选择题

1. 下列有关教学评价的说法正确的有(　　)

A. 形成性评价的基本思想是采取频繁的反馈和根据每个学生的需要因人而异地评价

B. 教师在教学过程中就所学的知识向学生进行提问，属于诊断性评价

C. 高考属于目标参照性评价

D. 用以区别优劣、分出等级或鉴定学生合格与否的评价属于终结性评价

2. 教学评价在教学活动中有重要的作用，不仅可以记录学生学习情况，定期向家长反馈，并作为学生成绩评定的依据，还可以及时了解学生掌握知识的情况。在教学评价过程中，应当遵循的原则包括（　　）

A. 发展性原则　　B. 客观性原则　　C. 计划性原则　　D. 指导性原则

3. 关于教学评价表述正确的是（　　）

A. 教学评价本身也是一种教学活动

B. 教学评价可以了解教师的教学效果

C. 教学评价要求对学生排名次和优劣等级

D. 科学的教学评价是教学管理工作决策的基础

4. 按照评价功能的不同，可将教学评价分为（　　）

A. 相对性评价　　B. 总结性评价　　C. 诊断性评价　　D. 形成性评价

5. 新课程倡导的发展性评价的基本内涵主要有（　　）

A. 评价内容综合化　　B. 评价方式多样化

C. 评价主体多元化　　D. 形成性评价和终结性评价结合起来

6. 形成性评价的主要功能有（　　）

A. 辨别造成学生学习困难的原因　　B. 为学生的学习定步

C. 改进学生的学习　　D. 给教师提供反馈

7. 评教是对教师教学质量的分析和评价。它可以使教师更清楚地了解教学中的长处与不足，增进教师间的了解；可以使学校领导深入第一线，探究教学的经验与问题，以提高教师的水平。常用的评教方法有（　　）

A. 分析法　　B. 比较法　　C. 记分法　　D. 自评法

8. 总结性评价的主要功能有（　　）

A. 评定学生的学习成绩　　B. 预言学生在后继教学活动中成功的可能性

C. 强化学生的学习　　D. 为制定新的教学目标提供依据

9. 教学评价是教学中的重要环节和不可缺少的部分，以下对教学评价理解正确的是（　　）

A. 教学评价贯穿于整个教学过程

B. 教师可以依据教学评价结果调节课堂教学安排

C. 教学评价是在学期结束时对教师的教学效果进行的考核

D. 教师可以依据教学评价结果反思自己的教学过程，进一步完善和提高教学能力

三、判断题

1. 形成性评价注重考查学生掌握某门学科的整体程度。（　　）

2. 形成性评价可以在课程与教学开始前进行，但是不能在课程与教学过程中进行。（　　）

3. 绝对性评价又称目标参照性评价。（　　）

4. 如果将期末考试结果的解释视为总结性评价，那么对于在教学过程中实施测验的解释就是考查性评价。（　　）

5. 教学评价是一个系统的过程，我们只需在教学完结的时候进行评价。（　　）

6. 教学评价就是对教师教学效果的评价。（　　）

7. 教学评价本质上不是一种价值判断，而是一种事实判断。（　　）

四、论述题

1. 学生评价工作是现代教育事业发展过程中的重要组成部分，结合新时期教育改革工作开展过程中的实际情况，合理制定和落实有助于学生最优化成长发展的教育评价工作方案，是支持和保障我国现代化教育事业实现优质发展目标的重要途径。传统的评价体系由于过分强调甄别与选拔的功能，评价内容过于注重学生成绩，忽视综合素质和全面发展的评价，严重束缚了学生发展。新课程改革对评价体系提出了一系列的要求，要求创新学生评价方式。在这一过程中，如何更新传统评价理念，改革传统评价的体系，推动实施发展性评价，做好促进学生综合素质提高的评价工作就尤为重要。

试述在学生评价工作中实施发展性评价的意义。你认为在教育工作实践中，应如何运用好发展性评价，促进学生全面发展？

2. 观察漫画，简要叙述漫画的内容，并根据你对漫画的理解，结合教学实际，说出中小学考试评价的基本功能。

五、案例分析题

1. 小丽是一个内向敏感的学生，二年级时张老师成为了她的班主任。张老师经常指责她的缺点，并当着全班同学的面批评她，小丽的成绩也一直不好。到了三年级，班主任换成了王老师，王老师上课时总是对她进行提问，下课时找她谈心；经常和她的家长联系，对于她的情况及时与家长沟通；在同学面前，对她给予适当地表扬。一段时间后，她在学习成绩、性格等方面都有了很大的改善。

上述两位老师采用了不同的评价方式，试分析王老师的评价方式有哪些特点。

2. 阳阳现为六年级学生，原来是所谓的后进生，上课不专心，常捣乱，作业也经常不完成，下课后与同学之间摩擦很多，老师见了个个头痛，同学对他敬而远之。他上五年级时，我是他老师，就想：应多给他鼓励，让他建立自信。所以在一年多的时间里，我常常对他进行表扬，尤其是在他有进步时（哪怕这点进步在别人看来是微不足道的）。一段时间下来，效果果然明显，他对自己的行为已能有所控制，自信心也大大增强。正当我为自己的成功教育感到欣喜之时，接连发生的两件事情却让我陷入深思：一是有同学向我报告，阳阳又犯错误了，和很多劝他的同学吵上了，还说："丘老师经常表扬我的，所以这次他也不会怎么说我，我才不怕你们呢！"二是在一堂课上阳阳屡次破坏课堂纪律，经多次"激励式"的引导无效后，我进行了批评，谁知他竟离开教室扬长而去……

结合案例，运用教育评价理论，分析教师的评价存在哪些问题，应该如何解决。

专题八 教学模式

考法透视 本专题以识记为主，多以选择题、判断题等客观题形式考查，主要考查国内外主要教学模式的概念、代表人物以及基本程序。

限时：40 分钟	用时： 分钟	错题数： 道	▶答案见 P418

一、单项选择题

1. 抛锚式教学不同于通常课堂上以"知识传递"为目的的教学，其目的不是提高学生的分数，而是帮助学生提高达到目的的能力。下列关于其基本环节排列正确的是（　　）

A. 创设情境—搭建支架—自主学习—协作学习—效果评价

B. 确定问题—创设情境—协作学习—自主学习—效果评价

C. 创设情境—进入情境—协作学习—自主学习—效果评价

D. 创设情境—确定问题—自主学习—协作学习—效果评价

2. "具身认知"的研究发现，人在不同情境下具有不同的认知模式。由此推论，品德培养的教学最适宜采用的模式是（　　）

A. 接受学习　　　　B. 情境—陶冶学习

C. 问题中心学习　　D. 探究学习

3. 在动作技能的教学(比如广播体操的教学,武术动作的教学)中,比较合适的教学模式是(　　)

A. 传递—接受式　　B. 问题—探究式

C. 示范—模仿式　　D. 情感—陶冶式

4. 建立在有感染力的真实事件或真实问题基础上的教学称为(　　)

A. 支架式教学　　B. 情境性教学

C. 探究学习　　D. 合作学习

5. (　　)适用于原理、规律性知识的教学。

A. 发现教学模式　　B. 掌握学习教学模式

C. 范例教学模式　　D. 最优化教学模式

6. 在选择教学模式时,教师需要考虑的核心要素是(　　)

A. 所任教学科要求　　B. 自身个性特点

C. 教学目标的达成　　D. 学生群体的差异

7. (　　)提出了范例教学模式。

A. 布鲁纳　　B. 赞科夫

C. 瓦·根舍因　　D. 怀特海

8. 在教学工作中,按照"定向—示范—参与性练习—自主练习—迁移"的程序进行教学的教学模式是(　　)

A. 讲解—接受式　　B. 示范—模仿式

C. 探究—发现式　　D. 自学—指导式

9. "情境—陶冶"教学模式的理论基础是(　　)

A. 最优教学法　　B. 掌握学习法

C. 暗示教学理论　　D. 发现教学理论

10. (　　)教学模式非常注重教师的权威性。

A. 自学—辅导　　B. 抛锚式　　C. 范例　　D. 传递—接受

11. 以解决问题为中心,注重学生独立活动,着眼于创造性思维能力和意志力培养的教学模式是(　　)

A. 概念获得式　　B. 情境教学模式

C. 引导—发现式　　D. 尝试教学模式

12. 若教学的主要目标在于情感态度和价值观的激发与养成,则在以下的教学模式中,应优选(　　)

A. 抛锚式教学　　B. 范例式教学

C. 情境—陶冶式教学　　D. 目标—导控式教学

13. 教师在教学过程中,以问题的方式启发学生进行学习的是(　　)

A. 传递—接受式　　B. 情境—陶冶式

C. 自学—辅导式　　D. 引导—发现式

14. 结构为诱导学习动机—领会新教材—巩固知识—检查的教学模式是( )

A. 师生系统地传授和学习书本知识的模式

B. 教师辅导学生从活动中自己学习的模式

C. 结构化教材和发现学习模式

D. 范例教学模式

15. 选取蕴含本质因素的典型个案,通过对其研究,使学生从个别到一般、从具体到抽象,掌握带有普遍性的规律、原理的教学模式是( )

A. 范例教学模式 B. 非指导性教学模式

C. 程序教学模式 D. 目标教学模式

16. 探究式教学的基本程序是( )

A. 发现问题—提出问题—解决问题

B. 问题—假设—推理—验证—总结提高

C. 创设情境—提出假设—推理验证—总结提高

D. 确定问题—创设情境—自主学习—协作学习—效果评价

17. 我国的"六课型单元"教学和"六步教学法"都是( )

A. 传递—接受教学模式 B. 引导—发现教学模式

C. 自学—指导教学模式 D. 集体教学模式

18. 在课堂教学中,为让学生理解杠杆原理,刘老师指导学生将质量相同的两个砝码放在跷跷板模型的两端,并将砝码分别移动到不同的位置,然后换不同质量的两个砝码再次进行操作、观察、记录,最后让学生根据观察到的现象进行讨论、总结。刘老师运用的教学模式是( )

A. 随机通达教学 B. 互惠式教学 C. 范例教学 D. 认知学徒制

二、多项选择题

1. 贯穿暗示教学模式的基本原则包括( )

A. 无意识性原则 B. 暗示手段相互作用的原则

C. 愉快而不紧张的原则 D. 有意识和无意识相统一的原则

2. 范例教学模式的基本特征有( )

A. 基础性 B. 基本性 C. 范例性 D. 启发性

3. 教学模式作为在一定教学思想或教学理论指导下建立起来的较为稳定的教学活动结构框架和活动程序,有着自己特殊的结构。下列关于其结构的表述正确的是( )

A. 指导思想是每个教学模式建立的理论基础

B. 教学模式的内容通常是指超越学科课程标准规定的教学内容

C. 任何教学模式都有一定的目标,它使主题更加具体化

D. 每一种教学模式都有适合自己特点的评价标准和方法

4. 教学模式的具体形式虽然多种多样,但从根本特征上,关于教学模式的研究大致可以概括为

哪几类（　　）

A. 师生系统地传授和学习书本知识的模式

B. 教师辅导学生从活动中自己学习的模式

C. 折衷于两者之间的教学模式

D. 行为修正的教学模式

三、判断题

1. "教学模式可以帮助教师预测教学效果"体现了教学模式的解释功能。（　　）

2. 自学—指导教学模式主要用于具备一定阅读能力的学生。（　　）

3. 教学模式即教学方法。（　　）

四、案例分析题

2020年2月，由于疫情肆虐，一场史无前例的大规模在线教育实验在中国大地启动。2月17日，我国正式开通了国家中小学网络云平台和中国教育电视台空中课堂，截至5月11日，国家中小学网络云平台浏览次数达20.73亿，访问人次达17.11亿。尽管只有两三个月的体验，但是我国教育信息化建设得到了一次大"练兵"。

在疫情防控常态化背景下，在线教学将从原先的外挂或应急角色，发展成为与线下教学并行的教学方式，这对未来教师的教育技术能力提出了更高要求。随着教育信息化建设不断推进，技术、平台、资源问题都有解决的可能。但是，如何看待新技术与教育的关系，如何有效利用新技术改造传统教育，应对未来发生的变化，这将是我们面临的关键问题。

资料来源：李萍、唐琪. 疫情期间在线教学得失几何[N]. 中国教育报，2020-5-26.（有改动）

（1）在"互联网+"背景下，我国中学出现了哪些新的教学模式？

（2）随着新技术的发展，中学教学会有哪些发展趋势？

（3）中学教师应如何组织现代教育技术支持下的个性化教学？

第七章　德　育

专题一　德育概述

【考法透视】本专题以识记为主，多以选择题、判断题等客观题形式考查，主要考查德育的概念、功能，德育目标以及我国学校的德育内容。

限时:50 分钟	用时:　　分钟	错题数:　　道	▶答案见 P421

一、单项选择题

1. 引导学生逐步理解和领会世界、社会与人生的丰富性与复杂性，教导学生学会思考，逐步形成科学的世界观、正确的人生观和价值观。这是德育内容中的(　　)

A. 道德教育　B. 思想教育　C. 法制教育　D. 心理健康教育

2. 在德育历史发展过程中，其原理、原则和内容、方法等存在一定的共同性。因此，德育具有(　　)

A. 社会性　B. 历史性　C. 民族性　D. 继承性

3. 德育的性质是由(　　)决定的。

A. 社会的经济基础　B. 生产力　C. 政府　D. 科技发展水平

4. “教学如果没有进行道德教育，只是一种没有目的的手段。”这句话体现了德育的(　　)

A. 社会性功能　B. 个体性功能
C. 教育性功能　D. 文化功能

5. 狭义的德育是指(　　)

A. 社会德育　B. 社区德育　C. 学校德育　D. 家庭德育

6. “齐风俗，一民心”反映了德育的(　　)

A. 社会性功能　B. 个体生存功能
C. 个体享用功能　D. 教育性功能

7. 德育工作的出发点是(　　)，它决定了德育方法。

A. 德育内容　B. 德育方法　C. 德育目标　D. 德育形式

8. 小学和中学的德育目标应有所区别，这说明确定德育目标必须依据(　　)

A. 社会的发展需要　B. 受教育者的发展规律
C. 道德传统　D. 国家的教育方针

9. 德育目标确定了培养人的总体规格和要求，但必须落实到(　　)上。

A. 德育内容　B. 德育规律　C. 德育原则　D. 德育方法

10. 下列属于爱国主义教育活动的是(　　)

A. 参观百色起义纪念馆　　B. 开展“主动承担家务”活动

C. 开展“礼让斑马线”教育活动　　D. 开展“反邪教渗透”教育活动

11. 学校德育对政治、经济、文化发生影响的功能即指(　　)

A. 发展性功能　　B. 个体性功能

C. 教育性功能　　D. 社会性功能

12. “尊重、关心他人,爱护、帮助他人;热爱班级和学校集体,爱护集体荣誉;积极参加劳动,初步养成劳动习惯和生活自理能力”是初中阶段德育目标哪方面的基本要求(　　)

A. 思想政治方面　　B. 道德行为方面

C. 个性心理素质方面　　D. 个人能力方面

13. (　　)是德育活动预先设定的结果和德育活动追求的终极目标,是德育活动所要生成或培养的品德规格与标准。

A. 德育课程　　B. 德育内容　　C. 德育主体　　D. 德育目的

14. 孔子说:“力行近乎仁。”其体现的德育思想是(　　)

A. 实践是品德学习的重要途径　　B. 品德是先天的

C. 品德与实践无关　　D. 品德是后天形成的

15. 学校德育就是教师有目的地培养学生(　　)

A. 品德的活动　　B. 审美的活动　　C. 知识的活动　　D. 能力的活动

16. (　　)决定德育内容的深度和广度。

A. 德育目标　　B. 受教育者的身心发展特征

C. 德育的组织形式　　D. 德育所面临的时代特征和学生思想实际

17. 教育学上的德育范围广,它包括培养学生一定的思想品质、政治品质和(　　)

A. 集体主义品质　　B. 爱国主义品质

C. 共产主义品质　　D. 道德品质

18. 德育随社会发展变化而变化,这体现了德育的(　　)

A. 阶级性　　B. 社会性　　C. 继承性　　D. 历史性

19. 根据学生的身心发展特点,小学、初中、高中阶段的德育工作有相应的侧重点,其中,小学阶段的德育重点主要是(　　)

A. 基本道德知识的理解与掌握　　B. 日常行为习惯的养成与实践

C. 道德理想信念的培养与指导　　D. 人生观、价值观的选择与确立

20. 学校德育的实质是(　　)

A. 将学生的道德认识转化为道德行为

B. 培养学生的道德情感

C. 将一定社会的思想道德转化为受教育者个人的思想品德

D. 提高学生对宏观世界的认识

21. 某老师通过咨询和教育使一个极端胆怯的学生重新树立自信，这种教育属于德育内容中的（　　）

A. 道德教育　　B. 思想教育　　C. 心理健康教育　　D. 政治教育

22. 古希腊的苏格拉底认为"美德即知识"，这种德育学说是（　　）

A. 人本派德育学说　　B. 行为派德育学说

C. 情感派德育学说　　D. 认知派德育学说

23. 周老师教导学生："我们要文明礼貌、遵纪守法，在法律允许的范围内行事，一切违背法律的行为都将受到惩罚。"周老师的教育内容属于学校德育中的（　　）

A. 政治教育　　B. 思想教育　　C. 法制教育　　D. 道德教育

二、多项选择题

1. 德育应"服从最强烈的人性冲动"，这句话对我们的启示有（　　）

A. 德育不能背离受教育者的道德认知规律

B. 德育应重视道德行为习惯的训练

C. 舍弃情感，仅靠推理而来的道德是毫无意义的

D. 德育应寓于情感教育之中

2. 一般而言，德育目标确定的依据包括（　　）

A. 民族文化及道德传统

B. 时代与社会发展的需要

C. 国家的教育方针和教育目的

D. 受教育者思想品德形成、发展的规律及心理特征

3. 某小学在第一学期开展了"追逐梦想"演讲比赛、"地震逃生"演练、"祭奠英雄"的活动，这些活动涉及的德育内容有（　　）

A. 安全教育　　B. 劳动教育　　C. 理想信念教育　　D. 爱国主义教育

4. 德育目标必须建立在客观、科学的基础上。制定德育目标的原则有（　　）

A. 方向性原则　　B. 全面性原则

C. 基础性原则　　D. 发展性原则

5. 我国中小学德育的重点具体说来应包括或强调（　　）

A. 基本道德和行为规范的教育　　B. 公民道德与政治品质的教育

C. 世界观、人生观和理想的基础教育　　D. 提高人的智慧水平的教育

6. 德育的功能包括（　　）

A. 社会性功能　　B. 示范性功能

C. 教育性功能　　D. 个体性功能

7. 下列教学活动中，属于学校进行德育的有（　　）

A. 学习外国文化，拓宽学生视野

B. 教育学生树立正确的劳动观，提倡节俭

C. 教师播放爱国影片，培养学生的爱国主义情怀

D. 引导学生树立科学的世界观和人生观

8. 根据《中小学德育工作指南》，下列属于初中阶段德育目标的是(　　)

A. 热爱中国共产党、热爱祖国、热爱人民

B. 认同中华文化，继承革命传统，弘扬民族精神

C. 养成热爱劳动、自主自立、意志坚强的生活态度

D. 初步形成正确的世界观、人生观和价值观

9. 选择德育内容的依据有(　　)

A. 德育目标　　B. 学生思想实际

C. 学生身心发展特征　　D. 文化传统

10. 德育的意义体现在(　　)

A. 德育是社会主义现代化建设的重要条件和保证

B. 德育是青少年、儿童健康成长的条件和保证

C. 德育是实现我国教育目的的基础和保障

D. 德育具有教育性功能

11. 新时期学校德育的“三生教育”是指(　　)

A. 生存教育　　B. 生理教育　　C. 生命教育　　D. 生活教育

12. 关于学校德育，不恰当的是(　　)

A. 就是思想品德教育　　B. 主渠道是课堂教学

C. 德育内容及重点在各学段是相同的　　D. 网络文化对德育工作的影响都是负面的

三、判断题

1. 我国学校德育的范畴包括心理健康教育。(　　)

2. 法制教育和纪律教育是学校德育基本内容的较低层次，对于中学生来说主要是遵纪守法意识的培养。(　　)

3. 德育是青少年健康成长的条件和保证。(　　)

4. 发展性功能是德育个体性功能的最高境界。(　　)

5. 德育目标是指德育活动所要达到的预期目的或结果的质量标准。(　　)

6. 德育就是政治教育。(　　)

7. 学校教育在学生身心发展中起主导作用，因此，学生在学校中受到良好的德育，就能形成良好的品德。(　　)

8. 德育是促进个体道德自主建构的价值引导活动。(　　)

9. 德育目标制约着德育工作的基本过程。(　　)

10. 对基本道德和行为规范的教育是德育的最高目标，也是德育工作的基础性工作。(　　)

11. 道德教育的本质是指对个体社会人格的塑造或对个体道德人格发展方面所起的推动。(　　)

四、填空题

1. 德育的基础是要教学生________。

2. 德育是各个社会共有的社会、教育现象，与人类社会共始终。这说明德育具有________。

3. 心理健康教育主要有三方面的内容，即学习辅导、________和择业指导。

五、案例分析题

礼行天下，德留心中。

璧山是重庆西部的一座美丽小城，这里有巴渝地区保存很完好的孔庙，孔子“不学礼，无以立”的教诲浸润着这座小城。

璧山区秉承“绿色教育，儒雅璧山”的办学理念，以立德树人为导向，以社会主义核心价值观为主干，以礼仪课程为基础，以实际问题为起点，在农村中小学开展礼仪教育的实践探索，形成了区域德育新常态。

一是课程内容本土化。课程科学规划教育内容，贴近学生生活实际，构建了区域“共性礼仪课程”和学校“特需礼仪课程”。二是实施策略一体化。根据学生年龄特点开展项目实践，在小学、初中、高中不同学段系统推进实施。三是运行模式常态化。关注学生成长变化，加强督导评价，学校、家庭、社会多方协同，形成合力。有效提升了学生综合素质，促进了教师专业发展和学校管理变革，实现了三大转变：满意度从“常投诉”到“零投诉”的转变，关注度从“礼仪领头雁”到“教育先锋队”的转变，参与度从“被动旁观”到“主动深耕”的转变。获评国家教育主管部门“中小学德育工作优秀案例”“《中小学德育工作指南》典型经验”“首批‘一校一案’落实《中小学德育工作指南》典型案例”，重庆市首批2个“德育品牌”以及重庆市2个“德育特色基地”等多项荣誉。

(1)结合材料谈谈德育与中华优秀传统文化的关系。

(2)德育的目的是什么？

(3)我国小学德育的基本内容包括哪些方面？

专题二　德育过程

考法透视　本专题以理解为主，考查题型多样，主要考查德育过程的构成要素、基本矛盾、基本规律。

限时：55分钟	用时：　分钟	错题数：　道	▶答案见P424

▶答案见P424

一、单项选择题

1. 某学校通过组织学生交流分享与父母之间的故事、去儿童福利院献爱心、在新四军纪念馆当讲解员等系列主题活动来培养学生的品德。这体现了该学校充分认识到德育(　　)

A. 培养和发展了学生　　B. 能够促进学生思想转变

C. 是长期的、反复的、逐步提高的过程　　D. 是在活动和交往中接受多方面影响的过程

2. 德育过程的基本矛盾是(　　)

A. 教育者与受教育者的矛盾

B. 教育者与德育内容和方法的矛盾

C. 受教育者与德育内容和方法的矛盾

D. 社会向学生提出的道德要求与学生已有的品德水平之间的矛盾

3. 在德育的以下四条规律中，特别强调教师对学生的塑造以及学生主观能动性的是(　　)

A. 德育过程是培养和提高学生知、情、意、行的过程

B. 德育过程是一个长期、反复、逐步提高的过程

C. 德育过程是组织学生活动和交往，统一多方面教育影响的过程

D. 德育过程是促进学生思想内部矛盾斗争的过程，是教育与自我教育相结合的过程

4. 小亮经常逃课，老师在了解情况后对他进行悉心教育。一开始他有所改变，但不久后又恢复原样；老师又多次跟他谈心、交流想法。久而久之，小亮就不再逃课了。这主要体现了德育过程是(　　)

A. 对学生知、情、意、行进行培养的过程

B. 促进学生思想内部矛盾斗争的过程

C. 长期的、反复的、不断前进的过程

D. 在活动和交往中接受多方面影响的过程

5. 在知、情、意、行四个德育环节中，以(　　)为基础。

A. 知　　B. 情　　C. 意　　D. 行

6. 德育过程从本质上说是(　　)的统一过程。

A. 个体与环境　　B. 个体与社会

C. 个体与教育　　D. 个体社会化与社会规范个体化

7. 在德育过程中起主导作用的因素是(　　)

A. 教育者　　B. 受教育者　　C. 德育内容　　D. 德育方法

8. 知行统一的德育原则是遵循(　　)而提出来的。

A. 德育过程是对学生知、情、意、行的培养与提高的过程

B. 德育过程是促进学生思想内部矛盾斗争的过程

C. 德育过程是组织学生的活动与交往,统一多方面教育影响的过程

D. 德育过程是长期的、反复的、逐步提高的过程

9. “晓之以理,动之以情,持之以恒,导之以行”所体现的是(　　)

A. 智育过程规律　　B. 体育过程规律

C. 德育过程规律　　D. 美育过程规律

10. 学生自身发展有很大的不稳定性和可塑性,无论是从新的思想品德的形成和发展,还是不良品德的改变来说,都不是一蹴而就的。这表明德育过程是(　　)

A. 对学生知、情、意、行的培养与提高过程

B. 组织学生的活动和交往,统一多方面教育影响的过程

C. 促进学生思想内部矛盾斗争的发展过程

D. 长期的、反复的、逐步提高的过程

11. 德育过程的基础是(　　)

A. 掌握知识　　B. 激发情感　　C. 道德内化　　D. 活动和交往

12. 德育过程是培养学生的知、情、意、行统一发展的过程,人们对客观事物的是非、善恶进行判断时产生的内心体验属于(　　)

A. 知　　B. 情　　C. 意　　D. 行

13. 德育过程是一个系统工程,它由三大系统构成。这三大系统是(　　)

A. 受教育者的品德系统、德育目标和德育环境系统

B. 受教育者的品德系统、德育原则和德育环境系统

C. 受教育者的品德系统、德育内容和德育环境系统

D. 受教育者的品德系统、德育途径和德育环境系统

14. 德育过程的真正开端和起点是(　　)

A. 提高品德认识　　B. 激发品德发展动机

C. 陶冶品德情感　　D. 培养品德行为习惯

15. 德育过程是培养学生知、情、意、行的过程。贯彻该德育规律的要求不包括(　　)

A. 注重全面性　　B. 注重多开端性

C. 注重均衡性　　D. 注重针对性

16. 促进学生思想内部矛盾向积极方面转化,教育者要注意提高受教育者的(　　)

A. 自我领悟能力　　B. 思考能力　　C. 思维能力　　D. 自我教育能力

二、多项选择题

1. 要求教育者必须长期、一贯、耐心、细致地教育学生,正确认识和对待学生的思想行为的反复,善于反复抓、抓反复,引导学生在反复中逐步前进。这是德育过程的哪些特点的要求(　　)

A. 长期性　　B. 反复性　　C. 双向性　　D. 渐进性

2. 德育过程的构成要素包括(　　)

A. 教育者　　B. 受教育者　　C. 德育内容　　D. 德育方法

3. 关于德育过程,以下表述不准确的是(　　)

A. 德育过程开始于道德认知　　B. 德育过程开始于道德情感

C. 德育过程开始于道德意志　　D. 德育过程具有多种开端

4. 德育过程的基本规律有(　　)

A. 德育过程是具有多种开端的,对学生知、情、意、行的培养提高过程

B. 德育过程是组织学生的活动和交往,对学生多方面施加教育影响的过程

C. 德育过程是促使学生思想内部矛盾运动的过程

D. 德育过程是一个长期的、反复的、不断前进的过程

三、判断题

1. 德育过程是对品德的形成与发展过程的调节与控制。(　　)

2. 知、情、意、行是品德的四个心理因素。其中“意”是学生思想品德形成与否的关键,也是衡量一个人思想品德水平高低的主要标志。(　　)

3. 受教育者在德育过程中既是德育的客体,又是德育的主体。(　　)

4. 德育内容是沟通教育者和受教育者的中介或手段。(　　)

5. 学生思想品德的形成具有长期性和反复性,所以,对学生的品德教育不能操之过急。(　　)

6. 德育过程包含教学过程,它与教学过程是整体与部分的关系。(　　)

7. 德育的对象包括受教育者个体和群体。(　　)

四、辨析题

1. 德育过程就是学生思想品德形成过程。

2. 德育过程中的活动和交往不同于一般的社交活动。

五、简答题

为什么说德育过程是一个长期的、反复的、逐步提高的过程?

六、案例分析题

小王是班上出了名的“调皮鬼”,上课不专心,课后追逐打闹,乱花钱,无节制,甚至回家的钱都向老师借,老师找他谈话后他答应改过,但并无实际行动。

假如你是小王的老师,你将如何运用德育规律的有关知识来解决这一现实问题?

专题三 德育原则

考法透视 本专题以理解为主,考查题型多样,难度较大,主要考查各德育原则的含义、贯彻要求及运用。

限时:120 分钟	用时: 分钟	错题数: 道	▶答案见 P427

一、单项选择题

1. 朱熹认为知与行不可偏废,“论先后,知为先;论轻重,行为重”。这体现的德育原则是( )

A. 知行统一原则　　B. 疏导原则

C. 长善救失原则　　D. 尊重信任与严格要求相结合的原则

2. 毛泽东同志说:“思想政治工作,各个部门都要负责任。共产党应该管,青年团应该管,政府主管部门应该管,学校校长教师更应该管。”这句话体现的德育原则是( )

A. 正面教育与纪律约束相结合原则　　B. 严格要求与尊重信任相结合原则

C. 教育影响的一致性和连贯性原则　　D. 发扬积极因素、克服消极因素原则

3. 某学校开展了好习惯训练营,培养学生对班级、学校和社会负责的好行为,如检查班级、学校卫生死角,照顾生病的同学等。这体现出的德育原则是( )

A. 导向性原则　　B. 教育影响的一致性原则

C. 知行统一原则　　D. 疏导原则

4. 高一某班学生小李沉迷网络游戏，上课常常跑神，班主任从多方面了解小李的情况，发现他对电脑的使用有强烈的兴趣，就把他推荐到学校机器人创客社团。小李通过对编程的学习，带领团队获得了省级奖项。班主任遵循的德育原则是(　　)

A. 疏导原则　　B. 因材施教原则

C. 知行统一原则　　D. 正面教育与纪律约束相结合原则

5. “严慈相济”体现的德育原则是(　　)

A. 教育影响的一致性和连续性原则

B. 严格要求学生与尊重学生相结合原则

C. 集体教育与个别教育相结合原则

D. 发扬积极因素与克服消极因素相结合原则

6. “夫子循循然善诱人，博我以文，约我以礼，欲罢不能。”这句话体现了德育的(　　)

A. 导向性原则　　B. 疏导原则

C. 尊重学生与严格要求学生相结合原则　　D. 教育影响的一致性与连贯性原则

7. 中小学生研学旅行是由教育部门和学校有计划地组织安排，通过集体旅行、集中食宿方式开展的研究性学习和旅行体验相结合的校外教育活动，是学校教育和校外教育衔接的创新形式，是教育教学的重要内容，是综合实践育人的有效途径。中小学生研学旅行贯彻的德育原则是(　　)

A. 正面教育　　B. 知行统一　　C. 整体系统　　D. 尊重平等

8. 语文课上，小希总是喜欢和周围的同学交头接耳，他还喜欢不停地做小动作，李老师多次提醒、制止他，但无济于事。时间长了，李老师开始责骂、讥讽、奚落他，有时也罚他站着听课，导致小希越来越不喜欢上语文课，甚至出现厌学情绪。小希家长找李老师询问原因，李老师说：“我教育学生有什么错?”你认为李老师违反的德育原则是(　　)

A. 严格要求学生与尊重信任学生相结合原则

B. 理想与现实相结合原则

C. 知行统一原则

D. 因材施教原则

9. 苏联教育家马卡连柯所倡导的“平行教育”的德育原则是指(　　)

A. 长善救失原则

B. 严格要求与尊重信任学生相结合原则

C. 教育影响的一致性与连贯性原则

D. 集体教育与个别教育相结合原则

10. 在德育工作中，教师要善于依靠、发扬学生自身的积极因素，调动学生自我教育的积极性，克服消极因素，实现品德发展内部矛盾的转化。这说明德育工作要遵循(　　)

A. 疏导原则　　B. 尊重学生与严格要求学生相结合的原则

C. 教育影响的一致性和连贯性原则　　D. 长善救失原则

11. 某班主任在对学生进行德育的过程中，不仅积极协调各科老师对学生的影响，而且主动联系学生家长，与家长一起分析学生表现，同时对各种社会影响进行引导和调节，利用社会中的积极因素，抵制各种消极因素，使得班内学生在校内校外都能受到良好环境的影响和熏陶。这位班主任的做法很好地贯彻了德育原则中的(　　)

A. 知行统一原则　　B. 尊重信任学生的原则

C. 因材施教原则　　D. 教育影响的一致性与连贯性原则

12. 苏联教育家马卡连柯说："要尽量多地要求一个人，也要尽可能地尊重一个人。"这句话体现的德育原则是(　　)

A. 理论与实际相结合的原则

B. 正面教育与纪律约束相结合的原则

C. 集体教育与个别教育相结合的原则

D. 严格要求与尊重信任相结合的原则

13. 初三(5)班的吴齐因不满班级中某些人的做法，公然在黑板上写一些对于班主任管理不利的挑衅言论。但班主任秦老师看了之后并没有发脾气，发现他的粉笔字写得很好，反而让他负责班上的板报工作。吴齐发挥了自己的天赋，后来还成为了书法协会的一员。秦老师遵循的主要德育原则是(　　)

A. 长善救失原则　　B. 因材施教原则

C. 疏导原则　　D. 一致性和连贯性原则

14. 教师在德育工作中抓"闪光点"以培养学生品德的做法，体现了德育的(　　)原则。

A. 疏导　　B. 知行统一

C. 依靠积极因素，克服消极因素　　D. 导向性

15. 进行德育时要有一定的理想性和方向性，以指导学生向正确的方向发展。这体现了德育的(　　)

A. 疏导原则　　B. 因材施教原则

C. 导向性原则　　D. 一致性和连贯性原则

16. 李杰同学喜欢打击乐，一次数学课上忍不住用手指敲打桌子，被老师讽刺挖苦，赶出教室。该老师的做法违反了(　　)

A. 教育影响的连贯性原则　　B. 集体教育原则

C. 正面教育原则　　D. 理论联系实际原则

17. 章明小学时品学兼优，但进入中学后，成绩明显下降，开始逃课、斗殴、沉迷网吧。冯老师知道这些情况后，从多方面了解章明发生转变的原因，并和他的家长保持密切沟通，一起为章明的健康成长做出努力。冯老师的做法主要体现的德育原则是(　　)

A. 知行统一原则　　B. 正面教育原则

C. 集体教育与个别教育相结合原则　　D. 教育影响的一致性与连贯性原则

18. 教师从提高学生的认识入手,循循善诱、以理服人,调动学生的主动性,引导学生积极向上。这一教育过程遵循的德育原则是(　　)

A. 启发性原则　　B. 疏导原则

C. 因材施教原则　　D. 导向性原则

19. 贯彻德育工作的导向性原则,应该注意(　　)

A. 用社会主义的共同理想教育受教育者

B. 对学生晓之以理,因势利导

C. 要一分为二地看待学生

D. 要通过集体教育学生个人

20. 学生在德育过程中受到学校、家庭和社会多种因素的影响,他们的思想品德的养成是长期的过程,这启示教育者在德育过程中要坚持(　　)原则。

A. 循序渐进　　B. 发扬积极因素,克服消极因素

C. 因材施教　　D. 教育影响的一致性与连贯性

21. 反映对立统一规律的德育原则是(　　)

A. 社会主义方向性原则

B. 从学生实际出发的原则

C. 依靠积极因素,克服消极因素的原则

D. 教育影响的一致性和连贯性原则

22. 孔子提出的"力行近乎仁"的观点,所反映的德育原则是(　　)

A. 导向性原则　　B. 疏导原则

C. 知行统一原则　　D. 因材施教原则

23. 某教师在给学生讲述改革开放成就的同时,还鼓励学生通过"我和爸爸比童年"活动,直观地了解改革开放以来社会的发展变化。该教师运用的德育原则是(　　)

A. 正面疏导　　B. 因材施教　　C. 长善救失　　D. 知行统一

24. 关于德育原则,下列观点错误的是(　　)

A. 严格要求学生就是对学生提出合理的要求

B. 有针对性地依据学生个性特点进行教育是贯彻长善救失原则的具体要求

C. 对学生进行正面教育是贯彻疏导性原则的具体要求

D. 给后进生委托相应任务、实施直接锻炼是贯彻知行统一原则的要求

25. 王老师在给学生讲述中国科技发展进步的同时,还鼓励学生通过参观科技展的活动,直观地了解科技发展文化,王老师运用的德育原则是(　　)

A. 知行统一　　B. 因材施教　　C. 长善救失　　D. 正面疏导

26. 对学前、小学、初中和高中学生进行思想品德教育,应注重教育内容的相互衔接,体现出螺旋式的上升,这一做法体现了(　　)

A. 知行统一原则　　B. 正面教育与纪律约束相结合的原则

C. 集体教育与个别教育相结合的原则　　D. 教育影响的一致性和连贯性原则

27. 既强调说理教育，又强调建立健全学校的规章制度的德育原则是(　　)

A. 因材施教原则

B. 正面教育与纪律约束相结合的原则

C. 尊重信任学生与严格要求学生相结合的原则

D. 导向性原则

28. 陶行知任育才学校校长时，发现一个同学要拿砖头砸人，他制止后，不但没有批评这个同学，反而使用四颗糖果分别奖励他尊重老师、守时、有正义感、敢于承认错误，促进学生积极反省，不断成长。这一案例体现的德育原则是(　　)

A. 知行统一原则　　B. 因材施教原则

C. 长善救失原则　　D. 导向性原则

29. 在现阶段，德育工作要以邓小平理论、“三个代表”重要思想和科学发展观为指导，让受教育者坚定中国特色社会主义的道路自信、理论自信、制度自信。由此，要求德育遵循(　　)

A. 导向性原则　　B. 因材施教原则

C. 教育影响的一致性和连贯性原则　　D. 疏导性原则

30. 学校教育学生拾金不昧，有的家长却要求孩子将捡到的钱留为己用。这种情况违背了(　　)

A. 理论与实际相结合的原则　　B. 言行一致原则

C. 因材施教原则　　D. 教育影响的一致性与连贯性原则

31. 在思想品德教育过程中，如果只看到学生差的地方，认为无可救药，那就违背了(　　)的原则。

A. 统一要求与从实际出发相结合

B. 对学生严格要求与尊重信任相结合

C. 正面教育与纪律约束相结合

D. 发扬积极因素与克服消极因素相结合

二、多项选择题

1. 邱老师看待学生总是“泾渭分明”，认为学习成绩优异的学生自觉性强，从而放松对他们的管理，认为学习成绩落后的学生一无是处。邱老师的做法不符合德育原则中的(　　)

A. 长善救失原则　　B. 因材施教原则

C. 疏导原则　　D. 在集体中教育原则

2. 下列关于德育原则的陈述，正确的有(　　)

A. 德育原则是教师对学生进行德育必须遵循的基本要求

B. 德育原则来自德育实践

C. 德育原则是为了提高学生智育质量

D. 德育原则反映了德育过程的规律性

3. 毛老师言出必行，对自己承诺的事情严格履行，在学生中非常有威望。一次在教育爱撒谎的李明时，毛老师私下找他谈心后，又在不指名道姓的情况下在班级进行了一次主题班会教育。毛老师的做法坚持的德育原则有(　　)

A. 长善救失原则　　B. 教育影响的一致性与连贯性原则

C. 集体教育与个别教育相结合原则　　D. 知行统一原则

4. 周老师为班上一名淘气的学生写了一首打油诗："小赵同学有头脑，就是不爱用正道；上课爱做小动作，插话接话瞎胡闹；学习态度不大好，学习成绩不大妙；你若聪明应知道，有才不用是草包；劝你早期赶紧改，否则成绩更糟糕。"小赵看后，哈哈大笑，也回道："老师写得好，老师写得妙；小赵一定改，决不当草包；不做小动作，头脑用正道；若是做不好，随你老师敲！"周老师的行为体现了哪些德育原则(　　)

A. 因材施教

B. 依靠积极因素，克服消极因素

C. 尊重学生与严格要求学生相结合

D. 讨好学生

三、判断题

1. 一分为二的观点体现了因材施教的原则。　　(　　)

2. 俗话说"严师出高徒""严是爱，松是害，不管不问要变坏"。所以爱学生和严格要求学生总是矛盾的。　　(　　)

3. 坚持集体教育就不能考虑个人情况。　　(　　)

4. 家访可以防止"5 + 2 = 0"现象出现，这体现了教育影响的一致性与连贯性原则。　　(　　)

5. 只要运用正面说服的教育方法，一切学生都能教育好。　　(　　)

6. 德育应该遵循疏导原则。因此，正确的德育严禁惩罚。　　(　　)

四、填空题

1. "一把钥匙开一把锁"反映了德育的________原则。

2. "语言的巨人，行动的矮子"违背了________的德育原则。

3. 德育的疏导原则又称________。

4. ________对制定德育大纲、确定德育内容、选择德育方法、运用德育组织形式等具有指导作用。

五、简答题

1. 简述德育的基本原则。

2. 简述贯彻疏导原则的要求。

3. 在德育工作中贯彻知行统一原则的基本要求有哪些?

4. 作为教师,怎样贯彻尊重信任学生与严格要求学生相结合的德育原则?

六、案例分析题

1. 班主任王老师就一位学生的化妆问题,找她谈了一次话。

老师:"为您服务"节目看了吗? 有趣吗?

学生:有趣。

老师:那个要大家评论四张妇女化妆像好坏的节目,你觉得怎么样? 你能讲出她们的优缺点吗?

学生:这还不晓得! 第一个脸长却梳高发型;第二个年纪好大还化浓妆;第三个脸大画细眉,脸就更大了,丑死了……

老师:为什么丑死了?

学生:那些妆不符合她们的身份和特征。

老师:哦……要是她们都是中学生,应该怎么化妆?

学生:我不晓得,老师讲讲。

老师:依我看,中学生应该朴素自然、整洁大方、健康活泼。化妆切记莫乱学别人浓妆艳抹。

学生:为什么呢?

老师:因为中学生接触的主要是同学和老师,浓妆艳抹会在同学之间、师生之间造成隔阂;青少年应有自然朴素的美,过分的化妆会掩盖住你脸上的青春活力和红润的肤色,让人觉得矫揉造作,不伦不类。

学生:嗯,有道理。

老师:还有,中学生应该有蓬勃向上的气质,浓妆艳抹会让人以为你是几十岁的妇女,把少女天真活泼的自然美都糟蹋了。

学生:想不到化妆还有这么多学问!

老师:是啊,穿也是一样,要注意自己的身份、体型、肤色等特征。

学生:哎,老师,我那天化妆化得……嘻嘻。

试运用德育原则的相关理论对这次谈话加以评析。

2. 一名家长在星期一发现儿子上学时磨磨蹭蹭,于是追问是怎么回事,孩子犹豫了半天才道出实情,原来在上个星期二早上,班主任老师召开全班同学会议,用无记名的方式评选了3名坏学生,因有两名同学在最近违反了学校纪律,无可争议地成了坏学生,而经过一番评选,第三顶坏学生的帽子便落在儿子头上,这个9岁的小男孩,居然被同学列出了18条罪状。当天下午年级组长召集评选出来的坏学生开会,对这三个孩子进行批评和警告,要求他们写一份检查,将自己干的坏事都写出来,让家长签字,星期一交到年级组长手中。

该家长当着孩子的面没有表示什么,签了字便打发孩子去上学了。随后,她打通班主任的电话,询问到底是怎么回事。班主任说:"你的孩子是班上最坏的孩子,这是同学们用无记名投票的方式选出来的。"当她质疑这种方法会挫伤孩子的自尊心时,老师却回答自尊心是自己树立的,不是别人给的,并说他们不认为这么做有什么不对,其目的也是为了孩子好。

自从这个9岁的孩子被评选为坏学生后,情绪一直非常低落,总是想方设法找借口逃学。

请用相关的德育原则对该班主任的做法进行评判。

3. 某班有一伙爱玩足球的“淘气鬼”，为了玩球和看球，经常迟到、旷课、抢球、争夺场地、与其他班的同学发生冲突，搞得学校领导、年级负责人、班主任、任课老师等十分头疼。新班主任上任后，组织这些“淘气鬼”成立了一支足球队，选了队长、定了队规，每天组织他们在学校和班级管理的约束下训练。一段时间后，这些“淘气鬼”不仅球技大幅度提高，还练出了纪律、团结、意志和自我控制能力，平时表现和学习成绩都发生了很大的变化。

(1)上述案例体现了什么德育原则？请介绍这些原则的基本内容。

(2)学校德育工作应如何贯彻这些原则？

4. 五年级(2)班全体同学首次参加实践基地活动。第一天晚上，有同学向班主任徐老师报告，男生刘同学在宿舍不停地哭，同学们劝不了，也问不出原因。徐老师一番劝导后得知，刘同学在家没有自己洗过澡，同寝室的同学都洗完回来了，他还在望着满满一箱子衣物和洗涤用品不知所措，经徐老师提议，一位班干部自告奋勇答应帮助他学会一些生活自理技能。

第二天上午组织学生到地里拔草，基地辅导员发现，刘同学居然把菜苗和杂草一起拔光，原来他根本就分不清楚哪些是菜苗、哪些是杂草。于是，部分同学在一旁悄悄议论着，刘同学又羞又愧。这时徐老师向同学们提出问题：“哪位同学能准确说出菜园里所有蔬菜的名称？”同学们互相望着，嘀咕着，没有一位同学举手回答。徐老师建议基地辅导员给同学们开一堂现场讲座——《认识家乡农作物》，刘同学听得特别认真。

午休时，徐老师巡查中发现赵同学躲在被窝里玩手机，本次活动明确规定禁止学生带手机，徐老师本想立即批评制止，又担心会影响同学们休息，便放慢脚步继续往前走，转眼发现赵同学已藏好手机装睡。下午劳动结束后，徐老师将赵同学叫到一旁，严肃批评了她，要求她交出手机并承认错误。赵同学万分不舍地交出手机，低声地解释道：“徐老师，我都没有玩游戏，也没有打电话，我想着这次基地活动一定很有趣，我平时又很喜欢拍照，就忍不住把手机偷带进来，我错了。”徐老师略有所思，说：“那你‘偷拍’到照片了吗？能和我分享一下吗？”赵同学同意了。徐老师发现，虽然手机里的照片效果明显受到了拍摄角度等因素影响，但有几张特写非常有价值。当晚的班会上，徐老师肯定了赵同学的初衷，并宣布一个决定：基地活动由赵同学负责拍照。

后来，班级在学校宣传栏成功举办了全校唯一的活动成果展，大多数照片是赵同学负责拍摄的。从那以后，徐老师还感受到，赵同学纪律性更强了，学习的积极性也明显提高了。

请结合材料，分析徐老师贯彻了哪些德育原则。

5. 初二的时候，我(台湾作家三毛)数学总是考不好。有一次，我发现数学老师每次出考试题都是把课本里面的习题选几道让我们做。当我发现这个秘密时，每天就把数学题目背下来。由于我记忆力很好，那阵子我一连考了六个100分。数学老师开始怀疑我了，这个数学一向差劲的小孩功课怎么会突然好了起来呢？一天，她把我叫到办公室，丢了一张试卷给我，并且说："陈平，在十分钟内，你把这些习题演算出来。"我一看上面全是初三的考题，整个人都呆了。我做了十分钟后，对老师说不会做。下一节课开始时，她当着全班同学的面说："我们班上有一个同学最喜欢吃鸭蛋，今天老师想请她吃两个。"然后，她叫我上讲台，拿起笔蘸上墨汁，在我眼睛周围画了两个大黑圈。她边画边笑着对我说："不要怕，一点也不痛，只是凉凉的而已。"画完后，她又厉声对我说："转过身去让全班同学看一看！"当时，我还是一个不知道怎样保护自己的小女孩，就乖乖地转过身去，全班同学都哄笑起来。第二天早上，我悲伤地上学去，两只脚像灌了铅似的，走到教室门口，我昏倒在地上，失去了知觉。从此，我离开了学校，把自己封闭在家里。
请运用德育原则的相关知识对该老师的行为进行评价。如果你是三毛的老师，你会怎样帮助三毛？

专题四　德育的途径与方法

考法透视　本专题以理解为主，考查题型多样，难度较大，主要考查学校德育的基本途径，常用的德育方法的分类以及主要德育方法的含义、优缺点、运用要求。

限时:110 分钟	用时：　分钟	错题数：　道	▶答案见 P433

一、单项选择题

1. 2016 年，习近平总书记明确提出让各类课程与思想政治课同向同行，形成协同效应。这说明对学生实施德育的基本途径是(　　)

A. 各种课外活动和品德课　　B. 各种校外活动和品德课

C. 各科教学和品德课　　D. 各种少先队活动和品德课

2. 我国古代教育很重视学生立志，《学记》中强调"士先志"，对学生的考查要求第一年就是"离经辨志"，即让学生找到自己的志向。"立志"属于德育方法中的(　　)

A. 实际锻炼法　　B. 陶冶教育法　　C. 个人修养法　　D. 品德评价法

3. 为培养学生艰苦奋斗、吃苦耐劳的坚强毅力和集体主义精神，增强学生的国防观念和组织纪律性，养成良好的学风和生活作风，我国各级学校纷纷组织新生军训。从德育方法看，军训属于(　　)

A. 实际锻炼法　　B. 情感陶冶法

C. 榜样示范法　　D. 自我教育法

4. 为丰富班级学生的校园生活，班主任孔老师多次在班里举办诗词朗诵比赛、手工制作大赛等多项比赛，并在教室内张贴名人名言，设置班级读书角。这体现的德育方法是(　　)

A. 榜样教育法　　B. 实际锻炼法

C. 情感陶冶法　　D. 明理教育法

5. 教师自觉利用环境和自身教育因素，对学生进行熏陶和感染的德育方法是(　　)

A. 实际锻炼法　　B. 自我教育法　　C. 榜样示范法　　D. 陶冶教育法

6. 王老师带着全班学生参加志愿活动，让学生真正体会到帮助别人是一件快乐的事情。这运用了德育方法中的哪种方法(　　)

A. 实际锻炼法　　B. 情感陶冶法

C. 品德评价法　　D. 说服教育法

7. 新学期，王老师接了一个全校有名的“乱班”，看到班里到处都是垃圾而没人清理，王老师和班长默默地拿起扫帚把教室打扫干净，班长还告诉全班学生这周他来做值日。同学们看到后都惭愧地低下了头。从此以后，班里再也没有出现又脏又乱的情况。这个有名的“乱班”也变成了文明班。上述案例体现了(　　)教育的作用。

A. 说服　　B. 榜样　　C. 锻炼　　D. 修养

8. 在班会上，班主任与学生一起讨论“沉迷网络游戏的危害”，形成了拒绝网络游戏的认识。该老师运用的德育方法是(　　)

A. 榜样示范法　　B. 品德修养指导法

C. 陶冶教育法　　D. 说服教育法

9. 教师借助语言劝导学生，根据学生的认识水平，充分地陈述理由，使学生理解并接受某种道德观念，改变或形成某种态度。这种德育方法是(　　)

A. 示范　　B. 说服　　C. 互助　　D. 劝告

10. 孔子提倡君子要“躬自厚而薄责于人”，即与人发生矛盾，首先“求诸己”。这体现了哪种德育方法(　　)

A. 榜样示范法　　B. 言语说服法　　C. 自我修养法　　D. 品德评价法

11. “让学校的每一面墙壁都开口说话。”这充分运用的德育方法是(　　)

A. 陶冶教育法　　B. 榜样示范法

C. 实际锻炼法　　D. 品德评价法

12. 班主任按照学校规章对学生行为提出要求，督促学生养成良好的行为习惯，属于(　　)

A. 说服教育法　　B. 榜样示范法　　C. 实际锻炼法　　D. 指导教育法

13. 某班学习委员拾金不昧，该班班主任号召全班同学向他学习，该教师所采用的方法是（　　）

A. 榜样示范法　　B. 情感陶冶法　　C. 品德评价法　　D. 实际锻炼法

14. 心忧天下的领袖、感动中国的人物、新冠肺炎疫情中勇敢的逆行者、抗震救灾的英雄等，都代表了这个社会的道德良心。在德育活动中，如果我们用这些人物的事迹鼓励学生努力去做一个有道德的人，那么我们使用的德育方法是（　　）

A. 情感陶冶法　　B. 说服教育法　　C. 榜样示范法　　D. 自我教育法

15. 某校长在谈到学校的校园环境时讲道："这些长长的回廊和雄伟的石柱，这些随风摇曳的棕榈树就像化学实验室和讲堂一样在学生的教育中起着重要的作用。这个庭院的每块石头都有教育意义。"这主要体现的德育方法是（　　）

A. 实际锻炼法　　B. 陶冶教育法

C. 说服教育法　　D. 榜样示范法

16. 根据学生善于模仿、崇拜英雄的特点，我们可以使用（　　）

A. 榜样示范法　　B. 陶冶教育法

C. 说服教育法　　D. 品德评价法

17. 某班主任采用戏剧化班会形式，通过情景剧，让学生模仿不同人物，体验他人的思想感情，学会理解他人。该教师运用的德育方法是（　　）

A. 说理教育法　　B. 角色扮演法

C. 品德评价法　　D. 榜样示范法

18. 良好的教育环境会对学生产生潜移默化的熏陶，德高望重的教师会让学生在耳濡目染中受到感化，优秀的艺术作品会让学生自然而然地产生美的体验。这体现了（　　）

A. 榜样示范法　　B. 情感陶冶法

C. 自我修养法　　D. 品德评价法

19. 说服教育法的基本要求有（　　）

A. 扶志养气，锻炼意志　　B. 长善救失，发扬民主

C. 执行制度，委托任务　　D. 明确目标，把握时机

20. 学校选择学生担任校长助理，运用的德育方法是（　　）

A. 品德评价法　　B. 榜样示范法

C. 陶冶教育法　　D. 实际锻炼法

21. 在下列德育方法中，属于说服教育法的是（　　）

A. 操行评定　　B. 艺术陶冶　　C. 讨论与参观　　D. 评比与奖励

22. 老师培养学生逐步掌握自我批评的方法，具有自我批评的能力和习惯，这属于哪种德育方法（　　）

A. 品德评价　　B. 说服教育　　C. 环境陶冶　　D. 道德修养

23. 化学课上，李老师通过展示学生收集的关于燃料的资料，引导学生辩证思考燃料带给人类

的便利和危害,树立环境保护意识。李老师采用的德育途径是( )

A. 班主任工作　　B. 社会实践活动
C. 学科教学　　D. 课外与校外活动

24. 学校对学生进行德育的特殊途径是( )

A. 思想品德课　　B. 学科教学
C. 社会实践活动　　D. 班主任工作

25. 学校在抗战纪念日组织学生开展参观历史博物馆、走访抗日老战士的活动,这些活动体现的德育途径是( )

A. 思想品德课教学　　B. 课外、校外活动
C. 其他学科教学　　D. 情境陶冶

26. 学校德育的基本方法是( )

A. 说理教育法　　B. 榜样示范法　　C. 陶冶教育法　　D. 实际锻炼法

27. 说服教育法的方式有语言文字说服和( )

A. 事实说服　　B. 理论说服　　C. 直接说服　　D. 间接说服

28. 汤老师是一个经验丰富的班主任,对不同学生采取不同的德育方法。这表明汤老师选择德育方法依据了( )

A. 德育内容　　B. 学生个体差异
C. 教育目的　　D. 学生年龄特点

29. 为促进学生良好思想品德的形成,某班开展了"每周一星"的评比活动,通过评价一周内每一位学生的日常行为表现,选择表现好、进步大的学生作为当周小明星,并将照片贴在"明星墙"上以示奖励。这种德育方法属于( )

A. 说服教育法　　B. 品德评价法
C. 指导实践法　　D. 情感陶冶法

30. 杜威提出"教育即生活"的观点,在思想品德教育方法中与其精神相一致的是( )

A. 说服教育法　　B. 榜样示范法
C. 品德评价法　　D. 实际锻炼法

31. 班主任李老师发现班里学生争吵、摩擦较多,有时还会升级到打架斗殴。为教育学生互相谦让、宽容大度,李老师实施了课间播放轻音乐、班会上播放相关主题电影等德育措施对学生进行陶冶。这种陶冶方式属于( )

A. 艺术陶冶　　B. 环境陶冶　　C. 人格陶冶　　D. 思维陶冶

32. 下列德育方法选择合理的是( )

A. 政治法纪教育主要以强制灌输的方法进行
B. 采取罚款解决班级卫生问题
C. 小学生应多运用榜样进行教育,中学生教育可更多注重说理
D. 为了维护绝大多数同学的学习权利,教师可以把破坏课堂纪律的同学赶出教室

33. 学校以辩论、报告的形式教导学生，运用的德育方法是(　　)

A. 陶冶法　　B. 说服教育法

C. 榜样示范法　　D. 实际锻炼法

34. “君子博学而日参省乎己，则知明而行无过矣”“吾日三省吾身”等名言均蕴含了(　　)

A. 德育的说服教育法　　B. 德育的榜样示范法

C. 德育的实际锻炼法　　D. 德育的自我修养法

35. 在德育方法中，(　　)是陶冶教育法的典型特征。

A. 摆事实、讲道理　　B. 潜移默化

C. 组织学生进行实践活动　　D. 操行评定

36. 某小学班主任给学生布置了在“五一”劳动节期间洗衣服、学做饭的作业，培养了学生的劳动素养。这体现的德育方法是(　　)

A. 陶冶法　　B. 实际锻炼法

C. 榜样示范法　　D. 自我修养法

37. 桂阴小学一学期开展了两次全校性的德育活动，一次是“文明从我做起”评比活动，另一次是“我的中国梦”演讲。这种实施德育的渠道或形式是(　　)

A. 德育管理　　B. 德育途径　　C. 德育模式　　D. 德育价值

38. 在德育过程中，教师组织学生听音乐，欣赏绘画作品，了解人类智慧的结晶，不仅让学生感受美，还可以熏陶学生的性情。这属于陶冶法中的(　　)

A. 人格感化　　B. 环境陶冶　　C. 艺术陶冶　　D. 榜样感化

39. 老师利用成长记录袋的方法对学生进行评价，这属于(　　)

A. 品德评价法　　B. 榜样示范法　　C. 道德修养法　　D. 说服教育法

40. 如果把教师语言看作一种技能、一种习惯，想通过大量机械模仿的练习让学生掌握语言，那么他在外语课堂中很可能会采用(　　)进行教学。

A. 语法翻译法　　B. 听说法或情境法

C. 认知法　　D. 交际法

41. 利用优良的班风和校风，对学生进行潜移默化的影响，以达到培养美德、净化灵魂的目的。这种德育方法属于情感陶冶中的(　　)

A. 人格感化　　B. 环境陶冶　　C. 文化陶冶　　D. 道德感化

42. 下列选项中，采用了实践锻炼法的是(　　)

A. 组织学生欣赏音乐、绘画作品　　B. 委托学生担任课代表

C. 指导学生自觉学习、自我反省　　D. 授予学生“三好学生”的荣誉称号

43. “身教重于言教”突出的是(　　)

A. 陶冶教育法　　B. 榜样示范法

C. 实际锻炼法　　D. 品德评价法

44. 在某住宿中学，每学期学校都会举行寝室文化节，让同学们把寝室布置一新，并且常常利用

其中的教育因素对学生进行陶冶和感化。这一德育方法是(　　)

A. 自我教育法　　B. 榜样示范法

C. 实际锻炼法　　D. 陶冶教育法

45. 有的学校把少先队的活动和少先队的教育局限于优秀学生身上,忽视、排斥、歧视少数在品行、学业上暂时有缺点或错误的少年儿童。这种做法违背了少先队的(　　)特点。

A. 群众性　　B. 自主性　　C. 儿童性　　D. 教育性

46. 小学生李强知道"粒粒皆辛苦",可是吃饭时总是掉饭粒,自己也觉得不好意思。对李强教育的最好方法是(　　)

A. 说服教育法　　B. 指导实践法

C. 品德评价法　　D. 陶冶教育法

47.《放牛班的春天》中,马修老师通过组建合唱团,让调皮的学生在音乐中得到感化和净化,体现的德育方法是(　　)

A. 品德评价法　　B. 品德修养指导法

C. 情感陶冶法　　D. 实践锻炼法

48. 下列各句中,与"天将降大任于斯人也,必先苦其心志,劳其筋骨,饿其体肤,空乏其身,行拂乱其所为,所以动心忍性,曾益其所不能"所体现的德育方法相同的是(　　)

A. "桃李不言,下自成蹊"　　B. "安不忘危,盛必虑衰"

C. "随风潜入夜,润物细无声"　　D. "宝剑锋从磨砺出,梅花香自苦寒来"

49. 我国古代教育家颜之推指出:"与善人居,如入芝兰之室,久而自芳也;与恶人居,如入鲍鱼之肆,久而自臭也。"从德育方法来讲,这里强调的是一种(　　)

A. 说服教育法　　B. 陶冶教育法

C. 榜样示范法　　D. 实际锻炼法

50. 陈老师为班上每一位学生都建立了"美德袋",将他们的点滴善行都记载入册,通过收集这些资料信息,陈老师依据德育大纲和德育目标对学生的思想品德诸要素做出事实分析和价值判断,形成和发展学生的优良品德。陈老师运用的德育方法是(　　)

A. 说理教育法　　B. 陶冶教育法　　C. 评比竞赛法　　D. 品德评价法

51. "仁言不如仁声(音乐)之入人深也"体现的德育方法是(　　)

A. 榜样法　　B. 陶冶法　　C. 锻炼法　　D. 说服法

52. 德育方法是(　　)

A. 教师德育工作方式的总和

B. 学生自我修养方式的总和

C. 教师德育手段的总称

D. 德育过程中采用的教育者和受教育者相互作用的活动方式的总和

53. 某师范教育学院联合团市委等多个部门招募小学教育、学前教育、教育技术和应用心理学等专业大学生志愿者,组建了志愿者团队——红领巾社区德育工作站,并鼓励有条件的社

区充分发挥本社区内"五老"人员的帮带作用,共同参与社区内青少年儿童的德育工作。该师范教育学院的做法是在(　　)

A. 通过开展社区教育进行德育工作　　B. 通过社区开展心理健康教育工作

C. 通过社区建立德育课堂　　D. 借助外部力量创办德育学校

二、多项选择题

1. 说服教育法旨在通过摆事实、讲道理的方式,使受教育者明辨是非、善恶,掌握行为规范标准,提高道德水平。运用该方法进行德育时应注意(　　)

A. 内容有针对性　　B. 态度要民主

C. 讲究教育时机　　D. 评价要客观

2. 德育方法的选择需要考虑学生的心理年龄特征,对小学低年级学生比较奏效的德育方法是(　　)

A. 两难问题辨析法　　B. 分组讨论法

C. 情感陶冶法　　D. 实际锻炼法

3. 老师在运用榜样示范法进行德育的时候,要遵循的要求有(　　)

A. 选好学习的榜样　　B. 激起学生对榜样的敬慕之情

C. 狠抓落实　　D. 引导学生用榜样来调节行为

4. 实际锻炼法是组织引导学生积极参加有益的社会实践活动,使他们在实践中锻炼思想、增长才干,获得优良思想和行为习惯的方法。为了充分发挥各种实际锻炼方式的作用,教师应注意的事项包括(　　)

A. 明确锻炼的目的和要求

B. 有严密的组织工作

C. 充分尊重和发挥学生的主动性和积极性

D. 实际锻炼要反复进行,做到持之以恒

5. 少先队的特点包括(　　)

A. 革命性　　B. 教育性　　C. 群众性　　D. 自主性

6. 下列表述符合我国学校德育改革的主要趋势的有(　　)

A. 积极改进学生思想品德的教育方法和形式

B. 确立符合学生思想品德发展实际的德育目标

C. 坚持贴近实际、贴近生活、贴近学生的德育方式,改进德育内容

D. 因地制宜开展德育活动

7. 运用品德评价法的要求包括(　　)

A. 公平、正确、合情合理　　B. 奖励为主,抑中带扬

C. 发扬民主　　D. 注重宣传与教育

8. 榜样示范法中的"榜样"包括(　　)

A. 经典的理论　　B. 伟人的典范　　C. 教育者的示范　　D. 学生中的好榜样

9. 社会实践活动一般包括( )

A. 生产劳动
B. 社会政治活动
C. 教学活动
D. 勤工俭学活动

10. 国内学校德育改革的思路包括( )

A. 实现由约束性德育向发展性德育转变
B. 实现由单向灌输德育向双向互动德育转变
C. 实现由单一德育模式向多样化和个性化德育模式转变
D. 实现由封闭式德育向开放式德育转变

11. 运用实际锻炼法的要求是( )

A. 坚持严格要求
B. 调动学生主动性
C. 坚持实事求是
D. 注意检查与坚持

12. 小军是家里的独生女，父母、长辈对她都非常溺爱、百依百顺。然而学校的同学并不会像家里长辈那样迁就她，因此小军在学校里多次和同学发生冲突。班主任知道这一情况后，多次与小军进行单独谈话，并且鼓励小军多参加由学校组织的公益活动和集体活动，对于小军每次取得的进步，班主任都会给予肯定和鼓励。材料中班主任对小军进行德育时使用的方法包括( )

A. 说服教育法
B. 情感陶冶法
C. 实际锻炼法
D. 品德评价法

13. 下列措施有利于提高德育讨论法效果的是( )

A. 创建民主、热烈、和谐的讨论氛围
B. 设计好讨论主题
C. 坚持循循善诱的诱导技术
D. 科学组建讨论小组

三、判断题

1. 德育方法是提高德育实效的关键，在具体德育工作中必须根据实际情况，选择行之有效的方法才能达到事半功倍的效果。( )

2. 陶冶教育包括人格感化、环境陶冶、谈话陶冶三种。( )

3. “春风化雨”体现了德育的说服教育法。( )

4. 许老师经常在课堂上通过表扬、奖励、处分、批评等方式塑造学生品德，这是典型的榜样示范法。( )

5. “其身正，不令而行；其身不正，虽令不从”体现的德育方法是陶冶法。( )

6. 班主任带领学生去参观革命纪念馆，这种德育方法是说服教育法。( )

7. 班级晨会是德育的一种途径，主要对学生进行社会主义道德教育和时事政策教育。( )

8. 学校的课程、教学中所采用的方法以及学校中每一样工作、学校生活中发生的每一件小事，都充满了进行道德教育的可能性。( )

四、填空题

1. 德育途径又称为________。

2. “君子耻其言而过其行”“君子欲讷于言而敏于行”体现的德育方法是________。

五、简答题

1. 我国中小学常用的德育方法有哪些?

2. 简述当前我国中小学德育存在的问题。

3. 简述选择德育方法的依据。

六、论述题

请结合新时代立德树人的要求,论述学校德育的主要途径。

七、案例分析题

1. 开学不久,王老师发现陈剑同学有许多毛病。王老师心想,像陈剑这样的同学缺少的不是批评而是肯定和鼓励。一次,王老师找他谈话说:“你有缺点,但你也有不少优点,可能你自己还没有发现。这样吧,我限你在两天内找到自己的一些长处,不然我可要批评你了。”第三天,陈剑很不好意思地找到王老师,满脸通红地说:“我心肠好,力气大,毕业后想当兵。”王老师听了说:“这就是了不起的长处。心肠好,乐于助人,到哪里都需要这种人。你力气大,想当兵,保家卫国,是很光荣的事,你的理想很实在。不过当兵同样需要学习科学文化知识,需要有真才实学。”听了老师的话,陈剑高兴极了,脸上露出了微笑。

   问题:分析案例中王老师在教育过程中主要运用了哪些德育方法。

2. 高三(5)班的班主任杨老师有一次发现不少男生头发很长。身为高三毕业班的班主任,杨老师没有简单、粗暴地见错就批。过去遇到这种情况时,常常是当面指出,但效果往往不佳。现在,杨老师琢磨用什么办法劝告他们,帮助他们真正从思想上提高认识。终于,杨老师想出了一种有效的方法。

一天中午,杨老师特意去了理发店,把自己不长的头发又精心地理了一次。下午上课前,杨老师不露声色地来到班里,召集全班同学开了个五分钟的交流会。杨老师首先说:"看谁最先发现班中有哪些新变化,包括我和你们。"当小明发现并说出老师理发了,杨老师话锋一转:"现在,我很想知道老师理发之后你们的感觉怎样。这样好吗?"于是杨老师听到了一片赞扬声。最后杨老师说:"有位名家说得好:'真心诚意地赞美别人一句,就能让人多活20分钟!'因此,我感谢同学们今天对我真心诚意的夸奖!"5分钟交流会在愉快的氛围中结束了。杨老师没点任何一个留长发的男生的姓名。第二天,杨老师再去上课时,欣喜地发现那几个男生的长发变短了,有的还剪成了小平头。

杨老师既不点名批评又能纠错的这样一个高招包含了哪些德育方法?

专题五　德育模式

考法透视 本专题以识记为主,多以选择题、判断题等客观题形式考查,主要考查各德育模式的代表人物、主要观点和特点。

限时:15 分钟	用时：　分钟	错题数：　道	▶答案见 P440

一、单项选择题

1. 德育的认知模式中,设置两难问题是为了(　　)

A. 测量道德发展的外在形式　　B. 测量道德判断的发展水平

C. 测量道德发展的认同水平　　D. 测量道德发展的结构体系

2. 在品德发展过程中,个体主要通过社会榜样、观察学习等替代强化习得道德行为的模式称为(　　)

A. 认知模式　　B. 价值澄清模式

C. 社会模仿模式　　D. 体谅模式

3. 班主任提议所有学生轮流担任班长这一角色，负责维持班级秩序、协调师生需求、安排班级值日等日常管理。经过一学期的轮流值班，同学们对班级的理解与关心明显增多。班主任运用的德育模式是(　　)

A. 认知模式　　B. 体谅模式

C. 价值澄清模式　　D. 社会模仿模式

4. 为避免灌输与说教而大量使用道德问题情境激发学生角色认取和主动思考的德育模式，除道德认知模式外，还有体谅模式。体谅模式与其他德育模式的区别在于(　　)

A. 把道德认知发展放在中心地位　　B. 把道德价值观念的获得放在中心地位

C. 把道德行为学习放在中心地位　　D. 把道德情感的培养放在中心地位

5. 作出“任何道德都必然靠理解和领会，而不是靠教授”的理论假设的道德教育模式是(　　)

A. 认知模式　　B. 体谅模式

C. 社会模仿模式　　D. 价值澄清模式

6. 道德认知模式最先是由(　　)提出的。

A. 加涅　　B. 科尔伯格　　C. 班杜拉　　D. 皮亚杰

7. 当代德育理论中流行最为广泛、占据主导地位的德育学说是(　　)

A. 体谅模式　　B. 认知模式

C. 社会模仿模式　　D. 效能模式

8. 教师以“表美”“道美”“风格美”作为教育的方式，这种德育模式属于(　　)

A. 欣赏性德育模式　　B. 对话德育模式

C. 社会行动模式　　D. 体谅模式

9. 认为道德教育的目的在于促进儿童道德判断力的发展的道德教育模式是(　　)

A. 体谅模式　　B. 道德认知发展模式

C. 价值澄清模式　　D. 社会模仿模式

10. 科尔伯格的“三水平六阶段”道德发展理论从德育模式上归类，属于(　　)

A. 认知模式　　B. 价值澄清模式

C. 体谅模式　　D. 社会学习模式

11. 道德教育的(　　)模式认为人与环境是一个互动体，人既能对刺激做出反应，也能主动地解释并作用于情境。

A. 认知　　B. 体谅　　C. 社会模仿　　D. 价值澄清

12. “已所不欲，勿施于人”体现了(　　)的观点。

A. 体谅模式　　B. 集体教育模式

C. 认知模式　　D. 价值澄清模式

13. 德育模式有许多种，其中重“行”的是(　　)

A. 认知模式　　B. 感化模式　　C. 体谅模式　　D. 社会模仿模式

14. 社会是变化发展的,德育不能仅传授给学生固定的价值观点,还要教会学生如何分析不同的道德价值。这反映的德育模式是(   )

A. 体谅模式　　B. 集体教育模式

C. 社会学习模式　　D. 价值澄清模式

15. 把培养健全人格作为德育目标,大力倡导民主的德育观,是(   )的特征。

A. 社会模仿模式　　B. 体谅模式

C. 认知模式　　D. 价值澄清模式

16. 赵老师在班风建设主题班会上向学生发问:如果有的学生对同学不尊重、不礼貌,对我们班的班风将会产生哪些影响? 学生分成小组,围绕这一问题自由讨论发言,并探讨出关于关心同学、形成互助友爱的班集体的做法。这一德育模式是(   )

A. 体谅模式　　B. 价值澄清模式

C. 社会学习模式　　D. 道德认知发展模式

17. 下列不属于价值澄清模式的代表人物的是(   )

A. 班杜拉　　B. 拉斯　　C. 西蒙　　D. 哈明

18. 提出“平行教育影响原则和前景教育原则”德育思想的是(   )

A. 科尔伯格　　B. 彼得·麦克费尔

C. 班杜拉　　D. 马卡连柯

19. 中小学德育倡导关心他人、助人为乐的理念,这体现了德育的(   )观点。

A. 体谅模式　　B. 集体教育模式

C. 价值澄清模式　　D. 认知模式

二、多项选择题

1. 德育的体谅模式的特征有(   )

A. 坚持性善论,主张儿童是德育的主体

B. 坚持人具有一种天赋的自我实现趋向

C. 注重个体认知发展与社会客体的相互作用

D. 大力倡导民主的德育观

2. 德育模式实际上是在德育实施过程中(   )、德育方法、德育途径等的有机组合方式。

A. 德育理念　　B. 德育内容

C. 德育手段　　D. 德育目标

第八章　班级管理与班主任工作

专题一　班级与班级管理

【考法透视】本专题以识记为主，多以选择题、判断题、填空题等客观题形式考查，主要考查班级的概念，班级组织的功能，班级管理的概念、功能、内容、模式。

限时:100 分钟	用时：　分钟	错题数：　道	▶答案见 P442

一、单项选择题

1. 最早正式使用“班级”一词的是著名教育家(　　)

A. 埃拉斯莫斯　　B. 夸美纽斯　　C. 赫尔巴特　　D. 杜威

2. 17 世纪，夸美纽斯在总结了前人和自己实践的基础上，在其代表作(　　)中对班级组织进行了论证，从而奠定了班级组织的理论基础。

A.《大教学论》　　B.《教育漫话》

C.《雄辩术原理》　　D.《爱弥儿》

3. 在一个班集体形成之前，班主任通过制定一日常规(包含考勤、纪律、卫生、作业完成、劳动态度等方面)来稳定班级秩序。根据各方面的特点，制定相应的评分细则，视学生的表现给予相应的得分，而且发动学生参与管理，每项打分都由学生负责。班主任运用的班级管理模式为(　　)

A. 常规管理、平行管理　　B. 平行管理、民主管理

C. 常规管理、民主管理　　D. 目标管理、平行管理

4. 班级作为一种社会组织，其基本成员不包括(　　)

A. 班主任　　B. 任课老师

C. 学校管理人员　　D. 学生

5. 班级管理的主要功能是(　　)

A. 形成良好的班风　　B. 维持班级秩序

C. 锻炼学生能力、学会自治自理　　D. 实现教学目标、提高学习效率

6. 班级组织是由不同个体集结而成的，但要成为具有组织特性的团队，需要一个发展变化的过程，在不断分化与整合中成长和发展，其中(　　)是班级组织形成的第一阶段。

A. 个人属性之间的矛盾阶段　　B. 团体属性之间的矛盾阶段

C. 团体要求与个人属性之间的矛盾阶段　　D. 团体要求架构内的矛盾阶段

7. 高二年级六班每次组织班级活动时，班主任都先和班干部商量，然后由班干部带头，其他成员

积极参与。该班管理模式属于(　　)

A. 常规管理　B. 目标管理　C. 民主管理　D. 平行管理

8. 为提高班级民主管理水平,应建立以(　　)为本的班级管理机制。

A. 教师　B. 学生　C. 学习　D. 活动

9. 实施班级民主管理是开展班级工作的有力保证,下列选项不属于民主管理方式的是(　　)

A. 小组评议　B. 健全班级守则

C. 班干部轮换制度　D. 值日生制度

10. 小科本来是非常羞怯内向的孩子,自从上学后,她在班集体的鼓励下变得活泼大方,更善于表达自己。小科的改变体现了班级组织功能中的(　　)

A. 诊断功能　B. 传授科学文化知识

C. 矫正功能　D. 培养社会角色

11. 在班会上,班主任发扬民主,吸收学生及相关人员参与班级管理工作,这体现的班级管理原则是(　　)

A. 民主性原则　B. 科学性原则

C. 整体性原则　D. 自觉性原则

12. 平行管理是班级管理的常见模式之一,源于(　　)的"平行影响"教育思想。

A. 马卡连柯　B. 巴班斯基　C. 夸美纽斯　D. 陈鹤琴

13. 班主任既通过对集体的管理去间接影响个人,又通过对个人的直接管理去影响集体。这样的管理模式称为班级(　　)

A. 自由管理　B. 民主管理　C. 常规管理　D. 平行管理

14. 通过制定和执行规章制度去管理班级的班级管理方式是(　　)

A. 常规管理　B. 民主管理

C. 平行管理　D. 目标管理

15. 开展班级活动,要注意前后活动的衔接,使前一次活动的结束成为后一次活动的起点,推动学生认识的深化。这主要体现了班级活动的(　　)

A. 针对性原则　B. 开放性原则

C. 连续性原则　D. 创造性原则

16. 小李同学在高一时被推选为劳动委员,妈妈发现小李自从当上劳动委员之后,越来越懂事了,会主动帮助他人,遇到事情总能换位思考,一分为二地看待问题。小李的变化主要体现了(　　)

A. 班级对学生社会化的影响　B. 班级对学生独立人格的影响

C. 班级对学生心理品质的影响　D. 班级对学生自我意识的影响

17. (　　)是班集体组织建立的首要原则。

A. 有利于教育的原则　B. 有利于身心发展的原则

C. 目标一致的原则　D. 有利于教学的原则

18. 班级管理模式中的“目标管理”是由(　　)提出来的。

A. 马卡连柯　　B. 德鲁克　　C. 皮亚杰　　D. 夸美纽斯

19. “班干部能做的班主任不做,学生能做的班干部不做”体现了班级管理的(　　)原则。

A. 教管结合　　B. 自主参与　　C. 平行管理　　D. 全面管理

20. 班主任与学生共同确定班级总体目标,然后转化为小组目标和个人目标,使其与班级总体目标融为一体,形成目标体系,以此推动班级管理活动,实现班级目标的管理方法属于(　　)

A. 平行管理　　B. 常规管理　　C. 目标管理　　D. 民主管理

21. 班主任工作的重要内容之一是开展以班级(　　)为核心的常规管理。

A. 学风建设　　B. 培养目标

C. 规章制度　　D. 教学规则

22. 现代班级管理强调以(　　)为核心,建立一套能够持久地激发学生主动性、积极性的管理机制。

A. 学校　　B. 教师　　C. 教育内容　　D. 学生

23. 班级管理的根本目的是(　　)

A. 使学生得到充分的、全面的发展　　B. 发展学生智力

C. 培养创造能力　　D. 发掘学生特长

24. 班级教学管理的核心是(　　)

A. 班级常规管理　　B. 教学思想管理

C. 教学档案管理　　D. 教学质量管理

25. 教师在班级建设和管理时,不正确的做法是(　　)

A. 在班里设常务班长、值周班长和负责养鱼、养花的鱼长、花长等

B. 动态分配管理岗位,即实行干部轮换制度,让学生在不同岗位上得到多方面的锻炼

C. 鼓励学生相互找缺点,并开展“缺点大王”评比活动

D. 让几个学生承担同一干部岗位,让“老干部”带动“新干部”

26. 班级管理的重要功能是(　　)

A. 维持班级秩序　　B. 实现教学目标、提高教学效率

C. 形成良好的班风　　D. 促进学生自我管理

27. 班级管理的核心内容是(　　)

A. 制度管理　　B. 活动管理　　C. 教学管理　　D. 组织管理

28. 班级文化是班级中教师和学生共同创造出来的联合的生活方式,不包括(　　)

A. 班级环境布置　　B. 班级人际关系和班风

C. 班级制度与规范　　D. 教师与个别学生的亲密关系

29. 班级管理是以(　　)进行的有目的、有组织的班级学生群体活动。

A. 班级共同目标为引导　　B. 学生干部为主导

C. 班主任为主导　　D. 学生为主导

30. 在班级开展的各种活动中，学生通过对比自己和他人的表现及获得的评价，判断自己的优势与不足。这属于班级组织个性化功能中的(　　)

A. 促进发展功能　　B. 诊断功能

C. 满足需要功能　　D. 矫正功能

31. 在基础教育阶段存在一个普遍的现象即班级成员大多年龄相仿，知识水平相似。这体现了班级的(　　)

A. 同质性　　B. 可塑性　　C. 合作性　　D. 教育性

32. 班级管理的基本功能是(　　)

A. 运用教学技术手段精心设计各种不同的教学活动

B. 调动班级成员参与班级管理的积极性

C. 帮助学生成为学习自主、生活自理、工作自治的人

D. 进行社会角色的学习

33. 班级管理的实质是(　　)

A. 培养学生　　B. 管理学生

C. 开发学生潜能　　D. 激励学生

二、多项选择题

1. 班级组织建构的原则包括(　　)

A. 有利于教育的原则　　B. 目标一致原则

C. 有利于身心发展原则　　D. 发扬积极因素、克服消极因素原则

2. 班级管理的模式主要包括(　　)

A. 平行管理　　B. 民主管理　　C. 常规管理　　D. 目标管理

3. 班级文化建设的主要内容有(　　)

A. 班级环境　　B. 班级活动　　C. 制度建设　　D. 心理需求

4. 班级管理的特点主要有(　　)

A. 管理过程的教育性　　B. 管理目标的一致性

C. 管理过程的特殊性　　D. 管理方法的多样性

5. 下列属于班级管理原则的是(　　)

A. 平行管理原则　　B. 教管结合原则

C. 自主参与原则　　D. 全面管理原则

6. 班级组织机构微观建制的形式有(　　)

A. 直线职能式　　B. 直线式　　C. 参谋式　　D. 职能式

7. 班级的个体化功能包括(　　)

A. 矫正功能　　B. 满足需求的功能

C. 教导社会生活规范　　D. 促进发展的功能

8. 班级文化对成员的制约功能主要通过哪些途径得以实现(　　)

A. 氛围制约　　B. 制度制约

C. 观念制约　　D. 兴趣制约

9. 下列属于班级活动方案中必须包括的内容的有(　　)

A. 活动的步骤　　B. 邀请人　　C. 主题　　D. 名称

10. 下列属于班级精神文化层面的有(　　)

A. 班级人际关系　　B. 班级舆论

C. 班级公约　　D. 班级奖惩规定

11. 下列属于以训练学生自我管理能力为主的班级管理制度改革的重点有(　　)

A. 按民主程序选举干部

B. 使“小干部”从“教师的助手”变成“学生的代表”

C. 把班集体作为学生自我教育的主体

D. 把学生的注意力从当班干部引向当“合格的班级小主人”

12. 下列关于班级管理的描述,正确的是(　　)

A. 班级管理是直线式发展的静态过程

B. 班级管理的主要手段有计划、组织、协调、控制

C. 班级管理是一种有目的的教育活动,它的根本目的是实现教育目标

D. 班级管理是一种组织活动的过程,体现了教师与学生之间的双向活动

13. 运用班级管理方法中的自我管理法时需要做到(　　)

A. 引导学生自我教育和管理　　B. 提高学生对管理活动的认识

C. 建立以学生自我管理为主的新机制　　D. 引导学生参与决策

14. 班级管理的内容包括(　　)

A. 班级目标管理　　B. 班级制度管理

C. 班级组织建设　　D. 班级教学管理

15. 下列属于班级的规章制度的主要内容的有(　　)

A. 有关班集体与学生管理的制度　　B. 考勤制度

C. 学生守则　　D. 班级亚文化

16. 实行班级民主管理的要求有(　　)

A. 全体学生参与　　B. 全面全程管理

C. 建立民主制度　　D. 实行目标责任制

17. 班级管理的关键期包括新班组建期和(　　)

A. 开学初　　B. 期中　　C. 期末　　D. 毕业期

三、判断题

1. 班级是一个以学习为中心的组织。(　　)

2. 学生不仅是班级管理的对象,也是班级管理的参与者。(　　)

3. 知识性是班级活动追求的目标,也是开展班级活动的落脚点。 (　　)

4. 班级越大,情感纽带的力量就越强。 (　　)

5. 班干部的轮换和班级岗位的设立,有利于学生公民意识的形成和综合素质的提升,对班级的发展也能起到积极的促进作用。 (　　)

6. 正确的舆论和良好的班风是班级组织中师生之间、生生之间的纽带。 (　　)

7. 班级是学校进行教育教学工作的基本单位。 (　　)

8. 在班级管理中,凡事都能与学生商量就是民主。 (　　)

9. 班级管理的自主参与原则要求班级管理者把教育工作和对班级的管理工作辩证统一起来。 (　　)

10. 满足学生发展的需要既是班级活动的出发点,又是班级活动的最终归宿。 (　　)

四、填空题

1. 班级管理的对象是班级中的各种管理资源,而主要对象是________。

2. ________是学校为实现一定的教育目的,将年龄和知识程度相近的学生编班分级而形成的,有固定人数的基本教育单位。

3. ________是班级文化中最活跃的因素,反映了班级的精神面貌、教学作风和管理水平,是班级精神和群体意识的动态反映。

4. 班级文化的首要特点是________。

五、简答题

1. 简述如何建设良好的班级文化。

2. 简述班级组织的社会化功能。

3. 简述班级文化的类型。

六、论述题

联系实际,谈谈当前班级管理中存在的问题及如何解决这些问题。

七、案例分析题

1. 符老师在某刊物上看到赵老师发表的一篇教育叙事。内容是赵老师班上的一名同学挪用班费“私吞公款”购买车模,赵老师将其带到办公室进行教育,最终学生承认了错误。赵老师并没有免除他的职务而是让他继续担任,这名同学对赵老师更加信服,赵老师说唯有信任,学生才能改变自我。符老师被赵老师的人文关怀感动,但是品学兼优的同学为什么会擅自动用班费,赵老师的“信任”教育是否成功,班级中如何避免此类事件再次发生?

(1)赵老师没有从根本上解决问题,你是否认同,为什么?

(2)结合班级管理的相关知识,你认为应如何解决符老师的疑问?

2. A省B市××学校的一位学生家长说,今年3月份,孩子的班主任贺某为了整顿班级纪律,让班干部记录上课不专心的学生,贺某按照记录上的名字,逐一让学生自扇嘴巴。“贺某要求学生扇嘴巴时,必须要让她在教室任意一个位置都能听到声音。”

该校多位学生家长表示,贺某让学生扇嘴巴的事情也在自己孩子身上发生过。另一名学生家长介绍,贺某让她家孩子当着全班同学的面,扇了十个嘴巴。“刚开始的时候孩子不告诉我,后来有家长在班级群里说了这个事,我问孩子好几次才告诉我”。贺某还给班上12个比较调皮的孩子取了外号,叫“十二颗老鼠屎”。这位家长表示,学生家长到学校开家长会时曾提到贺某要求学生自扇嘴巴一事,会上贺某承认自己管理学生的方式不对,但并没有对上述事情作出任何道歉和处理。

请结合教育学相关知识,对材料中的教师贺某进行班级管理时的行为进行评析,并谈谈合理的班级管理方法应具备哪些特征。

专题二　良好班集体的培养

考法透视　本专题以识记为主，多以选择题、判断题等客观题形式考查，主要考查班集体的特征、教育作用以及班集体的形成与培养。

限时:35 分钟	用时：　分钟	错题数：　道	▶答案见 P448

一、单项选择题

1. 训练班级成员自己管理自己、自己教育自己、自主开展活动的最好载体是（　　）

A. 班主任　　B. 兴趣小组　　C. 少先队　　D. 班集体

2. 当班主任接到一个教育基础水平较低的班级时，首先要做好的工作是（　　）

A. 组织形式多样的集体活动　　B. 建立班集体的正常秩序

C. 建立班集体的核心队伍　　D. 确定班集体的发展目标

3. 培养班集体的方法中，居于首要地位的是（　　）

A. 培养班干部　　B. 确定集体目标

C. 培养正确的舆论和良好的班风　　D. 健全组织

4. 班集体形成的标志是（　　）

A. 培养干部，健全组织　　B. 明确的集体目标

C. 正确的舆论和良好的班风　　D. 有计划地开展活动

5. 班级是按照一定教育要求，将年龄、知识水平等相近的学生组织起来的基本组织。（　　）是班级组织不同于群体的最突出的特征，也是班集体形成的基础。

A. 有明确的共同目标　　B. 有一定的组织结构

C. 共同的生活准则　　D. 正确的舆论

6. 当老师与学生、学生与学生之间有一定的了解和信任，班级的组织比较健全时，班集体发展处于（　　）阶段。

A. 成熟　　B. 组建　　C. 核心初步形成　　D. 集体自主活动

7. 每个学生在所属的班集体中都有一定的权利和义务，都能找到适合自己的角色与活动。因此，班集体有利于训练学生的（　　）

A. 群体意识　　B. 社交能力　　C. 自我教育能力　　D. 合作能力

8. 班级依赖班主任组织指挥，一旦班主任要求不严格，班级就变得松弛、涣散。此时班集体发展处于（　　）

A. 组建阶段　　B. 核心初步形成阶段

C. 发展阶段　　D. 成熟阶段

9. 马卡连柯说："儿童集体里的舆论力量，完全是一种物质的、实际上可以感触到的教育因素。"

这句话提示在教育过程中(　　)

A. 要充分发挥班集体的教育功能,使之成为真正的教育力量

B. 要通过转化个别学生,促进班集体的管理与发展

C. 要制定规章制度管理好学生的日常行为

D. 班主任要充分掌握管理的主动权

10. 班集体建设中最关键的因素是(　　)

A. 凝聚力　　B. 士气　　C. 目标和规范　　D. 心理气氛

11. 下列关于班集体的概念,理解不正确的一项是(　　)

A. 班集体是群体发展的高级阶段　　B. 班集体就是班级群体

C. 不是任何一个班都能称得上班集体　　D. 纪律松弛、涣散的群体算不上集体

12. "没有规矩,不成方圆",因此在组织和培养班集体时应(　　)

A. 确立班集体的目标　　B. 全面了解和研究学生

C. 建立健全必要的班级规则　　D. 开展丰富多彩的集体活动

13. 班集体建设的核心力量是(　　)

A. 班主任　　B. 班级干部

C. 班级成员　　D. 为班级工作的积极分子

14. 班集体生活和成员意愿的反映是(　　)

A. 班级秩序　　B. 班集体舆论　　C. 班风　　D. 班级管理

15. 人们常说"众人拾柴火焰高""三个臭皮匠顶个诸葛亮""人心齐,泰山移""一个人像棵小草,集体则是抗拒暴风雨的森林"。以上俗语体现的在班集体建设中的道理是(　　)

A. 班集体的力量在于团结　　B. 班集体的力量在于竞争

C. 班集体的力量在于成员的多少　　D. 班集体的力量在于少数精英的支撑

二、多项选择题

1. 中小学制定班规的主要目的是(　　)

A. 发现学生的错误后,根据班规进行处分

B. 为学生规范自己的行为提供指导

C. 为班主任及学生检查自己的行为提供参照

D. 达到民主管理的结果

2. 班集体是有着特定的共同目的,具有内在约束力和激发力的学生群体,班集体是班级发展的高级阶段,培养和建设良好的班集体是班主任最核心的管理工作。下列关于建设班集体的描述正确的是(　　)

A. 形成合理的班级目标　　B. 培养班级骨干力量

C. 形成良好的班级风气　　D. 开展多样化活动

3. 下列属于班集体发展阶段的特征的有(　　)

A. 学生能自己管理和教育自己

B. 班集体已成为教育主体，不仅学生干部，多数学生也能相互严格要求

C. 学生个性在班级中得到发展

D. 形成良好的舆论和班风

4. 班集体对学生的教育作用主要有(　　)

A. 有利于形成学生的群体意识　　B. 有利于培养学生的社会交往能力

C. 有利于培养学生的自我教育能力　　D. 有利于促进学生个性发展

5. 培养班集体不仅是班主任工作的一项重要任务，而且是班主任工作的基础。下列属于班集体的教育功能的是(　　)

A. 班集体不仅是教育的对象，而且是教育的巨大力量

B. 班集体是促进学生个性发展的一个重要因素

C. 班集体特别能培养学生的自我教育能力

D. 班集体为鉴赏美和创造美奠定基础

6. 一个班集体必须具备的基本特征有(　　)

A. 一定的组织结构，有力的领导集体　　B. 明确的共同目标

C. 共同生活的准则，健全的规章制度　　D. 有详细的班级管理规定

7. 培养优良班风的基本要求包括(　　)

A. 确立班风目标　　B. 培养正确舆论

C. 强化行为训练　　D. 加强榜样示范

8. “近朱者赤，近墨者黑”，良好的班集体对初中生的心理发展影响体现在(　　)

A. 提供了良好的学习生活环境　　B. 增加了学生积极的情绪情感体验

C. 增进了学生的人际互动　　D. 促进了学生的主动学习

三、判断题

1. 班集体的建设是由教师教育出来的，而不是在共同活动和交往中形成和发展的。(　　)

2. 评价一个班集体的好坏，主要是看班里的学习风气如何。(　　)

3. 在班集体发展的组建阶段，学生普遍关心、热爱班集体，能积极承担集体工作，参加集体的活动，维护集体的荣誉。(　　)

4. 只有在集体中形成了正确的舆论与良好的班风，才能使集体明辨是非、善恶、美丑，扶正祛邪，发扬优点，抵制不良思想习气的侵蚀，才能使集体具有自我教育的能力，成为教育的主体。(　　)

四、简答题

简述如何增强班集体的凝聚力。

五、论述题

某班的学生情况很复杂,有留守儿童、成绩差、不遵守纪律等各种情况的学生。假如让你担任这个班的班主任,请结合实际论述一下你的工作措施。

专题三　班主任工作概述

考法透视　本专题识记与理解并重,考查形式多样,主要考查班主任的地位、作用、领导方式以及班主任工作的任务、内容与方法。

限时:165 分钟	用时:　　分钟	错题数:　　道	▶答案见 P451

一、单项选择题

1. 我国开始建立班主任岗位培训制度并作为班主任的任职条件的时间是(　　)

A. 2006 年　　B. 1951 年　　C. 1978 年　　D. 1952 年

2. 下列不属于后进生的心理特征的是(　　)

A. 不适度的自尊心　　B. 学习动机不强

C. 强烈的荣誉感　　D. 意志力薄弱

3. 在班级活动中,师生之间、学生之间人际关系形成和发展的手段是(　　)

A. 课堂　　B. 学习　　C. 课外活动　　D. 交往

4. 优秀生虽然学习成绩优良,品行端正,工作积极,但他们也有缺点,也会犯错。因此,班主任面对他们不能偏爱,对其缺点和所犯的错误要及时指出并督促其改正。这体现了对优秀生的教育工作要遵循(　　)的教育要求。

A. 不断激励,弥补挫折　　B. 消除嫉妒,公平竞争

C. 发挥优势,全班进步　　D. 严格要求,防止自满

5. 班主任工作的首要任务是(　　)

A. 了解和研究学生的方方面面　　B. 组织建立良好的班集体

C. 促进班集体全体成员的全面发展　　D. 对学生进行思想品德教育

6. 刚接手新的班级,班主任张老师利用学生的登记表、学籍卡、体格检查表、学习手册等对学生进行分析和研究,张老师使用的方法是(　　)

A. 观察法　　B. 谈话法　　C. 调查法　　D. 书面材料分析法

7. 班主任对学生的态度会影响学生人格的形成。如果班级内学生在人格方面表现出没有组织纪律性，缺乏团体目标和集体主义观念，说明该班班主任对班级的管理属于(　　)

A. 慈爱型　　B. 民主型　　C. 放任型　　D. 专制型

8. 面对班级中的后进生，教师应当采取的正确态度是(　　)

A. 弄清情况，分析原因，对症下药　　B. 直接与家长沟通

C. 不要特别关注，给予充分自由　　D. 以上都不对

9. 班主任是班级建设的设计者，其中班级建设设计最重要的是(　　)

A. 制定具体方法　　B. 制定实现目标的途径

C. 制定班级建设目标　　D. 制定工作程序

10. 班级活动的主要形式是(　　)

A. 教师授课　　B. 集体讨论

C. 小组合作　　D. 主题班会

11. (　　)是班主任的日常工作内容，是班级工作的基础。

A. 建立制度　　B. 班级管理　　C. 操行评定　　D. 社会活动

12. 李老师是二班的班主任，每次他上课或在场时，学生们一个个规规矩矩的；等他一走开，纪律明显涣散。李老师的领导方式很可能是(　　)

A. 权威型　　B. 民主型

C. 放任型　　D. 兼有 AB 两种类型

13. 班主任以教育目的为指导思想，以“学生守则”为基本依据，对学生一个学期内在学习、劳动、生活、品行等方面进行小结与评价。这项工作是(　　)

A. 建立学生档案　　B. 操行评定

C. 班主任工作计划　　D. 班主任工作总结

14. 班主任工作的中心任务是(　　)

A. 了解和研究学生　　B. 协调班级任课老师

C. 促进全班学生的全面发展　　D. 做好个别学生的教育工作

15. 关于班主任，以下说法不正确的是(　　)

A. 在班级管理中，班主任是班级的领导者

B. 班主任在班集体的发展中起主导作用

C. 班主任的基本角色之一是班级制度的贯彻者

D. 班主任工作的基本任务是带好班级、教好学生

16. 在班级管理中，一个班级的组织者和领导者被称为(　　)

A. 校长　　B. 教师　　C. 班主任　　D. 行政干部

17. 班主任在班级管理中的影响力主要表现在两方面：一是职权影响力，二是(　　)

A. 学术影响力　　B. 个性影响力

C. 年龄影响力　　D. 职称影响力

18. 班主任的工作是从(　　)开始的。

A. 评定学生操行　　B. 教育个别学生

C. 了解和研究学生　　D. 组建班集体

19. 新学年开始,如果学校选派你担任一年级(3)班的班主任,面对40张崭新的渴望知识的面孔,你认为了解全班学生的基本方法是(　　)

A. 考核法　　B. 观察法　　C. 问卷法　　D. 谈话法

20. 对于一些偶发事件,教师不应急于表态,急于下结论,而应冷静地观察,待把问题的来龙去脉弄清楚,再去处理。这体现了(　　)

A. 客观性原则　　B. 教育性原则　　C. 可接受性原则　　D. 冷处理原则

21. 班会的特征主要有集体性、针对性和(　　)

A. 自主性　　B. 开放性　　C. 时效性　　D. 教育性

22. 班主任工作计划中比较完整的是(　　)

A. 学期计划　　B. 课时计划　　C. 月计划　　D. 周计划

23. 班主任要做好个别教育工作,所谓个别教育是指(　　)

A. 班集体中优秀学生的个别教育

B. 班集体中后进生的个别教育

C. 既包括优秀学生的个别教育,也包括后进生的个别教育

D. 全体学生的教育

24. 组织主题班会的步骤是(　　)

A. 确定主题—精心准备—具体实施—总结深化

B. 精心准备—确定主题—具体实施—总结深化

C. 精心准备—深化主题—具体实施—总结拓展

D. 精心准备—具体实施—深化主题—总结拓展

25. 班主任在组织学生开展班级活动时,最重要的是要树立(　　)

A. 发挥班干部领导作用的思想　　B. 班级全面质量管理思想

C. 师生合作的思想　　D. 使学生在自主活动中进行自我教育的思想

26. 下列选项中不属于偶发事件的特点的是(　　)

A. 突发性　　B. 紧迫性　　C. 冲击性　　D. 复杂性

27. 李老师在给小菲的素质教育操行评语中写道:“你本学期参加英语角活动,成绩明显提高,下学期你的英语一定有新的进步。”这种评语写作方式是(　　)

A. 过程式　　B. 总结式　　C. 评价式　　D. 谈心式

28. 教师在处理班级突发事件时,坚持说服教育、以理服人、教育从严、处理从宽。这体现了处理班级突发事件的(　　)

A. 有效性原则　　B. 客观性原则　　C. 教育性原则　　D. 因材施教原则

29. 班主任李老师常常与学生协调处理各项班级事务,并鼓励学生积极参与对话互动交流,敢

于质疑。李老师的这种班级管理方式属于(　　)

A. 联合型　　B. 对等型　　C. 放任型　　D. 民主型

30. 班主任工作的前提和基础是(　　)

A. 组织建立班集体　　B. 协调校内外各种教育力量

C. 了解和研究学生　　D. 制订班主任工作计划

31. 主要针对那些不肯承认错误、事后矢口否认或搪塞掩盖的学生而采取的个别谈话方式是(　　)

A. 突击式谈话　　B. 循异式谈话　　C. 点拨式谈话　　D. 谈心式谈话

32. 在教育活动中,班主任应启发学生的进取心,引导学生具有健康的求知欲,让学生形成自我教育的能力。这要求班主任对学生全面发展负有的责任是(　　)

A. 教育　　B. 培养　　C. 发现　　D. 激活

33. 班主任的工作重点和最为经常的工作是(　　)

A. 全面了解和研究学生

B. 整合各方面教育影响,使其形成正向的合力

C. 对学生进行品德教育

D. 教育学生努力学习

34. 在班主任的地位和作用中,班主任最重要的角色是(　　)

A. 学生的人生导师　　B. 学生的精神关怀者

C. 学生合法权益的保护者　　D. 学生发展的重要他人

35.《中小学班主任工作规定》指出:“班主任是中小学日常思想道德教育和学生管理工作的主要实施者,是中小学生健康成长的(　　),班主任要努力成为中小学生的人生导师。”

A. 教育者　　B. 引领者　　C. 代言者　　D. 示范者

36. 在协调学校领导、家长、任课教师的关系中,班主任起到(　　)

A. 领导作用　　B. 决定作用　　C. 核心作用　　D. 纽带作用

37. 班主任的个性影响力取决于三个方面,不包括以下哪项(　　)

A. 班主任自身对教育工作的情感体验

B. 对学生产生积极影响的能力

C. 班主任的权威、地位和权力

D. 高度发展的控制自己的能力

38. 班主任教育工作的重点应该放在(　　)上。

A. 班级教学活动　　B. 班级日常管理活动

C. 班级竞赛活动　　D. 班级阶段性活动

39. 在当前班级管理实践中,除了“教学中心”的领导方式外,运用得较多的是(　　)的领导方式。

A.“集体中心”　　B.“学生中心”　　C.“德育中心”　　D.“教师中心”

40. 班主任工作的中心环节是(　　)

A. 了解学生　　B. 建立学生档案

C. 组织和培养班集体　　D. 班会活动

二、多项选择题

1. 班主任的领导方式一般可以分为(　　)

A. 权威型　　B. 民主型　　C. 惩罚型　　D. 放任型

2. 一次,班长刚收齐的班费放在教室里不幸丢失。班主任周老师查看了监控录像后发现是小军拿的。但周老师并没有直接在班上指出,而是把小军叫到办公室,给他讲了一个关于诚实的故事。最后小军主动承认了自己的错误,并归还了班费。上述案例体现了班主任工作应遵循(　　)

A. 面向全体学生　　B. 正面教育,启发诱导

C. 热爱、尊重学生　　D. 小中见大,潜移默化

3. 班主任工作总结一般分为(　　)

A. 个人总结　　B. 全面总结　　C. 集体总结　　D. 专题总结

4. 班主任与家长之间的矛盾,主要是由以下哪些原因造成的(　　)

A. 社会角色不同　　B. 学历水平不同

C. 教育学修养水平的差异　　D. 教育过程中的实际困难

5. 操行评定的一般步骤包括(　　)

A. 学生自评　　B. 小组评议　　C. 班主任评价　　D. 信息反馈

6. 主题班会的主要形式有(　　)

A. 主题报告会　　B. 主题汇报会

C. 主题讨论会　　D. 主题晚会

7. 关于先进生的教育,教师需要注意的问题有(　　)

A. 严格要求,防止自满　　B. 不断激励,弥补挫折

C. 培养和激发学习动机　　D. 发挥优势,全班进步

8. 班主任处理偶发事件的原则有(　　)

A. 教育性原则　　B. 客观性原则

C. 可接受性原则　　D. 冷处理原则

9. 班主任了解和研究学生的内容有(　　)

A. 班级成员的构成　　B. 班级群体的发展状况

C. 班级日常行为表现　　D. 学生基本情况

10. 对班里中等生的个别教育,班主任下列做法正确的是(　　)

A. 了解关注,促其进步　　B. 创造机会,体验成功

C. 针对特点,灵活对待　　D. 严格要求,防止自满

三、判断题

1. 教师担任班主任期间，应将班主任工作作为主业。（　　）
2. 班主任是学生班级的直接组织者、教育者和领导者。（　　）
3. 班主任的基本任务是按照德智体美全面发展的要求，开展班级工作，全面教育、管理、指导学生，使他们成为有理想、有道德、有文化、有纪律、体魄健康的公民。（　　）
4. 班主任在班级管理中扮演的角色有组织者、监督者、教育者和法人。（　　）
5. 班长是班集体的组织者，是促进学生全面发展的骨干力量。（　　）
6. 班主任要努力成为学生的人生导师，这是教育部在新时代对班主任提出的要求。（　　）
7. 班主任的评语要生动而具体，既要展现学生的优点，也要适当指出其不足。（　　）
8. 一位教师赞扬一位后进生的演出服装很漂亮，并说："我对你们的爱不是用身高体重和成绩来衡量的，我有足够的爱去疼爱每个学生。"这属于教师在沟通时注重帮助学生恢复信心。（　　）
9. 班主任组织班会时，要做好"演员"。（　　）
10. 班主任工作计划一般包括课内计划和课外计划。（　　）
11. 班主任的基本职责是组织和培养良好的班集体，对全班每个学生在德、智、体、美、劳方面的发展全面负责。（　　）

四、填空题

1. 建立学生档案的环节包括________。
2. ________即借助学生的成绩表、作业、日记等书面材料对学生进行了解的方法。这是了解学生基本情况的最简易的方法。

五、简答题

1. 简述班主任在班级管理中的地位和作用。

2. 简述班主任工作的意义。

3. 简述做好个别教育工作的一般要求。

4. 班主任做好操行评定应注意的问题有哪些?

5. 简述偶发事件的处理办法。

六、论述题

1. 学校打算任命你为某班的班主任,结合教学实际,试论述班主任的工作应遵循哪些原则。

2. 结合实际,谈谈班主任工作的主要内容。

3. 谈谈你对“教学中心”和“集体中心”的领导方式的理解。

4. 联系实际,谈谈班主任建设和管理班级组织的策略。

七、案例分析题

1. 放学路上，你听见几位同学议论：在疫情阻击战中，医护人员职业太辛苦、工作太危险，我将来肯定不会去学医。

   假如你是这群学生的班主任，你将怎样引领班级舆论？

2. 某中学有位叫刘林的学生，经常迟到、旷课、上游戏厅，甚至打架、敲同学竹杠。学习成绩就更不用说了，门门功课挂红灯，尽管老师多次教育，仍不见好转，还是经常旷课、打游戏，向同学借钱，同学不借就打同学，以致班里同学见了他都躲得远远的。虽然偶尔也有进步，但没过两天又恢复原样了，以致老师对他失去了信心。不过，这个学生并不是一无是处。他百米赛跑速度惊人，在校运会上他连续两年获得百米赛冠军，为班级夺得了荣誉。除此之外，他还特别喜爱画画，象棋也下得非常棒。

   请你结合教育教学实践，谈谈如何对待这样的学生。

3. 吴老师的专制型管理班级的方式遭到学生的集体反对。后来，吴老师改变了班级管理方式：首先，让学生共同参与班级管理主题班会，让学生了解班级的不足和自己的责任；其次，把任务按小组分配给同学，组织学生开展小组竞赛；再次，一起为班级建设提建议；最后，增强双方沟通。渐渐地，班级中呈现出一种自主管理、自主发展的新气象，以前的坏风气消失得无影无踪。

   (1)现代班级管理的理念是什么？

   (2)吴老师最初管理失败的原因是什么？

   (3)吴老师后来管理成功的原因是什么？

4. 在一次语文课上，张老师正讲得神采飞扬，学生也听得津津有味。忽然听到一声尖叫，一名女生神色惊慌地站了起来。学生的目光齐聚到这位女生身上。原来，从她的上衣口袋中，爬出了一只毛毛虫。这时，张老师从容镇静地走到女生面前，轻轻拍拍她的肩膀，示意她不要紧张，让她坐下，然后拿起掉在地上的虫子，轻轻举起，语气轻松地说："同学们，看，只不过是一只小虫子，很普通的小虫子，它是专门吃瓜果蔬菜的害虫，今天又跑到这里来吓唬我们的同学，你们说，我们应该如何处理它？""踩死它！踩死它！"同学们异口同声，于是张老师轻轻地一踩，一场风波就此结束。

问题：请对张老师处理这次突发事件的方式进行评析，并谈谈对你的启示。

5. 下面是几位科任教师对一个班级纪律问题的议论：

数学教师："二班学生一点儿也不听话，我没精力管那么多，不听课就算了，他们讲他们的，我讲我的。"

语文教师："二班学生要管得严，我上课他们就不敢闹，清风雅静的。"

音乐教师："我没精力去骂他们，课实在是上不下来，我就找班主任来压阵。"

接着，几位教师七嘴八舌地议论："他们就怕班主任。""见了班主任就像见了猫。""猫一走耗子就翻堂。""学生都一样，欺软怕硬，这是规律。"……

请运用所学的教育学知识分析上述教育现象。

第九章　课外、校外教育与三结合教育

专题一　课外、校外教育

考法透视　本专题以识记为主，多以选择题、判断题等客观题形式考查，主要考查课外、校外教育的概念、主要内容、组织形式及主要特点。

限时:100 分钟	用时：　分钟	错题数：　道	▶答案见 P459

一、单项选择题

1. 教师在课外活动中处于辅助地位，体现了课外活动的(　　)

A. 灵活性　　B. 自主性　　C. 实践性　　D. 自愿性

2. 在课外活动中，培养学生科学的态度和创造精神为主的课外活动是(　　)

A. 科技活动　　B. 文学艺术活动

C. 社会活动　　D. 学科活动

3. 高考前夕，某校考虑到高三学生复习压力大，组织该年级学生到附近的森林公园进行了一次徒步活动。这属于通过(　　)对学生进行心理辅导。

A. 课程教学　　B. 课外活动　　C. 班主任工作　　D. 互动

4. 某小学充分利用校园内的实验基地，组织学生开展"谁知盘中餐，粒粒皆辛苦"的实践活动，给每个班级分发"试验田"，让学生体验春种的乐趣。这属于课外活动中的(　　)

A. 科技活动　　B. 文学艺术活动　　C. 游戏活动　　D. 主题活动

5. 组织多数或全体学生参加的一种带有普及性质的活动是(　　)

A. 体育活动　　B. 课余活动　　C. 小组活动　　D. 群众性活动

6. 课外活动与课堂教学在(　　)上是统一的。

A. 教育目的　　B. 教育内容

C. 教育方法　　D. 教育组织形式

7. 普通中小学经常组织诸如生物、物理、航模等兴趣小组，主要是为了(　　)

A. 深化课堂教学

B. 培养竞赛人才

C. 因材施教，发展青少年个性特长

D. 充分发掘学有余力的学生的学习潜力

8. 下列不属于课外教育的是(　　)

A. 学科活动　　B. 选修课　　C. 社会实践活动　　D. 体育活动

9. 学习计算机和良种培育均属于课外活动中的(　　)

A. 学科活动　　B. 科学技术活动

C. 文化艺术活动　　D. 思想政治教育活动

10. (　　)是学生课余生活的良好形式。

A. 娱乐活动　　B. 竞赛活动　　C. 课外教育　　D. 学习活动

11. 张涛同学参加了课外机器人小组活动,不久后,他对人工智能技术产生了浓厚的兴趣。这说明课外活动(　　)

A. 是学生发展的主要渠道　　B. 决定了学生的终身发展

C. 激发了学生学习的主动性　　D. 增加了学生的学习负担

12. (　　)的目的在于使学生及时接触和吸收新知识,扩大学生的知识视野,培养他们的自学能力和思维能力。

A. 课外阅读活动　　B. 读书指导活动

C. 文学艺术活动　　D. 学校教育活动

13. 某学校成立"气象观测小组",让学生了解气候的变化规律。这属于课外活动中的(　　)

A. 艺术活动　　B. 科技活动　　C. 文学活动　　D. 体育活动

14. 学校组织学生利用课余时间对当地的河水污染情况进行调查,这属于(　　)

A. 体育活动　　B. 经济活动　　C. 文艺活动　　D. 社会活动

15. (　　)是学校课外活动的主体部分,学校应高度重视,分科组织落实。

A. 体育活动　　B. 学科活动　　C. 科技活动　　D. 社会实践活动

16. "小型分散,便于开展多种多样的活动,满足学生不同的兴趣爱好,发展学生的才能,使学生得到更多的学习和锻炼机会。"这种课外活动的形式是(　　)

A. 科技活动　　B. 学科活动　　C. 个别活动　　D. 小组活动

17. 课外、校外教育的主要组织形式是(　　)

A. 小组活动　　B. 集会活动　　C. 个别活动　　D. 文体活动

18. 在课外教育活动中,让学生通过自己设计、动手获得知识和技能,体现了课外教育活动的(　　)

A. 开放性　　B. 实践性　　C. 综合性　　D. 探究性

19. 课外活动的内容可涉及科技活动、文学艺术活动、生产劳动以及各种社会实践活动等多个方面。这体现了课外活动的(　　)

A. 自主性　　B. 实践性　　C. 广泛性　　D. 自愿性

20. 课外活动根据各学校、各地区的实际情况或学生的个体意愿开展,说明它具有(　　)

A. 实践性　　B. 灵活性　　C. 自主性　　D. 娱乐性

21. 教师组织的课外活动(　　)

A. 比课堂教学要求低　　B. 更强调教师的权威

C. 要有明确的目的　　D. 没有明确目的

22. 我国古代很早就有把课内活动与课外活动结合起来的思想，下列选项中表达了这一思想的是(　　)

A. 安其学而亲其师，乐其友而信其道　　B. 时教必有正业，退息必有居学

C. 发然后禁，则扞格而不胜　　D. 道而弗牵，强而弗抑，开而弗达

23. 苏霍姆林斯基认为，课外、校外教育使青少年迈上了科学思维的道路。这告诉我们课外、校外教育(　　)

A. 有利于发展学生的智力　　B. 有利于发展学生的个性特长

C. 可促进学生身心的健康发展　　D. 是进行德育的重要途径

24. 某小学开展全校性的以“热爱家乡”为主题的课外活动，此活动属于(　　)

A. 个别活动　　B. 小组活动　　C. 群众性活动　　D. 班级活动

25. 下列选项中，不属于贯彻课外活动的自主原则的要求的是(　　)

A. 让学生独立自主地参与活动的全过程

B. 让学生在课外活动中充分发挥主体作用

C. 活动应充分考虑学生的个性差异

D. 充分发挥教师的主导作用

26. 为了培养学生书写汉字的能力，城南小学的语文小组定期举办“汉字听写大赛”。这种活动属于(　　)

A. 学科活动　　B. 科技活动　　C. 文体活动　　D. 主题活动

27. “课内打基础，课外出人才”反映了课外活动能(　　)

A. 进行书本知识的系统传授　　B. 成为学校教学的主要形式

C. 开发学生的潜在能力　　D. 强化教师统一指导

28. 河南省博物院在暑期组织了“国宝讲解小明星”的活动，这类活动属于(　　)

A. 体育活动　　B. 学科活动

C. 社会活动　　D. 艺术活动

29. 课外活动的具体内容是根据课外活动的目的，从现有设备条件，辅导教师的特点、能力及学生的不同需要出发确定的。这说明课外活动具有(　　)的特点。

A. 广泛性　　B. 灵活性　　C. 自愿性　　D. 自主性

30. (　　)是课外活动的一项基本原则，也是学生学习和活动积极性的源泉。

A. 非教育性　　B. 自由活动　　C. 协调发展　　D. 自愿参与

31. 学生可以根据自身兴趣、特长和实际需要参加课外活动，说明课外、校外教育具有(　　)

A. 自主性　　B. 伸缩性　　C. 自愿性　　D. 随意性

32. 课外活动的形式可分为群众性活动、小组活动、个人活动，其分类依据是(　　)

A. 按照活动的资金多少　　B. 按照活动的人数和规模

C. 按照活动的主办方不同　　D. 按照活动的举办时间

33. 课外、校外教育活动的内容不受课程计划、课程标准的限制，可以根据参加活动者的愿望和要求,以及学校、校外教育机关的具体条件来确定。这体现了课外、校外教育的( )特点。

A. 自愿性 B. 自主性 C. 广泛性 D. 实践性

34. 在课外活动中,教师处于( )地位。

A. 启发指导 B. 领导 C. 主体 D. 主导

35. 让学生走出学校,接触社会,了解科学技术的发展,了解社会生活、经济建设实际状况的教育活动是( )

A. 社会活动 B. 体育活动 C. 科技活动 D. 学科活动

36. 学校举办全校性的国家安全教育讲座属于课外、校外教育形式中的( )

A. 小组活动 B. 学科活动 C. 演讲活动 D. 群众性活动

37. 在课外活动中,学生自己组织、自己设计、自己动手,体现了课外活动的( )

A. 灵活性 B. 自愿性 C. 自主性 D. 实践性

38. 下列属于社会公益活动的主要目的的是( )

A. 培养学生的劳动观念和劳动习惯 B. 发展学生的体力

C. 培养学生对文艺的爱好 D. 培养学生的自学能力

39. 相对于课堂的教学而言,课外活动的明显优势在于可以( )

A. 照顾学生的个别差异 B. 维护教学秩序的稳定

C. 发挥教师的主导作用 D. 帮助学生掌握系统的知识

40. 课外活动与课堂教学( )

A. 是同一种活动

B. 方向一致,但课外活动不是一种正规的教育活动

C. 都是一种正规的教育活动,但方向不一致

D. 都是一种正规的教育活动,且方向一致

41. 为了防止出现“为活动而活动”的形式主义倾向,课外活动要( )

A. 活动内容丰富多彩 B. 有明确的目的性、计划性

C. 注意发挥学生集体和个人的主动性 D. 考虑学生的兴趣爱好和特长

二、多项选择题

1. 课外、校外教育是指在课程计划和学科课程标准以外,利用课余时间,对学生施行的各种( )的教育活动。

A. 有目的 B. 有计划 C. 有分类 D. 有组织

2. 课外活动的组织形式有( )

A. 以人为核心 B. 群众性活动 C. 个别活动 D. 小组活动

3. 科技活动主要包括( )

A. 举办科技讲座 B. 成立无线电小组

C. 开展小发明、小创造活动 D. 成立文艺小组

4. 下列课外活动中，属于群众性活动的是(　　)

A. 演讲比赛　　B. 书法兴趣小组

C. 公益活动　　D. 参观科技馆

5. 关于课外、校外教育活动的组织形式，表述正确的是(　　)

A. 个别活动往往与小组或群众性活动相结合而进行

B. 群众性活动的人数规模较大，可以在短时间内使较多的学生受到教育

C. 课外活动的三种组织形式可以互相配合、互相渗透、互相促进，组合成灵活多样的课外活动形式

D. 小组活动能充分发展学生自己的兴趣爱好，丰富和充实学生的精神生活，培养学生独立作业的能力

6. 课外、校外教育活动的特点包括(　　)

A. 自愿性　　B. 灵活性　　C. 自主性　　D. 实践性

7. 下列活动中，属于临时性课外活动的有(　　)

A. 报告　　B. 课外阅读　　C. 表演　　D. 训练班

8. 小组活动的特点是(　　)

A. 自愿组合　　B. 小型分散

C. 灵活机动　　D. 普及性

9. 课外、校外活动的教育功能包括(　　)

A. 能促进学生在德、智、体等方面的积极发展

B. 能够满足学生的多方面需要，使学生更加均衡发展

C. 能把注意集中到与目标有关的事情上

D. 有利于学生特长与个性的发展

三、判断题

1. 课外活动根据时间长短，可分为长期性活动、短期性活动和临时性活动。(　　)

2. 课外活动是课堂教学的延伸和继续。(　　)

3. 课外活动作为学校教育的组成部分，应纳入学校工作的整体计划之中。(　　)

4. 任何不顾学生的兴趣爱好、特长和年龄特征而强求一律的做法，不仅会打击学生参与课外、校外教育活动的热情和积极性，而且还会降低课外、校外教育活动的效果。(　　)

四、填空题

1. ________是指学生在教师指导下，在课外单独进行的活动。

2. 学生是否参加活动以及参加何种活动，最终的决定权都在学生自己，这体现了课外、校外教育的________特点。

3. 根据课外活动的机能，可将课外活动分为________、创造性活动和训练性活动。

4. 课外活动是以活动为中心展开的，从而为学生提供了综合运用多种学科知识来分析和解决问题的机会。这体现的是课外活动的________。

五、辨析题

1. 与课堂教学相比，课外活动更有利于因材施教原则的实施。

2. 课外活动的开展要因地制宜，要与当地的经济、文化发展要求相适应。

六、简答题

1. 简述组织课外活动的基本要求。

2. 简述课外、校外教育的主要内容。

七、论述题

试述课外、校外教育与课堂教学的关系。

专题二　学校、家庭、社会三结合教育

考法透视　本专题以识记为主，多以选择题、判断题等客观题形式考查，主要考查家庭教育的特点以及教育合力的内容。

限时:90 分钟	用时：　分钟	错题数：　道	▶答案见 P463

一、单项选择题

1. “家校携手，共育学子”的理念，侧面反映了家庭教育的(　　)

A. 强制性　　B. 局限性　　C. 普及性　　D. 民主性

2. “知子莫如父，知女莫若母”这句话体现了家庭教育比学校教育更具有(　　)

A. 先导性　　B. 感染性　　C. 权威性　　D. 针对性

3. 在三结合教育中，占主导地位的是(　　)

A. 家庭教育　　B. 学校教育　　C. 自我教育　　D. 社会教育

4. “遇物而诲”“择机而教”说明家庭教育相对于学校教育更具(　　)

A. 科学性　　B. 针对性　　C. 系统性　　D. 规范性

5. 教育合力是指以学校教育为主体，以________为基础，以________为依托的共同育人的力量。(　　)

A. 家庭教育　社会教育　　B. 社区教育　社会教育

C. 学校教育　家庭教育　　D. 社会教育　家庭教育

6. 孩子从很小的时候就会模仿父母的行为，所以父母一定要做好榜样，表里如一。这体现的是家庭教育的(　　)

A. 先导性　　B. 权威性　　C. 感染性　　D. 针对性

7. 从时间上看，相对于其他教育形式来说，家庭教育的特点是(　　)

A. 开始最早，持续时间最短　　B. 开始最早，持续时间最长

C. 开始较晚，持续时间最长　　D. 开始较晚，持续时间较短

8. 最能体现教育的生活化、情感化、多样化特点的是(　　)

A. 社会教育　　B. 社区教育　　C. 家庭教育　　D. 学校教育

9. 疫情期间，家长面对自我意识逐渐增强的青春期的孩子有很多的无奈，常常反映孩子听不进父母的教诲，家长在家庭教育上感到力不从心。此时，教师应该(　　)

A. 放弃对家长配合自己工作的期望

B. 要求家长树立威信，让家长成为自己的“助教”

C. 指导家长做有效的亲子沟通，从而一起做好教育工作

D. 在孩子面前嘲笑这些家长

10. “养不教，父之过”，我国历来重视亲子关系，重视父辈对子辈的家庭教育。下列关于家庭教育的说法，错误的是(　　)

A. 家庭教育是学校教育的基础和补充

B. 家庭是第一所学校，父母是第一任老师

C. 家庭教育内容更具有生活化的特点

D. 家庭教育占主导地位，影响孩子的一生

11. 由家长代表成立的组织，是家长与学校沟通的桥梁。这指的是(　　)

A. 家长代表制　　B. 家长委员会

C. 家长组织　　D. 学校教育组织

12. (　　)主要是指学校、家庭环境以外的社区、文化团体和组织等给予儿童和青少年的影响。

A. 家庭教育　　B. 学校教育

C. 自我教育　　D. 社会教育

二、多项选择题

1. 在教育活动过程中，要注意“三结合”，共同发挥作用，“三结合”所指的三种教育是(　　)

A. 班级教育　　B. 学校教育　　C. 家庭教育　　D. 社会教育

2. 学校教育与家庭教育相互配合的方法有(　　)

A. 互访　　B. 校外指导　　C. 家长会　　D. 家长委员会

3. 家庭教育的特点包括(　　)

A. 先导性　　B. 终身性　　C. 实践性　　D. 针对性

4. 下列属于校外教育组织的任务的是(　　)

A. 相互交换情况，研究学生的各种表现　　B. 督促学生成绩的提高

C. 宣传好人好事　　D. 制订转变后进生的计划和具体措施

5. 根据教育合力原则，教师家访主要是(　　)

A. 告知家长孩子在校的表现　　B. 督促家长，让家长成为自己的助教

C. 家校结合，齐抓共管　　D. 了解孩子在家的表现

6. 实现有效家访的途径有(　　)

A. 家访时间越长越好，这样可以聊得更详细

B. 确定家访对象，明确家访目标

C. 家访时的谈话可以很随意，想说什么就说什么

D. 要做好家访记录并且及时反馈

7. 下列选项中，和家庭教育存在的问题相关的有(　　)

A. 方法科学　　B. 家长对孩子期望偏高

C. 片面重视孩子的智力开发、文化学习　　D. 不能全面关心孩子的成长

8. 家庭教育的教育方法有(　　)

A. 解答疑难　　B. 指导读书　　C. 游戏　　D. 树立榜样

9. 在我国,家庭、学校和社会的根本目标是一致的,都是为了使受教育者的身心得到全面发展。为使学校、家庭、社会形成教育合力,应做到(　　)

A. 社会教育占主导地位　　B. 学校教育占主导地位

C. 加强学校与家庭之间的相互联系　　D. 加强学校与社会教育机构之间的相互联系

10. 家庭教育是指父母或其他年长者在家庭内对子女及其他年幼者实施的教育和影响。下列关于家庭教育的叙述中,正确的有(　　)

A. 家庭教育有确定的教育内容　　B. 家庭教育具有权威性的特点

C. 家庭教育对人的影响是潜移默化的　　D. 家庭教育对人的影响会持续人的一生

三、判断题

1. 学校生活可以在一定程度上代替家庭生活,因为学校生活的规范性比家庭生活更强。(　　)

2. 父母是孩子的第一任教师,有言传身教的作用,任何人都无法替代。(　　)

3. 在我国,家庭、学校和社会的根本利益是一致的。(　　)

4. 当前社会上存在的“5 + 2 = 0”现象,反映了学校、家庭、社会三方要充分合作,才能促进学生全面发展。(　　)

5. 孔子说:“少成若天性,习惯如自然。”可见,早期家庭教育是学校教育的基础。(　　)

6. 学校教育对学生的身心发展具有主导作用,家庭教育和社会教育对学生的影响不大,因此,可以忽略家庭教育和社会教育。(　　)

四、简答题

1. 如何理解学校教育在学校、家庭、社会三结合教育中占主导地位?

2. 简述家庭教育的基本要求。

3. 简述社会教育影响儿童和青少年的身心发展的途径。

4. 简述社会教育的特点。

五、案例分析题

1. 材料一　习近平总书记在全国教育大会上指出,"办好教育事业,家庭、学校、政府、社会都有责任。家庭是人生的第一所学校,家长是孩子的第一任老师,要给孩子讲好'人生第一课',帮助扣好人生第一粒扣子。"随着全社会对家庭教育越来越重视,随着《关于加强家庭教育工作的指导意见》等政策的颁布,家庭教育工作的重要意义、工作格局、主要内容、保障措施等更加明确。但是,家庭教育仍需要进一步关注和支持。

材料二　《关于进一步促进家庭教育发展的提案》提到,家长对学生的教育普遍感到焦虑,而九成以上班主任认为家校沟通存在问题,家长参与沟通积极性不高,家校教育理念存在差异,家长缺乏家庭教育知识,普遍存在焦虑情绪等,需要多方合力支持家庭教育。

材料三　据中国青年报社会调查中心联合问卷网的调查,一些家长在与学生的沟通的过程中因为沟通方式不当,导致一些学生存在沟通上的压力问题。如学生小陈虽然能理解父母的想法与喜好,但她认为父母应该给孩子一些人生规划,但不能简单地自己觉得什么是对孩子好的就强加在孩子身上。

(1)根据材料并结合实际,谈谈当前家校矛盾的主要表现。

(2)为缓解家长的焦虑,推动构建家庭教育与学校教育的良性互补关系,你有什么解决建议?

2. 我为学生和家长设计、组织了一项长期的班级活动——家长讲座。家长讲座邀请全班学生的家长积极参与,在三年内定期请不同的学生家长为全班学生做讲座。具体的活动形式如下:家长自愿报名参加讲座;讲座内容要有利于学生的成长,可以是家长自己的人生故事、人生经历,也可以是工作感悟、所见所得;活动最后由全班学生推选出 10 名"最佳演讲者",让学生为参加讲座的家长戴红花。在实际活动中,家长都非常用心地参与进来,每位家长进行讲座前都精心准备;学生自己策划组织活动流程,使每次活动都获得圆满成功。不同人生经历的

家长为全班学生呈现了丰富多彩的思想和经验、五花八门的知识和故事，全班学生听得津津有味，感触颇深。

——任小艾的报告材料节选

（1）分析材料，任老师的做法中哪些教育理念值得我们学习和借鉴？

（2）假如你是班主任，围绕家校合作，你打算做哪些工作？

3. 小学二年级的品德与生活课上，王老师告诉同学们要遵守国家法律法规，保护野生动物。王老师拿出了各种图片，向大家介绍了大熊猫、金丝猴、穿山甲等国家保护动物。同学们非常高兴地辨识这些图片，了解到了保护动物的常识。两周后的一个周末，小明和家人去郊外游玩，在一个农庄吃饭的时候，家人点了清蒸穿山甲。小明说："穿山甲不能吃，我们上课的时候老师说了，它是国家二级保护动物，吃它是违法的。"小明的爸爸说："别听你老师说的，穿山甲当然可以吃了，而且还很有营养。"旁边的服务员听到父子俩的谈话，也纷纷附和小明的爸爸。周一上学，小明疑惑地问王老师："老师，为什么您叫我们不能伤害穿山甲，可是爸爸却说穿山甲营养丰富，吃了对身体好。我到底应该听谁的呢？"

请运用学校、家庭、社会三结合形成教育合力的理论来分析上述案例。

4. 初中学生小王，家住县城，从他家到学校的路上，有十几家网吧。他每天早饭后，都能背起书包，按时去上学。期末复习考试前，他的班主任突然请了长期病假，学校派张老师去接任该班班主任。张老师任班主任的第二天就来到了小王家，问小王为什么连续一个多月没去上学。小王家长闻讯很惊愕："孩子一天也没缺过课呀！"经调查，小王这一个多月都是在网吧度过的。家长对此十分恼火，把孩子毒打了一顿。

（1）为什么小王长期逃学和沉迷网吧而未被发现？

（2）请运用相关教育知识，对案例中小王家长的做法进行分析。

第十章　教育研究

专题一　教育研究概述

考法透视　本专题以识记为主，多以选择题、判断题等客观题形式考查，主要考查教育研究的概念，各种类型的教育研究的分类依据、内涵，教育研究的基本过程。

限时:70 分钟	用时:　　分钟	错题数:　　道	▶答案见 P467

一、单项选择题

1. 教育科研的起始环节是(　　)

A. 确定研究对象　B. 提出假设　C. 选择课题　D. 收集资料

2. 教育研究的最终目的是(　　)

A. 揭示教育规律　B. 撰写研究报告

C. 发现教育问题　D. 改进教育现状，促进教育发展

3. 教育研究走向成熟的重要标志是(　　)

A. 定性分析　B. 定量分析　C. 开发研究　D. 合作研究

4. 贯穿教育研究整个过程的是(　　)

A. 文献检索　B. 收集资料　C. 分析资料　D. 选定课题

5. (　　)对研究领域具有直接增加知识的价值。

A. 定量研究　B. 开发研究　C. 基础研究　D. 应用研究

6. 查阅文献资料最快捷的方法是(　　)

A. 图书　B. 网络检索　C. 索引　D. 报纸

7. 题录、书目、索引、提要和文摘等属于(　　)

A. 一次文献　B. 二次文献　C. 三次文献　D. 四次文献

8. 教育研究的本质特征是(　　)

A. 解决教育实际问题　B. 解决教育理论问题

C. 总结经验　D. 创新

9. 某学校一年级语文教师邓老师发现所教学生错别字偏多，于是他在识字教学中尝试运用字理教学法，之后他设计申报“小学低年级学生产生错别字的心理机制与对策研究”课题。就课题产生而言，邓老师设计的课题来源于(　　)

A. 文献的梳理　B. 教育实践

C. 各级课题指南　D. 他人课题的启示

10. 为了研究小学生英语口语交际能力的影响因素，张老师首先查阅了大量的文献，然后确定了自变量和因变量，接着将“研究假设”表述为“班级规模与小学生英语口语交际能力呈负相关”，现在正思考研究方法。当前张老师的课题研究处于(　　)环节。

A. 确定课题　　B. 制订计划　　C. 实施计划　　D. 总结整理

11. 同领域专家在相同的研究条件下，运用同样的方法重新研究得到同样或相似的结论，这表明了教育科学研究的(　　)原则。

A. 客观性　　B. 操作性　　C. 公共性　　D. 检验性

12. 教师在选定研究问题时一定要具体、适度，研究范围要明确界定，且(　　)

A. 宜小不宜大　　B. 宜宽不宜窄　　C. 宜旧不宜新　　D. 宜虚不宜实

13. 直接以自己的生产、科研、社会活动等实践为依据撰写出来的文献属于(　　)

A. 一次文献　　B. 二次文献　　C. 三次文献　　D. 检索性文献

14. 专门为教育科学研究提供感性认识的文献是(　　)，包括教育参考书、教学大纲、调查报告、工作总结等。

A. 事实性文献　　B. 理论性文献

C. 工具性文献　　D. 经验性文献

15. 为了避免重复劳动，提高科学研究的效益，最重要的工作是(　　)

A. 选题　　B. 写出论证报告

C. 文献检索　　D. 制订课题计划

16. (　　)是一种“滚雪球式”的方法。

A. 顺查法　　B. 逆查法　　C. 引文查找法　　D. 综合查找法

17. 张老师想写篇教育研究论文，他查阅文献的时候，主要翻看了赫尔巴特的《普通教育学》这本专著。这属于(　　)

A. 一次文献　　B. 二次文献　　C. 三次文献　　D. 四次文献

18. 关于资料的收集，以下说法错误的是(　　)

A. 可以通过浏览新的期刊收集资料

B. 可以使用检索工具收集资料

C. 针对某一个具体问题，最好用一种方法收集资料，这样收集的资料系统性更强

D. 要重视实际资料的收集

19. (　　)是综合地运用各种方法，全面、准确、迅速地查找有关资料的方法。

A. 顺查法　　B. 逆查法　　C. 引文查找法　　D. 综合查找法

20. 教育研究的对象是(　　)

A. 学生　　B. 教师　　C. 教育问题　　D. 教育理论

21. (　　)是研究工作进行之初所做的书面规划，是如何进行研究的具体设想，是研究实施的蓝图。

A. 研究计划　　B. 研究目的　　C. 研究结构　　D. 研究过程

22. 教育研究的基础是(　　)

A. 整理资料　　B. 收集资料　　C. 分析资料　　D. 总结资料

23. (　　)是通过解决"是多少"等的数量问题来对事物进行研究,主要是侧重于用数字和量表来描述所研究的事物。

A. 应用研究　　B. 质性研究　　C. 定量研究　　D. 定性研究

24. 定量研究的主要方法不包括(　　)

A. 相关法　　B. 调查法　　C. 观察法　　D. 实验法

25. 资料分析的基本步骤是(　　)

A. 阅读资料—解释资料—筛选资料　　B. 阅读资料—筛选资料—解释资料

C. 筛选资料—阅读资料—解释资料　　D. 解释资料—阅读资料—筛选资料

二、多项选择题

1. 教育研究的基本性质有(　　)

A. 文化性　　B. 假设性　　C. 价值性　　D. 主体性

2. 教育文献检索的基本方法有(　　)

A. 顺查法　　B. 逆查法

C. 引文查找法　　D. 问卷调查法

3. 教育研究的基本组成要素是(　　)

A. 客观事实　　B. 科学理论　　C. 科学假设　　D. 方法技术

4. 教育研究根据其目的来说,可以分为(　　)

A. 基础研究　　B. 教育价值研究

C. 教育事实研究　　D. 应用研究

5. 根据方法论的不同,教育研究可以分为(　　)

A. 定量研究　　B. 应用研究

C. 定性研究　　D. 基础研究

6. 教育研究资料的收集渠道有(　　)

A. 问卷　　B. 访谈　　C. 个案　　D. 观察

7. 下列属于原始文献的有(　　)

A. 专题述评　　B. 索引　　C. 论文　　D. 实验报告

8. 好的研究课题要满足的要求是(　　)

A. 有价值　　B. 有科学的现实性

C. 具体明确　　D. 覆盖广泛

9. 在教学中,我们经常见到学生写错了字,动不动就被罚写十遍甚至几十遍。学生做错一道题,就被罚重新抄写。教师这种简单粗暴的处理方法是欠妥的。其实,教师可以以此作为研究课题,分析学生出错的原因,对症下药,解决问题。你认为教师进行教育研究的优势是(　　)

A. 教师工作于真实的教育教学情境之中,最了解教学的困难、问题与需求

B. 教师能准确了解自己教学的成效

C. 教师针对具体的、真实的问题所采取的变革尝试,能够在实践中得到检验

D. 教师能从教育教学现场中获得第一手资料

10. 按文献的级别可将文献划分为哪几种类型(　　)

A. 一次文献　　B. 二次文献

C. 三次文献　　D. 四次文献

三、简答题

1. 简述教育研究的基本过程。

2. 制订研究计划需要做好哪几个方面的工作?

四、论述题

1. 教师参与教育研究的意义有哪些?

2. 教育研究课题的来源有哪些?

专题二　教育研究方法

【考法透视】本专题以识记为主，多以选择题、判断题等客观题形式考查，主要考查观察研究法、调查研究法、实验研究法、个案研究法、行动研究法以及校本教研的内容。

限时:90 分钟	用时：　分钟	错题数：　道	▶答案见 P469

一、单项选择题

1. 某教研室教研员计划研究学生参与课堂讨论对其成绩的影响，他选择每周在某学校的语文课堂进行四个课时的跟堂观察。他依据含有具体观测维度的观察表，记录学生参与课堂讨论的具体情况。从研究类型上看，这种观察属于(　　)

A. 参与式、非跟踪式观察　　B. 参与式、非结构化观察

C. 参与式、跟踪式观察　　D. 非参与式、结构化观察

2. 教育教学叙事是(　　)

A. 教学反思的一种形式　　B. 同伴互助的一种形式

C. 专业引领的一种形式　　D. 行动研究的一种形式

3. 对低年级学生告状行为的研究，宜采用(　　)

A. 日记描述法　　B. 轶事记录法　　C. 事件取样法　　D. 时间取样法

4. 实际工作者在现实情境中自由展开反思，敢于探索，并以解决工作情境中特定的实际问题为主要目的的研究是(　　)

A. 叙事研究　　B. 个案研究　　C. 行动研究　　D. 调查研究

5. 教育行动研究是一个螺旋式加深的过程，其最后一个环节是(　　)

A. 问题　　B. 计划　　C. 行动　　D. 反思

6. 下列对教育行动研究表述不正确的是(　　)

A. 它适用于解决实际问题　　B. 它适用于解决理论问题

C. 它是一个不间断的螺旋、反复的过程　　D. 它要求实践者与研究者相互协作

7. 教学研究中实验法的种类有很多，教学实验一般采用(　　)

A. 自然实验　　B. 验证性实验　　C. 实验室实验　　D. 创新性实验

8. 某省不同县市在艺术教育方面差距较大，如果要初步了解该省艺术教育的开展情况，在时间紧急、抽取样本数量比较小的情况下，比较合适的抽样方法是(　　)

A. 等距随机抽样　　B. 分阶段随机抽样

C. 整群随机抽样　　D. 分层随机抽样

9. 以下表述中，不属于行动研究特点的是(　　)

A.“为教育行动而研究”　　B.“由教育行动者研究”

C.“在教育行动中研究”　　D.“以教育行动为研究”

10. 起源于人类学、社会学、民俗学等学科，建立在经验和直觉的基础上，以研究者本人作为研究工具，在与研究对象的互动中理解和解释其行为和意义建构的教育研究方法是(　　)

A. 行动研究法　　B. 质性研究法

C. 观察法　　D. 教育叙事研究法

11. 以马克思主义理论为指导，重视研究对象发展的时间顺序和空间变换，是(　　)的基本要求。

A. 调查研究法　　B. 实验研究法　　C. 历史研究法　　D. 行动研究法

12. 简便易行，具有较强的实践性与参与性，综合使用多种研究方法，较适合于中小学教师采用的教育研究方法是(　　)

A. 行动研究法　　B. 问卷调查法　　C. 历史研究法　　D. 课堂观察法

13. 在教育调查研究中，为获取相关资料而对一所学校或一个学生进行的专门调查属于(　　)

A. 全面调查　　B. 重点调查　　C. 抽样调查　　D. 个案调查

14. 某学校教师小吴想要研究中国和日本两国课程改革状况的差异，则他最宜采用的研究方法是(　　)

A. 观察法　　B. 调查法　　C. 比较法　　D. 实验法

15. 学校要求教师相互听课、研讨问题，这体现了校本研究倡导的(　　)

A. 同伴互助　　B. 自我反思　　C. 专家引导　　D. 问题驱动

16. 为了解新老师的教学情况，张校长经常深入课堂听课，直接记录上课老师的情况，收集相关信息，张校长所采用的教育研究方法是(　　)

A. 历史法　　B. 观察法　　C. 比较法　　D. 测量法

17. 将教育观察法分为自然观察法和实验观察法的依据是(　　)

A. 观察的情境条件　　B. 是否借助仪器设备

C. 观察者是否直接参与被观察者的活动　　D. 是否有一定结构的内容

18. 教育调查研究中最基本也是使用最广泛的一种研究方法是(　　)

A. 访谈调查　　B. 测量调查　　C. 个案研究　　D. 问卷调查

19. 各类研究中唯一能确定因果关系的研究方法是(　　)

A. 观察研究法　　B. 行动研究法

C. 实验研究法　　D. 个案研究法

20. 教师提高研究技能的三种途径是(　　)

A. 自主、合作、探究　　B. 阅读、合作、行动研究

C. 学习、讨论、创新　　D. 兴趣、发现、研讨

21. (　　)是通过讲述教育故事，体悟教育真谛的一种研究方法。

A. 实验研究法　　B. 调查研究法

C. 教育叙事研究法　　D. 个案研究法

22. 下列哪项不属于教育随笔的主要特点(　　)

A. 取材广泛　　B. 简单明了　　C. 短小精悍　　D. 迅速及时

23. 开展校本研究的基础和前提是(　　)

A. 自我反思　　B. 专业引领　　C. 同伴互助　　D. 独立探索

24. 采用问卷、访谈等方式收集有关资料,进行分析研究的教育研究方法是(　　)

A. 调查研究法　　B. 个案研究法

C. 观察研究法　　D. 实验研究法

25. 在教育研究中,透过单向玻璃进行的隐蔽性观察属于(　　)

A. 显性观察　　B. 参与观察　　C. 叙述观察　　D. 非参与观察

26. 王老师针对"学生学习英语的积极性不高"这一问题进行研究。他尝试选择小组合作学习的方法进行教学,并在教学过程中及时观察学生的表现,了解学生的反馈,还请教育理论工作者共同开展研究,不断对合作小组学习的内容、形式、方法等进行调整,最终较好地解决了这一问题。这属于(　　)

A. 实验研究　　B. 调查研究　　C. 个案研究　　D. 行动研究

27. 以对某小学一到六年级学生的动手能力调查为例,若采用抽样调查,我们可以(　　)

A. 让一到六年级的学生统一做一个模型,然后对学生完成模型的选材、形状、结构等进行分析,以描述学生的动手能力现状

B. 让全校一到六年级的学生都作为被调查者,要求完成统一的模型制作和有关动手操作能力的问卷

C. 在各班分别抽取20%的学生进行调查,要求完成统一的模型制作和有关动手操作能力的问卷

D. 选择全校动手操作能力优秀的个别学生进行调查,了解动手操作能力形成的过程和要素

28. 下列关于教育行动研究的表述中,正确的是(　　)

A. 能严密控制研究条件　　B. 教师是教育行动的当事人

C. 实践性差　　D. 是为了理论建构而进行研究

29. 弥补幼儿理解能力和反应方式等方面的局限性,克服其他正式测试中所测结果的不稳定,观测到其他方法无法测量的行为的研究方法是(　　)

A. 访谈法　　B. 实验法　　C. 观察法　　D. 问卷法

30. 基于经验和直觉,以自身作为研究工具,凭借研究者自身的洞察力,在与研究对象的互动中理解和解释其行为和意义建构的教育研究方法是(　　)

A. 量化研究　　B. 质性研究　　C. 调查研究　　D. 经验总结研究

31. 校本研究指以学校自身条件为基础,以(　　)为主力军,针对学校现实存在的问题而开展的有计划的研究。

A. 专家、学者　　B. 一线教研员

C. 教育行政人员　　D. 学校校长、教师

32. 先按照某些人口学特征或某些标志将研究人群分为若干组，然后从每组抽取一个随机样本的抽样方法是(　　)

A. 单纯随机抽样　　B. 系统抽样

C. 分层抽样　　D. 整群抽样

33. 班上小王的成绩不突出，平常也沉默寡言，既不跟同学亲近，也不善于表达自己。班主任希望以小王为切入点，研究该阶段学生的行为习惯，以采取更好的教学方法。因此班主任对小王进行了一年多的跟踪研究。班主任对小王的研究属于(　　)

A. 个案研究法　　B. 历史研究法

C. 行动研究法　　D. 质性研究法

34. 最早提出"行动研究"这一概念的是(　　)

A. 梅伊曼　　B. 拉伊　　C. 凯洛夫　　D. 勒温

35. 身处教育实践第一线的研究者与受过专门训练的科学研究者密切合作，以教育实践中存在的某一问题作为研究对象，通过合作研究后，再把研究结果应用到自身从事的教育实践中去的研究方法属于(　　)

A. 行动研究法　　B. 观察法　　C. 实验法　　D. 调查法

36. 教师的教育研究属于(　　)

A. 基础研究　　B. 应用研究　　C. 行动研究　　D. 理论研究

37. 想了解学生家长对小学生参加劳动所持的态度，最适宜的研究方法是(　　)

A. 教育调查法　　B. 教育观察法

C. 教育实验法　　D. 教育叙事研究法

38. 校本教研的核心要素是(　　)

A. 自我反思、同伴互助和专家引领　　B. 教育叙事、同伴互助和专家引领

C. 案例、自我反思和同伴互助　　D. 教育叙事、自我反思和专家引领

39. 宋老师发现教学中的某一问题并对其描述，继而形成解决计划并实施，随后收集数据和材料来分析计划的有效性，并把结果应用于处理后续课堂中出现的类似问题上。这种研究方法是(　　)

A. 叙事研究法　　B. 行动研究法

C. 文献研究法　　D. 实验研究法

40. 教育观察的实施步骤中，(　　)是教育观察工作的核心。

A. 实施观察　　B. 进行记录

C. 整理和分析观察资料　　D. 提出观点，撰写观察报告

41. 王老师想研究语文学科系统讲授加点评的教学方法与提高学生阅读水平之间的关系，那么她应该采用的研究方法是(　　)

A. 历史研究法　　B. 调查研究法　　C. 实验研究法　　D. 比较研究法

42. (　　)的设计以及描述可以考虑七个"W"问题：谁(Who)、什么(What)、地点(Where)、如

何(How)、原因(Why)、时间(When)、受谁影响(Whom)。

A. 定性研究　B. 质性研究　C. 实地研究　D. 个案研究

43. 教育科研中对研究对象总体进行的调查是(　　)

A. 全面调查　B. 抽样调查　C. 重点调查　D. 典型调查

44. 为了解决学生上课睡觉的问题,班主任与其他任课老师进行合作,研究出现这一问题的原因,通过访谈、观察和家访等方式,发现与老师的教学方式有关。于是各科老师做了几轮实验,且不断地调整自己的教学计划,最终解决了这一问题。由此可见,这种解决教育实际问题的方法属于(　　)

A. 自我提问法　B. 比较法

C. 教学诊断法　D. 行动研究法

45. 校本研究的主体是(　　)

A. 学校领导　B. 学校教师

C. 学生群体　D. 研究机构人员

46. 教育行动研究的主体主要是(　　)

A. 学生　B. 学校领导　C. 教师　D. 教育专家

47. 从某种意义上来说,(　　)的写作是教育科研的初步,可以为教育科研准备素材,可以提高提出问题、分析问题、解决问题的能力。

A. 教育随笔　B. 教育叙事　C. 教育反思　D. 教学日记

48. 下列不属于教育实验研究法的性质的是(　　)

A. 有计划　B. 可重复操作

C. 有理论假说　D. 有控制

二、多项选择题

1. 校本教研是教师专业发展的重要途径。校本教研的基本特征是(　　)

A. 依赖专家力量　B. 基于学校力量

C. 在学校研究　D. 为了学校研究

2. 同伴互助的基本形式包括(　　)

A. 对话　B. 协作　C. 反思　D. 帮助

3. 观察研究法的不足包括(　　)

A. 取样小　B. 所获材料具有一定的表面性

C. 观察缺乏控制　D. 可以获得客观、真实的数据

4. 常用的调查方法有(　　)

A. 观察法　B. 产品分析法　C. 问卷法　D. 访谈法

5. 教师在行动研究实践中,明确问题的方式有(　　)

A. 通过教育实践中面临的问题　B. 通过理论学习受到的启发

C. 通过他人成功经验的启示　D. 通过社会调查发现问题

6. 根据调查目的的不同,调查法可分为( )

A. 全面调查 B. 常规调查 C. 重点调查 D. 相关调查

7. 下列属于教育叙事研究的操作步骤的是( )

A. 观察并提出问题 B. 事件的记录与描述

C. 反思与分析 D. 总结与提升

8. 思维导图是用图解的形式和网状的结构,加上关键词和关键图像,对信息进行储存、组织和优化的思维工具。江老师在知道朋友的女儿使用“思维导图”写作文获得成功后,针对班上同学害怕写作文的现状,决定尝试将“思维导图”应用于作文教育。他查阅有关“思维导图”的文献资料后,先引导学生画“思维导图”,然后引导学生利用“思维导图”进行写作。经过一段时间的训练,学生不再害怕写作文,作文中的叙述也变得言之有物和言之有序了。江老师遂将他的研究成果与同事分享。从教师行动研究的角度分析,上述材料表明( )

A. 江老师的研究符合教育行动研究的要求

B. “思维导图”的运用提高了学生的写作水平

C. 教育行动研究无需公开研究成果

D. 教育行动研究无需持续进行

9. 梁老师在教育记录里写道:覃才,长得帅气,常常在课堂上偷偷照镜子,他过分地欣赏自己的外表,我几次委婉提醒他(不要这样),但此类情形并没有改观。他自己无法集中注意力听课,上课经常无精打采,其行为也影响了部分同学听讲。我经过仔细询问才知道,他照镜子是因为有同学叫他“娘娘腔”,他因此内心倍感压力,浑身不自在,不自觉地养成了“照镜子”这个不好的听课习惯。我自以为他是自信,殊不知他是因为压力和自卑。看来教师不能凭经验主观臆断地给学生下结论。在梁老师的叙事研究中,下列说法恰当的有( )

A. 教育叙事研究是以讲故事的方式进行的

B. 教育叙事研究的主角是教师和学生

C. 教育叙事研究使教师在自己的故事中成长

D. 教育叙事研究是教师自己研究自己

10. 教育研究中的行动必须具有以下哪些特征( )

A. 可操作性 B. 验证性 C. 教育性 D. 探索性

三、判断题

1. 中小学教师开展教育叙事研究,主要是通过“自上而下”的方式,描述自身的生活故事,并对这些故事的意义进行建构,在此基础上生成对教育活动的一种解释性理解。从研究类型上看,中小学教师开展的叙事研究主要属于质性研究。 ( )

2. 行动研究法主要适用于教育实际问题而不是理论问题的研究,以及中小规模而不是宏观的实际研究。 ( )

3. 为了促进学生全面而有个性的发展,王老师对学生李某进行了长期的追踪研究,并制订了具有针对性的教育方案,王老师开展的教育研究是实验研究。 ( )

4. 从研究方法上来看，行动研究属于量化研究。（　　）

5. 在教育调查研究中，样本容量越大越好。（　　）

6. 在高校问卷调查中，所设问题不能“诱使”学生做出你所希望的回答。（　　）

四、简答题

1. 简述实验研究法的优点。

2. 简述个案研究法的局限性。

五、案例分析题

小学三年级语文老师李华执教的两个班，90%的学生是外来务工人员子女。在日常教学中，李老师发现，这些孩子大多握笔姿势不正确、不善与人交流、知识面窄。为了进一步了解外来务工人员子女在学习上面临的困难及其原因，李老师对部分学生进行了家访，并就相关问题询问了本年级其他教师。结果显示：与本市居民子女相比，外来务工人员子女在学习上存在一定差距，其中英语学习差距最大，语文学习次之，数学学习差别不大。为了探索提高这些外来务工人员子女语文学习成绩的有效策略，李老师打算在这两个班进行以“扩展课外阅读”为自变量的实验研究。但是，学校科研顾问认为采取行动研究方法更为适当。李老师陷入困惑，不能确定采用何种方式展开研究。

（1）案例中李老师在发现和确定研究问题的过程中使用了哪些方法？

（2）针对李老师的困惑，请为她选择一种研究方式，并从研究目的、研究过程、研究主体三个方面阐述做出这种选择的理由。

参考答案及解析·教育学部分

教育学部分

第一章　教育与教育学

专题一　教育概述

答案速查：

1～5	DBBDD	6～10	CCCBA	11～15	DDBAB	16～20	DCAAB
21～25	DCBCA	26～30	CCBAA	31～35	DDDBC	36～40	ABBCD
41～45	BBDDA	46～52	BDADBBC	1～5	ABD ABD ABC BCD ABCD		
6～10	ABC ACD ABCD AC ABCD			11～14	ABCD AB ABC BCD		
1～5	× √ × × √			6～10	× × √ √ √		
11～15	× √ × × ×			16～19	√ × √ ×		

一、单项选择题

1. D 【解析】王道俊、郭文安主编的《教育学》（第7版）中指出：凡是教育活动都具有教育者、受教育者、教育内容和教育活动方式等基本要素，这是构成教育活动的共性，缺少了其中任何一个要素都不可能成为真正的教育。故选D项。

方法技巧：关于教育活动的基本要素，不同的学者有不同的观点。以下归纳了几种常考的说法，考生做题时应注意具体问题具体分析。
三要素说：教育者、受教育者、教育影响/教育媒介/教育措施/教育内容。
四要素说：教育者、受教育者、教育内容、教育手段/教育活动方式/教育物资。

2. B 【解析】教育是培养人的活动，培养人划分了教育活动和其他社会活动的区别。教育活动是有意识的以人为直接对象的社会活动，它不同于其他以物质产品或精神产品的生产为直接对象的社会生产活动。本题答案选B项。

方法技巧：理解教育的本质属性需要重点抓住"培养人"三个字。(1)"培养人"说明教育活动不同于人类的其他社会活动：①它是以人为直接对象的，不同于以物质产品或精神产品的生产为直接对象的社会生产活动；②它是以对人的身心发展产生影响为直接目标的，不同于医疗活动以及以满足人的需要为目标的社会服务活动。(2)"培养人"确认了教育的存在特性。教育活动可以加速人的社会化品质的塑造，通过培养人服务于社会。(3)"培养人"是教育的主体活动。

3. B 【解析】教育的日常用法大致可以分为三类：
一类是作为一种过程的"教育"，表明一种深刻的思想转变过程，如"我从这部影片中受到了一次深刻的教育"中的"教育"；
又一类是作为一种方法的"教育"，如"你的孩子真有出息，你是怎么教育孩子的"中的"教育"；
再一类是作为一种社会制度的"教育"，如"教育是振兴地方经济的基础"中的"教育"。
题干中小刚父母所说的教育就是作为一种方法的"教育"。本题选B项。

4. D 【解析】将教育功能的方向和形式结合起来，可将教育功能划分为正向显性功能、正向隐性功能、负向隐性功能以及负向显性功能四类。课业负担过重会影响孩子创造性和批判思维能力的发展，这既体现了阻碍学生发展的功能——负向功能，又是非预期的且具有较大隐藏性的功能——隐性功能。故选D项。

5. D 【解析】从社会的角度来定义教育,有广义的教育和狭义的教育之分,狭义的教育是指学校教育,D 项说法错误。A 项说的是教育的本质属性,B 项说的是教育的永恒性,C 项说的是广义的教育。

6. C 【解析】在我国,“教育”一词最早见于《孟子·尽心上》中的“得天下英才而教育之,三乐也”。故孟子是我国最早提出“教育”一词的教育家。

易错提示:“教育”一词的最早出处与最早对“教育”一词进行解释的出处是易混淆的知识点。考生在做题时,需注意题干的关键词或题干的意思是“最早使用”“最早出现”还是“最早解释”。

7. C 【解析】在教育的诸多矛盾中,受教育者与教育内容这一对矛盾是教育中的基本的、决定性的矛盾,因为它是教育活动的逻辑起点。

8. C 【解析】根据教育系统所赖以运行的时间标准以及建立于其上的产业技术和社会形态,可以将教育形态划分为农业社会的教育、工业社会的教育和信息社会的教育,故选 C 项。A 项,根据教育系统自身形式化的程度,可将教育形态划分为非制度化教育和制度化教育。B 项,根据教育系统所赖以运行的空间标准,可将教育形态划分为家庭教育、学校教育和社会教育。D 项,根据教育发展的历史阶段,可将教育划分为原始社会的教育、古代社会的教育和近现代社会的教育。

9. B 【解析】本题中考生应区分四种起源学说。具体如下:

代表学说	代表人物	观点	地位
神话起源说	我国的朱熹	教育由人格化的神(上帝或天)所创造;教育目的是体现神或天的意志	人类关于教育起源的最古老的观点
生物起源说	法国的利托尔诺 英国的沛西·能	教育的产生完全来自动物的本能,是种族发展的本能需要	第一个正式提出的有关教育起源的学说
心理起源说	美国的孟禄	教育起源于日常生活中儿童对成人的无意识模仿	在学术界被认为是对生物起源说的批判
劳动起源说	苏联和我国大多数学者	教育起源于人类所特有的生产劳动	提供了理解教育起源和教育性质的一把“金钥匙”

根据题干中劳伦兹的观点,动物界也存在教育活动,这与教育的生物起源说观点一致。

10. A 【解析】法国社会学家利托尔诺和英国教育学家沛西·能是“生物起源说”的代表人物。孟禄是心理起源说的代表人物,苏联的凯洛夫和米丁斯基是劳动起源说的代表人物。

11. D 【解析】工业社会教育的特征包括:(1)现代学校的出现和发展;(2)教育与生产劳动从分离走向结合,教育的生产性日益突出;(3)教育的公共性日益突出;(4)教育的复杂性程度和理论自觉性都越来越高,教育研究在推动教育改革中的作用越来越大。D 项属于农业社会教育的特征。

12. D 【解析】教育者与受教育者的教学互动是以激励学生之学为基础、为动力的,旨在使青少年学生积极主动地成为自觉学习、自我教育的人。题干引文说明孔子十分重视学生学习与自我教育的自觉性、选择性与针对性,反映了教育是激励与教导受教育者自觉学习和自我教育的活动。(具体内容可参看王道俊、郭文安主编的《教育学(第 7 版)》)

13. B 【解析】美国教育家孟禄提出了教育的心理起源说,认为教育起源于日常生活中儿童对成人的无意识模仿。

14. A 【解析】心理起源说把人类有意识的教育行为混同于无意识模仿,否定了教育活动的目的性和意识性,导致了教育的生物学化,否认了教育的社会属性。

15. B 【解析】教育是人类所特有的一种有意识的社会活动,B 项属于动物的学习行为,不属于教育现象。

方法技巧：做此类试题时，谨记"三不原则"：动物的学习、动物之间的本能活动不是教育，如幼猴学跳跃、母鸡带小鸡；人的先天本能活动不是教育，如新生儿吮吸母乳、膝跳反射；无目的的偶然发生的影响不是教育，如孩子偶然被火灼烧而获得关于火的知识。

16. D 【解析】教育影响即教育活动中教育者作用于学习者的全部信息，既包括了信息的内容，也包括了信息选择、传递和反馈的形式，是形式与内容的统一。从内容上说，主要就是教育内容、教育材料或教科书，它是教育者和学习者互动的媒介；从形式上说，主要就是教育手段、教育方法、教育组织形式。故本题选 D。

17. C 【解析】教育媒介是教育活动的中介。从内容上说，主要就是教育内容、教育材料或教科书；从形式上说，主要是教育手段、教育方法和教育组织形式。故教科书、教学参考书等属于教育基本要素中的教育媒介。

18. A 【解析】我国古代的朱熹是神话起源说的代表人物，他所持的观点是神话起源说。

19. A 【解析】教育的社会属性的具体内容如下：

社会属性	内涵
永恒性	教育是人类所特有的社会现象，与人类社会共始终
历史性	不同时期的教育有不同的历史形态和特征
继承性	不同时期的教育有共同特点，前后相继
长期性	无论从一个教育活动完成角度，还是从一个个体的教育生长角度，其时间周期都比较长
相对独立性	教育有其自身的规律，具有相对独立性。可以"超前"或"滞后"于当时的社会发展
生产性	教育是生产性活动，与其他生产活动相比，在对象、过程与结果等方面有自己的特殊性
民族性	教育在具体的民族或国家中进行，有其民族性特征

题干中原始社会时期和现代社会时期有不同的教育内容，这说明教育具有历史性。所以答案选 A 项。

20. B 【解析】教育的最早独立形态是社会教育，家庭教育出现在一夫一妻制的家庭生产之后，学校教育形态出现最晚。

21. D 【解析】教育是人类特有的社会现象，随着人类社会的产生而产生，又随着人类社会的发展而发展。只要有人类社会存在，就离不开教育，教育是永恒的。教育的永恒性是由教育本身的职能决定的。教育的职能主要表现在两个方面：一是使年青一代适应现有的生产力，教育发挥生产斗争工具的职能；二是使年青一代适应现有的生产关系，在阶级社会，教育发挥阶级斗争工具的职能。在任何社会，老一辈人在给年青一代传授生产知识、技能和生产经验的同时，也要把社会的思想意识、风俗习惯和行为规范传授给下一代，使他们既适应生产力的需要，也适应生产关系的需要。可见，教育是年青一代健康成长和社会延续与发展不可缺少的条件。教育与人类社会共始终，是永恒的社会现象。

22. C 【解析】在教育活动的基本要素中，受教育者是指参与教育活动、与教育者在教学与教导上互动，以期自身在语言、知识、智慧、学业、品德、审美和体魄等方面获得发展的人，主要是学生。C 项为最佳答案。本题说法出自王道俊、郭文安主编的《教育学(第 7 版)》。

23. B 【解析】教育的生物起源说是教育学史上第一个正式提出的有关教育起源的学说，也是较早地把教育的起源问题作为一个学术问题提出来的。它标志着在教育起源问题上开始转向科学解释。

24. C 【解析】教育受一定社会的政治经济等因素的制约，但作为一种培养人的社会活动，教育有其自身的规律，具有相对独立性。此外，教育的相对独立性还表现在特定的教育形态不一定跟其当时的社会形态保持一致，而存在教育“超前”或“滞后”的现象。题干所述是教育相对独立性的体现。

25. A 【解析】题干中的这句话说明人要成为人，就必须接受教育，教育应以培养人作为专门职能。这在一定程度上揭示了教育的本质属性，即教育是一种有目的地培养人的社会实践活动。

26. C 【解析】教育的继承性是指不同历史时期的教育前后相继，后一时期教育是对前一时期教育的继承与发展。我国的教育方针继承了重视道德教育的优良传统，体现了教育的继承性。

27. C 【解析】本题中考生要注意区分教育功能的划分，具体如下：

分类依据	类型	含义
作用的对象	个体发展功能	教育对个体发展的影响和作用
	社会发展功能	教育对社会发展的影响和作用
作用的方向	正向功能	教育有助于社会进步和个体发展的积极影响和作用
	负向功能	教育阻碍社会进步和个体发展的消极影响和作用
作用的呈现形式	显性功能	依照教育目的、任务和价值，教育在实际中所出现的与之相符合的结果
	隐性功能	非预期的且具有较大隐藏性的功能
性质	保守功能	教育具有自身的结构，具有内在的稳定性和自身的逻辑性，不随社会的变化而变化，表现出教育重复、封闭、保守的一面
	超越功能	通过教育的自我更新和变革，促进和引领人类社会的发展

谋生功能和享用功能是教育对个体生活的两大功能。根据上表，从教育功能的呈现形式来看，教育功能可分为显性功能和隐性功能。答案选 C 项。

28. B 【解析】从性质上看，教育功能可以分为保守功能和超越功能。保守功能是指教育具有自身的结构，具有内在的稳定性和自身的逻辑性，不随社会的变化而变化，形成了教育自我保存的功能性和继承性，表现出教育重复、封闭、保守的一面。超越功能是指通过教育的自我更新和变革，促进和引领人类社会的发展。因此，B 项符合题意。

29. A 【解析】从微观角度看，教育活动由教育者、受教育者（学习者）、教育内容和教育手段四个要素构成。教育者是教育过程中“教”的主体；受教育者（学习者）是教育过程中“学”的主体；教育内容是师生共同认识的客体；教育手段是教育活动的基本条件。故答案选 A 项。

30. A 【解析】教育的基本形式有横向和纵向之分，具体划分如下：

划分标准	基本形式	
纵向	原始教育现象、古代教育现象、近代教育现象、现代教育现象和当代教育现象	
横向	学校教育	在学校中进行的各级各类教育
	家庭教育	家庭成员之间的相互教育，多指父母或其他年长者对儿女辈进行的教育
	社会教育	在校外儿童教育机构和校外成人文化教育机构进行的教育
	自我教育	人们自我组织的自学活动，以及自省、自修行为
	自然形态的教育	渗透在生产、生活过程中的口授身传生产、生活经验的现象

题干所述为自然形态的教育的内涵，所以答案选 A 项。

31. D 【解析】日本学者柴野昌山将教育功能的方向和形式结合起来，把教育功能划分为四类，即正向显性功能、正向隐性功能、负向隐性功能以及负向显性功能。“很多学生的成绩都有明显的提高”体现的是教育的正向显性功能；“在竞赛的过程中存在恶性竞争现象，偷藏资料的行为也逐渐增多”体现的是教育的负向隐性功能。综合选项可知，本题答案选 D。

32. D 【解析】关于教育定义的方式，美国分析教育哲学家谢弗勒在《教育的语言》一书中探讨了三种定义的方式，即“规定性定义”“描述性定义”和“纲领性定义”。

A 项，描述性定义是指对被定义对象的适当描述或对如何使用定义对象的适当说明。

B 项，纲领性定义是一种有关定义对象应该是什么的界定。

C 项，解释性定义不属于谢弗勒对教育定义的分类，可排除。

D 项，规定性定义即作者自己所创制的定义，其内涵在作者的某种话语情境中始终是同一的。

题干考查的是规定性定义，因此答案选 D 项。

易错提示：教育的这三种定义方式是容易混淆的知识点，区分这三种定义的方式的重点在于：规定性定义——“自创”；描述性定义——“实然”“究竟是”；纲领性定义——“应然”“应该是”“理想状态”。

33. D 【解析】隐性教育功能是非预期的且具有较大隐藏性的功能，如不公正的教育复制了现有的社会关系，再现了社会的不平等；对有些家长而言，学校起了照管儿童的功能等，都是隐性教育功能的表现。

34. B 【解析】题干这句话说明教育与人类社会共始终，这体现了教育的永恒性。

35. C 【解析】教育的起源学说包括神话起源说、生物起源说、心理起源说和劳动起源说等。其中，劳动起源说是在马克思历史唯物主义理论的指导下形成的，认为教育起源于人类特有的生产劳动。

36. A 【解析】在构成教育活动的基本要素中，教育者是主导性的因素，他是教育活动的组织者和领导者。没有教育者，教育活动就不可能展开，学习者也不可能得到有效的指导。

37. B 【解析】教育的本质是培养人，是教育者通过教育活动、运用教育内容促进受教育者的发展。因此，促进人的发展是教育的本体功能。派生功能是指教育的社会功能，包括经济功能、政治功能、文化功能等。故 B 项正确。

38. B 【解析】题干中学校组织学生去农基地是为了让学生体验农耕，而学农经历又使小黑更加珍惜在课堂学习的宝贵机会，在学业上更加刻苦，这种影响是正向的、非预期性的，这是学农经历对小黑产生的正向隐性功能。

39. C 【解析】教育受一定社会的政治、经济等因素的制约，但作为一种培养人的社会活动，教育有其自身的规律，具有相对独立性。所以题干这一观念违背了教育的相对独立性。

40. D 【解析】教育的三要素是教育者、受教育者、教育影响。教育的三个基本要素既相互独立，又相互联系。教育者是教育影响和受教育者之间的纽带，受教育者是教育者选择和施加教育影响的对象，教育影响是教育者对受教育者作用的桥梁，是教育实践活动的工具，是教育者和受教育者相互作用的中介。D 项的说法割裂了教育的构成要素之间的关系，是不正确的。

41. B 【解析】首先，从作用的对象看，教育划分为个体发展功能和社会发展功能，C、D 项可排除。其次，题干引文的意思是：古代的帝王都明白这个道理，因此当他们登上王位治理天下的时候，都把建立教育感化体制作为非常重要的事务来对待。统治阶级通过培养人（政治和意识形态教育）来影响社会的存在和发展，这体现了教育的社会功能。

42. B 【解析】教育的生物起源说是以达尔文生物进化论为指导的，其代表人物有法国的利托尔诺和英国的沛西·能。美国教育学家孟禄在批判教育的生物起源说的基础上提出了教育的心理起源说,他是心理起源说的代表人物。

43. D 【解析】广义的教育指增进人的知识与技能、发展人的智力与体力、影响人的思想观念的活动,包括社会教育、学校教育和家庭教育。狭义的教育指学校教育。路边的公益性广告属于广义的教育中的社会教育。

44. D 【解析】教育媒介是教育活动的中介。从内容上说,主要是教育内容、教育材料或教科书;从形式上说,主要是教育手段、教育方法、教育组织形式。故教育目的不属于教育媒介。

45. A 【解析】由题干中的"教育传统""不随时代变迁而消失"可知教育具有继承性。

易错提示:考生易混淆教育的社会属性中的历史性、继承性和民族性,做题时需注意:历史性强调不同时期的教育不同,继承性强调不同时期的教育相同,民族性则强调不同民族之间的教育不同。上题中虽然出现了"每一个民族",但是题干重点强调的是各民族的教育传统不变,也就是各民族不同时期的教育相同。所以题干说的是教育的继承性,而不是民族性。考生做题时要抓住题干中的关键词进行判断。

46. B 【解析】叶澜编著的《教育概论》中提出,构成教育活动的基本要素是:教育者与受教育者,教育内容与教育物资。故本题选 B 项。

47. D 【解析】正规教育主要指学校教育,是学生在有组织的教育机构中所受到的教育。形式化教育主要指定型的实体化教育,是学生在有组织的教育机构中所接受的教育。广义的教育指增进人的知识与技能、发展人的智力与体力、影响人的思想观念的活动,它包括社会教育、学校教育和家庭教育。狭义的教育指学校教育。"生活的磨难教育了我们"中的教育来自生活,其范围不单指学校教育以及其他教育机构,故属于广义的教育。

48. A 【解析】生物起源说认为教育是一种生物现象,而不是人类所特有的社会现象。题干所述认为动物界存在教育,这是生物起源说的具体体现。

49. D 【解析】从形式上看,人类教育的发展经过了从非形式化教育到形式化教育再到制度化教育的过程。人类学校产生以前的原始社会教育就属于非形式化教育;古代社会的教育就属于形式化教育。制度化教育是人类教育的高级形态,也是现代教育的基本形式。所以本题答案选 D 项。

50. B 【解析】西汉初期的文教政策反映了西汉时期教育的历史形态和特征,体现了教育的历史性。

51. B 【解析】按教育功能作用的方向,可分为正向功能和负向功能,A 项正确。按教育功能作用呈现的形式,可分为显性功能和隐性功能。显性功能与隐性功能的区分是相对的,一旦隐性的潜在功能被有意识地开发、利用,就可以转变成显性教育功能。B 项错误。教育的社会功能是教育的本体功能在社会结构中的衍生,是教育的派生功能。C 项正确。教育的隐性功能也有正负之分,并不都是负向的功能。D 项正确。所以本题答案选 B 项。

52. C 【解析】生物起源说(论)认为教育是一种生物现象,而不是人类所特有的社会现象。这种观点把教育的起源问题生物学化,没有把握人类教育的目的性和社会性。心理起源说(论)把人类有意识的教育行为混同于无意识模仿,否定了教育活动的目的性和意识性,同样导致了教育的生物学化,否认了教育的社会属性。因此,生物起源说(论)和心理起源说(论)都否定了教育的社会属性。答案选 C 项。

二、多项选择题

1. ABD 【解析】在信息社会,学校将发生一系列变革,包括:(1)学校的目的不仅是满足人们职业预备的需要,而且也要满足人们人文关怀的需要;(2)学校的类型进一步多样化,以满足不同学习者的多样化学习需要;(3)以现代信息技术为基础,一个四通八达的学校教育网络将会最终建立起来,学校的教育教学时空也得到根本改变;(4)学校与市场的联系日益密切;(5)传统的班级授课制将会得到改造、丰富或发展,出现多种多样的教学组织形式,培养学习者良好的学习品质与习惯将成为教学的核心任务;(6)学校教育观念、管理、课程、教学以及师生之间的关系等学校事务都

将成为公共辩论的焦点，教育的服务性、可选择性、公平性和公正性将成为学校改革的基本价值方向。故A、B、D项属于信息社会教育的主要特征。

2. ABD 【解析】在我国，一般认为“教育”一词最早见于《孟子·尽心上》中的“得天下英才而教育之，三乐也”。故A项正确。在西方文化背景下对教育进行词源考察，可以看到，在西文中，英文、法文、德文中的“教育”一词均由拉丁文“educare”演化而来，而拉丁文“educare”表示“引出”的意思。可见，西文中“教育”一词表示把受教育者内在的东西引导出来。故B项正确。“教育是经验的改造或改组”是杜威的教育思想。故C项错误。学校教育具有明确的目的性和方向性、较强的计划性和系统性、高度的组织性。故D项正确。

3. ABC 【解析】D项属于新生儿的本能反应，不属于广义的教育现象。

4. BCD 【解析】广义生活世界的教育包括日常生活教育和非日常生活教育两种形式。日常生活教育指人们在日常交往活动中表现出的，凭借着日常生活的习惯得以实现的教育。日常生活教育的特征主要有传统性、自发性和异质性。非日常生活教育是指生活化的、教育化的科学世界教育，主要特征有创造性、自为性、同质性。所以A项不选。

5. ABCD 【解析】从横向看，教育的基本形式包括学校教育、家庭教育、社会教育、自我教育和自然形态的教育。

6. ABC 【解析】探究与掌握教育的基本要素有重要的意义：(1)有助于认识教育的质的特性；(2)有助于剖析教育活动的机制；(3)有助于研究和抓好教育各个部门的工作。

7. ACD 【解析】教育的具体而实在的规定性体现在：(1)教育是人类所特有的一种有意识的社会活动；(2)教育是人类有意识地传递社会经验的活动；(3)教育是以人的培养为直接目标的社会实践活动。B项表述的是教育的社会功能，与题意不符。

8. ABCD 【解析】教育者是指对受教育者在知识、技能、思想、品德等方面产生教育影响的人，包括学校教师、教育管理人员、教科书的设计者和编写者、参与教育活动的其他人员等。其中，学校教师是教育者的主体，是最直接的教育者，在教育活动中起着主导作用。教育者是教育活动中教的主体，也是教育活动的组织者、设计者和实施者。所以A、B、C、D四项均正确。

9. AC 【解析】狭义的教育指学校教育，是教育者依据一定的社会要求，依据受教育者的身心发展规律，有目的、有计划、有组织地对受教育者施加影响，促使其朝着所期望的方向发展变化的活动。A、C项属于狭义的教育(学校教育)范畴，B、D两项属于广义的教育范畴。

10. ABCD 【解析】教育功能的特征主要有客观性、社会性、多样性、整体性和条件性。

11. ABCD 【解析】教育的社会属性包括：(1)永恒性；(2)历史性；(3)继承性；(4)长期性；(5)相对独立性；(6)生产性；(7)民族性。

12. AB 【解析】教育的形态划分如下：(1)从教育系统自身的标准或自身形式化的程度出发，可以将教育形态划分为“非制度化的教育”与“制度化的教育”。(2)从教育系统赖以运行的场所或空间标准看，可以将教育形态划分为“家庭教育”“学校教育”与“社会教育”。(3)从教育系统赖以运行的时间标准以及建立于其上的产业技术和社会形态出发，可以将教育形态划分为“农业社会的教育”“工业社会的教育”与“信息社会的教育”。所以答案选A、B项。

13. ABC 【解析】教育相对稳定的质的特点有：(1)有目的地培养人的活动；(2)教育者引导受教育者传承经验的互动活动；(3)激励与教导受教育者自觉学习和自我教育的活动。D项说法夸大了教师的主导性，忽视了学生的主体性，表述错误。(具体内容可参看王道俊、郭文安主编的《教育学(第7版)》)

14. BCD 【解析】教育的生物起源学说的代表人物是法国社会学家、哲学家利托尔诺与英国教育家沛西·能。利托尔诺在《各人种的教育演化》一书中认为，教育活动不仅存在于人类社会之中，而且也存在于人类社会之外，甚至存在于动物界；不仅在脊椎动物中存在，甚至在非脊椎动物中也存在。人类社会的教育是对动物界教育的继承、改善和发展。沛西·能在1923年不列颠协会教育科学组大会上以“人民的教育”为题说,“教育从它的起源来说,是一个生物学的过程”,“生物的冲动是教育的主要动力”。这就是说,教育的产生完全来自动物的本能,是种族发展的本能需要。A 项表述不符合生物起源说的观点。

三、判断题

1. × 【解析】教育的基本要素主要包括教育者、学习者、教育内容和教育手段。其中,教育者和学习者是影响教育活动成效的决定性因素。

2. √ 【解析】教育作为培养人的社会实践活动,它所发挥的直接作用就是促进人的发展,培养社会所需要的人;其间接作用就是通过培养社会所需要的人,满足社会的需要,促进社会的发展与进步。故本题说法正确。

3. × 【解析】学校教育(狭义的教育)是教育者依据一定的社会要求,依据受教育者的身心发展规律,有目的、有计划、有组织地对受教育者施加影响,促使其朝着所期望的方向发展变化的活动。题干描述的是广义的教育的概念。

4. × 【解析】教育的个体功能和社会功能的关系是辩证统一的。一方面,要看到教育的个体功能是教育的社会功能衍生的前提和基础;另一方面,还要看到教育的社会功能对教育的个体功能发挥的制约作用。所以,题干对教育的个体功能和社会功能的关系理解错误。

5. √ 【解析】教育的劳动起源说是在直接批判生物起源说和心理起源说的基础上,在马克思历史唯物主义理论的指导下形成的,它提供了理解教育起源和教育性质的一把“金钥匙”。相对于生物起源说和心理起源说而言,劳动起源说更能反映教育起源的本质。

6. × 【解析】教育具有永恒性,只要人类社会存在,教育就存在。而学校教育产生于奴隶社会。教育不等同于学校教育,所以题干表述错误。

7. × 【解析】作为一种实践活动,“教育”必然有其明确的目的,没有明确的目的、偶然发生的外界对个体发展的影响不能称为“教育”。题干这一过程就不能称之为“教育”。

8. √ 【解析】“教育学”上所讲的教育主要指学校教育,也即狭义的教育。题干表述正确。

9. √ 【解析】人类的社会活动虽然都是有目的的活动,但是各种活动的目的是不同的。学校教育不仅明显区别于其他社会活动,而且能够依据社会的要求和儿童的身心发展规律科学地、切实有效地培育人才,并明显区别于家庭教育与社会生活教育。

10. √ 【解析】教育就是有意识的,以影响人的身心发展为直接和首要目标的社会活动。故题干表述正确。

11. × 【解析】狭义的教育指学校教育,书刊阅读、影视欣赏不属于狭义的教育。

12. √ 【解析】广义的教育者指对受教育者态度、知识、技能、思想、品德等方面起到教育影响作用的人。其范围广泛,包括各级各类教育管理人员、专兼职教师、校外教育机构中的工作人员、家长乃至自己。题干表述正确。

13. × 【解析】受教育者既是教育的对象,又是学习和发展的主体,也是构成教育活动的基本要素。题干表述错误。

14. × 【解析】对任何社会、任何时期的教育来说,正向和负向的功能都存在,只不过比重不同而已。

15. × 【解析】教育是人类所特有的一种有意识的社会活动,动物界不存在教育。

16. √ 【解析】教育有广义和狭义之分,广义的教育指增进人的知识与技能、发展人的智力与体力、影响人的思想观念的活动。广义的教育可能是无组织的、自发的或零散的,也可能是有组织的、自觉的或系统的。它包括社会教育、学校教育和家庭教育。

17. × 【解析】从社会的角度来定义“教育”,可以把“教育”的定义区分为广义的教育、狭义的教育和更狭义的教育。其中,广义的教育指增进人的知识与技能、发展人的智力与体力、影响人的思想观念的活动。它包括社会教育、学校教育和家庭教育。例如,师傅教徒弟手艺、老师教学生学

习、妈妈教婴儿说话等。故题干说法错误。

18. √ 【解析】从作用的对象看,教育功能可分为个体功能和社会功能。教育作为社会结构的子系统,它通过培养人进而影响社会的存在和发展,这构成了教育的社会功能。教育的社会功能是教育的本体功能在社会结构中的衍生,是教育的派生功能,也称教育的工具功能。由此可见,教育的基本功能是影响人的发展。

19. × 【解析】由于教育与政治、经济发展不相适应,教育者的价值观念与思维方式不正确,教育内部结构不合理等因素,使教育在不同程度上对社会和人的发展产生阻碍作用。因此教育的发展并不必然能够推动社会的发展,也会对社会发展产生负向功能。题干表述过于绝对。

四、辨析题

1. 凡是能影响人的身心发展的活动都是教育。

(1)这种说法是不正确的。(2)教育是一种有目的地培养人的社会活动,这是教育区别于其他事物现象的根本特征,是教育的本质属性,也是教育的质的规定性。如果失去这一质的规定性,就不能称之为教育。那种没有明确目的的、偶然发生的外界对个体发展的影响不能称为"教育"。

2. 世界上不同民族的教育往往表现出不同的传统和特点,这主要是因为教育具有阶级性。

(1)这种说法是不正确的。(2)教育的民族性是指教育都是在具体的民族或国家中进行的,无论是在思想上还是在制度上,无论是在内容上还是在方法手段上,都有其民族性的特征,特别是在运用民族语言教学、传授本民族的文化知识等方面。题干的表述,正是教育民族性的表现。

五、简答题(参考答案)

简述教育价值与教育功能的区别。

教育价值是教育应该发挥的作用,教育功能是教育能够发挥的和实际发挥的作用。教育价值反映了"理想的教育应该干什么",教育功能反映了"应该干什么"的教育在实践中"实际干了什么"。教育价值是教育的"应然"表现,教育功能是教育的"实然"表现。

专题二　教育的产生与发展

答案速查:

1～5	ABCCD	6～10	ACADA	11～15	CAADC	16～20	ADABA
21～25	BAAAA	26～30	BDDCD	31～35	CBDCA	36～40	BBBAB
41～45	BBBDB			1～5	CD ACD ABCD ACD AB		
6～12	ACD ABC BCD ABC ABCD AD BD			1～5	√ × √ × √		
6～10	× √ × × √			11～13	× √ √		

一、单项选择题

1. A 【解析】终身教育既深深扎根于各级各类教育的实践土壤中,又高屋建瓴地指导各级各类教育,这是一种完全崭新的、富于创造性的、面向未来的开放的教育理念,是当代国际社会中影响最大、传播最广、最具生命力的一种教育思潮。故本题选 A 项。

2. B 【解析】题干引文出自《孟子·梁惠王上》,大意为:认真地兴办学校教育,把尊敬父母、敬爱兄长的道理反复讲给百姓听,须发花白的老人就不会背负或头顶重物在路上行走了。七十岁的人能够穿上丝织品、吃上肉食,百姓没有挨饿受冻的,做到了这些而不能统一天下称王的还从未有过。由此可见,这里的"庠序"指的是学校。

3. C 【解析】古代斯巴达教育以军事体育训练和政治道德灌输为主,教育内容单一,教育方法也比较严厉,其教育目的是培养忠于统治阶级的强悍的军人。

4. C 【解析】教育民主化是对教育的等级化、特权化和专制性的否定。教育民主化概括来说就是指全体社会成员享有越来越多的教育机会，受到越来越充分的民主教育。

5. D 【解析】“六艺”是西周各级各类学校教育的基本学科，具体指礼、乐、射、御、书、数，D 项正确。“四书五经”是我国封建社会时期的教育内容，“七艺”是中世纪西欧教会教育的内容，A、B、C 三项排除。

6. A 【解析】周王朝建立了典型的政教合一的官学体系，其显著特征是“学在官府”，又称之为“学术官守”。西周之后，学校教育制度已发展得比较完备，并有了“国学”“乡学”之分。故本题选 A 项。

7. C 【解析】教育现代化的内容包括教育观念现代化、教育内容现代化、教育条件设备现代化、教育管理现代化和教师素质现代化。教育活动中的任何一项任务都要依靠教师来完成，教育任务的最终目标和成果的实现都取决于教师。因此，教育现代化的核心内容是教师素质现代化。

8. A 【解析】古代东西方的教育的共同特征是：阶级性、道统性、等级性、专制性、刻板性、象征性。其中，教育的专制性指的是教育过程是管制与被管制、灌输与被灌输的过程，道统的威严通过教师、牧师的威严，通过招生、考试以及教学纪律的威严予以保证。故本题选 A 项。B 项，阶级性是指学校成为统治阶级培养人才的场所，非统治阶级的子弟不能或无权进入学校接受正规的教育。C 项，刻板性是指教育方法和学习方法比较单一，都是死记硬背、机械模仿。D 项，象征性是指，受教育的目的主要不是获得实用知识，而是受教育本身，即能不能受教育和受什么样的教育是区别社会地位的象征。

9. D 【解析】教育民主化首先是指教育机会均等，即教育要为所有的社会成员提供平等的教育权利；其次是指师生关系的民主化；再次是指教育方式、教育内容等的民主化，为学生提供更多自由选择的机会；最后是追求教育的自由化，包括教育自主权的扩大、根据社会要求设置课程、编写教材的灵活性等。题干的描述体现了教育民主化的特点。

易错提示：教育的全民化与民主化是易混淆的知识点，考生做题时需注意：全民化（初级）——基础、全体国民必须接受，强调必备性；民主化（进阶）——拥有更多的机会，强调发展性。

10. A 【解析】A 项，元朔五年，汉武帝采纳董仲舒的建议，为博士置弟子，标志着太学的正式设立。太学的设立，是我国封建社会正式官办大学的开始。故本题选 A 项。

B 项，东汉灵帝时设立了鸿都门学，这是世界上最早的文学艺术专门学校。

C 项，国子监创立于隋朝，是设在京师的具有一定综合性的最高学府。它的名称是由汉代的太学、西晋的国子学、北齐的国子寺等逐渐演化而来的。

D 项，书院是我国古代特有的一种教育形式，对我国文化教育的发展曾产生过重大影响。宋朝书院盛行，出现了六大书院，包括白鹿洞书院、石鼓书院、岳麓书院、应天府书院、嵩阳书院、茅山书院。

11. C 【解析】教育的终身化是指教育要贯穿人的一生。题干这一观点体现了教育的终身化这一思想。

12. A 【解析】我国封建社会时期的教育内容是四书五经（“四书”是《大学》《中庸》《论语》《孟子》的合称，“五经”是《诗》《书》《礼》《易》《春秋》的合称）。

13. A 【解析】原始社会的教育具有非独立性，教育和社会生活、生产劳动紧密相连。古代社会的学校教育与生产劳动相脱离和相对立。现代教育的生产性不断增强，教育同生产劳动从分离走向结合。所以从原始社会到资本主义社会，教育与生产劳动之间关系的历史演变过程是结合—分离—结合。

14. D 【解析】“六艺”是西周各级各类学校教育的基本学科，具体指礼、乐、射、御、书、数。其中“乐”包括音乐、诗歌、舞蹈教育，着重于陶冶人的内在精神、情操。

15. C 【解析】日本“修业一生”的理念与我国“活到老，学到老”的格言类似，都提倡终身学习，是现代教育终身性特点的要求。

16. A 【解析】A项，宋代以后，学校的教育内容主要为“四书五经”（“四书”是《大学》《中庸》《论语》《孟子》的合称，“五经”是《诗》《书》《礼》《易》《春秋》的合称）。宋朝文豪苏轼，自幼熟读“四书五经”，长期浸润在诗书的氛围中，处处散发出儒雅气质，并赋予他宽广胸怀，从而写出了许多流传千古的诗词名句。B项，“六艺”是西周各级各类学校教育的基本学科，具体指礼、乐、射、御、书、数。C项，程朱理学是由程颢、程颐兄弟创建，而在朱熹手中集大成的宋代理学的主要派系。苏轼逝于1101年，而朱熹生于1130年。因此，苏轼在少年时代不可能学习到程朱理学。D项，“七艺”是中世纪西欧教会教育的内容，包括“三科”（文法、修辞、辩证法）和“四学”（算术、几何、天文、音乐）。综上所述，苏轼在少年时代，最有可能的学习材料是“四书五经”。

17. D 【解析】题干引文出自《孟子·滕文公上》：“或劳心，或劳力；劳心者治人，劳力者治于人；治于人者食人，治人者食于人：天下之通义也。”意为：有的人从事脑力劳动，有的人从事体力劳动；脑力劳动者统治人，体力劳动者被人统治；被统治者养活别人，统治者靠别人养活：这是通行天下的原则。这是孟子关于社会分工的思想，孟子认为脑力劳动与体力劳动的分工是必要的，通过分工，使人从事不同的职业，尽其所能。这说明中国传统儒家思想把教育与生产劳动相隔离。

18. A 【解析】“六艺”是西周各级各类学校教育的基本学科，具体指礼、乐、射、御、书、数。其中，礼乐教育是“六艺”教育的中心。

19. B 【解析】世界上不同的文明中心和国家均在进入到奴隶社会以后出现了学校，这是由于奴隶社会政治、经济、文化的发展，为学校的出现提供了土壤和条件，学校的出现是社会发展到一定阶段的必然产物。

20. A 【解析】“终身教育”这一术语是1965年在联合国教科文组织主持召开的成人教育促进国际会议期间，由联合国教科文组织成人教育局局长法国的保罗·朗格朗正式提出来的。

21. B 【解析】元朔五年，经董仲舒建议，汉武帝设立太学，是当时的最高教育机构。汉代的官学分为中央官学和地方官学，太学属于中央官学。国子学和律学是魏晋南北朝时期创立的，所以答案选B项。

22. A 【解析】阶级性是从人类社会产生阶级之后才出现的。原始社会的教育具有自发性、全民性（普及性）、广泛性、无等级性（平等性）和无阶级性，是原始状态下的教育机会均等，只因年龄、性别和劳动分工不同而有所差别。所以，原始社会的教育不具有阶级性特征。

23. A 【解析】稷下学宫是一所由官家举办而由私家主持的特殊形式的学校，是一所集讲学、著述、育才活动为一体并兼有咨议作用的高等学府。

24. A 【解析】“六艺”中的“礼”是指包括政治、历史和以“孝”为本的伦理道德教育。故“百善孝为先”强调的是“六艺”中的“礼”。

25. A 【解析】原始社会的教育具有非独立性，教育和社会生活、生产劳动紧密相连；原始社会的教育还具有原始性，教育内容简单，主要是传递生产经验。故题干所述反映了原始社会的教育特征。

26. B 【解析】古代埃及开设最多的是文士学校。文士精通文字，能写善书，执掌治事权限，较受尊重。“学为文士”是一般奴隶主阶级追求的目标。

27. D 【解析】当今世界，新科学技术在不断发展和深化，现代教育发展呈现出了新的趋势。教育终身化、教育社会化、教育生产化、教育民主化、教育国际化、教育现代化和教育多元化的发展趋势越来越令人欣喜。

28. D 【解析】原始社会的教育具有自发性、全民性（普及性）、广泛性、无等级性（平等性）和无阶级性，是原始状态下的教育机会均等，只因年龄、性别和劳动分工的不同而有差别。故A项错误。古代社会的教育一般指奴隶社会的教育和封建社会的教育，其特征包括阶级性、道统性、等级性、专制性、刻板性、象征性。故B、C项错误。现代社会的教育具有生产性、公共性、科学性、未来性、革命性、国际性、终身性。故D项正确。

29. C 【解析】我国与世界其他各国及国际组织加强教育合作与交流，是教育全球化的典型体现。

30. D 【解析】现代教育的生产性是指现代教育越来越与人类的物质生产结合起来，越来越与生产领域发生密切的、多样化的关系；生产的发展也越来越对教育系统提出新的要求。故题干的描述体现了现代教育的生产性特点。

31. C 【解析】在奴隶社会，出现了专门从事教育工作的教师，产生了学校教育，教育从社会活动中分化出来，成为独立的形态。所以，学校的出现是教育形成自己相对独立的形态的标志。

32. B 【解析】古代雅典在西方最早形成体育、德育、智育、美育和谐发展的教育，教育内容比较丰富，教育方法也比较灵活，教育目的是培养有文化、有修养和多种才能的政治家和商人。

33. D 【解析】“以僧为师”“以吏(书)为师”是古代埃及教育的一大特征。

34. C 【解析】德国1763年做出了普及义务教育的规定，是世界上最早的普及义务教育的国家。

35. A 【解析】20世纪60年代以后提出的教育贯穿人一生的终身教育思想，强调职前教育与职后教育的一体化、青少年教育与成人教育的一体化、学校教育与社会教育的一体化。

36. B 【解析】春秋战国时期，官学衰微，私学兴起，冲破了“学在官府”的限制，使教育对象由贵族扩大到平民。

37. B 【解析】东汉灵帝时，设立鸿都门学，这是一种研究文学艺术的专门学校。

38. B 【解析】题干中孔子偏重社会人事和文事，轻视生产劳动，体现了教育与生产劳动相脱离的特点。

39. A 【解析】“六艺”是西周各级各类学校教育的基本学科，具体指礼、乐、射、御、书、数。B项统称为“六经”，是孔子教学的主要内容；C项中琴、棋、书、画被称为“秀才四艺”或“文人四艺”，诗、词、歌、赋被称为“文学四件”；D项属于“骑士七技”(骑马、游泳、击剑、打猎、投枪、下棋、吟诗)中的内容。

40. B 【解析】原始社会的教育是与社会生活、生产劳动紧密相连的。奴隶社会里，出现了专门从事教育工作的教师，产生了学校教育。教育从社会活动中分化出来，成为独立的形态。这时，学校教育与生产劳动开始脱离。

41. B 【解析】骑士教育是西欧中世纪的一种特殊形式的家庭教育，是西欧封建社会等级制的产物，目的是培养勇猛豪侠、忠君敬主的骑士精神和技能。

42. B 【解析】在原始社会，教育方法单一，由于没有文字和书籍，教育方法只限于动作示范与观察模仿、口耳相传与耳濡目染。

43. B 【解析】隋唐时期形成了以六学二馆为主干的中央官学。六学指国子学、太学、四门学、律学、书学、算学；二馆指崇文馆、弘文馆。

44. D 【解析】京师大学堂是中国近代史上第一所国立综合性大学，它既是全国最高学府，又是国家最高教育行政机关，统辖各省学堂。

45. B 【解析】所谓全民教育，即全体国民都有接受教育的基本权利且必须接受一定程度的教育，通过各种方式满足基本的学习需求，亦即教育必须向所有人开放。所以题干所述指的是教育的全民化。

二、多项选择题

1. CD 【解析】20世纪之后现代教育的主要特点表现在：(1)教育普及化程度越来越高；(2)教育逐渐走向民主化；(3)教育内容更趋丰富与合理；(4)教学组织形式、方法、手段越来越多样化、有效化；(5)教育的社会功能日益增强，社会地位日益提升；(6)从阶段性教育走向终身教育。A项属于近代教育的特点，B项说法错误。故本题选C、D两项。

2. ACD 【解析】古代东西方社会教育的共同特征有：(1)专门的教育机构和专职的教育人员；(2)鲜明的阶级性与严格的等级性；(3)教育内容更加丰富；(4)教育与生产劳动的分离和对立；(5)教育方法崇尚书本、呆读死记、强迫体罚、棍棒纪律；(6)官学和私学并行的教育体制；(7)个别

施教或集体个别施教的教学组织形式。故 A、C、D 项属于古代社会教育的特征。B 项属于现代社会教育的特征。

3. ABCD 【解析】孔子主张“富而后教”“有教无类”“因材施教”，夸美纽斯主张并亲身实践了“教育要普及到每一个人”、要“把一切事物教给一切人”的思想，卢梭倡导“人人生而平等、人人都有同样权利”的教育思想以及亚里士多德的“吾爱吾师，吾更爱真理”均反映了人类对于教育民主的追求。

4. ACD 【解析】现代教育呈现出一些全新的特征：生产性、公共性、科学性、未来性、革命性、国际性、终身性。

5. AB 【解析】西欧进入封建社会后，形成了两种著名的封建教育体系，即教会教育和骑士教育；出现了两种类型的学校，即教会学校和骑士学校。文士学校和职官学校是古代埃及的学校类型，属于奴隶社会的学校类型。故本题答案选 A、B 两项。

6. ACD 【解析】A 项，全纳教育是指教育应当满足所有儿童的教育需要，每一所学校必须接收服务区域内的所有儿童入学，为这些儿童都能受到自身所需要的教育提供各种条件，并通过合适的课程、学校管理、资源利用及与所在社区的合作，来确保教育质量。学校不能只为一部分正常健康儿童服务，而将另一部分儿童拒之门外。故 A 项表述正确。

   B 项，态度而不是资源经常是实施全纳教育的主要障碍。全纳教育的公共政策需要广泛的支持，需要社会各方面——政府、公民、社会、私立部门、大学和研究机构、各方面利益相关人与合作伙伴投入力量。B 项表述错误。

   C、D 项，全纳教育强调通过公共政策的制定和实施，强调重视多样性，消除各种学习障碍，以终身学习为依托，发展有质量的教育体系，建立更加全纳、公正和公平的社会。C、D 项表述正确。

   综上所述，本题答案选择 A、C、D 项。

7. ABC 【解析】“七艺”包括“三科”（文法、修辞、辩证法）和“四学”（算术、几何、天文、音乐）。D 项属于“四学”。

8. BCD 【解析】“四书”是《大学》《中庸》《论语》《孟子》的合称。A 项是“五经”之一。

9. ABC 【解析】在信息社会中，教育的终身化、全民化和全纳教育的理念成为指导教育改革的基本理念。

10. ABCD 【解析】奴隶社会教育共同的特征有：(1)学校教育成为奴隶主阶级手中的工具，具有鲜明的阶级性；(2)学校教育与生产劳动相脱离和相对立；(3)学校教育趋于分化和知识化；(4)学校教育制度尚不健全。

11. AD 【解析】隋唐时期形成以“六学二馆”为主干的中央官学。六学：国子学、太学、四门学、律学、书学、算学；二馆：崇文馆、弘文馆。故 A 项正确。中世纪西欧形成了骑士教育和教会教育这两种著名的封建教育体系。骑士教育的教育内容是“骑士七技”：骑马、游泳、击剑、打猎、投枪、下棋、吟诗。教会教育的教育内容是“七艺”：“三科”和“四学”。故 B 项错误。近代社会教育的特征之一是初等义务教育的普遍实施。故 C 项错误。现代社会教育的发展趋势之一是人文教育与科学教育携手并进。故 D 项正确。

12. BD 【解析】教育是在生产劳动中产生的，起源于人类的社会生产和社会生活。

三、判断题

1. √ 【解析】随着经济的全球化、网络的国际化，国际的交往越来越频繁，也越来越便捷。我们的教育需要更加开放，面向现代化，面向未来，面向世界。我们要教育学生了解别国的文化，具有国际视野，具有开展国际交往的能力。因此，教师首先要了解世界，具有教育国际化的观念，善于开展国际交流活动。

2. × 【解析】学校产生于奴隶社会。学校的出现意味着人类正规教育制度的诞生，是人类教育文明发展的一个质的飞跃。

3. √ 【解析】古代教育具有象征性,教育的象征性功能占主导地位,受教育的目的主要不是获得实用知识,而是受教育本身,即能不能受教育和受什么样的教育是区别社会地位的象征。

4. × 【解析】教育应该贯穿人的一生,而不是在完成正规教育之后就宣告结束。

5. √ 【解析】教育的多元化具体包括教育思想的多元化,培养目标、办学模式、教学内容、评价标准等的多元化,它是社会生活多元化以及人的个性化在教育上的反映。

6. × 【解析】教育的阶级性并不是从来就有的,是从人类社会产生了阶级以后才出现的,并将随着阶级的消亡而消失。阶级性产生于奴隶社会。等级性是阶级性的强化,也不是一开始就有的。所以题干表述错误。

7. √ 【解析】我国在西周时已建立了典型的政教合一的官学体系,而私学是在春秋战国时期兴起的,故官学的出现早于私学。

8. × 【解析】终身教育是人一生各阶段当中所受各种教育的总和,也是人所受的不同类型教育的综合。前者从纵向上讲,说明终身教育不仅仅是青少年的教育,而且涵盖了人的一生,后者从横向上讲,说明终身教育既包括正规教育,也包括非正规教育和非正式教育。故题干表述错误。

9. × 【解析】教育的多元化具体包括教育思想的多元化,培养目标、办学模式、教学内容、评价标准等的多元化。

10. √ 【解析】古代社会包括奴隶社会和封建社会两个阶段。这两个阶段的生产力水平和政治经济状况虽有不同,但相同的阶级社会性质、类似的生产工具、手工操作的劳动形式、自然经济的状态等,使两个社会的教育存在着一些共同的特点。所以古代社会的教育一般指奴隶社会的教育和封建社会的教育。

11. × 【解析】科举制度产生于隋,发展于唐。它扩大和巩固了封建统治的政治基础,广大庶族地主通过科举入仕做官,给封建政权注入了生机与活力;选拔官吏从此有了文化知识水平的客观依据,有利于形成高素质的文官队伍。科举制对当时社会的发展起了一定的积极作用。

12. √ 【解析】从生产与消费的关系上来看,教育是明显的消费,又是潜在的生产。教育要消费人力、物力和财力,但同时则可换取劳动力的智力和科学知识。从这个意义上讲,教育又是生产的一个要素,是一种潜在性的生产。这样教育消费的结果,可以间接转化为生产过程的一个要素,使教育具有生产因素和经济意义。

13. √ 【解析】终身教育具有形式多样性的特点。人的生活在其一生中是多样的、丰富多彩的,作为与此相适应的终身教育,也必须是多样化的,是多种教育形态的总和。

四、辨析题

1. 终身教育就是成人教育,成年人也应该进行终身学习。

(1)题干中前半句的说法是不正确的,后半句的说法是正确的。故题干整体说法错误。(2)终身教育是适应科学知识的加速增长和人的持续发展要求而逐渐形成的一种教育思想和教育制度,包括各个年龄阶段的各种方式的教育。把终身教育等同于成人教育或职业教育是片面的。根据终身教育的理念,成年人也应该进行终身学习。

2. 在原始教育阶段,教育与生产劳动合二为一,人人必须劳动,因而人人受教育。但到了古代教育阶段,教育只是少数人才能享有的,所以古代教育不如原始教育。

(1)这种说法是不正确的。(2)原始社会的生产力水平决定了教育的原始性质,它的特点是与社会生产状况相适应的。古代社会生产力有了巨大的进步,尽管教育为统治阶级把持,但也有了巨大进步。例如:在奴隶社会,学校教育趋于分化和知识化;到了封建社会,较之奴隶社会的学校教育,封建社会的学校教育在规模上逐渐扩大,在类型上逐渐增多,在内容上也日益丰富。

五、简答题(参考答案)

1. 简述现代教育的发展趋势。

(1)培养全面发展的人正由理想走向实践;(2)教育与生产劳动相结合成为现代教育规律之一;(3)教育民主化向纵深发展;(4)人文教育与科学教育携手并进;(5)教育普及制度化,教育形式多样化;(6)终身教育成为现代教育中一个富有生命力和感召力的教育理念;(7)实现教育现代化是各国教育的共同追求。

2. 近代社会教育的特征有哪些?

(1)国家加强了对教育的重视和干预,公立教育崛起;(2)初等义务教育的普遍实施;(3)教育的世俗化;(4)教育的法制化。

3. 20 世纪后期教育改革和发展的特点主要有哪些?

(1)教育的终身化;(2)教育的全民化;(3)教育的民主化;(4)教育的多元化;(5)教育技术的现代化;(6)教育全球化;(7)教育信息化;(8)教育具有科学性。

4. 简述终身教育的特点。

(1)终身性;(2)全民性(民主性和普及性);(3)形式多样性;(4)广泛性(连贯性);(5)自主性;(6)灵活性和实用性。

六、论述题(参考答案)

试述现代教育与传统教育的不同。

(1)教育与生产劳动相结合是现代教育的基本特征,而传统教育中教育与生产劳动是相脱离的。

(2)现代教育中教育广泛普及,普及年限逐步延长,而传统教育中教育没有得到普及,受教育只是部分人的特权。

(3)现代教育中教育形式呈现多元化,而传统教育中教育形式单一。

(4)终身教育成为现代教育的共同特征,而在传统教育中没有得到重视。

(5)教育内容、教育手段、教育观念、教师素质的现代化,也是现代教育的又一特征,而传统教育中教育内容、教育手段比较单一,教育观念、教师素质趋于落后。

(6)现代教育追求通才教育、全面教育,反映在培养目标上则是人才的通才性和全面性,而传统教育是为了培养服务于统治阶级的人才。

七、案例分析题(参考答案)

(1)现代社会是一个多元化的社会,学生可以通过多种途径接受不同的信息。尤其在这个科学技术迅猛发展的时代,学生从课堂外接受到的信息往往要比在课堂上接受到的还多。而案例中教师的行为等同于闭门造车,因此,"他的教学效果很一般"。

(2)20 世纪中后期,教育终身化的思想被提了出来,教育技术也日趋现代化。在这样一种趋势下,教师更要顺应时代的要求,终身学习,运用先进的教育技术,以实现良好的教育效果。

专题三　教育学及其产生与发展

答案速查:

1 ~ 5	DACCA	6 ~ 10	DCCBA	11 ~ 15	CBBDB	16 ~ 20	AACDA
21 ~ 25	DBDCC	26 ~ 30	DBDBB	31 ~ 35	DCDAB	36 ~ 40	AADCC
41 ~ 45	ABBCC	46 ~ 50	DDDDD	51 ~ 55	BCCBC	56 ~ 60	ABCAC
61 ~ 65	CBCAA	66 ~ 70	BDACB	71 ~ 75	BDBBB	76 ~ 80	ACBAB
81 ~ 86	ACDBBB			1 ~ 5	ABD ABC ABC BCD AB		
6 ~ 10	ABC ACD ABD AD ACD			11 ~ 15	ABC ABD ABC ABD ABD		
16 ~ 20	CD CD BC AD ABC			1 ~ 5	× × √ √ √		
6 ~ 10	× √ × × √			11 ~ 15	√ × × √ ×		
16 ~ 21	× × √ √ √ ×						

一、单项选择题

1. D 【解析】实用主义教育学的基本观点之一是,教育即生活,教育的过程与生活的过程是合一的。该观点认为教育是生活的过程,学校是社会生活的一种形式。因此,“教育是学生生活的过程”属于实用主义教育学的观点。

2. A 【解析】陶行知提出了“生活教育论”,即“生活即教育”“社会即学校”“教学做合一”。

3. C 【解析】袁振国的《当代教育学》把教育平等的理论划分为三类:(1)古代朴素的教育平等观点,如孔子的“有教无类”“因材施教”等;(2)古典自由主义的观点,如夸美纽斯的“把一切知识教给一切人类”等;(3)“民主主义学派”的观点,这种观点强调“个人自由”是人类的最高理念,而教育平等是实现个人自由与社会民主的基本途径。故 A、B、D 三项均是教育平等观念的体现。“学不躐等”即教学要遵循学生的心理发展特点,循序渐进。故 C 项不能体现教育平等观念。

4. C 【解析】亚里士多德在教育史上首次提出了“教育遵循自然”的观点,主张按照儿童心理发展的规律对儿童进行分阶段教育,提倡对儿童进行和谐的教育,成为后来全面发展教育的思想源泉。

5. A 【解析】《大学》是儒家学者论述大学教育的一篇论文,它对大学教育的目的、程序和要求作了完整的概括。《大学》开头就说:“大学之道,在明明德,在亲民,在止于至善。”这是儒家对大学教育目的和为学做人目标的纲领性表达,“明明德”“亲民”“止于至善”被称为“三纲领”。

6. D 【解析】教育学的根本任务是揭示教育规律;教育现象和教育问题都是教育学的研究对象,教育现象被认识和研究,便成为教育问题。教育问题是推动教育学发展的内在动力。故选 D 项。

7. C 【解析】王国维首次把“美育”纳入教育之中。他在《论教育之宗旨》一文中,不仅使用了“美育”这一术语,而且明确提出美育是教育的一个组成部分。

> **易错提示:**在我国近代史上,“美育”的发展离不开两个人物——王国维和蔡元培。考生应注意区分二者对“美育”的贡献。一般我们认为,王国维是第一位把美育概念引入中国,并对美育的性质和地位进行了深入研究的人。而在我国教育领域,“美育”一词的流传应归功于蔡元培,他主持教育工作时发表了《对于新教育之意见》(后改为《对于教育方针之意见》),提出“以美育代宗教”的主张。

8. C 【解析】“藏息相辅”的意思是:教学中要坚持课内学习与课外练习相结合,以达到更好的教学效果。

9. B 【解析】道家的代表人物有老子和庄子。“虚怀若谷”出自《老子》:“敦兮其若朴,旷兮其若谷。”其意思是:人要有像山谷一样深广的胸怀和宽容的胸襟,形容十分谦虚。这是老子提出的重要处事原则。故本题选 B 项。A、C 两项属于孔子的教育思想。D 项属于法家的教育思想。

10. A 【解析】康德认为教育的根本就是要对人的本性进行适当的控制,“人是唯一需要教育的动物”,他还提出自由是道德教育的最高目的,必要的“管束”和“训导”是实现自由的必要保证。此外,康德是最早在大学开设教育学讲座的有影响力的学者之一。所以,题干所述的教育家为康德。

11. C 【解析】朱熹对孔子提出的“不愤不启,不悱不发”的解释是:“愤者,心求通而未得之意;悱者,口欲言而未能之貌;启,谓开其意;发,谓达其辞。”所以,“口欲言而未能之貌”是朱熹对悱的解释。

12. B 【解析】教育学发展的“源”在教育实践。教育实践不仅是教育理论的源泉,而且是检验教育理论正确与否的标准。当某一教育理论形成以后,就成为影响以后教育思想发展的“流”,成为现成的思想体系,反过来指导教育实践的发展。所以,教育学发展的“流”是指教育理论。

13. B 【解析】柏拉图是“寓学习于游戏”理念的最早提倡者,他要求不强迫孩子们学习,主张采用做游戏的方法,在游戏中更好地了解每个孩子的天性。

14. D 【解析】柏拉图的教育思想集中体现在其代表作《理想国》中,他认为理想国中教育的最高目标是培养哲学家兼政治家——哲学王。

15. B 【解析】蔡元培明确提出了以美育代宗教的主张，他认为以美育代宗教的原因在于：(1)美育是自由的，而宗教是强制的；(2)美育是进步的，而宗教是保守的；(3)美育是普及的，而宗教是有界的。他指出，因为宗教中美育元素虽不朽，而既认为宗教的一部分，则往往引起审美者的联想，使彼受智育、德育诸部分的影响，而不能为纯粹的美感，故不能以宗教充美育，而只能以美育代宗教。题干所述是蔡元培"以美育代宗教"的观点。

16. A 【解析】孔子对子夏明确地提出培养要求："女为君子儒，无为小人儒。"意思是你要做个君子式的儒者，不要做小人式的儒者。这表明孔子的教育目的就是要将士培养成为君子。

17. A 【解析】蔡元培提出"大学者，'囊括大典，网罗众家'之学府也"。他明确声明，在学术上"循思想自由原则，取兼容并包主义"，这是他改革北京大学的指导思想。

18. C 【解析】A项是朱熹提出的办学宗旨和指导思想，B、D项都属于朱子读书法的思想内容。C项出自《学记》，故本题答案选C项。

19. D 【解析】马克思主义教育学认为教育是一种社会历史现象，在阶级社会中具有鲜明的阶级性，不存在脱离社会影响的教育；教育起源于生产劳动；教育的根本目的是促进学生的全面发展。题干所述是马克思主义教育学的观点。

20. A 【解析】《学记》(收入《礼记》)是中国也是世界教育史上的第一部教育专著，成文大约在战国末期。

易错提示：考生易混淆"最早的教育著作"这个知识点，在做题时需注意题干中的关键字眼，如"我国最早"的教育著作对应《学记》，"西方最早"的教育著作对应《雄辩术原理》，由于《学记》的出现时间早于《雄辩术原理》，所以《学记》也是世界上最早的教育著作。

21. D 【解析】昆体良的代表作《雄辩术原理》(《论演说家的教育》或《论演说家的培养》)是西方最早的教育著作，也被誉为古代西方的第一部教学法论著。

22. B 【解析】题干引文意为：大学教学，按照时序进行，必须有正式的课业，课后休息时也得有课外练习。这强调了课内与课外相结合的教育思想。

23. D 【解析】老子是道家学派创始人。道家主张"绝学"和"愚民"，认为"绝学无忧"。根据"道法自然"的哲学，道家主张教循自然原则，一切任其自然，便是好的教育。故答案选择D项。

24. C 【解析】昆体良是古罗马教学法大师，他是西方教育史上第一个专门论述教育问题的教育家。在世界教育史上，昆体良是最早提出反对体罚的教育家，反映了他对儿童人格的尊重。昆体良提出：教育目的是培养善良而精于雄辩术的人。善良是第一位的，在雄辩术上达到完美境界是第二位的。因此，他坚持把良好道德的培养放在教育任务的首要位置。

25. C 【解析】陶行知一生为改革和发展中国的教育事业鞠躬尽瘁，做出了不可磨灭的贡献。毛泽东称颂他为"伟大的人民教育家"。

26. D 【解析】《学记》提出"道而弗牵，强而弗抑，开而弗达"，主张开导学生，但不要牵着学生走；对学生提出较高的要求，但不能使学生灰心；指导学习的门径，而不把答案直接告诉学生。故D项符合题干所述观点。

27. B 【解析】实验教育学是19世纪末20世纪初产生于德国，随后在欧美一些国家发展的以教育实验为标志的教育思想流派。它重视研究儿童发展与教育的关系，重视实验，并强调从实验的结果中寻找教育的途径和方法。

28. D 【解析】批判教育学的目的就是要揭示所谓自然事实背后的利益关系，帮助教师和学生对自己所处的教育环境及形成教育环境的诸多因素敏感起来，即对他们进行启蒙，以达到意识"解放"的目的，从而积极地寻找克服教育及社会不平等和不公正的策略；教育现象不是中立的和客观的，而是充满着利益纷争的，教育理论研究不能采取唯科学主义的态度和方法，而要采取实践批判的态度和方法，揭示具体教育生活中的利益关系，使之从无意识的层面上升到意识的层面。

故本题选 D 项。

29. B 【解析】赫尔巴特把教育的目的分为“可能的目的”和“必要的目的”，认为教育的最高目的是道德和性格的完善，具体来说，教育的根本目的就是要养成内心自由、完善、仁慈、正义和公平这五种道德观念。

30. B 【解析】作为墨家的代表人物，墨翟以“兼爱”“非攻”为教，同时注重文史知识的掌握和逻辑思维能力的培养，还注重实用技术的传习。对于获得知识的理解，墨翟认为，人的知识来源可分为三个方面，即亲知、闻知、说知。所以，题干所述是墨家的教育思想。

31. D 【解析】杜威的教育论著中，曾系统阐述过教育与生活、学校与社会、经验与课程、知与行、思维与教学、教育与职业、教育与道德、儿童与教师等八组关系，这些构成了实用主义教育思想的全部。所以，题干所述的教育家为杜威。

32. C 【解析】苏格拉底认为教育的目的是要培养治国人才。苏格拉底是专家治国论者，他认为治国者必须有德有才，深明事理，具有各种实际知识。苏格拉底认为教育的首要任务是培养道德，伦理、道德问题是他整个思想体系的中心。故选 C 项。

33. D 【解析】题干引言出自苏霍姆林斯基，他认为教育技能的全部奥秘就在于如何爱护孩子。

34. A 【解析】实用主义教育学的代表人物是杜威、克伯屈，其基本主张有：(1)教育即生活，教育的过程与生活的过程是合一的；(2)教育即学生个体经验持续不断的增长；(3)学校是一个雏形的社会；(4)课程组织应以学生经验为中心；(5)师生关系以儿童为中心；(6)教学过程注重学生的独立发现和体验，尊重学生发展的个体差异。A 项是马克思主义教育学的观点。

35. B 【解析】夸美纽斯认为道德教育的内容包括：智慧、勇敢、节制、公正、劳动。

36. A 【解析】《学记》是我国古代教育经验和儒家教育思想的高度概括，全文 1229 个字，对古代教育的作用、学校教育制度、教学原则和方法以及师生关系等问题均做了精辟论述，成为千古名篇，至今仍有指导意义。(具体内容参看王道俊、郭文安主编的《教育学(第 7 版)》)

37. A 【解析】杜威的《民本主义与教育》提倡的理论开创了一个教育流派——“现代教育派”。杜威在师生关系上，认为应以儿童为中心，形成相应的教学方法——做中学，即在经验中学习，在处理问题中学习。所以 A 项符合题意。

38. D 【解析】实用主义教育学是 19 世纪末 20 世纪初兴起于美国的一种教育思潮，其代表人物是杜威、克伯屈。A 项错误。定量研究是实验教育学所强调的研究范式。B 项错误。马克思主义教育学认为教育的根本目的是促进学生的全面发展；批判教育学认为教育目的是要对师生进行“启蒙”，以达到意识“解放”。C 项错误。

39. C 【解析】卢梭十分强调要遵循儿童发展的顺序及其年龄特征，他反对传统教育不顾儿童特点，把儿童看成小大人，抹杀二者的区别，用成人的标准来苛求儿童，压抑儿童的天性。卢梭关于儿童的认识对教育界具有启蒙的意义，他被人们誉为第一个“发现儿童”的人。

40. C 【解析】孔子的教育目标是培养德才兼备的君子，C 项对应错误。

41. A 【解析】题干引文出自《礼记·学记》，原文为：“故君子之教，喻也。道而弗牵，强而弗抑，开而弗达。”意为：所以说教师对人施教，就是启发诱导。(对学生)诱导而不牵拉；劝勉而不强制；指导学习的门径，而不把答案直接告诉学生。这是《学记》中关于启发性教学原则的叙述。故选 A 项。

42. B 【解析】孔子的教育思想主要体现在《论语》一书中。

43. B 【解析】17 世纪以后，教育学的发展进入了一个新的阶段，逐渐形成一门独立的学科。近代实验科学鼻祖培根首次提出把教育学作为一门独立的学科。

44. C 【解析】荀子的教育内容，仍然是以儒家的传统教材为最主要部分——《诗》《书》《礼》《乐》《春秋》，荀子虽以“五经”为教育内容，但却以《礼》为重点。《礼》是荀子整个教育理论的核心。

45. C 【解析】题干所述这种帮助学生获取真知的方法被后世称为“产婆术”。用“产婆术”教学，分

两个阶段。第一阶段:诘问,由施教者不断提出问题,使受教者在认识上陷入自相矛盾,最终承认自己的错误与无知;第二阶段:助产,帮助对方在明白道理的基础上,重新归纳所探究概念的正确含义。“产婆术”是归纳法、探究法、发现法的渊源。(具体内容参看王道俊、郭文安主编的《教育学(第7版)》)

46. D 【解析】洛克反对天赋观念,提出了“白板说”。他认为人只有靠教育才能成为人,人完全是教育的结果。

47. D 【解析】在西方教育思想史上,柏拉图的《理想国》和卢梭的《爱弥儿》、杜威的《民主主义与教育》被称为三个里程碑。

48. D 【解析】“四大教育”即文艺教育、生计教育、卫生教育和公民教育,“三大方式”即学校式、家庭式和社会式。故D项不属于“四大教育”。

49. D 【解析】批判教育学兴起于20世纪70年代,是当代西方教育理论界占主导地位的教育思潮。本题答案选D项。

50. D 【解析】赫尔巴特的《普通教育学》的出版(1806年)标志着规范教育学的建立,同时,这本书也被认为是第一本现代教育学著作。

51. B 【解析】孔子是世界上最早提出启发式教学的教育家,比古希腊教育家苏格拉底提出的“产婆术”早几十年。

52. C 【解析】杜威提出了“儿童中心(学生中心)”“活动中心”“经验中心”的“新三中心论”。

53. C 【解析】赫尔巴特是康德哲学教席的继承者,近代德国著名的心理学家和教育学家,在世界教育史上被认为是“现代教育学之父”或“科学教育学的奠基人”。

易错提示:在教育学发展史上,关于“教育学之父”“近代教育学之父”“现代教育学之父”这三个称号对应的教育家众说纷纭,这里总结常见的说法:“教育学之父”“近代教育学之父”——夸美纽斯;“现代教育学之父”——赫尔巴特。

54. B 【解析】蔡元培为中华民族的进步和发展,为我国的教育事业,尤其是高等教育事业的改革和发展,做出了重大贡献。毛泽东评价他为“学界泰斗,人世楷模”。故本题选B项。A项陶行知,毛泽东称颂他为“伟大的人民教育家”,宋庆龄赞誉他为“万世师表”。对于蔡元培和陶行知的评价,考生要注意区分。

55. C 【解析】“顺木之天,以致其性”的意思是:种树要顺应树木的天性,来实现其自身的习性。这体现的是自然主义教育思想。

56. A 【解析】实用主义教育学是19世纪末20世纪初兴起于美国的一种教育思潮,其代表人物是杜威、克伯屈,代表著作主要有《民主主义与教育》《经验与教育》《设计教学法》等。所以A项正确。

57. B 【解析】蔡元培认为美感教育具有与宗教相同的性质和功用,但可以避免宗教的保守和宗派之见,所以他提出了“以美育代宗教”的口号。

58. C 【解析】杜威的教育学说提出以后,西方教育学便出现了以赫尔巴特为代表的传统教育学派和以杜威为代表的现代教育学派的对立局面。

易错提示:考生易混淆传统教育学派和现代教育学派的代表人物,做题时应注意:赫尔巴特虽然是“现代教育学之父”,但他却是传统教育学派的代表人物。传统教育学派和现代教育学派的区别在于是否把学生放在主体地位。

59. A 【解析】捷克教育家夸美纽斯于1632年出版的《大教学论》是教育学开始形成一门独立学科的标志,该书被认为是近代第一本教育学著作。在这本著作中,他提出了普及教育的思想,论述了班级授课制等。故本题选A项。B项,经验主义教育思想是由美国教育家杜威提出的。C项,斯宾塞反对思辨,主张科学是对经验事实的描写和记录。D项,拉伊认为教育就是对人的发展的实际指导。

60. C 【解析】实验教育学的主要观点是:(1)反对以赫尔巴特为代表的强调概念思辨的教育学,认为这种教育学对检验教育方法的优劣毫无用途。(2)提倡把实验心理学的研究成果和方法运用于教育研究,从而使教育研究真正"科学化"。(3)把教育实验分为三个阶段:就某一问题构成假设;根据假设制订实验计划,进行实验;将实验结果应用于实际,以证明其正确性。(4)认为教育实验与心理实验的差别在于心理实验是在实验室里进行的,而教育实验则要在真正的学校环境和教学实践活动中进行。(5)主张用实验、统计和比较的方法探索儿童心理发展过程的特点及其智力发展水平,用实验数据作为改革学制、课程和教学方法的依据。所以题干所述的教育学流派为实验教育学,答案选择C项。

61. C 【解析】在西方教育史上,赫尔巴特的教育理论代表作《普通教育学》被当作科学教育学产生的里程碑,他被称为"科学教育学的奠基人"。

62. B 【解析】卢梭主张教育要顺应天性的发展,顺应儿童成长和心理发育的自然法则,促进儿童身心的全面发展。

63. C 【解析】卢梭的代表作《爱弥儿》系统阐述了他的自然主义教育思想。

64. A 【解析】赫尔巴特强调系统知识的传授,强调课堂教学的作用,强调教材的重要性,强调教师的权威作用和中心地位,形成了传统教育"课堂中心""教材中心""教师中心"的特点。

65. A 【解析】苏霍姆林斯基是苏联著名的教育实践家和理论家,其代表作有《帕夫雷什中学》《给教师的一百条建议》等。

66. B 【解析】亚里士多德是最早提出教育要适应儿童的年龄阶段,进行德智体多方面和谐发展教育的思想家。

67. D 【解析】杨贤江以李浩吾为化名出版的《新教育大纲》是我国第一部马克思主义的教育学著作。他致力于中国的青年教育,提出了"全人生指导"的青年教育思想。所谓"全人生指导",就是对青年进行全面关心、教育和引导,即不仅关心他们的文化知识学习,同时对他们生活中的各种实际问题给以正确的指点和疏导,使之在德、智、体诸方面都得以健康成长,成为一个"完成的人",以适社会改进之所用。

68. A 【解析】教育机会均等包括教育起点机会均等、教育过程机会均等和教育结果机会均等。

A项,教育起点机会均等是指尊重和保护每一个人的基本权利与自由发展,即包括教育权利公平和教育机会公平。"有教无类"是指不管什么人都可以受到教育,不因为贫富、贵贱、智愚、善恶等原因把一些人排除在教育对象之外,这是一种入学机会的均等,体现的是教育起点机会均等。本题答案选A项。

B项,教育过程机会均等是指教育过程中教育资源分配的均等。即教育过程不区分性别,种族、贫富、地区的不同。B项不符合题意,排除。

C项,教育条件机会均等不属于教育机会均等的内容,可排除。

D项,教育结果机会均等是指最终体现在学生的学业成就上的实质性的公平,即学业成功并被社会所接纳的机会均等。D项不符合题意,排除。

69. C 【解析】黄炎培是我国职业教育的先驱,他提倡"大职业教育主义"。C项说法错误。

70. B 【解析】美国实用主义教育家杜威提出"教育即生长""教育即改造""学校即社会","教育是生活的过程,而不是将来生活的准备""教育是经验的改造或改组"。故本题选择B项。

71. B 【解析】教育学是研究教育现象和教育问题,揭示教育规律的一门科学。题干描述的是教育学的概念。

72. D 【解析】要素教育论是裴斯泰洛齐教学理论体系的重心,他认为,教育过程要从一些最简单的、为儿童所能接受的"要素"开始,再逐渐转到日益复杂的要素,促使儿童各种天赋能力和力量的全面、和谐的发展。所以,题干所述的教育家为裴斯泰洛齐。

73. B 【解析】赫尔巴特不仅论述了教育学的独特性，而且还非常明确地提出了教育学的学科基础，即实践哲学（伦理学）和心理学。他说，“教育学作为一门科学，是以实践哲学和心理学为基础的。前者说明教育的目的；后者说明教育的途径、手段与障碍。”故本题选 B 项。

74. B 【解析】教学四阶段论即明了、联合（联想）、系统、方法。明了主要是把新教材分解为各个构成部分，并和意识中相关的观念，即已经掌握的知识进行比较；联合（联想），建立新旧观念的联系，使学生在新旧观念的联系中继续深入学习新教材；系统，学生在教师的指导下，在新旧观念联系的基础上进行深入思考，寻求结论和规律；方法，通过实际练习，运用系统的知识，使之变得更熟练、更牢固。题干中王老师在教学时，让学生尝试把所学习的新观念同原有的旧观念结合起来，即建立新旧观念的联系，这种教学属于联想阶段。B 项正确。

75. B 【解析】近代实验科学鼻祖培根首次提出把教育学作为一门独立的学科，他提出的归纳法为教育学的发展奠定了方法论基础。

76. A 【解析】克鲁普斯卡娅的《国民教育与民主主义教育》是最早以马克思主义为基础探讨教育学问题的著作；凯洛夫的《教育学》被公认为世界上第一部马克思主义的教育学著作；杨贤江的《新教育大纲》是我国第一部马克思主义的教育学著作；《教育过程》是布鲁纳的代表作。所以答案选 A 项。

77. C 【解析】孔子提出了庶、富、教的观点，认为人口、财富和教育是立国的三个要素。其中，庶和富是实施教育的先决条件，只有在庶和富的基础上开展教育，才会取得社会成效。故本题选 C 项。A 项，孟子持“性善论”，这是其教育思想的基础。孟子认为教育是扩充“善性”的过程，教育的目的在于“明人伦”。B 项，墨子即墨家的代表人物，墨子（墨翟）以“兼爱”“非攻”为教，同时注重文史知识的掌握和逻辑思维能力的培养，还注重实用技术的传习。D 项，老子是道家的代表人物之一，著有《道德经》一书。

78. B 【解析】孟子重视道德教育，他提出的道德修养方法主要有：（1）存心寡欲。（2）尚志养气。孟子与孔子一样，也要求学生树立远大的理想。孔子称之为“杀身成仁”，孟子称之为“舍生取义”。（3）反求诸己。（4）磨炼意志。孟子通过对人处于不同境遇产生的不同心态分析，阐明了磨炼意志的重要意义。他认为生活于安逸环境中的人无忧无虑，往往不明事理，这就是所谓的“生于忧患，死于安乐”。题干所述为孟子的教育思想，故选 B 项。

79. A 【解析】题干引文是荀子提出的学习过程思想，荀子认为，闻、见、知、行每个阶段都具有充分的意义，由此构成了一个完整的学习过程。

80. B 【解析】“活教育”的“五指活动”，即儿童健康活动、儿童社会活动、儿童科学活动、儿童文学活动、儿童艺术活动。按“五指活动”的设想，儿童活动代替课堂教学成为学校教育的基本形式，它追求的是完整的儿童生活，“五指活动”是相互联系的整体。故选 B 项。

81. A 【解析】苏联教育家赞科夫出版了《教学与发展》一书，他把学生的一般发展作为教学的出发点，提出了发展性教学理论的五条教学原则。

82. C 【解析】朱熹将教育分为“小学”和“大学”两个阶段。小学以“学事”为主，大学以“穷理”为主。故选 C 项。

83. D 【解析】由题干中的“促进教育知识的增长”“开展教育实践”可知，这说明的是教育学沟通教育理论与实践的价值。

84. B 【解析】由于认定学科形成的标准不同，人们对教育学成为一门独立学科的标志有不同的看法。教育学的学科形成时期是指教育学成为一门独立学科所经历的时期。一般认为，这个时期的起点是 17 世纪捷克教育家夸美纽斯《大教学论》的问世，终点是 19 世纪初德国教育家赫尔巴特《普通教育学》的发表。

易错提示：关于教育学成为独立学科的标志，考生在做题时，需抓住题干中的关键词是“开始形成”还是“正式成为”，以便正确解题。

85. B 【解析】《大学》中提出“大学之道，在明明德，在亲民，在止于至善”，这是儒家对大学教育目的和为学做人目标的纲领性表达，其中大学教育的终极目标是“止于至善”。

86. B 【解析】“相观而善之谓摩”的意思是：互相取长补短，叫作观摩。对于教师来说，就是要在教学中相互观摩，取长补短。

二、多项选择题

1. ABD 【解析】斯宾塞在教育内容方面，主张科学知识最有价值。故 A 项正确。亚里士多德的教育观点基本上承袭柏拉图，认为教育应该由国家负责，受国家控制。故 B 项正确。卢梭提出了“自然主义教育”，夸美纽斯提出了“泛智”教育以及“把一切事物教给一切人”。故 C 项错误。福禄贝尔提出要让儿童在游戏中得到发展，他是教育史上第一个承认游戏的教育价值的人。故 D 项正确。

2. ABC 【解析】文化教育学又称精神科学教育学，是 19 世纪末出现在德国的一种教育学说，代表人物有狄尔泰、斯普兰格、利特。鲍尔斯是批判教育学的代表人物之一。

3. ABC 【解析】苏格拉底的问答法分为三步：第一步称为苏格拉底讽刺，他认为这是使人变得聪明的一个必要的步骤，因为除非一个人很谦逊，“自知其无知”，否则他不可能学到真知；第二步称为定义，在问答中经过反复诘难和归纳，从而得出明确的定义和概念；第三步称为助产术，引导学生自己进行思索，自己得出结论。

4. BCD 【解析】荀子提出了“性恶论”，认为教育的作用是“化性起伪”，就是通过教育和学习来改变自己的本性，使人具有适应社会生活的道德智能。A 项错误。

   孔子提倡“有教无类”并以此作为办学方针。“有教无类”的意思是：不分贵贱贫富和种族，人人都可以入学受教育。B 项正确。

   墨子以“兴天下之利，除天下之害”为教育目的。“兴天下之利，除天下之害”出自《墨子・兼爱》，意思是：凡是对天下人有利的事就去干，把它兴办起来；凡是对天下人有害的事，就把它除掉。C 项正确。

   孟子推崇“易子而教”的教育方法。“易子而教”的意思是：把自己的孩子送到别人那里去接受教育。这种方法的目的在于维持家庭气氛的祥和。D 项正确。

5. AB 【解析】亚里士多德的教育思想主要体现在他的《伦理学》和《政治学》等著作中。C 项为昆体良的著作，D 项为托马斯・莫尔的著作。

6. ABC 【解析】裴斯泰洛齐的教学理论体系的重心是关于和谐发展的要素教育的理论。他认为在各种教育教学过程中，在各门学科中，都存在着一些最简单的要素，教育教学过程必须从这些简单的要素开始，逐渐转移到复杂的要素。因为只有这样才能保证人的和谐发展。基于此，裴斯泰洛齐提出了德智体全面教育的基本要素。因此，A、B、C 项符合题意。

7. ACD 【解析】布鲁纳、赞科夫、瓦・根舍因等人提出的教学理论，充实了教育学的内容，提高了教育学的科学化水平，被视为现代教学理论的三大流派。

8. ABD 【解析】蔡元培比较系统地提出了五育并举的思想，即军国民教育、实利主义教育、公民道德教育、世界观教育和美感教育。故 A 项正确。

   晏阳初被誉为“国际平民教育之父”。他主张乡村平民教育，提出了“四大教育”(文艺教育、生计教育、卫生教育、公民教育)和“三大方式”(学校式、家庭式、社会式)。故 B 项正确。

   苏联教育家赞科夫出版了《教学与发展》一书。他把学生的一般发展作为教学的出发点，提出了发展性教学理论的五条教学原则，即高难度、高速度、理论知识起主导作用、理解学习过程、使所有学生包括“差生”都得到一般发展的原则。教学过程最优化理论是由巴班斯基提出的。故 C 项错误。

   在西方教育史上，裴斯泰洛齐是第一个明确提出“教育心理学化”口号的教育家。所谓“教育心理学化”，就是把教育提高到科学的水平，将教育科学建立在人的心理活动规律的基础上。故 D 项正确。

9. AD 【解析】A 项为孔子提出的启发诱导思想,D 项为孔子提出的学思结合思想。B 项出自《学记》,C 项出自许慎的《说文解字》。故答案选择 A、D 项。

10. ACD 【解析】蔡元培从资产阶级哲学观和政治观出发,认为:人的发展,应该是和谐、健全的发展,“养成健全的人格”。所以,教育必须是全面的教育。根据这样的理论基础,他提出了德、智、体、美和谐发展的教育方针。故 A 项对应正确。
亚里士多德主张体育先于智育进行,因为智力的健全依赖于身体的健全。故 B 项对应错误。
在教学的原则和方法上,昆体良的一个重要见解是反对体罚,他是最早提出反对体罚的教育家。故 C 项对应正确。
奥苏贝尔强调主动地接受学习,并认为学生接受知识的学习过程是一种有意义的学习过程。故 D 项对应正确。

11. ABC 【解析】A 项是孔子提出的办学方针,B 项是孔子总结的教学原则及方法,C 项是孔子提出的知识来源的两个途径之一(另一个途径是生而知之)。“道而弗牵,强而弗抑,开而弗达”是《学记》中的观点。

12. ABD 【解析】苏联教育家赞科夫通过近二十年的小学教学改革实验,出版了《教学与发展》一书。他把学生的一般发展作为教学的出发点,提出了发展性教学理论的五条教学原则,即高难度、高速度、理论知识起主导作用、理解学习过程、使所有学生包括“差生”都得到一般发展的原则。故 C 项不属于赞科夫提出的教学原则。

13. ABC 【解析】陶行知的“生活即教育”和杜威的“教育即生活”的相同点是:(1)承认教育和生活之间存在着密切的联系,反对将教育与生活分离;(2)认为生活含有重要的教育意义;(3)承认教育对改造生活的重要作用。D 项是杜威“教育即生活”理论的主张,属于二者理论的不同点,故不选。

14. ABD 【解析】斯宾塞是英国著名的实证主义者,他反对思辨,主张科学是对经验事实的描写和记录。他强调生理学、卫生学、数学、机械学、物理学、化学、地质学、生物学等实用学科的重要性,反对古典语言和文学的教育。此外,他还特别重视体育。在教学方法方面,他主张启发学生学习的自觉性,反对形式教育,重视实科教育。所以,A、B、D 三项均属于斯宾塞的教育观点和主张。C 项为实验教育学的代表人物之一拉伊的观点。

15. ABD 【解析】赫尔巴特的代表作品是《普通教育学》,《教育学》是凯洛夫的代表作品。C 项错误。

16. CD 【解析】A 项为卢梭的自然主义教育思想,B 项为赫尔巴特的教学过程思想,这两项匹配错误。

17. CD 【解析】孟子主张“性善论”;荀子主张“性恶论”。A、B 项说法错误。

18. BC 【解析】教育现象包括教育社会现象和教育认识现象。教育社会现象是反映教育与社会关系的现象,比如学校布局的调整、教师工资的增长或拖欠、毕业生的去向、学校管理体制的改革等。教育认识现象是反映教育与学生认识活动(学习活动)关系的现象,比如学生的思想方法问题、学习问题、心理健康问题,教师的教学方法问题等。当然,有些教育现象既是教育社会现象,又是教育认识现象,比如,制订教学计划,进行课程改革等。所以 B、C 项符合题意,A、D 项属于教育的认识现象范畴。

19. AD 【解析】教育最基本的规律有两条:一条是关于教育与社会发展关系的规律;另一条是关于教育和人的发展关系的规律。

20. ABC 【解析】《学记》指出:“学者有四失,教者必知之。人之学也,或失则多,或失则寡,或失则易,或失则止。此四者,心之莫同也。”所以 D 项不属于《学记》中提到的学生学习的过失。

三、判断题

1. × 【解析】“社会即学校”是陶行知生活教育理论的范围论,“生活即教育”是生活教育理论的本质论及核心。

2. × 【解析】孔子的“有教无类”属于古代朴素的教育平等观,反映了古代思想家对扩大教育平等的追求,但仍以阶级分层为基础,带有特定历史阶层的等级观念,因此并不是真正的教育平等。

3. √ 【解析】教育学研究的价值之一是沟通教育理论与实践。教育学扮演着一种“中介”或“桥梁”的作用,沟通着教育理论与教育实践。这种作用的表现之一是提高教育实践工作者的自我反思和发展能力。一个好的教育工作者,应该是一个能够不断自我反思和发展的教育工作者。所谓能够自我反思,是指能够不断地在思想领域内对自己所作所为的合理性和合法性进行追问;所谓能够自我发展,是指能够不断地超越自己已经达到的教育境界,追求某种更高的教育境界。无论是自我反思还是自我发展,在经验领域内都是不可能完成的。只有教育理论才能帮助教育实践工作者超越经验的限制,摆脱习惯的束缚,在不断的自我反思中不断地发展自我、完善自我和实现自我。

4. √ 【解析】教育实践孕育了作为一门知识的教育学。教育学作为一门知识的历史要比教育学作为一门学科的历史悠久得多。在人类的早期阶段,由于教育学学科自主性的缺失,人类关于教育的知识尚不足以称之为“客观知识”,更不足以形成具有独自生命的世界。这时人们关于教育的知识只能作为一种“主观知识”或“个人知识”,直接源于教育实践经验,而不可能是学科内在知识逻辑的自然展开。广义上,自从地球上有了人类,教育就成为了人类生活的不可缺少的一部分,关于教育的知识也就随之产生。

5. √ 【解析】孔子的教学内容有三个特点:(1)偏重社会人事。他的教材都是属于社会历史政治伦理方面的文化知识,注重的是现实的人事,而不是崇拜神灵。(2)偏重文事。他虽要求从政人才文武兼备,但在教学内容的安排上毕竟是偏重文事,有关军事知识技能的教学居于次要地位。(3)轻视科技与生产劳动。他所要培养的是从政人才,不是从事农工的劳动者,因此不强调自然知识和科学技术。他既没有手工业技术可传授,也没有农业技术可传授。题干所述是对孔子教学内容特点的总结,表述正确。

6. × 【解析】墨家认为为政之本,在于“尚贤”。墨子把春秋以来“举贤”的思想发展到一个新的阶段。墨子在《尚贤》中提出“贤士”的标准有三条:厚乎德行,辩乎言谈,博乎道术。

7. √ 【解析】昆体良认为,大多数的教学可以用同样大小的声音传达给全体学生,更不必说那些修辞学家的论证和演说,无论听众多少,每个人都能全部听清楚。他还说过,根据一些教师的实践,把儿童分成班级,依照他们每个人的能力,指定他们依次发言。昆体良的这些见解,是班级授课制思想的萌芽。

8. × 【解析】裴斯泰洛齐是第一个明确提出“教育心理学化”口号的教育家。所谓“教育心理学化”,就是把教育提高到科学的水平,将教育科学建立在人的心理活动规律的基础上。

9. × 【解析】“长善救失”“豫时孙摩”等教学思想是在《学记》中提出来的。

10. √ 【解析】卢梭的“自然教育”,就是使教育要服从自然的永恒法则,听任人的身心的自由发展。他强调生活和实践是教育的重要手段。

11. √ 【解析】“仁者爱人”虽然出自《孟子·离娄下》,但这个观念却是直接继承孔子的,根据《论语·颜渊》的记载,樊迟曾经向孔子请教,到底什么是仁。孔子的回答是“爱人”。原文为:樊迟问仁。子曰:“爱人。”

12. × 【解析】赞科夫的“一般发展”指的是个体以智力为核心的包括情感、意志、个性以及集体主义精神在内的一般发展。

13. × 【解析】教育现象是教育活动在运动发展中的表现形式,是教育活动外在的、表面的特征,包括教育社会现象和教育认识现象;而教育问题是指反映到人们大脑中的、需要探明和解决的教育实际矛盾和理论疑难。教育现象被认识和研究,便成为教育问题,两者并不是一回事。

14. √ 【解析】洛克认为人的心灵原来就像一块白板，没有一切特性，没有任何观念，天赋的智力人人平等。他明确指出，“我们日常所见的人中，他们之所以或好或坏，或有用或无用，十分之九都是他们的教育所决定的。人之所以千差万别，便是由于教育之故。”
15. × 【解析】西方的自然主义教育思想是要使人的自然本性得到张扬，要求把人作为中心，是要培养自然状态的人，能够充分利用人的自然本性，发扬人的自然本性。道家的“道法自然”教育思想是要让人完全地融入到大自然中，达到自然与人的统一。所以两者存在本质差别。
16. × 【解析】孟子曾经依据《尚书·泰誓》“天佑下民，作之君，作之师”的说法，将君师并称，荀子进而把师提到与天地、祖宗并列的地位，他将教师视为治国之本。故题干说法错误。
17. × 【解析】孔子在春秋末期，面对官学衰落和私学兴起，“学在官府”变为“学在四夷”的社会现实，从“性相近，习相远”的理论前提出发，极力主张扩大教育的对象，明确提出“有教无类”的主张。所以二者的思想本质是一致的。
18. √ 【解析】杜威提出的“教育即生活”有两方面的含义：一是要求学校与社会生活结合，二是要求学校与儿童的生活结合。这并不是要在教育与生活之间画上等号。
19. √ 【解析】卢梭教育思想的核心是自然教育理论，自然教育的目的是培养自然天性得到充分发展的“自然人”。这种思想强调教育必须顺应儿童天性发展的自然历程，即遵循儿童身心发展的特点，这种强调儿童是教育主体的思想，开辟了现代教育理论的先河。
20. √ 【解析】实用主义教育学的不足之处就是在一定程度上忽视了系统知识的学习，忽视了教师在教学过程中的主导作用，忽视了学校的特质。
21. × 【解析】赫尔巴特强调教师的权威作用和中心地位，而卢梭等人主张自然教育，强调教师不要过多干预儿童的发展。

四、填空题

1. 洛克
2. 梁漱溟
3. 马克思主义
4. 孔子
5. 陶行知
6. 培根

五、辨析题

1. 孔子提出的化性起伪中的“伪”指虚伪、不真诚。所以教育就是要改变人的虚伪、不真诚。

   (1)这种说法是不正确的。(2)荀子持性恶论，认为教育在人的发展中起着“化性起伪”的作用。“化性起伪”中的“性”即人性，就是人与生俱来的自然属性，它完全排除任何后天人为的因素。“伪”是与“性”相对的一个范畴，即人为，是泛指一切通过人为努力而使人发生的变化。

2. 苏联教育家苏霍姆林斯基在其著作《给教师的一百条建议》和《教育论》中阐述了他的和谐教育思想，他认为学校教育的理想是培养全面和谐发展的人。

   (1)这种说法是不正确的。(2)苏联教育家苏霍姆林斯基在其著作《给教师的一百条建议》和《把整个心灵献给孩子》中阐述了他的和谐教育思想，他认为学校教育的理想是培养全面和谐发展的人。而《教育论》是斯宾塞的教育著作。

3. 教育学不等同于教育科学。

   (1)这种说法是正确的。(2)教育学是庞大教育科学体系中的基础学科。教育科学是有关教育问题的各种科学理论的学科群，它包含教育社会学、教育经济学、教学论、课程论、教育技术学等。教育学研究的是教育基本的、一般的问题，是从总体上分析教育问题的，而其他学科则是从某个角度对某个方面问题的研究。因此，教育学不等同于教育科学。

六、简答题(参考答案)

1. 简述《学记》中包含的教学原则。

(1)教学相长;(2)尊师重道;(3)藏息相辅;(4)豫时孙摩;(5)启发诱导;(6)长善救失。此外,《学记》还主张"学不躐等",即教学要遵循学生心理发展特点,循序渐进;同时,重视学生的学习,指出"善学者,师逸而功倍,又从而庸之"。

2. 简述批判教育学的主要观点。

(1)当代资本主义学校教育是维护现实社会的不公平、造成社会差别和对立的根源;(2)学校教育的功能就是再生产出占主导地位的社会政治意识形态、文化关系和经济结构;(3)教育目的是要对师生进行"启蒙",以达到意识"解放";(4)教育现象不是中立的和客观的,教育理论研究不能采用唯科学主义的态度和方法,教育理论研究要采用实践批判的态度和方法。

3. 简述教育学研究的价值。

(1)反思日常教育经验;(2)科学解释教育问题;(3)沟通教育理论与实践。

七、论述题(参考答案)

1. (1)"教学做合一"的含义是:教的方法根据学的方法;学的方法根据做的方法。事怎样做便怎样学,怎样学便怎样教。教与学都以"做"为中心。在做上教的是先生,在做上学的是学生。

(2)"教学做合一"包含以下要点:首先,"教学做合一"要求"在劳力上劳心";其次,"教学做合一"是因为"行是知之始";其三,"教学做合一"要求"有教先学"和"有学有教";其四,"教学做合一"还是对注入式教学法的否定。

(考生可结合实际加以阐述,言之有理即可)

2. (1)论教育的本质。杜威认为,教育即生活,教育即生长,教育即经验的改组或改造。"教育是生活的过程,而不是将来生活的准备。"此外,杜威还提出"学校即社会",这是对"教育即生活"的进一步引申。从"教育即生活"到"学校即社会"、再到课程的变革("从做中学")是层层递进的。

(2)论教育的目的。杜威从"教育即生活"中引出他的"教育无目的论"。"教育的过程,在它自身以外没有目的,它就是它自己的目的;教育的过程是一个不断重组、不断改造和不断转化的过程。"

(3)"从做中学"。在经验论的基础上,杜威提出"从做中学",要求以活动性、经验性的主动作业取代传统的书本式教材的统治地位。同时,"从做中学"也是杜威提出的教学方法,这是一种经验的方法、思维的方法和探究的方法。这种探究的五个步骤即思维五步说或五步探究教学法,即创设疑难情境;确定疑难所在;提出解决问题的种种假设;推断哪个假设能解决这个困难;验证这个假设。

3. 1916 年 12 月,蔡元培被任命为北大校长后,对北大进行了全面的改革。主要措施有:

(1)抱定宗旨,改变校风。蔡元培认为,大学应当成为研究高深学问的学府,这是蔡元培的办学指导思想,也是其大学教育的出发点。因此,蔡元培改革北大的第一步是明确大学的宗旨,并为师生创造研究高深学问的条件和氛围。具体内容有:改变学生的观念;整顿教师队伍,延聘积学热心的教员;发展研究所,广积图书,引导师生研究兴趣;砥砺德行,培养正当兴趣。

(2)贯彻"思想自由,兼容并包"的办学原则。"大学者,'囊括大典,网罗众家'之学府也"。蔡元培明确声明,在学术上"循'思想自由'原则,取兼容并包主义",这是他办理北京大学的基本指导思想。

(3)教授治校,民主管理。蔡元培任校长后,组织了评议会和各科教授会。1919 年 12 月,评议会通过学校内部组织章程,决定设立行政会议、教务会议及教务处、总务处。管理体制的改革,体现了蔡元培教授治校、民主管理的思想,目的是把推动学校发展的责任交给教授,让真正懂得学术的人来管理学校。

(4)学科与教学体制改革。主要包括:扩充文理,改变"轻学而重术"的思想;沟通文理,废科设系;改年级制为选科制(学分制)。

第二章　教育的基本规律

专题一　教育与社会发展

答案速查：

1～5	DCCAC	6～10	BABDC	11～15	CAABA	16～20	DADCD
21～25	BCDDB	26～30	CBDAA	31～35	ACADB	36～40	AABBA
41～45	BDADD	46～50	AABBC	51～55	ADBDD	56～61	DDDBCC
1～5	BCD AC ACD BCD BCD			6～10	ABCD ABCD ABD ACD ABC		
11～15	ABCD ABC BCD ABCD BC			16～19	ABCD AD AB BD		
1～5	× × × × ×			6～10	√ × √ √ √		
11～15	√ √ × √ √			16～18	√ × ×		

一、单项选择题

1. D 【解析】教育的相对独立性是指教育具有自身独特的发展规律和能动性。一般来说，教育为一定社会的生产力发展水平所制约，为一定社会的政治经济制度所决定，为一定社会的文化所影响。但是教育又常显示出其自身所特有的形式和发展轨迹。故 A、B、C 三项论述错误。教育先行又称为“教育超前发展”“教育优先发展”，是指在一定的生产力发展条件下，为了发展经济必须注意首先发展教育。教育要先行，需要超前于经济建设，这是由教育本身的特点决定的。教育的特点之一就是未来性。教育的周期长，因此，今天的教育是为了明天的世界，人才的培养应先于经济的发展。故 D 项说法正确。
2. C 【解析】教育具有经济功能。教育对经济发展的作用，不是表现为直接创造物质财富，而是表现为：为经济活动再生产劳动力和再生产科学知识。教育再生产科学知识的一个重要表现，即教育可以高效能地扩大科学知识的再生产，使原来为少数人所掌握的科学知识在较短的时间内为更多的人所掌握，从而提高劳动生产效率，促进生产力的发展。故题干所述表明教育可以高效能地再生产科学知识，体现了教育的经济功能。
3. C 【解析】教育结构是指各级各类学校的比例关系和衔接方式，以及不同性质专业之间的比例构成。人口老龄化对教育行业的影响主要体现在教育市场需求、教育体系、教育形式等方面。也即人口老龄化主要影响教育的结构。
4. A 【解析】社会政治经济制度决定教育的性质。在同一政治经济制度下，各国的教育虽然也有差异，但其本质属性是相同的。社会政治经济制度对教育发展的影响和制约表现在社会政治经济制度决定着教育的领导权、受教育权、教育目的、教育内容的取舍、教育体制，制约着教育的改革与发展。故制约教育的性质、领导权和受教育权的根本因素是政治经济制度。
5. C 【解析】教育具有创造、更新文化的功能。现代教育与文化创造紧密结合，成为促使文化变革的一个重要方面。其一，在现代教育中，教育者对作为教育内容的文化素材，已不是简单机械的照搬，而是根据教育原理和各种文化素材的特点进行加工和再造。另外，现代学校总是用科学的眼光看待民族文化中的一切特质，否定其中丑恶的东西，倡导科学的民俗习惯和价值观念。其二，以科学研究为主要形式的文化创造活动，已经成为现代教育特别是高等教育不可缺少的一个组成部分。所以，题干所述表明教育具有更新与创造文化的功能。
6. B 【解析】教育能够传播、交流和融合文化。教育通过传播文化，使不同国家和民族的文化相互交流、交融，促进文化的优化和发展。国际性的文化交流更是民族文化融入全球文明的过程。题干所述体现了教育具有传播和交流文化的作用。

7. A 【解析】关于教育与社会关系的主要理论观点如下:

A 项,人力资本理论的主要观点包括:(1)经济增长的源泉是人力资本的积累;(2)教育使社会分配趋于平等。所以题干描述的是人力资本理论的主要观点,答案选 A。

B 项,教育万能论的主要观点包括:(1)教育对人的成长起决定作用;(2)人的才智差别源于人所处的不同环境和受到的不同教育。

C 项,蔡元培的教育独立思想具体包括:(1)教育经费独立;(2)教育行政独立;(3)教育学术和内容独立;(4)教育脱离宗教而独立。

D 项,劳动力市场理论认为劳动力市场可以划分为主要劳动力市场和次要劳动力市场。在主要劳动力市场的劳动力受教育水平是比较高的,受教育程度与工资水平的正比例关系基本上是成立的。相反,在次要劳动力市场,劳动力受教育水平是比较低的,受教育程度与工资水平的正比例关系是不成立的。

8. B 【解析】社会政治经济制度决定着教育内容的取舍。不同政治经济制度的社会具有不同的政治方向、思想意识和主流文化,并且不同的政治经济制度要求培养具有不同政治立场和思想意识的人,这自然要求传递不同的教育内容,特别是思想道德方面的内容。秦始皇焚书坑儒、汉武帝独尊儒术体现了政治经济制度决定教育内容的取舍。

9. D 【解析】"建国君民,教学为先"意为:建设国家,统治人民,首先要设学施教。引文体现了教育为社会培养合格的成员和公民的重要性,揭示了教育的政治功能。

10. C 【解析】社会政治经济制度决定受教育权。在阶级社会中,统治阶级总是要采取种种直接或间接的手段,决定和影响受教育权在社会中的分配,决定谁有享受学校教育的权利,谁无享受学校教育的权利,谁有受什么样学校教育的权利等问题。在资本主义社会中,劳动人民的子女接受大学教育的机会远少于资本家的子女,体现了政治经济制度对受教育权利的制约。

11. C 【解析】教育具有传承文化的功能。教育传承文化的功能表现在两个方面:(1)教育可以传递和保存文化;(2)教育可以活化文化。题干中的这些学校开设的校本课程能够传递和保存传统文化,体现了学校教育对文化的传承功能。

12. A 【解析】教育的经济功能主要表现在两个方面:(1)教育再生产劳动力,教育把潜在的劳动力转化为现实的劳动力;(2)教育再生产科学知识。故题干所述内容体现了教育的经济功能。

13. A 【解析】题干中的引言通常用以教育人既要致力于读书,又要关心政治。二者要紧密结合,做到学以致用。这体现的是教育对政治的影响,即教育的政治功能。

14. B 【解析】科学技术能够影响受教育者的数量和教育质量。一方面,科技的发展及其在教育上的广泛运用,使教育对象得以扩大;另一方面,科技的发展正日益揭示出教育对象的身心发展规律,从而使教育活动遵循这种规律,提高了教育质量。此外,科学技术的每次革新都极大地促进了受教育者数量的增长和教育质量的提高。

15. A 【解析】文化对教育发展的影响和制约的表现之一是:文化影响教育目的的确立。题干中中西方文化的差异造就了不同的教育目的,这体现的是文化对教育目的的影响。

16. D 【解析】教育的政治功能之一是:教育通过传播思想、形成舆论作用于一定的政治经济制度。古今中外,通过学校制造舆论影响政治的不乏其例,例如,我国现代的五四运动和"一二·九"运动,便发端于学校,扩展到社会,进而形成全国性的政治运动。

17. A 【解析】生产力发展的水平不仅决定了社会为教育发展提供的物质基础,也决定着社会劳动力的需求水平,进而决定着对教育事业的需求水平。所以,社会对教育事业的需求程度最终取决于生产力水平。

18. D 【解析】教育的文化功能之一是:教育具有传播和交流文化的作用。教育通过传播文化,使不同国家和民族的文化相互交流、交融,促进文化的优化和发展。留学生来我国学习,并把中国文化传向世界各地,这就体现了教育具有文化传播功能。

19. C 【解析】题干中学校对非物质文化遗产的传承、保护与发展,说明教育可以传递和保存文化,

这是教育的文化功能的表现之一。

20. D 【解析】教育对社会民主的推进主要表现在三个方面:(1)教育传播科学,启迪人的民主观念;(2)教育民主化本身是政治民主化的重要组成部分,也是衡量社会民主化的重要一环;(3)民主的教育是政治民主化的“孵化器”。D 项不包括在内。

21. B 【解析】教育的社会流动功能,按其流向可分为横向流动功能与纵向流动功能。教育的社会横向流动功能是指社会成员因受到教育和训练而提高了能力,可以根据社会需要,结合个人意愿与可能,更换其工作地点、单位等,做水平的流动,改变其环境而不提升其在社会阶层或科层结构中的地位,亦称水平流动。教育的社会纵向流动功能是指社会成员因受教育的培养与筛选,能够在社会阶层、科层结构中做纵向的提升,包括职称晋升、职务升迁、薪酬提级别,改变了其社会层级地位与作用。“寒门出贵子”即体现了教育的社会纵向流动功能。

方法技巧:理解教育的横向流动功能和纵向流动功能时,考生应注意:横向流动功能又称水平流动,无阶层或地位变动;纵向流动功能又称垂直流动,有阶层或地位变动。

22. C 【解析】教育可以传递和保存文化,教育是文化传递和保存最为基本和最为有效的手段。题干所述体现了教育的文化功能。

23. D 【解析】“化民成俗,其必由学”意为:(君子如果想要)教化百姓,并形成好的风俗,就一定要重视设学施教。这揭示了教育为社会培养合格的成员和公民的重要性以及教育与政治的关系。

24. D 【解析】生产力的发展水平制约着教育发展的规模和速度。总的来说,教育发展的规模与速度,取决于生产力发展所提供的物质条件和生产力发展对教育事业所提出的要求。故选 D 项。

25. B 【解析】教育再生产科学知识具体表现在:(1)教育可以高效能地扩大科学知识的再生产,使原来为少数人所掌握的科学知识在较短的时间内为更多的人所掌握,从而提高劳动生产效率,促进生产力的发展;(2)教育也担负着发展科学、再生产科学的任务,这在高校表现得尤为明显。因此,题干所述说明教育具有再生产科学知识的功能。

26. C 【解析】教育的内容就是人类的文化,不同时期的文化和不同国家与民族的文化,影响着教育内容的不同选择。德国至今从小学到大学都把宗教课作为必修课,把宗教设为教学内容,这体现了教育内容受文化传统的制约。

27. B 【解析】政治经济制度,尤其是政治制度是直接决定教育目的的因素。教育的根本任务是培养人,可以说,在一定社会中,培养具有什么政治方向和思想观念的人,是由政治经济制度决定的。

28. D 【解析】“本地的历史、风俗传统等”属当地的传统文化,所以题干所述体现了文化对学校教育的影响。

29. A 【解析】从蒸汽机时代到电气生产时代再到自动化时代体现了生产力的发展,不同生产力时代要求工人具有不同的教育水平,这说明生产力的发展水平制约着人才培养的规格。

30. A 【解析】倡导人力资本理论的学者尤其重视教育投资的作用,认为教育不仅是一种消费活动,也是一种投资活动,而且能够提高劳动生产力,促进经济发展,带来社会经济效益。故人力资本理论深刻揭示了教育对经济发展的促进作用。

31. A 【解析】教育可以提高劳动力的质量和素质,使之获得一定劳动部门认可的技能和技巧,成为发达的和专门的劳动力。这是教育再生产劳动力的表现之一,故题干所述体现的是教育的经济功能。

32. C 【解析】教育再生产科学知识具体表现在:(1)教育可以高效能地扩大科学知识的再生产,使原来为少数人所掌握的科学知识在较短的时间内为更多的人所掌握,从而提高劳动生产效率,促进生产力的发展;(2)教育担负着发展科学、再生产科学的任务,这在高校表现得尤为明显。题干所述是教育再生产科学知识的表现,体现了教育对生产力的促进作用。

33. A 【解析】从 14 世纪到 17 世纪,随着生产力的发展水平不断提高,教育的内容也不断增加,这体现了生产力的发展水平对教育内容的影响。

34. D 【解析】科技的发展和社会的进步，总是不断引起社会结构的调整变化，进而引起对各类专门人才的需求。这些需求总是通过市场对人才的需求反映出来，学校的专业设置及结构调整，必须依据人才市场所需要的专门人才的规格及数量而进行，即学校的专业设置受制于社会生产力发展状况。

35. B 【解析】教育能够传播、交流和融合文化，来自不同种族与家庭的学生通过接受学校教育，促进了文化的交流与融合，从而形成了独特的阶层文化。这体现了教育的文化功能。

36. A 【解析】教育的人口功能是指教育在控制人口数量、提高人口质量和改善人口结构以及促进人口流动等方面的作用。教育之所以能起到控制人口增长的作用，主要是因为：(1)受教育程度高，在校学习时间就延长，毕业后又面临就业压力，使初婚年龄推迟，育龄期相应缩短。(2)通过教育，有助于人们树立新的社会价值观和婚育观，认识到现代社会控制人口的重要意义，从而提高实行计划生育的自觉性。(3)现代社会人们的生活观念不断发生变化，在物质条件相等的前提下，受教育程度高的人，在精神生活上有较强的追求自我价值实现的要求，传统的多子多福、人丁兴旺的观念就少，他们更看重的是孩子的质量而不是数量。所以，A 项是教育的人口功能的体现，B、C 两项是教育的政治功能的体现，D 项是教育的经济功能的体现。

37. A 【解析】教育的政治功能的表现之一即教育通过传播思想、形成舆论作用于一定的政治经济制度。故题干所述体现了教育的政治功能。

38. B 【解析】社会政治经济制度决定受教育权。在阶级社会中，统治阶级总是要采取种种直接或间接的手段，决定和影响受教育权在社会中的分配，决定谁享有受学校教育的权利、谁无享受学校教育的权利、谁有受什么样学校教育的权利等问题。唐朝“六学二馆”等级森严的入学条件是对受教育权的规定。

39. B 【解析】题干中的“学在官府”及“政教合一”都反映了教育与政治的紧密联系，体现了教育的政治功能。

40. A 【解析】全国十二所重点师范大学联合编写的《教育学基础(第 3 版)》认为，教育的文化功能主要表现在以下四个方面：

(1)教育的文化传承功能。教育的文化保存和延续功能有两种方式：其一是纵向的文化传承，表现为文化在时间上的延续；其二是横向的文化传播，表现为文化在空间上的流动。教育作为培养人的活动，它以文化为中介，客观上起着文化的传承和文化的普及作用。正因为教育的文化传承和文化普及作用，才使文化由少数人传向多数人，由一个地域传向另一个地域，由一代人传递给另一代人，使文化得以传递和保存。题干所述说明教育具有文化保存和延续功能。

(2)教育的文化选择功能。文化选择是文化变迁和文化发展的起始环节，它表现为对某种文化的自动选择或排斥。教育虽是文化传递的手段，但却不等同于文化传递，因为教育不是对所有文化的传播，其传播的文化是有选择的。没有选择的文化传播，就不能称其为教育，学校教育尤为如此。

(3)教育的文化融合功能。文化是一定时期特定地域人们的思想、行为的共同方式，在这个意义上，文化具有地域性和封闭性。然而，现代社会生产力的发展和市场经济的形成，使政治、经济、文化各方面已经打破了封闭的地域性而走向开放，因此，文化的交流成为必然。而文化的融合又是文化交流的产物，它表现为不同文化的相互交流、相互吸收而趋于一体的过程。

(4)教育的文化创造功能。人类文化的发展，不仅需要传递和保存已有的文化，更需要创造新的文化。没有文化的更新和创造，就没有文化的真正发展。教育的文化功能，最根本就是实现文化的创新与发展。

41. B 【解析】现代教育发展的根本动因是科技进步。

42. D 【解析】教育的生态功能的具体表现之一是通过环境教育提高人们保护自然环境的责任意识，培养人们的绿色生活习惯。题干所述体现了教育的生态功能。

43. A 【解析】题干引文的意思是如果贤良人才多，国家就治理得很好；如果贤良人才少，国家就治

理得差。国家的兴衰在于人才多寡。这说明教育可以通过培养人才来实现对政治经济制度的影响,体现了教育的政治功能。

44. D 【解析】生产力发展水平制约着教育的内容、方法与手段。与古代社会相对低下的生产力水平相适应,学校课程门类不多,教育内容主要偏重于哲学、伦理、宗教、语言等人文学科,与生产力直接联系的自然科学和技术方面的课程很少。随着生产力的不断发展,自然科学逐渐分化出来,成为相对独立的学科。

45. D 【解析】教育的社会功能包括政治功能、经济功能、科技功能、文化功能和人口功能等。

46. A 【解析】学校教育是科学知识再生产的主要途径。这是因为,学校教育所进行的科学知识的再生产,是一种有组织、有计划、高效率的再生产。它在知之较多的教师的指导下,将前人的科学生产成果加以合理的编制,通过有效的组织形式、选择最合理的方法,在较短的时间内传授给学习者。

47. A 【解析】教育的社会功能主要有两种:教育的社会变迁功能与教育的社会流动功能。教育的社会流动功能,按其流向可分为横向流动功能与纵向流动功能。其中,教育的社会横向流动功能是指,社会成员因受到教育和训练而提高了能力,可以根据社会需要,结合个人意愿与可能,更换其工作地点、单位等,做水平的流动,改变其环境而不提升其在社会阶层或科层结构中的地位,亦称水平流动。故本题选 A 项。

48. B 【解析】不同的政治经济制度要求传递不同的教育内容,特别是思想道德方面的内容。资本主义教育通过专门设置“公民课”“宗教教育”向年青一代宣传资产阶级的思想和宗教精神,并且利用国家机关建立教材审批制度等干预、控制教育内容,这反映了社会政治经济制度对教育内容的影响。

49. B 【解析】文化的传承是文化得以延续和发展的基本前提。文化的表现形式有多种,包括物质文化、制度文化和精神文化。对于前两种文化,可以借助物质实体,以外在化的方式保存下来。而人类文化的核心——精神文化,尤其是民族的文化传统、思维方式等,是不能通过物化的形式体现出来的,而只能通过人的培养,体现在每个人的思想意识和认识中。诚实守信的社会美德能够传承至今,体现了教育对文化的传承功能。

50. C 【解析】办教育需要必要的人力、物力、财力等物质条件,而这些东西受制于生产力的发展水平。一个国家教育经费投入的多少,最终取决于生产力发展水平对教育事业所提出的要求。故选 C 项。

51. A 【解析】教育的社会流动功能是指社会成员通过教育的培养、筛选和提高,能够在不同的社会区域、社会层次、职业岗位、科层组织之间转换、调整和变动,以充分发挥其个性特长,展现其智慧才能,实现其人生抱负。

52. D 【解析】科学知识是第一生产力,但是科学知识在未用于生产前只是一种意识形态的或潜在的生产力。必须通过教育才能把前人积累的科学知识传递给年青一代,把潜在的生产力转化为现实的生产力。

53. B 【解析】教育的科技功能的表现之一是教育推进科学的体制化。科学的体制化是指出现职业的科学家以及专门的科研机构去开展科学研究。只有在教育高度发达的情况下,才会出现科学的体制化。

54. D 【解析】教育的相对独立性主要表现之一是教育与社会发展的不平衡性。教育受一定社会的生产力发展水平和政治经济制度制约、决定,但与社会生产力发展水平和政治经济制度的改变,并非完全同步,具有与社会发展的不平衡性。

55. D 【解析】受过教育的人口更容易做远距离迁移,小周毕业后选择留在北京工作体现了教育促进人口迁移的功能。

56. D 【解析】老师通过给学生传授生态和环保知识,可以影响学生的生态意识,激发学生自觉保护环境的行为,这体现的是教育的生态功能。

57. D 【解析】从题干中将学生在学习中学到的“有用才能”看成是“固定资本”可知，亚当·斯密认为教育具有经济功能，能够产生经济效益。

58. D 【解析】教育具有促进经济增长的作用。教育是以培养人为己任的社会活动，而在生产力三要素中，人是最关键、最能动的因素。教育能够通过自身的独有功能提高劳动力的劳动熟练程度，进而提高劳动生产率，促进经济的发展。有研究证明，一个受过初等教育的工人可以使劳动生产率提高 30%；而一个熟练工人进修一年，比他在工厂工作一年提高劳动生产率 1.6 倍。故题干所述内容说明教育能促进经济增长。

59. B 【解析】通过计算美国 1957 年比 1929 年增加的教育投资总额，舒尔茨推算出教育水平对国民经济增长的贡献率是 33%。

60. C 【解析】文化选择是对某种、某部分文化的吸收或舍弃。对传统文化要取其精华、去其糟粕即体现了教育对文化的选择功能。

61. C 【解析】教育的生态功能就是教育对保护自然环境、促进可持续发展和建设生态文明所起的积极作用。具体表现在：(1)通过环境教育提高人们保护自然环境的意识、责任和绿色的生活习惯；(2)通过发展创造科学技术，提高人们解决环境问题的能力，有效地解决生态问题；(3)形成可持续发展的理念和生态文明的理念。题干所述体现了教育的生态功能，故选 C 项。

二、多项选择题

1. BCD 【解析】1960 年，美国经济学家、诺贝尔经济学奖获得者西奥多·舒尔茨以《人力资本投资》为题的演讲，使“人力资本”成为当今经济学、教育理论中最重要的范畴。人力资本是指体现在人身上的资本，是对生产者进行教育、培训等支出及其接受教育的机会成本等的总和，以人的劳动能力的高低和可使用程度作为衡量依据。舒尔茨提出了人力资本收益测算法，强调了教育及教育投资对国民经济增长的贡献率，将教育作为促进经济增长、发展社会经济的重要支撑点。故 A 项表述错误，BCD 三项说法正确。

2. AC 【解析】A、C 项体现了学校教育通过开设课程和开展主题活动向学生传播一定的政治思想意识，使学生形成正确的政治思想观念，体现了教育对政治的促进作用。

3. ACD 【解析】在社会中占统治地位的阶级主要通过如下方式实现对教育的宗旨和目的的影响：一是利用其拥有的立法权，颁布一系列教育法规、政策和规章，借此实现教育部门执行教育的宗旨和目的的合法化；二是利用其拥有的组织人事权控制教育部门人员的教育行为，使之符合教育的宗旨和目的的要求；三是利用经济手段来控制教育的发展方向。故 A 项说法正确。

从教育发展的历史来看，由于时代不同，生产力和科技发展水平不同，学校课程设置及其内容选择也不同。学校所设置的各门课程都是教育内容的表现形式，课程的门类多少、难易程度及性质都受到生产力发展水平制约。故 B 项说法错误。

教育的领导权和受教育权是判断和确定教育性质最主要的标志，故 C 项说法正确。

文化观念对教育观念的影响主要表现在两个方面：一是文化观念影响人们对教育的态度和行为，二是文化观念影响教育思想的产生和发展。故 D 项说法正确。

4. BCD 【解析】教育的相对独立性主要表现在以下三个方面：(1)教育是培育人的活动，主要通过所培育的人作用于社会；(2)教育具有自身的活动特点、规律及原理；(3)教育具有自身发展的传统与连续性。(具体内容可参看王道俊、郭文安主编的《教育学(第 7 版)》)

5. BCD 【解析】教育的生态功能有：(1)树立建设生态文明的理念；(2)普及生态文明知识，提高民族素质；(3)引导建设生态文明的社会活动。

6. ABCD 【解析】政治经济制度决定教育的性质、目的、领导权，受教育权，教育内容的取舍以及教育体制等。

7. ABCD 【解析】教育的人口功能表现在：(1)减少人口数量，控制人口增长；(2)改善人口素质，提高人口质量；(3)使人口结构趋向合理化；(4)有助于人口迁移。

8. ABD 【解析】A 项，生产力的发展水平制约着教育结构的变化。故 A 项表述正确。

B 项,社会政治经济制度决定受教育权。在阶级社会中,统治阶级决定谁有享受学校教育的权利、谁有受什么样学校教育的权利等问题。故 B 项表述正确。

C 项,文化传统制约着教育的传统与变革。我国是一个具有悠久历史的儒家文化传统的国家,儒家文化的价值取向一直对我国的教育、对年青一代的价值观的形成有着重要的影响。故 C 项表述不正确。

D 项,"三孩"政策的实施有助于人口数量的增加,而人口数量又影响和制约着教育的发展。故 D 项表述正确。

9. ACD 【解析】生产力的发展决定着教育的规模和速度,制约着教育结构的变化,制约着教育的内容、方法与手段,制约着学校的专业设置等。社会政治经济制度决定教育的领导权。故 B 项不选。

10. ABC 【解析】科技对教育的作用表现在:(1)科学技术能够改变教育者的观念;(2)科学技术能够影响受教育者的数量和教育质量;(3)科学技术能够影响教育的内容、方法和手段;(4)科学技术影响教育技术。科学技术对教育不起决定作用。D 项表述错误。

11. ABCD 【解析】文化发展对教育的影响表现为:(1)文化对教育具有价值定向作用;(2)文化发展促进学校课程的发展;(3)文化影响教育目的的确立;(4)文化影响教育内容的选择;(5)文化影响着教育教学方法的使用。

12. ABC 【解析】教育的相对独立性主要表现在:(1)教育自身的历史继承性;(2)教育与社会发展的不平衡性;(3)教育与其他社会意识形式的平行性。D 项是教育文化功能的表现。

13. BCD 【解析】教育的社会功能的特点包括:(1)间接性,它是通过培养人而间接地实现的;(2)隐含性,它比较隐蔽,不易为人所充分认识;(3)潜在性,它在实现之前只是一种可能的、潜在的存在;(4)迟效性,它一般要经过较长的人才培养周期之后才能得以实现;(5)超前性,它能够适度地超越于社会发展的现实需要。故本题答案选择 BCD 三项。

14. ABCD 【解析】教育对文化发展的促进作用(教育的文化功能)表现为:教育能够传承文化(传递、保存和活化文化);教育能够改造文化(选择和整理、提升文化);教育能够传播、交流和融合文化;教育能够更新和创造文化。

15. BC 【解析】文化对课程的影响主要体现在两个方面:(1)课程内容的丰富;(2)课程结构的更新。

16. ABCD 【解析】人口质量主要体现在人的科学技术水平、文化修养和思想觉悟、道德水准等精神因素上,教育作为促进人德智体美全面发展的实践活动,其直接的效果就是提高人口质量。因此,教育是提高人口质量的根本途径。

17. AD 【解析】人力资本理论认为,教育不仅是一种消费活动,也是一种投资活动。

18. AB 【解析】依据题干所述,随着生产力的发展,西方社会的教育目的和课程内容产生了很大变化,这表明,生产力的发展水平不仅影响教育目的,而且影响学校课程的设置和教学内容的选择。故 A、B 项正确。

19. BD 【解析】传统学校教育与网络教育的区别如下:

传统学校教育	网络教育
"金字塔形"的等级制教育	"平等的"开放式教育
其优劣标准依据掌握在他人手中的"筛选制度"	其优劣标准依据掌握在自己手中的"兴趣选择"
较严格意义上的"年龄段教育"	"跨年龄段教育"或者是"无年龄段教育"
存在着时空限制	跨时空的教育

结合选项可知,A、C 项表述正确,B、D 项表述不正确,所以,答案选 B、D 项。

三、判断题

1. × 【解析】杜威认为文化过分庞杂,不能全部吸收,必须通过教育"简化",吸取其基本内容;文化中存在丑陋现象,必须通过教育"净化",清除其不良东西,吸取其优秀东西;为了使人们避免他所在社会群体的文化局限,必须通过教育来“平衡”社会文化中的各种成分,以便和更广阔的文化建立充满生气的联系。这就是教育的文化选择功能。题干所述体现了教育对文化的选择功能。

2. × 【解析】“人口的平均文化程度越高,人口出生率就越低”体现的是教育对人口数量的影响,即教育可以减少人口数量,控制人口增长。

3. × 【解析】教育具有生产性。教育对经济发展的作用,不是表现为直接创造物质财富,而是表现为为经济活动再生产劳动者和再生产科学知识。

4. × 【解析】教育的文化功能不仅表现在教育对文化的传播上,还表现在教育对文化的传承和改造、交流和融合、更新和创造上。

5. × 【解析】教育能影响民主法制建设体现的是教育的政治功能,教育能够保存、传递以至创造人类文化体现的是教育的文化功能,教育可以起到保护环境、控制人口数量的作用分别体现的是教育的生态功能和人口功能。总之,题干所述体现的是教育的社会功能,而不是个体功能。

6. √ 【解析】教育对社会政治经济制度起着巨大的影响作用,但社会政治经济制度发展的根本动力是生产力与生产关系的矛盾运动,教育在这种矛盾运动中只起加速或延缓作用,而不起决定作用。

7. × 【解析】受教育程度高,在校学习时间就延长,毕业后又面临就业压力,使初婚年龄推迟,育龄期相应缩短。这是教育之所以能起到控制人口增长作用的原因之一。故题干所述体现的是教育的人口功能。

8. √ 【解析】政治经济制度直接制约着教育的性质和发展方向,教育又对一定的政治经济有着不可忽视的影响。但是,我们不能把教育的作用拔高到不适当的程度,不能认为可以通过教育解决政治、经济的根本问题。教育对政治、经济的变革不起决定作用。

9. √ 【解析】学校自古以来就肩负着宣传、灌输、传播一定阶级的思想体系、道德规范、政策路线的历史使命。学校通过教育者和受教育者的言论和行动以及编写教材、出版刊物等方式,传播一定思想,从而影响社会舆论、政治思潮和道德风尚,对政治经济制度的作用是不可低估的。题干所述是教育对政治经济制度影响的表现。

10. √ 【解析】科技对教育的作用表现如下:(1)科学技术能够改变教育者的观念;(2)科学技术能够影响受教育者的数量和教育质量;(3)科学技术能够影响教育的内容、方法和手段;(4)科学技术影响教育技术。题干所述属于科学技术对教育作用的表现。

11. √ 【解析】现代教育乃是使科学技术这个潜在的生产力变为现实的生产力的中间环节和关键因素。从这个意义上可以说,现代教育也是一种潜在的生产力,因为它是生产劳动力的机构。没有现代教育,没有现代教育使科学技术转化为劳动者的精神财富,没有劳动者使用科学技术装备起来的生产设备,没有劳动者使科学技术和劳动对象的结合,科学技术就永远是一种潜在的生产力,就没有现代生产。故题干表述正确。

12. √ 【解析】教育可以促进政治民主。一个国家的民主程度直接取决于一个国家的政体,但又间接取决于这个国家人民的文化程度和教育事业发展的程度,一个国家普及教育的程度越高,人的知识越丰富,就越能增强公民的意识,认识民主的价值。

13. × 【解析】教育的社会变迁功能是指,教育通过开发人的潜能,提高人的素质,引导人的社会化,影响人的社会实践,能够推动社会的发展与变革。教育的社会流动功能是指社会成员通过教育的培养、筛选和提高,能够在不同的社会区域、社会层次、职业岗位、科层组织之间转换、调整和变动,以充分发挥其个性特长,展现其智慧才能,实现其人生抱负。题干的意思是:“早上你还是一个乡村野夫,(因为读书,因为机缘)到晚上就能进入朝廷入将拜相,吃皇粮了。”这体现了教育的社会流动功能。

14. √ 【解析】文化对教育有制约和影响,先进的文化对教育具有推动作用,落后的文化对教育具有阻碍作用。故本题说法正确。

15. √ 【解析】教育是文化传递和保存最为基本和最为有效的手段。随着社会的不断发展,文化的传递、保存方式不断发生变化。但无论发生何种变化,都离不开教育这一最基本的方式。

16. √ 【解析】实施社会控制是教育的政治功能的表现之一,它表现在:学校不仅是为一定社会培养所需要的人才的机构,而且也是一个国家管理青少年儿童的机构。
17. × 【解析】所谓“教育先行”,是指在一定的生产力发展条件下,为了发展经济必须注意首先发展教育,并不是说教育的发展不受生产力发展水平的制约。
18. × 【解析】在人口增长速度快的地区,教育发展应以扩大规模、满足数量需求为战略重点;而在人口增长速度较为平缓且经济发展有保障的地区,教育发展则以提高教育质量为战略重点。

四、辨析题

1. 在阶级社会里,超阶级、超政治的教育是不存在的。

   (1)这种说法是正确的。(2)在阶级社会中,统治阶级总是要采取种种直接或间接的手段,决定和影响受教育权在社会中的分配,决定谁有享受学校教育的权利,谁无享受学校教育的权利,谁有受什么样学校教育的权利等问题。在阶级社会中,超阶级、超政治的教育是不存在的。

2. “服民以道德,渐民以教化”体现了教育与人口的关系。

   (1)这种说法是不正确的。(2)教育能够通过传播思想、形成舆论作用于一定的政治经济制度。“服民以道德,渐民以教化”的意思是用道德使百姓顺服,用教育感化百姓,使百姓逐渐受到感染。这说明教育能够通过传播思想意识,影响社会的风俗习惯和道德面貌等,为一定的政治经济服务,体现了教育的政治功能。

3. 教育的发展依赖于经济的发展,所以应优先发展经济,后发展教育。

   (1)这种说法是不正确的。(2)教育的发展可以先于经济,即教育优先发展。教育优先发展有两个内涵,其一是社会用于发展教育的投资要适当超越现有生产力和经济发展水平而超前投入;其二是教育发展要先于或优于社会上其他行业和部门而先行发展。在这里,“优先是指在全局中与其他非优先的事务相比较而言,是指在长远的多种事务不能齐头并进时,在排序上使某一事务先行而言”。故教育优先发展又可称为教育超前发展或教育先行。长期以来,人们由于受传统教育观念的影响,在处理教育与经济的关系上存在着重经济轻教育的偏向,只重视对物质生产部门的投资,而忽视了教育投资。因此,教育滞后于经济的发展。教育要先行,需要超前于经济建设,是由教育本身的特点决定的。教育的特点之一就是未来性。教育的周期长,因此,今天的教育是为了明天的世界,人才的培养应先于经济的发展。

4. 教育对文化的选择是直接选择的。

   (1)这种说法是不正确的。(2)教育对文化的选择是按照一定社会的要求以及教育自身的需要进行的,教育对文化的选择既有直接的选择,也有间接的选择。直接的选择表现为教育对教育内容、教育方式和方法的精心选择;间接的选择表现为教育对教师的精心选择。

五、简答题(参考答案)

1. 简述教育的科技功能。

   (1)教育能完成科学知识再生产;(2)教育推进科学的体制化;(3)教育具有科学研究的功能;(4)教育促进科研技术成果的开发利用。

2. 简述教育对人口迁移的影响。

   (1)受过教育的人口更容易做远距离迁移;(2)文化教育发达的城市和地区对人口迁移更有吸引力;(3)教育本身就在实现着人口的迁移。

3. 简述教育的政治功能。

   (1)教育通过培养合格的公民和政治人才为政治服务;(2)教育通过传播思想、形成舆论作用于一定的政治经济制度;(3)教育促进民主化进程,但对政治经济制度不起决定作用。

六、案例分析题(参考答案)

(1)教育对政治的重要作用体现在教育通过培养一定社会所需要的政治人才而服务于政治。在阶级社会里,无论哪个时代、哪个国家,掌握政权的阶级总是利用手中的权力掌握、支配教育的优先权,利用占统治地位的思想道德培养新一代统治者。其原因在于,任何政权在政治斗争和国家管理上都需要一批专门的人才。现代社会,要使社会政治实现民主化,国家在重大决策中实现科学化,必须培养出具有高文化素养和政治素养的政治人才。对于统治阶级来说,提高本阶级执政者的文化素养和政治觉悟,是提高本阶级领导水平,使本阶级制定的方针、政策得以贯彻的重要保证。而学校教育对于培养政治人才具有极为重要的作用。

(2)材料中,唐代中央政权所办的各类学校中,在校学生的总额为2681人,其中2000余人毕业后都充当各级官吏。这与教育通过培养合格的公民和政治人才为政治服务的作用有关。教育最明显地反映着统治阶级的需要。唐代社会,其统治者就是要为其封建统治制度培养管理人才,这才导致相当多的学生毕业后都做了官吏。而美国和苏联设立管理学院或系科都是因为统治者掌握着国家权力,他们利用手中的权力控制教育的领导权,设立专门的管理学院或系科,为自己的统治培养接班人。

专题二　教育与人的发展

答案速查:

1~5	BBABA	6~10	CDDCB	11~15	ACBAB	16~20	BCBAD
21~25	CDADC	26~30	CCBBC	31~35	BBCCC	36~40	BDCBB
41~45	CBAAD	46~50	DCACC	51~55	DAABB	56~60	ADBDC
61~65	BDCAC	66~70	DDABD	71~75	BBDBA		
1~5	BCD ABC AB ABD ABC			6~10	ABCD ACD AB ABC ABD		
11~15	ACD ABC ABD ABC ABCD			16~20	ABCD BCD ABCD ABD AD		
21~25	CD ABC ACD AD ABCD			26~28	AD ACD BD		
1~5	× √ √ × √			6~10	× √ × √ √		
11~17	× √ × × × × ×						

一、单项选择题

1. B 【解析】题干引文意为:和善人相处,就像进入养着芝兰的屋子,久而久之,自己也会沾上香味;和恶人相处,就像进了卖咸鱼的市场,久而久之,自己也散发出臭味。这反映了环境对人发展的影响。

2. B 【解析】人对环境的反应是能动的。社会环境是人发展的外部条件,但是个体受环境的影响不是消极被动的,而是积极能动的实践过程。环境对人的发展的影响要通过个体的主观努力和社会实践活动才能实现。有的人在良好的环境中却没有什么成就,甚至走向与环境要求相反的道路;有的人在恶劣的环境中却能“出淤泥而不染”,成为很有作为的人。A、C、D三项的说法过于绝对。

3. A 【解析】A项的意思是:仁义礼智都不是外部给予的,而是本身所固有的,只是平时不用心思考、领悟罢了。这符合内发论的观点。B、D项属于外铄论的观点,C项属于多因素相互作用论的观点。

4. B 【解析】个体身心发展的阶段性是指,在个体发展的不同阶段,会表现出不同的年龄特征及主要矛盾,面临着不同的发展任务。不同的发展阶段之间是相互关联的,上一阶段影响着下一阶段的发展。个体身心发展的阶段性要求教师对不同年龄阶段的学生,在教育的内容和方法上应有所不同,而不能搞“一刀切”“一锅煮”。故本题选B项。

5. A 【解析】遗传决定论强调内在因素,强调人的身心发展的力量主要源于人自身的内在需要,身心发展的顺序也是由身心成熟机制决定的。即在人的身心发展过程中起决定作用的是遗传素质。题干这一俗语强调遗传素质起决定作用,这一说法符合遗传决定论的观点。

6. C 【解析】人的身心发展的顺序性是客观的、不以人的意志为转移的,教育工作要遵循这种顺序

性,循序渐进地促进人的发展。

7. D 【解析】个体身心发展的个别差异性的表现之一为不同儿童同一方面的发展速度和水平不同,如有些人"少年得志",有些人则"大器晚成"。故题干所述是个体身心发展个别差异性的体现。

8. D 【解析】内发论强调内在因素,如"需要""成熟",强调人的身心发展的力量主要源于人自身的内在需要,身心发展的顺序也是由身心成熟机制决定的。内发论的主要代表人物有孟子、弗洛伊德、威尔逊、高尔顿、格塞尔、霍尔。荀子、洛克和华生是外铄论的代表人物。故本题选 D 项。

9. C 【解析】个体的主观能动性是人的身心发展的内在动力,也是促进个体发展从潜在的可能状态转向现实状态的决定性因素。

10. B 【解析】人的身心发展的不同方面所达到的某种发展水平或成熟的时期是不平衡的,这是人的身心发展的不平衡性(不均衡性)的表现。题干中青春初期的孩子身高体重的发展水平与其骨化过程是不均衡的,这说明个体的身心发展具有不均衡性。

易错提示:考生易混淆个体身心发展的阶段性和不平衡性,在理解这两个特征时需注意:掌握阶段性规律的关键是"不同年龄阶段表现出不同的总体特征",掌握不平衡性规律的关键是"同一方面在不同年龄阶段的发展速度和不同方面的发展都是不平衡的"。

11. A 【解析】题干引文的意思是:在适当的时机进行教育,叫作及时,错过了学习时机,事后补救,尽管勤苦努力,也较难成功。所谓关键期,就是指人的某种身心潜能在人的某一年龄段有一个最好的发展时期。在这一时期内,对个体某一方面进行训练可以获得最佳成效,并能充分发挥个体在这一方面的潜力。错过了关键期,训练的效果就会降低,甚至永远无法补偿。所以,题干所述表明教育工作要抓住人身心发展的关键期。

12. C 【解析】个体身心发展的互补性规律是指机体某一方面的机能受损甚至缺失后,可通过其他方面的超常发展得到部分补偿。机体各部分存在着互补的可能,为人在自身某方面缺失的情况下能与环境协调,从而继续生存与发展提供了条件。题干中的学生在身患残疾的情况下,通过思维反应的超常发展得到部分补偿,这体现了个体身心发展的互补性规律。

13. B 【解析】我们在肯定学校教育对个体发展所起的主导作用的同时,还应正确地看待"教育万能论"和"教育无用论"这两个在教育功能认识上的误区。"教育万能论"片面地夸大了教育在人的发展中的作用,"教育无用论"完全抹杀了教育在人的发展中的作用,它们在教育功能观上是完全相反的两种观点。

14. A 【解析】遗传因素在人的一生中,对人的影响总体上是呈递减趋势的,它不决定人身心发展的现实性。

15. B 【解析】内发论强调内在因素,如"需要""成熟",强调人的身心发展的力量主要源于人自身的内在需要,身心发展的顺序也是由身心成熟机制决定的。孟子认为人的本性是善的,万物皆备于我,人的本性中就有"恻隐、羞恶、辞让、是非"之心,这是"仁、义、礼、智"四种基本品性的根源,人只要善于修身养性,向内寻求,这些品性就能得到发展。这种观点符合内发论。故本题选 B 项。

16. B 【解析】人是共性与个性的统一,"一般天性"指的是人的共性,"特殊天性"指的是人的个性。"个性"表明个体身心发展具有个别差异性,个体身心发展的这一特点要求贯彻因材施教的原则。

17. C 【解析】青少年身心的不同方面所达到的某种发展水平或成熟的时期是不平衡的,有的方面可能在较早年龄就达到较高水平,而有的方面则晚些。"成人的身体,儿童的心理"说明生理和心理的发展水平是不均衡的,这表明个体身心发展具有不平衡性。

18. B 【解析】个体身心发展在不同的年龄阶段表现出不同的总体特征及主要矛盾,面临着不同的发展任务,这就是个体身心发展的阶段性。题干中父母给 2 岁半的孩子报了 4 个培训班,这明显不符合该年龄段孩子的身心发展任务,给孩子带来了极大的压力,最终使孩子小小年纪就出现了斑秃的现象。该父母的做法明显违背了个体身心发展的阶段性，这反过来说明教育应该适应个体身心发展的阶段性。

19. A 【解析】依据题干描述，高尔基在艰难困苦的条件下仍能成为一名伟大的作家，原因在于其能克服各种不利因素，体现了个体主观能动性对人的发展的促进作用。

20. D 【解析】题干所述表明不同儿童不同方面的发展存在差异，这是个体身心发展具有个别差异性的表现。

21. C 【解析】个体身心发展在不同的年龄阶段表现出不同的总体特征及主要矛盾，面临着不同的发展任务，这就是身心发展的阶段性。个体身心发展的阶段性规律，决定了教育工作必须根据不同年龄阶段的特点分阶段进行。题干中，针对不同年龄阶段的学生提供不同阶段的教育，不同阶段的教育又分为不同的等级，体现的正是个体身心发展的阶段性规律。

22. D 【解析】外铄论（环境决定论）的主要代表人物包括荀子、洛克、华生等。

> **方法技巧**：内发论和外铄论的代表人物是教育学常考知识点，考生可运用以下口诀来进行识记：内孟四尔弗；外出寻（荀）找落（洛）花（华）生。

23. A 【解析】教育促进个体个性化功能的表现之一为教育促进个体主体意识的发展。个体的主体意识和主体能力是人的主体性的表现。主体意识是个体对自我的主观能动性的认识，主体能力是主体性的外在表征。教育对个体主体意识和主体能力的发展有着重要的影响。教育的过程正是通过影响个体的道德、智力、能力的发展，进而影响个体对自我的认识，从而激发并张扬个体的主体意识，培养个体的创造精神和创造意识，这正是培养个体主体意识和主体能力的过程。

24. D 【解析】题干中的王老师针对每个学生的特点和情况进行因材施教，这种做法遵循了学生发展的个别差异性。

25. C 【解析】个体身心发展的阶段性规律决定了教育工作必须根据不同年龄阶段的学生的特点分阶段进行。如果不顾学生的年龄特征和接受能力，在教育工作中搞“一刀切”“一锅煮”“齐步走”，把对儿童和青少年的教育“成人化”，就违反了个体身心发展的阶段性规律。题干所述显然违背了这一规律。

26. C 【解析】个体身心发展的互补性要求教育工作者要掌握科学的教育方法，发现学生的优势，扬长避短、长善救失，激发学生自我发展的信心和自觉。

27. C 【解析】环境对人的发展的作用包括：(1)环境是人的发展的现实基础；(2)环境为人的发展提供对象、手段、资源、机遇等；(3)人是在与环境的相互作用中得到发展的。题干所述体现了环境对人的发展的作用。故本题选 C 项。

28. B 【解析】个体的身心发展的特殊性表现在：(1)个体的身心发展是在社会实践过程中实现的；(2)个体的身心发展具有能动性。

29. B 【解析】“教育万能论”是一种片面地夸大教育在人的发展中的作用的观点，认为人完全是教育的产物。题干中的这句话夸大了教育在人发展中的作用，符合教育万能论的观点。

30. C 【解析】互补性是指机体某一方面的机能受损甚至缺失后，可通过其他方面的超常发展得到部分补偿。个体心理机能与生理机能之间的互补是指人的精神力量、意志、情绪状态对整个机能起到调节作用，能帮助人战胜疾病和残缺，使身心依然得到发展。故题干所述表明个体身心发展具有互补性。

31. B 【解析】题干的意思是：一个齐国人来教他，很多楚国人干扰他，即使每天鞭打他要他说齐国话，也是不可能的。假如带他在庄、岳闹市区住上几年，即使每天鞭打他要他说楚国话，也是不可能的。这说明了外部环境对个体发展的影响。

32. B 【解析】题干中的王阳明 5 岁时不能开口说话，却能默背众多藏书，这说明他在语言方面发展比较晚，而在记忆方面发展较早，即体现了他的身心发展的不同方面的不均衡性。

33. C 【解析】顺序性是指个体身心发展是一个由低级到高级、由简单到复杂、由量变到质变的连续

不断的发展过程。“揠苗助长”“陵节而施”违背了个体身心发展的顺序性的教育要求。故本题选C项。

34. C 【解析】“唯上智与下愚不移”的意思是只有上等的智者与下等的愚人是改变不了的。这句话肯定了先天因素的决定作用,是遗传决定论的典型体现。

35. C 【解析】康德是“教育万能论”的代表人物,“教育无用论”的主要代表人物是英国的高尔顿。C项说法错误。

36. B 【解析】孟子认为“万物皆备于我”“人的心中自有浩然之气”,强调人的身心发展的力量主要源于人自身的内在需要,这属于内发论的观点。

37. D 【解析】题干的表述体现了不同的人不同方面的发展存在差异,即人的发展具有个别差异性。

易错提示:个体身心发展的个别差异性和不平衡性是易混点,考生可参考以下内容进行理解:不平衡性(不均衡性)主要是指同一个体,而个别差异性则主要指不同个体。此外,个别差异性也表现在群体间,如男女性别的差异。

38. C 【解析】个体身心发展的不平衡性要求教师在教育过程中要把握施教的关键期或最佳期,视时而教、及时施教。根据题干所述,个体语言学习存在敏感期即关键期,这是个体身心发展不平衡性的体现。

39. B 【解析】学校教育主导作用和促进作用的实现是相对的、有条件的。当社会教育和家庭教育与学校教育相一致,教育者能按教育规律做好工作,学生又能积极主动参与时,学校教育才能发挥主导作用;否则,不能起主导作用。故本题选B项。

40. B 【解析】环境决定论认为人的发展主要依靠外在的力量,诸如环境的刺激和要求、他人的影响和学校的教育等。华生的话强调了外在的力量对人的发展的作用,符合环境决定论的观点。

41. C 【解析】洛克的“白板说”认为,人的心灵犹如一块白板,本身没有任何内容,一切观念和内容都来自后天。这一观点是外铄论的典型代表。

42. B 【解析】个体身心发展的稳定性是指处于一定社会环境和教育中的某个年龄阶段的青少年儿童,其身心发展的顺序、过程、速度都大体相同,例如,学龄初期儿童的总体特征是身体发展较缓慢,思维以形象思维为主;而学龄中期儿童的特征是身心急剧变化,自我意识增强,独立性增强,特别是情感较丰富,又不容易控制自己;学龄晚期学生的身心发展明显成熟,接近成人水平。(具体内容参看全国十二所重点师范大学联合编写的《教育学基础(第3版)》)

43. A 【解析】根据个体发展的个别差异性规律,教育必须因材施教,充分发挥每个学生的潜能和积极因素,有的放矢地选择适宜、有效的教育途径和方法手段,使每个学生都能得到最大的发展。辩证地看待学生的优缺点,不绝对化,尊重了学生的个别差异。

44. A 【解析】题干这句话说明在个体的身心发展中有失去也会有得到,这就是个体身心发展的互补性。

45. D 【解析】题干的意思是:年少时不知要早早地勤奋学习,到老时会后悔读书太晚了。这句话体现了“黑发”(少年时期)比“白首”(老年时期)更容易接受学习的刺激,学习效果更好。说明了人的身心发展在不同年龄阶段的发展速度是不平衡的,即存在关键期,错过了学习的关键期,再来学习就太迟了。故答案选D项。

46. D 【解析】从活动水平角度看,个体主观能动性由三个层次构成:第一层次是人作为生命体进行的生理活动,第二层次是个体的心理活动,最高层次是社会实践活动。

47. C 【解析】根据题干的描述可知,董仲舒的观点夸大了遗传的作用,属于遗传决定论。

48. A 【解析】题干所述都强调了主观能动性在人的身心发展中的重要作用,主观能动性是人的身心发展的源泉和内在动力。

49. C 【解析】学校教育在人的身心发展中起主导作用,但是并不能解决人发展过程中的所有问题。C项说法错误。

50. C 【解析】辩证唯物主义认为,人的发展是个体的内在因素(如先天遗传素质、机体成熟的机制)与外部环境(如外在刺激的强度、社会发展的水平、个体文化背景等)在个体活动中相互作用的结果。

51. D 【解析】人的主观能动性是通过人的活动表现出来的,离开人的活动,遗传素质、环境和教育所赋予的一切发展条件,都不可能成为人的发展的现实。

52. A 【解析】"一方水土养一方人"比喻一定的环境造就一定的人才。不同地域的人,由于环境不同、生存方式不同、地理气候不同,导致思想观念不同、人文历史不同、为人处世不同,文化性格特征也不同。这体现的是环境对人的身心发展的影响。故本题选 A 项。

53. A 【解析】智力发展的生物前提是遗传素质。遗传是影响人的发展的生理前提,但不决定人的发展。因此,学校在学生报名入学时进行智力测验,说明了该学校过于重视学生的智力,即夸大了遗传对人的发展的作用。故选 A 项。

54. B 【解析】人的身心发展的不同方面有不同的发展期的现象(不平衡性),引起了心理学家的重视,由此提出了发展关键期。所以"关键期"体现了人的身心发展的不平衡性特点。

55. B 【解析】题干所述表明个体身心发展的同一方面的发展速度在不同的年龄阶段是不平衡的,反映了个体身心发展的不平衡性规律。

56. A 【解析】学校教育(教育)对人身心发展的促进作用表现在促进个体个性化与个体社会化两方面。

57. D 【解析】个体的主观能动性是一种寻求发展的积极动机和渴望,是人的身心发展的内在动力。题干中的"学生的个体需求和动机"即学生的主观能动性,由此引起的不同态度和行为反映了个体主观能动性对身心发展的影响。

58. B 【解析】题干引文的意思是:蓬草长在麻地里,不用扶持也能挺立住,白沙混进了黑土里,也会随之变黑。这说明了环境对人的发展有重要影响。

59. D 【解析】互补性是指机体某一方面的机能受损甚至缺失后,可通过其他方面的超常发展得到部分补偿。盲人虽然视觉受损,但是听觉、嗅觉和触觉却得到了超常发展,这是生理之间的互补,说明人的身心发展具有互补性。

60. C 【解析】题干引文的意思是:增长才干必须刻苦学习,不努力学习就不能增长才干,不明确志向就不能在学习上获得成就。这里所提到的影响人的身心发展的因素是教育和个体主观能动性。

61. B 【解析】个体身心发展在不同的年龄阶段表现出不同的总体特征及主要矛盾,面临着不同的发展任务,这就是身心发展的阶段性。题干描述的是根据不同阶段学生的特征采用不同的教学方式,体现了儿童身心发展的阶段性的特点。

62. D 【解析】由题干可知教育既可以促进个体发展,也可以阻碍个体发展,并非所有的教育都能够促进个体发展,教育促进个体的发展是有条件的。故选 D 项。

63. C 【解析】题干所述突出强调的是后天因素即社会环境和教育对儿童身心发展的影响。

64. A 【解析】人的发展存在着关键期,错过了关键期,训练的效果就会降低,甚至永远无法补偿。对"兽孩"进行的补救教育都不是很成功表明"兽孩"错过了教育的关键期。

65. C 【解析】"教育万能论"是一种片面地夸大教育在人的发展中的作用的观点,认为人完全是教育的产物。题干中洛克和康德的话表明他们都认为人是教育的产物,这属于教育万能论的观点。

66. D 【解析】个体身心发展的整体性要求教学要着眼于学生的整体性,促进学生的一般发展,注意做到认知因素与非认知因素、意识与潜意识、科学与艺术的统一。题干所述体现了学生身心发展的整体性规律。

67. D 【解析】霍尔认为"一两的遗传胜过一吨的教育",他把当时生物学上的复演说用来解释儿童心理的发展,认为个体心理发展是人类进化过程的简单重复,个体心理发展是由种系发展决定的。这种关于儿童心理发展的理论即复演说。

68. A 【解析】内发论强调内在因素,如“需要”“成熟”,强调人的身心发展的力量主要源于人自身的内在需要,身心发展的顺序也是由身心成熟机制决定的。高尔顿的话表明他强调遗传的作用,这种观点属于内发论。故本题选A项。

69. B 【解析】人的身心发展的顺序性是指人的身心发展是一个由低级到高级、由简单到复杂、由量变到质变的连续不断的发展过程。例如,身体的发展遵循着从上到下、从中间到四肢(从中心向周围发展)、从骨骼到肌肉的顺序发展。所以题干所述说明了人的身心发展具有顺序性。

70. D 【解析】“狼孩”事件说明遗传素质仅仅是人的发展的物质前提,为人的身心发展提供了可能性,但在人的身心发展中不起决定作用。

71. B 【解析】社会环境为个体的发展提供了多种可能,使遗传提供的发展可能变成现实,但环境不决定人的发展。题干所述说明环境影响人的发展,C项与题干无关且说法不正确,故排除;AD两项说法错误,故选B项。

72. B 【解析】题干所述说明教育工作必须从学生的实际出发,针对不同年龄阶段的学生,采取不同的教育内容与教育方法,即教育要适应儿童身心发展的阶段性。

73. D 【解析】个体的主观能动性是人的一种内在需要,是一种寻求发展的积极动机和渴望。同一课堂中,学生学习的积极性不同,产生的结果也就不同,这体现了个人的主观能动性对人的发展的作用。

74. B 【解析】文化知识蕴含着有利于人的发展的多方面价值,包括认识价值、陶冶价值、能力价值和实践价值。

A项,知识的认识价值:学生掌握知识,意味着他对知识所指的事物的认识,弄清事物是什么,把握住事物的特性。学生掌握知识的广度和深度,制约着他对事物的视域和对世界认识的广度和深度。

B项,知识的陶冶价值主要是指知识陶冶人生智慧的价值。知识蕴含着科学精神和人文精神,而科学精神和人文精神正是构成人生智慧的基本要素。所以题干所述意味着知识具有陶冶价值。本题答案选择B项。

C项,知识的能力价值:知识是心理操作与行为操作的认识结晶。学生学习知识的过程,要经历知识的展开过程和知识的发现过程,对知识进行心理操作和行为操作。这种操作方式的定型和积淀过程,也就是学生心理的认识能力和行为操作技能的形成过程。

D项,知识的实践价值主要是指知识对社会实践的指导价值,对社会实践的有用性或有效性。学生通过获取知识,认识事物特性,也就获得了通过社会实践改造事物的可能性。

75. A 【解析】知识的认识价值体现在:学生掌握知识,意味着他对知识所指的事物的认识,弄清事物是什么,把握住事物的特性。学生掌握知识的广度和深度,制约着他对事物的视域和对世界认识的广度和深度。“秀才不出门,能知天下事”,在很大程度上可能是就此而言的。

二、多项选择题

1. BCD 【解析】儿童发展的未成熟性、未完成性,蕴含着人的发展的不确定性、可选择性、开放性和可塑性,潜藏着巨大的生命活力和发展可能性。

2. ABC 【解析】学校教育在人身心发展中起主导作用的原因主要有:(1)学校教育是有目的、有计划、有组织地培养人的活动;(2)学校有专门负责教育工作的教师,相对而言效果较好;(3)学校教育能有效地控制和协调影响学生发展的各种因素。

3. AB 【解析】霍尔提出“一两的遗传胜过一吨的教育”。高尔顿是遗传决定论的创始人,著有《遗传的天才》一书。故A项错误。洛克提出了“白板说”。卢梭提倡“自然主义教育”。故B项错误。

4. ABD 【解析】外铄论认为人的发展主要依靠外在的力量,诸如环境的刺激和要求、他人的影响和学校的教育等。A、B、D三项均体现了外在的力量决定或影响人的发展,都倾向于“外铄论”的观点。C项,“万物皆备于我”是孟子提出的,属于“内发论”的观点。

5. ABC 【解析】“教育万能论”的代表人物有英国的洛克、德国的康德、美国的华生、法国的爱尔维修等。高尔顿是教育无用论的代表人物。

6. ABCD 【解析】A、B 两个选项强调了教育对人的发展的影响,C、D 两个选项是教育万能论的观点,故 A、B、C、D 四个选项都体现了教育是影响人发展的主导因素。

7. ACD 【解析】遗传决定论者认为,人性的个体差异是由个体的遗传素质或人的自然素质中的某些特点所决定的。在这一类思想中,有代表性的观点包括柏拉图的人分三等论、基督教的“原罪说”和中国古代的性善论等。B 项洛克的“白板说”属于环境决定论。

8. AB 【解析】个体身心发展的不平衡性(不均衡性)要求教育要抓住发展的关键期;个体身心发展的互补性要求教育要做到长善救失,故 C、D 项匹配错误。

9. ABC 【解析】个体身心发展的顺序性规律是指人的身心发展是一个由低级到高级、由简单到复杂、由量变到质变的过程,这要求教育者要遵循量力性原则,循序渐进地施教。D 项,老师不传授超出学生接受能力的知识体现了顺序性规律。ABC 三项均没有体现个体身心发展的顺序性规律。

10. ABD 【解析】人的发展是整体性的发展,大体可以分为三个层面:生理发展、心理发展、社会性发展。(具体内容参看王道俊、郭文安主编的《教育学(第 7 版)》)

11. ACD 【解析】遗传在人的发展中的作用有:(1)遗传素质是人的发展的生理前提;(2)遗传素质的成熟程度制约着人的发展过程及年龄特征;(3)遗传素质的差异性对人的发展有一定的影响。环境是人发展的外部条件,B 项表述错误。(具体内容参看王道俊、郭文安主编的《教育学(第 7 版)》)

12. ABC 【解析】一般来说,个体发展主要受个体自身因素、环境因素和活动因素的影响。个体自身因素分为先天和后天两大类,个体先天因素有遗传素质和成熟,个体后天因素有个体发展的水平和个体发展的自觉性。A 项个体自身的因素包含 D 项遗传素质,故选 ABC 三项。(具体内容参看全国十二所重点师范大学联合编写的《教育学基础(第 3 版)》)

13. ABD 【解析】个体身心发展的个别差异性要求教育必须因材施教,充分发挥每个学生的潜能和积极因素,有的放矢地选择适宜、有效的教育途径和方法手段,使每个学生都能得到最大的发展。如在教学中采取弹性教学制度、采取能力分组、组织兴趣小组等。故选 ABD 三项。

14. ABC 【解析】学校是个体社会化的场所,学校教育是个体社会化的途径,学校教育主要通过以下方面实现个体的社会化:(1)教育促进个体思想意识的社会化;(2)教育促进个体行为的社会化;(3)教育培养个体的职业意识和角色。作为培养学生的重要场所,学校教育主要通过以下方面实现个体的个性化:(1)教育促进人的主体意识的形成和主体能力的发展;(2)教育促进个体差异的充分发展,形成人的独特性;(3)教育开发人的创造性,促进个体价值的实现。所以 D 项属于教育实现个体个性化的表现。答案选 A、B、C 项。(具体内容参看全国十二所重点师范大学联合编写的《教育学基础(第 2 版)》)

15. ABCD 【解析】学校教育主导作用和促进作用的实现是相对的、有条件的。从外部环境方面来说,它要求社会的发展为个体的发展提供相应的前提,它依赖于家庭环境的影响,依赖于社会发展的状况;从教育系统内部来说,它依赖于教育自身的状况,依赖于学习者的主观能动性,要求教育遵循儿童的身心发展规律,还要积极协调社会、家庭等各方面的教育影响。

16. ABCD 【解析】个体身心发展的个别差异性的表现有:(1)不同儿童同一方面的发展速度和水平不同,如有些人“少年得志”,有些人则“大器晚成”。(2)不同儿童不同方面的发展存在差异,如有的儿童的数学能力较强,但绘画却很差,而有的儿童正好相反。(3)不同儿童所具有的个性心理倾向不同,如同年龄的儿童具有不同的兴趣、爱好和性格等。(4)个别差异也表现在群体间,如男女性别的差异。

17. BCD 【解析】“性相近也,习相远也”的意思是:人的本性是相近的,由于后天养成的习性不同才相互有了差别。这句话抹杀了先天禀赋的差异,强调了环境的重要作用,认为环境是形成人的后

天差异的主要原因。教育是特殊的环境,所以 B、C、D 项表述正确。

18. ABCD 【解析】遗传素质是人的发展的物质基础,具体体现在以下几个方面:(1)遗传素质为人的身心发展提供了可能性;(2)遗传素质的成熟程度制约着人的身心发展过程;(3)遗传素质的差异性影响着人身心发展的个别差异;(4)遗传素质具有一定的可塑性。

19. ABD 【解析】教育在人的个性发展中的作用:(1)教育能够唤起人的主体意识,促进人的主观能动性的发展;(2)教育能够尊重个体差异,促进人的独特性的形成;(3)教育能够开发人的潜能,促进人的个体价值的实现。

20. AD 【解析】外铄论(环境决定论)认为人的发展主要依靠外在的力量,诸如环境的刺激和要求、他人的影响和学校的教育等。所以它完全否定了遗传和人的主观能动性的作用。

易错提示:环境决定论肯定的是环境和教育的作用,家庭的影响也是一种环境,环境决定论否定的是遗传和个体主观能动性的作用。

21. CD 【解析】遗传决定论完全否定了后天学习、经验的作用,这种说法是错误的。故 A 项不选。影响人的身心发展的因素是多方面的,爱德华家族人才辈出的原因也是多方面的。遗传素质是他们身心发展的物质前提,但并不占主导地位。故 B 项不选。环境为人的发展提供了多种可能,爱德华家族的优良家风、优秀榜样等有利于后代的成才。个体主观能动性是人的身心发展的内因和动力,爱德华家族的子女们的主观努力是他们成才的重要因素。故本题选 C、D 项。

22. ABC 【解析】题干描述的是环境对人发展的影响。“近朱者赤,近墨者黑”“蓬生麻中,不扶而直”及“孟母三迁”的故事,都说明了环境对人的发展的影响。D 项反映的是遗传因素对个体身心发展的影响。

23. ACD 【解析】人的本质概括来说就是指人之所以为人的特有的质的规定性。人的本质特点包括:(1)人是自然性与社会性的统一。人既有自然属性,又有社会属性,是自然性与社会性的统一。(2)人是受动性与能动性的统一。人既具有受动性,又具有能动性,人既是主体,又是客体,是二者的统一。(3)人是共性与个性的统一。个性与共性是相互联系而存在的。人的个性包含着共性,共性则通过个性表现出来。

24. AD 【解析】题干所述说明遗传因素在人的身心发展中不起决定性的作用,所以我们不能夸大遗传因素的作用。

25. ABCD 【解析】关于个体身心发展的动因理论有内发论、外铄论、多因素相互作用论和辐合论等。

26. AD 【解析】环境对人的发展的影响要通过个体的主观努力和社会实践活动才能实现。

27. ACD 【解析】AD 两项体现了生理机能之间的互补,C 项体现了心理机能与生理机能之间的互补。

28. BD 【解析】小强刚上幼儿园,才刚刚学会认字,小强妈妈就给他报了一个作文班,这违背了儿童身心发展的顺序性规律;明知道儿子不喜欢弹钢琴,还给他报了钢琴兴趣班,没有做到因材施教,这违背了儿童身心发展的个别差异性规律。

三、判断题

1. × 【解析】学校教育只是影响人的身心发展的一个主要因素,人的身心发展还受遗传、环境、个体主观能动性等的影响,只强调学校教育的作用显然是不全面的、不利于人的健康发展的。

2. √ 【解析】“人心不同,各如其面”的意思是人的内心世界各不相同,就好像他们的面貌各不相同一样。这说明人的身心发展具有个别差异性。

3. √ 【解析】遗传素质具有一定的可塑性,它会随着环境、教育的改变和人类实践活动的深入等作用而逐渐发生变化。

4. × 【解析】学生身心发展具有个别差异性,学生的个性心理特征和个性心理倾向有很大差异,这些包括兴趣、需要、动机、理想、气质、性格、能力等方面。比如,有的学生喜欢自然科学的科目、有的学生喜欢社会科学的科目、有的学生则爱好音体科目等。

5. √ 【解析】内发论强调内在因素,如“需要”“成熟”,强调人的身心发展的力量主要源于人自身的内在需要,身心发展的顺序也是由身心成熟机制决定的。所以题干表述正确。

6. × 【解析】德国心理学家施泰伦明确地提出儿童心理的发展受环境和遗传共同影响的“合并原则”,即提出:发展等于遗传与环境之和。美国心理学家吴伟士(武德沃斯)认为,虽然儿童的发展是其遗传和后天环境共同影响的结果,但这两种因素在儿童的发展中所起的作用是不同的。与施泰伦的观点不同的是,他认为,人的发展等于遗传与环境的乘积。

7. √ 【解析】一般认为,人的身心发展是由儿童已有的身心发展水平与社会、教育向儿童提出的要求所引起的新旧需要之间的矛盾运动而实现的。

8. × 【解析】遗传素质的差异是个性形成的生理基础,是人的个性差异的最初原因。

9. √ 【解析】童年期和少年期学生思维发展的不同特征表明个体身心发展具有阶段性特征。题干表述正确。

10. √ 【解析】内发论强调内在因素,如“需要”“成熟”,强调人的身心发展的力量主要源于人自身的内在需要,身心发展的顺序也是由身心成熟机制决定的。精神分析学派认为人的性本能是推动人发展的根本动因,这一观点符合内发论的观点。

11. × 【解析】人的身心发展不仅受教育的影响,还受遗传素质、环境、个体主观能动性等的影响。题干仅仅强调了教育的作用,而忽视了其他因素,故该说法是错误的。

12. √ 【解析】单纯强调人的自然属性,就看不到教育对促进人的社会性的作用,从而陷入“遗传决定论”。

13. × 【解析】个体身心发展的阶段性规律要求根据不同年龄阶段的特点分阶段进行教育工作。所以,不可以将任何知识教给任何年龄的学生。题干的说法违背了个体身心发展的阶段性规律。

14. × 【解析】关键期并不是绝对的,错过关键期之后,经过补偿性学习仍有可能得到发展,只是难度要大些。

15. × 【解析】在马克思看来,社会性是人的本质所在。人的发展首先是社会性的发展,因此教育的个体发展功能首先表现为促进个体社会化的功能。

16. × 【解析】人的发展包括生理、心理、社会性三个层面的发展。题干表述过于片面。

17. × 【解析】教育对人的发展有主导作用,但这种主导作用的发挥是有条件的,人的发展有自身的规律,早教育并非早发展、早成熟。

四、填空题

1. 社会环境
2. 遗传(遗传素质)
3. 加速个体发展
4. 高尔顿
5. 不均衡性(不平衡性)

五、辨析题

1. 教育对人的发展起主导作用是有条件的。

(1)这种说法是正确的。(2)学校教育主导作用和促进作用的实现是相对的、有条件的。①从外部环境方面来说,它要求社会的发展为个体的发展提供相应的前提,它依赖于家庭环境的影响,包括家长的职业类别和文化程度、家庭的经济状况和自然结构;依赖于社会发展的状况,包括生产力水平、科技发展、社会环境、社会文化传统和民族心态以及公民整体素质等。②从教育系统内部来说,它依赖于教育自身的状况,包括学校的物质条件、师资队伍、教育管理者的水平等方面;依赖于学习者的主观能动性;它要求教育要遵循儿童的身心发展规律,还要积极协调社会、家庭等各个方面的教育影响,使其成为一股适合儿童需要的合力。

2. 只要进行教育,就会对儿童发展产生积极作用。

(1)这种说法是不正确的。(2)教育对人的发展既可能起到积极的促进作用,也可能起到消极的

损害作用。这就意味着,教育发挥对个体发展的促进作用是有条件的,这些条件主要有:①教育活动必须遵循个体的身心发展规律;②教育活动必须符合社会发展的方向和要求;③有效地组织教育活动以促进学生的发展;④发挥教师的引导作用,培养学生的自觉能动性。

3.“哲学家与搬运夫之间的原始差别要比家犬与猎犬之间的差别小得多”,这句话强调了遗传是人身心发展的决定性因素。

(1)这种说法是不正确的。(2)遗传,也叫遗传素质,是指从上一代继承下来的生理解剖上的特点,如机体的形态、结构以及器官和神经系统的特征等。人的发展就是在人类特有的遗传素质基础上展开的。遗传素质是人的身心发展的前提,为人的发展提供了一定条件。但人与人之间的差别并不大,正如马克思所说:“哲学家与搬运夫之间的原始差别要比家犬与猎犬之间的差别小得多。”另外,遗传提供条件是一回事,这些条件在后天能否得以发挥是另外一回事。遗传的缺欠,是可以采取一定形式补救的。可见,任何人的才智都是先天与后天各种因素综合形成的。遗传素质可以为形成某些智能提供条件,但能否实现这种可能,关键还取决于一个人的努力。遗传不能决定一个人的发展。

4.人的身心发展在整个生命过程中是均衡和匀速的。

(1)这种说法是不正确的。(2)个体身心发展具有不平衡性(不均衡性)。其主要表现在两个方面:一方面是指身心发展的同一方面的发展速度,在不同的年龄阶段是不平衡的。另一方面是就个体身心发展的不同方面而言的。研究表明,青少年身心的不同方面所达到的某种发展水平或成熟的时期是不平衡的,有的方面可能在较早年龄就达到较高水平,而有的方面则晚些。

5.与动物完全依靠本能学习不同,人类的行为学习有时即便错过了关键期,也能经过补偿学习而获得。

(1)这种说法是正确的。(2)所谓关键期,就是指人的某种身心潜能在人的某一年龄段有一个最好的发展时期,也叫敏感期、最佳期。关键期并不是绝对的,错过关键期之后,经过补偿性学习仍有可能得到发展,只是难度要大些。

六、简答题(参考答案)

1.环境是推动人身心发展的动力,主要表现在哪些方面?

(1)环境是人身心发展不可缺少的外部条件;(2)环境推动和制约着人身心发展的速度和水平。

2.简述个体身心发展的个别差异性的教育要求。

个体身心发展的个别差异性要求教育必须因材施教,充分发挥每个学生的潜能和积极因素,有的放矢地选择适宜、有效的教育途径和方法手段,使每个学生都能得到最大的发展。如在教学中采取弹性教学制度、采取能力分组、组织兴趣小组等。

3.简述学校教育在个体身心发展中起主导作用的表现。

(1)学校教育对于个体发展做出社会性规范;(2)学校教育具有开发个体特殊才能和发展个性的功能;(3)学校教育对个体发展的影响具有即时和延时的价值;(4)学校教育具有加速个体发展的特殊功能。

七、论述题(参考答案)

1.试述“近朱者赤,近墨者黑”“勤能补拙”体现的教育学原理。

(1)社会环境为个体的发展提供了多种可能,使遗传提供的发展可能变成现实。社会环境是人的发展的外部条件,为个体的发展提供了多种可能,离开这种外部条件,再好的遗传素质也难以发挥作用。“近朱者赤,近墨者黑”体现了环境对个体身心发展的影响。

(2)个体的主观能动性是人的一种内在需要,是一种寻求发展的积极动机和渴望。所以,个体的主观能动性是人的身心发展的内在动力,也是促进个体发展从潜在的可能状态转向现实状态的决定性因素。“勤能补拙”体现了遗传不决定人的发展,决定人发展的是个体主观能动性的发挥。

2.试述学校教育的个体个性化功能和个体社会化功能。

(1)教育的个体个性化功能主要表现为:①教育促进个体主体意识的发展;②教育促进个体特征的发展;③教育促进个体价值的实现。

(2)教育的个体社会化功能主要表现为:①教育根据社会的规范和要求促进个体思想意识的社会化;②教育通过引导和规范个体的行为,促进个体行为的社会化;③教育通过指导学生根据自己的兴趣和能力确定自己未来的职业意向和角色,培养个体的职业角色意识。

八、案例分析题(参考答案)

1.(1)个体身心发展具有不平衡性,这种不平衡性主要表现在两个方面:一方面是指身心发展的同一方面的发展速度,在不同的年龄阶段是不平衡的。正如案例中所显示的,人的身高体重的发展有两个高峰期,即出生的第一年和青春期。另一方面是就个体身心发展的不同方面而言的。研究表明,青少年身心的不同方面所达到的某种发展水平或成熟的时期是不平衡的。如案例所示,人的智力在8岁已经达到了较高的发展水平,而性的成熟则要晚得多。

(2)根据案例,"如果儿童在这非常重要的早期岁月中得不到理智的刺激,他们的学习能量就受到了严重的妨碍",这说明个体身心发展具有关键期。在这一时期内,对个体某一方面进行训练可以获得最佳成效,并能充分发挥个体在这一方面的潜力。错过了关键期,训练的效果就会降低,甚至永远无法补偿。因此教育必须适应人身心发展的不平衡性,在人的素质发展的关键期内,施以相应的教育,促进该素质的发展。

2.(1)案例反映了个体身心发展的个别差异性和互补性规律。

①个体身心发展的个别差异性的一个重要表现即不同儿童所具有的个性心理倾向不同,如同年龄的儿童具有不同的兴趣、爱好和性格等。案例中的两个孩子分别喜欢弹琴和绘画,这说明他们具有不同的个性心理倾向,体现了个体身心发展的个别差异性规律。

②个体身心发展的互补性是指机体某一方面的机能受损甚至缺失后,可通过其他方面的超常发展得到部分补偿。互补性既存在于生理机能与生理机能之间,也存在于心理机能与生理机能之间。案例中喜欢弹琴的孩子失聪后改学绘画,最终成为美术家;而喜欢绘画的孩子在失明后开始学习弹琴,最终成为音乐家。他们虽然分别丧失了听力和视力,但他们通过其他方面的超常发展和坚强的意志努力最终获得了良好的发展,这体现了个体身心发展的互补性规律。

(2)①个体身心发展的差异性要求教师必须因材施教,充分发挥每个学生的潜能和积极因素,有的放矢地选择适宜、有效的教育途径和方法手段,使每个学生都能得到最大的发展。针对案例中的两个孩子,教师应根据其不同个性特点,有的放矢地进行引导,发挥其优势,调动他们的主观能动性,使他们的身心得到发展。

②个体身心发展的互补性要求教师首先要树立信心,相信每一个学生,特别是暂时落后或在某些方面有缺陷的学生,通过其他方面的补偿性发展,都会达到与一般正常学生一样的发展水平。其次,要掌握科学的教育方法,发现学生的优势,扬长避短,长善救失,激发学生自我发展的信心和自觉。例如,案例中,鼓励失聪的孩子学习绘画,失明的孩子学习弹琴。

3.(1)学校教育在人的身心发展中起主导作用。①学校教育对个体发展做出社会性规范;②学校教育具有开发个体特殊才能和发展个性的功能;③学校教育对个体发展的影响具有即时和延时的价值;④学校教育具有加速个体发展的特殊功能。案例中,学校教育提高了季羡林学习的自我意识和自我教育能力,对他的个人发展具有长远意义。教师对季羡林在作文方面的表扬,促进了他的其他学科学习成绩的提高,加速了他个体身心发展的速度。这些都是学校教育对人的发展起主导作用的表现。

(2)个体的主观能动性是人的一种内在需要和动力,是一种寻求发展的积极动机和渴望。所以,个体的主观能动性是人的身心发展的内在动力,也是促进个体发展从潜在的可能状态转向现实状态的决定性因素。季羡林的老师和山大校长王寿彭的表扬和奖励激发了他学习的主观能动性,"从此认真注意考试名次,不再掉以轻心",从而使四次期考得了四个甲等第一。这是个体发挥主观能动性的结果。

总之,学校教育对人的身心发展起主导作用,个体主观能动性是人的身心发展的内因和动力。二者彼此关联、相互配合,共同发挥作用,促进人的身心发展。

第三章　教育目的与教育制度

专题一　教育目的概述

答案速查：

1～5	CBAAA	6～10	CABBC	11～15	ABACA	16～20	BACBC
21～25	ABAAA	26～30	DCBAC	31～35	ACCDB	36～40	ADDCB
41～45	BDCAD	46～50	BCAAD	51～55	ABAAA		
1～5	CD AB AB ACD AC			6～10	ABCD AC ABD ABC ABCD		
11～13	CD ACD ABD			1～5	√ × × × ×		
6～10	√ × √ × √						

一、单项选择题

1. C 【解析】教育目的指教育要达到的预期结果，是根据一定社会发展和受教育者自身发展需要及规律，对受教育者提出的总的要求，规定了把受教育者培养成什么样的人，是培养人的质量规格标准，同时也反映了教育在人的努力方向和社会倾向性等方面的要求。

2. B 【解析】社会本位论认为教育的目的是为社会培养合格的成员和公民，使受教育者社会化，社会价值高于个人价值，教育的质量和效果可以用社会发展的各种指标来评价。由题干中的"造就公民"可知，该教育目的观属于社会本位论。

方法技巧：做此类试题时重点抓住关键词，个人本位论追求的是个人的发展，所以这类试题的题干中常带有"本性""潜能""个人需要""自由""个人价值"等关键词；社会本位论追求的是社会的发展，所以题干描述中常带有"社会需要""适应社会""社会化""公民""社会价值"等关键词。考生做题时可根据关键词来进行判断。

3. A 【解析】社会本位论认为个人的发展必须服从社会的需要，因为个人生活在社会中，受制于社会环境。A 项符合社会本位论的观点。B、C、D 项分别强调个人价值、个体发展和个人需要，属于个人本位论的观点。

4. A 【解析】个人本位论认为教育的根本目的是人的本性和本能的高度发展。马斯洛的需要层次理论强调发展人的潜能，罗杰斯的非指导性教学强调师生之间形成一种良好的、民主的伙伴关系，以学生为本，让学生自发地学习，他们的理论都符合个人本位论的观点。

5. A 【解析】有人认为，教育目的由四个层次构成：一是教育目的；二是培养目标；三是课程目标；四是教学目标。教育目的的各层次之间的关系是：从教育目的到教学目标是抽象到具体的关系，后者是前者的具体化，只有实现了具体的教学目标，才能达到实现教育目的的要求；反过来，从教学目标到教育目的是具体到抽象的关系，上一个层次的教育目标是下一个层次教育目标的依据、任务和方向，对下一个层次目标起制约和指导作用，而课程目标、教学目标又是教育目的、培养目标实现的保障。故 A 项正确。

6. C 【解析】涂尔干说："教育在于使青年社会化——在我们每一个人之中造成一个社会的我，这便是教育的目的。"这句话强调教育的目的在于促进个体的社会化，这属于社会本位论的观点。

7. A 【解析】人文主义教育目的观的基本特征之一是追求人性化的教育目的，这一特征尤其明显地体现在存在主义的教育哲学中。存在主义教育哲学严厉批评学校简单化、划一化和工具化的倾向，指责这种教育把学生当作商品原料一样加工，忽视了学生作为人的地位和价值，因而是一种非人化的教育。它认为，应当把教育当作自我发展和自我实现的手段，而不应看作是为学生日后谋求职业出路做准备的工具。故题干中王老师主张的是人文主义教育目的观。

8. B 【解析】社会本位论认为，确立教育目的的依据是社会的要求，个人的发展必须服从社会需要；社会价值高于个人价值，教育质量和效果可以用社会发展的各种指标来评价。简言之，教育以社会的稳定和发展为最高宗旨。所以，题干中柏拉图的观点属于社会本位论的观点。

9. B 【解析】"教育应当服务于政治"符合社会本位论的观点。

10. C 【解析】价值性教育目的指教育在人的价值倾向性发展上意欲达到的目的。根本是要解决培养具有怎样社会情感和个人情操的人。发展性教育目的指教育及其活动在不同阶段所要连续实现的各种结果。终极性教育目的是指各种教育及其活动在人的培养上最终要实现的结果，内含对人发展的理想性要求。功用性教育目的就是教育在发展人从事或作用于各种事物的活动性能方面所预期的结果，内含对人的功用性发展的指向和要求，在教育实践中以能力、技能技巧等方面的具体要求呈现出来。功用性教育目的的根本就是要解决人在各种活动中的实际能力和作用效能的开发与提升，发展和增强人在各种活动中行为的有用性和功效性。由题干中的"高效地完成任务"可判断这种教育目的属于功用性教育目的。

11. A 【解析】个人本位论认为确立教育目的的根据是人的本性。倡导个性解放，尊重人的价值。教育的目的是培养健全发展的人，发展人的本性，挖掘人的潜能，增进受教育者的个人价值。个人价值高于社会价值，而不是为某个社会集团或阶级服务。简言之，教育的根本目的是人的本性和本能的高度发展。由题干中的"教育是为了学生的发展，把学生塑造成一个人格健全的人"可知，该教育专家提倡个人本位论。

12. B 【解析】教育方针是一个国家在一定时期内关于教育工作的总要求，它反映了一个国家教育的根本性质、总的指导思想和教育工作的总方向等要素。教育方针包含"为谁培养人""培养什么样的人"的问题，也包含"怎样培养人"的问题和教育事业发展的基本原则。故选 B 项。

13. A 【解析】柳海民在《教育学》中把教育目的的功能分为定向功能、调控功能、激励功能、评价功能。教育目的是人们在观念上、思想上对教育活动结果的设计，是教育主体对其活动结果的期望。而使这种期望变为现实就成了教育主体的动力。因此，教育目的的确立对活动主体具有激励作用。教育者因为有了目标的存在，可以根据目标合理地设计活动的计划、组织、过程、方法等，多快好省地实现目标。受教育者因为有了目标，可以树立信心，坚强地排除各种困难，争取实现目标。题干所述体现了教育目的对受教育者的激励功能。

14. C 【解析】"人之性恶"是荀子的观点，他是社会本位论的代表人物之一。荀子认为教育不应从人的本性而应从"礼"这一社会需要出发，因为"人之性恶"，须以"礼义"加以教化，如顺其人之本性的发展，必然产生社会暴乱。故题干引文反映了社会本位的教育目的价值取向。

15. A 【解析】"生活本位论"的教育目的观认为教育要为未来的生活作准备，或认为教育即生活，注重的是使受教育者怎样生活。斯宾塞是教育要为未来的生活作准备的倡导者，他在《什么知识最有价值》中明确提出，教育的目的是为"完满的生活"作准备，教育的主要任务就是教会人们怎样生活，教会他们运用一切能力。故本题选 A 项。

16. B 【解析】教育目的是对教育活动所要培养的人的个体素质的总的预期与设想，是对社会历史活动的主体的个体素质的规定。它体现一定社会对受教育者质量规格的界定和要求，也体现人自身发展所应该达到的水准和高度。

17. A 【解析】个人本位论倡导个性解放，尊重人的价值，主张教育的根本目的是人的本性和本能的高度发展。教育要培养"自由的人"体现的是个人本位论的观点。

18. C 【解析】A 项为宗教本位论的观点，B 项为社会本位论的观点，D 项为教育无目的论的观点。

19. B 【解析】社会本位论者认为，教育的根本目的是由社会发展的需要所决定的，至于人的潜能与个性的需要是无关紧要的。它有以下主要观点：(1)个人的一切发展都有赖于社会。法国社会学家涂尔干认为："教育就是一种使年轻一代系统地社会化的过程。"(2)教育除了满足社会需要

以外并无其他目的。那托尔普(又译纳托普、诺笃尔普)说:"在教育目的的决定方面,个人不具有任何价值,个人不过是教育的原料,个人不可能成为教育的目的。"(3)教育的结果或效果是以其社会功能发挥的程度来衡量的。德国教育家凯兴斯泰纳认为:"国家的教育制度只有一个目标,那就是造就公民。"所以,题干所述观点的提出者是纳托普,属于社会本位论的观点。

20. C 【解析】社会本位论强调社会价值高于个人价值,认为确立教育目的的根据是社会的要求,个人的发展必须服从社会需要,因为个人生活在社会中,受制于社会环境。题干中诺笃尔普强调社会对于个人的价值,属于社会本位论的教育目的观。

21. A 【解析】社会本位论者强调要从社会的需要出发制定教育目的,使受教育者社会化,保证社会生活的稳定与延续是教育目的所在。在社会本位论者看来,社会价值高于个人价值,个人的存在与发展依赖并从属于社会,社会效益的高低是教育的价值所在。A 项正确。B、C、D 三项与题干不符,排除。

22. B 【解析】教育目的对教育工作具有导向作用,它不仅为受教育者指明方向、预定发展结果,也为教育工作者指明工作方向和奋斗目标。因此,教育目的无论是对受教育者还是教育者都具有目标导向作用。

23. A 【解析】19 世纪末 20 世纪初,美国"进步教育运动之父"帕克继承了卢梭的思想,极力主张顺应儿童的自然倾向进行教育,把儿童作为整个教育过程的中心。"一切教育的真正目的是人,即人的身体、思想和灵魂的和谐发展。"要实现这一目的,就必须按照心理发展的规律来组织课堂和教学,使"发展的手段完全适应发展的心理"。帕克的主张属于个人本位论的教育目的观,故选 A 项。

24. A 【解析】教育目的是衡量、评价教育实施效果的根本依据和标准。评价学校的办学水平、办学效益,检查教育教学工作的质量,评价教师的教学质量和工作效果,检查学生的学习质量和发展程度等,都必须以教育目的为依据和标准来进行。

25. A 【解析】教育目的对贯彻教育方针具有激励作用,它不仅能指导整个教育实践活动过程,而且能够激励人们为实现共同的目标而努力。教育目的本身就包含对学生成长的期望和要求,因此对学生的发展具有很大的激励作用。题干的描述体现了教育目的的激励作用。

26. D 【解析】教育目的是衡量、评价教育实施效果的根本依据和标准。评价学校的办学水平、办学效益,检查教育教学工作的质量,评价教师的教学质量和工作效果,检查学生的学习质量和发展程度等,都必须以教育目的为依据和标准来进行。故 D 项不属于教育目的的评价范围。

27. C 【解析】教育目的的作用(功能)包括:(1)教育目的对教育工作具有导向作用;(2)教育目的对贯彻教育方针具有激励作用;(3)教育目的是对教育效果进行评价的重要标准。

28. B 【解析】"君子如欲化民成俗,其必由学乎"的意思是:君子如果要教化百姓,造就良好的风俗习惯,一定要从教育入手。这句话体现了社会本位的教育目的观。

29. A 【解析】教育目的是整个教育工作的核心,是教育活动的依据和评判标准、出发点和归宿,在教育活动中居于主导地位。

30. C 【解析】根据各级各类学校的任务确定的对所培养的人的特殊要求,习惯上称为培养目标。各级各类学校要完成各自的任务,培养社会需要的合格人才,就要制定各自的培养目标。

31. A 【解析】教育目的不仅为受教育者指明方向、预定发展结果,也为教育工作者指明工作方向和奋斗目标。根据题干所述,马克思主义关于人的全面发展学说,为培养社会主义人才指明了方向,体现了教育目的的导向作用。

32. C 【解析】教育要为现代化建设服务,当社会生产力和生产方式发生重大变化后,教育方针和教育目的也要相应调整才能发挥最大作用。

33. C 【解析】个人本位论认为,教育的根本目的是人的本性和本能的高度发展。C 项"充分发挥作用的人"就是个人本位论的体现。A、B、D 三项均是社会本位论的观点。故本题选 C 项。

34. D 【解析】教育目的规定了把受教育者培养成什么样的人,是培养人的质量规格和标准,是对受教育者提出的总的要求。所以,教育目的所要回答的根本问题是教育要培养什么样的人。

35. B 【解析】人的发展是促进个体社会化的发展,人的发展要受到社会的制约。人的社会化要求教育活动的方向必须与社会相一致,只有这样,才能培养出社会所需要的人,故而教育要充分考虑社会发展的需要。

36. A 【解析】教育目的在不同时期有不同的特点体现了教育目的的时代性。

37. D 【解析】D 项体现出教育的目的是为社会培养合格的成员和公民,使受教育者社会化,这是社会本位教育目的论的观点。A 项属于杜威的教育无目的论,B 项属于个人本位论,C 项属于神学的教育目的论。

38. D 【解析】教育目的包括三个层次:国家的教育目的、各级各类学校的培养目标和教师的教学目标。教学目标是教育目的和培养目标在教学活动中的进一步具体化。所以,教学目标也是教育目的的层次结构中最为具体的。

39. C 【解析】教育目的是教育方针中核心和基本的内容,故选 C 项。

40. B 【解析】教育目的一般由两部分组成:一是就教育所要培养的人的身心素质做出规定,即提出受教育者在知识、智力、品德、审美、体质等诸方面的发展要求,以期受教育者形成某种个性结构。二是就教育所要培养的人的社会价值做出规定,即指明这种人符合什么社会的需要或为什么阶级的利益服务。

41. B 【解析】社会本位论认为教育以社会的稳定和发展为最高宗旨,题干所述符合社会本位论的观点。

42. D 【解析】各级各类学校的培养目标是根据国家的教育目的制定的某一级或某一类学校、某一专业对人才培养的具体要求,是国家的教育目的在不同教育阶段、不同级别的学校、不同专业方向的具体化。教育目的与培养目标是普遍与特殊的关系。

43. C 【解析】题干引用的是凯兴斯泰纳的观点,他是社会本位论的代表人物。

44. A 【解析】教育目的的功能包括导向功能、调控功能和评价功能。其中,教育目的对教育活动的调控功能是指,一定的教育目的,是一定社会根据自身或人的发展需要对教育活动进行调节、控制的一种重要手段,以便达到其自身发展的目的。就调节控制的对象而言,既包括对教育工作者教育观念、教育行为的调控,也含有对受教育者的调控。故题干中的老师在课堂教学中满足两名同学的不同要求的做法体现了教育目的的调控功能。

45. D 【解析】个人本位论重视人的价值、个性的发展及其需要,把人的个性发展及需要的满足视为教育的价值所在。赵校长的观点是个人本位论的体现。

46. B 【解析】教育目的是一种教育理想,属于理想的范畴,具有社会性和时代性,对教育活动具有质的规定性。

47. C 【解析】教育目的的基本类型可划分为:(1)从其作用的特点看,教育目的可以分为价值性教育目的和功用性教育目的;(2)从其所含要求的特点看,教育目的可以分为终极性教育目的和发展性教育目的;(3)从被实际重视的程度看,教育目的可以分为正式决策的教育目的和非正式决策的教育目的;(4)从其体现的范围看,教育目的有内在教育目的和外在教育目的之分;(5)从其存在方式看,教育目的有实然的教育目的和应然的教育目的之分。故本题选 C 项。

48. A 【解析】教育方针是教育政策的总概括,是全国各级各类教育的目的和必须遵循的准则,是指导整个教育事业发展的战略原则和行动纲领。教育方针的内容主要包括教育工作的指导思想、教育目的和实现教育目的基本途径等。题干所述体现了教育方针对教育质量的规定性。

易错提示:关于教育目的与教育方针,考生应注意以下内容:
教育目的一般只包括“为谁培养人”“培养什么样的人”的问题,着重于规定教育培养人才的质量规格。教育方针除“为谁培养人”“培养什么样的人”的问题之外,还含有“怎样培养人”的问题和教育事业发展的基本原则。着重于规定教育事业发展的方向(“办什么样的教育”“怎样办教育”)。

49. A 【解析】教育目的是整个教育工作的核心，是教育活动的依据和评判标准、出发点和归宿，在教育活动中居于主导地位。

50. D 【解析】教师的教学目标是指教学活动结束后学生所能达到的预期标准。它是教育者在教育教学过程中，在完成某一阶段的工作时，希望受教育者达到的要求或产生的变化。根据题干所述，老师要求学生在学习"昆虫的种类"这节课时能准确识别昆虫，这属于教师的教学目标。

51. A 【解析】个人本位论认为教育的目的是培养健全发展的人，发展人的本性，挖掘人的潜能，增进受教育者的个人价值，个人价值高于社会价值。"教育应当根据儿童的身心发展规律和兴趣需要去促进其生长与发展"强调确立教育目的的根据是人的本性，体现的是个人本位论的观点。故选 A 项。

52. B 【解析】正式决策的教育目的，指由社会一定权力机构确定并要求所属各级各类教育都必须遵循的教育目的。它一般是由国家（或一定地区）作为主体提出的，其决策的过程要经过一定的组织程序，常常体现在国家或地区重要的教育文本或有关的法令之中。

53. A 【解析】题干中的"外化"一词体现了受教育者"修己、立己、成己"的目的是为社会服务。故题干体现的是教育目的的"社会本位"价值取向。

54. A 【解析】教育目的对教育活动具有定向功能，任何社会的教育活动，都是通过教育目的才得以定向的。教育目的及其所具有的层次性，不仅内含对整体教育活动努力方向的指向性和结果要求，而且还含有对具体教育活动的具体规定性。

55. A 【解析】"书中自有颜如玉，书中自有黄金屋，书中自有千钟粟"的意思是书读好了，功名利禄自然就有了，体现了个人本位论的观点。

二、多项选择题

1. CD 【解析】人们的教育理想是确定教育目的的主观依据，人们在考虑教育目的时往往会受其哲学观念、人性假设和理想人格等观念和价值取向这些主观依据的影响。故选 CD 两项。AB 两项属于确定教育目的的客观依据。

2. AB 【解析】题干所述为教育目的的社会本位论的观点，A、B 项为社会本位论的代表人物，C、D 项为个人本位论的代表人物。所以本题选择 A、B 项。

3. AB 【解析】就现实社会的同一方面而言，教育对其适应或超越具有不固定的先后之分。因此，C 项错误。在重视人文精神、重视教育的人文价值的同时，要避免把它与功利价值对立起来。现实中"重利轻义"的现象是片面的，但因此而"重义轻利"，甚至"以义抑利"也是不可取的。如果把人文精神或教育的人文价值与功利价值对立起来考虑问题，就易导致"以义抑利"的禁欲主义。因此，D 项错误。

4. ACD 【解析】个人本位论的代表人物有孟子、卢梭、裴斯泰洛齐、福禄贝尔、马利坦、赫钦斯、奈勒、马斯洛、萨特等。巴格莱是社会本位论的代表人物。

5. AC 【解析】教育目的的层次从高到低依次是：教育目的、培养目标、课程目标和教学目标，B 项错误。教育目的是一种理想，但其主观性质绝不意味着教育目的是意志自由的产物，是随心所欲的结果，它是建立在客观现实的基础上，是人们对客观现实的主观反映。在本质上，教育目的是受社会发展制约的，不同国家、不同时代的教育目的都要受到当时的社会政治、经济、文化和科技等因素的影响。所以，教育目的具有客观性，D 项错误。

6. ABCD 【解析】教育方针的内容一般包括教育的性质和服务方向、教育目的、实现教育目的的根本途径三个组成部分。

7. AC 【解析】人们按照一定的教育价值取向，通过主体的能动作用，可以创造出具有特定价值模式的教育。人们要教育发挥它的什么功效，要新生一代朝着什么方向发展，即创建什么类型的教育和培养什么类型的人，这些教育的根本问题无不受教育价值观决定。所以，教育价值观、教育价值的取向，是教育思想的核心，是教育工作的出发点和落脚点。

8. ABD 【解析】社会本位论的代表人物有荀子、柏拉图、赫尔巴特、涂尔干、纳托普、凯兴斯泰纳、孔德、巴格莱等。杜威持教育无目的论，斯宾塞持生活本位论，裴斯泰洛齐持个人本位论，这三位都不属于社会本位论的代表人物。

9. ABC 【解析】教育无目的论是由美国教育家杜威提出的理论，他反对学校和家长为儿童制定教育目的，认为强加给活动的目的是固定的、呆板的，不能在特定情境下激发智慧，它是脱离生活实际的，是遥远的，与用以达到目的的手段无关。他并非完全否认教育目的的存在，只是在强调应提倡什么类型的教育目的。所以，杜威一方面着力宣传教育唯一的目的就是使学生得以成长；另一方面他又认为教育不仅要使个人能维持生活，还应尽其所能为社会服务，把儿童培养成为美国社会的合格公民。

10. ABCD 【解析】作为国家统一的培养人的总要求，教育目的具有强制性、宏观性、历史性、理想化等特点。

11. CD 【解析】从教育目的的存在方式看，有实然的教育目的和应然的教育目的之分。而A、B项是从教育目的体现的范围来划分的。

12. ACD 【解析】教育目的的定向功能具体体现为：(1)对教育社会性质的定向作用；(2)对人的培养的定向作用；(3)对课程选择及其建设的定向作用；(4)对教师教学的定向作用。

13. ABD 【解析】确定教育目的的客观依据有：(1)教育目的的确定受社会生产力和科学技术发展水平的制约；(2)教育目的的确定受一定社会经济和政治制度的制约；(3)教育目的的确定必须考虑历史发展的进程；(4)教育目的的确定要依据受教育者身心发展的规律。C项属于主观条件。

易错提示：考生在区分制定教育目的的客观依据与主观依据时，可把主观依据和与“人”相关的内容联系起来；可把客观依据和“社会”二字联系起来。需要注意的是，“受教育者身心发展的规律”这一依据虽然也与“人”相关，但强调的是规律，故属于客观依据。

三、判断题

1. √ 【解析】个人价值与社会价值并没有一个孰重孰轻的问题，个人本位论与社会本位论也没有一个谁正确谁错误的问题。从理论上讲，二者具有同等的合理性与同等的局限性。教育目的中个人价值与社会价值的权衡与选择，要受具体的社会历史条件的制约，是随社会历史条件的变化而有所变化与侧重的。社会需要与个人发展是辩证统一的，教育目的必须体现这种辩证统一的关系。故题干说法正确。

2. × 【解析】卢梭、福禄贝尔是个人本位论的代表人物。

3. × 【解析】个人本位的教育目的论典型的错误是抽象地谈论人的本性。社会本位的教育目的论典型的错误是抽象地谈论社会。

4. × 【解析】杜威的“教育无目的论”并非主张真正教育无目的，而是认为无教育过程之外的“外在”目的。

5. × 【解析】教育目的即教育意欲达到的归宿所在或所预期实现的结果。它本身就反映着办教育的主体对教育活动在努力方向、社会倾向性和人的培养规格标准等方面的要求和指向。教育方针是最高国家权力机关根据政治、经济要求，明令颁布实行的一定历史阶段教育工作的总的指导方针或总方向。它反映了一个国家教育的根本性质、总的指导思想和教育工作的总方向等要素，是教育目的的政策性表达，具有政策的规定性，在一定时期内具有必须贯彻的强制性。

6. √ 【解析】教育目的的确定受到受教育者身心发展的规律这一客观依据的影响。这是确定各级各类教育目的(或目标)不可忽视的重要依据，如果不考虑这一点，就会导致实际教育活动脱离学生的身心发展水平或特点，难以有效地促进学生发展。

7. × 【解析】教育目的是一种理想，但其主观性质绝不意味着教育目的是意志自由的产物，是随心所欲的结果，它是建立在客观现实的基础上，是人们对客观现实的主观反映。在本质上，教育目的

是受社会发展制约的，不同国家、不同时代的教育目的都要受到当时的社会政治、经济、文化和科技等因素的影响。

8. √ 【解析】教育目的是一种教育理想。教育目的具有主观性，它是存在于人头脑中的一种观念形态，属于相对抽象的范畴。教育目的作为教育者在观念上预先建立起来的关于未来新人的主观形象，往往反映的是一种理想的新人形象，同时也包含着对教育作用的理解。教育目的与现实间总存在或多或少的距离，也正因为如此，教育目的才可以为现实教育活动树立一个追求的目标，并能在宏观到微观各个方面有形无形地对教育实践活动起定向和引航作用。所以题干表述正确。

9. × 【解析】教育目的不仅为受教育者指明方向，预定发展结果，也为教育工作者指明工作方向和奋斗目标。因此，教育目的无论是对受教育者还是教育者都具有目标导向作用。

10. √ 【解析】教育目的一般由两部分组成：一是就教育所要培养的人的身心素质做出规定；二是就教育所要培养的人的社会价值做出规定。其中，关于身心素质的规定是教育目的内容结构的核心部分。

四、辨析题

1. 教育目的和培养目标是同一概念。

(1)这种说法是不正确的。(2)国家的教育目的是由国家提出来的，其决策要经过一定的组织程序，一般体现在国家的教育文本和教育法令中。各级各类学校的培养目标是根据国家的教育目的制定的某一级或某一类学校、某一专业对人才培养的具体要求，是国家教育目的在不同教育阶段、不同级别的学校、不同专业方向的具体化。教育目的与培养目标是普遍与特殊的关系，二者不能等同。

2. 教育目的的“社会本位论”忽视了受教育者个人的发展，因此，我们应当坚持教育目的的“个人本位论”。

(1)这种说法是不正确的。(2)从理论上讲，个人本位论和社会本位论具有同等的合理性与同等的局限性。教育目的中个人价值与社会价值的权衡与选择，要受具体的社会历史条件的制约，是随社会历史条件的变化而有所变化与侧重的。社会需要与个人发展是辩证统一的，教育目的必须体现这种辩证统一的关系。单纯从社会出发或单纯从个人出发的教育目的价值取向都是不正确的。

五、简答题(参考答案)

1. 简述马克思主义教育目的论的基本观点。

教育是培养人的活动，教育目的要考虑人的身心发展的各个要素，给予个体自由、充分的发展，并予以高度重视。但这并不是抽象地脱离社会和历史来谈人的发展，而是把两者辩证地统一起来。

2. 简述教育目的的功能。

(1)教育目的对教育工作具有导向作用；(2)教育目的对贯彻教育方针具有激励作用；(3)教育目的是对教育效果进行评价的重要标准。也有说法认为，教育目的的功能包括导向功能、调控功能和评价功能。

3. 简述确定教育目的的依据。

(1)特定的社会政治、经济、文化背景；(2)人的身心发展特点和需要；(3)人们的教育理想。

4. 什么是“教育适应生活说”？

与斯宾塞不同，杜威反对将教育视为未来生活的准备。他认为，一旦把教育看作是为儿童未来的生活做准备，必然要教以成人的经验，而忽视儿童此时此刻的兴趣与需要，把儿童置于被动的地位。因此，他主张“教育即生活”。学校教育应该利用现有的生活情境作为其主要内容，教儿童适应眼前的生活环境，即培养能完全适应眼前社会生活的人。

六、论述题(参考答案)

1. 试述社会本位的教育目的论与个人本位的教育目的论的基本主张。

(1)个人本位论认为，确立教育目的的根据是人的本性，教育的目的是培养健全发展的人，发展人的本性，挖掘人的潜能，增进受教育者的个人价值，个人价值高于社会价值，而不是为某个社会集团或阶级服务。简言之，教育的根本目的是人的本性和本能的高度发展。其特点主要有：①重视人的价值、个性的发展及其需要，把人的个性发展及需要的满足视为教育的价值所在；②认为教育的根本目的在于使人的本性、本能得到自然发展，使其需要得到满足；③主张应当按照人的本性和发展的需要来确定教育目的。

(2)社会本位论认为，确立教育目的的依据是社会的要求，个人的发展必须服从社会需要，因为个人生活在社会中，受制于社会环境。教育的目的是为社会培养合格的成员和公民，使受教育者社会化，社会价值高于个人价值，教育质量和效果可以用社会发展的各种指标来评价。简言之，教育以社会的稳定和发展为最高宗旨。

(3)个人价值与社会价值并没有一个孰重孰轻的问题，个人本位论与社会本位论也没有一个谁正确谁错误的问题。从理论上讲，二者具有同等的合理性与同等的局限性。教育目的中个人价值与社会价值的权衡与选择，要受具体的社会历史条件的制约，是随社会历史条件的变化而有所变化与侧重的。社会需要与个人发展是辩证统一的，教育目的必须体现这种辩证统一的关系。

2. 试述教育目的与教育方针的关系。

教育目的与教育方针既有联系又有所不同。

(1)联系：它们在对教育社会性质的规定上具有内在的一致性，都含有“为谁(哪个阶级、哪个社会)培养人”的规定性，都是一定社会(国家或地区)各级各类教育在其性质和方向上不得违背的根本指导原则。

(2)区别：①教育方针所含的内容比教育目的更多些。教育目的一般只包括“为谁培养人”“培养什么样的人”的问题；而教育方针除此之外，还含有“怎样培养人”的问题和教育事业发展的基本原则。②教育目的在对人培养的质量规格方面要求较为明确，而教育方针则在“办什么样的教育”“怎样办教育”方面更为突出。

七、案例分析题(参考答案)

这所小学的做法明显不符合我国的教育方针。我国的教育方针要求“培养德智体美劳全面发展的社会主义建设者和接班人”。案例中的学校把分数作为评价学生和教师的唯一标准和全部依据，学校不开设体育、音乐、美术课，几乎所有时间都用来上语文、数学课。这些做法都体现了该学校只是注重对学生智育的培养，忽视了学生德育、美育、体育等方面的发展，有违教育方针中全面发展的要求，这样培养出来的学生是有缺陷的，如案例中提到的“体质普遍下降、近视率增高”“不知五线谱为何物”“没有学习的兴趣和信心，更谈不上有什么业余爱好”就是这种应试教育的弊端。这是我们应该极力反对的教育。

专题二　我国的教育目的

答案速查：

1~5	ADDCB	6~10	CADBA	11~15	DBADD	16~20	CACAD
21~25	BDDDA	26~30	ABBDB	31~35	ACABB	36~40	BADDA
41~45	DDBAB	46~51	ABCDDB	1~5	AD ACD BCD ABCD BD		
6~10	ACD ABCD ABCD ABC ABCD			1~5	√ √ √ √ ×		
6~10	× × × × √			11~15	× × √ × ×		
16~20	√ × × × ×						

一、单项选择题

1. A 【解析】马克思在《资本论》中指出：“未来教育对所有已满一定年龄的儿童来说，就是生产劳

动同智育和体育相结合,它不仅是提高生产的一种方法,而且是造就全面发展的人的唯一方法。”

2. D 【解析】1999年,《中共中央 国务院关于深化教育改革,全面推进素质教育的决定》提出:“实施素质教育,就是全面贯彻党的教育方针,以提高国民素质为根本宗旨,以培养学生的创新精神和实践能力为重点,造就‘有理想、有道德、有文化、有纪律’的、德智体美等全面发展的社会主义事业建设者和接班人。”这是我国首次将美育纳入教育方针。

3. D 【解析】“五育”之间的联系表现在:(1)德育在全面发展教育中起着灵魂与统帅的作用;(2)智育在全面发展教育中起着前提和支持的作用;(3)体育在全面发展教育中起着基础作用;(4)美育在全面发展教育中起着动力作用;(5)劳动技术教育可以综合德育、智育、体育和美育的作用。

4. C 【解析】坚持社会主义方向,是我国教育目的的根本性质和特点。

5. B 【解析】题干中赵敏老师的话说明他在教育过程中注重学生的全面发展,这表明赵老师具有素质教育的理念。

6. C 【解析】增强学生体质是学校体育的根本任务,这是学校体育与学校其他活动最根本的区别。

7. A 【解析】美育的途径有三:(1)通过课堂教学和课外文化艺术活动进行美育;(2)通过大自然进行美育;(3)在日常生活中进行美育。题干中的老师让学生在春游过程中饱览大自然的美景,提高了学生的审美素养,这表明老师是通过大自然进行美育的。故本题选A项。

8. D 【解析】美育是培养学生健康的审美观,发展他们感受美、鉴赏美、创造美的能力,培养他们高尚的情操与文明素养的教育。D项有助于培养学生的审美观,属于美育。A项属于劳动技术教育,B项属于体育,C项属于德育。

9. B 【解析】题干中海伦·凯勒认为学校教育应致力于让学生善于发现生活中被忽视的欢乐,善于发现生活中的美,这体现了美育的重要性。

10. A 【解析】美育的基本策略和方法有:(1)积极发掘校园环境美育功能,美育与学校管理相融合,促进学校和谐发展;(2)美育与德育工作相融合,提升德育工作的实效性;(3)利用课堂教学这一重要途径,实现课堂教学的审美化;(4)通过各种实践活动,整合社区资源,促进美育发挥更重要的作用;(5)根据学生特点,有计划、有步骤地实施美育;(6)开发校本课程,实施美育教育内容的多样化;(7)充分发挥教师角色的示范作用。题干中的学校十分重视对新校区的规划建设,使得新校区发挥了培养学生审美能力的作用,这体现了积极发挥校园环境的美育功能这一美育策略。

11. D 【解析】美育的主要任务包括:(1)培养学生正确的审美观点,使他们具有感受美、理解美和鉴赏美的知识与技能;(2)培养学生艺术活动的技能,发展他们体现美和创造美的能力;(3)培养学生心灵美和行为美,使他们在生活中体现内在美和外在美的统一。其中,形成创造美的能力是美育的最高层次的任务。故本题选D项。

12. B 【解析】重视创新能力的培养,是现代教育与传统教育的根本区别之所在。

13. A 【解析】德育对其他各育起着保证方向和保持动力的作用,它体现了社会主义教育的方向。

14. D 【解析】《中共中央 国务院关于深化教育改革,全面推进素质教育的决定》中关于教育目的的表述为:“实施素质教育,就是全面贯彻党的教育方针,以提高国民素质为根本宗旨,以培养学生的创新精神和实践能力为重点,造就‘有理想、有道德、有文化、有纪律’的、德智体美等全面发展的社会主义事业建设者和接班人。”所以现阶段我国教育目的的重点是培养学生的创新精神和实践能力。

15. D 【解析】A项,素质教育就是不要“尖子生”,这是对素质教育面向全体学生的误解。B项,素质教育就是不要学生刻苦学习,“减负”就是不给或少给学生留课后作业。这是对素质教育使学生生动、主动和愉快发展的误解。C项,素质教育就是不要考试,特别是不要百分制考试。这是对考试的误解。故ABC三项错误,D项当选。

16. C 【解析】能不能培养学生的创新精神和实践能力是应试教育和素质教育的本质区别。

17. A 【解析】社会主义的教育目的是培养全面发展的新型劳动者。马克思主义认为,全面发展首要的是智力和体力的广泛、充分、统一、自由的发展。故本题选A项。

18. C 【解析】考试作为评价的手段,是衡量学生发展的尺度之一,也是激励学生发展的手段之一,因此能够存在于素质教育中。考试包括百分制考试本身没有错,要说错的话,就是应试教育中使用者将其看作学习的目的。

19. A 【解析】《中共中央 国务院关于深化教育改革,全面推进素质教育的决定》指出:"实施素质教育,就是全面贯彻党的教育方针,以提高国民素质为根本宗旨,以培养学生的创新精神和实践能力为重点,造就'有理想、有道德、有文化、有纪律'的、德智体美等全面发展的社会主义事业建设者和接班人。"所以素质教育的根本宗旨是提高国民素质。

20. D 【解析】素质教育的"全体性",广义地说,是指素质教育必须面向全体人民,任何一名社会成员,均必须通过正规或非正规的途径接受一定时限、一定程度的基础教育。

21. B 【解析】自然美是指自然物本身所呈现出来的美的形态。自然美育具有非常大的生动性和随机性。由题干中的"花儿""小草""天空"可知,这属于美育中的自然美。

22. D 【解析】马克思主义关于人的全面发展学说是我国确立教育目的的理论依据和基础。

23. D 【解析】素质教育的内涵包括:(1)素质教育是面向全体学生的教育;(2)素质教育是促进学生全面发展的教育;(3)素质教育是促进学生个性发展的教育;(4)素质教育是以培养创新精神和实践能力为重点的教育。从素质教育的内容来看,该校的做法有利于增强学生的身体素质,促进学生的全面发展,而且有利于促进学生的个性发展。故选D项。

24. D 【解析】普通中小学在劳动技术教育方面的要求主要是:通过科学技术知识的教学和劳动实践,使学生了解物质生产的基本技术知识,掌握一定的职业技术知识和技能,提高动脑和动手能力,养成良好的劳动态度和劳动习惯。

25. A 【解析】学校体育的功能包括健体功能、教育功能、娱乐功能。(1)健体功能首先是指对身体机能的促进作用;其次,体育活动可以改善和提高神经和中枢神经系统的工作能力;再次,体育活动还可以提高人体对自然环境的适应能力。(2)教育功能可以理解为体育的价值功能,这具体表现在体育活动中对德育、智育和美育的促进上。(3)娱乐功能是指学校体育能够使学生在劳累之后在体力和精神上得到恢复和放松。所以题干所述体现的是体育的娱乐功能。

26. A 【解析】美育从感知开始到理解,先有了感性认识才能上升到理性认识,所以培养学生审美感知能力是美育过程的起点。

27. B 【解析】智育为其他各育的实施提供认识基础,体育为人的发展提供物质基础。B项表述错误。

易错提示:考生要注意,美育也有助于学生劳动观点的树立、劳动技能的形成。劳动对象、生产资料和物质产品都有审美价值,尤其是在科学技术革命时代,随着劳动美学、技术美学的普及,美育与劳动技术相结合将会推动科学技术的发展。所以,美育也有助于学生劳动观点的树立、劳动技能的形成。

28. B 【解析】人们对美育功能的认识成果有三:一是对美育的直接功能(即"育美")的认识;二是对美育的间接功能(或附带功能、潜在功能,具体说就是美育的育德、促智、健体功能等)的认识;三是对美育的超美育功能(即美育的超越性功能)的探究。所以育德、促智和健体属于美育的间接功能。

29. D 【解析】学校体育的功能主要包括健体功能、教育功能和娱乐功能。D项未列入学校体育的功能。

30. B 【解析】素质教育提倡人的全面发展,它是马克思主义关于人的全面发展学说在中国教育界的具体实践。

31. A 【解析】马克思阐述了关于人的全面发展学说,这一学说是我国确立教育目的的理论依据和基础。其主要内容之一是,旧式分工造成了人的片面发展。马克思认为社会分工是导致人片面

发展的根本原因。

32. C 【解析】我国教育目的的基本特征包括:(1)以马克思主义关于人的全面发展学说为指导思想;(2)具有鲜明的政治方向;(3)坚持全面发展与个性发展的统一。C项不属于我国教育目的的基本特征。

33. A 【解析】1996年,国际21世纪教育委员会向联合国教科文组织提交了《教育——财富蕴藏其中》的报告,其中最核心的思想是教育应使受教育者学会学习,即教育要使学习者"学会认知""学会做事""学会共同生活(学会合作)"和"学会生存"。这一思想很快被全球各国所认可,并被称为教育的四大支柱。

34. B 【解析】从教育对象上来说,应试教育重视高分学生,忽视大多数学生和差生。素质教育面向全体学生,面向每一个有差异的学生,即素质教育要求平等,要求尊重每一个学生。B项说法错误。

35. B 【解析】在某种意义上来说,素质教育是针对应试教育而提出的。因此,应试教育是与素质教育相对的教育观。

36. B 【解析】1957年,在生产资料所有制的社会主义改造基本完成以后,毛泽东在最高国务会议上提出:"我们的教育方针,应该使受教育者在德育、智育、体育几方面都得到发展,成为有社会主义觉悟的有文化的劳动者。"这是新中国成立后颁布的第一个教育方针。

37. A 【解析】劳动技术教育是引导学生掌握劳动技术知识和技能,形成劳动观点和习惯的教育。它包括劳动教育和技术教育两个方面。题干描述的是劳动技术教育的内涵。

38. D 【解析】教育目的的实现的理性把握主要有以下几个方面:(1)要以素质发展为核心。(2)要确立和体现全面发展的教育观。①确立全面发展教育观的必要性;②正确理解和把握全面发展;③正确认识和处理各育关系;④要防止教育目的的实践性缺失。(具体内容参看全国十二所重点师范大学联合编写的《教育学基础(第3版)》)

39. D 【解析】要培养合乎时代需要的一代新人,应当特别注意人才素质的几个方面:(1)创新精神;(2)实践能力;(3)开放思维;(4)崇高理想。

40. A 【解析】马克思主义个人全面发展学说的基本含义是劳动能力的全面发展。马克思主义个人全面发展的实质和核心,就是个人的智力和体力尽可能广泛、充分、统一和自由地发展,并在此基础上实现脑力劳动和体力劳动相结合。(具体内容参看姚俊编著的《教育学基本原理》)

41. D 【解析】马克思主义关于"人的全面发展学说"提出,人的全面发展是指人的劳动能力,即人的体力和智力的全面、和谐、充分的发展,还包括人的道德的发展和人的个性的充分发展。故我国依据马克思主义关于"人的全面发展学说"而确立的全面发展的教育目的的核心要求是所有学生德智体美劳全面发展。ABC三项理解错误。

42. D 【解析】素质教育是一种以提高受教育者诸方面素质为目标的教育模式。它重视人的思想道德素质、能力培养、个性发展、身体健康和心理健康教育。另外,传统教育强调的是对过去知识的记忆,素质教育强调的是"发现"知识。

43. B 【解析】马克思和恩格斯是在两个层次上谈论人的全面发展的。一是指劳动能力的全面发展;二是指克服人发展的一切片面性,实现人的个性的真正全面和自由的发展。

44. A 【解析】素质教育是以培养创新精神和实践能力为重点的教育。作为国力竞争基础工程的教育,必须培养具有创新精神和实践能力的新一代人才,这是素质教育的时代特征。

45. B 【解析】题干中的王老师过于看重小刚的学习成绩,虽然重视了小刚智育的发展,却忽视了小刚体育的发展。因此,王老师的做法不恰当,不注重学生德智体美劳的全面发展。

46. A 【解析】差异性原则强调对学生进行美育应当根据学生的年龄特征、个性差异及审美兴趣爱好的不同,选择不同的内容、采用灵活多样的方式进行,使他们对美和艺术的兴趣爱好与美的创造才能得到发展。故答案为A。

47. B 【解析】素质教育倡导人人有受教育的权利,强调在教育中每个人都得到发展,而不是只注重一部分人,更不是只注重少数人的发展。周老师的话体现了素质教育是面向全体学生的教育。

48. C 【解析】个体把自己独特的美感用各种不同的形式表达出来,这就是对美的创造。创造美的能力包括艺术美的创造,也包括现实美的创造。对于大多数人来说,创造美的能力首先是创造现实生活中美的能力。例如,按照美的规律对自己的劳动条件和劳动产品进行设计和加工;对居室、日用品、服饰等方面按美的标准做出选择与合理的配置;以自己的行为、表情、语言、仪态等方面的优美表现创造交际方式的美等。因此,题干所述属于美育中的创造美的能力。

49. D 【解析】学校实施劳动教育的价值主要表现为:(1)劳动教育具有育人导向价值;(2)劳动教育具有德育创新价值;(3)劳动教育具有课程创新价值;(4)劳动教育具有综合素质价值。故 D 项不属于学校实施劳动教育的价值。

50. D 【解析】素质教育的基础性主要体现在素质教育是以培养学生"为以后发展、为人生做准备"的各种基本素质、基本能力、基本知识、基本技能上,而不是培养某方面的专家和特殊人才。所以题干所述体现的是素质教育的基础性。

51. B 【解析】面对多样的、多变的世界,任何一个人、一种职业、一个社会都缺少不了创新精神和创新能力。对教育来说,培养创新精神和创新能力不是一般性的要求,更不是可有可无的事,而应成为教育活动的根本追求,成为素质教育的核心。故选 B 项。

> **方法技巧:**鉴于各地命题的参考资料不同,因此对"素质教育的核心"的界定也有一定的区别。有些地区的真题点明"素质教育的核心是创新教育",也有些地区的真题点明"素质教育的核心是创新精神",还有地区的真题点明"素质教育的核心是创新精神和实践能力",等等。不管哪种表述,都点明了"创新"二字。考生在做题时只需抓住"创新"这个关键词,在此基础上灵活应对即可。

二、多项选择题

1. AD 【解析】实施素质教育的主要途径和方法包括:(1)发挥教师的作用;(2)调动学生学习的主动性和积极性;(3)积极开展实践活动。故本题选 A、D 两项。(具体内容参看任平、孙文云主编的《现代教育学概论(第 3 版)》)

2. ACD 【解析】智育的具体任务有:(1)向学生系统传授科学文化知识,为学生各方面发展奠定良好的知识基础;(2)培养训练学生,使其形成基本技能;(3)培养和发展学生的智力才能,增强学生各个方面的能力;(4)培养学生良好的学习品质和热爱科学的精神。B 项属于"五育"中德育的基本任务。

3. BCD 【解析】素质教育有三大基本任务:(1)培养学生的身体素质;(2)培养学生的心理素质;(3)培养学生的社会素质。

4. ABCD 【解析】美育的基本任务包括:(1)树立学生正确的审美观点,提高审美能力;(2)培养学生健康的审美情趣,激发他们对美的热爱和追求;(3)发展学生表现美和创造美的能力。(具体内容参见王道俊、郭文安主编的《教育学(第 7 版)》)

5. BD 【解析】我国素质教育产生的背景有:(1)当代社会对高素质人才的需求;(2)教育自身存在的不能适应社会发展的问题;(3)信息化社会知识总量急剧增长,知识更新速度空前加快;(4)对教育的认识的深化。故 A 项说法正确。素质教育是面向全体学生的教育。素质教育倡导人人有受教育的权利,强调在教育中每个人都得到发展,而不是只注重一部分人,更不是只注重少数人的发展。故 B 项说法错误。素质教育不是一种具体的教育模式,而是一种教育价值取向。故 C 项说法正确。素质教育就是不要考试,特别是不要百分制考试。这是对考试的误解,是实施素质教育的误区之一。故 D 项说法错误。

6. ACD 【解析】现阶段我国教育目的的基本精神主要表现在:(1)坚持社会主义方向性;(2)坚持

全面发展;(3)培养独立个性;(4)教育与生产劳动相结合,是实现我国教育目的的根本途径;(5)注重提高全民族素质。

7. ABCD 【解析】素质教育的特点有:全体性、全面性、基础性、主体性、发展性、合作性和未来性。

8. ABCD 【解析】从材料中可以看出该学校开展了“童心课堂”“童趣社团”“童真沙龙”等系列教育活动来营造生动活泼的学习氛围,这体现了素质教育可以开展丰富多彩的活动;该学校开展的一系列教育活动是针对全校学生的,这体现了素质教育是面向全体学生的;该学校开展的系列教育活动以及推进的“童乐校园”的建设使学生好学乐学,使学生的身心得到全面发展,这体现了素质教育可以使学生主动学习,促进学生的全面发展。

9. ABC 【解析】孔子有不少关于美育的论述,蕴含着丰富而深刻的审美思想。他最早提出“志于道,据于德,依于仁,游于艺”和“兴于诗,立于礼,成于乐”的教育主张。其中,“游于艺”是指学习乐器、音律、多种才艺;“成于乐”是指用音乐来完善人的性情的陶冶;“兴于诗”是指通过学诗来振奋人的精神。孔子提倡的艺教、乐教、诗教均属于美育范畴。

10. ABCD 【解析】德育的基本任务包括:(1)培养学生良好的道德品质;(2)培养学生正确的政治方向;(3)培养学生正确的价值观;(4)培养学生良好、健康的心理品质;(5)培养学生良好的思想品德能力等。

三、判断题

1. √ 【解析】全面发展教育并不是均衡教育,更不是削弱个性的教育。全面发展教育更多的是侧重于对学校的工作要求,学校应为学生提供全面发展的平台,提供学生符合自己特点的可选择的发展机会;而不是为所有学生提供千篇一律的教育,更不是用一把尺子衡量所有的学生。(具体内容参看袁振国主编的《当代教育学》)

2. √ 【解析】全面发展不能理解为要求学生“样样都好”的平均发展,也不能理解为人人都要发展成为一样的人。

3. √ 【解析】素质教育的目的可以分为做人与成才两个层次:前者是后者的基础,偏重于共同要求;后者是前者的发展,偏重于区别对待。

4. √ 【解析】有人认为素质教育就是全面发展教育,只是换个提法,并无新意;也有人把素质教育与全面发展教育对立起来。这些看法并不正确。素质教育与全面发展教育在许多方面是一致的,包括方向一致、目的一致、基本内涵一致,都是为了提高国民的素质,促进人的全面发展。人的全面发展,是社会主义的教育目的;实施全面发展的教育,是我国既定的教育方针。这个方针、目的是最高的,但也是抽象的。贯彻全面发展的教育方针,实现人的全面发展,要进行素质教育。从这个意义上说,素质教育是全面发展教育的策略实施,而不是脱离全面发展教育另搞一套。题干说法正确。

5. × 【解析】劳动技术教育是引导学生掌握劳动技术知识和技能,形成劳动观点和习惯的教育。它包括劳动教育和技术教育两个方面。组织学生参加生产劳动是劳动技术教育的重要途径,但不能等同于劳动技术教育。

6. × 【解析】实施素质教育,促进学生的全面发展,在一定程度上取决于教师文化知识的广泛性和深刻性。

7. × 【解析】我国的全面发展教育主要包括德育、智育、体育、美育、劳动技术教育。素质教育是全面发展教育在社会主义建设时期的具体落实和深化。实施素质教育,在教育过程中要坚持五育并举,全面发展。

8. × 【解析】美术课是美育的重要途径,但不是唯一途径,其他学科教学也是进行美育的途径。

9. × 【解析】素质教育是指学校中以发展学生的多方面素质(包括应试能力)为根本目的的教育活动。

10. √ 【解析】我国教育目的的精神实质是:(1)培养劳动者(为经济建设和社会的全面发展进步培养各级各类人才)是社会主义教育目的的总要求;(2)要求德、智、体等方面全面发展是社会主义的教育质量标准;(3)坚持社会主义方向,是我国教育目的的根本性质和特点;(4)坚持教育与生产劳动相结合的基本途径。故题干表述正确。

11. × 【解析】学校美育的内容包括形式教育、理想教育、艺术教育。艺术教育只是美育的内容之一,两者不能等同。

12. × 【解析】五育在各种教学活动中是相互渗透、相辅相成的,不存在所谓单独的德育、智育、体育、美育或劳动技术教育。

13. √ 【解析】全面发展与独立个性二者并不互相排斥。所谓"全面发展",是指受教育者个体必须在智、德、体、美、行诸方面都得到发展,不可或缺,也就是个性的全面发展。所谓"独立个性",是指智、德、体、美、行等素质在受教育者个体身上的特殊组合,不可一律化,也就是全面发展的个性。二者是辩证统一的关系。事实上,全面发展在不同的受教育者身上必然会呈现出不同的个人特点,有不同的经历、经验,有不同的兴趣爱好、价值观念和人生追求,每个人都有不同的个性品质,不是千人一面的。因此,全面发展在于形成人的自由个性。

14. × 【解析】题干所述是对素质教育使学生全面发展的误解。素质教育强调为学生的发展奠定基础,同时又要发展学生的个性,因此素质教育对学生的要求是合格加特长。

15. × 【解析】在人的全面发展教育中,德育对其他各育起着保证方向和保持动力的作用,体育是实施各育的物质保证和物质基础。

16. √ 【解析】美育可以促使学生道德品质的形成,它对于培养学生高尚的道德情操,陶冶他们的心灵,树立正确的世界观具有特殊的功效。无论艺术美和现实美,都具有这种功效。

17. × 【解析】德、智、体、美、劳是相对独立的,不能相互取代。同时,它们又是相互联系、相互依存、相互渗透、相互促进的。它们的地位没有主次之分,但在教育过程中,学生的发展可能在某一个方面有比较大的欠缺,这时着重强调某一方面的教育是可以的,但不可以放松其他方面的教育。所以题干的表述是错误的。

18. × 【解析】发展学生的体力,不只是体育课和课外体育活动的任务,也是各科教学的任务。

19. × 【解析】智育是传授给学生系统的科学文化知识、技能,发展他们的智力和与学习有关的非认知因素的教育。题干说法片面。

20. × 【解析】素质教育是我国教育改革和发展的长远方针,是我国各级各类教育追求的共同理想,并不是对特定阶段、特定学校提出的要求。

四、填空题

1. 生产劳动
2. 建设者　接班人
3. 道德品质　政治观念

五、辨析题

1. 让学生上兴趣班,多开展文体活动,就是在进行素质教育。

(1)这种说法是不正确的。(2)题干说法是对素质教育形式化的误解。素质教育是我国全面发展教育在新的形势下的体现,因而它一方面体现了新形势对教育的要求,另一方面也符合教育的本质要求。教育培养人的基本途径是教学,学生的基本任务是在接受人类文化精华的过程中获得发展。这就决定了素质教育的主渠道是教学,主阵地是课堂。

2. 在实施素质教育的今天,对学生不能进行惩罚。

(1)这种说法是不正确的。(2)素质教育并不是否定惩罚,而是要奖惩结合、宽严相济。当不良行为出现时,应给予必要的惩罚,但要严格避免体罚或变相体罚。惩罚不是最终目的,给予惩罚时,还要给学生指明改正的方向。

六、简答题(参考答案)

1. 素质教育的基本内涵有哪些?

(1)素质教育是面向全体学生的教育;(2)素质教育是促进学生全面发展的教育;(3)素质教育是

促进学生个性发展的教育；(4)素质教育是以培养创新精神和实践能力为重点的教育。

2. 简述全面发展教育各组成部分之间的关系。

德、智、体、美、劳五育之间既相互独立又相互联系。

(1)“五育”在全面发展中的地位存在不平衡性。人的发展应是全面、和谐、具有鲜明个性的。在实际生活中，青少年德、智、体、美、劳诸方面的发展往往是不平衡的，有时需要针对某个带有倾向性的问题强调某一方面。学校教育也常会因某一时期任务的不同，在某一方面有所侧重。

(2)“五育”各有其相对独立性。“五育”中的每一组成部分都有其相对独立性，有其特定的任务、内容和功能，对其他各育起着影响、促进的作用，各育不能相互代替。各育都具有特定的内涵、特定的任务，其各自的社会价值、教育价值、满足人发展的价值都是通过各自不同的作用体现出来的。

(3)“五育”之间具有内在联系。德育、智育、体育、美育、劳动技术教育紧密相连，它们互为条件，互相促进，相辅相成，构成一个统一的整体。它们的关系具有在活动中相互渗透的特征。

3. 马克思主义关于人的全面发展学说的主要内容包括什么？

(1)人的全面发展；(2)旧式分工造成了人的片面发展；(3)机器大工业生产为人的全面发展提供了基础和可能；(4)社会主义制度是实现人的全面发展的社会条件；(5)教育与生产劳动相结合是“造就全面发展的人的唯一方法”。

4. 简述素质教育与全面发展教育的关系。

素质教育的提法与全面发展教育并不矛盾，从本质上讲，二者是一致的。

(1)全面发展教育思想是素质教育的理论基础。素质教育正是以全面发展教育思想为指导，以历史上和现阶段的“全面发展教育”为基础的。

(2)素质教育是全面发展教育在社会主义建设时期的具体落实和深化。素质教育的提出是为了纠正教育实践对教育目的的背离，比如片面追求升学率，过于注重学生的智育而忽视其他方面教育的情况等；素质教育是全面发展的教育目的对教育活动进行调控的一个结果，当然也是教育目的的具体落实和深化。

5. 在实施素质教育中应避免的误区有哪些？

(1)素质教育就是不要“尖子生”；(2)素质教育就是要学生什么都学、什么都学好；(3)素质教育就是不要学生刻苦学习，“减负”就是不给或少给学生留课后作业；(4)素质教育就是要使教师成为学生的合作者、帮助者和服务者；(5)素质教育就是多开展课外活动，多上文体课；(6)素质教育就是不要考试，特别是不要百分制考试；(7)素质教育会影响升学率。

七、论述题(参考答案)

1. (1)教育的负向功能指教育阻碍社会进步和个体发展的消极影响和作用。教育的隐性功能指伴随显性教育功能所出现的非预期性的功能。材料中“频繁的补课让他们不堪重负”这句话不仅表明频繁的课外补习不利于学生的健康成长，还表明频繁的课外补习并没有达到预期的提高学生成绩的效果，反而使学生不堪重负。这体现了教育的负向隐性功能。

(2)我国教育目的的基本精神之一是坚持学生的全面发展。要求学生在德、智、体等方面全面发展，要求坚持脑力与体力两方面的和谐发展。材料中的家长过于重视孩子的学习成绩，花费大量金钱和精力为孩子补习功课。这虽然重视了学生智育的发展，但是却忽视了学生德、体、美等方面的发展。

(3)我国教育目的倡导对学生进行素质教育，要求尊重学生的主体性和主动精神以及促进学生生动活泼地发展。材料中的家长强制自己的孩子接受课外补习，这忽视了学生的主体性。另外，频繁的课外补习给学生带来沉重负担，这有损学生的身心健康，不利于学生生动、活泼、健康地发展。

2. (1)①家庭教育是所有教育尤其是劳动教育的重要阵地。②劳动教育课程是具有教育性的劳动活动，是与家庭教育、社会教育相区别、相协同的有目的、有计划、有基础内容、有明确要求的教育活动。我国新时代劳动教育,应将学校劳动教育课程与多种形式课外活动相结合,即以劳动教育必修课为主阵地,结合“实验实习、职业体验、设计、公益服务、创客活动”等多样化课外活动,形成校内劳动与校外劳动实践相结合、课内与课外相结合的整合式新时代劳动教育新路径。③劳动教育的开展需要社会教育的密切配合。

(2)新时代劳动教育目标的实现并不是单单依靠在一种场域中的教育就能完全实现的,需要学校、家庭和社会三者协同发力,在空间上无缝对接,在时间上贯穿终身,建立立体式网络状的校内外劳动教育协同育人机制,形成学校、社会和家庭三位一体的劳动教育协同育人、全面育人的大格局。①家庭和学校应基于“生活劳动、校园生产劳动”,主要围绕“家长劳动教育观念的转变、家庭劳动教育指导、学生参与学校公共服务项目、学校生产劳动基地打造、校园劳动竞赛与节庆文化等”,建设家庭和学校劳动文化环境。②社区(乡镇)应基于“服务性劳动、公益劳动”,主要围绕社区劳动实践支持、社会风尚建设与文明素养培育、社会志愿活动等,建设社区(乡镇)劳动文化环境。③行业企业应基于“生产性劳动、创造性劳动”,主要围绕奋斗精神、工匠精神和创造精神的学习与塑造、真实劳动成果的公平性社会分配激励等,打造企业劳动文化。通过家庭、学校、社区、企业,实施多个场域的劳动文化的打造,努力形成劳动教育的社会共识、文化认同和教育自觉。

3. (1)这有赖于整个社会的发展。只有社会生产力得到大发展,教育的发展才具有坚实的物质基础,教育资源上的供需矛盾得到根本解决才具有现实的可能性。

(2)要深化教育体制改革。①要努力建立更加灵活和开放的教育体制,加大教育发展力度,多渠道办学,充分挖掘教育资源,加速非义务教育的发展,扩大教育机会,从而缓解教育机会竞争;②要加大新一轮基础教育课程改革的力度,在课程理念、课程内容、课程结构、课程评价、课程管理等方面规范和引导学校办学;③要积极推进高考制度的改革,为中小学教育树立正确导向;④要进一步深化中等教育结构的改革,特别是要大力提高中等职业学校的办学水平;⑤要合理配置教育资源,加强中小学的学校建设。

(3)中小学本身也应积极进行改革,端正办学思想,认真落实教育方针和教育目的,深化教育教学改革,提高教育教学的质量和效益,促进全体受教育者身心全面发展。

八、案例分析题(参考答案)

(一)案例客观题

1. AD 【解析】智育的主要内容和任务包括传授知识、发展技能、培养自主性和创造性。体育的基本任务包括:(1)指导学生锻炼身体,促进身体正常发育和技能的发展,增强学生体质,提高健康水平;(2)使学生掌握运动锻炼的科学知识和基本技能,掌握运动锻炼的方法,增强运动能力;(3)使学生掌握身心卫生保健知识,养成良好的身心卫生保健习惯;(4)发展学生良好品德,养成学生文明习惯。因此B、C项的说法是片面的。

2. ACD 【解析】五育的关系包括:(1)①德育对其他各育起着保证方向和保持动力的作用,它体现了社会主义教育的方向,在全面发展教育的重要组成部分中处于引领地位,是“五育”的灵魂;②智育则为其他各育的实施提供了认识基础;③体育则是实施各育的物质保证;④美育和劳动技术教育是德育、智育、体育的具体运用和实施。因此,“五育”各有其相对独立性。(2)德育、智育、体育、美育、劳动技术教育紧密相连,它们互为条件,互相促进,相辅相成,构成一个统一的整体。故B项表述错误。

(二)案例主观题

1. (1)美育的功能包括:直接功能(育美)、间接功能(育德、促智、健体)、超美育功能(超越性功能)。光明学校以美育为突破口的改革经验,主要是自觉运用了美育的综合教育功能,即美育可以陶冶人的性情,促进学生道德和智慧进步的功能。该校注重教改科研,通过多种多样的美育活动来改变学生的面貌,有积极意义。

(2)下一步的改革设计,可以从多方面构思。主要参考以下几点:第一,扩大已有的成果,把美育

优势发扬下去；第二，全面提高学生素质，在德、智、体诸方面综合改革；第三，更新教育观念，改革管理措施，优化育人环境；等等。

2. (1)沉重的课业负担是素质教育的严重阻碍，全面推进素质教育才是国家减负政策的根本出发点和目的。中小学学生课业负担成为教育的"顽症"，久治不愈，其原因在于没有正确理解和贯彻素质教育。该校贯彻国家的减负政策，仅仅是为了应付检查。从具体做法上来看，该校认为减负就是开展更多的课外活动，就是不要学生刻苦学习。首先，这是对素质教育使学生生动、主动和愉快发展的误解。学生真正的愉快来自通过刻苦的努力而获得成功之后的快乐，学生真正的负担是不情愿的学习任务。素质教育要学生刻苦学习，因为只有刻苦学习，才能真正体会到努力与成功的关系，才能形成日后所需要的克服困难的勇气、信心和毅力。其次，这是对素质教育形式化的误解。教育培养人的基本途径是教学，学生的基本任务是在接受人类文化精华的过程中获得发展。这就决定了素质教育的主渠道是教学，主阵地是课堂。学校开展课外活动，作为素质教育的实施途径之一，无可厚非，但课外活动让学生在外面毫无指导地"玩"，这不仅仅是对课外活动的误解，对素质教育和减负政策的误解，也是一种对学生不负责任的表现。

(2)有人认为，有课业总会有"负担"，学习成绩与课业是相关的。有学习，就会有课业。这一点没有疑问。但是，课业成为"负担"，就是教育的问题。当课业成为"负担"时，学生的学业成绩，就可能是以牺牲"少年儿童身心健康"为代价的。如果教育使得一代人失去了健康，那么这种教育就是对一代人的伤害。此时的学业成绩对于学习者个人乃至整个社会也就失去了原有的意义。

(3)像材料中的那些学习好的学生，他们满足了应试教育的要求，可能在知识素质上较强，但素质教育是全面发展的教育，学校贯彻的减负政策实际上并没有改变应试教育的实际执行。这种"减负"实则增加了素质教育展开的难度和阻力。

3. (1)材料反映了学生劳动能力缺乏和劳动观念淡薄的现状。在教学过程中，由于智育有着较高的现实地位，不仅德育、体育和美育都或多或少地受到了影响和冲击，劳动技术教育也同样被冷落，青少年的劳动能力日渐萎缩，劳动观念日渐淡薄。材料中不少大学新生被家长"抱着"送进大学，报到过程中自己作为"旁观者"，有些学生不会存钱、找不到宿舍、找不到超市买牙膏等现象就是学生劳动能力缺乏和劳动观念淡薄的体现，这也说明忽视劳动教育的不止有学校，家庭教育在这一方面也存在问题。

(2)深化义务教育教学改革，教师应坚持促进学生的全面发展，坚持"五育"并举，重视劳动技术教育，教育引导学生崇尚劳动，尊重劳动，树立正确的劳动观念，养成良好的劳动习惯。要注意培养学生自我服务的劳动能力，自己的事情自己做，培养日常生活必需的劳动技能。深化义务教育教学改革，加强劳动技术教育，可以通过校办工厂（或车间）和农场（或实验园地）的劳动进行，也可以通过参加校外的工厂、农场或农村的劳动进行，还可以通过服务性劳动，尤其是社会公益劳动进行。此外，教师还应该注意家庭教育和学校教育的结合，帮助家长树立正确的教育观念，掌握科学的教育方法，从而培养子女的良好习惯，提升子女的自我服务能力。

4. (1)材料中老师们的认识都是在实施素质教育中出现的误区。

(2)材料中王老师的认识是对素质教育形式化的误解。素质教育是我国全面发展教育在新的形势下的体现，因而它一方面体现了新形势对教育的要求，另一方面符合教育的本质要求。教育培养人的基本途径是教学，学生的基本任务是在接受人类文化精华的过程中获得发展。这就决定了素质教育的主渠道是教学，主阵地是课堂。

(3)材料中李老师的看法是对考试的误解，考试包括百分制考试本身没有错，要说错的话，就是应试教育中使用者将其看作学习的目的。考试作为评价的手段，是衡量学生发展的尺度之一，也是激励学生发展的手段之一。

专题三　学校与学校教育制度

答案速查：

1～5	CCCCB	6～10	ABBAA	11～15	ABCCC	16～20	ABAAA
21～25	BBBAA	26～30	CABCA	31～36	CCBABC		
1～5	ABCD ABCD BCD ABCD BCD			6～10	ABD ABD ABD BC ABC		
11～14	AC ABC ABD ABC			1～5	√ √ × × √		
6～10	× × × √ ×						

一、单项选择题

1. C 【解析】青少年儿童身心发展的各个阶段，都有明显的年龄特征。正是由于学制受青少年儿童身心发展规律的制约，所以不同国家在学制的很多方面是一致的，如入学年龄，大、中、小学阶段的划分等。

2. C 【解析】制度化的教育指向形成系统的各级各类学校。学校教育系统的形成，即意味着制度化教育的形成，学校教育制度的建立是制度化教育的典型表征。

3. C 【解析】学制的建立，必须考虑生产力发展水平与科学技术发展状况，要与它们的要求相适应。发达国家由于生产力发展水平与科学技术发展对劳动者的文化素质提出了较高的要求，义务教育的年限也比发展中国家要长。所以题干中发达国家和发展中国家义务教育年限的不同体现了经济发展水平对学制的影响。

4. C 【解析】以校园文化的呈现形态进行分类，可将校园文化分为显性文化与隐性文化两类。(1)校园显性文化——显性文化包括了校园物质环境，如校舍建筑、校园场地布置、校园活动仪式等。学校应重视校园建筑、校园仪式蕴涵的德育价值。(2)校园隐性文化——在校园中，存在着一个无形的环境，如校风、班风、人际关系等，也同样体现出学校的文化积淀，成为极具教育意义的隐性文化。其中，对学生影响最大的就是校园人际关系环境。故A、B、D三项属于校园显性文化，C项属于校园隐性文化。

5. B 【解析】非制度化教育是相对于制度化教育而言的。它指出了制度化教育的弊端，但又不是对制度化教育的全盘否定。非制度化教育相对于制度化教育而言，改变的不仅是教育形式，更重要的是教育理念。

6. A 【解析】校园组织与制度文化作为校园文化的内在机制，包括学校的传统、仪式、规章制度等。

7. B 【解析】观念文化是学校文化的内核和灵魂，是学校组织发展的精神动力。观念文化可分解为四种成分：(1)认知成分，即学校这个群体和构成它的个体对教育目的、过程、规律的认识，属于学校文化的理性因素；(2)情感成分，即学校这个文化体内的成员对教育、学校、班级、同事、同学、老师、学生特有的依恋、认同、参与、热爱的感情，这种感情通常包含着很深的责任感、归属感、优越感和献身精神；(3)价值成分，即学校校园所独有的价值取向系统；(4)理想成分，即学校及其成员对各种教育活动和学生的发展水平所表达的希望和追求。由题干中的"强烈的责任感和归属感"可知，这属于学校文化的情感成分。

8. B 【解析】我国近代制度化教育兴起的标志是清朝末年的"废科举，兴学校"，以及颁布了全国统一的教育宗旨和近代学制。

9. A 【解析】一般认为，在夏朝的时候，我国就出现了学校。但是，我们并没有从考古发掘中找到可靠的实物来证实。而有文字记载，同时又有考古出土的实物证实的学校出现在商朝。

方法技巧：关于我国最早的学校出现的时期，在选择题中，如果选项同时出现了夏朝和商朝，而题干中又没有严格的条件限制，一般认为我国最早的学校教育形态出现在夏朝。

10. A 【解析】学校文化由精神文化(观念文化)、制度文化(规范文化)和物质文化构成。精神文化,包括办学指导思想、教育观、道德观、思维方式、校风、行为习惯等。精神文化是学校文化的内核和灵魂,是学校组织发展的精神动力。故答案选 A 项。

11. A 【解析】单轨制最早产生于美国,后来被世界许多国家采用,是因为它有利于教育的逐级普及,有利于现代生产和现代科技的发展。

12. B 【解析】校园文化的凝聚功能是指通过校园文化理想及一系列文化行为将全体学校人员凝聚在一起,形成合力。共同的思想、作风和价值观念,如同一种黏合剂,对每一个成员具有心理上和感情上的凝聚力量,使学校所有成员易于形成团结一致、齐心协力的工作态度和群体意识。所以题干所述为校园文化的凝聚作用。

13. C 【解析】题干所说的这些迫切需要的人员,由职业教育培养得来,所以应大力发展职业技术教育。

14. C 【解析】课程文化是学校文化的基本要素。并非所有的文化都能进入学校教育领域,成为学校教育的内容。学校教育中的课程文化的形成是经过谨慎选择、科学整理、精心加工的。

15. C 【解析】"允许智力超常的学生跳级、设立特殊学校与特殊班"是依据个体身心发展的个别差异性而进行的因材施教,说明学制的制定受人的身心发展规律的影响。

16. A 【解析】校园文化具有互动性、渗透性、传承性等特征。故选 A 项。

17. B 【解析】"十月革命"后,苏联制定了单轨学制,但与美国的单轨制不同,这种学制既有上下级学校间的相互衔接,又有职业技术学校横向的相互联系,形成了立体式的学制。所以,它是介于双轨学制和单轨学制之间的分支型学制,也被称为中间型学制或"Y"型学制。

18. A 【解析】国际上通常认为,高等教育的毛入学率低于 15% 的属精英教育阶段,高于 15% 而低于 50% 的为大众化阶段,高于 50% 的为普及化阶段。所以,A 项符合题意。

19. A 【解析】前制度化教育是人类教育史上一个重要的发展阶段。一般认为,在奴隶社会初期出现的定型的教育组织形式,即实体化教育——学校是其重要的标志。教育实体的形成具有以下特点:(1)教育主体确定;(2)教育的对象相对稳定;(3)形成系列的文化传播活动;(4)有相对稳定的活动场所和设施等;(5)由以上因素结合而成的独立的社会活动形态。

20. A 【解析】校园文化包括校园物质文化、校园精神文化和校园组织与制度文化。故本题答案选择 A 项。

21. B 【解析】校园文化是学校文化的缩影,是为了保证学校教育活动顺利实施而发展形成的各学校特有的文化形态。

22. B 【解析】教育制度具有客观性、规范性、历史性和强制性。其中,教育制度的规范性主要表现为入学条件(即受教育权的限定)和各级各类学校培养目标的日益标准化。故选 B 项。

23. B 【解析】学校文化的核心是学校各群体所具有的思想观念和行为方式,其中最具决定作用的是思想观念,特别是价值观念。故 B 项正确。

24. A 【解析】学校的产生标志着教育从生产劳动中的第一次分离。

25. A 【解析】学校教育制度是国民教育制度的核心与主体,体现了一个国家国民教育制度的实质。

26. C 【解析】现代学制主要有三种类型:(1)双轨学制;(2)单轨学制;(3)分支型学制。C 项不属于现代学制。

27. A 【解析】西欧双轨制以英国的双轨制为典型代表,它的学校系统分为两轨:一轨是学术教育,为特权阶层子女所占有,学术性很强,学生可升到大学以上;另一轨是职业教育,为劳动人民的子弟所开设,属生产性的一轨。题干所述为双轨制,故选 A 项。

28. B 【解析】校风是学校中物质文化、制度文化、精神文化的统一体,是经过长期实践形成的。

29. C 【解析】欧洲双轨制的学校系统分为两轨:一轨是学术教育,为特权阶层子女所占有,学术性很强,学生可升到大学以上;另一轨是职业教育,为劳动人民的子弟所开设,属生产性的一轨。题干中所述的自上而下的结构属于学术教育这一轨,也即所说的“精英轨”。

30. A 【解析】双轨制出现最早,18 世纪已初露端倪,19 世纪开始定型,以第二次世界大战前的英、德、法等西欧国家为代表,所以又称为“西欧型”或“欧洲型”学制。双轨制体现了明显的等级性和不公平性,它给不同阶级阶层的儿童享受平等的受教育权利设置了人为的障碍,剥夺了中下层劳动阶层子女接受高等教育的权利,不利于教育的普及,特别是高等教育的普及。

31. C 【解析】校园显性文化包括校园物质环境,如校舍建筑、校园场地布置、校园活动仪式等。校风、班风和学校人际关系都属于校园隐性文化。

32. C 【解析】学校领导、教职工、学生都是创造学校文化的主体。学校文化建设的关键人物是校长;教职工是学校文化建设的主力军;学生是教育的对象,是学校文化作用的对象,反映着学校文化产品或成果的质量水平。故本题答案选择 C 项。

33. B 【解析】教育体制是一个国家配合政治、经济、科技体制而确定下来的学校办学形式、层次结构、组织管理等相对稳定的运行模式和规定。

易错提示:教育制度与教育体制的内涵是易混知识点,考生可结合以下内容区分两者:教育制度——机构与组织的体系及各项规定;教育体制——相对稳定的运行模式和规定。

34. A 【解析】近代学校系统的出现,开启了制度化教育的新阶段。学校教育系统的形成,即意味着制度化教育的形成。

35. B 【解析】学校制度文化建设的重点是尊重与参与、学习与创新、发展与诚信等价值观的确立,服务、激励、保障等学校制度文化的构建,具体包括对学校制度文化建设的认识,师生工作学习主动性、创造性和实效性制度的激活,富有人文情怀、创新活力与团队精神的学校部门群体的制度,学生教育管理制度,班级管理制度,教师教育教学管理制度等的文化建设。

36. C 【解析】从形式上看,学校制度文化分为传统、仪式和规章三类,在学校中,师生关系、领导关系、读书风气、考试风气等都有可能生成某种传统。题干中的“开展多年的读书节活动”说明这已经成为学校的一种读书传统,也即属于学校制度文化。

二、多项选择题

1. ABCD 【解析】学校的产生应该具备以下几个条件:(1)生产力的发展以及社会生产水平的提高,为学校的产生提供了物质基础;(2)脑力劳动和体力劳动相分离,为学校的产生提供了专门从事教育活动的知识分子;(3)文字的创造与知识的积累,为学校教育活动的开展提供了有效的教育手段与充分的教育内容;(4)国家机器的产生需要专门的机构来培养官吏和知识分子来为统治阶级服务。

2. ABCD 【解析】建立学制的依据:(1)生产力发展水平和科学技术发展状况;(2)社会政治经济制度;(3)青少年、儿童身心发展规律;(4)人口发展状况;(5)文化传统;(6)本国学制的历史发展和国外学制的影响。

3. BCD 【解析】学校教育制度是国民教育制度的核心与主体,体现了一个国家国民教育制度的实质。一般来说,它是由三个基本要素构成的,即学校的类型、学校的级别、学校的结构。

4. ABCD 【解析】学校教育制度简称学制,是一个国家各级各类学校的总体系,具体规定各级各类学校的性质、任务、要求、入学条件、修业年限及它们之间的相互关系。

5. BCD 【解析】从 17 世纪到 19 世纪末,各资本主义国家纷纷建立起近代学校教育系统,大致说来,西方严格意义上的学校教育系统在 19 世纪下半期已经基本形成。故 A 项说法错误。一般认为,学校这种特殊的教育机构是在奴隶社会时期产生的。世界上最早的学校是苏美尔学校。故 B 项说法正确。我国的学校教育正式产生于商代,学校的存在已有了确凿的证据。故 C 项说法正确。学校产生的客观条件是体脑分工和专职教师的出现。故 D 项说法正确。

6. ABD 【解析】影响教育制度的因素包括:(1)政治因素;(2)经济因素;(3)文化因素;(4)青少年身心发展规律因素。此外,影响教育制度制定的因素还应当包括一个国家和地区的教育制度传统以及对国外教育制度积极的学习和借鉴等。C项不属于影响教育制度的因素。

7. ABD 【解析】学校物质文化是指学校物质环境所构成的一种文化。学校的物质环境，如学校建筑、校园布局、教学设备、图书馆等，都属于学校物质文化的范围。故A、B、D三项均属于学校物质文化。C项属于学校制度文化。

8. ABD 【解析】教育制度的发展经历了从前制度化教育到制度化教育，再到非制度化教育的过程。

9. BC 【解析】教育制度的特点包括：(1)客观性；(2)取向性；(3)历史性；(4)强制性。（具体内容参见任平、孙文云主编的《现代教育概论(第2版)》）

10. ABC 【解析】学校文化的形成主要来自两个方面：一是教育者根据社会的特定要求及社会主流文化的基本特征精心设计和有意安排的文化；二是年青一代的文化，主要是来自学生团体中的各种习惯、风俗、民约、传统、时尚、规范、语汇、价值观念等。

11. AC 【解析】如果从形式来看，学校文化可以分为精神文化、物质文化和制度文化三类。

12. ABC 【解析】学生文化的基本特征包括：(1)过渡性；(2)非正式性；(3)多样性；(4)互补性。此外，学生文化还具有调适性。

13. ABD 【解析】校园精神文化是校园文化的核心内容，也是校园文化的最高层次，主要包括校风、学风、教风、班风和学校人际关系等。故选ABD三项。校园组织与制度文化包括学校的传统、仪式、规章制度等，故C项不选。

14. ABC 【解析】学校规范文化又叫制度文化，是一种确立组织机构、明确成员角色和职责、规范成员行为的文化。规范文化有三种表达方式，即组织形态、规章制度、角色规范。

三、判断题

1. √ 【解析】广义的教育制度包括一切教育设施，不仅包括教育行政机构，也包括教育实施机构。

2. √ 【解析】非制度化教育所推崇的理想是：“教育不应再限于学校的围墙之内。”提出构建学习化社会的理想符合非制度化教育的理念，是非制度化教育的重要体现。题干表述正确。

3. × 【解析】非制度化教育是相对于制度化教育而言的。它指出了制度化教育的弊端，但又不是对制度化教育的全盘否定。故题干表述错误。

4. × 【解析】学校教育是指通过专门的教育机构对受教育者所进行的一种有目的、有计划、有组织、有系统的，传授知识技能、培养思想品德、发展智力和体力的教育活动。学校教育是一种制度化的教育。在现代教育体系中，学校教育形态是教育的主体形态。故题干表述错误。

5. √ 【解析】西欧双轨制以英国的双轨制为典型代表，法国、联邦德国等欧洲国家的学制都属这种学制。它的学校系统分为两轨，一轨是学术教育，为特权阶层子女所占有，学术性很强，学生可升到大学以上；另一轨是职业教育，为劳动人民的子弟所开设，属生产性的一轨。双轨制有两个平行的系列，这两轨既不相通，也不相接。

6. × 【解析】现代教育制度发展的趋势之一是中等教育中普通教育与职业教育朝着相互渗透的方向发展。故题干表述错误。

7. × 【解析】终身教育是对现代教育的补正。终身教育并非一种全新的教育，它不是对现代教育的完全否定，而是对现代教育实行补正机能以克服现代教育的缺点。故题干表述错误。

8. × 【解析】制约教育制度的因素：(1)政治因素；(2)经济因素；(3)文化因素；(4)青少年身心发展规律。此外，影响教育制度制定的因素还应当包括一个国家和地区的教育制度传统以及对国外教育制度积极的学习和借鉴。因此，国家在制定教育制度时，不能只考虑教育制度的先进性，还要考虑其他因素的影响。因此题干的说法是不正确的。

9. √ 【解析】随着学校教育的不断扩展，入学机会的不断增加，大众的教育需求得到了极大的满足。终身教育的理念逐渐被人们广泛接纳，并影响着制度化教育体系的变革与发展。在一次性教育向终身教育转变的过程中，以获得文凭为受教育目的的程度逐渐降低，通过教育补充知识、丰富人生的目的越来越强，社会教育的程度越来越高，学历教育与非学历教育的界限逐渐淡化。

10. × 【解析】学校文化与校园文化虽然只有一字之差,但其内涵和外延都有极大的不同。从内容上讲,学校文化强调的是一种整体性,用特定的价值统整着学校中的一切文化表现形式,而校园文化在实践中的内涵主要体现在校园环境中的特定文化活动,即学校课程之外的教育活动,如社团活动、艺术节、科技节等。校园文化可以看作是学校文化的一个子系统。因此,学校文化不等同于校园文化,题干的观点表述错误。

四、填空题

1. 沟通
2. 华勒
3. 非正规教育　非学校化
4. 学校绩效
5. 过渡性
6. 职业教育

五、简答题(参考答案)

简述现代教育制度的发展趋势。

(1)加强学前教育并重视与小学教育的衔接;(2)强化普及义务教育,延长义务教育年限;(3)中等教育中普通教育与职业教育朝着相互渗透的方向发展;(4)高等教育的大众化;(5)终身教育体系的建构;(6)教育社会化与社会教育化;(7)教育的国际交流加强;(8)学历教育与非学历教育的界限逐渐淡化。

专题四　我国的学校教育制度

答案速查:

1~5	CBABD	6~10	DCCDD	11~15	ABACB	16~20	AABAB
21~27	DCCCABD			1~4	ABCD ABD AC ABC		
1~4	√ × × ×						

一、单项选择题

1. C 【解析】壬戌学制以美国学制为蓝本,采用美国式的六三三分段法,即小学六年、初中三年、高中三年,又称“新学制”或“六三三学制”。
2. B 【解析】辛亥革命后,南京临时政府对旧学制进行修改,颁布了“壬子癸丑学制”。该学制明显反映了资产阶级在学制方面的要求,明令废除在受教育权方面的性别和职业限制,在法律上体现了教育机会均等。“壬子癸丑学制”是我国教育史上第一个具有资本主义性质的学制。故本题选B项。
3. A 【解析】从类别结构上来看,我国现行学校教育可划分为基础教育、职业技术教育、高等教育、成人教育和特殊教育五个大类。
4. B 【解析】“癸卯学制”是中国近代教育史上第一部由国家颁布并在全国实行的学制系统,成为中国近代教育走向制度化、法制化阶段的标志。

易错提示:我国“最早颁布”“最早实施”的现代学制是容易混淆的知识点,壬寅学制是中国近代教育史上最早由国家正式颁布的学制系统,虽然正式公布,但并未实行;癸卯学制是中国近代教育史上第一部由国家颁布的并在全国实行的学制系统。二者区别在于是否实施,考生应注意辨别。考生可以顺口溜的形式进行识记:人(壬)来颁布、鬼(癸)来实施,这样就能轻松区分二者。

5. D 【解析】“壬寅学制”是中国近代教育史上最早由国家正式颁布的学制系统。D 项表述错误。

6. D 【解析】壬戌学制在高中增加职业科，大中学校课程采用学分制、选科制，考虑到了青少年的不同需要和个性发展，体现了“五四”以来教育改革的基本方向。

7. C 【解析】“壬子癸丑学制”第一次规定了男女同校，废除读经，充实了自然科学的内容，将学堂改为学校。故题干所述学制为壬子癸丑学制。

8. C 【解析】癸卯学制是我国修业年限最长的学制，从小学堂到大学堂需 21 年，至通儒院要 26 年。

9. D 【解析】1922 年，在北洋军阀统治下，留美派主持的全国教育会联合会以美国学制为蓝本，颁布了“壬戌学制”。国民党政府于 1928 年就该学制做了一些修改，但基本上继承了“壬戌学制”，并一直沿用到全国解放初期。

10. D 【解析】我国九年制义务教育的学制年限实行小学六年、初中三年的“六三制”，小学五年、初中四年的“五四制”，以及不划分为两个阶段的“九年一贯制”等。总体来看，学制年限的划分是多种形式并存的。

11. A 【解析】“壬戌学制”以美国学制为蓝本，明确以学龄儿童和青少年身心发展规律作为划分学校教育阶段的依据，这在我国现代学制史上是第一次。

12. B 【解析】“癸卯学制”正式确立了体育在新式学校中的地位。这个学制规定体操科目为各级各类学校所必修，小学堂每周 3 学时，中学堂每周 2 学时，大学堂除个别学科外均为 3 学时，还对各级各类学校教育宗旨、体操科目的内容和要求作了规定。

13. A 【解析】“两基”即基本普及九年义务教育和基本扫除青壮年文盲。

14. C 【解析】癸卯学制是中国近代教育史上第一部由国家颁布的并在全国实行的学制系统，成为中国近代教育走向制度化、法制化阶段的标志。

15. B 【解析】“癸卯学制”明文规定教育目的是“忠君、尊孔、尚公、尚武、尚实”，明显反映了“中学为体，西学为用”的思想。

16. A 【解析】普通中小学教育的性质属于基础教育，它的任务是培养全体学生的基本素质，为他们学习做人和进一步接受专业（职业）教育打好基础，为提高民族素质打好基础。

17. A 【解析】癸卯学制明文规定教育目的是“忠君、尊孔、尚公、尚武、尚实”，明显反映了“中学为体，西学为用”的思想。

18. B 【解析】“壬寅学制”以日本学制为蓝本，由当时的管学大臣张百熙起草，是中国近代教育史上最早由国家正式颁布的学制系统，虽然正式公布，但并未实行。

19. A 【解析】1958 年 9 月，中共中央、国务院颁布了《关于教育工作的指示》，该指示提出了学制改革的“两条腿走路”的办学方针和“三个结合”“六个并举”的具体办学原则。

20. B 【解析】基础教育是实施普通文化科学知识的教育，是提高民族素质的奠基工程，在教育中处于基础性地位。

21. D 【解析】从学制类型上看，我国现行学制是从单轨学制发展而来的分支型学制。故 A 项表述错误。壬寅学制是中国近代教育史上最早由国家正式颁布的学制系统，但并未实行；癸卯学制是中国近代教育史上第一部由国家颁布的并在全国实行的学制系统。故 B 项表述错误。壬戌学制是以美国学制为蓝本的，故 C 项表述错误。单轨制产生于美国，故选 D 项。

22. C 【解析】壬戌学制在高中增加职业科，大中学校课程采用学分制、选科制，考虑到了青少年的不同需要和个性发展。这样，就兼顾了升学和就业的双重需要。

23. C 【解析】1912 ~ 1913 年的“壬子癸丑学制”第一次规定了男女同校，废除读经，充实了自然科学的内容，将学堂改为学校。明明学校的这种现象符合壬子癸丑学制的要求。

24. C 【解析】1999 年 6 月的《中共中央国务院关于深化教育改革，全面推进素质教育的决定》把教育目的表述如下：“以培养学生的创新精神和实践能力为重点，造就‘有理想、有道德、有文化、有纪律'的、德智体美等方面全面发展的社会主义事业建设者和接班人。"

25. A 【解析】我国学制改革和发展的基本方向就是重建和完善分支型学制，即通过发展基础教育后的职业教育走向分支型学制，再通过高中综合化走向单轨学制。

26. B 【解析】根据我国社会主义现代化建设发展的需要，我国现行学制改革的方向主要是：(1)适度发展学前教育；(2)全面普及义务教育；(3)继续调整中等教育结构；(4)大力发展高等教育。B 项表述正确。

27. D 【解析】"两重"即建设好一批重点学校和一批重点学科。

二、多项选择题

1. ABCD 【解析】从层次结构上来看，我国现行学校教育包括学前教育、初等教育、中等教育和高等教育四个层次。

方法技巧：考生在区分我国学校教育制度的层次结构和类型结构时要注意：层次结构是从纵向角度分析，根据教育对象的年龄与程度的不同来划分的，各层次前后衔接并且不断深入；类型结构是从横向角度分析，根据教育的性质类型不同来划分的，这五类可利用口诀记忆：高人特机(基)智(职)。

2. ABD 【解析】在中国封建社会，学校教育的类型主要有官学、私学和书院。骑士学校是西欧封建社会的学校教育类型。故 C 项不符合题意。

3. AC 【解析】壬子癸丑学制规定"初等小学四年，为义务教育"。故 A 项正确。特殊学校、特殊班级的设立必须考虑学生的一般身心发展规律。故 B 项错误。义务教育制度是伴随大工业生产的发展逐渐实行的。进入当代社会以后，各发达国家不但普遍实施了义务教育，而且其年限在不断延长。义务教育年限的长短成为一国教育发展程度的标志之一。故 C 项正确。1922 年的"壬戌学制"采用美国式的六三三分段法，即小学六年、初中三年、高中三年，因此又称"新学制"或"六三三学制"。故 D 项错误。

4. ABC 【解析】壬寅学制、癸卯学制、壬子癸丑学制都是以日本学制为蓝本制定的。壬戌学制采用美国式的六三三分段法，即小学六年、初中三年、高中三年，因此又称"新学制"或"六三三学制"。

三、判断题

1. √ 【解析】我国 20 世纪初从西方引入的现代学制，总体上是单轨学制。这是因为我国学校的主要任务是培养政治、管理人才和少数专业人才，而不是培养大批为生产和经济服务的各级各类人才。因此，它是现代生产尚未充分发展条件下的单轨学制。随着生产和社会的发展，对有文化的劳动者的需求越来越大和越来越迫切，我国的单轨学制必然要走向分支型学制。为此，我国 1951 年参考苏联分支型学制制定了新学制。

2. × 【解析】我国的基础教育包括学前教育和普通中小学教育。基础教育是实施普通文化科学知识的教育，是提高民族素质的奠基工程，在教育中处于基础性地位。普通中小学教育的性质属于基础教育，它的主要任务是为学生以后的进一步学习、生活和工作打下扎实的基础。

3. × 【解析】我国现代学制的建立是从清末"废科举，兴学校"开始的。

4. × 【解析】我国的基础教育通常包括学前教育、初等教育与中等教育(包括初中阶段和高中阶段)。义务教育包括在基础教育之中，属于基础教育的一部分。二者不能混为一谈。

四、简答题(参考答案)

简述我国当前学制改革的主要内容。

(1)加强基础教育，落实义务教育；(2)调整中等教育结构，发展职业技术教育；(3)稳步发展高等教育，走内涵发展为主的道路；(4)重视成人教育，发展终身教育。

第四章 教师与学生

专题一 教 师

答案速查：

1～5	DDBDD	6～10	DDABA	11～15	ADBCC	16～20	ADBBA
21～25	DDCCC	26～30	ADCBB	31～35	BADDB	36～40	AAAAD
41～45	ABDBD	46～50	CDBBD	51～55	DAACB	56～60	DABAB
61～65	CCDAB	66～70	BABAB	71～75	BBADB	76～80	DDADC
81～85	BCDBA	86～90	ACABC	91～95	ABDCA		
1～5	BCD ABCD BC ABCD ABCD			6～10	CD ABCD ABC ABCD ABCD		
11～15	ABC ABCD ACD BD ABD			16～20	ABCD ABCD ABC BCD ABC		
1～5	√ √ √ × ×			6～10	× × × √ √		
11～15	√ √ × × ×			16～21	× √ √ √ √ √		

一、单项选择题

1. D 【解析】在“任务关注”阶段，随着教学基本“生存”知识、技能的掌握，教师的自信心日益增强，由关注自我的生存转到更多地关注教学，由关注“我能行吗”转到关注“我怎样才能行”上来。题干所述符合“任务关注”阶段教师的专业发展特征。故选D项。

2. D 【解析】教师的实践性知识是基于教师个人的经验积累，在对待和处理教育问题时体现出的个人特质和教育智慧。题干所述属于实践性知识。

3. B 【解析】教师劳动的创造性主要表现在：(1)因材施教；(2)教学方法上的不断更新；(3)教师需要“教育机智”。教育机智是教师在教育教学过程中的一种特殊定向能力，是指教师能根据学生新的特别是意外的情况，迅速而正确地做出判断，随机应变地采取及时、恰当而有效的教育措施解决问题的能力。题干中，教师积极采取措施应对教育情境是教师发挥教育机智的表现，体现了教师劳动的创造性。

4. D 【解析】教师机智灵活地运用教育规律解决教育问题，说明教师具有教育机智，这是教师劳动的创造性的表现。故本题答案选D项。

5. D 【解析】教师劳动任务的复杂性是指教师不仅要传授科学文化知识和训练学生的技能，发展学生的智力、培养学生的能力，还要培养学生一定的思想品德，促进学生的身心健康发展。教育目的就是使每个学生得到全面、和谐而独特的发展。题干所述说明教师劳动具有复杂性。故本题选D项。

6. D 【解析】教师的社会作用有：(1)通过教育活动选择、传播、提升和创造人类文化；(2)通过向受教育者传授文化知识以培养人；(3)通过传递文化和培养人全面推动人类社会发展。D项不属于教师的社会作用。

7. D 【解析】教师劳动的示范性指教师的言行举止，如人品、才能、治学态度等都会成为学生学习的对象。教师必须以身作则、为人师表。根据题干所述，教师要以身作则，其本身行为就是标准和示范，也是学生学习的榜样，这体现了教师劳动的示范性。

8. A 【解析】教师劳动具有创造性，主要表现在以下三个方面：(1)因材施教。(2)教学方法上的不断更新。“教学有法，教无定法”是对教师劳动创造性的最好注脚。(3)教师需要“教育机智”。A项正确。

9. B 【解析】王老师主持的名师工作室是教师分享知识、共同研究和探讨问题的同伴互助形式，小李老师加入其中,积极参与各项教研活动,很快适应了岗位工作,表明小李老师在专业发展上注重同伴互助。

10. A 【解析】题干引文的意思是:道理存在的地方,就是老师存在的地方。教师负有传递社会道德传统、价值观念的使命,“道之所存,师之所存也”体现了教师职业角色中的“传道者”角色。

11. A 【解析】题干所述说明教师必须具备精深的学科专业知识,即强调了本体性知识对教师专业发展的重要性。

12. D 【解析】教师不仅仅是教书育人的专业人员,也扮演着“家长代理人、父母”和“朋友、知己”的角色。题干中教师关心学生的身体健康,扮演的是家长代理人的角色。其他三项不符合题意,故选 D 项。

13. B 【解析】教师劳动的长期性指人才培养的周期比较长,教育的影响具有迟效性。教师劳动的成效并不是一时就可以检验出来的,而是需要教师付出长期的大量的劳动才能看到结果、得到验证,教师的某些影响对学生终身都会发生作用。题干所述表明教师劳动成果显效的时间长,是教师劳动长期性的体现。

14. C 【解析】教师劳动的间接性指教师的劳动不直接创造物质财富,而是以学生为中介实现教师劳动的价值。教师劳动的结晶是学生,是学生的品德、学识和才能,待学生走上社会,由他们来为社会创造财富。故题干所述说明了教师劳动的间接性特点。

15. C 【解析】针对学生们写不出作文这一问题,老师抓住下大雪这一时机,让学生近距离感受雪花、了解雪花,最终问题得以解决,学生们成功地写出了一篇篇佳作。这一过程体现了教师的教育机智,体现了教师劳动的创造性。

16. A 【解析】教师的专业技术人员身份在 1993 年颁布的《中华人民共和国教师法》中得到确认,该法规定:“教师是履行教育教学职责的专业人员。”

17. D 【解析】教师劳动的复杂性是由其工作性质、任务及过程的特殊性所决定的。

18. B 【解析】教师合理的知识结构主要包括本体性知识、条件性知识、实践性知识和一般文化知识。其中,条件性知识,即认识教育对象、开展教育活动和研究所需的教育科学知识和技能,如教育原理、心理学、教学论、学习论、班级管理、现代教育技术等。故本题选 B 项。

19. B 【解析】教师劳动的创造性主要表现在三个方面:(1)因材施教。(2)教学方法上的不断更新。(3)教师需要“教育机智”。教育机智是教师在教育教学过程中的一种特殊定向能力,是指教师能根据学生新的特别是意外的情况,迅速而正确地做出判断,随机应变地采取及时、恰当而有效的教育措施解决问题的能力。题干中的语文老师在课堂出现意外情况时,能够及时地采取恰当的教育措施,这体现了教师劳动的创造性特点。

20. A 【解析】教师的本体性知识主要包括:(1)该学科的基本知识和基本技能;(2)该学科的基本理论和学科体系;(3)该学科的发展脉络;(4)该学科领域的思维方式和方法论。由题干描述可知 A 选项正确。

21. D 【解析】教师的职业声望是其社会地位的综合体现,直接影响着教师群体的职业权利的实现以及教师个体的心理状态。职业声望的高低取决于教师对社会所做的贡献,教师的教育程度和经济收入的高低,教师的工作条件、职业道德和辛劳程度,此外还受到社会发展水平及传统文化的影响。

22. D 【解析】“学为人师,行为世范”的意思是:所学要为世人之师,所行应为世人之范。这句话体现了教师劳动的主体性和示范性。

23. C 【解析】教师作为一种专门职业,有其专业标准,要求从业人员经过严格、持续的学习,获得并保持相应的专业知识和专业技术,这就需要对他们进行专业培训。教师的专业教育通常包括职前、入职和在职教育三个环节,其中在职培训时间最长,持续教师整个职业生涯,是促进教师专业成长的关键。题干中某教师接受了职前教育和在职培训,体现了教师职业的专门化特点。

24. C 【解析】教师专业发展的内容包括:专业理想的建立、专业态度和动机的完善、专业知识的拓

展与深化、专业能力的提高、教师的专业人格、专业自我的形成。其中,教师专业理想是教师个体专业发展的精神内涵,也是推动教师专业发展的巨大动力。

25. C 【解析】"度德而师之"的意思是:衡量(一个人的)德行是否能够使人信服,然后向其学习。这说明教师在教育教学工作中应扮演好示范者角色,成为学生学习和模仿的榜样。

26. A 【解析】教师面临突然出现的新问题,能否当机立断、机警地采取有效措施,受教师自身各种因素的影响,其中主要有以下几点:(1)对工作和对学生的态度。教师对工作和学生的态度是能否表现教育机智的前提。(2)意志的自制性和果断性。(3)深厚的知识素养和经验积累。故本题选 A 项。

27. D 【解析】教师劳动的连续性是指时间的连续性,教师的劳动没有严格的交接班时间界限;教师劳动的广延性是指空间的广延性,教师没有严格界定的劳动场所,课堂内外、学校内外都可能成为教师劳动的空间。题干中的"没有明显的时空界限"体现了教师劳动的连续性和广延性。

28. C 【解析】文化生态取向认为教师专业发展不仅仅依靠个人努力,更大程度上依赖于"教学文化"或"教师文化"为其工作提供意义、支持和身份认同,其主要方式是通过学习团队建设进行协同教学、合作教研,实现共同发展。题干所述符合教师专业发展的文化生态取向的观点。

29. B 【解析】"资之深,则取之左右逢其源"的意思是:知识积累深厚了,就能在取用之时左右逢源而取之不尽。对于教师来说,就是强调教师具备精深的学科专业知识的重要性。

30. B 【解析】条件性知识,即认识教育对象、开展教育活动和研究所需的教育科学知识和技能,如教育原理、心理学、教学论、学习论、班级管理、现代教育技术等。题干中的教师虽然实践性知识丰富,但却难以形成对教育教学工作的理论认识,就是因为缺乏条件性知识的储备。

31. B 【解析】题干引文的意思是说(学生)亲近自己的老师,效仿老师的行动,听从教师教导,相信教师传授的道义。这表明教师的言行是学生学习的榜样,这是教师职业角色中的示范者的体现。故选 B 项。

32. A 【解析】本体性知识即学科专业知识,是教师知识结构的核心,也是教师向学生传授知识的必备基础。主要包括:(1)该学科的基本知识和基本技能;(2)该学科的基本理论和学科体系;(3)该学科的发展脉络;(4)该学科领域的思维方式和方法论。题干中的数学老师不能正确解释圆周率的含义,说明他没有掌握好数学学科的基本知识,也说明他缺乏本体性知识。

易错提示:教师的本体性知识与条件性知识是容易混淆的知识点。考生可这样理解二者的重要性:缺乏本体性知识的教师不能称为教师,缺乏条件性知识的教师不能称为好的教师。

33. D 【解析】教师劳动的主体性指教师自身可以成为活生生的教育因素和具有影响力的榜样。对于教师来说,教育教学过程首先就是教师直接用自身的知识、智慧、品德影响学生的过程。题干的描述体现了教师劳动的主体性特点。

34. D 【解析】职前师范教育阶段是师范生进行专业准备与学习,初步形成教师职业所需要的知识与能力的关键时期,是教师专业化发展的起始和奠基阶段。

35. B 【解析】题干所述内容是指教师既要因材施教,又要不断更新教学方法,这体现了教师劳动的创造性。

36. A 【解析】教师的教育科学知识主要包括三个方面:(1)学生身心发展知识;(2)教与学的知识;(3)学生成绩评价的知识。题干中的"学生的年龄特征"属于学生身心发展的知识,说明教师需要具备教育科学知识。

37. A 【解析】教育能力是指教师完成一定的教育教学活动的本领,具体表现为完成一定的教育教学活动的方式、方法和效率。教师的教育能力是教师职业的特殊要求。

38. A 【解析】留守儿童把老师当作亲人,体现了教师的"家长代理人、父母"角色。故选 A 项。

39. A 【解析】教师劳动的广延性是指空间的广延性。教师没有严格界定的劳动场所,课堂内外、学校内外都可能成为教师劳动的空间。题干中王老师对学生的关心在空间上超出了课堂和学校范围,体现了教师劳动的广延性。

易错提示:教师劳动的长期性和广延性是容易混淆的知识点,两者的区别在于:广延性强调空间,无严格界定的劳动场所;长期性强调时间,人才培养周期长、影响迟效。

40. D 【解析】"同课异构"是指选用同一教学内容,根据学生实际、现有的教学条件和教师自身的特点,进行不同的教学设计。由此可见"同课异构"是一种因材施教,这是教师劳动的创造性的体现。

41. A 【解析】教师的人生价值主要是通过服务教育、培养人才体现出来的。"得天下英才而教育之,三乐也"正体现了这一点。苏霍姆林斯基也曾说过:"教育技巧的全部奥秘,也就是在于如何看护儿童。"这表明他将为教育对象服务作为衡量教师价值的标准和尺度。通过教育创造有价值的人生是二者观点的相似之处。

42. B 【解析】教师专业发展有三种取向:理智取向、实践—反思取向、文化生态取向。其中,实践—反思取向主张教师通过实践反思,发现教育教学意义,获得实践智慧,其主要方法有写日志、传记、构想、文献分析、教育叙事、教师访谈、参与性观察等。选项B符合题意,故选B项。A项属于理智取向的教师专业发展途径;CD两项属于文化生态取向的教师专业发展途径。

43. D 【解析】教师的教育科学知识主要包括三个方面:(1)学生身心发展知识;(2)教与学的知识;(3)学生成绩评价的知识。"小学生的身心发展规律、学习心理"属于教育科学知识中的学生的身心发展知识以及教与学的知识,所以郑老师强调的是教育科学知识的重要性。

44. B 【解析】同伴互助是指在两个或两个以上教师之间发生的、以专业发展为指向、通过多种手段开展的,旨在实现教师持续主动地自我提升、相互合作并共同进步的教学研究活动,以达到改善教学之目的。同伴互助的形式有:沙龙会谈、一课多研、同课异构、专业对话、教练型教师示范教学、微型教学、相互听课、共同评价与分享、彼此鼓励、彼此协作与反馈等。因此,题干中的做法体现了教师专业发展途径中的同伴互助。

45. D 【解析】题干引文大意为:自我品行端正,即使不发布命令,老百姓也会去实行;若自身品行不端正,即使发布命令,老百姓也不会服从。这句话启示广大教师应为人师表,以身作则。这反映了教师劳动的示范性特点。

46. C 【解析】教育机智是教师良好的综合素质和修养的外在表现,是教师娴熟运用综合教育手段的能力。教育机智可以用四个词语概括:因势利导、随机应变、掌握分寸、对症下药。故题干所述体现了教师的教育机智。

47. D 【解析】"自我更新"取向教师专业发展的基本特征有:(1)将自己的专业发展过程作为反思的对象;(2)强调教师不仅是专业发展的对象,更是自身专业发展的主人;(3)目标直接指向教师专业发展。故D项不属于"自我更新"取向教师专业发展的基本特征。

48. B 【解析】教师劳动的复杂性的表现之一是劳动性质的复杂性,教师的劳动属于专业行为,是一种高度复杂的心智劳动。"张老师认真研读教材,依据课程标准制定教学目标,运用新教育理念设计教学过程和教学方法,制作了精美的教学课件"说明教师的劳动属于专业行为,是一种高度复杂的心智劳动,体现了教师劳动的复杂性。教师劳动的创造性的表现之一是教师需要"教育机智",面对评委的提问,张老师迅速做出恰当、合理的回答,这说明张老师具备教育机智,体现了教师劳动的创造性。故选B项。

49. B 【解析】"茶壶煮饺子,有货倒不出"形象地说明了一位合格的教师不仅要有渊博的知识,而且要有语言表达能力及组织教育和教学的能力(教师的能力素养),能将自己的知识教给学生。

50. D 【解析】教师在教学中内省即教师的自我反思,这是自我教育的体现。

51. D 【解析】我国学者叶澜等人在参考国外教师专业发展研究成果的基础上,提出了以教师专业的自我更新为取向的五个发展阶段:"非关注"阶段、"虚拟关注"阶段、"生存关注"阶段、"任务关注"阶段、"自我更新关注"阶段。其中,"自我更新关注"阶段,教师已经完全掌握了教学机制和课堂管理策略,更加关注课堂内部的活动及其实效,关注学生是否真的在学习,关注教学内容

是否真的适合学生,关注学生的差异。这一阶段的教学由关注情境转变为关注学生。根据题干的描述,杨老师在这一阶段关注的重点是学生,杨老师处于"自我更新关注"阶段。D 项正确。

52. A 【解析】教师的示范者角色表明,教师的言行是学生学习和模仿的榜样。学生具有可塑性和向师性的特点,教师的言谈举止、行为方式、为人处世的态度等都会对学生产生耳濡目染、潜移默化的影响,因此教师是学生学习的最直接榜样。故题干所述体现了教师的示范者角色。

53. A 【解析】教师的职业道德素养包括忠于人民的教育事业、热爱学生、团结协作、为人师表等。依照题干可知教师应该热爱学生,具备高尚的师德。

54. C 【解析】教师的专业能力是教师综合素质最突出的外在表现,也是评价教师专业性的核心因素。

55. B 【解析】教师职业具有价值性、伦理性、复杂性、教育性和创造性等特点。其中,伦理性是指,教育是成就人生命的事业,教师对学生的爱既是教育的目的,也是教育的条件。教育是人影响人的过程,教师对教育的爱、对学生的爱是教育不可或缺的基础。恰如夏丏尊先生所说的:"爱对于教育,犹如池塘之于水,没有水,便不能成为池塘;没有爱,便不能称其为教育。"教师只有爱教育事业、爱学生,才能对教育有真诚的投入,主动钻研教学,促进学生发展。(具体内容参看项贤明主编的《教育学原理》)

56. D 【解析】题干所述说明陶行知先生主张教师在言行举止方面要能够为人师表,因此教师必须扮演好示范者的角色,故选 D 项。

57. A 【解析】教师享有的社会权利,除一般公民权利(如生存权、选举权,享受各种待遇和荣誉等)外,还包括职业本身特点所赋予的专业方面的自主权:教育的权利、专业发展权、参与管理权。教师所享有的权利,尤其是专业权利的多少,不仅反映国家和社会对教师职业的重视与保护程度,而且直接影响到教师在社会民众及学生心目中的威望与地位。

58. B 【解析】由题干中的"学科的基础知识""学科内"可知,这属于教师的本体性知识方面的内容。

59. A 【解析】教师的专业理想是教师在对教育工作感受和理解的基础上所形成的关于教育本质、目的、价值和生活等的理想和信念。如"科教兴国"的理想,"依法治教"的意识,"让每个学生都成才成人"和"以学生为本"的学生观,追求真理、严谨治教的科学精神,爱岗、敬业、乐业的职业态度,等等。所以题干所述属于教师的专业理想。

60. B 【解析】"一把钥匙开一把锁"体现了教师在教学过程中要因材施教,因材施教是教师劳动创造性的主要表现之一。

61. C 【解析】所谓"学者未必是良师",是说即便一个优秀的学者,如果没有从师的专业化训练,也未必能成为一名优秀的教师。换言之,一个教师要能在教学中感染每一个学生,使教学充满启发、神奇和艺术性,就必须具有教育科学知识。故本题答案为 C。

62. C 【解析】在教育过程中,教师处于教育者、领导者和组织者的地位,对教育内容、教育方法和教育过程的组织,对学生的学习、锻炼、身心发展等,都起主导作用。

63. D 【解析】"自我更新关注"阶段的教师不再受外部评价或职业升迁的牵制,自觉依照教师发展的一般路线和自己目前的发展条件,有意识地自我规划,以谋求最大程度的自我发展,关注学生的整体发展,积累了比较科学的个人实践知识。所以题干所述为"自我更新关注"阶段教师的主要特征。

64. A 【解析】"学在官府""以吏为师"说明当时的教师都由官吏兼任,官师一体。这在教师职业发展历史中属于非职业化阶段。

65. B 【解析】教师的劳动具有长期性。教师劳动的成效并不是一时就可以检验出来的,而是需要教师付出长期的大量的劳动才能看到结果、得到验证,教师的某些影响对学生终身都会产生作用。加缪小学老师的劳动成果直至加缪多年后获得诺贝尔奖才得到验证,这反映了教师劳动具有长期性。

66. B 【解析】教师职业的发展经历了非职业化阶段、职业化阶段、专门化阶段、专业化阶段。职业化阶段,独立的教师行业伴随着私学的出现而出现。例如,我国春秋时期的诸子百家,其中影响和规模最大的是儒、墨两家。这种私学教师在一定程度上改变了官学教师身上过重的官吏色彩,使教师开始回归到专业教育工作者的角色上来。从这个意义上来看,春秋战国时期这些出卖脑力劳动的“士”堪称中国第一代教师群。古希腊的“智者”也以专门教授人们知识为生。这时,私学教师逐渐形成一种行业。不过,这时虽有专门的教师,但教师职业基本上还不具备专门化水平,私学教师没有形成从教的专业技能。“自行束脩以上,吾未尝无诲焉”的意思是:只要是主动给我十条干肉作为见面礼物的,我从没有不给予教诲的。这表明此时的教师以专门教授人们知识为生,故属于教师职业发展的职业化阶段。

67. A 【解析】精深的学科专业知识(本体性知识)是教师知识结构的核心,也是教师向学生传授知识的必备基础。

68. B 【解析】低年级的学生倾向于把教师看成父母的化身,对教师的态度类似于对父母的态度。而高年级学生则往往愿意把教师当作他们的朋友,也期望教师能把他们当作朋友看待,在学习、生活、人生等多方面给予指导,希望教师能与他们一起分担痛苦与忧伤、分享欢乐与幸福。

69. A 【解析】教师能力素养包括语言表达能力、组织管理能力、组织教育和教学的能力、自我调控和自我反思能力。组织教育和教学的能力要求教师要善于组织课堂教学,以保证教学过程的顺利进行和教学任务的完成。题干所述说明王老师欠缺驾驭课堂教学的能力,在今后的工作中应首先提高自身组织教育和教学的能力。

70. B 【解析】符合时代特征的学生观要求教师全面理解学生的发展,理解学生全面发展与个性发展、全体发展与个体发展、现实发展与未来发展的关系。

71. B 【解析】教师的教育专业素养包括:(1)具有先进的教育理念;(2)具有良好的教育能力;(3)具有一定的研究能力。

72. B 【解析】李老师以身作则、为人师表,体现了榜样者的角色。故选 B 项。

73. A 【解析】“专”指的是教师精深的学科专业知识(本体性知识),这是教师知识结构的核心,也是教师向学生传授知识的必备基础。

74. D 【解析】教师劳动的示范性指教师的言行举止,如人品、才能、治学态度等都会成为学生学习的对象。因此,教师必须以身作则、为人师表。教师劳动的示范性特点是由学生的可塑性、向师性和模仿心理特征决定的。故选 D 项。

75. B 【解析】条件性知识是指教师必备的教育科学知识,主要包括教育学、心理学及学科教学法知识。当学生问老师怎样解决自己考试紧张的问题时,老师却说该生是因为没有复习好才紧张的。这说明该老师缺乏心理学知识,不能从心理学的角度帮助学生解决考试紧张问题。

76. D 【解析】信息时代,教师是反思者和教育研究者。反思是教师教学能力提高的一条重要途径。教师要不断对自己的教学工作进行反思和评价,提高对自己教学活动的洞察力,发现和分析其中存在的问题,并提出改进的方案。另外,教师之间也可以进行观察分析,讨论交流,从而帮助彼此发现问题,共同提高教学水平。

77. D 【解析】1966 年,联合国教科文组织和国际劳工组织召开的“教师地位之政府间特别会议”通过的《关于教师地位的建议》指出应该把教育工作视为专门的职业,这种职业要求教师经过严格的、持续的学习,获得并保持专门的知识和特别的技术。

78. A 【解析】教师的道德形象被视为教师的最基本形象,教师的文化形象是教师形象的核心,教师的人格形象是学生亲近或疏远教师的首要因素。

易错提示:考生易混淆教师最基本的形象和核心形象。做题时需注意,教师的职业道德是教师从事教育教学活动时的基本行为规范,不具备职业道德的教师即使学识丰富也不能作为教师,所以教师的道德形象才是教师的最基本形象。教师是以文化为中介来与学生发生关联,对学生产生实质影响,并实现对社会的文化功能的。文化不仅提供了教师形象确立的源泉、材料,而且使教师形象设计与塑造有自己的个性。所以教师的文化形象是教师形象的核心。

79. D 【解析】示范性是指教师的言行举止，如人品、才能、治学态度等都会成为学生学习的对象。“吐辞为经”“举足为法”说明教师的一言一行都会给学生以极大的影响，这是教师劳动的示范性的体现。
80. C 【解析】教师劳动的创造性主要表现在以下三个方面：(1)因材施教；(2)教学方法上的不断更新；(3)教师需要教育机智。题干中，陈老师面对今年所教班级学生基础知识薄弱的特点，对教学内容进行了针对性的调整，做到了因材施教，反映了教师劳动的创造性。
81. B 【解析】题干所述内容体现了教师在处理教育问题时所表现出来的教育机智，即体现了教师劳动的创造性。
82. C 【解析】在教师职业的发展历史中，独立的教师职业伴随着私学的出现而产生，如我国春秋战国时期的“士”，古希腊的智者。而世界上最早的师范教育机构诞生于 1681 年的法国。因此教师成为一种独立的社会职业的时间要早于师范学校的出现。
83. D 【解析】强硬专断型的教师，对学生严加监视，要求学生即刻无条件地接受一切命令，他认为表扬可能宠坏学生，所以很少表扬学生；没有教师的监督，学生就不可能自觉学习。故选 D 项。
84. B 【解析】“智如泉源”说明教师要有从教的学识，“行可以为仪表者”说明教师要以身作则、为人师表。故选 B 项。
85. A 【解析】学校对学生的培养，主要是通过各学科的教学工作来实现的，因此教师要把学生培养好，首要任务是：教好功课，努力提高教学质量。
86. A 【解析】文化知识传递者的角色是教师职业角色中最具核心性和基础性的角色，也是教师职业得以产生发展并延续到今天的根本原因。故选 A 项。
87. C 【解析】“征于色，发于声，而后喻”的意思是：(一个人的想法，只有)从脸色上显露出来，在声音中表现出来，然后才能为人们所了解。意在强调教师在教学过程中要注意表情、语言表达等方面，即教师要重视提高自己的语言表达能力。故选 C 项。
88. A 【解析】教师的个人价值的大小主要取决于他的社会价值；教师劳动的价值是社会价值和个人价值的统一，因此，两者并不是对立矛盾的。B、C、D 项说法均错误。
89. B 【解析】教师职业的经济地位指将教师职业与其他职业相比较，其劳动报酬的差异状况及其经济生活状态。它是教师社会地位的最直接体现。自古以来，除少数大师鸿儒外，普通教师的经济地位一直比较低下，“家有一斗粮，不当孩子王”“两袖清风”等正是这种情况的真实写照。
90. C 【解析】教师劳动具有极其丰富的个人价值，有一般劳动所享受不到的乐趣。这种乐趣来自学生平日的点滴进步，来自桃李满天下，来自学生毕业后对社会的贡献。难怪孟子说“君子有三乐”，“得天下英才而教育之”便是其中一乐。
91. A 【解析】教师们根据实际情况调整教学模式，体现了教师劳动的创造性。
92. B 【解析】世界上最早的师范教育机构诞生于法国。1681 年，法国“基督教兄弟会”神甫拉萨儿在兰斯创立了世界上第一所师资训练学校，这是世界上独立的师范教育的开始。
93. D 【解析】教师劳动具有长期性。教师的劳动成果是人才，而人才培养的周期比较长，把一个人培养成为能够独立生活、服务社会、为人类做出贡献的合格人才，不是一朝一夕之功。“十年树木，百年树人”就是对这个道理的最佳阐释。
94. C 【解析】教师劳动的创造性主要表现在以下三个方面：(1)因材施教；(2)教学方法上的不断更新；(3)教师需要“教育机智”。C 项表述并不能体现教师劳动的创造性。
95. A 【解析】西方的智者派是希腊最早出现的职业教师，被黑格尔誉为希腊人的“启蒙者”，他们是以“智慧、科学、音乐、数学等”教人的教师，他们对希腊教育实践和思想的发展作出了重要贡献。

二、多项选择题

1. BCD 【解析】教师的学科专业素养包括：(1)精通所教学科的基础性知识和技能；(2)了解与该学科相关的知识；(3)了解学科的发展脉络；(4)了解该学科领域的思维方式和方法论。A 项属于教师的教育专业素养,故选 BCD 三项。

2. ABCD 【解析】教师的知识素养包括政治理论修养、精深的学科专业知识(本体性知识)、广博的科学文化知识、必备的教育科学知识(条件性知识)、丰富的实践知识。

3. BC 【解析】教师劳动的创造性主要表现在三个方面:(1)因材施教;(2)教学方法上的不断更新;(3)教师需要“教育机智”。教学情境往往难以控制,因此需要教师具备一定的教育机智。故答案选 B、C 项。AD 项是教师职业具有示范性的原因。

4. ABCD 【解析】一般来说,教师的职业角色主要有以下六个方面:(1)“传道者”角色(人类灵魂的工程师);(2)“授业、解惑者”角色(知识传授者、人类文化的传递者);(3)示范者角色(榜样);(4)“教育教学活动的设计者、组织者和管理者”角色;(5)“家长代理人、父母”和“朋友、知己”的角色;(6)“研究者”角色和“学习者”“学者”角色。

5. ABCD 【解析】教师专业发展的内容包括专业理想的建立、专业态度和动机的完善、专业知识的拓展与深化、专业能力的提高、教师的专业人格和专业自我的形成六个方面。

6. CD 【解析】教师的能力素养包括语言表达能力、组织管理能力、组织教育和教学的能力、自我调控和自我反思能力(较高的教育机智)。A 项,“要使学生获得一点知识的亮光,教师应吸进整个光的海洋”是指教师需要具备广博的文化知识,属于教师的知识素养。B 项,教师应“既知教之所由兴,又知教之所由废”是指教师既要懂得教育成功的因素,又要知道教育失败的原因,说明教师应具备教育科学知识,这属于教师的知识素养。C 项,教师语言表达要做到“生动、形象、具有启发性”属于教师能力素养中的语言表达能力。D 项,教师应注意课堂教学中的自我监控与课后的自我反思属于教师能力素养中的自我调控和自我反思能力。故本题选 C、D 两项。

7. ABCD 【解析】教师个人为实现专业化应做的主观努力有善于学习、勤于反思、恒于研究、勇于实践。

8. ABC 【解析】现代教师职业是一种要求从业者具有较高的专业知识、技能和修养的专业。从专门职业的特征来看,教师职业离成熟专业的标准还有一定差距,教师职业是一个“形成中的专业”,教师专业发展是一个不断深化的过程。故 D 项表述错误。

9. ABCD 【解析】教师专业发展的途径有:(1)师范教育;(2)入职培训;(3)在职培训;(4)自我教育。此外,跨校合作(如教师专业发展学校)、专家指导(如讲座、报告)、政府教育部门和教研机构组织的各类专业培训和交流活动等也是教师专业发展的途径。

10. ABCD 【解析】教师劳动的复杂性主要表现在以下五个方面:(1)教师劳动性质的复杂性;(2)教师劳动对象的复杂性;(3)教师劳动任务的复杂性;(4)教师劳动过程的复杂性;(5)教师劳动手段的复杂性。

> **方法技巧:**教师劳动的复杂性的表现常以多选题的形式出现,所以考生要熟记这五条表现,可以用下面的口诀帮助记忆:对(对象)手(手段)过(过程)任(任务)性(性质)。

11. ABC 【解析】教育学、心理学及各科教材教法这三门教育理论的基础课程是教师首先要掌握的最为基本的教育科学知识。故本题选 A、B、C 三项。D 项,教师的教育智慧属于教师的实践性知识。

12. ABCD 【解析】教师的教育教学能力主要包括设计教育教学活动的能力、教学实施的能力、教学组织管理能力、语言表达能力、学生评价能力、课程开发与建设能力、自我反思与教育教学研究能力等。

13. ACD 【解析】一个优秀教师所应有的心理素质,也就是教师对内外环境及人际关系有着良好适应的条件。这些条件包括高尚的职业道德、愉悦的情绪情感、良好的人际关系、健康的人格特征等。较高的教育机智不属于教师应具备的心理素质,它是教师能力素养的内容之一。所以 B 项不选。

14. BD 【解析】教师在职提高的途径主要包括教学反思、校本培训、校外支援与合作等形式。其中,校外专业支援与合作的主要形式有:(1)跨校合作,包括学校与学校、学校与大学或师范院校

的合作;(2)专家指导,包括专家讲座、报告等;(3)政府教育部门和教研机构组织的各类专业培训,包括短期培训、脱产进修、业余进修等。故 B、D 项属于校外专业支援与合作。(具体内容参见王道俊、郭文安主编的《教育学(第 7 版)》)

15. ABD 【解析】根据教师在职进修的特点,教师的进修提高要以业余为主、自学为主、短期培训为主。

16. ABCD 【解析】教师是一种从事专门职业活动的专业人员,必须具备专门的资格,符合特定的要求,主要有三点:(1)教师要达到符合规定的学历;(2)教师要具备相应的专业知识;(3)教师要符合与其职业相称的其他有关规定,如语言表达能力、身体状况等,同时,教师必须专门从事教育教学工作。

17. ABCD 【解析】2014 年教师节前夕,习近平总书记访问北京师范大学并提出“四有”好老师标准:(1)有理想信念;(2)有道德情操;(3)有扎实学识;(4)有仁爱之心。

18. ABC 【解析】教师合理的知识结构主要包括本体性知识、条件性知识、实践性知识和一般文化知识。

19. BCD 【解析】教师职业道德是以敬业精神为基础,以协调师生关系为主要内容的道德规范。自古以来,教师的道德形象被视为教师的最基本形象。“为人师表”“身正为范,学高为师”等强调的是教师的榜样作用、示范作用,属于传统的道德至上的形象;乐于奉献、坚持公正是时代对教师职业的基本伦理道德要求。所以 B、C、D 项都属于教师的道德形象。理想教师的人格包括善于理解学生、富有耐心、性格开朗、情绪乐观、意志力强、有幽默感等。A 项属于教师的人格形象。

20. ABC 【解析】教师专业知识的拓展包括三个方面:(1)知识的量的拓展;(2)知识的质的深化;(3)知识结构的优化。

三、判断题

1. √ 【解析】教师劳动的复杂性的表现:(1)学生状况的复杂性决定着教师劳动的复杂性;(2)教师任务的多样性制约着教师劳动的复杂性;(3)影响学生发展因素的广泛性制约着教师劳动的复杂性。(具体内容参看王道俊、郭文安主编的《教育学(第 7 版)》)

2. √ 【解析】教师的人格特征是指教师的个性、情绪、健康以及处理人际关系的品质等,主要包括积极乐观的情绪、豁达开朗的心胸、坚韧不拔的毅力和广泛的兴趣。

3. √ 【解析】教师职业的专业地位是教师职业社会地位的内在标准,它主要通过其从业标准体现,有没有从业标准和有什么样的从业标准是教师职业专业地位高低的指示器。

4. × 【解析】教师是从事教育教学工作的专业人员,需要具备一定的职业素养,并不是有爱心就可以成为教师。

5. × 【解析】教师教育不仅包括职前的师范教育,还包括新教师的入职培训、教师的在职培训和自我教育等。

6. × 【解析】一般认为,教师专业发展有三种取向:理智取向、实践—反思取向、文化生态取向。其中,理智取向认为教师要进行有效教学,一是自己要拥有“内容(知识、技能、价值观等)”,二是要有知识和技能帮助学生获得这些“内容”,即教学专业最为基本的两类知识:学科知识和教育知识。实践知识属于实践—反思取向关注的内容。故题干说法错误。

7. × 【解析】我国最早的师范教育产生于清末。1897 年,盛宣怀在上海开办“南洋公学”,分设上院、中院、师范院和外院。其中的师范院即中国最早的师范教育。

8. × 【解析】教师劳动对象的复杂性首先表现在其具有较强的自主性和能动性;其次,在教育过程中学生主体意识的参与客观上影响并改变着教师的教育方法和手段。教师的示范作用充分体现了教师劳动手段的主体性。教师的言论行为、为人处世的态度都会被学生视为榜样,被学生竭力模仿。

9. √ 【解析】一名教师对学生的影响不仅仅是知识上、智力上的影响,更是思想上、人格上的影响。所以作为一名教师,不仅要成为“经师”,更要成为“人师”。

10. √ 【解析】热爱教育事业是教师做好教育工作的前提,是教师职业道德的基础,也是教师劳动积极性和创造性的源泉。故题干表述正确。

11. √ 【解析】教师的文化形象是教师职业形象的核心。“才高八斗”“学富五车”皆是教师的典型文化特征。

12. √ 【解析】从劳动手段的角度来看,教师的劳动主要是以个体劳动的形式进行的。而教师的劳动成果又是集体劳动和多方面影响的结果。教师的个体劳动最终都要融汇于教师的集体劳动之中。所以,教师劳动是个体劳动和集体劳动相结合的产物。题干表述正确。

13. × 【解析】教育机智是教师在教育教学过程中的一种特殊定向能力,是指教师能根据学生新的特别是意外的情况,迅速而正确地做出判断,随机应变地采取及时、恰当而有效的教育措施解决问题的能力。教育机智是教师良好的综合素质和修养的外在表现,是教师娴熟运用综合教育手段的能力。

14. × 【解析】教师的根本任务是教书育人,所以教师在教学活动中表现出来的最突出的角色是教员的角色,即“传道者”角色和“授业、解惑者”角色。

15. × 【解析】“身教重于言传”体现的是教师劳动的示范性特点。

16. × 【解析】教师专业发展是指教师在整个专业生涯中,依托专业组织、专门的培养制度和管理制度,通过持续的专业教育,习得教育教学专业技能,形成专业理想、专业道德和专业能力,从而实现专业自主的过程,它包括教师群体的专业发展和教师个体的专业发展。

17. √ 【解析】从教书育人的实质来看,教师职业是一种比其他职业更具创造性的认识和实践活动。

18. √ 【解析】“工程师”是工业社会的技术职称。将教师比喻为“工程师”,是从教师对儿童进行主流社会意识形态和道德价值取向影响方面具有直接作用的意义上说的。“工程师”说法的前提是把学生看成了工业产品,教育者与被教育者之间的关系被看成是改造与被改造的关系。

19. √ 【解析】教师对学生的影响是多方面的,一般而言,我们很容易将关注的焦点集中在学业成绩的影响上,事实上,教师的价值观念、生存状态、人格特征、心理健康水平对学生的影响更为重大。这些不仅仅发生在课堂上、教学中。

20. √ 【解析】如果说“专业知识”“专业技能”强调的是“会不会”“能不能”的话,“专业态度”强调的则是愿不愿。专业态度要比一般心理学意义上喜欢、向往的态度有更深的含义和更高的境界,这是基于对所从事专业的价值、意义深刻理解的基础上,形成的奋斗不息、追求不止的精神。“为人师表”是一种专业态度的体现。

21. √ 【解析】教师自身的活动和言行是重要的教育手段,对学生具有示范作用。教师要在教育过程中起到表率作用,最重要的是言行一致。

四、填空题

1. 热爱教育事业
2. 教师个体的专业发展
3. 教育机智

五、辨析题

1. 教师取得资格证书意味着教师已经达到了专业化水平。

(1)这种说法是不正确的。(2)教师专业发展是指教师在整个专业生涯中,依托专业组织、专门的培养制度和管理制度,通过持续的专业教育,习得教育教学专业技能,形成专业理想、专业道德和专业能力,从而实现专业自主的过程。教师的专业发展是一个长期的过程,是教师自身素质不断提高和专业自我逐渐形成的过程。取得教师资格证只能说明教师拥有了从事教师职业的资格,而不能说明教师已经达到了专业化水平,完成了专业发展。

2. 有人认为,“教师只要学科知识过硬、实践经验丰富就行了,是否掌握教育理论并不重要”。请对这一观点做出判断和分析。

(1)这种观点是不正确的。(2)教师的知识素养不仅包括学科专业知识(本体性知识)、实践性知识,还应包括政治理论修养、科学文化知识和教育科学知识(条件性知识)。其中,教育科学知识是人们通过数千年的教育实践,积累了丰富的教育教学实践经验,在总结这些经验的基础上,人们揭示了教育教学的规律,提出了教育教学的原则、方法体系,形成了系统的教育理论。教师要加强教育工作的科学性和有效性,就必须掌握这些理论。

六、简答题(参考答案)

1. 教师应如何做到热爱学生?

(1)把对学生的爱与严格要求相结合;(2)把爱与尊重、信任相结合;(3)要全面关怀学生;(4)要关爱全体学生;(5)理解和宽容学生;(6)解放学生;(7)对学生要保持积极、稳定的情绪。

2. 请简要回答教师之间如何做到团结协作。

(1)相互支持、相互配合。在校内,教师要与班主任、各科教师、学校领导和其他教职员工协调一致,相互配合;在校外,要与家长、社会有关方面的人士建立联系,取得他们的支持与帮助,以便目标一致地开展工作。

(2)严于律己,宽以待人。在与各方联系交往的过程中,教师要从大局出发,严格要求自己,尊重他人。

(3)弘扬正气,摒弃陋习。教师之间要形成互帮互学、进取向上、互通信息、共同进步的风气,要克服文人相轻、业务封锁的陋习。

3. 简述教师劳动的特点。

(1)复杂性和创造性;(2)连续性和广延性;(3)长期性和间接性;(4)主体性和示范性;(5)教师劳动方式的个体性和劳动成果的群体性。

4. 简述教师的作用。

(1)教师是人类文化的传播者,在社会的发展和人类的延续中起桥梁与纽带作用;(2)教师是人类灵魂的工程师,在塑造年青一代的品格中起着关键性作用;(3)教师是人的潜能的开发者,对个体发展起促进作用;(4)教师是教育工作的组织者、领导者,在教育过程中起主导作用。

七、论述题(参考答案)

联系实际,谈谈教师应具备哪些基本素养。

(1)教师的职业道德素养:①对待事业:忠于人民的教育事业;②对待学生:热爱学生;③对待集体:团结协作;④对待自己:为人师表(良好的道德修养)。

(2)教师的知识素养:①政治理论修养;②精深的学科专业知识(本体性知识);③广博的科学文化知识;④必备的教育科学知识(条件性知识);⑤丰富的实践知识。

(3)教师的能力素养:①语言表达能力;②组织管理能力;③组织教育和教学的能力;④自我调控和自我反思能力(较高的教育机智)。此外,教师还应该具备教育科研能力、学习能力、观察学生的能力、创新能力以及运用现代教育技术手段的能力。

(4)职业心理健康:①高尚的师德;②愉悦的情感;③良好的人际关系;④健康的人格。

(考生可联系实际加以阐述,言之有理即可)

八、案例分析题(参考答案)

1. (1)案例中的教师扮演着示范者(榜样)的角色,教师的言行举止对学生的成长有着潜移默化、耳濡目染的影响。学生正处在身心发展最迅速的时期,教师对他们有一种自然的影响力,他们对教师有一种特殊的信任感,这使得学生表现出明显的“向师性”,他们会把自己尊敬和喜爱的教师视为模仿的对象。“亲其师才能信其道”,教师的人格、品性等对学生的发展起着重要作用。教师在学生面前,不管是有意还是无意,不管是自觉还是不自觉,都在对学生进行示范。案例中的教师,在教育过程中不注意细节,教师上课迟到看起来是微不足道的事,却会给学生带来负面影响。

(2)启示:①教师在日常的教育教学中,要对学生施加积极影响,避免给学生带来消极影响。②教师是社会行为规范的代表,是学生模仿的对象,要担当起"学高为师,身正为范"的责任,使自己真正成为学生的榜样。③教师的榜样作用,构成了一种不可缺少的"教育力"。

2. 案例中的赵老师具备精深的学科专业知识、广博的科学文化知识、必备的教育科学知识和实践性知识等知识素养。

(1)精深的学科专业知识(本体性知识)。这是教师知识结构的核心,也是教师向学生传授知识的必备基础。案例中的赵老师为了成为一名称职的语文教师,在校学习期间,认真学习本专业知识,这就体现了他具有精深的学科专业知识。

(2)教师的知识不仅要"专",而且要"博",教师的专业知识应建立在广博的科学文化知识的基础之上。案例中的赵老师在校学习期间,广泛涉猎其他专业知识,从事语文教学之后,经常阅读中外名家名著,这体现了他具有广博的科学文化知识。

(3)教师要加强教育工作的科学性和有效性,就必须掌握必备的教育科学知识(条件性知识)。其中,教育学、心理学及各科教材教法是教师首先要掌握的最为基本的教育科学知识。案例中的赵老师不断地学习教育学、心理学和现代教育技术的知识,这体现了他具有必备的教育科学知识。

(4)教师的实践性知识是基于教师个人的经验积累,在对待和处理教育问题时体现出的个人特质和教育智慧。案例中的赵老师通过反思自己的教学实践,创新教育教学方式,形成了独特的教学风格和实践智慧,这体现了他具有丰富的实践性知识。

3. (1)教师职业角色的"不变":①"传道者""授业、解惑者"角色。教师的根本任务依然是教书育人。②"示范者"角色。在教育活动中,教师的言行举止依然是学生学习和模仿的榜样。③"家长代理人、父母"和"朋友、知己"的角色。在人工智能时代,教师要教好学生,依然需要做到热爱、关心学生,理解学生。此外,教师在教育教学过程中依然扮演着"教育教学活动的设计者、组织者和管理者"角色以及"研究者""学习者"和"学者"的角色。

(2)教师职业角色的"变化":教师需要转变单纯的知识传授者角色,成为学生学习的促进者。教师不仅要培养学生的各种能力,还要成为学生人生的引路人。

4. (1)案例中的执教老师具有先进的教育理念,体现了较高的教育教学素养。该教师具有正确的学生观,热爱学生,尊重学生人格。当学生在公开课上不愿读课文的时候,教师给学生保持沉默的权利,没有因为学生在公开课上大胆地表达自己的意愿而去批评学生。教师把学生作为学习的主体,而不是自己公开课的配合者,充分尊重学生,促进学生的发展。

(2)案例中的执教老师巧妙地运用了教育机智。在课堂上遇到突发事件的时候,该老师沉着冷静,用自己的智慧迅速而正确地化解问题。在公开课上,学生大胆地表示自己不想读,这时候该老师没有因为学生当着其他老师的面表达自己所想而生气或者逃避,而是因势利导,开玩笑一样地鼓励他,给了学生希望的"台阶"。后半节课学生积极表现,圆满地解决了问题。

(3)案例中的执教老师具有高超的教育艺术。这节课是一节充满师爱的教育过程,教师允许学生"犯错误",坚持正面教育,提高了学生自我教育的能力。

专题二　学　生

答案速查:

1~5	CDDCC	6~10	CBBCD	11~15	ABBBB	16~20	BCBDD
21~25	DABBC	26~29	BBAC	1~5	ABC ABCD ABD ABD BC		
6~7	ABCD ABC			1~5	√ √ √ × ×		

一、单项选择题

1. C 【解析】学生是自我教育和发展的主体。学生主观能动性的表现包括:(1)自觉性,也称主动性;(2)独立性,也称自主性;(3)创造性。其中,创造性是学生主观能动性的最高表现,故选C项。

2. D 【解析】在教育过程中，学生既是教育的客体，也是学习的主体，是主体和客体的辩证统一。

方法技巧：教师和学生在教育教学过程中是互为主客体的，在教的活动中，教师是主体，学生是客体；在学的活动中，学生是主体，教师是客体。考生在做题时应注意把握。

3. D 【解析】学生的向师性表现在：学生入学后，会自然地亲近、信赖、尊敬甚至崇拜教师，把教师作为获取知识的智囊、解决问题的顾问、行为举止的楷模。题干中的这种现象是学生向师性的体现。

4. C 【解析】题干所述内容强调了学生的可塑性，而忽视了学生的主观能动性。

5. C 【解析】学生的主体性包括独立性、选择性、调控性、创造性和自我意识性。其中调控性是指学生可以对自己的学习活动进行有目的的调整和控制，如学习困难时，激励自己；取得成绩时，告诫自己不要骄傲；学习目标不恰当时，及时调整修正；对学习过程进行自我监控等。根据题意可知C项正确。

6. C 【解析】学生的独立性（自主性）表现在学生不仅具有自觉性，而且能自行确定或选择符合自身需要、特点和条件的目标和行动方式，并能在实现目标的行动中自我监督和调控。题干中李老师每次遇到要求解析词语、诗句等题目都会让学生熟记标准答案并多次抄写答案的做法忽视了学生的自主性，不利于发挥学生的主体性。

7. B 【解析】学生具有可塑性。学生处于长知识、长身体的时期，也是他们的品德、人格正在形成的时期，各方面尚未成熟，具有很大的发展潜力，而且尚未定型，极容易受外部环境因素的影响，具有“染于苍则苍，染于黄则黄”的特点。

8. B 【解析】题干中学生模仿教师买一样的笔的行为，说明小学生具有向师性的特点。

9. C 【解析】题干这句话用在教育中表明学生是有意识、有情感、有个性的社会人，他们不是盲目、机械、被动地接受作用于他们的影响，而是具有主观能动性的人。

10. D 【解析】学生是发展中的人，要用发展的观点看待学生。题干中的老师用一种静止的观点去看待学生，认为学习差的学生就会一直学习差，忽视了学生的发展性。

11. A 【解析】学生的主体性就是指学生在教学中的主观能动性，具体包括独立性、选择性、调控性、创造性和自我意识性。其中，学生的独立性是指每个学生都是一个自组织系统，一个独立的物质实体。承认学生的独立性是发挥学生主体性的前提条件，承认学生的独立性也就承认了学生发展过程的多途径、发展方式的多样性和发展结果的差异性。故选A项。

12. B 【解析】学生是独特的人，学生和成人之间是存在很大差别的，学生的观察、思考、选择和体验，都和成人有明显不同。“应当把成人看作成人，把孩子看作孩子。”

13. B 【解析】题干中孙老师的说法表明他只注重学生智育方面的发展，忽视了学生的全面发展。

14. B 【解析】现代学生观承认儿童是独立的人，尊重儿童的人格和权利，确立了儿童优先的原则。

15. B 【解析】学生是自我教育和发展的主体，是具有主观能动性的人，不是被动的客体。因此，A项错误。学生是发展中的人，作为发展中的人，意味着学生还是不成熟的人，是一个正在成长的人。因此，B项正确，C项错误。学生是具有独立意义的人，每个学生都是独立于教师的头脑之外，不以教师的意志为转移的客观存在，教师不可以对学生随意支配或任意捏塑。因此，D项错误。

16. B 【解析】《儿童权利公约》的核心精神是维护青少年儿童的社会权利主体地位，明确青少年儿童是独立的社会个体，他们的权利应该受到社会保护。

17. C 【解析】家庭困难、生理缺陷属于学生的私人信息，学校泄露学生的私人信息违背了尊重儿童权利与尊严原则。故本题答案选择C项。

18. B 【解析】学生是完整的人。学生并不是单纯的、抽象的学习者，而是有着丰富个性的完整的人。学习过程并不是单纯的知识接受或技能训练，而是伴随着交往、创造、追求、选择、意志努力、喜怒哀乐等的综合过程，是学生整个内心世界的全面参与。题干所述体现了“学生是完整的人”这一学生观。

19. D 【解析】自觉性，也称主动性，这是学生主观能动性最基本的表现。

易错提示：考生易混淆学生主观能动性最基本的表现，做题时需注意，自觉性是指学生能够自行采取相应的态度或行动；独立性表现在学生不仅具有自觉性，而且能自行确定或选择目标和行动方式，并且自我监督和调控。所以独立性是自觉性进一步的发展，自觉性才是学生主观能动性的最基本表现。

20. D 【解析】现代学生观的内容：(1)学生是发展中的人，要用发展的观点认识学生；(2)学生是独特的人；(3)学生是具有独立意义的人。

21. D 【解析】教师的移情性学生观产生于积极的移情作用。持移情性学生观的教师认为，孩子是天真、可爱的，都是可以教育成人的。他们能深入了解学生，在考察学生时，不带主观预想的框框，能设身处地地体验学生的所作所为，耐心细致地观察、分析、了解学生的内心世界，不论是聪明的、笨拙的、听话的或顽皮的学生，都能以同情、真诚、热爱、关怀的态度对待，他们坚信，没有教育不好的学生，只有不会教育的教师。

22. A 【解析】现代学生观的内容之一是学生是发展中的人，要用发展的观点认识学生。作为发展中的人，意味着学生还是不成熟的人，是一个正在成长的人。没有缺陷，就没有发展的动力和方向。把学生作为发展中的人来对待，就要理解学生身上存在的不足，就要允许学生犯错误。当然，更重要的是要帮助学生解决问题，改正错误，从而不断促进学生的进步和发展。题干中的张老师没有一味批评李鹏，而是鼓励他继续努力，相信李鹏能取得更大的进步，说明张老师把李鹏当做了发展中的人来看待。

23. B 【解析】学生具有向师性。学生入学后，会自然地亲近、信赖、尊敬甚至崇拜教师，把教师作为自己获取知识的智囊、解决问题的顾问、行为举止的楷模。题干中学生不由自主地亲近老师、尊敬老师，甚至模仿老师，都是学生向师性的表现。

24. B 【解析】视学生为责权主体是建立民主、道德、合法的教育关系的基本前提。

25. C 【解析】“嫩枝易弯又易直”说明学生正处于长知识、长身体的时期，各方面发展都还不成熟，可塑性大，可变性强。这体现了学生具有可塑性。

26. B 【解析】我国中小学生发展的时代特点包括：(1)身体素质得到改善，生理成熟期提前；(2)学习目的多元化、实用化；(3)注重个人发展，追求自我完善；(4)平等意识增强，富有宽容精神；(5)关心国家大事，具有较强的社会责任感；(6)喜欢具有探索性和操作性的学习方式；(7)大众传媒对青少年儿童的积极与不良影响同时增多；(8)学业竞争加剧，心理问题增多；(9)自我意识较强，具有一定的社会交往能力；(10)价值观念呈多样化，具有较高的职业理想和务实的人生观。所以B项与我国中小学生发展的时代特点不相符，答案选B项。

27. B 【解析】学生是发展中的人，要用发展的观点认识学生。华罗庚的初中数学老师因为他数学成绩差就断定华罗庚长大之后没有出息，这种观点是僵化的，不正确的，违背了学生是发展中的人这一学生观。

28. A 【解析】卢梭认为，儿童是有其特有的看法、想法和感情的，如果想用我们的看法、想法和感情去代替他们的看法、想法和感情，那简直是最愚蠢的事情。因此，应当把成人看作成人，把孩子看作孩子。这是儿童的独特性的体现。

29. C 【解析】学校的中心工作是教学，学生的主要任务是学习，C项表述错误。

二、多项选择题

1. ABC 【解析】学生是有意识、有情感、有个性的社会人，是具有主观能动性的人。他们不是盲目、

机械、被动地接受作用于他们的影响。故 D 项说法错误。

2. ABCD 【解析】1989 年 11 月 20 日联合国大会通过的《儿童权利公约》的核心精神,正是维护青少年儿童的社会权利主体地位。这一精神的基本原则有儿童利益最佳原则、尊重儿童尊严原则、尊重儿童观点与意见原则和无歧视原则。

3. ABD 【解析】把学生看成是具有独立意义的人,包含以下三个基本含义:(1)每个学生都是独立于教师的头脑之外,不以教师的意志为转移的客观存在;(2)学生是学习的主体;(3)学生是责权主体。C 项是“学生是独特的人”的基本含义之一。

易错提示:“学生是独特的人”与“学生是具有独立意义的人”的基本含义是容易混淆的知识点。考生可按照以下内容来进行区分:“学生是独特的人”强调学生本身具备的特点,而“学生是具有独立意义的人”则侧重强调学生的主体地位。

4. ABD 【解析】学生是发展中的人,他们身上或许存在这样那样的不足,所以学生不是完善的人,C 项说法错误。

5. BC 【解析】教学与其说是教师的事情,不如说是学生的事情,因为它归根到底是为了学生的发展。如果不承认学生的主体地位,不调动学生学习的积极性,再好的教学设计都会落空。故 A 项说法正确。受教育权是学生最主要的权利,故 B 项说法错误。《中华人民共和国教育法》第九条规定:“中华人民共和国公民有受教育的权利和义务。”所以,受教育既是学生的权利,也是学生的义务。故 C 项说法错误。中小学生发展的时代特点包括:(1)生理成熟期提前。(2)学习目的多元化、实用化。(3)价值观念多元化,具有较高的职业理想和务实的人生观。(4)自我意识增强,具有一定的社会交往能力。当代中学生具有鲜明的自我利益意识、积极主动的参与意识、强烈的个性表现欲望等。(5)心理问题增多。故 D 项说法正确。

6. ABCD 【解析】学生是发展中的人,包括四层含义:(1)学生具有和成人不同的身心发展特点;(2)学生具有发展的巨大潜在可能性;(3)学生具有发展的需要;(4)学生具有获得成人教育关怀的需要。

7. ABC 【解析】对于如何培养学生的主体性,一般学者主要从以下几个方面着手:(1)建立民主而和谐的师生关系,重视学生自学能力的培养;(2)重视培养学生主体参与课堂,让学生获得主体参与的体验,尤其让学生体验成功;(3)尊重学生的个性差异,对学生进行具有针对性的教育。D 项不属于培养学生主体性的措施。

三、判断题

1. √ 【解析】现代教育中的主体教育思想的观点之一是学生是自身生活、学习和发展的主体,这主要表现在三个方面:(1)学生作为教师教育活动的对象或客体是相对的、暂时的,而作为自身生活、学习和发展的主体是绝对的、长期的;(2)学生是有着主观意志的自己生命的主体,他们应该享有一定的自主选择和自我发展的权利;(3)学生是有着自己特定的学习与发展方式的自己成长的主体。题干所述属于现代教育中的主体教育思想观点。

2. √ 【解析】把学生看成是独特的人,其基本含义之一是学生是完整的人,即学生并不是单纯的、抽象的学习者,而是有着丰富个性的、完整的人。

3. √ 【解析】学生是学习的主体,任何教学手段都只是学生发展的外部条件,必须通过学生的主体活动才能起作用。

4. × 【解析】作为发展中的人,意味着学生还是不成熟的人,是一个正在成长的人。把学生作为发展中的人来对待,就要理解学生身上存在的不足,就要允许学生犯错误。当然,更重要的是要帮助学生解决问题,改正错误,从而不断促进学生的进步和发展,而不是容忍学生犯错。

5. × 【解析】学生具有依赖性,但同样也具有主观能动性。学生在接受教育的过程中,具有一定的素质,可以进行自我教育。因此,学生是自我教育和发展的主体。

四、论述题(参考答案)

请结合以人为本的学生观,说一说当学生犯了错应该怎么做。

(1)学生是发展中的人,要用发展的观点认识学生。作为发展中的人,意味着学生还是不成熟的人,是一个正在成长的人。学生的不完善是正常的,而十全十美并不符合实际。没有缺陷,就没有发展的动力和方向。要把学生作为发展中的人来对待,理解学生身上存在的不足,允许学生犯错误。当然,更重要的是帮助学生解决问题,改正错误,从而不断促进学生的进步和发展。

(2)学生是独特的人,每个学生都有自身的独特性。独特性是个性的本质特征,珍视学生的独特性和培养具有独特个性的人,应成为我们对待学生的基本态度。因此,当学生犯了错,教师应主动了解学生,积极研究学生的特点,实现与学生的有效沟通,得到他们的认同和配合,从而达到教育他们的目的。

(3)学生是具有独立意义的人,每个学生都是独立于教师的头脑之外,不以教师的意志为转移的客观存在,绝不是教师想让学生怎么样,学生就怎么样。教师主导对学生客体的教育与改造,只是学生发展的外部条件和外因,学生的主体活动才是学生获得发展的内在机制和内因。因此,当学生犯了错时,教师还应注意引导学生进行反思,启发学生自省改错,培养学生自我教育的意识和能力。

五、案例分析题(参考答案)

1. (1)学生观就是教师对学生的基本看法,它影响教师对学生的认识及其态度与行为,进而影响学生的发展。作为教师,应树立现代学生观:①学生是发展中的人,要用发展的观点认识学生;②学生是独特的人;③学生是具有独立意义的人。

(2)班主任王老师的做法体现了现代学生观,是正确的。

①班主任王老师把学生看成是发展中的人,用发展的观点认识学生。王老师在教育小明时,没有直接根据小明的现实表现推断小明没有出息、没有潜力,而是理解小明身上存在的不足,帮助小明改正错误,促进小明发展与进步。

②班主任王老师把学生看成是独特的人。王老师针对小明出现的问题,耐心调查,主动家访,并针对小明的情况进行因材施教。

③班主任王老师把学生看成是具有独立意义的人。王老师让小明做体育委员,管理班级纪律的做法,尊重了小明的主观能动性,提高了小明的积极性,促进了小明的成长与进步。

2. 作为一名教师,最重要的是遵循以学生为本的原则,真正把学生当作一个完整的人,教育过程中尊重和发挥儿童的主体性的要求包括:

(1)教育活动的组织要尊重学生的感受。这就要求教师在教育活动中,时时关心学生在活动中的感受,并以他们的感受为依据选择教育方式,要做到这一点,平时就要多关心学生,设身处地地为学生着想。材料中的老师并未对小哥俩进行批评教育,也没有对他们的行为进行严格矫正,而是设身处地地根据实际情况对他们施以相应的教育。这说明该老师尊重学生的感受,设身处地地为学生着想。

(2)在教育活动中,要给学生留有选择的余地,并尊重学生的选择。每个学生都有自身的独特性,因此,在教育活动中要能够尊重学生的个性,给学生留有选择的余地,因材施教。材料中的老师没有强制要求学生按照特定的要求去做,而是积极地关注和引导学生,这就给儿童提供了选择的机会,尊重了学生的选择。

3. (1)现代学生观认为学生是发展中的人,要用发展的观点认识学生。学生的身心发展是有规律的,教师应依据学生身心发展的规律和特点来开展教育活动。马老师根据学生的特点,给予学生鼓励、期待,对症下药,使学生的性格得到了完善,成绩获得了提升,促进了学生的发展。

(2)现代学生观认为学生是独特的人,每个学生都有自身的独特性。高虎因家庭情况不敢与人交流,很自卑、孤僻,马老师注意到了这位特殊的学生,经常给予他关心、帮助,鼓励他积极向上,最终使高虎取得进步,这表明马老师具有现代学生观的理念,尊重了学生的独特性。

专题三　师生关系

答案速查：

1～5	CDCDC	6～10	DACBA	11～15	CDBBA	16～20	BABDB
21～25	AACAA	26～30	ABCCA	1～5	ABD BC BC ACD ABCD		
6～10	ABC ABC ABCD ABC ABC			11～13	ABCD BCD AB		
1～5	× √ √ × √			6～10	√ × √ √ ×		

一、单项选择题

1. C 【解析】学生作为一个独立的社会个体，在人格上与教师是平等的。教师和学生是一种朋友式的友好帮助关系，而不是教师管理、学生顺从的关系。C 项表述错误。

2. D 【解析】在放任型的师生关系中，教师的典型表现是缺乏责任心和爱心，对学生的学习和发展任其自然。由"不能给予及时的正确指导，不认真检查学习结果"可知，题干所述师生关系的形态属于放任型，故选 D 项。

3. C 【解析】关于师生关系，有两种对立的观点，即"教师中心论"和"儿童中心论"，其中"儿童中心论"的代表人物是杜威和卢梭。

4. D 【解析】"师生如父子"强调的是教师要像父母关爱孩子一样去关爱学生，但作为教师，关爱学生的范围应该是全体学生，而不是某一部分学生，关爱学生的关键是做到对学生平等公正。故选 D 项。

5. C 【解析】师生关系可以从不同层面进行分类。从对师生关系的意义及稳定性等方面综合分析，师生关系主要有工作关系、组织关系和心理关系三种。其中，师生间的心理关系是建立在相互认识的基础上的，教师对学生的认识和评价标准不同，就会产生不同的情感和期望，这些情感和期望会以不同的途径、方式自觉或不自觉地传递给学生，对学生的学习和发展产生重大影响。正如心理学家罗森塔尔进行的实验所证明的那样。故本题选 C 项。

6. D 【解析】我国中小学课桌的摆放多呈"秧田式"，教师讲台置于块状空间的正前方，这种格局阻隔了师生之间的交往及生生之间的交往。目前，许多国家都在探讨圆桌式、马蹄形、半圆形、蜂巢式等便于师生交往和交流的座位排列方式。故选 D 项。

7. A 【解析】题干引文的意思是：弟子不一定什么都不如老师，老师也不一定什么都比弟子贤明。懂得道理有先有后，技术上、学问上各有各的研究，也就如此罢了。这启示教师应该做到教学相长，与学生相互尊重。

8. C 【解析】采用以教师为中心的教学模式进行教学不利于解决师生之间出现的矛盾和问题，采用以学生为中心的教学模式进行教学有助于改善师生关系。

9. B 【解析】师生关系的内容包括：(1)师生在教育内容的教学上结成授受关系；(2)师生在人格上是平等的关系；(3)师生在社会道德上是互相促进的关系。A、C、D 三项说法正确。教师指导、引导学生的目的是促进学生的自主发展。B 项说法错误。

10. A 【解析】伦理关系是师生关系体系中最高层次的关系形式，对其他关系形式具有约束和规范作用。

11. C 【解析】题干中教师以平等的态度对待学生，而不是以"权威"自居，这是民主平等型的师生关系的体现。

12. D 【解析】师生在人格上是民主平等的，D 项表述正确。在教学过程中，教师处于主导地位，学生处于主体地位，A 项表述错误。师生之间是民主平等的关系，而不是上下级关系，B 项表述错误。师生关系具有双向性，C 项表述错误。

13. B 【解析】放任型师生关系中教师缺乏责任心和爱心，对学生的学习和发展任其自然。题干所述正符合这一特点。故何老师与学生之间的关系最有可能属于放任型的师生关系。

14. B 【解析】在教育过程中，教师的教促进学生的学，学生的学促进教师的教，教与学是相互促进的，“是故学然后知不足，教然后知困”正体现了这一点。

15. A 【解析】影响师生关系的因素可归纳为教师、学生和环境三个方面，其中，教师的素养是影响师生关系的核心因素。

16. B 【解析】题干中荀子的这句话常用来比喻学生也可能超过老师，或后人也能超过前人。这说明教师与学生应该教学相长，互相尊重，互相学习。

17. A 【解析】教师是教育过程的组织者，在全部教育活动中起主导作用。从根本上说，良好的师生关系首先取决于教师。

18. B 【解析】“亲其师，信其道”的意思是：一个人只有在亲近、尊敬自己的师长时，才会相信、学习师长所传授的知识和道理。在教学过程中，师生的心理情感总是伴随着认识、态度、情绪、言行等的相互体验而形成亲密或排斥的心理状态。不同的情绪反应对学生课堂上参与的积极性和学习效率有着重大影响。这体现了师生之间的心理关系对教育目标顺利完成的影响。

19. D 【解析】题干所述为教师中心论的观点，这一观点的典型代表是赫尔巴特。

20. B 【解析】教育教学过程中，师生之间发生矛盾是难免的。解决师生冲突的关键是教师。教师要善于驾驭自己的情绪，冷静全面地分析矛盾，正视自身的问题，敢于做自我批评，对学生的错误进行耐心的说服教育或必要的等待、解释等。要能与学生心理互换，设身处地地为学生着想，理解学生，帮助学生，满足学生的正当要求，启发学生自省改错。故选 B 项。

21. A 【解析】师生之间存在道德关系，即人类现实利益关系在教育教学中的反映。

22. A 【解析】从调节的主体和方式来划分，师生关系的调节方式主要有三种：(1)社会调节。社会调节的方式，主要有法律调节、道德调节。凡是对学生权益产生重大影响的基本关系，都由法律来调节；凡是对学生的发展产生重大影响但又未触犯法律的基本关系，主要由道德，特别是教师职业道德来调节。(2)学校调节。学校对师生关系有基本的规范，这些规范是在遵守国家法律的前提下，根据学校具体情况确定的，如不准男教师与女学生单独谈话。(3)教师调节。教育教学中的师生关系本质上是教育工作关系，由教师的认知调节、组织和沟通行为调节、态度调节、情感调节、意志调节。故选 A 项。

23. C 【解析】师生在人格上是平等的关系，具体表现在：(1)学生作为一个独立的社会个体，在人格上与教师是平等的；(2)教师和学生是一种朋友式的友好帮助关系。故③④说法正确，②说法错误。教师在教学过程中要对学生进行指导、引导，以促进学生的自主发展，而不是让学生自由发展，①说法错误。故答案选 C 项。

24. A 【解析】师生之间的教育关系是指教师与学生在教育教学活动中为完成一定的教育任务，以“教”和“学”为中介，以促进学生的整体发展和自主发展为目标而建立的一种工作关系。教育关系是基本关系，其他师生关系皆服务于这一关系。

25. A 【解析】良好的师生关系是教育教学活动顺利进行的重要条件；良好的师生关系还有助于提高教师的威信，有助于师生的心理健康发展。

26. A 【解析】题干所述表明良好的师生关系能够激励教师努力搞好教育事业，培养更多的人才；激发学生的学习热情、奋发向上。这说明良好的师生关系具有激励功能，能够促进教师和学生共同进步、成长。

27. B 【解析】民主平等是教学生活人文性的直接要求和现代人格的具体体现。它要求教师理解学生，发挥非权力性影响，并一视同仁地与所有学生交往，善于倾听不同意见，同时也要求学生正确表达自己的思想和行为，学会合作和共同学习。题干中的“微笑着”“蹲下来”体现了师生关系的民主平等特点。

28. C 【解析】在民主型师生关系中，教师能力强、威信高，善于同学生交流，不断调整教学进程和方法；学生学习积极性高，兴趣广泛、独立思考，和教师配合默契。题干内容正好体现了这一类型的师生关系。故本题选 C 项。

29. C 【解析】题干中赵老师尊重同事,与同事团结协作,这种做法有助于处理好与其他老师之间的关系。
30. A 【解析】教师中心论认为教师在教育教学过程中起主宰作用,强调教师的权威作用。题干所述肯定了教师的权威作用,体现的就是教师中心论。

二、多项选择题

1. ABD 【解析】教师应平等公平地对待所有学生,而不能只照顾学习成绩好的学生。C 项表述错误。
2. BC 【解析】影响师生关系的环境主要是学校的人际关系环境和课堂的组织环境。学校领导与教师的关系、教师之间的关系、教师与家长的关系,必然影响师生关系。课堂的组织环境主要包括教室的布置、座位的排列、学生的人数等。
3. BC 【解析】B 项中对学困生产生“魔鬼效应”是指教师认为学习有困难的学生在其他方面也是差的,即学生只要学习差,则任何方面都是不好的;C 项是对好学生的片面理解。所以 B、C 项都不利于建立良好的师生关系。
4. ACD 【解析】要增强师生之间的心理相容性,提高教学效果,应该着重在三个方面努力:(1)多接触学生,研究学生,了解学生的心理状态;(2)遵循教育规律,多采取讨论、启发等教学方法;(3)为人师表,以人格力量感化学生。民主平等要求教师理解学生,发挥非权力性影响。故 B 项不属于增强师生之间心理相容性的措施。
5. ABCD 【解析】良好的师生关系充满着教师对学生的热爱,也渗透学生对教师的爱戴,它具有巨大的教育功能,包括:(1)感化功能;(2)调节功能;(3)引动功能;(4)求同功能。
6. ABC 【解析】我国新型师生关系(理想师生关系)的特点是:(1)人际关系:尊师爱生;(2)社会关系:民主平等;(3)教育关系:教学相长;(4)心理关系:心理相容。
7. ABC 【解析】民主平等是现代师生伦理关系的核心要求。教师要以平等的态度对待学生,而不能以“权威”自居。教育教学中,要尊重学生的看法,善于倾听学生的不同意见,以讨论、协商的方式解决争端。题干中的赵老师以平等的态度对待学生,善于倾听学生的想法,最后答应了学生的合理要求,这有助于建立良好的师生关系,ABC 三项说法正确。教师在教育教学过程中不可能满足学生的所有意愿,D 项说法错误。
8. ABCD 【解析】良好师生关系的作用有:(1)良好的师生关系是教育教学活动顺利进行的保障;(2)良好的师生关系是构建和谐校园的基础;(3)良好的师生关系是实现教学相长的催化剂;(4)良好的师生关系能够满足学生的多种需要。
9. ABC 【解析】师生关系在人格上是平等的关系。学生在人格上是独立的。在我国漫长的封建社会与封建教育的历史上,形成了以“师道尊严”为主要特征的师生关系。教师之于学生,有无可辩驳的真理性与权威性,学生服从教师是天经地义的。这种不平等的师生关系否认学生在人格上的独立性,否认师生在人格上的平等关系,应该予以反对。严格要求的民主的师生关系是一种朋友式的友好帮助的关系,在这种关系下,不仅师生关系和谐,而且学习效率高。因此,A、B、C 三项正确。
10. ABC 【解析】专制型师生关系中学生的典型表现为:唯命是从,不能发挥独立性、创造性,学习被动。D 项属于放任型师生关系中学生的表现。
11. ABCD 【解析】师生之间的现实关系是不断变化和丰富多样的,可以从不同的层面进行划分,主要表现为社会关系、工作关系、人际关系、组织关系、心理关系和非正式关系。
12. BCD 【解析】在教育过程中,教师的教促进学生的学,学生的学促进教师的教。教师与学生是相互促进、相互学习、相互发展的关系,故选 BCD 三项。
13. AB 【解析】学生是发展中的人,具有和成人不同的身心发展特点,教师要与时俱进,及时了解学生所思所想,要善于发现每个学生的兴趣、爱好,用学生喜欢的方式切入教学。

三、判断题

1. × 【解析】尊师与爱生是相互促进的两个方面:教师通过对学生的尊重和关爱换取学生发自内

心的尊敬和信赖，而这种尊敬和信赖又可激发教师更加努力地工作，为学生营造良好的心理气氛和学习条件。爱生是尊师的重要前提，尊师是爱生的必然结果。

2. √ 【解析】师生关系是教育活动过程中人与人关系中最基本、最重要的关系。师生关系的好坏直接影响教育效果的好坏。教育理论和实践经验证明，师生关系是影响教学质量的最直接、最具体、最经常、最活跃也是最重要的因素。故题干表述正确。

3. √ 【解析】师生关系是一种重要的课程资源和校园文化。师生关系是教育教学实践中形成的一种课程资源，具有重要的德育功能、心理功能和认知价值。同时，师生关系作为学校中最基本、最重要的人际关系，是一所学校的精神风貌、校风、教风、学风的整体反映和最直观反映。师生关系作为校园文化的组成部分，对学校精神文化的建设、对学生在校的发展和今后的成长都起着重要的作用。

4. × 【解析】题干中的这句话阐明了持久的学习和教育对人有完善的作用，也蕴含了学生跟着老师学习，最后学识能力却超过了老师的思想，但推导不出在师生关系问题上强调不唯师说的结论。

5. √ 【解析】题干所述是教师中心论的代表人物及观点，表述正确。

6. √ 【解析】师生关系是学校中最基本的人际关系，指教师与学生在教育、教学过程中为完成共同的教育任务而结成的一种特殊的社会关系。

7. × 【解析】良好师生关系的意义包括：(1)有助于提高教学效果；(2)有助于提高教师的威信；(3)有助于师生心理健康发展；(4)有助于优化校园文化。故题干说法错误。(具体内容参看傅建明主编的《小学教育基础》)

8. √ 【解析】师生间的心理关系是指教师和学生为了维持和发展教育关系而构成的内在联系，包括人际认知关系、情感关系、个性关系等。师生心理关系的实质是师生个体之间的情感是否融洽、个性是否冲突、人际关系是否和谐。

9. √ 【解析】“平等、民主、合作”是新型师生关系的基本理念。新型的师生关系，是指师生在知识、人格、精神、道德等各层面展开交流，通过师生在知识、情感、道德、灵魂等各层面的广泛、深入的交流与“共鸣”，最终促进学生的全面发展。新型的师生关系还指师生双方在教育中的地位是平等的，双方都具有完整的个性；在教育活动中，师生双方谁也不能控制、操纵谁，或者把自己的意志强加于对方，而应建立一种平等、自由、宽容、关心、鼓励、合作的关系。故题干表述正确。

10. × 【解析】师生关系的类型有三种：专制型、放任型、民主型。其中民主型的师生关系是理想的师生关系类型，只有民主型的师生关系才有助于班集体凝聚力的形成，题干的说法过于绝对。

四、简答题(参考答案)

1. 如何才能建立良好的师生关系？

(1)教师方面：①了解和研究学生；②树立正确的学生观；③提高教师自身的素质；④热爱、尊重学生，公平对待学生；⑤发扬教育民主；⑥主动与学生沟通，善于与学生交往；⑦正确处理师生矛盾；⑧提高法制意识，保护学生的合法权利；⑨加强师德建设，纯化师生关系。

(2)学生方面：①正确认识自己；②正确认识教师。

(3)环境方面：①加强校园文化建设，确保校园文化的相对独立性、完整性和纯洁性；②加强学风教育，促进良好学风养成，使学生在一个良好的学风氛围下健康地学习。

2. 简述师生关系的内容。

(1)师生在教育内容的教学上结成授受关系；(2)师生在人格上是平等的关系；(3)师生在社会道德上是互相促进的关系。

五、论述题(参考答案)

结合实际，试述影响师生关系的因素有哪些。

影响师生关系的因素归纳起来主要有以下几个方面：

(1)教师方面：①教师对学生的态度。学生受教师的评价影响很大。教师对学生的评价往往通过语言暗示、表情等反映。教师偏爱优生、忽视中等生、厌恶“差生”，就会使学生与教师产生不同的

距离。②教师的领导方式。教师领导方式有专制型、民主型、放任型三种。大量教育实践表明,民主型领导方式下的师生关系比较融洽,最能发挥学生的主观能动性。③教师的智慧。学识渊博是学生亲近教师的重要因素之一。④教师的人格因素。教师的性格、气质、兴趣等是影响师生关系的重要因素。性格开朗、气质优雅、兴趣广泛的教师最受学生欢迎。

(2)学生方面:学生对师生关系影响的主要因素是学生对教师的认识。许多调查表明,学生与教师关系好,就喜欢上这位教师的课,就会主动亲近教师;自认为教师瞧不起自己的,就会主动疏远教师。

(3)环境方面:影响师生关系的环境主要是学校的人际关系环境和课堂的组织环境。学校领导与教师的关系、教师之间的关系、教师与家长的关系,必然影响师生关系。课堂的组织环境主要包括教室的布置、座位的排列、学生的人数等。

(考生可联系实际加以阐述,言之有理即可)

六、案例分析题(参考答案)

1. (1)学识渊博是学生亲近教师的重要因素之一。案例中,“教数学的王老师的教育教学方式死板僵化”表明王老师不能灵活地运用自己的知识教育学生。如果要建立良好的师生关系,教师就要提高自身的素质,以其高尚的品德、渊博的知识、高超的教育教学艺术来为学生提供高效而优质的服务,这样必然会赢得学生的尊重和喜爱。
(2)教师对学生的态度是影响师生关系的一个重要因素。案例中的王老师对待学生“态度简单粗暴,歧视后进生”,会使学生与教师产生距离。教师只有树立正确的学生观,真正了解学生,热爱、尊重学生,公平对待学生,才能建立良好的师生关系。
(3)案例中的王老师“有一次差点和学生因为矛盾而大打出手”,这说明王老师不能正确处理师生矛盾,不善于与学生交往。在教育教学过程中,师生之间发生矛盾是难免的,教师要善于驾驭自己的情绪,冷静全面地分析矛盾,正视自身的问题,敢于做自我批评,对学生的错误进行耐心的说服教育或必要的等待、解释等。要能与学生心理互换,设身处地地为学生着想,理解学生,帮助学生,满足学生的正当要求,启发学生自省改错。此外,教师还要经常与学生接触、交心。只有这样,才能建立良好的师生关系。

2. (1)材料中的王老师恶狠狠地批评了徐同学,言语中还带着一些侮辱人格的话,这体现了王老师没有做到热爱、尊重学生,对徐同学来说是不公平的。热爱学生包括热爱所有学生,对学生充满爱心,经常走到学生之中,切忌挖苦、讽刺和粗暴对待学生。尊重学生特别要尊重学生的人格,保护学生的自尊心,维护学生的合法权益,避免师生对立。教师处理问题必须公正无私,使学生心悦诚服。
(2)在教育教学过程中,师生之间发生矛盾是难免的。教师要善于驾驭自己的情绪,冷静全面地分析矛盾,正视自身的问题,敢于自我批评,对学生的错误进行耐心的说服教育或必要的等待、解释等。要能与学生心理互换,设身处地地为学生着想,理解学生,帮助学生,满足学生的正当要求,启发学生自省改错。很显然,材料中的王老师一开始并没有做到这些,反而是校长做到了这一点。
(3)材料中的王老师经过反思改变了自己用粗暴方式处理问题的行为,这体现了其道德素质的提高。教师的道德素养、知识素养和能力素养是学生尊重教师的重要条件,也是教师提高教育影响力的保证。教师以其高尚的品德、渊博的知识、高超的教育教学艺术来为学生提供高效而优质的服务,也必然会赢得学生的尊重和爱戴。

3. (1)就人格而言,师生关系是一种民主平等的关系。镜头一中,出于尊敬,学生向老师问好或敬礼,但却得到了冷冰冰的回应。镜头二中,出于感恩,学生帮老师擦拭自行车、电动车,但是老师却没有向学生表示谢意。镜头三中,年轻教师从不对向他打招呼的学生给出回应。这表明这些老师并没有将学生视为跟他平等的个体,而是把学生的这些行为看作理所当然。
(2)就社会道德而言,师生关系是一种互相促进的关系。教师在思想上、人格上对儿童和青少年有着巨大的影响。案例中教师的行为不仅不能建立良好的师生关系,而且会使学生对老师产生不信任感。因此,在面对学生的问候或者感恩行为时,教师要给予积极的回应,促进良好师生关系的建立。

第五章　课　程

专题一　课程概述

答案速查：

1～5	DCABD	6～10	CACCA	11～15	BDDAA	16～20	BABDD
21～25	ADCBB	26～30	CBCCD	31～35	DCADA	36～40	ACABC
41～45	BDBBB	46～50	AADBD	51～55	CABDA	56～60	CCAAA
1～5	ABD BD ABCD BCD ABD			6～10	ACD CD AD AB CD		
11～15	ABC ABC ACD BC ABD			1～5	× √ × × ×		
6～10	× √ × √ √			11～15	× × × √ √		
16～20	× × × √ ×			21～25	× × × √ √		

一、单项选择题

1. D 【解析】课程的分类如下：

分类依据	课程类型
课程内容的固有属性	学科课程与活动课程（经验课程）
课程内容的组织方式	分科课程与综合课程
对学生学习要求的角度或学生选课的自主性	必修课程与选修课程
课程设计、开发和管理主体或管理层次	国家课程、地方课程与校本（学校）课程
课程任务	基础型课程、拓展型课程与研究型课程
课程的呈现状态或表现形式或影响学生的方式	显性课程与隐性课程

所以，按照呈现状态，可以将课程分为显性课程与隐性课程，答案选 D 项。

2. C 【解析】以赫钦斯为代表的永恒主义课程理论认为教育内容或课程涉及的第一个根本问题就是：为了实现教育目的，什么知识最有价值或如何选择学科。永恒主义的回答是具有理智训练价值的传统的"永恒学科"的价值高于实用学科的价值。题干中"不变的学问""广泛流传的经典著作"都属于"永恒学科"，所以这种观点属于课程理论流派中的永恒主义。

3. A 【解析】观念性隐性课程包括隐藏于显性课程之中的意识形态，学校的校风、学风，有关领导与教师的教育理念、价值观、知识观、教学风格、教学指导思想等。因此，答案选 A 项。

4. B 【解析】学科课程强调按照知识的逻辑顺序组织教学内容，故 A 项错误；显性课程的实施具有鲜明的计划性、组织性、可预期性特点，故 B 项正确；拓展型课程通常是选修课程，故 C 项错误；学科课程在于让学生掌握人类文明精髓，故 D 项错误。

5. D 【解析】古德莱德认为，存在着五种不同的课程：（1）理想的课程，即由一些研究机构、学术团体和课程专家提出的应该开设的课程；（2）正式的课程，即由教育行政部门规定的课程计划、课程标准和教材，也就是列入学校课程表中的课程；（3）领悟的课程，即任课教师所领会的课程；（4）运作的课程，即在课堂上实际实施的课程；（5）经验的课程，即学生实际体验到的东西，称作"生定课程"。故题干所述属于经验的课程。

6. C 【解析】儿童中心课程理论认为以学科为中心的传统课程是不足取的，应代之以儿童的活动为中心的课程。题干所述符合儿童中心课程理论的观点。

7. A 【解析】"课程"一词在我国始见于唐宋期间。唐朝孔颖达在《五经正义》里为《诗经·小雅·

巧言》中“奕奕寝庙，君子作之”一句注疏：“维护课程，必君子监之，乃得依法制也。”这是“课程”一词在汉语文献中的最早显露。

8. C 【解析】从课程目标上看，地方课程是针对地方实际设计的，它的基本目的是满足地方或社区发展的实际需要，加强学生与社会现实和社区发展的联系，使学生了解社区，接触社会，关注社会，学会对社会负责，关心社会，增强学生的社会责任感。地方课程的设计与实施，有利于克服课程脱离社会生活的弊端。故本题选 C 项。

9. C 【解析】心理性隐性课程主要包括学校人际关系状况，师生特有的心态、行为方式等。题干所述属于隐性课程。

10. A 【解析】永恒主义的课程观提倡学校进行“自由教育”。自由教育就是教授学生们成为一个自由而负责任的人，在打造了一个坚实的基础之后，从而使他们不用担心自己的能力如何、自己的谋生手段如何，而成为一个适应社会、拥有特殊能力的人。永恒主义强调，具有理智训练价值的传统永恒学科的价值高于实用学科的价值，理应成为课程的核心内容。故秉持题干这一观点的人在课程类型上倾向于学科中心课程。

11. B 【解析】在课程性质上，道德与法治课程是以学生的生活为基础，以培养品德良好、乐于探究、热爱生活的学生为目标的活动型综合课程。故本题选 B 项。

12. D 【解析】在西方，“课程”一词最早出现在英国教育家斯宾塞的《什么知识最有价值》一文中。

易错提示：在我国，“课程”一词的最早出处与现代意义的“课程”的提出是容易混淆的知识点，考生在做题时需多加留意。此外，西方国家有关“课程”的两部著作也是易考点，考生需注意其作者、地位等。

13. D 【解析】隐性课程亦称潜在课程、自发课程，是学校情境中以间接的、内隐的方式呈现的课程。隐性课程的主要表现形式之一是物质性隐性课程，包括学校建筑、教室的设置、校园环境等。题干所述就属于物质性隐性课程，故本题选 D 项。

14. A 【解析】学科课程是一种主张以学科为中心来编定的课程。夸美纽斯所倡导的“泛智课程”，赫尔巴特根据人的“六种兴趣”设置的课程，斯宾塞根据功利主义原则设置的课程，都属于学科课程。

15. A 【解析】由学校开设，让学生在课外活动自由选择学习的课程属于学校课程（校本课程）。

16. B 【解析】杜威根据实用主义经验论，反对“课程是活动或预先决定的目的”这类观点。在他看来，手段与目的是同一过程不可分割的部分。所谓课程，即学生的学习经验。杜威认为学生的学习取决于他自己做了什么，而不是教师做了什么。也就是说唯有学习经验才是学生实际意识到的课程。

17. A 【解析】欧洲中世纪的宗教神学课程和工业革命后的以自然科学为基础的课程都是单一学科，属于学科课程。

18. B 【解析】永恒主义课程理论的主要代表人物是赫钦斯。杜威是儿童中心课程理论的代表人物，巴格莱是要素主义课程理论的代表人物，布鲁纳是结构主义课程理论的代表人物。所以本题答案选择 B 项。

19. D 【解析】正式的课程即由教育行政部门规定的课程计划、课程标准和教材，也就是列入学校课程表中的课程。义务教育阶段制订的课程计划和统一使用的教材都属于正式的课程。故本题选 D 项。

20. D 【解析】博比特提出了课程研究的“活动分析法”，即通过对人类社会活动的分析，发现社会所需要的知识、技能、能力和态度等，以此作为课程的基础。

21. A 【解析】拓展型课程注重拓展学生的知识和能力，开阔学生的知识视野，发展学生各种不同的特殊能力，并迁移到其他方面的学习。

22. D 【解析】结构主义课程理论以学科结构为课程中心，认为人的学习是认知结构不断改进与完善的过程。题干所述为结构主义课程理论的中心观点。

23. C 【解析】观念性隐性课程包括隐藏于显性课程之中的意识形态，学校的校风、学风，有关领导与教师的教育理念、价值观、知识观、教学风格、教学指导思想等。班级管理方式属于制度性隐性课程。

24. B 【解析】选修课程是针对必修课程的不足之处提出来的，是为发展学生的兴趣、爱好和个性特长而开设的课程。题干描述的是选修课程的概念。

25. B 【解析】广域课程指合并数门相邻学科的内容形成的综合课程，题干的课程类型属于广域课程。

方法技巧：理解综合课程的四种形式时需注意，相关课程、融合课程、广域课程、核心课程都是综合课程的形式，但是它们的综合程度不同。相关课程将两种或两种以上学科在一些主题或观点上相互联系起来，但又维持各学科原来的独立状态。融合课程即把有内在联系的学科的内容融合在一起而形成一门新的学科。广域课程即合并数门相邻学科的内容形成的综合课程，在范围上比融合课程要大。核心课程即以问题为核心，将几门学科结合起来的课程。考生在做题的时候应注意区分。

26. C 【解析】综合课程是指采用各种有机整合的形式，使学校教学系统中分化的各种要素及各成分之间形成有机联系的课程形态。简单来说，就是指打破传统的分科课程的知识领域，组合两门以上学科领域而构成的一门学科。题干所述体现了综合课程的内涵。

27. B 【解析】宋朝朱熹在《朱子全书·论学》中多次提及课程，如“宽着期限，紧着课程”，这里的课程已含有学习范围、进程、计划的程序之义，与我们现在许多人对课程的理解有相似之处。

28. C 【解析】题干中的某小学根据当地太极拳具有悠久历史的现实而开设的太极拳课程是学校自主开发的课程，因而属于校本课程。

29. C 【解析】实用主义课程观是以实用主义教育哲学为基础的课程观念，代表人物为美国教育家杜威。他从经验论出发，提出教育是经验的继续不断改组或改造。教学应从儿童的经验和活动出发，而儿童的本能是他们获得经验的基础。他认为“决定学习的质和量的是儿童而不是教材”，“学校科目互相联系的真正中心，不是科学，不是文学，不是历史，不是地理，而是儿童本身的社会活动”。即所谓的“儿童中心课程”。

30. D 【解析】结构主义课程理论与活动课程理论存在本质的差别。结构主义课程理论是在学科课程理论的基础上发展起来的，强调学科结构的重要性，它主张课程要分科设置，每门学科的课程要根据科学的联系性、连贯性进行编制。活动课程理论是与结构主义课程理论相对立的一种课程理论，它主张课程内容要适合儿童的需要和接受能力，要求以活动为中心组织教学，没有固定的课程标准和教材。

31. D 【解析】后现代主义课程论的代表人物多尔在分析和批判泰勒模式的基础上，把他设想的后现代课程标准概括为“4R”，即丰富性、循环性、关联性和严密性。其中，严密性是“4R”中最重要的。故选 D 项。

32. C 【解析】学科课程是指以文化知识为基础，按照一定的价值标准，从不同的知识领域或学术领域选择一定的内容，根据知识的逻辑体系，将所选出的知识组织为学科的课程类型。我国中小学开设的语文、数学、外语课程属于学科课程。

33. A 【解析】一般认为，美国学者博比特在 1918 年出版的《课程》一书，标志着课程作为专门研究领域的诞生，这也是教育史上第一本课程理论专著。

34. D 【解析】存在主义课程论的主要代表人物之一美国学者奈勒认为，不能把教材看作为学生谋求职业做好准备的手段，也不能把它们看作对学生进行心智训练的材料，而应当把它们看作用来作为自我发展和自我实现的手段；不能使学生受教材的支配，而应该使学生成为教材的主宰。故选 D 项。

35. A 【解析】学科中心主义课程论忽视学生的学习兴趣和需要，容易导致理论和实践脱节，不能学以致用。

36. A 【解析】美国教育家布鲁纳是结构主义教育流派的代表人物之一。斯金纳属于行为主义教育流派的代表人物，赞科夫属于发展性教学理论流派的代表人物，罗杰斯属于人本主义教育流派的代表人物。

37. C 【解析】研究型课程注重培养学生的探究态度和能力。这类课程从问题的提出、方案的设计到实施以及结论的得出，完全由学生自己来做，重研究过程甚于注重结论。

38. A 【解析】要素主义课程理论的主要观点包括：(1)课程的内容应该是人类文化的“共同要素”，首先要考虑的是国家和民族的利益；(2)学科课程是向学生提供经验的最佳方法；(3)重视系统知识的传授，以学科课程为中心。故题干所述是要素主义课程理论的观点。

39. B 【解析】一般认为，美国学者博比特在1918年出版的《课程》一书，标志着课程作为专门研究领域的诞生。其后，泰勒的“泰勒原理”(《课程与教学的基本原理》)的问世和成熟，被普遍认为是课程论成为独立学科的标志。

40. C 【解析】儿童中心课程论(经验主义课程论)主张以儿童的现实生活特别是活动为中心来编制课程，认为教育应以儿童实际经验为起点，从做中学。

41. B 【解析】研究型课程从问题的提出、方案的设计到实施以及结论的得出，完全由学生自己来做，题干所述属于研究型课程。

42. D 【解析】将课程理解为学科教材，教师容易把握，但也容易导致“见物不见人”的倾向；把课程理解为学习经验，有利于解决“教育中无儿童”的问题，但教师又感到迷茫，不知如何操作。走出这种两难困境的唯一办法是：改变传统的非此即彼——要么是主观学习经验，要么是客观学科教材的思维方式，将视角转向二者的交合处——活动，从活动的角度看待和解释课程。

43. B 【解析】活动中心课程论认为，应以儿童的活动为中心编制课程，要考虑到儿童的需要与兴趣，从儿童的经验出发设计课程。题干中A学校在设置课程时，由学生选择自己感兴趣的课题，并让学生通过自主探究进行学习，做到了以儿童活动为中心，考虑到了学生的兴趣和需要。这属于活动中心课程论。B项正确。

44. B 【解析】学科中心课程理论的主要观点包括：知识是课程的核心；学校课程应以学科分类为基础；学校教学以分科教学为核心；以学科基本结构的掌握为目标；学科专家在课程开发中起重要作用等。所以B项正确。

45. B 【解析】相对于学科课程而言，活动课程具有过程的实践性、内容的开发性、形式的多样性等特点。在具体实施中活动课程更多的是关注儿童的兴趣、需要及创造，以儿童为中心，而学科课程注重知识结构的逻辑性、严密性，因此，相对于学科课程而言，活动课程所具备的特点不包括组织的严密性。

46. A 【解析】活动课程(经验课程)的主导价值在于使学生获得关于现实世界的直接经验和真切体验。学科课程的主导价值在于传承人类文明，强调使学生掌握、传递和发展人类积累下来的文化遗产。分科课程的主导价值在于使学生获得逻辑严密和条理清晰的文化知识。综合课程的主导价值在于通过相关学科的集合，促使学生认识的整体发展并形成把握和解决问题的全面视野与方法。所以本题答案选A项。

47. A 【解析】唐朝孔颖达在《五经正义》里为《诗经・小雅・巧言》中“奕奕寝庙，君子作之”一句注疏：“维护课程，必君子监之，乃得依法制也。”这是“课程”一词在汉语文献中的最早显露。但这里所说的课程并不是现代意义上的。

48. D 【解析】活动课程是从儿童的兴趣和需要出发，以儿童活动为中心，通过亲身体验获得直接经验的课程。它克服了学科课程分科过细、偏重书本知识、同实际生活距离较远、不能照顾到儿童的需要和兴趣、难以发挥学生主动性的缺陷。

49. B 【解析】隐性课程也被称为非正式课程、非官方课程、潜在课程、隐蔽课程、无形课程、自发课程等，是不在课程计划中反映的、不通过正式教学进行的，对学生的知识、情感、意志、行为和价值观等方面起潜移默化的作用，促进或干扰教育目标的实现。题干中的"小事"和"小节"都会对学生产生潜移默化的作用，故都属于隐性课程。

50. D 【解析】最早提出活动课程思想的是法国教育家卢梭。他主张儿童应在大自然课程中通过身体锻炼、劳动和观察事物来学习。

51. C 【解析】社会改造主义课程理论（社会中心课程理论）认为应该把课程重点放在当代社会的问题、社会的主要功能、学生关心的社会现象以及社会改造与社会活动计划等方面。题干所述内容体现了该理论的观点。

52. A 【解析】历史上，凡倡导经验课程的课程理论流派大都把学习者的经验置于课程与教学内容的核心或重要地位。

53. B 【解析】地方课程的主导价值在于通过课程满足地方社会发展的现实需要。沿海城市结合本地的特色开设海洋教育知识课程，就属于地方课程。

54. D 【解析】拓展型课程注重拓展学生的知识与能力，开阔学生的知识视野，发展学生各种不同的特殊能力，并迁移到其他方面的学习。例如，注重加强学生文学、艺术鉴赏方面的教育与拓展学生文化素质的文化素养课程和艺术团队活动，注重加强学生科学素质教育、培养学生知识与社会实践相结合能力的环境保护等课程，都属于拓展型课程。大学英语属于基础型课程。

55. A 【解析】活动课程与学科课程的关系，实际上反映的是人的直接经验与间接经验、个人知识与公共知识、儿童当下的心理经验与凝结在学科中的逻辑经验之间的关系，也从一个侧面反映了成人学习方式与儿童学习方式的分歧与差异。

56. C 【解析】19 世纪末 20 世纪初，学生中心课程论经过美国学者杜威的发展而形成了比较完整的理论体系。杜威根据其实用主义的哲学观、"社会个人主义"的社会观和机能主义的心理学，提出了他的"儿童中心"课程思想。他主张以儿童的活动为课程的中心，而不是以学科为中心。因此，他认为"学校科目相互联系的真正中心，不是科学，不是文学，不是历史，不是地理，而是儿童本身的社会活动"。所以，题干观点体现的是学生中心课程论。

57. C 【解析】陶行知先生提出了生活教育理论。他认为，生活含有教育的意义，实际生活是教育的中心，生活决定教育，教育改造生活。"教学做合一"，要求"在劳力上劳心"，即把传统教育下的劳力与劳心连接起来，这是对注入式教学法的否定。他的理论重视实际的生活和实践，符合活动课程的特点。

58. A 【解析】显性课程亦称公开课程，是指在学校情境中以直接的、明显的方式呈现的课程。显性课程的主要特征是计划性，这是区分显性课程和隐性课程的主要标志。

59. A 【解析】"课程即知识"课程观的最大缺点是忽略了学习者的经验活动，即没有体现"学习者是课程主体"的思想。

60. A 【解析】课程是知识，这是一种比较早、影响相当深远的观点，也是比较传统的观点。可以说，在世界范围内，近代的课程体系主要是在这种观点的影响下建立起来的。

二、多项选择题

1. ABD 【解析】从课程设计、开发、管理主体或管理层次来看，可将课程划分为国家课程、地方课程和校本课程。

2. BD 【解析】综合课程是指打破传统的分科课程的知识领域，组合两门以上学科领域而构成的一门学科。"科学"课程包含了物理、化学、生物等学科内容，"艺术"课程包含了音乐、美术等学科内容，所以这两门课程都属于综合课程，答案选 B、D 项。分科课程是指根据学校教育目标、教学规律和一定年龄阶段的学生发展水平，分别从各门学科中选择部分内容，组成各种不同的学科，彼此分立地安排它们的教学顺序、教学时数和期限。我国普通中小学教育大多采用分科课程，A、C 项也在这一课程类型之列，故不选。

3. ABCD 【解析】活动课程的特点是：(1) 重视儿童兴趣、需要、能力和阅历，以及儿童在学习中的

自我指导作用与内在动力;(2)注重引导儿童从做中学,通过探究、交往、合作等活动使学生的经验得到改组与改造,智能与品德得到养成与提高;(3)强调解决问题的动态活动的过程,注重教学活动过程的灵活性、综合性、形成性,因人而异的弹性,以及把课程资源作为解决问题的工具,反对预先确定目标的观念。(具体内容参见王道俊、郭文安主编的《教育学(第7版)》)

4. BCD 【解析】隐性课程亦称潜在课程、自发课程,是学校情境中以间接的、内隐的方式呈现的课程。A 项是以直接的、明显的方式呈现的课程,属于显性课程。

5. ABD 【解析】学科课程的教学内容逻辑性强,由浅入深,符合儿童认知发展阶段特点。故答案不选 C 项。

6. ACD 【解析】学科课程过多考虑知识的逻辑和体系,不能完全照顾学生的需要和兴趣。故 B 项错误。

7. CD 【解析】持学科中心主义的课程理论流派主要有结构主义课程理论、要素主义课程理论和永恒主义课程理论。

8. AD 【解析】社会中心课程理论认为设计课程要通过对社会问题的分析来确定教育目标,主张打破传统的学科课程界限,但不按学生的活动来组织课程。这种理论的核心观点是:课程不应该帮助学生去适应社会,而是要建立一种新的社会秩序和社会文化。B、C 项属于学科中心课程理论的观点。

9. AB 【解析】综合课程主要有三种形式:融合课程、广域课程和核心课程。也有说法认为综合课程可分为四种形式:相关课程、融合课程、广域课程和核心课程。故选 AB 两项。

10. CD 【解析】显性课程是学校正规学术性课程和计划内课外活动,通常是学校有计划列入课程表内的所有课程,是教学计划中明确规定的各门学科为内容的课程。显性课程的特点是:一方面,它是有目的、有计划、有组织的学习活动;另一方面,学生参与这类课程是有意识的。(具体内容参见柳海民主编的《教育学》)

11. ABC 【解析】课程的多样化主要指:(1)课程应当广泛反映不同地区的不同经济社会发展的要求;(2)反映不同民族、阶级、阶层、群体的不同文化、利益与需求;(3)反映不同学生个人的个性发展的选择与诉求。简言之,要反映各方面的多样化需求。

12. ABC 【解析】学科课程是指以文化知识(科学、道德、艺术)为基础,按照一定的价值标准,从不同的知识领域或学术领域选择一定的内容,根据知识的逻辑体系,将所选出的知识组织为学科的课程类型。布鲁纳的结构主义课程是其典型代表。A 项正确。活动课程亦称经验课程,是指围绕着学生的需要和兴趣、以活动为组织方式的课程形态,即以学生的主体性活动经验为中心组织的课程。其主导价值在于使学生获得关于现实世界的直接经验和真切体验。活动课程的主要代表人物是杜威。B 项正确。显性课程亦称公开课程,是指在学校情境中以直接的、明显的方式呈现的课程。隐性课程亦称潜在课程、自发课程,是学校情境中以间接的、内隐的方式呈现的课程。不论显性课程还是隐性课程,都是学校课程建设中不可或缺的。C 项正确。D 项错误。

13. ACD 【解析】傅道春编著的《教育学》中提出,显性课程与隐性课程之间的相互关系的主要表现有递进关系、互补关系和转换关系。

14. BC 【解析】显性课程亦称公开课程,是指在学校情境中以直接的、明显的方式呈现的课程。地方课程是省级教育行政部门以国家课程为基础,依据当地的政治、经济、文化、民族等发展的需要而开发设计的课程。题干中的课程是由地方教育主管部门所开发的,极具地方特色,属于地方课程。戏剧课程、方言课程是以直接的、明显的方式呈现的,属于显性课程。所以答案选择 B、C 项。

15. ABD 【解析】综合课程可分为学科本位综合课程、社会本位综合课程、儿童本位综合课程。

三、判断题

1. × 【解析】显性课程与隐性课程是相互促进的。显性课程通过普遍性的经验积淀逐渐形成新的隐性课程,推进隐性课程的发展;隐性课程则为显性课程提供直接经验的或价值体系的支持。

2. √ 【解析】课程是指学校学生所应学习的学科总和及其进程与安排。课程有广义和狭义之分，其中狭义的课程是指某一门学科。题干表述正确。

3. × 【解析】选修课程是针对必修课程的不足之处提出来的，是为发展学生的兴趣、爱好和个性特长而开设的课程。但选修课的开设并不是越多越好，而是要适量而为。

4. × 【解析】要素主义课程理论的代表人物是巴格莱，赫钦斯是永恒主义课程理论的代表人物。

5. × 【解析】永恒主义课程理论属于学科中心课程理论，这一流派认为课程涉及的第一个根本问题就是为了实现教育目的，什么知识最有价值或如何选择学科。

6. × 【解析】题干所述为存在主义课程论的观点，结构主义课程理论强调课程应以学科结构为中心。

7. √ 【解析】社会中心课程理论亦称社会改造主义课程理论，是以适应社会需要为中心编制课程的理论，以布拉梅尔德为代表。社会中心课程理论认为应该把课程重点放在当代社会的问题、社会的主要功能、学生关心的社会现象以及社会改造与社会活动计划等方面上。

8. × 【解析】活动课程论重视学生通过亲自体验获得直接经验。学科中心课程理论重视儿童对系统知识的学习。

9. √ 【解析】经验主义课程理论以杜威为代表。这种观点认为以学科为中心的传统课程是不足取的，应代之以儿童的活动为中心的课程。此外，课程的组织应心理学化，应该考虑到儿童心理发展的次序，充分关注儿童现有的经验和能力。

10. √ 【解析】必修课程是根据人的发展和社会发展需要制定的、所有学生都必须学习的科目。选修课程是针对必修课程的不足之处提出来的，是为发展学生的兴趣、爱好和个性特长而开设的课程。必修课程与选修课程之间的关系实质上是共性发展（一般发展）与个性发展的关系。

11. × 【解析】美国著名教育学家、课程论专家杰克逊于1968年出版了《班级生活》一书，他在这本书中首次提出“隐性课程”这一概念。

12. × 【解析】隐性课程具有潜在性和非预期性，通常体现在学校和班级的情境之中，包括物质情境、文化情境、人际情境。这些情境对学生起潜移默化的影响和作用，有时这些影响甚至超过有意安排的课程活动。故不应减少隐性课程对学生的影响。

13. × 【解析】“课程”即各级各类学校为了实现培养目标而规定的学习科目及其进程的总和。

14. √ 【解析】把课程用于教育科学的专门术语，始于英国教育家斯宾塞。

15. √ 【解析】杜威所提倡的活动课程内涵十分丰富，这种课程最大的主旨在于，它试图在儿童的现有经验与学科知识所代表的人类种族经验或逻辑经验之间架起一座桥梁，以解决儿童现有的经验与学科知识之间明显脱节问题。

16. × 【解析】仅仅把课程看作是先于教学过程预先已经编制好的、现成的知识体系，不能从动态生成的角度看待课程的存在形式，这是传统课程观的一个误区。

17. × 【解析】“课”是在规定的时间内，组织学生学习规定教学内容的组织形式。“课”是“课程”的基本单位。有时，“课”即指某一门课程。

18. × 【解析】活动课程（经验课程）的主导价值在于使学生获得关于现实世界的直接经验和真切体验。分科课程的主导价值在于使学生获得逻辑严密和条理清晰的文化知识。

19. √ 【解析】隐性课程包括多种表现形式，其中的物质性隐性课程包括学校建筑、教室的设置、校园环境等。

20. × 【解析】国家课程虽然体现了国家意志，具有统一性、普遍性和强制性，但是在具体实施过程中还需要进行校本化改造，实现由理想课程向实践课程的转化。

21. × 【解析】隐性课程所产生的影响可能是消极的，也可能是积极的。

22. × 【解析】杜威及其夫人在“杜威学校”为学生设计了四大类直接经验的课程内容：(1)手工制作类的课程内容，如木工、金工、缝纫、烹调、园艺等；(2)语言社交类的课程内容，如游戏、俱乐部、表演等；(3)研究与探索类的课程内容，如历史研究、自然研究、专业化活动研究等；(4)艺术

类的课程内容,如乐队活动、乡村音乐会等。在杜威看来,选择这些直接经验形态的课程内容,不是为了让儿童“消遣”,也不是为了获得“职业技能”,而是为儿童“提供一种研究的途径”,是儿童生活的需要。故题干的说法错误。

23. × 【解析】隐性课程与显性课程的区别之一就是在学生学习的结果上,学生在隐性课程中得到的主要是非学术性知识,而在显性课程中获得的主要是学术性知识。

24. √ 【解析】学科是课程的知识来源,课程是对学科的称谓。(具体参看陆明玉、孙霞主编的《现代教育学》)

25. √ 【解析】课程是一个历史的范畴,是一个发展的概念,不同的时代有不同的课程观。课程直接受制于教育目的。题干表述正确。

四、辨析题

1. 显性课程与隐性课程是对立的。

(1)这种说法是不正确的。(2)①隐性课程对于某一个或某几个课程主体来说总是内隐的、无意识的;而显性课程则是以直接的、明显的方式呈现的课程,它对课程的实施者和学习者来说都是有意识的。②显性课程的实施总是伴随着隐性课程,而隐性课程也总是蕴藏在显性课程的实施与评价过程之中的。③隐性课程可以转化为显性课程。当显性课程中存在的积极或消极的隐性课程影响为更多的课程主体所意识而有意加以控制的时候,隐性课程便转化为显性课程。由此可见,显性课程与隐性课程不是二元对立的,二者互动互补、相互作用,在一定的条件下,二者可以相互转化。

2. 活动课程夸大了儿童的个人经验,忽视了知识本身的逻辑顺序,影响了系统的知识学习,所以容易导致教学质量的下降。

(1)这种说法是正确的。(2)活动课程以学习者的经验为中心来组织,容易导致学科知识的支离破碎,学生难以掌握完整系统的学科知识的体系;活动课程以学习者的活动为中心,在实施中容易导致“活动主义”,为活动而活动,如果把握不当,会极大地影响教学效率和教育质量。

五、简答题(参考答案)

1. 简述学科课程和活动课程的主要特征。

(1)学科课程的特征:①从知识体系、社会需要出发设计课程,是知识本位、社会本位的;②以知识的逻辑体系为中心编制课程;③重视理论知识,强调把各门科学中的基本概念、基本原理、规律和事实教给学生。

(2)活动课程的特征:①乡土性,以儿童所在地区的课题为题材;②综合性,以生活题材为学习单元;③经验性,儿童通过解决面临的问题重构经验;④伸缩性,儿童可以根据自己的兴趣和能力选择学习;⑤心理学化,强调把教材变为直接的和个人的经验。

2. 学科课程也被称为“分科目课程”,是应用最为广泛的一种课程组织形态。简要回答学科课程的缺点。

(1)从学生发展角度讲,过多考虑知识的逻辑和体系,不能完全照顾学生的需要和兴趣;(2)从课程本身角度讲,与现实生活存在较远距离,缺乏活力,造成学习内容的凝固化;(3)从教师教学角度讲,容易导致偏重知识授受的倾向,不利于学生全面和富有个性地发展。

3. 简述综合课程的优点。

(1)打破学科界限,有利于培养学生对事物的整体认识能力;(2)减少了课程的门类,有利于减轻学生的负担;(3)从生活、社会的实际出发,具有较强的实践性,有利于培养学生分析解决问题的能力和动手能力。

4. 简述制约课程的因素。

(1)一定历史时期社会发展的要求及提供的可能(社会需求);(2)一定时代人类文化及科学技术发展水平(学科知识水平);(3)学生的年龄特征、知识与技能的基础及其可接受性(学习者身心发展的需求)。总的来说,社会、知识、儿童是制约学校课程的三大因素。此外,课程理论也是制约课程的因素。

专题二　课程目标

答案速查：

1～5	DCADC	6～10	DAACB	11～14	BCCB
1～5	ABC ABCD ABD CD BC			6～8	ABCD ABD ABD

一、单项选择题

1. D 【解析】情感态度与价值观目标强调在教学过程中激发学生的情感共鸣，引起积极的态度体验，形成正确的价值观。由题干中的“使学生产生对鹅的喜爱之情”“激发学生学习古诗的兴趣”可知，这位语文教师确定的这一课程目标符合新课改三维目标中的情感态度与价值观目标。

2. C 【解析】课程目标是确定课程内容、教学目标和教学方法的基础，是整个课程编制过程中最为关键的准则。

3. A 【解析】情感态度与价值观目标强调教学过程中激发学生的情感共鸣，引起积极的态度体验，形成正确的价值观。A 项“强化学生主人翁意识和团队精神”强调的是培养学生的情感态度，故属于情感态度与价值观目标，本题选 A 项。由 B 项“初步了解”和 C 项“认识到”可判断 B、C 两项属于知识与技能目标；由 D 项“养成……能力”可判断 D 项属于过程与方法目标。

4. D 【解析】表现性目标指在教育情境的种种遭遇中每一个学生个性化的创造性表现，是生成性目标的进一步发展。它关注学生的创造精神、批判思维，适合以学生活动为主的课程安排。由“利用手中的画笔、卡纸和模具来完成创意制作”可知，郭老师关注的是学生的创造精神，故选 D 项。

5. C 【解析】学科知识及其发展是课程目标的基本来源之一。学科知识即学科的逻辑体系，包括学科的基本概念和基本原理、学科的探究方式、学科的发展趋势、该学科与相关学科的关系等。故题干所述属于学科体系对课程目标的影响。

6. D 【解析】表现性目标指在教育情境的种种遭遇中每一个学生个性化的创造性表现，是生成性目标的进一步发展。它关注学生的创造精神、批判思维，适合以学生活动为主的课程安排。题干中的教师让学生谈谈在当代社会应如何看待作者家贫嗜学、乐以忘忧的学习态度，关注的是学生的个性化表现，属于表现性目标。

7. A 【解析】“知识与技能”目标是基础性目标，重在智能的提升，强调基础知识和基本技能的获得，相当于传统的“双基”教学。

8. A 【解析】普遍性目标是根据一定的哲学或伦理观、意识形态、社会政治需要，对课程进行总括性和原则性规范与指导的目标，一般表现为对课程有较大影响的教育宗旨或教育目的。故本题选 A 项。

9. C 【解析】情感态度与价值观目标强调教学过程中激发学生的情感共鸣，引起积极的态度体验，形成正确的价值观。题干中“通过学习养成尊老爱幼的品质”的课程目标，是为了引导学生树立正确的价值观、形成尊老爱幼的良好品质。这属于情感态度与价值观目标。

10. B 【解析】“过程与方法”目标突出的是让学生“学会学习”，使学生获得知识的过程同时成为获得学习方法和能力发展的过程。B 项注重方案设计的思考和改善，属于过程与方法目标。A 项属于情感态度与价值观目标，C、D 项属于知识与技能目标。

11. B 【解析】普遍性目标是根据一定的哲学或伦理观、意识形态、社会政治需要，对课程进行总括性和原则性规范与指导的目标，一般表现为对课程有较大影响的教育宗旨或教育目的。它对各门学科都有普遍的指导价值。《大学》提出的“格物、致知、诚意、正心、修身、齐家、治国、平天下”的教育宗旨，即为典型的普遍性目标。

12. C 【解析】所谓表现性目标，即明确安排学生各种各样的个性化的发展机会和发展程度。它在设计中所采用的行为动词通常是与学生表现什么有关的或者结果是开放性的。这种指向表现性的课程目标，主要适用于各种“制作”领域。另外，结果性目标主要应用于“知识”领域；体验性

目标主要应用于各种“过程”领域。故本题选 C 项。

13. C 【解析】行为取向的课程目标是期待的学生的学习结果，具有导向、控制、激励与评价功能。它指明了课程结束后学生自身所发生的行为变化。它的基本特点是：目标精确、具体和可操作。

14. B 【解析】泰勒主张教育目标的确定首先要考虑学生的兴趣和需要，把学习者作为教育目标的第一个来源，是基于教育是改变人们行为方式的过程的认识。

二、多项选择题

1. ABC 【解析】确定课程目标的依据有：(1)学习者的需要(对学生的研究)；(2)当代社会生活的需求(对社会的研究)；(3)学科知识及其发展(对学科的研究)。

2. ABCD 【解析】课程目标具有时限性、具体性、预测性、可操作性等特点。

3. ABD 【解析】新课程背景下的课堂教学，要求根据各学科教学的任务和学生的需求，从知识与技能、过程与方法、情感态度与价值观三个维度出发设计课程目标。

4. CD 【解析】“情感态度与价值观”目标强调教学过程中激发学生的情感共鸣，引起积极的态度体验，形成正确的价值观。C、D 项的描述属于“情感态度与价值观”目标。

5. BC 【解析】“知道”“描述”等体现的是知识与技能目标，“与同学合作”“验证自己的猜想”体现的是过程与方法目标。

6. ABCD 【解析】课堂教学要落实知识与能力目标，首先要顺次展开三个层次：(1)情境创设；(2)新知探究；(3)知识应用。其次要落实四项训练：在课堂教学中要始终贯穿训练，即观察能力的训练、操作能力的训练、表达能力的训练和解决问题能力的训练。

7. ABD 【解析】泰勒认为，不同的教育流派、学者和学校在教育目标的来源上往往强调某个方面，而任何单一的来源都不足以称为课程目标的基础，课程目标应当来源于三个方面：对学生的研究，对当代社会生活的研究，学科专家对目标的建议。

8. ABD 【解析】“知识与技能”重在智能的提升，强调基础知识和基本技能的获得，相当于传统的“双基”教学。ABD 三项都在强调学生技能的获得，均属于能力目标。C 项属于情感目标。

三、辨析题

新课程特别强调三维目标中的“过程与方法”“情感态度与价值观”，这说明“知识与技能”不是很重要了。

(1)这种说法是不正确的。(2)“知识与技能”目标强调基础知识和基本技能的获得，相当于传统的“双基”教学。“过程与方法”目标突出的是让学生“学会学习”，使学生获得知识的过程同时成为获得学习方法和能力发展的过程。“情感态度与价值观”目标强调教学过程中激发学生的情感共鸣，引起积极的态度体验，形成正确的价值观。三维课程目标应是一个整体，知识与技能、过程与方法、情感态度与价值观三个方面互相联系，融为一体。在教学中，既没有离开情感态度与价值观、过程与方法的知识与技能的学习，也没有离开知识与技能的情感态度与价值观、过程与方法的学习。

专题三　课程内容

答案速查：

1 ~ 5	BCDAC	6 ~ 10	CACAA	11 ~ 15	BDBBB	16 ~ 20	DCCDA
21 ~ 25	CDACB	26 ~ 30	DCADB	1 ~ 5	BCD ABCD ABCD ABC ABCD		
6 ~ 8	ABCD ACD AB			1 ~ 5	× √ √ √ √		
6 ~ 10	× × √ × ×						

一、单项选择题

1. B 【解析】课程标准是课程计划中每门学科以纲要的形式编写的、有关学科教学内容的指导性文件，是课程计划的分学科展开。题干的描述体现了课程标准的内涵。

方法技巧:课程计划与课程标准的区别在于:课程计划一般是宏观上的指导,而课程标准是对某一具体学科的指导。此外,如果“教学大纲”“教学计划”与“课程标准”“课程计划”在单选题中同时出现时,优先选后者。

2. C 【解析】螺旋式是指在不同单元或阶段乃至不同课程门类中,使课程内容重复出现、螺旋上升、逐渐扩大知识面,加深知识难度,即同一课程内容前后重复出现,前面的内容是后面内容的基础,后面内容是对前面内容的不断扩展和加深,且层层递进。题干中,不同水平的学生学习同样的内容,但难度和要求依次升高,这种组织形式属于螺旋式。

3. D 【解析】义务教育阶段的教学计划具有强制性、普遍性、基础性的特点。

4. A 【解析】课程计划是根据一定的教育目的和培养目标,由教育行政部门制定的有关学校教育和教学工作的指导性文件。由课程计划的定义可知,课程计划的制定主体是教育行政部门。

5. C 【解析】国家课程标准是教材编写、教学、评价和考试命题的依据,是国家管理和评价课程的基础。

6. C 【解析】教材是根据学科课程标准编制的、系统阐述学科内容的教学用书,它是知识授受活动的主要信息媒介,是课程标准的进一步展开和具体化。教科书是教材的主体,是学生获取系统知识的重要工具,也是教师进行教学的主要依据。

易错提示:考生易混淆教材和教科书,易将二者视为同一概念。做题时应注意:教材的范围比教科书要大,二者是包含与被包含的关系,不能等同。

7. A 【解析】直线式是指学科课程内容的组织呈直线前进,前面安排过的内容在后面不再呈现。螺旋式是指同一课程内容前后重复出现,前面的内容是后面内容的基础,后面内容是对前面内容的不断扩展和加深,且层层递进。直线式和螺旋式是教科书编写的两种基本的组织方式,它们各有利弊,分别适用于不同性质的学科、不同年级的学生。对理论性较强、学生不易理解和掌握的内容,尤其对低年级的儿童来说,采用螺旋式来组编较适合;对一些理论性、难度或操作性相对较低的学科知识,采用直线式组编则较适合。

8. C 【解析】直线式是指把课程内容组织成一条在逻辑上前后联系的“直线”,前后内容基本不重复,即课程内容直线式前进,前面安排过的内容在后面不再呈现。赞科夫的主张符合直线式课程组织方式的特点。

9. A 【解析】螺旋式的课程内容组织形式是指在不同单元乃至阶段或不同课程门类中,使课程内容重复出现,逐渐扩大知识面,加深知识难度,即同一课程内容前后重复出现,前面呈现的内容是后面内容的基础,后面内容是对前面内容的不断扩展和加深,层层递进。

易错提示:考生易混淆课程内容组织的两种基本逻辑方式,做题时需注意:直线式和螺旋式都是由浅到深不断推进的,区别在于直线式课程内容前后不重复,而螺旋式课程内容则会重复出现,逐步推进和扩展。

10. A 【解析】课程标准规定了学科的教学目标、任务,知识的范围、深度和结构,教学进度以及有关教学方法的基本要求,是编写教科书和教师进行教学的直接依据,也是衡量各科教学质量的重要标准。

11. B 【解析】目前在我国,中小学课程主要由课程计划、课程标准、教材三部分组成,它们也是中小学课程的具体表现形式。

12. D 【解析】指导我国新课程改革的《基础教育课程改革纲要(试行)》把原来用的“教学大纲”改称为“课程标准”。

13. B 【解析】课程标准作为教材编写、教学、评估和考试命题的依据,具有可评估性、可理解性、可完成性、可伸缩性等性质。B 项不属于课程标准的性质。

14. B 【解析】义务教育阶段教学计划的普遍性表现在：适用范围要比普通的教学计划宽得多，它规定的培养目标和课程设置等是针对全国绝大多数学校、绝大部分地区和绝大多数学生的，既不过高也不过低，坚持"下要保底，上不封顶"的原则。

15. B 【解析】横向组织，又称水平组织，是指打破学科的知识界限和传统的知识体系，按照学生发展阶段，以学生心理发展阶段需要探索的、社会和个人最关心的问题为依据，组织课程内容，构成一个一个相对独立的专题。

16. D 【解析】课程是学校教育的核心，涉及教学过程中教师"教什么"和学生"学什么"的问题，它规定以什么样的教育内容来培养新一代，是学校教育的基础。

17. C 【解析】课程标准规定了学科的教学目标、任务，知识的范围、深度和结构，教学进度以及有关教学方法的基本要求，是编写教科书和教师进行教学的直接依据，也是衡量教学质量的重要标准。教师应将课程标准作为检查自己教学质量的依据。

18. C 【解析】课程标准的要求是所有学生基本要达到的要求，而非最高要求。故选 C 项。

19. D 【解析】教材是教师进行教学的主要依据，任何教师进行教学时都离不开教材。选项 D 说法错误，故选 D 项。

方法技巧：理解课程计划、课程标准和教材的关系时应注意，从课程计划到课程标准再到教材是一个由宏观到微观、不断具体化的过程，它们之间的关系如下：课程计划（学校教育教学工作的指导性文件）$\xrightarrow{\text{分学科展开}}$课程标准（学科教学内容的指导性文件）$\xrightarrow{\text{具体化}}$教材（阐述学科内容）。

20. A 【解析】直线型课程指的是将课程内容按照由浅入深、由易到难的原则，在逻辑上前后联系，直线推进，不重复地进行排列。

21. C 【解析】理解和执行课程标准需做到：(1)认真研究和把握课程标准；(2)全面系统地理解课程标准；(3)严格执行课程标准；(4)以课程标准作为自己检查教学质量的依据。故 C 项说法错误。

22. D 【解析】纵向组织，是指按照知识的逻辑序列，从已知到未知、从具体到抽象等先后顺序组织编排课程内容。学习是由简单到复杂依次推进的。题干中先学加减后学乘除是由具体到抽象、由简单到复杂的过程，故选 D 项。

23. A 【解析】新课程改革中以"课程标准"代替"教学大纲"，这不仅仅是一个简单的词语置换，至少应包括以下四方面的理解和考虑：(1)课程价值趋向从精英教育转向大众教育；(2)课程目标着眼于学生素质的全面提高；(3)从只关注教师教学转向关注课程实施过程；(4)课程管理从刚性转向弹性。A 项错误。BCD 三项是对"课程标准"代替"教学大纲"的正确解读。

24. C 【解析】课程计划是根据学校的培养目标和教育任务，由政府主管部门制订的对学校教育教学工作进行全面安排和规划的指导性文件。它对学校的教学、生产劳动、课外活动等方面作出全面安排，体现国家对学校教育教学工作的统一要求，是学校组织全部教学和教育工作的基本依据，是学校办学的基本纲领。

25. B 【解析】布鲁纳明确主张采用螺旋式课程，他认为，课程内容的核心是学科的基本结构，学生应该从小就开始学习各门学科最基本的原理，以后随着学年的递升而螺旋式地反复，逐步提高。换句话说，课程内容是要向学生呈现学科的基本概念和基本原理，以后不断在更高层次上重复它们，直到学生全面掌握该门学科为止。

26. D 【解析】课程计划本身的特点包括：(1)合理性（相对优越性）；(2)和谐性；(3)明确性；(4)简约性；(5)可传播性；(6)可操作性。D 项不属于课程计划本身的特点。

27. C 【解析】课程标准包括以下内涵：(1)它是按门类制定的；(2)它规定本门课程的性质、目标、内容框架；(3)它提出了指导性的教学原则和评价建议；(4)它不包括教学重点、难点、时间分配等具体内容；(5)它规定了不同阶段学生在知识与技能、过程与方法、情感态度与价值观等方面所应达到的基本要求。C 项表述错误。

28. A 【解析】编写教科书要注重科学性与思想性的统一,要注重课程内容的时代性,反映科学技术最新成果,并要做到在科学性上准确无误。"寓思想政治教育于学科教学内容之中"体现了科学性与思想性相统一。

29. D 【解析】教材是根据课程标准编制的、系统反映学科内容的教学用书,它是知识授受活动的主要信息媒介,是课程标准的进一步展开和具体化。课程标准是教材编写的依据,教材是课程标准最主要的载体。D 项表述最恰当。

30. B 【解析】课程组织的顺序性是指将课程内容、学习经验及学习材料,组织成某种连接的"次序"。顺序性与连续性有关,但又超越连续性,是指课程的"深度"范围之内的垂直组织规则,使学习的机会建立在前一个学习经验或者课程内容之上,但是对同一课程要素做更深更广更复杂的处理。作为一个准则,顺序性强调每一个后续内容都要以前面的内容为基础,同时又对有关内容加以深入、广泛的展开,即它强调的不是重复,而是在更高层次上处理每一个后续内容。题干描述的是课程组织的顺序性原则。

二、多项选择题

1. BCD 【解析】完整的课程标准由前言、课程目标、内容标准、实施建议、附录(术语解释)五部分组成。

2. ABCD 【解析】课程计划编制的原则有:(1)保证实现教育目的与任务,体现课程结构的完整性。既要体现促进学生德、智、体诸方面全面发展,又要保证各类学科之间的协调平衡。(2)根据科学的课程理论,处理好课程系统内部范畴的几个基本关系,体现基础性和多样性。这些基本关系包括:基础课与提高课、分科课与综合课、理论知识课与实践课、必修课与选修课。(3)以教学为主,全面安排;精简课程,巩固基础和有利于发展学生特长;知识体系相对完整,保证学科间的合理关系;统一性与灵活性、稳定性与变革性相结合。

3. ABCD 【解析】在基本内容上,课程计划主要是指教学科目的设置(课程设置)、学科顺序(课程开设顺序)、课时分配(教学时数)、学年编制和学周安排。

4. ABC 【解析】课程内容选择的准则包括:(1)注意课程内容的基础性;(2)课程内容应贴近社会生活;(3)课程内容要与学生和学校教育的特点相适应。

5. ABCD 【解析】教材包括教科书、讲义、讲授提纲、参考书、活动指导书以及各种视听材料。

6. ABCD 【解析】教科书编写应遵循的基本原则与要求有:(1)科学性与思想性统一;(2)强调内容的基础性与适用性;(3)知识的内在逻辑与教学法要求的统一;(4)理论与实践统一;(5)教科书的编排形式要有利于学生的学习;(6)注意与其他学科的纵向和横向联系。

7. ACD 【解析】小学、初中阶段课程应体现普及性、基础性和发展性。

易错提示:义务教育阶段(小学、初中阶段)课程设置的特点与义务教育阶段教学计划的特征是易混点,考生在做题时应注意区分。此外,考生还需掌握高中阶段课程设置的特点——时代性、基础性和选择性,以便于与义务教育阶段课程设置的特点进行区分。

8. AB 【解析】教学大纲和教科书的编排通常有两种方法,即直线式的排列方法和螺旋式的排列方法。

三、判断题

1. × 【解析】教材是指以文字和图形等语言符号形式反映一定的课程内容的教学用书,是以事实、原理与体系等形式来说明课程内容中理论知识的体系,它是课程内容直接的物质载体。但教材不完全等于课程内容,因为课程内容所包含的直接经验、情感性经验是教材难以再现的。

2. √ 【解析】"拼盘式"的综合课程往往把"综合"简单理解为"相关"关系。在科学技术迅猛发展的时代,仅靠"加法"安排课程内容是不现实的,只有考虑知识内容之间的有机整合才有出路。一

般来说，综合度较强的课程，其知识内容之间的联系是紧密的，是按一定的结构组织起来的。

3. √ 【解析】逻辑顺序就是指根据学科本身的系统和内在的联系来组织课程内容。心理顺序就是指按照学生心理发展的特点来组织课程内容。在教学中要把学科的逻辑顺序与学生的心理顺序统一起来。

4. √ 【解析】教材是根据学科课程标准编制的、系统阐述学科内容的教学用书，它是知识授受活动的主要信息媒介，是课程标准的进一步展开和具体化。故题干表述正确。

5. √ 【解析】教材的定义有广义和狭义之分。狭义的教材就是教科书。教科书是一门课程的核心教学材料。广义的教材指课堂上和课堂外教师和学生使用的所有教学材料。

6. × 【解析】课程计划(教学计划)是根据一定的教育目的和培养目标，由教育行政部门制定的有关学校教育和教学工作的指导性文件。

7. × 【解析】新课程改革倡导教师“用教材教”，而不是简单地“教教材”。教师完全可以而且应该根据学生的情况来处理教材。因此，李老师的做法是正确的。

8. √ 【解析】课程标准一般由说明(或前言)、课程目标、课程内容标准和课程实施建议等部分组成。说明部分，扼要阐释课程的性质与意义、课程的基本理念与价值诉求、课程的设计思路与总体框架(或结构)，这是统率课程标准的指导思想。

9. × 【解析】课程标准无论从目标、要求还是结构、体例上都是全新的，蕴含着素质教育的理念，体现着鲜明的时代气息，是一部内容十分丰富的全新意义上的“教学大纲”。因此，题干说法不正确。

10. × 【解析】课程方案是课程的总体规划，课程标准阐释每门课程的性质并规定其质量标准。

四、辨析题

1. 课程标准是对学校课程的总体规划，它规定了学校应设置的学科、学科开设的顺序及课时分配，并对学期、学年、假期进行划分。

(1)这种说法是不正确的。(2)课程计划主要由课程计划的指导思想、培养目标、课程设置及其说明、课时安排、课程开设顺序和时间分配、考试考查制度和实施要求几部分构成。在基本内容上，课程计划主要是指教学科目的设置(课程设置)、学科顺序(课程开设顺序)、课时分配(教学时数)、学年编制和学周安排。课程标准是课程计划中每门学科以纲要的形式编写的、有关学科教学内容的指导性文件，是课程计划的分学科展开。它规定了学科的教学目标、任务，知识的范围、深度和结构，教学进度以及有关教学方法的基本要求，是编写教科书和教师进行教学的直接依据，也是衡量各科教学质量的重要标准。

2. 课程计划是课程标准的具体实施步骤。

(1)这种说法是不正确的。(2)目前在我国，中小学课程主要由课程计划、课程标准、教材三部分组成。课程计划体现了国家对学校的统一要求，是编写各科课程标准和教材的主要依据。课程标准是课程计划中每门学科以纲要的形式编写的、有关学科教学内容的指导性文件，是课程计划的分学科展开，每门学科都有对应的学科课程标准。因此，题干的说法是不正确的。

五、简答题(参考答案)

简述课程标准设计的原则。

(1)课程标准关注的对象是学生，是对学生学习行为的要求；(2)课程标准涉及的范围是学生综合的发展领域，如指出是“知识与技能、过程与方法和态度的规定”；(3)课程标准的要求是所有学生基本要达到的要求，而非最高要求；(4)课程标准的目的是促进学生更好地发展，而不仅仅是应付某一事件；(5)它隐含着教师不是教科书的执行者，而是教学方案(课程)的开发者，即教师是“用教科书教，而不是教教科书”。

专题四　课程开发、实施与评价

答案速查：

1～5	CBDBD	6～10	ABDDB	11～15	DDDCB	16～20	CDDAD
21～26	ACDCDA			1～5	ABC BCD ABC CD ACD		
6～9	AB BCD AD ABCD			1～3	√ × ×		

一、单项选择题

1. C 【解析】泰勒提出了关于课程编制的"目标模式"，即泰勒原理。泰勒原理可概括为：目标、内容、方法、评价，即：确定课程目标、根据目标选择课程内容（经验）、根据目标组织课程内容（经验）、根据目标评价课程。泰勒认为一个完整的课程编制过程应包括这四项活动。

2. B 【解析】诊断功能是课程评价的功能之一，主要是诊断现有课程与正在开发的课程所存在的问题与发生这些问题的原因。题干所述体现了课程评价的诊断功能。

3. D 【解析】目的游离评价模式是由美国学者斯克里文针对目标评价模式的弊病而提出来的。他主张把评价的重点从"课程计划预期的结果"转向"课程计划实际的结果"上来。评价者不应受预期的课程目标的影响，尽管这些目标在编制课程时可能是有用的，但不适宜作为评价的准则。

4. B 【解析】泰勒的《课程与教学的基本原理》被誉为"现代课程理论圣经"，是课程论经典的学术著作。

5. D 【解析】课程实施的三种取向是：(1)忠实取向；(2)相互调适取向；(3)创生取向。其中，课程实施的忠实取向认为，设计好的课程是不能改变的，课程实施的过程应该是忠实地执行课程计划的过程。教师角色的性质就是课程专家所制定的课程变革计划的忠实执行者。故答案选 D 项。

6. A 【解析】目标评价模式是美国课程评价专家，也是有着"课程评价之父"美誉的泰勒针对 20 世纪初形成并流行的常模参照测验的不足而提出的。

7. B 【解析】"教师即研究者"这一重要观点是 20 世纪 60 年代斯腾豪斯在课程开发研究领域首次提出来的。

8. D 【解析】泰勒提出了关于课程编制的四个问题，即泰勒原理，可概括为：目标、内容、方法、评价，其中，确定课程目标是最为关键的一步，其他所有步骤都是围绕目标展开的。

9. D 【解析】相互调适取向（相互适应取向）认为，设计好的课程计划是可以变动的，课程实施过程是课程计划与班级或学校实际情境在课程目标、内容、方法、组织模式诸方面相互调整、改变与适应的过程。这种课程实施的取向与新课程改革的理念相符合，提倡教师要根据教学情境、教学目标、学生学习状态和课堂表现等，随时随地地对教学做适当的调整，以促进课程最大效度地被学生理解与掌握。D 项正确。

10. B 【解析】目标模式是伴随 20 世纪初的课程开发科学化运动而产生的，是课程开发的经典模式，其主要代表人物是泰勒。

11. D 【解析】安排课程表要遵循生理适宜原则。该原则是指课程表的安排要考虑到学生的生理特点，使学生的大脑功能和体能处于高度优化的状态。将体育课和生产劳动课分开排，有利于使学生的体能处于高度优化的状态，王老师遵循的是课程表安排的生理适宜原则。

12. D 【解析】课程表是使课堂教学有条不紊进行的重要条件，它的编制首先应尽量将语文、数学和外语等核心课程安排在学生精力最充沛的上午第一、二、三节课，将音乐、美术、体育和习字等技能课安排在下午。其次，将文科与理科、形象性的学科与抽象性的学科交错安排，避免同类刺激长时间地作用于大脑皮层的同一部位而导致疲劳和厌倦。

13. D 【解析】课程评价既是课程设计与实施的终点，又是课程设计与实施继续向前发展的起点。

14. C 【解析】课程设计是将课程理念转化为课程实践活动的"桥梁"。

15. B 【解析】课程实施的创生取向认为，课程实施的过程是在具体教育情境中由师生共同创生新

的教育经验的过程，原来设计好的课程只是这个“经验”创生过程中可供选择的材料之一。依据题干描述可知B选项正确。

易错提示：考生易混淆课程实施的相互调适取向与创生取向，在做题时需注意，相互调适取向重在“可变”，即课程实施过程中可以对课程目标、内容、方法、组织模式诸方面相互调整、改变与适应，而判断创生取向的关键词是“经验”。

16. C 【解析】迁移性原则是指在安排课程表时要充分考虑各学科之间相互影响的性质和特点，利用心理学的迁移规律促使各门课程之间产生正迁移，促进教学质量的提高。故题干所述表明安排课程表应该遵循迁移性原则。

17. D 【解析】课程实施的创生取向认为课程实施的过程是在具体教育情境中由师生共同创生新的教育经验的过程，原来设计好的课程只是这个“经验”创生过程中可供选择的材料之一。在这个过程中教师是课程的开发者，故本题选D项。

18. D 【解析】学校所在的行政区域即“学区”，学区的特征是影响课程实施的又一因素。主要表现为六个方面：学区从事课程变革的传统、学区对课程计划的采用过程、学区对课程变革的行政支持、课程变革人员的发展水平与对变革的参与程度、课程变革的时间表和评价体系、学区教育委员会与学区的特征。D项不属于学区影响课程实施的表现。

19. A 【解析】课程实施的取向主要有三种：(1)忠实取向。指课程实施是按部就班地执行预定课程方案的过程。依据这一取向，预定课程方案的实现程度，就是衡量课程实施成功与否的基本标准。课程方案实现程度高，则课程实施成功；而课程方案实现程度低，则课程实施失败。坚持忠实取向的课程实施者，强调忠实执行、按部就班，难以对课程方案做出变革。(2)相互调适取向。指课程实施是预定课程方案与学校情境之间相互适应的过程。(3)创生取向。指课程实施是师生在具体情境中，联合缔造新的教育经验的过程。故选A项。

20. D 【解析】关于课程设计产生的客观基础，不同的学者有不同的观点。一般认为最关键的可称为客观基础的因素有三个：社会基础、学生基础、知识基础。选项D不属于课程设计的客观基础，故选D项。

21. A 【解析】目标评价模式强调要用明确的、具体的行为方式来陈述目标，并以预先规定和界说的目标为中心来设计、组织和实施评价，从而确定学生通过课程教学所取得的进步，亦即确定学生达到目标的程度，找出实际结果与课程目标之间的差距，并利用这种信息反馈作为修订课程计划或更新课程目标的依据。题干的描述体现了目标评价模式的内涵。

22. C 【解析】为了深化对课程实施的认识，提升课程实施的成效，急需将学生纳入课程实施及其研究之中，并给予相当程度的关注。

23. D 【解析】CIPP评价模式的步骤为：背景评价、输入评价、过程评价、成果评价。

方法技巧：CIPP评价模式的步骤常以选择题的形式出现，考生可利用下面的口诀进行记忆：背书(输)过程(成)。

24. C 【解析】课程实施的创生取向认为，设计好的课程并不是固定不变的，课程实施的过程也是课程的设计过程。课程实施的过程是在具体教育情境中由师生共同创生新的教育经验的过程，原来设计好的课程只是这个“经验”创生过程中可供选择的材料之一。题干的描述体现的就是课程实施的创生取向。

25. D 【解析】课程设计是以一定的课程观为指导制定课程标准、选择和组织课程内容、预设学习活动方式的活动，是对课程目标、教育经验和预设学习活动方式的具体化过程。(具体内容参见王道俊、郭文安主编的《教育学(第7版)》)

26. A 【解析】泰勒原理的实质是以目标为中心的模式，其整个课程开发过程都是围绕目标来进行的。所以泰勒原理主要强调的是目标对课程的主导。

二、多项选择题

1. ABC 【解析】课程评价的主要模式有目标评价模式、目的游离评价模式、CIPP 评价模式、CSE 评价模式等。过程模式属于课程设计的主要模式。

2. BCD 【解析】当前课程评价发展的基本特征：(1)重视发展，淡化甄别与选拔，实现评价功能的转变；(2)重综合评价，关注个体差异，实现评价指标的多元化；(3)强调质性评价，定性与定量相结合，实现评价方法的多样化；(4)强调参与与互动、自评与他评相结合，实现评价主体的多元化；(5)注重过程，终结性评价与形成性评价相结合，实现评价重心的转移。A 项说法错误。

3. ABC 【解析】安排课程表应遵循的原则有：(1)整体性原则；(2)迁移性原则；(3)生理适宜原则。

4. CD 【解析】目的游离评价模式认为，评价除了关注预期结果之外，还应关注非预期的结果。A 项是关于目的游离评价模式的表述，不符合题意。目标评价模式的评价目的不仅仅是评价学生成绩的优劣，还在于课程开发的改进。B 项表述错误。

5. ACD 【解析】课程实施有三种取向：忠实取向、相互调适取向、创生取向。

6. AB 【解析】课程评价是以一定的方法、途径对课程的目标、实施和结果等有关问题的价值和特点做出判断的过程。课程评价的目的主要是改进课程和改进教学。

7. BCD 【解析】在进行课程设计时，必然要考虑社会的各方面因素，包括课程设计的价值取向、课程设置的结构、课程内容的选择等。

8. AD 【解析】课程设计的主要模式有目标模式和过程模式，CIPP 模式和 CSE 模式属于课程评价的主要模式。

9. ABCD 【解析】课程评价的基本步骤有：(1)把焦点集中在所要研究的课程现象上；(2)收集信息；(3)组织材料；(4)分析材料；(5)报告结果。

三、判断题

1. √ 【解析】课程实施即将已经编定好的课程付诸实践的过程，它是达到预期的课程目标的基本途径。一般来说，课程设计得越好，实施起来就越容易，效果也就越好。

2. × 【解析】差距评价模式旨在揭示计划的标准与实际的表现之间的差距，以此作为改进课程计划的依据。差距评价模式包括五个阶段：设计阶段—装置阶段—过程阶段(过程评价)—产出阶段(结果评价)—成本效益分析阶段(计划比较阶段)。

3. × 【解析】新课程强调评价不是为了“选拔适合教育的儿童”，而是如何发挥评价的激励作用，关注学生成长与进步的状况，并通过分析指导，提出改进计划来促进学生的发展。从这个意义上来讲，评价是为了帮助我们“创造适合儿童的教育”。

四、简答题(参考答案)

简述课程实施的运行结构。

(1)安排课程表；(2)分析教学任务；(3)研究学生的学习特点；(4)选择并确定教学模式；(5)规划教学单元和课；(6)组织教学活动；(7)评价教学活动的过程与结果。

专题五　课程管理

答案速查：

1～5	BAAAA	6～9	BCCC	1～6	CD BCD BD BC ABC ABCD
1～5	× × √ × ×				

一、单项选择题

1. B 【解析】地方课程是省级教育行政部门以国家课程为基础，依据当地的政治、经济、文化、民族等发展的需要而开发设计的课程。它是一种为突出地方特色与地方文化，满足地方发展需要而设置的课程，具有区域性、本土性的特点。A 市组织开发的课程，满足了本市发展实际需要，充分体

现了本土特色,属于地方课程。故本题选 B 项。

2. A 【解析】校本课程应该完全是学校教师开发和选用的课程方案或指南,而不能是学生人手一本的教材,所以校本课程开发并不是必须开发出相关的书面教材。

3. A 【解析】2001 年颁布的《基础教育课程改革纲要(试行)》明确规定实行国家、地方和学校三级课程管理体制。这样做是为了改变我国原有课程管理过于集中的状况,通过确立地方和学校参与课程改革的权力主体地位,完善课程管理体系,进一步增强课程对地方、学校及学生的适应性。故选 A 项。

4. A 【解析】校本课程也称学校课程,是学校在确保国家课程和地方课程有效实施的前提下,针对学生的兴趣和需要,结合学校的传统和优势以及办学理念,充分利用学校和社区的课程资源,自主开发或选用的课程。题干中,学校为了提高学生的身体素质而设计开发的具有当地民族特色的体育游戏课程,就属于校本课程。

5. A 【解析】校本课程开发的主体必须是教师,学校教师之外的其他机构和人员,可以参与和协助教师开发校本课程,但却不能取代教师的工作。故选 A 项。

方法技巧:考生在理解校本课程开发的理念时,可参考下面的内容进行联想记忆:老师(开发主体)准备为学生(学生为本)编写一本《乡土地理》校本课程教材,组织了相关人员参与查找资料(全员参与),经过多次开会讨论(决策分享),最终确定(同一目标)该课程要以学校暑期实践为依托(现场课程资源),体现个性化的核心思想(价值追求),补充现有地理课程(国家课程的补充)。

6. B 【解析】校本课程由学校自行决定,目的是满足学生和社区的发展需要,强调多样性与差异性,学生有选修的权利。一般比较侧重学生兴趣类、学校特色类和乡土类课程。校本课程开发的主体是教师,通常以选修课的形式出现。

7. C 【解析】国家课程的宗旨是保证国家实现普通教育的培养目标和提高普通教育的水平,规定学生应掌握的基础知识和基本能力,体现国家对教育的基本要求。

8. C 【解析】学校课程是在具体实施国家课程和地方课程的前提下,通过对本学校学生的需求进行科学评估,充分利用当地社区和学校的课程资源而开发的多样性的、可供学生选择的课程。题干描述的是学校课程的概念。

9. C 【解析】校本课程的优点是:校本课程更具地方特色,体现学校的办学特点;课程内容更加灵活,可以不断根据情况修订课程内容;课程的编制鼓励师生、家长和社会人士的参与,可以提高课程的质量,教师更容易获得工作的满足感和成就感。

二、多项选择题

1. CD 【解析】校本课程开发的主体是教师而不是专家。A 项错误。校本课程的开发要立足学校特色,要能促进学校文化的形成。B 项错误。个性化是校本课程开发的价值追求。C 项正确。校本课程开发的基础是善于利用现场课程资源。校本课程开发强调充分利用和开发现有的学校和社区课程资源,根据已有的条件进行切实可行的资源重组,开发出适合自己学校的、具有特色的、学生喜欢的课程。D 项正确。

2. BCD 【解析】负责国家课程的课程编制中心一般具有的特征有:(1)权威性;(2)多样性;(3)强制性。

3. BD 【解析】校本课程开发的理念包括:(1)“学生为本”的课程理念(校本课程开发要基于学生的实际发展要求);(2)“决策分享”的民主理念;(3)校本课程开发的主体是教师而不是专家;(4)“全员参与”的合作精神;(5)校本课程开发的基础:善于利用现场课程资源;(6)个性化是校本课程开发的价值追求;(7)校本课程开发的性质:国家课程的补充;(8)校本课程开发的运作:同一目标的追求。故 A、C 项表述错误。

4. BC 【解析】地方课程的主导价值在于通过课程满足地方社会发展的现实需要；校本课程的主导价值在于通过课程展示学校的办学宗旨和特色，提升学校的办学水平，促进学生的个性发展。

5. ABC 【解析】校本课程的开发途径有：(1)合作开发；(2)课题研究与实验；(3)规范原有的选修课、活动课和兴趣小组。

6. ABCD 【解析】国家对课程的管理主要体现在：(1)教育部总体规划基础教育课程；(2)制定课程管理的各项政策；(3)制定基础教育课程标准；(4)积极试行新的课程评价制度。

三、判断题

1. × 【解析】校本课程由学校自行决定，目的是满足学生和社区的发展需要，强调多样性与差异性，学生有选修的权利。

2. × 【解析】地方课程是省级教育行政部门以国家课程为基础，依据当地的政治、经济、文化、民族等发展的需要而开发设计的课程。它属于二级课程。

3. √ 【解析】设置"国家课程""地方课程"固然有必要，但这种课程免不了带有普遍适用性和更新周期长，难以反映学校的特殊性，也不足以在课程中及时吸纳新信息、反映社会生活变化的弊病，而"学校课程"可弥补此类不足。

4. × 【解析】制定基础教育课程标准是国家对课程管理的主要体现之一，学校没有制定课程标准的权力。

5. × 【解析】开发地方课程和校本课程并不能等同于编写教材，或者说主要不是编写学生统一使用的、人手一本的教材，而应该充分开发和利用当地的课程资源，更多地采用活动形态以及为开展活动而提供给教师一些参考性的课程方案。

四、论述题(参考答案)

试述校本课程开发对教师专业发展的重要性。

作为校本课程开发的主力军，校本课程的开发带给教师的不仅是挑战，更为其自身专业发展提供了契机，是教师专业发展的有效途径。(1)校本课程开发促进教师专业自主意识的提升；(2)校本课程开发促进教师知识结构的完善；(3)校本课程开发提高教师的学科教学能力；(4)校本课程开发增强教师的参与意识和合作能力；(5)校本课程开发促进教师研究意识和能力的提升；(6)校本课程开发促进教师反思意识和能力的提升；(7)校本课程开发对教师的精神世界有重大的影响。

五、案例分析题(参考答案)

1. (1)校本课程开发要树立"学生为本"的课程理念，校本课程开发要基于学生的实际发展需要，尤其重视学生个体的有差异的学习需要，同时兼顾社会的需要。案例中的"茶道课"引起了学生的学习兴趣，同时能够改变学生不健康的习惯，符合"学生为本"的课程理念。

(2)校本课程开发要体现"全员参与"的合作精神。在校本课程开发过程中，要充分发挥校长、学生家长、学生和社区人士等的作用，形成一个开发校本课程的合作共同体，大家都有权对课程发表自己的看法，集思广益，最终形成一个大家都能够接受的课程方案。案例中，校本课程的开发由家长提议，得到了班主任和家长委员会的积极响应，学生也积极参与，体现了"全员参与"的合作精神。

(3)校本课程开发要善于利用蕴藏在当地社区和学校师生中的各种课程资源，更好地反映学生的实际生活。校本课程开发要根据已有的条件进行切实可行的资源重组，开发出适合自己学校的、具有特色的、学生喜欢的课程。案例中的"茶道课"是在学生家长提议、家长委员会购置茶具、由研究茶文化的学生家长担任教师等因素的组合下开发出来的课程，这充分利用了已有资源，开发出了学生喜欢的特色课程。

2. (1)在传统课程体系中，全国实行统一的课程计划和教学大纲；使用一套统编教材；课程结构和教学要求也比较单一；以学科课程为主，缺少活动课、综合课。新课程改革中非常强调课程结构的调整，强调课程结构的综合性原则、均衡性原则、选择性原则。

(2)事实上校本课程开发作为一种新的课程开发策略、一种新的课程变革模式、一种新的课程管理模式,作为对国家课程的补充,作为学校特色的体现,具有以下几点重要的意义与作用:①完善课程体系;②促进学生个性的形成;③促进教师专业成长;④促进学校特色的形成;⑤充分利用地方和学校的课程资源。

(3)上海市这所中学的改革走在了全国的前列,为我们提供了一个很好的学校课程体系范例。这所中学在国家课程、地方课程的基础上,重新构建了学校课程体系,把学科课程与活动课结合起来,普通课与职业课结合起来,国家课程与学校的特色课程结合起来,充分利用学校自身的课程资源,满足了不同资质、特长、发展方向的学生的需要。

专题六　课程资源

答案速查:

1～5	BABDC	6～10	ABCBB	11～12	CD
1～5	CD ABCD ABCD ABCD BCD			1～5	× √ × × ×

一、单项选择题

1. B 【解析】课程资源涉及学生学习与生活环境中一切有利于达成课程目标的资源,它弥散于学校内外的方方面面,因而课程资源具有广泛多样的特点。

2. A 【解析】按课程资源的功能特点区分,有素材性课程资源和条件性课程资源之分。B 项是依据课程资源的存在方式划分的,C 项是依据课程资源的空间分布来划分的,D 项是依据课程资源的存在形态划分的。

3. B 【解析】素材性课程资源包括知识、技能、经验、活动方式与方法、情感态度与价值观以及培养目标等。其特点是直接作用于课程并成为课程的要素,并内化为学生身心发展的素质。

4. D 【解析】广义的课程资源指有利于实现课程目标的各种因素,包括形成课程的直接要素来源(素材性课程资源)和实施课程的必要而直接的条件(条件性课程资源)。题干描述的是广义的课程资源的内涵。

5. C 【解析】凡是学校范围之内的课程资源就是校内课程资源,超出学校范围的课程资源就是校外课程资源。与企业合作开发的课程资源超出了学校范围,属于校外课程资源。

6. A 【解析】教师不仅决定课程资源的鉴别、开发、积累和利用,是素材性课程资源的重要载体,而且自身就是课程实施的首要的基本条件资源。

7. B 【解析】课程资源是课程建设的基础,它包括教材以及学生家庭、学校和社会生活中一切有助于学生发展的各种资源。教材是课程资源的核心和主要组成部分。

8. C 【解析】课程标准和教科书等是基本而特殊的课程资源。

9. B 【解析】条件性课程资源包括与课程实施有关的人力、物力和财力,以及时间、场地、媒体、设备、设施和环境,还有对于课程本质认识状况等。因此,学校专门修建的综合性体育场馆属于条件性课程资源。

10. B 【解析】按课程资源的存在方式区分,可将课程资源分为显性课程资源和隐性课程资源。

11. C 【解析】新的课程资源观认为,教师也是课程资源,是最具生命性和创造性的课程资源。在课程建设中,教师不是作为被动的"雇佣者"而存在,而是课程设计和课程创新的主体。

12. D 【解析】校内资源包括教师、学生、教学挂图、教材、场地、器材设施等资源。科技馆属于校外资源。故选 D 项。

二、多项选择题

1. CD 【解析】隐性课程资源是指以潜在的方式对教育教学活动施加影响的课程资源,如学校的风气,社会风气,家庭氛围,师生关系,教师或学生的经验、感受、困惑、意见等。师生关系、班级文化属于隐性课程资源。

2. ABCD 【解析】课程资源开发和利用的基本原则:(1)共享性原则;(2)经济性原则;(3)实效性原则;(4)因地制宜原则。

3. ABCD 【解析】课程资源是指课程设计、实施和评价等整个课程教学过程中可以利用的一切人力、物力以及自然资源的总和,包括教材、教师、学生、家长以及学校、家庭和社区中所有有利于实现课程目标,促进教师专业成长和学生有个性的全面发展的各种资源。所以,选项均属于课程资源。

4. ABCD 【解析】课程资源的特点有:(1)多样性;(2)潜在性;(3)多质性;(4)动态性。

5. BCD 【解析】校内外课程资源在性质上是有所区别的。就利用的经常性和便捷性来讲,校内课程资源的开发和利用应该占据主要地位,校外课程资源则更多地起到一种辅助和补充作用。A 项说法错误。

三、判断题

1. × 【解析】根据课程资源的物理特性和呈现方式,课程资源可分为文字资源、实物资源、活动资源和信息化资源。其中,活动资源内容广泛,包括教师的言语活动和体态语言、班级集体和学生社团的活动、各种集会和文艺演出、社会调查和实践活动,以及师生之间、学生之间的交往,等等。

2. √ 【解析】课程资源是指课程设计、实施和评价等整个课程教学过程中可以利用的一切人力、物力以及自然资源的总和,包括教材、教师、学生、家长以及学校、家庭和社区中所有有利于实现课程目标、促进教师专业成长和学生有个性的全面发展的各种资源。题干所述内容均属于有效的课程资源。

3. × 【解析】课程资源是课程建设的基础,它包括教材以及学生家庭、学校和社会生活中一切有助于学生发展的各种资源。教材是课程资源的核心和主要组成部分,并不是唯一的课程资源。

4. × 【解析】课程资源开发与利用要坚持经济性原则,经济性原则是指课程资源的开发与利用要尽可能用最少的开支和精力,达到最理想的效果,具体包括开支的经济性、时间的经济性、空间的经济性和学习的经济性。显然,题干的说法违背了该原则。

5. × 【解析】经济性原则是指课程资源的开发与利用要尽可能用最少的开支和精力,达到最理想的效果,具体包括开支的经济性、时间的经济性、空间的经济性和学习的经济性。实效性原则是指课程资源的开发与利用是为了课程目标的有效达成和促进学生的全面发展,学生需要学习的东西很多,远非学校教育所能包揽,因而必须在可能的课程资源范围内和在充分考虑成本的前提下突出重点,针对不同的课程目标,精选那些对学生终身发展具有决定意义的课程资源。故题干说法错误。

四、简答题(参考答案)

简述开发和利用课程资源的途径与方法。

(1)进行社会调查;(2)审查学生活动,总结和反思教学经验;(3)开发实施条件;(4)研究学生情况;(5)鉴别利用校外资源;(6)建立资源数据库。

五、案例分析题(参考答案)

(1)课程资源是指课程设计、实施和评价等整个课程教学过程中可以利用的一切人力、物力以及自然资源的总和,包括教材、教师、学生、家长以及学校、家庭和社区中所有有利于实现课程目标、促进教师专业成长和学生有个性的全面发展的各种资源。课程资源按不同的依据可分为校内课程资源和校外课程资源、素材性课程资源和条件性课程资源等。我们应针对不同形式存在的课程资源进行灵活性的开发利用。案例中只是因为学校没有配备风琴就取消了音乐课的做法就是对课程资源的认识不到位,缺乏因地制宜地开发课程资源的理念。

(2)开发课程资源应遵守的一个原则就是因地制宜原则,不同的地区,可以开发的课程资源是多种多样的,这就要求各地根据具体的情况,开发适合该地区的、特有的课程资源。案例中的小学由于工作条件所限,音乐课上没有风琴,但当地的二胡、民歌、地方戏曲等都是可以开发利用的课程资源,也是非常有地方特色的课程资源,如果加以合理利用,也能取得很好的教学效果。

第六章　教　学

专题一　教学概述

答案速查：

1～5	DBDDC	6～11	CBBAAB	1～4	BCD ABC ACD BD
1～7	√ √ × × √ × ×				

一、单项选择题

1. D 【解析】教学有广义和狭义之分，广义的教学，包括人类在所有情况下教和学的共同生活，不论是有组织的还是无组织的。狭义的教学专指学校中教师和学生之间的有组织的教和学的活动。我们通常所说的教学都是狭义的教学。没有学生的参与，教学的目标、任务将无法实现；没有教师的教，只有学生的学，这种活动只能称作"自学"而非教学。教学是教与学两方面的辩证统一。A项只有学生的学；B项属于自学；C项只有教师的教；D项是教与学两方面的辩证统一。故本题选D项。
2. B 【解析】教学有目的、有计划地将德育、智育、体育、美育等基本知识传授给学生，促进了学生个体在各方面朝预期方向发展。教学的作用直接地、具体地表现在对个体发展的影响上。故选B项。
3. D 【解析】我国现阶段的教学任务有：(1)传授系统的科学文化基础知识和基本技能；(2)发展学生的智力、体力和创造能力；(3)培养社会主义品德和审美情趣，奠定学生的科学世界观基础；(4)关注学生的个性发展。其中，传授系统的科学文化基础知识和基本技能是教学的首要任务。(具体内容参见任平、孙文云主编的《现代教育学概论(第3版)》)
4. D 【解析】教学是在一定教育目的规范下，教师的教和学生的学共同组成的传递和掌握社会经验的双边活动。题干是对教学概念的描述，故本题答案选择D项。
5. C 【解析】青少年的品德、审美情趣和世界观正处于急速发展和逐步形成的重要时期，教学在使学生形成科学的世界观、培养优良的道德品质方面起着重要作用。原因在于，教学始终具有教育性。故本题答案选择C项。
6. C 【解析】教学与教育是一种部分与整体的关系。教育包括教学，教学只是学校进行教育的一个基本途径。故本题答案选择C项。

易错提示：考生在掌握教学的概念时，需要与以下几个概念相区分：
(1)教学与教育：部分与整体。
(2)教学与智育：既有联系又有区别。教学是智育的主要途径，但不是唯一途径。
(3)教学与上课：上课是实施教学的一种方式，教学工作以上课为中心环节。
(4)教学与自学：教学包括教师指导下的自学，不包括学生自主进行的自学。

7. B 【解析】教学是学校教育的中心工作，学校教育工作必须坚持以教学为主。

易错提示：学校教育的中心工作、教学工作的中心环节和教学过程的中心环节是常考点也是易混点，在复习备考过程中，考生可参考下图来对比记忆这三个"中心"的相关内容：

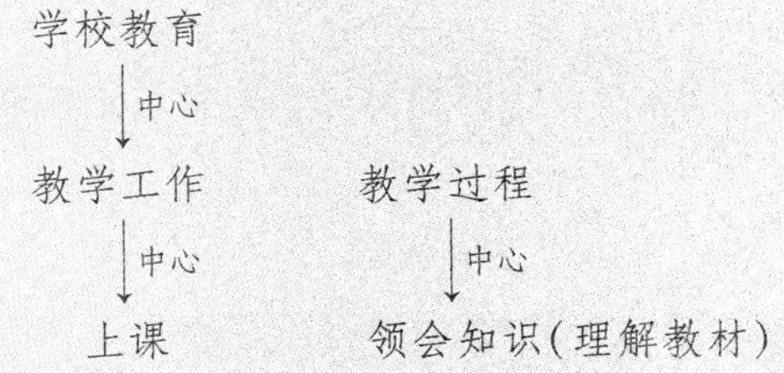

8. B 【解析】教学是在一定教育目的规范下，教师的教和学生的学共同组成的传递和掌握社会经验的双边活动。可见，教学是教与学的统一，教之于学就如同卖之于买。故选 B 项。

9. A 【解析】“用一把钥匙开一把锁”强调教学要因材施教，也即教学要有针对性。

10. A 【解析】教学以培养全面发展的人为根本目的，教学通过系统知识与技能的传授和掌握，促进学生的身心发展。

11. B 【解析】教学是学校教育的基本途径，是教育过程的重要组成部分，是实现教育目的的重要保证。

二、多项选择题

1. BCD 【解析】教学的意义在于：(1)教学是传播系统知识、促进学生发展的最有效的形式；(2)教学是进行全面发展教育、实现培养目标的基本途径；(3)教学是学校教育的主要工作。A 项是教学的概念。（具体内容参见王道俊、郭文安主编的《教育学(第 6 版)》）

2. ABC 【解析】教学是教师有目的、有计划、有组织地指导学生掌握系统的科学文化知识和技能，发展智力、体力，陶冶品德、美感，形成全面发展的个性的活动。教学不只是传授知识，选项 A 说法错误。上课是实施教学的一种方式，二者不能等同，选项 B 说法错误。作为教育的一个组成部分的智育，即向学生传授系统的科学文化知识和发展学生的智力，主要是通过教学进行的，但不能把两者等同。选项 C 说法错误。教学是在一定教育目的规范下，教师的教和学生的学共同组成的传递和掌握社会经验的双边活动。选项 D 说法正确。故本题选 ABC 三项。

3. ACD 【解析】教学与智育两者既有联系又有区别。作为教育的一个组成部分的智育，即向学生传授系统的科学文化知识和发展学生的智力，主要是通过教学进行的，但不能把两者等同。教学是智育的主要途径，但不是唯一途径。一方面，教学也是德育、美育、体育、劳动技术教育的途径；另一方面，智育也需要通过课外活动等才能全面实现。把教学等同于智育将阻碍教学作用的全面发挥。故 B 项表述错误。

4. BD 【解析】教学具有多种形态，是共性与多样性的统一。

三、判断题

1. √ 【解析】教学是整个教育活动的一个重要组成部分，是传播、延续、发展人类科学文化的桥梁，是向学生进行思想品德教育的重要阵地，是实现教育目标的重要途径。

2. √ 【解析】中外学者在对教学概念的理解上，虽然存在认识上的差异，但也有共同之处。(1)都强调教师教与学生学的结合或统一，即教师教和学生学是同一活动的两个方面，是辩证统一的。首先，教不同于学，在课堂教学情境中，教主要是教师的行为，学主要是学生的行为。教师与学生之间存在着差异，教与学之间也存在着差异。教主要是一种外化过程，而学主要是一种内化过程。其次，“教”和“学”相互依存，相辅相成。(2)都明确了教师教的主导作用和学生学的主体地位。(3)都指出了教学对学生全面发展的促进功能。

3. × 【解析】教学与自学这两个概念的关系比较复杂，因为学生的自学有两种，必须加以区分。一种是在教学过程内、在教师指导下的自学。它包括配合教学进行的预习、复习、自习和作业，是教学的组成部分。另一种是在教学过程以外，学生自主进行的自学，其内容广泛，教学不包括这种学生自主进行的自学。

4. × 【解析】教学的一般任务包括：(1)引导学生掌握科学文化基础知识和基本技能；(2)发展学生智能，特别是培养学生的创新精神和实践能力；(3)发展学生体能，提高学生身心健康水平；(4)培养学生高尚的审美情趣和审美能力；(5)培养学生具备良好的道德品质和个性心理特征，形成科学的世界观。故题干说法错误。

5. √ 【解析】教学的任务之一是培养学生具备良好的道德品质和个性心理特征，形成科学的世界观。故题干说法正确。

6. × 【解析】学校工作以教学为主，既是由教学本身的性质决定的，也是多年来教育工作经验的总

结。但这并不意味着可以轻视甚至忽略其他工作,应当坚持“教学为主,全面安排”的原则。

7. × 【解析】教学的首要任务是使学生掌握系统的科学文化基础知识,形成基本技能、技巧,即“双基”教学。除此之外,教学的任务还有发展学生的智能、体能,培养学生高尚的审美情趣和审美能力,培养学生具备良好的道德品质和个性心理特征,形成科学的世界观。

四、简答题(参考答案)

1. 教学的一般任务是什么?

(1)引导学生掌握科学文化基础知识和基本技能;(2)发展学生智能,特别是培养学生的创新精神和实践能力;(3)发展学生体能,提高学生身心健康水平;(4)培养学生高尚的审美情趣和审美能力;(5)培养学生具备良好的道德品质和个性心理特征,形成科学的世界观。

2. 为什么在学校教育工作中要坚持以教学为主?

(1)学校是专门培养人的机构,要使学生在德、智、体等方面都得到发展,就需要通过教学、课外校外活动、生产劳动等途径来实现。教学在学校教育工作中所占时间最多,涉及面最广,对学生的发展影响最全面深刻,对学校教育质量的影响也最大。所以,学校工作必须以教学为主。

(2)学校工作以教学为主,既是由教学本身的性质决定的,也是多年来教育工作经验的总结。但这并不意味着可以轻视甚至忽略其他工作,应当坚持“教学为主,全面安排”的原则。

专题二　教学过程

答案速查:

1～5	DABAD	6～10	DDACB	11～15	CBBAC	16～20	BCCCB
21～25	DDDBD	26～30	ABDCC	31～35	BACDD	36～40	DDDAA
1～6	ABD ABD ABCD ABCD AB ACD			1～5	√ √ √ √ ×		
6～10	√ × √ × ×			11～13	× × ×		

一、单项选择题

1. D 【解析】教学过程大致分为激发学习动机、领会知识、巩固知识、运用知识、检查知识五个阶段。其中,领会知识是教学过程的中心环节。

2. A 【解析】处理好间接经验与直接经验的关系,是正确有效进行教学的重要问题。(1)学生认识的主要任务是学习间接经验。有目的地组织学生进行间接经验学习的活动就是教学。(2)学习间接经验必须以学生个人的直接经验为基础。(3)防止只重书本知识传授或直接经验积累的偏向。经验主义教育观过于重视学生个人的感知、探究、从做中学,而忽视系统知识的传授,使学生难以掌握系统缜密的学科知识,违反了教学的规律,割裂了间接经验与直接经验的内在联系,影响了教学质量的提高。A 项说法不正确。(具体内容参见王道俊、郭文安主编的《教育学(第7版)》)

3. B 【解析】英国的洛克和瑞士的裴斯泰洛齐是形式教育论的代表人物。

4. A 【解析】学生掌握知识、技能的过程,一般包括以下几个阶段:(1)引起学习动机;(2)感知教材;(3)理解教材;(4)巩固知识;(5)运用知识;(6)检查知识、技能和技巧。其中,检查学生知识、技能和技巧的掌握情况,主要由教师负责,一般采取课堂提问、检查课内外各种作业和各种测验来进行。杜老师每堂课后给学生留下课后作业和思考题,就是为了检查学生知识、技能和技巧的掌握情况。所以这一过程是学生掌握知识阶段中的检查知识、技能和技巧阶段。

5. D 【解析】在教学中,教师的教依赖于学生的学,学生的学离不开教师的教,教与学是辩证统一的。教师主导作用是针对能否引导学生积极学习与上进而言的。学生的主体性调动得怎样,学习的效果怎样,是衡量教师主导作用发挥得好坏的主要标志。这要求教师在教学过程中要处理好教师的主导作用与学生主动性的关系。

6. D 【解析】探究教学是一种极具创造性的教学,并无固定不变的模式,但学生获取知识一般仍要经历下述基本阶段:(1)明确问题;(2)深入探究;(3)作出结论。探究学习是从引导学生参与提出和明确所要探究的问题开始的,这是探究学习的起始阶段。

7. D 【解析】根据题干所述,教师不应强迫学生,而应引导学生发挥其主体性。这说明教师在教学过程中要注重启发诱导学生。

8. A 【解析】助长生命可以从四个方面去理解和把握:(1)感知生命;(2)感受生长;(3)体验生活;(4)感悟生存。在当代教学中,学生的生长就是他们在学校教育设计下的生活的展开和改进的过程。生长,当然是源于内、形于外的,当然是自我的、个性的,因而也应该是富有价值感的和蓬勃向上的。这就意味着,教学活动从动力因素到发生机制,从理智投入到情感表达,从目标追求到行为取向,都应该关照学习者自身的意识和需要,关涉学习者自身的品质和特点,进而更应该关心学习者自身的生长和完善。故题干的描述属于助长生命。

9. C 【解析】领会知识包括使学生感知和理解教材。感知教材主要是使学生获得关于所学内容的一个整体的表象,是所有教学活动的必经阶段。理解的目的在于形成概念、原理,真正认识事物的本质和规律。本题答案选 C 项。

10. B 【解析】“记问之学,不足以为人师”出自《学记》,可译为:仅仅靠背诵和记忆前人的东西而没有自己的见解和想法,这样的人是不足以给别人当老师的。这说明教学不能只停留在掌握已有的知识经验层面,还要注重智力的发展,即要具备认识客观事物的基本能力,这主要体现的是掌握知识和发展智力相统一的教学规律。

11. C 【解析】“对学生而言发展能力最重要”的观点忽视了学生对知识的掌握,违背了掌握知识与发展能力相统一的教学规律。掌握知识与发展能力二者是相互统一和相互促进的。

12. B 【解析】传授知识与思想教育相统一是教学过程的基本规律之一,这一规律强调在教学过程中,教师在传授知识的同时,一定要注重对学生进行思想品德教育,并使二者有机结合起来,使学生在知识能力和思想品德等方面都获得进步和发展。题干中的教师只注重传授知识,不注重学生的行为习惯和心理健康,说明该教师没有认识到传授知识与思想教育相统一的规律。

13. B 【解析】以间接经验为主是教学活动的主要特点。人们认识客观事物主要有两条途径:一是获取直接经验,即通过亲自探索、实践所获得的经验;二是获取间接经验,即他人的认识成果,主要是指人类在长期认识过程中积累并整理而成的书本知识。教学活动是学生认识客观世界的过程,要以间接经验为主、直接经验为辅,将二者有机结合起来。学生在课堂上学习的“直角三角形的定理”等书本知识属于间接经验。故选 B 项。

14. A 【解析】本题中考生应注意区分形式教育论与实质教育论。

	形式教育论	实质教育论
代表人物	洛克、裴斯泰洛齐	斯宾塞、赫尔巴特
主要观点	教学的主要任务在于通过开设希腊文、拉丁文、逻辑、文法和数学等学科发展学生的智力,至于学科内容的实用意义则是无关紧要的	教学的主要任务在于传授给学生有用的知识,至于学生的智力则无需进行特别的培养和训练
评价	只强调训练学生的思维形式,忽视知识的传授	只向学生传授对实际生活有用的知识,忽视了对学生认识能力的训练

题干问的是实质教育论,故本题选择 A 项。

易错提示:考生易混淆形式教育论与实质教育论的观点,做题时需注意形式教育论强调发展学生智力,实质教育论强调传授学生知识。

15. C 【解析】教学过程应遵循教师主导作用与学生主体作用相统一的规律。一方面要充分发挥教师的主导作用,另一方面要充分发挥学生主体参与教学的能动性。刘老师上课前先了解学生的学习准备情况,然后才设计教学过程,这说明刘老师是教学活动的领导者和组织者,在教学过程中发挥了主导作用。在实际教学中,刘老师不断启发学生思考,调动学生的积极性、主动性,这说明刘老师充分发挥了学生主体参与教学的能动性。故选 C 项。

16. B 【解析】"授人以鱼,仅供一饭之需;授人以渔,则终身受用无穷"强调了教师在教学中不仅要传授给学生知识,更重要的是发展学生的学习能力。故选 B 项。

17. C 【解析】学生是具有能动性的人,教师主导作用的发挥,其最终目的正是更充分地调动学生的主动性,教师主导作用正确、完全的实现,其结果必然是学生主动性的充分发挥。

18. C 【解析】教学过程的阶段之一是运用知识。在教学中,运用知识、形成技能技巧主要是通过教学实践来实现的,如完成各种书面或口头作业、实验等。此外,运用知识不只局限于技能和技巧的掌握,还包括"知识迁移"的能力和创造能力的发挥等。题干所述属于学生掌握知识的运用知识阶段。

19. C 【解析】教学过程的三要素说认为,教师、学生、教学内容是构成教学过程的基本要素。

易错提示: 教学过程的不同要素说所包含的内容是易混点,考生需准确掌握教学过程的不同要素说的构成成分,从而灵活应对各种考题。

(1)三要素说:教师、学生、教学内容。

(2)四要素说:教师、学生、教学内容、教学手段。

(3)五要素说:教师、学生、教学内容、教学手段、教学环境。

(4)六要素说:教师、学生、内容、方法、媒体、目的。

(5)七要素说:学生、目的、内容、方法、环境、反馈、教师。

一般认为,教师、学生、教学内容和教学手段是构成教学过程的基本要素。四者的关系如下:

教师(主导) ←教学内容、教学手段(中介)→ 学生(主体)

20. B 【解析】魏老师把大部分时间交给学生讨论问题,充分发挥了学生的主体作用;同时魏老师作为课堂的引导者,保证学生不偏离主道,这体现了魏老师的主导作用。魏老师的课取得了良好的教学效果,这说明在教学过程中要把教师的主导作用和学生的主体作用统一起来。

21. D 【解析】由题干中学生学习"间接知识"并"间接地认识世界"可知,题干所述为认识的间接性。

22. D 【解析】根据题干中的"学习成绩"和"道德修养水平"这两个关键词,我们可以看出题干主要强调的是知识传授与思想品德教育之间的关系,即强调教师在教学过程中要坚持传授知识与思想品德教育相结合。

23. D 【解析】实质教育论的代表人物是德国的赫尔巴特和英国的斯宾塞。

24. B 【解析】教学过程的交往说认为,教学是一种特殊的交往活动。教学过程是师生交往、沟通、互动和共同发展的过程。

25. D 【解析】"指引者,师之功也"的意思是:教师的功劳在于引导、指导学生。"师傅领进门,修行靠个人"的意思是:师傅只起着引导作用,学业或技艺上的钻研与提高,还得靠学子自身的努力。题干中"师傅"和"个人"的关系体现了教学中教师主导作用与学生主体作用相结合的规律。

方法技巧: 考生需要特别注意,当题干中出现引言时,往往解题的关键就在引言所表达的含义中。如本题两句引言都是在讲"师傅"和"个人"在教学过程中的关系,根据所学知识可以判定出本题考查教学过程的基本规律中教师主导作用与学生主体作用相统一规律。

26. A 【解析】加涅提出了信息加工理论,布鲁纳提出了结构教学理论,赞科夫提出了教学与发展理论，巴班斯基提出了教学过程最优化理论。故本题选择 A 项。

27. B 【解析】19 世纪德国教育家赫尔巴特试图用心理学的“统觉理论”来解释教学过程，提出教学过程由“明了、联合、系统、方法”四阶段构成（后由其学生发展为五个阶段），这一理论标志着教学过程理论的形成。

28. D 【解析】教学过程大致分为以下五个阶段：(1)激发学习动机；(2)领会知识；(3)巩固知识；(4)运用知识；(5)检查知识。巩固所学的知识是教学过程的一个必要环节。巩固知识的意义在于避免或减少对先前所学知识的遗忘，并且为顺利地学习新知识、新材料奠定基础。王老师在教授欧姆定律后，让同学们做课后练习题，这种做法体现的是对新知识的复习，是对学习过的材料进行再记忆并在头脑中形成稳固的联系。题干中王老师让学生做课后习题，属于知识的巩固，故本题选择 D。

29. C 【解析】理解教材是教学过程的中心环节。在教学过程中，不能让学生的认识停留在感性上，而要引导他们把所感知的材料同书本知识联系起来，进行思维加工，把握事物的本质和规律，上升到理性认识。

30. C 【解析】苏联教育家巴班斯基著有《教学过程最优化》，提出了教学过程最优化理论。他认为，应该把教学看作一个系统，从系统的整体与部分之间、部分与部分之间，以及系统与环境之间的相互联系、相互作用之中考察教学，以便最优处理教育问题。

31. B 【解析】教学过程中，教师要高质量地完成教学任务，实现培养人的使命，必须处理好的关系包括：间接经验与直接经验的关系、教师主导作用与学生主体作用的关系、知识与能力的关系、知识教育与思想道德教育的关系、智力因素与非智力因素的关系。

32. A 【解析】人们认识客观事物主要有两条途径：一是获取直接经验，即通过亲自探索、实践所获得的经验；二是获取间接经验，即他人的认识成果，主要是指人类在长期认识过程中积累并整理而成的书本知识。以间接经验为主是教学活动的主要特点。“秀才不出门，能知天下事”说的就是通过获得间接经验来获得知识，强调了在教学过程中必须以传授书本知识为主的道理。故选 A 项。

33. C 【解析】互动方式的双向性是指师生之间信息互送、互收、互相反馈；互动方式的多向性是指教师与学生、学生与学生之间信息全面开放，多向传递、反馈。题干所述正是教学互动方式的多向性的体现。

34. D 【解析】题干中的语文老师通过让学生写作文，使学生感受到了妈妈的爱，也更加尊重、信任自己的妈妈，这体现出该老师在传授给学生知识的同时，也注重对学生进行思想品德教育，体现了教学过程中传授知识与思想品德教育相统一的规律。

35. D 【解析】儿童中心论认为教育的目的在于促进儿童的成长，因此教育要从学生的兴趣和需要出发，整个教育过程要围绕儿童进行。这种观点过分夸大了学生的主观能动性，忽视教师的主导作用，违背了教师主导作用与学生主体作用相结合的规律。

36. D 【解析】“詹姆斯医生医术精湛，但是品行不良”体现的是知识与思想品德之间的关系，说明在教育过程中应贯彻传授知识与思想品德教育相统一的规律。

37. D 【解析】形式教育论者只强调训练学生的思维形式，忽视知识的传授；实质教育论者只向学生传授对实际生活有用的知识，忽视对学生认识能力的训练。因此形式教育与实质教育最本质的争论点在于知识与能力。

38. D 【解析】一般认为智力是人们完成任务所需能力的综合，包括观察力、记忆力、思维力和想象力等，它解决“能不能学”的问题。非智力因素是指人的理想、动机、爱好、意志、情绪、自信心等，它为学习活动提供动力，对学习过程起着始动、定向、维持、调节的作用，解决“想不想学”的问题。

39. A 【解析】“学不躐等”体现了循序渐进的教学原则。B、C 项是启发性原则的典型体现，而启发性原则是教师主导作用与学生主体作用相统一的规律在教学中的反映。D 项包括三层含义：

(1)教师的教可以促进学生的学;(2)教师可以向学生学习;(3)学生可以超越教师。这也体现了教师主导作用与学生主体作用的统一。

40. A 【解析】“博学之、审问之、慎思之、明辨之、笃行之”出自《礼记·中庸》,是儒家思孟学派提出的学习过程。

二、多项选择题

1. ABD 【解析】教学过程的基本功能可以从四个方面来考查:(1)传承知识,教学通过对知识、经验的传习和延续而完成其基本使命;(2)培育能力,对于学习者来说,最基本的能力是认知能力、感受能力、表达能力、交往能力、自我意识能力;(3)涵养品性,品性指人的智能之外的其他精神能量的特点和倾向性,主要包括思想意识、品德修养、情感态度、理想信念、价值观念、人格特点等,其中最重要的是自尊、爱、理解与宽容、价值感、责任感;(4)助长生命,助长生命包括感知生命、感受生长、体验生活、感悟生存。题干“学习科学文化知识”对应“传承知识”基本功能,“增进自身品德修养”对应“涵养品性”基本功能,“提高各项技能”对应“培育能力”基本功能,C 项与题干无关。

2. ABD 【解析】教学过程的结构指教学过程的基本阶段。教学过程大致分为以下五个阶段:(1)激发学习动机;(2)领会知识;(3)巩固知识;(4)运用知识;(5)检查知识。因此,A、B、D 三个选项正确。

3. ABCD 【解析】教学通常由四个因素组成,即教师、学生、教学内容、教学手段。教学是由这些要素相互作用、相互制约、相互影响而形成对立统一的整体,于是便形成了教师与学生的矛盾、教师与教学内容的矛盾、教师与教学手段的矛盾、学生与教学内容的矛盾、学生与教学手段的矛盾、教学内容与教学手段的矛盾。

4. ABCD 【解析】教学过程的基本规律包括:(1)间接经验与直接经验相结合(间接性规律);(2)教师主导作用与学生主体作用相统一(双边性规律);(3)掌握知识和发展智力相统一(发展性规律);(4)传授知识与思想品德教育相统一(教育性规律)。

5. AB 【解析】课堂教学理论主要有两条发展道路:一条是以赫尔巴特、凯洛夫等人为代表的“接受式教学”理论体系,另一条是以杜威、布鲁纳等人为代表的“活动式教学”理论体系。两者的对比如下所示:

要素	接受式教学理论体系	活动式教学理论体系
知识	(1)强调积累知识; (2)重视掌握知识的量	(1)强调通过自我发现去掌握知识; (2)重视掌握知识的质
学习方式	(1)重视学习的结果; (2)重视思维的结果	(1)重视学习的过程; (2)重视思维的过程; (3)强调掌握知识的方法
动机形式	强调外在动机	(1)强调内在动机; (2)重视对知识本身的兴趣与热爱
教师角色	(1)重视教师的讲授; (2)教师是讲授者	(1)重视教师的引导; (2)教师是顾问、咨询者
学生角色	学生是主动的或被动的学习者	学生是主动的分析者、探究者

本题考查接受式教学理论体系相关知识,由上表可知,AB 两项表述正确。

6. ACD 【解析】掌握知识和发展智力相互依存、相互促进,二者统一在教学活动中。(1)传授知识与发展智力这两个教学任务统一在同一个教学活动之中,统一在同一个认识主体的认识活动之中;(2)掌握知识是发展智力的基础;(3)发展智力又是掌握知识的重要条件。

三、判断题

1. √ 【解析】教师主导作用是针对能否引导学生积极学习与上进而言的。学生的主体性调动得怎样，学习的效果怎样，是衡量教师主导作用发挥得好坏的主要标志。所以题干表述正确。

2. √ 【解析】在感知教材内容的基础上，要引导学生进行抽象思维的加工，理解教材，形成概念，掌握本质，这便是理解教材的阶段。

3. √ 【解析】教学过程是教师的教和学生的学所组成的双边活动过程，教学过程对于教师来讲，是有目的、有计划地引导学生进行学习和掌握科学文化基础理论知识与培养、提高和发展学生的认识能力和基本技能的过程。教学过程对于学生来讲，是在教师的指导下，用人类积累起来的知识财富丰富自己的头脑，对于客观世界的认识由不知发展到知，由知之不完全、不确切，发展到比较完全、比较确切，从而获得认识世界和改造世界的能力的过程。因此，教学过程的实质，就是教师指导下的学生的认识和发展过程，这是人类的一种特殊认识过程。

4. √ 【解析】教学活动是学生认识客观世界的过程，要以间接经验为主、直接经验为辅，将二者有机结合起来。以间接经验为主是教学活动的主要特点；学生学习间接经验要以直接经验为基础。

5. × 【解析】巴班斯基的教学过程最优化理论中，最优化不是理想化，最优的就是某种条件下最好的。教学过程最优化有两个基本标准：教学效果最优化的标准和时间消耗最优化的标准。

6. √ 【解析】学生是学习活动的主人，教学过程中教师的教只有以学生的主动学习为基础，才能取得预期的效果。一般来说，学生的学习主动性、积极性愈大，求知欲、自信心、刻苦性、探索性和创造性愈大，学习效果也愈好。因此，教师要确立“学生学习要靠自己主动学习，他人不能包办代替”的观念。当然，学生主体性的形成和发展，离不开教师的正确引导。教学实质上就是引导学生学。

7. × 【解析】教学过程的对称性的最根本表现，就是在教学过程中教师与学生、教与学双方相互包含、相互依存、相对而成。对称性强调“教师是教学过程中的平等中的首席”，所以，教学过程是在教师的点拨和引导下学生主动发展的过程。

方法技巧：本题考查学生对教学过程的对称性的理解。题干中“强调教师的权威”势必会导致学生主体性的缺失，从而导致师生关系的不平衡，所以这种说法是错误的。

8. √ 【解析】题干中的“拙”和“笨”体现的是智力因素，而“勤”和“先飞”则体现了非智力因素，题干的描述体现了非智力因素对智力因素的补偿作用。

9. × 【解析】形式教育论认为教学的主要任务在于发展学生的智力，是重智轻知的。实质教育论认为教学的主要任务在于传授给学生有用的知识，是重知轻智的。

10. × 【解析】孔子把学习过程概括为“学—思—行”（也有说法认为是“学—思—习—行”）的统一过程。

11. × 【解析】教学过程是旨在促进人的文化生成的师生特殊交往实践过程，以特定文化价值体系为中介。故题干说法错误。

12. × 【解析】承认学生在教学过程中作为学习主体的地位，充分发挥学生参与教学的主体能动性是教师主导作用与学生主体作用相统一的规律的要求。

13. × 【解析】认识—实践说认为，教学过程作为人类社会的一种特殊的认识过程，是认识和实践统一的活动过程，是学生在教师指导下，对人类已有的知识经验的认识活动和改造主观世界、形成和谐发展个性的实践活动的统一过程。认识—实践说从教师的角度概括教学的实践本质，容易导致重教轻学，从学生的角度则容易重学轻教。认识—发展说强调了学生的主观能动性，但是削弱了教师的主导作用。

四、辨析题

1. 我们常说:"教师要给学生一杯水,自己必须要有一桶水。"所以教学就是一个传递知识的过程。

(1)这种说法是不正确的。(2)教学的首要任务是使学生掌握系统的科学文化基础知识,形成基本技能、技巧,但是教学除了传授知识之外,还要发展学生的智能和体能,培养学生高尚的审美情趣、良好的道德品质等。故教学不仅仅是一个传递知识的过程。

2. 教学永远具有教育性。

(1)这种说法是正确的。(2)教学具有教育性,是指教学在传授和学习知识的同时,总有某种思想、观点和道德精神影响学生。这里的"教育",指的是道德教育、思想品德教育。西方有句名言:教学永远具有教育性。"永远具有"指出了教学具有教育性不是一种暂时的偶然的现象,而是一条规律。正如赫尔巴特所说:"我想不到有任何'无教学的教育',正如在相反方面,我不承认有任何'无教育的教学'。"教学具有教育性揭示了教学过程中教书与育人两个方面之间的内在的必然的联系。

五、简答题(参考答案)

1. 发挥教师主导作用的条件有哪些?

(1)教师主导作用的实现有赖于教师自身的条件,即具备应有的知识和能力素质、品德及人格;(2)教师主导作用的发挥还必须具备各种客观条件,如教师在教育过程中的地位是否得到应有的肯定、教师工作的条件是否得到基本的保证。

2. 教学过程的特殊性主要表现在哪些方面?

(1)认识对象的间接性与概括性;(2)认识方式的简捷性与高效性;(3)教师的引导性、指导性与传授性(有领导的认识);(4)认识的交往性与实践性;(5)认识的教育性与发展性。

六、论述题(参考答案)

1. 有人认为素质教育可以用6个字概括——"教是为了不教"。请谈谈你对这句话的理解。

(1)"教是为了不教"体现了在教学过程中要遵循教学过程的双边性规律,即教师主导作用与学生主体作用相统一规律。教学要注意发挥学生的主体作用,充分发挥学生主体参与教学的能动性。同时,还要处理好传授知识与发展智力相互统一和相互促进的关系。教学过程既是向学生传授知识的过程,又是发展学生智力和能力的过程。在教学过程中要注重学生能力的培养,促进学生进行自学。从大的方面讲,德智体全面发展就是素质;但素质还有另一个方面,就是通过启发式教学让孩子们的智慧和能力得到自由的释放和全面的发展。这体现了素质教育对学生创新精神和实践能力的重视。

(2)此外,在教学中要遵循启发性教学原则。注重在教学中调动学生的主动性和积极性,引导他们通过独立思考、积极探索,生动活泼地学习,自觉地掌握科学知识,提高分析问题和解决问题的能力。

2. 试述在教学中,应该如何正确看待间接经验与直接经验的关系。

(1)人们认识客观事物主要有两条途径:一是获取直接经验,即通过亲自探索、实践所获得的经验;二是获取间接经验,即他人的认识成果,主要是指人类在长期认识过程中积累并整理而成的书本知识。教学活动是学生认识客观世界的过程,要以间接经验为主、直接经验为辅,将二者有机结合起来。

(2)以间接经验为主是教学活动的主要特点。借助间接经验认识世界,是认识上的捷径。学习间接经验也是由学生特殊的认识任务决定的。

(3)学生学习间接经验要以直接经验为基础。书本知识,一般表现为概念、定理、原理等,这对学生来说是间接经验。学生要把这些知识转化为自己的知识,必须以个人以往积累的或现时获得的感性经验为基础,教师要根据教学需要充分利用和丰富学生的直接经验。

(4)贯彻直接经验与间接经验相统一的规律,要防止两种倾向:①过分强调书本知识的传授和学习,忽视引导学生通过实践活动、亲身参与、独立探索去积累经验、获取知识的倾向;②只强调学生通过自己探索去发现、积累知识,忽视书本知识的学习和教师的系统讲授。应该将直接经验与间接经验有机结合起来。

七、案例分析题(参考答案)

1.(1)在教学中,教师的教依赖于学生的学,学生的学离不开教师的教,教与学是辩证统一的。教师是教学活动的领导者、组织者,是学生学习的指导者和学习质量的检查者,在教学活动中起主导作用。学生是学习的主人,具有主观能动性,在教学中应充分发挥学生主体参与教学的能动性。只有教师、学生两方面互相配合,才能收到最佳的教学效果。

(2)A 老师掌控着教育内容和进程,留给学生参与、思考的时间很少,说明其发挥了教师主导作用,但并未尊重学生的主体地位,没有发挥学生参与教学的积极性。B 老师在活动中鼓励学生积极参与、勇于实践和创新,活动结束及时总结,既充分发挥了教师主导作用,又尊重和发挥了学生的主动性,有利于学生的长远健康发展。

2.(1)该案例体现了教学过程的间接经验与直接经验相结合的特点。以间接经验为主是教学活动的主要特点,但在教学中必须重视直接经验的作用。在案例中,学生对雨的观察得到的是直接经验,而老师将其引向古诗这一间接经验,这一教学过程即体现了直接经验与间接经验相结合的特点。

(2)该案例体现了教学过程的教师主导作用与学生主体作用相统一的特点。教师在教学活动中起主导作用,而学生是教学活动中具有能动性的主体。学生是具有主观能动性的人,他们能够能动地反映客观事物。他们的学习动机、兴趣、意志等因素直接影响学习效果。因此,在教学中必须发挥学生的主体作用。教师的主导作用和学生的能动性是相互促进的。无论多么优秀的教师,都无法代替学生学习。成功的教学有赖于学生主观能动性的发挥。本案例中,老师只是提了一个问题,给了学生一句评价。虽然话不多,但是很关键,充分调动了学生学习的积极性,给了学生很大的想象空间,引导他们主动思考,收到了良好的教学效果。

3.我赞成肯定王老师做法的意见。目前在教学实践中存在两种倾向,一种是在注重效率、质量与升学的功利驱使下,过于强调教师的作用,相对忽视尊重、关怀学生,以致教师仍然居高临下,讲得过多、管得过死,压抑了学生的主动性、创造性。这是一种传统弊病的表现,亟待改进。另一种则是在教学改革的探索过程中,一味强调学生在教学中的主体地位与作用,过于注重课堂的活动与热烈氛围,相对忽视教师在教学中的理智引导与规范,以致学生活泼有余,对知识的系统掌握则有不足,影响了教学质量,其危害也不可忽视。案例中的王老师能够根据学生的学习特点和需求调整教育教学活动,调动了学生学习的主动性,营造了良好的课堂气氛,有利于发挥教师的主导作用。案例中质疑王老师做法的意见,属于两种倾向中的第一种,压抑了学生的主动性、创造性。

专题三　教学原则

答案速查:

1～5	DDCDA	6～10	BACDA	11～15	BBABA	16～20	BDDDA
21～25	BACBB	26～30	CCBBB	31～35	ACBBA	36～40	DABCA
41～45	CBCAB	46～50	CDBAA	51～52	CA		
1～3	ABC BC BD			1～5	√ √ × √ ×		

一、单项选择题

1. D 【解析】思想性(教育性)和科学性相统一的原则是指教学要以马克思主义为指导,授予学生科学知识,并结合知识教学对学生进行社会主义品德和正确人生观、科学世界观教育。这一原则

的实质是要求在教学活动中把教书和育人有机地结合起来。张老师在讲课时，既给学生讲授了科学知识，也通过讲述我国宇航员刻苦训练的故事对学生进行了思想品德教育，这体现的教学原则是思想性与科学性相统一的原则。A 项启发性原则是指在教学活动中，教师要调动学生的主动性和积极性，引导他们通过独立思考、积极探索，生动活泼地学习，自觉地掌握科学知识，提高分析问题和解决问题的能力。B 项理论联系实际原则是指教师在教学中，应使学生从理论与实际的结合中来理解和掌握知识，并引导他们运用新获得的知识去解决各种实际问题，培养他们分析问题和解决问题的能力。C 项直观性原则是指在教学活动中，教师应尽量利用学生的多种感官和已有的经验，通过各种形式的感知，使学生获得生动的表象，从而比较全面、深刻地掌握知识。

2. D 【解析】“我辈致知，只是各随分限所及”意为：我们在致知上下功夫，只是随着各人所能达到的程度去做。这体现的是量力施教的教育思想。A 项正确。“教之而不受，虽强告之无益”的意思是教导他却不肯接受，即使强行告诉他也没有任何益处。这说明教师要注重启发诱导而不是单纯灌输知识。B 项正确。“高者抑之，下者举之；有余者损之，不足者补之”的意思是：（天之道，犹如高明的射手拉弓射箭一样）弓弦拉高了就往下压低点，弓弦拉低了就往上举高点；多出来的时候，就要加以减损，不足的时候，就要加以补充。“损有余而补不足”实际上是一种因材施教。C 项正确。“眼过千遍不如手过一遍”说明要组织好学生的复习工作，教会学生记忆的方法，这体现的是巩固性原则。D 项错误。

3. C 【解析】量力性原则是指教学的内容、方法、分量和进度要适合学生的身心发展，使他们能够接受，但又要有一定的难度，需要他们经过努力才能掌握，以促进学生的身心发展。墨子这句话的意思是：用深一点的知识去教育程度较深的人，用浅一点的知识去教育程度较浅的人，用使其增长的办法对待人的长处，用尊重的态度去对待别人的自尊之处。这说明墨子要求根据学生的知识水平量力而教，体现了量力性原则。

4. D 【解析】发展性原则（量力性原则、可接受性原则）是指教学的内容、方法和进度既要适合学生已有的发展水平，又要有一定的难度，激励他们经过努力才能掌握，以便有效地促进学生的身心发展。贯彻发展性原则要求教师了解学生的发展水平，从实际出发进行教学。第斯多惠指出：“学生的发展水平是教学的出发点。”教师在教学过程中，随时都要了解学生的发展水平、已有的知识与能力状况，这是教学的基点与起点，也是学生知识的生长点。所以，题干所述体现的教学原则是发展性原则。

5. A 【解析】启发性原则是指在教学活动中，教师要调动学生的主动性和积极性，引导他们通过独立思考、积极探索，生动活泼地学习，自觉地掌握科学知识，提高分析问题和解决问题的能力。题干这句话的意思是读书没有疑问的，要教他发现疑问；有了疑问的，通过寻求答案，再达到没有疑问的境界。从无疑到有疑再到无疑，这是一个启发诱导的过程，体现的是教学的启发性原则。

6. B 【解析】因材施教原则是指教师在教学中，要从课程计划、学科课程标准的统一要求出发，面向全体学生；同时又要根据学生的个别差异，有的放矢地进行有差别的教学，使每个学生都能扬长避短，获得最佳的发展。朱熹的这句话是说，圣人施行教育，必须依据各人的不同资质和才能有针对性地进行，资质和才能小的，就培养成低一级的人才，资质和才能大的，就培养成高一级的人才。这体现了因材施教的教学原则。

7. A 【解析】贯彻循序渐进原则的要求包括：(1)按教材的系统性进行教学。要求教师深入领会教材的系统性，结合学生认识特点和本班学生的情况，编写一个讲授提纲或设计一个教学双边活动过程计划，以组织、指导教学的进程。(2)抓主要矛盾，解决好重点与难点。要求区别主次、分清难易、有详有略地教学。例如，教师在备课时，根据大纲的要求，分别排出重点知识、必需知识、一般知识。(3)由浅入深、由易到难、由简到繁。这是循序渐进应遵循的一般要求，是行之有效的宝贵经验。(4)将系统连贯性与灵活多样性结合起来。在课堂教学中，教师应当将教学的系统性、连续性与灵活性、多变性机智地结合起来,以完成教学任务。所以题干中该教师的做法符合循序渐进原则要求中的“抓主要矛盾,解决好重点与难点”。(具体内容参见王道俊、郭文安主编的《教育学(第7版)》)

8. C 【解析】循序渐进原则是指教师要严格按照科学知识的内在逻辑和学生的认知发展规律进行教学,使学生掌握系统的科学文化知识,能力得到充分的发展。贯彻循序渐进原则要求教师按照学生的认识顺序,由浅入深、由易到难、由简到繁地进行教学。张老师在教学内容方面的选择上,从易到难、从简单到复杂,遵循了循序渐进原则。

9. D 【解析】贯彻理论联系实际原则要求教师重视书本知识的教学,在传授知识的过程中注重联系实际。题干中英语老师既注重语法概念的讲解,又注重指导学生实际运用语法概念,贯彻了理论联系实际原则。

10. A 【解析】贯彻启发性教学原则的要求有:(1)加强学习的目的性教育,调动学生学习的主动性;(2)设置问题情境,启发学生独立思考,培养学生良好的思维方法和思维能力;(3)让学生动手,培养学生独立解决问题的能力,鼓励学生将知识创造性地运用于实际;(4)发扬教学民主。A项属于贯彻因材施教教学原则的要求。

11. B 【解析】直观性原则是指在教学活动中,教师应尽量利用学生的多种感官和已有的经验,通过各种形式的感知,使学生获得生动的表象,从而比较全面、深刻地掌握知识。题干中学生通过自己动手做实验来理解捞铁牛原理,体现了对直观性原则的具体运用。

12. B 【解析】启发性原则是指在教学活动中,教师要调动学生的主动性和积极性,引导他们通过独立思考、积极探索,生动活泼地学习,自觉地掌握科学知识,提高分析问题和解决问题的能力。“教人发现真理”体现的是启发性原则。

13. A 【解析】因材施教原则是指教师在教学中,要从课程计划、学科课程标准的统一要求出发,面向全体学生,同时又要根据学生的个别差异,有的放矢地进行有差别的教学,使每个学生都能扬长避短,获得最佳的发展。“知其心,然后能救其失也”译为:(教育者)知道了他们的不同心理特点,然后才能补救其不足。这句话强调教育者要根据学生不同心理特点因材施教,体现的是因材施教原则。

14. B 【解析】理论联系实际原则是指教师在教学中,应使学生从理论与实际的结合中来理解和掌握知识,并引导他们运用新获得的知识去解决各种实际问题,培养他们分析问题和解决问题的能力。这一原则是直接经验与间接经验相统一的教学规律在教学中的体现。

15. A 【解析】启发性原则是在吸取中外教育遗产的基础上提出的,是教师主导作用与学生主体作用相统一的规律在教学中的反映。苏格拉底的“产婆术”、孔子提出的“不愤不启,不悱不发”的教学要求都是这一教学原则的体现。

16. B 【解析】因材施教原则是指教师在教学中,要从课程计划、学科课程标准的统一要求出发,面向全体学生,同时又要根据学生的个别差异,有的放矢地进行有差别的教学,使每个学生都能扬长避短,获得最佳的发展。数学老师有意让学习较差的学生回答简单的问题,说明数学老师注意到了学生发展的差异性,体现了因材施教的教学原则。

17. D 【解析】量力性原则也称可接受性原则,是指教学的内容、方法、分量和进度要适合学生的身心发展,使他们能够接受,但又要有一定的难度,需要他们经过努力才能掌握,以促进学生的身心发展。经验证明,教学中传授的知识只有符合学生的接受能力才能被他们理解,顺利地转化为他们的精神财富。题干中“考虑学生已有的认知水平”“关注大部分学生的‘最近发展区’”体现的是量力性原则。

18. D 【解析】循序渐进原则是指教师要严格按照科学知识的内在逻辑和学生的认知发展规律进行教学,使学生掌握系统的科学文化知识,能力得到充分的发展。题干引文的意思是:(若要学到父亲高超的手艺)高明的冶金匠的儿子,一定要先去学缝皮袄;高明的工匠的儿子,一定要先去

学编簸箕。故题干所述表明应先从容易的学起，这体现了对循序渐进原则的追求。

19. D 【解析】巩固性原则是指教师在教学中要引导学生在理解的基础上牢固地掌握基础知识和基本技能，而且在需要的时候，能够准确无误地呈现出来，以利于知识技能的利用。“学而时习之”强调学生在学习过程中要经常复习，才能牢记知识，这体现了巩固性教学原则。

20. A 【解析】直观性原则是指在教学活动中，教师应尽量利用学生的多种感官和已有的经验，通过各种形式的感知，使学生获得生动的表象，从而比较全面、深刻地掌握知识。直观手段种类繁多，一般分为三大类：实物直观、模像直观和言语直观。题干中的地球仪属于模像直观，故选 A 项。

21. B 【解析】《西邻五子》讲的是：西边邻居家有五个儿子。一个儿子老实，一个儿子聪明，一个儿子瞎，一个儿子驼背，一个儿子瘸。就让老实的务农，聪明的经商，瞎子卜卦算命，驼背的搓麻绳，瘸子纺线，五个儿子都不为衣食发愁。西邻五子的故事说明根据每个人的特点施以不同的教育，即可取得良好的效果。这体现了因材施教的教学原则。

22. A 【解析】针对同一个问题，孔子根据子路和冉有不同的性格，对他们提出不同的建议，这体现了教师在教学中要根据学生性格差异进行因材施教。

23. C 【解析】理论联系实际原则是指教师在教学中，应使学生从理论与实际的结合中来理解和掌握知识，并引导他们运用新获得的知识去解决各种实际问题，培养他们分析问题和解决问题的能力。这一原则要求教师在传授知识的过程中注重联系实际。张老师在讲除法时，将除法的学习与日常生活中常见的分烙饼结合起来，体现了理论联系实际原则。

易错提示：部分考生看到题干中的老师将“计算板书出来”，误认为题干内容体现了直观性原则。仔细审视题干内容，可发现题干中的老师通过分烙饼的例子，让学生联系生活实际来理解这一知识点，这体现的是理论联系实际原则。若题干表述的内容是老师向学生展示分烙饼的不同方法，让学生直观感受如何分烙饼，则体现了直观性原则。

24. B 【解析】直观性原则是指在教学活动中，教师应尽量利用学生的多种感官和已有的经验，通过各种形式的感知，使学生获得生动的表象，从而比较全面、深刻地掌握知识。对教学中的直观性原则，古今中外教育家都做过非常精辟的阐述。中国古代教育家荀况说过，“不闻不若闻之，闻之不若见之”“闻之而不见，虽博必谬”，提出了在学习中不仅要“闻之”更要“见之”，才能“博而不谬”。乌申斯基也指出：“一般来说，儿童是依靠形式、颜色、声音和感觉来进行思维的。”故题干中乌申斯基所说的话要求我们在教学中要遵循直观性原则。

25. B 【解析】题干引文大意为：没有听到不如听到，听到不如亲眼看到。这句话强调学生的直观感知，体现了直观性原则。

26. C 【解析】启发性原则是指在教学活动中，教师要调动学生的主动性和积极性，引导他们通过独立思考、积极探索，生动活泼地学习，自觉地掌握科学知识，提高分析问题和解决问题的能力。贯彻启发性原则的要求之一是：设置问题情境，启发学生独立思考，培养学生良好的思维方法和思维能力。题干中的老师在教学生学习圆锥体的体积计算方法前，先对学生提出了一系列问题，有利于调动学生学习的积极性，引导学生积极探索，这体现了启发性教学原则。

27. C 【解析】因材施教的教学原则要求教师从学生的实际情况、个别差异出发，有的放矢地、有差别地教学。允许成绩优秀的学生跳级，就体现了因材施教的教学原则。

28. B 【解析】直观性原则是指在教学活动中，教师应尽量利用学生的多种感官和已有的经验，通过各种形式的感知，使学生获得生动的表象，从而比较全面、深刻地掌握知识。直观手段种类繁多，一般分为三大类：实物直观、模像直观和言语直观。其中，言语直观指在生动形象的言语作用下唤起学生头脑中的表象，以提供感性材料的直观方式。王老师用生动形象的语言进行描述，能够唤起学生头脑中对秋天的表象，这里运用了言语直观的方式，体现了直观性教学原则。

29. B 【解析】"夫智者必量其力所能至而从事焉"的意思是聪明的人一定先估量他的能力能否达到,然后才去做某件事。这体现的是量力性原则。

30. B 【解析】题干中的"认识和思考""行动""知和行又是那么紧密地联系着"体现的是知和行的统一关系,反映了理论联系实际的教学原则。

31. A 【解析】贯彻启发性原则的要求之一是设置问题情境,启发学生独立思考,培养学生良好的思维方法和思维能力。题干的关键词是"问题",即学生思维的发展是从问题或者是疑问开始的,故应遵循启发性教学原则。

32. C 【解析】题干引文的意思是:如果老师开导了(学生)还是不懂,那么暂时放弃开导,也是可以的。这在一定程度上表明教学的内容、方法、分量和进度要适合学生的身心发展,使他们能够接受。这符合量力性原则的内涵。

33. B 【解析】教学原则是对教学方法的总结和升华,从微观层面进入到中观层面,从感性印象进入理性理解。

34. B 【解析】孔子说:"曾跟随我从陈国到蔡地去的学生,现在都不在我身边受教了。弟子中德行最好的是颜渊、闵子骞、冉伯牛、仲弓。表达能力强的是宰我、子贡。有领导能力的是冉有、季路。擅长文学的是子游、子夏。"这句话表达的是孔子对学生个性的了解,体现了因材施教原则。

35. A 【解析】加强学习的目的性教育,调动学生学习的主动性是贯彻启发性原则的首要问题。

36. D 【解析】题干中的李老师发现班里非常调皮的小明在课堂上画画这一情况时,不是批评小明,而是对其进行夸奖,说明李老师能根据学生的特长进行有区别的教育,这体现的是教学的因材施教原则。

37. A 【解析】题干中,王老师在传授知识的同时对学生进行思想品德的教育,体现的是科学性与思想性相统一的教学原则。

38. B 【解析】题干中的这句话出自《孟子》,原指善于教射箭的人,只做跃跃欲射的姿态,以便学的人观摩领会,后比喻善于启发引导。故本题答案选择 B 项。

39. C 【解析】采用巩固性教学原则的一个要求就是组织好学生的复习工作,教会学生记忆的方法。例如,在讲授新知识前复习已学的有关知识,为新课做准备,或由旧课导入新课;在讲授新知识过程中,注意复习和联系已学过的有关知识,利用已有知识掌握新概念等。题干中教师通过引导学生复习之前学过的字来帮助学生记忆新学的内容,是巩固性教学原则的典型体现。

> **易错提示:**部分考生在解读题干时,因看到"首先""然后"字眼,就认为教师是根据学生的认识顺序,由浅入深地进行教学,故而误选循序渐进原则。其实仔细审查题干,可发现题干中的关键词是"复习"和"新词",即教师先引导学生复习已经学过的知识,再在原有知识的基础上来学习新知识,这体现了巩固性原则。考生在做这类题干较长的题目时,要善于提取题干中的有用信息,将关键信息与教材中的知识点相联系,从而得出正确答案。

40. A 【解析】贯彻启发性原则的基本要求之一是发扬教学民主。要创造宽松、和谐、民主、平等、坦率、活跃的课堂教学氛围,这是启发教学的重要条件。只有这样,学生的心情才会放松,他们的聪明才智才能充分发挥出来。教师切不可唯我独尊、搞一言堂,要鼓励学生发表自己的见解,包括与教师不同的见解。对学生的发言,不应吹毛求疵、求全责备,压抑学生的积极性。要提倡相互尊重、相互学习,不可相互鄙薄。故题干中教师的做法对应启发性原则。

41. C 【解析】"求也退,故进之;由也兼人,故退之"讲的是子路和冉有向孔子请教的是同一个问题:听到一个很好的主张,是不是应该马上去做呢?孔子却对他们做出不同的回答。孔子根据学生的不同特点进行有区别的教育,是因材施教原则的体现。

42. B 【解析】"不陵节而施之谓孙"是指教学要遵循一定的顺序进行,这体现的是循序渐进的教学原则。

43. C 【解析】启发性原则是指在教学活动中，教师要调动学生的主动性和积极性，引导他们通过独立思考、积极探索，生动活泼地学习，自觉地掌握科学知识，提高分析问题和解决问题的能力。题干中的张老师在讲解立体几何题的过程中，不仅提出了相应的问题，还针对学生的发言，不断引导，帮助学生成功地解出了答案，这体现了对启发性原则的运用。

44. A 【解析】中世纪捷克教育家夸美纽斯率先提出了教学的直观性原则，他在著作《大教学论》中指出："凡是需要知道的事物，都要通过事物本身来进行教学。就是说，应该尽可能地把事物本身或代替它的图像放在面前，让学生去看看、摸摸、听听、闻闻等等。"这强调了学生的直接经验的重要性。

45. B 【解析】思想性(教育性)和科学性相统一的原则是指教学要以马克思主义为指导，授予学生科学知识，并结合知识教学对学生进行社会主义品德和正确人生观、科学世界观教育。这是培养德智体全面发展的人的要求，是建设社会主义物质文明和精神文明的要求，体现了我国教育的根本方向。

46. C 【解析】思想性(教育性)和科学性相统一的原则是指教学要以马克思主义为指导，授予学生科学知识，并结合知识教学对学生进行社会主义品德和正确人生观、科学世界观教育。这一原则的实质是要求在教学活动中把教书和育人有机地结合起来。C 项中的王老师在传授化学知识的同时，向同学们介绍居里夫人献身科学的事迹，使同学们在学习知识的同时，感受到居里夫人献身科学的精神，帮助学生树立正确的人生观、科学世界观，从而为人类社会做贡献，体现了思想性与科学性相统一的教学原则。A、B、D 三项中的老师只是对知识进行讲解，并没有渗透德育的内容。

47. D 【解析】不可"跃进"和"欲速不达"，说明教学要按照一定的顺序进行，这体现的是循序渐进的教学原则。

48. B 【解析】巩固性原则是指教师在教学中要引导学生在理解的基础上牢固地掌握基本知识和基本技能，而且在需要的时候，能够准确无误地呈现出来，以利于知识技能的利用。中外教育家对此均有论述。夸美纽斯形容只顾传授知识而不注意巩固的教学，等于"把流水泼到一个筛子上"，结果什么也没有留下。这启示教师在教学中应重视知识的巩固，也即贯彻巩固性原则。故本题选 B 项。

49. A 【解析】题干中的老师在面对学生提出的问题时，没有耐心引导，而是粗暴地批评了学生，打击了学生学习的积极性。这说明题干中的老师未发扬教学民主，没有创造民主、和谐的教学氛围。而贯彻启发性原则的要求之一是发扬教学民主。故题干中的老师违背了启发性教学原则。

易错提示:本题容易产生混淆的是启发性原则和因材施教原则。启发性原则强调的是要调动学生的积极性和主动性，发挥学生在学习过程中的主体作用。而因材施教原则强调的是教师要根据学生的不同特点，有针对性地进行教育，以发挥每个学生的个性特长。题干主要体现了教师打击了学生学习的主动性和积极性，没有很好地引导学生独立思考，并没有涉及学生的个性特点或者是个性特长的相关内容。

50. A 【解析】量力性原则是指教学的内容、方法、分量和进度要适合学生的身心发展，使他们能够接受，但又要有一定的难度，需要他们经过努力才能掌握，以促进学生的身心发展。题干中第斯多惠的话强调了教学中传授的知识要符合学生的接受能力，只有符合学生的接受能力才能被学生理解，顺利地转化为他们的精神财富。即体现了量力性原则。

易错提示:部分考生在做题时，因看到了题干中的"循序渐进"而误选了循序渐进原则。在做题时需整体理解题干，抓住题干中的关键句是"符合受教学生的发展水平"，进而选出正确答案。

51. C 【解析】循序渐进原则在西方常称为系统性原则，是指教师要严格按照科学知识的内在逻辑和学生的认知发展规律进行教学，使学生掌握系统的科学文化知识，能力得到充分的发展。题干中的小张老师没有结合班里学生的实际情况，由易到难地布置作业，违背了这一原则。

52. A 【解析】巩固性原则是指教师在教学中要引导学生在理解的基础上牢固地掌握基本知识和基本技能，而且在需要的时候，能够准确无误地呈现出来，以利于知识技能的利用。历代教育家都很重视知识的巩固问题，如乌申斯基认为"复习是学习之母"。

二、多项选择题

1. ABC 【解析】贯彻思想性和科学性相统一原则的要求有：(1)教师要保证教学的科学性；(2)教师要结合教学内容的特点进行思想品德教育；(3)教师要通过教学活动的各个环节对学生进行思想品德教育；(4)教师要不断提高自己的业务能力和思想水平。D项是贯彻巩固性教学原则的要求。

2. BC 【解析】"闻斯行诸"的故事是指子路和冉有问同一个问题"闻斯行诸"，孔子却作了不同的回答。这是由于子路做事有时不免轻率，所以孔子要他在听到一件该做的事时最好向父兄请教后再去做。而冉有则个性谦退，遇事往往畏缩，因此孔子要他在听到一件该做的事后立刻去做。这体现了因材施教的教学原则，故A项不符合题意。"盈科而进"的意思是要想进步、提高，必须打好坚实的基础。这体现了循序渐进的教学原则，故B项当选。"杂施而不孙，则坏乱而不修"指教学如果不按一定的顺序，杂乱无章地进行，学生就会陷入紊乱而没有收获。这符合循序渐进的教学原则，故C项当选。苏格拉底的"产婆术"是指在与学生谈话的过程中，并不直截了当地把学生所应知道的知识告诉他，而是通过讨论、问答甚至辩论方式来揭露对方认识中的矛盾，逐步引导学生自己最后得出正确答案的方法。这体现了启发性教学原则，故D项不符合题意。

3. BD 【解析】教学原则是根据一定的教学目的和教学过程规律而制定的指导教学工作的基本准则。

三、判断题

1. √ 【解析】题干中孔子这句话的意思是温习旧知识从而得到新的理解与体会，凭借这一点就可以成为老师了。这表明了孔子对巩固知识的重视，是遵循巩固性原则的体现。

2. √ 【解析】教学原则伴随着教学活动的产生而产生，并不断发展变化。随着教学实践的日益深化，教学原则也在不断地推陈出新。千百年来，人们在教学实践中创造了因材施教、启发诱导、循序渐进、学思行结合、温故知新等众多的教学原则。这些传统教学原则，各有其不同的特点、功能和应用范围，但由于它们正确地反映了教学规律，都对后世产生了深远的影响，直至今天仍有巨大的价值。现代教学理论中所倡导的因材施教、启发诱导、循序渐进、理论联系实际、温故知新等教学原则就是对上述传统教学原则的继承和发展。(具体内容参看李森所著的《现代教学论纲要》)

3. × 【解析】思想性(教育性)和科学性相统一的原则是指教学要以马克思主义为指导，授予学生科学知识，并结合知识教学对学生进行社会主义品德和正确人生观、科学世界观教育。这一原则的实质是要求在教学活动中把教书和育人有机地结合起来。题干中王老师在教学的同时，联系屠呦呦躬身钻研的故事对学生进行德育，体现了教书与育人的统一，表明王老师在教学中遵循了思想性(教育性)和科学性相统一的原则。

4. √ 【解析】贯彻直观性教学原则的要求之一即正确选择直观教具和教学手段。

5. × 【解析】量力性原则也称可接受性原则，这一原则是为了防止发生教学难度低于或高于学生实际程度而提出的。

四、简答题(参考答案)

简述我国中小学常用的教学原则。

(1)思想性(教育性)和科学性相统一的原则；(2)理论联系实际原则；(3)直观性原则；(4)启发性原则；(5)循序渐进原则；(6)巩固性原则；(7)因材施教原则；(8)量力性原则。

五、论述题(参考答案)

请结合你所在学科,选择一种教育原则并试举例论述。

以语文学科为例:

(1)理论联系实际原则是指教师在教学中,应使学生从理论与实际的结合中来理解和掌握知识,并引导他们运用新获得的知识去解决各种实际问题,培养他们分析问题和解决问题的能力。这一原则是直接经验与间接经验相统一的教学规律在教学中的体现。贯彻此原则的要求有:①重视书本知识的教学,在传授知识的过程中注重联系实际;②重视引导和培养学生运用知识的能力;③加强教学的实践性环节,逐步培养与形成学生综合运用知识的能力,进行“第三次学习”;④正确处理知识教学与能力训练的关系;⑤补充必要的乡土教材。

(2)在语文教学中理论联系实际,首先要加强语文基本知识、语文学科基本结构、语文知识相互关系的教学;其次是根据学科教育内容、任务及学生特点采取有效的方式联系实际,采用直观式的教学手段,比如,联系现实生活中的语文事例、语文现象,组织学生认识语文现象,练习语文技能,实践语文知识与能力。教学中理论联系实际的目的,主要是使学生更好地掌握这些基础知识并形成基本能力。

六、案例分析题(参考答案)

1.(1)启发性原则是指在教学活动中,教师要调动学生的主动性和积极性,引导他们通过独立思考、积极探索,生动活泼地学习,自觉地掌握科学知识,提高分析问题和解决问题的能力。王老师在教学过程中运用了启发性原则,但是由于学生的年龄较小,学生的思维未向王老师预设的方向发展,启发不当,不符合学生的思维特点。

(2)直观性原则是指在教学活动中,教师应尽量利用学生的多种感官和已有的经验,通过各种形式的感知,使学生获得生动的表象,从而比较全面、深刻地掌握知识。直观性原则的提出是由学生的年龄特征所决定的。直观手段种类繁多,一般分为三大类:实物直观、模像直观和言语直观。案例中的王老师教学生学习认字主要使用了言语直观,言语直观往往要结合学生经验,效果会较好。王老师虽然运用了直观性原则,但是其在运用的过程中,没有考虑到学生的年龄发展特点,盲目运用言语直观。案例中的学生正处于认字的阶段,年龄较小、经验较少,对于低年级学生,教师在教学中应以模像直观和实物直观为主,使学生获得生动的表象,从而比较全面、深刻地掌握知识。此外,王老师在引导学生回答问题时,所用语言过于宽泛,引导性不强,教师在提出问题时,应注意对问题的补充,引导学生一步一步去思考。

2.(1)①“不愤不启,不悱不发。举一隅不以三隅反,则不复也”的意思是:不到他努力想弄明白而不得的程度不要去开导他;不到他心里明白却不能完善表达出来的程度不要去启发他。如果他不能举一反三,就不要再反复地给他举例了。”

②“愤者,心求通而未得之意;悱者,口欲言而未能之貌;启,谓开其意;发,谓达其辞”的意思是:“愤”就是学生对某一问题正在积极思考、急于解决而又尚未搞通时的矛盾心理状态。这时教师应对学生思考问题的方法适时给予指导,以帮助学生开启思路,这就是“启”。“悱”是学生对某一问题已经有了一段时间的思考,但尚未考虑成熟,处于想说又难以表达的一种矛盾心理状态。这时教师应帮助学生弄清楚事物的本质属性,从感性认识上升到理性认识,然后才能用比较准确的语言表达出来,这就是“发”。

③“道而弗牵,强而弗抑,开而弗达”的意思是:开导学生,但不要牵着学生走;对学生提出较高的要求,但不能使学生灰心;指导学习的门径,而不把答案直接告诉学生。

上述内容都体现了教学的启发性原则。该原则是指在教学活动中,教师要调动学生的主动性和积极性,引导他们通过独立思考、积极探索,生动活泼地学习,自觉地掌握科学知识,提高分析问题和解决问题的能力。

(2)贯彻要求:①加强学习的目的性教育,调动学生学习的主动性;②设置问题情境,启发学生独立思考，培养学生良好的思维方法和思维能力；③让学生动手，培养学生独立解决问题的能力，鼓励学生将知识创造性地运用于实际；④发扬教学民主。

3. 这位教师遵循了因材施教原则、量力性原则和启发性教学原则。

(1)因材施教原则是指教师在教学中，要从课程计划、学科课程标准的统一要求出发，面向全体学生，同时又要根据学生的个别差异，有的放矢地进行有差别的教学，使每个学生都能扬长避短，获得最佳的发展。案例中的教师根据学生之间的差异，对成绩好的学生提出不同的要求，允许他们自学。这体现了因材施教原则。

(2)量力性原则是指教学的内容、方法、分量和进度要适合学生的身心发展，使他们能够接受，但又要有一定的难度，需要他们经过努力才能掌握，以促进学生的身心发展。案例中的教师将学生编制的习题按程度介绍给班里的其他学生，这说明该教师关注不同水平学生接受能力的差异，在学生最近发展区内进行教学，体现了量力性教学原则。

(3)启发性教学原则是指在教学活动中，教师要调动学生的主动性和积极性，引导他们通过独立思考、积极探索，生动活泼地学习，自觉地掌握科学知识，提高分析问题和解决问题的能力。案例中，教师在教学过程中调动了学生的自觉主动性，不仅让成绩好的学生自学解决问题，还选择合适的题让班里的其他同学练习和讨论，这体现了启发性教学原则。

4. (1)斯霞老师运用了启发性原则。该原则是指在教学活动中，教师要调动学生的主动性和积极性，引导他们通过独立思考、积极探索，生动活泼地学习，自觉地掌握科学知识，提高分析问题和解决问题的能力。斯霞老师要学生用“饱满”这个词语造句，引导学生积极探索，由植物的饱满到精神的饱满，调动了学生学习的主动性和积极性，体现了启发性原则。

(2)斯霞老师运用了直观性原则。该原则是指在教学活动中，教师应尽量利用学生的多种感官和已有的经验，通过各种形式的感知，使学生获得生动的表象，从而比较全面、深刻地掌握知识。斯霞老师用抬头挺胸的动作，使学生理解“饱满”一词，体现了直观性原则。

(3)斯霞老师运用了理论联系实际原则。该原则是指教师在教学中，应使学生从理论与实际的结合中来理解和掌握知识，并引导他们运用新获得的知识去解决各种实际问题，培养他们分析问题和解决问题的能力。斯霞老师在引导学生探索知识的过程中，联系实际生活，体现了理论联系实际原则。

(4)斯霞老师在教学过程中更关注人，在对待教学关系上，注重对学生的帮助和引导，充分发挥了学生的主体作用，调动了学生学习的积极性，促进了学生的发展，是值得肯定的。

专题四　教学方法

答案速查：

1～5	DCABB	6～10	DBDBD	11～15	ADDCD	16～20	BCBDD
21～25	BDCDD	26～30	AABCD	31～35	DBDAC	36～40	BBBCB
41～45	CBDCB	46～50	BDCAC	51～55	BACCC		
1～5	BC ABCD BCD BCD ABD			6～10	BCD ABC BC BCD ABC		
11～15	ABD BC ABCD ACD ABD			16～21	AB ABD BD ACD AB ABCD		
1～5	× × √ √ ×			6～10	√ × × × √		
11～17	× × √ √ × × ×						

一、单项选择题

1. D 【解析】讲授法是教师运用口头语言系统连贯地向学生传授知识、技能，发展学生智力的教学

方法，不包含练习作业的布置，A项说法错误。谈话法是教师按一定的教学要求向学生提出问题让学生回答，通过问答、对话的形式来引导学生思考、探究，获取或巩固知识，促进学生智能发展的方法。B项中的教师组织学生进行辩论，不属于谈话法，B项说法错误。实验法是指教师引导学生使用一定的仪器和设备，进行独立操作，引起某些事物和现象产生变化，从而使学生获得直接经验，培养学生技能和技巧的教学方法。C项中的教师和学生一起观察植物的光合作用，不符合实验法的定义，C项说法错误。演示法是指教师通过展示实物、教具和示范性的实验来说明、印证某一事物和现象，使学生掌握新知识的一种教学方法，D项做法符合演示法的概念。

2. C 【解析】情境教学法是指在教学过程中，教师有目的地引入或创设具有一定情绪色彩的生动具体的场景，以引起学生一定的情感体验，从而帮助学生理解教材，并使学生的心理机能得到发展的教学方法。教师创设的情境一般包括生活展现的情境、图画再现的情境、实物演示的情境、音乐渲染的情境、言语描述的情境等。张老师用音乐导入新课，创设教学情境，这种教学方法属于情境教学法。

3. A 【解析】教师讲授要有启发性，讲的内容要清楚，但不要"一览无余"，要给学生留下思维的空间。

4. B 【解析】讲解主要包括三种方式：解说式、解析式、解答式。

A项，描述式讲述在文科课程中用于刻画人物、描绘环境、介绍细节、渲染气氛、表达感情等；在理科课程中，描述式用得较少，比如用极少的时间描述与课题内容密切相关的科学家或发明家的某一经历或业绩。

B项，解说式讲解即引导学生从情境中接触概念，从感知到理解概念，或者把已知与未知联系起来，说明事物的本质属性和基本特征。如对古文、外语、专业术语进行准确的翻译，对疑难词语给出恰当的解释。这种方式多用于文科教学。所以题干运用的教学方法是解说式讲解，答案选B项。

C项，解析式讲解即解析和分析规律、原理和法则。

D项，解答式讲解即先从事实材料中引出或直接提出问题，接着明确解决问题的标准，再提出解决问题的办法，进行比较、择优，进而提出论据开展论证，通过逻辑推理得出结果，最后进行总结。这种方式以解答问题为中心，具有一定的探索性。

5. B 【解析】演示法是指教师通过展示实物、教具和示范性的实验来说明、印证某一事物和现象，使学生掌握新知识的一种教学方法。演示所使用的工具可分为四大类：实物、标本、模型、图片的演示；图表、示意图、地图的演示；实验演示；幻灯片、电影、录像的演示。地理老师借助地图进行地理知识的教学，使用的是演示法。

6. D 【解析】演示法是指教师通过展示实物、教具和示范性的实验来说明、印证某一事物和现象，使学生掌握新知识的一种教学方法。教师给学生演示会吹气球的瓶子，既能让学生获得直观形象的感性知识，又能激发学生的学习兴趣，培养学生勇于探索的精神。所以，最容易使学生接受的教学方法是直观演示法。

7. B 【解析】演示法是指教师通过展示实物、教具和示范性的实验来说明、印证某一事物和现象，使学生掌握新知识的一种教学方法。题干中老师通过做实验让学生了解有关电荷的知识，采用的教学方法是演示法。

方法技巧：部分考生看到题目中有"实验"二字就认为题目考查的是实验法，从而造成误选。在复习过程中，演示法中的实验演示与实验法容易造成混淆，考生可结合以下内容进行理解：
实验演示——教师做实验，学生看；
实验法——学生做实验，教师指导。

8. D 【解析】讲授法是教师运用口头语言系统连贯地向学生传授知识、技能，发展学生智力的教学方法。它是教师使用最早、应用最广的教学方法。故本题选 D 项。

9. B 【解析】演示法是指教师通过展示实物、教具和示范性的实验来说明、印证某一事物和现象，使学生掌握新知识的一种教学方法。演示所使用的工具可分为四大类：实物、标本、模型、图片的演示；图表、示意图、地图的演示；实验演示；幻灯片、电影、录像的演示。题干中李老师借助标本和模型给学生讲述重点知识，运用的是演示法。

10. D 【解析】情境教学法是指在教学过程中，教师有目的地引入或创设具有一定情绪色彩的生动具体的场景，以引起学生一定的情感体验，从而帮助学生理解教材，并使学生的心理机能得到发展的教学方法。该教师通过播放与教学内容相关的视频来创设一定的情境，使学生能够更好地领会诗中所蕴含的意境，运用的教学方法是情境教学法。

易错提示：部分考生在看到“播放了一段地理纪录片”时，会想当然地认为本题选择演示法，但本题的考查点是在“使学生能够更好地领会诗中所蕴含的意境”，通过观看纪录片以引起学生一定的情感体验，这是对情境教学法的运用。

11. A 【解析】以语言传递为主的教学方法主要包括讲授法、谈话法、讨论法、读书指导法四种。其中，谈话法也叫问答法，它是教师按一定的教学要求向学生提出问题让学生回答，通过问答、对话的形式来引导学生思考、探究，获取或巩固知识，促进学生智能发展的方法。案例中的张老师通过多次提问引导学生一步步验证正方形的特征，运用的是谈话法，它属于以语言传递为主的教学方法。

12. D 【解析】张老师的教学行为体现了教师的主导作用，充分发挥了学生的主体性，D 项表述错误。

13. D 【解析】情境教学法是指在教学过程中，教师有目的地引入或创设具有一定情绪色彩的生动具体的场景，以引起学生一定的情感体验，从而帮助学生理解教材，并使学生的心理机能得到发展的教学方法。故题干描述的是情境教学法的概念。

14. C 【解析】题干这句话的意思是读书没有疑问的，要让他发现疑问；有了疑问的，通过寻求答案，再达到没有疑问的境界，能做到这一点才算是进步。从无疑到有疑再到解疑的过程，就是发现问题和解决问题的过程。所以，朱熹这句话对应的读书指导法的要求就是善于在读书中发现和解决问题。

15. D 【解析】实验法是指教师引导学生使用一定的仪器和设备，进行独立操作，引起某些事物和现象产生变化，从而使学生获得直接经验，培养学生技能和技巧的教学方法。题干中教师指导学生进行实验，让学生验证“光合作用产生氧气”，使学生获得直接经验。这种教学方法属于实验法。

16. B 【解析】讲解是教师运用通俗易懂的语言对教材内容进行解释、说明、分析、论证的一种讲授方式。题干中王老师的教学符合讲解的内涵，所以答案选 B 项。（具体内容参见傅道春主编的《教育学》）

17. C 【解析】以引导探究为主的教学方法，是指教师组织和引导学生通过独立的探究和研究活动而获得知识的方法，主要是发现法。它是由美国心理学家布鲁纳所倡导的。

18. B 【解析】通过与小组其他成员的交流讨论，能够培养学生沟通交流、协作和语言表达能力。

19. D 【解析】发现法是指学生学习概念和原理时，教师只是给他们一些事例和问题，让学生自己通过阅读、观察、实验、思考、讨论、听讲等途径去独立探究，自行发现并掌握相应的原理和结论的一种方法。它的指导思想是在教师指导下，以学生为主体，让学生自觉地、主动地探索，掌握认识和解决问题的方法与步骤，研究客观事物的属性，发现事物发展起因和事物内部的联系，从中找出规律，形成自己的概念。故选 D 项。

20. D 【解析】以直观感知为主的教学方法具有形象性、具体性、直接性和真实性的特点，主要有演

示法和参观法两种。

21. B 【解析】一位接受了亚里士多德或裴斯泰洛齐唯实论哲学前提的教师，在认识论上必然认为认识来源于人们对物体的感觉，通过对感觉材料的抽象才能形成与现实物体相应的概念，因此，这位教师在教学活动中肯定会强调直观性原则，并利用各种方式充分刺激学生感官。

22. D 【解析】实验法是指教师引导学生使用一定的仪器和设备，进行独立操作，引起某些事物和现象产生变化，从而使学生获得直接经验，培养学生技能和技巧的教学方法。题干中的孟老师指导学生操作显微镜，让学生通过亲自动手操作，掌握显微镜的使用方法，这体现了对实验法的运用。现场教学又称参观法，是教师根据教学目的和要求，组织学生进行实地考察、研究，使学生获取新知识，巩固、验证旧知识的一种教学方法。A 项不符合题意。直观演示法是指教师通过展示实物、教具和示范性的实验来说明、印证某一事物和现象，使学生掌握新知识的一种教学方法。B 项不符合题意。练习法是指学生在教师的指导下巩固知识，培养各种技能和技巧的基本教学方法。C 项不符合题意。

23. C 【解析】演示法是指教师通过展示实物、教具和示范性的实验来说明、印证某一事物和现象，使学生掌握新知识的一种教学方法。李老师借助学生熟悉的短视频进行导课，运用了演示法。讲授法是教师运用口头语言系统连贯地向学生传授知识、技能，发展学生智力的教学方法。“给学生讲解了我国古代历史上朝代灭亡的一般规律”这个教学过程运用了讲授法。

24. D 【解析】情境教学法是指在教学过程中，教师有目的地引入或创设具有一定情绪色彩的生动具体的场景，以引起学生一定的情感体验，从而帮助学生理解教材，并使学生的心理机能得到发展的教学方法。题干中语文教师采用的教学方法是情境教学法，该方法的核心在于激发学生的情感。

25. D 【解析】“教必有法”是指我们的教育教学活动是有规律可遵循，有法则可遵守，有模式可遵照，有可以掌握的基本方法、基本规律的；“教无定法”指的是教学的模式、方法、技能等不是机械的、教条的，而是灵活多变、富有个性、充满灵性的。因此，教学方法的运用必须做到原则性与灵活性相结合。

26. A 【解析】暗示教学法是由洛扎诺夫首创的，它采取与传统教学完全相反的做法，上课如同游戏、表演。暗示教学法的基本原理：广泛利用环境的暗示信息，充分利用人的可暗示性，使理智与感情统一，有意识功能和无意识功能统一，尤其是调动和发掘大脑无意识领域的潜能，使学生在愉快气氛中不知不觉地接受信息。故选 A 项。B 项为发现教学法的特点，C 项为纲要信号图示教学法的特点，D 项为探究—研讨法的特点。

27. A 【解析】在我国，孔子是最早提出启发式教学的教育家，他提出“不愤不启，不悱不发。举一隅不以三隅反，则不复也。”在西方，最早提出启发式教学的是苏格拉底，在品德教学中，苏格拉底不是把“真知”直接教给学生，而是通过对话、诘问，让学生陷入矛盾的困境，然后引导学生经过自己的思考、辨析获得真知。这种帮助学生获取真知的方法被后世称为“产婆术”，也称苏格拉底法。但需要注意的是，孔子是世界上最早提出启发式教学的教育家，比古希腊教育家苏格拉底提出的“产婆术”早几十年。故选 A 项。

28. B 【解析】美国心理学家布鲁纳提出了发现法，所谓“发现法”，就是在教师的启发诱导下，学生通过对一些事实和问题的独立探究，积极思考，自行发现并掌握相应的原理和结论的一种教学方法。对教师来说是一种教学方法，叫发现式教学；对学生来说则是一种学习方法，叫发现式学习。发现法的具体做法是教师提出课题和一定的材料，引导学生自己进行分析、综合、抽象、概括等一系列活动，最后得到学习结果。故选 B 项。

29. C 【解析】谈话法也叫问答法，它是教师按一定的教学要求向学生提出问题让学生回答，通过问答、对话的形式来引导学生思考、探究、获取或巩固知识，促进学生智能发展的方法。

30. D 【解析】讨论法是指全班或小组成员在教师的指导下，围绕某一中心问题发表自己的看法和

见解,从而进行相互学习的一种方法。故题干所述教学方法为讨论法。

31. D 【解析】以引导探究为主的方法,是指教师组织和引导学生通过独立的探究和研究活动而获得知识的方法。发现教学、探究教学和问题教学都属于以引导探究为主的方法。

32. B 【解析】题干引文强调在教学中同伴之间要相互学习,讨论切磋,取长补短,共同进步。故选B项。

方法技巧:谈话法与讨论法的概念是容易混淆的知识点,考生可结合以下示意图进行理解掌握:

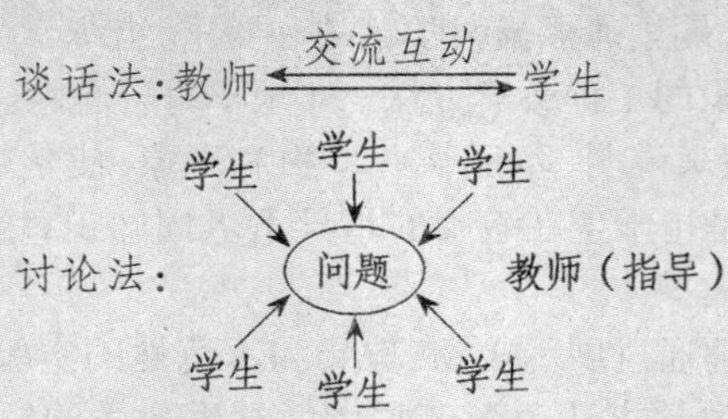

33. D 【解析】参观法又称现场教学,是教师根据教学目的和要求,组织学生进行实地考察、研究,使学生获取新知识,巩固、验证旧知识的一种教学方法。题干中教师所使用的教学方法即参观法。

34. A 【解析】暗示教学法是保加利亚医学博士洛扎诺夫创立的教学方法,在外语教学方面被公认为创造了奇迹。故选A项。

35. C 【解析】讨论法是全班或小组成员在教师的指导下,围绕某一中心问题发表自己的看法和见解,从而进行相互学习的一种方法。王老师让学生围绕"做人该做落花生这样的人,还是做苹果、石榴那样的人"这一主题发表自己的观点,是运用讨论法的体现。

36. B 【解析】并行性参观是在学习某课题的过程中,为使学生把所学理论知识与实际紧密结合而进行的参观。"老师带领学生到水厂边参观边教学"属于并行性参观。

37. B 【解析】"叩其两端"出自《论语·子罕》。"子曰:'吾有知乎哉?无知也。有鄙夫问于我,空空如也,我叩其两端而竭焉。'"译文为:孔子说:"我有知识吗?没有知识啊!有个粗鄙的人来向我询问,非常诚恳的样子。我就向他询问事物的两极,以穷尽事物的面貌让他知道。""叩其两端"的方法即让学生注意事物的正反两面,从事物的矛盾中求得正确的答案。这属于现代意义上的谈话法。

38. B 【解析】以引导探究为主的方法,是指教师组织和引导学生通过独立的探究和研究活动而获得知识的方法。题干中的老师先让学生进行猜想,然后让学生进行实验操作,解释和交流实验结论。在这个过程中,主要是以学生的独立探究为主,老师处于辅助地位。故该教师采用的是探究教学法。

39. C 【解析】实习作业法是指教师根据学科课程标准的要求,指导学生运用所学知识在课上或课外进行实际操作,将知识运用于实践的教学方法。这种方法在自然学科的教学中占有重要的地位,如数学课的测量练习、生物课的植物栽培和动物饲养等。故选C项。

40. B 【解析】尝试教学法的应用,引起了教学过程的一系列变化:(1)从单纯传授知识转变为在传授知识的同时,培养能力,发展智力;(2)从教师讲、学生听转变为在教师指导下,学生自学、先练,教师再讲;(3)从学生被动听讲、死记硬背转变为主动探索、解决问题;(4)从技巧性教育为主转变为思考性教育为主。

41. C 【解析】演示法是指教师通过展示实物、教具和示范性的实验来说明、印证某一事物和现象,使学生掌握新知识的一种教学方法。题干中的刘老师在讲解碳酸氢钠的实验时,一边演示一边讲解,就体现了对演示法的运用。谈话法强调通过问答、对话来引导学生思考、探究。实验法强调教师引导学生使用一定的仪器和设备,独立操作以获得经验,培养技能技巧。讲述法属于讲

授法的一种，侧重运用生动形象的语言，叙述、描绘事物产生变化的过程。

42. B 【解析】讲述的侧重点在于讲事而不是说理。与讲述相比，讲解侧重于讲理而不是说事，其目的在于帮助学生发展理论思维能力。B 项正确。讲述以叙述事实为中心，偏向主观，在文科课程中运用较多；讲解以解答问题为中心，偏向客观，在理科课程中运用较多。A、C、D 项表述错误。

43. D 【解析】教师结合课文，注意引导学生分析其中的辩证法，对学生进行辩证唯物主义教学。这表明教师教授的内容要有科学性和思想性，使学生在获得可靠知识的同时，思想上又有所提高。

44. C 【解析】演示法是指教师通过展示实物、教具和示范性的实验来说明、印证某一事物和现象，使学生掌握新知识的一种教学方法。题干中的语文教师通过示范性的实验来讲生字“灭”，这是对演示法的运用。

45. B 【解析】并不是直观图像越接近原物、逼真度越高，学习效果越好。研究结果表明，直观图像等视觉材料与学习效率之间不是直线而是倒 U 形曲线的关系，所以中等程度的逼真度才是最佳的。因此，A 项错误。体育、音乐、美术等技能性比较强的课程应用较多的教学方法是练习法，因此，C 项错误。在教学过程中，教师进行实验演示使学生得到感性知识属于实物直观。因此，D 项错误。

46. B 【解析】常用的教学方法，按照活动的主体划分，可以分为两类，一类是以教师的讲授活动为主的方法，有讲授、谈话、演示；一类是以学生的学习活动为主的方法，有读书、讨论、实验、实习作业、研究等。故选 B 项。

47. D 【解析】尝试教学活动有其鲜明的特征，可归纳成两句话：先试后导，先练后讲。“先试后导，先练后讲”其实也就是“先学后教”，让学生先去尝试练习或操作，依靠自己的努力初步解决问题，最后教师根据学生练习中的难点，有针对性地进行讲解。

48. C 【解析】苏格拉底以其雄辩和与青年智者的问答法著名，苏格拉底问答法亦称“产婆术”，就是现在的谈话法。

49. A 【解析】教学方法是指教师和学生为了完成教学任务、实现教学目标而采取的共同活动方式，是教师引导学生掌握知识技能、获得身心发展而共同活动的方法。A 项正确。

50. C 【解析】实习作业法是指教师根据学科课程标准要求，指导学生运用所学知识在课上或课外进行实际操作，将知识运用于实践的教学方法。这种方法在自然学科的教学中占有重要的地位，如数学课的测量练习、生物课的植物栽培和动物饲养等。孙老师运用的教学方法就是实习作业法。

51. B 【解析】练习法是指学生在教师的指导下巩固知识，培养各种技能和技巧的基本教学方法。练习法的种类有说话的练习，解答问题的练习，绘画、制图的练习，作文和创作的练习，运动与文娱技能、技巧的练习。题干中的老师在讲完圆的面积后，给学生出练习题，让学生计算圆的面积，就属于一种解答问题的练习。

52. A 【解析】幼儿和小学低年级学生的思维以具体形象思维为主要特征，具体形象思维是以直观形象和表象为支柱的思维过程。根据幼儿和小学低年级学生的这一认知特点，应注重教学方法的直观性，在教学中多采用直观恰当的实物、图片、多媒体课件等，使学生获得生动的表象，从而比较全面、深刻地掌握知识。

53. C 【解析】演示法是指教师通过展示实物、教具和示范性的实验来说明、印证某一事物和现象，使学生掌握新知识的一种教学方法。题干中教师通过示范性的实验来进行教学，运用的是演示法。

54. C 【解析】李老师指导学生选择图书和制订读书计划，可以帮助学生逐步学会阅读的方法，提高学生的阅读能力，这运用了读书指导法。李老师向学生提出预先拟好的问题，通过问答、对话的形式来引导学生思考、探究，获取或巩固知识，促进学生智能发展，这运用了谈话法。

55. C 【解析】实习作业法的基本形式是在教师指导下，学生运用书本知识解决实际问题的教学方法。

二、多项选择题

1. BC 【解析】以情感陶冶为主的教学方法主要有欣赏教学法和情境教学法。读书指导法属于以语言传递为主的教学方法，参观法属于以直观感知为主的教学方法。所以B、C项不属于以情感陶冶为主的教学方法。

2. ABCD 【解析】运用讲授法的基本要求有：(1)讲授内容要有科学性、系统性和思想性，要认真组织；(2)讲授要讲究策略和方式，要系统完整，层次分明，重点突出，符合知识的系统性要求，教师讲授要有启发性，讲的内容要清楚，但不要“一览无余”，要给学生留下思维的空间；(3)教师要努力提高语言表达水平，讲究语言艺术；(4)要组织学生听讲；(5)要与其他教学方法配合使用。A、B、C、D四项均正确。

3. BCD 【解析】依据指导思想的不同，各种教学方法可归并为两大类：注入式和启发式，这是两种根本对立的教学方法指导思想。注入式是一种“填鸭式”的教学方法，是指教师从主观出发，把学生看成单纯接受知识的容器，向学生灌注知识，无视学生在学习上的主观能动性。在我国传统教学中，教师多使用灌输的方式进行教学，在此过程中运用最多的又是讲授法，因此，有人将讲授法等同于注入式教学，这是错误的。衡量一种教学方法是否具有启发性，关键是看教师能否促进学生积极主动地去学习，而不是单从形式上去加以判断。故A项表述错误。以语言传递为主的教学方法主要包括讲授法、谈话法、讨论法、读书指导法四种。故B项表述正确。演示法是指教师通过展示实物、教具和示范性的实验来说明、印证某一事物和现象，使学生掌握新知识的一种教学方法。它是一种辅助性教学方法，要与讲授法、谈话法等教学方法结合使用。故C项表述正确。发现法是以引导探究为主的方法，就是让学生通过独立工作，自己主动发现问题、解决问题及掌握原理的一种教学方法。它是由美国心理学家布鲁纳所倡导的。故D项表述正确。

4. BCD 【解析】练习法的种类有说话的练习，解答问题的练习，绘画、制图的练习，作文和创作的练习，运动与文娱技能、技巧的练习。所以，动作练习、作文练习和制图练习都是中小学教学常用的练习方式。

5. ABD 【解析】讲授法可分为讲读、讲述、讲解和讲演(讲座)四种。

> **易错提示：**关于讲授法的形式，不同学者有不同的说法。一般认为，讲授法可分为讲述、讲解、讲读和讲演(讲座)四种形式。此外，劳凯声将讲授法分为三种形式：讲述、讲读、讲解。韩延明等人认为讲授法包括讲述、讲解、讲读、讲演、讲评五种形式。考生在做题时需要根据题干选项设置，做到具体问题，具体分析，从而选择出正确的答案。

6. BCD 【解析】讲授的时机包括：(1)为学生定向时，必须讲；(2)学生分析理解难以到位时，必须讲；(3)学生出现误读时，必须讲。

7. ABC 【解析】暗示教学法的优点表现为：(1)利用情境因素组织教学，能使学生在轻松愉快的环境中接受知识；(2)能有效地激发学生的学习动机；(3)有利于非智力因素在教学中发挥积极作用，促进学生的发展。不足之处突出表现为诱发学生学习潜力的外部环境设置难度大。D项表述错误。

8. BC 【解析】参观教学法可以分为准备性参观、并行性参观和总结性参观。

9. BCD 【解析】运用谈话法的基本要求有：(1)要准备好谈话计划；(2)要善问；(3)要善于启发诱导；(4)要做好小结。(具体内容参见王道俊、郭文安主编的《教育学(第7版)》)

10. ABC 【解析】运用讨论法的基本要求是：(1)讨论的问题要有吸引力。抓好问题是讨论的前提，讨论的问题应深浅适当，具有吸引力，能够激发学生的兴趣，有讨论、钻研的价值。(2)善于在讨论中对学生进行启发引导。教师应启发学生进行独立思考，勇于发表自己的观点和见解，围绕讨论的主题和争论的焦点，积极引导讨论向纵深发展，研究关键问题，以便使问题得到解决。(3)做好讨论小结。讨论结束前，教师应简要概括讨论的情况，引导学生获得正确的观点和系统

的知识，纠正错误、片面或模糊的认识。D 项属于运用讲授法的基本要求之一。（具体内容参见扈中平主编的《教育学原理》）

11. ABD 【解析】讨论法的优点在于，由于全体学生都参加讨论活动，所以讨论法可以培养合作精神，集思广益、互相启发、互相学习、取长补短，既加深对学习内容的理解，还可以激发学生的学习兴趣，提高学习情绪，培养学生钻研问题的能力，提高学生学习的独立性。C 项属于讲授法的优点。

12. BC 【解析】"人不知而不愠"体现了孔子提出的道德修养的克己原则，"不陵节而施之谓孙"体现了循序渐进的教学原则。这两项都没有体现启发式教学思想。

13. ABCD 【解析】在情境教学法的运用中，教师创设的情境一般包括生活展现的情境、图画再现的情境、实物演示的情境、音乐渲染的情境、言语描述的情境等。

14. ACD 【解析】以语言传递为主的教学方法运用极为广泛，主要包括讲授法、谈话法、讨论法、读书指导法四种。参观法是以直观感知为主的教学方法。

15. ABD 【解析】以实际训练为主的教学方法主要有练习法、实验法、实习作业法、实践活动法四种。而参观法是以直观感知为主的教学方法。故 C 项不选。

16. AB 【解析】题干中的"演示"和"讲解"说明该物理老师运用了演示法和讲授法。

17. ABD 【解析】讲授法是教师运用口头语言系统连贯地向学生传授知识、技能，发展学生智力的教学方法。"张老师首先向同学们讲述了花的基本结构"运用的是讲授法。演示法是指教师通过展示实物、教具和示范性的实验来说明、印证某一事物和现象，使学生掌握新知识的一种教学方法。张老师"向同学们展示了花的解剖标本，放映了花的结构图片"运用的是演示法。实验法是指教师引导学生使用一定的仪器和设备，进行独立操作，引起某些事物和现象产生变化，从而使学生获得直接经验，培养学生技能和技巧的教学方法。"张老师帮助同学们修订实验计划，指导同学们用镊子、刀片解剖一朵真正的百合花"运用的是实验法。

18. BD 【解析】讲授法有利于大幅度提高课堂教学的效果和效率；有利于帮助学生全面、深刻、准确地掌握教材，促进学生学科能力的全面发展；有利于充分发挥教师自身的主导作用，使学生得到远比教材多得多的东西。（具体内容参见余文森、洪明等编著的《课程与教学论》）

19. ACD 【解析】教师在选择教学方法时，要遵循以下一些步骤和要求：首先，要明确选择教学方法的标准。一般的选择标准主要有：(1)根据具体的教学目标、教学任务、教学进度和教学时间选择教学方法；(2)根据学生的学习特点选择教学方法；(3)根据教师的特点选择教学方法；(4)根据现有的教学条件选择教学方法。其次，尽可能广泛地了解有关新的教学方法，以便自己选择。再次，对各种可供选择的教学方法进行比较，主要比较它们之间的特点、适用范围、优越性和局限性等。（具体内容参见全国十二所重点师范大学联合编写的《教育学基础（第 3 版）》）

20. AB 【解析】学生分小组观察变色龙体现了教师对演示法（实物展示）的运用；在全班进行学习成果交流体现的是对讨论法的运用。

21. ABCD 【解析】现代教学提倡以系统的观点为指导来选用教学方法，优化教学。其主要依据包括：(1)学科的任务、内容和教学法特点，课题（或单元）与课时的教学目的和任务；(2)教学过程、教学原则和班级上课的特点；(3)学生的兴趣、水平、智能的发展与个别差异、独立思考能力、学习态度、学风与习惯；(4)教师的思想与业务水平、实际经验与能力、教学的习惯与特长；(5)学生参与教学过程中的答问、讨论、作业、评析的积极性与水平；(6)师与生双边活动的配合、互动的状况与质量；(7)班、组活动与个人活动结合的状况，课堂教学、课外作业或课外活动结合的状况与质量；(8)学校与地方可能提供的物质与仪器设备、社会条件、自然环境等；(9)学科、单元、课题乃至每节课所规定的课时，其他可利用的时间，如早、晚自习等；(10)对可能取得的成效的缜密预计与意外状况出现时的应变措施。选项均属于确定恰当教学方法应考虑的因素。（具体内容参见王道俊、郭文安主编的《教育学（第 7 版）》）

三、判断题

1. × 【解析】教学方法不是一成不变的,而是随着教学实践的内外部条件的变化以及教育教学的发展而不断变化和发展的。也就是说,教学目的和任务、教学内容、时代要求和生产力的发展水平,是影响教学方法发展的直接因素。但是,教学方法并不是被这些因素消极决定的,教学方法一旦形成之后,又具有相对的稳定性和独立性,并非简单地随着不同社会变革的不同而变化。所以,题干表述错误。

2. × 【解析】从讲授所用时间和简繁程度看,主要有正式讲授和非正式讲授两种。正式讲授要占一节课的大部分或全部时间,这适用于中学高年级或大学;非正式讲授一般持续 5 ~ 10 分钟,适用于小学和中学低年级。

3. √ 【解析】讲解的目的是使人明白,使人更快更好地接受。因此,讲解要努力做到目的明确、条理清楚、准确明了、生动有趣、深入浅出、通俗易懂。讲解不应长篇大论、平铺直叙、枯燥乏味,而应尽量做到生动有趣。教师要用恰当的比喻、生动的事例等使讲解生动有趣。

4. √ 【解析】教师的教学讲解必须具有启发性。教师在讲解时的主导作用,绝不是代替学生去寻找答案,而是启发引导学生自己去思考与探索。启发性讲解的核心是调动学生学习的积极性、主动性,引导学生独立思考,发展思维能力。

5. × 【解析】练习法是学生在教师指导下运用知识去反复完成一定的操作、作业与习题,以加深理解和形成技能技巧的方法。练习的目的是学以致用,加深理解,形成技能、技巧,培养解决实际问题的初步能力。练习是教学的一种基本方法。练习必须通过一定数量的活动才有成效,但绝非机械训练,只重数量,不讲质量。

6. √ 【解析】暗示教育法是保加利亚医学和心理学博士洛扎诺夫创立的教学方法。这种教学方法在外语教学方面,被公认为创造了奇迹。运用暗示教育法的基本要求之一是,充分利用各种艺术手段,如音乐、舞蹈、戏剧、电影等艺术形式进行教育活动。题干中的韩老师经常伴随着古典音乐给学生们朗读英语课文,就使用了暗示教育法。

7. × 【解析】教学方法具有多样性,教师应根据实际情况取长补短,取得良好的教学效果。所以题干表述错误。

8. × 【解析】依据指导思想不同,各种教学方法可归并为两大类:注入式和启发式,这是两种根本对立的教学方法指导思想。启发式是指教师从学生实际出发,采取各种有效的形式去调动学生学习的积极性,指导他们自己去学习的方法。它是运用各种教学方法的指导思想,不是一种具体的教学方法。因为一种具体的教学方法是由一套固定的教学格式和教学环节来构成的。启发式教学并没有固定的教学格式和环节,它的真正含义是要调动学生主动学习的积极性,引导学生独立思考、融会贯通,学会正确分析问题、解决问题的思路和方法。

9. × 【解析】范例教学法是教师通过对教材中的典型事例进行分析,使学生掌握科学知识和科学方法的一种教学方法。

10. √ 【解析】情境教学指在应用知识的具体情境中进行知识教学的一种教学策略。在情境教学中,教学的环境是与现实情境相类似的问题情境;教学的目标是解决现实生活中遇到的问题。故题干表述正确。

11. × 【解析】教学方法是为完成教学任务而采用的方法,它包括教师教的方法和学生学的方法,是教师引导学生掌握知识技能、获得身心发展而共同活动的方法。

12. × 【解析】讲授是教学的一种主要方法,运用其他方法,都需要配合适当的讲授。在传统教学中,一般认为,教师的讲解质量决定着学生学习的质量,往往重教师讲授与分析的一面,忽视学生思考与领悟的一面。其实,教师讲授的效果,主要决定于学生的理解、领悟和认同。

13. √ 【解析】依据指导思想不同,各种教学方法可归并为两大类:注入式和启发式,这是两种根本对立的教学方法指导思想。

14. √ 【解析】教学方法与教学方式的关系,学术界有两种认识。一是同一论,认为教学方法与教学方式是一回事,二者是对等的概念,可以相互替代。二是不同论,认为教学方法与教学方式既有区别又有联系。这里又分两种情况:一是教学方式是教学方法的上位概念,教学方式包含教学方法;一是教学方法是教学方式的上位概念,教学方法包含教学方式。教学方式是教学过程中的具体的活动状态,表明教学活动实际呈现的形式。由此可见,无论哪一种观点,教学方式都包含教与学。

15. × 【解析】启发式教学是指教师从学生实际出发,采取各种有效的形式去调动学生学习的积极性,指导他们自己去学习的方法。衡量一种教学方法是否具有启发性,关键是看教师能否促进学生积极主动地去学习,而不是单从形式上去加以判断。题干所述内容比较片面。

16. × 【解析】讲授法是教师通过口头语言的形式向学生系统传授知识、促进学生发展的方法。讲授法一直是我国班级授课制的主要教学方法。由于它很难关注学生的个别差异、不利于学生主动探究能力的培养,有些人认为讲授法是一种注入式教学而对其加以否定和排斥,这给教学实践带来了危害。但其实讲授法是一种有效的教学方法,它具有节省时间、便于表达抽象概念、重视知识的逻辑和分析思维等优势。判断讲授法是否具有启发性,关键是看教师能否促进学生积极主动地去学习,而不是单从形式上去加以判断。题干说法错误。

> **易错提示:**在我国传统教学中,教师多使用灌输的方式进行教学,在此过程中运用最多的教学方法又是讲授法,故部分考生会将讲授法等同于注入式教学,从而造成误判。考生需要重点掌握注入式教学与启发式教学的内涵,准确把握判断一种教学方法是启发式还是注入式的思路。

17. × 【解析】情境教学法由江苏省特级教师李吉林首创,愉快教学法由上海特级教师倪谷音首先倡导。

四、填空题

1. 准备性参观
2. 启发式　注入式
3. 阅读课外书籍

五、简答题(参考答案)

1. 简述讲授法的优缺点。

(1)优点:可以充分发挥教师的主导作用,使学生在短时间内获得大量系统的科学知识,并且能结合知识传授进行思想品德教育。

(2)缺点:不易发挥学生的主动性和积极性,不利于因材施教,容易造成"填鸭式""满堂灌"的教学效果。

2. 选择与运用教学方法的基本依据有哪些?

(1)教学目的和任务的要求;(2)课程性质和特点;(3)每节课的重点、难点;(4)学生年龄特征;(5)教学时间、设备、条件;(6)教师业务水平、实际经验及个性特点。此外,教学方法的选择与运用还受教学手段、教学环境等因素的制约。这就要求我们要全面、具体、综合地考虑各种相关因素,进行权衡取舍。

3. 简述运用演示法的基本要求。

(1)明确演示目的,做好演示准备;(2)演示必须精确可靠、操作规范;(3)演示时要引导学生集中注意力,运用多种感官去感知,以发展学生的思考力和观察力;(4)演示结束后,教师要引导学生分析观察结果以及各种变化之间的关系,通过分析、对比、归纳、综合得出正确结论。

4. 简述谈话法的优点。

(1)能够照顾到每个学生的特点,充分激发学生的思维活动,有利于发展学生的语言表达能力;

(2)使教师通过谈话直接了解学生的学习程度,及时检验自己的教学效果,从而提出一些补救措施来弥补学生的知识缺陷,开拓学生的思路,使学生保持注意和兴趣。

六、论述题(参考答案)

1. 很多教育工作者认为,为了体现素质教育的精神,更好地培养学生的创新精神和实践能力,教师需要转换课堂角色,普及案例教学,请对此进行评述。

(1)作为一种独特的教学理念和教学模式,案例教学本身有着令人称道的基本理念,并具备多方面的教学论意义。同时,案例教学的运行和实践不是盲目的,而是在科学理论指导下进行的。也就是说,它是奠定在一定的理论基础之上的。①教学目标:彰显人性;②教学内容:走向生活世界;③教学过程:交往与对话;④学习方式:自主、合作与探究;⑤教学评价:过程与状态。这些与新课改的精神相契合。

(2)案例教学是一种新型的教学方法,也是一种比较先进的教学方法。它与传统的教学方法有很大的区别,显示出自己独特而强劲的优势。具体如下:

①关于案例。案例来源于鲜活的生产、生活和科学实验活动中的现实事例,具有知识性、趣味性、典型性、启发性、真实性和实践性等特点,可以弥补传统教材冷酷、森严和乏味的局限性,充分调动学生学习的积极性、主动性和创造性,激发他们进行不断学习的内在动机和热情。

②关于教师。在案例教学中,教师并不是可有可无的,只不过他要改变以前的说教者、管理者、控制者、主导者等角色,而转换成为课堂教学的组织者、引导者、合作者、对话者和"平等中的首席"。在实际的案例教学中,至少可以提高教师的课堂设计能力、课堂管理能力、课堂协调能力、总结概括能力。

③关于学生。学生是案例教学的最大受益者。在实施案例教学的各个环节中,包括案例的阅读、案例的分析与讨论、案例报告的撰写以及案例的总结等,同学们的各种能力得到了有效锻炼,综合素质有了飞跃的提升。

总之,推广和普及案例教学对推进教学改革、实现素质教育具有极其深远的现实意义。但是需要指出的是,案例教学并不是普适的教学模式,更不是医治百病的灵丹妙药。它受制于教学目的、学科类型、教学内容、教学风格,以及教育者的理论修养和课堂管理与协调能力、任教的班级与年级学生的基础等。同时,它还有自身的根本缺陷,比如课程教学不成体系,导致了系统知识学习效率低的局面,还有部分同学懒于参与等。因此,在运用案例教学的时候要依据具体的情况而定,千万不能鹦鹉学舌、照抄照搬。

2. 常言道"教学有法,但无定法"。某教师认为这意味着自己在教学中可以任意采用某一种教学方法。请结合教育学知识对此进行评析。

(1)该教师的观点是不正确的。

(2)"教学有法,但无定法"的意思是我们的教育教学活动是有规律可遵循、有法则可遵守、有模式可遵照的,是有可以掌握的基本方法、基本规律的。但是教学的模式、方法、技能等不是机械的、教条的,而是灵活多变、富有个性、充满灵性的。教师劳动的创造性要求教师不断更新教学方法,但绝不意味着教师可以任意选择教学方法。在实际教学中,教师要根据教学目的和任务、教学内容的性质和特点、教学对象的实际情况、教师自身素养及所具备的条件、教学方法的类型与功能等因素科学、合理地选择和有效地运用某一种或某几种教学方法。故题干观点错误。

七、案例分析题(参考答案)

1. 启发式教学是指教师在教学过程中根据教学任务和学习的客观规律,从学生的实际出发,采用多种方式,以启发学生思维为核心,调动学生的主动性和积极性,促使他们生动活泼地学习的一种教学指导方法。

(1)启发式教学首先是一种教育教学的思想。即在学校全部的教育教学活动中,启发式永远是培养学生自主参与、自我发展的教学原则,不能脱离和违背此原则。案例中很多教师显然没有认识

到这一点。

(2)启发式教学是贯彻始终的系统性教学原则。它是设计全部教学方法的核心,是确定其他教学方法的依据,而不是权宜性手段。很多老师把它作为一般方法来使用,这完全是对启发式教学思想的误解。

(3)启发式教学的核心是培养、提高学生的思维能力和自主学习的能力,是以培养学生的学习能力为目标的教学思想,而不是简单的“提问式”和“设问式”。案例中有的老师把启发式教学等同于问答式教学,认为提问越多越好,这是不对的。

(4)贯彻启发式教学要求教师当好学生学习的导演,提高课堂教学的组织性和艺术性。老师要精心地、合理地设计问题,切实处理好教师主导和学生主体的关系,而不是进行放羊式或者自由式的教学。

2. (1)王老师采用的是以语言传递为主的教学方法,即主要运用讲授法来讲授平行四边形面积的计算公式。讲授法是教师运用口头语言系统连贯地向学生传授知识、技能,发展学生智力的教学方法。李老师采用的是以引导探究为主的教学方法,即主要运用的是发现法。发现法又称探索法、研究法,是指学生在教师指导下,对所提出的课题和所提供的材料进行分析、综合、抽象和概括,自行发现并掌握相应的原理和结论的一种教学方法。

(2)①讲授法可以充分发挥教师的主导作用,使学生在短时间内获得大量系统的科学知识。缺点是不易发挥学生的主动性和积极性,不利于因材施教,容易造成“填鸭式”“满堂灌”的教学效果。在王老师的教学中,学生通过教师的讲授和布置的练习,很快地掌握了平行四边形面积公式的应用,但对于面积公式是如何来的却不太清楚,这正是讲授法优缺点的生动体现。

②发现法主要是让学生自己主动发现问题、解决问题及掌握原理。在教学过程中,学生是知识的发现者,可以充分发挥自身的主动性和积极性,提高自身的创新意识和进取精神。通过引导学生主动、独立地探究学习,有利于培养学生的创新精神和实践能力。缺点是教师引导不当难以取得预期效果,实施比较耗费时间和精力。李老师在使用发现法的过程中,善于引导学生发现问题,主动学习,最终取得了良好的教学效果。

3. 谢老师主要采用了演示法、谈话法、发现法、讲授法和讨论法。

(1)演示法是指教师通过展示实物、教具和示范性的实验来说明、印证某一事物和现象,使学生掌握新知识的一种教学方法。谢老师播放短视频、用PPT展示动植物的图片,运用的是演示法。

(2)谈话法也叫问答法,它是教师按一定的教学要求向学生提出问题让学生回答,通过问答、对话的形式来引导学生思考、探究,获取或巩固知识,促进学生智能发展的方法。谢老师提出一系列的问题让学生自己发现问题、分析问题,运用的是谈话法。

(3)发现法又称探索法、研究法,是指学生在教师指导下,对所提出的课题和所提供的材料进行分析、综合、抽象和概括,自行发现并掌握相应的原理和结论的一种教学方法。谢老师先是提出一系列问题,启发学生自己去发现、分析问题,然后在讲解完课堂内容之后组织学生讨论并绘制食物网,解决之前提出的问题,从而提高学生分析问题、解决问题的能力。这一系列过程运用的是发现法。

(4)讲授法是教师运用口头语言系统连贯地向学生传授知识、技能,发展学生智力的教学方法。谢老师讲解食物链和食物网的概念,运用的是讲授法。

(5)讨论法是全班或小组成员在教师的指导下,围绕某一中心问题发表自己的看法和见解,从而进行相互学习的一种方法。谢老师将全班学生分为4个小组,要求他们讨论并绘制食物网,运用的是讨论法。

4. (1)相同点:都可以使学生学到知识,得到发展。

不同点:①李老师主要采用注入式的教学方法。“教师讲,学生听;教师写,学生抄”属于“填鸭式”的教学方法,教师把学生看成单纯接受知识的容器,向学生灌注知识,无视学生在学习上的主观能动性。在这种思想的指导下,教师在教学中仅仅起着一个现成信息的载负者和传递者的作用,而学生则仅仅起着记忆器的作用。王老师则主要采用启发式的教学方法。启发式是指教师从学生实际出发,采取各种有效的形式去调动学生学习的积极性,指导他们自己去学习的方法。材料中,王老师设计游戏环节,并提出贴合学生实际生活的问题,并让学生自由讨论、思考,都体现了启发式的教学方法。

②李老师注重教学结果,注重单方面的传授知识,是课程的执行者。"教师讲,学生听;教师写,学生抄",这反映了李老师只注重学生知识的掌握和学习,简单地、机械地传授学生知识,而不注重学生的学习过程和情感体验。王老师则体现了新的教学观。材料中,王老师善于运用多媒体、设计游戏环节等手段配合教学,提出贴合学生实际生活的问题,并给予学生自由讨论、思考的时间,这反映了他不仅注重教学过程,更关注人,注重学生在师生交往、积极互动、共同发展的过程中学习知识,把教学过程当作课程的创生与开发过程。

(2)我喜欢王老师的教学。王老师具备现代教学观,不仅能够根据学生的需求、教学目的和任务的要求以及课程的性质和特点,灵活地选择教学方法,而且注重学生素质的发展和对学生潜能的挖掘,能帮助学生实现全面发展。

专题五 教学组织形式

答案速查:

1~5	CCBBC	6~10	CBDAA	11~15	CBDBB	16~20	BCBBA
21~27	ACDADDA			1~6	ABC ACD ABC ABD ABCD ABCD		
1~5	× × × √ ×			6~8	× √ ×		

一、单项选择题

1. C 【解析】教学组织形式的主要内涵如下:(1)特殊的师生互动;(2)特殊的时空安排;(3)教学因素的特殊组合。所以,C 项不属于教学组织形式的主要内涵。

2. C 【解析】在我国,最早采用班级授课制的是清政府于 1862 年设于北京的京师同文馆。

3. B 【解析】1632 年捷克教育家夸美纽斯出版的《大教学论》最早从理论上对班级授课制做了阐述,为班级授课制奠定了理论基础。

4. B 【解析】最早提出对班级教学进行改造的是"道尔顿制"。道尔顿制主张改善传统教授法几乎不顾及每个儿童本身特点的弊端,使学习者能按照自定的步调学习;针对传统方法中各科的课程时刻表不分优劣生一律平等的弊端,依据每个儿童学习各学科的难易度,适当分配课程时间。

5. C 【解析】所谓翻转课堂,就是在信息化环境中,课程教师提供以教学视频为主要形式的学习资源,学生在上课前完成对教学视频等学习资源的观看和学习,师生在课堂上一起完成作业答疑、协作探究和互动交流等活动的一种新型的教学模式。题干描述的新型教学组织形式是翻转课堂。

6. C 【解析】道尔顿制是由美国教育家柏克赫斯特创建的一种教学组织形式。

7. B 【解析】教学视频是微课的核心组成内容。根据中小学生的认知特点和学习规律,微课的时长一般为 5~8 分钟,最长不宜超过 10 分钟。

8. D 【解析】分组教学有外部分组和内部分组、能力分组和作业分组等。外部分组,即取消按年龄编班,按学生的能力或某些测验成绩编班。内部分组,即在按年龄编班的班级内,再根据学生的成绩将他们分成若干个不同的小组。能力分组,是根据学生的能力发展水平进行分组教学的,各组课程相同,学习年限则不同。作业分组,是根据学生的特点和意愿来进行分组教学的,各组学习年限相同,课程则不同。故 D 项正确。

9. A 【解析】文纳特卡制把课程分成两部分:一部分按学科进行,由学生个人自学读、写、算和学习历史、地理方面的知识和技能;另一部分是通过音乐、艺术、运动、集会,以及开办商店、组织自治会

来培养学生的“社会意识”。前者通过个别教学进行，后者通过团体活动进行。

10. A 【解析】道尔顿制是美国教育家柏克赫斯特创建的一种教学组织形式。运用这种方法时，教师不再讲授，只为学生指定自学参考书、布置作业，由学生自学和独立完成作业后，向老师汇报学习情况和接受考查。这是一种典型的自学辅导式的教学组织形式。

11. C 【解析】教学组织形式是指为完成特定的教学任务，教师和学生按照一定要求组合起来进行活动的结构。故本题选 C 项。教学策略指教师采取的有效达到教学目标的一切活动计划，包括教学事项的顺序安排、教学方法的选用、教学媒体的选择、教学环境的设置以及师生相互作用设计等。教学过程是教师根据一定社会的要求和学生身心发展的特点，通过有目的、有计划地指导学生掌握系统的科学文化知识和基本技能，发展学生的智力和体力，培养学生的良好品德和健康个性，使其形成科学世界观的过程。教学设计是指在实施教学之前由教师对教学目标、教学方法、教学评价等进行规划和组织并形成设计方案的过程。

12. B 【解析】复式教学是把两个或两个以上不同年级的学生编在一个教室里，由一位教师分别用不同的教材，在一节课里对不同年级的学生进行教学的一种特殊组织形式。根据题干所述，把三年级和五年级的学生编在一个班级上课，且老师是同一人，这种教学组织形式符合复式教学的概念。

13. D 【解析】个别辅导，又称个别教学，在进行个别辅导时，应该注意以下几个问题：(1)个别辅导一般是个别进行的，教师要了解每个学生的学习情况，以便有效地进行指导；(2)个别辅导是以学生自己的独立学习为基础的，不是以教师为主，而是以学生为主，学生自己发现问题，在自己独立完成有困难的情况下，才求助于教师；(3)在个别教学的过程中，不仅要对学生的知识、技能问题给予帮助，而且要指导他们学会正确的学习和思考方法；(4)平等地对待学生，个别辅导可以有针对性，如针对学习能力差或有特长的同学，但对学生提出的问题都应该尽量予以回答，不要有所偏向。故 D 项表述错误。

14. B 【解析】在教学史上先后出现的影响较大的教学组织形式有个别教学制、班级授课制、分组教学和道尔顿制等。其中，个别教学制是古代学校的主要教学形式。

15. B 【解析】从教学场所来看，班级授课一般在教室、实验室中进行，比较固定。课堂中的座次也相对固定。但学生座次安排可采用不同的形式，如秧田式、圆桌式、马蹄式和会议式等。故 A 项说法正确。个别教学，又称个别辅导，是教师针对不同学生的情况进行个别辅导的教学组织形式。它更有利于因材施教，而不是拔尖人才的培养。故 B 项说法错误。走班制的形式是：(1)学科教室和教师固定，学生流动上课；(2)实行大、小班上课的多种教学形式；(3)小组合作学习的方式。故 C 项说法正确。分组教学的优点是能很好地适应学生的个别差异，可激发学生的学习兴趣，发展学生的特长，也有利于拔尖人才的培养。但分组教学在实施中也有许多问题和困难，如按成绩分组、编班后，容易造成学生心理不平衡和出现一些矛盾。故 D 项说法正确。

16. B 【解析】贝尔—兰喀斯特制，也称为导生制，这种教学组织形式仍以班级为基础，但教师不直接面向班级全体学生，教师先把教学内容教给年龄较大的学生，而后由他们中间的佼佼者——导生去教年幼的或成绩较差的其他学生。故题干所述教学组织形式属于导生制。

17. C 【解析】特朗普制把大班教学、小班研究、个别教学结合起来，以灵活的时间单位代替固定统一的上课时间，以大约 20 分钟为计算课时的单位。故题干所述教学组织形式为特朗普制。

18. B 【解析】设计教学法主张废除班级授课制和教科书，打破传统的学科界限，教师不直接向学生传授知识和技能，而是指导学生根据自己已有的知识和兴趣，自行组成以生活问题为中心的综合性学习单元。学生在自己设计、自己负责的单元活动中获得有关的知识和能力。

19. B 【解析】1922 年 10 月，中国第一个道尔顿制实验班设立在上海的中国公学。

20. A 【解析】复式教学是把两个或两个以上不同年级的学生编在一个教室里，由一位教师分别用不同的教材，在一节课里对不同年级的学生进行教学的一种特殊组织形式。它适用于学生少、教师少、校舍和教学设备较差的农村以及偏远地区。故本题选 A 项。

21. A 【解析】道尔顿制的目的是废除年级和班级教学，学生在教师的指导下，各自主动地在实验室（作业室）内，根据拟定的学习计划，以不同的教材，不同的速度和时间进行学习，用以适应其能力、兴趣和需要，从而发展其个性。

22. C 【解析】复式教学是把两个或两个以上不同年级的学生编在一个教室里，由一位教师分别用不同的教材，在一节课里对不同年级的学生进行教学的一种特殊组织形式。它适用于学生少、教师少、校舍和教学设备较差的农村以及偏远地区。复式教学组织得好，学生的基本技能和自学能力往往更强。因此，A、B、D 三项叙述都不正确。

> **易错提示**：部分考生会认为正是因为学生多、教师少，所以才适合进行复式教学，这其实是对复式教学的误解。通过概念可知，复式教学是把不同年级的学生编在同一个教室里上课，若学生太多的话，彼此影响，根本无法在一个教室里进行教学，故复式教学适用于学生少、教师少的情况。考生要注意识记复式教学的概念、适用范围及意义，以灵活应对各种题型。

23. D 【解析】班级授课制可用班、课、时三个字来概括，具体表现为：(1)以班为单位集体授课，学生人数固定。(2)按课教学。“课”是教学活动的基本单元，一般分为单一课和综合课。(3)按时授课。把每一“课”规定在固定的单位时间内进行，这个单位时间称为“课时”，课与课之间有一定的间歇和休息。

24. A 【解析】葛雷制亦称“双校制”“二部制”或“分团学制”，是由美国教育家沃特创立的一种教学组织形式。沃特在教学中采用二重编制法，即将全校学生一分为二，一部分在教室上课，另一部分则在体育场、图书馆、工厂、商店以及其他场所活动，上下午对调，废除寒暑假和星期日，昼夜开放，从而为更多的学生提供了入学受教育的机会，解决了葛雷地区学校少，供不应求的矛盾。故本题答案选择 A 项。

25. D 【解析】现场教学是指教师把学生带到事物发生、发展的现场进行教学活动的形式。王老师组织学生去牛奶厂参观牛奶的生产加工流程属于现场教学。

26. D 【解析】班级授课制是一种班级集体教学形式，是指通过教师的讲授、演示等教学活动，把教学内容传授给一个班级的学生。从近代以来这种教学组织形式就取代古代的个别化学习，成为运用最广泛、最基本的教学组织形式。故本题选 D 项。

27. A 【解析】贝尔—兰喀斯特制，也称为导生制，产生于 19 世纪初的英国。

二、多项选择题

1. ABC 【解析】班级授课制有如下特点：(1)学生固定；(2)教师固定；(3)内容固定；(4)时间固定；(5)场所固定。其中，内容固定是指教师根据教学大纲和教材向学生传授统一的内容，统一教学进度，多科共进，交叉上课。（具体内容参见李秉德主编的《教学论》）

2. ACD 【解析】小组教学的优点有：(1)可以给学生提供更多的直接参与学习的机会，有利于培养学生的参与意识和领导组织能力；(2)师生之间、学生之间的相互作用可以促使学生民主与合作精神的形成；(3)有利于情感领域和动作技能教学目标的实现。小组教学的缺点是教学进度不容易控制，教学目标难以一致。所以 B 项不属于小组教学的优点。

3. ABC 【解析】个别辅导是指教师在课堂教学的基础上针对不同学生的情况进行个别指导的教学组织形式。故 A 项正确。分层教学是一种面向全体学生、因材施教的教学模式，即要针对不同层次学生的学习能力、接受能力等方面的不同，采取不同的教学方法。故 B 项正确。小组合作学习将不同个性特点的学生有机地整合在一起，使学习的个体变成了学习的共同体，有利于因材施教，弥补了教师由于班额大而不能照顾到每一个学生的不足，实现了每个学生都能获得成功的体验及实践和发展的目的。故 C 项正确。班级授课制的缺点是不利于因材施教。故 D 项错误。综上所述，本题选 A、B、C 三项。

4. ABD 【解析】班级授课制仍然是主要的组织形式并不断改革和更新，这是当代教学组织形式的发展趋势之一，故A项正确。B项属于班级授课制的优点之一。班级授课制最早是由捷克教育家夸美纽斯提出的，意在普及教育，实现“把一切知识教给一切人”的教育理想。故C项错误。夸美纽斯在总结当时教育经验的基础上，在其《大教学论》（1632年）等著作中对班级授课制进行了系统总结和理论论证，奠定了班级授课制的理论基础，确定了班级授课制的基本轮廓。故D项正确。
5. ABCD 【解析】现代教学的辅助形式主要有作业、参观、讲座、辅导等。（具体内容参见王道俊、郭文安主编的《教育学（第7版）》）
6. ABCD 【解析】分组教学有外部分组和内部分组、能力分组和作业分组等。

三、判断题

1. × 【解析】个别活动是最符合活动课程本质特性的组织形式。因为个别活动最突出的优势在于充分发挥每个学生的积极性、自主性和创造性，培养他们独立学习或活动的能力，使他们的各个方面得以在活动中提高和锻炼。（具体内容参见李方主编的《课程与教学基本理论》）
2. × 【解析】教学组织形式不是固定不变的，它随着社会政治经济和科学文化的发展及其对所培养人才要求的提高，也会不断改进。故题干说法错误。
3. × 【解析】对班级教学的实施产生重要推动作用的当数“导生制”。道尔顿制最早提出对班级教学进行改造，主张废除教师面向全体学生的课堂讲授，废除课程表和年级制，代之以教师辅导学生按“公约”个别自学。故题干描述错误。
4. √ 【解析】复式教学便于儿童就近入学，可以最大限度地节约师资、教室和教学设备等，充分利用教育资源，有利于教育的普及。它是班级教学的一种特殊组织形式。
5. × 【解析】外部分组即取消按年龄编班，按学生的能力或某些测验成绩编班；内部分组即在按年龄编班的班级内，再根据学生的成绩将他们分成若干个不同的小组。题干所述是外部分组的概念。
6. × 【解析】分组教学是指在按年龄编班或取消按年龄编班的基础上，根据学生能力、成绩分组进行编班的教学组织形式。分组教学具有其自身的优点，但也有其自身的局限。因此，不能简单地说，分组教学比班级授课制更优越。
7. √ 【解析】题干描述的是班级教学的缺点之一。在班级教学中，每个学生独自完成学习任务，教师虽然向许多学生同样施教，而每个学生各以自己独特的方式去掌握。每个学生分别对教师负责，学生与学生之间并无分工合作，彼此不承担任何责任，无必然的依存关系。
8. × 【解析】翻转课堂是指在信息化环境中，课程教师提供以教学视频为主要形式的学习资源，学生在上课前完成对教学视频等学习资源的观看和学习，师生在课堂上一起完成作业答疑、协作探究和互动交流等活动的一种新型的教学模式。翻转课堂强调学生学习老师准备的新知识，而不是根据自己的兴趣爱好学习新知识。

四、填空题

1. 翻转课堂
2. 复式教学

五、简答题（参考答案）

1. 简述实施个别教学的要求。

（1）发挥每个学生的潜力和积极因素，培养学生各自的优势，克服各自的缺点；（2）既要针对个体，又要使个体不脱离于群体；（3）要制定详细的个案分析，综合运用各种教育组织形式，灵活运用各种教学方法，做好各项工作。

2. 简述当前教学组织形式改革的重点。

(1)适当缩小班级规模,使教学单位趋向合理化;(2)改进班级授课制,实现多种教学组织形式的综合运用;(3)多样化的座位排列,加强课堂教学的交往互动;(4)探索个别化教学。

3. 简述班级授课制的优缺点。

(1)优点:①有利于经济有效地大面积培养人才,提高教学效率;②它以“课”为教学活动单元,能保证学习活动循序渐进,有利于学生获得系统的科学知识;③有利于发挥教师的主导作用;④有利于发挥学生集体的教育作用;⑤有利于学生德、智、体多方面的发展;⑥有利于进行教学管理和教学检查。

(2)缺点:①不利于学生主体性的发挥;②不利于培养学生的探索精神、创造能力和实际操作能力;③不能很好地适应教学内容和教学方法的多样化;④不利于因材施教,难以满足学生个性化的学习需要;⑤不利于学生之间真正的交流和启发;⑥以“课”为基本的教学活动单位,某些情况下会割裂内容的整体性。

六、案例分析题(参考答案)

1. (1)李老师的教学改革采取了翻转课堂的教学模式。所谓翻转课堂,就是在信息化环境中,课程教师提供以教学视频为主要形式的学习资源,学生在上课前完成对教学视频等学习资源的观看和学习,师生在课堂上一起完成作业答疑、协作探究和互动交流等活动的一种新型的教学模式。案例中李老师通过搜集资料录制教学微视频,让学生在课余时间观看微视频、通过合作交流完成学习任务,在课堂上进行检测、答疑以及拓展延伸,体现了翻转课堂的教学模式。

(2)翻转课堂是一种先学后教的模式,是自主性、互动式、个性化的教学模式,有利于提升教学质量和学习质量。与传统教学相比较,主要有以下突出特点:

①翻转了教学理念。不似在传统教学中要紧跟教师的节奏,翻转课堂中学习者有更多的自主性,更加突出“以学习者为中心”“因材施教”,实现个性化学习。

②翻转了教学流程。传统课堂的教学,教学流程基本上是先课堂、后课外。翻转课堂的教学流程基本上是先课外、后课堂。学习者课前自主学习,通过观看教师事先制作的线上课程学习知识,在课堂中通过做作业、解惑、讨论研究等活动消化知识,掌握和学习运用课前学到的新知识与技能。

③翻转了师生主体角色。在传统教学中,教师站在高高的讲台上,往往被认为是知识的“权威”,负责将知识传播下去,而学习者被动地听,这种上课方式,抑制了学习者的主观能动性,也削弱了学习者的学习积极性。在翻转课堂学习中,课下学习者以自己的学习需要和能力为基础,主动学习;课上,无论在学习小组还是班集体,主要是学习者在研讨发言,学习者在课内和课外的学习过程中,都占据主动地位,而教师在其中只是起到组织、指导、帮助、督促的作用。

④翻转了教学模式。由传统课堂的教与学,转变为由网络技术和课堂双支持的教与学,并且将知识传授和知识内化进行了优化。在翻转课堂中,教师课前把帮助学习者学习的学案、课程 PPT、教学视频、测试题等各种学习资源共享到线上学习平台,学习者可以随时随地进行学习;上课时,学习者和教师集中在线下的课堂中实时交流。利用信息技术的混合学习模式将在线学习和面对面的教学有机结合起来。

2. (1)案例所揭示的问题是:教学过程中的机会均等是教育机会均等的一个重要方面,大多数教师能够意识到在教学中应该给学生提供均等的学习机会,实践中却难以做到。

产生上述问题的重要原因:现行的教学组织形式影响了学生在教学过程中获得均等的教育机会。由于班级授课制是一种面向学生集体的教学组织形式,如何保证学生享有均等的学习机会,一直是班级教学中的一个难题。

(2)为了克服班级授课制的局限,可从如下几个方面改进课堂教学组织形式:①缩小班级规模,使学生获得更多的学习机会。②压缩集体教学时间,增加个别辅导时间。③增加辅导教师,实施小班教学。④组织小组合作学习,发动学生辅导同伴。⑤按能力或兴趣分组,进行分组教学。

专题六　教学工作的基本环节

答案速查：

1～5	DCABB	6～10	CBDCA	11～15	BABBD	16～20	CAAAB
21～25	BBCAC			1～5	ABCD ABC BCD ABD ACD		
6～8	AB ABCD AD			1～5	√ × × × ×		
6～11	× × × √ √ √						

一、单项选择题

1. D 【解析】上课是整个教学工作的中心环节，是教师教和学生学的最直接的体现，是提高教学质量的关键。

2. C 【解析】课时教学计划即教案，它通常是指教师为某一节课而拟定的上课计划，一般包括班级、学科名称、授课时间、课题、教学目标、课的类型、教学进程等。故本题选 C 项。

3. A 【解析】钻研学科课程标准就是指教师应了解本学科的教学目的、任务，掌握教材体系、重点、难点和关键，明确教学中应注意的问题。

4. B 【解析】由案例中“蒋老师认为备课是教学环节中非常重要的一环，备课是上好课的先决条件”的描述可知，蒋老师认为备课非常重要是因为备课是教师教学工作的起始环节。

5. B 【解析】根据一节课所完成任务的类型数，课可分为单一课和综合课。综合课的一般结构包括组织教学、检查复习、学习新教材、巩固新教材、布置课外作业。故选 B 项。

6. C 【解析】蒋老师及时批改作业有助于及时把作业的问题反馈给学生，帮助学生养成按时完成作业的好习惯，故 A、B 项正确。完成教学任务是从教师角度而言的，与学生无关，所以 C 项错误。“运用师生共同批改作业的方式”可以培养学生发现问题、解决问题的能力，故 D 项正确。

7. B 【解析】充分发挥学生的主体性是上好课最根本的要求，离开了这一点，其他的所有要求就失去意义。

8. D 【解析】要想上好一堂课，需要做到以下几点：(1)明确教学目的；(2)保证教学的科学性与思想性；(3)调动学生的学习积极性；(4)注重解惑纠错；(5)组织好教学活动；(6)布置好课外作业。其中，上好一堂课的关键是注重解惑纠错。

易错提示：关于上好课的基本要求，不同版本的参考书有不同的说法，在单选题中常有涉及，考生可对比参考，重点记忆：

说法一：(1)教学目标明确；(2)教学内容准确；(3)教学结构合理；(4)教学方法适当；(5)讲究教学艺术；(6)板书有序；(7)充分发挥学生的主体性(最根本的要求)。

说法二：(1)明确教学目的(前提)；(2)保证教学的科学性与思想性(基本质量要求)；(3)调动学生的学习积极性(内在动力)；(4)注重解惑纠错(关键)；(5)组织好教学活动(保障)；(6)布置好课外作业。

说法三：(1)目标明确；(2)重点突出；(3)内容正确；(4)方法得当；(5)表达清晰；(6)组织严密；(7)气氛热烈。

9. C 【解析】检查书面作业是教师了解和检查学生学习最常用的方法。通过作业检查与评分，教师可以了解学生理解和运用知识的质量和存在的问题，有助于改进教学；学生可以了解自己的学习情况，更加自觉努力。

10. A 【解析】备课就是教师根据学科课程标准的要求和本门课程的特点，结合学生的具体情况，选择最合适的表达方法和顺序，以保证学生有效地学习。题干所述体现了备课的内涵，故答案选择 A 项。

11. B 【解析】根据不同的标准可以把备课分为不同的类型。根据参与备课的人数的多少,可以把备课分为个人备课和集体备课;根据备课把握的内容,可以把备课分为学期备课、单元备课、课时备课;根据备课的时间先后,可以将备课分为课前备课和课后备课。故答案选择 B 项。

12. A 【解析】一般来说,构成课的基本组成部分有组织教学、检查复习、讲授新教材、巩固新教材、布置课外作业等。其中,组织教学并不只在上课开始时进行,而是贯穿在教学过程的各个环节中,直到下课。

13. B 【解析】教师教学工作包括五个基本环节(即基本程序):备课、上课、作业的布置与反馈、课外辅导和学业成绩的检查与评定。教师备课首先要做好三方面的工作,即钻研教材、了解学生、设计教法。了解学生首先要考虑学生总体的年龄特征,熟悉他们身心发展的特点;其次要了解学生个体的能力水平、学习态度和兴趣特点。所以,题干所述属于教学工作中的备课环节。

14. B 【解析】课堂教学是否有正确的目的,是否自觉贯彻和实现了预定的目的,是衡量一节课成功或失败的一个主要依据。

15. D 【解析】作业的形式包括:(1)阅读作业,如复习、预习教科书,阅读人文和科学读物;(2)口头作业,如口头回答、朗读、复述、背诵;(3)书面作业,如演算习题、作文、绘图;(4)实践作业,如观察、实验、测量、社会调查等。A 项属于阅读作业,B 项属于口头作业,C 项属于书面作业,D 项属于实践作业。故本题选 D 项。

16. C 【解析】作业是结合教学内容,要求学生独立完成的各种类型的练习。无论是课内作业还是课外作业,作用都在于加深和加强学生对教材的理解和巩固,帮助学生掌握相关的技能、技巧。

17. A 【解析】巩固型作业是日常教学中最经常使用的作业类型,以学生应掌握的基础知识和基本技能为主要内容。

18. A 【解析】布置课外作业是为了使学生进一步巩固所学知识,并培养独立学习和工作的能力。

19. A 【解析】教师掌握教材有一个深化的过程,一般要经过懂、透、化三个阶段。

20. B 【解析】演示课主要是演示实验或放幻灯片、录像。题干中的课的类型属于演示课。

21. B 【解析】课的结构是指课的基本组成部分及各组成部分进行的顺序、时限和相互关系,不同类型的课有不同的结构。题干描述的是课的结构的内涵。

22. B 【解析】讲授新教材即教师引导学生学习新知识。这是教学过程中最主要、最基本的部分,是课堂教学的中心。

23. C 【解析】课是学校进行教学工作的基本组织单位。为完成不同的教学任务,便形成不同的课。据此,课的类型一般分为两类:单一课和综合课。

24. A 【解析】备课首先是从精神上、思想上重视上课、准备上课——谨慎而为,态度决定行动;其次才是从物质上、行动上准备课。

25. C 【解析】课外辅导是上课的必要补充,是适应学生个别差异,贯彻因材施教的重要措施。

二、多项选择题

1. ABCD 【解析】布置作业的原则:(1)在内容上突出开放性和探究性;(2)在容量上考虑量力性和差异性;(3)在形式上体现新颖性和多样性;(4)在评判上重视过程性和激励性。

2. ABC 【解析】教师在备课时要写好三种计划,即学年(或学期)教学计划、课题(或单元)计划、课时计划(教案)。

3. BCD 【解析】教师备课要做好三方面的工作,即钻研教材、了解学生、设计教法,也即备教材、备学生、备教法;写好三种计划,即学年(或学期)教学计划、课题(或单元)计划、课时计划(教案)。其中设计教学过程是教案的主体部分。所以答案选 B、C、D 项。

4. ABD 【解析】教师布置的作业应有助于启发学生的思维,含有鼓励学生独立探索并进行创造性思维的因素,而不能只是一些识记性的练习题。故 C 项做法不可取。

5. ACD 【解析】根据教学的任务划分,课可分为传授新知识课(新授课)、巩固新知识课(巩固课)、

培养技能技巧课(技能课)和检查知识课(检查课)。

方法技巧:根据教学的任务和主要使用的教学方法,课可以分为不同的类型,考生可以结合下表进行对比记忆:

分类依据	课的类型
教学方法	讲授课、演示课、练习课、实验课、复习课
教学任务	新授课、巩固课、技能课、检查课

6. AB 【解析】教学过程中的"吃透两头":一是弄清所教知识点与前后知识的衔接与结构关系,即充分理解教材;二是需要对学生学习过程中出现的错误以及深层次的原因有比较深刻的了解,即充分认识学生。
7. ABCD 【解析】命题的一般要求是:(1)命题应同教学目标或所期望的学生个体素质的发展相适应,要依据各科课程标准选编试题,试题的分布范围应较广;(2)试题类型要多样化;(3)试题间不应有任何重复或相关;(4)试题应有不同的难度;(5)试题的文字表述要准确、简明、易懂,标点符号正确,以免产生歧义。
8. AD 【解析】作业的形式包括:(1)阅读作业;(2)口头作业;(3)书面作业;(4)实践作业。

三、判断题

1. √ 【解析】课外辅导是上课的必要补充,是适应学生个别差异,贯彻因材施教的重要措施。
2. × 【解析】课外辅导的对象应包括不同类型的学生,重点集中在学习成绩差的学生身上。
3. × 【解析】教师备课要做好三方面的工作,即钻研教材、了解学生、设计教法,也即备教材、备学生、备教法;还要写好三种计划,即学年(或学期)教学计划、课题(或单元)计划、课时计划(教案)。因此,教师备课的任务不仅仅是分析和研读教材、撰写教案,题干表述过于片面。
4. × 【解析】上好课是提高教学质量的关键。明确教学目的是上好一堂课的前提。而上好一堂课的内在动力是调动学生的学习积极性。故题干表述错误。
5. × 【解析】备课是教师教学的起始环节,是上好课的先决条件,备好课是教好课的前提。但教师备课要做好三方面的工作,即钻研教材、了解学生、设计教法,而不是把全部精力放在钻研教材上。题干后半句说法错误。
6. × 【解析】一般来说,构成课的基本组成部分有组织教学、检查复习、讲授新教材、巩固新教材、布置课外作业等。组织教学并不只是在课前进行,在整个教学过程中,都需要组织教学。
7. × 【解析】教师在布置作业时要适度适量,不能布置过多的作业,以避免学生产生厌学情绪。故教师在布置作业时让家长也额外给学生布置作业的做法是不合理的。
8. × 【解析】观察、实验、测量、社会调查等属于实践作业,是作业的形式之一,所以题干表述错误。
9. √ 【解析】教案,它通常是指教师为某一节课而拟定的上课计划,一般包括班级、学科名称、授课时间、课题、教学目的、课的类型、教学进程等。上课前,教师必须写好课题计划与教案。但教案可以有详、有略。一般来说,新教师应当写详细些,有经验的教师可以写简略些。
10. √ 【解析】教师备课首先要钻研教材,吃透教材。钻研教材包括学习学科课程标准、钻研教科书和阅读有关参考资料。
11. √ 【解析】在实际的教学中,有时一节课只完成一个任务,有时一节课则需完成多项任务,所以根据一节课所完成任务的类型数,课的类型可分为单一课和综合课。一般来说,综合课的基本组成部分有组织教学、检查复习、讲授新教材、巩固新教材、布置课外作业等。

四、填空题

1. 检查复习
2. 平时考查　考试

五、简答题(参考答案)

1. 一堂好课的标准是什么?

(1)要使学生的注意力集中;(2)要使学生的思维活跃;(3)要使学生积极参与到课堂中来;(4)要使个别学生得到照顾。

2. 简述布置作业的要求。

(1)布置作业要有目的、有重点,作业内容符合课程标准的要求;(2)考虑不同学生的能力需求;(3)分量适宜、难易适度;(4)作业形式与内容要多样化,具有多选性,难度要逐步提高;(5)要求明确,规定作业完成时间;(6)作业反馈清晰、及时;(7)作业要具有典型意义和举一反三的作用;(8)作业应有助于启发学生的思维,含有鼓励学生独立探索并进行创造性思维的因素;(9)尽量同现代生产和社会生活中的实际问题结合起来,力求理论联系实际。

3. 简述上好课的基本要求。

(1)教学目标明确;(2)教学内容准确;(3)教学结构合理;(4)教学方法适当;(5)讲究教学艺术;(6)板书有序;(7)充分发挥学生的主体性。

六、论述题(参考答案)

1. 试论述教师教学工作的基本环节。

教师教学工作包括五个基本环节(即基本程序):备课、上课、作业的布置与反馈、课外辅导和学业成绩的检查与评定。

(1)备课就是教师根据学科课程标准的要求和本门课程的特点,结合学生的具体情况,选择最合适的表达方法和顺序,以保证学生有效地学习。备课是教师教学的起始环节,是上好课的先决条件,备好课是上好课的前提。教师备课要做好三方面的工作,即钻研教材、了解学生、设计教法,也即备教材、备学生、备教法;还要写好三种计划,即学年(或学期)教学计划、课题(或单元)计划、课时计划(教案)。

(2)上课是整个教学工作的中心环节,是教师教和学生学的最直接体现,是提高教学质量的关键。教师要上好课,就要教学目标明确、教学内容准确、教学结构合理、教学方法适当、讲究教学艺术、板书有序、充分发挥学生的主体性。

(3)作业是结合教学内容,要求学生独立完成的各种类型的练习。无论是课内作业还是课外作业,作用都在于加深和加强学生对教材的理解和巩固,帮助学生掌握相关的技能、技巧。通过作业的布置、检查和批改,教师可以及时发现学生在知识或技能方面的缺陷并加以纠正,同时对学生的作业完成情况做出评价并提出进一步学习的建议。教师应经常检查和批改学生的作业。

(4)课外辅导是上课的必要补充,是适应学生个别差异,贯彻因材施教的重要措施。教师要从辅导对象的实际出发,确定辅导内容和措施;明确辅导只是对课堂教学的补充,不能将主要精力放在辅导上。

(5)学业成绩的检查与评定是教学工作的一个重要环节,它对教学工作的顺利进行和教学质量的提高具有十分重要的意义。检查学生学业成绩的方法是多种多样的,常用的检查方式有两大类:平时考查和考试。

2. 请简要论述作业的育人功能有哪些,应该如何正确理解。

假如说教学更多体现了教师指导下的学习过程,那么作业更多反映了学生自主学习的过程,而不仅仅是诊断评估学生已经掌握知识技能的评价过程。作业折射了学校与教师的教育理念和专业能力,是学校教育的名片。作业影响着学生的学习兴趣、学习压力、自主学习能力、学习习惯、学习方法、责任感、自律性、持之以恒的意志力、时间管理能力、学业成绩等方面。作业是促进教育质量提升的核心问题,与教学、评价有着千丝万缕的联系,与教学共同促进学生发展。因此,作业本质上也是全面育人的过程。

七、案例分析题(参考答案)

1.(1)考虑不同学生的能力需求。学生的学习程度是不同的,在布置作业时应根据学生的学习程度布置难度不同的作业,以满足不同学习程度的学生的需求。

(2)分量适宜、难易适度。作业分量和作业的难易程度要符合学生的身心发展特点和课程标准的要求。

(3)布置作业的形式要多样化。除了布置抄写的书面作业外,给学生提供口头作业、实践作业等供学生自主选择,如进行背诵、观察、实验等,这些都可以加深学生对方程式的记忆。

(4)作业要具有典型意义和举一反三的作用,有助于启发学生的思维,含有鼓励学生独立探索并进行创造性思维的因素。多遍抄写作业适合于识记知识内容,但不利于学生理解和运用知识,不利于启发学生思维,对于化学等自然科学的学习更是如此。因此,布置作业时应注意理解和运用层面的要求,使学生真正掌握化学方程式。

(5)尽量同现代生产和社会生活中的实际问题结合起来,力求理论联系实际。布置的作业与学生生活联系起来,让学生通过化学方程式的学习理解生活中的一些化学反应、化学材料等。

2.上好一堂课的基本要求包括:(1)教学目标明确;(2)教学内容准确;(3)教学结构合理;(4)教学方法适当;(5)讲究教学艺术;(6)板书有序;(7)充分发挥学生的主体性。案例中的教师为了让学生明白“圆”的概念,通过谈话法,一步步引导学生获取“圆”的知识,发挥了学生学习的主动性和积极性。这体现出该教师的教学目标明确、教学内容准确、教学方法适当以及充分发挥了学生的主体性。

3.(1)课前做好备课工作。教师备课要做好三方面的工作,即钻研教材、了解学生、设计教法。吴老师在备课过程中没有深入了解学生,导致她的课堂出现“学生兴趣不高”“所讲的很多内容学生已经会了”等问题。教师在备课时,要注意全面了解本班学生的学习准备情况及个性特点,有针对性地进行备课。

(2)在课堂教学中发挥教育机智。教师在教学中应充分发挥教育机智,面对学生出现的各种情况能够因势利导、随机应变。如课堂教学提前结束但仍有剩余时间时,可以通过课堂提问帮助学生巩固所学知识或者引导学生继续深入学习本节课的内容,而不是直接安排学生自习。

(3)充分发挥学生的主体性。在教学中,学生是学习的主人,具有主观能动性。因此,在教学过程中应充分发挥学生的主体性,课堂教学要引起学生的兴趣,引导学生积极主动地学习,提高学生的课堂参与程度。

(4)注重生成性教学。整体把握教学过程的结构,关注学生,注意课前预设和课堂生成的统一。

4.(1)从教育的意义上而言,案例一与案例三体现了备课的重要性。备好课是上好课的前提。对教师而言,备好课可以加强教学的计划性和针对性,有利于教师充分发挥主导作用。备好了课,教师便对教材、学生以及教学方法有所了解,这样在教学过程中才能更好且有效地将教学内容系统、有条理地呈现给学生,也能很好地处理课堂中的突发事件。教师应树立终身备课的思想,把备课看成是一个长期积累、不断发展的过程。在这个过程中,反思应成为教师备课的一个至关重要的环节和内容,基于自我反思的备课过程显得尤为重要。从教育意义上而言,案例一中的老师与案例三中的芭蕾舞大师的话语体现了他们对备自我的重视。这是值得我们学习的地方。

(2)案例二中的看法是不正确的,教师要想教好一节课不仅仅是写一份教案的问题,而且还要做好多方面的工作。例如,钻研教材、了解学生、设计教法,也即备教材、备学生、备教法;写好三种计划,即学年(或学期)教学计划、课题(或单元)计划、课时计划(教案)。

(3)教师应成为教育教学的研究者,以研究者的姿态置于教学情境之中,以研究者的眼光审视和分析教学理论和教学实践中的问题,对自身的行为进行反思,对出现的问题进行探究,对积累的经验进行总结,最终形成规律性的认识。

专题七　教学评价

答案速查：

1～5	CDCCC	6～10	ABBAC	11～15	ADAAD	16～20	BBABD
21～25	ABDCA	26～30	BADAA	31～35	BDDBD	36～37	BC
1～5	AD ABCD ABD BCD ABCD			6～9	BCD AC ABD ABD		
1～5	× × √ × ×			6～7	× ×		

一、单项选择题

1. C 【解析】形成性评价是在教学过程中为改进和完善教学活动而进行的对学生学习过程及结果的评价。它包括在一节课或一个课题的教学中对学生的口头提问和书面测验。形成性评价的目的不是注重成绩的评定，而是使师与生都能及时获得反馈信息，更好地改进教与学，以促进教师和学生的发展、提高。题干中的英语老师在课堂上对学生进行提问以了解学生的学习情况，属于形成性评价。故本题选 C 项。

2. D 【解析】形成性评价是在教学过程中为改进和完善教学活动而进行的对学生学习过程及结果的评价。形成性评价的目的不是注重成绩的评定，而是使师与生都能及时获得反馈信息，更好地改进教与学，以促进教师和学生的发展、提高。题干中数学老师的评价是在一个单元学习结束后进行的，目的是了解教学情况。这符合形成性评价的内涵。

3. C 【解析】绝对评价是在评价对象的整体之外，确定一个客观标准，将评价对象与这个客观标准进行比较，以判断其达到标准程度的一种评价方法。它只考虑评价对象应该达到的水平，而不受评价对象在其特定整体中位置的影响。

方法技巧：考生容易混淆相对性评价、绝对性评价和个体内差异评价。在理解这三个概念时，可把相对性评价理解为"看位置"，绝对性评价理解为"看标准"，个体内差异评价理解为"看自己"。

4. C 【解析】形成性评价是为了改进和完善教学活动，为了促进教师和学生的发展；而总结性评价是为了评定学生的成绩，或者选拔学生。故两者的不同点在于评价目的不同。所以答案选 C 项。

5. C 【解析】终结性评价主要是在教学和学习后进行的评价，是对教学和学习全过程的检验。终结性评价最关注的问题是测验的准确性和可靠性，即试卷的信度和效度。

6. A 【解析】老师利用课堂小测验对学生进行的评价，属于形成性评价，这种评价的目的是改进教学，促进教师和学生的发展、提高。

7. B 【解析】教育评价的导向功能是指教育评价本身所具有的引导评价对象朝着理想目标前进的功效和能力。通过教育评价的导向功能，可以引导某项教育活动朝着正确的方向发展。题干中通过"加大教学权重"来克服教师职称评定中的错误倾向，即通过教育评价的导向功能，引导教师职称评定回归正确方向。

8. B 【解析】教学评价的主体性原则是指进行教学评价时，承认评价对象在评价中的主体地位，充分发挥他们的主观能动性，使他们自觉积极地参与评价活动。在教学评价过程中，评价对象既是评价的客体，又是评价的主体，他们既要被他人评价，同时又要对自己的工作进行价值判断。故答案选择 B 项。

9. A 【解析】形成性评价是在教学过程中为改进和完善教学活动而进行的对学生学习过程及结果的评价。它包括在一节课或一个课题的教学中对学生的口头提问和书面测验。李老师在每周一的课堂中对学生进行测试，以充分掌握学生的学习情况，这体现了李老师对形成性评价的运用。

10. C 【解析】诊断性评价是在学期开始或一个单元教学开始时，为了了解学生的学习准备状况及

影响学习的因素而进行的评价。它包括各种通常所称的摸底考试。该中学教师对学生的评价发生在每一单元开始时，以摸底考试的形式进行，并以此了解学生们现有的知识与技能，在此基础上设计教学。这种评价属于诊断性评价。

方法技巧：诊断性评价、形成性评价和总结性评价是易混点，考生可结合下表内容进行对比记忆。此外，考生在理解这三种评价时，可结合这三种评价的实施时期来区分。

评价类型	概念要点	主要手段
诊断性评价	在学期开始或一个单元教学开始时，为了了解学生的学习准备状况及影响学习的因素而进行	摸底考试
形成性评价	在教学过程中为改进和完善教学活动而进行	口头提问和书面测验
总结性评价	在一个大的学习阶段、一个学期或一门课程结束时对学生学习结果的评价	期中、期末考试

11. A 【解析】诊断性评价是在学期开始或一个单元教学开始时，为了了解学生的学习准备状况及影响学习的因素而进行的评价。题干中的认知水平测试是在新生入学后立即组织的，目的是了解学生的认知情况，这与诊断性评价的概念相符合，故本题答案选择 A 项。

12. D 【解析】根据评价采用的标准，教学评价可以分为绝对性评价、相对性评价和个体内差异评价。其中，个体内差异评价是对被评价者的过去和现在进行比较，或将评价对象的不同方面进行比较。题干中的小明认为自己这一次的数学考试成绩跟上一次相比有进步，是对自己的过去和现在进行比较，属于个体内差异评价。故本题选 D 项。

13. A 【解析】常模参照性评价（相对性评价）是运用常模参照性测验对学生的学习成绩进行的评价，它主要依据学生个人的学习成绩在该班学生成绩序列或常模中所处的位置来评价和决定他的成绩的优劣，而不考虑是否达到教学目标的要求。题干描述的是常模参照性评价（相对性评价）的概念。

14. A 【解析】绝对性评价又称为目标参照性评价（标准参照评价），是运用目标参照性测验对学生的学习成绩进行的评价。它主要依据教学目标和教材编制试题来测量学生的学业成绩，判断学生是否达到了教学目标的要求，而不以评定学生之间的差异为目的。题干中的教学评价注重学生是否达到教学目标的要求，属于绝对性评价。

15. D 【解析】根据评价所运用的方法和标准的不同，教学评价分为相对性评价、绝对性评价。其中，相对性评价主要依据学生个人的学习成绩在该班学生成绩序列或常模中所处的位置来评价和决定他的成绩的优劣，而不考虑他是否达到教学目标的要求。相对性评价具有甄选性强的特点，因而可以作为选拔人才、分类排队的依据。故选拔性考试属于相对性评价。（具体内容参见王道俊、郭文安主编的《教育学（第 7 版）》）

16. B 【解析】安置性评价，又称“预测性评价”“预备性评价”。它主要是在特定的教学活动之前判断学生的前期准备。它要解决的问题是：学生是否已掌握了参加预定教学活动所需要的知识与技能；在多大程度上学生已经达到了预期的教学目标；学生的兴趣、习惯以及其他个性特征显示何种教学模式最为合适。安置性评价主要用于学生分班。题干中，通过对学生进行水平测试并以此成绩来进行编班的评价属于安置性评价。故选 B 项。

17. B 【解析】形成性评价是在教学过程中为改进和完善教学活动而进行的对学生学习过程及结果的评价。它包括在一节课或一个课题的教学中对学生的口头提问和书面测验。题干中，张老师在课堂上以练习题的形式考查学生的学习结果，符合形成性评价的内涵。

18. A 【解析】教学评价是指以教学目标为依据，通过一定的标准和手段，对教学活动及其结果给予价值上的判断,即对教学活动及其结果进行测量、分析和评定的过程。其目的是对课程、教学方法以及学生培养方案做出决策。

19. B 【解析】形成性评价的突出特点是充分重视评价的过程,教师不仅是评价的客体,也是评价的主体。形成性评价是学生与教师在同一个教学模块中共同参与,双方得到反馈并改变教学内容和方式,从而提高教学水平的一种教学活动。评价的结论对整个教学过程提供诊断性意见,通过反馈不断完善评估体系。

20. D 【解析】为相对性评价而进行的测验一般称为常模参照测验。它的试题取样范围广泛,测验成绩表明了学生学习的相对等级。由于所谓的常模实际上近似学生群体的平均水平,所以这种测验的成绩分布符合正态分布规律。利用相对评价来了解学生的总体表现和学生之间的差异或比较不同群体间学习成绩的优劣是相当不错的。所以,题干最适宜采用的评价方法是相对评价。

21. A 【解析】发展性评价的根本目的是促进学生发展。

22. B 【解析】教学评价的激励功能指教学评价激发评价对象情感、鼓舞斗志、振作上进的功效或能力。教学评价可以依据设定的评价目标,对评价对象的教育教学或学习活动等做出客观的价值判断,肯定成绩或进步,指出缺点与不足,指出产生的可能原因,从而刺激评价对象主体意识的情感,促使其精神振作,在提高教育教学或学习质量的自我需要的更高层面上,产生发扬成绩、改进不足、争取进步的行为动机,达到改进教育教学或学习等活动并提高质量的目的。故题干所述主要体现了教学评价的激励功能。

23. D 【解析】全面实施学生发展性评价的核心是关注学生的发展、促进学生的发展。

24. C 【解析】进行教学评价时,要注意处理教学与评价的关系。应当考虑评价活动占课堂整体教学时间的比例,要注重评价的实际效果,要避免使用过于烦琐的评价程序,占用过多的教学时间进行评价。不能为评价而评价或以评价为目标进行教学。

25. A 【解析】总结性评价也称为终结性评价,是在一个大的学习阶段、一个学期或一门课程结束时对学生学习结果的评价。故题干所述的测验属于总结性评价。

26. B 【解析】终结性评价比较注重总体分析,力图表明课程目标、教学目标的实现程度,并对课程的有效性和实施效果做出判断。由于终结性评价常常关系到学生名次、班级名次和教师声誉,所以学生和教师对此都比较关注。

27. A 【解析】个体内差异评价是对同一个体的不同方面或某方面的前后变化进行比较的评估。和绝对评价、相对评价不同,个体内差异评价是依据个人的标准来评价的。它是指对学生个体的同一学科内的不同方面,或不同学科间的成绩与能力差异进行的横向比较和评价,以及对个体两个或多个时刻内的成就表现进行的前后纵向评价。(具体内容参见袁振国主编的《当代教育学》)

28. D 【解析】发展性原则是指教学评价是鼓励师生、促进教学的手段,所以教学评价应着眼于学生的学习进步和动态发展,着眼于教师的教学改进和能力提高,以调动师生的积极性,提高教学质量。题干中的教学评价侧重于鼓励学生,提高学生学习的积极性,体现了这一原则的内涵。

29. A 【解析】形成教案以后或选择与改编了教学材料后,可以请一位或几位有经验的教师或专家进行咨询,甚至可以对具有代表性的学生样本进行试行。这一方式属于形成性评价,评价教案或教学材料是为确定教学中的弱点以便对教案或教学材料作修改从而使它们更有效。

30. A 【解析】教学评价的功能有多种说法,有人认为教学评价的功能如下:

(1)诊断功能。评价是对教学结果及其成因的分析过程,是对教学现状、教学各方面的情况进行科学诊断,诊断教学成效、缺陷、矛盾和问题,以便为进行的教学决策或改进指明方向。

(2)激励功能。通过评价反映出教师的教学效果和学生的学习成绩,对教师和学生是一种促进和强化。

(3)调控功能。评价结果是一种反馈信息,正是这种信息对教学过程有监控作用。它可以使教师和学生都及时知道自己的教与学的情况与效果,为他们调整教与学的行为提供客观依据。教学评价有利于使教学过程成为一个随时得到反馈调节的可控系统,使教学效果越来越接近预期的目标。

(4)教学功能。评价本身也是一种使学生知识、技能获得长进甚至产生飞跃,使教师领悟到更多教的经验的教学活动。

根据题干的表述,这里强调的是教学评价的调控功能,答案选 A 项。

31. B 【解析】诊断性评价一般在教学开始之前进行,A 项错误;形成性评价注重学生发展,主要用于改进工作,不注重区分等级,进行选拔,C 项错误;形成性评价比诊断性评价进行得频繁,单元小测验属于形成性评价,D 项错误。

32. D 【解析】关于教学评价的分类,有学者认为教学评价根据其实施的时机,可分为形成性评价和总结性评价;根据其资料的处理方式,可分为常模参照评价与标准参照评价;根据其功能,可分为配置性评价与诊断性评价;根据其严谨程度,可分为正式评价与非正式评价。

33. D 【解析】绝对性评价又称为目标参照性评价(标准参照评价),是运用目标参照性测验对学生的学习成绩进行的评价。它主要依据教学目标和教材编制试题来测量学生的学业成绩,判断学生是否达到了教学目标的要求,而不以评定学生之间的差异为目的。"驾驶执照考试、体育达标测试"都是给定目标成绩,通过测量考生成绩,判断其是否达到要求。这种评价属于标准参照评价。故本题选择 D 项。

34. B 【解析】诊断性评价用于诊断在教学工作中的必要性。医生要祛除患者的疾病,对症下药,就必须对患者进行仔细诊断。教学工作也一样。教师要想制定适合每个学生的特点和需要的有效教学策略,必须了解学生,了解他们的知识储备,了解他们的技能和能力水平,了解他们对所要学习的学科的态度和抱负水平,了解导致学生学习成功或失败的原因等。了解学生的手段之一,就是对学生进行诊断性测试。(具体内容参见李秉德主编、李定仁副主编的《教学论》)

35. D 【解析】形成性评价是在教学过程之中进行的,终结性评价是在教学过程结束之后进行的。D 项表述错误。

36. B 【解析】总结性评价又称事后评价,一般是在教学活动告一段落时,为把握活动最终效果而进行的评价。故 A 项说法错误。教学评价有诊断功能、激励功能、调控功能、教学功能、导向功能,故 B 项说法正确。定性评价是对评价做"质"的分析,是运用分析和综合、比较和分类、归纳和演绎等逻辑分析的方法对评价所获取的数据资料进行思维加工。故 C 项说法错误。从课堂纪律状况分析控制水平属于与教师因素有关的指标,与学生因素有关的指标有从表情上分析学生对讲课内容和速度的适应性、从课堂提问中分析学生对功课的理解程度。故 D 项说法错误。

37. C 【解析】个体内差异评价是对被评价者的过去和现在进行比较,或将评价对象的不同方面进行比较。题干中"关注学生是否存在偏科"是对评价对象不同方面进行的评价,属于个体内差异评价。

方法技巧:在理解诊断性评价与个体内差异评价时,除了从概念本身进行区分外,考生还可将诊断性评价理解为"一个点",即在某一个时间点(学期开始前或者单元教学前)对学生做出评价;可将个体内差异评价理解为"一条线",是在一定的时间段内完成的,即需要通过对学生进行一段时间的观察了解之后才能得出结论。

二、多项选择题

1. AD 【解析】形成性评价是掌握学习理论的一个重要思想和措施。形成性评价的基本思想是采取频繁的反馈和根据每个学生的需要因人而异地帮助进行纠正。A 项正确。教师在教学过程中就所学知识对学生进行提问属于形成性评价,B 项错误。高考是选拔性的考试,属于常模参照性评价,C 项错误。终结性评价的直接目的是作出教育效果的判断,从而区别优劣、分出等级或鉴定学生是否合格,D 项正确。

2. ABCD 【解析】根据王道俊、郭文安主编的《教育学》,教学评价的原则主要包括客观性原则、发展性原则、指导性原则、计划性原则。

3. ABD 【解析】教学评价具有教学功能。教学评价本身也是一种教学活动,通过教学评价,教师对如何教和学生对如何学都会积累自己的经验,从而对教师的教和学生的学都有一定的促进作用。A 项表述正确。教学评价具有鉴别和选择功能,通过教学评价,可以了解任课教师的教学效果、教学风格、教学水平、主要优点与存在的问题,以便对教师进行考查和鉴别。B 项表述正确。新课程背景下,教学评价倡导不排名次、不列等级。C 项表述错误。教学评价具有咨询决策功能,有效而科学的教学评价,是教学管理工作决策的重要基础。D 项表述正确。

4. BCD 【解析】根据教学评价的作用(功能),教学评价可以分为诊断性评价、形成性评价和总结性评价。根据评价采用的标准,教学评价可以分为绝对性评价、相对性评价和个体内差异评价。故本题选 B、C、D 三项。

5. ABCD 【解析】发展性评价的基本内涵包括:(1)评价目的。评价的根本目的在于促进发展。(2)评价功能。与课程功能的转变相适应,发展性评价体现基础教育课程改革的精神,有利于基础教育课程改革的顺利实施。(3)评价观念。发展性评价体现最新的教育观念和课程评价发展的趋势。(4)评价内容。评价内容综合化;评价标准分层化。(5)评价方式。评价方式多样化,将量化评价方法与质性评价方法相结合。(6)评价主体。评价主体多元化。(7)评价过程。关注评价过程,将形成性评价与终结性评价有机地结合起来。

6. BCD 【解析】形成性评价的主要功能:(1)改进学生的学习;(2)为学生的学习定步;(3)强化学生的学习;(4)给教师提供反馈。A 项是诊断性评价的功能。

7. AC 【解析】常见的评教方法有:分析法和记分法。

8. ABD 【解析】总结性评价的主要功能包括:(1)评定学生的学习成绩;(2)证明学生掌握知识、技能的程度和能力水平以及达到教学目标的程度;(3)确定学生在后继教学活动中的学习起点;(4)预言学生在后继教学活动中成功的可能性;(5)为制定新的教学目标提供依据。C 项属于形成性评价的主要功能。

9. ABD 【解析】教学评价贯穿于整个教学过程中,并不只在学期结束时进行,此外,教学评价主要包括对学生学习结果的评价和对教师教学工作的评价,也可以划分为学生学业评价、课堂教学评价和教师评价,故 C 项错误。

三、判断题

1. × 【解析】总结性评价注重考查学生掌握某门学科的整体程度,概括水平较高,测验内容范围较广,常在学期中或学期末进行。所以注重考查学生掌握某门学科的整体程度的是总结性评价而非形成性评价。

2. × 【解析】形成性评价主要是在教学和学习过程中进行的评价,一般以学习内容的一个单元为评价点,采用及时的反馈和根据学生个体的差异进行有针对性的矫正。所以题干表述错误。

3. √ 【解析】绝对性评价是运用目标参照性测验对学生的学习成绩进行的评价,又称为目标参照性评价。

4. × 【解析】形成性评价是在教学过程中为改进和完善教学活动而进行的对学生学习过程及结果的评价。它包括在一节课或一个课题的教学中对学生的口头提问和书面测验。所以对于在教学过程中实施测验的解释属于形成性评价,题干表述错误。

5. × 【解析】教学评价是教学工作不可缺少的一个基本环节,从整体上调节、控制着教学活动的进行,保证着教学活动向预定的目标前进并最终达到该目标。它贯穿于教学工作的整个过程。

6. × 【解析】教学评价主要包括对学生学习结果的评价和对教师教学工作的评价，也可以划分为学生学业评价、课堂教学评价和教师评价。
7. × 【解析】教学评价是指以教学目标为依据，通过一定的标准和手段，对教学活动及其结果给予价值上的判断，即对教学活动及其结果进行测量、分析和评定的过程。从本质上讲，评价是一种价值判断。

方法技巧：关于教学评价是价值判断还是事实判断，考生可对比教学测量进行区分：

教学评价	价值判断	好与坏	解释性	有什么意义
教学测量	事实判断	是与非	描述性	是什么

四、论述题（参考答案）

1. (1)实施发展性评价的意义包括：①发展性评价是学校教育进步和发展的现实要求；②发展性评价对学生的自主发展具有巨大的积极影响；③发展性评价的过程就是一种积极有效的教育过程；④发展性评价是遵循人的发展规律和教育规律的教育评价；⑤发展性评价引导和激励学生自主发展；⑥发展性评价促进学生的个性发展；⑦发展性评价注重过程，让教师更主动，学生更自主，教育更有效；⑧发展性评价促进师生关系的和谐融洽；⑨发展性评价促进教师乐教、学生乐学的有机融合。

(2)在教育工作实践中，运用好发展性评价的措施包括：①制定评价内容与评价标准。评价内容不能是单一的，应是多方面的。发展性评价不仅要关注学生的学业，同时也应关注学习以外的情感、态度、意志品质等各方面的综合素质。而所设的标准要因人而异，使每个学生在自己的基点之上获得进步，并得到积极的评价。②记录评价结果。将学生在学习中的各种表现，以量化的形式表现出来，使学生能看到自己成长的轨迹，培养学生积极进取的精神。③实施多元化评价。积极开展学生自评、互评以及教师评价的活动，合理地运用这三种评价方式，培养学生积极的情感态度，形成有效的学习策略，发展他们的自主学习能力和合作精神。④发挥评价的反馈与反思功能。发展性评价所具有的这一功能，可以及时调整教师的教学行为与学生的学习行为。教师须全程关注学生在课内外的每一种表现、每一次进步，并从中得到反馈信息，及时调整自己的教学行为。也让学生通过评价，能反思自己的学习行为与情感态度，适时调整自己，做到自我完善，自我发展。

2. (1)考试评价能够使学生较为客观、有效地展现自己的知识和技能，在对学生的学业评价乃至教育工作者的专业评价中都有十分重要的作用，是任何其他评价方式都难以替代的。但传统的基于分数的考试评价容易使学生产生焦虑与压力，这不仅影响了学生考试的正常发挥，还会对学生的身心健康产生不良影响。该漫画就反映了这一内容。

(2)考试具有甄别功能，教师(或学校)不应将考试和分数作为评价学生的唯一标准或全部手段。漫画中的考试评价特指纸笔测验，一般情况下，纸笔测验多局限于认知领域的教学目标而不能关注情感、态度、动作技能、心理素质等方面的发展，因此，并不能全面考查学生的综合素质，同时也容易使学生产生焦虑。

(3)考试具有选拔功能，教师(或学校)不应当过于频繁和无条件地使用这一手段，尤其应避免根据分数排名次的做法。因为这种做法很容易导致以分数为本位的应试倾向，使作为教育对象和主体的学生被淹没在考试之中，从而导致人的潜能、个性、创造力这些本应最受关注和珍惜的评价指标或要素被彻底遗忘。

(4)教师(或学校)在利用考试进行评价的过程中应确保不侮辱学生的人格，不损害学生的尊严，不损害学生的身心健康，充分肯定学生的优点和进步，使评价对学生的成长具有激励和帮助作用，以符合发展性评价的理念。

(5)教师(或学校)要注重发挥考试评价的反馈作用，为教师教学提供改进的依据，指出学生在学习过程中的不足。在有意识地为考试评价确定其必要的使用前提的同时，建立一种非分数的、注重评价对象质性特征的新的评价系统，这一评价系统的灵魂和价值取向是热爱、信任和尊重学生。

五、案例分析题(参考答案)

1. 材料中，张老师注重运用总结性评价，而王老师注重运用发展性评价、形成性评价和个体内差异评价。

(1)发展性评价以被评价者的发展为本，重视被评价者的起点和发展过程中的各种问题。评价的根本目的是促进评价对象的发展，它基于评价对象的过去，重视评价对象的现在，更着眼于评价对象的未来。材料中的小丽内向敏感，成绩不好，王老师通过与她谈心、联系其家长等方式充分地了解小丽，并帮助她进步。

(2)形成性评价是在教学过程中为改进和完善教学活动而进行的对学生学习过程及结果的评价。形成性评价可以改进学生的学习，强化学生的学习。王老师在小丽的教育问题上，关注小丽的学习过程，这也促进了小丽在学习成绩和性格等方面的改善。

(3)个体内差异评价是对被评价者的过去和现在进行比较，或将评价对象的不同方面进行比较。个体内差异评价体现了尊重个体差异性。材料中，小丽内向敏感，成绩不好。王老师针对她的这些特点，在课堂上对她进行提问，在同学面前适当地表扬她，逐渐帮她建立起自信心，使她在学习中体验到成功的快乐。从而促使小丽在学习成绩和性格上都有了很大的改善。

2. (1)根据案例的描述可知，该教师存在的问题主要有：①评价主体单一。该教师对阳阳的表扬，让阳阳只关注到教师的评价，没有形成教师、家长、同学等多主体共同参与、交互作用的评价模式。②评价方法单一。教师只采取表扬和肯定的方式来评价阳阳，而没有做到尊重信任学生与严格要求学生相结合，导致阳阳把教师的表扬当作了放纵的理由。③评价重心有失偏颇。教师只看到了阳阳短期内的变化，而没有从长远的角度对他各个时期的进步状况和努力程度进行评价，不能很好地发挥评价促进发展的功能。

(2)解决对策有：①让家长、同学以及阳阳本人都作为评价的主体参与评价，使评价主体多元化；②要做到鼓励有度，奖励与惩罚相结合；③结合阳阳的个人特点，发现他的优点和兴趣，通过多渠道增强他的自信心。

专题八　教学模式

答案速查：

1 ~ 5	DBCBC	6 ~ 10	CCBCD	11 ~ 15	CCDAA	16 ~ 18	BCC
1 ~ 4	BCD ABC ACD ABC			1 ~ 3	× √ ×		

一、单项选择题

1. D 【解析】抛锚式教学要求建立在有感染力的真实事件或真实问题的基础上，所以有时也被称为“实例式教学”或“基于问题的教学”或“情境性教学”。抛锚式教学的基本程序是：创设情境—确定问题—自主学习—协作学习—效果评价。

2. B 【解析】情境—陶冶教学模式是使学生处在创设的教学情境中，运用学生的无意识心理活动和情感，加强有意识的理性学习活动的教学模式。人的认识是有意识的心理活动与无意识的心理活动的统一，是理智与情感活动的统一，这是情境—陶冶教学模式的理论基础。题干中的“人在不同情境下具有不同的认知模式”体现了情境对人的认知的影响，由此推论，品德培养的教学最适宜采用的模式是情境—陶冶模式。

3. C 【解析】示范—模仿式教学模式是教师有目的地把示范技能作为有效的刺激，以引起学生相应的行动，使他们通过模仿，有效地掌握必要的技能的一种教学模式。它是教学中最基本的教学模式之一，多用于以训练技能为目的的教学。

4. B 【解析】抛锚式教学要求建立在有感染力的真实事件或真实问题的基础上,所以有时也被称为“实例式教学”或“基于问题的教学”或“情境性教学”。故本题选择 B 项。

5. C 【解析】范例教学模式比较适合于社会科学中的一些原理和规律的教学,有助于培养学生的分析能力,有助于学生理解规律和原理。

6. C 【解析】教学目标是教学模式构成的核心因素,对其他因素有制约作用,它决定教学模式的操作程序和师生组合,也是教学评价的标准和尺度。所以,在选择教学模式时,教师需要考虑的核心要素是教学目标的达成。

7. C 【解析】范例教学模式是由德国教育心理学家瓦·根舍因提出来的。

8. B 【解析】示范—模仿教学模式的基本步骤是:定向(明确所学目的)—示范—参与性练习—自主练习—迁移(熟练掌握)。

9. C 【解析】“情境—陶冶”教学模式是吸取了洛扎诺夫的暗示教学理论,并参照我国教学实际工作者积累的有效经验加以概括而形成的。

10. D 【解析】传递—接受教学模式强调教师的指导作用,认为知识是从教师到学生的一种单向传递,非常注重教师的权威性。

11. C 【解析】引导—发现教学模式是一种以解决问题为中心,注重学生独立活动,着眼于创造性思维能力和意志力培养的教学模式

12. C 【解析】情境—陶冶教学模式是使学生处在创设的教学情境中,运用学生的无意识心理活动和情感,加强有意识的理性学习活动的教学模式。该教学模式的教学目标是使学生在思想高度集中、精神完全放松的状态下,高效率、高质量地掌握所学内容,并且在情感和思想上受到触动和感化。因此,若教学的核心目标是让学生形成某种态度或价值观,那就要采用情境—陶冶教学模式。故本题选 C 项。

13. D 【解析】问题—探究式(引导—发现式)是一种以解决问题为中心,注重学生独立活动,着眼于创造性思维能力和意志力培养的教学模式。

14. A 【解析】师生系统地传授和学习书本知识的模式的结构为:诱导学习动机—领会新教材(感知、理解)—巩固知识—检查。

15. A 【解析】范例教学模式为德国瓦·根舍因等教育学者所倡导,是通过典型的内容和方式,使学生从个别到一般,掌握带规律性的知识和方法,发展独立学习、独立解决问题能力的一种教学模式。题干的表述体现了范例教学模式的内涵。

16. B 【解析】探究式教学的基本程序是问题—假设—推理—验证—总结提高,即首先创设一定的问题情境,提出问题,然后组织学生对问题进行猜想和做假设性的解释,再设计实验进行验证,最后总结规律。

17. C 【解析】自学—指导式教学模式的突出特征是以学生的自学为中心、以教师的指导为主线、以培养学生的自学能力为目标,实现从以“讲”为主向以“导”为主的转变。卢仲衡的自学辅导教学、育才中学的八字教学法、黎世法的六课型单元教学、魏书生的六步教学法都属于这种教学模式。

18. C 【解析】范例教学最初的定义是:根据好的、特别清楚的、典型的例子教学与学习。而现在完整的意思是:范例教学是这样一种教学,即它使学生通过特色“例子”来掌握一般,并借助这种一般独立地进行学习。题干中的刘老师通过在跷跷板上放置质量不同的砝码的实验,让学生观察、记录、讨论、总结,进而使学生理解杠杆原理。这体现了使学生通过特色“例子”来掌握一般,体现了对范例教学模式的运用。

A 项,随机通达教学(也称随机进入教学)是指学习者可以随机通过不同途径、不同方式进入同样教学内容的学习,从而获得对同一事物或同一问题的多方面认识和理解。

B 项,互惠式教学由心理学家安·布朗所创建,用于改进阅读成绩低下学生的阅读理解。在典型的互惠式教学情境中,学习以小组讨论方式进行。小组领导者从所读过的一段课文的核心内容

提出问题开始,以概括说出本段课文大意告终。提问引起讨论,概述大意有助于小组成员确知他们为阅读下一段新材料所作的准备。

D项,认知学徒制是指通过允许学生获取、开发和利用真实领域中的活动工具的方法,来支持学生在某一领域学习的模式。

二、多项选择题

1. BCD 【解析】贯穿暗示教学模式的三个基本原则包括:愉快而不紧张的原则、有意识和无意识相统一的原则、暗示手段相互作用的原则。

2. ABC 【解析】范例教学模式具有如下特点:(1)体现基本性,教学重视基本知识的学习;(2)体现基础性,教学重视学生实际和可接受性,难度适宜;(3)体现范例性,在学科知识中精选起示范作用的内容,便于学生学习时进行正向迁移;(4)体现四个统一,即知识教学与德育的统一、问题教学与系统学习相统一、掌握知识与发展能力相统一、主体与客体的统一。

3. ACD 【解析】教学模式的内容不是指超越学科课程标准规定的教学内容,而是指每一种模式均有适合自己主题的课程设计方法,以形成达到一定目标的课程结构。B项表述不正确。

4. ABC 【解析】我国有的学者指出,教学模式的具体形式虽然多种多样,但从根本特征上,大致可以概括为三种类别:(1)师生系统地传授和学习书本知识的模式;(2)教师辅导学生从活动中自己学习的模式;(3)折衷于两者之间的教学模式。

三、判断题

1. × 【解析】教学模式的解释功能是指它可以通过简要的解释或象征性符号来反映所依据的教学理论的基本特征,简洁、明了地说明复杂的教学现象,将抽象的理论变为生动、有形的框架,便于广大教师理解和把握。题干所述属于教学模式的推断功能。

2. √ 【解析】自学—指导教学模式强调教师是学生自学的“指导者”“引导者”,教师一般要设计出要求明确的自学提纲,提供必要的参考书、学习辅助工具。该模式主要用于具备一定阅读能力的学生。

3. × 【解析】教学方法是教学模式的重要组成要素或重要特征,二者不能等同。

四、案例分析题(参考答案)

(1)①计算机辅助教学(CAI)。该教学模式是指使计算机作为一个辅导者呈现信息,给学生提供练习机会,评价学生的成绩以及提供额外的教学。

②网络远程教学。该教学模式是指师生凭借一定的媒体所进行的非面对面的教学。在网络环境下的远程教学中,教师和学生处于网络的不同端点,不碰面,但教师可以通过网络对学生进行指导,学生可以利用网络向教师咨询。这种教学模式可以打破时间和地域的限制。

(2)①学习主要靠自律,学生从被动走向主动。在线教学重在改变教师教的模式,改变学生学的方式,使学生学习从被动走向主动,从而落实到培养学生核心素养,促进学生学科知识、学科关键能力和通识能力的培养上。

②教学方法要求创新思路。线上课堂创新要求教师设法让课堂变得更高效,留出时间增加教师与学生的有效互动。

③教师的在线教学水平逐渐提升。在线教学的根本问题,还是教师能力发展水平的问题。教师“互联网+”教学能力发展可以分为起步适应、模仿迁移、熟练融合、研究创新4个阶段。在不同阶段,教师表现出不同的教学理念、教学方法、技术素养。教师的教学观念、学科专业能力、信息素养很大程度上决定着在线教学的质量。新技术的发展,要求教师的在线教学水平逐渐提升。

④课堂走向开放,家校有效协同。在线教学打破了家庭和学校、课堂和生活的界限,家庭和学校成为平等的合作者。这要求课堂应走向开放,家校应有效协同。

(3)教师可根据学生学习的兴趣和差异,不必严格遵循原有的班级授课制模式,允许学生重新选课,形成新的在线学习班级或群组,提供更具针对性的在线课程和师资,这种方式也可以称之为“网络走班制”,可以有效破解线下走班制的困境,为深化教育改革积累经验和探索路径。

第七章　德　育

专题一　德育概述

答案速查：

1～5	BDACC	6～10	ACBAA	11～15	DBDAA	16～20	BDDBC
21～23	CDC			1～5	CD ABCD ACD ABCD ABC		
6～10	ACD BCD ABC ABCD ABC			11～12	ACD CD		
1～5	√ × √ × √			6～11	× × √ √ × √		

一、单项选择题

1. B 【解析】我国学校德育内容主要有政治教育、思想教育、道德教育、法制教育和心理健康教育。其中，思想教育是有关人生观、世界观以及相应思想观念方面的教育，包括辩证唯物主义和历史唯物主义世界观和人生观教育、革命理想和革命传统教育、劳动教育、自觉纪律教育。我国中小学思想教育的目的在于引导学生逐步理解和领会世界、社会与人生的丰富性与复杂性，教导学生学会思考，逐步形成科学的世界观、正确的人生观和价值观。故本题选 B 项。

2. D 【解析】德育具有社会性、历史性、阶级性和民族性、继承性。其中，德育的继承性是指在其历史发展过程中，其原理、原则、内容和方法等存在一定的共同性。

3. A 【解析】德育的性质是由特定的社会经济基础决定的。

4. C 【解析】德育的教育性功能有两大含义：一是指德育的"教育"或价值属性；二是指德育作为教育子系统对平行系统的作用。题干的描述出自赫尔巴特，这里的"教学"指的是传授具体的知识和技能等，着眼点在于帮助学生完成一定的课业；"教育"则主要指对于学生价值追求的引导。所谓德育的教育性就是德育的价值教育属性。故本题答案选择 C 项。

5. C 【解析】狭义的德育专指学校德育，是指教育者按照一定社会或阶级的要求和受教育者品德形成发展的规律与需要，有目的、有计划、有系统地对受教育者施加思想、政治和道德等方面的影响，并通过受教育者积极的认识、体验与践行，以使其形成一定社会与阶级所需要的品德的教育活动，即教育者有目的地培养受教育者品德的活动。

6. A 【解析】德育的社会性功能指的是学校德育能够在何种程度上对社会发挥何种性质的作用。古代中国是一个特别重视道德教化的国度，德育一直是统治者"齐风俗，一民心""齐家治国平天下"的工具。所以，题干所述为古代中国德育的社会性功能的体现。

7. C 【解析】德育目标是德育工作的出发点，它不仅决定了德育的内容、形式和方法，而且制约着德育工作的基本过程。

8. B 【解析】青少年思想品德形成、发展的规律及心理特征是确定德育目标的基本依据之一。学生从小学阶段到中学阶段，其思想品德及心理特征是在不断发展变化的，所以德育目标要有所区别。故选 B 项。

9. A 【解析】德育目标确定了培养人的总体规格和要求，但必须落实到德育内容上，才能进行有效的德育活动，达到预期目标。

10. A 【解析】爱国主义教育是培养学生热爱祖国的感情，使学生形成保卫祖国、维护祖国统一和利益的坚强意志的教育。参观百色起义纪念馆，是为了缅怀革命先烈，不忘英雄事迹，属于爱国主义教育活动。

11. D 【解析】学校德育的功能可以概括地表述为德育的社会性功能、个体性功能和教育性功能。其中，德育的社会性功能指的是学校德育能够在何种程度上对社会发挥何种性质的作用。具体来说，主要指学校德育对社会政治、经济、文化等发生影响的政治功能、经济功能、文化功能等。

故本题选 D 项。

12. B 【解析】初中阶段道德行为方面的基本要求有:(1)尊重、关心他人,爱护、帮助他人;(2)热爱班级和学校集体,爱护集体荣誉;(3)积极参加劳动,初步养成劳动习惯和生活自理能力;(4)养成自觉遵守社会公德的良好品质。故 B 项正确。

13. D 【解析】德育目的就是德育活动预先设定的结果和德育活动追求的终极目标,是德育活动所要生成或培养的品德规格。

14. A 【解析】"力行近乎仁"的意思是:无论何事都竭尽所能去做的人,离仁者也就不远了。这句话强调了实践对品德发展的重要性。故选 A 项。

15. A 【解析】学校德育是指教育者按照一定社会或阶级的要求和受教育者品德形成发展的规律与需要,有目的、有计划、有系统地对受教育者施加思想、政治和道德等方面的影响,并通过受教育者积极的认识、体验与践行,以使其形成一定社会与阶级所需要的品德的教育活动,即教育者有目的地培养受教育者品德的活动。

16. B 【解析】德育目标决定德育内容;受教育者的身心发展特征决定德育内容的深度和广度;德育所面对的时代特征和学生思想实际决定德育工作的针对性和有效性。B 项正确。

17. D 【解析】广义的德育泛指所有有目的、有计划地对社会成员在政治、思想与道德等方面施加影响的活动,因此,它包括培养学生一定的思想品质、政治品质和道德品质。

18. D 【解析】德育具有历史性,随社会发展变化而变化。

19. B 【解析】小学是学生行为习惯养成的关键期,小学生具有很强的可塑性。因此小学德育的重点是培养学生养成良好的道德行为习惯。

20. C 【解析】学校德育的实质在于把外在的社会要求内化为受教育者个体的思想品德。

21. C 【解析】心理健康教育是指通过对受教育者进行心理健康知识的训练,培养良好的心理素质,预防心理疾病的发生,促进身心和谐发展的教育。题干的描述体现的是对个别存在心理问题或心理障碍的学生提供针对性的辅导或矫正,以缓解学生的心理困惑或压力,从而使个人的心理得到健康发展,这属于心理健康教育。

22. D 【解析】认知派的德育思想可以追溯到古希腊的苏格拉底。苏格拉底认为"美德即知识",在他看来,任何行为只有受到知识的指导,才可能是善的。苏格拉底的道德教育基本上是一种主知主义德育。

23. C 【解析】法纪教育(法制教育)是指对受教育者进行有计划、有组织、有目的的法制教育和纪律规范教育的社会实践活动。周老师教导学生遵纪守法,这种教育内容属于法制教育。

二、多项选择题

1. CD 【解析】德育应"服从最强烈的人性冲动"是情感派的理论主张。情感派认为,情感是德育的构成性要素,而且在德育中起着本源的作用。舍弃情感,仅靠理性推理而来的道德,在情感派看来简直就是毫无意义的。情感论者虽然并不是完全否认认知在德育中的作用,但他们认为理性的作用仅在于发现真伪,德育的根本应植根于情感的培养。认知派启示我们德育不能背离受教育者的道德认知规律,行为派启示我们德育应重视良好行为习惯的训练。所以答案选 C、D 项。

2. ABCD 【解析】一般而言,德育目标的确立主要依据四个方面:(1)青少年思想品德形成、发展的规律及心理特征;(2)国家的教育方针和教育目的;(3)民族文化及道德传统;(4)时代与社会发展需要。

3. ACD 【解析】"追逐梦想"演讲比赛属于理想信念教育;"地震逃生"演练属于安全教育;"祭奠英雄"活动属于爱国主义教育。

4. ABCD 【解析】制定德育目标时,不仅要考虑社会需要、青少年学生的身心发展特点、理论支撑等,还必须遵循以下原则:(1)方向性原则;(2)全面性原则;(3)基础性原则;(4)发展性原则;(5)科学性原则。

5. ABC 【解析】我国中小学德育的重点包括三个主要的层次:(1)基本道德和行为规范的教育;

(2)公民道德与政治品质的教育;(3)世界观、人生观和理想的基础教育。

6. ACD 【解析】学校德育的功能可以概括地表述为德育的社会性功能、个体性功能和教育性功能三个方面。

7. BCD 【解析】我国学校的德育内容主要包括政治教育、思想教育、道德教育和心理健康教育。其中,政治教育、思想教育和道德教育所包含的具体内容主要有:(1)爱国主义教育;(2)理想教育;(3)集体主义教育;(4)劳动教育;(5)人道主义与社会公德教育;(6)自觉纪律教育;(7)民主与法制观念的教育;(8)科学世界观和人生观教育。B项属于劳动教育,C项属于爱国主义教育,D项属于科学世界观和人生观教育,这三项均属于德育的内容。A项属于智育。

8. ABC 【解析】《中小学德育工作指南》指出,初中学段的德育目标是:教育和引导学生热爱中国共产党、热爱祖国、热爱人民,认同中华文化,继承革命传统,弘扬民族精神,理解基本的社会规范和道德规范,树立规则意识、法治观念,培养公民意识,掌握促进身心健康发展的途径和方法,养成热爱劳动、自主自立、意志坚强的生活态度,形成尊重他人、乐于助人、善于合作、勇于创新等良好品质。D项属于高中学段的德育目标。故本题选A、B、C三项。

9. ABCD 【解析】德育内容的选择依据有:(1)德育目标,它决定德育内容;(2)受教育者的身心发展特征,决定德育内容的深度和广度;(3)德育所面对的时代特征和学生思想实际,决定德育工作的针对性和有效性。同时,选择德育内容还应考虑文化传统的作用。

10. ABC 【解析】德育的意义体现在:(1)德育是社会主义现代化建设的重要条件和保证;(2)德育是青少年、儿童健康成长的条件和保证;(3)德育是实现我国教育目的的基础和保障。D项是德育的功能。

11. ACD 【解析】新时期学校德育的"三生教育"是指:生存教育、生命教育、生活教育。

12. CD 【解析】德育即思想品德教育,是对学生思想品德给予多方面培养的各种教育活动的总称。故A项正确。德育工作的主渠道是课堂教学,教师要有意识地将德育渗透到学科内容的教学过程中,使学生受到熏陶。故B项正确。德育内容及重点在不同学段是不同的。故C项错误。网络文化对德育工作的影响既有正面的,也有负面的。故D项错误。

三、判断题

1. √ 【解析】根据1988年、1994年和1996年中共中央颁布的有关决定,我国学校德育内容主要有政治教育、思想教育、道德教育和心理健康教育。

2. × 【解析】法纪教育包括法制教育和纪律教育,是学校德育基本内容的较高层次。对于中小学生来说主要是遵纪守法的意识的培养。所以题干表述错误。

3. √ 【解析】德育的意义包括:(1)德育是社会主义现代化建设的重要条件和保证;(2)德育是青少年、儿童健康成长的条件和保证;(3)德育是实现我国教育目的的基础和保障。故题干说法正确。

4. × 【解析】享用性功能是德育个体性功能的最高境界。

5. √ 【解析】德育目标是教育目标在受教育者思想品德方面要达到的总体规格要求,亦即德育活动所要达到的预期目的或结果的质量标准。题干所述为德育目标的概念,说法正确。

6. × 【解析】就德育内容而言,政治教育是德育的一部分,因此,二者不能等同。

7. × 【解析】学生良好品德的形成不能仅靠学校教育,而是需要学校、家庭和社会各方面的共同努力。

8. √ 【解析】德育是教育工作者组织适合德育对象品德成长的价值环境,促进他们在道德认知、情感和实践能力等方面不断建构和提升的教育活动。简言之,德育是促进个体道德自主建构的价值引导活动。

9. √ 【解析】德育目标是德育工作的出发点,它不仅决定了德育的内容、形式和方法,而且制约着德育工作的基本过程。

10. × 【解析】对世界观、人生观和理想的培育是德育的最高目标,也是德育工作的基础性工作。

11. √ 【解析】德育的个体发展功能是指道德教育的本质乃是对个体社会人格的塑造或对个体道德人格发展的推动。故题干说法正确。

四、填空题

1. 学会做人
2. 社会性
3. 生活辅导

五、案例分析题(参考答案)

(1)①广义的德育泛指所有有目的、有计划地对社会成员在政治、思想与道德等方面施加影响的活动。中华优秀传统文化教育属于德育的重要内容之一,德育要传承中华优秀传统文化,增强文化自觉和文化自信。材料中,璧山区在中华优秀传统文化的基础上,开展礼仪教育的实践探索。这表明中华优秀传统文化是德育的宝贵资源,它所蕴含的德育理念、内容、方法等,对现代德育依然具有重要的价值。

②德育也是弘扬中华优秀传统文化的有效途径。材料中,璧山区通过德育实践,形成了区域德育新常态,提升了学生综合素质,发展了中华优秀传统文化。

③德育与中华优秀传统文化是相辅相成、互相促进的。现代德育的实践要注重从中华优秀传统文化中汲取力量,从而发展中华优秀传统文化,增强学生的文化自信,涵养学生的家国情怀。

(2)《中小学德育工作指南》规定,德育的总体目标为:培养学生爱党爱国爱人民,增强国家意识和社会责任意识,教育学生理解、认同和拥护国家政治制度,了解中华优秀传统文化和革命文化、社会主义先进文化,增强中国特色社会主义道路自信、理论自信、制度自信、文化自信,引导学生准确理解和把握社会主义核心价值观的深刻内涵和实践要求,养成良好政治素质、道德品质、法治意识和行为习惯,形成积极健康的人格和良好心理品质,促进学生核心素养提升和全面发展,为学生一生成长奠定坚实的思想基础。

(3)《中小学德育工作指南》规定,德育内容包括:理想信念教育、社会主义核心价值观教育、中华优秀传统文化教育、生态文明教育、心理健康教育。

专题二　德育过程

答案速查:

1~5	DDDCA	6~10	DAACD	11~16	DBCBCD
1~4	ABD ABCD ABC ABCD			1~7	√ × √ √ √ × √

一、单项选择题

1. D 【解析】德育过程的规律之一是:德育过程是组织学生的活动和交往,统一多方面教育影响的过程。活动和交往是学生思想品德形成和发展的基础和源泉。个体的思想品德是在活动和交往的过程中,接受外界教育影响,逐渐形成和发展,并通过活动和交往的过程表现出来的。题干中的某学校通过组织一系列的主题活动来对学生进行德育,说明该学校充分认识到德育是在活动和交往中接受多方面影响的过程。
2. D 【解析】德育过程的基本矛盾是教育者提出的德育要求(社会所要求的道德规范)与受教育者已有品德水平之间的矛盾。
3. D 【解析】从学生思想品德发展的内部动力上看,德育过程是促进学生思想内部矛盾斗争的过程,是教育与自我教育相结合的过程。在德育过程中,对已有积极因素进行巩固和发扬,并在此基础上培养新的积极因素,这属于塑造性质的教育;对已有消极因素进行有针对性的矫正和补救,则属于改造性质的教育。塑造和改造教育是统一的,是德育过程中普遍存在的两个不可分割的有机成分。通过系统的塑造和改造教育,不断地发扬积极因素,克服消极因素,可以促进学生思想品德整体水平的持续提高。在德育过程中,塑造和改造教育虽然很重要,但它毕竟只是一种外部影响。

教育者要真正把这些影响转化为学生的思想品德，还必须充分重视发挥学生的主观能动性，培养其自我教育能力。

4. C 【解析】学生正处于成长期，世界观尚未形成，思想很不稳定，品德发展容易出现反复，这就要求教育者要正确认识和对待这种现象，持之以恒、耐心细致地教育学生，引导学生在反复中逐步前进。题干中的老师对小亮进行悉心教育，但不久小亮就又恢复原样，老师又多次跟他谈心、交流想法。这说明老师对小亮的德育过程是一个长期的、反复的过程。“久而久之，小亮就不再逃课了”说明小亮是在长期的、反复的德育过程中不断前进的。

5. A 【解析】学生的思想品德由知、情、意、行四个心理因素构成。其中，知是基础，行是关键。

6. D 【解析】德育过程是教育者按照一定的道德规范和受教育者思想品德形成的规律，对受教育者有目的、有计划地施加影响，以形成教育者所期望的思想品德的过程，是促使受教育者道德认识、道德情感、道德意志和道德行为发展的过程。德育过程的本质就是个体社会化与社会规范个体化的统一过程。

7. A 【解析】教育者是德育过程的组织者、领导者，在德育过程中起主导作用。

8. A 【解析】知行统一的德育原则要求把提高认识和行为养成结合起来，使学生做到言行一致。它是遵循“德育过程是对学生知、情、意、行的培养与提高的过程”而提出来的。

9. C 【解析】知、情、意、行是构成思想品德的四个基本要素。“晓之以理”即提高品德认识，“动之以情”即陶冶品德情感，“持之以恒”即锻炼品德意志，“导之以行”即培养品德行为习惯。所以，题干体现的是德育过程的基本规律之一：德育过程是对学生知、情、意、行的培养与提高过程。

10. D 【解析】学生正处于成长期，世界观尚未形成，思想很不稳定，品德发展容易出现反复，其思想品德的形成和发展也不是一蹴而就的，这说明德育过程是一个长期的、反复的、逐步提高的过程。

11. D 【解析】有目的地根据德育目标和思想品德的形成规律设计实施活动，能加快个体品德发展的速度，对学生品德发展方向起规范和保证作用。这就要求教育者必须把教育性的活动与交往作为组织德育过程的基础，根据受教育者的身心发展水平和特点，组织好教育性的活动与交往。

12. B 【解析】情即品德情感，是人们对客观事物做出是非、善恶判断时引起的内心体验，表现为人们对客观事物的爱憎、好恶的态度。故本题选 B 项。

13. C 【解析】德育过程由三大系统构成：受教育者的思想品德系统、德育内容、德育环境系统。

14. B 【解析】德育过程是对学生知、情、意、行的培养与提高过程。由于知、情、意、行的辩证统一性和不平衡性，因而在培养人的知、情、意、行的具体实施过程中，在激发品德发展动机的前提下，不一定恪守知、情、意、行的一般教育培养顺序，而可根据学生品德发展的具体情况，或从培养品德行为习惯开始，或从陶冶品德情感开始，或从锻炼品德意志开始，最后达到使学生品德知、情、意、行全面和谐发展。但应该明确，无论是培养人的品德的哪一个因素，都应激发品德发展动机。因此，激发品德发展动机是德育过程的真正开端和起点。

15. C 【解析】德育过程是对学生知、情、意、行的培养与提高过程，贯彻该德育规律的要求是：(1)要注重全面性；(2)要注重多开端性；(3)要注重针对性。

方法技巧：考生在理解德育过程的实施顺序时需注意：在学生品德发展过程中，知、情、意、行四个因素的发展往往是不平衡的，有的发展得快，有的发展得慢，故德育更强调针对性，而不是均衡性。

16. D 【解析】学生的自我教育过程，实际上也是他们思想内部矛盾斗争的过程。根据这一规律，要求教育者在重视对学生进行思想品德教育的同时，高度重视培养学生的自我教育能力，发挥学生在德育过程中的主观能动性。

二、多项选择题

1. ABD 【解析】德育过程的长期、反复、渐进性的特点，要求教育者必须长期、一贯、耐心、细致地教育学生，不能“毕其功于一役”，正确认识和对待学生思想行为的反复，善于反复抓、抓反复，引导学生在反复中逐步前进。

2. ABCD 【解析】德育过程通常由教育者、受教育者、德育内容和德育方法四个相互制约的要素构成。

3. ABC 【解析】德育过程一般以知为开端,以行为终结。但由于社会生活的复杂性、德育影响的多样性等因素,在德育具体实施过程中,又具有多种开端,可根据学生品德发展的具体情况,或从导之以行开始,或从动之以情开始,或从锻炼品德意志开始,最后达到使学生品德在知、情、意、行几方面和谐发展的目的。故选项 ABC 表述不准确。

4. ABCD 【解析】关于德育过程的基本规律表述各有不同,有说法认为,德育过程的基本规律有:(1)德育过程是具有多种开端的,对学生知、情、意、行的培养提高过程;(2)德育过程是组织学生的活动和交往,对学生多方面施加教育影响的过程;(3)德育过程是促使学生思想内部矛盾运动的过程;(4)德育过程是一个长期的、反复的、不断前进的过程。

三、判断题

1. √ 【解析】德育过程与思想品德形成过程是教育与发展的关系。德育过程的最终目标是使受教育者形成一定的思想品德。品德形成属于人的发展过程,德育过程是对品德的形成与发展过程的调节与控制。德育只有遵循人的品德形成发展规律,才能有效地促进人的品德形成与发展。故本题说法正确。

2. × 【解析】"行"指思想品德方面的行为,是人们在一定的思想品德的认识、情感和意志的支配下的行动。它是学生思想品德形成与否的关键,也是衡量一个人思想品德水平高低的主要标志。意即品德意志,是人们为实现一定的品德行为目的所做出的努力的过程。品德意志是调节学生品德行为的精神力量。所以题干表述错误。

3. √ 【解析】当受教育者作为教育的对象时,是德育的客体;当受教育者进行自我教育或对其他教育对象产生教育影响时,又是德育的主体。

4. √ 【解析】德育内容是用以形成受教育者品德的社会思想政治准则和法纪道德规范,是教育者进行德育工作的重要依据,是受教育者学习、修养和内在化的客体,是教育者与受教育者双边活动的中介。

5. √ 【解析】德育过程是一个长期的、反复的、逐步提高的过程。学生正处于成长期,世界观尚未形成,思想很不稳定,品德发展容易出现反复,这就要求教育者要正确认识和对待这种现象,持之以恒、耐心细致地教育学生,引导学生在反复中逐步前进。

6. × 【解析】德育过程与教学过程是两个相对独立的过程,两者的任务各有侧重,同时两者又相互联系、相互渗透。德育过程是提高学生的道德认识、丰富道德情感、锻炼道德意志、培养道德行为的过程,其实质是"育德",主要是解决受教育者对客观事物采取的主观态度问题。教学过程是教师引导学生掌握知识、认识客观世界,并通过知识的传递与掌握来促进学生身心全面发展的过程,其实质是"育智",主要是解决认识世界和改造世界的问题。两者又紧密相连。一方面,德育任务的全面完成离不开教学这一基本途径;另一方面,德育可为学生的学习起导向和动力作用,影响教学过程的有效进行。所以题干表述错误。

7. √ 【解析】德育过程中的受教育者包括受教育者个体和群体,他们都是德育的对象。

四、辨析题

1. 德育过程就是学生思想品德形成过程。

(1)这种说法是不正确的。(2)德育过程是一种教育过程,是教育者与受教育者双方统一活动的过程,是培养和发展受教育者品德的过程。而品德形成过程是受教育者思想道德结构不断建构完善的过程,属于人的发展过程。所以二者不能等同。

2. 德育过程中的活动和交往不同于一般的社交活动。

(1)这种说法是正确的。(2)德育过程中的活动和交往是一种教育性活动和交往,与一般的活动交往存在较大的不同,其主要特点是:首先,德育过程中的活动和交往是在教育者的指导下开展

的，是遵循德育目标要求的，具有明确的目的性、系统性和组织性，它不是自发的、盲目的、随意的，而是可以有效地保障和促进个体思想品德发展的方向和水平。其次，德育过程中的活动和交往的内容和形式主要是德育实践中的活动和交往，而不是一般的广泛的活动和交往。最后，德育过程中的活动和交往是按照受教育者思想品德形成发展的规律和教育学、心理学原理加以组织的，它充分考虑到个体思想品德对德育的影响和作用，能更有效地促进和推动受教育者思想品德的形成和发展，因而具有较强的科学性与可行性。

五、简答题（参考答案）

为什么说德育过程是一个长期的、反复的、逐步提高的过程？

（1）德育过程是一个长期的过程。一方面，随着人类社会的不断进步，德育要在内容、手段、方法等方面不断加以调整和补充；另一方面，知、情、意、行等心理因素的培养提高也需要长期的训练和积累。这就决定了德育过程必然是一个长期的、坚持不懈的过程。

（2）德育过程是一个反复的、逐步提高的过程。学生正处于成长期，世界观尚未形成，思想很不稳定，品德发展容易出现反复，这就要求教育者要正确认识和对待这种现象，持之以恒、耐心细致地教育学生，引导学生在反复中逐步前进。

六、案例分析题（参考答案）

（1）学生思想品德的形成是知、情、意、行诸因素统一发展的过程，因此，作为老师，我将从提高小王的道德认识入手，同时重视其道德情感、意志和行为的培养；（2）学生的思想品德是在活动和交往中形成的，我将开展多种形式的活动来提升小王的思想品德修养水平；（3）学生思想品德修养水平的提高是一个思想内部矛盾的转化问题，我将充分发挥小王的主动性、积极性，自觉地运用内部矛盾规律，启发引导小王，培养小王的自我教育能力；（4）学生思想品德修养水平的提高是一个长期、反复的过程。对学生思想品德的培养，我将常抓不懈，坚持长期抓、反复抓。

专题三　德育原则

答案速查：

1～5	ACCBB	6～10	BBADD	11～15	DDACC	16～20	CDBAD
21～25	CCDBA	26～31	DBCADD	1～4	AB ABD CD ABC		
1～6	× × × √ × ×						

一、单项选择题

1. A 【解析】知行统一原则是指教育者在进行德育时，既要重视对学生进行系统的思想道德的理论教育，又要重视组织学生参加实践锻炼，把提高认识和行为养成结合起来，使学生做到言行一致。题干中，朱熹的言论阐述了知与行的关系，体现的是知行统一原则。故本题选 A 项。
2. C 【解析】题干引文是 1957 年毛泽东在《关于正确处理人民内部矛盾的问题》中谈到加强知识分子和青年学生的思想政治工作时指出的，揭示了思想政治工作的广泛性，强调思想政治工作各个部门都要负责任。这说明在德育工作中，教育者应主动协调多方面的教育力量，统一认识和步调，有计划、有系统、前后连贯地教育学生，发挥教育的整体功能，培养学生正确的思想品德。即遵循教育影响的一致性和连贯性原则。
3. C 【解析】知行统一原则是指教育者在进行德育时，既要重视对学生进行系统的思想道德的理论教育，又要重视组织学生参加实践锻炼，把提高认识和行为养成结合起来，使学生做到言行一致。贯彻知行统一原则要求教师组织和引导学生参加社会实践，通过实践活动加深认识，增强情感体验，养成良好的行为习惯。题干中某学校开展好习惯训练营活动体现了知行统一原则。
4. B 【解析】题干中班主任针对小李对电脑的使用有强烈的兴趣这一特点，采取了推荐小李参加学校机器人创客社团这一措施，并取得了良好的教育效果。这表明班主任对学生的教育遵循了因材施教的德育原则。

5. B 【解析】“严慈相济”是指严格要求与慈爱相互交融，体现了尊重信任学生与严格要求学生相结合的德育原则。

6. B 【解析】疏导原则是指进行德育时要循循善诱、以理服人，从提高学生认识入手，调动学生的主动性，使他们积极向上。疏导原则也就是循循善诱原则。我国古代教育家孔子很善于诱导他的学生，其弟子颜回这样称赞道：“夫子循循然善诱人，博我以文，约我以礼，欲罢不能。”

7. B 【解析】中小学生研学旅行是研究性学习和旅行体验相结合的校外教育活动，体现的是知行统一原则。

8. A 【解析】题干中李老师在对小希的教育上做到了严格要求，但对小希进行责骂、讥讽、奚落和罚站等行为说明他并没有做到尊重、热爱学生，故李老师违反了严格要求学生与尊重信任学生相结合的德育原则。

9. D 【解析】集体教育和个别教育相结合原则是苏联教育家马卡连柯成功教育经验的总结。马卡连柯指出：教师要影响个别学生，首先要去影响这个学生所在的集体，然后通过集体和教师一道去影响这个学生，便会产生良好的教育效果。这就是著名的“平行教育原则”。

10. D 【解析】长善救失原则是指在德育工作中，教育者要善于依靠、发扬学生自身的积极因素，调动学生自我教育的积极性，克服消极因素，实现品德发展内部矛盾的转化。

11. D 【解析】教育影响的一致性与连贯性原则是指在德育工作中，教育者应主动协调多方面教育力量，统一认识和步调，有计划、有系统、前后连贯地教育学生，发挥教育的整体功能，培养学生正确的思想品德。贯彻这一原则要求教师要充分发挥教师集体的作用，统一学校内部的多种教育力量，使之成为一个分工合作的优化群体；争取家长和社会的配合，主动协调好与家庭、社会教育的关系，逐步形成以学校为中心的“三位一体”的德育网络。题干中班主任的做法显然体现了这一贯彻要求。

12. D 【解析】马卡连柯的话体现了严格要求与尊重信任相结合的原则。尊重信任与严格要求是辩证统一的，是制约德育效果的两个相辅相成的必要条件，尊重和信任是严格要求的前提，正如苏联教育家马卡连柯所说：“要尽量多地要求一个人，也要尽可能地尊重一个人。”

易错提示：尊重信任学生与严格要求学生相结合的原则、正面教育与纪律约束相结合的原则是两个比较容易混淆的原则，考生要准确把握二者区别：前者强调教师提出比较合理的道德要求，但这种要求没有上升到制度层面；后者侧重于通过规章制度、群体约定、公约等来约束学生。

13. A 【解析】依靠积极因素，克服消极因素的原则（长善救失原则）是指在德育工作中，教育者要善于依靠、发扬学生自身的积极因素，调动学生自我教育的积极性，克服消极因素，以达到长善救失的目的。题干中的秦老师面对吴齐的挑衅，并没有发脾气，而是看到了吴齐书写方面的优点，并让他负责班上的板报工作，最终促进了他的良好发展，这里运用了长善救失的德育原则。

14. C 【解析】抓“闪光点”是指教师要善于发现学生的优点，从而做到依靠积极因素，克服消极因素。故本题答案选择 C 项。

15. C 【解析】导向性原则是指进行德育时要有一定的理想性和方向性，以指导学生向正确的方向发展。

16. C 【解析】题干中的老师只看到了学生敲打课桌、扰乱课堂秩序的缺点，却没有看到学生在打击乐方面的特长和潜力；针对出现的课堂纪律问题，该老师讽刺挖苦学生并将其赶出教室，而不是引导教育学生回归课堂。该老师的做法违背了正面教育的德育原则。

17. D 【解析】教育影响的一致性与连贯性德育原则要求教师争取家长和社会的配合，主动协调好与家庭、社会教育的关系，逐步形成以学校为中心的“三位一体”的德育网络。冯老师积极与章明家长进行沟通，与家长一起为章明的健康成长做出努力。这一过程体现了教育影响的一致性与连贯性德育原则。

18. B 【解析】疏导原则是指进行德育时要循循善诱、以理服人，从提高学生认识入手，调动学生的主动性，使他们积极向上。疏导原则也就是循循善诱原则。题干所述为疏导原则的概念。

19. A 【解析】导向性原则要求德育工作要把无产阶级的政治方向放在首位，对学生的德育要求要同共产主义目标相联系。A 项符合这一要求。B 项为疏导原则的贯彻要求，C 项为长善救失原则的贯彻要求，D 项为集体教育和个别教育相结合原则的贯彻要求。

20. D 【解析】学生受到学校、家庭和社会多种因素的影响提示教育者要注意争取家长和社会的配合，主动协调好与家庭、社会教育的关系，逐步形成以学校为中心的“三位一体”的德育网络；学生思想品德的养成是长期的过程要求教育者要保持德育工作的经常性和制度化，处理好衔接工作，保证对学生影响的连续性、系统性，使学生的思想品德得以循序渐进地持续发展。而这些都是贯彻教育影响的一致性与连贯性原则的要求。

21. C 【解析】依靠积极因素，克服消极因素的原则是对立统一规律在德育中的反映，其理论依据有两个方面：(1)反映了我国社会主义德育性质的要求；(2)反映了我国古代德育思想中的精华。

22. C 【解析】“力行近乎仁”的意思是无论何事都竭尽所能去做的人，离仁者也就不远了。这句话强调了行动的重要性，是知行统一原则的表现。

23. D 【解析】题干中的教师在讲授知识的同时，通过“我和爸爸比童年”活动让学生直观地了解改革开放以来社会的发展变化。这体现了该教师对知行统一德育原则的运用。

24. B 【解析】贯彻德育的因材施教原则的要求包括：(1)深入了解学生的个性特点和内心世界。(2)根据学生个人特点有的放矢地进行教育。(3)根据学生的年龄特征有计划地进行教育。(4)要针对不同地区的实际情况来施教。故 B 项说法错误。

25. A 【解析】知行统一原则是指教育者在进行德育时，既要重视对学生进行系统的思想道德的理论教育，又要重视组织学生参加实践锻炼，把提高认识和行为养成结合起来，使学生做到言行一致。王老师在讲授知识的同时，鼓励学生参观科技展，体现的是知和行的统一。王老师运用的德育原则是知行统一原则。

26. D 【解析】教育影响的一致性和连贯性原则是指，在德育工作中，教育者应主动协调多方面教育力量，统一认识和步调，有计划、有系统、前后连贯地教育学生，发挥教育的整体功能，培养学生正确的思想品德。题干中对各级学校的学生进行思想品德教育，注重教育内容的相互衔接，体现了教育影响的一致性和连贯性原则。故本题选 D 项。

27. B 【解析】正面教育与纪律约束相结合的原则是指德育工作既要正面引导，说服教育，启发自觉，调动学生接受教育的内在动力，又要辅之以必要的纪律约束，并使两者有机结合起来。题干中“说理教育”“建立健全学校的规章制度”体现了该原则。

28. C 【解析】在德育工作中，教育者要善于依靠、发扬学生自身的积极因素，调动学生自我教育的积极性，克服消极因素，以达到长善救失的目的。陶行知用四颗糖果奖励学生好的品质，从而促使学生积极反省自己，这体现的是德育的长善救失原则。

29. A 【解析】导向性原则是指进行德育时要有一定的理想性和方向性，以指导学生向正确的方向发展。在我国，德育工作要把无产阶级的政治方向放在首位，对学生的德育要求要同共产主义目标相联系。题干的描述符合导向性原则的内涵。

30. D 【解析】教育影响的一致性与连贯性原则是指教育者应主动协调多方面教育力量，统一认识和步调，有计划、有系统、前后连贯地教育学生，发挥教育的整体功能，培养学生正确的思想品德。题干中学校的教育要求和家长的教育要求不一致，违背了教育影响的一致性与连贯性原则。

31. D 【解析】发扬积极因素与克服消极因素相结合的德育原则要求教育者要用一分为二的观点，全面分析，客观地评价学生的优点和不足。“只看到学生差的地方”说明没有一分为二地看待学生，违背了这一要求。

二、多项选择题

1. AB 【解析】邱老师只看到成绩优异的学生身上的优点和成绩落后学生身上的缺点，没有做到一分为二地看待学生,违背了长善救失原则。对于先进生和后进生,教师应采取不同的教育方式,要严格要求先进生,防止他们产生自满情绪;要关心爱护后进生,尊重他们的人格,培养和激发他们的学习动机。这两点邱老师都没有做到,说明邱老师没有对学生进行因材施教,违背了因材施教的德育原则。

2. ABD 【解析】德育原则是为了提高学生的思想道德水平,而非提高智育质量。

3. CD 【解析】毛老师言出必行,对自己承诺的事情严格履行,是坚持知行统一原则的体现。在教育爱撒谎的李明时,毛老师私下找他谈心后,又在班级进行了一次主题班会教育,坚持了集体教育与个别教育相结合的原则。

4. ABC 【解析】题干中的老师通过给淘气的小赵写打油诗来教育他,体现了因材施教的德育原则。在打油诗中,老师既夸小赵有头脑、聪明,又指出了小赵的缺点,体现了依靠积极因素,克服消极因素的德育原则。打油诗的内容,既体现了老师对小赵的尊重,又要求他遵守课堂纪律、改正缺点以及提高成绩,这贯彻了尊重信任学生与严格要求学生相结合的德育原则。

三、判断题

1. × 【解析】贯彻依靠积极因素,克服消极因素的原则要求教育者要用一分为二的观点,全面分析,客观地评价学生的优点和不足。一分为二的观点体现的是依靠积极因素,克服消极因素的原则。所以题干表述错误。

2. × 【解析】尊重信任学生与严格要求学生相结合的原则是指在德育过程中,教育者既要尊重信任学生,又要对学生提出严格的要求,把严和爱有机地结合起来,使教育者的合理要求转化为学生的自觉行动。在德育工作中尊重信任与严格要求是辩证统一的,是制约德育效果的两个相辅相成的必要条件。爱是严的基础,严是爱的体现,只有把两者紧密结合在一起,才能取得最佳的教育效果。故题干说法错误。

3. × 【解析】在德育过程中,教育者要善于组织和教育学生热爱集体,并依靠集体教育每个学生,同时通过对个别学生的教育,来促进集体的形成和发展,从而把集体教育和个别教育有机地结合起来。

4. √ 【解析】“5+2=0”的现象说明学校教育和家庭教育、社会教育的方向不一致,导致教育效果落空。家访可以促进家庭和学校的联系,统一协调双方的教育力量,这体现了教育影响的一致性与连贯性原则。题干说法正确。

5. × 【解析】在对学生进行德育时,进行正面的说服教育起着重要作用,但说服教育法不是万能的,不可能把一切学生都教育好。青少年学生缺乏一定的行为自控能力,因此在教育过程中要坚持正面教育与纪律约束相结合的原则,既要正面引导,说服教育,启发自觉,调动学生接受教育的内在动力,又要辅之以必要的纪律约束,使两者有机结合起来。所以并不是运用正面说服的教育方法就能把一切学生都教育好。

6. × 【解析】疏导原则是指进行德育时要循循善诱、以理服人,从提高学生认识入手,调动学生的主动性,使他们积极向上。贯彻疏导原则要求以表扬、激励为主,坚持正面教育,但这并不等于德育要严禁惩罚。适当的惩罚在人的品德形成过程中是非常必要的。

四、填空题

1. 因材施教
2. 知行统一
3. 循循善诱原则
4. 德育原则

五、简答题(参考答案)

1. 简述德育的基本原则。

(1)导向性原则;(2)疏导原则;(3)因材施教原则(从学生实际出发);(4)知行统一原则;(5)集体教育和个别教育相结合原则;(6)尊重信任学生与严格要求学生相结合的原则;(7)正面教育与

纪律约束相结合的原则;(8)依靠积极因素,克服消极因素的原则(长善救失原则);(9)教育影响的一致性与连贯性原则。

2. 简述贯彻疏导原则的要求。

(1)讲明道理,疏通思想;(2)因势利导,循循善诱;(3)以表扬、激励为主,坚持正面教育。

3. 在德育工作中贯彻知行统一原则的基本要求有哪些?

(1)加强理论教育,提高学生的思想道德认识;(2)组织和引导学生参加社会实践,通过实践活动加深认识,增强情感体验,养成良好的行为习惯;(3)对学生的评价和要求要坚持知行统一的原则;(4)教育者要以身作则,严于律己,言行一致。

4. 作为教师,怎样贯彻尊重信任学生与严格要求学生相结合的德育原则?

(1)教育者要有强烈的事业心、责任感以及尊重热爱学生的态度;(2)教育者应根据教育目的和德育目标,对学生严格要求,认真管理;(3)教育者要从学生的年龄特征和品德发展状况出发,提出适度的要求,并坚定不渝地贯彻到底。

六、案例分析题(参考答案)

1. 案例中班主任的谈话遵循了导向性、疏导性、尊重信任学生与严格要求学生相结合的德育原则。

(1)导向性原则是指进行德育时要有一定的理想性和方向性,以指导学生向正确的方向发展。案例中,班主任王老师通过谈话引导学生正确看待中学生化妆问题,提高了学生的认识水平,贯彻了导向性原则。

(2)疏导原则是指进行德育要循循善诱、以理服人,从提高学生认识入手,调动学生的主动性,使他们积极向上。案例中班主任王老师就化妆问题与学生进行悉心探讨,让学生明白青少年应有自然朴素的美,应该有蓬勃向上的气质。这一教育过程中王老师做到了循循善诱。

(3)尊重信任学生与严格要求学生相结合原则是指教育者既要尊重信任学生,又要对学生提出严格的要求,把严和爱有机结合起来,使教育者的合理要求转化为学生的自觉行动。案例中班主任的谈话过程体现了对学生的尊重,同时班主任明确指出了中学生妆容的要求,做到了尊重信任学生与严格要求学生相结合。

2. (1)该班主任的做法违背了尊重信任学生与严格要求学生相结合的原则。该原则是指在德育过程中,教育者既要尊重信任学生,又要对学生提出严格的要求,把严和爱有机地结合起来,使教育者的合理要求转化为学生的自觉行动。该班主任用无记名方式评选了3名"坏学生",其用意是严格要求学生,让学生引以为戒,以此对学生进行教育,但是没有做到尊重信任学生,反而达不到期望的效果。

(2)该班主任的做法违背了疏导原则。疏导原则是指进行德育时要循循善诱、以理服人,从提高学生认识入手,调动学生的主动性,使他们积极向上。案例中,该班主任没有对违反纪律和做错事的学生讲明道理、疏通思想,没有做到以表扬、激励为主,而是直接批评,使学生对学习失去了兴趣和信心,这是错误的做法。

(3)该班主任的做法违反了正面教育与纪律约束相结合的原则。德育工作既要正面引导,说服教育,启发自觉,调动学生接受教育的内在动力,又要辅之以必要的纪律约束,并使两者有机结合起来。案例中的班主任没有对班级里的"坏学生"进行正面教育,没有用先进的榜样和以表扬鼓励为主的方法教育和引导学生,启发学生的自觉,而是对学生进行了侮辱性的惩罚,这不符合德育的正面教育与纪律约束相结合的原则。

(4)该班主任的做法违背了教育影响的一致性和连贯性原则。案例中的班主任在对"坏学生"的教育中,没有主动与家长联系、沟通,没有协调多方面的教育力量。在德育工作中,教育者应主动协调多方面教育力量,统一认识和步调,有计划、有系统、前后连贯地教育学生,发挥教育的整体功能,培养学生正确的思想品德。

3. (1)案例中的班主任针对学生因"爱球"而出现的问题,组建了一支球队,使得孩子们不仅提高了球技,还练出了纪律、团结、意志和自我控制能力,这一做法体现了长善救失原则和因材施教原则。

所谓长善救失原则，是指在德育工作中，教育者要善于依靠、发扬学生自身的积极因素，调动学生自我教育的积极性，克服消极因素，以达到长善救失的目的。因材施教原则是指教育者在德育过程中，应根据学生的年龄特征、个性差异以及品德发展现状，采取不同的方法和措施，加强德育的针对性和实效性。

(2)贯彻长善救失原则的要求：①教育者要用一分为二的观点，全面分析，客观地评价学生的优点和不足；②教育者要有意识地创造条件，将学生思想中的消极因素转化为积极因素；③教育者要提高学生自我认识、自我评价能力，启发他们自觉思考，克服缺点，发扬优点。贯彻因材施教原则的要求：①以发展的眼光客观、全面、深入地了解学生，正确认识和评价当代青少年学生的思想特点；②根据不同年龄阶段学生的特点，选择不同的内容和方法进行教育，防止一般化、成人化、模式化；③注意学生的个别差异，因材施教。身为教育者，在处理班级中出现的问题时，要像案例中的班主任那样长善救失、因材施教，这样才能取得良好的教育效果。

4. 徐老师贯彻了如下德育原则：

(1)疏导原则。疏导原则是指进行德育时要循循善诱、以理服人，从提高学生认识入手，调动学生的主动性，使他们积极向上。材料中，徐老师面对缺乏生活自理技能和生活常识的刘同学，没有直接进行批评教育，而是引导学生帮助他，既让刘同学摆脱了尴尬的局面，又能让他学到生活自理技能和生活常识，这一教育过程贯彻了疏导原则。

(2)因材施教原则。因材施教原则是指教育者在德育过程中，应根据学生的年龄特征、个性差异以及品德发展现状，采取不同的方法和措施，加强德育的针对性和实效性。材料中，徐老师对刘同学和赵同学在实践基地活动中表现出的不同问题采取了不同的教育方式和措施，贯彻了因材施教原则。

(3)知行统一原则。知行统一原则是指教育者在进行德育时，既要重视对学生进行系统的思想道德的理论教育，又要重视组织学生参加实践锻炼，把提高认识和行为养成结合起来，使学生做到言行一致。材料中，在发现班级学生不能说出所有蔬菜的名称时，徐老师建议基地辅导员给同学们开设现场讲座，帮助学生认识家乡的农作物，说明徐老师既重视实践锻炼，也重视提高学生的认识水平，贯彻了知行统一原则。

(4)集体教育和个别教育相结合原则。在德育过程中，教育者要善于组织和教育学生热爱集体，并依靠集体教育每个学生，同时通过对个别学生的教育，来促进集体的形成和发展，从而把集体教育和个别教育有机地结合起来。材料中徐老师将对刘同学的个别教育与对全班学生的集体教育结合在一起，贯彻了集体教育和个别教育相结合原则。

(5)尊重信任学生与严格要求学生相结合的原则。在德育过程中，教育者既要尊重信任学生，又要对学生提出严格的要求，把严和爱有机地结合起来，使教育者的合理要求转化为学生的自觉行动。材料中，针对赵同学违反纪律偷带手机的行为，徐老师对她进行了批评教育，体现了徐老师对学生的严格要求；但同时徐老师也肯定了赵同学带手机的初衷，并委以重任，体现了对学生的尊重信任。这一过程贯彻了尊重信任学生与严格要求学生相结合的原则。

(6)依靠积极因素、克服消极因素的原则。在德育工作中，教育者要善于依靠、发扬学生自身的积极因素，调动学生自我教育的积极性，克服消极因素，以达到长善救失的目的。材料中，徐老师充分发挥了赵同学喜欢拍照这一优点，对她进行教育，最终既增强了赵同学的纪律性，也提高了她学习的积极性。徐老师对赵同学的教育贯彻了依靠积极因素、克服消极因素的原则，取得了良好的效果。

5. (1)案例中的老师面对三毛的表现所采取的措施违背了如下德育原则：

①疏导原则。教师面对有问题的学生，应该耐心引导，使学生克服缺点和不足。案例中的老师发现三毛采取提前背诵题目的方法获取高分的时候，应该在课下积极引导，而不应该在全班同学的面前让三毛出丑丢面子，使其丧失了信心，造成严重的负面效果。

②因材施教的原则。每个学生都有自身的个性，教师在教学过程中应该尊重学生的个性，并且采取适合他们的教学方法。案例中的老师发现三毛数学成绩不好时，应该深入了解三毛数学学习的具体情况，并且采取针对性的方法帮助三毛提高成绩。

③依靠积极因素、克服消极因素的原则。教师在教学过程中，应该主动发现学生身上的积极因素，并及时肯定和引导，逐步帮助学生克服消极因素。案例中的三毛为了考取好成绩采取了提前背题目的方法，这说明她记忆力好，并且善于观察，爱动脑筋，老师应该重视三毛的这些优点，积极引导、帮助三毛提高数学成绩。

④尊重信任学生与严格要求学生相结合的原则。在教学过程中，对于学习成绩不好的学生，教师在严格要求的同时，一定要尊重信任他们，帮助他们树立信心。案例中的老师因为三毛数学成绩不好，就打击挖苦她，显然是对三毛的不尊重，也不相信三毛会学好数学。

(2)如果我是三毛的老师，我会对她晓之以理，导之以行，对其进行疏通引导，不会采取在全班同学面前讽刺挖苦三毛的做法。当我了解到三毛以前考试成绩很好是因为提前背诵了题目后，我会在指出她的错误的同时，肯定她记忆力好的优点，帮助她树立学习的自信心，并且加强与三毛的沟通和交流，了解她数学成绩不好的根本原因，然后采取恰当的方法，逐步帮助她提高数学成绩。

专题四　德育的途径与方法

答案速查：

1～5	CCACD	6～10	ABDBC	11～15	ACACB	16～20	ABBDD
21～25	CDCDB	26～30	AABBD	31～35	ACBDB	36～40	BBCAB
41～45	BBBDA	46～50	BCDBD	51～53	BDA		
1～5	ABC CD ABCD ABCD ABCD			6～10	ABCD ABCD BCD ABD ABCD		
11～13	ABD ACD ABCD			1～8	√ × × × × √ × √		

一、单项选择题

1. C 【解析】思想品德课(思想政治课)与其他学科教学是学校有目的、有计划、系统地对学生进行德育的基本途径。结合题干中的“各类课程与思想政治课”可知，本题选 C 项。

2. C 【解析】个人修养法是在教师引导下学生经过自觉学习、自我反思和自我行为调节，使自身品德不断完善的一种重要方法。修养包括：学习、座右铭、立志、自我批评、慎独等。故本题选 C 项。

3. A 【解析】实际锻炼法是有目的地组织学生参加各种实际活动，使其在活动中锻炼思想，增长才干，培养优良的思想和行为习惯的德育方法。各级学校通过组织新生军训来培养学生的坚强毅力和集体主义精神，增强学生的国防观念和组织纪律性，这体现的德育方法是实际锻炼法。B 项情感陶冶法是通过创设良好的教育情境，潜移默化地培养学生品德的方法。C 项榜样示范法是用榜样人物的优秀品德来影响学生的思想、情感和行为的德育方法。D 项自我教育法是指学生在教育者的引导和启发下，根据道德教育的目标和要求，在自我意识的基础上产生积极进取之心，经过自觉学习、自我反思和自我行为调节，不断完善自身品德的方法。

4. C 【解析】情感陶冶法是指教育者自觉创设良好的教育情境，潜移默化地使受教育者在道德和思想情操等方面受到感染、熏陶的方法。题干中班主任孔老师多次举办诗词朗诵、手工制作等多项比赛，有助于陶冶学生的性情；在教室内张贴名人名言，设置班级读书角，有助于形成良好的班风和学风，在潜移默化中发挥环境对学生的陶冶作用。所以，题干所述体现的德育方法是情感陶冶法。

5. D 【解析】关于陶冶法，不同的学者在说法上略有差异。柳海民的《教育学》中提出，陶冶教育法是教师利用环境和自身的教育因素，对学生进行潜移默化的熏陶和感染，使其在耳濡目染中受到感化的德育方法。故答案选择 D 项。

6. A 【解析】实际锻炼法是有目的地组织学生参加各种实际活动，使其在活动中锻炼思想，增长才干，培养优良的思想和行为习惯的德育方法。锻炼的方式主要是学习活动、社会活动、生产劳动和课外文体科技活动。题干中王老师通过组织志愿活动来对学生进行德育，所运用的德育方法是实际锻炼法。

7. B 【解析】案例中王老师和班长通过自己的实际行动，为学生们树立学习的榜样，从而改变了班级的不良风气。故案例体现的是榜样教育的作用。

8. D 【解析】说服教育法又叫说理教育法，是通过语言说理，使学生明晓道理，分清是非，提高品德认识的德育方法。说服教育法的方式有两类：第一类是运用语言文字进行说服教育的方式，如讲解、报告、谈话、讨论、辩论、读书指导等；第二类是运用事实进行说理教育的方式，主要包括参观、访问和调查。题干中班主任与学生一起讨论“沉迷网络的危害”，采用的是说服教育法的第一类方式。故答案选择 D 项。

9. B 【解析】说服是指教师借助语言劝导学生，根据学生的认识水平，充分地陈述理由，使学生理解并接受某种道德观念，改变或形成某种态度。这是道德教育中最常用的一种方法。（具体内容参见黄向阳所著的《德育原理》）

10. C 【解析】自我修养法是在教师引导下学生经过自觉学习、反思和自我改进，使自身品德不断完善的一种方法。题干中孔子提倡的“求诸己”即体现了这一方法。

11. A 【解析】陶冶教育法是教师利用环境和自身的教育因素，对学生进行潜移默化的熏陶和感染，使其在耳濡目染中受到感化的德育方法。“让学校的每一面墙壁都开口说话”即通过环境陶冶的方式教育学生，属于陶冶教育法。

12. C 【解析】有学者将德育方法划分为两大类：(1) 自我教育的方法；(2) 指导教育的方法。指导教育法通常指说理教育法（说服教育法）、榜样示范法、陶冶教育法、实际锻炼法、品德评价法等。其中，实际锻炼法是有目的地组织学生参加各种实际活动，使其在活动中锻炼思想，增长才干，培养优良的思想和行为习惯的德育方法。实际锻炼的方式有两种：一种是执行学校规章制度的常规训练；另一种是组织学生参加多种实践活动的锻炼。故本题选 C 项。

13. A 【解析】榜样示范法是指用榜样人物的优秀品德来影响学生的思想、情感和行为的德育方法。题干中该班班主任号召全班学生向学习委员学习的做法，体现了榜样示范法。

14. C 【解析】榜样示范法中的榜样包括伟人的典范、教育者的示范、学生中的好榜样等。题干中的心忧天下的领袖、感动中国的人物、新冠疫情中勇敢的逆行者、抗震救灾的英雄都是学生可以学习的榜样人物。用榜样人物的事迹对学生进行德育，使用的德育方法是榜样示范法。

15. B 【解析】陶冶教育法是教师利用环境和自身的教育因素，对学生进行潜移默化的熏陶和感染，使其在耳濡目染中受到感化的德育方法。陶冶教育法的方式主要有环境陶冶、情感陶冶、人格陶冶、艺术陶冶、科学知识陶冶、各种活动和交往情境陶冶等。题干中的校长认为校园环境对学生具有重要的教育意义，这里体现的是陶冶教育法中的环境陶冶。

16. A 【解析】运用榜样示范法符合学生爱好学习、善于模仿、崇拜英雄、追求上进的年龄特点。

17. B 【解析】角色扮演法是通过让儿童扮演处境特别的求助者或其他有异于自己的社会角色，使扮演者暂时置身于他人的位置，按照他人的处境或角色来行事、处事，以求在体验别人的态度、方式中，增进扮演者对他人及其社会角色的理解和认同。角色扮演法对于发展个体关爱他人、体谅他人的社会情感以及发展人际交往能力有着重要意义。因此，该教师运用的德育方法是角色扮演法。

18. B 【解析】情感陶冶法是指教育者自觉创设良好的教育情境，潜移默化地使受教育者在道德和思想情操等方面受到感染、熏陶的方法。情感陶冶的方式主要包括人格感化、环境陶冶和艺术陶冶等。良好的教育环境对学生产生的熏陶属于环境陶冶，德高望重的教师对学生的感化属于

人格陶冶,优秀的艺术作品对学生产生美的体验属于艺术陶冶。此外,由题干中的“潜移默化”“耳濡目染”“自然而然”可知,这种德育方法是情感陶冶法。

19. D 【解析】运用说服教育法的要求有:(1)明确目的性和针对性;(2)富有知识性、趣味性;(3)注意时机;(4)以诚待人。故选 D 项。A 项属于自我修养指导法的要求;B 项属于品德评价法的要求;C 项属于实际锻炼法的方式。

20. D 【解析】实际锻炼法是有目的地组织学生参加各种实际活动,使其在活动中锻炼思想,增长才干,培养优良的思想和行为习惯的德育方法。让学生担任校长助理,参与学校管理,这种德育方法是实际锻炼法。

21. C 【解析】说服教育法的方式包括两类:第一类是运用语言文字进行说服教育的方式,如讲解、报告、谈话、讨论、辩论、读书指导等;第二类是运用事实进行说理教育的方式,主要包括参观、访问和调查。所以,C 项属于说服教育法。A、D 项属于品德评价法,B 项属于陶冶教育法。

22. D 【解析】修养是在教师引导下学生经过自觉学习、自我反思和自我行为调节,使自身品德不断完善的一种重要方法。学生品德的提高是一个能动的发展过程,它的成效同学生个人能否自觉主动进行道德修养紧密相关,所以德育要重视学生的道德修养和提高他们的修养能力。自我批评是青少年学生进行自我修养常用的一种方法。我们应当从小培养学生逐步掌握自我批评的方法,具有自我批评的能力和习惯。故本题答案选 D 项。

23. C 【解析】李老师在化学课的教学中引导学生通过化学知识的学习树立环境保护意识,即在化学课堂中渗入德育工作,采用的德育途径是学科教学。

24. D 【解析】班主任工作是学校对学生进行德育的一个重要而又特殊的途径。

25. B 【解析】参观历史博物馆、走访抗日老战士的活动属于课外、校外活动,这是德育的重要途径之一。

26. A 【解析】说服教育法又叫说理教育法,是学校对学生进行思想品德教育的基本方法。

27. A 【解析】说服教育法的方式有两类:第一类是运用语言文字进行说服教育的方式;第二类是运用事实进行说理教育的方式。故选 A 项。

28. B 【解析】“对不同学生采取不同的德育方法”表明汤老师在选择德育方法时以学生的个体差异为依据,故本题选 B 项。

29. B 【解析】品德评价法是通过对学生品德进行肯定或否定的评价而予以激励或抑制,促使其品德健康形成和发展的德育方法。它包括奖励、惩罚、评比和操行评定等。题干中某班通过评比的方式对学生进行奖励、鼓舞,这种德育方法属于品德评价法。

> **易错提示:** 针对本题,部分考生阅读题干之后,会认为“明星墙”是一种环境陶冶,从而误选情感陶冶法。考生在审题时,需抓住关键词“评比活动”“奖励”等,而不能仅仅看到“明星墙”这几个字就断章取义。

30. D 【解析】实际锻炼法是有目的地组织学生参加各种实际活动,使其在活动中锻炼思想,增长才干,培养优良的思想和行为习惯的德育方法。这与杜威的“教育即生活”的精神相一致。

31. A 【解析】艺术陶冶是陶冶教育法的主要方式之一。艺术陶冶指通过音乐、美术、舞蹈、雕塑、诗歌、影视等文学艺术活动,使学生潜移默化地受到影响。李老师使用轻音乐、影视作品来对学生进行陶冶教育,这种陶冶方式属于艺术陶冶。故选 A 项。

32. C 【解析】A 项以强制灌输的方法进行政治法纪教育是不恰当的;B 项用罚款的方式解决班级卫生问题侵犯了学生的财产权;D 项将破坏课堂纪律的同学赶出教室侵犯了学生的受教育权。因此,ABD 三项采用的德育方法都是不合理的。C 项采用的德育方法符合学生的身心发展特点,故选 C 项。

33. B 【解析】说服教育法的方式有两类。第一类是运用语言文字进行说服教育的方式,如讲解、报告、谈话、讨论、辩论、读书指导等;第二类是运用事实进行说理教育的方式,主要包括参观、访问和调查。故本题选择 B 项。

34. D 【解析】自我修养法是在教师引导下学生经过自觉学习、反思和自我改进,使自身品德不断完善的一种方法。孔子提倡君子要注重“内自省”“内自讼”,曾子强调“吾日三省吾身”,孟子主张“自反”“自强”,荀子说“君子博学而日参省乎己,则知明而行无过矣”。他们都注重通过坚持反省、修养来提高个人的品德。故题干所述名言蕴含了德育的自我修养法。

35. B 【解析】陶冶教育法是教师利用环境和自身的教育因素,对学生进行潜移默化的熏陶和感染,使其在耳濡目染中受到感化的德育方法。依据定义可知,潜移默化是陶冶教育法的典型特征。

36. B 【解析】实际锻炼法是有目的地组织学生参加各种实际活动,使其在活动中锻炼思想,增长才干,培养优良的思想和行为习惯的德育方法。题干中的班主任给学生布置劳动作业所体现的德育方法是实际锻炼法。

37. B 【解析】德育途径是指学校教育者对学生实施德育时可供选择和利用的渠道,又称为德育组织形式。题干中两次活动都是通过学校组织课外、校外活动的形式进行德育。这种德育的渠道是德育途径。

38. C 【解析】艺术包括音乐、美术、舞蹈、雕塑、诗歌、文学、影视,都是人类智慧的结晶。它来自于生活,高于生活,形象概括,寓意深刻,感人至深,不仅给学生以美的感受,而且熏陶了他们的性情。题干所述属于陶冶法中的艺术陶冶。

39. A 【解析】品德评价法包括奖励、惩罚、评比和操行评定、成长记录袋。老师利用成长记录袋对学生进行评价,这种德育方法属于品德评价法。

40. B 【解析】听说法或情境法的特征之一就是教师通过大量机械模仿的练习让学生掌握语言。

41. B 【解析】环境对学生品德成长有重要陶冶作用。如良好的班风和校风等,有助于学生品德健康成长。故题干这种德育方法属于环境陶冶。

42. B 【解析】实践锻炼法在德育实践中运用的具体方式主要包括学习活动、委托任务、组织活动、执行制度。教育者可以委托受教育者完成一定的工作任务,在执行任务过程中接受锻炼。如委托受教育者担任班干部、办黑板报、筹办晚会等。通过完成工作任务,不仅可以提高受教育者的工作能力,而且能培养他们的工作责任感、集体责任感和集体荣誉感等品质。故 B 项采用了实践锻炼法。A 项采用了陶冶教育法,C 项采用了自我修养法,D 项采用了品德评价法。

43. B 【解析】“身教重于言教”是指以身作则比泛泛空谈地教育人更有效,这体现了榜样的作用,突出的是榜样示范法。

44. D 【解析】陶冶教育法是教师利用环境和自身的教育因素,对学生进行潜移默化的熏陶和感染,使其在耳濡目染中受到感化的德育方法。题干中的住宿学校举行寝室文化节,利用其中的教育因素对学生进行陶冶和感化,这体现的是陶冶教育法。

45. A 【解析】少先队的群众性是指少先队面向所有适龄的少年儿童,凡愿意参加少先队,愿意遵守队章,向学校少先队组织提出申请的,都应被批准成为少先队员。少先队开展的各项活动面向全体少先队员。题干中学校的做法明显违背了这一点。

46. B 【解析】指导实践法是教育者组织学生参加多种实际活动,在行为实践中使学生接受磨炼和考验,以培养优良思想品德的方法。李强已经意识到“粒粒皆辛苦”,但是无法落实到实践,故对其教育的最好方法是指导实践法。

47. C 【解析】情感陶冶法是指教育者自觉创设良好的教育情境,潜移默化地使受教育者在道德和思想情操等方面受到感染、熏陶的方法。主要包括人格感化、环境陶冶和艺术陶冶等。马修老师通过音乐使学生得到感化,属于艺术陶冶,体现的德育方法是情感陶冶法。

48. D 【解析】题干引文体现的德育方法是实际锻炼法。D 项的意思是:宝剑的锐利刀锋是从不断的磨砺中得到的,梅花飘香来自它度过了寒冷的冬季。寓意要想拥有珍贵品质或美好才华等,

需要不断地努力、修炼，克服一定的困难。这也体现了实际锻炼法。

49. B 【解析】陶冶教育法是教师利用环境和自身的教育因素，对学生进行潜移默化的熏陶和感染，使其在耳濡目染中受到感化的德育方法。题干中引言的意思是：和善人相处，就像进入养着芝兰的屋子，久而久之，自己也会沾上香味；和恶人相处，就像进入了卖咸鱼的市场，久而久之，自己也散发出臭味。这句话正是陶冶教育法的典型表现。

50. D 【解析】品德评价法是通过对学生品德进行肯定或否定的评价而予以激励或抑制，促使其品德健康形成和发展的方法。它包括奖励、惩罚、评比、操行评定、成长记录袋等。“美德袋”是一种成长记录袋，陈老师以此来培养学生的优良品德，运用的德育方法是品德评价法。

51. B 【解析】“仁言不如仁声（音乐）之入人深也”的意思是：仁德的言辞不如使风俗变得淳厚的音乐深入人心。这里强调的是对人进行潜移默化的熏陶和感染，使其在耳濡目染中受到感化的德育方法，也即陶冶教育法。

方法技巧：陶冶教育法是招教考试中的热门考点，一般会以名言的形式出题，如“让学校的每一面墙壁都开口说话”“仁言不如仁声之入人深也”等。有时候也会以例子的形式出题，如：教师播放歌曲教育学生，利用黑板报、教室布置、良好班风教育学生，等等。考生在理解陶冶教育法的内涵时需注意：陶冶教育法强调的是“潜移默化”，使学生在不知不觉的情况下受到教育。

52. D 【解析】德育方法是为达到德育目的，在德育过程中采用的教育者和受教育者相互作用的活动方式的总和。

53. A 【解析】题干中的师范教育学院招募大学生志愿者参与社区内青少年儿童的德育工作，这种做法是通过开展社区教育进行德育工作。故本题答案选择A项。B项将德育工作视为心理健康教育工作，说法错误。CD选项未在题干中显现。

二、多项选择题

1. ABC 【解析】运用说服教育法应注意：（1）内容有针对性；（2）情感要充沛；（3）态度要民主；（4）讲究教育时机。（具体内容参见魏青主编的《教育学》）

2. CD 【解析】两难问题辨析法有助于促进儿童的道德判断的发展和道德行为的成熟，但是随着德育实践的深入，人们发现这种教学方法程序十分复杂，目的难以达到，尤其低年级儿童采用这种方法具有消极作用，具有不容易实施等不足，还有相当大的局限性。故A项错误。选择德育方法需要考虑德育对象的年龄特点和个性差异。例如，中学高年级学生，自我意识已充分发展，自我评价能力增强，适宜选用自我修养法、分组讨论法等。小学低年级学生，自我意识尚未形成，缺乏自我认识和评价的能力，适宜选用榜样示范法和实际锻炼法。故B项错误，D项正确。情感陶冶法是指教育者自觉创设良好的教育情境，潜移默化地使受教育者在道德和思想情操等方面受到感染、熏陶的方法。情感陶冶法的形式包括人格感化、环境陶冶和艺术陶冶。对小学生来说，学校、班级是他们学习与活动的主要场所，因此，创设优美的校园环境，形成团结向上的班集体，会使学生的心灵受到春风化雨般的滋润。故C项正确。

3. ABCD 【解析】运用榜样示范法的要求有：（1）选好学习的榜样；（2）激起学生对榜样的敬慕之情；（3）狠抓落实，引导学生用榜样来调节行为，提高修养。

4. ABCD 【解析】为了充分发挥各种实际锻炼方式的作用，教师应注意以下几点：（1）明确锻炼的目的和要求，有严密的组织工作。（2）要充分尊重和发挥学生的主动性和积极性，使学生成为各种实际锻炼的主人。（3）实际锻炼要反复进行，做到持之以恒。（4）建立合理的规章制度。（具体内容参见黄济、劳凯声、檀传宝主编的《小学教育学》）

5. ABCD 【解析】少先队的特点包括革命性、教育性、儿童性、群众性和自主性。

6. ABCD 【解析】我国中小学德育改革的主要趋势有：（1）落实德育工作在素质教育中的首要位

置;(2)确立符合中小学生思想品德发展实际的德育目标;(3)坚持贴近实际、贴近生活、贴近学生的德育方式,改进德育内容;(4)积极改进中小学思想品德的教育方法和形式;(5)坚持知和行统一,积极探索实践教学和学生参加社会实践、社区服务的有效机制,建立科学的学生思想道德行为综合考评制度;(6)因地制宜开展德育活动。故本题选项均为正确选项。

7. ABCD 【解析】运用品德评价法的要求有:(1)公平、正确、合情合理;(2)发扬民主,获得群众支持;(3)注重宣传与教育;(4)奖励为主,抑中带扬。

8. BCD 【解析】榜样示范法中的榜样包括伟人的典范、教育者的示范、学生中的好榜样等。

9. ABD 【解析】社会实践活动一般包括三种类型:(1)组织学生参加劳动,如生产劳动、社会公益劳动、自我服务性劳动;(2)开展勤工俭学活动;(3)组织学生参加社会政治活动。

10. ABCD 【解析】国内学校德育改革的思路包括:(1)实现由约束性德育向发展性德育转变;(2)实现由单向灌输德育向双向互动德育转变;(3)实现由单一德育模式向多样化和个性化德育模式转变;(4)实现由封闭式德育向开放式德育转变。

11. ABD 【解析】运用实际锻炼法的要求是:(1)目的明确,计划周密,加强指导,坚持严格要求;(2)生动活泼,灵活多样,调动学生的主动性;(3)注意检查和坚持,随时总结。

12. ACD 【解析】班主任"多次与小军进行单独谈话"运用的是说服教育法,"鼓励小军多参加由学校组织的公益活动和集体活动"运用的是实际锻炼法,"对于小军每次取得的进步,班主任都会给予肯定和鼓励"运用的是品德评价法。

13. ABCD 【解析】在德育方法中,有利于提高讨论法效果的措施有:(1)科学组建讨论小组;(2)设计好讨论主题;(3)要把全体学生组织到讨论中来;(4)坚持循循善诱的诱导技术;(5)创造民主、热烈、和谐的讨论氛围。

三、判断题

1. √ 【解析】德育方法受德育内容、任务制约,以德育规律、德育原则为依据。它是提高德育实效的关键,在具体德育工作中必须根据实际情况,选择行之有效的方法,这样才能达到事半功倍的效果。

2. × 【解析】陶冶教育的方式主要包括人格感化、环境陶冶、艺术陶冶三种。

3. × 【解析】"春风化雨"指适宜草木生长的风雨,比喻良好的熏陶和教育。所以它体现的德育方法是陶冶教育法。

4. × 【解析】品德评价法是通过对学生品德进行肯定或否定的评价而予以激励或抑制,促使其品德健康形成和发展的德育方法。品德评价法的方式包括:(1)奖励。奖励一般有三种形式:赞许、表扬和奖赏。(2)惩罚。惩罚分为两种:批评和处分。(3)评比。(4)操行评定。从题干中"表扬""奖励""处分""批评"等可以看出,许老师采用的是品德评价法。

5. × 【解析】题干引文的意思是:自身端正,不用下命令人们就会实行;自身不端正,即使发布命令也没有人听从。这强调的是榜样的重要性,体现的德育方法是榜样示范法。

6. √ 【解析】说服教育法的方式有两类,第一类是运用语言文字进行说服教育的方式,如讲解、报告、谈话、讨论、辩论、读书指导等;第二类是运用事实进行说理教育的方式,主要包括参观、访问和调查。带领学生参观革命纪念馆属于运用事实进行说理教育的方式。

7. × 【解析】周会主要对学生进行社会主义道德教育和时事政策教育。每天的晨会可以对随时出现的问题予以及时解决。

8. √ 【解析】我国学校德育途径是广泛多样的,其中基本途径是思想品德课(思想政治课)与其他学科教学。此外,学校的思想工作、管理工作、辅助性服务工作等,也是学校德育不容忽视的渠道。总之,学校的课程、教学中所采用的方法以及学校中每一样工作、学校生活中发生的每一件小事,都充满了进行道德教育的可能性。

四、填空题

1. 德育组织形式
2. 实际锻炼法

五、简答题（参考答案）

1. 我国中小学常用的德育方法有哪些？

(1)说服教育法；(2)榜样示范法；(3)陶冶教育法；(4)实际锻炼法；(5)自我修养指导法；(6)品德评价法；(7)角色扮演法；(8)合作学习法。

2. 简述当前我国中小学德育存在的问题。

(1)中小学教育中重智育、轻德育的现象依然存在，德育为先的办学思想未得到落实；(2)德育目标脱离实际且杂乱无序；(3)德育内容与学生的思想实际、生活实际和发展需要脱节；(4)知与行分离，重视德育知识的灌输，轻视实践教育和道德行为的养成；(5)形式主义和简单化盛行，缺乏吸引力和感染力。

3. 简述选择德育方法的依据。

(1)德育目标；(2)德育内容；(3)学生的年龄特点和个性差异。此外，选择德育方法还要考虑到所面对的时代特征、学生的思想实际、学校和教师的实际情况，以及文化传统的作用。

六、论述题（参考答案）

请结合新时代立德树人的要求，论述学校德育的主要途径。

"立德树人"要求我们必须坚持德育为先；"立德树人"要求我们必须着眼于促进学生全面发展；"立德树人"要求我们必须坚持培育学生健全人格；"立德树人"要求我们必须致力于"让每个孩子都能成为有用之才"的教育理想。学校可以通过以下途径来实现德育目标：

(1)思想品德课(思想政治课)与其他学科教学。思想品德课(思想政治课)与其他学科教学是学校有目的、有计划、系统地对学生进行德育的基本途径。

(2)社会实践活动。学生的思想品德是在活动和交往中形成，并通过活动和交往表现出来的。社会实践活动有助于培养学生各种良好的品德和风尚，因此，社会实践活动也是学校德育不可缺少的重要途径。

(3)课外、校外活动。课外、校外活动是整个教育体系中必不可少的组成部分，它不受教学计划的限制，是向学生进行德育的重要途径。课外、校外活动有助于培养学生辨别是非、自我教育等的道德能力和互助友爱、团结合作、纪律性与责任感等的良好品德。

(4)共青团、少先队组织的活动。共青团、少先队是青少年学生自己的集体组织。通过自己的组织进行德育，有利于调动学生的积极性和创造性，培养主人翁意识以及自我教育和管理的能力，自觉提高思想认识，形成优良品德。

(5)校会、班会、周会、晨会、时事政策的学习。校会和班会是全校师生或全班同学参加的活动，能持久地潜移默化地影响学生，及时地、有针对性地解决学生的思想问题。周会主要对学生进行社会主义道德教育和时事政策教育。每天的晨会可以对随时出现的问题予以及时解决。时事政策学习是国情教育的重要途径，一般采用做政策报告，学生自己阅读报纸或收听广播，收看电视等形式。

(6)班主任工作。班主任工作是学校对学生进行德育的一个重要而又特殊的途径。通过班主任，学校可以强有力地管理基层学生集体，更好地发挥上述各个德育途径的作用。

七、案例分析题（参考答案）

1. (1)说服教育法是通过语言说理，使学生明晓道理，分清是非，提高品德认识的德育方法。这是一种坚持正面理论教育和正面思想引导、增强辨别是非能力、促进道德发展的重要方法。案例中王老师通过谈话来对学生陈剑进行正面教育，主要运用了说服教育法。

(2)品德评价法是通过对学生品德进行肯定或否定的评价而予以激励或抑制，促使其品德健康形成和发展的德育方法。它包括奖励、惩罚、评比、操行评定、成长记录袋等。案例中王老师对学生陈剑优点的肯定体现了对品德评价法的运用。

2. 杨老师采用了如下德育方法：

(1)榜样示范法。榜样示范法是用榜样人物的优秀品德来影响学生的思想、情感和行为的方法。由于榜样能把社会真实的思想、政治和法纪、道德关系表现得更直接、更亲切、更典型，因而能给人以极大的影响、感染和激励，教育、带动和鼓舞人们前进。杨老师为了让男生剪短头发，先从自身出发，给学生树立了一个榜样，更能让学生接受教育。

(2)陶冶教育法。陶冶教育法是教师利用或创设具有教育意义的环境或情境，对学生进行潜移默化的熏陶和感染，使其在耳濡目染中受到感化的德育方法。杨老师没有直接要求学生剪短发，而是通过五分钟的交流会来引导学生，对学生产生了潜移默化的影响，最终达到了很好的教育效果。

(3)品德评价法。品德评价法本是通过对学生品德进行肯定或否定的评价而予以激励或抑制，促使其品德健康形成和发展的德育方法。然而杨老师是通过学生对自己理发效果进行评价，得到大多数学生的公认，而让学生受到教育的做法更是具有新意，让人耳目一新。

(4)说理教育法。说理教育法是通过语言说理，使学生明晓道理，分清是非，提高品德认识的德育方法。这是一种坚持正面理论教育和正面思想引导，增强辨别是非能力，促进道德发展的重要方法。案例中的杨老师就理发事件开展了五分钟的交流会，这体现了他对说理教育法的运用。在运用说理教育法时，杨老师注意到了说理的趣味性，而且抓住了运用该方法的时机。

(5)自我修养指导法。自我修养指导法是学生在教育者的帮助下，主动地进行自我学习、自我反思、自我锻炼、自我监控等来提升自己修养的一种德育方法。从“欣喜地发现那几个男生的长发变短了……”可以看出，学生在听到杨老师的一番话后进行了反思。这样，就体现了杨老师运用自我修养指导法达到的效果。

专题五　德育模式

答案速查：

1～5	BCBDB	6～10	DBABA	11～15	CADDB	16～19	AADA	1～2	ABD ABC

一、单项选择题

1. B 【解析】所谓道德两难，指的是同时涉及两种道德规范、两者不可兼得的情境或者问题。它除了可以用于测量儿童的道德判断的发展水平，还具有非常特别的教育意义：(1)可用于促进儿童的道德判断力的发展；(2)可用于提高学生的道德敏感性；(3)可用于提高学生在道德问题上的行动抉择能力；(4)可用于深化学生的道德理解，提高道德认识。

2. C 【解析】社会模仿模式认为儿童的道德行为、道德判断是通过社会学习（观察学习）获得和改变的，榜样示范是道德教育的主要手段。故选C项。

3. B 【解析】体谅模式把道德情感的培养置于中心地位。体谅模式认为，道德教育重在提高学生的人际意识和社会意识，引导学生学会关心；鼓励处于社会体验期的青少年体验不同的角色和身份。题干中班主任让学生轮流体验班长角色，引导学生学会理解和关心班级，这种德育模式符合体谅模式的观点。故班主任运用的德育模式是体谅模式。

4. D 【解析】与认知性道德发展模式强调道德认知发展不同，体谅模式把道德情感的培养置于中心地位。

5. B 【解析】体谅模式（或学会关心的道德教育模式）形成于20世纪70年代，由英国学校德育学家彼得·麦克费尔和他的同事所创。麦克费尔认为，学会关心的德育模式之所以能够促进学生的道德发展，关键是它凝聚着全部的道德知识力量，任何道德都必然靠理解和领会，而不是靠教授。故本题答案选择B项。

6. D 【解析】道德教育的认知模式是由瑞士学者皮亚杰提出，而后由美国学者科尔伯格进一步深化的。

7. B 【解析】道德教育的认知模式是当代德育理论中流行最为广泛、占据主导地位的德育学说。

8. A 【解析】德育过程诸要素的审美化是欣赏性德育模式建构的关键，它主要包括德育形式美、作品美和师表美的创造问题。其中德育师表美即作为教育主体的教师的人格美，包括"表美""道美""风格美"三种形式，是教育工作者心灵美与外在美的统一。故本题答案选择 A 项。（具体内容参见傅建明主编的《教育原理与教学技术》）

9. B 【解析】道德教育的认知模式假定人的道德判断力按照一定的阶段和顺序从低到高不断发展，道德教育的目的就在于促进儿童道德判断力的发展及其行为的发生。

10. A 【解析】道德认知发展模式的代表人物是美国心理学家科尔伯格等人。他们认为道德教育的关键是发展儿童的道德判断能力。他们把儿童道德判断能力的发展分为三个水平、六个阶段，道德教育只有遵循道德发展的规律，才能获得成功。"三水平六阶段"的道德发展理论从德育模式上归类，属于认知模式。

11. C 【解析】社会模仿模式是美国学者班杜拉创立的，该模式认为人与环境是一个互动体，人既能对刺激做出反应，也能主动地解释并作用于情境。

12. A 【解析】体谅模式认为道德教育重在提高学生的人际意识和社会意识，引导学生学会关心。"己所不欲，勿施于人"表达了要换位思考、关心别人的思想。这体现了体谅模式的观点。

13. D 【解析】当代影响较大的德育模式有认知模式、体谅模式、社会模仿模式等。大体上说，认知模式重知，体谅模式重情，社会模仿模式重行。

14. D 【解析】价值澄清模式认为，社会是变化发展着的，不能只传授某种固定的价值观点，重要的是教会学生如何分析不同的道德价值，善于在复杂的社会情境中作出明智的抉择。

15. B 【解析】体谅模式的特征有：(1)坚持性善论；(2)坚持人具有一种天赋的自我实现趋向；(3)把培养健全人格作为德育目标；(4)大力倡导民主的德育观。故题干所述符合体谅模式的特征。

16. A 【解析】体谅模式的基本假设包括：(1)与人友好相处是人类的基本需要，帮助学生满足这种需要是教育的首要职责；(2)道德教育旨在提高学生的人际意识和社会意识，引导学生学会关心、学会体谅；(3)鼓励处于社会试验期的青少年试验各种不同的角色和身份；(4)教育即学会关心。题干中的赵老师让学生探讨关于关心同学、形成互助友爱的班集体的做法，这体现了赵老师注重引导学生学会关心、学会体谅，赵老师运用的德育模式是体谅模式。

17. A 【解析】价值澄清模式的代表人物是美国的拉斯、哈明、西蒙等人。班杜拉是社会模仿模式的代表人物。

18. D 【解析】马卡连柯指出："每当我们给个人一种影响的时候，这影响必定同时应当是给集体的一种影响。相反地，每当我们涉及集体的时候，同时也应当成为对于组成集体的每一个个人的教育。"这种在集体中、通过集体并为了集体的集体教育原则称为平行教育影响原则。马卡连柯认为，"人的生活的真正的刺激是明天的快乐"，教育应当将这种明天的快乐作为追求的目标，唤起学生对于未来生活的乐趣和向往。因此，应当为集体指出一个美好的前景，提出集体生活的奋斗目标。这就是马卡连柯创立的前景教育原则。故题干所述德育思想是马卡连柯提出的。

19. A 【解析】体谅模式（或学会关心的道德教育模式）形成于 20 世纪 70 年代，由英国学校德育学家彼得·麦克费尔和他的同事所创。"体谅"即教师要对学生"多关心、少评价"。题干中"关心他人、助人为乐"与体谅模式的观点相符合。

二、多项选择题

1. ABD 【解析】麦克费尔的体谅或学会关心的道德教育模式的特征表现为：(1)坚持性善论；(2)坚持人具有一种天赋的自我实现趋向；(3)把培养健全人格作为德育目标；(4)大力倡导民主的德育观。C 项属于认知模式的特征。

2. ABC 【解析】德育模式实际上是在德育实施过程中德育理念、德育内容、德育手段、德育方法、德育途径等的有机组合方式。

第八章　班级管理与班主任工作

专题一　班级与班级管理

答案速查：

1～5	AACCD	6～10	ACBBC	11～15	AADAC	16～20	AABBC
21～25	CDADC	26～30	DDDCB	31～33	ABC		
1～5	ABC ABCD ABCD AD ABCD			6～10	ABD ABD ABC CD AB		
11～15	ABCD BCD ABCD BCD ABC			16～17	ABC ABC		
1～5	√ √ × × √			6～10	× √ × × √		

一、单项选择题

1. A 【解析】文艺复兴时期的著名教育家埃拉斯莫斯最先提出“班级”一词。

易错提示：最早提出班级授课制的人物与最早提出“班级”一词的人物是易混知识点，考生在复习过程中可结合以下内容进行识记：
最早提出班级授课制——夸美纽斯；
最早提出“班级”一词——埃拉斯莫斯。

2. A 【解析】17 世纪，捷克教育家夸美纽斯总结了前人和自己的实践经验，并在其代表作《大教学论》中对班级组织进行了论证，从而奠定了班级组织的理论基础。故本题选 A 项。B 项《教育漫话》的作者是洛克。C 项《雄辩术原理》的作者是昆体良。D 项《爱弥儿》的作者是卢梭。

3. C 【解析】班级常规管理是指通过制定和执行规章制度来管理班级的经常性活动。班级民主管理是指班级成员在服从班集体的正确决定和承担责任的前提下参与班级全程管理的一种管理方式。班级民主管理的实质是在班级管理的全过程中，调动学生自我教育的力量，使人人都积极主动地参与班级事务。题干中，班主任通过制定一日常规来稳定班级秩序，运用的是班级常规管理模式；班主任发动学生参与管理，且每项打分都由学生负责，运用的是班级民主管理模式。

4. C 【解析】班级作为一种社会组织，其基本成员是班主任、教师和学生，它通过师生相互影响的过程来达到预定的教育目标。

5. D 【解析】班级管理的功能包括：(1)有助于实现教学目标，提高学习效率——主要功能；(2)有助于维持班级秩序，形成良好的班风——基本功能；(3)有助于锻炼学生能力，学会自治自理——重要功能。所以答案选 D 项。

方法技巧：考生在复习班级管理的这三个功能时，可以采取关键词记忆法，如：“主要”抓“教学”，“基本”是“秩序”，“重要”在“学生”。

6. A 【解析】班级组织的形成一般要经历三个阶段：第一个阶段是个人属性之间的矛盾阶段；第二个阶段是团体要求与个人属性之间的矛盾阶段；第三个阶段是团体要求架构内的矛盾阶段。

7. C 【解析】班级民主管理是指班级成员在服从班集体的正确决定和承担责任的前提下参与班级全程管理的一种管理方式。班级民主管理的实质是在班级管理的全过程中，调动学生自我教育的力量，使人人都积极主动地参与班级事务。由题干中的“班干部带头，其他成员积极参与”可知，该班管理模式属于民主管理。

8. B 【解析】建立以学生为本的班级管理机制，可以确立学生在班级中的主体地位，有利于提高班级民主管理水平。

9. B 【解析】实行班级民主管理要求建立班级民主管理制度，如干部轮换制度、定期评议制度、值日生制度、值周生制度、民主教育活动制度等。A、C、D 项均属于民主管理方式。B 项属于班级常规管理的要求。

易错提示：考生一般看到题干中的“制度”，就会将其归属为规章制度方面的内容，进而认为是班级常规管理的内容。这里需要考生注意的是，并不是所有涉及“制度”的题目都选择班级常规管理。班级常规管理与班级民主管理在建立制度这一点上有重叠之处（如两者均提到了值日生制度）。故考生在做题时，要注意区分，灵活应对。

10. C 【解析】班级组织的矫正功能是指，班级组织在发挥诊断功能的基础上，还可以通过各种活动和集体舆论，有针对性地让学生扮演一定的角色、承担一定的责任，以形成学生的能力、责任感、自信心及合作意识。例如，以自我为中心的学生会因受到伙伴的批评而改变行为；自我控制能力欠缺的学生能够在集体的监督约束下逐步形成自律意识。题干中，性格羞怯内向的小科在班集体的鼓励下变得活泼大方，更善于表达自己，体现了班级组织的矫正功能。

11. A 【解析】班级管理的原则主要有科学性原则、民主性原则、自觉性原则、整体性原则。科学性原则是指班主任必须按照班级管理的规律开展班级教育和管理工作。民主性原则是指班主任发扬民主，吸收学生及相关人员参与班级管理工作。自觉性原则是指班主任启发学生的自觉性，使学生在教育与自我教育、管理与自我管理中成长。整体性原则是指班主任协调各方面的教育力量，使教育资源合理地配置，实现整体优化效应。故题干所述的班级管理原则为民主性原则。（具体内容参见张跃刚主编的《中学教育学》）

12. A 【解析】班级平行管理的理论源于马卡连柯的“平行影响”的教育思想。马卡连柯认为，教师要影响个别学生，首先要影响学生所在的班级，然后通过学生集体与教师一起去影响这个学生，这样就会产生巨大的教育力量。

13. D 【解析】班级平行管理是指班主任既通过对集体的管理去间接影响个人，又通过对个人的直接管理去影响集体，从而把对集体和个人的管理结合起来的管理方式。

14. A 【解析】班级常规管理是指通过制定和执行规章制度来管理班级的经常性活动。遵守班级规章制度是对每个学生的基本要求，也是每个学生必须履行的基本义务和职责。

15. C 【解析】班级活动的十大原则包括教育性原则、针对性原则、整体性原则、开放性原则、多样性原则、主体性原则、连续性原则、知识性原则、易操作性原则、创造性原则。其中，针对性原则是指班级活动要针对学生的年龄、年级特点和身心发展需要，针对班级实际存在的问题。开放性原则在形式上是指向校内开放、向家庭开放、向社会开放；在内容上指让学生了解党的基本路线、了解党的改革开放的政策、培养主人公精神，了解各条战线上的英雄模范人物，确立心中的榜样，指导学生讨论社会上的热门话题。连续性原则是指开展班级活动还要注意前后活动的衔接，使前一次活动的结束成为后一次活动的起点，推动学生认识的深化。创造性原则首先表现在内容上，要随着形势的发展，不断充实新的教育内容；还表现在形式上，形式上的创造思维常常是“加一加”“变一变”“改一改”“移一移”。故题干所述体现了班级活动的连续性原则。

16. A 【解析】提供角色学习条件，培养社会角色是班级组织的社会化功能之一。在班级组织中，每个学生都需要承担其服务者、管理者和被管理者的多重角色，为他们的角色学习提供了多方面的条件。班级教学过程中的师生交往和小组学习中的伙伴交往，以及集体生活的多种多样的教育情境，为学生积累交往经验、学习变换角色、提高担当角色的能力，提供了锻炼和体验的机会和条件。题干中小李同学的一系列变化是其社会化的表现，体现了班级对学生社会化的影响。

17. A 【解析】有利于教育的原则是班级组织建立的一条首要的原则。当其他的原则与其发生冲突的时候，其他原则都必须无条件地服从这一原则。

18. B 【解析】班级管理模式中的“目标管理”是由美国管理学家德鲁克提出来的。

19. B 【解析】班级管理的自主参与原则是指班级成员参与管理,发挥其主体作用。班级的各种组织机构的干部成员都应该由学生民主选举产生,并授予他们进行管理的权力,不能随便干预。当他们遇到困难时,要帮助解决,但不要代替。这也就是我们通常所说的"班干部能做的班主任不做,学生能做的班干部不做"。

20. C 【解析】班级目标管理是指班主任与学生共同确定班级总体目标,然后转化为小组目标和个人目标,使其与班级总体目标融为一体,形成目标体系,以此推动班级管理活动,实现班级目标的管理方法。题干的描述体现了目标管理的内涵。

21. C 【解析】开展以班级规章制度为核心的常规管理,是班主任工作的重要内容之一。

22. D 【解析】现代班级管理强调以学生为核心,建立一套能够持久地激发学生主动性、积极性的管理机制,确保学生的持久发展。

23. A 【解析】班级管理是一种有目的、有计划、有步骤的社会活动,这一活动的根本目的是实现教育目的,使学生得到充分的、全面的发展。

24. D 【解析】教学是学校的中心工作,教学质量管理是班级教学管理的核心。

25. C 【解析】教师在进行班级管理时,要多发现学生的优点,以达到长善救失的效果。鼓励学生相互找缺点会伤害某些学生的自尊心,不利于学生健康发展。C 项做法不正确。

26. D 【解析】班级管理的重要功能是有助于锻炼学生能力,学会自治自理。故本题选择 D 项。

27. D 【解析】班级管理的内容包括:(1)班级组织建设。班集体是学生学习、生活和成长的重要场所,班级管理是以班集体为基础展开的。因此,建设和培养良好的班集体是班级管理的核心工作,也是班主任工作成果的体现。(2)班级制度管理。(3)班级教学管理。(4)班级活动管理。

28. D 【解析】所谓班级文化,是班级中教师和学生共同创造出来的联合的生活方式。它包括三种状态:(1)最为显性的班级环境布置;(2)最为隐性的班级人际关系和班风;(3)处于中间状态的班级制度与规范等。D 项不属于班级文化的内容。

29. C 【解析】班级管理是一个动态的过程,是以班主任为主导,进行的有目的、有组织的班级学生群体活动。

30. B 【解析】学生置身于班级组织中时,其人格及能力上的特点、差异以及不足就会显现出来。在班级开展的各项活动中,每一个成员都会通过自己和他人的表现以及在所获得的评价中,判断其表现的优势与不足。这是班级组织个性化功能中的诊断功能。

31. A 【解析】班级的同质性特点表现在班级组成人员在年龄、知识水平、认知水平、情感、经验、价值观、是非观、认知能力、判断力等方面都相同或相似。这一群体的同质性主要体现在共处于同一年龄阶段,其身体与心理发展都处于同一水平上,每个个体的行为表现趋同。题干所述体现了班级的同质性特点。

32. B 【解析】调动班级成员参与班级管理的积极性,共同建立良好的班级秩序和健康的班级风气,是班级管理的基本功能。

33. C 【解析】学生的发展是班级管理的核心,班级管理的实质就是要让学生的潜能得到尽可能的开发。

二、多项选择题

1. ABC 【解析】班级组织建构的原则有:(1)有利于教育的原则;(2)目标一致的原则;(3)有利于身心发展的原则。

2. ABCD 【解析】班级管理的模式主要包括:(1)班级常规管理;(2)班级平行管理;(3)班级民主管理;(4)班级目标管理。

3. ABCD 【解析】班级文化建设除了要布置好班级环境,制定相关的规章制度,还要针对学生的心

理需求精心组织班级活动。真切体会学生的心理需求是班级文化建设的最大难点。所以本题四项全选。

4. AD 【解析】班级管理的特点包括:(1)管理过程的教育性;(2)管理对象的特殊性;(3)管理方法的多样性;(4)管理工作的广泛性。

5. ABCD 【解析】班级管理的原则包括方向性原则、全面管理原则、自主参与原则、全员激励原则、教管结合原则以及平行管理原则。

6. ABD 【解析】班级组织机构的微观建制的形式有直线式、职能式、直线职能式三种。

7. ABD 【解析】班级的个体化功能主要表现在:(1)诊断功能;(2)矫正功能;(3)满足需求的功能;(4)促进发展的功能。C 项属于班级的社会化功能的表现。

8. ABC 【解析】班级文化对成员的制约功能主要通过三条途径得以实现:氛围制约、制度制约、观念制约。

9. CD 【解析】一个完整的班级活动方案具体包括以下几个内容:活动的名称(即题目)、活动的缘起和目的、活动的主题、活动的准备、活动的全景描述。另外还包括活动的内容、方式、步骤、环境的要求,活动的时间、地点、主持人、需要的串词、环境的布置所需费用、活动所需要的设备和活动邀请人等。上述参考内容和格式,并不一定完全拘泥于此,但是,前五项内容是必不可少的,后几项内容尽管可以不写进方案,但设计者必须心里有数,并要做好安排。故本题 A、B 项不选。

10. AB 【解析】班级物质文化主要表现为班级的物质环境,即教室的布置等,如张贴名人名言、悬挂国旗和班训、出黑板报等。班级制度文化主要是班级的规章制度,如班级一日常规、班级公约、奖惩制度等。班级精神文化主要是精神层面的,如班级人际关系、班级舆论和班风、班旗、班歌、班徽等。所以,A、B 项属于班级精神文化层面,C、D 项属于班级制度文化层面。

11. ABCD 【解析】以训练学生自我管理能力为主的班级管理制度改革的重点是:适当增加“小干部”岗位,实行“小干部”轮换制度;按照民主程序选举干部;使“小干部”从“教师的助手”变成“学生的代表”;把学生的注意力从当干部引向当“合格的班级小主人”;注重实践教育、体验教育、养成教育,引导学生自觉实践、自主参与、形成良好习惯,把以教师为中心的班级教育活动转变为学生的自我教育活动,把班集体作为学生自我教育的主体。

12. BCD 【解析】班级管理是一种有目的、有计划、有步骤的社会活动,这一活动的根本目的是实现教育目的,使学生得到充分的、全面的发展。班级管理的对象是班级中的各种管理资源,而主要对象是学生,班级管理主要是对学生的管理;班级管理的主要手段有计划、组织、协调和控制;班级管理是一种组织活动过程,它体现了教师与学生之间的双向活动,是一种互动的关系。班级管理是一个动态的过程,A 项错误。

13. ABCD 【解析】运用自我管理法要做到:(1)提高学生对管理活动的认识;(2)引导学生自我教育和管理;(3)引导学生参与决策;(4)建立以学生自我管理为主的新机制。

14. BCD 【解析】班级管理的内容包括:(1)班级组织建设;(2)班级制度管理;(3)班级教学管理;(4)班级活动管理。A 项属于班级管理的模式。

15. ABC 【解析】班级的规章制度主要由三部分组成:(1)教育行政部门统一规定的有关班集体与学生管理的制度,如学生守则、日常行为规范等;(2)学校根据教育目标、上级有关指示制定的学校常规制度,如考勤制度、奖惩制度、作业要求等;(3)班集体根据学校要求和班级实际情况讨论制定的班级规范,如班规、值日生制度、考勤制度等。

16. ABC 【解析】实行班级民主管理的要求:(1)组织全体学生参与班级全程管理,即在班级管理的计划、实行、检查、总结的各个阶段,都让学生参与进来;(2)建立班级民主管理制度,如干部轮换制度、定期评议制度、值日生制度、值周生制度、民主教育活动制度等。

17. ABC 【解析】班级管理的关键期包括:新班组建期、开学初、期中和期末、大型活动期。

三、判断题

1. √ 【解析】班级的特点包括:(1)班级是以育人为己任的教育组织。(2)班级是一个以学习为中心的组织。对于学生来说,第一使命是学习,首要的身份是“学习者”。班级是典型的学习型组织。(3)班级是一个不成熟但不断成长的组织。(4)班级是一个社会性的组织。
2. √ 【解析】学生不仅是班级管理的对象,更重要的是班级管理的参与者。所以,在班级管理中,一方面教育行政部门、学校和教师要承担起应尽的职责;另一方面又要引导学生开展自我管理和参与管理。在某种意义上说,让学生学会自我管理和参与管理,是班级管理的重要目标,表明达到“管是为了不管”的最高境界。所以题干表述正确。
3. × 【解析】实效性是班级活动所追求的目标,是开展班级活动的落脚点。
4. × 【解析】班级越大,情感纽带的力量就越弱。
5. √ 【解析】班干部的轮换和班级岗位的设立,有利于学生公民意识的形成和综合素质的提升,对班级的发展也能起到积极的促进作用。(具体内容参见全国十二所重点师范大学联合编写的《教育学基础(第3版)》)
6. × 【解析】情感是班级组织中师生之间、生生之间的纽带。
7. √ 【解析】班级是学校行政体系中最基层的正式组织,是开展教学活动的基本单位。
8. × 【解析】班级民主管理是指班级成员在服从班集体的正确决定和承担责任的前提下参与班级全程管理的一种管理方式,并不是要凡事都要与学生商量。
9. × 【解析】班级管理的教管结合原则是指把班级的教育工作和对班级的管理工作辩证地统一起来。自主参与原则是指班级成员参与管理,发挥其主体作用。

方法技巧:考生在理解班级管理的自主参与原则与教管结合原则时可参考以下内容来理解这两个概念:自主参与原则强调的是“自主”,强调发挥班级成员的主体作用;教管结合原则可简单理解为“教育 + 管理”。

10. √ 【解析】在现代学校教育中,班级活动完全是一种培养人的实践活动,满足学生发展的需要既是班级活动的出发点,又是班级活动的最终归宿。

四、填空题

1. 学生
2. 班级
3. 班级行为文化
4. 教育性

五、简答题(参考答案)

1. 简述如何建设良好的班级文化。

创建班级文化要做到:(1)营造文化性物质环境;(2)营造社会化环境;(3)营造良好的人际环境;(4)营造正确的舆论和班风;(5)营造健康的心理环境。

2. 简述班级组织的社会化功能。

班级组织的社会化功能主要表现在:(1)传递社会价值观,指导生活目标;(2)传授科学文化知识,形成社会生活的基本技能;(3)教导社会生活规范,训练社会行为方式;(4)提供角色学习条件,培养社会角色。

3. 简述班级文化的类型。

(1)班级物质文化;(2)班级行为文化;(3)班级制度文化;(4)班级精神文化。

六、论述题(参考答案)

联系实际,谈谈当前班级管理中存在的问题及如何解决这些问题。

(1)当前班级管理中存在的问题:①班主任的班级管理方式偏重于专断型;②班级管理制度缺

乏活力,学生参与班级管理的程度较低。

(2)解决策略是建立以学生为本的班级管理机制:

①以满足学生的发展为目的。学生的发展是班级管理的核心。班级管理的实质就是让学生的潜能得到尽可能的开发。在现代学校教育中,班级活动完全是一种培养人的实践活动,满足学生发展的需要既是班级活动的出发点,又是班级活动的最终归宿。

②确立学生在班级中的主体地位。发展学生的主体性是学校管理的宗旨。在传统的班级管理模式下,学生在某种程度上是教师的"附属物",学生的主体地位根本无法保障。现代班级管理强调以学生为核心,建立一套能够持久地激发学生主动性、积极性的管理机制,确保学生的持久发展。

③有目的地训练学生自我管理班级的能力。以训练学生自我管理能力为主的班级管理制度改革的重点是:适当增加"小干部"岗位,实行"小干部"轮换制度;按照民主程序选举干部;使"小干部"从"教师的助手"变成"学生的代表";把学生的注意力从当干部引向当"合格的班级小主人";注重实践教育、体验教育、养成教育,引导学生自觉实践、自主参与、形成良好习惯,把以教师为中心的班级教育活动转变为学生的自我教育活动,把班集体作为学生自我教育的主体。

七、案例分析题(参考答案)

1.(1)认同。班级管理事无巨细,涉及方方面面,如班级组织建设、班级制度管理、班级教学管理及班级活动管理等。品学兼优的学生也有可能出现一些品行问题,需要班主任及时发现并进行教育,引导他们养成正确的行为规范。在德育过程中,教育者既要尊重信任学生,又要对学生提出严格的要求,把严与爱有机地结合起来,使教育者的合理要求转化为学生的自觉行动,案例中赵老师的做法不符合尊重信任学生与严格要求学生相结合的德育原则,仅凭信任是没有办法从根本上解决问题的。

(2)对于符老师的疑问,可以采取下列方法加以解决:

①建立"以学生为本"的班级管理机制。扩大学生在班级管理中的参与度,使学生在实际锻炼中增强对班级的责任感,如设立生活委员,明确生活委员的职责,规范生活委员的行为;让班委会集体管理班级兴趣小组的有关费用,班委会集体决定、相互监督,以此培养学生的廉洁自律意识。

②制定相应的规章制度、行为准则来约束学生。采取正面教育与纪律约束相结合的教育,让学生感受到老师的信任和温情的关怀的同时,学会遵守班级规章制度,养成良好的行为习惯。

③设置明确的奖惩规则,树立严格的规则意识。通过赏罚分明的措施帮助学生形成正确的认识,使学生明白不仅要学习知识,还要从小树立规则意识,做一个遵纪守法的好公民。

2.(1)贺某的班级管理方式偏重于专断型,缺乏民主性。在班级管理中采用体罚和取外号的方式极其不妥,侵犯了学生的生命健康权与人格尊严权,没有做到依法执教与关爱学生。此外,贺某虽承认自己管理学生的方式不对,但并没有对自己的不当行为作出道歉和处理,违背了为人师表的师德规范。

(2)合理的班级管理方法应该具备以下特征:

①教育性。班级是学校的组成单位,学校的一切工作都是为了教育学生。学校对班级的管理,班主任对学生的管理,协调班级内外的各种关系,都是有一定方法的。不管怎样,班级管理的任何方法都是为达到教育学生的目的服务的,具有明显的教育性。

②针对性。一个班集体中众多的学生,他们有着千差万别的个性特征,各不相同的生活经历,形形色色的家庭环境,千姿百态的思想实际和行为习惯。这样,就不可能对他们采用千篇一律的管理方法,笼统为之。同时,各种班级管理方法也有各自的特殊性和局限性。这就要求运用班级管理方法时要有针对性,做到"因材施教""一把钥匙开一把锁"。正确分析时间、地点、对象等因素的制约作用,达到合理周密地计划,有的放矢地实施。

③示范性。管理者在运用管理方法的过程中,是和被管理者——学生共同参与活动的。因此,管

理者的方法措施及工作作风等,无不影响着他们的成长。此外,班级管理方法的运用过程和结果,对学生也有示范作用。

④全面性。班级管理方法系统涉及班级人员的各个方面。其中包括对全班学生的整体教育和对不同学生的特殊教育,并且通过多种渠道,对全班学生实施德、智、体、美、劳全面发展的教育。管理者的工作范围也很广泛,扩充到学生活动的一切时间和空间。校内,协调学校、教师、学生之间的关系;校外,协调学校、社会、家庭对学生的教育影响,使学生处在一个良好健康的环境中,接受教育。

⑤实践性。任何班级管理的方法都是管理者在长期的实践中,经验总结的升华。这些方法又是班级管理活动所必须具备的。所以,它的价值在于回到实践中去发挥作用,并不断得到补充和完善。随着社会的发展,受教育者身上也会不断出现新的问题。这就对班级管理者提出了更高的要求。管理者必须深入实际,分析研究新情况,在实践中,不断改进管理方法或创立新的方法,以适应新形势下班级管理的要求。

专题二　良好班集体的培养

答案速查:

1 ~ 5	DBBCA	6 ~ 10	CCAAC	11 ~ 15	BCBBA
1 ~ 5	BC ABCD ABD ABC ABC			6 ~ 8	ABC ABCD ABCD
1 ~ 4	× × × √				

一、单项选择题

1. D 【解析】班集体是训练班级成员自己管理自己、自己教育自己、自主开展活动的最好载体。

2. B 【解析】班集体的正常秩序是维持和控制学生在校生活的基本条件,是教师开展工作的重要保证。教师在班集体的组建阶段,就应着手正常秩序的建立工作,特别是当接到一个教育基础较差的班级时,首先就要做好这项工作。

3. B 【解析】班集体的奋斗目标是班集体形成的条件和发展的动力,与学生一起制定班级目标是班主任创建班集体的首要工作。所以答案选 B 项。

4. C 【解析】只有在集体中形成了正确的舆论与良好的班风,才能使集体明辨是非、善恶、美丑,扶正祛邪,发扬优点,抵制不良思想习气的侵蚀,才能使集体具有自我教育的能力,成为教育的主体。因此,正确的舆论和良好的班风是班集体形成的重要标志。

5. A 【解析】明确的共同目标是班集体形成的基础,故选 A 项。

6. C 【解析】核心初步形成阶段的特点是师生之间、同学之间有了一定的了解,产生了一定的友谊与信赖,学生积极分子不断涌现并团结在班主任周围,班的组织与功能较健全,班的核心初步形成,班主任与集体机构一道履行集体的领导与教育职能。

方法技巧:考生识记班集体的三个发展阶段时,应注意抓住每个阶段的主要特点:组建阶段——对班主任依赖性强;核心初步形成阶段——班级积极分子涌现出来并在班主任指导下主动组织班级工作,对班主任的依赖性降低;集体自主活动阶段——学生普遍热爱集体,能够自主开展集体活动。

7. C 【解析】班集体有利于训练学生的自我教育能力。班集体是学生自己的集体,每个学生在所属的班集体中都拥有一定的权利和义务,都能找到适合自己的角色与活动。因此,班集体是训练班级成员自己管理自己、自己教育自己、自主开展活动的最好载体。

8. A 【解析】在班集体发展的组建阶段,班集体对班主任有较大的依赖性,不能离开他的监督独立

地执行他的要求。如果班主任不注意严格要求,班级就可能变得松弛、涣散。

9. A 【解析】马卡连柯的话强调在教育过程中要重视集体里的舆论力量。在班集体的培养过程中,班主任应注意培养正确的班集体舆论。正确的班集体舆论是一种巨大的教育力量,对班集体每个成员都有约束、激励的作用,是教育集体成员的重要手段。因此,在教育过程中要充分发挥班集体的教育功能,使之成为真正的教育力量。

10. C 【解析】班集体的建设过程是给学生创造一个好的社会心理环境的过程,也是对学生的教育过程。在班集体建设中最关键的因素是目标和规范。

11. B 【解析】班集体与班级群体两者不等同,由班级群体发展为班集体有一个培育与提高的过程,集体是群体发展的高级阶段。

12. C 【解析】"没有规矩,不成方圆"意为:做任何事都要有一定的规矩、规则,否则就无法成功。班集体的正常秩序是维持和控制学生在校生活的基本条件,是教师开展工作的重要保证。建立健全必要的班级规则就是为班级"立规矩",建立正常的班集体秩序,以保证教师顺利开展工作。

13. B 【解析】班级干部是班集体建设的核心力量。在一个班集体中,必须有部分热心集体工作、自身素质较好、工作能力较强、在集体中有一定威信和影响力的带头人,形成集体核心,并通过他们团结和带动其他集体成员,沟通信息,协调工作,开展集体活动。

14. B 【解析】班集体舆论是班集体生活和成员意愿的反映。

15. A 【解析】题干引用的俗语都强调了团结的重要性,故选 A 项。

二、多项选择题

1. BC 【解析】制定班规的目的不是为了抓住学生的错误,对他们进行惩罚,而是要为学生和老师检查自己的行为提供指导和参照。制定班规不是目的,而是手段。A 项错误,D 项与题干无关。

2. ABCD 【解析】班集体的形成与培养措施包括:(1)确定班集体的发展目标;(2)建立得力的班集体核心;(3)建立班集体的正常秩序;(4)组织形式多样的教育活动;(5)培养正确的舆论和良好的班风。所以 A、B、C、D 四项表述均正确。

3. ABD 【解析】一个优秀班集体的形成,一般要经过如下阶段:组建阶段、形核阶段、发展阶段、成熟阶段。在发展阶段,班集体已成为教育主体。不仅学生干部,多数学生也能互相严格要求;教育要求已转化为集体成员的自觉需要,无需外在监督,学生已能自己管理和教育自己;同学之间团结友爱,形成强有力的舆论与良好的班风。所以 A、B、D 项正确。C 项属于班集体成熟阶段的特征。

4. ABC 【解析】班集体的教育作用包括:(1)有利于形成学生的群体意识;(2)有利于培养学生的社会交往能力与适应能力;(3)有利于训练学生的自我教育能力。

5. ABC 【解析】班集体的教育功能有:(1)班集体不仅是教育的对象,而且是教育的巨大力量;(2)班集体是促进学生个性发展的一个重要因素;(3)班集体还特别能培养学生的自我教育能力。(具体内容参见王道俊、郭文安主编的《教育学(第 6 版)》)

6. ABC 【解析】班集体必须具备四个基本特征:(1)明确的共同目标。(2)一定的组织结构,有力的领导集体。(3)共同生活的准则,健全的规章制度。(4)具有正确的集体舆论以及团结、和谐、向上的人际关系。

7. ABCD 【解析】形成良好班风的基本要求包括:(1)确立班风目标;(2)培养正确舆论;(3)强化行为训练;(4)加强榜样示范。

8. ABCD 【解析】良好的班集体对初中生的心理发展影响体现在以下几个方面:(1)为学生提供良好的学习生活环境;(2)增加学生积极的情绪情感体验;(3)增进学生的人际互动;(4)促进学生的主动学习;(5)有利于学生健康人格的发展。

三、判断题

1. × 【解析】班集体是通过开展集体活动逐步形成起来的,因为只有在为实现集体的共同目标而进行的系列活动中,全班学生才能充分交往、沟通、协作,紧密团结,形成集体的核心,调动全班同学的积极性;才能激发出学生的工作责任感和集体主义精神,使他们学会正确处理人与人、个人与集体、班与学校及社会之间的关系,形成正确的舆论和班风。良好班集体的建设不可能靠简单的道德说教而完成,它需要教育者采用一定策略,通过细致、深入的工作,才能逐渐地培养建立起来。所以题干说法错误。
2. × 【解析】评价一个班集体建设的好坏,不仅要看一个班集体的思想、学习、纪律、班风、舆论等方面的状况如何,要看每个同学德、智、体诸方面发展情况如何,还要看每个成员的个性是否得到健康的发展。班里的学习风气只是评价班集体好坏的一个方面,故题干说法有误。
3. × 【解析】在班集体发展的集体自主活动阶段,积极分子队伍壮大,学生普遍关心、热爱班集体,能积极承担集体工作,参加集体的活动,维护集体的荣誉,形成正确的舆论与良好的班风。
4. √ 【解析】只有在集体中形成了正确的舆论与良好的班风,才能使集体明辨是非、善恶、美丑,扶正祛邪,发扬优点,抵制不良思想习气的侵蚀,才能使集体具有自我教育的能力,成为教育的主体。这是一个坚强集体的重要标志。

四、简答题(参考答案)

简述如何增强班集体的凝聚力。

(1)了解群体凝聚力的情况;(2)帮助班级里所有学生对一些重大事件和原则问题保持共同的认识和评价,形成认同感;(3)引导所有学生在情感上加入群体,形成归属感;(4)当学生表现出符合群体规范和群体期待的行为时,给予赞许和鼓励,形成力量感。

五、论述题(参考答案)

某班的学生情况很复杂,有留守儿童、成绩差、不遵守纪律等各种情况的学生。假如让你担任这个班的班主任,请结合实际论述一下你的工作措施。

作为班主任,要想管理好学生情况复杂的班级,需要组织和培养良好的班集体,具体做法如下:

(1)确定班集体的发展目标。目标是集体发展的方向和动力,一个班集体只有具有共同的目标,才能使班级成员在认识上和行动上保持统一,才能推动班集体的发展。我会结合班级具体情况制定共同的奋斗目标,充分调动班级成员的积极性,使实现目标的过程成为教育与自我教育的过程。

(2)建立得力的班集体核心。一个得力的班集体核心非常重要,它是维护和推动班级工作的有力助手,是带动全班同学实现集体发展目标的核心。我会在深入了解学生的基础上,发现和培养积极分子,以建立得力的班集体核心。

(3)建立班集体的正常秩序。班集体的正常秩序是维持和控制学生在校生活的基本条件,是教师开展工作的重要保证。班集体的正常秩序包括必要的规章制度、共同的生活准则以及一定的生活规律。我在班集体的组建阶段,就会着手正常秩序的建立工作,以保证教学活动的顺利进行。

(4)组织形式多样的教育活动。在组织各种教育活动时,我会提出明确的目的和要求,精心设计活动内容,注意形式的适龄化,调动起学生参与的积极性,使活动的开展过程变成教育过程。

(5)培养正确的舆论和良好的班风。正确的班集体舆论是一种巨大的教育力量,对班集体每个成员都有约束、激励的作用,是教育集体成员的重要手段。良好的班风是班集体大多数成员精神状态的共同倾向与表现。我会引导班级舆论方向,使学生具有正确的是非观念,以培养正确的舆论和良好的班风。

专题三　班主任工作概述

答案速查：

1～5	ACDDB	6～10	DCACD	11～15	BABCC	16～20	CBCBD
21～25	AADAD	26～30	DACDC	31～35	ADCBB	36～40	DCBAC
1～5	ABD BC BD ACD ABCD			6～10	ABCD ABD ABCD ABCD ABC		
1～5	√ √ √ × ×			6～11	√ √ √ × × √		

一、单项选择题

1. A 【解析】2006 年，教育部下发通知，决定启动实施中小学班主任培训计划，规定“从 2006 年 12 月起，建立中小学班主任岗位培训制度。今后凡担任中小学班主任的教师，在上岗前或上岗后半年时间内均需接受不少于 30 学时的专题培训”。

2. C 【解析】后进生通常指那些学习积极性不高、学习成绩暂时落后、不太守纪律的学生。后进生一般具有如下心理特征：(1)不适度的自尊心；(2)学习动机不强；(3)意志力薄弱。C 项属于先进生的心理特征之一。

3. D 【解析】班主任是协调班级人际关系的主导者(艺术家)。交往是班级人际关系形成和发展的重要手段。班主任应细心研究班级的人际关系，指导学生的交往活动。

4. D 【解析】优秀生既有优点和长处，也有缺点和不足，甚至也会犯错误。班主任不能偏爱优秀生，对他们的缺点不能袒护和掩饰，而是要从严要求，及时指导优秀生改正错误。题干所述体现了对优秀生的教育工作要遵循严格要求、防止自满的教育要求。

5. B 【解析】班集体不仅是学校进行教育教学活动的基本单位，而且是学生成长的摇篮、活动的基地、自我教育的课堂。因此，每个班主任在接手一个班级后，都把组织建立班集体作为自己工作的首要任务。本题答案选 B 项。

6. D 【解析】观察法，即在自然条件下，有目的、有计划地对学生的各种行为表现进行观察。这是班主任了解、研究学生的最基本方法。
谈话法，指班主任通过与学生面对面谈话来深入了解学生情况的基本方法。具有灵活、方便、容易了解事情细节、有利于感情沟通等特点。
调查法，即通过对学生本人或知情者的调查访问，从侧面间接地了解学生，包括问卷、座谈等。通过这种方法可获得大量第一手材料，反映的问题比较深刻全面。
书面材料分析法，即借助学生的成绩表、作业、日记等书面材料对学生进行了解的方法。“登记表、学籍卡、体格检查表、学习手册”都属于书面材料，故班主任张老师使用的方法是书面材料分析法。

7. C 【解析】放任型的班主任教育教学时没有明确的目标与要求，无原则地宽容学生的一切言行，既不鼓励学生，也不反对学生。这种管理方式下的学生无目标、无组织纪律性，放任自己的行为，对自己的行为不负责任，品德和学习往往都比较差。题干所述符合放任型管理方式的特征。

8. A 【解析】班主任对后进生进行个别教育时，首先应摸清情况，分析原因，对症下药。故本题答案选择 A 项。

9. C 【解析】班级建设的设计是指班主任根据学校的整体办学思想，在主客观条件许可的范围内所提出的相对理想的班级模式，包括班级建设的目标，实现目标的途径、具体方法和工作程序。其中，以班级建设目标的制定最为重要。

10. D 【解析】主题班会是班主任依据教育目标，指导学生围绕一定主题，由学生自己主持、组织进行的班会活动。主题班会是班级活动的主要形式。

11. B 【解析】班级管理是班主任的日常工作内容，是班级工作的基础，有利于学生良好的行为习惯的养成。

12. A 【解析】在权威型的领导方式中，班主任无视学生的个别差异，以僵硬的对策为基础，只给予统一强制的指导，或一味的斥责、威胁；学生的反应主要表现为活动性显著降低，消极性、依存性行为增多。在李老师管理的班级中，学生在班主任在场和不在场时的表现截然不同，这说明学生对班主任的依赖性较高，因此李老师的领导方式很可能是权威型的。故选 A 项。在民主型的领导方式中，学生的行为较稳定，自主积极的行为较多，显然不符合二班的情况；放任型的领导方式属于不干预性指导，班主任容忍班级生活的种种冲突，而学生有目的的活动水平低下，违背团体原则的自发行为增多，也是不符合二班情况的，故 BCD 三项均不选。

13. B 【解析】操行评定是以教育目的为指导思想，以"学生守则"为基本依据，对学生一个学期内在学习、劳动、生活、品行等方面的小结与评价。操行评定的主要内容有道德品行、学习、身心健康三个方面。

14. C 【解析】协调各方面力量，促进全班学生全面健康发展是班主任工作的最终目的，也是其工作的中心任务。

易错提示：考生易混淆班主任工作的重点、任务及中心环节等内容，以致在做题过程中出现失误。针对这些容易混淆的知识点，考生在复习时，可进行归纳总结，将这些知识点整合到一起，进行对比记忆。

基本任务	带好班级、教好学生
首要任务	组织建立良好的班集体
中心任务	促进班集体全体成员的全面发展
工作重点和经常性的工作	对学生进行思想品德教育
最终目的	协调各方面力量，促进全班学生全面健康发展
中心环节	组织和培养班集体

15. C 【解析】班主任是班级组织的领导者，在班集体的发展中起主导作用，其基本任务是带好班级、教好学生。班干部是班主任的得力助手，是班级制度的贯彻者、执行者、维护者。所以 C 项表述不正确。

16. C 【解析】班主任是班集体的组织者和领导者，是学校贯彻国家教育方针，促进学生健康成长的骨干力量。

17. B 【解析】班主任在班级管理中的影响力主要表现在两个方面：(1)班主任的权威、地位、权力，这些构成班主任的职权影响力；(2)班主任的个性特征与人格魅力，这些构成班主任的个性影响力。

18. C 【解析】班主任的工作是从了解和研究学生开始的，了解和研究学生是做好其他教育工作的基础。

19. B 【解析】班主任了解和研究学生的具体方法有：观察法、谈话法、调查法和书面材料分析法。其中，观察法是在自然条件下，有目的、有计划地对学生的各种行为表现进行观察。这是班主任了解、研究学生的最基本方法。

20. D 【解析】偶发事件处理原则中的冷处理原则是指，对于有些偶发事件，班主任不应急于表态，急于下结论，而应冷静地观察，待把问题的来龙去脉弄清楚，再去处理。

21. A 【解析】班会的特征是集体性、自主性和针对性。
22. A 【解析】班主任工作计划一般分为学期计划、月或周计划以及具体的活动计划。其中,学期计划比较完整。
23. D 【解析】班主任做好个别教育工作,包括做好先进生的教育工作、中等生的教育工作和后进生的教育工作,也即做好全体学生的教育工作。

易错提示:考生在理解班主任的个别教育工作时,需要把握“个别教育工作”是根据学生的个别差异而对全体学生进行不同的教育,而非针对个别学生进行的教育。

24. A 【解析】组织主题班会的步骤:(1)确定主题;(2)精心准备;(3)具体实施;(4)总结深化。
25. D 【解析】班主任在组织学生开展班级活动时,最重要的是要树立使班级活动真正成为学生的自主活动,使学生在自主活动中开展自我教育的思想。
26. D 【解析】偶发事件的特点有突发性、紧迫性、冲击性和多样性。D 项不属于偶发事件的特点。
27. A 【解析】过程式评语反映学生的成长过程,既看过去和现在,还要预示未来。李老师给小菲的评语涵盖了小菲英语学习的过去、现在和未来,符合过程式评语的特点。故选 A 项。
28. C 【解析】偶发事件处理的教育性原则要求班主任在处理偶发事件时首先要坚持说服教育,以理服人,要注意摆事实、讲道理。故选 C 项。
29. D 【解析】学生能够参与处理班级事务,积极进行交流互动,敢于质疑说明李老师的班级管理方式属于民主型。
30. C 【解析】了解和研究学生是班主任工作的前提和基础,包括对班级群体和班级个体的了解和研究,是做好各项班级教育工作的前提,也是班级教育过程中有效开展各项工作必不可少的基本环节。
31. A 【解析】常见个别教育的谈话方式主要有商讨式谈话、点拨式谈话、批评式谈话、突击式谈话、渐进式谈话、循异式谈话和谈心式谈话。其中,突击式谈话是班主任因时、因地、因事进行个别谈话的方式。主要用于自我防卫心理强的学生,这类学生不肯轻易认错,事后矢口否认,或搪塞掩盖,或转嫁他人。
32. D 【解析】班主任的角色特点决定着他对学生的全面发展负有激活的责任,即启动学生的积极意识和进取心,给予他们成功的体验,引发他们产生健康的、积极的欲望和需求,使他们形成自我教育的要求和能力。
33. C 【解析】对学生进行思想品德教育是班主任的工作重点和经常性的工作。
34. B 【解析】在班主任的地位和作用中,班主任最重要的角色是学生的精神关怀者。“精神关怀”更深刻、更准确地反映了班主任教育劳动的意蕴,体现了班主任以人为本的教育理念,表达了班主任对学生的情感和态度。因此,精神关怀应当成为班主任工作的核心内容。
35. B 【解析】《中小学班主任工作规定》指出:“班主任是中小学日常思想道德教育和学生管理工作的主要实施者,是中小学生健康成长的引领者,班主任要努力成为中小学生的人生导师。”
36. D 【解析】班主任是联系各科任课教师的纽带,是学校班级间互相联系的纽带,同时也是沟通学校与家庭、社会各方面教育力量的桥梁。
37. C 【解析】班主任的个性影响力取决于三个方面:(1)班主任自身对教育工作的情感体验;(2)对学生产生积极影响的能力;(3)高度发展的控制自己的能力。C 项不属于班主任个性影响力的决定因素。
38. B 【解析】班主任教育工作的重点应放在日常的班级活动上,这会产生一种真正强有力的、持久的、潜移默化的影响。
39. A 【解析】在当前班级管理实践中,班主任在具体操作过程中有两种领导方式运用得比较多,即“教学中心”和“集体中心”的领导方式。

40. C 【解析】组织和培养班集体是班主任工作的中心环节。班主任应有计划、有组织地在短时间内有效地组建班集体。

二、多项选择题

1. ABD 【解析】班主任的领导方式包括三种:权威型、民主型、放任型。

2. BC 【解析】对于小军拿走班费这件事,班主任周老师没有直接在班上指出,而是单独对小军进行说服教育,尊重了小军的人格和自尊心,这体现了周老师对学生的热爱、尊重;周老师发现小军拿走班费后,并没有立即批评小军,而是通过讲故事引导小军认识到自己的错误,并最终归还了班费,这是周老师正面教育、启发诱导学生的体现。故答案选择 B、C 项。

3. BD 【解析】班主任工作总结一般分为两类:全面总结和专题总结,一般在学期学年末进行。

4. ACD 【解析】班主任与家长之间产生矛盾的原因主要有:(1)社会角色不同;(2)教育学修养水平的差异;(3)教育过程中的实际困难;(4)班主任与家长之间缺乏联系。

5. ABCD 【解析】操行评定的一般步骤是:学生自评、小组评议、班主任评价、信息反馈。

6. ABCD 【解析】主题班会的形式主要有主题报告会、主题汇报会、主题讨论会、科技小制作成果展评会、主题竞赛和主题晚会等。

7. ABD 【解析】对于先进生的教育,班主任要注意:(1)严格要求,防止自满;(2)不断激励,弥补挫折;(3)消除嫉妒,公平竞争;(4)发挥优势,全班进步。培养和激发学习动机是后进生教育应注意的问题。

8. ABCD 【解析】偶发事件处理的原则有:(1)教育性原则;(2)客观性原则;(3)有效性原则;(4)可接受性原则;(5)冷处理原则。

9. ABCD 【解析】班主任了解和研究学生的主要内容包括:(1)了解和研究班级群体的主要内容。包括:①班级成员的基本构成;②班级群体的学业状况;③班级群体的发展状况;④班级日常行为表现。(2)了解和研究班级个体的主要内容。包括:①学生的基本情况;②学生的社会关系;③学生的学业和品德状况;④学生的品德形成与社会性发展状况。

10. ABC 【解析】班主任对于中等生的教育方法有:(1)了解关注,促其进步;(2)创造机会,体验成功;(3)针对特点,灵活对待。D 项属于对先进生的个别教育要求。(具体内容参见杨艳蕾主编的《教育学》)

三、判断题

1. √ 【解析】根据《中小学班主任工作规定》可知,班主任是中小学的重要岗位,从事班主任工作是中小学教师的重要职责。教师担任班主任期间应将班主任工作作为主业。题干表述正确。

2. √ 【解析】班主任是学生班级的直接组织者、教育者和领导者,是学生健康成长的引路人,是联系班级与各任课教师的纽带,是沟通学校、家庭和社会的桥梁,是学校思想政治工作的骨干力量。题干说法正确。

3. √ 【解析】班主任的基本任务是按照德智体美全面发展的要求,开展班级工作,全面教育、管理、指导学生,使他们成为有理想、有道德、有文化、有纪律、体魄健康的公民。(具体内容参见邵忠杰、方天培主编的《教育学》)

4. × 【解析】班主任不仅是班集体的管理者和组织者,同时也是学校全面贯彻落实教育方针的执行者和监督者。此外,班主任还在班级管理中扮演着教育者角色。法人是具有民事权利能力和民事行为能力,依法独立享有民事权利和承担民事义务的组织。班主任不是法人。

5. × 【解析】班主任是班集体的组织者和领导者,是实现教育目的,促进学生全面发展的骨干力量。

6. √ 【解析】2009 年教育部正式颁布的《中小学班主任工作规定》特别指出,“班主任要努力成为中小学生的人生导师”。

7. √ 【解析】班主任的评语要简明、具体、贴切，严防用词不当伤害学生的情感；并且要充分肯定学生的进步，并适当指出他们的不足。

8. √ 【解析】后进生通常会缺乏自信，教师可以通过赞扬让学生恢复自信，从而更好地表现自己。题干中教师的话表明他用爱感化学生，从而帮助学生恢复信心。

9. × 【解析】组织班会时，班主任要做好“导演”而不是“演员”。

10. × 【解析】班主任工作计划一般分为学期计划、月或周计划以及具体的活动计划。

11. √ 【解析】班主任的基本职责是组织和培养良好的班集体，对全班每个学生在德、智、体几方面的发展全面负责。具体说来，就是在学校校长的领导下，按照德、智、体、美全面发展的要求和学校的教育教学计划，结合本班的情况开展班级工作，组织和培养良好的班集体，全面关心、教育和管理全体学生，促进他们的身心得到全面健康的发展，成为社会主义的一代新人。

四、填空题

1. 收集—整理—鉴定—保管

2. 书面材料分析法

五、简答题(参考答案)

1. 简述班主任在班级管理中的地位和作用。

(1)班主任是班级建设的设计者；(2)班主任是班级组织的领导者；(3)班主任是协调班级人际关系的主导者(艺术家)。

2. 简述班主任工作的意义。

(1)有助于实现学校的教育目标；(2)有助于促进学生身心健康成长；(3)有利于学校工作的组织与管理；(4)有利于教师的专业发展。

3. 简述做好个别教育工作的一般要求。

(1)摸清情况，分析原因，区别对待；(2)热爱和尊重学生，促其转化；(3)发现“闪光点”，及时表扬，逐步提高；(4)自我剖析，制定措施，接受监督；(5)常抓不懈，持之以恒。

4. 班主任做好操行评定应注意的问题有哪些？

(1)要实事求是，抓主要问题，评定要准确反映学生思想品德的全面表现和发展趋向；(2)要充分肯定学生的进步，并适当指出他们的不足；(3)评语要简明、具体、贴切，严防用词不当伤害学生的情感。

5. 简述偶发事件的处理办法。

(1)沉着冷静面对；(2)机智果断应对；(3)公平民主处理；(4)善于总结引导。

六、论述题(参考答案)

1. 学校打算任命你为某班的班主任，结合教学实际，试论述班主任的工作应遵循哪些原则。

(1)学生主体原则。班主任在班级工作中，应该把学生当作教育过程的主体和重心，充分尊重并发挥学生的主体作用。班主任深入了解学生的需要，调动学生的主动性和创造性，引导学生分析和评价自己，培养学生的自我教育能力。

(2)因材施教原则。班主任在工作中根据班级学生的时代特点、年级特征、个别差异以及发展现状，向每个学生提出恰当的教育要求，有针对性地采用不同的教育措施，使每个学生都能得到最好的发展。

(3)集体教育原则。班主任在工作中要注意依靠学生集体，即将学生集体看作教育的对象，也将其视为教育的主体，充分发挥集体在教育中的作用。

(4)民主公正原则。班主任要保护学生的人格和尊严，尊重学生的个性和差异，尊重学生的意愿和利益，实施民主管理，一视同仁地对待学生，准确、客观地评价学生。

(5)严慈相济原则。班主任在工作中，要把热爱学生与严格要求学生有机结合起来，让学生不断获得和产生成长与进步的内在动力。班主任要真诚地热爱关心每一个学生的成长，在关爱的基础上向学生提出恰如其分的要求，并帮助学生努力实现。

(6)以身作则原则。班主任在工作中要严格要求自己，自正其身，率先垂范，为学生树立良好的榜样，用“身教”来影响和感染学生。

2. 结合实际，谈谈班主任工作的主要内容。

(1)了解和研究学生。了解和研究学生是班主任工作的前提和基础，包括对班级群体和班级个体的了解和研究。

(2)有效地组织和培养优秀班集体。组织和培养班集体是班主任工作的中心环节。

(3)协调校内外各种教育力量。班主任要对班级实施有效的教育与管理，必须要争取校内外各种教育力量的配合，调动各种积极因素。

(4)学习指导、学习活动管理和生活指导、生活管理。

(5)组织课外、校外活动和指导课余生活。学校的课外活动和课余生活一般都以班为单位来组织与安排，所以，组织与指导这些活动也是班主任的一项经常性的重要工作。班主任还应经常关心和了解学生的课余生活，并给予必要的指导。

(6)建立学生档案。班主任在全面了解学生的基础上，对掌握的材料进行分析处理，并将整理结果分类存放起来，即建立学生的档案。建立学生档案一般分四个环节：收集—整理—鉴定—保管。

(7)操行评定。操行评定是以教育目的为指导思想，以“学生守则”为基本依据，对学生一个学期内在学习、劳动、生活、品行等方面的小结与评价。操行评定的主要内容有道德品行、学习、身心健康三个方面。

(8)班主任工作计划与总结。班主任工作计划可分为学期工作计划和具体执行计划。班主任工作总结一般分为两类：全面总结和专题总结，一般在学期学年末进行。

(9)个别教育工作。班级个别教育是集体教育的深化和补充。只有使每个学生都得到发展，班集体才能健康地发展。班主任做好个别教育工作，包括做好先进生的教育工作、中等生的教育工作和后进生的教育工作。

(10)班会活动的组织。班会是以班级为单位，在班主任的指导下，一般由学生干部主持进行的全班性会务活动。班会的特征是集体性、自主性和针对性。

(11)偶发事件的处理。偶发事件是指在教育过程中发生的事先难以预料、出现频率较低，但必须迅速做出反应、加以特殊处理的事件，具有突发性、紧迫性、冲击性和多样性的特点。

(考生可结合实际加以阐述，言之有理即可)

3. 谈谈你对“教学中心”和“集体中心”的领导方式的理解。

(1)在当前班级管理实践中，班主任在具体操作过程中有两种领导方式运用得比较多，即“教学中心”和“集体中心”的领导方式。

(2)“教学中心”是目前用得较多的领导方式，这与现行的班主任工作评价机制不无关系，它最大的弊端是忽视人的因素，班级工作只见教学不见学生，只看学生分数不看学生发展。“集体中心”的领导方式视集体为管理主体，主张信赖而不是怀疑集体，用集体领导的手段管理班级，将班级作为教育的对象。尽管如此，班集体是由每一个具有不同个性的学生个体组成的，所以在实施“集体中心”的领导方式时，既要重视发挥班集体的教育功能，又要重视教育转化个别学生，促进班级的管理和发展。

4. 联系实际，谈谈班主任建设和管理班级组织的策略。

(1)创造性地规划班级发展目标。班级发展目标的确定与实施是班级建设管理的基本要素。班级发展目标的规划，要以教育方针的培养目标为依据，以课程的教学目标为中介，落实为班级成员的学习目标。班级发展目标规划的策略有以下几个方面：①以提高素质、发展个性为导向，制定适

合班级组织实际水平的发展目标;②在班级组织的目标管理中,既要注重提高班级的整体发展水平,又要为班级中的每个成员精心规划其个性发展目标,并创造达成合理的个人发展目标的机会和条件,使班级中的每个成员在集体目标下树立自尊、自信、自强的自我形象。

(2)合理地确定学生在班级中的角色位置。班级建设应该通过动态的角色定位,使班级中的每个成员都拥有满意的位置,形成班级人际关系的新结构。这是班级建设和管理中一项富有创造性的工作。具体包括:①科学地诊断班级人际关系的现状;②实行班干部轮换制;③丰富班级管理角色;④正确对待班级中的非正式群体。

(3)协调好班内外各种关系。①协调班级内的各种组织和成员的关系;②协调与各任课教师及学校其他部门、其他班级的关系;③协调班级与社会、家庭的关系;④协调好班级内的各种活动和事务。

(4)建构"开放、多维、有序"的班级活动体系。班级建设必须建构一个由自主性的课堂教学活动、选择性的课外活动、创造性的社会实践活动有机组合的开放、多维、有序的共同活动体系,从而为每一个成员提供发现、尝试、锻炼和表现自己天赋和才能的自由时间和空间。任何人的发展都需要在具体的实践活动中实现。班主任在班级日常性活动中,应注意唤醒学生的自主意识,主动地参加到班级的日常性活动中去。而班级的主题性活动则是更加集中、综合和有针对性的教育活动。要真正体现主题性活动的教育价值,在活动主题的选择和方式上须注意:①主题性活动的确定要贴近学生成长的实际;②主题性活动的开展应体现学生的全员参与和获益;③主题性活动要达到使学生在活动中有新的体悟和变化,避免形式主义;④主题性活动的形式要丰富而富有创意。

(5)营造健康向上、丰富活跃的班级文化环境。学生的在校生活主要是在班级中度过的,其生活质量主要是指班级生活的质量,而班级生活质量的高低,又依赖于学生在班级中获得的教育,以及班级文化满足他们发展需要的程度。创建班级文化要做到:①营造文化性物质环境;②营造社会化环境;③营造良好的人际环境;④营造正确的舆论和班风;⑤营造健康的心理环境。

七、案例分析题(参考答案)

1. (1)举行主题班会,培养正确的班级舆论。通过举行"走近医护人员"主题班会,让学生了解到医护人员的光荣和伟大,鼓励学生学习医护人员不畏艰难的优秀品质。同时,发挥民主让学生进行自我教育,开展批评与自我批评,使学生认识到自己的错误。

(2)通过组织各种活动,促进正确舆论的形成。开展为医护人员送温暖活动或其他志愿者活动,让学生们在活动中提高认识,自觉处理集体舆论和自我思想斗争的关系。

(3)结合班级学生的实际,及时进行批评和表扬。对于班级中出现的好的典型,及时进行表扬和鼓励,对于表现较差的学生,要以正面教育为主,引导他们积极向上。

(4)充分发挥班干部的带头作用,通过集体的力量来对个别学生进行教育,引导整个班级的舆论走向。

(5)发挥榜样作用。树立"疫情中的英雄"榜样,利用榜样的力量对学生进行教育,从而引导正确的班级舆论。

(6)个别学生要个别引导。对于个别表现较差的学生,应该分析原因,对症下药,用爱心、耐心、热情感化教育他们,并将这项工作作为一项长期的任务,逐步提高这类学生的思想觉悟。

2. 案例中涉及的主要是后进生的教育问题。后进生的心理特征一般表现为:不适度的自尊心;学习动机不强;意志力薄弱。对于后进生的教育,教师首先应对其进行深入的了解,针对他们的具体情况采取有针对性的教育方式,逐步促其转化。具体可以采取以下措施:

(1)对于后进生要尊重他们。教师要主动与学生建立良好的师生关系,这是做好后进生转化工作的极为重要的前提和条件。教师应该多与这样的学生沟通,主动与后进生做朋友,取得其信任,为转化工作打好基础。

(2)要针对学生的个性差异进行因材施教。教师要认真调查,了解后进生不良习惯形成的原因。教师要通过自己观察、向其他同学侧面了解、与后进生交流沟通等方式深入了解后进生的情况,这样才能够对症下药,帮助其向积极的方向转化。

(3)要本着赏识的原则,全面、辩证地看待后进生,培养和激发他们的学习动机。每个人身上都有闪光点,后进生也不例外,关键是教师要有一双善于发现和挖掘后进生优点的眼睛。刘林“特别喜爱画画,象棋也下得非常棒”,教师应该抓住他这些特长和优点进行表扬和鼓励,为其向好的方面转化建立信心。

(4)遵循教育合力的原则,为后进生转化创造各种条件。教师要主动与后进生建立良好的师生关系,积极与其家长联系,争取家庭的配合与支持,并依靠、发挥班集体的力量,共同促进后进生的转化。

(5)遵循循序渐进的原则,促进后进生逐步向好的方向转化。对于后进生的转化工作,要抓反复、反复抓,抓一点,进步一点,巩固一点,在低谷时应注重培养其意志力;在进步时,要及时给予鼓励。刘林“偶尔也有进步,但没过两天又恢复原样了”,对于刘林的这种情况,教师更要常抓不懈,着重培养刘林的意志力,培养其自我教育能力。

3. (1)现代班级管理观要求以学生为本建立班级管理新机制,尊重学生的人格和主体性,充分发挥学生自身的聪明才智,发扬学生在班级自我管理中的主人翁精神,强调师生合作、生生合作。

(2)吴老师最初在进行班级管理时并没有以学生为本,而是采用专制型的领导方式。这种领导方式属于支配性领导,无视学生的个别差异,以僵硬的对策为基础,只给予统一强制的指导,或一味地斥责、威胁。坚持以教师为中心,学生必须被动地按照教师的要求去做,缺乏自主性。这必将引起学生的不满。

(3)吴老师后来管理成功是因为他改变了原来的班级管理方式,建立了民主型的领导方式,这种领导方式属于综合性的指导,能够灵活地适应学生的个别差异,以此为基础引出学生的自发行为,促进班级同学的思想在合作中进行交流。“让学生共同参与班级管理主题班会”“组织学生开展小组竞赛”“一起为班级建设提建议”“增强双方沟通”满足了学生的发展需要,确立了学生在班级中的主体地位,有目的地训练了学生进行班级管理的能力。

4. 突发事件又叫偶发事件,是和日常的事件相对应的带有突发性、偶然性、破坏性的事件。张老师对突发事件的处理,值得我们借鉴与学习。首先,张老师的处理坚持了主体人格性原则,所谓主体人格性原则,是指在处理突发事件时,必须以人为本,正确认识到学生的主体地位,特别要承认学生独立的人格和尊严,不能伤害学生的自尊心和独立人格,同时要积极调动学生的主动性、积极性和创造性,让他们积极参与到突发事件处理的队伍中来,为突发事件的处理建言献策,通过学生的参与让当事者和其他同学都能够受到教育。张老师在处理虫子事件时,先是安慰被吓到的女生,又通过提问如何处理虫子,调动学生的积极性和参与性,共同处理好了突发事件,平息了风波,体现了这一点。其次,张老师在处理突发事件时遵循了沉着冷静、机智果断的要求,既保证了教学活动的顺利进行,又展示了良好的教师素养。这些都值得我们借鉴学习。

5. (1)班主任是班集体的组织者、教育者和指导者,在学生全面健康的成长过程中起着导师的作用。班主任要联系和组织科任教师商讨本班的教育工作,互通情况,协调各种活动。科任教师要在搞好本学科的教育教学工作的基础上,协同班主任搞好班级的日常管理工作,完成阶段性工作任务,培养良好的班集体。案例中的科任教师将班级管理的责任完全归于班主任的做法是不正确的。

(2)班级民主管理是教师在进行班级管理时最有效的一种管理方式,它是指班级成员在服从班集体的正确决定和承担责任的前提下参与班级全程管理的一种管理方式。班级民主管理的实质是在班级管理的全过程中,调动学生自我教育的力量,使人人都积极主动地参与班级事务。班主任要积极发挥学生的主体作用,及时采纳学生的正确意见,接受学生的监督,努力创造一种民主气氛,为学生行使民主权利提供机会、创造条件。案例中的班主任在管理班级时以权力压制学生,缺乏民主意识,使学生难以参与到班级管理过程当中。

(3)在进行班级管理时,班主任要遵循教管结合的原则。教管结合原则是指把班级的教育工作和对班级的管理工作辩证统一起来。具体来说,就是班级管理者对学生既要坚持正面引导,耐心教育,又要凭借必要的规章制度要求学生,约束其行为,实行严格的教育管理。

第九章　课外、校外教育与三结合教育

专题一　课外、校外教育

答案速查：

1～5	BABDD	6～10	ACBBC	11～15	CABDB	16～20	DABCB
21～25	CBACC	26～30	ACCBD	31～35	CBCAA	36～41	DCAADB
1～5	ABD BCD ABC ACD ABC			6～9	ABCD AC ABC ABD		
1～4	√ × √ √						

一、单项选择题

1. B 【解析】课外活动具有自主性，它是学生自己的活动，学生是课外活动的主体。教师只是活动的指导者、辅导者，对学生活动的组织起辅助作用。

2. A 【解析】科技活动是学习现代科学技术知识、进行各种科技实践性作业的活动。科技活动的宗旨在于使学生掌握一定的科学知识，获取科技信息，掌握一定的技能技巧，培养学生的科学态度和创造精神以及初步的科学研究能力，形成爱科学、学科学、用科学的良好风气。所以A项正确。文学艺术活动以发展学生对文学艺术的兴趣爱好、培养审美情趣、发展文艺方面的才能为主要目的；社会实践活动是让学生走出学校接触社会，了解科学技术的发展，了解社会生活、经济建设的实际的教育活动；学科活动是一种学科性的课外学习和研究活动，能加深学生对知识的理解，扩大学生的知识面，发展学生的智力和培养学生的各种能力。（具体内容参见班华主编的《中学教育学》）

3. B 【解析】学校组织的徒步活动属于课外活动，题干所述是通过课外活动对学生进行心理辅导。

4. D 【解析】主题活动是就某一特定专题而开展的短期或长期的专门活动。这种活动往往有特定的具体目标，活动内容和形式也具有一定的稳定性，既能增加学生与活动目的有关的知识，也能培养相关的情感和态度。题干中的小学所开展的春种活动以“谁知盘中餐，粒粒皆辛苦”为主题，既能让学生学到“春种”的相关知识，又能培养学生珍惜粮食的美德，属于课外活动中的主题活动。

5. D 【解析】群众性活动是一种面向多数或全体学生的带有普及性质的活动。

6. A 【解析】从课外活动与课堂教学的联系看，它们的目的是一致的，都是为了实现全面发展的教育目的，完成学校的教育任务。

7. C 【解析】课外活动是因材施教，发展学生个性特长的广阔天地。课外活动的主要组织形式是小组活动。所以，普通中小学经常组织兴趣小组，主要是为了因材施教，发展青少年学生的个性特长。

8. B 【解析】课外教育指学校在课堂教学任务以外有目的、有计划、有组织地对学生进行的多种多样的教育活动，是学生课余生活的良好形式。这里的课堂教学包括课程计划中计入总课时的必修课和选修课。因此，选修课不属于课外教育。

9. B 【解析】科技活动是以让学生学习和了解科技知识为目的的课外、校外活动。题干中的学习计算机和良种培育，均包含具体的科学技术知识，因此属于科学技术活动。

10. C 【解析】课外教育指学校在课堂教学任务以外有目的、有计划、有组织地对学生进行的多种多样的教育活动，是学生课余生活的良好形式。

11. C 【解析】张涛由于参加了课外机器人小组活动而对人工智能技术产生了浓厚的兴趣，这表明课外活动可以激发学生学习的主动性。

12. A 【解析】课外阅读活动是指在课堂教学范围之外，学生根据自己的兴趣爱好或某一方面的需要进行的一种自觉的读书活动。其目的在于使学生及时接触和吸收新知识，扩大学生的知识视野，培养他们的自学能力和思维能力。

13. B 【解析】科技活动是以让学生学习和了解科技知识为目的的课外活动。学校成立“气象观测小组”就是让学生了解和学习关于气象方面的科学知识，这属于科技活动。

14. D 【解析】社会活动是让学生走出学校，接触社会，了解科学技术的发展，了解社会生活、经济建设实际状况的教育活动。包括社会调查、参观、考察、访问以及各种无偿的社会服务和公益劳动。学校组织学生进行社会调查，属于社会活动。

15. B 【解析】学科活动是学校课外活动的主体部分，学校应高度重视，分科组织落实。

16. D 【解析】小组活动小型分散，便于开展多种多样的活动，满足学生不同的兴趣、爱好，发展学生的才能，使学生得到更多的学习和锻炼的机会。

17. A 【解析】小组活动是课外、校外教育的主要组织形式，它是有目的的、有计划的、经常性的活动。

18. B 【解析】课外教育具有自愿性、自主性、灵活性、实践性和广泛性的特点。课外教育活动注重学生的实践环节。在活动中，学生的知识和技能主要通过自己设计、动手获得；那些经由教师辅导获得的知识和技能，学生可运用到实践当中来验证它的科学性，这样也就培养了学生的实践能力。所以，题干所述体现了课外教育活动的实践性。

19. C 【解析】题干所述内容说明了课外活动的内容涉及的范围非常广泛，体现了课外活动的广泛性。

20. B 【解析】课外、校外教育活动，无论是活动的内容，还是活动的形式都体现了灵活性。活动的具体内容是根据课外活动的目的，从现有设备条件、辅导教师的特点、能力以及学生的不同需要出发确定的。

21. C 【解析】课外、校外教育活动是实现教育目的的重要途径。每项活动都要有明确而具体的目的，防止出现“为活动而活动”的形式主义倾向。故本题答案选择 C 项。

22. B 【解析】B 项出自《学记》，意思是：大学的教育活动，按时令进行，各有正式课业；休息的时候，也有课外作业。这体现了课堂教学与课外活动相结合的思想。

23. A 【解析】课外、校外教育有利于发展学生智力，培养学生的各种能力。“科学思维”体现了课外、校外教育在发展学生智力方面的作用。

24. C 【解析】群众性活动是一种面向多数或全体学生的带有普及性质的活动。从题干中的“全校性”可知此活动是全体学生都参加的活动，属于群众性活动。

25. C 【解析】贯彻课外活动的自主原则的要求包括：(1)让学生在课外活动中充分发挥主体作用，独立自主地参与活动的全过程；(2)充分发挥教师在课外活动中的主导作用。C 项属于贯彻课外活动的符合学生年龄特征和个性差异原则的要求。(具体内容参见晏清才主编的《教育学》)

26. A 【解析】学科活动是以学习和研讨某一学科的知识或培养某一方面的能力为主要目的的活动。这类活动是学校课外活动的主体部分，学校应高度重视，分科组织落实。语文小组定期举办的“汉字听写大赛”属于学科活动。

27. C 【解析】课外活动有利于发展学生的智力，培养学生的各种能力。

28. C 【解析】社会活动是让学生走出学校，接触社会，了解科学技术的发展，了解社会生活、经济建设实际状况的教育活动。它包括社会调查、参观、考察、访问以及各种无偿的社会服务和公益劳动。河南省博物院在暑期期间组织的“国宝讲解小明星”的活动属于社会活动。

29. B 【解析】课外、校外教育活动，无论是活动的内容，还是活动的形式都体现了灵活性。活动的具体内容是根据课外活动的目的，从现有设备条件，辅导教师的特点、能力以及学生的不同需要出发确定的。题干所述体现了课外活动内容上的灵活性。

30. D 【解析】自愿参与是课外活动的一项基本原则，也是学生学习和活动积极性的源泉。

31. C 【解析】课外、校外教育活动是在课堂教学计划之外，学生自由选择、自愿参加的一种活动，强调学生可以按照自己的兴趣爱好和特长自愿选择，他们可以根据自己的条件、能力和状态，选择、控制、调节活动内容和方式等，这是课外、校外教育活动自愿性的体现。故本题选择 C 项。

易错提示：课外、校外教育活动的自愿性和自主性特点是容易混淆的知识点，考生可以这样区分：自愿性强调“非强迫性”，参加与否由学生自己决定；自主性强调活动过程中的“学生主体，教师辅助”。

32. B 【解析】课外活动的形式按照活动的人数和规模可以分为群众性活动、小组活动、个人活动。

33. C 【解析】课外、校外教育活动的广泛性体现在课外、校外教育活动的内容不受课程计划、课程标准的限制，可以根据参加活动者的愿望和要求，以及学校、校外教育机关的具体条件而确定。只要围绕学校的教育目的，课外、校外教育活动的内容可非常广泛。故本题选择 C 项。

34. A 【解析】课外、校外教育活动是学生自己的活动，教师是活动的指导者、辅导者，对学生活动的组织起辅助作用。

35. A 【解析】社会活动是让学生走出学校，接触社会，了解科学技术的发展，了解社会生活、经济建设实际状况的教育活动。包括社会调查、参观、考察、访问以及各种无偿的社会服务和公益劳动。

36. D 【解析】群众性活动是一种面向多数或全体学生的带有普及性质的活动。学校举办的全校性的安全讲座是面向全体学生的，是一种群众性活动。

37. C 【解析】课外、校外教育活动的自主性体现在可以由学生自己组织、设计和动手。题干中的“自己组织、自己设计、自己动手”充分体现了课外活动的自主性。

38. A 【解析】社会公益活动的主要目的是培养学生的劳动观念和劳动习惯，使他们养成爱劳动、爱劳动人民、爱护劳动成果的优良品质，并掌握生产劳动的基本知识、技能，提高他们的劳动技术素质。

39. A 【解析】课外活动具有自主性、广泛性和开放性等，活动由学生自己组织、设计和动手；活动的内容可以根据参加活动者的愿望和要求确定；凡是符合教学目标，有利于学生身心发展的活动，都可以创造条件开展。这说明课外活动更有利于照顾学生的个体差异，B、C、D 三项说的是课堂教学的特点。

40. D 【解析】课外活动是中小学为实现教育目的，与课堂教学相配合，在课堂教学以外对学生身心实施多种影响的正规教育活动。首先，课外活动作为学校教育的一个组成部分，与课堂教学一样，是一种正规的教育活动；其次，二者方向一致，共同为实现学校教育目的服务。

41. B 【解析】课外活动是实现教育目的的重要途径。每项活动都要有明确而具体的目的，防止出现“为活动而活动”的形式主义倾向。

二、多项选择题

1. ABD 【解析】课外、校外教育是指在课程计划和学科课程标准以外，利用课余时间，对学生施行的各种有目的、有计划、有组织的教育活动。

2. BCD 【解析】课外活动的组织形式主要有群众性活动、小组活动、个别活动三种。

3. ABC 【解析】科技活动主要包括：举办科技讲座，参观游览，成立无线电小组、航模小组、园艺小组等，开展小发明、小创造、小制作、小实验、小论文等“五小活动”。D 项属于文学艺术活动。

4. ACD 【解析】群众性活动是一种面向多数或全体学生的带有普及性质的活动，活动的方式有：集会活动，竞赛活动，参观、访问、游览和调查，文体活动，墙报和黑板报，社会公益劳动等。演讲比赛、公益活动、参观科技馆都属于群众性活动。书法兴趣小组属于小组活动。

5. ABC 【解析】个别活动能充分发展学生自己的兴趣爱好，丰富和充实学生的精神生活，培养学生独立完成作业的能力。故 D 项表述错误。

6. ABCD 【解析】课外、校外教育活动的特点有自愿性、自主性、灵活性、实践性和广泛性。

7. AC 【解析】根据时间长短,可将课外活动分为:(1)长期性活动,如课外阅读、科技实验、收听收看广播电视、墙报等;(2)短期性活动,如训练班、演出队、“科技活动月”、“宣传周”等;(3)临时性活动,如报告、讲座、竞赛、表演、参观、劳动等。所以,A、C 项属于临时性课外活动,B 项属于长期性活动,D 项属于短期性活动。

8. ABC 【解析】自愿组合、小型分散、灵活机动是小组活动的特点。

9. ABD 【解析】课外、校外活动的教育功能包括:(1)课外、校外活动可以促进学生在德、智、体等方面更加生动活泼地、主动地得到发展;(2)课外、校外活动能够满足学生的多方面需要,使学生更加均衡发展;(3)课外、校外活动有利于学生特长与个性的发展。

三、判断题

1. √ 【解析】根据时间长短,可将课外活动分为:(1)长期性活动,如课外阅读、科技实验、收听收看广播电视、墙报等;(2)短期性活动,如训练班、演出队、“科技活动月”、“宣传周”等;(3)临时性活动,如报告、讲座、竞赛、表演、参观、劳动等。

2. × 【解析】课外、校外教育不是课堂教学活动的延伸,不是为完成作业而开辟的领域,它主要是通过活动的形式促进学生的全面发展。

3. √ 【解析】课外教育活动是学校教育的重要组成部分。要将课外活动纳入学校工作的整体计划,成为学校工作的有机组成部分。

4. √ 【解析】课外、校外教育活动应开展得生动活泼、富有趣味,以吸引学生自觉自愿地参加到各项活动中去。这就要求学校组织的课外、校外教育活动,要充分考虑到参加活动学生的兴趣爱好和特长,符合他们的年龄特征。任何不顾学生的兴趣爱好、特长和年龄特征而强求一律的做法,不仅会打击学生参与课外活动的热情和积极性,而且还会降低课外、校外教育活动的效果。相反,注意个别差异、因材施教,将会提高课外、校外教育活动的效果,促使每个学生的兴趣爱好和特长发展。题干表述正确。

四、填空题

1. 个别活动
2. 自愿性
3. 接受性活动
4. 综合性

五、辨析题

1. 与课堂教学相比,课外活动更有利于因材施教原则的实施。

(1)这种说法是正确的。(2)课堂教学是面对全体学生进行的,而课外活动则具有自愿性、自主性、灵活性等特点,能够比较充分地照顾到每个学生的兴趣和爱好,故课外活动更有利于因材施教原则的实施。

2. 课外活动的开展要因地制宜,要与当地的经济、文化发展要求相适应。

(1)这种说法是正确的。(2)我国幅员辽阔,各地情况千差万别。发达地区和边远地区、城市和农村、重点学校与一般学校,在经济文化背景、学校物质条件和师资水平等方面相差很大。因此,开展课外活动要因地制宜、因校制宜,与当地的经济、文化发展要求相适应。

六、简答题(参考答案)

1. 简述组织课外活动的基本要求。

(1)要有明确的目的性、计划性;(2)活动内容要丰富多彩,形式要多样化,要富有吸引力;(3)注意发挥学生集体和个人的主动性、独立性和创造性,并与教师指导相结合;(4)要考虑学生的兴趣爱好和特长,符合学生的年龄特征;(5)课堂教学与课外活动互相配合、互相促进;(6)因地、因校制宜。

2. 简述课外、校外教育的主要内容。

(1)思想品德教育活动;(2)学科活动;(3)科技活动;(4)文学艺术活动;(5)体育活动;(6)社会活动;(7)传统的节假日活动;(8)课外阅读活动。

七、论述题(参考答案)

试述课外、校外教育与课堂教学的关系。

(1)从两者的联系看,它们的目的是一致的,都是为了实现全面发展的教育目的,完成学校的教育任务;两者都是在学校的统一领导下有计划、有组织进行的。同时,两者在教育过程中是互相配合的。课堂教学使学生掌握系统的科学文化知识,又为课外、校外教育提供条件;课外、校外教育运用所学知识,锻炼活动能力,使教学效果得到发展和提高。

(2)课外、校外教育又区别于课堂教学,有它不可替代的教育作用。它对课堂学习有一定的促进作用,但又不仅局限于课堂教学的内容和教学大纲的范围。课外、校外教育不是课堂教学活动的延伸,不是为完成作业而开辟的领域,它主要是通过活动的形式促进学生的全面发展。

专题二　学校、家庭、社会三结合教育

答案速查:

1~5	BDBBA	6~12	ABCCDBD	1~5	BCD ACD ABD ACD ACD
6~10	BD BCD ABCD BCD BCD			1~6	× √ √ √ √ ×

一、单项选择题

1. B 【解析】家庭教育有其优势,有其有利的因素或条件,这是显而易见的。但同时也必须看到,家庭教育同其他任何事物一样,也有一定的局限性。因此,家庭教育要与学校教育、社会教育相结合,形成教育合力,共同促进孩子的成长。题干的说法从侧面反映了家庭教育的局限性。

2. D 【解析】家庭教育的针对性是指教育工作能从实际出发,有的放矢,而不是想当然,不是一般化的说教。相对来说,家庭教育的针对性更强。人们常说:“知子莫如父,知女莫若母。”子女自幼随父母生活,长期相处,父母能够全面细致地了解、熟知子女。所以题干这句话体现了家庭教育比学校教育更具有针对性。

3. B 【解析】三结合教育是指学校教育、家庭教育、社会教育三者相互结合,其中学校教育占主导地位。

4. B 【解析】“遇物而诲”“择机而教”是唐太宗李世民总结出来的家教宝典,意思是教育孩子并非只是在课堂内,而要在生活中遇到什么事情就相机而教,以鲜活的事例对孩子进行形象生动的教育,这种教育对儿童具有现实性、针对性、及时性。

5. A 【解析】教育合力是指学校、家庭、社会三种教育力量相互联系、相互协调、相互沟通,统一教育方向,形成以学校教育为主体,以家庭教育为基础,以社会教育为依托的共同育人的力量,使学校、家庭、社会教育一体化,以提高教育活动实效。

6. A 【解析】家庭教育具有先导性的特点,家庭的生活环境和家长的言行举止,从小就对孩子产生了深远影响。故题干的描述体现的是家庭教育的先导性特点。

7. B 【解析】家庭教育具有先导性和终身性的特点。一个人最早接受的教育是家庭教育,父母永远是子女的“老师”,在人的一生中,享受最长的教育就是家庭教育。故相对于其他教育形式,家庭教育开始最早,持续时间最长。

8. C 【解析】家庭教育具有教育内容的生活化、教育方式的情感化和教育方法的多样化的特点,故选 C 项。

9. C 【解析】家庭教育是学校教育的基础和补充,有不可替代的教育作用。家庭、社会和学校三者

协调一致有利于加强整体教育效果。因此，教师应当协助家长做好家庭教育工作，形成教育合力。故C项做法正确。

10. D 【解析】学校教育占主导地位。家庭教育是学校教育的基础和补充，有不可替代的教育作用。

11. B 【解析】家长委员会，顾名思义就是由家长代表成立的组织，作为与学校沟通的桥梁，关注学生的教育。

12. D 【解析】社会教育主要是指学校、家庭环境以外的社区、文化团体和组织等给予儿童和青少年的影响。题干描述的是社会教育的概念，故本题答案选择D项。

二、多项选择题

1. BCD 【解析】三结合教育即学校教育、家庭教育、社会教育三者相互结合，形成教育合力。

2. ACD 【解析】学校可以通过与家庭相互访问、建立通讯联系、定时举行家长会、组织家长委员会、举办家长学校等途径加强与家庭之间的联系。

3. ABD 【解析】家庭教育的特点包括先导性、感染性、权威性、针对性、终身性和个别性。

4. ACD 【解析】校外教育组织的任务是：(1)相互交换情况，研究学生在学校、家庭和社会上的各种表现；(2)宣传好人好事；(3)制订转变后进生的计划和具体措施；(4)共同协商一些主要问题，如学生勤工俭学、校外文体活动所需要的器材、指导教师和场地等问题。

5. ACD 【解析】根据教育合力原则，教师家访主要是告知家长孩子在校的表现，家校结合、齐抓共管，了解孩子在家的表现。家长不是老师的助教，B项表述错误，且并不是教师家访的目的。

6. BD 【解析】实现有效家访的途径包括：(1)确定家访对象，明确家访目标；(2)做好访前准备；(3)切实把握家访时机；(4)家访时的谈话要讲究艺术性；(5)做好家访记录，及时反馈。

7. BCD 【解析】目前中国家庭教育存在的问题有：(1)家长不能把孩子摆在恰当的位置。(2)家长对子女的期望过高。(3)不能全面关心独生子女的成长。主要体现在：①重视孩子的营养，忽视孩子的身体锻炼；②重视孩子的物质生活，忽视孩子的精神生活；③重视孩子的智力开发、文化学习，忽视孩子的思想品德、个性心理品质的培养；④过分照顾孩子，忽视培养孩子的自立意识、自立能力，特别是抗挫折的心理承受能力。

8. ABCD 【解析】家庭教育的教育方法主要有解答疑难、指导读书、树立榜样、游戏。

9. BCD 【解析】为使学校、家庭、社会形成教育合力，应做到：(1)学校教育占主导地位；(2)家庭、社会和学校三者协调一致，互相配合；(3)加强学校与家庭之间的相互联系；(4)加强学校与社会教育机构之间的相互联系。A项说法错误。

10. BCD 【解析】家庭教育没有确定的教育内容，故A项错误。

三、判断题

1. × 【解析】家庭生活是孩子的第一生活世界。孩子从母体呱呱落地降临人世，就开始接受家庭“人之初”的教育，家庭生活所表现出来的基础性、持久性给学生的影响是独特和重要的。家庭教育的优势和家长的教育力量常常是其他任何教育形式都难以具备的。学校生活是学生生活的主要部分，是一种规范的生活。学校生活与家庭生活的最大差别就是强制性。学校生活必须和家庭生活紧密联系，发挥家庭生活的教育优势。故题干说法错误。

2. √ 【解析】父母是孩子的第一任老师，是孩子最亲密的“伙伴”，是孩子模仿和学习的对象。父母对孩子言传身教的作用是别人无法替代的。

3. √ 【解析】在我国，家庭、学校和社会的根本利益是一致的。为了使受教育者身心得以健康的发展，学校应成为这三者相互联系、相互配合的最积极的倡导者和组织者，而家庭和社会应大力支持学校工作。

4. √ 【解析】“5+2=0”的现象说明学校教育和家庭教育、社会教育的方向不一致，导致教育效果落空。因此，只有当学校、家庭、社会三种教育力量相互联系、相互协调、相互沟通，统一教育方向，才能取得很好的教育效果，促进学生的全面发展。

5. √ 【解析】“少成若天性，习惯如自然”的意思是少年时成长受天性的影响，习惯是自然形成的。这说明家庭教育是学校教育的基础和补充，有不可代替的教育作用。

6. × 【解析】教育不仅仅是学校的事情，学生的身心发展受到家庭教育、学校教育和社会教育三方面的影响。教育成效往往是这三方面合力的结果，如果这三方面步调统一、互相促进，合力就大，教育效果就好；反之，教育效果就差。学校和家庭、社会三者应协调一致、互相配合，不能忽略家庭教育和社会教育。

四、简答题（参考答案）

1. 如何理解学校教育在学校、家庭、社会三结合教育中占主导地位？

(1)学校作为专职教育机构，有着明确的目的、周密的计划、科学的组织，有经验丰富、掌握青少年学生身心发展规律的专门教育工作者。

(2)学校具有青少年学生集中、学习环境好、规章制度健全、育人周期长等明显教育优势，并在社会上具有广泛的凝聚力、号召力，容易得到包括党政机关在内的社会各界的支持协助。

2. 简述家庭教育的基本要求。

(1)环境和谐——创造和谐的家庭环境；(2)方法科学——家长教育子女需要科学的态度和方法；(3)以身作则——树立良好的榜样；(4)爱严相济——家长要把对孩子的关心爱护与严格要求紧密结合；(5)要求一致——家长对孩子的要求应统一，前后一贯；(6)全面关心——要对孩子的物质生活与精神生活、身体健康与心理健康、智力开发与非智力因素的培养等多方面给予全面关心，把孩子培养成全面发展的合格公民。

3. 简述社会教育影响儿童和青少年的身心发展的途径。

(1)社区对学生的影响；(2)各种校外机构的影响；(3)报刊、广播、电影、电视、戏剧等大众传播媒介的影响。

4. 简述社会教育的特点。

(1)开放性；(2)群众性；(3)多样性；(4)补偿性；(5)融合性。

五、案例分析题（参考答案）

1. (1)家校冲突时有发生，家校共育缺乏协调。学校和家长在家校共育过程中的责任边界不明确；学校开放度不够，家长参与学校工作不够深入，对孩子在校情况缺乏必要的了解；学校和家长对教育理念共识度不高，难以形成合力。材料中“九成以上班主任认为家校沟通存在问题，家长参与沟通积极性不高，家校教育理念存在差异”等是家校共育缺乏协调的体现。

(2)①在学校章程建设中完善家校共育的条款设计，指导学校通过家长委员会、家长代表、全体家长会等形式，了解国家关于家长不同于学校和老师的监护责任和权力、权利，帮助家长区分自己和学校的学生安全责任分工，为预防、缓解、消除家校矛盾做好铺垫。

②指导家长“言传身教”，营造良好家庭氛围，塑造学生良好的社会性，纠正其片面化的升学竞争观念。

③进一步完善家校联系机制，明确家长学校和家长委员会的管理体制、创新运行模式，设立家庭教育专项基金。

④不断完善妇联、村(社区)及学校对家庭教育的指导、支持，帮助家长树立正确的保育、教育观念，掌握科学的教育知识与方法，不断改善家庭教育功能正常履行所需要的物质条件、政策空间。

⑤通过政策解读、专题培训、主题研讨、现场指导、案例展示等灵活多样的方式方法，帮助家长明确家庭教育的监护权和教育权。

⑥通过加强教师和家长的日常交往联系，增进家校信任。

2. (1)①教师要开展丰富多彩的活动，促进学生全面成长。任老师设计、组织了一项长期的班级活动——家长讲座，在实际活动中，学生自己策划组织活动流程，充分发展了学生的组织能力；家长在讲座活动中分享自己的人生经历和工作感悟，有助于丰富学生的认识，提高学生的社会适应性。

②教师要以学生为主体,充分发挥学生的主观能动性。任老师在家长讲座活动中,让学生们自己策划和组织活动流程,这一过程既能提高学生参与活动的积极性和主动性,又能锻炼学生的实践能力。

③教师要发挥桥梁作用,与学生家长保持密切联系,形成教育合力。任老师组织的家长讲座活动邀请全班学生的家长积极参与进来,家长在讲座活动中分享自己的人生经历和工作感悟,给学生们带来了深刻的影响,有利于学生正确认识自己。

(2)我作为班主任,将会通过以下工作来促进家校合作:

①举办家长学校。学校举办家长学校的主要目的是要有计划地向家长宣传国家的教育方针、政策,宣传、推广、普及科学的教育方法,从而提高家长的教育能力,提高家庭教育的质量和效益。

②召开家长会。在家长会上学校领导及教师要把学校的办学方向、办学水平和教改的成果及举措告诉家长,也可介绍一些科学的育人方法,请有经验的家长做交流,老师和家长相互交流孩子在校、在家的表现,也可让学生参加,让他们亲身感受到老师和家长都在关心他们、帮助他们,为他们操心,从而激发学生奋发向上、自我教育的意识。

③教师定期家访。教师家访要仪表端庄,语言文明,一分为二地评价学生,与家长达成一致意见,切忌家访时附带其他与孩子无关的事,否则有损教师形象。家长要认真了解孩子在校的表现,主动向老师介绍孩子的优缺点、个性及特长,与教师共同研究教子良方,使家庭教育与学校教育相得益彰。

④建立"家长信箱"。通过博客或微信群建立"家长信箱",便于及时了解家长对学校的反映,对本校教师教育教学工作的反映。学校对家长反映的情况进行整理,会同相关部门及老师共同解决,争取做到公正、求实、快捷、有效。

3.(1)学校、家庭、社会构成了儿童和青少年学习和成长的环境,以不同的空间形式和时间形式占据孩子的整个生活。案例中小明的疑惑充分体现了家庭与学校没有形成教育合力。小学生各方面的发展还不成熟,案例中,在保护野生动物的问题上小明接受的家庭教育与学校教育发生了冲突,这不利于小明正确价值观的形成。为此,应提高学校与家庭的联系,使学校与家庭的教育力量统一起来。

(2)家庭、社会、学校对儿童和青少年的教育影响,各有自己的特点和优势。只有三者协调,取长补短,才能取得最佳的教育效果。案例中小明的爸爸与服务员代表的是家庭和社会教育的力量,王老师代表的是学校教育的力量,显然,小明爸爸和农庄服务员不赞同小明老师的观点,这说明小明在学校获得的保护野生动物的观念没有得到家长的承认以及社会的支持,这就很难巩固小明保护野生动物的观念。为此,学校与家庭应及时沟通,使学生在学校学到的观念或行为得到父母言行和社会印象的印证,这样才能够为学生所接受。

4.(1)小王长期逃课却没被发现,足以说明家庭与学校的沟通工作没做好。小王的原班主任在小王长时间缺课的情况下并没有引起重视并告知小王的家长,这说明该班主任的工作失职。此外,小王一个月没去上课,家长竟然不知道,这也说明了家庭教育的失当。

(2)家庭教育的基本要求。①环境和谐——创造和谐的家庭环境;②方法科学——家长教育子女需要科学的态度和方法;③以身作则——树立良好的榜样;④爱严相济——家长要把对孩子的关心爱护与严格要求紧密结合;⑤要求一致——家长对孩子的要求应统一,前后一贯;⑥全面关心——要对孩子的物质生活与精神生活、身体健康与心理健康、智力开发与非智力因素的培养等多方面给予全面关心,把孩子培养成全面发展的合格公民。家长得知小王一个月没去上课而是在网吧度过后将孩子毒打一顿,这种做法是非常不可取的,违背了家庭教育应该环境和谐、方法科学、以身作则、爱严相济、全面关心的基本要求。正确的做法应该是了解小王不去上学的原因,对小王进行说服教育,动之以情、晓之以理。此外,家长还要向小王道歉,不仅是针对毒打事件,还有平时对小王的忽略。

第十章　教育研究

专题一　教育研究概述

答案速查：

1～5	CDBAC	6～10	BBDBB	11～15	DAADC	16～20	CACDC
21～25	ABCCB			1～5	ACD ABC ABD AD AC		
6～10	ABCD CD ABC ABCD ABC						

一、单项选择题

1. C 【解析】选择课题是教育科研的起始环节。课题选得好，科研价值才大，后面的研究环节才顺利。

2. D 【解析】教育研究的最终目的是改进教育现状，促进教育发展。

3. B 【解析】定量分析是教育研究走向成熟的重要标志，它常常可以消除一些无谓的争论，验证和确认定性的结论。

4. A 【解析】在教育研究过程中，文献检索是必不可少的步骤，它贯穿教育研究的全过程。

5. C 【解析】基础研究以抽象、一般为特征，目的是揭示、描述、解释某些现象和过程，以及它们的活动机制与内在规律。也就是说，所涉及的研究将对研究领域具有直接增加知识的价值。

6. B 【解析】查阅文献资料的途径有很多，既可利用目录、索引、文摘等检索工具进行，也可利用联机检索、光盘检索、上网检索等计算机检索方法进行。其中，网络检索是查阅资料最快捷的方法。

7. B 【解析】按文献的处理、加工程度来分，可分为一次文献、二次文献、三次文献。

分类	概念	表现形式
一次文献	以作者本人的实践为依据而创作的原始文献	专著、论文、调查报告、档案材料等
二次文献	对原始文献加工、整理，使之系统、条理化的检索性文献	题录、书目、索引、提要和文摘等
三次文献	在利用二次文献的基础上对某个范围内的一次文献进行广泛深入的分析研究之后，综合浓缩而成的参考性文献	动态综述、专题述评、数据手册、年度百科大全以及专题研究报告等

“题录、书目、索引、提要和文摘”都属于二次文献，故本题答案选择 B 项。

方法技巧：考生在区分一次文献、二次文献、三次文献时可抓住这三种文献的关键特征来识记。例如：一次文献强调作者原创，内容更具体；二次文献多具有检索功能；三次文献的综合性、浓缩性更高。

8. D 【解析】教育科学研究具有一般研究方法的特点：(1)研究的目的在于探索教育规律，解决重要的教育理论和实际问题；(2)要有研究假设和对研究问题具体明确的陈述；(3)研究方法要科学合理；(4)研究的创新性，教育研究的本质特征是创新。故选 D 项。

9. B 【解析】邓老师的研究课题来源于他自己在工作中发现的教学问题以及进行的教学方法改革，所以他设计的课题来源于教育实践。

10. B 【解析】制订研究计划要做好的工作包括：(1)确定研究类型和方法；(2)选择研究对象；(3)分析研究变量；(4)形成研究方案。题干中的张老师已经选择了研究对象，确定了自变量和因变量，正在思考研究方法。这说明张老师的课题研究处于制订计划环节。

11. D 【解析】检验性原则,即同行专家能在相同的研究条件下,依照相同的程序和方法重演研究过程,并得到同样的结果。题干所述表明了教育科学研究的检验性原则。
12. A 【解析】选题的要求之一是问题表述必须具体明确。即选定的研究问题一定要具体、适度,研究范围要明确界定,宜小不宜大,所含的研究问题要明晰,不能太笼统。
13. A 【解析】一次文献包括专著、论文、调查报告、档案材料等以作者本人的实践为依据而创作的原始文献。题干所述符合一次文献的概念。
14. D 【解析】经验性文献是指专门为教育科学研究提供感性认识的文献,包括调查报告、工作总结、经验、教育参考书、各级各类学校教科书、教学大纲等。事实性文献是指专门为教育科学研究提供事实证据的文献,理论性文献是指专门为教育科学研究提供理性认识的文献,工具性文献是指专门为教育科学研究提供检索咨询的文献。所以本题答案选 D 项。
15. C 【解析】文献检索的作用之一就是可以吸取前人研究的经验教训,避免重复研究。
16. C 【解析】引文查找法是以现有的与研究课题有关的资料为依据,以其中的引文和附录为线索,来查找所需要的资料,是一种"滚雪球式"的方法。
17. A 【解析】按文献的处理、加工程度,可将文献分为一次文献、二次文献、三次文献。其中一次文献包括专著、论文、调查报告、档案材料等以作者本人的实践为依据而创作的原始文献。故题干中提到的赫尔巴特所著的《普通教育学》,属于一次文献。
18. C 【解析】采用多种方法收集资料,收集到的资料系统性更强。
19. D 【解析】综合查找法即综合运用各种方法,全面、准确、迅速地查找有关资料的方法。
20. C 【解析】教育研究的对象是教育问题,它包括理论问题与实践问题。
21. A 【解析】研究计划是研究工作进行之初所做的书面规划,是如何进行研究的具体设想,是研究实施的蓝图,是实现研究目的的前提。题干描述的是研究计划的含义,故本题答案选择 A 项。
22. B 【解析】收集研究资料是指研究者在实施研究计划过程中所得到的现实资料。收集资料是研究的主要任务和研究基础。
23. C 【解析】定量研究,也称量化研究,是指确定事物某方面量的规定性的科学研究,就是将问题与现象用数量来表示,进而去分析、考验、解释,从而获得意义的研究方法和过程。通俗地讲,定量研究(即量化研究)就是对事物的量的分析和研究,也就是通过解决"是多少"等的数量问题来对事物进行研究,主要是侧重于用数字和量表来描述所研究的事物。
24. C 【解析】定量研究的主要方法有调查法、相关法和实验法。C 项属于定性研究的主要方法。
25. B 【解析】资料分析的基本步骤是阅读资料—筛选资料—解释资料。

二、多项选择题

1. ACD 【解析】教育研究的基本性质有:文化性、价值性和主体性。
2. ABC 【解析】文献检索的基本方法包括顺查法、逆查法、引文查找法、综合查找法。
3. ABD 【解析】教育研究同所有的科学研究一样,由三个要素组成,即客观事实、科学理论和方法技术。
4. AD 【解析】根据研究目的的不同,教育研究可分为基础研究、应用研究与开发研究。
5. AC 【解析】根据方法论的不同,教育研究可分为定量研究与定性研究。根据研究目的的不同,教育研究可分为基础研究、应用研究与开发研究。
6. ABCD 【解析】一般来说,教育研究资料的收集主要有两个渠道:(1)采用问卷、访谈、测量、个案、观察等方法直接收集资料;(2)从现成的文献资料入手,在有关的文件、档案、作品中收集有关资料。
7. CD 【解析】按文献的处理、加工程度,可将教育文献分为一次文献、二次文献和三次文献。其中,一次文献包括专著、论文、调查报告、档案材料等以作者本人的实践为依据而创作的原始文献;二次文献是对原始文献加工、整理,使之系统化、条理化的检索性文献。一般包括题录、书目、索

引、提要和文摘等;三次文献是在利用二次文献的基础上对某个范围内的一次文献进行广泛深入的分析研究之后,综合浓缩而成的参考性文献,包括动态综述、专题述评、数据手册、年度百科大全以及专题研究报告等。因此,A 项属于参考性文献,即三次文献。B 项属于检索性文献,即二次文献。C、D 两项属于原始文献。

8. ABC 【解析】一个好的研究课题必须具有的特点是:(1)选题必须有价值;(2)选题必须有科学的现实性;(3)选题必须明确具体;(4)选题必须新颖,有独创性;(5)选题必须有可行性。

9. ABCD 【解析】教师进行教育教学研究有很多优势,这些优势主要有以下几个方面:(1)教师工作于真实的教育教学情境之中,最了解教学的困难、问题与需求,能及时清晰地知觉到问题的存在。(2)教师与学生的共同交往构成了教师的教育教学生活,因此教师能准确地从学生的学习中了解到自己教学的成效,了解到师生互动需要改进的方面,尤其是能从教育教学现场中、从学生的文件(如考卷、作业、作文、周记等)中获得第一手资料,这为研究提供了良好的条件。(3)实践性是教育教学研究的重要品性。教师是教育教学实践的主体,针对具体的、真实的问题所采取的变革尝试,能够在实践中得到检验,进而产生自己的知识,建构实践性的教学理论。

10. ABC 【解析】一般教育文献可分为三种等级,即一次文献、二次文献和三次文献。

三、简答题(参考答案)

1. 简述教育研究的基本过程。

(1)选择研究课题;(2)教育文献检索与综述;(3)制订研究计划;(4)教育研究资料的收集、整理与分析;(5)教育研究论文与报告的撰写。

2. 制订研究计划需要做好哪几个方面的工作?

(1)确定研究类型和方法;(2)选择研究对象;(3)分析研究变量;(4)形成研究方案。

四、论述题(参考答案)

1. 教师参与教育研究的意义有哪些?

(1)这是教师自我反思、重新学习、不断调整和改善知识结构的过程;(2)这是教师与他人沟通交流、扩大视野的过程;(3)这是教师挑战自我、提高教育研究能力的过程。

2. 教育研究课题的来源有哪些?

研究课题可以来源于教育实践,也可以来源于教育理论。

(1)从教育实践出发,教育研究课题产生的途径主要有:①从社会变革与发展需要中提出课题;②从日常的教育实践活动中发现课题;③从教育实践的变革与发展中提出课题。

(2)从教育理论出发,教育研究课题的来源主要有:①承袭已有的研究成果来探究新的问题;②在理论空白处挖掘问题;③在理论观点的争议中寻找问题;④以反其道而行之来开拓问题;⑤在阅读理论、审视理论的过程中构思研究问题;⑥来源于各级课题指南。

专题二　教育研究方法

答案速查:

1 ~ 5	DACCD	6 ~ 10	BADDB	11 ~ 15	CADCA	16 ~ 20	BADCB
21 ~ 25	CBAAD	26 ~ 30	DCBCB	31 ~ 35	DCADA	36 ~ 40	CAABA
41 ~ 45	CDADB	46 ~ 48	CAA	1 ~ 5	BCD ABD ABC CD ABCD		
6 ~ 10	BD ABCD AB ACD BCD			1 ~ 6	× √ × × × √		

一、单项选择题

1. D 【解析】非参与式观察不要求研究人员站到与观察对象同一地位上,而是以"旁观者"的身份,采取公开或秘密的方式进行观察。结构化观察是有明确目标、问题和范围,有详细的观察计划、步骤和合理设计的可控性观察。题干中某教研室教研员通过跟堂观察来研究学生参与课堂讨论对其成绩的影响,这是一种非参与式观察;他依据含有具体观测维度的观察表来记录学生的情况,这是一种结构化观察。

2. A 【解析】教师教育叙事的主要目的,是借所"叙"之"事"来反思自己的教育教学活动,并通过反思来改进自己的教育教学行为,以提高教育教学质量、提升自己的专业发展水平。从这个意义上来说,教师教育叙事的过程就是教师反思的过程,就是教师对自己经历过的看似平凡的教育事件进行重新咀嚼、回味和审视,从而发现不平凡的教育意义的过程。因此,教师的教育叙事具有强烈的反思性。故本题选 A。

3. C 【解析】事件取样法是根据一定的研究目的,以事件为单位进行观察,了解某些特定行为或事件的完整过程而进行的研究方法。事件取样法不受时间间隔与时段规定的限制,其研究的是特定类别的完整行为事件,测量的不是限定时间单位中的行为表现,只要所期待的事件一出现,便可记录。例如,对低年级小学生的告状行为进行研究,每当小学生出现告状行为时,就进行观察,来分析小学生告状的原因、表现,为以后提出相应的解决策略奠定基础,这种观察就属于事件取样法。

4. C 【解析】行动研究是一种由实际工作者在现实情境中自主进行的反思性探索,并以解决工作情境中特定的实际问题为主要目的,强调研究与活动的一体化,使实际工作者从工作过程中学习、思考、尝试和解决问题。

5. D 【解析】教育行动研究的基本过程大致分为循序渐进的四个环节,即计划、行动、考察和反思。

6. B 【解析】行动研究主要适用于教育实际问题而不是理论问题的研究,适用于中小规模而不是宏观的实际研究,主要针对教育的实际情境而进行,从实际中来又回到实际中去。所以 B 项表述错误。

7. A 【解析】在教学研究中,实验法分为实验室实验法和自然实验法。实验室实验法在实验室内进行,即在依靠仪器及现代测量技术的前提下,严格控制各种无关变量,并精密观察和记录某一现象的变化情况,进而分析其原因。自然实验法是在正常的生活环境中,适当控制条件,结合其他日常活动而进行的实验。由于教学活动的复杂性,教学实验一般采用自然实验法。

8. D 【解析】如果一个总体比较大,所抽样本容量比较小,并且这个总体的内部结构又比较复杂,则必须采用分层抽样才能保证样本对总体的代表性。题干中要初步了解该省不同县市艺术教育开展情况,采用分层随机抽样的方法比较合适。

9. D 【解析】教育行动研究的特点可以概括为"为教育行动而研究""在教育行动中研究""由教育行动者研究"。

10. B 【解析】质性研究法是基于经验和直觉的研究方法,以研究者本人作为研究工具,凭借研究者自身的洞察力,在与研究对象的互动中理解和解释其行为和意义建构。质性研究最早起源于人类学、社会学、民俗学等学科,近年来逐渐应用于教育领域。题干所述为质性研究法的内涵。

11. C 【解析】历史研究法即研究者通过对人类历史上丰富的教育实践和教育思想的考察,从中获取教益,认识教育现象及其发展的规律性以指导现实的教育工作。运用历史研究法需要注意:(1)要以马克思主义理论为指导,唯物地、发展地、具体全面地考察研究对象,以求做出科学的结论和评价;(2)要有全局观念并注意抓主要事实材料;(3)要重视研究对象发展的时间顺序和空间变换。题干所述是历史研究法的基本要求。

12. A 【解析】行动研究法的优点主要表现在:(1)适应性和灵活性。简便易行,较适合没有接受过严格教育测量实验训练的中小学教师采用。(2)评价的持续性和反馈的及时性。诊断性评价、形成性评价、总结性评价贯穿行动研究法工作流程的始终。(3)较强的实践性和参与性。(4)多种研究方法综合使用。理想的行动研究法应是多种科学研究方法灵活和合理的共同作用。故选 A 项。

13. D 【解析】A 项全面调查简称普查,是对某一范围内所有的研究对象都加以调查。B 项重点调查是从调查对象总体中选出一部分重点单位进行调查，借以了解总体的基本情况。C 项抽样调查是从总体的全部单位(个体)中，用科学的取样法抽取一部分单位进行调查，并根据调查结果来推断或说明总体。D 项个案调查是在对被调查的教育现象或对象进行具体分析的基础上，有意识地从其中选择某个教育现象或对象进行调查与描述，它是对个别人物或个别事件的调查。因此为获取相关资料而对一所学校或一个学生进行的专门调查属于个案调查。

14. C 【解析】比较法是根据一定的标准，对不同国家的教育制度、教育理论或教育实践进行比较研究，找出各国教育的特殊规律和普遍规律的研究方法。小吴老师想要研究中日两国课程改革状况的差异，最宜采用比较法。

15. A 【解析】同伴互助的实质是教师作为专业人员之间的交往、互动与合作，其基本形式有三种：对话、协作、帮助。教师相互听课、研讨问题，体现的是校本研究倡导的同伴互助。

16. B 【解析】张校长采用的是观察研究法中的直接观察，即凭借人的感官，在现场直接对观察对象进行感知和描述。

17. A 【解析】根据观察的情境条件，可将观察法分为自然观察法和实验观察法。根据观察时是否借助仪器设备，可将观察法分为直接观察法和间接观察法；根据观察者是否直接参与被观察者所从事的活动，可将观察法分为参与观察法和非参与观察法；根据观察内容是否有统一设计的、有一定结构的观察项目和要求，可将观察法分为结构性观察和非结构性观察。故 A 项正确。

18. D 【解析】在教育调查研究中，常用的调查方法有查阅资料、问卷法、开调查会、访谈法和调查表法等，其中，最基本、使用最广泛的方法是问卷调查。

19. C 【解析】实验研究的目的是发现事物间的因果关系，是各类研究中唯一能确定因果关系的研究。

20. B 【解析】教师提高研究技能的三种途径是阅读、合作、行动研究。

21. C 【解析】教育叙事研究法即教育主体叙述教育教学中的真实情境的过程，是通过讲述教育故事，体悟教育真谛的一种研究方法。

22. B 【解析】教育随笔的主要特点是短小精悍、取材广泛、迅速及时。

23. A 【解析】自我反思被认为是教师专业发展和自我成长的核心因素，是开展校本研究的基础和前提。

24. A 【解析】调查研究法是在教育理论指导下，通过运用观察、列表、问卷、访谈、个案研究及测验等方式，收集教育问题的资料，从而对教育的现状做出科学分析，并提出具体工作建议的一整套实践活动。

25. D 【解析】根据观察者是否直接参与被观察者所从事的活动，观察研究法可分为参与观察法和非参与观察法。题干中“透过单向玻璃进行的隐蔽性观察”说明观察者没有直接参与被观察者所从事的活动，属于非参与观察。

26. D 【解析】行动研究是指实际工作者(如教师)基于解决实际问题的需要，与专家、学者及本单位的成员共同合作，将实际问题作为研究的主题，进行系统的研究，以解决实际问题的一种研究方法。题干这一研究的目的是解决“学生学习英语的积极性不高”这一实际问题，主体是王老师和其他教育理论工作者，符合行动研究的概念和特点。王老师的研究属于行动研究。

易错提示：教育行动研究法与实验研究法的内涵是容易混淆的知识点，考生在识记这两个概念时，可通过提取关键词来记忆：将行动研究法记为“解决实际问题”，将实验研究法记为“验证因果关系”。

27. C 【解析】抽样调查是指从被调查的总体中，用科学的取样法抽取一部分对象进行调查，并根据调查结果推断或说明总体。因此，C 项属于抽样调查。

28. B 【解析】具有较强的实践性与参与性是教育行动研究的优点之一，故 C 项说法错误。由于其非正规性而缺少科学的严密性，在实际研究中，教育行动研究不可能严密控制条件，其结果的准确性、可靠性不够。故 A 项说法错误。“为理论建构而研究”是传统研究的目的,行动研究是“为教育行动而研究”,故 D 项说法错误。

29. C 【解析】由于幼儿的年龄还比较小,相应的思维能力、理解能力、言语表达能力等都没有很好地发展起来,在对他们进行研究的过程中有许多方法诸如实验法、调查法等都不能直接使用,因而只好采用观察法。采用观察法可弥补幼儿理解能力和反应方式等方面的局限性,能观测到许多其他方法无法测量的行为。

30. B 【解析】质性研究也称为“实地研究法”或“参与观察法”,它是基于经验和直觉的研究方法,以研究者本人作为研究工具,凭借研究者自身的洞察力,在与研究对象的互动中理解和解释其行为和意义建构。

31. D 【解析】校本研究是以校为本的教学研究的简称,指以学校自身条件为基础,以学校校长、教师为主力军,针对学校现实存在的问题而开展的有计划的研究活动。

32. C 【解析】分层抽样是从分布不均匀的研究人群中抽取有代表性样本的方法。先按照某些人口学特征或某些标志(如年龄、性别、住址、职业、教育程度、民族等)将研究人群分为若干组(统计学上称为层),然后从每层抽取一个随机样本。

33. A 【解析】个案研究的对象往往是那些具有特殊行为表现的个体或具有反常行为的个体,研究周期一般较长,需要对个案进行连续的跟踪研究。题干中班主任对小王进行了一年多的跟踪研究,这属于个案研究法。

34. D 【解析】一般认为,美国社会心理学家科特·勒温是行动研究的开创者。

35. A 【解析】行动研究是指实际工作者(如教师)基于解决实际问题的需要,与专家、学者及本单位的成员共同合作,将实际问题作为研究的主题,进行系统的研究,以解决实际问题的一种研究方法。题干的描述符合行动研究法的概念。

36. C 【解析】行动研究通常是教师和教育管理人员为解决具体的问题,或为基层决策提供信息而使用的方法。教师的教育研究属于行动研究。

37. A 【解析】调查研究法是在教育理论指导下,通过运用观察、列表、问卷、访谈、个案研究及其测验等方式,搜集教育问题的资料,从而对教育的现状做出科学分析,并提出具体工作建议的一整套实践活动。因此,想了解学生家长对小学生参加劳动所持的态度,最适宜采用调查研究法,通过问卷、访谈等方式搜集资料以对家长的态度作出科学分析。

38. A 【解析】教师个人的自我反思、教师集体的同伴互助、专业研究人员的专业引领是校本教研的三个核心要素,构成了开展校本教学研究的三个基本力量。

39. B 【解析】宋老师针对教学中的某一问题,进行系统的研究,并将结果应用于实际中。这体现了宋老师对行动研究法的运用。

40. A 【解析】在教育观察的实施步骤中,实施观察是教育观察工作的核心。

41. C 【解析】实验研究法是根据研究目的,运用一定的人为手段,主动干预或控制研究对象的发生、发展过程,通过观察、测量、比较等方式探索、验证所研究现象因果关系的研究方法。实验研究的目的是发现事物间的因果关系,是各类研究中唯一能确定因果关系的研究。因此,王老师应该采用实验研究法来研究语文学科系统讲授加点评的教学方法与提高学生阅读水平之间的关系。

42. D 【解析】个案研究的设计以及描述可以考虑七个“W”问题:谁(Who)、什么(What)、地点(Where)、如何(How)、原因(Why)、时间(When)、受谁影响(Whom)。

43. A 【解析】调查研究法依据调查的对象,可分为全面调查、重点调查、抽样调查和个案调查。其中,全面调查也称普遍调查,是指对调查对象总体中的每一个单位或个人都进行调查。题干的描述体现了全面调查的内涵。

44. D 【解析】行动研究法的优点之一是对解决实际问题有效。题干的描述体现的是行动研究法的

具体运用。

45. B 【解析】校本教研是以教师为主体的教研活动，广大教师是推动校本教研的生力军，是校本教研发展的主导力量。学校校长是校本教研的第一负责人。故本题选择 B 项。

46. C 【解析】教育行动研究的主体是实际工作者，主要是教师。

47. A 【解析】教育随笔是撰写科研论文的基石，教育随笔的写作是提高教师科研能力的有效手段。从某种意义上来说，教育随笔的写作是教育科研的初步，可以为教育科研准备素材，可以提高提出问题、分析问题、解决问题的能力。

48. A 【解析】实验研究法的性质包括：(1)教育实验必须要有一个理论假说；(2)实验的根本目的在于揭示变量之间的因果关系；(3)实验必须控制某些条件；(4)真正科学的实验是可以重复验证实验结果的。故选 A 项。

二、多项选择题

1. BCD 【解析】校本研究是以校为本的教学研究的简称，它具有以下基本特征：(1)校本研究是一种实践研究。(2)校本研究以校本为基础和前提。以校为本的基本内涵：(1)为了学校。一切为了学校的发展，为了学校教育能力和教育精神的建设，为了学校文化的提升。(2)在学校中。学校的发展只能在学校中进行，只有植根于学校的生活、贯穿于教学的过程，并被所有教师所认同、所追求的改革才能沉淀为学校的血肉、传统和文化。(3)基于学校。学校发展的主体力量是校长和教师。

2. ABD 【解析】同伴互助的实质是教师作为专业人员之间的交往、互动与合作，其基本形式有三种：对话、协作、帮助。

3. ABC 【解析】观察研究法的不足主要有：(1)取样小，观察研究法一般限于小样本的研究；(2)所获材料具有一定的表面性；(3)观察缺乏控制，不能说明所观察到现象的因果关系。

4. CD 【解析】在教育调查研究中，常用的调查方法有查阅资料、问卷法、开调查会、访谈法和调查表法。

5. ABCD 【解析】在行动研究的“问题”阶段，主要完成的是明确问题与分析问题两个方面的事情。教师发现问题、确定课题可以从以下几个方面考虑：一是教育实践中面临的问题；二是理论学习受到的启发；三是他人成功经验的启示；四是通过社会调查发现问题。

6. BD 【解析】依据调查的目的，调查法可分为历史调查、现状调查、发展调查、常规调查、相关调查和原因调查等。

7. ABCD 【解析】教育叙事研究的操作步骤有：(1)观察并提出问题；(2)事件的记录与描述；(3)反思与分析；(4)总结与提升；(5)交流与评价。

8. AB 【解析】江老师的行动研究基于解决实际问题的需要，符合行动研究的要求，A 项正确；通过思维导图的运用，学生的写作水平提高了，B 项正确。

9. ACD 【解析】叙事研究的主角是教师而非学生。B 项说法不恰当。

10. BCD 【解析】教育研究中的行动具有的特性：(1)验证性，检验设计方案的可行性；(2)探索性，发现和寻找各种新的可能性；(3)教育性，服从、服务于学生的成长和发展。

三、判断题

1. × 【解析】教育叙事研究是在片面追求科学化的研究范式在教育实践中遇到困境，教育研究转向意义追寻的背景下出现的以多种学科理论及研究方法为基础形成的一种研究方法。它源于叙事学，得益于后现代思想的影响，归属于质性研究。教育叙事研究与思辨研究的不同在于：它不是“从一般到特殊”，而是“从特殊到一般”；不是“自上而下”，而是“自下而上”；不是演绎推理，而是归纳提取；不是书斋研究，而是田野劳作。所以题干表述错误。(具体内容参见陈向明主编的《教育研究方法》)

2. √ 【解析】行动研究主要适用于教育实际问题而不是理论问题的研究，以及中小规模而不是宏观的实际研究;是针对教育的实际情境而进行,从实际中来又回到实际中去。

3. × 【解析】个案研究的对象往往是那些具有特殊行为表现的个体或具有反常行为的个体,研究周期一般较长,需要对个案进行连续的跟踪研究。王老师开展的教育研究是个案研究。

4. × 【解析】目前一些学者将行动研究划归质化研究,这有一定的道理,因为行动研究大都是用质化研究来做的,但这并不等于说所有的行动研究都不可以用量化的方法来做。此外,行动研究对于即将走向教育实践工作岗位的准教师而言比其他研究方法更具有重要意义,因此我们将教学行动研究独立于量化和质化研究之外。故题干说法不正确。(具体内容参见李森主编的《现代教学论》)

5. × 【解析】我们强调样本容量必须足够大,并不等于说样本容量越大越好。这不仅是因为大容量样本在抽取时会遇到很多实际困难,还因为过大的样本数量使得研究工作量和工作难度增大,从而降低了研究效率。此外,有的研究项目不需要很多的样本。所以,我们应该做到的是:选好足够代表总体的样本并通过对样本的研究来对总体特征进行研究,即选取一些具有代表性的、典型的样本。

6. √ 【解析】属于社会科学的调查问卷,常常不可避免地要涉及一些敏感问题。因此,问题的设计要格外谨慎。首先,问题不应具有暗示倾向性,避免诱导性用语或带有主观意向和情绪色彩的用语在问卷中出现,还要避免与社会规范有关或有情绪压力的问题。其次,问题不要涉及个人隐私程度较深而填答者不愿直接回答的一些问题。

四、简答题(参考答案)

1. 简述实验研究法的优点。

(1)能确立因果关系,认识事物的本质和规律;(2)研究结果客观、准确、可靠;(3)能对变量进行控制,提高研究的信度;(4)能为理论的构建提供佐证和说明;(5)能将实验变量和其他变量的影响分离开来;(6)严密的逻辑性是其他研究方法难以比拟的。

2. 简述个案研究法的局限性。

(1)研究结论的主观性较强;(2)常常会遇到伦理道德问题;(3)个案研究成果的推广性有限;(4)对研究人员的语言技能、洞察力有较高要求。

五、案例分析题(参考答案)

(1)观察法和访谈法。

(2)选择之一:教育行动研究

理由:①在研究目的方面,对于李老师要探索新的教学策略这一实践性较强的研究目的来说,以改进实践为基本取向的教育行动研究更为适合。②在研究过程方面,教育行动研究在实际情境中进行,无需严格的变量控制,对李老师而言,相对简单、易于操作。③在研究主体方面,教育行动研究更强调行动者成为研究者,这对李老师的专业发展更有好处。

选择之二:教育实验研究

理由:①在研究目的方面,教育实验研究更侧重于因果关系的探究,更有利于李老师确证"扩展课外阅读"与"外来务工人员子女语文学习成绩"之间的因果关系。②在研究过程方面,教育实验研究要求对变量作适度控制,研究过程的规范性强,研究结果的普适性高,更有利于李老师研究成果的推广应用。③在研究主体方面,选择做实验,李老师的研究可以在学校科研顾问的指导下进行,这更有利于研究结果在理论上的概括提升和李老师教育理论水平的提高。

心理学部分

第一章　心理学概述

专题一　心理学的研究对象

考法透视　本专题以识记为主，多以选择题、判断题等客观题的形式考查，主要考查心理学的研究对象以及心理现象的结构。

限时:20 分钟	用时:　　分钟	错题数:　　道	▶答案见 P749

一、单项选择题

1. 具有核心意义的个性心理特征是(　　)

A. 能力　　B. 气质　　C. 兴趣　　D. 性格

2. (　　)是人们获得知识或应用知识的过程，或对信息进行加工的过程，是人的最基本的心理过程。

A. 认知过程　　B. 情绪过程　　C. 情感过程　　D. 意志过程

3. 心理学属于(　　)

A. 自然科学　　B. 社会科学

C. 自然科学与社会科学的交叉学科　　D. 哲学

4. 心理现象又称(　　)

A. 心理过程　　B. 心理特征　　C. 心理活动　　D. 心理特质

5. 能力有高低之分，性格有自信与自卑之差。这说明人有(　　)的差异。

A. 心理过程　　B. 认知过程

C. 个性心理倾向性　　D. 个性心理特征

6. 有的人能歌善舞，具有很高的音乐才能；有的人能说会道，善于与人相处，表现出较高的人际交往水平。这体现的是个性心理特征中的(　　)

A. 能力　　B. 气质　　C. 性格　　D. 信念

7. 心理学是研究(　　)的科学。

A. 生命现象和揭示生命规律　　B. 心理现象及其发生发展规律

C. 教育现象和揭示教育过程　　D. 社会现象及其发展变化规律

8. 下列说法正确的是(　　)

A. 心理过程是具有鲜明的静态特性的心理现象

B. 个性心理是一个人在社会生活实践中形成的相对稳定的各种心理现象的总和

C. 自我意识是一种内在的决定着人对事物的态度和行为的动力系统

D. 心理状态有它的认识侧面、情感侧面、意志侧面，是个性结构中的自我调节系统

9. (　　)是人进行活动的基本动力，是个性结构中最活跃的因素，它决定着人对现实的态度和对认识活动对象的选择。

A. 能力　　B. 气质

C. 个性心理倾向性　　D. 个性心理特征

10. “小明既聪明又勤奋”，该评价涉及的心理现象是(　　)

A. 气质和意志　　B. 能力和性格　　C. 能力和气质　　D. 性格和气质

11. 心理状态是指人在某一时刻的心理活动水平。以下属于心理状态的是(　　)

A. 勤劳　　B. 心境　　C. 记忆　　D. 态度

12. 心理状态是从心理过程向个性心理特征转化的(　　)环节。

A. 开端　　B. 外部　　C. 终端　　D. 中间

13. (　　)是不能作为独立的心理过程而存在的。

A. 注意　　B. 记忆　　C. 感觉　　D. 想象

二、多项选择题

1. 以下心理现象中，均不属于个性心理特征范畴的是(　　)

A. 能力、性格　　B. 思维、意志　　C. 理想、信念　　D. 需要、动机

2. 人的心理现象(　　)

A. 具有社会属性　　B. 具有自然属性

C. 只有社会属性，没有自然属性　　D. 只有自然属性，没有社会属性

3. 心理过程包括(　　)

A. 认知过程　　B. 意志过程　　C. 情绪情感过程　　D. 行为过程

4. 心理学研究的具体任务是(　　)人的心理。

A. 描述和测量　　B. 理解和说明　　C. 预测和控制　　D. 探索和发现

5. 个性心理包括(　　)

A. 个性心理特征　　B. 意识

C. 个性心理倾向性　　D. 情绪情感

三、判断题

1. 教育学是研究人的心理现象和规律的科学。(　　)

2. 个性心理特征由能力、气质、性格组成。(　　)

3. 心理过程是在个性心理特征的基础上形成和发展起来的，反过来又影响着个性心理特征的完善与发展。(　　)

4. 如果说粗心大意是稳定的心理特征，那么漫不经心则是暂时的心理状态。(　　)

5. 在课堂上，为了集中学生的注意力，老师们会常常提醒学生“注意哦”。可见，注意是一个独立的心理过程。(　　)

专题二　心理的实质

考法透视　本专题以识记为主，多以选择题、判断题等客观题的形式考查，主要考查大脑的结构和功能分区、反射的分类。

限时:30 分钟	用时：　分钟	错题数：　道	▶答案见 P751

一、单项选择题

1. 神经系统活动的基本形式是(　　)

A. 想象　B. 记忆　C. 意识　D. 反射

2. 中枢神经活动的基本过程是(　　)

A. 兴奋和泛化　B. 集中和抑制　C. 集中和泛化　D. 兴奋和抑制

3. 下列现象属于第二信号系统的是(　　)

A. 一朝被蛇咬，十年怕井绳　B. 谈虎色变

C. 望梅生津　D. 马做算术题

4. 视觉中枢位于大脑皮层的(　　)

A. 额叶　B. 顶叶　C. 枕叶　D. 颞叶

5. "甲之熊掌，乙之砒霜"这个谚语体现了以下科学心理观中的哪些观点(　　)

A. 心理是脑的机能　B. 脑是心理的器官

C. 客观现实是心理的源泉　D. 心理是对客观现实的主观映像

6. 大脑右半球主要对(　　)负责。

A. 形象思维和高度空间知觉　B. 空间能力和抽象逻辑思维

C. 言语能力和抽象逻辑思维　D. 言语能力和高度空间知觉

7. 神经元具有(　　)的功能。

A. 接受刺激、传递信息和整合信息　B. 接受刺激、传递信息和发动反应

C. 接受刺激、整合信息和发动反应　D. 接受刺激、转换能量和传递信息

8. 病人因颞叶受伤而导致受损的功能主要是(　　)

A. 听觉　B. 视觉　C. 嗅觉　D. 味觉

9. "狼孩"产生心理障碍的主要原因是(　　)

A. 缺乏营养　B. 遗传因素　C. 狼的影响　D. 缺乏社会性刺激

10. (　　)关系到人的生命，被称为"生命中枢"。

A. 后脑　B. 骨髓　C. 前脑　D. 延髓

11. 位于人体中枢神经系统的最高部位，被称为整个神经系统的"最高司令部"的是(　　)

A. 脑垂体　B. 脊髓　C. 大脑两半球　D. 小脑

12. 心理发生的标志是(　　)

A. 反应　B. 心理发展　C. 感应性　D. 信号性反应

13. 心理活动就其产生的方式来说是脑的(　　)

A. 精神活动　B. 反射活动　C. 意识活动　D. 本能活动

14. 以下表示条件反射的一个成语是(　　)

A. 朝三暮四　B. 耳濡目染　C. 望梅止渴　D. 乐不思蜀

15. 人的心理活动的内容和源泉是(　　)

A. 认知　B. 需要　C. 客观现实　D. 个性

16. “一千个人的眼里,有一千个哈姆雷特”,这表明人的心理具有(　　)

A. 客观性　B. 主观性　C. 目的性　D. 社会性

17. 小狗听见主人叫它名字时,会跑到主人面前来,这种心理现象属于(　　)

A. 第一信号系统　B. 第二信号系统

C. 无条件反射　D. 本能反射

18. 心理现象是大脑功能活动的体现,与成人相比,儿童大脑内神经元的轴突密度(　　)

A. 更多　B. 更少　C. 无法判断　D. 大致相同

19. 下列属于条件反射的是(　　)

A. 眨眼反射　B. 吸吮反射　C. 防御反射　D. 信号反射

20. 高考前小王既紧张又激动,凌晨三点半才平复心情进入睡眠。第二天早上考试时,小王担心自己会因为精神不振而影响考试,但在考场上小王精神抖擞,出色地答完了试卷。这体现了心理学中的(　　)

A. 相继负诱导　B. 相继正诱导　C. 同时正诱导　D. 同时负诱导

21. 打过几次针的小孩,见到穿白大褂的人就哭或躲避。这种现象属于(　　)

A. 无条件反射　B. 先天本能

C. 第二信号系统条件反射　D. 第一信号系统条件反射

22. 下列不属于反射活动的是(　　)

A. 草履虫的趋利避害反应　B. 人的手被火烫便立即移开

C. 黑猩猩解决问题获取食物的行为　D. 学生听到铃声进教室上课

23. 神经元由胞体、树突和轴突组成,下面说法正确的是(　　)

A. 轴突较长,分支多,负责接受刺激

B. 树突较短,分支多,负责接受刺激

C. 轴突较短,只有一根,负责传出神经冲动

D. 树突较长,只有一根,负责传出神经冲动

24. 张明打了通宵的游戏,导致第二天上课时无精打采。这属于(　　)

A. 同时负诱导　B. 相继正诱导　C. 相继负诱导　D. 同时正诱导

25. 周围神经系统由 12 对脑神经和(　　)对脊神经组成。

A. 11　B. 21　C. 31　D. 35

二、多项选择题

1. 反射是有机体的基本生命活动，可分为无条件反射和条件反射，以下在学校发生的现象属于条件反射活动的是(　　)

A. 实验课闻到刺激的气味就咳嗽　　B. 被老师批评后见老师就躲

C. 听到老师叫自己名字立刻起身　　D. 午餐时看到美味的饭菜分泌唾液

2. 中枢神经系统包括(　　)

A. 脑　　B. 脑神经

C. 植物性神经　　D. 脊髓

3. 下列说法中正确的是(　　)

A. 脑是心理的器官　　B. 心理是脑的机能

C. 心理具有主观能动性　　D. 心理反映总是正确的

三、判断题

1. “含梅流涎”是用具体事物作为刺激，属于第一信号系统的反射活动。(　　)

2. 大脑分为四叶，其中枕叶在组织有目的、有方向的活动中，有使活动服从于坚定意图和动机的作用；额叶主要是调节机体的触压觉、温度觉等。(　　)

3. 割裂脑研究说明，大脑两半球具有不同的功能。语言功能主要定位在左半球，该半球主要负责言语、阅读、书写、数学运算和逻辑推理等。而知觉物体的空间关系、情绪情感、欣赏音乐和艺术等则定位于右半球。(　　)

4. 中枢神经系统是人体的“司令部”，周围神经系统是人体的“通讯网络”。(　　)

5. 不同的学生受同一个老师教育，心理反映各不相同，这说明人的心理现象是先天固有的。(　　)

6. 人脑对客观现实的反映，既有主观性，也有客观性。(　　)

7. 心理是人脑对客观现实的反映，但有了人脑和客观现实，不一定就会产生人的心理。(　　)

8. 我们专心致志地看书时，对周围的情况“视而不见，听而不闻”是由于正诱导。(　　)

专题三　心理学的产生与发展

考法透视　本专题以识记为主，多以选择题、判断题等客观题的形式考查，主要考查科学心理学诞生的历史背景、西方主要的心理学流派。

限时:40 分钟	用时：　分钟	错题数：　道	▶答案见 P754

一、单项选择题

1. 关注人的价值、尊严与潜能是(　　)心理学的基本观点。

A. 行为主义　　B. 精神分析　　C. 现代认知　　D. 人本主义

2. 科学心理学诞生的标志是(　　)

A. 艾宾浩斯的记忆研究
B. 斯金纳提出了操作性条件反射学说
C. 冯特建立了心理学实验室
D. 韦伯的心理学研究

3. 现代认知心理学的代表人物是(　　)

A. 马斯洛　B. 弗洛伊德　C. 杜威　D. 奈瑟尔

4. 现代心理学诞生和发展的两个重要历史渊源是哲学和(　　)

A. 社会学　B. 生理学　C. 人类学　D. 物理学

5. 用信息加工的观点来研究人的感觉、知觉、记忆、思维等心理过程的心理观点是(　　)

A. 行为主义的观点
B. 生物学的观点
C. 现象学的观点
D. 认知学派的观点

6. 行为主义产生以后很快风行美国乃至全球,还引发了一场心理学史上的"行为主义革命",因此被称为西方心理学的(　　)

A. "第一势力"
B. "第二势力"
C. "第三势力"
D. "第四势力"

7. 行为主义创立的标志是 1913 年美国心理学家(　　)出版了《在行为主义者看来的心理学》一书。由此,他被称为"行为主义的创始人"。

A. 罗杰斯　B. 华生　C. 弗洛伊德　D. 马斯洛

8. 认为心理学应该采用客观观察法、条件反射法、言语报告法和测验法等,研究可观察、可测量的行为,研究刺激与反应之间的联结关系的心理学派是(　　)

A. 构造主义心理学
B. 机能主义心理学
C. 精神分析心理学
D. 行为主义心理学

9. 用所谓内省的方法研究心理现象,试图找出构成人的心理的基本元素的心理学派是(　　)

A. 神经心理学
B. 构造主义心理学
C. 认知心理学
D. 社会心理学

10. 下列对精神分析学派的表述中,说法错误的是(　　)

A. 重点研究动机和无意识现象
B. 认为精神宣泄能够达到治疗疾病的作用
C. 认为人性本善
D. 认为欲望受到压抑是精神病的起因

11. 历史上第一部论述各种心理现象的著作是(　　)

A.《心理学大纲》
B.《认知心理学》
C.《论灵魂》
D.《生理心理学原理》

12. 下列属于行为主义的观点的是(　　)

A. 主张研究意识
B. 主张人的本质是好的、善良的
C. 重视对异常行为的分析
D. 用实验的方法研究行为

13. 下列选项中,说法正确的是(　　)

A. 冯特建立了美国第一所心理学实验室

B. 詹姆斯在德国最先报告了记忆实验

C. 霍尔领导了心理学的行为主义运动

D. 桑代克在美国完成了第一个动物学习实验

14. 提出了“意识流”概念的是(　　)

A. 格式塔学派　　B. 精神分析学派

C. 构造主义学派　　D. 机能主义学派

15. 铁钦纳是(　　)心理学派的创始人之一。

A. 构造主义　　B. 格式塔　　C. 行为主义　　D. 机能主义

16. 心理学作为一门独立的科学诞生于(　　)

A. 1879 年　　B. 1897 年　　C. 1789 年　　D. 1798 年

17. 主张心理学的研究对象是具有适应性的心理活动,强调意识活动在人类的需要与环境之间起重要的中介作用的心理学流派是(　　)

A. 构造主义学派　　B. 机能主义学派

C. 精神分析学派　　D. 人本主义学派

18. 格式塔用德文表示是“Gestalt”,以“G”开头,它的意思是(　　)

A. 行为　　B. 整体　　C. 精神　　D. 人本主义

19. 重视对人类异常行为的研究,强调心理学应研究无意识现象的心理学派为(　　)

A. 人本主义学派　　B. 格式塔学派

C. 行为主义学派　　D. 精神分析学派

20. (　　)心理学派反对把意识分析为元素,而强调心理作为一个整体、一种组织的意义。

A. 精神分析　　B. 行为主义　　C. 格式塔　　D. 认知

21. 下列心理学家中,属于人本主义流派的是(　　)

A. 弗洛伊德　　B. 罗杰斯　　C. 韦特海默　　D. 斯金纳

22. 在心理学史上格式塔心理学派又被称为(　　)

A. 完形心理学派　　B. 机能主义学派

C. 精神分析学派　　D. 神经心理学派

23. 美国心理学家(　　)最先提出要追求人的心理发展全貌。

A. 布鲁纳　　B. 何林渥斯　　C. 桑代克　　D. 裴斯泰洛齐

24. 认为所有复杂的心理活动都是由感觉、意象和激情状态这些基本元素构成的心理学流派是(　　)

A. 机能主义心理学　　B. 构造主义心理学

C. 格式塔心理学　　D. 认知心理学

25. 每个学生的本质都是好的,每个孩子都会成为好孩子。这体现了(　　)的思想。

A. 行为主义　　B. 人本主义

C. 认知心理学　　D. 精神分析

26. 心理学的“独立宣言”是(　　)

A. 冯特的《生理心理学原理》　B. 弗洛伊德的《梦的解析》

C. 华生的《在行为主义者看来的心理学》　D. 奈塞尔的《认知心理学》

27. 下列对应关系中正确的是(　　)

A. 构造主义心理学—斯金纳　B. 行为主义心理学—冯特

C. 人本主义心理学—安吉尔　D. 机能主义心理学—杜威

二、多项选择题

1. 以下属于行为主义代表人物的有(　　)

A. 华生　B. 罗杰斯　C. 弗洛伊德　D. 斯金纳

2. 影响科学心理学诞生的时代背景因素主要包括(　　)

A. 17 世纪法国的理性主义与 17 ~ 18 世纪英国的经验主义

B. 达尔文的生物进化论

C. 缪勒的神经特殊能量说

D. 费希纳首创用实验法将物理刺激的变化转化为心理经验的过程

3. 冯特对心理学的历史功绩主要有(　　)

A. 心理科学的独立　B. 实验心理学的创立

C. 出版《生理心理学原理》　D. 建立心理学专业队伍

4. 下列选项中，属于冯特代表作的有(　　)

A.《生理心理学原理》　B.《民族心理学》

C.《心理学大纲》　D.《教育心理大纲》

5. 格式塔学派的代表人物有(　　)

A. 韦特海默　B. 皮亚杰　C. 苛勒　D. 考夫卡

三、判断题

1. 人本主义是西方心理学的第三势力。(　　)

2. 构造主义学派主张研究人们的直接经验；在研究方法上，他们主张采用实验内省法。(　　)

3. 世界上第一个心理学实验室是由赫尔巴特创立的。(　　)

4. 人本主义心理学主张以所有人为研究对象，强调人的价值、本性和尊严。(　　)

5. 构造主义心理学致力于发现心理事实，研究人类心理的一般规律，忽视个体差异，重视应用。(　　)

6. 弗洛伊德是行为主义学派的代表人物。(　　)

7. 巴甫洛夫认为人的性本能是最基本的自然本能，它是推动人发展的潜在的、无意识的、最根本的动因。(　　)

8. 蔡元培是中国现代心理学的先驱者，推动了中国现代心理学的建立。(　　)

第二章　认知过程

专题一　感觉和知觉

考法透视　本专题以识记为主，多以选择题、判断题等客观题的形式考查，主要考查知觉的种类、感知觉的一般规律。

限时：200 分钟	用时：　分钟	错题数：　道	▶答案见 P757

一、单项选择题

1. 教师在板书时，用红色粉笔标注教学重点内容，以引起学生关注。这体现了知觉的(　　)
   A. 理解性　B. 恒常性　C. 整体性　D. 选择性
2. 学校某些可能发生危险的区域，通常都会用红色或者黄色的警示线进行区分和隔离。从感觉的角度来看，这符合(　　)的规律。
   A. 感觉适应　B. 联觉　C. 感觉对比　D. 感觉后像
3. 我们刚进入到闹市中时会感到声音嘈杂刺耳，甚至听不清旁边人说话，而过了一会儿就不觉得那么吵了。这种现象是(　　)
   A. 感觉对比　B. 感觉适应　C. 感觉补偿　D. 感觉后效
4. “新官上任三把火”“开门红”“下马威”体现的是社会知觉偏差中的(　　)
   A. 首因效应　B. 晕轮效应　C. 近因效应　D. 投射效应
5. 张老师认为小明聪明学习好，小磊学习一般，即使他俩某次考试成绩一样，也认为小磊是碰运气，对小明则有更高期待。他俩从老师日常的言行中都能体会到这些。小明被激励，学习更努力；小磊感觉老师偏心不公平，学习松懈。张老师的认知存在着(　　)
   A. 晕轮效应　B. 首因效应　C. 刻板印象　D. 近因效应
6. 当小芳得知小王是名会计师时，立刻断定小王是个聪明伶俐、细心认真的人，顿时对他好感倍增。这种现象在心理学上称为(　　)
   A. 首因效应　B. 近因效应　C. 马太效应　D. 刻板效应
7. 看见一株茉莉花并能认识它，这时的心理活动是(　　)
   A. 感觉　B. 知觉　C. 统觉　D. 思维
8. 贾同学明知到河滩玩耍会出现危险，却还是抱着“我哪会这么倒霉”的侥幸心态去戏水，这属于哪一种心理现象的影响(　　)
   A. 自我防御机制　B. 理想化偏见
   C. 预防接种　D. 本能反应

9. 学生在阅读时常用画重点线的策略,这是利用了知觉的(　　)

A. 选择性　　B. 理解性　　C. 整体性　　D. 恒常性

10. 幼儿园刘老师在黑板上把松鼠画得很大,把牛画得比狗还小,给小朋友们造成了一定的错觉。这是由于刘老师忽视了知觉的(　　)所产生的。

A. 选择性　　B. 整体性　　C. 理解性　　D. 恒常性

11. 差别感觉阈限指的是(　　)

A. 人对刺激物的感觉能力　　B. 最小可觉察的刺激量

C. 刚能引起差别感觉的最小差异量　　D. 人对差别的感觉能力

12. 小明说当他听到锅铲刮锅底的声音时,就会觉得很冷,浑身不舒服。这种感觉现象是(　　)

A. 适应　　B. 对比　　C. 联觉　　D. 综合

13. 人们看电影时,电影拷贝上的一幅幅画面是不动的,而人们看到的却是连贯的动作、活动的景物。这是运用了(　　)的心理学原理。

A. 联觉　　B. 视觉后像　　C. 感觉对比　　D. 感觉适应

14. 学生在学习时不善于联系知识点,形成学科认知结构;知识零散混乱,解决相关问题的能力不够。这是因为没有充分使用(　　)的认知规律。

A. 知觉选择性　　B. 知觉整体性　　C. 知觉理解性　　D. 知觉恒常性

15. 个体若长时间身处黑暗无光处,一旦来到光明处,一开始眼睛会什么都看不到,但很快就能看清眼前的一切。这种现象是(　　)

A. 暗适应　　B. 明适应　　C. 后像　　D. 闪光融合

16. 在《唐伯虎点秋香》中,唐伯虎第一次看到秋香时并不觉得秋香美丽。当祝枝山喊了一句"美女"后,华家所有女性都转过头时,秋香在唐伯虎眼里就美若天仙,这是一种(　　)现象。

A. 视觉适应　　B. 感觉后效　　C. 同时对比　　D. 感觉补偿

17. 大多数人都有这样一类观念:"凡是医生都爱干净,凡是重庆人都爱吃辣。"这类观念属于(　　)

A. 第一印象　　B. 晕轮效应　　C. 刻板印象　　D. 近因效应

18. 对差别感受性与差别阈限关系的描述,下列说法正确的是(　　)

A. 差别阈限越小,差别感受性越大

B. 差别阈限与差别感受性呈正比关系

C. 差别阈限与差别感受性呈倒U型关系

D. 无论差别阈限如何变化,差别感受性都不变

19. 夏日炎炎,身处蓝绿色调装饰的室内,会感觉相对清凉。这是感觉的(　　)

A. 对比　　B. 后像　　C. 联觉　　D. 适应

20. 小学一年级的学生经常把汉字的左右偏旁颠倒;或者将字母写反,如将"b"写成"d"、"p"写

成“q”、“f”和“t”搞混，这是由于他们的(　　)能力还不成熟。

A. 感知　　B. 注意　　C. 记忆　　D. 思维

21. 小李成绩好，班主任便觉得小李是个优秀的学生，且认为其品德和行为习惯都非常好；而小张成绩较差，班主任对他的评价便是什么都干不好。这体现了(　　)

A. 近因效应　　B. 皮格马利翁效应

C. 晕轮效应　　D. 首因效应

22. 在学习过程中，学生会因漏掉某个字或者算错某道题，被老师要求罚抄或重做。作为教师，要改变学生错字、漏字的现象最为合适的做法是(　　)

A. 教会学生调动多种感官参与学习活动，养成仔细观察、认真检查的习惯

B. 加大罚抄力度，以此来让学生加深记忆

C. 请家长来学校，将学生的作业情况反映给家长，并让家长全权负责检查学生的家庭作业

D. 将其默认为低年级学生的正常现象，并坚信到了高年级会有所好转

23. 变色龙会根据周围环境调节自身颜色，从而达到避免被人发觉的目的。这主要是利用了知觉的(　　)

A. 整体性　　B. 选择性　　C. 理解性　　D. 恒常性

24. 光环效应是一种(　　)的现象，可能在人们没有意识到的情况下发生。

A. 社会适应　　B. 信息干扰　　C. 先入为主　　D. 以偏概全

25. 吃糖之后再吃药，就觉得药特别苦，而吃完药后再吃糖，就会觉得糖特别甜。这体现了哪一种感觉规律(　　)

A. 感觉适应　　B. 同时对比　　C. 继时对比　　D. 感觉转换

26. 一切高级心理活动产生的基础是(　　)

A. 思维　　B. 记忆　　C. 认知　　D. 感觉

27. 语文课上，老师在范读课文时，配上一支轻音乐以加深学生对文章内容的理解与感悟。教师这一做法反映了感觉(　　)的规律。

A. 适应　　B. 对比　　C. 相互影响　　D. 后效

28. 郑老师在课堂教学中用彩色粉笔把重点内容板书出来，是利用了知觉的(　　)

A. 选择性　　B. 恒常性　　C. 理解性　　D. 整体性

29. 熟悉英文词汇知识的人，在读到字母“WOR……”后会联想到 D、K、M 等字母，这体现了(　　)

A. 知识对象的整体与部分的关系　　B. 理解能产生知觉期待和预测

C. 理解有助于知觉的固化　　D. 理解有助于知觉的整体性

30. 知觉的高级形式是(　　)

A. 注意　　B. 观察　　C. 想象　　D. 记忆

31. 诗句“欢娱嫌夜短，寂寞恨更长”描写的心理现象是(　　)

A. 空间错觉　　B. 时间错觉　　C. 运动错觉　　D. 视觉错觉

32. 看见一条大河时，工程师想到的是建造水坝来发电，诗人想到的是写诗歌颂，画家想到的是构思绘画，渔夫则想到的是能捕鱼。看到同一个东西，不同的人想到的都不一样，这反映了知觉的（　　）

A. 整体性　　B. 选择性　　C. 理解性　　D. 恒常性

33. 小明坐公交车上学，在等红绿灯时，旁边的车辆先启动了，小明却以为是自己所乘车辆在动，这种心理现象是（　　）

A. 错觉　　B. 似动

C. 知觉的整体性　　D. 相对运动

34. 盲人可以借助自己的触觉来代替自己的视觉，这是感觉的（　　）

A. 补偿　　B. 相互作用　　C. 对比　　D. 适应

35. 俗话说"一千个读者就有一千个哈姆雷特"，指的是知觉的（　　）

A. 选择性　　B. 恒常性　　C. 理解性　　D. 整体性

36. 下列选项中，关于运动觉的说法正确的是（　　）

A. 人的一种知觉

B. 反映身体各部分的位置、运动及肌肉的紧张程度的一种内部感觉

C. 人在运动中产生的反映外界状态的一种感觉

D. 反映人的运动状态的一种皮肤感觉

37. 人类认识过程的开端是（　　）

A. 表象　　B. 知觉　　C. 感觉　　D. 想象

38. 在注视向一个方向运动的物体之后，如果将注视点转向静止的物体，你会看到静止的物体向相反的方向运动，这是（　　）

A. 诱导运动　　B. 自主运动　　C. 动景运动　　D. 运动后效

39. 天空中有云彩飘动，人们会感知到月亮在云中穿行，这属于（　　）

A. 动景运动　　B. 自主运动　　C. 诱导运动　　D. 瀑布效应

40. 当孩子看到鲜艳的紫红色烟台大樱桃时，下列所说的话中最能直接体现"知觉"活动的是（　　）

A. "我要吃。"　　B. "真甜！"

C. "颜色好漂亮！"　　D. "哇，大樱桃！"

41. 下列俗语中，反映了晕轮效应的是（　　）

A. "路遥知马力，日久见人心"　　B. "以己之心，度人之腹"

C. "情人眼里出西施"　　D. "先入为主"

42. "以小人之心，度君子之腹"可用（　　）解释。

A. 投射效应　　B. 近因效应

C. 晕轮效应　　D. 首因效应

43. 注视一个红色的对象一定时间以后，再将视线转到白色的背景上，就会看到一个蓝绿色的

对象,这是(　　)造成的。

A. 视觉后像　　B. 闪光融合　　C. 联觉　　D. 遗觉表象

44. 丽丽和爸爸一起看到一幅画,丽丽说:“这幅画里有一个女孩!”而爸爸却说:“小女孩正在思考问题呢!”他们的话语体现了知觉的(　　)

A. 理解性　　B. 选择性　　C. 恒常性　　D. 整体性

45. 视觉的明适应是感受性的(　　)

A. 降低　　B. 提高　　C. 稳定　　D. 都不是

46. 感受性与感觉阈限在数值上成(　　)关系。

A. 反比　　B. 正比　　C. 倒 U 型曲线　　D. U 型曲线

47. 一张红纸,一半有阳光直射,一半没有,颜色的明度、饱和度大不相同,但我们仍知觉为一张红纸。这是由于知觉具有(　　)

A. 整体性　　B. 选择性　　C. 恒常性　　D. 理解性

48. 学生认为某老师的第一堂课讲得非常好,于是以后上该老师的课时,他们都认为这个老师的课讲得非常好。这种现象被称为(　　)

A. 社会刻板印象　　B. 晕轮效应　　C. 首因效应　　D. 近因效应

49. 下列关于错觉的说法中,正确的是(　　)

A. 错觉是对客观事物不正确的感觉

B. 错觉产生的原因是由于个人心理的原因

C. 当产生错觉的条件存在时,每个人都会出现错觉

D. 错觉是可以通过主观努力来纠正的

50. 垂直线段与水平线段等长,但看起来垂直线段比水平线段长,这是错觉中的(　　)

A. 厄任斯坦错觉　　B. 黑灵错觉

C. 菲克错觉　　D. 庞佐错觉

51. 当我们在人群中寻找自己的朋友时,经常会把一些与朋友具有某些相似特征的人误认成朋友。这体现的是知觉的(　　)

A. 整体性　　B. 恒常性　　C. 选择性　　D. 理解性

52. 当知觉的客观条件在一定范围内改变时,我们的知觉映像在相当程度上却保持着它的稳定性,即知觉具有恒常性。在视觉范围内,知觉恒常性的种类不包括(　　)

A. 形状恒常性　　B. 大小恒常性　　C. 颜色恒常性　　D. 距离恒常性

53. 小张的身高比同龄人要高出很多,因此常被别人认为很会打篮球,但现实并非如此。这个案例体现的是(　　)

A. 对比效应　　B. 同化效应　　C. 宽大效应　　D. 刻板印象

54. 小王听到楼下尖锐刺耳的汽车鸣笛声就好像身体被刺到,心脏有疼痛感,非常不舒服。这属于感觉的(　　)现象。

A. 联觉　　B. 对比　　C. 适应　　D. 后像

55. 在教室里，面对着你的一个窗户是方形的，其他几个窗户看起来不是方形的，可你仍感知到它们是方形的。这是(　　)

A. 知觉的整体性　　B. 知觉的选择性

C. 知觉的理解性　　D. 知觉的恒常性

56. "外行看热闹，内行看门道"体现的是知觉的(　　)

A. 选择性　　B. 整体性　　C. 理解性　　D. 恒常性

57. 在校园建设中，采用提高刺激物的强度等做法来突出教育内容是利用了知觉的(　　)

A. 选择性　　B. 理解性　　C. 恒常性　　D. 整体性

58. 嗅觉的适应一般表现为感受性的(　　)

A. 提高　　B. 降低　　C. 提高或降低　　D. 没有变

59. 学生在听教师讲解公式原理时，总是在已有知识经验的基础上把握所学的内容。这属于(　　)

A. 知觉的选择性　　B. 知觉的恒常性

C. 知觉的理解性　　D. 知觉的整体性

60. 50 分贝的声音小燕刚刚能够听到，当声音提高到 60 分贝时，小燕感觉到此刻分贝的声音与原来大小不一样。这 10 分贝的差距是(　　)

A. 绝对感受性　　B. 绝对感觉阈限

C. 差别感受性　　D. 差别感觉阈限

61. 谈到教师，人们就会自然地想到教师着装朴实，戴着眼镜伏案批改作业；谈到金融从业者，就会想到西装革履和高收入。这种现象在心理学上称之为(　　)

A. 刻板印象　　B. 首因效应　　C. 印象固着　　D. 晕轮效应

62. 记笔记时，章与章、节与节之间，重要的标题与其他词句之间都留出一定的空行，以便日后查阅时一目了然。这体现了知觉选择性中的(　　)

A. 差异律　　B. 组合律　　C. 活动律　　D. 强度律

63. 看见一面红旗，人们马上能认出它。这时的心理活动是(　　)

A. 感觉　　B. 视觉　　C. 色觉　　D. 知觉

64. 黑色的炭在日光下是黑色的，在月光下我们仍然认为它是黑色的。这主要体现了知觉的(　　)

A. 选择性　　B. 理解性　　C. 整体性　　D. 恒常性

65. "刚刚戴上近视眼镜时觉得鼻子不适应，久了就感觉不到了"，这属于感觉的(　　)

A. 明适应　　B. 听觉适应　　C. 温度觉适应　　D. 触压觉适应

66. 美妙的音乐很悦耳，像春风拂过脸颊。这属于(　　)

A. 知觉　　B. 错觉　　C. 幻觉　　D. 联觉

67. "既见树木又见森林"是指观察的(　　)

A. 目的性　　B. 创新性　　C. 直接性　　D. 全面性

68. 在学校足球赛中，八(3)班获胜了，几位队员都认为自己在这场比赛中起到了重要的作用。按照社会认知偏差类型，这几位队员属于(　　)

A. 积极性偏差　　B. 后视偏差

C. 自我中心偏差　　D. 虚假一致性偏差

69. 将一根木棒的一截插入水中，木棒看起来弯曲了。这是(　　)

A. 感觉　　B. 错觉　　C. 动觉　　D. 幻觉

70. 同一张灰色小方纸，放在蓝色背景上显得发黄，放在红色背景上显得发青。这种现象是(　　)

A. 感觉适应　　B. 视觉适应　　C. 同时对比　　D. 继时对比

71. 在噪音影响下，黄昏视觉的感受性会降低到受刺激前的20%；而轻微的肌肉动作或用凉水洗脸，可以使黄昏视觉的感受性提高。这种现象是(　　)

A. 不同感觉的相互影响　　B. 不同感觉的相互补偿

C. 同一感觉的相互作用　　D. 联觉

72. 游览黄山时见到一块石头，导游提示其很像一只雄鸡，此景点叫作“金鸡叫天门”，于是越看越像。这主要体现了知觉的(　　)

A. 整体性　　B. 恒常性　　C. 选择性　　D. 理解性

73. 在没有月光的夜晚，我们仰视天空时，有时会发现一个细小而发亮的东西在天空游动，我们会误认为它是一架飞机，其实这是由星星引起的(　　)

A. 真动知觉　　B. 动景运动　　C. 游动效应　　D. 运动后效

74. 小学教师在上课时，生动的面部表情和抑扬顿挫的声音容易成为小学生的知觉对象，这是因为知觉具有(　　)

A. 恒常性　　B. 理解性　　C. 整体性　　D. 选择性

75. “看见一棵树被一幢房屋挡住，只露出一部分树枝和树叶，那么房屋肯定离我们更近。”这属于空间知觉中的(　　)

A. 大小知觉　　B. 形状知觉　　C. 深度知觉　　D. 方位知觉

76. 某学生在与人交往时，把自己具有的某些不讨人喜欢、不为人接受的观念、性格等转移到别人身上，认为别人也是如此，以掩盖自己不受欢迎的特征。这种社会知觉偏差属于(　　)

A. 晕轮效应　　B. 首因效应　　C. 投射效应　　D. 近因效应

77. 我们看到苹果是红色的，闻一下是香香的，咬一口觉得甜甜的，这些都属于(　　)

A. 遗传　　B. 感觉　　C. 知觉　　D. 思维

78. 在实验中，让你戴上耳机，然后开始由小到大地调节音量，你会从一开始听不见，到开始逐渐能够听得见。在你刚刚能够听得见时的音量，在心理学中被称为(　　)

A. 绝对感受性　　B. 绝对感觉阈限

C. 差别感受性　　D. 差别感觉阈限

79. 以下现象中，表明感受性可通过练习而提高的是(　　)

A. 从亮处到暗处，由看不清到逐渐看清物体的轮廓

B. 吃糖之后再吃橘子，觉得橘子酸

C. 卖糖果的售货员用手抓糖，重量较准确

D. 洗热水澡时刚开始觉得水热，稍后感觉不那么热了

80. 胃剧烈收缩所引起的疼痛属于(　　)

A. 内受感觉　　B. 本受感觉　　C. 外受感觉　　D. 运动感觉

81. 儿童刚学写字时，常混淆“乌”和“鸟”等形近字。这是由于该时期儿童的观察品质缺乏(　　)

A. 精确性　　B. 顺序性　　C. 目的性　　D. 敏捷性

82. 下列关于错觉的表述正确的是(　　)

A. 错觉是在人们头脑中出现的幻觉

B. 错觉是由于客观事物本身的改变引起的

C. 错觉是对事物的一种不正确的知觉

D. 错觉对于人们认识客观世界只有消极作用

83. 电子广告、摄影技术、放映机利用了哪种似动知觉(　　)

A. 动景运动　　B. 自主运动　　C. 诱导运动　　D. 运动后效

84. 知觉的恒常性受各种因素影响，其中(　　)线索有重要作用。

A. 视觉　　B. 听觉　　C. 嗅觉　　D. 触觉

85. 在注视飞速开过的火车之后，会觉得附近的树木向相反的方向运动。这是(　　)

A. 诱导运动　　B. 动景运动　　C. 自主运动　　D. 运动后效

86. 根据知觉反映客观对象的特性不同进行分类，知觉不包括(　　)

A. 空间知觉　　B. 时间知觉　　C. 运动知觉　　D. 触摸知觉

87. 辨别汉字的偏旁部首和结构，其知觉类型是(　　)

A. 空间知觉　　B. 时间知觉　　C. 运动知觉　　D. 错觉

88. 心理学家利用“视崖实验”考察个体的(　　)

A. 大小知觉　　B. 运动知觉　　C. 时间知觉　　D. 深度知觉

89. 人们对人或事物所持有的一套比较笼统、概括、固定的看法，并以这种看法作为评价人或事物的依据是(　　)

A. 首因效应　　B. 近因效应

C. 晕轮效应　　D. 社会刻板印象

90. (　　)的视觉敏感发展到一生中的最高水平。

A. 小学生　　B. 中学生　　C. 大学生　　D. 成人

91. 我们熟悉某位身材高大的人，不会因为他站得远，看上去矮小，就把他知觉为一位身材矮小的人。这是知觉的(　　)

A. 整体性　　B. 意义性　　C. 恒常性　　D. 选择性

92. 漫画家画人物时仅勾勒数笔，别人就能看出画的是谁。这里反映出的知觉特征是(　　)

A. 选择性　　B. 恒常性　　C. 理解性　　D. 整体性

93. 当我们去电影院看电影迟到时,刚进去时光线很暗,很难看清自己的座位号,而过了一段时间之后,我们就能看清楚了,这是暗适应现象,它表示我们的视觉感受性(　　)

A. 提高了　　B. 降低了　　C. 没有变　　D. 较差

二、多项选择题

1. 下列属于错觉现象的是(　　)

A. 有扩音设备的时候,还是觉得听到的声音来自主席台的发言者

B. 筷子放进水杯里看到筷子变弯了

C. 从空调房里出来时感觉外面特别热

D. 月亮明亮的时候感觉星星很少

2. 关于感觉,下列表述错误的是(　　)

A. 暗适应是视觉感受性降低的过程

B. 明适应比暗适应要花费更长的时间

C. 刺激强度太强或太弱都不会产生感觉

D. 煤炭在晚上看起来比白天更黑,但不认为这是两种煤炭,这是感觉的对比现象

3. 当你去机场接待一位未曾见过的、准备来学校进行主题讲座的大学教授时,你会预先在头脑中设想这个教授的一些人物形象。这体现了知觉的(　　)的加工方式。

A. 拮抗　　B. 概念驱动　　C. 自上而下　　D. 自下而上

4. 教师做 PPT 时一般是白底黑字,但会把形近字的相同部分与相异部分分别用黑字和红字标记出来,这体现了(　　)

A. 对比刺激产生有意注意　　B. 知觉的选择性

C. 感觉的相互作用中的同时对比　　D. 有意注意占主要地位

5. 内部感觉包括(　　)

A. 肤觉　　B. 机体觉　　C. 运动觉　　D. 平衡觉

6. “入芝兰之室,久而不闻其香;入鲍鱼之肆,久而不闻其臭。”这种现象在心理学上属于(　　)

A. 感觉适应　　B. 嗅觉适应

C. 嗅觉感受性下降　　D. 嗅觉感受性增强

7. 人脑对客观事物进行直接反映的心理现象是(　　)

A. 感觉　　B. 知觉　　C. 注意　　D. 意识

8. 空间知觉包括(　　)

A. 形状知觉　　B. 大小知觉　　C. 深度知觉　　D. 方位知觉

9. 下列现象中能引起感受性提高的是(　　)

A. 暗适应　　B. 明适应　　C. 嗅觉适应　　D. 感觉补偿

10. 下列关于感觉规律的表述,正确的有(　　)

A. 感觉有补偿现象　　B. 感觉适应时感受性下降

C. 感受性与感觉阈限成反比关系　　D. 感觉对比分为同时对比和继时对比

11. 似动知觉包括( )

A. 真动知觉 B. 时间知觉 C. 动景运动 D. 自主运动

12. 下列心理现象属于联觉的是( )

A. 红橙黄等颜色使人产生温暖的感觉

B. 明暗相邻的边界上,看起来亮处更亮、暗处更暗

C. “甜蜜的嗓音”“沉重的乐曲”

D. 悦耳美妙的轻音乐使人有一种春风拂面的感觉

三、判断题

1. 如果你注视瀑布的某一处一段时间后,再看周围静止的田野,会觉得田野上的一切在向上飞升。这种现象是运动后效。( )

2. 宠物狗能够分辨主人和陌生人的脚步声,这说明该宠物狗的绝对感觉阈限很高。( )

3. 错觉是一种歪曲的知觉,是不好的,因此我们要避免和克服。( )

4. 人们进入橙色灯光照耀下的餐厅,就感觉很温暖,这种现象是联觉。( )

5. 注视一朵黄花约一分钟,之后将视线转向身边的白墙,那么在白墙上将看到一朵蓝花,这种现象属于感觉后效。( )

6. 学生坐在第一排座位上看老师与坐在最后一排座位上看老师,老师在他们视网膜上的成像大小不一,但学生总是把老师看成具有特定大小的形象,这是知觉选择性的体现。( )

7. 知识经验越丰富,知觉的整体性、清晰性、准确性越好。( )

8. 新上任的班主任总是要听一听原班主任对该班学生的看法,而这些看法又自然而然地会影响到他对该班学生的看法,这是一种社会刻板效应。( )

9. 上课时,当我们注意看黑板上的字时,黑板上的字便成为我们知觉的对象,而黑板、墙壁、老师的讲解、周围同学的翻书声等便成为知觉的背景;当我们注意听老师的讲解时,老师的声音便成为我们知觉的对象,而周围同学的翻书声、进入视野的一切便成为我们知觉的背景。这是知觉的选择性特点。( )

10. 错觉不是通过主观努力就可以纠正的,错觉不存在个体差异。( )

11. 人们的思想观点和世界观的形成都离不开人们的认识,都需要以一定的感觉为基础。( )

12. 刺激物对感受器的作用停止以后,感觉现象并没有立即消失,它能保留短暂一段时间,这种现象是闪光融合。( )

13. 观察是人的一种有目的、有计划、持久的知觉活动,是知觉的高级形式。( )

14. 印象形成过程中,最初获得的信息比后来获得的信息影响更大的现象叫作首因效应。( )

15. 下水游泳,刚开始时觉得很凉,在水中待一会儿后就不再觉得凉了。这种现象属于感觉对比中的先后对比。( )

16. 在暗室里,如果你点燃一支熏香或烟头,并注视着这个光点,你会看到这个光点似乎在运

动,这就是自主运动。（　　）

17. 刚入学的儿童常常把“b”与“d”、“q”与“p”相混淆,这是他们方位知觉不精确的表现。（　　）

18. 感觉和知觉同属于认识过程的初级阶段,即感性认识阶段,都是对当前事物的直接认识,都反映事物的外部特征和外部联系。（　　）

19. 感觉是人脑对作用于感觉器官的客观事物的整体属性的反映。（　　）

20. 只要有外部刺激作用于感觉器官就会产生感觉。（　　）

21. 错觉现象的存在正是说明了人类无法客观地反映世界。（　　）

22. 知觉恒常性是指当知觉的客观条件在一定范围内改变时,我们的知觉映像在相当程度上却保持稳定的特点,它包括大小恒常性、形状恒常性和颜色恒常性等。（　　）

23. 将对象从背景中分离出来的知觉特性是整体性。（　　）

24. 一般情况下,人们的感受性越好,刚刚能够引起感觉的最小刺激量就越大。（　　）

25. 知觉是将感官获得的信息转化为有组织和有意义的整体的过程,知觉具有选择性、整体性、恒常性、理解性等特征。（　　）

26. 面对耀眼的玻璃墙反光,小黄产生了不适的反应,此时他的视觉感受性提升了。（　　）

27. “爱屋及乌”“一坏百坏”等观点体现了投射效应。（　　）

28. 在小学生观察力的发展阶段中,在认识“对象总体”阶段,儿童能从意义上完整地认识整幅图画的内容,依据图画中所有事物的全部联系,完整地把握对象的总体,理解图画主题。（　　）

四、简答题

1. 影响知觉选择性的因素有哪些?

2. 简述感受性与感觉阈限的关系。

3. 简述影响知觉整体性的因素。

4. 简述感觉与知觉的关系。

五、案例分析题

1. 上课铃响后，李老师走进教室，看到黑板还没有擦，就问："今天谁值日?"学习成绩较差的王刚走上讲台擦了起来。李老师说："真不负责任!"不知谁低声嘟囔说："今天不是他值日。"这时，成绩优异的张凯慢腾腾地站起来小声说："今天……我……值日。"李老师愕然了，干咳一声说："你先坐下，下回注意。"

请从心理学的角度分析李老师的行为。

2. 周老师在教学过程中发现，很多学习任务的完成都离不开观察，而学习任务完成质量的高低则与观察力的强弱密切相关。为了提高学生的观察能力，他鼓励学生观察自己饲养的小动物、栽种的植物，带领学生到田间地头、科技馆、动物园做现场观察，引导学生在课堂上观看教学视频……周老师经常指导学生阅读材料，制订观察计划，设计观察工具，提醒学生别忘了观察目的，及时记下观察的内容、过程和结果，要求学生总结与思考等。在学生遇到困难的时候，他耐心与学生讨论交流。经过一个学年的努力，周老师班上的学生都能够做到抓住观察对象的典型特征进行描述，发现别人不易觉察到的细节及其变化，借助推理和思考，从不同角度撰写较为新颖的观察报告，学生的观察能力明显提高。

(1)什么是观察，什么是观察力?

(2)结合材料谈谈培养学生观察力的基本要求。

(3)根据上述要求，请你对周老师的做法做出评价。

专题二　记　忆

考法透视　本专题以理解、识记为主，多以选择题、判断题等客观题的形式考查，但也会出现简答题等主观题。主要考查记忆的品质、分类，遗忘过程及其规律。

限时:200 分钟	用时：　分钟	错题数：　道	▶答案见 P768

一、单项选择题

1. “触景生情”属于(　　)

A. 有意回忆、直接回忆　　B. 有意回忆、间接回忆

C. 无意回忆、直接回忆　　D. 无意回忆、间接回忆

2. 虽然赵同学能将自己先前记忆过的古诗词准确地背诵下来，但是在记忆新古诗词时却显得十分吃力，尤其是在背诵新古诗词时，她总会将部分旧知识混入其中。赵同学可能是受到了(　　)的影响。

A. 前摄抑制　　B. 倒摄抑制　　C. 刻板印象　　D. 思维定势

3. 在某次大型考试的考场上，小华因为过度紧张，导致头脑一片空白，什么也想不起来，而出了考场后就什么都想起来了，这属于遗忘学说中的(　　)

A. 压抑说　　B. 干扰抑制说　　C. 提取失败说　　D. 同化说

4. 在学习游泳时，我们要根据教练的要求，记住某些关键动作要领，然后经过不断地实践练习，最终才能学会游泳。我们对游泳动作的记忆属于(　　)

A. 语义记忆　　B. 情景记忆　　C. 陈述性记忆　　D. 程序性记忆

5. 从记忆类型来看，对哥伦布发现美洲这个事实的记忆属于(　　)

A. 形象记忆　　B. 情景记忆　　C. 语义记忆　　D. 运动记忆

6. 遗忘的进程受多种因素影响，以下表述正确的是(　　)

①学习者最先遗忘的往往是对其没有重要意义的材料

②一般情况下，学习者对于熟悉的情景材料遗忘较慢

③在学习程度相等的情况下，识记材料越多遗忘越慢

④适当的过度学习对学习者的记忆保持具有正向作用

A. ①②③　　B. ①②④　　C. ②③④　　D. ①②③④

7. 王菲从小学习民族舞，长大后虽然多年不跳民族舞，但仍然能看着教学视频较快学会以前跳过的舞蹈，王菲对舞蹈的记忆属于(　　)

A. 情绪记忆　　B. 动作记忆　　C. 逻辑记忆　　D. 语义记忆

8. 巴特莱特在 1932 年提出的创见性遗忘属于(　　)

A. 真性遗忘　　B. 假性遗忘　　C. 主动性遗忘　　D. 被动性遗忘

9. 闭卷考试时，学生在头脑中呈现出简答题的答案。这属于(　　)

A. 识记　　B. 保持　　C. 再认　　D. 回忆

10. 根据识记时对材料是否理解，学生对无意义音节、地名、人名、历史年代等的识记属于(　　)

A. 机械识记　　B. 意义识记　　C. 无意识记　　D. 有意识记

11. 以文字、概念、逻辑关系为主要对象的记忆属于(　　)

A. 形象记忆　　B. 抽象记忆　　C. 情绪记忆　　D. 动作记忆

12. 古人云："余音绕梁，三日不绝。"该现象反映的是(　　)

A. 抽象记忆　　B. 形象记忆　　C. 情节记忆　　D. 语义记忆

13. 关于前摄抑制和倒摄抑制，下列说法正确的是(　　)

A. 当我们学习英语单词时，我们以前学习过的汉语拼音对我们记忆英语单词有干扰，这就是倒摄抑制

B. 当我们能熟练使用英语单词时，英语单词对我们回忆之前学过的汉语拼音有干扰，这就是前摄抑制

C. 前摄抑制和倒摄抑制就是在学习两种不同但又彼此类似的材料时产生的，在学习一种材料的过程中不会出现

D. 在学习两种不同材料时，如果后来学习的材料与之前学习的材料在难度上不同，倒摄抑制的作用也就不同

14. 观看法国"前进"运动总统候选人马克龙与极右翼"国民阵线"总统候选人勒庞激烈辩论的记忆属于(　　)

A. 情景记忆　　B. 陈述性记忆　　C. 程序性记忆　　D. 语义记忆

15. 一位同学阅读过《瓦尔登湖》后，只记着该书的开头和结尾，中间内容遗忘较多，这是受(　　)因素的干扰。

A. 消退和干扰抑制　　B. 倒摄和干扰抑制

C. 前摄和消退抑制　　D. 前摄和倒摄抑制

16. 作文课上，王老师让学生以"苹果树"为题写一篇文章，小芳看到该题目后，脑海中浮现出自己家中的苹果树以及树上的大苹果。小芳的这种记忆属于(　　)

A. 情绪记忆　　B. 逻辑记忆　　C. 形象记忆　　D. 语词记忆

17. 艾宾浩斯的遗忘曲线是根据(　　)实验结果得出来的。

A. 系列学习　　B. 配对联想学习

C. 自由回忆学习　　D. S－R 学习

18. 进入小学三年级的佳佳在背诵唐诗时，会慢慢根据老师解释的诗句含义来记忆，不再像以前那样只是反复诵读记忆。这体现的小学生的记忆特点是(　　)

A. 无意记忆转向意义记忆　　B. 机械记忆转向意义记忆

C. 具体形象记忆转向抽象逻辑记忆　　D. 意义记忆转向无意记忆

19. 学生在考试时因情绪紧张做不出来题,等考试结束后又能回答上来了,这叫(　　)遗忘。

A. 暂时性　B. 一般性　C. 永久性　D. 特殊性

20. 人的心理活动能在时间上连续,主要是由于(　　)

A. 记忆的作用　B. 思维的作用　C. 想象的作用　D. 联想的作用

21. 遗忘是个体的一种正常现象,影响遗忘的因素有很多。下列遗忘观点与“及时复习策略”相一致的是(　　)

A. 痕迹衰退说　B. 干扰说　C. 同化说　D. 压抑说

22. 举办的成语大赛中有一个两人合作猜成语的竞赛环节,面对同伴给出的看似无关的提示,选手有时一击即中,有时则被弄得一头雾水。这体现了(　　)在信息提取中的作用。

A. 干扰　B. 线索　C. 疲劳　D. 动机

23. 俄罗斯著名教育家乌申斯基曾指出:我们应当“巩固建筑物”,而不要等待去“修补已经崩溃的建筑物”。这启示我们为避免遗忘(　　)

A. 组织复习要及时　B. 注意脑的健康和用脑卫生

C. 阅读与重现要交替进行　D. 要正确分配复习时间

24. 为降低知识的遗忘率,下列做法错误的是(　　)

A. 在理解的基础上进行记忆　B. 复习次数越多越好

C. 睡觉前或早起时及时复习　D. 有效运用联想法、关键词法等记忆术

25. 很久以前学过的英语单词,一名学生现在写也许写不出来,但是用阅读再认法可以证明他对那些单词依然是有记忆的。学生的这种记忆属于(　　)

A. 内隐记忆　B. 外显记忆　C. 形象记忆　D. 运动记忆

26. 防止遗忘的最根本方法是(　　)

A. 识记　B. 联想　C. 复习　D. 训练

27. 所谓过度学习,是指在学习达到刚好成诵以后的附加学习。假如小华学习《静夜思》10 分钟后就刚好能背诵,为取得最好的记忆效果,小华需要再读(　　)分钟。

A. 2　B. 5　C. 10　D. 15

28. 有的人觉得晚上的学习效果会更好,这是因为这一阶段的学习不受(　　)的干扰。

A. 前摄抑制　B. 超限抑制　C. 单一抑制　D. 倒摄抑制

29. 某学生能够记得曾经吃过的食物的味道。这种记忆属于(　　)

A. 动作记忆　B. 情绪记忆　C. 逻辑记忆　D. 形象记忆

30. 记忆过程包括(　　)

A. 识记、保持和遗忘　B. 识记、再认和回忆

C. 识记、保持和联想　D. 识记、保持、再认或回忆

31. 教师答疑时,能迅速、灵活地提取头脑中的知识,以解决学生当前的问题。这体现了记忆品质的(　　)

A. 准确性　B. 持久性　C. 敏捷性　D. 准备性

32. 从信息加工的观点看,记忆的基本过程是(　　)

A. 输入—编码—提取　　B. 编码—储存—提取

C. 储存—加工—提取　　D. 输入—加工—使用

33. (　　)是记忆的初级表现形式,是比回忆较为容易和简单的一种恢复经验的形式。例如:好友重逢,一眼就认出了对方;旧地重游,处处有熟悉之感。

A. 保持　　B. 再认　　C. 再现　　D. 回忆

34. 回忆高尔基的《海燕》时,头脑中浮现出课文的第一段和结尾部分,中间部分却模糊不清。这种现象可以用遗忘的(　　)来解释。

A. 干扰理论　　B. 衰退理论

C. 压抑理论　　D. 提取失败理论

35. 小杰觉得在背书的过程中往往会把前面和后面的内容背得比较好,所以他决定以后把重难点知识放到开头和结尾来背,这体现的是(　　)的影响。

A. 识记者的态度　　B. 识记材料的性质

C. 识记材料的系列位置　　D. 识记材料的数量

36. 学生背诵一篇较长的课文,首尾部分记忆效果较好,中间部分遗忘较多。这种心理效应被称为(　　)

A. 鲶鱼效应　　B. 边际效应　　C. 霍桑效应　　D. 系列位置效应

37. 在记忆中,小学生善于(　　)

A. 具体的词的记忆　　B. 语词材料记忆

C. 抽象图形记忆　　D. 具体形象记忆

38. 某学生给自己的座右铭是:留住美好和感动,遗忘消极与不快。这其中的"遗忘"所体现的遗忘理论是(　　)

A. 干扰理论　　B. 动机遗忘理论　　C. 提取失败理论　　D. 消退理论

39. 具有明确识记目的,运用一些有助于识记的方法,并需要做出意志努力的识记是(　　)

A. 有意识记　　B. 意义识记　　C. 机械识记　　D. 不随意识记

40. 依据艾宾浩斯的遗忘规律,以下表述不正确的是(　　)

A. 遗忘数量随时间递增

B. 在识记后的短时间内遗忘特别迅速,然后逐渐缓慢下来

C. 及时复习有利于识记材料在急速遗忘前获得必要的巩固

D. 一般情况下,集中复习的效果优于分散复习

41. 德国心理学家艾宾浩斯研究发现,遗忘的规律是(　　)

A. 先快后慢,呈负加速型　　B. 先慢后快,呈正加速型

C. 先快后慢,呈正加速型　　D. 先慢后快,呈负加速型

42. 关于中学生记忆发展的基本特点,下列表述不正确的是(　　)

A. 以机械记忆为主　　B. 以有意记忆为主

C. 以意义记忆为主　　D. 词的抽象记忆能力得到进一步发展

43. 人类记忆的保持过程中，记忆内容会(　　)

A. 发生质变　B. 发生量变　C. 不发生变化　D. 发生量变和质变

44. 在一份书面学习材料中，记忆效果最好的位置往往在(　　)

A. 开始部分　B. 结尾部分　C. 中间部分　D. 开始和结尾部分

45. 能够解释"舌尖现象"的理论是(　　)

A. 提取失败说　B. 经验干扰说

C. 动机压抑说　D. 痕迹衰退说

46. 陈老师总是提醒学生要抓紧一切时间进行学习，才能达到较好的学习效果。但在教育心理学中"过度学习"不是毫无限度的"超度学习"。一般说来，学习程度以(　　)为佳，其效应也最大。

A. 100%　B. 150%　C. 180%　D. 200%

47. 人们经历过的事物都会在头脑中留下痕迹，并且可以在一定条件下呈现出来，这是(　　)

A. 感觉　B. 知觉　C. 记忆　D. 思维

48. 下列哪种记忆可以通过语言传授而一次性获得，它的提取往往需要意识的参与，如我们在课堂上学习的各种课本知识和日常生活常识都属于这类记忆(　　)

A. 动作记忆　B. 语义记忆　C. 陈述性记忆　D. 程序性记忆

49. "默写"属于(　　)

A. 有意识记　B. 无意识记　C. 有意回忆　D. 无意回忆

50. 学习后立即睡觉，保持的效果往往比学习后继续活动的保持效果好。这是由于(　　)

A. 无倒摄抑制的影响　B. 有记忆的恢复现象

C. 过度学习的作用　D. 情景记忆的作用

51. 琪琪在背诵语文课文的时候卡壳了，妈妈给她提示了一个字后，她立马流畅地背诵了起来。可以解释这个现象的遗忘理论是(　　)

A. 消退理论　B. 干扰理论

C. 提取失败理论　D. 压抑理论

52. 德国心理学家艾宾浩斯最早对记忆保持量的变化进行了系统的实验研究，他以自己为被试，以(　　)

A. 无意义音节为记忆的材料　B. 图形为记忆的材料

C. 词汇为记忆的材料　D. 数字为记忆的材料

53. 在不需要意识或有意回忆的情况下，个体的经验自动对当前任务产生影响而表现出来的记忆称为(　　)

A. 逻辑记忆　B. 运动记忆　C. 外显记忆　D. 内隐记忆

54. 有经验的老师在一节课程中会讲解学生感兴趣的故事、谜题或制造悬念来进行导课，这主要是通过(　　)的规律来组织教学。

A. 无意识记　B. 有意识记　C. 机械识记　D. 意义识记

55. 妈妈教琳琳学唱儿歌，她发现琳琳在学习后的5个小时内复习所学的儿歌15分钟，比一周后复习2小时的效果好得多，这充分说明了(　　)的重要性。

A. 及时复习　　B. 分散记忆　　C. 集中复习　　D. 过度学习

56. 在其他条件相等的情况下，一个学习材料两端的项目学得快、记得牢，而中间部分总是学得慢、记得差。可用于解释这种知识遗忘的理论是(　　)

A. 提取失败说　　B. 痕迹衰退说　　C. 经验干扰说　　D. 动机压抑说

57. 对于遗忘发展的进程，德国心理学家艾宾浩斯最早进行了系统的研究，下列关于遗忘的说法正确的有(　　)个。

①遗忘的过程最初进展得很慢，以后逐渐加快

②遗忘的发展是均衡的

③过了相当长的时间后，几乎不再遗忘

A. 0　　B. 1　　C. 2　　D. 3

58. 有一位语文老师告诉学生如何区别“买”“卖”两个字时说：“多了就卖，少了就买。”学生很快就记住了这两个字。还有学生把“干燥”写成“干躁”，把“急躁”写成“急燥”，老师就教学生：“干燥防失火，急躁必跺足。”从此以后学生对这两个字再也不混淆了。下列关于该案例说法错误的是(　　)

A. 该教师鼓励学生进行了意义识记

B. 意义识记的先决条件是理解，所有文字都可以用这种方法识记

C. 该方法可以使学生获得良好的记忆效果

D. 对于无意义的材料，尽量赋予其人为的意义，在理解的基础上进行识记

59. 记忆的信息加工过程包括编码、储存和提取等，其中最关键的环节是(　　)

A. 编码　　B. 储存　　C. 复述　　D. 提取

60. “尝试回忆与反复识记相结合”有利于提高复习效果，其主要原因是(　　)

A. 明确了目的性　　B. 增加了趣味性

C. 提高了理解性　　D. 加强了条理性

61. 学生小王总是在快要考试时才会花很多时间看书，平时几乎从不花时间复习老师的课堂教学内容。在复习时，小王常常是课本上有什么内容就看什么内容，什么内容在前就先看什么内容，什么内容在后就后看什么内容，他的学习成绩一直不理想。作为老师，你怎样建议小王进行复习(　　)

①复习要及时　②复习要多样化　③适当超额学习

④复习时要对学过的知识进行进一步加工，使之条理化、系统化，形成知识网络

A. ①②④　　B. ①②③④　　C. ①④　　D. ①②③

62. 在记忆事物时，有的人可以过目不忘，而有的人则久难成诵。这种现象体现的记忆特征是(　　)

A. 记忆的敏捷性　　B. 记忆的持久性

C. 记忆的准确性　　D. 记忆的准备性

63. 记忆的(　　)是指在需要的时候能够迅速地回忆起储存在大脑中的知识、经验的品质。具体表现为出口成章、对答如流、一挥而就等。

A. 持久性　B. 准备性　C. 敏捷性　D. 正确性

64. 人们在游览过"万里长城"后,在头脑中留下了生动的长城形象。这种记忆是(　　)

A. 情绪记忆　B. 形象记忆　C. 动作记忆　D. 情景记忆

65. 根据艾宾浩斯的遗忘曲线,下列表述不正确的是(　　)

A. 个体对初次识记的无意义材料进行复习的时间应在识记后的 1 小时内

B. 与遗忘进行斗争的首要条件是组织识记后的复习

C. 没有复述的信息是不可能进入长时记忆的

D. 复习难度大的材料时应集中复习

66. 下列选项中,说明了语义记忆和情景记忆的区别的是(　　)

A. 记住"psychology"的中文意思和记住"psychology"这个单词怎么拼写

B. 记得自己五年级班主任的名字和记得怎样选择聊天软件

C. 记住"孺子"的意思和记得前年校庆晚会上教师合唱的节目

D. 记得怎样使用 PPT 制作多媒体课件和记得曾经教过哪些学生

67. "当我们学到了更高级的概念与规律以后,高级概念可以替代低级概念,使低级概念遗忘,从而减轻记忆负担。"这种思想和以下哪一种理论有关(　　)

A. 痕迹衰退说　B. 同化说　C. 动机说　D. 压抑说

68. 在读一首短诗时,某生学习 10 分钟就刚好能背诵,随后又增加了几分钟学习时间。这种增加的附加学习,叫作(　　)

A. 重复学习　B. 过度学习　C. 继续学习　D. 延长学习

69. 昨天学习了"interest",今天学习"interesting"的时候会学得特别快。这是由于受到了(　　)

A. 前摄促进　B. 后摄促进　C. 前摄抑制　D. 后摄抑制

70. 朋友聚会,明明知道对方的名字,但就是想不起来。这种现象称为(　　)

A. 遗忘现象　B. 舌尖现象　C. 挫折现象　D. 抑制现象

71. 根据艾宾浩斯的遗忘曲线,我们在学习时应采用的策略是(　　)

A. 合理分配复习时间　B. 及时复习

C. 尝试回忆和反复阅读相结合　D. 采用多样化的方法

72. 在街上碰到了多年未见的小学数学老师,这个过程中的主要记忆活动是(　　)

A. 识记　B. 保持　C. 再认　D. 回忆

73. 当天学习的外语材料,为使保持效果最好,第一次复习最好在(　　)

A. 24 小时内　B. 第二天　C. 第三天　D. 第二周

74. 安排课程时尽可能地避免将相似的课程排在一起,这是为了减少(　　)对记忆的影响。

A. 痕迹衰退　B. 前摄抑制和倒摄抑制

C. 动机性遗忘　D. 舌尖现象

75. 永久性遗忘是因消退而引起的(　　)

A. 存储性障碍　　B. 提取性障碍　　C. 生理性障碍　　D. 心理性障碍

76. (　　)指的是按照固定顺序逐一地呈现一系列刺激以后刚刚能够立刻正确再现的刺激系列的长度。

A. 记忆数量　　B. 记忆深度　　C. 记忆广度　　D. 记忆容量

77. 因为回忆某些痛苦的经历会使人感到不愉快,所以与之有关的事件可能更容易遗忘。解释这种遗忘现象的理论是(　　)

A. 消退学说　　B. 干扰学说　　C. 压抑学说　　D. 提取失败学说

78. 教师讲新知识之前都要先复习以前学过的知识并通过找到旧知识与新知识的联系来帮助学生记忆新知识。这种记忆属于(　　)

A. 机械记忆　　B. 无意记忆　　C. 意义记忆　　D. 被动记忆

79. 能解释倒摄抑制现象的遗忘理论是(　　)

A. 衰退理论　　B. 干扰理论

C. 线索—依存理论　　D. 动机—遗忘理论

80. 部分省市中考的文科综合科目采用开卷形式进行。开卷考试时,学生的记忆活动主要是(　　)

A. 识记　　B. 回忆　　C. 再认　　D. 保持

二、多项选择题

1. 以下属于无意识记的有(　　)

A. 阅读有趣的书籍后,产生了深刻的印象

B. 针对考试项目进行系统深入复习

C. 学生上课记住了教师讲授的主要知识

D. 观看电影后,对某个精彩片段念念不忘

2. 小伟自从学会了骑自行车,到现在一直会骑。小伟关于骑车技能的记忆属于(　　)

A. 陈述性记忆　　B. 程序性记忆

C. 外显记忆　　D. 内隐记忆

3. 下列关于遗忘说法错误的是(　　)

A. 学习一段材料,一般总是开头和结尾部分容易记住,而中间部分则容易忘记,这种现象叫系列位置效应

B. 早晨学习效果一般较好,因为这个阶段学习不受倒摄抑制干扰

C. 最初遗忘进展快,以后渐慢,艾宾浩斯认为"保持和遗忘是时间的函数"

D. 记忆效果最好的过度学习是在恰能背诵之后多学150%左右

4. 小学阶段正是人的记忆能力迅速发展的时期,小学生记忆的发展特点有(　　)

A. 抽象记忆迅速发展

B. 机械识记逐渐占主导地位

C. 由无意识记为主向有意识记为主转化

D. 形象记忆在小学阶段仍具有重要作用

5. 良好的记忆品质包括(　　)

A. 记忆的敏捷性　　B. 记忆的持久性

C. 记忆的准确性　　D. 记忆的准备性

6. 下列属于少年期学生记忆发展规律的是(　　)

A. 从无意识记到有意识记的发展　　B. 从意义识记到机械识记的发展

C. 从形象记忆到抽象记忆的发展　　D. 记忆范围不断扩大

7. 为了提高学生的意义记忆能力,教师可以采取的措施有(　　)

A. 帮助学生很好地理解教材

B. 对高年级学生要教会他们良好的记忆方法

C. 要求学生不用太理解,反复诵读

D. 适当训练机械记忆能力以辅助意义记忆

8. 学习、背诵一系列英语单词时,常常很难记住全部的内容。一般来说,遗忘会有如下规律(　　)

A. 刚开始遗忘的速度最快

B. 单词表开始部分和最后部分遗忘最多

C. 因为前摄抑制和倒摄抑制的作用,中间部分单词的记忆效果最差

D. 当重新学习、背诵这些单词时,要花费较多的时间

9. 下列关于机械识记的说法,正确的是(　　)

A. 机械识记主要是依靠机械重复而进行的识记

B. 在实践阶段的学习中,机械识记是没有必要的

C. 机械识记不考虑记忆材料之间的意义联系

D. 机械识记无需对材料重新进行组织

10. 能够解释遗忘原因的学说有(　　)

A. 干扰说　　B. 压抑说　　C. 衰退说　　D. 同化说

11. 关于内隐记忆与外显记忆,不正确的是(　　)

A. 内隐记忆受学习者知识加工深度的影响大于外显记忆

B. 内隐记忆保持时间长

C. 干扰因素容易对外显记忆产生影响

D. 内隐记忆保持时间短

12. 某老师在进行《赠汪伦》这首诗的教学时,首先引导学生借助想象,在脑海里形成主体画面,再带领学生吟诵,配上离别的音乐,加上适当的动作,帮助学生与作者产生情感共鸣。对此,下列说法正确的是(　　)

A. 学生进行的想象是有意的再造想象

B. 吟诵的场景可作为记忆提取的线索

C. 多重编码的方法促进了学生知识的记忆

D. 形成诗词的画面增强了学生的形象记忆

13. 影响遗忘进程的主要因素有(　　)

A. 识记的方法　　B. 学习材料的性质

C. 学习者的情绪和动机　　D. 系列位置效应

14. 影响遗忘的因素有很多,下列有关说法正确的有(　　)

A. 回忆系列材料时,最先呈现和最后呈现的材料遗忘最多

B. 在学习程度相等的情况下,识记材料多,遗忘较快;材料少,遗忘较慢

C. 实验证明,低度学习材料易遗忘,而过度学习的材料比恰能背诵的材料记忆效果要好一些

D. 一般认为,对熟练的动作和形象材料遗忘得快,而无意义材料比有意义材料遗忘要慢得多

15. 中学生的记忆特征表现为(　　)

A. 机械记忆占主导　　B. 有意记忆占主导

C. 理解记忆为主要的记忆方法　　D. 抽象记忆占优势

16. 现代认知心理学把人的记忆系统分为三个子系统,即(　　)

A. 直接记忆　　B. 瞬时记忆　　C. 短时记忆　　D. 长时记忆

17. 引起学生遗忘的原因有(　　)

A. 记忆信息的衰减　　B. 记忆信息的错构

C. 记忆信息的干扰　　D. 意识的抑制作用

18. 记忆是人脑对过去经验的保持和再现的过程,其种类除有形象记忆和情景记忆以外,还有(　　)

A. 语言记忆　　B. 语义记忆　　C. 情绪记忆　　D. 运动记忆

19. 遗忘的规律与特点是(　　)

A. 不重要的和未经复习的内容容易遗忘

B. 无意识记比有意识记易遗忘

C. 遗忘有“先快后慢”的特点

D. 形象记忆比逻辑记忆易遗忘

20. 记忆过程的最后一个环节包括(　　)

A. 辨别　　B. 再认　　C. 重现　　D. 呈现

21. 闭卷考试时,学生主要的记忆活动是(　　)

A. 识记　　B. 保持　　C. 回忆　　D. 再认

三、判断题

1. 编码、存储和提取是记忆的三个基本过程。任何外界信息只有经过这些过程,才能成为个体可以保持和利用的经验。(　　)

2. 干扰说认为,遗忘是知识的组织和认知结构简化的过程。(　　)

3. 艾宾浩斯绘制了“遗忘曲线”,弗洛伊德用压抑说解释遗忘的原因。(　　)

4. 学习后要及时复习的理论依据是社会学习论。(　　)

5. 痕迹衰退说是一种对遗忘原因的最古老的解释。按照这种理论，遗忘是由记忆痕迹衰退引起的，衰退随时间的推移自动发生。它起源于亚里士多德，由艾宾浩斯进一步发展。（　　）
6. 一般认为形象材料比抽象材料遗忘得快，有意义材料比无意义材料遗忘得慢。（　　）
7. 通常情况下，最佳学习程度为100%，超过这个限度就会发生“报酬递减”现象。（　　）
8. 在干扰的形式上，外显记忆不容易受到干扰，内隐记忆却容易在干扰后发生遗忘。（　　）
9. 提笔忘字属于前摄抑制的表现。（　　）
10. 能够在较短的时间内记住较多的东西，就是记忆准确性良好的表现。（　　）
11. 在学习过程中，学生忘记了作为例证的事实与细节，记住的是概括性高的原理，这种遗忘是一种有利的、积极的遗忘。（　　）
12. 记忆过程中的保持环节，是把识记过的事物以一定的形式储存在头脑中的过程。这种过程是一种富于变化的动态过程。（　　）
13. 复习是通过反复学习、领悟已学知识来防止遗忘和进行巩固的唯一方法。（　　）
14. 记忆恢复现象常常在下列情况中出现：儿童比成年人更普遍；学习难度大的材料比学习容易的材料更容易出现；学习得不够熟练的材料比熟练的材料更易发生。（　　）
15. 机械识记是一种死记硬背，其效率明显低于意义识记。在教学中应培养学生意义识记的能力，而扼制机械识记的发展。（　　）
16. 学生在刚学习英语时，对26个英文字母的记忆往往两头容易中间难，这种现象的出现是前摄抑制和倒摄抑制双重干扰的结果。（　　）
17. 再认或回忆是识记和保持的前提，识记和保持则是再认或回忆的结果。（　　）
18. 体育课上，老师正在向同学们讲授太极拳的理论知识，但是在讲授开始前，老师先将动作要领教给学生，这部分知识属于陈述性记忆。（　　）
19. 识记过程就是记忆过程。（　　）
20. 教师在检查学生知识掌握的情况时，单纯用选择题和判断题就可以全面考查学生掌握的情况。（　　）
21. 长时记忆的保持量只会减少，不会增加。（　　）
22. 机械识记和意义识记的基本条件都是重复地感知材料。（　　）
23. 采用反复阅读与试图回忆相结合的方式比采用单纯的反复阅读方式的复习效果要好。（　　）
24. 外显记忆是受意识控制的记忆。（　　）

四、填空题

1. 记忆是一个复杂的过程，它包括________、保持、再认或回忆三个基本过程。
2. “一朝被蛇咬，十年怕井绳”是________记忆；心理学研究表明，过度学习程度为________时，记忆效果最佳。
3. 消退说认为，遗忘是记忆得不到________而逐渐衰弱，以致最后消退的结果。
4. 遗忘是由于情绪或动机的压抑作用引起的，如果压抑被解除，记忆就能恢复。这是________遗忘理论的观点。

5. 需要一定努力,克服一定困难的有意回忆称为________。

6. 从信息加工论的观点看,考试过程相当于对信息的________。

五、辨析题

1. 前摄抑制是一种顺向迁移,倒摄抑制是一种逆向迁移。

2. 根据遗忘的干扰说可知,为了防止遗忘,应及时复习。

六、简答题

1. 简述小学生记忆发展的特点。

2. 影响遗忘进程的因素有哪些?

3. 青少年记忆的特点有哪些?

4. 根据遗忘规律,如何科学地组织复习?

5. 如何依据记忆规律合理安排和组织教学?

七、案例分析题

1. 在一次演出中,扮演“管家”的演员给扮演“员外”的演员开了一个玩笑:他把本该递给“员外”的念白词,换成了一张白纸。“员外”拿到手中一看,顿时慌了神。他虽已多次唱过这出戏,但每次都是照着念,根本没有记下。他灵机一动,把白纸在眼前晃晃,慢条斯理地说:“今天光线太暗,我看不清,烦你给我念一念。”“管家”尽管听了无数次,但由于与自己无关,也没记住,只好顺水推舟说:“天色就是太暗了,奴才也看不清,我去掌灯来。”边说边急忙走进后台,一边拿灯,一边又把原来的念白词拿来,偷偷递给了“员外”。

请结合案例运用心理学知识进行分析:

(1)该案例体现了什么心理规律?

(2)教学中教师如何运用该规律,提高学生的学习效果?

2. 甲同学有偏科现象,对语文、历史等学科存在较强的畏难心理。他平时学习缺乏主动性,总是“临时抱佛脚”。考前复习时他总以为“文科就靠背”,可以“不求甚解”。他采取反复识记的方法,但刚能背诵就停止学习,浅尝辄止,再加上时间紧、任务重,学习效果往往欠佳。他对一些形象的知识记忆效果相对好些。对抽象的知识,他采取相同的学习方法,尽管也投入大量的时间和精力,但总难以取得相应的记忆效果。后来,甲同学不断尝试运用自己习惯的记忆方法,发现早晨起床后和晚上临睡前的记忆效果更好。

(1)运用记忆理论,分析“早晨起床后和晚上临睡前记忆效果更好”这一现象。

(2)结合材料,分析甲同学记忆方面存在的问题并提出相应的改善措施。

专题三　表象与想象

考法透视　本专题以识记为主，多以选择题、判断题等客观题的形式考查，主要考查表象的特征、想象的种类及加工方式。

限时:90 分钟	用时：　分钟	错题数：　道	▶答案见 P781

▶答案见 P781

一、单项选择题

1. 阅读鲁迅先生的《孔乙己》时，脑海中浮现出一个站着喝酒、穿着长衫的人物形象。这种想象属于(　　)

A. 再造想象　B. 创造想象　C. 幻想　D. 无意想象

2. 陈颖看到夜晚天空中闪亮的星星，就想起了眼睛、灯光、水滴。这属于(　　)

A. 无意想象　B. 幻想　C. 创造想象　D. 再造想象

3. 在创造想象的过程中，新形象的产生往往带有突然性，这种突然出现的新形象状态为(　　)

A. 抽象　B. 直觉　C. 灵感　D. 幻想

4. 中国神话中，鲧因治水不成变为三足鳖；禹因凿山通水变为熊，其妻涂山氏见状又变为石头，这属于(　　)

A. 无意想象　B. 再造想象　C. 幻想　D. 空想

5. 人在思维过程中，经常伴有表象的出现。例如，小学低年级学生在解决数的运算问题时，在很大程度上要有表象的参与；中学生在解决几何问题时，要依赖表象的支持。这表明(　　)

A. 表象为概念的形成提供感性基础　B. 表象促进问题的解决

C. 表象是在头脑中形成的关于事物的形象　D. 表象是形象思维的支柱

6. 鲁迅在小说《祝福》中创造了祥林嫂这一艺术形象，这是他把旧中国许多妇女的遭遇集中后创造出来的形象，这种形象的构成方式属于(　　)

A. 黏合　B. 夸张　C. 拟人化　D. 典型化

7. 对一本小说的人物形象来讲，读者和作者的想象类型分别是(　　)

A. 再造想象　再造想象　B. 创造想象　创造想象

C. 创造想象　再造想象　D. 再造想象　创造想象

8. “心理旋转实验”表明表象具有(　　)

A. 可操作性　B. 直观性　C. 观察性　D. 概括性

9. 梦是(　　)的一种特殊形式。

A. 无意识记　B. 随意想象　C. 不随意想象　D. 有意识记

10. 鲁迅的小说《狂人日记》属于(　　)的范畴。

A. 再造想象　B. 创造想象　C. 梦想　D. 幻想

11. 学生空间想象力发展的加速期或关键期出现在(　　)

A. 小学三年级之前　　B. 小学五、六年级

C. 初中二、三年级　　D. 高中二、三年级

12. 设计师设计、描绘城市规划的蓝图的过程属于(　　)

A. 再造想象　　B. 创造想象　　C. 无意想象　　D. 空想

13. 幼儿园学生爱听童话故事,小学生爱听英雄模范故事,这体现了想象发展的(　　)

A. 现实性　　B. 有意性　　C. 创造性　　D. 概括性

14. 丁墨在她的小说《他来了,请闭眼》中,塑造了高智商、严谨和善于推理的犯罪心理学专家薄靳言的形象。这属于(　　)

A. 无意想象　　B. 再造想象　　C. 无意记忆　　D. 创造想象

15. 低年级小学生的想象以(　　)为主。

A. 再造想象　　B. 有意想象　　C. 创造想象　　D. 无意想象

16. 借助于想象我们可以"思接千载,视通万里""精骛八极,心游万仞"。这体现了想象的(　　)

A. 预见功能　　B. 补充功能　　C. 替代功能　　D. 调节功能

17. 法国画家根据目击证人的描述画出嫌疑人的画像,这属于(　　)

A. 创造想象　　B. 再造想象　　C. 无意想象　　D. 幻想

18. 改变客观事物形象的某一部分,突出其特点,从而产生新的形象。这种想象加工方式是(　　)

A. 黏合　　B. 夸张　　C. 拟人化　　D. 典型化

19. 从感知过渡到思维的中介环节是(　　)

A. 想象　　B. 表象　　C. 知觉　　D. 联想

20. 当谈到某一个朋友时,他的音容笑貌会浮现在脑海中。这属于(　　)

A. 表象　　B. 想象　　C. 联想　　D. 思维

21. 当需要不能满足时,人们可以借助想象从心理上得到满足。这体现了想象的(　　)

A. 预见功能　　B. 补充功能　　C. 替代功能　　D. 压抑功能

22. 人在头脑中创造新形象的基本材料是(　　)

A. 感知　　B. 表象　　C. 记忆　　D. 想象

23. 小李做一件事情之前,会先把这件事情的过程在头脑中想象一遍,觉得没什么差错之后,才决定开始做。这表明想象具有(　　)作用。

A. 预见　　B. 代替　　C. 暗示　　D. 反馈

24. 李白的名句"飞流直下三千尺,疑是银河落九天",运用的想象加工策略是(　　)

A. 黏合　　B. 夸张　　C. 拟人化　　D. 典型化

25. 学生根据教师对"天苍苍,野茫茫,风吹草低见牛羊"诗句的描述,在头脑中浮现出一幅草原牧区的画面。这种心理现象称之为(　　)

A. 记忆　　B. 注意　　C. 知觉　　D. 想象

26. 下列哪一项不属于小学生想象发展的特点( )

A. 想象的有意性迅速发展　　B. 想象的内容逐渐接近现实

C. 想象中的幻想日益减少　　D. 想象中的创造成分日益增多

27. 课堂上,当老师读到"傣家竹楼"时,同学们头脑中出现了"傣家竹楼"的形象。这种现象属于( )

A. 重现　　B. 表象　　C. 闪回　　D. 回忆

28. 学生在参观了科技馆之后脑子像"过电影"一样,科技馆里的许多奇思妙想的小发明令他久久回味。这在心理学上属于( )

A. 再造想象　　B. 记忆表象　　C. 无意想象　　D. 记忆再认

29. 幼儿把鱼的头和鹿的躯干画到一起说,"我画了一头'鱼鹿'"。这种想象加工方式是( )

A. 拟人化　　B. 夸张与强调　　C. 黏合　　D. 典型化

二、多项选择题

1. 鲁迅笔下孔乙己的形象,属于( )的产物。

A. 幻想　　B. 有意想象　　C. 创造想象　　D. 再造想象

2. 下列现象属于创造想象的有( )

A. 梦　　B. 理想　　C. 灵感　　D. 空想

3. 下列选项中,属于幻想的有( )

A. 有个小学生将来想成为科学家

B. 庄周梦蝶

C. 夜晚注视天空中的星星久了,觉得星星在动

D. 守株待兔

4. 学生们通过看《哈利·波特》系列书籍想到魔法学院的场景,这属于( )的产物。

A. 有意想象　　B. 无意想象　　C. 创造想象　　D. 再造想象

5. 神话中的孙悟空形象、千手观音形象、雷公和电母等形象分别利用的想象加工方式是( )

A. 典型化　　B. 黏合　　C. 夸张　　D. 拟人化

6. 想象是创新的心理基础,想象可分为有意想象和无意想象。下列情况中属于无意想象的是( )

A. 新建房屋装修前对房间整体布置进行的想象

B. 把天上飘动的白云不由自主地想象成羊群或山峰

C. 学生上课走神,常常出现"白日梦"

D. 睡觉时的梦境

7. 想象与表象的区别在于( )

A. 想象是对已有的表象进行加工改造,创造出新形象的思维过程

B. 表象是过去感知过的事物的形象在头脑中的再现

C. 表象并没有创造出新的形象,因此它属于记忆的范畴

D. 想象是新形象的创造,所以属于思维的范畴

三、判断题

1. 理想是符合事物发展规律、可能实现的想象。（ ）

2. 有意想象分为再造想象、创造想象和幻想，幻想是与个人愿望相联系并指向现实的想象。（ ）

3. 表象是人脑对已有经验知识进行重新组合、加工，形成新形象的过程。（ ）

4. 学生阅读李白的诗句“举杯邀明月，对影成三人”时，头脑中产生的想象是幻想。（ ）

5. 古典文学四大名著之一的《西游记》，成功塑造了许多生动鲜明的形象，其中“猪八戒”是把客观事物中从未结合过的特征加以综合，这体现了想象过程中的夸张形式。（ ）

6. 表象的形象比知觉的形象生动，但不稳定。（ ）

7. “想起母亲的笑脸”是一种想象。（ ）

四、简答题

1. 简述如何培养学生的再造想象。

2. 简述表象的作用。

五、案例分析题

1. 冬冬是幼儿园中班的小朋友。一天，老师让小朋友自己画画，冬冬在画纸上随意涂画，不知道该画什么，当他看到邻座的亮亮在画气球，他便开始画气球。冬冬的气球还没画好，又发现文文画了个小兔子，便改变主题开始画起了小兔子。冬冬画好了一只小兔子，很高兴地要求老师看，老师正在指导别的小朋友作画，就让他等了一会儿。过了一会儿，等老师看他的画时，他不高兴地对老师说：“小兔子生气跑走了。”原来他把画纸上的小兔子涂黑了。还有一天，冬冬听了去广州出差回来的爸爸给家人讲在广州的见闻后，就告诉幼儿园的老师和小朋友：“我前几天去广州旅游了，那里可美了！”

请结合案例运用心理学知识分析：

(1)该案例中冬冬的想象具有什么特点？

(2)教师应该如何培养幼儿的想象力？

2. 班会上，有同学说："《西游记》里孙悟空的'顺风耳'就是现在的无线通信技术；'千里眼'就是现在的天文望远镜；'筋斗云'就是现在各式各样的飞行器。"有同学说："《海底两万里》中在海底行走的船就是现在的潜艇，人们的想象力真丰富！"有同学说："我们现在想到的某种物体或者某种可能性，现在看还只是幻想，几百年后说不定就变成现实了。爱因斯坦说过'想象力比知识本身更重要'，所以我们现在要大胆地想象，哪怕是幻想。"有同学说："想象固然与大胆敢想有关，但不能没有知识的积累。"

(1)什么是幻想？幻想与创造性活动有什么关系？

(2)什么是创造性想象，创造性想象产生的条件有哪些？

(3)结合上述案例，谈谈教学中应如何培养学生的创造性想象。

专题四　言语与思维

考法透视　本专题以理解为主，多以选择题、判断题等客观题的形式考查，但也会出现简答题、论述题等主观题。主要考查思维的品质与种类，概念的类型与获得，思维的一般过程，创造性思维的特点及培养措施。

限时:180 分钟	用时：　分钟	错题数：　道	▶答案见 P785

一、单项选择题

1. 人们把那些"有羽毛的动物"统称为鸟类，这就是(　　)的过程。

A. 分析　　B. 抽象　　C. 分类　　D. 概括

2. 小阳和同学玩"在一分钟内尽可能多地说出描写情绪的成语"这类游戏的时候，总是能够轻松胜出。这说明小阳思维的(　　)很好。

A. 敏感性　　B. 独创性　　C. 灵活性　　D. 流畅性

3. 小学生将小麦、水稻、玉米归为粮食作物，将甘蔗、甜菜归为糖料作物。学生获得的概念属于(　　)

A. 关系概念　　B. 抽象概念　　C. 合取概念　　D. 析取概念

4. 学生小 B 对人、对事往往有自己的看法，不人云亦云，这说明其思维具有(　　)

A. 独立性　　B. 广阔性　　C. 深刻性　　D. 灵活性

5. 布鲁纳提出的概念形成中的(　　)策略,每次只提出一个假设,对记忆和推理的压力较小,但形成概念的时间花费较多,效率不高。

A. 保守性聚焦　　B. 冒险性聚焦

C. 同时性扫描　　D. 继时性扫描

6. 在创新的过程中,经过"瓶颈期"的努力,在特定情境下,我们往往会恍然大悟,找到新的方法。这属于创造性思维活动过程中的(　　)

A. 准备阶段　　B. 酝酿阶段　　C. 豁朗阶段　　D. 验证阶段

7. 警察根据搜集到的证据寻找案件真相;医生根据病人的各种症状下诊断;科学家根据多种因素的共同作用发现规律等,体现的是(　　)

A. 直觉思维　　B. 分析思维　　C. 辐合思维　　D. 发散思维

8. "毛笔"这个概念必须同时具有两个属性,"用毛制作的"和"写字的工具"。所以"毛笔"是一个(　　)

A. 析取概念　　B. 合取概念　　C. 关系概念　　D. 辐合概念

9. "小亮下午放学时感到很饿,一进门就闻到厨房里飘出香味,推测出妈妈已回家且已做好饭菜,感到非常高兴。"请判断小亮下述心理活动中哪一种属于思维活动(　　)

A. 感到很饿　　B. 闻到饭菜香味

C. 知道妈妈已回家且已做好饭菜　　D. 感到高兴

10. 通过学习,学生了解到正六边形是具有六条相等的边和六个相等的内角的多边形。学生关于正六边形的知识表现形式是(　　)

A. 表象　　B. 概念　　C. 命题　　D. 图式

11. 钢笔、铅笔、毛笔、签字笔、圆珠笔等各种笔,虽然外观不一、特点各异,但其共同属性是"可以写字"。这种在头脑中把各种事物与现象的共同特征和属性提取出来,舍弃个别特征和属性的过程是(　　)

A. 分析　　B. 综合　　C. 抽象　　D. 概括

12. 初中阶段的学生在思考、分析问题时容易钻牛角尖,甚至陷入其中难以自拔。这说明初中生的思维具有(　　)

A. 片面性　　B. 表面性　　C. 深刻性　　D. 广阔性

13. 学生掌握数的概念时,把数分为实数和虚数,又把实数分为有理数和无理数等。这属于(　　)

A. 思维的抽象过程　　B. 思维的具体化过程

C. 思维的分类过程　　D. 思维的概括过程

14. 某幼儿计算一加一等于二时,需要在脑子里想一下昨天妈妈给了一根棒棒糖,爸爸也给了一根棒棒糖,加起来就是两根棒棒糖。这说明该幼儿的思维属于(　　)

A. 直观动作思维　　B. 抽象逻辑思维

C. 具体形象思维　　D. 直观感知思维

15. “足智多谋,随机应变”体现了思维的(　　)

A. 广阔性　　B. 独立性　　C. 灵活性　　D. 逻辑性

16. 学生从各种解题方法中筛选出一种最佳解法,从而得出结论。这属于(　　)

A. 聚合思维　　B. 发散思维　　C. 常规思维　　D. 创造性思维

17. 丁丁在物理课上学习了吸热、放热的知识后,明白了撒盐能使冰更快地溶解。回家后看到妈妈做饭解冻肉类的时候,用盐帮妈妈更快速地解冻食物。这体现了(　　)

A. 比较　　B. 分类　　C. 抽象　　D. 具体化

18. 不落俗套和不循常规的思维能力体现的是思维的(　　)

A. 流畅性　　B. 变通性　　C. 再定义性　　D. 独特性

19. 让学生实际动手去制作贺卡、图片、模型等物品,以培养其创造性的方法是(　　)

A. 发散思维训练　　B. 头脑风暴训练

C. 推测假设训练　　D. 自我设计训练

20. (　　)是从一般性知识的前提推出个别性知识的结论的推理,即从一般到特殊的推理。

A. 直言推理　　B. 类比推理　　C. 归纳推理　　D. 演绎推理

21. 我们到一个地方去办事,事先会在头脑中想出可能经过的道路,经过分析与比较,最后选择一条短而方便的路。这样的思维是(　　)

A. 直观动作思维　　B. 具体形象思维

C. 逻辑思维　　D. 直觉思维

22. 法官判案要理性、客观,不能受情绪和个人偏好的影响。这是对其思维(　　)的要求。

A. 广阔性　　B. 独立性　　C. 批判性　　D. 深刻性

23. (　　)是思维间接性所反映的中介因素,没有这个因素,思维的间接性就无法产生。

A. 知识与记忆　　B. 经验与观察　　C. 知识与经验　　D. 经验与注意

24. 为了增强教学的娱乐性,教师组织学生两人一组玩“猜词”游戏,甲按照老师写的词语进行描述,乙进行判断和推理。这种思维是(　　)

A. 动作思维　　B. 形象思维　　C. 抽象思维　　D. 直觉思维

25. 面对问题情境时,我们在短时间内产生的观念越多,说明我们思维的哪项指标发展得越好(　　)

A. 流畅性　　B. 变通性　　C. 独特性　　D. 精密性

26. 学生用已经学会的数学知识解答同一类型的题目所运用的是(　　)思维。

A. 常规　　B. 创造性　　C. 发散　　D. 直观动作

27. 下列关于思维间接性表现的表述,错误的是(　　)

A. 对根本不能直接感知的事物加以反映

B. 在对现实事物认知的基础上,做出某种预见

C. 从部分事物的联系中,找出普遍的、必然的联系

D. 对不在眼前,没有直接作用于感官的事物加以反映

28. 神探狄仁杰在破案时常常能当机立断、迅速正确地做出判断，这凸显了他思维品质的(　　)

A. 广阔性　　B. 独立性　　C. 灵活性　　D. 敏捷性

29. 开展广泛的联想，举一反三、触类旁通，从多个角度提供解决问题的可能答案，可以培养学生思维的(　　)

A. 敏捷性　　B. 批判性　　C. 灵活性　　D. 深刻性

30. 人们以词汇为中介，进行判断和推理的思维类型是(　　)

A. 直观动作思维　　B. 具体形象思维

C. 抽象逻辑思维　　D. 直觉思维

31. 思维是人脑对客观现实的概括的、间接的反映。它的基本单位是(　　)

A. 命题　　B. 概念　　C. 判断　　D. 推理

32. 对于计算“1 + 2 + 3 + 4 + …… + 98 + 99 + 100 = ?”这个问题，高斯发现第一项和最后一项加起来、第二项和倒数第二项加起来的数字还有……都等于 101，以此类推，最后得出答案是 5050。他运用的是(　　)

A. 聚合思维　　B. 直觉思维　　C. 再造性思维　　D. 创造性思维

33. 每次天空中出现朝霞就会下雨，出现晚霞就会放晴。人们由此得出“朝霞不出门，晚霞行千里”的结论，这主要体现了思维的(　　)

A. 间接性　　B. 抽象性　　C. 稳定性　　D. 概括性

34. 学生在掌握整数、分数、小数的知识后，可以概括归纳为有理数。这是思维过程的(　　)

A. 具体化　　B. 分析　　C. 系统化　　D. 抽象

35. 小学生在学习汉字时，分别从音、形、义三个方面进行学习。这属于思维过程中的(　　)

A. 一体化　　B. 综合　　C. 分类　　D. 分析

36. 学生在学习过程中敢于对教师提出质疑，勇于向权威挑战，反映了学生的思维具有(　　)

A. 深刻性　　B. 灵活性　　C. 敏捷性　　D. 批判性

37. 能严格而精细地思考问题，冷静而客观地评价和自觉地控制自己的思维。不受自己的情绪和偏爱的影响的思维品质是(　　)

A. 广阔性　　B. 深刻性　　C. 独立性　　D. 批判性

38. 衡量学生真正掌握概念的最可靠的标志是(　　)

A. 概念属性的认识　　B. 概念例证的区分

C. 概念分类根据的理解　　D. 概念的正确应用

39. 一个人将自己过去和现在的经历联系起来编成一个短剧，这一思维过程是(　　)

A. 综合　　B. 分析　　C. 抽象　　D. 概括

40. 期末考试中，小明有一道填空题不会做。临近交卷时，小明鬼使神差地在横线上写了“0”，结果却给蒙对了。小明的这种思维属于(　　)

A. 直觉思维　　B. 分析思维

C. 发散思维　　D. 直观动作思维

41. 中医通过望闻问切来诊断疾病，地质学家根据珠峰地层中的海洋生物化石推断在遥远的过去这里曾是一片汪洋。这突出反映了思维的哪一特点(　　)

A. 直观性　　B. 表象性　　C. 概括性　　D. 间接性

42. 阿基米德在洗澡时突然发现了浮力定律，解决了“王冠之谜”。这种思维属于(　　)

A. 分析思维　　B. 常规思维　　C. 直觉思维　　D. 抽象思维

43. 幼儿在家中和学校里看到了大量的桌子，掌握了“桌子”的概念。幼儿对“桌子”这个概念的学习方式是(　　)

A. 概念整合　　B. 概念同化　　C. 概念转变　　D. 概念形成

44. 小学生的思维(　　)

A. 正处于具体形象思维与抽象逻辑思维并行发展的阶段

B. 正处于抽象逻辑思维向具体形象思维过渡的阶段

C. 正处于具体形象思维向抽象逻辑思维过渡的阶段

D. 完全处于具体形象思维阶段

45. 学龄儿童获得概念的典型方式是(　　)

A. 概念形成　　B. 概念同化　　C. 概念分辨　　D. 概念运用

46. 在小学的教学中发现，对于算术教材的学习，学生的概括水平已普遍较高；但在语文教材的学习上，有的仍能有很高的概括水平，有的则表现一般，还有的非常不理想。这体现了(　　)

A. 小学生以具体形象思维为主　　B. 小学生的思维发展存在关键期

C. 小学生具有完整的思维结构　　D. 小学生的思维发展具有不平衡性

47. 在个体发展过程中，思维发展的顺序是(　　)

A. 具体形象思维、直观动作思维、抽象逻辑思维

B. 直观动作思维、具体形象思维、抽象逻辑思维

C. 抽象逻辑思维、具体形象思维、直观动作思维

D. 具体形象思维、抽象逻辑思维、直观动作思维

48. “蚂蚁搬家蛇过道，明日必有大雨到，燕子低飞蛇过道，大雨马上就来到。”这句谚语体现的思维类型是(　　)

A. 经验思维　　B. 理论思维

C. 直觉思维　　D. 发散思维

49. 人们可以把形状、大小各不相同，能飞的动物，称之为“鸟”。这体现了思维的(　　)

A. 间接性　　B. 概括性　　C. 灵活性　　D. 逻辑性

50. (　　)是指不受某种固定的逻辑规则的约束，而直接去领悟对象的本质性规律。

A. 直觉思维　　B. 分析思维　　C. 抽象思维　　D. 形象思维

51. 教师提问学生砖头的用途，学生纷纷给出了自己的答案：建房子用的材料、方方正正的物体、用于垫高的工具……这种寻求答案的思维方式是(　　)

A. 发散思维　　B. 形象思维　　C. 抽象思维　　D. 直觉思维

52. 让学生以某种物品的用途为扩散点，尽可能多地设想它的用途。这是(　　)

A. 头脑风暴训练　　B. 推测与假设训练

C. 自我设计训练　　D. 发散性思维训练

53. 技术工人在对一台机器进行维修时，一边检查一边思考故障的原因，直到发现问题排除故障为止。这一过程中(　　)占据主要地位。

A. 直观动作思维　　B. 具体形象思维

C. 抽象逻辑思维　　D. 直觉思维

54. “昨夜雨疏风骤，浓睡不消残酒。试问卷帘人，却道海棠依旧。知否，知否？应是绿肥红瘦。”李清照的这首《如梦令》体现了思维的(　　)

A. 间接性　　B. 敏捷性　　C. 概括性　　D. 深刻性

55. 做证明题的时候，同学们总是需要用各种定理来推理和论证答案，一旦其中有一步定理用错就无法得出正确答案。由此可知，同学们做证明题时运用的是(　　)

A. 直觉思维　　B. 发散思维　　C. 分析思维　　D. 聚合思维

56. 学生根据爬行动物的关键特征，来判断某些动物是不是爬行动物的过程是(　　)

A. 抽象化　　B. 概括化　　C. 归纳　　D. 分化

57. 整个小学时期，小学生的思维由以具体形象思维为主要形式过渡到以抽象逻辑思维为主要形式，但是思维仍带有(　　)

A. 很高自觉性　　B. 无自觉性　　C. 很少具体性　　D. 很大具体性

58. 善于深入地思考问题，抓住事物的规律和本质，预见事物的发展进程，揭示客观事物内含的多样性规定的深入层次。这属于思维的(　　)的表现。

A. 深刻性　　B. 灵活性　　C. 敏捷性　　D. 独创性

59. 常常被一些表面的现象所迷惑，满足于一知半解，在未触及事物的实质之前就想解决问题。这是思维缺乏(　　)的表现。

A. 批判性　　B. 独立性　　C. 深刻性　　D. 敏捷性

60. 皇帝——“皇帝就是沙皇”，祖国——“美丽的地方”，这说明儿童掌握概念的水平处于(　　)

A. 第一级水平　　B. 第二级水平

C. 第三级水平　　D. 第四级水平

61. 思维是人类所具有的一种高级心理现象，下列属于思维的基本过程的是(　　)

A. 分析与综合　　B. 判断与推理

C. 抽象与概括　　D. 系统化与具体化

62. 作家、诗人、画家、演员大多善于识记图形、颜色、声音等直观材料，情绪感知性强。从思维类型上说，他们都属于(　　)

A. 序列型　　B. 思维型　　C. 艺术型　　D. 整体型

63. 学生运用学习过的原理，解答教师布置的作业或解决生活中的某一个问题，这一思维过程

是(　　)

A. 具体化　　B. 抽象　　C. 概括　　D. 综合

64. 在课堂上,教师让学生列举砖头的用途,学生小方的回答是:“造房子,造仓库,造学校,铺路。”学生小明的回答是:“盖房子,盖花坛,打狗,敲打。”请问,哪位学生的发散思维的变通性更好,其新的思路和想法有利于创造性思维的发展(　　)

A. 小方　　B. 小明　　C. 一样　　D. 不知道

65. 儿童对亲身经历的、直接的具体经验进行抽象所获得的概念称为(　　)

A. 科学概念　　B. 日常概念　　C. 一级概念　　D. 二级概念

66. “利用红色可以做什么”属于发散思维训练方法中的(　　)

A. 用途扩散　　B. 结构扩散　　C. 方法扩散　　D. 形态扩散

67. 通过集体讨论,使思维相互撞击、迸发火花,达到集思广益效果的思维训练方法为(　　)

A. 推理法　　B. 启发法　　C. 讨论法　　D. 头脑风暴法

68. 小学生在解答应用题时,推理的间接性不断加强,并能不断掌握运算法则,把握事物数量变化的规律性。这说明小学生的思维发展具有(　　)

A. 敏捷性　　B. 深刻性　　C. 灵活性　　D. 独创性

69. 提出快速联想策略和头脑风暴法的是(　　)

A. 陆钦斯　　B. 奥斯本　　C. 布卢姆　　D. 托尔曼

70. 我们日常生活中所说的“床”“沙发”属于(　　)

A. 具体概念和易下定义概念　　B. 具体概念和科学概念

C. 科学概念和易下定义概念　　D. 具体概念和日常概念

71. “高低、上下、大小……”此类概念属于(　　)

A. 关系概念　　B. 前科学概念　　C. 科学概念　　D. 初级概念

72. 初中生思维发展的特点表现在:除了思维的深刻性有明显的发展外,还具有思维的(　　)

A. 独创性和广阔性　　B. 敏捷性和灵活性

C. 广阔性和敏捷性　　D. 独创性和批判性

73. 小明在学习了哺乳动物都是胎生的,虎是哺乳动物这些概念后,得出虎是胎生的这一判断。小明的这种思维形式是(　　)

A. 抽象概念　　B. 关系判断　　C. 归纳推理　　D. 演绎推理

74. 学生总结出鸽子、老鹰、鸡、鸭的共同特征是“有羽毛的”“是动物”,而舍弃其“会不会飞”“大小”“颜色”等非本质特征。这是思维过程的(　　)环节。

A. 抽象　　B. 概括　　C. 具体化　　D. 综合

75. 思维的(　　)是思维品质的中心环节,是所有思维品质的集中体现。

A. 逻辑性与严谨性　　B. 独立性与批判性

C. 灵活性与敏捷性　　D. 广阔性与深刻性

76. 小学低年级学生的思维发展以(　　)占主导地位。

A. 抽象逻辑思维　　B. 直观动作思维

C. 具体形象思维　　D. 语词逻辑思维

77. 医生根据病人的体温、血压、心电图等检查资料确诊病患，这属于思维特性的(　　)

A. 间接性　　B. 概括性　　C. 预见性　　D. 抽象性

78. 某学生经常把“衬衫”的“衤”和“祝福”的“礻”相混淆。这说明该学生处于认识字形的(　　)

A. 泛化阶段　　B. 初步分化阶段

C. 精确分化阶段　　D. 系统分化阶段

79. 脊椎动物的范围包括鸡、鸭、猪、狗、虎、豹、鱼等，这些是脊椎动物这个概念的(　　)

A. 内涵　　B. 外延　　C. 定义　　D. 属性

80. 某小学一年级学生在语文课上读课文时往往“唱读”，在数学课上演算时往往边自言自语边演算，而且出声的言语内容、演算内容基本同步。这说明该小学生处于内部言语发展的(　　)

A. 口述阶段　　B. 思维阶段　　C. 过渡阶段　　D. 无声思维阶段

81. “思路鲜明，条理清楚”反映的良好思维品质是(　　)

A. 广阔性　　B. 独立性　　C. 灵活性　　D. 逻辑性

82. “凡是能言语、能思维、能制造和使用工具的动物都是人”这属于思维过程中的(　　)

A. 分类　　B. 概括　　C. 抽象　　D. 综合

83. 即兴回答能调动学生的(　　)

A. 聚合思维　　B. 发散思维　　C. 常规思维　　D. 直觉思维

84. 收集创造活动所必需的各种信息属于创造性思维过程中的(　　)

A. 准备期　　B. 酝酿期　　C. 豁朗期　　D. 验证期

85. 某学生在解题时，不喜欢套用现成的公式，而更愿意开动脑筋，尽管题目变化很大，但他都能应付自如，独立解决。这说明该学生的思维具有(　　)

A. 灵活性　　B. 敏捷性　　C. 批判性　　D. 广阔性

86. 根据思维过程中的凭借物或思维形态的不同，思维可分为(　　)

A. 非形式逻辑思维和形式逻辑思维　　B. 集中思维和分散思维

C. 动作思维、形象思维和抽象思维　　D. 抽象思维、具体思维和宏观思维

87. 言语理解是人们借助于视觉或听觉的语言材料，在头脑中建构意义的一种主动、积极的过程。言语理解的二级水平是(　　)

A. 词汇理解　　B. 句子理解　　C. 词汇识别　　D. 话语理解

88. 创造性思维的特点不包括(　　)

A. 流畅性　　B. 适应性　　C. 灵活性　　D. 独创性

89. 从具体形象思维为主向抽象逻辑思维为主的过渡中，出现的“飞跃”或“质变”的关键年龄是(　　)

A. 7～8 岁　　B. 9～10 岁　　C. 10～11 岁　　D. 11～12 岁

90. 创造性思维大体都经历四个阶段，其中(　　)也被称为灵感期。

A. 准备期　　B. 酝酿期　　C. 验证期　　D. 豁朗期

二、多项选择题

1. 关系概念是指根据事物之间的相互关系形成的概念。下列属于关系概念的有(　　)

A. 毛笔　　B. 好孩子　　C. 高低　　D. 上下

2. 已知 A > B，C > D，B > C，B > D，求哪个值最大？解答该问题运用的所有思维有(　　)

A. 辐合思维　　B. 逻辑思维　　C. 分析思维　　D. 创造性思维

3. 开设培养创造性的课程，教授学生创造性思维策略和创造技法。常见的创造性课程有(　　)

A. 侧向思维训练课　　B. 发散思维训练课

C. 自我设计训练课　　D. 推测与假设训练课

4. 头脑风暴训练的基本原则包括(　　)

A. 让参与者畅所欲言，组织者进行评价和判断

B. 鼓励标新立异、与众不同的观点

C. 鼓励提出多种想法，多多益善

D. 鼓励提出改进或补充意见

5. 创造思维是在一般思维的基础上发展起来的，是后天培养训练的结果。为培养学生创造思维的品质和能力，教师应该(　　)

A. 激发好奇心、求知欲，培养创造动机

B. 重视集中思维和发散思维的培养

C. 培养与发展学生的直觉思维的能力

D. 培养学生具有创造精神的良好个性

6. 有的学生认为鲸鱼是鱼，理由是：鲸鱼也在海里生存，只是比一般的鱼大了很多，尤其是鲸鱼的名字里也有“鱼”。这些学生在理解鲸鱼的概念时，发生了哪些错误(　　)

A. 把一些事物共有的特征看作本质特征

B. 概括中人为地减少了事物的本质特征

C. 概括中人为地增加了事物的本质特征

D. 运用了正例

7. 下列运用抽象逻辑思维的有(　　)

A. 做数学几何题时画辅助线　　B. 学习科学文化知识

C. 科学家进行科学推理　　D. 幼儿掰手指数数

8. 在教学过程中，学生掌握科学概念主要是受(　　)因素的影响。

A. 日常概念　　B. 变式　　C. 定义　　D. 语言讲解

9. 概念形成一般经历的阶段有(　　)

A. 抽象化　　B. 类化　　C. 内化　　D. 辨别

10. 在实际教学中，学生往往由于理解偏差或遗忘而形成错误的概念。为了帮助学生有效地掌握概念，纠正错误概念，下列做法中可行的有(　　)

A. 以准确的语言明确揭示概念的本质

B. 恰当使用正例和反例，多用变式和比较

C. 洞察学生原有的概念，引发认知冲突

D. 鼓励学生交流讨论

三、判断题

1. 教师指导学生对学习材料进行归类、绘制知识树图或知识分类表，属于思维系统化的实际操作。(　　)
2. “夜来风雨声，花落知多少”这说的是思维的概括性。(　　)
3. 通常认为“太阳从东边升起，往西边落下”，这属于直观动作思维。(　　)
4. 学生创造性思维策略和创造技法的培养是脱离课堂教学的。(　　)
5. 在面临问题时，人们通常是运用直观动作思维、具体形象思维和抽象逻辑思维中的一种思维来解决问题。(　　)
6. 学生在解题中未经逐步分析就对问题的答案做出合理的猜测、猜想等。这类思维属于分析思维。(　　)
7. 让学生根据文章标题，猜测文中的具体内容，这种创造性训练方法是自我设计训练。(　　)
8. 教师先让学生了解麻雀、燕子的特征，并从上述例子中提炼出鸟的特征，然后得出鸟的概念，这体现了概念获得的过程。(　　)
9. 非逻辑思维是创造性思维的重要成分，在各种创造活动中都起着重要作用。教师应鼓励学生大胆猜测，进行丰富想象，不必拘泥于常规答案。(　　)
10. 我国心理学界多数人认为，思维无论从个体发展还是从种系发展来看，大致上经历四个阶段：即动作思维—形象思维—形式思维—辩证思维。(　　)

四、填空题

1. 在头脑中把抽象概括出来的概念、原理、理论应用到实际中的思维过程是________。
2. 概念学习的心理机制主要有两种：一是概念形成；二是________。
3. 思维的过程包括分析与综合、________、________、系统化与具体化。
4. 思维的基本形式有概念、________和________。
5. ________是指人在创造性思维过程中，某种新形象、新概念和新思想突然产生的心理状态。

五、简答题

1. 简述教师如何帮助学生转变错误概念。

2. 简述教师如何帮助学生科学地掌握概念。

六、论述题

1. 联系实际,谈谈什么是创造性思维,教师应如何培养学生的创造性思维。

2. 思维品质的特性是什么?在教学中如何培养学生良好的思维品质?

七、案例分析题

1. 许老师在讲授新课《按比例分配》时,先提出了一个问题:"把12本书分给2组,每组可以分几本?"学生们都异口同声地说:"6本。"许老师又询问道:"有没有不同的答案?大家再认真思考一下。"于是学生们开始重新思考,过了一会,孙亮和其他学生举手发言,许老师示意孙亮发言,他站起来说:"每组分6个不一定对。""为什么呢?"许老师追问到,这一问题也吸引了其他学生的注意。孙亮说:"题干并没有说怎么分,如果是平均分,每组就是6个。如果不是平均分,答案有很多种。"许老师带着表扬的口吻说:"很好,回答得很正确。以前我们学习平均分,今天我们学习不平均分。"之后,许老师立即在黑板上写出:按比例分配。学生们好像也从朦胧中被叫醒,兴奋起来。这样,许老师让学生们在习惯认知中巧妙地由单一思维变成多维思维。

(1)分析基于学习认知规律的思维能力培养的重点。

(2)如果你顺利走上教师岗位,许老师的做法给你带来了什么启示?

2. 小叶同学经常“眉头一皱，计上心来”，他不仅深思好学，触类旁通，有独立见解，还能透过现象看本质；喜欢打破砂锅问到底，是班上名副其实的“智多星”。数学课上，当问题与条件发生变化时，他总能打破常规，想出新办法；解决问题当机立断，毫不犹豫。对此梁老师也十分赏识，决定在数学课上采取新举措。

首先，在班上开展“课前讲故事”活动，提高学生的言语表达能力和对数学题意的理解力。苹果落地现象是人们司空见惯的，但牛顿却在此基础上提出了万有引力定律；伽利略敢于质疑和挑战权威，通过在比萨斜塔上同时抛下两个大小不同的铁球实验，指出铁球同时落地才是真知。当学生讲到此类故事时，梁老师就及时倡议学生给课本挑刺，要“吾爱吾师，吾更爱真理”，要敢于说“老师，我反对”，对敢于挑毛病的学生给予奖励。其次，在课堂教学中，梁老师设置问题情境，激励学生独立发现问题，提出问题，老师不急于回答，鼓励学生运用已有知识经验去思考如何解决问题。老师给予一定的启发，让学生自己寻找答案，并鼓励学生一题多解。通过梁老师的指导和训练，小叶同学的思维品质更加完善。他不仅敢于质疑，而且善于创新求异。初三毕业时，他成了小发明家，觉得自己离创新梦工厂越来越近了。

(1)结合案例分析小叶同学具有的思维品质。

(2)结合案例中梁老师的做法，阐述如何培养学生的思维品质。

专题五　注　意

考法透视　本专题以理解、识记为主，多以选择题、判断题等客观题的形式进行考查，但也会出现简答题、论述题等主观题。主要考查注意的特征、种类、规律及其在教学中的应用。

限时:150 分钟	用时：　　分钟	错题数：　　道	▶答案见 P796

一、单项选择题

1. 同学们正在教室里认真听课，被突然飞进来的一只小鸟吸引了注意。这种注意属于(　　)

A. 随意注意　　B. 不随意注意

C. 随意后注意　　D. 有意注意

2. 唐代画家张璪可以“双管齐下”，一手画青翠葱郁的活松，另一手画萎谢凋零的枯松，同时下笔，同时收笔，皆为佳作。这体现了(　　)

A. 注意的范围　　B. 注意的分配　　C. 注意的广度　　D. 注意的转移

3. 进入初中的小陈刚开始学物理的时候，只是为了应付学习任务，后来随着掌握的物理基础知识越来越丰富，他对物理产生了兴趣，凭着兴趣可以自然地将注意力集中到学习物理上。这种注意属于(　　)

A. 有意注意　　B. 无意注意　　C. 有意后注意　　D. 无意后注意

4. 课堂教学中，教室的布置应当简单、朴素、大方，教室的光线要明亮，周围的环境要安静，这样学生更能集中注意力，这主要是排除(　　)的干扰。

A. 内部注意　　B. 无意注意　　C. 外部注意　　D. 有意注意

5. 教师常常埋怨课堂上那些注意力不集中的学生是不成熟、有注意力缺陷或不想学。这样给学生贴标签，对学生提高学习成绩没有帮助。教师的正确做法是(　　)

A. 课后及时补课　　B. 安排同学互相监督

C. 教会学生抑制分心　　D. 使用时间管理策略

6. 亮亮刚学会开车时很不熟练，开车时很紧张，但是后来随着开车次数的增多和开车技能的提高，亮亮开车已经非常熟练了。这时亮亮的注意属于(　　)

A. 无意注意　　B. 有意注意　　C. 有意后注意　　D. 随意注意

7. 教师讲课时，一位小学生一会儿听教师讲，一会儿翻书看，一会儿在本子上写着什么。你认为这位小学生这时的注意状态是(　　)

A. 稳定的　　B. 起伏的　　C. 转移的　　D. 分散的

8. 晶晶把手表放在耳朵刚刚能听到的地方认真听，发现手表指针的声音听起来一会儿强一会儿弱。这属于(　　)现象。

A. 注意起伏　　B. 注意分散　　C. 注意转移　　D. 注意分配

9. 当课堂上学生吵闹的声音盖过教师讲课的声音时，教师通过加大嗓门使课堂中的学生安静下来，这是借助(　　)引起学生的注意来控制课堂秩序的一种方法。

A. 刺激与环境中其他物体的差异　　B. 刺激物强度

C. 感知者的情感　　D. 感知者的需要

10. “聚精会神”主要体现了注意的(　　)

A. 指向性　　B. 集中性　　C. 监控性　　D. 调节性

11. 小学老师在讲课的过程中，会把重点知识反复强调几遍，这主要是为了引起学生的(　　)

A. 无意注意　　B. 有意注意　　C. 有意后注意　　D. 分散注意

12. 在听报告时，如果报告人的声音突然停止了，马上就会引起听众的注意。这种注意是(　　)

A. 有意注意　　B. 无意注意　　C. 随意注意　　D. 有意后注意

13. 人的注意会经常出现周期性的加强和减弱，所以应合理设置学生的上课时间，保证最佳的教学效果。这一现象反映了(　　)

A. 注意的稳定性　　B. 注意的广度

C. 注意的分配　　D. 注意的转移

14.“心不使焉，则白黑在前而目不见，雷鼓在侧而耳不闻。”这说明人的心理过程离不开(　　)

A. 感知　　B. 记忆　　C. 注意　　D. 思维

15. 教师在课堂上让学生做笔记，并做些小实验，其效果比教师自始至终地讲解要好。这种引起和保持有意注意的方法属于(　　)

A. 克服干扰　　B. 培养间接兴趣

C. 合理组织活动　　D. 加深对活动目的、任务的理解

16. 初学骑车的人总是注意力很集中，像这样有预定目的、需要一定意志努力的注意称为(　　)

A. 有意注意　　B. 有意后注意　　C. 无意注意　　D. 不随意注意

17. 课堂上有的学生会开小差，这属于(　　)

A. 注意的分散　　B. 注意的转移　　C. 注意的起伏　　D. 注意的分配

18. 刺激物之间的强度、形状、大小、颜色或持续时间等方面的差别特别显著，特别突出，就容易引起人的无意注意。例如：孩子群中站一个大人、万绿丛中一点红，都容易引人注意。这种引起无意注意的因素是(　　)

A. 刺激物的强度　　B. 刺激物之间的对比关系

C. 刺激物的活动和变化　　D. 刺激物的新异性

19. 某学生对数学很感兴趣，因而对该学科学习的注意力保持时间较长，这种注意力为(　　)

A. 无意注意　　B. 有意注意　　C. 无意后注意　　D. 有意后注意

20. 司机驾驶汽车时手扶方向盘，同时脚踩油门，眼睛还能注意路标和行人。上述现象体现的注意品质是(　　)

A. 注意的选择　　B. 注意的转移

C. 注意的稳定性　　D. 注意的分配

21. 听完一节精彩的语文课，自觉投入到下一节数学课的学习，这体现的注意品质是(　　)

A. 注意的分配　　B. 注意的转移　　C. 注意的起伏　　D. 注意的广度

22. 语文老师在朗读课文《观潮》时声情并茂，读到描写潮水的声音大的语句时，老师朗读的声音也随之变大，学生们听得津津有味，连开小差的学生都不自觉地被吸引而认真听起来。这表明老师的朗读引起了学生的(　　)

A. 共鸣　　B. 无意注意　　C. 有意注意　　D. 兴趣

23. 小明看书可以“一目十行”，而小华则“一目一行”。这反映了他们在哪种注意品质上存在差异(　　)

A. 注意广度　　B. 注意分配　　C. 注意稳定　　D. 注意转移

24. 在课堂教学中，吕老师会建议学生通过做笔记的方式保持对学习内容的专注度，同时吕老师也发现在讲解的过程中，学生用笔尖指着地图上的山脉河流，效果会比自己自始至终讲要好很多。这体现了对学生(　　)的引起和保持。

A. 无意注意　　B. 无意后注意　　C. 有意注意　　D. 有意后注意

25. 在45分钟的小学课堂上，学生把自己的注意一直集中在教师讲授的内容上，这体现了( )

A. 选择性注意 B. 持续性注意 C. 分配性注意 D. 功能性注意

26. 人的心理活动对一定对象的指向和集中是( )

A. 注意 B. 知觉 C. 想象 D. 观察

27. 夜空中划过的流星，容易引起我们的无意注意。引起这种注意的原因是( )

A. 刺激物的活动与变化 B. 刺激物的复杂性

C. 刺激物的强度 D. 刺激物的对比关系

28. 在一节课45分钟内，甲同学能够集中注意力30分钟，乙同学能够集中注意力20分钟。这说明甲同学注意的( )比乙同学好。

A. 转移 B. 分配 C. 广度 D. 稳定性

29. 以下描述属于注意分散的外部表现的是( )

A. 学生上课时不断做出无关动作 B. 学生听课时呼吸变得轻微而缓慢

C. 学生在实验中不停地记录实验结果 D. 学生在考试时认真思考并仔细演算

30. 学生进行计算时，发现自己计算错误并进行了改正。这体现了注意的( )

A. 选择功能 B. 维持功能

C. 调节和监督功能 D. 集中功能

31. 小学生小易在做作业时不易被人打扰，而小旺在做作业时很容易受其他同学的干扰，同学的一举一动都会分散他的注意。这反映了小易和小旺在( )上存在差异。

A. 注意的广度 B. 注意的分配

C. 注意的稳定性 D. 注意的转移

32. 正在专心写作业的学生被要求去参加班会，这一活动变化要求学生进行注意( )

A. 分散 B. 分配 C. 起伏 D. 转移

33. 教师既要引导学生明确目前的学习目的和任务，同时，又要让他们明了长远的学习目标和意义，使他们认识到学习的重要性和肩负的责任，把个人的学习同自己的前途及社会需要联系起来，培养学生对学习结果的兴趣。这是教师运用( )的规律进行教学。

A. 无意注意 B. 有意注意 C. 有意后注意 D. 注意分配

34. 把注意对象的映像或内容维持在意识中，以得到清晰、准确的反映，一直到活动目的完全实现为止。这体现了注意的( )

A. 选择功能 B. 保持功能 C. 调节功能 D. 监督功能

35. 学生新接触一个知识领域，觉得“万事开头难”的原因是未进行( )

A. 注意转移 B. 注意分配 C. 注意跳跃 D. 注意调节

36. 我们通常能够同时做几件事情，可以一边骑自行车一边欣赏路边的风景，可以一边看电视一边织毛衣。下列理论中可以解释这种现象的是( )

A. 过滤器理论 B. 多阶段选择理论

C. 认知资源理论 D. 双加工理论

37. 下列选项中,表述正确的是(　　)

A. 小学二年级儿童的有意注意还处在发展初期,水平很低

B. 小学五年级儿童的有意注意还处在发展初期,水平很低

C. 小学二年级儿童的有意注意有了进一步的发展,有意注意占主导地位

D. 小学高年级儿童的有意注意缺乏自觉性,表现为自己不能主动确立目的

38. 在百米竞赛的预备信号之后相隔很长时间再发出起跑信号,运动员就会受到明显的影响。这是因为运动员有(　　)

A. 注意的分配　　B. 注意的动摇

C. 注意的持续性　　D. 注意的稳定性

39. 从注意品质来看,“一心二用”是(　　)

A. 不可能的　　B. 不良品质　　C. 无条件的　　D. 有条件的

40. 与成人的注意力相比,下列关于儿童注意力的说法错误的是(　　)

A. 注意力不稳定,容易分散　　B. 分配能力不强

C. 注意的范围较广泛　　D. 转移品质比较差

41. 某学生刚开始学跳舞时,注意了脚的动作,双手就一动不动;注意了手的动作,脚步就又乱了。这体现了该学生(　　)

A. 注意的转移能力差　　B. 注意的范围窄

C. 注意的稳定性差　　D. 注意的分配能力差

42. 以下情况体现了注意选择性的是(　　)

A. 小明逛商场只看玩具　　B. 学生在40分钟的课堂上把注意力放在学习上

C. 妈妈边打毛衣边看电视　　D. 爸爸陪小明看完电视后去看书

43. 小学生随着知识经验的积累、思维的发展、阅读技巧的形成,一次就能看到整个的句子,再往后,同时能注意到句和句之间的关系。这表明其(　　)

A. 注意的广度增大了　　B. 注意的稳定性提高了

C. 注意的分配增强了　　D. 注意的转移增强了

44. 小刘打算用五天时间完成一项任务,但是领导派来了新任务,小刘又很快把精力投入到新任务上。这说明小刘的(　　)

A. 注意广度大　　B. 注意稳定性强

C. 注意分配性好　　D. 注意转移快

45. 教师在教学过程中要注重培养学生在同一时间内能观察到更多的教材内容或事物的能力,这主要是培养学生(　　)

A. 注意的广度　　B. 注意的稳定性　　C. 注意的分配　　D. 注意的转移

46. 在一些内容相对枯燥、难度较大的科目学习中,使学生了解知识掌握后的功用和社会价值,引起他们对学习结果的间接兴趣。这种间接兴趣会引起和维持其对学习目的的(　　)

A. 无意注意　　B. 分配性注意　　C. 有意注意　　D. 有意后注意

47. 一般来说,强度大的、对比鲜明的、突然出现的、变化运动的、新颖的刺激,自己感兴趣的、觉得有价值的刺激更容易引起(　　)

A. 有意注意　　B. 注意转移　　C. 无意注意　　D. 注意分配

48. 下列有关注意的说法正确的是(　　)

A. 注意的分散和转移是个体无意识的行为

B. 注意最重要的功能是对活动的调节和监控

C. 有意后注意不应在课堂中出现

D. 有意注意也可以是没有目的的注意

49. 注意转移是指一个人能够主动地、有目的地及时将注意从一个对象或者活动调整到另一个对象或者活动。根据上述定义,下列属于注意转移的是(　　)

A. 小明一边跑步,一边回忆今天上课的内容

B. 小梦上课期间长时间处在“溜号”状态

C. 小红一边看书,一边记录书中精彩语句

D. 因毫无灵感,小新决定出去打球放松一下

50. 三岁幼儿做游戏时顾及不到别人,只能自己单独玩,这是因为(　　)

A. 游戏水平差　　B. 注意分配能力差

C. 喜欢自己一个人玩　　D. 教师教育问题

51. 在中小学生的注意发展中,小学低年级学生的(　　)占主导地位。

A. 随意后注意　　B. 不随意注意　　C. 随意注意　　D. 无目的注意

52. 汉代董仲舒“目不窥园”的事例,典型地表现了(　　)

A. 注意的集中性　　B. 注意的指向性

C. 注意的转移　　D. 注意的分配

53. 注意的稳定性是注意品质的哪种特性(　　)

A. 广度　　B. 强度　　C. 时间　　D. 空间

54. 上课的时候,听着听着就走神了,脑子不知道飞到哪里去了,可能还想着昨天晚上看的一部电视剧。这种意识状态称为(　　)

A. 可控制的意识状态　　B. 自动化的意识状态

C. 白日梦状态　　D. 睡眠状态

55. 有意注意发展的高级阶段是(　　)

A. 注意转移

B. 学生通过自己的出声言语活动,以调节和控制自己的各种心理活动

C. 通过成人的言语指令而引发的有意注意

D. 通过内化过程,学生可以用内部言语指令来调节和控制自己的各种心理活动

56. 儿童早期学习汉字时,对汉字字形、结构、正误的注意,属于(　　)

A. 有意注意　　B. 无意注意　　C. 有意后注意　　D. 不随意注意

57.“侧耳倾听”“举目凝视”“屏息凝视”等现象反映的是注意的( )

A. 转移　　B. 广度　　C. 内部状态　　D. 外部表现

58. 注意( )的大小主要取决于一个人已有的经验和知识。经验愈多,知识愈广,就愈善于组织所感知的对象,把它们联系成一个整体来感知。

A. 广度　　B. 稳定性　　C. 分配　　D. 转移

59. 小学生的注意广度存在着性别差异,无论低年级或高年级,女生的注意广度( )男生。

A. 低于　　B. 等于　　C. 高于　　D. 无法确定

60. 王红在天文望远镜前足足盯了两个小时,要观察的小行星终于出现在视野里。这反映了注意的( )

A. 监督功能　　B. 选择功能　　C. 调节功能　　D. 保持功能

二、多项选择题

1. 按照心理学的研究,“鹤立鸡群”反映出的心理现象是( )

A. 感觉对比　　B. 无意注意　　C. 兴趣　　D. 注意的选择性

2. 关于注意规律,说法正确的是( )

A. 老师突然中断讲课,为引起分心学生的无意注意

B. 老师板书时用彩色粉笔,为了清晰醒目、突出重点,引起学生无意注意

C. 学生的间接兴趣越稳定,就越能对活动的对象产生有意注意

D. 让学生凭借无意注意来学习,利于克服学习中的困难

3. 关于注意的说法,正确的有( )

A. 注意的特征是指向性和持续性　　B. 注意是一种重要的心理过程

C. 注意可以使人专心于某对象　　D. 注意可以使某对象位于意识的中心

4. 教师在教学活动中,要善于引导学生在( )之间进行转换。

A. 无意注意　　B. 有意前注意　　C. 有意注意　　D. 有意后注意

5. 下列选项中,教师的行为属于正确应用无意注意规律的是( )

A. 走到安静的教室门口时,故意使劲地咳嗽两声

B. 发现学生注意力不集中时,故意把音量提高

C. 利用彩色粉笔把黑板边缘装饰得格外的醒目

D. 教师突然中断讲课,引起分心学生的注意

6. 下列现象属于注意的外部表现中的适应性运动的是( )

A. 举目凝视　　B. 心跳加速　　C. 侧耳倾听　　D. 屏息

7. 在教学过程中,教师应怎样集中学生的注意力( )

A. 唤起学生的随意注意,提高学习的自觉性

B. 正确运用无意注意规律组织教学,教学环境的布置应有利于集中学生注意力

C. 引导学生几种注意交替使用

D. 教学方法丰富多样,有吸引力,防止单调死板

8. 人类的注意有多种类型,按照注意的目的性和意志的努力程度,注意可以分为(　　)

A. 有意注意　　B. 无意注意　　C. 有意后注意　　D. 无意后注意

9. 有经验的教师都清楚,唤起学生的注意并不难,难的是使学生的注意稳定于整个教学过程之中。在实际教学过程中,教师应该(　　)

A. 在教学过程中时刻保持随意注意,运用随意注意提高学习对学生的吸引力

B. 用教学方式和学习方式的多样性保持学生注意

C. 以适当的教学速度,使学生上课保持注意

D. 注重教学内容难易适度,避免过难、过易的内容削弱学生注意力

10. 下列选项中反映注意分配的有(　　)

A. 边听讲边做笔记　　B. 吃完饭后看书

C. 自弹自唱　　D. 跑步后学习

11. 影响注意稳定性的重要因素有(　　)

A. 是否有明确的任务　　B. 是否进行积极的思维活动

C. 活动的方式是否多样化　　D. 个体的情绪和身体状况

12. 为了维持学生在课堂上的有意注意,教师可以(　　)

A. 对自己发布的课堂任务进行详细解释

B. 严厉批评不听讲的学生

C. 合理安排教学活动的分组和时间

D. 有同学开小差时立即停止讲课

13. 下列关于注意品质的说法正确的是(　　)

A. 注意转移的快慢、难易主要取决于原来注意的紧张程度和引起注意转移的新对象的性质

B. 先前的注意紧张程度越高,新的注意对象越不符合人的需要和兴趣,注意的转移就越困难

C. 个体神经过程的灵活性和自我控制能力也影响注意的转移

D. 注意的转移是衡量儿童注意力品质的重要指标

14. 引起和维持无意注意的客观刺激物本身的因素有很多,一般包括(　　)

A. 刺激物长时间的作用　　B. 刺激物的强度

C. 刺激物的运动和变化　　D. 刺激物的对比度

三、判断题

1. 注意的分配就是注意的范围,是指同一时间内能清楚地把握对象的数量。(　　)

2. 学生在上课时,其视、听、动作始终随着老师从一个问题到另一个问题。这是注意的分配现象。(　　)

3. 有意注意是人的一种更为高级的特殊的注意形态。(　　)

4. 对活动产生浓厚的兴趣是有意后注意的形成条件之一。(　　)

5. 人的心理活动能够在一段时间内保持比较紧张的状态,这属于注意的维持功能。(　　)

6. 注意的转移是指人在进行两种或多种活动时能把注意指向不同对象的现象。（　　）
7. 直接兴趣是引起和保持有意注意的重要条件之一，而间接兴趣对有意注意的引起和保持不起作用。（　　）
8. 学生在做题时，注意力高度集中在题目上，与解题无关的人和物都排除在外，这体现了注意的集中性。（　　）
9. 注意的指向性是指心理活动有选择地反映一定的对象，而离开其余的对象。（　　）
10. 小学阶段是有意注意发展的重要阶段，并且这一阶段有意注意最终取代无意注意的主导地位。（　　）

四、填空题

1. 在同一时间内，人们能够清楚地知觉出的对象的数目，称为________。
2. 注意的特点主要有________和________。
3. 在同一时间内心理活动指向于不同的对象，并能同时从事几种不同活动的现象叫做________。

五、简答题

1. 简述引起无意注意的条件。

2. 简述引起和保持有意注意的条件。

六、论述题

1. 如何利用注意规律组织教学？

2. 如何运用注意规律提高小学生的课堂注意力？

七、案例分析题

1. 黎老师是一名小学语文教师，担任小学一年级的语文教学工作。黎老师任教的班上有位男生小豪，上课总是注意力不集中，经常东张西望、做小动作，如玩尺子、铅笔、橡皮等。黎老师多次在课堂上提醒他要遵守课堂纪律，他也不听，有时还跟其他同学说话，影响了其他同学听课。一次，小豪在课堂上与同学聊天聊得正起劲，黎老师一怒之下罚小豪把这堂课教的生词抄写200遍。但罚抄后，小豪依然没有改进。黎老师在家长会后也单独向其家长反映过，他的妈妈说他在家也是这样，除了看电视和看漫画比较能集中注意力，做其他事情都特别容易分心，做作业也分心，小豪妈妈对此也感到很头疼。

(1)结合案例和所学知识，试分析小豪上课注意力不集中的主要原因。

(2)如果你是黎老师，你会如何帮助小豪克服注意力不集中的问题。

2. 今天是李老师第一次上公开课，她穿着漂亮、艳丽的新衣服来到教室，用早已准备好的彩色粉笔把黑板边缘装饰得格外醒目。开始上课了，李老师显得镇定自若，她先宣布了期中考试的成绩，并鼓励大家再接再厉。在正式讲课中，李老师言语平静、流畅，由于准备的内容十分丰富，她便加快了讲课的速度。正当李老师专心致志地讲课时，偶然发现有个别同学在开小差，她立即点名批评，制止了这种不良行为，然后继续上课。一节课很快地过去了，李老师从容地走出了教室。

(1)请运用所学的无意注意规律分析李老师的哪些做法欠妥。

(2)试述在教学中应如何运用无意注意规律，提高教学效果。

第三章　情绪情感和意志过程

专题一　情绪与情感

考法透视　本专题以识记为主，多以选择题、判断题等客观题的形式考查，主要考查情绪与情感的种类、功能以及常见的自我防御机制。

限时：120 分钟	用时：　分钟	错题数：　道	▶答案见 P805

一、单项选择题

1. 杜甫在听到官军收复河南河北的消息时“漫卷诗书喜欲狂”。他当时的情绪状态是(　　)

A. 冲动　　B. 心境　　C. 应激　　D. 激情

2. 在公交车上，小华主动为一位老人让座，并感到很自豪。当时小华体验到的情感是(　　)

A. 道德感　　B. 美感　　C. 理智感　　D. 新异感

3. 下列选项的事例，体现了情绪中的心境的是(　　)

A. 当听到中华人民共和国成立时，人们欢呼雀跃

B. 李明得知自己考上了北大后激动得无法入眠

C. 陈颖考上研究生后，整个暑假心情都很愉悦

D. 老师第一次站上讲台时十分紧张，不敢直视学生

4. 某学生考不上理想的高中而考上了职高，就说考上职高更好，学费少，能够早点出来参加工作，早挣钱。这种心理防御机制是(　　)

A. 投射　　B. 转移　　C. 压抑　　D. 合理化

5. (　　)个体的道德感、理智感在情感生活中占主要地位。

A. 幼儿园　　B. 童年期　　C. 少年期　　D. 青年期

6. 山林里的老虎比关在动物园笼子里的老虎更让人恐惧，能直接解释这一情绪的理论是(　　)

A. 情绪的行为理论　　B. 坎农—巴德的丘脑情绪理论

C. 沙赫特的激活归因情绪理论　　D. 阿诺德—拉扎勒斯的认知评价情绪理论

7. 小姜虽因被女友抛弃而受到了重大打击，但他并没有一蹶不振，而是迅速稳定自己的情绪，下定决心好好工作，证明自己的能力。小姜的做法属于情绪管理中的(　　)

A. 暗示法　　B. 放松法　　C. 宣泄法　　D. 升华

8. 古诗里所描写的“月儿弯弯照九州，几家欢乐几家愁”说明人的情绪具有(　　)

A. 主观性　　B. 感染性　　C. 两极性　　D. 客观性

9. 个体在追求的目标失败时,以“失败乃成功之母”来达到心理平衡的心理效应是(　　)

A. 酸葡萄效应　　B. 首因效应　　C. 甜柠檬效应　　D. 近因效应

10. 一些刚刚升入高中的学生,明明很想接近异性,但很多时候却故意疏远,甚至表现得十分淡然。这说明这些学生情绪具有(　　)特点。

A. 两极性　　B. 延续性　　C. 稳定性　　D. 文饰性

11. 学生对于不能理解和不能解决的问题,表现出惊奇和疑虑,这类情感属于(　　)

A. 道德感　　B. 理智感　　C. 美感　　D. 心境

12. 小明在学校表现并不突出,为了引起同学们的注意,小明经常有意无意地大肆炫耀自己是一名“富二代”。小明采取的心理防御方式是(　　)

A. 投射　　B. 补偿　　C. 移置　　D. 升华

13. 人们能通过一个人的表情来推测出他的情绪状态,这体现出情绪、情感具有(　　)

A. 信号功能　　B. 适应功能　　C. 动机功能　　D. 组织功能

14. 积极的情绪和情感可以调节和促进活动,消极的情绪和情感可以破坏和瓦解活动。这说明情绪和情感具有(　　)

A. 适应功能　　B. 动机功能　　C. 组织功能　　D. 信号功能

15. 自我防御机制的功能是(　　)

A. 信号功能　　B. 保持心理平衡　　C. 正面面对创伤　　D. 指向功能

16. (　　)是情绪和情感明显的外显形式。

A. 动作　　B. 语言　　C. 表情　　D. 服饰

17. 情绪和情感反映的是(　　)

A. 客观事物的本质属性　　B. 客观事物的外部现象

C. 客观事物之间的关系　　D. 客观事物与人的需要之间的关系

18. 歌德痛苦时创作《少年维特之烦恼》,这属于防御机制中的(　　)

A. 压抑　　B. 置换　　C. 升华　　D. 投射

19. 情绪可以驱动有机体从事活动,提高人的活动效率。这是指情绪的(　　)功能。

A. 适应　　B. 动机　　C. 组织　　D. 信号

20. “眼不见为净”从心理防卫的方法来看属于(　　)

A. 投射作用　　B. 否认作用　　C. 退行作用　　D. 升华作用

21. 学生在小学时期对祖国的理解较为肤浅,爱国情感不强。而在初中时期随着历史、地理、人文知识的丰富,对祖国的理解更为深刻,爱国情绪也由弱变强。这反映了青少年的情绪情感发展受(　　)的影响。

A. 道德发展　　B. 人格发展　　C. 学校环境　　D. 认知发展

22. 小明即将上考场,感觉心跳加速,有点微微出汗。这属于情绪情感的(　　)

A. 主观体验　　B. 外部表现　　C. 生理唤醒　　D. 认知活动

23. 低年级的小学生玩游戏入迷的时候就会忘了写作业,放学前夕往往不能注意听课。到了中

高年级，小学生往往能够根据老师的要求和纪律的要求约束自己认真听课，按时完成作业。这种现象体现了小学生(　　)

A. 情感不断倾向稳定　　B. 情感丰富性不断发展

C. 情感不断倾向可控　　D. 情感变化逐渐变得简单

24. 某学生学习成绩差，却经常购买各种名牌消费品，以求得心理上的满足。该生的这种心理防御方式属于(　　)

A. 升华　　B. 补偿　　C. 压抑　　D. 转移

25. 在遇到不开心的事情时，张亮总会去操场上踢一场球，将不开心的事情都释放出去，他的这种情绪调节方法属于(　　)

A. 升华　　B. 补偿　　C. 宣泄　　D. 幽默

26. 下列表现不符合心理防御机制中“文饰”的是(　　)

A. 容貌平凡的女子特别爱说“自古红颜多薄命”

B. 考试不及格，则说考试试题太难，超出大纲要求

C. 把失恋带来的痛苦转化为发奋学习的动力

D. 体育能力差的学生说，只有四肢发达的人才喜欢体育

27. 某学生受到老师批评后，把怒气和不满情绪发泄到同学身上，这种行为体现的心理防御方式是(　　)

A. 移置　　B. 反向　　C. 文饰　　D. 投射

28. 情绪和情感对内驱力起着放大和增强的作用，适度的情绪兴奋，可以使人的身心处于活动的最佳状态，进而推动人们有效地完成工作和学习任务。这说明情绪和情感具有(　　)

A. 组织功能　　B. 动机功能　　C. 感染功能　　D. 健康功能

29. 小雪非常喜欢印象派的绘画作品，当她看到印象派的代表作《草地上的午餐》《日出・印象》时，顿时心中非常喜悦。小雪此时的情感属于(　　)

A. 道德感　　B. 理智感　　C. 美感　　D. 成就感

30. 某学生在放学回家的路上突遇歹徒抢劫，这一突发事件使其心理上产生高度紧张和惊慌，这种在出乎意料的紧迫与危险情况下引起的情绪状态称为(　　)

A. 心境　　B. 激情　　C. 应激　　D. 危机

31. 小学生的情感发展特点不包括(　　)

A. 表现形式不断变化　　B. 内容不断丰富和深刻

C. 选择性不断增强　　D. 稳定性不断增强

32. 一般而言，羞耻感和自尊心属于(　　)

A. 道德感　　B. 美感　　C. 理智感　　D. 心情

33. 小刚去买东西，人家多找了 10 块钱，他一直在犹豫要不要还回去，最后他想如果是别人的话，应该也不会还回去的。这属于自我防御机制中的(　　)

A. 压抑　　B. 转换　　C. 投射　　D. 文饰

34. 过度的应激状态使人的记忆、思维能力降低，这反映了应激引起的(　　)

A. 焦虑　　B. 认识功能障碍

C. 失助感　　D. 自我估价降低

35. 随着知识经验的积累，儿童情感的分化逐渐精细、准确，以笑为例，小学儿童除会微笑、大笑外，还会羞涩地笑、偷笑、嘲笑、苦笑等。这一表现说明了小学儿童情感(　　)

A. 丰富性的发展　　B. 深刻性的发展

C. 可控性的发展　　D. 稳定性的发展

36. 当学生嘲笑张老师个子矮小时，张老师以一句“浓缩的就是精华”化解了当时的尴尬。这种情绪调节的方法称为(　　)

A. 升华　　B. 补偿　　C. 幽默　　D. 宣泄

37. 人们记自己感兴趣的事情较为容易，记不喜欢的事情比较难。这说明情绪具有(　　)

A. 动机功能　　B. 信号功能　　C. 适应功能　　D. 组织功能

38. “先天下之忧而忧，后天下之乐而乐”体现的情感是(　　)

A. 道德感　　B. 愉悦感　　C. 理智感　　D. 热爱感

39. 在现实生活中，人们常常把得不到的东西说成是不好的，这是一种(　　)

A. 甜柠檬心理　　B. 退行心理　　C. 否认心理　　D. 酸葡萄心理

40. 当一个人听到亲人去世的消息时，拒绝相信此事，以减少心灵上的痛苦。这是防御机制中的(　　)

A. 压抑　　B. 否认　　C. 文饰　　D. 代偿

41. 学生攻克难题后产生自豪感，这种体验是(　　)

A. 应激　　B. 美感　　C. 道德感　　D. 理智感

42. 初中生阳阳期末考试没考好，他对老师解释说，主要是自己感冒了，而实际上不是。阳阳采用的心理防御机制是(　　)

A. 补偿　　B. 投射　　C. 文饰　　D. 升华

43. 盛怒时，拍案大叫、暴跳如雷；狂喜时，捧腹大笑、手舞足蹈；绝望时，心灰意冷、麻木不仁。这反映的是哪种情绪状态(　　)

A. 应激　　B. 心境　　C. 激情　　D. 热情

44. 人们在坚持自己的观点时会有强烈的热情，也会因为自己的认识违背了事实而感到羞愧。这些都是(　　)的体现。

A. 心境　　B. 心情　　C. 理智感　　D. 应激

45. 秦老师在危急时刻，选择牺牲自己，保护学生，被评为“最美教师”。其他老师在听到秦老师的事迹时，产生的情感属于(　　)

A. 道德感　　B. 美感　　C. 幸福感　　D. 理智感

46. “忧者见之则忧，喜者见之则喜”这句话主要体现了情绪具有(　　)

A. 动机功能　　B. 感染功能　　C. 信号功能　　D. 组织功能

47.“知之深，爱之切”说明情感过程依附于(　　)

A. 感知过程　　B. 教育过程　　C. 认识过程　　D. 注意过程

48. 演唱会现场，明星刚一到场，全场的粉丝就发出刺耳的尖叫声。这种情绪是(　　)

A. 心境　　B. 应激　　C. 激情　　D. 愤怒

49. 一个被父母严厉责备的孩子，当着父母的面可能会“忍气吞声”，但离开父母可能就“摔桌子打板凳”，或者拿小猫、小狗出气，心理学上将这种现象称为(　　)

A. 合理化　　B. 升华　　C. 投射　　D. 移置

50. 下列情境中，能体现情绪情感的信号功能的是(　　)

A. 别人悲伤时，自己也会悲伤　　B. 老师心情好时，上课更有激情

C. 学生答题时，依老师的表情修正答案　　D. 父母生气时，会影响孩子学习

51. 郝帅被选中参加歌唱比赛，在即将上场时，郝帅却因为紧张而颤抖，个人状态不佳。此时，老师为了缓解郝帅的紧张情绪，引导郝帅说：“你就把台下的观众想象成蘑菇。”在这一情境中，老师采用的情绪调节策略是(　　)

A. 回避和接近策略　　B. 控制和修正策略

C. 注意转换策略　　D. 认知重评策略

52. 小强进入中学以后经常对父母的约束感到厌倦、甚至叛逆，总希望能摆脱父母的监视。这是中学生情绪发展的(　　)特点。

A. 自主性　　B. 丰富性　　C. 跌宕性　　D. 两极性

53. 道德感、理智感、美感是与(　　)相联系的情感。

A. 社会需要　　B. 生理需要　　C. 客观环境　　D. 物质需要

54. 游客初次游览张家界天门山时，就被这里一夫当关、万夫莫开的阵势所震撼，沉醉于大自然的鬼斧神工久久不能自拔。这种情感属于(　　)

A. 道德感　　B. 理智感　　C. 自豪感　　D. 美感

55. 关于情绪和情感的描述，下列说法不正确的是(　　)

A. 情感与生理需要是否满足相联系，是人和动物共有的

B. 情感依赖于情绪，具有稳定性、深刻性

C. 情绪是情感的外在表现，情感是情绪的本质内容

D. 情绪具有外显性、冲动性，而情感具有内隐性

56. 人在认识事物或研究问题时，对于新的还未认识的东西，表现出求知欲、好奇心；对于不能理解或不能解决的问题，表现出惊奇或疑虑；对于正在论证、评价的问题，表现出维护自己观点的热情或浓厚的兴趣；对于经过努力钻研与思考得到了解决的问题，又表现出无比的喜悦。所有这些情感都属于(　　)

A. 道德感　　B. 理智感　　C. 美感　　D. 心境

57. 升华是一种最积极的富有建设性的心理防御机制。在情绪调节的方法中，升华属于(　　)

A. 认知调节　　B. 自我排解　　C. 合理宣泄　　D. 意志调节

58. 积极情绪有助于拓宽注意的范围，促进问题的解决，这体现了情绪的(　　)

A. 组织功能　　B. 动机功能　　C. 适应功能　　D. 社会功能

59. 初中生杨华上学期期末考试没考好，一度灰心沮丧，但当他在电视上看到“中国天眼”之父、时代楷模南仁东的先进事迹后，深感自己的不足，从而立志为振兴中华勤奋学习。杨华采用的情绪调控方法是(　　)

A. 认识改变法　　B. 注意转移法　　C. 情绪升华法　　D. 尽情倾诉法

60. 渴求知识的人得到一本好书会感到满意，无端遭到攻击会感到愤怒。这说明情绪的产生是以个体的愿望或(　　)为中介的。

A. 认知　　B. 意志　　C. 思维　　D. 需要

61. 将情绪划分为心境、激情和应激三种状态的主要依据是(　　)

A. 强度、速度、紧张度、持续性　　B. 需要、动机、社会性、感染性

C. 时间、信念、外显性、敏感性　　D. 动机、时间、内隐性、感染性

62. 以下说法不正确的是(　　)

A. 情感可以引发或中断信息加工　　B. 情感可以导致选择性加工

C. 情感无法为社会认知输入信号　　D. 情感可以影响决策和问题解决

63. 有些残疾人通过惊人的努力而变成世界著名的运动员；有些口吃者可以成功地变成一位说话流利的演说家。这属于防御机制中的(　　)

A. 抵消　　B. 移置　　C. 反向形成　　D. 过度代偿

二、多项选择题

1. 情绪状态是指在某个事件或情境的影响下，在一定时间内所产生的某种情绪，其中较典型的有心境、激情、应激。下列关于心境的描述，正确的有(　　)

A. 心境的持续时间长，具有弥散性

B. 心境状态下往往会出现意识狭窄现象

C. 心境是一种强烈的、爆发性的、短暂的情绪状态

D. 心境不是关于某一事物的特定体验，而是以同样的态度体验对待一切事物

2. 下列关于情绪状态的说法，正确的是(　　)

A. 应激是已经预料到的紧急情况而引起的情绪状态

B. 激情是一种强烈短暂的爆发性的情绪状态

C. 心境是一种微弱、平静且持续时间较长的情绪状态

D. 情绪与情感的概念相同

3. 在情绪和情感的强度方面，有(　　)两极。

A. 愉快　　B. 不愉快　　C. 强　　D. 弱

4. 情绪情感的功能包括(　　)

A. 信号功能　　B. 动机功能　　C. 感染功能　　D. 适应功能

5. 梅梅一年级的时候喜欢长得漂亮的、座位挨着自己的同学，对于好孩子的理解就是不打架、不

骂人、上课认真。但是到了四年级，她则喜欢选择学习好的、讲义气的同学做朋友，对好孩子的理解也变成了要团结同学、诚实善良、爱祖国、爱班级的人。梅梅的这种变化体现了小学生情感发展的哪些特点(　　)

A. 情感的深刻性不断增加　　B. 情感的外露性不断提高

C. 情感内容不断丰富　　D. 情感的情境变化性不断增加

6. 青少年时期正处于“多梦”的年龄阶段，人类几乎所有的情绪都可以在青少年身上体现出来。对此青少年可采取下列方法中的哪些来进行情绪管理和压力应对(　　)

A. 运动或涂鸦　　B. 向周围的人倾诉

C. 攻击他人　　D. 自我暗示和自我安慰

7. 激情是一种强烈、短暂、爆发式的情绪状态，其特点有(　　)

A. 激动性　　B. 弥漫性　　C. 渲染性　　D. 冲动性

8. 下列有关初中生情绪情感发展的主要特征的表述，正确的有(　　)

A. 情绪表现较强烈

B. 情绪的延续性较长

C. 情绪的表现开始带有文饰性和内隐性

D. 情绪情感的内容、形式更加丰富多彩

9. 情绪与情感的关系非常密切，但特点却各不相同。以下属于情感特点的是(　　)

A. 冲动性　　B. 深刻性　　C. 稳定性　　D. 持久性

10. 下列关于情绪性质的表述中，正确的是(　　)

A. 情绪与动机关系不是很密切　　B. 情绪是主观意识经验

C. 情绪状态不容易控制　　D. 情绪为刺激所引起

11. 下面关于情绪情感的说法，正确的是(　　)

A. 情绪是基本的感情现象，情感是较高级的感情现象

B. 情绪具有外显性，情感具有内隐性

C. 情绪持续的时间短，情感持续的时间长

D. “爱屋及乌”反映的是情感的动力功能

12. 情感是同人的社会性需要相联系的态度体验，人的社会性情感主要分为哪几类(　　)

A. 道德感　　B. 焦虑感　　C. 理智感　　D. 美感

13. 青少年的情绪情感的特点包括(　　)

A. 情感的丰富性　　B. 倾向的定型性

C. 情绪的稳定性　　D. 情绪的强烈性

14. 心理学家把人的基本情绪分为(　　)

A. 快乐　　B. 悲哀　　C. 愤怒　　D. 恐惧

15. 科学家诺贝尔为了研究炸药，不顾自己的生命危险进行试验。在一次试验中，爆炸空前猛烈，烟雾浓烈冲天，诺贝尔从浓烟中冲出，满脸鲜血，但他却发疯似的高喊：“我成功了！”这

属于( )

A. 心境 B. 激情 C. 理智感 D. 恐惧

三、判断题

1. 在抗击新冠肺炎疫情期间,人民群众对驰援各地的医务工作者表达感激之情。这种情感体验属于道德感。 ( )
2. 青少年的情绪表现总是强烈而狂暴的,同样一个刺激,在他们那里所引起的情绪反应强度相对大得多,甚至达到震撼人心的程度。 ( )
3. 情绪和情感是人对客观外界事物的态度的主观体验和相应的行为反应,它反映的是主体需要和外界客观事物之间的关系。 ( )
4. “急中生智”是一种心境现象。 ( )
5. 根据引起情绪的原因,可将情绪的调节分为内部调节和外部调节。 ( )
6. 婴儿出生时,不具备独立生存的能力和语言能力,他们渴了、饿了会哭,这体现了情绪的适应功能。 ( )
7. 学生小郑有写日记的习惯,每当遇到不愉快的事情时,他都会写进日记里,他觉得写完日记后心里舒服多了。在这里,小郑调节情绪的方法是注意转移法。 ( )
8. 近期小林对待同学时而温和,时而暴躁,前一天还和同学玩得很好,第二天就与同学闹情绪,小林的行为说明其情绪是内向性与外向性共存的。 ( )
9. 某高中生在解题时因方法不当,浪费了大量时间却未得到正确答案,但其仍认为耽误的时间是值得的,因为以后遇到类似的题目就不会再犯同样的错误。这属于典型的“酸葡萄心理”。 ( )
10. 婴儿通过微笑、哭闹获得成人的关注,体现的是情绪的组织功能。 ( )
11. 小学生理智感的发展主要表现在求知欲的扩展和加深。 ( )
12. 人在激情状态下认识和自控能力会减弱,所以总是做错事。 ( )
13. 激情是在出乎意料的紧张情况下所产生的情绪状态。 ( )
14. 情绪是人和动物所共有的心理现象,而情感则是人类特有的一种心理现象。 ( )
15. “感时花溅泪,恨别鸟惊心”说明人的情绪和情感具有感染性。 ( )

四、填空题

1. 情感具有两个功能,一是调节行动的功能,二是信号交际的功能。其信号交际功能是通过________实现的。
2. “一个小丑进城胜过一打医生”说明情绪和情感具有________功能。

五、辨析题

1. 激情与应激是两种不同的情绪状态。

2. 过大过久的压力会严重伤害人的身心健康，因此，学校、家庭和社会应共同为学生创建一个无压力的学习环境。

六、简答题

1. 如何提高小学生的情绪调节能力？

2. 简述情绪和情感的关系。

专题二　意　志

考法透视　本专题以理解为主，多以选择题、判断题等客观题的形式进行考查，主要考查意志的品质及培养措施、动机冲突、挫折教育。

限时:90 分钟	用时：　分钟	错题数：　道	▶答案见 P813

一、单项选择题

1. 有些学生在制定了学习目标后，总是一遇到困难就放弃目标，这山望着那山高，学无所成。这类学生主要缺乏意志的(　　)

A. 果断性　B. 自制性　C. 坚持性　D. 自觉性

2. 三年级(2)班的一些学生上体育课时，经常叫苦叫累，还有一些学生只要作业稍微难一点，就望而却步。为此，班主任应加强培养学生的(　　)

A. 学习方法　B. 意志品质　C. 情感情绪　D. 学科思维

3. 王刚具有善于迅速地辨明是非、合理地采取决定和执行决定的品质，这体现了意志的(　　)

A. 自觉性　B. 果断性　C. 坚韧性　D. 自制性

4. 下列选项中对少年期意志特点的描述,正确的是( )

A. 果断品质有所发展,反应快,行动快,很少有轻率行为表现

B. 自制能力有所增强,但自制力水平有局限性

C. 坚韧性接近成熟,其行为不容易虎头蛇尾

D. 自觉性完全成熟,做事不需要他人监督

5. 意志行动的首要特征是( )

A. 自觉的行动目的　　B. 以随意运动为基础

C. 克服内外困难　　D. 受意识能动调节支配

6. 意志行动的中心环节是( )

A. 动机斗争　　B. 目的确立　　C. 选择方法　　D. 执行决定

7. 某学生喜欢打羽毛球,但是为了完成课后作业,可以不受外界的影响,坚持在教室里完成作业后再去与同学一起打羽毛球。这体现了意志的( )

A. 自觉性　　B. 果断性　　C. 坚持性　　D. 自制性

8. 小学生常需要老师和家长向其提出明确的要求,并在他们的监督和帮助下才能完成活动。这表明小学生意志的( )发展还不成熟。

A. 自觉性　　B. 果断性　　C. 自制力　　D. 坚持性

9. 杨林同学是某高校的应届毕业生,在校园双选会上,他同时接到五家单位的招聘意向,面对多种选择,举棋不定。这种冲突是( )

A. 趋避冲突　　B. 多重趋避冲突　　C. 双避冲突　　D. 双趋冲突

10. 下列行为属于意志行动的是( )

A. 残疾人登山　　B. 小孩打闹　　C. 朋友聚会　　D. 老人上床睡觉

11. 针对学生的意志类型,教师要采取不同的锻炼措施。对于缺乏毅力的学生,教师应( )

A. 从自觉性、目的性和原则性方面着手培养

B. 激发学生的坚韧精神

C. 培养学生沉着、耐心的品质

D. 提高学生的控制行为的能力

12. 学生甲容易受情感左右,缺乏理智,常在需要克制的时候任意为之,意气行事;而学生乙常常在需要采取行动,迎接挑战的时候临阵退缩,不敢有所行动。这表明学生甲和乙的意志均缺乏( )

A. 自觉性　　B. 坚持性　　C. 果断性　　D. 自制性

13. "志不强者智不达"是指( )

A. 情绪对认知的影响　　B. 认知对情绪的影响

C. 意志对智力的影响　　D. 智力对意志的影响

14. 小学生在日常生活中常会产生打人毁物、一意孤行的行为,这种心理反应往往会在( )后产生。

A. 应激　　B. 焦虑　　C. 失望　　D. 挫折

15.“鱼,我所欲也;熊掌,亦我所欲也。二者不可得兼,舍鱼而取熊掌者也”属于动机斗争中的(　　)

A. 双趋冲突　　B. 双避冲突　　C. 趋避冲突　　D. 多重趋避冲突

16. 个体应对挫折的积极反应方式是(　　)

A. 投射　　B. 逃避　　C. 退缩　　D. 升华

17. 个体对挫折的反应和应对取决于(　　)

A. 对挫折的认知　　B. 情境

C. 个体的性格　　D. 对结果的预期

18. 某学生既想参加朗诵比赛,又怕表现不好被人讥笑,该学生的心理冲突是(　　)

A. 双趋冲突　　B. 趋避冲突

C. 双避冲突　　D. 多重趋避冲突

19. 学生为争取考上大学,成为对社会有用的人才而刻苦奋斗。这是人的(　　)的具体表现。

A. 意志　　B. 品质　　C. 能力　　D. 性格

20. 一位中学教师,头天晚上与家人发生不愉快的事情,但第二天上课仍然兢兢业业,在课堂上谈笑风生,这反映了意志的(　　)

A. 自觉性　　B. 自制性　　C. 果断性　　D. 坚韧性

21. 下列属于趋避冲突的是(　　)

A. 想吃鱼又怕鱼刺　　B. 前有大河,后有追兵

C. 两害相较取其轻　　D. 鱼与熊掌不可兼得

22. 空难幸存者将积压在心头上的烦恼、苦闷向亲人、朋友倾诉,这种面对挫折的方式叫作(　　)

A. 升华　　B. 认知改组　　C. 合理宣泄　　D. 补偿

23.“圣雄”甘地年轻时搭乘火车的时候,因为自己的种族遭受了歧视对待,他把自己受到的歧视性待遇和同胞们的不幸遭遇联系在了一起,从此投身于印度民族解放运动。甘地这种对待挫折的方式属于(　　)

A. 认知重组　　B. 补偿　　C. 升华　　D. 宣泄

24. 一个人在行动中具有明确的目的,能认识行动的社会意义,并使自己的行为服从于社会的要求。这种意志品质被称为意志的(　　)

A. 自制力　　B. 自觉性　　C. 果断性　　D. 坚韧性

25. 根据积极适应挫折的方法和技术,“失之东隅,收之桑榆”属于(　　)

A. 合理宣泄　　B. 幽默　　C. 升华　　D. 补偿

26. 考试失利时认真分析失败原因,重新确定努力方向,这种对待挫折的方式是(　　)

A. 合理宣泄　　B. 适当放松　　C. 心理补偿　　D. 认知重组

27. 小红做事老是“前怕虎,后怕狼”,畏首畏尾,这表明她意志品质的(　　)较差。

A. 自觉性　　B. 果断性　　C. 坚持性　　D. 自制性

28.“小李大学毕业之际有两种选择:一是当中学教师,当教师工作很稳定、压力较小,但工资收

入较低；二是去外资企业做职员，做职员工资收入较高，但工作压力大、风险大。小李不知道该如何选择才好？”在上述材料中，小李所面临的动机冲突为(　　)

A. 双趋冲突　　B. 双避冲突　　C. 趋避冲突　　D. 多重趋避冲突

29. 下列成语中与意志特征对应不正确的是(　　)

A. 拾金不昧——坚持性　　B. 勤学好问——自觉性

C. 愚公移山——坚韧性　　D. 当机立断——果断性

30. 中小学生产生挫折的原因有很多，包括客观因素和主观因素两种，下列不属于主观因素的选项有(　　)

A. 价值观　　B. 自然因素　　C. 挫折容忍力　　D. 动机冲突

二、多项选择题

1. 良好的意志品质主要包括(　　)四个维度。

A. 自觉性　　B. 果断性　　C. 自制性　　D. 坚韧性

2. 与自制性相反的意志品质有(　　)

A. 任性　　B. 优柔寡断　　C. 动摇性　　D. 怯懦

3. 意志行动中的冲突主要出现在意志行动的准备阶段，在这一阶段中包括动机斗争、确立行动目的和选择行动方法等环节。意志行动中的冲突主要有(　　)

A. 双趋式冲突　　B. 双避式冲突　　C. 趋避式冲突　　D. 多避式冲突

4. 教师可以从(　　)方面提高学生的抗挫折能力。

A. 使学生树立辩证挫折观，对挫折持积极态度

B. 提高学生对挫折的容忍力和超越力

C. 调整期望目标，正确认识自我和评价自我

D. 设置挫折情景，锻炼学生心理承受力

5. 与坚韧性相反的意志品质是(　　)

A. 盲从性　　B. 独断性　　C. 动摇性　　D. 执拗性

三、判断题

1. 捡到钱后，既想拾金不昧又想当零花钱使用，这属于原则性冲突。(　　)

2. 对学生进行挫折教育，就是教育者有意识地利用和设置挫折情境，通过知识和技能的训练，使学生正确认识挫折、预防挫折、正视挫折。(　　)

3. “胜不骄，败不馁”是意志对人情感的调节控制作用。(　　)

4. 不管刮风下雨，学生们都能坚持锻炼，这是意志果断性的表现。(　　)

四、辨析题

1. 具有良好的意志品质是指一个人很坚强。

2. 人应该立长志，而不应该常立志。

3. 教师对做事总是虎头蛇尾的学生应着重培养其意志品质的自制性。

五、案例分析题

1. **案例1**　连续发生几起孩子轻生事件，让人心头沉重。在上海卢浦大桥上，一名17岁的青少年突然跑下车后迅速跳桥，紧跟着的女子因没能抓住他跪地痛哭。11岁女孩连续好几天没有做作业，班主任就把家长叫到了学校里，回到家，女孩就从7楼跳了下去，最终抢救无效死亡……最让人唏嘘的是其出事原因，“因为爸爸不让看电视”“因为老师没收了手机”“因为家长强迫我写作业”……

如今，以孩子为中心成了许多家庭的生活模式，这些集万千宠爱于一身的“小皇帝”“小公主”，俨然变成了家中的“小太阳”，孩子们的成长太过顺利，就像温室里的花朵，怎能经受得起暴风雨的摧折？青少年往往年轻气盛，遇事容易冲动，这符合人的成长规律。然而，动辄离家出走或选择轻生，却暴露出他们情绪管控和心理承受能力的不足。生活一辈子，怎么可能不遇到点挫折？“仲尼厄而作《春秋》；屈原放逐，乃赋《离骚》”，古往今来，任何人成就事业，莫不是经历了一番挫折和努力。

案例2　未成年人心理咨询与援助中心，某中学女生晓琦在陈述咨询问题之前，就已控制不住地大哭了一场。她表示心理压力特别大，起因于各类考试中突出的成绩表现，让自己在学校里成了“名人”，前几天有陌生的同学在路上遇到她，热情地跑过来“告白”：“哇，你就是晓琦吗？你真是太厉害了，我们几个都是你的粉丝，你就是我们的女生之光！”面对这些赞美，晓琦没有感觉到喜悦，反倒是感到沉甸甸的害怕。

咨询师发现晓琦并不是一个不追求“优秀”的孩子，相反，她是个积极上进的孩子，渴望自己成为一个优秀的个体，但是又害怕自己一旦被人发现“优秀”，这些自己渴望的好的东西就会立刻抛弃自己，所以她一方面刻苦努力追求着优秀，另一方面，又承担着优秀展示出来之后会消失不见的巨大恐惧。

咨询师了解到，晓琦的父母在对孩子的教育过程中坚信“挫折教育”，觉得现在孩子的条件实在是太好了，担心以后出了社会不能适应或者抗挫折能力差，所以在晓琦小的时候，父母就阵营一致，为孩子刻意营造一些“挫折情境”。父母的这番“好心”却没有收到应有的效果，反倒让她有了奇怪的因果联系，即“做得好——好会消失，环境会变差”。

(1)结合案例1，谈谈对划线句“仲尼厄而作《春秋》；屈原放逐，乃赋《离骚》”的理解。

(2)结合上述案例和实际，试分析导致一些青少年抗挫折能力差的影响因素有哪些？

(3)结合案例并联系实际，你认为应当从哪些方面着手进行合理的挫折教育？

2. 某天，班主任和几位代课老师讨论着竞选班委的几名候选人的特点。老师们觉得学生A的学习成绩虽没有名列前茅，但做事有自己的主见和想法，班主任经常让他组织学生和策划活动，他从不受他人影响，总能按照自己的认识和想法合理地采取决定，每次把任务交给他都很放心，他也很有信心和底气，是个不错的人选。

说到学生B，老师们都十分认可她的学习能力，参加了许多竞赛并获奖，令人印象深刻。班主任说道：“这个孩子做事目标明确，面对困难不退缩，再大的压力在她面前总能被克服，这或许就是她学习成绩一直不错的原因吧，我很欣赏她。”

说起学生C，英语老师最有发言权。她学习认真刻苦，不爱说话，做事默默无闻，课上课下都很配合老师。她确实很用功，但在制订学习计划，甚至做个选择题时都很犹豫。“有一次推举她参加演讲大赛，我好不容易说服了她，但临近参赛她又动摇了，她总是怀疑自己的决定，这很制约她继续进步。”

学生D，令几个代课老师最为头疼，他学习一般，但做活动时还挺活跃，每次干什么事都自告奋勇、跃跃欲试，但做事前从不考虑后果，想做就做。可一碰上关键任务，第一个掉链子的、临阵退缩的就是他，真是令老师们无可奈何。

老师们对谁能当选班委有着比较统一的看法，同时他们认为，每个学生意志品质的表现和强弱都是不同的，了解这些品质，对于学生的管理以及孩子们的成长教育有着不可替代的作用。

(1)请结合案例，用意志品质的相关知识分析上述学生的行为特点。

(2)结合案例和实际，作为一名教师你会如何帮助学生培养和塑造良好的意志品质。

第四章　个性心理

专题一　需要、动机与兴趣

考法透视　本专题以识记为主，多以选择题、判断题等客观题的形式考查，主要考查马斯洛的需要层次理论、动机的功能及兴趣的品质。

限时:100 分钟	用时:　　分钟	错题数:　　道	▶答案见 P818

一、单项选择题

1. 个体自愿到边远贫困地区支教的行动说明(　　)

   A. 生理和安全的需要不具有强大力量

   B. 低级需要和高级需要并不是绝对对立的

   C. 马斯洛的需要层次理论是错误的

   D. 生理和安全的需要不是必要的

2. 下列关于马斯洛的需要层次理论的表述，错误的是(　　)

   A. 需要层次越低，力量越强，潜力越大

   B. 安全需要属于低级需要

   C. 高级需要直接关系到个体的生存，因此也叫缺失需要

   D. 需要层次理论强调人的动机是由人的需求决定的

3. 居里夫人一生致力于科学研究，她常说"我的生活是不能离开实验室的。"这体现了兴趣的(　　)特征。

   A. 广阔性　　B. 自觉性　　C. 效能性　　D. 稳定性

4. 人们喝水是为了解渴，锻炼是为了身体健康，学习是为了适应工作和生活的要求。在心理学中，驱动人进行有目的的活动的内部动力称为(　　)

   A. 气质　　B. 性格　　C. 动机　　D. 情感

5. 尽管小石同学觉得数学非常没有意思，但是为了能当上数学课代表，他也克服困难，认真学习。根据兴趣的目的性，这种兴趣属于(　　)

   A. 间接兴趣　　B. 直接兴趣　　C. 暂时的兴趣　　D. 稳定的兴趣

6. "仓廪实而知礼节，衣食足而知荣辱"反映了人的需要具有(　　)

   A. 整体性　　B. 选择性　　C. 层次性　　D. 动力性

7. 职场上常有人因无法施展自己的抱负而更换职业或转而创业。这体现了(　　)的作用。

   A. 安全需要　　B. 归属与爱的需要

C. 尊重需要　　D. 自我实现的需要

8. 对有机体维持生命、延续后代有重要意义的需要是(　　)

A. 自然需要　　B. 社会需要　　C. 后天需要　　D. 生理需要

9. 个体积极探索事物的认识倾向是(　　)

A. 需要　　B. 动机　　C. 兴趣　　D. 理想

10. 下列属于马斯洛需要层次理论中缺失需要的是(　　)

A. 归属与爱的需要　　B. 审美需要

C. 自我实现的需要　　D. 求知需要

11. 某学生学习了习近平总书记在纪念五四运动100周年大会上的讲话后,决心将个人理想与中国梦相结合,努力学习,报效祖国。根据马斯洛的需要层次理论,该生的需要属于(　　)

A. 生理需要　　B. 安全需要

C. 归属与爱的需要　　D. 自我实现的需要

12. 一些孩子对许多事物都很感兴趣,但常常只有"三分钟热度",兴趣很快又会消失。这说明他们的兴趣品质特征是(　　)

A. 广泛性强,指向性集中　　B. 广泛性强,持久性差

C. 广泛性强,效能性差　　D. 效能性强,稳定性差

13. 温馨的家庭氛围和良好的同伴关系有助于儿童获得成功的社交技巧,有利于儿童社会价值的获得以及认知和健康人格的发展。根据马斯洛的需要层次理论,这是因为儿童的(　　)得到了满足。

A. 生理的需要　　B. 审美的需要

C. 认知的需要　　D. 归属与爱的需要

14. 同样是努力学习,有些学生只是为了获得老师或家长的赞许,并不在意自己是否真正掌握了知识;而有些学生则是对学习内容本身较为感兴趣。这种现象体现了动机具有(　　)

A. 激活功能　　B. 指向功能　　C. 调节功能　　D. 维持功能

15. 下列关于需要的定义,理解正确的是(　　)

A. 对食物、空气、水、性和休息的需要

B. 对安全、秩序、稳定、免除恐惧和免除焦虑的需要

C. 与他人建立情感联系,追求友谊和爱情的需要

D. 有机体内部的一种不平衡状态,表现为有机体对内、外环境条件的需求

16. 依据马斯洛的需要层次理论,下列属于成长性需要的是(　　)

A. 安全需要　　B. 归属与爱的需要

C. 尊重需要　　D. 自我实现的需要

17. 马斯洛认为,人类的需要层次由低级向高级发展可分为(　　)

A. 安全需要—生理需要—尊重需要—归属与爱的需要—自我实现的需要

B. 归属与爱的需要—生理需要—安全需要—尊重需要—自我实现的需要

C. 生理需要—安全需要—尊重需要—归属与爱的需要—自我实现的需要

D. 生理需要—安全需要—归属与爱的需要—尊重需要—自我实现的需要

18. 为了消除饥饿而引起觅食活动，为了获得优秀成绩而勤奋学习，为了摆脱孤独而结交朋友等体现了动机的（　　）

A. 指向功能　　B. 激活功能　　C. 维持功能　　D. 调整功能

19. 教师改卷子时会不自觉地认为差生不能有好成绩，因而在评分时不自觉地提高了要求，这是人的（　　）在起作用。

A. 原始动机　　B. 习得动机　　C. 有意识动机　　D. 无意识动机

20. 对许多事物和活动都乐于参与、乐于探求，主要体现了兴趣的（　　）

A. 敏捷性　　B. 广泛性　　C. 持久性　　D. 效能

21. 人的各种行为活动，如饮食、学习、创造性都要通过需要作为推动力，这说明需要具有（　　）的特点。

A. 对象性　　B. 动力性　　C. 差异性　　D. 社会性

22. 人们希望得到稳定的工作，愿意参加各种保险。这体现了人们有（　　）

A. 生理需要　　B. 安全需要

C. 归属与爱的需要　　D. 尊重需要

23. 动机可以理解为在（　　）的作用下，个体使自身的内在需求与行为的外在诱因相协调，从而形成激发、维持行为的动力因素。

A. 自我效能感　　B. 自我意识　　C. 自我教育　　D. 自我调节

24. 下列是我国小学生的一些需要，依据马斯洛的需要层次理论，选项中层次最高的是（　　）

A. 家庭的温暖　　B. 安静的学习环境

C. 结交正直、诚实的朋友　　D. 搞小发明

25. 人们总是希望自己能成为某一社会群体中的一员，并被其他成员所认可。这种动机属于（　　）

A. 工作动机　　B. 成就动机　　C. 交往动机　　D. 生理动机

26. 在动机的作用下，个体由静止状态转化为活动状态，产生各种相应的行为。这就是动机的（　　）

A. 激活功能　　B. 指向功能　　C. 调节功能　　D. 维持功能

27. 下列哪项动机属于社会性动机（　　）

A. 繁衍后代　　B. 获取食物　　C. 逃避危险　　D. 参与交往

28. 李老师在教学过程中充分发挥自身潜能，对教学中的每一项任务力求做到极致，按照马斯洛需要层次理论，李老师达到的最高层次的需要是（　　）

A. 尊重需要　　B. 归属与爱的需要　　C. 自我实现的需要　　D. 安全的需要

29. 学生渴望充分发挥自己的潜能，希望自己成为自己所期望的人物，完成与自己能力相称的一切活动。根据马斯洛的需要层次理论，这属于（　　）

A. 审美需要　　B. 尊重需要　　C. 求知需要　　D. 自我实现的需要

30. 对多方面的事物或活动具有的兴趣是(　　)

A. 直接兴趣　B. 间接兴趣　C. 中心兴趣　D. 广阔兴趣

二、多项选择题

1. 马斯洛认为个体的动机需要呈等级结构,由低到高分为七种需要。这七种需要又可以分成缺失需要和成长需要两大类。下列不属于成长需要的是(　　)

A. 找一个好工作　B. 保持体形

C. 被人尊重　D. 考上一所好大学

2. 马斯洛认为,人具有七种基本需要,其中被称为"成长需要"的有(　　)

A. 审美需要　B. 自我实现的需要

C. 归属与爱的需要　D. 求知与理解的需要

3. 关于人本主义的需要层次理论,下列说法正确的有(　　)

A. 需要按一定顺序逐级上升

B. 只有低一级需要基本满足后,高一级需要才能成为行为动力

C. 高一级需要产生时,低一级需要就会消失

D. 同一时期内某种需要占主导地位

4. 在马斯洛的需要层次理论中,基本需要包括(　　)

A. 尊重需要　B. 归属与爱的需要

C. 安全需要　D. 生理需要

5. 学习兴趣是推动学生学习的强大内驱力,故教师要注重培养学生的学习兴趣。下列培养兴趣正确的做法有(　　)

A. 明确每节课教学内容的目的和意义

B. 开展丰富多彩的课外活动

C. 通过诱导帮助学生培养兴趣

D. 把学生其他原有的兴趣转移到学习上来

6. 自我实现作为一种最高级的需要,包括(　　)需要。

A. 自尊　B. 自我创造　C. 认知　D. 审美

7. 按照马斯洛的需要层次理论,一旦得到满足,由此产生的动机就会消失的需要有(　　)

A. 生理、安全的需要　B. 归属与爱的需要

C. 尊重的需要　D. 认知与审美的需要

8. 为什么仅有1%的人能够达成自我实现?下列说法正确的有(　　)

A. 自我实现的需要容易被压抑、控制、更改和消失

B. 许多人不敢正视他们关于自我实现所需要的那种知识

C. 文化环境强加于人的规范会阻碍一个人的自我实现

D. 自我实现属于成长性需要,其发展和持续成长依赖于个体的潜力

9. 动机是激发和维持有机体行动,并使该行动朝向一定目标的心理倾向和内部动力。一般认

为，动机具有哪些功能（　　）

A. 选择功能　　B. 激活功能　　C. 指向功能　　D. 调节和维持功能

10. 下列关于动机理论的表述，正确的是（　　）

A. 心理学家麦独孤主张本能是天生的倾向性，是一种有目的的行为

B. 弗洛伊德的精神分析论认为动机源于强大的内在驱力和冲动

C. 赫尔提出了驱力减少理论，认为驱力、习惯强度共同决定了个体的有效行为潜能

D. 美国心理学家詹姆斯认为人的行为依赖于本能的指引

三、判断题

1. 按照马斯洛的动机作用论的观点，教师在自尊水平低的学生中灌输“为学习本身的满足而去学”的观念的做法是不恰当的。（　　）
2. 需要转化成动机不需要条件。（　　）
3. 需要是对有机体内部不平衡状态的反映，表现为有机体对内外环境条件的欲求。（　　）
4. 人的行动方式、行动的坚持性和效果，在很大程度上受动机性质的制约。（　　）
5. 果果能歌善舞，琴棋书画无所不通，说明其兴趣具有倾向性。（　　）

四、辨析题

1. 现实生活中，每个个体只有在低级需要得到部分满足时，高一级需要才会产生。

2. 学生的学习兴趣既可以来自对学习活动本身的直接兴趣，也可以来自对学习结果的间接兴趣。

五、论述题

1. 马斯洛认为，对于一般人而言，从基本需要到成长需要大致有七个层次。论述你从教之后的最高层次的需要及实现这一最高层次需要的个人努力和环境期望。

2. 请论述马斯洛需要层次理论的主要内容，并对该理论进行评价。

六、案例分析题

1. 辛老师了解到学生小丁学习基础较差，且因家境贫寒导致自卑心理，他为小丁制定并实施了“智志双扶”的措施。辛老师利用课余时间与小丁谈心，以励志的榜样故事鼓舞他树立理想，实现人生价值；为他组建“学习帮帮团”，帮助他学习；让他当班级宣传委员，发挥画画的特长；对他取得的进步给予赞赏；在“我们是一个友爱和谐的家”班会课上，同学们友善地接纳了小丁；针对小丁在课堂上做小动作的行为，辛老师没有当众训斥他而是委婉地提示。一段时间后，小丁爱上了学习，成绩也随之提高。他在日记中写道：“我要靠自己去奋斗，努力学习吧，我能越来越……”

   结合案例，分析辛老师是如何依据需要层次理论制定教育措施的。

2. 小丽老师从某师范大学外语系毕业后到一所中学教授学生英语课程。为了提高学生学习英语的积极性，她设计了一个名叫“鳄鱼池逃生”的游戏：老师让五个同学把椅子围成一个圈，在圈子中间的地上画条鳄鱼，把每个同学编上号。然后大家坐进去。老师拿出几个卡片，写上当天学过的单词，然后通过抽号的方式抽出五名同学，每人问他们一个单词，看他们是否会读，读对的就从鳄鱼池出来，错的还留在鳄鱼池中，谁留到最后就会被鳄鱼“咬死”。她的这个游戏活动深受学生的欢迎，也有效地提升了学生的英语成绩。

   结合该案例分析，在教学工作中如何激发学生的学习兴趣。

专题二　能　力

考法透视　本专题以理解为主，常以选择题、判断题等客观题的形式进行考查，但也会出现简答题、论述题等主观题。主要考查能力的分类、智力结构理论、一般能力测验、智力测验的标准。

限时：150 分钟	用时：　分钟	错题数：　道	▶答案见 P823

一、单项选择题

1.（　　）这一理论中，操作代表智力的高低。个人针对引起思考的情境，在行为上表现出思考结果之前，所经过的内在操作历程，即代表个人的智力。

A. 群因素理论　　B. 智力三维结构论

C. 智力形态论　　D. 多元智能理论

2. 王老师在编制试卷时，仅根据自己容易取得的资料和感兴趣的内容出题，测验内容缺乏代表性，这样会导致（　　）

A. 信度偏低　　B. 实证效度低　　C. 内容效度低　　D. 构想效度低

3. 美国心理学家卡特尔的智力形态论认为，一般人的流体智力发展达到顶峰的时期是（　　）

A. 12 ~ 18 岁　　B. 20 ~ 30 岁　　C. 35 ~ 45 岁　　D. 50 ~ 60 岁

4. 某学生智力年龄为 10 岁，实际年龄为 8 岁，按斯坦福—比纳量表的智力计算公式，该生的智商是（　　）

A. 80　　B. 100　　C. 125　　D. 81

5. 爱迪生曾说"天才就是 1% 的灵感加上 99% 的汗水"，他对天才持一种"有条件的承认"的态度，即天才需要努力才能成为真正意义上的天才。爱迪生的观点强调了（　　）对能力形成与发展的影响。

A. 早期经验　　B. 主观努力

C. 教育与教学　　D. 遗传与环境

6. 离差智商决定于（　　）

A. 个体在相同条件团体中的相对位置　　B. 个体的智龄状态

C. 个体心理年龄与实足年龄的比率　　D. 个体间正态分布的形式

7. 在对学生的散文写作能力进行评价时，把学生的散文送给三位语文老师批改，这主要是为了保证评价的（　　）

A. 难度　　B. 区分度　　C. 效度　　D. 信度

8. 下列哪个选项属于一般能力的范畴（　　）

A. 记忆能力　　B. 模仿能力　　C. 运动能力　　D. 社交能力

9. 斯皮尔曼的智力二因素中的“S 因素”指(　　)

A. 一般因素　　B. 特殊因素　　C. 先天因素　　D. 后天因素

10. 对从社会文化和实践中习得的解决问题的方法进行应用的能力是(　　)

A. 流体智力　　B. 多元智力　　C. 言语智力　　D. 晶体智力

11. 教师自编测验时,要想提高测验的区分度,最重要的是控制好试题的(　　)

A. 难度　　B. 效度　　C. 信度　　D. 题量

12. 整天和油漆打交道的油漆工人能辨别 400～500 种不同的漆色,这种能力的形成是因为受到了(　　)的影响。

A. 实践活动　　B. 学校教育

C. 主观能动性　　D. 早期经验

13. 有研究表明,同卵双生子即使生长在不同的家庭环境中,他们的智商也有很高的相关。这说明了(　　)

A. 人的智力发展与家庭环境没关系　　B. 遗传对智力有很大的影响

C. 人的智力发展与遗传没关系　　D. 一个人的智力发展水平是先天决定的

14. 以下属于加德纳多元智力理论中“内省智力”的是(　　)

A. 对自己的生活有规划,能自尊、自律,会吸取他人的长处

B. 能察觉生活中物品的大小、多少及形状

C. 能观察、照料自然角,对其变化敏感

D. 当别人不愉快时能安慰别人

15. 张老师编制了一份算数试卷对小学生进行考查,由于卷中出现了一些生字而影响了学生的数学考试成绩。这说明这份试卷的(　　)

A. 实用性差　　B. 可信度低　　C. 有效性差　　D. 区分度低

16. 关于掌握知识和发展智力的关系,下列说法有误的一项是(　　)

A. 智力的发展依赖于对知识的掌握

B. 知识不等于智力,但传授了知识等于训练了智力

C. 智力不是知识的简单记取,不是主观自生的东西

D. 智力是在掌握和运用知识、认识和改造世界过程中的认识与行动的内化

17. 影响智力形成和发展的自然前提是(　　)

A. 生存环境　　B. 遗传素质　　C. 教育条件　　D. 社会实践

18. 以下论述不符合多元智力理论的是(　　)

A. 每一种智力类别存在单一的表现形式

B. 各种智力之间通常是共同起作用的

C. 多数人有可能将其中一种智力发展到令人满意的水平

D. 应用“真实生活”的方式评价学生的学业成就水平

19. 在元认知的训练中,通过提供一系列供学生自我观察、自我监控、自我评价的问题表单,不

断地促进学生自我反省而提高问题解决的能力。这属于下列哪种方法(　　)

A. 知识传授法　　B. 自我提问法　　C. 出声思维法　　D. 互相提问法

20. 智力可被看作是个体各种认知能力的综合,(　　)是其核心因素。

A. 判断力　　B. 想象力　　C. 思维力　　D. 观察力

21. 美国耶鲁大学的心理学家(　　)试图在更为广泛的意义上解释智力行为,于20世纪80年代提出了智力的三元理论。

A. 瑟斯顿　　B. 斯皮尔曼　　C. 吉尔福特　　D. 斯腾伯格

22. 在卡特尔的智力理论中,知识、词汇、计算方面的能力属于(　　)

A. 液体智力　　B. 晶体智力　　C. 社会智力　　D. 抽象智力

23. 下列标准化测验中不属于智力测验的是(　　)

A. 斯坦福—比纳量表　　B. 韦克斯勒量表

C. 瑞文测验　　D. 明尼苏达测验

24. 霍华德·加德纳是世界著名的教育心理学家,《纽约时报》称他为美国当今最有影响力的发展心理学家和教育学家。他所提出的智力理论属于(　　)

A. 智力二因素论　　B. 智力结构论　　C. 智力多元论　　D. 智力三元论

25. 关于效度与信度等测验指标,下列说法错误的是(　　)

A. 效度是指测验能够准确测出所需测量的事物的程度

B. 信度是指测验获得的可靠性和一致性程度

C. 效度低,信度一定会低

D. 信度低,效度一定会低

26. 下列哪一项不属于社交能力(　　)

A. 组织管理能力　　B. 记忆力

C. 言语感染力　　D. 处理意外事件的能力

27. 比纳—西蒙智力量表是世界上第一个标准化智力测验量表,产生于(　　)年。

A. 1896　　B. 1905　　C. 1916　　D. 1923

28. 在电视节目《最强大脑》中,有的选手表现出了超强的处理数字系列、空间视觉等方面的能力。依据卡特尔的智力理论,说明这些选手具有超强的(　　)

A. 流体智力　　B. 经验性智力　　C. 晶体智力　　D. 情境性智力

29. 下列关于能力与知识、技能关系的说法,正确的是(　　)

①知识、技能等同于能力

②能力的强弱与知识、技能的多少成正比

③能力的形成与发展依赖于知识、技能的获得

④在掌握知识、技能的过程中会促进相应能力的发展

A. ①②　　B. ②③　　C. ①④　　D. ③④

30. 某中学生用韦氏智力量表进行智力测验,得分90分,常模平均分为84分,常模标准差为10

分。请问这位同学的智商是(   )

A. 109　　B. 106　　C. 100　　D. 96

31. 下列选项属于加德纳提出的多元智力范围的是(   )

①数学运算与逻辑思考的能力

②有效地理解别人及其关系以及与人交往的能力

③感知音调、旋律、节奏的能力

④独处、反思的能力

A. ①②④　　B. ①③④　　C. ①②③　　D. ①②③④

32. 不同儿童的智力差异主要在于不同的智力组合,而单纯依靠使用纸笔的标准化考试来区分儿童智力的高低是片面的。持此观点的心理学家是(   )

A. 斯腾伯格　　B. 斯皮尔曼　　C. 加德纳　　D. 韦特海默

33. 根据斯腾伯格的三元智力理论,具有哪种智力类型的人常常是特别出色的综合思维者,能够发现别人所不能发现的联合(综合)点(   )

A. 成功智力　　B. 实践性智力　　C. 创造性智力　　D. 分析性智力

34. 如果高水平的学生在测验项目上能得高分,而低水平的学生只能得低分,那么就说明该测验的(   )高。

A. 效度　　B. 信度　　C. 难度　　D. 区分度

35. 根据能力在人一生中的不同发展趋势,以及能力与先天素质和后天社会文化的关系,可将能力分为(   )

A. 一般能力和特殊能力　　B. 流体能力和晶体能力

C. 模仿能力和创造能力　　D. 认知能力和操作能力

36. 个体善于觉察并区分他人的情绪、动机、意向及感觉。这种能力属于加德纳多元智能理论中的(   )

A. 人际智能　　B. 自然观察智能

C. 语言智能　　D. 逻辑—数学智能

37. 韦克斯勒智力测验中用来衡量智力水平高低的是(   )

A. 比率智商　　B. 分数智商　　C. 离差智商　　D. 百分智商

38. 小亮喜欢做新颖和富有价值的事情,而且经常能够提出一些创新性的观点。则小亮所表现的能力属于(   )

A. 一般能力　　B. 创造能力　　C. 分析能力　　D. 特殊能力

39. 一般能力是指在不同种类活动中表现出来的能力,是从事一切活动所必备的能力的综合,如观察力、记忆力、抽象概括能力、创造力等,其中(   )是一般能力的核心。

A. 观察力　　B. 理解力　　C. 抽象概括能力　　D. 记忆力

40. “高分低能”说明(   )

A. 知识与能力无关

B. 能力低的人同样能获得高的成绩

C. 掌握过多的知识反而会阻碍能力的发展

D. 知识不等于能力

41. 人们在社交活动中表现出来和发展起来的能力是(　　)

A. 社交能力　　B. 操作能力　　C. 认知能力　　D. 模仿能力

42. “多一把衡量的尺子,就会多出一批好学生”的心理学依据是(　　)

A. 个体需求具有层次性　　B. 气质类型具有多样性

C. 人类智力具有多元性　　D. 人类发展具有共同性

43. 在心理测验中,智力测验属于(　　)

A. 认知测验　　B. 人格测验　　C. 兴趣测验　　D. 成就测验

44. 下列各种能力中,属于一般能力的是(　　)

A. 写作能力　　B. 绘画能力　　C. 体育能力　　D. 想象能力

45. 一名 7 岁儿童通过了 9 岁组的题目,其智力年龄是 9 岁。该儿童的智商是(　　)

A. 134.5　　B. 128.6　　C. 93　　D. 115

46. 在习以为常的事物和现象中发现新的联系和关系,提出新的思想,产生新的产品。这反映的心理现象是(　　)

A. 创造能力　　B. 模仿能力　　C. 归纳能力　　D. 演绎能力

47. 在学习立体几何的时候,有些同学能够非常迅速地接受并绘制出三维立体图形,而有些同学则要经过很长时间才能慢慢接受。这体现了学生在(　　)方面的差异。

A. 言语智力　　B. 空间智力　　C. 运动智力　　D. 人际智力

48. 智力测验的效度系数一般在(　　)

A. 0.1 ~ 0.3 之间　　B. 0.3 ~ 0.6 之间

C. 0.6 ~ 0.8 之间　　D. 0.9 以上

49. 对中国儿童和国外儿童智力发展差异的研究,最理想的智力测验工具是(　　)

A. 韦氏智力测验　　B. 比纳智力测验

C. 瑞文智力测验　　D. 中国比纳智力测验

50. 在学习动机的支配下,学生会专心聆听教师的讲课,积极参与课堂讨论,主动到图书馆查阅资料,或者完成家庭作业。而在娱乐动机的支配下,学生可能会上网玩游戏。由此可以判断动机具有(　　)

A. 强化功能　　B. 激活功能　　C. 指向功能　　D. 维持功能

51. (　　)对智力的发展起着主导作用。

A. 遗传素质　　B. 教育教学　　C. 社会实践　　D. 个人的勤奋

52. 在教学中促进学生智力发展的措施不包括(　　)

A. 塑造学生良好的认知结构

B. 培养学生的认知品质

C. 改革教学方法,使教学适应学生的个别差异

D. 促进学生陈述性、策略性、程序性知识的学习

53. 心理健康课上,李老师用人格测验量表对同一班学生进行两次测验,获得的分数差别较大,这反映了该量表存在( )

A. 信度问题 B. 效度问题 C. 难度问题 D. 区分度问题

54. “老将出马,一个顶俩”“姜还是老的辣”,说明的观点是( )

A. 人越老越聪明 B. 老年人的流体智力没有衰退

C. 老年人的晶体智力还在发展 D. 老年人有个别差异

55. 下列关于多元智力理论的叙述错误的是( )

A. 1999 年,加德纳又提出了第八种智力,即认识自然的智力

B. 音乐智力包含在多元智力理论的智力因素中

C. 多元智力理论为新课改提供了理论基础

D. 这几种智力因素不是独立的,是相互联系不可分割的

56. 在中小学期末考试中,出现题目的指导语不明确、试题的表达不清晰、试题太难或太容易、题目中出现额外的线索、诱答设计不合理、题目过少、试题的安排和组织不恰当、试题不符合测验目的等情况,都会影响测验的效度,使效度降低。这强调要达到考试效果应( )

A. 使学生保持良好的情绪和状态

B. 将影响被试者考试的干扰因素降到最低

C. 适当增加测验题目的时长

D. 保证测验题目的质量

57. 下列关于流体智力的说法,错误的是( )

A. 属于非语言的心智能力 B. 依赖于文化和知识背景

C. 在青少年之前一直在增长 D. 30 岁以后逐渐衰退

58. 斯皮尔曼的智力二因素理论中,决定个人成功的是( )

A. 一般因素 B. 特殊因素 C. 流体智力 D. 晶体智力

59. 根据加德纳的多元智力理论,教师和心理咨询师通常智力水平高主要是在( )方面。

A. 言语智力 B. 人际智力

C. 自知智力 D. 身体—动觉智力

60. 刘翔 110 米跨栏成绩好可能是因为他( )好。

A. 视觉—空间智力 B. 自知智力

C. 运动智力 D. 逻辑—数学智力

61. 加德纳的多元智力理论启示教育教学应该( )

A. 理论联系实际 B. 主动施教 C. 循序渐进 D. 注重个别化

62. 接收、加工、储存和提取信息的能力,指的是( )

A. 操作能力 B. 认知能力 C. 创造能力 D. 社交能力

63. 就一个测验的优劣而言,最为重要的指标是( )

A. 信度　　B. 效度　　C. 难度　　D. 区分度

64. 下列智力分类中,加德纳认为( )与天赋有很大的关系。

A. 言语智力　　B. 人际智力

C. 视觉—空间智力　　D. 音乐智力

65. 小强不善于结交朋友,语文、数学成绩一般,但擅长绘画。根据加德纳的多元智力理论,小强具备较高的( )

A. 空间智力　　B. 言语智力

C. 逻辑—数学智力　　D. 人际智力

二、多项选择题

1. 流体智力是一种以生理为基础的认知能力。下列例子体现了流体智力的有( )

A. 明明天生对数字敏感,运算速度很快

B. 小兰识别图形关系的能力很强,非常擅长拼图

C. 阳阳从小就博览群书,上知天文下知地理

D. 小航的记忆力好,每次都又快又好地背下课文

2. 发展智力是现代教学的一项十分重要的任务,下列属于智力的有( )

A. 观察力　　B. 想象力　　C. 记忆力　　D. 适应力

3. 根据能力适应活动范围的大小,可把能力分为( )

A. 一般能力　　B. 特殊能力　　C. 模仿能力　　D. 创造能力

4. 根据测量的内容,教育测量可分为( )

A. 学业成绩测验　　B. 准备性测验

C. 智力测验　　D. 人格测验

5. 组成人的“智力”的基本因素有( )

A. 注意力　　B. 观察力　　C. 记忆力　　D. 思维力

6. 下列不属于一般能力测验的是( )

A. 罗夏克墨渍测验　　B. 主题统觉测验

C. 标准化成就测验　　D. 韦克斯勒智力测验

7. 下列有关智力测验量表的叙述,正确的是( )

A. 比纳—西蒙智力量表是世界上第一个智力测验量表

B. 斯坦福—比纳智力量表的公式:智商(IQ)=智龄(MA)/实龄(CA)×100

C. 韦克斯勒智力量表的计算公式:IQ=100×15Z

D. 瑞文标准智力测验适用年龄范围广,测验对象不受文化、种族、语言的限制,并且可以用于一些生理缺陷者

8. 以下选项中属于多元智力理论观点的是( )

A. 音乐智力　　B. 人际智力　　C. 运动智力　　D. 成功智力

9. 以能力的功能作为划分标准，可以把能力分为（　　）

A. 认知能力　B. 创造能力　C. 操作能力　D. 社交能力

10. 美国哈佛大学发展心理学家加德纳提出的多元智力理论（　　）

A. 直接影响教师形成积极乐观的“学生观”

B. 直接影响教师重新建构“智力观”

C. 认为智力是以语言能力和逻辑—数理能力为核心的

D. 能帮助教师树立新的“教育观”

11. 美国心理学家吉尔福特于1967年提出了智力的三维结构说，他认为智力因素由操作、内容和产品三个维度组成。其中，操作包括（　　）

A. 记忆　B. 行为　C. 辐合思维　D. 发散思维

12. 以下属于多元智力理论观点的是（　　）

A. 只要给予良好的环境和机会，学生都能把某一项学习发展到更高水平

B. 学生学习的差异性是由于智力的不同组合决定的

C. 具有数学智力可能体现在速算上，也可能体现在逻辑思维上

D. 测智商可以确定一个人的智力水平

13. 下列对人的能力发展的一般趋势，说法正确的是（　　）

A. 童年期和少年期是某些能力发展最重要的时期

B. 根据人的智力毕生发展的研究，人的流体智力在中年以后有下降趋势，而人的晶体智力在人的一生中是稳步上升的

C. 成年期是各种能力发展相对稳定的时期

D. 能力发展存在着个别差异

14. 下面关于知识、技能、能力的说法中正确的有（　　）

A. 能力包含的是已经具备的知识和技能水平

B. 能力的形成与发展依赖于知识和技能的发展

C. 能力的高低可以影响到掌握知识和技能的水平

D. 从一个人的知识和技能的状况可以看出他的能力水平

15. 根据多元智力理论可知，空间感知能力强的人，适合从事的职业有（　　）

A. 律师　B. 画家　C. 航海家　D. 飞行员

三、判断题

1. 评价考试质量的指标有效度、信度、难度和区分度等。信度越高，效度也越高，考试结果与考生的实际水平越相符。（　　）

2. 没有任何知识能够完全凭借“灌输”而为学生所掌握，知识总是个体通过一定能力的活动所得到的结果。（　　）

3. 考试评价中常说的“信度”，是指评价工具能够测量到其所要测量的对象达到的程度。（　　）

4. 个体的阅读和计算能力受后天影响较大，这属于流体智力。（　　）

5. 测验信度高，表明测验结果不稳定、不准确、也不可靠。（　　）

6. 如果一个测验在不同的条件下对学生进行多次，且所获得的结果大体一样，即成绩好的学生和成绩差的学生都是相对稳定的人群，则该测验是高效度的。（　　）

7. 测验难度水平使测验分数分布范围最大时，测验信度才会最高。（　　）

8. 加德纳认为在多元智力结构中，各种智力的地位是不平等的。（　　）

9. 实际年龄超过智力年龄说明这个孩子比较聪明。（　　）

10. “人生天地间，各自有禀赋。为一大事来，做一大事去。”正体现了加德纳的多元智力理论观点：每个人都各有优势。（　　）

四、填空题

1. 卡特尔认为________智力受后天经验的影响比较大，是依据我们已有的知识和技能去解决问题的。

2. ________是最早采用智力年龄来表示智力水平的智力量表。

3. 美国哈佛大学发展心理学家加德纳提出的________理论，有利于教师更好地理解和实践新课程所倡导的学生评价。

4. ________是心理测验最基本的要求。

5. 能力按功能分为认知能力、________和社交能力。

五、辨析题

1. 学生的学习成绩好坏是由智力水平决定的。

2. 有时候，晶体智力随着年龄的上升而升高。

六、简答题

1. 简述斯腾伯格的三元智力理论。

2. 简述如何在教学过程中促进学生能力的发展。

3. 简述加德纳的多元智力理论及其对教学改革的启示。

七、论述题

有些人认为教给学生知识自然就培养了学生的技能和能力，你认为科学吗？请简要说明知识、技能和能力的关系。

八、案例分析题

妞妞的体形比一般同龄的孩子大，但在肢体动作的发展方面却比同龄的孩子晚。4 岁的时候，她还不会左右交替一步一步上下楼梯，但是妞妞的词汇表述能力已经相当于七八岁的孩子了。有人送她一个玩具娃娃，她居然说："谢谢你，我正巧需要一个娃娃。"她对数字的理解力也很强，新来的幼儿园老师教她数数，妞妞不客气地问老师："是要从 1 数起？还是要 5 个 5 个一起数？10 个 10 个一起数？"但妞妞还不能融洽地与其他小朋友相处，经常需要他人的帮助才能参与到群体的游戏中。

请运用加德纳的多元智力理论对该案例进行分析。

专题三 气质与性格

【考法透视】本专题以理解、识记为主,常以选择题、判断题等客观题的形式进行考查,但也会出现简答题、论述题等主观题。主要考查气质的类型及教育措施,性格与气质的关系。

限时:120 分钟	用时: 分钟	错题数: 道	▶答案见 P831

一、单项选择题

1. 欣欣的气质类型属于多血质,她热情开朗、兴趣广泛,其高级神经活动类型是( )

A. 兴奋型 B. 活泼型 C. 安静型 D. 抑制型

2. 张老师在给李帆同学的毕业留言中写道:你是一个不怕困难的人,面对困难沉着冷静;你是一个乐于助人的人,热情帮助有需要的同学。张老师主要描述的是李帆同学的( )

A. 能力 B. 习惯 C. 气质 D. 性格

3. "感情不易变化,学习会感到疲意"是哪种气质类型的观察指数( )

A. 多血质 B. 黏液质 C. 胆汁质 D. 抑郁质

4. 如果一个人看上去情绪平稳、表情平淡,思维灵活性较差但实则外柔内刚,考虑问题细致周到,则这个人的气质类型最有可能是( )

A. 多血质 B. 胆汁质 C. 黏液质 D. 抑郁质

5. 钟同学热情活泼、爱交际、有同情心、思想活跃,但也容易出现变化无常、浮躁等问题。由此可判断,钟同学所属的气质类型是( )

A. 多血质 B. 黏液质 C. 胆汁质 D. 抑郁质

6. 如果一个人的高级神经活动类型是强、不平衡(兴奋大于抑制),则其气质类型最有可能是( )

A. 多血质 B. 胆汁质 C. 黏液质 D. 抑郁质

7. 将人格分为内向型和外向型的学者是( )

A. 谢尔顿 B. 荣格 C. 威特金 D. 霍利德

8. 某生兴趣不广但专一,注意的稳定性好,但转移能力差,情绪发生缓慢、强度低、脾气温和,感情比较淡漠。通过上述描述可推测出该生的气质类型为( )

A. 胆汁质 B. 多血质 C. 抑郁质 D. 黏液质

9. 对于气质类型为( )的学生,应当着重培养其敏感、机智、认真、细致等个性品质,防止与克服其怯懦、多疑、孤独等消极品质的产生;在教育方法方面,要多给予同情、关怀和帮助,避免在公开场合指责他们。

A. 黏液质 B. 抑郁质 C. 多血质 D. 胆汁质

10. 性格包括两个要素:一是稳定的态度,二是( )

A. 习惯化了的行为方式 B. 具有可塑性

C. 具有多重性　　D. 平衡性

11. 按照气质的类型分类,《红楼梦》中的王熙凤和林黛玉分别属于(　　)

A. 胆汁质和黏液质　　B. 胆汁质和抑郁质

C. 多血质和抑郁质　　D. 多血质和黏液质

12. 小江学习刻苦认真,虽然基础并不好,但他遇到困难时总能勇往直前,不达目的不罢休,因此他的学习成绩在班里一直名列前茅。这体现了小江性格的(　　)特征。

A. 态度　　B. 理智　　C. 意志　　D. 情绪

13. 有的人事先就确定了参观计划,计算时间是否充裕、重点看哪些内容,进入展厅后就有条不紊、详略有别地观看;而有的人则喜欢到了再说,进入展厅后就哪里人多往哪挤,认为人多处定有精彩的东西,或是在某一处看得高兴而全然不管其他。这体现了性格的(　　)特征。

A. 理智　　B. 意志　　C. 情绪　　D. 态度

14. 节俭属于性格的(　　)特征。

A. 态度　　B. 行为　　C. 意志　　D. 情感

15. 在人格特征中,具有核心作用的成分是(　　)

A. 能力　　B. 气质　　C. 性格　　D. 认知方式

16. 气质的特点决定于(　　)

A. 社会生活条件　　B. 人的活动目的

C. 神经活动的特征　　D. 活动的内容

17. 下列关于性格的描述不正确的是(　　)

A. 性格表现了人们对现实和周围世界的态度

B. 性格更多地受到后天环境的影响

C. 性格没有好坏之分

D. 性格的基本机制是在高级神经活动的类型基础之上后天建立起来的条件反射系统

18. 黎辉行动比较缓慢、沉稳踏实、言语较少、喜欢安静思考问题,表情平淡、不易激动。按照巴甫洛夫的高级神经活动类型学说,黎辉的表现属于(　　)

A. 强、不平衡型　　B. 强、平衡、灵活型

C. 强、平衡、不灵活型　　D. 弱型

19. 小明为人仗义,有很多朋友,但是容易冲动,攻击性很强。小明的气质类型最可能属于(　　)

A. 兴奋型　　B. 活泼型　　C. 安静型　　D. 抑制型

20. 有些学生在教师正确的引导和耐心细致的帮助下,由粗心变为细心,由自卑变为自信,这反映了个体的(　　)具有可塑性。

A. 气质　　B. 能力　　C. 性格　　D. 动机

21. 小雨是个敏感、细心的女孩,同时她又多疑、孤僻、多愁善感、不善于和同学交往,同学们都叫她“林妹妹”。小雨的气质类型属于(　　)

A. 胆汁质　　B. 多血质　　C. 黏液质　　D. 抑郁质

22. 一个人生下来不是一张白纸,而是各有底色。这个底色就是(　　)

A. 性格　　B. 气质　　C. 能力　　D. 兴趣

23. 根据艾森克的气质理论，一个人表现为温和、镇定、安宁、善于克制自己。这种人的气质属于(　　)

A. 稳定外倾型
B. 稳定内倾型
C. 不稳定外倾型
D. 不稳定内倾型

24. 下列关于气质类型的说法，错误的是(　　)

A. 一个人的气质类型在一生中是比较稳定的
B. 气质类型不能决定一个人成就的高低
C. 胆汁质的人容易形成善于克制自己情绪的性格特征
D. 多血质的人难于形成耐心细致的性格特征

25. 某人的高级神经活动呈现出典型的强、平衡、不灵活特征。下列关于此人行为的描述合理的是(　　)

A. 思维敏捷但不求甚解，善于交往但交情浅薄
B. 沉默寡言但内心细致，表情平淡但交情深厚
C. 多愁善感但体验深刻，不善交际但踏实稳重
D. 思维灵活但粗枝大叶，为人率直但感情用事

26.《歌德传》写道："……这个人，平常非常温柔忍耐的，竟有时愤怒至咬牙跺脚。他能娴静，又能活泼，愉快时犹如登天，苦闷时如坠地狱。他有坚强的自信，他又常有自若的怀疑。他能自觉为超人，去毁灭一个世界，但又觉得懦弱无能，不能移动道途中的一块小石。"这段话描写主人公的(　　)

A. 能力特点
B. 气质特点
C. 性格特点
D. 兴趣特点

27. 多血质对应的神经活动的基本特征是(　　)

A. 强、平衡、灵活
B. 强、平衡、不灵活
C. 强、不平衡、灵活
D. 弱

28. 某学生热爱交际、能说会道、活泼好动、反应迅速、适应性强，但同时也见异思迁、缺少耐性、稳定性差。该学生的气质类型属于(　　)

A. 胆汁质　B. 多血质　C. 黏液质　D. 抑郁质

29. 个体在调节自己的心理活动时所表现出的心理特征，如自觉性、果断性等属于性格的(　　)

A. 意志特征
B. 理智特征
C. 情绪特征
D. 态度特征

30.《水浒传》中的林冲为人沉着老练，虽身负深仇大恨，却忍耐持久，几经挫折，无奈之下被逼上梁山。他的气质类型属于(　　)

A. 胆汁质　B. 多血质　C. 黏液质　D. 抑郁质

31. 家庭中对儿童性格形成与发展产生影响的因素有(　　)

A. 父母的言行、家庭氛围、家庭结构、家庭教养态度
B. 父母的学历、家庭氛围、家庭结构、家庭教养态度
C. 父母的言行、家庭成员、家庭结构、家庭教养态度

D. 父母的言行、家庭氛围、家庭结构、父母习惯

32. 意志型性格类型的特点是(　　)

A. 目的明确,自觉支配行动　　B. 善于思考,三思而后行

C. 情绪易波动,并左右行动　　D. 独立性强,善于思考

33. 注意的转移与人的气质类型有关,注意力容易转移的气质类型是(　　)

A. 胆汁质　　B. 多血质　　C. 黏液质　　D. 抑郁质

34. 汽车司机应当具备动作灵活敏捷,注意稳定并善于转移的特性。这说明职业对人的(　　)有一定的要求。

A. 兴趣　　B. 能力　　C. 气质　　D. 性格

35. "某同学情绪体验深刻,其言行举止易被情绪左右,头脑不够冷静。"他属于哪种性格类型(　　)

A. 顺从型　　B. 情绪型　　C. 理智型　　D. 意志型

二、多项选择题

1. 下列关于性格和气质的说法,正确的是(　　)

A. 气质是先天的,性格是后天的　　B. 气质无好坏之分,性格有优劣之别

C. 不同的气质可以形成相同的性格　　D. 气质会影响性格的形成和发展速度

2. 经测验得知,湘湘的气质类型为多血质,在平时生活中的表现为(　　)

A. 思维敏捷但是不求甚解　　B. 外柔内刚,交往适度

C. 易感情用事,刚愎自用　　D. 容易接受新事物

3. 巴甫洛夫划分高级神经活动类型是根据神经过程的基本特性进行的,这些基本特性包括(　　)

A. 强度　　B. 稳定性　　C. 灵活性　　D. 平衡性

4. 性格类型是指在一类人身上所共有的性格特征的独特结合,一般而言,性格可以分为(　　)

A. 外倾型　　B. 内倾型　　C. 独立型　　D. 顺从型

5. 针对抑郁质的学生,教师在教育过程中应重点培养(　　)

A. 善于交往的精神　　B. 坚持到底的精神

C. 扎实专一的精神　　D. 富有自信的精神

6. 小华、小敏、小英是一起长大但性格迥异的好朋友,小华沉默寡言、踏实稳重,小敏能说会道、活泼好动,小英则冲动易怒、精力旺盛。由此可以看出这三个孩子的气质类型包括(　　)

A. 黏液质　　B. 多血质　　C. 胆汁质　　D. 抑郁质

7. 气质是人的心理活动的动力特征,它表现为心理活动的(　　)

A. 强度　　B. 速度　　C. 灵活性　　D. 指向性

8. 在教学中要引导学生正视自己的气质类型,认识到气质的优缺点,扬长避短。对于胆汁质的学生,下列学习建议正确的有(　　)

A. 鼓励学生多参加集体活动,在成功的情感体验中激发其乐观向上的信心

B. 应指导学生加强精细性训练

C. 学会调整和稳定情绪

D. 重点培养生机勃勃、反应迅速、灵活机敏的个性品质

9. 关于教育应当根据人的气质差异因势利导的表述，正确的是(　　)

A. 胆汁质的人脾气暴躁，应当采取暗示性的教育，以防引起逆反心理

B. 抑郁质的人比较敏感，教育者要引导其积极思想，防止其自卑心理

C. 黏液质的人比较固执，教育者应重视其灵活度的训练

D. 多血质的人，灵活多变，易于教育，但要防止其重蹈覆辙

10. 下列心理表现属于气质的有(　　)

A. 见义勇为，拾金不昧　　B. 沉默寡言，冷静理智

C. 柔弱胆小，谨慎细心　　D. 活泼爱动，热情开朗

三、判断题

1. 晓梅是一个活泼好动、善于交际、思维敏捷的女孩子，她善于接受新事物，兴趣广泛，但注意力容易转移。晓梅的气质类型属于胆汁质。(　　)

2. 在感知、记忆、思维等方面表现出来的主观、片面等属于性格的认知特征。(　　)

3. 根据心理活动的倾向，瑞士心理学家荣格将性格分为内向型和外向型，但多数人并非典型的内向型或外向型性格，而是介于二者之间的中间型。(　　)

4. 在人的各种气质类型中，抑郁质是最差的一种气质类型。(　　)

5. “江山易改，禀性难移”说明气质是不可以改变的。(　　)

6. 性格本身没有好坏之分，它是人最核心的人格差异，受人的价值观、人生观、世界观的影响。(　　)

7. 气质和性格两者是彼此联系、相互制约的，性格可以制约气质的表现。(　　)

8. 性格的理智特征是指个体自觉地确定目标，调节支配行为，从而达到目标的性格特征。(　　)

9. 小黄性格孤僻、行动迟缓，他善于觉察别人不易察觉到的细小事物，具有内倾性等心理特征。小黄的气质类型最有可能是抑郁质。(　　)

10. 胆汁质气质类型的人比黏液质气质类型的人更容易形成果断与勇敢的性格特征，这说明气质影响性格形成与发展的速度。(　　)

四、简答题

1. 简述性格与能力的关系。

2. 请简述性格与气质的联系和区别。

五、论述题

1. 结合自己的教育教学经验，谈谈培养学生良好性格的策略。

2. 作为一名教师，试述如何根据学生的不同气质类型因材施教。

六、案例分析题

1. 八年级(3)班的小刚和小雯是同桌。小雯聪慧敏锐，思维缜密，学习成绩优异。小刚直率开朗，热情外向。一次自习课上，小刚邀请小雯一起看小说，被小亮发现，他随即向班主任杨老师举报。

杨老师把小雯叫到办公室了解情况。小雯感觉周遭都是审视的目光，如芒刺在背，既难堪又委屈。她一直低着头，双手紧拽衣角，老师问什么，她都一声不吭。小刚得知小雯被老师叫去办公室是因为小亮的举报，怒气冲冲地找小亮理论。见到小亮，他不由分说，一把将小亮推倒在地。

(1)分别写出小雯和小刚的气质类型。

(2)针对小刚的气质类型，杨老师应采取哪些恰当的教育措施？

2. **材料一**　古希腊著名医生希波克拉底提出，人的体内有四种液体，即黏液、黄胆汁、黑胆汁和血液。其中黏液生于脑，黄胆汁生于肝，黑胆汁生于胃，血液生于心脏。如果在液体的混合比例中血液占优势的人，是湿和热的配合，其特点是湿而润，好像春天一样，这就是多血质型；黏液占优势的人是冷和湿的配合，其特点是冷酷无情，像冬天一样，这就是黏液质型；黄胆汁占优势的人是热和干的配合，热而燥像夏天一样，这就是胆汁质型；黑胆汁占优势的人是冷和干的配合，像秋天一样冷而燥，这就是抑郁质型。

材料二　小明是某学校的二年级学生，他活泼聪明，语言思维活动敏捷，善于交际，在新的环境里不感到拘束；在集体场合有着明显的表现欲，适应环境能力强，表情生动，内心的情感溢于言表，他对学习新知识非常感兴趣且掌握得较快，但是对复习旧的知识缺乏足够的耐心，对知识的学习不求甚解。

(1)请分析小明的气质类型，并说明理由。

(2)结合实际，谈谈对于小明这类学生，你会如何对其进行教育。

教育心理学部分

第一章　教育心理学概述

专题一　教育心理学的基本内涵

【考法透视】本专题以记忆为主，多以选择题、判断题等客观题的形式考查，主要考查教育心理学的概念、学科性质、研究对象与内容、作用。

限时:35 分钟	用时:　　分钟	错题数:　　道	▶答案见 P837

一、单项选择题

1. 在学与教的要素中，学习的主体要素是________，作为教学内容的载体和表现形式的要素是________。(　　)

   A. 学生　教学媒体　　B. 学生　教学环境

   C. 教师　教学媒体　　D. 教师　教学环境

2. 研究学校教育情境中学与教相互作用的基本规律的科学是(　　)

   A. 发展心理学　　B. 思维心理学　　C. 教育心理学　　D. 记忆心理学

3. 李老师发现班里的一名学生在阅读方面存在问题，对此他运用了教育心理学的理论和研究方法，对他的问题进行了追根溯源，找到了困难的症结。这表明教育心理学具有(　　)的作用。

   A. 为实际教学提供科学的理论指导　　B. 帮助教师预测并干预学生

   C. 帮助教师准确地了解问题　　D. 帮助教师结合实际教学进行教育研究

4. 在学习与教学的要素中，(　　)不仅影响着教学内容的呈现方式和容量的大小，而且对教师和学生在教学过程中的作用、教学组织形式以及学生的学习方法等都将产生深远的影响。

   A. 校风校纪　　B. 空间布置

   C. 课堂自然条件　　D. 教学媒体

5. 在教育心理学看来，(　　)不仅是课堂管理研究的主要范畴，也是学习过程研究和教学设计研究所不能忽视的重要内容。

   A. 教学内容　　B. 教学媒体

   C. 教学环境　　D. 评价/反思过程

6. 教育心理学的主要研究对象是(　　)

   A. 学生　　B. 教师　　C. 学习　　D. 教学

7. 教育心理学就学科性质而言(　　)

   A. 是应用学科　　B. 是纯理论学科

C. 主要是理论，次要是应用　　D. 是理论与应用相结合的独立学科

8. 教育心理学能够帮助教师为智力落后或学习困难的学生提供额外帮助或行之有效的矫正措施，使学生达到最大程度的发展。这说明教育心理学具有(　　)的功能。

A. 行动研究　　B. 提供科学的理论指导

C. 预测并干预学生　　D. 结合实际教学内容进行研究

9. 在影响学与教的过程的因素中，学生的先前基础知识、学习方式、智力水平、兴趣和需要差异等属于(　　)

A. 文化差异因素　　B. 社会差异因素

C. 群体差异因素　　D. 个体差异因素

10. 下列属于教学环境中社会环境的是(　　)

A. 照明　　B. 座位的排列　　C. 课堂气氛　　D. 投影仪

11. 学习与教学要素中最活跃的要素是(　　)

A. 学生　　B. 教师　　C. 教学内容　　D. 教学媒体

12. 教育心理学内容体系的核心是(　　)

A. 教师的教学活动　　B. 学生的学习活动

C. 学生的智力活动　　D. 学生的心理健康

13. 在教学中，由于中学生和小学生的思维水平不同，则其学与教的过程也会表现出相应的不同，这主要体现了学生的(　　)

A. 年龄差异　　B. 性别差异

C. 个体差异　　D. 认知方式差异

14. 教育心理学研究的核心内容是(　　)

A. 教学过程　　B. 评价过程

C. 学习过程　　D. 反思过程

二、多项选择题

1. 学与教的相互作用过程是一个系统过程，该系统包含的要素除了教师、学生外，还有(　　)

A. 教学内容　　B. 教学反思　　C. 教学环境　　D. 教学媒体

2. 教育心理学对教育实践具有(　　)的作用。

A. 描述　　B. 解释　　C. 预测　　D. 控制

3. 教育心理学有自身独特的研究课题，即(　　)

A. 如何教　　B. 如何管

C. 如何学　　D. 学与教之间的相互作用

4. 学生作为一种影响因素，主要从(　　)两方面影响学与教的过程。

A. 群体差异　　B. 个体差异　　C. 性别差异　　D. 学习方式差异

5. 教育心理学的作用体现在(　　)

A. 帮助教师准确地了解问题

B. 为实际教学提供科学的理论指导

C. 帮助教师预测并干预学生

D. 帮助教师结合实际教学进行教育研究

6. 教学环境包括物质环境和社会环境两个方面，下列属于物质环境的是(　　)

A. 课堂自然条件　　B. 教学设施

C. 空间布置　　D. 课堂纪律

三、判断题

1. 教育心理学的研究对象是学校教育、教学情境中人的心理。(　　)

2. 教育心理学是教育学和心理学的交叉学科，但它有自身独特的研究课题。(　　)

3. 广义的教育心理学包括社会教育心理学、学校教育心理学和家庭教育心理学。(　　)

4. 学与教相互作用的过程是一个系统过程，该过程包括教师和学生两大要素。(　　)

四、填空题

1. 教育心理学研究的系统过程是由学习过程、________和评价/反思过程这三种活动过程交织在一起组成的。

2. 教育心理学的核心是________。

3. ________是学与教的过程中有意传递的主要信息部分，是教学中的客体。

五、简答题

简述学与教的三种过程模式。

专题二　教育心理学的发展

考法透视　本专题以记忆为主，多以选择题、判断题等客观题的形式考查，主要考查教育心理学诞生的背景、各时期的代表人物和主要贡献。

限时:25 分钟	用时：　分钟	错题数：　道	▶答案见 P839

一、单项选择题

1. 被称为“教育心理学之父”的是(　　)

A. 桑代克　　B. 罗杰斯　　C. 冯特　　D. 班杜拉

2. 我国第一本《教育心理学》教科书的编写者是(　　)

A. 陶行知　　B. 廖世承　　C. 蔡元培　　D. 潘菽

3. 教育心理学成熟时期的年代是(　　)

A. 20 世纪 20 年代以前　　B. 20 世纪 20 年代至 50 年代末

C. 20 世纪 60 年代至 70 年代末　　D. 20 世纪 80 年代以后

4. (　　)认为教育心理学应该有自己的研究范式,而不是把普通心理学的研究成果直接进行运用。

A. 桑代克　　B. 杜威　　C. 维果斯基　　D. 加涅

5. 下列人物与作品对应错误的是(　　)

A. 桑代克——《教育心理学》　　B. 杜威——《我的教育信条》

C. 赞科夫——《人是教育的对象》　　D. 弗洛伊德——《梦的解析》

6. 20 世纪 60 年代初心理学家布鲁纳发起了(　　)

A. 行为主义运动　　B. “反思性教学”的实验研究

C. 课程改革运动　　D. “教学与发展”的实验研究

7. 1877 年,俄国教育学和心理学家(　　)发表了《教育心理学》一书,这是最早正式以“教育心理学”命名的著作。

A. 桑代克　　B. 卡普捷列夫　　C. 赫尔巴特　　D. 布隆斯基

8. 被称为“俄罗斯教育心理学的奠基人”的是(　　)

A. 马卡连柯　　B. 苏霍姆林斯基

C. 乌申斯基　　D. 谢切诺夫

9. 教育心理学受弗洛伊德理论的影响扩展了其研究领域,同时,程序教学兴起。这一时期大致在(　　)

A. 19 世纪末 20 世纪初　　B. 20 世纪 20 年代到 50 年代末

C. 20 世纪 60 年代到 70 年代末　　D. 20 世纪 80 年代以后

10. 教育心理学创立于(　　)年。

A. 1789　　B. 1989　　C. 1903　　D. 1969

11. (　　)思潮掀起了一场教育改革运动,促使教育心理学注重结合教育实际,注重为学校教育服务。

A. 人本主义　　B. 行为主义　　C. 认知心理学　　D. 精神分析

12. 下列说法中,正确的是(　　)

A. 美国心理学家杜威以实用主义的“从做中学”为信条,对教学实践活动进行改革,对教育产生了深远的影响

B. 英国心理学家布鲁纳重视教育心理学理论与教育教学实际的结合,强调为学校教育服务,发起了课程改革运动

C. 苏联心理学家维果斯基提出了“以学生为中心”的主张

D. 人本主义心理学家罗杰斯强调教育与教学在儿童发展中的主导作用,并提出了“文化发展论”和“内化说”

13. 20 世纪初,我国出现的第一本教育心理学著作是 1908 年由房东岳翻译日本小原又一著的( )

A.《教育实用心理学》 B.《教育心理学》

C.《教育心理大纲》 D.《教育心理统计》

14. “教育教学的心理学化”这一观点是( )首先提出来的。

A. 裴斯泰洛齐 B. 卢梭 C. 杜威 D. 赫尔巴特

15. 从 20 世纪 60 年代开始,教育心理学作为一门具有独立理论体系的学科逐渐形成。这一时期人本主义心理学家( )提出了“以学生为中心”的主张。

A. 罗杰斯 B. 孟禄 C. 桑代克 D. 杜威

二、多项选择题

1. 教育心理学的发展趋势有( )

A. 转变教学观念,关注教与学两方面的心理问题

B. 关注影响教育的社会心理因素

C. 注重实际教学中各种策略和元认知的研究

D. 注重精神分析和心理疏导

2. 教育心理学诞生的心理学背景包括( )

A. 教育心理化运动 B. 心理测量运动

C. 儿童研究运动 D. 冯特的科学心理学

3. 桑代克的《教育心理学》是西方第一本以教育心理学命名的专著,其内容包括( )

A. 人类的本性 B. 学习心理 C. 个别差异 D. 教学心理

4. 教育心理学的发展经历了( )几个阶段。

A. 完善时期 B. 初创时期 C. 发展时期 D. 成熟时期

5. 下列关于教育心理学发展进程的说法,正确的有( )

A. 第一次提出“教育教学的心理学化”的思想是在初创时期

B. 布鲁纳的课程改革运动发生在成熟时期

C. 计算机辅助教学出现在完善时期

D. 合作性研究是成熟时期的成果

6. 美国心理学家布鲁纳总结了教育心理学 20 世纪 80 年代以来的成果,主要表现在( )

A. 主动性研究 B. 反思性研究

C. 合作性研究 D. 社会文化研究

三、判断题

1. 教育心理学成熟时期的特征是行为、认知和人本主义学派的分歧日趋缩小。 ( )

2. 在 20 世纪 40 年代,教育心理学已经成为一门具有独立理论体系的学科。 ( )

3. 科学教育心理学的诞生时间是 19 世纪初。 ( )

专题三　教育心理学的研究方法与研究原则

考法透视　本专题以记忆为主，多以选择题、判断题等客观题的形式考查，主要考查教育心理学的研究方法、研究原则。

限时:30 分钟	用时：　分钟	错题数：　道	▶答案见 P841

一、单项选择题

1. 李明成绩下滑，刘老师为了解原因进行了家访。这属于教育心理学研究方法中的(　　)

A. 教育经验总结法　B. 实验法　C. 调查法　D. 观察法

2. 研究者通过感官或借助于一定的科学仪器，在一定时间内有目的、有计划地记录、描述客观对象的表现来收集研究资料的方法是(　　)

A. 实验法　B. 调查法

C. 观察法　D. 教育经验总结法

3. 下列研究方法中，对条件控制最严格的是(　　)

A. 观察法　B. 访谈法　C. 问卷法　D. 实验法

4. 在教育心理学的基本研究方法中，观察法和自然实验法的主要区别在于(　　)

A. 是否在日常生活中进行　B. 是否主动创设条件影响研究对象

C. 是否使用实验仪器　D. 是否得到真实客观的研究资料

5. 创设情境对变量进行操纵或控制以揭示心理现象的原因和发展规律的研究方法是(　　)

A. 问卷法　B. 实验法　C. 观摩法　D. 访谈法

6. 以下关于测验法的描述，不正确的是(　　)

A. 是相关研究常用的方法

B. 可以从中得出因果性结论

C. 能对心理进行定量化的分析

D. 可同时分析多个变量之间的相关程度

7. 下列说法正确的是(　　)

A. 实验法是在消除其他因素的前提下研究因变量和自变量关系和变化规律的方法

B. 内省法是依靠对自己或他人的意识经验的反省，来寻找心理学问题的答案的方法

C. 个案研究法是把个体作为一个研究单位进行的研究，不可以以群体为单位

D. 调查法中只有保证总体中的每一个人被抽到的机会相等，才能使样本情况代表总体情况

8. 教育心理学的实验研究应该对学生产生积极的影响，避免对学生的身心造成伤害，应遵循(　　)原则。

A. 客观性　B. 发展性　C. 理论联系实际　D. 教育性

9. 下列关于观察法的优点，说法错误的是(　　)

A. 可以观察到被试在自然状态下的行为表现，所获结果比较真实

B. 可以实地观察到行为的发生、发展

C. 能够把握当时的全面情况、特殊的气氛和情境

D. 收集资料时间短且真实

10. 在比较讲授法和讨论法的教学效果时，教师分别选用两个班级，一班采用讲授法，另一班运用讨论法，两班学生在智力、学业基础等方面尽量保持均衡，期末时测量其成绩差异。这种教育研究方法属于(　　)

A. 观察法　　B. 实验法　　C. 个案研究法　　D. 调查法

11. 依据教育实践所提供的事实，按照科学研究的程序，分析和概括教育现象，揭示其内在联系和规律，使之上升为教育理论的一种教育科研方法是(　　)

A. 个案法　　B. 测验法

C. 教育经验总结法　　D. 产品分析法

12. 运用标准化心理量表对被试进行测量，从而了解其心理特点的方法称之为(　　)

A. 观察法　　B. 实验法

C. 教育经验总结法　　D. 测验法

13. 通过分析儿童的绘画、日记、作品等来了解儿童心理特点的方法是(　　)

A. 实验法　　B. 测验法　　C. 观察法　　D. 作品分析法

14. 教育心理学研究要求研究者牢记被试的心理是不断发展变化的，应该采用动态、变化的指标进行衡量。这遵循了教育心理学研究的(　　)原则。

A. 发展性　　B. 整体性　　C. 系统性　　D. 教育性

15. 通过搜集被试者的各种有关材料间接了解其心理活动的方法是(　　)

A. 观察法　　B. 实验法　　C. 调查法　　D. 心理测验法

16. 在教学过程中，按照研究目的控制某些条件，以引起某种心理活动从而进行研究的方法是(　　)

A. 实验室实验法　　B. 自然实验法

C. 单组实验法　　D. 等组实验法

17. 美国心理学家华生为了研究儿童的恐惧心理，在儿童抚摸小白兔时大声敲锣，结果使这个儿童不但对白兔产生了畏惧心理，甚至泛化到了小白鼠、白围巾、棉花、老人的白胡子等其他物体上。这种行为违反了教育心理学研究的哪项原则(　　)

A. 客观性原则　　B. 教育性原则

C. 理论联系实际原则　　D. 系统性原则

18. 桑代克初步解决了教育心理学的研究方法问题，他主张研究教育心理学应采用(　　)

A. 观察和测量的方法　　B. 调查和观察的方法

C. 观察和实验的方法　　D. 实验和测量的方法

二、多项选择题

1. 教育心理学研究的基本原则有(　　)

A. 实践性原则　　B. 系统性原则

C. 教育性原则　　D. 客观性原则

2. 教育心理学的主要研究方法有(　　)

A. 观察法　　B. 访谈法　　C. 产品分析法　　D. 实验法

3. 访谈法是教育心理学研究中的一种常用方法，它是指研究者通过与儿童进行口头交谈，了解和收集有关他们心理特征和行为的数据资料的一种研究方法。关于访谈法下列说法正确的有(　　)

A. 访谈者应争取掌握访谈过程的主动权，积极影响儿童

B. 访谈法回收率和有效率较高

C. 访谈法省事省力，但受环境、时间限制

D. 访谈法所得到的资料比较容易量化

4. 关于观察法，下列说法正确的有(　　)

A. 可揭示因果关系，可重复检验，量化指标明确

B. 儿童的心理与行为活动不稳定，各种表现具有偶然性，要进行反复多次的观察

C. 在"单盲"情况下，观察的效果较为客观可靠

D. 观察资料的质量容易受观察者能力和其他心理因素的影响

5. 关于教育心理学研究采用的基本方法，下列表述正确的有(　　)

A. 研究者在有意控制和干预的情境下对对象的表现进行观察，这属于自然观察法

B. 实验研究可以揭示变量间的因果关系，这是实验法的突出优势

C. 教育经验总结法有利于教育实践者的自我反思

D. 文献分析法是一种常见的调查方法

三、判断题

1. 在观察记录方法中，比日记描述法在内容上更全面，在时间上更长久，在记录上更详细的记录方法是轶事记录法。(　　)

2. 研究者创造某种条件使某种心理现象得以产生并加以观察，这是观察法的特点。(　　)

3. 实验法是心理学研究中应用最广、成就最大的一种方法。(　　)

4. 访谈法最适合了解外显行为，而通过外显行为，可以发现行为背后的原因。(　　)

5. 由于自然实验是在教育实际情况下进行的，所以结果比较真实。(　　)

第二章　心理发展及个别差异

专题一　心理发展概述

【考法透视】本专题以理解和记忆为主，多以选择题、判断题等客观题的形式考查，主要考查个体心理发展的一般规律、中小学生心理发展的阶段特征、学习准备与关键期。

限时:30 分钟	用时：　分钟	错题数：　道	▶答案见 P844

一、单项选择题

1. 不同社会文化背景下的儿童都要经历大致相同的、不可逆也不可逾越的几个时期。这说明儿童的心理发展具有(　　)

A. 顺序性　　B. 连续性　　C. 不平衡性　　D. 个别差异性

2. 身体状态的剧变、内心世界的发现、自我意识的觉醒、独立精神的加强是(　　)表现出的总体性的阶段特征。

A. 婴儿期　　B. 少年期　　C. 成年期　　D. 幼儿期

3. 美国心理学家布卢姆提出：如果 17 岁的智力水平为 100% 的话，那么从出生到 4 岁就获得 50% 的智力，其余 30% 是 4 ~ 7 岁获得，另外的 20% 是 8 ~ 17 岁获得。这说明(　　)

A. 遗传素质是智力发展的生物前提　　B. 人的智力发展的速度不均衡

C. 教育对智力的发展起主导作用　　D. 社会实践是智力发展的重要前提

4. 个体心理发展在发展进程、内容、水平等方面具有千差万别的特殊性，这属于心理发展的(　　)特点。

A. 连续性和阶段性　　B. 定向性和顺序性

C. 不平衡性　　D. 差异性

5. 在影响儿童心理发展的因素问题上，遗传与环境之间必须通过复杂的相互作用才能生成行为，这已成为当今发展心理学的共识。其代表人物是(　　)

A. 弗洛伊德　　B. 皮亚杰

C. 华生　　D. 高尔顿

6. 初中学生的年龄一般是从 11、12 岁到 14、15 岁，这个年龄阶段在儿童心理学上被称为(　　)

A. 幼儿期　　B. 童年期　　C. 少年期　　D. 青年期

7. 在心理发展的过程中，学龄初期是指(　　)的儿童。

A. 三岁至六七岁　　B. 六七岁至十一二岁

C. 十一二岁至十四五岁　　D. 十四五岁至十七八岁

8. 学生不愿听取父母的意见，却又希望从父母那里得到精神上的理解。这一现象体现了其心理的(　　)

A. 反抗性和依赖性　　B. 闭锁性和怯懦

C. 高傲和自卑　　D. 否定童年和眷恋童年

9. 人的身心发展有不同的阶段，“心理断乳期”一般发生在(　　)

A. 幼儿阶段　　B. 青少年阶段　　C. 成年阶段　　D. 老年阶段

10. 两个14岁的少年，一个人的抽象逻辑思维已获得较好的发展，而另一个还离不开具体形象的支持。这是学生认知发展的(　　)的体现。

A. 连续性与阶段性　　B. 定向性与顺序性

C. 不平衡性　　D. 差异性

11. (　　)、闭锁性、社会性是中学生心理发展的一般特征。

A. 思维性　　B. 过渡性　　C. 情感性　　D. 直接性

12. 幼儿的感知能力发展迅速，喜欢游戏活动，但他们不具有抽象思维。这主要说明儿童心理发展具有(　　)

A. 连续性　　B. 顺序性　　C. 不平衡性　　D. 个别差别性

13. 随着身心的迅速发展，中学生开始积极尝试脱离父母的保护和管理，渴望自己的行为像成人，不愿意被当作孩子看待。这说明中学生心理发展具有(　　)

A. 平衡性　　B. 独立性　　C. 闭锁性　　D. 动荡性

14. 教师要根据学生的身心发展水平以及对新学习的适应性来选择教学方法进行教学。这遵循了学习的(　　)原则。

A. 准备性　　B. 定向性　　C. 发展性　　D. 过渡性

15. 在心理发展中，后一阶段的发展总是在前一阶段的基础上发生的，而且又萌发着下一阶段的新特征。这表现出心理发展的(　　)

A. 方向性　　B. 连续性　　C. 不平衡性　　D. 个体差异性

二、多项选择题

1. 下列关于小学生心理发展的特点，说法正确的有(　　)

A. 具有封闭性　　B. 具有可塑性

C. 速度较为缓慢　　D. 过程平稳协调

2. 心理发展的不平衡性体现在(　　)

A. 个体不同系统在发展速度上的不同

B. 个体不同系统在发展的起止时间上的不同

C. 个体不同系统在到达成熟时期上的不同

D. 个体不同系统在发展过程中遭遇的问题不同

3. 下列哪些例子证实了心理发展具有顺序性(　　)

A. 儿童的思维发展从动作到表象再到抽象

B. 儿童先会叫“爸爸”“妈妈”，后分清什么是“男”“女”

C. 学校总是要到中学才教物理、化学

D. 儿童的道德发展经历前习俗水平、习俗水平和后习俗水平几个阶段

4. 以下关于关键期的说法正确的是(　　)

A. 关键期是个体对某种刺激特别敏感的时期

B. 过了关键期，同样的刺激对个体影响很小

C. 4～5 岁是学习书面语言的关键期

D. 关键期是绝对的，一旦错过关键期，再努力学习，也无济于事

5. 心理发展的基本特征有(　　)

A. 不平衡性　　B. 差异性

C. 顺序性　　D. 连续性和阶段性

6. 中学生的心理特征是(　　)

A. 有很强的自尊心　　B. 独立性与依赖性并存

C. 认为思想与行为达到成人的水平　　D. 自觉性与幼稚性并存

7. 有关心理发展的几个特征，下列叙述正确的有(　　)

A. 具有方向性与顺序性

B. 各种心理机能中感知觉发展最早，然后是社会交往能力的发展

C. 具有平衡性和个体差异性

D. 心理发展的根本过程是连续的、不间断的

8. 对青少年叛逆期的表述，下列选项正确的是(　　)

A. 14 岁左右是青少年叛逆行为的高峰年龄

B. 具有反叛性格的学生当中，女生多于男生

C. 学习成绩差的学生一定比学习成绩好的学生更加反叛

D. 主要表现在家长和孩子或老师和学生之间的激烈对抗

三、判断题

1. 心理发展是个体从出生到成年期间所发生的心理变化。(　　)

2. 同一心理机能在不同时期可能有不同的发展速率。(　　)

3. 外因通过内因起作用，环境和教育的影响必须成为个体自身发展的需要时，才能促进个体心理的发展。(　　)

4. 由于发展不排除成熟的作用，所以心理发展涉及的范围大于学习的范围。(　　)

5. 个体心理发展的速度可以有个别差异，但发展是不可逆的，也不可逾越。(　　)

6. 少年期是个体从童年期向青年期过渡的时期，也是可塑性最强、接受教育最佳的时期。(　　)

7. “最近发展区”是指身体或心理某一方面的机能和能力最适宜形成的时期。(　　)

8. 儿童的发散思维在三到四岁出现第一个增长期，七到八岁出现第二个增长期，这说明儿童心理的发展具有差异性。(　　)

9. 小班的幼儿能分清白天、黑夜，到了大班他们才学会看整点、半点、日历，说明人的发展具有个别差异性。（　　）

10. 遗传素质和生理成熟并不决定个体心理发展的水平和方向。（　　）

专题二　中小学生认知发展

考法透视　本专题以理解、记忆和分析为主，是考试重点，各种题型都有考查，主要考查皮亚杰的认知发展阶段理论、维果斯基的心理发展观。

限时：150 分钟	用时：　分钟	错题数：　道	▶答案见 P846

一、单项选择题

1. 儿童在玩玩具时，有时能把玩具按颜色进行分类，有时能按形状进行分类，儿童的认知发展处在哪个阶段（　　）

A. 感知运动阶段　　B. 前运算阶段

C. 具体运算阶段　　D. 形式运算阶段

2. 皮亚杰认为，认知（或智力）的本质，就是（　　），即儿童的认知是在已有图式的基础上通过同化、顺应和平衡机制，不断从低级向高级发展。

A. 替代　　B. 适应　　C. 运动　　D. 守恒

3. 根据皮亚杰的观点，儿童可以同时从两个或两个以上角度思考问题，这一特征是儿童认知发展水平达到哪个阶段的重要标志（　　）

A. 感知运动阶段　　B. 前运算阶段

C. 具体运算阶段　　D. 形式运算阶段

4. 在儿童群体中，每个儿童都热情地说着，但彼此之间没有任何真实的相互作用或者交谈。对于此现象，皮亚杰称之为（　　）

A. 角色扮演　　B. 积极的自我展现

C. 泛灵论　　D. 集体的独白

5. 根据皮亚杰的观点，人在认识周围世界的过程中，形成自己独特的认知结构，这被叫做（　　）

A. 图式　　B. 同化　　C. 顺应　　D. 平衡

6. 根据皮亚杰的认知发展阶段理论，“吃一堑，长一智”体现的认知过程是（　　）

A. 图式　　B. 同化　　C. 平衡　　D. 顺应

7. 某教师在设计课程时，总喜欢用摘桃子的比喻来拟定自己的教学计划，他希望学生能够“跳一跳”才能摘到“桃子”。这种思想与哪位心理学家的思想最接近（　　）

A. 斯金纳　　B. 维果斯基　　C. 加涅　　D. 皮亚杰

8. 教学不仅要依据儿童已经达到的现有发展水平，而且要预见到儿童今后的发展水平，教学要走在发展的前面，这属于(　　)的观点。

A. 情境性教学　　B. 发展性教学

C. 生成性教学　　D. 支架式教学

9. 根据塞尔曼对儿童观点采择能力的研究，儿童能够意识到，每个人不仅知道别人有不同的观点，而且能够意识到别人的观点，这属于(　　)

A. 社会和传统体系的观点采择　　B. 自我反省的观点采择

C. 社会信息的观点采择　　D. 相互的观点采择

10. 某学生认为，插队是不文明的行为，但是当遇到孕妇和老人时，可以让他们“插队”。根据皮亚杰的认知发展阶段理论，该学生处于(　　)

A. 感知运动阶段　　B. 前运算阶段

C. 具体运算阶段　　D. 形式运算阶段

11. 某学生能够进行逻辑推理，并且具备补偿与可逆的思维能力。根据皮亚杰的认知发展阶段理论，该生的认知发展处于(　　)

A. 感知运动阶段　　B. 前运算阶段

C. 具体运算阶段　　D. 形式运算阶段

12. 同样是5颗纽扣，一个摆放紧密而显得短，另一个摆放稀疏而显得长，某学生会觉得摆放长的数量较多。根据皮亚杰的认知发展阶段理论，该学生处于(　　)

A. 感知运动阶段　　B. 前运算阶段

C. 具体运算阶段　　D. 形式运算阶段

13. 老师问刚刚：“你有兄弟吗？”刚刚回答：“有。”老师问：“兄弟叫什么？”刚刚回答：“明明。”老师又问：“明明有兄弟吗？”刚刚回答：“没有。”按皮亚杰的认知发展阶段理论，刚刚的思维处于(　　)

A. 感知运动阶段　　B. 前运算阶段

C. 具体运算阶段　　D. 形式运算阶段

14. 布鲁纳提出认知的映象表征阶段内涵类似于皮亚杰提出的(　　)

A. 感知运动阶段　　B. 前运算阶段

C. 具体运算阶段　　D. 形式运算阶段

15. 在和幼儿园里的儿童交流时，他们经常会说“太阳公公”“白云姐姐”“小草妹妹”等等，这体现了儿童在前运算阶段的(　　)特点。

A. 泛灵论　　B. 自我中心　　C. 集体独白　　D. 思维不可逆性

16. 学生在学习生活过程中，会通过语言文字体现出一系列的心理活动。根据维果斯基的文化历史发展理论，这属于(　　)

A. 低级心理机能　　B. 高级心理机能

C. 一般心理机能　　D. 超级心理机能

17. 皮亚杰认为，个体适应环境的方式是(　　)

A. 尝试与顿悟　B. 同化与顺应　C. 平衡与守恒　D. 刺激与反应

18. 小东原来认为空气没有重量，经过老师的实验演示，他认识到自己错了，改变了自己的观点。小东的这一认识变化过程属于(　　)

A. 同化　B. 顺应　C. 组织　D. 平衡

19. 根据皮亚杰的认知发展阶段理论，具体运算阶段的儿童思维成熟的最大特征是(　　)

A. 不可逆性　B. 认知弹性　C. 去集中化　D. 自我中心

20. 根据塞尔曼对观点采择的研究，儿童能从中立的、第三者的角度来看待自己和别人的想法与行为，这属于(　　)

A. 相互的观点采择　B. 自我中心的观点采择　C. 社会信息的观点采择　D. 自我反省的观点采择

21. 小花第一次在动物园看见松鼠时，指着松鼠对爸爸说："爸爸快看，是猫。"根据皮亚杰的认知发展理论，这种现象属于(　　)

A. 同化　B. 顺应　C. 认同　D. 刻板印象

22. 根据皮亚杰的认知发展阶段理论，儿童与别人顺利交往，实现社会化的重要条件是(　　)

A. 客体永久性　B. 去自我中心　C. 思维可逆性　D. 群集结构形成

23. 下列教育案例中，最能体现"最近发展区"理论运用的是(　　)

A. 3 岁的小军在妈妈的指导下，逐渐学会了自己穿衣服

B. 小海的妈妈希望他将来成为一名科学家

C. 小明的实际身高和同龄男孩的平均身高之间的差距

D. 5 岁的小西能够背诵 100 首古诗

24. 2 岁前儿童的玩具、游戏对其认知能力的发展十分重要，该观点属于(　　)

A. 桑代克的尝试错误理论　B. 巴甫洛夫的经典性条件反射理论　C. 托尔曼的符号学习理论　D. 皮亚杰的认知发展阶段理论

25. 小亮去过几次小姨家，就能画出具体的路线图。小亮处于儿童认知发展的(　　)

A. 形式运算阶段　B. 具体运算阶段　C. 前运算阶段　D. 感知运动阶段

26. 维果斯基比较强调自我中心语言的积极作用，认为它能帮助儿童解决问题，认为(　　)是认知发展理论的核心，并提出"最近发展区"理论。

A. 活动　B. 语言　C. 心智　D. 引导

27. 当儿童能够认识到一个完整的苹果被切成 4 小块后，重量并没有改变时，儿童的思维已经具备了(　　)

A. 平衡性　B. 同化性　C. 顺应性　D. 守恒性

28. 将一个大杯中的水倒入小杯中时，儿童不仅能够考虑水能从大杯倒入小杯，而且还能设想

水从小杯倒回大杯，并恢复原状。根据皮亚杰的认知发展阶段理论，该儿童处于（　　）

A. 感知运动阶段　　B. 前运算阶段

C. 具体运算阶段　　D. 形式运算阶段

29. 皮亚杰认为智慧是有结构基础的，他用（　　）来描述这种智慧结构。

A. 图式　　B. 完形　　C. 同化　　D. 平衡

30. 儿童认知发展研究发端于瑞士心理学家（　　）

A. 皮亚杰　　B. 科尔伯格　　C. 维果斯基　　D. 赞可夫

31. 根据皮亚杰的认知发展阶段理论，客体永久性出现在认知发展阶段的（　　）

A. 具体运算阶段　　B. 前运算阶段

C. 感知运动阶段　　D. 形式运算阶段

32. 皮亚杰认为，影响儿童发展的根本因素是（　　）

A. 儿童主体的活动　　B. 遗传

C. 环境　　D. 家庭

33. 下列选项中，体现出在教学中重视认识发生过程的是（　　）

A. 重视知识结构的同化与顺应　　B. 重视学生书写的兴趣与方法

C. 重视课堂练习的典型与全面　　D. 重视教学的兴趣与方法

34. 根据皮亚杰的观点，儿童能发现物体在水中受到的浮力与物体排开的水量有关，而与物体的质地无关。这说明儿童的认知发展水平已处在（　　）

A. 感知运动阶段　　B. 前运算阶段

C. 具体运算阶段　　D. 形式运算阶段

35. 一个女孩正在清扫房间，她决定把自己书架上一大堆的动物玩具从最高到最矮重新摆放。先放大的，然后是中等，最后是小的。这个女孩的认知发展水平处于（　　）

A. 感知运动阶段　　B. 前运算阶段

C. 具体运算阶段　　D. 形式运算阶段

36. 处于这个阶段的学生不仅能运用经验—归纳的方式进行逻辑推理，而且能运用假设—演绎推理的方式来解决问题。“这个阶段”是指（　　）

A. 感知运动阶段　　B. 前运算阶段

C. 具体运算阶段　　D. 形式运算阶段

37. 小学生在执行某些任务时不能独立完成，需要在能力更强的老师和同学的帮助下完成，这样的任务范围被称为（　　）

A. 教学支架　　B. 最近发展区

C. 先行组织者　　D. 互动合作

38. 学生学习数学新知识时，将原有算术图式发展为代数图式，运用新图式可正确解决代数题，实现图式上的新平衡。这在皮亚杰的理论中被称为（　　）

A. 同化　　B. 顺应　　C. 组织化　　D. 平衡

39. 某儿童可以解决"钟摆实验"问题，根据皮亚杰的理论，该儿童的思维发展处于( )

A. 感知运动阶段
B. 前运算阶段
C. 具体运算阶段
D. 形式运算阶段

40. 当向八九岁的儿童提出这样的问题："郑老师比周老师胖，周老师又比赵老师胖，请问郑老师和赵老师哪个胖?"他们能准确说出答案，这说明儿童运用了( )推理。

A. 感知—运算
B. 抽象逻辑
C. 具体逻辑
D. 假设—演绎

41. 根据皮亚杰的认知发展理论，儿童驾着木棍当马骑属于( )

A. 感知运动阶段
B. 前运算阶段
C. 具体运算阶段
D. 形式运算阶段

42. "花儿开了，因为它想看见我"，这种思维特点主要存在于儿童认知发展的( )

A. 感知运动阶段
B. 前运算阶段
C. 具体运算阶段
D. 形式运算阶段

43. 根据奥苏贝尔的研究，如果学生不能够凭借各种关键属性的例子进行第二级抽象，无法理解和运用第二级概念及其间的关系，则说明该学生的思维水平至少没有达到( )

A. 前运算阶段
B. 具体运算阶段
C. 形式运算阶段
D. 逻辑运算阶段

44. 很多人购买东西只认牌子，因为他们感觉品牌的东西比较可靠。按照皮亚杰的观点，这种行为及思维模式属于( )

A. 同化
B. 顺应
C. 图式
D. 平衡

45. 一个儿童能辨别自己的左右手，但不能辨别他人的左右手。按照皮亚杰的认知发展阶段理论，这个儿童的认知发展处于( )

A. 前运算阶段
B. 形式运算阶段
C. 感知运动阶段
D. 具体运算阶段

46. 根据心理学家维果斯基的"最近发展区"理论，下列陈述正确的是( )

A. 教学进程要保持高速度
B. 教学评估要注重过程性评价
C. 教学目标要让学生有新鲜感
D. 教学难度不可超越学生现有水平

47. 皮亚杰指出具备初步的逻辑思维的阶段是( )

A. 感知运动阶段
B. 前运算阶段
C. 具体运算阶段
D. 形式运算阶段

48. 维果斯基指出，评价人类发展应该从四个层面进行，包括微观层面、个体层面、社会历史层面以及( )

A. 道德层面
B. 规范层面
C. 技术层面
D. 文化层面

49. 以下观点与皮亚杰的认知发展理论不符合的是( )

A. 知识教育重于环境教育
B. 教师应遵循儿童认知发展的顺序来设计课程
C. 教师的主要任务是通过提问来引起学生认知的不平衡

D. 在形式运算阶段前，教师应为学生提供在现实中学习的机会

二、多项选择题

1. 人的发展是一种建构的过程，充满着个体与环境间不断的相互作用。皮亚杰用来解释这一过程的术语有（　　）

A. 平衡　　B. 图式　　C. 同化　　D. 顺应

2. 下列关于最近发展区的说法正确的是（　　）

A. 最近发展区实际上是两个邻近发展阶段间的过渡状态

B. 教学创造着最近发展区

C. 儿童现有发展水平和在有指导的情况下，借助别人的帮助所达到的解决问题的水平之间的差异，就是最近发展区

D. 最近发展区和关键期是两个不同的概念

3. 关于认知发展，下列观点表述正确的是（　　）

A. 皮亚杰认为，图式最初来自于环境适应

B. 学生已有的准备状态就是新的教学的出发点

C. 只要教学内容和方法得当，系统的学校教育可以起到加速认知发展的作用

D. 同化就是与环境达到平衡的过程

4. 前运算阶段儿童的思维特征主要有（　　）

A. 以为外界的一切事物都是有生命的　　B. 以自我为中心

C. 认知活动具有相对具体性　　D. 思维存在不可逆性

5. 在教学与发展的关系上，维果斯基提出了（　　）

A. 最近发展区　　B. 教学应走在发展的前面

C. 关于学习的最佳期限　　D. 家庭对儿童的作用

6. 根据皮亚杰的认知发展阶段理论，具体运算阶段的儿童的思维特点包括（　　）

A. 可逆性　　B. 守恒　　C. 单一性　　D. 泛灵论

7. 苏联心理学家维果斯基的心理发展观区分了两种心理机能，一种是作为动物进化结果的低级心理机能，另一种是作为历史发展结果的高级心理机能。他认为心理机能由低级向高级发展的表现有（　　）

A. 随意机能的不断发展　　B. 心理活动的个性化

C. 形成以符号为中介的心理结构　　D. 抽象—概括机能的提高

8. 在皮亚杰的认知发展阶段理论中，“形式运算阶段”具有哪些思维能力（　　）

A. 进行假设—演绎的思维能力　　B. 思维灵活性高

C. 抽象逻辑思维能力高于成人　　D. 处理命题之间关系的能力

9. 根据皮亚杰的认知发展阶段理论，小学三年级学生的思维特征表现为（　　）

A. 自我中心性　　B. 客体永久性　　C. 序列化　　D. 可逆性

三、判断题

1. 皮亚杰提出,在儿童思维发展的所有特征中最重要的是可逆性。 ( )
2. 成熟是指个体与环境相互作用过程中的自我调节。 ( )
3. 皮亚杰用“三山实验”来研究儿童思维发展的自我中心性。 ( )
4. 根据皮亚杰的认知发展阶段理论,教会两到三岁的孩子有意识地谦让玩具几乎是不可能的。 ( )
5. 根据皮亚杰的认知发展理论,儿童通过遗传获得的一些本能反射行为,如吸吮反射,属于儿童的最初图式。 ( )
6. 皮亚杰认为,认知发展是一个建构的过程。 ( )
7. 根据皮亚杰的理论,在良好的外界环境下,学生的认知发展可以从前运算阶段直接跨越至形式运算阶段。 ( )
8. 小学生和中学生的认知发展水平不同,决定了即使传授他们同样的知识,对其提出的学习要求和采取的教学方式也会有显著的不同。 ( )
9. 一般认为,初中生的思维已经发展到形式运算阶段,但面临新问题时往往会退回到具体运算阶段。 ( )

四、辨析题

1. 维果斯基把儿童的现有水平和可能达到的发展水平之间的差异,称为学习准备。

2. 按照皮亚杰的认知发展阶段理论,儿童只有发展到形式运算阶段才能解决数学应用题。

3. 维果斯基认为个体的发展是从个体化到社会化的过程。

五、论述题

某校王老师,2005 年开始从事初中数学教学,由于教学得法,深得同事和学生的好评。2013 年由于工作需要,王老师开始从事小学数学教学。由于教学对象和内容发生了变化,王老师感觉自己的教学有点力不从心,教学效果不明显。为此,王老师本人感到非常困惑。

请根据皮亚杰的认知发展阶段理论,试述王老师产生教学困惑的原因及解决困惑的对策。

六、案例分析题

1. 片段一 在教学《氧气的性质》时，教师：英国动物学家康莫森在某个国家的水塘里发现一种鱼，常浮在水面上，并向空中伸一伸头。当时康莫森对这种奇怪的现象做了一个奇怪的解释，即这种鱼浮在水面是为了嗅一嗅空气中的气味，因此把这种鱼命名为“爱嗅气味的鱼”，现在人们称其为“嗅鱼”。根据你的估计，这种气体究竟是什么呢？它具备哪些性质呢？

片段二 在教学《声音的发生和传播》时，老师提问：关于声音，你们有什么想要研究的问题吗？

学生答：想知道声音是怎样产生的？人为什么会听到声音？声音是怎样传播到耳朵的？为什么有噪音、乐音？声音为什么只能听到而看不到？声音轻重由什么决定？为什么有的声音很好听，有的声音很难听？……

面对学生提出的这些问题，老师不慌不忙地说：这么多问题我们先研究哪一个呢？

学生讨论、争辩，最后认为应先讨论“声音的产生”。

教师假装疑惑：为什么？

甲生：因为不产生声音，就听不到声音，噪音、乐音等就不存在了。

乙生：因为没有声音，也就没有其他问题的研究。

就这样，老师一边调动学生“放出”问题，一边又引领学生“收回”问题，在宽松的对话、沟通中进行教学。

片段三 在教学《观察土壤中有什么》时，老师鼓励学生设计实验和表格，从生物、非生物、颜色、颗粒大小、含水量、含气量等角度观察，并展示学生的设计方案与实验成果，对那些观察视角独特、有新发现的学生，给予鼓励。有些观察活动，周期较长，还要求学生持之以恒地做好观察记录。

上述教学案例是运用“最近发展区理论”实施的教学片段，请根据你的认知，进行分析评价。

2. 皮亚杰曾经做过一个实验：当着儿童的面向两个同样大小的杯子倒入同样高度的水，并问儿童两个杯子中的水是否一样多，在得到肯定的答复后，实验者把其中的一杯水倒入另一个较高且细的杯子中，然后问儿童这两个杯子中的水是否一样多。结果发现，3～6 岁的儿童大多数回答细高杯子中的水比较多，而 7 岁以上的儿童则回答两个杯子的水一样多。

请根据实验的结果分析案例中儿童认知发展分别处在什么阶段，具有哪些特点？

专题三　中小学生人格、社会化发展

考法透视　本专题以理解和记忆为主，多以选择题、判断题等客观题的形式考查，但也会以简答题等主观题的形式出现，主要考查人格的特征、影响人格形成与发展的因素、自我意识的发展阶段、埃里克森的心理社会发展阶段理论。

限时：80 分钟	用时：　分钟	错题数：　道	▶答案见 P855

一、单项选择题

1. 埃里克森的心理社会发展理论认为，学龄期的儿童所形成的积极人格特征是(　　)

A. 希望　　B. 意志　　C. 目标　　D. 能力

2. 初中阶段的学生经常会思考"我是谁？我的未来是什么样的？"等问题。根据埃里克森的人格发展阶段理论，这一阶段学生的主要发展任务是(　　)

A. 获得亲密感，避免孤独感　　B. 获得主动感，克服内疚感

C. 建立同一性，防止角色混乱　　D. 获得信任感，克服不信任感

3. 一个小学五年级的学生，学习成绩落后，体育也差，没什么过人之处，唯一喜欢的是欺负别人、玩女生的辫子、把同伴绊倒等等。别人并没有招惹他，但他好像也没有什么原因，纯粹地为伤害而伤害。他的这种表现属于(　　)

A. 学习障碍　　B. 注意力缺失　　C. 强迫障碍　　D. 攻击行为

4. 张老师在给学龄期的学生布置任务时，非常注重结合学生自身的能力，给予其恰当的挑战和可以完成的任务，以保障学生在学习上的积极性，这是因为此阶段的学生面临(　　)的冲突。

A. 基本的信任感对基本的不信任感　　B. 自主感对羞怯感

C. 主动感对内疚感　　D. 勤奋感对自卑感

5. 一个学生说："反正我也不是什么好学生，学习不好，总被老师和家长批评，同学也不喜欢我，我再努力也学不好。"该学生这一说法主要受(　　)的影响。

A. 自我发展　　B. 自我实现　　C. 自我监督　　D. 自我概念

6. 教师不同的态度会对学生人格有不同的影响。张老师是个"老好人"，对学生实行"放养"式管理，上自习课的时候学生吵闹也不会对学生进行惩罚，只是等待他们安静下来，张老师这样的态度会使学生形成(　　)的人格特点。

A. 情绪紧张、冷淡、攻击性强、自制力弱

B. 无组织纪律性、无团体目标

C. 情绪稳定、态度积极友好、有领导能力

D. 易怒、侵犯性强

7. 由于儿童能力的局限，他们出于自我动机的活动常常会被成年人禁止，使他们认识到“想做的”和“应该做的”之间的差距，从而可能会降低从事活动的热情。因此，本阶段的危机就在于儿童既要保持对活动的热情，又要控制那些会造成危害或可能会被禁止的活动。根据埃里克森的理论，符合上述描述的阶段是（　　）

A. 自主感对孤独感　　B. 主动感对内疚感

C. 自主感对羞怯感　　D. 主动感对自卑感

8. 根据玛西亚的理论，下列案例中，属于同一性扩散的是（　　）

A. 小元尽管临近毕业，但依然沉迷于游戏之中，无暇考虑自己未来的人生和去向

B. 小英在物理竞赛上取得的傲人成绩和荣誉使她立志成为物理学家

C. 小琛按照父母的规划决定将来要成为一名教师

D. 小春希望通过参加各种志愿者活动，去寻找自己未来想要从事的领域

9. 某小学生说自己是善良的，因为他把东西分享给了同伴或其他人，但并不能理解“善良的人在某些场合也会抢别人的东西”。这说明该学生的自我意识正处于（　　）的发展阶段。

A. 自我评价　　B. 自我体验　　C. 自我控制　　D. 自我概念

10. 在某综艺真人秀节目中，黄磊会给女儿多多设立恰当的目标，同时也会倾听女儿的意见。这说明其家庭教养方式属于（　　）

A. 忽视型　　B. 溺爱型　　C. 专制型　　D. 权威型

11. 小张是一名初中生，经常对同学发脾气，做事很冲动，很少为别人考虑，在学校也没有什么朋友，其性格特点最有可能是在（　　）家庭教养方式下形成的。

A. 放纵型　　B. 权威型　　C. 民主型　　D. 自由型

12. 父母对婴儿的需求应及时给予回应，这是因为按照埃里克森的观点，在生命的第一年中，婴儿面临的基本冲突是（　　）

A. 主动感对内疚感　　B. 基本的信任感对基本的不信任感

C. 自我同一性对角色混乱　　D. 亲密感对孤独感

13. 弗洛伊德认为，正常心理活动的基础是（　　）

A. 自我力量足够强大

B. 本我、自我、超我三者力量平衡

C. 意识活动成为心理活动的主要成分

D. 潜意识活动成为心理活动的主要成分

14. “人心不同，各如其面”是指人格的（　　）特征。

A. 稳定性　　B. 独特性　　C. 整体性　　D. 社会性

15. 埃里克森认为青少年时期应培养的良好人格品质是（　　）

A. 诚实　　B. 爱　　C. 关心　　D. 智慧

16. “我好开心，今天我当值日生，老师表扬了我”这句话反映的是学生自我意识中的（　　）

A. 自我认识　　B. 自我监控　　C. 自我调节　　D. 自我体验

17. “世界上没有两片完全相同的树叶”，这体现了个人人格的(　　)

A. 稳定性　B. 整合性　C. 功能性　D. 独特性

18. “大五人格”包括(　　)、责任心、外倾性、宜人性以及情绪稳定性。

A. 内倾性　B. 神经性　C. 精神性　D. 开放性

19. 人的生理自我是在(　　)成熟。

A. 一岁左右　B. 三岁左右　C. 六岁左右　D. 七岁左右

20. 小明平时自立能力比较强，课堂上回答问题思想活跃，对老师和同学彬彬有礼，与同学们相处融洽，他成长的家庭教养方式最可能是(　　)

A. 放任型　B. 民主型　C. 专制型　D. 合作型

21. “江山易改，禀性难移”体现了人格的(　　)

A. 独特性　B. 稳定性　C. 功能性　D. 综合性

22. 人们常说：“三岁看大，七岁看老。”这句话反映出了人格的(　　)

A. 社会性　B. 稳定性　C. 整体性　D. 独特性

23. 对于弗洛伊德的人格结构理论，表述正确的为(　　)

A. “自我”是心理社会我　B. “超我”抑制自我的冲动

C. “自我”遵循道德原则　D. “本我”位于人格结构最高层

24. 中学生张东近期心里很矛盾，觉得未来的自己应该是一名宇航员，但又觉得自己能力有限，梦想遥不可及。根据埃里克森的人格发展阶段论，当前他的主要发展任务是(　　)

A. 获得勤奋感　B. 克服内疚感

C. 避免孤独感　D. 建立自我同一性

25. 一般认为，自我意识包含自我认识、自我体验和自我监控。其中，自我体验是自我意识的情绪成分，是主观的我对客观的我所持有的一种情绪体验，反映了主体我的需要与客体我的现实之间的关系。个体自我体验中最主要的成分是(　　)

A. 自信　B. 自尊　C. 自豪　D. 自满

26. 影响人心境与行为的关于自我的概括化的评价性态度是(　　)

A. 自尊　B. 自我同一性

C. 自我概念　D. 理想自我

27. 如果一个学生表现为富于想象，做事不墨守成规，自主性强，按照大五人格理论，该学生表现出的这些人格因素最有可能属于的人格维度是(　　)

A. 外倾性　B. 开放性　C. 宜人性　D. 责任心

28. 自我意识是个体对自己的心理、思维及行为活动的内容、过程及结果的自我体验、自我认识和自我调节，自我意识一般包括两个方面：主体的“我”和客体的“我”。下列说法体现了客体的“我”的是(　　)

A. 我能力很强　B. 我觉得自己糟糕透了

C. 我长大后要当教师　D. 我觉得别人都看不起我

29. 权威型教养方式之所以有利于儿童取得更好的学业成就，原因是多方面的。下列陈述中错误的是(　　)

A. 亲子间保持密切的情感交流

B. 父母鼓励儿童取得学业上的高成就

C. 父母积极参与学校活动

D. 父母鼓励儿童独立学习，很少为儿童提供学习指导

30. 埃里克森认为，个体的人格发展是一个逐渐形成的过程，必须经历八个顺序不变的阶段。每一阶段都有一个由生物学的成熟与社会文化环境、社会期望之间的冲突和矛盾所决定的发展危机。虽然每个危机不会完全消失，但如果个体想要成功应对后面发展阶段的冲突的话，就需要在特定的阶段解决这个主要危机，否则人格发展就会出现问题。其中，如果小学生面临的发展危机没有充分解决，则其在人格上最有可能表现为(　　)

A. 感到自己没有价值　　B. 缺乏自信心

C. 不清楚自己是谁　　D. 感到无法完全控制事情

31. 青少年自觉地按照一定的行动目标和社会准则来评价自己的心理品质和能力叫作(　　)

A. 心理自我　　B. 生理自我

C. 社会自我　　D. 自我意识

32. 根据埃里克森的心理社会发展理论，下列教育行为与可能产生的发展危机不匹配的是(　　)

A. 婴儿哭泣，母亲不及时安抚——怀疑

B. 幼儿园大班的小圆想帮父母做饭，父母不同意——内疚

C. 幼儿尝试自己吃饭，因为撒了一地而被母亲拒绝——自卑

D. 初三的王鸿对未来一片迷茫，家长未及时给予指导——角色混乱

33. 电视剧《小欢喜》中有这样一幕，乔英子在妈妈的要求下，放弃了自己喜欢的乐高。这说明其家庭教养方式属于(　　)

A. 专制型　　B. 溺爱型　　C. 权威型　　D. 忽视型

34. 儿童表现为“任性、幼稚、自私、野蛮、唯我独断”等特点，体现了该父母的教养方式为(　　)

A. 民主型　　B. 权威型　　C. 放纵型　　D. 专制型

35. 学生张华每周都对自己的学习情况做出小结，分析自己在学习上取得的进步，找出自己的薄弱环节。他的这种行为属于(　　)

A. 自我认识　　B. 自我信任　　C. 自我体验　　D. 自我监控

36. 下列选项中，属于民主型教养方式的是(　　)

A. 对儿童的态度积极肯定，经常提出明确的要求

B. 倾向于拒绝和漠视孩子

C. 对儿童缺乏基本的关注

D. 不对孩子提出任何要求，让其随意控制自己的一切行为

二、多项选择题

1. 弗洛伊德的人格结构层次包括(　　)

A. 本我　B. 自我　C. 真我　D. 超我

2. 根据埃里克森的心理社会发展理论,儿童成长和接受教育时期的危机冲突有(　　)

A. 自主感对羞耻感与怀疑　B. 亲密感对孤独感

C. 勤奋感对自卑感　D. 自我同一性对角色混乱

3. 影响人格形成和发展的环境因素有(　　)

A. 家庭因素　B. 思维因素

C. 社会因素　D. 学校教育因素

4. 自我体验是自我意识在情感方面的表现,其内容主要包括(　　)

A. 自我感觉　B. 自信心

C. 自我觉察　D. 自尊心

5. 父母的教养行为可分为(　　)

A. 专制型　B. 放纵型　C. 对抗型　D. 民主型

6. 下列属于人格特点的是(　　)

A. 整合性　B. 易变性　C. 独特性　D. 社会性

7. 下列选项中,属于弗洛伊德人格发展阶段的是(　　)

A. 口腔期　B. 肛门期　C. 性器期　D. 潜伏期

三、判断题

1. 同伴群体对于人格的发展具有弃恶扬善的作用。(　　)

2. 根据埃里克森的发展理论,对于六到十二岁的儿童,教师应该积极地训练儿童适应社会、掌握今后生活所必需的知识和技能。(　　)

3. 自我意识的发展会遵循一定的规律,一般而言,人的自我意识会依次经历生理自我、心理自我,再到社会自我。(　　)

4. 埃里克森认为,2～3 岁儿童的发展任务是培养自主性。(　　)

5. 人格是在先天禀赋的基础上形成的,不受社会文化的影响。(　　)

6. 人与人没有完全一样的人格特点,例如,“固执”在不同的环境下有其特定的含义。在娇生惯养、过度溺爱的环境中,“固执”带有“撒娇”的意思;而在冷淡疏离、艰难困苦的环境中,“固执”又带有“反抗”的意思,这就说明了人格具有稳定性的特点。(　　)

7. 根据埃里克森的心理发展阶段理论,繁殖—停滞阶段中提到的繁殖感是指繁殖下一代的需要。(　　)

8. 人格是一种心理品质,它是决定人的外显行为和内隐行为,并使其与他人的行为有稳定区别的综合心理特征。(　　)

9. 在中学阶段,同伴群体对人格发展的影响在某种程度上甚至超过了父母的影响。(　　)

10. 人格的形成很复杂,因此,人格是捉摸不定的,难以进行测验和鉴别。(　　)

11. 明尼苏达多项人格测验、爱德华个人兴趣量表、罗夏克墨渍测验都是常见的自陈式人格测验。（　　）

12. 初中和高中阶段是青少年发展自我同一性的时期。（　　）

13. 一个人在心目中对自己的印象就是自我认识。（　　）

四、填空题

1. 在自我意识中，自我检查、自我监督、自我调节、自我追求等属于________。

2. 在幼儿期，如果父母对儿童的问题感到不耐烦或者嘲笑儿童的活动，儿童会产生________。

五、辨析题

1. 人格随环境和教育的变化而变化，因此不稳定性是人格的典型特征。

2. 埃里克森强调心理性欲对人格的影响。

六、简答题

1. 简述影响小学生人格发展的因素。

2. 简述埃里克森的人格发展阶段理论。

专题四　学生的个别差异

考法透视　本专题以理解和记忆为主，多以选择题、判断题等客观题的形式考查，但也会以简答、案例分析等主观题的形式出现，主要考查智力差异、认知方式差异及其教育意义。

限时：120 分钟	用时：　　分钟	错题数：　　道	▶答案见 P861

一、单项选择题

1. 关于学生认知风格，下列表述不正确的是(　　)

A. 场独立型学生在内在学习动机下学习时，常会产生更好的学习效果

B. 场依存型学生较易于接受别人的暗示，其学习的努力程度往往受到外来因素的影响

C. 冲动型学生面对问题时总是急于求成，不能全面细致地分析问题的各种可能性

D. 沉思型学生记忆能力、思维能力较差，往往会出现阅读困难，并伴有学习能力缺失

2. 在获取知识时，有的学生善于阅读，有的学生善于倾听；有的反应快而粗放，有的反应慢而精细；有的喜欢安静环境，有的在喧闹环境中不易受影响。这种学习者的特征差异是(　　)

A. 学习策略差异　　B. 学习方法差异

C. 学习风格差异　　D. 学习行为差异

3. 按照儿童的智力水平分类，智力落后可分为轻度智力落后、中度智力落后及重度和极重度智力落后三类。其中，中度智力落后者的智商为(　　)

A. 15 ~ 35　　B. 35 ~ 50　　C. 50 ~ 65　　D. 65 ~ 80

4. 学生小张自己看书和记笔记的学习效率比听老师讲课更高，而学生小李则更需要听老师的讲授来识记知识。这体现出学生的学习风格受(　　)这个生理因素的影响。

A. 视觉刺激　　B. 时间节律

C. 感觉通道　　D. 大脑单侧化

5. 根据奥尔波特的人格特质理论，教师为某个学生写的操行评定，如准时、整洁、勤奋、诚恳等，属于学生的(　　)

A. 首要特质　　B. 次要特质　　C. 重要特质　　D. 共同特质

6. 某学生对待事物的态度容易受到同学、老师的影响，善于察言观色，其认知方式属于(　　)

A. 沉思型　　B. 场依存型　　C. 冲动型　　D. 场独立型

7. 喜欢“人云亦云”的同学，其认知方式属于(　　)

A. 集中型　　B. 场依存型　　C. 沉思型　　D. 场独立型

8. 小红在解决问题的过程中，会先搜集或综合相关的信息与知识，然后运用逻辑规则，缩小解答范围，直到找到最恰当的唯一正确的解答，小红的这种认知方式属于(　　)

A. 场独立型　　B. 智者型　　C. 沉思型　　D. 辐合型

9. 偏爱人文、社会和教育学科，喜欢结构严密的教学方式。这种学习风格属于(　　)

A. 场依存型　　B. 场独立型　　C. 沉思型　　D. 冲动型

10. 小赵与同学的关系不错，但做决定时非常容易受他人的影响。那么他的认知风格属于(　　)

A. 场依存型　　B. 场独立型　　C. 沉思型　　D. 冲动型

11. 五年级一班的白老师向同学们提问说："大家知道唐朝的诗人有哪些吗？"老师话音刚落，小丽立马回答说："李白，还有苏轼……"小丽的认知风格属于(　　)

A. 场依存型　　B. 场独立型　　C. 冲动型　　D. 沉思型

12. 王浩在认识事物和解决问题时，有自己的内在标准，不易受外界影响，这说明他的认知方式属于(　　)

A. 辐合型　　B. 发散型　　C. 场独立型　　D. 场依存型

13. "我喜欢晚上做作业"这句话描述的是学习者的(　　)特征。

A. 认知发展特征　　B. 学习风格

C. 学习兴趣　　D. 学习动机

14. 场独立型学习者一般偏爱的学科是(　　)

A. 语文　　B. 数学　　C. 政治　　D. 历史

15. 遇到问题急于求成，往往没有全面分析问题，甚至还没有弄清楚问题就快速做出回答，这类学生的认知风格属于(　　)

A. 场独立型　　B. 场依存型　　C. 冲动型　　D. 沉思型

16. 小说中的重要人物通常都具有鲜明的特点，以至于提到这些特点我们一下子就会想到这些人物。从人格特质的角度出发，这些特点属于这些人物的(　　)

A. 共同特质　　B. 差异特质　　C. 首要特质　　D. 次要特质

17. 初中生小军在思考问题时，倾向于比较严谨的按照逻辑程序逐步地进行思考，因而思想比较周密，正确率较高。小军的认知风格是(　　)

A. 冲动型　　B. 沉思型　　C. 同时型　　D. 继时型

18. 当小刚发现自己的观点和其他同学不一致时，也能坚持己见，其认知方式属于(　　)

A. 集中型　　B. 沉思型　　C. 场独立型　　D. 场依存型

19. 教育心理学家根据学生对知识学习的具体体验、沉思观察、抽象概括等，将学习风格分为四种类型，其中擅长演绎推理和认识问题，做决定仓促，解决问题容易出错的类型属于(　　)

A. 发散型　　B. 集中型　　C. 同化型　　D. 顺应型

20. 对于认知风格属于冲动型的学生，一般情况下，适合的教学方法是(　　)

A. 给学生充分的时间，让其总结出结构性的知识

B. 教师要给学生提供一些明确的指导和讲解

C. 培养其有条理、细心地分析问题、解决问题的能力

D. 为其提供无结构的材料，让他自己探索

21. 在知觉、思维、记忆等认知活动中,往往强调速度而不是精度的认知风格属于(　　)

A. 场独立型　　B. 沉思型　　C. 场依存型　　D. 冲动型

22. 一般情况下,对于认知风格属于场依存型的学生,合适的教学方法是(　　)

A. 为其提供无结构的材料,让他自己探索

B. 鼓励学生自学

C. 给学生充分的时间,让其总结出结构性知识

D. 教师要给学生提供一些明确的指导和讲解

23. 科尔勃对学习风格中的认知风格进行了综合性探讨。他从具体经验—抽象概括、反省性观察—主动实验两个维度将学习风格划分为四种类型,相应地不同类型学习风格的学生偏好不同的学习策略或教学策略。其中,偏好讲座式教学策略的学生的学习风格最有可能是(　　)

A. 同化者学习风格　　B. 发散者学习风格

C. 聚合者学习风格　　D. 顺应者学习风格

24. 李倩在遇到问题时能主动思考并提出自己的看法,一旦做出决定就能坚持到底,勇于承担责任,有什么想不通的也不会与别人进行沟通交流。这说明李倩的性格类型属于(　　)

A. 依赖型　　B. 独立型　　C. 竞争型　　D. 顺从型

25. 在处境不明、难以作出抉择时,倾向于仔细考虑观察到的现象和面临的问题、与经验相联系、使思维更广阔和系统、行动前致力于把问题考虑清楚的认知风格是(　　)

A. 反省性认知　　B. 场独立性认知

C. 分析性思维　　D. 直觉性思维

26. 下列属于智力发展的群体差异的是(　　)

A. 早慧或大器晚成　　B. 天才或智力落后

C. 想象发达或记忆超群　　D. 种族、性别或年龄差异

27. 关于智力差异,下列说法错误的是(　　)

A. 智力差异是遗传与环境相互作用的结果

B. 智力差异可通过智力测验进行测量

C. 个体的智力差异只表现在智力发展水平的高低上

D. 个体的智力差异要求教师采取灵活的教学方式

28. 日常生活中,有的人强于记忆,有的人强于思维;有的人擅长绘画,有的人擅长写作;有的人言语能力强,有的人空间能力占优势。这说明人的能力具有(　　)

A. 性别差异　　B. 发展水平差异

C. 表现早晚差异　　D. 类型差异

29. 下列属于冲动型学生特点的是(　　)

A. 阅读理解能力强　　B. 信息加工策略多运用整体加工方式

C. 善于完成细节性分析的学习任务　　D. 反应快,善于察言观色

30. 如果一个人能用 5 ~ 10 种特质词汇描述自己的个性,则按照奥尔波特的人格特质理论,其描

述不属于个性的(　　)

A. 重要特质　　B. 主要特质　　C. 次要特质　　D. 核心特质

31. 下列选项中,属于奥尔波特的性格特征分类的是(　　)

A. 差异特质　　B. 根源特质　　C. 表面特质　　D. 首要特质

32. 人们通常认为"北方人开朗、豪放,南方人含蓄、细腻。"根据奥尔波特的人格特质理论,上述人格特质属于(　　)

A. 共同特质　　B. 首要特质　　C. 次要特质　　D. 中心特质

二、多项选择题

1. 关于智力的性别差异的表述,正确的是(　　)

A. 男性智力在某种程度上是优于女性的

B. 男女的智力结构存在差异

C. 男性智力分布的离散程度比女性大

D. 男女智力的总体水平大致相等

2. 区别冲动型与沉思型认知方式的标准是(　　)

A. 冒险　　B. 谨慎　　C. 反应时间　　D. 精确性

3. 场依存型与场独立型这两种认知风格与学习有着密切的关系。下列相关说法正确的有(　　)

A. 场独立型的人比场依存型的人更需要反馈信息

B. 场依存型的学生在诱因来自外部时学得更好

C. 场独立型的人比场依存型的人更容易受负强化的影响

D. 场依存型的人对于具有社会内容的材料更感兴趣

4. "世界上没有两片完全相同的叶子",不同的学生在认知方式方面存在着很大的个体差异。下列与认知方式差异相关的描述,表述正确的是(　　)

A. 场依存型学生的行为常以社会为定向,偏爱结构严密的教学,擅长理科学习

B. 一般人认为冲动型学生学习成绩差

C. 辐合型学生在解决问题的过程中,运用逻辑规律寻找唯一正确的解答

D. 教师开展教学时,必须采用适应认知差异的教学方式,努力使教学方式普适化

5. 关于心理的性别差异,下列说法正确的有(　　)

A. 从 13 岁开始,男性空间知觉能力明显优于女性

B. 女性机械记忆能力强,短时记忆广度超过男性

C. 男性的理解记忆、长时记忆优于女性

D. 从婴儿期到青春前期,女孩言语发展一直优于男孩

6. 以下属于学生间认知方式差异的是(　　)

A. 场独立型与场依存型　　B. 独立型与顺从型

C. 沉思型与冲动型　　D. 辐合型与发散型

三、判断题

1. 沉思型的学生在解决问题时总会比冲动型的学生更占优势。 （ ）
2. 智力并不影响学习能否发生，它主要影响学习的速度、数量、巩固程度和学习的迁移。 （ ）
3. 就认知风格而言，发散型认知方式比辐合型认知方式更好。 （ ）
4. 善于从整体中分析出各个元素，喜欢学习无结构的材料，不太容易受外界的影响是场独立型学习者的特点。 （ ）
5. 冲动型认知风格的学生的思维方式以冲动为特征，在回答问题时倾向根据线索形成看法并快速做出反应，但错误较多。因此冲动型认知风格劣于反思性认知风格。 （ ）
6. 小溪是一个话很少的女孩子，不喜欢人多嘈杂的环境，爱好阅读和写作，对事物的看法也常有独到的见解。由此可以推断，小溪的心理类型更有可能属于内倾型。 （ ）
7. 在人际交往中关注他人的言行举止，并能够根据不同的情境调整自己言行的认知类型属于场依存型。 （ ）
8. 适应学生学习风格的教学策略有两种：一是匹配策略，二是失配策略。 （ ）
9. 人的差异不仅体现在行为上，还体现在认知风格上。某同学在学习过程中喜欢学习一般原理，不喜欢具体知识，其概括化程度较高，这位同学的认知风格是场依存型。 （ ）
10. “让我来尝试一下，看看它是如何工作的”是深思熟虑型学习者的常用语，“让我首先好好考虑一下”是积极主动型学习者的常用语。 （ ）
11. 场依存者通常以内在动机为主，对学习材料本身感兴趣。 （ ）
12. 在学习中遇到问题时，李亮倾向于对整个问题将涉及的各个子问题的层次结构以及自己将采取的方法进行预测，从而解决问题。这种策略称为系列性策略。 （ ）
13. 学生的学习风格一经形成，就具有持久性和稳定性。 （ ）

四、简答题

1. 学生的智力差异表现在哪些方面？

2. 简述学生认知差异的教育意义。

五、案例分析题

1. 陈明和罗亮今年高三，是一对好朋友，两个人在处理问题的认知风格方面有较大的差异。比如，让他们从一个复杂的图形中找出另外一个简单的图形，陈明会找得很快，而罗亮则会花费很长的时间。陈明在学习上遇到问题时，常利用个人经验独立对其进行判断，喜欢用概括的与逻辑的方式分析问题，很少受到同学与老师建议的影响。而罗亮遇到问题时的表现则与陈明相反，他更愿意听老师和同学的建议，并以他们的建议作为分析问题的依据。另外，罗亮还喜欢察言观色，关注社会问题。

   (1)请结合案例谈谈二人的认知风格有何差异。

   (2)请从教师的角度来说说如何根据二人的认知方式的差异进行教育。

2. 以下是两位学生的学习风格对比，阅读并回答问题。

   小川：长处在于具有良好的运动节律感，平衡感极佳。平日里，小川喜欢操作、装配各种事物，他的书写十分整洁，但各种书面测验的成绩总是不理想。

   龙龙：长处在于语音辨析，课堂上接受老师口头指导的效果很好，口头语言表达能力很强，日常表现良好，但考试成绩一般。龙龙的不足在于做书面作业时常常感到困难，运动技能较差。

   (1)从感觉通道要素的不同偏好上来看，小川和龙龙分别属于哪种类型的学习者？

   (2)针对小川和龙龙的学习风格，教师应分别为他们选择怎样的匹配教学策略？

3. 小琪今年上小学三年级，她是一个活泼开朗的小姑娘。她最喜欢的课程是数学，数学课上，她反应很快，喜欢尝试用新方法来解决问题。老师提问时，她总是抢先回答，但也常常答错。

   (1)小琪属于何种认知风格？

   (2)基于小琪的认知风格，你认为应如何选择适合她的教育方法？

第三章　学习理论

专题一　学习概述

【考法透视】本专题以理解和记忆为主，多以选择题、判断题等客观题的形式考查，但也会以简答题等主观题的形式出现，主要考查学习的内涵、加涅和奥苏贝尔关于学习的分类、学生学习的特点。

限时:70 分钟	用时:　　分钟	错题数:　　道	▶答案见 P867

一、单项选择题

1. 小孩子看见穿白大褂的护士就联想起打针，从而表现出恐惧。根据加涅的学习分类理论，这种学习行为属于(　　)

A. 信号学习　　B. 刺激—反应学习

C. 问题解决学习　　D. 言语联想学习

2. 根据加涅的学习层次分类观点，学生学习桑代克的效果律属于(　　)

A. 连锁学习　　B. 言语联想学习

C. 规则的学习　　D. 解决问题的学习

3. 学生的学习不仅要掌握知识经验、发展能力，同时还要培养良好品德，形成科学的世界观和人生观，促进健康人格的发展。这体现出学生学习具有(　　)的特点。

A. 多重目的性　　B. 一定程度的被动性

C. 计划性和组织性　　D. 以掌握间接经验为主

4. 奥苏贝尔从学习进行的方式、学习材料与学习者原有知识的关系两个维度对认知领域的学习进行了分类。根据该分类，下列属于机械的接受学习的是(　　)

A. 记乘法表　　B. 科学研究　　C. 运用公式解题　　D. 设计实验

5. 学生掌握了大量的词汇，能写出通顺的句子，但在写自己熟悉的题材时仍然写不出高水平的作文。原因是学生缺乏(　　)

A. 陈述性知识　　B. 认知策略

C. 言语信息　　D. 动作技能

6. 加涅根据学习情境由简单到复杂、学习水平由低级到高级的顺序，把学习分成八类。其中，学生学习“长方形的周长 = (长 + 宽) ×2”属于(　　)

A. 刺激—反应学习　　B. 解决问题学习

C. 连锁学习　　D. 规则或原理学习

7. 某同学通过学习知道“北京是中国的首都”。根据加涅的学习分类理论，这属于(　　)的学习。

A. 言语信息　B. 智慧技能　C. 认知策略　D. 动作技能

8. 小刚原来见了陌生人就躲避，上了一个月幼儿园后，小刚的这种行为消失了。根据加涅的学习结果分类，这是发生了(　　)的学习。

A. 言语信息　B. 智慧技能　C. 动作技能　D. 态度

9. 在加涅的智慧技能层次的分类中，“运用公式 U＝IR 来对串联、并联电路的 U、I 或 R 求解”属于(　　)层次。

A. 辨别　B. 定义概念　C. 高级规则　D. 规则

10. 广义学习是指人或动物在生活过程中凭借经验产生的(　　)相对持久的变化。

A. 知识　B. 智力　C. 行为　D. 行为或行为潜能

11. 学习“圆的东西会滚动”，需要学“圆的东西”和“滚动”两个概念，根据加涅的学习分类理论，这属于(　　)

A. 连锁学习　B. 概念学习　C. 信号学习　D. 规则学习

12. 下列选项中，由学习引起的行为变化是(　　)

A. 嗅觉适应　B. 谈虎色变

C. 青春期男孩变声　D. 服用兴奋剂提高比赛成绩

13. 学习言语信息是学习者通过学习过程之后，能在需要的时候把诸如事物的名称、符号、地点、定义等事实表述出来。则言语信息对学生能力的主要要求是(　　)

A. 学习　B. 想象　C. 运用　D. 记忆

14. “学霸”李卫为同学答疑解惑受到了老师的表扬，此后他更愿意帮助同学解答问题。根据加涅对学习水平的分类，这属于(　　)

A. 信号学习　B. 辨别学习

C. 言语联想学习　D. 刺激—反应学习

15. 加涅的智慧技能层次由低到高分为哪五个小类(　　)

A. 具体概念、定义性概念、规则、辨别、高级规则

B. 辨别、定义性概念、规则、高级规则、具体概念

C. 具体概念、规则、定义性概念、高级规则、辨别

D. 辨别、具体概念、定义性概念、规则、高级规则

16. 根据学习的定义，下列现象中属于学习的是(　　)

A. 蜜蜂采蜜　B. 猴子练攀爬

C. 病症导致的行为改变　D. 老马识途

17. 学习“工作总量＝工作效率×工作时间。”这是(　　)

A. 规则学习　B. 概念学习

C. 辨别学习　D. 解决问题学习

18. 小红在两岁时就学会了背"床前明月光,疑是地上霜……"这首唐诗,按加涅的学习结果分类,这种学习是( )

A. 言语信息 B. 心智技能 C. 动作技能 D. 智慧技能

19. 根据加涅的学习层次分类,比概念学习低一层的学习是( )

A. 信号学习 B. 规则学习 C. 辨别学习 D. 言语联结学习

20. 下面哪种学习不属于学习主体的分类( )

A. 动物 B. 学生 C. 网络 D. 机器

21. 根据学习的定义,下列选项中属于学习的是( )

A. 狗熊练习投篮动作 B. 吃杨梅时唾液分泌增加

C. 入芝兰之室,久而不闻其香 D. 每天跑步

22. 加涅的智力技能层次论把智力技能按照层次高低分为五类,每一类的习得都有先决条件,其中,规则学习的先决条件是掌握( )

A. 定义性概念 B. 具体概念 C. 程序 D. 辨别

23. 我国著名心理学家一般把人的学习定义为在( )中,以语言为中介,自觉地、积极主动地掌握社会的和个体的经验的过程。

A. 学习行为 B. 社会理论

C. 社会生活实践 D. 社会环境

24. 学生将所学知识内化并创新,进而解决实际问题,这属于加涅学习结果分类理论中的( )

A. 动作技能 B. 情感技能 C. 言语技能 D. 智慧技能

25. 依据加涅对学习结果的分类,学习用以支配个人的心智加工过程的内部组织能力称为( )

A. 智力技能学习 B. 认知策略学习

C. 动作技能学习 D. 态度学习

26. 某学生观看了电影《上甘岭》后,对剧中英雄人物顿生敬佩之情,立志学好本领,成为国家有用之才。从加涅的学习结果分类看,该生这一心理变化属于( )的学习。

A. 态度 B. 动作技能 C. 言语信息 D. 认知策略

27. 按照加涅学习结果的分类,智慧技能的学习、态度的学习分别属于( )

A. 动作技能领域;认知领域 B. 动作技能领域;情感领域

C. 认知领域;动作技能领域 D. 认知领域;情感领域

28. 小学一年级的小朋友在教师的指导下学会区分"q"和"p"两个字母的字形,按照加涅的学习结果分类来看,这里发生的学习结果类型是( )

A. 智慧技能 B. 言语信息 C. 认知策略 D. 动作技能

29. 按照加涅的学习层次分类观点,马戏团的动物做出一系列的复杂动作属于( )

A. 信号学习 B. 连锁学习

C. 辨别学习 D. 概念学习

30. 按学习的意识水平分类，(　　)是有意识的、做出努力的和清晰的、需要付出心理努力并需按照规则做出反应的学习。例如，学习物理中的牛顿运动定律。

A. 内隐学习　　B. 外显学习　　C. 机械学习　　D. 无意义学习

31. 学生通过讲述某件事，把事件的时间、地点等事实表述出来，这就表明他已经具有(　　)

A. 智力技能　　B. 认知策略

C. 言语信息的能力　　D. 动作技能

32. 奥苏贝尔依据接受和发现、机械与有意义两个互不依赖、彼此独立的维度对学生的学习类型进行了分类，依据此分类，学生运用公式解题属于(　　)

A. 有指导的独立发现式机械学习　　B. 有指导的发现式机械学习

C. 有指导的发现式有意义学习　　D. 有指导的接受式有意义学习

二、多项选择题

1. 根据学习材料与学习者原有认知结构的关系，奥苏伯尔把学习分为(　　)

A. 符号学习　　B. 机械学习　　C. 接受学习　　D. 有意义学习

2. 学生根据地图方位来回忆省级行政区的名称，这一过程不属于(　　)的学习。

A. 言语信息　　B. 智慧技能

C. 认知策略　　D. 动作技能

3. 人类学习与动物学习具有本质的区别，主要表现为(　　)

A. 具有社会性　　B. 以语言为中介

C. 以直接经验为主　　D. 具有积极主动性

4. 下列选项中，通过学习而形成的行为有(　　)

A. 膝跳反射　　B. 望梅止渴　　C. 谈虎色变　　D. 蜘蛛织网

5. 下列选项中，对学习概念的理解不正确的是(　　)

A. 学习不一定会导致行为或行为潜能的变化

B. 学习引起的行为变化是短暂的

C. 学习是由练习或经验引起的

D. 学习是人类和动物共有的一种现象

6. 根据加涅对学习结果的分类，以下属于智慧技能的有(　　)

A. 把小数换算成分数　　B. 认识时钟

C. 使动词和句子主语一致　　D. 写字

7. 小学生学习的一般特点是(　　)

A. 直观—操作性　　B. 基础—再现性

C. 幼稚—发展性　　D. 指导—模仿性

8. 下列属于学习现象的有(　　)

A. 新生儿的抓握反射　　B. 儿童模仿崇拜的偶像

C. 小狗算算术　　D. 因交通事故对车的恐惧

9. 根据学习内容,我国学者一般把学习分为(　　)

A. 知识的学习　　B. 技能的学习

C. 社会规范的学习　　D. 发现学习

10. 下列属于机械学习的是(　　)

A. 宇航员探索太空　　B. 学生尝试走出迷宫

C. 小学生背诵乘法口诀表　　D. 中学生听过讲座后理解概念之间的关系

三、判断题

1. 小郭从师范学校毕业后为适应新工作岗位要求而加班学习,这属于有意义的接受学习。(　　)

2. 当学生表现出一次正确的行为时,就表示他已确实学到了该种行为。(　　)

3. 加涅将学习水平由高到低分为八个层次,其中最高层次是辨别学习。(　　)

4. 从本质上看加涅的刺激—反应学习就是巴甫洛夫的经典性条件反射。(　　)

5. 学生学习"红灯停,绿灯行"的交通规则,这种学习按加涅的学习水平分类,属于信号学习。(　　)

6. 人类学习和学生学习之间是一种一般与特殊的关系。(　　)

7. 判断学生学习是否发生的标志是:学生是否具有可以用经验加以解释的可观察的行为变化。(　　)

8. 听导师精心设计的指导既是有意义学习,也是有指导的发现学习。(　　)

9. 并不是所有的行为变化都是由经验引起的。(　　)

10. 学习本身是一种内部过程,是可以测量的。(　　)

11. 幼儿听老师讲大灰狼扮成兔妈妈要吃小白兔的故事后,对大灰狼憎恶,对小白兔友善。这里发生的是言语信息的学习。(　　)

12. 学生对相似的、容易混淆的英文单词分别作出正确的反应属于概念学习。(　　)

四、简答题

简述加涅提出的五种学习结果分类。

专题二　行为主义学习理论

考法透视　本专题以理解、记忆和分析为主，是考试重点，各种题型都有考查，主要考查巴甫洛夫的经典性条件作用理论、桑代克的联结—试误学习理论、斯金纳的操作性条件作用理论、班杜拉的社会学习理论。

限时:200 分钟	用时：　分钟	错题数：　道	▶答案见 P872

一、单项选择题

1. 强化是操作性条件反射中最基础的部分，而强化有正强化和负强化之分，下列行为属于负强化的是(　　)

A. 爷爷对小明说，如果语文考试超过 80 分，就给小明买玩具

B. 妈妈对小明说，如果英语考试超过 80 分，就不用再打扫家里的卫生

C. 爸爸对小明说，如果数学考试低于 80 分，暑假就要参加补习班

D. 奶奶对小明说，如果物理考试低于 80 分，放学回家就不能看电视

2. 桑代克观察到，在他的实验过程中，为了保证学习的发生，猫必须处于饥饿状态。如果猫吃得过饱，把它放进迷箱后，它很可能不会显示出任何学习逃出迷箱的行为，而是蜷缩在那里睡觉。所以，对学习的解释必须包括某种动机原则，这就是他所谓的(　　)

A. 效果律　　B. 准备律　　C. 练习律　　D. 复习律

3. 操作性条件反射与经典性条件反射的区别，不包括(　　)

A. 反应的后天性与先天性　　B. 新的 S－R 联结是否形成

C. 强化物是否出现在新的反应前　　D. 无条件刺激是否明确

4. 著名的心理学家斯金纳将人们的行为分为应答性行为和操作性行为，应答性行为是由已知的刺激引起的反应；操作性行为是由有机体自发做出的行为。以下不属于应答性行为的是(　　)

A. 望梅止渴　　B. 画饼充饥

C. 守株待兔　　D. 一朝被蛇咬，十年怕井绳

5. 程序教学是在操作性条件反射的理论基础上创造出来的一种教学技术，斯金纳主张程序教学应通过(　　)来进行。

A. 教学机器　　B. 情景模拟　　C. 课外延伸　　D. 教师引导

6. 强调学生完成作业或回答问题后要及时反馈和强化的心理学家是(　　)

A. 斯金纳　　B. 加德纳　　C. 布鲁纳　　D. 罗杰斯

7. 儿童容易模仿影视片中反面人物的行为，结果导致不良品德的形成。为了避免影视片的消极影响，根据班杜拉的社会学习理论，适当的做法是(　　)

A. 避免学生观看这类影视片

B. 对有模仿行为的儿童进行说理教育

C. 影片中尽量少描写反面人物

D. 影视片应使观众体验到“恶有恶报，善有善报”

8. 李玲在数学课上多次被老师批评，不愉快的经验让她只要上数学课就焦虑紧张，也不喜欢数学老师，从逐渐不喜欢上数学课，发展为不喜欢上其他课，最终害怕去上学。行为主义理论称这种现象为(　　)

A. 正强化　　B. 负强化　　C. 消退　　D. 泛化

9. 孩子的许多无理取闹行为实际上是学习的结果，比如通过哭闹来取得自己心仪的玩具。在这个过程中，家长的让步起着(　　)作用。

A. 泛化　　B. 消退　　C. 分化　　D. 强化

10. 社会学习论的主要代表人物班杜拉认为行为习得有两种不同的过程，其中一种是观察学习的过程。观察学习的起始环节是(　　)

A. 动机过程　　B. 注意过程　　C. 保持过程　　D. 强化过程

11. 将预设的材料按照逻辑顺序分为不同的单元，并且将其内容组织成一系列的问题与答案，只有在正确地回答了来自前一个单元的问题之后，学生才能学习新的单元。这种教学组织形式的理论依据是(　　)

A. 程序教学　　B. 认知结构教学

C. 非指导性教学　　D. 主知主义教学

12. 根据斯金纳的强化原理，下面属于二级强化物中的社会强化物的是(　　)

A. 食物　　B. 微笑　　C. 奖状　　D. 娱乐活动

13. “学习过程就是尝试错误的过程”，这一观点属于哪种学习理论(　　)

A. 行为主义　　B. 认知主义

C. 人本主义　　D. 建构主义

14. 学习者通过观察他人实施某种行为后所得到的结果来决定自己的行为指向，这属于(　　)

A. 直接强化　　B. 自我强化　　C. 自主强化　　D. 替代强化

15. 小江上课时因正确回答问题被老师表扬，心里很是开心。但是下午放学回到家因为房间很乱被妈妈训了一顿，还被禁止玩游戏。小江的老师和妈妈的行为分别属于(　　)

A. 正强化、负强化　　B. 正强化、惩罚

C. 负强化、惩罚　　D. 负强化、消退

16. 通过观察学习，学生可以获得一些基本的读写技能、课堂对话方式及与健康有关的知识，这是利用观察学习的(　　)

A. 习得效应　　B. 结伴效应　　C. 在场效应　　D. 隐含效应

17. 在学习汉字时，对“已”“巳”的区分，体现了(　　)

A. 泛化抑制　　B. 分化抑制　　C. 自我抑制　　D. 超限抑制

18. 某学生在上英语课时，一直跟同桌讲小话，老师批评了他，以后上课他也就不怎么讲小话

了。该教师运用了(　　)

A. 正强化　　B. 负强化　　C. 惩罚　　D. 消退

19. 某学生为了避免父母的斥责而认真完成作业,其背后的作用机制是(　　)

A. 惩罚　　B. 消退　　C. 正强化　　D. 负强化

20. 有的家长经常对孩子说:"你只要写完作业,就可以出去玩"。家长的这种做法按照操作性条件作用属于(　　)

A. 正强化　　B. 负强化　　C. 正弱化　　D. 负弱化

21. 学生的作业出现错误时,老师让他把错题重做 10 遍,这属于(　　)

A. 惩罚　　B. 正强化　　C. 自我强化　　D. 负强化

22. 经典性条件反射和操作性条件反射的理论都认为(　　)是形成和巩固条件反射的重要条件。

A. 强化　　B. 诱因　　C. 动机　　D. 需要

23. 在日常生活中,看见路上的垃圾后会绕道走开,这体现了(　　)

A. 负强化作用　　B. 回避条件作用

C. 正强化作用　　D. 逃避条件作用

24. 学习者根据一定的评价标准进行自我评价和自我监督,以此来强化相应的学习行为。这属于(　　)

A. 直接强化　　B. 间接强化　　C. 自我强化　　D. 替代强化

25. 如果某中学生多次经历考试失败,则很有可能每当听说或感到要考试时,就会非常焦虑。按照巴甫洛夫的理论,这种现象说明学生在考试和焦虑之间建立起了(　　)

A. 一级条件作用　　B. 一级泛化

C. 高级条件作用　　D. 高级泛化

26. 班主任为提高学生的学习成绩,承诺奖励比前一次考试多十分的学生一个笔记本,因而全班形成了良好学风。这符合桑代克学习规律中的(　　)

A. 准备律　　B. 联结律　　C. 效果律　　D. 练习律

27. 三岁的小明能够根据脚步声听出妈妈是否回家了,这种现象属于(　　)

A. 获得　　B. 消退　　C. 刺激分化　　D. 刺激泛化

28. 一个孩子捡到一元钱交给老师,老师在全班同学面前表扬了他。之后这个孩子每次捡到东西都主动交还给失主或交给老师。可以解释这种现象的原理是(　　)

A. 经典性条件反射　　B. 操作性条件反射

C. 自我强化　　D. 替代强化

29. 下列选项中,属于行为主义学习理论观点的是(　　)

A. 人的认知过程是一个主动寻找信息、接受信息,并在一定的信息结构中进行加工的过程

B. 一个人的行动取决于他是怎样从他自己的角度来知觉世界的

C. 学习是"刺激—反应"之间联结的强化

D. 知识是学习者在一定的情境下，通过意义建构方式获得的

30. (　　)提出了操作性条件反射学说。

A. 桑代克　　B. 巴甫洛夫　　C. 斯金纳　　D. 华生

31. 体现“身教重于言教”思想的学习理论派别是(　　)

A. 社会学习理论　　B. 认知学习理论

C. 人本主义学习理论　　D. 建构主义学习理论

32. 婴儿偶尔发出类似“妈”的声音，妈妈便报以微笑和爱抚，于是孩子学会了叫“妈妈”。这是一种(　　)

A. 无条件反射　　B. 经典性条件反射

C. 操作性条件反射　　D. 本能行为

33. 在实际教学中教师不应搞突袭，比如应该学习新知识，却进行考试，这不利于学生学习。这依据的是学习的(　　)

A. 准备律　　B. 练习律　　C. 效果律　　D. 条件反射

34. 语文课上两位同学一直在小声说话不听老师讲课，老师要求他们站起来听课，过了一会儿对他们说：“如果你们表现得好一点，我就不让你们罚站了。”老师后来说的话属于(　　)

A. 正强化　　B. 负强化　　C. 消退　　D. 习得

35. 低年级的小学生擅自离开座位，老师忽略他们的行为，转而表扬那些坐着不动的学生，之后离开座位的学生也不擅自离开座位了。这表明那些离开座位的学生受到了(　　)

A. 直接强化　　B. 自我强化　　C. 替代强化　　D. 延时强化

36. “只要考出好成绩就不会挨骂”属于操作条件作用规律中的(　　)

A. 正强化　　B. 负强化　　C. 惩罚　　D. 消退

37. 下列说法不正确的是(　　)

A. 桑代克认为学习就是形成刺激—反应之间的联结

B. 布鲁纳认为学习就是形成操作性条件反射的过程

C. 班杜拉认为学习主要是观察学习

D. 加涅认为学习过程就是一个信息加工的过程

38. 社会学习理论的提出者是(　　)

A. 巴甫洛夫　　B. 华生　　C. 斯金纳　　D. 班杜拉

39. 小明亲眼看到那些欺负弱小的同学受到了老师的严厉批评和处罚，而那些爱护弱小的同学则受到大家的喜爱。久而久之，他也变成了乐于助人、不欺负弱小的学生。这种学习属于(　　)

A. 亲历学习　　B. 观察学习　　C. 迁移学习　　D. 试误学习

40. 为了培养儿童独立、坚强的个性品质，家长对儿童摔倒后的哭闹不予理睬，这种教育方式的理论依据是(　　)

A. 正强化　　B. 负强化　　C. 自我强化　　D. 消退

41. 小王学习成绩下降，老师增加了他的家庭作业量，小王对此很不开心。这里老师应用的是(　　)

A. 正强化　　B. 负强化　　C. 正惩罚　　D. 负惩罚

42. 在班杜拉的社会学习理论中，特别重视的是(　　)

A. 定时强化　　B. 直接强化　　C. 定比强化　　D. 替代强化

43. 小明因将生活垃圾分类处理而经常被点赞，他之后就慢慢养成了环保的好习惯。这属于(　　)

A. 模仿　　B. 经典性条件反射

C. 操作性条件反射　　D. 认知学习

44. 学生因榜样作用而习得社会规范、态度和情感的学习称为(　　)

A. 联结学习　　B. 符号学习　　C. 观察学习　　D. 有意义学习

45. 张老师认为，教育教学中必须重视对学生行为的奖励强化，以下哪位心理学家提出的理论可以支持张老师的观点(　　)

A. 斯金纳　　B. 布鲁纳　　C. 布卢姆　　D. 马斯洛

46. 斯金纳认为人的行为，乃至复杂的人格都可以通过外在的强化或惩罚手段来加以塑造、改造、控制或矫正，并提出了操作性条件作用理论，其著名实验是(　　)

A. 小狗实验　　B. 黑猩猩实验　　C. 白鼠实验　　D. 小猫实验

47. 一些公益广告是请在一定领域内非常有影响力的明星参与制作的，从班杜拉的理论来看，这种做法注重了观察学习中的(　　)

A. 动作再现过程　　B. 动机过程　　C. 注意过程　　D. 保持过程

48. 在课堂上，有些性子急的学生不举手就回答问题，老师不理会他，之后学生不举手就回答问题的行为减少了，该老师运用的方法是(　　)

A. 强化　　B. 消退　　C. 分化　　D. 泛化

49. 亮亮看见同班同学张强上课乱说话被老师批评，就知道了上课不能随便乱说话，亮亮此时受到的强化是(　　)

A. 直接强化　　B. 替代强化　　C. 自我强化　　D. 间接强化

50. 下列属于负强化例子的是(　　)

A. 杀鸡骇猴

B. 当孩子犯错时拿走他最喜欢的玩具

C. 莉莉同学的作业完成得很认真

D. 乘坐校车时，系好安全带就可以终止刺耳的提示噪音

51. 在实际的教育和教学过程中，经常需要(　　)，如引导学生分辨勇敢和鲁莽、谦让和退缩，要求学生区别重力和压力、质量和重量等。

A. 条件反射的获得　　B. 对刺激进行分化

C. 对刺激进行泛化　　D. 条件反射的消退

52. 学生因上课认真听讲受到老师表扬而逐步养成上课认真听讲的习惯属于(　　)

A. 经典性条件反射　　B. 操作性条件反射

C. 联结反应　　D. 习惯成自然

53. 高二(3)班在期中考试时采取“无人监考”的模式,考试结束后,教务主任在高二年级全体师生会议上,对高二(3)班的学生自觉遵守纪律的行为提出表扬。这对其他班级的学生而言是一种(　　)

A. 正强化　　B. 负强化　　C. 自我强化　　D. 替代强化

54. 小明喜欢做航空模型而不喜欢阅读,老师发现后,对小明说:“你完成一定的阅读任务后,就可以拥有一段自由时间去做模型了。”以此来促使小明参与阅读活动,完成阅读任务。这是行为主义学习理论中哪项原理的运用(　　)

A. 迁移效应　　B. 代币奖励原则

C. 霍桑效应　　D. 普雷马克原理

55. 一个经常违纪的学生被调到一个风气良好的班级后,在周围学生严格守纪行为的影响下,其违纪行为暂时没有表现出来。这体现了观察学习的(　　)

A. 习得效应　　B. 情绪唤起效应

C. 抑制效应　　D. 反应促进效应

56. 学生李明看到自己的同桌张飞上课看课外书却没有遭到老师批评,于是他有时上课也看起课外书来,这对李明产生的影响属于(　　)

A. 观察学习　　B. 信号学习　　C. 直接学习　　D. 试误学习

57. 在下列教师采用的教育管理方式中,哪种属于斯金纳所提出的负强化(　　)

A. 事前警告　　B. 惩罚　　C. 表扬　　D. 忽视

58. 班级最后一排的学生在自习课上总爱讲话,周老师采取恰当的方法对其中一名学生进行了批评教育,达到了以一儆百的效果,自习课纪律明显改善,这种做法的理论依据是(　　)

A. 操作性条件反射理论　　B. 经典性条件反射理论

C. 社会学习理论　　D. 期待惩罚理论

59. (　　)是对学生良好思想行为的肯定性评价,是一种正强化过程,其目的在于巩固良好行为,鼓励良好行为的再发生。

A. 表扬　　B. 惩戒　　C. 惩罚　　D. 批评

60. 有的学生犯了小错误,如果教师不公开批评他,而是用信任的眼光注视他,他可能很快就会改正。这样做是利用了强化的(　　)

A. 激励功能　　B. 维持功能　　C. 巩固功能　　D. 促进功能

61. 李明看到张红帮助老师擦黑板,但日后他自己不一定这样做,因为他未看到老师表扬张红。这属于观察学习的(　　)过程。

A. 注意　　B. 保持　　C. 动作再现　　D. 动机

62. 如果一个学生没有达到自己预期的学习目标,即使没有受到外部惩罚,他也会感到心里难受,并在后续学习中加倍努力,以达到自己的预期目标。依据班杜拉的社会学习理论,最适宜解释这种现象的概念是(　　)

A. 替代强化　　B. 自我强化　　C. 替代奖赏　　D. 自我奖赏

63. 斯金纳认为，个体的行为之所以发生变化是因为强化的作用，因此对强化的控制就是对行为的控制，强化物可以划分为一级强化物和二级强化物。下列属于一级强化物的是(　　)

A. 金钱　　B. 微笑　　C. 音乐　　D. 温暖

64. 现实生活中，我们经常发现，越是成绩好的学生越愿意学习，越是成绩差的学生越不愿意学习。如果用桑代克提出的学习规律加以解释，则最适宜解释这种现象的是(　　)

A. 反馈律　　B. 练习律　　C. 效果律　　D. 准备律

65. 在某强化程序中，得到强化之前的反应数量是变化的、不可预期的。该强化程序是(　　)

A. 固定时距强化　　B. 固定比率强化

C. 变化时距强化　　D. 变化比率强化

66. 首先做我要你做的事，然后才可以做你想做的事。如要求不爱吃青菜的孩子吃青菜，可以这样做：吃完这些青菜，才可以吃鸡腿。这种做法符合(　　)

A. 普雷马克原理　　B. 扇贝原理

C. 德西效应　　D. 习得性无助效应

67. “其身正，不令而行；其身不正，虽令不从。”可以解释这一现象的学习理论是(　　)

A. 观察学习理论　　B. 信息加工学习理论

C. 建构主义学习理论　　D. 有意义学习理论

68. 李老师发现王红这段时间听讲认真，就不再像以前上课时那样总提醒她，王红的成绩也逐步提高。李老师的这种行为属于(　　)

A. 替代性强化　　B. 自我强化

C. 内部强化　　D. 负强化

69. “一朝被蛇咬，十年怕井绳”，这属于(　　)现象。

A. 分化　　B. 消退　　C. 泛化　　D. 维持

70. 老师在下课之前，会告知学生下一节课将要学习的新内容，这运用的学习原理是(　　)

A. 练习律　　B. 效果律　　C. 反应律　　D. 准备律

71. 根据行为主义的观点，学习的实质是(　　)

A. 建构新的完形　　B. 形成良好的认知结构

C. 发展健全的人格　　D. 形成刺激—反应的联结

72. 为了促进学生的学习，教师常常不定时地进行课堂检测，按照斯金纳的强化观点，这种强化的程式是(　　)

A. 固定时距程式　　B. 固定比率程式

C. 变化时距程式　　D. 变化比率程式

73. 计件工资属于(　　)

A. 变时强化　　B. 定比强化　　C. 变比强化　　D. 定时强化

74. 假设张三患了感冒，服用某种药后感冒很快被治愈，则若再次感冒时，他就更有可能服用这种药。按照强化原理，这属于(　　)

A. 正强化　　B. 负强化　　C. 消退　　D. 泛化

75. 一名学生在公交车上看到了别人给老人让座位受到了他人的赞许,自己也起身给旁边的老人让座。这体现了榜样示范学习的( )

A. 去抑制效应　　B. 环境加强效应

C. 反应促进效应　　D. 情绪唤起效应

76. 依据班杜拉的观察学习理论,替代性强化发生在观察学习过程中的( )

A. 注意过程　　B. 保持过程

C. 动作再现过程　　D. 动机过程

77. 有的学生平时不注意学习,在期中考试前临时抱佛脚,抱着“临阵磨枪,不快也光”的心态对待考试。可以解释这种现象的是( )

A. 扇贝效应　　B. 马太效应

C. 边际递减效应　　D. 蝴蝶效应

78. 电影、电视、儿童故事中所描述的偶像型人物,他们行为背后所隐示的勇敢、智慧、正义等性格,旨在引起儿童的( )

A. 直接模仿　　B. 综合模仿　　C. 象征模仿　　D. 抽象模仿

二、多项选择题

1. 下列现象中,属于负强化的有( )

A. 桑代克迷箱实验中的猫学会通过拉栓逃出迷箱

B. 孩子哭闹着要买玩具,母亲对其不予理睬

C. 儿童努力学习以避免父母的责骂

D. 学生因玩网络游戏而耽误写作业,家长关闭一个月的网络

2. 班杜拉认为观察学习是人学习的重要形式。下列关于观察学习特点的描述,正确的是( )

A. 观察学习依赖于直接强化

B. 观察学习不一定具有外显的行为反应

C. 观察学习具有认知性

D. 观察学习是无条件的

3. 下列有关负强化的说法中,表述正确的是( )

A. 负强化是教师给学生的负性关注

B. 负强化使负性行为得以增加

C. 负强化的目的是增加积极行为

D. 运用负强化时,要使学生可以免去某项要求

4. 桑代克提出了学习的主律和副律,下列选项中,属于学习主律的是( )

A. 准备律　　B. 练习律　　C. 自主律　　D. 效果律

5. 根据斯金纳的学习理论,现实生活中的口头表扬属于( )

A. 正强化　　B. 内部强化

C. 原始强化　　D. 条件强化

6. 下列选项中,最能体现斯金纳的操作性条件作用学习理论在教育上的应用的是(　　)

A. 改进教学方式　　B. 矫正不良习惯

C. 指导教师培训　　D. 塑造学生行为

7. 下列选项中属于刺激泛化的有(　　)

A. 杯弓蛇影　　B. 草木皆兵　　C. 风声鹤唳　　D. 画饼充饥

8. 强调外在刺激对学习起决定作用的学习理论有(　　)

A. 认知学习理论　　B. 经典性条件反射理论

C. 操作性条件反射理论　　D. 有意义接受学习理论

9. 下列关于观察学习中的保持过程的说法,正确的是(　　)

A. 保持过程是先将榜样行为转换为言语编码,再转换为记忆表象贮存信息

B. 保持过程是观察学习的第二个过程

C. 保持过程对学习者以后的行为起指导作用

D. 保持过程以表象和言语编码两种形式贮存信息

10. 下列属于经典性条件反射的有(　　)

A. 画饼充饥

B. 望梅止渴

C. 小白鼠通过反复尝试,会通过按压杠杆的方式获取食物

D. 每次给狗提供食物之前摇铃,反复几次后,狗听到铃声就会流口水

11. 正强化包括(　　)

A. 奖学金　　B. 对成绩的认可　　C. 表扬　　D. 发放奖品

12. 在授课过程中,王老师积极地给予同学们正向反馈,努力使学生通过学习得到自我满意的学习效果。结束授课后,王老师经常安排难度适中的配套习题帮助同学们“趁热打铁”巩固知识。这体现了联结—试误学习理论中的哪些观点(　　)

A. 准备律　　B. 练习律　　C. 效果律　　D. 反馈律

13. 依据班杜拉的社会学习理论,学生经由观察学习对榜样人物的行为进行模仿。他指出,学生会因当时的心理需求与学习所得的不同而采用不同的模仿方式,这些模仿方式包括(　　)

A. 直接模仿　　B. 综合模仿　　C. 象征模仿　　D. 抽象模仿

14. 斯金纳认为,人和动物的行为有(　　)

A. 应答性行为　　B. 反应性行为　　C. 攻击性行为　　D. 操作性行为

15. 当一个不爱学习的学生表现出良好的学习行动时,班主任不仅不再批评他反而还经常表扬他,班主任的这一做法属于应用(　　)

A. 正强化　　B. 负强化　　C. 消退　　D. 新行为塑造

16. 斯金纳认为强化物是能够增强反应概率的刺激和事件,强化物可以分为一级强化物和二级强化物,下列选项中属于二级强化物的是(　　)

A. 食物　　B. 金钱　　C. 考试成绩　　D. 手机游戏

17. 班杜拉认为一个完整的学习过程包括(　　)

A. 注意　　B. 保持　　C. 复现　　D. 动机

18. 联结学习理论认为(　　)

A. 学习的实质是在主体内部构造完形　　B. 习惯是反复练习与强化的结果

C. 强化在学习中起着重要作用　　D. 认知结构是学习的基础

三、判断题

1. 消退是一种强化的过程,其作用在于降低某种反应在将来发生的概率。(　　)
2. 对"榜样学习"的教育效应做出合理解释的心理学理论是班杜拉的观察学习理论。(　　)
3. 根据操作性条件作用理论,在教育过程中,教师应多用正强化来塑造学生的良好行为,用不予强化的方式消除消极行为,同时要慎重对待惩罚。(　　)
4. 操作性条件反射理论强调行为前的强化。(　　)
5. 对学生的行为进行奖励时,应注意避免外部奖励对内部兴趣的破坏。(　　)
6. 家长通过不给零花钱的方式减少孩子打游戏的行为属于负强化。(　　)
7. 根据强化物的来源,食物、衣服等是一级强化物,名声、地位、权利等是二级强化物。(　　)
8. 桑代克提出的准备律是指学习前的知识准备或成熟方面的准备。(　　)
9. 在巴甫洛夫的经典实验中,食物是作为强化物而出现的。(　　)
10. 斯金纳认为"教育就是塑造行为",复杂的行为也可以通过塑造而获得。(　　)
11. 行为主义学习理论认为,一切学习都是通过条件作用,在刺激和反应之间建立直接联结的过程。(　　)
12. 学生在作文课上学会了端坐在座位上认真做作业,在数学课上也能做出类似行为,这表明了该学生的学习行为存在泛化。(　　)
13. 作为教师,应慎重使用惩罚,因为惩罚只能让学生明白什么不能做,但并不能让学生知道什么能做和应该怎么做。(　　)
14. "上行下效""耳濡目染"是观察学习的体现。(　　)
15. 斯金纳的操作性条件作用理论认为,学习实质上是一种反应概率的变化,而强化是增强反应概率的手段。(　　)
16. 从强化理论的观点来看,撤销之前对学生纪律处分的做法属于正强化。(　　)
17. 刺激泛化和刺激分化是互补的过程。(　　)

四、填空题

1. 条件反射形成以后,如果得不到强化,条件反应就会逐渐减弱,直至消失。这种现象称为________。
2. 根据强化相依关系,斯金纳设计了两种促使有机体行为变化所采用的技术,即________和________。
3. ________指强化的时间间隔是变化的。
4. 教师通过表扬积极发言的小明来鼓励全班同学踊跃发言,该教师采用的强化类型属于________。

五、辨析题

1. 班杜拉提出的观察学习的四个阶段是线性发展过程。

2. 负强化和惩罚在本质上是相同的。

六、简答题

1. 简述班杜拉的社会学习理论。

2. 简述桑代克的试误说对教学的启示。

3. 简述程序教学及其原则。

七、案例分析题

(一)案例客观题

根据下列材料,回答 1 ~2 题。

美国某著名心理学家曾做过这样一个实验,将饥饿的猫关进迷笼内,饿猫可以用抓绳或按按钮等三种不同的动作逃出笼外,寻觅食物。饥饿的猫第一次被关进迷笼时,开始盲目地乱撞乱叫、东抓西咬。经过一段时间后,它可能做对了打开迷笼门的动作,逃出笼外。于是,该心理学家又重新将猫关入笼内,并记录每次从实验开始到猫做出打开笼门的正确动作所用的时间。经过多次重复实验,他得出猫的学习曲线。学习曲线表明,随着猫的反复尝试,它开笼所花的时间越来越少。

1. 这位著名的心理学家是(　　)(单项选择)

A. 桑代克　　B. 夸美纽斯　　C. 罗杰斯　　D. 皮亚杰

2. 学习曲线表明,随着猫的反复尝试,它开笼所花的时间越来越少,这给我们的教学启示是(　　)(单项选择)

A. 老师应该及时给予学生正面的反馈意见

B. 老师在进行教学之前应该考虑到学生的准备情况

C. 老师应该多对学生进行突袭考试

D. 老师应该给予学生较多的练习机会

阅读下列案例,回答3~5题。

有位小孩一直体弱多病,所以经常到医院去看病打针,每次打针,他都因为害怕而哇哇大哭。久而久之,他一见到穿白大褂的大夫就放声大哭。有一次,他的母亲带他到一个亲戚家玩,这时亲戚家请的清洁工刚好过来,清洁工身穿白衣、头戴白帽,酷似医院大夫。这位小孩一见到清洁工,立即抱住其母亲放声大哭起来。

3. 案例中,这个小孩的反应是一种什么现象(　　)(单项选择)

A. 刺激泛化　　B. 刺激分化

C. 刺激比较　　D. 行为强化

4. 案例中描述的是(　　)的学习理论。(单项选择)

A. 尝试—错误说(试误论)　　B. 经典性条件作用理论

C. 操作性条件作用理论　　D. 社会学习理论

5. 该学习理论的代表人物是(　　)(单项选择)

A. 桑代克　　B. 巴甫洛夫　　C. 斯金纳　　D. 班杜拉

阅读下列案例,回答6~7题。

张老师是某小学二年级的班主任,在他的班级里,气氛轻松,学生们认为他的方法既有趣又有效。下面是张老师自己阐述如何运用强化来鼓励学生遵守纪律、积极向上的:“我在班上总是用玻璃球强化学生好的行为。我有一个空玻璃瓶,当学生表现得很好时,我就往瓶子里放一个玻璃球。例如,其他老师来我们班讲课或者我们班的学生去图书馆时,学生们如果很快安静下来,安心听讲,我就会给他们放一个玻璃球。我一周可能会给全班同学2~3次玻璃球,可以说是一种变化的程序。当瓶子装满的时候,我们就可以组织一次联欢会,给他们看一会儿卡通片,我还会给他们带来冰淇淋或者其他好吃的东西。”

6. 案例中的强化物有(　　)(多项选择)

A. 玻璃球　　B. 组织联欢会

C. 看卡通片　　D. 冰淇淋

7. 在本案例中,张老师所采用的强化手段的理论依据是(　　)(单项选择)

A. 经典性条件作用理论　　B. 联结—试误学习理论

C. 操作性条件作用理论　　D. 社会学习理论

（二）案例主观题

1. 在一个经典实验中，研究者将3～6岁的儿童分成三组，先让他们观看一组成年男子对充气玩偶进行攻击的画面，如大声吼叫或拳打脚踢。然后，让第一组儿童看到成年男子攻击玩偶后受到另一成人的表扬和奖励；让第二组儿童看到成年男子攻击玩偶后受到另一成人的惩罚；让第三组儿童则只看到成年男子攻击玩偶。之后，研究者把这些儿童一个个单独领到一个房间里去。房间里放着各种玩具，其中包括玩偶。对儿童的行为观察表明，第一组儿童产生较多的攻击行为，第二组则比第三组表现出更少的攻击行为。

   请运用班杜拉的社会学习理论对该实验进行分析。

2. 作为一个初二班主任，我总为一些学生担心，尤其是张强同学。他正处于一个关键期，他对于是否还继续留在学校读书正进行着思想斗争。张强是一个内向的学生，在家中排行老三，他的哥哥和姐姐没有一个读完中学的，他的父母也没有中学毕业，他的家庭对于他读书没有提供什么帮助。目前，张强的主要问题是经常旷课，在最近的一次期中考试中，他有两门主科没考及格。当我找他谈话时，他告诉我，他在小学四年级的时候，学习上就遇到了麻烦，并且感到很无助。他开始觉得自己很笨，而且越认为自己笨就越不愿意努力。因为，既然不行为什么还要努力呢？由于不努力，他变得更落后，这也使得老师认为他很笨，并把他作为笨学生来处理，如给他布置简单的学习任务，或者最后干脆把他编到"差班"去。于是，他开始不来学校了。而当时老师除了把他不上学的事情告诉他的家长外，什么努力也没有做。他曾经回到学校一段时间，那只是因为不想让老师再找他家长的麻烦，之后他就经常不去学校了。我问他，如果辍学了他会做什么，他说他所有的哥哥姐姐都辍学了，而且都找到了工作，哥哥做建筑工，姐姐在宾馆做招待，他们有钱花，没有人会因为他们没有完成中学学业而刁难他们。他也想去打工，他可能会买一辆汽车四处游玩。他认为以前别人所说的辍学可能会带来许多糟糕的事情其实都是撒谎，学校无法帮助他得到他想要的东西，他在学校只是浪费时间。

   试分别用斯金纳的行为主义理论和班杜拉的社会学习理论分析张强同学为什么想辍学。

专题三　认知派学习理论

考法透视　本专题以理解和记忆为主，多以选择题、判断题等客观题的形式考查，但也会以简答题等主观题的形式出现，主要考查格式塔学派的完形—顿悟学习理论、托尔曼的符号学习理论、布鲁纳的认知—发现学习理论、奥苏贝尔的有意义接受学习理论、加涅的信息加工学习理论。

限时:100 分钟	用时：　分钟	错题数：　道	▶答案见 P883

一、单项选择题

1. 在引导学生复习回顾“三角形”的概念、性质、研究方法等内容后，再指导学生学习“等腰三角形”。这一做法符合著名教育心理学家奥苏贝尔学习理论中的(　　)策略。

A. 项目学习　　B. 元认知　　C. 表现性学习　　D. 先行组织者

2. 在(　　)，教师主要是让学生对学习的内容引起注意和知觉。为了使学生能够有效地进行选择性知觉，教师应采取各种手段来引起学生的注意。

A. 学习的保持阶段　　B. 学习的回忆阶段

C. 学习的反馈阶段　　D. 学习的领会阶段

3. 奥苏贝尔主张应用“先行组织者”技术的用意是(　　)

A. 使教学可控性更强　　B. 为学生学习新知识奠定知识背景

C. 提前组织教学　　D. 教师要做学生学习的组织者

4. 学习者在教师的指导下，像科学家发现真理一样，通过自己的探究和学习主动发现事物变化的起因和内部联系，并从中找到规律。这种学习方法是由(　　)竭力倡导，并广泛运用于科学教育。

A. 布鲁纳　　B. 皮亚杰　　C. 桑代克　　D. 维果斯基

5. 小张老师没有依据自己课堂所讲内容布置课后作业，只要求学生反复复习基础知识点，对学生练习完成知识的相关内容也不做评价。一个月后，学生阶段测验成绩明显下降。这是因为小张老师没有遵循布鲁纳的教学原则中的(　　)原则。

A. 动机　　B. 结构　　C. 序列　　D. 强化

6. 学习获得了“认知地图”，但这个结果却不显示出来。托尔曼把这种学习叫(　　)

A. 联结学习　　B. 潜伏学习　　C. 观察学习　　D. 有意义学习

7. 下列关于布鲁纳的认知结构教学理论的说法，表述正确的组合项是(　　)

①教学的主要目的是发展学生的智力　②让学生学习学科的基本结构，即某一知识领域内的基本概念、原理和定律等　③强调意义学习　④选择适合学生认知结构的教学方法，使知识结构和学生的认知结构相匹配，促进学生学习　⑤根据学生的发展水平、知识背景等现状，选择最佳顺序呈现教学内容　⑥促进学生成为一个完善的人

A. ①②④⑤　　B. ①③④⑤　　C. ②③⑤⑥　　D. ①②④⑥

8. 下列不属于发现学习优点的是(　　)

A. 有助于提高学生智慧的潜力　　B. 有助于节省学习时间

C. 有助于记忆的保持　　D. 有助于培养学生的内部动机

9. 知识学习的认知过程主要是思维过程，正是思维在学习过程中的概念化或类型化的活动，才使人们弄懂了所觉察到的大堆杂乱的事实。该观点属于(　　)

A. 联结理论　　B. 条件反射学说

C. 认知理论　　D. 人本主义学习观

10. 托尔曼认为，学习的实质是形成认知地图。该结论的实验论据是(　　)

A. 顿悟学习实验　　B. 对偶学习实验

C. 系列学习实验　　D. 位置学习实验

11. 奥苏贝尔强调学习者的积极主动精神，强调有潜在意义的新知识必须与学习者认知结构中已有的适当观念建立起实质性和非人为性的联系，新旧知识发生相互作用，使新知识获得意义。这种学习理论是(　　)

A. 认知同化理论　　B. 符号学习理论

C. 认知发展理论　　D. 完形顿悟学说

12. 加涅根据学习的信息加工模式将学习过程分为若干个阶段，其中，(　　)是反应的发生阶段，就是反应发生器把学习者的反应命题组织起来，使它们在操作活动中表现出来。

A. 回忆阶段　　B. 反馈阶段

C. 了解阶段　　D. 操作阶段

13. 一位地理学家向一班学生问道："假如你们在地球表面挖了一个 2000 米深的洞，你们说洞底比上面热还是冷？"全班鸦雀无声，一片寂静。这时，学生的地理老师着急地说道："教授，你问问题的方式不对。"随即，该老师问道："同学们，地球的深层处于什么状态？"这时全班同学异口同声地回答道："地球的深层都是岩浆。"按照奥苏贝尔对学生学习的看法，上述材料中学生们学习的"地球的深层都是岩浆"属于(　　)

A. 有意义学习　　B. 机械学习

C. 条件学习　　D. 社会学习

14. 刘明同学在阅读教材的时候使用自己已经掌握的知识，来帮助自己理解书中内容，并力图使之能够指导自己的学业。从布鲁纳的理论来看，这样的学习过程属于(　　)

A. 知识的获得　　B. 知识的转化

C. 知识的评价　　D. 知识的同化

15. 提出有意义接受学习理论的心理学家是(　　)

A. 奥苏贝尔　　B. 维果斯基　　C. 杜威　　D. 皮亚杰

16. 下面说法中正确的是(　　)

A. 发现学习就是有意义学习，接受学习就是机械学习

B. 接受学习在很大程度上是机械的，发现学习是有意义的

C. 接受学习和发现学习都存在有意义学习和机械学习之分

D. 只有接受学习存在有意义学习和机械学习之分

17. 布鲁纳认为，教学的最终目标在于理解学科的(　　)

A. 认知结构　　B. 基本结构　　C. 基本思想　　D. 方法论

18. 根据奥苏贝尔的学习理论，学生学习的实质是(　　)

A. 有意义接受学习　　B. 有意义发现学习

C. 发现学习　　D. 探究学习

19. 先行组织者策略是贯彻奥苏贝尔“(　　)”和“逐渐分化”原则的重要教学策略。

A. 分析综合　　B. 整合协调　　C. 抽象概括　　D. 分步协调

20. 学习是个体利用本身的智慧与理解力对情境及情境与自身关系的顿悟，而不是动作的积累或盲目的尝试。持这种观点的心理学家是(　　)

A. 斯金纳　　B. 皮亚杰　　C. 苛勒　　D. 贾德

21. (　　)认为，学习的实质是主动地形成认知结构。

A. 布鲁纳　　B. 桑代克　　C. 巴甫洛夫　　D. 布卢姆

22. 学生的学习内容是以某种定论或确定的形式通过教师传授而获得的，无需自己去独立发现，这种学习叫作(　　)

A. 接受学习　　B. 发现学习　　C. 意义学习　　D. 机械学习

23. 下列不利于顿悟的是(　　)

A. 功能固着　　B. 一定时期的放弃

C. 不同的环境　　D. 一段时间的大量准备

24. 以下属于认知学习理论的观点的是(　　)

A. 学习的实质是形成刺激与反应的联结

B. 强化在其中起着重要作用

C. 原有知识结构对学习十分重要

D. 学习的成就影响后继学习

25. 小强能通过观察别人做什么而学会别人做的那些动作，比如说走路、玩玩具等活动。根据布鲁纳的认知表征理论，小强正处于(　　)阶段。

A. 动作性表征　　B. 映像性表征

C. 符号表征　　D. 一般性表征

26. 下列哪个不是布鲁纳用来表述儿童认知发展特征的概念(　　)

A. 行为表征　　B. 图像表征　　C. 语言表征　　D. 符号表征

27. 根据奥苏贝尔的学习理论，(　　)是机械学习与有意义学习划分的主要依据。

A. 学生是否主动学习　　B. 学生是否理解学习材料

C. 学习目的是解决问题还是获得知识　　D. 学习内容是教师呈现还是由学生发现

28. 根据加涅划分的学习活动八阶段，(　　)指的是所学的内容进入了短时记忆，也就是对信息进行了编码和保存。

A. 了解阶段　　B. 回忆阶段　　C. 获得阶段　　D. 概括阶段

29. 先行组织者教学技术常用于(　　)

A. 发现学习　　B. 接受学习

C. 个别化教学　　D. 程序教学

30. 托尔曼认为，学习是头脑中形成的(　　)

A. 图式　　B. 认知结构　　C. 认知地图　　D. 神经痕迹

31. 汤老师在讲授人体细胞之前，先引导学生讨论了学生熟悉的社区结构，再将细胞结构与类似的社区结构联系起来。汤老师使用的教学策略是(　　)

A. 比较性组织者　　B. 说明性组织者

C. 提示策略　　D. 替代学习

32. 在学生学习的概括阶段，老师应(　　)

A. 指导学生对信息进行编码

B. 帮助学生练习在多种情况下运用信息，使信息得以迁移

C. 为学生提供线索和启发，帮助其回忆信息的内容

D. 对学生的信息提供评价

33. 接受学习是在教师的指导下，学习者接受事物意义的学习。奥苏贝尔认为，接受学习适合(　　)

A. 年龄较小、知识和经验水平低的人　　B. 年龄较小、知识和经验水平高的人

C. 年龄较大、知识和经验水平低的人　　D. 年龄较大、知识和经验水平高的人

34. 学生的学习必须“超越给定信息”。根据布鲁纳的认知学习理论，这一观点强调的学习过程是(　　)

A. 获得　　B. 评价　　C. 动机　　D. 转化

35. 下列说法属于现代认知学习观的是(　　)

A. 学习是行为改变的过程　　B. 学习是一个顿悟的过程

C. 学习是知觉的重新组织过程　　D. 学习是通过认知获得意义的过程

36. 先行组织者在教学策略上是给学习者提供(　　)

A. 图表　　B. 知识　　C. 认知框架　　D. 思维

37. 下列不属于先行组织者呈现阶段的任务的是(　　)

A. 阐明课程目的　　B. 举例

C. 明确材料　　D. 提供前后关系

38. 加涅根据现代信息加工理论提出了学习过程的基本模式，认为学习过程是一个从不知到知的单一活动过程，这一过程分为八个阶段，其中位居首位的阶段是(　　)

A. 注意阶段　　B. 编码阶段　　C. 记忆阶段　　D. 期待阶段

39. 物理课上，李老师拿出两个鹌鹑蛋分别放入两个盛有液体的玻璃杯里。结果一个蛋沉了下去，另一个蛋却浮了起来。同学们都十分好奇，热烈地讨论起来。这时，李老师在黑板上写下了今天的课题——浮力。根据加涅的指导学习理论，这属于学生学习阶段中的(　　)

A. 动机阶段　　B. 领会阶段　　C. 习得阶段　　D. 概括阶段

40. 在相关学习理论中，认为学习是通过顿悟过程实现的心理学家是(　　)

A. 苛勒　　B. 桑代克　　C. 班杜拉　　D. 华生

41. 如果学生对所学习的知识产生了浓厚的兴趣，对学习特别有自信心，那么学生常常能取得

优异的成绩，心理学家布鲁纳把这种学习动机称为(　　)

A. 好奇内驱力　　B. 互惠内驱力

C. 胜任内驱力　　D. 附属内驱力

42. 加涅认为学习是一个有始有终的过程，这些过程可分为若干阶段，每个阶段需要不同的信息加工。其中，(　　)是学生习得的信息经过复述、强化后，以语义编码的形式进入长时记忆的贮存阶段。

A. 获得阶段　　B. 动机产生阶段

C. 概括阶段　　D. 保持阶段

43. “学习是人们通过感觉、知觉得到的，是人脑对客观事物的组织和加工”属于(　　)学习理论的观点。

A. 行为主义　　B. 建构主义　　C. 人本主义　　D. 认知主义

44. 根据托尔曼的学习理论，以下说法错误的是(　　)

A. 学习是有目的的　　B. 学习是形成认知地图

C. 个体学习受到成长需要的支配　　D. 个体行为受到行为结果预期的支配

45. 陈老师讲加法分配律时，在黑板上罗列了几个例子，让学生们自己总结规律。陈老师的做法最符合(　　)理论。

A. 符号学习　　B. 发现学习

C. 认知—接受学习　　D. 信息加工学习

二、多项选择题

1. 下列关于先行组织者的表述正确的是(　　)

A. 属于认知主义学派心理学家奥苏贝尔提出的一种引导学生进行发现学习的教学策略

B. 是先于学习任务本身呈现的一种引导性学习材料，其抽象、概括和综合水平高于学习任务

C. 包括陈述性组织者和比较性组织者

D. 为新旧知识提供固着点，以促进学习的迁移

2. 布鲁纳认为，对一门学科的学习包括三个差不多同时发生的过程，下列属于这三个过程的有(　　)

A. 新知识的获得　　B. 知识的转换　　C. 顿悟　　D. 评价

3. 在加涅的信息加工学习模式中，学习的过程被分为八个阶段。下列选项属于这八个阶段的是(　　)

A. 动机阶段　　B. 获得阶段　　C. 反馈阶段　　D. 未知阶段

4. 下列关于奥苏贝尔的接受学习与布鲁纳的发现学习的表述，正确的是(　　)

A. 在接受学习中，教师起主导、控制的作用；在发现学习中，教师只起指导作用，而不控制具体的学习过程

B. 接受学习主要指以教师讲授为主，学生被动地接受教师传授的知识

C. 发现学习理论只强调原有的认知结构的作用；接受学习理论只强调学习材料本身的内在联系

D. 接受学习强调现成知识的掌握；发现学习则强调探究过程

5. 强调学习是认知结构变化的心理学家有( )

A. 华生 B. 加涅 C. 罗杰斯 D. 奥苏贝尔

6. 下列观点符合奥苏贝尔认知—同化学习理论的是( )

A. 教师要采用发现法进行教学

B. 学生的学习是一种有意义的接受学习

C. 教师在教学中可以采用先行组织者教学策略

D. 学习是尝试错误的过程

7. 结构主义教学观认为,掌握学科基本结构的教学原则有( )

A. 动机原则 B. 结构原则 C. 程序原则 D. 强化原则

8. 认知学习理论认为多媒体课件在知识内容的设计上应采取以下哪些策略( )

A. 逐步分化策略 B. 积极参与策略

C. 综合协调策略 D. 类别化处理策略

9. 布鲁纳的认知—发现学习理论认为,教学的最终目标是促进学生对学科结构的一般理解。要想使学生掌握学科的基本结构,教师在教学中就要做到( )

A. 引导学生按照统一的程序开展学习,提高其对知识的掌握、转化、迁移能力

B. 通过动作、图像、符号等表象形式,将知识结构以适宜的方式呈现给学生

C. 教师开展教学时,规定适合的强化时间和步调是学习成功的重要环节

D. 促进并调节学生的探究活动,激发学生的好奇内驱力、胜任内驱力、互惠内驱力

10. 丽丽在课上学习到柠檬酸是清洁窗户的好帮手,所以当看见妈妈在擦玻璃时,丽丽建议妈妈使用可乐清洗,果然效果奇佳。根据布鲁纳的理念,这个过程反映了( )

A. 知识的获得 B. 知识的保持 C. 知识的转化 D. 知识的评价

11. 先行组织者采取的形式主要有( )

A. 一个概念的定义 B. 一个概括

C. 有关新知识的背景材料 D. 新材料与已知例子的类

12. 根据加涅的信息加工学习理论,以下说法正确的有( )

A. 学习是一个有始有终的过程,这一过程可分成若干阶段,每个阶段进行不同的信息加工

B. 教学过程与学生的内部加工过程无关

C. 教学过程阶段与学习阶段是完全对应的

D. 学习的模式是用来说明学习的结构和过程的

13. 奥苏贝尔认为,学习者接受知识的心理过程表现为( )

A. 在认知结构中能找到能同化新知识的有关观念

B. 在认知结构中能找到能改变新知识的有关观念

C. 找到新知识与起固着点作用的观念的相同点

D. 找到新旧知识的不同点

14. 下列属于认知派学习理论的是( )

A. 桑代克的联结理论 B. 布鲁纳的学习理论

C. 格式塔学习理论 D. 马斯洛的学习理论

15. 先行组织者可以分为(　　)

A. 陈述性组织者　　B. 程序性组织者

C. 比较性组织者　　D. 分析性组织者

16. 布鲁纳认为,学科的基本结构是指学科的(　　)

A. 基本概念　　B. 基本原理　　C. 基本态度　　D. 基本方法

17. 张老师以著名教育家叶圣陶为榜样,奉行"凡为教,目的在于达到不需要教"的教育理念,希望能够做到让学生自己探索知识。因此,张老师应该(　　)

A. 鼓励学生有发现的自信心　　B. 激发学生的好奇心和求知欲

C. 协助学生进行自我评价　　D. 启发学生进行对比

三、判断题

1. 用语言教授的接受学习是被动机械的。(　　)
2. 设计"组织者"的目的是为新的学习任务提供观念上的固着点,所以"组织者"一定是先于要学习的材料。(　　)
3. 依据奥苏贝尔的有意义学习理论,学习材料的逻辑意义能确保产生有意义学习。(　　)
4. 托尔曼认为学习不是刺激与反应的直接联结,主张把公式 S－R 改为 S－O－R。(　　)
5. 信息加工学习理论的创始者是巴甫洛夫。(　　)
6. 试误式解决问题是动物解决问题的特征,顿悟式解决问题是人类解决问题的特征。(　　)
7. 学习的认知理论强调学习是外在心理结构的形成、丰富或改组的过程。(　　)
8. 奥苏贝尔认为,最有效的学习是有意义的发现学习。(　　)
9. 通过白鼠走迷宫实验,托尔曼揭示了"潜伏学习"的存在。(　　)
10. 发现学习是指人或动物在无强化的条件下进行的学习。(　　)
11. 在教学中,如果学生能利用旧知识去同化新知识,那么,"接受式学习"就有意义。(　　)

四、填空题

1. 奥苏贝尔根据学习形式把学习分为接受学习和________。
2. 学习的信息加工模式说明,学习是________之间相互作用的结果。
3. ________是指学习者必须具有积极主动地把符号所代表的新知识与学习者认知结构中原有的适当知识加以联系的倾向性。

五、简答题

1. 简述实现有意义学习的条件。

2. 简述布鲁纳的认知—发现学习理论。

专题四　人本主义学习理论

考法透视　本专题以理解和记忆为主，多以选择题、判断题等客观题的形式考查，但也会以案例分析题等主观题的形式出现，主要考查人本主义学习理论的学习观与教学观。

限时:40 分钟	用时：　分钟	错题数：　道	▶答案见 P890

一、单项选择题

1. 某教师在经验交流时，强调教育的目标、学习的结果应该是使学生成为具有高度适应性和内在自由性的人。该教师可能更支持(　　)学习理论。

A. 行为主义　　B. 认知主义　　C. 人本主义　　D. 建构主义

2. (　　)从人本主义的学习观出发，认为凡是可以别人教给的知识，相对来说都是无用的；能够影响个体行为的知识，只能是他自己发现并加以同化的知识。因此，教学的结果，或者是毫无意义的，或者可能是有害的。

A. 华生　　B. 巴甫洛夫　　C. 班杜拉　　D. 罗杰斯

3. 人本主义心理学家罗杰斯认为，学习方式主要有(　　)

A. 无意义学习和机械学习　　B. 无意义学习和理解学习

C. 机械学习和有意义学习　　D. 无意义学习和有意义学习

4. 罗杰斯创立了以学生为中心的教育和教学理论，其基本理论不包括(　　)

A. 知情统一的教学目标观　　B. 有意义的自由学习观

C. 学生中心的教学观　　D. 积极关注学生成长

5. 罗杰斯的“有意义学习”与奥苏贝尔的“有意义学习”的区别在于(　　)

A. 前者强调的是新旧知识要有联系，后者强调学习者对知识的兴趣

B. 前者强调知识与个人经验、兴趣的关系，后者强调新旧知识存在联系

C. 前者强调新旧知识的联系，后者不关注这种联系

D. 前者强调个人兴趣，后者强调学习者主动学习

6. 以题目为中心的课堂讨论模式、自由学习的教学模式以及开放课堂教学模式都是基于(　　)的典型教学模式。

A. 建构主义　　B. 认知主义

C. 人本主义　　D. 行为主义

7. 人本主义的代表人物(　　)提出了自由学习观。

A. 库姆斯　　B. 罗杰斯　　C. 马斯洛　　D. 柏拉图

8. 不同的教学流派关注不同的学习因素，强调学习过程中人的情感的重要性，主张建立良好的师生关系的理论流派是(　　)

A. 人本主义　　B. 建构主义　　C. 认知主义　　D. 行为主义

9. 认为教育与教学过程就是要促进学生个性的发展,发挥学生的潜能,培养学生学习的积极性与主动性。这是(　　)学习理论的观点。

A. 行为主义　　B. 认知主义　　C. 建构主义　　D. 人本主义

10. 罗杰斯的“学生参与决定学习的内容与授课方式”“学生选择信息源”“师生共同制定契约”“课堂结构安排的变通性”“由学生进行学习的评定”的教学模式属于(　　)

A. 以题目为中心的课堂讨论模式　　B. 自由学习的教学模式

C. 开放课堂的教学模式　　D. 最优化教学模式

11. 罗杰斯认为,人类精神世界中两个不可分割的有机组成部分是(　　)

A. 情感和认知　　B. 认知和意志

C. 情感和意志　　D. 意志和人格

12. 儿童通过触摸冰水知道了“冷”的意思,在罗杰斯看来,这属于(　　)

A. 有意义学习　　B. 无意义学习　　C. 情境学习　　D. 无意识学习

13. 由于强调学生中心,导致在实际的教育活动中忽视了教师的指导作用,这是以下哪个学习理论的明显不足(　　)

A. 社会学习理论　　B. 人本主义学习理论

C. 行为主义学习理论　　D. 掌握学习理论

14. 罗杰斯提出的“以学生为本”“让学生自发地学习”“排除对学习者自身的威胁”的教学原则属于(　　)

A. 结构主义课程模式　　B. 发展性教学模式

C. 最优化教学模式　　D. 非指导性教学模式

15. 某学校会议上,校长点名批评某些老师无论是在课上还是在课下都不与学生沟通,不重视良好师生关系的培养和维持。有老师认为自己只是来讲课的,没有精力去跟学生打交道。但是校长却认为,如果师生关系不良,那么学生上你的课都会觉得烦,自然也不会对你讲授的知识抱有多大的积极性。上述案例中的校长最可能支持(　　)的学习理论。

A. 斯金纳　　B. 华生　　C. 康德　　D. 罗杰斯

二、多项选择题

1. 下列陈述中,属于人本主义心理学家提出的促进有意义学习的条件的有(　　)

A. 以学生为中心,突出学习者在教学过程中的中心地位

B. 让学生觉察到学习内容与自我的关系

C. 让学生身处一个和谐的、融洽的、被人关爱和理解的氛围

D. 要注重从做中学

2. 下列关于罗杰斯以自由为基础的自由学习原则的说法,正确的有(　　)

A. 人性本恶,且不是所有人都有学习潜力

B. 教材有意义且符合学生的目的才会产生学习

C. 在较少压力的教育情境下才能有效学习

D. 重视生活能力学习以适应变动的社会

3. 人本主义对有意义学习的理解是(　　)

A. 学习是学习者自我参与的过程

B. 学习是学习者自我发起的

C. 学习会使学生的行为、态度等发生变化

D. 学习的结果由学习者自我评价

4. 罗杰斯倡导的"有意义的自由学习"冲击了传统教育理论,推动了教育改革运动的发展,其主要表现有(　　)

A. 突出情感在教学活动中的地位和作用

B. 以学生"自我"完善为核心

C. 把教学活动的重心从教师引向学生

D. 人的潜能是自我实现,而不是教育的作用使然

5. 罗杰斯强调学生应当利用教师提供的学习资源和学习气氛,自己决定如何学习。他构建出的人本主义的教学模式包括(　　)

A. 以问题为中心的课堂讨论模式　　B. 自由学习的教学模式

C. 情境教学模式　　D. 开放课堂的教学模式

三、判断题

1. 提倡自我激励、自我调节的学习、情感教育、真实性评定等主张的是人本主义理论。(　　)

2. 罗杰斯认为,促进学习的关键不在于教师的教学技能、课程设计,教学设备资源等,而在于教师和学生的关系。(　　)

3. 人本主义心理学家罗杰斯提出的非指导性教学模式中,教师是作为学生学习的先知者而存在的。(　　)

4. 人本主义学习理论重视的是教学的内容,而不是教学的过程,重视的是教学的结果,而不是教学的方法。(　　)

5. 罗杰斯倡导的学习原则的核心是让学生自由学习。(　　)

四、案例分析题

以下是丁老师访谈学生和家长的记录片段:

丁老师:你觉得现在学习任务重吗?

学生冰冰:总的来说还是挺重的,我的课表被安排得满满当当,回家后还要完成很多家庭作业。

丁老师:你平时自由活动的时间能自主支配吗?

学生冰冰:很少有自由活动时间,更谈不上自主支配了!

丁老师:你对自己孩子的学习管得多吗?

冰冰母亲:你也知道当前社会竞争压力很大,为了能让孩子上好的大学,我会督促孩子完成各科作业,还让她去学一技之长。

丁老师:在这个过程中,你考虑过孩子的学习兴趣吗?

冰冰母亲:我较少考虑她的兴趣。我觉得兴趣不是凭空而来的,一旦有了成绩,自然就会产生兴趣。

丁老师：孩子跟你叫过苦吗？

冰冰母亲：说过，但我觉得只要学习就比瞎玩强。

(1)根据人本主义的教育目的观，谈谈你对访谈内容的理解。

(2)人本主义所倡导的有意义学习有何特点？

(3)根据人本主义学习理论，教育者应该如何改进自己的教育活动？

专题五　建构主义学习理论

考法透视　本专题以理解和记忆为主，多以选择题、判断题等客观题的形式考查，但也会以简答、论述、案例分析等主观题的形式出现，主要考查建构主义的知识观、学习观、教学观、学生观、教师观、教学模式及对教育实践的启示。

限时:85 分钟	用时：　分钟	错题数：　道	▶答案见 P892

一、单项选择题

1. 学习者在已有知识经验的基础上，在新旧知识经验之间反复的、双向的相互作用过程中形成新的意义，从而丰富自己的知识。这种学习观是(　)

A. 行为主义学习观　　B. 认知主义学习观

C. 人本主义学习观　　D. 建构主义学习观

2. (　　)主张通过在真正现场活动中获取、发展和使用认知工具来进行特定领域的学习。

A. 抛锚式学习　　B. 认知学徒式学习

C. 随机通达学习　　D. 支架式学习

3. “以提供建构认知结构的框架为教学的切入点”属于(　　)教学策略。

A. 先行组织者　　B. 掌握学习　　C. 支架式　　D. 抛锚式

4. 张老师在教研活动课上强调，学生的学习应该与情境化的社会实践活动联系在一起，要注意学生的学习应该是存在于具体的情境中的。由此可知，这位老师可能更支持(　　)

A. 认知主义学习理论　　B. 人本主义学习理论

C. 行为主义学习理论　　D. 建构主义学习理论

5. 以“学”为主的教学设计模式是以(　　)学习理论为基础。

A. 行为主义　　B. 认知主义　　C. 建构主义　　D. 人本主义

6. 学习是学习者通过加工、改造已有的知识经验，来解释有关现象，生成新的意义的过程。该观

点属于( )

A. 人本主义学习理论　　B. 建构主义学习理论

C. 行为主义学习理论　　D. 社会学习理论

7. 主张学生的学习不是从不知到知的过程,而是在学习者原有知识经验的基础上不断“生长”出新的知识意义的过程,这种学习理论所属的学派为( )

A. 人本主义　　B. 行为主义　　C. 建构主义　　D. 认知主义

8. 生成学习理论认为,学习是学习者主动地建构内部心理表征的过程。生成学习理论的提出者是( )

A. 布鲁纳　　B. 维特罗克　　C. 加涅　　D. 斯皮罗

9. “学习过程中的核心认知活动是高水平思维。强调学习、知识和智慧的情境性,知识是不可能脱离活动情境而抽象存在的。”上述观点反映的学习理论属于( )

A. 人本主义　　B. 行为主义　　C. 建构主义　　D. 社会学习

10. 建构主义认为( )是由学习者自己建构起来的,无法通过直接地传递而实现。

A. 外部的信息　　B. 社会的文化　　C. 知识的意义　　D. 已有的经验

11. 有关建构主义和认知主义的区别,下列表述正确的是( )

A. 认知主义把教师看成学生学习的促进者,而建构主义把教师看成学生学习的帮助者

B. 认知主义强调知识的主观性,建构主义强调知识的客观恒久性

C. 对于知识的运用,认知主义强调其应用的普遍性,建构主义强调其情境性

D. 对于学习,认知主义强调学生的个体经验,建构主义强调知识本身的权威

12. 支架式教学的具体做法是教师引导着教学的进行,使学生掌握、建构和内化所学的知识技能,从而使他们进行更高水平的认知活动。简言之,就是通过教师的帮助(支架)把管理学习的任务逐渐由教师转移给学生自己,最后撤去支架。这种教学模式的提出者是( )

A. 建构主义者　　B. 行为主义者

C. 人本主义者　　D. 后现代主义者

13. 下列属于建构主义教学模式的是( )

A. 范例教学模式　　B. 发现教学模式

C. 支架式教学模式　　D. 掌握学习教学模式

14. 基于现代建构主义的主张,达到对该知识所反映的事物的性质、规律以及该事物与其他事物之间联系的深刻理解,最好的办法是让学习者到现实情境中去感受、去体验,而不是聆听别人介绍和讲解这种经验。这种教学模式是( )

A. 支架式教学模式　　B. 随机进入教学模式

C. 抛锚式教学模式　　D. 提纲挈领教学模式

15. 每一位学习者在面对新的信息时,总是在自己先前经验的基础上,以其特殊的方式来获得对新信息、新问题的理解,从而形成个人的意义。这属于( )的主张。

A. 人本主义学习观　　B. 行为主义学习理论

C. 社会学习理论　　D. 建构主义学习理论

16. 为了有效地掌握复杂概念或全面了解高级知识间的相互联系，换一个角度看问题有助于学生对同一问题获得不同的表征形式。因此，对同一内容的教学，有必要在不同的时间段重新安排不同的情境，着眼于问题的不同侧面，用不同的方式加以呈现，以帮助学习者对所有的知识获得新的理解，这种教学方式属于(　　)

A. 支架式教学　B. 抛锚式教学　C. 启发式教学　D. 随机通达教学

17. 从“地心说”到“日心说”的发展，说明知识并不是绝对的真理，只是在现有水平上对各种现象的解释，在未来很有可能被再次推翻。以上对于知识的理解更符合下列哪一学派的观点(　　)

A. 人本主义学派　B. 行为主义学派

C. 建构主义学派　D. 认知主义学派

18. 在讲授《认识我们身边的植物和动物》一课时，孙老师带领学生们深入校园，分组观察校园里不同的植物。有的观察教学楼旁的花，有的观察操场后的大树，有的观察图书馆旁的草坪，同学们认真又积极。随后，孙老师让同学们组成学习小组，分享自己的观察结果。孙老师的教学行为体现的教育理论观点属于(　　)

A. 人本主义学习理论　B. 行为主义学习理论

C. 建构主义学习理论　D. 认知主义学习理论

19. 某老师在做经验交流时，强调学生学习主动性的重要性、合作学习的重要性以及教师对学习情境创设的重要性。这位老师可能更支持(　　)

A. 联结派学习理论　B. 认知派学习理论

C. 人本主义学习理论　D. 建构主义学习理论

20. “呈现基本情境—随机进入学习—思维发散训练—小组协作学习—学习效果评估”，该教学模式属于(　　)

A. 随机进入式　B. 抛锚式　C. 支架式　D. 探究式

二、多项选择题

1. 相对于认知学派，建构主义把教师看成是学生学习的(　　)

A. 指导者　B. 设计者　C. 帮助者　D. 合作者

2. 建构主义学习理论的主要内容有(　　)

A. 建构主义在一定程度上对知识的客观性提出质疑，强调知识的动态性

B. 建构主义强调学习的主动建构性、社会互动性和情境性

C. 学生不是空着脑袋走进教室的

D. 学习是主动建构的社会性过程，也是“刺激—反应”的简单过程

3. 下列属于建构主义学习观的有(　　)

A. 学习是认知结构的改变过程

B. 学习是个体主动构建自己知识的过程

C. 学习是在头脑中形成新的完形

D. 学习需要在具体的物理情境和社会实践情境中进行

4. 下列选项中，属于建构主义学习环境中的要素的是(　　)

A. 情境　　B. 协作与会话　　C. 练习与巩固　　D. 意义建构

5. 建构主义学习理论的观点有(　　)

A. 学习是学习者在原有知识经验的基础上，学习者主动地建构内部心理表征的过程

B. 知识并不能精确地概括世界的法则，而是需要针对具体情境进行再创造

C. 知识结构并不是直线结构或层次结构，而是围绕关键概念而建构起来的网络结构的知识

D. 以了解某个别范例的事实为目标，使学生解决从不知到知或从不确定到确定的问题

三、判断题

1. 建构主义认为，知识不是对现实的准确表征，它只是一种解释、一种假设，并不是问题的最终答案。(　　)
2. 建构主义学习理论所确立的教学模式是动力定型。(　　)
3. 按照维特罗克的生成学习理论，学习过程不是先从感觉经验本身开始的，而是从对该感觉经验的选择性注意开始的。(　　)
4. 认知学徒模型认为，情境性教学是需要建立在有感情、有感染力的真实事件或真实问题的基础上。(　　)
5. 建构主义课堂课程内容的呈现是从整体到部分，而且强调基本技能的掌握。(　　)
6. 建构主义心理学被视为教育心理学的一场革命，创始人是瑞士著名心理学家皮亚杰。(　　)
7. 抛锚式教学模式是通过镶嵌式教学以及学习共同体中成员间的互动、交流进行的。(　　)
8. 根据建构教学理论的观点，现实中并不存在唯一绝对正确的知识，知识更多的是一种对现实的可能性假设和尝试性解释。其强调在教学过程中通过设计重大任务或问题，帮助学习者成为学习的主体。(　　)
9. 建构主义认为学习过程常常是在社会文化互动中完成的。(　　)

四、简答题

简要回答建构主义学习理论的主要观点。

五、论述题

1. 建构主义者认为，学生不是一张白纸，不是空着脑袋进教室的，教师要成为学生建构意义的帮助者。请谈谈在教学过程中教师应该如何发挥帮助作用。

2. 结合实际,论述建构主义学生观在教育中的应用。

六、案例分析题

(一)案例客观题

化学老师在一次上课中发现,同学们对新学习的化学知识存在一知半解、难以灵活运用的现象。

请根据建构主义学习理论,回答 1 ~2 题。

1. 为了加深同学们对知识的理解,化学老师最适宜采取的方式是(　　)(单项选择)

A. 重新上一次课

B. 用题海战术帮同学们加深理解

C. 勾画出重点让同学们反复背诵

D. 引导同学们用新知识去解释生活中的一些现象

2. 下列观点不符合建构主义学习理论的是(　　)(单项选择)

A. 学习者不是被动的信息吸收者

B. 强调学生经验世界的差异性和丰富性

C. 知识能够精确地概括世界的法则

D. 认为“情境”“协作”“会话”和“意义建构”是学习环境中的四大要素

(二)案例主观题

新课程改革倡导以建构主义理论指导教育教学变革,但很多人对该理论不太理解。实际上,陶行知所提出的“接知如接枝”就通俗地阐明了其基本内涵。他说:“比如接树:一种树枝可以接到另一种树枝上去使它格外发荣滋长,开更美丽之花,结更好吃之果。如果把别人从经验发生之知识接到我们从自己经验发生之知识之上去,那么,我们的知识必可格外扩充,生活必可格外丰富。我们要有自己的经验做根,以这经验所发生的知识做枝,然后别人的知识方才可以接得上去,别人的知识方才成为我们知识的一个有机体部分。这样一来,别人的知识在我们的经验里活着,我们的经验也就生长到别人知识里去开花结果。至此,别人的知识便成了我们的真知识。其实,他已经不是别人的知识而是自己的知识了。”

请结合陶行知先生的话,阐明按照建构主义理论,在教育中应该如何看待知识、学生和学习过程。

第四章　学习心理

专题一　学习动机

考法透视　本专题以理解、分析为主，是考试重点，各种题型都有考查。主要考查学习动机的种类、耶克斯—多德森定律、学习动机理论、激发与培养学习动机的措施。

限时:260 分钟	用时：　分钟	错题数：　道	▶答案见 P897

一、单项选择题

1. 下列学习动机中,(　　)属于内部动机。

A. 万般皆下品,唯有读书高　　B. 为中华之崛起而读书

C. 书中自有黄金屋,书中自有颜如玉　　D. 读书是一种乐趣

2. 临近期末,小明认为只要自己每天坚持练习一道算术题,就一定能在数学考试中取得好成绩,根据班杜拉的自我效能感理论,小明的效能感属于(　　)

A. 成就期待　　B. 目标期待　　C. 结果期待　　D. 效能期待

3. 新学期开始了,杨老师发现学生们还没"收心",无法进入良好的学习状态。于是,她将全班学生分成若干学习小组,以卓越小组、优秀组长、进步之星等评选来激发学生们的学习热情。杨老师激发学生学习动机的措施是(　　)

A. 创设问题情境　　B. 开展竞赛评比

C. 学习动机迁移　　D. 及时反馈结果

4. 一心想考出好成绩的学生在考试前做了充分准备,但往往在考试中不能充分发挥实力,甚至出现不及格的情况,这可能是因为(　　)

A. 学习动机太弱,降低了学习效率　　B. 学习动机过强,降低了学习效率

C. 学习动机过强,极大地提高了学习效率　　D. 学习动机太弱,几乎没有学习效率

5. 在学校教育中,教师应根据学生年龄、性别、种族等特点,运用不同学习动机类型来激发学生学习。提出该观点的心理学家是(　　)

A. 布鲁纳　　B. 斯金纳

C. 苛勒　　D. 奥苏伯尔

6. 美国社会心理学家班杜拉认为,自我效能感是人们对自身能否利用所拥有的技能去完成某项工作行为的自信程度,自我效能感的培养是教师对学生心理教育的重要内容。以下提高学生自我效能感的方式不包括(　　)

A. 小步子教学,帮助学生逐步积累成功经验

B. 树立榜样,引导学生学习榜样的良好行为

C. 提供展现学生个人能力的机会,增加学生自信心

D. 营造紧张氛围,让学生处于高度竞争性的学习环境

7. 竞争有可能使一部分学生过度紧张和焦虑,容易忽视活动的(　　)

A. 积极价值　　B. 外在价值

C. 内在价值和创造性　　D. 真正目的

8. 学生中流传的俏皮话“大考大玩、小考小玩、不考不玩”。这种现象类似于(　　)

A. 耶克斯—多德森定律　　B. 皮格马利翁效应

C. 罗森塔尔效应　　D. 晕轮效应

9. 如果一个学生将自己的失败归因于个体稳定的—不可控的内部特征时,他会产生一种(　　)的观念。

A. “我太笨了”　　B. “我不够努力”

C. “问题太难”　　D. “我运气不佳”

10. 小微把考试的失败归咎于考试前一天失眠,所以考试发挥失利。根据卡文顿的自我价值观理论,小微属于哪一类学生(　　)

A. 高趋低避型　　B. 低趋高避型　　C. 高趋高避型　　D. 低趋低避型

11. 关于韦纳的归因理论,以下表述正确的是(　　)

A. 所有稳定性因素都是内在因素　　B. 所有内在因素都是稳定性因素

C. 所有内在因素都是可控因素　　D. 所有可控因素都是内在因素

12. 课间休息时间,四位学生在聊天,A 说:“我努力学习是为了获得国家奖学金。”B 说:“我是为了得到老师和父母的夸奖而努力学习的。”C 说:“我跟你们不一样,我努力学习是因为我真的对学习很感兴趣。”D 则说:“我努力学习就是为了考取学校第一名。”以上四名学生的学习动机属于附属内驱力的是(　　)

A. A　　B. B　　C. C　　D. D

13. “学生之所以学习,是因为在学习过程中可以得到奖赏、赞扬和优异的成绩等报偿”,持这种观点的学习动机理论是(　　)

A. 归因理论　　B. 成就动机理论

C. 强化理论　　D. 自我效能感理论

14. 成就动机是指一个人所具有的试图追求和达到目标的驱力。关于成就动机的研究表明,与害怕失败者相比,追求成功者倾向于选择(　　)

A. 相对容易的任务　　B. 非常难的任务

C. 非常容易的任务　　D. 难度适中的任务

15. 下列能代表高成就需要者的描述的是(　　)

A. 喜欢对问题承担自己的责任

B. 宁愿承担专业工作而不愿做企业家

C. 倾向于选择风险较小的工作

D. 倾向于将自己的失败归因于运气不佳

16. 某学生遇到学业困难羞于向别人求助，认为学业求助是自己缺乏能力的表现。该学生的成就目标定向类型属于(　　)

A. 掌握目标　　B. 学习目标　　C. 任务目标　　D. 表现目标

17. 小华初中时成绩不错，但中考失利，拿钱上高中后，觉得自己能力不行，考不上大学。这体现了(　　)是影响自我效能感的因素之一。

A. 替代经验　　B. 言语暗示

C. 情绪唤醒　　D. 个人自身行为的成败经验

18. 有的学生认为，自己考试成功是努力的结果。其归因是(　　)

A. 内部、不稳定、可控　　B. 外部、稳定、可控

C. 外部、稳定、不可控　　D. 内部、稳定、可控

19. 某学生的数学总是考不及格，他认为自己没有数学细胞，不是学数学的料。他的这种归因属于(　　)

A. 内部、稳定的归因　　B. 外部、稳定的归因

C. 内部、不稳定的归因　　D. 外部、不稳定的归因

20. 根据归因理论，下列选项中属于外在、稳定的因素的是(　　)

A. 能力　　B. 努力　　C. 运气　　D. 任务难度

21. 个体在学习活动中感到有某种欠缺而力求获得满足的心理状态是(　　)

A. 学习动机　　B. 学习需要　　C. 学习兴趣　　D. 学习期待

22. 在学习中，某学生因为种种学习障碍而在学习上屡遭失败的打击，最终沦为差生。他对自己的学习能力失去信心，对学习成功不抱期望，从而厌倦或放弃学习。这种现象属于(　　)

A. 习得性无力感　　B. 厌学心理

C. 自我效能感　　D. 焦虑感

23. 班杜拉认为，人对自己能否成功从事某一成就行为的主观判断是(　　)

A. 自我期待感　　B. 自我判断感　　C. 自我评价感　　D. 自我效能感

24. 小王是一名中学生，下列选项中有可能不会对小王的自我效能感产生影响的是(　　)

A. 小王多次数学考试失败的经验

B. 与小王水平相仿的小红英语考试失败

C. 小王在面对一个十分难的任务时没有其他人的帮助而任务失败

D. 老师利用小王的偶像作为例子对小王进行引导

25. 某学生制订一项计划坚持每天锻炼，但是感到自己落实困难便放弃了计划。根据班杜拉的理论，这表明他对计划的(　　)

A. 结果期待过高　　B. 结果期待过低

C. 效能期待过高　　D. 效能期待过低

26. 张老师喜欢给学生观看一些十分“热血”的视频，如“某学生一开始成绩非常不好，但通过努力后考上了理想的大学”，以此来激励学生。张老师采用的方法属于(　　)

A. 成就动机培养　　B. 成败归因训练

C. 自我效能感培养　　D. 直接经验培训

27. 提升学生的自我效能感，可以从以下几个切入点考虑，其中(　　)形成的自我效能感不易持久。

A. 直接经验　　B. 替代经验

C. 言语劝说　　D. 情绪唤醒

28. 掌握目标定向的学生倾向于将学业成败归因于(　　)

A. 能力　　B. 努力　　C. 运气　　D. 任务难度

29. 对于自发的、原本就有兴趣的学习任务，外部物质奖励往往会降低个体的内在学习动机。持这一观点的动机理论是(　　)

A. 行为强化理论　　B. 需要层次理论

C. 自我价值理论　　D. 自我决定理论

30. 根据“耶克斯—多德森定律”，当学生遇到困难或出现问题时，教师应使其心理紧张程度控制在(　　)

A. 非常高的水平　　B. 较高的水平

C. 中等的水平　　D. 较低的水平

31. 最重要和最良性的学习动力是(　　)

A. 学习兴趣和教师的期待　　B. 学习兴趣和远大的理想

C. 教师的期待和远大的理想　　D. 教师的期待和家长的期待

32. 创设问题情境的核心是(　　)

A. 熟悉教材　　B. 了解学生

C. 实施启发式教学　　D. 多种形式创设问题情境并贯彻始终

33. 从学习动机的类型来看，“知之者不如好之者，好之者不如乐之者”强调的动机类型是(　　)

A. 内部动机　　B. 外部动机　　C. 社会交往动机　　D. 自我提高动机

34. 小明非常喜欢中国历史，所以上历史课时特别认真。这种学习动机属于(　　)

A. 生理内驱力　　B. 附属内驱力

C. 认知内驱力　　D. 自我提高内驱力

35. 不同个体对自己的能力有不同的看法，这种对能力的潜在认识会直接影响到个体对目标的选择，这体现的是(　　)的观点。

A. 期待价值理论　　B. 动机的归因理论

C. 成就目标理论　　D. 自我功效论

36.（　　）是学习动机中最活跃的心理成分。

A. 教学吸引力　　B. 合作与竞争

C. 学习兴趣　　D. 奖励与惩罚

37.（　　）是由学生个人需要引起的动机。例如：儿童认识到学习的意义或对学习有了兴趣，因而积极主动地学习。

A. 近景性动机　　B. 远景性动机

C. 内部动机　　D. 外部动机

38. 下列关于学习动机的变化的认识，不正确的是（　　）

A. 近景动机比较具体，其效果也显而易见，但其作用不大稳定，容易变化

B. 远景动机将学习的社会意义与个人意义相联系，比近景动机稳定且持久

C. 在同一时间内，主导性学习动机不只有一个

D. 主导性学习动机和辅助性学习动机的地位与作用不是一成不变的

39. 以下不属于影响学生学习动机的内部条件是（　　）

A. 性格特征与个别差异　　B. 学生的抱负水平

C. 教师的榜样作用　　D. 成熟与年龄特点

40. 下列学习动机中，属于外部动机的是（　　）

A. 学习兴趣　　B. 好奇心　　C. 学习抱负　　D. 奖惩

41. 高考数学试卷发下来不到10分钟，一考生觉得试题难度太大，当场弃考，想要离场。工作人员为了防止考题泄露，按照规定拒绝其离场，该考生情绪崩溃晕倒在地。这说明该考生的动机水平（　　）

A. 太弱　　B. 一般　　C. 太强　　D. 适当

42.“为了赢得社会地位”的学习动机属于（　　）

①附属内驱力　②自我提高内驱力　③内部动机　④外部动机

A. ①③　　B. ①④　　C. ②③　　D. ②④

43. 认知内驱力、自我提高内驱力和附属内驱力在动机结构中所占的比重并非一成不变。在（　　），附属内驱力最为突出。

A. 儿童早期　　B. 少年期　　C. 青年初期　　D. 成年期

44. 人们把成就行为归因于（　　）时，成功会感到满意和自尊，失败会感到内疚和羞愧。

A. 内部因素　　B. 外部因素

C. 稳定因素　　D. 不稳定因素

45. 在学习动机与学习效果的关系中，正向一致的关系表现为（　　）

A. 学习动机强，学习积极性高，学习行为也好，则学习效果好

B. 学习动机弱，学习积极性不高，学习行为不好，则学习效果差

C. 学习动机不强，学习行为好，学习效果也可能好

D. 学习动机强，学习积极性高，学习行为不好，则学习效果也不会好

46. 学生在数学课的学习过程中对自己能否取得好成绩的主观判断,称为数学学习的(　　)

A. 自我效能感　　B. 教学胜任感

C. 自我胜任感　　D. 教学效能感

47. 有的学生愿意为他所喜欢的老师而努力学习,有的学生不愿意为他所不喜欢的老师而努力学习,产生这种状况的主要因素是(　　)

A. 认知动机　　B. 学习兴趣　　C. 成就动机　　D. 交往动机

48. 某学生关心学习的过程,关心如何提高自己的能力,对成败进行努力和策略归因;面对失败,焦虑程度适中,敢于面对挑战性任务,对困难坚持性高。该学生的成就目标定向类型属于(　　)

A. 学习目标　　B. 成绩目标　　C. 任务目标　　D. 表现目标

49. 下列说法错误的是(　　)

A. 动机水平与行为效果呈 U 型曲线

B. "耶克斯—多德森定律"表明,动机不足或过分强烈都会影响学习效率

C. 在比较容易的任务中,工作效率随动机的提高而上升;随着任务难度的增加,动机的最佳水平有逐渐下降的趋势

D. 最佳水平为中等强度的动机

50. 学生在学习过程中,是持之以恒,还是半途而废,在很大程度上取决于学生的学习动机水平。这表明学习动机具有(　　)

A. 引发作用　　B. 定向作用　　C. 维持作用　　D. 调节作用

51. 根据学习动机的相关知识,以下说法正确的是(　　)

A. 自我提高驱动力并非指向学习本身,而是把成就看作赢得地位和自尊心的根源,属于内部动机

B. 强化理论是程序教学、计算机辅助教学的心理基础

C. 需要层次理论说明,学生的某些没有得到充分满足的缺失性需要,对教育、学习产生了直接的影响

D. 个体的成就动机分为力求成功的动机和避免失败的动机,避免失败者倾向于选择成功概率为 50% 的任务

52. 小学后期、初中时期学生的学习动机主要是(　　)

A. 学习的兴趣　　B. 赢得地位

C. 得到物质奖励　　D. 获得同学赞赏

53. 教师在激发学生的学习动机时要对学生的学习成果提供及时的反馈,这种做法的理论基础是(　　)

A. 需要层次理论　　B. 强化理论

C. 自我效能感理论　　D. 成就动机理论

54. 小伟和小亮谈论某次测试的成绩,小伟说:"我考得不好,我是学不好了。"小亮说:"我居然

刚及格，老师有没有认真看我的试卷！我觉得这次成绩分数应该更高一些。”下列关于两人的归因倾向，分类正确的是( )

A. 两人均为内控型 B. 小伟为内控型，小亮为外控型

C. 两人均为外控型 D. 小伟为外控型，小亮为内控型

55. 学习兴趣同愉快相联系，既是学习的强大动力，又不易引起疲劳。由此说明，( )在高中生的学习中起着重要的作用。

A. 直接动机 B. 间接动机 C. 主导性动机 D. 辅助性动机

56. 抽烟是中学生很容易养成的不良习惯，为了让小刘不再抽烟，张老师采取了很多措施，以下措施中，张老师采用了替代性经验的是( )

A. 说明烟草的原理，劝说小刘不要抽烟

B. 带小刘到医院去看望因为抽烟而得了癌症的病人

C. 让小刘自己在抽烟的过程中体验抽烟的害处

D. 警告小刘，再发现他抽烟就要告诉家长

57. 主张动机水平适中时，最有利于激发学习动机的理论是( )

A. 成就动机理论 B. 耶克斯—多德森定律

C. 需要层次理论 D. 强化理论

58. 蕾蕾是心理学专业大三的学生，她一直希望毕业后用自己扎实的心理学知识去帮助那些需要帮助的人，让他们摆脱精神上的痛苦。为了提升自己的专业水平，她一直很认真地学习。由此可以推断，蕾蕾的学习动机属于( )

A. 直接的近景性动机 B. 直接的远景性动机

C. 间接的近景性动机 D. 间接的远景性动机

59. 自我效能感理论是( )提出的。

A. 桑代克 B. 华生 C. 班杜拉 D. 马斯洛

60. 通俗地说，归因就是寻求结果的原因，最早研究归因理论的学者是( )

A. 海德 B. 韦纳 C. 凯利 D. 罗纳

61. 根据学习动机的社会意义，可以把学习动机分为( )

A. 社会动机与个人动机 B. 工作动机与提高动机

C. 高尚动机与低级动机 D. 交往动机与荣誉动机

62. 星星参加全国高考，分数刚刚达到普通本科省控线，经过认真分析总结后，他认为这次考试成绩不理想的原因在于自己的努力程度不够，知识掌握和运用得不好，于是决定再复习一年，争取明年考上重点大学。星星的想法可用以下哪种说法来解释( )

A. 成就动机强，外部、可控的归因 B. 成就动机强，内部、可控的归因

C. 成就动机弱，外部、不可控的归因 D. 成就动机弱，内部、不可控的归因

63. 一年级的学生会产生对高年级学生地位的羡慕，而对于老师的眼神却不会过多注意。随着年龄的增长，他们的社会性动机及其作用才随之增长，如注意到自己在班级中的地位，渐渐

地学会与其他同学比较等。这体现了(　　)影响学习动机的形成。

A. 需要与目标结构　　B. 成熟与年龄特点
C. 性格特征与个别差异　　D. 焦虑程度

64. 化学考试成绩出来后，班级同学讨论并反思自己的学习结果，下列说法中容易导致其产生习得性无助的是(　　)

A. 小刚认为自己考试失利源于题目难度较大
B. 小飞认为阅卷教师过于严格导致自己扣分较多
C. 小亮认为是自己平日里没有认真听讲
D. 小红认为自己就不是学习的料，无论怎么努力都无济于事

65. 根据个人成败是由内部因素还是外部环境决定，归因常被分为内部归因和外部归因。下列描述中不属于外部归因的是(　　)

A. 王华认为没考好完全是因为天气太热
B. 王涛认为取得高分是因为运气太好
C. 李明认为考试不及格是张老师出题太难
D. 张华认为成绩不理想是自己努力程度不够

66. 小贺在某次考试中考到了班级第一名，她认为这次能考这么好主要是因为运气好，很多不会做的题目都蒙对了。根据韦纳的归因理论，这属于(　　)的归因。

A. 不稳定、外在、不可控　　B. 不稳定、内在、可控
C. 稳定、外在、可控　　D. 不稳定、外在、可控

67. 看到与自己水平差不多的人取得了成功，就相信自己也会取得成功，这属于影响个体自我效能感因素中的(　　)

A. 言语说服　　B. 直接经验　　C. 情绪唤起　　D. 替代经验

68. 自我价值理论认为个体追求成功的内在动力是(　　)

A. 自我价值感　　B. 需要的满足
C. 自己的兴趣　　D. 适当的归因

69. 小明的父母都是大学教授，小明为了像父母一样成为大学教授，经常利用假期学习理论知识。根据学习动机分类，小明的学习动机是(　　)

A. 认知内驱力　　B. 附属内驱力
C. 成就内驱力　　D. 自我提高内驱力

70. 把学习者的成就动机归为“力求成功的动机”和“避免失败的动机”的理论是(　　)

A. 自我价值感理论　　B. 成就动机理论
C. 成败归因理论　　D. 自我效能感理论

71. 小芳为了得到老师和家长的赞许而认真学习，小利为了超过同桌而认真学习，这表明(　　)

A. 同一动机会有不同行为　　B. 同一行为有不同动机
C. 相同的内驱力　　D. 求知欲

72. 某学生的成就动机不强，老师想提高其动机。根据阿特金森的理论，以下做法不正确的是（　　）

A. 增加诱因价值　　B. 增加练习强度

C. 提高学生的成就需要　　D. 提高学生的期望水平

73. 学习动机的强化理论属于（　　）的动机理论。

A. 认知主义　　B. 行为主义　　C. 人本主义　　D. 精神分析

74. 以下说法正确的是（　　）

A. “高成就需求者喜欢设立具有适度挑战性的目标”是由心理学家阿特金森提出的

B. 力求成功者往往倾向于选择非常困难的任务

C. 避免失败者往往倾向于选择非常容易或非常困难的任务

D. 力求成功者往往倾向于选择非常容易的任务

75. 耶克斯—多德森定律反映了（　　）之间的关系。

A. 动机与需要　　B. 动机与生理

C. 动机与目标　　D. 动机与行为效果

76. 根据自我价值理论，（　　）往往兼具了成功定向者和避免失败者的特点。一方面对自我能力的评价较高，另一方面这一评价又不稳定，极易受到失败经历的动摇。他们往往有完美主义的倾向，给了自己太大压力，处在持续恐惧之中。

A. 高趋低避者　　B. 低趋高避者

C. 高趋高避者　　D. 低趋低避者

77. 根据德维克提出的成就目标理论，个体认为能力是固定的，不会随着学习而改变。这是（　　）的观点。

A. 能力增长观　　B. 能力实体观

C. 学习增长观　　D. 学习实体观

78. 丽丽是个害羞的学生，即将参加演讲比赛，如果她是内控型的人，她很可能将演讲的成功归因于（　　）

A. 认真的准备　　B. 任务要求简单

C. 环境好　　D. 运气好

79. 按照耶克斯—多德森定律，在描述唤醒水平与绩效水平之间的关系时，必须说明（　　）

A. 任务难度　　B. 任务参与度　　C. 被试年龄　　D. 被试性别

80. 当成绩与别人一致时，人们倾向于做外在归因，当成绩与别人不一致时，人们倾向于做内在归因，这种现象被称为（　　）

A. 自我效能　　B. 自利性归因　　C. 共变原理　　D. 彼德原理

二、多项选择题

1. 关于物质奖励与学习动机的关系，以下说法正确的有（　　）

A. 物质奖励会使内部动机与外部动机此消彼长

B. 单纯加大外部物质奖励，学生一旦学习失败，会造成学习动机下降

C. 物质奖励会使学生把注意力放在学习活动之外,有可能削弱内部动机

D. 物质奖励能激发学生对学习活动的兴趣,有助于提高学生的内部动机

2. 学生为了下个月的英语四级考试而努力学习英语。这种学习动机属于( )

A. 外在学习动机　　B. 内在学习动机

C. 近景的学习动机　　D. 远景的学习动机

3. 学习动机的基本成分主要包括( )

A. 学习主动性　　B. 学习需要

C. 学习期待　　D. 学习热情

4. 小王为了获得父母的奖励而努力学习,他的学习动机是( )

A. 低级动机　　B. 高级动机

C. 外在的学习动机　　D. 内部的学习动机

5. 学生的求知欲望、对某门学科的兴趣所引起的学习动机属于( )

A. 近景性动机　　B. 远景性动机

C. 直接性动机　　D. 间接性动机

6. 学习需要的主观体验形式是学习者的学习愿望或学习意向,它包括( )等。

A. 学习的兴趣　　B. 爱好　　C. 努力　　D. 学习的信念

7. 同一种动机可能会产生不同的行为及其结果,而相同的行为与结果也可能源于不同的动机。下列关于学习动机与学习目的的关系,说法正确的是( )

A. 学习动机与学习目的之间都是一一对应的

B. 一个学习动机不限于一个学习目的

C. 一个学习目的也可以受多个学习动机支配

D. 学习动机相同的学生,学习目的也可能不同

8. 阿特金森提出成就动机的构成有两种成分:一是追求或希望成功的意向,表现出趋向目标的行动;另一种是害怕失败的意向,想方设法逃脱成就活动,尽力回避预料的失败结果。其中,追求成功倾向的构成要素有( )

A. 追求成功的动机　　B. 获得成功的可能性

C. 避免失败的可能性　　D. 成功的诱因值

9. 关于"成就动机水平"和"归因倾向"之间关系的表述,下列选项中正确的是( )

A. 成就动机水平高的人在失败时往往把原因归于努力不够

B. 成就动机水平低的人在失败时往往把原因归于能力不够

C. 成就动机水平高的人在失败时往往把原因归于运气不好

D. 成就动机水平低的人在失败时往往把原因归于努力不够

10. 成败归因理论中的稳定因素包括( )

A. 个人的能力　　B. 工作任务的难度

C. 个人的努力程度　　D. 运气

11. 消除学生的习得性无力感的方法有(　　)

A. 消除学校中的“不可控状况”　　B. 引导学生进行积极地自我约束

C. 防止学生产生“结果不可控”的认知　　D. 培养意志,增强免疫力

12. 班杜拉认为,人的行为受行为的(　　)的影响。

A. 结果期待　　B. 效能期待

C. 结果因素　　D. 先行因素

13. 创设问题情境时需注意,问题要(　　)

A. 小而精　　B. 与学生实际生活经验相关

C. 富有启发性　　D. 有适当的难度

14. 心理学研究表明,新的学习需要可以通过下列哪些途径来形成(　　)

A. 直接发生途径　　B. 间接发生途径

C. 直接转化途径　　D. 间接转化途径

15. 根据归因理论的观点,有利于激发学生学习动机的做法是使学生看到(　　)

A. 努力是成功的重要条件　　B. 运气的作用

C. 能力的作用　　D. 自己的努力是有效的

16. 强化训练的形式包括(　　)

A. 奖赏训练　　B. 取消训练　　C. 惩罚训练　　D. 回避训练

17. 某学生对牛顿第三定律很感兴趣,一心钻研物理这门课程。这属于(　　)

A. 认知内驱力　　B. 自我提高内驱力

C. 普遍型学习动机　　D. 偏重型学习动机

18. 下列关于对学生奖励和惩罚的观点中正确的有(　　)

A. 奖励比惩罚的效果更好

B. 奖励和惩罚不需要考虑个别差异

C. 惩罚比奖励的效果更好

D. 过多使用外部奖励可能削弱内部动机

19. 根据班杜拉的理论,影响自我效能感的因素有(　　)

A. 个体直接经验　　B. 替代经验

C. 言语说服　　D. 情绪唤醒

20. 下列选项中,属于增强学生自我效能感的方法的是(　　)

A. 让学生更多地体验到成功　　B. 为学生提供适当的榜样

C. 恰当地运用外部强化　　D. 使学生学会自我强化

21. 可以划分学习动机的维度有(　　)

A. 学习动机的社会意义　　B. 学习动机起作用时间的长短

C. 学习动机在活动中所起作用的大小　　D. 学习动机产生的诱因来源

22. 下列学习动机理论的观点中,属于认知主义观点的是(　　)

A. 成就动机理论　　B. 需要层次理论

C. 成败归因理论　　D. 自我效能感理论

23. 在韦纳的归因理论中,以下哪些因素属于外在的结果归因(　　)

A. 能力高低　　B. 工作难度　　C. 运气好坏　　D. 身心状态

24. 归因训练包含的内容有(　　)

A. 运气归因　　B. 情绪归因　　C. 努力归因　　D. 现实归因

25. 学生观看新中国成立70周年大阅兵后产生强烈的学习动机,立志成为一名空军,并立下第一个目标——考上空军大学,从而认真投入学习,这体现了学习动机的(　　)

A. 评价作用　　B. 反馈作用　　C. 引发作用　　D. 定向作用

26. 竞赛是鼓励进取、激发学习积极性的重要手段,但竞赛也有一定的消极作用。对此下列说法正确的有(　　)

A. 竞赛有利于复杂作业的完成　　B. 竞赛会助长中、差等生的自卑感

C. 竞赛可能引起学生的不和　　D. 竞赛可能引起学生自私,集体观念淡薄

27. 心理学研究揭示了学习动机和学习效果的关系,关于两者的关系,下列说法错误的有(　　)

A. 学习动机可以影响学习效果,但学习效果不会影响学习动机

B. 学习动机不会影响学习效果,学习效果也不会影响学习动机

C. 学习动机可以影响学习效果,学习效果也可以影响学习动机

D. 学习动机不会影响学习效果,但学习效果可以影响学习动机

28. 学习动机的自我决定理论认为,自我决定是一种关于经验选择的潜能,是在充分认识个人需要和环境信息的基础上,个体对行动所做出的自由选择,自我决定不仅是个体的一种能力,而且是个体的一种需要,个体的基本心理需要有(　　)

A. 胜任感　　B. 自主性　　C. 安全感　　D. 归属感

29. 学习动机具有不同的类别,根据学习动机的指向性不同,可将学习动机分为(　　)

A. 间接动机　　B. 内部动机　　C. 外部动机　　D. 直接动机

30. 内控型学生相信凡事操之在己,将成功归于自己的努力,把失败归于自己的疏忽。以下属于内控型的学生的话语是(　　)

A. “考卷太难了,所以我没有考好。”　　B. “是我自己粗心所以会做错。”

C. “老师改卷改的太严格了,怎么能考好!”　　D. “这一个月以来,我的努力没有白费!”

31. 小海跟随父母从农村到城市上学时,英语基础薄弱,但老师并没有排挤他,反而花更多的时间鼓励他。为了不让老师和父母失望,他每天早晨6点钟起床,跑到校园远处高声朗读、记单词、背课文。用了一年的时间,小海的英语成绩已远远超过了多数同学。根据案例,下列说法合理的是(　　)

A. 学生具有巨大的发展潜能　　B. 小海的学习动机属于外部动机

C. 教师应主动关心、开导学生　　D. 父母不要随意更换孩子的学习环境

32. 学生受外部学习动机支配的行为有(　　)

A. 学生因为喜爱数学而认真学习数学

B. 学生为了获得老师的表扬而认真学习

C. 学生为了考试取得好成绩而认真学习

D. 学生为了赢得同学的尊重而努力学习

33. 在学校教育情境中，教师可以通过(　　)等措施来激发学生的外部学习动机。

A. 进行积极的评价　　B. 设置明确、具体、适当的学习目标

C. 创设问题情境　　D. 及时反馈学习结果

34. 学习动机与学习效果的关系并不是直接的，它们之间往往以学习行为为中介，而学习行为还受一系列主客观因素的制约，这些因素包括(　　)等。

A. 学习基础　　B. 教师指导　　C. 学习方法　　D. 个性特点

三、判断题

1. 与学习动机中其他内驱力相比，附属内驱力的强度会随着年龄的增长而逐步降低。(　　)

2. 学习动机是直接推动人们进行学习的直接原因和内部动力。(　　)

3. 学习者的直接经验对自我效能感的影响是最大的，所以反复失败会降低学生的自我效能感。(　　)

4. 当学生把学习成绩不好归结为自己能力低时，他们更可能放弃学习。(　　)

5. 个体努力克服障碍，力求又快又好地解决问题的愿望或趋势是成就动机。(　　)

6. 与家庭的影响相比，随着学生年龄增长和逐渐成熟，学生的学习动机受到社会的影响会越来越大。(　　)

7. 同一种动机可能会产生不同的行为及其结果，而相同的行为与结果也可能源于不同的动机。(　　)

8. 持有“能力增长观”的学生倾向于建立表现目标，从而避免被别人看不起。(　　)

9. 个体把失败归因于外部的、不可控制的因素，这种归因能增强自我效能感。(　　)

10. 学习动机与学习目的之间一般是一一对应的，通常一个学习动机对应一个学习目的。(　　)

11. 归因理论最早是由韦纳提出的，海德把归因理论扩展到成就领域。(　　)

12. 作为影响学习的变量，控制点主要通过影响学生的成就动机来影响学生的学业成绩。(　　)

13. 求知欲和好奇心是内部动机最为核心的成分，是培养和激发学生内部学习动机的基础。(　　)

14. 学习期待是个体对学习活动所要达到目标的客观估计。(　　)

15. 赵老师为了调动学生的学习兴趣，让每次单元测验成绩最高的学生轮流当课代表。这种做法激发的是学生的内部学习动机。(　　)

16. 成就动机理论对教育实践的启示是：教师应多给学生布置容易的任务，以增强学生的自信心。(　　)

17. 高尚的学习动机的核心是利他主义。(　　)

18. “习得性无助”的学生的自我效能感低，对自己完成学习任务的能力持怀疑和不确定的态度，因而倾向于制订较低的学习目标以避免获得失败的体验。(　　)

19. 一般而言，内部动机的作用比外部动机的作用稳定、持久。因此，我们在教育过程中只用强

调内部学习动机即可。（　）

20. 批评与指责比表扬与奖励更能有效地激发学生的学习动机。（　）

21. 学习动机是学生学习的重要条件，当学生尚未表现出对学习有适当的兴趣或动机时，教师必须推迟教学活动。（　）

22. 根据成就动机理论，教师在教学活动中对力求成功的学生应更多地安排有一定难度和竞争性的任务。（　）

23. 学习动机就是推动、引导和维持人们进行学习活动的一种内部力量或内部机制。（　）

24. 学习者如果把学习成败归因于自身内在因素，则学习结果不会对其自我意象产生影响。（　）

25. 学生的学习主要受学习动机的支配，学习动机越强，学习效果越好。（　）

26. 一个学习动机很强或达到最佳动机水平的学生，一定能表现出高质量的学习行为。（　）

27. 学习动机是决定学习效果的唯一条件。（　）

28. 学习动机对学习效果的影响可分为两个方面：一方面是总体上整个动机水平对整个学习活动的影响；另一方面是具体的学习活动中学习动机对学习效果的影响。（　）

四、填空题

1. ________是指能够激起有机体的定向行为，并能满足某种需要的外部条件或刺激物。

2. ________是指由于连续的失败体验而导致个体产生的对行为结果感到无力控制、无能为力的心理状态。

3. 在有意义学习中，________是最重要和最稳定的动机。

4. 一般来说，具体的、短期内能实现的、________的目标可以有效激发学生的学习动机。

5. 耶克斯—多德森定律表明，动机强度与工作效率之间呈________。

6. 自我效能感理论认为，期待包括________期待和________期待。

7. 根据成就动机理论，力求成功者最可能选择的任务的成功概率是________。

五、简答题

1. 简述创设问题情境对教师的基本要求。

2. 简述自我效能感的作用。

3. 心理学中用来描述学习动机和学习效果关系的定律叫做什么？具体内容有哪些？

六、论述题

1. 联系教学实际，试述如何培养学生的学习动机。

2. 试述成就动机理论及其教育启示。

3. 根据韦纳的成败归因理论，谈谈如何帮助学生正确归因以提高学习成绩。

4. 谈谈作为教师，如何减轻学生在学习中产生的习得性无助感。

七、案例分析题

1. 甲、乙、丙三位同学对本次考试进行了总结。甲同学说:“一分耕耘,一分收获。正是因为我的不懈努力,才换来了这次的好成绩。”乙同学说:“别人都太厉害了,感觉自己啥也不是,我可能不是学习的那块料。”丙同学说:“这次考试太爽了,背到的都考到了,没背的一题都没考。”

(1)结合案例分析甲、乙、丙三位同学归因的维度和因素。

(2)简述甲、乙、丙三位同学的归因将会导致什么样的动机和行为影响。

2. 刘浩是一名小学五年级的学生,数学老师关注他,并且经常表扬他。因此,他上课就积极举手发言。后来换了一位数学老师,因不了解刘浩的情况,对他的关注少了,他就不认真听课,更不举手发言了,从此数学成绩一落千丈。

(1)根据奥苏贝尔的观点,刘浩表现出的内驱力是哪种内驱力?此内驱力属于哪种学习动机?

(2)如果你是他的数学老师,你该怎么办?

3. 某省级示范中学初三学生吴某,从小就是老师们喜欢的乖学生,他的学习成绩一直非常优秀,初一到初二两年中多次考试成绩在年级中都是数一数二的。进入初三时,班主任老师找吴某谈话,并说老师们一致看好他,认为他有冲击中考状元的实力,希望他继续努力,不要辜负老师们对他的期望,为学校争光。吴某听后也暗下决心,要去搏一搏,随后的日子里,吴某每天学习的时间越来越长,做的题目越来越多,一段时间之后,吴某出现了食欲减退、失眠等反应,学习成绩反而下降了。

结合材料,回答问题:

(1)简述任务难度、学习效率与学习动机水平的关系。

(2)运用学习动机相关原理,分析班主任老师的做法存在的问题。

(3)你认为激励吴某学习的正确做法有哪些?

专题二 学习策略

考法透视 本专题以理解、记忆为主,多以选择题、判断题等客观题的形式考查,但也会以简答、案例分析等主观题的形式出现,主要考查学习策略的概念、种类、训练原则。

限时:180 分钟	用时: 分钟	错题数: 道	▶答案见 P912

一、单项选择题

1. 陈晨在写家庭作业时,先做难的理科作业后做简单的文科作业,认为这样很轻松。这是元认知策略中的( )

A. 组织策略　　B. 计划策略
C. 监控策略　　D. 调节策略

2. 有效的时间管理可以促进学习。有效的时间管理策略不包括( )

A. 确立有规律的学习时段　　B. 确立切合实际的目标
C. 使用非固定的学习区域　　D. 分清任务的轻重缓急

3. “心不及墨”强调的是精加工策略中( )的重要性。

A. 人为联系策略　　B. 内在联系策略
C. 生成策略　　D. 记笔记策略

4. 创造一个故事,将所要记忆的信息编在一起的学习策略属于( )

A. 复述策略　　B. 精加工策略
C. 组织策略　　D. 元认知策略

5. 精细加工策略可以帮助学生将他们已经知道的东西和要学习与记忆的东西联系起来。通过对材料进行精细加工或补充,学生可以建构起材料的意义并沿着记忆连续体存储新信息。以下情形属于精细加工策略的是( )

A. 语文老师在讲解唐诗时提倡“书读千遍,其义自见”
B. 数学老师常采用画示意图的方式来帮助学生理解题目
C. 英语老师在讲解单词“gas”时让学生默写词义辅助理解
D. 物理老师在讲解完光学原理后让学生复述

6. 小郑平时几乎从不花时间来复习老师的课堂内容,以至于学习成绩不理想。后来他给自己制定了一份学习计划,并控制了计划的执行,进行自我监督。这属于哪一种策略( )

A. 组织策略　　B. 元认知策略　　C. 资源管理策略　　D. 精加工策略

7. 在对学生进行自我调节学习训练时,( )要求教师要针对学习者的发展水平,确定哪些策略是最有用的,而且还需要考虑学习策略的层次,给学生提供各种各样的策略。

A. 生成性原则　　B. 效能性原则
C. 特定性原则　　D. 内化性原则

8. 学生把 PULL 记成 PUSH，老师告诉他可以把 PULL 后面两个 L 看成是两个钩，用来拉东西。这运用了（　　）

A. 形象联想法　　B. 谐音联想法

C. 位置记忆法　　D. 关键词法

9. 刘思同学在学习外语时，都会利用晨读反复地大声朗读外语文章。其使用的学习策略是（　　）

A. 精加工策略　　B. 计划和监控策略　　C. 复述策略　　D. 组织策略

10. （　　）就是要训练学生对所阅读的东西产生一个类比或表象，如图形、图像、表格和图解等，以加强其深层理解。

A. 生成性学习　　B. 组织策略　　C. 主题纲要法　　D. 符号纲要法

11. 根据自己一周内学习效率的变化安排学习活动，属于学习策略中的（　　）

A. 认知策略　　B. 组织策略　　C. 元认知策略　　D. 资源管理策略

12. 小强在考试时监视自己的速度和时间，这种策略属于（　　）

A. 计划策略　　B. 调节策略　　C. 监控策略　　D. 时间管理策略

13. 在小学低年级识字教学中，有人按字音归类识字，有人按偏旁结构归类识字。这属于（　　）

A. 复述策略　　B. 组织策略

C. 精加工策略　　D. 理解—控制策略

14. 在学习过程中，学习者通过对重点内容进行圈点批注的方法来帮助记忆。这种学习策略属于（　　）

A. 精细加工策略　　B. 组织策略

C. 复述策略　　D. 元认知策略

15. 下列学习策略属于元认知策略的是（　　）

A. 学生在阅读时对材料进行自我提问

B. 学生在学习中寻找教师帮助，获得个别指导

C. 学生在学习过程中对所学内容画出网络关系图

D. 学生在学习中统筹安排学习时间

16. 在学习活动中，教师引导学生两人一组，一节一节地彼此轮流向对方总结材料。当一个学生主讲时，另一个学生认真听并纠正错误和遗漏。然后，两个学生彼此交换角色，直到完成所有材料。这种训练学习策略的方法是（　　）

A. 直接教学　　B. 交互式教学　　C. 合作学习　　D. 自主学习

17. 有些学生在学习时常常采用在主要内容下画线的方法来帮助自己记忆，这种学习策略属于（　　）

A. 组织策略　　B. 复述策略　　C. 精加工策略　　D. 元认知策略

18. 学习策略是学习者制订的学习计划，由（　　）构成。

A. 意识和能力　　B. 规则和技能　　C. 经验和方法　　D. 认知策略

19. 小明是一个学习自觉性很高的学生，他总是能合理安排自己的学习时间，高效复习。小明的这种学习策略属于(　　)

A. 资源管理策略　　B. 动作系列学习策略

C. 模式再认策略　　D. 寻求他人支持策略

20. 托尔曼的"认知地图"和托尼·巴赞的"思维导图"都是(　　)

A. 精加工策略　　B. 组织策略

C. 元认知策略　　D. 资源管理策略

21. 利用课余时间阅读报纸杂志，拓宽自己的知识面，这属于(　　)

A. 计划策略　　B. 组织策略　　C. 时间管理策略　　D. 调节策略

22. 记忆一组英语单词，如果一遍又一遍地朗读，只要有足够的时间，最终也会记住，但记忆并不是很牢固；如果采用分散复习或尝试背诵的方法，记忆的效果和效率一下子会有很大的提高。这体现了学习策略的(　　)

A. 有效性　　B. 过程性　　C. 程序性　　D. 主动性

23. 明明在考试前一天计划，自己在第二天的考试中利用一个小时来做卷子，半个小时进行检查。但是在第二天的考试过程中，明明发现自己离考试结束只有十分钟了，还有几道题没有做完，于是他加快了做题速度。那么明明依次利用了哪些学习策略(　　)

A. 计划策略、监控策略　　B. 计划策略、调节策略

C. 计划策略、调节策略、监控策略　　D. 计划策略、监控策略、调节策略

24. 学生在学习一篇议论文之后，能找出文章的总论点和分论点，并用箭头标出论点之间的关系。这属于(　　)

A. 复述策略　　B. 组织策略　　C. 精加工策略　　D. 监控策略

25. 下列关于学习策略的说法，不正确的一项是(　　)

A. 凡是有助于提高学习效果和效率的程序、规则、方法、技巧及调控方式均属于学习策略

B. 学习策略等于具体的学习方法，因为它是学习方法的结合体

C. 学习策略不能与具体的学习方法截然分开，要借助具体的学习方法表现出来

D. 学习策略是调节如何学习、如何思考的高级认知能力，是会不会学的标志

26. 下面对学习策略的解释中，不属于学习策略的定义的观点是(　　)

A. 学习策略是对一切学习活动的指导

B. 学习策略是具体的学习方法与技能

C. 学习策略是学习的调节与控制技能

D. 学习策略是学习方法和学习调节与控制的有机统一体

27. 复习在学习过程中起到举足轻重的作用，特别是在临近期末考试的关键时期。温故而知新，梳理已学知识，完善知识结构，形成新的知识结构的学习策略被称为(　　)

A. 组织策略　　B. 复述策略　　C. 计划策略　　D. 精加工策略

28. 在学习中为了提高学习效果和效率，用以调节学习行为和认知活动的方法是(　　)

A. 学习策略　　B. 学习动机　　C. 学习理念　　D. 学习目标

29. 小明喜欢打游戏，在学习的过程中，他给自己设立目标，当达到学习目标时，就会给自己留点时间打一会儿游戏。小明运用的资源管理策略是(　　)

A. 时间管理策略　　B. 学习环境管理策略

C. 努力管理策略　　D. 学习工具管理策略

30. 小云上课听讲时喜欢在书本上用不同颜色的笔做标记，方便以后复习的时候能够快速找到重点内容，这种解决问题的策略是(　　)

A. 认知策略　　B. 元认知策略

C. 资源管理策略　　D. 时间管理策略

31. 开学之初，教师通过多次考勤点名，很快就记住了所有学生的姓名。这种策略属于(　　)

A. 精加工策略　　B. 复述策略

C. 组织策略　　D. 元认知策略

32. 根据学习的信息加工过程模式，下列关于学习策略的分类正确的是(　　)

A. 促进选择性注意的策略，如自我提问、做读书笔记、记听课笔记等

B. 促进短时记忆的策略，如记忆术、双重编码、提高加工水平等

C. 促进新知识长期保存的策略，如复述、记笔记、将输入的信息形成组块等

D. 促进新信息内在联系的策略，如列表比较新旧知识的异同，把新知识应用于解释新的例子等

33. 学生将《辛丑条约》的内容“赔款，禁止人民反抗，允许外国在中国驻兵，建使馆”浓缩为“钱禁兵馆”四个字，并用“前进宾馆”来帮助记忆。该生使用的学习策略是(　　)

A. 自我提问法　　B. 位置记忆法

C. 视觉联想法　　D. 谐音联想法

34. 用简要的词语写出材料中的主要观点、次要观点，再用金字塔的形式呈现材料的要点及各种观点的直接关系。这种学习策略属于(　　)

A. 监控策略　　B. 复述策略　　C. 精加工策略　　D. 组织策略

35. “学会如何学习”的实质是(　　)

A. 学会在适当条件下使用适当策略　　B. 掌握科学概念与原理

C. 掌握大量言语信息　　D. 形成学习兴趣

36. (　　)是对自己认知过程的认知。

A. 计划策略　　B. 总结学习　　C. 元认知　　D. 派生学习

37. 青青在背诵英语短文时，不断进行自我提问以检查背诵效果，随时采用修正策略，加快记忆。这属于(　　)

A. 精细加工策略　　B. 组织策略

C. 元认知策略　　D. 资源管理策略

38. 庚子春爆发的新冠肺炎疫情，波及范围之广、传染性之强，对人们社会生活影响之大，历史罕见。为阻断疫情向校园蔓延，确保师生生命安全和身体健康，全国大中小学 2020 年春季学期延期开学。虽然延期期间要求“教师停课不停教、学生停课不停学”，但是有的学生能

够正确认识疫情,调整心态,坚持学习不放松;有的则焦虑不已,怨天尤人,放松学习。从学习策略来看,这种现象更多地反映了学生的(　　)

A. 计划策略　　B. 调节策略

C. 努力管理策略　　D. 时间管理策略

39. 下列学习情境设计中属于认知策略的是(　　)

A. 小童在学习新课程之前都会进行预习并记下自己有疑问的地方

B. 小刚在每次考试作答完后都会进行自我检查

C. 小萌在学习过程中会将容易混淆的知识进行类比,以方便记忆

D. 小艺习惯利用零碎时间完成削铅笔、收拾用具、整理学习环境等杂事

40. 生成性学习就是要求学生对所阅读或听讲的内容产生一个(　　)

A. 新的理解　　B. 不同的见解

C. 认知策略　　D. 类比或表象

41. 小学生在头脑中创建一幅熟悉的场景,在场景中确定一条明确的路线,在这条路线上确定一些特定的点,然后将所要记的内容全部视觉化,并按顺序把这条路线上的各个点联系起来,回忆时,按这条路线上的各个点提取所需的项目。这是运用了(　　)

A. 位置记忆法　　B. 谐音记忆法

C. 关键词法　　D. 视觉想象法

42. 为了记住"老鼠""桌子"这两个词,而进行"老鼠正在啃桌子"这样的联想,所运用的学习策略是(　　)

A. 计划和监控策略　　B. 复述策略

C. 精细加工策略　　D. 组织策略

43. 为了准备两个月后的高考,小轩从寝室搬了出来,在学校附近一个安静的小区里租了一个单间认真备考。小轩的行为属于学习策略中的(　　)

A. 组织策略　　B. 计划策略

C. 调节策略　　D. 资源管理策略

44. 一名中学生在学习植物生长时,以时间为轴,将植物由种子到成熟这一过程全部展现出来,制作了一幅植物生长一览图。这属于学习认知策略中的(　　)

A. 复述策略　　B. 精细加工策略

C. 组织策略　　D. 监控策略

45. 在期末复习时,学生采用将课文内容以列结构提纲、画网络图的方法来帮助记忆。这种学习策略属于(　　)

A. 复述策略　　B. 精细加工策略

C. 组织策略　　D. 资源管理策略

46. 学习策略的不同会导致学习质量、学习效果的不同,下列哪一种学习策略会最大限度地帮助理解知识结构的复杂性(　　)

A. 再认策略　　B. 意义策略　　C. 目标策略　　D. 组织策略

47. 小明制订了一周的详细学习计划,规定了学习时应该做什么不做什么、先做什么后做什么、用什么方式做、做到什么程度等诸多方面的问题。这主要体现的是学习策略的(　　)特征。

A. 被动性　　B. 过程性　　C. 时效性　　D. 抽象性

48. 精加工策略是一种理解性的记忆策略,下列不属于精加工策略的是(　　)

A. 对重要信息画线　　B. 扩展与延伸

C. 提问　　D. 做笔记

49. 通过联想,将新材料与头脑中的旧知识联系在一起,赋予新材料以更多的意义,是指精细加工策略中常用的(　　)

A. 词义联想法　　B. 语句联想法　　C. 语义联想法　　D. 新旧联想法

50. 下课的时候,小张同学总是缠着老师问自己在课堂上没有听明白的问题,或者向其他同学请教自己不会的题的解法,小张的做法属于学习策略中的(　　)

A. 认知策略　　B. 调节策略　　C. 元认知策略　　D. 学业求助策略

51. 根据任务的类型,学习策略可分为阅读策略、(　　)和解决问题的策略。

A. 认知策略　　B. 写作策略　　C. 言语信息　　D. 动作技能

52. 在语文阅读教学中,教师给学生示范如何根据学习内容提出问题,如何恰当地回答,然后由学生充当教师向其他同学提出问题。在这个过程中,学生也检测到自己对材料的理解水平。该教学方式属于(　　)

A. 发现式教学　　B. 交互式教学

C. 程序式教学　　D. 支架式教学

53. 记笔记是阅读和听讲中用得较为普遍的精加工策略,老师可以向学生传授5R笔记法,又名康奈尔笔记法。下列选项中不属于"5R"的是(　　)

A. Record(记录)　　B. Recite(背诵)

C. Review(复习)　　D. Remember(记住)

54. 根据学习策略所起的作用,丹瑟洛把学习策略分为(　　)

A. 中策略和小策略　　B. 认知策略和资源管理策略

C. 认知策略和元认知策略　　D. 基础策略和支持策略

55. 儿童刚上小学时,用数手指的办法学习一位数加减法,这是因为(　　)

A. 学习策略发展的生成差异　　B. 学习策略发展的主体性差异

C. 学习策略发展的水平差异　　D. 学习策略发展的年龄差异

56. 学生在阅读不熟悉、不理解的材料时,放慢速度、反复阅读的学习策略是(　　)

A. 认知策略　　B. 资源管理策略　　C. 组织策略　　D. 元认知策略

57. 语文老师为了帮助学生记住"琴"字的下半部分是"今"而不是"令",在教授学生"琴"这个字时让学生们将其联想为"今天来弹琴",此教师在教学中使用的认知策略是(　　)

A. 人为联想策略　　B. 内在联系策略

C. 生成策略　　D. 记笔记策略

58. 下列属于反省认知的实例的是( )

A. 某考生高考结束后,准确地预测出自己的分数是630分

B. 学生在学习中能举一反三

C. 学生在阅读时,遇到难点立即停下来思考,或回到前面重新阅读

D. 学生利用复述策略进行记忆

二、多项选择题

1. 下列属于认知策略的有( )

A. 复述策略 B. 精加工策略 C. 组织策略 D. 计划策略

2. 精细加工策略,是一种将新学材料与头脑中已有知识联系起来从而增加新信息意义的深层次加工策略。下列选项中属于精细加工策略的是( )

A. 生成性学习 B. 关键词记忆法

C. 做笔记 D. 利用背景知识,联系客观实际

3. 下列属于元认知计划策略的是( )

A. 产生待回答的问题 B. 阅读时对注意加以跟踪

C. 浏览阅读材料 D. 设置学习目标

4. 学习策略是指学习者为了提高学习的效果和效率,有目的、有意识地制定有关学习过程的复杂的方案,下列属于学习策略特征的有( )

A. 有效性 B. 被动性 C. 过程性 D. 程序性

5. 学习策略的训练要遵循的原则有( )

A. 内化性原则 B. 理论联系实际原则

C. 特定性原则 D. 生成性原则

6. 元认知策略是一种典型的学习策略,指学生对自己的认知过程及结果的有效监视及控制的策略。元认知策略控制着信息的流程,监控和指导认知过程的进行,包括( )

A. 计划策略 B. 监控策略 C. 调节策略 D. 资源管理策略

7. 关于学习策略,下列描述正确的有( )

A. 学习策略具有通用性

B. 学习策略是有关学习结果的

C. 学习策略是学习者为完成一定的学习任务而积极主动地使用的

D. 学习策略是有效学习所必需的

8. 下列哪些属于认知策略学习中的内部条件( )

A. 学生的原有知识基础 B. 学生的元认知发展水平

C. 学生的动机水平 D. 提供变式练习的机会

9. 组织策略指的是整合所学新知识之间、新旧知识之间的内在联系,形成新的知识结构,包括( )等。

A. 列提纲 B. 利用图形、图表

C. PQ4R法 D. 语义联想法

10. 根据学习策略的分类,下列属于资源管理策略的是(　　)

A. 学习时间管理　　B. 学习环境的设置

C. 学习努力和心境管理　　D. 精细加工策略

11. 在复述过程中经常使用到的具体策略有(　　)

A. 及时复习　　B. 集中复习和分散复习相结合

C. 多种形式的复习相结合　　D. 多种感官协同记忆

12. 学生小强在学习英语单词“house”时,将单词用中文“耗子”标记起来帮助记忆,这是一种(　　)

A. 谐音联想法　　B. 复述策略　　C. 形象联想法　　D. 精加工策略

13. 针对陈述性知识的学习策略主要有(　　)

A. 复述策略　　B. 模式再认策略

C. 精加工策略　　D. 组织策略

14. 精加工策略包括(　　)

A. 人为联想策略　　B. 内在联系策略　　C. 生成策略　　D. 记笔记策略

15. 元认知由(　　)组成。

A. 元认知知识　　B. 元认知体验　　C. 元认知监控　　D. 元认知反应

16. 复述策略是一种促进陈述性知识学习的策略,分为识记过程中的复述策略和保持过程中的复述策略。下列属于保持过程中的复述策略的是(　　)

A. 复习形式多样化　　B. 及时复习

C. 排除相互干扰　　D. 分散复习与集中复习

三、判断题

1. 学习策略是为了促进学生学习,与学生的学习内容无关。(　　)

2. 学生利用记笔记发现知识内在联系的学习策略属于计划监控策略。(　　)

3. 元认知在学习策略系统中具有重要的作用,它指导、调节着学习者的认知过程。(　　)

4. 学生因在学习过程中遇到自己无法克服的困难而向他人或物体(借助字典、参考书等)请求帮助的行为,是一种依赖性的表现。(　　)

5. 合作性讲解的两个参与者都能从这种学习活动中受益,而主讲者比听者获益更大。(　　)

6. 学生阅读课文时能读出“言外之意”,说明他在运用组织策略。(　　)

7. 领会监控策略能够使学习者警觉自己在注意和理解方面可能出现的问题,以便发现并及时进行补救。(　　)

8. 任何一种学习策略都有自己的优缺点,学习策略训练必须要结合学习内容和学生实际。(　　)

9. 学习策略知识不是孤立的,不能脱离专门知识。(　　)

10. 我们通常所说的学习方法就是学习策略,二者可以等同。(　　)

11. 画线是最常用的学习策略之一,对于不同的学生而言,画线这一学习策略对学习效率的提升效果是一样的。(　　)

四、填空题

1. 老师教学时用“山巅一寺一壶酒……”来帮助学生识记圆周率3.14159……，这一记忆方法是________。
2. 在学习策略中，________是信息加工的方法和技术，有助于有效地从记忆中提取信息。

五、简答题

1. 列举学习策略的种类。

2. 什么是元认知？元认知策略有哪些？

3. 简述学习策略的特征。

六、案例分析题

1. A：人在智力周期的高潮期，脑子清楚，逻辑思维能力强，工作效率高；低潮期反应较迟缓；临界期就更差。所以要根据自己的生物钟安排学习活动。

   B：正在读初三的学生王明在房间书桌上贴着他最喜欢的一句话“做最好的自己”。每次想懈怠的时候，他抬头看到那句话就会瞬间有一股力量，推动自己继续学习，为考上自己理想的高中用功学习。

   C：王老师经常在班上开展小组合作学习，让学生之间在学习上多交流，分享彼此的观点和知识。

   (1)以上三段话分别讲的是哪种学习策略？

   (2)请结合上述内容，谈谈在学习过程中如何利用这些策略促进学习。

2. 学生考试作弊是每一位老师都不能容忍的问题。然而,有位化学老师发现学生作弊后竟然告诉学生说,下次单元测验他允许学生们带一张 A4 纸,上面写上自己想写的任何东西。于是考前学生纷纷认真地准备自己的那张 A4 纸。考试结束后,老师让大家把自己所写的 A4 纸都贴到教室后面展览。同学们很好奇地相互观摩,结果发现有的学生在上面就单纯抄题目,有的抄上公式,有的不但列出知识提纲,还列出它们之间的联系……特别是考试分数公布后,学生都很有感触:为什么张某某能考好?为什么李某某考不了高分?从他们在那张 A4 纸上总结的内容就能看出高低来,于是同学们就开始交流哪种学习方法好。教师组织学生对总结的方法进行讨论,并且预报下一次单元测验只能带半张 A4 纸进考场。下次考完试后照例展览。第三次考试,老师只让带四分之一张 A4 纸……这样纸张越来越小。

(1)谈谈你对这位老师做法的看法。

(2)结合案例谈谈训练学习策略的原则。

3. A、B 两个中学生。A 是百灵鸟型,喜欢早睡早起,白天学习效率高;B 属于猫头鹰型,夜晚学习效率好。对于重要又紧急的事情,他们两人都能用更多的时间去处理。对于重要不紧急的事情,A 总是能提前规划,并愿意花费更多的时间去完成;B 却不善于规划,喜欢拖延,仅花较少的时间去处理。早上,A、B 两位学生都习惯听外语和新闻,对于这类不重要又不紧急的事情两人的时间使用情况如下图所示:

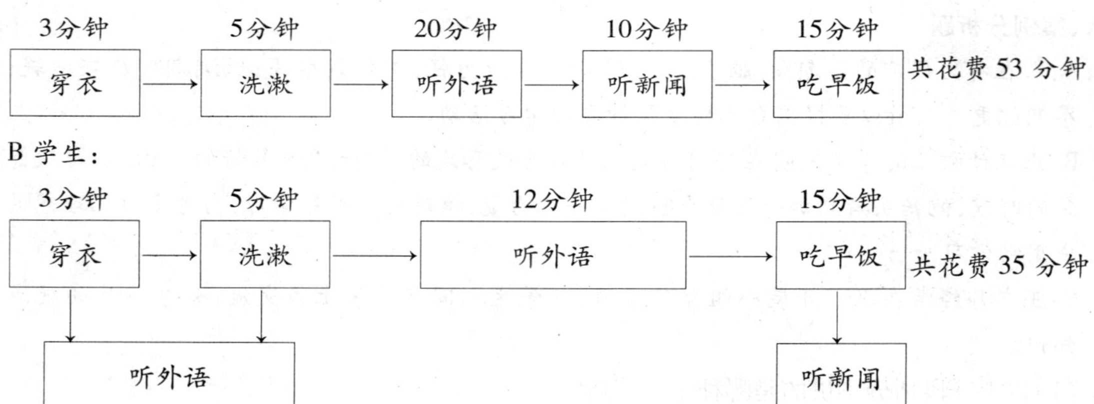

请结合材料运用心理学知识分析:

(1)A、B 两个学生时间管理的策略有何不同?

(2)如何帮助学生进行时间管理?

专题三 学习迁移

考法透视 本专题以理解、记忆为主，多以选择题、判断题等客观题的形式考查，主要考查学习迁移的概念、种类，早期迁移理论，影响学习迁移的因素和促进迁移的教学措施。

限时:130 分钟	用时: 分钟	错题数: 道	▶答案见 P921

一、单项选择题

1. 学生在学习了鲸、蝙蝠的概念后有利于哺乳动物概念的学习，这属于（　　）

A. 水平迁移　B. 一般迁移　C. 正迁移　D. 负迁移

2. 把所学的经验迁移到与原初的学习情境比较相似的情境中，这是（　　）

A. 正迁移　B. 顺向迁移

C. 近迁移　D. 水平迁移

3. 物理学专家学习物理学上的新发现时会比学习物理的初学者要容易得多，这主要体现了（　　）对学习迁移的影响。

A. 相似性　B. 学习的时间顺序

C. 教材的编排　D. 原有认知结构

4. 学习迁移产生的客观必要条件是（　　）

A. 学生的智力水平　B. 学习的理解和巩固程度

C. 学习对象之间的共同要素　D. 学习的方法

5. 根据学习迁移理论，我们常常说的“温故而知新”现象属于（　　）

A. 顺向负迁移　B. 逆向负迁移

C. 逆向正迁移　D. 顺向正迁移

6. 数学课上学生们在学习了分数乘法后再去进行分数加减法计算时，有的学生竟然将分子与分子、分母与分母分别相加减，这一迁移属于（　　）

A. 正迁移　B. 一般迁移　C. 负迁移　D. 纵向迁移

7. 1903 年教育心理学家桑代克以大学生为被试，训练他们对平行四边形的面积进行估算，结果发现被试对矩形的面积估算更准确了，但对圆形和不规则图形的面积估算没有影响。能解释上述现象的学习迁移理论是（　　）

A. 形式训练说　B. 相同要素说　C. 概括说　D. 关系说

8. 在操作技能形成的过程中，许多不同成分的动作被组合成连续的整体动作，其中不涉及新的动作的增加，只是各动作成分的重新组合、重新排列，这种迁移类型属于（　　）

A. 逆向性迁移　B. 同化性迁移

C. 顺应性迁移　D. 重组性迁移

9. 我们平时所讲的“举一反三,闻一知十”等属于(　　)

A. 顺应性迁移　B. 同化性迁移　C. 重组性迁移　D. 垂直迁移

10. 王老师用“鱼、河、虫、小、在、里、吃”这几个字编写了一个例句:鱼在河里吃小虫,并让学生用这几个字组成其他不同意思的句子。这属于(　　)

A. 同化性迁移　B. 顺应性迁移　C. 重组性迁移　D. 逆向迁移

11. 苛勒用“小鸡啄米”实验证明了学习迁移基本理论中的(　　)

A. 形式训练说　B. 关系转换说

C. 相同要素说　D. 概括化理论

12. 布鲁纳认为,基本概念、基本原理、基本方法和基本态度具有广泛的适用性,能运用于表面特征不同而结构特征相似的多种情境。这一观点所强调的迁移类型是(　　)

A. 一般迁移　B. 特殊迁移　C. 水平迁移　D. 逆向迁移

13. 迁移的实质是(　　)

A. 新旧经验的整合过程　B. 新旧知识的同化

C. 新旧知识的顺应　D. 新旧经验的转换

14. 重视对情境关系的理解的迁移理论是(　　)

A. 形式训练说　B. 共同要素说　C. 经验类化说　D. 关系转换说

15. “举一反三,闻一知十”指的是(　　)

A. 学习策略　B. 学习动机　C. 学习迁移　D. 学习期待

16. 老师上课前,先要引导学生温习上节课学习的相关内容,再进行新知识的学习。这种做法遵循的迁移理论是(　　)

A. 学习定势说　B. 经验类化说

C. 形式训练说　D. 认知结构迁移理论

17. 学生学会写“石”字,有助于学会写“磊”字,这种迁移是(　　)

A. 垂直迁移　B. 顺应性迁移　C. 一般迁移　D. 具体迁移

18. 学过高等数学后有利于初等数学的进一步理解和掌握,这属于(　　)

A. 顺向正迁移　B. 逆向正迁移

C. 顺向负迁移　D. 逆向负迁移

19. (　　)的代表人物是美国心理学家贾德,该理论的依据是贾德在 1908 年所做的“水下击靶”实验。

A. 形式训练说　B. 共同要素说　C. 经验类化说　D. 关系转换说

20. 相似的题型,即使换了数字,学生解答起来也比较容易,体现的是(　　)

A. 自迁移　B. 近迁移　C. 低路迁移　D. 远迁移

21. 在以前学习中得到提高的某种官能对后来涉及该官能的学习产生促进作用,从而表现出迁移效应,持这一观点的迁移理论是(　　)

A. 形式训练说　B. 相同要素说

C. 经验类化说　　　　D. 关系转换说

22. 下列关于学习迁移的说法，错误的是(　　)

A. 概括化理论认为，只要一个人对他的经验进行了概括，就可以完成从一种情境到另一种情境的迁移

B. 苛勒等人认为，迁移是非常具体的、有条件的，需要有共同的要素

C. 学会骑自行车反倒不利于学习骑三轮车属于负迁移

D. 加强基本原理的教学有利于促进原理或规则的迁移

23. 小刘在日常生活中既能驾驶自己的汽车，也能驾驶其他不同型号的小轿车。小刘对不同类型汽车驾驶技术的迁移属于(　　)

A. 高路迁移　　B. 中路迁移　　C. 低路迁移　　D. 下路迁移

24. 小学生初学英文字母时，常常将其读成学过的汉语拼音。这种迁移属于(　　)

A. 顺向正迁移　　B. 顺向负迁移

C. 逆向正迁移　　D. 逆向负迁移

25. 学生小明已经知道“先乘除，后加减”的运算法则，但他在计算 $2+8\div 2=?$ 时，还是先把 2 和 8 加起来再除以 2。这种情况是受(　　)的影响。

A. 定势　　B. 正向迁移　　C. 逆向迁移　　D. 水平迁移

26. 在数学课堂上，老师给学生出了一道难题后，将解题的基本方法讲解给学生，之后又出了一道相类似题型的题目作为作业，学生利用老师讲解的方法成功解题。对此，体现了学习迁移中的(　　)

A. 正迁移　　B. 负迁移　　C. 一般迁移　　D. 重组性迁移

27. 小龙学习掌握了等差数列的概念后，再接着学习等比数列这一概念时就轻松得多了。这种学习方式属于学习迁移中的(　　)

A. 具体迁移　　B. 一般迁移　　C. 垂直迁移　　D. 横向迁移

28. 以下选项中哪一个属于正迁移现象(　　)

A. 举一反三　　B. 聪明过人　　C. 思维敏捷　　D. 物以类聚

29. 如果两种学习活动中含有共同成分，就会有迁移现象的发生，这种观点属于(　　)

A. 形式训练说　　B. 相同要素说

C. 经验类化说　　D. 关系转换说

30. 学过电子琴的人，再学习弹钢琴就会比较容易。这种迁移类型是(　　)

A. 水平迁移　　B. 垂直迁移　　C. 逆向迁移　　D. 负迁移

31. 主张个体对原理、方法掌握得越好，对新情境中学习的迁移就越好的学习迁移理论最有可能是(　　)

A. 形式训练理论　　B. 相同要素理论

C. 概括化理论　　D. 三维迁移理论

32. 在掌握了“心理过程”的概念后，再学习“认知过程”这一概念，前一概念对后一概念的学习

的影响属于(　　)

A. 水平迁移　　B. 垂直迁移　　C. 一般迁移　　D. 逆向迁移

33. 学生在学习分数的时候,受到先前关于整数概念的影响,往往认为1/6比1/4大。这类迁移属于(　　)

A. 顺向正迁移　　B. 逆向正迁移　　C. 顺向负迁移　　D. 逆向负迁移

34. 奥苏贝尔在有意义学习理论的基础上,提出了学习迁移的认知结构说,他认为,实现学习迁移的最关键因素是(　　)

A. 学生原本的个性特征　　B. 现有的学习材料

C. 最近经验的一次刺激—反应联结　　D. 学生原有的知识结构

35. 下列属于迁移理论的是(　　)

①形式训练说　②相同要素说　③概括化理论　④多元智力理论

A. ①②③　　B. ①②④　　C. ①③④　　D. ②③④

36. (　　)认为,学习数学有助于形成逻辑推理能力,学习历史有助于提高记忆力。

A. 认知结构迁移理论　　B. 形式训练说

C. 相同要素说　　D. 概括化理论

37. 学生在学习"刷牙"这个词时对学习"牙刷"这个词所产生的影响属于(　　)

A. 同化性迁移　　B. 顺应性迁移　　C. 重组性迁移　　D. 具体迁移

38. (　　)认为,习得的经验能否迁移,取决于个体能否理解各个要素之间形成的整体关系,能否理解原理与事物之间的关系。个体越能发现事物间的关系,则越能加以概括、推广,迁移越普遍。

A. 形式训练说　　B. 共同要素说

C. 经验类化说　　D. 关系转换说

39. 根据桑代克的迁移理论,两种学习之间要产生迁移,关键在于发现它们之间的(　　)

A. 结构性　　B. 抽象性和差异性

C. 次序性　　D. 一致性和相似性

40. 要学生关注历史与地理、化学与生物、数学与物理等学科之间的关系,这属于学习迁移中的(　　)

A. 横向迁移　　B. 纵向迁移　　C. 正迁移　　D. 负迁移

41. 不改变原有的认知结构,直接将原有的认知经验应用到本质特征相同的一类事物中去,这种迁移称为(　　)

A. 重组性迁移　　B. 顺应性迁移

C. 同化性迁移　　D. 排列性迁移

42. 学习迁移中的(　　)是指难度和复杂程度基本属于同一水平的学习之间的相互影响,如正弦、余弦概念的相互影响。

A. 具体迁移　　B. 一般迁移　　C. 横向迁移　　D. 垂直迁移

43. 下列属于影响迁移的个人因素有( )

A. 认知结构和态度
B. 智力和学习环境
C. 年龄和学习材料
D. 学习情境和态度

44. 以下有关迁移的说法正确的是( )

A. 迁移就是因为一种学习而使另一种学习更顺利
B. 必须有两种或两种以上的学习发生时,才能产生迁移
C. 先前的学习对后来的学习产生影响,称为逆向迁移
D. 个体所学的经验影响着相同情境中任务的操作,这属于近迁移

45. 下列选项中,不属于影响迁移的客观原因是( )

A. 教师指导
B. 学习材料特性
C. 媒体来源
D. 认知结构

46. 根据迁移内容的不同,迁移可以分为( )

A. 水平迁移与垂直迁移
B. 正迁移、负迁移与零迁移
C. 一般迁移与具体迁移
D. 同化性迁移、顺应性迁移与重组性迁移

47. 下列不属于迁移的是( )

A. 吃一堑,长一智
B. 近墨者黑
C. 因噎废食
D. 温故知新

48. 形式训练说所涉及的迁移本质上是( )

A. 水平迁移 B. 垂直迁移 C. 特殊迁移 D. 一般迁移

49. 某老师认为,通过做大量的应用题可以提高学生的思维能力,从而提高学生在考试中应用题的作答正确率。该老师的观点主要受以下哪一迁移理论的影响( )

A. 关系理论 B. 共同要素说 C. 概括化理论 D. 形式训练说

50. 贾德的"水下击靶"实验表明,学习迁移的产生需要( )

A. 大量的形式训练
B. 两种学习材料具有相同要素
C. 学习者能进行有意义的学习
D. 概括化的原理

51. 倒摄抑制属于的迁移形式是( )

A. 顺向正迁移 B. 顺向负迁移 C. 逆向正迁移 D. 逆向负迁移

二、多项选择题

1. 奥苏贝尔提出的影响迁移的主要认知结构变量有( )

A. 可利用性 B. 可辨别性 C. 稳定性 D. 无序性

2. 下列事例体现了具体迁移的有( )

A. "动物"的概念的掌握影响"兔子""熊猫"等概念的学习
B. 学习了骑自行车后,再学习骑三轮车
C. "火"字的学习影响"焱"字的学习
D. 加、减、乘、除运算法则的学习影响四则运算的学习

3. 根据迁移过程中所需的内在心理机制的不同,迁移可分为(　　)

A. 同化性迁移　　B. 异化性迁移　　C. 顺应性迁移　　D. 重组性迁移

4. 影响学习迁移的主观因素包括(　　)

A. 智力水平　　B. 认知结构的特点

C. 学习材料的意义　　D. 材料的性质

5. 下列选项中,属于一般迁移的有(　　)

A. 获得基本的运算技能、阅读技能后,运用到各种具体学科学习中

B. 数学学习中形成的认真审题的态度和方法影响到化学、物理等学科的审题活动

C. 学习英语单词“eye”和“ball”之后,学习“eyeball”更容易

D. 在乒乓球学习中,推挡动作的学习可以直接迁移到左推右攻这种组合的动作学习中去

6. 依据迁移内容的抽象和概括水平不同,迁移可分为(　　)

A. 水平迁移　　B. 顺向迁移　　C. 逆向迁移　　D. 垂直迁移

7. 下列心理现象中,属于学习迁移现象的有(　　)

A. 会骑自行车的人比较容易掌握摩托车的驾驶技术

B. 后来的学习对先前的学习产生一定的影响

C. 学习汉语拼音会对英语学习有影响

D. 学会弹钢琴有利于学弹手风琴

8. 下列选项体现出垂直迁移的是(　　)

A. 学习“日”“月”对学习“明”的影响

B. “四边形”的概念的掌握影响“平行四边形”的概念的学习

C. 学习完“水果”的概念之后再学习“芒果”

D. 汉语拼音的学习影响英语字母的学习

9. 当代的迁移理论有(　　)

A. 概括化理论　　B. 认知结构迁移理论

C. 产生式理论　　D. 情境性理论

10. 下列属于正迁移的是(　　)

A. 数学审题技能的掌握对物理、化学审题的影响

B. 在学校爱护公物的言行影响在校外规范自己的行为

C. 外语学习中,词汇的掌握对阅读的影响

D. 学习汉语字母发音对英语字母发音的影响

11. 影响学习迁移的相似性因素包括(　　)

A. 学习材料的相似性　　B. 学习目标和学习过程的相似性

C. 学习效果的相似性　　D. 学习反馈的相似性

12. 促进学生学习迁移的策略有(　　)

A. 把各个独立的教学内容整合起来

B. 强调简单的知识技能与复杂的知识技能之间的联系

C. 注重对学习原理、规则等方面的总结

D. 当学生应用其他学科的知识来解决问题时，应予以鼓励

三、判断题

1. 典型的事实和生动的例子是一门学科中最具有广泛迁移价值的材料。（　　）

2. 形式训练说认为，迁移是心理官能得到训练而发展起来的，进行官能训练时，关键在于训练的内容。（　　）

3. “举一反三”和“触类旁通”是所学知识在新情境中的简单运用，根据加涅的观点，属于纵向迁移。（　　）

4. 顺向迁移是已经获得的经验对另一种学习起促进作用。（　　）

5. 平行四边形知识的掌握影响着菱形的学习属于自上而下的迁移。（　　）

6. 经验类化理论强调概括化的经验或原理在迁移中的作用，这是由班杜拉等人提出的。（　　）

7. 一切有意义学习中都包含知识的迁移，在机械学习中没有迁移。（　　）

8. 上位学习和下位学习中都可能发生垂直迁移。（　　）

9. 学习中的负迁移就是逆向迁移。（　　）

10. 迁移的可能性的大小与经验的概括水平成反比例关系。（　　）

11. 定势可以成为积极的正迁移的心理背景，也可以成为负迁移的心理背景，但不会成为阻碍迁移产生的潜在的心理背景。（　　）

12. 从迁移发生的方向来看，“学生在一种学习情境中抽取出了一种规则、原理、范例、图式，然后应用于新的情境中”属于低路迁移。（　　）

13. 知识和技能可以迁移，但是行为规范和态度则不可以迁移。（　　）

14. 学习者是否拥有相应的背景知识，这是产生学习迁移的前提条件。（　　）

15. 顺向迁移有助于新知识的理解和掌握，逆向迁移有助于已有知识的巩固和完善。（　　）

16. 个体所掌握的经验概括水平越高，迁移的可能性就越大，效果也就越好。（　　）

四、填空题

1. 原有知识对学习新知识的影响属于________。

2. ________认为，一个人只要对自己的经验进行了概括，就可以完成从一个情境到另一个情境的迁移。

3. ________是最早的关于迁移的理论，该理论认为迁移是无条件的、自发的。

4. 安德森的产生式迁移理论是________的现代翻版。

5. 汉语拼音的学习会干扰英语音标的学习，这是心理学上的________。

五、简答题

1. 影响学习迁移的因素有哪些？

2. 简述原有认知结构对迁移的影响。

六、论述题

1. 联系教学实际,谈谈促进学习迁移的教学策略有哪些。

2. 在促进迁移的教学中,如何贯彻理论联系实际的教学原则?

专题四 知识的学习

【考法透视】 本专题以理解、分析为主,多以选择题、判断题等客观题的形式考查,但有时也会以简答、案例分析等主观题的形式进行考查,主要考查知识的分类、知识的表征、知识学习的类型和知识学习的过程。

限时:150 分钟	用时: 分钟	错题数: 道	▶答案见 P929

一、单项选择题

1. 下列不属于陈述性知识学习的过程的是( )
   A. 知识获得 B. 知识提取 C. 知识保持 D. 知识选择
2. 获得陈述性知识的心理机制是( )
   A. 同化 B. 顺应 C. 练习 D. 反馈
3. 在解答数学方程问题时,我们首先要知道等式两边平衡的规则。从知识的分类上看,数学规则属于________,解答方程的过程属于________。( )
   A. 陈述性知识;陈述性知识 B. 陈述性知识;程序性知识
   C. 程序性知识;陈述性知识 D. 程序性知识;程序性知识
4. 关于陈述性知识和程序性知识的区别,以下表述错误的是( )
   A. 就改变难度而言,陈述性知识改变较易,程序性知识改变较难
   B. 就习得速度而言,陈述性知识习得较慢,程序性知识习得较快

C. 就知识的内涵而言，陈述性知识是静态的，程序性知识是动态的

D. 就意识控制程度而言，陈述性知识意识控制程度较高，程序性知识意识控制程度较低

5. 观看图片、模型、幻灯片、电影等，能通过人为的手段消除或减弱实物的非本质因素对本质因素的掩蔽作用。这种教学直观方式是(　　)

A. 教具直观　　B. 实物直观　　C. 模像直观　　D. 言语直观

6. 利用现代科学技术使知识以活动的方式展现在学生面前，这是利用了感觉的(　　)

A. 强度律　　B. 差异律

C. 活动律　　D. 组合律

7. 学生学习了“三角形”的概念，现在要学习“直角三角形”，这是一种(　　)

A. 派生类属学习　　B. 相关类属学习

C. 并列结合学习　　D. 上位学习

8. 学习“直角三角形是一种特殊的三角形”，这种学习属于(　　)

A. 词汇学习　　B. 符号学习

C. 概念学习　　D. 命题学习

9. 学生小黄在学习了“蝴蝶”“蜜蜂”“蜻蜓”等词后，再学习“昆虫”一词，进而知道“蝴蝶”“蜜蜂”“蜻蜓”都属于“昆虫”。这种学习过程属于(　　)

A. 上位学习　　B. 下位学习　　C. 派生类属学习　　D. 相关类属学习

10. 下列关于上位学习和下位学习描述不正确的是(　　)

A. 上位学习遵循从具体到一般的归纳概括过程，属于发现学习

B. 上位学习对学生获得基本概念和一般原理与规则具有重要意义

C. 下位学习对新学知识效率低，对旧知识效率高

D. 下位学习遵循从一般到特殊的过程，属于接受学习

11. 概念教学是引导学生边观察、边说、边思考，使抽象概念逐步形成学生内部言语的过程。为防止学生出现概括不全面的情况，教师应向学生呈现(　　)

A. 正例　　B. 反例　　C. 变式　　D. 规则

12. 下列概念教学的活动中，没有使用变式策略的是(　　)

A. 教“鸟”的概念时谈到“鸭子”

B. 教“液体”的概念时谈到“沙子”

C. 教“三角形”的概念时谈到“等腰三角形”

D. 教“哺乳动物”的概念时谈到“蝙蝠”

13. 短时记忆的容量是(　　)

A. 3 ~ 6 个组块　　B. 5 ~ 9 个组块

C. 6 ~ 8 个组块　　D. 7 个组块

14. 通过对要学习的新材料增加相关信息来达到对新材料的理解和记忆的方法，如补充细节、举出例子或使之与其他观念形成联想等，被称为(　　)

A. 深度加工　　B. 过度学习　　C. 及时复习　　D. 组块化编码

15. 学生掌握知识的中心环节是(　　)

A. 理解　B. 巩固　C. 应用　D. 迁移

16. 康拉德的实验证明短时记忆的主要编码方式是(　　)

A. 听觉编码　B. 视觉编码　C. 语义编码　D. 音形编码

17. 学生通过学习“0 和正整数”掌握“数”的概念,之后又学习了“负数”的概念,重新认识了“数”的概念。这种学习属于(　　)

A. 并列结合学习　B. 上位学习

C. 相关类属学习　D. 派生类属学习

18. (　　)最能概括出事物的本质属性。

A. 实物直观　B. 模像直观　C. 图表直观　D. 网络直观

19. 教师通过生动的讲解、形象的描述来帮助学生理解知识的直观类型是(　　)

A. 实物直观　B. 模像直观　C. 抽象直观　D. 言语直观

20. 在教学中讲授“果实”的概念时,教师既选可食的果实,又选不可食的果实(如棉籽等),这样有利于学生准确地掌握“果实”的概念,这是运用了(　　)

A. 正例与反例配合　B. 变式法

C. 比较法　D. 直观法

21. 教师在讲课过程中声音要洪亮,所依据的感知规律是(　　)

A. 强度律　B. 差异律　C. 活动律　D. 组合律

22. 个体难以清楚地描述,只能借助于某种作业形式间接推测其存在,主要用来解决“做什么”和“怎么做”的问题的知识被称为(　　)

A. 感性知识　B. 理性知识　C. 描述性知识　D. 程序性知识

23. 知道了“长方形的四个顶角都是直角”,而正方形是长方形的一个特例,那就很容易理解“正方形的四个顶角都是直角”。这种同化模式属于(　　)

A. 上位学习　B. 下位学习　C. 组合学习　D. 推理学习

24. 在教学过程中,教师进行实验演示使学生得到感性知识,这属于(　　)

A. 实物直观　B. 模像直观　C. 言语直观　D. 感知直观

25. 教师在黑板上书写板书时,要求尽量用白色粉笔,所依据的感知规律是(　　)

A. 强度律　B. 差异律　C. 活动律　D. 组合律

26. 在教“鸟”的概念时,用麻雀、燕子说明“前肢为翼,无齿有喙”是鸟这一概念的本质特征,这是适当地运用了(　　)

A. 命题　B. 案例　C. 反例　D. 正例

27. 长时记忆的主要编码形式是(　　)

A. 图像记忆　B. 听觉编码　C. 语义编码　D. 情境编码

28. 知识是个体通过与环境相互作用后获得的(　　)

A. 感受与体验　B. 前人经验　C. 记忆的内容　D. 信息及其组织

29. 学生通过学习,可以用“老鹰”或“hawk”来代表他所看到的现实中的老鹰。根据奥苏贝尔对

有意义学习的分类，此例中学生的知识学习属于(　　)

A. 符号学习　B. 概念学习　C. 命题学习　D. 程序学习

30. 可用来回答事物“是什么”和“为什么”的问题，可用来区别和辨别事物的一类知识，在知识的类别中具体指的是(　　)

A. 感性知识　B. 理性知识　C. 陈述性知识　D. 程序性知识

31. 我们常说：“学生不但要掌握知识，而且要获得技能。”此处的“知识”概念与信息加工心理学的(　　)大致相对应。

A. 书本知识　B. 陈述性知识　C. 言语知识　D. 程序性知识

32. 在数学课上，老师先讲了轴对称图形，在此基础上提出圆是轴对称图形。这种学习是(　　)

A. 符号学习　B. 上位学习　C. 下位学习　D. 并列结合学习

33. 小芳想学习用外语写诗，老师建议她先学习一些这门外语的语法和词汇，还有一些诗的格式。该老师建议的内容属于(　　)

A. 程序性知识　B. 心智技能　C. 语言技能　D. 陈述性知识

34. 根据(　　)，可以把知识分为直接知识和间接知识。

A. 知识的反映水平　B. 知识的抽象水平

C. 知识的来源　D. 知识的加工方式

35. 教师在向学生讲“雪花”这一事物时，采用观看录像带并向空中抛洒大量碎纸片以引导学生体会下雪场景的方式，这种直观的手段是(　　)

A. 实物直观　B. 模像直观　C. 言语直观　D. 虚拟直观

36. 平行四边形、正方形、菱形等都是四边形的(　　)

A. 反例　B. 概括　C. 变式　D. 抽象

37. 在陈述性知识的提取过程中，最重要的提取线索是(　　)

A. 学习情境　B. 主体状态

C. 知识的层次组织　D. 他人的提示

38. 学校举办“英语单词联想记忆”培训班，可以推断，这个培训班主要教授的知识类型是(　　)

A. 策略性知识　B. 程序性知识

C. 陈述性知识　D. 指导性知识

39. 中小学各学科的知识结构不同，它们可分为程序性知识型、陈述性知识型和混合型。下列属于程序性知识型学科的是(　　)

A. 数学、物理　B. 历史、政治　C. 语文、生物　D. 地理、化学

40. “求两个分数的和，已知两个分数的分母相同，直接将两个分数的分子相加，分母不变。”这种关于任务完成步骤的知识属于(　　)

A. 程序性知识　B. 陈述性知识

C. 技能性知识　D. 策略性知识

41. 教师课件的字不宜过小,这是运用感知规律中的(　　)

A. 差异律　B. 活动律　C. 强度律　D. 组合律

42. 当学生试图将已获得的相对零散和独立的知识与自己原有知识建立联系时,表明学生对知识的掌握处于(　　)

A. 重构阶段　B. 生长阶段　C. 协调阶段　D. 提取阶段

43. 有的学生看到锐角、直角、钝角等图形中都有两条交叉的线,就认为角是由两条交叉的线组成的。这属于(　　)

A. 理性概括　B. 感性概括　C. 形象直观　D. 知识迁移

44. 在一些国际会议上,同声翻译人员使用的记忆主要是(　　)

A. 瞬时记忆　B. 短时记忆　C. 长时记忆　D. 无意记忆

45. 知识获得的主要渠道是通过直观和(　　)

A. 概括　B. 分析　C. 比较　D. 综合

46. 最为便利和经济的直观手段是(　　)

A. 实物直观　B. 模像直观　C. 课件直观　D. 言语直观

47. 如果学生已经学习了质量与能量、遗传结构与变异等概念之间的关系,现在要学习需求与价格之间的关系,它们之间虽然没有类属关系,但也内含着另外的关系——后一变量随前一变量的变化而发生变化。这种学习属于(　　)

A. 派生下位学习　B. 相关下位学习

C. 上位学习　D. 并列结合学习

48. 在学习了相似三角形的相关知识,并经过数学老师的悉心指导后,王雨终于知道如何证明并写出两个三角形相似。案例中,王雨的学习属于(　　)的学习。

A. 陈述性知识　B. 程序性知识

C. 显性知识　D. 隐性知识

49. 根据奥苏贝尔的观点,掌握同类事物的共同的关键特征的学习属于(　　)

A. 代表学习　B. 机械学习　C. 命题学习　D. 概念学习

50. 在实际的学习和解决问题的活动中,陈述性知识和程序性知识是相互联系的。下列关于两者的说法错误的是(　　)

A. 关于各种概念、思想及其关系的语义记忆与陈述性知识相对应

B. 关于如何做某件事情的程序记忆与程序性知识相对应

C. 程序性知识是在陈述性知识的基础上进一步发展起来的

D. 程序性知识表现为被个体回忆起来而不是对所接受的信息进行加工变换

51. 关于知识的概括,下列说法不正确的是(　　)

A. 概括分为感性概括和理性概括

B. 概括是指主体对感性材料的深度加工改造

C. 教师进行知识概括时应配合运用正例和反例

D. 教师应加强图片、图表、幻灯片的观察和演示

52. 教师讲课有间隔和停顿，符合(　　)的认知规律。

A. 活动律　　B. 协同律　　C. 组合律　　D. 对比律

53. 教师在直观教学时，应用“变式”方法的目的在于(　　)

A. 激发兴趣　　B. 引起注意　　C. 丰富想象力　　D. 分化概念

54. 要求教师在讲课时有必要的走动和手势，以增强学生感知的效果，所依据的感知规律是(　　)

A. 组合律　　B. 强度律　　C. 活动律　　D. 差异律

55. 小明在学完英语时态“过去时”的知识后，再学习“过去完成时”的英语时态知识，这种学习属于(　　)

A. 并列学习　　B. 组合学习　　C. 下位学习　　D. 上位学习

56. (　　)是指空间上接近、时间上连续、形状上相同、颜色上一致的事物，易于构成一个整体为人们所清晰地感知。

A. 组合律　　B. 活动律　　C. 强度律　　D. 差异律

57. 知识的最小单元，一般由一个简单的句子来表达，指的是(　　)

A. 图式　　B. 命题网络　　C. 命题　　D. 概念

58. 学生能指出生字的字形结构，用学的生词造句，在病句中找出错误部分。这属于学习过程的(　　)阶段。

A. 理解　　B. 分析　　C. 应用　　D. 综合

59. 在科学课上，李老师为了帮助学生认识植物，带领学生去植物园参观，观察教材上展示的各种植物最真实的形态。李老师的做法属于(　　)

A. 模像直观　　B. 实物直观　　C. 言语直观　　D. 表象直观

60. 黄老师在教授学生认识卵生动物时，首先让学生认识了鸵鸟、乌龟等常见的卵生动物，最后让学生总结这些动物繁殖的共同特点，再认识卵生动物。这种学习属于(　　)

A. 并列结合学习　　B. 比较学习

C. 下位学习　　D. 上位学习

61. 关于陈述性知识，下列说法正确的是(　　)

A. 主要反映活动的具体过程和操作步骤　　B. 说明做什么和怎么做

C. 可用来区别和辨别事物　　D. 是一种实践性知识

62. 学生在道德与法治课上学习了什么是刑事违法行为、民事违法行为和行政违法行为，这种学习属于(　　)

A. 感性知识的学习　　B. 程序性知识的学习

C. 陈述性知识的学习　　D. 技能的学习

63. 由于新旧知识的关系不同，形成了不同的学习形式，即下位学习、上位学习和并列结合学习。下列选项中属于下位学习的是(　　)

A. 小敏通过认识猫、牛等动物认识了哺乳动物的特点

B. 小国由已掌握的平行四边形的特性推出了菱形的特点

C. 小芳通过观察直角三角形的特点推出了“勾股定理”

D. 小茹已经知道了热与体积的关系，现在要学习遗传结构和变异的关系

64. 有人在记忆英语单词时贪多求快，一个新单词仅仅拼读几遍就转入下一个新单词，结果每一个单词不久就忘得一干二净，这是因为对单词的记忆处于(　　)阶段。

A. 瞬时记忆　　B. 短时记忆　　C. 长时记忆　　D. 永久记忆

65. 一种记忆的特点是：信息的保存是形象的，保存的时间短、保存量大，编码是以事物的物理特性直接编码，这种记忆是(　　)

A. 短时记忆　　B. 瞬时记忆　　C. 长时记忆　　D. 动作记忆

66. 人头脑中出现的“学习时如何有效记忆，解决问题时如何明确思维方向”等知识属于(　　)

A. 陈述性知识　　B. 程序性知识　　C. 策略性知识　　D. 感性知识

67. 安德森和加涅等人认为，程序性知识的获得通常包括陈述—联合—自动化三个阶段。学生边听课边记笔记，而不用花费更多的精力去想字如何写。这种情况属于(　　)

A. 陈述阶段　　B. 运用阶段　　C. 联合阶段　　D. 自动化阶段

68. 根据认知心理学家安德森的看法，学生在进行分数除法的运算时所表现出的是(　　)

A. 陈述性知识　　B. 程序性知识

C. 学科性知识　　D. 策略性知识

69. 下列选项属于教师运用感知规律的组合律安排教学的是(　　)

A. 教师讲课时，语言要流畅，要针对不同内容采用不同的语速，对不同的内容要加以分析综合

B. 教师板书生字时，常把形近字的相同部分与相异部分分别用白色和红色的粉笔写出来

C. 教学中要使用活动性教具，如演示实验、放幻灯片、教学电影或录像等

D. 教师应避免在黑板前演示深色的教具，在讲到重点处，声音要大一些

70. 程序性知识的学习阶段中，(　　)是程序性知识发展的最高阶段。

A. 陈述性知识阶段　　B. 转化阶段

C. 自动化阶段　　D. 复述阶段

71. 数学教学中同一单元的不同章节之间的学习属于(　　)

A. 上位学习　　B. 并列结合学习

C. 派生类属学习　　D. 相关类属学习

72. 个体将已有知识经验用于解决作业中或实际生活中的问题，这是(　　)

A. 知识应用　　B. 知识综合　　C. 知识概括　　D. 知识迁移

二、多项选择题

1. 安德森将知识分为陈述性知识和程序性知识两大类，下列属于陈述性知识的有(　　)

A. 苹果是圆的

B. 本教材共由 10 章构成

C. 扫帚是用来扫地的

D. 知道长为 3 米，宽为 2 米，可以利用公式计算出长方形的面积是 6 平方米

2. 上位学习，也称总括学习，是指在认知结构中原有的几个观念的基础上学习一个包容性程度更高的命题，即原有的观念是从属观念，而新学习的观念是总括性观念。下列属于上位学习的有(　　)

A. 先学习“油”，再学习“汽油”“柴油”“菜子油”“玉米油”“花生油”等

B. 儿童在知道“桌子”“椅子”“凳子”等概念之后，再学习“家具”这个概念

C. 在学习正方体、长方体的体积计算公式后，再学习一般柱体的体积计算公式

D. 三角形的学习和四边形的学习

3. 下列关于陈述性知识学习的表述，正确的有(　　)

A. 提问可引发学习的多种认知过程

B. 变式练习是学习陈述性知识的必要条件

C. 原有的知识能促进学生对新知识的学习

D. 运用系统化策略构建出最优化的命题网络可促进学习

4. 下列直观方式中，属于模像直观的手段是(　　)

A. 图片　　B. 演示实验　　C. 图表　　D. 模型

5. 根据新知识与原有认知结构的关系，知识学习可分为(　　)

A. 下位学习　　B. 上位学习　　C. 并列结合学习　　D. 符号学习

6. 下列学习中属于符号学习的有(　　)

A. 汉字学习　　B. 英语单词学习

C. 图像、图表学习　　D. 历史事件学习

7. 下列关于长时记忆的说法，正确的是(　　)

A. 长时记忆是指存储时间在一分钟以上的记忆

B. 长时记忆中的信息是有组织的知识系统

C. 长时记忆信息的来源大部分是对短时记忆内容的加工

D. 长时记忆的信息在头脑中存储的时间长，但容量很有限

8. 知识的应用包括(　　)四个彼此相连又相互独立的基本环节。

A. 审题、联想　　B. 分析、综合　　C. 解析、类化　　D. 识记、保持

9. 下列关于陈述性知识的说法，正确的有(　　)

A. 陈述性知识具有动态的性质

B. 陈述性知识具有静态的性质

C. 陈述性知识要求的心理过程主要是分析

D. 陈述性知识要求的心理过程主要是记忆

10. 程序性知识的表征方式主要有(　　)

A. 命题网络　　B. 产生式系统　　C. 表象　　D. 产生式

11. 以下属于理性知识的是(　　)

A. 表象　　B. 概念　　C. 规则　　D. 原理

12. 基于对理解过程的分析，维特罗克强调为促进学生的理解，教师应引导学生主动建构关系。

下列教学策略有利于建构当前所学内容的不同部分之间联系的是(　　)

A. 画关系图　　B. 背诵　　C. 提问题　　D. 列小标题

13. 吕老师在讲授《北国的雪》一课时,结合录像向学生讲解雪的形态。在这个过程中吕老师运用了(　　)

A. 实物直观　　B. 模像直观　　C. 言语直观　　D. 虚拟直观

14. 直观手段一般分为(　　)

A. 实物直观　　B. 模像直观　　C. 言语直观　　D. 动作直观

15. 根据乔纳森提出的知识获得三阶段模式,初级知识的获得主要通过哪些方式(　　)

A. 学徒关系　　B. 练习　　C. 经验　　D. 反馈

16. 程序性知识是一种在人脑中以产生式的动态表征形式来表示的知识。下列属于程序性知识的是(　　)

A. 撰写工作计划的方法　　B. 掌握中国各行政区的名称及省会城市的名称

C. 连接一个串联电路　　D. 了解地震的成因

17. 影响知识理解的主要因素有(　　)

A. 学生的能力水平　　B. 学习材料的内容

C. 教师言语的提示与指导　　D. 原有的知识经验背景

18. 根据知识本身的存在形式和复杂程度,知识学习可以分为(　　)

A. 符号学习　　B. 命题学习　　C. 事实学习　　D. 概念学习

19. 瞬时记忆的特点是(　　)

A. 时间极短　　B. 容量较大　　C. 形象鲜明　　D. 意识清晰

20. “矩形的四个角都是 90 度”属于(　　)

A. 陈述性知识　　B. 程序性知识　　C. 显性知识　　D. 隐性知识

21. 下列选项中,属于程序性知识的有(　　)

A. 勾股定律　　B. 圆的面积公式　　C. 解题策略　　D. 记忆方法

22. 根据知识反映事物的深浅,可将知识分为(　　)

A. 具体知识　　B. 抽象知识　　C. 感性知识　　D. 理性知识

23. 针对陈述性知识的表征方式主要有(　　)

A. 命题　　B. 表象　　C. 命题网络　　D. 图式

24. 下列属于事实性知识学习的是(　　)

A. 学习历史时间和历史人物　　B. 学习图形和图像

C. 学习汉字、英语单词　　D. 学习地形地貌、地理位置

25. 可采用下列哪些感知规律突出直观对象的特点(　　)

A. 强度律　　B. 差异律　　C. 活动律　　D. 组合律

26. 程序性知识的学习阶段包括(　　)

A. 问题提出阶段　　B. 习得阶段

C. 巩固与转化阶段　　D. 提取与应用阶段

27. 在教育教学中，应如何运用感知规律(　　)

A. 对于强度律，教师应突出强调那些低强度但重要的要素

B. 对于差异律，教师应注意对象与背景的差异性

C. 对于活动律，教师应注意以活动变化的形式呈现对象

D. 对于组合律，教师应注重对教材的编排，分段分节

三、判断题

1. 做笔记是促进程序性知识学习的有效方法。(　　)
2. 概念学习以表征学习为前提，又为命题学习奠定基础。(　　)
3. 陈述性知识是能用词汇或其他符号系统表述的知识，用来解释"是什么"的问题。(　　)
4. 并列结合学习是在新知识与认知结构中的原有观念既非类属关系又非总括关系时产生的。(　　)
5. 图像记忆是瞬时记忆的主要编码形式。(　　)
6. 学生在学习时，掌握"鸟"有"前肢为翼""无齿有喙"两个共同关键特征，这种学习属于命题学习。(　　)
7. 在下位学习中，新旧观念相互作用的结果不会导致原有认知结构的实质性变化。(　　)
8. 知识的表征是指知识在头脑中储存和转化的方式。(　　)
9. 命题也就是我们通常所说的规则、原理、原则，它表示的是概念之间的关系、反映的是不同对象之间的本质联系和内在规律。(　　)
10. 教学中反例的适当运用可以排除无关特征的干扰，有利于加深对概念和规则的本质认识。(　　)
11. 命题学习在复杂程度上一般高于概念学习，命题学习必须以概念学习为前提。(　　)
12. 程序性知识是"是什么"的知识，以命题及其命题网络来表征；陈述性知识是"怎样做"的知识，以产生式来表征。(　　)
13. 陈述性知识包括智慧技能、动作技能和认知策略。(　　)
14. 知识巩固是指在知识掌握过程中对所学材料的瞬时记忆，它是通过人类的记忆系统实现的。(　　)
15. 并列结合学习比上位学习和下位学习更简单、容易。(　　)
16. 知识的获得是知识学习的最终阶段。(　　)
17. 学生的学习常常从陈述性知识的获得开始，而后进一步加工消化，成为可以灵活应用的程序性知识。(　　)

四、填空题

1. 按照学生对知识的概括抽象程度不同，可将知识概括分为________和理性概括。
2. 米勒提出了________的概念。
3. 图尔文将长时记忆分为________和________。
4. 现代认知心理学将知识分为陈述性知识与________。

五、案例分析题

（一）案例选择题

为提高教师的教学水平，学校特意进行以下四个教学方法专题培训活动。1 ~ 4 题为不同教师在培训后，根据教学需要对习得的教学技能进行实践的教学片断。

①设计寻找匹配的反例

②为学生指出对错，并提供有效的、有针对性的反馈

③引导学生对例证进行分析，关注例证中蕴含的关键特征

④在新颖情境中，设计变式练习

1. 周老师在教授“对称轴”概念时，要求学生观察对称图形，但很多学生难以发现图中的对称轴，周老师遂引导学生将这些不同形状的图形折叠起来，让两部分图形重合，学生因此能够轻易地发现图形中的对称轴。周老师采用的教学方法是（　　）（单项选择）

A. ①　　B. ②　　C. ③　　D. ④

2. 何老师在教授“鸟”这一概念时，向学生说明鸟的本质特征是“有羽毛”，与它的大小、形状、颜色，是否会飞等特征无关，并举出多个会飞但没有羽毛的动物，如蝙蝠、蜜蜂等，供学生区别。何老师采用的教学方法是（　　）（单项选择）

A. ①　　B. ②　　C. ③　　D. ④

3. 王老师发现学生在计算涉及 2 的平方根的算式时总是出错，为此，王老师在指出算式结果后，再次带领学生推算 2 的平方根的值。王老师采用的教学方法是（　　）（单项选择）

A. ①　　B. ②　　C. ③　　D. ④

4. 梁老师在教授学生动词过去式的变化规律后，安排以下题目练习：默写出“shop”等词对应的过去式；将课文中的重点语句从过去式改为现在时。梁老师采用的教学方法是（　　）（单项选择）

A. ①　　B. ②　　C. ③　　D. ④

（二）案例主观题

林老师为了上好《两栖动物的生殖与发育》一课，精心制作了 PPT，并准备了青蛙标本、三张挂图和视频材料，课前林老师将这些教具摆放悬挂好后，马上受到了许多学生的围观。课上他先是播放了视频材料，接着他演示了青蛙标本，因标本过小，后面的同学伸长脖子也看不到，他不断翻着 PPT，却没有适时做出讲解。下课铃声响了，准备的 PPT 还没有翻完。课后学生们反映说：“我们忙着看这看那，老师讲什么都没听清，而且有的 PPT 背景上浅色字很模糊。”

（1）林老师在教学过程中运用的直观手段存在哪些问题？

（2）联系案例，阐述教师应如何提高知识直观的效果。

专题五 技能的形成

考法透视 本专题以理解、记忆为主，多以选择题、判断题等客观题的形式考查，主要考查操作技能和心智技能的含义及特点、操作技能和心智技能的形成阶段理论与培养要求。

限时:110 分钟	用时: 分钟	错题数: 道	▶答案见 P939

一、单项选择题

1. 在学写生字“麟”时，老师指导全班学生一起进行“书空”练习，再让学生各自用笔写字，这种“书空”练习属于( )

A. 操作模仿　B. 操作定向　C. 操作整合　D. 操作熟练

2. 布瑞安等人在对收发电报中的动作技能进行研究时发现，被试在收报练习的 15 ~ 28 天之间，成绩一度停顿下来，虽有练习但成绩不见提高，该实验表明练习中存在( )

A. 练习成绩的平原现象　B. 练习成绩的马太效应

C. 练习成绩的高原现象　D. 练习成绩的增长一致性

3. 根据心智技能的实践模式，把主体在头脑中建立起来的活动程序计划，以外显的操作方式付诸实践，这是( )阶段。

A. 原型启发　B. 原型定向　C. 原型操作　D. 原型内化

4. 根据动作过程中外部情境是否变化，可将动作技能分为( )

A. 操作器具的动作技能和徒手技能　B. 连续的动作技能和不连续的动作技能

C. 开放性技能和封闭性技能　D. 连续动作技能和开放性技能

5. 在培养学生阅读技能的教学中，教师有很多方式方法，如“默读”“大声阅读”“齐读”等，从智力技能形成阶段看，能够“默读”的学生处于( )

A. 内部言语活动阶段　B. 活动的定向阶段

C. 物质化活动阶段　D. 无声的外部言语活动阶段

6. 在学校学习中，技能的学习以( )的掌握为前提。

A. 感性知识　B. 理性知识

C. 陈述性知识　D. 程序性知识

7. 通过学习而形成的合乎法则的操作活动方式被称作( )

A. 操作技能　B. 技巧　C. 心智技能　D. 能力

8. 反馈在操作技能学习过程中的作用是非常关键的，其中( )的作用尤为明显。

A. 外部反馈　B. 方法反馈　C. 过程反馈　D. 结果反馈

9. 根据技能的性质和表现形式，通常把技能分为认知技能和( )

A. 智力技能　B. 学习技能　C. 心智技能　D. 动作技能

10. 在操作模仿阶段,动作的控制主要靠(　　)

A. 听觉控制　　B. 视觉控制　　C. 触觉控制　　D. 动觉控制

11. 在示范与讲解动作技能过程中出现教练与学习者意见不一致,此时教练最适合采取的做法是(　　)

A. 以强硬的态度要求学生认同自己的意见

B. 提高嗓音,进一步详细解释自己的意见直到学生认同

C. 不与学生沟通,让他自己去思考

D. 减少言语指导而代之以实际训练

12. 加里培林将心智技能的形成分为五个阶段,即(　　)、物质活动或物质化活动阶段、出声的外部言语阶段、无声的外部言语阶段和内部言语阶段。

A. 认知定向阶段　　B. 动作的初步形成阶段

C. 活动的定向阶段　　D. 动作的协调和技能完善阶段

13. 根据完成活动时是否需要凭借一定的工具,动作技能可以被分为工具性动作技能和非工具性动作技能两种,下列属于工具性动作技能的是(　　)

A. 走路　　B. 跑步　　C. 唱歌　　D. 写字

14. 小宇在课余时间学习书法,在他刚上第一节课时,书法老师要求他在开始下笔写字之前认真观察字帖上的字,以学习某个字的构成及每一笔画如何起笔、收笔。根据动作技能形成的阶段划分,小宇观察字帖属于(　　)

A. 认知阶段　　B. 联系形成阶段　　C. 自动化阶段　　D. 创造阶段

15. 观看乒乓球教练打球,掌握打球的基本要领和动作属于动作技能的(　　)

A. 操作整合阶段　　B. 操作模仿阶段

C. 操作定向阶段　　D. 操作熟练阶段

16. "高原现象"是指在学习或技能的形成过程中,出现的暂时停顿或下降的现象。下列不属于学习者出现"高原现象"的是(　　)

A. 学生在学习进程中,学习成绩达到一定程度时,继续提高的速度减慢,有的人甚至发生停滞不前或倒退的现象

B. 在总复习的初期,每一个同学都很有信心,学习效果也较明显,在经历了一段时间的复习之后,有的同学的复习效果逐渐减退

C. 成绩不好的学生跟不上老师的教学进度,整天无精打采、精神萎靡,课堂听课效果差,学习成绩一直无法提高,有的同学甚至失去了进取的决心

D. 在每学期初,大部分学生都有较高的学习热情,学习效果也较好,可一过了期中考试,部分同学就会出现看不进去书也记不住内容、易急躁烦闷的现象

17. 在动作技能形成的(　　)阶段,从学习者角度看,主要是理解学习任务,形成目标表象和目标期望。

A. 认知　　B. 联系形成　　C. 转化　　D. 活动的定向

18. 动作技能的形成过程一般分为认知阶段、联系形成阶段和自动化阶段三个阶段。认知阶段的主要任务是( )

A. 领会动作技能的基本要求

B. 使适当的刺激与反应形成联系

C. 技能的局部动作被综合成更大的单位

D. 使肌肉运动的感觉作用占主导地位

19. “见者易,学者难”这句话强调的是( )对动作技能学习的重要性。

A. 练习　　B. 示范　　C. 言语指导　　D. 反馈

20. 在动作技能学习早期阶段,教师的示范不宜过快。对这种现象最恰当的解释是( )

A. 人的短时记忆容量有限　　B. 学习应循序渐进

C. 防止过早出现疲劳　　D. 先要有准备动作

21. 在操作技能的形成阶段中,表现出多余动作消失这一特点的阶段是( )

A. 操作整合　　B. 操作熟练　　C. 操作定向　　D. 操作模仿

22. 言语在不同的阶段上,其作用是不同的,在原型定向与原型操作阶段,其作用是( )

A. 标志动作并组织活动的进行　　B. 巩固与进一步概括动作表象

C. 外部言语转化为内部言语　　D. 改变动作方向

23. 关于动作技能和智力技能的区别和联系,下列描述不正确的是( )

A. 动作技能属于实际操作活动范围,智力技能属于观念范畴

B. 动作技能要求学习者必须掌握一套刺激—反应联结,智力技能要求学习者掌握正确的思维方法

C. 动作技能是在智力技能的基础上形成的

D. 智力技能是动作技能的支配者和调节者

24. 某人通过练习掌握动作技能时,动作尚忙乱紧张,呆板而不协调,并出现多余动作,也难以觉察自己动作的全部情况,因此自己不易发现错误。这时他处于动作技能形成的( )

A. 动作的认知和定向阶段　　B. 动作的联系阶段

C. 动作的协调和完善阶段　　D. 自动化阶段

25. “曲不离口,拳不离手”强调了在动作技能形成中起重要作用的是( )

A. 示范　　B. 反馈　　C. 练习　　D. 言语指导

26. 菲茨和波斯纳将动作技能的学习分为:认知阶段、联系形成阶段和( )

A. 完善阶段　　B. 操作阶段　　C. 自动化阶段　　D. 能动阶段

27. 下列关于操作整合的特点的描述,不正确的是( )

A. 动作可以表现出一定的灵活性、稳定性和精确性,但当外界条件发生变化时,动作的这些特点都有所降低

B. 各个动作成分趋于分化、精确,整体动作趋于协调、连贯,各动作成分间的相互干扰减少,多余动作也有所减少

C. 听觉控制不起作用，逐渐让位于视觉控制

D. 疲劳感、紧张感降低，心理能量不必要的消耗减少，但没有完全消除

28. 默读、心算、口算等智力活动不像操作活动及外部言语那样必须将动作实际做出或一一说出每个词，而是不完全的、片断的，是高度省略和简化的。这主要反映了心智技能的（ ）

A. 动作结构的简缩性　　B. 动作对象的观念性

C. 动作执行的潜在性　　D. 动作操作的减省性

29. 在动作技能的形成过程中，动作的示范和讲解是（ ）最为关键的因素。

A. 认知阶段　　B. 联系形成阶段

C. 自动化阶段　　D. 应用阶段

30. 在技能形成的练习过程中，其进步情况的表示方法是用（ ）

A. 图示　　B. 坐标　　C. 遗忘曲线　　D. 练习曲线

31. 打字高手不看键盘就可以打字，这说明操作熟练后（ ）

A. 意识调控减弱　　B. 利用细微线索

C. 动觉反馈加强　　D. 在不利条件下维持正常操作

32. 熟练的杂技演员一边骑车，一边做优美、复杂的动作。这说明他的动作技能处于（ ）

A. 认知阶段　　B. 分解阶段

C. 练习定位阶段　　D. 自动化阶段

33. 技能被定义为个体运用已有的知识经验，通过练习而形成的复杂系统，这个系统包括肢体动作方式和（ ）

A. 智力动作方式　　B. 操作技能方式

C. 运动技能方式　　D. 思维方式

34. 王国维在《人间词话》中提到人生三大境界，其中第二个境界“衣带渐宽终不悔，为伊消得人憔悴”，相当于动作练习的（ ）

A. 起始阶段　　B. 起伏阶段　　C. 高原阶段　　D. 突进阶段

35. 以下关于动作技能的培养方法，错误的是（ ）

A. 了解动作技能形成的特征　　B. 加强学生的言语表达训练

C. 理解任务的性质和情境　　D. 示范与讲解

36. 下列选项中，属于一般智力技能的是（ ）

A. 写作技能　　B. 观察技能　　C. 解题技能　　D. 阅读技能

37. 通过原型操作，学生不仅有了程序性知识，而且通过实际操作获得了完备的（ ），这就为原型内化奠定了基础。

A. 经验定向　　B. 动觉映像　　C. 视觉映像　　D. 听觉映像

38. 低年级学生通过借助香蕉、苹果的图片等代替物来进行数学运算，这属于（ ）

A. 物质化活动　　B. 内部言语活动

C. 物质活动　　D. 活动的定向

39. 心智技能形成中出声的外部言语阶段、不出声的外部言语阶段和内部言语阶段可以合称为(　　)

A. 原型定向　　B. 原型模仿　　C. 原型操作　　D. 原型内化

二、多项选择题

1. 在动作技能学习的不同阶段，个体的操作表现特征是不同的。动作技能形成的特征主要表现在(　　)

A. 意识控制的变化　　B. 动作控制方式的变化

C. 动作品质的变化　　D. 动作协调性的变化

2. 动作技能与智力技能的区别主要有(　　)

A. 活动的对象不同　　B. 活动的结构不同

C. 活动的要求不同　　D. 活动的目的不同

3. 操作模仿阶段的动作特点包括(　　)

A. 动作的稳定性、准确性、灵活性较差　　B. 各动作要素之间的协调性好

C. 主要靠视觉控制　　D. 完成动作的速度较慢

4. 学生在学习过程中会产生高原现象，产生这种现象的原因有(　　)

A. 学习动机减弱　　B. 学习方法新颖

C. 意志品质薄弱　　D. 学习任务复杂

5. 著名认知心理学家安德森将心智技能的形成分为三个阶段，即(　　)

A. 认知阶段　　B. 联结阶段　　C. 自动化阶段　　D. 整合阶段

6. 下列有关技能特点的陈述，正确的是(　　)

A. 有些技能是本能行为　　B. 技能是通过学习或练习而形成的

C. 技能属于认知经验，不属于动作经验　　D. 技能不是一般的习惯动作

7. 在操作技能的形成中，虽然不同的学习者的练习曲线存在差异，但也有共同点，表现在(　　)

A. 开始进步慢

B. 中间有一个明显的、暂时的停顿期，即高原期

C. 后期进步较大

D. 总趋势是进步的，但有时出现暂时的退步

8. 根据动作的精细程度和肌肉运动强度的不同，可将操作技能分为(　　)

A. 连续型操作技能　　B. 细微型操作技能

C. 闭合型操作技能　　D. 粗放型操作技能

9. 动作技能的特征有(　　)

A. 动作对象的客观性　　B. 动作主体的可变性

C. 动作进行的外显性　　D. 动作结构的展开性

10. 以下教学要求属于原型定向教学要求的是(　　)

A. 了解活动的结构　　B. 发挥学生的主动性与独立性

C. 要变更活动的对象　　D. 教师示范要准确

11. 下列属于我国教育心理学家提出的心智技能的形成阶段的是(　　)

A. 认知阶段　　B. 联结阶段

C. 原型内化阶段　　D. 原型操作阶段

12. 傍晚,很多学生在篮球场上挥汗如雨。打篮球是一种(　　)

A. 封闭性技能　　B. 开放性技能　　C. 心智技能　　D. 动作技能

13. 对学生心智技能的培养必须注意的问题有(　　)

A. 激发学习的积极性与主动性

B. 注意原型的完备性、独立性和概括性

C. 适应培养阶段的特征,正确使用言语

D. 建立稳定清晰的动觉

14. 心智技能与操作技能相比,有(　　)特点。

A. 对象具有观念性　　B. 执行具有内潜性

C. 结构具有简缩性　　D. 动作具有外显性

三、判断题

1. 技能没有好坏之别,习惯有好坏之分。(　　)

2. 膝跳反射是动作技能的一种表现形式。(　　)

3. 初学者在学习新的动作时,分解能力较差,动作掌握较慢。(　　)

4. 在动作技能学习中,练习就是指不断地重复。(　　)

5. 开车、跳舞、滑冰等属于连续的动作技能。(　　)

6. 动作技能是一种借助于内部语言在人脑中进行的认知活动方式。如游泳、打球和书法等。(　　)

7. 在技能形成过程中,分散练习的效果优于集中练习的效果。(　　)

8. 动作技能一经掌握便不易被遗忘。(　　)

9. 在心智技能的形成过程中,原型定向之前是原型内化。(　　)

10. 技能是个体在所获得的知识的基础上,运用某种活动方式构成技能形成与发展的必要环节,属于生理活动范畴。(　　)

11. 练习是形成各种操作技能不可缺少的关键环节。(　　)

12. 心智技能不必通过外部言语表现出来。(　　)

13. 小学低年级学生常常靠数手指来完成计算活动,这表明他们此时的智力技能处于活动的定向阶段。(　　)

14. 任何心智技能的形成,原则上都必须经过原型定向、原型操作、原型内化三个基本阶段才能实现。(　　)

15. 动作技能的形成需要长时间的反复练习,因此练习的次数越多越好。(　　)

16. 技能的掌握与陈述性知识无关。(　　)

17. 在动作技能形成的过程中,需要在头脑内反复思考身体动作的进行过程。这表明在动作技能的学习过程中反馈因素很重要。(　　)

18. 在地理课上，老师徒手在黑板上画了一个圆形，这种技能是封闭性技能。（　　）

19. 生活在草原上的牧民，其骑射技能娴熟；生活在海边的渔民，其捕鱼或潜水技能发展较好，这说明技能的形成和发展受现实生活环境的制约。（　　）

四、填空题

1. 苏联心理学家加里培林于 1959 年系统地提出了心智技能按阶段形成的理论，认为心智技能是通过实践活动的“________”而实现的。
2. ________是通过练习而形成的合乎法则的活动方式。
3. 操作技能的形成可以分为操作定向、________、________和操作熟练四个阶段。
4. ________是形成技能的必由之路。
5. 根据练习时间分配的不同，可将练习分为________和分散练习；根据练习内容的完整性不同可分为整体练习和________。
6. 操作熟练是操作技能掌握的高级阶段，此阶段动作的执行达到高度的程序化、自动化和________。

五、简答题

1. 简述操作技能的培训要求。

2. 任何复杂的动作技能都必须通过练习才能达到熟能生巧的程度。练习的方法主要有哪些？

六、案例分析题

心算技能一般可利用运算规律，对算式进行变形，使算式表达符合已有的心智操作基础，从而准确快速的计算。例如，某教师在教 1.8×27 时，教学过程是：

呈现 $1.8\times27=(2-0.2)\times27=2\times27-0.2\times27$

或者 $1.8\times27=1.8\times(30-3)=1.8\times30-1.8\times3$

出一些类似的题目引导学生进行纸笔操作练习，从而产生言语表征，形成熟练的心算技能。

根据心智技能形成理论，说明教师如何引导学生形成心算技能。

专题六　问题解决与创造性

考法透视　本专题以理解、记忆为主，多以选择题、判断题等客观题的形式考查。主要考查问题与问题解决的界定，问题解决的过程、策略、影响因素，创造性的特征、影响因素和培养措施。

限时：180 分钟	用时：　分钟	错题数：　道	▶答案见 P946

一、单项选择题

1. 科学家在发明电灯时，尝试着以胡子、炭条、铬等作为灯丝的材料，试验了上千次后终于成功了。案例中，科学家运用的问题解决策略属于(　　)

A. 算法式　　B. 手段—目的分析法

C. 逆向工作　　D. 爬山法

2. 在过去经验的影响下，解决问题会带有倾向性，在这种问题解决中起作用的因素是(　　)

A. 问题情境　　B. 定势　　C. 功能固着　　D. 变式

3. (　　)是指问题解决中分析问题，抓住问题关键、找出主要矛盾的过程。

A. 发现问题　　B. 理解问题　　C. 提出假设　　D. 验证假设

4. 下列选项中属于问题解决的是(　　)

A. 回忆一个人的名字　　B. 幻想自己是科学家

C. 用一个词造句　　D. 荡秋千

5. 拿破仑滑铁卢兵败被流放到圣赫勒拿岛后，他的一位善于谋略的密友通过秘密方式给他捎来一副用象牙和软玉制成的国际象棋。拿破仑爱不释手，一个人默默下起了象棋，打发着寂寞痛苦的时光。象棋被摸光滑了，拿破仑的生命也走到了尽头。拿破仑死后，这副象棋多次转手拍卖。后来一个拥有者偶然发现，有一枚棋子的底部居然可以打开，里面塞有一张如何逃出圣赫勒拿岛的详细计划。这个案例中，拿破仑之所以没有发现象棋中的玄机是受到(　　)的影响。

A. 感觉统合　　B. 注意转移

C. 记忆再现　　D. 思维定势

6. 王伟晚上在家复习功课时，灯忽然灭了，他根据物理课上所学的知识，推测可能是保险丝断了，然后检查了闸盒里的保险丝。检查保险丝属于问题解决过程中的(　　)阶段。

A. 发现问题　　B. 理解问题　　C. 提出假设　　D. 检验假设

7. (　　)是人在解决问题时所采取的一种根据经验规则进行发现的方法。其特点是在解决问题时，利用过去的经验，选择行之有效的方法，而不是系统地、以确定的步骤去寻求答案。

A. 算法　　B. 启发式方法

C. 手段—目的分析法　　D. 爬山法

8. 在问题解决过程中，有时会出现“恍然大悟”或“豁然开朗”的情况。这一现象可以用(　　)解释。

A. 心理定势　　B. 酝酿效应　　C. 迁移　　D. 功能固着

9. 通过对狗鼻子构造的分析，发明出比狗鼻子更灵敏的电子嗅觉器。这是(　　)对问题解决的影响。

A. 知识经验　　B. 迁移　　C. 酝酿效应　　D. 原型启发

10. 数学老师在教应用题时，一再强调要学生看清题目，必要时可以画一些示意图。这样做的目的是(　　)

A. 牢牢记住题目内容　　B. 很好地完成对问题的心理表征

C. 有效地监控解题过程　　D. 熟练地使用计算技能

11. 下列选项中，属于结构良好问题的是(　　)

A. 如何实现理想　　B. 创造发明　　C. 写作文　　D. 解决几何证明题

12. 问题解决的关键阶段是指(　　)

A. 发现问题　　B. 理解问题　　C. 提出假设　　D. 检验假设

13. 儿童在解决脑筋急转弯“小明吹电扇的时候为什么越吹越热”时，只想到了电扇吹小明，而想不到是小明去吹电扇。这里体现出来的影响问题解决的因素是(　　)

A. 思维定势　　B. 原型启发　　C. 问题表征　　D. 灵感

14. 问题解决的思维过程受多种心理因素的影响，有些因素能促进思维活动对问题的解决，有些因素则妨碍思维活动对问题的解决，这些因素可以分成问题因素和个人因素。其中问题因素包括问题的刺激特点、功能固着以及(　　)

A. 定势　　B. 知识背景　　C. 智慧水平　　D. 好奇心

15. 数学练习册上，某题因漏掉一个前提条件而导致无法解题，但全班同学均未发现，一直埋头寻找解题的方法。导致学生无法及时发现问题的原因最不可能的是(　　)

A. 学生缺乏与问题相关的背景知识

B. 学生没有养成积极主动寻找问题的习惯

C. 学生宁愿把时间花在寻求解决问题的方案上而非寻找问题

D. 课程日常训练让学生疏于进行发散思维和逆向思维

16. 问题是给定信息和要达到的目标之间有某些障碍需要被克服的(　　)

A. 刺激情境　　B. 既定疑问　　C. 思维状态　　D. 思维起点

17. “怎么保护好环境?”这样的问题属于(　　)的问题。

A. 有结构　　B. 无结构　　C. 创造性　　D. 认知性

18. 学生在解决难题时，各种主意和观点可能产生不同寻常组合的阶段是(　　)

A. 准备阶段　　B. 酝酿阶段　　C. 明朗阶段　　D. 验证阶段

19. 让学生进行加减乘除的运算，或在考试中进行单项选择，都属于(　　)的问题。

A. 结构良好　　B. 结构不良　　C. 创造型　　D. 发现型

20. 当问题的初始状态可以引发出许多途径，而其中只有很少一些途径能达到目标，这时运用问题解决方法中的(　　)最有用。

A. 选择性搜索　　B. 手段—目的分析法

C. 逆推法　　D. 爬山法

21. 已知条件与要达到的目标都比较含糊，问题情境不明确，各种影响因素不确定，不易找出解答线索的问题称为(　　)

A. 有序问题　　B. 无序问题　　C. 有结构问题　　D. 无结构问题

22. 吃过晚饭，玲玲习惯性地拿着收音机在操场上边散步边跟着广播练习普通话。突然，收音机没了声音。玲玲怀疑是电池没电了，于是就取下头上的卡子，拧开收音机后盖的螺丝。玲玲克服了(　　)因素的影响，使打开收音机后盖的问题得以解决。

A. 知识经验　　B. 动机　　C. 功能固着　　D. 原型启发

23. 九宫格中每格中间均有一个黑点，现要求将九个黑点用一笔连起来，而小亮却认为这九个黑点组成了正方形，无法完成这一要求。小亮产生这一认知的原因是(　　)

A. 受到表征方式的影响　　B. 受到思维定势的影响

C. 受到无关信息的影响　　D. 受到功能固着的影响

24. 下列哪项属于真正的创造(　　)

A. 鲁班发明锯子　　B. 高斯少年时做数字 1～100 的连加

C. 找到远古时期的化石　　D. 陶渊明发现桃花源

25. 教师要求学生列举砖的用途，某学生在单位时间内列举出很多例证，但都在建筑材料范围之内，这表明该学生的发散思维在流畅性和变通性方面的特点是(　　)

A. 流畅性差，变通性差　　B. 流畅性好，变通性差

C. 流畅性好，变通性好　　D. 流畅性差，变通性好

26. 老师布置了一道数学题，学生小刘绞尽脑汁，怎么也解答不出来，他向老师求助，老师启发他说："山重水复疑无路，柳暗花明又一村。暂时停止对问题的积极探索，可能就会对问题的解决起到关键作用。"老师的话语体现了(　　)对问题解决的影响。

A. 功能固着　　B. 定势思维　　C. 酝酿效应　　D. 迁移

27. 在解几何证明题时，学生常从问题的目标状态往回走，先确定达到该目标所需要的条件，然后再将达到目标所需要的条件与问题提供的已知条件进行对比，完成证明。这种方法属于问题解决中的(　　)

A. 反推法　　B. 算式法　　C. 简化法　　D. 类比法

28. 个人应用一系列的认知操作，从问题的起始状态到达目标状态的过程，叫作(　　)

A. 发现问题　　B. 理解问题　　C. 问题检验　　D. 问题解决

29. 把一个问题分成若干个子问题，设立各种子目标，通过实现一系列的子目标最终达到总目标，这种问题解决的方法称之为(　　)

A. 反推法　　B. 手段目的法　　C. 类比法　　D. 简化计划法

30. (　　)问题解决是指使用常规方法来解决有结构的、有固定答案的问题。

A. 常规性　　B. 发明性　　C. 创造性　　D. 无结构的

31. 问题解决的第一步是(　　)

A. 理解和表征问题阶段　　B. 尝试解答阶段

C. 评价反思阶段　　D. 执行计划阶段

32. “知人所不知，见人所不见。”这表明了创造性的(　　)品质。

A. 流畅性　　B. 变通性　　C. 指向性　　D. 独创性

33. 以下表述不利于个体创造力发展的是(　　)

A. 家庭民主，父母对孩子不专制

B. 孩子养成了听话顺从的习惯

C. 个体精力充沛，信任自己能控制自己

D. 教师具有独立性和创造性

34. 积累知识、提出问题、调查研究、收集资料属于创造过程的(　　)

A. 准备阶段　　B. 酝酿阶段　　C. 明朗阶段　　D. 验证阶段

35. 小明嚼口香糖玩时，不慎将10元纸币掉到狭缝里，几经尝试，无法用手将其取出，最后在别人的建议下用口香糖粘出。小明刚开始时没有用这样的方法，主要是受到了(　　)的影响。

A. 功能固着　　B. 原型启发　　C. 动机　　D. 知识表征

36. 当一个人用画图表、线路图等具体形式表征问题时，表明他处于问题解决的(　　)阶段。

A. 发现问题　　B. 理解问题　　C. 提出假设　　D. 验证假设

37. 教师对学生的错误不能持完全否定的态度，更不应该指责，要给予其一定的肯定。这体现了在塑造创造性的个性时要注意(　　)

A. 保护学生的好奇心　　B. 解除个体对答错问题的恐惧心理

C. 鼓励学生的独立性和创新精神　　D. 给学生提供具有创造性的榜样

38. 教学中所谓的(　　)具有两个基本特征：问题的目标很明确和解决方法是确定的。

A. 结构不良问题　　B. 结构良好问题　　C. 复杂问题　　D. 决策问题

39. 自动化的操作如走路、穿衣等动作，不能称之为问题解决，是因为此类活动缺少(　　)

A. 目的性　　B. 序列性　　C. 认知操作　　D. 情境性

40. 下列关于问题解决与创造力的说法错误的是(　　)

A. 问题解决能力只能通过创造力的水平来体现

B. 问题解决的能力在一定程度上能体现一个人创造力水平的高低

C. 一个人创造力水平越高，问题解决的速度越快

D. 问题解决会促进创造力的发展

41. 以下属于培养学生思考问题的习惯的教学策略是(　　)

A. 帮助学生牢固地记忆知识　　B. 注重练习质量，提高练习的有效性

C. 提供多种变式，促进概括　　D. 鼓励学生多角度提出假设

42. 从完整的问题解决过程来看，(　　)是首要环节。

A. 理解问题　　B. 提出假设　　C. 发现问题　　D. 检验假设

43. 做数学试题时，对于每一道计算题，小芳总能想出两种以上可能的计算方法。“想出两种以上可能的计算方法”属于问题解决的(　　)阶段。

A. 发现问题　　B. 解决问题　　C. 明确问题　　D. 提出假设

44. 创造性是指个体产生新奇、独特、有社会价值的产品的(　　)

A. 智力技能　　B. 思维品质　　C. 思维程序　　D. 能力或特性

二、多项选择题

1. 问题解决的信息加工观点认为，问题空间包含(　　)

A. 起始状态　　B. 中间状态

C. 目标状态　　D. 检验状态

2. 问题解决有多种途径，但问题解决有其共同的基本特征。下列属于问题解决特征的有(　　)

A. 问题情境性　　B. 目标指向性

C. 操作序列性　　D. 认知操作性

3. 下列关于问题解决策略的表述，正确的有(　　)

A. 算法策略通常可以保证问题得到解决，但比较费时费力

B. 启发式策略不一定能保证问题的解决

C. 算法策略通常优于启发式策略

D. 爬山法是一种算法策略

4. 下列说法有利于培养问题解决能力的有(　　)

A. 使学生进行重复机械学习　　B. 鼓励主动发现问题

C. 教授解决问题的方法和策略　　D. 避免进行评价

5. 每一个问题都必须包含以下哪几种成分(　　)

A. 目标　　B. 个体已有的知识　　C. 障碍　　D. 假设

6. 相对问题解决的算法策略，启发策略的优点主要有(　　)

A. 保证问题解决　　B. 节省时间

C. 解决问题尝试的次数少　　D. 受定势影响小

7. 创造性的基本特征有(　　)

A. 流畅性　　B. 变通性　　C. 独创性　　D. 目的性

8. 问题解决的思维过程一般经历的阶段是(　　)

A. 发现问题　　B. 明确问题　　C. 提出假设　　D. 检验假设

9. 问题解决具有(　　)

A. 目的性　　B. 结构性　　C. 序列性　　D. 认知性

10. 提高学生知识储备的数量与质量，可以采取以下途径（　　）

A. 外化思路，进行显性教学
B. 帮助学生牢固地记忆知识
C. 提供多种变式，促进知识的概括
D. 重视知识间的联系，建立网络化结构

11. 能否发现问题取决于（　　）

A. 刺激特征
B. 主体的知识经验
C. 主体活动的积极性
D. 主体的求知欲望

12. 下列选项中属于结构良好问题的有（　　）

A. 写命题作文
B. 求边长2厘米的正方形的面积
C. 从北京出发乘火车到香港，最短的路线应该怎么走
D. 完成试题中的单项选择题

13. 英国心理学家沃拉斯分析了前人的研究后认为，任何创造性活动的过程都包括（　　）

A. 准备阶段　B. 酝酿阶段　C. 明朗阶段　D. 验证阶段

14. 研究表明，创造性与智力的关系并非成简单的线性关系，二者既有独立性，又在某种条件下具有相关性。其基本关系主要表现为（　　）

A. 低智力不可能具有高创造性
B. 高智力一定具有高创造性
C. 低创造性者的智力水平可能高，也可能低
D. 高创造性者的智力水平可能高，也可能低

15. 影响创造性的因素有（　　）

A. 智力　B. 提出问题　C. 环境　D. 个性

16. 下列做法中，有助于学生创造性个性塑造的有（　　）

A. 在写作文时鼓励学生自己选题
B. 在解决数学题目时鼓励学生想出不同的解决方法
C. 对学生所提问题均以肯定态度接纳
D. 在学业测试中，增添部分无固定答案的问题

17. 下列选项中，属于结构不良的问题有（　　）

A. 如何写好一篇学术论文
B. 怎样保持良好的人际关系
C. 如何根据已知条件求证几何问题
D. 怎样成为一名优秀的运动员

三、判断题

1. 记忆提取就是解决问题。（　　）

2. 学习迁移对于提高解决问题的能力具有直接的促进作用。（　　）

3. 功能固着是一个人意志坚定的表现。（　　）

4. 在解决问题的过程中，对解决问题有启发作用的相类似的事物叫原型。（　　）

5. 地理老师给学生布置的思考作业为“了解全球水资源短缺情况”，从问题结构的完整性来划

分,该类问题属于结构良好问题。 ( )

6. 在解决常规问题时,专家比新手更快;在解决困难的新问题时,专家用于表征问题的时间比新手要长。 ( )

7. 漫无目的的幻想也可以看作是问题解决。 ( )

8. 智力是创造力的充分条件。 ( )

9. 在数学学习中,学生做了例题后面的练习题后有助于再做同样类型的题,但对做不同类型的题则有消极影响。这是功能固着对问题解决的影响。 ( )

10. 思维是从问题开始的,但是,只有当人具有解决问题的需要和动机时,他才可能以进取的态度寻求解决问题的方法和步骤。 ( )

11. 算法式策略是问题解决的策略之一。算法式只适用于解决简单的问题,如数学题的解和证明等。现实中的问题既复杂又没有明确的解决步骤,不宜用算法式。 ( )

12. 创造力并不是少数人才有的,是每个人都有的潜能。 ( )

13. 无论是真正的创造还是类创造,它们所表现出来的思维或认知能力在本质上是相同的。 ( )

14. 理解问题是在头脑中形成问题结构的过程。 ( )

15. 创造性是天生的,主要靠学生的悟性,很难通过学校教育进行培养。 ( )

16. 创造力与学业成绩成正相关。 ( )

17. 提出假设是问题解决的重要阶段。提出假设的数量和质量主要取决于个体思维的灵活性和个体的好奇心两个条件。 ( )

18. 创造性既是智力因素的品质,又是非智力因素的品质。 ( )

19. 问题解决是有目的的认知活动,而非自动化加工。 ( )

20. 功能固着打破了解决问题不恰当思路的定势,从而促进了新思路的产生。 ( )

四、简答题

1. 影响问题解决的因素有哪些?

2. 如何培养学生的问题解决能力?

3. 简述问题解决的基本步骤。

4. 影响创造性的因素有哪些?

5. 如何培养学生的创造性个性?

五、案例分析题

1. 阅读材料,回答问题。

某教师对两组学生进行以下测试:

第一组的测试问题为:抽屉里有混在一起的黑色袜子和白色袜子若干,黑色袜子和白色袜子的数量比例是4∶5。如果在黑暗中取袜子,至少要拿出几只才能保证得到一双颜色相同的袜子?

第二组的测试问题为:从混在一起的黑色袜子和白色袜子中,眼睛不看,至少拿出几只即可得到一双颜色相同的袜子?

测试结果显示,第二组解答问题的正确率和速度均明显优于第一组。

(1)材料中影响测试问题解决的因素是哪种?

(2)结合材料分析,该因素如何影响问题解决?

2. 在一次关于“如何培养学生的创造力”的研讨会上，老师们纷纷发言：

王老师：“在我的课堂上，气氛比较沉闷，学生很少发言，即使发言也只是按照书本上的答案回答。”

李老师：“我们老师非常赞成培养学生的创造力，可不知道如何去做。”

张老师：“在学校里，考试是个指挥棒，如果培养了学生的创造力，答题时答案五花八门，学生怎能通过考试？”

请结合创造力培养的有关知识，说明以上三位老师的困惑。

专题七　态度与品德

考法透视　本专题以理解、分析为主，多以选择题、判断题等客观题的形式考查，但也会以简答题等主观题的形式出现，主要考查态度的实质与结构、品德的实质与结构、品德发展的阶段理论、态度与品德学习的一般过程、影响态度与品德学习的一般条件、态度与品德的培养。

限时：180 分钟	用时：　分钟	错题数：　道	▶答案见 P953

一、单项选择题

1. 个体道德品质形成的基础是(　　)

A. 道德认知　　B. 道德情感　　C. 道德行为　　D. 道德意志

2. 某学校为培养学生良好的卫生习惯，制定了一系列班级卫生行为规范以约束学生行为，并且通过多种形式开展卫生知识宣传，让学生明白养成卫生习惯无论对自己、对班级还是对学校而言都有重要意义。规范实行一段时间后，大部分学生都能够做到爱护绿化，不乱扔垃圾，主动打扫卫生，学校里逐渐形成了人人讲卫生的良好局面。该校对学生习惯的培养经历了(　　)三个阶段。

A. 认同→内化→依从　　B. 内化→认同→依从

C. 依从→认同→内化　　D. 内化→依从→认同

3. 如果一个学生无论做什么事情，都出现“你要我遵守，你也要遵守；你让我做好，你也得做好”的想法，则该学生的道德发展处于(　　)

A. 自律或合作道德阶段　　B. 前道德阶段

C. 他律道德阶段　　D. 道德实在论阶段

4. 小美经常顺手牵羊拿走其他同学的文具盒，老师发现后严厉地批评了她。小美感到很困扰，自己明明知道偷东西是不对的，可就是控制不住自己的手。这说明小美目前缺乏（　　）

A. 道德认识　　B. 道德意志　　C. 道德情感　　D. 道德行为

5. 科尔伯格使用“海因兹偷药”的故事来研究儿童的道德判断。有些孩子认为海因兹不应该偷药，因为偷东西的行为不能得到普遍赞扬。持这种看法的孩子，其道德判断发展水平处于（　　）

A. 前习俗水平　　B. 习俗水平　　C. 后习俗水平　　D. 公正水平

6. 小丽在跟伙伴们玩耍时，发现一名婴儿被反锁在了私家车内。面对该名婴儿的哭喊声，他们为该不该砸碎车窗、立刻救出婴儿而发生争执。最终小丽站出来说：“我们把车窗砸碎吧，为了救人砸坏车窗没有错！”根据皮亚杰的道德认知发展理论可知，小丽的道德认知最可能处于（　　）

A. 无律道德阶段　　B. 契约道德阶段

C. 自律道德阶段　　D. 他律道德阶段

7. 要纠正一个学生不认真学习的态度，按照认知失调理论，最恰当的做法是（　　）

A. 当学生认真学习时及时表扬

B. 当学生学习不认真时进行严厉批评

C. 让学生找出自己不认真学习的理由

D. 使学生认识到学习不认真对自己的危害

8. 我们要求公众人物严格自律，有污点的公众人物不能出现在官方媒体，是因为青少年对偶像的崇拜，会影响其（　　）

A. 对社会规范的认同　　B. 心智技能的培养

C. 逻辑思维的完善　　D. 气质特征的矫正

9. 态度的核心成分是（　　）

A. 认知　　B. 情感　　C. 动力　　D. 行为

10. 小刚帮妈妈洗碗，不小心打破了十个碗；小强偷吃冰箱里的零食，不小心打破了一个碗。小红认为，小强做得比小刚更好，因为他只打破了一个碗。这说明小红目前处于道德发展阶段中的（　　）

A. 自律阶段　　B. 他律阶段　　C. 具体运算阶段　　D. 后习俗水平

11. 通过学习而形成的影响个体行为选择的内部状态是（　　）

A. 认知　　B. 记忆　　C. 态度　　D. 自我意识

12. 美国心理学家（　　）经过多年研究提出了人类道德发展的顺序原则。

A. 皮亚杰　　B. 马斯洛　　C. 班杜拉　　D. 科尔伯格

13. 初中阶段既是人生观开始形成的时期，又是容易发生品德两极分化的时期。品德不良、违法犯罪多发生在这个时期。根据研究，（　　）是品德发展的关键期。

A. 初一　　B. 初二　　C. 初三　　D. 初一和初二

14. 中学生品德发展的显著特点之一是(　　)

A. 形成道德信念和道德理想　　B. 道德观念的认识处于感性阶段

C. 品德结构矛盾冲突　　D. 道德情感淡漠

15. (　　)是规范内化的初级阶段,是品德建立的开端。

A. 依从　　B. 接受　　C. 认同　　D. 内化

16. 中学生的伦理道德发展的基本特征之一是可以做到言行一致,具有(　　)

A. 他律性　　B. 自律性　　C. 过渡性　　D. 平稳性

17. 一个人一直很喜欢从事某一项活动,这里主要体现的是态度的(　　)成分。

A. 认知　　B. 情感　　C. 行为　　D. 行为倾向

18. 根据科尔伯格的理论,小明认为正确的行为就是能够满足本人需要的行为,则小明处于(　　)

A. 惩罚和服从定向阶段　　B. 功利性的享乐主义定向阶段

C. "好孩子"定向阶段　　D. 维护权威和社会秩序定向阶段

19. 在实际活动中,态度的认知成分、情感成分、行为成分所占的比重不同,在较高层次的活动中需要个体对极为复杂的社会情境进行分析和理解,在这种情况下,态度的(　　)成分起很大的作用。

A. 认知　　B. 情感　　C. 行为　　D. 认知和情感

20. 在社会规范学习过程中,个体不仅在行为上遵守社会规范,而且在一定程度上意识到规范的必要性和规范对个人的价值。此时其社会规范学习处于(　　)

A. 服从水平　　B. 依从水平　　C. 认同水平　　D. 内化水平

21. 在社会规范学习与道德品质发展的研究中,班杜拉等心理学家的研究重点是(　　)

A. 道德认识　　B. 道德情感　　C. 道德意志　　D. 道德行为

22. 在一般情况下,人们总是接受与自己态度一致的信息,拒绝与自己态度不一致的信息;而且在面对一致信息时,也倾向于注意和评价信息中好的方面。这体现了态度的(　　)

A. 过滤功能　　B. 调节功能　　C. 价值表现功能　　D. 适应功能

23. 品德是个体依据一定的社会道德准则规范自己行动时表现出来的心理特征和倾向,它是(　　)

A. 比较不稳定的　　B. 受先天因素制约的

C. 时稳时变的　　D. 比较稳定的

24. 品德结构的四个要素中,具有催化剂作用的是(　　)

A. 道德认识　　B. 道德情感　　C. 道德意志　　D. 道德行为

25. "君子欲讷于言而敏于行"强调的品德因素是(　　)

A. 道德认识　　B. 道德情感　　C. 道德意志　　D. 道德行为

26. 小贾认为人们不应该容忍偷东西的行为,因为如果大家都不制止的话,社会就会变得很混乱。根据科尔伯格的道德发展阶段理论,小贾处于(　　)

A. 寻求认可取向阶段　　B. 遵守法规取向阶段

C. 普遍伦理取向阶段　　D. 社会契约取向阶段

27. 采用“道德两难故事法”让儿童对道德问题进行判断的心理学家是(　　)

A. 皮亚杰　　B. 科尔伯格　　C. 班杜拉　　D. 奥苏贝尔

28. 认为尊重人的生命比遵守僵硬的社会规范更为重要的道德发展阶段是(　　)

A. 前习俗水平　　B. 习俗水平　　C. 后习俗水平　　D. 前道德水平

29. 在品德形成的认同阶段,个体在思想、情感、态度和行为上主动接受他人的影响,试图使自己在态度和行为上(　　)

A. 与他人相接近　　B. 与大家保持一致

C. 被他人认可　　D. 与他人基本相同

30. 表现为“富贵不能淫,贫贱不能移,威武不能屈”的态度形成阶段是(　　)

A. 依从　　B. 认同　　C. 内化　　D. 坚定

31. 皮亚杰认为,儿童在判断行为对错时,是(　　)

A. 从客观责任到主观责任发展的　　B. 从主观责任到客观责任发展的

C. 从他律向自律发展的　　D. 从自律向他律发展的

32. 一些初中生在学习雷锋的先进事迹时,感到雷锋精神非常高尚,值得大家学习。这种道德情感体验是(　　)

A. 想象的道德情感　　B. 直觉的道德情感

C. 分析的道德情感　　D. 伦理的道德情感

33. “亲其师,信其道”主要表明了(　　)的作用。

A. 道德认识　　B. 道德情感　　C. 道德动机　　D. 道德意志

34. 国家乒乓球队的健儿团结拼搏,为祖国和人民赢得金牌。这种爱国主义和集体主义情感属于(　　)

A. 伦理的道德情感　　B. 想象的道德情感

C. 直觉的道德情感　　D. 记忆的道德情感

35. (　　)决定个体是否愿意完成某些任务,即决定行为的选择。

A. 态度　　B. 道德　　C. 能力　　D. 情绪

36. 不管春夏秋冬,小刚都能够坚持晨练,坚持每天打太极拳。这属于哪种品德心理结构(　　)

A. 道德认识　　B. 道德情感　　C. 道德意志　　D. 道德行为

37. 看见他人在餐厅内抽烟、大声喧哗感到厌恶是(　　)

A. 直觉的道德情感　　B. 想象的道德情感

C. 伦理的道德情感　　D. 法律的道德情感

38. “两位亲人掉入水中,应该先救哪个?”这个常见的问题是延伸自心理学家科尔伯格提出的(　　)故事。

A. 模棱两可　　B. 矛盾观念　　C. 进退维艰　　D. 道德两难

39. 内化是指在思想观点上与他人的思想观点一致，将自己所认同的思想和自己原有的观点、信念融为一体，构成一个完整的(　　)

A. 新观点　B. 认知结构　C. 策略系统　D. 价值体系

40. 研究表明，我国儿童摆脱成人惩罚的影响，根据行为本身好坏作出分析判断的转折年龄在(　　)

A. 5 ~6 岁　B. 6 ~7 岁　C. 7 ~8 岁　D. 8 ~9 岁

41. 学生在交往活动中，学会了持什么样的态度会被同伴集体所接受，那么反过来，这种态度又会让其去适应不同类型的集体的交往活动，这体现的态度的功能是(　　)

A. 过滤功能　B. 调节功能　C. 价值表现功能　D. 适应功能

42. 关于我国青少年道德情感发展的一般趋势，下列说法不正确的是(　　)

A. 道德情感的不同范畴的发展是不同步的

B. 道德情感的发展是在一个维度上展开的

C. 从小学二年级到初中二年级呈现逐步上升趋势

D. 不同性别的中小学生的道德情感的发展趋势基本一致

43. 按照皮亚杰的道德认知发展理论，8 ~10 岁的孩子的道德认知处于(　　)

A. 自我中心阶段　B. 权威阶段

C. 可逆性阶段　D. 公正阶段

44. 张强选修的书法课获得了优秀的成绩，而他自己又对书法产生了浓厚的兴趣，同时他的老师和父母也赞扬与鼓励他学习书法，这种赞扬与鼓励就加强了他对书法积极的学习态度。张强这种学习态度的形成受(　　)因素的影响。

A. 社会信息　B. 团体的期望与规定

C. 模仿　D. 强化

45. 以下说法中反映了态度结构的核心成分的是(　　)

A. “运动有益于身心健康”　B. “我不喜欢喝酒”

C. “我坚决不在考试中作弊”　D. “我从不撒谎”

46. 道德情感包含多方面的内容，其中，对于儿童和青少年尤为重要的是(　　)

A. 义务感、责任感、羞耻感　B. 事业感、使命感、自尊感

C. 事业感、责任感、义务感　D. 自尊感、羞耻感、使命感

47. 作为教师应该了解青春期是学生心智发育的重要阶段，下列关于中学生品德发展特征的说法正确的是(　　)

A. 自我意识减弱　B. 品德结构更为完善

C. 品德发展趋向幼稚　D. 不具有道德行为习惯

48. 学生对善恶美丑有了分别，说明学生具有了(　　)

A. 道德认知　B. 道德情感　C. 道德意志　D. 道德行为

49. 下面能反映个人品德的行为是(　　)

A. 他每天坚持把卧室打扫得干干净净　B. 他总是烟酒不沾

C. 营业员不小心找错了钱，他主动退还　　D. 他有病也不去看医生

50. 国内学者林崇德研究指出：儿童与青少年个性和品德发展的关键期是(　　)

A. 小学二年级、初中三年级　　B. 小学三年级、初中二年级

C. 小学四年级、初中二年级　　D. 小学五年级、高中一年级

51. 伦理道德发展走向成熟，可以较自觉地运用道德原则调节自己的行为，这出现在学生发展的(　　)

A. 学前阶段　　B. 小学阶段　　C. 初中阶段　　D. 高中阶段

52. 心理学家大卫·艾肯德认为："家长没有办法控制青少年所看到和所听到的一切。"所以在尽可能控制不良信息对青少年影响的同时，应培养和增强青少年对形形色色的信息的鉴别能力。这种鉴别能力属于(　　)

A. 道德意志　　B. 道德行为　　C. 道德情感　　D. 道德认识

53. 学生小强喜欢欺负同学，在刘老师悉心教导后，他意识到这样的行为是不对的，并下定决心改正自己的这个缺点。这时小强处于不良品德转化过程中的(　　)

A. 实践阶段　　B. 转变阶段　　C. 自新阶段　　D. 醒悟阶段

54. 一些学生回家后习惯关上房门以"写作业"为由玩手机，家长一旦进来就急忙把手机藏起来。这些学生正处于态度与品德形成的(　　)

A. 依从阶段　　B. 认同阶段　　C. 孤立阶段　　D. 内化阶段

55. 道德和品德的区别是(　　)

A. 道德是社会现象，品德是个体现象　　B. 品德是社会现象，道德是个体现象

C. 品德是自然现象，道德是生物现象　　D. 道德是自然现象，品德是生物现象

56. 学生出现下列哪种情形时，教师最适合采用惩罚的方式来进行教育(　　)

A. 存在认知错误　　B. 明知故犯

C. 学习积极性不高　　D. 情绪失控

57. 班杜拉的社会学习理论揭示了(　　)是学生道德行为形成的重要途径。

A. 有效的说服　　B. 树立良好的榜样

C. 利用群体约定　　D. 价值辨析

58. 由深刻的道德认识、强烈的道德情感和坚强的道德意志凝铸而成，道德认识转化为道德行为的中介是(　　)

A. 道德信念　　B. 道德规则　　C. 道德原则　　D. 道德理想

59. 皮亚杰将童年期的道德认知发展阶段依次划分为(　　)

A. 前道德—自律道德—他律道德　　B. 前道德—他律道德—自律道德

C. 自律道德—他律道德—后道德　　D. 他律道德—自律道德—后道德

60. 态度的认知成分是指个体对态度对象所具有的带有评价意义的(　　)

A. 知识经验　　B. 观念和信念

C. 道德认识　　D. 道德观

61. 评价和衡量一个人道德发展水平的根本标志是(　　)

A. 道德认知　　B. 道德情感　　C. 道德意志　　D. 道德行为

62. 根据科尔伯格的道德发展阶段论,前习俗水平大约出现在幼儿园及小学时期。下列关于前习俗水平的说法,错误的是(　　)

A. 这一阶段,儿童衡量是非的标准是由成人来决定的

B. 这一阶段,儿童具有较强的自我中心性

C. 这一阶段,儿童具有强烈的责任心和义务感

D. 这一阶段,儿童的道德价值来自对外力的屈从和对惩罚的畏惧

63. 小霞能根据他人的具体情况,以平等为标准,在同情、关心的基础上对学习和生活中的道德事件进行判断。根据皮亚杰的道德发展阶段理论,小霞的道德发展处于(　　)

A. 自我中心阶段　　B. 权威阶段

C. 可逆阶段　　D. 公正阶段

64. 按照皮亚杰的道德认知发展阶段理论,八岁的儿童处于(　　)

A. 前道德阶段　　B. 道德相对论阶段

C. 他律道德阶段　　D. 自律道德阶段

65. “理达情不通,通情不达理”反映了品德心理结构的(　　)

A. 统一性　　B. 矛盾性　　C. 独立性　　D. 兼容性

66. 当学生的道德观念不断得到加强,并相应的产生道德体验时,就会变为(　　)

A. 道德认识　　B. 道德行为　　C. 道德情感　　D. 道德信念

67. 在道德认识的形成过程中,道德情感是(　　)

A. 中介力量　　B. 控制力量　　C. 驱动力量　　D. 改变力量

68. 依据皮亚杰的道德认知发展理论,个体的合作道德最早出现在(　　)

A. 小学初期　　B. 小学末期　　C. 初中末期　　D. 高中末期

69. 根据科尔伯格的道德发展阶段论,小丽的道德发展处于相对功利取向阶段。在听完海因茨偷药的故事后,小丽可能的回答是(　　)

A. “该偷,他的妻子需要这种药,他需要同他的妻子共同生活”

B. “该偷,他做的是好丈夫应做的事”

C. “不该偷,他要救妻子的命是应该的,但偷东西犯法”

D. “不该偷,别人说不定也像他妻子一样急需这药,要考虑所有人生命的价值”

70. 皮亚杰的(　　)是青少年道德认知发展的研究方法。

A. 对偶故事法　　B. 道德两难法　　C. 情景测量法　　D. 社会规范法

71. (　　)是指学生获得一定的规范认识,并努力将规范所确定的、外在的行为要求转化为其内在的行为需要,从而建构起内部的行为调节机制的过程。

A. 纪律　　B. 态度　　C. 品德　　D. 规范学习

二、多项选择题

1. 下列关于使用言语说服策略提高学生道德认知水平的观点，说法正确的是（　　）
   A. 对低年级的学生来说，富有感情色彩、生动感人的说服内容更容易产生影响
   B. 对高年级的学生而言，充分说理、逻辑性强的说服内容更有效
   C. 正面的观点和材料在短时间之内难以见效，不容易解决当务之急的问题
   D. 同时提供正反两方面的论据和资料更利于培养学生长期稳定的态度
2. 学生的态度和品德特征与家庭的教养方式有密切联系，下列情形中孩子更容易产生不良敌对行为的有（　　）
   A. 家长行为举止端正庄重　　B. 家庭中无人管教
   C. 家长无原则地溺爱　　D. 家长严厉有余，爱抚不足
3. 关于小学生道德发展特点的描述，下面的说法正确的是（　　）
   A. 10 岁以下的儿童道德判断基本是受他自身以外的价值标准支配
   B. 10 岁以下的儿童认为规则（规范）是由权威人士（家长、教师）制定的，是不可改变的，要严格地遵守它们
   C. 10 岁以上的儿童基本处于自律道德发展阶段
   D. 10 岁以上的儿童认为判断一个行为的好坏不仅要看后果，也要看意向
4. 影响态度与品德学习的内部条件有（　　）
   A. 家庭教养方式　　B. 同伴群体　　C. 认知失调　　D. 态度定势
5. 教师可以综合应用一些方法来帮助学生形成或改变态度与品德。常用的方法有（　　）
   A. 言语说服　　B. 榜样示范　　C. 群体约定　　D. 价值辨析
6. 以下属于小学生道德认知能力具有的特点的是（　　）
   A. 具有依附性　　B. 缺乏原则性　　C. 具有原则性　　D. 较强独立性
7. 学生不良行为的矫正要经历（　　）阶段。
   A. 醒悟　　B. 转变　　C. 自新　　D. 反复
8. 下列属于学生过错行为的是（　　）
   A. 调皮捣蛋　　B. 恶作剧
   C. 考试作弊　　D. 未经允许拿他人东西
9. 以下属于品德心理结构特征的有（　　）
   A. 统一性与差异性　　B. 各成分具有层次性
   C. 各成分发展的顺序性与连续性　　D. 稳定性与可变性
10. 品德是由道德认识、道德情感、道德意志、道德行为等四个要素构成的综合体，下列关于四者关系表述正确的是（　　）
    A. 道德认识是道德情感与道德行为的基础
    B. 道德情感通过道德行为转化为道德认识
    C. 道德行为维持道德意志

D. 道德行为是衡量一个人品德好坏的客观标准

11. 皮亚杰认为,儿童的道德发展大致分为两个阶段,即( )

A. 他评道德 B. 自评道德 C. 他律道德 D. 自律道德

12. 如果学生认为“学习是一件快乐的事”,那么他就会喜欢学习,并愿意为学习安排时间。这体现的态度心理结构有( )

A. 认知成分 B. 行为意向成分

C. 情感成分 D. 知觉成分

13. 当老师通过说服来教育学生时,应当只提出正面材料的情况有( )

A. 低年级学生 B. 高年级学生

C. 解决当务之急的问题 D. 培养长期稳定的态度时

14. 我国儿童和青少年的道德评价能力发展特点是( )

A. 从笼统到具体 B. 从效果到动机

C. 从片面到全面 D. 从他律到自律

15. 品德不良学生存在着的心理矛盾表现为( )

A. 独立性和依赖性的矛盾 B. 好胜心和不能取胜的矛盾

C. 上进心和意志薄弱的矛盾 D. 自尊心和得不到尊重的矛盾

三、判断题

1. 态度结构的三种成分始终是一致的。 ( )

2. 处于可逆性道德阶段的儿童往往表现为不服从权威,我行我素。 ( )

3. 观察学习相较于亲历学习,是学习态度的最有效的方式。 ( )

4. 在态度形成的过程中,认同的实质是对榜样的模仿,其出发点是试图与其一致。 ( )

5. 人的品德一旦形成,将不再改变。 ( )

6. 从抑制不良行为的角度看,惩罚不利于良好态度与品德的形成。 ( )

7. 品德的形成与发展是个体与社会环境相互作用并不断内化的过程。 ( )

8. 皮亚杰认为,儿童5岁以前是“无律期”,他们通常以“自我中心”的方式来考虑问题。 ( )

9. 态度与品德也可以通过观察、模仿榜样的行为而习得。 ( )

10. 美国心理学家科尔伯格的研究证明,人的道德判断的发展经历了从前习俗水平到习俗水平,再到后习俗水平的发展过程。 ( )

11. 小王毕业后成为一名中学教师,他要求自己的行为与教师角色行为一致。这时他所处的态度阶段属于服从阶段。 ( )

12. 改变品德不良行为是个复杂的工作,其效果取决于教育时机的选择和对众多教育因素的控制。 ( )

13. 此一时彼一时地偶然表现不能称之为品德,只有经常地表现出一贯的规范行为,才标志着品德的形成。 ( )

14. 小红知道花儿很好看但不能摘的道理，这标志着她相应的道德品质已经形成。（　　）

15. 在态度与品德学习的过程中，认知过程中的各种价值冲突和矛盾的解决是在内化阶段完成的。（　　）

16. 科尔伯格采用对偶故事法研究儿童道德认知的发展，提出了著名的三水平六阶段理论。（　　）

17. 自律是指儿童的道德判断是关注行为的客观效果，不关心主观动机，受自身以外的价值标准所支配。（　　）

18. 态度是一种内部准备状态，而不是实际反应本身。（　　）

四、填空题

1. 学生不良行为可分为________和________。

2. 根据科尔伯格的道德发展阶段理论，前习俗水平主要包括________和相对功利取向。

3. 对个体的品德行为起激励和调节作用的是________。

五、简答题

1. 简述皮亚杰的儿童品德发展的四个阶段。

2. 简述影响态度与品德学习的一般条件。

3. 简述态度与品德的培养措施。

4. 简述科尔伯格的品德发展阶段理论。

六、案例分析题

王老师成为一名班主任后，接手了初中二年级某班。在接手初期，王老师特意找到了前任班主任，了解了班级的一些基本情况，知道班级中确实存在一些不遵守纪律、自由散漫的不良现象。经过一段时间的带班，该班级的纪律情况确实让王老师十分头疼。

班里总有几名爱上学迟到的学生，他们迟到的理由各式各样，在对他们进行惩罚后，个别学生仍旧迟到，依旧我行我素。还有少部分问题学生不遵守课堂规定，将手机带进班里，老师发现后要没收手机，却跟老师顶嘴。王老师通过日常的观察，发现一些同学之间存在很大的嫌隙：缺少交流沟通，互相拆台，甚至形成了多个小团体，这让整个班级的同伴关系显得极为不和谐。

还有一些课堂不良表现，例如一些调皮的学生，不遵守课堂秩序、自由散漫、大声说话、吃零食、做小动作，根本不顾及老师在讲课。还有一些学生对待课堂作业的态度散漫，并且责任意识淡薄、个性很强，不能正确对待老师的批评教育。有些边缘化学生由于在班级里得不到应有的关心和关注，没有班级归属感。王老师认为这样的班风不但影响学生的正常学习和生活作息，还影响各任课教师的工作状态、教学质量。

(1)结合案例，从社会规范学习的角度，谈谈王老师应如何管理这个班级。

(2)结合案例和实际，谈谈社会规范学习对青少年成长的意义。

第五章　教学心理

专题一　教学设计

考法透视　本专题以理解、分析为主，多以选择题、判断题等客观题的形式考查，主要考查布卢姆的教学目标分类、可供选择的教学策略、教学评价的类型。

限时:80 分钟	用时：　分钟	错题数：　道	▶答案见 P963

一、单项选择题

1. 学生学习必须掌握的、有良好结构的信息或技能，最适宜的教学策略是(　　)

A. 发现教学　　B. 直接教学　　C. 情境教学　　D. 程序教学

2. 英语期末考试时，老师要求学生朗读一段英文，学生只要达到规定的标准就会得到满分。这种情况下，老师所使用的测验是(　　)

A. 常模参照测验　　B. 标准参照测验

C. 非正式测验　　D. 诊断性测验

3. 小韩在学习完《田忌赛马》之后，能够用自己的话概括文章的内容。根据布卢姆的认知领域的目标分类，可以推测小韩的学习达到了(　　)水平。

A. 评价　　B. 领会　　C. 应用　　D. 综合

4. 教学策略的核心内容是教学过程中如何有效地给学生提供(　　)

A. 学习策略　　B. 学习计划　　C. 学习方法　　D. 学习内容

5. 教学策略都是针对教学目标的每一具体要求而制定的，具有与之相对应的方法、技术和实施程序，并转化为教师和学生的具体行动。这说明教学策略具有(　　)

A. 指向性特征　　B. 操作性特征

C. 综合性特征　　D. 灵活性特征

6. 在讲授比喻修辞手法时，周老师设计的教学目标之一是经过讲解和示范后，学生能独立使用比喻的修辞手法造句。按照布卢姆的教学目标分类标准，这一目标属于认知领域中的(　　)

A. 理解　　B. 分析　　C. 综合　　D. 应用

7. 直接教学是以(　　)为中心，在教师指导下使用结构化的有序材料的课堂教学策略。

A. 学生　　B. 学习过程　　C. 学习成绩　　D. 以上都不是

8. 情感领域的教学目标根据价值内化的程度分为(　　)

A. 六个等级　　B. 五个等级　　C. 三个等级　　D. 四个等级

9. 在实际工作中,新手教师即使完全模仿专家教师的教学策略,也很难达到同样理想的效果,这说明教学策略具有(　　)

A. 综合性　　B. 可操作性　　C. 灵活性　　D. 层次性

10. 让学生以自己的水平和速度进行学习的一种教学模式是(　　)

A. 个别化教学　　B. 指导教学　　C. 合作学习　　D. 情境教学

11. 有目的地创设生动具体的场景,引发学生的态度体验,激发学生的好奇心。这一教学策略属于(　　)

A. 目标策略　　B. 成就策略　　C. 情境策略　　D. 变化策略

12. 主张在教学内容上削枝强干,构建简明的知识体系的教学策略属于(　　)

A. 结构化策略　　B. 形式型策略

C. 方法型策略　　D. 问题化策略

13. 下列关于教学设计的说法错误的是(　　)

A. 教学设计具有灵活性的特点

B. 教学设计的方案一般不能修改

C. 教学设计需要用系统的方法进行设计

D. 在教学设计过程的模式中包括学习目标、内容、学生特征、教学策略、教学评价

14. 在上"圆柱体体积计算"这节课时,老师要求学生自己通过实验来确定如何测量圆柱体的体积。老师所采取的教学策略是(　　)

A. 接受学习　　B. 操作性条件学习

C. 发现学习　　D. 观察学习

15. 小学低年级学段着重培养学生养成良好的学习习惯,激发学生对学习的兴趣,为进一步学习打好基础;中高年级学段则更侧重于培养学生的思维能力,发展学生思维的广阔性与创造性,使学生具有正确的学习态度,培养学生发现问题、解决问题的能力等。这体现的教学目标设计的基本原则是(　　)

A. 阶段性原则　　B. 可行性原则

C. 可操作性原则　　D. 灵活性原则

16. 个别化教学是学生以自己的水平和速度向前学的教学模式,以下不属于个别化教学环节的是(　　)

A. 诊断学生的初始学业水平或学习不足

B. 提供教师与学生或机器与学生之间的一一对应关系

C. 引入有序的和结构化的教学材料,随之加以操练和练习

D. 老师带领学生向前学

17. 布卢姆等人把认知领域的教育目标由低级到高级,由简单到复杂分为知识、领会、运用、分析、综合、评价六个层次。让学生将《荷塘月色》的结构分解出来,属于(　　)层次。

A. 领会　　B. 运用　　C. 分析　　D. 综合

18. 合作学习分组一般应遵循的原则是(　　)

A. 组内同质,组间异质　　B. 组内异质,组间同质

C. 组内异质,组间异质　　D. 组内同质,组间同质

19. 掌握学习理论认为学生能力上的差异并不能决定他们能否掌握所学知识,而是在于他们的(　　)

A. 学习积极性　　B. 学习自觉性　　C. 学习时间　　D. 智力水平

20. 对学习内容达到掌握的程度,通常意味着完成(　　)的评价项目。

A. 50% ~60%　　B. 60% ~70%

C. 70% ~80%　　D. 80% ~90%

21. 选拔性考试一般是典型的(　　)

A. 学能测验　　B. 成就测验

C. 标准参照测验　　D. 常模参照测验

22. 建立成长记录袋是学生开展(　　)的重要方式,它能够反映出学生发展的进步历程。

A. 自我评价　　B. 相互评价　　C. 多样评价　　D. 分组评价

23. 选择教学方法、进行教学评价的依据是(　　)

A. 学生的成绩　　B. 培养目标　　C. 教学目标　　D. 教育目的

24. 在布卢姆的教育目标分类理论中,认知领域的最高级目标是(　　)

A. 运用　　B. 分析　　C. 综合　　D. 评价

25. 结构化策略和问题化策略属于教学策略中的(　　)

A. 内容型策略　　B. 形式型策略　　C. 方法型策略　　D. 综合型策略

26. 今年丽丽在上数学课时,学校就已经开始教授更高年级的数学知识了,丽丽和班里的同学都说听不懂,平时的作业也不会做。学校的这种做法违背了教学设计的(　　)

A. 系统性原则　　B. 最优化原则

C. 可接受性原则　　D. 多样化原则

27. 李老师在课堂上为了让学生记住"蚯蚓"的字形,就跟学生们说:"蚯蚓是一种虫子,所以两个字都是虫字旁。蚯字的半边是'丘'而不是'兵',是因为蚯蚓没有脚,所以下面没有两点。"李老师在此处采用的教学策略是(　　)

A. 创设学习和应用事实性知识的情境　　B. 呈现事实性知识

C. 提示学生回忆原有相关知识　　D. 提供记忆指导

28. 有些课题主要包含高度有结构的知识和技能(如数学、物理、化学、计算、语法等),如果教学目标是要求学生尽快地掌握这种知识和技能,则宜于采用(　　)

A. 以教师为中心的讲授策略　　B. 师生互动策略

C. 以学生为中心的发现学习　　D. 合作学习策略

29. 在应用知识的具体情境中进行知识的教学,这一教学策略是(　　)

A. 情境教学　　B. 合作学习　　C. 发现学习　　D. 程序教学

30. 学生通过阅读不同的唐代诗歌,学会了辨别现实主义与浪漫主义的特点。根据布卢姆对认知领域目标的划分,这属于(　　)

A. 知识水平　　B. 领会水平　　C. 综合水平　　D. 评价水平

31. 根据布卢姆的教育目标分类理论,要求学生记忆数学法则或公式,属于认知领域中的(　　)

A. 知识目标　　B. 领会目标　　C. 分析目标　　D. 应用目标

32. 合作学习是学生们以主动合作学习的方式代替教师主导教学的一种策略,它是一种由能力各异的多名学生组成小组,一起互相帮助共同完成一定的学习任务的教学方法。下列不属于合作学习在设计和实施上的特征的是(　　)

A. 各自尽力　　B. 社会互动

C. 个体生成过程　　D. 密切配合

33. 下列对教学策略的认识中,正确的选项是(　　)

A. 教学策略即教学方法

B. 制定教学策略就是做好教学计划

C. 能够找到统一的适用于所有的教学的教学策略

D. 教学策略具有明确的针对性和典型的灵活性

34. 教育目标分类中的“接受、反应、形成价值观念、组织价值观念系统、价值体系个性化”属于(　　)

A. 认知领域　　B. 情感领域　　C. 意志领域　　D. 动作技能领域

35. 教师根据教学目标创设一定的问题情境,并通过这一问题情境,使学生产生认知冲突;然后,在教师的指导下,学生运用已有的知识和相应的材料自行进行探究,提出解决问题的假设并验证假设,以此获得知识和发展能力的方法是(　　)

A. 程序教学法　　B. 发现学习法

C. 问题讨论法　　D. 情境练习法

36. 根据对教学评价的处理方式不同,可以将教学评价分为(　　)

A. 形成性评价和总结性评价　　B. 常模参照评价和标准参照评价

C. 配置性评价和诊断性评价　　D. 正式评价和非正式评价

37. 教学设计的诸子系统有序地成等级结构排列,且前一子系统制约、影响着后一子系统,后一子系统依存并制约着前一子系统。这是教学设计的(　　)

A. 程序性原则　　B. 结构性原则

C. 整体性原则　　D. 统一性原则

38. 历史老师在讲述“东北易帜”这一知识点的时候,会联系上堂课讲述过的知识点进行对比分析,以帮助同学们更好的理解和吸收新的知识。该历史老师的这种教学设计是根据(　　)的特点进行的设计。

A. 程序性知识　　B. 策略性知识

C. 陈述性知识　　D. 开放性知识

39. 合作学习最为有效的小组人数是(　　)

A. 2～3人　　B. 4～6人　　C. 8～9人　　D. 7～10人

40. 张小雨需要自己查阅资料、设计方案,并应用方案解决某一个实际问题。这一任务对应的认知要求是(　　)

A. 理解　　B. 应用　　C. 创造　　D. 评价

41. 超越了单纯的记忆,代表最低水平理解的是(　　)

A. 知识　　B. 领会　　C. 应用　　D. 分析

42. 个别化教学的典型代表是(　　)

A. 情境教学　　B. 支架式教学　　C. 程序教学　　D. 复式教学

43. "跳一跳,摘桃子"表明教学目标的设计要(　　)

A. 难度适中　　B. 便于检测

C. 集体目标和个人目标相结合　　D. 一般目标和具体目标相结合

44. 下列不属于多媒体教学隐患的是(　　)

A. 颠倒教学内容和形式的关系　　B. 大容量导致学生学业负担加重

C. 盲目利用,浪费教学可用资源　　D. 不顾实际强求使用多媒体教学

45. (　　)是教师认真分析教材、合理选择和组织教学内容以及合理安排教学内容并在课堂教学过程中的表达或呈现的过程。

A. 教学目标设计　　B. 教学内容设计

C. 教学措施设计　　D. 教学评价

46. 李老师对小明的家长说:"您的孩子的成绩高出全班成绩平均数一个标准差,算是中等以上水平。"这种教育评价方式是(　　)

A. 标准参照评价　　B. 常模参照评价

C. 平均参照评价　　D. 标准差评价

47. 学生成长记录袋的基本成分是(　　)

A. 学生每学期的考试成绩　　B. 获奖情况

C. 教师评语　　D. 学生作品

48. 下列关于发现教学的程序的说法正确的是(　　)

A. 解释—显示问题—解答(反应)—确认

B. 阐明辅助情境—提出问题—提供资源,共同讨论

C. 创设问题情境—提出假设—显示问题—确认

D. 提出问题—创设问题情境—提出假设—评价、验证,得出结论

49. 按照布卢姆的教学目标分类,"知道具体事实""知道方法与过程"属于认知领域教学目标中的(　　)

A. 知识　　B. 理解　　C. 应用　　D. 分析

50. 根据布卢姆认知领域目标分类方法，下列教学目标处于“综合”水平的是（　　）

A. 让学生设计出科学实验程序

B. 让学生将《荷塘月色》的结构分解出来

C. 演示能量守恒定律在生活中的应用

D. 辨别现实主义与自然主义各自的特征

51. 田老师在课堂上向学生展示资料后，在诱导性问题的情境中提出具体的事实，引导学生围绕假设展开讨论，让学生从各个方面去把握恒星的特性从而形成统一全面的认识。这一步骤属于发现法教学中的（　　）

A. 验证概念　　B. 识别概念

C. 形成概念　　D. 分析思维策略

52. 某老师要求学生基于给定事实材料，写出一篇新闻报道。依据布卢姆的认知目标分类，这属于（　　）

A. 领会　　B. 运用　　C. 分析　　D. 综合

53. 制造认知冲突，引起追本求源的好奇心属于调动学生学习积极性的（　　）

A. 目标策略　　B. 成就策略

C. 情境策略　　D. 变化策略

二、多项选择题

1. 在进行教学目标设计时，教学目标的主要作用体现在（　　）

A. 教学目标规定着教学活动的方向、进程和预期结果

B. 教学目标是评价教学效果的基本依据

C. 教学目标必定可以提高教学设计的科学性和有效性

D. 教学目标是学习者自我激励、自我评估、自我调控的重要手段

2. 下列教学模式属于个别化教学的是（　　）

A. 掌握学习　　B. 合作学习　　C. 程序教学　　D. 适应性教学

3. 计算机辅助教学的优越性表现在（　　）

A. 交互性　　B. 即时反馈

C. 以生动形象的手段呈现信息　　D. 自定步调

4. 有效自编测验的特征有（　　）

A. 信度　　B. 效度　　C. 客观　　D. 区分度

5. 教学目标的水平对教学成败具有重要的影响，主要体现在（　　）

A. 指引学生学习　　B. 指导教学结果的测量与评价

C. 促进课堂行为和交流　　D. 指导教学方法、技术、媒体的选择与运用

6. 教学策略是在特定教学情境中为完成教学目标和适应学生认知需要而制定的教学程序计划和采取的教学实施措施。以下属于它的特征的是（　　）

A. 操作性　　B. 综合性　　C. 灵活性　　D. 层次性

7. 理想型档案袋主要包括哪三部分(　　)

A. 作品产生过程的说明　　B. 系列作品

C. 学生的反思　　D. 教师的反思

8. 每位教师几乎无时无刻不在做教学计划,良好的计划是教学成功的一半,教学计划在许多方面决定了学生学什么。以下属于教学计划过程的有(　　)

A. 学习任务分析　　B. 学习者分析

C. 学习结果分析　　D. 选择教学模式

9. 教学设计的依据包括(　　)

A. 教学的实际需要　　B. 学生的需要和特点

C. 教师的教学经验　　D. 现代教学理论

10. 在课程与教学目标分类方面,比较有影响的代表人物是(　　)

A. 布卢姆　　B. 布鲁纳　　C. 加涅　　D. 斯金纳

11. 教学媒体是教学内容的载体,是师生之间传递信息的工具。下列属于教学媒体的有(　　)

A. 幻灯片　　B. 挂图　　C. 黑板　　D. 粉笔

12. 陈述行为目标应该具备的因素有(　　)

A. 具体目标　　B. 行为主体　　C. 产生条件　　D. 行为标准

13. 方法型策略是以(　　)为中心的教学策略。

A. 教学内容　　B. 教学形式　　C. 教学方法　　D. 技术

14. 教学设计的主要功能有(　　)

A. 统筹　　B. 导教　　C. 促学　　D. 计划

三、判断题

1. 教学评价是对学习结果的客观描述。(　　)

2. 客观测验的优点是教师出题方便,批改方便,且适合测量学生的高层次的能力。(　　)

3. 学生在小组或团队中,通过任务分解、责任分工、协同互助,以完成共同的学习任务。这种学习方式属于发现学习。(　　)

4. 在针对程序性知识的直接教学中,教师在安排与解释教学内容、使用例子促进学生理解以及提供反馈等方面起主要作用。因此,直接教学是以教师为中心的教学策略。(　　)

5. 发现教学、情境教学、合作学习都属于以学生为中心的教学策略。(　　)

6. 在设计教学目标时,描述的不是“教师做什么”而是“学生能做什么”。(　　)

7. 教学媒体的发展相继经历了语言媒体、文字媒体、电子媒体三个阶段。(　　)

8. 教学策略中,情境教学是一种以教师为主的教学策略。(　　)

9. 教学设计首要考虑的问题是教学方法的选择。(　　)

10. 合作学习的特征是以学生的主动合作学习代替独立完成作业。(　　)

11. 教学目标对整个教学活动具有导向、激励和评价的功能。(　　)

专题二　课堂管理

考法透视　本专题以理解、记忆为主，多以选择题、判断题等客观题的形式考查，但有时也会以简答、案例分析等主观题的形式进行考查，主要考查课堂管理的功能及其影响因素、群体对个体的作用、课堂气氛的概念及类型、课堂纪律的分类、课堂问题行为的处理和矫正。

限时:200 分钟	用时：　分钟	错题数：　道	▶答案见 P968

▶答案见 P968

一、单项选择题

1. 小林上课时开小差，周老师慢慢走到他的座位旁边，然后把手轻轻放在他的肩膀上，于是小林立马回过神来认真听讲。周老师运用的课堂管理策略是(　　)

A. 应用后果　　B. 反复提示
C. 合理运用表扬和惩罚　　D. 非言语线索

2. 课堂上某种占优势地位的态度与情感的综合状态被称为(　　)

A. 集体凝聚力　　B. 课堂规范
C. 群体约定　　D. 课堂气氛

3. 学生在上课时精神状态欠佳，情绪压抑，注意力分散。这是一种(　　)课堂气氛。

A. 积极的　　B. 对抗的　　C. 消极的　　D. 失控的

4. 张老师平时上课喜欢扫视班上的学生，喜欢与学生保持目光接触，这样学生都感觉自己被他盯着而不敢开小差。张老师的行为属于课堂上预防不良行为措施中的(　　)

A. 明察秋毫　　B. 一心多用　　C. 关注局部　　D. 转换管理

5. 在做课堂练习时，若老师下来巡视，有些学生会在老师经过身边时挡住题目，导致做题效率降低，甚至做不出来，这种现象属于(　　)

A. 社会抑制　　B. 社会惰化　　C. 去个性化　　D. 群体极化

6. (　　)是课堂纪律管理的最终目的。

A. 教师促成的纪律　　B. 自我促成的纪律
C. 集体促成的纪律　　D. 任务促成的纪律

7. 分配学生座位时，教师最值得关心的是(　　)

A. 对课堂纪律的影响　　B. 学生听课效果
C. 后进生的感受　　D. 对人际关系的影响

8. 在课堂纪律形成的原因与类型中，以“别人也这么干”为理由而从事某件事属于(　　)

A. 自我促成的纪律　　B. 任务促成的纪律
C. 教师促成的纪律　　D. 集体促成的纪律

9. 良好的课堂氛围，有利于激发学生的学习兴趣，有效促进课堂教学。但新老师有时候会面临

一些问题，比如对抗性课堂氛围。下列情形属于对抗性课堂氛围的是(　　)

A. 个别同学对于课堂内容不感兴趣，昏昏欲睡

B. 学生在课堂上随意插嘴，有人在聊天，有人在看漫画

C. 同学们积极地回答问题，专注度高

D. 课堂十分安静，同学们心不在焉，没有人回答老师的问题

10. 教师的(　　)也是一种巨大的精神力量，具有很强的教育作用，是影响学生情感体验和课堂气氛的重要因素。

A. 教学能力　　B. 业务水平　　C. 人格魅力　　D. 学习经历

11. 教师通过协调课堂内的各种人际关系而有效地实现预定教学目标的过程称为(　　)

A. 课堂规范　　B. 课堂管理　　C. 课堂纪律　　D. 课堂控制

12. 根据活动的目标、内容及成员之间关系的密切程度，可以将群体划分为不同的发展水平，按照从低到高的顺序依次为(　　)

①松散群体　②合作体　③联合体　④集体

A. ①③④②　　B. ①③②④

C. ①②④③　　D. ①②③④

13. 班级中能力强的学生常常聚集在一起，而能力差的则组成另一个群体，影响他们结为同伴群体的因素是(　　)

A. 接近性　　B. 补偿性　　C. 竞争性　　D. 相似性

14. 学生之间的合作与竞争是对立统一的，随能否(　　)而转移。

A. 满足各自的利益　　B. 提高学习成绩

C. 得到师长好评　　D. 增进友谊

15. 教师的领导风格对课堂管理有(　　)

A. 一定的帮助　　B. 较弱的影响　　C. 间接的影响　　D. 直接的影响

16. 即使教师周密细致地做好了计划，一切准备就绪，课堂仍有可能被打断，这体现出课堂具有(　　)的特征。

A. 多维性　　B. 不可预测性　　C. 同时性　　D. 历史性

17. 李老师在课前宣布："今天讲的课非常重要，讲完后当堂进行测验。"随后学生们精神抖擞，全神贯注地投入听课，课堂秩序井然。这种情况形成的纪律属于(　　)

A. 自我促成的纪律　　B. 任务促成的纪律

C. 规则促成的纪律　　D. 集体促成的纪律

18. 小涛有时会感觉到自己被湮没在班级群体之中，自制力变得很低，难以意识到自己的价值与行为。从管理心理学的角度来看，这种现象被称为(　　)

A. 社会惰化　　B. 去个性化　　C. 社会抑制　　D. 从众

19. 为引起老师的注意，某学生在课堂上故意弄出声响，此时教师最适宜采取的做法是(　　)

A. 言语暗示　　B. 非言语暗示　　C. 有意忽视　　D. 暂时隔离

20. 个体独自完成工作需要两天时间，如果与别人进行工作竞赛，一天半就能完成。这种现象是(　　)

A. 社会惰化　　B. 社会助长　　C. 社会干扰　　D. 利他行为

21. 渴望与别人发生相互作用，并建立和谐关系体现了人际关系需要中的(　　)

A. 感情需要　　B. 爱的需要　　C. 控制需要　　D. 包容需要

22. 科学课上学生分组完成一项实验，小组成员每人所付出的努力会比个体在独立完成实验情况下偏少，这种现象属于(　　)

A. 社会惰化　　B. 社会干扰　　C. 社会抑制　　D. 社会影响

23. 关于课堂教学的环境，实验证明学生座位的安排会影响教学和学习，其中坐在(　　)是最积极的学习者。

A. 教室前面几排及中间几列　　B. 中心区域

C. 后排　　D. 左右两列

24. 下列选项中，不属于课堂教学的精神环境的是(　　)

A. 课堂秩序　　B. 学生的态度和情绪

C. 教师的心境　　D. 教学内容

25. 一个争强好胜的学生和另一个个性较弱的学生在一起很可能感到更自在，这体现了(　　)

A. 人际吸引的邻近律　　B. 人际吸引的一致律

C. 人际吸引的互补律　　D. 人际吸引的对等律

26. 影响群体与每个成员行为发展变化的力量的总和就是(　　)

A. 群体压力　　B. 群体动力　　C. 群体凝聚力　　D. 群体规范

27. “当个体行为符合群体规范时，群体就会给予赞许或鼓励，从而进一步强化其行为”这属于(　　)

A. 群体归属感　　B. 群体认同感　　C. 群体压力　　D. 群体动力倾向

28. 已经形成的群体规范对群体的成员会产生一种心理上的压迫力，叫群体压力，在群体压力下有可能出现从众与反从众的现象。下列不属于反从众现象的是(　　)

A. 遵守群体规范　　B. 削弱群体凝聚力

C. 导致群体涣散　　D. 使群体集思广益

29. 作为教学的一部分，课堂管理能够教给学生一些行为准则，并促使学生行为从他律转变为自律，这说明课堂管理具有(　　)

A. 维持功能　　B. 缓冲功能　　C. 解释功能　　D. 发展功能

30. 课堂问题行为的类型有两大类，一类是品行方面的问题行为，另一类是人格方面的问题行为。下列选项中，属于人格方面的问题行为是(　　)

A. 破坏性行为　　B. 不服从行为

C. 攻击性行为　　D. 孤僻退缩行为

31. 某学生不讲卫生，在教室随地吐痰后，因受到班里其他同学的压力而改掉了这一不良习惯。

这是(　　)

A. 从众　B. 服从　C. 去个性化　D. 团体极化

32. 课堂气氛往往有其独特性,不同的课堂往往有不同的气氛。即使是同一个课堂,也会形成不同教师的(　　)

A. 教学风格　B. 组织教学方法
C. 气氛区　D. 教学氛围

33. 松散群体是指学生们只在空间和时间上结成群体,但成员间尚无共同活动的(　　)

A. 目的和内容　B. 共同语言
C. 深厚友谊　D. 约束力量

34. 课堂上发生意外事件时,全部学生都会注意并评判老师如何处理这一事件,注意老师是否公正,是否偏心,这体现的课堂生态特征是(　　)

A. 多维性　B. 同时性　C. 公共性　D. 不可预测性

35. 警察要求司机停车,司机就必须将车开到路边停下。这种现象是(　　)

A. 从众　B. 依从　C. 服从　D. 顺从

36. 教师或学生在课堂上做出什么样的行为,部分是依赖于以前发生的事。教师对学生第 15 次迟到的反应要不同于第一次迟到。另外,学生最初几周的表现会影响全年的班级生活。这体现出课堂所具有的哪项特征(　　)

A. 多维性　B. 不可预测性
C. 同时性　D. 历史性

37. (　　)是指个体在没有外界控制的条件下,受到他人行为的刺激影响,而引起一种与他人的行为类似的行为。对个人来说,它是个体社会化的一种手段,是人类学习的一条重要途径。对社会来说,它可以起到促进社会整合与发展的作用。

A. 从众　B. 服从　C. 模仿　D. 强迫

38. (　　)是年龄相同或相近的儿童之间的一种共同行动并相互协作的关系,也是儿童交往过程中建立起来的一种人际关系。

A. 同伴关系　B. 社会关系　C. 人际交往　D. 师生关系

39. 课堂管理的基本功能是(　　)

A. 教育功能　B. 维持功能　C. 促进功能　D. 发展功能

40. 课堂上人际关系出现双方相互亲近、认知协调、情感和谐、行动一致,这是一种(　　)

A. 吸引的人际关系　B. 合作的人际关系
C. 沟通的人际关系　D. 平等的人际关系

41. 下列哪种情况最有可能出现社会抑制的作用(　　)

A. 一个热衷于表现的演员在舞台上表演
B. 警察在执勤
C. 一个新手在老工人的监督下学习复杂性操作

D. 一个领导在为本单位的职工作报告

42. 课堂管理始终制约着教学和评价的有效进行,具有(　　)

A. 维持动机作用　　B. 促进和维持功能

C. 思想教育作用　　D. 培养纪律功能

43. 能够最小限度地打断课堂不良行为的处理方式是(　　)

A. 非言语线索　　B. 反复提示　　C. 应用后果　　D. 表扬

44. 人际关系的形成与变化,取决于交往双方的(　　)

A. 修养和处世方法　　B. 身份和地位

C. 交往方式与方法　　D. 需要满足程度

45. 布罗菲和伊伏特逊认为,小学低年级课堂管理的关键是(　　)

A. 直接教课堂规则和程序　　B. 监控和维持课堂管理系统

C. 管理课程　　D. 建设性地处理课堂混乱

46. 当一个人看到其他人正在完成某项任务时,自己也想要更快更好地完成任务;在小组讨论中当学生看到其他学生积极发言时,自己也会积极思考。这些现象是(　　)

A. 社会助长　　B. 社会抑制　　C. 去社会化　　D. 社会懈怠

47. 共青团、少先队组织属于(　　)

A. 正式群体　　B. 一般群体　　C. 非正式群体　　D. 松散群体

48. 根据对竞争利弊的分析,我们认为,有利于集体主义的培养,也是学校教育所应该推崇的是(　　)

A. 群体内竞争　　B. 群体间竞争

C. 个人间竞争　　D. 个人与群体竞争

49. 课堂中从众现象的发生,一般认为是(　　)的结果。

A. 群体凝聚力　　B. 群体规范

C. 课堂气氛　　D. 课堂里人际交往与人际关系

50. 竞争指个体或群体充分实现自身的潜能,力争按优胜标准使自己的成绩超过对手的过程。适度竞争,不但不会影响学生间的人际关系,而且还会(　　)

A. 提高学习和工作的效率　　B. 养成竞争意识

C. 导致教师管理公正　　D. 促进团结协作

51. 所谓(　　)是人们在相互交往中,由个人的好恶、兴趣自发组织起来的群体,具有强烈的感情色彩。

A. 非正式群体　　B. 正式群体　　C. 联合体　　D. 松散群体

52. 班主任采取通过全班同学讨论协商建立行为准则并约束行为的方式来实现课堂管理。这种管理利用的是(　　)

A. 群体凝聚力　　B. 群体规范　　C. 课堂气氛　　D. 从众

53. 从众现象发生的原因之一是人们往往相信大多数人的意见是正确的,觉得别人提供的信

息(　　)

A. 是权威意见　　B. 是对他有利的

C. 是旁观者的意见　　D. 是客观的意见

54. 小丽的妈妈本来不打算给孩子报补习班,但受其他家长的影响,最终还是给孩子报了补习班。小丽妈妈的这种心理现象属于(　　)

A. 集体观念　　B. 从众心理　　C. 习惯　　D. 集体凝聚力

55. 课堂管理是指教师为有效利用时间、创造愉快的和富有建设性的学习环境以及减少问题行为,而采取的组织教学、设计学习环境、处理课堂行为等一系列活动与措施。下列选项中不属于其功能的是(　　)

A. 控制功能　　B. 维持功能　　C. 促进功能　　D. 发展功能

56. 下列哪一种表现属于班级内非正式群体盲目消极的一面(　　)

A. 使班集体生活充满友谊与欢乐　　B. 成员的积极性易调动

C. 成员志趣相投、感情融洽　　D. 过分热衷于小群体活动而不关心班集体

57. 群体发展的最高阶段是(　　)

A. 松散群体　　B. 联合体　　C. 非正式群体　　D. 集体

58. (　　)是一个班集体成功的重要标志。

A. 一致的群体规范　　B. 积极的课堂气氛

C. 良好的班级人际关系　　D. 很强的群体凝聚力

59. 维持课堂纪律对保障教学秩序,提高教学质量有着重要意义。下列维持课堂纪律的方法中,不适宜的是(　　)

A. 由教师建立严格的课堂规则,并强制实施

B. 做好课堂监控,运用积极的言语和非言语手段监控

C. 保持紧凑的教学节奏,合理布置学业任务

D. 对学生提出明确的要求,培养学生的自律品质

60. 一个月前,李老师的家庭发生了重大变故。结束事假后李老师回到学校继续开展教学工作。可是同学们普遍感受到李老师不在状态,导致课堂气氛比较压抑,学生课堂学习的效果较差。这一现象体现了(　　)对课堂气氛的影响。

A. 教师的领导方式　　B. 教师的期望

C. 教师的情绪状态　　D. 教师的认知风格

61. 引发课堂问题行为的因素中,属于教师方面的因素有(　　)

A. 厌烦　　B. 适应不良　　C. 过度活动　　D. 要求不当

62. 在课堂上某老师创造自由气氛鼓励学生自由发表意见,不把自己的意见强加给学生,该老师对课堂管理的领导方式属于(　　)

A. 监督式　　B. 放养式　　C. 参与式　　D. 控制式

63. 群体规范通过从众使学生保持认知、情感和行为上的一致,并为学生的课堂行为划定

了(　　)

A. 范围　　B. 方向与范围　　C. 方向　　D. 纪律约束

64. 课堂纪律的形成往往要经历一个发展过程,处于(　　)阶段的学生能够明辨是非,理解遵守纪律的意义。教师可以离开教室20~30分钟,回来后发现他们依然很安静地在学习。

A. 自我服务行为　　B. 反抗行为

C. 人际纪律　　D. 自我约束

65. 赵老师上课时经常先提出问题,让学生先思考一会儿,然后再叫学生回答,以使学生的心理活动更好地维持在教学活动中。赵老师所采用的课堂管理模式是(　　)

A. 团体警觉　　B. 替代强化　　C. 最小干预　　D. 处理转换

二、多项选择题

1. 影响课堂管理的因素有(　　)

A. 教师的领导风格　　B. 班级规模

C. 班级性质　　D. 对教师的期望

2. 建设良好的课堂环境,首先需要设计本班学生需要遵守的规则和程序,这一设计工作由(　　)构成。

A. 确定期望行为　　B. 把期望转换成规则和程序

C. 规定后果　　D. 执行标准

3. 舒茨提出的人际行为倾向中,包括以下哪几种(　　)

A. 期待他人的公正　　B. 主动与他人交往

C. 主动表示友好　　D. 期待他人支配

4. 课堂里主要的人际关系表现为(　　)

A. 对立与统一　　B. 吸引与排斥

C. 积极与消极　　D. 合作与竞争

5. 班级群体凝聚力的高低直接影响班级建设,影响班级群体的行为和班级群体功能的发挥。与凝聚力低的班级群体相比,凝聚力高的班级群体一般具有的特点有(　　)

A. 成员的沟通和交往更为频繁

B. 成员进行较多正面的、友善的言语及非言语沟通

C. 成员具有较强的归属感,在集体活动中出席率较高

D. 成员较难遵循群体的规范和目标

6. 服从是个体按照社会要求、团体规范或别人的意志而做出的行为,这种行为是因来自外界的影响而被迫发生的。下列不属于服从的是(　　)

A. 由于在幼儿园养成了午睡习惯,刚升入小学的小东每天中午都自觉睡午觉

B. 当老师在教室时,小明能认真学习,一旦老师不在,小明就和同桌聊天

C. 老师让小亮打扫卫生,小亮心里虽然很不情愿,但还是认真完成了打扫任务

D. 小强为了按时到校上课而闯红灯

7. 人们之所以要保持与他人的亲密关系，其主要原因是（ ）

A. 合作需要　　B. 依恋需要　　C. 情谊需要　　D. 恐惧需要

8. 下列属于置疑问难的基本要求的是（ ）

A. 创设冲突情境　　B. 引发思维活动

C. 启动定向思考　　D. 鼓励思维发散

9. 课堂管理的重要目的之一是让学生学会自我管理，下列途径可以有效地帮助学生实现自我管理的有（ ）

A. 让学生更多地参与到课堂规则的制定过程中

B. 给予学生一些时间反思他们产生不良行为的原因

C. 应当给学生机会考虑他们将怎么计划、监视和调节自己的行为

D. 要求学生回顾一下课堂规则，提一些必要的修改建议

10. 课堂管理是维持课堂秩序的重要手段，教师有效制止学生课堂不良行为的做法有（ ）

A. 提供一个可供选择的目标行为

B. 要求学生停止与任务无关的行为

C. 给学生提供足够的信息，使之明确理解课堂的要求

D. 忽视与任务无关的行为，对与任务有关的行为进行表扬

11. 课堂管理的目标包括（ ）

A. 为学生争取更多的学习时间

B. 增强教师对课堂的有效控制

C. 增加学生参与学习活动的机会

D. 帮助学生形成自我管理的能力

12. 某老师规定学生“上课时要坐端正，两手要放在背后”“上课期间禁止上厕所”，老师的这些做法违反了制定课堂规则的哪些原则（ ）

A. 一致性　　B. 可行性　　C. 合理性　　D. 灵活性

13. “近水楼台先得月”反映了影响人际吸引的因素有（ ）

A. 相似性　　B. 熟悉性　　C. 互补性　　D. 邻近性

14. 关于课堂管理模式，下列说法正确的是（ ）

A. 权威型管理模式认为整个课堂由教师负责

B. 放任型管理模式强调学生的自由，让学生自己做主、自己负责

C. 行为矫正管理模式认为学生已有的良好行为是通过学习获得的

D. 集体过程管理模式强调的是学生个体的作用

15. 教师应采取以下哪些措施来提高班级群体的凝聚力（ ）

A. 了解群体凝聚力的情况　　B. 培养群体认同感

C. 给予学生赞扬与鼓励，形成力量感　　D. 形成群体成员归属感

16. 从众是指个人的观念或行为由于真实的或想象的群体的影响或压力，而向与多数人相一致

的方向变化的现象。下列情境中比较容易发生从众现象的有(　　)

A. 个体感受到群体成员个个能干,而自己却无法胜任时

B. 群体至少具有三个成员,且他们的反应不一致的时候

C. 个人的反应将会被群体大众所知道时

D. 群体极具吸引力并有高度凝聚力时

17. 群体规范会使群体成员产生惰性,这不利于群体成员(　　)的发展。

A. 从众行为　　B. 积极性

C. 创造性　　D. 认同功能

18. 学生群体对个体的活动是产生促进作用还是阻碍作用,取决于以下哪几个因素(　　)

A. 教学活动的难易　　B. 竞赛动机的激发

C. 被他人评价的意识　　D. 注意的干扰

19. 影响学生人际关系吸引或排斥的主要原因有(　　)

A. 个性的互补　　B. 态度的相似性

C. 家庭条件　　D. 外貌特征

20. 在一个班级中,同伴关系对教学目标的实现有哪些影响(　　)

A. 对学生自我概念和人格发展的影响

B. 对学生社会化的影响

C. 对学生学业成绩的影响

D. 对学生换位思考能力的影响

21. 在课堂管理中,教师促成的纪律是不可缺少的,教师促成的纪律包括结构的创设和体贴,其中结构的创设包括(　　)

A. 理解　　B. 奖励　　C. 规定　　D. 同情

22. 下列关于课堂气氛描述正确的是(　　)

A. 消极的课堂气氛通常以学生的紧张拘谨、心不在焉、反应迟钝为基本特征

B. 课堂气氛与教师对学生的期望有关

C. 良好的课堂气氛是课堂教学得以顺利进行的重要保障条件

D. 积极的课堂气氛是恬静与活跃、热烈与深沉、宽松与严谨的有机统一

23. 人际关系是人们在交往中心理上的直接关系或距离,它反映了个人寻求满足其社会需求的心理状态。人际关系的建立与发展的阶段有(　　)

A. 定向交往阶段　　B. 情感探索阶段

C. 感情交流阶段　　D. 稳定交往阶段

24. 教室的空间安排会在一定程度上影响课堂教学和学生学习,在课堂空间设计时应考虑的因素有(　　)

A. 教室设备的摆放及空间安排　　B. 师生双方的可见性

C. 课堂空间设计要具有灵活性　　D. 维持言语交流的最大活动区

25. 不同年龄阶段的学生需要不同的课堂管理方式，赢得幼儿园学生的合作绝不等同于赢得高中生的合作。根据布罗菲和伊伏特逊的课堂管理阶段理论，下列表述正确的是（　　）

A. 对于幼儿园和小学低年级阶段要直接教授课堂规则和程序

B. 对于小学中年级阶段要多花时间监控和维持管理系统

C. 小学高年级和初中阶段的管理关键是要建设性地处理学生之间的矛盾

D. 高中阶段注重管理课程和教学材料，帮助学生管理自己的学习

三、判断题

1. 良好的课堂气氛需要教师以权威教学领导作风去组织教与学活动。（　　）
2. 某学生在班级同学的群体压力下放弃了自己的意见而采取与大多数人一致的意见，这种现象是服从现象。（　　）
3. 从众意味着个性的丧失，因而是一种消极现象。（　　）
4. 社会惰化是没有办法消除的。（　　）
5. 合作与竞争是对立的，学生之间只存在合作或竞争。（　　）
6. 学生座位的分配，一方面要考虑课堂行为的有效控制，预防纪律问题的发生；另一方面又要考虑促进学生间的正常交往，形成和谐的师生关系。（　　）
7. 课堂管理就是课堂纪律管理，即学生行为管理。（　　）
8. “三个和尚没水喝”的现象在心理学中属于社会退步。（　　）
9. 学生的非正式群体通常有亲社会型和消极型两种类型。（　　）
10. 课堂管理的促进功能，体现在教师在课堂上创设对教学起促进作用的组织和良好的学习环境，满足课堂内个人和集体的合理需要，激发学生潜能的释放以促进学生的学习。（　　）
11. 课堂教学管理不利于减少学生的课堂问题行为。（　　）
12. 非正式群体对个体的影响是积极的还是消极的，主要取决于教师对它的管理。（　　）
13. 班级里后进生有问题行为，优秀学生没有问题行为。（　　）
14. 由于非正式群体是由学生自由结合、自发形成的小群体，是符合学生内在需要的，所以只会促进学生的发展。（　　）
15. 有效的课堂管理能够提高学生的参与度，减少破坏性行为，增加教学时间的使用效率，并最终提高学生的学业成就。（　　）
16. 问题行为在课堂中是经常发生的，涉及的学生比较广泛，具有普遍性。（　　）
17. 课堂规范不可能一次建立就尽善尽美，它需要教师在实施过程中不断加以补充、修改和完善。（　　）

四、填空题

1. 教师对学生课堂行为所施加的准则与控制称为________。
2. 课堂问题行为的基本特征为：________、________、其程度以轻度为主。
3. ________是指人与人在相互交往过程中所形成的比较稳定的心理关系或心理距离。
4. 课堂教学效率的高低取决于教师、学生和________三大要素的相互协调。

5. 首先研究群体动力的心理学家是________。

6. 学生、学习过程和________是课堂的三大要素。

五、简答题

1. 影响个体从众行为的因素有哪些?

2. 简述如何维持课堂纪律。

3. 简述影响课堂气氛的因素。

六、论述题

在教学过程中,如何正确对待和教育班级中的非正式群体?请结合所报学段(小学/初中/高中)学生的身心特点加以论述。

七、案例分析题

1. 问题学生是学校管理的难点,也是管理的重点,纪律问题学生是其中的典型之一。在学校教育中,有的班主任怕问题学生在课堂上影响他人,于是采取了一些措施。就拿安排座位这件事来说,有的班主任采用了设“隔离带”的方法,其典型的做法就是前后左右都是女生,中间安排一名问题学生,让他处于包围圈之中。有的老师喜欢为纪律差的学生设“专座”,有的老师把“专座”设在眼皮底下,这样便于控制;有的老师设在犄角旮旯,以减少影响。有的老师喜欢用“游击式”的方法来安排座位,对那些纪律问题严重的学生,班主任今天当众命令他“坐这”,明天命令他“坐那”,意在找一个有利于克服他毛病的环境,可班主任没想到,他会像火种一样,坐到哪,哪儿的学生就会说起话来。最后老师也不得不承认“哑巴挨着他,也会开口说话”。

   你怎样看待上述案例中的做法?结合实际,谈谈对于课堂纪律差的学生应如何管理。

2. 期末考试前的某节课上,张老师准备了一份期末自测卷给学生练习,考虑到时间只有一节课,整张试卷内容又较多,所以他说最后一道综合题可以不做。话音刚落,讲台下学生小方未举手就问:“那我做了,可不可以呢?”老师用严厉的眼神看了小方一眼。小方属于捣蛋型的学生,平时基本不认真完成作业。老师考虑到其他学生可能会做完全部题目,于是对着所有同学说:“想做的话当然是可以的。”“那做对了你批的时候是否加分?”小方又脱口而出。很显然他醉翁之意不在酒,他想在课堂上表现一下自己。张老师有点无法容忍了,于是严厉地对小方说:“假如有问题,请举手。做对了,不加分。”小方马上用拉长的调子喊了一句:“切——”全班哄堂大笑。张老师制止后,让其他学生继续考试,把小方叫出教室谈话。

   (1)结合案例,分析学生在课堂上随意发言,违反课堂纪律的原因。

   (2)联系实际,谈谈处理学生违反课堂纪律的策略有哪些。

3. 新入职的张老师最近很焦虑，因为这段时间她的课堂总是出问题，尤其是课堂氛围和她课前预想的活泼有序、积极互动的良好氛围大相径庭。比如，有一天刚开始上课时，她发现班级气氛过于沉闷，学生学习兴趣不高。为了活跃课堂气氛，调动学生的学习积极性，她随即提出了一个问题。话音刚落，同学们立马来了精神，便七嘴八舌地讨论起来，有的学生过度兴奋，出现了故意捣乱、起哄的情况，张老师多次制止都无济于事，场面一度失控。这种对抗的课堂情况让张老师不知所措。

(1)请分析出现上述情况，教师方面的主要原因有哪些。

(2)请结合上述案例，说明如何创设良好的课堂气氛。

4. 张老师在讲解课文《九色鹿》时，讲到了九色鹿得知昔日那个被自己救起来的人却恩将仇报时很气愤，大家也都非常气愤地谴责着。突然，一个不锈钢文具盒“嘭”的一声掉在了地上，发出了很大的声音，同学们一下子愣住了，不知如何是好。那位同学更是紧张地看着老师，顿时脸都红了。张老师见状马上笑着说：“瞧，真是太气愤了，连文具盒都气愤地跳出来了！”孩子们顿时大笑，那个孩子也没有那么紧张了。老师又借机说：“那就请文具盒的主人来表现一下自己的气愤。”那个孩子顺利地读完了课文，还赢来了其他同学的掌声，自己也露出了灿烂的笑容。

(1)试评析张老师对课堂上“文具盒事件”的处理。

(2)请谈谈教师在处理课堂突发事件时应注意哪些方面。

第六章 心理健康教育与教师职业心理

专题一 心理健康概述

考法透视 本专题以记忆为主，多以选择题、判断题等客观题的形式考查，主要考查心理健康的概念和标准、心理评估的内涵、心理健康教育的目标、任务及途径。

限时:70 分钟	用时: 分钟	错题数: 道	▶答案见 P980

一、单项选择题

1. 学校心理素质教育的首要功能是(　　)

A. 开发智力，促进能力发展　　B. 提高德性修养，培养良好品德

C. 促进和维护学生心理健康　　D. 培养主体意识，形成完善人格

2. 心理健康表现为个人具有生命的活力、积极的内心体验和良好的(　　)

A. 社会适应能力　　B. 社会化人格

C. 精神面貌　　D. 精神状态

3. 下列选项中，对心理健康理解不正确的是(　　)

A. 心理健康是比较而言的，从健康到不健康只是程度的不同，而无本质的区别

B. 心理健康反映的是某一段时间内的特定状态，而不应认为是固定的和永远如此的

C. 心理健康标准是一个发展的文化的概念，会随着社会的发展变化而发展变化

D. 心理健康等于没有疾病或疾病仅限于躯体疾病

4. (　　)是指依据心理学方法和技术搜索得来的资料，对学生的心理特征与行为表现进行评鉴，以确定其性质和水平并进行分类诊断的过程。

A. 心理评估　　B. 心理测验

C. 心理诊断　　D. 心理测量

5. 心理咨询与辅导的基本方法是(　　)

A. 会谈　　B. 倾听　　C. 鼓励　　D. 询问

6. (　　)是学生心理健康教育的主要场所。

A. 学校　　B. 家庭　　C. 社会　　D. 工作单位

7. 心理健康教育的总目标是(　　)

A. 提高学生的成绩　　B. 克服厌学情绪

C. 发展学生的能力　　D. 提高全体学生的心理素质

8. 健康是现代社会人们追求的重要目标，拥有健康并不意味着拥有一切，但失去健康则意味着

失去一切。健康应包括(　　)

A. 躯体健康、心理健康、社会适应良好和道德健康

B. 躯体健康、心理健康和社会适应良好

C. 躯体健康

D. 躯体健康和心理健康

9. 下列做法属于在学科教学中渗透心理健康教育的是(　　)

A. 营造积极向上的班级文化氛围　　B. 注意在体育课上对学生合作精神的培养

C. 组织丰富多彩的课外活动　　D. 设立班级心理健康委员

10. 在评价心理健康时,(　　)是不合理的判断。

A. 个体的自控能力越强,心理健康水平就越高

B. 智力水平越高,心理健康水平越高

C. 易受暗示者,心理健康水平低

D. 对环境压力耐受性越强,心理健康水平越高

11. 以下不属于健康模式的心理评估的是(　　)

A. 人的潜能　　B. 人的价值实现的程度

C. 人的心理素质改善的程度　　D. 有无心理疾病

12. 巍巍性格内向,在班内几乎没有朋友,为此,他很苦恼,却不知道该怎样做。教师针对巍巍的情况进行了几次心理辅导。这属于学校心理健康教育中的(　　)

A. 学习心理辅导　　B. 生涯发展指导

C. 人际关系指导　　D. 智力训练

13. 现代意义上的心理健康教育起源于美国,(　　)于 1908 年在其家乡成立了世界上第一个心理卫生组织——康涅狄格州心理卫生协会。

A. 帕森斯　　B. 比尔斯　　C. 罗杰斯　　D. 米德

14. 中小学开展心理健康教育时,对学生心理问题的教育与辅导采用综合模式,对学生心理问题的分析从整体、全局、多方面的角度进行,把内外因、主客观、家庭社会学校和个人诸因素综合起来。这体现出的原则是(　　)

A. 整体性原则　　B. 发展性原则

C. 活动性原则　　D. 全体性原则

15. 心理健康教育能针对学生已经产生的现实问题,提供具体的个别心理咨询和辅导,帮助学生排除心理困扰,使他们重新自信地面对生活。这主要体现了心理健康教育的(　　)

A. 发展性功能　　B. 萌芽性功能

C. 预防性功能　　D. 补救性功能

16. 学校心理健康教育的最主要途径是(　　)

A. 心理危机干预　　B. 个别心理咨询

C. 心理辅导活动课程　　D. 大型户外团体活动

二、多项选择题

1. 心理健康教育是面向大部分心理正常的学生。它的目的包括( )

A. 预防心理障碍

B. 排除心理障碍

C. 促进学生心理机能的发展和完善

D. 促进学生人格的形成与完善

2. 下列哪些是学生心理健康的表现( )

A. 具有良好的自我意识

B. 具有正常、乐观、稳定的情绪

C. 乐于交往,具有良好的人际交往能力

D. 严格要求自己的一言一行,任何事情都要做到完美无缺

3. 学校心理辅导的内容包括( )

A. 学习辅导　B. 心理救助　C. 生活辅导　D. 职业辅导

4. 以下属于学校心理健康教育范畴的是( )

A. 心理健康课　B. 个别心理咨询　C. 课堂教学渗透　D. 学科知识竞赛

5. 补救性心理教育主要是( )

A. 提高性的　B. 矫正性的

C. 面对正常发展的学生　D. 面对心理出现问题的学生

6. 针对有心理障碍的学生而言,心理健康教育的任务是( )

A. 预防心理障碍　B. 排除心理障碍

C. 预防心理疾病的发生　D. 提高学生的心理健康水平

7. 根据国内外的研究与实践,人的心理健康水平大致可划分为哪三个等级( )

A. 一般常态心理　B. 人格障碍心理

C. 轻度失调心理　D. 严重病态心理

8. 从性质来看,学校心理健康教育包括( )

A. 发展性教育　B. 培养心理素质

C. 补救性教育　D. 维护心理健康

9. 会谈是心理咨询与辅导的基本方法,为使会谈富有成效,辅导教师要运用一些专门的技术,包括( )

A. 倾听　B. 鼓励　C. 询问　D. 反映

10. 网络上所报道的校园欺凌现象层出不穷,学校老师也在积极想办法解决,为了提高同学们的心理健康素质,需要提供面向全体学生的心理健康教育。下列选项中,面向班级全体学生的心理健康教育方式有( )

A. 心理健康教育课程　B. 德育渗透

C. 班主任工作渗透　D. 个别辅导

三、判断题

1. 心理健康和不健康之间有明确的界限。 (　　)
2. 心理健康既是一种状态,也是一种过程。 (　　)
3. 心理健康与否,在很大程度上取决于一个社会的评价标准。 (　　)
4. 学校可充分利用校园广播、校园网站等途径来宣传和普及心理健康教育理念,传播心理健康知识。 (　　)
5. 心理健康的人乐观开朗,热爱生活,积极向上,总能保持良好的心态,而不会产生消极的情绪。 (　　)
6. 心理健康有高低层次之分。 (　　)
7. 学校开设心理健康教育课程只会增加学生的课业负担。 (　　)
8. 判断一个人心理健康状况应兼顾内部协调与对外良好适应两个方面。 (　　)
9. 心理健康教育应贯穿于学校教育教学活动之中。 (　　)
10. 面向少数有心理困扰和心理障碍的学生,开展补救性和矫治性的心理咨询与辅导是学校开展心理健康教育的工作重点,也可以说是主要任务。 (　　)
11. 心理评估是有针对性地进行心理健康教育的依据,是检验心理健康教育效果的手段。 (　　)
12. 对学生进行心理健康教育是学校日常教育教学工作的配合与补充。 (　　)

四、简答题

1. 心理健康的一般标准有哪些?

2. 简述学校心理健康教育的意义。

3. 简述心理健康教育的途径。

专题二　学生心理辅导

考法透视　本专题以记忆为主，多以选择题、判断题等客观题的形式考查，主要考查心理辅导的内涵及目标、影响学生行为改变的方法、中小学生常见的心理问题。

限时:90 分钟	用时:　　分钟	错题数:　　道	▶答案见 P982

一、单项选择题

1. 5 岁的李萌智力正常，但在阅读时不按照内容朗读，经常自己凭空增减文字，因此无法正确理解字面含义。这主要是心理障碍中的（　　）

A. 多动症　　B. 焦虑症

C. 学习困难综合征　　D. 厌学症

2. 小彩是大家眼中公认的完美主义者，不管是在学习上还是在生活上，总是希望将一切做到最好，不允许自己出现一丝的差错。因而长此以往，只要稍有差错她就感到异常的紧张焦躁，心理辅导老师可通过（　　）来帮助她减少这种焦虑不安。

A. 系统脱敏法　　B. 强化法　　C. 合理情绪法　　D. 消退法

3. 一名小学生，上课不敢主动举手回答问题，一旦他主动举手回答问题，教师就给予表扬、鼓励，渐渐地他养成了勇于举手回答问题的行为方式。在这个过程中，教师采用了（　　）

A. 示范法　　B. 行为契约法

C. 惩罚法　　D. 强化法

4. 小明总觉得自己没带课本，上学之前常常会反复检查书包。这属于（　　）

A. 强迫行为　　B. 强迫观念

C. 强迫恐惧　　D. 焦虑

5. 小红写作业时总觉得不整洁，擦了写，写了又擦，反反复复。她明知道这样做没有必要，但就是控制不住。她可能出现了（　　）

A. 抑郁症　　B. 焦虑症　　C. 强迫症　　D. 恐怖症

6. 一个学生过分害怕猫，我们可以让她看猫的图片，谈论猫；再让她远远观看关在笼中的猫，让她靠近笼中的猫；最后让她摸猫、抱起猫，从而消除对猫的恐惧反应。这个案例中采用的心理辅导方法是（　　）

A. 自我控制法　　B. 系统脱敏法

C. 肯定性训练　　D. 强化法

7. 儿童多动综合征的高峰发病年龄为（　　）

A. 6 ~ 8 岁　　B. 8 ~ 10 岁　　C. 10 ~ 12 岁　　D. 12 ~ 14 岁

8. 指导学生用“我能应付这个考试”“成绩并不是最重要的”等正向的自我对话，以缓解考试焦

虑的方法是(　　)

A. 放松训练法　B. 系统脱敏法　C. 肯定训练法　D. 改善认知法

9. 焦虑是由紧张、不安、焦急、忧虑、恐惧交织而形成的一种情绪状态,学生中常见的焦虑反应是(　　)

A. 生活焦虑　B. 睡眠障碍焦虑

C. 交友焦虑　D. 考试焦虑

10. 学生性格过分内向,害怕在社交场合说话,觉得自己说话不自然,说话时不敢抬头,不敢正视对方的眼睛。这属于(　　)

A. 嫉妒心理　B. 抑郁状态　C. 强迫行为　D. 社交恐怖

11. 以持久性的心境低落为特征的神经症是(　　)

A. 强迫症　B. 抑郁症　C. 焦虑症　D. 恐怖症

12. 亮亮害怕上学,一进校门就惶恐不安,千方百计地逃学、旷课,其心理问题属于(　　)

A. 学校恐怖症　B. 过度焦虑反应

C. 学习困难综合征　D. 厌学症

13. 个体在获得与应用听、说、读、写或数学能力方面有明显的困难,这种失调来自个体的内部原因,一般认为是由中枢神经系统的功能异常引起的。这属于(　　)

A. 人格障碍　B. 学习障碍　C. 情绪障碍　D. 多动障碍

14. 心理辅导的基本目标是(　　)

A. 开发潜能　B. 寻求发展　C. 个案辅导　D. 学会调适

15. 罗杰斯在其"以人为中心的治疗"中将"无条件积极关注"看作心理辅导的前提之一,这体现了学校心理辅导的(　　)

A. 面向全体学生原则　B. 发展性原则

C. 尊重与理解学生原则　D. 强化性原则

16. 以下不属于抑郁症的表现的是(　　)

A. 情绪消极、悲观、颓废、淡漠、失去满足感和对生活的乐趣

B. 肢体疲劳、失眠、食欲不振

C. 心跳加快、过度出汗、肌肉持续性紧张

D. 动机缺失、被动、缺乏热情

17. 如果一个学生不敢拒绝别人的无理要求,不敢表达自己的不满情绪,与学生发生矛盾时不敢正面解决问题,而是哭着找老师。对待这样的学生,应采取的辅导方法是(　　)

A. 放松训练　B. 代币奖励法

C. 系统脱敏法　D. 肯定性训练

18. 对一件具体的东西、动作或情境的恐惧称之为(　　)

A. 泛化恐怖症　B. 单纯恐怖症

C. 广场恐怖症　D. 社交恐怖症

19. 某学生在与他人谈话时缺乏自信，于是老师指导他用角色扮演的方式来增强自信心。这属于(　　)

A. 肯定性训练　　B. 来访者中心疗法

C. 系统脱敏法　　D. 示范法

20. 某学生的某个奋斗目标没有实现，心理受到严重挫伤，老师对其进行心理辅导，让他转移目标，减轻了挫败感。这种心理辅导方法是(　　)

A. 松弛法　　B. 移情法　　C. 移置法　　D. 系统脱敏法

21. 在心理辅导中，小学生会把辅导老师当成自己的父母以获得情感上的满足，这种心理现象属于(　　)

A. 共情　　B. 移情　　C. 同情　　D. 亲情

22. 下列关于考试焦虑的说法中，有误的一项是(　　)

A. 这是学生比较常见的一种消极情绪体验

B. 随着考试日期的临近而减轻

C. 一般在考前数天就表现出来

D. 可通过提高自己的学习能力和对自己的评价得以缓解

23. (　　)是指通过不断强化逐渐趋近目标的反应，来形成某种较复杂的行为。当学生出现教师所期待的行为时，就依次强化那些渐趋目标的行为，直到合意行为的出现。

A. 强化法　　B. 行为塑造法　　C. 惩罚法　　D. 自我控制法

24. 儿童厌学症的主要表现是(　　)

A. 缺乏学习技能　　B. 过度焦虑

C. 注意力缺陷　　D. 对学习不感兴趣

25. 学校心理辅导是学校实施心理健康教育的主渠道，下列对学校心理辅导理解正确的一项是(　　)

A. 学校心理辅导以少数有心理问题的个别学生为服务对象

B. 心理辅导把工作的重点放在预防心理问题的出现和促进学生潜能的发展上

C. 学校心理辅导侧重于学生的心理与行为障碍矫治的心理治疗

D. 心理辅导等同于心理咨询和心理治疗

26. 下列关于小学生心理辅导的说法错误的是(　　)

A. 心理辅导的基本目标是学会调适

B. 预防功能是初级功能，发展功能则是高级功能

C. 教育活动只需立足于心理健康的一般问题即可

D. 心理辅导是面向全体学生、为全体学生服务的

27. 在对学生进行心理辅导时要注意对学生个别差异的了解，并且对不同学生实行区别对待。这体现了心理辅导的(　　)

A. 面向全体学生原则　　B. 预防与发展相结合原则

C. 尊重与理解学生原则　　D. 个别对待学生原则

28. 以某一具体事件、某一言行来对自己进行评价，如“因一次失败就认为这足以证明自己没用，是失败者”“在公共场合出了点洋相就认定自己又笨又蠢，连这么简单的事都做不好，更何况其他”。这属于不合理信念中的(　　)

A. 糟糕透顶　　B. 过分概括化　　C. 绝对化要求　　D. 过分幻想

29. 老师经常用发小红花的方式鼓励学生的良好行为，学生积累10个小红花后可以兑换奖励。这种改变学生行为的方法是(　　)

A. 示范法　　B. 系统脱敏法　　C. 代币奖励法　　D. 认知调适法

30. 在给学生进行团体心理辅导时，团体成员有时没有整理好思绪，未能明确地表达自己的感情，显得含糊不清，或者表达能力较弱，表述不清。此时心理健康老师可以采取的技术是(　　)

A. 澄清　　B. 促动　　C. 沉默　　D. 示范

31. 对学生进行心理辅导工作，让当事人自己运用学习原理进行自我分析、自我监督、自我强化，以改善自身行为的方法是(　　)

A. 行为塑造法　　B. 强化法　　C. 示范法　　D. 自我控制法

32. 在学校心理辅导的实践中，运用改善学生认知的技术来解决学生的心理问题。这是(　　)

A. 行为疗法　　B. 团体心理辅导

C. 系统脱敏法　　D. 理性—情绪疗法

33. 缺乏对他人的同情心与关心，同时缺乏羞耻心和罪恶感。这种心理问题属于(　　)

A. 焦虑症　　B. 依赖型人格障碍

C. 抑郁症　　D. 反社会型人格障碍

34. 主要以开发心理潜能、优化人格、促进学生全面发展为目标的学校心理辅导类型是(　　)

A. 发展性辅导　　B. 矫正性辅导

C. 预防性辅导　　D. 治疗性辅导

35. 小学四年级学生出现早恋倾向，班主任并未责备，而是分析学生的情况和原因，站在学生的角度看问题，体现了心理辅导中的(　　)

A. 发展性原则　　B. 尊重与理解学生原则

C. 价值中立原则　　D. 保密性原则

二、多项选择题

1. 下面哪些方法属于行为主义方法(　　)

A. 强化法　　B. 代币法　　C. 消退法　　D. 宣泄疏导法

2. 因为没有完成作业受到老师批评的学生，会产生许多想法。下列学生想法中属于不合理信念的是(　　)

A. 我没有完成作业是我的不对，我下次一定保质保量完成

B. 我真是个没用的人，连作业都完不成

C. 我已经很努力地做了,就是做不完,我不配做学生

D. 受到老师批评,我很没面子,我讨厌这个老师

3. 学校心理辅导的一般目标有(　　)

A. 学会调适　　B. 寻求发展　　C. 改善认知　　D. 自信训练

4. 下列属于认知改变的基本方法的有(　　)

A. 患者中心疗法　　B. 强化法　　C. 认知调节法　　D. 惩罚法

5. 学生中常见的焦虑是考试焦虑,一般可以通过(　　)来缓解学生的考试焦虑,减轻焦虑程度。

A. 厌恶疗法　　B. 肌肉放松法　　C. 系统脱敏法　　D. 森田疗法

6. 考试焦虑症是中学生常见的一种心理疾病,它对学生考试时能否正常发挥、考出理想成绩产生消极的影响。下列关于中学生考试焦虑症的处理,正确的是(　　)

A. 缓解考试焦虑症可结合心理治疗与药物治疗

B. 可用系统脱敏法减轻考试焦虑症的症状

C. 为避免考试焦虑症加重,应合理减轻学生的学业压力

D. 考试焦虑症的主要成因是学生内部压力,应只着重调整学生心态

7. 中考前,某中学在操场上组织初三学生进行了一次团体心理辅导,规定初三学生必须参加。在具体实施中,以班级为单位分组,每组人数 40 ~ 50 人,活动进行时间为二十分钟。这次团体心理辅导不合理的方面是(　　)

A. 不能强迫学生参加　　B. 活动时间过短

C. 人数太多了　　D. 活动地点不合适

8. 下列学生的表现中,可能存在心理问题的是(　　)

A. 小张受到老师的批评,心里很不高兴

B. 小李平时情绪总是很低落,极不愿意参加集体活动

C. 小王总担心会有不好的事情发生,经常出现莫名的紧张和害怕

D. 小赵害怕与人见面、交谈,经常把自己关在屋里,不愿见人

9. 研究发现学校生活中学生常见的心理障碍有(　　)

A. 孤立　　B. 退缩　　C. 焦虑　　D. 恐惧

10. 在下列心理问题中,可以使用自我坚定训练辅导的是(　　)

A. 人际交往中的被动行为　　B. 矛盾面前的犹豫不决

C. 课堂听讲时的注意力不集中　　D. 与异性交往时的紧张情绪

11. 心理辅导就是运用心理学等专业知识技能,设计与组织各种教育性活动,以帮助学生形成良好的心理素质,充分发挥个人潜能,进一步提高心理健康水平的过程。心理辅导的原则有(　　)

A. 关注高危人群　　B. 预防与发展相结合

C. 发挥学生主体性　　D. 促进学生整体性发展

三、判断题

1. 某同学最近情绪低落、思维迟钝、不爱活动、自我否定,甚至产生了自杀的念头。他的情况可能属于抑郁症。 ( )
2. 儿童活泼、多问是“多动症”的表现。 ( )
3. 学习困难儿童属于智力落后儿童。 ( )
4. 玲玲非常喜欢上语文课,每次答对问题,李老师都会给她一个卡通玩具作为奖励,李老师运用的是代币奖励法。 ( )
5. 晓丽是韩老师班上的学生,她性格孤僻、羞涩。当她主动与同学交谈或向老师请教时,韩老师及时给予其肯定回应,这种心理辅导方法是强化法。 ( )
6. 强化训练的目的是促进个体在人际关系中公开表达自己真实的情感和观点,维护自己的权益也尊重别人的权益,发展人的自我肯定行为。 ( )
7. 处罚法能消除不良行为,强化法能培养新的适应行为。因此,两者结合使用会更有效。 ( )
8. 艾利斯的 ABC 理论体现了行为主义思想的核心精髓。 ( )
9. 注意力集中困难、过度焦虑、害怕社交,是厌学症的主要表现。 ( )
10. 人本主义认为,心理治疗的目的是使心理疾病患者能自由地实现他自己的潜能,成为功能完善者。 ( )

四、简答题

1. 在教学工作中,我们可能会遇到学困生,你将如何帮助他们进步?

2. 简述中小学生焦虑症产生的原因。

五、案例分析题

李某上初中后，把大部分精力都放在了学习上，他平时成绩不错，但一到快考试时就会一直紧张，担心考不好，压力大，注意力难集中，并伴有睡眠不好、心慌、出汗，甚至恶心、呕吐的症状。为此他十分苦恼，成绩也开始下降了。

(1)李某的情况属于什么心理问题？

(2)针对李某的问题老师应提供什么帮助？

专题三　教师职业心理

考法透视　本专题以理解、记忆为主，多以选择题、判断题等客观题的形式考查，主要考查教师威信、教师的认知特征、教师期望效应、专家型教师和新手型教师的区别、教师成长的阶段和途径、教师职业倦怠的特征。

限时:150 分钟	用时：　分钟	错题数：　道	▶答案见 P987

一、单项选择题

1. 教师期望效应是一种情感效应，即教师对某个学生形成一定的期望，并针对期望做出一定的预测，促使该学生朝着教师期望的方向发展，而最终使预言成为现实。这一效应是由(　　)研究发展的。

A. 詹姆士　　B. 罗森塔尔　　C. 罗素　　D. 弗朗西斯

2. 教师的(　　)是其教学能力中最重要的部分，是教学能力的核心。

A. 教学实施能力　　B. 教学反思能力

C. 教学监控能力　　D. 教学计划能力

3. 根据伯利纳的教师成长五阶段论，(　　)是教师发展的基本目标。

A. 新手水平　　B. 熟练新手水平

C. 胜任水平　　D. 专家水平

4. 按照美国心理学家法贝的观点，如果一个教师的职业倦怠表现为在高压力下放弃努力，借此减少对工作的投入来求得心理平衡，则该教师的职业倦怠属于(　　)

A. 低挑战型　　B. 狂热型　　C. 情绪衰竭型　　D. 精疲力竭型

5. 王老师在正式上任之前认真学习教师的行为规范,以加深对教师这一职业的认识。王老师处在教师职业角色形成的(   )

A. 认同阶段　B. 信念阶段　C. 认知阶段　D. 实践阶段

6. 教师在不同的成长阶段,所关注的问题不同,当教师把关注的焦点一味地投向讨学生喜欢时,这说明教师的成长处于(   )

A. 关注生存阶段　B. 关注情境阶段

C. 关注学生阶段　D. 关注成长阶段

7. 微格教学有许多特点,但最重要的特点是(   )

A. 训练单元小　B. 反馈及时准确

C. 训练程序合理　D. 利于综合创新

8. 受老师喜爱或关注的学生,一段时间内学习成绩或其他方面都有很大进步,而受老师漠视甚至是歧视的学生就有可能从此一蹶不振。这属于(   )

A. 皮格马利翁效应　B. 瓦拉赫效应

C. 首因效应　D. 培哥效应

9. 根据福勒和布朗的教师成长阶段论,某教师在课堂教学中将主要精力总是集中在对学生成绩的关注上。据此,这位教师的成长可能处在(   )阶段。

A. 关注成绩　B. 关注情境

C. 关注学生　D. 关注生存

10. 张老师这段时间对工作失去了热情,觉得工作没意思,同时总是感觉很疲劳,工作效率不高。张老师目前的状态属于职业倦怠中(   )方面的表现。

A. 去人性化　B. 个人成就感低

C. 情绪耗竭　D. 缺乏工作动机

11. 下列关于教师威信的观点错误的是(   )

A. 教师威信包括人格威信、学识威信和情感威信

B. 教师的威信分为权力威信和信服威信

C. 教师威信实质上反映了一种良好的师生关系

D. 教师应该树立权力威信

12. 王老师在教学过程中,能不断对其教学活动积极主动地进行计划、监视、检查、评价、反馈、控制和调节,并成功地实现教学目标。这反映了王老师有较强的(   )

A. 教学设计能力　B. 教学效能感

C. 教学监控能力　D. 专业知识

13. 影响教师威信形成的最主要的客观因素是(   )

A. 教师的社会地位　B. 家长对教师的态度

C. 学生对教师的态度　D. 教师自身的条件

14. 在课堂教学中,教师是否具有一定的(   ),是检验其能否发挥主导作用、完成教学目标、

提高教学效果的重要标志。

A. 教学认知能力　　B. 教学操作能力

C. 教学监控能力　　D. 教学研究能力

15. 在设计教育教学活动时，王老师会充分考虑学生的个别差异，并根据不同发展水平学生的不同需要，选择相应的教学材料和教学方式。根据福勒和布朗的理论，王老师处在(　　)

A. 关注生存阶段　　B. 关注情境阶段

C. 关注学生阶段　　D. 关注成长阶段

16. 以少数学生为对象，在较短的时间内(5～20 分钟)，尝试做小型的课堂教学，并把教学过程录制下来，课后进行分析。这种形式我们称之为(　　)

A. 慕课　　B. 反转课堂　　C. 微格教学　　D. 新教育

17. (　　)指教师以自己的教学活动过程为思考对象，来对自己所做出的行为、决策以及由此所产生的结果进行审视和分析的过程，是一种通过提高参与者的自我觉察水平来促进能力发展的途径。

A. 教学研究　　B. 教学评价　　C. 教学反思　　D. 教学总结

18. 教师的主观因素是影响教学效能感的关键，其中最重要的是(　　)

A. 价值与自我概念　　B. 教育观与学生观

C. 自信心与成败经验　　D. 自信心与自我概念

19. 教师在教学过程中能明确教学任务，课堂教学目标与课程要求相匹配，为学生提供尽可能多的教学内容，并且教师在课堂上的所有活动均能围绕教学任务而进行。这属于教师的哪种行为特征(　　)

A. 参与性　　B. 活动多样性

C. 任务取向　　D. 及时评估教学效果

20. 教师威信形成的精神动力是(　　)

A. 具备良好的教育教学意识和心理结构

B. 严格要求自己和勇于批评与自我批评

C. 加强教师的仪表、言语、举止和生活作风建设

D. 保持与学生良好的交往和沟通

21. 教师的角色意识不包括(　　)

A. 角色认知　　B. 角色体验　　C. 角色期待　　D. 角色反馈

22. 教师对教学工作采取冷漠的态度，在自身与工作对象间保持距离。这是教师职业倦怠的(　　)特征。

A. 挫折感　　B. 情绪耗竭　　C. 去人性化　　D. 个人成就感低

23. 教师获得威信的基本条件是(　　)

A. 良好的道德品质　　B. 良好的认知能力和性格特征

C. 良好的仪表和行为习惯　　D. 做学生的朋友和知己

24. 李老师平时对学生特别关心，每个同学有困难她都尽力帮助，李老师班里的学生成绩明显比其他班高。这说明在教师的人格特征中（　　）对教学有显著影响。

A. 说到做到　　B. 敬业精神

C. 热心和同情心　　D. 重义气，讲交情

25. 张老师每次和别人说起自己的职业都会充满自豪感。这说明张老师处于（　　）

A. 教师职业角色认知阶段　　B. 教师职业角色认同阶段

C. 教师职业角色信念阶段　　D. 教师职业角色内化阶段

26. 李老师坚信自己能教好学生，在教育教学中表现出很高的热情，这主要反映了他具有（　　）

A. 认知能力　　B. 监控能力　　C. 操作能力　　D. 教学效能感

27. 新教师更多关注课堂中的细节，专家型教师很少谈论课堂管理问题和自己的教学是否成功。这是反映二者在（　　）方面的差异。

A. 课时计划　　B. 教学过程　　C. 课后评价　　D. 教学策略

28. "皮格马利翁效应"指人们基于对某种情境的知觉形成的期望或预言，会使该情境产生适应这一期望或预言的效应，给教师的启示是（　　）

A. 教师要善于了解学生　　B. 教师要有很高的知识水平

C. 教师要善于赞赏学生　　D. 教师要有信心

29. 有人将教师的职业生涯分为"站上讲台""站稳讲台""站好讲台"三个时期，根据福勒等人提出的教师成长阶段论，"站好讲台"对应的是（　　）阶段。

A. 关注教材　　B. 关注学生　　C. 关注生存　　D. 关注情境

30. 教师对学生的期望有高期望和低期望之分，随着（　　），学生们的行为和成就与当初的期望值越来越接近。

A. 时间的推移　　B. 期望的变化　　C. 年级的升高　　D. 学习的变化

31. 教师在课堂上提问一些有难度的问题时，通常会不由自主地将眼光停留在那些优秀的学生身上。这种现象反映的是（　　）

A. 从众效应　　B. 木桶效应　　C. 期待效应　　D. 投射效应

32. 有的教师常常抱有不现实的期望和理想，对外界干扰容易妥协，并在人际交往中体验到无能感。研究表明这样的教师容易产生职业倦怠，他们是（　　）

A. 低自尊或内控的教师　　B. 低自尊或外控的教师

C. 高自尊或内控的教师　　D. 高自尊或外控的教师

33. 萧老师在教学过程中，除了注重教学内容的科学性和思想性，还想方设法使学生时刻处于良好的情绪状态，从而保证教学活动顺利进行。这些做法表明萧老师扮演的是（　　）

A. 心理健康调节者的角色　　B. 朋友的角色

C. 榜样的角色　　D. 知识传授者的角色

34. 职业倦怠已经成为影响教师心理健康的重要因素之一，在职业倦怠发展的（　　），教师个

体的枯竭已经达到最低限度，身心健康严重受损。

A. 热情期　B. 冷漠期　C. 停滞期　D. 挫折期

35. 在教师角色形成的（　　）阶段，教师角色的社会要求转化为个体需要，形成教师职业特有的自尊心和荣誉感。

A. 角色认知　B. 角色认同　C. 角色信念　D. 角色奉献

36. 小李的成绩一直较差，为了提高成绩，暑假一直在家补习，在开学后的一次测验中考了不错的分数，然而老师却对小李的进步持怀疑态度，认为他是作弊才得到高分，这大大打击了小李的学习积极性，使得小李的成绩更加差了。这体现了（　　）

A. 自我应验效应　B. 维持性期望效应

C. 木桶效应　D. 近因效应

37.（　　）是指教师的人格、能力、学识上使学生感到尊敬和信服的精神感召力量。

A. 教学效能感　B. 教学能力

C. 教师威信　D. 教师榜样

38. 下列关于教师教学效能感的描述，正确的是（　　）

A. 好的教学设备条件能促进教师的个人教学效能感

B. 差的校风会降低教师的一般教学效能感

C. 教师的教学效能感对学生的学习成就没有多大的预测力

D. 教师的价值观和自我概念是影响教学效能感的关键

39. 下列选项中，不属于教师职业心理特征的是（　　）

A. 教师的认知特征　B. 教师的示范特征

C. 教师的人格特征　D. 教师的行为特征

40. 相关研究表明，教师的人格结构中特别重要的“四心”是指（　　）

A. 责任心、自信心、合群心、自尊心

B. 责任心、自信心、宽容心、自尊心

C. 责任心、自信心、宽容心、合群心

D. 宽容心、自信心、合群心、自尊心

41. 张老师在教学计划实施过程中，常常让学生独立制订计划并及时检查和评价自身的学习效果。张老师采用的教学监控策略是（　　）

A. 课堂互动策略　B. 教学反馈策略

C. 主体自控策略　D. 现场指导策略

二、多项选择题

1. 教学反思是教师进一步提高教育教学水平的有效手段，以下属于教学反思的有（　　）

A. 王老师撰写针对小明考试作弊事件的调查、教育的案例分析

B. 李老师在日记中记录小华的近期表现及与其家长的沟通情况

C. 张老师发表论文分享与班级学生相处的经验

D. 根据学生的课堂学习效果反馈，陈老师及时调整教学计划，以便更好地完成教学任务

2. 教师期望效应的产生，除了取决于教师自身的因素、学生自我意识外，还与(　　)等因素有关。

A. 学生身高体重　　B. 学生人格特征

C. 学生认知水平　　D. 学生归因风格

3. 教师职业角色的形成可以分为(　　)等几个阶段。

A. 教师角色的认知　　B. 教师角色的认同

C. 教师角色的强化　　D. 教师角色的信念

4. 下列关于专家型教师教学特点的表述，正确的是(　　)

A. 与新教师相比，专家型教师的课时计划简洁、灵活、以学生为中心，并具有预见性

B. 专家型教师有完善的维持学生注意的方法

C. 专家型教师往往较注意课堂的细节

D. 专家型教师有丰富的教学策略

5. 教师的教学监控能力体现为(　　)

A. 对自己的教学活动预先计划和安排

B. 对自己的输出效果与学生的吸收效果进行对比

C. 对自己的实际教学活动能有意识的监察、评价和反馈

D. 对自己的教学活动进行调节、校正和有意识的自我控制

6. 教师对学生的期望是否达到预期效应，决定的因素包括(　　)

A. 教师自身的因素　　B. 学生的人格特征

C. 学生的自我意识　　D. 学生的归因风格

7. 教师的下列行为中，不属于心理健康表现的是(　　)

A. 积极与学生做真诚的沟通

B. 冷静地处理课堂情境中的偶发事件

C. 将生活中的不愉快情绪带入课堂，迁怒于学生

D. 偏爱甚至袒护学习成绩好的学生

8. 专家型教师和新手型教师在教学过程中的差异主要表现在(　　)

A. 课堂规则的执行力　　B. 教材内容的呈现

C. 维持学生的注意力　　D. 教学策略的运用

9. 教师威信是教师的教育教学行为对学生影响所产生的众望所归的心理效应，体现着凝聚力、吸引力、号召力和影响力。一般而言，教师威信的内容包括(　　)

A. 形象威信　　B. 学识威信　　C. 情感威信　　D. 人格威信

10. 研究发现，专家型教师和新手型教师的区别主要体现在(　　)

A. 课前指导　　B. 课堂教学过程

C. 课后评价　　D. 课时计划

11. 教师的认知特征主要包括(　　)

A. 观察力特征　　B. 思维特征

C. 管理特征　　D. 注意力特征

12. 影响教师心理健康的个人因素表现在(　　)

A. 教师的自我期望　　B. 教师的工作任务繁重

C. 教师的人格状况　　D. 教师的感受力

13. 下列有关教师威信的说法中,正确的是(　　)

A. 教师威信是教学工作有效开展的基础和前提

B. 教师威信体现着教师对学生的影响力

C. 教师威信是教师角色本身所具有的内容

D. 教师威信是教师优秀品质及其教学行为对学生影响所产生的众望所归的心理效应

14. 优秀教师的自我效能感表现为(　　)

A. 有个人成就感　　B. 认为从事的教学活动很有价值

C. 对学生有正向的期望　　D. 对学生的学习负有责任

15. 下列过程属于教师威信建立途径的有(　　)

A. 张老师与学生平等对话,耐心倾听学生倾诉的烦恼,成为学生的知心姐姐

B. 周老师以身作则,上课从不迟到

C. 李老师在教育学生们弘扬雷锋精神的同时,自己主动捐图书给山区儿童

D. 毕老师在讲课时出现知识点的错误,他并不承认,课后也不积极改正学习

16. 教师在教学中应该具有(　　)

A. 教学反思能力　　B. 教学组织能力

C. 教学监控能力　　D. 把握教学过程的能力

17. 为了形成合适的教师期望,教师要做到充分了解学生,并注意(　　)

A. 经常与学生沟通,增进亲近感

B. 多给优等生表扬,少批评惩罚

C. 相信每一个学生

D. 加强言语交流,减少动作等非言语行为

18. 从维护与促进教师心理健康的措施角度来看,下列选项中,属于提高教师心理健康水平的外在方法的是(　　)

A. 营造良好的社会支持环境

B. 学校内部要营造良好的文化环境

C. 教师要努力营建一个幸福和谐的家庭

D. 强化自我维护意识,掌握自我调节策略

19. 教学监控策略是指为了保证达到预期的教学目标,教师在教学活动中对教学的全过程进行

积极主动的(　　)及控制和调节所采用的教学谋略或措施。

A. 计划　　B. 检查　　C. 评价　　D. 反馈

20. 美国学者伯顿认为教师发展经历了(　　)

A. 求生存阶段　　B. 调整阶段

C. 专家生涯阶段　　D. 成熟阶段

三、判断题

1. 研究表明,教学效能感高的教师对学生寄予较高的期望,认为自己对学生的成长负有责任并相信自己能教好学生。(　　)

2. 只有心理健康的教师,才有可能培养出心理健康的学生。(　　)

3. 教学反思是教师通过对其教学活动进行理性观察与矫正,从而提高其教学能力的活动,是一种分析教学技能的技术。(　　)

4. 教师对学生思想的认可与学生成绩有正相关的趋势,教师的批评或不赞成与学生的成绩之间存在着负相关。(　　)

5. 从根本上来说,教师的教育威信来自学生对教师的畏惧心理。(　　)

6. 教师的个人教学效能感影响着教师对教育工作的积极性。一般而言,效能感高的教师比效能感低的教师在工作中的努力程度更高。(　　)

7. 相对于新手教师而言,专家型教师具有高水平的教学监控能力,具有更加丰富的组织化的专业知识体系,能够有创造性地解决问题。在成就目标上,专家型教师主要以自我为中心,注重通过成功的教学来证明自身的能力。(　　)

8. 对影响教师心理健康的原因进行分析,教师的自我概念的发展水平属于个人主观因素。(　　)

9. 教师的教学监控能力真正提高的重要标志是教学监控由他控到自控。(　　)

四、简答题

1. 建立教师威信的途径有哪些?

2. 教育威信与教育威严的区别是什么?

3. 如何提高教师的教学效能感?

五、案例分析题

1. **镜头一**　我工作10年了,感到一年比一年累,耐心一年比一年少,对学生比较容易烦躁、上火,对自己的孩子和家人也是一样。我有时候也感到愧疚,孩子们是无辜的,可是自己的情绪却常常不稳定。我想我不会一辈子待在学校里工作,因为随着年纪越来越大,情绪会越来越不稳定,我可不想变成神经质的女人。

镜头二　在学校待久了,社会上的一些新事物接受得也少了,能换什么工作呢?我只能指望丈夫在事业上成功一些,我可以换个轻松点的工作。我最大的愿望就是能有安静的工作环境,而在学校工作这么多年,安静是最大的奢望,听到孩子们的吵闹,我的头都要涨死了!

(1)教师职业厌倦是由外界压力和自身心理素质相互影响而形成的,结合材料和实际,谈谈教师职业厌倦的原因。

(2)教师职业厌倦会让个人形成疾患,影响教师个人与他人的人际关系,并导致家庭和职业危机。谈谈有什么方法可以对教师职业厌倦进行干预。

2. 一个新教师和一个具有20年教龄的教师各自上了一节公开课,得出以下数据。

<table>
<tr><th colspan="2"></th><th>新教师</th><th>老教师</th></tr>
<tr><td colspan="2">学生课堂注意的时间比例</td><td>70%</td><td>95%</td></tr>
<tr><td rowspan="3">对学生回答的反馈</td><td>未理睬</td><td>36%</td><td>5%</td></tr>
<tr><td>鼓励</td><td>43%</td><td>57%</td></tr>
<tr><td>追问</td><td>21%</td><td>38%</td></tr>
<tr><td rowspan="3">学生的作业效果</td><td>好</td><td>44%</td><td>75%</td></tr>
<tr><td>一般</td><td>22%</td><td>20%</td></tr>
<tr><td>差</td><td>34%</td><td>5%</td></tr>
<tr><td colspan="2">练习针对性</td><td>中等生</td><td>全体学生</td></tr>
<tr><td colspan="2">学生执行课堂规则</td><td>中</td><td>优</td></tr>
</table>

根据专家型和新手型教师的差异,比较两位教师的教学过程。

3. 李老师刚入职时,为了得到学校和学生的肯定和认可,把大量时间花在如何与学生搞好关系上。一段时间后,他发现虽然自己与学生的关系非常密切,但是学生的学习成绩并不理想。于是,李老师开始把主要精力放在教学上。为了上好每一堂课,他认真准备材料,虚心地向老教师们请教,积极参加公开课观摩优秀教师的教学,坚持写教学日志,不断反思自己的教学活动,还通过校本教研这个平台,寻找解决问题的方法和努力的方向。经过不懈的努力,李老师在教学上成了一把"好手",他不仅能通过各种途径了解学生,还能考虑学生的不同需要,关注他们的个别差异,并根据学生的不同发展水平设计课堂教学和作业,因此取得了良好的教学效果。由于教学成绩突出,李老师被学校评选为"教学名师"。

结合案例运用教师发展阶段理论分析:

(1)李老师的专业发展所经历的阶段。

(2)教师成长与发展的方法。

参考答案及解析·
心理学部分+教育心理学部分

心理学部分

第一章　心理学概述

专题一　心理学的研究对象

答案速查：

1～5	DACCD	6～10	ABBCB	11～13	BDA
1～5	BCD AB ABC ABC AC			1～5	× √ × √ ×

一、单项选择题

1. D 【解析】性格是指人的较稳定的态度与习惯化了的行为方式相结合而形成的人格特征。它是一个人的心理面貌本质属性的独特结合，是人与人相互区别的主要方面。性格是个性特征中最具核心意义的心理特征。

2. A 【解析】认知过程是人们获得知识或应用知识的过程，或对信息进行加工的过程，是人的最基本的心理过程。（具体内容参见林国君主编的《医学心理学》）

3. C 【解析】心理学兼有自然科学和社会科学的性质，是一门中间（边缘）科学。

4. C 【解析】心理学是研究心理现象及其发生发展规律的科学，心理现象又称心理活动，故答案选C项。

5. D 【解析】个性心理特征是指在个体身上经常表现出来的、比较稳定的心理特征，主要包括气质、性格和能力等方面的特点。因此，题干中描述的能力、性格方面的差异属于个性心理特征方面的差异。

6. A 【解析】能力是直接影响人的活动效率，促使活动顺利完成的个性心理特征。能力包含两方面的内容：(1)在某项任务或活动上现有的成就水平，即人们已经学会的知识和技能；(2)个体具有的潜力和可能性。题干中强调个体具有很高的音乐能力和较高的人际交往能力，故体现了个性心理特征中的能力。

7. B 【解析】心理学是研究心理现象及其发生发展规律的科学。心理学既研究动物的心理，也研究人的心理，而以人的心理现象为主要研究对象。

8. B 【解析】人的有些心理现象具有鲜明的动态特征，如记忆，从记到忆是个动态过程。而有些心理现象则是静态特性明显，如性格，一经形成就相当稳定。心理过程这个专门术语就是对前者而言的。故A项说法错误。

   个性心理是一个人在社会生活实践中形成的相对稳定的各种心理现象的总和，故B项说法正确。

   个性倾向性是一种内在的决定着人对事物的态度和行为的动力系统，故C项说法错误。

   自我意识是个性结构中的自我调节系统。自我意识有它的认识侧面（自我认识）、情感侧面（自我体验）、意志侧面（自我控制）。故D项说法错误。

   因此，本题答案选B项。

9. C 【解析】个性心理倾向性是人进行活动的基本动力，它决定着人对现实的态度，决定着人对认识活动的对象的趋向和选择，是个性结构中最活跃的因素。

10. B 【解析】“聪明”间接地反映了一个人的智能，故这属于能力。性格的态度特征具体表现为三个方面：对待社会、集体、他人的态度特征，如善交际、孤僻、正义感、正直、诚实、狡诈、虚伪、同情心等；对待工作、学习、劳动的态度特征，如勤奋、懒惰、认真细致、马虎粗心、首创精神、墨守成规、勤俭节约、挥霍浪费等；对待自己的态度特征，如自信、自强、自尊、自负、自卑等。故勤奋属于性格的态度特征。

易错提示：考生应注意区分性格与气质。气质是由人的神经系统的某些生物学特点，特别是脑的特点决定的；性格是人对现实的态度和他的行为方式所表现出来的个性心理特征。

11. B 【解析】在心理活动的进程中，常常出现一种相对持续的状态。这类心理现象，称之为心理状态。心理状态包括注意、灵感、激情、心境、犹豫等。故答案选 B 项。

12. D 【解析】心理状态是个性心理特征存在的直接状态，是心理过程向个性心理特征转化的中间过渡环节。

13. A 【解析】心理过程是心理活动的一种动态过程，它包括认知过程、情绪情感过程和意志过程三个方面。人的各种心理活动中，都伴随着注意这种心理状态，但注意不是独立的心理过程。

二、多项选择题

1. BCD 【解析】个性心理特征是指在个体身上经常表现出来的、比较稳定的心理特征，主要包括气质、性格和能力等方面的特点。因此，B、C、D 三项均不属于个性心理特征的范畴。

2. AB 【解析】人的心理现象既具有社会属性，也具有自然属性。故 C、D 两项说法错误，答案选 A、B 两项。

3. ABC 【解析】心理过程是心理活动的一种动态过程，是人脑对客观现实的反映过程。它包括认知过程、情绪情感过程和意志过程三个方面。故 A、B、C 三项皆属于心理过程。

4. ABC 【解析】心理学的基本任务主要有：(1)描述和测量人的心理；(2)理解和说明人的心理；(3)预测和控制人的心理。故答案选 A、B、C 三项。

5. AC 【解析】个性心理是指表现在一个人身上比较稳定的心理特性的综合，是一个人总的精神面貌，反映了人与人之间稳定的差异特征。个性心理包括个性心理特征和个性心理倾向性。故答案选 A、C 两项。

三、判断题

1. × 【解析】心理学是研究心理现象及其发生发展规律的科学；教育学是研究教育现象和教育问题，揭示教育规律的一门科学。故题干说法错误。

2. √ 【解析】个性心理特征包括个体的能力、气质和性格等。故题干说法正确。

3. × 【解析】个性心理是在心理过程中形成的，如果没有对主观和客观世界的认识，没有情绪情感的体验，没有积极地与困难做斗争的意志活动，心理的个性差异就无从形成和表现；已经形成的个性心理倾向性和个性心理特征又制约着心理过程的进行。

4. √ 【解析】如果某类心理状态(如漫不经心)经常反复出现，并且持续时间也愈来愈长，那么这类心理状态就有可能转化为这个人的心理特征(如粗心大意)。因此，粗心大意是稳定的心理特征，漫不经心是暂时的心理状态。

5. × 【解析】注意不是一种独立的心理过程，也不属于某一种心理过程，而是伴随各种心理过程存在的特殊心理状态。

专题二　心理的实质

答案速查：

1～5	DDBCD	6～10	AAADD	11～15	CDBCC	16～20	BAADB
21～25	DABCC			1～3	BCD AD ABC		
1～5	× × √ √ ×			6～8	√ √ ×		

一、单项选择题

1.D 【解析】反射是神经系统活动的基本形式，是有机体通过神经系统对体内外刺激产生的有规律的应答活动。

2.D 【解析】神经活动主要是指大脑皮层活动，它的基本过程是兴奋和抑制。

3.B 【解析】反射分为无条件反射和条件反射，具体内容如下表所示：

分类		概念	典例
无条件反射（与生俱来）		无意识的本能行为	膝跳反射
条件反射（后天学习）	第一信号系统（人和动物共有）	用具体事物作为条件刺激而建立的条件反射系统	望梅生津
	第二信号系统（人类特有）	用语词作为条件刺激而建立的条件反射系统	谈虎色变

A、C 两项属于具体事物作为条件刺激而建立的条件反射，属于第一信号系统；D 项，马做算术题并不是因为理解语词的意义而产生反应，而是将语词作为一种物理性条件刺激进行反应，故属于第一信号系统。

4.C 【解析】额叶在组织有目的、有方向的活动中，有使活动服从于坚定意图和动机的作用；顶叶主要是调节机体的触压觉、温度觉、痛觉和内脏感觉等；枕叶是视觉中枢；颞叶主要对听觉刺激进行加工。所以，答案选 C 项。

方法技巧：解决此类题目的重点在于记忆大脑的功能分区。考生可根据口诀来进行记忆，即“上联：额顶枕颞；下联：动感视听”。

5.D 【解析】“甲之熊掌，乙之砒霜”的字面意思是同一样东西，对甲来说是“熊掌”（指贵重、有价值的东西），对乙来说却是“砒霜”（指毫无价值，更甚者会拖累自己的东西），这反映了心理是对客观现实的主观映像。

6.A 【解析】大脑左半球是抽象逻辑思维和言语中枢的优势半球，大脑右半球是形象思维和高度空间知觉的优势半球。

7.A 【解析】神经元一般包括感觉神经元、运动神经元和联络神经元。感觉神经元是专门感受体内外的刺激，引起神经冲动传入中枢神经的，即接受刺激。运动神经元把冲动传至与它的神经末梢相联系的肌肉或腺体，引起运动，即传递信息。联络神经元是感觉神经元与运动神经元的联络者，即整合信息。因此，神经元具有接受刺激、传递信息和整合信息的功能，答案选 A 项。

8.A 【解析】颞叶主要对听觉刺激进行加工，故本题答案选 A 项。

9.D 【解析】“狼孩”的事例表明，社会存在是人的心理内容的决定部分。人的心理是客观现实的反映，而社会环境和社会生活条件对人的心理起着决定性的作用。因此，“狼孩”产生心理障碍的主要原因是缺乏社会性刺激。

10. D 【解析】延髓，其主要功能为控制基本生命活动，如呼吸、心跳、消化等。因直接关系到人的生命，延髓被称为“生命中枢”。

11. C 【解析】中枢神经系统包括脑和脊髓，是整个神经系统的主干。其中，高级中枢是指大脑两半球，它是中枢神经系统的最高部位，是整个神经系统的最高司令部。故本题答案选 C。

12. D 【解析】信号性反应是指能够建立条件反射，是心理发生的标志。感应性是有生命的标志。故本题选 D 项。

13. B 【解析】脑的反射活动是人的心理活动的基础，人的行为是由反射组成的。反射是神经系统活动的基本形式，是有机体通过神经系统对体内外刺激产生的有规律的应答活动。因此，人的心理活动，就其产生方式来说，是客观事物引起人脑反射的活动。

14. C 【解析】条件反射又称信号反射，是后天经过学习才能得到的反射，即所谓有意识学习得来的知识、技能、经验等。成语“望梅止渴”是用语词作为条件刺激而建立的条件反射。

15. C 【解析】人的心理是客观现实作用于人脑的产物，是客观现实在人脑中的反映，客观现实是人的心理活动的内容和源泉。

16. B 【解析】由于人的知识经验、需要、愿望以及个性特征的不同，因而对客观现实的反映也不同。人的心理是客观现实的主观映像。“一千个人的眼里，有一千个哈姆雷特”，这表明人的心理具有主观性。

易错提示：心理对客观现实的反映特性主要体现在两个方面：一个是主观性，一个是能动性。前者强调“人心不同”“仁者见仁，智者见智”，理解的关键词是“不同”。后者强调人作为高级动物的能动性，理解的关键词在于“不是消极被动”“透过现象看本质”“把握规律”“预测”“改造”。

17. A 【解析】根据条件刺激的特点，巴甫洛夫把大脑皮层的功能分为第一信号系统活动和第二信号系统活动。第一信号系统是用具体事物作为条件刺激而建立的条件反射系统，是人和动物共有的；第二信号系统是用语词作为条件刺激而建立的条件反射系统，是人类特有的。小狗属于动物，故题干中发生的条件反射属于第一信号系统活动。

易错提示：考生做题时应注意，第二信号系统的条件反射是人类独有的，动物听到人的呼唤后做出反应，并不是因为理解语言的意义而产生反应，而是将这种语言作为一种物理性条件刺激，对此刺激建立起的条件反射，属于第一信号系统的条件反射。

18. A 【解析】轴突和树突从产前阶段 15 周时出现，然后二者持续发展到产后 2 岁左右。最初始的轴突和树突数量过剩，随着神经连接之间的竞争，二者的数量均会减少。故与成人相比，儿童大脑内神经元的轴突密度更多。

19. D 【解析】反射分为无条件反射和条件反射。无条件反射是先天的，即所谓无意识的本能行为。眨眼反射、吸吮反射和防御反射都属于无条件反射。条件反射又称信号反射，故答案选 D 项。

20. B 【解析】小王夜里很晚睡觉到第二天参加高考，在时间上有先后顺序，表明诱导是相继的。小王在凌晨三点半平复心情后进入睡眠到第二天在考场上精神抖擞，出色地答完试卷，这表明抑制消除后出现兴奋加强，属于正诱导。所以，题干所述体现了相继正诱导。

方法技巧：考生易混淆兴奋和抑制的相互诱导的内容。考生需牢记：(1)区分同时性与相继性的关键点在于时间，即同时发生为同时性，存在时间差为相继性；(2)区分正诱导和负诱导的关键点在于诱导效果为兴奋还是抑制，最终为抑制的属于负诱导，为兴奋的属于正诱导。

21. D 【**解析**】第一信号系统是用具体事物作为条件刺激而建立的条件反射系统；第二信号系统是用语词作为条件刺激而建立的条件反射系统。题干中强调小孩对穿白大褂的人做出反应，这既是小孩经过后天学习得来的，又是对具体事物做出的反应，故属于第一信号系统的条件反射。

22. A 【**解析**】草履虫是单细胞动物，没有神经系统，所以不存在反射活动，其趋利避害反应属于应激行为。

23. B 【**解析**】神经元(又称神经细胞)是神经系统结构和机能的单位。神经元一般分为细胞体(或称胞体)、树突和轴突三部分。树突多，短而密且有不少分支；轴突只有一个，形状像车轴，比较长，分支少。神经元通过树突接受外来的刺激(信息)，经胞体整合后再通过轴突将信息传出去。因此，只有 B 项说法正确。

24. C 【**解析**】题干中强调张明因通宵打游戏而导致第二天上课无精打采，这是由于兴奋和抑制在大脑皮层上先后发生而导致的，由兴奋过程加强了大脑邻近区域的抑制过程，故属于相继负诱导。

25. C 【**解析**】周围神经系统由 12 对脑神经和 31 对脊神经组成，其功能是把各感觉器官的神经冲动(信息)传给中枢，再把中枢的神经冲动(信息)传给有关的组织器官。

二、多项选择题

1. BCD 【**解析**】反射分为无条件反射和条件反射，无条件反射是与生俱来的，即无意识的本能行为，如吮吸反射、觅食反射。条件反射是后天经过学习才能得到的反射。第一信号系统是指用具体事物作为条件刺激而建立的条件反射系统，如望梅生津。第二信号系统是指用语词作为条件刺激而建立的条件反射系统。如成语"谈虎色变"。A 项闻到刺激的气味就咳嗽属于本能行为，是无条件反射；B 项被老师批评后见老师就躲，表明其建立了看见老师和躲避行为之间的条件反射；C 项听到老师叫自己名字立刻起身，表明其建立了老师叫自己名字和立刻起身之间的条件反射；D 项看到美味的饭菜分泌唾液，表明其建立了美味的饭菜和分泌唾液之间的条件反射。故答案选 B、C、D 三项。

2. AD 【**解析**】神经系统包括中枢神经系统和周围神经系统。中枢神经系统包括脑和脊髓。

3. ABC 【**解析**】心理是人脑对客观现实的能动的反映，但反映是否正确要视具体情况而定。所以，D 项说法错误。

三、判断题

1. × 【**解析**】含梅流涎的意思是嘴里含着梅子导致分泌唾液，因此这属于生理反应，且是与生俱来的、无意识的本能反应，故属于无条件反射。

2. × 【**解析**】人的大脑分为四叶，包括额叶、顶叶、枕叶、颞叶。额叶在组织有目的、有方向的活动中，有使活动服从于坚定意图和动机的作用；顶叶主要是调节机体的触压觉、温度觉等；枕叶是视觉中枢；颞叶主要对听觉刺激进行加工。

3. √ 【**解析**】大脑左半球是抽象逻辑思维和言语中枢的优势半球，它主要负责言语、阅读、书写、运算和推理等；右半球是形象思维和高度空间知觉的优势半球，它主要处理的信息是知觉物体的空间关系、情绪情感、欣赏音乐和艺术等。

4. √ 【**解析**】神经系统是心理活动的主要物质基础，由中枢神经系统和周围神经系统组成。如果说中枢神经系统是人体的“司令部”,那么周围神经系统就是人体的“通讯网络”。

5. × 【解析】人脑是心理的器官,是产生心理不可缺少的物质基础,但人的心理并不是大脑先天固有的产物,也不是大脑自动产生的,而是客观物质世界在人脑中的反映。

6. √ 【解析】心理是人脑对客观现实的主观映像。人的心理按其内容和源泉及其发生的方式来说,是客观的;人对客观现实的反映也具有主观性,具有个人的特点,同时,在反映的选择性、准确性、全面性和深刻性等方面,也都会有所不同,并形成了对客观事物反映上的个别差异。因此,人脑对客观现实的反映既有主观性,也有客观性。

7. √ 【解析】人的社会生活实践对人的心理起着决定性的作用。因为社会生活条件才是人的心理源泉,是心理内容的决定性组成部分。因此,有了人脑和客观现实不一定就会产生人的心理,故题干说法正确。

8. × 【解析】负诱导是由兴奋过程引起或加强邻近区域的抑制过程。当我们聚精会神地读书时,对周围发生的事情就“视而不见,听而不闻”了,这是因为读书的兴奋性较强,诱发出抑制,使落在该神经部位的事物产生模糊的意识。因此,这属于负诱导。

专题三　心理学的产生与发展

答案速查:

1～5	DCDBD	6～10	ABDBC	11～15	CDDDA	16～20	ABBDC
21～27	BABBBAD			1～5	AD ABCD ABD ABC ACD		
1～5	√ √ × × ×			6～8	× × √		

一、单项选择题

1. D 【解析】人本主义认为心理学应该探讨完整的人,强调人的价值,强调人有发展的潜能和自我实现的倾向。

2. C 【解析】1879 年,德国著名心理学家冯特在德国莱比锡大学创建了第一个心理学实验室,开始对心理现象进行系统的实验研究。在心理学史上,人们把这一事件看作是心理学脱离哲学,走上独立发展道路的标志,也意味着科学心理学的诞生。

3. D 【解析】A 项马斯洛属于人本主义心理学的代表人物;B 项弗洛伊德属于精神分析心理学的代表人物;C 项杜威属于机能主义心理学的代表人物;D 项奈瑟尔(奈塞尔)属于现代认知心理学的代表人物。

4. B 【解析】现代心理学的诞生和发展有两个重要的历史渊源:一是受到近代哲学思潮的影响,特别是唯理论和经验论的影响。近代哲学为西方现代心理学的诞生提供了理论基础。二是受到实验生理学的影响,现代心理学的实验方法直接来源于实验生理学。

5. D 【解析】现代认知心理学是以信息加工观点为核心的心理学,又称为信息加工心理学。该学派把人的心理活动看作是信息加工系统,由感官搜集信息,经过分析、存储、转换,然后加以利用。因此,题干所述为认知学派的观点。

6. A 【解析】西方心理学的“第一势力”是行为主义心理学,“第二势力”是精神分析心理学,“第三势力”是人本主义心理学。故答案选 A 项。

7. B 【解析】1913 年,美国心理学家华生发表了《在行为主义者看来的心理学》,宣告了行为主义的诞生。

8. D 【解析】行为主义心理学既不同意构造主义心理学关于意识元素的看法与其"内省"的分析方法,也不赞成机能主义心理学把意识功能作为心理学的研究主题。行为主义认为心理学应该采用客观观察法、条件反射法、言语报告法和测验法,研究可观察、可测量的行为,研究刺激与反应之间的联结关系。故本题答案选 D。

9. B 【解析】构造主义心理学主张心理学研究人们的直接经验即意识,并把人的经验分为感觉、意象和激情状态三种元素,提倡的实验方法是内省法。

10. C 【解析】精神分析学派重视对异常行为的分析和无意识的研究,认为人的一切个体的和社会的行为都根源于心灵深处的某种欲望或动机,特别是性欲的冲动。欲望以无意识的形式支配人,并且表现在人的正常和异常的行为中。人性本善是人本主义的观点,故 C 项说法错误。

11. C 【解析】亚里士多德的《论灵魂》是历史上第一部论述各种心理现象的著作;《生理心理学原理》《心理学大纲》是冯特的代表作;奈塞尔的《认知心理学》标志着现代认知心理学的诞生。

12. D 【解析】A 项可能是构造主义或机能主义的观点;B 项是人本主义的观点;C 项是精神分析学派的观点;D 项是行为主义的观点。

13. D 【解析】冯特在德国莱比锡大学创建了世界上第一个心理学实验室,A 项说法错误。艾宾浩斯在德国最先报告了记忆实验,B 项说法错误。华生领导了心理学的行为主义运动,C 项说法错误。桑代克在美国完成了第一个动物学习实验,成为心理学史上第一个用动物实验来研究学习的人,D 项说法正确。

14. D 【解析】机能主义主张研究意识,他们把意识看成一种持续不断、川流不息的过程。据此他们提出了"意识流"的概念。

15. A 【解析】构造主义心理学的奠基人是冯特,并由其弟子铁钦纳将其发展成为严密的心理学体系。因此,铁钦纳是构造主义心理学派的创始人之一。

16. A 【解析】冯特于 1879 年在德国莱比锡大学建立了世界上第一个心理学实验室,用自然科学的方法研究各种最基本的心理现象。这一行动使心理学开始从哲学中脱离出来,成为一门独立的科学,它标志着科学心理学的诞生。

17. B 【解析】机能主义心理学主张心理学的研究对象是具有适应性的心理活动,强调意识活动在人类的需要与环境之间起重要的中介作用。它着重研究心理的运作和意识的效用,以及心理与环境、心理与身体之间的关系等问题。故答案选 B 项。

18. B 【解析】"Gestalt"在德文中意味着"整体",它代表了格式塔心理学的基本主张和宗旨,所以格式塔心理学又称完形心理学。

19. D 【解析】精神分析学派重视对异常行为的分析和无意识的研究,认为行为根源于某种欲望或动机。

20. C 【解析】格式塔心理学派反对把意识分析为元素,而强调心理作为一个整体、一个组织的意义,认为:(1)整体不能还原为各个部分、各种元素的总和;(2)部分相加不等于整体;(3)整体先于部分而存在,并且制约着部分的性质和意义;(4)整体大于部分之和。

21. B 【解析】A 项弗洛伊德属于精神分析学派,B 项罗杰斯属于人本主义流派,C 项韦特海默属于格式塔流派,D 项斯金纳属于行为主义学派。

22. A 【解析】格式塔心理学又称完形心理学。

23. B 【解析】美国心理学家何林渥斯最先提出要追求人的心理发展全貌,而不是满足于孤立地研究儿童心理,并于1930年出版了《发展心理学概论》一书,这是世界上第一部发展心理学著作。

24. B 【解析】构造主义心理学主张心理学应该研究人们的直接经验即意识,并把人的经验分为感觉、意象和激情状态三种基本元素。

25. B 【解析】人本主义心理学认为人的本质是好的、善良的,他们不是受无意识欲望驱使的野兽。因此,每个孩子都会成为好孩子。

26. A 【解析】冯特创建了世界上第一个心理学实验室,他的代表作是《生理心理学原理》,人们把这一著作称为心理学的"独立宣言"。

27. D 【解析】斯金纳是行为主义的代表人物,冯特是构造主义的代表人物,杜威、安吉尔是机能主义的代表人物,故D项搭配正确。

二、多项选择题

1. AD 【解析】华生、斯金纳属于行为主义的代表人物;罗杰斯属于人本主义的代表人物;弗洛伊德属于精神分析学派的代表人物。故答案选A、D两项。

2. ABCD 【解析】科学心理学诞生的时代背景有:(1)近代哲学思潮的影响。对科学心理学诞生产生重要影响的主要哲学思潮是17世纪法国的理性主义以及17~18世纪英国的经验主义。(2)生物学的影响。达尔文生物进化论的很多观点,都成了以后科学心理学研究的重要主题。(3)生理学的影响。影响到心理学的生理学研究,主要始自19世纪德国三位生理学家的研究:①柏林大学的教授缪勒提出的神经特殊能量说;②赫尔姆霍兹倡导的色觉理论与听觉理论以及"无意识推理"理论;③德国莱比锡大学的教授费希纳,他是对科学心理学的诞生有重大影响的生理学家,首创用实验法将物理刺激的变化转化为心理经验的过程。故本题答案选A、B、C、D四项。

3. ABD 【解析】冯特的历史功绩,是与心理学历史上出现的心理科学的独立、实验心理学的创立和心理学专业队伍的建立这三件大事分不开的。

4. ABC 【解析】冯特的代表作有《生理心理学原理》《民族心理学》《心理学大纲》等,D项《教育心理大纲》是桑代克的代表作。

5. ACD 【解析】格式塔学派的代表人物有韦特海默、苛勒和考夫卡。皮亚杰是现代认知心理学的代表人物。

三、判断题

1. √ 【解析】西方心理学的"第一势力"是行为主义心理学,西方心理学的"第二势力"是精神分析心理学,西方心理学的"第三势力"是人本主义心理学。

2. √ 【解析】构造主义心理学主张心理学研究人们的直接经验即意识,并把人的经验分为感觉、意象和激情状态三种元素;在研究方法上主张采用实验内省法。

3. × 【解析】1879年,德国著名心理学家冯特在德国莱比锡大学创建了世界上第一个心理学实验室。

4. × 【解析】人本主义是把健康的人、正常的人作为主要研究对象,而不是所有人。

5. × 【解析】构造主义心理学致力于发现心理事实,研究人类心理的一般规律,忽视个体差异,不考虑应用,因此严重脱离社会生活,研究范围非常狭窄。

6. × 【解析】弗洛伊德是精神分析学派的代表人物,故本题说法错误。

7. × 【解析】弗洛伊德认为人的性本能是最基本的自然本能,它是推动人发展的潜在的、无意识的、最根本的动因。故本题说法错误。

8. √ 【解析】蔡元培是中国现代心理学的先驱者,推动了中国现代心理学的建立。

第二章 认知过程

专题一 感觉和知觉

答案速查：

1～5	DCBAA	6～10	DBBAD	11～15	CCBBB	16～20	CCACA
21～25	CABDC	26～30	DCABB	31～35	BCBAC	36～40	BCDCD
41～45	CAAAA	46～50	ACCCC	51～55	ADDAD	56～60	CABCD
61～65	ABDDD	66～70	DDCBC	71～75	ADCDC	76～80	CBBCA
81～85	ACAAD	86～90	DADDB	91～93	CDA		
1～5	AB ABD BC BC BCD			6～10	ABC AB ABCD AD ACD		
11～12	CD ACD			1～5	√ × × √ √		
6～10	× √ × √ √			11～15	√ × √ √ ×		
16～20	√ √ √ × ×			21～25	× √ × × √		
26～28	× × √						

一、单项选择题

1. D 【解析】知觉的选择性是指当面对众多的客体时，知觉系统会自动地将刺激分为对象和背景，并把知觉对象优先地从背景中区分出来。题干中强调用红色粉笔标注重点内容（知觉对象），以引起学生关注，故体现了知觉的选择性特征。

A 项，知觉的理解性是指人以知识经验为基础对感知的事物加工处理，并用语词加以概括赋予说明的加工过程。

B 项，知觉的恒常性是指客观事物本身不变，但知觉条件在一定范围内发生变化时，人的知觉映像仍相对不变。

C 项，知觉的整体性是指人根据自己的知识经验把直接作用于感官的客观事物的多种属性整合为统一整体的过程。

2. C 【解析】感觉对比是同一感受器接受不同的刺激，而使感受性发生变化的现象。红色或者黄色的警示线和其他区域同时作用于人的视觉，形成感觉对比，以提高人们对危险区域的警惕性，这符合感觉对比的规律。

3. B 【解析】由于刺激对感受器的持续作用而使感受性发生变化的现象叫感觉适应。适应现象表现在所有感觉中，如听觉适应、视觉适应、嗅觉适应等。题干所述属于听觉适应的典例。

4. A 【解析】首因效应（最初效应）是指最初获得的信息影响更大。“新官上任三把火”指官员新上任，总要装腔作势，以显威风。或指官员刚上任时，常要做几件事以表现自己的才干和改革时政的决心，过后也就一切如旧。“开门红”比喻工作、事业一开始就取得好的成绩、获得成功。“下马威”原指官吏初到任时对下属显示威风，后泛指一开始就向对方显示自己的威力。这三个词语均强调“一开始”，即“最初”获得的信息的重要性，故题干所述体现的是社会知觉偏差中的首因效应。

5. A 【解析】晕轮效应指当我们认为某人具有某种特征时，就会对他的其他特征做相似判断，即“一好百好”“一坏百坏”。题干中张老师对小明和小磊的印象符合晕轮效应，故选 A 项。社会刻板印象更强调群体特征推及个人，排除C项。B项强调最初获得的信息影响更大，D项强调最近获得的信息影响更大，与题干不符，排除。

6. D 【解析】社会刻板印象（刻板效应）指对一群人的特征或动机加以概括，把概括得出的群体的特征归属于团体中的每一个人，认为他们每个人都具有这种特征，而无视团体成员中的个体差异。题干中小芳因为小王是会计师，就认为小王是个聪明伶俐、细心认真的人，这是将会计师的群体特征归属到小王个人，这属于刻板效应。

7. B 【解析】知觉是在感觉的基础上产生的，它是人脑对直接作用于感觉器官的客观事物的整体属性的反映。题干中强调看到茉莉花并能认识它，这是对茉莉花整体属性的反映，属于知觉的过程。故答案选B项。

8. B 【解析】理想化偏见是指个体在估计事件后果时，总是认为负面后果只会出现在他人身上，自己则不会有事。题干中贾同学认为在河滩戏水的危险不会发生在自己身上，属于典型的理想化偏见。

9. A 【解析】知觉的选择性是指当面对众多的客体时，知觉系统会自动地将刺激分为对象和背景，并把知觉对象优先地从背景中区分出来。“画重点线”有利于学生优先选择对象，故A项符合题意。

10. D 【解析】知觉的恒常性是指客观事物本身不变，但知觉条件在一定范围内发生变化时，人的知觉映像仍相对不变。知觉恒常性受各种因素的影响，其中视觉线索有重要的作用。视觉线索是指环境中的各种参照物给人们提供的物体距离、方位和照明条件的信息。这些信息对维持知觉的恒常性有重要的意义。如果在实验中设法消除环境中的视觉线索，恒常性就会受到破坏。黑板上的画的大小提供了错误的视觉线索，导致小朋友们产生了错觉，选择D项。

11. C 【解析】感觉阈限是指能引起感觉或差别感觉的刺激量。差别感觉阈限，又称最小可觉差，是指刚刚能引起差别感觉的刺激物间的最小差异量。

12. C 【解析】一种感觉兼有另一种感觉的心理现象叫联觉。“锅铲刮锅底的声音”是听觉，“很冷”是温度觉，听觉兼有温度觉即产生了联觉。

13. B 【解析】在刺激作用停止后暂时保留的感觉现象称为感觉后效，即感觉后像。我们在日常生活中看到电影的画面，正是视觉后像的作用。故答案选B项。A项，联觉是指一种感觉兼有另一种感觉的心理现象；C项，感觉对比是同一感受器接受不同的刺激，而使感受性发生变化的现象；D项，感觉适应是由于刺激对感受器的持续作用而使感受性发生变化的现象。这三项均不符合题意，故不选。

14. B 【解析】知觉的整体性是指人根据自己的知识经验把直接作用于感官的客观事物的多种属性整合为统一整体的过程。题干中学生不善于联系知识点，形成学科认知结构以及知识零散混乱说明其没有充分使用知觉的整体性规律。故选B项。

15. B 【解析】明适应是指照明开始或由暗处转入亮处时视觉感受性下降的过程。例如，在明亮的白天，刚从电影院走出，开始感觉强光刺眼，眼睛发眩，难以将眼睛睁开，但很快就能看清眼前的一切。符合题意，故选B项。A项是指照明停止或由亮处转入暗处时感受性提高的过程，C项是指在刺激作用停止后暂时保留的感觉现象，D项是指刺激不是连续作用而是断续作用的时候，随着断续频率的增加，感觉到的不再是断续的刺激，而是连续的刺激，不符合题意，排除。

16. C 【解析】几个刺激物同时作用于同一感受器会产生同时对比现象。在《唐伯虎点秋香》中，华家所有女性都转过头出现在唐伯虎的视线中时，就尤其突出了秋香的美貌。这体现了同时对比现象。

17. C 【解析】刻板印象是指对一群人的特征或动机加以概括，把概括得出的群体的特征归属于团体中的每一个人，认为他们每个人都具有这种特征，而无视团体成员中的个体差异。题干中强调所有的医生都爱干净，凡是重庆人都爱吃辣，这无视了个体成员的差异，故体现了刻板印象。

18. A 【解析】感受性的高低是用感觉阈限的大小来度量的。感受性与感觉阈限在数值上成反比关系,感受性高,则感觉阈限低;感受性低,则感觉阈限高。所以,A 项说法正确。

19. C 【解析】一种感觉兼有另一种感觉的心理现象叫联觉。蓝绿色的视觉兼有清凉的感觉,故体现了联觉现象。

20. A 【解析】初入学的儿童一般已能很好地辨别前后、上下、远近;但对于左右方位,则常常要和具体事物联系起来才能辨别。初入学儿童对字形的感知往往注意形状而不注意方位,因此他们常把"b"与"d"、"p"与"q"、"f"和"t"等搞混。这是小学生感知能力不成熟的表现。

21. C 【解析】晕轮效应(又称光环效应)是指当我们认为某人具有某种特征时,就会对他的其他特征做相似判断。题干中的班主任仅根据小李和小张的成绩便对他们做出了评价,认为成绩好的学生品质也好,成绩差的学生其他方面的表现也差,这种以点概面、以偏概全的主观印象体现了晕轮效应。

22. A 【解析】学生出现漏字或者算错题的情况,说明其观察能力有待提高。在学校教育教学中,教师可以在实际观察中加强对学生的个别指导,指导学生充分利用多种感官参与学习,提高其观察的全面性和精确性,培养学生的观察能力。

23. B 【解析】知觉的选择性是指当面对众多的客体时,知觉系统会自动地将刺激分为对象和背景,并把知觉对象优先地从背景中区分出来。知觉对象和背景的差别性会影响知觉的选择性,题干中变色龙根据周围环境调节自身颜色,使对象和背景的差别变小,从而达到不易被人发现的目的,这主要是利用了知觉的选择性。

24. D 【解析】光环效应(晕轮效应)是指当我们认为某人具有某种特征时,就会对他的其他特征做相似判断。光环效应是一种以偏概全的现象,是在人们没有意识到的情况下发生作用的。

25. C 【解析】感觉对比是同一感受器接受不同的刺激,而使感受性发生变化的现象。感觉对比分为两种:同时对比和继时对比。其中,刺激物先后作用于同一感受器会产生继时对比。题干中糖和药的先后呈现,使得味觉的感受性发生变化,从而产生继时对比现象。

26. D 【解析】感觉是一种最简单的心理现象,是认识的起点。可以说感觉是一切知识和经验的基础,是人正常心理活动的必要条件。所以说感觉是一切高级心理活动产生的基础,是人全部心理现象的基础。

27. C 【解析】不同感觉的相互影响是指任何一种感受器的感受性,都会因同时或继时发生作用的其他感受器的影响而有所变化。轻音乐可以加深学生对文章内容的理解与感悟,这体现了不同感觉的相互影响。

28. A 【解析】知觉的选择性是指当面对众多的客体时,知觉系统会自动地将刺激分为对象和背景,并把知觉对象优先地从背景中区分出来。对象与背景的差别越大,越容易被选择。因此,题干中郑老师用彩色粉笔把重点内容板书出来利用的就是知觉的选择性。

29. B 【解析】知觉的理解性是指人以知识经验为基础对感知的事物加工处理,并用语词加以概括赋予说明的加工过程。理解对于知觉的作用表现在:(1)理解有助于人们把知觉对象从背景中分离出来。(2)理解有助于知觉的整体性。(3)理解还能产生知觉期待和预测。例如,熟悉英语词汇知识的人,在读到字母"WOR……"后,会预期出现 D、K、M、N 等字母,因为他们知道,只有这些字母才能与"WOR"组成一个英文单词。故答案选 B 项。

30. B 【解析】观察是人的一种有目的、有计划、持久的知觉活动,是知觉的高级形式。注意、想象和记忆都不是知觉形式。

31. B 【解析】时间错觉是在某种情况下对同样长短的时间觉得有快有慢。参加紧张而有趣的活动觉得时间过得快,从事枯燥乏味的活动觉得时间过得很慢。时间错觉主要是由态度、情绪的干扰造成的。"欢娱嫌夜短,寂寞恨更长"是指欢乐的时光总感觉过得很快,而孤独寂寞的时候就觉得夜晚太漫长。因此,这体现了时间错觉现象。

32. C 【解析】知觉的理解性是指人以知识经验为基础对感知的事物进行加工处理,并用语词加以概括、赋予说明的加工过程。知觉的理解性与人已有的知识经验有密切关系。题干中强调不同职业的人看到同一个事物,产生的想法都不太一样,这是由他们的知识经验决定的,故反映了知觉的理解性。

33. B 【解析】似动知觉是指在一定的时间和空间条件下,人们在静止的物体间看到了运动,或者在没有连续位移的地方看到了连续的运动。似动知觉的主要形式有:动景运动、诱导运动、自主运动、运动后效。其中,诱导运动是指由于一个物体的运动使其相邻的静止的物体产生运动的现象。题干中,相邻车辆在运动,小明却以为是自己所乘坐的车辆在动,这就是一种典型的诱导运动。故B项符合题意。

34. A 【解析】感觉的补偿是指某种感觉的机能丧失后,由其他感觉系统的机能来弥补。"盲人可以借助自己的触觉来代替自己的视觉"利用的就是感觉的补偿。

35. C 【解析】知觉的理解性是指人以知识经验为基础对感知的事物加工处理,并用语词加以概括赋予说明的加工过程。"一千个读者就有一千个哈姆雷特"即指每个人的知识经验不同,对"哈姆雷特"这个角色的理解便不同,这体现了知觉的理解性。

36. B 【解析】运动觉就是关节肌肉的感觉,它传递人们对四肢位置、运动状态及肌肉收缩程度的信号。运动觉属于内部感觉,故A、C、D项说法错误。

37. C 【解析】感觉是一种最简单的心理现象,是认识的起点。可以说感觉是一切知识和经验的基础,是人正常心理活动的必要条件。

38. D 【解析】运动后效,即在注视向一个方向运动的物体之后,如果将注视点转向静止的物体,那么会看到静止的物体似乎向相反的方向运动。例如,在注视飞速开过的火车之后,会觉得附近的树木向相反的方向运动。

39. C 【解析】常见的似动知觉的形式有:

形式	内涵	典例
动景运动	两个刺激物按一定规律相继呈现时,这两个刺激物间出现的连续运动现象	电影画面的呈现
诱导运动	一个物体的运动使其相邻的静止的物体产生运动的现象	月动云静
自主运动	人在暗环境中注视一个微弱的、静止的光点,片刻后感觉到光点在运动的现象	游动效应
运动后效	在注视向一个方向运动的物体后,看到静止的物体似乎向相反的方向运动	在看到旁边的火车开动后,感觉自己坐的静止的火车在向后运动

因此,答案选C项。

方法技巧:似动知觉的种类是易混点也是常考点,考生需要把握各自的关键词。动景运动:两(多)静相继呈现,看起来是连续运动。诱导运动:一动一静同时呈现,看起来像是静的在运动。自主运动:一个静止的物体,看久了像是在运动。运动后效:一动一静相继,静的向相反的方向运动。

40. D 【解析】知觉是在感觉的基础上产生的,它是人脑对直接作用于感觉器官的客观事物的整体属性的反映。孩子通过感知樱桃的整体属性得知看到的是樱桃,这是知觉的心理过程。

41. C 【解析】晕轮效应是指当我们认为某人具有某种特征时,就会对他的其他特征做相似判断,也称光环效应。在情人的眼里,对方美如西施,即一好百好,故本题答案选C。

42. A 【解析】投射效应指由于个体具有某种特性，因而推断他人也有与自己相同特性的心理现象。“以小人之心，度君子之腹”即为典型的投射效应。

43. A 【解析】在刺激作用停止后暂时保留的感觉现象称为感觉后效，即感觉后像。在各种感觉中，视觉的后效很显著，又称视觉后像。彩色视觉也有后像，不过正后像很少，一般都是负后像。彩色的负后像在颜色上与原颜色互补，而在明度上则与原颜色相反。例如，注视一个红色菱形几分钟后，再看一白色背景时，在白色的背景上就会看到一蓝绿色菱形，这就是颜色视觉的负后像。故本题答案选 A 项。

44. A 【解析】知觉的理解性是指人以知识经验为基础对感知的事物进行加工处理，并用语词加以概括、赋予说明的加工过程。题干中，丽丽和爸爸不同的回答表明了他们由于人生阅历的不同对这幅画产生了不同的理解，故体现了知觉的理解性。

45. A 【解析】明适应是指照明开始或由暗处转入亮处时视觉感受性下降的过程。相反，发生暗适应时感受性提高。

46. A 【解析】感受性与感觉阈限在数值上成反比关系。感受性高，则感觉阈限低；感受性低，则感觉阈限高。

47. C 【解析】知觉的恒常性是指客观事物本身不变，但知觉条件在一定范围内发生变化时，人的知觉映像仍相对不变。题干中强调尽管明度和饱和度不相同，但对其知觉仍然不变，这正是由于知觉的恒常性。

48. C 【解析】首因效应指在总体印象形成上，最初获得的信息比后来获得的信息影响更大的现象。因为老师第一堂课讲得非常好，学生就认为这位老师的课讲得都好，强调第一印象，故这种社会知觉偏差是首因效应。

49. C 【解析】错觉是对客观事物不正确的知觉，是知觉的一种特殊情况。所以，A 项说法错误。产生错觉的原因是多种多样的：既有客观的原因，也有主观的原因；既有生理的原因，也有心理的原因。所以，B 项说法错误。错觉是指在特定条件下对事物必然会产生的某种固有倾向的歪曲知觉，不是通过主观努力就可以纠正的。所以，C 项说法正确，D 项说法错误。

50. C 【解析】菲克错觉是指垂直线段与水平线段等长，但看起来垂直线段比水平线段长。

51. A 【解析】知觉的整体性是指人根据自己的知识经验把直接作用于感官的客观事物的多种属性整合为统一整体的过程。把具有相似特征的人误认为是自己的朋友，是因为重要部分（如面部特征）影响了对人的整体知觉，因此，这体现了知觉的整体性。

52. D 【解析】视觉范围内的知觉恒常性有大小恒常性、形状恒常性、明度恒常性和颜色恒常性等。不包括距离恒常性。

53. D 【解析】社会刻板印象是指对一群人的特征或动机加以概括，把概括得出的群体的特征归属于团体中的每一个人，认为他们每个人都具有这种特征，而无视团体成员中的个体差异。因此，题干中认为身高高的人很会打篮球就是一种社会刻板印象。

54. A 【解析】一种感觉兼有另一种感觉的心理现象叫联觉。听到尖锐刺耳的汽车鸣笛声就好像身体被刺到，心脏有疼痛感，这是听觉兼有痛觉的心理现象，故属于联觉。

55. D 【解析】知觉的恒常性是指客观事物本身不变，但知觉条件在一定范围内发生变化时，人的知觉映像仍相对不变。由于角度问题，其他几个窗户看起来不是方形的，但我们仍感知到它们是方形的，这体现的是知觉的恒常性。

56. C 【解析】知觉的理解性是指人以知识经验为基础对感知的事物进行加工处理，并用语词加以概括赋予说明的加工过程。“外行看热闹，内行看门道”说明了外行人和内行人的区别是知识经验的不同，这体现了知觉的理解性。

57. A 【解析】知觉的选择性是指当面对众多的客体时，知觉系统会自动地将刺激分为对象和背景，并把知觉对象优先地从背景中区分出来。刺激物的强度越高，越容易被知觉到。因此，题干中的做法就是利用了知觉的选择性。

58. B 【解析】嗅觉适应是指嗅觉刺激持续作用于嗅觉感受器一定时间后，所引起的嗅觉感受性降低的现象。故嗅觉的适应一般表现为感受性的降低，如“入芝兰之室，久而不闻其香”。

59. C 【解析】知觉的理解性是指人以知识经验为基础对感知的事物加工处理，并用语词加以概括赋予说明的加工过程。知觉的理解性强调知识经验的作用。题干中的学生在听老师讲解公式原理时，能够运用已有知识经验把握所学的内容，这属于知觉的理解性。

60. D 【解析】刚刚能引起差别感觉的刺激物间的最小差异量叫差别阈限，又称最小可觉差。题干中的 10 分贝是刺激量的差异，故属于差别感觉阈限。

61. A 【解析】刻板印象是指对一群人的特征或动机加以概括，把概括得出的群体的特征归属于团体中的每一个人，认为他们每个人都具有这种特征，而无视团体成员中的个体差异。题干中强调的是人们对教师和金融从业者的固有形象，故体现了刻板印象。

62. B 【解析】组合律是指空间上接近、时间上连续、形状上相同、颜色上一致的事物，易于构成一个整体为人们清晰地感知。记笔记时在章与章、节与节之间等留空，是为了使其在空间上易于构成一个整体被人们所感知，这体现了组合律。

63. D 【解析】感觉是人脑对直接作用于感觉器官的客观事物的个别属性的反映。知觉是在感觉的基础上产生的，它是人脑对直接作用于感觉器官的客观事物的整体属性的反映。人们认出“一面红旗”是对“红旗”的颜色、形状等属性的整体的感知，因此是知觉的活动过程。

64. D 【解析】知觉的恒常性是指客观事物本身不变，但知觉条件在一定范围内发生变化时，人的知觉映象仍相对不变。黑色的炭无论在什么光线下，我们都认为它是黑色的，体现了知觉的恒常性。

65. D 【解析】由于刺激对感受器的持续作用而使感受性发生变化的现象叫感觉适应。适应现象表现在许多感觉中，如嗅觉适应、触压觉适应等。刚戴上近视眼镜的时候，总觉得鼻梁上多了一件东西不好受，时间长了就感觉不到了，这是触压觉的适应。

66. D 【解析】一种感觉兼有另一种感觉的心理现象叫联觉。美妙的音乐很悦耳，像春风拂过脸颊，这是听觉兼有触觉的表现，因此属于联觉。

67. D 【解析】观察的全面性要求通过观察反映事物的全貌以及事物的组成部分和相互联系。“既见树木又见森林”说明观察仔细、全面，不遗漏相关的细节，这是指观察的全面性。

68. C 【解析】常见是社会认知偏差的类型有：

类型	概念	典例
积极性偏差（宽大效应）	个体在评价他人时，往往更多地对他人作出积极的、肯定的评价，即评价他人时总有一种特别宽大的倾向	当遇见一些不好的事情时，人们仍然较好的评价周围的环境
后视偏差	人们在回忆自己的判断时，倾向于认为其判断比实际上更为精确	在预测一场足球比赛谁将获胜时，大家预测 A 队将获胜，结果 B 队胜了，事后让大家回忆自己当初估计哪个队获胜，很多人认为自己当初就认为 B 队能胜
自我中心偏差	人们常常夸大自己在某种事物中的作用的倾向	篮球队员总认为自己在比赛中的地位很重要
虚假一致偏差	人们常常高估或夸大自己的信念、判断及行为的普遍性	吸烟的中学生普遍认为大多数中学生也同他一样吸烟

根据题干描述可知，认为自己在足球赛中很重要属于自我中心偏差。

69. B 【解析】错觉是指在特定条件下对事物必然会产生的某种固有倾向的歪曲知觉，是对客观事物不正确的知觉，是知觉的一种特殊情况。本题中木棒弯曲是由于光的折射现象使人产生了错觉，故答案选 B 项。

70. C 【解析】感觉对比是同一感受器接受不同的刺激，而使感受性发生变化的现象。感觉对比可分为两种：同时对比和继时对比。其中，几个刺激物同时作用于同一感受器会产生同时对比现象。例如：把一个灰色的小方块放在白色的背景上，看起来小方块就显得暗些；把相同的小方块放在黑色的背景上，小方块就显得亮些。故题干所述是同时对比的典型实例。

71. A 【解析】不同感觉的相互影响是指任何一种感受器的感受性，都会因同时或继时发生作用的其他感受器的影响而有所变化。对某一感受器的微弱刺激能提高其他感受器的感受性，而强烈刺激则降低其他感受器的感受性。故题干所述属于不同感觉的相互影响。

72. D 【解析】知觉的理解性是指人以知识经验为基础对感知的事物加工处理，并用语词加以概括赋予说明的加工过程。因为导游的语言提示，石头看起来像一只雄鸡，这体现的是知觉的理解性。

73. C 【解析】在没有月光的夜晚，我们仰视天空时，有时会发现一个细小而发亮的东西在天空游动，我们会误认为它是一架飞机，其实这是由星星引起的自主运动（游动效应）。

74. D 【解析】知觉的选择性是指当面对众多的客体时，知觉系统会自动地将刺激分为对象和背景，并把知觉对象优先地从背景中区分出来。具有绝对强度、新颖性、奇特性等特点的刺激物易被优先选择。老师生动的表情和抑扬顿挫的声音，更容易成为知觉对象，这是因为知觉具有选择性。

75. C 【解析】深度知觉也叫“立体知觉”或“距离知觉”，指对物体远近距离或三维特性的知觉。深度知觉常靠视觉或听觉来进行判断。题干中是根据视觉判断出物体的远近，这属于深度知觉。

76. C 【解析】投射效应是指与人交往时把自己具有的某些不讨人喜欢、不为人接受的观念、性格、态度或欲望转移到别人身上，认为别人也是如此，以掩盖自己不受人欢迎的特征。故答案选 C 项。

77. B 【解析】感觉是人脑对直接作用于感觉器官的客观事物的个别属性的反映。常见的感觉有视觉、听觉、嗅觉、味觉等。在本题中，“看到苹果是红色的”是视觉，“闻一下是香香的”是嗅觉，“咬一口觉得甜甜的”是味觉，这些都属于感觉。

易错提示：考生易混淆感觉与知觉。需注意感觉反映的只是单个特征，如视觉、听觉、嗅觉，只有把这些特征综合起来，才叫作知觉。

78. B 【解析】刚刚能引起感觉的最小刺激强度叫绝对感觉阈限。题干中强调刚刚能够听得见时的音量，故属于绝对感觉阈限。

79. C 【解析】人的感受性不是固定不变的。感受性的发展依赖于人们的生活条件与实践活动。由于社会实践活动的要求和熏陶，人们的某种感觉的感受性会变得特别灵敏，如茶博士的品茶功夫、熟练炼钢工的“火眼金睛”等。A 项体现的是暗适应，B 项体现的是感觉对比，D 项体现的是感觉适应。

80. A 【解析】从刺激的来源分，感觉可分为外受感觉、内受感觉和本受感觉。外受感觉接受身体外部的刺激，反映外界事物的个别属性，如视觉、听觉、嗅觉、味觉、皮肤感觉等。本受感觉就是运动觉或动觉。内受感觉是人对机体内的刺激即身体内脏器官的不同状态的反映。例如，饥饿觉、渴觉、内脏痛觉等。胃剧烈收缩引起疼痛，这是对身体内部器官的感受，因此属于内受感觉。

81. A 【解析】低年级小学生观察的精确水平很低，他们观察事物不细心、不全面，常常笼统、模糊，只能说出客体的个别部分或颜色等个别属性，不能表述细节。故题干所述为儿童的观察缺乏精确性的表现。

82. C 【解析】错觉是指在特定条件下对事物必然会产生的某种固有倾向的歪曲知觉，是对客观事物不正确的知觉，是知觉的一种特殊情况。因此，错觉不是幻觉，而是一种不正确的知觉。故A项说法错误，C项说法正确。错觉不是客观事物本身的改变引起的，是由于特定的条件引起的，B项说法错误。错觉对人既有消极的作用，也有积极的作用。如绘画和建筑中经常利用错觉作为表现手段，增强美感效果，D项说法错误。

83. A 【解析】当两个刺激(如光点、直线、图形等)按一定空间间隔和时距相继呈现时，我们就会看到从一个刺激物向另一个刺激物的连续运动，这就是动景运动。我们看到的电影、电视、活动性商业广告，都是按动景运动发生的原理制成的。

84. A 【解析】知觉恒常性受各种因素的影响，其中视觉线索有重要的作用。视觉线索是指环境中的各种参照物给人们提供的物体距离、方位和照明条件的信息。人们在实际生活中，建立了大小和距离、形状与观察角度、明度与物体表面反射系数的联系。当客观条件改变时，人们利用生活中已经建立的这种联系，能够保持对客观世界较稳定的知觉。

85. D 【解析】运动后效是指注视向一个方向运动的物体之后，如果将注视点转向静止的物体，那么会看到静止的物体似乎朝相反的方向运动。故题干所述为运动后效的典例。

86. D 【解析】根据反映的客观对象的特性不同，物体知觉可分为空间知觉、时间知觉、运动知觉等。

87. A 【解析】空间知觉指物体的空间特性在人脑中的反映，包括形状知觉、大小知觉、深度知觉、方位知觉等。对汉字偏旁部首和结构的辨别，就是对汉字结构空间位置的识别，故属于空间知觉。

88. D 【解析】视崖实验是吉布森和沃克进行的一项深度知觉实验，目的是探究儿童对深度的知觉是先天具有的，还是通过后天学习获得的。故本题答案选D。

89. D 【解析】社会刻板印象是指人们对人或事物所持有的一套比较笼统、概括、固定的看法，并以这种看法作为评价人或事物的依据。(具体内容参见孙时进主编的《心理学概论》)

90. B 【解析】中学生的视觉感受性不断提高，区别颜色的精确性明显提高，视觉敏感发展到一生中的最高水平，即达到或超过成人水平。

91. C 【解析】知觉的恒常性是指客观事物本身不变，但知觉条件在一定范围内发生变化时，人的知觉映像仍相对不变。题干中强调我们不会因为人站的远近而改变对其身高大小的知觉，故体现了知觉的恒常性。

92. D 【解析】知觉的整体性是指人根据自己的知识经验把直接作用于感官的客观事物的多种属性整合为统一整体的过程。组成事物整体的各部分和属性对整体知觉的作用并不都是一样的，其关键性的成分对知觉的整体性起决定作用。如漫画家作画，只要抓住事物的特点和关键部分，不管画的比例正确与否，线条粗细如何，人们一眼就能看出画的是什么东西，反映了什么意思。

93. A 【解析】暗适应是指照明停止或由亮处转入暗处时视觉感受性提高的过程。题干中去看电影是由明亮处进入较暗的环境，并由一开始的看不清到看得清，这都说明了视觉感受性提高了。

二、多项选择题

1. AB 【解析】错觉是指在特定条件下对客观事物必然会产生的某种固有倾向的歪曲知觉。A、B两项中的现象都是在特定条件下产生的错觉现象。感觉对比是同一感受器接受不同的刺激，而使感受性发生变化的现象。感觉对比分为：(1)同时对比，是指几个刺激物同时作用于同一感受器而产生的现象。例如，月明星稀。(2)继时对比，是指刺激物先后作用于同一感受器而产生的现象。例如，手放进热水之后，再放到温水中，会觉得温水很凉。因此，C项属于继时对比现象，D项属于同时对比现象。故C、D两项排除。

2. ABD 【解析】暗适应是指照明停止或由亮处转入暗处时视觉感受性提高的过程。与暗适应相反，明适应是指照明开始或由暗处转入亮处时视觉感受性下降的过程。故A项表述错误。与暗适应相比，明适应的时间比较短，大约在一分钟内即可完成。故B项表述错误。每一种感觉都是在适宜刺激作用于特定的感受器时产生的，刺激强度太弱或太强都不会产生感觉。故C项表述

正确。知觉的恒常性是指客观事物本身不变,但知觉条件在一定范围内发生变化时,人的知觉映像仍相对不变。D项,煤炭在晚上看起来比白天更黑,但仍把其知觉为一种煤炭,这正是由于知觉的恒常性。故D项表述错误。

3. BC 【解析】自上而下加工是指人在知觉时,运用自己已有的知识经验以及概念来加工当前信息的过程。例如,去车站接一位不认识的客人,此时对来人的期待,会影响对这位客人的识别和确认。由于是知识经验引导下的知觉加工,是一种较高水平加工制约较低水平加工的过程,因此又称为概念驱动加工。因此,题干中对未曾见过的大学教授的形象的设想,体现了知觉的自上而下加工,也即概念驱动加工。故答案选B、C两项。

4. BC 【解析】题干中的教师把形近字的相同部分与相异部分分别用黑字和红字标记出来,这加强了对象和背景的差异,使形近字的相异部分容易被优先选择,因此体现了知觉的选择性;不同颜色的字体同时呈现,也会产生同时对比现象。因此,答案选B、C两项。而A项说法错误,对比刺激会产生无意注意;D项题干中没有体现,故不选。

5. BCD 【解析】从感觉器官的角度来划分,感觉可以分为外部感觉和内部感觉。外部感觉主要分为视觉、听觉、嗅觉、味觉和肤觉五大类;内部感觉主要分为机体觉、平衡觉和运动觉。故B、C、D三项属于内部感觉。

6. ABC 【解析】由于刺激对感受器的持续作用而使感受性发生变化的现象叫感觉适应。适应现象表现在所有感觉中,如视觉适应、听觉适应、嗅觉适应等。题干所述为嗅觉适应,表现为感受性的下降,故答案选A、B、C三项。

7. AB 【解析】知觉和感觉同属于感性认识过程,都是人脑对客观事物进行直接反映的过程。

8. ABCD 【解析】空间知觉是指物体的空间特性在人脑中的反映,包括形状知觉、大小知觉、深度知觉、方位知觉等。

9. AD 【解析】暗适应是指照明停止或由亮处转入暗处时视觉感受性提高的过程;明适应是指照明开始或由暗处转入亮处时视觉感受性下降的过程;嗅觉适应一般表现为感受性的降低;感觉的补偿是指由于某种器官的感觉丧失或者机能不足,会自动促进和提高其他感觉器官的感受性或感觉机能而起到弥补作用。因此,答案选A、D两项。

10. ACD 【解析】由于刺激对感受器的持续作用而使感受性发生变化的现象叫感觉适应。感觉适应可以引起感受性的提高,也可以引起感受性的降低。故B项说法错误。

11. CD 【解析】似动知觉的主要形式有:(1)动景运动;(2)诱导运动;(3)自主运动;(4)运动后效。

12. ACD 【解析】联觉是指一种感觉兼有另一种感觉的心理现象。故A、C、D三项均属于联觉现象,而B项属于感觉对比现象。

三、判断题

1. √ 【解析】运动后效指在注视向一个方向运动的物体之后,如果将注视点转向静止的物体,那么会看到静止的物体似乎向相反的方向运动。瀑布是朝下运动的物体,田野是静止的物体,在注视运动的瀑布一段时间后,看到田野向上飞升,属于运动后效。故本题正确。

2. × 【解析】差别阈限,又称最小可觉差,是指刚刚能引起差别感觉的刺激物间的最小差异量。差别感受性是指能够感受刺激之间这一最小差异量的能力。宠物狗能够分辨主人和陌生人脚步声的差异,说明该宠物狗的差别感觉阈限很低,差别感受性很高。

3. × 【解析】错觉是指在特定条件下对事物必然会产生的某种固有倾向的歪曲知觉,是对客观事物不正确的知觉,是知觉的一种特殊情况。错觉对人既有消极的作用,也有积极的作用。许多错觉对人是有益的,如军事上的伪装,正是制造错觉以达到迷惑敌方、保存自己、消灭敌人的手段。故题干说法错误。

4. √ 【解析】一种感觉兼有另一种感觉的心理现象叫联觉。进入橙色灯光照耀下的餐厅,感觉很温暖,这属于联觉。

5. √ 【解析】感觉后效(感觉后像),是指在刺激作用停止后暂时保留的感觉现象。颜色视觉也有后像,一般为负后像。如果用眼睛注视一朵绿花约一分钟,然后将视线转向身边的白墙,那么在白墙上将看到一朵红花;如果先注视一朵黄花,那么后像将是蓝色的。

6. × 【解析】知觉的恒常性是指客观事物本身不变,但知觉条件在一定范围内发生变化时,人的知觉映像仍相对不变。尽管老师在学生视网膜上的成像大小不一样,但学生还是把老师看成具有特定大小的形象,这属于知觉的恒常性。

7. √ 【解析】人在知觉的过程中,不是被动地把知觉对象的特点登记下来,而是以过去的知识经验为依据,力求对知觉对象做出某种解释,使它具有一定的意义。知识经验越丰富,理解就越深刻,知觉也就越完整、精确。

8. × 【解析】标签作用指的是在认知某个人或群体前,他人提供的信息对认知发生的影响,也称之为定势效应。有实验说明,贴上不同的标签,常常影响他人对人的印象,人们会不自觉产生一种心理准备状态,影响其态度与判断,这在现实生活中,也是常见的。例如,新上任的班主任总是要听一听原班主任对该班学生的看法,而这些看法就会自然而然地影响他对该班学生的看法。故题干所述为标签作用而不是社会刻板效应。(具体内容参见莫雷主编的《心理学》)

9. √ 【解析】知觉的选择性是指当面对众多的客体时,知觉系统会自动地将刺激分为对象和背景,并把知觉对象优先地从背景中区分出来。知觉的对象与背景是可以相互转化的。此时的知觉对象可以成为彼时的知觉背景;同样此时的知觉背景也可以成为彼时的知觉对象。故题干所述体现了知觉的选择性的特点。

10. √ 【解析】错觉是在特定条件下,人对客观事物所产生的带有某种固定倾向的歪曲知觉。错觉是一种特殊的知觉,其产生的原因是特定条件的作用,不是通过主观努力就可以纠正的,且不存在个体差异。

11. √ 【解析】感觉是一种最简单的心理现象,是认识的起点。感觉是一切知识和经验的基础,是人正常心理活动的必要条件。人们的思想观点和世界观的形成都离不开人们的认识,都需要以一定的感觉为基础。

12. × 【解析】闪光融合现象,是指当我们看一个间歇频率较低的闪光时,会有明暗交替的闪烁感觉,当断续的闪光间歇频率增加,人们看到的将不再是闪烁的光,而是稳定的连续光。题干所述现象为感觉后效。

13. √ 【解析】观察是人的一种有目的、有计划、持久的知觉活动,是知觉的高级形式。故题干说法正确。

14. √ 【解析】首因效应是指在总体印象形成上最初获得的信息比后来获得的信息影响更大的现象。故题干所述为首因效应的内涵。

15. × 【解析】由于刺激对感受器的持续作用而使感受性发生变化的现象叫感觉适应。因此,题干中强调的是对温度的适应现象。

16. √ 【解析】自主运动是指人在注视暗环境中一个微弱的、静止的光点,片刻后感觉到光点在来回移动的现象。题干所述为自主运动的典例。

17. √ 【解析】刚入学的儿童在对字形的感知中,注意形状而不注意方位,因此他们常把“b”与“d”、“p”与“q”相混淆。这是小学生方位知觉不精确的表现。

18. √ 【解析】感觉和知觉都是对当前事物的直接认识,都是人类认识世界的初级形式,反映的都是事物的外部特征和外部联系,同属于认知过程的感性阶段。

19. × 【解析】感觉是人脑对直接作用于感觉器官的客观事物的个别属性的反映。知觉是在感觉的基础上产生的,它是人脑对直接作用于感觉器官的客观事物的整体属性的反映。故题干说法错误。

20. × 【解析】感觉的产生必须具备两个条件:(1)刺激物,也就是直接作用于人体,能够引起人的

感官活动的客观事物。但直接作用于感官的刺激物具有一定的能量并达到一定强度才能引起感觉。(2)接受刺激的相应感觉器官,也就是能把客观刺激转变为主观映像的生理装置。故题干表述有误。

21. × 【解析】错觉是指在特定条件下对事物必然会产生的某种固有倾向的歪曲知觉,是对客观事物不正确的知觉,是知觉的一种特殊情况。错觉的出现并不能说明人不能准确地认识客观世界。

22. √ 【解析】知觉的恒常性是指客观事物本身不变,但知觉条件在一定范围内发生变化时,人的知觉映像仍相对不变。知觉恒常性包括颜色恒常性、亮度恒常性、形状恒常性、大小恒常性和声音恒常性等。故本题说法正确。

23. × 【解析】知觉的选择性是指当面对众多的客体时,知觉系统会自动地将刺激分为对象和背景,并把知觉对象优先地从背景中区分出来。所以,题干描述的是知觉的选择性。

24. × 【解析】感受性的高低是用感觉阈限的大小来度量的。感受性与感觉阈限在数值上成反比关系。因此,感受性越好,感觉阈限越低。

25. √ 【解析】知觉是以感觉为基础的,但知觉不是简单地将感觉信息相加,而是将感官获得的信息转化为有组织、有意义的整体的过程。选择性、整体性、恒常性、理解性是知觉的基本特征。

26. × 【解析】小黄面对耀眼的玻璃墙反光主要发生的是明适应,其感受性是降低的,感觉阈限升高。故本题说法错误。

27. × 【解析】晕轮效应是指当我们认为某人具有某种特征时,就会对他的其他特征做相似判断。故"爱屋及乌""一坏百坏"等观点体现了晕轮效应。

28. √ 【解析】我国心理学家丁祖荫曾对儿童图画观察能力的发展进行了研究,结果发现,儿童观察能力的发展可分为四个阶段。(1)认识"个别对象"阶段:儿童只看到图画中的各个对象,或各个对象的一个方面,看不到对象之间的相互联系。(2)认识"空间联系"阶段:儿童看到了各对象之间能够直接感知的空间联系。(3)认识"因果联系"阶段:儿童认识到了对象之间不能直接感知的因果联系。(4)认识"对象总体"阶段:儿童能从意义上完整地认识整幅图画的内容,依据图画中所有事物的全部联系,完整地把握对象的总体,理解图画主题。

四、简答题(参考答案)

1. 影响知觉选择性的因素有哪些?

(1)客观方面:①刺激物的绝对强度;②对象和背景的差别性,也即差异律;③对象的活动性,也即活动律;④刺激物的新颖性、奇特性,也容易引起个体优先知觉。此外,还有组合律,即知觉对图形的组织原则。

(2)主观方面:①知觉有无目的和任务;②个体已有知识经验的丰富程度;③个人的需要、动机、兴趣、爱好、定势与情绪状态等。

2. 简述感受性与感觉阈限的关系。

感觉器官对适宜刺激的感觉能力叫感受性。感觉阈限是指刚刚能引起感觉或差别感觉的刺激量。感受性的高低是用感觉阈限的大小来度量的。感受性与感觉阈限在数值上成反比关系,感受性高,则感觉阈限低;感受性低,则感觉阈限高。

3. 简述影响知觉整体性的因素。

(1)知觉对象的特点,如接近、相似、闭合、连续等因素。(2)对象各组成部分的强度关系。(3)知觉对象各部分之间的结构关系也影响知觉的整体性。(4)知觉的整体性主要依赖于知觉者本身的主观状态,其中最主要的是知识与经验。

4. 简述感觉与知觉的关系。

(1)联系:①知觉和感觉一样,都是刺激物直接作用于感觉器官而产生的,都是我们对现实的感性反映形式;②感觉和知觉都是人类认识世界的初级形式,反映的都是事物的外部特征和外部联系。

(2)区别:①感觉反映的是事物的个别属性,知觉反映的是事物的整体属性;②感觉仅依赖于个别感觉器官的活动,而知觉依赖于多种感觉器官的联合活动;③感觉受感觉系统的生理因素影响,知觉不仅受感觉系统的生理因素影响，而且依赖于人的过去经验，受人的心理特点制约。

五、案例分析题（参考答案）

1. 李老师对待成绩较差和成绩优异的学生的态度，体现了心理学中的晕轮效应。晕轮效应是指当我们认为某人具有某种特征时，就会对他的其他特征做相似判断。王刚学习成绩不好，李老师就认为他各方面都不行，一无是处。因此，当王刚起来擦黑板时，老师说他不负责任。
李老师的这种做法会在学生中造成很坏的影响：被教师宠爱的学生往往自以为是、目中无人，一旦不如意或偶尔不受教师重视，则会由爱生恨而导致师生关系紧张；受教师冷淡或厌恶的学生，则会从教师的言行中意识到教师的偏心和歧视，因而也以消极的态度对待教师，不理会或拒绝教师的要求，在学习上或品行上表现出"破罐子破摔"，不求进步。
为防止晕轮效应带来的不良后果，教师应实事求是、全面地掌握学生的信息，切忌一叶障目。仅凭对学生的点滴了解而对学生作出的评价，往往与学生的实际不相符。只有全面了解学生的心理行为特点，才能有针对性地教育学生，避免因对学生的不公正的评价而损伤学生的自尊心。

2. (1)观察是人的一种有目的、有计划、持久的知觉活动，是知觉的高级形式。观察力是指人迅速、敏锐地发现事物细节和特征等方面的知觉能力。观察力是智力结构的重要组成部分，是学生学习活动中不可缺少的能力。
(2)在学校教育教学中，培养学生的观察力可以从以下几个方面入手：①引导学生明确观察的目的与任务，是良好观察的重要条件；②充分的准备、周密的计划、提出观察的具体方法，是引导学生完成观察的重要条件；③在实际观察中应加强对学生的个别指导，有针对性地培养学生良好的观察习惯；④引导学生学会记录、整理观察结果，在分析研究的基础上，写出观察报告、日记或作文；⑤引导学生开展讨论、交流并汇报观察成果，不断提高学生的观察能力、培养学生良好的观察品质。此外，教师还应努力培养学生的观察兴趣与优良的性格特征，如学习的坚韧性、独立性等。
(3)周老师的做法贯彻了培养学生观察力的基本要求：①周老师提醒学生不要忘了观察的目的，意在引导学生明确观察的目的和内容；②周老师经常指导学生制订观察计划、设计观察工具，目的在于引导学生做充分的准备、周密的计划；③周老师在学生遇到困难的时候，耐心与学生讨论交流，加强了对学生的个别指导；④周老师让学生撰写观察报告，引导学生学会记录、整理观察结果；⑤通过一学年的努力，周老师班上的学生的观察能力明显提高，这说明周老师帮助学生形成了良好的观察品质。

专题二　记　忆

答案速查：

<table>
<tr><td>1～5</td><td>CAADC</td><td>6～10</td><td>BBCDA</td><td>11～15</td><td>BBDAD</td><td>16～20</td><td>CABAA</td></tr>
<tr><td>21～25</td><td>ABABA</td><td>26～30</td><td>CBDDD</td><td>31～35</td><td>DBBAC</td><td>36～40</td><td>DDBAD</td></tr>
<tr><td>41～45</td><td>AADBA</td><td>46～50</td><td>BCCCA</td><td>51～55</td><td>CADAA</td><td>56～60</td><td>CBBAA</td></tr>
<tr><td>61～65</td><td>BABBD</td><td>66～70</td><td>CBBAB</td><td>71～75</td><td>BCABA</td><td>76～80</td><td>CCCBC</td></tr>
<tr><td>1～5</td><td colspan="3">AD BD BD ACD ABCD</td><td>6～10</td><td colspan="3">ACD ABD AC ACD ABCD</td></tr>
<tr><td>11～15</td><td colspan="3">AD ABCD ABCD BC BCD</td><td>16～21</td><td colspan="3">BCD ACD BCD ABC BC CD</td></tr>
<tr><td>1～5</td><td colspan="3">√ × √ × ×</td><td>6～10</td><td colspan="3">× × × × ×</td></tr>
<tr><td>11～15</td><td colspan="3">√ √ × √ ×</td><td>16～20</td><td colspan="3">√ × √ × ×</td></tr>
<tr><td>21～24</td><td colspan="3">× × √ √</td><td colspan="4"></td></tr>
</table>

一、单项选择题

1. C 【解析】无意回忆是指没有预定目的，也不需要任何意志努力的回忆，如触景生情或偶然想起了一件往事。有意回忆是指有回忆任务、并做一定的意志努力、自觉追忆以往经验的回忆。直接回忆是指由当前事物直接唤起旧经验的重现，如对熟记的外语单词的回忆。间接回忆是指通过一系列中间环节或中介性的联想才能达到要回忆的旧经验，如根据一些提示和推断回想起钥匙所遗落的地方。触景生情是由当前事物直接唤起旧经验的重现。因此，“触景生情”属于无意回忆和直接回忆。

2. A 【解析】前摄抑制是先学习的材料对识记和回忆后学习材料的干扰作用。题干中的赵同学在背诵新古诗词时，她总会将部分旧知识混入其中，这是先学习的材料对后学习材料的干扰作用，故赵同学可能受到了前摄抑制的影响。

3. A 【解析】压抑说认为，遗忘是由于情绪或动机的压抑作用引起的，如果压抑被解除，记忆就能恢复。由于情绪紧张而引起的遗忘（考试时经常发生）就属于这种类型，A 项符合题意。B 项，干扰说（干扰抑制说）认为，遗忘是因为在学习和回忆之间受到其他刺激的干扰所致。一旦干扰被排除，记忆就能恢复，而记忆痕迹并未消退。C 项，提取失败说认为遗忘是一时难以提取出需要的信息，遗忘之所以发生是因为编码不准确，失去了检索线索或线索错误。一旦有了正确的线索，经过搜寻，所需要的信息就能提取出来。D 项，同化说认为，遗忘是知识的组织和认知结构简化的过程。

方法技巧：遗忘理论的考查频率较高，考生应注意把握各个理论的关键点，故可根据下列表格进行对比记忆：

学说	主要观点	典例
消退说 （痕迹衰退说）	记忆痕迹得不到强化而逐渐衰退	用进废退
干扰说	在学习和回忆之间受到其他刺激的干扰	前摄抑制；倒摄抑制
压抑说 （动机说）	情绪或动机的压抑作用	考试时因情绪紧张而遗忘
提取失败说	编码不准确，失去了检索线索或线索错误	“舌尖现象”或“话到嘴边现象”
同化说 （认知结构说）	知识的组织和认知结构简化的过程	——

4. D 【解析】根据信息加工与存储的内容不同，可将记忆分为陈述性记忆和程序性记忆。（1）陈述性记忆是指对有关事实和事件的记忆。（2）程序性记忆是指对如何做事情的记忆，包括对知觉技能、认知技能和运动技能的记忆。例如，在学习游泳之前，我们可能读过一些有关的书籍，记住了某些动作要领，这种记忆就是陈述性记忆；以后我们经过不断练习，把知识变成游泳技能，真正学会了游泳，这时的记忆就是程序性记忆。因此，题干中对游泳动作的记忆属于程序性记忆。

5. C 【解析】根据记忆的内容和经验的对象，可将记忆分为形象记忆、情景记忆、语义记忆、情绪记忆和动作记忆。其中，语义记忆又称语词逻辑记忆，是指人们对各种有组织的知识的记忆。它是以语词所概括的逻辑思维结果为内容的记忆，如字词、符号、概念、公式、规则、思想观点等。如对哥伦布发现美洲这个事实的记忆就是语义记忆。A 项：形象记忆是以我们感知过的事物形象为内容的记忆。与题干不符，排除。B 项：情景记忆是以亲身经历的、发生在一定时间和地点的事件（情景）为内容的记忆。与题干不符，排除。D 项：运动记忆是以做过的运动或动作为内容的记忆。与题干不符，排除。

6. B 【解析】有意义的材料比无意义的材料遗忘得慢,即没有重要意义的材料遗忘较快,故①说法正确;一般情况下,学习者对于熟悉的情景材料遗忘较慢,故②说法正确;在学习程度相等的情况下,识记材料越多遗忘越快,故③说法错误;过度学习达到50%,即学习的熟练程度达到150%时,学习的效果最好,故④说法正确。因此,答案选B项。

7. B 【解析】根据记忆的内容和经验的对象,可将记忆分为形象记忆、情景记忆、语义记忆、情绪记忆和动作记忆。其中,动作记忆是以做过的运动或动作为内容的记忆,又称运动记忆。它以过去的动作或操作动作所形成的动作表象为基础,如在头脑中保留的体操动作、舞蹈动作等都属于动作记忆。动作记忆中的信息保持和提取都比较容易,也不容易遗忘。因此题干中王菲对舞蹈的记忆属于动作记忆。

8. C 【解析】主动性遗忘指人们为了减轻心理不安,有意识地逼迫自己不去回忆那些引起特别痛苦的体验与感受的事件,或者以某种方式有意地歪曲它们,使其不再出现,也称有意遗忘。弗洛伊德提出的"压抑性遗忘"及巴特莱特提出的"创见性遗忘"均属于主动性遗忘。故本题答案选C项。

9. D 【解析】记忆过程包括识记、保持、再现(再认或回忆)三个环节。其中,回忆是过去经历过的事物不在面前,人们在头脑中把它重新呈现出来的过程。例如,闭卷考试中回答主观题时的记忆活动;课堂上学生回答老师的提问等。故本题选D项。A项,识记是记忆过程的第一个基本环节,是个体获得知识经验的过程。B项,保持是指已获得的知识经验在人脑中巩固的过程,是记忆过程的第二个环节。C项,再认是指人们对感知过、思考过或体验过的事物,当它再度呈现时,仍能认识的心理过程。例如,学生回答选择题时的记忆活动。

方法技巧:考生在做题时应注意区分再认和回忆。考生可以记住以下例子来帮助记忆:一般开卷考试与客观题的解答属于再认,闭卷考试中的主观题运用的是回忆。能回忆的,一般都能再认;能再认的,不一定能回忆。回忆是比再认更为复杂的一种恢复经验的形式。

10. A 【解析】根据识记有无目的,可以把识记分为无意识记和有意识记。根据识记时对材料是否理解,可以把识记分为机械识记和意义识记。因此,排除C、D两项。机械识记是指在材料本身无内在联系或不理解其意义的情况下,按照材料的顺序,通过机械重复方式而进行的识记。如对无意义音节、地名、人名、历史年代等的识记。意义识记是在对材料内容理解的基础上,通过材料的内在联系而进行的识记。因此,本题选A项。

11. B 【解析】语义记忆又称语词逻辑记忆或词的抽象记忆,是以语词所概括的事物的关系以及事物本身的意义和性质为内容的记忆,例如,概念、定理、公式等。语义记忆也称词语逻辑记忆型,是以文字、概念、逻辑关系为主要对象的抽象化的记忆类型。根据题意,本题选择B项。

12. B 【解析】形象记忆是以我们感知过的事物形象为内容的记忆。"余音绕梁,三日不绝。"反映的是形象记忆中的听觉形象记忆。

13. D 【解析】前摄抑制是先学习的材料对识记和回忆后学习材料的干扰作用。后学习的材料对保持和回忆先学习的材料的干扰作用,称为倒摄抑制。故A项是前摄抑制,B项是倒摄抑制。前摄抑制和倒摄抑制一般是在学习两种不同但又彼此类似的材料时产生的。但是,在学习一种材料的过程中也会出现这两种抑制现象。故C项不正确。实验表明:在学习两种不同材料时,如果后来学习的材料与之前学习的材料在难度上不同,倒摄抑制的作用也就不同。故D项正确。

14. A 【解析】情景记忆是以亲身经历的、发生在一定时间和地点的事件(情景)为内容的记忆。情景记忆接受和储存的信息和个人生活中的特定时间、地点有关,并以个人的经历为参照。题干中强调个人经历过的某件事,故属于情景记忆。

15. D 【解析】前摄抑制是先学习的材料对识记和回忆后学习材料的干扰作用。后学习的材料对保持和回忆先学习的材料的干扰作用,称为倒摄抑制。阅读该书的开头只受倒摄抑制的影响,结尾只受前摄抑制的影响,中间部分受到前摄抑制和倒摄抑制双重因素的干扰,因此中间内容遗

忘较多。

易错提示：考生易混淆前摄抑制与倒摄抑制。考生在做题时，需牢记前影响后，叫作前摄抑制；后影响前，叫作倒摄抑制。

16. C 【解析】根据记忆的内容和经验的对象，可以把记忆分为以下几类：

记忆类型	内涵
形象记忆	以我们感知过的事物形象为内容的记忆
情景记忆	以亲身经历的、发生在一定时间和地点的事件（情景）为内容的记忆
语义记忆（语词逻辑记忆）	个体以语词所概括的事物的关系以及事物本身的意义和性质为内容的记忆
情绪记忆	个体以曾经体验过的情绪或情感为内容的记忆
动作记忆（运动记忆）	以做过的运动或动作为内容的记忆

题干中强调小芳脑海中看到过的苹果树和苹果的形象，故属于形象记忆。

17. A 【解析】艾宾浩斯开创了用无意义音节进行系列学习与记忆研究的先河。他以无意义音节为材料，对遗忘进行研究，依据保持效果，提出了著名的“遗忘曲线”。

18. B 【解析】佳佳以前只知道反复诵读诗句进行记忆，这体现的是机械记忆；后来佳佳可以根据老师解释的诗句含义来进行记忆，这体现的是意义记忆。佳佳记忆方式的转变体现了小学生从机械记忆为主向意义记忆为主过渡的记忆特点，故答案选 B 项。

19. A 【解析】暂时性遗忘是指已经转入长时记忆的内容暂时不能被提取，但在适宜的条件下还可能恢复，这是因干扰等造成的提取信息的障碍。根据题干描述可知，学生对知识的遗忘是暂时的，等到考试结束就想起来了，故属于暂时性遗忘。

20. A 【解析】记忆是人的心理过程在时间上的持续。因为记忆的存在，人们的先后反映才能联系起来，人的心理活动的过去和现在才得以联结，人的心理活动才可能成为一个延续的、发展的、统一的整体。所以，人的心理活动能够在时间上连续主要是由于记忆的作用。

21. A 【解析】根据遗忘发展“先快后慢”的一般规律可知，学生有必要采取及时复习的策略，以便减少短时间内的大量遗忘。痕迹衰退说（消退说）认为，遗忘是由于记忆痕迹衰退引起的，消退随时间的推移自动发生。及时复习可以使记忆痕迹得到强化，减少遗忘。所以，答案选 A 项。

22. B 【解析】从信息加工的观点看，遗忘是一时难以提取出需要的信息，遗忘之所以发生是因为编码不准确，失去了检索线索或线索错误。一旦有了正确的线索，经过搜寻，所需要的信息就能提取出来。故题干所述体现了线索的作用。

23. A 【解析】识记后遗忘很快就会发生，因此，对于新学习的材料，为了防止遗忘，必须“趁热打铁”及时进行复习。我们应当“巩固建筑物”，而不要等待去“修补已经崩溃的建筑物”，这是在强调及时复习的重要性。

24. B 【解析】复习次数要适宜。虽然提倡过度学习，但是并非过度学习的量越大越好，过分的过度学习会使个体疲劳、没有兴趣，不仅不会进步甚至可能导致相反的结果。故 B 项说法错误。

25. A 【解析】内隐记忆是指在不需要意识参与或不需要有意回忆的情况下，个体的已有经验自动对当前任务产生影响而表现出来的记忆。即个体没有意识到信息提取这个环节，也没有意识到所提取的信息内容是什么，而只是通过完成某项任务才能证实他保持有某种信息。题干中强调学生对学习过的单词的自动再认现象，故体现了内隐记忆。

26. C 【解析】保持的相反过程是遗忘，防止遗忘的最根本的方法就是复习。学过的知识，如果不经过复习，是不可能长久、完全地保持在记忆中的。因此，克服遗忘最好的方法是加强复习。

27. B 【解析】过度学习是指学习达到恰能背诵之后再继续学习。实验证明：过度学习达到 50%，即学习的熟练程度达到150%时,学习的效果最好。故小华为取得最好的记忆效果,需要再读5分钟。

28. D 【解析】后学习的材料对保持和回忆先学习的材料的干扰作用,称为倒摄抑制。在晚上学习不会受到后学习的材料的干扰,即没有倒摄抑制的作用,因此学习效果较好。

29. D 【解析】形象记忆是以我们感知过的事物形象为内容的记忆。形象记忆的内容主要是事物的感知特征,它们可以是视觉的,也可以是听觉的、嗅觉的、触觉的或味觉的。例如,参观了北京故宫之后,对故宫的记忆就是形象记忆;尝过一道美食后,对食物味道的记忆也是形象记忆。

30. D 【解析】记忆过程包括识记、保持、再现(再认或回忆)三个环节。遗忘是与保持相反的心理过程,不属于记忆过程。

31. D 【解析】记忆的品质具体表现在以下方面:

品质	内涵	特征
敏捷性	能够在较短的时间内记住较多的东西	速度、效率
持久性	能够把知识经验长时间地保留在头脑中	保持
准确性	对于所识记的材料,在再认和回忆时,没有歪曲、遗漏、增补和臆测	正确、精确
准备性	能及时、迅速、灵活地从记忆信息的储存库中提取所需要的知识经验,以解决当前的实际问题	提取、应用

题干中强调教师能迅速地提取和应用相关知识,故体现了记忆的准备性。

易错提示: 考生易混淆记忆的敏捷性和准备性。考生要注意:记忆的敏捷性是指记忆速度的快慢;而记忆的准备性,则是指记忆的提取和应用特征。

32. B 【解析】从信息加工的角度来看,记忆过程是对输入信息的编码、储存和提取的过程。信息的编码是识记过程,信息的储存相当于保持过程,信息的提取是再认或回忆过程。

33. B 【解析】再认是指人们对感知过、思考过或体验过的事物,当它再度呈现时,仍能认识的心理过程。例如:好友重逢,一眼就认出了对方;旧地重游,处处有熟悉之感。再认是记忆的初级表现形式,是比回忆较为容易和简单的一种恢复经验的形式。

34. A 【解析】干扰说可用前摄抑制和倒摄抑制来说明。前摄抑制是先学习的材料对识记和回忆后学习材料的干扰作用;倒摄抑制是后学习的材料对保持和回忆先学习的材料的干扰作用。回忆高尔基的《海燕》时,头脑中浮现出课文的第一段和结尾部分,中间部分却模糊不清,这是因为课文的开始部分只受倒摄抑制的影响,不受前摄抑制的影响;结尾部分只受前摄抑制的影响,不受倒摄抑制的影响;中间部分则受两种抑制的影响,因而最容易遗忘。

35. C 【解析】系列位置是指在系列学习中,学习材料处于系列记忆的不同位置。位置不同,回忆效果也不同。小杰背书时觉得前面和后面的内容背得比较好,这正是因为受到材料的系列位置的影响。

36. D 【解析】系列位置效应就是指接近开头和末尾的记忆材料的记忆效果好于中间部分的记忆效果的趋势。故题干所述是系列位置效应的典型表现。

37. D 【解析】在整个小学时期,儿童表现出善于对具体形象地记忆。(具体内容参见林崇德主编的《发展心理学》)

38. B 【解析】动机遗忘理论认为,有些信息可能对我们自己很重要,所以被记住了;而有些信息可能会引起我们的痛苦或不快,因而不大可能被记住。因此,题干中的学生在自己的座右铭中说要“遗忘消极与不快”,这其中的“遗忘”最有可能用动机遗忘理论来解释。

39. A 【解析】有意识记是有明确的识记目的,并运用一定方法的识记,在识记过程中还需要一定的意志努力。故A项符合题意。

40. D 【解析】对于大多数学习而言,分散复习的效果优于集中复习,因为分散复习可以降低疲劳感,可以减少前摄抑制和倒摄抑制的影响。故D项说法不正确。

41. A 【解析】遗忘是有规律的,即遗忘的进程是不均衡的,其趋势是先快后慢、先多后少,呈负加速,且到一定的程度几乎就不再遗忘了。

42. A 【解析】随着年龄的增长,中学生的有意记忆和无意记忆效果都不断提高,但有意记忆逐渐占主导地位,故B项说法正确;中学生以理解记忆(意义记忆)为主要记忆手段,故C项说法正确,A项说法错误;抽象记忆在中学阶段占据主导地位,故D项说法正确。

43. D 【解析】保持是指已获得的知识经验在人脑中巩固的过程,是记忆过程的第二个环节。保持并非是原封不动地保存头脑中识记过的材料的静态过程,而是一个富于变化的动态过程。这种变化表现在量和质两个方面。

44. B 【解析】在回忆的正确率上,最后呈现的词遗忘得最少,其次是最先呈现的词,遗忘最多的是中间部分。这种在回忆系列材料时发生的现象叫系列位置效应。最后呈现的材料最易回忆,遗忘最少,叫近因效应。最先呈现的材料较易回忆,遗忘较少,叫首因效应。因此,在一份书面学习材料中,记忆效果最好的位置是结尾部分。

45. A 【解析】明明知道某件事,但就是不能回忆出来的现象称为"舌尖现象"或"话到嘴边现象"。舌尖现象可以用提取失败说来解释。

46. B 【解析】实验证明:过度学习达到50%,即学习的熟练程度达到150%时,学习的效果最好。超过150%时,效果并不递增,很可能引起厌倦、疲劳而成为无效劳动。因此,学习程度以150%为最佳。

47. C 【解析】人们感知过的事物、体验过的情绪情感、做过的活动及动作等都可能在头脑中留下痕迹,以后还会再认或回忆出来,这就是记忆现象。

48. C 【解析】陈述性记忆是指对有关事实和事件的记忆,如知识和生活常识。它可以通过语言传授而一次性获得,它的提取往往需要意识的参与。

49. C 【解析】有意回忆是有回忆任务、并做一定的意志努力、自觉追忆以往经验的回忆,其目的是要根据当前的需要而回忆起特定的记忆内容。故默写属于有意回忆。

50. A 【解析】后学习的材料对保持和回忆先学习的材料的干扰作用,称为倒摄抑制。学习后立即睡觉,没有后续活动的干扰作用,即没有倒摄抑制的影响,因而学习效果较好。

51. C 【解析】从信息加工的观点看,遗忘是一时难以提取出需要的信息,遗忘之所以发生是因为编码不准确,失去了检索线索或线索错误。一旦有了正确的线索,经过搜寻,所需要的信息就能提取出来,这就是遗忘的提取失败理论。琪琪在背诵语文课文的时候卡壳了,妈妈给予了她一个线索,她立即就能想起来剩余的信息,这体现了提取失败理论。

52. A 【解析】最早对遗忘进行实验研究的是德国心理学家艾宾浩斯,他于1879年至1884年对遗忘进行研究,以无意义音节为材料,依据保持效果,提出了著名的"遗忘曲线"。

53. D 【解析】内隐记忆是在不需要意识参与或不需要有意回忆的情况下,个体的已有经验自动对当前任务产生影响而表现出来的记忆。故答案选D项。

54. A 【解析】在教学中,难度适中而新颖的题材、令人产生兴趣的东西、生动形象的事件等,都不需要付出太大的意志努力就容易被人记住。所以,教师要讲究教学艺术,调动学生的无意识记。题干中教师的做法正是运用无意识记的规律来组织教学。

55. A 【解析】遗忘发展的规律表明,识记后遗忘很快就会发生。因此,对于新学习的材料,为了防止遗忘,必须"趁热打铁",及时进行复习。故题干所述说明了及时复习的重要性。

56. C 【解析】题干所述表明造成知识遗忘的原因为前摄抑制和倒摄抑制的作用,而干扰说可用前摄抑制和倒摄抑制来说明。因此,答案选 C 项。

57. B 【解析】遗忘是有规律的,即遗忘的进程是不均衡的,其趋势是先快后慢、先多后少,呈负加速,且到一定的程度几乎就不再遗忘了。故题干中只有③说法正确,答案选 B 项。

58. B 【解析】机械识记时可能有两种情况:(1)识记者面对的本身就是没有意义或者没有内在联系的材料,如对无意义音节、地名、人名、历史年代等的识记;(2)面对的材料虽然有可能有意义,而识记者对其缺乏应有的理解,只能先机械识记,随着知识经验的积累再逐步加以理解。所以,并不是所有的材料都可以用意义识记的方法来进行识记的。在识记者面对一些本身没有意义或者没有内在联系的材料时,机械识记是必要的。故 B 项说法有误。

59. A 【解析】记忆的信息加工一般都须经过编码、储存和提取三个环节,其中编码是最关键的加工环节。编码形式愈恰当,信息愈能储存持久,提取也就愈容易。

60. A 【解析】尝试回忆与反复识记相结合是一种有效的复习手段。其原因在于:通过尝试回忆能检验自己识记的情况,及时发现难记的部分和发生错误的地方,然后有重点地对这些地方进行重新阅读,明确了复习的目的性,避免时间的浪费;同时能集中注意力在所识记的材料上,提高记忆效果;此外,学生能及时获得复习效果,提高学生复习的信心和热情。

61. B 【解析】学过的知识,如果不经过复习,是不可能长久、完全地保持在记忆中的。克服遗忘最好的方法是加强复习。有效组织复习的方法有:(1)复习时机要得当,复习要及时;(2)复习方法要合理,复习方法要多样;(3)复习次数要适宜,适当超额复习;(4)重视对记忆品质的培养;(5)注意用脑卫生。另外,复习时要对学过的知识进一步加工,使之条理化、系统化,形成知识网络,使记忆更加牢固,不易遗忘,答案选 B 项。

62. A 【解析】记忆的敏捷性,是记忆的速度和效率特征。能够在较短的时间内记住较多的东西,就是记忆敏捷性良好的表现。“过目不忘”是指看过就不忘记,强调记忆速度快;“久难成诵”是指长时间背诵不下来,强调记忆速度慢。故体现了记忆的敏捷性。

63. B 【解析】记忆的准备性是指善于根据当前的要求把需要的事物从记忆中准确迅速地提取出来。有的人记住的东西并不少,就是需要时不能准确迅速地提取出来;而有的人则能把当前需要的事物准确迅速地提取出来,表现为对答如流、出口成章、下笔千言、一挥而就等。

64. B 【解析】形象记忆是以我们感知过的事物形象为内容的记忆。头脑中留下的生动的万里长城的形象,就属于形象记忆。

65. D 【解析】从艾宾浩斯的遗忘曲线可以看出,人类的遗忘遵循先快后慢的规律:初次学习后,过了 20 分钟,记忆的内容遗忘很快,保持下来的仅有 58.2%;1 小时后,剩余 44.2%;接下来速度越来越慢。因此,个体对初次识记的无意义材料进行复习的时间应在识记后的 1 小时内。故 A 项说法正确。与遗忘进行斗争的首要条件是组织识记后的复习。故 B 项说法正确。复习在保持中有很大的作用,刺激物的重复出现是短时记忆向长时记忆转化的条件,没有复述的信息是不可能进入长时记忆的。故 C 项说法正确。复习难度小的材料可适当集中复习,难度大的材料可采取分散复习的方式,做到分散复习与集中复习相结合。故 D 项说法错误。因此,答案选 D 项。

66. C 【解析】语义记忆是个体对以各种有组织的知识为内容的记忆,是以语词所概括的事物的关系以及事物本身的意义和性质为内容的记忆,如概念、定理、公式和规则等。情景记忆是以亲身经历的、发生在一定时间和地点的事件(情景)为内容的记忆。情景记忆接受和储存的信息和个人生活中的特定时间、地点有关,并以个人的经历为参照,如想起自己参加过的一个会议或曾经去过的地方。根据语义记忆和情景记忆的定义,可以判断 C 项符合题干要求。

67. B 【解析】同化说认为,遗忘是知识的组织和认知结构简化的过程。当人们学到了更高级的概念与规律之后,就可以以此来替代低级的概念,使低级概念简化,从而减轻记忆负担,这是一种

积极的遗忘。

68. B 【解析】过度学习是指学习达到恰能背诵之后再继续学习。学习 10 分钟就刚好能背诵，随后又增加了几分钟，这种附加学习就叫作过度学习。

69. A 【解析】当前面所学的信息有助于后面的信息的学习，就称为前摄促进；相反，后面所学的信息有助于先前的学习，就称为倒摄促进。题干中，先前学习的“interest”有助于后面学习“interesting”，故属于前摄促进。

70. B 【解析】明明知道某件事，但就是不能回忆出来的现象，称为“舌尖现象”或“话到嘴边现象”。这是由于失去线索或线索错误，导致信息提取失败。

71. B 【解析】遗忘发展的规律表明，识记后遗忘很快就会发生。因此，对于新学习的材料，为了防止遗忘，必须“趁热打铁”，及时进行复习。

72. C 【解析】再认是指人们对感知过、思考过或体验过的事物，当它再度呈现时，仍能认识的心理过程。例如：好友重逢，一眼就认出了对方；故地重游，处处有熟悉之感，就是再认的现象。

73. A 【解析】为了防止遗忘，对学过的知识要及时复习，所谓及时复习就是在初期大量遗忘开始之前能进行复习，因此应该在 24 小时内进行第一次复习。

74. B 【解析】学校在排课时应尽可能地避免把性质相近的课程排在一起，这样能减少材料相似性引起的前摄抑制、倒摄抑制对记忆的干扰。

75. A 【解析】永久性遗忘是一种因衰退（消退）原因而引起的“存储性障碍”。

76. C 【解析】记忆广度是指按固定顺序逐一地呈现一系列刺激以后刚刚能够立刻正确再现的刺激系列的长度。所呈现的各刺激之间的时间间隔必须相等。再现的结果必须符合用来呈现的顺序才算正确。

77. C 【解析】压抑理论（动机性遗忘理论）认为，动机性遗忘是与不快、不安和内疚相关的遗忘，其实质是一种压抑，是人们维持自己心理平衡的一种心理防御机制。这种理论认为，有些信息可能对我们自己很重要，因此被记住了；而有些信息可能会引起我们的痛苦或不快，因而不大可能被记住。

78. C 【解析】意义记忆是在理解的基础上，依据材料的内在联系，并运用已有的知识经验而进行的记忆。通过已有知识来记忆新知识，这符合意义记忆的概念。

79. B 【解析】遗忘的干扰理论认为，遗忘是因为在学习和回忆之间受到其他刺激的干扰所致。一旦干扰被排除，记忆就能恢复，而记忆痕迹并未消退。倒摄抑制现象就是后学习的材料对先前学习过的材料的干扰作用。

80. C 【解析】再认是指人们对感知过、思考过或体验过的事物，当它再度呈现时，仍能认识的心理过程。开卷考试是要求学生对学过的知识能够再认。

二、多项选择题

1. AD 【解析】无意识记是事先没有预定目的，也不需要运用任何有助于识记的方法和意志努力，自然而然的识记。如看过的有趣的文艺表演、精彩的体育比赛或者童年多彩的生活等，虽已时过境迁，回忆起来仍然历历在目。因此 A、D 两项属于无意识记。有意识记是有明确的识记目的，并运用一定方法的识记，在识记过程中还需要一定的意志努力。B、C 两项属于有意识记。

2. BD 【解析】根据信息加工与存储的内容不同，可将记忆分为陈述性记忆和程序性记忆。陈述性记忆是指对有关事实和事件的记忆。程序性记忆是指对如何做事情的记忆，包括对知觉技能、认知技能和运动技能的记忆。关于骑车技能的记忆属于程序性记忆，故 A 项错误，B 项正确。根据记忆时意识参与的程度，可将记忆分为外显记忆和内隐记忆。外显记忆是指个体有意识地或主动地收集某些经验用以完成当前任务时表现出来的记忆。内隐记忆是指在不需要意识参与或不需要有意回忆的情况下，个体的已有经验自动对当前任务产生影响而表现出来的记忆。学会骑自行车后到现在一直会骑自行车,属于个体的已有经验自动对当前任务产生影响。故C项错误,D项正确。答案选B、D两项。

3. BD 【解析】系列位置效应就是指接近开头和末尾的记忆材料的记忆效果好于中间部分的记忆效果的趋势。A项正确。早晨学习效果一般较好,因为这个阶段的学习不受前摄抑制干扰。B项错误。根据艾宾浩斯遗忘曲线,记忆的最初阶段遗忘的速度快,随后逐渐变慢。艾宾浩斯认为保持和遗忘是时间的函数。C项正确。过度学习达到50%,即学习的熟练程度达到150%时,学习的效果最好。D项错误。故本题选择B、D两项。

4. ACD 【解析】从无意记忆为主转变为有意记忆为主,是小学生记忆发展的第一个特点,C项正确。从机械记忆为主向意义记忆为主过渡,是小学生记忆发展的第二个特点,B项错误。随着年龄的增长,小学生从以具体形象记忆为主过渡到以抽象记忆为主,A项正确。但小学生在记忆抽象的材料时,主要还是以事物的具体形象为基础,即形象记忆仍起着重要作用,D项正确。

5. ABCD 【解析】良好的记忆品质包括:(1)记忆的敏捷性,这是记忆的速度和效率特征;(2)记忆的持久性,这是记忆的保持特征;(3)记忆的准确性,这是记忆的正确和精确特征;(4)记忆的准备性,这是记忆的提取和应用特征。

方法技巧:记忆的四种品质可以通过口诀来进行记忆,即"准备劫(捷)持"。

6. ACD 【解析】少年期学生记忆发展的规律包括:(1)从无意识记到有意识记的发展;(2)从机械识记到意义识记的发展;(3)从形象记忆到抽象记忆的发展;(4)记忆范围不断扩大;(5)记忆带有情绪体验材料的兴趣增强。

7. ABD 【解析】为了培养学生的意义识记能力,教师要努力做到以下几点:(1)把握意义识记的规律,帮助学生充分理解教材;(2)教师要注意培养学生学习的积极性,培养学生智力活动的组织性,培养学生善于对学习材料进行思维加工的能力;(3)向学生提供有效的意义识记的方法;(4)适当训练机械记忆能力。因此,答案选A、B、D三项。

8. AC 【解析】关于记忆的研究表明,遗忘的趋势是先快后慢的,所以A项正确;由于前摄抑制和倒摄抑制的影响,单词表开始部分和最后部分的记忆效果要比中间部分的记忆效果好,所以B项错误,C项正确;由于记忆痕迹的存在,再次学习所要花费的时间要比前一次少,所以D项错误。

9. ACD 【解析】根据识记材料有无意义或学习者是否了解其意义,识记可分为机械识记和意义识记。机械识记主要是依靠机械重复而进行的识记。在学习中,机械识记也是必要的。从总体上说,机械识记是对识记材料没有理解,不考虑识记材料的意义联系,也不对材料重新进行组织的识记。所以,A、C、D项说法正确,B项说法错误。

10. ABCD 【解析】能够解释遗忘原因的学说有:(1)消退说(痕迹衰退说);(2)干扰说;(3)压抑说(动机说);(4)提取失败说;(5)同化说(认知结构说);等等。

11. AD 【解析】内隐记忆与外显记忆之间有许多不同之处,具体体现在以下几个方面:(1)加工深度。对刺激项目的加工深度并不影响被试的内隐记忆效果,却对外显记忆有非常明显的影响。故A项错误。(2)保持时间不同。内隐记忆能够保持较长的时间。故B项正确,D项错误。(3)记忆负荷量的变化。(4)呈现方式的改变。(5)干扰因素。外显记忆很容易受到其他无关信息的干扰,内隐记忆不易受到干扰。故C项正确。故本题选A、D两项。

12. ABCD 【解析】学生在教师的带领下对《赠汪伦》这首诗进行想象,在脑海中形成主体画面。这是有意的再造想象。A项说法正确。学生吟诵《赠汪伦》的场景可以作为记忆提取的线索。B项说法正确。通过听觉编码、表象编码等多重编码的方法对知识进行识记,有利于学生对知识的记忆。C项说法正确。形象记忆是以我们感知过的事物形象为内容的记忆。因此,教师引导学生形成诗词的画面增强了学生的形象记忆。D项说法正确。

13. ABCD 【解析】影响遗忘进程的因素包括:(1)学习材料的性质;(2)系列位置效应;(3)识记材

料的数量和学习程度;(4)记忆任务的长久性与重要性;(5)识记的方法;(6)时间因素;(7)情绪和动机。

14. BC 【解析】系列位置效应就是指接近开头和末尾的记忆材料的记忆效果好于中间部分的记忆效果的趋势,A 项错误;一般情况下,对熟练的动作和形象材料遗忘得慢,而无意义材料比有意义材料遗忘要快得多,D 项错误。

15. BCD 【解析】中学生记忆的发展特点有:(1)中学生记忆发展的总体趋势是随着年龄的增长记忆力不断提高,到 16 岁趋于成熟;(2)同一年龄的中学生,受所记材料性质的影响,记忆效果不一样;(3)中学生短时记忆的广度随着年级的增长而不断增大;(4)随着年龄的增长,中学生的有意记忆和无意记忆效果都不断提高,但有意记忆逐渐占主导地位;(5)中学生以理解记忆为主要记忆手段;(6)抽象记忆在中学阶段占据主导地位。故 B、C、D 三项说法正确。

16. BCD 【解析】根据信息从输入到提取所经过的时间、信息编码方式和记忆阶段的不同,现代认知心理学把人的记忆系统分为瞬时记忆、短时记忆和长时记忆。

17. ACD 【解析】引起学生遗忘的原因可以概括为:(1)消退说。消退说认为,遗忘是记忆痕迹得不到强化而逐渐衰弱,以致最后消退的结果。(2)干扰说。干扰说认为,遗忘是因为在学习和回忆之间受到其他刺激的干扰所致。(3)压抑(动机)说。压抑说认为,遗忘是由于情绪或动机的压抑作用引起的,如果压抑被解除,记忆就能恢复。A 项属于消退说,C 项属于干扰说,D 项属于压抑说。B 项错构是指对过去经历过的事件在具体时间、地点、情节以及人物上张冠李戴,并坚信不疑,认为自己的记忆是准确的。错构属于记忆错误,与遗忘无关。

18. BCD 【解析】根据记忆的内容和经验的对象,可将记忆分为形象记忆、情景记忆、语义记忆、情绪记忆和动作记忆(运动记忆)。

19. ABC 【解析】遗忘是有规律的,即遗忘的进程是不均衡的,其趋势是先快后慢、先多后少,呈负加速,且到一定的程度几乎就不再遗忘了。继艾宾浩斯之后的许多研究进一步揭示了有关遗忘过程的规律,如:(1)有意义材料比无意义材料遗忘得慢;(2)数量多的材料遗忘较快;(3)两种相似的材料,前后间隔时间短,则容易相互干扰而造成遗忘;(4)学习程度不够的材料容易遗忘等。逻辑记忆比形象记忆更容易遗忘,因此,D 项错误。

20. BC 【解析】记忆过程包括识记、保持、再现(再认或回忆)三个环节。因此,记忆过程的最后一个环节包括再认或回忆,回忆又被称为重现,故答案选 B、C 两项。

21. CD 【解析】回忆是过去经历过的事物不在面前,人们在头脑中把它重新呈现出来的过程。再认是指人们对感知过、思考过或体验过的事物,当它再度呈现时,仍能认识的心理过程。闭卷考试时,回答选择题时的记忆活动是再认;回答问答类试题时的记忆活动是回忆。

三、判断题

1. √ 【解析】记忆过程包括识记、保持、再现,从信息加工的角度看,是对信息进行编码、存储、提取的过程。没有记忆的过程,外界的信息不可能为我们保持和利用,故本题正确。

2. × 【解析】干扰说认为,遗忘是因为在学习和回忆之间受到其他刺激的干扰。同化说又称认知结构说,认为遗忘是知识的组织和认知结构简化的过程。

3. √ 【解析】最早对遗忘进行实验研究的是德国心理学家艾宾浩斯,他提出了著名的“遗忘曲线”。艾宾浩斯以无意义音节为材料,依据保持效果,绘制了遗忘曲线。压抑说(动机说)认为,遗忘是由于情绪或动机的压抑作用引起的,如果压抑被解除,记忆就能恢复。该理论是弗洛伊德在给病人催眠时发现的。

4. × 【解析】遗忘规律表明,识记后遗忘很快就会发生。因此,对于新学习的材料,为了防止遗忘,必须“趁热打铁”,及时进行复习。因此,学习后要及时复习的理论依据是艾宾浩斯的遗忘理论。

5. × 【解析】痕迹衰退说是一种对遗忘原因的最古老的解释。按照这种理论,遗忘是由记忆痕迹衰退引起的,衰退随时间的推移自动发生。它起源于亚里士多德,由桑代克和巴甫洛夫学派进一步发展。

6. × 【解析】学习材料的性质会影响遗忘。有意义的材料比无意义的材料遗忘得慢;形象、直观的材料比抽象的材料遗忘得慢。故本题说法错误。

7. × 【解析】实验证明:过度学习达到50%,即学习的熟练程度达到150%时,学习的效果最好;超过150%时,效果并不递增,很可能引起厌倦、疲劳而成为无效劳动。

8. × 【解析】在干扰形式上,内隐记忆与外显记忆有很大的差别。内隐记忆不容易受外在刺激的干扰,而外显记忆容易在干扰后发生遗忘。

9. × 【解析】从信息加工的观点看,遗忘是一时难以提取出需要的信息,遗忘之所以发生是因为编码不准确,失去了检索线索或线索错误。一旦有了正确的线索,经过搜寻,所需要的信息就能提取出来,这就是遗忘的提取失败理论。因此,提笔忘字属于提取失败的表现。前摄抑制是先学习的材料对识记和回忆后学习材料的干扰作用,可用干扰说来解释。

10. × 【解析】能够在较短的时间内记住较多的东西是记忆敏捷性良好的表现。记忆的准确性是指记忆内容正确和精确。故本题说法错误。

11. √ 【解析】在学习过程中,学生忘记了作为例证的事实与细节,却牢牢地记住了概括性高的概念与原理。这种遗忘所失去的是细节,对学习没有实质性的损失,还可减轻记忆负担,可以说是一种积极的遗忘。

12. √ 【解析】保持是指已获得的知识经验在人脑中巩固的过程,是记忆过程的第二个环节。保持并非原封不动地保存头脑中识记过的材料的静态过程,而是一个富于变化的动态过程。

13. × 【解析】复习是通过反复学习、领悟已学知识来防止遗忘和进行巩固的。它是巩固的主要方法,但不是唯一的方法。

14. √ 【解析】记忆恢复是指识记某种材料,经过一段时间后测得的保持量大于识记后即时测得的保持量的现象。记忆恢复现象常常在下列情况中出现:儿童比成人更普遍;学习难度大的材料比学习容易的材料更容易出现;学习得不够熟练的材料比熟练的材料更易发生。

15. × 【解析】机械识记有其必要性。有些内容,限于学生的知识经验,不可能真正理解其意义,但这些知识对以后的学习是重要的,也应该进行机械识记,如幼儿学习古诗,一、二年级的学生背诵乘法口诀等。

> **易错提示:**考生会有思维定势,认为机械识记就是没有意义的。为此考生要注意:机械识记虽然方法是无意义的、机械重复的,但机械识记有其本身的价值。

16. √ 【解析】学生在刚学习英语时,对26个英文字母的记忆往往两头容易中间难。其原因是:字母的开始部分只受倒摄抑制的影响,不受前摄抑制的影响;结尾部分只受前摄抑制的影响,不受倒摄抑制的影响;中间部分则受两种抑制的影响,因而最容易遗忘。

17. × 【解析】识记和保持是再认或回忆的前提,再认和回忆是识记和保持的结果,并能进一步巩固和加强识记和保持的内容。

18. √ 【解析】陈述性记忆是指对有关事实和事件的记忆。例如,你还不会打羽毛球时先看书籍,记住了某些动作要领。程序性记忆是指如何做事情的记忆,包括对知觉技能、认知技能和运动技能的记忆。例如,一旦你学会了打羽毛球,你就记住了发球、吊球等技能。题干中强调老师教授给学生打太极拳的动作要领,并没有指出学生掌握了打太极拳的技能,故属于一种陈述性记忆。

19. × 【解析】记忆过程包括识记、保持、再现(包括再认或回忆)三个环节。识记过程属于记忆过程的一个环节。

20. × 【解析】在教学中,再认和重现都可以作为检查学生知识掌握情况的手段。试卷的是非题、选择题等是再认的检查形式;问答题、填空题等是重现的检查形式。在一般情况下,能重现就一定能再认，而能再认不一定能重现，因此再认不能作为检查记忆牢固程度的可靠指标。故单纯用选择题和判断题不能全面考查学生掌握的情况。

21. × 【解析】记忆的保持表现在量和质两个方面。其中，保持在数量上的变化，一般表现为识记的内容随着时间的进程呈减少的趋势，甚至遗忘。但保持在数量上的变化还表现为记忆恢复。记忆恢复(记忆回涨)是指识记某种材料，经过一段时间后测得的保持量大于识记后即时测得的保持量。故题干描述不正确。

22. × 【解析】机械识记的基本条件是重复地感知材料，意义识记的基本条件是理解。故题干表述错误。

23. √ 【解析】反复阅读与尝试回忆相结合的方法，能使学习者及时了解到识记的成绩，从而提高学习的兴趣，激起进一步学习的动机。同时，在每次回忆后，学习者可以及时检查记忆效果，在重新阅读时就会有针对性地集中精力攻克难点，纠正错误，不至于平均用力。

24. √ 【解析】外显记忆是指个体有意识地或主动地收集某些经验用以完成当前任务时表现出来的记忆。它对行为的影响是个体能够意识到的，因此又称受意识控制的记忆。

四、填空题

1. 识记
2. 情绪　50%
3. 强化
4. 压抑(动机)
5. 追忆
6. 提取

五、辨析题

1. 前摄抑制是一种顺向迁移，倒摄抑制是一种逆向迁移。

(1)这种说法是正确的。(2)前摄抑制是先学习的材料对识记和回忆后学习材料的干扰作用。后学习的材料对保持和回忆先学习的材料的干扰作用，称为倒摄抑制。根据迁移发生的方向，可以分为顺向迁移与逆向迁移。顺向迁移是指先前学习对后继学习产生的影响。逆向迁移是指后继学习对先前学习产生的影响。因而，前摄抑制属于顺向迁移，倒摄抑制属于逆向迁移。

2. 根据遗忘的干扰说可知，为了防止遗忘，应及时复习。

(1)这种说法是不正确的。(2)艾宾浩斯的遗忘规律表明，识记后遗忘很快就会发生。因此，对于新学习的材料，为了防止遗忘，必须及时复习。在遗忘理论中，干扰说认为，遗忘是因为在学习和回忆之间受到其他刺激的干扰所致，即主要受到了前摄抑制和倒摄抑制的影响。因此，干扰说给我们的启示是：在早上或晚上学习效果较好，因为只受到单一抑制的影响。因此，题干中的说法错误。

六、简答题(参考答案)

1. 简述小学生记忆发展的特点。

(1)小学生的有意记忆明显增强；(2)小学生的意义记忆迅速发展；(3)小学生的抽象逻辑记忆水平逐步提高。

2. 影响遗忘进程的因素有哪些？

影响遗忘进程的因素有：(1)学习材料的性质；(2)系列位置效应；(3)识记材料的数量和学习程度；(4)记忆任务的长久性与重要性；(5)识记的方法；(6)时间因素；(7)情绪和动机。

3. 青少年记忆的特点有哪些？

(1)记忆的整体水平处于人生的最佳时期；(2)有意识记日益占主导地位；(3)意义识记明显占优势；(4)抽象材料的记忆水平显著提高；(5)记忆训练能获得更佳效果。

4. 根据遗忘规律,如何科学地组织复习?

科学地组织复习的方法有:(1)复习时机要得当。①及时复习;②合理分配复习时间;③间隔复习;④循环复习。(2)复习方法要合理。①分散复习与集中复习相结合;②复习方法多样化;③运用多种感官参与复习;④尝试回忆与反复识记相结合。(3)复习次数要适宜。(4)重视对记忆品质的培养。(5)注意用脑卫生。

5. 如何依据记忆规律合理安排和组织教学?

(1)合理安排教学;(2)向学生提出具体的识记任务;(3)使学生处于良好的情绪和注意状态;(4)充分利用无意识记的规律组织教学;(5)使学生理解所学内容并把它系统化;(6)培养学生良好的记忆品质,提高其记忆能力。

七、案例分析题(参考答案)

1. (1)该案例体现了以下心理规律:①有无明确的识记目的和任务直接影响识记的效果。案例中,"员外"由于缺乏识记的目的,所以即使演了很多次,也依然记不住自己的台词。②识记在很大程度上依赖于活动任务的性质和要求。案例中,"管家"虽然听了无数次"员外"的念白词,但由于与自己无关,因此也没记住。这正是由于识记时没有任务要求而记不住相关内容的体现。

(2)为了提高学生的学习效果,教师在教学实践中可以:①合理安排教学。②教师应根据不同的教学内容,向学生提出明确的识记任务。③使学生处于良好的情绪和注意状态。④充分利用无意识记的规律组织教学。⑤使学生理解所学内容并把它系统化。⑥培养学生良好的记忆品质,提高其记忆能力。

2. (1)"早晨起床后和晚上临睡前记忆效果更好"的现象体现了系列位置效应。"早晨起床后和晚上临睡前记忆效果更好"是因为只受"单一抑制"的影响,即早晨起床后只受倒摄抑制的影响,不受前摄抑制的影响;晚上临睡前只受前摄抑制的影响,不受倒摄抑制的影响。其中,前摄抑制是先学习的材料对识记和回忆后学习材料的干扰作用;倒摄抑制是后学习的材料对保持和回忆先学习的材料的干扰作用。

(2)存在的问题:

①存在不良情绪和学习动机不足。甲同学有偏科现象,对相关学科存在畏难心理,平时学习也缺乏主动性,他的不良情绪和动机影响了记忆效果。

②识记方法不合理。以理解为基础的意义识记比机械识记的效果好得多。甲同学在复习时总以为"文科就靠背",可以"不求甚解"。他采用机械识记的方法,因而记忆效果不好。同时,对于形象的知识和抽象的知识采用相同的学习方法,因此难以取得相应的记忆效果。

③复习方法较单一。甲同学在复习时,采用单一的反复识记的方法,这不利于提高记忆效果。

④学习程度不够。甲同学没有进行过度学习,总是刚能背诵就停止学习,因此记忆效果不好。

⑤复习时间不足且复习的内容数量过多。甲同学总是考前"临时抱佛脚",造成复习时间紧、任务重,因此学习效果欠佳。

改善措施:

①在学习时保持积极的情绪状态和适当的动机水平。在学习时,要端正学习态度,培养学习兴趣,积极寻求帮助,克服畏难心理。

②加强对学习内容的理解并将其系统化。在学习时,不死记硬背知识,对于没有明显意义的学习材料,要尽力找出它们之间的联系,甚至人为地加以联系,以帮助识记。

③采用合理的复习方法。在复习时,采用分散复习与集中复习相结合、运用多种感官参与复习、尝试回忆与反复识记相结合等方法,使复习方法多样化,避免复习方法单一,提高记忆效果。

④把握好复习的时间。在学习后要及时复习,即在大量遗忘开始前就进行复习。同时合理安排复习内容和时间,提高复习效率,不"临时抱佛脚"。

⑤把握好复习的数量,并进行适当的过度学习。每次复习时,学习材料的数量不宜过多,同时使学习的熟练程度达到150%,提高记忆效果。

专题三　表象与想象

答案速查：

1～5	AACCB	6～10	DDACB	11～15	CBADD	16～20	BBBBA
21～25	CBABD	26～29	CBBC	1～5	BC BD AD AD BCD		
6～7	BCD ABCD			1～7	√ × × × × × ×		

一、单项选择题

1. A 【解析】再造想象是依据词语或符号的描述、示意，在头脑中形成与之相应的新形象的过程。因此，在阅读鲁迅先生的《孔乙己》时，读者根据文章中的描述想象而成的人物形象属于再造想象。

2. A 【解析】无意想象又称不随意想象，是没有预定目的，不由自主产生的想象；幻想是一种与生活愿望相结合并指向于未来的想象；创造想象是按照一定目的、任务，使用自己以往积累的表象，在头脑中独立地创造出新形象的过程；再造想象是依据词语或符号的描述、示意，在头脑中形成与之相应的新形象的过程。题干中的陈颖对星星的想象是不由自主、没有预定目的的，故属于无意想象。

3. C 【解析】在创造想象的过程中，新形象的产生往往带有突然性，这种突然出现新形象的状态称为灵感。灵感是想象者在长期生活实践中勤于积累经验的结果。

4. C 【解析】幻想是指向未来并与个人愿望相联系的想象。它是创造想象的一种特殊形式，各种神话、童话中的形象都属于幻想。

5. B 【解析】表象的作用包括：(1)表象是知识的重要表征形式。(2)表象为概念的形成提供了感性基础。(3)表象促进问题解决。例如，小学低年级学生在进行加、减法运算时，需要表象的帮助；中学生在解决几何问题时，也需要表象的支持。故答案选 B 项。（具体内容参见张积家编著的《普通心理学》）

6. D 【解析】想象的构成方式包括：

形式	内涵	典例
黏合	把两种或两种以上客观事物的属性、特征等结合在一起而形成新形象的过程	孙悟空的形象
夸张（强调）	对某些客观事物的特点进行夸大和强调，使其增大、缩小或数量加多等	“千手观音”的形象
拟人化	把人类的特性、特点加在外界事物上，使之人格化的过程	“雷公”“电母”等形象
典型化	根据一类事物共同的、典型的特征创造新形象的过程	鲁迅小说中的人物形象

因此，鲁迅将旧中国许多妇女的遭遇集中后创造出来的祥林嫂的形象，属于典型化的方式。

7. D 【解析】再造想象是依据词语或符号的描述、示意在头脑中形成与之相应的新形象的过程。创造想象是按照一定目的、任务，使用自己以往积累的表象，在头脑中独立地创造出新形象的过程。因此，读者根据小说中的描述想象而成的人物形象属于再造想象；作者独立地创造出小说中的人物形象属于创造想象。

8. A 【解析】心理学家通过“心理旋转实验”证明了表象的可操作性。实验结果表明，被试在辨别图形时，需要对头脑中存储的表象图形做旋转运动，随着图形旋转度数的增加，反应时的记录也相应延长。因此，表象具有可操作性。

9. C 【解析】梦是无意想象（不随意想象）的一种特殊形式，是无意想象的极端表现。

10. B 【解析】再造想象是依据词语或符号的描述、示意在头脑中形成与之相应的新形象的过程；创造想象是按照一定目的、任务，使用自己以往积累的表象，在头脑中独立地创造出新形象的过程。鲁迅的小说《狂人日记》是鲁迅独立创作的文学作品，故属于创造想象的范畴。

11. C 【解析】学生的空间想象力存在明显的年龄特征，其中初中二年级和初中三年级是空间想象力发展的加速期或关键期。

12. B 【解析】创造想象是按照一定目的、任务，使用自己以往积累的表象，在头脑中独立地创造出新形象的过程。设计师对城市规划进行设计，属于创造想象的过程。

13. A 【解析】在小学儿童对文艺作品的喜爱方面，低年级儿童对童话、神话信以为真，爱听童话故事、神话故事，爱看动画片。随着教学活动的发展和思维水平的提高，三年级以后的儿童，就逐渐过渡到以现实为主的阶段。他们的兴趣逐步从童话故事转移到英雄模范故事、侦探小说、反特影片等题材上。想象的现实性是指想象的内容符合现实且富有逻辑性，故题干所述体现了想象发展的现实性。

14. D 【解析】创造想象是按照一定目的、任务，使用自己以往积累的表象，在头脑中独立地创造出新形象的过程。文学家对人物形象的塑造是创造想象的过程。

15. D 【解析】在整个小学时期，儿童想象的主题易变性还比较明显，想象不能有效地指向某一预定的目的。因此，小学低年级学生的想象仍以无意想象为主。

16. B 【解析】想象的补充功能是指借助想象可以弥补人们认识活动的时空局限，超越个体狭隘的经验范围，获得更多的知识。想象的补充功能可以使人“思接千载，视通万里”“精骛八极，心游万仞”，不受时空的限制。

17. B 【解析】再造想象是依据词语或符号的描述、示意在头脑中形成与之相应的新形象的过程。因此，画家根据目击证人的描述画出嫌疑人的画像属于再造想象。

18. B 【解析】想象的加工方式包括黏合、夸张、拟人化和典型化等。其中，夸张是指改变客观事物的正常特点，对某些特点加以夸大和强调，使其增大、缩小、数量加多、色彩加浓等。

19. B 【解析】表象是认识过程中的重要环节，是从感知到思维的过渡阶段，是从感性认识到理性认识的中介环节和必经桥梁。

20. A 【解析】根据表象创造程度的不同，表象可分为记忆表象和想象表象。其中，记忆表象是在记忆中保持的客观事物的形象，如想起朋友的音容笑貌。通常讲的表象，是记忆表象的简称。故答案选 A 项。

21. C 【解析】想象的替代功能是指在现实生活中，当人们的某种需要不能得到满足时，可以借助想象从心理上得到一定的补偿和满足。

22. B 【解析】人在头脑中创造新形象的过程是创造想象，创造想象依赖于已有表象材料的数量和质量。创造想象的产生需要丰富的表象储备作为条件。

23. A 【解析】想象的预见功能是指它能预见活动的结果，指导活动进行的方向。这种功能能够使人类在现实的基础上对未来充满憧憬，对未来的活动具有主动性、预见性和计划性，有助于活动的顺利完成。题干中的小李在做事前会在头脑中进行预演，这体现了想象的预见功能。

24. B 【解析】夸张是指改变客观事物的正常特点，对某些特点加以夸大和强调，使其增大、缩小、数量增多、色彩加浓等。故“飞流直下三千尺，疑是银河落九天”运用的是夸张策略。

25. D 【解析】想象是人脑对已储存的表象进行加工改造，形成新形象的心理过程。学生根据诗句的描述，在头脑中浮现出一幅草原牧区的画面，这属于想象中的再造想象。

26. C 【解析】小学生想象发展的特点表现在以下三个方面：(1)想象的有意性迅速发展；(2)想象中的创造成分日益增多；(3)想象的内容逐渐接近现实。

27. B 【解析】表象是事物不在面前时，人们在头脑中出现的关于事物的形象。题干中学生根据老师的阅读在脑海中呈现出不在眼前的“傣家竹楼”的形象，这种现象属于表象。

28. B 【解析】记忆表象是指感知过的事物不在面前时，人们在头脑中出现的关于事物的形象。例如，人重新回忆过去经历过事物的时候头脑中所出现的形象就是记忆表象。故题干中的学生在头脑中回忆科技馆里的小发明，在心理学上属于记忆表象。想象是人脑对已储存的表象进行加工改造，形成新形象的心理过程。题干中只强调学生对过去事物的回忆，并没有进行加工改造的过程，故不属于想象。再认是指人们对感知过、思考过或体验过的事物，当它再度呈现时，仍能认识的心理过程。题干中，科技馆中的事物没有再次出现，只是在学生的头脑中呈现，故不属于记忆再认。

29. C 【解析】黏合是指把两种或两种以上客观事物的属性、元素、特征或部分结合在一起而形成新形象的过程。幼儿把鱼的头和鹿的躯干组合到一起画成“鱼鹿”，就是想象加工方式中的黏合。

二、多项选择题

1. BC 【解析】根据创造程度的不同，有意想象可以分为再造想象和创造想象。创造想象是按照一定目的、任务，使用自己以往积累的表象，在头脑中独立地创造出新形象的过程。再造想象是依据词语或符号的描述、示意，在头脑中形成与之相应的新形象的过程。孔乙己是由鲁迅独立创作的新形象，故属于创造想象的产物。创造想象是有意想象的一种，故答案选 B、C 两项。

2. BD 【解析】梦是无意想象的极端表现，因此 A 项不属于创造想象。幻想是创造想象的一种特殊形式，幻想可分为科学幻想、理想、空想三种形式。故答案选 B、D 两项。

3. AD 【解析】幻想是有意想象的一种特殊形式，是一种与生活愿望相结合并指向于未来的想象。幻想分为以下三种形式：(1)科学幻想，是科学预见的一种形式。(2)理想，是符合事物发展规律、有实现可能的积极幻想。(3)空想，是与客观现实相违背的消极幻想，根本不可能实现。因此，A 项属于理想，D 项属于空想，都属于幻想。梦是无意想象的极端表现，B 项属于无意想象。自主运动是指人在黑暗背景中注视一个微弱的、静止的光点，片刻后感觉到光点在运动的现象。C 项属于自主运动。因此，答案选 A、D 两项。

4. AD 【解析】再造想象是依据词语或符号的描述、示意在头脑中形成与之相应的新形象的过程。通过看《哈利·波特》系列书籍想到魔法学院的场景，就是再造想象的过程。再造想象属于有意想象。

5. BCD 【解析】孙悟空的形象利用了黏合的想象加工方式；千手观音的形象利用了夸张的想象加工方式；“雷公”“电母”的形象运用了拟人化的想象加工方式。

6. BCD 【解析】无意想象又称不随意想象，是没有预定目的，不由自主产生的想象。B、C 两项中的想象是不由自主的，故属于无意想象。梦是无意想象的极端表现，故 D 项也属于无意想象。而 A 项属于有意想象。

7. ABCD 【解析】想象是人脑对已储存的表象进行加工改造，形成新形象的心理过程。表象是事物不在面前时，人们在头脑中出现的关于事物的形象。表象和想象是两个不同的概念，分属不同的心理范畴，表象属于记忆范畴；想象是思维的一种特殊形式，属于思维范畴。

三、判断题

1. √ 【解析】幻想是有意想象的一种特殊形式，可分为科学幻想、理想、空想三种形式。其中，理想是指符合事物发展规律、有实现可能的积极幻想。

2. × 【解析】根据创造程度的不同，有意想象可以分为再造想象和创造想象。幻想是创造想象的一种特殊形式。幻想是一种与生活愿望相结合并指向于未来的想象。故题干说法错误。

3. × 【解析】表象是事物不在面前时，人们在头脑中出现的关于事物的形象。而题干所述为想象的概念。

4. × 【解析】再造想象是依据词语或符号的描述、示意，在头脑中形成与之相应的新形象的过程。人在阅读文艺作品、历史文献，工人看建筑或机械图纸，学生听教师对课文生动形象的描述时，头脑中出现的有关事物的形象，都属于再造想象。因此，题干中的学生阅读李白的诗句后，在头脑中产生的想象是再造想象。

5. × 【解析】黏合是指把两种或两种以上客观事物的属性、元素、特征或部分结合在一起而形成新形象的过程；夸张是指改变客观事物的正常特点，对某些特点加以夸大和强调，使其增大、缩小、数量加多、色彩加浓等。题干中指出，"猪八戒"的形象是把客观事物中从未结合过的特征加以综合的过程，故体现了想象过程中的黏合形式。

6. × 【解析】表象是在知觉的基础上产生的，但表象又与知觉形象有区别。知觉的形象鲜明生动，表象的形象比较暗淡模糊；知觉的形象持久稳定，表象不稳定、易变动。故本题说法错误。

7. × 【解析】表象是事物不在面前时，人们在头脑中出现的关于事物的形象。"想起母亲的笑脸"是一种视觉表象。想象是人脑对已储存的表象进行加工改造，形成新形象的心理过程，故本题说法错误。

四、简答题(参考答案)

1. 简述如何培养学生的再造想象。

(1)要扩大学生头脑中的表象储备；(2)教师要帮助学生真正弄懂描述中关键性词句和实物标志的含义；(3)教师要唤起学生对教材的想象，以加深对知识的理解和巩固。

2. 简述表象的作用。

(1)表象对知觉的作用。表象在知觉中的作用，表现为选择性的促进和干扰两个方面。(2)表象对思维的作用。表象为思维提供了素材，是思维的基础。表象还是认识过程的重要环节，是感性认识过渡到理性认识的桥梁。(3)表象对记忆的作用。表象有助于提高学习和记忆的效率。(4)表象对问题解决的作用，人们在解决问题时经常要用到表象，许多人都有这样的经验。表象对推理也有促进作用。

五、案例分析题(参考答案)

1. (1)4～5岁(中班)儿童的无意想象中出现了有意成分，但仍以无意想象为主。具体来说有以下特点：①想象的主题易受外界的干扰而变化，内容零散，无系统。案例中冬冬在画纸上随意涂画，不知道该画什么，当他看到邻座的亮亮在画气球，他便开始画气球，冬冬的气球还没画好，又发现文文画了个小兔子，便改变主题开始画起了小兔子。这体现了冬冬的想象易受外界的干扰而变化，内容零散，无系统。②想象过程受兴趣和情绪的影响。案例中冬冬让老师看他画的小兔子，老师让他等一会儿，之后老师来看时他便不高兴地对老师说："小兔子生气跑走了。"这体现了冬冬想象的过程容易受情绪的影响。③以想象的过程为满足。案例中冬冬一会儿画气球、一会儿画兔子，这体现了冬冬的想象以想象的过程为满足的特点。④想象具有夸张性，该特点的表现之一是把希望发生的事情当成已发生的事情来描述。案例中冬冬听了去广州出差回来的爸爸给家人讲在广州的见闻后，就告诉幼儿园的老师和小朋友："我前几天去广州旅游了，那里可美了！"这体现了冬冬的想象具有夸张性的特点。

(2)教师在教学中可以采取以下措施培养幼儿的想象力：①丰富幼儿的表象，发展幼儿的语言表现力；②在文学艺术等多种活动中，创造幼儿想象发展的条件；③在游戏中，鼓励和引导幼儿大胆想象；④在活动中进行适当的训练，提高幼儿的想象力；⑤抓住日常生活中的教育契机，引导幼儿进行想象；⑥引导幼儿的想象符合客观规律。

2. (1)①幻想是有意想象的一种特殊形式，是一种与生活愿望相结合并指向未来的想象。

②幻想是创造想象的一种特殊形式，与一般的创造想象相比具有下述两个特征：第一，幻想体现了个人的愿望，是个人向往的形象。第二，幻想常是创造性活动的准备阶段。幻想虽然是有目的的，但不像一般的创造想象那样需要付出艰苦的精神劳动。幻想不指向当前物质产品和精神产品的创造，而是指向未来，代表个体的愿望，故常常又是创造性活动的准备阶段。

(2)创造想象是按照一定目的、任务，使用自己以往积累的表象，在头脑中独立地创造出新形象的过程。创造想象产生的条件有：①强烈的创造愿望；②丰富的表象储备；③积累必要的知识经验；

④原型启发;⑤积极的思维活动;⑥灵感的作用。

(3)培养学生创造性想象的措施有:①要引导学生学会观察,丰富学生的表象储备。②引导学生积极思考,有利于打开想象力的大门。③引导学生努力学习科学文化知识,扩大学生的知识经验以发展学生的空间想象能力。④注意发展学生的语言能力。⑤结合学科教学,有目的地训练学生的想象力。⑥引导学生进行积极的幻想。在本案例中,学生将《西游记》中人物的各种能力与现代科技相联系,这引导我们在教学中应注意培养学生的观察能力;学生感叹人们想象力的丰富,这启示我们应鼓励学生积极思考;学生感叹几百年后,现在的幻想可能变为现实,这启示我们应该鼓励学生积极幻想,培养学生大胆幻想与善于幻想的能力;还有学生说想象离不开知识的积累,这启示我们应注重引导学生努力学习科学文化知识,为学生想象能力的发展提供基础。

专题四　言语与思维

答案速查:

1~5	DDBAD	6~10	CCBCB	11~15	CACCC	16~20	ADDDD
21~25	BCCCA	26~30	ACDCC	31~35	BDDCD	36~40	DDDAA
41~45	DCDCB	46~50	DBABA	51~55	ADAAC	56~60	DDACA
61~65	ACABC	66~70	DDBBD	71~75	ADDAA	76~80	CAABB
81~85	DBDAA	86~90	CBBCD	1~5	CD ABC ABCD BCD ABCD		
6~10	AC BC ABCD ABD ABCD			1~5	√ × × × ×		
6~10	× × √ √ √						

一、单项选择题

1. D 【解析】概括是人脑把事物间共同的、本质的特征抽象出来加以综合的过程。人们把那些"有羽毛的动物"统称为鸟类,这是将鸟类间共同的、本质的特征(有羽毛、动物)抽象出来加以综合,故属于概括的过程,D项正确。A项,分析强调在头脑中把事物或对象分解成各个部分或各个属性;B项,抽象强调提炼各种事物或现象的共同的、本质的特征,舍弃其个别的、非本质的特征;C项,分类强调按照事物的异同,把它们区分为不同种类。

2. D 【解析】发散思维的特征有:流畅性、灵活性、独创性。其中,流畅性是指在限定时间内产生观念数量的多少。在短时间内产生的观念越多,流畅性越大。小阳在一分钟内能说出更多描写情绪的成语,这说明其思维的流畅性好。

3. B 【解析】根据概念所反映的事物属性的抽象和概括的程度,可分为具体概念与抽象概念。具体概念是指按事物的外部特征形成的概念。例如,根据物体的形状分类而形成的概念。抽象概念是指按事物内部的、本质的特征形成的概念。题干中小学生是根据事物本质属性进行分类的,故选B项。

4. A 【解析】思维的独立性(独创性)是指既能不受他人暗示,不人云亦云,不盲从别人的见解,不依赖现成的方法和结论,又能不武断、不一意孤行、不固执己见、不唯我是从,充分地发挥个人的主观能动性,独立地发现、思考、处理和解决问题。根据题干中的关键词"不人云亦云"可知,小B的思维具有独立性。思维的广阔性强调思路开阔;思维的深刻性强调能深入地思考问题,透过现象看本质;思维的灵活性强调能灵活地思考问题。因此B、C、D三项不符合题意,答案选A项。

5. D 【解析】保守性聚焦策略是指把第一个肯定实例(聚焦点)包含的全部属性都看作未知概念的

有关属性而建立假设，然后每次只改变其中一个属性或特征来对这个假设进行检验。故 A 项不符合题意。冒险性聚焦策略是指把第一个肯定实例包含的全部属性都看作未知概念的有关属性或特征而建立的假设，然后同时改变聚焦点卡片上两个或两个以上的属性来检验这个假设。故 B 项不符合题意。同时性扫描策略是指根据第一个肯定实例包含的部分属性形成多个部分假设，然后对多个部分假设进行检验。故 C 项不符合题意。继时性扫描策略是指在已形成的部分假设的基础上，根据实验者的反馈，每次只检验一种假设，如果这种假设被证明是正确的，就保留它，否则就采用另一个假设，并逐一排除错误假设。继时性扫描与同时性扫描相比，每次只提出一个假设，对记忆和推理的压力较小，但形成概念的时间花费较多，效率不高。故题干所述符合继时性扫描的内涵。答案选 D 项。

6. C 【解析】豁朗期是指创造者经过长期酝酿，新假设产生或对考虑的问题豁然开朗。题干表述体现的是创造性思维的豁朗阶段。

7. C 【解析】聚合思维，也叫求同思维、集中思维、辐合思维、会聚思维，是指人们解决问题时，思路集中到一个方向，从而形成唯一的、确定的答案。工作、学习、生活中，很多问题都要运用聚合思维来解决。例如，学生考试时选择正确选项、用理论证明某个观点；警察根据搜集到的证据寻找案件真相；医生根据病人的各种症状下诊断；科学家根据多种因素的共同作用发现规律等。

8. B 【解析】根据概念反映事物属性的数量及其相互关系，可分为合取概念、析取概念和关系概念。合取概念指根据一类事物中单个或多个相同属性形成的概念。这些属性在概念中必须同时存在。例如，“毛笔”这个概念必须有两个属性，即“用毛制作的”和“写字的工具”。故答案选 B 项。

9. C 【解析】思维是人脑对客观事物的本质属性与内在联系的概括的、间接的反映。人能凭借思维完成概括、判断、推理等复杂的认知任务。故答案选 C 项。A、B 两项属于感觉活动，D 项属于情绪活动。

10. B 【解析】概念是人脑对客观事物本质特征的认识。“具有六条相等的边和六个相等的内角”是正六边形的本质特征，因此，学生通过学习形成了对正六边形本质特征的认识，即掌握了其概念。故答案选 B 项。

11. C 【解析】思维的一般过程包括分析与综合、比较与分类、抽象与概括、系统化与具体化。其中抽象是在人脑中提炼各种事物或现象的共同的、本质的特征，舍弃其个别的、非本质的特征的过程。

12. A 【解析】初中生思维的片面性主要表现在思想的偏激与极端，不能全面、辩证地分析和解决问题。这种思想的片面性，首先，反映在他们对人、对事的态度上，如狂热的明星崇拜；其次，思维的片面性表现在分析问题时极易钻牛角尖，经常陷入思维死潭而不能自拔；最后，表现在初中生的日常学业活动中，表现出较高创造力的同时，又暴露出思维缺乏严谨的逻辑性及全面性，所以，对问题的处理结果虽常常很有新意，但并不准确。中学生思维的表面性主要表现在分析问题时，经常被事物的个别特征或外部特征所困扰，难以深入事物本质。因此，题干所述体现了初中生思维的片面性。

13. C 【解析】分类是思想上按照事物的异同，把它们区分为不同种类的思维过程。把数分为实数和虚数，把实数分为有理数和无理数，就是思维的分类过程。

14. C 【解析】具体形象思维是以直观形象和表象为支柱的思维过程。题干中的幼儿在计算一加一等于二时，需要借助棒棒糖这一直观形象和头脑中的表象来帮助自己运算，这说明该幼儿的思维属于具体形象思维。

15. C 【解析】思维的品质表现在以下方面：

品质	特点	典例
广阔性与深刻性	广阔性：既有整体，又有部分	既见树木又见森林
	深刻性：透过现象抓本质	打破砂锅问到底
独立性与批判性	独立性：不受他人暗示，不人云亦云	——
	批判性：取长补短，客观评价	吾爱吾师，吾更爱真理
灵活性与敏捷性	灵活性："变"	随机应变、足智多谋
	敏捷性：又"快"又"准"	眉头一皱，计上心来
逻辑性和严谨性	逻辑性：遵循逻辑规律	——
	严谨性：推理严密，论证充分	——

因此，答案选 C 项。

16. A 【解析】聚合思维，是指人们解决问题时，思路集中到一个方向，从而形成唯一的、确定的答案。因此，从各种解题方法中筛选出一种最佳解法属于聚合思维。

17. D 【解析】具体化是指人脑把经过抽象概括后的一般特征和规律推广到同类的具体事物中去的过程。用物理知识解决生活中的实际问题，这体现的是思维的具体化过程。

18. D 【解析】独创性又叫独特性，是指产生不同寻常的反应和不落常规的能力，以及重新定义或按新的方式对所见所闻加以组织的能力。故题干所述体现了思维的独特性。

19. D 【解析】自我设计训练是指教师考虑到学生的兴趣及其知识经验，给他们提供某些必要的材料与工具，让学生利用这些材料，实际动手去制作某种物品，如贺卡、图画、各种小模型等。故题干所述体现了自我设计训练的方法。

20. D 【解析】归纳推理是由具体事物归纳出一般规律的推理过程，即从特殊到一般的推理过程；演绎推理是从一般到特殊或具体的推理过程。故答案选 D 项。

21. B 【解析】具体形象思维，是指人们利用头脑中的具体形象（表象）来解决问题的思维。例如，去城市的某个地方参观，我们事先会在头脑中想出可能经过的道路，经过分析与比较，最后选择一条短而方便的路，这样的思维就是具体形象思维。

22. C 【解析】思维的批判性是指既善于批判地评价他人的思想和成果，吸取别人的长处、优点和思想的精华，摒弃别人的短处、缺点和思想的糟粕，又善于严格而精细地思考问题，冷静而客观地评价和自觉地控制自己的思维活动，不易受自己的情绪和偏爱的影响。故 C 项符合题意。

23. C 【解析】知识与经验是思维间接性反映的中介因素，没有这个中介因素，思维的间接性就无法产生。

24. C 【解析】抽象思维是以词为中介来反映现实的思维过程，也叫词的思维或逻辑思维。题干中的乙根据甲对词语的描述进行判断和推理的思维，就属于抽象思维。

25. A 【解析】流畅性是指在限定时间内产生观念数量的多少。在短时间内产生的观念越多，流畅性越大。故 A 项符合题意。

26. A 【解析】常规思维是指人们运用已获得的知识经验，按现成的方案和程序，用惯常的方法、固定的模式来解决问题的思维方式。例如，学生运用已学会的公式解决同一类型的问题。故题干所述属于常规思维。

27. C 【解析】思维的间接性是指思维能对感官所不能直接把握的或不在眼前的事物，借助于某些媒介物与头脑加工来进行反映。故 A、B、D 三项表述正确。而 C 项是思维概括性的表现，故本题选 C 项。

28. D 【解析】思维的敏捷性是指思维活动迅速正确，能当机立断。思维的敏捷性与轻率迥然不同，它不仅要求思维速度快，而且要求思维的正确性高。因此，狄仁杰在破案时能当机立断、迅速正确地做出判断，体现了其思维的敏捷性。

29. C 【解析】具有思维灵活性的学生，能灵活自如地运用各种规则、原理和规律，将书本中的知识与自己的见解进行比较和融合，而不把书本当教条；同时还能举一反三，由此及彼，善于迁移。故题干中描述的方法可以培养学生思维的灵活性。

30. C 【解析】抽象逻辑思维是以词为中介来反映现实的思维过程，也叫词的思维或逻辑思维。

31. B 【解析】思维的基本构建单位是概念。

32. D 【解析】创造性思维是指以新颖、独特的方式来解决问题的思维方式。创造性思维也可以叫作创造性的问题解决，当我们遇到难题而百思不得其解，发现不能用常规的方法解决时，就可以运用创造性思维来解决问题。高斯在解决数学题时，发现了首尾两端相互对应的数字之和都等于101，从而用一种独特的、新颖的解法解决了这道数学题。因此，在解题过程中，高斯主要是运用了创造性思维。

33. D 【解析】思维的概括性包含两层含义：(1)把同一类事物的共同特征和本质特征抽取出来加以概括；(2)将多次感知到的事物之间的联系和关系加以概括，得出有关事物之间的内在联系的结论。故题干所述符合思维概括性的第二层含义。

34. C 【解析】系统化是指人脑把具有相同本质特征的事物归纳到一定类别系统中去的思维过程。例如，学生在掌握整数、分数、小数等知识之后，可以概括归纳为有理数。

35. D 【解析】分析是指在头脑中把事物或对象分解成各个部分或各个属性。例如，把一朵花分解为根、茎、叶、花等。因此，学生分别从音、形、义三个方面学习汉字就属于分析过程。

36. D 【解析】思维的批判性是指既善于批判地评价他人的思想和成果，吸取别人的长处、优点和思想的精华，摒弃别人的短处、缺点和思想的糟粕，又善于严格而精细地思考问题，冷静而客观地评价和自觉地控制自己的思维活动，不易受自己的情绪和偏爱的影响。题干中的学生不盲从教师，勇于向教师提出质疑、向权威提出挑战，这是善于批评、取长补短的表现，故题干所述体现了学生思维的批判性。

37. D 【解析】思维的批判性是指既善于批判地评价他人的思想和成果，吸取别人的长处、优点和思想的精华，摒弃别人的短处、缺点和思想的糟粕，又善于严格而精细地思考问题，冷静而客观地评价和自觉地控制自己的思维活动，不易受自己的情绪和偏爱的影响。

38. D 【解析】能否正确应用概念是衡量学生是否真正掌握概念的最可靠的标志。

39. A 【解析】综合是在人脑中把事物或对象的个别部分或属性联合为一体。例如：把一个人过去与现在的经历联系起来编成一个短剧；儿童把几个积木块搭成一个小房子等。

40. A 【解析】直觉思维是未经逐步分析就迅速对问题答案做出合理的猜测、设想或突然领悟的思维。直觉思维具有敏捷性、直接性、简缩性、突然性(突发性)、猜测性的特点，故题干中小明的思维属于直觉思维。

41. D 【解析】思维的间接性是指思维能对感官所不能直接把握的或不在眼前的事物，借助于某些媒介物与头脑加工来进行反映。题干中的举例都是依据媒介对事物的间接把握，故突出反映了思维的间接性。

易错提示：考生易混淆间接性和概括性的概念。在考试过程中，考生应注意题干中的关键词。例如：题干中出现推断、推理或不是直接把握的例子，应选间接性；出现谚语、规律或得出概念的，应选概括性。

42. C 【解析】直觉思维是未经逐步分析就迅速对问题答案做出合理的猜测、设想或突然领悟的思维。直觉思维具有敏捷性、直接性、简缩性、突然性(突发性)、猜测性的特点。因此，阿基米德突

然发现浮力定律，就是直觉思维的表现。

43. D 【解析】概念形成是指个体通过反复接触大量同一类事物或现象的共同特征或共同属性，并通过肯定（正例）或否定（反例）的例子加以证实的过程。题干中的幼儿通过反复接触大量的桌子从而形成了“桌子”的概念，这属于概念形成的过程。

44. C 【解析】小学生思维发展的基本特征是从具体形象思维为主逐步向抽象逻辑思维为主过渡。

45. B 【解析】学龄儿童获得概念的主要形式是概念同化。所谓概念同化，就是利用学习者认知结构中原有的概念，以定义的方式直接给学习者提示概念的关键特征，从而使学习者获得概念的方式。

46. D 【解析】小学生的思维发展具有不平衡性。不平衡性既表现为个体发展的差异，也表现为思维对象的差异。不同的个体及不同的思维对象（不同的学科、不同的教材等）在发展的一般趋势的范围内常常表现出很大的不平衡性。故题干所述体现了小学生思维发展的不平衡性。

47. B 【解析】从个体思维发展的经历来看，儿童总是先发展直观动作思维和具体形象思维，在此基础上才能逐步发展抽象逻辑思维。

48. A 【解析】经验思维是以日常经验为依据，判断生产、生活中的问题的思维。因此，题干中预测天气的谚语就属于经验思维。

49. B 【解析】思维的概括性包含两层意思：(1)把同一类事物的共同特征和本质特征抽取出来加以概括（形成概念）；(2)将多次感知到的事物之间的联系和关系加以概括，得出有关事物之间的内在联系的结论（得出关系）。因此，题干中得出“鸟”的概念的过程，体现了思维概括性的第一层含义。

50. A 【解析】直觉思维是指不受某种固定的逻辑规则的约束而直接领悟事物本质的一种思维形式。故 A 项符合题意。

51. A 【解析】发散思维，也叫求异思维、分散思维、辐射思维，是指人们解决问题时，思路朝着各种可能的方向扩散，从而求得多种答案。发散思维的过程是从给予的信息中产生多种信息的过程。根据题干描述可知，学生寻求答案的方式是发散思维。

52. D 【解析】训练发散思维的方法有多种，如用途扩散、结构扩散、方法扩散、形态扩散等。其中，用途扩散是让学生以某件物品的用途为扩散点，尽可能多地设想它的用途。因此，题干所述为发散性思维训练中的用途扩散。

53. A 【解析】直观动作思维是以实际动作为支柱的思维过程。思维活动往往是在实际操作中，借助触摸、摆弄物体而产生和进行的。成人也有动作思维，他们的动作思维是在经验的基础上，第二信号系统的调节下实现的。技术工人在对一台机器进行维修时，一边检查一边思考故障的原因，直至发现问题排除故障为止，这一过程中动作思维占据主要地位。

54. A 【解析】思维的间接性是指思维能对感官所不能直接把握的或不在眼前的事物，借助于某些媒介物与头脑加工来进行反映。通过“昨夜雨疏风骤”来推知“绿肥红瘦”，这体现了思维的间接性。

55. C 【解析】分析思维是遵循严密的逻辑程序和规律，逐步推导，然后得出合乎逻辑的正确答案或做出合理结论的思维。因此，题干中的学生用严密的步骤推理证明题时运用的是分析思维。

56. D 【解析】对客观事物进行分辨是概念形成的重要一步。辨别渗透于概念形成的全过程，从发觉客观事物的属性或特征（抽象化），到对这些属性或特征的认同（类化），然后过渡到对客观事物的属性或特征之间差异的认识（辨别或分化）。题干中对是不是爬行动物的辨别就属于分化过程。

57. D 【解析】整个小学时期，小学生的思维由以具体形象思维为主要形式过渡到以抽象逻辑思维为主要形式，但是思维仍带有很大的具体性。

58. A 【解析】思维的深刻性是思维的抽象逻辑性的表现。集中表现为善于深刻地思考问题，抓住事物的规律和本质,预见事物的发展进程,揭示客观事物内含的多样性规定的深入层次。(具体内容参见王耘、叶忠根、林崇德主编的《小学生心理学》)

59. C 【解析】思维的深刻性是指能深入地思考问题,善于透过事物的表面现象,抓住事物的实质,揭露事物之间的内在联系。常常被一些表面的现象所迷惑,满足于一知半解,在未触及事物的实质之前就想解决问题,这是思维缺乏深刻性的表现。

60. A 【解析】儿童掌握概念的第一级水平表现为以“具体实例”和“直观特征”来解释概念。所谓“具体实例”是应用个别具体的实际事物对概念加以注释。例如:皇帝——“皇帝就是沙皇”;水——“海洋里的水”;骄傲——“就是自己夸自己,说自己比别人好”。所谓“直观特征”是以客体可感知的特征来描述概念。例如:灯——“玻璃做的”;野兽——“在树林里会伤害人的”;祖国——“美丽的地方”等。

61. A 【解析】思维的一般过程包括分析与综合、比较与分类、抽象与概括、系统化与具体化。分析与综合是思维的基本过程,其他过程都是由此派生出来的。故本题答案选 A。

62. C 【解析】根据思维的概括性,思维可分为艺术型、思维型和中间型。其中,艺术型的人具有知觉印象的鲜明性、记忆的形象性、高度的情绪易感性、想象的丰富性等特点。他们善于识记图形、颜色、声音等直观材料。作家、诗人、画家、演员等多属于这种类型。

63. A 【解析】具体化是指人脑把经过抽象概括后的一般特征和规律推广到同类的具体事物中去的过程。因此,学生利用学过的原理来解答作业或解决生活中的问题,这是具体化的思维过程。

64. B 【解析】变通性(灵活性)是指摒弃以往的习惯思维方法而开创不同方向的能力。在本题中,小方列举的砖头的用途都属于建筑材料这一方面,而小明从建筑材料、打狗工具等不同角度列举了砖头的用途。因此,小明的发散思维的变通性更好。

65. C 【解析】初级概念,又称一级概念,是指儿童从亲身经历的概念的正、反例证中概括出来的概念。故答案选 C 项。

66. D 【解析】常见的训练发散思维的方法有:

方法	内涵	典例
用途扩散	尽可能多地设想某件物品的用途	尽可能多地说出别针的用途
结构扩散	尽可能多地设想出利用某种事物的结构的各种可能性	尽可能多地画出包含 A 结构的东西
方法扩散	尽可能多地设想出利用某种方法的各种可能性	尽可能多地列举出用“吹”的方法可以完成的事情
形态扩散	尽可能多地设想出利用某种形态的各种可能性	利用红色可以做什么,办什么事

题干中强调利用红色这种颜色的作用,故属于形态扩散。

易错提示:考生易混淆训练发散思维的方法。在做题时考生可以通过题干中的关键词来对应各种方法,如说出某物的“用途”是用途扩散,利用“结构”是结构扩散,使用“方法”是方法扩散,出现颜色、味道、形状等形态是形态扩散。

67. D 【解析】头脑风暴法通常以集体讨论的方式进行,鼓励参加者尽可能快地提出各种各样异想天开的设想或观点,相互启迪,激发灵感,从而引发创造性思维的连锁反应,形成解决问题的新思路。故 D 项符合题意。

68. B 【解析】思维的深刻性是指能深入地思考问题,善于透过事物的表面现象,抓住事物的实质,揭露事物之间的内在联系。小学儿童思维深刻性的发展表现在间接推理能力增强,思维

的抽象逻辑水平提高。题干中强调小学生间接推理能力的加强，故体现了小学生思维发展的深刻性。

69. B 【解析】心理学家奥斯本提出了快速联想策略和头脑风暴法。

70. D 【解析】常见的概念分类有：

划分依据	分类	内涵
根据概念内涵的抽象程度（加涅）	具体概念	可以通过观察直接获得的概念
	定义概念	只能通过下定义的方式来界定的概念
根据是否容易定义（赫尔斯）	易下定义的概念	关键特征明显，易用某种规则加以揭示
	难下定义的概念	关键特征不明显，不易用某种规则揭示
根据概念学习的方式（维果茨基）	日常概念（前科学概念）	没经过专门的教学，由个体在日常生活中通过辨别学习、积累经验而掌握的概念
	科学概念	在教学过程中通过揭示概念的内涵而形成的概念
根据概念本身的复杂程度（奥苏贝尔）	初级概念	通过分析概念的正反例证可以概括其关键特征的概念
	二级概念	直接通过同化定义获得的概念
根据概念反映事物属性的数量及其属性之间的相互关系（布鲁纳）	析取概念	根据不同的标准，结合单个或多个属性所形成的概念
	合取概念	根据一类事物中的相同属性形成的概念
	关系概念	根据事物之间的相互关系形成的概念
根据概念所包含属性的抽象与概括程度	抽象概念	按事物的内在、本质属性形成的概念
	具体概念	按事物的指认属性形成的概念

题干中列举的“床”“沙发”等事物是我们在日常生活中可以直接获得的概念，故属于具体概念和日常概念。

71. A 【解析】“高低”“上下”“大小”等词表示了事物之间的相互关系，故属于关系概念。

72. D 【解析】中学生随着思维的抽象概括能力的提高，其思维的深刻性也有了明显的发展。此外，中学生的思维还具有独立性、批判性、独创性等品质。故 D 项最符合题意。（具体内容参见刘启珍、杨黎明主编的《学与教的心理学》）

73. D 【解析】演绎推理是从一般到特殊或具体的推理过程。例如，所有的哺乳类动物都是胎生的，虎是哺乳类动物，因此得出的结论是：虎也是胎生的。故答案选 D 项。

74. A 【解析】抽象是在人脑中提炼各种事物或现象的共同的、本质的特征，舍弃其个别的、非本质的特征的过程。题干中学生总结鸽子、老鹰、鸡、鸭的共同特征，舍弃其非本质特征，这体现了思维的抽象过程。

75. A 【解析】思维的逻辑性和严谨性是思维品质的中心环节，是所有思维品质的集中体现。

76. C 【解析】小学低年级学生的思维发展以具体形象思维为主。

77. A 【解析】思维的间接性是指思维能对感官所不能直接把握的或不在眼前的事物，借助于某些媒介物与头脑加工来进行反映。医生通过中介手段，经过思维加工间接判断出病人的病情，这体现了思维的间接性的特点。

78. A 【解析】小学儿童认识字形的心理过程一般有三个发展阶段。一是泛化阶段。此时儿童对字形结构各组成部分以及音、形、义之间，初步建立了模糊联系。但这种不稳定的暂时联系有泛化现象，以致会发生种种错误，认知汉字还缺乏精确性。如儿童经常把“衬衫”的“衤”和“祝福”的

“礻”相混淆。二是初步分化阶段。此时儿童对字形结构各组成部分以及音、形、义之间，建立了统一联系，儿童对汉字的基本部分及整体已达到初步分化的水平，但综合概括不全，对字形结构的细微部分还有遗漏或小的错误。三是精确分化阶段，此时儿童对字形结构各个组成部分以及音、形、义之间，已经建立了统一而牢固的联系，儿童对字形的识记已达到精确、熟练的水平。

79. B 【解析】A 项，概念的内涵代表概念能够反映的事物的本质特征。例如，“鸟”这个概念的内涵就是“有羽毛、有喙”，鸟的内涵使得鸟可以区分于其他物种。

B 项，概念的外延代表的是概念所能囊括的所有个体或样例。例如，在鸟这个内涵下所能包括的一切有羽毛且有喙的动物，包括金丝雀、麻雀、布谷、鸵鸟等。

C 项，概念定义是指对同类事物共同的本质特性的概括。

D 项，概念属性是指概念的具体例子所具有的共同属性，即通常所指的概念的内涵。

题干中是对脊椎动物这一概念的举例，故属于概念的外延，答案选 B 项。

80. B 【解析】整个小学阶段，学生内部言语的发展可以分为三个阶段。一是思维阶段。初入学的小学生，还不善于考虑问题。在读课文时往往是唱读，在演算时往往是边自言自语边演算，而且出声的言语内容与书写内容基本同步。二是过渡阶段。最初，在回答比较容易而简单的问题时，通过教师的培养与训练，低年级学生开始学会短时间的无声言语。三是无声思维阶段。三、四年级以后，在教学的影响下，随着儿童学习内容的复杂化，随着他们的抽象思维和独立思考能力的发展，学生在演算时或在阅读课文时无声言语逐步开始占主导地位。

81. D 【解析】思维的逻辑性是指考虑和解决问题时思路鲜明，条理清楚，严格遵循逻辑规律。故本题答案选 D 项。

82. B 【解析】概括是人脑把事物间共同的、本质的特征抽象出来加以综合的过程。例如，人们把那些“有羽毛的动物”统称为鸟类，就是概括的过程。题干中将“人”的共同的、本质的特征抽取出来的过程，就属于概括过程。

83. D 【解析】直觉思维是未经逐步分析就迅速对问题答案做出合理的猜测、设想或突然领悟的思维。直觉思维具有敏捷性、直接性、简缩性、突然性（突发性）、猜测性的特点。“即兴回答”具有突发性，因此可以调动学生的直觉思维。

84. A 【解析】创造性思维的过程大体分为四个阶段：准备期、酝酿期、豁朗期和验证期。其中，在准备阶段，创造者收集、整理资料，即收集创造活动所必需的各种信息，组织已有的旧经验，掌握必要的技能。

85. A 【解析】思维的灵活性是指能灵活地思考问题，它表现为能从不同角度、运用不同方法思考问题；在条件发生变化时，能随机应变，及时地改变原有计划、方案，寻找新的解决问题的途径。题干中的学生在题目变化很大时仍能应付自如，这说明其思维具有灵活性。

86. C 【解析】根据思维过程中的凭借物或思维形态的不同，思维可分为动作思维、形象思维和抽象思维。根据思维时是否具有或遵循明确的逻辑形式和逻辑规则，思维又可以分为形式逻辑思维和非形式逻辑思维。根据思维过程中的指向性不同，思维可分为集中思维和分散思维。故本题答案选 C 项。

87. B 【解析】言语的理解可分为以下三级水平：(1)词汇理解或词汇识别是言语理解的第一级水平；(2)句子的理解是言语理解的第二级水平；(3)言语理解的第三级水平是课文或话语的理解。

88. B 【解析】有人以发散思维的特点来代表创造性思维的特点，而发散思维具有流畅性、灵活性（变通性）和独创性（独特性）等特点。故 B 项符合题意。

89. C 【解析】小学生思维发展的基本特征是从具体形象思维为主逐步向抽象逻辑思维为主过渡。在从具体形象思维为主逐渐向抽象逻辑思维为主的过渡中出现“飞跃”或“质变”。一般认为，这个关键年龄出现在小学四年级（约 10 ~ 11 岁）。

90. D 【解析】豁朗期是指创造者经过长期酝酿，新假设产生或对考虑的问题豁然开朗。这种现象叫作灵感。因此，豁朗期也称灵感期。

二、多项选择题

1. CD 【解析】根据概念反映事物属性的数量及其相互关系，可分为合取概念、析取概念和关系概念。

种类	概念	典例
合取概念	根据一类事物中单个或多个相同属性形成的概念，它们在概念中必须同时存在，缺一不可	毛笔
析取概念	根据不同的标准，结合单个或多个属性所形成的概念	好学生
关系概念	根据事物之间的相互关系形成的概念	高低、上下、左右、大小等

故 C、D 两项符合题意。

2. ABC 【解析】A 项，聚合思维，也叫求同思维、集中思维、辐合思维、会聚思维，是指人们解决问题时，思路集中到一个方向，从而形成唯一的、确定的答案。在解答本题中的问题时，会形成唯一的、确定的答案，因此运用了辐合思维。B 项，抽象逻辑思维（逻辑思维）是以词为中介来反映现实的思维过程。例如，学生证明某一命题、定理时，要运用数字符号和概念来进行推导和求证。在解答题干中的问题时，会运用字母符号进行推导，故运用了逻辑思维。C 项，分析思维是遵循严密的逻辑程序和规律，逐步推导，然后得出合乎逻辑的正确答案或做出合理结论的思维。在解答题干中的问题时，需要按照逻辑进行逐步推导，故运用了分析思维。D 项，创造性思维是指以新颖、独特的方式来解决问题的思维方式。解答本题中的问题时，由于试题比较简单，运用常用的数学推导方法即可解决，故没有体现创造性思维。

3. ABCD 【解析】常见的创造性课程包括：(1)创造发明课；(2)直觉思维训练课；(3)发散思维训练课；(4)推测与假设训练课；(5)自我设计训练课；(6)假设课；(7)侧向思维训练课。

4. BCD 【解析】应用头脑风暴法时，应遵循四条基本原则：(1)让参与者畅所欲言，对提出的所有方案禁止批评，延迟评价。评价必须在所有的想法出来之后再进行。(2)鼓励标新立异、与众不同的观点，提倡自由奔放的思考，充分发表自己的看法。(3)以获得方案的数量而非质量为目的，即鼓励多种想法，多多益善。(4)鼓励提出改进意见或补充意见，提倡对他人的设想进行组合和重建以求改善。故 A 项说法错误，B、C、D 三项说法正确。

5. ABCD 【解析】培养学生的创造思维品质应做到：(1)激发好奇心、求知欲，培养创造动机；(2)重视集中思维和发散思维的培养；(3)培养发展学生的直觉思维的能力；(4)培养具有创造精神的个性，如独立性、冲动性、幻想性、自制性、坚韧性等品质。

6. AC 【解析】在运用变式时，如果变式不充分，学生在对教材进行概括时，往往会发生下列两类错误：一类常见的错误是把一类或一些事物所共有的特征看作本质特征。例如，在动物分类中，由于鲸和鱼类一样，都有生活在水里的共同特征，于是就把鲸列入鱼类。另一类常见的错误是在概括中人为地增加或减少事物的本质特征，不合理地缩小或扩大概念。如题干所述，因为鲸鱼的名字里也有“鱼”，就把鲸鱼认为是鱼，人为地增加了“鱼”的本质特征，即认为名字里有“鱼”的都属于鱼类。故答案选 A、C 两项。

7. BC 【解析】根据思维的内容凭借物、任务的性质、发展水平以及解决问题的方式，可以分为直观动作思维、具体形象思维和抽象逻辑思维。直观动作思维是以实际行动作为支柱的思维过程。具体形象思维是以直观形象和表象为支柱的思维过程。抽象逻辑思维是以词为中介来反映现实的思维过程，也叫词的思维或逻辑思维。根据概念描述可知，A 项属于具体形象思维，B、C 两项属于抽象逻辑思维，D 项属于直观动作思维。

8. ABCD 【解析】学生掌握科学概念受多种因素影响，主要有：(1)过去经验，即日常概念和日常经验的影响。(2)变式的提供。(3)词语的运用。借助于词、语言来帮助学生正确掌握概念。(4)定义的准确。
9. ABD 【解析】概念形成一般经历三个阶段：(1)抽象化；(2)类化；(3)辨别。
10. ABCD 【解析】为了促进错误概念的转变，教学一般要包括三个环节：第一，揭示、洞察学生原有的概念；第二，引发认知冲突；第三，通过讨论分析，使学生调整原来的看法或形成新概念。具体表现为以下几个方面：(1)创设开放的、相互接纳的课堂气氛；(2)倾听、洞察学生的经验世界；(3)引发认知冲突；(4)鼓励学生交流讨论。因此，C、D 两项属于转变错误概念的措施。为了帮助学生有效地掌握概念，在教学中要注意以下几点：(1)以准确的语言明确揭示概念的本质；(2)突出本质特征，控制非本质特征；(3)恰当使用正例和反例；(4)多用变式和比较；(5)在实践中运用概念。因此，A、B 两项属于有效掌握概念的措施。

三、判断题

1. √ 【解析】思维的系统化是在脑中把具有相同本质特征的事物，按一定顺序归纳到一定类别系统中去的思维过程。教师指导学生对学习的材料进行归类、编写提纲、绘制知识树图或知识分类表，就是系统化的实际操作。
2. × 【解析】思维的间接性是指思维能对感官所不能直接把握的或不在眼前的事物，借助于某些媒介物与头脑加工来进行反映。“夜来风雨声，花落知多少”的释义是昨天夜里风声雨声一直不断，那娇美的春花不知被吹落了多少？这是诗人根据昨夜的风雨声间接推断出来的，故体现了思维的间接性。
3. × 【解析】经验思维是以日常经验为依据，判断生产、生活中的问题的思维。“太阳从东边升起，往西边落下”是人们通过自己的日常经验进行的判断，故属于经验思维。
4. × 【解析】虽然各种直接的、专门的创造性训练是有效、可行的，但不应取代或脱离课堂教学。许多研究证明，结合各个学科特点进行创造性思维训练，既可以发挥教师的创造性，也可以有效地提高学生的创造性。排斥或脱离学科而孤立地训练创造性，实际上是舍本逐末的做法，也不可能真正地提高学生的创造性。
5. × 【解析】一个正常的成年人，在实际工作和生活中，常将直观动作思维、具体形象思维和抽象逻辑思维三种思维方式结合起来解决问题。因此题干中的说法是错误的。
6. × 【解析】直觉思维是指未经逐步分析就迅速对问题答案做出合理的猜测、设想或突然领悟的思维。故题干所述属于直觉思维。
7. × 【解析】推测与假设训练的主要目的是发展学生的想象力和对事物的敏感性，并促使学生深入思考，灵活应对。例如，让学生听一段无结局的故事，鼓励他们去猜测可能的结局；或读文章的标题，去猜测文中的具体内容。故题干说法错误。
8. √ 【解析】概念掌握又称为概念获得，即掌握了这一概念所反映的一类事物的本质属性与共同特征。如儿童看到麻雀、乌鸦、燕子等，分析综合后形成关于“鸟”的日常概念。
9. √ 【解析】非逻辑思维是创造性思维的重要成分，在各种创造活动中都起着重要作用，贯穿整个创造活动的始终。教师应鼓励学生大胆猜测，进行丰富的想象，不必拘泥于常规的答案。给学生机会进行猜测，并尽量让他们有猜测的成功体验。在丰富学生的想象力方面，可以应用多种教学手段和形式，使学生头脑中的表象更为鲜明、完整。
10. √ 【解析】我国心理学界多数人认为：思维无论从个体发展还是从种系发展来看，大致上经历四个阶段：即动作思维(或叫直觉行动思维)—形象思维—形式思维—辩证思维。(具体内容参见章永生编著的《现代儿童心理学》)

四、填空题

1. 具体化

2. 概念同化
3. 比较与分类　抽象与概括
4. 判断　推理
5. 灵感

五、简答题(参考答案)

1. 简述教师如何帮助学生转变错误概念。

(1)创设开放的、相互接纳的课堂气氛;(2)倾听、洞察学生的经验世界;(3)引发认知冲突;(4)鼓励学生交流讨论。

2. 简述教师如何帮助学生科学地掌握概念。

教师在教学过程中帮助学生掌握概念时应注意以下几个方面:(1)以感性材料作为概念掌握的基础;(2)合理利用过去的知识经验;(3)提供概念范例,配合运用正例和反例,适当运用比较;(4)突出有关特征,控制好无关特征的数量和强度,正确而充分地利用"变式";(5)正确运用语言表达,明确提示概念的本质特征;(6)形成正确的概念体系,并运用于实践中。

六、论述题(参考答案)

1. 联系实际,谈谈什么是创造性思维,教师应如何培养学生的创造性思维。

(1)创造性思维是指用独特、新颖的方法解决问题的思维过程。它是人类思维的高级形态,是智力的高级表现。

(2)培养学生创造性思维的措施有:①运用启发式教学,保护学生的好奇心,激发学生的求知欲,培养创造性动机,调动学生学习的积极性和主动性。②培养学生的发散思维,并将发散思维和集中思维相结合。③发展学生的创造性想象能力。④组织创造性活动,正确评价学生的创造性。⑤开设具体的创造性课程,教授学生创造性思维策略和创造技法。⑥结合各学科特点进行创造性思维训练。

2. 思维品质的特性是什么?在教学中如何培养学生良好的思维品质?

(1)思维品质的特性是:①思维具有广阔性与深刻性;②思维具有独立性(独创性)与批判性;③思维具有灵活性与敏捷性;④思维具有逻辑性和严谨性。

(2)教师在教育教学过程中培养学生良好的思维品质可以从以下几个方面着手:①加强科学思维方法的训练;②运用启发式方法调动学生思维的积极性、主动性;③加强言语交流训练;④发挥定势的积极作用;⑤培养学生解决实际问题的思维品质。

七、案例分析题(参考答案)

1. (1)①运用启发式方法,调动学生思维的积极性、主动性。教师在教学中要激发学生产生疑问,提出问题,充分调动学生的求知欲望和思考问题的积极性。在本案例中,许老师在讲授新课时,通过提出问题,鼓励学生提出不同的观点,从而激发了学生探究问题的欲望。

②发挥定势的积极作用,抑制定势的消极影响。教师在教学过程中要注重培养学生变更解题方法的意识,培养学生一题多解的能力。在本案例中,许老师通过问题,积极引导学生进行多维思考,探讨问题的多种解决方法,从而打破了学生固有的"平均分"的思维意识。

③加强对学生创造性思维的培养。教师在教学过程中应培养学生将发散思维与集中思维相结合的能力,营造自由、宽松的课堂气氛,鼓励学生大胆猜测。在本案例中,许老师提供问题,鼓励学生重新思考,诱发了学生"不平均分"的创造性思维。

④此外,老师在教学过程中还应加强对学生的言语训练,注重培养学生解决实际问题的思维品质。

(2)许老师的做法给我带来的启示有:①遵循学生的认知发展规律进行课堂教学,就必须激活学生的主体意识,最大限度地调动学生参与学习活动的主动性、积极性与创造性。②必须激活学科形态,让学生充分感受与理解知识的发生发展过程。③必须激活学生的思维,不断提高学生的创造性思维能力。

(考生可结合自身实际加以阐述,言之有理即可)

2.(1)①思维的深刻性是指能深入地思考问题,善于透过事物的表面现象,抓住事物的实质,揭露事物之间的内在联系。小叶能透过现象看本质,这体现了其思维的深刻性。

②思维的独立性(独创性)是指既能不受他人暗示,不人云亦云,不盲从别人的见解,不依赖现成的方法和结论,又能不武断、不一意孤行、不固执己见、不唯我是从,充分地发挥个人的主观能动性,独立地发现、思考、处理和解决问题。小叶对问题有独立的见解,这体现了其思维的独立性(独创性)。

③思维的灵活性是指能灵活地思考问题。它表现为能从不同角度、运用不同方法思考问题,在条件发生变化时,能随机应变,及时地改变原有计划、方案,寻找新的解决问题的途径。数学课上,当问题与条件发生变化时,小叶总能打破常规,想出新的办法,这体现了其思维的灵活性。

④思维的敏捷性是指思维活动迅速正确,能当机立断。小叶经常"眉头一皱,计上心来",解决问题时当机立断、毫不犹豫,这体现了其思维的敏捷性。

(2)教师在教育教学过程中培养学生良好的思维品质可以从以下几个方面着手:①加强科学思维方法的训练;②运用启发式方法调动学生思维的积极性、主动性;③加强言语交流训练;④发挥定势的积极作用;⑤培养学生解决实际问题的思维品质。社会实践活动是思维发展的源泉,实践不仅为思维活动提出了新问题,还为学生提供了丰富的感性材料和经验,也提供了检验思维正确性的标准。实践有助于学生的理论思维、操作思维及创造性思维品质的发展。梁老师安排在班上开展"课前讲故事"活动,提高学生的言语表达能力和对数学题意的理解力;在课堂教学中,梁老师设置问题情境,激励学生独立发现问题,提出问题,鼓励学生运用已有知识经验去思考如何解决问题,调动了学生的积极性,培养了学生解决实际问题的能力。

专题五 注 意

答案速查:

1~5	BBCBC	6~10	CAABB	11~15	BBACC	16~20	AABDD
21~25	BBACB	26~30	AADAC	31~35	CDBBA	36~40	DABDC
41~45	DAADA	46~50	CCBDB	51~55	BACCD	56~60	ADACD
1~5	ABD ABC CD AC BD			6~10	AC ABCD ABC BCD AC		
11~14	ABCD AC ABC BCD			1~5	× × × √ √		
6~10	× × √ √ ×						

一、单项选择题

1.B 【解析】无意注意也称不随意注意,是没有预定目的、无需意志努力、不由自主地对一定事物所发生的注意。题干中的同学们对小鸟的注意是没有预定目的、无需意志努力、不由自主的,故属于不随意注意。

2.B 【解析】注意的分配是指人在进行两种或多种活动时能把注意指向不同对象的现象。题干中张璨可以"双管齐下",正是他注意分配能力强的体现。

3.C 【解析】根据有无目的和意志努力,注意可以分为无意注意、有意注意和有意后注意三种。其中,有意后注意也称随意后注意,是注意的一种特殊形式,是指有自觉目的,但不需要意志努力的注意。它同时具有无意注意和有意注意的某些特征,是在有意注意的基础上发展起来的。例如,初学文言文,你可能对此不感兴趣,只是为了完成任务,这时候的注意是有意注意。此后,随着你对基础知识的掌握,对文言文产生兴趣,凭兴趣可自然地将注意力集中到学习上,这时的注意就是

有意后注意。小陈凭借兴趣自然地将注意力集中到学习物理上,这种注意属于有意后注意。

4. B 【解析】无意注意也称不随意注意,是没有预定目的、无需意志努力、不由自主地对一定事物所发生的注意。教室的布置、环境等无关刺激的干扰容易引起学生的无意注意,题干中的做法属于排除无意注意的干扰。

5. C 【解析】科诺发现,注意与学习者的自我管理能力有关,注意力差的学生很难计划和控制自己的学习。应该教给学生抑制分心的策略,以帮助他们进行自我管理和调节,如注意此刻正在做什么,避免接触分散注意力的事物等。故选 C 项。

6. C 【解析】有意后注意也叫随意后注意,是指有预定目的,但不需要意志努力的注意。它是在有意注意的基础上,经过学习、训练或培养个人对事物的直接兴趣达到的。题干中亮亮开车的技术由很不熟练到非常熟练,这是在有意注意的基础上经过训练达到的。因此,这时亮亮的注意属于有意后注意。

7. A 【解析】注意的稳定性是指注意保持在某一对象或某一活动上的时间长短特性。注意的稳定性可区分为狭义的注意稳定性和广义的注意稳定性。其中,广义的注意稳定性是指注意保持在同一活动上的时间。广义的注意稳定性并不意味着注意总是指向同一对象,而是指当注意的对象和行动有所变化时,注意的总方向和总任务不变。例如,上课时学生既要听教师讲课,又要记笔记,还要看实验演示或幻灯片等。但所有这些行为都服从于听课这一总任务,因此,他们的注意是稳定的。故本题选 A 项。

8. A 【解析】注意的起伏是指短时间内注意周期性地不随意跳跃现象,它是由于人的感受性不能长时间地保持固定的状态,而是间歇性地加强和减弱造成的。根据题干描述可知,手表指针的声音强度没有发生变化,但由于人注意的起伏导致声音听起来一会儿强一会儿弱。因此这属于注意的起伏现象。

9. B 【解析】刺激物的强度是引起无意注意的重要原因,题干中强调教师通过加大嗓门使课堂中的学生安静下来,这是运用提高刺激物的强度来引起学生注意的一种方法。

10. B 【解析】注意的集中性,是指心理活动停留在被选择的对象上的强度或紧张度,它使心理活动离开一切无关的事物,并且抑制多余的活动,以保证注意的对象能得到比较鲜明和清晰的反映。"聚精会神"形容精神高度集中,因此体现了注意的集中性。

11. B 【解析】有意注意也称随意注意,是有预先目的、必要时需要意志努力、主动地对一定事物所发生的注意。题干中教师的做法是为了引起学生的有意注意,以便加强对知识的记忆。

12. B 【解析】无意注意也称不随意注意,是没有预定目的、无需意志努力、不由自主地对一定事物所发生的注意。当报告人的声音突然停止时,听众无需意志努力、不由自主地就能注意到,故体现了无意注意。

13. A 【解析】注意的稳定性,是指注意保持在某一对象或某一活动上的时间长短特性。而短时间内注意周期性地不随意跳跃现象称为注意的起伏(或注意的动摇),它是由人的感受性不能长时间地保持固定的状态,而是间歇性地加强和减弱造成的。题干中合理设置上课时间,保持最佳教学效果的做法是为了保持学生注意的稳定性,防止注意的起伏带来的消极作用。

14. C 【解析】注意是心理活动或意识对一定对象的指向和集中。人的心理活动离不开注意,如果对事物不加注意,就会产生"心不使焉,则白黑在前而目不见,雷鼓在侧而耳不闻"的现象。

15. C 【解析】引起和保持有意注意的方法有:(1)加深对目的任务的理解。(2)合理组织活动。(3)对兴趣的依从性,即培养间接兴趣。(4)排除内外因素的干扰。其中,合理组织活动表现为:在教学过程中,教师需要注意全面组织学生的活动,使每个学生都成为教学活动的积极参加者,并尽可能地使学生的动脑与动手相结合。例如,组织好课堂练习、课堂讨论、课堂实验、课堂自学、课外作业和课外活动等。因此,题干中的教师安排学生自己做笔记和实验,是合理组织活动的表现。

16. A 【解析】有意注意也称随意注意,是有预先目的、必要时需要意志努力、主动地对一定事物所发生的注意。故题干所述体现了有意注意的概念。

17. A 【解析】A 项,注意的分散(也叫分心)是指注意离开了当前应当完成的任务而被无关的事物所吸引。学生在课堂上开小差,属于分心,故答案选 A 项。

B 项,注意的转移是根据新的任务,主动地把注意从一个对象转移到另一个对象或由一种活动转移到另一种活动的现象。

C 项,注意的起伏是指短时间内注意周期性地不随意跳跃现象。

D 项,注意的分配是指人在进行两种或多种活动时能把注意指向不同对象的现象。

易错提示:考生易混淆注意的分散和转移。考生在做题时需要认真分析,如个体出现注意离开当前应当完成的任务时为注意的分散;个体的注意主动地转移到新的任务上时为注意的转移。

18. B 【解析】在引起无意注意的因素中,刺激物之间的对比关系表现为:刺激物之间的强度、形状、大小、颜色或持续时间等方面的差别特别显著,特别突出,就容易引起人的无意注意。故答案选 B 项。

19. D 【解析】有意后注意也叫随意后注意,是指有预定目的,但不需要意志努力的注意。它是在有意注意的基础上,经过学习、训练或培养个人对事物的直接兴趣达到的。题干中,某学生对数学很感兴趣,对该学科学习的注意力保持时间较长,这种注意属于有意后注意。

20. D 【解析】注意的分配是指人在进行两种或多种活动时能把注意指向不同对象的现象。题干中的司机在开车时能同时注意多个对象,故体现了注意的分配现象。

21. B 【解析】注意的转移是根据新的任务,主动地把注意从一个对象转移到另一个对象或由一种活动转移到另一种活动的现象。题干中学生是将注意主动地由语文课转移到数学课上,故体现了注意的转移现象。

22. B 【解析】无意注意也称不随意注意,是没有预定目的、无需意志努力、不由自主地对一定事物所发生的注意。因此,根据题干中的“不自觉地被吸引”可知,教师的朗读引起了学生的无意注意。

23. A 【解析】注意的广度也称注意的范围,是指在同一时间内,人们能够清楚地知觉出的对象的数目。“一目十行”“一目一行”就是指注意的广度,因此这反映出小明和小华在注意广度上存在差异。

24. C 【解析】有意注意也称随意注意,是有预先目的,必要时需要意志努力,主动地对一定事物所发生的注意。题干中吕老师建议学生通过做笔记的方式保持对学习内容的专注度,让学生用笔尖指着地图上的山脉河流来进行学习,这让学生对学习付出了一定的意志努力,故属于有意注意。

25. B 【解析】持续性注意是指注意在一定时间内保持在某个认识的客体或活动上,也叫注意的稳定性。例如,学生在 45 分钟的上课时间内,使自己的注意保持在与教学活动有关的对象上。

26. A 【解析】注意是心理活动或意识对一定对象的指向和集中,是心理过程的动力特征之一。

27. A 【解析】活动和变化的刺激物容易引起人们的无意注意。例如,大街上闪烁的霓虹灯、夜空中划过的流星等,都很容易引起人们的无意注意。

28. D 【解析】注意的稳定性,是指注意保持在某一对象或某一活动上的时间长短特性。持续时间愈长,注意就愈稳定。题干中甲同学一节课内集中注意力的时间比乙同学长,故甲同学注意的稳定性比乙同学好。

29. A 【解析】一般来说,注意的外部表现有以下三个方面:(1)适应性动作出现。最明显的适应性动作就是个体能够跟随组织者的思路,配合做各种运算或操作等,这也说明个体正处于积极的有意注意状态。所以,C、D 项不属于注意分散的外部表现。(2)无关动作的停止。当人们集中

注意时,就会高度关注当前的活动对象,一些与活动本身无关或起干扰作用的动作会相应减少甚至停止。因此,一个认真听讲的学生不会总是东张西望,交头接耳,或者玩一些与活动不相干的东西。所以,A 项属于注意分散的外部表现。(3)呼吸运动的变化。人在集中注意时,呼吸会变得轻微而缓慢。所以,B 项不属于注意分散的外部表现。

30. C 【解析】注意不仅表现在稳定而持续的活动中,而且也表现在活动的变化上。当需要从一种活动转向另一种活动的时候,注意就表现出重要的调节和监督功能,使人的活动朝向目标,并根据需要适当分配和适时转移,使其对外界事物或自己的行为、思想、情感反映得清晰和准确。另外,人在活动过程中难免会出现偏差,这时就需要注意的监控,及时加以修正。因此,题干中学生在计算时发现并改正错误就体现了注意的调节和监督功能。(具体内容参见梁宁建主编的《心理学导论》)

31. C 【解析】注意的稳定性,是指注意保持在某一对象或某一活动上的时间长短特性。持续时间愈长,注意就愈稳定。题干中强调小易在写作业时注意保持时间长,小旺则容易被人打扰、注意保持时间短,这反映了二人在注意稳定性上的差异。

32. D 【解析】注意的转移是根据新的任务,主动地把注意从一个对象转移到另一个对象或由一种活动转移到另一种活动的现象。根据题干描述可知,学生需要把注意从写作业这一活动转移到班会活动上,故属于注意的转移。

33. B 【解析】运用有意注意的规律组织教学的方法有:(1)明确学习的目的和任务。(2)培养间接兴趣。除了确立学习目标,还应对学生阐明本学科知识学习的意义和重要性,在知识教学中渗透思想教育。(3)合理组织课堂教学,防止学生分心。(4)运用多种教学手段。根据上述描述可知,题干中的教师是在运用有意注意的规律进行教学。

34. B 【解析】注意的保持功能,即使注意对象的映像或内容保持在意识中,得到清晰、准确的反映。故答案选 B 项。

35. A 【解析】注意的转移是根据新的任务,主动地把注意从一个对象转移到另一个对象或由一种活动转移到另一种活动的现象。"万事开头难"的原因之一就是已经开始一件新工作了,但注意还没有转移,这是"分心"的另一种表现。

36. D 【解析】谢夫林等人提出双加工理论,该理论认为,人类的认知加工分为:自动化加工和受意识控制的加工。双加工理论可以解释很多注意的现象。我们通常能够同时做好几件事,如可以一边骑自行车一边欣赏路边的风景,或是一边看电视一边织毛衣等。在同时进行的活动中,其中一项或多项已变成自动化的过程(如维持自行车平衡和织毛衣),不需要个体再消耗认知资源,因此个体可以将注意集中在其他的认知过程上。

37. A 【解析】小学低年级儿童的无意注意占优势,有意注意还处在发展初期,水平很低,自觉控制注意的能力差,基本上是被动的,容易被其他刺激吸引。所以,A 项说法正确。随着年龄的增长和大脑的不断成熟,加上教学的要求和训练,小学生不断地有意识地调节、控制自己的行为,他们的有意注意逐渐发展起来。到了四、五年级,小学生的有意注意基本上占据主导地位,他们逐渐能根据一定的目的独立地组织自己的注意,从而使有意注意由被动状态逐步发展到主动状态。所以,B、C、D 项说法错误。

38. B 【解析】在感知同一事物时,注意很难长时间地保持固定不变。短时间内注意周期性地不随意跳跃现象称为注意的起伏(或注意的动摇),它是由于人的感受性不能长时间地保持固定的状态,而是间歇性地加强和减弱造成的。题干中的运动员因起跑信号与预备信号的间隔时间太长而受到影响,正是因为注意的动摇。

39. D 【解析】生活中大量的"一心二用"现象,都属于注意的分配。但注意的分配是有条件的:(1)在同时进行的两种活动中,必须有一种活动是已经熟练的;(2)同时进行的几种活动都已熟练;(3)几种不同的活动已成为一套统一的组织。

40. C 【解析】与成人的注意力相比,儿童的注意力不稳定,容易分散,分配能力不强,注意的范围较小,转移品质较差。故C项说法错误。

41. D 【解析】注意的分配是指人在进行两种或多种活动时能把注意指向不同对象的现象。题干中的学生不能把注意同时指向手和脚,故体现了该学生注意的分配能力差。

42. A 【解析】注意的指向性是指心理活动有选择地反映一定的对象,而离开其余的对象。注意的指向性表现为人的心理活动具有选择性。A项中的小明在逛商场时只看玩具,即有意识地选择自己感兴趣的对象,故体现了注意的选择性。而B项体现了注意的稳定性;C项体现了注意的分配;D项体现了注意的转移。

43. A 【解析】随着年级的升高,小学生的注意广度在不断发展。一年级学生在阅读时,常常是一个字一个字地念,注意的范围很有限。四年级之后,他们的知识经验积累多了,思维发展了,阅读的技巧形成了,一次就能看到整个的句子;再往后,同时能注意到句和句之间的联系,注意的广度就增大了。

44. D 【解析】注意的转移是根据新的任务,主动地把注意从一个对象转移到另一个对象或由一种活动转移到另一种活动的现象。当领导派来新任务时,小刘能很快把精力投入到新任务上,这说明其注意力转移快。

45. A 【解析】注意的广度也称注意的范围,是指在同一时间内,人们能够清楚地知觉出的对象的数目。故题干所述主要是在培养学生注意的广度。

46. C 【解析】运用有意注意规律组织教学的措施有:(1)明确学习的目的和任务。(2)培养间接兴趣。例如,可在一些内容相对枯燥、难度较大的科目学习中,使学生了解知识掌握后的功用和社会价值,引起他们对学习结果的间接兴趣,可以使学生进入有意注意的学习活动。(3)合理组织课堂教学,防止学生分心。(4)运用多种教学手段。故答案选C项。

47. C 【解析】引起无意注意的条件包括:(1)客观条件,即刺激物本身的特点。例如,强烈的、对比显著的、活动或变化的、新异的刺激容易引起人的无意注意。(2)主观条件,即人本身的状态。如需要、特殊的情绪状态、直接兴趣、个体的知识经验等。因此,题干中描述的刺激更容易引起无意注意。

48. B 【解析】注意的转移是根据新的任务,主动地把注意从一个对象转移到另一个对象或由一种活动转移到另一种活动的现象。所以注意的转移是有意识的行为,故A项说法错误。有意后注意是在有意注意的基础上,经过学习、训练或培养个人对事物的直接兴趣达到的。有意后注意是一种更高级的注意,在活动进行中不容易感到疲倦,这对完成长期性和连续性的工作有重要意义。因此,有意后注意应该在课堂上出现,以帮助学生更好的学习,故C项说法错误。有意注意也称随意注意,是有预先目的、必要时需要意志努力、主动地对一定事物所发生的注意。因此,有意注意一定是有一定目的的,故D项说法错误。注意具有选择、保持、调节与监督三大功能,但注意最重要的功能是调节与监督功能。因此,本题答案选B项。

49. D 【解析】注意的转移是根据新的任务,主动地把注意从一个对象转移到另一个对象或由一种活动转移到另一种活动的现象。因毫无灵感,小新决定出去打球放松一下,这是由一种活动转移到另一种活动的表现,故属于注意的转移,故本题答案选D项。而A、C两项属于注意的分配,B项属于注意的分散。

50. B 【解析】在良好的教育条件下,随着年龄的增长,幼儿注意分配的能力逐渐提高。例如,3岁幼儿自己活动时,顾及不到别人,所以只能自己单独玩;4岁幼儿则可以和别的小朋友们联合做游戏;5~6岁幼儿就能参加较复杂的集体游戏和活动,并能和其他小朋友协调一致。因此,三岁幼儿做游戏时顾及不到别人,只能自己单独玩,这是因为注意的分配能力较差。

51. B 【解析】小学生无意注意(不随意注意)的发展先于有意注意,从无意注意向有意注意过渡。但无意注意占主导地位,随着年龄的增长及大脑的成熟,有意注意才逐步形成和发展起来。
52. A 【解析】注意的集中性是指心理活动停留在被选择的对象上的强度或紧张度,它使心理活动离开一切无关的事物,并且抑制多余的活动,以保证注意的对象能得到比较鲜明和清晰的反映。“目不窥园”强调埋头钻研,不为外事分心,表现了注意的集中性。
53. C 【解析】注意的稳定性,是指注意保持在某一对象或某一活动上的时间长短的特性。因此,注意的稳定性是注意品质的时间特性。
54. C 【解析】白日梦是指清醒时的脑内所产生的幻想及影像,通常是开心的念头、希望或野心。每个人都有精力不集中、思想开小差的时候。例如,在上课时,你根本就没有听到老师在讲什么,满脑子都是刚看过的武侠小说中的情节。这种意识状态叫做白日梦状态。
55. D 【解析】儿童有意注意的发展大体经过三个阶段:第一阶段是通过成人的言语指令而引发的有意注意。第二阶段是学生通过自己的出声言语活动,以调节和控制自己的各种心理活动。第三阶段是通过内化过程,学生可以用内部言语指令来调节和控制自己的各种心理活动。这是有意注意发展的高级阶段。
56. A 【解析】有意注意是有预先目的、必要时需要意志努力、主动地对一定事物所发生的注意。儿童早期学习汉字时,对汉字字形、结构、正误的注意是有目的、需要意志努力的,因此属于有意注意。
57. D 【解析】人在注意某个对象时,常常伴随特定的生理变化和表情动作。注意时最显著的外部表现有下列几种:(1)适应性运动。人在注意状态下,感觉器官一般是朝向注意对象的。例如:人在观察某个物体时,把视线集中在该物体上,即所谓“举目凝视”;注意听一个声音时,把耳朵转向声音的方向,即所谓“侧耳倾听”;当沉浸于思考或想象时,眼睛常常是“呆视着”,好像看着远方一样,对周围对象的感知就变得模糊起来。(2)无关运动的停止。人在高度集中注意时,无关运动会暂时停止。(3)呼吸运动的变化,如“屏息”现象。
58. A 【解析】注意广度的大小主要取决于一个人已有的经验和知识。经验愈多,知识愈广,就愈善于组织所感知的对象,把它们联系成一个整体来感知。
59. C 【解析】小学生注意的品质逐渐提高,但是小学生中注意广度存在着性别差异,无论低年级或高年级,女生的注意广度高于男生。故本题答案选 C。
60. D 【解析】注意的保持功能是指使注意对象的映像或内容保持在意识中,得到清晰、准确的反映。题干中的王红一直将自己的注意保持在天文望远镜的视野里,最终等到了自己要观察的小行星,这主要体现了注意的保持功能。

二、多项选择题

1. ABD 【解析】鹤立鸡群,原意是指野鹤站在普通的鸡中,显得十分高大。由此可知鹤与鸡的体型差异较大,二者之间具有显著的视觉对比,因此容易引起个体的无意注意。同时,这一现象也容易引起注意的优先选择,即反映了注意的选择性。故答案选 A、B、D 三项。兴趣是人对事物的一种认识倾向,伴随着积极的情绪体验,对个体活动,特别是对个体的认知活动有巨大的推动作用。题干中描述的“鹤立鸡群”,并没有体现出兴趣,故不选。
2. ABC 【解析】A 项老师突然中断讲课,是利用刺激物的活动和变化引起学生的无意注意。B 项老师用彩色粉笔突出重点,是利用刺激物之间显著的对比关系引起学生的无意注意。间接兴趣,特别是稳定的间接兴趣,是引起和保持有意注意的重要条件。学生的间接兴趣越稳定,就越能对活动的对象产生有意注意。C 项正确。如果只让学生凭借无意注意来学习,则不利于他们克服学习过程中的困难。D 项错误。
3. CD 【解析】注意的特征是指向性和集中性,故 A 项说法错误。注意不是一种独立的心理过程,也不属于某一种心理过程,而是伴随各种心理过程存在的特殊心理状态。故 B 项说法错误。注意是心理活动或意识对一定对象的指向和集中,因此C、D两项说法正确。

4. AC 【解析】在教学过程中如果过分地要求学生使用有意注意,容易引起疲劳;而如果只让学生凭借无意注意来学习,则不利于他们克服学习过程中的困难。因此,在教学过程中,教师要善于使学生的有意注意和无意注意进行有节奏地交替轮换,充分利用两种注意转换的规律来组织教学。

5. BD 【解析】无意注意可以由刺激物本身的特点引起,刺激物本身的特点既可以成为顺利完成教学任务的因素,又可以成为造成学生学习分心的因素。在安静的教室门口,教师使劲咳嗽会分散学生的注意力,因此,A项中的做法不正确;教师用彩色粉笔把黑板边缘装饰得格外的醒目,也会分散学生对学习内容的注意,因此,C项中的做法不正确。故答案选B、D两项。

6. AC 【解析】适应性运动指人在注意状态下,感觉器官一般是朝向注意对象的。例如:人在观察某个物体时,把视线集中在该物体上,即所谓"举目凝视";注意听一个声音时,把耳朵转向声音的方向,即所谓"侧耳倾听"。故答案选A、C两项。

7. ABCD 【解析】在教学过程中,教师集中学生的注意力可以采取以下措施:(1)唤起学生的随意注意,提高学习的自觉性。(2)正确运用无意注意的规律组织教学。在教学环境方面,应有利于学生的注意集中,尽量防止分散注意的刺激出现;在教学方法上要尽量防止单调死板,要不断提高课堂教学的艺术,以激发学生对教学过程本身的兴趣。(3)引导学生几种注意交替使用,设法保持学生的注意力。

8. ABC 【解析】根据有无目的和意志努力,注意可以分为无意注意、有意注意和有意后注意三种。故答案选A、B、C三项。

9. BCD 【解析】随意注意也叫有意注意,指的是有预定目的、需要一定意志努力的注意。有意注意虽然目的性明确,但在实现过程中需要有持久的意志努力,这容易使个体产生疲劳。故A项中的做法不正确。

10. AC 【解析】注意的分配是指人在进行两种或多种活动时能把注意指向不同对象的现象。故A、C两项属于注意的分配,而B、D两项属于注意的转移,故答案选A、C两项。

11. ABCD 【解析】影响注意稳定性的因素有:(1)是否有明确的任务;(2)是否进行积极的思维活动;(3)注意的对象是否内容丰富;(4)活动的方式是否多样化;(5)个体的情绪和身体状况等。

12. AC 【解析】在课堂教学中维持学生有意注意的措施有:(1)明确学习的目的和任务。如对自己发布的课堂任务进行详细解释。(2)培养间接兴趣。(3)合理组织课堂教学,防止学生分心。如合理安排教学活动的分组和时间。(4)运用多种教学手段。因此,答案选A、C两项。而B、D两项中的做法不仅不能维持学生的有意注意,反而会打断课堂教学秩序,让学生分心。

13. ABC 【解析】注意转移的快慢和难易主要取决于原来注意的紧张程度和引起注意转移的新对象(或新活动)的性质。一般来说,先前的注意紧张程度越高,新的注意对象越不符合人的需要和兴趣,注意的转移就越困难和缓慢;反之,注意的转移就越容易和迅速。此外,个体的神经过程的灵活性和自我控制能力也影响注意的转移。因此,答案选A、B、C三项。(具体内容参见郭黎岩主编的《教育心理学》)

14. BCD 【解析】引起无意注意的客观条件,即刺激物本身的特点,包括:(1)刺激物的强度;(2)刺激物之间显著的对比关系;(3)刺激物的活动和变化;(4)刺激物的新异性。

三、判断题

1. × 【解析】注意的品质包括注意的稳定性、广度、分配和转移。其中,注意的分配是指人在进行两种或多种活动时能把注意指向不同对象的现象。注意的广度也称注意的范围,是指在同一时间内,人们能够清楚地知觉出的对象的数目。

2. × 【解析】注意的稳定性,是指注意保持在某一对象或某一活动上的时间长短特性。学生视、听、动作始终追随老师,这说明学生的注意力没有离开当前活动,体现了注意的稳定性。同时,注

意力从一个问题到另一个问题,也体现了注意的转移。

3. × 【解析】有意后注意是指有自觉目的,但不需要意志努力的注意,是在有意注意的基础上发展起来的。有意后注意在形式上类似于无意注意,而在性质上类似于有意注意,是人的一种更为高级的特殊的注意形态。题干说的是有意注意,故表述错误。

4. √ 【解析】有意后注意的形成需要付出一定的时间和精力,它形成的条件有两个:(1)对活动浓厚的兴趣;(2)活动的自动化。

5. √ 【解析】注意使人的心理活动或意识能够在一段时间内保持比较紧张的状态,就是靠注意的维持功能。故题干说法正确。

6. × 【解析】注意的转移是根据新的任务,主动地把注意从一个对象转移到另一个对象或由一种活动转移到另一种活动的现象。注意的分配是指人在进行两种或多种活动时能把注意指向不同对象的现象。所以,题干所述是注意分配的概念。

7. × 【解析】间接兴趣是一种对活动结果的兴趣。间接兴趣,特别是稳定的间接兴趣,是引起和保持有意注意的重要条件。故题干说法错误。

8. √ 【解析】注意的集中性是指心理活动停留在被选择的对象上的强度或紧张度,它使心理活动离开一切无关的事物,并且抑制多余的活动,以保证注意的对象能得到比较鲜明和清晰的反映。人在注意力高度集中时,对目标物之外的其他事物就会“视而不见,听而不闻”了。题干中的学生在做题时,将与解题无关的人和物都排除在外,故体现了注意的集中性。

9. √ 【解析】注意的指向性是指心理活动有选择地反映一定的对象,而离开其余的对象。故题干说法正确。

10. × 【解析】在注意发展的整个过程中,小学阶段是有意注意发展的重要阶段,而有意注意最终取代无意注意的主导地位是在初中阶段。故本题说法错误。

四、填空题

1. 注意的广度(注意的范围)
2. 指向性　集中性
3. 注意的分配

五、简答题(参考答案)

1. 简述引起无意注意的条件。

(1)客观条件,即刺激物本身的特点。包括:①刺激物的强度;②刺激物之间显著的对比关系;③刺激物的活动和变化;④刺激物的新异性。

(2)主观条件,即人本身的状态。包括:①当时的需要,如食物易引起饥饿者的注意;②当时的特殊情绪状态;③当时的直接兴趣;④个体的知识经验等。

2. 简述引起和保持有意注意的条件。

(1)加深对目的任务的理解。(2)合理组织活动。(3)对兴趣的依从性。间接兴趣是一种对活动结果的兴趣。(4)排除内外因素的干扰。

六、论述题(参考答案)

1. 如何利用注意规律组织教学?

(1)根据注意的外部表现了解学生的听课状态。在课堂教学中,学生如果是认真听讲,注意教师的教学活动,会有相应的外部表现。教师通过观察学生的外部表现,既能够判断学生是否在专心听讲,又能够了解自己的教学效果,从而保证课堂教学的最优化。

(2)运用无意注意的规律组织教学。①创造良好的教学环境。为了使学生在学习过程中不受外部无关刺激的干扰,应该创造一个安静、整洁的教学环境。教师不仅要注意教室外的环境对课堂的干扰,还应注意教室内的环境。

②注重讲演、板书技巧和教具的使用。在讲课过程中，教师应该音量适中，语音、语调做到抑扬顿挫，遇到重点、难点还要加强语气，伴以适当的手势和表情；板书应该做到运用有度、重点突出、清晰醒目，必要时还要用彩色粉笔和图、表格加以强调；教具应该新颖直观，能够很好地说明问题。③注重教学内容的组织和教学形式的多样化。

(3)运用有意注意的规律组织教学。①明确学习的目的和任务；②培养间接兴趣；③合理组织课堂教学，防止学生分心；④运用多种教学手段。

(4)运用两种注意相互转换的规律组织教学。在教学过程中如果过分地要求学生使用有意注意，则容易引起疲劳；而如果只让学生凭借无意注意来学习，则不利于他们克服学习过程中的困难。所以，无论是在整个教学活动过程中，还是在一堂课上，教师都应充分利用两种注意转换的规律来组织教学。

2. 如何运用注意规律提高小学生的课堂注意力？

(1)运用注意规律组织教学。①根据注意的外部表现了解学生的听课状态；②运用无意注意的规律组织教学；③运用有意注意的规律组织教学；④运用两种注意相互转换的规律组织教学。

(2)在教学过程中培养学生良好的注意品质。①要增强注意的稳定性，就要防止注意的分散；②要扩大注意的广度，需要学生积累与本学科相应的知识经验和具备一定的素养；③要训练学生的注意分配的能力；④注意的转移同人的先天的神经活动类型有关，但也可以通过对外在因素的控制和后天训练加以改善和提高。

(考生可结合教学实际进行阐述，言之有理即可)

七、案例分析题(参考答案)

1. (1)小学生无意注意的发展先于有意注意，从无意注意向有意注意过渡。低年级小学生的有意注意缺乏自觉性，需要教师或其他成人给定目的；同时他们在注意进程中也不会组织自己的注意，需要他人不断提醒和关照。案例中上小学一年级的小豪的注意稳定性差，不会组织自己的注意，这是小豪注意力不集中的主要原因。

(2)有效集中学生注意力的方法有：①明确学习的目的和任务；②培养间接兴趣；③合理组织课堂教学，防止学生分心；④运用多种教学手段。另外，许多学科的教学还需要借助教具作为辅助手段，尤其在低幼儿童的教学中，合理使用教具可以激发学生的直接兴趣，引起学生的无意注意。教具应该新颖直观，能够很好地说明问题。教师用教具时还要给予言语讲解，引导学生正确观察，避免学生只关注表面现象，忽略实际问题。但有时为了避免学生分心，还要采取一些具体的控制措施：①预先控制。对有不良的学习习惯、上课爱做小动作的学生，做有针对性的调查分析，进行说服教育并适当采取防治措施。②信号控制。教师在教学过程中通过言语提示和表情暗示等信号来提醒分心的学生。③提问控制。针对个别分心的学生点名提问，在回答不出问题时要求他集中注意，听其他同学的正确回答。④表扬控制。不失时机地表扬专心听讲、正确回答问题的学生，给分心的学生树立榜样。同时，适当地对分心的学生进行批评，也可起到加强注意的效果。

2. (1)根据材料分析可知：①李老师穿着漂亮的新衣服，用彩色粉笔装饰黑板边缘，这样做会分散学生对学习的注意力，而使学生更多地注意这些与学习无关的内容。②先宣布期中考试成绩会让学生接下来思考考试的结果而不是老师上课的内容，也不利于学生将注意力集中在课堂教学上。③在正式讲课过程中，李老师言语平静，这容易使学生产生疲劳。④立即点名批评开小差的学生的做法也会分散学生的注意力，并对课堂的连贯性有消极影响。

(2)①创造良好的教学环境。为了使学生在学习过程中不受外部无关刺激的干扰，应该创造一个安静、整洁的教学环境。②注重讲演、板书技巧和教具的使用。在讲课过程中，教师应该音量适中，语音、语调做到抑扬顿挫，遇到重点、难点还要加强语气，伴以适当的手势和表情。另外可以配合使用板书和教具。③注重教学内容的组织和教学形式的多样化。

第三章 情绪情感和意志过程

专题一 情绪与情感

答案速查：

1～5	DACDD	6～10	DDACD	11～15	BBACB	16～20	CDCBB
21～25	DCCBC	26～30	CABCC	31～35	CACBA	36～40	CDADB
41～45	DCCCA	46～50	BCCDC	51～55	BAADA	56～60	BDACD
61～63	ACD			1～5	AD BC CD ABCD AC		
6～10	ABD AD ABCD BCD BCD			11～15	ABC ACD ABD ABCD BC		
1～5	√ × √ × ×			6～10	√ × × × ×		
11～15	√ × × √ √						

一、单项选择题

1. D 【解析】激情是一种爆发式的、猛烈而时间短暂的情绪状态。例如，狂喜、暴怒、恐惧、绝望、剧烈的悲痛等，都是激情的表现。因此，根据题干中“喜欲狂”一词可知，杜甫当时的情绪状态属于激情。

2. A 【解析】道德感是根据一定的道德标准评价人的思想、意图和言行时所产生的主观体验。它表现在对待国家、集体、工作、事业、学习以及人与人之间的关系等各个方面，如爱国主义情感、集体主义情感、责任感、事业心、荣誉感、自尊心等。因此，小华在为老人让座后产生的自豪感属于道德感。

3. C 【解析】依据情绪发生的强度、持续性和紧张度的不同，可以把情绪状态划分为激情、心境、应激三种。其中心境是一种微弱的、持续时间较长的、带有弥漫性的情绪状态。心境一经产生就不只表现在某一特定对象上，而是在相当长的一段时间内，使人的整个心理活动都染上某种情绪色彩，影响人的整个行为表现，成为情绪生活的背景。故 C 项体现了心境。

4. D 【解析】合理化又称文饰作用，指通过无意识地用一种似乎有理的解释或实际上站不住脚的理由来为其难以接受的情感、行为或动机辩护以使其可以接受。合理化有两种表现：(1)酸葡萄心理，即把得不到的东西说成是不好的；(2)甜柠檬心理，即当得不到葡萄而只有柠檬时，就说柠檬是甜的。题干中学生因考不上理想的高中，就说考上职高更好，属于合理化中的甜柠檬心理。

5. D 【解析】在童年期，情感特征是不稳定且形于外。在少年期，对情感的体验开始向深与细的方向发展，但很脆弱。在青年初期，情感较丰富细腻、深刻稳定，同时道德感、理智感等在情感生活中占主要地位。青年期包括青年初期、青年中期和青年晚期，故选 D 项。

6. D 【解析】阿诺德和拉扎勒斯的认知—评价情绪理论认为，人的认知过程会左右对情绪的解释和反应。当人把知觉对象评估为有益时，就会产生趋近的体验和生理变化的模式；当人把知觉对象评估为有害时，则会产生回避的体验和生理变化的模式；当人把知觉对象评估为与己无关时，就会产生漠然的体验而予以忽视。但在不同情境下，知觉对象尽管相同，但人的情绪反应模式则可能不同。例如，在森林中看见一只老虎与在动物园里看到笼子里的老虎就会有截然不同的情绪反应，这是由大脑皮层对情境评估上的差异所致，也是个体根据过去的经验以及当时个人感受的结果。

7. D 【解析】升华也称意志调节法，是一种最积极的富有建设性的防御机制。因为它可以把社会所不能接受的性欲或攻击性冲动所伴有的力比多能量转向更高级的、社会所能接受的目标或渠道，进行各种创造性的活动。题干中小姜将失恋的痛苦转化到好好工作证明自己能力上，这属于升华法。

8. A 【解析】题干中诗句的意思是：一轮弯月照人间，多少人家欢乐，又有多少人家忧愁。这说明在同一情景下，不同的人的情绪有不同的表现，故题干所述说明人的情绪具有主观性。

9. C 【解析】合理化又称文饰作用，指通过无意识地用一种似乎有理的解释或实际上站不住脚的理由来为其难以接受的情感、行为或动机辩护以使其可以接受。合理化有两种表现：(1)酸葡萄心理，即把得不到的东西说成是不好的；(2)甜柠檬心理，即当得不到葡萄而只有柠檬时，就说柠檬是甜的。题干中，个体失败时以"失败乃成功之母"来安慰自己，即当无法获得成功时，就安慰自己失败也是有益的，把自己拥有的不好的东西说成是好的，这种心理效应就属于甜柠檬心理。

B 项，首因效应也称最初效应，是指在总体印象形成上，最初获得的信息比后来获得的信息影响更大的现象。

D 项，近因效应也称最近效应，是指在总体印象形成上，新近获得的信息比原来获得的信息影响更大的现象。

10. D 【解析】高中生的情绪表现具有内隐文饰性。随着高中生社会化的逐渐完成与生理的成熟，他们能根据一定的条件或目的表达自己的情绪，形成外部表情与内心体验的不一致性。如有的学生对异性萌发了爱慕之情，却往往贬低、冷落人家。符合题意，故选 D 项。

11. B 【解析】理智感是人认识事物和探求真理的需要是否得到满足而产生的主观体验。例如，人们在探求未知的事物时所表现的求知欲、兴趣和好奇心等。因此，题干中的学生表现出的惊奇和疑虑的情感属于理智感。

12. B 【解析】补偿是指通过新的满足来弥补原有欲望达不到的痛苦。题干中的小明用宣扬自己是"富二代"的方式来弥补自己原有表现不突出的痛苦，因此，其采用的心理防御方式是补偿。

13. A 【解析】情绪和情感的信号功能是指情绪和情感在人际间具有传递信息、沟通思想的功能，这种功能是通过表情实现的。人们能通过表情来推测他人的情绪状态，这体现了情绪和情感的信号功能。

14. C 【解析】情绪和情感的组织功能表现在：情绪和情感这种特殊的心理活动，对其他心理过程而言是一种监测系统，是心理活动的组织者。积极的情绪和情感具有调节和组织作用；消极的情绪和情感则具有干扰、破坏作用。故题干所述体现了情绪和情感的组织功能。

> **易错提示：**考生容易混淆情绪和情感的组织功能和动机功能。二者有共同之处，都能起到激励促进作用，但表现形式存在差异。组织功能针对现有的情绪状态，是指良好的情绪起推动作用，不良的情绪起阻碍作用。动机功能的激励作用体现在动力方面，可以从无到有地引发人们的行动。

15. B 【解析】自我防御机制为弗洛伊德创立的精神分析学派中的专业用语，它是指个人在精神受干扰时用以避开干扰、保持心理平衡的心理机制。故本题答案选 B。

16. C 【解析】情绪和情感有着明显的外显形式，即表情。表情和言语一样是人际交往的主要工具，它是传播情绪和情感的主要媒介。

17. D 【解析】情绪和情感是人对客观事物的态度体验及相应的行为反应。不同的态度体验反映着客观事物与人的需要之间的不同关系。

18. C 【解析】升华可以把社会所不能接受的性欲或攻击性冲动所伴有的力比多能量转向更高级的、社会所能接受的目标或渠道，进行各种创造性的活动。歌德痛苦时进行文学创作，故其防御机制属于升华。

19. B 【解析】情绪和情感的动机功能表现为：情绪和情感是动机的源泉之一，是动机系统的一个基

本成分。它能够激励人的活动，提高人的活动效率。同时，情绪对于生理内驱力也具有放大信号的作用，成为驱使人们行为的强大动力。故题干所述体现了情绪和情感的动机功能。

20. B 【解析】否认是指对某种痛苦的现实无意识地加以否定，因为不承认似乎就不会痛苦。例如，“掩耳盗铃”“眼不见为净”。

21. D 【解析】情绪和情感总是伴随认知活动产生的，认知可以起到整理、加深人的情绪和情感的作用。题干所述反映了青少年的情绪情感发展受认知发展的影响。

22. C 【解析】小明即将上考场，有点激动和焦虑，这种伴随情绪产生的心跳加速和微微出汗属于内脏器官和内分泌腺的生理变化，因此这属于情绪情感的生理唤醒。

23. C 【解析】小学低年级学生的情感带有很大的冲动性，不善于掩饰、控制，如低年级学生在玩得入迷的时候，忘记了写家庭作业。在独立学习和集体生活的锻炼下，中、高年级学生控制、调节情感的能力逐渐发展起来。他们能根据学校纪律的要求约束自己的激情，在未完成作业时，能抑制自己想去玩的愿望。因此，题干所述反映了学生情绪情感的可控性逐渐增强。故答案选C项。

24. B 【解析】补偿是指通过新的满足来弥补原有欲望达不到的痛苦。题干中的某学生学习成绩差，却经常购买各种名牌消费品来获得心理上的满足，这是采用了补偿的心理防御方式。

25. C 【解析】当人受到不良刺激而产生消极情绪时，应让不良情绪充分得以宣泄，通过合理的宣泄来减轻心理负担，恢复心理平静。宣泄法有眼泪缓解法、运动缓解法、倾诉、模拟宣泄等。张亮通过运动来调节不良情绪，这属于合理宣泄法中的运动缓解法。

26. C 【解析】文饰又称合理化，指通过无意识地用一种似乎有理的解释或实际上站不住脚的理由来为其难以接受的情感、行为或动机辩护以使其可以接受。合理化有两种表现：(1)酸葡萄心理，即把得不到的东西说成是不好的；(2)甜柠檬心理，即当得不到葡萄而只有柠檬时，就说柠檬是甜的。因此，A、B、D 三项符合文饰的表现，而 C 项符合升华的表现。

27. A 【解析】移置是无意识地将指向某一对象的情绪、意图或幻想转移到另一个对象或替代的象征物上，以减轻精神负担取得心理安宁。受到批评后，把怒气发泄到同学身上，这是移置的典型表现。

28. B 【解析】情绪和情感的动机功能是指情绪和情感是动机的源泉之一，是动机系统的一个基本成分。它能够激励人的活动，提高人的活动效率。适度的情绪兴奋，可以使身心处于活动的最佳状态，推动人们有效地完成任务。

29. C 【解析】美感是人们根据一定的审美标准对自然或社会现象及其在艺术上的表现予以评价时所产生的情感体验。因此，小雪在看到自己喜欢的绘画作品时产生的情感属于美感。

30. C 【解析】应激是出乎意料的紧迫情况所引起的急速而高度紧张的情绪状态。故题干中描述的情绪状态属于应激。

31. C 【解析】小学生情感的发展特点有：(1)小学生情感的表现形式不断变化。(2)小学生情感的内容不断丰富和深刻。(3)小学生情感的品质特征不断加强。主要包括：①小学生情感的稳定性、可控性不断加强；②小学生情感的丰富性不断发展；③小学生情感的深刻性日益加强。

32. A 【解析】道德感是根据一定的道德标准评价人的思想、意图和言行时所产生的主观体验。它表现在对待国家、集体、工作、事业、学习以及人与人之间的关系等各个方面，如爱国主义情感、集体主义情感、责任感、事业心、荣誉感、自尊心等。

33. C 【解析】投射是指自我将不能接受的冲动、欲望或观念归因(投射)于客观或别人。题干中的小刚将自己不想还钱的想法归因到别人身上，他认为如果别人遇到这种情况也不会还钱，这是投射的表现。

34. B 【解析】应激状态下常见的心理反应有焦虑、其他消极情绪、认识功能障碍、自我估价降低、失助感(习得性无助感)。其中,认识功能障碍表现为过度的应激状态使人的记忆、思维能力降低,幽默感减弱,也妨碍人的技能活动,一些熟练动作也受到干扰。故本题答案选B。

35. A 【解析】小学儿童的情感内容不断丰富。主要表现在:(1)多样化的活动丰富了小学儿童的情绪、情感。(2)小学儿童的情感进一步分化。由于知识经验的积累,小学儿童的情感分化逐渐精细、准确。以笑为例,小学儿童除了会微笑、大笑外,还会羞涩地笑、嘲笑、冷笑、苦笑、狂笑等。(3)小学儿童情感的表现手段更为丰富。因此,题干所述体现了小学儿童情感丰富性的发展。

36. C 【解析】幽默是指对于困境以幽默的方式处理,它没有个人的不适也没有不快地影响别人情感的公开显露。当受到嘲笑时,张老师用一句"浓缩的就是精华"来化解尴尬,这种情绪调节的方法就是幽默。

37. D 【解析】积极的情绪和情感具有调节和组织作用;消极的情绪和情感则具有干扰、破坏作用。人们记自己感兴趣的事情较为容易,记不喜欢的事情比较难,这体现了积极情绪的组织作用和消极情绪的干扰作用,故答案选D项。

38. A 【解析】道德感是根据一定的道德标准评价人的思想、意图和言行时所产生的主观体验。它表现在对待国家、集体、工作、事业、学习以及人与人之间的关系等各个方面,如爱国主义情感、集体主义情感、责任感、事业心、荣誉感、自尊心等。"先天下之忧而忧,后天下之乐而乐"体现了爱国主义情感,故属于道德感。

39. D 【解析】(1)酸葡萄心理,即把得不到的东西说成是不好的;(2)甜柠檬心理,即当得不到葡萄而只有柠檬时,就说柠檬是甜的。两者均是在掩盖其错误或失败,以保持内心的安宁。题干中强调把得不到的东西说成是不好的,故属于酸葡萄心理。

40. B 【解析】否认是指对某种痛苦的现实无意识地加以否定,因为不承认似乎就不会痛苦。这一过程可使一个人逐渐地接受现实而不致猛然承受不了坏消息或痛苦,是一种保护性质的、正常的防御。因此,个体拒绝相信亲人去世,以减少心灵上的痛苦,属于否认的防御机制。

41. D 【解析】理智感是人认识事物和探求真理的需要是否得到满足而产生的主观体验。例如,人们在探求未知的事物时所表现的求知欲、兴趣和好奇心、发现问题的惊奇感、问题解决的喜悦感、为真理献身的自豪感、问题不解的苦闷感等。故攻克难题的自豪感属于理智感。

42. C 【解析】合理化又称文饰作用,指通过无意识地用一种似乎有理的解释或实际上站不住脚的理由来为其难以接受的情感、行为或动机辩护以使其可以接受。题干中的阳阳用感冒的借口来为自己考试失败做辩解,这运用了文饰的心理防御机制。

43. C 【解析】激情是一种爆发式的、猛烈而时间短暂的情绪状态。它往往带有特定的指向性和较明显的外部行为表现。因此,题干所述属于激情。

44. C 【解析】理智感是人认识事物和探求真理的需要是否得到满足而产生的主观体验。人们在坚持自己的观点时的热情,认识违背事实时的羞愧,都是在认识事物和探求真理时产生的主观体验,因此属于理智感。

45. A 【解析】道德感是根据一定的道德标准评价人的思想、意图和言行时所产生的主观体验。因此,题干中的秦老师表现出的舍己为人的行为,其他老师听到时会产生道德感。

46. B 【解析】人类的情绪和情感可以互相传递和感受,具有感染性。"忧者见之则忧,喜者见之则喜"的意思是悲观的人看见之后会更加忧伤,开朗的人看见之后会更加开心,这典型地体现了情绪和情感的感染功能。

47. C 【解析】情绪和情感伴随着认识活动的发展而发展。古语"知之深,爱之切",就是说两个人随着认识、了解的深入,感情不断地加深。

48. C 【解析】激情是一种爆发式的、猛烈而时间短暂的情绪状态。例如,狂喜、暴怒、恐惧、绝望、剧烈的悲痛等,都是激情的表现。因此,粉丝见到明星后发出激动的尖叫声,正是激情的表现。

49. D 【解析】移置是无意识地将指向某一对象的情绪、意图或幻想转移到另一个对象或替代的象征物上，以减轻精神负担取得心理安宁。例如，一个孩子被妈妈打后，满腔愤怒，难以回敬，转而踢倒身边的板凳，把对妈妈的怒气转移到身边的物体上。因此，题干所述正是移置的表现。

50. C 【解析】情绪情感的信号功能体现在个体将自己的愿望、要求、观点、态度通过一定的情感表达方式传递给别人并加以影响。这种功能是通过表情实现的。学生答题时根据老师的表情修正答案，这正是通过表情传递信息的表现，故体现了情绪情感的信号功能。因此，答案选 C 项，而 A、D 两项体现了情绪情感的感染功能，B 项体现了情绪情感的组织功能。

51. B 【解析】控制和修正策略是一种积极的策略，它是通过改变情境中的各种不利的情绪事件来实现的，情绪调节者试图通过控制情境来控制情绪的过程和结果。就好比你在众人面前演讲会紧张，你的朋友就会来安慰你："不用紧张，把台下的人当成胡萝卜和大白菜就好。"这就是把造成你情绪波动的"情绪事件"转化，以达到不再紧张的目的。

52. A 【解析】中学生随着自我意识的不断发展，独立意识日渐增加，他们在情绪、情感上逐渐独立于父母，其情绪发展具有自主性的特点。题干中的小强希望摆脱父母的监视，这是渴望独立自主的表现，故体现了中学生情绪发展的自主性特点。

53. A 【解析】情感是与社会需要是否满足相联系的，而道德感、理智感、美感属于情感。故答案选 A 项。

54. D 【解析】美感是人们根据一定的审美标准对自然或社会现象及其在艺术上的表现予以评价时所产生的情感体验。题干中的张家界天门山属于自然景象，游客游览时产生的情感体验属于美感。

55. A 【解析】情绪与生理需要是否满足相联系，是人和动物共有的。情感与社会需要是否满足相联系，是人类特有的。故 A 项说法错误。

方法技巧：考生易混淆情绪和情感的关系，故可根据下列表格对比记忆：

关系	情绪	情感
区别	原始的、低级的、与生理需要是否满足相联系	后继的、高级的、与社会需要是否满足相联系
	人和动物共有的	人类特有的
	情境性、易变性	稳定性、持久性
	带有冲动性、有明显的外部表现	内隐、深沉
联系	(1)情绪是情感的基础，情感离不开情绪； (2)情绪是情感的外在表现，情感是情绪的本质内容	

56. B 【解析】理智感是人认识事物和探求真理的需要是否得到满足而产生的主观体验。例如，人们在探求未知的事物时所表现出的求知欲、兴趣和好奇心、发现问题的惊奇感、问题解决的喜悦感、为真理献身的自豪感、问题不解的苦闷感等。

57. D 【解析】升华作用也称意志调节法，故答案选 D 项。

58. A 【解析】题干中强调积极情绪的调节和组织作用，故答案选 A 项。

59. C 【解析】升华是一种最积极的富有建设性的防御机制。因为它可以把社会所不能接受的性欲或攻击性冲动所伴有的力比多能量转向更高级的、社会所能接受的目标或渠道，进行各种创造性的活动。题干中的杨华将自己的消极情绪转移到为社会做贡献上，这是利用情绪升华法的表现。

60. D 【解析】需要是引发情绪情感的中介。那些满足人们需要的事物和对象，能引起各种肯定的态度，使人产生满意、愉快的情绪体验。

61. A 【解析】根据情绪发生的强度、速度、紧张度、持续性等,可将情绪分为心境、激情、应激三种。故本题答案选 A。(具体内容参见桂世权主编的《心理学》)

62. C 【解析】齐米勒斯认为,情感对认知过程的影响有六个方面:(1)情感可能引发、终止、加速或中断信息加工;(2)情感可能导致选择性加工;(3)情感可以组织回忆;(4)情感可能有助于形成带有情绪色彩的图式和类别;(5)情感可能为社会认知提供输入信号;(6)情感可能会影响决策和问题解决。故 C 项说法错误。

63. D 【解析】过度代偿又称过度补偿,是指一个真正的或幻想的躯体或心理缺陷可通过代偿而得到超乎寻常的纠正。残疾人和口吃者的缺陷得到了超乎正常的纠正,这正是体现了过度代偿的心理防御机制。

二、多项选择题

1. AD 【解析】心境是一种比较持久的、微弱的、影响人的整个精神活动的情绪状态。心境具有弥散性和长期性的特点。其中,心境的弥散性指它不是关于某一事物的特定体验,而是以同样的态度体验对待一切事物。故 A、D 两项说法正确。激情是一种强烈的、爆发性的、短暂的情绪状态。激情状态下往往会出现意识狭窄现象。故 B、C 两项说法错误。

2. BC 【解析】依据情绪发生的强度、持续性和紧张度的不同,可以把情绪状态划分为激情、心境、应激三种。激情是一种爆发式的、猛烈而时间短暂的情绪状态,故 B 项说法正确。心境是一种微弱的、持续时间较长的,带有弥漫性的情绪状态,故 C 项说法正确。应激是出乎意料的紧迫情况所引起的急速而高度紧张的情绪状态,故 A 项说法错误。情绪和情感既有区别又有联系,因此不能说情绪与情感的概念相同,故 D 项说法错误。

3. CD 【解析】情绪的维度是指情绪固有的某些特征,主要指情绪的动力性、激动性、强度和紧张度等方面。这些特征的变化幅度又具有两极性,每个特征都存在两种对立的状态。情绪的动力性有增力和减力两极;情绪的激动性有激动与平静两极;情绪的强度有强、弱两极;情绪还有紧张和轻松两极。

4. ABCD 【解析】情绪和情感的功能有:(1)适应功能;(2)动机功能;(3)组织功能;(4)信号功能;(5)健康功能;(6)感染功能等。

5. AC 【解析】小学儿童情感发展的特点包括:(1)情感的内容不断丰富;(2)情感逐步稳定、内化;(3)情感的可控性不断加强;(4)情感体验日益深刻;(5)情感具有强烈的向师性。题干中梅梅的情感变化过程体现出其情感的内容不断丰富、情感体验日益深刻。

6. ABD 【解析】情绪管理和应对压力的方式是多种多样的,如可以向周围同学或朋友倾诉,或者参加体育锻炼和文化娱乐活动。但是情绪宣泄必须合理,不能将不良情绪胡乱发泄,迁怒于人。因此,A、B 两项做法正确,C 项做法错误。对正常情绪应当宣泄,对不良情绪则要控制,可采用以下方法进行情绪控制,做好情绪管理:理智、转移、幽默、升华、暗示、放松等。故 D 项做法正确。

7. AD 【解析】弥漫性与渲染性属于心境的特点,故 B、C 项不符合题意。故本题答案选 A、D 两项。

8. ABCD 【解析】初中生的情绪和情感活动具有以下特征:(1)情绪表现较强烈;(2)情绪的延续性较长;(3)情绪表现开始带有文饰性和内隐性;(4)情感和情绪的内容、形式都更加丰富多彩,而且越来越复杂,并逐渐形成高尚的情操。

9. BCD 【解析】情感具有稳定性和持久性,比较内隐,较为深沉。情绪带有冲动性,并伴随明显的外部表现。故 A 项属于情绪的特点,B、C、D 三项属于情感的特点。

10. BCD 【解析】情绪的性质包括:(1)情绪为刺激所引起;(2)情绪是主观意识经验;(3)情绪状态不容易控制;(4)情绪与动机关系密切。故 A 项说法错误,B、C、D 三项说法正确。

11. ABC 【解析】情绪是原始的、低级的,与生理需要是否满足相联系;情感是后继的、高级的,与社

会需要是否满足相联系。故 A 项说法正确。情绪带有冲动性,并伴随明显的外部表现;情感比较内隐,较为深沉。故 B 项说法正确。情绪具有情境性和易变性;情感具有稳定性和持久性。故 C 项说法正确。而 D 项“爱屋及乌”体现的是情感的感染功能,故 D 项说法错误。

12. ACD 【解析】从情感的社会内容角度来看,人类的情感有道德感、美感和理智感三种形式。

13. ABD 【解析】初中生情绪情感的特点包括:(1)情绪、情感的丰富性;(2)情感倾向逐渐定型;(3)情绪的强烈性;(4)情绪的不稳定性。故 C 项说法错误。(具体内容参见勾训、黄胜主编的《心理学新编》)

14. ABCD 【解析】根据主体与客体之间关系的不同,心理学家把人的基本情绪分为快乐、悲哀、愤怒、恐惧四种类型。

15. BC 【解析】心境是一种微弱的、持续时间较长的,带有弥漫性的情绪状态。激情是一种爆发式的、猛烈而时间短暂的情绪状态。理智感是人认识事物和探求真理的需要是否得到满足而产生的主观体验。题干中诺贝尔在炸药实验成功时,发疯似的高喊,说明其情绪处于激情状态;诺贝尔不顾生命安危研究炸药,说明了其对真理的追求,故体现了理智感。因此,答案选 B、C 两项。

三、判断题

1. √ 【解析】道德感是根据一定的道德标准评价人的思想、意图和言行时所产生的主观体验。它表现在对待国家、集体、工作、事业、学习以及人与人之间的关系等各个方面,如爱国主义情感、集体主义情感、责任感、事业心、荣誉感、自尊心等。因此,题干所述属于道德感。

2. × 【解析】初中生情绪的发展表现出明确的两面性,主要表现在以下三个方面:(1)强烈狂暴性与温和细腻性共存;(2)可变性与固执性共存;(3)内向性与表现性共存。其中,强烈狂暴性是指青少年的情绪表现有时是强烈而狂暴的,有人曾用“疾风暴雨”来形容这时期个体情绪强烈的特点。同样一个刺激,在他们那里所引起的情绪反应强度相对大得多,甚至达到震撼人心的程度。但青少年的情绪表现也不是一味强烈,有时也表现出温和、细腻的特点。故本题错误。

3. √ 【解析】情绪和情感是人对客观事物的态度体验及相应的行为反应。认知是情绪和情感产生的基础,需要是引发情绪和情感的中介。那些满足人们需要的事物和对象,能引起各种肯定的态度,使人产生满意、愉快的情绪体验。不同的态度体验反映着客观事物与人的需要之间的不同关系。

4. × 【解析】应激是出乎意料的紧迫情况所引起的急速而高度紧张的情绪状态。“急中生智”是一种应激现象。

5. × 【解析】根据情绪调节过程的来源,可将情绪的调节分为内部调节和外部调节。故题干说法错误。

6. √ 【解析】情绪的适应功能是指情绪是有机体适应生存和发展的一种重要方式。婴儿出生时,还不具备独立的维持生存的能力,此时情绪是婴儿在掌握语言之前适应生存的重要心理工具。他们依赖情绪来传递信息,与成人进行交流,得到成人的抚养,饿了、渴了就哭,吃饱了、舒服了就会笑,成人也正是通过婴儿的情绪反应,及时为婴儿提供各种生活条件。

7. × 【解析】注意转移法,是指当人受到刺激产生不良情绪时,应尽可能离开不良刺激的环境,把注意力转移到新环境和新事物上去,避免不良情绪的蔓延和加重。合理宣泄法,是指当人受到不良刺激而产生消极情绪时,应让不良情绪充分得以宣泄,通过合理的宣泄来减轻心理负担,恢复心理平静。例如,找亲朋好友倾吐不愉快的事;大哭一场或自言自语,以发泄心中的委屈和不满等。题干中的学生小郑通过写日记的方式来发泄不愉快的情绪,因此其调节情绪的方法是合理宣泄法。

8. × 【解析】小林对待同学时而温和,时而暴躁,这体现了其情绪具有强烈、狂暴性与温和、细腻性共存的特点。

9. × 【解析】题干所述属于典型的“甜柠檬心理”。甜柠檬心理,即当得不到葡萄而只有柠檬时,就说柠檬是甜的。根据题干描述可知,该高中生是为了掩盖错误或失败,以保持内心的安宁。

10. × 【解析】情绪的信号功能体现在个体将自己的愿望、要求、观点、态度通过一定的情感表达方式传递给别人并加以影响。这种功能是通过表情实现的。因此,婴儿通过微笑、哭闹获得成人的关注,体现的是情绪的信号功能。

11. √ 【解析】小学生理智感的发展表现在求知欲的扩展和加深。儿童的求知欲是促进学生深入理解知识、扩大和加深知识的一种学习动力,保护、鼓励和培养小学生的强烈的求知欲,可促使他们更加自觉地学习和掌握知识。

12. × 【解析】激情是一种爆发式的、猛烈而时间短暂的情绪状态。它往往带有特定的指向性和较明显的外部行为表现,如暴跳如雷、浑身战栗、手舞足蹈等。激情发生时,意识范围缩小,意识对行为的控制作用明显降低,理解力降低,判断力减弱,易感情用事,不考虑后果。有人用激情爆发来原谅自己的错误,认为“激情时完全失去理智,自己无法控制”,这种说法是不对的,人能够意识到自己的激情状态,也能够有意识地调节和控制它。

13. × 【解析】应激是出乎意料的紧迫情况所引起的急速而高度紧张的情绪状态。激情是一种爆发式的、猛烈而时间短暂的情绪状态。故题干说法错误。

14. √ 【解析】情绪发生较早,是人和动物所共有的;而情感是人类特有的,是个体发展到一定年龄才产生的。

15. √ 【解析】人类的情绪和情感可以互相传递,具有感染性。人们之间的感情沟通正是通过情绪和情感的易感性功能才得以实现的。这种易感性,具体体现为“共鸣”和“移情”作用。移情是个人将自己的内心感受赋予他人或物,杜甫《春望》中的“感时花溅泪,恨别鸟惊心”就是这种表现。

四、填空题

1. 表情

2. 健康(保健)

五、辨析题

1. 激情与应激是两种不同的情绪状态。

(1)这种说法是正确的。(2)依据情绪发生的强度、持续性和紧张度的不同,可以把情绪状态划分为激情、心境和应激三种。其中,激情是一种爆发式的、猛烈而时间短暂的情绪状态;应激是出乎意料的紧迫情况所引起的急速而高度紧张的情绪状态。因此,激情和应激是两种不同的情绪状态。

2. 过大过久的压力会严重伤害人的身心健康,因此,学校、家庭和社会应共同为学生创建一个无压力的学习环境。

(1)这种说法是不正确的。(2)心理学中目前对压力比较普遍的看法是:个体面对具有威胁性的刺激情境时,伴有躯体机能以及心理活动改变的一种身心紧张状态,也称应激状态。压力引起的心理反应有警觉、注意力集中、思维敏捷、精神振奋,这是适度的心理反应,有助于个体应付环境。但是,过度的压力会带来负面反应,出现消极的情绪,使人思维狭窄、自我评价降低、自信心减弱、注意力分散、记忆力下降,表现消极被动。由此可知,适度的压力是对个体有利的,过度的压力才会伤害人的身心健康,因此题干中的说法是不正确的。

六、简答题(参考答案)

1. 如何提高小学生的情绪调节能力?

(1)教会学生形成适宜的情绪状态;(2)丰富学生的情绪体验;(3)引导学生正确看待问题(调整认知);(4)教会学生情绪调节的方法;(5)通过实际锻炼提高学生的情绪调节能力。

2. 简述情绪和情感的关系。

(1)区别。①从需要的角度来看,情绪是原始的、低级的态度体验,与生理需要是否满足相联系,

是人和动物共有的;情感是后继的、高级的态度体验,与社会需要是否满足相联系,是人类特有的。②从发生的角度来看,情绪可以由对事物单纯的感知觉直接引起,具有情境性和易变性;情感则由对事物复杂意义的理解所引起,具有稳定性和持久性。③从表现形式来看,情绪体验强度大,往往带有冲动性,并伴随明显的外部表现;情感则比较内隐,较为深沉。

(2)联系。①情绪是情感的基础,情感离不开情绪。情感依赖于情绪。人的情感是在大量情绪体验的基础上形成和发展起来的,也是通过情绪表达出来的。②对人类而言,情绪离不开情感,是情感的具体表现。情绪是情感的外在表现,情感是情绪的本质内容。

专题二 意 志

答案速查:

1~5	CBBBA	6~10	DDABA	11~15	BDCDA	16~20	DABAB
21~25	ACCBD	26~30	DBDAB	1~5	ABCD AD ABC ABCD CD		
1~4	√ √ √ ×						

一、单项选择题

1. C 【解析】意志的坚韧性又称坚持性,是一个人在行动中坚持决定,百折不挠地克服重重困难去达到行动目的的品质。题干中的学生在制定了学习目标后,总是一遇到困难就放弃目标,这说明其缺乏意志的坚持性。

2. B 【解析】意志的坚韧性是一个人在行动中坚持决定,百折不挠地克服重重困难去达到行动目的的品质。题干中描述的学生缺乏意志的坚韧性,因此班主任应加强培养学生的意志品质。

3. B 【解析】意志的果断性是一种善于辨明是非、抓住时机、迅速而合理地采取决定并执行决定的意志品质。题干所述体现了意志的果断性。

4. B 【解析】少年期是身心发展的半幼稚、半成熟期,其意志品质有以下几个特点:(1)自觉性品质虽有所提高,但由于认识的局限性,因此自觉性和幼稚性仍处在错综矛盾的状态,还不善于正确鉴别意志品质的良莠优劣。(2)果断性品质有所发展,反应快,行动快,不喜欢把时间花费在怀疑和犹豫不决上。他们的意志行动中,轻率和优柔寡断都有表现,但轻率比优柔寡断更为突出。(3)自制能力也有所增强,但是他们的自制能力还有限,抗拒诱惑的能力、控制情绪冲动的能力还欠缺。(4)意志品质的坚持性、恒心、毅力还很不成熟,容易虎头蛇尾、见异思迁。故B项说法正确。

5. A 【解析】人的行动是以意识为中介,以自觉目的为特征的意志行动,这是人区别于动物的根本标志,是人主观能动性的最突出表现,是意志的首要特征。

6. D 【解析】意志行动的过程包括两个阶段:(1)准备阶段。(2)执行决定阶段。其中,执行决定阶段是意志行动的中心环节,是意志努力的集中表现。

7. D 【解析】意志的自制性是一个人善于控制和支配自己的情绪,约束自己言行的品质。题干中的学生能够抗拒外界诱惑,约束自己的行动,坚持完成作业后再与同学一起打羽毛球,故体现了意志的自制性。

8. A 【解析】低年级小学生的主动性和自觉性较差,不善于向自己提出学习和工作的要求或主动地去完成任务,常需要家长、教师向他们提出目的和任务,并要在成人的督促下才能完成。故题干所述表明小学生意志的自觉性发展还不成熟。

易错提示:考生容易混淆意志的自觉性与自制性。考生在做题时需注意,自觉性强调无人看管、主动自觉地完成某项任务,自制性强调抵抗诱惑、约束自己的言行。

9. B 【解析】多重趋避冲突是指对含有吸引与排斥两种力量的多种目标予以选择时所发生的冲突。大学生择业时面对多种选择的冲突,是这类冲突的典型事例。

10. A 【解析】意志是指人自觉地确定目的,有意识地根据目的、动机调节支配行动,努力克服困难,实现目标的心理过程。由意志支配的行动称为意志行动。因此,残疾人克服重重困难登山的行为属于意志行动。

11. B 【解析】针对学生的意志类型,可采取不同的锻炼措施:(1)对于十分执拗、顽固的学生,应该从自觉性、目的性和原则性方面着手培养,使他们理解固执与顽强的区别;(2)对于胆小而易受暗示、犹豫不决的学生要培养他们大胆、勇敢、果断的品质;(3)对于十分冒失而轻率决定的学生要培养他们沉着、耐心的品质,使他们理解勇敢与蛮干、轻率的区别;(4)对于过分活跃和缺乏自制力的学生要提高他们的控制行为的能力;(5)对于缺乏毅力的学生应激发他们的坚韧精神。故答案选 B 项。

12. D 【解析】意志的自制性是一个人善于控制和支配自己的情绪,约束自己言行的品质。与自制性相反的意志品质是任性和怯懦。前者不能约束自己的行动;后者在行动中畏缩不前,惊慌失措。这都是意志缺乏自制性的表现。

13. C 【解析】“志不强者智不达”是指志向不坚定的人,智慧就得不到充分的发挥。这典型地体现了意志对智力的影响。

14. D 【解析】挫折产生时,儿童会寻找不正当的理由为自己辩解,推诿自己应负的责任,甚至会产生攻击性行为。同时,挫折会使人产生不良的情绪反应,使一个人减少自尊心和自信心,增加失败感、愧疚感和思想负担。因此,小学生在遭遇挫折后常会产生打人毁物、一意孤行的行为。

15. A 【解析】双趋冲突是指从自己同时都很喜爱的两个事物中仅择其一的心理状态。题干中文言文的意思是鱼和熊掌都想得到,但不可兼得,只能取其一。故体现了双趋冲突。

16. D 【解析】积极适应挫折的方法和技术有:(1)理智的压抑。(2)升华。升华泛指心理欲望从社会不可接受的方向转向社会可接受的方向的过程。当一个人意识到自己的某种欲望无法被自己接受,且与社会规范、伦理道德相悖时,为求得心理平衡,将其净化、提高,成为一种高尚的追求。(3)补偿。(4)幽默。(5)合理宣泄。(6)认知重组。

17. A 【解析】挫折认知是个体对于挫折情境的认识和评价。个体对挫折的反应和承受能力不仅取决于挫折情境本身,更重要的是取决于个体对挫折情境的认知。

18. B 【解析】动机冲突从形式上看,可以分为以下四类:

种类	概念	典例
双趋冲突	从自己同时都很喜爱的两个事物中仅择其一的心理状态	鱼与熊掌不可兼得
双避冲突	从希望回避的两种事物中必取其一的心理状态	进退维谷
趋避冲突	对同一目的兼具好恶的矛盾心理	既想当班干部又怕耽误时间影响学习
多重趋避冲突	对含有吸引与排斥两种力量的多种目标予以选择时所发生的冲突	大学毕业生就业中的选择困难

题干中的学生对参加朗诵比赛这一活动存在矛盾心理,即表述中含有“既想……又怕……”的含义,故属于趋避冲突。

方法技巧:考生易混淆动机冲突的种类。在考试时通常可以根据题意,运用关键词组进行区分。双趋冲突:表述中含有“既想……又想……,但不可兼得”的含义;双避冲突:表述中含有“既怕……又怕……”的含义;趋避冲突:表述中含有“既想……又怕……”的含义;多重趋避冲突:表述中的冲突因素为两个以上。

19. A 【解析】意志是指人自觉地确定目的,有意识地根据目的、动机调节支配行动,努力克服困难,实现目标的心理过程。故题干所述是人的意志的具体体现。

20. B 【解析】意志的自制性是一个人善于控制和支配自己的情绪,约束自己言行的品质。题干中的教师能够控制自己的不愉快情绪,故体现了其意志的自制性。

21. A 【解析】趋避冲突是指对同一目的兼具好恶的矛盾心理。故A项属于趋避冲突。双趋冲突是指从自己同时都很喜爱的两个事物中仅择其一的心理状态。故D项属于双趋冲突。双避冲突是指从希望回避的两种事物中必取其一的心理状态。故B、C两项属于双避冲突。

22. C 【解析】合理宣泄法(自我排解)是指当人受到不良刺激而产生消极情绪时,应让不良情绪充分得以宣泄,通过合理的宣泄来减轻心理负担,恢复心理平静。因此,空难幸存者找亲朋好友倾吐不愉快的事属于合理宣泄。

23. C 【解析】升华是一种最积极的富有建设性的防御机制。因为它可以把社会所不能接受的性欲或攻击性冲动所伴有的力比多能量转向更高级的、社会所能接受的目标或渠道,进行各种创造性的活动。甘地遭受种族歧视后投身于印度民族解放运动,这种对待挫折的方式属于升华。

24. B 【解析】意志的自觉性是指一个人清晰地意识到自己行动的目的和意义,并且能够主动地支配自己的行动,使之符合既定目的的意志品质。故题干所述是意志的自觉性。

25. D 【解析】补偿是指个人所追求的目标、理想受到挫折,或由于本身的某种缺陷而达不到既定目标时,用另一种目标来代替或通过另一种活动来弥补,从而减轻心理上的不适感。“失之东隅,收之桑榆”比喻开始在这一方面失败了,最后在另一方面取得胜利。因此属于补偿。

26. D 【解析】对挫折情境的重新认识与评价,称为认知改组(认知重组)。例如,高考落榜是考生产生挫折的情境,如果考生改变对高考落榜严重性的认识,看到上大学并非唯一的成才之路,或者通过自修下一年再考也不迟,这样就可以减轻挫折感。故题干中对待挫折的方式是认知重组。

27. B 【解析】意志的果断性是一种善于辨明是非、抓住时机、迅速而合理地采取决定并执行决定的意志品质。与果断性相反的意志品质是优柔寡断和草率武断。优柔寡断的人表现为犹豫不决,疑虑重重,该断不断,其结果常常是错失良机。小红做事“前怕虎,后怕狼”,畏首畏尾,这说明其缺乏意志的果断性。

28. D 【解析】多重趋避冲突即对含有吸引与排斥两种力量的多种目标予以选择时所发生的冲突。大学毕业生择业时面对多种选择的冲突是这类冲突的典型实例。

29. A 【解析】意志的坚韧性(坚持性)是一个人在行动中坚持决定,百折不挠地克服重重困难去达到行动目的的品质。因此,拾金不昧并不能体现意志的坚韧性。

30. B 【解析】挫折产生的客观原因包括:(1)自然因素;(2)社会因素。挫折产生的主观原因包括:(1)生理因素;(2)心理因素。心理因素中与挫折密切相关的主要有三点:个性完善程度、动机冲突和挫折容忍力。一个人的理想、信念、世界观、价值观以及性格特征都会影响个体的挫折容忍力。故B项属于客观因素,答案选B项。

二、多项选择题

1. ABCD 【解析】良好的意志品质包括意志的自觉性、意志的果断性、意志的坚韧性和意志的自制性。

2. AD 【解析】意志的自制性是一个人善于控制和支配自己的情绪,约束自己言行的品质。与其相反的意志品质是任性和怯懦。优柔寡断是与果断性相反的意志品质;动摇性是与坚韧性相反的意志品质。

3. ABC 【解析】动机冲突的种类主要有:(1)双趋冲突;(2)双避冲突;(3)趋避冲突;(4)多重趋避冲突。故答案选A、B、C三项。

4. ABCD 【解析】提高学生心理承受力是提高其社会适应性的有效措施,学校和教师应主动开展挫折心理训练和挫折教育,提高学生的心理承受力。主要可以从以下几方面进行:(1)使学生树立辩证挫折观,对挫折持积极态度;(2)提高学生对挫折的容忍力和超越力;(3)调整期望目标,正确认识自我和评价自我;(4)设置挫折情景,锻炼学生心理承受力。故本题选择 ABCD。

5. CD 【解析】意志的坚韧性(坚持性)是指一个人在行动中坚持决定,百折不挠地克服重重困难去达到行动目的的品质,与其相反的意志品质是动摇性和执拗性。

三、判断题

1. √ 【解析】从性质和内容上看,动机冲突可分为原则性冲突和非原则性冲突两种。

类型	概念	典例
原则性冲突	个人愿望与社会道德标准相矛盾的动机冲突	遇到人落水求救,是见义勇为,还是避而远之
非原则性冲突	不会与社会道德标准相矛盾,只涉及个人兴趣、爱好取舍的动机冲突	周末是去看电影,还是去跳舞

题干中强调个体捡到钱后,个人愿望(想当零花钱使用)与社会道德标准(拾金不昧)之间产生了矛盾,故属于原则性冲突。因此,题干说法正确。

2. √ 【解析】对学生进行挫折教育,就是教育者有意识地利用和设置挫折情境,通过知识和技能的训练,使学生正确认识挫折、预防挫折、正视挫折,使他们不仅能从别人或外界的给予中得到幸福,而且能从内心深处激发一种自己寻找幸福的本能,培养一种内在的自信和乐观。其目标是培养学生良好的挫折承受力。

3. √ 【解析】情感既可以成为意志行动的动力,也可以成为意志行动的阻力;意志可以调节、控制人的情感。“胜不骄,败不馁”就是情感服从于意志的表现。

4. × 【解析】意志的坚韧性是指一个人在行动中坚持决定,百折不挠地克服重重困难去达到行动目的的品质。意志的果断性是指一种善于辨明是非、抓住时机、迅速而合理地采取决定并执行决定的意志品质。题干中强调学生们克服困难、坚持锻炼,故体现了意志的坚韧性。

四、辨析题

1. 具有良好的意志品质是指一个人很坚强。

(1)这种说法是不正确的。(2)意志品质的特征包括意志的自觉性、果断性、自制性和坚韧性(坚持性)。一个人很坚强只是良好意志品质的一种表现,但是良好的意志品质并不仅仅是指一个人很坚强。

2. 人应该立长志,而不应该常立志。

(1)这种说法是正确的。(2)意志的坚韧性是一个人在行动中坚持决定,百折不挠地克服重重困难去达到行动目的的品质。坚持是对行动目的的坚持,人应该培养自己意志的坚韧性,克服动摇性和执拗性。

3. 教师对做事总是虎头蛇尾的学生应着重培养其意志品质的自制性。

(1)这种说法是错误的。(2)意志的自制性是指一个人善于控制和支配自己的情绪,约束自己言行的品质。与自制性相反的意志品质是任性和怯懦。意志的坚持性是指一个人在行动中坚持决定,百折不挠地克服重重困难去达到行动目的的品质。虎头蛇尾的学生主要是指学生在行动中不能坚持下去,因此对于虎头蛇尾的学生应主要培养学生的坚持性,故题干说法错误。

五、案例分析题(参考答案)

1. (1)孔子在穷困潦倒中创作了《春秋》;屈原被流放后写了《离骚》。这句话告诉我们,伟人大都是在经历巨大的挫折之后,名留青史。案例中,青少年儿童经常因为生活或学习中的小挫折而备受打击,甚至因为一点挫折而选择放弃生命,这说明了目前中小学生的挫折教育的滞后。

(2)青少年抗挫折能力差的影响因素:

抗挫折能力差的原因有家庭、学校和个人三方面共同的责任。

①抗挫折能力差的家庭原因。侧重物质给予,忽视精神教养;家长期望过高,让孩子无法承受;家长的人格和心理偏差对孩子的不利影响;父母包办一切,生活用时方恨少。

②抗挫折能力差的学校原因。学校以应试教育为主,缺失挫折教育;老师的专业素养有待提高,缺少相关的心理健康知识,处理问题没有讲究方式方法。

③抗挫折能力差的个人原因。缺少处理挫折问题的方法和技术;自身的个性特征决定的,如自卑、遇事容易冲动等。

(3)提高学生挫折承受力的方法:①帮助学生树立正确的挫折观。挫折是客观存在、不可避免的。帮助学生树立正确的挫折观,教会学生对挫折有正确的认识,使其对在学习、生活中可能出现的挫折与困难事先有充分的估计,心理有所准备,就会减轻挫折感,增强战胜挫折的信心与勇气。②帮助学生确定适当的抱负水平。青少年关于自己的理想或抱负有不同的水平,过高的抱负水平是产生挫折感的一个重要因素。③适度感受挫折,锻炼挫折承受力。青少年正处于身心急速发展的时期,心理脆弱、敏感,如果经常遭受重大的精神打击和接连不断的挫折,就会严重影响其心理健康,因此学校和家庭要尽可能预测和改变重大挫折的情境和条件,以避免学生受到更大的心理伤害。但这不等于说要对学生过分保护,不让他们经历任何挫折。事实证明,适度的挫折经历,对于个人挫折承受力的锻炼和培养是十分重要的。也就是说,对挫折的承受也是要通过学习而获得的。所以,教师和家长可以有意识地提供或利用一些挫折情境,鼓励学生主动地在学习、生活实践中克服困难,战胜挫折,积累经验,不断成熟。

(考生可结合实际加以阐述,言之有理即可)

2.(1)①意志的自觉性是指一个人清晰地意识到自己行动的目的和意义,并且能够主动地支配自己的行动,使之符合既定目的的意志品质。学生A做事有自己的主见和想法,从不受他人影响,总能按照自己的认识和想法合理地采取决定,说明其自觉性较好。

②意志的坚韧性是一个人在行动中坚持决定,百折不挠地克服重重困难去达到行动目的的品质。坚持是对行动目的的坚持。学生B做事目标明确,面对困难不退缩,再大的压力在她面前总能被克服,体现了其有较好的坚韧性。

③意志的果断性是一种善于辨明是非、抓住时机、迅速而合理地采取决定并执行决定的意志品质。与果断性相反的意志品质是优柔寡断和草率武断。优柔寡断的人表现为犹豫不决,疑虑重重,该断不断,其结果常常是错失良机。草率武断的人懒于思考,滥下结论,行动鲁莽,轻举妄动。学生C犹豫不决的性格说明其缺乏意志的果断性。

④意志的自制性是一个人善于控制和支配自己的情绪,约束自己言行的品质。与自制性相反的意志品质是任性和怯懦。前者不能约束自己的行动;后者在行动中畏缩不前,惊慌失措。这都是意志自制性薄弱的表现。学生D做事前从不考虑后果,想做就做,比较任性。可一碰上关键任务,第一个掉链子的、临阵退缩的就是他。这表明其缺乏意志的自制性。

(2)①加强生活目的性教育,树立科学的世界观、远大的理想和信念,培养学生行为的目的性,减少其行动的盲目性;②加强养成教育,培养学生的自制能力;③组织实践活动,在困难环境中锻炼学生的意志,让学生取得意志锻炼的直接经验;④教育学生正确地对待挫折;⑤根据学生意志品质上的差异,采取不同的锻炼措施;⑥发挥教师、班集体和榜样的模范作用,给予必要的纪律约束;⑦加强自我锻炼,从点滴小事做起。

(考生可结合实际加以阐述,言之有理即可)

第四章　个性心理

专题一　需要、动机与兴趣

答案速查：

1～5	BCDCA	6～10	CDDCA	11～15	DBDBD	16～20	DDBDB
21～25	BBDDC	26～30	ADCDD	1～5	ACD ABD ABD ABCD ABCD		
6～10	BCD ABC ABCD BCD ABCD			1～5	√ × √ √ ×		

一、单项选择题

1. B 【解析】关于低级需要与高级需要的关系，马斯洛认为：需要层次越低，力量越强。一般只有在满足低级需要的基础上，才会出现高级需要。在进化过程中，高级需要是出现得较晚的。高级需要与低级需要并不是绝对对立的，人的低级需要部分满足可产生高级需要，有些人甚至可以放弃低级需要而追求高级需要。题干中的个体自愿到边远贫困地区支教，这说明了低级需要和高级需要并不是绝对对立的。

2. C 【解析】马斯洛认为，需要的层次越低，它的力量越强，潜力越大。A 项说法正确。需要分为：(1)低级需要，即直接关系到个体的生存的需要，也叫缺失需要，包括生理需要、安全需要、归属与爱的需要和尊重需要。(2)高级需要，也叫成长需要，包括求知需要、审美需要和自我实现的需要。B 项说法正确，C 项说法错误。按照马斯洛的需要层次理论，个体成长发展的内在力量是动机，而动机是由多种不同性质的需要(有机体内部的一种不平衡状态)引发的。D 项说法正确。因此，本题答案选 C 项。

3. D 【解析】兴趣的稳定性，指对事物具有持续、稳定的兴趣。题干中居里夫人对科学研究的兴趣持续一生，是稳定而持久的，故选 D 项。

4. C 【解析】动机是激发和维持有机体的行动，并使该行动朝向一定目标的心理倾向或内部驱力。它在需要的基础上产生，可以激起或抑制人行动的愿望和意图，是推动人行为的内在原因。

5. A 【解析】直接兴趣是由认识事物本身的需要引起的；间接兴趣是由认识事物的目的和结果所引起的。题干中的小石对数学没有兴趣，但对最终当上数学课代表感兴趣，因此，其兴趣属于间接兴趣。

6. C 【解析】人的需要是有层次的，先是满足最基本的生活需要，而后是满足社会和精神需要，人们的需要是不断地由低级向高级发展的。“仓廪实而知礼节，衣食足而知荣辱”的意思是百姓的粮仓充足，丰衣足食，才能顾及礼仪，重视荣誉和耻辱。这体现了需要从低级发展到高级，故反映了需要的层次性。

7. D 【解析】自我实现的需要是最高层次的需要。所谓“自我实现”，即追求自我理想的实现，是充分发挥个人潜能、才能的心理需要，也是一种创造和自我价值得到体现的需要。因此，题干中的人员更换职业或者转而创业是为了追求自我实现。

8. D 【解析】生理需要是指与保持个体的生命安全和种族延续相联系的一些需要，如饮食、睡眠、休息、性、运动、排泄、繁衍等。故本题选 D。

9. C 【解析】兴趣是人对事物的一种认识倾向，伴随着积极的情绪体验，对个体活动，特别是对个体的认知活动有巨大的推动作用。故本题答案选 C。

10. A 【解析】马斯洛把需要分成了七个层次，即生理需要、安全需要、归属与爱的需要、尊重需要、求知需要、审美需要和自我实现的需要。其中前四种需要被称为缺失需要，后三种需要是成长需要。故答案选 A 项。

11. D 【解析】自我实现的需要是最高层次的需要。所谓“自我实现”，即追求自我理想的实现，是充分发挥个人潜能、才能的心理需要，也是一种创造和自我价值得到体现的需要。该学生决心

将个人理想与中国梦结合,努力学习,报效祖国。这是一种充分发挥个人潜能、才能,实现自我理想的心理需要,故属于自我实现的需要。

12. B 【解析】兴趣的广度是指兴趣的范围大小,即兴趣广泛与否;兴趣的稳定性(持久性),指对事物具有持续、稳定的兴趣。孩子对许多事物都很感兴趣,说明其兴趣的广泛性强;但常常只有"三分钟热度",说明其兴趣稳定性差。

13. D 【解析】归属与爱的需要,也称社交需要,是指每个人都有被他人或群体接纳、爱护、关注、鼓励及支持的需要。因此,温馨的家庭氛围和良好的同伴关系满足了儿童归属与爱的需要。

14. B 【解析】动机的指向功能是指在动机的作用下,人的行为将指向某一目标。根据题干描述可知,不同的学生学习的目标指向不同,这体现了动机的指向功能。

易错提示:考生易混淆动机的激活功能和指向功能。动机的指向功能和激活功能都和行动有关,但是两者侧重点不同,指向功能强调将行为指向具体的对象或事物,激活功能则是使个体的行为由静止转向活动。

15. D 【解析】需要是有机体内部的一种不平衡状态,表现为有机体对内、外环境条件的需求。故 D 项说法正确。而 A 项是生理需要,B 项是安全需要,C 项是归属与爱的需要,这些只是需要的某一个方面,不能完整地说明需要。

16. D 【解析】马斯洛把需要分为生理需要、安全需要、归属与爱的需要、尊重需要、求知需要、审美需要和自我实现的需要七个层次。其中前四种需要被称为缺失需要,后三种需要是成长需要。因此,答案选 D 项。

17. D 【解析】马斯洛是美国当代人本主义心理学家。他的需要层次理论是最富有影响力的需要理论。早期,他根据需要出现的先后及强弱顺序,把需要分成了五个层次,即生理需要、安全需要、归属与爱的需要、尊重需要和自我实现的需要。

18. B 【解析】动机的激活功能体现在动机具有发动行为的作用,能推动个体产生某种活动,使个体由静止状态转向活动状态。故题干所述体现了动机的激活功能。

19. D 【解析】根据动机的意识水平,人的动机可分为有意识的动机和无意识的动机。有意识的动机,是指行为者能觉察到的、并对其内容明确的那种动机。例如,人对某事物、现象或活动所表现出来的兴趣;以道德感、义务感和社会责任感为内容的理想和信念等。无意识的动机,是指一种在不知不觉中出现的、决定人的活动倾向的动机。例如,一位教师对某个学生的印象比较好,认为他聪明、勤奋、成绩优秀,因而在评分时不自觉地降低了评分的标准,并有可能忽略了其试卷中存在的某些错误;反之,对印象差的学生,教师不相信他在考试中会获得优秀的成绩,因而在评分时不自觉地提高了要求,对其试卷中的问题也比较敏感。

20. B 【解析】兴趣的广度,是指兴趣的范围大小,即兴趣广泛与否。对许多事物和活动都乐于参与、乐于探求,主要体现了兴趣的广泛性。

21. B 【解析】需要具有以下几个特点:(1)对象性;(2)动力性;(3)社会性。其中,需要的动力性表现在:需要是有机体活动的积极性源泉,是人进行活动的基本动力。人的各种行为及活动,从饮食、学习、劳动到创造发明,都是在需要的推动下进行的。

22. B 【解析】安全需要是指希求受到保护与免遭威胁从而获得安全感的需要。人们希望得到稳定的工作,愿意参加保险正是安全需要的体现。

23. D 【解析】动机是个体在自我调节的作用下,使自身的内在需求(如本能、需要和驱力等)与行为的外在诱因(外在条件、目标和奖惩等)相协调,从而形成激发和维持行为的动力因素。

24. D 【解析】自我实现,即追求自我理想的实现,是充分发挥个人潜能、才能的心理需要,也是一种创造和自我价值得到体现的需要。自我实现的需要是最高层次的需要,搞小发明实现了自我潜能,故属于自我实现的需要。

25. C 【解析】交往动机是在交往需要的基础上产生的社会性动机。交往需要表现为每个人都有团体归属感,每个人都希望得到别人的关心、支持、友谊、合作与奖赏。这种需要促使人们结交朋友,寻找支持,参加群体活动,因而形成交往动机。

26. A 【解析】动机的激活功能是指动机具有发动行为的作用,能推动个体产生某种活动,使个体由静止状态转向活动状态。

27. D 【解析】社会性动机是与人的心理、社会需要有关的后天习得的动机。它包括两个层次:(1)比较原始的三种驱动力,即好奇心、探索与操作;(2)人类特有的成就动机、学习动机、权力动机和社会交往动机等。因此,D 项参与交往属于社会性动机。

28. C 【解析】在马斯洛的需要层次理论中,自我实现的需要是最高层次的需要,是在前面需要得到满足后产生的。所谓"自我实现",即追求自我理想的实现,是充分发挥个人潜能、才能的心理需要,也是一种创造和自我价值得到体现的需要。李老师在教学过程中充分发挥自身潜能,对教学中的每一项任务力求做到极致,这表明其达到的最高层次的需要是自我实现的需要。

29. D 【解析】自我实现的需要是最高层次的需要,所谓"自我实现",即追求自我理想的实现,是充分发挥个人潜能、才能的心理需要,也是一种创造和自我价值得到体现的需要。学生渴望充分发挥自己的潜能,成为自己所期望的人物,完成与自己能力相称的活动,这属于自我实现的需要。

30. D 【解析】从兴趣的广度来看,兴趣可以分为中心兴趣和广阔兴趣两种。其中,广阔兴趣是对多方面的事物或活动表现出兴趣。

二、多项选择题

1. ACD 【解析】马斯洛将人的需要划分为七种,其中生理需要、安全需要、归属与爱的需要、尊重需要属于缺失性需要,求知需要、审美需要、自我实现的需要属于成长需要。A、C、D 三项是为了满足尊重需要,属于缺失性需要。B 项保持体型是为了满足审美需要,属于成长需要。本题为选非题,故选 A、C、D 三项。

2. ABD 【解析】马斯洛根据需要出现的先后及强弱顺序,把需要分成了生理需要、安全需要、归属与爱的需要、尊重需要、求知需要、审美需要和自我实现的需要七个层次。位于需要层次底部的四种需要被称为缺失需要,后三种需要是成长需要。故选 A、B、D 三项。

3. ABD 【解析】马斯洛的需要层次理论中各层次需要之间的关系表现为:(1)七种基本需要按一定顺序逐级上升;(2)只有低一级需要基本满足后,高一级需要才能成为行为动力;(3)高一级需要产生时,低级需要并不消失;(4)同一时期内,人就有多种需要并存,但有的需要占主导地位。

4. ABCD 【解析】马斯洛根据需要出现的先后及强弱顺序,把需要分成生理需要、安全需要、归属与爱的需要、尊重需要、求知需要、审美需要和自我实现的需要七个层次。其中,前四种需要被称为缺失需要(又称基本需要),后三种需要是成长需要。故答案选 A、B、C、D 四项。

5. ABCD 【解析】在培养学生的学习兴趣方面,我国许多优秀教师已积累了大量宝贵经验,概括起来主要有以下几个方面:(1)明确每节课的具体目的和知识的意义;(2)开展丰富多彩的课外活动,有计划地扩大学生的知识领域;(3)通过诱导帮助学生在学习中获得成功;(4)把学生其他原有的兴趣迁移到学习上来。

6. BCD 【解析】早期,马斯洛根据需要出现的先后及强弱顺序,把需要分成了五个层次,即生理需要、安全需要、归属与爱的需要、尊重需要和自我实现的需要。其中,自我实现的需要由低到高可以分为认知需要、审美需要和自我创造需要。

7. ABC 【解析】马斯洛把需要由低到高分为:(1)生理需要;(2)安全需要;(3)归属与爱的需要;(4)尊重需要;(5)求知需要;(6)审美需要;(7)自我实现的需要。其中,前四种需要被称为缺失需要,它们是个体生存所必需的,必须得到一定程度的满足。但是这些需要一旦满足,由此产生的动机就会趋于消失。后三种需要是成长需要,它们虽不是我们生存所必需的,但对于我们适应社会来说却有重要的积极意义。因此,答案选 A、B、C 三项。

8. ABCD 【解析】在马斯洛看来,导致绝大多数人不能自我实现的主要原因是:(1)自我实现是很微弱的似本能需要,容易被压抑、控制、更改和消失;(2)许多人不敢正视关于他们自己自我实现

所需要的那种知识,对那种知识缺乏自知,使自己处于不确定的状态;(3)文化环境用强加于人身上的规范,阻滞一个人的自我实现;(4)自我实现者是由成长性需要而不是匮乏性需要推进的,其发展和持续成长依赖于个体自身的潜力。

9. BCD 【解析】动机具有如下功能:激活功能、指向功能、维持和调节功能(强化功能)。故本题答案选B、C、D三项。

10. ABCD 【解析】心理学家麦独孤认为,本能是天生的倾向性,对某些客体特别敏感,并伴随有特定的情绪体验。本能是人类一切思想和行为的基本源泉和动力,即本能是一种有目的的行为。故A项表述正确。精神分析理论的创始人弗洛伊德对于人类丰富的精神生活有极为浓厚的兴趣。他提出行为的动机源于强大的内在驱力和冲动,如性本能和攻击本能。故B项表述正确。赫尔提出了驱力减少理论,他认为驱力、习惯强度共同决定了个体的有效行为潜能。故C项表述正确。美国心理学家詹姆斯提出,人的行为依赖于本能的指引,人除了具有与动物一样的本能外,还具有社会本能,如爱、社交、同情、诚实等。故D项表述正确。

三、判断题

1. √ 【解析】马斯洛是美国当代人本主义心理学家,提出了著名的需要层次理论。他根据需要出现的先后及强弱顺序,把需要分成了以下七个层次,即生理需要、安全需要、归属与爱的需要、尊重需要、求知需要、审美需要和自我实现的需要。马斯洛对以上七种需要进行了进一步的区分:位于需要层次底部的四种需要被称为缺失需要,它们是个体生存所必需的,必须得到一定程度的满足。后三种需要是成长需要,它虽不是我们生存所必需的,但对于我们适应社会来说却有重要的积极意义。较低级的需要至少必须部分满足之后才会出现对较高级需要的追求。例如,在一个非常饥饿的孩子面前同时摆上一堆书和一堆食物,让其选择其一,孩子肯定先选食物,吃饱以后再去选书读。因此,题干中教师在自尊水平低的学生中灌输"为学习本身的满足而去学"(求知需要)的观念的做法是不恰当的。对于自尊水平低的学生,教师应先满足其尊重需要。故题干说法正确。

2. × 【解析】动机是在需要的基础上产生的,与需要联系紧密,但它又不同于需要。只有当需要达到一定程度时,才能成为推动或阻止某种活动的内部动力。因此题干说法错误。

3. √ 【解析】需要是有机体感到某种缺乏或不平衡状态而力求获得满足的心理倾向,是有机体自身和外部生活条件的要求在头脑中的反映,表现为有机体对内外环境条件的欲求。故题干说法正确。

4. √ 【解析】动机是激励和维持人的行动,并使行动朝向某一目标,以满足个体某种需要的动因。当个体活动由于动机激发而产生后,能否坚持活动同样受到动机的调节和支配。

5. × 【解析】兴趣的广度,是指兴趣的范围大小,即兴趣广泛与否;兴趣的倾向性,是指个体对什么发生兴趣。题干中果果能歌善舞,琴棋书画无所不通,这体现的是兴趣的广度,即兴趣广泛与否。

四、辨析题

1. 现实生活中,每个个体只有在低级需要得到部分满足时,高一级需要才会产生。

(1)这种说法是正确的。(2)马斯洛认为,人类的需要具有层次性,各种基本需要是相互联系和彼此重叠的,是一个按层次组织起来的系统。他认为,较低级的需要至少必须部分满足之后才会出现对较高级需要的追求。

2. 学生的学习兴趣既可以来自对学习活动本身的直接兴趣,也可以来自对学习结果的间接兴趣。

(1)这种说法是正确的。(2)直接兴趣是由认识事物本身的需要引起的;间接兴趣是由认识事物的目的和结果所引起的。因此,学生的学习兴趣既可以来自直接兴趣,也可以来自间接兴趣。

五、论述题(参考答案)

1. 马斯洛认为,对于一般人而言,从基本需要到成长需要大致有七个层次。论述你从教之后的最高层次的需要及实现这一最高层次需要的个人努力和环境期望。

(1)马斯洛根据需要出现的先后顺序及其强弱将人的需要分为七层,依次是生理需要、安全需要、归属与爱的需要、尊重需要、求知需要、审美需要和自我实现的需要。其中,最高层次的需要是自我实现的需要,即追求自我理想的实现,充分发挥个人潜能、才能的心理需要,也是一种创造和自我价值得到体现的需要。我从教之后的最高层次的需要是自我实现的需要,即成为一名专家型教师,发挥自身的能力和专业知识,帮助学生更好的学习。

(2)①个人努力方面:观摩和分析优秀教师的教学活动;在教学的过程中不断了解、研究学生;不断进行专门的训练;课后进行教学反思。②环境期望方面:期望学校在硬件设施方面能够配备微格教室,以方便教师的成长训练;期望能够获得一定的在职培训,以不断更新自己的专业知识,获得最新的教育教学理论、教学技能与教学策略;期望构建合作学习小组,促进教师专业成长。

(考生可结合自身实际适当加以阐述,言之有理即可)

2.请论述马斯洛需要层次理论的主要内容,并对该理论进行评价。

马斯洛是美国当代人本主义心理学家。他的需要层次理论是最富有影响力的需要理论。他根据需要出现的先后及强弱顺序,把需要分成了生理需要、安全需要、归属与爱的需要、尊重需要、求知需要、审美需要和自我实现的需要七个层次。

马斯洛对以上七种需要进行了进一步的区分:位于需要层次底部的四种需要被称为缺失需要,它们是个体生存所必需的,必须得到一定程度的满足。但是,这些需要一旦满足,由此产生的动机就会趋于消失。后三种需要是成长需要,它们虽不是我们生存所必需的,但对于我们适应社会来说却有重要的积极意义。

马斯洛的需要层次理论是一种较为完备的需要理论,它对需要的实质、结构、归属及作用都作了系统的探讨,这对进一步研究这一重大问题、建立科学理论是有积极意义的。马斯洛的需要层次理论在行为科学、组织行政、企业管理中已经有了广泛的应用。但是,这一理论也存在明显的不足:(1)最初马斯洛的理论机械性很强,后来论述没有那样刻板,但总的来说,是机械的满足上升的层次论;(2)马斯洛的自我实现途径是脱离社会实践的、封闭的方式,这是不可能的;(3)他的需要层次论带有假设性质,缺乏客观测量指标,是抽象地谈论人的需要与自我实现。

六、案例分析题(参考答案)

1.辛老师是分别从归属与爱的需要、尊重需要和自我实现的需要这三个方面制定教育措施的,具体表现为:

(1)辛老师根据归属与爱的需要制定教育措施。归属与爱的需要,也称社交需要,是指每个人都有被他人或群体接纳、爱护、关注、鼓励及支持的需要。在该案例中,辛老师为小丁组建"学习帮帮团"帮助他学习;开展以"我们是一个有爱和谐的家"为主题的班会课,让同学们接纳小丁。这些措施满足了小丁归属与爱的需要。

(2)辛老师根据尊重需要制定教育措施。尊重需要是在生理、安全、归属与爱的需要得到基本满足后产生的对自己社会价值追求的需要,包括自尊和受到别人的尊重两个方面。具体表现为认可自己的实力与成就、自信、独立、渴望受到赏识与评价、重视威望和名誉等。在该案例中,辛老师让小丁当班级宣传委员,发挥他画画的特长;对小丁取得的进步给予赞赏;针对小丁在课堂上做小动作的行为,没有当众训斥他而是委婉地提示。这些措施满足了小丁的尊重需要。

(3)辛老师根据自我实现的需要制定教育措施。自我实现的需要,是充分发挥个人潜能、才能的心理需要,也是一种创造和自我价值得到体现的需要。在该案例中,辛老师利用课余时间与小丁谈心,以励志的榜样故事鼓舞他树立理想,实现人生价值,最终使小丁树立了自信心。

2.学习兴趣的发展经历了有趣、乐趣和志趣的逐步深化过程。教师可以通过以下途径来培养和激发学生的学习兴趣:(1)通过各种活动发展学生的兴趣;(2)通过提高教学水平,引发学生兴趣;(3)引导学生将广泛兴趣与中心兴趣结合起来;(4)要根据学生的年龄特征来提高学生的学习兴趣;(5)要根据学生的知识基础培养学生的学习兴趣;(6)通过积极的评价使学生的兴趣得以强化;(7)充分利用原有兴趣的迁移。

案例中的小丽老师为了激发学生学习英语的兴趣,根据中学生的年龄特征,设计了"鳄鱼池逃生"的游戏,这既增加了教学的趣味性,也有利于激发学生学习英语的兴趣。同时,小丽老师新奇的教学方式也有利于学生原有兴趣的迁移,即将学生对游戏的兴趣转移到学习英语的兴趣上。

专题二 能 力

答案速查:

1～5	BCBCB	6～10	ADABD	11～15	AABAC	16～20	BBABC
21～25	DBDCC	26～30	BBADA	31～35	DCCDB	36～40	ACBCD
41～45	ACADB	46～50	ABBCC	51～55	BCACD	56～60	DBABC
61～65	DBBDA			1～5	ABD ABC AB ACD ABCD		
6～10	ABC ABD ABC ACD ABD			11～15	ACD ABC ABCD BCD BCD		
1～5	× √ × × ×			6～10	× √ × × √		

一、单项选择题

1. B 【解析】美国心理学家吉尔福特提出了智力的三维结构论。他认为,智力是一个由不同方式对不同信息进行加工的各种能力的综合系统,是一个包括内容、操作和成果的三维结构。其中,操作代表智力的高低。个人针对引起思考的情境,在行为上表现出思考结果之前,所经过的内在操作历程,即代表个人的智力。

2. C 【解析】内容效度指测验题目对有关内容或行为范围取样的适当性,也就是测验所选的项目是否符合所要测量的东西,其代表性是否适当。题干中王老师编制试卷时没有随机取样,试题内容缺乏代表性,内容效度不高,故选 C 项。信度是指一个测验量表的可靠程度,以反复测验时能否提供相同的结果来说明,题干中没有涉及反复测验,排除 A 项。实证效度指测验对处于特定的情境中的个体行为进行预测的有效程度,题干没有涉及预测行为,排除 B 项。构想效度指测验对某种理论的符合程度,题干中没有涉及某一理论,排除 D 项。

3. B 【解析】一般人在 20 岁以后,流体智力的发展达到顶峰,30 岁以后随着年龄的增长而降低。晶体智力随着年龄的增长而升高。故选 B 项。

4. C 【解析】斯坦福—比纳量表用智商代表智力水平,它所反映的是智龄和实足年龄的关系。智商(IQ) = 智龄(MA) ÷ 实龄(CA) × 100,即 10(智龄) ÷ 8(实龄) × 100 = 125,所以该学生的智商是 125。

5. B 【解析】影响能力形成与发展的因素有:遗传与营养、早期经验、教育与教学、社会实践和主观努力。题干认为天才包含 99% 的汗水,是在强调主观努力的作用,本题选择 B 项。

6. A 【解析】离差智商代表一个人的智力水平偏离本年龄组平均水平的方向和程度,反映一个人在同龄人中智力所处的位置,决定于个体在相同条件团体中的相对位置。

7. D 【解析】信度是指一个测验量表的可靠程度(或可信程度)。它以反复测验时能否提供相同的结果来说明。题干中,把学生的散文送给三位语文老师批改,主要是为了保证评价的一致性,即保证该测验的信度。

8. A 【解析】一般能力是指在不同种类的活动中表现出来的能力,如观察力、记忆力、抽象概括能力、创造力等。故答案选 A。

9. B 【解析】英国心理学家斯皮尔曼认为,智力包括两种因素:一般因素(即 G 因素)和特殊因素(即 S 因素)。一个人智力水平的高低取决于 G 因素的数量。

10. D 【解析】晶体智力是以学得的经验为基础的认知能力。它受后天经验的影响较大,主要表现为运用已有知识和技能去吸收新知识和解决新问题的能力。故题干所述体现了晶体智力的内涵。

11. A 【解析】区分度是指题目对不同水平的答题者反应的区分程度和鉴别能力。难度过高或者过低都不利于将不同水平的学生区分开,中等难度的题目区分度较好。因此教师自编测验时,要想提高测验的区分度,最重要的是控制好试题的难度。

12. A 【解析】人的智力是人在认识和改造客观世界的实践中逐渐发展起来的。油漆工人正是在与油漆打交道的实践中获得了辨别多种漆色的能力。

13. B 【解析】遗传素质是智力发展的生物前提,是智力发展的基础和自然条件。有研究发现:遗传关系越密切,个体之间的智力越相似。因此,同卵双生子即使生长在不同的环境中,智商却有很高的相关,这体现了遗传的影响。

14. A 【解析】根据加德纳的多元智力理论可知,内省智力是指认识自我和善于自我反省的能力,能正确认识自己的长处和短处,把握自己的情绪、意向、动机、欲望,对自己的生活有规划,能自尊、自律,会吸取他人的长处,喜欢独立工作,有自我选择的空间。故答案选 A 项。而 B 项属于逻辑—数学智力,C 项属于自然智力,D 项属于人际智力。

15. C 【解析】测验的效度(有效性),是指一个测验工具希望测到某种行为特征的有效性与准确程度。在本题中,算数试卷希望测到的是学生对算数知识的掌握程度,但却因生字而没有达到原有的效果。因此,这说明该试卷的有效性差。

16. B 【解析】通过传授知识发展学生的智力是教学的一个重要任务。然而,知识不等于智力,传授了知识不等于训练了智力。一个学生知识的多少并不一定能标志他的智力发展的高低。故 B 项说法有误。

17. B 【解析】遗传素质是智力发展的生物前提,是智力发展的基础和自然条件。故本题答案选 B。

18. A 【解析】传统的智力理论认为人类的认知是一元的,个体的智能是单一的、可量化的;加德纳的多元智力理论认为,智力的表现形式是多种多样的。故 A 项不符。多元智力理论认为,智力之间通常是以复杂的方式共同起作用的,故 B 项符合。多元智力理论认为,大多数人有可能将任何一种智力发展到令人满意的水平。故 C 项符合。多元智力理论主张在评价方式上,运用各种各样的测评工具。如运用真实性评价,试图用接近"真实生活"的方式来评价学生的学业成就水平,以求描绘出学生进步的完整图像。故 D 项符合。因此,本题答案选 A。

19. B 【解析】有研究表明,元认知在儿童的学习、记忆、理解、问题解决等方面的活动中起着重要的作用,元认知的训练可以提高儿童的智力发展水平,其训练的方法主要有以下三种:

方法	表现
自我提问法	即通过提供一系列关于学生自我观察、自我监控、自我评价的问题,不断促进学生自我反省,从而提高问题解决的能力
相互提问法	即将学生每两人分为一组,给每个学生一份类似于上述自我提问的问题表,要求学生在解决问题的同时根据问题表相互提问并做出回答
知识传授法	主要是通过传授学习理论的有关知识,特别是关于元认知的知识,使学生通过学习,认识到元认知在学习中的重要性,自觉地将元认知运用到学习中,形成适当的学习策略,提高学习效果

故答案选 B 项。

20. C 【解析】智力是使人能顺利完成某种活动所必需的各种认知能力的有机结合,它包括观察力、记忆力、注意力、想象力和思维力等成分,并以思维力为核心。

21. D 【解析】美国耶鲁大学的心理学家斯腾伯格提出了智力的三元理论。该理论包括智力成分亚理论、智力情境亚理论和智力经验亚理论。

22. B 【解析】晶体智力是以学得的经验为基础的认知能力。它包括大量的知识和技能,与学习能力密切联系着,如知识、词汇、计算方面的能力就属于晶体智力。

23. D 【解析】明尼苏达测验属于典型的人格测验。斯坦福—比纳量表和韦克斯勒量表都是比较经典的个别智力测验,瑞文测验是常见的团体智力测验。

24. C 【解析】智力多元论是由美国心理学家加德纳提出来的。斯皮尔曼提出了智力二因素论,吉尔福特提出了智力结构论,斯腾伯格提出了三元智力理论。故本题答案选 C。

25. C 【解析】信度是效度的必要条件,但不是充分条件。一个测量工具要有效度必须有信度,没有信度就没有效度;但是有了信度不一定有效度。信度低,效度不可能高;信度高,效度未必高。故 C 项说法错误。

26. B 【解析】社交能力是指人们在社会交往活动中所表现出来的能力,如沟通能力、解决纠纷的能力等。记忆力属于一般能力,故答案选 B。

27. B 【解析】最早的智力测验是由法国心理学家比纳和西蒙于 1905 年编制的,称为比纳—西蒙智力量表。

易错提示:考生易混淆最早的智力测验量表和最著名的智力测验量表。考生在做题时,应注意题干描述的是“最早”还是“最著名”。最早的智力测验量表是比纳—西蒙智力量表,编制于 1905 年;最著名的智力测验量表是斯坦福—比纳量表。

28. A 【解析】美国心理学家卡特尔根据因素分析的结果,按心智功能上的差异,将人的智力分为流体智力和晶体智力两种不同的形态。其中,流体智力是一种以生理为基础的认知能力,它受先天遗传因素的影响较大,主要表现为:(1)对新奇事物的快速辨认、记忆、理解等;(2)需要较少的专业知识,包括理解复杂关系和解决问题的能力,如在处理数字系列、空间视觉感和图形矩阵项目时所需的能力。因此,题干中的选手表现出的超强的处理数字系列、空间视觉等方面的能力属于流体智力。

29. D 【解析】能力与知识、技能具有不同的概括水平。知识、技能的掌握和能力的发展是不同步的。因此①②错误。能力是在掌握知识和技能的过程中形成和发展起来的,掌握系统的知识和技能有利于能力的增长和发挥。故本题答案选 D。

30. A 【解析】韦氏智力量表的离差智商是以 100 为平均数、15 为标准差的一种标准分数。其智商计算公式为:$IQ = 100 + 15Z = 100 + 15 \times [(X - \overline{X}) \div SD] = 100 + 15 \times [(90 - 84) \div 10] = 109$。

31. D 【解析】美国心理学家加德纳提出了多元智力理论,他认为人的智力结构中存在着七种相对独立的智力。根据该理论可知,①数学运算与逻辑思考的能力属于逻辑—数学智力;②有效地理解别人及其关系以及与人交往的能力属于社交智力;③感知音调、旋律、节奏的能力属于音乐智力;④独处、反思的能力属于内省智力。因此,这四项都属于加德纳的多元智力的范围。

32. C 【解析】长期以来,学校教育偏重于培养学生的言语智力和逻辑—数学智力,而忽视了对学生其他智力的开发和培养。根据多元智力理论,我们必须认识到学生智力的多样性、广泛性和差异性,把培养学生的多种能力放在同等重要的地位。加德纳指出,过去在西方流行的智商测验和传统教育单纯依靠用纸笔的标准化考试来区分儿童智力的高低、考查学校教育的效果、甚至预言他们未来的成就和贡献,这种做法是片面的。它实际上过分强调了言语智力和逻辑—数学智力。

33. C 【解析】创造性智力是一种能超越已知给定的内容,产生新颖有趣结果的能力。个体的创造性智力主要包括想象、假设、构思、创造和发明等能力。具有创造力的人常常是特别出色的综合思维者,能够发现别人所不能发现的联合(综合)点。

34. D 【解析】区分度是指测验题目对不同水平的答题者反应的区分程度和鉴别能力。高水平的学生在测验项目上能得高分,而低水平的学生只能得低分,说明该测验可以很好地区分不同水平的答题者的能力,故该测验的区分度高。

35. B 【解析】根据能力在人一生中的不同发展趋势以及能力与先天禀赋、社会文化因素的关系，可以把能力分为流体能力和晶体能力。故答案选 B 项。

36. A 【解析】美国心理学家霍华德·加德纳认为，人类的心理能力至少应该包括语言智能、逻辑—数学智能、空间智能、肢体—动觉智能、音乐智能、人际智能、内省智能以及自然观察智能八种不同的智能。其中，人际智能指善于觉察并区分他人的情绪、动机、意向及感觉，具有有效与人交往的能力。

37. C 【解析】斯坦福—比纳量表用比率智商来衡量人们的智力水平；韦克斯勒智力量表（韦氏智力量表）用离差智商来衡量人们的智力水平。故本题答案选 C。

38. B 【解析】创造能力指的是按照预先设定的目标，利用一切已有的信息，创造出新颖独特、具有个人或社会价值的产品的能力。小亮喜欢做新颖和富有价值的事情，而且经常能够提出一些创新性的观点，故小亮所表现的能力属于创造能力。

39. C 【解析】一般能力是指在不同种类活动中表现出来的能力，包括观察力、记忆力、抽象概括能力、创造力等，其中抽象概括能力是一般能力的核心。

40. D 【解析】"高分低能"指的是在学业评价上能够获得高分数，但在工作和实际生活中的表现却很差，自理能力、创新能力等多方面存在较大问题的现象。这说明知识、技能的掌握和能力的发展是不同步的。知识多了，能力并不一定就高。即知识不等于能力。

41. A 【解析】社交能力是指人们在社会交往活动中所表现出来的能力，如沟通能力、解决纠纷的能力等。B 项操作能力指人们操纵自己的肢体去完成各项活动的能力。C 项认知能力指人脑存储、加工和提取信息的能力。D 项模仿能力指通过观察别人的行为和活动，以相同的方式做出反应的能力。故答案选 A。

42. C 【解析】加德纳的多元智力理论认为，人的智力结构中存在着七种相对独立的智力（后发展为九种），这几种智力在每个人身上的组合方式是多种多样的，每个人在不同领域的智力发展水平是不同步的。有人可能在某一两个方面是天才，而在其余方面却是蠢材；有人可能每种智力都很一般，但如果他所拥有的各种智力被巧妙地结合在一起，则可能在解决某些问题时会显得很出色。因此，不能仅从一方面衡量、评价学生的好坏。

43. A 【解析】认知测验，又称能力测验，主要包括智力测验、能力倾向测验（又称性向测验）、教育测验（又称成就测验）及创造力测验等。

44. D 【解析】一般能力是指在不同种类活动中表现出来的能力，如观察力、记忆力、想象力、抽象概括能力等。故 D 项属于一般能力。

45. B 【解析】智商（IQ）= 智力年龄（MA）/实际年龄（CA）× 100 = 9/7 × 100 = 128.6。故本题答案选 B。

46. A 【解析】创新（造）能力是指产生新的思想和新的产品的能力。一个具有创造力的人往往能超脱具体的知觉情景、思维定势、传统观念和习惯势力的束缚，在习以为常的事物和现象中发现新的联系和关系，提出新的思想，产生新的产品。

47. B 【解析】题干中的学生在学习立体几何时，需要运用自己的立体空间能力。正是由于不同学生的空间智力存在差异，从而造成了学生的学习速度有快有慢。

48. B 【解析】效度通常用效度系数来表示，效度系数越接近 1，说明其效度越高。智力测验的效度系数通常在 0.3 ~0.6 之间。

49. C 【解析】瑞文智力测验是一种非语言式的智力测验，不受知识经验、民族习惯等因素的影响。因此，对中国儿童和国外儿童智力发展差异的研究，最理想的智力测验工具是瑞文智力测验。

50. C 【解析】动机的指向功能是指动机使机体的活动针对一定的目标或对象。动机不同，活动的方向和它所追求的目标也不同。例如，在学习动机的支配下，学生的活动指向的是书本；而在娱乐动机的支配下,其活动指向的则是娱乐设施。

51. B 【解析】智力不是天生的,教育和教学对智力的发展起着主导作用。教育和教学不仅使儿童获得前人的知识经验,而且促进儿童心理能力的发展。故本题答案选 B。

52. C 【解析】促进智力发展的教学措施包括:(1)培育学生的认知品质。(2)塑造学生良好的认知结构。(3)促进学生三种知识的学习:①向学生传授陈述性知识;②帮助学生将陈述性知识转化为程序性知识;③教会学生习得与应用策略性知识。

53. A 【解析】信度是指一个测验量表的可靠程度(或可信程度)。它以反复测验时能否提供相同的结果来说明。根据题干描述可知,两次测验的分数差距较大,这说明该量表存在信度问题。

54. C 【解析】晶体智力是以学得的经验为基础的认知能力。它受后天经验的影响较大,主要表现为运用已有知识和技能去吸收新知识和解决新问题的能力。"老将出马,一个顶俩""姜还是老的辣"强调长期积累的知识经验的作用,说明老年人的晶体智力还在发展。

55. D 【解析】多元智力理论是由美国心理学家加德纳于 1983 年提出的。他认为,智力的内涵是多元的,由七种相对独立的智力成分构成,即言语智力、逻辑—数学智力、视觉—空间智力、音乐智力、运动智力、人际智力、自知智力。故 B 项说法正确,D 项说法错误。1999 年,他又提出了一种智力,即认识自然的智力。故 A 项说法正确。加德纳的多元智力理论对传统的智力观念提出了新的诠释,为我国新课程改革"建立促进学生全面发展的评价体系"提供了有力的理论依据与支持。故 C 项说法正确。因此,答案选 D 项。

56. D 【解析】测验题目的质量对测验效度的影响体现在:题目的指导语不明确、试题的表达不清晰、试题太难或太容易、题目中出现额外的线索、诱答设计不合理、题目过少、试题的安排和组织不恰当、试题不符合测验目的等因素,都会影响测验的效度,使效度降低。故本题答案选 D 项。

57. B 【解析】流体智力以生理为基础,受先天遗传因素的影响较大;晶体智力以学得的经验为基础,受后天经验的影响较大。故 B 项说法错误。

58. A 【解析】斯皮尔曼首先提出了智力的二因素论。他认为,智力包括两种因素:一般因素(即 G 因素)和特殊因素(即 S 因素)。其中,每个人拥有的 G 因素只有数量和高低的差别。一个人智力水平的高低取决于 G 因素的数量。

59. B 【解析】人际智力(也即社交智力),包括与人交往并和睦相处的能力。人际智力高者善于处理人际关系,善于与人交往。如推销员、教师、心理咨询师、政治家的人际智力一般都很高。

60. C 【解析】运动智力指支配肢体以完成精密作业的能力。如舞蹈家、运动员、外科医生的运动智力较高。因此,刘翔作为运动员,其运动智力较好。

61. D 【解析】加德纳的多元智力理论表明每个学生的智力都有自己独特的表现形式,有自己的智力强项和学习风格。这就启示教育教学应该注重个别化,因材施教。

62. B 【解析】认知能力是指人脑存储、加工和提取信息的能力。

63. B 【解析】效度是指一个测验工具希望测到某种行为特征的有效性与准确程度。就一个高质量的测验而言,效度的重要性大于信度。因为一个低效度的测验,即使具有很好的信度,也不能获得有用的资料。

64. D 【解析】音乐智力是指对声音的辨识与韵律表达的能力,加德纳认为这种能力多系天赋。

65. A 【解析】空间智力(视觉—空间智力)是指认识环境、辨别方向的能力。画家、雕塑家、建筑师大多视觉—空间智力发达。小强擅长绘画,说明小强具备较高的视觉—空间智力。

二、多项选择题

1. ABD 【解析】美国心理学家卡特尔根据因素分析的结果,按心智能力功能上的差异,将人的智力分为流体智力和晶体智力两种不同的形态。其中,流体智力是一种以生理为基础的认知能力,包括理解复杂关系和解决问题的能力,如在处理数字系列、空间视觉感和图形矩阵项目时所需的能力。流体智力受先天遗传因素的影响较大,主要表现为对新奇事物的快速辨认、记忆、理解等。故A、B、D三项体现了流体智力。

2. ABC 【解析】智力也即智能,是使人能顺利完成某种活动所必需的各种认知能力的有机结合,它包括观察力、记忆力、想象力、注意力、创造力和抽象思维力等成分。D项适应力属于非智力因素。本题选A、B、C三项。

3. AB 【解析】根据能力适应活动范围的大小,可分为一般能力和特殊能力;根据从事活动时创造性程度的高低,可分为模仿能力和创造能力。

4. ACD 【解析】根据测量的内容,教育测量可分为学业成绩测验、智力测验、人格测验、特殊能力测验。根据教学过程不同阶段的选用,可将测验分为准备性测验、形成性测验和总结性测验。

5. ABCD 【解析】智力是由多种认知能力有机结合构成的心理结构系统,主要包括注意力、观察力、记忆力、想象力和思维力等成分。

方法技巧:关于智力的成分,考生可通过下列口诀帮助记忆:光(观察力)记(记忆力)住(注意力)相(想象力)思(思维力)。

6. ABC 【解析】心理测验按内容可分为智力测验、成就测验、态度测验和人格测验。一般能力测验即智力测验,韦克斯勒智力测验是经典的智力测验。A、B项属于人格测验;C项属于成就测验。所以,答案选A、B、C三项。

7. ABD 【解析】韦克斯勒智力量表的计算公式:$IQ = 15 \times (X - \overline{X})/SD + 100$。故C项表述错误。其他选项表述均正确。

8. ABC 【解析】加德纳认为,人的智力结构中存在着七种相对独立的智力,包括:(1)言语智力;(2)逻辑—数学智力;(3)视觉—空间智力;(4)音乐智力;(5)运动智力;(6)人际智力(也即社交智力);(7)自知智力(也即内省智力)。成功智力是由美国心理学家斯腾伯格提出的,故D项不符合题意。

方法技巧:关于加德纳提出的智力种类,考生可通过下列口诀帮助记忆:语(言语智力)、数(逻辑—数学智力)、自(自知智力);音(音乐智力)、体(运动智力)、美(视觉—空间智力);还有一堂是社会(社交智力)。

9. ACD 【解析】根据能力的功能不同,能力可分为认知能力、操作能力和社交能力。根据从事活动时创造性程度的高低,能力可分为模仿能力和创造能力。故答案选ACD。

10. ABD 【解析】多元智力理论对我国当前教学改革的启示如下:积极乐观的学生观;科学的智力观;因材施教的教学观;多样化人才观和成才观。加德纳的多元智力理论指出学生智力的多样性、广泛性和差异性,把培养学生的多种能力放在同等重要的地位,认为智力不是以语言能力和逻辑—数理能力为核心的。故C项错误。

11. ACD 【解析】操作是指智力活动的反应方式,包括认知、记忆、发散思维、辐合思维和评价五种。B项行为属于内容维度。

12. ABC 【解析】多元智力理论是由美国心理学家加德纳提出来的。加德纳认为,人的智力结构中存在着七种相对独立的智力(后发展为九种),这几种智力在每个人身上的组合方式是多种多样的,每个人在不同领域的智力发展水平是不同步的。且通过提供丰富的环境、适当的训练与指导,能促使绝大多数学生将任何一种智力发展到更高水平。故A、B两项说法正确。逻辑—数学智力指在数学运算与逻辑思考的能力以及科学分析的能力,故C项说法正确。多元智力理论不采用智力测验来鉴别智力的高低,故D项说法错误。

13. ABCD 【解析】在人的一生中能力发展的一般趋势如下:(1)童年期和少年期是某些能力发展最重要的时期。(2)人的智力在18~25岁之间达到顶峰。(3)根据对人的智力毕生发展的研

究,人的流体智力在中年以后有下降的趋势,而人的晶体智力在人的一生中是稳步上升的。(4)成年期是人生最漫长的时期,也是能力发展最稳定的时期。(5)能力发展的趋势存在个别差异。

14. BCD 【解析】能力与知识、技能具有不同的概括水平。知识是人类社会历史经验的概括和总结,技能是对一系列活动方式的概括,能力是人在从事某种活动时表现出来的多种心理品质的概括。故A项说法错误。一方面能力是掌握知识与技能的前提。能力的高低会影响到知识掌握的深浅、难易和技能水平的高低。从一个人掌握知识、技能的速度和质量上,可以看出其能力的大小。另一方面能力是在掌握知识和技能的过程中形成和发展起来的,掌握系统的知识和技能有利于能力的增长和发挥。所以,B、C、D三项说法正确。

15. BCD 【解析】视觉—空间智力,是指认识环境、辨别方向的能力。这种智力在画家、雕刻家、建筑师、航海家和飞行员等的身上有比较突出的表现。故答案选B、C、D三项。

三、判断题

1. × 【解析】评价考试质量主要依靠信度、效度、难度和区分度等指标。信度是效度的必要条件,但不是充分条件。一个测量工具要有效度必须有信度,没有信度就没有效度;但是有了信度不一定有效度。信度低,效度不可能高;信度高,效度未必高。故题干说法错误。

2. √ 【解析】知识与能力之间存在着内在联系,不能截然分开。没有任何知识能够完全凭借"灌输"而为学生所掌握,知识总是个体通过一定能力的活动所得到的结果。

3. × 【解析】效度是指一个测验工具希望测到某种行为特征的有效性与准确程度。故题干所述体现了效度的内涵。

4. × 【解析】晶体智力是以学得的经验为基础的认知能力,它受后天经验的影响较大。因此题干所述的能力属于晶体智力。

5. × 【解析】信度是指一个测验量表的可靠程度(或可信程度)。测验信度高,说明测验结果比较准确和稳定。

6. × 【解析】信度是指一个测验量表的可靠程度(或可信程度)。如果一个测验在不同的条件下对学生进行多次,且所获得的结果大体一样,即成绩好的学生和成绩差的学生都是相对稳定的人群,那么,我们就认为这一测验的信度较高。故题干说法错误。

7. √ 【解析】测验的难度与信度没有直接对应关系,但是当测验太难或太易时,分数的范围就会缩小,从而降低信度。只有当测验难度水平可以使测验分数的分布范围最大时,测验的信度才会最高,通常这个难度水平为0.50。

8. × 【解析】加德纳认为智力不是某一种能力或围绕某一种能力的几种能力的整合,而是相对独立、相互平等的七种智力。

9. × 【解析】用智龄和实足年龄的比率代表的智商,称作比率智商。当实际年龄大于智力年龄时,计算得出的智商数值会变小,这表明智力中等或低下。

10. √ 【解析】多元智力理论是由美国心理学家加德纳提出来的。加德纳认为,人的智力结构中存在着七种相对独立的智力,这七种智力在每个人身上的组合方式是多种多样的,每个人在不同领域的智力发展水平是不同步的。有人可能在某一两个方面是天才,而在其余方面却是蠢材;有人可能每种智力都很一般,但如果他所拥有的各种智力被巧妙地结合在一起,则可能在解决某些问题时会显得很出色。这正体现了题干中"人生天地间,各自有禀赋"的说法,故题干说法正确。

四、填空题

1. 晶体

2. 比纳—西蒙智力量表

3. 多元智力

4. 标准化

5. 操作能力

五、辨析题

1. 学生的学习成绩好坏是由智力水平决定的。

(1)这种说法是不正确的。(2)反映一个人智力水平高低的智商,常常被看作预测学生学习成绩的一个重要变量。对此,许多心理学家就智商与学习成绩之间的相关进行了研究。美国心理学家普鲁克特和推孟收集了初中一年级学生学习成绩与智商的有关数据。结果表明,就总体而言,智商高的学生成绩也好。也有心理学家研究发现,智商与学业成绩只有中等程度的相关,且这种相关程度会随不同的智力测验量表、学科性质、学生年级等因素而有所不同。由此可知,智力水平是影响学生学习成绩好坏的重要因素,但不是决定因素。

2. 有时候,晶体智力随着年龄的上升而升高。

(1)这种说法是正确的。(2)晶体智力是以学得的经验为基础的认知能力。它受后天经验的影响较大,主要表现为运用已有知识和技能去吸收新知识和解决新问题的能力。显然,晶体智力与教育、文化有关,但在个体差异上与年龄的变化没有密切关系,但有时晶体智力不因年龄增长而降低,有些人甚至因知识经验的累积,晶体智力随着年龄的增长而升高。

六、简答题(参考答案)

1. 简述斯腾伯格的三元智力理论。

美国耶鲁大学的心理学家斯腾伯格提出了智力的三元理论。该理论包括智力成分亚理论、智力情境亚理论和智力经验亚理论。

(1)智力成分亚理论认为,智力包括三种成分及相应的三种过程,即元成分、操作成分和知识获得成分。在智力成分中,元成分起着核心作用,它决定人们解决问题时所使用的策略。

(2)智力情境亚理论认为,智力是指获得与情境拟合的心理活动。

(3)智力经验亚理论认为,智力包括两种能力:一种是处理新任务和新环境时所要求的能力;另一种是信息加工过程中自动化的能力。

2. 简述如何在教学过程中促进学生能力的发展。

促进学生能力发展的措施有:(1)注重对学生早期能力的培养;(2)在教学中要加强学生知识与技能的学习与训练;(3)在教学中要针对学生的能力差异因材施教;(4)在教学中要积极培养学生的元认知能力和创造能力;(5)社会实践活动是培养学生能力的基本途径;(6)要注意培养学生的非智力因素。

3. 简述加德纳的多元智力理论及其对教学改革的启示。

(1)加德纳认为,智力是在某种文化环境的价值标准之下,个体用以解决问题与生产创造所需的能力。人的智力结构中存在着七种相对独立的智力,这七种智力在人身上的组合方式是多种多样的,每个人在不同领域的智力发展水平是不同步的。这七种智力分别是:言语智力、逻辑—数学智力、视觉—空间智力、音乐智力、运动智力、人际智力和自知智力。

(2)多元智力理论对我国当前教学改革的启示如下:①积极乐观的学生观;②科学的智力观;③因材施教的教学观;④多样化的人才观和成才观。

七、论述题(参考答案)

有些人认为教给学生知识自然就培养了学生的技能和能力,你认为科学吗?请简要说明知识、技能和能力的关系。

我认为不科学,知识、技能和能力的关系表现如下:

能力与知识、技能的联系:(1)能力是掌握知识与技能的前提。能力的高低会影响到知识掌握的深浅、难易和技能水平的高低。(2)能力是在掌握知识和技能的过程中形成和发展起来的,掌握系统的知识和技能有利于能力的增长和发挥。

能力与知识、技能的区别:(1)能力与知识、技能具有不同的概括水平。知识是人类社会历史经验的概括和总结,技能是对一系列活动方式的概括,能力是人在从事某种活动时表现出来的多种心理品质的概括。(2)在一个人身上,知识和技能的发展是无止境的,它随着学习进程的不断增多而不断丰富;而能力的发展则有一定的限度。(3)知识、技能的掌握和能力的发展是不同步的。知识多了,能力并不一定就高。教师在教学中不仅要向学生传授知识,更要注重培养和发展学生的能力。

八、案例分析题(参考答案)

多元智力理论是由美国心理学家加德纳提出来的。加德纳认为,人的智力结构中存在着七种相对独立的智力,这七种智力在每个人身上的组合方式是多种多样的,每个人在不同领域的智力发展水平是不同步的。加德纳所提出的七种智力是:(1)言语智力;(2)逻辑—数学智力;(3)视觉—空间智力;(4)音乐智力;(5)运动智力;(6)人际智力(也即社交智力);(7)自知智力(也即内省智力)。

根据案例描述可知,妞妞的言语智力和逻辑—数学智力发展水平较高,而运动智力和人际智力(也即社交智力)发展水平相对较低。因此,教师应当因材施教,一方面继续发展提高妞妞的言语智力和逻辑—数学智力,使其优势得以发挥;另一方面应该针对其较弱的运动智力和人际智力进行适当的指导和训练,使其提高运动能力,学会与同学和谐相处。

专题三　气质与性格

答案速查:

1~5	BDDCA	6~10	BBDBA	11~15	CCAAC	16~20	CCCAC
21~25	DBBCB	26~30	CABAC	31~35	AABCB		
1~5	ABCD AD ACD ABCD AD			6~10	ABC ABCD ABC ABCD BCD		
1~5	× √ √ × ×			6~10	× √ × √ √		

一、单项选择题

1. B 【解析】多血质对应的高级神经活动类型为活泼型。故本题选 B 项。A 项,胆汁质对应的高级神经活动类型为兴奋型。C 项,黏液质对应的高级神经活动类型为安静型。D 项,抑郁质对应的高级神经活动类型为抑制型。
2. D 【解析】在性格的结构中,性格的意志特征是指个体自觉地确定目标,调节支配行为,从而达到目标的性格特征。性格的态度特征是指个体对自己、他人、集体、社会以及对工作、劳动、学习的态度特征。不怕困难是性格的意志特征,乐于助人是性格的态度特征,故选 D 项。
3. D 【解析】抑郁质的观察指标包括:(1)感情不易变化;(2)学习时不愿和许多人在一起;(3)学习容易感到疲倦;(4)做作业花费时间多,怕教师提问;(5)喜欢复习过去学过的知识;(6)对新知识接受能力差,但弄懂之后就很难忘记;(7)不爱表现自己,在陌生人面前怕羞;(8)感情比较脆弱,容易神经过敏;(9)遇到挫折会很痛苦;(10)爱看感情细腻、富有描写心理活动的小说和电影。因此,题干所述是抑郁质的观察指数。
4. C 【解析】黏液质的人的气质特点有:情绪平稳、表情平淡,思维灵活性略差,但考虑问题细致而周到,安静稳重、踏踏实实、沉默寡言,喜欢深思,自制力强,耐受力高,内刚外柔,交往适度、交情深厚;但这种人行动主动性较差,缺乏活力,行动迟缓。因此,题干所述的人的气质类型最有可能是黏液质。
5. A 【解析】多血质的气质类型特点为反应迅速、有朝气、活泼好动、动作敏捷、情绪不稳定,故钟同学的气质类型属于多血质。

6. B 【解析】强、不平衡的高级神经活动类型与胆汁质相对应，故答案选 B 项。

易错提示：考生易混淆气质类型与高级神经活动类型的对应关系，因此，可结合下列表格进行对比记忆：

高级神经活动类型	高级神经活动过程	气质类型
不可遏制型(兴奋型)	强、不平衡	胆汁质
活泼型(灵活型)	强、平衡、灵活	多血质
安静型(不灵活型)	强、平衡、不灵活	黏液质
弱型(抑制型)	弱	抑郁质

7. B 【解析】内外向的概念是由荣格提出来的。按照心理活动的指向，他将性格分为外向型和内向型。

8. D 【解析】根据题干中的"专一""稳定性好""脾气温和"等关键词可以判断，该生的气质类型属于黏液质。

9. B 【解析】针对学生的气质差异，在教育过程中对不同气质类型的学生采取的方法应尽可能地因人而异，做到"一把钥匙开一把锁"。其中，对抑郁质气质类型的学生，要着重培养其敏感、机智、认真、细致等个性品质，防止其怯懦、多疑、孤独等消极品质的产生。在教育方法方面，要给予更多的同情、关怀和帮助，避免在公开场合指责他们，指导他们多参加集体活动，在交往中消除疑虑。

10. A 【解析】性格是指人的较稳定的态度与习惯化了的行为方式相结合而形成的人格特征。换句话说，性格包含两个要素：稳定的态度和习惯化了的行为方式。

11. C 【解析】王熙凤动作敏捷、兴趣广泛、喜怒哀乐溢于言表，故属于多血质；林黛玉行动迟缓、多愁善感、敏感细腻，故属于抑郁质。

12. C 【解析】性格的意志特征是指个体自觉地确定目标，调节支配行为，从而达到目标的性格特征。虽然小江基础不好，但他遇到困难时总能勇往直前，这体现了其性格的意志特征。

13. A 【解析】性格的理智特征，是指在认识事物过程中表现出来的一些个体差异，主要反映在人的观察活动、思维活动、想象活动和记忆活动等方面，如观察精细、敏锐或粗略、迟钝，善于独立思考或爱搬用现成答案，想象丰富或缺乏想象力等。我们从参观展览会的人的行为就可发现其性格理智特征的不同：有的人事先就确定了参观的计划，盘算了时间是否充裕、重点看些什么等，进入展厅后就有条不紊、详略有别地观看；而有的人则喜欢抱着"到了那里再说，反正有东西可看"的态度，进展厅后哪里人多就往哪里挤，认为人多处定有精彩的东西，或是在某一处看得高兴而全然不管其他。这两种表现就是不同性格理智特征的体现。

14. A 【解析】性格的态度特征是指个体对自己、他人、集体、社会以及对工作、劳动、学习的态度特征。例如，谦虚或自负、利他或利己、节俭或浪费等。

易错提示：考生易混淆性格的特征。在做题时，考生可根据题干中的关键词来进行判断，如出现"谦虚或自负""粗心或细心"等词则对应态度特征；出现"顽强拼搏""当机立断"等词则对应意志特征；出现关于情绪的词语对应情绪特征；出现关于认知的词语对应理智特征。

15. C 【解析】性格是个性特征中最具核心意义的心理特征。

16. C 【解析】气质是表现在心理活动的强度、速度、灵活性与指向性等方面的一种稳定的心理特征，即我们平时所说的脾气、禀性。气质是由人的神经系统的某些生物学特点，特别是脑的特点决定的。故答案选 C 项。

17. C 【解析】气质无所谓好坏,性格有优劣之分。故 C 项说法错误。

18. C 【解析】根据题干中的"沉稳踏实""喜欢安静""表情平淡"等关键词可知,黎辉的气质类型为黏液质,而黏液质的高级神经活动过程为强、平衡、不灵活。

19. A 【解析】胆汁质以精力旺盛、表里如一、刚强、易感情用事为特征。整个心理活动笼罩着迅速而突发的色彩。因此,根据题干中的"容易冲动""攻击性很强"等关键词可以判断,小明的气质类型属于胆汁质,而胆汁质对应的高级神经活动类型为兴奋型。故答案选 A 项。

20. C 【解析】性格的态度特征是指个体对自己、他人、集体、社会以及对工作、劳动、学习的态度特征。例如,粗心或细心、自卑或自信。因此,题干中的"粗心""细心"等词体现了性格的态度特征,而学生在教师正确的引导和耐心细致的帮助下,由粗心变为细心,这体现出性格具有可塑性的一面。

21. D 【解析】常见的气质类型有:

气质类型	特征	代表人物
胆汁质	精力旺盛、粗枝大叶、表里如一、刚强、易感情用事	张飞、李逵
多血质	反应迅速、有朝气、活泼好动、动作敏捷、情绪不稳定	王熙凤
黏液质	稳重,但灵活性不足;踏实,但有些死板;沉着冷静,但缺乏生气	林冲
抑郁质	敏锐、稳重、体验深刻、外表温柔、怯懦、孤独、行动缓慢	林黛玉

根据题干中"敏感""孤僻""多愁善感"等关键词可知,小雨的气质类型属于抑郁质。

22. B 【解析】气质是人典型的、稳定的心理特点,包括心理活动的速度、强度、稳定性和指向性。这些特征的不同组合,便构成了个人的气质类型,它使人的全部心理活动都染上个性化的独特色彩。因此,气质是人的底色。

23. B 【解析】艾森克将人格分为内倾和外倾、稳定和不稳定两个维度。稳定内倾型表现为温和、镇定、安宁、善于克制自己,相当于气质类型中的黏液质。

24. C 【解析】胆汁质的人以精力旺盛、粗枝大叶、表里如一、刚强、易感情用事为特征。其整个心理活动笼罩着迅速而突发的色彩,不容易形成善于克制自己情绪的性格特征。故 C 项说法错误。

25. B 【解析】根据巴甫洛夫的研究可知,强、平衡、不灵活的高级神经活动过程对应的气质类型为黏液质。而黏液质的人稳重,但灵活性不足;踏实,但有些死板;沉着冷静,但缺乏生气。故 B 项符合题意。

26. C 【解析】各种性格结构的组合千变万化,使性格的表现千姿百态。题干中的描述生动、具体而精彩地描摹了歌德复杂而多层面的性格世界。

27. A 【解析】多血质对应的高级神经活动特征为强、平衡、灵活。故答案选 A。

28. B 【解析】多血质的人情感丰富、外露但不稳定,思维敏捷但不求甚解,活泼好动,热情大方,善于交往但交情浅薄,行动敏捷,适应性强,但他们缺乏耐心和毅力,稳定性差,见异思迁。因此,根据题干描述可知,该学生的气质类型属于多血质。

29. A 【解析】性格的意志特征是指个体自觉地确定目标,调节支配行为,从而达到目标的性格特征。自觉性和果断性属于意志方面的表现,故属于性格的意志特征。

30. C 【解析】黏液质以稳重,但灵活性不足;踏实,但有些死板;沉着冷静,但缺乏生气为特征。因此,根据题干中的"沉着老练""忍耐持久"等关键词可以判断,林冲的气质类型属于黏液质。

31. A 【解析】在家庭环境中,亲子关系、家庭气氛、父母的教养方式、家庭结构以及孩子的出生顺序、儿童在家庭中扮演的角色和所处的地位等都对儿童的性格发展有着重要的影响。

32. A 【解析】根据理智、情绪、意志三者在心理机能方面哪一个占优势,性格可分为:

类型	特点
理智型	通常用理智衡量一切,并支配自己的行动。他们观察事物认真仔细,思维活动占优势,很少受情绪波动的影响
情绪型	内心体验深刻,外部表露明显,情绪不稳定。言行举止受情绪的影响,缺乏理智感,处理问题常感情用事
意志型	行动目标明确,积极主动,勇敢、坚定、果断,自制力强,不容易受外界因素干扰,但有的人会表现出固执、任性或轻率、鲁莽

因此,意志型的人目的明确,能自觉支配行动,故答案选 A 项。

33. B 【解析】多血质的人,活泼好动,心理变化灵活,反应比较迅速,举止敏捷,易于适应新环境。情绪发生较快但不持久,情感体验丰富但不深刻。往往兴趣广泛,注意容易转移。故答案选 B 项。

34. C 【解析】气质特征是职业选择的依据之一。气质与职业活动的关系表现在两个方面:(1)要使个人的气质特征适应于职业活动的客观要求;(2)在选拔人才和安排工作时应考虑个人的气质特点。因此,答案选 C 项。

35. B 【解析】根据题干中的“情绪体验深刻”“易被情绪左右”等词可知,其性格类型属于情绪型。

二、多项选择题

1. ABCD 【解析】A 项,气质受生理影响大,性格受社会影响大。因此,气质是先天的,性格是后天的。故 A 项说法正确。B 项,气质无所谓好坏,性格有优劣之分。故 B 项说法正确。C 项,不同气质类型的人可以形成相同的性格,相同气质类型的人也可以形成不同的性格。故 C 项说法正确。D 项,气质影响性格的形成和发展,以及形成的速度。故 D 项说法正确。

2. AD 【解析】多血质的特征包括:感情丰富、外露但不稳定,思维敏捷,但不求甚解,活泼好动、热情大方、善于交往,但交情浅薄,行动敏捷,适应力强,容易接受新事物;他们的弱点是缺乏耐心和毅力,稳定性差,见异思迁。故选 A、D 两项。B 项为黏液质的特征。C 项为胆汁质的特征。

3. ACD 【解析】巴甫洛夫在研究高等动物的条件反射时发现,动物高级神经系统活动的兴奋和抑制有强度、平衡性、灵活性三种特性。根据这三种特性的结合,巴甫洛夫将动物的高级神经活动分为四种类型。

4. ABCD 【解析】按照心理活动的指向,性格可分为外倾型和内倾型;按照个体活动的独立性程度,性格可分为独立型和顺从型。

5. AD 【解析】对抑郁质的学生,教师应采取委婉暗示的方式,对其多关心、爱护,不宜在公开场合下指责,不宜过于严厉的批评,培养他们亲切、友好、善于交往、富有自信的精神,培养其敏感、机智、认真、细致、高自尊的优点。故 A、D 两项属于培养抑郁质学生的措施。而 B 项属于培养胆汁质学生的措施,C 项属于培养多血质学生的措施。

6. ABC 【解析】根据题干描述可知,小华的气质类型是黏液质,小敏的气质类型是多血质,小英的气质类型是胆汁质,故此题应选择 A、B、C 三项。

7. ABCD 【解析】气质是表现在心理活动的强度、速度、灵活性与指向性等方面的一种稳定的心理特征,即我们平时所说的脾气、禀性。

8. ABC 【解析】对于胆汁质气质类型学生的教育,具体做法可以参考以下几个方面:(1)充分发挥这部分学生乐于向上、积极进取的特点,在集体活动中鼓励其努力获得充分表现的机会,强化其参与意识,在成功的情感体验中激发其努力学习、忠于职守、乐观向上、自信进取的决心。(2)帮助这部分学生克服粗枝大叶、思维单调、缺乏理智的不足,注意知识的内在联系,加强精细性训练,提

高学习成绩。(3)掌握这部分学生学习、生活与休息的节奏,适当控制其户外活动的强度和时间,保证其有充足的精力用到学习上。(4)帮助这部分学生着力克服冲动、暴躁的脾气,学会调整和稳定易激动的情绪。(5)重点培养这部分学生耐心缜密、安稳平衡的个性品质。故答案选 A、B、C 三项。而 D 项重点培养生机勃勃、反应迅速、灵活机敏的个性品质,属于对黏液质气质类型学生的教育。

9. ABCD 【解析】(1)对胆汁质的学生,教师应采取直截了当的方式,但在批评胆汁质的学生时,教师应采用暗示性的方式,特别要防止其出现逆反心理;(2)对多血质的学生,可以采取多种教育方式,但要定期提醒,对其缺点严厉批评;(3)对黏液质的学生,教师要采取耐心教育的方式,让他们有考虑和做出反应的足够时间;(4)对抑郁质的学生,则应采取委婉暗示的方式,不宜过于严厉的批评,培养他们亲切、友好、善于交往、富有自信的精神等。

10. BCD 【解析】B、C、D 三项分别体现了气质类型中的黏液质、抑郁质和多血质,而 A 项体现了人的性格特征。

三、判断题

1. × 【解析】多血质的人,活泼好动,心理变化灵活,反应比较迅速,举止敏捷,易于适应新环境。情绪发生较快但不持久,情感体验丰富但不深刻。往往兴趣广泛,注意容易转移。因此,晓梅的气质类型属于多血质。

2. √ 【解析】性格的理智特征(也称为认知特征),指个体在感知、记忆、想象、思维等认知过程中表现出来的认知特点和风格。

3. √ 【解析】按照心理活动的指向(倾向),瑞士心理学家荣格将性格分为外向型和内向型。他认为,多数人并非典型的内向型或外向型性格,而是介于两者之间的中间型。

4. × 【解析】气质是人的天性,没有好坏之分。因此不能说抑郁质是最差的气质类型。

5. × 【解析】由于气质较多地受生物因素的制约,因此,气质变化较难、较慢,但并不意味着它完全不起变化,在生活环境和教育条件的影响下,在性格的掩盖下,气质可以得到相当程度的改造。故题干说法错误。

6. × 【解析】性格是在后天社会环境中逐渐形成的,是人的最核心的人格差异。性格有好坏、优劣之分,能最直接地反映出一个人的道德风貌。

7. √ 【解析】性格与气质相互渗透,彼此制约,二者相互影响。性格对气质有一定的制约作用,可以掩蔽和改造气质,指导气质的发展,使它服从于生活实践的要求。

8. × 【解析】性格的意志特征,是指个体自觉地确定目标,调节支配行为,从而达到目标的性格特征;性格的理智特征是指个体在感知、记忆、想象、思维等认知过程中表现出来的认知特点和风格。故题干说法错误。

9. √ 【解析】抑郁质的人以敏锐、稳重、体验深刻、外表温柔、怯懦、孤独、行动缓慢为特征。小黄性格孤僻、行动迟缓、敏锐,这说明他的气质类型最有可能是抑郁质。

10. √ 【解析】气质影响性格的形成和发展,以及形成的速度。因此,胆汁质气质类型的人比黏液质气质类型的人更容易形成果断与勇敢的性格特征。

四、简答题(参考答案)

1. 简述性格与能力的关系。

(1)区别:性格与能力是个性心理特征中的两个不同侧面。能力是决定心理活动的基本因素,活动能否进行,这与能力有关;性格则表现为人的活动指向什么,采取什么态度,怎样进行。

(2)联系:性格与能力是在一个人统一实践的过程中发展起来的,二者之间相互影响、相互联系。①性格制约着能力的形成与发展。第一,性格影响能力的发展水平;第二,优良的性格特征往往能够补偿能力的某种缺陷,“勤能补拙”“笨鸟先飞早入林”就是说性格对能力的补偿作用。②能力的形成与发展也会促使相应的性格特征随之发展。③不良的性格特征,也会阻碍能力的发展,甚至使能力衰退。

2. 请简述性格与气质的联系和区别。

联系:(1)性格与气质都属于稳定的人格特征。(2)性格与气质相互渗透,彼此制约,二者相互影响。这表现在:①气质影响到一个人对事物的态度和行为方式,因而使性格带上某种气质的色彩和具有某种特殊的形式;②气质影响性格的形成和发展,以及形成的速度;③性格可以掩蔽和改造气质,指导气质的发展,使它服从于生活实践的要求。

区别:(1)气质受生理影响大,性格受社会影响大。(2)气质的稳定性强,性格的可塑性强。(3)气质特征表现较早,性格特征表现较晚。(4)气质无所谓好坏,性格有优劣之分。

五、论述题(参考答案)

1. 结合自己的教育教学经验,谈谈培养学生良好性格的策略。

(1)加强人生观、世界观和价值观的教育;(2)及时强化学生的积极行为;(3)充分利用榜样人物的示范作用;(4)利用集体的教育力量;(5)提供实际锻炼的机会;(6)及时进行个别指导;(7)提高学生的自我教育能力。

(考生可结合教学实际进行阐述,言之有理即可)

2. 作为一名教师,试述如何根据学生的不同气质类型因材施教。

针对学生的气质差异,在教育过程中对不同气质类型的学生采取的方法应尽可能地因人而异,做到“一把钥匙开一把锁”。

(1)对胆汁质的学生,教师应采取直截了当的方式,但是这些学生不宜轻易激怒,对其严厉批评要有说服力,培养其自制力、坚持到底的精神和豪放、勇于进取的人格品质。

(2)对多血质的学生,可以采取多种教育方式,但要定期提醒,对其缺点严厉批评。教师应鼓励他们勇于克服困难,培养扎实专一的精神,防止其见异思迁;创造条件,多给他们活动的机会,培养他们朝气蓬勃、足智多谋的优点。

(3)对黏液质的学生,教师要采取耐心教育的方式,让他们有考虑和做出反应的足够时间,培养其生气勃勃的精神、热情开朗的个性和以诚待人、工作踏实、顽强的优点。

(4)对抑郁质的学生,则应采取委婉暗示的方式,对其多关心、爱护,不宜在公开场合下指责,不宜过于严厉的批评。教师应培养他们亲切、友好、善于交往、富有自信的精神,培养其敏感、机智、认真、细致、高自尊的优点。

六、案例分析题(参考答案)

1. (1)①小雯聪慧敏锐,思维缜密;被老师批评时对周围环境敏感,感到既难堪又委屈。因此可知,小雯属于抑郁质。

②小刚直率开朗,热情外向;知道小亮的举报行为后,便怒气冲冲地找小亮理论,见到小亮,不由分说,一把将小亮推倒在地。因此可知,小刚属于胆汁质。

(2)针对小刚胆汁质的气质类型,教师应采取直截了当的方式,但不宜轻易激怒,对其严厉批评时要有说服力,培养其自制力与坚持到底的精神和豪放、勇于进取的人格品质。

2. (1)小明的气质类型属于多血质。多血质的人以反应迅速、有朝气、活泼好动、动作敏捷、情绪不稳定为特征。并且多血质的人不随意反应性强,具有外向性和可塑性,情绪兴奋性高而且外部表现明显。小明活泼聪明,语言思维活动敏捷,善于交际,适应环境能力强,对学习新知识非常感兴趣且掌握较快等,这些都是多血质的表现。

(2)对多血质的学生,可以采取多种教育方式,但要定期提醒,对其缺点严厉批评。教师应鼓励他们勇于克服困难,培养扎实专一的精神,防止其见异思迁;创造条件,多给他们活动的机会,培养他们朝气蓬勃、足智多谋的优点。

教育心理学部分

第一章　教育心理学概述

专题一　教育心理学的基本内涵

答案速查：

1～5	ACCDC	6～10	ADCDC	11～14	ABAC
1～6	ACD ABCD ACD AB ABCD ABC	1～4	√ √ √ ×		

一、单项选择题

1. A 【解析】学与教的相互作用过程是一个系统过程，该系统包含学生、教师、教学内容、教学媒体和教学环境五种要素。其中，学生是学习的主体要素；教学媒体是教学内容的载体和表现形式，是师生之间传递信息的工具。故本题选 A 项。

2. C 【解析】教育心理学是一门研究教育教学情境中学与教的基本心理规律的科学。它拥有自身独特的研究课题，即如何学、如何教以及学与教之间的相互作用。

3. C 【解析】学生的情况是千差万别的，一旦出现了学习困难，教育心理学可提供多种方法帮助教师了解原因。教师可以应用教育心理学的理论和研究方法，对学生学习困难或心理发展过程中存在的有关问题追根溯源，准确了解学生，从而采取针对性的方法，促进学生学业进步、心理健康发展。这表明教育心理学具有帮助教师准确地了解问题的作用。

4. D 【解析】教学媒体是教学内容的载体，是教学内容的表现形式，是师生之间传递信息的工具。教学媒体已经成为教学中一个具有独特意义的因素，不仅影响着教学内容的呈现方式和容量的大小，而且对教师和学生在教学过程中的作用、教学组织形式以及学生的学习方法等都将产生深远的影响。

5. C 【解析】在教育心理学看来，教学环境不仅是课堂管理研究的主要范畴，也是学习过程研究和教学设计研究所不能忽视的重要内容。

6. A 【解析】学生是学习的主体因素，是教育过程中最活跃的、最丰富多彩的变量，任何教学都必须通过学生起作用。学生这一要素主要从群体差异和个体差异这两方面影响学与教的过程。无论群体差异还是个体差异，学生都是教育心理学研究的主要对象。

7. D 【解析】从学科作用来看，教育心理学既是一门理论性学科（具有基础性），又是一门应用性较强的学科（具有实践指导性），并以应用为主。

8. C 【解析】教育心理学可以帮助教师预测并干预学生。利用教育心理学原理，教师不仅可以正确分析、了解学生，而且可以预测学生将要发生的行为及发展方向，并采取相应的干预或预防措施，以达到预期的效果。

9. D 【解析】学生这一要素主要从两方面影响学与教的过程：(1)群体差异，包括年龄、性别和社会文化差异等；(2)个体差异，包括先前知识基础、学习方式、智力水平、兴趣和需要等差异。

10. C 【解析】教学环境包括物质环境和社会环境两个方面，前者涉及课堂自然条件（如温度和照明）、教学设施（如桌椅、黑板和投影机）以及空间布置（如座位的排列）等，后者涉及课堂纪律、课堂气氛、师生关系、同学关系、校风以及社会文化背景等。因此，A、B、D 三项属于物质环境，C 项为社会环境。故答案选 C 项。

11. A 【解析】学生是学习的主体因素，是教育过程中最活跃、最丰富多彩的变量，任何教学都必须通过学生起作用。

12. B 【解析】学生的学习活动是教育心理学内容体系的核心。

13. A 【解析】学生这一要素主要从两方面影响学与教的过程:(1)群体差异,包括年龄、性别和社会文化差异等。以年龄差异为例,年龄差异主要体现在思维水平的差异。中学生和小学生具有不同的思维水平,其学与教的过程也会表现出相应的不同。(2)个体差异,包括先前知识基础、学习方式、智力水平、兴趣和需要等差异。

14. C 【解析】学习过程指学生在教学情境中通过与教师、同学以及教学信息的相互作用获得知识、技能和态度的过程。学习过程是教育心理学研究的核心内容,如学习的实质、条件、动机、迁移以及不同种类学习的特点等。

二、多项选择题

1. ACD 【解析】教育心理学的具体研究范畴是围绕学与教相互作用的过程展开的。学与教的相互作用过程是一个系统过程,该系统包含学生、教师、教学内容、教学媒体和教学环境五种要素,由学习过程、教学过程和评价/反思过程这三种活动过程交织在一起组成。故答案选 A、C、D 三项。

2. ABCD 【解析】教育心理学对教育实践具有描述、解释、预测和控制的作用。

3. ACD 【解析】教育心理学是一门研究教育教学情境中学与教的基本心理规律的科学。它拥有自身独特的研究课题,即如何学、如何教以及学与教之间的相互作用。

4. AB 【解析】学生这一要素主要从两方面影响学与教的过程:(1)群体差异;(2)个体差异。

5. ABCD 【解析】教育心理学的作用体现在以下几个方面:(1)帮助教师准确地了解问题;(2)为实际教学提供科学的理论指导;(3)帮助教师预测并干预学生;(4)帮助教师结合实际教学进行教育研究。

6. ABC 【解析】教学环境包括物质环境和社会环境两个方面。其中,物质环境包括课堂自然条件(如温度和照明)、教学设施(如桌椅、黑板和投影机)以及空间布置(如座位的排列)等。D 项属于社会环境。

三、判断题

1. √ 【解析】教育心理学的研究对象是学校教育、教学情境中人(主体)的心理。

2. √ 【解析】从学科范畴来看,教育心理学既是心理学的一个分支学科,又是教育学与心理学结合产生的交叉学科。它拥有自身独特的研究课题,即如何学、如何教以及学与教之间的相互作用。

3. √ 【解析】广义的教育心理学是指研究教育实践中各种心理与行为规律的科学。它既包括学校教育心理学,也包括家庭和社会教育心理学。

4. × 【解析】教育心理学的具体研究范畴是围绕学与教相互作用的过程展开的。学与教的相互作用过程是一个系统过程,该系统包含学生、教师、教学内容、教学媒体和教学环境五种要素,由学习过程、教学过程和评价/反思过程这三种活动过程交织在一起组成。

四、填空题

1. 教学过程

2. 学习心理

3. 教学内容

五、简答题(参考答案)

简述学与教的三种过程模式。

学与教的相互作用过程是一个系统过程,该系统由学习过程、教学过程和评价/反思过程这三种活动过程交织在一起组成。

(1)学习过程。学习过程指学生在教学情境中通过与教师、同学以及教学信息的相互作用获得知识、技能和态度的过程。学习过程是教育心理学研究的核心内容。

(2)教学过程。教学过程指教师把知识技能以有效的方法传授给学生并引导学生建构自己的

知识的过程。

(3)评价/反思过程。评价/反思是教师以学生和自身的活动为思考对象，对学生和自己做出的行为、决策及由此所产生的结果进行审视和分析的过程，是一种通过提高参与者的自我决策水平来促进能力发展的途径。

专题二　教育心理学的发展

答案速查：

1~5	ABCCC	6~10	CBCBC	11~15	AAAAA
1~6	ABC ABCD ABC ABCD AB ABCD			1~3	√ × ×

一、单项选择题

1. A 【解析】1903年，美国心理学家桑代克出版了《教育心理学》，这是西方第一本以“教育心理学”命名的著作。1913~1914年，该书又扩充为三卷本的《教育心理大纲》，这奠定了教育心理学发展的基础，西方教育心理学的名称和体系由此确立，桑代克也因此被称为“教育心理学之父”。

易错提示：考生易混淆“教育心理学之父”和“心理学之父”。考生在做题时，应注意“教育心理学之父”对应的是桑代克；而“心理学之父”对应的是冯特。

2. B 【解析】1924年，廖世承编写了我国第一本《教育心理学》教科书。
3. C 【解析】教育心理学的发展史，就是心理学与教育学相结合并逐步形成一门独立的心理学分支的历史，大致经历了以下四个时期：(1)初创时期(20世纪20年代以前)；(2)发展时期(20世纪20年代至50年代末)；(3)成熟时期(20世纪60年代至70年代末)；(4)完善时期(20世纪80年代以后)。故本题答案选C项。
4. C 【解析】维果斯基主张把教育心理学作为一门独立学科进行研究，反对把普通心理学的成果移入教育心理学，强调在儿童发展中教育与教学的主导作用，并由此提出了“文化发展论”和“内化说”。
5. C 【解析】1868年俄国教育家乌申斯基出版了《人是教育的对象》一书，对当时的心理学发展成果进行了总结，他因此被誉为“俄罗斯教育心理学的奠基人”。赞科夫的代表作是《教学与发展》。
6. C 【解析】20世纪60年代初，教育心理学的研究由行为主义转向认知范畴。布鲁纳发起的课程改革运动促使美国教育心理学转向对教育过程、学生心理、教材、教法和教学手段改进的探讨。
7. B 【解析】1877年，俄国教育家和心理学家卡普捷列夫出版了《教育心理学》一书，这是最早正式以“教育心理学”命名的著作。

方法技巧：考生在做此类试题时，可采用口诀来进行记忆。即裴赫首提出，乌申俄奠基，房东岳翻译，廖世承主编。中国第一廖和房，西方第一桑代克，世界第一卡普捷。

8. C 【解析】1868年，俄国教育家乌申斯基出版了《人是教育的对象》一书，对当时的心理学发展成果进行了总结，他因此被誉为“俄罗斯教育心理学的奠基人”。
9. B 【解析】20世纪40年代，弗洛伊德的理论广为流传，有关儿童个性及社会适应等问题进入教育心理学领域。20世纪50年代，程序教学和教学机器的兴起，也相应影响和改变了教育心理学的内容。它们都发生于教育心理学的发展时期，即20世纪20年代至50年代末。
10. C 【解析】1903年，美国心理学家桑代克出版了《教育心理学》一书，这是西方第一本以教育心理学命名的著作，由此确立了教育心理学的名称和体系。因此，教育心理学创立于1903年。
11. A 【解析】在成熟时期，西方教育心理学比较注重结合教育实际，注重为学校教育服务。20世纪 60 年代初，由布鲁纳发起课程改革运动，人本主义思潮也掀起了一场教育改革运动。故 A 项符合题意。

12. A 【解析】布鲁纳是美国教育心理学家，故 B 项说法有误；人本主义心理学家罗杰斯提出“以学生为中心”的主张；维果斯基强调教育与教学在儿童发展中的主导作用，并提出了“文化发展论”和“内化说”。故 C、D 两项说法有误，因此答案选 A 项。

13. A 【解析】我国出版的第一本教育心理学著作是 1908 年房东岳翻译日本小原又一著的《教育实用心理学》。

14. A 【解析】瑞士教育家裴斯泰洛齐第一次提出“教育教学的心理学化”的思想。

15. A 【解析】20 世纪 60 年代掀起了一股人本主义思潮，罗杰斯提出了“以学生为中心”的主张，认为教师只是一个“方便学习的人”。

二、多项选择题

1. ABC 【解析】教育心理学的发展趋势有：(1) 转变教学观念，关注教与学两方面的心理问题，教学心理学兴起；(2) 关注影响教育的社会心理因素；(3) 注重实际教学中各种策略和元认知的研究；(4) 年龄特点、个别差异测量以及个别化教学研究继续受到重视。

2. ABCD 【解析】教育心理学诞生的心理学背景包括：(1) 教育心理化运动；(2) 心理测量运动；(3) 儿童研究运动；(4) 冯特的科学心理学；(5) 艾宾浩斯的记忆研究；(6) 动物心理研究。

3. ABC 【解析】美国心理学家桑代克出版了《教育心理学》，这是西方第一本以“教育心理学”命名的专著。1913 ~ 1914 年，该书又扩充为三卷本的《教育心理大纲》。桑代克将教育心理学分为以下三部分：人类的本性、学习心理、个别(体)差异及其原因。故答案选择 A、B、C 三项。

方法技巧：考生在做此类试题时，可以通过记忆口诀“个别人类爱学习”来识记，即个别(个别差异及其原因)人类(人类的本性)爱学习(学习心理)。

4. ABCD 【解析】教育心理学的发展史，就是心理学与教育学相结合并逐步形成一门独立的心理学分支的历史，大致经历了以下四个时期：(1) 初创时期(20 世纪 20 年代以前)；(2) 发展时期(20 世纪 20 年代至 50 年代末)；(3) 成熟时期(20 世纪 60 年代至 70 年代末)；(4) 完善时期(20 世纪 80 年代以后)。

5. AB 【解析】在初创时期，瑞士教育家裴斯泰洛齐第一次提出“教育教学的心理学化”的思想。故 A 项说法正确。布鲁纳发起的课程改革运动和计算机辅助教学(CAI)出现在教育心理学的成熟时期。故 B 项说法正确，C 项说法错误。在完善时期，美国心理学家布鲁纳总结了教育心理学 20 世纪 80 年代以来的成果，合作性研究正是这一时期的成果。故 D 项说法错误。

6. ABCD 【解析】美国心理学家布鲁纳总结了教育心理学 20 世纪 80 年代以来的成果，主要表现在以下四个方面：(1) 主动性研究；(2) 反思性研究；(3) 合作性研究；(4) 社会文化研究。

三、判断题

1. √ 【解析】在成熟时期，西方教育心理学内容和体系出现了一些变化。教育心理学的内容日趋集中，教育心理学学科体系基本形成。行为、认知和人本主义学派的分歧日趋缩小，学科研究越来越注重对学校教育实践的指导。

2. × 【解析】20 世纪 40 年代属于教育心理学的发展时期。在这一时期，教育心理学的研究缺乏独立的理论体系以及对人的高级心理活动的研究，内容庞杂，但核心基本显现。可以说，这时的教育心理学尚未成为一门具有独立理论体系的学科。故题干表述错误。

方法技巧：考生在做此类试题时，可根据题干中的关键词来判断教育心理学学科体系的发展特点。具体内容如下：初创时期→名称和体系确立；发展时期→尚未独立；成熟时期→基本形成；完善时期→愈加完善。

3. × 【解析】1903 年，美国心理学家桑代克出版了《教育心理学》一书，奠定了科学教育心理学诞生的基础。因此，科学教育心理学的诞生时间是在 20 世纪初。

专题三　教育心理学的研究方法与研究原则

答案速查：

1 ~ 5	CCDBB	6 ~ 10	BDDDB	11 ~ 15	CDDAC	16 ~ 18	BBD
1 ~ 5	ABCD ABCD AB BCD BCD			1 ~ 5	× × √ × √		

一、单项选择题

1. C 【解析】调查法是通过各种途径间接了解被试心理活动的一种研究方法。在教育心理学研究中，常用的调查方法有问卷法、访谈法、个案调查和文献分析法等。其中，访谈法是通过与研究对象或与研究对象有关的人进行口头交谈的方式来收集研究资料的一种方法。题干中强调刘老师通过家访来了解李明成绩下滑的原因，即运用了调查法中的访谈法。因此，答案选 C 项。

2. C 【解析】观察法是指在教育过程中，研究者通过感官或借助于一定的科学仪器，有目的、有计划地考察和描述个体某种心理活动的表现或行为变化，从而收集相关的研究资料的方法。故题干所述为观察法的概念，答案选 C 项。

3. D 【解析】A 项：观察法是指在教育过程中，研究者通过感官或借助于一定的科学仪器，有目的、有计划地考察和描述个体某种心理活动的表现或行为变化，从而收集相关的研究资料的方法。

B 项：访谈法是通过与研究对象或与研究对象有关的人进行口头交谈的方式来收集研究资料的一种方法。

C 项：问卷法是采用书面问答的方式，要求被试回答研究者提出的问题，以获得被试心理和行为表现资料的方法。

D 项：实验法是指根据研究目的，改变或控制某些条件，以引起被试某种心理活动的变化，从而揭示特定条件与这种心理活动之间关系的方法。

实验法的突出优势在于实验研究可以通过对变量的操纵、控制来深入揭示变量间的因果关系，因此实验法对条件控制最严格。

4. B 【解析】观察法是指在教育过程中，研究者通过感官或借助于一定的科学仪器，有目的、有计划地考察和描述个体某种心理活动的表现或行为变化，从而收集相关的研究资料的方法。这种方法尽可能少地影响观察对象，可以观察到观察对象在自然状态下的行为表现，获得的材料比较真实。现场实验又叫自然实验，是在自然情境下，由实验者创设或改变一些条件，以引起学生某些心理活动的变化从而进行研究的方法。这种方法会创设条件影响实验对象。因此这两种方法的主要区别在于是否主动创设条件影响研究对象，本题选择 B 项。观察法和自然实验法都在日常生活中进行，都可能借助实验仪器，都能得到真实客观的研究资料，排除 A、C、D 三项。

5. B 【解析】实验法是指创设一定的情境，对某些变量进行操纵或控制以揭示教育、心理现象的原因和发展规律的研究方法，这种研究的基本目的是揭示变量之间的因果关系。

6. B 【解析】教育心理学的研究方法分为实证研究方法和描述研究方法。其中，实证研究分为相关研究和因果研究。相关研究主要用于探讨变量之间的相互关系。相关研究中最常用的方法是测验法。测验法的主要优点是能对心理进行定量化的分析，可以同时分析多个变量之间的相关程度；缺点是难以从中推出因果性的结论。因果研究主要用于探讨变量之间的因果关系。（具体内容参见莫雷主编的《教育心理学》）

7. D 【解析】实验法是在控制其他因素的前提下研究因变量和自变量关系和变化规律的方法。因此，A 项中“消除其他因素”的说法是不正确的。内省法是依靠对自己的意识经验的反省，来寻找心理学问题的答案的方法。因此,B项中“依靠对他人的意识经验的反省”的说法是不正确的。个案研究法可以以群体为单位,故C项说法错误。

8. D 【解析】教育性原则是指在教育心理学的研究过程中,所采用的研究手段与方法应能促进被试心理的良性发展,这是所有关于人的心理学研究中都应遵从的一个基本伦理道德原则。

9. D 【解析】观察法的主要优点是:(1)可以观察到被试在自然状态下的行为表现,所获结果比较真实;(2)可以实地观察到行为的发生、发展,能够把握当时的全面情况、特殊的气氛和情境。观察法的缺点是观察法得到的结果有时可能只是一种表面现象,不能据此很好地确定心理活动产生和变化的原因;收集资料颇费时间,故D项说法错误。

10. B 【解析】实验法是指创设一定的情境,对某些变量进行操纵或控制以揭示教育、心理现象的原因和发展规律的研究方法,这种研究的基本目的是揭示变量之间的因果关系。题干中的教师通过控制两班学生在智力、学业基础等方面的变量来检验讲授法和讨论法的教学效果是否有差异,这正是运用了实验法。

11. C 【解析】教育经验总结法是教育心理学一个重要的研究方法,它是依据教育实践所提供的事实,按照科学研究的程序,分析和概括教育现象,揭示其内在联系和规律,使之上升为教育理论的一种教育科研方法。故题干表述的是教育经验总结法的概念。

12. D 【解析】测验法是指用一套预先经过标准化的问题(量表)来测量某种心理品质的方法。故题干所述体现了测验法的概念,答案选择D项。

A项,观察法是指在教育过程中,研究者通过感官或借助于一定的科学仪器,有目的、有计划地考察和描述个体某种心理活动的表现或行为变化,从而收集相关的研究资料的方法。

B项,实验法是指创设一定的情境,对某些变量进行操纵或控制以揭示教育、心理现象的原因和发展规律的研究方法,这种研究的基本目的是揭示变量之间的因果关系。

C项,教育经验总结法是教育心理学一个重要的研究方法,它是依据教育实践所提供的事实,按照科学研究的程序,分析和概括教育现象,揭示其内在联系和规律,使之上升为教育理论的一种教育科研方法。

13. D 【解析】产品分析法,又称活动产品分析或作品分析法,是指通过分析学生的活动产品,以了解学生的能力、倾向、技能、熟练程度、情感状态和知识范围。活动产品的种类很多,包括日记、作文、绘画、书信、手工艺品等。对这些产品进行分析,可以研究儿童的个性、心理发展的水平等。

14. A 【解析】发展性原则是指教育心理学研究要求研究者牢记被试的心理是不断发展变化的,应该采用动态的、变化的指标进行衡量。因此,题干所述属于教育心理学研究的发展性原则。

15. C 【解析】调查法是通过各种途径间接了解被试心理活动的一种研究方法。

16. B 【解析】实验室实验是在实验室内借助于各种专门仪器设备进行教育心理实验的方法。自然实验是在自然情境下,由实验者创设或改变一些条件,以引起学生某些心理活动的变化从而进行研究的方法。题干中强调在“教学过程”中,即在自然情境下控制某些条件,属于自然实验法,故答案选B项。

方法技巧:考生在遇到关于实验室实验和自然实验方面的试题时,可根据关键词进行区分。实验室实验强调的是“实验室内”“借助各种专门仪器设备”;而自然实验强调的是“自然情境”。

17. B 【解析】教育性原则(道德性原则)是指在教育心理学的研究过程中,所采用的研究手段与方法应能促进被试心理的良性发展,这是所有关于人的心理学研究中都应遵从的一个基本伦理道德原则。华生做的心理实验损害了儿童的心理健康,不利于儿童的心理发展。因此,答案选择B项。A项,客观性原则是指教育心理学研究要贯彻实事求是的精神,即根据教育心理学现象的本来面貌来研究其本质、规律与机制,采取实事求是的态度。C项,理论联系实际原则要求教育心理学的研究应从教育情境,尤其是主体的实际需要出发,解决教育教学中的实际心理问题。D

项，系统性原则要求在教育心理学的研究中，坚持以全面的、发展的和整体的观点去观察、分析和解决问题。

18. D 【解析】桑代克主张用实验和测量的方法来研究教育心理学，初步解决了教育心理学的研究方法问题。

二、多项选择题

1. ABCD 【解析】教育心理学的研究原则有：(1)客观性原则；(2)教育性原则(道德性原则)；(3)发展性原则；(4)理论联系实际原则(实践性原则)；(5)系统性原则。

2. ABCD 【解析】教育心理学的主要研究方法包括：(1)实验法；(2)观察法；(3)调查法，常用的调查法有问卷法、访谈法等；(4)个案法；(5)测验法；(6)教育经验总结法；(7)产品分析法。

3. AB 【解析】在访谈中，访谈者应争取掌握访谈过程的主动权，积极影响儿童，尽可能使研究按照预定的计划开展。访谈法的优点有：(1)能有针对性地收集研究数据；(2)适用于一切具有口头表达能力的不同文化程度的访谈对象；(3)具有较问卷法更高的回收率和有效率。访谈法的局限性有：(1)访谈结果的准确性受访谈者自身的素质影响较大；(2)与其他研究方法相比，费时费力，而且访谈所得资料不易量化；(3)访谈效果受环境、时间和访谈对象特点的限制。

4. BCD 【解析】观察法缺乏对某些变量的控制，不能揭示所观察到现象的因果关系，故A项说法错误。观察资料容易受观察者的影响而使可靠性存在偏差，为减少观察者的影响，提高观察的客观性，可在"单盲"的情况下进行观察。故C、D两项说法正确。由于观察法缺乏控制，需要进行多次观察，才能保证观察结果的有效性。故B项说法正确。

5. BCD 【解析】A项，观察法可以分为自然观察法和实验观察法两类。自然观察法是指在研究中，研究者一般是在自然条件下对对象的行为进行观察、记录，不作任何控制和干预的一种方法；实验观察法是指研究者在有意控制和干预的情境下对对象的表现进行观察。故A项表述错误。

B项，实验研究可以通过对变量的操纵、控制来深入揭示变量间的因果关系，这是实验法的突出优势。

C项，教育经验总结法促进了教育实践者的自我反思，为教育事业的发展提供了经验教训。

D项，在教育心理学研究中，常用的调查方法有问卷法、访谈法、个案调查和文献分析法等。

三、判断题

1. × 【解析】连续记录法，是指在一段较长的时间内，研究者持续不断地、详细地把观察对象在自然状态下的行为表现记录下来的一种记录方法，它比日记描述法在内容上更全面，在时间上更长久，在记录上更详细。此方法要求研究者根据观察的目的确定观察的地点和时间，记录要直观、全面、详细，不做主观推断、解释和评价。

2. × 【解析】实验法是指根据研究目的，改变或控制某些条件，以引起被试某种心理活动的变化，从而揭示特定条件与这种心理活动之间关系的方法。故题干所述符合实验法的定义。

3. √ 【解析】实验法是心理学研究中应用最广、成就最大的一种方法，它主要包括实验室实验和自然实验。

易错提示：考生易混淆实验法和观察法在教育心理学研究中的地位。在做题时，考生可根据关键词进行区分。实验法：应用最广、成就最大；观察法：最基本、最普遍。

4. × 【解析】观察法更适合了解外显行为，访谈法更适合了解对象的深层看法。

5. √ 【解析】现场实验又叫自然实验，是在自然情境下，由实验者创设或改变一些条件，以引起学生某些心理活动的变化从而进行研究的方法。这种方法既可在由实验者控制和改变某些条件下进行，又可在实验过程中保持着正常活动的自然条件，可使学生消除紧张情绪而处于自然状态中。因此，自然实验的研究结果比较真实。

第二章 心理发展及个别差异

专题一 心理发展概述

答案速查：

1～5	ABBDB	6～10	CBABD	11～15	BCBAB
1～5	BD ABC ABD ABC ABCD		6～8	ABCD ABD AD	
1～5	× √ √ √ √		6～10	× × × × √	

一、单项选择题

1. A 【解析】心理发展的定向性与顺序性是指在正常条件下，心理的发展总是具有一定的方向性和先后顺序。尽管发展的速度有个别差异，会加速或延缓，但发展是不可逆的，也不可逾越。题干表述的是心理发展的顺序性，故本题选 A 项。

2. B 【解析】少年期又称学龄中期，大致相当于初中阶段，是个体从童年期向青年期过渡的时期，具有半成熟、半幼稚的特点。身体状态的剧变、内心世界的发现、自我意识的觉醒、独立精神的加强是少年期表现出的总体性的阶段特征。

3. B 【解析】心理的发展可以因进行的速度、到达的时间和最终达到的高度而表现出多样化的发展模式。一方面表现出个体不同系统在发展的速度、发展的起止时间与到达成熟时期的进程不同；另一方面也表现出同一机能特性在发展的不同时期有不同的发展速率。心理发展具有速度的不平衡性，如智力的发展，据美国心理学家布卢姆的研究，最初的发展极为迅速，在 4 周岁前就可达到成人智力成熟水平的一半，而后则呈阶梯状减速发展。因此，本题选 B 项。

4. D 【解析】个体心理发展的差异性是指任何一个正常学生的心理发展总要经历一些共同的基本阶段，但发展的速度、最终达到的水平以及发展的优势领域等方面往往又千差万别。因此，题干所述为个体心理发展的差异性特点。

5. B 【解析】在影响儿童心理发展的因素问题上，不同的心理学家有不同的观点：(1)高尔顿强调否定教育和环境的“遗传决定论”。(2)行为主义的代表人物华生支持片面强调环境和教育的“环境决定论”。(3)美国心理学家吴伟士主张遗传和环境两种因素共同决定儿童心理发展的折中观点。(4)瑞士的皮亚杰和法国的瓦龙等人坚持相互作用论，他们认为遗传和环境相互作用影响儿童的心理发展。题干中强调遗传和环境的相互作用，故属于皮亚杰的理论观点。

6. C 【解析】少年期或学龄中期是指 11、12～14、15 岁的年龄阶段。

7. B 【解析】幼儿期或学龄前期是指 3～6、7 岁的儿童，童年期或学龄初期是指 6、7～11、12 岁的儿童，少年期或学龄中期是指 11、12～14、15 岁的个体，青年期是指 14、15～25 岁的个体。因此，答案选 B 项。

8. A 【解析】“学生不愿听取父母的意见”，表明学生有独立、反抗的意识，不愿任何事情都听父母的安排；“又希望从父母那里得到精神上的理解”，说明学生的心理是半成熟、半幼稚的，在精神上还有依赖性，家长需要给予学生鼓励和建议，而不是情感上的否定。

9. B 【解析】少年期处于青少年阶段，这一时期也被称为“心理断乳期”或“危险期”。

10. D 【解析】差异性是指任何一个正常学生的心理发展总要经历一些共同的基本阶段，但发展的速度、最终达到的水平，以及发展的优势领域等方面往往又千差万别。题干中的两个少年在思维发展方面的差异，体现的就是认知发展的差异性。

11. B 【解析】中学生心理发展的一般特点主要有：(1)过渡性；(2)闭锁性；(3)社会性。

12. C 【解析】心理发展的不平衡性是指心理的发展可以因进行的速度、到达的时间和最终达到的高度而表现出多样化的发展模式。一方面表现出个体不同系统在发展的速度、发展的起止时间

与到达成熟时期的不同进程;另一方面也表现出同一机能特性在发展的不同时期有不同的发展速率。题干所述表明了个体不同系统在到达成熟时期的差异,体现了心理发展具有不平衡性。

13. B 【解析】在中学阶段,青少年渴望独立的愿望变得日益强烈,与家庭的联系逐渐疏远,对父母的权威产生怀疑,甚至发生反抗行为。因此,题干所述体现了中学生心理发展的独立性。

14. A 【解析】学习准备,又可称为学习的"准备状态"或学习的"准备性",指的是学习者在从事新的学习时,个体内部原有的知识水平和身心发展水平对新的学习的适应性。为此,要遵循学习的准备性原则(又称为"量力性原则"或"可接受性原则"),指要根据学生原有的准备状态进行新的教学。故本题答案选择A项。

15. B 【解析】在心理发展过程中,当某些代表新特征的量累积到一定程度时,就会取代旧特征而处于主导地位,表现为阶段性的间断现象。但后一阶段的发展总是在前一阶段的基础上发生的,而且又萌发着下一阶段的新特征,表现出心理发展的连续性。

二、多项选择题

1. BD 【解析】小学生心理发展的一般特点表现在:(1)迅速性;(2)协调性;(3)外露性;(4)可塑性。故B、D两项说法正确。

2. ABC 【解析】心理发展的不平衡性主要体现在两个方面:一方面表现出个体不同系统在发展的速度、发展的起止时间与到达成熟时期的不同进程;另一方面也表现出同一机能特性在发展的不同时期有不同的发展速率。因此,答案选A、B、C三项。

方法技巧:考生在记忆心理发展的不平衡性的两个方面时,可根据关键词进行区分。"不同系统"对应的是"速度、起止时间和成熟时期";"同一机能特性"对应的是"不同时期、不同速率"。

3. ABD 【解析】心理发展的顺序性是指人的心理发展是一个由低级到高级、由简单到复杂、由量变到质变的连续不断的发展过程。例如,心理的发展总是由机械记忆到意义记忆,由具体思维到抽象思维。C项证实的是心理发展具有阶段性特征。

4. ABC 【解析】所谓关键期,就是指人的某种身心潜能在人的某一年龄段有一个最好的发展时期。研究认为,关键期既包括有机体需要刺激的时期,也包括有机体对某种刺激最敏感的时期。因此,关键期也叫敏感期、最佳期。故A项正确。在这一时期内,对个体某一方面进行训练可以获得最佳成效,并能充分发挥个体在这一方面的潜力。错过了关键期,训练的效果就会降低,甚至永远无法补偿。故B项正确。当然,关键期也并非是绝对的,错过关键期之后,经过补偿性学习仍有可能得到发展,只是难度要大些。故D项错误。4~5岁是学习书面语言的关键期,故C项正确。

5. ABCD 【解析】个体心理发展的一般特征有:(1)连续性与阶段性;(2)定向性与顺序性;(3)不平衡性;(4)差异性。

6. ABCD 【解析】中学生处于少年期和青年初期,刚好是从儿童期向青年期发展的一个过渡时期。少年期是一个半幼稚、半成熟的时期,是独立性和依赖性、自觉性和幼稚性错综复杂、充满矛盾的时期。中学生自尊心强,爱面子,非常注重别人对自己的看法。同时生理上的快速成熟使中学生产生成人感,认为自己的思想和行为达到成人水平,应该被社会、环境和周围的成人平等对待。

7. ABD 【解析】心理发展的基本特征有:(1)具有连续性与阶段性。心理发展的根本过程是连续的、不间断的。(2)具有方向性与顺序性。在各种心理机能中,感知觉的发展最早,然后是运动机能、情绪、动机和社会交往能力的发展,抽象思维的发展通常最迟。(3)具有不平衡性。(4)具有个体差异性。故C项说法错误。

8. AD 【解析】青少年的叛逆行为呈现出一些共同的特点:(1)在年龄特点上,14岁左右是青少年叛逆行为的高峰年龄,A项说法正确;(2)在性别特点上,具有反叛性格的学生,男生多于女生,B项说法错误;(3)在教育特点上,学习成绩差的学生要比学习成绩好的孩子更加反叛,C项说法过于绝对;(4)在诱因特点上,家长和孩子、老师和孩子之间常有激烈对抗,D项说法正确;(5)在行为特点上,反叛的青少年大多不计较行为后果,做出某些十分极端的事情,如长期在网吧,甚至可能流浪乞讨、赌博、进行违法犯罪活动等。

三、判断题

1. × 【解析】心理发展是指个体从出生、成熟、衰老直至死亡的整个生命进程中所发生的一系列心理变化。

2. √ 【解析】心理发展的不平衡性主要表现在以下两个方面:一方面,表现出个体不同系统在发展的速度、发展的起止时间与到达成熟时期的不同进程;另一方面,也表现出同一机能特性在发展的不同时期有不同的发展速率。

3. √ 【解析】心理发展的动力是已有的心理状态与外界环境和教育之间的矛盾,这个矛盾的不断产生和解决推动了个体的心理发展。在这一矛盾中,环境和教育起着决定性的作用。外因通过内因起作用,环境和教育的影响必须成为个体自身发展的需要时才能促进个体心理的发展。这个矛盾在个体生存的整个时期内是一直存在的,特别是在儿童时期更为活跃。

4. √ 【解析】心理发展就是指个体从出生、成熟、衰老直至死亡的整个生命进程中所发生的一系列心理变化。而学习是个体在特定情境下由于练习或反复经验而产生的行为或行为潜能的相对持久的变化。心理发展不排除成熟的作用,其范围大于学习的范围。

5. √ 【解析】在正常条件下,心理的发展总是具有一定的方向性和先后顺序。尽管发展的速度有个别差异,会加速或延缓,但发展是不可逆的,也不可逾越。

6. × 【解析】童年期又称学龄初期,是个体一生发展的基础时期,也是生长发育最旺盛、变化最快、可塑性最强、接受教育最佳的时期。少年期又称学龄中期,大致相当于初中阶段,是个体从童年期向青年期过渡的时期。

7. × 【解析】最近发展区是儿童在有指导的情况下,借助成人的帮助所能达到的解决问题的水平与独自解决问题所达到的水平之间的差异,实际上是两个邻近发展阶段间的过渡状态。关键期是指人的某种身心潜能在某一年龄段有一个最好的发展时期。在这一时期内,对个体某一方面进行训练可以获得最佳成效,并能充分发挥个体在这一方面的潜力。因此,题干所述体现了关键期的内涵。

8. × 【解析】心理发展的不平衡性一方面表现出个体不同系统在发展的速度、发展的起止时间与到达成熟时期的不同进程。另一方面也表现出同一机能特性在发展的不同时期有不同的发展速率。题干所述体现了同一机能特性(发散思维)在不同时期有不同的发展速率。故说明儿童心理机能发展具有不平衡性。

9. × 【解析】心理发展的阶段性表现为心理发展在每一时期有相对固有的特性。心理发展从量的积累产生质变,使得个体在不同的时期表现出与其他时期不同的心理特点,心理发展从而表现出明显的阶段性。根据题干中大班幼儿与小班幼儿的不同表现可知,人的心理发展具有阶段性。

10. √ 【解析】遗传素质和生理成熟为个体的心理发展提供了可能,但不能决定个体心理发展的方向和水平。

专题二 中小学生认知发展

答案速查:

1~5	CBCDA	6~10	DBDBD	11~15	DBBCA	16~20	BBBCA
21~25	ABADB	26~30	BDCAA	31~35	CAADC	36~40	DBBDC
41~45	BBBCA	46~49	BCDA	1~5	ABCD ABCD BC ABCD ABC		
6~9	AB ABCD ABD CD			1~5	√ × √ √ √		
6~9	√ × √ √						

一、单项选择题

1. C 【解析】认知发展处于具体运算阶段的儿童能够进行分类。题干中强调儿童可以对玩具进行不同的分类,说明其认知发展处于具体运算阶段。因此,答案选C项。

2. B 【解析】皮亚杰把智力定义为帮助有机体适应环境的一种基本生命功能。皮亚杰认为,认知的本质就是适应。适应有赖于机体的同化与顺应这两种功能的协调,使有机体与环境取得平衡。即儿童的认知是在已有图式的基础上,通过同化、顺应和平衡,不断从低级向高级发展。

3. C 【解析】认知发展处于具体运算阶段的儿童不能想象独立于他们直接经验之外的事物,但能够考虑多个感知特征,即去自我中心,得出具体问题的解决方法。题干中的儿童可以同时从两个或两个以上角度思考问题,说明其思维已经具有了去中心化的特征,故表明该儿童的认知发展水平处于具体运算阶段。

4. D 【解析】皮亚杰提出了认知发展的阶段理论,将个体的认知发展分为以下四个阶段:(1)感知运动阶段;(2)前运算阶段;(3)具体运算阶段;(4)形式运算阶段。在前运算阶段,儿童典型的认知特征有自我中心性、泛灵论、不可逆运算等。其中,自我中心是指儿童认为别人眼中的世界和他所看到的一样,以为世界是为他而存在的,一切都围绕着他转。自我中心主义在儿童的语言中也存在。即使没有一个人听,年龄小的儿童也高兴地描述着他正在做什么。这种情况可能发生在儿童独处的时候,甚至更多地发生在儿童群体中:每个儿童都热情地说着,但彼此之间没有任何真实的相互作用或者交谈,皮亚杰称之为集体的独白。

5. A 【解析】皮亚杰认为儿童的认知是在已有图式的基础上,通过同化、顺应和平衡等机制,不断从低级向高级发展的一个建构过程。其中图式是指人在认识周围世界的过程中,形成自己独特的认知结构,是认知结构的起点与核心。

6. D 【解析】顺应是指当有机体不能利用原有图式接受和解释新刺激时,其认知结构发生改变来适应新刺激的影响。"吃堑"是不能利用原有图式接受和解释新刺激,"长智"是认知结构发生改变,符合顺应的定义。

易错提示:考生易混淆同化和顺应的概念,在做这类题目时,可根据关键词进行区分。同化:补充、完善认知结构(量变)。顺应:改变认知结构(质变)。

7. B 【解析】维果斯基认为,儿童有两种发展水平:一是儿童的现有水平,二是可能(即将)达到的发展水平。这两种水平之间的差异,就是最近发展区。对于教师来说,在教学中既要能充分考虑到学生现有的发展水平,又要能根据学生的最近发展区给学生提出更高的发展要求,在学习过程中给予学生指导和鼓励,促使学生最终跨越"最近发展区"而达到新的发展水平,即"跳一跳,摘桃子"。

8. D 【解析】维果斯基认为,儿童的现有水平和可能达到的发展水平之间的差异,就是最近发展区。教学的可能性由学生的最近发展区决定,"教学应该走在发展的前面"。教师可进行支架式教学,即在学生试图解决超出当前知识水平的问题时给予支持和指导,帮助其顺利通过最近发展区。题干的表述符合最近发展区及其应用,故选D项。

9. B 【解析】塞尔曼认为,儿童观点采择能力的发展可分为以下五个阶段:阶段0为自我中心的观点采择,在这个阶段,儿童不能区分自己对事件的解释和他们认为是真实的或正确的事情;阶段1为社会信息的观点采择(6~8岁),儿童开始意识到别人有不同的理解和观点;阶段2为自我反省的观点采择(8~10岁),这时儿童意识到,每个人都知道别人有自己的思想和情感,不仅知道别人有不同的观点,而且能够意识到别人的观点;阶段3为相互的观点采择阶段(10~12岁),儿童能从第三者、旁观者、父母或共同的朋友的角度来看待两个人的相互作用;阶段4为社会和传统体系的观点采择(12~15岁以上),儿童认识到存在着一种综合的观点网络,如某一地区的或者某一宗教的观点,个体了解到为了顺利地同他人交往和理解他人,每个人都要考虑社会体系的共同观点。

故答案选 B 项。

10. D 【解析】处于形式运算阶段的儿童其思维具有灵活性，他们不再刻板地恪守规则，反而常常由于规则与事实的不符而违反规则。在本题中，该学生不刻板地恪守文明规则，认为当遇到孕妇和老人时，可以让他们"插队"，这表明其思维具有灵活性，故该学生处于形式运算阶段。

11. D 【解析】根据皮亚杰的认知发展阶段理论可知，认知发展处于形式运算阶段的儿童其思维特征有：(1)命题之间的关系；(2)假设—演绎推理；(3)类比推理；(4)抽象逻辑思维；(5)可逆与补偿；(6)反思能力；(7)思维的灵活性；(8)形式运算思维的逐渐发展。题干中的学生能够进行逻辑推理，并且具备补偿与可逆的思维能力，这属于形式运算阶段的特征。

方法技巧：皮亚杰的认知发展阶段理论是考试重点，考生可根据下列表格进行记忆：

阶段	年龄	特点
感知运动阶段	0～2 岁	简单的动作方面的发展
前运算阶段	2～7 岁	表象、符号方面的发展
具体运算阶段	7～11 岁	能够借助实物和直观形象解决问题
形式运算阶段	11 岁～成人	抽象逻辑思维方面的发展

12. B 【解析】根据皮亚杰的认知发展阶段理论可知，处于前运算阶段的儿童还没有"守恒"能力或没有形成"守恒"的概念，思维缺乏观念的传递性。题干中的学生对同样数量的纽扣，因为摆放长度的不同而影响判断，这体现了该学生没有形成"守恒"的概念。故其认知发展处于前运算阶段。

13. B 【解析】认知发展处于前运算阶段的儿童还没有"守恒"能力或没有形成"守恒"的概念，思维缺乏观念的传递性。儿童观察事物时往往只能注意表面的、显著的特征，倾向于注意事物的静止状态。思维活动表现的关系单一，不能进行可逆运算。题干中的刚刚只知道自己有个兄弟叫明明，却不知道明明有个兄弟叫刚刚，这体现了刚刚的思维具有不可逆性。故其认知发展水平处于前运算阶段。

14. C 【解析】布鲁纳根据儿童表征世界的方式，将儿童认知发展划分为动作式、映象式和符号式三个阶段。其中映象表征阶段的儿童无需经历具体动作，能够通过具体事物和动作在脑中的表象，包括视觉图象或其他感觉表象对世界进行表征。这与皮亚杰的具体运算阶段类似。（具体参见莫雷主编的《教育心理学》）

15. A 【解析】认知发展处于前运算阶段的儿童思维具有泛灵论的特点，即将人类的特征赋予无生命的物体。前运算阶段的儿童会认为任何物体都是有生命的。题干中幼儿园的儿童将"太阳""白云""小草"等称为"太阳公公""白云姐姐""小草妹妹"，这是将物体拟人化的表现，故体现了泛灵论的特点。

16. B 【解析】根据维果斯基的文化历史发展理论可知，高级心理机能是以符号系统为中介的心理机能。高级心理机能是人类所特有的，它使得人类心理在本质上区别于动物。题干中强调通过语言文字（符号）体现出心理活动，这属于高级心理机能。

17. B 【解析】皮亚杰认为，儿童心理发展的实质和原因就是主体通过动作完成对客体的适应。适应的本质在于取得机体与环境的平衡。适应分为两种不同的类型：同化和顺应。

18. B 【解析】顺应是指当有机体不能利用原有图式接受和解释新刺激时，其认知结构发生改变来适应刺激的影响。题干中的小东改变自己的观点，认识到空气是有重量的，这属于顺应的过程。

19. C 【解析】根据皮亚杰的认知发展阶段理论可知，认知发展处于具体运算阶段的儿童的思维开始逐渐地去集中化，能够学会处理部分与整体的关系，进行一些逆向或互换的逻辑推理。去集中化是具体运算阶段儿童思维成熟的最大特征。故答案选 C 项。A、D 两项属于前运算阶段的

特征;B 项为干扰选项,不选。

20. A 【解析】塞尔曼通过儿童的回答来了解儿童对自我与别人关系理解的发展变化,由此把儿童观点采择能力的发展划分成五个阶段:(1)自我中心的观点采择阶段。(2)社会信息的观点采择阶段。(3)自我反省的观点采择阶段。(4)相互的观点采择阶段。(5)社会和习俗系统(传统体系)的观点采择阶段。其中,在相互的观点采择阶段,儿童能够同时考虑自己和他人的观点,知道别人也能这样,在做出反应之前能站在对方的立场考虑。同时,儿童能够从第三方的角度来看待自己和别人的想法与行为。故 A 项符合题干要求。

21. A 【解析】同化是指有机体在面对一个新的刺激情境时,把刺激整合到已有的图式或认知结构中。题干中的小花将新见到的"松鼠"整合到自己已有的图式"猫"中,故属于同化的过程。

22. B 【解析】根据皮亚杰的认知发展阶段理论可知,在具体运算阶段儿童的思维具有去自我中心的特征,这让儿童逐渐学会从别人的观点看问题,意识到别人持有与他不同的观念和解答。他们能接受别人的意见,修正自己的看法。这是儿童与别人顺利交往,实现社会化的重要条件。

23. A 【解析】维果斯基认为,儿童有两种发展水平:一是儿童的现有水平,即由一定的已经完成的发展系统所形成的儿童心理机能的发展水平;二是可能达到的发展水平。这两种水平之间的差异,就是最近发展区。3 岁的小军不会穿衣服,在妈妈的指导下,逐渐学会了自己穿衣服。这体现了"最近发展区"理论在实际生活中的运用。

方法技巧:考生在做关于"最近发展区"的试题时,需要明确两个水平:"现有水平"和"发展水平"。"现有水平"是儿童已有的解决问题的水平;"发展水平"是在他人的帮助下可以达到的水平。

24. D 【解析】依据皮亚杰的认知发展阶段理论可知,2 岁前儿童处于感知运动阶段,儿童只能依靠自己的肌肉动作和感觉应付环境中的刺激。儿童通过对玩具和游戏等具体事物的探索来获得刺激信息,从而促进认知能力的发展。

25. B 【解析】认知发展处于具体运算阶段的儿童逐渐掌握守恒的概念,开始进行一些运用符号的逻辑思考活动,可以形成一系列的行动心理表象。比如,8 岁左右的儿童去过几次小朋友的家,就能够画出具体的路线图来,而 5、6 岁的儿童则无法做到。

26. B 【解析】语言是维果斯基认知发展理论的核心。他认为,语言能力高度发达的人,可以完成那些文盲所不能完成的复杂任务。

27. D 【解析】守恒,就是儿童认识到客体在外形上发生了变化,但特有的属性不变。题干中的儿童能够认识到苹果被切成 4 小块后,重量保持不变,这说明儿童的思维已经具备了守恒性。

28. C 【解析】根据皮亚杰的认知发展阶段理论,认知发展处于具体运算阶段的儿童的思维具有可逆性的特征。思维的可逆性是守恒观念出现的关键。儿童不仅能够考虑水从大杯倒入小杯,而且还能设想水从小杯倒回大杯,并恢复原状,这说明儿童的思维具有可逆性,因此其处于具体运算阶段。

易错提示:考生易混淆四个认知发展阶段的特征,在做题时,考生应注意:感知运动阶段常考查客体永久性;前运算阶段常考查自我中心性、不可逆运算和泛灵论;具体运算阶段常考查可逆性和守恒;形式运算阶段常考查抽象逻辑思维和假设—演绎推理。

29. A 【解析】皮亚杰认为智慧是有结构基础的,而图式就是其用来描述智慧(认知)结构的一个核心的概念。(具体参看左银舫主编的《教育心理学》)

30. A 【解析】儿童认知发展研究发端于瑞士心理学家皮亚杰。

31. C 【解析】认知发展处于感知运动阶段的婴儿主要有以下几个方面的特征:(1)感觉和动作的分化。(2)"客体永久性"的形成。(3)问题解决能力开始得到发展。(4)延迟模仿的产生。因此,本题答案选 C 项。

32. A 【解析】皮亚杰认为,儿童的发展是一个不断演变的建构过程,在这一过程中,儿童主体的活动是第一性的,是发展的根本原因,遗传与环境因素只是儿童发展的必要条件。

33. A 【解析】皮亚杰的理论核心是"发生认识论"。皮亚杰认为,一切认识都离不开认知结构的同化与顺应,这两种过程是人类认识发展所必需的。故A项符合题意。

34. D 【解析】认知发展处于形式运算阶段的儿童具备抽象逻辑思维能力。浮力是一个抽象概念,儿童能够理解浮力,这说明其认知发展已处在形式运算阶段。

35. C 【解析】序列化是指能够根据大小、体积、重量或其他的一些特性对一系列要素进行心理上的排序。认知发展处于具体运算阶段的儿童,其思维具有序列化的特征。题干中的女孩将动物玩具从最高到最矮进行排序,说明她已经具有序列化的特征。故这个女孩的认知发展水平处于具体运算阶段。

36. D 【解析】形式运算阶段是儿童思维发展趋于成熟的阶段。本阶段儿童思维的特征如下:(1)命题之间的关系;(2)假设—演绎推理;(3)类比推理;(4)抽象逻辑思维;(5)可逆与补偿;(6)反思能力;(7)思维的灵活性;(8)形式运算思维的逐渐发展。其中,假设—演绎推理这个特征是指,本阶段的儿童不仅能够运用经验—归纳的方式进行逻辑推理,而且能够运用假设—演绎推理的方式来解决问题。故题干中的"这个阶段"是指形式运算阶段。

37. B 【解析】最近发展区是儿童在有指导的情况下,借助成人的帮助所能达到的解决问题的水平与独自解决问题所达到的水平之间的差异。儿童执行某些任务时不能独立完成,但在能力更强的教师、父母或伙伴的帮助下可以完成,这样的任务范围即最近发展区。故答案选B项。

38. B 【解析】同化是指在有机体面对一个新的刺激情境时,把刺激整合到已有的图式或认知结构中。顺应是指当有机体不能利用原有图式接受和解释新刺激时,其认知结构发生改变来适应刺激的影响。因此,同化引起图式的量变,顺应引起图式的质变。题干中强调将原有算术图式发展为代数图式,这是产生了新的图式,认知结构发生了质变。因此,该过程为顺应。

39. D 【解析】形式运算阶段是儿童思维发展趋于成熟的阶段,在这一阶段,儿童的思维具有假设—演绎推理、类比推理、抽象逻辑思维、系统思维等特征。儿童系统思维的实验中最具有代表性的研究是钟摆实验问题。儿童可以解决"钟摆实验"问题,说明儿童的思维发展处于形式运算阶段。

40. C 【解析】八九岁儿童的认知发展处于具体运算阶段。在这一时期,儿童虽然具备了一定的逻辑思维能力,但缺乏抽象逻辑推理能力,只能进行具体逻辑推理,即必须依赖于实物和具体形象的支持才能进行逻辑推理。题干中儿童能够借助"老师"这一具体形象进行推理,解答问题,这体现了具体逻辑推理过程。

41. B 【解析】皮亚杰把幼儿游戏分成三个发展阶段:第一阶段练习性游戏、第二阶段象征性游戏、第三阶段规则性游戏。进行象征性游戏的儿童基本上处于前运算阶段,其重要特征是"以物代物",即用一物假装当作或代替另一个不在眼前的东西。题干中,儿童架着木棍当马骑的行为是处于前运算阶段的表现。

方法技巧:考生在做此类试题时,需要谨记三个对应。感知运动阶段对应练习性游戏;前运算阶段对应象征性游戏;具体运算阶段对应规则性游戏。

42. B 【解析】自我中心性是前运算阶段的儿童所具有的一个特点。自我中心是指儿童往往只能考虑自己的观点,无法接受别人的观点,也不能将自己的观点与别人的观点协调。儿童还不能设想他人所处的情境,常以自己的经验为中心,从自己的角度出发来观察和理解世界。故答案选B项。

43. B 【解析】奥苏贝尔在皮亚杰划分的认知发展一般阶段的基础上,提出了学前儿童(前运算水平)、小学生(具体运算水平)和中学生(抽象逻辑水平)在具体与抽象认知方面的特征。前运算阶段的儿童能进行初级的抽象,能理解和运用初级概念及其间的关系。但是,前运算阶段的儿

童不能进行第二级抽象和运用第二级概念。具体运算阶段的儿童,能进行第二级抽象,能理解和运用第二级概念及其间的关系。根据题意可知,题干中的学生的思维水平至少没有达到具体运算阶段。

44. C 【解析】皮亚杰认为图式是一个有组织的、可重复的行为或思维模式。人们在认识周围世界的过程中,逐渐形成了品牌的东西质量高、好用、可靠等认知观念后,就可能会在购物时做出购买有品牌的产品的行为,也就是所谓的“只认牌子”。这种独特的、有组织的、可重复的行为及思维模式属于图式。

45. A 【解析】皮亚杰提出了认知发展的阶段理论,将个体的认知发展分为以下四个阶段:(1)感知运动阶段;(2)前运算阶段;(3)具体运算阶段;(4)形式运算阶段。其中,认知发展处于前运算阶段的儿童,其思维具有自我中心性,即还不能设想他人所处的情境,常以自己的经验为中心,从自己的角度出发来观察和理解世界。根据题干中的描述可知,该儿童只能辨认自己的左右手,这说明其认知发展处于前运算阶段。因此,答案选 A 项。

46. B 【解析】教学应遵循“最近发展区”的原则,要高于现有水平,不可低于发展水平,不可盲目拔苗助长。因此,A、D 两项表述错误。维果斯基认为静态评估只能代表智力发展已经取得的成果,是完成式,忽视了智力发展的过程性、动态性和上升性,因而在教学中要注重实行过程性评价和动态评价。因此,B 项表述正确。

47. C 【解析】处于具体运算阶段的儿童具备了初步的逻辑思维能力,但必须依赖于实物和直观形象的支持才能进行逻辑推理和运用逻辑思维解决问题,不能够进行纯符号运算。

易错提示:考生易混淆逻辑思维的掌握阶段。在做题时,可根据关键词进行区分。具体运算阶段是初步掌握;形式运算阶段是已经掌握。

48. D 【解析】维果斯基认为评价人类发展应该从四个层面进行,除了微观、个体、社会历史层面之外,第四个层面是文化层面。

49. A 【解析】皮亚杰的认知发展理论启示我们,在教育教学中应注意:(1)提供活动。①教师既应为学生创设大量的物理活动,也应为他们提供相应的心理活动机会;②在形式运算阶段前,教师应为学生提供从现实物体和事件中学习的机会。因此,D 项说法正确。(2)创设最佳的难度。根据皮亚杰的观点,认知发展是通过不平衡来促进的。教师的主要任务是通过提问来引起学生认知的不平衡,并提供有关的学习材料或活动材料,促使学生的认知发展。因此,C 项说法正确。(3)关注儿童的思维过程。(4)认识儿童认知发展水平的有限性。教师需要认识各年龄阶段儿童认知发展所达到的水平,遵循儿童认知发展的顺序来设计课程。因此,B 项说法正确。(5)让儿童多参与社会活动。皮亚杰特别强调社会活动对儿童认知发展的作用,他认为环境教育重于知识教育。因此,A 项说法不正确。

二、多项选择题

1. ABCD 【解析】皮亚杰用图式、同化、顺应、平衡来解释人的发展的建构过程。

2. ABCD 【解析】最近发展区是儿童在有指导的情况下,借助成人的帮助所能达到的解决问题的水平与独自解决问题所达到的水平之间的差异,实际上是两个邻近发展阶段间的过渡状态。故 A、C 两项说法正确。

在维果斯基看来,教学的可能性由学生的最近发展区决定,“教学应该走在发展的前面”。这里有两层含义:(1)教学在发展中起主导作用;(2)教学创造着最近发展区。故 B 项说法正确。

关键期,就是指人的某种身心潜能在某一年龄段有一个最好的发展时期。最近发展区和关键期是两个不同的概念。故 D 项说法正确。

3. BC 【解析】A 项,图式最初来自遗传,在以后的环境适应过程中,图式不断变化和丰富。不符合题意。

B 项,学生已有准备状态是新的教学出发点,根据学生原有的准备状态进行教学,就是教学的准备性原则。符合题意。

C 项,皮亚杰的认知发展阶段理论说明,通过适当的教育训练来加快各个认知发展阶段转化的速度是可能的。只要教学内容和方法得当,系统的学校教学肯定可以起到加速认知发展的作用。符合题意。

D 项,同化是指将周围的环境因素纳入自己已有的图式中,以加强和丰富主体的图式。不符合题意。故答案选 B、C 两项。

4. ABCD 【解析】前运算阶段的思维特点有:(1)早期的信号功能;(2)自我中心性(中心化);(3)不可逆运算;(4)不能够推断事实;(5)泛灵论;(6)不合逻辑的推理;(7)不能理顺整体和部分的关系;(8)认知活动具有具体性,还不能进行抽象的思维运算。

5. ABC 【解析】在教学与发展的关系上,维果斯基提出了以下三个重要思想:最近发展区;教学应当走在发展的前面;关于学习的最佳期限。

6. AB 【解析】具体运算阶段的儿童能够运用逻辑思维解决具体问题,但必须依赖于实物和直观形象的支持才能进行逻辑推理和运用逻辑思维解决问题,不能够进行纯符号运算。这一阶段儿童的思维具有以下特征:去自我中心性、可逆性、守恒、分类、序列化。

7. ABCD 【解析】心理发展是个体的心理自出生到成年,在环境与教育的影响下,在低级心理机能的基础上,逐渐向高级心理机能转化的过程。具体有以下四个方面的表现:(1)各种心理机能之间的关系不断变化、重组形成间接的以符号为中介的心理结构;(2)抽象—概括机能的提高;(3)随意机能的不断发展;(4)心理活动的个性化。

8. ABD 【解析】根据皮亚杰的认知发展阶段理论,处于形式运算阶段的儿童的思维具有以下特征:(1)命题之间的关系;(2)假设—演绎推理;(3)类比推理;(4)抽象逻辑思维;(5)可逆和补偿;(6)反思能力;(7)思维的灵活性;(8)形式运算思维的逐渐发展。其中,抽象逻辑思维的发展水平已接近成人水平,不是高于成人。故 C 项说法错误。

9. CD 【解析】小学三年级学生的认知发展处于具体运算阶段。具体运算阶段儿童的思维具有以下特征:(1)去自我中心性(去中心化);(2)可逆性;(3)守恒;(4)分类;(5)序列化;(6)具体逻辑推理。自我中心性属于前运算阶段的思维特点,客体永久性属于感知运动阶段的思维特点。

三、判断题

1. √ 【解析】皮亚杰提出,在儿童思维发展的所有特征中最重要的是可逆性。

2. × 【解析】平衡是指个体与环境相互作用过程中的自我调节。故题干说法错误。

3. √ 【解析】认知发展处于前运算阶段的儿童还不能设想他人所处的情境,常以自己的经验为中心,从自己的角度出发来观察和理解世界。皮亚杰的“三山实验”证明了儿童的“自我中心性”的思维特征。

4. √ 【解析】根据皮亚杰的认知发展阶段理论,两到三岁的儿童处于前运算阶段,这个时期儿童的思维具有自我中心性,儿童认为别人眼中的世界和他所看到的一样,以为世界是为他而存在的,一切都围绕着他转。他还不能从他人的角度考虑问题。所以,教会两到三岁的孩子有意识地谦让玩具几乎是不可能的。

5. √ 【解析】皮亚杰认为,图式是指人在认识周围世界的过程中,形成自己独特的认知结构。从发展的角度来看,儿童最初的图式是遗传所带来的一些本能反射行为,如吸吮反射、定向反射等。

6. √ 【解析】皮亚杰认为,认知发展是一个建构的过程,是个体在与环境的相互作用中实现的。

7. × 【解析】皮亚杰认为,儿童的心理发展是一个连续的过程,这个过程具有阶段性,可以分为感知运动、前运算、具体运算和形式运算四个阶段。同时,每两个阶段之间都不是截然分开的,而是有着一定的交叉和重叠。他认为四个阶段的顺序是不变的,因为每个阶段都是下一个阶段的必要

条件,前一个阶段的认知图式是后一阶段的基础。所有的儿童都要依次经历这四个发展阶段,不能跨越,也不能颠倒。但是,由于环境、文化、教育等差异,这些阶段可能加速或推迟。因此,题干说法错误。

8. √ 【解析】个体的认知发展水平(特别是智力发展水平)直接影响着学习的可接受水平、学习的深度与广度。因此学生的认知发展水平是有效学习的基本条件。小学生的认知发展处于具体运算阶段(7~11岁),中学生的认知发展处于形式运算阶段(11岁~成人),所以教师即使传授了相同的知识,也应对小学生和中学生分别提出不同的学习要求、采取不同的教学方式。

9. √ 【解析】按照皮亚杰的认知发展阶段理论,初中生的思维发展正处于形式运算阶段。皮亚杰认为同一个人在某一学科领域的思维可以达到形式运算水平,但遇到新问题,其思维又会退回到具体运算水平。

四、辨析题

1. 维果斯基把儿童的现有水平和可能达到的发展水平之间的差异,称为学习准备。

(1)这种说法是不正确的。(2)维果斯基认为,儿童有两种发展水平:一是儿童的现有水平,即由一定的已经完成的发展系统所形成的儿童心理机能的发展水平;二是可能达到的发展水平。这两种水平之间的差异,就是最近发展区。而学习准备指的是学习者在从事新的学习时,其身心发展水平对新的学习的适合性,即学生在学习新知识时,那些促进或妨碍学习的个人生理、心理发展的水平和特点。因此,题干中的说法错误。

2. 按照皮亚杰的认知发展阶段理论,儿童只有发展到形式运算阶段才能解决数学应用题。

(1)这种说法是不正确的。(2)具体运算阶段的儿童,其思维具有可逆性、守恒性等特点,能够运用逻辑思维解决具体问题,但必须依赖于实物和直观形象的支持才能进行逻辑推理和运用逻辑思维解决问题,不能够进行纯符号运算。因此,具体运算阶段的儿童已经能解决部分数学应用题。

3. 维果斯基认为个体的发展是从个体化到社会化的过程。

(1)这种说法是不正确的。(2)维果斯基强调,人的思维与智力是在活动中发展起来的,是借助于语言等符号系统不断内化的结果。内化是促使认知发展的主要机制。语言在内化过程中起重要作用,认知发展遵循"社会语言—自我语言—内部语言"的路线。维果斯基把语言看成是认知发展的工具,认知能力随语言这种心理工具的成熟而成熟,而语言的发展则是在社会文化环境中实现的,换言之,维果斯基认为个体的发展是从社会化到个体化的过程。

五、论述题(参考答案)

(1)原因:皮亚杰提出了认知发展的阶段理论,将个体的认知发展分为以下四个阶段:①感知运动阶段(0~2岁);②前运算阶段(2~7岁);③具体运算阶段(7~11岁);④形式运算阶段(11岁~成人)。每个阶段的儿童都表现出不同的认知特征。初中生处于形式运算阶段,他们的思维是以命题形式进行的,他们能够运用经验—归纳的方式进行逻辑推理,能够很好地进行类比推理,能理解符号的意义、隐喻和直喻,能对事物做一定的概括等;而具体运算阶段的儿童(小学生)虽然能够运用逻辑思维解决具体问题,但必须依赖于实物和直观形象的支持才能进行逻辑推理和运用逻辑思维解决问题,不能够进行纯符号运算。王老师以前从事的是初中数学教学,初中生的认知发展水平处于形式运算阶段,而后来所教小学生的认知发展水平处于具体运算阶段,两者的认知结构发展程度不同,因此王老师原来的教法不适用于现在的班级。

(2)解决办法:①按认知发展顺序设计课程。第一,学校课程的难度必须配合学生心理发展的水平;第二,在确定某年级的课程难度时,应该先设计实验,从学生实际的思维过程中观察分析各单元的编排是否适宜。因此,王老师应该调整原来的教学方法,使其适应小学生的认知发展。

②教师应该安排教学内容,提供略微高于学生现有思维水平的教学。王老师可以适当设计训练,在这个基础上开展和安排教学促进思维发展,引导他们发展抽象逻辑思维。

③保持学生的学习主动性和自主性，使他们积极地参与到学习活动中来。王老师可根据小学生的心理特点，设计吸引学生注意力的课程、活动，调动学生学习的热情与积极性。

④重视社会交往对儿童认知发展的作用。王老师应引导学生多与同伴进行合作学习，相互讨论、相互促进，从而产生最佳的学习效果。

⑤儿童在认知发展过程中存在着个体差异，要因材施教。根据儿童认知发展的具体情况以及个体的需求、兴趣因材施教，满足不同类型儿童的个性化需求。

六、案例分析题（参考答案）

1.（1）“最近发展区理论”是著名心理学家维果斯基提出的，他认为，学生有两种发展水平：一是学生的现有水平，即由一定的已经完成的发展系统所形成的学生心理机能的发展水平；二是学生可能达到的发展水平。这两种水平之间的差异，就是最近发展区。也就是说，最近发展区是学生在有指导的情况下，借助教学的帮助所能达到的解决问题的水平与独自解决问题所达到的水平之间的差异，实际上是两个邻近发展阶段间的过渡状态。因此，在教学中，要让学生站在“学生的现有水平”上，跳一跳摘到“桃子”。学生跳起来的空间就是“最近发展区”，而“桃子”就是“学生可能达到的发展水平”，通过教学不断地将“可能达到的发展水平”转化为“学生的现有水平”，使全部教学工作走在学生发展的前面，最终跨越“最近发展区”而达到新的发展水平。

（2）上述教学案例通过运用“最近发展区理论”实施有效教学，值得我们学习和借鉴，案例中的教师具体是从以下几个方面入手的：

①创设学习情境，引导有效教学。在片段一中，该教师以故事背景提出问题，让学生对学习内容产生浓厚的兴趣，并由“鱼的呼吸”联想到人类呼吸的原理。该片段中的教师将教学中的问题情境建立在学生浓厚的兴趣上，必能使学生以愉快的心情探索问题的答案，激发思维的灵活性，并且在这种活跃的氛围中设置问题，能使学生由惊奇转入积极的思维状态，让学生展开想象的翅膀，思考问题的答案。该教师的教学手段值得我们学习借鉴。

②准备恰当的垫脚石，帮助学生建构知识体系。在课堂教学过程中，教师的教应以满足学生的学为前提，但一味地主张学生的主体性，又难免使教学陷入另一种窘境。因此，我们可以学习片段二中教师的做法，一边调动学生“放出”问题，一边引领学生“收回”问题，在宽松的对话、沟通中进行教学。即在教学中，教师要适时地提供恰当的垫脚石，帮助学生顺利地建构知识体系，明确学习目标直至到达“可能的发展水平”。

③组织实践活动，探究获取真知。在片段三中，教师鼓励学生进行观察实验，让学生科学探究“土壤中有什么”。该教师的做法真正落实了学生在学习中的主体地位，使得学生既学会了知识、方法与技能，又提高了学生的能力，较好地促进了学生实践素养的形成。因此，在教学中，我们应学习该教师的做法，将实践探究活动与教学内容、教学目标有机地结合起来，把教学内容与学生生活有关但又存在难点的部分作为教学的“探究点”，让学生在探究中获取真知。

2.（1）根据皮亚杰的认知发展阶段理论可知，2 ~ 7 岁的儿童处于前运算阶段，具有以下方面的特征：①早期的信号功能；②自我中心性（中心化）；③不可逆运算；④刻板性；⑤不能够推断事实；⑥泛灵论；⑦不合逻辑的推理等。7 ~ 11 岁的儿童处于具体运算阶段，具有以下方面的特征：①去自我中心性（去中心化）；②可逆性；③守恒；④分类；⑤序列化。

（2）根据案例中的实验结果并结合皮亚杰的认知发展阶段理论分析可知，案例中 3 ~ 6 岁的儿童处于前运算阶段，思维具有不可逆性，尚未形成守恒的概念。他们在做出判断时，表现出思维的不可逆性，他们倾向于运用一种标准或维度，如长得多、密得多或高得多，还不能同时关注两个维度，表现出思维的刻板性。案例中 7 岁以上的儿童处于具体运算阶段，思维具有可逆性，获得了守恒的概念。他们在做出判断时，认为杯子中的水倒入细高的杯子，总量是不变的，表现出思维的可逆性、守恒性。

专题三　中小学生人格、社会化发展

答案速查：

1～5	DCDDD	6～10	BBADD	11～15	ABBBA	16～20	DDDBB
21～25	BBADB	26～30	ABDDB	31～36	ACACDA		
1～5	ABD ACD ACD BD ABD			6～7	ACD ABCD		
1～6	√ √ × √ × ×			7～13	× √ √ × × √ ×		

一、单项选择题

1. D 【解析】希望是婴儿期所形成的积极人格特征；意志是儿童早期所形成的积极人格特征；目标是学前期所形成的积极人格特征；能力是学龄期所形成的积极人格特征。

2. C 【解析】美国精神分析学家埃里克森认为，人格发展是一个逐渐形成的过程，必须经历八个顺序不变的阶段。每一个阶段都有一个由生物学的成熟与社会文化环境、社会期望之间的冲突和矛盾所决定的发展危机。初中阶段约为 12～15 岁，对应埃里克森自我同一性对角色混乱的阶段（12～18 岁），本阶段的发展任务是培养自我同一性，即建立同一性，防止角色混乱，选择 C 项。

3. D 【解析】攻击行为，是一种有意伤害他人，引起他人生理上或心理上的痛苦的行为。题干中的学生经常欺负、伤害他人，故属于攻击行为，本题答案选 D 项。

4. D 【解析】学龄期的学生处于勤奋感对自卑感阶段（6～11 岁），即面临勤奋感对自卑感的冲突。在这个时期，多数儿童已进入学校，第一次接受社会赋予他们并期望他们完成的任务。如果儿童在学习、游戏等活动中不断取得成就并受到成人的奖励，儿童将以成功、嘉奖为荣，养成乐观、进取和勤奋的性格；反之，如果由于学习方法不当或努力不够而多次遭受挫折或其成就受到漠视，儿童容易形成自卑感。题干中的张老师结合学生自身的能力，给予其恰当的挑战和可以完成的任务，这是在培养其勤奋感。

5. D 【解析】自我概念最简单的解释就是个人主体自我对客体自我的看法。它是个人心目中对自己的印象，包括对自己存在的认识以及对个体身体能力、性格、态度等方面的认识。题干中学生的说法就是该生对自己的认识，故选 D 项。自我发展是连续的分化和整合的过程，意味着成长、改变和生活，意味着个体的主动发展，排除 A 项。自我实现即追求自我理想的实现，是充分发挥个人潜能、才能的心理需要，不符合题意，排除 B 项。自我监督是一个人以其良心或内在的行为准则对自己的言行实行监督的过程，排除 C 项。

6. B 【解析】教师的态度对学生人格的影响表现在：

教师的态度	学生的人格特点
专制的	情绪紧张、冷淡、攻击性强、自制力弱
放任的	无组织纪律性、无团体目标
民主的	情绪稳定、态度积极友好、有领导能力

题干中的张老师对学生实行“放养”式管理，这种放任的态度会使学生形成无组织纪律性，无团体目标的人格特点。故本题答案选 B 项。

7. B 【解析】处于主动感对内疚感阶段的儿童的活动范围逐渐超出家庭的圈子，儿童开始追求出于自我利益和动机的活动。他们想象自己正在扮演成年人的角色并因以为能从事成年人的角色和胜任这些活动而体验一种愉快的情绪。而由于儿童能力的局限，他们出于自我动机的活动常常会被成年人禁止，使他们认识到“想做的”和“应该做的”之间的差距，从而可能会降低从事活动的热情。因此,本阶段的危机就在于儿童既要保持对活动的热情又要控制那些会造成危害或可能会被禁止的活动。

8. A 【解析】玛西亚根据探索和承诺的程度高低划分出同一性获得、同一性延缓、同一性早闭和同一性扩散四种同一性状态。其中,同一性扩散的个体没有仔细思考或探索过各种同一性问题,从来不去探索各种选择,也不去尝试做出努力,缺乏对自己的了解,没有方向感,没有确定自己的目标和价值观,也未对特定目标价值或社会角色做出清晰的承诺。A 项中小元沉迷游戏,没有考虑未来,既没有探索,又没有努力,属于同一性扩散。B 项属于同一性获得。C 项属于同一性早闭。D 项属于同一性延缓。故本题选 A 项。

9. D 【解析】小学生的自我概念是从比较具体的外部特征的描述向比较抽象的心理术语的描述发展的。虽然小学高年级学生开始能用心理词汇来描述自己,但也是以具体形式来看待自己,把自己这些特征视为绝对的和不可变更的。正如题干所述,某学生说自己是善良的,是因为他把东西分给了同伴或其他人,因此自己是“善良的”,但他还不太理解自己的人格特征在不同场合可能会有所不同,不能理解善良的人在某些场合也会抢别人的东西。

10. D 【解析】鲍姆宁从要求和反应性两个维度,将父母的教养方式分为专制型、溺爱型、忽视型和权威型四类。在多数情况下,权威型的教养方式对孩子的成长最为有利。(1)专制型。这种类型的父母对孩子的要求很严厉,提出很高的行为标准,这些标准和要求有时不近情理,没有孩子说话的权利。(2)溺爱型。这种类型的父母对孩子充满了爱和期望,却忘记了孩子社会化的任务,因此很少给孩子提出什么要求或进行任何控制。(3)忽视型。这种类型的父母对孩子的成长漠不关心。(4)权威型。采用权威型教养方式的父母会对孩子提出合理的要求,对孩子的行为做出适当的限制,设立恰当的目标,并坚持要求孩子服从和达到这些目标。同时,他们表现出对孩子成长的关爱,会耐心地倾听孩子的观点。因此,根据题干描述可知,多多受到的家庭教养方式属于权威型。

方法技巧:考生在做此类试题时,可以根据关键词来区分不同的教养方式。“严厉、高标准”对应专制型;“期望、无要求、溺爱”对应溺爱型;“漠不关心、忽视”对应忽视型;“合理、恰当、倾听、耐心”对应权威型。

11. A 【解析】放纵型教养方式下的儿童是最不成熟的,多表现为任性、幼稚、自私、野蛮、无礼、独立性差、蛮横无理、胡闹等。小张经常对同学发脾气,做事冲动,很少为别人考虑,这体现出他任性、蛮横无理和自私的性格特点,这最有可能是在放纵型教养方式下形成的。

12. B 【解析】埃里克森的心理社会发展阶段论认为,0~1.5 岁婴儿的发展任务是发展对周围世界,尤其是对社会环境的基本态度,培养信任感,面临的基本冲突是基本的信任感对基本的不信任感。父母对婴儿的需求及时给予回应,这有利于培养婴儿的信任感。

13. B 【解析】弗洛伊德认为,一个人的精神活动包括本我、自我和超我,也只有本我、自我和超我三者达到力量平衡方是形成正常心理活动的基础。当三者互不相让,产生敌对关系时,就会产生心理疾病。

14. B 【解析】人格的独特性是指一个人的人格是在遗传、成熟、环境、教育等先后天因素的交互作用下形成的。不同的遗传、生存及教育环境,形成了各自独特的心理特点。“人心不同,各如其面”这句俗语为人格的独特性做了最好的诠释。

15. A 【解析】埃里克森认为,自我同一性对角色混乱阶段(青少年时期)应培养的良好人格品质是诚实,亲密感对孤独感阶段应培养的良好人格品质是爱,繁殖感对停滞感阶段应培养的良好人格品质是关心,自我整合对绝望感阶段应培养的良好人格品质是智慧。故答案选 A 项。

16. D 【解析】自我体验是自我意识在情感上的表现,是伴随自我认知而产生的内心体验,如自尊、

自爱、自豪、自卑及自暴自弃等。A 项自我认识，即个体对自己的心理特点、人格特征、能力及自身社会价值的自我了解与自我评价。B 项自我监控，即对自己的意志控制，如自我检查、自我监督、自我调节、自我追求等。C 项为干扰选项。题干中学生因受到表扬感到开心是该学生自我意识在情感上的表现。故这句话反映的是学生自我意识中的自我体验。

易错提示：考生易混淆自我意识的成分。在做题时，考生可根据关键词对其进行区分："自我了解和评价"对应的是自我认识；"情感中的体验"对应的是自我体验；"意志控制"对应的是自我监控。

17. D 【解析】人格的独特性，是指一个人的人格是在遗传、成熟、环境、教育等先后天因素的交互作用下形成的。不同的遗传环境、生存及教育环境，形成了各自独特的心理特点。世界上没有两片完全相同的树叶，也没有两个人格完全相同的人，这体现了人格的独特性。

18. D 【解析】学术界提出了人格的"大五因素模型"，认为有五种特质基本涵盖了人格的所有方面，这五种特质是：(1)开放性；(2)责任心；(3)外倾性；(4)宜人性；(5)神经质或情绪稳定性。

方法技巧：考生在做此类试题时，可以提取这五种特征的首字进行记忆，即"神人外开心"。

19. B 【解析】生理自我在 3 岁左右基本成熟；社会自我到少年期基本成熟；心理自我是在青春期开始发展和形成的。因此，本题答案选 B 项。

20. B 【解析】民主型教养方式下的儿童是最成熟的，他们多形成一些积极的性格，如活泼、自立、彬彬有礼、善于交往、富于合作精神、思想活跃等。根据题干中的描述可知，小明成长的家庭教养方式最可能是民主型。

21. B 【解析】俗话说："江山易改，禀性难移"这里的"禀性"就是针对人格而言的。一个人的某种人格特点一旦形成，就相对稳定下来了，要想改变它是比较困难的事情。因此答案选 B 项。

22. B 【解析】一个人的某种人格特点一旦形成，就相对稳定下来了，要想改变它是比较困难的事情。"三岁看大，七岁看老"体现的就是人格的稳定性。

23. A 【解析】弗洛伊德认为，人格是由本我、自我和超我三部分构成的。"本我"位于人格结构的最底层，它遵循快乐原则。"自我"是从本我中逐渐分化出来的，位于人格结构的中间层，它遵循现实原则。"超我"位于人格结构的最高层次，它遵循道德原则。"超我"具有三个作用：一是抑制本我的冲动，二是对自我进行监控，三是追求完善的境界。本我是生物本能我，自我是心理社会我，超我是道德理想我。所以 A 项表述正确，B、C、D 三项表述错误。

24. D 【解析】自我同一性是指个体组织自己的动机、能力、信仰及活动经验而形成的有关自我的一致性形象。自我同一性的形成要求谨慎的选择和决策，尤其体现在职业定向、性别角色分化等方面。如果青少年不能整合这些方面和各种选择，或者根本无法在其中进行选择，就会导致角色混乱。题干中，张东在职业定向时发生了角色混乱，因此，当前他的主要发展任务是建立自我同一性。

25. B 【解析】自我体验属于自我意识的情感成分，是人对自己所持态度的体验，是在自我认识的基础上产生的体验。自我体验包括自尊、自信、内疚、自豪感、成就感等。其中，自尊是自我体验中最主要的成分。

26. A 【解析】自尊是对自我的概括化的评价性态度，影响着人的心境和行为。题干所述是自尊的含义。

27. B 【解析】大五人格因素分别是：外倾性、宜人性、责任心、开放性、神经质或情绪稳定性。其中，在开放性维度得分高者表现为富于想象、寻求变化、自主性强；得分低者表现为务实、遵守惯例、顺从。根据题干中该学生的表现特点可知，他的这些人格因素最有可能属于大五人格因素中的开放性维度,故答案选择 B 项。

A 项,在外倾性维度得分高者表现为好交际、爱娱乐、感情丰富;得分低者表现为不好交际、严肃、含蓄。

C 项,在宜人性维度得分高者表现为热心、信赖、乐于助人;得分低者表现为怀疑、无情、不合作。

D 项,在责任心维度得分高者表现为有序、谨慎细心、自律;得分低者表现为无序、粗心大意、意志薄弱。

28. D 【解析】自我意识一般涉及两个方面:(1)主体的“我”,即对自己身心活动的觉察,如自我的性格、能力和行为等。比如,“我觉得自己糟糕透了”或者“我长大后要当大老板”,这是作为主体的“我”对自身的觉察。(2)客体的“我”,即被觉察到的我。“我觉得别人都看不起我”,这是作为客体的“我”对自身的觉察。

29. D 【解析】权威型的父母往往更多地参与学校的活动,促使儿童和青少年积极追求成就和学业成功,给予儿童一定的独立和自主空间,帮助年幼的孩子使之尽可能独立地完成任务,给予年长的孩子发言权,让他们决定如何更好地应对挑战。父母鼓励儿童独立学习,但并非很少提供学习指导,故 D 项错误。

30. B 【解析】埃里克森认为小学生面临的主要危机是“勤奋对自卑”,如果危机没有充分解决,在人格上最有可能表现为缺乏自信心、有失败感。A 项属于学前期的危机不充分解决的表现;C 项属于青年期的危机不充分解决的表现;D 项属于儿童早期的危机不充分解决的表现。

31. A 【解析】心理自我是在青春期开始发展和形成的。这时,青年开始形成自觉地按照一定的行动目标和社会准则来评价自己的心理品质和能力。

32. C 【解析】儿童期的发展任务是培养自主性。这个阶段的儿童初步尝试独立处理事情,如果父母允许幼儿去做他们力所能及的事,鼓励幼儿独立探索的欲望,幼儿就会逐渐认识自己的能力,养成主动、自主的性格;反之,如果父母过分溺爱和保护或过分批评指责,就可能使儿童怀疑自己对自我和环境的控制能力,产生羞耻感。C 项中,幼儿主动尝试自己吃饭却因未做好而被母亲拒绝,这可能导致幼儿认为自身能力不足,产生羞耻感。自卑感是 6 ~ 11 岁的儿童可能面临的发展危机,因此,C 项符合题意。

33. A 【解析】父母的教养方式可以分为四类:权威型、专制型、溺爱型、忽视型。其中,专制型的父母要求孩子绝对服从自己,希望子女按照自己为其设计的发展蓝图去成长,希望对孩子的所有行为都加以保护监督。题干中的乔英子服从妈妈的要求,放弃自己喜欢的乐高,这说明其家庭教养方式就属于专制型。

34. C 【解析】放纵型教养方式下的儿童是最不成熟的,多表现为任性、幼稚、自私、野蛮、无礼、独立性差、蛮横无理、胡闹等特点。

35. D 【解析】自我监控,即对自己的意志控制,如自我检查、自我监督、自我调节、自我追求等。题干所述为自我监控中的自我检查。

36. A 【解析】在民主型教养方式中,父母与孩子在家庭中处于一个平等和谐的氛围中,父母尊重孩子,给孩子一定的自主权,并给予孩子积极正确的指导。因此,答案选 A 项。

二、多项选择题

1. ABD 【解析】弗洛伊德将人格结构分成三个层次:本我、自我和超我。

2. ACD 【解析】根据埃里克森的心理社会发展理论,人格发展是一个逐渐形成的过程,必须经历八个顺序不变的阶段,其中前五个阶段处于儿童成长和接受教育的时期。前五个阶段为:(1)基本的信任感对基本的不信任感(0 ~ 1.5 岁);(2)自主感对羞耻感与怀疑(2 ~ 3 岁);(3)主动感对内疚感(4 ~ 5 岁);(4)勤奋感对自卑感(6 ~ 11 岁);(5)自我同一性对角色混乱(12 ~ 18 岁)。

3. ACD 【解析】人格的形成与发展离不开先天遗传与后天环境的关系与作用。心理学家们认为,

人格是在遗传与环境的交互作用下逐渐形成并发展的。其中,环境因素主要指家庭、学校和社会对一个人个性形成的影响。(具体参见李美华主编的《心理学与生活》)

4. BD 【解析】自我体验是自我意识在情感上的表现,是伴随自我认识而产生的内心体验,自尊心、自信心等是自我体验的具体内容。自我感觉、自我觉察属于自我认识的具体内容。

5. ABD 【解析】鲍姆宁曾根据控制、成熟的要求、父母与儿童的交往、父母的教养水平等四个指标,将父母的教养行为分成专制型、放纵型和民主型三种方式。

6. ACD 【解析】人格的特征有:独特性、稳定性、整合性、功能性和社会性。

7. ABCD 【解析】弗洛伊德将人格发展分为五个时期,即口腔期、肛门期、性器期、潜伏期和生殖期。

三、判断题

1. √ 【解析】学校是人格社会化的主要场所,教师对学生人格发展具有导向作用,同伴群体对人格发展具有"弃恶扬善"的作用。(具体内容参见肖旭主编的《社会心理学》)

2. √ 【解析】埃里克森认为,童年期(6~12岁)儿童的发展任务是获得能力,这一阶段的儿童都应在学校接受教育。学校是训练儿童适应社会、掌握今后生活所必需的知识和技能的地方。如果他们能顺利地完成学习课程,他们就会获得勤奋感,这使他们在今后的独立生活和承担工作任务时充满信心。反之,就会产生自卑感。因此,对于这一阶段的儿童,教师应积极训练儿童适应社会,掌握今后生活所必需的知识和技能。

3. × 【解析】个体自我意识的发展经历了从生理自我到社会自我,再到心理自我的过程。因此,题干说法错误。

易错提示:考生易混淆三种"自我"所对应的年龄段,考生应注意:"生理自我"是最先存在的;"社会自我"对应的是少年期;"心理自我"对应的是青春期。自我意识的发展顺序是生理自我—社会自我—心理自我。

4. √ 【解析】埃里克森认为,2~3岁的儿童心理发展处于自主感对羞耻感阶段,本阶段的发展任务是培养自主性。故本题说法正确。

5. × 【解析】科学发展到现在的水平,人们一般都承认人格是在遗传与环境的交互作用下逐渐发展形成的。遗传决定了人格发展的可能性,环境决定了人格发展的现实性。因此,人格既受先天禀赋的影响,又受社会文化的影响。故题干说法错误。

6. × 【解析】一个人的人格是在遗传、成熟和环境、教育等先天与后天因素的交互作用下形成的。不同的遗传、生存及教育环境塑造了形形色色的心理特点。人与人没有完全一样的人格特点。"固执"在不同的环境下有不同的含义,这体现了人格的独特性,故本题说法错误。

7. × 【解析】根据埃里克森的心理发展阶段理论,繁殖感对停滞感阶段的主要任务是获得繁殖感,体验关怀的实现。这里指的是广义上的繁殖,不仅包括人繁衍后代,而且包括人的生产能力和创造能力等基本能力或特征。

8. √ 【解析】人格是构成一个人思想、情感及行为的特有模式,这个独特模式包含了一个人区别于他人的稳定而统一的心理品质,即人格是决定个体的外显行为和内隐行为,并使其与他人行为有稳定区别的综合心理特征。故题干所述为人格的概念。

9. √ 【解析】与同伴群体的交往使儿童能够进行人际关系和交流的探索,并发展人际敏感性,奠定儿童今后社会交往的基础,促进儿童的社会化和人格的发展。一方面,同伴群体是儿童学习社会行为的强化物;另一方面,同伴群体又为儿童的社会化和人格发展提供社会模式或榜样。随着年龄的增长,同伴的影响越来越强,在某种程度上甚至超过父母的影响。

10. × 【解析】人格是动态变化的,一个人在不同时期、不同环境下会表现出不同的人格特征。然而,在发展和变化中,人格又具有相对的稳定性,可使用人格测验对其进行测量。

11. × 【解析】人格测验可以分为两种形式:自陈式人格测验和投射式人格测验。常见的自陈式人格测验有:明尼苏达多项人格测验(MMPI)、爱德华个人兴趣量表(EPPS)、卡特尔16种人格因素测验(16PF)和艾森克人格测验。常见的投射式人格测验有:罗夏克墨渍测验(RIBT)、主题统觉测验(TAT)、句子完成测验(SCT)、房树人测验。故题干表述错误。

12. √ 【解析】自我同一性对角色混乱阶段(即初中和高中阶段)的发展任务是培养自我同一性。

13. × 【解析】自我认识是对自己的洞察和理解,包括自我观察和自我评价。一个人在心目中对自己的印象是自我概念。

四、填空题

1. 自我监控

2. 内疚感

五、辨析题

1. 人格随环境和教育的变化而变化,因此不稳定性是人格的典型特征。

(1)这种说法是不正确的。(2)人格是构成一个人思想、情感及行为的特有模式,这个独特模式包含了一个人区别于他人的稳定而统一的心理品质。人格具有稳定性。

2. 埃里克森强调心理性欲对人格的影响。

(1)这种说法是不正确的。(2)埃里克森强调社会文化背景的作用,认为人格发展受文化背景的影响和制约。弗洛伊德强调性本能对人格的影响。

六、简答题(参考答案)

1. 简述影响小学生人格发展的因素。

人格是在遗传与环境交互作用下逐渐发展形成的。遗传决定了人格发展的可能性,环境决定了人格发展的现实性。影响小学生人格发展的因素有:

(1)生物遗传因素。①遗传是人格不可缺少的影响因素。②遗传因素对人格的作用程度因人格特征的不同而异。通常在智力、气质这些与生物因素相关较大的特征上,遗传因素较为重要;而在价值观、信念、性格等与社会因素关系紧密的特征上,后天环境因素更重要。③人格发展过程是遗传与环境交互作用的结果,遗传因素影响人格的发展方向及改变。

(2)社会因素。影响个体人格发展的社会因素基本上都是家庭、学校、同伴以及电视、电影、文艺作品等社会宣传媒体。①家庭教养方式的不同会影响孩子的行为表现。②学校教育按一定社会的教育目标,有计划、有步骤地对学生施加影响,因而直接制约着学生人格发展的方向和基本质量。学校教育在学生社会化中的作用主要是通过教师与学生的相互影响来实现的。教师对学生人格的发展具有指导定向的作用。教师的品德修养、知识经验、教育和教学技巧、对学生的态度等,对学生社会化与人格的发展都有举足轻重的意义。③随着年龄的增长,同伴的影响越来越强,在某种程度上甚至超过父母的影响。与同伴群体的交往能促进儿童的社会化和人格的发展,但是要注意防止不良同伴群体对中学生人格发展造成的不良影响。

(3)个人主观因素。社会上各种影响因素,首先要为个人接受和理解,才能转化为个体的需要、动机和兴趣,才能推动个体去思考与行动。另外,个体已有的心理发展水平对人格特征形成的作用会随着年龄的增加而日益增强。

2. 简述埃里克森的人格发展阶段理论。

美国精神分析学家埃里克森认为,人格发展是一个逐渐形成的过程,必须经历八个顺序不变的阶段。它包括:(1)基本的信任感对基本的不信任感(0~1.5岁);(2)自主感对羞耻感(2~3岁);(3)主动感对内疚感(4~5岁);(4)勤奋感对自卑感(6~11岁);(5)自我同一性对角色混乱(12~18岁);(6)亲密感对孤独感(成年早期);(7)繁殖感对停滞感(成年中期);(8)自我整合对绝望感(成年晚期)。

专题四　学生的个别差异

答案速查：

1~5	DCBCC	6~10	BBDAA	11~15	CCBBC	16~20	CBCBC
21~25	DDABA	26~32	DCDBCDA	1~6	BCD CD BD BC ABCD ACD		
1~6	× √ × √ × √			7~13	√ √ × × × × √		

一、单项选择题

1. D 【解析】场依存型的人较易于接受别人的暗示，他们学习的努力程度往往受到外来因素的影响。因而，场依存型的学生则在诱因来自外部时学得更好；而场独立型的学生在内在动机作用下学习时，常会产生更好的效果。A、B 两项表述正确。冲动型学生面对问题时总是急于求成，不能全面细致地分析问题的各种可能性。C 项表述正确。在对不同学习内容的测验上，沉思型学生与冲动型学生的成绩也存在明显差异。一般来说，较之冲动型学生，沉思型学生的阅读成绩、再认测验成绩及推理测验成绩较好，其创造性设计成绩优秀。相比之下，冲动型学生往往阅读困难，较多表现出学习能力缺失、学习成绩不及格。D 项表述不正确。
2. C 【解析】学习风格是学习者在探究、解决其学习任务时所表现出来的典型的、一贯的、独具个人特色的学习策略和学习倾向。题干所述体现了不同学生各具特色的学习风格，故选 C 项。
3. B 【解析】按照儿童的智力水平分类，智力落后可分为：(1)轻度智力落后，智商为 50~70；(2)中度智力落后，智商为 35~50；(3)重度和极重度智力落后，智商为 35 以下。故答案选 B 项。
4. C 【解析】影响学习风格的因素有：(1)生理因素；(2)心理因素；(3)社会性因素。其中，生理因素表现在：
   (1)生理刺激方面。如声音、光线、温度。
   (2)时间节律。每个个体对一天之中学习时间的偏爱是不同的，不同个体在不同时段的心理状态各不相同。
   (3)感觉通道。依据识记材料时对某种感觉通道的偏爱而产生最好的效果，可分为视觉型、听觉型与动觉型。视觉型擅长通过自己读或看来学习，这样的学习者对视觉刺激敏感，习惯从视觉接受学习材料。他们喜欢通过自己看书和记笔记来学习，而不适于听取教师的讲授和灌输。听觉型则善于通过听来学习，他们对听觉刺激敏感，对语言、声响、音乐的接受力和理解力强。动觉型则以动手、动口来学习，效果最好，他们喜欢接触、操作物体，对有感觉的认知活动感兴趣，教师用手拍拍他们表示赞赏所产生的效果比口头表扬要好。
   (4)大脑的单侧化。这是指左侧或右侧大脑半球何者占优势的问题。
   根据题干描述可知，学生小张喜欢通过自己看书和记笔记来学习，学生小李喜欢通过听来学习，这表明小张属于视觉型学习者，小李属于听觉型学习者，故体现了学生的学习风格受感觉通道这个生理因素的影响。
5. C 【解析】奥尔波特将性格特征分为共同特质和个人特质。其中，个人特质是个人所独有的、代表个人行为倾向的特质，它包括首要特质、中心特质和次要特质。首要特质是一个人最典型、最具有概括性的特质；中心特质是构成个体独特性的几个重要特质；次要特质往往只有在特殊的情况下才会表现出来。因此，题干所述属于学生的中心特质(重要特质)。
6. B 【解析】场依存型的学生对客观事物的判断常以外部线索为依据，其态度和自我认知易受周围环境或背景的影响，往往不易独立地对事物做出判断，而是人云亦云，从他人处获得标准；行为常以社会为定向，社会敏感性强，爱好社交活动。从该同学“容易受到同学、老师的影响”“善于察言观色”可以看出其认知方式属于场依存型。
7. B 【解析】场依存型的学生对客观事物的判断常以外部线索为依据，其态度和自我认知易受周围环境或背景（尤其是权威人士）的影响，往往不易独立地对事物做出判断，而是人云亦云，从他人处获得标准。因此，题干所述为场依存型认知方式的典型特征。

8. D 【解析】辐合型认知方式是指在解决问题的过程中常表现出辐合思维的特征，表现为搜集或综合信息与知识，运用逻辑规律缩小解答范围，直到找到最合适的唯一正确的解答。因此，题干中小红在解决问题过程中的表现说明其认知方式属于辐合型。

9. A 【解析】场依存型的学生在学习兴趣上，一般较偏爱人文、社会科学；在教学方式上，偏爱结构严密的教学。故答案选 A 项。

10. A 【解析】场依存型的学生对客观事物的判断常以外部线索为依据，其态度和自我认知易受周围环境或背景（尤其是权威人士）的影响，往往不易独立地对事物做出判断，而是人云亦云，从他人处获得标准；行为常以社会为定向，社会敏感性强，爱好社交活动。因此，题干中小赵的表现符合场依存型认知风格的特征。

11. C 【解析】冲动型认知风格的学生在解决问题时反应时间很快，在解决认知任务时，总是急于给出问题的答案，即他们在解决问题时强调的是速度而非精度。题干中的小丽在老师提出问题后就立马回答，但没有考虑到苏轼是北宋诗人，这说明其认知风格属于冲动型。

12. C 【解析】场独立型的学生对客观事物的判断常以自己的内部线索（经验、价值观）为依据，不易受到周围环境因素的影响和干扰，倾向于对事物的独立判断。题干中的王浩在认识事物和解决问题时，有自己的内在标准，不易受外界影响，这说明他的认知方式属于场独立型。而场依存型强调不易独立地对事物做出判断，易受外界影响；辐合型强调解决问题时表现出辐合思维的特征；发散型强调解决问题时表现出发散思维的特征。

方法技巧：考生在做此类试题时，要注意把握每种认知方式的关键词，结合题干答题。“独立、内部”对应场独立型；“外部、人云亦云”对应场依存型；“唯一”对应辐合型；“多种可能”对应发散型。

13. B 【解析】学习风格是学习者在探究、解决其学习任务时所表现出来的典型的、一贯的、独具个人特色的学习策略和学习倾向。“我喜欢晚上做作业”就体现的是学习者的一种学习风格。

14. B 【解析】场独立型学习者偏爱理科课程，场依存型学习者偏爱人文、社会科学。因此，A、C、D 三项属于场依存型学习者的偏好学科。故答案选 B 项。

15. C 【解析】冲动型学生面对问题时总是急于求成，不能全面细致地分析问题的各种可能性，有时还没弄清问题的要求，就开始对问题进行解答，解决问题时强调速度而非精度。

16. C 【解析】首要特质是一个人最典型、最具有概括性的特质，它影响一个人的各方面的行为。小说中重要人物具有的鲜明特点就是该人物的首要特质。

17. B 【解析】沉思型学生总是把问题考虑周全以后，再做反应。他们看重的是解决问题的质量，而不是速度，且多采用细节性加工方式。因此，小军的认知风格是沉思型。

18. C 【解析】场独立型的学生对客观事物的判断常以自己的内部线索（经验、价值观）为依据，不易受到周围环境因素的影响和干扰，倾向于对事物的独立判断。题干中，小刚在遇到不一致的观点时，能够坚持己见，因此，其认知方式是场独立型。

19. B 【解析】柯勃根据学生对知识学习周期的具体体验、沉思观察、抽象概括和主动实践四个阶段的偏爱，将学习风格分为发散型、集中型、同化型和顺应型。（1）发散型的长处是想象力丰富，善于了解人，认清问题，思想活跃。短处是在几种选择面前无法抉择，难以做出决定，难以把握机会。（2）集中型的长处是快速解决问题和做出决定，擅长演绎推理，善于认识问题。短处是解决问题容易出错，决定做出仓促，思想凌乱，对有关思想是否正确不做检验。（3）同化型的长处是善于制定计划，建构理论模型，善于分析问题。短处是空中楼阁，缺乏实践应用，不善于从错误中吸取教训，缺乏良好的工作基础，缺乏系统的工作方法。（4）顺应型的长处是付诸行动，善于领

导，敢于冒险。短处是微不足道的改进和无意义的活动太多，不按时完成任务，计划不切实际，偏离目标。故题干所述学习风格属于集中型。

20. C 【解析】学生的认知倾向的表现会因教师的教学风格、教学策略及课堂教学目标和学习内容的类型等因素的影响而有所差异，它可以通过教学来加以培养调整。如对场依存型的学生，注意培养其独立思考的能力；对冲动型的学生，注意培养其有条理地、细心地分析问题、解决问题的能力等。

21. D 【解析】冲动型的学生在解决认知任务时，总是急于给出问题的答案，而不习惯对问题解决的各种可能性进行全面思考，有时问题还未弄清楚就开始解答。这种类型的学生解决问题的速度虽然很快，但错误率高。所以说，认知风格为冲动型的学习者往往强调的是速度而不是精度。

22. D 【解析】场依存型的学生喜欢与同伴合作学习或者按教师、家长的要求学习，在学习中需要教师对学习内容做出明确、具体的指导。场独立型的学生对客观事物的判断常以自己的内部线索（经验、价值观）为依据，不易受到周围环境因素的影响和干扰，倾向于对事物的独立判断，喜欢独立自觉的学习，偏爱结构不严密的教学。因此，A、B、C 三项所述方法均属于适合场独立型学生的学习方法，故答案选 D 项。

23. A 【解析】科尔勃提出的四种学习风格为：(1)发散者学习风格，该种方式的学习者关注发散的思想，富有想象力。(2)聚合者学习风格，该种方式的学习者擅长把理论应用于实践，即对理论在实际中的应用更感兴趣。(3)顺应者学习风格，该种方式的学习者强调主动探索和具体体验。(4)同化者学习风格，该种方式的学习者喜欢处理抽象的观点和概念，具有理性或逻辑性。在众多的教学方法中，讲座较为适宜同化者学习风格。所以，偏好讲座式教学策略的学生的学习风格最有可能是同化者学习风格。

24. B 【解析】独立型的人具有坚定的个人信念，善于独立思考，能够独立地发现、分析和解决问题；自信心强，不容易受他人的暗示和其他因素的干扰；在遇到紧急情况和困难时，显得沉着冷静。故题干所述说明李倩的性格类型属于独立型。

25. A 【解析】反省性认知方式，指的是与“冲动性认知方式”相对的一种个人思维或认知的风格。具有该风格的人当处于不明情境中难以作出行为抉择时，一般倾向于仔细考虑所观察到的现象及所面临的问题，并与已有的经验相联系，使思维更具广阔性和系统性，并在行动前致力于把问题考虑清楚。题干所述体现了反省性认知方式的内涵。

26. D 【解析】智力的群体差异是指不同群体之间的智力差异，包括智力的年龄差异、性别差异、种族差异等。A 项属于智力表现早晚的差异，B 项属于智力发展水平的差异，C 项属于智力类型的差异。

易错提示：考生易混淆群体差异与个体差异的表现。考生在做题时，可根据二者的关键词进行区分。智力的个体差异主要表现在类型、发展水平、表现早晚的差异，即“泪（类）水晚”。智力的群体差异主要表现在性别、年龄、种族差异。

27. C 【解析】个体的智力差异表现为智力类型差异、智力发展水平的差异、智力表现早晚的差异。故 C 项说法片面。

28. D 【解析】智力类型差异是指构成智力的各种因素存在质的差异，主要表现在知觉、记忆、想象、思维的类型和品质方面。例如，有的人长于想象，有的人长于记忆，有的人长于思维等。

29. B 【解析】冲动型的学生在完成需要做整体性解释的学习任务时，成绩要好些。这是因为他们善于用整体加工的方式来分析和解决问题。

30. C 【解析】奥尔波特将性格特征分为共同特质和个人特质。个人特质是个人所独有的、代表个人行为倾向的特质，它包括首要特质、中心特质和次要特质。首要特质是一个人最典型、最具有概括性的特质，它影响一个人的各方面的行为。中心特质（核心特质）又称重要特质或主要特质，是构成个体独特性的几个重要特质，在每个人身上大约有5~10个。次要特质也是人格的组成因素，是个体的一些不太重要的特质，往往只有在特殊的情况下才会表现出来。因此，题干中描述的是中心(重要、主要或核心)特质，而非次要特质，故答案选C项。

方法技巧：考生在做这类试题时，可以将首要特质、中心特质和次要特质记为"手中刺"。对每种特质内容的记忆可采用关键词进行识记，"最典型、最具有概括性"对应首要特质；"几个、重要"对应中心特质；"不太重要、特殊情况"对应次要特质。

31. D 【解析】奥尔波特将性格特征分为共同特质和个人特质。其中，个人特质包括首要特质、中心特质和次要特质。卡特尔将性格特征分为表面特质和根源特质。故本题答案选D项。

32. A 【解析】共同特质是同一文化形态下的人们所共有的特质。开朗、豪放属于北方人的共同特质，含蓄、细腻属于南方人的共同特质。故本题答案选A项。

二、多项选择题

1. BCD 【解析】智力的性别差异表现在：(1)男女智力的总体水平大致相等，但男性智力分布的离散程度比女性大；(2)男女的智力结构存在差异，各自具有自己的优势领域。故A项表述错误，B、C、D三项表述正确。

2. CD 【解析】区别冲动型与沉思型的标准是反应时间和精确性。冲动型学生认知问题的速度快，但错误率高；沉思型学生认知速度慢，但错误率低。

3. BD 【解析】场依存型者较易于接受别人的暗示，他们学习的努力程度往往受外来因素的影响，在诱因来自外部时学得更好；而场独立型者在内在动机作用下，学习会产生更好的效果，尤其明显地表现在数学成绩上。故B项说法正确。场依存型者对社会科学更感兴趣，故D项说法正确。场依存型的人比场独立型的人更需要反馈信息，更容易受负强化的影响。故A、C两项说法错误。因此，答案选B、D两项。

4. BC 【解析】场依存型的学生行为常以社会为定向，社会敏感性强，爱好社交活动，偏爱结构严密的教学，擅长人文、社会科学。场独立型者擅长理科学习。所以，A项说法错误。冲动与沉思的标准是反应时间和精确性，一般人认为冲动型学生学业成绩差，主要是因为学校里的测验往往注重对细节的分析，而他们擅长的则是从整体上来分析问题。所以，B项说法正确。辐合型认知方式是指在解决问题的过程中常表现出辐合思维的特征，表现为搜集或综合信息与知识，运用逻辑规律缩小解答范围，直到找到最合适的唯一正确的解答。所以，C项说法正确。教师必须根据学生认知差异的特点，不断改革教学，因材施教。这要求教师采用适应认知差异的教学方式，努力使教学方式个别化而非普适化。所以，D项说法错误。

5. ABCD 【解析】认知方面的差异研究表明：从13岁开始，男性空间知觉能力明显优于女性。男女记忆方面的优势不同，女性机械记忆能力强，短时记忆广度超过男性；男性的理解记忆、长时记忆优于女性。言语发展的差异从婴儿期到青春前期，女孩言语发展一直优于男孩，在包括接受性和创造性言语任务及需要高水平言语能力的任务中，女孩得分均高于男孩。

6. ACD 【解析】学生的认知方式包括场依存型与场独立型，冲动型与沉思型，具体型与抽象型，辐合型与发散型以及深层加工与表层加工等。独立型与顺从型属于个体的性格类型差异。

三、判断题

1. × 【解析】认知方式没有优劣、好坏之分，只是表现为学生对信息加工方式的某种偏爱，主要影响学生的学习方式。冲动型的学生在运用低层次事实性信息的问题解决中占优势，沉思型的学生在解决高层次问题时占优势。故题干说法错误。

2. √ 【解析】智力是影响学习的一个重要因素。在传统教学条件下，智力是学习成绩的一个可靠的预测指标。然而，智力并不影响学习能否发生，它主要影响学习的速度、数量、巩固程度和学习的迁移。

3. × 【解析】认知方式,也称认知风格,是指人们在认知活动中所偏爱的信息加工方式。它是一种比较稳定的心理特征,存在着很大的个体差异。认知方式没有优劣、好坏之分,只是表现为学生对某种信息加工方式的偏爱,主要影响学生的学习方式。所以,题干说法错误。

易错提示:考生在做此类试题时,容易与“习惯”“性格”的评价混淆。考生需谨记:认知方式同气质一样,没有好坏之分;而习惯、性格有好坏之分。

4. √ 【解析】场独立型学习者善于从整体中分析出各个元素,喜欢学习无结构的材料,喜欢个人独自学习,不太容易受外界的影响,对于他人的评价有自己的看法,不受外界环境的干扰。故题干说法正确。

5. × 【解析】美国心理学家杰罗姆·卡根主要根据个体对问题思考的速度的差异,将认知风格分为冲动型和反思型。冲动型认知风格的学生的知觉与思维方式以冲动为特征,倾向于根据几个线索做出很大的直觉的跃进,往往以很快的速度形成自己的看法,在回答问题时很快就做出反应,因此所用的时间较少,但出错率较高。反思型认知风格的学生在做出回答之前倾向于进行深思熟虑的、计算的、分析性的和逻辑的思考,往往先评估各种可替代的答案,然后给予较有把握的答案。两种风格并无优劣之分。题干说法错误。

6. √ 【解析】卡尔·荣格根据长期的临床经验,认为存在着两种不同的心理类型,内倾的或外倾的,人们是用这两种相反的方式来看待世界的。内倾者往往是根据个人的价值观和标准来评判外部事件的,心理活动指向于内部世界,感情比较深沉,办事小心,谨慎多思,不善交往,适应环境的能力较差,很注重别人对自己的评价。故题干中小溪的表现符合内倾型的特点。

7. √ 【解析】场依存型的学生对客观事物的判断常以外部线索为依据,其态度和自我认知易受周围环境或背景(尤其是权威人士)的影响,往往不易独立地对事物做出判断,而是人云亦云,从他人处获得标准;行为常以社会为定向。题干中的关键词“关注他人的言行举止”“根据不同的情境调整自己”符合场依存型者的特征。

8. √ 【解析】在教学中,适应认知类型的教学策略可以分成两类:一类是采取与学习者认知风格一致的教学策略,又叫匹配策略;另一类是采取对学习者缺乏的认知风格进行弥补的教学策略,又叫失配策略。

9. × 【解析】场独立型的人喜欢学习一般原理,而不喜欢一些具体知识。他们的概括化程度也比场依存型的人高。故题干说法错误。

10. × 【解析】积极主动型的学习者倾向于通过从事一些与积极主动有关的活动,如讨论、解释等来更好地保持和理解信息。深思熟虑型学习者则习惯于首先静静地思考一番才从事一些活动。“让我来尝试一下,看看它是如何工作的”是积极主动型学习者的常用语,“让我首先好好考虑一下”是深思熟虑型学习者的常用语。

11. × 【解析】场独立型的学习者通常以内在动机为主,对学习材料本身感兴趣。

12. × 【解析】整体性策略是指从全盘上考虑如何解决问题。采取整体性策略的学生在从事学习任务时,往往倾向于对整个问题将涉及的各个子问题的层次结构,以及自己将采取的方式进行预测,未雨绸缪。而且,他们的视野比较宽,能把一系列子问题组合起来,而不是一碰到问题就立即着手一步一步地解决。所以,题干中的策略属于整体性策略。

13. √ 【解析】学习风格是学习者在探究、解决其学习任务时所表现出来的典型的、一贯的、独具个人特色的学习策略和学习倾向。学习风格的认知要素实质上是一个人的认知风格在学习中的体现。学习风格一经形成,就具有持久性和稳定性。

四、简答题(参考答案)

1. 学生的智力差异表现在哪些方面?

学生的智力发展存在一定的差异,主要表现在:(1)智力的个体差异。①智力类型差异;②智力发展水平的差异;③智力表现早晚的差异。(2)智力的群体差异。智力的群体差异是指不同群体之间的智力差异,包括智力的性别差异、年龄差异、种族差异等。

2. 简述学生认知差异的教育意义。

我们必须根据学生认知差异的特点,不断改革教学,因材施教。这要求我们做到:(1)创设适应学生认知差异的教学组织形式;(2)采用适应认知差异的教学方式,努力使教学方式个别化;(3)运用适应认知差异的教学手段。

五、案例分析题(参考答案)

1. (1)陈明的认知风格属于场独立型,罗亮的认知风格属于场依存型。

①场独立型的学生对客观事物的判断常以自己的内部线索(经验、价值观)为依据,不易受到周围环境因素的影响和干扰,倾向于对事物的独立判断;行为常是非社会定向的,社会敏感性差,不善于社交,关心抽象的概念和理论,喜欢独处。案例中的陈明在处理图形逻辑问题时很快,在学习上遇到问题时,常利用个人经验独立对其进行判断,喜欢用概括的与逻辑的方式分析问题,很少受到同学与老师建议的影响。这符合场独立型认知风格的表现。

②场依存型的学生对客观事物的判断常以外部线索为依据,其态度和自我认知易受周围环境或背景(尤其是权威人士)的影响,往往不易独立地对事物做出判断,而是人云亦云,从他人处获得标准;行为常以社会为定向,社会敏感性强,爱好社交活动。案例中的罗亮处理图形逻辑问题的速度较慢,在学习上遇到问题时更愿意听老师和同学的建议,并以他们的建议作为分析问题的依据。另外,罗亮还喜欢察言观色,关注社会问题。这符合场依存型认知风格的表现。

(2)教师要充分认识到每个学生在认知风格上的差异性,了解每种认知方式的优点与不足之处,并根据对学生认知风格的了解,在教学中有针对性地选择不同的教学方式。

①对于场独立型认知风格的陈明,教师可以运用结构不严密、相对自由宽松的方式进行教学,让他独自学习,给予其新颖、有难度的任务,充分发挥他的独立性和主动性;

②对于场依存型认知风格的罗亮,教师可以运用结构严密的方式进行教学,让他多多参与小组讨论,与他人协作共同完成学习任务,在学习中及时给予指导,对其表现给予肯定。场依存型的人比场独立型的人更需要反馈信息,更容易受负强化影响,教师应根据其认知风格特点给予罗亮更多的反馈与强化。

2. (1)不同学习者在学习中对于感觉通道的偏爱有区别,主要可分为视觉型、听觉型和动觉型。动觉型以动手、动口方式进行学习时的效果最好,他们喜欢接触和操作事物,对于能够动手参与的活动兴趣浓厚。故小川属于动觉型学习者。听觉型对听觉刺激敏感,在学习时甚至喜欢戴着耳机听音乐,在学习语言时,他们喜欢的方式是多听多说,不太关心具体单词的写法或者句型结构。故龙龙属于听觉型学习者。

(2)采取与学习者认知风格一致的教学策略,即匹配策略。教师应分别为小川和龙龙选择的匹配教学策略为:小川是动觉型的学习风格,以动手操作的方式进行学习时效果最好,教师可通过开展需动手参与的活动提升小川的学习兴趣,发挥他在动作技能上的优势,比如小组探究学习法。龙龙是听觉型的学习风格,擅长通过听觉信息进行学习,那么教师就应该注意如何发挥龙龙在听觉上的优势,比如讲授法。

3. (1)冲动型的学生在解决认知任务时,总是急于给出问题的答案,而不习惯对解决问题的各种可能性进行全面思考,有时问题还未弄清楚就开始解答。这种类型的学生认知问题的速度虽然很快,但错误率高。在本案例中,小琪反应快,喜欢尝试用新方法解决问题,但错误率高,故属于冲动型认知风格。

(2)①在课堂教学中,教师应让小琪想好了再回答,面对问题多思考,提高准确性。②帮她具体分析、比较材料的构成成分,通过多次训练来克服冲动行为。③给予足够的耐心,理解并积极引导。将她与沉思型的学生搭配到一起,互相学习,取长补短。④培养其有条理地、细心地分析问题、解决问题的能力。

第三章 学习理论

专题一 学习概述

答案速查:

1～5	ACAAB	6～10	DADCD	11～15	DBDDD
16～20	DACCC	21～25	AACDB	26～32	ADABBCB
1～5	BD ABD ABD BC AB		6～10	AC ABD BCD ABC BC	
1～5	× × × × √		6～12	√ × √ √ × × ×	

一、单项选择题

1. A 【解析】根据学习情境由简单到复杂、学习水平由低级到高级的顺序,加涅把学习分为八类:信号学习、刺激—反应学习、连锁学习、言语联结学习、辨别学习、概念学习、规则或原理学习、解决问题学习(高级规则的学习)。其中,信号学习指学习对某种信号做出某种反应,其过程为:刺激—强化—反应。题干中,小孩子看见穿白大褂的护士就想起打针,从而表现出恐惧,其中白大褂是信号,恐惧是反应。对白大褂这一信号做出反应属于信号学习,故选 A 项。刺激—反应学习是指学会对某一情境中的刺激做出某种反应,以获得某种结果;问题解决学习指在不同情况下,使用所学原理或规则去解决问题;言语联结学习(言语联想学习)指形成一系列的言语单位的联结,即言语连锁化。B、C、D 三项不符合题意,故不选。

2. C 【解析】C 项,规则的学习,亦称原理学习,指了解概念之间的关系,学习概念间的联合。自然科学中各种定律、定理的学习是规则学习。桑代克的效果律属于定律。故答案选 C 项。
A 项,连锁学习,是一系列刺激—反应的联合。个体首先要习得每个刺激—反应联结,并按照特定的顺序反复练习,同时还应接受必要的及时强化。
B 项,言语联想学习,其实质是连锁学习,只不过它是语言单位的连接,如将单词组合为合乎语法规则的句子。
D 项,解决问题的学习,亦称高级规则的学习,指在各种条件下应用规则或规则的组合去解决问题。

3. A 【解析】学生的学习具有以下特点:(1)学生学习的接受性;(2)学生学习的目的性、计划性和组织性;(3)学生学习具有一定程度的被动性;(4)学生学习的多重目的性;等等。其中,学生学习的多重目的性指学生在学校的学习不仅要掌握知识经验,而且要发展能力,锻炼健康的体魄,同时还要培养良好的品德,形成科学的世界观和人生观,促进健康人格的形成和发展。

4. A 【解析】奥苏贝尔从两个维度对学习做了区分:从学生学习的方式上,将学习分为接受学习与发现学习;从学习内容与学习者认知结构的关系上,又将学习分为有意义学习和机械学习。如下图:

	接受学习	有指导的发现学习	独立的发现学习
有意义学习	弄清概念之间的关系	听导师精心设计的指导	科学研究
	听讲演或看材料		例行的研究或智慧的“生产”
		学校实验室实验	
机械学习	记乘法表	运用公式解题	尝试与错误“迷宫”问题解决

A 项记乘法表属于机械的接受学习；B、C、D 三项均属于发现学习。故本题答案选 A 项。

5. B 【解析】认知策略指调控自己的注意、学习、记忆和思维等内部心理过程的技能的学习。从现代认知心理学的广义知识分类的观点看，题干中的学生掌握了大量的词汇，具备了陈述性知识；能写出通顺的句子，有了写作基本技能；但在写自己熟悉的题材时仍然写不出高水平的作文，是因为其缺乏写作认知策略，无法调控写出高水平的作文所需的内部心理过程。

6. D 【解析】规则或原理学习是指学习两个或两个以上概念之间的关系。题干中学生学习的内容属于对长方形的周长与其长和宽之间的关系的学习，故属于规则或原理学习。

7. A 【解析】加涅根据学习结果，将学习分为以下五种类型：

类型	定义
智慧技能	运用符号或概念与环境交互作用的能力
认知策略	调控自己的注意、学习、记忆和思维等内部心理过程的技能
言语信息	有关事物的名称、时间、地点、定义以及特征等方面的事实性信息
动作技能	通过身体动作的质量的不断改善而形成的整体动作模式
态度	影响个人对人、事、物采取行动的内部状态

学习“北京是中国的首都”是关于地点信息的学习，故本题答案选 A 项。

8. D 【解析】根据学习的结果，心理学家加涅将学习分为五类：智慧技能、认知策略、言语信息、动作技能和态度。其中，态度指影响个人对人、事、物采取行动的内部状态。题干中，小刚对陌生人不再躲避，说明其内部状态发生了改变，所以这是发生了态度的学习。

9. C 【解析】高级规则是指能用简单规则解决较复杂的问题，如运用公式 U = IR 来对串联、并联电路的 U、I 或 R 求解。

10. D 【解析】学习是个体在特定情境下由于练习或反复经验而产生的行为或行为潜能的相对持久的变化。这一定义是广义学习的定义，既适用于动物的学习，也适用于人类的学习。

11. D 【解析】规则学习（原理学习）是指学习两个或两个以上概念之间的关系。题干中学习的是“圆的东西”和“滚动”两个概念之间的关系，故题干所述属于规则学习。

12. B 【解析】学习是个体在特定情境下由于练习或反复经验而产生的行为或行为潜能的相对持久的变化。然而值得注意的是，并非所有的行为变化都是由学习产生的，如生理成熟、疲劳、药物等因素亦可引起行为的变化。根据选项描述可知，A 项属于感觉适应，C 项属于生理成熟，D 项属于药物的作用，因此这三项都不属于学习。故答案选 B 项。

方法技巧：考生在判断一项学习活动是否是学习时可从两个方面出发：一是根据学习的定义直接选出正确选项；二是利用学习的“五非原则”，即非本能、非成熟、非疲劳、非药物、非病，排除错误选项。

13. D 【解析】言语信息学习指对有关事物的名称、时间、地点、定义以及特征等方面的事实性信息的学习，主要强调对学生记忆能力的要求。

14. D 【解析】根据学习情境由简单到复杂、学习水平由低到高的顺序，加涅把学习分为八类：信号学习、刺激—反应学习、连锁学习、言语联结学习（言语联想学习）、辨别学习、概念学习、规则学习、解决问题的学习（高级规则的学习）。其中信号学习指学习对某种信号做出某种反应，其过程为：刺激—强化—反应。辨别学习指学会识别多种刺激的异同并对之作出不同的反应。言语联结学习指形成一系列的言语单位的联结，即言语连锁化。刺激—反应学习指学会对某一情境中的刺激做出某种反应，以获得某种结果，其过程是：情境—反应—强化。题干所述李卫同学的行为属于刺激—反应学习。

15. D 【解析】加涅的智慧技能层次论把智慧技能分为五个小类:辨别、具体概念、定义性概念、规则、高级规则。

16. D 【解析】学习是个体在特定情境下由于练习或反复经验而产生的行为或行为潜能的相对持久的变化。A、B 两项属于动物的本能行为,C 项属于药物作用,D 项属于动物的学习。故答案选 D 项。

17. A 【解析】规则或原理学习是指学习两个或两个以上概念之间的关系。题干中强调工作总量、工作效率和工作时间三者之间的关系,故属于规则学习。

18. C 【解析】小红在两岁时就学会了背“床前明月光,疑是地上霜……”这首唐诗。按加涅的学习结果分类,这里发生的学习就是动作技能的学习。因为两岁的小红不可能理解唐诗表达的意境,她只是按照一定的顺序发音,这涉及口腔声带等肌肉的运动,所以小红的学习属于动作技能的学习。

19. C 【解析】根据学习情境由简单到复杂、学习水平由低到高的顺序,加涅把学习分为八类:(1)信号学习;(2)刺激—反应学习;(3)连锁学习;(4)言语联结学习;(5)辨别学习;(6)概念学习;(7)规则或原理学习;(8)解决问题学习(高级规则的学习)。所以,比概念学习低一层的学习是辨别学习。

方法技巧:考生在做此类试题时,可以采用口诀进行记忆。“信刺反锁,言别概念,原理解决”由低到高与加涅提出的学习水平一一对应。

20. C 【解析】根据学习主体的不同,学习可以分为动物学习、人类学习和机器学习。

21. A 【解析】B 项属于生理反应,C 项属于感觉适应,D 项属于习惯化行为,故 B、C、D 三项均不属于学习。

22. A 【解析】加涅提出的五种智慧技能的习得存在如下的层次关系:高级规则学习以简单规则学习为先决条件;规则学习以定义性概念学习为先决条件;定义性概念学习以具体概念学习为先决条件;具体概念学习以知觉辨别为先决条件。

23. C 【解析】人类的学习是指在社会生活实践中,以语言为中介,自觉地、积极主动地掌握社会的和个体的经验的过程。

24. D 【解析】智慧技能指运用符号或概念与环境交互作用的能力的学习。智慧技能又可分为五个小类:辨别学习、具体概念学习、定义性概念学习、规则学习、高级规则学习。其中,高级规则的本质是学生运用已学过的规则,通过解决问题,从而习得新规则。这类学习被认为是创造性学习。故题干所述属于智慧技能中的高级规则的学习。

25. B 【解析】认知策略学习指学习用以支配个人的心智加工过程的内部组织能力,用以监控和调节自己的注意、记忆、思维和问题解决过程的能力。

26. A 【解析】态度指影响个人对人、事、物采取行动的内部状态。题干中的该学生观看电影后,对剧中英雄人物产生了敬佩之情,立志学好本领,成为国家有用之才。这体现了加涅学习结果分类中态度的学习。

27. D 【解析】按学习结果,心理学家加涅将学习分为五种类型:(1)言语信息;(2)智慧技能;(3)认知策略;(4)态度;(5)动作技能。这五项内容分属于三个领域:前三项内容属于认知领域;第四项内容属于情感领域;第五项内容属于动作技能领域。

方法技巧:考生在做此类试题时,可采用口诀进行记忆。“知情动,三领域。认知领域有三宝,言语智慧有策略;情态动作皆结果”与加涅的三种领域和五种类型一一对应。

28. A 【解析】辨别是将刺激物的一个特征和另一个特征或者将一个符号与另一个符号加以区别的一种习得能力,小朋友学会区分“q”和“p”两个字母的字形属于智慧技能中的辨别学习。

29. B 【解析】D 项概念学习明显不符合题意,可以直接排除;C 项辨别学习是指对不同刺激的不同反应,一些考生会认为马戏团动物学习复杂的动作,是需要对不同的刺激做不同的反应,但题干没有明显的体现,所以也可以排除。A 项信号学习是指学习对某种信号做出某种反应;B 项连锁学习是指学习联合两个或两个以上的刺激—反应动作,以形成一系列刺激—反应动作的联结。题干中强调马戏团的动物做出一系列的复杂动作,这是形成一系列刺激—反应动作联结的学习,故属于连锁学习。

易错提示:考生易混淆八种水平的学习的含义。考生可根据每一水平的关键词或典例进行区分。具体内容如下表:

水平	关键词/典例
信号学习	刺激—强化—反应
刺激—反应学习	情境—反应—强化
连锁学习	两个或两个以上
言语联结学习	古诗
辨别学习	异同
概念学习	一类刺激
规则或原理学习	两个或两个以上概念之间的关系
解决问题学习	高级规则学习

30. B 【解析】根据学习的意识水平可以将学习分成内隐学习和外显学习。其中,外显学习类似于有意识的问题解决,是有意识的、做出努力的和清晰的、需要付出心理努力并需按照规则做出反应的学习,例如,学习物理中的牛顿运动定律。

31. C 【解析】言语信息的学习指有关事物的名称、时间、地点、定义以及特征等方面的事实性信息的学习。学生通过讲述某件事,把事件的时间、地点等事实表述出来,这就表明他已经具有言语信息的能力。

32. B 【解析】奥苏贝尔从两个维度对学习做了区分:从学生学习的方式上,将学习分为接受学习与发现学习;从学习内容与学习者认知结构的关系上,又将学习分为有意义学习和机械学习。学生运用公式解题,从学习内容与学习者认知结构的关系上,属于机械学习;从学习方式上,属于有指导的发现学习。

二、多项选择题

1. BD 【解析】奥苏伯尔根据学习进行的方式,把学习分为接受学习和发现学习,又根据学习材料与学习者原有认知结构的关系,把学习分为机械学习和有意义学习。因此,答案选 B、D 两项。

2. ABD 【解析】认知策略的学习是指学习者借以调节他们自己的注意、感知、记忆和思维等内部心理过程的技能。认知策略的习得使学习者学会了如何学习。例如,知道如何"根据地图方位来回忆中国省级行政区的名称"。因此,题干所述属于认知策略的学习。故答案选 A、B、D 三项。

3. ABD 【解析】人类学习与动物学习具有本质区别,表现在以下三个方面:(1)人类学习的社会性。(2)以语言为中介。(3)积极主动性。故答案选 A、B、D 三项。

4. BC 【解析】学习是个体在特定情境下由于练习和反复经验而产生的行为或行为潜能的相对持久的变化。B、C 两项属于通过学习而形成的行为;A、D 两项属于本能行为。

5. AB 【解析】学习是个体在特定情境下由于练习和反复经验而产生的行为或行为潜能的相对持久的变化。学习的内涵可以从以下几方面去理解:(1)学习实质上是一种适应活动;(2)学习是人和动物共有的普遍现象;(3)学习是由反复经验引起的;(4)学习是有机体后天习得经验的过程;(5)学习的过程可以是有意的,也可以是无意的;(6)学习引起的是相对持久的行为或行为潜能的变化。因此,A、B 两项表述不正确。

6. AC 【解析】言语信息的学习帮助学生解决“是什么”的问题,如认识时钟。故 B 项属于言语信息的学习。智慧技能的学习要解决“怎么做”的问题,用以对外界的符号、信息进行处理加工。在每种水平的学习中都包含着不同的智慧技能,比如怎样把分数转换成小数,怎样使动词和句子的主语一致,等等。故 A、C 两项属于智慧技能。运动技能又称为“动作技能”,如体操技能、写字技能、作图技能、操作仪器技能等。故 D 项属于动作技能。
7. ABD 【解析】小学生的学习既具有一般学生学习的基本特点,又表现出其年龄阶段所特有的特点。我们可以将小学生学习活动的基本特点概括为直观—操作性、指导—模仿性、基础—再现性这三点。
8. BCD 【解析】学习是个体在特定情境下由于练习或反复经验而产生的行为或行为潜能的相对持久的变化。A 项属于本能行为,因此不属于学习现象。
9. ABC 【解析】按学习内容,我国学者一般把学习分为知识的学习、技能的学习和社会规范的学习。
10. BC 【解析】根据奥苏贝尔的学习分类,A、D 两项属于有意义的学习,B、C 两项属于机械学习。

三、判断题

1. × 【解析】奥苏贝尔从两个维度对学习做了区分:从学生学习的方式上,将学习分为接受学习和发现学习;从学习内容与学习者认知结构的关系上,又将学习分为有意义学习和机械学习。接受学习的特征是把要学习的全部内容或多或少地以定论的形式呈现给学习者,不需要学习者任何形式的独立发现,只需要学习者把学习材料加以内化,把新旧材料的内容有机地结合。有意义学习是以符号为代表的新观念与学习者认知结构中原有的适当观念建立起非人为的和实质性的联系的过程,是原有观念对新观念加以同化的过程。题干所述未能体现小郭进行了有意义的接受学习。
2. × 【解析】学习是个体在特定情境下由于练习或反复经验而产生的行为或行为潜能的相对持久的变化。因此,只有正确的行为相对持久的产生时,才表示他学习到了这种行为。
3. × 【解析】加涅根据学习情境由简单到复杂、学习水平由低到高的顺序,将学习分为八类,其中,最高层次的学习是解决问题的学习。
4. × 【解析】加涅的刺激—反应学习是指学会对某一情境中的刺激做出某种反应,以获得某种结果。因此,其体现了斯金纳的操作性条件反射的原理。故题干表述错误。
5. √ 【解析】信号学习是指学习对某种信号做出某种反应。“停与行”是对红绿灯的信号做出的反应。因此,题干表述正确。
6. √ 【解析】人类学习与学生学习之间是一般与特殊的关系,学生的学习是人的学习的一种特殊的形式,学生学习时有什么特点,与成人的学习有什么差别,这是一个长期争论的问题。
7. × 【解析】学习的发生以行为或行为潜能的变化为标志。行为改变有时是外显的,有时却是内隐的,后者就是“行为潜能”的改变。所以,学习不一定都是行为的变化,还可能是行为潜能的变化,而行为潜能的变化是不可观察的。
8. √ 【解析】根据奥苏贝尔对学习的划分可知,听导师精心设计的指导在学生学习方式的维度上属于有指导的发现学习,在学习内容与学习者认知结构的关系维度上属于有意义学习。故本题说法正确。
9. √ 【解析】并非所有的行为变化都是由经验产生的,如生理成熟、疲劳、药物等因素亦可引起行为的变化。
10. × 【解析】学习本身是一种内部过程,是无法测量的。要了解学习是否发生过,只能根据学生在学习前后行为表现的变化才能推断出来。
11. × 【解析】态度是指影响个人对人、事、物采取行动的内部状态。幼儿在听老师讲故事后,对大灰狼和小白兔产生不同的情感,这是发生了态度的学习。

12. × 【解析】辨别学习是指学会识别多种刺激的异同并对之做出不同的反应。故题干所述是辨别学习。

四、简答题(参考答案)

简述加涅提出的五种学习结果分类。

加涅根据学习结果,将学习分为五种类型:(1)智慧技能,是指运用符号或概念与环境交互作用的能力。智慧技能又可分为五个小类:辨别学习、具体概念学习、定义性概念学习、规则学习、高级规则的学习。(2)认知策略,是指调控自己的注意、学习、记忆和思维等内部心理过程的技能。(3)言语信息,是指有关事物的名称、时间、地点、定义以及特征等方面的事实性信息。(4)动作技能,是指通过身体动作的质量的不断改善而形成整体动作模式。(5)态度,是指影响个人对人、事、物采取行动的内部状态。以上五项内容分属于三个领域:前三项内容属于认知领域;第四项内容属于动作技能领域;第五项内容属于情感领域。

专题二　行为主义学习理论

答案速查:

1～5	BBBCA	6～10	ADDDB	11～15	ABADB	16～20	ABCDA
21～25	AADCC	26～30	CCBCC	31～35	ACABC	36～40	BBDBD
41～45	CDCCA	46～50	CCBBD	51～55	BBDDC	56～60	AACAD
61～65	DBDCD	66～70	AADCD	71～75	DCBBC	76～78	DAC
1～5	AC BC CD ABD AD			6～10	ABD ABC BC BCD ABD		
11～15	ABCD BC ABCD AD ABD			16～18	BCD ABCD BC		
1～5	× √ √ × √			6～10	× √ × √ √		
11～15	√ √ √ √ √			16～17	× √		

一、单项选择题

1. B 【解析】操作性条件作用的基本规律有:强化、逃避条件作用与回避条件作用、消退、惩罚。其中,强化和惩罚表现在:

分类	正强化	负强化	呈现性惩罚	移除性惩罚
特点	呈现愉快刺激	取消厌恶刺激	呈现厌恶刺激	取消愉快刺激
目的	增加反应频率	增加反应频率	降低反应频率	降低反应频率

因此,A 项中爷爷给予小明愉快刺激,属于正强化;B 项中妈妈取消厌恶刺激,属于负强化;C 项中爸爸呈现厌恶刺激,属于呈现性惩罚;D 项中奶奶取消愉快刺激,属于移除性惩罚。故答案选 B 项。

2. B 【解析】准备律是指学习者在学习开始时的预备定势。在实验中,桑代克观察到,为了保证猫进入笼子之后进行这种尝试性的碰撞,猫必须处于饥饿状态。如果猫吃得很饱,把它放进迷笼之后,它很可能不会显示出任何试图逃出笼子的行为,而是蜷缩在那里睡觉。所以,对学习的解释必须包括某种动机原则。这就是桑代克所谓的准备律。

3. B 【解析】操作性(工具性)条件反射与经典性条件反射有共同的规律。它们都是在一定条件下建立起来的反射,而最根本的共同点是都需要强化。二者的不同之处有:(1)无条件刺激是否明确。经典性条件反射中,无条件刺激"食物"很明确;操作性(工具性)条件反射中,无条件刺激不

明确。故 D 项说法正确。(2)强化是与刺激有关,还是与反应有关。经典性条件反射中,强化与刺激有关,并且出现在反应之前,所以,经典性条件反射是刺激—反应的过程。操作性(工具性)条件反射中,强化与反应有关,并且出现在反应之后,所以,操作性(工具性)条件反射是反应—刺激的过程。故 C 项说法正确。(3)反应方式不同。经典性条件反射中,动物是被束缚着的,是被动地接受刺激,反应是先天固有的。在操作性(工具性)条件反射中,动物可以自由活动,它通过主动操作来达到一定的目的,反应是在学习过程中形成的。所以,操作性(工具性)条件反射在人类的活动中存在更广泛,意义也更大。故 A 项说法正确,答案选 B 项。(具体内容参见张潮、王敬国主编的《心理学》)

4. C 【解析】斯金纳把人和动物的行为分为两类:应答性行为和操作性行为。应答性行为是由特定刺激引起的,是不随意的反射性反应;而操作性行为则不与任何特定刺激相联系,是有机体自发做出的随意反应。在日常生活中,人的大部分行为都是操作性行为。经典性条件反射理论可以解释应答性行为的产生,而操作性条件作用理论可以解释操作性行为的产生。

A、B、D 三项是由特定刺激引起的行为,它们可用经典性条件反射理论来解释,故属于应答性行为。C 项是先前的行为后果影响随后的行为,可用操作性条件作用理论来解释,故属于操作性行为。因此,答案选 C 项。

5. A 【解析】斯金纳将操作性条件反射原理应用到教学活动上,提出了程序教学论及其教学模式。斯金纳认为,程序教学可以利用教学机器进行,把每一知识项目编制成知识框面,通过教学机器上的窗口或屏幕呈现给学习者,并能记录学习者的回答的对错,出示下一步该学习哪一框面中的知识项目等信息。程序教学也可以通过编制成书本来进行,每页呈现一项问题,并根据学生的回答指示学生下一步该学习哪一页的知识。故本题最佳答案选 A 项。

6. A 【解析】行为主义心理学家斯金纳提出了操作性条件作用理论。操作性条件作用的基本规律有:强化、逃避条件作用与回避条件作用、消退、惩罚。斯金纳还提出了程序教学,程序教学的原则有:小步子原则、积极反应原则、自定步调原则、及时反馈原则和低错误率原则。故题干中强调要及时反馈和强化的心理学家是斯金纳。选项 A 符合题意。加德纳提出了多元智力理论,布鲁纳提出了认知—发现学习说,罗杰斯提出了以学生为中心的主张,突出学习者在教学过程中的中心地位。故 B、C、D 三项均不符合题意。

7. D 【解析】班杜拉提出了替代强化的观点,即观察者因看到榜样的行为被强化而受到强化。根据此观点可知,当儿童体验到“恶有恶报,善有善报”时,将明白反面人物会受到相应的惩罚,因此,他们会受到替代强化,从而避免了反面人物对其产生的消极影响,故 D 项做法最合适。

8. D 【解析】刺激的泛化是指机体对与条件刺激相似的刺激做出条件反应。题干中,李玲由于数学老师的批评不喜欢上数学课,产生了条件反应,条件刺激是数学课。之后对与数学课堂相似的其他刺激,如其他课堂和学校,产生了讨厌和害怕的条件反应,符合泛化的定义,故选 D 项。消退现象指条件反射形成以后,如果得不到强化,条件反应会逐渐减弱,直至消失,排除 C 项。强化是采用适当的强化物而使机体反应频率、强度和速度增加的过程,题干中没有行为增加的过程,排除 A、B 两项。

9. D 【解析】强化是采用适当的强化物而使机体反应频率、强度和速度增加的过程。强化有正强化和负强化之分。正强化也称积极强化,是通过呈现想要的愉快刺激来增强反应频率;负强化也称消极强化,是通过消除或中止厌恶、不愉快刺激来增强反应频率。孩子哭闹后,家长让步给予其玩具,是对孩子的哭闹反应给予愉快刺激,这属于正强化。

10. B 【解析】班杜拉认为行为习得有两种不同的过程,其中一种是观察学习的过程。他把观察学习的过程分为注意、保持、复现和动机四个子过程。其中,注意过程是观察学习的起始环节。故答案选 B 项。

11. A 【解析】斯金纳提出了直线式程序教学的模式。他首先把教学内容分成一组连续的小单元,在学生进入一个新的单元学习前,必须先回答一些关于前一个单元的问题。如果回答错了,程序或者向学生提供一些暗示,或者直接告知正确答案,只有经历了这一关,且学生真正了解了与前一单元相关的问题的正确答案后,才可能进入新的学习单元。程序教学作为组织和提供信息的一种特殊方法,在操作中将预先安排的教材分成许多小的单元,并按照严格的逻辑顺序编制程序,将教学信息转换成一系列的问题与答案,从而引导学生一步一步地达到预期的目标。因此,题干中的教学组织形式的理论依据是程序教学。

12. B 【解析】斯金纳区分了强化的两个来源:一级强化物和二级强化物。

一级强化物指一般只直接满足人与动物的基本生理需要的刺激物,它包括所有在没有任何学习发生情况下也起强化作用的刺激物。如食物、水、温暖、安全和性等。故 A 项错误。

二级强化物是指经学习而间接使有机体满足的刺激物。斯金纳认为,对于人类来说,二级强化物包括对大量行为起强化作用的许多刺激,诸如特权、社会地位、权力、财富和名声等。如果将这些二级强化物作一分类,大致可以分为三种类型:一是社会强化物,如权力、表扬、微笑、关注、尊重等。故 B 项正确。二是活动强化物,如玩玩具、做游戏或从事有趣的活动等。故 D 项错误。三是符号(或代币)强化物,如小红花、分数、钱财等。故 C 项错误。

13. A 【解析】桑代克是行为主义学习理论的代表人物。他认为,学习的过程是一种渐进的、盲目的、尝试错误的过程。故题干中的观点属于行为主义学习理论的观点。B 项,认知主义学习理论认为,有机体获得经验的过程是通过积极主动的内部信息加工活动形成新的认知结构的过程。C 项,人本主义学习理论认为,学习是人固有能量的自我实现过程,强调人的尊严和价值,强调无条件积极关注在个体成长过程中的重要作用。D 项,建构主义学习理论认为,知识是在主客体相互作用的活动中建构起来的,强调学习的主动建构性、社会互动性和情境性。因此,本题答案选 A 项。

14. D 【解析】班杜拉把强化分为三种:(1)直接强化;(2)替代强化;(3)自我强化。其中,替代强化是指观察者因看到榜样的行为被强化而受到强化。题干中,学习者通过观察他人的行为结果来决定自己的行为指向,这属于替代强化。

15. B 【解析】正强化也称积极强化,是通过呈现想要的愉快刺激来增强反应频率。题干中小江的老师因小江能够正确回答问题而对其进行表扬(愉快刺激),这属于正强化。惩罚是指当有机体做出某种反应以后,呈现一个厌恶刺激,以消除或抑制此反应的过程。题干中小江的妈妈因小江的房间很乱而批评小江并禁止其玩游戏(厌恶刺激),这属于惩罚。

16. A 【解析】班杜拉分析了观察学习的五种效应:(1)习得效应;(2)抑制效应与去抑制效应;(3)反应促进效应;(4)环境加强效应(刺激指向效应);(5)情绪唤醒功能。其中,习得效应是指通过观察习得新的技能和行为模式。学生通过观察学习获得一些基本的技能与知识就是利用了观察学习的习得效应。

17. B 【解析】分化抑制是指只对条件刺激物加以强化,对类似刺激物不予强化,使类似刺激物引起的反应受到抑制。题干中对“已”“巳”的区分,体现了只对条件刺激做出反应的过程,故属于分化抑制。

18. C 【解析】惩罚是指当有机体做出某种反应以后,呈现一个厌恶刺激,以消除或抑制此反应的过程。题干中老师的批评(厌恶刺激)降低了该同学讲小话的频率。故该教师运用了惩罚。

19. D 【解析】负强化也称消极强化,是通过消除或中止厌恶、不愉快刺激来增强反应频率。因此,该学生为了避免父母的斥责(消除厌恶、不愉快刺激)而认真完成作业(增加反应频率),其背后的作用机制是负强化。

20. A 【解析】题干所述是对普雷马克原理的应用,用出去玩(愉快刺激)来强化写作业行为,这实际上属于一种正强化。

21. A 【解析】惩罚是指当有机体做出某种反应以后,呈现一个厌恶刺激,以消除或抑制此反应的过程。老师让学生把错题重做 10 遍,就是给学生呈现一个厌恶刺激,以降低学生的犯错行为,故此做法属于惩罚。

22. A 【解析】经典性条件反射和操作性条件反射的理论都认为强化是形成和巩固条件反射的重要条件。

23. D 【解析】逃避条件作用是指当厌恶刺激出现时,有机体做出某种反应,从而逃避了厌恶刺激,则该反应在以后的类似情境中发生的概率便增加的一类条件作用。在日常生活中,逃避条件作用不乏其例,如看见路上的垃圾后绕道走开、感觉屋内人声嘈杂时暂时离屋等。回避条件作用是指当预示厌恶刺激即将出现的刺激信号呈现时,有机体也可以自发地做出某种反应,从而避免了厌恶刺激的出现,则该反应在以后的类似情境中发生的概率便增加的一类条件作用。

易错提示:考生易混淆逃避条件作用与回避条件作用的概念。二者都是负强化的条件作用类型,但二者又有着明显的不同。逃避条件作用:过去式(已经遭受厌恶刺激带来的痛苦)。回避条件作用:将来时(未实际遭受厌恶刺激的袭击)。

24. C 【解析】自我强化是指对自己表现出的符合或超出标准的行为进行自我奖励。故题干所述体现了自我强化的内涵。

25. C 【解析】在人类身上可以建立多级的条件作用。测验失败引起学生条件性的紧张或焦虑等情绪反应,就经历了一个高级条件作用的形成过程。测验失败一开始也许只是一个中性事件,但逐渐与家长或老师的批评联系起来,而批评本身是引起学生焦虑的条件刺激,久而久之,测验失败引起焦虑,再进一步,与测验情境有关的线索也可能成为条件刺激。因此,此学生在听说或者感到要考试时,也会非常焦虑,这是在考试和焦虑之间建立起了高级条件作用。

26. C 【解析】效果律是指刺激和反应之间的联结可因导致满意的结果而加强,也可因导致烦恼的结果而减弱。根据题干所述,奖励笔记本可导致满意的结果,因此奖励与学习之间的联结加强,全班形成了良好学风,这符合效果律的内涵。

27. C 【解析】分化指只对条件刺激做出条件反应,而对其他相似刺激不做反应。通俗来说,就是能区分相似刺激,从而做出不同的反应。三岁的小明能够根据脚步声的不同来判断是否是妈妈回家了,这是一种刺激分化现象。

28. B 【解析】在操作性条件作用中,行为发生在刺激之前,行为后果影响随后的行为;在经典性条件作用中,行为发生在刺激之后,中性刺激与无条件刺激相匹配。题干中,孩子出现拾金不昧的行为后,受到了表扬,此后行为频率增加,这体现了操作性条件反射的原理。

易错提示:考生易混淆经典性条件作用和操作性条件作用的内容,因此可根据下表进行区分:

比较范畴	经典性条件作用	操作性条件作用
主要代表人物	巴甫洛夫	斯金纳
行为	无意的、情绪的、生理的	有意的
顺序	行为发生在刺激之后	行为发生在刺激之前
学习的发生	中性刺激与无条件刺激的匹配	行为后果影响随后的行为

29. C 【解析】A 项是认知派学习理论的观点,该理论认为,有机体获得经验的过程是通过积极主动的内部信息加工活动形成新的认知结构的过程;B 项是人本主义学习理论的观点,人本主义的基本假设是在任何情况下,一个人的行动取决于他是怎样从他自己的角度来知觉世界的;C 项是行为主义学习理论的观点,行为主义者认为,学习过程是有机体在一定条件下形成刺激与反应的联系,从而获得新经验的过程;D 项是建构主义学习理论的观点,建构主义者强调学习的主动建构性、社会互动性和情境性,即知识是学习者在一定的情境下,借助他人的帮助,利用必要的学习资料,通过意义建构方式获得的。故本题答案选 C 项。

30. C 【解析】美国心理学家斯金纳在巴甫洛夫经典性条件反射理论和桑代克的学习理论的影响

下，提出了操作性条件反射学说。

31. A 【解析】“身教重于言教”强调教师自身行为的教授重于言语形式的教授，这体现了榜样行为的重要性。在班杜拉的社会学习理论中，强调观察学习是人的学习最重要的形式，并注重榜样的示范作用。因此，本题答案选 A 项。

32. C 【解析】婴儿偶尔发出类似“妈”的声音后，妈妈便报以微笑和爱抚（正强化），于是孩子学会了叫“妈妈”。这体现了操作性条件作用，即行为发生在刺激之前，行为后果影响随后的行为。

33. A 【解析】在教育教学中，桑代克的准备律启示教师应让学生的学习在有准备的状态下进行，不能经常搞“突然袭击”；练习律启示教师应对学生加强合理的练习，并注意学习结束后不时地进行练习；效果律启示教师应努力使学生的学习得到自我满足的积极结果，防止一无所获得到消极的后果。故 A 项符合题意。

34. B 【解析】负强化也称消极强化，是通过消除或中止厌恶、不愉快刺激来增强反应频率。题干中的老师通过取消学生罚站，来增加学生表现好的频率，这种方式就属于负强化。

35. C 【解析】替代强化是指观察者因看到榜样的行为被强化而受到强化。题干中，擅自离开座位的学生因为看到那些坐着不动的学生受到了老师的表扬，之后也不擅自离开座位了，说明他们受到了替代强化。因此，答案选 C 项。

36. B 【解析】负强化也称消极强化，是通过消除或终止厌恶、不愉快刺激来增强反应频率。“挨骂”是厌恶刺激，因此为了消除厌恶刺激而考出好成绩属于负强化。

37. B 【解析】布鲁纳是认知派学习理论的代表人物，认为学习的实质是形成新的认知结构；斯金纳认为学习就是形成操作性条件反射的过程。所以，B 项说法错误。

38. D 【解析】班杜拉提出了社会学习理论；巴甫洛夫提出了经典性条件作用理论；华生是行为主义学派的代表人物；斯金纳提出了操作性条件作用理论。

39. B 【解析】班杜拉认为学习的实质是观察学习，是个体通过对他人的行为及其强化结果的观察，从而获得某些新的行为反应或已有的行为反应得到修正的过程。小明看到那些欺负弱小的同学被老师批评，那些爱护弱小的同学被大家喜爱，久而久之，自己也变成乐于助人、不欺负弱小的学生，这种学习就属于观察学习。

40. D 【解析】消退是一种无强化过程，其作用在于降低某种反应在将来发生的概率，以达到消除某种行为的目的，它是减少不良行为、消除坏习惯的有效方法。家长对儿童摔倒后的哭闹不予理睬，以培养儿童独立和坚强的个性品质，这种教育方式的理论依据是消退。

41. C 【解析】正惩罚（呈现性惩罚）即呈现厌恶刺激以降低某一行为的反应频率。题干中，老师通过增加小王的家庭作业量，来降低其学习成绩下降的频率，这属于正惩罚。

42. D 【解析】班杜拉认为，学习是个体通过对他人的行为及其强化结果的观察，从而获得某些新的行为反应或已有的行为反应得到修正的过程。他认为，观察学习是人类的主要学习方式之一，其核心是替代性学习和替代性强化。

43. C 【解析】题干中，小明先出现了将生活垃圾分类的行为，因为经常被点赞，此行为受到了强化，因此他养成了好习惯。这属于操作性条件反射。

44. C 【解析】观察学习是个体通过对他人的行为及其强化结果的观察，从而获得某些新的行为反应或已有的行为反应得到修正的过程。学生因榜样作用而习得情感、态度及规范，这属于观察学习。

45. A 【解析】张老师主张通过给予外部的奖励和强化塑造学生的行为，这是典型的行为主义观点。斯金纳所提出的操作性条件作用理论强调强化和惩罚的作用，因此，可以支持张老师的观点。

46. C 【解析】斯金纳以白鼠为被试，运用一种特殊的实验装置——迷箱，发现有机体作出的反应与其随后的刺激条件之间的关系对行为起着控制作用，它能影响以后反应发生的概率。由此，他提出了操作性条件作用理论。

47. C 【解析】注意过程决定了个体在众多榜样作用影响时有选择地观察哪些方面。观察者首先必须注意到榜样行为的明显特征,否则,就不可能习得这一行为。邀请有影响力的明星参与公益广告的制作,这种做法注重的是观察学习中的注意过程。

48. B 【解析】消退是指条件刺激形成以后,如果得不到强化,条件反应会逐渐减弱,直至消失的现象。题干中,老师对不举手就回答问题的行为不予理睬,故其运用的方法是消退。

49. B 【解析】替代强化是指观察者因看到榜样的行为被强化而受到强化。在本题中,亮亮因看到张强上课乱说话被老师批评,从而知道了上课不能乱说话。因此,亮亮受到了替代强化。

50. D 【解析】负强化也称消极强化,是通过消除或中止厌恶、不愉快刺激来增强反应频率。A 项体现的是替代性强化;B 项反映的是惩罚;C 项没有体现强化;D 项通过乘车时系好安全带来终止提示噪音,这反映了负强化。

51. B 【解析】如果只对条件刺激做出条件反应,而对其他相似刺激不做反应,则出现了刺激的分化。因此引导学生分辨勇敢和鲁莽、谦让和退缩,要求学生区别重力和压力、质量和重量等,属于刺激的分化。

易错提示:考生易混淆泛化与分化。在做题时,考生可以抓住关键词来对二者进行区分。泛化:对事物相似性的反应(分不清);分化:对事物差异性的反应(分得清)。

52. B 【解析】操作性条件反射的行为是发生在刺激之前的,行为后果影响随后的行为。学生因上课认真听讲受到老师表扬,最后养成上课认真听讲的习惯,这属于操作性条件反射。

53. D 【解析】替代强化是指观察者因看到榜样的行为被强化而受到强化。题干中教务主任对高二(3)班的学生自觉遵守考试纪律的行为提出表扬,这会对其他班级的学生起到替代强化的作用。

54. D 【解析】普雷马克原理,又称为"祖母法则",即用高频活动作为低频活动的有效强化物。题干中强调先完成阅读任务,就可以去做模型,这属于普雷马克原理的运用。

55. C 【解析】抑制效应指观察者看到他人的不良(或良好)行为受到社会谴责,观察者会暂时抑制受到谴责的不良(或良好)行为。题干中,经常违纪的学生,观察到周围同学严守纪律的行为后,暂时抑制了自己的违纪行为,因此这体现了抑制效应。

56. A 【解析】观察学习是个体通过对他人的行为及其强化结果的观察,从而获得某些新的行为反应或已有的行为反应得到修正的过程。题干中,由于观察到张飞的行为没有受到批评,李明也开始看课外书,这是观察学习的结果。

57. A 【解析】负强化,是为了避免惩罚,预防不希望的行为发生,从而促进所希望的行为。它是一种事前警告,预先告知某种不符合要求的行为可能引起的后果,允许被管理者尽量回避令人不愉快的处境,从而回避错误行为,重复符合要求的行为。因此,事前警告属于负强化。而表扬属于正强化;忽视属于消退。

58. C 【解析】题干中周老师的做法达到了以一儆百的效果,这体现了班杜拉社会学习理论中替代强化的原理。

59. A 【解析】表扬是对学生良好思想行为的肯定性评价,是一种正强化过程,其目的在于巩固良好行为,鼓励良好行为的再发生。

60. D 【解析】强化的促进功能是指强化增强学生某种与教学目标相符的认识和行为重复出现的可能性,学生的认识和行为逐渐从量变到质变发展,从而使最近发展区不断转化为现有发展区。例如,有的学生犯了小错误,自尊心又很强,如果教师能够用信任的眼光注视他,他可能很快地振作精神,从头做起。

61. D 【解析】在动机过程中,观察者因表现所观察到的行为而受到激励,其行为表现是受到动机变量控制的。习得的行为不一定都表现出来,学习者是否会表现出已习得的行为,会受强化的影响。因此李明日后不一定会这样做,这属于观察学习中的动机过程。

方法技巧:考生在做此类试题时,可根据关键词进行区分。注意过程在观察;保持过程在保存;复现过程在行为;动机过程在强化。

62. B 【解析】自我强化是学习者根据一定的评价标准进行自我评价和自我监督,来强化相应的学习行为。题干中强调未能达到目标而倍感愧疚,并加倍努力学习,这体现了自我强化的作用。

63. D 【解析】一级强化物包括所有在没有任何学习发生的情况下也起强化作用的刺激,如食物、水、安全、温暖、性等满足生理基本需要的东西。二级强化物包括那些在开始时不起强化作用,但后来作为与一级强化物或其他强化物配对的结果而起强化作用的刺激。金钱、微笑和音乐均属于二级强化物。

64. C 【解析】效果律是指刺激和反应之间的联结可因导致满意的结果而加强,也可因导致烦恼的结果而减弱。生活中,越是成绩好的学生越愿意学习,越是成绩差的学生越不愿意学习,体现了桑代克的效果律。

65. D 【解析】固定比率强化指每间隔一定次数给予强化,如每隔 5 次强化 1 次;变化比率强化指两次强化之间的反应次数是变化的。固定时间强化指间隔一定时间给予强化,如每隔 5 分钟强化 1 次;而变化时间强化指强化的时间间隔是变化的。根据题干可知,得到强化之前的反应数量是变化的、不可预期的,这表明该强化程序是变化比率强化。

66. A 【解析】普雷马克原理,又称为“祖母法则”,它最早是由普雷马克提出的,指利用高频活动作为低频活动的有效强化物。根据题干所述,用你想做的事(吃鸡腿)来强化我要你做的事(吃青菜),用高频活动作为低频活动的强化物,这种做法符合普雷马克原理。

67. A 【解析】班杜拉认为,人类的大部分行为是通过观察习得的。所谓观察学习,是学习者通过观察榜样的行为,获得示范行为的象征性表象,并做出相应行为的过程。“其身正,不令而行;其身不正,虽令不从”强调的是榜样的作用,这可以用班杜拉提出的观察学习理论来解释。

68. D 【解析】负强化也称消极强化,是通过消除或中止厌恶、不愉快刺激来增强反应频率。题干中李老师中止了对王红上课时的提醒,而王红的成绩也逐步提高,这是负强化的体现。

69. C 【解析】泛化现象,即由于某种特定刺激形成后,另外一些类似的刺激也会诱发同样的条件反应,新的刺激越接近原刺激,条件反应被诱发的可能性就越大。题干中“一朝被蛇咬,十年怕井绳”说明对井绳做出与蛇相似的反应,这体现了刺激的泛化。

70. D 【解析】准备律是桑代克提出的学习三定律之一,指当个体在有准备反应状态下进行反应时,则可产生满足感,这种满足感又会促使个体继续反应,进而使刺激—反应之间的联结得到加强。反之,当个体在无准备反应状态下进行反应时,则可产生反感,进而削弱刺激—反应之间的联结。老师提前告诉学生下一节课所要学习的内容,使学生有所准备,这体现了准备律的应用。

71. D 【解析】行为主义学习理论的核心观点认为,学习过程是有机体在一定条件下形成刺激与反应的联系从而获得新经验的过程。学习的实质是形成刺激—反应的联结。A、B 两项是认知学派的观点,C 项是人本主义的观点。

72. C 【解析】变化时距强化(变时强化)指不定时地给予强化,根据题干所述,老师不定时地进行课堂检测,这属于变化时距程式。

73. B 【解析】定比强化(固定比例强化)指间隔一定的次数给予强化,如每隔 5 次给予 1 次强化、计件工资、每举三次手给予一次发言的机会等。所以,计件工资属于定比强化。

74. B 【解析】负强化也称消极强化,是通过消除或中止厌恶、不愉快刺激来增强反应频率。题干中,由于某种药可以中止感冒带来的不愉快刺激,因此张三服用此药的频率就会增加。故题干所述属于负强化。

75. C 【解析】反应促进效应是指通过观察促进新的学习或加强原先习得的行为。根据题干所述可知,通过观察此学生也起身给老人让座,这说明观察促进了新学习的产生,因此这体现了反应促

进效应。

76. D 【解析】替代强化是指观察者因看到榜样的行为被强化而受到强化,它是一种间接的强化方式。它出现在观察学习的动机过程中。

77. A 【解析】美国心理学家斯金纳在他的白鼠实验中发现,如果每隔 20 秒就对白鼠强化一次,在强化后,白鼠的反应就会停顿,然后反应速度增加,在下次强化到来之前反应率达到高峰,说明它学会了根据强化的时间进行反应。白鼠的行为效率趋势就如扇贝一样,因此,我们称之为扇贝效应。在学校里,一些固定的流程会使学生产生扇贝效应。比如,单元、期中、期末考试,每到此时,学生就会临时抱佛脚,开夜车加倍“努力”学习。

方法技巧:考生在做此类试题时,可采用口诀进行理解记忆。“固定时间扇扇子”对应固定时间强化(定时强化)产生扇贝效应。

78. C 【解析】班杜拉认为,模仿有四种不同的方式:(1)直接模仿,即最简单的模仿学习方式;(2)综合模仿,即较复杂的模仿学习方式;(3)象征模仿,指学习者对楷模人物所模仿的不是其具体行为,而是其性格或行为所代表的意义;(4)抽象模仿,指学习者通过观察学习所学到的是抽象的原则,而不是具体行为。由此可知,题干所述体现了象征模仿。

二、多项选择题

1. AC 【解析】负强化也称消极强化,是通过消除或中止厌恶、不愉快刺激来增强反应频率。A 项,猫偶尔通过拉栓逃出迷箱,中止了被关在迷箱里的困境,此后拉栓的动作会增多,这属于负强化。B 项,母亲对孩子哭闹着要买玩具的行为采取不理睬的方式,这属于消退。C 项,为了不被父母责骂,儿童努力学习,这属于负强化。D 项属于惩罚。

2. BC 【解析】观察学习有其明显的特点:(1)观察学习并不依赖于直接强化;(2)观察学习不一定具有外显的行为反应,人们可以通过观察他人的示范行为,在自己尚未表现行为时就已经学到了如何去做,这样就可以避免许多不必要的错误和危险的结果;(3)观察学习具有认知性。因此,本题选 B、C 两项。

3. CD 【解析】负强化也称消极强化,是通过消除或中止厌恶、不愉快刺激来增强反应频率。因此,负强化是教师通过免去某种不愉快刺激,使学生积极行为的频率增加。同时,负强化实际上是强化的一种,并不是教师给予学生的负性关注。故 A、B 两项说法错误,答案选 C、D 两项。

4. ABD 【解析】桑代克提出的学习的主律是:准备律、练习律、效果律。学习的副律有五条:多重反应原则、倾向和态度原则、选择性原则、同化或类化的原则和联想交替原则。故答案选 A、B、D 三项。

5. AD 【解析】正强化也称积极强化,是通过呈现想要的愉快刺激来增强反应频率。强化可分为一级强化和二级强化。其中,二级强化也称为条件强化、习得强化,如教师可以使用赞赏、鼓励、表扬等方式强化学生的正确行为。因此,现实生活中的口头表扬既属于正强化又属于条件强化。

6. ABD 【解析】斯金纳的操作性条件作用学习理论在教育上的应用主要体现在两个方面:(1)改进教学方式;(2)促进学生行为的塑造和矫正。故答案选 A、B、D 三项。

7. ABC 【解析】机体对与条件刺激相似的刺激做出条件反应,属于刺激的泛化。A 项“杯弓蛇影”是指将映在酒杯里的弓影误认为蛇;B 项“草木皆兵”是指见到风吹草动,都以为是敌兵;C 项“风声鹤唳”是指听到风声和鹤鸣,都以为是敌兵。这三项都对相似的刺激做出了反应,故体现了刺激的泛化。

8. BC 【解析】认知学习理论关注学习者内在的思维和预期,而经典性条件反射理论和操作性条件反射理论关注外在的刺激、反应和强化。D 项属于认知学习理论,故答案选 B、C 两项。

9. BCD 【解析】班杜拉把观察学习的过程分为注意、保持、复现和动机四个子过程。其中,保持过程是指示范信息的储存过程。它是先将榜样行为转换成记忆表象,然后记忆表象再转换为言语编码,表象和言语编码同时贮存在头脑中,对学习者以后的行为起指导作用。故 A 项说法错误。

10. ABD 【解析】经典性条件反射是指将中性刺激(不诱发反应)与一个能诱发反应的刺激相匹配,致使中性刺激最终能诱发反应的过程。故D项属于典型的经典性条件反射。我们平时所熟知的望梅止渴、画饼充饥、谈虎色变等都属于经典性条件反射。故A、B两项属于经典性条件反射。操作性条件反射是指有机体在某种刺激情境中自发地做出某种行为,强化则提高了该行为在这种情境中发生的概率,即形成了该反应与情境的联系。故C项属于操作性条件反射。

11. ABCD 【解析】正强化也称积极强化,是通过呈现想要的愉快刺激来增强反应频率。奖学金、对成绩的认可、表扬、发放奖品等都能起到正强化的作用。

12. BC 【解析】练习律是指刺激与反应之间的联结会由于重复或练习而加强;反之,不重复或不练习,联结的力量就会减弱。题干中王老师经常安排学生做一些难度适当的练习题巩固知识,这体现了练习律。效果律是指刺激和反应之间的联结可因导致满意的结果而加强,也可因导致烦恼的结果而减弱。题干中王老师积极地给予学生正向的反馈,使学生通过学习得到自我满意的学习效果,这体现了效果律。故B、C两项正确。

13. ABCD 【解析】班杜拉认为,模仿有四种不同的方式:(1)直接模仿;(2)综合模仿;(3)象征模仿;(4)抽象模仿。

14. AD 【解析】斯金纳把人和动物的行为分为两类:应答性行为和操作性行为。

15. ABD 【解析】正强化也称积极强化,是通过呈现想要的愉快刺激来增强反应频率。负强化也称消极强化,是通过消除或中止厌恶、不愉快刺激来增强反应频率。班主任不再批评他属于负强化;班主任经常表扬他属于正强化;当学生表现出良好的学习行动时,班主任表扬他,属于对新行为的塑造。

16. BCD 【解析】一级强化物包括所有在没有任何学习发生的情况下也起强化作用的刺激,如食物、水、安全、温暖、性等满足生理基本需要的东西。二级强化物包括那些在开始时不起强化作用,但后来作为与一级强化物或其他强化物配对的结果而起强化作用的刺激。金钱、考试成绩和手机游戏均属于二级强化物。

17. ABCD 【解析】班杜拉把观察学习的过程分为注意、保持、复现和动机四个子过程。

18. BC 【解析】联结学习理论认为,一切学习都是通过条件作用,在刺激和反应之间建立直接联结的过程。强化在刺激—反应联结的建立中起着重要作用。在刺激—反应联结中,个体学到的是习惯,而习惯是反复练习和强化的结果。习惯一旦形成,只要原来的或类似的刺激情境出现,习得的习惯性反应就会自动出现。A、D两项属于认知派学习理论的观点。

三、判断题

1. × 【解析】消退是一种无强化的过程,其作用在于降低某种反应在将来发生的概率,以达到消除某种行为的目的。故题干表述错误。

2. √ 【解析】班杜拉认为,学习是个体通过对他人的行为及其强化结果的观察,从而获得某些新的行为反应或已有的行为反应得到修正的过程。班杜拉的实验证明,榜样在观察学习过程中起到非常重要的作用。故利用观察学习理论可以解释"榜样学习"的教育效应。

3. √ 【解析】根据操作性条件作用理论,在教育过程中,教师应多用正强化的手段来塑造学生的良性行为,用不予强化(消退)的方法来消除消极行为,同时应慎重地对待惩罚。

4. × 【解析】操作性条件反射理论强调行为发生在刺激之前,即行为发生后给予强化。

5. √ 【解析】在对学生的行为进行奖励时,应注意避免外部奖励对内部兴趣的破坏。在很多情况下,维持行为的强化物是活动本身带来的快乐,这时再给予外部的奖励,就会使学生活动的目的逐渐变为获得外部奖励。

6. × 【解析】负强化也称消极强化,是通过消除或中止厌恶、不愉快刺激来增强反应频率;惩罚是指当有机体做出某种反应以后,呈现一个厌恶刺激,以消除或抑制此反应的过程。题干中的家长是通过不给孩子零花钱的方式,来减少孩子打游戏的行为,因此这是一种惩罚行为。

易错提示:考生易混淆负强化和惩罚的内涵。在做题时,考生应注意:负强化的本质是通过厌恶刺激的排除来增加反应概率,而惩罚则是通过厌恶刺激的呈现来降低反应概率。

7. √ 【**解析**】根据强化物的来源,可将强化物分为一级强化物和二级强化物。一级强化物包括所有在没有任何学习发生的情况下也起强化作用的刺激,如食物和水等满足生理基本需要的东西。二级强化物包括那些在开始时不起强化作用,但后来作为与一级强化物或其他强化物配对的结果而起强化作用的刺激,如斯金纳箱里的灯光。斯金纳认为,对于人类来说,二级强化物包括对大量行为起强化作用的许多刺激(诸如特权、社会地位、权力、财富、名声等),这些大多是由社会文化决定的,它们构成了决定人类行为的极有力的二级强化物。
8. × 【**解析**】准备律是指联结的加强或削弱取决于学习者的心理准备和心理调节状态。准备不是指学习前的知识准备或成熟方面的准备,而是指学习者在学习开始时的预备定势。
9. √ 【**解析**】食物是巴甫洛夫实验中的强化物,铃声与食物多次配对,建立起狗的条件反射。
10. √ 【**解析**】斯金纳的操作性条件作用理论强调行为塑造的重要性,基于此思想他提出了程序教学理论。斯金纳认为"教育就是塑造行为",复杂的行为也可以通过塑造而获得。
11. √ 【**解析**】行为主义学习理论的核心观点认为,学习过程是有机体在一定条件下形成刺激与反应的联系,从而获得新经验的过程。由于行为主义强调刺激—反应的联结,因此,也属于联结派学习理论。联结学习理论认为,一切学习都是通过条件作用,在刺激和反应之间建立直接联结的过程。
12. √ 【**解析**】机体对与条件刺激相似的刺激做出条件反应,属于刺激的泛化,它能使我们的学习从一种情境迁移到另一种情境。题干中,学生在作文课上能端坐、认真学习,在数学课上也能做到,这体现了刺激的泛化。
13. √ 【**解析**】惩罚的运用必须谨慎,惩罚一种不良行为应与强化一种良好行为结合起来,方能取得良好效果。在教育过程中,教师应多运用正强化的手段来塑造学生的良性行为,用不予强化的方法来消除消极行为,而应慎重使用惩罚,因为惩罚只能让学生明白什么不能做,但不能让学生知道什么能做和应该怎么做。
14. √ 【**解析**】观察学习是个体通过对他人的行为及其强化结果的观察,从而获得某些新的行为反应或已有的行为反应得到修正的过程。"上行下效""耳濡目染"都是强调对他人行为的观察与模仿,故属于观察学习的体现。
15. √ 【**解析**】斯金纳根据其实验提出了操作性条件作用理论。他认为,学习实质上是一种反应概率的变化,而强化是增强反应概率的手段。如果一个行为出现以后,有强化刺激尾随,那么该行为的发生概率就会增加;已经通过条件作用强化了的行为,如果撤去强化刺激,该行为的发生概率就会逐渐减弱,甚至完全消失。
16. × 【**解析**】负强化也称消极强化,是通过消除或中止厌恶、不愉快刺激来增强反应频率。撤销对学生的处罚属于负强化。

易错提示:考生在做此类试题时,需要注意:正强化和负强化都是增强反应频率,二者的区别在于是呈现积极刺激还是撤销厌恶刺激,而不在于强化的结果。

17. √ 【**解析**】机体对与条件刺激相似的刺激做出条件反应,属于刺激的泛化。如果只对条件刺激做出条件反应,而对其他相似刺激不做反应,则出现了刺激的分化。泛化是对事物的相似性的反应,分化则是对事物的差异性的反应。故刺激泛化和刺激分化是互补的过程。

四、填空题

1. 消退
2. 塑造 渐退
3. 变化时间强化

4. 替代强化

五、辨析题

1. 班杜拉提出的观察学习的四个阶段是线性发展过程。

(1)这种说法是不正确的。(2)班杜拉把观察学习的过程分为注意、保持、复现和动机四个子过程。但上述四个子过程的划分不是绝对的,例如,动机阶段可以贯穿观察学习的全过程。同时,这四个阶段犹如一个串连的电路,要想使电流顺利通过,四个开关要同时接通。故题干说法错误。

2. 负强化和惩罚在本质上是相同的。

(1)这种说法是不正确的。(2)惩罚与负强化在本质上有所不同,负强化是通过厌恶刺激的排除来增加反应在将来发生的概率,而惩罚则是通过厌恶刺激的呈现来降低反应在将来发生的概率。

六、简答题(参考答案)

1. 简述班杜拉的社会学习理论。

(1)班杜拉认为学习的实质是观察学习。班杜拉以儿童的社会行为习得为研究对象,形成了其关于学习的基本思路,即观察学习理论。他认为学习是个体通过对他人的行为及其强化结果的观察,从而获得某些新的行为反应或已有的行为反应得到修正的过程。观察学习是人类的主要学习方式之一,其核心是替代性学习和替代性强化。(2)班杜拉把观察学习的过程分为注意、保持、复现和动机四个子过程。(3)班杜拉对强化进行了重新解释,将强化分为直接强化、替代强化、自我强化。

2. 简述桑代克的试误说对教学的启示。

桑代克的联结—试误理论(试误说)对于人类学习和学生学习有很大的借鉴意义。根据学生的学习特点,这一理论特别强调"从做中学",即在实际的操作过程中学习有关的概念、原理、技能和策略等。具体而言,对教育有以下指导意义:

(1)在学习过程中,教师应该允许学生犯错误,并鼓励学生多尝试,从错误中学习,这样获得的知识才会更牢固。(2)任何学习都应该在学生有准备的状态下进行,不能经常搞"突然袭击"(准备律)。(3)在学习过程中,应加强合理的练习,并注意学习结束后不时地进行练习(练习律)。(4)在实际教育过程中,教师应努力使学生的学习能得到自我满意的积极结果,防止一无所获或得到消极的后果(效果律)。

3. 简述程序教学及其原则。

(1)程序教学是一种个别化的教学形式,斯金纳将要学习的大问题分解为一系列小问题,并将其按一定的程序编排呈现给学生,要求学生学习并回答问题,学生回答问题后及时得到反馈信息。程序教学的基本原理是采用连续接近法,通过设计好的程序不断强化,使学生形成教育者希望的行为模式。

(2)程序教学的原则:①小步子原则;②积极反应原则;③自定步调原则;④及时反馈原则;⑤低错误率原则。

七、案例分析题(参考答案)

(一)案例客观题

1. A 【解析】桑代克进行了著名的"饿猫迷笼"实验,故答案选 A 项。

2. D 【解析】随着猫的反复尝试,它开笼所花的时间越来越少,这启示教师在教学过程中,应注意给予学生较多的练习机会。故答案选 D 项。

3. A 【解析】机体对与条件刺激相似的刺激做出条件反应,属于刺激的泛化。案例中,小孩看到酷似医院大夫的清洁工也放声大哭,这说明发生了刺激的泛化。

4. B 【解析】巴甫洛夫的经典性条件作用理论的主要规律包括获得、刺激的泛化与分化、消退和恢复。案例中小孩的表现属于刺激的泛化现象,故题干所述符合经典性条件作用理论的内容。

5. B 【解析】巴甫洛夫是经典性条件作用理论的建构者。

6. ABCD 【解析】凡是能增强行为频率的刺激或事件叫作强化物。张老师对学生的强化使用了不同的强化物,如食物(冰淇淋和其他好吃的东西)、代币(玻璃球)、学生喜爱的活动(如组织联欢会和看卡通片)等。

7. C 【解析】在操作性条件作用中,行为发生在刺激之前,行为后果影响随后的行为。根据题干所述可知,当学生表现出良好的行为之后,张老师便给予强化,最终整个班级形成遵守纪律、积极向上的氛围,故张老师运用的强化手段的理论依据是操作性条件作用理论。

(二)案例主观题

1. (1)班杜拉以儿童的社会行为习得为研究对象,形成了其关于学习的基本思路,即观察学习是人的学习最重要的形式。班杜拉认为,学习是个体通过对他人的行为及其强化结果的观察,从而获得某些新的行为反应或已有的行为反应得到修正的过程。案例中儿童出现攻击行为,是因为他们观看成年男子对充气玩偶进行攻击后,发生了观察学习。

(2)替代强化是指观察者因看到榜样的行为被强化而受到强化。案例中"第一组儿童产生较多的攻击行为,第二组则比第三组表现出更少的攻击行为",是因为他们在观看过程中出现了替代强化的结果。第一组儿童观察到攻击行为受到表扬,因此,其攻击行为最多;第二组观察到攻击行为受到惩罚,因此比第三组的攻击行为更少,这是产生替代强化的结果。

2. (1)根据行为主义学习理论,强化是采用适当的强化物而使有机体反应频率、强度和速度增加的过程。凡是能增强行为频率的刺激或事件叫作强化物。斯金纳认为,强化是塑造行为的有效而重要的条件,塑造行为的过程,就是学习的过程。在本案例中,张强在学校读书不能得到他想要的东西,说明其缺乏正强化;不上学可以免除老师把他当作笨学生、把他编到"差班"等行为,这说明其获得负强化;等等。上述做法使他不来上学的频率逐渐增加,最终造成张强同学想辍学。

(2)班杜拉的社会学习理论认为,学习是个体通过对他人的行为及其强化结果的观察,从而获得某些新的行为反应或已有的行为反应得到修正的过程。张强看到其哥哥姐姐辍学后都找到了工作,且有钱花,而且没有人会因为他们没有完成中学学业而刁难他们。这些成为了他的榜样,对于他来说,受到了替代性强化的作用。因此,他也想辍学。

专题三 认知派学习理论

答案速查:

1~5	DDBAD	6~10	BABCD	11~15	ADBBA	16~20	CBABC
21~25	AAACA	26~30	CBCBC	31~35	ABDDD	36~40	CCDAA
41~45	ADDCB			1~5	BCD ABD ABC AD BD		
6~10	BC ABCD ABCD BCD ACD			11~15	ABD ACD ACD BC AC		
16~17	ABCD ABCD			1~5	× × × √ ×		
6~11	× × × √ × √						

一、单项选择题

1. D 【解析】奥苏贝尔提出了"先行组织者"的概念,即先于某个学习任务本身呈现的引导性学习材料。先行组织者的抽象、概括和综合水平高于学习任务,并与认知结构中的原有观念及新的学习任务相关联。题干中"三角形"的概念等级高于"等腰三角形",并且二者存在一定的关联。因此,题干中的做法符合先行组织者策略。

2. D 【解析】加涅提出学习过程可分为以下八个阶段:动机、领会、获得、保持、回忆、概括、操作、反馈。其中,领会阶段的主要心理过程是注意和选择性知觉。根据题干中的关键词“选择性知觉”可知,本题答案选 D 项。

3. B 【解析】先行组织者即先于某个学习任务本身呈现的引导性学习材料。先行组织者不仅能够帮助学习者学习新知识,而且可以帮助其保持知识。奥苏贝尔主张应用“先行组织者技术”的用意是帮助学习者学习和保持新知识,为学生学习新知识奠定知识背景。故本题选 B 项。

4. A 【解析】布鲁纳强调发挥儿童学习的主动性,他认为对任何发展阶段的儿童,进行某一课题时,必须反映儿童看待事物的方法,要求让儿童主动地发现知识,而不是被动地接受知识。因此,他竭力倡导发现学习(发现法),并广泛地运用于科学教育。所谓发现学习,是指学习者在教师的指导下,像科学家发现真理一样,通过自己的探究和学习,主动发现事物变化的起因和内部联系,从中找出规律,并在这个过程中体验发现知识的智慧感和完成任务的胜利感。

5. D 【解析】布鲁纳提出四条基本教学原则:动机原则、结构原则、程序原则、强化原则。强化原则中,布鲁纳认为,为掌握某个课题,学生必须获得反馈,知道效果如何。题干中小张老师不布置作业,也不做评价,是没有反馈的体现,没有遵循强化原则,本题选择 D 项。

6. B 【解析】潜伏学习是指动物在没有强化的条件下学习也会发生,只不过结果不太明显,是“潜伏”的。一旦受到强化,具备了操作的动机,这种结果才通过操作而明显表现出来。在人类学习中,潜伏学习的现象更普遍。题干中的学生发生了学习,但学习的结果没有显示出来,符合潜伏学习的内涵,故本题选 B 项。

7. A 【解析】布鲁纳提出了认知结构教学理论,其理论的基本主张为以下几个方面。(1)理智发展的教学目标。布鲁纳认为,发展学生的智力应是教学的主要目的。(2)动机—结构—序列—强化原则。布鲁纳提出了相应的四条教学原则:①动机原则。教师要利用儿童与生俱来的好奇心和学习愿望,激发学生参与探究活动,以促进儿童智慧的发展。②结构原则。既要选择适当的知识结构,又要选择适合于学生认知结构的教学方式,使知识结构与学生头脑中的认知结构相匹配,促进学生学习。③序列原则。根据学生的发展水平、动机状态、知识背景等现状,选择最佳顺序呈现教学内容。④强化原则。恰当提供强化,以便让学生适时知道自己学习的结果。(3)学科知识结构。布鲁纳认为,应让学生学习学科的基本结构。所谓学科的基本结构是指某一知识领域内的基本概念、原理和定律等。(4)发现学习法。布鲁纳极力倡导使用发现学习法,强调学习过程,强调直觉思维,强调内在动机,强调信息提取。因此,①②④⑤中的说法属于布鲁纳的理论观点,而③⑥中的说法属于人本主义学习理论的观点,故答案选 A 项。

8. B 【解析】发现学习的优点包括:(1)有利于激发智慧潜力;(2)有利于培养内在动机;(3)有利于学会发现技巧;(4)有利于记忆的保持。发现学习相对于接受学习来说更花费学习时间,B 项错误。

9. C 【解析】认知理论的代表人物布鲁纳认为,知识结构是在认知过程中经过积极的组织构成的。知识学习的认知过程主要是思维过程,正是思维在学习过程中的概念化或类型化的活动,才使人们弄懂了所觉察到的大堆杂乱的事实。因此,这属于认知理论的观点。

10. D 【解析】为了考察有机体学习结果的实质,托尔曼进行了一系列位置学习的实验,其中一个典型的实验是白鼠走迷宫实验。根据实验结果得出,白鼠学会的不是简单的、机械的反应动作,而是学习达到目的的符号及其所代表的意义,建立一个完整的“符号—格式塔”模式,即“认知地图”。学习的实质是形成认知地图,该结论的实验论据是位置学习实验。

11. A 【解析】奥苏贝尔的有意义接受学习理论,又称为认知同化学习理论。在该理论中,奥苏贝尔强调学习者的积极主动精神,即有意义学习的心向;强调有潜在意义的新知识必须与学习者认知结构中已有的适当观念建立起实质性和非人为性的联系,新旧知识发生相互作用,其结果是新知识获得意义,原有认知结构发生变化。故答案选 A 项。

12. D 【解析】加涅根据学习的信息加工模式将学习过程分为若干个阶段,其中,操作阶段是反应的

发生阶段。题干中强调将反应命题组织起来并表现在操作活动中，故属于操作阶段。

13. B 【解析】奥苏贝尔从学习内容与学习者认知结构的关系上，将学习分为有意义学习和机械学习。有意义学习的本质就是以符号为代表的新观念与学习者认知结构中原有的适当观念建立起非人为的和实质性的联系的过程，是原有观念对新观念加以同化的过程。与此相反，机械学习就是学生没有建立实质性的联系，没有将教材的内容真正地理解，也就是传统教学中的“死记硬背”。题干中学生对地球结构的学习不能应用于实际，即为机械学习。

易错提示：考生易混淆有意义学习和机械学习的内涵。考生在做题时，可根据关键词对二者进行区分。“新旧联系，实质非人为”对应有意义学习；“没有联系，死记硬背”对应机械学习。

14. B 【解析】布鲁纳认为学习包括三种几乎同时发生的过程，这三种过程是：新知识的获得、知识的转化和知识的评价。其中，知识的转化是指超越给定的信息，运用各种方法将它们变成另外的形式，以适应新任务，并获得更多的知识。题干中刘明力图用掌握的知识来理解书中内容并指导自己的学业，这属于知识的转化的过程。

15. A 【解析】奥苏贝尔提出了有意义接受学习理论，维果斯基提出了最近发展区理论，杜威提出了儿童中心课程理论，皮亚杰提出了认知发展阶段理论和道德发展阶段理论。故答案选 A 项。

16. C 【解析】奥苏贝尔根据学习主体所得经验的来源和性质两个维度，将学习分为接受学习与发现学习、有意义学习与机械学习两类，这两类学习关系密切却相互独立，可以两两之间交叉形成四种学习类型。接受学习不等于机械学习，发现学习也不等于有意义学习。故 A、B、D 三项说法错误。

易错提示：考生易混淆不同学习类型之间的关系。因此，考生应注意：接受学习≠机械学习，接受学习≠被动学习，发现学习≠有意义学习。

17. B 【解析】布鲁纳认为，教学的目的在于理解学科的基本结构。由于布鲁纳强调学习的主动性和认知结构的重要性，所以他主张教学的最终目标是促进学生对学科结构的一般理解。

18. A 【解析】奥苏贝尔认为，学生学习的实质是接受学习。学生在学校中的有意义学习应该是有意义的接受学习和有意义的发现学习，但他更强调有意义的接受学习，因为有意义的接受学习可以在短时期内使学生获得大量的系统知识。

19. B 【解析】奥苏贝尔就如何贯彻“逐渐分化”和“整合协调”的原则，提出了具体应用的策略：先行组织者策略。

20. C 【解析】苛勒认为，学习是个体利用本身的智慧与理解力对情境及情境与自身关系的顿悟，而不是动作的积累或盲目的尝试。

21. A 【解析】布鲁纳认为，人不是一个知识的被动接受者。个人的学习都是通过把新得到的信息和原有的认知结构联系起来，去积极地建构新的认知结构。即学习的实质在于主动形成认知结构。

22. A 【解析】接受学习的特征是把要学习的全部内容或多或少地以定论的形式呈现给学习者，不需要学习者任何形式的独立发现，只需要学习者把学习材料加以内化，把新旧材料的内容有机地结合，即新学习的内容与认知结构中的有关内容融为一体，并存储下来。

23. A 【解析】从学习的过程来看，学习是通过顿悟过程实现的。所谓顿悟，就是领会到自己的动作和情境，特别是和目的物之间的关系。功能固着会妨碍新的完形的完成。一定时期的放弃、不同的环境以及一段时间的大量准备都有利于顿悟的形成。

24. C 【解析】布鲁纳的认知—发现学习理论强调学生已有的认知结构的重要作用，故 C 项属于认知学习理论的观点。桑代克的联结试误说认为学习的实质是形成刺激—反应的联结。斯金纳的操作性条件作用理论强调了强化的作用。桑代克的效果律指出学习所产生的结果会影响后继的学习。故 A、B、D 三项均属于行为主义学习理论的观点。

25. A 【解析】布鲁纳认为,认知生长的过程就是形成认知表征系统的过程。认知表征系统的发展经历了三个主要的阶段,即动作性表征阶段、映像性表征阶段和符号表征阶段。其中,在动作性表征阶段,儿童通过做和通过看别人做而学习,例如爬、走路、玩玩具等利用身体影响周围环境。因此,小强正处于动作性表征阶段。

26. C 【解析】布鲁纳认为,任何知识结构都可以用动作(行为表征)、图像(图像表征)和符号(符号表征)三种表象形式来呈现。

27. B 【解析】奥苏贝尔根据学习材料与学习者原有认知结构的关系把学习分为机械学习与有意义学习。有意义学习的本质就是将符号所代表的新知识与学习者认知结构中已有的适当观念建立起非人为的和实质性的联系。上述非人为的、实质性的联系指非字面的联系,可简单理解为对学习材料的理解。故 B 项说法正确。

28. C 【解析】根据加涅划分的学习活动八阶段可知,获得阶段指的是所学的信息进入短时记忆,并进行编码和储存。

29. B 【解析】先行组织者教学技术强调新知识与学生已有认知结构中适当知识的联系,经常用于接受学习。

30. C 【解析】托尔曼认为学习是对完形的认知,是形成认知地图的过程。

31. A 【解析】比较性组织者通过比较新知识与认知结构中类似的或邻近的知识的异同,提高两者的可辨别性,从而促进对新知识的有意义的学习,保证学生获得精确的知识。题干中汤老师通过比较细胞结构(新知识)与社区结构(认知结构中类似的知识)的异同,促进学生对细胞结构的理解。故汤老师使用的教学策略是比较性组织者。

32. B 【解析】根据加涅的信息加工学习理论可知,概括阶段对于心理过程的假设是实现学习的迁移。因此,在学生学习的概括阶段,老师应帮助学生练习在多种情况下运用信息,使信息得以迁移。

33. D 【解析】奥苏贝尔认为接受学习适用于年龄较大、有较丰富知识和经验的人。

34. D 【解析】知识的转化就是超越给定的信息,运用各种方法将它们变成另外的形式,以适应新任务,并获得更多的知识。故答案选 D 项。

35. D 【解析】A 项属于行为主义的观点。认知派学习观包括早期的认知学习观和现代认知观。格式塔的学习观属于早期的认知学习观,B、C 两项都属于早期的认知学习观的观点。现代认知学习观认为,学习是通过认知获得意义和意向形成认知的过程,学习是认知结构的组织和重新组织,D 项属于现代认知学习观的观点。

36. C 【解析】先行组织者,是在呈现教学内容之前介绍给学生的一种引导性材料。其主要功能是在学生能够有意义地接受学习新内容之前,在新旧知识之间架设起桥梁,使新旧知识清晰地联系起来,为新知识提供认知框架或固着点。

37. C 【解析】先行组织者教学模式的基本结构包括三个阶段:第一阶段是先行组织者的呈现,本阶段的教学事件有:阐明课程目的、呈现“组织者”、鉴别限定性特征、举例、提供前后关系、重复、唤起学习者的知识和经验的意识。第二阶段是学习任务和材料的呈现,本阶段的教学事件有:明确组织、安排学习的逻辑顺序、明确材料、保持注意和呈现材料。第三阶段是认知结构的加强,本阶段的教学事件有:运用综合贯通原则、促进主动积极的接受学习、引起对学科内容的评析态度、阐明学科内容。据此可知,A、B、D 三项属于先行组织者呈现阶段(第一阶段)的任务;C 项属于学习任务和材料呈现阶段(第二阶段)的任务。

38. D 【解析】加涅将学习过程分为八个阶段,第一阶段是动机阶段,又叫期待阶段。

39. A 【解析】加涅认为,要使学习得以发生,首先应该激发起学习者的动机。在动机阶段,教师要促进学习者的学习,就要诱发学习者的学习动机,使他们具有一种奔向某个目标的动力。题干中的李老师通过有趣的实验演示激发了学生的学习兴趣和讨论热情,这属于学生学习阶段中的

动机阶段。

40. A 【解析】苛勒等人通过著名的黑猩猩实验,对学习的实质及原因做出了解释,认为从学习过程来看,学习是通过顿悟过程实现的。

41. A 【解析】布鲁纳认为学生具有三种最基本的内在动机,即好奇内驱力(求知欲)、胜任内驱力(成功的欲望)和互惠内驱力(人与人之间和睦共处的需要)。学生对所学知识的兴趣是一种求知欲,也称好奇内驱力。

42. D 【解析】保持阶段是学生习得的信息经过复述、强化后,以语义编码的形式进入长时记忆的贮存阶段。

43. D 【解析】认知主义认为学习是人们通过感觉、知觉得到的,是由人脑主体的主观组织作用而实现的,并提出学习是依靠顿悟,而不是依靠尝试与错误来实现的观点。故题干所述属于认知主义学习理论的观点。

44. C 【解析】托尔曼学习理论的主要观点有:(1)学习是有目的的,是期望的获得。他认为,有机体要达到未来的目的,必然要对未来的目的有所期待,当前的行为是受主体对未来行为结果的期待所支配的。(2)学习是对完形的认知,是形成认知地图的过程。

方法技巧:考生在做此类试题时,可采用口诀进行记忆。"拖(托尔曼)延(延迟学习)症有目的,认知地图是关键,SOR潜伏学(潜伏学习)"对应托尔曼的符号学习理论的内容。

45. B 【解析】布鲁纳认为,发现学习是指给学生提供有关的学习材料,让学生通过探索、操作和思考,自行发现知识、理解概念和原理的教学方法。题干中的陈老师让同学们自己总结规律的做法最符合发现学习理论。

二、多项选择题

1. BCD 【解析】奥苏贝尔提出"先行组织者"的概念,即先于某个学习任务本身呈现的引导性学习材料。先行组织者的抽象、概括和综合水平高于学习任务,并与认知结构中的原有观念及新的学习任务相关联。故B项说法正确。

先行组织者的主要功能是在学生能够有意义地接受学习新内容之前,在新旧知识之间架设起桥梁,使新旧知识清晰地联系起来,为学习新知识提供认知框架或固着点。D项说法正确。先行组织者强调有意义的接受学习而不是发现学习,故A项说法错误。

先行组织者可以分为两类:陈述性组织者(说明性组织者)和比较性组织者。故C项说法正确。

2. ABD 【解析】布鲁纳认为学习包括三种几乎同时发生的过程,这三种过程是:新知识的获得、知识的转化(转换)、知识的评价。

方法技巧:考生在做此类试题时,可采用口诀进行记忆。"布鲁纳得花甲"对应布鲁纳关于学习的三个过程,即获得、转化(转换)和评价。

3. ABC 【解析】加涅提出了学习过程的八个阶段,主要包括:动机阶段、了解(领会)阶段、获得阶段、保持阶段、回忆阶段、概括阶段、操作阶段、反馈阶段。故答案选A、B、C三项。

方法技巧:考生在做此类试题时,可采用口诀进行记忆。东街活宝会盖作坊:东(动机)街(了解)活(获得)宝(保持)会(回忆)盖(概括)作(操作)坊(反馈)。

4. AD 【解析】接受学习与发现学习的区别主要有:(1)侧重点不同。接受学习强调现成知识的掌握;发现学习强调探究过程。(2)呈现学习材料的方式不同。在接受学习中,教师把学习内容直接呈现给学生;在发现学习中,教师只呈现一些提示性的线索,而不直接呈现学习内容。(3)学习的心理不同。在接受学习中,学生只需直接把现成的知识加以内化,纳入到认识结构中;在发现学习中,学生必须首先通过自己的探究活动,从事实中归纳出结论,然后再把结论归纳到认识结构之中。(4)教师所起的作用不同。在接受学习中,教师起主导、控制的作用;在发现学习中,教师起指导作用,而不控制具体的学习过程。故 A、D 两项表述正确。接受学习可能是主动的,也可能是被动的,它与被动学习、主动学习没有必然联系。故 B 项表述错误。发现学习和接受学习都强调原有的认知结构的作用,强调学习材料本身的内在联系。故 C 项表述错误。

5. BD 【解析】认知主义学习理论认为学习是对情境的理解和顿悟,是认知结构的变化。加涅、奥苏贝尔属于认知主义学习理论的心理学家。华生是行为主义学派的心理学家,罗杰斯是人本主义学派的心理学家。

6. BC 【解析】布鲁纳认为,发现是教育儿童的主要手段,学生掌握学科的基本结构的最好方法是发现学习。因此,A 项表述不符合题意。桑代克认为学习的进程是一种渐进的、盲目的、尝试错误的过程。因此,D 项表述不正确。奥苏贝尔强调有意义的接受学习,并提出先行组织者教学策略。故 B、C 两项表述正确。

7. ABCD 【解析】布鲁纳的结构教学观认为,掌握学科基本结构的教学原则有:(1)动机原则;(2)结构原则;(3)程序原则;(4)强化原则。

方法技巧:在做此类试题时,考生可采用口诀进行记忆。冻结城墙:冻(动机原则)结(结构原则)城(程序原则)墙(强化原则)。

8. ABCD 【解析】认知学习理论认为多媒体课件在知识内容的设计上应采取以下几种策略:渐进分化策略、积极参与策略、综合协调策略和类别化处理策略。

9. BCD 【解析】布鲁纳认为,教学的目的在于理解学科的基本结构。掌握学科基本结构的教学原则包括:(1)动机原则。学生具有三种最基本的内在动机:好奇内驱力(即求知欲)、胜任内驱力(即成功的欲望)和互惠内驱力(即人与人之间和睦共处的需要)。教师如果能善于促进并调节学生的探究活动,便可激发他们的这些内在动机,有效地达到预定的学习目标。所以,D 项符合题意。(2)结构原则。任何知识结构都可以用动作、图像和符号三种表象形式来呈现。至于究竟选用哪一种呈现方法为好,则视学生的知识背景和课题性质而定。所以,B 项符合题意。(3)程序原则。教学就是引导学习者通过一系列有条不紊地陈述一个问题或大量知识的结构,以提高他们对所学知识的掌握、转化和迁移的能力。通常每门学科都存在着各种不同的程序,它们对学习者来说,有难有易,不存在对所有的学习者都适用的唯一的程序。所以,A 项说法错误。(4)强化原则。教学规定适合的强化时间和步调是学习成功的重要一环。结果反馈应恰好在学生评估自己作业的那个时刻。结果反馈过早,易使学生慌乱,从而阻挠其探究活动的进行;结果反馈太晚,易使学生失去受帮助的机会,甚至有可能接受不了正确的信息。所以,C 项说法正确。

10. ACD 【解析】丽丽在课上学习到柠檬酸是清洁窗户的好帮手,属于知识的获得;回家后建议妈妈用可乐擦窗户是知识的转化;效果奇佳是知识的评价。故答案选 A、C、D 三项。

11. ABD 【解析】先行组织者主要采取三种形式:(1)一个概念的定义;(2)新材料与已知例子的类;(3)一个概括。

12. ACD 【解析】加涅认为,学习是一个有始有终的过程,这一过程可分成若干个阶段,每一个阶段需进行不同的信息加工。故 A 项表述正确。与此相应,教学过程既要根据学生的内部加工过程,又要影响这一过程。因而教学过程阶段与学习阶段是完全对应的。故 B 项表述错误,C 项表述正确。学习的模式是用来说明学习的结构与过程的,它对于理解教学和教学过程,以及如何安排教学事件具有极大的实用意义。故 D 项表述正确。

13. ACD 【解析】奥苏贝尔认为学习者接受知识的心理过程表现为:首先在认知结构中能找到能同化新知识的有关观念;然后找到新知识与起固着点作用的观念的相同点;最后找到新旧知识的不同点,使新概念与原有概念之间有清晰的区别,并在积极的思维活动中融会贯通,使知识不断系统化。

14. BC 【解析】认知派学习理论包括,格式塔学派的完形—顿悟学习理论、布鲁纳的认知—发现学习理论、奥苏贝尔的有意义接受学习理论(认知同化理论)、加涅的信息加工学习理论等。A 项属于行为主义学习理论,D 项属于人本主义学习理论。故答案选 B、C 两项。

15. AC 【解析】先行组织者可以分为两类:陈述性组织者(说明性组织者)和比较性组织者。

16. ABCD 【解析】学科的基本结构是指学科的基本概念、基本原理及其基本态度和方法。

17. ABCD 【解析】题干中的"让学生自己探索知识"主要体现了张老师主张发现学习的教育理念。布鲁纳是发现学习的首创者。在他看来,在发现学习中,教师的主要作用在于:(1)鼓励学生有发现的自信心;(2)激发学生的好奇心和求知欲;(3)帮助学生寻找新问题与已知知识的联系;(4)训练学生运用知识解决问题的能力;(5)协助学生进行自我评价;(6)启发学生进行对比。

三、判断题

1. × 【解析】奥苏贝尔认为,接受学习未必都是机械学习,它可以而且也应该是有意义的学习。同时,必须把接受学习与被动学习区分开来。接受学习可能是主动的,也可能是被动的,它与被动学习、主动学习没有必然联系。故题干表述错误。

2. × 【解析】研究者们在奥苏贝尔"先行组织者"定义的基础上发展了"组织者"的概念。"组织者"一般呈现在要学习的材料之前,但也可以放在学习材料之后呈现。它既可以在抽象、概括性上高于原学习材料,又可以是具体概念,在抽象、概括水平上低于原学习材料。故本题说法错误。

3. × 【解析】有意义学习的条件包括客观条件和主观条件两个方面。除了材料本身,也受学习者自身因素的影响。因此,仅仅学习材料本身有意义并不能确保有意义学习的产生。

4. √ 【解析】托尔曼主张将行为主义 S－R 公式改为 S－O－R 公式,O 代表机体的内部变化。他认为学习不是刺激与反应的直接联结,强调认知活动的作用。

5. × 【解析】加涅提出了信息加工学习理论,将学习过程看作是信息加工过程。

6. × 【解析】不论是尝试错误还是顿悟,都是动物和人在解决问题的过程中所表现出的两种基本形式。因此,题干中的说法较狭义。

7. × 【解析】认知倾向的心理学家重在研究学习者处理环境刺激的内部过程和机制,而不是外显的刺激与反应。他们一般强调,学习是内在心理结构的形成、丰富或改组的过程。

8. × 【解析】接受学习是奥苏贝尔倡导的一种学习形式。他认为最有效的学习是有意义的接受学习。故题干表述错误。

9. √ 【解析】托尔曼等人设计了一个有关方位学习的复杂迷宫,训练三组老鼠走迷宫,揭示了"潜伏学习"的存在。

10. × 【解析】潜伏学习是指人或动物在无强化的条件下进行的学习。

11. √ 【解析】有意义学习的本质就是以符号为代表的新观念与学习者认知结构中原有的适当观念建立起非人为的和实质性的联系的过程,是原有观念对新观念加以同化的过程。在接受式学习中,学生如果能利用旧知识去同化新知识,则说明有意义学习发生了,此时,"接受式学习"就有意义。

四、填空题

1. 发现学习
2. 学生与环境
3. 有意义学习的心向

五、简答题(参考答案)

1. 简述实现有意义学习的条件。

有意义学习的条件有:(1)客观条件,是指受学习材料本身性质的影响。有意义学习的材料本身必须合乎这种非人为的和实质性的标准,即具有逻辑意义。教材一般符合此要求。

(2)主观条件,是指受学习者自身因素的影响。主要表现在:①学习者必须具有有意义学习的心向;②学习者认知结构中必须具有适当的知识,以便与新知识进行联系;③学习者必须积极主动地使这种具有潜在意义的新知识与认知结构中有关的旧知识发生相互作用。

2. 简述布鲁纳的认知—发现学习理论。

(1)学习观。①学习的实质在于主动形成认知结构;②学习包括获得、转化和评价三个过程。

(2)教学观。①教学的目的在于理解学科的基本结构;②掌握学科的基本结构的教学原则,主要有动机原则、结构原则、程序原则、强化原则。

(3)发现学习。布鲁纳认为,发现是教育儿童的主要手段,学生掌握学科的基本结构的最好方法是发现学习。

专题四　人本主义学习理论

答案速查:

1~5	CDDDB	6~10	CBADB	11~15	AABDD
1~5	ABCD BCD ABCD ABC ABD		1~5	√ √ × × √	

一、单项选择题

1. C 【解析】人本主义学生中心的教学观认为,教育与教学过程就是要促进学生的个性发展,发挥学生的潜能,培养学生学习的积极性与主动性。而学习是人固有能量的自我实现过程,强调人的尊严和价值,强调无条件积极关注在个体成长过程中的重要作用。教育的目标、学习的结果应该是使学生成为具有高度适应性和内在自由性的人。教师的任务是要为学生提供学习的手段和条件,促进个体自由地成长。

2. D 【解析】人本主义的教学观是建立在其学习观的基础之上的。罗杰斯从人本主义的学习观出发,认为凡是可以别人教给的知识,相对来说都是无用的;能够影响个体行为的知识,只能是他自己发现并加以同化的知识。因此,教学的结果,如果不是毫无意义的,那就可能是有害的。教师的任务不是教学生学习知识(这是行为主义者所强调的),也不是教学生如何学习(这是认知主义者所重视的),而是为学生提供各种学习的资源,提供一种促进学习的气氛,让学生自己决定如何学习。

3. D 【解析】根据学习对学习者的个人意义,人本主义心理学家罗杰斯将学习分为无意义学习和有意义学习两类。

4. D 【解析】罗杰斯创立了以学生为中心的教育和教学理论,其基本理论包括以下几个方面:(1)知情统一的教学目标观;(2)有意义的自由学习观;(3)学生中心的教学观。因此,答案选D项。

5. B 【解析】罗杰斯的有意义学习强调学习内容对学生的个人意义,注重学生的需要、愿望和兴趣等因素,主张进行与学生个人密切相关的有意义学习。奥苏贝尔认为,所谓有意义学习,是针对机械学习而言的,有意义学习的本质是以符号为代表的新观念与学习者认知结构中原有的适当观念建立起非人为的和实质性的联系的过程,是原有观念对新观念加以同化的过程。因此,奥苏贝尔的有意义学习强调新旧知识之间的联系,罗杰斯的有意义学习强调知识与个人经验、兴趣的关系。故B项表述正确。

> **易错提示:**考生易混淆罗杰斯的有意义学习与奥苏贝尔的有意义学习。前者属于知情统一的范畴,不局限于知识的简单积累,而是渗入到个人行为之中,是智与德融为一体的人格教育和价值观的熏陶。后者属于认知的范畴,关注的是新知识如何纳入已有的知识系统。

6. C 【解析】人本主义的典型教学模式有:(1)以题目为中心的课堂讨论模式;(2)自由学习的教学模式;(3)开放课堂教学模式。

7. B 【解析】人本主义的代表人物罗杰斯提出了有意义的自由学习观。

8. A 【解析】人本主义学习理论的代表人物罗杰斯认为,促进学生学习的关键不在于教师的教学技

巧,而在于特定的心理氛围。他主张教师应当把学生的感情和问题所在放在教学过程的中心地位,教师自己的发言要有节制。

9. D 【解析】人本主义学习理论主张学生为中心的教学观,认为教育与教学过程就是要促进学生的个性发展,发挥学生的潜能,培养学生学习的积极性与主动性。

10. B 【解析】自由学习的教学模式是一种更为自由的教学模式,罗杰斯认为该模式比较适合大学的教学。其主要做法如下:(1)学生参与决定学习的内容与授课方式;(2)学生选择信息源;(3)师生共同制定契约;(4)课堂结构安排的变通性;(5)由学生进行学习的评定。因此,题干表述的是自由学习的教学模式。

11. A 【解析】罗杰斯认为,情感和认知是人类精神世界中两个不可分割的有机组成部分,彼此是融为一体的。

12. A 【解析】罗杰斯认为,有意义学习,是指一种涉及学习者是完整的人,使个体的行为、态度、个性以及在未来选择行动方针时发生重大变化的学习,是一种与学习者各种经验融合在一起的、使个体全身心地投入其中的学习。题干中的儿童通过触摸冰水,学习到了"冷"的意思,说明儿童的学习与个人经验融合在了一起,因此,这属于罗杰斯提出的有意义学习。

13. B 【解析】人本主义学习理论强调以学生为中心,突出学生学习的主体地位和作用。但人本主义学习理论过分强调了学生的自我选择,忽视了教师的指导作用。

14. D 【解析】学生中心模式又称为非指导性教学模式。在这个模式中,罗杰斯强调:(1)以学生为本;(2)让学生自发地学习;(3)排除对学习者自身的威胁;(4)给学生安全感。

15. D 【解析】罗杰斯认为,促进学生学习的关键不在于教师的教学技巧,而在于特定的心理氛围。它包括:(1)真实或真诚;(2)尊重、关注和接纳;(3)移情性理解。题干中的校长注重教师和学生之间的情感交流,重视良好师生关系的培养和维持,这说明该校长最可能支持罗杰斯的学习理论。

二、多项选择题

1. ABCD 【解析】人本主义心理学家提出的促进有意义学习的基本条件有:(1)强调以学生为中心,突出学习者在教学过程中的中心地位;(2)让学生觉察到学习的内容与自我的关系;(3)让学生身处一个和谐、融洽、被人关爱和理解的氛围,并且将这种气氛由教师逐步扩大到学生之间;(4)强调要注重从做中学。

2. BCD 【解析】罗杰斯的以自由为基础的自由学习原则,概括起来有以下几点:(1)人性本善,且人人皆有学习潜力。故 A 项说法错误。(2)教材有意义且符合学生的目的才会产生学习。(3)在较少压力的教育情境下才能有效学习。(4)主动自发全心投入的学习才会产生良好效果。(5)自评学习结果可养成学生的独立思维能力与创造力。(6)重视知识外的生活能力学习以适应变动的社会。(7)突出学习者在教学中的地位。(8)涉及改变对自己看法的学习是有威胁的,因此往往受到抵制。(9)强调从做中学习。

3. ABCD 【解析】人本主义学习理论强调有意义学习包含四个要素:(1)学习是学习者自我参与的过程,整个人都要参与到学习之中,既包括认知参与,也包括情感参与;(2)学习是学习者自我发起的,内在动力在学习中起主要作用;(3)学习是渗透性的,它会使学生的行为、态度以及个性等都发生变化;(4)学习的结果由学习者自我评价,他们知道自己想学什么和学到了什么。

4. ABC 【解析】罗杰斯提出的"有意义的自由学习"冲击了传统教育理论,推动了教育改革运动的发展,主要表现在:(1)突出情感在教学活动中的地位和作用,形成了一种以知情协调活动为主线、以情感作为教学活动的基本动力的新教学模式;(2)以学生的"自我"完善为核心,强调人际关系在教学过程中的重要性,认为课程内容、教学方法、教学手段等都维系于课堂人际关系的形成和发展;(3)把教学活动的重心从教师引向学生,把学生的思想、情感、体验和行为看作教学的主体,从而促进了个别化教学运动的发展。故选 A、B、C 三项。D 项是马斯洛的观点,排除。

5. ABD 【解析】人本主义的教学模式包括以问题为中心的课堂讨论模式、自由学习的教学模式、开放课堂的教学模式。故答案选 A、B、D 三项。

三、判断题

1. √ 【解析】人本主义理论提倡自我激励、自我调节的学习、情感教育、真实性评定、合作学习以及开放课堂和开放学校。

2. √ 【解析】罗杰斯十分重视教学过程中的师生关系，认为促进学习的关键不在于教师的教学技能、课程设计、教学设备资源等，而是在于教师和学生的关系。

3. × 【解析】在传统教学中，教师是作为先知者把知识传授给学生的，担负着学习的指导责任，这不符合非指导性教学的要求。在罗杰斯提出的非指导性教学中，他主张教师是作为学生学习的促进者存在的，促进者在教学中的作用不是指导而是帮助。

4. × 【解析】人本主义提出了知情合一的教学目标观。这说明，人本主义重视的是教学的过程而不是教学的内容，重视的是教学的方法而不是教学的结果。故题干说法错误。

5. √ 【解析】罗杰斯所倡导的学习原则的核心就是让学生自由学习。他认为，只要教师信任学生，信任学生的学习潜能，并愿意让学生自由学习，就会在与学生的交往中形成适应自己风格的、促进学习的最佳方法。

四、案例分析题（参考答案）

(1)人本主义心理学认为心理学应该探讨完整的人，强调人的价值，强调人有发展的潜能，而且有发挥潜能的内在倾向，即自我实现倾向。人本主义者的教育理想是培养“躯体、心智、情感、精神、心力融汇一体”的人，要想实现这一教育理想，应该有一个现实的教学目标，这就是“促进变化和学习，培养能够适应变化和知道如何学习的人”。案例中，因为作业的繁重和家长的看管，学生冰冰自由支配学习的时间少，可自主学习的机会也比较少。学生家长也没有关心冰冰的学习兴趣。因此，家长的做法和冰冰现在的学习状态不符合人本主义学习理论的基本观点。

(2)有意义学习主要具有四个特征：①全神贯注，学习者整个人的认知和情感均投入到学习活动之中；②自动自发，学习者由于内在的愿望主动去探索、发现和了解事件的意义；③全面发展，学习者的行为、态度、人格等获得全面发展；④自我评估，学习者自己评估自己的学习需求、学习目标是否完成等。

(3)①教育者应无条件积极关注学生，为学生提供学习的手段和条件，促进学生自由地成长；②教育者应尊重学生，把学生看作学习活动的主体，相信学生可以自己指导自己，具有“自我实现”的潜能；③教育者应该尊重学生的意愿、情感、需要，为学生的成长提供帮助；④教育者应培养学生学习的积极性和主动性，并为此做出努力。

（考生可适当结合材料加以阐述，言之有理即可）

专题五　建构主义学习理论

答案速查：

1~5	DBCDC	6~10	BCBCC	11~15	CACCD
16~20	DCCDA		1~5	CD ABC ABD ABD ABC	
1~5	√ × √ × ×		6~9	√ √ √ √	

一、单项选择题

1. D 【解析】建构主义学习理论认为，学习是学习者建构自己知识的过程，学习者不是被动的信息接受者，而是信息意义的主动建构者，他要对外部信息进行主动的选择与加工，主动建构信息的意义。信息的意义并不是由信息本身决定的，外部信息本身没有意义，意义是学习者通过新旧知识经验之间反复的、双向的相互作用过程而建构成的。题干所述属于建构主义学习观的内容。

2. B 【解析】A 项,抛锚式教学模式指以问题为中心,将知识抛锚在一定的问题情境中,以激发学生的好奇心和创造力的教学模式。B 项,认知学徒教学模式主张通过在真正现场活动中获取、发展和使用认知工具来进行特定领域的学习,强调要把学习者和实践世界联系起来。C 项,随机通达教学模式,是指学习者可以随机通过不同途径、不同方式进入同样的教学内容的学习,从而获得对同一事物或同一问题的多方面的认识和理解。D 项,支架式教学模式是指通过提供一种概念框架来促进学习,帮助学生建构知识。故答案选 B 项。

3. C 【解析】支架式教学,以提供建构认知结构的框架为教学的切入点,为学习者提供一种概念框架以促进对知识的理解。

4. D 【解析】根据建构主义学习观可知,学习的情境性指人的学习应该与情境化的社会实践活动相联系,通过对某种社会实践的参与而逐渐掌握有关的社会规则并形成相应的知识。题干中,张老师主张学生的学习应与情境化的社会实践活动联系在一起,即强调学习的情境性。因此,张老师可能更支持建构主义学习理论。

5. C 【解析】以"学"为主的教学设计是进入 20 世纪 90 年代随着多媒体和网络技术的日益普及与建构主义学习理论被理解逐渐发展起来的。这种设计模式的理论基础是建构主义学习理论。

6. B 【解析】学习的主动建构性是指学生能够主动地对已有的知识经验进行综合、重组和改造,从而用以解释新信息,并最终建构属于个人意义的知识内容。故题干所述属于建构主义学习理论的学习观。

7. C 【解析】建构主义非常强调学习者本身已有的经验结构,认为学习者在学习新信息、解决新问题时往往可以基于相关的经验,依靠其认知能力形成对问题的解释。其主张学习是在学习者原有知识经验的基础上不断"生长"出新的知识意义的过程。

8. B 【解析】加州大学的维特罗克提出了生成学习理论,较好地说明了学习的建构过程,即学习是学习者主动地建构内部心理表征的过程。

9. C 【解析】建构主义在学习观上强调学习的主动建构性、社会互动性和情境性三方面。其中,学习的情境性主要指学习、知识和智慧的情境性,认为知识是不可能脱离活动情境而孤立存在的。

10. C 【解析】建构主义认为,学习不是由教师向学生传递知识的过程,而是学生建构自己的知识的过程。学生不是简单被动地接收信息,而是主动地建构知识的意义,这种建构是无法由他人来代替的。

11. C 【解析】信息加工的认知主义把教师看成是学生学习的指导者、设计者;建构主义把教师看成是学生学习的帮助者、合作者;人本主义把教师看成是学生学习的促进者。故 A 项说法错误。建构主义在一定程度上对知识的客观性和确定性提出质疑,强调知识的动态性。故 B、D 两项说法错误。因此,答案选 C 项。

12. A 【解析】基于建构主义的课堂教学模式包括抛锚式教学、支架式教学、随机进入教学(随机通达教学)、认知学徒制、自上而下的教学。其中,支架式教学是指教师引导着教学的进行,使学生掌握、建构和内化所学的知识技能,从而使他们进行更高水平的认知活动。简言之,是通过支架(教师的帮助)把管理学习的任务逐渐由教师转移给学生自己,最后撤去支架。故答案选 A 项。

13. C 【解析】支架式教学强调应当为学习者建构对知识的理解提供一种概念框架,这种框架中的概念是为发展学习者对问题的进一步理解所需要的。它是一种建构主义教学模式。故答案选 C 项。范例教学模式的代表人物是瓦根舍因;发现教学模式是认知教育心理学家布鲁纳所提倡的;掌握学习教学模式的代表人物是布卢姆。

14. C 【解析】抛锚式教学要求建立在有感染力的真实事件或真实问题的基础上。建构主义认为,学习者要想完成对所学知识的意义建构,即达到对该知识所反映事物的性质、规律以及该事物与其他事物之间联系的深刻理解,最好的办法是让学习者到现实世界的真实环境中去感受、去体验，而不是仅仅聆听别人关于这种经验的介绍和讲解。故题干所述为抛锚式教学模式。

15. D 【解析】建构主义学生观非常强调学习者本身已有的经验结构，认为学习者在学习新信息、解决新问题时往往可以基于相关的经验，依靠其认知能力形成对问题的解释。

16. D 【解析】随机通达教学（随机进入教学）的基本原理是：对于同一教学内容，要在不同时间、在重新安排的情境下、带着不同的目的、从不同的角度多次进行学习，以此来达到获得高级知识的目标。

17. C 【解析】建构主义的知识观在一定程度上对知识的客观性和确定性提出质疑，强调知识的动态性。建构主义认为知识并不是问题的最终答案，而是随着人类进步而不断改正并随之出现的新的假设和解释。题干中强调知识不是绝对的真理，只是一种解释，将来可能被再次推翻，这符合建构主义的知识观。

18. C 【解析】建构主义在学习观上强调主动建构性、社会互动性和情境性。题干中，孙老师带学生进入校园深入观察，体现了学习的情境性；学生们积极又认真的观察不同的动植物，体现了学习的主动建构性；让学生进行小组学习，互相分享观察结果，这体现了学习的社会互动性。因此，孙老师的教学行为体现了建构主义学习理论的观点。

19. D 【解析】建构主义认为教师应创设良好的、情境性的、富有挑战性的、真实的、复杂多样的学习情境，鼓励并协助学生在其中通过实验、独立探究、讨论、合作等方式学习。因此，该老师可能更支持建构主义学习理论。

20. A 【解析】随机进入教学也称随机通达教学，其教学模式由以下几个环节组成：(1)呈现情境；(2)随机进入学习；(3)思维发散训练；(4)协作学习；(5)效果评价。故答案选 A 项。

二、多项选择题

1. CD 【解析】信息加工的认知主义更多地把教师看成是学生学习的指导者、设计者，而建构主义更愿意把教师看成是学生学习的帮助者、合作者。

2. ABC 【解析】建构主义在一定程度上对知识的客观性和确定性提出质疑，强调知识的动态性，故 A 项说法正确；建构主义在学习观上强调学习的主动建构性、社会互动性和情境性三方面，故 B 项说法正确；建构主义非常强调学习者本身已有的经验结构，认为学习者在学习新信息、解决新问题时往往可以基于相关的经验，依靠其认知能力形成对问题的解释，学生不是空着脑袋进教室的。故 C 项说法正确；建构主义认为学习是个体建构自己的知识的过程，这意味着学习是主动的，学生不是被动的刺激接受者，他要对外部信息进行主动的选择和加工，因而不是行为主义所描述的“刺激—反应”过程。故 D 项说法错误。

3. ABD 【解析】建构主义学习观的观点包括：(1)学习是认知结构的改变过程；(2)学习是个体主动构建自己知识的过程等。建构主义学习观强调学习、知识、智慧的情境性，认为知识不可能脱离活动情境而抽象地存在，学习应该与情境化的社会实践活动联系在一起。故 A、B、D 三项说法正确。C 项是认知派学习理论的观点。

4. ABD 【解析】建构主义学习理论认为“情境”“协作”“会话”和“意义建构”是学习环境中的四大要素或四大属性。

5. ABC 【解析】建构主义学习理论强调学生已有知识经验的重要性，其学习观认为，学习是学习者主动地建构内部心理表征的过程，故 A 项说法正确。知识并不能精确地概括世界的法则，而是需要针对具体情境进行再创造，故 B 项说法正确。建构主义认为，知识结构不是加涅所指的直线结构或如布鲁纳、奥苏贝尔等人所提倡的层次结构，而是围绕关键概念而建构起来的网络结构的知识，故 C 项说法正确。建构主义主张学生的学习不是从不知到知的过程，而是在学习者原有知识经验的基础上不断“生长”出新的知识意义的过程，D 项说法错误。

三、判断题

1. √ 【解析】建构主义认为知识并不是问题的最终答案，而是随着人类进步而不断改正并随之出

现的新的假设和解释。知识并不能精确地概括世界的法则，而是需要针对具体情境进行再创造。

2. × 【解析】建构主义提出了“情境、协作、会话、意义建构”四大要素，强调学习的主动性、情境性和社会互动性。国内有学者将这四大要素组合概括为建构主义的教学模式。故题干说法错误。而动力定型是行为主义确立的教学模式。

3. √ 【解析】根据维特罗克的生成学习理论可知，学习过程不是先从感觉经验本身开始的，它是从对该感觉经验的选择性注意开始的。

4. × 【解析】抛锚式教学要求建立在有感染力的真实事件或真实问题的基础上，所以有时也被称为“实例式教学”或“基于问题的教学”或“情境性教学”。认知学徒制，是指通过允许学生获取、开发和利用真实领域中的活动工具的方法，来支持学生在某一领域学习的模式，该模式强调经验活动在学习中的重要性，强调要把学习和实践联系起来。故题干表述有误。

5. × 【解析】建构主义课堂课程内容的呈现是从整体到部分的，而且强调核心概念的掌握。

6. √ 【解析】建构主义心理学的创始人为瑞士著名心理学家皮亚杰。建构主义是学习理论从行为主义发展到认知主义以后的进一步发展，是当代教育心理学的一场革命。

7. √ 【解析】抛锚式教学的主要目的是使学生在一个完整、真实的问题背景中产生学习的需要，并通过镶嵌式教学以及学习共同体中成员间的互动、交流，即合作学习，凭借自己的主动学习、生成学习，亲身体验从识别目标到提出和达到目标的全过程，故本题正确。

8. √ 【解析】建构主义者一般强调，知识并不是对现实的准确表征，它只是一种解释、一种假设，并不是问题的最终答案。建构主义还强调，教学通过设计重大的任务或问题来引导学习和支撑学习的积极性，帮助学习者成为学习主体。

9. √ 【解析】学习的社会互动性主要表现在学习是通过对某种社会文化的参与而内化相关的知识和技能、掌握有关工具的过程，这一过程常常需要通过一个学习共同体的合作互动来完成。因此，建构主义认为学习过程常常是在社会文化互动中完成的。故题干说法正确。

四、简答题(参考答案)

简要回答建构主义学习理论的主要观点。

(1)建构主义知识观。建构主义在一定程度上对知识的客观性和确定性提出质疑，强调知识的动态性。(2)建构主义学习观。建构主义在学习观上强调学习的主动建构性、社会互动性和情境性三方面。(3)建构主义教学观。在教学上，建构主义者提出要尊重学生的观点和经验，并重视与学生相关的问题，而且这些问题应当是学生所关注的，可引起他们的兴趣。(4)建构主义学生观。建构主义非常强调学习者本身已有的经验结构，认为学习者在学习新信息、解决新问题时往往可以基于相关的经验，依靠其认知能力形成对问题的解释。(5)建构主义教师观。建构主义把教师看成是学生学习的帮助者、合作者，认为教学不是知识的转移和传递，而是知识的处理和传递。

五、论述题(参考答案)

1. 建构主义者认为，学生不是一张白纸，不是空着脑袋进教室的，教师要成为学生建构意义的帮助者。请谈谈在教学过程中教师应该如何发挥帮助作用。

   建构主义者认为，教师是学生学习的帮助者和合作者。因此，在教学过程中可从以下方面发挥帮助作用:(1)帮助学生形成思考、分析问题的思路，启发他们对自己的学习进行反思，逐渐让学生对自己的学习能自我管理、自我负责；(2)创设良好的、情境性的、富有挑战性的、真实的、复杂多样的学习情境，鼓励并协助学生在其中通过实验、独立探究、讨论、合作等方式学习；(3)组织学生与不同领域的专家或实际工作者进行广泛的交流，为学生的探索提供有力的社会性支持。

2. 结合实际，论述建构主义学生观在教育中的应用。

   (1)建构主义非常强调学习者本身已有的经验结构，认为学习者在学习新信息、解决新问题时往往可以基于相关的经验，依靠其认知能力形成对问题的解释。通过对儿童早期认知发展的研究也发现，即使是年龄非常小的孩子也已经形成了远比我们所想象的要丰富得多的知识经验。因此，教学不能无视学生的已有经验,而是要把儿童现有的知识经验作为新知识的生长点,引导儿童从原有的知识经验中发展出新的知识经验。

(2)从学习者的角度出发,建构主义认为学生是意义的主动建构者,而不是外部刺激的被动接受者和被灌输的对象。因此,在教学过程中除了传统知识的传授,还应当充分发挥学生的主体地位,强调学生的自主性和能动性,在学习过程中能够主动发现、分析、解决问题。学生由被动的知识接受者变为主动的信息搜集者,教师由知识的灌输者变为引导学生建构知识意义的领路人,教师在学生心目中的地位也不再是不可亵渎的权威,而是学生学习的辅助者,师生之间成为共同的学习伙伴和合作者。

六、案例分析题(参考答案)

(一)案例客观题

1. D 【解析】建构主义认为,学习过程是学生主动建构自己知识的过程。学习者不是被动的信息吸收者,相反,他要主动地建构信息的意义。学习的主动建构性是指学生能够主动地对已有知识经验进行综合、重组和改造,从而用以解释新信息,并最终建构属于个人意义的知识内容。D 项正确。

2. C 【解析】建构主义认为,学习者不是被动的信息吸收者。A 项正确。建构主义认为,每一个学习者不但有着不同于他人的知识背景,而且每个人看待问题与选择信息的视角也不可能完全相同,这就决定了每个人的建构都是一个独特的信息加工过程。这强调了学生经验世界的差异性和丰富性。B 项正确。建构主义认为,知识并不能精确地概括世界的法则,而是需要针对具体情境进行再创造。C 项错误。建构主义学习理论认为"情境""协作""会话""意义建构"是学习环境中的四大要素。D 项正确。故本题选 C 项。

(二)案例主观题

(1)从建构主义的知识观角度出发,建构主义强调知识是个体对于现实的理解和假设,其受到特定经验和文化等的影响,因此每个人对知识所建构的理解都是不同的。教师在教育教学过程中应当要更加重视学生的个性化特点,因材施教,并不是要对所有的学生传授完全相同的原理知识,而是要让每个学生能够按照他自己的知识经验建构出新的知识内容。也就是陶行知先生所说的"要有自己的经验做根,以这经验所发生的知识做枝,然后别人的知识方才可以接得上去"。

(2)从建构主义的学生观角度出发,建构主义认为学生是意义的主动建构者,而不是外部刺激的被动接受者和被灌输的对象。因此,在教学过程中除了传统知识的传授,还应当充分发挥学生的主体地位,强调学生的自主性和能动性,使学生在学习过程中能够主动发现、分析、解决问题。通过学生的主动建构,达到陶行知先生所说的"使它格外发荣滋长,开更美丽之花,结更好吃之果"。这意味着学生由被动的知识接受者变为主动的信息搜集者,教师由知识的灌输者变为引导学生建构知识意义的领路人,教师在学生心目中的地位也不再是不可亵渎的权威,而是学生学习的辅助者,师生之间成为共同的学习伙伴和合作者。

(3)从建构主义的学习观角度来讲,社会互动性主要表现在学习者和学习都不是一个孤立的行为,而是在一定的社会文化环境下进行的。虽然很多时候从表面上看,学习者是一个人在进行学习,但是他在学习中采用的学习材料、学习用具以及学习环境等都是属于社会的,是集体经验的累积。"接知如接枝"就体现了社会互动性的内涵,即自己知识的生长一定会借助他人的经验,自己的经验也会生长到别人的知识里去开花结果。这意味着合作学习会是一种有效的教学策略。

第四章 学习心理

专题一 学习动机

答案速查：

1～5	DCBBD	6～10	DCAAB	11～15	DBCDA	16～20	DDAAD
21～25	BADCD	26～30	CCBDD	31～35	BBACC	36～40	CCCCD
41～45	CDAAA	46～50	ADAAC	51～55	BDBBA	56～60	BBDCA
61～65	CBBDD	66～70	ADADB	71～75	BBBCD	76～80	CBAAC
1～5	ABC AC BC AC AC			6～10	ABD BCD ABD AB AB		
11～15	ACD CD ABCD AD AD			16～20	ABCD AD AD ABCD ABCD		
21～25	ABCD ACD BC CD CD			26～30	BCD ABD ABD AD BD		
31～34	ABC BCD ABD ABCD			1～5	√ √ √ √ √		
6～10	√ √ × × ×			11～15	× × √ × ×		
16～20	× √ √ × ×			21～25	× √ √ × ×		
26～28	× × √						

一、单项选择题

1. D 【解析】内部学习动机是指诱因来自学习者本身的内在因素，即学生因对活动本身发生兴趣而产生的动机。A项，“万般皆下品，唯有读书高”这句话的意思是社会上的行业都是低俗、低贱的，只有读书进入仕途才是正道。这强调读书是为了进入仕途，属于外部动机，故排除。B项，“为中华之崛起而读书”强调学习的目的是为了中华的崛起，属于外部动机，故排除。C项，“书中自有黄金屋，书中自有颜如玉”强调读书能得到财富和美女，属于外部动机，故排除。D项，“读书是一种乐趣”强调对读书本身产生兴趣，属于内部动机。因此，答案选D项。

2. C 【解析】班杜拉认为，期待包括结果期待和效能期待。结果期待是指人对自己的某一行为会导致某一结果的推测。效能期待是指人对自己能够进行某一行为的能力的推测或判断，它意味着人是否确信自己能够成功地进行带来某一结果的行为。根据题干描述可知，小明认为只要自己坚持练习，就能取得好成绩，这属于对自己的某一行为会导致某一结果的推测，故属于结果期待。

3. B 【解析】激发学生学习动机的措施之一是对学生进行竞争教育，适当开展学习竞争。竞争可以极大地激发学生的好胜心和求成需要，增强学生的学习兴趣和克服困难的毅力，所以多数人在竞争情况下学习和工作的效率会有很大的提高。而且，通过竞争还可获得对自己能力比较实际的估计，较好地发现自己的不足和尚未显示出来的潜力，这也可以起到促进动机、提高成绩的作用。根据题干描述可知，杨老师将学生分成小组进行评选，此措施属于开展竞赛评比。

4. B 【解析】“耶克斯—多德森定律”表明，动机不足或过分强烈都会影响学习效果。一般来讲，最佳水平为中等强度的动机。根据题干描述可知，该学生一心想考出好成绩，结果不能充分发挥实力，这是因为其学习动机过强而影响了学习效率。故选B项。

5. D 【解析】D项，奥苏伯尔（奥苏贝尔）认为学校情境中的成就动机主要由三个方面组成，即认知内驱力、自我提高内驱力和附属内驱力。他认为，认知内驱力、自我提高内驱力和附属内驱力在动机结构中所占的比重并不是一成不变的，通常是随着年龄、性别、个性特征、社会地位和文化背景等因素的变化而变化。故提出该观点的心理学家是奥苏伯尔。A 项,布鲁纳提出了认知—结构学习论;B 项,斯金纳提出了操作性条件反射理论;C 项,苛勒提出了学习的完形—顿悟说。

6. D 【解析】自我效能感的影响因素有:(1)个人自身行为的成败经验。这一效能信息源对自我效能感的影响最大。一般来说,成功经验会提高效能期望,反复的失败会降低效能感。(2)替代经验。个体的许多效能期望是来源于对他人的观察,如果看到一个与自己一样或不如自己的人成功,自己的效能感就会提高。(3)言语暗示。他人的言语暗示能提高自己的效能感,但缺乏经验基础的言语暗示效果是不牢固的。(4)情绪唤醒。高水平的情绪唤醒使成绩降低而影响自我效能,只有当人们不为厌恶刺激所困扰时,更可能期望成功。A 项和 C 项属于通过增加学生的直接经验提高其自我效能感;B 项属于增加替代经验从而提高自我效能感;D 项学生处于高水平的情绪唤醒,会降低学生的自我效能感。本题为选非题,故选 D 项。

7. C 【解析】竞争有可能使一部分学生过度紧张和焦虑,容易忽视活动的内在价值和创造性,使学生的注意力过多地集中在赢得他人的赞许方面,从而忽视学习活动本身所带来的认知乐趣。故答案选 C 项。

8. A 【解析】耶克斯—多德森定律认为,教师在教学时,要根据学习任务的不同难度,恰当控制学生学习动机的激起程度。在学习较容易、较简单的课题时,应尽量使学生集中注意力,使学生尽量紧张一点;而在学习较复杂、较困难的课题时,则应尽量创造轻松自由的课堂气氛,在学生遇到困难或出现问题时,要尽量心平气和地慢慢引导,以免学生过度紧张和焦虑。从这个角度来看,平日在学生中流传的“大考大玩、小考小玩、不考不玩”的俏皮话,在一定程度上是有积极意义的。

9. A 【解析】心理学家韦纳把人经历过事情的成败归结为六种原因,即能力、努力程度、工作难度、运气、身心状况、外界环境。又把上述六项因素按各自的性质,分别归入三个维度:内部归因和外部归因、稳定性归因和非稳定性归因、可控制归因和不可控制归因。能力是内部、不可控和稳定的因素。题干所述是将失败归因于能力,会产生“我太笨了”的观念,故本题选 A 项。

10. B 【解析】美国教育心理学家卡文顿提出了自我价值理论。他根据学生追求成功和避免失败的倾向,将学生分为高趋低避型、低趋高避型、高趋高避型和低趋低避型四类。其中低趋高避者,又称“避免失败者”。这类学生有很多保护自己胜任感的策略,如使用各种自我防御术,从外部寻找个人无法控制的原因来解释失败等。小微将失败归咎于失眠,说明其属于低趋高避型的学生。

11. D 【解析】根据韦纳的归因理论可知,所有可控制因素都是内在因素,如努力程度。故 D 项说法正确。所有稳定性因素并不都是内在因素,如工作难度属于外在因素。故 A 项说法错误。所有内在因素并不都是稳定性因素,如努力程度和身心状况属于不稳定性因素。故 B 项说法错误。所有内在因素并不都是可控制因素,如能力和身心状况属于不可控制因素。故 C 项说法错误。

方法技巧:关于归因理论中的六种归因方式,考生可用以下口诀帮助记忆:浑(环境)身(身心)力(努力)气(运气)不稳,内在两力(能力+努力)与身心,只有努力是可控。

12. B 【解析】根据学校情境中的学业成就动机的不同,奥苏贝尔等人把动机分为认知内驱力、自我提高内驱力和附属内驱力三个方面。(1)认知内驱力是指要求了解、理解和掌握知识以及解决问题的需要。故 C 学生属于认知内驱力。(2)自我提高内驱力是指个体因自己的胜任或工作能力而赢得相应地位的需要。故 D 学生属于自我提高内驱力。(3)附属内驱力是指个体为了获得长者们(如家长、教师)的赞许或认可而表现出把工作、学习做好的一种需要。故 B 学生属于附属内驱力。A 学生的动机属于一种外部动机,但不属于附属内驱力,故排除。因此,本题答案选 B 项。

方法技巧:在做此类题目时,考生应注意把握题干关键词,如追求知识乐趣的为认知内驱力,追求他人赞赏的为附属内驱力,追求地位的为自我提高内驱力。

13. C 【解析】行为主义的强化理论认为，学生的学习行为可以通过一定的奖励或惩罚手段加以强化。题干中强调“奖赏、赞扬和优异的成绩等报偿”，这体现了强化理论。

14. D 【解析】力求成功者的目的是获取成就，即通过各种活动努力提高自尊心和获得心理上的满足，成功概率为 50% 的任务是他们最有可能选择的。避免失败者则往往通过各种活动防止自尊心受伤害和产生心理烦恼，倾向于选择非常容易或非常困难的任务。因此，答案选 D 项。

15. A 【解析】研究表明：成就需要高的人，喜欢对问题承担自己的责任，能从完成任务中获得满足感。因此，本题答案选 A 项。

16. D 【解析】根据成就目标定向理论可知，持有表现目标的学生，其自我价值是由对自己与别人相比较时所具备的能力的知觉决定的，这种比较的结果是学业求助被视为缺乏能力的表现，因而也就是对自我价值的一种威胁，因此他们较少进行有效的学业求助。相反，如果学生持有学习目标，在确定自我价值时以自己为参考标准，就会将学业求助看作是可以促进学习的一种适应性策略，在遇到困难时不会轻易回避求助。故答案选 D 项。

17. D 【解析】小华中考失利后觉得自己能力不行，考不上大学，这体现了个人自身行为的成败经验对自我效能感的消极影响。

18. A 【解析】根据韦纳的成败归因理论可知，努力属于内部、可控、不稳定的归因，故 A 项符合题意。而 B、D 两项不属于韦纳的归因方式，C 项是归因于工作难度。

19. A 【解析】根据题干描述可知，学生将失败归因于自己“不是学数学的料”，即能力。根据韦纳的成败归因理论可知，能力属于内部、稳定和不可控的归因，故答案选 A 项。

20. D 【解析】A 项能力属于内在、稳定的因素，B 项努力属于内在、不稳定的因素，C 项运气属于外在、不稳定的因素，D 项任务难度属于外在、稳定的因素。故答案选 D 项。

21. B 【解析】A 项，学习动机是指激发个体进行学习活动，维持已引起的学习活动，并使行为朝向一定学习目标的一种心理倾向或内部动力。不符合题意。

B 项，学习需要是指个体在学习活动中感到有某种欠缺而力求获得满足的心理状态。符合题意。

C 项，学习兴趣是人对学习的一种认识倾向，对学习具有推动作用。不符合题意。

D 项，学习期待是个体对学习活动所要达到目标的主观估计。不符合题意。

22. A 【解析】习得性无力(助)感简称无力感，指由于连续的失败体验而导致个体产生的对行为结果感到无力控制、无能为力的心理状态。题干中的学生因为屡次遭受学习失败的打击从而放弃学习，这是一种典型的习得性无力感现象。

23. D 【解析】班杜拉提出了自我效能感的概念，即自我效能感是指人对自己能否成功从事某一成就行为的主观判断。

24. C 【解析】影响自我效能感的因素有：(1) 个人自身行为的成败经验；(2) 替代经验；(3) 言语暗示；(4) 情绪唤醒。A 项中多次的失败经验会降低小王的自我效能感。B 项属于替代经验，也会影响小王的自我效能感。C 项中一个十分难的任务的失败可能不会对小王的自我效能感产生影响，这可能因为他本来就对困难任务完成的预期很低。D 项榜样的作用也属于替代经验的作用，这也会影响小王的自我效能感。因此，答案选 C 项。

25. D 【解析】结果期待是指人对自己的某一行为会导致某一结果的推测。效能期待是指人对自己能够进行某一行为的能力的推测或判断，它意味着人是否确信自己能够成功地进行带来某一结果的行为。题干中学生认为自己难以完成每天坚持锻炼的计划，说明他对计划的效能期待过低。

易错提示：考生易混淆结果期待和效能期待的内涵。在做题时，考生应根据关键语句确定考查方向，如强调对最终结果推测的为结果期待，强调对自己某一能力推测的为效能期待。具体举例为：学生认为好好学习，就能取得优秀的成绩，这属于结果期待；但是认为自己做不到，就是效能期待。

26. C 【解析】个体的许多效能期望是来源于对他人的观察，如果看到一个与自己一样或不如自己的人成功，自己的效能感就会提高。“热血”视频对于学生来说属于替代经验，学生看到成绩不好的其他学生通过努力学习考上了理想的大学，这有利于培养其自我效能感。

27. C 【解析】依靠言语劝说形成的自我效能感不易持久，一旦面临令人困惑或难以处理的情境时，会迅速消失。故答案选 C 项。

28. B 【解析】不同成就目标的归因倾向见下表：

成就目标	能力观	归因倾向
掌握目标定向	持能力增长观，智力是后天培养的，可以变化的	对成败进行努力和策略归因
成绩目标定向	持能力实体观，智力是天生的，是固定不变的	对成败进行能力归因

因此，本题答案选 B 项。

29. D 【解析】自我决定理论认为如果进行一项对于被试而言感兴趣、自发性的活动时，同时提供外部的物质奖励，反而会减少这项活动对参与者的吸引力。

30. D 【解析】“耶克斯—多德森定律”表明，动机的最佳水平随着任务性质的不同而不同。在比较容易的任务中，行为效果（工作效率）随着动机的提高而上升；随着任务难度的增加，动机的最佳水平有逐渐下降的趋势。所以，当学生遇到困难或出现问题时，教师应使其心理紧张程度控制在较低水平。

31. B 【解析】内部学习动机是指诱因来自学习者本身的内在因素，即学生因对活动本身发生兴趣而产生的动机。外部学习动机是指诱因来自学习者外部的某种因素，即在学习活动以外由外部的诱因激发出来的学习动机。其中，内部学习动机是最重要的和最良性的学习动机。根据选项描述可知，学习兴趣和远大的理想属于学习者自身原因而产生的动机，即内部学习动机；教师的期待和家长的期待属于外部诱因激发出来的动机，即外部学习动机。因此，B 项最符合题意。

32. B 【解析】创设问题情境的要求包括：（1）熟悉教材。熟悉教材是创设问题情境的重要前提。（2）了解学生。了解学生是创设问题情境的核心。（3）贯彻始终。创设问题情境的方式多种多样，并在教学过程中贯彻始终。因此，答案选 B 项。

33. A 【解析】内部学习动机是指诱因来自学习者本身的内在因素，即学生因对活动本身发生兴趣而产生的动机。“知之者不如好之者，好之者不如乐之者”强调学习兴趣的重要性，故其强调的动机类型是内部动机。

34. C 【解析】认知内驱力是指要求了解、理解和掌握知识以及解决问题的需要。一般来说，这种内驱力大多是从好奇倾向中派生出来的。本题中小明因喜欢中国历史而认真上历史课，故其学习动机属于认知内驱力。

35. C 【解析】德维克等人提出了成就目标理论。该理论认为，不同个体对自己的能力有不同的看法，这种对能力的潜在认识会直接影响到个体对成就目标的选择。

36. C 【解析】学习兴趣是学习动机中最活跃的成分。

37. C 【解析】内部学习动机是指诱因来自学习者本身的内在因素，即学生因对活动本身发生兴趣而产生的动机。因此，题干中的例子说明该学习动机属于内部动机。

38. C 【解析】直接的近景性学习动机比较具体，其效果也显而易见。但是，同间接的远景性学习动机比较起来，它的作用却不大稳定，也不够持久，容易受一些偶然因素或条件变化的影响。故 A 项说法正确。

间接的远景性学习动机不易受学习活动本身及其直接结果的影响，而是同学习活动的间接结果相联系，即学习的社会意义与个人意义相联系。但是，同直接的近景性学习动机比较起来，其作用是稳定而持久的，不大受偶然因素或条件、情境变化的干扰。故 B 项说法正确。

有的动机在学习活动中起着主要的支配作用，这称为主导性学习动机。在同一时间内，主导性学

习动机只有一个。故 C 项说法错误。

在学习活动中,我们应充分注意不要只重视主导性学习动机,而忽视辅助性学习动机;也不要只肯定某一学习动机的主导作用,且将其视为固定不变的;要注意把这两种学习动机紧密地结合在一起而加以运用。故 D 项说法正确。

39. C 【解析】影响学生学习动机的内部条件包括:(1)学生的自身需要与目标结构;(2)成熟与年龄特点;(3)学生的性格特征与个别差异;(4)学生的志向水平与价值观;(5)学生的焦虑程度。因此,A、B、D 三项属于内部条件。影响学生学习动机的外部条件包括:(1)家庭环境与社会舆论;(2)教师的榜样作用。故 C 项属于外部条件。

40. D 【解析】内部学习动机是指诱因来自学习者本身的内在因素,即学生因对活动本身发生兴趣而产生的动机。故 A、B、C 三项属于内部动机。外部学习动机是指诱因来自学习者外部的某种因素,即在学习活动以外由外部的诱因激发出来的学习动机。故 D 项属于外部动机。

41. C 【解析】在面对难度较大的任务时,较低的动机水平有利于任务的完成;过高的动机水平容易引起焦虑,往往不利于任务的完成。故题干中考生的表现说明其动机水平太强了。

42. D 【解析】自我提高内驱力是指个体因自己的胜任或工作能力而赢得相应地位的需要。自我提高内驱力并非直接指向学习任务本身,而是把成就看作赢得地位与自尊心的根源,属于外部动机。因此,“为了赢得社会地位”的学习动机既属于自我提高内驱力,又属于外部动机。

43. A 【解析】认知内驱力、自我提高内驱力和附属内驱力在动机结构中所占的比重并非一成不变。在儿童早期,附属内驱力最为突出。到了儿童后期和少年期,附属内驱力的强度有所减弱。到了青年期,认知内驱力和自我提高内驱力成为学生学习的主要动机。因此,A 项符合题意。

44. A 【解析】根据韦纳的成败归因理论,成败归因因素分为稳定性、因素来源和可控制性三个维度。因素来源的归因与个体成败的情绪体验有关,当人们把成就行为归因于内部因素时,成功会感到满意和自尊,失败会感到内疚和羞愧。

45. A 【解析】根据学习动机与学习效果的关系可知,A 项属于正向一致,B 项属于负向一致,C 项属于正向不一致,D 项属于负向不一致。

46. A 【解析】自我效能感是指人对自己能否成功从事某一成就行为的主观判断。题干中强调学生对数学学习能否取得好成绩的主观判断,故属于数学学习的自我效能感。

47. D 【解析】交往性动机就是那种为了获得教师、家长和朋友的喜欢,害怕被人冷淡、孤独而学习的动机。交往性动机在学习过程中表现为:有的学生愿意为他所喜欢的老师而努力学习,而拒绝为他不喜欢的老师学习;因获得父母、教师、亲友的赞扬而认真学习,或因受责备、奚落挫伤了自尊心和自信心而影响学习;因师生之间的友好合作而增进学习的责任感;等等。因此,题干所述属于典型的交往动机。

48. A 【解析】在成就目标理论中,不同成就目标在认知、情感和行为方面的不同特点如下表所示:

成就目标	特征表现
学习目标 (掌握目标)	认知:关心“如何提高自己的能力”,关心学习的过程,对成败进行努力和策略归因; 情感:面对失败,焦虑程度适中; 行为:敢于面对挑战性任务,对困难坚持性高
成绩目标	认知:关心“自己的能力是否充分”,关心对能力的评价结果,对成败进行能力归因; 情感:面对失败易产生高焦虑; 行为:不敢面对挑战性任务,对困难坚持性低

因此,该学生的成就目标定向类型属于学习目标。

49. A 【解析】动机水平与行为效果呈倒 U 型曲线,故 A 项说法错误。

"耶克斯—多德森定律"表明,动机不足或过分强烈都会影响学习效果,故B项说法正确。

在比较容易的任务中,行为效果(工作效率)随着动机的提高而上升;随着任务难度的增加,动机的最佳水平有逐渐下降的趋势,故C项说法正确。

一般来讲,最佳水平为中等强度的动机,故D项说法正确。

方法技巧: 关于耶克斯—多德森定律,考生需牢记以下几点:曲线为倒U,最佳为中等;任务易上升,任务难下降。

50. C 【解析】学习动机对学习具有以下四个方面的作用:(1)引发作用;(2)定向作用;(3)维持作用;(4)调节作用。其中,维持作用表现在:在学习过程中,学生的学习是认真还是马虎,是勤奋还是懒惰,是持之以恒,还是半途而废,在很大程度上取决于学生的学习动机水平。

51. B 【解析】自我提高内驱力并非直接指向学习任务本身,而是把成就看作赢得地位与自尊心的根源,属于外部动机。故A项说法错误。

在教育上广为流行的程序教学与计算机辅助教学的心理基础,就是通过强化原则来维持学生的学习动机。故B项说法正确。

虽然马斯洛的需要层次理论本身没有直接的教育意义,马斯洛也并未直接研究学习动机问题,但是需要层次理论却对教育、教学、学习等产生了间接的影响。需要层次理论说明,在某种程度上学生缺乏学习动机可能是由于某种缺失性需要没有得到充分满足而引起的。故C项说法错误。

阿特金森把个体的成就动机分为两类:力求成功的动机和避免失败的动机。力求成功者倾向于选择成功概率为50%的任务。避免失败者倾向于选择非常容易或非常困难的任务。如果成功的概率大约是50%时,他们会回避这项任务。故D项说法错误。

52. D 【解析】到了儿童后期和少年期,来自同伴、集体的赞许和认可逐渐替代了对长者的依附。在这期间,赢得同伴的赞许就成为一个强有力的动机因素。因此,小学后期、初中时期学生的学习动机主要是获得同学赞赏。

53. B 【解析】教师的反馈会对学生产生相当大的激励作用,其实质是指一种学习再次出现的概率取决于学习之后的反应,受到强化的学习比没有受到强化的学习再次出现的概率会更高一些,这就是动机的强化理论。因此,本题答案选B项。

54. B 【解析】内控型的人认为自己可以控制周围的环境,无论成功还是失败,都是由于自己的能力或努力等内部因素造成的,他们乐于对自己的行为负责;外控型的人则感到自己无法控制周围的环境,无论成败都归因为他人的影响或运气等外在因素,他们往往对自己的行为不愿承担责任。题干中,小伟将考试成绩不好归因于自己的能力,属于内控型;小亮将自己考试成绩刚及格归因于他人的影响,属于外控型。

55. A 【解析】根据学习动机的指向性不同,可将学习动机分为直接动机和间接动机。其中,直接动机是指向学习活动本身的动机,即对学习内容或学习活动本身有兴趣。对高中生来说,直接动机是不可忽视的。因为,学习兴趣同愉快情绪相联系,它是学习的强大动力,又不易引起疲劳,我们要注意发挥直接动机的作用。

56. B 【解析】替代性经验是指人们通过观察他人的活动,获得对自己能力的一种间接评估。B项中张老师让小刘去医院看望因抽烟而得了癌症的病人,让小刘知道抽烟的危害,这正是采用了替代性经验。

57. B 【解析】"耶克斯—多德森定律"表明,最佳水平为中等强度的动机。故答案选B项。

58. D 【解析】间接的远景性学习动机是指由于了解活动的社会意义、活动结果的社会价值而引起的对某种活动的动机,这种学习动机既具有一定的社会性和理想色彩,又与个人的志向、世界观相联系,具有较强的稳定性和持久性,能在相当长的时间内起作用。题干中,蕾蕾学习心理学知

识是为了毕业后用自己扎实的心理学知识去帮助精神痛苦的人，这是一种远景的、间接的动机。

59. C 【解析】班杜拉提出了自我效能感理论，桑代克提出了联结—试误说，华生是行为主义理论的代表人物，马斯洛提出了需要层次理论。故答案选 C 项。

60. A 【解析】归因理论是由社会心理学家海德首先提出来的。他认为人类有两种需要，即理解世界与控制环境。要使需要得到满足，最根本的就是了解人的行动原因，预言将如何行动。行动原因或在于环境或在于个人。在于环境时，个人丧失责任；在于个人时，个人承担责任。

61. C 【解析】按学习动机的社会意义，可分为高尚的学习动机和低级的学习动机。判断学习动机高尚与低级的标准是看它是否有利于社会和集体。

62. B 【解析】成就动机是指个体努力克服障碍，施展才能，力求又快又好地解决某一问题的愿望或趋势。星星决定再复习一年，争取明年考上重点大学，表明其成就动机强。星星把这次考试失败归因于努力不够，根据韦纳的归因理论，这属于内部、可控的归因。

63. B 【解析】在影响学习动机的形成因素中，成熟与年龄特点这一因素表现为：从各种动机表现中会发现，幼年期孩子对于社会影响和家长的过高要求常常不予理睬。按照马斯洛的理论，幼年期的孩子对于生理安全过分关注，而随着年龄的增长，渐渐会对社会影响如教师、家长的期望给予更多的注意；并且，其社会性的动机作用也有所增长，如注意自己在班级中的地位、学会与其他同学进行比较等。

64. D 【解析】习得性无力（助）感简称无力感，指由于连续的失败体验而导致个体产生的对行为结果感到无力控制、无能为力的心理状态。一个总是失败并把失败归因于内部的、稳定的和不可控的因素（即能力低）的学生会形成一种习得性无助的自我感觉。A 项小刚将自己的失败归因于任务难度，B 项小飞将自己的失败归因于外界环境，C 项小亮将自己的失败归因于努力程度，D 项小红将自己的失败归因于能力。故小红更容易形成习得性无助感，答案选 D 项。

65. D 【解析】根据韦纳的成败归因理论可知，A 项归因于外界环境，属于外部归因；B 项归因于运气，属于外部归因；C 项归因于任务难度，属于外部归因；D 项归因于努力，属于内部归因。故答案选 D 项。

66. A 【解析】根据韦纳的成败归因理论可知，小贺将自己取得班级第一名归因于运气，这一因素是不稳定的、外在的和不可控的。

67. D 【解析】个体的许多效能期望是来源于对他人的观察，如果看到一个与自己一样或不如自己的人成功，自己的效能感就会提高。这是替代经验对自我效能感的影响。

68. A 【解析】自我价值理论认为自我价值感是个体追求成功的内在动力。

69. D 【解析】自我提高内驱力是指个体因自己的胜任或工作能力而赢得相应地位的需要。题干中小明努力学习是为了像父母一样成为大学教授，这是对社会地位的追求，故其学习动机是自我提高内驱力。

70. B 【解析】成就动机理论的主要代表人物是阿特金森，他把个体的成就动机分为两类：力求成功的动机和避免失败的动机。

71. B 【解析】研究和了解学生的学习动机，对提高教育与教学质量具有重要意义。在通常情况下，相同的动机可能以不同的行为表现出来，同一行为也可能源于不同的动机。题干中小芳与小利的动机不同，但两人都有认真学习的行为，这表明同一行为有不同的学习动机。

72. B 【解析】成就动机也就是成就需要、对成功的主观期望概率以及取得成就的诱因价值三者乘积的函数，如果用 T 来表示追求成功的倾向，那它由以下三个因素所决定：（1）对成就的需要（成功的动机）Ms；（2）在该项任务上将会成功的可能性 Ps；（3）成功的诱因价值 Is。想要提高成就动机，可以从它的三个影响因素着手，而 B 项不属于影响成就动机的因素。

73. B 【解析】学习动机的强化理论属于行为主义的动机理论。

74. C 【解析】阿特金森认为:力求成功者的目的是获取成就,即通过各种活动努力提高自尊心和获得心理上的满足,成功概率为50%的任务是他们最有可能选择的;避免失败者则往往通过各种活动防止自尊心受伤害和产生心理烦恼,倾向于选择非常容易或非常困难的任务。所以,B、D两项说法错误,C项说法正确。高成就需求者喜欢设立具有适度挑战性的目标,不喜欢凭运气获得的成功,不喜欢接受那些在他们看来特别容易或特别困难的工作任务。这是由麦克里兰提出的。所以,A项说法错误。因此,答案选C项。

75. D 【解析】耶克斯—多德森定律主要反映了动机与行为效果之间的关系,表明动机不足或过分强烈都会影响学习效果。

76. C 【解析】自我价值理论是美国教育心理学家卡文顿提出的。卡文顿根据学生追求成功和避免失败的倾向,将学生分为四类:高趋低避者、低趋高避者、高趋高避者和低趋低避者。其中,高趋高避者,又称过度努力者。这类学生兼具了成功定向者和避免失败者的特点。一方面对自我能力的评价较高,另一方面这一评价又不稳定,极易受到失败经历的动摇。他们往往有完美主义的倾向,给了自己太大压力,处在持续恐惧之中。故答案选C项。

77. B 【解析】德维克提出了较为完善的成就目标理论,他认为,人们对能力持有不同的内隐观念。一种为能力实体观,持这种观点的人认为能力是稳定的,是不可改变的特质。另一种是能力增长观,持这种观点的人则认为能力是不稳定的,是可以控制的,是可以随着知识的学习、技能的培养而加强的。故题干所述符合能力实体观的观点。

78. A 【解析】罗特对归因理论进行了发展,提出了控制点的概念,并依据控制点把个体分为内控型和外控型。内控型的人认为自己可以控制周围的环境,无论成功还是失败,都是由自己的能力或努力等内部因素造成的,他们乐于对自己的行为负责;外控型的人则感到自己无法控制周围的环境,无论成败都归因为他人的影响或运气等外在因素,他们往往对自己的行为不愿承担责任。因此,题干中内控型的丽丽可能将演讲的成功归因于自己认真的准备,即自己内部的努力。

79. A 【解析】"耶克斯—多德森定律"表明,动机不足或过分强烈都会影响学习效果。动机的最佳水平随着任务性质的不同而不同。在比较容易的任务中,行为效果(工作效率)随着动机的提高而上升;随着任务难度的增加,动机的最佳水平有逐渐下降的趋势。因此,在描述唤醒水平与绩效水平之间的关系时,必须说明任务难度。

80. C 【解析】当成绩与别人的一致或共变时,我们倾向于做外在归因;当成绩与别人的不一致(缺乏共变)时,我们倾向于做内在归因。这种现象称为共变原理。故答案选C项。自利性归因偏差指人们倾向于把自己的积极行为结果(成功)归因于个人因素,而把自己的消极行为结果(失败)归因于环境因素。因为人们总是愿意获得成功,正是这种倾向导致了自利性归因。

二、多项选择题

1. ABC 【解析】自我决定论的提出者德西等人的经典实验说明了内在动机与外在动机是一种此消彼长的关系,外在激励会损害个体已有的内在动机,将个体的注意力引向外在价值,而忽略了过程本身的体验与感受。故A、B、C三项说法正确。D项表述不严谨。动机可以是内部动机,也可以是外部动机。物质奖励可以激发学生的动机,但当奖励是实物性的、预期的(事先允诺的)且与表现水平的高低没有密切联系时,对个体有浓厚兴趣的活动进行奖励会削弱内部动机。故D项不选。

2. AC 【解析】按学习动机产生的诱因来源,可分为内部学习动机和外部学习动机。内部学习动机(内在学习动机)是指诱因来自学习者本身的内在因素,即学生因对活动本身发生兴趣而产生的动机。外部学习动机(外在学习动机)是指诱因来自学习者外部的某种因素,即在学习活动以外由外部的诱因激发出来的学习动机。题干中学生为了通过考试而努力学习,其诱因来自外部(考

试），故属于外在学习动机。A 项正确，B 项错误。根据动机发挥作用的时间长短，可把学习动机分为远景性动机和近景性动机。远景性动机是指能够激发个体长期行为、使个体制定长期目标的动机。近景性动机，是指在近期内激发个体行为，常与近期目标相联系。故 C 项正确，D 项错误。

3. BC 【解析】学习动机的两个基本成分是学习需要与学习期待，两者相互作用形成学习的动机系统。故本题选 B、C 两项。

4. AC 【解析】按学习动机的社会意义，可分为高尚的学习动机和低级的学习动机。判断学习动机高尚与低级的标准是看它是否有利于社会和集体。如果把学习看成是对社会做贡献和尽义务，则是高尚的学习动机；而把学习看成是猎取个人名利的手段，则是低级的学习动机。内部学习动机指学生因对活动本身发生兴趣而产生的动机；外部学习动机指由外部的诱因激发出来的学习动机。因此，为了获得父母的奖励而学习是一种低级的、外在的学习动机。

5. AC 【解析】近景的直接性学习动机是指由活动的直接结果所引起的对某种活动的动机。它是与学习活动直接相连的，来源于对学习内容或学习结果的兴趣。例如，学生的求知欲、成功的愿望、对某门学科的浓厚兴趣。故本题选 A、C 两项。

6. ABD 【解析】学习需要是指个体在学习活动中感到有某种欠缺而力求获得满足的心理状态，它包括学习的兴趣、爱好和学习的信念等。

7. BCD 【解析】学习动机与学习目的之间具有复杂的关系。学习动机与学习目的之间并不都是一一对应的。A 项说法错误。通常一个学习动机不限于一个学习目的，而一个学习目的也可以受多个学习动机支配。B、C 两项说法正确。相同的学习目的，学习动机可能会有所不同；同样地，学习动机相同的学生，学习目的也可能不同。D 项说法正确。

8. ABD 【解析】追求成功的倾向（Ts）由三种因素组成，即成就需要或追求成功的动机（Ms）、获得成功的可能性或概率（Ps）以及成功的诱因值（Is）。

9. AB 【解析】人们在研究中发现，成就动机水平高的人在失败时往往把原因归于努力不够，即使失败也不灰心，相信努力与结果之间具有依随性，不产生无力感，表现出积极的行为。成就动机水平低的人在失败时往往把原因归于能力不足，容易灰心丧气，认为努力也不能带来相应的结果，容易产生无力感。

10. AB 【解析】根据韦纳的成败归因理论可知，稳定因素包括能力、任务难度，不稳定因素包括努力程度、运气、身心状况、外界环境。

11. ACD 【解析】防治或消除学生的无力感的措施有：（1）消除学校中的“不可控状况”；（2）防止学生产生“结果不可控”的认知；（3）培养意志，增强免疫力。

12. CD 【解析】班杜拉认为，人的行为受行为的结果因素和先行因素的影响。

13. ABCD 【解析】创设问题情境的原则有：（1）问题要小而精；（2）问题要与学生实际生活经验相关；（3）要有适当的难度；（4）要富有启发性。

14. AD 【解析】教育心理学研究表明，新的学习需要可以通过两条途径来形成：（1）直接发生途径，即因原有学习需要不断得到满足而直接产生新的更稳定、更分化的学习需要；（2）间接转化途径，即新的学习需要由原来满足某种需要的手段或工具转化而来。

15. AD 【解析】根据成败归因理论，学生将成败归因于努力比归因于能力会产生更强烈的情绪体验。学生将成败归因于努力，有利于激发其学习动机。而 A、D 两项属于努力归因，故答案选 A、D 两项。

16. ABCD 【解析】强化训练可以分为四种形式：（1）奖赏训练；（2）取消训练；（3）惩罚训练；（4）回避训练。

17. AD 【解析】认知内驱力是指要求了解、理解和掌握知识以及解决问题的需要。一般来说，这种内驱力大多是从好奇倾向中派生出来的。题干中的学生因“对牛顿第三定律很感兴趣”，从而好好学习物理,这说明其属于认知内驱力。著名心理学家张春兴按照学习动机的强弱标准,把学习动机分为两类:普遍型学习动机和偏重型学习动机。前者是指对所有学习活动都有学习动机,不但对所有知识性的学科都认真学习,而且对技能型学科甚至课外活动也从不怠慢;后者是指只对某种或某几种学科有学习动机,对其他学科则不予注意。题干中的学生"一心钻研物理这门课程",这说明其属于偏重型学习动机。

18. AD 【解析】一般来说,表扬与奖励比批评和指责更能有效地激发学生的学习动机,因此奖励比惩罚的效果更好,故 A 项说法正确,C 项说法错误。奖励必须充分考虑学生的个别差异,从而有的放矢,对症下药,故 B 项说法错误。有许多研究表明,如果滥用外部奖励,不仅不能促进学习,而且可能会破坏学生的内在动机。故 D 项说法正确。

19. ABCD 【解析】影响自我效能感的因素有:(1)个人自身行为的成败经验(直接经验);(2)替代经验;(3)言语暗示(言语说服);(4)情绪唤醒。

20. ABCD 【解析】增强学生自我效能感的方法有:(1)让学生更多地体验到成功;(2)为学生提供适当的榜样;(3)恰当地运用外部强化;(4)使学生学会自我强化。

21. ABCD 【解析】按学习动机的社会意义,可分为高尚的学习动机和低级的学习动机;按学习动机起作用时间的长短,可分为直接的近景性动机和间接的远景性动机;按学习动机在活动中所起作用的大小,可分为主导性动机和辅助性动机;按学习动机产生的诱因来源,可分为内部学习动机和外部学习动机。

22. ACD 【解析】学习动机的主要理论可分为:(1)学习动机的强化理论;(2)学习动机的人本理论;(3)学习动机的社会认知理论。其中,学习动机的社会认知理论包括成就动机理论、归因理论、自我效能感理论、自我价值理论、成就目标理论、自我决定理论。B 项需要层次理论属于学习动机的人本理论。

23. BC 【解析】根据韦纳的归因理论可知,外在归因包括工作难度、运气和外界环境。

24. CD 【解析】改变学生不正确的归因,提高学习动机可以从两方面入手:(1)"努力归因",无论成功或失败都归因于努力与否的结果;(2)"现实归因",针对一些具体问题引导学生进行现实归因,以帮助学生分析除努力这个因素外,影响学习成绩的因素还有哪些,是智力、学习方法,还是家庭环境、教师等因素。

25. CD 【解析】学习动机的作用主要包括:(1)引发作用,是指当学生对于某些知识或技能产生迫切的学习需要时,就会引发学习内驱力,产生焦急、渴求等心理体验,并最终激起一定的学习行为。(2)定向作用,是指学习动机以学习需要和学习期待为出发点,使学生的学习行为在初始状态时就指向一定的学习目标,并推动学生为达到这一目标而努力学习。(3)维持作用,是指学习动机水平高的学生能在长时间的学习活动中保持认真的态度和坚持把学习任务胜利完成的毅力,而学习动机水平低的学生则缺乏学习行为的稳定性和持久性。(4)调节作用,是指学习动机调节学习行为的强度、时间和方向。题干中强调学生立志成为一名空军并为此制定目标,努力学习,这体现了学习动机的引发作用和定向作用。因此,答案选 C、D 两项。

26. BCD 【解析】竞赛组织不好,也有其消极作用。首先,竞赛不可多用滥用,频繁地运用竞赛,会增加学生的心理紧张度,加重其学习负担。其次,竞赛使那些没有成功希望的学生丧失信心;对于不需努力就可获胜的学生,竞赛也无激发学习动机的作用,反而会使他们形成骄傲心理。第三,个人竞赛有可能造成学生自私,助长不合作行为,使集体观念淡薄。最后,竞赛造成的学习动机水平过高,往往对复杂课题的学习起干扰作用。

27. ABD 【解析】学习动机可以影响学习效果,学习效果可以反作用于学习动机。因此,A、B、D 三项说法有误。

28. ABD 【解析】自我决定论形成了四种分支理论:基本心理需要理论、认知评价理论、有机整合理

论和因果定向理论。研究者们总结出了三种基本的心理需要:自主需要、胜任需要和归属需要。

29. AD 【解析】根据学习动机的指向性不同,可将学习动机分为直接动机和间接动机。

30. BD 【解析】内控型的学生相信凡事操之在己,将成功归因为自己的努力,把失败归因为自己的疏忽,这是自愿承担责任的看法。B项将自己的失败归因于粗心,D项将自己的成功归因于努力,这符合内控型学生的特点。A、C两项表现出不愿承担失败的责任,符合外控型学生的特点。

31. ABC 【解析】小海的英语基础薄弱,用一年时间努力学习后,他的英语成绩远远超过了多数同学,这说明学生具有巨大的发展潜能,故A项正确。

附属内驱力是指个体为了获得长者们(如家长、教师)的赞许或认可而表现出把工作、学习做好的一种需要。小海为了不让老师和父母失望而努力学习,这是附属内驱力。附属内驱力是一种间接的学习需要,属于外部动机。故B项正确。

题干中小海的老师没有因为他基础薄弱而排挤他,反而花更多的时间鼓励他,这体现了《中小学教师职业道德规范》(2008年修订)中"关爱学生"的内容。故C项正确。

32. BCD 【解析】根据动机产生的诱因来源,可以把学习动机分为外部学习动机和内部学习动机。外部学习动机是指诱因来自学习者外部的某种因素而产生的动机,即在学习活动以外由外部的诱因激发出来的学习动机。内部学习动机是指诱因来自学习者本身的内在因素而产生的动机,即学生因对活动本身发生兴趣而产生的动机。B、C、D三项中学生希望获得的表扬、好成绩、尊重都属于外部诱因,这些外部诱因激励学生努力学习,因此属于外部学习动机。A项中学生因喜爱数学而认真学习属于内部学习动机。故答案选B、C、D三项。

33. ABD 【解析】在学校教育情境中,激发外部学习动机的常用措施有以下几种:(1)设置明确、具体、适当的学习目标;(2)及时反馈学习结果;(3)进行积极的评价。在学校教育活动中,激发和维持学生内部学习动机的措施主要有:(1)创设问题情境;(2)竞赛与合作;(3)学习动机的迁移。故答案选A、B、D三项。

易错提示:考生易混淆培养内、外部学习动机的措施,对于该知识点考生应灵活掌握,不同专业书籍划分标准不同,应根据选项具体判断。

34. ABCD 【解析】学习效果并不单纯只受学习动机的影响,它还受一系列主客观因素,如学习基础、教师指导、学习方法、学习习惯、智力水平、个性特点、健康状况等的制约。

三、判断题

1. √ 【解析】随着儿童年龄的增长和独立性的增强,附属内驱力在强度上有所减弱,特别是在青少年时期,来自同伴的赞许或认可将激发青少年形成强烈的自我提高内驱力。进入心理成熟期后,随着认知能力的发展,职业定向的稳定,认知内驱力将成为学习的主要动机因素。故本题说法正确。

2. √ 【解析】学习动机作为人类行为动机之一,是直接推动人们进行学习的直接原因和内部动力。

3. √ 【解析】个人自身行为的成败经验(即直接经验)对自我效能感的影响最大。一般来说,成功经验会提高效能期望,反复的失败会降低效能感。故题干说法正确。

4. √ 【解析】一个总是失败并把失败归因于内部的、稳定的和不可控的因素(即能力低)的学生会形成一种习得性无助的自我感觉。这样他们就认为自己无论做什么都不会改变现状,从而更易放弃学习。

5. √ 【解析】成就动机是由心理学家默里提出的概念,它是指个体努力克服障碍,施展才能,力求又快又好地解决某一问题的愿望或趋势。故题干描述的是成就动机的概念。

6. √ 【解析】与家庭的影响相比,随着学生年龄增长和逐渐成熟,社会影响越来越大。社会环境不仅直接影响学生的学习动机,而且通过家庭环境间接地影响学生的学习动机。

7. √ 【解析】学习动机经常通过外在的学习行为反映出来。当然,同一种动机可能会产生不同的行为及其结果,而相同的行为与结果也可能源于不同的动机。

8. × 【解析】持有能力实体观的学生倾向于建立表现目标,从而避免被别人看不起。相反,持有能力增长观的学生,他们更多设置掌握目标并寻求那些能真正锻炼自己的能力、提高自己的技能的任务。

9. × 【解析】成败经验对效能期待的影响取决于个体对成败的归因方式。如果把成功归于外部、不可控的因素就不会增强自我效能感;把失败归于外部、不可控的因素不一定就降低自我效能感。虽然把失败归于外部、不可控的因素不一定降低自我效能感,但并不能说这种归因能增强自我效能感。正确的归因方式应该是努力归因与现实归因相结合,这样才有利于提高自我效能感。

10. × 【解析】学习动机与学习目的之间具有复杂的关系。学习动机与学习目的之间并不都是一一相对应的,通常一个学习动机不限于一个学习目的,而一个学习目的也可以受多个学习动机所支配。

11. × 【解析】归因理论由美国社会心理学家海德最早提出。故题干说法错误。

12. × 【解析】控制点是指人们对影响自己生活与命运的那些力量的看法,是影响学习的变量。控制点主要通过影响学生的成就动机、投入学习的精力、对待学习的态度和行为方式、对奖励的敏感性及惩罚和分数对他们的意义、责任心等一系列变量来影响学习。

13. √ 【解析】求知欲和好奇心是内部动机最为核心的成分,它们是培养和激发学生内部学习动机的基础。(具体内容参见莫雷主编的《教育心理学》)

14. × 【解析】学习期待是个体对学习活动所要达到目标的主观估计,故题干说法错误。

15. × 【解析】内部学习动机是指诱因来自学习者本身的内在因素,即学生因对活动本身发生兴趣而产生的动机。外部学习动机是指诱因来自学习者外部的某种因素,即在学习活动以外由外部的诱因激发出来的学习动机。奖励学生当课代表属于外部诱因,故该老师激发的是学生的外部学习动机。

16. × 【解析】成就动机理论对教育实践的启示是:对力求成功者,应给予新颖且有一定难度的任务;对避免失败者,则要安排少竞争或竞争性不强的任务。因此,题干说法有误。

17. √ 【解析】按学习动机的社会意义,可将学习动机分为高尚的学习动机和低级的学习动机。高尚的学习动机的核心是利他主义,学生把当前的学习同国家和社会的利益联系在一起。

18. √ 【解析】习得性无助的学生的自我效能感低,对自己完成学习任务的能力持怀疑和不确定的态度,因而倾向于制订较低的学习目标以避免获得失败的体验。

19. × 【解析】由于学习动机是推动人从事学习活动的内部心理动力,因此任何外界的要求、外在的力量都必须转化为个体内在的需要,才能成为学习的推动力。因此,我们在教育过程中要强调内部学习动机,但也不能忽视外部学习动机的作用。教师应一方面逐渐使外部动机转化为内部动机,另一方面又应利用外部动机使学生已经形成的内部动机处于持续的激起状态。

20. × 【解析】表扬与奖励比批评与指责更能有效地激发学生的学习动机。

21. × 【解析】对于那些尚无学习动机或者学习动机不高的学生,尤其是年龄较小的学生,教师没有必要推迟学习活动。教学的最好办法是,把重点放在学习的认知方面而不是动机方面,致力于有效地教他们掌握有关知识,让他们获得成功的体验。学生尝到了学习的乐趣,就有可能产生或者增强其学习的动机。

22. √ 【解析】成就动机理论启示我们,在教育实践中对力求成功者,应通过给予新颖且有一定难度的任务,安排竞争的情境,严格评定分数等方式来激发其学习动机。

23. √ 【解析】学习动机是指激发个体进行学习活动,维持已引起的学习活动,并使行为朝向一定学习目标的一种心理倾向或内部动力。即学习动机就是推动、引导和维持人们进行学习活动的一种内部力量或内部机制。

24. × 【解析】韦纳对行为结果的归因进行了系统探讨，并把归因分为三个维度：内部归因和外部归因、稳定性归因和非稳定性归因、可控制归因和不可控制归因。就内在性而言，如果学习者将成败归因于自身内在的因素，学习者会产生积极的自我价值感或形成消极的自我意象；相反，如果学习者将成败归因于机体外在因素，则学习结果不会对其自我意象产生影响。

25. × 【解析】根据耶克斯—多德森定律可知，最佳水平为中等强度的动机，而动机不足或过分强烈都会影响学习效果。故题干说法有误。

26. × 【解析】动机对行为效果的影响不仅取决于动机的强弱，还与个人的行为质量有关。因为动机的产生必须以行为为中介，必须在行为中才能表现出来。学习动机只有通过学习行为才能发挥作用，影响学习效果。一个动机很弱的学生当然不会有高质量的学习行为的发生，也不会获得很好的学习效果。但是，一个学习动机很强或达到最佳动机水平的学生，也不一定能表现出高质量的学习行为，从而获得好的学习效果。

27. × 【解析】学习动机是影响学习行为、提高学习效果的一个重要因素，但却不是决定学习效果的唯一条件。故题干说法错误。

28. √ 【解析】学习动机对学习效果的影响可分为两个方面：一方面是总体上整个动机水平对整个学习活动的影响；另一方面是具体的学习活动中学习动机对学习效果的影响。

四、填空题

1. 诱因
2. 习得性无力(助)感
3. 认知内驱力
4. 难度中等
5. 倒 U 型曲线
6. 结果　效能
7. 50%

五、简答题(参考答案)

1. 简述创设问题情境对教师的基本要求。

要想创设问题情境，首先要求教师熟悉教材，掌握教材的结构，了解新旧知识之间的内在联系；此外，要求教师充分了解学生已有的认知结构状态，使新的学习内容与学生已有水平构成一个适当的跨度。

2. 简述自我效能感的作用。

(1)自我效能感决定人们对活动的选择，以及对活动的坚持性；(2)自我效能感影响人们在困难面前的态度；(3)自我效能感不仅影响新行为的习得，而且影响已习得行为的表现；(4)自我效能感还会影响活动时的情绪。

3. 心理学中用来描述学习动机和学习效果关系的定律叫做什么？具体内容有哪些？

心理学中用来描述学习动机和学习效果关系的定律是耶克斯—多德森定律。

“耶克斯—多德森定律”表明，动机不足或过分强烈都会影响学习效果。第一，动机的最佳水平随着任务性质的不同而不同。在比较容易的任务中，行为效果(工作效率)随着动机的提高而上升；随着任务难度的增加，动机的最佳水平有逐渐下降的趋势。第二，一般来讲，最佳水平为中等强度的动机。第三，动机水平与行为效果呈倒 U 型曲线。

六、论述题(参考答案)

1. 联系教学实际，试述如何培养学生的学习动机。

(1)了解和满足学生的需要，促进学习动机的产生；(2)重视立志教育，对学生进行成就动机训练；

(3)帮助学生确立正确的自我概念,获得自我效能感;(4)培养学生努力导致成功的归因观;(5)培养对学习的兴趣;(6)利用原有动机的迁移,使学生产生学习的需要。

(考生可结合教学实际加以阐述,言之有理即可)

2. 试述成就动机理论及其教育启示。

(1)成就动机理论的主要代表人物是阿特金森。成就动机是指个体努力克服障碍,施展才能,力求又快又好地解决某一问题的愿望或趋势。阿特金森把个体的成就动机分为两类:力求成功的动机和避免失败的动机。力求成功者的目的是获取成就,即通过各种活动努力提高自尊心和获得心理上的满足,成功概率为50%的任务是他们最有可能选择的。避免失败者则往往通过各种活动防止自尊心受伤害和产生心理烦恼,倾向于选择非常容易或非常困难的任务。

(2)成就动机理论的教育启示有:①在教育实践中对力求成功者,应通过给予新颖且有一定难度的任务,安排竞争的情境,严格评定分数等方式来激发其学习动机;②对于避免失败者,则要安排少竞争或竞争性不强的情境,如果取得成功则要及时表扬并给予强化,评定分数时要求稍稍放宽些,并尽量避免在公共场合下指责其错误;③由于力求成功的动机比避免失败的动机具有更大的主动性,因此,对学生还应增加他们力求成功的成分,使他们不以避免失败为满足,而以获取成功为快乐,这样才能真正调动一个人的积极性。

3. 根据韦纳的成败归因理论,谈谈如何帮助学生正确归因以提高学习成绩。

(1)教师根据学生的自我归因可预测其此后的学习动机。学生自我归因虽未必正确,但却是重要的。因为归因促使学生在从了解自己到认识别人的过程中,建立起明确的自我概念,促进自身的成长。而如果学生有不正确的归因,则更表明他们需要教师的辅导与帮助。

(2)长期消极的归因不利于学生的人格成长,这就需要教师利用反馈的作用,并在反馈中给予鼓励和支持,帮助学生正确归因,重塑自信。韦纳发现,在师生交互作用的教学过程中,学生对自己成败的归因,并非完全以其考试分数的高低为基础,而是受到教师对他的成绩表现所做反馈的影响。

(3)通过归因训练改变学生消极的自我认识,提高学习动机。改变学生不正确的归因,提高学习动机可以从以下两方面入手:①"努力归因",无论成功或失败都归因于努力与否的结果。因为学生将自己的成败归因于努力与否会提高学生学习的积极性,当学习困难或成绩不佳时,一般不会因一时的失败而降低将来会取得成功的期望。②"现实归因",针对一些具体问题引导学生进行现实归因,以帮助学生分析除努力这个因素外,影响学习成绩的因素还有哪些,是智力、学习方法,还是家庭环境、教师等因素。这些因素在多大程度上影响其学习成绩,并尽力指出解决这些问题的方法,以提高学生克服困难的勇气,增强自信心。

4. 谈谈作为教师,如何减轻学生在学习中产生的习得性无助感。

习得性无助感简称无助感,是指由于连续的失败体验而导致个体产生的对行为结果感到无力控制、无能为力的心理状态。面对那些因在学习上多次失败而变得自暴自弃,产生无助感的学生,我们可以采取以下措施来减轻或消除他们的无助感症状,提高他们的学习积极性。

(1)使学生获得成功经验,打破失败不可避免的神话。无助感的产生通常是在屡遭失败之后,感到无法控制结果,并对以后的成功不抱期望。如果使他们获得成功的体验,便打破了连续的失败。使学生感到失败并非不可避免,成功也是有可能的,这样,无助感便会减轻或消除。

(2)改变学生的消极归因。改变有无助感学生的消极归因,对他们进行归因训练,可以减轻或消除无助感。

(3)转移学生对失败的注意力。无助感的学生失败后会产生焦虑和消极的自我关注,寻找失败的借口,从而分散了对学习任务的注意力,使学习受到破坏。因此,当学生在学习上失败后,教师通过口头指导,减轻学生对失败的紧张和焦虑,把学生的思维从对失败的消极关注上转移到有关的学习任务上,这对减轻或消除无助感是很有必要的。

七、案例分析题(参考答案)

1. (1)美国心理学家韦纳把人经历过事情的成败归结为六种原因,即能力、努力程度、工作难度、运气、身心状况和外界环境。又把上述六项因素按各自的性质,分别归入三个维度:内部归因和外部归因、稳定性归因和非稳定性归因、可控制归因和不可控制归因。案例中甲同学将自己取得好成绩的原因归结于自己的不懈努力,而努力属于内部的、可控的、不稳定的因素;乙同学将自己的失败归因于没有能力,而能力属于内部的、不可控的、稳定的因素;丙同学将自己的成功归因于运气,而运气属于外部的、不可控的、不稳定的因素。

(2)甲同学将自己学习上的成功归因于努力,这会增强他在学习上的信心,最终他会在学习上投入更多的精力,以更加积极的态度对待学习任务,形成良好的动机状态。

乙同学将自己学习上的失败归因于能力,那么他就会听天由命,自暴自弃,最终对学习失去信心。

丙同学将自己学习上的成功归因于运气,那么他就会产生听天由命的心理,希望类似的事情再次出现,随着时间的推移,他不愿意在学习上花费过多的精力和做出更多的努力,逐渐减弱学习动机。

2. (1)根据奥苏贝尔的观点,刘浩表现出的内驱力是附属内驱力。附属内驱力是指个体为了获得长者们(如家长、教师)的赞许或认可而表现出把工作、学习做好的一种需要。附属内驱力是一种间接的学习需要,属于外部动机。

(2)由于刘浩的数学学习动机为外部动机,所以作为数学老师应引导他把外部学习动机转化为内部学习动机。内部学习动机的激发与培养的方法有:①激发兴趣,维持好奇心。兴趣和好奇心是内部动机最为核心的成分,是培养和激发学生内部学习动机的基础。激发刘浩对数学的学习兴趣有助于发展其内部学习动机。②设置合适的目标。当目标是由个体自己设定,而不是由他人设定时,个体通常会付出更多的努力。可以引导刘浩设置自己的数学学习目标。③培养恰当的自我效能感。让刘浩获得数学成功体验,提升其自我效能感。④训练归因。引导刘浩进行努力归因和现实归因。

3. (1)“耶克斯—多德森定律”表明,动机不足或过分强烈都会影响学习效果。①动机的最佳水平随任务性质的不同而不同。在比较容易的任务中,行为效果(工作效率)随动机的提高而上升;随着任务难度的增加,动机的最佳水平有逐渐下降的趋势。②一般来讲,最佳水平为中等强度的动机。③动机水平与行为效果呈倒U型曲线。

(2)①根据耶克斯—多德森定律,教师在教学时,要根据学习任务的不同难度,恰当控制学生学习动机的激起程度。在学习较容易、较简单的课题时,应尽量使学生集中注意力,使学生尽量紧张一点,动机激起水平达到中等偏高的最佳状态;而在学习较复杂、较困难的课题时,则应尽量创造轻松自由的课堂气氛,让动机激起水平处于中等稍低的最佳状态;在学生遇到困难或出现问题时,要尽量心平气和地慢慢引导,以免学生过度紧张和焦虑。本案例中,班主任的做法是不正确的,冲击中考状元是困难的任务,教师应使吴某的动机激起水平稍低一些,然而班主任通过谈话使吴某的动机激起水平过高,致使吴某的身体也出现了问题。②根据动机产生的诱因来源,学习动机可分为内部学习动机和外部学习动机。班主任告诉吴某老师们看好他,认为他有考状元的实力,嘱托他不要辜负老师的期望。班主任过于注重激励学生的外部动机,而忽略了激发吴某的内部动机。

(3)案例中由于老师对吴某的期望和关注过多而使他产生了考试焦虑的心理。激励吴某学习的正确做法有:①班主任应当帮助吴某正确认识来自老师和家长的期望,同时,老师可以给予吴某一个宽松的心理环境,减轻吴某的心理负担。②班主任应当帮助吴某保持一种适度的学习动机,避免过度紧张和焦虑。在学习上要注意劳逸结合,合理安排学习与休息时间,提高吴某的学习效率。学习之余可以适当参加体育活动,通过体育锻炼来缓解学习带来的紧张情绪。③帮助吴某树立正确的成败观,保持良好的心态来对待考试的过程和考试的结果,以一颗平常心对待考试。

专题二　学习策略

答案速查：

1～5	BCDBC	6～10	BCACA	11～15	DCBCA	16～20	CBBAB
21～25	CADBB	26～30	AAACA	31～35	BADDA	36～40	CCCCD
41～45	ACDCC	46～50	BBACD	51～55	BBDDD	56～58	DAC
1～5	ABC ABCD ACD ACD ACD			6～10	ABC ACD ABC AB ABC		
11～16	ABCD AD ACD ABCD ABC ABD			1～5	× × √ × √		
6～11	× √ √ √ × ×						

一、单项选择题

1. B 【解析】元认知策略大致可分为：计划策略、监控策略和调节策略。其中，计划策略是指根据认知活动的特定目标，在认知活动开始之前计划完成任务所涉及的各种活动、预计结果、选择策略，设想解决问题的方法，并预估其有效性等。题干中陈晨先完成比较难的理科作业，然后再写简单的文科作业，属于元认知策略中的计划策略。故选 B 项。A 项中的组织策略属于认知策略，为干扰项，可排除。C 项，监控策略是指学生对自己整个学习过程的有效监视及控制的策略。D 项，调节策略是指根据对认知活动结果的检查，如发现问题，则采取相应的补救措施，根据对认知策略的效果的检查，及时修正、调整认知策略。

2. C 【解析】有效的时间管理策略包括：(1)确立有规律的学习时段。(2)确立切合实际的目标。(3)使用固定的学习区域。(4)分清任务的轻重缓急。(5)学会对分心的事情说“不”。(6)自我奖励学习上的成功。故 C 项当选。

3. D 【解析】“心不及墨”是指大脑容易忘记，不如用笔记下可靠。俗语说：“好记性不如烂笔头”、“心不及墨”，这都强调了记笔记的重要性，故答案选 D 项。

4. B 【解析】精加工策略是指把新信息与头脑中的旧信息联系起来从而增加新信息意义的深层加工策略。创造故事将所要记忆的信息编在一起，是用头脑中已有的信息将要记忆的信息联系起来，属于精加工策略。

5. C 【解析】精细加工策略是指把新信息与头脑中的旧信息联系起来从而增加新信息意义的深层加工策略。C 项中，“词义”是学生已经知道的东西，“单词”是要学习的东西，英语老师将二者联系起来帮助学生理解，这属于精细加工策略。复述策略是指在工作记忆中为了保持信息，运用内部语言在大脑中重现学习材料或刺激，以便将注意力维持在学习材料上的方法。A、D 两项属于复述策略。组织策略是指将经过精加工提炼出来的知识点加以构造，形成更高水平的知识结构的信息加工策略。B 项“画示意图”属于组织策略。故选 C 项。

6. B 【解析】学习的元认知策略是指个体为实现最佳的认知效果而对自己的认知活动所进行的调节和控制，包括计划策略、监控策略和调节策略。题干中小郑制定学习计划并自我监督，体现了元认知策略。

7. C 【解析】学习策略训练的原则包括：主体性、内化性、特定性、生成性、有效监控和个人效能感原则。其中，特定性原则指学习策略一定要适合学习目标和学生的类型。同样一个策略，不同年龄的学生、学习水平不同的学生用起来的效果就不一样。因此，在训练学生的学习策略时，教师要针对学习者的发展水平确定哪些策略是最有用的。同时，教师要考虑学习策略的层次，必须给学生提供各种各样的策略。不仅有一般的策略，而且要有非常具体的策略。故选 C 项。

8. A 【解析】形象联想法是通过人为联想，使无意义的、难记的材料和头脑中的鲜明、奇特的形象相

结合,从而提高记忆效果。想象的形象越鲜明、具体越好,形象越夸张、奇特越好,形象之间的逻辑联系越紧密越好。题干中"把 PULL 后面两个 L 看成是两个钩,用来拉东西",运用的就是形象联想法。故选 A 项。B 项,谐音联想法是通过谐音线索,运用视觉表象,假借意义进行人为联想。C 项,位置记忆法是通过与熟悉的地点顺序相联系来记忆一些名称或者客体顺序的方法。D 项,关键词法是将新词或概念和与之相似的声音线索词,通过视觉表象联系起来。

9. C 【解析】复述策略是指在工作记忆中为了保持信息,运用内部语言在大脑中重现学习材料或刺激,以便将注意力维持在学习材料上的方法。题干中的刘思同学反复地大声朗读外语文章,运用的正是复述策略。

方法技巧:考生注意理解复述策略的内涵,在做此类题目时,应注意确定关键词,如多次重复、多次背诵、画线等。

10. A 【解析】生成性学习就是要训练学生对所阅读的东西产生一个类比或表象,如图形、图像、表格和图解等,以加强其深层理解。故题干描述的是生成性学习的概念。

11. D 【解析】资源管理策略中的时间管理策略表现在三个方面:(1)统筹安排学习时间。(2)高效利用最佳时间。例如,要根据一周内学习效率的变化安排学习活动。(3)灵活利用零碎时间。因此,本题答案选 D 项。

12. C 【解析】选项中的学习策略的例子如下表所示:

种类	例子
计划策略	设置学习目标、安排时间、浏览阅读材料、预测重点难点、产生待回答的问题以及分析如何完成学习任务等
调节策略	当学习者意识到他不理解课文的某一部分时,他就会退回去读困难的段落;在阅读困难或不熟的材料时放慢速度;复习不懂的课程材料;测验时跳过某个难题先做简单的题目等
监控策略	阅读时对注意加以跟踪和对材料进行自我提问、考试时监视自己的速度和时间等
时间管理策略	统筹安排学习时间;高效利用最佳时间;灵活利用零碎时间

因此,答案选 C 项。

易错提示:考生易混淆监控策略和调节策略的应用。考生在做题时应注意监控策略强调对认知过程的监控,调节策略强调对计划的变动。

13. B 【解析】组织策略是指将经过精加工提炼出来的知识点加以构造,形成更高水平的知识结构的信息加工策略。组织策略主要有两种:一种是归类策略,用于概念、语词、规则等知识的归类整理;另一种是纲要策略,主要用于对学习材料结构的把握。故题干所述属于组织策略中的归类策略。

14. C 【解析】画线是阅读时常用的一种复述策略。此外,还可教学生一些圈点批注的方法,与画线策略一起使用。因此,本题答案选 C 项。

15. A 【解析】A 项属于元认知策略中的监控策略;B 项属于资源管理策略中的学业求助策略;C 项属于认知策略中的组织策略;D 项属于资源管理策略中的时间管理策略。

16. C 【解析】训练学习策略的教学模式主要有:指导教学模式、程序化训练模式、完形训练模式、交互式教学模式、合作学习模式。其中,合作学习模式是在合作学习活动中,两个学生一组,一节一节地彼此轮流向对方总结材料,当一个学生主讲时,另一个学生听着并纠正错误和遗漏。然后,两个学生彼此交换角色,直到学完所学材料为止。故答案选 C 项。

17. B 【解析】画线是一种典型的复述策略。

18. B 【解析】学习策略是学习者制订的学习计划,由规则和技能构成。

19. A 【解析】统筹安排学习时间、高效利用最佳时间属于资源管理策略中的时间管理策略。

20. B 【解析】组织策略主要有两种:归类策略和纲要策略。其中,纲要策略有两种:(1)主题纲要法,如以写小标题的形式概括重点;(2)符号纲要法,即用符号、图示等形象表达。“认知地图”和“思维导图”都属于组织策略中的符号纲要法,故答案选 B 项。

21. C 【解析】题干中“利用课余时间阅读报纸杂志”属于灵活利用零碎时间的表现,这是一种典型的时间管理策略。

22. A 【解析】学习策略的特征表现在:

特征	内涵
主动性	一般学习者采用学习策略都是有意识的心理过程。学习时,学习者先要分析学习任务和自己的特点,然后根据这些条件制订适当的学习计划。对于较新的学习任务,学习者总是在有意识、有目的地思考着学习过程的计划。只有对于反复使用的策略才能达到自动化的水平
有效性	所谓策略,实际上是相对效果和效率而言的。一个人在做某件事时,使用最原始的方法,最终也可能达到目的,但效果不会好,效率也不会高。比如,记忆一组英语单词,如果一遍又一遍地朗读,只要有足够的时间,最终也能记住,但是保持的时间不会太长,记忆也不会很牢靠;如果采用分散复习或尝试背诵的方法,记忆的效果和效率一下子会得到很大的提高
过程性	学习策略是有关学习过程的策略。它规定学习时做什么不做什么、先做什么后做什么、用什么方式做、做到什么程度等诸方面的问题
程序性	学习策略是学习者制订的学习计划,由规则和技能构成。每一次学习都有相应的计划,每一次学习的学习策略也不同。但是,相对同一种类型的学习,存在着基本相同的计划,这些基本相同的计划就是我们常见的一些学习策略

故答案选 A 项。

易错提示:考生易混淆学习策略的不同特征,理解学习策略的特征可重点理解以下关键词:主动性强调学习者“有意识、有目的”;有效性强调“记忆的效果和效率”;过程性强调“关于学习过程的策略”;程序性强调“规则和技能”。

23. D 【解析】明明前一天对考试做了计划,运用了计划策略;在考试过程中发现离考试结束只有十分钟,这是运用了监控策略;然后加快做题速度,又运用了调节策略。故答案选 D 项。

24. B 【解析】组织策略是指将经过精加工提炼出来的知识点加以构造,形成更高水平的知识结构的信息加工策略。题干中的学生找出议论文的总论点和分论点,并用箭头标出论点之间的关系,这是建构组织结构的过程,故属于组织策略。

25. B 【解析】学习策略是指学习者为了提高学习的效果和效率,有目的、有意识地制定有关学习过程的复杂的方案。学习方法是学习策略的知识和技能基础,是学习策略的一个重要组成部分,而不是学习策略的全部,因此,不能把二者完全等同。故 B 项说法错误。

26. A 【解析】学习策略作为一个完整的概念,是在布鲁纳 1956 年提出“认知策略”以后出现的。但是目前关于学习策略的概念,学术界尚未取得一致的看法。根据已有文献,可以归纳为以下五种观点:第一种观点认为学习策略是“内隐的学习规则系统”。第二种观点认为学习策略是学习

的程序和步骤。第三种观点认为学习策略是具体的学习方法和技能。第四种观点认为学习策略是对学习过程中的信息加工进行调节和控制的技能,是学生的学习过程。第五种观点认为学习策略是学习方法和学习调节与控制的有机统一体。因此,B、C、D 三项属于学习策略的定义的观点,A 项不属于学习策略的定义的观点。

27. A 【解析】组织策略是指将经过精加工提炼出来的知识点加以构造,形成更高水平的知识结构的信息加工策略。题干中"梳理已学知识,完善知识结构,形成新的知识结构"主要体现了组织策略。

28. A 【解析】学习策略是指学习者为了提高学习的效果和效率,有目的、有意识地制定有关学习过程的复杂的方案。题干所述体现了学习策略的内涵。

29. C 【解析】资源管理策略中的努力管理策略是指为了使学生维持自己的意志努力,需要不断鼓励学生进行自我激励。这包括:(1)激发内在的动机;(2)树立正确的学习信念;(3)选择有挑战性的任务;(4)调节成败的标准;(5)正确归因;(6)自我奖励等。根据题干描述可知,小明在完成自己设立的目标后,会进行自我奖励,因此,其运用的是资源管理策略中的努力管理策略。

30. A 【解析】集中注意策略属于认知策略的一种,集中注意策略主要包括如下两个子策略:(1)突出知觉的选择策略。例如,学习者在学习过程中,对阅读的书籍做眉批、画重点号、画线、使用不同颜色标记等学习方法,这都是利用了选择性知觉的特征来引发学习者思维的集中注意。(2)重复策略。故答案选 A 项。

31. B 【解析】复述策略是指在工作记忆中为了保持信息,运用内部语言在大脑中重现学习材料或刺激,以便将注意力维持在学习材料上的方法。教师多次考勤点名,运用的正是复述策略。

32. A 【解析】皮连生根据学习的信息加工模型,将学习策略分为:(1)促进选择性注意的策略,如自我提问、做读书笔记、记听课笔记等;(2)促进短时记忆的策略,如复述、记笔记、将输入的信息形成组块等;(3)促进新信息内在联系的策略,如分析学习材料的内在逻辑结构和组织结构,多问几个为什么等;(4)促进新旧知识联系的策略,如列表比较新旧知识的异同,把新知识应用于解释新的例子等;(5)促进新知识长期保存的策略,如记忆术、双重编码、提高加工水平等。因此,只有 A 项分类正确。

33. D 【解析】谐音联想法是通过谐音线索,运用视觉表象,假借意义进行人为联想的方法。题干中的学生将"钱禁兵馆"谐音联想为"前进宾馆",故主要使用了谐音联想法。

34. D 【解析】温斯坦和梅耶提出了两种有效的组织策略:(1)列提纲,是以简要的语词写下主要和次要的观点,也就是以金字塔形式呈现材料的要点。每一具体的细节都包含在高一水平的类别中。(2)做关系图,是图解各种观点如何相互联系的,也就是先指出中心思想,然后图解它们之间的关系。故答案选 D 项。

35. A 【解析】"学会学习"即学会运用一定的技巧和方法,提高自身的学习效率,帮助自己更好的学习,其实质是适当地运用学习策略。

36. C 【解析】元认知就是对认知的认知,具体地说,是个人关于自己认知过程的知识和调节这些过程的能力。

37. C 【解析】元认知策略是指个体为实现最佳的认知效果而对自己的认知活动所进行的调节和控制。元认知活动的内容是对认知活动进行调节和监控,如阅读中的元认知活动有明确阅读目的、集中注意力、对阅读活动的调节、自我提问以检查阅读效果、采取修正策略等。故青青使用的策略属于元认知策略。

38. C 【解析】努力管理策略是指为了使学生维持自己的意志努力,需要不断鼓励学生进行自我激励。这包括:(1)激发内在的动机;(2)树立正确的学习信念;(3)选择有挑战性的任务;(4)调节成败的标准;(5)正确归因;(6)自我奖励;等等。故题干所述反映了学生的努力管理策略。

39. C 【解析】A 项提前预习和 B 项进行自我检查属于元认知策略,不符合要求。C 项建立类比属于认知策略中的精加工策略,符合要求。D 项灵活利用零碎时间属于资源管理策略中的时间管理策略,不符合要求。故答案选 C 项。

40. D 【解析】生成性学习就是要训练学生对所阅读的东西产生一个类比或表象,如图形、图像、表格和图解等,以加强其深层理解。这种方法最重要的一点,就是需要积极的加工,不是简单的记录和记忆信息,也不是从书中寻章摘句或稍加改动,而是要改变对这些信息的知觉。

41. A 【解析】位置记忆法是通过与熟悉的地点顺序相联系起来记忆一些名称或者客体顺序的方法。位置记忆法对记忆有顺序的系列项目特别有用。使用位置记忆法,就是学习者在头脑中创建一幅熟悉的场景,在这个场景中确定一条明确的路线,在这条路线上确定一些特定的点,然后将所要记的项目全都视觉化,并按顺序把这条路线上的各个点联系起来,回忆时,按这条路线上的各个点提取所记的项目。故题干所述体现了位置记忆法的内涵。

42. C 【解析】精加工策略是指把新信息与头脑中的旧信息联系起来从而增加新信息意义的深层加工策略。题干中将“老鼠”“桌子”联想为“老鼠正在啃桌子”,这正是运用了精加工策略。

43. D 【解析】小轩通过改变自己的学习环境来帮助认真备考,这是采用了资源管理策略中的环境管理策略。

44. C 【解析】一览图即首先对材料进行全面的综合分析,然后抽取主要信息,并从某一角度出发,将这些信息全部陈列出来,力求反映材料的整体面貌。一览图属于组织策略的一种。

45. C 【解析】A 项复述策略指在工作记忆中为了保持信息而对信息进行重复的策略。B 项精细加工策略指对学习材料进行深入细致的分析加工,理解其内在的深层意义,从而促进记忆。C 项组织策略指将经过精加工提炼出来的知识点加以构造,形成知识结构更高水平的信息加工策略,如列提纲、画表格、做示意图等。D 项资源管理策略指辅助学生管理可用环境和资源的策略,包括时间管理策略、努力管理策略、学业求助策略和学习环境管理策略。根据定义可以判断,“列结构提纲、画网络图”属于组织策略。

46. B 【解析】学习策略的不同会导致学习质量、学习效果的不同,如再认策略会产生高水平的事实回忆,低水平的意义回忆;意义策略会最大限度地帮助理解知识结构的复杂性;组织策略会实现在学生看来与高分相关的任何目标。

47. B 【解析】学习策略的过程性体现在:规定学习时做什么不做什么、先做什么后做什么、用什么方式做、做到什么程度等诸方面的问题。故答案选 B 项。

48. A 【解析】对重要信息画线属于常见的复述策略。扩展与延伸、记忆术、做笔记、提问、生成性学习等属于常见的精加工策略。

49. C 【解析】语义联想法是指通过联想,将新材料与头脑中的旧知识联系在一起,赋予新材料以更多的意义。故题干所述为语义联想法的概念。

50. D 【解析】学业求助策略指当学生在学习上遇到困难时,向他人请求帮助的行为。题干中的小张同学向老师和其他同学请教,正是运用了学业求助策略。

51. B 【解析】根据任务的类型,学习策略可以分为:(1)阅读策略;(2)写作策略;(3)解决问题的策略。

52. B 【解析】交互式教学是一种通过教师与学生之间相互作用,指导学生通过自我提问、总结、澄清和预言等步骤,监控学习的过程,并建构起对所学知识的理解的教学方式。在这种模式中,教师先给学生进行示范,然后学生将轮流充当教师角色。比如语文阅读教学中,教师给学生示范如何根据学习内容提出问题,如何恰当地回答,然后由学生充当教师向其他同学提出问题。在这个过程中,学生也检测到自己对材料的理解水平。故答案选 B 项。

53. D 【解析】5R 笔记法,又叫做康奈尔笔记法,是用产生这种笔记法的大学校名命名的。这一方法几乎适用于一切讲授或阅读课,特别是对于听课记笔记,5R 笔记法应是最佳首选。这种方法是记与学、思考与运用相结合的有效方法。它的步骤包括记录(Record)、简化(Reduce)、背诵(Recite)、思考(Reflect)和复习(Review)五步。

54. D 【解析】根据学习策略所起的作用，可将学习策略分为基础策略和支持策略。
55. D 【解析】学习策略的发展差异主要包括学习策略发展的年龄差异和不同学习者身上表现出来的水平差异。例如，儿童初学一位数加法时，均以数手指的策略解决问题；当对问题完全熟悉时，会采用“记忆恢复”的策略，这就体现了学习策略发展的年龄差异。
56. D 【解析】元认知调节策略表现为在学习活动结束时，评价认知结果，采取相应的补救措施，修正错误，总结经验教训等。例如：当学习者意识到他不理解课文的某一部分时，他就会退回去重读困难的段落；在阅读困难或不熟的材料时放慢速度；复习不懂的课程材料；测验时跳过某个难题先做简单的题目等。
57. A 【解析】张大均将精加工策略分为四类，即人为联想策略、内在联系策略、生成策略和记笔记策略。其中，常用的人为联想策略主要有以下几种：(1)形象联想法；(2)谐音联想法；(3)首字连词法；等等。题干中语文老师让学生将“琴”字联想为“今天来弹琴”，正是运用了人为联想策略中的形象联想法。因此，本题最佳答案选 A 项。(具体内容参见张大均主编的《教育心理学》)
58. C 【解析】元认知也称反省认知，是指对认知的认知，具体地说，是个人关于自己认知过程的知识和调节这些过程的能力。A 项没有运用学习策略，B 项属于学习迁移，C 项运用了元认知策略中的调节策略，D 项运用了复述策略。故答案选 C 项。

二、多项选择题

1. ABC 【解析】认知策略是学习者信息加工的方法和技术，可以分为三种：复述策略、精加工策略和组织策略。
2. ABCD 【解析】精细加工策略有：(1)记忆术；(2)做笔记；(3)提问；(4)生成性学习；(5)运用背景知识，联系客观实际。关键词法属于记忆术的一种，故答案全选。
3. ACD 【解析】元认知计划策略包括设置学习目标、安排时间、浏览阅读材料、预测重点难点、产生待回答的问题以及分析如何完成学习任务等。故 A、C、D 三项属于元认知计划策略。B 项阅读时对注意加以跟踪属于元认知监控策略。
4. ACD 【解析】学习策略的特征包括：主动性、有效性、过程性、程序性。
5. ACD 【解析】学习策略的训练原则有：(1)主体性原则；(2)内化性原则；(3)特定性原则；(4)生成性原则；(5)有效监控原则；(6)个人效能感原则。

方法技巧：关于学习策略的训练原则，可用以下口诀帮助记忆：煮花生特有效(主化生特有效)。

6. ABC 【解析】元认知策略包括计划策略、监控策略和调节策略。
7. ACD 【解析】学习策略是变通性与通用性的统一。学习策略在一定程度上不受学习材料和学习情境的制约，可以随时根据学习的需要，进行自我调整以适应不同的学习情境，具有变通性。从知识分类的角度看，学习策略是一种程序性知识，由一套规则系统或技能构成，具有通用性。故 A 项说法正确。学习策略有四个方面的特征：(1)学习策略是学习者为了完成学习目标而积极主动地使用的；(2)学习策略是有效学习所必需的；(3)学习策略是有关学习过程的；(4)学习策略是学习者制订的学习计划，由规则和技能构成。故 B 项说法错误，C、D 两项说法正确。
8. ABC 【解析】认知策略学习的条件包括：(1)内部条件。①学生的原有知识基础；②学生的动机水平；③学生的元认知发展水平；④学生所持有的认识论信念。(2)外部条件。①若干例子同时呈现；②指导规则的发现及其运用条件；③提供变式练习的机会；④长期系统的练习。故 A、B、C 三项属于内部条件，D 项属于外部条件。
9. AB 【解析】组织策略指整合所学新知识之间、新旧知识之间的内在联系，形成新的知识结构的策略。主要的组织策略有列提纲、做图表、利用表格等。故 A、B 两项属于组织策略。PQ4R 学习法是由托马斯和罗宾逊提出的能帮助学生理解和记忆的学习技术，不属于组织策略。D 项属于精加工策略。

10. ABC 【解析】也有说法将资源管理策略分为:学习时间管理、学习环境的设置、学习努力和心境管理、学习工具的利用和社会性人力资源的利用等。故答案选 A、B、C 三项。

11. ABCD 【解析】常用的复述策略有:(1)在复述的时间上,采用及时复习、分散复习;(2)在复述的次数上,强调过度学习;(3)在复述的方法上,包括运用有意识记和无意识记、排除相互干扰、运用多种感官协同记忆、集中复习与分散复习相结合、复习形式多样化、反复阅读与尝试背诵相结合、画线等。

12. AD 【解析】记忆术属于精加工策略,而谐音联想法又是常见记忆术的一种。谐音联想法是通过谐音线索,运用视觉表象,假借意义进行人为联想。例如,把圆周率“3.1415926535……”编成顺口溜“山巅一寺一壶酒,尔乐苦煞吾……”等。因此,题干中的小强将单词“house”用中文“耗子”标记起来帮助记忆,运用的是精加工策略中的谐音联想法。故答案选 A、D 两项。

13. ACD 【解析】在学习策略中,复述策略、精加工策略和组织策略是针对陈述性知识的;针对程序性知识的则有模式再认策略和动作系列学习策略。因此,B 项是针对程序性知识的学习策略。

14. ABCD 【解析】精加工策略包括:(1)人为联想策略;(2)内在联系策略;(3)生成策略;(4)记笔记策略。

15. ABC 【解析】董奇认为,元认知由元认知知识、元认知体验和元认知控制(监控)三部分构成。

16. ABD 【解析】复述策略可以分为识记过程中的复述策略和保持过程中的复述策略。(1)识记过程中的复述策略包括:①利用随意识记和有意识记;②排除相互干扰;③多种感官参与;④整体识记和分段识记;⑤反复阅读与尝试背诵相结合;⑥过度学习。(2)保持过程中的复述策略包括:①及时复习;②分散复习和集中复习;③复习形式多样化;④画线。故答案选择 A、B、D 三项。

三、判断题

1. × 【解析】学习策略是一种程序性知识,由规则和技能构成,是学习技巧或学习技能的组合。它既是促进学生学习的条件,又是学校教育的重要目标,应当将学习策略的培养纳入学生的学习内容之中。

2. × 【解析】做笔记策略是使用较为普遍的精加工策略。做笔记不仅可以有效地控制自己的认知加工过程,还有助于概括新的知识和建立新旧知识之间的联系。因此,记笔记不属于计划监控策略。

3. √ 【解析】元认知在学习策略系统中的重要作用表现在:元认知过程实际上就是指导、调节人们的认知过程,选择有效认知策略的控制执行过程。

4. × 【解析】学业求助策略指当学生在学习上遇到困难时,向他人请求帮助的行为。学业求助不是自身能力缺乏的标志,而是获取知识、增长能力的一种途径,是一种重要的学习策略。学业求助包括两个方面:(1)学习工具的利用,如善于利用参考资料、工具书、图书馆、电脑等;(2)社会性人力资源的利用,如善于利用老师的帮助以及同学间的合作与讨论来加深对学习内容的理解。

5. √ 【解析】在合作学习模式中,合作性讲解的两个参与者都能从这种学习活动中受益,而主讲者比听者获益更大。

6. × 【解析】精加工过程是对所呈现的信息进行添加、补充的活动。精加工的结果是生成了新知识中没有明确呈现出来的内容,学生阅读课文时能读出“言外之意”,说明他在运用精加工策略。

易错提示:考生易错误理解精加工策略和组织策略的内涵。考生在做题时需要注意题干的关键词,如出现“言外之意”“增加意义”“深层加工”等则体现了精加工策略;出现“高级的知识结构”“组织材料信息”等则体现了组织策略。

7. √ 【解析】领会监控策略能够使学习者警觉自己在注意和理解方面可能出现的问题,以便找出来进行补救。学习一份材料时,成功的学习者通常能够意识到自己哪里懂了,哪里还不懂,如果自己还不懂,问题出在哪里,是把握的信息不够还是方法或策略不得当等。(具体内容参见张大均

主编的《教育心理学》)

8. √ 【解析】没有任何单一的策略能够适用于所有的教学,任何一种学习策略都有自己的优缺点。因此,学习策略训练必须要结合学习内容和学生实际。

9. √ 【解析】研究认为,学习策略知识不是孤立的,不能脱离专门知识。专门领域的基础知识是有效利用策略的前提条件,脱离知识内容的单纯训练容易导致形式化倾向,难以保证学生提高学习策略水平。

10. × 【解析】学习方法是学习策略的知识和技能基础,是学习策略的一个重要组成部分,而不是学习策略的全部,因此,不能把二者完全等同。

11. × 【解析】学生是学习的主体,学习策略的掌握和运用很大程度取决于学习者本身。因此,对于不同的学生而言,同一学习策略对学习效率的提升效果可能存在差异。

四、填空题

1. 谐音联想法

2. 认知策略

五、简答题(参考答案)

1. 列举学习策略的种类。

迈克卡等人将学习策略区分为三种,并对它们之间的层次关系进行了分析。他们认为,学习策略可分为认知策略、元认知策略和资源管理策略三种。

2. 什么是元认知?元认知策略有哪些?

(1)元认知就是对认知的认知,具体地说,是个人关于自己认知过程的知识和调节这些过程的能力。(2)学习的元认知策略是指个体为实现最佳的认知效果而对自己的认知活动所进行的调节和控制。它大致可分为计划策略、监控策略、调节策略三种。

3. 简述学习策略的特征。

学习策略的特征有:(1)主动性;(2)有效性;(3)过程性;(4)程序性。

六、案例分析题(参考答案)

1. (1)①时间管理策略。在时间管理上,应做到:统筹安排学习时间、高效利用最佳时间、灵活利用零碎时间。案例中根据自己的生物钟安排学习活动体现了时间管理策略。

②努力管理策略。努力管理策略是指学生对自己在学习中排除干扰、集中精力和付出努力大小进行管理的策略。它包括意志控制策略和自我强化策略。意志控制的作用是促进学习过程按照事先计划的学习目标和时间安排进行,保证学习过程顺利有效地开展下去。正是意志控制的作用,才促进学习者克服学习过程中的困难、排除学习中的各种干扰,集中精力并付出努力实现自己的学习目标。自我强化是指对自己表现出的符合或超出标准的行为进行自我奖励。案例中的王明每次想懈怠的时候,看到"做最好的自己"这句话,就会瞬间有一股力量,推动自己继续学习,为考上自己理想的高中用功学习,体现了努力管理策略。

③学业求助策略。学业求助策略指当学生在学习上遇到困难时,向他人请求帮助的行为。学业求助包括两个方面:一是学习工具的利用,如善于利用参考资料、工具书、图书馆、电脑等;二是社会性人力资源的利用,如善于利用老师的帮助以及同学间的合作与讨论来加深对学习内容的理解。案例中的王老师经常在班上开展小组合作学习,让学生之间在学习上多交流,分享彼此的观点和知识,这体现了学业求助策略。

(2)①在时间管理方面:学习者需学会如何统筹安排学习时间,做好学习的时间计划,防止拖拉;如何高效利用最佳时间,把握自己的精力变化,使自己尽量在精力最充沛的时间学习;如何灵活利用零碎时间进行学习;等等。

②在努力管理方面:学习者要学会如何激发和维持学习动机;如何树立正确的学习信念;如何让自己坚持学习;等等。

③在学业求助方面,学习者要学会如何利用各种工具,如工具书、参考资料、影视资料、互联网等;如何获得老师和同学的帮助;等等。

2. (1)①测验是为了掌握学生的学习情况,从而达到调整教学,以评促教,促进学生学习的目的。该教师大胆创新,允许学生"公然"作弊,学生通过在A4纸上写东西,带进考场参加考试,形成了"从他们在那张A4纸上总结的内容就能看出高低来"这种结果,反思了"为什么张某某能考好?为什么李某某考不了高分?"并"开始交流哪种学习方法好"。学生们明确了学习的方向和目的。这正体现了测验的价值和目的。

②该教师为了改变学生作弊的不良行为,采取了斯金纳行为塑造的方法。我们不能等到学习者完全不表现作弊行为的时候再给予强化,而需要把目标行为分解,分成一个个的逐渐趋向目标的小步子,"第二次考试让每个学生带半张A4纸,第三次,带四分之一……"这种方式逐渐改善了学生带小抄作弊的不良行为。

(2)学习策略训练的原则:

①教师创设了适当的机会让他们感受策略的效力,发挥了学生的主动性和能动性,即"写上自己想写的任何东西",通过这一举动指导他们分析和反思策略使用的过程和效果,体现了主体性原则和个人效能感原则。

②生成性原则,即要对所学材料进行深层次加工,层次加工越深,学习效果越好。案例中的学生采用了层次不同的学习策略,是他们学习成绩差异的主要原因。

③有效监控原则,让他们明白学习结果和学习策略使用的关系,使学生明白要灵活适时地采用不同的学习策略。本案例中"为什么张某某能考好?为什么李某某考不了高分?""开始交流哪种学习方法好"即体现了这一点。

3. (1)①根据案例中的描述可知,在处理既重要又紧急的事情时,A、B两个学生都投入了一定的时间。但是,造成时间管理效果差异的是重要但不紧急的事情。A学生对于重要但不紧急的事情,能够提前规划,并花费较多的时间;B学生却不善于规划,总是花较少的时间去处理。这说明A学生能够有规律、有计划地完成任务,掌握时间的主动权,而B学生没有做到高效地管理时间。

②根据A、B两个学生在不重要又不紧急的事情上的时间使用情况可知,A学生在一段时间内只做一件事情,花费时间相对较多;B学生同步做几件事情,花费时间相对较少。A学生在不重要又不紧急的事情上耗费了大量的时间,这样就减少了处理既重要又紧急和重要但不紧急的事情的时间,是一种变相的拖延。高效的时间管理,需要把精力放在处理既重要又紧急和重要但不紧急的事情上。

(2)①帮助学生统筹安排学习时间。教师应指导每个学生根据自己的总体目标,对时间做出总体安排,并通过阶段性的时间表来落实。对每一天的活动,都要列出一张活动优先表来。在制定学习计划时,要注意将学习计划落实在学习成果上。在执行学习计划时,要有效防止拖拉作风。

②教导学生高效利用最佳时间。在不同的时间里,人的体力、情绪和智力状态是不一样的。因此,每个学生要根据自己的模式来安排学习内容,确保状态最佳时学习最重要的内容。首先,要根据自己的生物钟安排学习活动;其次,要根据一周内学习效率的变化安排学习活动;再次,要根据一天内学习效率的变化来安排学习活动;最后,要根据自己的工作曲线安排学习活动。

③指导学生灵活利用零碎时间。首先,可以利用零碎时间处理学习上的杂事。其次,读短篇文章或看报纸杂志,拓宽自己的知识面,或者背诵诗词和外文单词。此外,可以进行讨论和通讯,与他人进行交流,在轻松的气氛里与人交流,有助于启发创造性思维。利用零碎时间的技巧很多,例如,让学生准备一个可随身携带的小本子,记上要背的知识点,在排队、等车或其他零碎时间里拿出来读一读;在起床、洗脸、刷牙、就餐等活动场所的墙上,贴上一个与视线等高的小夹子,夹上记着单词、公式的卡片等。

专题三　学习迁移

答案速查：

1～5	CCDCD	6～10	CBDBC	11～15	BAADC	16～20	DDBCB
21～25	ABCBA	26～30	CDABA	31～35	CBCDA	36～40	BCDDA
41～45	CCABD	46～51	CBDDDD	1～5	ABC CD ACD AB AB		
6～10	AD ABCD BC BCD ABC			11～12	AB ABCD		
1～5	× × × × √			6～10	× × √ × ×		
11～16	× × × √ √ √						

一、单项选择题

1. C 【解析】根据迁移的性质和结果，可分为正迁移、负迁移和零迁移。其中，正迁移也叫“助长性迁移”，是指一种学习对另一种学习的促进作用。题干中学生学习鲸、蝙蝠的概念后有利于哺乳动物概念的学习，属于正迁移。“鲸”“蝙蝠”和“哺乳动物”的抽象和概括水平不同，属于垂直迁移。一般迁移强调原理、原则和态度的具体应用。故A、B两项均不符合题意。

2. C 【解析】正迁移也叫“助长性迁移”，是指一种学习对另一种学习的促进作用。故A项不符合题意。顺向迁移是指先前学习对后继学习产生的影响。故B项不符合题意。近迁移即把所学的经验迁移到与原初的学习情境比较相似的情境中，如校内某些学科之间的迁移，或同一学科内的学习之间的迁移。故C项符合题意。水平迁移也叫横向迁移，是指先行学习内容与后继学习内容在难度、复杂程度和概括层次上属于同一水平的学习活动之间产生的影响。故D项不符合题意。

3. D 【解析】原有认知结构对迁移的影响表现在以下三个方面：(1)学习者是否拥有相应的背景知识。(2)原有的认知结构的概括水平对迁移起到至关重要的作用。(3)学习者是否具有相应的认知技能或策略以及对认知活动进行调节、控制的元认知策略。由于物理学专家的物理学知识比初学者更丰富，因此比初学者更容易学习在物理学上的新发现，这主要体现了原有认知结构对学习迁移的影响。

4. C 【解析】学习迁移并不是在任何情况下都能发生的，它会受到一系列主客观条件的制约。其中，学习对象之间的共同要素是学习迁移产生的客观必要条件。故C项说法正确。

5. D 【解析】根据迁移的性质和结果，可分为正迁移、负迁移和零迁移。其中，正迁移是指一种学习对另一种学习的促进作用；负迁移是指一种学习对另一种学习产生阻碍作用。
根据迁移发生的方向，可分为顺向迁移和逆向迁移。顺向迁移是指先前学习对后继学习产生的影响；逆向迁移是指后继学习对先前学习产生的影响。
“温故而知新”的意思是：复习学过的知识，可从中获得新的见解与体会。这是先前学习对后继学习产生了促进作用，因此属于顺向正迁移。

6. C 【解析】负迁移也叫“抑制性迁移”，是指一种学习对另一种学习产生阻碍作用。题干中强调学习了分数乘法后对分数加减法计算的干扰作用。故答案选C项。

7. B 【解析】桑代克等人认为，迁移是非常具体的、有条件的，需要有共同的要素。只有当两个机能的因素中有相同要素时，一个机能的变化才会改变另一个机能的习得。平行四边形与矩形之间相同要素多，因此训练对平行四边形的面积进行估算，有助于对矩形的面积估算，这可以用相同要素说解释。

8. D 【解析】重组性迁移指重新组合原有认知系统中某些构成要素或成分，调整各成分间的关系或建立新的联系，从而应用于新情境。在重组过程中，基本经验成分不变，但各成分间的结合关系发生了变化，即进行了调整或重新组合。题干中各动作成分的重新组合、重新排列体现了重组性迁移。

9. B 【解析】同化性迁移是指不改变原有的认知结构，直接将原有的认知经验应用到本质特征相同的一类事物中去。原有认知结构在迁移过程中不发生实质性的改变，只是得到某种充实。平时我们所讲的"举一反三""闻一知十"等都属于同化性迁移。

10. C 【解析】重组性迁移指重新组合原有认知系统中某些构成要素或成分，调整各成分间的关系或建立新的联系，从而应用于新情境。在重组过程中，基本经验成分不变，但各成分间的结合关系发生了变化，即进行了调整或重新组合。题干中王老师让学生通过对几个字的重新组合，形成不同意思的语句，符合重组性迁移的定义。

> **易错提示：**考生易混淆同化性迁移、顺应性迁移和重组性迁移的内涵，考生需注意：同化性迁移强调原有经验的直接运用，顺应性迁移强调调整原有经验形成更高的认知结构，重组性迁移强调原有经验中的成分组合发生变化。

11. B 【解析】苛勒所做的"小鸡觅食"实验是支持关系转换说的经典实验。

12. A 【解析】一般迁移也称非特殊迁移、普遍迁移，是指一种学习中所习得的一般原理、原则和态度对另一种具体内容学习的影响，即原理、原则和态度的具体应用。因此，布鲁纳的观点所强调的迁移类型是一般迁移。

13. A 【解析】学习迁移也称训练迁移，是指一种学习对另一种学习的影响，或习得的经验对完成其他活动的影响。通过迁移，各种经验得以沟通，经验结构得以整合。故迁移的实质是新旧经验的整合。

14. D 【解析】格式塔心理学家提出关系转换说，认为迁移是学习者突然发现两个学习经验之间关系的结果，是对情境中各种关系的理解和顿悟，而非由于具有共同成分或原理自动产生。因此，关系转换说强调对情境关系的理解。

15. C 【解析】学习迁移也称训练迁移，是指一种学习对另一种学习的影响，或习得的经验对完成其他活动的影响。平时所说的"举一反三""触类旁通"等即是典型的迁移形式。

16. D 【解析】奥苏贝尔在有意义接受学习理论的基础上提出了认知结构迁移理论，认为一切有意义的学习都是在原有认知结构的基础上产生的，不受原有认知结构影响的有意义学习是不存在的。题干中老师的做法可使学生在上节课学习的知识内容的基础上进行新知识的学习，即在原有认知结构的基础上进行学习，故遵循了认知结构迁移理论，答案选 D 项。

17. D 【解析】A 项垂直迁移强调不同水平的学习活动之间产生的影响，题干没有体现，排除。
B 项顺应性迁移强调调整原有经验形成更高的认知结构，而题干中是对"石"字的重新组合，故应属于重组性迁移。
C 项一般迁移强调对原理、原则和态度的具体应用，题干没有体现，排除。
D 项具体迁移强调对具体经验要素的迁移。"磊"是由"石"这一具体要素组成的，所以学会写"石"字对学会写"磊"字的影响应属于具体迁移。

18. B 【解析】A 项顺向正迁移是先前学习对后续学习产生促进作用。B 项逆向正迁移是后面学习对先前学习的积极影响。C 项顺向负迁移是先前学习对后续学习产生抑制作用。D 项逆向负迁移是后面学习对先前学习的消极影响。题干描述的是后学习的高等数学对先前学习的初等数学的积极影响，故属于逆向正迁移，本题选 B 项。

19. C 【解析】贾德在 1908 年所做的"水下击靶"实验是概括化理论的经典实验。概括化理论又称经验类化说。

20. B 【解析】自迁移是指相同情境中的迁移；近迁移主要指相似情境中的迁移；远迁移指知识或技

能在新的不相似情境中的迁移。根据题干字眼“相似的题型”,可判断属于近迁移。C 项低路迁移强调几乎不需要意识的参与,不符合题意,故排除。

21. A 【解析】不同的迁移理论观点表现在:

迁移理论	观点
形式训练说	心理官能只有通过训练才能得以发展,迁移就是心理官能得到训练而发展的结果,迁移是无条件的、自发的
相同要素说	迁移是非常具体的、有条件的,需要有共同的要素。两种情境中的相同要素越多,迁移的量也就越大
经验类化说(概括化理论)	一个人只要对自己的经验进行了概括,就可以完成从一个情境到另一个情境的迁移。对原理了解、概括得越好,迁移效果也越好
关系转换说(关系理论)	迁移是学习者突然发现两个学习经验之间关系的结果,是对情境中各种关系的理解和顿悟

题干中强调心理官能的促进作用,故属于形式训练说的观点。

方法技巧:理解学习迁移理论可从以下方面着手:形式训练说强调心理官能的训练;相同要素说强调相同的要素;经验类化说强调对经验、原理的概括;关系转换说强调对关系的理解和顿悟。

22. B 【解析】迁移是非常具体的、有条件的,需要有共同的要素,这是桑代克提出的相同要素说的观点。苛勒是关系转换说的代表人物。所以,B 项说法错误。

23. C 【解析】根据迁移的路径,可分为低路迁移和高路迁移:

迁移类型	内涵
低路迁移	以一种自发的或自动的方式所形成的技能的迁移。这种迁移是通过在各种情境中的练习获得的,其发生几乎是不需要或很少需要意识、思维的参与
高路迁移	有意识地将某种情境中学到的抽象知识应用于另一种情境中的迁移。学生在一种学习情境中抽取出了一种规则、原理、范例、图式,然后运用于新的情境

题干中小刘可以驾驶不同类型的汽车,驾驶汽车对于小刘来说属于一种熟练的动作技能,不需要意识的参与,因此属于低路迁移。

24. B 【解析】顺向正迁移是已掌握的知识、技能对新学习的知识、技能的积极影响。顺向负迁移是已掌握的知识、技能对新学习的知识、技能的消极影响。逆向正迁移是新学习的知识、技能对已掌握的知识、技能的积极影响。逆向负迁移是新学习的知识、技能对已掌握的知识、技能的消极影响。先学习的汉语拼音对后学习的英语字母产生了消极影响,故属于顺向负迁移,答案选 B 项。

25. A 【解析】定势就是指由先前影响所形成的往往不被意识到的心理准备状态,它将支配人以同样的方式去对待同类后继活动。定势是在连续活动中发生的,前面的活动经验为后面的活动形成一种准备状态。题干中小明在进行混合运算时,先加减后乘除,正是受到定势的影响。

26. C 【解析】一般迁移也称非特殊迁移、普遍迁移,是指一种学习中所习得的一般原理、原则和态度对另一种具体内容学习的影响,即原理、原则和态度的具体应用。题干中学生将学到的解题的基本方法运用到相类似题型的题目中,这是对原理的具体运用,故体现了一般迁移。

27. D 【解析】水平迁移也叫横向迁移,是指先行学习内容与后继学习内容在难度、复杂程度和概括层次上属于同一水平的学习活动之间产生的影响。例如，学习等差数列后，它对学习等比数列具有水平迁移的效果。因此，答案选 D 项。

28. A 【解析】正迁移也叫“助长性迁移”，是指一种学习对另一种学习的促进作用。选项 A 中的“举一反三”比喻从一件事情类推而知道其他许多事情，本质上体现了正迁移的作用。

29. B 【解析】桑代克等人认为，迁移是非常具体的、有条件的，需要有共同的要素。只有当两个机能的因素中有相同要素时，一个机能的变化才会改变另一个机能的习得。故题干中的观点属于相同要素说。

30. A 【解析】水平迁移也叫横向迁移，是指先行学习内容与后继学习内容在难度、复杂程度和概括层次上属于同一水平的学习活动之间产生的影响。电子琴与钢琴的学习在难度、复杂程度和概括层次上属于同一水平，故体现了水平迁移。

31. C 【解析】概括化理论认为，一个人只要对自己的经验进行了概括，就可以完成从一个情境到另一个情境的迁移。对原理了解、概括得越好，迁移效果也越好。故答案选 C 项。

32. B 【解析】垂直迁移也称纵向迁移，是指先行学习内容与后续学习内容是不同水平的学习活动之间产生的影响。题干中的“心理过程”和“认知过程”属于不同水平的学习，“心理过程”是上位概念，包括“认知过程”这个下位概念，因此属于垂直迁移，答案选 B 项。

33. C 【解析】负迁移也叫“抑制性迁移”，是指一种学习对另一种学习产生阻碍作用；顺向迁移是指先前学习对后继学习产生的影响。所以，先前学习的整数知识对现在学习的分数知识的消极影响属于顺向负迁移。

34. D 【解析】奥苏贝尔认为，对当前学习发生影响的不仅仅是先前的某次学习，还包括个体过去的经验，因此学生原有的知识结构是实现学习迁移的“最关键的因素”，而不是最近经验的一次刺激—反应联结。

35. A 【解析】学习迁移的基本理论有两类：(1)早期的迁移理论，包括形式训练说、相同要素说、概括化理论和关系理论；(2)当代的迁移理论，包括情境性理论、认知结构迁移理论、产生式理论和经验整合说等。所以，答案选 A 项。

36. B 【解析】形式训练说认为，迁移是通过官能训练以提高各种能力实现的。因此，形式训练说把训练心理官能、提高心理官能的能量作为教学的重点。他们假定学习数学有助于逻辑推理能力的形成，学习历史能提高记忆力。于是，难记的古典语言、数学和自然科学中的难题被视为训练心理官能的最好材料。

37. C 【解析】重组性迁移是指重新组合原有认知系统中某些构成要素或成分，调整各成分间的关系或建立新的联系，从而应用于新情境。在重组过程中，基本经验成分不变，但各成分间的结合关系发生了变化，即进行了调整或重新组合。题干中的“刷牙”一词可重组为“牙刷”，故答案选 C 项。

38. D 【解析】关系转换说认为，习得的经验能否迁移，并不取决于是否存在某些共同的要素，也不取决于对原理的孤立的掌握，而是取决于个体能否理解各个要素之间形成的整体关系，能否理解原理与实际事物之间的关系，即对情境中一切关系的理解和顿悟是获得一般迁移的最根本要素和真正手段。故答案选 D 项。

39. D 【解析】桑代克等人认为，迁移是非常具体的、有条件的，需要有共同的要素。只有当两个机能的因素中有相同要素时，一个机能的变化才会改变另一个机能的习得。两种情境中的刺激相似，反应也相似时，迁移才会发生。两种情境中相同要素越多，迁移的量也就越大。所以，两种学习之间要产生迁移，关键在于发现它们之间的一致性和相似性。

40. A 【解析】横向迁移也称水平迁移，是指先行学习内容与后继学习内容在难度、复杂程度和概括层次上属于同一水平的学习活动之间产生的影响。题干中的历史与地理、化学与生物、数学与物理等学科，在难度、复杂程度和概括层次上属于同一水平，故它们之间发生的迁移属于横向迁移。

41. C 【解析】同化性迁移是指不改变原有的认知结构,直接将原有的认知经验应用到本质特征相同的一类事物中去。故题干所述是同化性迁移的含义。

42. C 【解析】水平迁移也叫横向迁移,是指先行学习内容与后继学习内容在难度、复杂程度和概括层次上属于同一水平的学习活动之间产生的影响。故题干所述为横向迁移的内涵。

43. A 【解析】影响学习迁移的因素包括:(1)个人因素,如智力、认知结构、年龄、态度和定势。(2)客观因素,如学习材料的特性、教师的指导、学习情境的相似性、迁移的媒体。根据选项组合可知,A 项符合题意。

44. B 【解析】迁移可能促进学习也可能阻碍学习,故 A 项说法错误。

学习迁移也称训练迁移,是指一种学习对另一种学习的影响,或习得的经验对完成其他活动的影响。因此,必须至少有两种或两种以上的学习,才能产生迁移,故 B 项说法正确。

顺向迁移是指先前学习对后继学习产生的影响,故 C 项说法错误。

自迁移是指个体所学的经验影响着相同情境中任务的操作,故 D 项说法错误。

45. D 【解析】(1)影响学习迁移的个人因素:①智力;②年龄;③认知结构;④学生对学习和学校的态度;⑤学习心向和定势。(2)影响学习迁移的客观因素:①学习材料的特性;②教师的指导;③学习情境的相似性;④迁移的媒体。故答案选 D 项。

方法技巧:在做此类题目时,考生可运用记忆口诀帮助做题。个人因素:认(认知结构)智力,年(年龄)心(心向)态(态度);客观因素:学(学习材料的特性)教师,请(学习情境的相似性)媒体。

46. C 【解析】A 项,根据迁移内容的抽象和概括水平不同,可分为水平迁移和垂直迁移。B 项,根据迁移的性质和结果,可分为正迁移、负迁移和零迁移。C 项,根据迁移内容的不同,可分为一般迁移和具体迁移。D 项,根据迁移过程中所需的内在心理机制的不同,可分为同化性迁移、顺应性迁移和重组性迁移。因此,答案选 C 项。

47. B 【解析】学习迁移也称训练迁移,是指一种学习对另一种学习的影响,或习得的经验对完成其他活动的影响。迁移是学习的一种普遍现象,广泛存在于各种知识、技能、行为规范与态度的学习中。A 项"吃一堑,长一智"属于知识、情境或技能的迁移。B 项"近墨者黑"比喻接近坏人就会使人变坏,强调的是环境的影响,不属于迁移。C 项"因噎废食"属于学习态度的迁移。D 项"温故知新"属于知识和技能的迁移。本题为选非题,故答案选 B 项。

48. D 【解析】形式训练说认为人的心智是由各种官能组成的,这些官能可以像肌肉一样通过训练而得到发展和加强。如果一种官能在某种学习情境中得到改造,就可以在与该官能有关的所有情境中自动地起作用,从而表现出迁移的效应。其训练的是一种形式,而不是内容本身,本身就是习得一般的原理、方法、策略和态度等迁移到另外一种学习中去。一般迁移是对原理、原则和态度的迁移。因此,形式训练说所涉及的迁移本质上是一般迁移。故答案选 D 项。

49. D 【解析】形式训练说认为训练和改进心理官能是教学的重要目标,教育的任务就是要改善学生的各种官能,而改善以后的官能就能够自动地迁移到其他学习中去,一种官能的改进也能增强其他的官能。学生通过大量练习形成的能力可以迁移到考试中,就是对形式训练说的实践应用。

50. D 【解析】"水下击靶"实验是概括化理论的经典实验,而概括化理论强调对经验和原理的概括,故 D 项符合题意。

51. D 【解析】正迁移是指一种学习对另一种学习的促进作用;负迁移是指一种学习对另一种学习产生阻碍作用。顺向迁移是指先前学习对后继学习产生的影响;逆向迁移是指后面的学习影响着前面的学习。由于倒摄抑制是后学习的材料对保持和回忆先学习的材料的干扰作用,故属于逆向负迁移。

二、多项选择题

1. ABC 【解析】奥苏贝尔认为每一个学生的认知结构各有特点,个人认知结构在内容和组织方面的特征称为认知结构变量。可利用性、可辨别性和稳定性(包括清晰性)是影响迁移的三个关键认知结构变量。

2. CD 【解析】根据迁移内容的不同,可分为一般迁移和具体迁移。其中,具体迁移也称特殊迁移,是指学习迁移发生时,学习者原有的经验组成要素及其结构没有变化,只是将一种学习中习得的经验要素重新组合并移用到另一种学习之中。例如:学习了“日”“月”对学习“明”的影响;掌握了加减法对做四则运算题的影响等。C、D 两项属于具体迁移。

3. ACD 【解析】根据迁移过程中所需的内在心理机制的不同,迁移可分为同化性迁移、顺应性迁移和重组性迁移。

4. AB 【解析】学习迁移的影响因素可以分为主观和客观两个方面。(1)主观因素:①智力;②年龄;③认知结构;④学生对学习和学校的态度;⑤学习心向和定势。(2)客观因素:①学习材料的特性;②教师的指导;③学习情境的相似性;④迁移的媒体。

5. AB 【解析】一般迁移也称非特殊迁移、普遍迁移,是指一种学习中所习得的一般原理、原则和态度对另一种具体内容学习的影响,即原理、原则和态度的具体应用。因此,A、B 两项属于一般迁移。具体迁移也称特殊迁移,是指学习迁移发生时,学习者原有的经验组成要素及其结构没有变化,只是将一种学习中习得的经验要素重新组合并移用到另一种学习之中。因此,C、D 两项属于具体迁移。

方法技巧:在做此类题目时,考生需注意:强调基本技能、态度、原理、方法等的具体运用,就属于一般迁移。

6. AD 【解析】根据迁移内容的抽象和概括水平不同,迁移可分为水平迁移和垂直迁移。

7. ABCD 【解析】学习迁移也称训练迁移,是指一种学习对另一种学习的影响,或习得的经验对完成其他活动的影响。迁移有不同的分类。A 项和 D 项体现了一种学习对另一种学习的促进作用,属于正迁移。B 项后面学习对前面学习的影响,属于逆向迁移。C 项主要体现了一种学习对另一种学习的阻碍作用,属于负迁移。故答案全选。

8. BC 【解析】垂直迁移也称纵向迁移,是指先行学习内容与后续学习内容是不同水平的学习活动之间产生的影响。垂直迁移包括自上而下的迁移和自下而上的迁移。在本题中,B、C 两项属于自上而下的迁移,A 项属于具体迁移,D 项属于负迁移和水平迁移。

9. BCD 【解析】学习迁移理论分为早期的迁移理论和当代的迁移理论。早期的迁移理论包括形式训练说、相同要素说、概括化理论和关系理论;当代的迁移理论包括情境性理论、认知结构迁移理论、产生式理论和经验整合说等。

10. ABC 【解析】正迁移也叫“助长性迁移”,是指一种学习对另一种学习的促进作用。A、B、C 三项均体现了正迁移现象,D 项体现了负迁移现象。

11. AB 【解析】影响学习迁移的相似性因素包括:(1)学习材料的相似性;(2)学习目标与学习过程的相似性。除上面列举的各种相似性外,一些研究者还强调两种学习情境中涉及的其他成分的相似,如态度、情感以及学习中的环境线索等。

12. ABCD 【解析】促进学习迁移的主要措施有:(1)整合学科内容。教师注意把各个独立的教学内容整合起来,即要注意各门学科之间的横向联系。(2)加强知识联系。教师重视简单的知识技能和复杂的知识技能、新旧知识技能之间的联系。(3)强调概括总结。教师在教学中应注意启发学生对所学内容进行概括总结。一方面,在教学中注意引导学生自己总结出概括化的原理,培养和提高其概括总结的能力,充分利用原理、原则的迁移。另一方面,在讲解原理、原则时,

要列举最大范围的例子，枚举各种变式，使学生正确掌握其内涵和外延。(4)重视学习策略。教师要有意识地教学生学会如何学习，帮助他们掌握概括化的认知策略和元认知策略。(5)培养迁移意识。教师要注意对学生的反馈，当学生用其他学科的知识来解决某一学科的问题时，应予以鼓励。

三、判断题

1. × 【解析】具有广泛迁移价值的材料，是指学科的基本概念、基本原理、基本法则、基本方法、基本态度等。故题干说法错误。

2. × 【解析】形式训练说主张迁移要经历一个“形式训练”的过程才能产生，认为心理官能只有通过训练才得以发展，而迁移就是心理官能得到训练后发展的结果。进行官能训练时，关键不在于训练的内容，而在于训练的形式。因为内容经常容易忘记，其作用是暂时的，但形式是永久的。

3. × 【解析】加涅根据原有知识在新情境中应用的难度和结果，区分为横向迁移和纵向迁移。横向迁移是指已习得的概念和原理在新的、不需要产生新概念或新原理的情境中的运用，“举一反三”“触类旁通”所说的是横向迁移。

4. × 【解析】顺向迁移是指先前学习对后继学习产生的影响；正迁移也叫“助长性迁移”，是指一种学习对另一种学习的促进作用。

易错提示：考生容易混淆顺向迁移与正迁移、逆向迁移与负迁移的应用。考生在做题时应注意：顺向迁移是前对后的影响，逆向迁移是后对前的影响；正迁移强调促进作用，负迁移强调阻碍作用。它们是不同的迁移种类。

5. √ 【解析】自上而下的迁移，即上位的较高层次的经验影响下位的较低层次的经验的学习。平行四边形的概念层次高于菱形，故属于自上而下的迁移。

6. × 【解析】概括化理论也称经验类化说，由美国心理学家贾德提出，其主要观点是，一个人只要对自己的经验进行了概括，就可以完成从一个情境到另一个情境的迁移。

7. × 【解析】迁移可以在各种学习间产生，故题干说法错误。

8. √ 【解析】垂直迁移也称纵向迁移，是指先行学习内容与后续学习内容是不同水平的学习活动之间产生的影响。垂直迁移表现在两个方面：(1)自下而上的迁移，即下位的、较低层次的经验影响上位的、较高层次的经验的学习；(2)自上而下的迁移，即上位的、较高层次的经验影响下位的、较低层次的经验的学习。下位学习中可能发生自上而下的迁移，上位学习中可能发生自下而上的迁移。

9. × 【解析】负迁移也叫“抑制性迁移”，是指一种学习对另一种学习产生阻碍作用。逆向迁移是指后继学习对先前学习产生的影响。因此，负迁移和逆向迁移是不同的。

10. × 【解析】概括水平越高、对事物本质的把握越深刻的知识经验，可以迁移的范围就越广，迁移的效果就越好；反之，迁移的范围就越窄，迁移的效果就越差。因此，迁移的可能性的大小与经验的概括水平成正比例关系。

11. × 【解析】定势既可以成为积极的正迁移的心理背景，也可以成为负迁移的心理背景，或者成为阻碍迁移产生的潜在的心理背景。

12. × 【解析】从迁移的方向上看，可以将迁移分为顺向迁移和逆向迁移。从迁移的路径来看，可以把迁移分为高路迁移和低路迁移。高路迁移是有意识地将某种情境中学到的抽象知识应用于另一种情境中的迁移。学生在一种学习情境中抽取出了一种规则、原理、范例、图式，然后运用于新的情境，这便是高路迁移。

13. × 【解析】迁移是学习的一种普遍现象，广泛存在于各种知识、技能、行为规范与态度的学习中。

14. √ 【解析】奥苏贝尔的认知结构迁移理论认为,原有认知结构的特征直接决定了迁移的可能性及迁移的程度。原有认知结构对迁移的影响表现在以下三个方面:(1)学习者是否拥有相应的背景知识,这是迁移产生的基本前提条件;(2)原有的认知结构的概括水平对迁移起到至关重要的作用;(3)学习者是否具有相应的认知技能或策略以及对认知活动进行调节、控制的元认知策略对迁移的产生有重要影响。

15. √ 【解析】顺向迁移是指先前学习对后继学习产生的影响,因此,顺向迁移有助于新知识的理解和掌握。逆向迁移是指后继学习对先前学习产生的影响,因此,逆向迁移有助于对已有知识的巩固和完善。

16. √ 【解析】原有的认知结构的概括水平对迁移起到至关重要的作用。一般而言,经验的概括水平越高,迁移的可能性越大,效果越好;经验的概括水平越低,迁移的范围越小,效果也越差。

四、填空题

1. 学习迁移
2. 概括化理论(经验类化说)
3. 形式训练说
4. 相同要素说
5. 负迁移

五、简答题(参考答案)

1. 影响学习迁移的因素有哪些?

(1)学习材料的特点;(2)原有的认知结构;(3)对学习情境的理解;(4)学习的心理准备状态;(5)学习策略的水平;(6)智力与能力;(7)教师的指导。

2. 简述原有认知结构对迁移的影响。

(1)学习者是否拥有相应的背景知识,这是迁移产生的基本前提条件;(2)原有的认知结构的概括水平对迁移起到至关重要的作用;(3)学习者是否具有相应的认知技能或策略以及对认知活动进行调节、控制的元认知策略对迁移的产生有重要影响。

六、论述题(参考答案)

1. 联系教学实际,谈谈促进学习迁移的教学策略有哪些。

(1)改革教材内容,促进迁移:①精选教材,提高对概念和原理的理解水平;②合理编排教学内容,突出知识的组织特点。(2)合理编排教学方式,促进迁移:①在教学过程中应当按照从一般到个别、从整体到细节的顺序,渐进分化;②应当注意将各个内容综合贯通,促进知识的横向联系;③依据学生学习的特点,教学过程应由浅入深、由易到难、由已知到未知;④在具体操作上,可以将知识分成若干单元,每个单元还可分成若干小步子,让后一步的学习建立在前一步的基础之上,前一步的学习为后一步提供固定点。(3)教授学习策略,提高学生的迁移意识。(4)改进对学生的评价。

2. 在促进迁移的教学中,如何贯彻理论联系实际的教学原则?

在教学中,教师要加强理论与实际的结合,促进学生的学习迁移。

要激发学生的学习兴趣和热情,达到有效迁移的目的,就必须把握课堂教学的特点,坚持理论联系实际的原则,在"学"和"用"上做文章,引导学生学会用所学的知识去分析、解决实际问题。因此,在教学实践中,应特别注重书本知识与现实生活的结合,力求用现实问题去激发学生的兴趣和求知欲,用所学的理论知识去解决现实问题,激发学生的自豪感和成就感。同时,通过对现实问题的观察、思考,增强学生的责任感和使命感,使学生在学与用的结合中,既开阔了视野、丰富了知识,又锻炼了能力,提高了觉悟,真正实现课堂的教育教学目的。

(考生可结合实际加以阐述,言之有理即可)

专题四　知识的学习

答案速查：

1～5	DABBC	6～10	CADAC	11～15	ABBAA	16～20	ACBDB
21～25	ADBAB	26～30	DCDAC	31～35	BCDCB	36～40	CCAAA
41～45	CBBBA	46～50	DDBDD	51～55	DCDCC	56～60	ACCBD
61～65	CCBBB	66～72	CDBACBA	1～5	ABC BC ACD ACD ABC		
6～10	ABCD ABC AC BD BD			11～15	BCD ACD BC ABC BD		
16～20	AC ABCD ABD ABC AC			21～25	CD CD ABCD AD ABCD		
26～27	BCD ABCD			1～5	× √ √ √ √		
6～10	× × √ √ √			11～17	√ × × × × × √		

一、单项选择题

1. D 【解析】陈述性知识学习的过程包括获得、保持和提取三个阶段。(1)知识获得阶段，新信息进入短时记忆，与长时记忆中的相关信息联系，出现新的意义构建；(2)知识保持阶段，新构建的意义储存于长时记忆中，如果没有复习或新的学习，这些意义将随着时间的延长而遗忘；(3)知识提取阶段，个体运用所获得的知识回答“是什么”和“为什么”的问题，并应用这些知识解决实际问题，使所学知识产生广泛迁移。
2. A 【解析】陈述性知识获得的心理机制是同化。同化是指学习者接纳、吸收和合并知识并将其转化为自身认知结构的一部分的过程。
3. B 【解析】陈述性知识也叫描述性知识，是个人能用言语进行直接陈述的知识，主要用于区别和辨别事物。数学规则符合该定义，是陈述性知识，排除 C、D 两项。程序性知识即操作性知识，是一种经过学习后自动化了的关于行为步骤的知识，表现为在信息转换活动中进行具体操作。解答方程的过程符合该定义，排除 A 项，选择 B 项。
4. B 【解析】陈述性知识和程序性知识的区别如下：

维度	陈述性知识	程序性知识
内涵与性质	区别和辨别事物；静态	与实践操作联系密切；动态
测量方式	“陈述”或“告诉”	观察个体的行为间接测量
表征方式	命题、命题网络、表象	产生式和产生式系统
意识控制	激活速度一般较慢，要求有较好的意识控制	激活速度较快，启动后，对意识控制程度的要求很低
习得与遗忘	习得的速度较快，但遗忘也快	学习速度相对较慢，遗忘较慢
获得后修改或调整	比较容易	有很大的难度

故 B 项说法错误。

5. C 【解析】模像直观指观察与教材相关的模型与图像(如图片、图表、幻灯片、电影、录像、电视等)，形成感知表象。模像直观具有一定的优势，首先，它能通过人为的手段消除或减弱实物的非本质因素对本质因素的掩蔽作用。其次，它可以突破时间和空间的限制，来扩大感性材料的来源。故题干中使用的教学直观方式为模像直观。

方法技巧：考生在做此类试题时，可根据三种知识直观方式的关键词进行判断，实物直观：标本、实验、现场参观；模像直观：模型、图像；言语直观：言语描述。

6. C 【解析】活动律，指活动的对象较之静止的对象容易感知。为此，应注意在活动中进行直观、在变化中呈现对象，要善于利用现代科学技术作为知识的物质载体，使知识以活动的形象呈现在学生面前。因此，题干所述正是利用了感觉的活动律。

方法技巧：在做感知规律的相关题目时，考生应注意以下例子：强度律强调达到一定强度，如教师讲课要声音洪亮；差异律强调存在对比差异，如教师讲到重点内容时声音突然变大；活动律强调在活动中传递知识，如利用现代科学技术使知识以活动的形象呈现在学生面前；组合律强调组织合理，如教师讲课应有间隔和停顿。

7. A 【解析】下位学习包括派生类属学习和相关类属学习。其中派生类属学习是指新观念是认知结构中原有观念的特例或例证，新知识只是旧知识的派生物。这种学习比较简单，只需要经过具体化过程即可完成。题干中，新学习的“直角三角形”是原本学习的“三角形”的例证，因此属于派生类属学习。

8. D 【解析】根据知识本身的存在形式和复杂程度，知识学习可分为符号学习、概念学习和命题学习。B 项，符号学习又称表征学习，是指学习单个符号或一组符号的意义。A 项，符号学习的主要内容是词汇学习。C 项，概念学习是指掌握概念的一般意义，其实质是掌握一类事物的共同的本质属性和关键特征。D 项，命题学习是指获得由几个概念构成的命题的复合意义，实际上是学习表示若干概念之间关系的判断。只有了解直角三角形和三角形的概念之后，才能掌握这个命题的意义。故选 D 项。

9. A 【解析】奥苏贝尔根据新知识与原有认知结构的关系，将知识学习分为下位学习、上位学习和并列结合学习。

A 项：上位学习又称总括学习，是在学生掌握一个比认知结构中原有概念的概括和包容程度更高的概念或命题时产生的。根据题干描述可知，学生小黄在学习了“蝴蝶”“蜜蜂”“蜻蜓”等词后，再学习“昆虫”一词，而“昆虫”的概念层级高于“蝴蝶”“蜜蜂”“蜻蜓”，故属于上位学习。

B、C、D 三项：下位学习又称类属学习，是一种把新的观念归属于认知结构中原有观念的某一部分，并使之相互联系的过程。原有观念在包容和概括水平上高于新学习的知识。下位学习包括派生类属学习和相关类属学习。不符合题意，排除。

10. C 【解析】上位学习遵循从具体到一般的归纳概括过程，属于发现学习。A 项正确。上位学习对学生获得基本概念和一般原理与规则具有重要意义。B 项正确。下位学习对新学知识效率高。C 项错误。下位学习遵循从一般到特殊的过程，属于接受学习。D 项正确。故答案选 C 项。

11. A 【解析】正例给出了概念外延范围，传递的信息最有利于概括，为了便于学生从例子中概括出共同的特征，还包括了许多的无关因素，但是这些无关因素能防止学生出现概括不足的情况，把属于这个概念本身的成员排除在外。反例与概念本身非常相关，只是少了一个或者几个关键特征，这就防止出现过度概括的情况，把不属于概念本身的成员包含进来。因此，为防止学生出现概括不全面的情况，教师应向学生呈现正例。故本题答案选 A 项。

12. B 【解析】所谓变式，就是变换使用不同形式的直观材料或事例说明事物的属性，使本质属性保持不变而非本质属性或有或无，以便突出本质属性。B 项中，“沙子”属于“固体”，而不是“液体”，属于运用反例的策略。

易错提示：考生容易区分不清变式的例子，考生需注意所列举的变式与原事物属于同一类，即本质属性相同，非本质属性不同，如题干中的哺乳动物与蝙蝠。

13. B 【解析】短时记忆的容量是 7 ± 2 个组块，就是 5 ~ 9 个组块。

14. A 【解析】深度加工,是指通过对要学习的新材料增加相关的信息来达到对新材料的理解和记忆的方法,如对材料补充细节、举出例子、做出推论,或使之与其他观念形成联想。故题干所述为深度加工的内涵。

15. A 【解析】知识的理解主要指学生运用已有的经验、知识去认识事物的种种联系、关系,直至认识其本质、规律的一种逐步深入的思维活动。它是学生掌握知识过程的中心环节。

16. A 【解析】短时记忆的编码方式有听觉编码和视觉编码两种,主要是听觉编码。语义编码是长时记忆最主要的编码形式。

17. C 【解析】根据题干描述可知,"负数"的概念让"数"的概念被扩展、深化,让"数"的概念得到本质属性的改变,因此属于相关类属学习。

方法技巧:考生在做此类题目时,可以根据举例形式和题干描述帮助做题:(1)学习A后,将B纳入A或加强对B的理解,这属于派生类属学习;(2)学习A属于C,又学习B属于C,C的本质属性发生变化,这属于相关类属学习。

18. B 【解析】模像直观可以通过模型、图像等这些人为的手段消除或减弱实物直观的缺点,扩大直观的范围,突出本质要素,提高直观的效果。因此模像直观最能概括出事物的本质属性。

19. D 【解析】言语直观指在生动形象的言语作用下唤起学生头脑中的表象,以提供感性材料的直观方式。因此,教师通过生动的讲解、形象的描述来帮助学生理解知识的直观类型是言语直观。

20. B 【解析】变式就是变换事物的非本质特征,以突出本质特征。能否食用是果实的非本质特征,"有种子"是果实的本质特征。题干中变换果实的非本质特征(是否可食),突出其本质特征(有种子),这是运用了变式。

21. A 【解析】强度律,指作为知识的物质载体的直观对象(实物、模像或言语)必须达到一定强度,才能为学习者清晰地感知。因此,教师在教学过程中要声音洪亮,保证学生听得见,听得清。

22. D 【解析】程序性知识即操作性知识,是一种经过学习后自动化了的关于行为步骤的知识,表现为在信息转换活动中进行具体操作。程序性知识主要用来解决"做什么"和"怎么做"。

23. B 【解析】下位学习又称类属学习,是一种把新的观念归属于认知结构中原有观念的某一部分,并使之相互联系的过程。原有观念在包容和概括水平上高于新学习的知识。根据"正方形是长方形的一个特例"可以推知,题干所述学习属于下位学习。

24. A 【解析】实物直观指在感知实际事物的基础上提供感性材料的直观教学方式。例如,观察标本、演示实验、到工厂或农村进行实地参观访问等。

25. B 【解析】差异律指对象和背景的差异越大,对象从背景中区分开来就越容易。黑板和白粉笔之间的对比明显,有助于提高感知效果。

26. D 【解析】正例又称肯定例证,指包含着概念或规则的本质特征和内在联系的例证;反例又称否定例证,指不包含或只包含了一小部分概念或规则的主要属性和关键特征的例证。题干中例举的麻雀和燕子具有鸟这一概念的本质特征,故属于正例。

27. C 【解析】语义编码是长时记忆最主要的编码形式;听觉编码是短时记忆主要的编码形式;图像记忆是瞬时记忆的主要编码形式。故答案选C项。

28. D 【解析】知识是指主体通过与环境相互作用而获得的信息及其组织。

29. A 【解析】符号学习是指学习单个符号或一组符号的意义。符号学习的心理机制是符号和它们所代表的事物或观念在学习者认知结构中建立相应的等值关系。用"老鹰"或"hawk"等符号来代表现实中的老鹰,这属于符号学习。

30. C 【解析】陈述性知识也叫描述性知识,是个人能用言语进行直接陈述的知识,主要用于区别和辨别事物,可用来回答"是什么"和"为什么"的问题。

31. B 【解析】信息加工心理学家大多同意将人类习得的知识分为两大类:一类为陈述性知识,另一类为程序性知识。陈述性知识大致与我们传统上讲的知识概念(即狭义的知识)相当。因此,题干中谈到的“知识”概念与陈述性知识大致相当。

32. C 【解析】根据题干描述可知,先学习的轴对称图形包含圆,即原有观念在包容和概括水平上高于新学习的知识,故属于下位学习。

33. D 【解析】陈述性知识是关于“是什么”的知识,是对事实、定义、规则和原理等的描述。本题中提到的语法、格式、词汇属于规则和事实,故属于陈述性知识。

34. C 【解析】传统的知识观从不同的角度对知识进行分类:(1)根据知识的反映水平,可以分为感性知识与理性知识;(2)根据知识的抽象水平,可分为具体知识与抽象知识;(3)根据知识的来源,可以分为直接知识与间接知识。当代著名认知心理学家安德森从信息加工的观点出发,依据知识的不同表征方式和作用,将知识划分为陈述性知识和程序性知识两大类。因此,答案选C项。

35. B 【解析】模像直观指观察与教材相关的模型与图像(如图片、图表、幻灯片、电影、录像、电视等),形成感知表象。题干中“观看录像带”这一关键词表明,教师运用的直观手段是模像直观。

36. C 【解析】变式,就是变换使用不同形式的直观材料或事例说明事物的属性,使本质属性保持不变而非本质属性或有或无,以便突出本质属性。平行四边形、正方形和菱形都属于四边形,它们的本质属性相同但非本质属性不同,故它们都是四边形的变式。

37. C 【解析】陈述性知识从长时记忆中提取信息时,需要依据一定的线索:(1)提取信息离不开联想,各种联想(如接近联想、相似联想、对比联想)都是基本的提取线索;(2)知识的层次组织,这是最重要的提取线索;(3)学习情境和主体状态也是提取知识的重要线索;(4)学习者在学习时的姿势也可以成为提取线索。

38. A 【解析】策略性知识是关于如何学习和如何思维的知识,即个体运用陈述性知识和程序性知识去学习、记忆、解决问题的一般方法和技巧。根据题干描述可知,“英语单词联想记忆”培训班主要教授的是学习、记忆英语的一般方法和技巧。因此,可以推断,这个培训班主要教授的知识类型是策略性知识。

39. A 【解析】陈述性知识也叫描述性知识,是个人能用言语进行直接陈述的知识,主要用于区别和辨别事物。程序性知识即操作性知识,是一种经过学习后自动化了的关于行为步骤的知识,表现为在信息转换活动中进行具体操作。根据定义可以判断,数学、物理、化学属于程序性知识型的学科;历史属于陈述性知识型的学科;语文、生物、地理、政治属于混合型学科。

40. A 【解析】程序性知识即操作性知识,是一种经过学习后自动化了的关于行为步骤的知识,表现为在信息转换活动中进行具体操作。因此,题干中描述的关于任务完成步骤的知识属于程序性知识。

41. C 【解析】强度律,指作为知识的物质载体的直观对象(实物、模像或言语)必须达到一定强度,才能为学习者清晰地感知。因此,在直观过程中,教师应突出那些强度低但较重要的要素,使它们充分地展示在学生面前。例如,教师课件的字不宜过小。

42. B 【解析】认知教学心理学家诺曼和鲁梅哈特根据图式理论,提出知识的掌握需经过生长、重构和协调三个阶段。其中,生长阶段指的是,学生接触各种形式的知识,包括术语、事件、理论解释等,并力图把这些“外来的”知识与自己原有的知识建立联系。此时,信息以相对独立的方式被原有图式同化,以个别事实或命题的形式被表征。其教学首先应考虑所教的内容适合于学生原有知识准备,即找准生长点。此阶段学生获取的知识具有零散的和孤立的性质,一般不易迁移,难以应用。

43. B 【解析】感性概括即直觉概括,它是在直观的基础上自发进行的一种低级的概括形式。例如,有的学生由于经常看到主语在句子的开端部位,因而就认为主语就是句子开端部位的那个词;有的学生看到锐角、直角、钝角等图形中都有两条交叉的线,就认为角是由两条交叉的线组成。

44. B 【解析】短时记忆是指人脑中的信息在 1 分钟之内加工与编码的记忆，是信息从感觉记忆到长时记忆的过渡阶段。处在工作状态中的短时记忆，或者在完成当前任务时起作用的短时记忆，就是工作记忆。因此，同声翻译人员使用的记忆主要是短时记忆。

45. A 【解析】知识获得是知识学习的第一阶段，主要是通过直观和概括两个环节来实现的。

46. D 【解析】言语直观不受时间、空间和设备的限制，感性材料来源更丰富，是教学中大量采用的直观方式，也是最为便利和经济的直观手段。

47. D 【解析】并列结合学习又称组合学习，是在新命题与认知结构中原有的命题既非下位关系又非上位关系，而是一种并列的关系时产生的。例如，学习质量与能量、遗传与变异、需求与价格等概念之间的关系就属于并列结合学习。

48. B 【解析】程序性知识学习的一般过程是从陈述性知识转化为自动化的技能的过程，它主要由陈述性阶段、程序化阶段、自动化阶段三个阶段构成。“学习相似三角形的相关知识”是程序性知识学习的陈述性阶段，“知道如何证明并写出两个三角形相似”是程序性知识的程序化阶段。因此，王雨的学习属于程序性知识的学习。

49. D 【解析】根据知识本身的存在形式和复杂程度，知识学习可分为：

知识学习的类型	定义
符号学习	学习单个符号或一组符号的意义
概念学习	掌握一类事物的共同的本质属性和关键特征
命题学习	学习表示若干概念之间关系的判断

故答案选 D 项。

50. D 【解析】陈述性记忆是对陈述性知识的记忆，是对有关事实和事件的记忆；程序性记忆是对程序性知识的记忆，是对如何做事情的记忆。因此，A、B 两项说法正确。程序性知识是在陈述性知识的基础上进一步发展起来的，个体把陈述性知识与具体的任务目标联系起来，从而去解决某个问题，在解决问题的过程中，个体把陈述性知识转化成程序性知识。故 C 项说法正确。程序性知识的表现不是被个体回忆起来，而是对所接受的信息进行加工变换。故 D 项说法错误。

51. D 【解析】按照学生对知识的概括抽象程度不同，将知识概括分为感性概括和理性概括。A 项说法正确。概括是指主体通过对感性材料的分析、综合、比较、抽象、概括等深度加工改造，从而获得对一类事物的本质特征与内在联系的抽象的、一般的、理性的认识的活动过程。B 项说法正确。有效地进行知识概括的方法包括：(1)配合运用正例和反例；(2)正确运用变式；(3)科学地进行比较；(4)启发学生进行自觉概括。C 项说法正确。图片、图表、幻灯片的使用属于模像直观，D 项说法错误。

52. C 【解析】组合律指空间上接近、时间上连续、形状上相同、颜色上一致的事物，其易于构成一个整体为人们所清晰地感知。因此，教材编排应分段分节，教师讲课应有间隔和停顿。

53. D 【解析】所谓变式，就是变换使用不同形式的直观材料或事例说明事物的属性，使本质属性保持不变而非本质属性或有或无，以便突出本质属性。因此，运用变式的目的在于分化概念。

54. C 【解析】活动律指活动的对象较之静止的对象容易感知。因此，题干中的教师在课堂上有走动和手势所依据的感知规律是活动律。

55. C 【解析】奥苏贝尔根据新知识与原有认知结构的关系，将知识学习分为下位学习、上位学习和并列结合学习。下位学习又称类属学习，是一种把新的观念归属于认知结构中原有观念的某一部分，并使之相互联系的过程。“过去完成时”属于“过去时”的一种，故题干所述为典型的下位学习。

56. A 【解析】组合律指空间上接近、时间上连续、形状上相同、颜色上一致的事物，其易于构成一个整体为人们所清晰地感知。因此,题干所述为组合律的概念。

57. C 【解析】命题是知识的最小单元,它既可以陈述简单的事实,也可以陈述一般规则、原理、定律、公式等。

58. C 【解析】知识的应用,是指把学到的知识应用于作业和解决有关问题的过程,是抽象知识具体化的过程。因此,题干中的学生能指出生字的字形结构,用学的生词造句,在病句中找出错误部分,这属于学习过程中的应用阶段。

59. B 【解析】实物直观指在感知实际事物的基础上提供感性材料的直观教学方式。因此,李老师带领学生到植物园实地参观,运用的就是实物直观。

60. D 【解析】题干中黄老师先让学生认识了鸵鸟、乌龟等常见的卵生动物,再认识卵生动物,这是掌握一个比认知结构中原有概念的概括和包容程度更高的概念或命题的过程,故属于上位学习。

61. C 【解析】陈述性知识主要用于区别和辨别事物,是回答事物"是什么""为什么"等问题的言语信息方面的知识。故C项说法正确。程序性知识主要表现为在信息转换活动中进行具体操作,是说明"做什么""怎么做"等问题的知识。程序性知识是一种实践性知识,主要用于实际操作,故也称为操作性知识。因此,A、B、D三项是关于程序性知识的说法,故不选。

62. C 【解析】陈述性知识也叫描述性知识,是个人能用言语进行直接陈述的知识,主要用于区别和辨别事物。是关于事物及其关系的知识,或者说是关于"是什么"的知识,它包括事实、规则、发生的事件、个人的态度等。这类知识一般通过记忆获得,因此有的心理学家也把它称为记忆性知识。题干中是关于"是什么"的知识,故属于陈述性知识的学习。

63. B 【解析】A项,先认识的猫、牛等动物的概念层级低于后认识的哺乳动物,故属于上位学习。B项,平行四边形的概念层级高于菱形,故属于下位学习。C项,由直角三角形的特点推出"勾股定理",不符合下位学习的概念,可排除。D项,热与体积、遗传结构和变异的关系属于一种并列的关系,故属于并列结合学习。因此,答案选B项。

64. B 【解析】对英语单词的记忆运用的是工作记忆,即短时记忆。此外,短时记忆具有信息保存时间很短(不超过1分钟)、易受干扰等特点,也符合题干中"不久就忘得一干二净"的描述。因此,题干中对单词的记忆处于短时记忆阶段。

65. B 【解析】保存时间短、保存量大是瞬时记忆的特点。瞬时记忆的编码方式有图像记忆和声像记忆两种,是以事物的物理特性直接编码,故本题答案为B项。

66. C 【解析】策略性知识是关于如何学习和如何思维的知识,即个体运用陈述性知识和程序性知识去学习、记忆、解决问题的一般方法和技巧。例如,学习中如何有效记忆,写作时如何拟定提纲,解决问题时如何明确思维方向等。

67. D 【解析】在程序性知识获得的第三个阶段,即自动化阶段,学生无需有意识的控制或努力就能够自动完成有关的活动步骤,行为完全由规则支配,技能也相对自动化。操作的准确性和速度均得到大幅提高,表现为纯熟的技能,不需要提取有关操作步骤的知识。因此,学生边听课边记笔记,而不用花费更多的精力去想字如何写,属于程序性知识获得的自动化阶段。

68. B 【解析】安德森根据知识的不同表征形式,将知识分为陈述性知识和程序性知识。其中,程序性知识是关于"如何做"的知识,它是一种经过学习后自动化了的关于行为步骤的知识,表现为在信息转换活动中进行具体操作。例如,计算分数除法题,将主动句改成被动句等。故答案选B项。

69. A 【解析】组合律,是指空间上接近、时间上连续、形状上相同、颜色上一致的事物,易于构成一个整体为人们所清晰地感知。A项中教师针对不同的内容采用不同的语速,并对这些内容进行分析综合,这符合对组合律的运用。故答案选A项。而B项和D项符合对差异律的运用;C项符合对活动律的运用。

70. C 【解析】现代认知心理学家认为程序性知识的掌握过程包括陈述性知识阶段、转化阶段和自

动化阶段三个阶段。因此,自动化阶段是程序性知识发展的最高阶段。

71. B 【解析】并列结合学习又称组合学习,是在新命题与认知结构中原有的命题既非下位关系又非上位关系,而是一种并列的关系时产生的。例如,数学教学中同一单元的不同章节之间以及同一单元的例题与习题之间、语文教学中的范文与习作之间等都属于并列结合学习。

72. A 【解析】知识的应用是指学生运用已获得的知识去解决新的练习性课题或实际问题的过程。题干中强调个体将已有的知识经验用于解决作业中或实际生活中的问题,故属于知识的应用。

二、多项选择题

1. ABC 【解析】陈述性知识也叫描述性知识,是个人能用言语进行直接陈述的知识,主要用于区别和辨别事物。陈述性知识是关于“是什么”的知识,是对事实、定义、规则和原理等的描述。A、B、C 三项是对事实的描述,故属于陈述性知识;D 项属于运用公式解题,是一种具体操作,故属于程序性知识。

2. BC 【解析】奥苏贝尔根据新知识与原有认知结构的关系,将知识学习分为下位学习、上位学习和并列结合学习。其中上位学习又称总括学习,即通过综合归纳获得意义的学习,是在学生掌握一个比认知结构中原有概念的概括和包容程度更高的概念或命题时产生的。上位学习遵循从具体到一般的归纳概括过程。例如,为了让学生掌握“面积”的概念,教师以桌面、地面、墙面、操场为例证,并比较其大小,最后得出“面积就是平面图形或物体表面的大小”的定义,就属于上位学习。故 B、C 两项属于上位学习。A 项属于下位学习,D 项属于并列结合学习。

3. ACD 【解析】要促进学习者陈述性知识的学习,教师需要在如下方面做出努力:(1)利用学生的原有知识经验促进陈述性知识的学习。(2)引发与促进学生陈述性知识学习的内部过程。陈述性知识的学习不是机械的背诵、操练,而是涉及一系列的内部认知过程。知晓了这一点,要想促进陈述性知识的学习,就需要采用一些教学措施来引发和支持学习者的这些内部过程。有许多这样的教学措施,其中最基本、最常用的是提问。(3)教会学生自己引发陈述性知识学习的内部过程。由此可以判断,A、C 两项表述正确。变式练习策略是促进程序性知识学习的教学策略,故 B 项表述错误。系统化策略是促进陈述性知识学习的教学策略,其原理是:陈述性知识的获得、存贮、提取和建构都依赖于命题网络的良好组织和结构,有计划地引导学生对所学知识进行归类、组织和系统化,才能使新、旧知识融会贯通,建构出最优化的命题网络。故 D 项表述正确。

4. ACD 【解析】模像直观指观察与教材相关的模型与图像(如图片、图表、幻灯片、电影、录像、电视等),形成感知表象。故 A、C、D 三项都属于模像直观的手段。B 项演示实验属于实物直观。

5. ABC 【解析】根据新知识与原有认知结构的关系,知识学习可分为下位学习、上位学习和并列结合学习。

6. ABCD 【解析】符号学习主要分为以下三大方面:

类型	举例
词汇学习	如汉字、英语单词的学习
非语言符号的学习	如实物、图像、图表、图形等的学习
事实性知识的学习	如历史课中历史事件和历史人物的学习,地理课中地形地貌和地理位置的学习

因此,A、B、C、D 四项均属于符号学习。

7. ABC 【解析】长时记忆是指保持时间在一分钟以上乃至数十年的记忆。故 A 项说法正确。长时记忆中的信息是有组织的知识系统,这种有组织的知识系统对人的学习和决策有重要意义,它使人能够有效地对新信息进行编码,以便更好地识记;也能使人迅速有效地从头脑中提取有用的信息,解决当前的问题。故 B 项说法正确。长时记忆中的信息的来源大部分是对短时记忆内容的加工,也有由于印象深刻一次获得的。故 C 项说法正确。长时记忆保持的时间长,容量几乎没有限度。故D项说法错误。因此,答案选A、B、C三项。

8. AC 【解析】知识的应用主要经历了审题、联想、解析和类化这四个彼此相连又相互独立的基本环节。

易错提示:关于知识应用的过程有很多种说法,考生应根据题干描述和选项设置灵活掌握:说法一,知识的应用主要经历了审题、联想、解析和类化这四个彼此相连又相互独立的基本环节。说法二,知识的应用一般要经过审题、联想和课题类化三个基本环节,其中联想即相关知识的再现。说法三,知识应用的具体过程,就其智力活动方面来说,一般包含以下三个基本环节:审题、联想和解题。

9. BD 【解析】陈述性知识是指个人具有有意识的提取线索,而能直接加以回忆和陈述的知识。主要是指言语信息方面的知识,用于回答"是什么"的问题。主要是用来说明事物的性质、特征和状态,用于区别和辨别事物。这种知识具有静态的性质。陈述性知识要求的心理过程主要是记忆。(具体内容参见李跃文主编的《儿童教育心理学》)

10. BD 【解析】程序性知识主要以产生式和产生式系统进行表征。A、C两项属于陈述性知识的表征方式。

11. BCD 【解析】感性知识,是对活动的外表特征和外部联系的反映,可分为感知和表象两种水平。理性知识,反映的是活动的本质特征与内在联系,包括概念和命题两种形式。概念反映的是活动的本质属性及各属性之间的本质联系。命题也就是通常所说的规则、原理、原则。根据定义可判断B、C、D三项属于理性知识,A项属于感性知识。

12. ACD 【解析】维特罗克提出,为了促进学生把当前内容的不同部分联系起来,教学中可以采取如下策略:(1)加题目;(2)列小标题;(3)提问题;(4)说明目的;(5)总结或摘要;(6)画关系图或列表。

13. BC 【解析】吕老师结合"录像"进行教学,这运用了模像直观。向学生"讲解"雪的形态,这运用了言语直观。

14. ABC 【解析】在实际的教学过程中,主要有三种直观方式,即实物直观、模像直观和言语直观。

15. BD 【解析】乔纳森提出了知识学习的三阶段:

阶段	特征
初级知识获得阶段	所涉及的主要是结构良好的问题,包括大量通过练习和反馈而熟练掌握知识的活动
高级知识获得阶段	开始涉及大量结构不良领域的问题,教学也主要是对知识的理解,通过师徒式的引导演练而进行
专家化知识学习阶段	所涉及的问题更加复杂和丰富,这时学生头脑中已有大量的图式化的知识模块,而且在这些模块间也建立了丰富的联系,可以灵活地对问题进行表征

因此,主要通过练习和反馈的方式获得初级知识。

16. AC 【解析】根据程序性知识和陈述性知识的定义可知,A、C两项属于程序性知识,B、D两项属于陈述性知识。

17. ABCD 【解析】影响知识理解的因素有:(1)客观因素。①学习材料的内容;②学习材料的形式;③教师言语的提示与指导。(2)主观因素。①原有知识经验背景的影响;②学生的能力水平;③主动理解的意识与方法。

18. ABD 【解析】根据知识本身的存在形式和复杂程度,知识学习可分为符号学习、概念学习和命

题学习。

19. ABC 【解析】瞬时记忆的特点有:(1)时间极短;(2)容量较大;(3)形象鲜明;(4)信息原始,记忆痕迹容易衰退。意识清晰是短时记忆的特点。

20. AC 【解析】陈述性知识也叫描述性知识,是个人能用言语进行直接陈述的知识,主要用于区别和辨别事物。陈述性知识主要说明事物"是什么""为什么""怎么样"。故题干表述属于陈述性知识。显性知识是指用书面文字、图表和数学表述的知识,通常是用言语等人为方式,通过表述来实现的。题干所述知识可以用书面文字表述清楚,故属于显性知识。

21. CD 【解析】安德森根据知识的不同表征形式,将知识分为陈述性知识和程序性知识。陈述性知识是个人能用言语进行直接陈述的知识,主要用于区别和辨别事物,是关于事物及其关系的知识,或者说是关于"是什么"的知识,它包括事实、规则、发生的事件、个人的态度等。程序性知识即操作性知识,是一种经过学习后自动化了的关于行为步骤的知识,表现为在信息转换活动中进行具体操作。A、B两项属于陈述性知识,C、D两项属于程序性知识。

22. CD 【解析】根据知识反映事物的深浅,可将知识分为感性知识和理性知识。根据知识抽象程度的不同,可将知识分为具体知识与抽象知识。故本题答案选C、D两项。

23. ABCD 【解析】陈述性知识主要以命题和命题网络的形式进行表征,表象和图式也是其重要形式。

24. AD 【解析】事实性知识的学习,即学习一组符号(语言或非语言)所表示的某一具体事实。例如,历史课中历史事件和历史人物的学习,地理课中地形地貌和地理位置的学习,均属于事实性知识的学习。而B项属于非语言符号的学习,C项属于词汇学习。

25. ABCD 【解析】感知规律包括强度律、差异律、活动律和组合律。

26. BCD 【解析】程序性知识的学习可分为三个阶段:第一个阶段是习得阶段,在这一阶段程序性知识与陈述性知识的学习相同;第二个阶段是巩固和转化阶段,即通过变式练习使规则从陈述性形式转化为程序性形式,从而支配学习者的行为,规则开始向技能转化;第三个阶段是提取和应用阶段,这一阶段是程序性知识学习的最高阶段,规则完全支配学习者的行为,技能达到相对自动化水平。

27. ABCD 【解析】感知规律在教学中对我们的启示有:

(1)强度律要求在直观过程中,教师应突出那些强度低但较重要的要素,使它们充分地展示在学生面前。A项说法正确。

(2)差异律要求在物质载体层次上,应通过合理的板书设计、教材编排等方面恰当地加大对象和背景的差异。B项说法正确。

(3)活动律要求应注意在活动中进行直观、在变化中呈现对象,要善于利用现代科学技术作为知识的物质载体,使知识以活动的形象呈现在学生面前。C项说法正确。

(4)组合律要求教材编排应分段分节,教师讲课应有间隔和停顿。D项说法正确。

三、判断题

1. × 【解析】充分的精加工是促进有效学习陈述性知识的必要条件,做笔记是精加工策略的一种,因此做笔记是促进陈述性知识学习的有效方法。

2. √ 【解析】概念学习以表征学习为前提,又为命题学习奠定基础,因此,它是有意义学习的核心。故本题说法正确。

3. √ 【解析】陈述性知识是关于"是什么"的知识,是对事实、定义、规则和原理等的描述。陈述性知识容易被人意识到,并且人能够明确地用词汇或者其他符号系统将其系统地表述出来。故题干说法正确。

4. √ 【解析】并列结合学习又称组合学习,是在新命题与认知结构中原有的命题既非下位(类属)关系又非上位(总括)关系,而是一种并列的关系时产生的。故题干所述体现了并列结合学习的概念。

5. √ 【解析】瞬时记忆的编码方式有图像记忆和声像记忆两种。其中,图像记忆是瞬时记忆的主要编码形式。

6. × 【解析】概念学习是指掌握概念的一般意义,其实质是掌握一类事物的共同的本质属性和关键特征。故题干所述的学习为概念学习。

7. × 【解析】下位学习包括派生类属学习和相关类属学习。前者指新观念是认知结构中原有观念的特例或例证,新知识只是旧知识的派生物。当新知识扩展、修饰或限定学生已有的旧知识,并使其精确化时,便产生了相关类属学习。因此,在下位学习中的相关类属学习中,原有观念会发生本质属性的改变。

8. √ 【解析】知识的表征是指知识在头脑中储存和转化的方式。故题干说法正确。

9. √ 【解析】命题也就是通常所说的规则、原理、原则,它表示的是概念之间的关系,反映的是不同对象之间的本质联系和内在规律。因此,题干描述的是命题的含义。

10. √ 【解析】反例又称否定例证,指不包含或只包含了一小部分概念或规则的主要属性和关键特征的例证。一般而言,概念或规则的正例传递了最有利于概括的信息,反例则传递了最有利于辨别的信息。在呈现感性材料时应注意同时运用正例和反例。正例传递的信息有利于学生概括出概念的共同特征,反例的适当运用,则有助于学生排除概念学习中无关特征的干扰。

11. √ 【解析】命题学习在复杂程度上一般高于概念学习。如果对一个命题中的有关概念没有掌握,他就不可能理解这一命题,命题学习必须以概念学习为前提。

12. × 【解析】陈述性知识是“是什么”的知识,以命题及其命题网络来表征;程序性知识是“怎样做”的知识,以产生式或产生式系统来表征。

13. × 【解析】按程序性知识的性质和特点,可以把程序性知识分为智慧技能、动作技能和认知策略三类。

14. × 【解析】知识的巩固指知识学习过程中对所学知识的持久记忆,故题干说法错误。

15. × 【解析】一般而言,并列结合学习比较困难,必须认真比较新旧知识之间的联系与区别才能掌握。

16. × 【解析】知识的应用是知识学习的最后一个环节,它与知识的获得、知识的保持紧密相连,共同构成知识学习过程。它既以前两者为前提,又是检验知识掌握与否以及掌握程度的手段。知识的获得是知识学习的第一个阶段。

17. √ 【解析】学生的学习常常从陈述性知识的获得开始,而后进一步加工消化,成为可以灵活、熟练应用的程序性知识。

四、填空题

1. 感性概括
2. 组块
3. 情景记忆 语义记忆
4. 程序性知识

五、案例分析题(参考答案)

(一)案例选择题

1. C 【解析】题干中周老师通过引导学生折叠图形,让学生发现对称轴,这是通过引导学生分析例证,突出例证中的关键特征,以学习相关知识。故本题选 C 项。

2. A 【解析】反例又称否定例证,指不包含或只包含了一小部分概念或规则的主要属性和关键特征的例证。何老师举出许多会飞但无羽毛的动物来让学生区别,这是提供了“鸟”这一概念的反例,故本题选 A 项。

3. B 【解析】题干中王老师发现学生计算出错后带领学生再次进行推算,这是针对学生的错误提供有效的反馈。故本题选 B 项。

4. D 【解析】所谓变式，就是变换使用不同形式的直观材料或事例说明事物的属性，使本质属性保持不变而非本质属性或有或无，以便突出本质属性。题干中梁老师在教授学生动词过去式的变化规律后，安排学生进行单词时态转换的训练，这属于变式练习。故本题选 D 项。

（二）案例主观题

（1）①林老师为了上好《两栖动物的生殖与发育》一课，分别采用了实物直观、模像直观的教学手段，但是他没有合理安排和有效利用这些教学手段，不但没有达到教学效果，反而适得其反。②本案例中，林老师只使用了实物直观和模像直观，没有适时做出讲解，没有与言语直观相结合，没有利用词与形象的配合。另外，林老师准备的 PPT 背景上的浅色字很模糊，不符合感知规律中的强度律，没有突出所讲内容的特点，导致知识直观的效果不好。更重要的是，林老师没有让学生充分参与直观过程，只是自己单独呈现各种直观方式，没有及时跟学生沟通反馈，了解学生的想法和建议。

（2）教师可通过以下方法来提高知识直观的效果：①灵活选用实物直观和模像直观；②加强词和形象的配合；③运用感知规律，突出直观对象的特点；④培养学生的观察能力；⑤让学生充分参与直观过程。

专题五　技能的形成

答案速查：

1~5	BCCCD	6~10	DADDB	11~15	DCDAC	16~20	CAAAA
21~25	BACAC	26~30	CCAAD	31~35	ADACB	36~39	BBAD
1~5	ABCD ABC ACD ACD ABC			6~10	BD BD BD ACD ABD		
11~14	CD BD ABC ABC			1~5	√ × √ × √		
6~10	× √ √ × ×			11~15	√ √ × √ ×		
16~19	× × √ √						

一、单项选择题

1. B 【解析】操作技能的形成包括以下四个阶段：操作定向、操作模仿、操作整合、操作熟练。其中，操作定向就是了解操作活动的结构与要求，在头脑中建立起操作活动的定向映像的过程。用手指在空中虚划字形，称为“书空”。因此，“书空”练习就属于操作定向。

2. C 【解析】最早用实验方法证明高原现象的是 1897 年布瑞安和赫特的研究。布瑞安等人研究了收发电报中动作技能的进步，结果发现：在收报练习的 15~28 天之间，成绩一度停顿下来，虽有练习但成绩不见提高。这就是练习进程中的高原时期。故本题选 C 项。

3. C 【解析】冯忠良将心智技能的形成分为原型定向、原型操作和原型内化三个阶段。其中原型操作是依据智力技能的实践模式，把学生在头脑中已建立起来的活动程序计划以外显的操作方式付诸实施，获得完备的动觉映像的过程。

4. C 【解析】动作技能可按其执行过程中，外部情境是否变化而分成封闭的动作技能和开放的动作技能。封闭的动作技能是指外部情境在本质上相同的情况下，动作能始终如一地维持。像写字、打字等动作属于封闭的动作技能。开放的动作技能是指所进行的动作随着外部情境的变化而作相应变化的技能。像打乒乓球时的接发球、抽杀等动作，篮球比赛中的运球、传球、投篮等动作都属于这类动作技能。

5. D 【解析】加里培林把智力技能的形成过程分为以下五个阶段：（1）活动的定向阶段。这是个准备阶段，就是要了解、熟悉活动任务，使学生知道做什么和怎么做，从而在头脑里建立起活动的定向映象。(2)物质活动或物质化活动阶段。即借助于实物或实物的模型、图表、标本等进行学习。物质活动是指运用实物而言。儿童学数数最先总是用实物,数实物,就是运用实物的物质活动。(3)出声的外部言语活动阶段。这一阶段是外部的物质与物质化活动向智力活动转化的开始,此时智力活动已经摆脱了实物或实物的替代物,而代之以外部言语为支持物。例如,小学生的朗读、口算就属于这个阶段的智力技能的表现。(4)无声的外部言语活动阶段。该阶段的特点是智力活动以不出声的外部言语来进行。例如,小学生的默读、心算。(5)内部言语活动阶段。这是智力技能形成的最后阶段。其主要特点是智力技能活动的简化、压缩和自动化。因此,能够"默读"的学生处于无声的外部言语活动阶段。

6. D 【解析】技能是一种活动方式,是由一系列动作及其执行方式构成的,属于动作经验。技能是控制动作执行的工具,要解决的问题是动作能否做出来,会不会做,熟练不熟练。技能的学习要以程序性知识的掌握为前提。

7. A 【解析】操作技能又叫运动技能、动作技能,是通过学习而形成的合乎法则的操作活动方式。

8. D 【解析】反馈在操作技能学习过程中的作用是非常关键的,其中结果反馈的作用尤其明显。准确的结果反馈可以引导学生矫正错误的动作,强化正确动作,并鼓励学生努力改善其操作。

9. D 【解析】技能按其本身的性质和特点,可分为操作技能(动作技能)和心智技能(认知技能)。

10. B 【解析】在操作模仿阶段的动作控制方面主要靠视觉控制,动觉控制水平较低,不能主动发现错误与纠正错误。

> **易错提示:**考生易混淆不同操作阶段的动作控制特点,考生可通过以下口诀帮助做题:"模仿靠视觉,整合让动觉,熟练主动觉"。

11. D 【解析】在动作技能的示范与讲解中,当教练与练习者出现意见不一致时,通常是减少言语指导而代之以实际训练,让学生带着自己的观点在实践中去验证。

12. C 【解析】加里培林提出了较有影响力的心智技能形成理论。他把心智技能的形成分为五个阶段:活动的定向阶段、物质活动或物质化活动阶段、出声的外部言语阶段、无声的外部言语阶段和内部言语阶段。

13. D 【解析】工具性动作技能是指需要操纵某种工具才能完成活动的技能,如写字、打字、雕刻等。其特点是需要操纵现成的工具。非工具性动作技能是指不需要操纵工具,只需要利用人体一系列的骨骼、肌肉运动就能完成活动的技能,如跳舞、走路、唱歌等。其特点是不需要操纵任何工具。

14. A 【解析】菲茨和波斯纳将操作技能形成的过程分为认知、联系形成和自动化三个阶段。第一阶段为认知阶段,在学习一种新的动作技能初期,个体首先要通过对示范动作的观察及对刺激情境的知觉,形成一个内部的动作意象,以作为实际执行动作时的参照。这个阶段的主要任务是领会技能的基本要求、重点,掌握组成技能的局部动作。故题干中小宇观察字帖属于认知阶段。

15. C 【解析】操作定向就是了解操作活动的结构与要求,在头脑中建立起操作活动的定向映像的过程。因此,观看乒乓球教练打球,掌握打球的基本要领和动作属于动作技能形成中的操作定向阶段。

16. C 【解析】根据高原现象的内涵可知,A、B、D 三项属于典型的高原现象。而 C 项属于习得性无助现象。

> **易错提示:**理解高原现象的例子时,考生应重点抓住高原现象概念中的关键词,即一段时间后成绩暂时停顿或下降的现象。以该题为例,A、B、D 三项均体现了"一定程度""一段时间""一过了期中考试"后的学习成绩的停滞不前甚至倒退,这符合高原现象的内涵;而 C 项中的关键词是"成绩一直无法提高""失去了进取的决心",故排除。

17. A 【解析】在动作技能形成的认知阶段,从传授者角度看,主要是讲解与示范;从学习者角度看,主要是理解学习任务,形成目标表象和目标期望。

18. A 【解析】动作技能的形成是通过练习从而逐步地掌握某种动作方式的过程。一般分为三个阶段:(1)认知阶段。在学习一种新的动作技能的初期,学习者通过指导者的言语讲解或观察别人的动作示范,或从标志每个局部动作的外部线索,试图理解任务及其要求。这一阶段的学习也称知觉学习,其主要任务是领会技能的基本要求。所以,A 项符合题意。(2)联系形成阶段。即适当的刺激及反应形成联系,用加涅的话说就是必须建立动作连锁。这一阶段的主要特点是技能的局部动作被综合成更大的单位,最后形成一个连续技能的整体。所以,B、C 两项是联系形成阶段的内容。(3)自动化阶段。技能学习进入这一阶段,一长串的动作系列已联合成为一个有机的整体并已固定下来。本阶段意识的调节作用已大大降低,肌肉运动感觉作用占主导地位,视觉对动作的控制进一步减弱。所以,D 项属于自动化阶段的内容。

19. A 【解析】"见"指观察别人执行动作技能,相当于示范;"学"则指观察后的模仿和练习。"学者难"强调的是"学",即练习的重要性。

20. A 【解析】人的短时记忆容量有限,所以在动作技能学习的初期,教师的示范不宜过快,避免短时间内因新信息量过多而超载。

21. B 【解析】在操作熟练阶段,各个动作之间的干扰消失,衔接连贯、流畅,高度协调,多余动作消失。

22. A 【解析】言语在不同的阶段,其作用是不同的。言语在原型定向与原型操作阶段,其作用在于标志动作,并对活动的进行起组织作用。言语在原型内化阶段,其作用在于巩固形成中的动作表象,并使动作表象得以进一步概括,从而向概念性动作映像转化。因此,答案选 A 项。

23. C 【解析】动作技能与智力技能的关系表现在:

种类	动作技能	智力技能
区别	实际操作活动范畴	观念范畴
	是系列动作的连锁	借助于内部言语实现
	要求学习者必须掌握一套刺激—反应联结	要求学习者掌握正确的思维方法
联系	动作技能通常是智力技能形成的最初依据,智力技能的形成是以外部动作技能为基础的;智力技能往往又是外部动作技能的支配者和调节者	

因此,A、B、D 三项描述正确,C 项描述不正确。

24. A 【解析】菲茨与波斯纳提出了经典的操作技能形成的三阶段模型,主要包括以下三个阶段:

阶段	动作特点
动作的认知和定向阶段(认知阶段)	动作尚忙乱紧张,呆板而不协调,并出现多余动作,也难以觉察自己动作的全部情况,因此自己不易发现错误
动作的联系阶段(联系形成阶段)	动作之间的相互干扰减少,紧张程度减弱,多余动作消失。由于技能接近形成,发现自己错误的能力也就逐步增强
动作的协调和完善阶段(自动化阶段)	动作已协调、完善,意识参与减少到最低限度,人们的紧张状态消失,注意范围大了,并能根据情境变化,适当地调整动作技能

因此,答案选 A 项。

25. C 【解析】"曲不离口,拳不离手"比喻只有勤学苦练,才能使功夫纯熟。这句话强调的是练习的作用。故答案选 C 项。

26. C 【解析】菲茨和波斯纳将操作技能学习的过程分为认知、联系形成和自动化三个阶段。

27. C 【解析】操作整合过程中视觉控制不起主导作用，逐步让位于动觉控制，肌肉运动的感觉变得较清晰、准确，并成为动作执行的主要调节器。因此，C 项说法错误。

28. A 【解析】动作结构的简缩性是指心智活动不像操作活动那样必须将每一个动作实际做出，也不像外部言语那样必须把每个字词一一说出，而是不完全的、片断的，是高度省略和简化的。故题干所述主要反映了心智技能的简缩性。

29. A 【解析】在形成动作技能时，认知阶段的主要任务是使学习者建立动作的正确表象和概念，防止和排除错误与多余动作，要求学生在重复练习过程中粗略地掌握动作。动作的示范和讲解是此阶段最为关键的因素。准确的示范与讲解有利于学习者不断地调整头脑中的动作表象，形成准确的定向映像，进而在实际操作活动中可以调节动作的执行。

30. D 【解析】一般来说，随着练习次数的增多，动作的精确性、速度、协调性等会逐步提高。从练习曲线中可以看出技能随着练习量的增加而提高的一般趋势。

31. A 【解析】在操作技能形成初期，各种动作都受意识支配调节，否则，就会出现停顿或错误。通过反复练习，一旦动作达到熟练程度，能够准确无误地完成时，意识调控会被自动化所取代，这时动作往往是自动进行的。例如，熟练的电脑操作员，可以不看键盘迅速地打字。

32. D 【解析】在动作技能的自动化阶段，一长串的动作系列联合成为一个有机的整体并巩固下来。在此阶段，各个动作相互协调似乎是自动流出来的，无需特殊的注意和纠正。因此，题干中熟练的杂技演员可以同时骑车和做优美、复杂的动作，这说明其动作技能已处于自动化阶段。

33. A 【解析】在《心理学大辞典》中，技能被定义为个体运用已有的知识经验，通过练习而形成的智力动作方式和肢体动作方式的复杂系统。

34. C 【解析】王国维在《人间词话》中曾经说过，一个人走向成功必须经历三大境界：一者，昨夜西风凋碧树，独上高楼，望尽天涯路；二者，衣带渐宽终不悔，为伊消得人憔悴；三者，众里寻他千百度，蓦然回首，那人却在灯火阑珊处。其中，第二境界就相当于高原阶段。

35. B 【解析】动作技能的培养方法有：(1)了解动作技能形成的特征；(2)理解任务的性质和情境；(3)示范与讲解；(4)练习与反馈。而加强学生的言语表达训练属于心智技能的培养方法。(具体内容参见张向葵主编的《教育心理学》第二版)

36. B 【解析】一般心智技能是指认识活动的技能，包括观察技能、思维技能、记忆技能、想象技能等。

37. B 【解析】原型操作是依据智力技能的实践模式，把学生在头脑中已建立起来的活动程序计划以外显的操作方式付诸实施，获得完备的动觉映像的过程。通过原型操作，学生不仅有了程序性知识，而且通过实际操作获得了完备的动觉映像，这就为原型内化奠定了基础。

38. A 【解析】物质活动是指运用实物进行活动，物质化活动是指运用实物的模型、图片、言语、示意图等进行活动。故题干所述应属于物质化活动。

易错提示：做此类试题时，考生应注意两点：不是实物的是物质化活动，如图片、模型等；是实物的是物质活动，特指运用实物。

39. D 【解析】原型内化是智力活动的实践模式(原型)向头脑内部转化，由物质的、外显的、展开的形式变成观念的、内潜的、简缩的形式的过程。它又分为三个小阶段，即出声的外部言语阶段、不出声的外部言语阶段和内部言语阶段。

二、多项选择题

1. ABCD 【解析】在动作技能学习的不同阶段，个体的操作表现特征是不同的。动作技能一旦形成并达到熟练后，必然会在他们的实际操作中发生明显的变化。与动作技能形成的初期相比较，已形成并达到熟练程度的技能动作发生了质的变化。这种变化具有一些典型的特征：(1)意识控制

的变化；(2)动作控制方式的变化；(3)动作品质的变化；(4)动作协调性的变化。故选 A、B、C、D 四项。

2. ABC 【解析】动作技能与智力技能的区别在于活动的对象不同、活动的结构不同、活动的要求不同。

3. ACD 【解析】在操作模仿阶段，学习者动作的稳定性、准确性、灵活性较差；各动作要素之间的协调性较差，并且会互相干扰；个体动作主要依靠视觉控制，动觉控制水平较低；完成一个动作往往比标准速度要慢。因此，A、C、D 三项属于操作模仿阶段的动作特点。

方法技巧：在做题时，考生可通过关键词判断动作特点属于哪一阶段，如"较差""较低""较慢"等属于操作模仿阶段，"有所降低""有所减少"等属于操作整合阶段，"高度""较好""消失"等属于操作熟练阶段。

4. ACD 【解析】高原现象产生的原因有：(1)学习方法的固定化；(2)学习任务的复杂化；(3)学习动机减弱；(4)兴趣降低；(5)心理和生理上的疲劳；(6)意志不够顽强。

5. ABC 【解析】著名认知心理学家安德森认为，心智技能的形成需经过三个阶段，即认知阶段、联结阶段和自动化阶段。

6. BD 【解析】技能是指经过练习而获得的合乎法则的认知活动或身体活动的动作方式。它具有如下几个基本特点：

(1)技能是通过学习或练习而形成的，不同于本能行为。故 A 项说法错误，B 项说法正确。

(2)技能是一种活动方式，是由一系列动作及其执行方式构成的，属于动作经验，不同于认知经验的知识。故 C 项说法错误。

(3)技能中的各动作要素及其执行顺序要体现活动本身的客观法则的要求，不是一般的习惯动作。故 D 项说法正确。

7. BD 【解析】虽然不同的学习者的练习曲线存在差异，但也具有共同点，表现在：(1)开始进步快；(2)中间有一个明显的、暂时的停顿期，即高原期；(3)后期进步较慢；(4)总趋势是进步的，但有时出现暂时的退步。

8. BD 【解析】操作技能本身可以从不同的角度进行分类：(1)根据动作的精细程度与肌肉运动强度不同，可以分为细微型操作技能与粗放型操作技能；(2)根据动作的连贯与否，可以分为连续型操作技能与断续型操作技能；(3)根据动作对环境依赖程度的不同，可以分为闭合型操作技能与开放型操作技能；(4)根据操作对象的不同，可以分为徒手型操作技能与器械型操作技能；等等。因此，答案选 B、D 两项。

9. ACD 【解析】动作技能具有与心智技能不同的其他一些特点：(1)就动作的对象而言，动作具有客观性；(2)就动作的进行而言，动作具有外显性；(3)就动作的结构而言，操作活动的每个动作必须切实执行，不能合并、省略，具有展开性。

10. ABD 【解析】原型定向阶段的教学要求有：(1)要使学生了解活动的结构；(2)要使学生了解各个动作要素、动作执行顺序和动作执行方式的各种规定的必要性，提高学生学习的自觉性；(3)采取有效措施发挥学生的主动性与独立性；(4)教师的示范要正确，讲解要确切，动作指令要明确。故答案选 A、B、D 三项，而 C 项是原型操作阶段的教学要求。

11. CD 【解析】我国教育心理学家提出的心智技能的形成阶段包括：原型定向、原型操作、原型内化。

12. BD 【解析】操作技能又叫运动技能、动作技能，是通过学习而形成的合乎法则的操作活动方式。故打篮球是一种动作技能。动作技能可分为封闭性技能和开放性技能。封闭性技能是一种完全依赖内部肌肉反馈作为刺激指导的技能，这种任务闭着眼睛也能完成。例如，在黑板上徒手快速画一个大圆就接近于封闭性动作技能。开放性技能，也称开放环路技能，主要依赖于周围环境提供的信息，正确地感知周围环境成为运动调节的重要因素。开放性技能要求人们具有处理外界信息变化的能力和对事件发生的预见能力。故答案选B、D两项。

13. ABC 【解析】由于心智技能是按一定的阶段逐步形成的,因此,在培训方面只有分阶段进行练习,才能获得良好的教学效果。为提高分阶段练习的成效,在培养工作方面,必须充分依据心智技能的形成规律,采取有效的措施,包括:(1)激发学习的积极性和主动性;(2)注意原型的完备性、独立性和概括性;(3)适应培养阶段的特征,正确使用言语;(4)注意学生的个别差异;(5)科学地进行练习。D项建立稳定清晰的动觉是操作技能的培训要求。

14. ABC 【解析】心智技能的特点有:(1)动作对象的观念性;(2)动作执行的内潜性;(3)动作结构的简缩性。故本题选A、B、C三项。

三、判断题

1. √ 【解析】技能有高级、低级之分,但没有好坏之别。习惯则不同,它根据对个人和社会的意义有好坏之分。

2. × 【解析】膝跳反射是一个正常人先天具有的本能反应。而动作技能是后天习得的动作系统,二者是不可以等同的。

3. √ 【解析】在动作技能形成过程中,动作的认知和定向阶段的特点是:初学者动作尚忙乱紧张,呆板而不协调,并出现多余动作,也难以觉察自己动作的全部情况,因此自己不易发现错误。因此,初学者在学习新的动作时,分解能力较差,动作掌握较慢。

4. × 【解析】练习是形成各种动作技能所不可缺少的关键环节,通过应用不同形式的练习,可以使个体掌握某种技能。一般来说,随着练习次数的增多,动作的精确性、速度、协调性等会逐步提高。但在组织练习时要注意方式方法,避免机械地重复练习。因此,题干中的说法是不正确的。

5. √ 【解析】连续的动作技能需要对外部情境进行不断地调节,而且完成的动作序列较长。因此,骑自行车、开汽车、跳舞、弹琴、滑冰等活动属于连续的技能。

6. × 【解析】题干描述的是心智技能的概念,故本题说法错误。

7. √ 【解析】在技能形成过程中,在练习时间安排上,要力求集中练习和分散练习相结合。研究表明,从整体上来说,分散练习的效果优于集中练习。

8. √ 【解析】动作技能一经形成,就不易遗忘。和知识学习的保持相比,动作技能的保持更牢固。动作技能不易遗忘的原因是:(1)动作技能的学习是过度学习。一般来说,动作技能的形成是一个大量、反复练习的过程,大量的练习意味着过度学习,经过过度学习的任务是不容易遗忘的。(2)动作技能不同于言语知识,动作技能的保持更多地依赖于小脑的低级中枢,这些中枢可能比言语知识的保持中枢有更大的保持动作痕迹的能量。(3)许多动作技能是以连续的动作序列为基础的,在连续的动作序列的操作中,只要出现某一动作成分,动作的其他成分就会形成连锁反应而相继出现。

9. × 【解析】心智技能的形成阶段依次是:原型定向、原型操作和原型内化。因此,原型定向是心智技能形成的第一个阶段,故题干说法错误。

10. × 【解析】技能是个体在获得知识的基础上,运用某种活动方式(如动作方式或智力活动方式),感知、记忆、思维活动和肌肉运动等构成技能形成与发展的必要环节,所以,技能是心理活动方式的范畴。

11. √ 【解析】练习是形成各种操作技能所不可缺少的关键环节,通过应用不同形式的练习,可以使个体掌握某种技能。

12. √ 【解析】心智技能是借助于内部言语实现的,可以高度省略、高度简缩,因此心智技能不必像外部言语那样必须把每个字词一一说出。故题干中的说法正确。

13. × 【解析】在物质活动或物质化活动阶段,个体会借助于实物或实物的模型、图表、标本等进行学习。例如,小学生学习加法时,利用小石子、小棍、手指来完成计算活动。因此,题干中的说法是错

误的。

14. √ 【解析】依据心智活动是实践活动的反映这一观点,任何新的心智技能的形成,在原则上必须经过原型定向、原型操作、原型内化三个基本阶段才能实现。

15. × 【解析】练习是形成各种动作技能所不可缺少的关键环节。但是在形成动作技能的过程中,并不是过度练习的次数越多越好,究竟过度练习的次数达到何种程度最佳,不同的研究所得到的结论并不一致,有人主张最保险的次数为基本练习次数的100%。

16. × 【解析】知识的掌握是技能形成的前提,技能的形成一般都需要经过由陈述性知识向程序性知识转化的过程。在技能形成之初,学习者接受他人指导,了解操作过程,保存运动图式,模仿活动方式,乃至力求完成动作时,首先存留在头脑中的信息基本都是陈述性知识。因此,技能的掌握与陈述性知识有关。

17. × 【解析】练习是形成各种动作技能所不可缺少的关键环节,也是动作技能形成的基本途径。其中,心理练习是指仅在头脑内反复思考身体动作的进行过程。因此,题干所述表明了心理练习在动作技能的学习过程中很重要。

18. √ 【解析】封闭性技能是一种完全依赖内部肌肉反馈作为刺激指导的技能。这种任务闭着眼睛也能完成。例如,在黑板上徒手快速画一个大圆就接近于封闭性动作技能。

19. √ 【解析】个体技能的形成和发展,受其生活的社会发展水平制约。远古时代,没有今天所使用的汽车、电视、移动电话,因此,古人没有修理和操作这些东西的技能。此外,个体的技能还受其现实生活环境的影响,这一点在不同民族中表现得非常明显。例如,生活在草原上的民族,骑射技能比较娴熟;生活在海边或湖边的民族,游泳和潜水技能发展较好。

四、填空题

1. 内化
2. 技能
3. 操作模仿　操作整合
4. 练习
5. 集中练习　部分练习
6. 完善化

五、简答题(参考答案)

1. 简述操作技能的培训要求。

(1)准确的示范与讲解;(2)必要而适当的练习;(3)充分而有效的反馈;(4)建立稳定清晰的动觉。

2. 任何复杂的动作技能都必须通过练习才能达到熟能生巧的程度。练习的方法主要有哪些?

教学中组织练习时,应明确练习的目的和要求,增强学习动机。另外,还需要帮助学生掌握正确的练习方法,并且及时进行反馈。具体表现在:(1)练习需要循序渐进,由易到难、先简后繁;(2)正确掌握练习速度,保证练习质量;(3)适当安排练习的次数和时间;(4)练习方式多样化。

六、案例分析题(参考答案)

心智技能也称为智力技能、认知技能,是通过学习而形成的合乎法则的心智活动方式。我国教育心理学家冯忠良通过教学实验,提出了心智技能的形成理论,具体阶段为:

(1)原型定向。原型定向就是了解原型的活动结构,从而使主体明确活动的方向,知道该做哪些动作和怎样去完成这些动作。案例中,教师运用运算规律进行算式的变形,帮助学生明确计算的方向,即教师引导学生进行了原型定向的过程。

(2)原型操作。原型操作是依据智力技能的实践模式,把学生在头脑中已建立起来的活动程序计划以外显的操作方式付诸实施,获得完备的动觉映像的过程。案例中,教师通过出一些类似的题目引导学生进行纸笔操作练习,就是进行原型操作的过程。

(3)原型内化。原型内化,即智力活动的实践模式(原型)向头脑内部转化,由物质的、外显的、展开的形式变成观念的、内潜的、简缩的形式的过程。案例中,学生通过纸笔操作练习,从而产生言语表征,形成熟练的心算技能,这是进行原型内化的过程。

专题六　问题解决与创造性

答案速查:

1~5	ABBCD	6~10	DBBDB	11~15	DCAAA	16~20	ABBAC
21~25	DCAAB	26~30	CADBA	31~35	ADBAA	36~40	BBBCA
41~44	DCDD			1~5	ABC ABCD AB BC ABC		
6~11	BC ABC ABCD ACD BCD BCD			12~17	BCD ABCD AC ACD ABC ABD		
1~5	× √ × √ ×			6~10	√ × × × √		
11~15	√ √ √ √ ×			16~20	× × √ √ ×		

一、单项选择题

1. A 【解析】算法策略(算法式)是将所有可能的针对问题解决的方法都一一列举出来并进行尝试,直到最终从根本上解决问题。科学家用材料试验了上千次终于成功,他所使用的问题解决策略属于算法策略(算法式),因此,答案选A项。B项手段—目的分析法,就是将需要达到的问题的目标状态分成若干个子目标,通过实现一系列的子目标而最终达到总目标。C项逆向工作(逆推法)就是从问题的目标状态开始搜索直至找到通往初始状态的方法。D项爬山法是采用一定的方法逐步降低初始状态和目标状态的距离,以达到问题解决的一种方法。

2. B 【解析】定势是由心理操作形成的模式所引起的心理活动的准备状态,也就是人们在过去经验的影响下,解决问题时的倾向性。故本题选B项。(具体内容参见莫雷主编的《教育心理学》)

3. B 【解析】问题解决的过程一般可分为发现问题、理解问题、提出假设和检验假设四个阶段。理解问题(分析问题)这个过程主要是收集与问题有关的材料,抓住关键、找出主要矛盾的过程。

4. C 【解析】问题解决是指为了从问题的初始状态到达目标状态,而采取一系列具有目标指向性的认知操作的过程。C项"用一个词造句"符合问题解决的定义,故选C项。A项"回忆一个人的名字"属于记忆;B项"幻想自己是科学家"属于想象;D项"荡秋千"属于动作技能。

> **方法技巧:** 做此类试题时,考生应谨记"三无原则":没有目的不属于问题解决,如幻想;没有认知参与不属于问题解决,如走路、荡秋千等动作活动;没有序列性不属于问题解决,如记住一个人的名字这样简单的记忆操作。

5. D 【解析】思维定势(即心向)是指重复先前的操作所引起的一种心理准备状态。在定势的影响下,人们会以某种习惯的方式对刺激情境做出反应。题干中拿破仑拿到国际象棋之后,只用其下棋,这属于思维定势。

6. D 【解析】检验假设就是通过一定的方法来确定假设是否合乎实际、是否符合科学原理。题干中王伟根据物理课上所学的知识,推测灯灭可能是因为保险丝断了,并通过检查闸盒里的保险丝来验证自己的推测是否正确,这属于检验假设阶段。

7. B 【解析】启发式方法,心理学上指人在解决问题时所采取的一种根据经验规则的求解方法。其特点是在解决问题时,利用过去的经验,选择行之有效的方法,而不是系统地、以确定的步骤去寻求答案。算法是把各种可能性都一一进行尝试,最终能找到问题的答案。故A项错误。手段—

目的分析法和爬山法属于启发法策略，故C、D两项不符合题意，排除。因此，答案选B项。

8. B 【解析】当一个人长期致力于某一问题解决而又百思不得其解的时候，如果他暂时停下对这个问题的思考而去做别的事情，几小时、几天或几周之后，他可能会忽然想到解决的办法，这就是酝酿效应。酝酿效应实际上是产生了顿悟，使人们打破了以往不恰当的思路，从一个新的角度思考问题，从而使问题得以解决。因此，“恍然大悟”“豁然开朗”正是体现了酝酿效应。

9. D 【解析】原型启发是指从其他事物上发现解决问题的途径和方法。人们发明出电子嗅觉器正是受到狗鼻子这一原型的启发。

10. B 【解析】画草图、列表、写方程式等都是常用的表征问题的方式。因此，题干中的做法是为了很好地完成对问题的心理表征。

11. D 【解析】结构良好问题的初始状态、目标状态和操作都是具体明确的。几何证明题的已知条件、要达到的目标和操作都非常明确，所以属于结构良好问题。

12. C 【解析】提出假设是问题解决的关键阶段。

13. A 【解析】定势（即心向）是指重复先前的操作所引起的一种心理准备状态。在定势的影响下，人们会以某种习惯的方式对刺激情境做出反应。定势对解决问题有积极作用，也有消极作用。故题干所述体现的是定势的消极作用。

14. A 【解析】问题解决的思维过程受多种心理因素的影响，有些因素能促进思维活动对问题的解决，有些因素则妨碍思维活动对问题的解决。这些因素可以分成问题因素和个人因素。其中，问题因素包括问题的刺激特点、功能固着以及反应定势。

15. A 【解析】阻碍人们进行有效问题发现的因素有：(1)大多数人并没有养成积极主动寻找问题的习惯；(2)问题解决者缺乏与问题相关的背景知识；(3)人们不愿花费大量时间去发现问题，而宁愿去寻找问题解决方案；(4)个体存在不愿进行发散思维的倾向。题干中的学生在做数学练习册之前已经上过数学课，所以学生已经获得了与问题相关的背景知识，因此A项是最不可能的原因。

16. A 【解析】问题就是给定信息与要实现的目标之间有某些障碍需要加以克服的情境。

17. B 【解析】无结构的问题，即已知条件与要达到的目标都比较含糊，问题情境不明确、各种影响因素不确定，不易找出解答线索的问题。此类问题在实际中经常遇到，也容易使人感到困惑，如怎样造就天才儿童？怎样培养学生的创新意识？怎么保护好环境？这些都是重要但又无确切的、唯一正确答案的问题。

18. B 【解析】沃拉斯的四阶段论认为，创造性活动主要由准备、酝酿、明朗和验证四个阶段构成。其中，酝酿阶段是创造过程的潜伏阶段。在准备阶段收集到的信息并未消极地存储在头脑中，而是按照一种我们目前尚不清楚的方式被加工和重新组织。在这个阶段，各种观点、想法和意见在潜意识中活动，各种主意和观点有可能产生不同寻常的结合。

19. A 【解析】已知条件和要达到的目标都非常明确，个体按照一定的思维方式即可获得答案的问题，即有结构的问题（结构良好的问题）。题干中举例说明的加减乘除运算和单项选择题，已知条件和要达到的目标都非常明确，故属于结构良好问题。

20. C 【解析】当问题的初始状态可以引发出许多途径，而其中只有很少一些途径能达到目标时，逆推法是有用的。

21. D 【解析】现实生活中的问题是各种各样的，研究者倾向于将问题分为两类：有结构的问题与无结构的问题。其中，无结构的问题是指已知条件与要达到的目标都比较含糊，问题情境不明确，各种影响因素不确定，不易找出解答线索的问题。

22. C 【解析】功能固着是指人们把某种功能赋予某个物体的倾向。玲玲既可以用卡子夹头发，也可以用卡子拧螺丝，即摆脱了卡子用途的固有观念，克服了功能固着的影响。

23. A 【解析】知识的表征方式能影响问题的解决。以九点连线图问题为例,实验时要求人们用一笔连续画四条直线把图中的九个点连在一起。人们常常不能成功地解决这一问题,其原因在于,9 个点在知觉上组成了方形,人们总是试图在这个方形的轮廓中连线,这种问题的表征方式阻碍了问题的解决,如果在实验中告诉被试,连线时可以突破方形的限制,被试的成绩就会得到很大的提高。

24. A 【解析】真创造指产生了具有人类历史首创性产品的活动。类创造是指创造产生的产品并非社会首创,只是对个体而言具有独创性。两者区分的关键是对于人类来说是否具有首创性。A 项鲁班发明锯子,锯子对于当时的人类而言具有首创性,因此属于真正的创造。C 项找到化石和 D 项发现桃花源并没有产生新颖、独特的产品,故不属于创造。B 项 1 ~ 100 的连加的方法属于客观定理,也不属于创造。

25. B 【解析】流畅性是指单位时间内发散项目的数量;变通性是指发散项目的范围或维度,范围越大、维度越多,变通性越强;独特性(独创性)是指对问题能提出超乎寻常的、独特新颖的见解。题干中该学生在单位时间内列举出很多例证,说明其思维的流畅性好;但都在建筑材料范围之内,说明其变通性差。

易错提示: 考生易混淆发散思维的三种特征,各个特征考查的关键词为:流畅性强调数量多;灵活性强调范围广;独创性强调观念新。

26. C 【解析】当一个人长期致力于某一问题解决而又百思不得其解的时候,如果他暂时停下来对这个问题的思考而去做别的事情,几小时、几天或几周之后,他可能会忽然想到解决的办法,这就是酝酿效应。题干中老师要求学生小刘暂时停止对问题的积极探索,可能会引发酝酿效应。故答案选 C 项。

27. A 【解析】逆推法(反推法)就是从问题的目标状态开始搜索直至找到通往初始状态的方法。题干中强调学生从几何证明题的目标状态往回走,正是运用了逆推法。

28. D 【解析】问题解决是指个人应用一系列的认知操作,从问题的起始状态到达目标状态的过程。

29. B 【解析】手段—目的分析法(手段目的法),就是将需要达到的问题的目标状态分成若干个子目标,通过实现一系列的子目标而最终达到总目标。故题干所述体现了手段—目的分析法的内涵。

30. A 【解析】常规性问题解决是指解决的是有固定答案的问题,只需使用现成的方法来解决。

31. A 【解析】问题解决过程可以划分为四个阶段:(1)理解和表征问题阶段;(2)寻求解答阶段;(3)执行计划或尝试某种解答阶段;(4)评价反思阶段。其中第一步是理解和表征问题阶段。

32. D 【解析】独创性是指产生不同寻常的反应和不落常规的能力,以及重新定义或按新的方式对所见所闻加以组织的能力。"知人所不知,见人所不见"比喻有独到见解,符合独创性的定义。

33. B 【解析】父母专制,孩子凡事得经父母的同意,养成听话顺从的习惯,这是不利于创造力发展的家庭因素之一。

34. A 【解析】在准备阶段,创造者收集、整理资料,即收集创造活动所必需的各种信息,组织已有的旧经验,掌握必要的技能。

35. A 【解析】人们把某种功能赋予某物体的倾向称为功能固着。在功能固着的影响下,人们不易摆脱事物用途的固有观念,从而直接影响问题解决的灵活性。题干中小明受到口香糖能吃这一功能的影响,没有想到其还存在粘东西的功能,这正是受到了功能固着的影响。

36. B 【解析】理解问题即明确问题,就是把握问题的性质和关键信息,摒弃无关因素,并在头脑中形成有关问题的初步印象,即形成问题的表征。因此,题干表明他正处于问题解决的理解问题阶段。

37. B 【解析】从个性入手来培养创造性的方法有:(1)保护好奇心。(2)解除个体对答错问题的恐

惧心理。对学生所提的问题,无论是否合理,均以肯定态度接纳他所提出的问题。对出现的错误不应全盘否定,更不应指责,应鼓励学生正视并反思错误,引导学生尝试新的探索,而不循规蹈矩。(3)鼓励独立性和创新精神。(4)重视非逻辑思维能力。(5)给学生提供具有创造性的榜样。

38. B 【解析】根据问题的结构特征和复杂程度,可以分为结构良好问题和结构不良问题。结构良好问题有两个基本特征:(1)问题的明确性;(2)解法的确定性。

39. C 【解析】问题解决的认知性即问题解决活动是通过内在的心理加工实现的,整个活动的过程依赖于一系列认知操作的进行。自动化的操作如走路、穿衣等基本上没有重要的认知成分参与,因而,不属于问题解决的范畴。

40. A 【解析】问题解决与创造力是相互制约,相互联系的。(1)创造力的水平高低必须通过问题解决来体现。问题越是复杂,解决起来越困难,就越能体现一个人创造力水平的高低。(2)创造力的大小对问题解决有直接的影响。一个人创造力水平越高,问题解决的速度越快。(3)问题解决会促进创造力的发展。解决问题的过程有助于激发和培养人的创造力。因此,A 项说法错误。

41. D 【解析】提高问题解决能力的教学策略有:(1)提高学生知识储备的数量和质量,指导学生善于从记忆中提取信息。①帮助学生牢固地记忆知识;②提供多种变式,促进知识的概括;③重视知识间的联系,建立网络化结构。(2)教授与训练解决问题的方法与策略。(3)提供多种练习机会。应考虑练习的质量,提高练习的有效性。(4)培养思考问题的习惯。①鼓励学生主动发现问题;②鼓励学生多角度提出假设;③鼓励自我评价与反思。所以,D 项说法正确。

42. C 【解析】发现问题是问题解决的首要环节。

43. D 【解析】提出假设就是提出解决问题的可能途径与方案,选择恰当的解决问题的操作步骤。因此,“想出两种以上可能的计算方法”属于问题解决的提出假设阶段。

44. D 【解析】心理学上一般把创造性看成是根据一定目的,运用已知信息,产生出某种新颖、独特、有社会价值的产品的能力或特性,也称为创造力。

二、多项选择题

1. ABC 【解析】20 世纪 50 年代开始出现的信息加工观将问题解决看作信息加工系统对信息的系列加工过程。以纽厄尔、西蒙等为代表的信息加工研究者首先区分了问题的客观方面和主观方面。问题的主观方面是解题者对问题客观陈述的理解,称问题空间。问题空间由三个成分构成:(1)起始状态;(2)目标状态;(3)中间状态。(具体内容参见张大均主编的《教育心理学》)

2. ABCD 【解析】虽然不同的问题有不同的解决方式,但是问题解决都有其共同的基本特征:(1)问题情境性;(2)目标指向性;(3)操作序列性;(4)认知操作性。故本题答案全选。

3. AB 【解析】算法策略是将所有可能的针对问题解决的方法都一一列举出来并进行尝试,直到最终从根本上解决问题。很明显,算法策略需要在解决问题时进行大量的准备工作,需要花费较大的精力和较多的时间,但是优点就是能够确保找到问题解决的途径。A 项说法正确。

启发法是基于一定的经验,根据现有问题状态与目标状态之间的内在联系,采用较少搜索而找到解决问题途径的一种策略。启发法不需要像算法策略那样费时费力,往往是一种比较快捷的方法,但却并不能保证一定可以成功地解决问题。B 项说法正确。

算法策略和启发法策略各有优势,不能说算法策略通常优于启发式策略。C 项说法错误。

启发法策略包括手段—目的分析法、爬山法、逆推法等。D 项说法错误。

4. BC 【解析】A 项重复机械学习和 D 项避免进行评价都不能培养学生解决问题的能力。

5. ABC 【解析】关于问题包含的成分有以下两种说法:(1)四种成分,即包含目标、个体已有的知识、障碍、方法。(2)三种成分,即包含给定信息、目标、障碍。根据选项设置可知,本题答案选 A、B、C 三项。

6. BC 【解析】启发法是基于一定的经验，根据现有问题状态与目标状态之间的内在联系，采用较少搜索而找到解决问题途径的一种策略。启发法不需要像算法策略那样费时费力，往往是一种比较快捷的方法，但却并不能保证一定可以成功地解决问题。故A项说法错误，B、C两项说法正确。采用类比法这种启发策略时，可能会受定势的影响。故D项说法错误。

7. ABC 【解析】尽管不同的研究及其相关测验强调创造性的不同特征，但目前比较公认的是以发散思维的基本特征来代表创造性的特征。发散思维具有流畅性、灵活性（变通性）、独创性（独特性）的特征，故答案选A、B、C三项。

8. ABCD 【解析】问题解决的过程一般可分为发现问题、理解问题、提出假设和检验假设四个阶段。其中，理解问题即明确问题。

方法技巧：关于问题解决的过程，考生可采用以下口诀帮助记忆：现解问题，体验假设。此外，关于不同阶段的地位可记忆为：发现问题是首要，提出假设是关键。

9. ACD 【解析】问题解决具有三个特征：（1）目的性；（2）认知性；（3）序列性。

10. BCD 【解析】提高学生知识储备的数量和质量的途径包括：（1）帮助学生牢固地记忆知识；（2）提供多种变式，促进知识的概括；（3）重视知识间的联系，建立网络化结构。

11. BCD 【解析】发现问题是问题解决的首要环节。能否发现问题，与个体活动的积极性、已有知识经验和个体的求知欲望等有关。

12. BCD 【解析】按照问题的组织程度把问题分为结构良好问题和结构不良问题是一种比较流行的分类。B、C、D三项都是结构良好问题，因为学生可以根据给定信息和目标，选择明确的解决方案来达到问题解决的目的。

13. ABCD 【解析】英国心理学家沃拉斯提出了创造过程的“四阶段理论”。他分析了前人的研究后认为，任何创造性活动的过程都包括准备阶段、酝酿阶段、明朗阶段和验证阶段。

14. AC 【解析】创造性的研究表明，创造性与智力并非成简单的线性关系，二者既有独立性，又在某种条件下具有相关性。其基本关系表现为：（1）低智力不可能具有高创造性；（2）高智力可能有高创造性，也可能有低创造性；（3）低创造性者的智力水平可能高，也可能低；（4）高创造性者必须有高于一般水平的智力。因此，A、C两项说法正确。

15. ACD 【解析】影响创造性发展的主要因素有：（1）生理基础。（2）年龄和性别。（3）知识和智力。此外，个性因素对人的创造性的发展也具有非常重要的作用。（4）家庭、学习及社会环境影响。（具体内容参见张大均主编的《教育心理学（第二版）》）

16. ABC 【解析】有助于学生创造性个性塑造的措施有：（1）保护好奇心。（2）解除个体对答错问题的恐惧心理。例如，对学生所提的问题，无论是否合理，均以肯定态度接纳他所提出的问题。（3）鼓励独立性和创新精神。例如，在解决数学题目时鼓励他们想出不同的解决方法，在写作文时鼓励他们自己选题；同时也要帮助学生尝试创造活动带来的积极体验，增强他们的自信心和自尊心。（4）重视非逻辑思维能力。（5）给学生提供具有创造性的榜样。因此，答案选A、B、C三项。创设有利的社会环境有利于培养学生的创造性，具体措施有：（1）创设宽松的心理环境。（2）给学生留有充分选择的余地。（3）改革考试制度与考试内容。例如，在学业测试中，可以增添部分无固定答案的问题，让学生有机会发挥其创造性。故可排除D项。

17. ABD 【解析】结构不良问题并不是指这个问题本身有什么错误或是不恰当，而是指它没有明确的结构或解决途径。结构良好的问题是指问题初始状态、目标状态和操作都是具体明确的。根据定义判断可知，A、B、D三项属于结构不良问题，C项属于结构良好问题。

三、判断题

1. × 【解析】问题解决包含一系列的心理操作，需要运用高级规则进行信息的重组，而不是简单的记忆提取。

2. √ 【解析】学习迁移的作用如下:(1)对学习迁移的研究可以促进学习理论的完善;(2)学习迁移对提高解决问题的能力具有直接的促进作用;(3)学习迁移促进认知结构的完善;(4)学习迁移是促进学生心理发展的关键;(5)学习迁移规律对学习者和教育工作者以及有关的培训人员具有重要的指导作用。题干说法正确。

3. × 【解析】人们把某种功能赋予某物体的倾向称为功能固着。功能固着是一种思维定势,并不是意志坚定的表现。在功能固着的影响下,人们不易摆脱事物用途的固有观念,从而直接影响问题解决的灵活性。

4. √ 【解析】对问题解决起启发作用的事物叫原型。题干所述为原型的概念。

5. × 【解析】结构良好问题是问题的初始状态和目标状态,以及问题解决的方法都是明确的。结构不良问题是指问题没有明确的结构或解决途径。“了解全球水资源短缺情况”这一问题没有明确的结构或解决途径,故属于结构不良问题。

6. √ 【解析】在解决常规问题时,专家比新手快得多;但在解决困难的新问题时,专家用于表征问题的时间比新手要长一些。原因在于他们有更多可供利用的知识,他们需要思考与当前问题最有关的是什么知识。

7. × 【解析】问题解决具有目的性。问题解决总是要达到某个特定的目标状态,因而具有明确的目的性。没有明确目的指向的心理活动,如漫无目的的幻想等,不能称为问题解决。

8. × 【解析】创造性(创造力)与智力并非成简单的线性关系,二者既有独立性,又在某种条件下具有相关性,在整体上呈正相关趋势。高智商是高创造性的必要条件,但不是充分条件。题干说法错误。

9. × 【解析】定势(即心向)是指重复先前的操作所引起的一种心理准备状态。在定势的影响下,人们会以某种习惯的方式对刺激情境做出反应。定势对解决问题有积极作用,也有消极作用。因此,题干所述是定势对问题解决的影响。

10. √ 【解析】动机的强度是影响问题解决的因素之一。思维是从问题开始的,但是,只有具有解决问题的需要和动机时,人们才可能以进取的态度寻求解决问题的方法和步骤。对问题持漠然的态度,既不能发现问题也不能解决问题。

11. √ 【解析】在问题解决中,常用的两类问题解决策略有算法式和启发式。其中,算法式只适用于解决简单的问题,如数学题的解和证明等。现实生活中的问题既复杂又没有明确的解决步骤,不宜用算法式。

12. √ 【解析】创造性并不是少数人独有的,而是人类普遍存在的一种潜能,是每个人都有的一种心理品质。

13. √ 【解析】已有研究指出,不论是真创造还是类创造,它们的心理加工过程、所表现出来的思维或认知能力在本质上是相同的。

14. √ 【解析】理解问题就是把握问题的性质和关键信息,摒弃无关因素,并在头脑中形成有关问题的初步印象,即形成问题的表征。问题表征是指根据问题所提供的信息和自身已有的知识经验,发现问题的结构,构建自己的问题空间过程。故题干说法正确。

15. × 【解析】创造性是由人的认知能力、个性倾向和社会环境相互作用产生的行为结果。创造性是可以通过教育培养起来的。

16. × 【解析】关于创造力与学业成绩的关系,不同的研究者有不同的结论。有的研究者认为两者有高相关,有的研究者认为两者有低相关,但总体倾向于无多大关系。故题干说法有误。

17. × 【解析】提出假设的数量和质量取决于两个条件:一是个体思维的灵活性;二是已有的知识经验。思维越灵活,越能多角度地分析问题,就越能提出更多的假设;与问题解决相关的知识经验越丰富,就越有利于扩大假设的数量并提高其质量。

18. √ 【解析】创造性既是智力因素的品质,也是非智力因素的品质,只有当两者结合在一起,才会有真正的创造性。故题干表述正确。

19. √ 【解析】问题解决不是一种被动的、自动化的加工,而是一个有目的的、主动的认知活动过程。

20. × 【解析】酝酿效应打破了解决问题不恰当思路的定势,从而促进了新思路的产生。

四、简答题(参考答案)

1. 影响问题解决的因素有哪些?

(1)问题情境;(2)迁移;(3)定势与功能固着;(4)酝酿效应;(5)原型启发;(6)情绪与动机。此外,个体的已有知识经验、认知结构、个性特征和问题的特点等也会影响问题解决。

2. 如何培养学生的问题解决能力?

(1)培养学生主动质疑和解决问题的内在动机;(2)问题的难度要适当;(3)帮助学生正确表征问题;(4)帮助学生养成分析问题和对问题归类的习惯;(5)提高学生知识储备的数量和质量,指导学生善于从记忆中提取信息;(6)训练学生陈述自己的假设及其步骤,鼓励自我评价和反思;(7)教授与训练解决问题的方法和策略;(8)提供多种练习机会;(9)训练逻辑思维能力,提高思维水平。

3. 简述问题解决的基本步骤。

问题解决的基本步骤一般可分为以下四个阶段:(1)发现问题。从完整的问题解决过程来看,发现问题是其首要环节。(2)理解问题(明确问题)。(3)提出假设。提出假设是问题解决的关键阶段。(4)检验假设。

4. 影响创造性的因素有哪些?

(1)环境。家庭与学校的教育环境以及社会文化是影响个体创造性的重要因素。(2)智力。关于创造性的研究表明,创造性与智力并非成简单的线性关系,二者既有独立性,又在某种条件下具有相关性,在整体上呈正相关趋势。高智力是高创造性的必要条件,但不是充分条件。(3)个性。一般而言,创造性与个性二者之间具有互为因果的关系。

5. 如何培养学生的创造性个性?

(1)保护好奇心;(2)解除个体对答错问题的恐惧心理;(3)鼓励独立性和创新精神;(4)重视非逻辑思维能力;(5)给学生提供具有创造性的榜样。

五、案例分析题(参考答案)

1. (1)材料中影响问题解决的因素是问题情境与知识表征方式。问题情境是指问题呈现的知觉方式,知识表征是指信息在人脑中的存储和呈现方式,二者都能影响问题解决。

(2)问题情境与知识表征方式对问题解决的影响有以下几点:①问题情境中问题元素的空间集合方式不同,影响问题解决的难易。②问题情境中提供的条件刺激太多或太少都不利于问题解决,太少可能遗漏信息,太多则会产生干扰。③问题表征的方式与主体的认知结构之间的关系影响问题解决。一般而言,问题表征的方式与主体的认知结构越接近,越利于问题解决;反之,则越难。材料中第一组的问题描述过于复杂,提供信息过多,对问题解决产生了干扰作用。同时,第二组的问题描述与个人的认知结构更相近。因此,第二组解答问题的正确率和速度均明显优于第一组。

2. 王老师的困惑主要反映了课堂气氛缺乏活力,学生缺乏创造性个性的问题。对此可以从以下几个方面解决:(1)创设科学的教学情境,营造良好的课堂氛围,激发学生上课的积极性和参与度。(2)保护学生的好奇心,对于学生的回答教师要多鼓励,解除学生对答错题目的恐惧心理。(3)注重学生创造性个性的培养。(4)创新教学形式。教师应多组织合作教学、情境教学、分组教学等教学形式,做到因材施教。

李老师的困惑主要是不知道如何培养学生的创造力。对此可以从以下几个方面解决:(1)培养学

生的创造性认知能力;(2)注重学生创造性个性的塑造;(3)创设有利的社会环境;(4)对教师进行有关创造性的相应培训和专门指导。

张老师的困惑主要反映了当前教学评价中存在的问题,重结果轻过程,维度单一,方法不灵活。对此可以从以下几个方面解决:(1)在教学评价时要注重过程,关注学生的全面发展。(2)改革学业评价方式,使评价方式向综合性、多层次、全方位方向发展,实现教学评价的多元化。

专题七　态度与品德

答案速查:

1~5	ACABB	6~10	CDABB	11~15	CDBAA	16~20	BBBAC
21~25	DADBD	26~30	BBCAC	31~35	AABAA	36~40	CADDD
41~45	DBCDB	46~50	ABACB	51~55	DDDAA	56~60	BBABB
61~65	DCDCB	66~71	DCBAAD	1~5	ABD BCD ABCD CD ABCD		
6~10	AB ABC ABC ABCD AD			11~15	CD ABC AC ABCD BCD		
1~5	× × √ √ ×			6~10	× √ √ √ √		
11~15	× √ √ × √			16~18	× × √		

一、单项选择题

1. A 【解析】品德的心理结构包括四种相辅相成的基本心理成分:道德认知、道德情感、道德意志和道德行为。其中,道德认知是指对于行为规范及其意义的认识,是人的认识过程在道德上的表现,是个体道德的基础,是道德情感、道德意志产生的依据。因此,个体道德品质形成的基础是道德认知。

2. C 【解析】态度与品德的形成是一个从外到内的转化过程,是社会规范的接受和内化过程,大致经历社会规范的依从、认同和内化三个阶段。题干中从制定规范约束行为到学生主动爱护环境,再到学校形成了人人讲卫生的良好局面,这分别体现了依从、认同和内化三个阶段。故本题选C项。

3. A 【解析】根据皮亚杰的道德发展阶段理论可知,可逆性阶段(自律或合作道德阶段)的儿童既不简单地服从权威,也不机械地遵守规则,他们已不把准则看成是不可改变的,而把它看作是同伴间共同约定的。儿童已经意识到一种同伴间的社会关系,应相互尊重。准则对他们来说已具有一种保证他们相互行动、互惠的可逆特征:“你要我遵守,你也必须遵守”。因此,题干中的学生处于自律或合作道德阶段。

4. B 【解析】道德意志是个体自觉地调节道德行为,克服困难,以实现预定道德目标的心理过程。题干中的小美明知道自己偷东西的行为是不对的,但就是控制不住自己,这说明小美缺乏自觉调节道德行为、克服困难的道德意志。故答案选B项。道德认识是人的认识过程在道德上的表现;道德情感是人在心理上所产生的对某种道德义务的爱憎、喜恶等情感体验;道德行为是指个体在一定的道德意识支配下表现出来的对他人和社会的有道德意义的活动。A、C、D三项不符合题意,排除。

5. B 【解析】科尔伯格将道德判断分为前习俗、习俗、后习俗三个水平,每一水平包含两个阶段,六个阶段依照由低到高的层次发展。其中处于习俗水平的好孩子的道德定向阶段的儿童的价值是以人际关系的和谐为导向,顺从传统的要求,符合大众的意见,谋求大家的称赞。在进行道德评价时,总是考虑到社会对一个“好孩子”的期望和要求,并总是按照这种要求去展开思维。题干中孩子认为不应该偷药的原因是偷东西不能得到普遍赞扬，这说明其处于习俗水平的好孩子的道德定向阶段。

6. C 【解析】皮亚杰把儿童品德的发展划分为自我中心阶段、权威阶段（他律道德阶段）、可逆性阶段（自律阶段）和公正阶段这四个阶段。他律是指早期儿童的道德判断只注意行为的客观效果，不关心主观动机，是受自身以外的价值标准所支配的道德判断，具有客体性；自律则是指儿童自己的主观价值、主观标准所支配的道德判断，具有主体性。小丽面对该不该砸碎车窗救出婴儿的问题时，选择砸碎车窗，认为为了救人砸坏车窗没有错。这说明她处于自律阶段，对事情的判断依靠自己的内在标准。

7. D 【解析】勒温、皮亚杰、费斯廷格和海德等人的研究都表明，人类具有一种维持平衡和一致性的需要，即力求维持自己的观点、信念的一致，以保持心理平衡。当认知不平衡或不协调时，如新出现的事物与自己原有的经验不一致，或者自己的观点与他人的、社会的观点或风气不一致等，这时内心就会有不愉快或紧张的感受，个体就试图通过改变自己的观点或信念，以达到新的平衡。可以说，认知失调是态度改变的先决条件。题干中学生对学习的态度是不认真的，此时如果让学生认识到学习不认真对自己的危害，则新出现的事物（不认真学习的危害）就会与其原先的观点不一致，会促使其改变自己原有的不认真学习的态度，故选项 D 符合题意。

8. A 【解析】对社会规范的认同，是指学习者在认识、情感和行为上与规范趋于一致，自愿对规范遵从的现象。认同分偶像认同和价值认同。偶像认同是指因对某人或某团体的崇拜、仰慕等趋同心理而产生的遵从现象。题干中公众人物需要严格自律，正是因为存在偶像认同，故选 A 项。

9. B 【解析】态度的结构包括认知成分、情感成分和行为成分。态度的情感成分是指伴随着态度的认知成分而产生的情绪或情感体验，是态度的核心成分。

10. B 【解析】皮亚杰认为道德水平处于他律阶段的儿童服从外部规则，接受权威指定的规范，把人们规定的准则看作是固定的、不可变更的，而且只根据行为后果来判断对错。小红认为，小强做得比小刚更好，因为他只打破了一个碗，小红只从行为后果来进行判断，这表明其道德水平处于他律阶段。

11. C 【解析】态度是通过学习而形成的影响个人行为选择的内部准备状态或反应的倾向性。

12. D 【解析】美国心理学家科尔伯格系统扩展了皮亚杰的理论和方法，经过多年研究，提出了人类道德发展的顺序原则。

13. B 【解析】初中二年级是品德发展的关键期。

14. A 【解析】中学生品德发展的显著特点之一是形成道德信念和道德理想，道德信念、理想在道德动机中占据相当地位。故 A 项说法正确。

15. A 【解析】依从是规范内化的初级阶段，是态度与品德建立的开端。

16. B 【解析】中学生的品德发展逐渐从他律变成自律，伦理道德发展具有自律性，言行一致。

17. B 【解析】态度的结构主要包括以下三个方面：(1)态度的认知成分是指个体对态度对象所具有的带有评价意义的观念和信念。(2)态度的情感成分是指伴随着态度的认知成分而产生的情绪或情感体验。(3)态度的行为成分是指准备对某对象做出某种反应的意向或意图。题干中提到“很喜欢从事某一项活动”，这是对一项活动的情绪体验，故体现了态度的情感成分。

18. B 【解析】道德发展处于功利性的享乐主义定向阶段的儿童的道德价值来自对自己要求的满足，偶尔也来自对他人需要的满足。小明认为满足自己需要的行为就是正确的行为，即道德判断从自身利益出发，故处于功利性的享乐主义定向阶段。

19. A 【解析】在实际活动中，态度的三种成分所占的比重不同，当个体参与比较具体的社会环境时，态度的情感成分起很大的作用。在较高层次的活动中需要个体对极为复杂的社会情境进行分析和理解，在这种情况下，认知成分就占有更大的比重。

20. C 【解析】认同是在思想、情感、态度和行为上主动接受他人的影响，把别人或某个群体的态度作为自己的态度，使自己的态度和行为与他人相接近。题干中，个体不仅在行为上遵守社会规范，而且主观上也认识到遵守社会规范的意义，这是认同阶段的特征。因此答案选C项。

21. D 【解析】班杜拉的社会学习理论强调道德行为的作用。

22. A 【解析】态度的功能有：(1)过滤功能；(2)调节功能；(3)价值表现功能；(4)适应功能。其中，过滤功能在一般情况下表现为，人们总是接受与自己态度一致的信息，拒绝与自己态度不一致的信息。

23. D 【解析】品德又称道德品质，是个体依据一定的社会道德准则规范自己行动时所表现出来的稳定的心理倾向和特征。因此，品德是比较稳定的。

24. B 【解析】道德情感是学生产生品德行为的内部动力，是实现转化的催化剂。

25. D 【解析】"君子欲讷于言而敏于行"的意思是君子要少说虚话，多干实事。因此，其强调的品德因素是道德行为。

26. B 【解析】根据科尔伯格的道德发展阶段理论可知，道德发展处于遵守法规取向阶段的儿童的道德价值是以服从权威为导向的，包括服从社会规范，遵守公共秩序，尊重法律的权威，以法制观念判断是非、知法守法。处于这一阶段的儿童会认为，海因茨不应该去偷药，因为如果人人都违法去偷东西的话，社会就会变得很混乱。故B项符合题意。

易错提示：考生易混淆科尔伯格道德发展阶段理论的不同阶段特征，在遇到考查该知识点的题目时，考生可通过以下关键词帮助做题：

水平	阶段	关键词
前习俗水平	服从与惩罚的道德定向阶段	逃避惩罚
	相对功利的道德定向阶段	对自己要求的满足
习俗水平	好孩子的道德定向阶段（寻求认可取向阶段）	成为"好孩子"
	维护权威或秩序的道德定向阶段（遵守法规取向阶段）	服从权威和社会规范
后习俗水平	社会契约的道德定向阶段	灵活、尊重法制
	普遍原则的道德定向阶段	良心、正义、公平

27. B 【解析】科尔伯格提出道德发展阶段论，采用道德两难故事法对儿童的道德发展的阶段及特点进行研究。

28. C 【解析】后习俗水平的特点是：个体不只是自觉遵守某些行为规则，还认识到法律的人为性，并在考虑全人类的正义和个人尊严的基础上形成某些超越法律的普遍原则。因此，认为尊重人的生命比遵守僵硬的社会规范更为重要的道德发展阶段是后习俗水平。

29. A 【解析】认同是在思想、情感、态度和行为上主动接受他人的影响，把别人或某个群体的态度作为自己的态度，使自己的态度和行为与他人相接近。

30. C 【解析】在内化阶段，个体的行为具有高度的自觉性和主动性，并具有坚定性，表现为"富贵不能淫，贫贱不能移，威武不能屈"。

31. A 【解析】皮亚杰从儿童对规则的态度、对行为责任的判断、儿童的公正观念以及对惩罚公正性的判断这几个方面来研究儿童道德认知的发展。他认为，随着年龄的增长，儿童判断行为对错是从客观责任向主观责任发展的。

易错提示：考生在做此题时应注意题干描述，强调“判断行为对错”的是从客观责任向主观责任发展；强调“道德阶段”的是从他律向自律发展。

32. A 【解析】想象的道德情感，即通过对某种道德形象的想象而发生的情感体验。道德形象是以社会道德标准的化身而存在的，又具有极大的鲜明性，容易使人受到感染和激励。题干中的雷锋就是一个典型的道德形象，故学生在学习其先进事迹时产生的就是想象的道德情感。因此，答案选A项。

33. B 【解析】“亲其师，信其道”的意思是：一个人只有在亲近、尊敬自己的师长时，才会相信、学习师长所传授的知识和道理。道德情感是人的道德需要是否得到实现及其所引起的一种内心体验，也就是人在心理上所产生的对某种道德义务的爱憎、喜恶等情感体验。因此，“亲其师，信其道”表明了道德情感的作用。

34. A 【解析】伦理的道德情感是以清楚地意识到道德概念、原理和原则为中介的情感体验。比如，爱国主义情感和集体主义情感属于伦理的道德情感。

易错提示：考生易混淆不同的道德情感的类型。在做题时应根据关键词进行判断，如爱国感、道德感等属于伦理的道德情感，出现直接面对的情境属于直觉的道德情感，看电影、学事迹后产生的情感属于想象的道德情感。

35. A 【解析】态度是通过学习而形成的影响个人行为选择的内部准备状态或反应的倾向性。态度的概念可以从以下几个方面来理解：(1)态度是一种内部准备状态，而不是实际反应本身；(2)态度不同于能力，虽然二者都是内部倾向，能力决定个体能否顺利完成任务，态度则决定个体是否愿意完成任务，即决定行为的选择；(3)态度是通过学习形成的，不是天生的。

36. C 【解析】道德意志是个体自觉地调节道德行为，克服困难，以实现预定道德目标的心理过程。道德意志实际上是道德观念的能动作用，是个体通过自己理智的权衡作用去解决道德生活中内心矛盾与支配行为的力量，这种力量表现为能够排除内部障碍和外部困难，坚决执行道德动机所引起的行为决定。不管春夏秋冬，小刚都能坚持晨练，坚持每天打太极拳，说明其具有较强的道德意志。

37. A 【解析】道德情感从表现形式上看包括直觉的道德情感、想象的道德情感和伦理的道德情感。直觉的道德情感即由于对某种具体的道德情境的直接感知而迅速发生的情感体验。看见他人在餐厅内抽烟、大声喧哗感到厌恶，这是因直接感知到的情境而产生的情感体验，故属于直觉的道德情感。

38. D 【解析】“两位亲人掉入水中，应该先救哪个?”这一问题不管回答哪一个都会陷入两难境地，这正是延伸自心理学家科尔伯格提出的道德两难故事。

39. D 【解析】内化是学习者对社会规范及其价值有了深刻的理解，在思想观点上与社会规范及其价值保持一致，将自己所认同的思想和自己原有的观点、信念融为一体，构成一个完整的价值体系。

40. D 【解析】我国小学生摆脱成人惩罚的影响，根据行为本身好坏作出分析判断的转折年龄在8～9岁。

41. D 【解析】态度的功能有：(1)过滤功能；(2)调节功能；(3)价值表现功能；(4)适应功能。其中，态度的适应功能是指人的态度是在对外部环境的适应过程中逐渐形成，反过来又起着适应外部环境的作用。如儿童在交往活动中学会了持什么样的态度是会被同伴集体所接受的，那么反过来，这种态度又会让儿童去适应不同类型的集体的交往活动。

42. B 【解析】我国儿童、青少年道德情感发展的一般趋势为：(1)我国儿童、青少年道德情感的发展从小学二年级到初中二年级呈现逐步上升趋势，但不是等速的，而是不均衡的。故C项说法正确。(2)道德情感的不同范畴的发展不是同步的。故A项说法正确。(3)城市和乡村的中小

学生道德情感发展的总趋势是一致的，而城市学生的发展水平，在各范畴中均高于乡村学生，差异显著。(4)不同性别的中小学生的道德情感的发展趋势基本一致，在各范畴发展水平的比较中除爱国主义情感范畴外，其他各范畴均显示女生高于男生。故 D 项说法正确。(5)道德情感的发展并不是在一个维度上展开的，而是在多水平、多层次之间既相互矛盾又相互制约着的发展。故 B 项说法错误。

43. C 【解析】皮亚杰将儿童的道德发展划分为四个阶段：自我中心阶段、权威阶段、可逆性阶段、公正阶段。其中，8～10 岁的孩子的道德认知处于可逆性阶段。

44. D 【解析】态度的形成受以下各种因素的影响：(1)社会信息。(2)强化。(3)模仿。(4)团体的期望与规定。其中，强化表现在：根据刺激、反应和强化方式之间的关系，选择或安排适当的刺激能引起相应的反应，并使用强化或奖励来增强这一反应，就会形成某种态度。例如，有的学生选修一门课程获得了优秀的成绩，而自己又产生了浓厚的兴趣，同时他的老师和父母也赞扬与鼓励他对这门课程的学习，这种赞扬与鼓励就加强了他对这门课程积极的学习态度。

45. B 【解析】态度结构的核心成分是情感成分，B 项明确表明了对喝酒的厌恶情感，故体现了态度的情感成分。

46. A 【解析】道德情感的内容主要包括爱国主义情感、集体主义情感、义务感、责任感、事业感、自尊感和羞耻感等。其中，义务感、责任感和羞耻感对于儿童和青少年尤为重要。

47. B 【解析】在中学生品德发展的特征中，中学生的品德心理自我意识明显化，则 A 项说法错误；品德结构的组织形式完善化，则 B 项说法正确；初中阶段品德发展具有波动性，高中阶段品德发展趋向成熟，则 C 项说法错误；道德行为习惯逐步巩固，则 D 项说法错误。

48. A 【解析】道德认知是个体对于行为规范及其意义的认识，是人的认识过程在道德上的表现。能够分辨善恶美丑，说明学生具有了对善恶美丑的道德认知。

49. C 【解析】品德是社会道德准则在个人思想与行动中的体现，是个性中具有道德评价意义的核心部分。因此，C 项营业员找错钱个体主动退还的行为，可以体现出个人的品德。

50. B 【解析】林崇德的研究认为小学三年级、初中二年级是儿童与青少年个性发展特别是品德发展变化的关键期。

51. D 【解析】高中生的伦理道德的发展具有成熟性，可以比较自觉地运用一定的道德观念、原则、信念来调节自己的行为。

52. D 【解析】道德认知(道德认识)是指对于行为规范及其意义的认识，是人的认识过程在道德上的表现。因此，提高青少年的鉴别能力就是提高道德认识能力。

53. D 【解析】具有不良品德的学生的转化过程在大体上可分为醒悟、转变和自新三个阶段。醒悟是指品德不良的学生在教育或良好环境的影响下，意识到继续坚持道德过错的危害性，开始产生改正过错的愿望或念头。醒悟阶段是品德不良学生道德观念与非道德观念斗争最激烈的阶段，也是不良品德转变的基础和前提。根据题干表述可知，小强处于不良品德转化过程中的醒悟阶段。

54. A 【解析】态度与品德的形成大致经历依从、认同、内化三个阶段。依从，即表面上接受规范，按照规范的要求来行动，但对规范的必要性或根据缺乏认识，甚至有抵触情绪。题干中学生以“写作业”的名义背着家长偷玩手机的行为，说明他们正处于态度与品德形成的依从阶段。

易错提示：考生易混淆态度与品德的形成阶段，考生应注意：依从阶段强调表面遵守，即阳奉阴违；认同阶段强调与他人保持一致；内化阶段强调构成一个完整的价值体系。

55. A 【解析】道德是依赖于整个社会存在的一种社会现象，但不以某一个体的存亡为转移。品德则是依赖于某一个体存在而存在的一种个体现象。

56. B 【解析】一般来说，惩罚适用于学生反复发生的不良行为。所以，当学生出现明知故犯这种情形时,教师可以考虑采用惩罚的方式对其进行教育。

57. B 【解析】根据班杜拉的社会学习理论可知,榜样在观察学习过程中起着非常重要的作用,榜样的特点、示范的形式及榜样所示范的行为的性质和后果都会影响到观察学习的效果。因此,班杜拉的社会学习理论揭示了"树立良好的榜样"是学生道德行为形成的重要途径。

58. A 【解析】道德信念,是人们发自内心的对某种道德义务所具有的坚定的信心和强烈的道德责任感。它不是一般的道德认识,也不是意志力的一般表现,而是深刻的道德认识、强烈的道德情感和顽强的道德意志的有机统一。道德信念是一种巨大的精神力量,是道德认识转化为道德行为的中介。

59. B 【解析】皮亚杰将童年期的道德认知发展阶段依次划分为:前道德阶段、他律道德阶段和自律道德阶段。

60. B 【解析】态度的认知成分是指个体对态度对象所具有的带有评价意义的观念和信念。

61. D 【解析】品德的心理结构包括四种相辅相成的基本心理成分:道德认知、道德情感、道德意志和道德行为。道德行为是道德形成的最终环节,是指个体在一定的道德意识支配下表现出来的对他人和社会的有道德意义的活动。它是个体道德认知的外在表现,是实现道德动机的手段。道德行为是衡量道德品质的重要标志。

62. C 【解析】道德发展处于后习俗水平中的社会契约的道德定向阶段的个体,具有强烈的责任心和义务感,故 C 项说法错误。

63. D 【解析】公正阶段的公正观念是从可逆的道德认知中脱胎而来的。他们开始倾向于主持公正、公平等。公正的奖惩不能是千篇一律的,应根据个人的具体情况进行。也就是说,儿童不再刻板地按固定的规则去判断,在依据规则判断时应该考虑到同伴的一些具体情况,从关心和同情的角度出发去判断。故答案选 D 项。

64. C 【解析】皮亚杰把儿童的品德发展划分为以下四个阶段:(1)自我中心阶段(2~5 岁)。(2)权威阶段,又叫他律道德阶段或道德实在论阶段(6~8 岁)。(3)可逆性阶段,又叫自律或合作道德阶段(9~10 岁)。(4)公正阶段(11~12 岁)。因此,八岁的儿童正处于他律道德阶段。

65. B 【解析】品德心理结构具有以下几个特点:(1)品德心理结构的统一性。(2)品德心理结构的矛盾性。(3)品德心理结构的独立性。其中,矛盾性一方面是指知、情、意、行之间的对立、不适应。例如,"理达情不通"即道德上明白,感情上接受不了;或"通情不达理"即感情上同情,但道德上讲不通;或"知""行"脱节,即认识和行为的脱节现象。另一方面是指知、情、意、行四要素之间发展方向与水平的不适应。

66. D 【解析】当学生的道德观念不断得到加强,并相应的产生道德体验时,就会变为道德信念。

67. C 【解析】道德情感是人们根据社会的道德规范评价自己和别人的思想、意图和行为举止所产生的一种情感体验,因而它是激发人们思想行为的重要的内部驱动力量。道德情感具有以下三个功能:(1)道德情感是道德认识的激发力量与驱动力量。(2)道德情感对道德行为的调控作用。(3)移情是产生亲社会行为的中介力量。根据题干可知,答案选 C 项。

68. B 【解析】皮亚杰通过大量研究,发现并总结出了儿童道德认知发展的总规律,即儿童道德的发展经历从他律到自律的转化发展过程。自律道德亦称"合作道德""互惠道德"或"道德相对论",约在 10 岁以后出现,故答案选 B 项。

69. A 【解析】道德发展处于相对功利的道德定向阶段的儿童的道德价值来自对自己要求的满足,偶尔也来自对他人需要的满足。在进行道德评价时,他们开始从不同角度将行为与需要联系起来,但具有较强的自我中心性,认为符合自己需要的行为就是正确的。A 项属于该阶段的儿童可能的回答。而 B 项属于好孩子的道德定向阶段的儿童可能的回答;C 项属于维护权威或秩序的道德定向阶段的儿童可能的回答;D 项属于普遍原则的道德定向阶段的儿童可能的回答。

70. A 【解析】瑞士著名心理学家皮亚杰在20世纪30年代采用“对偶故事法”对儿童道德判断的发展进行了研究。

71. D 【解析】规范学习指的是学生获得一定的规范认识,并努力将规范所确定的、外在的行为要求转化为其内在的行为需要,从而建构起内部的行为调节机制的过程。

二、多项选择题

1. ABD 【解析】对低年级的学生来说,富有感情色彩、生动感人的说服内容更容易发生影响。故A项说法正确。对高年级学生而言,充分说理、逻辑性强的说服内容更为有效。故B项说法正确。当说服的任务是解决当务之急的问题时,应只提出正面观点,以免延误时间。故C项说法错误。当说服的任务是培养学生长期稳定的态度时,应提出正反两方面的材料。故D项说法正确。

2. BCD 【解析】研究表明,学生的态度和品德特征与家庭的教养方式有密切关系。民主、信任、宽容的家庭教养方式有助于儿童优良态度和品德的形成与发展。家长对待子女过分严格或放任,则孩子更容易产生不良的、敌对的行为。因此,答案选B、C、D三项。

3. ABCD 【解析】皮亚杰认为,10岁是儿童从他律道德向自律道德转化的分水岭,10岁前儿童对道德行为的思维判断主要依据他人设定的外在标准,也就是他律道德。A项说法正确。10岁以后儿童对道德行为的思维判断大多依据自己的内在标准,也就是自律道德。C项说法正确。他律阶段的儿童服从外部规则,接受权威指定的规范,认为规则是不变的。B项说法正确。自律阶段的儿童开始以动机作为道德判断的依据。D项说法正确。

4. CD 【解析】影响态度与品德学习的内部条件包括:(1)认知失调;(2)态度定势;(3)道德认知。故答案选C、D两项,而A、B两项属于外部条件。

方法技巧:关于影响态度与品德学习的条件,考生可采用以下口诀帮助记忆:外家社群,内认定德。

5. ABCD 【解析】教师可以综合应用一些方法来帮助学生形成或改变态度与品德。常用的方法有言语说服、榜样示范、群体约定、价值辨析、奖惩等。

方法技巧:关于培养态度与品德的方法,考生可采用以下口诀帮助记忆:嫁(价值辨析)给(给予奖励和惩罚)有(有效的说服)理(利用群体约定)数(树立榜样)。

6. AB 【解析】小学生的道德认知能力具有依附性,缺乏原则性,但是其发展是和谐的、平稳的。

7. ABC 【解析】一般认为,学生不良行为的矫正要经历醒悟阶段、转变阶段和自新阶段三个过程。

8. ABC 【解析】学生的过错行为是指那些不符合道德要求的问题行为,如调皮捣蛋、恶作剧、起哄、无理取闹、作业和考试作弊等。未经允许拿他人东西属于学生的不良品德行为,违反了道德准则并且损害他人利益。

9. ABCD 【解析】品德心理结构的特征有:(1)品德心理结构的统一性与差异性;(2)品德心理结构各成分具有层次性;(3)品德心理结构各成分发展的顺序性和连续性;(4)品德心理结构的稳定性与可变性;(5)品德心理结构发展的多端性。

10. AD 【解析】品德主要是由道德认识、道德情感、道德意志和道德行为四种心理成分构成。道德认识、道德情感、道德意志和道德行为的关系表现为:(1)道德认识是道德情感与道德行为的基础,调节和支配着道德情感和道德行为。所以,A项说法正确。(2)道德行为是衡量一个人品德好坏的客观标准。道德行为是道德认识、道德情感、道德意志的归宿。所以,D项说法正确。(3)道德情感是道德认识转化为道德行为的催化剂。道德情感转化为道德行为有赖于道德意志。所以,B项说法错误。(4)道德意志对道德行为起着维持作用。所以,C项说法错误。

11. CD 【解析】皮亚杰通过大量研究，发现并总结出了儿童道德认知发展的总规律，即儿童道德的发展经历从他律到自律的转化发展过程。

12. ABC 【解析】态度的结构包括认知成分、情感成分和行为成分。(1)态度的认知成分是指个体对态度对象所具有的带有评价意义的观念和信念。(2)态度的情感成分是指伴随着态度的认知成分而产生的情绪或情感体验，是态度的核心成分。(3)态度的行为成分是指准备对某对象做出某种反应的意向或意图。题干中学生认为“学习是一件快乐的事”为认知成分；“喜欢学习”为情感成分；“愿意为学习安排时间”为行为成分。

13. AC 【解析】有效利用正反论据的情形主要表现在以下方面：

论据	情形
只提供正面论据	(1)对于理解能力有限的低年级学生； (2)学生没有相反的观点； (3)说服的任务是解决当务之急的问题
提供正反两方面的论据	(1)对于理解能力较强的高年级学生； (2)学生原本就有反面观点； (3)说服的任务是培养学生长期稳定的态度

因此，答案选 A、C 两项。

方法技巧：在做此类试题时，考生应注意从以下角度帮助记忆：低级的、紧急的、无相反观点的，只提供正面论据；高级的、长期的、有反面观点的，提供正反两方面的论据。

14. ABCD 【解析】我国儿童和青少年的道德判断与评价发展的特点包括：(1)从他律到自律；(2)从效果到动机；(3)从律他到律已；(4)从片面到全面；(5)从笼统到具体。

15. BCD 【解析】品德不良学生存在着的心理矛盾包括：(1)自尊心和得不到尊重的矛盾；(2)好胜心和不能取胜的矛盾；(3)上进心和意志薄弱的矛盾。

三、判断题

1. × 【解析】一般情况下，态度的三种成分是一致的，但也有不一致的情况，如知行脱节等。

2. × 【解析】儿童在自我中心阶段，由于受认识的局限和思维发展水平的影响，还不理解成人或周围环境对他们的要求，往往是我行我素。处于可逆性道德阶段的儿童既不简单地服从权威，也不机械地遵守规则。故题干说法错误。

3. √ 【解析】亲历学习与观察学习是态度与品德学习的两种方式。相比较而言，观察学习是学习态度的最有效的方式。

4. √ 【解析】认同，即在思想、情感、态度和行为上主动接受规范，从而试图与之保持一致。认同实质上就是对榜样的模仿，其出发点就是试图与榜样一致。

5. × 【解析】学生的品德是在其品德内部矛盾斗争中形成发展的，它是长期积累和发展的结果，是在它的结构的相对稳定性和不断的变动性的矛盾运动中形成发展的。随着人的发展，社会对他的要求也就不断提高，社会本身也在不断发展变化，原有的与社会要求相适应的品德在新的社会历史条件下又有进一步发展提高的必要。故题干说法错误。

6. × 【解析】虽然对惩罚的教育效果有不同的看法，但从抑制不良行为的角度来看，惩罚还是有必要的，也是有助于良好的态度与品德形成的。

7. √ 【解析】品德发展的实质就是个体与环境相互作用，将社会规范、道德准则逐渐内化，主动构建相对稳定的行为判断准则的过程。

8. √ 【解析】在皮亚杰看来,5 岁前幼儿处于前道德阶段——无律阶段,他们以“自我中心”的方式来考虑问题。

9. √ 【解析】态度与品德是通过学习形成的,不是天生的。观察学习是学习态度与品德的重要方法。故题干说法正确。

10. √ 【解析】科尔伯格将道德判断分为三个水平,依次表现为前习俗水平、习俗水平和后习俗水平。

11. × 【解析】认同,即在思想、情感、态度和行为上主动接受他人的影响,把别人或某个群体的态度作为自己的态度,使自己的态度和行为与他人相接近。在这一阶段,学习者在思想、情感、态度和行为上主动接受规范,试图与之保持一致。题干中小王要求自己的行为与教师角色行为相一致,说明其主动接受教师角色的行为规范,故属于认同阶段。

12. √ 【解析】学生品德不良行为的矫正是一项复杂的工作,其效果取决于教育时机的选择和对众多教育因素的控制。

13. √ 【解析】品德具有相对的稳定性,若只是此一时彼一时地偶然表现,则不能称之为品德,只有经常地表现出一贯的规范行为,才标志着品德的形成。

14. × 【解析】品德又称道德品质,是个体依据一定的社会道德准则规范自己行动时所表现出来的稳定的心理倾向和特征。道德行为是衡量道德品质的重要标志。题干中小红有了相应的道德认识,但并未表现出相应的道德行为,因此不能表明其已经形成相应的道德品质。

15. √ 【解析】态度与品德的形成大致经历三个阶段:依从、认同和内化。其中,内化,即在思想观点上与社会规范及其价值一致,将自己所认同的思想和自己原有的观点、信念融为一体,构成一个完整的价值体系。因此,认知过程中的各种价值冲突和矛盾的解决是在内化阶段完成的。当个人按自己内化了的价值行动时,会感到愉快和满足;而当出现了与自己的价值标准相反的行动时,会感到内疚和不安。

16. × 【解析】科尔伯格采用道德两难故事法研究儿童道德认知的发展,提出了著名的三水平六阶段理论。瑞士心理学家皮亚杰通过一些对偶故事的观察实验,提出了道德发展阶段理论。

17. × 【解析】他律是指早期儿童的道德判断只注意行为的客观效果,不关心主观动机,是受自身以外的价值标准所支配的道德判断,具有客体性;自律是指儿童受自己的主观价值、主观标准所支配的道德判断,具有主体性。故题干说法错误。

18. √ 【解析】态度是通过学习而形成的影响个人行为选择的内部准备状态或反应的倾向性。根据态度的概念可以推出,态度是一种内部准备状态,而不是实际反应本身。

四、填空题

1. 过错行为　不良品德行为
2. 服从与惩罚取向
3. 道德情感

五、简答题(参考答案)

1. 简述皮亚杰的儿童品德发展的四个阶段。

(1)自我中心阶段(2~5 岁)。自我中心阶段是从儿童能够接受外界的准则开始的。

(2)权威阶段(他律道德阶段或道德实在论阶段)(6~8 岁)。该时期的儿童服从外部规则,接受权威指定的规范,把人们规定的准则看作是固定的、不可变更的,而且只根据行为后果来判断对错。

(3)可逆性阶段(自律或合作道德阶段)(8~10 岁)。这一阶段的儿童已不把准则看成是不可改变的,而把它看作是同伴间共同约定的。

(4)公正阶段(10~12 岁)。这一阶段的公正观念是从可逆的道德认知中脱胎而来的。他们开始倾向于主持公正、公平等。

2. 简述影响态度与品德学习的一般条件。

(1)外部条件:①家庭教养方式;②社会风气;③同伴群体。

(2)内部条件:①认知失调;②态度定势;③道德认知。

3. 简述态度与品德的培养措施。

(1)有效的说服;(2)树立良好的榜样;(3)利用群体约定;(4)价值辨析;(5)给予适当的奖励和惩罚。除上述所介绍的各种方法外,角色扮演、小组道德讨论等方法对于态度与品德的形成和改变都是非常有效的。

4. 简述科尔伯格的品德发展阶段理论。

科尔伯格采用"道德两难故事法"对儿童的道德判断能力进行研究。他以道德判断的发展代表道德认知的发展,进而代表品德发展的水平。他将道德判断分为三个水平,每一水平包含两个阶段,六个阶段依照由低到高的层次发展。

(1)前习俗水平,包括以下两个阶段:①服从与惩罚的道德定向阶段;②相对功利的道德定向阶段。(2)习俗水平,包括以下两个阶段:①好孩子的道德定向阶段;②维护权威或秩序的道德定向阶段。(3)后习俗水平,包括以下两个阶段:①社会契约的道德定向阶段;②普遍原则的道德定向阶段。

六、案例分析题(参考答案)

(1)社会规范的接受和内化,大致经历以下三个阶段。

①社会规范的依从。依从,即表面上接受规范,按照规范的要求来行动,但对规范的必要性或根据缺乏认识,甚至有抵触情绪。

②社会规范的认同。认同,即在思想、情感、态度和行为上主动接受规范,从而试图与之保持一致。认同实质上就是对榜样的模仿,其出发点就是试图与榜样一致,包括偶像认同或价值认同。

③内化(社会规范的信奉)。信奉是内化的最高阶段,是学习者对社会规范及其价值有了深刻的理解,在思想观点上与社会规范及其价值保持一致,将自己所认同的思想和自己原有的观点、信念融为一体,构成一个完整的价值体系。在内化阶段,个体的行为具有高度的自觉性和主动性,并具有坚定性。

案例中的王老师首先可以制定一些课堂规则,让学生按照规范的要求来行动。其次,为学生树立榜样人物,使学生在思想、情感、态度和行为上主动接受规范,从而试图与榜样保持一致。最后,帮助学生构建完整的价值体系,使学生主动、自觉地遵守课堂规则。

(2)社会规范学习是青少年社会性学习的核心,是提高青少年社会适应性的根本途径。

①规范学习有助于青少年良好品德和性格的构建。品德和性格是青少年行为的重要调节机制和个性的重要组成部分。良好品德和性格是在一定先天素质的基础上,在社会生活环境中,在规范学习的过程中逐渐形成和发展起来的。

②规范学习有助于青少年社会化的实现。社会化从实质上讲是个体从生物人成长为社会人,具备社会特性并逐渐适应社会生活的过程。社会化对青少年发展极其重要,它主要包括个性的发展、社会文化的传递和社会角色的获得三个基本方面。这三个基本方面都离不开规范的学习。

③规范学习有助于促进青少年心理健康。社会适应性说到底是一种社会规范适应。社会对于个体的作用突出表现在为个体的社会行为制订一套规范系统,一套如何做人、如何与他人相处的规则和准则。这套系统随着社会的发展不断调整和更新。青少年只有通过社会规范学习,内化规范系统,以此指导自己的行为,达到良好的社会适应。因此,社会规范学习是提高青少年社会适应性,进而提高心理健康水平的重要途径。

第五章 教学心理

专题一 教学设计

答案速查：

1～5	BBBDB	6～10	DCBCA	11～15	CABCA	16～20	DCBCD
21～25	DACDA	26～30	CDAAB	31～35	ACDBB	36～40	BACBB
41～46	BCABBB	47～53	DDAABDC	1～5	ABD ACD ABCD ABD ABCD		
6～10	ABCD ABC ABD ABCD AC			11～14	ABCD ACD CD BC		
1～5	× × × √ √			6～11	√ × × × × √		

一、单项选择题

1. B 【解析】直接教学是以学习成绩为中心，在教师指导下使用结构化的有序材料的课堂教学策略。直接教学尤其适用于教授那些学生必须掌握的、有良好结构的信息或技能。

方法技巧：考生需注意接受学习与直接教学适合教授的知识有所不同：直接教学既适用于教授那些学生必须掌握的、有良好结构的信息或技能，也适合于教授程序性的知识与技能，如算术、体育等。接受学习则更加适合于教授陈述性知识，如历史、文学等。

2. B 【解析】常模参照测验是指评定时需要把学生的成绩与其所在团体或常模团体进行比较，根据个体在团体中的相对位置来报告评价结果。标准参照测验是基于某种特定的标准来评价学生对与教学密切关联的具体知识和技能的掌握程度，可以用来判断学生是否需要更多的指导。题干中强调根据规定的标准来决定学生的英语成绩，故属于标准参照测验。

3. B 【解析】领会（理解）指把握所学材料的意义，它代表最低水平的理解。题干中小韩能够用自己的话概括文章的内容，说明他能够把握所学材料的意义，故本题答案选 B 项。A 项评价强调对材料做价值判断的能力；C 项应用强调将所学材料应用于新的情境之中；D 项综合强调将所学的零碎知识整合为知识系统。故 A、C、D 三项不符合题意。

4. D 【解析】教学过程中如何有效地提供学习内容是教学策略的核心内容。故选 D 项。

5. B 【解析】操作性指任何教学策略都是针对教学目标的每一具体要求而制定的，具有与之相对应的方法、技术和实施程序，它要转化为教师与学生的具体行动。故选 B 项。指向性指教学策略的产生就是为了解决现实的教学问题，掌握特定的教学内容，达到预定的教学目标，收到预期的教学效果。排除 A 项。综合性指教学策略包括教学活动的元认知过程、教学活动的调控过程和教学方法的执行过程。这三个过程是相互关联的一个整体，彼此之间相互作用，每一个过程依据其他两个过程而作相应的规定和变化。排除 C 项。灵活性指教学策略不是“万金油”式的“教学处方”，不存在一个能包揽一切的大而全的教学策略。同一策略可以解决不同的问题，不同的策略也可以解决相同的问题。排除 D 项。

6. D 【解析】布卢姆将认知领域的教学目标分为知识、领会、运用（应用）、分析、综合、评价六级。其中，运用（应用）是指将所学概念、规则、方法、规律和理论应用于新情境中的能力，代表较高水平的理解。题干中周老师设计的教学目标之一是学生能独立使用比喻的修辞手法造句，这体现了将所学概念、规则应用到新情境中的能力，因此这一目标属于认知领域中的应用。

7. C 【解析】直接教学是以学习成绩为中心，在教师指导下使用结构化的有序材料的课堂教学策略。直接教学尤其适用于教授那些学生必须掌握的、有良好结构的信息或技能。

8. B 【解析】美国著名心理学家克拉斯沃尔、布卢姆等人对情感领域目标的分类，是以价值内化的程度为依据的。该领域的目标共分为接受、反应、价值评价、价值观的组织和价值或价值体系的性格化五类。

9. C 【解析】在教学实施的过程中,教师可以根据具体的教学情境对有关教学策略的要素进行变通和组合,具体问题具体分析,这就是教学策略的灵活性。新手教师完全模仿专家教师的教学策略,没有根据自己所处的教学情境灵活变化,因此很难达到同样理想的效果。这从反面说明了教学策略具有灵活性。

10. A 【解析】个别化教学指让学生以自己的水平和速度进行学习的一种教学模式。因此选择A项。B项,直接教学(指导教学)是以学习成绩为中心,在教师指导下使用结构化的有序材料的课堂教学策略。C项,合作学习指学生们以主动合作学习的方式代替教师主导教学的一种教学策略。D项,情境教学指在应用知识的具体情境中进行知识的教学的一种教学策略。

11. C 【解析】创设问题情境,激发好奇心属于情境策略的运用。

12. A 【解析】结构化策略强调知识结构,主张抓住知识的主干部分,削枝强干,构建简明的知识体系。

13. B 【解析】教学设计综合了教学过程的基本要素,如教学目标、教学内容、教学对象、教学策略、教学评价等,对教学过程用系统论的观点加以模式化和程序化。故C、D两项说法正确。教学设计具有灵活性,这说明在进行教学设计时应该留有余地,让教师有充分的时间和空间处理偶发事件,并根据课堂情境灵活调整教学设计方案。故A项说法正确,B项说法错误。

14. C 【解析】发现学习是指给学生提供有关的学习材料,让学生通过探索、操作和思考,自行发现知识、理解概念和原理的教学方法。题干中老师让学生自己通过实验来确定如何测量圆柱体的体积,其运用的教学策略就是发现学习。

15. A 【解析】阶段性原则是指不同阶段的教学目标设计的侧重点是不同的,因此,教学目标的设计应该遵循阶段性原则,突出每个阶段的特点,并且使这些阶段具有一定的连贯性,从而保证教学目标的浑然一体。小学低年级学段和中高年级学段的教学侧重点不同,这体现了教学目标设计的阶段性原则。

16. D 【解析】个别化教学大致包括以下几个环节:(1)诊断学生的初始学业水平或学习不足;(2)提供教师与学生或机器与学生之间的一一对应关系;(3)引入有序的和结构化的教学材料,随之加以操练和练习;(4)允许学生以自己的速度向前学。因此,答案选D项。

17. C 【解析】布卢姆将认知领域的教学目标分为知识、领会、运用、分析、综合、评价。其中,分析水平的教学目标是指将整体材料分解成其构成成分并理解其组织结构,包括对要素的分析、关系的分析和组织原理的分析,代表了比运用更高的智能水平;可使用的描述动词有:分解、说明、推理等。例如,让学生将《荷塘月色》的结构分解出来。故答案选C项。

18. B 【解析】合作学习分组的原则是:(1)组内异质,组间同质。(2)小组成员人数以5人左右为宜。一般来说,最为有效的小组人数是4~6个成员。

19. C 【解析】掌握学习是由美国心理学家布卢姆提出来的一种适应学习者个别差异的教学方法。布卢姆认为只要给予足够的时间和适当的教学,几乎所有的学生对所学的内容都可以达到掌握的程度,学生学习能力的差异不能决定他能否学会要学的内容,而只能决定他将要花多少时间才能达到该内容的掌握程度。

20. D 【解析】对学习内容达到掌握的程度,通常意味着完成80%~90%的评价项目。

21. D 【解析】常模参照测验以学生团体测验的平均成绩即常模为参照点,比较分析某一学生的学业成绩在团体中的相对位置,主要用于选拔、编组等。

22. A 【解析】成长记录袋激励学生发展自我评价技能,为自己的学习负责,并成为反思性学习者。

23. C 【解析】教学目标的作用主要体现在三个方面:(1)教学目标是选择教学方法的依据;(2)教学目标是进行教学评价的依据;(3)教学目标具有指引学生学习的作用。

24. D 【解析】美国教育心理学家布卢姆将教学目标分为认知、情感和动作技能三个领域,每一领域的目标又从低级到高级分成若干层次。其中,认知领域的教学目标从低到高分为知识、领会、运用、分析、综合、评价六级。因此,认知领域的最高级目标是评价。

方法技巧:关于认知领域的教学目标的六级水平,考生从低到高可记忆为:知领用,分合评。

25. A 【解析】具体来说,内容型策略有强调知识结构和追求知识发生过程两个类别,也就是说有两条途径:结构化策略和问题化策略。

26. C 【解析】教学设计的原则包括系统性原则、最优化原则、教学目标和内容设计的可接受性原则、教学手段设计的多样化原则。其中,教学目标和内容设计的可接受性原则指教师所确立的教学目标是不是学生"应该而又能够接受"的知识、技能或态度,决定教学的成效。一般来说,教师所确立的教学目标应符合学生的心智发展水平,其教学内容的难度和呈现形式应以学生的现实发展水平为基础,其跨度要适中,应落于学生的最近发展区内。因此题干所述违背了教学设计的可接受性原则。

27. D 【解析】根据事实性知识教学的一般模型及事实性知识学习的具体规律,我们可以提出一些事实性知识教学策略设计的建议:(1)确定要记忆的事实性知识。(2)创设学习和应用事实性知识的情境。(3)呈现事实性知识。(4)提示学生回忆原有相关知识。(5)提供记忆指导。如某教师为了让学生记住"蚯蚓"的字形,就采用精加工的方法对学生进行记忆指导:"蚯蚓是一种虫子,所以两个字都是虫字旁。蚯字的半边是个'丘'而不是'兵',是因为蚯蚓没有脚,所以下面没有两点。"(6)安排间隔复习。(7)在事实性知识教学的整个过程中将认知因素和动机因素融合起来。

28. A 【解析】以教师为中心的讲授策略适用于要求学生尽快地掌握知识和技能的教学要求。

29. A 【解析】情境教学指在应用知识的具体情境中进行知识的教学的一种教学策略。

30. B 【解析】理解(领会),即领悟所学材料的意义,但并不一定将其与其他事物相联系,代表最低水平的理解;可使用的描述动词:解释、辨别、概括等。例如,通过阅读不同诗歌,辨别现实主义与自然主义各自的特征。

31. A 【解析】布卢姆将认知领域的教育目标从低到高分为六个层次,其中知识目标指对先前学习过的材料的记忆,包括对具体事实、方法、过程、概念和原理的回忆。这是最低水平的认知学习结果,所要求的心理过程是记忆。因此,题干中要求学生记忆数学法则或公式属于知识目标。

32. C 【解析】合作学习在设计与实施上必须具备以下五个特征:(1)分工合作;(2)密切配合;(3)各自尽力;(4)社会互动;(5)团体过程。

33. D 【解析】教学策略的特点主要有:(1)教学策略具有明确的针对性;(2)教学策略具有典型的灵活性;(3)没有任何单一的策略能够适用于所有的教学;(4)教学活动程序、教学方法、教学组织形式等都是教学策略的载体。故本题答案选D项。

34. B 【解析】美国教育心理学家布卢姆将情感领域的教育目标分为接受、反应、形成价值观念、组织价值观念系统和价值体系个性化五级。

35. B 【解析】发现学习法是指教师根据教学目标创设一定的问题情境,并通过这一问题情境,使学生产生认知冲突;然后,在教师的指导下,学生运用已有的知识和相应的资料、材料自行进行探究,提出解决问题的假设并验证假设,以此获得知识和发展能力的方法。故题干所述体现了发现学习法的含义。

36. B 【解析】A项,就实施教学评价的时机而言,有形成性评价和总结性评价之分。B项,根据对教学评价的处理方式不同,可以将教学评价分为常模参照评价和标准参照评价。C项,按教学评价的功能,可以将教学评价分为配置性评价与诊断性评价。D项,按教学评价的严谨程度,可以将教学评价分为正式评价与非正式评价。故B项符合题意。

37. A 【解析】程序性原则指教学设计是一项系统工程,诸子系统的排列组合具有程序性特点,即诸子系统有序地成等级结构排列,且前一子系统制约、影响着后一子系统,而后一子系统依存并制约着前一子系统。根据教学设计的程序性特点,教学设计中应体现出其程序的规定性及联系性,确保教学设计的科学性。

38. C 【解析】在陈述性知识的教学设计中,要将设计的重点放在如何帮助学生有效地理解、掌握这类知识上,注重学生对其符号或词语意义的获取。教师在具体设计过程中应注意以下几个方面:(1)找出新知识与原有相关知识的结合点,讲清二者间的相互联系,以帮助学生在理解的基础上有效吸收、同化新知识;(2)对学生的学习准备状况作认真分析,除了解学生的一般学习状况外,还应对学生已有的知识准备、知识结构、学习动机和学习习惯作深入分析;(3)恰当引入教学媒体,如教具、学具的使用,教材呈现手段的变化等。因此,题干中历史老师的教学设计是根据陈述性知识的特点进行的设计。

39. B 【解析】合作学习中小组成员人数以 5 人左右为宜。一般来说,最为有效的小组人数是4 ~ 6个成员。这样既能实现组内异质的目标,也能使小组中的每一个成员都参与到合作学习之中,同时,在小组成员有争执的时候容易做出暂时性的结论。

40. B 【解析】布卢姆的认知目标分类中的应用是指将所学材料应用于新的情境之中,包括概念、规则、方法、规律和理论的“应用”,以“知识”和“领会”为基础,代表较高水平的理解。可使用的认知动词有:解答、解决、证明、操作等。题干中张小雨应用方案去解决某一个实际问题,就体现了应用的含义。

41. B 【解析】领会指把握所学材料的意义,它超越了单纯的记忆,代表最低水平的理解。

42. C 【解析】程序教学是个别化教学的典型代表。

43. A 【解析】无论是一般目标还是具体目标,集体目标还是个人目标,都要难度适中。既要使学生“跳一跳,摘桃子”,又要使他们“跳一跳”就能摘到“桃子”。

44. B 【解析】多媒体教学的隐患有:(1)颠倒教学内容和形式的关系;(2)大容量导致教学重难点模糊不清;(3)盲目利用,浪费教学可用资源;(4)不顾实际强求使用多媒体教学。

45. B 【解析】教学内容设计是教师认真分析教材、合理选择和组织教学内容以及合理安排教学内容并表达或呈现的过程。

46. B 【解析】常模参照评价以学生团体测验的平均成绩即常模为参照点,比较分析某一学生的学业成绩在团体中的相对位置。它采用相对的观点解释学生的学业成就,着重于学生之间的比较。故题干所述的评价方式是常模参照评价。

47. D 【解析】学生成长记录袋的基本成分是学生作品,同时包括学生对完成作品过程的描述或记录,以及学生本人、教师、同伴和家长对作品的评价。

48. D 【解析】布鲁纳设计了“发现教学”的一般程序。第一,提出问题。教师选一个或几个一般原理,给学生一些感性材料,使学生带着问题学习,学生提出弄不懂的问题与疑难。第二,创设问题情境。问题情境是一种特殊的学习环境。情境中的问题既适合学生已有的知识水平、能力,又需要经一番努力才能解决,从而使学生形成对未知事物进行探究的心向。第三,提出假设。利用所给定的材料,在寻求答案的过程中,充分利用直觉思维,提出各种有益于问题解决的可能性。第四,评价、验证,得出结论。对各种可能性,运用分析思维反复地求证、讨论,寻求答案,根据学生的“自我发现”,提取出一般的原理或概念,把一般的原理与概念付诸实践,提高学生运用知识分析问题与解决问题的能力。

49. A 【解析】美国教育心理学家布卢姆及其同事将教学目标分为认知、情感和动作技能三个领域,每一领域的目标又从低级到高级分成若干层次。其中,认知领域的教学目标分为知识、领会(理解)、运用(应用)、分析、综合、评价六级。知识(又称知道)是指对先前学习过的材料的记忆,包括具体事实、方法、过程、理论等的回忆。因此,“知道具体事实”“知道方法与过程”属于认知领

域教学目标中的知识。

50. A 【解析】根据布卢姆的认知领域的目标分类可知，综合是指将所学的零碎知识整合为知识系统。“综合”强调学生的创造能力，常常需要产生新的模式或新的结构。例如：给定一些事实材料，学生能写出一篇报道；请学生设计出科学实验的程序。故答案选 A 项。而 B 项处于“分析”水平；C 项处于“应用”水平；D 项处于“领会”水平。

51. B 【解析】发现教学的基本程序为：识别概念—形成概念—验证概念—分析思维策略。其中，在识别概念阶段，教师会向学生展示资料，在诱导性问题的情境中提出具体的事实，引导学生凭借已有的经验通过比较，不断产生假设和检验假设，也可由教师引导学生围绕假设展开讨论，使他们将所获得的片断知识从各种不同角度加以组合，逐步形成统一的认识结构，使假设得以确定。故答案选 B 项。

52. D 【解析】布卢姆将认知领域的教学目标分为知识、领会、运用、分析、综合、评价六级。其中，综合层次是指把各个元素或部分组成新的整体，如给出一些事实材料，要学生写出新闻报道。因此，答案选 D 项。

53. C 【解析】调动学生学习积极性的策略有以下几个方面：目标策略、成就策略、情境策略、变化策略、调节策略。其中，利用情境策略来激发学生学习积极性的措施有：(1)运用新颖信息，造成耳目一新的惊异感；(2)制造认知冲突，引起追本求源的好奇心；(3)创设悬念情境，激发欲罢不能的探究欲；(4)推动学生卷入，调动自主参与积极性。

二、多项选择题

1. ABD 【解析】教学目标的作用主要体现在三个方面：(1)教学目标规定着教学活动的方向、进程和预期结果，是选择教学方法的依据；(2)教学目标是评价教学效果的基本依据；(3)教学目标是学习者自我激励、自我评估、自我调控的重要手段，具有指引学生学习的作用。

2. ACD 【解析】个别化教学模式包括：程序教学、掌握学习、计算机辅助教学、独立学习、适应性教学和个别辅导等教学方式。B 项属于以学生为中心的教学策略。

3. ABCD 【解析】与传统的教学相比，计算机辅助教学具有这样几个优越性：(1)交互性，即人机对话；(2)即时反馈；(3)以生动形象的手段呈现信息；(4)自定步调等。

4. ABD 【解析】有效自编测验的特征有：信度、效度、区分度。

5. ABCD 【解析】教师能够制订明确、具体、规范、可操作的教学目标，教学目标的水平对教学成败具有相当重要的作用。教学目标的作用有：(1)指导教学方法、技术、媒体的选择与运用；(2)指引学生学习；(3)促进课堂行为和交流；(4)指导教学结果的测量与评价。

6. ABCD 【解析】教学策略的特征包括指向性、操作性、整体综合性、调控性、灵活性和层次性。

方法技巧：关于教学策略的特征，考生可采用以下口诀帮助记忆：指作综合，调活层次。

7. ABC 【解析】理想型档案袋主要由三个部分构成，分别是作品产生过程的说明、系列作品以及学生的反思。

8. ABD 【解析】教学计划的过程主要包括：(1)设置教学目标；(2)学习者分析；(3)学习任务分析；(4)编制测查工具；(5)选择教学模式；(6)设计教学活动形式；(7)安排教学媒体和教学环境。

9. ABCD 【解析】教学设计的依据有：(1)理论依据，包括现代教学理论、学习理论与传播理论，系统的原理和方法。(2)现实依据，包括教学的实际需要，教师的教学经验，学生的需要和特点。

10. AC 【解析】美国教育心理学家布卢姆将教学目标分为认知、情感和动作技能三个领域，每一领域的目标又从低级到高级分成若干层次。加涅将学生的学习结果或教学目标分为五类：言语信息、智慧技能、认知策略、动作技能和态度。

11. ABCD 【解析】教学媒体是指在教学过程中传递信息的物质工具。按照发展的先后，教学媒体可分为传统教学媒体和现代教学媒体。传统教学媒体通常指教学中常用的语言、文字、教科书、黑板、粉笔、挂图、模型、实物、实验演示装置及教师的各种表情、教态等教学媒体。现代教学媒体主要包括幻灯、投影、录音、电影、电视、录像、计算机等教学媒体，以及由它们组合成的教学媒体系统，如语音实验室、网络机房、微格教学系统、多媒体教室等。

12. ACD 【解析】教学行为目标的陈述必须具备三个要素：具体目标、产生条件和行为标准。

13. CD 【解析】方法型策略是以教学方法和技术为中心的策略，这是一个包含着各种各样的方法、技术、程序和模式的领域。

14. BC 【解析】教学设计的主要功能是导教和促学。

三、判断题

1. × 【解析】教学评价是对客观结果的主观判断与解释。

2. × 【解析】客观测验出题较为困难，且不易测量学生高层次的分析、综合能力。

3. × 【解析】合作学习指学生们以主动合作学习的方式代替教师主导教学的一种教学策略。它是一种由能力各异的多名学生组成小组，一起互相帮助共同完成一定的学习任务的教学方法。因此，根据题干中“任务分解、责任分工、协同互助”等词可知，这种学习方式属于合作学习。

4. √ 【解析】直接教学是以学习成绩为中心，在教师指导下使用结构化的有序材料的课堂教学策略。在直接教学中，教师向学生清楚地说明教学目标，在充足而连续的教学时间里给学生呈现教学内容，监控学生的表现，及时向学生提供学习方面的反馈。由于在这种教学策略中，由教师设置教学目标，选择教学材料，控制教学进度，设计师生之间的交互作用，所以这是一种以教师为中心的教学策略。直接教学尤其适用于教授学生必须掌握的、有良好结构的信息和技能。（具体参看沈环、周彦良著的《心理学教程》）

5. √ 【解析】以学生为中心的教学策略包括发现教学、情境教学、合作学习等，故本题说法正确。

6. √ 【解析】著名心理学家马杰认为，教学目标应该陈述“学生能做什么以证明他的成绩以及教师怎样知道学生能做什么”。

7. × 【解析】教学媒体的发展大致经历了以下四个阶段：(1)语言媒体阶段；(2)文字媒体阶段；(3)印刷媒体阶段；(4)电子传播媒体阶段。

8. × 【解析】情境教学、合作学习等都是以学生为中心的教学策略。

9. × 【解析】设计具体而明确的教学目标是教学设计中最先要考虑的问题。

10. × 【解析】合作学习指学生们以主动合作学习的方式代替教师主导教学的一种教学策略。

11. √ 【解析】教学目标的功能有：(1)导向功能；(2)激励功能；(3)评价功能；(4)聚合功能。

专题二　课堂管理

答案速查：

1~5	DDCAA	6~10	BDDBC	11~15	BBDAD	16~20	BBBCB
21~25	DAADC	26~30	BDADD	31~35	ACACC	36~40	DCABA
41~45	CBADA	46~50	AABBA	51~55	ABBBA	56~60	DDDAC
61~65	DCBDA			1~5	ABCD ABC BCD BD ABC		
6~10	AD AC ACD ABCD ABCD			11~15	ACD BC BD ABC ABCD		
16~20	ACD BC ABCD ABD ABCD			21~25	BC ABD ABCD ABCD ABD		
1~5	× × × √ ×			6~10	√ × × × √		
11~15	× × × × √			16~17	√ √		

一、单项选择题

1. D 【解析】课堂问题行为的矫正方法有预防、非言语暗示、表扬、言语提醒等,其中,非言语暗示是指由于一般问题行为大都是一些暂时性的干扰,教师在处理这些行为时,通常只需要运用简单的非言语线索进行暗示,就可以得到既制止问题行为又不影响课堂教学进程的双重效果。题干中周老师通过肢体接触来提醒小林将注意力回归到课堂中,这属于非言语线索。

2. D 【解析】课堂气氛是指在课堂上占优势地位的态度和情感的综合状态。它具有独特性,不同的课堂往往有不同的气氛,即使是同一课堂,也会形成不同教师的气氛区。故题干所述符合课堂气氛的概念。

3. C 【解析】根据师生相互作用的方式不同,可以将课堂气氛划分为:(1)积极的课堂气氛;(2)消极的课堂气氛;(3)一般型课堂气氛;(4)对抗的课堂气氛。其中,消极的课堂气氛的特征是:课堂纪律问题较多,师生关系疏远;学生无精打采,注意力分散,反应迟钝;多数学生处于被动应付教师的状态;不少学生做小动作,情绪压抑等。因此,答案选C项。

4. A 【解析】科宁总结了可以很好地预防问题的四个方面:明察秋毫、一心多用、关注整体和转换管理。其中,明察秋毫是指教师要让学生知道,他注意到了课堂里发生的每一件事,甚至没漏下任何一件。"明察"的教师会尽量避免被少数几个学生吸引或只与他们交流,他们经常扫视教室,与学生保持目光接触,有些老师甚至在黑板上做板书时都知道谁在搞小动作,脑后仿佛长有一双眼睛。因此,本题答案选A项。

5. A 【解析】社会干扰也叫社会抑制,是指当他人在场或与他人一起从事某项工作时,个体行为效率下降的现象。题干中当老师在身边的时候,学生做题效率降低,属于典型的社会抑制。

6. B 【解析】根据形成途径,课堂纪律一般可分为教师促成的纪律、集体促成的纪律、任务促成的纪律和自我促成的纪律。其中自我促成的纪律又称自律,即在个体自觉努力下由外部纪律内化而成的个体内部约束力。自我促成的纪律是课堂纪律管理的最终目标,也是学生成熟水平向前迈进的标志。

7. D 【解析】研究发现,分配学生座位时教师主要关心的是减少课堂混乱。其实,分配学生座位时,最值得教师关注的应该是对人际关系的影响。

8. D 【解析】集体促成的纪律即在集体舆论和集体压力的作用下形成的群体行为规范。从儿童入学开始,同辈人的集体在促进儿童社会化方面就开始发挥重要的作用。随着年龄的增长,学生受同伴群体的影响会越来越大,开始以同辈群体的集体要求和价值判断作为自己的行为准则,以"别人也都这么干"为理由而做某件事情。根据题干中的关键词"别人也都这么干"可知,这属于集体促成的纪律。而自我促成的纪律强调自律;任务促成的纪律强调具体任务对学生行为提出的具体要求;教师促成的纪律强调教师的指导帮助。

9. B 【解析】在通常情况下,课堂气氛可以分成积极的、消极的和对抗的三种类型。积极的课堂气氛是恬静与活跃、热烈与深沉、宽松与严谨的有机统一。消极的课堂气氛通常以紧张拘谨、心不在焉和反应迟钝为基本特征。而对抗的课堂气氛则是失控的气氛,学生过度兴奋、各行其是、随便插嘴、故意捣乱。故B项属于对抗的课堂气氛。(具体内容参见皮连生主编的《学与教的心理学》)

10. C 【解析】教师的人格魅力是一种巨大的精神力量,具有很强的教育作用,是影响学生情感体验和课堂气氛的重要因素。

11. B 【解析】课堂管理就是指教师通过协调课堂内的各种人际关系而有效地实现预定教学目标的过程。故题干所述为课堂管理的概念。

12. B 【解析】根据活动的目标、内容及成员之间关系的密切程度,可将群体划分为不同的发展水平,从低到高称为松散群体、联合体、合作集体(合作体)和集体。

13. D 【解析】根据题干描述可知,影响学生结为同伴群体的因素在于能力的相似性,能力强的组成一个群体,能力差的组成另一个群体。

14. A 【解析】学生之间的合作与竞争是对立统一的,随能否满足各自的利益而转移。

15. D 【解析】教师的领导风格对课堂管理有直接的影响。

16. B 【解析】课堂具有不可预测性,因此,即使教师周密细致地做好了计划,一切准备就绪,课堂仍有可能被打断。

17. B 【解析】自我促成的纪律简单来说就是自律,即在个体自觉努力下由外部纪律内化而成的个体内部约束力。任务促成的纪律即某一具体任务对学生行为提出的具体要求。集体促成的纪律即在集体舆论和集体压力的作用下形成的群体行为规范。根据题干描述可知,题干中学生们认真听课,形成良好的课堂秩序是由课堂测验这一任务促成的,故其属于任务促成的纪律。

易错提示:考生易混淆课堂纪律的种类,在做题时考生应注意根据题干关键词进行判断。教师促成的纪律强调教师主导形成的纪律,如教师主动要求大家静一静;集体促成的纪律强调群体压力促成的纪律,如大家都在学习,小明也不说话了;自我促成的纪律强调个体自己约束自己;任务促成的纪律强调具体任务形成的纪律,如课堂讨论、当堂测验等。

18. B 【解析】去个性化是由费斯廷格等人提出来的。他们认为,在群体中,人们有时会感到自己被湮没在群体之中,于是个体意识和理解评价感丧失,个体的自我认同被群体的行动与目标所取代,个体难以意识到自己的价值与行为,自制力变得极低,结果导致人们加入到重复的、冲动的、情绪化的,有时甚至是破坏性的行动中去,这种现象叫做去个性化。故题干所述符合去个性化的定义。

19. C 【解析】个别学生有时为了引起教师和其他同学的注意,会做出一些问题行为。这时,如果教师直接干预,正好迎合了学生的目的,从而对其问题行为起到强化作用。在这种情况下,教师采取有意忽视的态度,装作视而不见,是比较合适的处理方式。

20. B 【解析】社会助长是指个体与别人在一起活动或有别人在场时,个体的行为效率提高的现象。题干所述与社会助长的概念吻合,故答案选 B 项。

21. D 【解析】包容需要表现为希望与别人发生相互作用,建立联系并维持和谐关系的愿望。

22. A 【解析】社会惰化主要指当群体一起完成一件工作时,群体中的成员每人所付出的努力会比个体在单独情况下完成任务时偏少的现象。故题干描述的就是社会惰化现象。

易错提示:考生易混淆社会助长、社会干扰和社会惰化的应用。在做题时,考生应注意运用关键词进行判断,具体如下表所示:

现象	表现
社会助长	有他人在场,效率提高
社会干扰(社会抑制)	有他人在场,效率下降(一般因紧张、焦虑导致)
社会惰化	完成群体任务,付出努力减少(偷懒)

23. A 【解析】学生座位的安排会影响课堂教学的学习,有研究表明,坐在教室前面几排及中间几列的学生似乎是最积极的学习者,教师大多时间都站在这些座位的前面,师生之间的言语交流大多集中在教室的这一区域。

24. D 【解析】课堂环境可以分为"硬环境"(物理环境)和"软环境"(精神环境)两个方面,前者主要是指课堂中的物理环境,如课堂内的温度、色彩、空间大小、座位编排方式等时空环境和物质环境;后者主要指课堂中的社会心理环境,如课堂教学气氛、学习目标定向等。其中,课堂教学气氛主要指在课堂教学过程中通过师生之间的相互作用而形成的一种心理环境,主要包括师生的心境、态度、情绪和课堂秩序。故答案选 D 项。

25. C 【解析】人们之间存在着相似性,同时也存在着差异性,如果交往双方在需要、能力、气质、人

格特征方面的差异正好构成一种互补性关系,能够互相满足的话,会产生强烈的吸引力。比如,脾气暴躁的人往往喜欢同脾气温和的人相处,依赖性强的人更愿意和独立性强的人共事,温柔顺从的人与支配欲强的人常常成为伙伴。故题干所述体现了人际吸引的互补律。

26. B 【解析】影响群体与个人行为发展变化的力量的总和就是群体动力。故题干所述为群体动力的概念。

27. D 【解析】群体动力倾向是指当个体表现出符合群体的规范行为时,群体就会给予赞许或鼓励,以支持其行为,从而进一步强化其行为。

28. A 【解析】从众是个体在群体的压力下,放弃自己的意见而采取与大多数人一致的行为的社会现象。在群体压力下有可能出现从众与反从众的现象。因此,A 项遵守群体规范属于从众现象。而反从众有可能蔑视群体规范,削弱群体凝聚力,导致群体涣散。但是群体内的反从众者也可以使群体集思广益,使群体更具活力和创新精神。因此,B、C、D 三项属于反从众现象。

29. D 【解析】课堂管理的发展功能是指课堂管理本身可以教给学生一些行为准则,促进学生从他律走向自律,帮助学生获得自我管理能力,使学生逐步走向成熟。

30. D 【解析】学生的问题行为一般可分为两类:(1)品行方面的问题行为,是指那些直接指向环境和他人的不良行为,如攻击性行为、破坏性行为、不服从行为等。(2)人格方面的问题行为,是与学生的个性关联在一起的不良行为,如孤僻退缩、焦虑抑郁等。故答案选 D 项。

31. A 【解析】从众是个体在群体的压力下,放弃自己的意见而采取与大多数人一致的行为的社会现象。从众现象产生的原因之一为一个人往往不愿意被群体视为越轨者或不合群者,为了避免他人的非议或排斥,避免受孤立,从而产生从众。题干中某学生随地吐痰后,因受到班里其他同学的压力(如排斥或孤立)而改掉了这一不良习惯,这是产生了从众现象。

易错提示:考生容易混淆从众和服从的概念。两者的区别在于:从众的原因是群体压力;服从的原因是权威命令、社会舆论或群体气氛的压力。考生可以这样记忆:“众”代表的是群体;“服”一般是对权威、舆论等的服从。

32. C 【解析】课堂气氛是指在课堂上占优势地位的态度和情感的综合状态。它具有独特性,不同的课堂往往有不同的气氛,即使是同一课堂,也会形成不同教师的气氛区。

33. A 【解析】松散群体是指学生在空间和时间上结成群体,但成员间尚无共同活动的目的和内容。

34. C 【解析】课堂是一个特殊而复杂的环境,多勒描述了课堂的六大特征:(1)多维性;(2)同时性;(3)即时性;(4)不可预测性;(5)公共性;(6)历史性。其中,公共性是指全班学生都看着并且评判着老师如何处理这些意外事件,学生总是在注意着老师是否“公正”,是否“偏心”,“违反规则将会发生什么”。

35. C 【解析】服从是指在权威命令、社会舆论或群体气氛的压力下,放弃自己的意见而采取与大多数人一致的行为。题干中警察要求司机停车的行为属于权威命令,因此属于服从现象。

36. D 【解析】课堂的历史性特征表现为:教师或学生做出某一个行动,其意义依赖于以前发生的事情。例如,老师对第 15 次迟到的学生的反应要不同于对第一次迟到的学生的反应。另外,学校最初几周的历史会影响到全年的班级生活。

37. C 【解析】模仿是指个体在没有外界控制的条件下,受到他人行为的刺激影响,而引起一种与他人的行为类似的行为。模仿是一种很普遍的社会现象,因此正确评价模仿的作用是非常必要的。对于个人来说,模仿是个体社会化的一种手段,是人类学习的一条重要途径。而对于整个社会来说,模仿可以起到促进社会整合与发展的作用,因为很多基本的行为规范,个体都是通过模仿来掌握的。

38. A 【解析】同伴关系是指年龄相同或相近的儿童之间的一种共同活动并相互协作的关系,或者主要指同龄人之间或心理发展水平相当的个体间在交往过程中建立和发展起来的一种人际关系。

39. B 【解析】维持功能是课堂管理的基本功能。

40. A 【解析】人际吸引，是指人与人之间在情感方面相互喜欢和亲和的现象，即一个人对他人所持的积极态度。它以认知协调、情感和谐及行为一致为特征。因此，题干所述是一种吸引的人际关系。

41. C 【解析】当他人在场或与他人一起从事某项工作时而使个体行为效率下降的现象称作社会干扰，也叫社会抑制。有研究表明，假如所从事的工作技能是熟练的(如运动老手)，就会因他人在场而形成社会助长；如所从事的工作技能是生涩的(如技工新手)，就会因他人在场而形成社会抑制。

42. B 【解析】课堂管理始终制约着教学和评价的有效进行，具有促进和维持的功能。

43. A 【解析】由于一般问题行为大都是一些暂时性的干扰，教师在处理这些行为时，通常只需要运用简单的非言语线索进行暗示，就可以得到既制止问题行为又不影响课堂教学进程的双重效果。

44. D 【解析】从狭义来看，人际关系是人与人之间通过交往与相互作用而形成的直接的社会心理关系。它反映了个人或群体满足其社会需要的心理状态，其发展变化决定于交往双方社会需要满足的程度。

45. A 【解析】在小学低年级阶段要直接教课堂规则和程序，只有儿童掌握了基本的规则和程序之后，才可能进行学习活动。

46. A 【解析】社会助长是指个体与别人在一起活动或有别人在场时，个体的行为效率提高的现象。因此，题干中他人对个体的积极影响，就体现了社会助长现象。

47. A 【解析】正式群体是指在校行政部门、班主任或社会团体的领导下，按一定章程组成的学生群体。班级、小组、少先队等都属于正式群体。

48. B 【解析】一般来说，群体间竞争的效果取决于群体内的合作，有利于集体主义的培养，在学校教育中通常得到推崇。

49. B 【解析】群体规范会形成群体压力，对学生的心理和行为产生极大的影响，还可能导致从众现象的发生。

50. A 【解析】竞争是指个体或群体充分实现自身的潜能，力争按优胜标准使自己的成绩超过对手的过程。良性竞争不但不会影响学生间的人际关系，而且还会提高学习和工作的效率。

51. A 【解析】在同伴交往过程中，一些学生自由结合、自发形成的小群体，称为非正式群体。它是同伴关系的一种重要形式。非正式群体具有这样一些特点：(1)成员之间相互满足心理需要；(2)成员之间具有强烈的情感联系和较强的凝聚力，但有可能存在排他性；(3)受共同的行为规范和行动目标的支配，行为上具有一致性；(4)成员的角色和数量不固定。故答案选A项。

52. B 【解析】群体规范是约束群体内成员的行为准则，包括成文的正式规范和不成文的非正式规范。班主任通过全班同学协商建立行为准则来实现课堂管理，就是利用了群体规范。

53. B 【解析】从众现象的产生大致有两个原因：(1)人们往往相信大多数人的意见是正确的，觉得别人的看法和意见将有助于他；(2)一个人往往不愿意被群体视为越轨者或不合群者，为了避免他人的非议或排斥，避免受孤立，从而产生从众。

54. B 【解析】从众是个体在群体的压力下，放弃自己的意见而采取与大多数人一致的行为的社会现象。如顺应风俗、习惯、传统、亦步亦趋、赶时髦、随大流等，都属于从众。题干中小丽的妈妈受到其他家长的影响而给小丽报补习班，就属于从众现象。

55. A 【解析】课堂管理的功能主要体现在：(1)维持功能；(2)促进功能；(3)发展功能。

56. D 【解析】非正式群体是学生自发形成或组织起来的群体。它包括因志趣相投、感情融洽，或因邻居、亲友、老同学等关系以及其他需要而形成的学生群体。非正式群体的特点是：大都自愿组合，三五成群，人数不等，一般偏小；成员性情相近，志趣相投，有共同的需要；由较有威信与能力者领头；活动由大家商量确定或由领头人根据大家需要而定，易调动成员的积极性；交往与活动

频繁，有活力。即B、C两项属于非正式群体的特点。非正式群体是学生进行学习、娱乐、生活和交往所必需的，可以弥补正式集体活动之不足。每个学生在集体活动之余，都需要过一些非正式的小群体生活。这不仅是个人的需要，而且使班集体生活充满友谊与欢乐。故A项属于非正式群体积极作用的表现。当然，非正式群体也有盲目消极的一面。例如，有的过分热衷于小群体活动而不关心班集体，不愿担负班级工作、参加集体活动；有的具有排他性，在班上闹不团结；有的则迷恋于吃喝玩乐，甚至恶作剧，不务正业，违法乱纪。因此，D项属于非正式群体盲目消极作用的表现。

57. D 【解析】根据活动的目标、内容及成员之间关系的密切程度，可将群体划分为不同的发展水平，从低到高称为松散群体、联合体、合作集体(合作体)和集体。因此，集体是群体发展的最高阶段。

58. D 【解析】群体凝聚力是指群体对成员的吸引力和成员之间的相互吸引力。它可以通过群体成员对群体的忠诚、责任感、荣誉感、成员间的友谊和志趣等来表明。因此，凝聚力常常成为衡量一个班集体成功与否的重要标志。

59. A 【解析】维持课堂纪律的策略主要有：

策略	具体表现
建立有效的课堂规则	(1)由教师和学生充分讨论，共同制定； (2)尽量少而精，内容表达多以正面引导为主； (3)及时制订与调整课堂规则
合理组织课堂教学	(1)增加学生参与课堂的机会； (2)保持紧凑的教学节奏，合理布置学业任务； (3)处理好教学活动之间的过渡
做好课堂监控	及时预防或发现课堂纪律问题，并采取言语提示、目光接触等方式
培养学生的自律品质	(1)对学生提出明确的要求； (2)引导学生对学习纪律持有正确、积极的态度； (3)利用集体舆论和集体规范

因此，A项中的做法不适宜。

60. C 【解析】题干中主要描述了教师的情绪状态对课堂气氛的影响，故答案选C项。

61. D 【解析】引发课堂问题行为的学生因素有：(1)适应不良；(2)厌烦；(3)挫折与紧张；(4)寻求注意与地位；(5)过度活动；(6)性别差异。引发课堂问题行为的教师因素有：(1)要求不当；(2)滥用惩罚手段；(3)教师缺乏自我批评精神。此外，教师教学内容与方法不当，营造过于强烈的竞争氛围等，也会引起不同的问题行为。因此，A、B、C三项属于引发课堂问题行为因素中学生方面的因素，D项属于教师方面的因素。

62. C 【解析】教师的领导风格对课堂管理有直接的影响。其中，参与式领导注意创造课堂自由气氛，鼓励自由发表意见，不把自己的意见强加于人。因此，题干中该老师的表现符合参与式的领导风格。

63. B 【解析】群体规范是约束群体内成员的行为准则，包括成文的正式规范和不成文的非正式规范。群体规范使学生保持认知、情感和行为上的一致，并为学生的课堂行为划定方向和范围，成为引导学生行为的指南。

64. D 【解析】课堂纪律的发展可分为以下几个阶段：反抗行为阶段、自我服务行为阶段、人际纪律阶段和自我约束阶段。其中，处于自我约束阶段的学生很少陷入什么麻烦，因为他们能够明辨是非，理解遵守纪律的意义，也能够做到自我约束。教师可以离开教室20~30分钟，回来后发现他们依然很安静地在学习。

65. A 【解析】团体警觉是指在讲授和讨论期间,教师用来维持所有学生注意力的提问策略。例如,在叫某个学生回答问题之前,先提出问题:“已知三角形 ABC 的边 BC、AC 的长度以及角 C 的大小,我们还能知道这个三角形的哪些方面……[停顿]……马文辉?”注意,这种策略可以让全班同学都进行思考。如果说“马文辉,已知三角形 ABC……”其效果将大相径庭,因为只有马文辉保持警觉。因此,题干中的赵老师采用的课堂管理模式是团体警觉。

二、多项选择题

1. ABCD 【解析】影响课堂管理的因素包括:(1)教师的领导风格;(2)班级规模;(3)班级性质;(4)对教师的期望。

方法技巧:关于影响课堂管理的因素,可采用以下口诀帮助记忆:望教导,质班规。即教师的期望与领导风格,班级的性质与规模。

2. ABC 【解析】课堂规则和程序的设计一般由三步构成:确定所期望的学生行为,把期望转换成规则和程序,规定后果。

3. BCD 【解析】美国心理学家舒茨提出了人际需要的理论,最基本的人际关系需要有三类:(1)包容需要。这种需要表现为主动与他人交往,或期待与他人交往;(2)控制需要。这种需要表现为支配他人,或期待他人支配。(3)感情需要。这种需要表现为主动表示友好,或期待他人的情感表达。

4. BD 【解析】课堂里主要的人际关系有吸引与排斥、合作与竞争。

5. ABC 【解析】凝聚力高的班级群体比起凝聚力低的班级群体具有如下特点:(1)凝聚力高的班级群体,其成员的沟通和交往,比凝聚力低的班级群体更为频繁。(2)凝聚力高的班级群体成员进行较多正面的、友善的言语及非言语的沟通。(3)凝聚力高的班级群体使其成员产生较强的归属感,所以在集体活动中出席率较高。(4)凝聚力高的班级群体成员较愿意承担更多推动班级发展的责任和义务。(5)凝聚力越高的班级群体,其成员就越遵循群体的规范和目标。由此可以看出,班级群体凝聚力的高低直接影响班级建设,影响班级群体的行为和班级群体功能的发挥。因此,答案选 A、B、C 三项。

6. AD 【解析】服从是个体按照社会的要求、团体规范或别人的意志而作出的行为,这种服从行为是来自外界的影响而被迫发出的。外来的影响有两种情况,一种是在一定的有组织的团体规范影响下的服从,另一种是对权威人物命令的服从。B、C 两项属于服从,故排除。A 项是由体内生物钟的影响造成的,故不符合服从的概念;D 项打破了社会规范,也不符合服从的概念。因此,答案选 A、D 两项。

7. AC 【解析】人们之所以要保持与他人的亲密关系,其主要原因是合作需要、情谊需要和归属需要。

8. ACD 【解析】置疑问难的基本要求包括:(1)创设冲突情境;(2)启动定向思考;(3)鼓励思维发散;(4)培育问题意识;(5)拓宽探究领域。B 项引发思维活动属于置疑问难的意义。

9. ABCD 【解析】如何让学生对自己的课堂行为进行自我管理呢?丹波建议,首先,让学生更多地投入课堂规则的制定;其次,用较多的时间要求学生反思需要某些规则的原因以及他们产生不良行为的原因;再次,应当给学生机会考虑他们将怎么计划、监视和调节自己的行为;最后,教师可以要求学生回顾一下课堂规则,提一些必要的修改建议。

10. ABCD 【解析】教师有效制止学生课堂不良行为的方法特征包括:(1)要求学生停止与任务无关的行为(最有效的制止);(2)给学生提供足够的信息,使之明确理解课堂的要求(例如,“住手”就不如“爱德华,不要在窗子上乱画。”);(3)建议一个可供选择的目标行为而不是简单地要求停止与任务无关的行为(例如,老师继续说:“爱德华,请回到你的座位上。”);(4)忽视与任务

无关的行为而对与任务有关的行为进行表扬(例如,老师又对爱德华说:“你能像昨天一样把这些单词整洁地抄在作业本上吗?你的作业本这么漂亮。”);(5)对理想的行为或相关的课堂规则做出描述(例如,“嗨,爱德华,如果有人在窗户上乱画,管理员会伤心的,因为他又不得不去擦洗它。”);(6)及时制止(在不良行为扩展或加剧之前);(7)准确制止目标(直接指向主要的错误行为者)。

11. ACD 【解析】一般来说,课堂管理具有三个重要目标:(1)为学生争取更多的学习时间;(2)增加学生参与学习活动的机会;(3)帮助学生形成自我管理的能力。

12. BC 【解析】课堂规则应符合四个条件,即明确、合理、必要和可行。例如,“注重自己的行为”,这种规则对于学生而言显然是不明确的,难于起到约束与指导作用。又如,“上课时要坐端正,两手要放在背后”,这种规则既不合理,也无必要,而且是消极、负向的,不利于学生的学习。再如“上课期间禁止上厕所”,这种规则不但学生很难做到,而且也不利于学生的身体健康。因此,题干中的老师违反了制定课堂规则的合理性原则和可行性原则。

13. BD 【解析】影响人际吸引的因素主要有如下几方面:(1)熟悉性和邻近性。在一般情况下相互间越熟悉、相互越邻近、交往频率越高就越相互喜欢。俗话说“近水楼台先得月”,由于地理上的接近,人们相对来说就有更多相互接触的机会,因此也就更容易了解对方。(2)相似性与互补性。(3)外貌。(4)对等性或互惠性。(5)能力。

14. ABC 【解析】权威型管理模式认为整个课堂是由教师负责的,故A项说法正确。放任型管理模式强调学生的个人自由和个人选择,旨在发展学生的自治,让学生自己做决定,对其行为负责,故B项说法正确。行为矫正管理模式认为无论是良好行为还是不良行为,都是通过学习获得的,故C项说法正确。群体过程管理模式(集体过程管理模式)是一种建立在社会心理学和群体动力学原则基础上的课堂管理模式,它强调课堂群体的作用,故D项说法错误。

15. ABCD 【解析】教师提高班级群体的凝聚力,要做到:(1)了解群体凝聚力的情况;(2)帮助班级里所有学生对一些重大事件和原则问题保持共同的认识和评价,形成认同感;(3)引导所有学生在情感上加入群体,形成归属感;(4)当学生表现出符合群体规范和群体期待的行为时,给予赞许和鼓励,形成力量感。

16. ACD 【解析】心理学家研究发现,个体在下列情境中比较容易发生从众现象:(1)判断作业的难度较高,所呈现的刺激模糊不清时,个体顺从社会压力的倾向就越高;(2)群体极具吸引力并有高度的凝聚力时,个体较容易表现出从众行为;(3)个体感受到群体人员个个能干,自己却无法胜任时,较容易表现从众行为;(4)个人的反应将会被群体大众所知道时,个体较容易表现从众行为;(5)群体至少具有三个成员,并且他们的反应是一致的时候,成员较容易从众;(6)在鼓励遵从社会准则的文化背景下,个体较容易从众。因此,答案选A、C、D三项。

17. BC 【解析】群体规范会使群体成员产生惰性,这是群体规范消极的一面。群体规范是一种多数人的意见,要求成员行为趋于一致,它约束人的行为,就是为了把人的行为限制在一个中等水平上,既不能积极,也不能落后。在规范的限制下,人们往往把一些创造性行为看作是越轨的、不符合社会要求的行为,这些行为往往受到打击和排斥,因而不利于群体成员积极性和创造性的发挥。

18. ABCD 【解析】学生群体对个体的活动是产生促进助长作用还是惰化作用,取决于以下四个因素:(1)教学活动的难易;(2)竞赛动机的激发;(3)被他人评价的意识;(4)注意的干扰。

19. ABD 【解析】现有的研究表明,距离的远近、交往的频率、态度的相似性、个性的互补以及外形等因素是影响人际吸引和人际排斥的主要因素。

20. ABCD 【解析】班级中的同伴关系对于教学目标的实现具有重要作用,主要体现在以下四个方面:(1)对学生学业成绩的影响;(2)对学生社会化的影响;(3)对学生换位思考能力的影响;

(4)对学生自我概念和人格发展的影响。

21. BC 【解析】教师促成的纪律应该包括结构的创设和体贴。教师的指导、监督、惩罚、规定、限制、奖励、操纵、组织、安排日程和维护标准等,都属于结构的创设;而体贴则包括同情、理解、协调、支持、征求和采纳学生的意见等。

22. ABD 【解析】我国学者根据学生在课堂上表现出来的注意状态、情感状态、意志状态、定势状态与思维状态,将课堂气氛分为以下三种类型。积极的课堂气氛是恬静与活跃、热烈而深沉、宽松与严谨的有机统一。消极的课堂气氛通常是紧张拘谨、心不在焉、反应迟钝。对抗的课堂气氛是失控的气氛、学生过度兴奋、各行其是、随便插嘴、故意捣乱。教师对学生的期望是影响课堂气氛的因素之一。故 A、B、D 三项正确。良好的课堂纪律是课堂教学得以顺利进行的重要保障条件。故 C 项错误。

23. ABCD 【解析】奥尔特曼和泰勒认为,良好的人际关系的建立和发展,从交往由浅入深的角度来看,一般需要经过定向、情感探索、感情交流和稳定交往四个阶段。

24. ABCD 【解析】在课堂空间设计时应考虑的因素有:(1)教室设备的摆放以及空间安排;(2)教师要考虑可见性;(3)课堂空间设计应尽量灵活,以便能做出修改以适于不同活动的要求和教学的不同分组;(4)维持最大的活动区。

25. ABD 【解析】布罗菲和伊伏特逊将课堂管理划分为以下四个阶段:(1)幼儿园和小学低年级阶段的管理。这一阶段要直接教授课堂规则和程序。(2)小学中年级阶段的管理。在这一阶段,教师要花较多的时间监控和维持管理系统,而不是直接教授规则和程序。(3)小学高年级和初中阶段的管理。这一阶段管理的关键是如何建设性地处理学生否定教师权威导致的混乱,如何激励那些不再关心教师观点的学生以及对社会生活更感兴趣的学生。(4)高中阶段的课堂管理。这一阶段的主要任务是管理课程、使学业材料适合学生的兴趣和能力、帮助学生较多地管理自己的学习。因此,A、B、D 三项表述正确。根据上述表述可知,在小学高年级和初中阶段的管理关键是要建设性地处理师生之间的矛盾,故 C 项表述有误。

三、判断题

1. × 【解析】影响课堂气氛的因素很多,但起决定性作用的因素是教师。教师的教学领导作风主要有三种典型类型:专制型、民主型、放任型。良好的课堂气氛需要教师以民主教学领导作风去组织教与学活动。这种教学作风,有利于培养学生热爱学习的内在动机,挖掘学生的学习潜能;有利于师生之间知情双向交流与反馈,唤起学生学习的兴趣和热情;有利于学生参与教学过程,教师对学生参与教学活动进行更多的认可和赞赏,使学生产生成功的满足感。故题干说法错误。

2. × 【解析】从众是个体在群体的压力下,放弃自己的意见而采取与大多数人一致的行为的社会现象。故题干所述为从众现象。

3. × 【解析】从众既有积极意义又有消极作用。

4. √ 【解析】社会惰化无法消除,但是可以有效地减少。

5. × 【解析】学生之间的合作与竞争是对立统一的,它们以能否满足各自的利益为转移。

6. √ 【解析】学生座位的分配,要考虑:(1)课堂行为的有效控制,预防纪律问题的发生;(2)促进学生间的正常交往,形成和谐的师生关系,并有助于学生形成良好的人格特征。

7. × 【解析】课堂管理包括课堂人际关系管理、课堂环境管理、课堂纪律管理等方面。课堂纪律管理指的是课堂行为规范、准则的制订与实施,应对学生的问题行为等活动。题干说法错误。

8. × 【解析】社会惰化主要指当群体一起完成一件工作时,群体中的成员每人所付出的努力会比个体在单独情况下完成任务时偏少的现象。故"三个和尚没水喝"属于一种社会惰化。

9. × 【解析】班级中存在非正式群体,它大致可以分为三种类型:亲社会型非正式群体、自娱型非

正式群体、消极型非正式群体。

10. √ 【解析】课堂管理的促进功能是指教师在课堂里创设对教学起促进作用的组织和良好的学习环境，满足课堂内个人和集体的合理需要，激发学生潜能的释放以促进学生的学习。因此，题干所述体现了课堂管理的促进功能的内涵。

11. × 【解析】课堂教学管理的意义可以归纳为以下几个方面：(1)有利于提高教学质量；(2)有利于减少或清除学生的课堂问题行为；(3)有利于促进课堂教学的持续性生长。

12. × 【解析】非正式群体对个体的影响是积极的还是消极的，主要取决于非正式群体的性质以及与正式群体的目标一致的程度。

13. × 【解析】课堂问题行为是一种普遍行为。课堂问题行为普遍存在，不管是优秀生还是学困生都有可能产生问题行为。

14. × 【解析】非正式群体对学生个体和正式群体既有积极影响，也有消极影响。

15. √ 【解析】课堂管理是指教师创建和维持一个有序的学习环境的策略。从促进学生的学习的意义上来说，有效的课堂管理应该是能够提高学生的参与度，减少破坏性行为，增加有效教学时间，并最终提高学生的学业成就的。

16. √ 【解析】课堂问题行为普遍存在，不管是优秀生还是学困生都有可能产生问题行为。可见，问题行为在课堂中是经常发生的，涉及的学生比较广泛，具有普遍性。

17. √ 【解析】课堂规范不可能一建立就尽善尽美，它需要教师在实施过程中不断加以补充、修改或调整。

四、填空题

1. 课堂纪律
2. 消极性　普遍性
3. 人际关系
4. 课堂情境
5. 勒温
6. 学习情境

五、简答题(参考答案)

1. 影响个体从众行为的因素有哪些？

从众的影响因素主要有三个方面：(1)群体方面。群体的规模；群体凝聚力；群体意见的一致性；群体的权威性。(2)情境方面。刺激的模糊性；反应的匿名性；承诺感(责任感，约束力)。(3)个人方面。性别；年龄；地位。

2. 简述如何维持课堂纪律。

(1)建立有效的课堂规则；(2)合理组织课堂教学；(3)做好课堂监控；(4)培养学生的自律品质。

3. 简述影响课堂气氛的因素。

课堂气氛是师生在课堂活动中相互作用而产生的，主要受教师、学生、课堂内物环境等三方面因素的影响。

(1)教师因素。教师是课堂教学中的主导者，教师的领导方式、教师的移情、教师对学生的期望、教师的情绪状态、教师的教学能力是影响课堂气氛的决定因素。(2)学生因素。课堂气氛是师生共同营造的，学生是课堂活动的主体。因此，学生的一些特点也是影响课堂气氛的重要因素。(3)课堂内物环境因素。课堂内物环境又称作教学的时空环境，主要指教学时间和空间因素构成的特定的教学环境，包括教学时间的安排、班级规模、教室内的设备、教具、乐音或噪音、光线充足与否、空气清新或浑浊、高温或低温、座位编排方式等。这些因素虽然不是决定课堂气氛的主要原因，但是它们的优劣会对课堂气氛的形成起着促进或阻碍作用。

六、论述题(参考答案)

在教学过程中,如何正确对待和教育班级中的非正式群体?请结合所报学段(小学/初中/高中)学生的身心特点加以论述。

(1)对于积极型的非正式群体,应该支持和保护。可以利用其成员间感情密切的特点,引导他们相互学习,取长补短;利用其成员相互信任、说话投机的特点,引导他们开展批评与自我批评;利用其成员间信息沟通迅速的特点,可以及时搜集学生的反映,做到心中有数;利用其归属感强、爱好交际的特点,把正式组织无力顾及的工作交给他们去完成;利用其自发形成的领袖人物威信高的特点,可授予其适当的合法权利,使之纳入班级目标的轨道。

(2)对于中间型的非正式群体,要持慎重态度,积极引导,联络感情,加强班级目标导向。

(3)对于消极型的非正式群体,要教育、争取、引导和改造。

(4)对于破坏型的非正式群体,要依据校规和法律,给予必要的制裁。

(考生可结合所报学段对上述内容展开阐述,言之有理即可)

七、案例分析题(参考答案)

1. 我认为案例中的做法是治标不治本的做法,不能从根本上解决学生的问题行为。案例中第一种设"隔离带"的做法,反而给问题学生设置了心理障碍。另外给他们设"隔离带",也会让问题学生产生距离感和孤独感,他们会感到生活和学习单调无聊,更谈不上改正错误。第二种设"专座"的做法既伤害了问题学生的自尊心,又造成了问题学生心理上的孤独。第三种"游击式"的做法,使问题学生的精力不能很好地集中,而且周围学生的情绪也会受到他的影响,更不利于课堂的有效管理。

因此,对于课堂纪律差的学生的管理,可以从以下几个方面入手:

(1)教师要正确对待学生的纪律问题。教师应认识到课堂问题行为是一种普遍行为。课堂问题行为普遍存在,不管是优秀生还是学困生都有可能产生问题行为。在学生出现问题行为时,要充分分析学生出现问题的原因,然后再着手去解决。

(2)营造良好的班级气氛,在潜移默化中转化课堂纪律差的学生。对于课堂纪律差的学生,必须改"堵"为"梳",改"打压"为因势利导,树立良好的班风,营造浓厚的学习气氛,让他们自觉地投入到学习中去,实现在无形中转化课堂纪律差的学生的目标。

(3)教师可以从培养学生的自律品质入手。首先,要对学生提出明确的要求,加强课堂纪律的目的性教育;其次,引导学生对学习纪律持有正确、积极的态度,产生积极的纪律情感体验,进行自我监控;最后,利用集体舆论和集体规范促使学生形成和发展自律品质。

(4)教师可以用行为控制策略,管理课堂纪律差的学生。对于课堂纪律差的学生,可以强化其良好行为,以良好行为控制其问题行为;也可以选择有效方法,及时终止其问题行为,如表扬、言语提醒、有意忽视、转移注意等方法。但无论采取什么方法管理课堂纪律差的学生,教师首先一定要认清真正的问题行为所在,找出行为发生的原因,然后针对症结做出有效处理。

(5)教师可以争取家长配合,家校合作,循序渐进地教育和管理课堂纪律差的学生。

2. (1)学生在课堂上随意发言,违反课堂纪律的原因有:①学生方面的原因,主要表现在学生的年龄和个性特征、学习习惯、学业成绩等方面。在本案例中,小方在课堂上随意发言,首先可能是因为其没有养成良好的学习习惯;其次,小方平时就调皮捣蛋,不认真完成作业,学业成绩不良,他可能会以违反课堂纪律的方式来引起教师和同学的注意。②教师方面的原因,主要表现在教学态度、教学要求、教学能力和教学关系等方面。在本案例中,首先张老师处理学生违纪行为的方法存在问题,张老师明知小方是为了引起其注意,但仍对其行为做出回应,这反而对其违纪行为进行了强化。其次,张老师对小方严厉的态度,可能会引起其逆反心理,从而导致其违纪行为的再次出现。

(2)①预防策略。这是处理一般问题行为的最好方式。在教学中,教师可以通过呈现生动有趣的

课程，确定清晰的课堂规则和程序，使学生进行有意义的活动等来预防问题行为的发生。此外，变化课程内容、运用不同的材料和方法进行教学，教师显示出幽默和热情，以及让学生进行合作学习等也都能够减少学生因疲劳而引发问题行为的可能性。②非言语暗示。由于一般问题行为大都是一些暂时性的干扰，教师在处理这些行为时，通常只需要运用简单的非言语线索进行暗示，就可以得到既制止问题行为又不影响课堂教学进程的双重效果。③表扬。对许多学生来说，表扬是一种强有力的激励。此外，表扬其他学生的良好行为也可以促使出现问题行为的学生表现出类似的良好行为，从而达到消除问题行为的目的。④言语提醒。当非言语线索不能制止学生的问题行为时，教师采用适当的言语提醒也有助于让学生回到学习活动中来。⑤有意忽视。个别学生有时为了引起教师和其他同学的注意，会做出一些问题行为。在这种情况下，教师采取有意忽视的态度，视而不见，是比较合适的处理方式。⑥心理辅导。对于课堂问题行为的根本矫正不仅在于改变学生的外部行为表现，形成新的行为模式，而且要把良好的行为模式内化为学生的自觉意识与行动。这就要求教师善于运用心理辅导的原理和技术来矫正学生的课堂问题行为。⑦转移注意。如采用比喻、声东击西等方法加以暗示，转移学生的注意力，从而终止学生的问题行为。

3. (1)根据案例描述可知，出现课堂失控，教师方面的主要原因有：①教师的教学技能有待提升；②教师的管理方式有待改进；③教师威信不高。

(2)创设良好的课堂气氛可从以下方面入手：

①发挥教师的主导作用。教师在营造良好的课堂氛围的过程中起着主导作用。如果教师能精心组织课堂教学，巧妙把握语言艺术，善于用良好的情绪情感感染学生，处理课堂问题，就更容易创造出良好的课堂氛围。

②尊重学生的主体地位。创造良好的课堂氛围，关键在于教师能否切实调动学生学习的主观能动性，使学生真正成为学习的主体。因此，教师必须调动学生参与的积极性和主动性，让学生保持最佳的学习心态。

③构建和谐的师生关系。课堂中的师生关系，直接影响课堂气氛。建立和谐的课堂人际关系，是创设积极课堂气氛的基础。可以采取以下措施来使师生关系更加和谐：第一，师生民主平等；第二，树立一定的教师威信；第三，教师要关心爱护学生。

4. (1)①张老师对课堂上“文具盒事件”的处理是非常正确的，其充分运用了幽默化解法处理了课堂突发事件。②在文具盒掉在地上并发出很大的声音后，张老师没有轻易地认为是学生故意捣乱，更没有通过发脾气、斥责学生来维持课堂教学秩序，而是运用幽默，笑着说：“瞧，真是太气愤了，连文具盒都气愤地跳出来了！”这不仅调节了学生的情绪，缓解了课堂气氛，还巧妙地把课堂内容和突发状况结合起来，体现了张老师的教育智慧。③在恢复课堂秩序后，张老师又因势利导，请文具盒的主人朗读课文，化解了学生的紧张情绪，促进了学生的学习与发展。

(2)教师在处理课堂突发事件时应注意以下方面：

①遵循教育性原则。教师在处理突发事件时要以让学生受教育，促进每个学生的成长为目的。

②遵循客观性原则。教师在处理问题时，要充分调查、了解事实的真相，公平公正地分析和处理问题，客观地对待每一个学生。

③遵循有效性原则。教师在处理突发事件时一定要考虑所用方法和措施的效果。

④遵循可接受性原则。教师对突发事件的处理要能使当事人双方心悦诚服地接受处理意见或结果，要让学生从内心深处接受、认识到自己的错误，进而积极加以改正。

⑤遵循冷处理原则。对于有些突发事件，教师不应急于表态、急于下结论，而应冷静地观察，待把问题的来龙去脉弄清楚后再去处理。

⑥教师在处理突发事件时，还要做到沉着冷静面对、机智果断应对、公平民主处理和善于总结引导。

第六章　心理健康教育与教师职业心理

专题一　心理健康概述

答案速查：

1~5	CADAA	6~10	ADABB	11~16	DCBADC
1~5	ACD ABC ACD ABC BD		6~10	BCD ACD AC ABCD ABC	
1~5	× √ √ √ ×		6~12	√ × √ √ × √ √	

一、单项选择题

1. C 【解析】从学校心理素质教育的根本目标出发，学校心理素质教育的基本任务主要体现在以下五个方面：(1)促进和维护学生心理健康。(2)开发智力，促进能力发展。(3)提高德性修养，培养良好品德。(4)培养主体意识，形成完善人格。(5)养成良好行为习惯，提高社会适应能力。其中心理素质教育的首要功能是促进和维护学生心理健康，本题选择 C 项。

2. A 【解析】世界卫生组织认为，心理健康是一种良好的、持续的心理状态与过程，表现为个体具有生命的活力，积极的内心体验，良好的社会适应能力，能够有效地发挥个人的身心潜能以及作为社会一员的积极的社会功能。

3. D 【解析】心理健康至少包括两层含义：一是无心理疾病；二是有一种积极发展的心理状态。因此，D 项中对心理健康的理解错误。

4. A 【解析】心理评估，指依据心理学方法和技术搜集得来的资料，对学生的心理特征与行为表现进行评鉴，以确定其性质和水平并进行分类诊断的过程。

5. A 【解析】评估性会谈(会谈)是心理咨询与辅导的基本方法。

6. A 【解析】学校是学生心理健康教育的主要场所。

7. D 【解析】心理健康教育的总目标是：提高全体学生的心理素质。

8. A 【解析】世界卫生组织指出，健康应包括生理(躯体)健康、心理健康、社会适应和道德健康等。故 A 项符合题意。

9. B 【解析】根据选项描述可知，只有 B 项是在体育学科教学中渗透心理健康教育，故 B 项符合题意。

10. B 【解析】郭念锋于 1986 年在《临床心理学概论》一书中提出了评估心理健康水平的十个标准：(1)心理活动强度；(2)心理活动耐受力；(3)周期节律性；(4)意识水平；(5)暗示性；(6)康复能力；(7)心理自控力；(8)自信心；(9)社会交往；(10)环境适应能力。智力水平与心理健康水平没有必然关系，故 B 项说法不合理。

11. D 【解析】疾病模式的心理评估旨在对当事人心理疾病的有无以及心理疾病的类别进行诊断。健康模式的心理评估旨在了解个体健康状态下的心智能力及自我实现的倾向，关注的是人的潜能和价值实现的程度、心理素质改善的程度。D 项属于疾病模式的心理评估。

12. C 【解析】题干中的巍巍在班内几乎没有朋友，这说明其人际交往存在困难，故教师针对巍巍缺少朋友这一情况进行的辅导属于人际关系指导。

13. B 【解析】近代的心理卫生、心理健康运动是 20 世纪初由美国人比尔斯倡导的。他于 1908 年在其家乡成立了世界上第一个心理卫生组织——康涅狄格州心理卫生协会。

14. A 【解析】学校心理健康教育的原则有：教育性原则、发展性原则、全体性原则、主体性原则、整体性原则、差异性原则、活动性原则、保密性原则等。其中，贯彻心理健康教育的整体性原则，要做到：树立学生全面发展的观点，教育活动时刻要关注学生人格整体的完整和身心素质的全面提高；对学生心理问题的分析，要从整体、全局、多方面的角度进行，把内外因、主客观、家庭社会学校和个人诸因素综合起来；对学生心理问题的教育与辅导要采用综合模式，不局限于某一种方法和技术。(具体内容参见姚本先主编的《学校心理健康教育 理论研究与实践探索的整合》)

15. D 【解析】学校心理健康教育的主要功能有发展性功能、预防性功能和补救性功能。其中,补救性功能体现在:针对已经产生的现实问题,提供具体的个别心理咨询和辅导,帮助求助者排除心理困扰,使他们重新自信地面对生活。因此,题干所述是补救性功能的内涵。
16. C 【解析】心理健康教育课程又称心理辅导活动课程,是我国学校的心理健康教育工作者在实践中创造出来的一种发展性辅导形式。心理健康教育课程是学校心理健康教育工作最主要的途径,它以课程的形式传递心理健康知识、训练心理素质、培养心理品质,以达到全面提高学生心理健康水平的目的。故答案选 C 项。

二、多项选择题

1. ACD 【解析】针对人群不同,心理健康教育的目的也不同,具体表现为:

人群	目的
大多数心理健康的学生	培养学生良好的心理素质,预防心理障碍的发生,促进学生心理机能、人格的发展与完善
有心理障碍的学生	排除学生的心理障碍,预防心理疾病的发生,提高学生的心理健康水平
少数有心理疾病的学生	进行心理咨询与治疗

因此,A、C、D 三项符合题意;而 B 项属于针对有心理障碍的学生的心理健康教育的目的,故排除。
2. ABC 【解析】学生的心理健康表现在:(1)具有良好的自我意识;(2)具有良好的社会适应性;(3)乐于学习、工作和生活;(4)乐于交往,人际关系融洽;(5)具有正常、乐观、稳定的情绪状态;(6)具有正常的行为方式。因此,答案选 A、B、C 三项。
3. ACD 【解析】学校心理辅导的内容包括:学习辅导、人格辅导、生活辅导和职业辅导。
4. ABC 【解析】在学校开展心理健康教育有以下几种途径:(1)开设心理健康教育的有关课程和心理辅导的活动课;(2)在学科教学中渗透心理健康教育的内容;(3)结合班级、团队活动开展心理健康教育;(4)个别心理辅导或咨询;(5)小组辅导。
5. BD 【解析】发展性教育主要是面对正常发展的学生,是提高性的;而补救性教育则主要是面对在心理方面出现不同程度问题的学生,是矫正性的。
6. BCD 【解析】针对有心理障碍的学生而言,心理健康教育的任务是排除学生的心理障碍,预防心理疾病的发生,提高学生的心理健康水平。
7. ACD 【解析】根据国内外的研究和实践,人的心理健康水平大致可划分为三个等级:(1)一般常态心理;(2)轻度失调心理;(3)严重病态心理。
8. AC 【解析】从性质来看,心理健康教育包括发展性教育与补救性教育两项任务。从内容来看,心理健康教育包括心理素质培养与心理健康维护两项任务。故答案选 A、C 两项。
9. ABCD 【解析】为了使会谈富有成效,除了要注意建立良好的人际关系外,辅导教师还要运用一些专门的技术,如倾听、鼓励、询问、反映、澄清、面质等。
10. ABC 【解析】心理健康教育课程、德育渗透及班主任工作渗透都是面向班级全体学生的,个别辅导针对的是一小部分学生,故本题选 A、B、C 三项。

三、判断题

1. × 【解析】心理健康与不健康不是泾渭分明的对立面,而是一种连续状态。从良好的心理健康状态到严重的心理疾病之间有一个广阔的过渡带。在许多情况下,异常心理与正常心理、变态心理与常态心理之间没有绝对的界限,只是程度的差异。
2. √ 【解析】世界卫生组织认为,心理健康是一种良好的、持续的心理状态与过程,故题干表述正确。
3. √ 【解析】心理健康与否,在相当程度上可以说是一个社会评价问题。不同社会由于其主流文化、价值观念、社会规范不同,对于同一行为正常与否,往往会做出不同的判断。
4. √ 【解析】面向学生群体的心理健康教育,应该把立足点放在宣传普及心理健康知识上。要充分利用校园广播、校报、校园网站、黑板报、主题班会、咨询接待、入学教育等形式,开展心理健康知识的宣传教育。

5. × 【解析】心理健康的人情绪乐观稳定,热爱生活,积极向上,对未来充满希望,有烦恼能自行解脱。因此,心理健康的人并不是不会产生消极情绪,而是在产生消极情绪时能够积极处理,自行调节。

6. √ 【解析】心理健康的概念具有相对性,即心理健康有高低层次之分。高层次(积极)的心理健康不仅是没有心理疾病,而且能充分发挥个人潜能,发展建设性人际关系,从事具有社会价值的活动,追求高层次需要的满足,追求生活的意义。而低层次的心理健康主要指没有心理疾病。

7. × 【解析】随着中小学生心理问题的日益严重,心理健康教育越发显得迫切而重要,学校心理辅导也日益成为学校实施心理健康教育的主要渠道。从某种意义上说,学校心理健康教育拓宽和加深了学校、班级的活动领域,提高了活动的科学性和有效性。学校开设心理健康教育课程不会增加学生的课业负担,反而对学生的成长和发展起积极作用。因此,题干说法过于片面。

8. √ 【解析】判断一个人的心理健康状况时,应兼顾个体内部协调与对外良好适应两个方面。

9. √ 【解析】学生是学校心理健康教育的对象,也是心理健康教育的主体。因此,应将心理健康教育贯穿于学校日常教育教学活动之中,融入学校环境之中。

10. × 【解析】学校心理健康教育的任务有以下两个方面:(1)对全体学生开展预防性和发展性的心理健康教育,使学生不断正确认识自我,增强调控自我、承受挫折,适应环境的能力;培养学生健全的人格和良好的个性心理品质,努力提高全体学生的心理素质和心理健康水平。这是学校展开心理健康教育的基础和工作重点,也可以说是主要任务。(2)对少数有心理困扰或心理障碍的学生,开展补救性和矫治性的心理咨询与辅导,使他们尽快摆脱障碍,调节自我,恢复和提高心理健康水平,增强发展自我的能力。对于极少数有严重心理疾病的学生,能够及时识别,并转接到专业心理治疗机构,同时予以密切配合,以尽快治愈疾病,帮助学生重返校园生活。因此,题干说法错误。

11. √ 【解析】心理评估是有针对性地进行心理健康教育的依据,是检验心理健康教育效果的手段,也是学生自我认识的途径。

12. √ 【解析】心理健康教育是学校日常教育教学工作的配合与补充。通过心理健康教育,可以改善学生的心理素质,有效地实施德育,为教学提供良好的心理背景。

四、简答题(参考答案)

1. 心理健康的一般标准有哪些?

(1)自我意识正确;(2)人际关系协调;(3)性别角色分化;(4)社会适应良好;(5)情绪积极稳定;(6)人格结构完整。

2. 简述学校心理健康教育的意义。

(1)心理健康教育是预防精神疾病,保障学生心理健康的需要,而学校是学生心理健康教育的主要场所。(2)心理健康教育是提高学生心理素质,促进其人格健全发展的需要。(3)心理健康教育是学校日常教育教学工作的配合与补充。

3. 简述心理健康教育的途径。

(1)心理健康教育活动课;(2)学科渗透;(3)班主任工作;(4)学校心理咨询与心理辅导;(5)家庭教育;(6)环境教育;(7)社会磨砺;(8)其他途径(少先队、板报、校报、广播等)。

专题二　学生心理辅导

答案速查:

<table>
<tr><td>1 ~ 5</td><td>CCDAC</td><td>6 ~ 10</td><td>BBDDD</td><td>11 ~ 15</td><td>BABDC</td><td>16 ~ 20</td><td>CDBAC</td></tr>
<tr><td>21 ~ 25</td><td>BBBDB</td><td>26 ~ 30</td><td>CDBCA</td><td>31 ~ 35</td><td colspan="3">DDDAB</td></tr>
<tr><td>1 ~ 5</td><td colspan="3">ABC BCD AB AC BC</td><td>6 ~ 11</td><td colspan="3">ABC ABCD BCD BCD ABD BCD</td></tr>
<tr><td>1 ~ 5</td><td colspan="3">√ × × × √</td><td>6 ~ 10</td><td colspan="3">× √ × × √</td></tr>
</table>

一、单项选择题

1. C 【解析】学习困难综合征是指某些智力正常或接近正常的儿童,因神经系统的某种或某些功能性失调,使其在听、读、写、算方面能力降低或发展较慢,以致陷入学习困难。题干所述为学习困难综合征的表现。

2. C 【解析】合理情绪疗法是20世纪50年代由艾利斯在美国创立。艾利斯认为,人的情绪是由他的思想决定的,合理的观念导致健康的情绪,不合理的观念导致负向的、不稳定的情绪。人们持有的不合理信念总结起来有三个特征:绝对化的要求、过分概括化和糟糕至极。通过改变不合理信念调整自己的认知,是维护心理健康的重要途径。小彩的紧张焦躁是由她的不合理观念引起的,因此,心理辅导老师可通过合理情绪法来帮助她调整认知观念以减少这种焦虑不安。

3. D 【解析】强化法用来培养新的适应行为。根据学习原理,一个行为发生后,如果紧跟着一个强化刺激,这个行为就会再一次发生。例如,一个学生不敢同老师说话,学习上遇到了疑难问题也没有勇气向老师求教,一旦他敢于主动向老师请教,老师就给予表扬,并耐心解答问题时,这个学生就能学会主动向老师请教的行为方式。

4. A 【解析】强迫观念指当事人身不由己地思考他不想考虑的事情。强迫行为指当事人反复去做他不希望执行的动作,如果不这样想、不这样做,他就会感到极端焦虑。强迫洗手、强迫计数、反复检查、强迫性仪式动作是生活中常见的强迫症状。因此,题干中的小明反复检查书包的行为属于强迫行为。

5. C 【解析】强迫症主要表现为强迫观念和强迫行为。其中,强迫行为指当事人反复去做他不希望执行的动作,如果不这样想、不这样做,他就会感到极端焦虑。题干中小红在写作业时的反复擦写行为,表明其可能出现了强迫症。

6. B 【解析】系统脱敏法是指当某些人对某事物、某环境产生敏感反应(害怕、焦虑、不安)时,我们可以在当事人身上发展起一种不相容的反应,使其对本来可引起敏感反应的事物,不再发生敏感反应。例如:一个学生过分害怕猫,我们可以让他先看猫的照片,谈论猫;再让他远远观看关在笼中的猫,让他靠近笼中的猫;最后让他摸猫、抱起猫,消除对猫的惧怕反应。题干案例运用了系统脱敏法。

7. B 【解析】儿童多动综合征(简称多动症)是小学生中最为常见的一种以注意力缺陷和活动过度为主要特征的行为障碍综合征,高峰发病年龄为8~10岁。

8. D 【解析】认知疗法认为,人的认知影响其情绪和行为,可以通过改变求治者的不良认知或歪曲认知,从而矫正其不良情绪和行为。指导学生用“我能应付这个考试”“成绩并不是最重要的”等正向的自我对话,缓解其考试焦虑,这运用的就是认知疗法。

9. D 【解析】学生中常见的焦虑反应是考试焦虑。

10. D 【解析】社交恐怖主要表现为:害怕在社交场合讲话,担心自己因双手发抖、脸红、声音颤抖、口吃而暴露自己的焦虑,觉得自己说话不自然,因而不敢抬头,不敢正视对方的眼睛。

11. B 【解析】抑郁症是以持久的心境低落为特征的神经症。故题干所述为抑郁症的概念。

12. A 【解析】学校恐怖症主要表现为儿童害怕上学,严重者还会害怕与学校有关的东西,如怕老师、害怕去教室等。也有些儿童会产生上学前身体不舒服等保护性行为。学习困难综合征强调儿童因某种或某些功能性失调,导致某一方面能力降低或发展缓慢,以致学习困难;厌学症强调儿童对学习不感兴趣、讨厌学习。亮亮害怕上学,并非学习困难或讨厌学习,故本题选A。

13. B 【解析】学习障碍是指这样一个异质群体,这些人在获取和利用聆听、说话、阅读、书写、推理和数学能力方面,表现出显著的困难,这些异常起因于个人的内在因素,一般认为是中枢神经系统功能失调。

14. D 【解析】学校心理辅导的一般目标可归纳为两个方面:学会调适和寻求发展。学会调适是基本目标,寻求发展是高级目标。

15. C 【解析】罗杰斯的“无条件积极关注”要求对来访者要充分尊重、充分理解,并且这种尊重与理解是无条件的,对任何来访者都不能有偏见。这种要求与学校心理辅导的尊重与理解学生原则相符合。

16. C 【解析】抑郁症的表现主要有:(1)情绪消极、悲观、颓废、淡漠、失去满足感和对生活的乐趣;(2)消极的认知倾向,低自尊、无能感,对未来没有期望;(3)动机缺乏、被动、缺乏热情;(4)肢体疲劳、失眠、食欲不振。因此,答案选 C 项。

17. D 【解析】肯定性训练也叫自信训练、果敢训练,目的是促进个人在人际关系中公开表达自己真实的情感和观点,维护自己的权益也尊重别人的权益,发展人的自我肯定行为。“不敢拒绝别人的无理要求,不敢表达自己的不满情绪”说明这个学生缺少自我肯定行为,因此需要用肯定性训练培养其自我肯定行为。

18. B 【解析】恐怖症可分为单纯恐怖症(如对一件具体的东西、动作或情境的恐惧)、广场恐怖症(如害怕大片的水域、空荡荡的街道)和社交恐怖症。故题干所述为单纯恐怖症。

19. A 【解析】肯定性训练是通过角色扮演以增强自信心,然后再将学得的应对方式应用到实际生活情境中。因此,题干中的老师指导学生运用角色扮演的方式来增强自信心,正是运用了肯定性训练。

20. C 【解析】移置法是指通过目标转移而使求询者忘却失败的痛苦并重新调整奋斗目标。一个人当某一奋斗目标遭到失败,其心理上受到了严重伤害而产生了一些消极行为,如能将其奋斗目标加以转移可改变其痛苦的状态。题干中的老师让学生转移目标,减轻了学生的挫败感,因此运用了移置法。

21. B 【解析】移情是把过去生活中对某些人的感知和体验带入到现实生活中的人身上,或者人与人的关系之中。因此,题干中小学生把辅导老师当成自己的父母以获得情感上的满足,这是一种移情的表现。

22. B 【解析】考试焦虑的表现是:在考试前数天就可表现出来,随着考试临近,心情极度紧张的情况日益严重;考试时注意力不集中,知觉范围变窄,思维刻板,表现慌乱,无法发挥正常水平。故 B 项说法错误。

23. B 【解析】行为塑造是指通过不断强化逐渐趋近目标的反应,来形成某种较复杂的行为。有时候教师所期望的行为在某学生身上很少出现或很少完整地出现,此时,教师可以依次强化那些渐趋目标的行为,直到合意行为的出现。故题干所述体现了行为塑造法的内涵。

24. D 【解析】儿童厌学症的主要表现是对学习不感兴趣,讨厌学习。厌学的儿童对学习有一种说不出的苦闷感,一提到学习就心烦意乱,焦躁不安。他们对教师或家长有抵触情绪,学习成绩不好,有的还兼有品德问题。

易错提示: 考生易混淆儿童多动症、厌学症和学习困难症的特征。在做此类题目时,考生应注意审清题干,理清记忆。需注意儿童多动症的特征是注意力缺陷和活动过度;厌学症的特征是对学习不感兴趣;学习困难症的特征是缺乏学习技能。

25. B 【解析】学校心理辅导强调面向全体学生,辅导以正常学生为主要对象,以发展辅导为主要内容,故 A、C 两项理解错误;心理辅导是一种专业活动,是专业知识和技能的运用,但不等同于心理咨询与心理治疗,故 D 项理解错误。

26. C 【解析】学校心理辅导的一般目标可归纳为两个方面:学会调适和寻求发展。学会调适是基本目标,寻求发展是高级目标。故 A 项正确。

心理辅导既有预防功能,又有发展功能。预防功能是初级功能,发展功能则是高级功能,而两者的有机结合才能更好地达到心理辅导的目的。故 B 项正确。

心理辅导应以发展的眼光看待学生的心理状况,教育活动必须立足于促进学生的心理发展,而不仅仅限于心理健康的一般问题。故 C 项错误。

心理辅导应面向包括正常学生在内的全体学生,而不是像心理咨询、心理治疗那样,只是针对少数有心理障碍或心理疾病的学生。故 D 项正确。

27. D 【解析】重视学生的个别差异,强调对学生的个别化对待,是学生心理辅导的精髓。贯彻个别对待学生原则时应考虑到以下四点:(1)注意对学生个别差异的了解;(2)对不同学生实行区别对待;(3)认真做好个案研究;(4)制定个别化对待的特殊目标。

28. B 【解析】过分概括化是一种以偏概全、以一概十的不合理思维方式的表现。过分概括化的一个方面是人们对自身的不合理的评价，如面对失败的结果时，往往会认为自己“一无是处”“一钱不值”等。以自己做的某一件事或某几件事的结果来评价自己整个人，评价自己作为人的价值，其结果常常会导致自责自罪、自卑自弃的心理及焦虑和抑郁情绪的产生。过分概括化的另一个方面是对他人的不合理评价，即别人稍有差错就认为他很坏、一无是处等，这会导致一味地责备他人，以致产生敌意和愤怒等情绪。题干所述即是个体对自己的不合理评价，这属于不合理信念中的过分概括化。
29. C 【解析】代币是一种象征性强化物，筹码、小红星、盖章的卡片、特制的塑料币等都可作为代币。当学生做出教师期待的良好行为后，就发给他们数量相当的代币作为强化物。学生用代币可以兑换有实际价值的奖励物或活动。因此，题干中的老师采用发小红花的方式改变学生的行为，正是运用了代币奖励法。
30. A 【解析】澄清是指教师协助学生清楚、准确地表述他们的观点、所用的概念、所体验到的情感以及所经历的事件的技术。澄清可以帮助学生把那些模糊不清的观念、情感及问题表达出来，使学生弄清自己的所思所感，明白自己的真实处境。在心理辅导中，团体成员有时没有整理好思绪，未能明确地表达自己的感情，显得含糊不清，或者表达能力较弱，表述不清。此时，领导者需要澄清成员想表达的意思，使之具体化，从而使成员更好地了解自己。
31. D 【解析】自我控制法是让当事人自己运用学习原理，进行自我分析、自我监督、自我强化、自我惩罚，以改善自身行为。
32. D 【解析】理性—情绪疗法是认知疗法的一种，由艾利斯创立。艾利斯认为，人的情绪是由他的思想决定的，合理的观念导致健康的情绪，不合理的观念导致负向的、不稳定的情绪。通过改变不合理信念调整自己的认知，是维护心理健康的重要途径。故答案选 D 项。
33. D 【解析】反社会型人格障碍有两个特点：(1)缺乏对他人的同情心与关心；(2)缺乏羞耻心与罪恶感。
34. A 【解析】发展性辅导是以全体学生为对象的团体辅导，它以预防为主，着眼于发展学生的良好心理素质，维护和促进学生的心理健康，帮助学生成长、成才。故开发学生心理潜能，优化人格，促进学生全面发展是学校心理辅导中的发展性辅导的主要目标。
35. B 【解析】尊重与理解是学校心理辅导过程中对待学生的正确态度和建立良好师生关系的基本要求。尊重就是尊重学生的人格与尊严，尊重每个学生存在的权利，承认他是不同于其他人的独立的个体，承认他与教师、与其他人在人格上具有平等的地位。理解就是辅导人员能设身处地地体会学生的情绪和情感体验，正确地理解学生的思想，使学生能够在精神上得到理解和支持，从而产生一种“遇到自己人”的感觉。题干中班主任的做法符合尊重与理解学生的原则。

二、多项选择题

1. ABC 【解析】行为主义咨询理论常用的具体方法有：强化法、系统脱敏法、冲击法、厌恶疗法、自信训练法、代币奖励法、放松法、生物反馈法、消退疗法、行为塑造法等。宣泄疏导法是精神分析学派常用的方法。
2. BCD 【解析】不合理信念的三个基本特征为：(1)绝对化要求。指人们以自己的意愿为出发点，对某一事物怀有认为其必定会发生或不会发生的信念，它通常与“必须”“应该”这类字眼连在一起，如：“我必须获得成功”“别人必须很好地对待我”等。(2)过分概括化。这是一种以偏概全、以一概十的不合理思维方式的表现。过分概括化的一个方面是人们对自身的不合理的评价。如面对失败的结果时，往往会认为自己“一无是处”“一钱不值”，是“废物”等。过分概括化的另一个方面是对他人的不合理评价，即别人稍有差错就认为他很坏、一无是处等，这会导致一味地责备他人，以致产生敌意和愤怒等情绪。(3)糟糕至极。这是一种认为如果一件不好的事发生了，将是非常可怕、非常糟糕，甚至是一场灾难的想法。A 项属于合理信念，排除；B、C、D 三项属于不合理信念，故选 B、C、D 三项。
3. AB 【解析】学校心理辅导的一般目标可归纳为两个方面：学会调适和寻求发展。
4. AC 【解析】认知改变的方法有认知疗法、来访者中心疗法(患者中心疗法)、理性—情绪疗法(合理情绪疗法)。强化法、惩罚法属于行为改变的基本方法。故本题选 A、C 两项。

方法技巧:在做此类题目时,考生应注意用以下三个口诀帮助自己做题:(1)行为改变——强代塑,示罚控;(2)行为演练——系脱敏,肯松弛;(3)改善认知——来认知,理情绪。

5. BC 【解析】一般采用肌肉放松、系统脱敏等方法来缓解学生的考试焦虑,故答案选 B、C 两项。而厌恶疗法是将某些不愉快的刺激,通过直接作用或间接想象,与来访者需改变的行为症状联系起来,使其最终因感到厌恶而放弃这种行为;森田疗法是以治疗神经症为主的心理治疗方法,其本质是通过亲自体验、理解以达到治疗目的,是一种超越言语和理性思维的治疗方法。这两种方法都不适合缓解学生的考试焦虑症状。
6. ABC 【解析】A 项:考试焦虑症必要时可以用心理治疗配合抗焦虑药物的方法来处理。故 A 项做法正确。B 项:系统脱敏法是治疗考试焦虑症的方法之一。故 B 项做法正确。C 项:学业压力和考试焦虑会形成恶性循环,令学生的考试焦虑症越来越严重。为避免考试焦虑症加重,可合理减轻学生的学业压力。故 C 项做法正确。D 项:考试焦虑症形成的原因是多方面的,如应试教育体制、家长过高的期望、学生的心态等。因此,缓解考试焦虑症并不只是处理好学生的心态和观念就可以了。故 D 项做法错误。因此,答案选 A、B、C 三项。
7. ABCD 【解析】团体心理辅导的培训对象最好是自愿参加,人数不宜过多,也不宜太少,一般以 20~30人左右为宜。题干中学校规定初三学生必须参加,且以班级为单位分组,每组人数 40~50 人。故 A、C 两项当选。

   团体心理辅导比较理想的场地是一间比较宽松的、能容纳所有参与者的教室,里面有移动的桌子和椅子,以便小组围坐讨论时用。题干中的学校在操场组织团体心理辅导活动,活动地点不合适。故 D 项当选。

   团体心理辅导的一个训练项目以 0.5~2 个小时为宜,每堂心理行为训练课以 1~2 个训练活动项目为宜。题干中学校组织的团体心理辅导活动进行的时间为二十分钟,活动时间过短。故 B 项当选。
8. BCD 【解析】A 项属于正常的情绪反应;B 项可能属于抑郁症;C 项可能属于焦虑障碍;D 项可能属于社交恐怖症。因此,答案选 B、C、D 三项。
9. BCD 【解析】学生心理障碍是指学生在学校生活和其他社会生活的矛盾冲突下,不能很好地适应差异,产生了心理异常和心理疾病,严重影响了正常的学校生活,主要表现为人格障碍、神经症和精神病三类。研究发现,在学生中常见的心理障碍主要有四种:攻击、退缩、焦虑和恐惧。
10. ABD 【解析】自我坚定训练,又叫肯定性训练,主要用于改善人们在社会交往方面的不适应行为以及相伴随的焦虑反应。许多人在与他人打交道时表现得被动、畏缩、依赖;在自己或他人受到不公正待遇时,虽心有不平,却不挺身维护自己的利益;或者在需要做出选择、决策的时候,不能轻松地进行决断;与某些重要人物,如上司、权威、异性打交道时拘谨、紧张或回避。因此,A、B、D 三项中的心理问题都可以使用自我坚定训练辅导。(具体内容参见杨玲、赵国军主编的《学校心理学 学校心理辅导与咨询》)
11. BCD 【解析】要做好心理辅导工作,必须遵循的原则主要有:(1)面向全体学生;(2)预防与发展相结合;(3)尊重与理解学生;(4)发挥学生主体性;(5)个别对待学生;(6)促进学生整体性发展。

三、判断题

1. √ 【解析】抑郁症是以持久的心境低落为特征的神经症。具体表现有:(1)情绪消极、悲观、颓废、淡漠、失去满足感和对生活的乐趣;(2)消极的认知倾向,低自尊、无能感,对未来没有期望;(3)动机缺乏、被动、缺乏热情;(4)肢体疲劳、失眠、食欲不振。因此,题干中学生的表现可能是产生了抑郁症。
2. × 【解析】多动症儿童的主要特征有:(1)活动过多;(2)注意力不集中;(3)冲动行为。但是,不能简单的因为儿童的活泼、多问就认为其患有多动症。
3. × 【解析】学习困难,又称学习障碍,即学习技能缺乏,指在知识的获取、巩固和应用的过程中缺

乏策略和技巧,也就是我们常说的没有掌握学习方法。而智力落后是指个体在发育期内有显著低于平均水平的一般智力,从而导致适应行为的缺陷。从操作层面上看,这一定义可以从三个方面来理解:(1)发育期是指0~18岁;(2)智力明显低于平均正常水平是指智力测验的平均分数低于正常水平的两个标准差;(3)适应行为缺陷是指个人能力在日常生活、学习、人际关系、职业要求等方面明显低于同龄人的平均水平。根据定义可知,学习困难儿童只是没有掌握学习方法,其智力发育可能是正常的,故题干说法错误。

4. × 【解析】强化法可以用来培养新的适应行为。根据学习原理,一个行为发生后,如果紧跟着一个强化刺激,这个行为就可能再一次发生。而代币奖励法是当学生做出教师所期待的良好行为后,教师发给代币作为强化物,学生用代币可以兑换有实际价值的奖励物或活动。代币是一种象征性强化物,筹码、小红星、特制的塑料币等都可作为代币。李老师给玲玲卡通玩具作为答对问题的奖励,卡通玩具是一种物质奖励,代币作为一种象征性强化物需要积累才能兑换奖励,李老师运用的是强化法,故题干表述错误。

5. √ 【解析】强化法用来培养新的适应行为。根据学习原理,一个行为发生后,如果紧跟着一个强化刺激,这个行为就会再一次发生。故题干中的韩老师运用的心理辅导方法是强化法。

6. × 【解析】肯定性训练,也叫自信训练、果敢训练,其目的是促进个人在人际关系中公开表达自己真实的情感和观点,维护自己的权益也尊重别人的权益,发展人的自我肯定行为。

7. √ 【解析】处罚法和强化法这两种方法的作用不同:处罚法能消除不良行为,强化法能培养新的适应行为。在消除不良行为的时候应该同时培养新的适应行为,所以两者结合使用效果会更好。

8. × 【解析】艾利斯的ABC理论,体现的是认知心理学派思想的核心精髓。

9. × 【解析】儿童厌学症的主要表现是对学习不感兴趣,讨厌学习。故题干表述不正确。

10. √ 【解析】罗杰斯认为,心理治疗的目的就在于帮助病人或患者创造一种有关他自己的更好的概念,使他能自由地实现他的自我,即实现他自己的潜能,成为功能完善者。

四、简答题(参考答案)

1. 在教学工作中,我们可能会遇到学困生,你将如何帮助他们进步?

(1)关心爱护学困生,尊重他们的人格;(2)培养和激发学困生的学习动机;(3)树立榜样,增强是非观念;(4)根据个别差异,因材施教;(5)善于发掘学困生身上的"闪光点",增强其自信心和集体荣誉感。

2. 简述中小学生焦虑症产生的原因。

(1)学校的统考和应试教育体制使学生缺乏内在自尊;(2)家长对子女期望过高;(3)学生的个性过于争强好胜,缺乏对于失败的耐受力,知识准备不足,缺乏相应的应试技能等。

五、案例分析题(参考答案)

(1)李某的症状属于考试焦虑症。考试焦虑是一种复杂的情绪现象,是在一定的应试情境下,受个体认知评价能力、人格倾向与其他身心因素制约,以担忧为基本特征,以防御或逃避为行为方式,通过一定程度的情绪反应所表现出来的心理状态。

(2)针对李某的问题,教师应该:①采用认知矫正程序,指导学生在考试中使用正向的自我对话,如"我能应付这个考试";②锻炼学生的性格,提高挫折应对能力,帮助学生增强自信心和心理承受能力;③引导学生在考前调整好情绪;④进行考试策略方面的辅导;⑤纠正学生对考试成绩的错误看法;⑥联系心理辅导老师教授学生肌肉放松、系统脱敏等方法以缓解焦虑症状。

专题三　教师职业心理

答案速查:

1~5	BCCDC	6~10	AAABC	11~15	DCACC	16~20	CCACB
21~25	DCACC	26~30	DCCBA	31~35	CBABC	36~41	BCDBCC
1~5	ABCD BCD ABD ABD ACD			6~10	ABCD CD ABCD BCD BCD		

续表

11～15	ABD ACD ABD ABCD ABC	16～20	ABCD AC ABC ABCD ABD
1～5	√ √ √ √ ×	6～9	√ × √ ×

一、单项选择题

1. B 【解析】教师期望效应也叫罗森塔尔效应或皮格马利翁效应，是一种情感效应，是由罗森塔尔和雅各布森通过实验共同提出的，即教师的期望或明或暗地传递给学生，会使学生按照教师所期望的方向来塑造自己的行为。

2. C 【解析】教师的教学监控能力是其教学能力中最重要的成分，是教学能力的核心。在整个教学能力结构中，教学认知能力是基础，教学操作能力是教学能力的集中体现，而教学监控能力是关键。

3. C 【解析】伯利纳等人认为从新教师成长为专家水平教师一般要经历以下五个阶段：新手水平、熟练新手水平、胜任水平、精通水平和专家水平。其中，胜任水平是教师发展的基本目标。故 C 项符合题意。

4. D 【解析】美国心理学家法贝将职业倦怠分为三种表现形式：(1)精疲力竭型。这类教师在高压力下的表现是放弃努力，以减少对工作的投入来求得心理平衡。这类教师的职业倦怠一旦出现，要想恢复就很困难，因为这些症状会得到自我强化。(2)狂热型。这类教师有着极强的成功信念，能狂热地投入工作，但理想与现实之间的巨大反差，使他们的这种热情通常坚持不了太长时间，整个信念系统突然塌陷，最终屈服于精力耗竭。(3)低挑战型。对于这类教师而言，工作本身缺乏刺激，他们觉得以自己的能力来做当前的工作是大材小用，因而厌倦工作。他们在工作一段时间后，就开始对工作敷衍塞责，并考虑更换其他工作。根据题意，选择 D 项。

5. C 【解析】教师职业角色的形成主要经历以下三个阶段：(1)教师角色的认知；(2)教师角色的认同；(3)教师角色的信念。其中，角色认知是指角色扮演者对某一角色行为规范的认识和了解，知道哪些行为是合适的，哪些行为是不合适的。角色认知是角色扮演的先决条件，个人能否成功扮演某种角色，首先取决于他对这一角色的认知程度。教师主要通过学习、观摩、职业训练、社会交往等了解自身的责任和义务，并与社会上其他职业角色区分开来。题干中王老师上任前学习教师行为规范，这说明其处于认知阶段。(具体内容参见王春阳、杨彬、张婕主编的《教育心理学》)

6. A 【解析】处于关注生存阶段的一般是新教师，他们非常关注自己的生存适应性，最担心的问题是“学生喜欢我吗”“同事们如何看我”“领导是否觉得我干得不错”等。因而可能会把大量的时间都花在如何与学生搞好个人关系上，想方设法控制学生，而不是更多地考虑如何让学生获得学习上的进步。从题干中的关键词“讨学生喜欢”可知，教师的成长处于关注生存阶段。

方法技巧：对于教师成长的不同阶段，考生应重点掌握三个词：生存、情境和学生。在关注生存阶段，教师主要关注个人关系、人际处理的相关问题；在关注情境阶段，教师主要关注教学情境的相关问题；在关注学生阶段，教师注重因材施教，关注学生的个体差异。

7. A 【解析】微格教学是以少数的学生为对象，在较短的时间内(5～20 分钟)，尝试做小型的课堂教学，并把这种教学过程摄制成录像，课后再进行分析。微格教学有许多特点，但最能体现其特点的是训练单元小。

8. A 【解析】皮格马利翁效应也叫教师期望效应，是指教师的期望或明或暗地传递给学生，会使学生按照教师所期望的方向来塑造自己的行为。教师期望效应对学生的影响表现在：教师对学生积极的期望，会使学生更加自尊、自信、自爱、自强，诱发出一种积极向上的激情；教师对学生消极的期望，会让学生像教师所期待的那样一天天变差。因此，题干描述的就是教师期望效应的影响。

9. B 【解析】在关注情境阶段，随着基本的生存知识、技能的掌握，教师的自信心增强了，开始越来越关注教学情境，关注学生的成绩，把精力放在了如何教好每一堂课上，考虑诸如该如何掌握教学的时间、如何呈现教学的信息、该准备哪些教学材料等与教学情境有关的问题。题干中教师将主

要精力总是集中在对学生成绩的关注上，说明该教师处于关注情境阶段。故答案选 B 项。

10. C 【解析】玛勒斯等人认为职业倦怠主要表现为三个方面：情绪耗竭、去人性化、个人成就感低。其中，情绪耗竭，表现为个体情绪情感处于极度的疲劳状态，工作热情完全丧失。张老师对工作失去热情，总是感觉很疲劳，这些都符合情绪耗竭的表现。

易错提示：考生易混淆教师职业倦怠的特征。在做题时，考生应注意根据关键词判断考查的是哪一个特征。如情绪低落，没有热情对应情绪耗竭；冷漠忽视，保持距离对应去人性化；消极评价，没有价值对应个人成就感低。

11. D 【解析】教师威信主要包括人格威信、学识威信和情感威信三个方面的内容。故 A 项观点正确。教师的威信有两种：一种是权力威信，另一种是信服威信。故 B 项观点正确。教师威信实质上反映了一种良好的师生关系，是教师成功地扮演教育者角色、顺利完成教育使命的重要条件。故 C 项观点正确。教师应该树立信服威信，而不应该追求权力威信。故 D 项观点错误。

12. C 【解析】教学监控能力是指教师为了保证教学达到预期的目的而在教学的全过程中，将教学活动本身作为意识对象，不断对其进行积极主动的计划、检查、评价、反馈、控制和调节的能力。因此，题干表明王老师具有较强的教学监控能力。

13. A 【解析】影响教师威信形成的客观因素是多方面的，社会对教师职业的态度，教育行政机关及学校领导干部对教师的态度，学生家长对教师的态度，学生对教师工作的认识和态度等对教师威信的形成有着重要影响。其中，最主要的是社会对待教师职业的态度和教师职业的社会地位。

14. C 【解析】在课堂教学中，教师是否具有一定的教学监控能力，是检验其能否发挥主导作用、实现教学目标、提高教学效果的重要标志。

15. C 【解析】根据福勒和布朗的理论，处于关注学生阶段的教师会考虑学生的个别差异，认识到不同发展水平的学生有不同的需要，根据学生的差异采取适当的教学，促进学生发展。因此，题干所述表明王老师处于关注学生阶段。

16. C 【解析】微格教学又称微型教学，是一种运用现代教育技术来培养师范生教学技能，训练和提高在职教师专业水平的方法。它以少数的学生为对象，在较短的时间内（5～20 分钟），尝试做小型的课堂教学，并把这种教学过程摄制成录像，课后再进行分析。故题干描述的是微格教学的定义。

17. C 【解析】教学反思是指教师以自己的教学活动为意识对象，对自己的教育理念、教学行为、决策以及由此所产生的结果进行认真的自我审视、评价、反馈、控制、调节、分析的过程。故题干所述体现了教学反思的含义。

18. A 【解析】教师的主观因素是影响教学效能感的关键，其中最重要的是教师的价值和自我概念。

19. C 【解析】教师的教学行为可以从以下六个方面来衡量：（1）教师行为的明确性，即教师的教学行为是否正确；（2）教学方法的多样性，即教师的教学方法是否灵活、多样，调动学生学习的积极性的手段是否有效；（3）任务取向，即教师在课堂上的所有活动是否围绕教学任务而进行；（4）富有启发性，即教师的课堂教学对学生能否启发得当；（5）参与性，即在课堂教学过程中，班上的学生是否都积极地参与到教学活动中去；（6）及时评估教学效果，即教师能否及时掌握学生的学习状况和课堂中出现的问题，并据此调整自己的教学节奏和教学行为。因此，题干所述体现了教师的任务取向特征。

20. B 【解析】严格要求自己和勇于批评与自我批评是教师威信形成的精神动力。具备良好的教育教学意识和心理结构是教师获得威信的基本条件。加强教师的仪表、言语、表情、举止、生活作风和习惯的整饰对威信的获得有重要影响。保持与学生良好的交往和沟通是教师威信形成的有效途径。故答案选 B 项。（具体内容参见林金霞，胡永萍主编的《高等教育心理学》）

21. D 【解析】教师角色意识的心理结构通常包括以下三部分内容：角色认知、角色体验和角色期待。

22. C 【解析】玛勒斯等人认为职业倦怠主要表现为三个方面：（1）情绪耗竭；（2）去人性化，即刻意在自身和工作对象间保持距离，对工作对象和环境采取冷漠和忽视的态度；（3）个人成就感低。

23. A 【解析】建立教师威信的途径有：（1）培养自身良好的道德品质。（2）培养良好的认知能力和性格特征。（3）注重良好仪表、风度和行为习惯的养成。（4）给学生以良好的第一印象。（5）做学生的朋友与知己。其中，良好的道德品质是教师获得威信的基本条件，故答案选 A 项。

24. C 【解析】在教师的人格特征中，有两个重要特征对教学效果有显著影响：一是教师的热心和同情心；二是教师富于激励和想象的倾向性。研究表明，有激励作用、生动活泼、富于想象并热心于自己学科的教师，他们的教学工作较为成功。题干中的事例说明了在教师的人格特征中热心和同情心对教学有显著影响。

25. C 【解析】教师角色信念的形成阶段是指教师在角色扮演中，将职业角色的社会要求转化为个体需要，坚信自己对教师职业的正确认识，并将其作为规范自己行为的指南，形成职业的自尊心和自豪感。

26. D 【解析】教学效能感一般指教师对自己影响学生行为和学习结果的能力的一种主观判断。李老师相信自己能教好学生，这说明其教学效能感高。

27. C 【解析】专家型教师和新手型教师有以下几方面的差异：(1)课时计划的差异；(2)课堂教学过程的差异；(3)课后评价差异；(4)其他差异。其中，在课后评价时，专家型教师和新手型教师关注的焦点不同。新手型教师的课后评价要比专家型教师更多地关注课堂中发生的细节；而专家型教师则更多地谈论学生对新教材的理解情况和课堂中值得注意的活动，很少谈论课堂管理问题和自己的教学是否成功。

28. C 【解析】皮格马利翁效应也叫教师期望效应，是指教师的期望或明或暗地传递给学生，会使学生按照教师所期望的方向来塑造自己的行为。教师对学生积极的期望，会使学生更加自尊、自信、自爱、自强，诱发出一种积极向上的激情；教师对学生消极的期望，会让学生像教师所期待的那样一天天变差。因此教师要善于赞赏学生，对学生抱有积极的期望，引导学生积极向上。

29. B 【解析】福勒和布朗根据教师的需要和不同时期所关注的焦点问题，把教师的成长划分为关注生存、关注情境和关注学生三个阶段。“站好讲台”的教师属于专家型教师，“站好讲台”对应的教师成长阶段是关注学生阶段。

30. A 【解析】教师的期望会对学生的动机和行为产生不同的影响：教师对不同的学生有不同的期望行为和期望结果，由于这些期望的不同，产生了教师对不同学生的对待方式的不同，这种不同的对待方式影响着学生的自我概念、成就动机水平和抱负水平。如果这种对待方式持续下去的话，便会对学生产生固定的影响，高期望的学生产生了高水平的动机，经过不懈的努力，取得了高水平的行为，低期望的学生则恰恰相反。随着时间的推移，学生们的行为和成就与当初的期望值越来越接近。

31. C 【解析】教师期望效应也叫罗森塔尔效应或皮格马利翁效应，即教师的期望或明或暗地传递给学生，会使学生按照教师所期望的方向来塑造自己的行为。教师相信学生、热爱学生，会自觉或不自觉地通过语言、行动、态度等表现出来。题干中的教师对优秀的学生抱有积极的期待，认为他们能解决难题，这一想法就通过其行为表现出来，使教师将眼光停留在优秀学生身上，这体现的是期待效应。

32. B 【解析】低自尊或外控的教师容易产生职业倦怠。这类教师常常抱有不现实的理想和期望，对外界干扰容易妥协，在人际交往中体验到无能感，由于不能客观评价自我使得他们容易产生职业倦怠。

33. A 【解析】教师担当心理辅导人员这个角色在帮助学生适应生活，减轻、消除心理压力和矛盾，获得心理健康等方面起着十分重要的作用。因此，根据题干描述可知，萧老师扮演的是心理健康调节者的角色。

34. B 【解析】冷漠期是教师职业倦怠的最后阶段，在这一阶段职业兴趣的衰退已达到极限，个体的情绪与健康均受到损害，不能完成日常的工作和生活。

35. C 【解析】教师角色的信念是指教师在角色扮演中，将职业角色的社会要求转化为个体需要，坚信自己对教师职业的正确认识，并将其作为规范自己行为的指南，形成职业的自尊心和自豪感。

36. B 【解析】教师期望效应分为自我应验效应和维持性期望效应。其中，维持性期望效应是指老师认为学生将维持以前的发展模式。其问题在于，如果老师认可这种模式，将很难注意和利用学生潜在能力的发展。例如，老师对差生和优等生的不同期望，使得他很难关注差生的进步，甚

至对其进步持怀疑态度,认定他是在别人的帮助下甚至通过作弊得到好成绩。这种期望维持甚至增大了优等生和差生的差距。题干中的老师因为小李以前成绩不好,所以对小李的进步持怀疑态度,这打击了小李的自信心,使小李的成绩更差了,这体现的就是维持性期望效应。

37. C 【解析】教师威信是指教师的人格、能力、学识上使学生感到尊敬和信服的精神感召力量。教师威信的高低是以他们在学生心目中的地位、他们的教育活动对学生心理产生的影响来衡量的,那些受学生尊重的教师才有威信。

38. D 【解析】研究表明,工作发展的条件和学校的客观条件对一般教学效能感具有明显影响;工作发展的条件、学校风气和师生关系对教师的个人教学效能感具有明显的影响。所以,A、B 两项说法错误。教师的教学效能感对学生的学习成就有很强的预测力。所以,C 项说法错误。教师的主观因素是影响教学效能感的关键,其中最重要的是教师的价值观和自我概念。所以,D 项说法正确。

39. B 【解析】教师职业心理特征包括:(1)教师的认知特征;(2)教师的人格特征;(3)教师的行为特征。

40. C 【解析】一些研究表明,在教师的人格结构中"四心"是特别重要的:一是教师的责任心;二是教师的自信心;三是教师的宽容心;四是教师的合群心。因此,C 项最符合题意。

41. C 【解析】教学监控策略主要包括主体自控策略、课堂互动策略、教学反馈策略、现场指导策略。其中,主体自控策略主要表现为以下几个方面:(1)激发主体动机,提高抱负水平。(2)提高主体的自我认知水平。(3)提高元认知监控水平。为了提高学生的元认知监控水平,在教学中教师应教会学生制订计划、自觉控制学习过程、及时检查和客观评价学习效果等方面的策略,并通过教学训练,使之达到自觉运用的水平。

二、多项选择题

1. ABCD 【解析】教学反思是指教师以自己的教学活动为意识对象,对自己的教育理念、教学行为、决策以及由此所产生的结果进行认真的自我审视、评价、反馈、控制、调节、分析的过程。A 项属于教学反思中的撰写教育案例,B 项属于教学反思中的撰写反思日记,C 项属于教学反思中的分享经验,D 项属于教师的自我调节过程。因此 A、B、C、D 四项都属于教学反思。

2. BCD 【解析】教师期望效应的产生,既取决于教师自身的因素,也取决于学生的人格特征、原有认知水平、归因风格和自我意识等心理因素。

3. ABD 【解析】教师职业角色的形成是一个连续的过程,通过教学实践,从新手型教师逐渐成长为一个胜任教学工作的熟手型教师,其职业角色的形成主要经历以下三个阶段:(1)教师角色的认知;(2)教师角色的认同;(3)教师角色的信念。

4. ABD 【解析】对教师课时计划的分析表明,与新手型教师相比,专家型教师的课时计划简洁、灵活、以学生为中心,并具有预见性。A 项表述正确。

在维持学生注意上,专家型教师有一套完善的维持学生注意的方法;新手型教师则相对缺乏。B 项说法正确。

新手型教师往往比专家型教师更注意课堂的细节。因此,C 项表述错误。

在教学策略的运用上,专家型教师具有丰富的教学策略,并能灵活运用;新手型教师则或缺乏或不会运用教学策略。D 项说法正确。

故答案选 A、B、D 三项。

5. ACD 【解析】教师的教学监控能力主要可分为三个方面:(1)教师对自己的教学活动预先计划和安排;(2)教师对自己的实际教学活动进行有意识的监察、评价和反馈;(3)教师对自己的教学活动进行调节、校正和有意识的自我控制。

6. ABCD 【解析】教师期望效应的发生,既取决于教师自身的因素,也取决于学生的人格特征、原有认知水平、归因风格和自我意识等心理因素。

7. CD 【解析】俞国良等人的研究认为,教师心理健康的标准如下:(1)对教师角色认同,勤于教育工作,热爱教育工作。(2)有良好和谐的人际关系。具体表现在:①了解彼此的权利和义务,将关系建立在互惠的基础上;②能客观地了解和评价别人,不以貌取人,也不以偏概全;③与人相处时,尊重、信任、赞美、喜悦等正面态度多于仇恨、疑惧、妒忌、厌恶等反面态度；④积极与他人做真诚的沟通。(3)能正确地了解自我、体验自我和控制自我。(4)具有教育独创性。(5)在教育活动和日常生活中，均能真实地感受情绪，并恰如其分地控制情绪，具体表现在：①保持乐观积极的心态；②不将生活中不愉快的情绪带入课堂，不迁怒于学生；③能冷静地处理课堂情境中的不良事件；④克制偏爱情绪，一视同仁地对待学生；⑤不将工作中的不良情绪带入家庭。

8. ABCD 【解析】专家型教师和新手型教师在课堂教学过程中的差异主要表现在：(1)课堂规则的制定与执行上；(2)维持学生的注意上；(3)教材内容的呈现上；(4)课堂练习方面；(5)家庭作业的检查上；(6)教学策略的运用上。

9. BCD 【解析】教师威信主要包括人格威信、学识威信和情感威信三个方面的内容。

10. BCD 【解析】专家型教师与新手型教师的差异主要有以下几方面：(1)课时计划的差异；(2)课堂教学过程的差异；(3)课后评价的差异；(4)其他差异，如师生关系、人格魅力、职业道德等。

11. ABD 【解析】教师的认知特征主要包括三个方面，即观察力特征、思维特征和注意力特征。

12. ACD 【解析】影响教师心理健康的个人因素主要有教师的自我期望、能力素质、感受力、人格状况以及个体自身的特点等。故答案选 A、C、D 三项，B 项属于学校因素。

13. ABD 【解析】教师的威信是开展有效教学的基础和前提。故 A 项说法正确。教师威信是指由教师的资历、声望、才能和品德等因素决定的，教师个人或群体在学生或社会中的影响力，并不是教师角色本身所具有的内容。故 B 项说法正确，C 项说法错误。教师的威信是他们的教育教学行为对学生影响所产生的众望所归的心理效应，把教育和教学对象紧密聚集在自己周围，是进行双向交流、完成教学任务的重要条件。故 D 项说法正确。因此，答案选 A、B、D 三项。

14. ABCD 【解析】阿西顿曾认为，优秀教师具有较强的自我效能感，表现在优秀教师有个人成就感，认为从事的教学活动很有价值，对学生有正向的期望，并认为教师对学生的学习应负有责任。

15. ABC 【解析】建立教师威信的途径有：(1)培养自身良好的道德品质；(2)培养良好的认知能力和性格特征；(3)注重良好仪表、风度和行为习惯的养成；(4)给学生以良好的第一印象；(5)做学生的朋友与知己。故 A、B、C 三项中的老师的做法都属于教师建立威信的途径。

16. ABCD 【解析】教师的教学能力包括：(1)把握教学过程的能力；(2)教学监控能力；(3)教学组织能力；(4)言语表达能力；(5)教学反思能力。(具体内容参见罗屹峰、刘燕华主编的《教育心理学》)

17. AC 【解析】建立积极的教师期望，教师要注意正确运用奖惩，要保证评价和惩罚的公正性，给每个学生以公平的机会，让每个学生都参与到学习活动中来。尤其要注意差生的反应，当他们遇到学习困难时，应及时给予帮助、提示，当他们做出好的回答时，要像对待优等生一样给予充分的表扬。故 B 项做法错误。课堂上，教师往往重视言语交流，而忽视非言语行为。其实，在交往中学生可从非言语行为(如眼神、表情、手势等)中获得许多来自教师的信息。如果说言语和非言语行为有所区别的话，那么非言语行为的含义则更易使学生接受。故 D 项做法错误。

18. ABC 【解析】提高教师心理健康水平的外在方法有：(1)营造良好的社会支持环境。(2)学校内部要营造良好的心理环境。如加强校园文化建设，经常组织教师开展文体娱乐活动。(3)教师要努力营建一个幸福和谐的家庭。提高教师心理健康水平的内在方法有：(1)树立正确的自我概念。(2)强化自我维护意识，掌握自我调节策略。(3)加强身体锻炼，促进健康体魄。

19. ABCD 【解析】教学监控策略是指为了保证达到预期的教学目标，教师在教学活动中对教学的全过程进行积极主动的计划、检查、评价、反馈、控制和调节所采用的教学谋略或措施。

20. ABD 【解析】美国学者伯顿提出了教师发展阶段论，他将教师发展分为三个阶段，依次为：求生存阶段、调整阶段和成熟阶段。美国学者司德菲建立了教师生涯发展模式，他将教师发展分为五个阶段，依次为：预备生涯阶段、专家生涯阶段、退缩生涯阶段、更新生涯阶段和退出生涯阶段。故本题答案选 A、B、D 三项。

三、判断题

1. √ 【解析】教学效能感高的教师对学生的成就寄予较高的期望，他们对自己的教育能力信心十足，相信自己能教好每一个学生。

2. √ 【解析】教师健康的心理是学生心理健康的保证,是教师完成工作职责的前提条件。教师是学生的榜样,教师的行为方式、情绪状态、人格特征等都会成为学生模仿的对象。心理不健康的教师平常表现出的不健康的情绪和行为都会通过潜移默化的形式,对学生的心理健康造成影响。

3. √ 【解析】教学反思是教师通过对其教学活动进行理性观察与矫正,从而提高其教学能力的活动。它是一种分析教学技能的技术。

4. √ 【解析】研究发现,教师对学生思想的认可与学生成绩有正相关的趋势,尽管教师的表扬次数与学生的成绩之间未发现明确的关系,但教师的批评或不赞成与学生的成绩之间却存在着负相关。

5. × 【解析】教师威信是指教师在教育教学活动中表现出的学识水平、思想意识和人格特质等在学生心目中引起的佩服、尊重等情感反应。教师威信能对学生终身发展产生影响,它不是依靠棍棒、体罚和严酷的纪律树立的,而是依靠教师的人格品质建构的。

6. √ 【解析】个人教学效能感指教师认为自己能够有效地指导学生,相信自己具有教好学生的能力。教师的教学效能感是解释教师动机的关键因素。它影响着教师对教育工作的积极性,对教学工作的努力程度,以及在碰到困难时他们克服困难的坚持程度等。一般来说,教师的教学效能感影响教师在工作中的努力程度表现在:效能感高的教师相信自己的教学活动能使学生成才,便会投入很大的精力来努力工作,在教学中遇到困难的时候,勇于向困难挑战;效能感低的教师则认为家庭和社会对学生影响巨大,而自己的影响则很小,因而常放弃自己的努力。故题干表述正确。

7. × 【解析】新手型教师在教师成长过程中处于关注自我生存阶段,工作动机在成就目标上是以成绩目标为主。他们更多地以自我为中心,关心能否向他人证明自己的能力,关注外界对其教学状况的评价。故题干说法错误。

8. √ 【解析】影响教师心理健康的个人主观因素有:(1)自我概念的发展水平及其自我和谐水平。(2)教师个体的需要发展水平及其满足程度。(3)人际适应能力较差。(4)教师的压力应对方式比较消极。故题干说法正确。

9. × 【解析】教师的教学监控能力的发展趋势主要表现在以下四个方面:(1)从他控到自控;(2)从不自觉经过自觉达到自动化;(3)敏感性逐渐增强;(4)迁移性逐渐增强。其中,迁移性的增强是教师教学监控能力真正提高的重要标志。

四、简答题(参考答案)

1. 建立教师威信的途径有哪些?

(1)培养自身良好的道德品质;(2)培养良好的认知能力和性格特征;(3)注重良好仪表、风度和行为习惯的养成;(4)给学生以良好的第一印象;(5)做学生的朋友与知己。

2. 教育威信与教育威严的区别是什么?

人们常将教育威信与教育威严混为一谈,认为威严就是威信,或者认为有了威严才有威信。实际上,教育威信和教育威严是全然不同的。教育威信反映的是教师众所共仰的声望信誉,而教育威严更多的体现的是威势和严厉。前者是使学生感到尊严而信服的精神感召力量,后者则只使学生感到望而生畏的威慑力量。两者反映着师生双方不同的心态和意向,反映着不同性质的师生关系。

3. 如何提高教师的教学效能感?

提高教师的教学效能感需要从教师自身和外部环境两方面入手。

从教师的自身方面来说:(1)要形成科学的教育观,这需要教师不断地学习和掌握教育学与心理学的知识,在教育实践中运用这些知识,通过自身的教育实践验证并发展这些知识;(2)向他人学习,如观摩优秀教师教学、学习其他教师的好的经验等,增强自信心;(3)要注意对自己的教学进行总结和反思,不断改进自己的教学。

从教师所处的外部环境来说:(1)在社会上,必须树立尊师重教的良好风气;(2)在学校内,必须建立一套完整、合理的管理制度和规则并严格加以执行,以及努力创造进修、培训等有利于教师发展和实现其自身价值的条件;(3)良好的校风建设、提高福利待遇等措施也会对教师的教学效能感产生积极的影响。

五、案例分析题(参考答案)

1.(1)①社会因素,即教师职业的声望压力;②职业因素,即教师担当的多种角色所产生的角色职责压力、角色冲突、学生问题、升学考试压力等;③工作环境,即教师与学生、家长、领导、同事之间的人际关系压力,学校的考评、聘任制度所带来的压力;④个人因素,即教师个人的认知方式和应对紧张的策略与心理压力产生密切相关。

(2)①个体的自我干预。个体干预的目的是通过改变个体自身的某些特点来增强其适应工作环境的能力。个体干预的主要方法有:放松训练、人际压力管理、时间管理、社交训练、压力管理和态度改变等。

②组织有效的干预。组织干预的思路是通过削减过度的工作时间、降低工作负荷、明确工作任务、积极沟通与反馈、建立有效的社会支持系统来防止和缓解职业倦怠。学校对教学的评价机制是影响教师工作的积极性和创造性的重要因素,改善学校领导方式是缓解教师职业压力的有效途径。

③构建社会支持网络。学校应提倡过程性和发展性评价,为教师建立有效的社会认同支持系统,正确认识教师的教育教学成果。另外,要为教师提供深造及参与学校民主决策的机会,增强教师对学校的认同感和归属感。

2.根据新教师和老教师的教学数据分析可知,两位教师教学过程的差异体现在以下方面:

①维持学生注意的时间长短差异。在维持学生注意上,专家型教师有一套完善的维持学生注意的方法;新手型教师则相对缺乏。案例中,在学生课堂注意的时间比例上,老教师能使学生的注意在课堂教学时间的95%左右都维持在课堂上,而新教师只能使学生的注意维持在课堂教学时间的70%左右,这说明专家型教师更善于在课堂中维持学生的注意力。

②课堂练习对象及效果的差异。在课堂练习方面,专家型教师针对全体学生,且学生的课堂作业效果较好;而新手型教师只关注中等生,不顾其他学生,且学生的课堂作业效果一般。案例中,老教师的课堂练习作业“好”的比例为75%,且练习针对全体学生;而新教师的课堂练习作业“好”的比例仅为44%,且练习主要针对中等生。这说明专家型教师的课堂练习更具针对性,且效果较好。

③课堂规则的制定与执行的差异。专家型教师制定的课堂规则比较明确,并能坚持执行;新手型教师的课堂规则较为含糊,不能坚持执行下去。案例中,老教师的课堂中学生执行课堂规则的情况为“优”,而新教师的课堂中学生执行课堂规则的情况为“中”。这说明了二者在课堂规则的制定与执行上的差异。

④教学策略的运用存在差异。专家型教师具有丰富的教学策略,并能灵活运用;新手型教师缺乏或不会运用教学策略。在提问策略与反馈策略上,专家型教师比新手型教师更善于提问和追问,从而让更多的学生获得反馈。案例中,老教师对于学生的回答的反馈忽略较少,仅为5%,同时善于鼓励和追问学生;而新教师的反馈策略则较差,容易忽视对学生的回答的反馈。这说明专家型教师具有丰富的教学策略。

3.(1)福勒和布朗根据教师的需要和不同时期所关注的焦点问题,把教师的成长划分为关注生存、关注情境和关注学生三个阶段。①处于关注生存阶段的教师会把大量的时间花在如何与学生搞好个人关系上,而不是更多地考虑如何让学生获得学习上的进步。案例中的李老师在刚入职时把大量时间花在如何与学生搞好关系上,此时他处于关注生存阶段。②处于关注情境阶段的教师关心的是如何教好每一堂课,以及班级大小、时间压力和备课材料是否充分等与教学情境有关的问题。后来李老师为了上好每一堂课而认真备课、向优秀教师观摩学习,此时他处于关注情境阶段。③处于关注学生阶段的教师将考虑学生的个别差异,认识到不同发展水平的学生有不同的需要,根据学生的差异采取适当的教学,促进学生发展。最后李老师能考虑学生的个别差异,对学生进行因材施教,此时他处于关注学生阶段。因此,李老师的专业发展经历了从关注生存到关注情境再到关注学生三个阶段。

(2)教师成长与发展的方法包括:①观摩和分析优秀教师的教学活动;②开展微格教学;③进行专门训练;④进行教学反思。

小四门部分

教育政策法规 | 新课程改革
教师职业道德 | 教育教学技能

第一章　教育政策法规

专题一　教育法律基础

考法透视　本专题以记忆为主，多以选择题、判断题等客观题的形式考查，但也会以简答、案例分析等主观题的形式出现，主要考查教育法规的体系结构、教育法律规范的结构、教育法律关系的构成要素以及教育法律救济的途径。

限时:110 分钟	用时：　分钟	错题数：　道	▶答案见 P1119

一、单项选择题

1. 下列不属于教育单行法的是(　　)

A.《中华人民共和国义务教育法》　B.《中华人民共和国教师法》

C.《中华人民共和国教育法》　D.《中华人民共和国职业教育法》

2. 教育政策不同于教育规律，它是主观意志的体现，因而具有明确的(　　)

A. 稳定性　B. 指向性　C. 广泛性　D. 强制性

3. 教育政策和教育法规都是社会主义上层建筑的重要组成部分，其经济基础都是以(　　)为主体的社会主义市场经济。

A. 公有制　B. 私有制　C. 集体所有制　D. 全民所有制

4. 教育法规和教育政策发生矛盾时，应坚持(　　)优先原则。

A. 教育政策　B. 教育法规　C. 折中　D. 利益最大化

5. 关于教育法规，下列论述不正确的是(　　)

A.《中华人民共和国教师法》是 1995 年 9 月 1 日起施行的

B. 对于品行不良、侮辱学生造成恶劣影响的教师可以撤销其教师资格

C.《中华人民共和国义务教育法》是教育单行法律

D.《中华人民共和国教育法》第十九条规定：国家实行九年制义务教育制度

6. 教师与学生之间的教育法律关系为(　　)法律关系。

A. 隶属型　B. 平权型　C. 调整性　D. 保护性

7. 1995 年颁布的《中华人民共和国教育法》第二十五条规定，任何组织和个人不得以营利为目的举办学校和其他教育机构，这条规定属于(　　)

A. 禁止性规范　B. 义务性规范　C. 权利性规范　D. 授权性规范

8. 我国《教育法》《教师法》规定的教师申诉制度和受教育者申诉制度属于(　　)

A. 刑事诉讼中的申诉制度　B. 民事诉讼中的申诉制度

C. 行政诉讼中的申诉制度　　D. 非诉讼意义上的行政申诉制度

9. 学校及其他教育机构在法律上享有的，为实现其办学宗旨，独立自主地进行教育教学管理，实施教育活动的资格和能力，一般叫(　　)

A. 学校自主权　　B. 教学自主权

C. 教育自主权　　D. 办学自主权

10. 教育法律关系发生、变更和消灭的根据是(　　)

A. 法律事实　　B. 法律规律　　C. 人际关系　　D. 法律现象

11. 教师违法行为的主要法律责任不包括(　　)

A. 违宪责任　　B. 民事责任　　C. 刑事责任　　D. 行政责任

12. 1981 年 1 月 1 日，新中国第一部教育法律(　　)正式实施。

A.《中华人民共和国学位条例》　　B.《中华人民共和国教师法》

C.《中华人民共和国义务教育法》　　D.《中华人民共和国教育法》

13. 某民办幼儿园因安全事故被责令停止招生，这属于(　　)

A. 行政处分　　B. 行政处罚　　C. 民事处罚　　D. 刑事处罚

14. 教育法区别于其他社会规范和法律的主要特点是(　　)

A. 强制性　　B. 规范性　　C. 普遍性　　D. 柔软性

15. 由于制定机关的性质和法律地位不同，它们所制定的教育法规具有不同的效力。按照效力的大小顺序排列，正确的是(　　)

A. 宪法中有关教育的条款、教育基本法律、教育单行法律、教育行政法规

B. 宪法中有关教育的条款、教育单行法律、教育行政法规、教育基本法律

C. 宪法中有关教育的条款、教育行政法规、教育基本法律、教育单行法律

D. 宪法中有关教育的条款、教育行政法规、教育单行法律、教育基本法律

16.《中小学班主任工作规定》属于(　　)

A. 教育行政法规　　B. 部门教育规章

C. 地方性教育法规　　D. 地方政府教育规章

17. 在我国，国务院颁布的《教师资格条例》处于教育法层级的(　　)

A. 第二层级　　B. 第三层级　　C. 第四层级　　D. 第五层级

18. 在我国教育管理实践中，学校对教师的行政处分决定以及学校对学生的处分决定，教师或学生如不服的，无法通过(　　)获得救济。

A. 教育行政复议　　B. 教育申诉

C. 民事诉讼　　D. 行政诉讼

19. 学校上课铃响后，教师根据事先准备好的教案内容给学生上课。在此情景中，属于教育法律关系的主体和客体的是(　　)

A. 教师与学生　　B. 学生与学校

C. 教师与学校　　D. 教师与教案

20. 林老师在签订聘任合同后，经与校方商量后又增加合同内容的行为，属于教育法律关系的(　　)

A. 形成　　B. 调整　　C. 变更　　D. 消灭

21. 下列属于最严重的行政处罚的是(　　)

A. 财产罚　　B. 申诫罚　　C. 人身罚　　D. 行为罚

22. 教育法规定的法律责任是一种(　　)法律责任。

A. 行政　　B. 民事　　C. 刑事　　D. 经济

23. 根据我国《义务教育法》的规定，家长应当依法保障适龄儿童、少年接受义务教育的权利。这种法律规范属于(　　)

A. 禁止性规范　　B. 义务性规范　　C. 授权性规范　　D. 奖励性规范

24. 根据我国《义务教育法》第十一条规定："凡年满六周岁的儿童，其父母或者其他法定监护人应当送其入学接受并完成义务教育。"其中，"年满六周岁"是本条教育法律规范的(　　)

A. 假定　　B. 处理　　C. 制裁　　D. 设置

25. 以主体的合法行为为基础，不需要运用法律制裁手段的教育法律关系是(　　)

A. 隶属型教育法律关系　　B. 平权型教育法律关系

C. 调整性教育法律关系　　D. 保护性教育法律关系

26. 关于我国教育法规与教育道德的共性表现，以下描述不正确的是(　　)

A. 违反二者的行为都要受到法律的制裁

B. 二者以共同的现实物质生活条件为基础

C. 二者都对社会关系起调整作用，对人的行为起规范作用

D. 教育法规与占社会主导地位的教育道德具有共同的作用方向

27. 学生赵某上课玩手机，被班主任以代为保管的名义没收。之后，赵某多次索要未果。对此，赵某可以采取的法律救济途径是(　　)

A. 复议和诉讼　　B. 申诉和诉讼

C. 申诉和仲裁　　D. 复议和仲裁

28. 突然出现自然灾害，校舍处于危险状态，可能会危及师生生命安全时，临时作出的学校停课决定是有效的。这属于教育行政执法的(　　)

A. 合理性原则　　B. 应急性原则

C. 越权无效原则　　D. 公开公正原则

29. 教育法规最根本的本质特征是它具有(　　)

A. 阶级性　　B. 平等性　　C. 全社会性　　D. 强制性

30. 我国的教育基本法和根本法是(　　)

A.《中华人民共和国教育法》　　B.《中华人民共和国义务教育法》

C.《中华人民共和国民办教育促进法》　　D.《中华人民共和国教师法》

31. 根据《中华人民共和国教育法》第二十六条规定，国家制定教育发展规划，并举办学校及其

他教育机构。这体现的教育的基本原则是(　　)

A. 平等性原则　　B. 公共性原则　　C. 方向性原则　　D. 终身性原则

32. 教育法律关系中两个最重要的主体是(　　)

A. 教育部门和下属学校　　B. 教育机构和非教育机构

C. 教师和学生　　D. 学校领导和学生

33. 教师张某对学校给予的处分不服,根据相关法律,他可以采用的行政救济途径是(　　)

A. 教师申诉　　B. 刑事诉讼　　C. 申请仲裁　　D. 民事诉讼

34. 下列属于教师申诉范围的是(　　)

A. 政府部门侵犯其合法权益　　B. 其他单位侵犯其合法权益

C. 所在学校侵犯其合法权益　　D. 其他个人侵犯其合法权益

35. 为切实保障教师的合法权益,我国《教师法》赋予了教师申诉的权利。当教师提出申诉时,必须符合的条件不包括(　　)

A. 符合法定申诉范围　　B. 以书面形式提出

C. 有明确的理由和请求　　D. 提出申诉的教师必须工作满 3 年

二、多项选择题

1. 依据教育法规的效力等级和内容重要程度的不同,教育法规可以分为(　　)

A. 普通法　　B. 根本法　　C. 实体法　　D. 程序法

2. 教师承担教育法律责任的条件是(　　)

A. 教师的行为违反了教育法的有关规定,其行为明显违反法律

B. 有特定的受侵害对象,并且造成了对教育对象的合法权益的侵害事实

C. 教师主观上有过错

D. 违法行为与损害事实之间有因果关系

3. 我国教育领域的法律救济渠道有(　　)

A. 行政渠道　　B. 司法渠道　　C. 仲裁渠道　　D. 调解渠道

4.《中华人民共和国教育法》规定,学校、教师可以对学生家长提供家庭教育指导。这种规范属于(　　)

A. 义务性规范　　B. 强制性规范　　C. 任意性规范　　D. 授权性规范

5. 目前我国学校可以对高中生进行的处分有(　　)

A. 警告　　B. 记过　　C. 刑拘　　D. 开除学籍

6. 教育法规具有(　　)功能。

A. 规范　　B. 标准　　C. 预示　　D. 强制

7. 对于教育法律救济的理解,正确的是(　　)

A. 损害的发生是教育法律救济的基础

B. 教育法律救济的目的是补救受害者的合法权益

C. 教育法律救济具有权利性

D. 教育法律救济不具有监督性

8. 关于教师与学生之间的法律关系，表述正确的是(　　)

A. 教育与被教育的关系　　B. 管理与被管理的关系

C. 保护与被保护的关系　　D. 监护与被监护的关系

9. 教师认为其合法权益受到损害时，请求法律救济有多种渠道。以下不属于行政救济渠道的是(　　)

A. 行政申诉　　B. 仲裁　　C. 行政复议　　D. 行政诉讼

10. 教育法规和教育政策的区别是(　　)

A. 制定主体、执行方式不同　　B. 规范效力不同

C. 所要解决问题的性质不同　　D. 调整和适用的范围不同

11. 防控校园欺凌需要采取综合防治措施，以下措施中不恰当的有(　　)

A. 积极宣传倡导团结友爱的校园文化

B. 要求班主任第一时间对欺凌者进行处分

C. 对发生的欺凌事件进行公开调查，杜绝私了

D. 对校园欺凌行为采取零容忍态度，对欺凌者直接开除学籍

12. 下列教育法律规范属于授权性规范的是(　　)

A. 学校、教师可以对学生家长提供家庭教育指导

B. 教师应当取得国家规定的教师资格

C. 少数民族学生为主的学校及其他教育机构，可以使用本民族或者当地民族通用的语言文字进行教学

D. 县级以上人民政府及其教育行政部门不得以任何名义改变或者变相改变公办学校的性质

13. 以下哪些处罚种类属于教育行政处罚(　　)

A. 警告、罚款　　B. 责令停止招生

C. 撤销教师资格　　D. 吊销办学许可证

三、判断题

1. 根据我国《宪法》的规定，国务院有权制定并发布教育行政法规和教育单行法律。(　　)

2. 教育法律救济是为弱势群体实施的一种专业性的法律帮助。(　　)

3. 存在违法行为是承担教育法律责任的前提。(　　)

4. 教育法确认和保障教育的性质和方向，而教育的性质和方向是教育工作的首要问题，它对我国教育事业的成败具有决定性的作用。(　　)

5. 从纵向层次看，《学校卫生工作条例》属于教育行政法规。(　　)

6. 我国《教育法》和《教师法》并行，是调整教育关系的行为规则的总法。(　　)

7. 某高三学生因不满老师的批评教育，在网上公开辱骂老师，造成恶劣影响，被该老师起诉至法院。这一法律关系中，学生是客体，老师是主体。(　　)

8. 教育法律关系的核心内容是权利与义务关系。（　）

9. 精神产品、机构和组织都属于教育法律关系的主体。（　）

10. 教育法规定的责任的基本特征之一是：行政法律责任的追究机关及追究程序具有多元性。（　）

11. 教育法规执行必须遵循以人为本的基本原则。（　）

12. 学生申诉必须以书面形式提出。（　）

13. 某校高二学生王某撕毁图书室一本书的彩图插页5页，学校根据本校的规定对王某进行罚款。学校的这一做法是合法的。（　）

14. 地方性法规应由地方人民代表大会和地方政府制定。（　）

15. 教师对行政处罚有异议，自提出后在1个月内向行政机关提出行政复议申请。（　）

16. 教育行政执法是一种具有法律性的活动，也是一种具有国家意志的活动。（　）

四、简答题

简述教育法律关系中的几种客体。

五、案例分析题

王某和陆某是某小学六年级的同班同学。某日下午放学前的自由活动时间，在教室里的王某因数学老师要他订正作业，就从自己的座位走上讲台去拿作业本，在经过坐在前面的陆某身边时，陆某伸了个懒腰，手中的铅笔尖正巧戳进了王某的左眼。当时，王某只是揉了揉眼睛，没在意，回去也没告诉家人。第二天上课时，班主任发现王某频繁地揉眼睛，经过询问得知他左眼被戳的事，但也没有采取任何措施。次日晚上，王某爸爸在家发现王某左眼红肿、流泪，一问才得知真相，立即带儿子到医院治疗。经手术治疗后，王某双眼又并发交感性眼炎，视力急剧下降。医院鉴定王某的左眼视力为0.06，且无法矫正，左眼眼角膜裂伤，外伤性白内障，双眼交感性眼炎，已达六级伤残。尽管王某病情暂时稳定下来，但随时可能再次发作，甚至可能导致双目失明。王某的家长在索赔无果的情况下，将陆某和学校告上了法庭，要求两位被告进行赔偿。

(1)本案涉及的教育法律关系主体有哪些？

(2)本案应承担责任的主体有哪些？各自承担什么责任？

专题二　依法执教与教师违法(侵权)行为预防

考法透视　本专题以理解为主,多以选择题、判断题等客观题的形式考查,但也会以简答、案例分析等主观题的形式出现,主要考查教师违法(侵权)行为的主要类型及其表现。

限时:170 分钟	用时:　分钟	错题数:　道	▶答案见 P1125

▶答案见 P1125

一、单项选择题

1. 某教师未经学生的允许,私自将学生的作文编入自己的著作,对该老师的这种做法,以下判断正确的是(　　)

   A. 侵犯了学生的财产权　　B. 侵犯了学生的名誉权

   C. 侵犯了学生的著作权　　D. 侵犯了学生的人身权

2. 班主任李老师在期中考试后,按考试成绩调整座位,将考试成绩排名靠后的学生安排到教室的最后一排。李老师的做法(　　)

   A. 侵犯了学生的受教育权　　B. 侵犯了学生的人格尊严权

   C. 是教学管理的有效手段　　D. 正确行使了教育惩戒权

3. 下列选项中属于教师依法执教的表现的是(　　)

   A. 私拆学生信件　　B. 对学生进行爱国主义教育

   C. 体罚学生　　D. 进行有偿家教

4. 应老师因为班上的学生小秦连续两天上课迟到,就让他回家,直到期末考试前两天才允许他回学校。应老师的行为侵犯了小秦的(　　)

   A. 隐私权　　B. 学习权　　C. 公正评价权　　D. 人身自由权

5. 教师不得因为各种理由随意对学生进行搜查,不得关学生禁闭,这是因为学生具有(　　)权利。

   A. 身心健康　　B. 人身自由　　C. 人格尊严　　D. 受教育

6. 某教育辅导机构未经过其学生小丽的许可,私下将小丽的照片印在宣传手册上,并以此来吸引更多的学生报班。该辅导机构侵犯了小丽的(　　)

   A. 生命权　　B. 受教育权　　C. 休息权　　D. 肖像权

7. 下列情形中,违反依法执教要求的是(　　)

   A. 甲教育局要求辖区内所有的学生在播放国歌和升国旗时都要行注目礼

   B. 乙学校要求本校所有的学生在上课期间都穿着校服

   C. 教师丙在教师节期间收取学生家长赠送的购物卡

   D. 教师丁在课堂上教授学生识别低俗、诈骗网站的方法

8. 某初中生在校园内踢球时不小心撞碎了宣传栏的玻璃,黄老师当众对其进行粗暴的言语辱

骂。黄老师的做法主要侵犯了该学生的(　　)

A. 受教育权　　B. 人格尊严权　　C. 生命健康权　　D. 人身自由权

9. 面对升学考试的压力，九年级(2)班教语文的普老师与教数学的周老师应家长的要求，利用寒假组织所教班级的十余个后进学生集体补课一周，并向每位补课的学生收取了600元的补课费。这两位老师的做法(　　)

A. 侵犯了学生的著作权

B. 体现了爱岗敬业、热爱学生、团结协作的职业精神

C. 符合按劳取酬、多劳多得的社会主义分配原则

D. 违反了国家禁止乱办班、乱补课、乱收费的有关规定

10. 根据《儿童权利公约》和我国《宪法》等法律法规的规定可知，学生享有的最基本的权利是(　　)

A. 生存权利　　B. 受教育权利

C. 受尊重权利　　D. 发展和安全权利

11. 中学生邹某上课时玩手机游戏，班主任王老师发现后，当场删除了邹某的游戏账号和他购买的游戏装备，并告诫邹某不要在上课时玩游戏。放学后，王老师将手机交还给邹某家长。王老师的做法(　　)

A. 合法，教师有权批评和管教学生　　B. 不合法，侵犯了邹某的财产权

C. 合法，教师无权没收学生的手机　　D. 不合法，侵犯了邹某的隐私权

12. 下列做法中侵犯了学生的受教育权的是(　　)

A. 某学生的一件贵重物品丢失后，教师丁某立即对班上所有的同学进行搜查

B. 学生曾某不听教师刘某的话，因此刘某经常在其他任课老师面前丑化曾某

C. 由于陈某等学生的成绩较差，班主任张某不允许陈某等学生参加期末考试

D. 教师李某在班级规章制度中做出明确规定，乱丢垃圾者一次罚款五元

13. 某班学生李某在学校不允许携带手机到学校的情况下，私自携带手机到校。班主任张老师没收其手机拒不归还，并勒令其写书面检查。张老师的行为侵犯了学生的(　　)

A. 财产权　　B. 人身权　　C. 人格尊严权　　D. 荣誉权

14. 小豪给班里长得胖的同学小佳取了个“肥猪佳”的绰号，还煽动其他同学一起取笑小佳。小豪的这种行为侵犯了小佳的(　　)

A. 健康权　　B. 荣誉权　　C. 肖像权　　D. 名誉权

15. 为了保证教育教学活动的顺利开展，教师在不违背法律限度的前提下，对个别学生的违纪可以采取的手段是(　　)

A. 罚款　　B. 惩戒　　C. 停课10天　　D. 罚站1天

16. 在教育教学实践中，有的教师出于各种目的，隐匿、销毁、私拆学生的私人信件，侵犯了学生的(　　)

A. 个人隐私权　　B. 个人财产权　　C. 人身自由权　　D. 人格尊严权

17. 学校评定奖学金，小伟的成绩非常好，但因跟班主任的关系不太好，而被班主任取消了资格。该班主任侵犯了小伟的（　　）

A. 健康权　　B. 人格尊严权　　C. 荣誉权　　D. 财产权

18. 某初中学校让初二部分学生停课去担任某公司大型商演的礼仪人员。该学校的做法（　　）

A. 正确，可以改善学校的办学条件　　B. 正确，学校有管理学生的权利

C. 不正确，侵犯了学生的受教育权　　D. 不正确，侵犯了学生的人身权

19. 体育课后，三年级（5）班学生小红返回教室，发现自己的文具盒不见了，于是向班主任陈老师反映了情况。陈老师发现小刚由于体育课不舒服，一直在教室待着，于是就找小刚谈话，让他下课后在办公室关禁闭。陈老师侵犯了学生的（　　）

A. 荣誉权　　B. 名誉权　　C. 受教育权　　D. 人身自由权

20. 学生刘某扰乱课堂秩序，班主任张老师将其赶出教室，并罚其在操场上跑 20 圈，刘某体力不支摔倒在地，导致头部磕伤。下列说法正确的是（　　）

A. 刘某对其头部所受伤害负主要责任

B. 张老师可以将刘某赶出教室但不应实施体罚

C. 学校可依法给予张老师相应的行政处罚

D. 张老师侵犯了刘某的受教育权和人身权

21. 下列做法中，没有违反相关法律规定的是（　　）

A. 萧老师经常私下翻看学生的书包、课桌

B. 教师王某对学生欺凌行为不管不问

C. 教师刘某让没有正确回答问题的学生站着听课 1 天

D. 教师李某课堂上让未掌握投篮动作的学生反复练习

22. 班主任李老师在教室后边堆放清洁工具的角落旁边设置了一个特殊座位，凡是班上调皮和违反课堂纪律的同学就安排在特殊座位听课，这一做法（　　）

A. 是变相体罚学生的错误方法

B. 是帮助学生改正错误的有效手段

C. 是既保证学生的受教育权，又履行了教学管理权的有效方法

D. 是对学生正确的惩戒

23. 在一些地方，个别教师为了在考评中提升其班级整体平均分，不让学习成绩落后的学生参加考试。从依法执教的角度看，不让学生参加考试侵犯了学生的（　　）

A. 生命健康权　　B. 隐私权　　C. 知识产权　　D. 受教育权

24. 放学后，教师规定没做完作业的学生不准回家吃饭。该行为侵犯了学生的（　　）

A. 隐私权　　B. 人格尊严权　　C. 受教育权　　D. 人身自由权

25. 初二年级某班的班主任李老师私自翻看了小明的日记，发现其有早恋的苗头，于是告诉了小明的家长，并且勒令其暂时不能到校上课，在家反省。这一案例中教师的做法侵犯了学

生的( )

A. 受教育权和人身自由权 B. 受教育权和隐私权

C. 隐私权和人格尊严权 D. 人格尊严权和知识产权

26. 某教师把学生的优秀作文奖金私自截留，对该老师的做法叙述正确的是( )

A. 该老师的做法侵犯了学生的隐私权 B. 该老师的做法侵犯了学生的著作权

C. 该老师的做法侵犯了学生的荣誉权 D. 该老师的做法侵犯了学生的财产权

27. 依法执教的主体是( )

A. 教育主管部门 B. 学校 C. 教师 D. 班主任

28. 李老师在班级微信群中公布了学生诗词背诵的分数和排名，并且提醒家长予以督促。该行为侵犯了学生的( )

A. 身体健康权 B. 生命权 C. 隐私权 D. 受教育权

29. ( )是人最基本、最原始的权利，具有神圣性与不可转让性，也是人享有其他各项权力的前提。

A. 生命权 B. 健康权 C. 人身自由权 D. 人格尊严权

30. 在某次期末考试中某班的平均成绩在全年级排名倒数第二，班主任王老师觉得自己的脸都被丢光了，于是在年级会议上当着其他老师和学生的面骂自己的学生太笨了，蠢得像猪一样。王老师的行为侵犯了学生的( )

A. 人格尊严权 B. 受教育权

C. 人身自由权 D. 荣誉权

31. 教师对学生身体状况关照不力，属于( )

A. 侵犯学生的生命权 B. 侵犯学生的健康权

C. 侵犯学生的身体权 D. 不作为侵权

32. 张明是八(2)班的学生，他经常不按时完成作业，上课不认真听讲，多门课程不及格，这极大地影响了班级的平均成绩。李老师是该班的班主任，有人建议李老师给张明及其家长做思想工作，劝张明离开学校，李老师拒绝了此建议。李老师的做法体现了教师要( )

A. 依法执教 B. 因材施教 C. 乐于奉献 D. 廉洁从教

二、多项选择题

1. 依法执教的重要意义包括( )

A. 依法执教是依法治国的必然要求 B. 依法执教是依法治教的重要内容

C. 依法执教是人民教师之必需 D. 依法执教才能保证人权

2. 下列行为属于侵犯学生名誉权的有( )

A. 陈老师担心学生带手机进教室影响学习，对每个学生进行搜身

B. 小明期中考试退步较大，杨老师收回了之前发给他的“优秀学生”荣誉证书

C. 李老师经常给成绩差的学生起侮辱性绰号，诸如“笨猪”“呆子”等

D. 林颖因为刘娟的成绩比自己好而心生嫉妒，故意造谣刘娟的成绩是通过作弊得来的

3. 教师对学生进行体罚或变相体罚侵犯了学生的(　　)

A. 隐私权　　B. 名誉权

C. 人格尊严权　　D. 受教育权

4. 下列行为侵犯学生人格尊严权的有(　　)

A. 讽刺学生　　B. 谩骂学生

C. 威胁学生　　D. 不给学生解释的机会

5. 下列选项中属于侵犯学生的受教育权的行为有(　　)

A. 不允许学习差的学生参加考试

B. 上课期间禁止学生看与上课无关的书籍

C. 随意占用学生上课时间

D. 不让未完成作业的学生进教室

6. 一初中生在上自习时看《读者》杂志被班主任发现,班主任狠狠地踢了该学生几脚,并责令其停课反思一周。这位老师的做法(　　)

A. 不合法,侵犯了学生的人身权　　B. 不合法,侵犯了学生的受教育权

C. 合法,教师有管理学生的权利　　D. 合法,对其他人有警示作用

7. 依法执教的内容包括(　　)

A. 依法执教是依法治国的必然要求

B. 要依法贯彻执行党和国家的路线、方针和政策

C. 要依法贯彻落实教育教学的各项法律、法规

D. 要依法维护学校、教师和学生的合法权益

8. 当代教师依法执教应(　　)

A. 提高教育法律意识,增强教育法制观念

B. 努力学习和掌握教育法律的基本理论知识

C. 提高依法分析问题和解决问题的能力

D. 具备法律资格证书

9. 下列教师的行为违反法律的是(　　)

A. 班内学生早恋,班主任找其谈话

B. 学生上课迟到,教师取消其申请奖学金的资格

C. 学生考试作弊,教师公开辱骂其不良行为

D. 学生课间打闹,扰乱纪律,班主任未经学生同意告知其家长

10. 小李在课堂上与同桌交头接耳,王老师惩罚其一天不许说话,并将说话内容抄写100遍。王老师的行为侵犯了小李的(　　)

A. 受教育权　　B. 健康权　　C. 财产权　　D. 人身自由权

11. 据报道,某小学四年级(1)班班主任潘老师听班上学生反映,该班学生何卫经常在上学途中逗留、玩耍以致迟到。班主任听后非常生气,叫来何卫,并命令他用四分钟时间从学校跑回

家,再跑回学校。由于何卫没能在规定时间内到校,潘老师让班上同学将何卫按在课桌上,用抹布堵住他的嘴,再用教棍殴打其屁股。然后,要求其他同学依次效仿殴打,并且警告何卫不许将此事告诉家长,否则加倍处罚。针对潘老师的教育方式,下列叙述正确的是(　　)

A. 潘老师的行为属于体罚行为,是违反国家相关法律法规的

B. 潘老师体罚学生的行为会对学生的身心造成伤害

C. 潘老师体罚学生的行为,说明其缺乏对行为和心理的自我调节能力

D. 教师应提高自身的心理调适能力,保持自身的心理健康

12. 某年,在全国高考第一场考试前,因郑某欠学校800元书费,学校带队老师刘某拒绝将准考证发给郑某。随后,郑某请人将800元交给校长,才拿到准考证。但此时已超过进入考场的最后时间,郑某错过了第一场考试,其语文成绩被记为0分。之后,郑某以侵犯其受教育权、发展权为由,将该中学及带队老师刘某告上法院。以下说法正确的有(　　)

A. 带队老师刘某的行为属于个人滥用职务的行为,与学校无关,因此该纠纷的责任应由刘某独自承担

B. 受教育权是教育法规中规定的一项权利,不适用民法,因此郑某不能采取民事诉讼的法律救济途径

C. 受教育权包括学习权和考试权,因扣押准考证导致学生延误考试,学校已经侵犯了学生的受教育权

D. 学校有义务将准考证发给郑某,无权扣押其准考证,更不能以此要挟郑某还书费,郑某可依法提出赔偿请求

13. 某中学为了提高本校升学率,区分重点班和普通班。在重点班频繁进行应试训练,向他们提供充足的教学资源;对普通班的学生则管理松散,多数普通班学生感觉受到了歧视。这一行为侵犯了学生的(　　)

A. 人格尊严权　　B. 隐私权　　C. 受教育权　　D. 公民权

14. 实验室的王老师在组织学生进行实验的过程中,因擅离职守,导致发生事故,几名学生被轻度烧伤。该老师的行为(　　)

A. 侵犯了学生的人身自由权

B. 属于不作为违法侵权

C. 侵犯了学生的生命权、身体权和健康权

D. 触犯了《刑法》

15. 禁止向学生出售、出租或者以其他方式传播淫秽、暴力、凶杀、恐怖等图书、报刊、音像制品。禁止对学生非法拘禁、非法搜身。上述要求体现了对学生哪些人身权利的保护(　　)

A. 身心健康权　　B. 人身自由权　　C. 人格尊严权　　D. 名誉权

三、判断题

1. 冒名顶替别人上大学,侵犯了别人的受教育权,也侵犯了别人的姓名权。　　(　　)

2. 学校放学后教师随意留学生补课，这是教师负责的表现。　　（　　）

3. 依法治教是依法执教的重要内容。　　（　　）

4. 学生所享有的受教育权主要包括受完法定年限教育权、学习权和人格尊严权。　　（　　）

5. 教师对学生实施的侵权行为产生的责任必须由教师本人承担。　　（　　）

6. 节假日有偿补课是教育部明令禁止的，是一种非法行为；但节假日无偿补课应当提倡和鼓励。　　（　　）

7. 小明是班里的优秀学生，是班主任李老师最喜欢的弟子，自然也是李老师偏袒的对象。有一天，小明的笔袋不见了，小明把此事告诉了李老师，李老师立马在班里调查，结果没有人承认，最后李老师让小明对全班同学进行搜身。李老师的行为不合法，侵犯了学生的人身自由权。　　（　　）

8. 教师看到学生在校外被社会群体殴打未进行制止，构成不作为侵权。　　（　　）

9. 依法治教就是以法治教。　　（　　）

10. “交班费印试卷”“收取组织活动费”等情形均侵犯学生的财产权。　　（　　）

四、辨析题

1. 小明上课随意说话，班主任让他到教室外罚站。小明找到校长，说班主任侵犯了其受教育权。

2. 教师对生病或受伤的学生没有采取相应措施救治，致使学生的病情加重，这属于不作为侵权行为。

五、简答题

1. 预防教师违法（侵权）行为的必要措施有哪些？

2. 简述依法执教的要求。

六、案例分析题

1. 材料一　这几天，妈妈李兰经常唉声叹气，说孩子的班主任在家长微信群里公布了全班学生的考试成绩，自己的女儿因成绩排名下降太快，被老师点名批评。为此，李兰很焦虑，感觉班主任这样公布女儿的成绩排名，让自己很不舒服，也觉得班主任这样公布学生们的考试成绩排名是不合理的。

材料二　2018 年初，教育部正式印发了《义务教育学校管理标准》，首次全面系统地梳理了我国教育学校管理的基本要求，其中包括“控制考试次数”“考试成绩不进行公开排名，不以分数作为评价学生的唯一标准”等要求。

(1)老师公布学生考试成绩排名的做法是否合理？为什么？

(2)为什么学校不得公布学生的考试成绩排名？

2. 某乡村小学六年级学生小飞(化名)发现自己身上仅有的一些伙食费不见了。他马上把消息告诉了班主任朱老师，上晚自习时，朱老师在教室里仔细查找，当问到小满(化名)和小鹏(化名)的时候，发现他们脸红了。于是，朱老师命令班长对他们进行仔细的盘问和搜身，但没有结果，不过这一举动引起了全班同学的关注。第二天早自习时，朱老师宣布：“为了帮助小飞找到遗失的钱，请大家无记名投票选小偷。”五分钟后，朱老师郑重宣布了投票的结果：“贼人”就是小满和小鹏。小满和小鹏的家长知道此事后将朱老师告至当地教育局，但小飞和班里许多学生却认为朱老师平时工作努力，没有做错，反而是家长有包庇自己孩子的嫌疑。

(1)你认为朱老师的言行违反了哪些教育法规？请结合有关法规中的具体条文分析朱老师侵犯了学生的哪些权益？

(2)平时工作勤勉的朱老师却有如此的错误做法，而大部分学生却还支持、配合他，你认为其中反映了什么问题？

3. 小伟在上课时经常找人说话，做小动作，干扰课堂秩序，也不做作业。这天上班主任的课，他老毛病又犯了，班主任非常生气，厉声对小伟说："你别上课了，把家长叫来。家长什么时候来了，你什么时候上课。"说完就把他推出教室，关上了教室门。小伟不敢回家，只好在教室外站着。这时校长正好路过，问清缘由后，把小伟送回了教室。事后，校长把班主任找去办公室，对其提出了批评。

请你运用教育学、教育心理学和义务教育法的理论知识分析下列问题：

(1)校长的处理对不对？

(2)班主任和小伟应该怎么做？

4. 小刚是某中学初二的学生，一天下午放学后，小刚在操场上和同学打篮球，同班女生小静看见他脸上有许多汗珠，就上前用餐巾纸为他擦汗，这一举动恰好被从一旁经过的班主任田老师看见。田老师当即把他俩叫到办公室，他先给小静看了两页日记(这是田老师私自从小刚放在课桌内的日记本上撕下的，上面记录了小刚对另一名女生的好感)，又对小静说，小刚是个花花公子，脚踏两只船。田老师责令小刚从明天开始不准进教室上课，好好反省自己的错误。由于不堪忍受老师的羞辱，小刚当天便离家出走了，几天后才被家人找回来。随后，小刚的家长一纸诉状将田老师告上了法庭，要求田老师赔礼道歉并赔偿精神损失费用。

请运用教育法规的相关知识对该材料进行分析。

专题三 《中华人民共和国教育法》

【考法透视】本专题以理解和记忆为主,多以选择题、判断题等客观题的形式考查,但也会以简答、案例分析等主观题的形式出现,主要考查《中华人民共和国教育法》的制定及其法律条文。

限时:100 分钟	用时: 分钟	错题数: 道	▶答案见 P1130

一、单项选择题

1.《中华人民共和国教育法》规定,国家实行( )

A. 教师资格、职务、聘任制度　B. 教师资格、职务、任命制度
C. 教师资格、职务、登记制度　D. 教师资格、职务、注册制度

2. 学生平等接受教育的权利首先体现在( )

A. 学校平等　B. 机会平等　C. 教师平等　D. 教材平等

3. 下列选项中,属于受教育者依据《教育法》享有的权利的是( )

A. 参加教育教学计划安排的各种活动　B. 养成良好的思想品德和行为习惯
C. 遵守学校的管理制度　D. 完成规定的学习任务

4. 某校违反国家规定招生,下列说法不正确的是( )

A. 由教育行政部门责令退还所收费用,但不得退回所招学生
B. 对学校进行警告,可以处违法所得五倍以下罚款
C. 情节严重的,责令停止相关招生资格一年以上三年以下
D. 对直接负责的主管人员和其他直接责任人员,依法给予处分

5. 根据我国《教育法》,下列哪种场所应当对教师、学生实行优待,为受教育者接受教育提供便利( )

A. 音乐餐厅　B. 电影院　C. 文化馆　D. 高铁站

6. 根据我国《教育法》的规定,学校的基本教育教学语言文字是( )

A. 地方通用语言文字　B. 国家通用语言文字
C. 地方方言　D. 当地民族语言文字

7. 根据我国《教育法》的规定,学校的教学及其他行政管理,由( )负责。

A. 教师　B. 校长　C. 举办者　D. 行政主任

8. 根据我国《教育法》的规定,各级人民政府的教育经费支出,按照( )的原则,在财政预算中单独列项。

A. 统筹安排,略有结余　B. 高效和实际相统一
C. 量入为出,收支平衡　D. 事权和财权相统一

9. 根据我国《教育法》的规定，下列属于学校及其他教育机构行使的权利的是(　　)

A. 对受教育者颁发相应的学业证书

B. 贯彻国家的教育方针，执行国家教育教学标准，保证教育教学质量

C. 遵照国家有关规定收取费用并公开收费项目

D. 依法接受监督

10. 教育活动必须符合国家和社会公共利益。任何组织和个人不得利用(　　)进行妨碍国家教育制度的活动。

A. 宗教　　B. 文化　　C. 集会　　D. 网络

11. 根据我国《教育法》的规定，我国实行(　　)的学校教育制度。

①学前教育　②初等教育　③中等教育　④高等教育　⑤成人教育

A. ②③④　　B. ②③④⑤　　C. ①②③　　D. ①②③④

12. 根据《中华人民共和国教育法》的规定，对在校园内结伙斗殴、寻衅滋事，扰乱学校及其他教育机构教育教学秩序或者破坏校舍、场地及其他财产的，由(　　)来处罚。

A. 学校　　B. 家长　　C. 公安机关　　D. 教育主管部门

13. 根据《中华人民共和国教育法》规定，下列不属于学校及其他教育机构应当履行的义务是(　　)

A. 遵守法律、法规　　B. 维护受教育者、教师及其他职工的合法权益

C. 依法接受监督　　D. 组织实施教育教学活动

14. 根据《中华人民共和国教育法》的规定，任何组织或个人在国家教育考试中组织作弊，情节严重的，应处(　　)拘留。

A. 三日以上十日以下　　B. 五日以上十五日以下

C. 七日以上二十日以下　　D. 十日以上三十日以下

15. 某学生在语文课堂上经常提出疑难问题，当老师不能解答时，便对老师大加嘲讽，使得老师甚是尴尬。期末阅卷时，老师想起该学生在课堂上刁难自己的行为，就刻意给这名学生打出很低的分数。对于该老师的做法，描述正确的是(　　)

A. 做法错误，侵犯了学生的身心健康权和人格尊严权

B. 做法正确，教师具有评定学生品行和成绩的权利

C. 做法错误，教师侵犯了学生获得公正评价的权利

D. 做法正确，教师应履行及时纠正学生错误的义务

16. 我国《教育法》规定，教育是社会主义现代化建设的基础，国家保障教育事业优先发展。全社会应当关心和支持教育事业的发展。全社会应当尊重教师。这一规定明确了(　　)

A. 立法宗旨　　B. 教育的地位

C. 教育方针　　D. 教育的文化内涵

17. 以法律形式规定了我国教育基本制度的是(　　)

A.《中华人民共和国未成年人保护法》　　B.《中华人民共和国教育法》

C.《中华人民共和国教师法》 D.《中华人民共和国义务教育法》

18. 规定了我国学生申诉制度的法律文件是( )

A.《中华人民共和国教育法》 B.《中华人民共和国教师法》

C.《中华人民共和国义务教育法》 D.《中华人民共和国未成年人保护法》

19.《中华人民共和国教育法》第三十六条规定,学校及其他教育机构中的教学辅助人员和其他专业技术人员,实行( )制度。

A. 教育职员 B. 专业技术职务聘任

C. 职业人员任用 D. 国家工作人员任用

20. 根据我国《教育法》规定,学校及其他教育机构具备法人条件的,自( )取得法人资格。

A. 申请之日 B. 开学之日

C. 批准设立或者登记注册之日起 D. 第一次招生之日

21. 国务院和地方各级人民政府领导和管理教育工作的原则是( )

A. 分级管理、分工负责 B. 统筹规划、以县为主

C. 统筹规划、协调管理 D. 统一管理、分工负责

22. 我国教育经费来源的渠道主要是( )

A. 城乡教育费附加 B. 社会集资、捐资

C. 国家财政拨款 D. 教育专项资金

23. 学校违反国家规定收取费用的,由教育行政部门( )所收费用。

A. 责令退还 B. 双倍退还 C. 没收 D. 追缴

24. 农村教师黄某在课堂上使用本地方言进行教学。黄某的行为( )

A. 合法,都是农村学生,用方言讲课更容易与学生沟通

B. 合法,只要教学效果好,无所谓用哪种语言教学

C. 不合法,违反了教师应该弘扬优秀传统文化的规定

D. 不合法,教师应该使用普通话

25. 根据《中华人民共和国教育法》的规定,学校、教师可以对学生家长提供( )

A. 家长学习教育 B. 家庭教育指导

C. 家长教育援助 D. 有偿助学服务

26. 以下教育制度中,不属于我国教育基本制度的是( )

A. 国家教育考试制度 B. 网络教育制度

C. 学业证书制度 D. 教育督导制度

27. 张某是某市初中教师,某日,他发现有社会不良青年在学校内进行抢劫活动,他应该向( )报告。

A. 教育行政部门 B. 公安机关

C. 校长 D. 被抢劫学生的班主任

28. 根据我国《教育法》的规定，明知校舍或者教育教学设施有危险，而不采取措施，造成人员伤亡或者重大财产损失的，对直接负责的主管人员和其他直接责任人员，依法追究(　　)

A. 民事责任　　B. 刑事责任　　C. 一般责任　　D. 行政责任

29. 根据我国《教育法》的规定，学校及其他教育机构在不影响正常教育教学活动的前提下，应当积极参加当地的(　　)

A. 勤工俭学　　B. 社会经济活动

C. 服务社会活动　　D. 社会公益活动

30. 侵占学校及其他教育机构的校舍、场地及其他财产的，依法承担(　　)

A. 民事责任　　B. 刑事责任　　C. 行政处罚　　D. 行政处分

31. 下列说法符合法律法规规定的是(　　)

①对违反学校管理制度的学生，学校应当予以批评教育，不得开除

②学校及其他教育机构应当使用国家通用语言文字进行教育教学

③有虐待、猥亵、性骚扰等严重侵害学生行为的将永远离开教师岗位

④新入职教师应当举行宪法宣誓入职仪式

A. ①②　　B. ②③　　C. ③④　　D. ②④

32.《中华人民共和国教育法》自(　　)起开始实施。

A. 1994 年 1 月 1 日　　B. 1995 年 9 月 1 日

C. 1995 年 1 月 1 日　　D. 1993 年 9 月 1 日

33. “违反国家有关规定，举办学校或者其他教育机构的，由教育行政部门或者其他有关行政部门予以撤销；有违法所得的，没收违法所得。”这是下列哪部法律的规定(　　)

A.《中华人民共和国义务教育法》　　B.《中华人民共和国教师法》

C.《中华人民共和国教育法》　　D.《中华人民共和国未成年人保护法》

34. 根据《中华人民共和国教育法》，对有违法犯罪行为的未成年人，国家、社会、家庭、学校及其他教育机构应当(　　)

A. 拒绝接收其入学　　B. 对其严格看管

C. 限制其接受教育的内容　　D. 为其接受教育创造条件

35. 根据我国《教育法》的规定，下列不属于学校及其他教育机构可行使的权利的是(　　)

A. 拒绝任何组织和个人对教育教学活动的非法干涉

B. 招收学生或者其他受教育者

C. 维护受教育者、教师及其他职工的合法权益

D. 组织实施教育教学活动

36. 根据《中华人民共和国教育法》的规定，国家建立以(　　)的体制，逐步增加对教育的投入，保证国家举办的学校教育经费的稳定来源。

A. 财政拨款为主、其他多种渠道筹措教育经费为辅

B. 其他多种渠道筹措教育经费为主、财政拨款为辅

C. 自筹经费为主、财政拨款为辅

D. 社会捐赠为主、财政拨款为辅

37. 某初中违反国家有关规定向学生收取补课费，依据《中华人民共和国教育法》的相关规定，有权责令该校退还所有费用的是（　　）

A. 教育行政部门　　B. 纪检部门

C. 公安机关　　D. 物价部门

38. 根据《中华人民共和国教育法》的规定，教师参与学校民主管理和监督的主要形式是（　　）

A. 校务委员会　　B. 教师工会　　C. 教师协会　　D. 教职工代表大会

39.《中华人民共和国教育法》明确规定："中华人民共和国公民有受教育的权利和义务。公民不分民族、种族、性别、职业、财产状况、宗教信仰等，依法享有平等的受教育机会。"这体现了《中华人民共和国教育法》的（　　）

A. 方向性原则　　B. 公益性原则　　C. 平等性原则　　D. 终身性原则

二、多项选择题

1. 我国相关法律规定，考生有下列（　　）行为的，组织考试的教育考试机构可以取消其相关考试资格或者考试成绩。

A. 非法获取考试试题或者答案　　B. 携带或者使用考试作弊器材、资料

C. 让他人代替自己参加考试　　D. 未在规定的座位参加考试

2. 教育是社会主义现代化建设的基础，对（　　）具有决定性意义，国家保障教育事业优先发展。

A. 提高人民综合素质　　B. 促进人的全面发展

C. 增强中华民族创新创造活力　　D. 实现中华民族伟大复兴

3.《中华人民共和国教育法》规定，学校及其他教育机构的校长或者主要行政负责人的必要条件包括（　　）

A. 具有中华人民共和国国籍　　B. 具有出国留学经历

C. 具备国家规定任职条件　　D. 在中国境内定居

4. 根据《中华人民共和国教育法》的规定，设立学校及其他教育机构，必须具备的基本条件包括（　　）

A. 有组织机构和章程

B. 有合格的教师

C. 有符合规定标准的教学场所及设施、设备等

D. 有必备的办学资金和稳定的经费来源

5. 根据《中华人民共和国教育法》的规定可知，受教育者享有的权利有（　　）

A. 按照国家有关规定获得奖学金、贷学金、助学金

B. 参加教育教学计划安排的各种活动，使用教育教学设施、设备、图书资料

C. 在学业成绩和品行上获得公正评价，完成规定的学业后获得相应的学业证书、学位证书

D. 教师在教育教学中应当平等对待学生，关注学生的个体差异，因材施教，促进学生的充分发展

6. 根据《中华人民共和国教育法》的规定，教育对外交流与合作应坚持的原则是（　　）

A. 相互尊重　　B. 求同存异　　C. 独立自主　　D. 平等互利

7. 根据我国《教育法》的规定，受教育者应当履行的义务有（　　）

A. 遵守法律、法规　　B. 遵守学生行为规范

C. 完成规定的学习任务　　D. 遵守所在学校的管理制度

8. 根据《中华人民共和国教育法》规定，广播、电视台（站）应当开设教育节目，促进受教育者（　　）素质的提高。

A. 体育运动　　B. 文化　　C. 思想品德　　D. 科学技术

9. 根据《中华人民共和国教育法》规定，教育应当坚持立德树人，对受教育者加强社会主义核心价值观教育，增强受教育者的（　　）

A. 社会责任感　　B. 应用能力　　C. 创新精神　　D. 实践能力

10. 我国《教育法》关于教育经费的“三个增长”，表述正确的是（　　）

A. 各级人民政府财政经常性收入的增长应当高于教育财政拨款的增长

B. 各级人民政府教育财政拨款的增长应当高于财政经常性收入的增长

C. 按在校学生人数平均的教育费用逐步增长

D. 保证教师工资和学生人均公用经费逐步增长

11. 2018 年底发布的《中共中央 国务院关于学前教育深化改革规范发展的若干意见》提出，到 2020 年，全国学前三年毛入园率达到 85%，普惠性幼儿园覆盖率达到 80%。广覆盖、保基本、有质量的学前教育公共服务体系基本建成。下列说法正确的是（　　）

A. 国家制定学前教育标准，加快普及学前教育

B. 学前教育是我国义务教育的重要组成部分

C. 构建覆盖城乡，特别是农村的学前教育公共服务体系

D. 各级人民政府应当为适龄儿童接受学前教育提供条件和支持

三、判断题

1. 教育应当继承和弘扬中华优秀传统文化、革命文化、社会主义先进文化，吸收人类文明发展的一切优秀成果。（　　）

2. 学校应当以各种方式为学生及其家长了解学生的学业成绩提供便利。（　　）

3.《中华人民共和国教育法》规定，学校及其他教育机构中的教学辅助人员，实行教育职员制度。（　　）

4. 国家鼓励运用金融、信贷手段，支持教育事业的发展。（　　）

5. 国家推进教育信息化，加快教育信息基础设施建设，利用信息技术促进优质教育资源普及共

享，提高教育教学水平和教育管理水平。（　　）

6.《中华人民共和国教育法》的适用范围为中华人民共和国境内的各级各类教育。军事学校教育由中央军事委员会根据《中华人民共和国教育法》的原则规定。宗教学校教育由国务院另行规定。（　　）

7.参加继续教育是中小学教师的权利，不是义务。（　　）

8.学校及其他教育机构的设立、变更和终止，应当按照国家有关规定办理审核、批准、注册或者备案手续。（　　）

9.1995 年 9 月 1 日《中华人民共和国教育法》施行，这标志着我国开始进入全面依法治教的新时期。（　　）

10.违反国家有关规定，向学校或者其他教育机构收取费用的，由政府责令退还所收费用。（　　）

11.图书馆、博物馆、体育馆等社会公共文化体育设施，以及历史文化古迹和革命纪念馆（地），应当让教师、学生免费进入，为受教育者接受教育提供便利。（　　）

12.王某是某公立学校的一名人民教师，那么他的工资是依据王某学生的升学情况而发放的。（　　）

13.国家采取优惠措施，鼓励和扶持学校在不影响正常教育教学的前提下开展勤工俭学和社会服务，但不提倡兴办校办产业。（　　）

14.《中华人民共和国教育法》不适用于外国人在中国境内创建的学校。（　　）

15.王老师信佛，为鼓励他人信佛，故意在办公室公开布道，影响了学校的正常秩序。这种做法是违法的，因为我国实行教育与宗教相分离的政策。（　　）

四、填空题

1.《中华人民共和国教育法》规定：“教育应当坚持________，对受教育者加强社会主义核心价值观教育，增强受教育者的社会责任感、创新精神和实践能力。”

2.《中华人民共和国教育法》规定，国家在受教育者中进行________、集体主义、中国特色社会主义的教育，进行理想、道德、纪律、法治、国防和民族团结的教育。

3.《中华人民共和国教育法》第一条规定：“为了发展教育事业，提高全民族的素质，促进社会主义物质文明和精神文明建设，根据________，制定本法。”

五、简答题

1.2021 年 4 月 29 日，第十三届全国人民代表大会常务委员会第二十八次会议修正了《中华人民共和国教育法》，简述其中提出的教育方针。

2. 简述《中华人民共和国教育法》中关于受教育者权利的相关规定。

六、案例分析题

某普通中学为提高毕业生的升学率和考入"重点"的名额而"因材施教"。在年初就要求毕业班学生参加本校组织的"高(中)考预考",按"预考"成绩重新分定班级。让"高分班"学生得到特别的"重点保护":配备最优的师资、设施和资源,并准备通过某些"有关系"的家长或其他人员,通过非正规渠道甚至非法手段(如修改学生原始档案材料等)帮助部分学生伪造"少数民族的户籍""特长奖励"等假材料、假证明,使之享受高(中)考的政策性加分;而对"低分班"的学生则"动员"他们放弃报考"重点",让其选报高职(专科)学校;同时,还要求那些"升学无望"的学生放弃报考、提前离校。后经一些学生家长反映到媒体,上级教育行政部门着手查处。

从违法侵权的视角分析该学校的教育管理行为。

专题四　《中华人民共和国义务教育法》

考法透视　本专题以理解和记忆为主,多以选择题、判断题等客观题的形式考查,但也会以简答、案例分析等主观题的形式出现,主要考查《中华人民共和国义务教育法》的法律条文。

限时:100 分钟	用时:　　分钟	错题数:　　道	▶答案见 P1136

一、单项选择题

1. 两位同学在课上讲小话,老师罚他们打扫卫生,这两位同学不仅没有好好打扫,还把水泼到课桌上。王老师看见后非常生气,罚两位同学在操场上跑步十圈才能回家。关于王老师的做法,下列判断正确的是(　　)

   A. 不合理,对学生的惩罚应当适当

   B. 不合理,不应对学生实施体罚或变相体罚

   C. 合理,通过惩罚能让两位同学意识到自己的错误

   D. 合理,通过惩罚能让两位同学更有集体意识和责任感

2. 根据我国《义务教育法》,下列说法错误的是(　　)

A. 对违反学校管理制度的学生,学校应当予以开除

B. 学校不得分设重点班和非重点班

C. 未完成义务教育的未成年犯所需义务教育经费由人民政府予以保障

D. 学校不得违反国家规定向学生及家长收取费用

3. 我国《义务教育法》规定,县级以上人民政府及其教育行政部门应当促进学校均衡发展,缩小学校之间办学条件的差距,不得将学校分为重点学校和非重点学校。学校不得分设重点班和非重点班。这条规定有利于(　　)

A. “后进生”的教育而不利于优秀学生的培养

B. 我国实现教育公平

C. 培养学生的诚信意识

D. 保障学生的受教育权

4. 正在读初一的小马被选入省乒乓球队参加专门训练,则(　　)

A. 小马可以不再接受义务教育

B. 省乒乓球队应当保证小马继续接受义务教育

C. 省乒乓球队未经批准可自行对小马实施义务教育

D. 小马可以自行选择是否继续接受义务教育

5. 县级人民政府教育行政部门应当均衡配置本行政区域内学校师资力量,组织校长、教师的培训和流动,加强对(　　)

A. 城市学校的建设　　B. 薄弱学校的建设

C. 农村学校的建设　　D. 乡镇学校的建设

6. 对未完成义务教育的未成年犯与被采取强制性教育措施的未成年人应当进行义务教育,所需经费由(　　)予以保障。

A. 国家　　B. 社会　　C. 学校　　D. 人民政府

7. 下列说法正确的是(　　)

A. 义务教育是根据法律规定,适龄儿童和青少年选择接受的教育

B. 义务教育在中国得到全面普及

C.《教师法》规定教师的平均工资水平应当不高于或者低于国家公务员的平均工资水平

D. 现代学制改革重在延长义务教育年限

8. 教育教学工作应当符合教育规律和学生身心发展特点,面向全体学生,教书育人,将德育、智育、体育、美育等有机统一在教育教学活动中,注重培养学生(　　),促进学生的全面发展。

A. 辩证分析问题的能力、创新能力和实践能力

B. 团队合作的能力、创新能力和实践能力

C. 沟通能力、创新能力和实践能力

D. 独立思考能力、创新能力和实践能力

9. 根据《中华人民共和国义务教育法》的规定，义务教育阶段，适龄儿童、少年(　　)

A. 缴费入学　B. 考核入学　C. 注册入学　D. 免试入学

10. 教师在教育教学中应当(　　)对待学生，关注学生的个体差异，因材施教，促进学生的充分发展。

A. 耐心　B. 个性　C. 平等　D. 分层次

11. 学校和教师按照确定的教育教学内容和课程设置开展教育教学活动，保证达到国家规定的基本质量要求。国家鼓励学校和教师采用(　　)教育等教育教学方法，提高教育教学质量。

A. 填鸭式　B. 启发式　C. 题海式　D. 自由式

12. 根据我国《义务教育法》的规定，(　　)应当为适龄儿童、少年接受义务教育创造良好的环境。

A. 学校和家庭　B. 学校和社区

C. 家庭和社区　D. 社会组织和个人

13. 《中华人民共和国义务教育法》颁布的时间是(　　)

A. 1983 年　B. 1986 年　C. 1993 年　D. 2006 年

14. 就读于农村某初中的亮亮，家中所开小店生意繁忙，父母让他辍学帮忙。按照相关法律规定，(　　)应对亮亮的父母进行批评教育，并责令其限期改正。

A. 学校　B. 村委会　C. 乡镇人民政府　D. 县级人民政府

15. 初中生李某经常违反学校的规定，上课不认真听讲，与同学嬉戏打闹。对于学生李某，学校可采取的教育方式是(　　)

A. 收容教养　B. 强制劝退　C. 批评教育　D. 开除学籍

16. 下列关于我国《义务教育法》的表述，不正确的是(　　)

A. 国家实行九年义务教育制度

B. 义务教育阶段不收学费、杂费

C. 采取以省级人民政府为主管理的体制

D. 适龄儿童要履行接受义务教育的义务

17. 根据《中华人民共和国义务教育法》的规定，国家实行教科书审定制度。教科书的审定办法由(　　)规定。

A. 教科书出版主管部门　B. 国务院教育行政部门

C. 地方各级人民政府　D. 地方人民政府行政部门

18. 某初中为提高生源质量，自行组织入学考试，实行跨学区招生。该校的做法(　　)

A. 合法，学校有招收学生的权利　B. 合法，学校有自主办学的权利

C. 不合法，违反了尊重学生人格的规定　D. 不合法，违反了免试就近入学的规定

19. 针对某学校为了提高学生的成绩及小升初的竞争力分设重点班和非重点班的情况，应根据

相关教育法规责令其限期改正。其相关责任部门是(　　)

A. 县级人民政府　　B. 县级人民政府教育行政部门

C. 省级人民政府　　D. 省级人民政府教育行政部门

20. 以下不符合《中华人民共和国义务教育法》规定的选项是(　　)

A. 学校应当把智育放在首位,寓智育于日常活动之中

B. 各级人民政府保障教师工资福利和社会保险待遇

C. 条件不具备的地区的儿童,可以推迟入学年龄到七周岁

D. 国家鼓励学校和教师采用启发式教育等教育教学方法,提高教育教学质量

21. 根据我国《义务教育法》的规定,为缩小学校之间办学条件的差距,县级以上人民政府及其教育行政部门应当促进学校(　　)

A. 稳定发展　　B. 持续发展　　C. 差异发展　　D. 均衡发展

22. "控辍保学"工作的落实体现了义务教育的(　　)的本质特点。

A. 普及性　　B. 强制性　　C. 民主性　　D. 免费性

23. 我国《义务教育法》规定,自行实施义务教育的,应当经(　　)批准。

A. 地市级人民政府　　B. 县级人民政府

C. 县级人民政府教育行政部门　　D. 国务院

24. 某初一学生赵某经常在上课时间无故旷课,并且对任课教师及同学进行言语辱骂。校方对该学生进行多次教育,但均以无效告终。最终,经学校研究决定,对赵某进行开除处理。对于学校的开除决定,下列描述正确的是(　　)

A. 正确,赵某不遵守学校管理决定

B. 不正确,九年义务教育阶段学校不能开除学生

C. 正确,学校有权对学生进行管理

D. 不正确,学校应督促赵某家长将赵某转学

25. 学校的下列做法中,没有违反我国《义务教育法》相关规定的是(　　)

A. 向学生推销商品以谋取利益　　B. 拒绝选用未经审定的教科书

C. 拒绝接收残疾儿童随班就读　　D. 分设重点班和非重点班

26. 实施义务教育的普通学校应当接收具有接受普通教育能力的残疾适龄儿童、少年(　　)

A. 随班就读　　B. 单独编班

C. 混合编班　　D. 均分编班

27. 下列选项中违反《中华人民共和国义务教育法》的是(　　)

①向学生收取100元空调费

②英才中学的七年级开设15个普通班和5个实验班

③老师向学生推销电脑

④某重点中学以实验班的名义招生

A. ①②　　B. ②④　　C. ①②③　　D. ①②③④

28. 依法聘任义务教育阶段校长的组织或单位是(　　)

A. 县级人民政府　　B. 县级人民政府教育行政部门

C. 市级人民政府　　D. 市级人民政府教育行政部门

29.《中华人民共和国义务教育法》规定，凡年满________周岁的儿童，其父母或者其他法定监护人应当送其入学接受并完成义务教育；条件不具备的地区的儿童，可以推迟到________周岁。(　　)

A. 六；七　　B. 七；八　　C. 五；六　　D. 六；八

30. 根据2006年中华人民共和国第十届全国人民代表大会常务委员会第二十二次会议修订通过的《中华人民共和国义务教育法》的规定，义务教育的基本性质是(　　)

A. 基础性　　B. 免费性　　C. 义务性　　D. 普及性

31.《中华人民共和国义务教育法》第三十五条规定，学校和教师按照确定的教育教学内容和课程设置开展教育教学活动，保证达到国家规定的(　　)要求。

A. 全面发展　　B. 教书育人　　C. 素质教育　　D. 基本质量

32. 根据《中华人民共和国义务教育法》的规定，学校应当把德育放在首位，寓德育于教育教学之中，开展与(　　)相适应的社会实践活动，形成学校、家庭、社会相互配合的思想道德教育体系，促进学生养成良好的思想品德和行为习惯。

A. 学生年龄　　B. 教学目标　　C. 身心健康　　D. 时代要求

33. 某小学为了加强对学生的管理，要求各班“民主选差生”，并将当选者的名单贴在班级公告栏内。根据我国《宪法》和《义务教育法》的规定，该校的做法侵犯了学生的(　　)

A. 受教育权　　B. 物质帮助权　　C. 人格尊严权　　D. 申诉权

34. 根据我国《义务教育法》的规定，对违反学校管理制度的学生，学校应当(　　)

A. 开除其学籍　　B. 对其单独禁闭　　C. 进行体罚　　D. 予以批评教育

35. 某偏远山区，交通不便，儿童居住较为分散，为保障当地适龄儿童接受义务教育，根据《中华人民共和国义务教育法》的规定，县级人民政府可以采取的措施是(　　)

A. 设置走读学校　　B. 设置寄宿制学校

C. 设置家庭学校　　D. 设置半日制学校

36. 根据我国《义务教育法》的规定，负责制定、调整本行政区域内义务教育学校设置规划的机关是(　　)

A. 县级以上地方教育行政部门　　B. 县级以上地方人民政府

C. 县级以下地方教育行政部门　　D. 县级以下地方人民政府

37. 因为小明和同学在课上窃窃私语，班主任让他站着听课一天。班主任的这一做法(　　)

A. 正确，教师有教育教学权

B. 正确，教师可以采用适当的教学手段管理学生

C. 错误，教师不得以任何形式体罚或者变相体罚学生

D. 错误，学生有受教育的权利

38. 根据《中华人民共和国义务教育法》的规定，国家鼓励义务教育阶段的教科书（　　）

A. 低价发行　B. 自主选用　C. 自行编写　D. 循环使用

39. 国务院和地方各级人民政府用于实施义务教育财政拨款的增长比例应当（　　）财政经常性收入的增长比例。

A. 不低于　B. 相当于　C. 高于　D. 不低于或高于

40. 根据我国《义务教育法》规定，在民族地区和边远贫困地区工作的教师享有（　　）

A. 特殊岗位补助津贴　B. 生活补助津贴

C. 艰苦贫困地区补助津贴　D. 特殊奉献补助津贴

41. 按照《中华人民共和国义务教育法》的规定，我国义务教育的具体实施主体是（　　）

A. 省级人民政府　B. 市级人民政府

C. 县级人民政府　D. 乡镇人民政府

42. 发生违反《中华人民共和国义务教育法》的重大事件，妨碍义务教育实施，造成重大社会影响的，负有领导责任的人民政府教育行政部门负责人应当（　　）

A. 引咎辞职　B. 受到违纪处罚

C. 追究行政责任　D. 追究刑事责任

43. 县级人民政府教育行政部门对本行政区域内的（　　）子女接受义务教育予以保障。

A. 教师　B. 公务员　C. 军人　D. 警察

44. 教师享有（　　）的权利，履行法律规定的义务，应当为人师表，忠诚于人民的教育事业。

A. 一切　B. 法律规定　C. 教育　D. 公务员

45. 义务教育经费保障的具体办法由（　　）规定。

A. 全国人大　B. 地方人大　C. 国务院　D. 地方政府

二、多项选择题

1. 我国中小学的教师职务分为（　　）

A. 初级职务　B. 中级职务　C. 讲师　D. 高级职务

2. 我国《义务教育法》中关于教师尊重学生平等受教育权的规定有（　　）

A. 教师在教育教学中应当平等对待学生，关注学生的个体差异，因材施教，促进学生的充分发展

B. 教师应当尊重学生的人格，不得歧视学生，不得对学生实施体罚、变相体罚或者其他侮辱人格尊严的行为，不得侵犯学生合法权益

C. 改善薄弱学校的办学条件

D. 保障农村地区、贫困地区、少数民族地区实施义务教育

3. 实现教育均衡发展是我国《义务教育法》的方向性要求，是实现教育公平的内核。促进义务教育均衡发展需要（　　）

A. 改善薄弱学校的办学条件

B. 保障农村地区、民族地区实施义务教育

C. 保证学前教育的实施，提高全民族素质

D. 保障家庭经济困难的和残疾的适龄儿童、少年接受义务教育

4. 我国《义务教育法》中关于学校德育的规定和要求有(　　)

A. 把德育放在首位

B. 寓德育于教育教学之中

C. 把德育渗透到学校的各项活动中

D. 形成学校、家庭、社会相互配合的思想道德教育体系

5. 国家将义务教育全面纳入财政保障范围，义务教育经费由(　　)依照《中华人民共和国义务教育法》予以保障。

A. 国务院　　B. 全国人民代表大会

C. 地方各级人民政府　　D. 地方各级人民代表大会

6. 一名国内知名歌手将正在上初中的女儿送进一家全日制国学女德班(非学历民办培训机构)的新闻引发网上舆论热潮。下列说法正确的是(　　)

A. 是该歌手的自由不能干涉　　B. 国学女德班所在办学机构只能从事培训

C. 应对该办学机构进行调查　　D. 是违反义务教育法的行为

7. 根据《中华人民共和国义务教育法》的有关规定，下列做法正确的是(　　)

A. 甲校提出因材施教，对九年级学生设置了一个重点班

B. 乙校对3次严重违反校规的初中生张某给予开除处理

C. 丙县全面拆除达到危房评估标准的学生宿舍

D. 丁县出台措施鼓励社会力量和民间资本办学

8. 根据法律规定，国务院和县级以上地方人民政府根据实际需要，设立专项资金，扶持(　　)实施义务教育。

A. 农村地区　　B. 民族地区　　C. 城市地区　　D. 乡镇地区

9. 近年来，校园安全引发高度关注，某县人民政府和学校认为及时消除安全隐患，预防事故发生是工作的重中之重，其采取的以下措施中正确的有(　　)

A. 学校建立、健全安全制度和应急机制

B. 学校对学生进行安全教育并加强管理

C. 县政府定期对学校校舍安全进行检查

D. 县政府及时维修、改造需维修、改造的校舍

10. 根据我国《义务教育法》的规定，教师应当尊重学生的人格。下列选项中，违反了这一规定的是(　　)

A. 每当成绩较差的学生提问时，陈老师总是回答得很敷衍

B. 学生答不出问题时，黄老师就会用尺子打一下他的手掌

C. 由于学生的作业字迹潦草，张老师罚他重写一百遍

D. 学生课堂小测验成绩不理想，王老师让他写一篇一百字的反思总结

三、判断题

1. 高等学校毕业生以志愿者的方式到农村地区缺乏教师的学校任教,其任教时间计入工龄。（　　）
2. 残疾适龄儿童虽具有接受普通教育的能力,但最好去特殊教育学校接受教育。（　　）
3. 县级以上地方各级人民政府及其教育行政部门可因经济原因将公办学校变为私立学校。（　　）
4. 适龄儿童、少年因身体状况需要延缓入学或者休学的,其父母或者其他法定监护人应当提出申请,由当地乡镇人民政府或者县级人民政府教育行政部门批准。（　　）
5.《中华人民共和国义务教育法》的颁布时间早于《中华人民共和国教育法》。（　　）
6. 根据《中华人民共和国义务教育法》规定,各级人民政府对家庭经济困难的适龄儿童、少年免费提供教科书并补助寄宿生生活费。（　　）
7. 学校应当保证学生的课外活动时间,组织开展文化娱乐等课外活动。（　　）
8. 义务教育最本质的特征是强制性。（　　）
9.《中华人民共和国义务教育法》的立法宗旨是保障适龄儿童、少年接受义务教育的权利,保证义务教育的实施,提高全民族素质。（　　）
10.《中华人民共和国义务教育法》是我国教育事业改革与发展的根本大法。（　　）
11. 教科书审查人员,可以参与教科书的编写工作。（　　）
12. 市级以上地方人民政府定期对学校校舍安全进行检查;对需要维修、改造的,及时予以维修、改造。（　　）
13. 某大学生毕业后主动要求到新疆喀什地区从事教学工作,政府和学校无需给予补贴。（　　）
14. 市级以上人民政府应当加强教师培养工作,采取措施发展教师教育。（　　）
15. 县级以下人民政府教育行政部门具体负责义务教育实施工作。（　　）

四、简答题

简述义务教育的性质。

五、案例分析题

某校初一学生张华平时学习懈怠,课堂自律能力差,经常干扰正常教学秩序,并有多次偷窃行为。班主任屡次教育不见成效,报请学校同意后,通知张华的家长,责令张华自动退学,否则开除其学籍。在学校和班主任的不断施压下,其家长最终选择让张华自动退学。

依据相关教育法律法规,对学校及班主任的做法进行判断与分析,并据此给学校及班主任提两条建议。

专题五 《中华人民共和国教师法》

考法透视 本专题以理解和记忆为主，多以选择题、判断题等客观题的形式考查，但也会以简答题等主观题的形式出现，主要考查《中华人民共和国教师法》的制定及其法律条文。

限时:120 分钟	用时： 分钟	错题数： 道	▶答案见 P1142

一、单项选择题

1.“学校下学年生源锐减，教师严重超编，不愿意上早晚自习与参加补课的同志可以去其他学校另谋高就！”这种说法违反了我国的(　　)

A.《教育法》　B.《教师法》　C.《劳动法》　D.《学校法》

2.被剥夺政治权利的人已经获得了教师资格证，其教师资格证书应由相关部门收缴，其中负责收缴的部门是(　　)

A.县级以上人民政府教育行政部门　B.县级以上人民政府

C.省级人民政府教育行政部门　D.省级人民政府

3.教师有权对学校教育教学、管理工作和教育行政部门的工作提出意见和建议，通过(　　)或者其他形式，参与学校的民主管理。

A.师生代表大会　B.学校全体职工会议

C.教职工代表大会　D.教师管理会议

4.学校和其他教育机构应逐步实行(　　)

A.教师选任制　B.教师考任制　C.教师委任制　D.教师聘任制

5.《中华人民共和国教师法》没有赋予教师的权利是(　　)

A.获得报酬权　B.处罚学生权

C.教育教学权　D.参与管理权

6.《中华人民共和国教师法》颁布于(　　)年。

A.1993　B.1995　C.1996　D.1998

7.根据我国《教师法》的规定，对依法提出申诉、控告、检举的教师进行打击报复的，由其所在单位或者上级机关责令改正；情节严重的，可以根据具体情况给予(　　)

A.纪律处分　B.经济处罚　C.行政处分　D.刑事处罚

8.根据我国《教师法》的规定，下列说法错误的是(　　)

A.取得教师资格的人员首次任教时，应当有试用期

B.学校和其他教育机构应当逐步实行教师聘任制

C.故意犯罪受到有期徒刑以上刑事处罚的，不能取得教师资格

D.取得小学教师资格，应当具备高等师范学校毕业及其以上学历

9. 下列选项中不属于我国《教师法》规定的教师义务的是(　　)

A. 促进学生全面发展　　B. 制止有害于学生的行为

C. 参加进修或者其他方式的培训　　D. 不断提高教育教学业务水平

10. (　　)既是教师履行自己职责的权利,也是与教师在教育教学过程中的主导地位相适应的基本权利。

A. 民主管理权　　B. 教育教学权　　C. 管理学生权　　D. 科学研究权

11. 张老师是一名中学语文老师,他利用周末自费参加专业学术会议以提高自身业务水平。学校得知后,给予张老师警告处分。下列说法正确的是(　　)

A. 学校做法正确,校内专职教师不得参加校外活动

B. 学校做法正确,要严格对教师的管理

C. 学校做法错误,教师享有自我发展的权利

D. 学校做法错误,该老师没花学校的钱,学校不能管

12. 小王是一名名牌大学研究生,在某校任教期间试用期未满,校长破格让其转正,该行为(　　)

A. 是可以理解的,毕竟小王是不可多得的人才

B. 是合理的,校方有权利决定新老师的转正

C. 是错误的,名牌大学毕业不是取消试用期的唯一原因

D. 是违法的,违反了《中华人民共和国教师法》

13. 《中华人民共和国教师法》规定:侮辱、殴打教师的行为,若情节严重,构成犯罪的,司法机关可依法(　　)

A. 追究刑事责任　　B. 追究民事责任　　C. 给予批评教育　　D. 停薪留职查看

14. 教师节为每年的(　　)

A. 10 月 9 日　　B. 9 月 10 日　　C. 9 月 1 日　　D. 10 月 10 日

15. 根据《中华人民共和国教师法》的规定,拖欠教师工资或者侵犯教师其他合法权益的,地方人民政府应当(　　)

A. 责令其限期改正　　B. 给予行政处分

C. 依法追究刑事责任　　D. 对其处以罚款并责令改正

16. 国家实行(　　)制度。中国公民凡遵守宪法和法律,热爱教育事业,具有良好的思想品德,具备本法规定的学历或者经国家教师资格考试合格,有教育教学能力,经认定合格的,可以取得教师资格。

A. 教师资格　　B. 教师竞聘上岗　　C. 教师选拔　　D. 教师淘汰

17. 学生们都很讨厌田老师,原因在于他经常讽刺学生、说话刻薄,在很多场合下,挫伤了学生的自尊心。按照《中华人民共和国教师法》的规定,学校可以(　　)

A. 给予行政处罚　　B. 给予行政处分

C. 取消教师资格　　D. 撤职留校察看

18. 王老师大学毕业后自愿到西部少数民族地区工作，根据《中华人民共和国教师法》的规定，应该依法对王老师(　　)

A. 予以补贴　　B. 予以表彰　　C. 进行奖励　　D. 提高津贴

19. 李老师向校领导反映学校考评考核制度中存在的问题，有的同事却说李老师不自量力。其实李老师是在(　　)

A. 履行教师职责　　B. 履行教师义务

C. 行使公民权利　　D. 行使教师权利

20. 王某在担任某县高三英语教师期间通过了硕士研究生考试，学校以王某的服务期未满、学校英语教师不足为由不予批准王某在职学习，王某欲以剥夺其参加进修权利为由提出申诉，受理申诉的机构应当是(　　)

A. 当地县教育局　　B. 当地县人民政府

C. 当地市教育局　　D. 省教育厅

21. 根据《中华人民共和国教师法》的规定，考核教师的机构主体是(　　)

A. 教师所在地的教育行政部门　　B. 教师所在地的政府机关

C. 教育机构　　D. 教师所工作和服务的学校

22. 教师在教育教学活动中，开展教育教学改革和实验，这属于教师的(　　)

A. 教育教学权　　B. 民主管理权　　C. 管理学生权　　D. 科学研究权

23. 教师的权利是国家对教师在教学活动中可以作为或不作为的许可和保障。其中，(　　)是宪法规定的公民享有劳动权和劳动者休息权的具体化。

A. 教育教学权　　B. 科学研究权　　C. 管理学生权　　D. 获取报酬权

24. 某学校教师黄某利用职务便利，收受教辅资料销售方的回扣 30 余万元，被当地人民法院以受贿罪判处有期徒刑 1 年 6 个月，缓刑 1 年，则黄某(　　)

A. 终身不能从事教师职业　　B. 5 年内不得从事教师职业

C. 可在私立学校从事教师职业　　D. 缓刑期内可继续从事教师职业

25. 下列法律法规中将教师视为专业人员的是(　　)

A.《中华人民共和国教育法》　　B.《教师资格条例》

C.《中华人民共和国教师法》　　D.《中华人民共和国义务教育法》

26. 某教师积极参加学校工会活动，并对学校的改革发展建设献策，该教师行使的权利是(　　)

A. 教育教学权　　B. 控告检举权　　C. 民主管理权　　D. 进修培训权

27. 根据《中华人民共和国教师法》的规定，下列情况属于“不能取得教师资格；已经取得教师资格的，丧失教师资格”的是(　　)

A. 故意犯罪受到有期徒刑以上刑事处罚的

B. 品行不良、侮辱学生，影响恶劣的

C. 体罚学生，经教育不改的

D. 故意不完成教育教学任务给教育教学工作造成损失的

28. 张老师在教学之余，将自己在教育教学中的成功经验总结升华，撰写成论文并成功发表，张老师行使了《教师法》赋予教师的(　　)

A. 教育教学权　　B. 学术自由权

C. 参与教学管理权　　D. 培训进修权

29. 依据《中华人民共和国教师法》的规定，学校对教师的管理工作应(　　)

A. 根据章程的规定，自主进行　　B. 根据国家规定，自主进行

C. 在政府的领导下进行　　D. 不得自主进行

30. 李老师在完成教学工作后经常参加各种学术交流活动，并发表相关的学术论文，但校长以参加这些活动会分心为由对李老师进行了批评教育，校长这样做侵犯了李老师的(　　)

A. 教育教学权　　B. 学术研究权

C. 教学评价权　　D. 参与教学管理权

31. 某学校因财政紧缺，对非正式在编的教师暑假和寒假的工资不予发放，该校的做法(　　)

A. 不正确，违反了《中华人民共和国教师法》

B. 不正确，违反了《中华人民共和国义务教育法》

C. 正确，学校参考公司，上班工作有酬劳，寒暑假不上班，自然没有酬劳

D. 正确，因为没有正式编制，所以没有寒暑假工资

32. 中小学教师资格认定的部门是(　　)

A. 国务院

B. 县级以上地方人民政府

C. 县级以上地方人民政府教育行政部门

D. 县级以上地方人民政府教育行政部门组织有关主管部门

33. 教师魏某工作消极，多次旷工给学校教学工作造成严重损失，依据《中华人民共和国教师法》，学校可以采取的措施是(　　)

A. 对魏某予以解聘　　B. 给予魏某行政处罚

C. 对魏某予以罚款　　D. 要求魏某悔过

34. 根据《中华人民共和国教师法》的规定，中小学教师和职业学校教师享受(　　)

A. 公务员同等待遇　　B. 教龄津贴和其他津贴

C. 职务津贴和教龄津贴　　D. 职务津贴和绩效津贴

35. 根据《中华人民共和国教师法》的规定，教师受聘任教、晋升工资、实施奖惩的依据是(　　)

A. 教师考核结果　　B. 教师业务水平

C. 教师工作态度　　D. 教师教学能力

36. 以下说法正确的是(　　)

A. 大学本科毕业的刘某不得申请高级中学教师资格

B. 被剥夺政治权利的徐某不得申请初级中学教师资格

C. 非师范学校不得承担培养和培训中小学教师资格的任务

D. 省级教育行政部门不得认定普通高等学校教师资格

37.《中华人民共和国教师法》制定的目的是(　　)

①保障教师的合法权益 ②建设具有良好思想品德修养的教师队伍

③促进社会主义教育事业的发展 ④最终目的是使学生更好地发展

A. ①②③　　B. ①②④　　C. ②③④　　D. ①③④

38. 以下各项中,不属于教师应当履行的义务的是(　　)

A. 履行教师聘约

B. 带领学生开展有益的社会活动

C. 批评和抵制有害于学生健康成长的现象

D. 提供必需的图书、资料

39. 具备高等师范专科学校或者其他大学专科毕业学历的公民不得申请(　　)教师资格证。

A. 初级中学　　B. 高级中学　　C. 小学　　D. 幼儿园

40. 根据《中华人民共和国教师法》的规定,下列关于教师享有的待遇说法错误的是(　　)

A. 教师享受的医疗待遇与当地国家公务员相同

B. 教师退休或者退职后,享受国家规定的退休或者退职待遇

C. 学前教育教师、中小学教师均享受教龄津贴和其他津贴

D. 县、乡两级人民政府应当为农村中小学教师解决住房提供方便

二、多项选择题

1. 我国《教师法》规定,教师有指导学生的学习和发展,评定学生的品行和学业成绩的权利。具体来讲(　　)

A. 教师有对学生的品行因材施教,针对学生的升学、就业等方面的发展给予指导的权利

B. 教师有对学生的品行和学业成绩给予及时、客观、公正评价的权利

C. 教师有运用正确的教育思想和教学手段使学生的个性和能力得到充分发展的权利

D. 教师有对品行不好的学生限制人身自由的权利

2. 依据《中华人民共和国教师法》,为保障教师完成教育教学任务,下列有关各级人民政府、教育行政部门、有关部门、学校和其他教育机构应当履行的职责,说法正确的有(　　)

A. 提供符合国家安全标准的教育教学设施和设备

B. 支持教师制止有害于学生的行为或者其他侵犯学生合法权益的行为

C. 对教师在教育教学、科学研究中的创造性工作给以鼓励和帮助

D. 提供必需的图书、资料及其他教育教学用品

3. 关于教师聘任制度的说法,下列叙述正确的是(　　)

A. 聘任合同具有法律效力,只对所聘教师有约束力

B. 聘任制度应体现按需分配的原则

C. 聘任制度应体现按劳分配的原则

D. 聘任是一种法律行为，它确立的是双方的法律关系

4. 学校或者其他教育机构应当对教师的(　　)进行考核。

A. 政治思想　　B. 言行举止

C. 业务水平　　D. 工作态度和工作成绩

5. 李老师是某学校的一名教师，工作期间，所在学校可按相关规定对其予以表彰、奖励的情况包括(　　)

A. 为学校培养了大批优秀人才

B. 在学校的教学改革方面有突出贡献

C. 在社会服务方面表现突出

D. 在科学研究方面取得大量成果

6. 某中学教师张明向上级有关部门反映学校乱收费的问题，学校先是对外宣称张明患有精神病，不给他安排教学任务，后又将其解聘。关于此案例，正确的说法有(　　)

A. 张明系学校教师，只应关心教学问题，收费问题不该他管

B. 学校不给张明安排教学任务的行为侵犯了张明的教育教学权

C. 学校解聘张明符合我国《教师法》规定的解聘条件

D. 为维护自己的合法权利，张明应当向当地教育行政部门提出申诉

7. 根据《中华人民共和国教师法》的规定，教师应承担的使命包括(　　)

A. 教书育人　　B. 为人师表

C. 提高民族素质　　D. 培养社会主义事业建设者和接班人

8. 根据《中华人民共和国教师法》的规定，下列教师行为中，可能会受到行政处分或者解聘的有(　　)

A. 某教师在校外参与“教育诈骗”组织

B. 某生在课堂上屡次故意捣乱，下课被老师罚抄班规

C. 某老师经常踢打班级内一名常爱违纪捣乱的学生

D. 某老师经常对班级里性格内向、不善言谈的一名学生进行言语羞辱，导致该生产生抑郁倾向

9. 根据我国《教师法》的规定，国家实行教师资格制度，教师应当具备相应的学历。下列说法正确的有(　　)

A. 取得高等学校教师资格，应当具备研究生或者大学本科毕业学历

B. 取得小学教师资格，应当具备中等师范学校毕业及其以上学历

C. 取得初级中学教师资格，应当具备高等师范院校本科或者其他大学本科毕业及其以上学历

D. 取得高级中学教师资格，应当具备研究生或者大学本科毕业学历

10. 下列属于教师依法享有的权利的是(　　)

A. 制止有害于学生的行为或者其他侵犯学生合法权益的行为

B. 指导学生的学习和发展，评定学生的品行和学业成绩

C. 对学校教育教学工作提出意见和建议，参与学校的民主管理

D. 进行教育教学活动，开展教育教学改革和实验

11. 根据《中华人民共和国教师法》的规定，要取得教师资格证的条件包括哪些方面(　　)

A. 国籍　　B. 品德　　C. 学历　　D. 教育教学能力

12. 四川省眉山市仁寿县某中学学生(15 周岁)恶意使用砖头殴打老师，致使老师当场倒地不起，被紧急送往 ICU 抢救。按照《中华人民共和国教师法》的相关规定，下列有关该学生的处理方式恰当的是(　　)

A. 给予刑事拘留　　B. 责令赔偿损失

C. 依法追究刑事责任　　D. 以教育为主、惩罚为辅

13. 我国《教师法》制定的政策依据包括(　　)

A. 教师队伍建设的政策　　B. 教师待遇与发展环境的政策

C. 知识分子的政策　　D. 教师创新的政策

14. 以下选项中不能申请教师资格情形的有(　　)

A. 因故意犯罪曾被判处有期徒刑的　　B. 未达到学历要求

C. 有重大身体疾病　　D. 曾有严重的精神病史

15. 李某是当地公办小学的一名教师，为维护自身合法权益，他向该地教育局提出了以下要求，按照现行法律法规，属于合法要求的是(　　)

A. 要求其平均工资不低于或高于国家公务员的平均工资水平

B. 要求定期进行身体健康检查

C. 要求开展教育教学改革与实验

D. 要求学校按时为其缴纳住房公积金

16. 下列选项中符合相关法律法规规定的有(　　)

A. 特级教师是荣誉称号，不是教师职务

B. 教师可以打破传统的教学惯例进行教学方式的改革

C. 某老师体罚学生下蹲起立 100 次

D.《中华人民共和国教育法》首次以法律形式明确规定"国家实行教师资格制度"

17. 根据《中华人民共和国教师法》的规定，下列关于教师考核的描述，不恰当的是(　　)

A. 主要对教师的业务水平、工作态度和工作成绩进行考核

B. 监察委员会对教师的考核工作进行指导、监督

C. 考核应当客观、公正、准确，主要听取其他教师以及学生的意见

D. 教师的考核结果是受聘任教、晋升工资、实施奖惩的依据

18. 根据我国《教师法》的规定，各级人民政府应当采取措施(　　)

A. 加强教师的思想政治教育和业务培训

B. 改善教师的工作条件和生活条件

C. 保障教师的合法权益

D. 提高教师的社会地位

19. 按照《中华人民共和国教师法》的规定，对侮辱、殴打教师的行为，可以根据不同情况给予的处罚措施包括(　　)

A. 给予行政处分或者行政处罚

B. 造成损害的，责令赔偿损失

C. 情节严重，构成犯罪的，依法追究刑事责任

D. 对其进行批评教育

20. 某县要修建高速公路，县政府下发文件要求每位公职人员都要参加高速公路的集资。某镇中学校长按照文件要求，在教职工领工资之前，从每位教职工的工资中分别扣除了文件规定的集资款。对此，下列说法正确的有(　　)

A. 校长办事积极果断，工作能力强

B. 校长的行为侵犯了教职工的劳动报酬权

C. 校长的行为违反了国家要求的不得对学校和教师乱摊派的规定

D. 校长的行为侵犯了教职工的个人财产自由权

21. 我国《教师法》明确规定，学校和其他教育机构应当逐步实行教师聘任制。教师聘任制的形式包括(　　)

A. 招聘　　B. 续聘　　C. 解聘　　D. 辞聘

22. 各级人民政府应当采取措施，为(　　)培养、培训教师。

A. 少数民族地区　　B. 边远贫困地区

C. 西部地区　　D. 农村地区

23. 刘老师毕业于某大学，在山东省某国家贫困县高级中学任教。因工作认真，成绩突出，得到领导、同事及学生的好评，连续三年年终考核被评为“优秀”。2016 年刘老师参加山东省教育行政部门组织的教学技能比赛获得一等奖。2017 年初，刘老师被选派到华南师范大学进行为期一年的进修学习。依据我国《教师法》的规定，下列说法正确的有(　　)

A. 所在学校应当制定教师培训规划，对教师进行多种形式的思想政治、业务培训

B. 所在学校对刘老师进行年终考核时，应充分听取本人、其他教师及学生的意见

C. 县人民政府应当对刘老师予以补贴

D. 所在学校应当对刘老师予以奖励

三、判断题

1. 教师进行进修学习，既是义务也是权利。(　　)

2. 教师体罚学生，经教育不改，情节严重构成犯罪的，依法追究民事责任。(　　)

3. 职业中学的教师也属于中小学教师的范畴。(　　)

4. 教师的聘任应当遵循双方地位平等的原则，由教育行政主管部门和教师签订聘任合同，明确规定双方的权利、义务和责任。(　　)

5.《中华人民共和国教师法》适用于各级各类学校的教师，但不适用于其他教育机构中专门从事教育教学工作的教师。(　　)

6. 聘任教师担任一定的职务的任期一般为三年。（　　）

7. 关心、爱护全体学生，尊重学生人格，促进学生在品德、智力、体质等方面全面发展是法律规定的教师义务。（　　）

8. 提供符合国家安全标准的教育教学设施和设备是教师应当履行的一项义务。（　　）

9. 根据我国《教师法》的规定，建立教师正常晋级增薪制度，具体办法由地方各级人民政府规定。（　　）

10. 老师最基本的权利是管理学生权。（　　）

11. 教师退休或者退职后，享受国家规定的退休或者退职待遇。（　　）

12. 王老师为惩罚班上几名调皮的男同学，对他们实施了较为严重的体罚，已构成犯罪，但考虑到王老师是第一次实施体罚，且主观上是为学生着想，因此可免除其刑事责任。（　　）

13. 教师的义务是指法律对教师在从事教育教学活动中一定行为的约束。（　　）

14. 国家机关应当为教师的社会调查和社会实践提供方便，给予协助，但企业事业单位和其他社会组织不需要给予协助。（　　）

15. 国家不鼓励非师范高等学校毕业生到中小学或职业学校任教。（　　）

四、辨析题

1. 教师考核可以由学校自主进行。

2. 寒暑假指的是学生的放假，因此学校或教育行政部门可以随意安排教师寒暑假从事与教育教学相关的各种工作。

五、简答题

1. 简述教师的职业权利。

2. 我国《教师法》规定了教师的义务，请列举其中三项。

六、案例分析题

1. 张老师是某县初中教师，在教育战线上奋斗了20余载。由于他对工作认真负责，刻苦钻研业务，努力提高自己的教学科研水平，先后在教育报刊上发表论文若干篇，探讨教学方法的改进，其中一篇论文被评为教学论文二等奖。不仅如此，张老师还把自己的科研成果付诸实践，他利用自己的心得体会，在班上因材施教，对症下药。张老师以自己的言传身教在学生中树立了崇高的威信。由于张老师在工作中取得优异成绩，2005年被评为县级"模范教师"，获得县教育局颁发的荣誉证书和奖金500元。

   2005年年底，县教育局某位领导找到张老师，想让他的侄子进入张老师的班级，但由于该生成绩较差，张老师按照学校的规定委婉地拒绝了该领导的要求。时隔不久，县教育局突然撤销张老师所获得的"模范教师"称号，并收回所得奖金。理由是张老师撰写的论文哗众取宠，没有实际效果，而且教学模式老化，学生反映的意见很大，张老师不配获得"模范教师"称号。张老师得知此事后大为吃惊，立即找县教育局交涉，要求县教育局承认自己的教学科研能力，保护自己辛苦得到的荣誉称号，但县教育局不予理睬。张老师所在的学校议论纷纷，人们都说张老师出了问题，不然怎么会被剥夺"模范教师"的称号？张老师为此精神恍惚，精神压力很大，以致住院月余，花去医疗费500余元。张老师向县人民法院提起诉讼，称县教育局非法剥夺自己的荣誉称号，给自己造成了精神损害和经济损失，要求人民法院判令县教育局返还荣誉证书及奖金，并在原有范围内消除影响，赔偿经济损失和精神抚慰金。

   (1)案例中县教育局侵犯了张老师的哪些权利？

   (2)本案例中县教育局侵犯张老师权利的具体内容是什么？

2. 某中学一名物理教师在怀孕期间，所在学校为了照顾她，将其调到政教处工作。这名女教师休满三个月产假后来校上班，校长找其谈话说："你现在的工作已安排了人，你看你想做什么工作？"这位教师说："我想教课。"校长说："好吧，我们研究研究。"学校研究的结果是：由于该教师在政教处的工作岗位已安排了人，又因学校不缺物理教师，故无法为其安排工作，学校决定将其解聘，让该教师自己找单位。该教师不得已向教育局提出申诉。经区教育局有关部门与学校多次协调后，学校留下了这名教师。工作虽然安排了，但这名教师觉得已经得罪了学校领导，最后还是离开了这所学校。

请运用相关教育法律知识对该案例进行分析。

专题六　《中华人民共和国未成年人保护法》

考法透视　本专题以理解和记忆为主，多以选择题、判断题等客观题的形式考查，但也会以案例分析题等主观题的形式出现，主要考查《中华人民共和国未成年人保护法》的法律条文。

限时:60 分钟	用时：　分钟	错题数：　道	▶答案见 P1150

一、单项选择题

1. 在传统文化教学实践活动中，以下行为不适宜的是(　　)

A. 把学生的书法作品张贴在宣传栏供广大师生品鉴

B. 让学习古筝的学生经常参加商业演出

C. 让爱好汉服文化的学生穿着汉服在校园里拍照

D. 组织学生参与清明黄帝陵祭祖大典

2. 12 岁的小李同学为庆祝小学毕业，与几个同班好友一起去江边大排档聚餐，以下行为合法的是(　　)

A. 小李找烟酒店老板买了一包烟　　B. 同学让小李买一箱啤酒

C. 小李在烧烤店买了 500 元的羊肉串　　D. 聚餐后一起去 KTV 唱歌

3. 根据我国《未成年人保护法》的规定，对犯罪的未成年人坚持(　　)的原则。

A. 教育为主、惩罚为辅　　B. 惩罚为主、教育为辅

C. 教育与惩罚并重　　D. 开除学籍

4.《中华人民共和国未成年人保护法》第七十条规定："学校应当合理使用网络开展教学活动，

未经学校允许,未成年学生不得将手机等智能终端产品带入课堂,带入学校的应当统一管理。”这个描述属于对未成年人的(　　)

A. 家庭保护　　B. 学校保护　　C. 社会保护　　D. 网络保护

5. 如果未成年人合法权益受到侵犯,根据我国《未成年人保护法》的规定,有权予以劝阻、制止或向有关部门提出检举或控告的是(　　)

A. 父母或其他监护人　　B. 学校或其他教育机构

C. 公益组织或其他社会团体　　D. 任何组织或个人

6. 根据《中华人民共和国未成年人保护法》的规定,学校安排未成年人参加文化娱乐、社会实践等集体活动,应当(　　),防止发生人身伤害事故。

A. 有利于教学任务的完成　　B. 限制未成年人的人身自由

C. 符合未成年人监护人的要求　　D. 保护未成年人的身心健康

7. 新修订的《中华人民共和国未成年人保护法》规定,任何组织或者个人不得通过网络以文字、图片、音视频等形式,对未成年人实施侮辱、诽谤、威胁或者恶意损害形象等(　　)

A. 学生欺凌行为　　B. 网络欺凌行为

C. 欺凌行为　　D. 校园欺凌行为

8.《中华人民共和国未成年人保护法》中所指的未成年人是指未满(　　)周岁的公民。

A. 18　　B. 12　　C. 14　　D. 16

9. 课间休息时,教师张某在教室的角落里吸烟。张某的行为(　　)

A. 不正确,违反了《中华人民共和国未成年人保护法》

B. 正确,课间休息时教师可以吸烟

C. 不正确,违反了《中华人民共和国教师法》

D. 正确,吸烟是公民的自由权利

10. 根据新修订的《中华人民共和国未成年人保护法》,下列对未成年人的家庭保护的表述,不正确的是(　　)

A. 未成年人的父母或者其他监护人不得使未满八周岁的未成年人处于无人看护状态

B. 未成年人的父母或者其他监护人应当关注未成年人的生理、心理状况和情感需求

C. 共同生活的其他家庭成员应当协助未成年人的父母或者其他监护人抚养、教育和保护未成年人

D. 未成年人的父母或者其他监护人不得随意侵吞未成年人的财产

11. 十三届全国人民代表大会常务委员会第二十二次会议对《中华人民共和国未成年人保护法》进行了修订,将在 2021 年 6 月 1 日正式施行。修订后的《中华人民共和国未成年人保护法》增加了(　　)两章。

A.“学校保护”“社会保护”　　B.“网络保护”“政府保护”

C.“社会保护”“法律责任”　　D.“家庭保护”“司法保护”

12. 根据《中华人民共和国未成年人保护法》，网络游戏服务提供者不得在（　　）向未成年人提供网络游戏服务。

A. 每日二十二时至次日六时　　B. 每日二十三时至次日十时

C. 每日二十一时至次日九时　　D. 每日二十二时至次日八时

13. 下列开拆、查阅未成年人的信件、日记、电子邮件或者其他网络通讯内容的情形中，违反我国《未成年人保护法》相关规定的是（　　）

A. 因国家安全或者追查刑事犯罪依法进行检查

B. 无民事行为能力未成年人的父母或者其他监护人代未成年人开拆、查阅

C. 紧急情况下为了保护未成年人本人的人身安全

D. 完全民事行为能力未成年人父母因顾虑未成年人的异性交往问题

14. 公共场所发生突发事件时，应当优先救护（　　）

A. 未成年人　　B. 成年人　　C. 老人　　D. 妇女

15. 我国《未成年人保护法》中明确了保护未成年人的目的，下列选项中错误的是（　　）

A. 提高全民族素质　　B. 保障未成年人合法权益

C. 促进未成年人德智体美劳全面发展　　D. 保护未成年人身心健康

16.《中华人民共和国未成年人保护法》规定，国家对未成年人实行（　　）

A. 保护与教育相结合的原则　　B. 尊重与爱护相结合的原则

C. 爱护与保护相结合的原则　　D. 关心与爱护相结合的原则

17. 根据《中华人民共和国未成年人保护法》，学校的教职员工对未成年人实施体罚，情节严重的，对直接负责的主管人员和其他直接责任人员依法（　　）

A. 处以拘留　　B. 给予处分　　C. 处以罚款　　D. 吊销教师资格证

18. 我国保护少年儿童权益的专项法律是（　　）

A.《中华人民共和国宪法》　　B.《中华人民共和国未成年人保护法》

C.《中华人民共和国刑法》　　D.《中华人民共和国义务教育法》

19. 我国《未成年人保护法》规定，任何组织或者个人不得在学校、幼儿园播放、张贴或者散发商业广告；不得利用校服、教材等发布或者变相发布商业广告。这属于对未成年人的（　　）

A. 家庭保护　　B. 学校保护　　C. 社会保护　　D. 司法保护

20.《中华人民共和国未成年人保护法》规定，处理涉及未成年人事项，应当坚持最有利于未成年人的原则。其中不包括（　　）

A. 保护与教育相结合　　B. 保护未成年人隐私权和个人信息

C. 给予未成年人特殊、优先保护　　D. 听取未成年人监护人的意见

21. 根据《中华人民共和国未成年人保护法》的规定，学校应当根据未成年学生身心发展特点，进行社会生活指导、心理健康辅导、（　　）和生命教育。

A. 社会教育　　B. 法制教育　　C. 青春期教育　　D. 爱国教育

22. 在我国,爱国主义教育基地、图书馆、青少年宫、儿童活动中心应当对未成年人(　　)开放。

A. 无偿或优惠　　B. 优惠　　C. 免费　　D. 无偿

23. 某校规定:邮寄到学校的学生信件,教师不得私自拆读。这项规定是为了保护学生的哪项合法权利(　　)

A. 名誉权　　B. 生存权　　C. 受教育权　　D. 隐私权

24. 15 周岁的初二学生张某因多次违纪被学校"勒令退学",一学期后,张某要求复学,学校不同意。依据《中华人民共和国未成年人保护法》,下列说法正确的是(　　)

A. 学校"勒令张某退学"的做法并无不妥

B. 学校作为教育机构,有权不同意该生复学

C. 学校的做法是违法的,侵犯了未成年人的受教育权

D. 学校的做法属于学校内部管理问题,行为不当,但不违法

二、多项选择题

1. 2020 年 10 月 17 日,《中华人民共和国未成年人保护法》表决通过,此次新修订的《未成年人保护法》在现行法律的基础上增加了多项内容,其中包括(　　)

A. 首次对学生欺凌进行定义,学校应建立学生欺凌防控制度

B. 加强家庭保护,细化家庭监护职责

C. 完善留守儿童委托照护制度

D. 国家根据未成年人身心发展特点给予特殊、优先保护

2. 下列应当对未成年人免费开放的有(　　)

A. 爱国主义教育基地　B. 青少年宫　　C. 博物馆　　D. 美术馆

3. 下列选项属于未成年人的父母或者其他监护人应当履行的监护职责的是(　　)

A. 教育和引导未成年人遵纪守法、勤俭节约,养成良好的思想品德和行为习惯

B. 保障未成年人休息、娱乐和体育锻炼的时间,引导未成年人进行有益身心健康的活动

C. 关注未成年人的生理、心理状况和情感需求

D. 尊重未成年人受教育的权利,妥善管理和保护未成年人的财产

4. 根据《中华人民共和国未成年人保护法》可知,我国对未成年人的保护分为家庭保护和(　　)

A. 学校保护　　B. 司法保护　　C. 社会保护　　D. 制度保护

5. 根据《中华人民共和国未成年人保护法》,关于学校对未成年人的保护,下列说法正确的有(　　)

A. 学校应当根据未成年学生身心发展特点,进行社会生活指导、心理健康辅导、青春期教育和生命教育

B. 学校应当对尚未完成义务教育的辍学未成年学生进行登记并劝返复学

C. 学校不得占用寒暑假期,组织义务教育阶段的未成年学生集体补课,加重其学习负担

D. 对行为异常、学习有困难的未成年学生,学校应当耐心帮助

6. 学校应当全面贯彻国家教育方针,坚持立德树人,实施素质教育,提高教育质量,注重培养未成年学生(　　),促进未成年学生全面发展。

A. 认知能力　　B. 合作能力　　C. 创新能力　　D. 实践能力

三、判断题

1. 幼儿园、校外培训机构不得对学龄前的未成年人进行小学课程教育。　(　　)
2. 根据《中华人民共和国未成年人保护法》,未成年学生在本校组织的校外活动中发生人身伤害事故的,学校应当立即救护,妥善处理,及时通知未成年人的父母或者其他监护人,并向有关部门报告。　(　　)
3. 对侵犯未成年人合法权益的行为,任何组织和个人都有权予以劝阻、制止或者向有关部门提出检举或者控告。　(　　)
4. 吴老师发现学生小花缺课多日,到小花家家访时才发现小花的父母认为女孩上学没用,于是让十岁的小花辍学回家务农。在此情况下,吴老师可以举报小花父母的行为,因为小花父母的行为违反法律规定。　(　　)
5. 保护未成年人的工作应当遵循保护与教育相结合的原则。　(　　)
6. 任何组织或者个人不得招用未满十八周岁的未成年人。　(　　)
7. 小瑞经常因为没有按时完成学校的作业被父亲暴打,班主任在与其父亲多次沟通无效的情况下,可以帮助小瑞向法院申请撤销其父亲的监护人资格。　(　　)
8. 根据《中华人民共和国未成年人保护法》规定,未成年人享有受保护权、参与权等权利。　(　　)
9. 对严重的欺凌行为,学校不得隐瞒,应当及时向公安机关、教育行政部门报告,并配合相关部门依法处理。　(　　)
10. 游艺娱乐场所设置的电子游戏设备,除国家法定节假日外,不得向未成年人提供。　(　　)

四、案例分析题

细心的周老师发现,班上苏同学那活泼纯朴的样子有了一些改变,课上注意力不集中的现象也时有发生。周老师便找到苏同学要好的几位同学了解情况,有同学反映曾经在抖音上看到苏同学做直播。于是周老师对苏同学进行了家访,苏同学是单亲家庭(母亲意外早逝)的留守儿童,她奶奶称赞自己的孙女乖巧懂事,只是最近一段时间晚上回家迟了,苏同学解释为初一作业越来越多,就在学校做完作业才回家。

晚自习下课后,周老师跟踪发现,苏同学走进了学校附近的一家销售美容产品的店铺,跟进去时却没找到她,周老师经过追问店主得知,苏同学正在为该店进行网络直播带货。原来,店主为了营销产品,发现苏同学聪明秀气,又了解到其家庭经济困难,于是为其提供智能手机和相关设备,让苏同学注册直播账号,每天做 1 小时直播,并为其行为签约付费。周老师要求店主立即停止这种不当行为,让自己带领苏同学回家。在周老师耐心细致的开导和帮助下,苏同学改正了错误。

不久后，周老师发现本校另一位女生晚自习后也走进那家商店，许久未出店门，经过确认发现该生也在参与直播带货。周老师便与店主交涉，店主先是设法讨好周老师，遭到拒绝后，便称该生并非周老师班上的学生，让周老师不要多管闲事，还对周老师进行口头威胁。周老师见店主不能认识和改正自身的行为，果断地向相关部门进行举报。

(1)运用《中华人民共和国未成年人保护法》(2020 年修订)分析材料中的违法主体及其违法行为。

(2)结合材料，分析周老师践行了新时代中小学教师哪些职业行为准则。

专题七 《中华人民共和国预防未成年人犯罪法》

考法透视 本专题以理解为主，多以选择题、判断题等客观题的形式考查，主要考查《中华人民共和国预防未成年人犯罪法》的法律条文。

限时:30 分钟	用时: 分钟	错题数: 道	▶答案见 P1154

一、单项选择题

1. 初中二年级林同学经常恐吓他人，父母却放任不管。根据《中华人民共和国预防未成年人犯罪法》的规定，正确的处理方式是(　　)

A. 由公安机关对其父母予以罚款　　B. 由人民政府对其父母予以训诫

C. 由公安机关对其父母予以训诫　　D. 由人民政府对其父母予以罚款

2. 根据《中华人民共和国预防未成年人犯罪法》的规定，未成年人的父母或者其他监护人和学校发现未成年人组织或者参加实施不良行为的团伙的，应当(　　)

A. 事后对参与者进行体罚　　B. 在全校内通报批评

C. 向公安机关报告　　D. 及时予以制止

3. 根据《中华人民共和国预防未成年人犯罪法》的规定，未成年人无故夜不归宿、离家出走的，父母或者其他监护人、所在的寄宿制学校应当及时查找，必要时向(　　)报告。

A. 村委会或居委会　　B. 公安机关

C. 监察机关　　D. 教育厅

4. 预防未成年人犯罪，应当立足于(　　)未成年人相结合，坚持预防为主、提前干预，对未成年

人的不良行为和严重不良行为及时进行分级预防、干预和矫治。

A. 关爱和管教　　B. 关心和引导　　C. 教育和保护　　D. 预防和惩戒

5. 成年人高某对六岁的小强说："你要是敢砸人家的车，就说明你很勇敢。"小强鼓起勇气拿起砖头砸坏了停放在路边车辆的玻璃。该案例中应该承担责任的是(　　)

A. 小强　　B. 高某

C. 小强的法定监护人　　D. 小强法定监护人和高某

6. 根据我国《预防未成年人犯罪法》的规定，预防未成年人犯罪，在各级人民政府组织下，实行(　　)

A. 集中治理　　B. 系统治理　　C. 源头治理　　D. 综合治理

7. 规定"未成年学生旷课的，学校应当及时与其父母或者其他监护人取得联系"的法律是(　　)

A.《中华人民共和国义务教育法》　　B.《中华人民共和国教育法》

C.《中华人民共和国未成年人保护法》　　D.《中华人民共和国预防未成年人犯罪法》

8. 父母最近发现小君做作业时总是玩手机，心不在焉，甚至不想和父母沟通。一次，母亲无意间发现小君在社交网站上与一群不良青年有瓜葛，从其手机中的交谈内容还发现，这群不良青年正在蛊惑小君吸食毒品。根据我国《预防未成年人犯罪法》，小君父母应当立即将情况报告给(　　)

A. 法院　　B. 居委会　　C. 公安机关　　D. 教育部

9. 根据《中华人民共和国预防未成年人犯罪法》的规定，未成年人实施刑法规定的行为、因不满法定刑事责任年龄不予刑事处罚的，经专门教育指导委员会评估同意，(　　)可以决定对其进行专门矫治教育。

A. 公安机关　　B. 司法行政部门

C. 教育行政部门会同司法行政部门　　D. 教育行政部门会同公安机关

二、多项选择题

1. 下列行为属于《中华人民共和国预防未成年人犯罪法》中规定的不良行为的有(　　)

A. 吸烟、饮酒

B. 多次旷课、逃学

C. 沉迷网络

D. 非法携带枪支、弹药或者弩、匕首等国家规定的管制器具

2. 初中生小峰的父母不履行监护职责，放任小峰任意损毁、占用公私财物。依据我国《预防未成年人犯罪法》，有权对小峰父母给予训诫的是(　　)

A. 所在学校　　B. 公安机关　　C. 区教育局　　D. 人民法院

3. 未成年人的"严重不良行为"包括(　　)

A. 参与赌博赌资较大　　B. 向他人提供毒品

C. 进行淫秽表演　　D. 传播淫秽的读物

三、判断题

1. 未成年学生实施严重危害社会的行为，情节恶劣或者造成严重后果的，经专门教育指导委员会评估同意，教育行政部门会同公安机关可以决定将其送入专门学校接受专门教育。（　　）

2. 15 岁的王某非常顽劣，因与校外学生打架致人重伤，被判刑半年。刑满释放后的王某要求回学校继续读完初三，学校有权拒绝王某的就读申请。（　　）

3. 未成年人的父母或者其他监护人对未成年人的预防犯罪教育负有间接责任。（　　）

4. 学校对有不良行为的未成年学生，应当加强管理教育，不得歧视。（　　）

5. 未成年人有“传播淫秽的读物或者音像制品”的行为，应以刑事犯罪论处。（　　）

四、案例分析题

初一男生小文的父母在县城里打工，平时小文寄住在叔叔家。一天，同班同学小谭丢失了20元零花钱，怀疑是小文偷的。小谭邀来高年级的学生小陈找小文要钱，小文不给，三人扭打起来。小文被打后立即报告给班主任刘老师，但是刘老师忙着上课，告诉他明天再来处理。第二天中午，小文再次找到刘老师，刘老师说：“班上其他同学都看见了，你们三个不遵守校规校纪，在学校互殴，应该按照校园内打架斗殴进行处理。”小文立即解释，但刘老师未予理睬。晚上放学回家后，小文对叔叔说：“我不想去学校了，你送我去城里找爸爸妈妈吧。”叔叔回答：“你爸妈把你委托给我，就是让你好好读书。”

第三天小文到学校去上课，在学校门口又看见在等他的小谭和小陈，两人再次逼小文拿钱，并殴打小文。有家长出来制止，小谭和小陈就跑了。此时小文再也不想迈进学校的大门，他回到叔叔家，谎称学校要收100元新校服的钱，叔叔把钱给了他，小文拿着钱坐上了去县城的汽车。小文在县城找到父亲，在工厂门口，他给父亲讲了在学校被欺负和骗叔叔钱的经过，父亲听后狠狠地训斥了小文，要他马上回去，小文内心很不情愿。父亲离开后，他并没有乘车回家，而是在县城独自游荡。两天后，叔叔才打电话给小文父亲，小文的父母才知道孩子一直没回家……

1. 针对该案例，以下说法正确的有（　　）（多项选择）

A. 父亲在县城让小文独自回家，未尽到法定监护职责

B. 小谭和小陈找小文要钱并殴打小文属于校园欺凌行为

C. 刘老师当天忙着上课，没有及时处理学生打架的事件，情有可原

D. 小文两天没上学，学校没有及时通知家长，违反了我国《预防未成年人犯罪法》

2. 对于小文这类留守儿童的教育，以下理解正确的有（　　）（多项选择）

A. 针对留守儿童存在的孤独、无助等心理问题，教师应具备相应的疏导能力

B. 学校要教育留守儿童学会维护自己的合法权益，增强自我保护的意识和能力

C. 教师和家长不仅要关心留守儿童的生活，还要关心他们的心理健康

D. 由于父母长期在外，对留守儿童就难以做到家校共育

专题八 《学生伤害事故处理办法》

考法透视 本专题以理解、记忆为主，多以选择题、判断题等客观题的形式考查，但也会以案例分析题等主观题的形式出现，主要考查《学生伤害事故处理办法》的具体条文。

限时:60 分钟	用时: 分钟	错题数: 道	▶答案见 P1156

一、单项选择题

1. 某校初一住校生周某某天晚自习时偷跑到网吧玩游戏，第二天继续逃课在外上网 10 个多小时后，下午猝死在网吧。针对此事件，以下说法错误的是(　　)

A. 网吧不应该让周某进入，网吧要承担一定责任

B. 学校应加强管理，采取措施保障未成年人的安全

C. 周某的父母或监护人有责任引导其进行有益于身心健康的活动

D. 周某违反学校规定偷跑到网吧上网致死，学校没有责任

2. 以下不属于《学生伤害事故处理办法》的适用范围的是(　　)

A. 学校组织的校外活动　　B. 学生自行组织的校外活动

C. 在学校实施的教学活动　　D. 学生宿舍

3. 七年级学生王超在课堂上不慎将同学小孙的眼睛戳伤，在该事故中承担赔偿责任的是(　　)

A. 学校　　B. 班主任　　C. 王超　　D. 王超父母

4. 因学校教师或者其他工作人员在履行职务中的故意或者重大过失造成的学生伤害事故，应当(　　)

A. 由学校予以赔偿

B. 由直接责任人赔偿

C. 由学校和直接责任人各赔偿一半或协商赔偿

D. 由学校予以赔偿后，可以向直接责任人追偿

5. 小学生李阳在体育课上因地面不平摔倒，造成身上多处软组织受伤。根据《学生伤害事故处理办法》的相关规定，这次事故应承担主要责任的是(　　)

A. 体育老师　　B. 李阳　　C. 学校　　D. 家长

6. 下列关于学生遭受人身伤害的处理原则表述不正确的是(　　)

A. 由校园中的无民事行为能力或限制民事行为能力的学生造成的学生伤害事故，应当由造成伤害的学生的监护人来承担相应的赔偿责任

B. 因学校教师或者其他工作人员实施与其职务无关的个人行为造成的学生伤害事故，应由致害人依法承担相应的责任

C. 未成年学生在学校开展的对抗性或者具有风险性的体育竞赛活动中发生意外伤害的，学校应承担相应的责任

D. 学校安排学生参加活动，因提供交通工具、食品及其他消费与服务的经营者，或者学校以外的活动组织者的过错造成的学生伤害事故，有过错的当事人应当依法承担相应的责任

7. 根据《学生伤害事故处理办法》的规定，学校对未成年学生(　　)

A. 不承担监护职责　　B. 不承担安全教育职责

C. 不承担保护职责　　D. 不承担自救教育职责

8. 学生伤害事故侵权民事责任的归责原则是(　　)

A. 过错责任原则　　B. 委托责任原则

C. 监护责任原则　　D. 无过错责任原则

9. 李老师在学校晨读期间，让学生夏某到校外为自己买早点，夏某不幸遭遇车祸。事故责任应由(　　)

A. 李老师全部承担　　B. 车祸肇事方承担

C. 李老师和车祸肇事方共同承担　　D. 学校全部承担

10. 五一假期期间，住在学校附近的初三学生小张自行到学校温习功课，在楼梯口踩空失足摔伤，应当承担责任的主体是(　　)

A. 小张所在学校　　B. 学校值班人员

C. 小张及其监护人　　D. 小张及其所在的学校

11. 某校组织学生到公园参观，教师事先反复强调注意事项和纪律，学生王某(11 岁)对教师的强调置之不理，自行攀爬公园内标有“禁止攀爬”告示的假山，结果从假山摔下导致骨折。王某的骨折应该由(　　)

A. 学校负责，因为教师没有尽到管理职责

B. 王某负责，因为他违反了纪律

C. 学校负责，因为是学校组织的活动

D. 学校和王某共同负责

12. 限制民事行为能力人在学校或者其他教育机构学习、生活期间受到人身伤害，学校或者其他教育机构应负(　　)

A. 过错推定责任　　B. 过错责任　　C. 非过错责任　　D. 公平责任

13. 学校运动会的志愿者李某在记录测试结果时被参赛选手王某砸中，造成轻伤。对于这一事故，承担赔偿责任的主体是(　　)

A. 王某的监护人　　B. 裁判老师

C. 参赛选手王某　　D. 学校

14. 下列情形中，学校不应当依法承担相应责任的是(　　)

A. 12 岁的李某在学校荡秋千时，绳子突然断裂，造成李某左腿骨折

B. 13 岁的赵某在早操时因插队被同学撞倒在地，造成左臂骨折

C. 11 岁的王某语文课上偷偷看小说,老师发现后,罚他到操场跑 50 圈,造成其心脏衰竭死亡

D. 14 岁的杨某最近总是郁郁寡欢,老师知道原因后及时给予了开导,但杨某还是在家服毒寻了短见,经抢救无效死亡

15. 某市兴民县明德中学初二(4)班学生在课间休息时,被掉落的广告牌砸伤,经鉴定为轻微伤。学校处理该事故后,还应当书面报告( )

A. 县人民政府 B. 市教育行政部门

C. 市人民政府 D. 县教育行政部门

16. 小学生林某课外活动期间在学校的操场上翻单杠,单杠因年久失修突然断裂,林某从单杠上摔落到硬地上,造成脊柱严重骨折。谁应对林某的伤害承担责任( )

A. 林某自己负责 B. 林某的父母或其他监护人负责

C. 学校负责 D. 以上各方均不负责

17. 某小学生在回宿舍途中跟同学打闹嬉戏时被绊倒受伤,学校抓紧将其送到医院,并通知家长。此次事故中,承担主要责任的是( )

A. 家长 B. 学校 C. 小学生自己 D. 打闹的同学

18. 学生伤害事故的责任,其确定依据是( )

A. 相关当事人的经济条件、责任的承担能力

B. 相关当事人的过错性质、程度和悔过态度

C. 相关当事人的行为与损害后果的因果关系

D. 相关当事人的态度与损害后果的严重程度

19. 关于学校的教育保护职责,下列说法不正确的是( )

A. 教育保护职责以教育法为依据 B. 教育保护职责实行无过错原则

C. 教育保护没有代管学生财产的权利 D. 学校不能转让教育保护职责

20. 某校三年级男生小强与同班女生小红发生矛盾后打了小红,老师对小强进行了批评教育。小红父亲得知此事赶到学校,冲进教室,不顾上课老师的阻拦,将小强打伤。事后小强家长将小红父亲和学校一起告上法庭。该事件经法院审理,判决学校承担 40% 的责任。法院对这起学生伤害事故采用的归责原则是( )

A. 过错原则 B. 无过错原则

C. 公平原则 D. 补偿原则

21. 当前,能减少学生伤害事故给学校造成的压力(负担),同时能较好地解决学生伤害事故损害赔偿或补偿责任的合法且有效的途径是( )

A. 学校加强安全教育,学生学会自护自救本领

B. 学校参加责任保险,学生参加意外伤害保险

C. 学校发动师生捐款,设立学生伤害赔(补)偿基金

D. 学校与学生家长签订“学生(子女)安全责任协议”

二、多项选择题

1. 根据我国《学生伤害事故处理办法》的规定，下列情形中，造成学生伤害事故，学校应当依法承担相应责任的有（　　）

A. 学校向学生提供的药品、食品、饮用水等不符合国家或者行业的有关标准、要求的

B. 学生行为具有危险性，学校、教师已经告诫、纠正，但学生不听劝阻、拒不改正的

C. 学校知道教师或者其他工作人员患有不适宜担任教育教学工作的疾病，但未采取必要措施的

D. 学生或者其监护人知道学生有特异体质，或者患有特定疾病，但未告知学校的

2. 下列选项中属于学生伤害事故的有（　　）

A. 学生上体育课发生的伤害

B. 学生在课余时间发生的伤害

C. 学生在学校组织的校外活动中发生的伤害

D. 学生在放学途中发生的伤害

3. 根据《学生伤害事故处理办法》的规定，学校不承担事故责任的情形有（　　）

A. 学生自行外出或者擅自离校期间发生的

B. 学生自行上学、放学途中发生的

C. 节假日学生自行滞留学校发生的

D. 体育课上在学校篮球场上发生的

4. 学生伤害事故的范围仅限于对（　　）的伤害。

A. 生命权　　B. 财产权

C. 身体权　　D. 健康权

5. 下列学生伤害事故中，根据我国《学生伤害事故处理办法》的规定，学校应当依法承担法律责任的情形有（　　）

A. 小学五年级学生小明在体育课上练习爬绳时，爬绳突然断了导致肢体受伤

B. 小学三年级学生小华在学校食堂用餐后出现呕吐情况，被诊断为食物中毒

C. 小学四年级学生小丽患有先天性心脏病，家长未告知学校，小丽在校突发心脏病死亡

D. 小学三年级一班班主任患急性肝炎并传染给学生

6. 学校事故作为一种侵权行为，其基本特征是（　　）

A. 侵权行为的侵害对象是学生的人身权

B. 学校或教师侵害了学生的合法权益

C. 必须是学校或教师基于过错而实施的行为

D. 侵权行为的侵害对象是学生的受教育权

7. 初二（3）班上体育课时，体育老师安排学生自行踢球后，自己则在操场旁边玩手机。踢球过程中，学生孙刚和吴军为抢球发生争吵、扭打，孙刚被重重地打倒在地，造成手臂骨折。旁边的同学赶紧向体育老师汇报，几名男同学协助体育老师将孙刚送往医院，学校则立即通知孙

刚父母。经医院检查，孙刚需要手术治疗。依据相关教育法律法规，下列说法正确的是( )

A. 学生孙刚负次要责任，由其监护人负责赔偿

B. 学生吴军负主要责任，由其监护人负责赔偿

C. 学校负次要责任，应进行相应赔偿

D. 学校承担经济赔偿后，可向体育老师进行全部或部分追偿

三、判断题

1. 发生学生伤害事故，情形严重的，为不影响学校正常秩序，学校可暂缓几日后再向当地人民政府报告。 ( )
2. 由于教师个人的与职务无关的行为导致他人合法权利受损，学校也要承担责任。 ( )
3. 对未成年学生的监护人的设定包括法定监护和指定监护。 ( )
4. 张某对海鲜严重过敏，张某的父母没有告知学校，张某在学校食堂食用海鲜后出现呕吐、腹痛、腹泻等反应，学校不用承担相应责任。 ( )
5. 发生学生伤害事故，学校与受伤害学生或者学生家长可以通过协商方式解决，未成年人也可以直接提起诉讼。 ( )
6. 在某小学六年级正常的教育教学时间内，教师让没有带教科书的一位学生回家取书，而这位学生在回家的路上发生了交通事故，此事故属于学校直接责任事故。 ( )
7. 未成年学生的身体状况、行为、情绪等有异常情况，监护人知道或者已被学校告知而发生的学生伤害事故，应由学校和监护人共同承担责任。 ( )
8. 学校仅对发生在校园范围内的学生伤害事故依法承担相应的责任，对学生在校外场所发生的学生伤害事故，学校不承担责任。 ( )

四、案例分析题

1. 某中学组织学校篮球比赛，比赛过程中学生张某(14 岁)在争抢篮板球落地过程中，摔倒在球场上，造成大腿粉碎性骨折。经医院治疗，医疗费用近 4 万元。事后，张某父母认为篮球赛是学校组织的，理应由学校承担全部医疗费用，要求学校赔付 4 万元医疗费用，但学校认为这是校方组织的正常篮球比赛，在这种具有风险性的体育竞赛中，学校也不可能预见意外的发生，学校认为自身没有过错，不承担责任。

   结合以上案例回答以下问题：

   (1)根据学校过错原则，学校在此案件中是否存在过错？

   (2)学校是否需要承担全部医疗费用？请说明理由。

2. 某小学五年级(1)班的学生在操场上体育课,学习踢足球。体育老师在给学生讲解完踢足球的要领及注意事项之后,把班上的学生分成几个小组进行练习。李某(10 岁)和王某(11 岁)分在一个小组内,由于地面不平,李某在奔跑的过程中不慎摔倒,恰好被跑上前来的王某踩到小腿,导致小腿骨折。而此时,体育老师正在指导其他小组练习。最终李某住院三个月,共花费医疗费、护理费、营养费等 1 万余元。事后,李某家长认为李某是在学校受伤的,应当由学校承担全部责任,且花费的 1 万余元费用应由学校承担。

结合案例,回答以下问题:

(1)学校是否应该承担责任?请说明理由。

(2)王某的父母是否应该承担责任?请说明理由。

专题九　其他相关教育政策法规

考法透视 本专题以识记为主,多以选择题、判断题等客观题的形式考查,但也会以简答、论述、案例分析等主观题的形式出现,主要考查教育政策法规的具体内容。

限时:200 分钟	用时:　　分钟	错题数:　　道	▶答案见 P1160

一、单项选择题

1. 教师在教育教学过程中,带头践行社会主义核心价值观,弘扬真善美,传递正能量。这体现了《新时代中小学教师职业行为十项准则》中的(　　)

A. 热爱教育事业　　B. 潜心教书育人

C. 坚持言行雅正　　D. 传播优秀文化

2. 2021 年 3 月 1 日起施行的(　　)规定,学校、教师应当遵守教育规律,依法履行职责,通过积极管教和教育惩戒的实施,及时纠正学生错误言行,培养学生的规则意识、责任意识。

A.《中小学教育惩戒法》　　B.《中小学教育惩戒法征求意见》

C.《中小学教育惩戒条例》　　D.《中小学教育惩戒规则(试行)》

3. 教育惩戒须有法可依,教师依法行事,明确职责边界,才能在教育教学和管理中有章可循。下列情形中,属于教师不应该进行教育惩戒的情形是(　　)

A. 学生小明故意扰乱课堂秩序　　B. 学生小强欺凌同学

C. 学生小慧因生病无法完成作业　　D. 学生小龙在同学聚餐时过度饮酒

4.《中共中央 国务院关于全面深化新时代教师队伍建设改革的意见》提出要“把提高教师(　　)和职业道德水平摆在首要位置,把社会主义核心价值观贯穿教书育人全过程”。

A. 思想政治素质　　B. 学科专业水平

C. 个人综合素质　　D. 个人创新能力

5. 下列选项中,属于《中国教育现代化 2035》提出的推进教育现代化基本理念的是(　　)

A. 更加注重关爱学生　　B. 更加注重教育公平

C. 更加注重知行合一　　D. 更加注重科学施教

6.《大中小学劳动教育指导纲要(试行)》指出,要把握劳动教育的根本特征,让学生面对真实的个人生活、生产和社会性服务任务情境,亲历实际的劳动过程,善于观察思考,注重运用所学知识解决实际问题,提高劳动质量和效率。这体现的劳动教育基本理念是(　　)

A. 继承优良传统,彰显时代特征　　B. 强调身心参与,注重手脑并用

C. 发挥主体作用,激发创新创造　　D. 强化劳动观念,弘扬劳动精神

7.《中国教育现代化 2035》提出要创新人才培养方式,在教学方式上推行(　　)

A. 灌输式、探究式、参与式、自主式　　B. 启发式、探究式、参与式、合作式

C. 自主式、模仿式、参与式、合作式　　D. 启发式、自主式、参与式、质疑式

8. 2021 年 3 月 30 日,教育部办公厅发布的《关于进一步加强中小学生睡眠管理工作的通知》明确了学生睡眠时间的要求。根据不同年龄阶段学生身心发展特点,小学生每天睡眠时间应达到(　　)

A. 11 小时　　B. 10 小时　　C. 9 小时　　D. 8 小时

9. 下列选项中,属于《中国教育现代化 2035》提出的 2035 年主要发展目标的是(　　)

A. 建成具有国际影响力的职业教育大国

B. 建成世界先进水平的高等教育强国

C. 建成全球化背景下的创新型人才强国

D. 建成服务全民终身学习的现代教育体系

10. 教师敷衍完成本职教学任务,进行兼职兼薪工作,根据《新时代中小学教师职业行为十项准则》,该教师违背了(　　)

A. 自觉爱国守法　　B. 潜心教书育人

C. 坚守廉洁自律　　D. 规范从教行为

11. 2021 年 3 月,教育部等六部门印发了《义务教育质量评价指南》,其中“践行为党育人、为国育才使命,坚持正确政绩观和科学教育质量观,促进义务教育公平发展和质量提升”的基本原则是(　　)

A. 坚持正确方向　　B. 坚持育人为本

C. 坚持问题导向　　D. 坚持以评促建

12.(　　)要依法落实教师待遇,为学校招聘教师提供支持。

A. 人力资源社会保障部门　　B. 财政部门

C. 民政部门　　D. 教育部门

13.《深化新时代教育评价改革总体方案》以立德树人为主线，以破五唯为导向。其中，五唯是指(　　)

①唯分数　②唯升学　③唯论文　④唯文凭　⑤唯帽子　⑥唯资历

A. ①②③④⑤　　B. ①②③④⑥

C. ①②④⑤⑥　　D. ②③④⑤⑥

14.《中共中央 国务院关于全面加强新时代大中小学劳动教育的意见》指出："注重围绕增加劳动知识、技能，加强家政学习，开展社区服务，适当参加生产劳动，使学生初步养成认真负责、吃苦耐劳的品质和职业意识。"这一内容要求针对的学段是(　　)

A. 小学低年级　　B. 小学中高年级　　C. 初中　　D. 普通高中

15.《中共中央 国务院关于深化教育教学改革全面提高义务教育质量的意见》强调，要坚持以习近平新时代中国特色社会主义思想为指导，全面贯彻党的教育方针，落实________根本任务，遵循教育规律，强化教师队伍基础作用，围绕凝聚人心、完善人格、开发人力、培育人才、造福人民的工作目标，发展素质教育，培养德智体美劳全面发展的社会主义建设者和接班人。(　　)

A. 人才培养　　B. 立德树人　　C. 教育强国　　D. 百年树人

16. 中共中央、国务院印发的《关于深化教育教学改革全面提高义务教育质量的意见》中提出，要明确教师的(　　)

A. 教育处罚权　　B. 教育惩罚权

C. 教育惩戒权　　D. 教育处理权

17. 2019年6月23日，《中共中央 国务院关于深化教育教学改革全面提高义务教育质量的意见》明确提出坚持"五育"并举，全面发展素质教育。其中，"五育"指的是(　　)

A. 教育、智育、体育、美育、劳动教育

B. 教育、智育、体育、心育、劳动教育

C. 德育、智育、体育、美育、劳动教育

D. 德育、智育、体育、心育、劳动教育

18.《中共中央 国务院关于深化教育教学改革全面提高义务教育质量的意见》中提出了全面提高义务教育质量的主要任务。下列选项中，不属于《意见》中提出的主要任务的是(　　)

①坚持"五育"并举，全面发展素质教育　②健全充满活力的教育体制　③强化课堂主阵地作用，切实提高课堂教学质量　④按照"四有好老师"标准，建设高素质专业化教师队伍　⑤把改革创新作为教育发展的强大动力　⑥深化关键领域改革，为提高教育质量创造条件

A. ①②　　B. ②⑤　　C. ③④　　D. ⑤⑥

19. 根据我国《学校卫生工作条例》的规定，学校应当合理安排学生的学习时间。学生每日学习时间(包括自习)，小学不超过(　　)小时。

A. 五　　B. 六　　C. 七　　D. 八

20. 关于当前我国加快推进教育现代化的指导思想，下列表述不正确的是(　　)

A. 以习近平新时代中国特色社会主义思想为指导

B. 以培养社会主义建设者和接班人为根本任务

C. 以着力深化改革和服务国计民生为时代主题

D. 以全面加强党对教育工作的领导为根本保证

21.《新时代爱国主义教育实施纲要》指出，在普通中小学、中职学校，将爱国主义教育融入语文、道德与法治、历史等学科教材编写和教育教学中，在普通高校将爱国主义教育与哲学社会科学相关专业课程有机结合，加大爱国主义教育内容的比重。这体现了新时代爱国主义教育要(　　)

A. 办好学校思想政治理论课　　B. 突出思想内涵，强化思想引领

C. 充分发挥课堂教学的主渠道作用　　D. 强化教育引导、实践养成、制度保障

22. 中学、小学校园周围(　　)范围内不得设立互联网上网服务营业场所。

A. 200 米　　B. 300 米　　C. 400 米　　D. 100 米

23. 实施教育行政处罚的机关，除法律、法规另有规定的外，必须是(　　)的教育行政部门。

A. 国务院　　B. 省人民政府

C. 地(市)级以上人民政府　　D. 县级以上人民政府

24.《中国教育现代化 2035》中指出，要着力提高教育质量，促进(　　)，优化教育结构，为决胜全面建成小康社会、实现新时代中国特色社会主义发展的奋斗目标提供有力支撑。

A. 教育均衡发展　　B. 教育公平

C. 教育现代化　　D. 教育环境改善

25. 中共中央、国务院印发的《中国教育现代化 2035》指出，2035 年推进教育现代化的主要发展目标之一是(　　)

A. 全面普及初中阶段教育　　B. 全面普及高中阶段教育

C. 全面普及高等教育　　D. 全面普及小学教育

26. 城市普通中小学、农村中心小学和普通中学设卫生室，按学生人数(　　)的比例配备专职卫生技术人员。

A. 400∶1　　B. 500∶1　　C. 600∶1　　D. 800∶1

27. 参加教师资格考试有作弊行为的，其考试成绩作废，(　　)内不得再次参加教师资格考试。

A. 2 年　　B. 3 年　　C. 4 年　　D. 5 年

28.《中小学生减负措施》中指出，组织学生参加文体活动，确保每天锻炼(　　)

A. 0.5 小时　　B. 1 小时　　C. 1.5 小时　　D. 2 小时

29.《中小学德育工作指南》明确了德育的总体目标，其中，要求增强中国特色社会主义(　　)

A. 道路自信、理念自信、文化自信、制度自信

B. 道路自信、思想自信、发展自信、文化自信

C. 道路自信、文化自信、思想自信、制度自信

D. 道路自信、理论自信、制度自信、文化自信

30. 为深入贯彻落实习近平总书记关于教育的重要论述和全国教育大会精神，全面提升教师思想政治素质和职业道德水平，2019 年 11 月 15 日教育部等七部门印发了（　　）

A.《新时代公民道德建设实施纲要》

B.《中共中央 国务院关于全面深化新时代教师队伍建设改革的意见》

C.《关于加强和改进新时代师德师风建设的意见》

D.《新时代中小学教师职业行为十项准则》

31.《幼儿园教师专业标准（试行）》中指出，教师应科学照料幼儿（　　），指导和协助保育员做好班级常规保育和卫生工作。

A. 日常生活　　B. 在园卫生　　C. 饮食睡眠　　D. 课堂学习

32. 中共中央、国务院印发的《关于深化教育教学改革全面提高义务教育质量的意见》中指出：在以习近平同志为核心的党中央坚强领导下，我国义务教育取得了举世瞩目的成就，整体水平已经跃居世界（　　）行列。进入新时代，我国义务教育正由基本均衡向优质均衡迈进，人民群众的教育需求正由“有学上”向“上好学”转变。

A. 最优　　B. 先进　　C. 中上　　D. 中等

33. 教职工代表大会的人员组成中，教师代表一般不低于（　　）

A. 40%　　B. 50%　　C. 60%　　D. 67%

34. 2019 年 12 月，国家卫生健康委、中宣部等 12 部门联合印发的《健康中国行动——儿童青少年心理健康行动方案（2019 ~ 2022 年）》中提出，我国启动儿童青少年心理健康行动，所有学校要开展学生心理健康服务的时间是（　　）

A. 到 2020 年底　　B. 到 2022 年底

C. 到 2025 年底　　D. 到 2030 年底

35.《中共中央 国务院关于全面深化新时代教师队伍建设改革的意见》提出，要实现“教师综合素质、专业化水平和创新能力大幅提升，培养造就数以百万计的骨干教师、数以十万计的卓越教师、数以万计的教育家型教师”的目标，这一目标实现的时间是（　　）

A. 2025 年　　B. 2030 年　　C. 2035 年　　D. 2040 年

36. 2019 年 2 月，中共中央办公厅、国务院办公厅印发了《加快推进教育现代化实施方案（2018 ~ 2022 年）》（以下简称《实施方案》）。《实施方案》提出要着力减轻中小学生过重课外负担，支持中小学校普遍开展（　　）

A. 课后服务工作　　B. 德育活动

C. 师德师风建设　　D. 教育提升计划

37. 中共中央、国务院印发的《关于全面加强新时代大中小学劳动教育的意见》提出，根据各学段特点，在大中小学设立（　　）

A. 劳动教育校外课程　　B. 劳动教育选修课程

C. 劳动教育培训课程　　D. 劳动教育必修课程

38. 霍某是某中学的一名语文老师，在日常教学过程中，她常常带头践行社会主义核心价值观，弘扬真善美，传递正能量；面对学生在群体内部编造、散布虚假信息、不良信息的行为，她也会第一时间进行纠正。从《新时代中小学教师职业行为十项准则》的内容来看，霍某的这一表现体现了其对(　　)的践行。

A. 传播优秀文化　　B. 潜心教书育人

C. 秉持公平诚信　　D. 加强安全防范

39. 2018 年 11 月 8 日，教育部颁布《中小学教师违反职业道德行为处理办法(2018 年修订)》。其中第三条规定，对教师违反职业道德的行为视情节轻重分别给予相应处分和其他处理。处分包括(　　)

①责令检查　②通报批评　③警告　④记过　⑤降低岗位等级或撤职　⑥开除

A. ①②③④　　B. ③④⑤⑥　　C. ①③④⑥　　D. ②③④⑤

40. 教师要落实立德树人根本任务，不得违反教学纪律，敷衍教学，或擅自从事影响教育教学本职工作的兼职兼薪行为，这要求教师要遵守下列哪项职业行为准则(　　)

A. 潜心教书育人　　B. 自觉爱国守法

C. 传播优秀文化　　D. 关心爱护学生

41.《中共中央国务院关于深化教育改革，全面推进素质教育的决定》中提出，教育要以培养学生的(　　)

A. 知识和技能为重点　　B. 创新精神和实践能力为重点

C. 情商和智商为重点　　D. 基础知识和实践能力为重点

42. 教育部《关于全面深化课程改革落实立德树人根本任务的意见》指出，改进学科教学的育人功能。全面落实(　　)

A. 以学生为本的教育理念　　B. 以技术为本的教育理念

C. 以教师为本的教育理念　　D. 以知识为本的教育理念

43. 张某是某县公立学校在编教师，因严重违反职业道德，经相关部门研究决定给予张某开除处分。这一处分决定应按照(　　)程序进行。

A. 学校教代会讨论后，由学校领导班子集体研究决定并向县教育局备案

B. 学校研究后向县人社局提出建议，由县人社局决定并备案

C. 县教育局研究后向县人社局提出建议，由县人社局决定并备案

D. 学校研究后向县教育局提出建议，由县教育局决定并向县人社局备案

44.《深化新时代教育评价改革总体方案》指出，教育评价改革要坚持科学有效，改进结果评价，强化过程评价，探索增值评价，健全综合评价，充分利用信息技术，提高教育评价的(　　)

A. 科学性、专业性、客观性　　B. 专业性、系统性、客观性

C. 科学性、全面性、有效性　　D. 专业性、全面性、有效性

45. 下列选项中，说法错误的是(　　)

A. 严禁中小学校组织学生参加有偿补课

B. 严禁在职的中小学教师参加校外培训机构组织的有偿补课

C. 在职中小学教师可以为生病请假的学生无偿补课

D. 在职中小学教师可以推荐学习困难的学生到校外培训机构参加有偿补课

46. 2018 年 1 月,《中共中央 国务院关于全面深化新时代教师队伍建设改革的意见》中提出,要推行(　　)制度,建立教师个人信用记录,完善诚信承诺和失信惩戒机制,着力解决师德失范、学术不端等问题。

A. 教师考核管理　　B. 教师聘任管理

C. 师德师风一票否决　　D. 师德考核负面清单

47. (　　)是国民教育体系的重要内容,是学生成长的必要途径,具有树德、增智、强体、育美的综合育人价值。

A. 健康教育　　B. 劳动教育

C. 美育　　D. 智育

48. 加强教师理想信念教育,用习近平新时代中国特色社会主义思想武装头脑,引导广大教师全面贯彻党的教育方针,准确理解和把握中国特色社会主义核心价值观的深刻内涵,树立正确的历史观、民族观、国家观和(　　)

A. 人生观　　B. 角色观　　C. 大局观　　D. 文化观

49. 2019 年 7 月 15 日,教育部等六部门联合印发了《关于规范校外线上培训的实施意见》。《意见》中要求,校外线上培训机构要具有完善的招聘、审查、管理培训人员的办法,师资队伍相对稳定,不得聘用(　　)

A. 中小学在职教师　　B. 兼职教师

C. 工作未满两年的教师　　D. 外籍教师

50. 下列属于《新时代中小学教师职业行为十项准则》中对于“坚持言行雅正”的要求的是(　　)

A. 不得歧视、侮辱学生　　B. 忠于祖国,忠于人民

C. 落实立德树人根本任务　　D. 不得与学生发生任何不正当关系

51. 下列符合《新时代中小学教师职业行为十项准则》的行为是(　　)

A. 在教育教学活动中面临危险时,擅离职守

B. 在招生、考试、评优评奖等工作中公平公正

C. 通过课堂、信息网络等渠道散布不良信息

D. 参加由学生家长付费的旅游、娱乐休闲等活动

52. 关于在发生危险时教师具有保护学生安全职责的认识,下列说法错误的是(　　)

A. 教师也是人,在发生危险时第一时间自己逃走是人的天性,无可厚非

B. 作为一名人民教师,在发生危险时不顾学生安全是不道德的

C. 教师有保护学生安全的义务和责任

D. 作为一名教师,应关爱学生,保护学生的安全,临危逃脱的教师未尽到教师的责任

53. 教师应为人师表，以身作则，举止文明，作风正派，自重自爱，这属于下列哪项行为准则的要求（　　）

A. 关心爱护学生　　B. 坚持言行雅正

C. 自觉爱国守法　　D. 坚守廉洁自律

54. 以下哪项体现了教师传播优秀文化的职业行为准则（　　）

A. 忠于祖国，忠于人民

B. 因材施教，教学相长

C. 不通过课堂发表错误观点或编造散布虚假信息

D. 不从事影响本职工作的兼职兼薪行为

55.《新时代爱国主义教育实施纲要》指出，爱国主义是中华民族的民族心、民族魂，坚持把（　　）作为鲜明主题。

A. 实现中华民族伟大复兴的中国梦　　B. 维护祖国统一和民族团结

C. 促进人民和平与发展的崇高事业　　D. 国情教育和形势政策教育

56. 根据我国《教师资格条例》规定，被撤销教师资格的，自撤销之日起 5 年内不得重新申请认定教师资格，其教师资格证书由（　　）

A. 市级以上人民政府教育行政部门销毁

B. 市级以上人民政府教育行政部门收缴

C. 县级以上人民政府教育行政部门销毁

D. 县级以上人民政府教育行政部门收缴

57. 张红在 2021 年获得了高级中学教师资格证，她不能应聘下列哪项岗位（　　）

A. 小学教师　　B. 初级中学教师

C. 高等学校教师　　D. 技工学校文化课教师

58. 因“品行不良、侮辱学生，影响恶劣”被撤销教师资格的，自撤销之日起（　　）年内不得重新申请认定教师资格。

A. 1　　B. 3　　C. 5　　D. 10

59. 教师资格认定机构根据教师资格专家审查委员会的审查意见，在受理申请期限终止之日起（　　）法定工作日内作出是否认定教师资格的结论。

A. 15 个　　B. 30 个　　C. 45 个　　D. 60 个

60. 根据《教师资格条例》的规定，弄虚作假、骗取教师资格的，其教师资格将依法被（　　）

A. 取消　　B. 注销　　C. 撤销　　D. 吊销

61. 中小学教师继续教育的重点是（　　）

A. 提高教师教学水平　　B. 提高教师素质

C. 提高教师业务能力　　D. 提高教师实施素质教育的能力和水平

62. 针对某地发生的发放印有商业广告红领巾一事，教育部印发《严禁商业广告、商业活动进入中小学校和幼儿园的紧急通知》，要求各地严格审批“进校园”活动，经批准同意进入校园的

各类教育活动,必须坚持(　　)

A. 无偿性原则　　B. 协商性原则　　C. 公益性原则　　D. 备案制原则

63. 2018 年 2 月,教育部等四部委下发的《关于切实减轻中小学生课外负担开展校外培训机构专项治理行动的通知》要求,坚决治理(　　)的行为,确保中小学生健康成长全面发展。

A. 违背教育规律和青少年成长规律　　B. 中小学生课外负担过重

C. 影响学校正常教学秩序　　D. 以"应试"为导向的培训

64. 在全国教育大会上,习近平总书记指出:"我国是中国共产党领导的社会主义国家,这就决定了我们的教育必须把(　　)作为根本任务,培养一代又一代拥护中国共产党领导和我国社会主义制度、立志为中国特色社会主义奋斗终身的有用人才。"

A. 培养什么人、怎样培养人、为谁培养人

B. 培养社会主义建设者和接班人

C. 立德树人

D. 培养德智体美劳全面发展的人

65. 学校要求各班级以"健全人格,自我管理"为主题,开展系列班级活动,该措施属于培养学生核心素养中的(　　)

A. 健康生活　　B. 实践创新　　C. 人文底蕴　　D. 自主发展

66. 我国《校车安全管理条例》明确规定,县级以上人民政府应采取措施,保障获得校车服务的对象是(　　)

A. 幼儿园学生和小学生　　B. 小学生和初中生

C. 初中生和高中生　　D. 高中生和大学生

67. 根据《国家教育考试违规处理办法》的规定,考试工作人员应回避考试工作却隐瞒不报的,对其应追究的法律责任是(　　)

A. 行政法律责任　　B. 民事法律责任

C. 刑事法律责任　　D. 违宪责任

68. 依照我国《〈教师资格条例〉实施办法》的规定,关于教师教育教学能力的标准中,不包括(　　)

A. 普通话水平达到二级乙等以上标准

B. 具有师范院校颁发的毕业证书

C. 具有良好的身体素质和心理素质

D. 具备承担教育教学工作所必须的基本素质和能力

69. 《中共中央 国务院关于全面深化新时代教师队伍建设改革的意见》在战略意义中强调,教育发展的第一资源是(　　)

A. 教师　　B. 知识　　C. 制度　　D. 技术

70. "为中华之崛起而读书"体现了《中国学生发展核心素养》中的(　　)素养。

A. 责任担当　　B. 实践创新　　C. 学会学习　　D. 健康生活

二、多项选择题

1.《大中小学劳动教育指导纲要(试行)》中强调,将劳动教育纳入人才培养全过程,丰富、拓展劳动教育实施途径,下列属于劳动教育途径的有(　　)

A. 独立开设劳动教育必修课　　B. 在学科专业中有机渗透劳动教育

C. 在课外校外活动中安排劳动实践　　D. 在校园文化建设中强化劳动文化

2. 2021 年 4 月,教育部办公厅印发《中学教育专业师范生教师职业能力标准(试行)》《小学教育专业师范生教师职业能力标准(试行)》等五个文件,分别明确中学教育、小学教育、学前教育、中等职业教育和特殊教育专业师范生教师职业基本能力,即师德践行能力和(　　)

A. 综合评价能力　　B. 综合育人能力

C. 教学实践能力　　D. 自主发展能力

3. 下列选项属于《中国教育现代化 2035》提出的推进教育现代化基本原则的是(　　)

A. 坚持党的领导　　B. 坚持服务人民

C. 坚持公益普惠　　D. 坚持统筹推进

4.《中小学教育惩戒规则(试行)》自 2021 年 3 月 1 日起施行,根据规则,在确有必要的情况下,教师在课堂教学、日常管理中,对违规违纪情节较为轻微的学生,可以当场实施的教育惩戒有(　　)

A. 一节课堂教学时间内的教室外站立

B. 责令赔礼道歉、做口头或者书面检讨

C. 适当增加额外的班级公益服务任务

D. 点名批评

5.《中学教师专业标准(试行)》中,“专业理念与师德”维度包括(　　)

A. 教育教学的态度与行为　　B. 对学生的态度与行为

C. 职业理解与认识　　D. 个人修养与行为

6. 下列选项中,不属于《新时代中小学教师职业行为十项准则》内容的有(　　)

A. 坚定政治方向　　B. 提高专业水平

C. 传播优秀文化　　D. 增强合作意识

7.《中国学生发展核心素养》确立了六大核心素养,其中自主发展的素养包括(　　)

A. 科学精神　　B. 学会学习

C. 责任担当　　D. 健康生活

8.《中国教育现代化 2035》的突出特点包括(　　)

A. 服务国家人民　　B. 体现前瞻引领

C. 立足国情世情　　D. 突出改革创新

9. 中共中央、国务院印发的《中国教育现代化 2035》提出了推进教育现代化的八大基本理念,其中包括(　　)

A. 更加注重知行合一　　B. 更加注重共建共享

C. 更加注重以智为先　　D. 更加注重面向人人

10.《关于加强和改进新时代师德师风建设的意见》提出了坚持尊重规律的基本原则，遵循(　　)，注重高位引领与底线要求结合、严管与厚爱并重，不断激发教师内生动力。

A. 社会发展规律　　B. 教育规律

C. 教师成长发展规律　　D. 师德师风建设规律

11. 经国务院同意，教育部、国家发展改革委、公安部、民政部、财政部、人力资源社会保障部、国家市场监管总局、国家广播电视总局、全国妇联等九部门联合向省级人民政府印发了《关于印发中小学生减负措施的通知》，要求严控书面作业总量。以下说法符合通知要求的是(　　)

A. 小学一二年级适量布置书面家庭作业

B. 三至六年级家庭作业不超过60分钟

C. 初中家庭作业不超过90分钟

D. 高中也要合理安排作业时间

12. 2020年3月20日，中共中央、国务院印发的《关于全面加强新时代大中小学劳动教育的意见》，突出强调的劳动教育内容有(　　)

A. 日常生活劳动　　B. 生产劳动

C. 服务性劳动　　D. 公益性劳动

13. 2020年7月，教育部印发的《大中小学劳动教育指导纲要(试行)》明确了劳动教育的目标有(　　)

A. 树立正确的劳动观念　　B. 具有必备的劳动能力

C. 磨炼顽强的意志　　D. 培育积极的劳动精神

14.《中共中央、国务院印发的《深化新时代教育评价改革总体方案》提出，各级党委要认真落实领导责任，履行好(　　)的职责，把思想政治工作作为学校各项工作的生命线紧紧抓在手上，贯穿学校教育管理全过程。

A. 把方向　　B. 管大局　　C. 作决策　　D. 保落实

15. 2020年3月颁布的《中共中央 国务院关于全面加强新时代大中小学劳动教育的意见》规定，要将劳动教育纳入中小学国家课程方案和职业院校、普通高等学校人才培养方案，形成具有(　　)的劳动教育课程体系。

A. 综合性　　B. 实践性

C. 开放性　　D. 针对性

16.《中共中央 国务院关于全面深化新时代教师队伍建设改革的意见》要求着力提升教师思想政治素质，全面加强师德师风建设，弘扬高尚师德。健全师德建设长效机制，推动师德建设常态化长效化，创新师德教育，完善师德规范，引导广大教师(　　)

A. 以德立身　　B. 以德立学　　C. 以德施教　　D. 以德育德

17.《中共中央 国务院关于全面深化新时代教师队伍建设改革的意见》中要求突出师德，指出要把提高教师思想政治素质和职业道德水平摆在首要位置，把社会主义核心价值观贯穿教书

育人全过程，突出全员全方位全过程师德养成，推动教师成为(　　)

A. 党执政的坚定支持者　　B. 推动学生学习的促进者

C. 学生健康成长的指导者　　D. 先进思想文化的传播者

18.《中共中央 国务院关于全面深化新时代教师队伍建设改革的意见》提出，加强教师队伍建设的基本原则有(　　)

A. 确保方向　　B. 强化保障　　C. 突出师德　　D. 深化改革

19. 根据教育部的相关规定，商业广告、商业活动严禁进入中小学校。下列选项中，不属于“商业广告、商业活动进校园”的是(　　)

A. 学校发放印有某培训机构广告的学生成绩报告单

B. 公益组织在学校发放“垃圾分类整理”的倡议书

C. 某医院在校园发放“理性认识新冠疫情”宣传单

D. 某公司向学校捐赠一批印刷有商场广告的文具盒

20.《中共中央 国务院关于深化教育改革，全面推进素质教育的决定》指出：全面推进素质教育，根本上要靠(　　)来保障。

A. 教师　　B. 社会　　C. 法治　　D. 制度

21.《中共中央 国务院关于深化教育教学改革全面提高义务教育质量的意见》对“促进信息技术与教育教学融合应用”做了规定，提出要(　　)

A. 提升教师教学水平　　B. 推进“教育 + 互联网”发展

C. 加快数字校园建设　　D. 加强信息化终端设备及软件管理

22.《中共中央 国务院关于深化教育教学改革全面提高义务教育质量的意见》在突出德育实效、(　　)等方面提出了有针对性的举措，以构建德智体美劳全面培养的教育体系。

A. 提升智育水平　　B. 强化体育锻炼

C. 增强美育熏陶　　D. 加强劳动教育

23. 为切实减轻中小学生过重的学业负担，教育部等九部门颁发了《中小学生减负措施》。减负措施要求教师不得布置(　　)

A. 多样性作业　　B. 重复性作业

C. 前置性作业　　D. 惩罚性作业

24. 日前，教育部、国家发展改革委、财政部、人力资源社会保障部、中央编办联合印发《教师教育振兴行动计划(2018 ~ 2022 年)》，《计划》指出振兴教师教育要在组织实施方面做到(　　)

A. 创新教育方式　　B. 明确责任主体

C. 加强经费保障　　D. 开展督导检查

25. 下列行为中，违反教师职业道德行为的有(　　)

A. 校园火灾来临时，李老师将本班学生安全疏散后，返回其他班级协助同事进行灭火工作

B. 刘老师将同事的研究成果在公开刊物上以自己独立署名方式发表

C. 在教师节期间，梅老师接受学生家长送的1000元购物卡

D. 徐老师要求学生每天进行不少于1小时的体育锻炼

26.《〈教师资格条例〉实施办法》的立法依据有(　　)

A.《中华人民共和国教育法》　B.《中华人民共和国教师法》

C.《中华人民共和国义务教育法》　D.《教师资格条例》

27. 教育部印发的《中小学教师违反职业道德行为处理办法》明确中小学教师不可触犯的师德禁行行为有(　　)

A. 组织、要求学生参加校内外有偿补课

B. 索要或者违反规定收受家长、学生财物

C. 在教育教学活动中遇突发事件时，不履行保护学生人身安全职责

D. 组织或者参与针对学生的经营性活动，或者强制学生订购教辅资料、报刊等谋取利益

28. 为进一步巩固全面改善贫困地区义务教育薄弱学校基本办学条件工作成果，经国务院同意，教育部、国家发展改革委和财政部发布了《关于切实做好义务教育薄弱环节改善与能力提升工作的意见》。《意见》中指出，要(　　)

A. 坚持基本办学条件改善与办学内涵质量建设相结合、相促进

B. 坚持城乡并重，科学规划，合理布局，推进义务教育学校标准化建设

C. 按照“缺什么补什么”的原则，补齐义务教育基本办学条件短板，改善教书育人环境

D. 重点解决现阶段人民群众反映强烈的突出问题，进一步巩固和提高义务教育均衡发展水平

29.《中共中央 国务院关于学前教育深化改革规范发展的若干意见》中指出，目前学前教育仍是整个教育体系的短板，发展不平衡不充分问题十分突出，这些问题主要表现在(　　)

A. 学前教育资源尤其是普惠性资源不足

B. 教学存在“小学化”倾向

C. 部分民办园过度逐利，幼儿安全问题时有发生

D. 教师队伍建设滞后

30. 实施素质教育应当贯穿于(　　)等各级各类教育。

A. 中小学教育　B. 职业教育　C. 成人教育　D. 高等教育

31. 教育部于2017年发布了《中小学德育工作指南》，提出了新时代我国德育工作的内容。下列选项中属于新时代我国德育工作内容的有(　　)

A. 理想信念教育　B. 社会主义核心价值观教育

C. 生态文明教育　D. 身心健康教育

32. 中共中央、国务院在《关于全面深化新时代教师队伍建设改革的意见》中提出要弘扬高尚师德，特别提出广大教师应坚持(　　)，争做“四有”好教师。

A. 教书与育人相统一　B. 言传与身教相统一

C. 潜心问道和关注社会相统一　D. 学术自由与学术规范相统一

33.《中小学教师违反职业道德行为处理办法》(2018年修订)规定，教师若有(　　)行为的，将

视情节轻重分别给予相应处分。

A. 违反教学纪律,敷衍教学

B. 教学质量低,长期不能提高

C. 擅自从事影响教育教学本职工作的兼职兼薪行为

D. 歧视、侮辱学生,虐待、伤害学生

34. 2019 年,中共中央、国务院颁布的《关于深化教育教学改革全面提高义务教育质量的意见》中,要求学校和教师优化教学方式,具体措施包括(　　)

A. 注重启发式、互动式、探究式教学　　B. 重视情境教学

C. 重视差异化教学和个别化指导　　D. 实施科学统一的教学模式

35. 中共中央、国务院印发的《中国教育现代化 2035》明确了实现教育现代化的实施路径为(　　)

A. 细化目标,分步推进　　B. 改革先行,系统推进

C. 精准施策,统筹推进　　D. 总体规划,分区推进

三、判断题

1. 教师要加强作业管理,控制学生书面作业的总量与时长,严禁重复性和惩罚性作业,提高作业育人质量。(　　)

2. 教育部颁布的《中小学教育惩戒规则(试行)》将教育惩戒分为:一般教育惩戒、较重教育惩戒和严重教育惩戒三类。(　　)

3. 中小学劳动教育具有树德、增智、强体、育美的综合育人价值。(　　)

4. 规范的校外培训机构能够对学校教育起到补充作用。(　　)

5. 2019 年 6 月 23 日,中共中央、国务院印发了《关于深化教育教学改革全面提高义务教育质量的意见》,这是为深入贯彻党的十九大精神和全国教育大会部署,加快推进教育现代化,建设教育强国,办好人民满意的教育,就深化教育教学改革、全面提高义务教育质量提出的意见。(　　)

6.《关于深化教育教学改革全面提高义务教育质量的意见》中提出,为了推进国际交流,有条件的义务教育学校可以引进境外课程,使用境外教材。(　　)

7. 推动各级教育高水平高质量普及,要提升高中阶段教育普及水平,推进高等职业教育和普通高中教育协调发展。(　　)

8. 2018 年 1 月,中共中央、国务院颁布了《关于全面深化新时代教师队伍建设改革的意见》,这是新中国成立以来,党中央出台的第一个专门面向教师队伍建设的里程碑式政策文件。(　　)

9. 2020 年 3 月,中共中央、国务院印发了《关于全面加强新时代大中小学劳动教育的意见》,强调强化劳动教育,要以脑力劳动为主,还要强化实践体验。(　　)

10. 教育部等七部门印发的《关于加强和改进新时代师德师风建设的意见》中提出,把师德师风作为评价教师队伍素质的第一标准。(　　)

11. 教育部等七部门印发的《关于加强和改进新时代师德师风建设的意见》中提出,突出课堂育德,在教育教学中提升师德素养。(　　)

12. 全面深化新时代教师队伍建设改革的目标是造就党和人民满意的高素质专业化创新型教师队伍。 ( )

13. 教师资格证书只在教师工作所在地的省、直辖市、自治区范围内适用。 ( )

14. 劳动教育是新时代党对教育的新要求，是中国特色社会主义制度的重要内容，是全面发展教育体系的重要组成部分，是大中小学必须开展的教育活动，劳动教育的内容包括日常生活劳动、生产劳动和服务性劳动中的知识、技能与价值观。 ( )

15. 到 2035 年，教师综合素质、专业化水平和创新能力大幅提升，培养造就数以万计的骨干教师、卓越教师、教育家型教师。这是《关于全面深化新时代教师队伍建设改革的意见》中提出的目标任务。 ( )

16.《中共中央 国务院关于全面加强新时代大中小学劳动教育的意见》中规定，高等学校必须安排劳动月，集中落实各学年劳动周要求。 ( )

17. 教师不得擅自从事影响教育教学本职工作的兼职兼薪行为。 ( )

18.《中小学德育工作指南》提倡中学生每天课外阅读至少一小时。 ( )

19. 加强和改进未成年人思想道德建设是一项重大而紧迫的战略任务，学校要把德育工作贯穿于教育教学的各个环节。 ( )

20. 某公办教师刘某在校外培训机构补课，学校查实后拟给予相应处分，在学校作出处理决定前，刘某可以进行申辩并要求举行听证。 ( )

21. 学校对教师李某给予警告处分的决定，必须书面通知李某本人。 ( )

22. 对使用假资格证书的，一经查实，按弄虚作假、骗取教师资格处理，3 年内不得申请认定教师资格，由教育行政部门没收假证书。 ( )

23. 教育部等九部门印发的《关于印发中小学生减负措施的通知》中要求"引导孩子健康生活""规定保证小学生睡眠时间不少于 10 个小时，初中生不少于 9 个小时，高中阶段学生不少于 7 个小时"。 ( )

24. 教师不得组织、参与有偿补课，但可以为校外培训机构介绍生源、提供相关信息。 ( )

25.《中共中央关于教育体制改革的决定》指出，要有计划、有步骤地普及义务教育，并把责任交给学校。 ( )

四、填空题

1. 中小学、幼儿园教师《专业标准（试行）》的基本内容包括________与师德、专业知识、专业能力三个方面。

2. 中国学生发展核心素养，以科学性、时代性和民族性为基本原则，以培养"全面发展的人"为核心，分为文化基础、自主发展、________三个方面。综合表现为人文底蕴、科学精神、学会学习、健康生活、责任担当、________六大素养，具体细化为国家认同等十八个基本要点。根据这一总体框架，可针对学生年龄特点进一步提出各学段学生的具体表现要求。

3. 义务教育质量评价实施工作注重结果评价与________相结合。

4. 根据《中小学公共安全教育指导纲要》的规定，公共安全教育的形式在小学以________为主。

5.《中国教育现代化 2035》提出了推进教育现代化的八大基本理念：更加注重以德为先，更加注重________，更加注重面向人人，更加注重终身学习，更加注重因材施教，更加注重知行合一，更加注重融合发展，更加注重________。

五、简答题

1. 中国学生发展核心素养主要包括哪些指标？

2. 简述《小学教师专业标准（试行）》中关于教师专业能力的构成。

3. 在文人的笔下，教育惩戒充满着温度，让他们难以忘怀。鲁迅先生回忆他的老师寿镜吾时说："他有一条戒尺，但是不常用，也有罚跪的规则，但也不常用。"魏巍在《我的老师》中写道："仅仅有一次，她的教鞭好像要落下来，我用石板一迎，教鞭轻轻地敲在石板边上，大伙笑了，她也笑了。"

作为一名教师，你如何看待和使用教师惩戒权。

4. 2020 年 3 月，中共中央、国务院出台了《关于全面加强新时代大中小学劳动教育的意见》。请简述新时代大中小学开展劳动教育的目标。

六、论述题

1. 中国学生发展核心素养，以培养“全面发展的人”为核心，分为文化基础、自主发展、社会参与三个方面。要培育学生的核心素养，必须建立起核心素养与课程教学的内在联系，充分挖掘各学科课程教学的独特育人价值。

   从课堂教学的角度，论述应如何培育学生的核心素养？

2. 论述坚持“五育”并举，全面发展素质教育的策略。

七、案例分析题

1. **案例一**　在一堂道德与法治课上，学生就“教育权与受教育权”的内容展开学习。当讨论到“课堂中，李鹏总是发出巨大的声响，严重影响课堂，张老师让李鹏到教室后面罚站，李鹏仍不改正。于是，下课后，张老师将李鹏叫到办公室继续教育，耽误了上下一节课。李鹏家长知道后，立即以张老师剥夺了李鹏的受教育权为由投诉到学校，要求处罚张老师”这个案例时，学生众说纷纭。

   学生甲：李鹏严重影响了课堂，不剥夺他的受教育权，就侵犯了其他学生的受教育权。

   学生乙：要是下一节是我喜欢的美术课或者信息课，我也觉得张老师剥夺了我的受教育权。

   学生丙：老师下课后把李鹏叫到办公室教育，其实是一种思想政治教育，李鹏也是在接受教育。

   ……

   案例二　2020年5月，广州某小学一年级学生家长刘某在网络上发帖投诉，声称班主任在明知孩子患有哮喘的情况下，仍对其进行了罚跑操场十圈的体罚，之后孩子大量吐血并留下手抖等后遗症。此前，该班主任还曾索要6万元“照顾费”，而家长却投诉无门。此事引起了巨大的舆论关注，随后警方介入调查。

   事情的真相究竟如何呢？学校所在区教育局调查称，2019年12月10日，该班主任因学生违反管理纪律，以班规为由，让刘某女儿等5名违纪学生跑10圈。视频监控显示，刘某女儿在32分钟内，跑跑、走走、停停共完成了9圈，其后在课堂上及当日被家长接走时均无异样。

   学校已于2019年12月12日暂停该老师的班主任职务，并进行了全校通报批评，同时免去其

品德学科组组长的职务。根据警方通报，涉事家长刘某发帖中所述学生遭体罚吐血、凌晨2点被老师威胁殴打、送老师6万元等情节均系编造，有血印的衣服照片也系用化妆品和水伪造。

刘某无法向警方提供其女儿哮喘诊断的有关病历证明，警方调查更是找到了刘某通过网络平台雇佣水军“运作”这一事件的直接证据。2020年11月20日，广州市白云区人民法院公开开庭审理并当庭宣判，刘某以寻衅滋事罪被判处有期徒刑一年六个月，缓刑二年。此外，警方还一并打掉了非法提供推广营销等服务的营利性代刷平台，并抓获相关犯罪嫌疑人。

(1)你对案例一中学生的观点有何看法？

(2)即将成为一名教育工作者的你，可以从案例二中吸取哪些经验和教训？

2. 班主任李老师建立了家校联系微信群。为规范使用该群，他专门制定了群规，如不在群里发广告、不发网络投票链接等。李老师从不在群里公开学生成绩或布置家庭作业。学生家长高某在学校周边经营一家小书店，不时在群里发布有关商品信息。李老师在群里再三提醒，未能奏效，便发布严正警告。其他家长纷纷支持李老师，并指责高某行为不当。高某便到李老师家送礼，遭到果断拒绝。为此，高某四处发布李老师向他索取高额回报的消息，并向该校举报。

校长为避免事件扩大，要求李老师向高某道歉，李老师坚决拒绝。高某又向教育局匿名举报，称李老师参与有偿补课。教育局经调查核实后，相关部门对高某的不良行为给予相应的行政处罚。

(1)分析对高某给予行政处罚的法律依据。

(2)结合相关法律法规分析校长的做法。

(3)结合案例分析李老师遵守了哪些新时代教师职业行为准则。

第二章 新课程改革

专题一 新课程与教学改革概述

考法透视 本专题以识记为主，多以选择题、判断题等形式考查，主要考查我国新课程改革的发展趋势，当代世界课程改革的共同发展趋势，教学改革的主要任务、观点。

限时:15 分钟	用时: 分钟	错题数: 道	▶答案见 P1174

一、单项选择题

1. 新课程改革的主要任务是:更新观念、转变方式、重建制度。在新课程所要完成的三大主要任务中,( )是核心任务。

A. 教师课堂教学方式的改革　　B. 转变学生的学习方式
C. 改变学生在学校里的生存条件　　D. 重新建立教育评价制度

2. 我国当前教学改革的基本策略是( )

A. 确立新的教育观念　　B. 学习方式的变革
C. 坚持整体教学改革和实验　　D. 实施素质教育

3. 2001 年我国正式实施了新中国成立以后规模最大、影响最深的一次课程改革,它的标志是《基础教育课程改革纲要(试行)》的颁布,它通常被称为( )

A. 第六次基础教育课程改革　　B. 第七次基础教育课程改革
C. 第八次基础教育课程改革　　D. 第九次基础教育课程改革

4. 教学改革的首要任务是( )

A. 确立新的教育观念　　B. 推进教育方法的转变
C. 致力于教学管理制度的重建　　D. 建立合理的课程结构

5. 近年来,作为教育改革的标志性学科,中小学语文教材"部编本"将取代"一纲多本"。"部编本"是由教育部直接组织编写的教材,以解决"一纲多本"的教材质量参差不齐、忽视传统文化的情况。这说明我国的课程改革逐渐深入,开始重视( )

A. 经济因素　　B. 科技因素　　C. 政治因素　　D. 文化因素

6. 课程改革的焦点是( )

A. 协调国家和学生发展需要之间的关系　　B. 协调社会与学校发展之间的关系
C. 协调初等教育与高等教育之间的关系　　D. 协调教育和社会发展之间的关系

7. 我国当前教学改革的重心是( )

A. 教学改革和实验　　B. 建立合理的课程结构

C. 实施素质教育　　D. 个性发展

8. 课程改革就其实质来讲，就是课程(　　)的问题。

A. 现代化　　B. 综合化　　C. 系统化　　D. 民主化

9. 新课程改革要求我们首先确立起(　　)

A. 先进的教学观念

B. 与新课程相适应的、体现素质教育精神的教学观念

C. 教师为主导、学生为主体的教学观念

D. 以课堂教学为中心的教学观念

10. 教育改革的核心是(　　)

A. 教育质量　　B. 终身教育　　C. 教育公平　　D. 课程改革

11. 新课程改革的着眼点是(　　)

A. 学生身心发展的特点　　B. 学生需要

C. 学生的全面发展　　D. 最近发展区

12. 我国当前教学改革的主题是(　　)

A. 实施素质教育　　B. 建立合理的课程结构

C. 实施科学的教学评价　　D. 开展教学改革和实验

二、多项选择题

1. 下列反映当代世界各国课程改革的共同发展趋势的是(　　)

A. 重视个别差异　　B. 重视课程内容的现代化、综合化

C. 重视基础学科和知识的结构化　　D. 重视能力的培养

2. 我国基础教育课程改革的发展趋势主要表现为(　　)

A. 以学生发展为本，促进学生全面发展和培养个性相结合

B. 稳定并加强基础教育

C. 加强课程综合化

D. 课程与现代信息技术相结合

3. 制约课程改革的因素包括(　　)

A. 学科知识　　B. 政治因素　　C. 文化因素　　D. 经济因素

4. 现代课程发展的基本理念呈现出新的特点和趋势，主要包括(　　)

A. 全人发展　　B. 回归生活

C. 学科本位　　D. 科学与人文整合

三、简答题

简述我国实行基础教育课程改革的背景。

专题二　新课程改革的目标与理念

考法透视 本专题以识记为主，多以选择题、填空题、简答题、案例分析题等形式考查，主要考查新课程改革的指导思想、六项具体目标以及核心理念。

限时:80 分钟	用时：　分钟	错题数：　道	▶答案见 P1175

一、单项选择题

1. 新一轮课程改革所遵循的主导理念是(　　)

A. 以学生发展为本的理念　　B. 创新教育理念
C. 终身教育的理念　　D. 科学、人文融合的理念

2. 新课程减少了国家课程在学校课程体系中的比重。在义务教育阶段，将(　　)的课时量给予了地方课程和校本课程。

A. 10% ~12%　　B. 10% ~15%　　C. 20% ~25%　　D. 25% ~30%

3. 下列表述中，不符合我国当前基础教育课程设置精神的是(　　)

A. 小学阶段以综合课程为主　　B. 初中阶段以分科课程为主
C. 高中阶段以分科课程为主　　D. 初中阶段分科与综合课程相结合

4. 新课程改革的核心理念是(　　)

A. 为了每位学生的发展　　B. 更好地提高学生成绩
C. 满足社会、家长提高升学率的需求　　D. 提高每一位教师的教学水平

5. 为了改变传统课程过分强调学科本位的现象，新课程注重联系学生经验和生活实际，提倡和追求不同学科间的彼此关联。这体现的新课程结构特征是(　　)

A. 均衡性　　B. 选择性　　C. 独立性　　D. 综合性

6. 某小学在走廊边、教室里张贴了许多学生的绘画作品、优秀作业、荣誉证书，记录着学生的点滴成长与进步。这体现的新课改教学评价的基本理念是(　　)

A. 强调教师成长　　B. 关注学生发展
C. 重视以学论教　　D. 加强学科的综合性

7. 邓小平“三个面向”思想指的是(　　)，面向世界，面向未来。

A. 面向全体人民的利益　　B. 面向现代化
C. 面向先进生产力的发展　　D. 面向生活实际

8. 李老师是小学五年级某班的语文老师兼班主任，他认为学生的学习时间很紧张，因此总是占用体育课给学生补习语文。李老师虽然是出于好心，但是其做法违背了新课改的(　　)原则。

A. 稳定性　　B. 选择性　　C. 综合性　　D. 均衡性

9. 关于新课改的几大“改变”，下列说法不正确的是(　　)

A. 改变“繁、难、偏、旧”的教学内容，让学生更多地学习与生活、科技相关联的知识

B. 变“要学生学”为“学生要学”，要激发学生的兴趣，让学生主动参与、乐于探究、勤于动手、学会合作

C. 不同功能与价值的课程要有一个比较均衡、合理的结构，符合未来社会发展和学生身心发展要求

D. 在改进教学、促进发展的基础上，加强甄别与选拔的功能

10. 新课程改革强调从单纯注重传授知识转变为引导学生学会学习、学会合作、学会生存、学会做人。这是实现(　　)的转变。

A. 课程功能　　B. 课程内容　　C. 课程结构　　D. 课程评价

11. 建立促进学生全面发展的评价指标体系应包括(　　)

A. 学科学习目标　　B. 一般性发展目标

C. 情感目标　　D. 学科学习目标和一般性发展目标

12. 新课程倡导(　　)的课程评价。

A. 强调学生学会学习　　B. 强调新的学习方式

C. 突出甄别和选拔功能　　D. 立足过程，促进发展

13. 新课程改革的直接诉求和终极目标是(　　)

A. 教学改革　　B. 学校文化的重建

C. 评价方式的改革　　D. 学习方式的变革

14. 新课程改革的核心目标是(　　)

A. 实现课程功能的转变　　B. 教学从学生的兴趣和需要出发

C. 实行三级课程管理制度　　D. 开发学生的潜能

15. 光明小学所在区县有着十分浓厚的戏曲文化，在几次研讨会后，校长决定在该校开设戏曲体验课程，让学生们从小接受戏曲文化的熏陶。这一课程的开设主要体现了新课程的(　　)原则。

A. 选择性　　B. 均衡性　　C. 综合性　　D. 灵活性

二、多项选择题

1. 现代教学评价的三大基本理念是(　　)

A. 关注学生发展　　B. 强调教师成长

C. 规范课程评价　　D. 重视以教论学

2. 课程结构的综合性体现在(　　)

A. 加强学科的综合性　　B. 课程的均衡性

C. 设置综合课程　　D. 增设综合实践活动课程

3. 下列属于新课程在培养学生能力方面所倡导的是(　　)

A. 培养学生获取新知识的能力

B. 培养学生收集和处理信息的能力

C. 培养学生分析和解决问题、交流与合作的能力

D. 培养学生主动参与、乐于探究、勤于动手的能力

4. 新课程体系下要建立促进教师不断提高的评价体系,强调(　　)

A. 周期性地对学校课程执行的情况、课程实施中的问题进行分析评估

B. 教师对自己教学行为的分析与反思,以教师自评为主

C. 使教师从多种渠道获得信息,不断提高教学水平

D. 校长、教师、学生、家长共同参与评价

5. 我国新课改强调课程结构应体现(　　)

A. 均衡性　　B. 平均性　　C. 选择性　　D. 综合性

6. 新课程实行国家、地方、学校三级课程管理,三级课程管理制度的确立(　　)

A. 有助于教材的多样化

B. 有利于满足地方经济、文化发展的需要

C. 有利于满足学生发展的需要

D. 有利于扩大国家课程在整个课程计划中的比重

三、判断题

1. 在新一轮基础教育课程改革中,要加强课程内容与学生生活的联系,关注学生的学习兴趣和经验。(　　)

2. 新课改进一步强化了课程评价的甄别与选拔功能。(　　)

四、填空题

1. 基础教育课程改革的根本任务是:全面贯彻党的教育方针政策,调整和改革基础教育的课程体系、结构、内容,构建符合________要求的基础教育课程体系。

2. "整体的人"包括两层含义:人的完整性和________的完整性。

3. 新课程强调要建立促进学生________的评价体系。

4. 课程结构综合性的集中体现是________。

五、简答题

新课程改革的具体目标有哪几项?

六、案例分析题

1. 一位语文老师讲《曹刿论战》一课时,用投影仪展示了一组思考题:你认为鲁庄公懂不懂军事?你认为鲁庄公是昏君还是明君?学生二人为伴或四人一组展开讨论,讨论的气氛如夏天般热烈,讨论的热情更如冬天里的一把火。讨论片刻之后,学生对问题畅所欲言,各抒己见。很快形成了三派意见:(1)懂军事,明君……(2)不懂军事,昏君……(3)既懂军事又不懂军

事，有时昏庸有时明智……学生们兴趣盎然，争先恐后表达着自己的见解，时不时有学生将“刿”读作“岁”。四十分钟时间很快过去了，“懂军事?”“不懂军事?”“昏君?”“明君?”……教师最后也没作任何评析。

请运用新课程改革的基本理念，从教学目标、教学方法、教学效果角度分别对这节课进行评价。

2. “尖子生”“种子选手”等存在于各个班级。老师们每年的得意门生都源于此，老师们都会关注着这些学生，所以，在讲课过程中，也会经常经意不经意地关注并提问他们，以通过这样的形式，表达对他们的关注和关怀，促进他们的学习与进步。学习成绩稳定的学生，是其他学生学习的榜样和膜拜的对象，更是老师们的掌上明珠。老师提问这些学生的目的就是用这些学生出色准确的回答获得成就感，也能在学生面前刷一下存在感：“看，怎么样，能说老师没有讲过吗?”

请简析上述案例反映的问题，并谈谈如何改变这种情况。

3. 今天无意间打开了一个学生的书包，沉甸甸的。里面除了今天上课要用的书本外，还有很多是额外的练习册，有《15 分钟快乐训练》《举一反三》等，共 13 本，而这孩子已经全部做到了老师讲到的地方!

我问她：“你用什么时间做呢?”她说是课间做、晚上做。玩的时间已经很少了，而且她没有不情愿的样子。我对她说：“我可以和你父母商量一下，让你少做一部分。”想不到竟然被她拒绝了。

傍晚遇到她的父亲，谈及此事，他说了一句话：“不做她不会，做过了，她就会了！你说怎么办呢?”我只有苦笑，这孩子哪里还有休息的时间，哪里还有阅读的时间?

结合上述材料谈谈新课程改革的目标。

专题三 教师角色与教学行为

考法透视 本专题以识记为主，多以选择题、判断题、简答题等形式考查，主要考查新课程倡导的教师角色以及教师教学行为的变化。

限时:30 分钟	用时: 分钟	错题数: 道	▶答案见 P1177

一、单项选择题

1. 学生李某经常无故旷课、打架斗殴、不服从班级管理。班主任将其安排在教室最后一排，并要求同学们不要与之交流。教师的这种做法违背了课程改革中教学行为的(　　)原则。

A. 在对待师生关系上，强调权威、批评　　B. 在对待师生关系上，强调民主、平等

C. 在对待自我上，强调反思、自我监控　　D. 在对待与其他教育者的关系上，强调合作

2. 新课程要求教师要由教材的单纯执行者转变为课程的建设者和(　　)

A. 使用者　　B. 开发者　　C. 编写者　　D. 传播者

3. 在课程改革过程中，教师成为学生学习的合作者，由教学中的主角转向(　　)

A. 知识的传授者　　B. 平等中的首席　　C. 教学的组织者　　D. 行为的示范者

4. 在对待师生关系方面，新课程强调(　　)

A. 尊重、赞赏　　B. 帮助、引导　　C. 反思　　D. 合作

5. 陆老师认为作为一名老师，不仅要做好“教书匠”，还需做好教育教学的(　　)，运用各种理论知识分析总结教学实践中遇到的各种问题并寻求解决方法。

A. 实践者　　B. 示范者　　C. 组织者　　D. 研究者

6. 苏霍姆林斯基说：“只有集体和教师首先看到学生的优点，学生才能产生上进心。”这句话提示教师要(　　)

A. 尊重和欣赏学生　　B. 团结和关心学生

C. 对学生严慈相济　　D. 对学生因材施教

7. 教育不是工程师进行的设计和加工，用什么样的图纸就出什么样的产品；教育也不是园丁培育花草，栽培什么花就开什么花。因此，教师在教育中要扮演好(　　)的角色。

A. “传道者”　　B. “说教者”　　C. “引导者”　　D. “服务者”

8. (　　)是教师最明显、最直接、最富时代性的角色特征，也是教师角色中的核心特征。

A. 学生学习的促进者　　B. 课程的开发者

C. 课程的建设者　　D. 教育教学的研究者

9. 以下对“在对待与其他教育者关系上，新课程强调合作”的理解不正确的是(　　)

A. 老师要与学生家长进行沟通与配合　　B. 不同年级、不同学科的教师要相互配合

C. 具有教学意义和教育功能　　D. 树立自我反思、在“做中学”的实践观念

10. 下列说法不符合新课程对教师定位的是(　　)

A. 教师是“平等中的首席”　　B. 教师是学生人生的引路人

C. 教师是教育教学的研究者　　D. 教师是“社会代表者”

11. 在对待教学关系上,新课程强调教师的主要作用在于(　　)

A. 尊重、赞赏　　B. 教书、育人　　C. 合作、反思　　D. 帮助、引导

12. 有些教师认为,课程内容改革的主体是教育专家,与中小学教师无关。这种认识忽视了(　　)

A. 教师是学生学习的促进者　　B. 教师是课程的建设者和开发者

C. 教师是教育教学的执行者　　D. 教师是社区型的开放的教师

13. (　　)把教学与研究有机地融合为一体,是教师由“教书匠”转变为“教育家”的前提条件。

A. 综合实践　　B. 行动研究　　C. 实验研究　　D. 课堂改革

14. 张老师在课堂教学中帮助学生制定适当的学习目标,提供学习策略的指导,并且为学生创造良好的教学环境。这集中体现了张老师在教学中担任(　　)的角色。

A. 平等中的首席　　B. 管理者　　C. 反思者　　D. 促进者

二、多项选择题

1. 新课程所强调的教学反思被认为是教师专业发展和自我成长的核心因素,下列行为属于教学反思的是(　　)

A. 教师在教学前思考教学内容的深度和范围是否适合

B. 教师在教学过程中,根据学生的反馈对教学计划进行调整

C. 帮助学生检视反思自我,明了自己想要学习什么和获得什么

D. 教师根据执行教学计划的情况,反思采用其他的活动和方法是否更有效

2. 认识当代课程教学的新变化与新理念,对于教师按照时代要求,积极转变教学行为,有效开展教学活动具有重要意义。新课程指导下的教学行为转变主要包括(　　)

A. 教师角色行为的转变　　B. 教学准备行为的转变

C. 教学实施行为的转变　　D. 教学评价行为的转变

三、辨析题

教师要做学生学习的促进者,表明传授知识已经不再是新课程对教师的要求了。

四、简答题

简述新课改提倡的教师角色。

专题四　新的教学观

考法透视　本专题以理解为主，多以选择题、判断题、案例分析题等形式考查，主要考查新的教学观的内容。

限时：70 分钟	用时：　分钟	错题数：　道	▶答案见 P1179

一、单项选择题

1. 夏老师上课前会认真备课，课堂上除了细致地讲解知识点以外，还准备了大量的笔记和练习让学生抄写及训练，做到讲、学、练相结合。但是教学效果并不明显，学生普遍反映课堂上太累而且学习效率低。针对以上问题，夏老师的教学观念应当（　　）

A. 从重视教师的教法转变为重视学生的学法

B. 从重视知识传授转变为重视知识巩固

C. 从重视单人教学转变为重视多人教学

D. 从重视智力培养转变为重视情感发展

2. 俗话说："知之者不如好之者，好之者不如乐之者。"这句话体现的课程理念是（　　）

A. 关注学生对知识的收获　　B. 关注学生的情绪生活和情感体验

C. 关注学生的健康成长　　D. 关注学生的情感生活和人格养成

3. 以下与新课程的开放性、生成性不相适应的是（　　）

A. 教学过程的预定性　　B. 教学设计预留空间

C. 培养学生的多向思维、求异思维　　D. 善于利用"突发事件"

4. 新课程所倡导的教学观认为，教学不只是课程传递和执行的过程，更是（　　）的过程。

A. 单向培养　　B. 关注学科发展

C. 注重学生学习成绩　　D. 课程创生与开发

5. 蒋老师喜欢关注互联网经济，并将互联网企业发展趋势的相关信息融入思想政治课《矛盾是事物发展的源泉和动力》一课的教学中，这种做法体现了蒋老师具有（　　）

A. 课程开发的意识　　B. 扬长避短的意识

C. 校本教研的意识　　D. 以人为本的意识

6. 贯彻新课程"以人为本"的教育理念，首先应该做到（　　）

A. 培养学生正确的学习态度　　B. 尊重学生人格，关注个别差异

C. 让学生自主地选择课程　　D. 充分地传授知识

7. 新课程把教学过程看成是（　　）的过程。

A. 教师有目的、有计划、有组织地向学生传授知识

B. 师生交往、积极互动、共同发展

C. 教师的教与学生的学

D. 知识传授与学生能力发展

8. 新课程认为,教学过程的本质是(　　)

A. 传授知识　　B. 生命意义的实现

C. 交往、互动　　D. 引导学生学习和掌握“双基”的过程

9. 新课程改革提倡的教学观是(　　)

A. 教学的最终目的是甄别和选拔学生　　B. 教学应以大量重复训练为主要途径

C. 学生是接受知识的工具　　D. 教学关注学科更要关注人

二、多项选择题

1. 以下属于基础教育课程改革核心理念的具体体现的是(　　)

A. 关注每一位学生　　B. 关注学生的情绪生活和情感体验

C. 关注学生的道德生活和人格养成　　D. 关注学生的知识和技能

2. 随着教育活动范围的扩大和内容的增加,人们对教学的认识也相应发生了变化和发展。从重心转移的角度看,下列符合当代教学观的变革特点的是(　　)

A. 从重视教师的教向重视学生的学转变

B. 从重视知识传授向重视能力培养转变

C. 从重视教法向重视学法转变

D. 从重视认知向重视发展转变

3. 下列选项符合新课改精神的是(　　)

A. 彰显教学相长的师生关系　　B. 唤起教学活动的目标意识

C. 呈现创造性的教学过程　　D. 鼓励学生参与教学

三、判断题

1. 新课程观明确课程是教师、学生、教材三个因素动态交互作用的“生态系统”。(　　)

2. 新课程提倡的师生关系是合作伙伴关系。(　　)

3. 新课程倡导的师生互动,就是要求老师讲课时多提问、学生能积极地举手回答。(　　)

4. 教师是既定课程的阐述者和传递者,学生是既定课程的接受者和吸收者。这是新课程倡导的教学观。(　　)

5. 新课程观下,课程就是指文本课程,即教学计划、教学大纲、教科书等文件。(　　)

6. 新的教学观重过程,更重结论。(　　)

四、简答题

简述新课程改革倡导的教学观。

五、案例分析题

1. 张老师选了一篇课文改编成课本剧，分配表演任务时，听到了学生们的议论，学生A说："老师怎么选了这篇课文，又长又不好演。"学生B说："你管呢，让演什么就演什么呗。"学生A又说："我可不想演。"于是，张老师就请不想演的学生谈谈自己的看法，学生A说："您选的课文不好，而且您每次都是写好剧本让我们演，为什么不让我们自己来试一试呢？"经过考虑，张老师把编导的任务交给了学生A，学生A高兴地接受了任务，与同学们商量表演哪一课，并请老师做参谋。最终，课本剧表演非常成功，师生共同品尝了收获的喜悦。

   请结合基础教育课程改革的教学理念对该材料进行分析。

2. 小李、小张都是刚工作一年的初一语文老师，两人工作都很努力，但也存在很多困惑。小李对小张说："为了上好课，我学习了很多关于新课改的知识，意识到教学中要关注学生，要把课堂还给学生。我特别注意调动课堂气氛，我的课以学生发言、表演为主，上得很热闹。上周公开课，我的课堂上学生个个都很开心，可听课的老教师们都说我的课没有语文味，缺乏深度，只注重形式。难道一堂课热热闹闹的不好吗？"小张说："为了上好课，我也没少下功夫。我专门买了特级教师的教学录像，细心模仿教学中的每个环节。上课时几乎就是把录像中教师的教学过程复制到我的课堂上了。可为什么同样的上课方式，我的课效果就不好呢？"

   (1)你是否赞成小李的教学观？请结合教育理论的相关知识进行分析。

   (2)小张上课的问题在哪里？请从选择教学方法的角度进行分析。

3. 章老师在给学生上阅读课时，一只小猫突然跳到教室窗户外面，有学生看到后兴奋地喊起来："外面有小猫！"同学们立刻把目光移向窗外，好奇地问："在哪儿啊？"显然，他们的注意力转到了外面的那只小猫身上。章老师灵机一动，也表现出强烈的好奇心，急切地问："在哪里？"章老师跟着孩子们手指的方向望去，果然有一只漂亮的小猫在窗台走了几步就跑了，同学们只好回到座位上，意犹未尽。章老师见状打开了话题："同学们，你们为什么喜欢这只猫啊？""因为好看。""因为它长得很美丽。"……学生们争先恐后地说个不停。教室顿时又变得热闹起来。下课铃声响了，章老师笑眯眯地对大家说："今天晚上的抄写作业取消了，回家后每人

写一篇短文，描述你们看到的那只小猫，并把自己的心情写进去。有兴趣的同学可以去查相关的资料，明天在课上我们一起交流。”

(1)结合案例，谈谈章老师的做法符合现代教学的什么理念。

(2)结合案例，谈谈章老师的这种教学方法的积极意义及对你今后工作的启示。

4. 某小学课堂上，老师让学生举手发言，而当老师让一个举手的学生站起来发言时，学生却不知如何回答。这已经不是第一次了。课后，老师问学生到底是怎么回事，学生说看到其他同学发言，自己也想发言，如果自己不举手，好像显得自己在课堂上不积极，可是有些问题自己还没有想清楚。于是，老师给学生出了一个主意，当老师提出的问题他能回答的时候，就举右手，当老师提出的问题他不会的时候，就举左手。当老师看到他举左手的时候，就不叫他回答问题了。学生高兴地接受了老师的建议，和老师在课堂上形成了很好的默契。

结合新课改理论，谈谈你对这个教师做法的看法。

专题五　学习方式的变革

考法透视　本专题以识记为主，多以选择题、判断题等客观题形式考查，主要考查新课程倡导的学习方式和现代学习方式的基本特征。

限时:30 分钟	用时：　　分钟	错题数：　　道	▶答案见 P1182

一、单项选择题

1. 转变学生的学习方式在当前推进素质教育的形势下具有特别重要的现实意义。转变学习方式，要以(　　)为主要目的。

A. 培养创新精神和实践能力

B. 教育价值观、人才观和培养模式的变革

C. 强调发现学习、探究学习、研究性学习

D. 把学习过程变为发现、探究、研究活动

2. 探究学习的实施过程是(　　)

A. 计划阶段—问题阶段—研究阶段—解释阶段—反思阶段

B. 计划阶段—问题阶段—研究阶段—反思阶段—解释阶段

C. 问题阶段—计划阶段—研究阶段—解释阶段—反思阶段

D. 问题阶段—计划阶段—研究阶段—反思阶段—解释阶段

3. 现代学习方式的首要特征是(　　)

A. 独立性　　B. 主动性　　C. 独特性　　D. 体验性

4. 学习者通过小组里的互助性学习,共同完成学习任务,小组成员既需要承担个人责任,还需要进行互动活动,进行促进性学习。这属于新课程倡导的(　　)

A. 自主学习　　B. 探究学习　　C. 合作学习　　D. 接受学习

5. 以下不属于探究学习的特点的是(　　)

A. 问题性　　B. 过程性　　C. 开放性　　D. 互动性

6. 为了解决日常学习中遇到的问题,很多班级采用小组式学习模式,有利于同学之间互助学习,这体现了新课程提出的(　　)

A. 自主学习　　B. 合作学习　　C. 探究学习　　D. 创造学习

7. 新课程改革所倡导的现代学习方式的核心特征是(　　)

A. 体验性　　B. 交互性　　C. 独立性　　D. 主动性

8. (　　)是自主学习的灵魂。

A. 独立性　　B. 能动性　　C. 目标性　　D. 开放性

9. 新课程改革后,教学方式和学习方式转变的基本精神是(　　)

A. 自主、合作、创新　　B. 自主、合作、探究

C. 提高、发展、创新　　D. 自主、探究、发展

10. 合作学习是新课程倡导的学习方式之一。合作学习的基本要素不包括(　　)

A. 教师仲裁　　B. 混合编组

C. 个人责任　　D. 积极互赖

二、多项选择题

1. 下列属于新课改倡导的学习方式的有(　　)

A. 自主学习　　B. 合作学习　　C. 探究学习　　D. 接受学习

2. 自主学习关注学习者的主体性和能动性,以下哪些属于自主学习的特点(　　)

A. 主动学习　　B. 独立学习　　C. 探究学习　　D. 元认知监控学习

3. 从依赖性学习到自主性学习的转变,体现了(　　)

A. 学习观的变化　　B. 学习方式的变化

C. 学习内容的变化　　D. 师生关系的变化

4. 下列属于合作学习的特点的是(　　)

A. 互助性　　B. 互补性　　C. 自主性　　D. 互动性

5.《鹬蚌相争》是一则寓言，它用一个小故事生动地说明：如果双方相互争斗，就会两败俱伤，让第三者得到好处。课文不长，但三年级学生要真正理解其寓意有一定难度，如果处理不好，很可能会让学生读完后兴味索然，机械地谈寓意。由此教师在设计和实施这节课时，让学生自主质疑、合作朗读、角色扮演，从而培养了学生的参与热情与学习兴趣，从“小故事”中体会了“大道理”。从现代学习方式的基本特征分析，上述材料中的教师注重了现代学习方式的（　　）

A. 主动性　　B. 开放性

C. 体验性　　D. 问题性

6. 下列哪些环节可以组织学生合作学习（　　）

A. 在教学内容的重点和难点处　　B. 在教学内容的易混淆处

C. 在思维的交锋处　　D. 在思维的发散处

7. 新课程倡导自主学习、探究学习和合作学习，下列体现了新课程学习方式的有（　　）

A.“知之者不如好之者，好之者不如乐之者”

B.“自为之，不若与人为之；与少为之，不若与众为之”

C.“有匪君子，如切如磋，如琢如磨”

D.“独学而无友，则孤陋而寡闻”

8. 课文《掌声》写的是残疾小女孩英子获得了同学们给她的两次掌声，这让她从内心自卑的人变成了活泼开朗的人。孙老师在学生朗读体悟后问：“你是如何理解这个故事的？”对学生们的回答，孙老师并没有给出固定的答案。从自主学习的角度分析，这说明（　　）

A. 自主学习中教师的角色可淡化

B. 自主学习中学生被期待形成自己的知识

C. 自主学习要避免告诉学生问题的答案

D. 自主学习要求学生会分析、综合和评价

9. 初中三年级科学课堂，当老师把内径 1.5mm 两端开口的玻璃管插入水槽时，同学们惊奇地发现玻璃管里的液面比水槽里的液面高出 1cm 还要多。同学们议论纷纷。老师让学生提出假设，给大家 5 天时间，利用学校实验室及图书资料进行探究求证。所有参与的同学都记录了假设、求证、多次实验的过程和结论，并进行了解释和交流。从上述材料可知，探究学习的程序包括（　　）

A. 创设问题情境　　B. 建立假设

C. 建设解决方案　　D. 对结论进行解释和交流

三、判断题

1. 新课程倡导研究性学习，所以应抛弃传统的接受性学习。（　　）

2. 自主学习关注学习者的主体性和能动性，是学生自主而不受他人支配的学习方式。（　　）

3. 小组合作开始后，教师的角色主要是组织者。（　　）

4. 自主学习，就是学生自学，突出学生的主体地位，教师不需要介入和指导。（　　）

5. 学生在学习情境中通过自己的探索寻找来获得问题答案的学习方式属于接受学习。（　　）

四、案例分析题

阅读下列材料，回答问题。

材料一 科技的发展让不少孩子从一出生就与互联网相伴，他们常常看到自己的父母使用手机、电脑在网上购物、交流、娱乐和学习，身边有些同学也成了“低头族”。借助网络的便利，以往难以完成的任务，一些很难克服的困难，如今只需要简单操作便可解决，有许多企业还针对孩子们的学习需要，开发出先进的学习系统和工具，进行在线教育，诸如“名师学堂”“名校网络课程”“MOOC 课程”等的出现不仅为学习提供了丰富的资源，甚至还可以将课堂搬回家。日新月异的互联网技术，已经给新时期的学校教育教学带来了前所未有的机遇和挑战。

材料二 据中国教育官方微信2016 年发起的一项调查显示，互联网时代学生获取知识的途径增多。52%的教师感到教学压力增大；有30%的教师认为“教学思维仍然是传统的”；还有20%认为“教育信息化技能亟待提升”，这让自己倍感压力。

(1)分析网络时代中学生学习方式的变化。

(2)在“互联网+教育”时代，教师应如何提升自身的专业能力？

专题六 综合实践活动

考法透视 本专题以识记为主，多以选择题、判断题等客观题形式考查，主要考查综合实践活动与研究性学习的概念，综合实践活动的内容、性质、特点和过程。

限时:20 分钟	用时： 分钟	错题数： 道	▶答案见 P1184

一、单项选择题

1. 关于《基础教育课程改革纲要(试行)》提出的综合实践活动课程，下列说法错误的是( )

A. 国家规定必须进修的课程

B. 只在小学阶段开设

C. 目标之一是提高学生利用所学知识解决实际问题的能力

D. 包括研究性学习

2. 下列不属于综合实践活动特点的是( )

A. 实践性 B. 开放性 C. 生成性 D. 整合性

3. 当前，在我国基础教育新课程体系中，“综合实践活动”课程是一门与各学科课程有着本质区

别的新课程，是我国基础教育课程体系的结构性突破。下列有关综合实践活动的说法，错误的是( )

A. 是一种以学生的经验与生活为核心的实践性课程

B. 是新的基础教育课程体系中设置的选修课程

C. 活动有指定领域与非指定领域之分

D. 社区服务与社会实践是综合实践活动的四大指定领域之一

4. 学生在开展“保护绿水青山”主题的综合实践活动过程中，自己选择指导教师，遇到问题，积极主动查阅资料，确定活动方案，自觉呈现活动结果。这体现了综合实践活动课程的( )

A. 综合性 B. 实践性 C. 开放性 D. 自主性

5. 下列关于作为学习方式的“研究性学习”与作为课程的“研究性学习”二者关系的描述，有误的是( )

A. 作为一种学习方式，“研究性学习”是指教师不把现成结论告诉学生，而是学生自己在教师指导下自主地发现问题、探究问题、获得结论的过程

B. 作为一种课程形态，“研究性学习”课程是为“研究性学习”方式的充分展开所提供的相对独立的、有计划的学习机会

C. 各门学科有效渗透了“研究性学习”方式，就不必设置“研究性学习”课程

D. 作为一种课程形态，“研究性学习”是在课程计划中规定一定的课时数，以更有利于学生从事“在教师指导下，从学习生活和社会生活中选择和确定研究专题，主动地获取知识的学习活动”

6. 下列选项中，不属于综合实践活动课程实施过程的是( )

A. 选取课题 B. 活动导入 C. 活动展开 D. 活动总结

7. 综合实践活动是由国家设置、地方和学校根据实际开发的课程领域，它体现了( )管理制度的特征和功能，因而是最能体现学校特色、满足学生个性差异的发展性课程。

A. 一级课程 B. 二级课程 C. 三级课程 D. 四级课程

8. 我国《基础教育课程改革纲要(试行)》规定，在学校课程中设置综合实践活动作为必修课程。其设置的时段为( )

A. 小学一年级到高中阶段 B. 小学三年级到初中阶段

C. 小学三年级到高中阶段 D. 初中到高中阶段

9. ( )是指学生在教师指导下，从学习生活和社会生活中选择和确定研究专题，主动获得知识、应用知识、解决问题的学习活动。

A. 研究性学习 B. 合作学习 C. 暗示教学法 D. 范例教学法

二、多项选择题

1. 实施综合实践活动须遵循的原则包括( )

A. 课时集中使用与分散使用相结合

B. 整合校内课程与校外课程

C. 以融合的方式设计和实施四大指定领域

D. 正确处理学生的自主选择、主动实践与教师的有效指导的关系

2. 综合实践活动是面向学生完整的生活领域,为学生提供开放的个性发展空间,注重学生的亲身体验和积极实践,促进学习方式的变革的一种课程。该课程的性质是(　　)

A. 相对于学科课程,它是一门经验性课程　　B. 相对于分科课程,它是一门综合性课程

C. 是一门实践与理论相融合的课程　　D. 是三级管理的课程

3. 下列属于综合实践活动课程的有(　　)

A. 组织学生到校园里调查植物种类和数量,撰写调查报告

B. 组织学生参加社区公益活动,帮助孤寡老人

C. 组织学生在体育课上进行篮球比赛

D. 组织学生到富士康参观学习

4. 某班级按学校要求开展以"社区存在的问题"为主题的实践活动。调研之前,学生自由组成调查小组,设计调查问卷。进入社区之后,学生很难发现社区存在的问题,教师知道后,提议学生上网查阅资料。之后,每个学生依据自己的兴趣爱好,制定调查方案,再次深入社区,找到了社区存在的问题并撰写了调查报告。从综合实践活动的角度分析,该材料说明了(　　)

A. 综合实践活动以发展学生实践能力、增强社会责任感为主旨

B. 综合实践活动是一门分科课程

C. 综合实践活动尊重每个学生的特殊要求

D. 综合实践活动注重学生经验的获得

5. 基础教育课程改革中设置的"综合实践活动课程"的内容包括(　　)

A. 劳动与技术教育　　B. 信息技术教育

C. 研究性学习　　D. 社区服务与社会实践

三、判断题

1. 综合实践活动是一种面向社会和实践活动的课程,具有开放性,需要紧密保持与学生生活的密切联系,面向每个学生的个性发展,满足他们融入社会生活和发展综合实践能力的需要。(　　)

2. 研究性学习作为一种学习方式,渗透于学生的所有学习活动之中。(　　)

3. 研究性学习是一种学习方式,而不是一种课程形态。(　　)

四、论述题

综合实践活动作为一种基本的课程形态,试述其基本理念。

第三章　教师职业道德

专题一　教师职业道德概述

考法透视　本专题以记忆为主，多以选择题、判断题等形式进行考查，主要考查教师职业道德的概念、特点、价值蕴含、功能、结构。

限时:30 分钟	用时：　分钟	错题数：　道	▶答案见 P1186

一、单项选择题

1. 在学校教育中，教师处理教育活动各种关系的行为准则是（　　）

A. 教师职业标准　　B. 教师专业标准

C. 教师职业道德　　D. 教师教育原则

2. 从教师的（　　）来看，新时期教师职业道德具有示范性。

A. 个人修养　　B. 社会地位　　C. 人格评价　　D. 社会责任

3. 教师的思想道德不仅影响在校学生，而且会通过学生和家长进而影响整个社会。这体现了教师职业道德影响的（　　）

A. 广泛性　　B. 针对性　　C. 多样性　　D. 奉献性

4. 教师职业道德既是一种行为规范，又是一种独特的社会存在，反映着教育对自身文明和社会文明的系统思考和追求，这体现了教师职业道德的（　　）

A. 文化价值　　B. 教育价值

C. 伦理价值　　D. 人文价值

5. 教师的整体风貌和个人行为，对学生的品德和行为都具有潜移默化的影响。正如孔子所说：“其身正，不令而行；其身不正，虽令不从。”这说明教师职业道德具有（　　）

A. 鲜明的继承性　　B. 强烈的责任性

C. 独特的示范性　　D. 严格的标准性

6. 教师职业道德区别于其他职业道德的显著标志是（　　）

A. 为人师表　　B. 清正廉洁　　C. 敬业爱业　　D. 团结协作

7. 教师职业道德最基本、最重要的作用是（　　）

A. 调节作用　　B. 导向作用　　C. 促进作用　　D. 教育作用

8. 教师职业道德关系到学生心灵的塑造，影响着整个社会的前途和未来。这主要体现了教师职业道德的哪种特征（　　）

A. 道德意识的高标准　　B. 道德行为的示范性

C. 道德规范的严格性　　D. 道德影响的深远性

9. 下列哪项属于教师职业道德对教育善恶的体现和专门要求(　　)

A. 行为的典范性　　B. 要求的双重性

C. 适用的针对性　　D. 内容的全面性

10. 教师职业道德的教育价值不仅表现为对教师自我专业发展的引导,对(　　)也有着巨大的教育功能。

A. 社会　　B. 学生　　C. 职业　　D. 集体

11. 教师在自身职业活动中表现出来的一贯态度和行为是(　　)

A. 教师职业理想　　B. 教师职业良心

C. 教师职业作风　　D. 教师职业态度

12. (　　)是教师职业胜任、职业作为及其不断提升的重要品质。

A. 师德　　B. 思想　　C. 学识　　D. 社会关系

13. 王老师经常对自己的教育行为进行反思,时刻注意自己的职业道德素质。这体现了人民教师的(　　)

A. 职业责任　　B. 职业态度　　C. 职业纪律　　D. 职业良心

14. 苏联教育家苏霍姆林斯基告诫教师:“请你记住,你不仅是自己学科的教员,而且是学生的教育者、生活的导师和道德的引路人。”这反映了教师职业道德(　　)特点。

A. 教育的专门性　　B. 体现教书和育人要求的一致性

C. 内容的全面性　　D. 功能的多样性

15. 与其他职业道德相比,师德具有的特殊价值是(　　)

A. 经济价值　　B. 伦理价值

C. 规范性价值　　D. 激励价值

16. 教师的行为符合道德规范,对学生具有指导作用。这说明教师职业道德对教育对象具有(　　)

A. 评价功能　　B. 教育功能　　C. 辅导功能　　D. 说服功能

17. 林宏是一名刚参加工作的小学教师,他最大的愿望是成为一名优秀的具有良好职业道德的教师。这反映了林宏的(　　)

A. 教师职业理想　　B. 教师职业责任

C. 教师职业态度　　D. 教师职业纪律

18. 以下对教师职业道德的理解,正确的是(　　)

A. 教师职业道德是一般社会道德在教师职业中的特殊体现

B. 教师职业道德具有控制功能

C. 教师职业道德要求教师无私奉献,不能追求个人利益

D. “爱自己的孩子是人,爱别人的孩子是神”,教师职业道德要求教师爱别人的孩子胜过爱自己的孩子

19. “其身正，不令而行；其身不正，虽令不从”说明教师职业道德对教育对象具有(　　)

A. 促进功能　　B. 示范功能

C. 教育功能　　D. 引导功能

20. 很多教师在一定程度上将自己的劳动喻为“良心活”，这说明教师职业道德具有(　　)

A. 严格性　　B. 自觉性　　C. 示范性　　D. 深远性

21. “师也者，教之以事而喻诸德者也”，这体现了教师职业道德要求具有(　　)

A. 超前性　　B. 全局性　　C. 导向性　　D. 双重性

二、多项选择题

1. 教师职业道德的特点有(　　)

A. 适用的针对性　　B. 要求的双重性

C. 内容的全面性　　D. 行为的典范性

2. 教师职业道德对教师教育行为的调节主要是通过(　　)的形式来实现的。

A. 行政管理　　B. 社会舆论　　C. 内心信念　　D. 法律规范

3. 构成教师职业道德的因素有(　　)

A. 职业理想　　B. 职业责任

C. 职业态度　　D. 职业作风

4. 师德与职业道德既相联系又相区别：相联系就是师德与职业道德具有一般共通性，相区别就是师德具有特殊性，它超越一般职业道德，从而具有(　　)

A. 全局性　　B. 超前性

C. 导向性　　D. 示范性

三、判断题

1. 教师只要在课堂教学中按其职业道德的要求行事就可以了。(　　)

2. 师德是固定不变的，它是由社会经济所决定的。(　　)

3. 教师职业道德具有自身的独特性，但它的价值不仅仅在教育自身。(　　)

4. 教师职业道德适用的针对性表现为教师职业道德对教育善恶的体现和专门要求。(　　)

5. 教师职业道德是在教师职业劳动产生之后逐渐形成的。(　　)

6. 教师职业道德既是一种行为规范，又是一种文化现象。(　　)

7. 教师的高水平教学能力是其献身教育工作的根本动力。(　　)

8. 教师职业良心是教师在对学生、学生家长、同事以及对社会、学校、职业履行义务的过程中所形成的特殊道德责任感和道德自我评价能力。(　　)

9. 教师职业道德的调节功能并不指向教育过程，仅指向教师本身。(　　)

10. 教师职业道德的功能可以直接或间接地以各种方式体现在社会生活的各个方面上，这就是它对社会文明的示范功能。(　　)

专题二　教师职业道德的基本原则、范畴

考法透视　本专题以记忆为主，多以选择题、判断题等形式进行考查，主要考查教师职业道德基本原则的概念及内容、教师职业道德的主要范畴。

限时:25 分钟	用时：　分钟	错题数：　道	▶答案见 P1188

一、单项选择题

1. 在教师职业道德范畴中，体现着一定社会对教师的根本要求，是教师职业道德修养水平的重要标志的是(　　)

A. 教师公正　　B. 教师良心　　C. 教师人格　　D. 教师义务

2. 教师职业道德原则的核心是(　　)

A. 爱岗敬业　　B. 教育公正

C. 教书育人　　D. 乐教勤业

3. 教师在履行教育义务的活动中，最主要、最基本的道德责任是(　　)

A. 依法执教　　B. 教书育人　　C. 爱岗敬业　　D. 团结协作

4. 社会对教师的道德行为的价值所做出的公认的客观评价和教师对自己行为的价值的自我意识是(　　)

A. 教师良心　　B. 教师人格　　C. 教师荣誉　　D. 教师幸福

5. 教师公正的核心是教师(　　)

A. 对自己公正　　B. 对学生公正　　C. 对同事公正　　D. 对上级公正

6. 苏霍姆林斯基有一个精辟的比喻：要像对待荷叶上的露珠一样，小心翼翼地保护学生幼小的心灵。晶莹透亮的露珠是美丽可爱的，但十分脆弱，一不小心就会滚落破碎，不复存在。这提示我们，在教育中要贯彻教师职业道德基本原则中的(　　)

A. 教书育人原则　　B. 为人师表原则

C. 依法从教原则　　D. 教育人道主义原则

7. 衡量和判断教师行为善恶的最高道德标准是(　　)

A. 教师职业道德修养　　B. 教师职业道德评价

C. 教师职业道德基本原则　　D. 教师职业道德规范

8. 教师义务的实质是教师的职责(　　)

A. 在行为上的体现　　B. 在意志上的体现

C. 在信念上的体现　　D. 在意识上的体现

9. 下列不属于教师公正作用的是(　　)

A. 有利于调动学生的学习积极性　　B. 有利于教师威信的形成

C. 有利于形成良好的教育教学环境　D. 有利于家长和学生加强沟通

10. 从教师个体职业良心形成的角度看，教师的职业良心首先会受到(　　)的影响。

A. 社会生活和群体　B. 教育对象

C. 教育法规　D. 教育原则

11. “坚持真理，赏罚分明”体现了教师的(　　)

A. 职业良心　B. 公正意识　C. 教育义务　D. 专业荣誉

12. 教师要提高自己的人格修养，最好采取的策略是(　　)

A. 取法乎上　B. 取法乎中　C. 取法乎下　D. 无法即法

二、多项选择题

1. 教师职业道德的范畴主要包括(　　)

A. 教师义务　B. 教师良心

C. 教师公正　D. 教师荣誉

2. 以下属于教师良心的特点的是(　　)

A. 公正性　B. 综合性　C. 稳定性　D. 内隐性

3. 教师良心与其他职业良心相比，具有的两个主要特点是(　　)

A. 层次性高　B. 集体性强　C. 实践性强　D. 教育性强

4. 教师义务是一种责任使命，包括的内容有(　　)

A. 不断提高思想政治觉悟和教育教学业务水平

B. 尽职尽责，教书育人

C. 创造一个良好的内部教育环境

D. 创造一个良好的外部教育环境

5. 教师公正是教师职业道德修养水平的重要标志，其内容包括(　　)

A. 坚持真理　B. 一视同仁　C. 赏罚分明　D. 与人为善

6. 教师幸福是教育工作者在教育教学过程中，由于感受到目标和理想的实现，而获得的精神上的满足，以下属于其特征的有(　　)

A. 具有有限性　B. 具有个体性

C. 具有集体性　D. 具有给予性

7. 师表美主要包括(　　)

A. “表美”　B. “道美”　C. 心灵美　D. 风格美

8. 教师荣誉的内容有(　　)

A. 光荣的角色称号　B. 无私的职业特性

C. 高尚的人格魅力　D. 崇高的人格形象

9. 教师职业道德基本原则的内容包括(　　)

A. 教书育人原则　B. 教育公正原则

C. 人格示范原则　D. 师传生受原则

三、判断题

1. 实现教师公正,必然实现教育公正,二者是同一回事。 ( )
2. 教师对优等生的偏爱是自然的、无可非议的。 ( )
3. 在教育工作中,教师履行自己的道德义务就失去了职业自由。 ( )
4. 教师良心是教师在教育过程中发自"肺腑"的一种精神力量,也是一定道德原则和道德规范在教师身上的体现,这体现了教师良心的深刻性特征。 ( )
5. 教师职业良心同教师权利相联系,并从教师教育教学劳动中表现出来。 ( )
6. 教师荣誉对教师道德行为的取向具有导向和制约作用。 ( )
7. 教育人道主义是现代教育的重要特征,是现代教育区别于封建教育的标志之一。 ( )

专题三 《中小学教师职业道德规范》解读

考法透视 本专题以记忆为主,多以选择题、判断题、简答题、案例分析题等形式进行考查,主要考查1997年与2008年修订的《中小学教师职业道德规范》的主要内容。

限时:90分钟	用时: 分钟	错题数: 道	▶答案见P1190

一、单项选择题

1. 朱熹曾经说过:"无一事而不学,无一时而不学,无一处而不学。"这句话体现了教师职业道德规范中的( )
   A. 为人师表　B. 终身学习　C. 爱岗敬业　D. 关爱学生
2. 某教师在教室收了学生家长的"红包",该老师的行为违背了教师职业道德规范中( )的要求。
   A. 依法执教　B. 关爱学生　C. 爱岗敬业　D. 廉洁从教
3. 毛毛的成绩不太好,毛毛的家长想方设法找到了班主任何老师的家,并提出想要毛毛周末来何老师家补习的想法,还表示自己会支付每小时200元的报酬给何老师,何老师以要遵守( )的职业道德规范为由拒绝了毛毛的家长。
   A. 为人师表　B. 终身学习　C. 爱岗敬业　D. 关爱学生
4. 当前教师队伍中存在着以教谋私、有偿家教的现象,这实际上违背了( )
   A. 爱岗敬业的教师职业道德规范　B. 依法执教的教师职业道德规范
   C. 严谨治学的教师职业道德规范　D. 廉洁从教的教师职业道德规范
5. 师德的灵魂是( )
   A. 关爱学生　B. 提高修养
   C. 加强反思　D. 提高业务水平
6. 陶行知说:"你的教鞭下有瓦特,你的冷眼中有牛顿,你的讥笑中有爱迪生。"与之相关联的教

师职业道德规范是(　　)

A. 爱国守法　　B. 关爱学生　　C. 爱岗敬业　　D. 终身学习

7. 2008 年修订的《中小学教师职业道德规范》体现了教师职业特点对师德的本质要求和时代特征,贯穿其中的核心和灵魂是(　　)

A. 责与权　　B. 义务与权利

C. 个体与群体　　D. 爱与责任

8. 教育部、中国教科文卫体工会全国委员会在修订《中小学教师职业道德规范》(1997 年版)的基础上,在(　　)年正式发布并实施了新规范。

A. 2003 年　　B. 2008 年　　C. 2009 年　　D. 2012 年

9. 教书育人是教师在处理其与(　　)的关系时所应遵循的原则要求。

A. 学生　　B. 教师自己　　C. 职业劳动　　D. 教育事业

10. 周老师认为考试成绩排在前十名的才是好学生,而排在后十名的都是绝对的差生。周老师的想法主要违背了教师职业道德中(　　)的要求。

A. 教书育人　　B. 爱岗敬业　　C. 为人师表　　D. 依法执教

11. 优生总是表现优秀,成绩好,能让老师少操心。因此,一些老师不自觉地偏爱班级里的优生。这其实违背了教师职业道德规范中的(　　)

A. 关爱学生　　B. 教书育人　　C. 为人师表　　D. 终身学习

12. 王老师是一名物理老师,私下里偷偷开办了一个补习班,对物理课上学习困难的学生进行有偿补习,很多学生通过王老师的补习,成绩进步了不少。关于王老师的做法,下列说法正确的是(　　)

A. 符合教师职业道德规范中的爱岗敬业　　B. 体现了教师职业道德规范中的关爱学生

C. 践行了教书育人的教师职业道德规范　　D. 违背了为人师表的教师职业道德规范

13. 梁老师是一名生物老师,他十分热爱自己的工作,每天都认真备课、上课,课后耐心给学生解答疑惑,经常为了给学生批改作业而加班到深夜。梁老师的行为充分体现了教师(　　)的职业素养。

A. 爱岗敬业　　B. 依法执教　　C. 团结协作　　D. 为人师表

14. 校长常常给新老师讲:“只要你还能站着,就要挺直腰板上完 45 分钟的课;只要你还能张开嘴,就要让最后一排的学生听见你的谆谆教导,这样才能配得上‘人类灵魂的工程师’的称谓。”这句话表明,作为一名人民教师,应当做到(　　)

A. 爱国守法　　B. 关爱学生　　C. 爱岗敬业　　D. 终身学习

15. 下列说法或做法中不符合现行《中小学教师职业道德规范》中的“教书育人”规定和要求的是(　　)

A. 学习教育的新理念,主动改变育人模式

B. 积极开展教学改革,提高课堂教学质量

C. 严格执行教学方案,照搬教材以及教参

D. 激发学生创新精神,促进学生全面发展

16. 五十多岁的王老师又一次拒绝了学校要他参加培训的安排,并说:“我都快退休了,还学什么!”这表明王老师缺乏( )

A. 终身学习的理念　　B. 热爱学生的情怀
C. 诲人不倦的品格　　D. 严谨治学的精神

17. 王老师一个学期以来,对母亲是副县长且不需要帮助的小萍家访达10次以上,王老师的做法( )

A. 正确,符合因材施教的教育要求
B. 正确,符合主动联系家长的要求
C. 错误,有违严慈相济的要求
D. 错误,有违平等待生的要求

18. 在教育教学活动中,教师对学生的不良行为视而不见、不问不管。这种行为违反的是现行中小学教师职业道德规范要求中的( )

A. 关爱学生　　B. 爱岗敬业　　C. 教书育人　　D. 为人师表

19. 以下说法正确的是( )

A. “身教重于言教”忽视了教师传授知识的天职
B. “教师应该遵守法律”是法律要求而不是师德要求
C. 在市场经济时代,要求教师廉洁从教是一句空话
D. 教师不思进取也是不符合师德要求的

20. 班主任李老师对班里违纪的学生严慈相济,不讽刺、不挖苦、不体罚或变相体罚,而是积极引导。这种做法符合教师职业道德规范中的( )

A. 关爱学生　　B. 爱岗敬业　　C. 终身学习　　D. 为人师表

21. 学生干部选举前,个别家长给班主任陈老师送礼物,要求照顾。陈老师一概拒绝。那么陈老师的行为符合职业道德规范中的( )

A. 为人师表　　B. 关爱学生　　C. 教书育人　　D. 爱岗敬业

22. 并不富裕的汪老师时常资助一些家庭经济困难的学生,还鼓励他们克服困难,在学习上给予切实的帮助,这体现了汪老师能够做到( )

A. 长善救失　　B. 严慈相济　　C. 因材施教　　D. 关爱学生

23. 教师要对工作高度负责,认真备课上课,认真批改作业,认真辅导学生,不得敷衍塞责。这体现的教师职业道德规范是( )

A. 爱岗敬业　　B. 关爱学生
C. 教书育人　　D. 爱国守法

24. 唐代韩愈提出“以身立教”,才能“其身亡而其教存”。这在教师职业道德中是指( )

A. 学而不厌,诲人不倦　　B. 关爱学生,因材施教
C. 以身作则,为人师表　　D. 爱岗敬业,终身学习

25. 某次考试成绩出来后，班主任老师把班里所有学生的成绩进行排名并张贴后，对其中一名学生说："这次又是你倒数第一，总是影响班级成绩，你真是没救了。"案例中，此老师的行为违反了(　　)的职业道德规范。

A. 爱国守法、爱岗敬业　　B. 关爱学生、教书育人

C. 为人师表、廉洁公正　　D. 爱岗敬业、终身学习

26. 教师的下列哪一项做法违背了平等公正对待学生的要求(　　)

A. 为胆小内向的学生创造展示自我的机会

B. 只关注优等生，对差等生爱理不理

C. 让每一位学生充分发挥自身所长，为班集体贡献力量

D. 加强与后进生的沟通

27. 为人师表是师德规范的重要内容，著名教育家叶圣陶也曾说过："教育工作者的全部工作就是为人师表。"下列选项中，与"为人师表"的内涵一致的是(　　)

A. "学为人师，行为世范"　　B. "凡学之道，严师为难"

C. "德无常师，主善为师"　　D. "仰之弥高，钻之弥坚"

28. 某班主任在家长会上帮商家推广一种"心算"教材，但并未强制家长们购买。该班主任的做法(　　)

A. 凸显了敬业精神　　B. 违背了师德规范

C. 违反了教学规律　　D. 体现了求真务实

29. 一位教师说："我因为热爱自己的教师职业，把自己的收入也拿来助学，没钱时我就出力。"以下最能体现出该教师职业道德规范的是(　　)

A. 爱国守法　　B. 爱岗敬业　　C. 热爱学术　　D. 教书育人

30. 语文课上，每当讲到一些文人墨客、科学家的故事时，杜老师总会拓展这些人物是如何热爱祖国、积极探索、献身事业的。这表明杜老师做到了(　　)

A. 爱国守法　　B. 爱岗敬业　　C. 终身学习　　D. 教书育人

31. 王老师在工作期间不断学习教育教学知识，努力提高自身能力，提高教育教学水平，这体现了(　　)的职业道德要求。

A. 关爱学生　　B. 终身学习　　C. 爱岗敬业　　D. 为人师表

32. 赵老师尽管从教多年，但每次备课依然一丝不苟，同一节课在不同的班级往往采取不同的授课方式。下列对赵老师行为的评析，不恰当的是(　　)

A. 因材施教　　B. 严谨治学　　C. 严慈相济　　D. 潜心钻研

33. 教师职业道德规范中，能判断教师行为是非善恶的最根本的道德标准是(　　)

A. 廉洁从教　　B. 遵守公德　　C. 依法执教　　D. 为人师表

34. 在教师与家长的关系中，教师首先必须尊重学生家长的(　　)

A. 政治地位　　B. 经济地位　　C. 情感　　D. 人格

35. 教师在教学中容易偏爱优等生，强化尖子生培养，却忽视后进生的培养，其实质上违背了教育爱的(　　)

A. 理智性　　B. 纯洁性　　C. 引导性　　D. 人道性

36. 李老师和学生家长产生矛盾，被学生家长辱骂和投诉，但李老师还是努力做好本职工作。这体现了其具备(　　)的职业道德。

A. 爱岗敬业　　B. 教书育人　　C. 关爱学生　　D. 终身学习

37. 以前人们说："要给学生一杯水，教师要有一桶水。"但现在人们又说："要给学生一杯水，教师要有一眼泉。"这要求教师严格遵守教师职业道德规范中的(　　)

A. 关爱学生　　B. 终身学习　　C. 依法执教　　D. 爱岗敬业

38. "爱岗敬业"是教师职业的(　　)

A. 基本要求　　B. 本质要求　　C. 内在要求　　D. 发展动力

39.《中小学教师职业道德规范》中明确指出，教师职业的基本要求是(　　)

A. 以身作则　　B. 尊重学生、爱护学生

C. 爱国守法　　D. 终身学习

40. "不以分数作为评价学生的唯一标准"属于2008年修订的《中小学教师职业道德规范》中的(　　)的要求。

A. 爱国守法　　B. 关爱学生　　C. 教书育人　　D. 终身学习

41. 教师专业发展的不竭动力是(　　)

A. 爱岗敬业　　B. 教书育人

C. 关爱学生　　D. 终身学习

二、多项选择题

1. 一般认为，师德的核心内容是(　　)

A. 爱岗敬业　　B. 教书育人　　C. 终身学习　　D. 为人师表

2. 习近平总书记强调："做好老师，要有仁爱之心。"在教育教学中，教师对学生的爱表现为(　　)

A. 对学生严慈相济　　B. 对学生一视同仁

C. 理解和尊重学生　　D. 时刻跟学生待在一起

3. 根据《中小学教师职业道德规范》(2008年修订)，以下教师的做法不太恰当的是(　　)

A. 李老师工作兢兢业业，对学生不敷衍塞责

B. 张老师努力教书，遵循教育规律，实施素质教育，可由于自身能力有限，做得还不太好

C. 谢老师为人正派，廉洁奉公，尊重同事，尊重家长，偶尔有些学生课业不好也会帮忙辅导学生功课，做有偿家教

D. 赵老师课上得很好，学生很喜欢她，她也经常督促学生进行学习，但由于工作与家庭事务繁忙，很久没学习，也不重视自身的学习

4.《中小学教师职业道德规范》规定的为人师表内容可以概括为(　　)

A. 教师的行为示范　　B. 教师的语言示范

C. 教师的衣着、仪表示范　　D. 教师的举止示范

5. 2008 年修订的《中小学教师职业道德规范》具有以下哪些特点(　　)

A. "以人为本"　　B. 继承与创新相结合

C. 全面性与先进性相结合　　D. 他律与自律相结合

6. 严谨治学的基本要求包括(　　)

A. 要有精深的专业知识　　B. 要有刻苦钻研、精益求精的精神

C. 要有谦虚谨慎的态度　　D. 要有锐意创新的品质

7. 教师节到了,许多学生家长都给教师送了礼物,对此,教师的下列做法中不恰当的是(　　)

A. 欣然接受,收下所有礼物,对家长表示感谢

B. 选择自己需要或喜欢的礼物收下,其他的退回

C. 将礼物退回,但是暗中记下哪些学生的家长送了礼,对这些学生多加照顾

D. 将礼物退回,并向家长做好解释工作,表明身为教师不应接受礼物,并说明自己会平等关爱每一位学生

8. 师德规范中的"为人师表"对教师的哪些方面提出了要求(　　)

A. 荣辱观　　B. 语言谈吐

C. 衣着　　D. 行为举止

9. 有些农村中小学让个别学生利用课外活动时间,甚至占用上课时间去给老师家里收割庄稼或采摘瓜果。对此现象,看法错误的有(　　)

A. 这样做可以让学生接触自然、锻炼身体

B. 这是对老师尊重的表现

C. 这样做无可厚非

D. 这样做违反相关教育政策和法规

10. "爱国守法"的教师职业道德规范规定的具体职业行为要求是(　　)

A. 全面贯彻国家教育方针　　B. 自觉遵守教育法律法规

C. 依法履行教师职责权利　　D. 保护学生的生命安全

三、判断题

1. 教师接受学生的自绘贺卡不违背教师职业道德规范。(　　)

2. 教师应当崇尚科学精神,树立终身学习理念,拓宽知识视野,更新知识结构。(　　)

3. 教师职业道德高低的试金石是教书育人。(　　)

4. 师德规范体系是由社会公德、家庭美德、职业道德三部分组成的。(　　)

5. 教师虽然从事的职业相同,任务都是教书育人,但学科不同,专业各异,因此只要做好自己的本职工作即可。(　　)

四、简答题

1. 2008 年修订的《中小学教师职业道德规范》中规定的教师职业道德的主要内容是什么?

2. 从师德角度,说说教师如何关爱学生。

五、案例分析题

(一)案例客观题

半个多月来,山西某中学的英语老师张老师一直在"跪着"上课,这是怎么回事?

今年 2 月底,张老师的左脚骨折,在家休息了一个月,担心会耽误孩子们的学习进度,脚伤还没有痊愈,她就回到了学校。

每天两节英语课,大约 90 分钟,她基本是"跪"在凳子上讲课。"跪着"讲课,不仅膝盖不舒服,也不利于血液循环,时间长了脚还会肿。脚受伤后,上厕所不方便,张老师在学校不敢多喝水。

虽然坐着上课,有利于脚伤的恢复,但张老师说:坐着上课,无法看到所有学生,不方便与学生进行课堂交流和互动。"跪着"讲课没什么大不了,我只是做了任何一个老师都可能会做的事。

张老师的脚伤还没有痊愈,走路多了,脚会肿;走路快了,脚会疼,同学们就扶着她走路,帮她拿东西、倒水。在张老师看来,"跪着"上课不值一提,反而是学生们的行为,更让她感动。

1. 张老师"跪着"上课的做法,符合《中小学教师职业道德规范(2008 年修订)》中(　　)对教师提出的基本要求。(单项选择)

A. 爱国守法　　B. 爱岗敬业　　C. 因材施教　　D. 廉洁奉公

2. 张老师"跪着"上课主要是为了(　　)(多项选择)

A. 强化意志教育,树立良好形象　　B. 增强课堂效果,保证教学质量

C. 规范教学秩序,维持课堂纪律　　D. 关注全班同学,重视师生互动

3. 张老师与学生之间具有良好的师生关系。理想的师生关系具有的基本特征有(　　)(多项选择)

A. 尊师爱生,相互配合　　B. 民主平等,和谐亲密

C. 共享共创,教学相长　　D. 学生主导,对话频繁

（二）案例主观题

1. 某日下午，杨老师把没有完成课后作业的小学三年级学生李同学叫到讲台前，然后向全班同学下达任务：“每个人去打李同学 5 个耳光或用教鞭打手掌，谁打得不狠就打谁。”结果，全班 30 名学生，除了另外 5 个没有做完作业的同学外，其余 24 名同学全部动了手。最后，杨老师也亲自动手打了李同学。挨打后，李同学的脸和手掌疼痛难忍，但杨老师还要求他坐好并认真听课，直到放学。回家时，他走到家门口就嚎啕大哭，泪流满面。李同学的母亲发现其脸部和手掌出现大面积红肿，有的部分已经成了紫红色。李同学的母亲带他去医院看医生，并了解相关原因。最后李同学告诉母亲：“我不想去上学了，想转班或转学。”

（1）从教师职业道德的角度，分析材料中杨老师的教育行为所存在的问题。

（2）如果你是李同学的班主任，你将如何来协调处理这件事情。

2. 在日常教学中，王老师不仅像别的老师那样经常关注那些能说会道、反应灵敏的学生，她还经常关注那些比较胆小、很少回答问题的学生。有的时候这些学生可能过于紧张答不出来问题，王老师就会让他坐下来放松一下，语气温和地对学生说：“没关系，以后经常练习就好了。”在课下，王老师主动与学生交往，培养学生的语言表达能力，主动与家长沟通，共同探讨教育孩子的方法。

请运用教师职业道德知识对该案例进行分析。

3. 张老师在初中教授历史课，他已经从教 30 年了，一直兢兢业业，深受学生们的爱戴。学生们都认为张老师的课讲得很认真，同事们也评价他是一位勤勤恳恳的老实人。他每天都要给四五个班上课，因为年龄较大，学校就没有给他安排班主任的工作。有一次课上，他正在讲授秦代的历史，一个坐在教室前排的女生突然说自己头疼，想回宿舍休息。张老师看了看，也觉得这个学生确实身体不舒服，就让她独自离开教室回宿舍休息去了。然后，张老师继续上课，课堂也没有受到什么影响。下课后，张老师没有跟任何人提起此事。

请从教师职业道德规范的角度，评价张老师的行为。

4. 吴老师在一所初中任教，立志成为一名优秀的人民教师。他工作努力，认真负责。班上有学生家境贫困，家长让其退学并带他到广东打工。吴老师知道后急得直跺脚，恳请家长把孩子送回学校，还给家长转账2000元，让他们把孩子送上火车，火车到站后，吴老师亲自去接该学生。很快，吴老师便小有名气。

一天，几位学生的家长找到吴老师，希望他能在课后帮助孩子补习，吴老师认为这有利于学生提高成绩，就答应了。补习结束后，家长为了感谢他，给了他一笔可观的辛苦费，他推辞不过只好接受。自此以后，越来越多的学生找吴老师补课。随着补课学生人数的增多，他在小区专门租了一间房子进行补课，并收取一定的辛苦费。家长们对吴老师的辅导非常满意。

请从教师职业道德规范的角度，评析吴老师的职业行为。

5. 张老师是某小学的资深教师，为了能更好地将知识传授给学生们，张老师每天都认真备课、讲课，努力提高自己的教学技能。为了进一步提高教学水平，她还综合运用多媒体教学和网络教学手段进行授课，学生们普遍喜欢上张老师的课。但是，张老师不能容忍一些学生不认真的学习态度。某日，张老师给学生布置预习并默写相关知识点的作业，下午批改时，张老师发现46名学生中大部分都未完成或者错误太多，随后张老师把没有完成默写的37名学生一一叫上讲台，批评的同时还对其进行掌掴。

请运用教师职业道德的知识对张老师的做法进行分析。

专题四　教师职业道德修养与评价

考法透视　本专题以记忆为主，多以选择题、判断题等形式进行考查，主要考查教师职业道德修养的内容、基本原则、途径与方法，教师职业道德评价的原则与方法。

限时:30 分钟	用时：　分钟	错题数：　道	▶答案见 P1196

一、单项选择题

1. 教师职业道德修养的最终目的就是要教师养成良好的(　　)

A. 职业道德信念　　B. 职业道德行为习惯

C. 职业道德意志　　D. 职业道德理想

2. 教师的师德修养，只有在(　　)中才能得到不断的充实、提高和完善。

A. 学习　　B. 交往　　C. 思考　　D. 实践

3. 教师职业道德修养的内容包括六个方面，其中核心问题是(　　)

A. 确立坚定的职业道德信念　　B. 掌握正确的职业道德知识

C. 养成良好的职业道德行为习惯　　D. 树立远大的职业道德理想

4. 教师职业道德行为的出发点是(　　)

A. 职业正义感　　B. 职业责任感　　C. 职业荣誉感　　D. 职业幸福感

5. 加强自我修养是完善师德境界的较好途径。以下不属于加强自我修养的是(　　)

A. 见贤思齐　　B. 闻一知十

C. 君子慎其独也　　D. 躬自厚而薄责于人

6. 教师在无人监督时仍然能够遵守道德规则，自觉按照师德规范行动。这种教师职业道德修养的方法是(　　)

A. 致知　　B. 内省　　C. 慎独　　D. 践履

7. (　　)是培养教师职业道德的首要环节。

A. 教师职业道德修养　　B. 教学水平

C. 教学艺术　　D. 教师职业道德理论

8. 教师产生职业道德信念和养成职业道德行为习惯的前提条件是(　　)

A. 职业道德理想　　B. 职业道德知识

C. 职业道德情感　　D. 职业道德意志

9. 许多优秀的边远地区教师，不怕条件艰苦，不计个人得失，坚定不移地战斗在教育岗位上，其中的一个重要原因就是(　　)

A. 有高尚的职业道德目标　　B. 有良好的职业道德行为习惯

C. 有稳定的职业道德情感　　D. 有坚定的职业道德信念

10. 师德修养的历史继承性特点首先需要教师(　　)

A. 从历史和文化中汲取精神营养,传承和弘扬世界各民族的职业道德

B. 从历史和文化中汲取精神营养,传承和弘扬中华民族的优秀师德

C. 继承古代孔子、孟子的思想,传承儒家思想文化

D. 继承现代陶行知、蔡元培的教育思想,践行和弘扬他们的主张

11. 教师提高职业道德修养的根本途径是(　　)

A. 向榜样学习　　B. 经验总结

C. 理论与实践相结合　　D. 理论学习

12. (　　)体现了教师职业道德要求的本质。

A. 职业道德理想　　B. 职业道德知识

C. 职业道德情感　　D. 职业道德意志

13. (　　)是正确的职业道德知识、真诚的职业道德情感和坚毅的职业道德意志的“合金”,也是形成职业道德行为的强大动力和精神支柱。

A. 教师职业道德观念　　B. 教师职业道德理念

C. 教师职业道德信念　　D. 教师职业道德行为

14. (　　)标志着教师的职业道德修养已经达到了高度自觉的程度。

A. 诚信守法　　B. 爱岗敬业

C. 关心学生　　D. “慎独”

15. 是否具备(　　)是衡量教师职业道德素质高低的重要标志。

A. 坚定的职业道德信念　　B. 真诚的职业道德情感

C. 良好的职业道德行为习惯　　D. 坚强的职业道德意志

二、多项选择题

1. 教师在职业道德修养中要达到慎独,应着重从(　　)方面下功夫。

A. 要求教师要注意把师德规范内化为内心信念,化作行为的品质

B. 要在“隐”和“微”处着手,狠下功夫

C. 要重视在无人监督时,自觉履行师德规范,养成良好的师德行为习惯

D. 即使在独处和无人监督之时,也依然按照师德规范行事

2. 下列属于教师职业道德评价要求的是(　　)

A. 动态评价与静态评价相结合,以静态评价为主

B. 肯定评价与否定评价相结合,以肯定评价为主

C. 单项评价与综合评价相结合,以综合评价为主

D. 定量评价与定性评价相结合,以定性评价为主

3. 教师职业道德修养的基本方法包括(　　)

A. 虚心向他人学习,自觉与他人交流　　B. 坚持自律和他律相结合

C. 加强理论学习,注重“内省”　　D. 勇于实践磨炼,增强情感体验

4. 教师职业道德评价的方法有( )

A. 社会评价法

B. 学生评价法

C. 自我评价法

D. 模糊综合评判法

5. 教师职业道德修养的基本原则有( )

A. 坚持知与行的统一

B. 坚持动机与效果的统一

C. 坚持继承与创新相结合

D. 确立可行目标,坚持不懈努力

6. “慎独”是教师职业道德修养的方法,对其理解有误的是( )

A. 用慎独的态度对待他人

B. 在自我的世界里孤芳自赏

C. 害怕面对自身道德上存在的不足

D. 在无人监督和无人知道的情况下也不背离道德准则

7. 教师职业道德评价应遵循的原则有( )

A. 方向性原则

B. 客观性原则

C. 预见性原则

D. 科学性原则

8. 教师职业道德修养的内容包括( )

A. 养成职业道德行为习惯

B. 陶冶职业道德情感

C. 掌握职业道德知识

D. 磨炼职业道德意志

三、判断题

1. 继承前代教师道德的优秀成果,并为自身服务是教师职业道德修养的一个必不可少的条件。( )

2. 积极参加社会实践,做到知行统一,是教师职业道德修养的重要途径。( )

3. 只有在有人监督时,教师才需要自重、自爱、自律。( )

4. 教师职业道德修养是将教师职业道德要求转化为自己的信念并付诸行动的活动。( )

5. 师德修养的时代性特点要求教师以不变应万变,守护我国的师德传统。( )

6. 学习和掌握教师职业道德知识是教师职业道德修养的首要环节。( )

7. 教师职业道德养成主要依靠自律,与外部环境和社会无关。( )

8. 职业道德情感是人们在职业活动中选择道德行为的决定力量,职业道德情感一旦形成,就会积极地影响和调节人们的道德行为。( )

9. 师德修养贵在自觉,严于律己是提高自我道德修养的关键。( )

10. 职业良心感是教师对自己的职业道德行为、对自己同他人及社会职业道德关系的自觉意识和自我评价能力,是一种对职业关系和职业活动是非、善恶的内心体验。( )

11. 教师职业道德评价最根本的指导思想是社会主义方向性。( )

第四章　教育教学技能

专题一　教学技能与教学设计技能

考法透视　本专题以识记为主，多以选择题、判断题、简答题等形式考查，主要考查教学技能的内涵、特点、构成与作用，教学目标和教案的设计技能。

限时:35 分钟	用时：　分钟	错题数：　道	▶答案见 P1198

一、单项选择题

1. 教师备课工作的最后一个环节，也是保证教师有计划、有步骤地上好一节课的必要手段是(　　)

   A. 课时计划　　B. 单元教学计划

   C. 教学工作计划　　D. 课程计划

2. 无论是新老教师，无论是哪一个学科，教师编写教案的基本内容、基本要求都是一样的。下列教案的基本内容当中，(　　)是教案编写的重中之重。

   A. 板书设计　　B. 教学过程　　C. 作业布置　　D. 教学重点

3. 下列对教学技能的定义理解不正确的是(　　)

   A. 教师教学时间越长，教学技能就越丰富

   B. 教学技能的形成是内外兼修的结果

   C. 教学技能是一系列教学行为和心智活动方式的整体体现

   D. 教学技能是在教师已有的知识经验的基础上形成和发展起来的

4. 教学实践中最基本、最常用的一种教案形式是(　　)

   A. 表格式教案　　B. 记叙式教案　　C. 卡片式教案　　D. 议论式教案

5. 在整个教学技能的系统中，最重要的核心技能应该是(　　)技能。

   A. 备课　　B. 学习指导　　C. 课堂教学　　D. 教学反思

6. 工作二十余年的田老师很少花时间准备教案，当有老师质疑他时，他总说："教材上哪一页讲了什么，我几乎都能背得出来，还需要准备什么，教案都是给年轻老师用的。"田老师的观点(　　)

   A. 正确，经验丰富的老师可以不需要教案

   B. 正确，老师可以自由选择是否准备教案

   C. 不正确，准备教案并不只是记录教材内容

   D. 不正确，年轻老师上课也不一定需要教案

7. 教学技能发展的最高形态是(　　)

A. 教学技巧　　B. 教学技艺　　C. 教学反思　　D. 教学艺术

8. 教学目标表述的基本部分是(　　)

A. 明确教学对象　　B. 表达学习结果的行为

C. 表现行为的条件　　D. 学习程度

9. 教案的一般结构是概况、教学过程、板书设计和(　　)

A. 教学总结　　B. 教学反思　　C. 课堂练习　　D. 课后讨论

10. (　　)是实现教学目标的基础和前提。

A. 正确表述教学目标　　B. 了解学生

C. 明确教学计划　　D. 分析教学内容

11. 某教师在设计《正方形的面积》一课时,设计了如下教学目标:"学生能借助透明正方形胶片,说明正方形面积等于边长乘边长的理由。"这一教学目标欠缺了对(　　)的描述。

A. 行为　　B. 教学对象　　C. 行为条件　　D. 行为标准

12. 将教学目标"认识植物的生长需要阳光和养料"细化为:①列举植物生长所需的四项要素;②说明花瓶中的花草不能成活的原因;③解释为什么植物会具有向光生长的性质;④用自己的话解释栽培植物必须施肥的原因"。这体现了编制教学目标所要求的(　　)

A. 自主性　　B. 灵活性　　C. 整体性　　D. 明晰性

13. 新教师备课时经常采用(　　)

A. 讲义式教案　　B. 提纲式教案　　C. 程序式教案　　D. 卡片式教案

14. 把教学的具体细节明白地写出来,以便上课时做到心中有数,有的放矢。这体现了教案编写的(　　)

A. 自然性原则　　B. 明确性原则

C. 系统结构原则　　D. 过程性原则

二、多项选择题

1. 教案是教师经过周密策划而设计出来的关于课堂教学的具体实施方案,通常以一节课为单位编写。教案的编写不仅要切合实际还要坚持(　　)

A. 科学性　　B. 教育性　　C. 实用性　　D. 经济性

2. 下列属于教案的基本形式的是(　　)

A. 记叙式教案　　B. 议论式教案　　C. 表格式教案　　D. 卡片式教案

3. 教学技能在不同发展阶段的表现形态有(　　)

A. 教学技巧　　B. 教学技艺　　C. 教学反思　　D. 教学艺术

4. 教学目标正确的表述应具备的特征包括(　　)

A. 外显性　　B. 可操作性　　C. 可测性　　D. 实践性

5. 教师在设计教案时,课时教学内容的分配要(　　)

A. 科学合理　　B. 分散难点　　C. 集中难点　　D. 突出重点

6. 某教师在设计五年级语文课文《地震中的父与子》的教案的时候，制定了以下教学目标：①阅读课文，培养学生分析课文、理解课文的能力；②通过分角色朗读课文，培养学生有感情地朗读课文的能力。以上两个教学目标存在的问题都有（　　）

A. 教学目标指向主体错误　　B. 教学目标不全面

C. 教学目标层次混乱　　D. 教学目标表述不确切，难以检测

三、判断题

1. 教师编制教学目标时不可低估学生的学习潜力，因此要注意强调"高难度"。（　　）

2. 设计教学过程实质上指的就是设计教案。（　　）

3. 在具体教学实施中，教案是不可以改变的，教师要严格按照写好的教案进行教学。（　　）

4. 教学目标的表述中，行为主体指的是教师。（　　）

5. 教学技巧的主要特征是教师形成了自己独特的教学风格。（　　）

四、简答题

1. 简述教学目标设计的步骤。

2. 简述教案设计的要求。

专题二　课堂导入技能

【考法透视】　本专题以识记为主，多以选择题、判断题、简答题、案例分析题等形式考查，主要考查课堂导入的类型、基本要求。

限时:45 分钟	用时：　分钟	错题数：　道	▶答案见 P1199

一、单项选择题

1. 课堂导入是为了有效引导学生进入学习状态中，引出教学的主题。下列选项中关于课堂导入的说法不正确的是（　　）

A. 导入要符合学生的实际水平　　B. 导入的目的要明确

C. 为加强导入的效果，要延长导入时间　　D. 导入的内容要与问题相结合

2. 导入要与具体的教学内容、教学目标相适应，这体现了导入的（　　）

A. 艺术性　　B. 针对性　　C. 迁移性　　D. 启发性

3. 数学老师在讲授圆柱、圆锥的侧面积与表面积时,先让学生观察模型及侧面展开图,进而引导学生推导出计算公式。该老师运用的导入方法是( )

A. 经验导入 B. 直观导入 C. 活动导入 D. 举例导入

4. 学生的学习受到多方面因素的影响,其中最主要的是受学习动机的支配,这就要求课堂导入发挥( )的功能。

A. 激发学习兴趣,引起学习动机 B. 引起对所学课题的关注

C. 为学习新知识做铺垫 D. 明确学习目的

5. 某教师在讲"等比数列前 n 项和"时,利用折纸实验导入新课,告诉学生用一张一毫米厚的折纸,只需对折 24 次,其厚度就可超过珠穆朗玛峰的高度。这使学生们心理上形成反差,激起了学生的求知欲。该教师采用的导入方式是( )

A. 直接导入 B. 悬念导入 C. 审题导入 D. 故事导入

6. 刘老师在上《狐假虎威》一课时是这样导入的:"同学们,你们觉得老虎和狐狸哪种动物更厉害呢?"学生回答:"当然是被称作百兽之王的老虎更厉害!"刘老师接着说:"但是在我们今天要学习的这篇课文中,狐狸却比老虎更厉害,这是怎么回事呢?和老师一起在课文中寻找答案吧!"刘老师这样的导入方式属于( )

A. 情境导入法 B. 悬念导入法 C. 游戏导入法 D. 温故导入法

7. 课堂教学中的开场白是指( )

A. 导入 B. 提问 C. 讲授 D. 小结

8. 一位语文老师在执教李白的《赠汪伦》时,他是这样开讲的:"李白是我国唐代的大诗人,可他上过一次大当,受过一次骗。"这让学生疑团顿生,充满好奇。这位教师导入新课的方法是( )

A. 衔接导入法 B. 悬念导入法 C. 情境导入法 D. 实验导入法

9. 新的一课开始前,老师为了介绍作家老舍,便这样开场:"我出两个谜语给大家猜,看谁能先猜出来:第一,'挑嫩的';第二,'晚年离婚'。两则谜语谜底相同,打一作家名。"有学生反应很快,答道:"老舍。"其他同学恍然大悟。老师接着说:"猜得很对! 大家很聪明嘛! 好,现在我们就来走近老舍……"这位老师所采用的课堂导入方法是( )

A. 悬念导入 B. 谜语导入 C. 观念冲突导入 D. 情境导入

10. 李老师在讲解"作用力与反作用力"的时候,先让学生们分别用轻微、用力、非常用力三个力度鼓掌,然后请同学们谈感受,同学们都说左右手越用力越疼。李老师的这种课堂教学导入属于( )

A. 悬念导入 B. 温故导入 C. 问题导入 D. 实验导入

11. 下列导入方法中,不能预先进行设计的是( )

A. 悬念导入 B. 随机事件的导入 C. 事例导入 D. 表演导入

12. 张老师开始讲《詹天佑》这篇课文时说:"同学们,你们知道吗? 詹天佑是我国著名的铁路专家,主持修建了举世闻名的京张铁路,今天我们就来学习这一课。"这属于( )

A. 直接导入 B. 经验导入 C. 故事导入 D. 悬念导入

13. “师徒四人去西天取经，可是迷路了。孙悟空叫来了土地爷，可是土地爷只给了他一张地图，比例是1∶10000。唐僧掐指一算，这也是取经道路上的一难。同学们，你们能帮帮他们吗？”这种导入方式是(　　)

A. 情境导入　　B. 悬念导入　　C. 故事导入　　D. 直接导入

14. 关于直观导入，下列说法不正确的是(　　)

A. 适合于自然科学类内容的教学，人文社会科学类内容的教学则不适合

B. 有助于学生在直观感知中生成疑问

C. 实物、模型、幻灯、电视等蕴含的内容必须与新教材有密切的联系

D. 观察实物、模型、电视片等过程中，教师要及时提出问题，指明学生观察中的思考方向，促进他们的思维，为学习新教材做好准备

15. 在教学中，王老师经常使用故事、游戏、图片等形式使学生身临其境，从而激发学生的学习兴趣，使其进入到学习新知识的积极状态中来。这一做法是(　　)

A. 情境导入　　B. 复习导入　　C. 直接导入　　D. 直观导入

16. 教师展示实物、标本让学生观察，这种导入新课的方法属于(　　)

A. 直接导入　　B. 问题导入　　C. 故事导入　　D. 直观导入

17. 课堂教学中最简单、最常用的导入形式是(　　)

A. 直观导入　　B. 直接导入　　C. 游戏导入　　D. 实例导入

18. 以学生原有的生活经验为出发点，教师通过生动而富有感染力的讲解、谈话或提问引起回忆，从而引导学生发现问题的导入方法是(　　)

A. 间接导入　　B. 直观导入　　C. 事例导入　　D. 经验导入

二、多项选择题

1. 胡老师在讲授《廉颇蔺相如列传》时，从“和氏璧”的故事入手，进而开展新课，创设了有效的课堂导入。这遵循了(　　)的原则。

A. 针对性　　B. 复杂性　　C. 新颖性　　D. 趣味性

2. 一堂课的导入环节直接影响着整堂课的效果，课堂导入一般由(　　)等内容构成。

A. 引起注意　　B. 激发动机　　C. 组织指引　　D. 建立联系

3. 有效的课堂导入能够充分吸引学生的兴趣，迅速集中学生的注意力，使教学顺利展开。关于课堂导入，下列说法正确的有(　　)

A. 要把导入与整个教学过程综合起来考虑

B. 避免使用直接导入法

C. 形式要多种多样

D. 从学生的实际出发

4. 课堂导入是课堂教学的主要环节之一，一堂课导入的成功与失败直接影响着整堂课的效果，精彩的课堂导入能够(　　)

A. 沟通师生情感　　B. 吸引学生注意　　C. 完成教学目标　　D. 启迪学生思维

5. 下列有关导入的说法,正确的有( )

A. 导入是课堂教学的第一步

B. 课堂教学中最常用、最简单的导入方法是问题导入

C. 教师通过提出富有启发性的问题进而引入新的教学内容的方法是复习导入

D. 教师从探究题意入手导入新课的方法是审题导入

三、判断题

1. 尽管新授课、练习课和复习课等不同类型的课的学习任务和学习内容不同,但是这些课所需要的导入方式和方法是完全相同的。 ( )
2. 现代教学中反对注入式教学,因此课堂导入也要具有趣味性。 ( )
3. 温故导入的特点是由已知导向未知,过渡流畅自然,适用于连贯性和逻辑性较强的知识内容。 ( )
4. 课堂导入的时间一般为 20 分钟左右。 ( )
5. 在教学中,教师要把导入与整个教学过程综合起来考虑。 ( )

四、简答题

1. 简述课堂导入的基本要求。

2. 课堂导入的类型主要有哪些?

五、案例分析题

1. 语文老师在讲授孙犁的散文名篇《黄鹂》时,是这样开头的:教师先问:“大家能说出哪些有关黄鹂的诗文?”学生根据自己的知识积淀,能够说出“两个黄鹂鸣翠柳,一行白鹭上青天”(杜甫),“千里莺啼绿映红,水村山郭酒旗风”(杜牧),“留连戏蝶时时舞,自在娇莺恰恰啼”(杜甫),“漠漠水田飞白鹭,阴阴夏木啭黄鹂”(王维)。然后教师总结:“在这些诗文中,黄鹂作为春天的使者,给大好春光增添了盎然的生机和无限的活力。那么,在我国著名的散文家孙犁的笔下,黄鹂又是怎样的呢?”

材料中的老师运用了哪种课堂导入方法?简述课堂导入在课堂教学中的作用。

2. 吴老师在讲中国近代史《收复新疆》一课的时候，是这样开始的："唐朝诗人王之涣《出塞》诗云：'黄河远上白云间，一片孤城万仞山。羌笛何须怨杨柳，春风不度玉门关。'而清朝杨昌浚却有诗云：'大将筹边尚未还，湖湘子弟满天山。新栽杨柳三千里，引得春风度玉关。'那么，为何唐时'春风不度玉门关'？为何清时'引得春风度玉关'？其实，这是与清朝后期的一位民族英雄密切相关的，那就是左宗棠，而左宗棠就是收复新疆的民族英雄……"

(1)请分析上述案例中的导入类型及其含义。

(2)这种导入方式的优点是什么？它的适用范围是什么？

(3)结合教学实际谈谈在设计这种导入方式时应注意的问题。

专题三　课堂观察、倾听与提问技能

考法透视　本专题以识记为主，多以选择题、判断题、简答题等形式考查，主要考查课堂观察的原则，提高教师倾听技能的基本原则，课堂提问的类型、有效运用。

限时:30 分钟	用时：　分钟	错题数：　道	▶答案见 P1202

一、单项选择题

1. 物理老师在讲解牛顿力学定律后，提出这样一个问题："我们踢出去的球在空中运动过程中是否还受到脚对它的作用力？"这是一种(　　)

A. 回忆性提问　B. 理解性提问　C. 评价性提问　D. 批判性提问

2. 教学中，孔子提到"不愤不启，不悱不发"，这要求教师在提问时做到(　　)

A. 提问明确具体　B. 提问有层次性

C. 提问有趣味性　D. 提问时机合适

3. 课堂观察的目的是改进课堂教学，教师不能仅仅满足于看到了什么，还要进一步对所看到的问题进行深度思考。这反映的是课堂观察的(　　)

A. 客观性原则　B. 同步性原则

C. 反省性原则　D. 全面性原则

4. "你怎样看待这篇散文？"这种提问属于(　　)

A. 应用水平的提问　B. 分析水平的提问

C. 综合水平的提问　D. 评价水平的提问

5. 在准备开展课堂讨论时，如果学生对老师提的问题没有马上做出反应，那么此时老师应

当(　　)

A. 更换问题　B. 倾听　C. 回应　D. 耐心等待

6. “为什么说五四运动是中国新民主主义革命的开端?”此提问属于(　　)

A. 分析型提问　B. 评价型提问　C. 综合型提问　D. 应用型提问

7. 黄老师在进行提问时,小芳回答了正确答案,但过程不够详细,黄老师应进行的追问方式是(　　)

A. 探究　B. 提示　C. 延伸　D. 转引

8. 课堂上,教师常常需要合理有效地处理学生回答问题的情况。教师处理答问最为恰当的程序是(　　)

A. 积极倾听—恰当提示—及时评价—准确判断

B. 恰当提示—积极倾听—及时评价—准确判断

C. 恰当提示—积极倾听—准确判断—及时评价

D. 积极倾听—准确判断—恰当提示—及时评价

9. 课堂提问中,含有“请用自己的话解释”“有何根据”“何以见得”等关键词语的题目一般属于(　　)

A. 综合提问　B. 应用提问　C. 分析提问　D. 理解提问

10. 教师和每个学生的空间距离不一样,观察的准确性也就不同。为收集到来自学生更为准确的反馈信息,需要教师课堂观察时采用(　　)策略。

A. 扫视　B. 环视　C. 注视　D. 巡视

11. 教师应采取换位思考的方式体验学生的心理、精神和内心世界,即“将心比心”“设身处地”地替学生思考。这是提高教师倾听技能基本原则中的(　　)

A. 耐心等待　B. 善于理解　C. 真诚赏识　D. 热情参与

12. 不管是教师向学生提问还是学生回答问题或质疑,都可以给学生提供参与讨论、发表意见、锻炼语言表达能力的机会。这属于提问功能中的(　　)

A. 激发学习动机,集中注意力　B. 提示学习重点

C. 启发学生思维　D. 培养学生参与能力

13. “引起‘代沟’的原因是什么?”这种提问属于(　　)

A. 理解水平的提问　B. 应用水平的提问

C. 分析水平的提问　D. 综合水平的提问

二、多项选择题

1. 教师在创设问题情境时要注意(　　)

A. 问题小而具体　B. 问题新颖而有趣

C. 问题有启发性　D. 问题容易

2. 在学生回答问题有困难、不能作答或回答不完全时,教师应适时介入,一般包括(　　)

A. 核查学生是否明白问题的意思

B. 鼓励学生尽快作出回答或完成教学指示

C. 切勿提示问题的要点、关键或答案的结构

D. 在学生没听清题意时,原样重复所提问题

3. 依据课堂提问的过程与实施步骤,为优化提问的效果,下列做法中恰当的是(　　)

A. 先点名,后提问　　B. 先思考,后回答

C. 先讨论,后总结　　D. 先鼓励,后更正

4. 根据布卢姆的目标分类学中关于认知目标的层次,课堂提问的类型包括(　　)

A. 理解提问　　B. 综合提问　　C. 应用提问　　D. 分析提问

5. 课堂提问是目前课堂师生对话的主要模式,有效提问的时机主要包括(　　)

A. 在新课导入时提问　　B. 在重难点处提问

C. 在知识需要迁移时提问　　D. 在无疑问处提问

三、判断题

1. 教师为引导学生积极定向地思考,通常会向学生提问,一个完整的提问过程包括引入、陈述、介入、评价四个阶段。(　　)

2. 提问注意力容易分散的学生可以使其集中精力,对胆小害羞的学生提问其力所能及的问题可以帮助其树立自信。(　　)

3. 一般来说难度较大的问题应在课中提出,以便教师和学生充分讨论解决。(　　)

4. 在历史课上,李老师问:“你们认为今天应该如何避免战争的发生?”这一问题属于封闭式问题。(　　)

四、简答题

1. 简述课堂提问的基本要求。

2. 简述课堂提问的意义。

专题四　课堂板书技能

考法透视　本专题以识记为主，多以选择题、判断题等客观题形式考查，主要考查课堂板书的特点、内容、作用、类型及设计原则。

限时：20 分钟	用时：　分钟	错题数：　道	▶答案见 P1204

一、单项选择题

1. 板书是对教学内容的提炼，板书语言不仅应该是精练概括的，而且应当能够恰当地反映出教学内容的本质。这表明板书应该具有（　　）

   A. 计划性　　B. 简洁性　　C. 启发性　　D. 艺术性

2. 紧扣课文，突出教学重点，激发学生思考，能够引起学生联想的板书类型是（　　）

   A. 表格式　　B. 词语式　　C. 纲要式　　D. 线索式

3. 最常见的、几乎适用于所有学科的板书形式是（　　）

   A. 语词式板书　　B. 表格式板书　　C. 纲要式板书　　D. 线索式板书

4. 据研究，人们对处于不同位置内容的观察频度是不同的，对位于（　　）的内容的观察频度最高。因此，板书时可将最重要的内容安排在此位置上。

   A. 左上　　B. 左下　　C. 右上　　D. 右下

5. 如果要巧妙引入新课，使学生在不知不觉中获得新知，往往采取（　　）

   A. 先讲后书　　B. 先书后讲　　C. 边讲边书　　D. 视情况而定

6. 反映教学内容中有关诠释性、延伸性信息，提示有关零散的知识，一般随教学进程的发展随写随擦或择要保留的板书是（　　）

   A. 系统板书　　B. 辅助板书　　C. 基本板书　　D. 主板书

7. （　　）是教学过程不可缺少的环节，把这一环节留给学生，有利于发挥学生的主体作用，树立学生自主意识，激发学生学习的兴趣，调动学习积极性。

   A. 板书　　B. 板演　　C. 板画　　D. 展示

8. （　　）是以文字表述为主，并用线条、数字或符号把文字组成一个框架，表现事物的结构、顺序、过程等的板书形式。

   A. 线条式板书　　B. 表格式板书　　C. 综合式板书　　D. 图形示意法

二、多项选择题

1. 板书结构化策略适合以讲授为主的班级课堂教学情境中。使用板书结构化策略时,要注意的问题有(　　)

A. 对教学内容要充分理解和加工

B. 板书要有利于学生记忆和思考,特别要突出启发性

C. 板书的字迹要端正和清楚,且使黑板四周不留空

D. 教师书写板书时应站在一边,尽可能让视线与学生接触

2. 板书技能是教师应具备的教学技能之一。教师在板书时应做到(　　)

A. 语言准确,有科学性　　B. 重点分散,呈无序性

C. 布局合理,有艺术性　　D. 形式统一,一成不变

3. 下列有关板书的描述,正确的有(　　)

A. 在黑板上推导公式、演算例题或书写方程式属于板演

B. 在黑板上画各种图形、符号和表格属于板画

C. 系统板书构成了整个课堂板书的骨架,一般保留于课堂教学的全过程

D. 辅助板书反映教学内容中有关诠释性、延伸性信息,提示有关重要的知识,一般随教学进程的发展随写随擦或择要保留

4. 板书设计的主要原则有(　　)

A. 规范性原则　　B. 客观性原则　　C. 针对性原则　　D. 启发性原则

5. 下列关于教师板书的相关行为,做法恰当的是(　　)

A. 根据不同的教学目的设计不同的板书

B. 不写或少写板书

C. 对难度较大的概念、公式先书后讲

D. 尽可能将所教授内容都写在黑板上

三、判断题

1. 为了节省时间,教学板书以学生能识别为优,不必追求形式上的美观。　　(　　)

2. 教师在板书时,要将所教的内容统统写在黑板上。　　(　　)

3. 课堂板书要具有直观形象性、高度概括性和艺术性的特点。　　(　　)

四、简答题

教师在板书的运用上存在哪些错误倾向?

专题五　巩固、反馈、强化与结课技能

考法透视 本专题以识记为主，多以选择题等客观题形式考查，主要考查巩固的类型与方法，教学反馈的内涵，教学强化的类型，结课的方法。

限时:10 分钟	用时：　分钟	错题数：　道	▶答案见 P1205

一、单项选择题

1. 中小学最常见的结课方式是(　　)

A. 归纳总结法　　B. 拓展延伸法　　C. 设置悬念法　　D. 比较异同法

2. 结课的好坏是衡量教师教学艺术水平高低的标志之一，如杨老师在一堂课结束后为引起学生的求知欲，留下疑问并对学生说："欲知后事如何，且听下回分解。"杨老师采用的这种结课方式是(　　)

A. 悬念式　　B. 拓展延伸式　　C. 讨论式　　D. 归纳式

3. 课堂上，老师对小明的回答进行了口头表扬，鼓励其他小朋友要向他学习，对他的表现进行强化。这属于教学强化中的(　　)类型。

A. 标志强化　　B. 语言强化　　C. 动作强化　　D. 活动强化

4. 教完古诗《梅花》后，张老师扮演耳背的奶奶让学生背给她听，故意将"凌寒独自开"听成"凌寒肚子开"，让学生纠正并解释。张老师所运用的这种课堂总结方式属于(　　)

A. 自然式　　B. 游戏式　　C. 归纳式　　D. 悬念式

5. 教《警察与赞美诗》(初中教材)时，教师设计这样的结束语：欧·亨利是世界三大短篇小说巨匠之一，他的小说善于捕捉生活中令人啼笑皆非而富于哲理的戏剧性场景，用漫画般的笔触勾勒出人物的特点。作品在结尾时突然出现一个意料不到的结局，使读者惊愕之余，不能不承认故事合情合理，进而赞叹作者构思的巧妙。《最后一片叶子》和《麦琪的礼物》是他的代表作品，同学们可以抽时间读一读。这种结课方式属于(　　)

A. 激励式结课　　B. 拓展延伸式结课

C. 诱发想象式结课　　D. 悬念式结课

6. 教师利用课堂教学的结束环节，提出问题，引导和鼓励学生把所学知识向课外延伸，这样的结课方法是(　　)

A. 归纳式结课方法　　B. 探索式结课方法

C. 悬念式结课方法　　D. 震颤式结课方法

7. 有些教学内容之间存在着相近的关系，学生的记忆容易产生混淆。对此，教师应该选用的巩固方法是(　　)

A. 提纲式巩固　　B. 问答式巩固

C. 归纳表格式巩固　　D. 图像式巩固

8. 教师讲完楞次定律一节时，就叫学生重做验证楞次定律的实验，通过学生自己做实验，使他们进一步加深对楞次定律的认识，较好地掌握楞次定律，从而提高课堂教学效果。此小结巩固的方式属于(　　)

A. 复述式巩固　　B. 板演操作式巩固

C. 练习式巩固　　D. 实验演示式巩固

9. 在数学课堂上，张老师通过课件展示一个圆。张老师："同学们，我们已经认识了一个特殊的平面图形——圆，说说你已经知道了关于圆的哪些知识?"学生："知道圆的特征，圆的各部分名称，圆的周长和面积的计算方法……"张老师："同学们真棒！掌握得很好！这节课，我们上有关圆的练习课。"张老师的巩固方式属于(　　)

A. 练习式巩固　　B. 新旧知识对比式巩固

C. 复述式巩固　　D. 列举式巩固

10. 在课程结束时，教师通过班级分组竞赛的方式进行结课。这属于(　　)

A. 比较结课　　B. 活动结课

C. 悬念结课　　D. 拓展延伸结课

11. 刘老师为了让学生对本堂课的内容留下总体印象，在结课时引导学生对整节课的内容进行概括总结，这种结课方法为(　　)

A. 悬念法　　B. 游戏法　　C. 归纳法　　D. 练习法

二、多项选择题

1. 教学反馈是教师在课堂教学中，有意识地收集和分析教与学的状况，并做出相应反应的教学行为，其作用主要表现为(　　)

A. 预测作用　　B. 调控作用　　C. 媒介作用　　D. 激励作用

2. 成功的结课往往能对整堂课起到画龙点睛的作用。因此，教师在结课时应该(　　)

A. 要有趣味性　　B. 要有针对性

C. 要全面而深刻　　D. 要简洁明快

3. 日常教学中的巩固包括(　　)

A. 单元教学后的巩固　　B. 新授课结束时的总复习和完成课外作业

C. 部分新内容教学后的局部复习　　D. 新授课开始时的引导性复习

4. 下列符合课堂教学结束技能要求的是(　　)

A. 数学教师在下课前归纳概括了正弦函数的特点

B. 历史教师讲完"中国共产党的成立"后，要求学生课后观看《建党伟业》

C. 语文教师下课前鼓励学生续写《最后一课》

D. 生物教师利用课堂最后 10 分钟测验学生对本节课所学知识的掌握情况

专题六 教学语言技能

考法透视 本专题以识记为主，多以选择题、判断题等客观题形式考查，主要考查教学口语技能和教态语言技能。

限时:20 分钟	用时: 分钟	错题数: 道	▶答案见 P1206

▶答案见 P1206

一、单项选择题

1. 上课铃响，教师进入教室在讲台上站定，用目光扫视一下全班学生。教师这样做的目的是( )

A. 稳定情绪　B. 树立威信　C. 激发动机　D. 组织教学

2. 老师上课讲课的时候应该( )

A. 声音尽量让全班学生听到　B. 语速尽量快一些

C. 信息量越多越好　D. 老师讲解至少占课堂时间的四分之三

3. ( )是教师最基本、最广泛的表达工具。

A. 教学仪容　B. 教学仪表

C. 教学口语　D. 教学仪态

4. 相对于教学口语而言，教态语言的特征不包括( )

A. 辅助性　B. 科学性　C. 连续性　D. 动作性

5. 教师的身姿变化不包括( )

A. 眼神　B. 走姿　C. 手势　D. 站姿

6. ( )是传情达意的有效手段和工具，是教师角色行为中动作变化最快、最多、最大的。

A. 站姿　B. 走姿　C. 坐姿　D. 手势

7. 作为教师，讲课时，都需要配以适当的手势来强化讲课效果。下列哪种手势往往能给学生一种形象可感的印象( )

A. 指示性手势　B. 感情手势

C. 摹状手势　D. 象征手势

8. 关于教师教学姿态的要求，表述不正确的是( )

A. 站姿要有安定感和力度，不得变换站姿

B. 不指手画脚，盛气凌人

C. 要用普通话教学，力求发音准确

D. 面部表情要丰富，但不做作

9. “论述简明扼要，提纲挈领；分析透彻，丝丝入扣。”这是指教师语言的( )

A. 生动性　B. 准确性　C. 条理性　D. 启发性

10. 教师根据学生特点可以使用的教态变化技能不包含(　　)

A. 身姿　　B. 表情　　C. 眼神　　D. 停顿

11. 陈老师走进教室,面对学生的交头接耳、吵吵闹闹,他把食指竖起来放在嘴上,表示“不要讲话”,这种手势语属于(　　)

A. 象征性手势　　B. 指示性手势

C. 会意性手势　　D. 隐蔽性手势

二、多项选择题

1. 下列师生沟通中的体态恰当的有(　　)

A. 时而微笑　　B. 不时点头

C. 用手指戳　　D. 保持善意的目光

2. 教学口语的构成要素包括(　　)

A. 语音　　B. 吐字　　C. 语调　　D. 节奏

3. 教态语言的功能包括(　　)

A. 传递信息功能　　B. 激励功能

C. 调控功能　　D. 教育功能

三、判断题

1. “手是会说话的工具”,优秀的教师应该学会在课堂教学中灵活运用手势语的张力,掌握手势运用幅度和准确把握手势动作的范围。(　　)

2. 板书是教师进行课堂教学最主要的工具,是连接教与学的主要媒介。(　　)

3. 教师的教学口语要具有针对性和教育性。(　　)

4. 面部表情是教师通过眼、眉、唇等器官和面部肌肉的活动变化来传递信息的一种形式。(　　)

5. 一般来说,教学口语的语速要适当高于一般人际交往口语的语速,以提高课堂教学的效率。(　　)

四、简答题

简述课堂教学口语的基本要求。

专题七　说课技能与教学反思技能

考法透视 本专题以识记为主，多以选择题、判断题等客观题形式考查，主要考查说课技能和教学反思技能的特点、类型等相关内容。

限时:25 分钟	用时：　分钟	错题数：　道	▶答案见 P1208

一、单项选择题

1. 教学反思的重中之重是反思(　　)

A. 教学态度　B. 教学理念　C. 教学行为　D. 教学规则

2. 说学情是系统教学设计的有机组成部分，并与教学设计的其他部分存在极为紧密的互动关系。说学情，主要是说(　　)

A. 学生的学习情况　B. 向谁学　C. 怎么学　D. 学什么

3. 关于"说课"的表述，下列选项中不正确的是(　　)

A. 说课是一种教研活动　B. 说课的对象主要是同行

C. 说课的核心是教学依据　D. 说课的目的是改进教学

4. 新学期开始时对所讲授课程的教学目标的确立、对课程教学计划安排的反复考虑和琢磨，以及自我试讲后的思量、修正属于(　　)

A. 整体反思　B. 课前反思　C. 课后反思　D. 阶段反思

5. 下列选项不属于说课对象的是(　　)

A. 领导　B. 同行　C. 学生　D. 教研人员

6. 关于说课的叙述，正确的是(　　)

A. 是实际意义上的一节课　B. 是上课前的模拟训练

C. 将自己的教学设计说给他人　D. 向其他老师呈现自己的教学形象

7. 说课的重点是(　　)，要把教学构想、教学效果及其理论依据说清楚。

A. 为什么这样做　B. 会怎样做　C. 应该怎么做　D. 如何改进教学

8. 根据教学反思时间的前后，可以将反思分为(　　)

A. 课前反思、课中反思与整体反思　B. 课前反思、课中反思与课后反思

C. 课前反思、即时反思与课后反思　D. 课前反思、阶段反思与课后反思

9. (　　)是指教师对已经发生或正在发生的教学活动进行积极、持续、周密、深入、自我调节性的思考，并寻求多种方法解决问题的过程。

A. 教学反思　B. 教学强化　C. 教学反馈　D. 教学准备

10. 以集体备课为主要形式，为突破重点难点、寻找解决问题的方法而进行的说课是(　　)

A. 研讨性说课　B. 示范性说课　C. 检查性说课　D. 评比性说课

二、多项选择题

1. 经常性的教学反思可使教师从经验型教学走向研究型教学,更新其固守的经验和模式,不断提高教学水平。下列选项中属于教学反思的有效途径的是(　　)

A. 记教学日记　　B. 征求学生意见

C. 评价学生学习的效果　　D. 总结和提炼教学经验

2. 某教师在课后进行教学反思时,发现自己在教学过程中讲错了一道题目。该教师应采取的行为有(　　)

A. 为了维护自己的形象,不用向学生纠错　　B. 犯错乃人之常情,可以理解,不用在意

C. 查找错误的根源,及时纠错改错　　D. 深刻反思,吸取教训,杜绝再犯类似错误

3. 教学反思的特点包括(　　)

A. 超越性　　B. 实践性　　C. 过程性　　D. 主体性

4. 下列说法有误的是(　　)

A. 说课就是教师阐述在课堂教学中做什么、怎么做、为什么这样做的教学研究活动

B. 说课的重点是“怎么做”

C. 说课就是宣讲教案,浓缩课堂教学过程

D. 评课的重点在于评价教师的讲授水平,鉴定某一节课的教学效果

三、判断题

1. 反思是指主体对教育教学行为及由此产生的结果所进行的思考。从时间维度上可分为行动前、行动中、行动后的反思。(　　)

2. 说课即浓缩课堂教学过程,其核心在于讲教案和说理。(　　)

3. 评比性说课是指以评价教师说课和教学水平为主要目的的说课。(　　)

4. 检查性说课具有一定的指导和导向功能。(　　)

5. 预见性在说课中占有突出地位,是整个说课的灵魂。(　　)

6. 领导可以通过教师说课,检查其备课情况,指出存在的问题,促进其修改教学方案,进一步提高备课质量。(　　)

四、简答题

1. 说课的内容有哪些?

2. 简述教学反思的作用。

参考答案及解析·小四门部分

第一章　教育政策法规

专题一　教育法律基础

答案速查：

1～5	CBABA	6～10	BADDA	11～15	AABDA	16～20	BBADC
21～25	CABAC	26～30	ABBAA	31～35	BCACD		
1～5	AB ABCD ABCD CD ABD			6～10	ABCD BC ABC BD ABCD		
11～13	BCD AC ABCD			1～5	× × √ √ √		
6～10	× × √ × √			11～16	√ × × × × √		

一、单项选择题

1. C **【解析】**教育单行法律一般是由全国人民代表大会常务委员会制定的,规定教育领域某一方面具体问题的规范性文件,其效力低于《中华人民共和国宪法》和教育基本法。例如,《中华人民共和国教师法》《中华人民共和国职业教育法》《中华人民共和国高等教育法》等。《中华人民共和国义务教育法》是关于教育的单行法,也是新中国成立以来颁布的第一部关于基础教育方面的法律。《中华人民共和国教育法》属于教育基本法律,由全国人民代表大会制定。本题为选非题,故选 C 项。

2. B **【解析】**教育政策不同于教育规律,它是人们主观意志的体现,因而总具有明确的指向性。(具体内容参见黄胜主编的《教育学新编》)

3. A **【解析】**现行的教育政策与教育法规在本质上是一致的。主要表现在:(1)两者都是社会主义上层建筑的重要组成部分。(2)两者的经济基础都是以公有制为主体的社会主义市场经济,都是由社会主义市场经济基础决定并为之服务的。(3)两者都是以马列主义、毛泽东思想和邓小平理论以及党的基本路线为指导思想的。(4)两者都代表了人民群众的利益,都是全体党员和广大人民群众为实现一定历史时期的教育发展目标与任务,必须遵循的行为准则。(5)两者都是党和国家管理教育的重要手段,都是教育管理者和教育管理相对人在教育活动中的行为准则和主要依据。故 A 项符合题意。

4. B **【解析】**教育法规与教育政策发生矛盾时,应坚持教育法规优先原则,以法律为准绳,依法办事。

5. A **【解析】**《中华人民共和国教师法》于 1993 年 10 月 31 日经第八届全国人民代表大会常务委员会第四次会议表决通过,自 1994 年 1 月 1 日起施行。故 A 项说法错误。根据《教师资格条例》第十九条规定,有下列情形之一的,由县级以上人民政府教育行政部门撤销其教师资格:(1)弄虚作假、骗取教师资格的;(2)品行不良、侮辱学生,影响恶劣的。故 B 项正确。《中华人民共和国义务教育法》是教育法律之一,是关于教育的单行法,也是我国历史上第一部关于基础教育的法律。故 C 项说法正确。根据《中华人民共和国教育法》第十九条规定,国家实行九年制义务教育制度。故 D 项说法正确。

6. B **【解析】**平权型教育法律关系是两个具有平等法律地位的教育关系主体之间产生的教育法律关系,通常视为教育民事法律关系。教师与学生之间的法律地位是平等的,故在教育法律关系中,二者之间属于平权型教育法律关系。

7. A 【解析】按照法律规范的性质,可以将教育法律规范分为禁止性规范、义务性规范和授权性规范。其中,禁止性规范是指规定不得做出某种行为的法律规范。例如,1995 年颁布的《中华人民共和国教育法》第二十五条规定:"任何组织和个人不得以营利为目的举办学校及其他教育机构。"故题干所述规定属于禁止性规范。(具体内容参见陈恩伦编著的《教育法学》)

8. D 【解析】我国的教育申诉制度主要有教师申诉制度和受教育者申诉制度。教育申诉制度是非诉讼意义上的行政申诉制度。故本题答案选 D 项。

9. D 【解析】办学自主权是学校及其他教育机构在法律上享有的,为实现其办学宗旨,独立自主地进行教育教学管理,实施教育活动的资格和能力。

10. A 【解析】法律事实是教育法律关系发生、变更和消灭的根据。

11. A 【解析】教师违法行为应承担的主要法律责任包括行政法律责任、民事法律责任和刑事法律责任。

12. A 【解析】1981 年 1 月 1 日,新中国第一部教育法律《中华人民共和国学位条例》正式实施。

易错提示:考生易混淆我国颁布的第一部教育法律。考生在做题时,需注意:中华人民共和国颁布的第一部教育法律是《中华人民共和国学位条例》;最高国家权力机关颁布的第一部教育法律是《中华人民共和国义务教育法》。

13. B 【解析】行政处罚是指国家教育行政机关依法对违反教育行政管理秩序的相对人进行惩戒、制裁。责令停止招生属于行政处罚。

14. D 【解析】教育法区别于其他社会规范和法律的特点有:(1)教育法律关系成立的单向性;(2)教育强制措施的柔软性;(3)教育行政管理方式的指导性;(4)教育法规具体内容的广泛性。其中,教育强制措施的柔软性是指在处理教育纠纷实行强制措施时,可以使用非处罚性的柔性措施。因此,答案选 D 项。

15. A 【解析】由于制定机关的性质和法律地位不同,上下层次的教育法规之间具有从属关系。我国教育法律体系的纵向结构为:(1)我国《宪法》中有关教育的条款;(2)教育基本法律;(3)教育单行法律;(4)教育行政法规;(5)地方性教育法规;(6)教育规章。

16. B 【解析】教育规章是中央和地方有关国家行政机关依照法定权限和程序制定颁布的有关教育的规范性文件,有的称为教育行政规章,包括部门教育规章和地方政府教育规章。其中,部门教育规章是国务院所属各部、各委员会发布的有关教育的规范性文件。《中小学班主任工作规定》是由教育部印发的,故属于部门教育规章。

17. B 【解析】我国的教育法体系由纵向 5 个层次和横向 6 个部门构成。其中,纵向 5 个层次包括:教育法是我国教育法体系的第一个层次,部门教育法是第二个层次,教育行政法规是第三个层次,地方性法规、自治条例、单行条例是第四个层次,政府规章是第五个层次。《教师资格条例》属于教育行政法规,因此属于教育法层级的第三层级。(具体内容参见梁明伟、刘志刚主编的《法律规范行为:教育法制基础》)

18. A 【解析】教师或学生对学校侵犯其人身权、财产权等合法权益,可以提出申诉或者依法提起诉讼。教育行政复议的申请人只能是教育行政管理相对人(如学校、教师),被申请人只能是做出具体行政行为的行政机关。在本题中学校不是行政机关,所以教师或学生无法通过教育行政复议的方式获得救济。故答案选 A 项。

19. D 【解析】教育法律关系的主体是指教育法律关系的参加者,也就是在具体的教育法律关系中享有权利并承担义务的人和组织;教育法律关系的客体是教育法律关系主体的权利与义务所指向的对象。在题干所述情景中,教育法律关系的主体是教师和学生,教育法律关系的客体是教案。故本题答案选 D 项。

20. C 【解析】教育法律关系的变更,是指教育法律关系构成要素的改变,包括主体、客体或内容等要素的改变。题干中的林老师增加合同内容的行为引起了原合同关系内容的部分改变。因此,题干所述属于教育法律关系的变更。

21. C 【解析】行政处罚可分为以下四类:(1)人身罚是限制或剥夺违法者人身自由的处罚,是最严厉的一种行政处罚。(2)财产罚,主要是罚款、没收违法所得。(3)申诫罚,又称精神罚、声誉罚,是最轻微的处罚,如警告。(4)行为罚,是限制或剥夺违法者某种行为能力的一种惩罚,如撤销违法举办的学校和其他教育机构。

22. A 【解析】教育法规定的法律责任是一种行政法律责任。教育法调节的社会关系,主要涉及政府与学校、政府与教师、学校与教职员工、学校与学生以及学校与各种社会组织和个人等。这些关系尽管错综复杂,但基本上可以分为两大类,具有纵向性、隶属性特征的行政法律关系和具有横向性、平等性特征的民事法律关系。从当前的现状看,我国教育法所调整的社会关系仍以行政法律关系为主。因此,教育法规定的法律关系应当定性为行政法律责任,现行的教育法律和法规就是以此为出发点来对违反教育法的行为做出惩罚性规定的。

23. B 【解析】义务性规范是指"行为准则"要素中规定的教育法律关系主体必须为一定行为或不为某种行为,也就是直接规定人们负有一定义务的规范。这种类型的规范在法律条文中常使用必须、应当、义务、禁止等字样。根据题干中的关键词"应当"可知,该法律规范属于义务性规范。

24. A 【解析】教育法律规范通常由法定条件(假定)、行为准则(处理)和法律后果(制裁)三个要素组成。法定条件是指适用该行为规范的条件和情况,它是把规范同主体的实际行为联系起来的部分,指出在什么情况下,这一规则生效。因此,"年满六周岁"是本条法律规范的法定条件(假定)。

25. C 【解析】调整性教育法律关系是基于教育法律关系主体的合法行为而产生的,不需要运用法律制裁手段。故答案选 C 项。

26. A 【解析】违反教育法规的行为要受到一定的法律制裁,承担一定的法律后果,使其行为得以改正,并对其行为所造成的损失后果采取一定物质上或精神上的补救措施。违反教育道德的行为主要受到良心、社会舆论的谴责。故 A 项说法错误。

27. B 【解析】根据《中华人民共和国教育法》第四十三条规定,受教育者享有对学校给予的处分不服向有关部门提出申诉,对学校、教师侵犯其人身权、财产权等合法权益,提出申诉或者依法提起诉讼的权利。因此,题干中,针对班主任对赵某的侵权行为,赵某可以提出申诉或者依法提起诉讼。故答案选 B 项。

28. B 【解析】应急性原则是指根据公共利益的需要,在紧急情况下采取的非法行为可以有效。例如,在正常情况下,作出学校停课的决定是违法的。但在突然出现自然灾害,校舍处于危险状态,可能会危及学生、教师的生命安全时,在一定时间及一定范围内作出停课决定,以便及时从危险地带疏散师生,就应该是有效的,而不是无效的。故题干所述属于教育行政执法的应急性原则。

29. A 【解析】教育法规具有很强的阶级性,这是教育法规最根本的本质特征。

易错提示:考生易混淆教育法规的特征。考生在做题时,需注意:本质特征是强制性;最根本的本质特征是阶级性。

30. A 【解析】《中华人民共和国教育法》是我国教育的根本法、基本法,而《中华人民共和国义务教育法》《中华人民共和国教师法》等为普通法、单行法。

31. B 【解析】教育的公共性原则的基本要求是:(1)国家制定教育发展规划,保障教育事业优先发展,并有责任举办教育事业;(2)各级各类学校必须接受国家的管理和监督;(3)教育活动必须符合国家和社会公共利益,举办学校不得以营利为目的;(4)教师应忠诚于人民的教育事业,教师的劳动应当受到全社会尊重;(5)全社会应当关心和支持教育事业的发展,各类社会组织和公民负有通过一定方式支持教育的义务;(6)教育与宗教相分离,任何组织和个人不得利用宗教进行妨碍国家教育制度的活动。故 B 项符合题意。

32. C 【解析】教育法律关系中最重要的法律主体是学生与教师，教师的教育教学和学生的学习是教育活动的主要内容和基本形式。

33. A 【解析】行政救济渠道主要有行政申诉和行政复议两种方式。教师申诉制度，是指教师在其合法权益受到侵害时，依照法律、法规的规定，向主管的行政机关申诉理由，请求处理的制度。故答案选 A 项。

34. C 【解析】根据《中华人民共和国教师法》的规定，教师申诉的范围包括：(1)教师认为学校或其他教育机构侵犯其根据《中华人民共和国教师法》规定享有的合法权益的，可以提起申诉。(2)教师对学校或其他教育机构做出的处理决定不服的，可以提出申诉。(3)教师认为当地人民政府的有关行政部门侵犯其根据《中华人民共和国教师法》规定享有的合法权益的，可以提出申诉。需特别指出的是，这里的被诉对象只能是当地人民政府隶属的行政机关，而不能是当地人民政府。其他企业、事业单位或个人侵犯教师合法权益的，不列入教师申诉制度的范围。

35. D 【解析】教师提出申诉必须符合的条件有：(1)符合法定申诉范围；(2)有明确的理由和请求；(3)以法定形式提出。教师申诉应当以书面形式提出。而教师申诉制度没有对提出申诉的教师教龄做出规定，所以，答案选 D 项。

二、多项选择题

1. AB 【解析】依据教育法规的效力等级和内容重要程度的不同，教育法规可分为根本法和普通法，或称之为基本法和单行法。依据教育法规规定内容的不同，教育法规可分为实体法和程序法。故答案选 A、B 两项。

2. ABCD 【解析】教育法律责任的归责要件有四个，包括：(1)有损害事实。故 B 项说法正确。(2)损害行为必须违法。故 A 项说法正确。(3)行为人主观有过错。故 C 项说法正确。(4)违法行为与损害事实之间具有因果关系。故 D 项说法正确。因此，答案选 A、B、C、D 四项。

3. ABCD 【解析】法律救济的渠道有四种：行政渠道、司法渠道、仲裁渠道和调解渠道。

4. CD 【解析】按照教育法律规范要求人们行为的性质，可以分为义务性规范和授权性规范；按照法律规范表现的强制性程度，可分为强制性规范和任意性规范。其中，义务性规范强调必须为一定行为或不为某种行为；授权性强调有权做出或不做出某种行为；强制性规范强调必须做出或禁止做出某种行为；任意性规范强调可以做出一定行为。题干中强调学校、教师可以对学生家长提供家庭教育指导，并不强调必须做出，因此属于授权性规范和任意性规范。

5. ABD 【解析】目前我国学校可以对高中生进行的处分有：警告、记过、留校察看、开除学籍等处分。

6. ABCD 【解析】教育法规的功能指的是教育法规的属性、内容及其结构所决定的教育法规的潜在的效用。它是教育法规具有生命力的内在依据。主要有以下几个功能：(1)规范功能；(2)标准功能；(3)预示功能；(4)强制功能。

7. BC 【解析】教育法律救济的特征体现在：(1)是宪法公平、正义的立法精神的体现。(2)纠纷的存在是教育法律救济的基础。(3)损害的发生是教育法律救济的前提。(4)补救受害者的合法权益是教育法律救济的根本目的。(5)法律救济具有权利性。(6)具有补救与监督双重作用。根据第(2)、(3)两项可知，A 项说法错误；根据第(6)项可知，D 项说法错误。

8. ABC 【解析】教师与学生之间的法律关系包括：(1)教育和被教育的关系；(2)管理和被管理的关系；(3)保护和被保护的关系；(4)互相尊重的平等关系。

9. BD 【解析】行政救济渠道主要有行政申诉和行政复议两种方式。故答案选 B、D 两项。

10. ABCD 【解析】教育法规与教育政策的区别表现在：(1)教育法规和教育政策的制定主体不同；(2)教育法规和教育政策的执行方式不同；(3)教育法规和教育政策的规范效力不同；(4)教育法规和教育政策调整和适用的范围不同；(5)教育法规和教育政策所要解决问题的性质不同。

11. BCD 【解析】学校才有权对违规违纪学生作出警告、记过、留校察看等处分，教师无权给予处分，并且学校应在调查清楚后再做出相应的处理决定，不能第一时间给予处分。故 B 项表述错

误。学校、家长、公安机关及媒体应保护遭受欺凌和暴力的学生,并确保知情学生的身心安全,保护学生隐私,防止泄露有关学生个人及其家庭的信息。故C项表述错误。对实施欺凌和暴力的中小学生必须依法依规采取适当的矫治措施予以教育惩戒,既做到真情关爱、真诚帮助,力促学生内心感化、行为转变,又充分发挥教育惩戒措施的威慑作用。故D项表述错误。

12. AC 【解析】授权性规范指"行为准则"要素中规定教育法律关系主体有权做出或不做出某种行为的法律规范。A、C两项强调可以提供教育指导或使用民族语言文字进行教学,故属于授权性规范。

易错提示:考生易混淆教育法律规范的类别。考生在做题时,可根据关键词进行区分。义务性规范:有"必须""应当""义务""禁止"等字样。授权性规范:有"可以""有权""不受……干涉""有……的自由"等字样。

13. ABCD 【解析】《教育行政处罚暂行实施办法》第三章对教育行政处罚的种类作出了明确的规定,共包括十项:(1)警告;(2)罚款;(3)没收违法所得,没收违法颁发、印制的学历证书、学位证书及其他学业证书;(4)撤销违法举办的学校和其他教育机构;(5)取消颁发学历、学位和其他学业证书的资格;(6)撤销教师资格;(7)停考,停止申请认定资格;(8)责令停止招生;(9)吊销办学许可证;(10)法律、法规规定的其他教育行政处罚。故A、B、C、D四项均属于教育行政处罚。

三、判断题

1. × 【解析】根据我国《宪法》和法律,国务院有权规定行政措施,制定行政法规,发布决定和命令。因此,国务院有权制定教育行政法规,无权制定教育单行法律。教育单行法律一般是由全国人民代表大会常务委员会制定的。故题干说法错误。

2. × 【解析】教育法律救济是指教育法律关系主体的合法权益受到侵犯并造成损害时,获得恢复和补救的法律制度。为弱势群体实施的一种专业性的法律帮助是指法律援助。题干说法错误。

3. √ 【解析】教育法律责任的概念主要包含以下几层含义:(1)存在违法行为是承担教育法律责任的前提。(2)教育法律责任的承担者是具有遵守法定义务的教育法律关系主体。(3)法律责任与法律制裁紧密相连。题干说法正确。

4. √ 【解析】教育法的社会作用主要表现在:(1)教育法确认和保障教育的性质和方向;(2)教育法促进和保障教育平等;(3)通过教育法的实施能够提高教育管理的效率。其中,教育的性质和方向是教育工作的首要问题,它对我国教育事业的成败具有决定性的作用。

5. √ 【解析】教育行政法规是由最高国家行政机关(国务院)依据《中华人民共和国宪法》和教育法律制定的关于教育行政管理的规范性文件。《学校卫生工作条例》是由国务院批准发布的,故属于教育行政法规。

6. × 【解析】教育基本法是一个国家有关教育的总法的形式称谓,我国的教育基本法是《中华人民共和国教育法》。故本题说法错误。

7. × 【解析】教育法律关系的主体是指教育法律关系的参加者,也就是在具体的教育法律关系中享有权利并承担义务的人和组织。教育法律关系客体是教育法律关系主体的权利与义务所指向的对象。所以,在本题中,学生和教师都是教育法律关系的主体。

8. √ 【解析】教育关系之所以成为教育法律关系,就在于法律规定了各主体的权利和义务,指引人们怎样作为和不作为。因此,权利与义务关系是教育法律关系的核心内容。

9. × 【解析】我国教育法律关系的主体可分为三类:公民(自然人)、机构和组织(法人)、国家,精神产品不在其范畴。故题干说法错误。

10. √ 【解析】作为一种行政法律责任,教育法规定的责任具有以下基本特征:(1)承担主体具有多重性;(2)法律责任的承担具有相互性;(3)行政法律责任的追究机关及追究程序具有多元性。

11. √ 【解析】教育法规是指国家权力机关和国家行政机关为调整教育与经济、社会、政治的关系,调整教育内部各个环节的关系而制定和发布的教育法律(基本法律和法律)、法令、条例、规程、制度等规范文件的总称。以人为本原则既是党和国家制定方针政策和处理各种社会矛盾的出发点和归宿,也是各级政治领导开展工作时应该遵循的最基本原则之一。人作为主体,法律只有服务于人的价值取向与利益要求,才有存在的意义,这正是以人为本原则的价值所在。

12. × 【解析】学生可以以口头或书面形式提出申诉。

13. × 【解析】学生损坏公物、违反纪律给予警告处分和要求照价赔偿是合法的,而对学生进行罚款则是一种典型的违法行为。罚款是行政处罚的一种,只有国家特定的行政机关才有行政处罚权,学校是事业单位,没有行政处罚权,无权对学生进行罚款。因此,题干中学校对王某撕毁图书的行为进行罚款,这是不合法的。

14. × 【解析】地方性法规是地方国家权力机关制定的规范性文件的专称。由省、自治区、直辖市以及省级人民政府所在地的市和经国务院批准的较大的市的人民代表大会及其常务委员会制定。

15. × 【解析】行政复议申请人应自知道行政机关的具体行政行为侵犯其合法权益之日起60日内申请行政复议。故本题说法错误。

易错提示:考生易混淆教育行政申诉和行政复议的处理时间。考生在做题时,需要注意:教育行政申诉为30日内;教育行政复议为60日内。

16. √ 【解析】教育行政执法的特征有:(1)教育行政执法是一种具有国家意志性的活动;(2)教育行政执法是一种具有法律性的活动;(3)教育行政执法是一种具有强制性的活动;(4)教育行政执法是一种具有单方权威性的活动;(5)教育行政执法具有主动性特征;(6)教育行政执法具有执法主体多元性的特征。故本题说法正确。

四、简答题(参考答案)

简述教育法律关系中的几种客体。

教育法律关系的客体一般包括物质财富、非物质财富、行为三个大的方面。

(1)物质财富。物质财富简称物。它既可以表现为自然物,如森林、土地、自然资源等,也可以表现为人的劳动创造物,如建筑、机器、各种产品等;既可以是国家和集体的财产,也可以是公民个人的财产。物一般可分为动产与不动产两类,不动产包括土地、房屋和其他建筑设施,动产包括资金和教学仪器设备等。

(2)非物质财富。非物质财富包括创作活动的产品和其他与人身相联系的非财产性的财富。前者也被称作智力成果,在教育领域中主要包括各种教材、著作在内的成果,各种有独创性的教案、教法、教具、课件、专利、发明等。后者包括公民或组织的姓名、名称,公民的肖像、名誉、身体健康、生命等。

(3)行为。行为是指教育法律关系主体实现权利义务的作为与不作为。一定的行为可以满足权利人的利益和需要,也可以成为教育法律关系的客体。在教育领域中,教育行政机关的行政行为、学校的管理行为和教育教学行为都是教育法律关系赖以生存的最基本的行为。

五、案例分析题(参考答案)

(1)教育法律关系的主体是指教育法律关系的参加者,也就是在具体的教育法律关系中享有权利并承担义务的人和组织。我国教育法律关系的主体可分为三类:公民(自然人)、机构和组织(法人)、国家。本案涉及的教育法律关系主体有学校、班主任、陆某及其监护人、王某及其监护人。

(2)①该小学对事故的发生本身并没有过错责任,因为事情发生在自由活动时间,且事件的发生纯属意外。但学校在知情后处理不当,应承担一定的赔偿责任。②作为一名老师听到学生反映后,应及时采取措施,送受伤的学生去检查,并通知其家人。但该班主任在知晓王某受到伤害后并没有采取相应的措施,在客观上延误了王某的治疗。班主任的行为属于不作为侵权,学校可以对教师进行行政处分，并追偿。③陆某由于疏忽大意而造成王某眼睛受伤。故陆某对王某的伤残应承担主要的过错责任。鉴于陆某是限制民事行为能力人，应负的赔偿责任可由其监护人承担。

专题二　依法执教与教师违法（侵权）行为预防

答案速查：

1～5	CBBBB	6～10	DCBDB	11～15	BCADB	16～20	ACCDD
21～25	DADDB	26～32	DCCAADA	1～5	ABC CD BC ABCD ACD		
6～10	AB BCD ABC BC BD			11～15	ABCD CD AC BC AB		
1～5	√ × × × ×			6～10	× √ × × √		

一、单项选择题

1. C 【解析】根据有关规定，只要是自己独立完成的，体现了自己的思想、情感、构思和表达方式的，属于文学、艺术和科学领域内并能以某种有形形式复制的智力成果都是著作权法所称的作品。著作权人对其作品享有发表权，未经许可任何人不得发表其作品。中小学生的作文也是作品，是受我国《著作权法》保护的文字作品。题干中该老师的做法侵犯了学生的著作权。

2. B 【解析】学校和教师必须尊重学生的人格尊严，严禁对学生实施体罚、变相体罚或其他侮辱人格尊严的行为。李老师将考试成绩排名靠后的学生安排到最后一排，这种做法侵犯了学生的人格尊严权。故本题选 B 项。

3. B 【解析】A 项侵犯了学生的隐私权，C 项侵犯了学生的人格尊严权、身体健康权等权利，D 项违背了教师职业道德。

4. B 【解析】受教育权是学生最基本的权利。学生的受教育权包括受完法定年限教育权、学习权和公正评价权。其中，学习权是指学生有权利在义务教育年限内在校学习，在教育教学过程中，教师不得以任何借口随意侵犯或剥夺学生参加学习活动的权利。题干中，小秦连续两天迟到，应老师应当对小秦采取适当的教育惩戒措施，而不是让小秦停学在家，剥夺其参加学习活动的权利。故应老师的行为侵犯了小秦的学习权。

5. B 【解析】人身自由是公民的一项基本权利，包括身体行动自由和表达的自由。侵害学生人身自由的表现形式有：非法拘禁和限制学生、非法搜查学生、非法限制学生表达自由的权利等。

6. D 【解析】我国公民拥有肖像权，有权禁止他人未经允许制作和使用自己的肖像。因此，题干中的教育辅导机构未经小丽的允许，就私自使用小丽的照片做宣传，这说明该机构侵犯了小丽的肖像权。

7. C 【解析】依法执教就是要求教师在教育教学活动中，按照教育法律、法规使自己的教育教学活动法制化和规范化。C 项中，教师丙收取学生家长赠送的购物卡，这不仅违反了廉洁从教的要求，也违反了依法执教的要求。

8. B 【解析】学校和教师必须尊重学生的人格尊严，严禁对学生实施体罚、变相体罚或其他侮辱人格尊严的行为。题干中的黄老师对学生进行粗暴的言语辱骂，侵犯了学生的人格尊严权。

9. D 【解析】根据题干描述可知 B、C 两项表述不符合题意。而两位老师组织后进生补课一周和收取 600 元补课费的做法侵犯了学生的财产权和休息权，而不是著作权，故 A 项表述不准确。两位老师办班进行有偿补课的行为，不仅违反了《新时代中小学教师职业行为十项准则》，也违反了国家的相关规定，故 D 项说法正确。

10. B 【解析】根据我国相关的法律法规可知，受教育权是学生享有的最基本的权利。

易错提示：考生易混淆公民和学生的最基本的权利。考生在做题时，可根据关键词进行区分。公民最基本的权利是人身权；学生最基本的权利是受教育权。

11. B 【解析】题干中，王老师有权批评和管教学生，其放学后归还手机的做法是正确的，但不能删除邹某的游戏账号和所购装备，游戏账号和所购游戏装备属于虚拟财产，是邹某的合法财产，故王老师的做法侵犯了邹某的财产权。

12. C 【解析】A 项侵犯了学生的人身自由权，B 项侵犯了学生的名誉权，C 项侵犯了学生的受教育权，D 项侵犯了学生的财产权。故答案选 C 项。

13. A 【解析】教师侵犯学生财产权的表现形式有：损坏学生财物、非法没收学生物品、乱罚款、乱摊派、推销商品等。题干中班主任张老师没收学生李某的手机后拒不归还，属于非法没收学生物品，此做法侵犯了学生的财产权。故答案选 A 项。

14. D 【解析】名誉权是由民事法律规定的民事主体所享有的获得和维持对其名誉进行客观公正评价的一种人格权利。我国相关法律规定，公民享有名誉权，禁止他人用侮辱、诽谤等方式损害公民的名誉。题干中的小豪给小佳取了个"肥猪佳"的绰号，还煽动其他同学一起取笑小佳，这是用侮辱的形式侵犯小佳名誉权的行为。

15. B 【解析】与惩罚相比，惩戒的教育性目的更强，更易于被人理解并付诸实践，因而也就更符合学校教育情境下教育制裁的实质目的。因此，为保证教育教学活动的顺利开展，教师可对个别违纪学生采取惩戒的手段。

16. A 【解析】学校和教师侵犯学生隐私权的表现形式有：故意隐匿、毁弃或者非法开拆学生信件，披露、宣扬学生自身及家庭成员的资料，提供学生成绩的方式不适当等。因此，教师出于各种目的，隐匿、销毁、私拆学生的私人信件的做法，侵犯了学生的个人隐私权。

17. C 【解析】荣誉是一个人受到外部给予的光荣称誉，每个学生在学校应有平等的机会获得。题干中的班主任取消小伟的奖学金评选资格的行为，侵犯了小伟的荣誉权。

18. C 【解析】侵犯学生上课学习的权利是侵犯学生受教育权的表现形式之一。题干中，学校让学生停课去参加商演的行为是不正确的，这侵犯了学生的受教育权。

19. D 【解析】侵害学生人身自由的表现形式有：非法拘禁和限制学生、非法搜查学生、非法限制学生表达自由的权利等。题干中的班主任陈老师对学生小刚关禁闭的行为，就侵犯了小刚的人身自由权。所以，答案选 D 项。

20. D 【解析】班主任张老师在上课期间罚刘某在操场上跑圈是造成刘某头部磕伤的主要原因，因此，张老师应对刘某头部所受伤害负主要责任，A 项说法错误。张老师将刘某赶出教室的行为，侵犯了刘某的受教育权，因此 B 项说法错误。学校并非国家行政机关，不具有行政处罚权，故 C 项说法错误。

21. D 【解析】A 项侵犯了学生的隐私权。B 项违反了我国《未成年人保护法》第三十九条的规定。C 项罚站 1 天是体罚学生，也没有尊重学生的人格尊严。D 项是一种正常的教育教学行为，没有违反相关法律规定。

22. A 【解析】本题中的李老师设置特殊座位以管理学生的做法，侵犯了学生的人格尊严权，这是一种变相体罚学生的错误方法。

23. D 【解析】受教育权是学生最基本的权利。常见的侵犯学生受教育权的表现形式主要有：(1)侵犯学生受教育机会的平等权；(2)侵犯学生的入学权；(3)侵犯学生参加考试的权利；(4)随意开除学生等。故本题答案选 D 项。

24. D 【解析】人身自由是公民的一项基本权利，包括身体行动自由和表达的自由。题干中教师规定没做完作业的学生不准回家吃饭，这种行为侵犯了学生的人身自由权。

25. B 【解析】李老师私自翻看小明的日记，侵犯了小明的隐私权；勒令小明暂时不能到校上课，侵犯了其受教育权。故本题答案选 B 项。

26. D 【解析】学生的合法财产受法律保护，教师不得侵占、破坏或非法扣押、没收等。题干中教师非法占有学生作品的奖金，这侵犯了学生的财产权。

27. C 【解析】依法执教是对教师的教学工作的基本要求，因而其主体是教师。

28. C 【解析】隐私权是指公民生活中不愿为他人公开或知悉的个人秘密的不可侵犯的人身权利。题干中，教师在微信群公开学生成绩和排名的做法，侵犯了学生的隐私权。

29. A 【解析】拥有生命是人最基本、最原始的权利，享有生命权是人享有其他各项权利的前提。生命权是人的尊严的基础，具有神圣性与不可转让性，不可非法剥夺。

30. A 【解析】学校和教师必须尊重学生的人格尊严，严禁对学生实施体罚、变相体罚或其他侮辱人格尊严的行为。王老师因为本班的平均成绩排名靠后而骂自己的学生，此做法侵犯了学生的人格尊严权。

31. D 【解析】不作为侵权行为是指行为人以一定的不作为致人损害的行为。根据我国《教师法》《未成年人保护法》的规定，学校和教师负有保护学生的法定义务。如果教师没有积极履行保护职责或阻止有害学生的行为即构成不作为侵权。学校和教师的不作为侵权行为表现形式有：(1)对学生身体状况关照不力；(2)教师对生病或受伤学生救护不力；(3)在履行职责中违反工作要求、操作规程；(4)学校活动组织失职；(5)饮食安全事故；(6)未及时向学生监护人履行告知义务。故本题答案选 D 项。

32. A 【解析】依法执教是要求教师在教育教学活动中，按照教育法律、法规使自己的教育教学活动法制化和规范化。题干中李老师没有劝退影响全班成绩的张明，维护了张明的受教育权，其行为体现了教师要依法执教。

二、多项选择题

1. ABC 【解析】依法执教的意义有：(1)依法执教是依法治国的必然要求。(2)依法执教是依法治教的重要内容。(3)依法执教是人民教师之必需。

2. CD 【解析】名誉权是指学生的名誉不得受到歪曲或损害的权利。C 项中给成绩差的学生起侮辱性绰号的行为以及 D 项中的造谣行为均侵犯了学生的名誉权。故答案选 C、D 两项。A 项中的做法侵犯了学生的人身自由权；B 项中的做法侵犯了学生的荣誉权。

3. BC 【解析】我国法律规定，自然人享有生命权、身体权、健康权、姓名权、肖像权、名誉权、荣誉权、隐私权、婚姻自主权等权利。未成年人年龄虽小，但同样享有名誉权，学校或教师不得对其人格进行侮辱或诽谤。如教师上课时用言语侮辱学生，对学生进行体罚或变相体罚，都是对学生名誉权的侵害。故 B 项正确。学校和教师必须尊重学生的人格尊严，严禁对学生实施体罚、变相体罚或其他侮辱人格尊严的行为。故 C 项正确。

4. ABCD 【解析】侵犯学生人格尊严权的主要表现有：(1)讽刺、挖苦学生；(2)故意侮辱、随意谩骂学生；(3)不给学生以合理的解释权和辩护权；(4)以记档案威胁学生等。

5. ACD 【解析】受教育权是学生最基本的权利。常见的侵犯学生受教育权的表现形式有：(1)侵犯学生受教育机会的平等权；(2)侵犯学生的入学权；(3)侵犯学生参加考试的权利；(4)随意开除学生。故 A、C、D 三项中的行为均侵犯了学生的受教育权。B 项上课期间禁止看无关书籍，这属于正常的教育教学行为。故答案选 A、C、D 三项。

6. AB 【解析】这位老师的做法不合法。踢学生的行为侵犯了学生的人身权，责令其停课反思的行为侵犯了学生的受教育权。

7. BCD 【解析】依法执教的具体内容有：(1)要守法，要依法贯彻执行党和国家的路线、方针和政策，要依法贯彻落实教育教学的各项法律、法规。(2)要依法维护学校、教师和学生的合法权益。A 项属于依法执教的意义，故不选。

8. ABC 【解析】依法执教就是要求教师在教育教学活动中，按照教育法律、法规使自己的教育教学活动法制化和规范化。其含义有二：(1)教师的教育教学行为要在法律法规所允许的范围内进行。(2)教师要善于利用法规手段维护自身的合法权益。因此，要做到：①提高教育法律意识，增强教育法制观念；②努力学习和掌握与教师职业行为密切相关的教育法；③注重培养和提高依法分析问题和解决问题的能力和水平。

9. BC 【解析】教师违法行为是指教师出于故意或由于过失而侵害他人(主要是学生)合法权利的行为。B项,教师取消学生申请奖学金的资格,侵犯了学生的荣誉权。C项,教师公开辱骂学生的不良行为,侵犯了学生的人格尊严权。故答案选B、C两项。

10. BD 【解析】人身自由是公民的一项基本权利,包括身体行动自由和表达的自由。王老师惩罚小李一天不许说话,限制了小李表达的自由,侵犯了小李的人身自由权。身心健康权主要包括未成年学生的生命健康、人身安全、心理健康等内容。在学校教育中,这类侵害主要是由体罚或变相体罚、教育教学设施设备不安全以及学校、教师的不作为侵权等造成的。王老师惩罚小李将说话的内容抄写100遍,这侵犯了小李的健康权。

11. ABCD 【解析】教师违法行为是指教师出于故意或由于过失而侵害他人(主要是学生)合法权利的行为。题干中潘老师的行为属于体罚行为,是违法的,会对学生的身心造成伤害;另外,潘老师的过激做法说明他自我调节的能力不强,需要保持自身的心理健康。故本题答案选A、B、C、D四项。

12. CD 【解析】(1)带队老师刘某的行为属于职务行为,因此学校必须承担因此而导致的损害后果,故A项说法错误。(2)法律救济的渠道有四种:行政渠道、司法渠道、仲裁渠道和调解渠道。其中司法渠道又称诉讼渠道,是指相对人就特定的侵权行为向人民法院提起诉讼,请求救济。因此,郑某可以采取民事诉讼的法律救济途径,故B项说法错误。(3)学生申请参加高考并且教育考试机构给予允许,构成一种行政法律关系,学生所在学校只是受教育考试机构委托发放准考证,因此学校无权因其与学生之间的民事纠纷扣发准考证。学校的行为已经侵犯了学生的受教育权,郑某可依法提出赔偿请求,故C、D两项说法正确。

13. AC 【解析】题干中学校分设重点班和普通班的行为,侵犯了学生平等接受教育的权利。划分重点班和普通班,会伤害普通班学生的自尊心,侵犯了这部分学生的人格尊严权。

14. BC 【解析】王老师在实验过程中擅离职守,导致发生事故,即在履行职责中违反工作要求、操作规程,致人损害,这属于不作为侵权行为。学生被轻度烧伤,故王老师侵犯了学生的生命权、身体权和健康权,但不构成刑事犯罪,故B、C两项说法正确,D项说法有误。侵犯学生人身自由权主要体现在非法拘禁和限制学生、非法搜查学生、非法限制学生表达自由的权利等。故A项说法没有体现。

15. AB 【解析】“禁止向学生出售、出租或者以其他方式传播淫秽、暴力、凶杀、恐怖等图书、报刊、音像制品”体现了对学生身心健康权的保护;“禁止对学生非法拘禁、非法搜身”体现了对学生人身自由权的保护。故答案选A、B两项。

三、判断题

1. √ 【解析】题干所述属于以侵犯姓名权的方式侵犯受教育权,故题干表述正确。

2. × 【解析】身心健康权包括合理安排学习时间和作业量,人身自由权包括学生身体行动的自由,所以放学后随意留学生补课的行为,侵犯了学生的身心健康权和人身自由权,这属于教师的侵权行为。

3. × 【解析】依法执教是依法治教的重要内容。故本题说法错误。

4. × 【解析】学生所享有的受教育权主要包括受完法定年限教育权、学习权和公正评价权。

5. × 【解析】在履行教师职责、实施教育教学活动中,中小学教师实施的侵权行为若是执行职务的行为,那么学校必须承担因此而导致的损害后果。如果是教师的个人行为导致学生权益受损,则学校不必承担责任,须由教师本人承担。

6. × 【解析】学生有休息权和娱乐权,节假日无偿补课会侵犯学生的休息权和娱乐权,故不应当提倡和鼓励。

7. √ 【解析】人身自由是公民的一项基本权利,包括身体行动自由和表达的自由。侵害学生人身自由的表现形式有:非法拘禁和限制学生、非法搜查学生、非法限制学生表达自由的权利等。因

此，题干中李老师让小明对全班同学搜身的行为，侵犯了学生的人身自由权。

8. × 【解析】不作为侵权行为是指行为人以一定的不作为致人损害的行为。根据题干所述可知，教师在校外没有积极履行保护职责或阻止有害学生的行为，由于这在教师的职务范围外，故是一种不道德行为。

9. × 【解析】依法治教，就是依据法律来管理教育，规范教育行为，所强调的是依法办事。而“以法治教”则是指运用法律手段来管理教育。因此依法治教不等同于以法治教。

10. √ 【解析】教师侵犯学生财产权的表现形式有：损坏学生财物、非法没收学生物品、乱罚款、乱摊派、推销商品等。“交班费印试卷”“收取组织活动费”属于乱摊派，故题干所述属于侵犯学生财产权的表现。

四、辨析题

1. 小明上课随意说话，班主任让他到教室外罚站。小明找到校长，说班主任侵犯了其受教育权。

(1)这种说法是正确的。(2)学生的受教育权包括受完法定年限教育权、学习权和公正评价权。学习权是指学生有权利在义务教育年限内在校学习和在教育教学过程中，教师不得以任何借口随意侵犯或剥夺学生参加学习活动(如听课)的权利。小明上课随意说话，班主任可以给予批评教育，但不能剥夺其听课的权利。

2. 教师对生病或受伤的学生没有采取相应措施救治，致使学生的病情加重，这属于不作为侵权行为。

(1)这种说法是正确的。(2)不作为侵权行为是指行为人以一定的不作为致人损害的行为。学校和教师的不作为侵权行为的表现形式有：①对学生身体状况关照不力；②教师对生病或者受伤学生救护不力；③在履行职责中违反工作要求、操作规程；④学校活动组织失职；⑤饮食安全事故；⑥未及时向学生监护人履行告知义务。因此，题干中教师没有采取相应措施，致使学生病情加重，属于不作为侵权行为。

五、简答题(参考答案)

1. 预防教师违法(侵权)行为的必要措施有哪些?

(1)建立完善的教育法规体系；(2)建立严格公正的教育执法制度；(3)建立全面的教育法律监督机制；(4)增强法制观念，宣传、普及教育法规；(5)加强学校的规范管理；(6)增强教师的法律意识，减少侵权行为的发生；(7)加强学生对自己法定权利的认识，培养学生的自我保护意识；(8)加大安全教育力度。

2. 简述依法执教的要求。

依法执教的基本要求概括来说有以下四点：(1)坚持正确的政治方向；(2)拥护党的基本路线和领导；(3)自觉增强法律意识；(4)认真贯彻党和国家的方针政策。

六、案例分析题(参考答案)

1. (1)不合理，原因有：①学生的考试成绩属于学生的个人隐私，老师公开公布的做法侵犯了学生的隐私权。②老师公布学生的考试成绩排名，可能会使一些没考好、心理脆弱的学生产生额外的心理压力和负担，不利于学生学习成绩的提高和心理的健康成长。

(2)原因有：①我国法律的明确规定。②有利于保护学生的隐私，减轻学生的心理压力，促进学生的身心健康发展。③有利于建立良好的学生发展评价体系。

2. (1)朱老师的言行违反了《中华人民共和国宪法》《中华人民共和国教育法》《中华人民共和国义务教育法》《中华人民共和国教师法》《中华人民共和国未成年人保护法》等法律法规中的相关规定。如我国《宪法》第三十七条规定，中华人民共和国公民的人身自由不受侵犯。朱老师命令班长对学生进行仔细的盘问和搜身，侵犯了学生的人身自由权。我国《义务教育法》规定，教师应当尊重学生的人格，不得歧视学生，不得对学生实施体罚、变相体罚或者其他侮辱人格尊严的行为，不得侵犯学生合法权益。朱老师让学生无记名投票选出“小偷”，并当众公布，侵犯了学生的人格尊严权。

(2)①依法执教就是要求教师在教育教学活动中,按照教育法律、法规使自己的教育教学活动法制化和规范化。朱老师的行为违背了依法执教的要求,作为一名教师不仅要具有专业的学科知识和相应的教学技能,更要提高自己的法律意识,依法执教。②班级其他同学维护朱老师错误做法的行为反映了一种传统的师道尊严的伦理关系,师生之间缺乏民主和平等,师生之间的权利义务关系比较混乱,学生权利得不到应有的保护。因此,首先教师要树立教育民主思想,尊重学生的权利与尊严;其次要提高法制意识,保护学生的合法权利。这不仅需要教师依法执教,学生也要提高自己的法律意识,明确自己的权利与义务,学会用法律来维护自己的合法权益,同时也不能侵犯他人的合法权益。

3.(1)①校长的处理是对的。青少年学生有受教育的权利和人格尊严权。班主任将其赶出教室,侵犯了学生的受教育权和人格尊严权。②现代学生观倡导学生是完整的人,有发展潜能的人,有发展需要的人。班主任的做法,如“厉声”“生气”“推出教室,关上了教室门”均违背了现代学生观。③教师是学生的交往者、合作者、朋友、知己,案例中班主任的做法不符合该角色要求。④由案例分析可知,小伟在课堂上的问题行为是为了引起班主任和同学的注意,满足自己归属与爱的需要。而班主任忽视了他的这种需要。⑤根据我国《义务教育法》第二十九条规定,教师在教育教学中应当平等对待学生,关注学生的个体差异,因材施教,促进学生的充分发展。教师应当尊重学生的人格,不得歧视学生,不得对学生实施体罚、变相体罚或者其他侮辱人格尊严的行为,不得侵犯学生合法权益。“让小伟在教室外站着”属于变相体罚,“不让小伟上课”侵害了小伟的受教育权。因此,校长的做法是对的。

(2)①班主任应该尊重学生小伟的人格,对其进行耐心的教育,联合其家长一起做工作,对学生进行说理教育,还可以运用惩戒法,对其不良行为进行矫正。②班主任应该关心和爱护学生,一视同仁,与小伟好好沟通,动之以情,晓之以理。③归属与爱的需要,也称社交需要,是指每个人都有被他人或群体接纳、爱护、关注、鼓励及支持的需要。它是生理和安全需要满足之后的更高一级的需要,包括被人爱与爱他人、希望交友融洽、保持友谊、人际关系和谐、被团体接纳、成为团体一员、有归属感等。班主任要创造机会让小伟的归属与爱的需要得到满足,促进他的身心健康发展。④小伟应将学习作为主要任务,谦虚听取老师的意见,将注意力集中在学习上。他应该积极克制自己的不良行为,如果允许的话,可以采用行为控制法,事先在自己的手腕上套上橡皮筋,一旦自己有做出不良行为的想法时,就弹自己一下,实行自我监督和自我惩罚。

4.(1)材料中,田老师私自查看小刚的日记,并将小刚的隐私传给小静看,这种行为侵犯了小刚的隐私权;田老师跟小静说小刚是个花花公子,脚踏两只船,并责令小刚好好反省自己的错误,这种行为侵犯了小刚的名誉权;田老师因怀疑小刚早恋而罚他不准进教室上课,这种行为侵犯了小刚的受教育权;田老师对小刚行为的不合理描述及处理方式,侵犯了小刚的人格尊严权。

(2)材料中田老师的行为损害了小刚的名誉权、隐私权、人格尊严权和受教育权等,小刚的家长要求田老师赔礼道歉并赔偿精神损失费用的做法是合理的。

专题三 《中华人民共和国教育法》

答案速查:

1～5	ABAAC	6～10	BBDAA	11～15	DCDBC	16～20	BBABC
21～25	ACADB	26～30	BBBDA	31～35	ABCDC	36～39	AADC
1～5	ABC ABCD ACD ABCD ABC			6～11	ACD ABCD BCD ACD BCD ACD		
1～5	√ × × √ √			6～10	√ × √ √ √		
11～15	× × × √ √						

一、单项选择题

1. A 【解析】根据《中华人民共和国教育法》第三十五条规定,国家实行教师资格、职务、聘任制度,通过考核、奖励、培养和培训,提高教师素质,加强教师队伍建设。

2. B 【解析】在义务教育阶段,教育平等首先表现在接受教育的机会平等。也就是《中华人民共和国教育法》第九条规定,公民不分民族、种族、性别、职业、财产状况、宗教信仰等,依法享有平等的受教育机会。

3. A 【解析】《中华人民共和国教育法》第四十三条规定,受教育者享有下列权利:(1)参加教育教学计划安排的各种活动,使用教育教学设施、设备、图书资料;(2)按照国家有关规定获得奖学金、贷学金、助学金;(3)在学业成绩和品行上获得公正评价,完成规定的学业后获得相应的学业证书、学位证书;(4)对学校给予的处分不服向有关部门提出申诉,对学校、教师侵犯其人身权、财产权等合法权益,提出申诉或者依法提起诉讼;(5)法律、法规规定的其他权利。故答案选 A 项。B、C、D 三项都是受教育者应履行的义务。

4. A 【解析】《中华人民共和国教育法》第七十六条规定,学校或者其他教育机构违反国家有关规定招收学生的,由教育行政部门或者其他有关行政部门责令退回招收的学生,退还所收费用,A 项错误;对学校、其他教育机构给予警告,可以处违法所得五倍以下罚款,B 项正确;情节严重的,责令停止相关招生资格一年以上三年以下,直至撤销招生资格、吊销办学许可证,C 项正确;对直接负责的主管人员和其他直接责任人员,依法给予处分;构成犯罪的,依法追究刑事责任。D 项正确。故本题选 A 项。

5. C 【解析】根据《中华人民共和国教育法》第五十一条规定,图书馆、博物馆、科技馆、文化馆、美术馆、体育馆(场)等社会公共文化体育设施,以及历史文化古迹和革命纪念馆(地),应当对教师、学生实行优待,为受教育者接受教育提供便利。故答案选 C 项。

6. B 【解析】《中华人民共和国教育法》第十二条规定,国家通用语言文字为学校及其他教育机构的基本教育教学语言文字,学校及其他教育机构应当使用国家通用语言文字进行教育教学。

7. B 【解析】根据《中华人民共和国教育法》第三十一条规定,学校的教学及其他行政管理,由校长负责。

8. D 【解析】根据我国《教育法》第五十六条规定,各级人民政府的教育经费支出,按照事权和财权相统一的原则,在财政预算中单独列项。

9. A 【解析】根据我国《教育法》第二十九条、第三十条规定可知,A 项属于学校及其他教育机构行使的权利,B、C、D 三项属于学校及其他教育机构应当履行的义务。

10. A 【解析】根据《中华人民共和国教育法》第八条规定,教育活动必须符合国家和社会公共利益。国家实行教育与宗教相分离。任何组织和个人不得利用宗教进行妨碍国家教育制度的活动。

11. D 【解析】根据我国《教育法》第十七条规定,国家实行学前教育、初等教育、中等教育、高等教育的学校教育制度。

12. C 【解析】根据《中华人民共和国教育法》第七十二条规定,结伙斗殴、寻衅滋事,扰乱学校及其他教育机构教育教学秩序或者破坏校舍、场地及其他财产的,由公安机关给予治安管理处罚;构成犯罪的,依法追究刑事责任。

13. D 【解析】根据《中华人民共和国教育法》第三十条规定,学校及其他教育机构应当履行下列义务:(1)遵守法律、法规;(2)贯彻国家的教育方针,执行国家教育教学标准,保证教育教学质量;(3)维护受教育者、教师及其他职工的合法权益;(4)以适当方式为受教育者及其监护人了解受教育者的学业成绩及其他有关情况提供便利;(5)遵照国家有关规定收取费用并公开收费项目;(6)依法接受监督。故答案选 D 项。

14. B 【解析】根据《中华人民共和国教育法》第八十条规定,任何组织或者个人在国家教育考试中有下列行为之一,有违法所得的,由公安机关没收违法所得,并处违法所得一倍以上五倍以下罚款;情节严重的,处五日以上十五日以下拘留;构成犯罪的,依法追究刑事责任;属于国家机关工作人员的,还应当依法给予处分:(1)组织作弊的;(2)通过提供考试作弊器材等方式为作弊提供帮助或者便利的;(3)代替他人参加考试的;(4)在考试结束前泄露、传播考试试题或者答案的;(5)其他扰乱考试秩序的行为。题干中强调组织或个人在国家教育考试中组织作弊,且情节严重,因此应处五日以上十五日以下拘留。

15. C 【解析】根据《中华人民共和国教育法》第四十三条规定可知,受教育者享有“在学业成绩和品行上获得公正评价”的权利。因此,题干中的老师因为学生的刁难,就刻意给学生打低分,这一行为侵犯了学生获得公正评价的权利。

16. B 【解析】根据《中华人民共和国教育法》第四条规定可知,教育是社会主义现代化建设的基础,国家保障教育事业优先发展。全社会应当关心和支持教育事业的发展。全社会应当尊重教师。这一规定明确了教育的地位。

17. B 【解析】《中华人民共和国教育法》以法律形式规定了我国教育基本制度。故本题答案选 B 项。

18. A 【解析】《中华人民共和国教育法》第四十三条明确了受教育者的申诉权利,即“对学校给予的处分不服向有关部门提出申诉,对学校、教师侵犯其人身权、财产权等合法权益,提出申诉或者依法提起诉讼”。故本题答案选 A 项。

19. B 【解析】根据《中华人民共和国教育法》第三十六条规定,学校及其他教育机构中的教学辅助人员和其他专业技术人员,实行专业技术职务聘任制度。

20. C 【解析】根据《中华人民共和国教育法》第三十二条规定,学校及其他教育机构具备法人条件的,自批准设立或者登记注册之日起取得法人资格。

21. A 【解析】根据《中华人民共和国教育法》第十四条规定,国务院和地方各级人民政府根据分级管理、分工负责的原则,领导和管理教育工作。

22. C 【解析】根据《中华人民共和国教育法》第五十四条规定,国家建立以财政拨款为主、其他多种渠道筹措教育经费为辅的体制,逐步增加对教育的投入,保证国家举办的学校教育经费的稳定来源。

23. A 【解析】根据《中华人民共和国教育法》第七十八条规定,学校及其他教育机构违反国家有关规定向受教育者收取费用的,由教育行政部门或者其他有关行政部门责令退还所收费用;对直接负责的主管人员和其他直接责任人员,依法给予处分。

24. D 【解析】根据《中华人民共和国教育法》第十二条规定,国家通用语言文字为学校及其他教育机构的基本教育教学语言文字,学校及其他教育机构应当使用国家通用语言文字进行教育教学。民族自治地方以少数民族学生为主的学校及其他教育机构,从实际出发,使用国家通用语言文字和本民族或者当地民族通用的语言文字实施双语教育。因此,黄老师使用本地方言教学的做法不合法,其应当使用普通话进行教学。

25. B 【解析】根据《中华人民共和国教育法》第五十条规定,未成年人的父母或者其他监护人应当为其未成年子女或者其他被监护人受教育提供必要条件。未成年人的父母或者其他监护人应当配合学校及其他教育机构,对其未成年子女或者其他被监护人进行教育。学校、教师可以对学生家长提供家庭教育指导。

26. B 【解析】《中华人民共和国教育法》第二章对我国教育的基本制度做了明确规定。我国教育基本制度包括:(1)学校教育制度;(2)义务教育制度;(3)职业教育和继续教育制度;(4)国家教育考试制度;(5)学业证书制度和学位制度;(6)扫除文盲的教育制度;(7)教育督导制度和教育评估制度。

27. B 【解析】根据《中华人民共和国教育法》第七十二条规定,结伙斗殴、寻衅滋事,扰乱学校及其他教育机构教育教学秩序或者破坏校舍、场地及其他财产的,由公安机关给予治安管理处罚;构成犯罪的,依法追究刑事责任。故答案选 B 项。

28. B 【解析】根据《中华人民共和国教育法》第七十三条规定,明知校舍或者教育教学设施有危险,而不采取措施,造成人员伤亡或者重大财产损失的,对直接负责的主管人员和其他直接责任人员,依法追究刑事责任。

29. D 【解析】根据《中华人民共和国教育法》第四十九条规定,学校及其他教育机构在不影响正常教育教学活动的前提下,应当积极参加当地的社会公益活动。

30. A 【解析】根据《中华人民共和国教育法》第七十二条规定,侵占学校及其他教育机构的校舍、场地及其他财产的,依法承担民事责任。

31. A 【解析】根据《中华人民共和国义务教育法》第二十七条规定,对违反学校管理制度的学生,学校应当予以批评教育,不得开除。故①说法正确。根据《中华人民共和国教育法》第十二条规定,国家通用语言文字为学校及其他教育机构的基本教育教学语言文字,学校及其他教育机构应当使用国家通用语言文字进行教育教学。故②说法正确。2018 年,教育部印发了《新时代高校教师职业行为十项准则》《新时代中小学教师职业行为十项准则》《新时代幼儿园教师职业行为十项准则》。文件中指出,对于有虐待、猥亵、性骚扰等严重侵害学生行为的,一经查实,要撤销其所获荣誉、称号,追回相关奖金,依法依规撤销教师资格、解除教师职务、清除出教师队伍,同时还要录入全国教师管理信息系统,任何学校不得再聘任其从事教学、科研及管理等工作。故③说法正确,但该文件不属于法律法规,故③不选。根据《中华人民共和国宪法》第二十七条规定,国家工作人员就职时应当依照法律规定公开进行宪法宣誓。但目前教师这一职业没有相关法律明确规定要进行宪法宣誓,故④不选。

32. B 【解析】《中华人民共和国教育法》于 1995 年 3 月 18 日经第八届全国人民代表大会第三次会议通过,自 1995 年 9 月 1 日起施行。

33. C 【解析】根据《中华人民共和国教育法》第七十五条规定,违反国家有关规定,举办学校或者其他教育机构的,由教育行政部门或者其他有关行政部门予以撤销;有违法所得的,没收违法所得;对直接负责的主管人员和其他直接责任人员,依法给予处分。

34. D 【解析】根据《中华人民共和国教育法》第四十条规定,国家、社会、家庭、学校及其他教育机构应当为有违法犯罪行为的未成年人接受教育创造条件。

35. C 【解析】根据《中华人民共和国教育法》第二十九条和第三十条规定可知,A、B、D 三项属于学校及其他教育机构可行使的权利,C 项属于学校及其他教育机构应当履行的义务。故答案选 C 项。

36. A 【解析】根据《中华人民共和国教育法》第五十四条规定,国家建立以财政拨款为主、其他多种渠道筹措教育经费为辅的体制,逐步增加对教育的投入,保证国家举办的学校教育经费的稳定来源。

37. A 【解析】根据《中华人民共和国教育法》第七十八条规定,学校及其他教育机构违反国家有关规定向受教育者收取费用的,由教育行政部门或者其他有关行政部门责令退还所收费用;对直接负责的主管人员和其他直接责任人员,依法给予处分。

38. D 【解析】根据《中华人民共和国教育法》第三十一条规定,学校及其他教育机构应当按照国家有关规定,通过以教师为主体的教职工代表大会等组织形式,保障教职工参与民主管理和监督。

39. C 【解析】根据《中华人民共和国教育法》第九条规定,中华人民共和国公民有受教育的权利和义务。公民不分民族、种族、性别、职业、财产状况、宗教信仰等,依法享有平等的受教育机会。该条规定表明我国任何公民都平等地享有教育法律规定的受教育权,这体现了我国《教育法》的平等性原则。

二、多项选择题

1. ABC 【解析】根据《中华人民共和国教育法》第七十九条规定,考生在国家教育考试中有下列行为之一的,由组织考试的教育考试机构工作人员在考试现场采取必要措施予以制止并终止其继续参加考试;组织考试的教育考试机构可以取消其相关考试资格或者考试成绩;情节严重的,由教育行政部门责令停止参加相关国家教育考试一年以上三年以下;构成违反治安管理行为的,由公安机关依法给予治安管理处罚;构成犯罪的,依法追究刑事责任:(1)非法获取考试试题或者答案的;(2)携带或者使用考试作弊器材、资料的;(3)抄袭他人答案的;(4)让他人代替自己参加考试

的；(5)其他以不正当手段获得考试成绩的作弊行为。

2. ABCD 【解析】根据《中华人民共和国教育法》第四条规定，教育是社会主义现代化建设的基础，对提高人民综合素质、促进人的全面发展、增强中华民族创新创造活力、实现中华民族伟大复兴具有决定性意义，国家保障教育事业优先发展。

3. ACD 【解析】《中华人民共和国教育法》第三十一条规定，学校及其他教育机构的校长或者主要行政负责人必须由具有中华人民共和国国籍、在中国境内定居、并具备国家规定任职条件的公民担任，其任免按照国家有关规定办理。学校的教学及其他行政管理，由校长负责。

4. ABCD 【解析】根据《中华人民共和国教育法》第二十七条规定，设立学校及其他教育机构，必须具备下列基本条件：(1)有组织机构和章程；(2)有合格的教师；(3)有符合规定标准的教学场所及设施、设备等；(4)有必备的办学资金和稳定的经费来源。

5. ABC 【解析】根据《中华人民共和国教育法》第四十三条规定可知，受教育者享有以下权利：(1)参加教育教学计划安排的各种活动，使用教育教学设施、设备、图书资料；(2)按照国家有关规定获得奖学金、贷学金、助学金；(3)在学业成绩和品行上获得公正评价，完成规定的学业后获得相应的学业证书、学位证书；(4)对学校给予的处分不服向有关部门提出申诉，对学校、教师侵犯其人身权、财产权等合法权益，提出申诉或者依法提起诉讼；(5)法律、法规规定的其他权利。根据《中华人民共和国义务教育法》第二十九条规定，教师在教育教学中应当平等对待学生，关注学生的个体差异，因材施教，促进学生的充分发展。因此，答案选 A、B、C 三项。

6. ACD 【解析】根据《中华人民共和国教育法》第六十七条规定，教育对外交流与合作坚持独立自主、平等互利、相互尊重的原则，不得违反中国法律，不得损害国家主权、安全和社会公共利益。

7. ABCD 【解析】根据《中华人民共和国教育法》第四十四条规定，受教育者应当履行下列义务：(1)遵守法律、法规；(2)遵守学生行为规范，尊敬师长，养成良好的思想品德和行为习惯；(3)努力学习，完成规定的学习任务；(4)遵守所在学校或者其他教育机构的管理制度。

8. BCD 【解析】根据《中华人民共和国教育法》第五十一条规定，广播、电视台(站)应当开设教育节目，促进受教育者思想品德、文化和科学技术素质的提高。

9. ACD 【解析】根据《中华人民共和国教育法》第六条规定，教育应当坚持立德树人，对受教育者加强社会主义核心价值观教育，增强受教育者的社会责任感、创新精神和实践能力。

10. BCD 【解析】根据《中华人民共和国教育法》第五十六条规定，各级人民政府的教育经费支出，按照事权和财权相统一的原则，在财政预算中单独列项。各级人民政府教育财政拨款的增长应当高于财政经常性收入的增长，并使按在校学生人数平均的教育费用逐步增长，保证教师工资和学生人均公用经费逐步增长。故 A 项说法错误，答案选 B、C、D 三项。

11. ACD 【解析】根据《中华人民共和国教育法》第十八条规定，国家制定学前教育标准，加快普及学前教育，构建覆盖城乡，特别是农村的学前教育公共服务体系。各级人民政府应当采取措施，为适龄儿童接受学前教育提供条件和支持。故 A、C、D 三项表述正确。我国义务教育包含的阶段为小学和初中，故 B 项表述错误。

三、判断题

1. √ 【解析】根据《中华人民共和国教育法》(2021 年修正)第七条规定，教育应当继承和弘扬中华优秀传统文化、革命文化、社会主义先进文化，吸收人类文明发展的一切优秀成果。因此，题干说法正确。

2. × 【解析】根据《中华人民共和国教育法》第三十条规定，学校及其他教育机构应当履行下列义务：(1)遵守法律、法规；(2)贯彻国家的教育方针，执行国家教育教学标准，保证教育教学质量；(3)维护受教育者、教师及其他职工的合法权益；(4)以适当方式为受教育者及其监护人了解受教育者的学业成绩及其他有关情况提供便利；(5)遵照国家有关规定收取费用并公开收费项目；(6)依法接受监督。根据题干中的关键词“以各种方式”可知，题干说法错误。

3. × 【解析】根据《中华人民共和国教育法》第三十六条规定，学校及其他教育机构中的教学辅助

人员和其他专业技术人员，实行专业技术职务聘任制度。

4. √ 【解析】根据《中华人民共和国教育法》第六十二条规定，国家鼓励运用金融、信贷手段，支持教育事业的发展。

5. √ 【解析】根据《中华人民共和国教育法》第六十六条规定，国家推进教育信息化，加快教育信息基础设施建设，利用信息技术促进优质教育资源普及共享，提高教育教学水平和教育管理水平。故题干表述正确。

6. √ 【解析】根据《中华人民共和国教育法》第二条规定，在中华人民共和国境内的各级各类教育，适用本法。第八十四条规定，军事学校教育由中央军事委员会根据本法的原则规定。宗教学校教育由国务院另行规定。

7. × 【解析】根据《中华人民共和国教育法》第四十一条规定，从业人员有依法接受职业培训和继续教育的权利和义务。

8. √ 【解析】根据《中华人民共和国教育法》第二十八条规定，学校及其他教育机构的设立、变更和终止，应当按照国家有关规定办理审核、批准、注册或者备案手续。

9. √ 【解析】《中华人民共和国教育法》于 1995 年 3 月 18 日经第八届全国人民代表大会第三次会议通过，自 1995 年 9 月 1 日起施行，这是新中国成立以来我国制定的第一部教育基本法，这是我国教育史上具有里程碑意义的大事。它的颁行，标志着我国开始进入全面依法治教的新时期。

10. √ 【解析】根据《中华人民共和国教育法》第七十四条规定，违反国家有关规定，向学校或者其他教育机构收取费用的，由政府责令退还所收费用；对直接负责的主管人员和其他直接责任人员，依法给予处分。

11. × 【解析】根据《中华人民共和国教育法》第五十一条规定，图书馆、博物馆、科技馆、文化馆、美术馆、体育馆（场）等社会公共文化体育设施，以及历史文化古迹和革命纪念馆（地），应当对教师、学生实行优待，为受教育者接受教育提供便利。

12. × 【解析】根据《中华人民共和国教育法》第三十四条规定，国家保护教师的合法权益，改善教师的工作条件和生活条件，提高教师的社会地位。教师的工资报酬、福利待遇，依照法律、法规的规定办理。故本题说法错误。

13. × 【解析】根据《中华人民共和国教育法》第五十九条规定，国家采取优惠措施，鼓励和扶持学校在不影响正常教育教学的前提下开展勤工俭学和社会服务，兴办校办产业。

14. √ 【解析】根据《中华人民共和国教育法》第八十五条规定，境外的组织和个人在中国境内办学和合作办学的办法，由国务院规定。

15. √ 【解析】根据《中华人民共和国教育法》第八条规定，国家实行教育与宗教相分离。任何组织和个人不得利用宗教进行妨碍国家教育制度的活动。因此，题干中王老师公开布道，影响学校的正常秩序的行为是违法的。

四、填空题

1. 立德树人
2. 爱国主义
3. 宪法

五、简答题（参考答案）

1. 2021 年 4 月 29 日，第十三届全国人民代表大会常务委员会第二十八次会议修正了《中华人民共和国教育法》，简述其中提出的教育方针。

《中华人民共和国教育法》（2021 年修正）第五条明确规定了我国的教育方针：“教育必须为社会主义现代化建设服务、为人民服务，必须与生产劳动和社会实践相结合，培养德智体美劳全面发展的社会主义建设者和接班人。”

2. 简述《中华人民共和国教育法》中关于受教育者权利的相关规定。

根据《中华人民共和国教育法》第四十三条规定，受教育者享有下列权利：（1）参加教育教学计划安排的各种活动,使用教育教学设施、设备、图书资料;(2)按照国家有关规定获得奖学金、贷学金、助学金;(3)在学业成绩和品行上获得公正评价,完成规定的学业后获得相应的学业证书、学位证书;(4)对学校给予的处分不服向有关部门提出申诉,对学校、教师侵犯其人身权、财产权等合法权益,提出申诉或者依法提起诉讼;(5)法律、法规规定的其他权利。

六、案例分析题(参考答案)

(1)该校的做法是违法的。违法的主体为学校以及某些"有关系"的家长或其他人员。

(2)这所普通中学在年初要求毕业班学生参加本校组织的"预考",并按成绩划分"高分班"和"低分班",这种做法违反了《中华人民共和国义务教育法》第二十二条规定,即县级以上人民政府及其教育行政部门应当促进学校均衡发展,缩小学校之间办学条件的差距,不得将学校分为重点学校和非重点学校。学校不得分设重点班和非重点班。

(3)该校让"高分班"学生得到特别的"重点保护",如准备通过某些"有关系"的家长或其他人员,通过非正规渠道甚至非法手段伪造假材料、假证明等,使"高分班"学生享受高(中)考的政策性加分;对"低分班"的学生进行"动员",让他们放弃报考"重点",让其选报高职(专科)学校;同时,还要求那些"升学无望"的学生放弃报考、提前离校。这些做法违反了《中华人民共和国教育法》第三十七条规定,即受教育者在入学、升学、就业等方面依法享有平等权利。

(4)违法主体应当承担的责任:①根据《中华人民共和国义务教育法》第五十七条规定可知,学校应当承担下列责任,即学校有分设重点班和非重点班情形的,由县级人民政府教育行政部门责令限期改正;情节严重的,对直接负责的主管人员和其他直接责任人员依法给予处分。②根据《中华人民共和国教育法》第七十七条规定可知,某些"有关系"的家长或其他人员应当承担下列责任,即在招收学生工作中滥用职权、玩忽职守、徇私舞弊的,由教育行政部门或者其他有关行政部门责令退回招收的不符合入学条件的人员;对直接负责的主管人员和其他直接责任人员,依法给予处分;构成犯罪的,依法追究刑事责任。

专题四 《中华人民共和国义务教育法》

答案速查:

1~5	BABBB	6~10	DBDDC	11~15	BDBCC	16~20	CBDBA
21~25	DBCBB	26~30	ADBAD	31~35	DACDB	36~40	BCDCC
41~45	CACBC			1~5	ABD AB ABD ABCD AC		
6~10	BCD CD AB ABCD ABC			1~5	√ × × √ √		
6~10	√ √ √ √ ×			11~15	× × × × ×		

一、单项选择题

1. B 【解析】根据《中华人民共和国义务教育法》第二十九条规定,教师在教育教学中应当平等对待学生,关注学生的个体差异,因材施教,促进学生的充分发展。教师应当尊重学生的人格,不得歧视学生,不得对学生实施体罚、变相体罚或者其他侮辱人格尊严的行为,不得侵犯学生合法权益。"罚两位同学在操场上跑步十圈才能回家"属于变相体罚,是不合理的。

2. A 【解析】根据《中华人民共和国义务教育法》第二十七条规定,对违反学校管理制度的学生,学校应当予以批评教育,不得开除。故A项说法错误。根据第二十二条规定,学校不得分设重点班和非重点班。故B项说法正确。根据第二十一条规定,对未完成义务教育的未成年犯和被采取强制性教育措施的未成年人应当进行义务教育,所需经费由人民政府予以保障。故C项说法正确。根据第二十五条规定,学校不得违反国家规定收取费用,不得以向学生推销或者变相推销商品、服务等方式谋取利益。故D项说法正确。

3. B 【解析】题干中的条文强调缩小学校间的差距、班级间的差距,这是促进教育公平的体现,因此

最终有利于我国实现教育公平。故答案选 B 项；A、C、D 三项的描述均不符合题意，可排除。

4. B 【解析】根据《中华人民共和国义务教育法》第十四条规定，根据国家有关规定经批准招收适龄儿童、少年进行文艺、体育等专业训练的社会组织，应当保证所招收的适龄儿童、少年接受义务教育；自行实施义务教育的，应当经县级人民政府教育行政部门批准。故 B 项做法正确。

5. B 【解析】根据《中华人民共和国义务教育法》第三十二条规定，县级人民政府教育行政部门应当均衡配置本行政区域内学校师资力量，组织校长、教师的培训和流动，加强对薄弱学校的建设。

6. D 【解析】根据《中华人民共和国义务教育法》第二十一条规定，对未完成义务教育的未成年犯和被采取强制性教育措施的未成年人应当进行义务教育，所需经费由人民政府予以保障。

7. B 【解析】根据《中华人民共和国义务教育法》第二条规定可知，义务教育是国家统一实施的所有适龄儿童、少年必须接受的教育，是国家必须予以保障的公益性事业。故 A 项说法错误。到 2008 年年底，我国不仅实现了义务教育的全面普及，而且实现了义务教育的全面免费，这是我国普及义务教育的伟大成就。但我国的义务教育也存在发展不平衡的问题，促进义务教育均衡发展已经成为我国现阶段教育改革和发展的重大任务。故 B 项说法正确，D 项说法错误。根据《中华人民共和国教师法》第二十五条规定可知，教师的平均工资水平应当不低于或者高于国家公务员的平均工资水平，并逐步提高。故 C 项说法错误。因此，答案选 B 项。

8. D 【解析】根据《中华人民共和国义务教育法》第三十四条规定，教育教学工作应当符合教育规律和学生身心发展特点，面向全体学生，教书育人，将德育、智育、体育、美育等有机统一在教育教学活动中，注重培养学生独立思考能力、创新能力和实践能力，促进学生全面发展。故答案选 D 项。

9. D 【解析】根据《中华人民共和国义务教育法》第十二条规定，适龄儿童、少年免试入学。地方各级人民政府应当保障适龄儿童、少年在户籍所在地学校就近入学。

10. C 【解析】根据《中华人民共和国义务教育法》第二十九条规定，教师在教育教学中应当平等对待学生，关注学生的个体差异，因材施教，促进学生的充分发展。

11. B 【解析】根据《中华人民共和国义务教育法》第三十五条规定可知，学校和教师按照确定的教育教学内容和课程设置开展教育教学活动，保证达到国家规定的基本质量要求。国家鼓励学校和教师采用启发式教育等教育教学方法，提高教育教学质量。

12. D 【解析】根据《中华人民共和国义务教育法》第五条规定，社会组织和个人应当为适龄儿童、少年接受义务教育创造良好的环境。

13. B 【解析】《中华人民共和国义务教育法》于 1986 年 4 月 12 日第六届全国人民代表大会第四次会议通过，自 1986 年 7 月 1 日起施行。故答案选 B 项。

14. C 【解析】根据《中华人民共和国义务教育法》第五十八条规定，适龄儿童、少年的父母或者其他法定监护人无正当理由未依照本法规定送适龄儿童、少年入学接受义务教育的，由当地乡镇人民政府或者县级人民政府教育行政部门给予批评教育，责令限期改正。

15. C 【解析】根据《中华人民共和国义务教育法》第二十七条规定，对违反学校管理制度的学生，学校应当予以批评教育，不得开除。因此，对于初中生李某上课不认真且嬉戏打闹的情况，学校可对其进行批评教育。

16. C 【解析】根据《中华人民共和国义务教育法》第二条规定，国家实行九年义务教育制度。义务教育是国家统一实施的所有适龄儿童、少年必须接受的教育，是国家必须予以保障的公益性事业。实施义务教育，不收学费、杂费。故 A、B 两项表述正确。第四条规定，凡具有中华人民共和国国籍的适龄儿童、少年，不分性别、民族、种族、家庭财产状况、宗教信仰等，依法享有平等接受义务教育的权利，并履行接受义务教育的义务。故 D 项表述正确。第七条规定，义务教育实行国务院领导，省、自治区、直辖市人民政府统筹规划实施，县级人民政府为主管理的体制。故 C 项表述错误。

17. B 【解析】根据《中华人民共和国义务教育法》第三十九条规定，国家实行教科书审定制度。教科书的审定办法由国务院教育行政部门规定。

18. D 【解析】根据《中华人民共和国义务教育法》第十二条规定，适龄儿童、少年免试入学。地方各级人民政府应当保障适龄儿童、少年在户籍所在地学校就近入学。因此，某初中自行组织入学考试，跨学区招生，这违反了免试就近入学的规定。

19. B 【解析】根据《中华人民共和国义务教育法》第五十七条规定，学校有下列情形之一的，由县级人民政府教育行政部门责令限期改正；情节严重的，对直接负责的主管人员和其他直接责任人员依法给予处分：(1)拒绝接收具有接受普通教育能力的残疾适龄儿童、少年随班就读的；(2)分设重点班和非重点班的；(3)违反本法规定开除学生的；(4)选用未经审定的教科书的。

20. A 【解析】根据《中华人民共和国义务教育法》第三十六条规定，学校应当把德育放在首位，寓德育于教育教学之中，开展与学生年龄相适应的社会实践活动，形成学校、家庭、社会相互配合的思想道德教育体系，促进学生养成良好的思想品德和行为习惯。因此，A 项不符合规定。根据第三十一条规定，各级人民政府保障教师工资福利和社会保险待遇，改善教师工作和生活条件；完善农村教师工资经费保障机制。故 B 项符合规定。根据第十一条规定，凡年满六周岁的儿童，其父母或者其他法定监护人应当送其入学接受并完成义务教育；条件不具备的地区的儿童，可以推迟到七周岁。故 C 项符合规定。根据第三十五条规定，国家鼓励学校和教师采用启发式教育等教育教学方法，提高教育教学质量。故 D 项符合规定。

21. D 【解析】根据我国《义务教育法》第二十二条规定，县级以上人民政府及其教育行政部门应当促进学校均衡发展，缩小学校之间办学条件的差距，不得将学校分为重点学校和非重点学校。学校不得分设重点班和非重点班。

22. B 【解析】“控辍保学”是“普及九年义务教育”工作提出来的一个概念，控是控制，辍是停止、中止，保是保护、保障，学是学习、接受教育。意思为控制学生失学、辍学，保证所有适龄儿童、少年入学就读，接受义务教育。义务教育的强制性是义务教育的最本质特征。对不履行义务教育的行为，国家以立法的形式，强制执行。因此，“控辍保学”工作的落实体现了义务教育的强制性。

23. C 【解析】根据《中华人民共和国义务教育法》第十四条规定，根据国家有关规定经批准招收适龄儿童、少年进行文艺、体育等专业训练的社会组织，应当保证所招收的适龄儿童、少年接受义务教育；自行实施义务教育的，应当经县级人民政府教育行政部门批准。

24. B 【解析】根据《中华人民共和国义务教育法》第二十七条规定，对违反学校管理制度的学生，学校应当予以批评教育，不得开除。因此，对于题干中的初一学生赵某，学校不能开除。

25. B 【解析】根据《中华人民共和国义务教育法》第五十七条规定，学校有下列情形之一的，由县级人民政府教育行政部门责令限期改正；情节严重的，对直接负责的主管人员和其他直接责任人员依法给予处分：(1)拒绝接收具有接受普通教育能力的残疾适龄儿童、少年随班就读的；(2)分设重点班和非重点班的；(3)违反本法规定开除学生的；(4)选用未经审定的教科书的。因此 B 项没有违反相关规定，而 C、D 两项违反了《中华人民共和国义务教育法》。根据《中华人民共和国义务教育法》第二十五条规定，学校不得违反国家规定收取费用，不得以向学生推销或者变相推销商品、服务等方式谋取利益。故 A 项违反了《中华人民共和国义务教育法》。因此，答案选 B 项。

26. A 【解析】根据《中华人民共和国义务教育法》第十九条规定可知，普通学校应当接收具有接受普通教育能力的残疾适龄儿童、少年随班就读，并为其学习、康复提供帮助。

27. D 【解析】根据《中华人民共和国义务教育法》第二十二条规定，县级以上人民政府及其教育行政部门应当促进学校均衡发展，缩小学校之间办学条件的差距，不得将学校分为重点学校和非重点学校。学校不得分设重点班和非重点班。第二十五条规定，学校不得违反国家规定收取费用，不得以向学生推销或者变相推销商品、服务等方式谋取利益。故①②③④皆违反了《中华人民共和国义务教育法》。

28. B 【解析】根据《中华人民共和国义务教育法》第二十六条规定，校长由县级人民政府教育行政

部门依法聘任。

29. A 【解析】根据《中华人民共和国义务教育法》第十一条规定，凡年满六周岁的儿童，其父母或者其他法定监护人应当送其入学接受并完成义务教育；条件不具备的地区的儿童，可以推迟到七周岁。

30. D 【解析】强制性（义务性）是义务教育的最本质特征；普及性是义务教育的基本性质；免费性、公共性（国民性）、基础性是义务教育的重要特征。

31. D 【解析】根据《中华人民共和国义务教育法》第三十五条规定，学校和教师按照确定的教育教学内容和课程设置开展教育教学活动，保证达到国家规定的基本质量要求。

32. A 【解析】根据《中华人民共和国义务教育法》第三十六条规定，学校应当把德育放在首位，寓德育于教育教学之中，开展与学生年龄相适应的社会实践活动，形成学校、家庭、社会相互配合的思想道德教育体系，促进学生养成良好的思想品德和行为习惯。

33. C 【解析】根据《中华人民共和国宪法》第三十八条规定，中华人民共和国公民的人格尊严不受侵犯。禁止用任何方法对公民进行侮辱、诽谤和诬告陷害。根据《中华人民共和国义务教育法》第二十九条规定，教师应当尊重学生的人格，不得歧视学生，不得对学生实施体罚、变相体罚或者其他侮辱人格尊严的行为，不得侵犯学生合法权益。因此，该小学“民主选差生”并公布在公告栏内的做法侵犯了学生的人格尊严权。

34. D 【解析】根据我国《义务教育法》第二十七条规定，对违反学校管理制度的学生，学校应当予以批评教育，不得开除。A 项中的做法侵犯了学生的受教育权，B 项中的做法侵犯了学生的人身自由权，C 项也属于侵权行为，故答案选 D 项。

35. B 【解析】根据《中华人民共和国义务教育法》第十七条规定，县级人民政府根据需要设置寄宿制学校，保障居住分散的适龄儿童、少年入学接受义务教育。故本题答案选 B 项。

36. B 【解析】根据《中华人民共和国义务教育法》第十五条规定，县级以上地方人民政府根据本行政区域内居住的适龄儿童、少年的数量和分布状况等因素，按照国家有关规定，制定、调整学校设置规划。

37. C 【解析】根据《中华人民共和国义务教育法》第二十九条规定，教师应当尊重学生的人格，不得歧视学生，不得对学生实施体罚、变相体罚或者其他侮辱人格尊严的行为，不得侵犯学生合法权益。因此，题干中的班主任让在课上窃窃私语的小明站着听课一天，他的这一做法是错误的。

38. D 【解析】根据《中华人民共和国义务教育法》第四十一条规定，国家鼓励教科书循环使用。

39. C 【解析】根据《中华人民共和国义务教育法》第四十二条规定，国务院和地方各级人民政府用于实施义务教育财政拨款的增长比例应当高于财政经常性收入的增长比例，保证按照在校学生人数平均的义务教育费用逐步增长，保证教职工工资和学生人均公用经费逐步增长。

40. C 【解析】根据《中华人民共和国义务教育法》第三十一条规定，在民族地区和边远贫困地区工作的教师享有艰苦贫困地区补助津贴。

41. C 【解析】根据《中华人民共和国义务教育法》第七条规定，义务教育实行国务院领导，省、自治区、直辖市人民政府统筹规划实施，县级人民政府为主管理的体制。

42. A 【解析】根据《中华人民共和国义务教育法》第九条规定，发生违反本法的重大事件，妨碍义务教育实施，造成重大社会影响的，负有领导责任的人民政府或者人民政府教育行政部门负责人应当引咎辞职。

43. C 【解析】根据《中华人民共和国义务教育法》第十二条规定，县级人民政府教育行政部门对本行政区域内的军人子女接受义务教育予以保障。

44. B 【解析】根据《中华人民共和国义务教育法》第二十八条规定，教师享有法律规定的权利，履行法律规定的义务，应当为人师表，忠诚于人民的教育事业。

45. C 【解析】根据《中华人民共和国义务教育法》第四十四条规定，义务教育经费保障的具体办法由国务院规定。

二、多项选择题

1. ABD 【解析】根据《中华人民共和国义务教育法》第三十条规定，国家建立统一的义务教育教师职务制度。教师职务分为初级职务、中级职务和高级职务。故答案选 A、B、D 三项。

2. AB 【解析】根据《中华人民共和国义务教育法》第二十九条规定，教师在教育教学中应当平等对待学生，关注学生的个体差异，因材施教，促进学生的充分发展。教师应当尊重学生的人格，不得歧视学生，不得对学生实施体罚、变相体罚或者其他侮辱人格尊严的行为，不得侵犯学生合法权益。因此，A 项明显体现了教师尊重学生的平等受教育权；B 项明显体现了教师尊重学生的人格尊严权、身体权、健康权等，但其中的“不得歧视学生”是教师尊重学生平等受教育权的一个具体体现。故答案选 A、B 两项。根据《中华人民共和国义务教育法》第六条规定，国务院和县级以上地方人民政府应当合理配置教育资源，促进义务教育均衡发展，改善薄弱学校的办学条件，并采取措施，保障农村地区、民族地区实施义务教育，保障家庭经济困难的和残疾的适龄儿童、少年接受义务教育。这是政府尊重学生平等受教育权的表现，本题考查的主体是“教师”，故排除 C、D 两项。

3. ABD 【解析】根据《中华人民共和国义务教育法》第六条规定，国务院和县级以上地方人民政府应当合理配置教育资源，促进义务教育均衡发展，改善薄弱学校的办学条件，并采取措施，保障农村地区、民族地区实施义务教育，保障家庭经济困难的和残疾的适龄儿童、少年接受义务教育。

4. ABCD 【解析】根据《中华人民共和国义务教育法》第三十六条规定可知，该条关于学校德育的规定为：(1)把德育放在首位；(2)寓德育于教育教学之中；(3)把德育渗透到学校的各项活动中；(4)形成学校、家庭、社会相互配合的思想道德教育体系。因此，答案选 A、B、C、D 四项。

5. AC 【解析】根据《中华人民共和国义务教育法》第四十二条规定，国家将义务教育全面纳入财政保障范围，义务教育经费由国务院和地方各级人民政府依照本法予以保障。

6. BCD 【解析】义务教育是法律保证实施的教育活动。义务教育不仅是受教育者的权利，而且还是国家的义务，国家、社会、学校和家庭必须依法予以保证。因此，题干所述歌手的行为违反了我国的《义务教育法》，他应该依法送女儿入学接受义务教育。所以，A 项说法错误，D 项说法正确。题干所述国学女德班所在办学机构的业务范围是进行非学历民办培训，因此只能从事培训工作，不能面向中小学生进行全日制教学，故应对该办学机构进行调查。所以，B、C 两项说法正确。

7. CD 【解析】根据《中华人民共和国义务教育法》第二十二条规定，学校不得分设重点班和非重点班，所以，A 项中的做法是错误的；第二十七条规定，对违反学校管理制度的学生，学校应当予以批评教育，不得开除，所以 B 项中的做法是错误的。故答案选 C、D 两项。

8. AB 【解析】根据《中华人民共和国义务教育法》第四十七条规定，国务院和县级以上地方人民政府根据实际需要，设立专项资金，扶持农村地区、民族地区实施义务教育。

9. ABCD 【解析】根据《中华人民共和国义务教育法》第二十四条规定，学校应当建立、健全安全制度和应急机制，对学生进行安全教育，加强管理，及时消除隐患，预防发生事故。县级以上地方人民政府定期对学校校舍安全进行检查；对需要维修、改造的，及时予以维修、改造。

10. ABC 【解析】根据《中华人民共和国义务教育法》第二十九条规定，教师应当尊重学生的人格，不得歧视学生，不得对学生实施体罚、变相体罚或者其他侮辱人格尊严的行为，不得侵犯学生合法权益。A 项属于歧视学生的行为，B、C 项属于体罚学生的行为。故本题答案选 A、B、C 三项。

三、判断题

1. √ 【解析】根据《中华人民共和国义务教育法》第三十三条规定，国家鼓励高等学校毕业生以志愿者的方式到农村地区、民族地区缺乏教师的学校任教。县级人民政府教育行政部门依法认定其教师资格，其任教时间计入工龄。

2. × 【解析】根据我国《义务教育法》第十九条规定，普通学校应当接收具有接受普通教育能力的残疾适龄儿童、少年随班就读，并为其学习、康复提供帮助。因此让具有接受普通教育能力的残疾适龄儿童去特殊教育学校的做法是违法的。

3. × 【解析】根据《中华人民共和国义务教育法》第二十二条规定，县级以上人民政府及其教育行政部门不得以任何名义改变或者变相改变公办学校的性质。故题干表述错误。

4. √ 【解析】根据《中华人民共和国义务教育法》第十一条规定，适龄儿童、少年因身体状况需要延缓入学或者休学的，其父母或者其他法定监护人应当提出申请，由当地乡镇人民政府或者县级人民政府教育行政部门批准。

5. √ 【解析】《中华人民共和国义务教育法》于1986年4月12日第六届全国人民代表大会第四次会议通过，《中华人民共和国教育法》于1995年3月18日第八届全国人民代表大会第三次会议通过，故《中华人民共和国义务教育法》的颁布时间早于《中华人民共和国教育法》。

6. √ 【解析】根据《中华人民共和国义务教育法》第四十四条规定，各级人民政府对家庭经济困难的适龄儿童、少年免费提供教科书并补助寄宿生生活费。

7. √ 【解析】根据《中华人民共和国义务教育法》第三十七条规定，学校应当保证学生的课外活动时间，组织开展文化娱乐等课外活动。社会公共文化体育设施应当为学校开展课外活动提供便利。

8. √ 【解析】义务教育的强制性，是义务教育最本质的特征。它是指义务教育依照法律的规定，由国家强制力保证推行和实施。

9. √ 【解析】《中华人民共和国义务教育法》的第一条就规定了本法的立法宗旨，即"为了保障适龄儿童、少年接受义务教育的权利，保证义务教育的实施，提高全民族素质，根据宪法和教育法，制定本法"。故本题说法正确。

10. × 【解析】《中华人民共和国教育法》是我国教育的基本法，是我国教育事业改革和发展的根本大法。故本题说法错误。

11. × 【解析】根据《中华人民共和国义务教育法》第三十八条规定，国家机关工作人员和教科书审查人员，不得参与或者变相参与教科书的编写工作。

12. × 【解析】根据《中华人民共和国义务教育法》第二十四条规定，县级以上地方人民政府定期对学校校舍安全进行检查；对需要维修、改造的，及时予以维修、改造。

13. × 【解析】根据我国《义务教育法》第三十一条规定，在民族地区和边远贫困地区工作的教师享有艰苦贫困地区补助津贴。因此，政府和学校应给予此大学生艰苦贫困地区补助津贴。

14. × 【解析】根据《中华人民共和国义务教育法》第三十二条规定，县级以上人民政府应当加强教师培养工作，采取措施发展教师教育。

15. × 【解析】根据《中华人民共和国义务教育法》第七条规定，义务教育实行国务院领导，省、自治区、直辖市人民政府统筹规划实施，县级人民政府为主管理的体制。县级以上人民政府教育行政部门具体负责义务教育实施工作；县级以上人民政府其他有关部门在各自的职责范围内负责义务教育实施工作。

四、简答题(参考答案)

简述义务教育的性质。

义务教育作为一项教育制度和法律制度，具有不同于其他教育制度和教育工作的属性。就其性质而言，义务教育具有强制性(义务性)、普及性(普遍性、统一性)、免费性(公益性)、公共性(国民性)和基础性。

五、案例分析题(参考答案)

(1)案例中班主任和学校的做法是不正确的。根据《中华人民共和国义务教育法》第四条规定，凡具有中华人民共和国国籍的适龄儿童、少年，不分性别、民族、种族、家庭财产状况、宗教信仰等，依法享有平等接受义务教育的权利，并履行接受义务教育的义务。根据《中华人民共和国义务教育法》第二十七条规定，对违反学校管理制度的学生，学校应当予以批评教育，不得开除。初中生张华属于义务教育阶段的学生，学校应当依法保护其接受义务教育的权利，不得以任何理由和借口，包括以"劝退"的方式，来侵犯其接受义务教育的权利。

（2）①关于张华“课堂自律能力差，经常干扰正常教学秩序，并有多次偷窃行为”的问题，学校可以先对其进行批评教育，但不能随意劝退学生，甚至开除其学籍。②根据《中华人民共和国义务教育法》第二十条规定，县级以上地方人民政府根据需要，为具有预防未成年人犯罪法规定的严重不良行为的适龄少年设置专门的学校实施义务教育。因此，如果张华屡教不改，严重影响了教学秩序，可以将其送至专门的学校接受义务教育。

专题五　《中华人民共和国教师法》

答案速查：

1～5	BACDB	6～10	ACDCC	11～15	CDABA	16～20	ABADA
21～25	DADAC	26～30	CABBB	31～35	ACABA	36～40	BADBC
1～5	ABC ABCD CD ACD ABCD			6～10	BD ACD ACD AB BCD		
11～15	ABCD ABC AC ABCD ABCD			16～20	AB ABC ABCD ABC BCD		
21～23	ABCD AB ABCD			1～5	√ × √ × ×		
6～10	× √ × × ×			11～15	√ × √ × ×		

一、单项选择题

1. B 【解析】根据《中华人民共和国教师法》第三十七条规定，教师有下列情形之一的，由所在学校、其他教育机构或者教育行政部门给予行政处分或者解聘：(1)故意不完成教育教学任务给教育教学工作造成损失的；(2)体罚学生，经教育不改的；(3)品行不良、侮辱学生，影响恶劣的。题干中以教师超编为理由，强迫教师上早晚自习或者参加补课，否则让其另谋高就，这不符合我国《教师法》的规定。

2. A 【解析】根据《中华人民共和国教师法》第十四条规定，受到剥夺政治权利或者故意犯罪受到有期徒刑以上刑事处罚的，不能取得教师资格；已经取得教师资格的，丧失教师资格。根据《教师资格条例》第十八条规定，依照教师法第十四条的规定丧失教师资格的，不能重新取得教师资格，其教师资格证书由县级以上人民政府教育行政部门收缴。

3. C 【解析】根据《中华人民共和国教师法》第七条规定，教师享有“对学校教育教学、管理工作和教育行政部门的工作提出意见和建议，通过教职工代表大会或者其他形式，参与学校的民主管理”的权利。故答案选 C 项。

4. D 【解析】《中华人民共和国教师法》第十七条规定，学校和其他教育机构应当逐步实行教师聘任制。教师的聘任应当遵循双方地位平等的原则，由学校和教师签订聘任合同，明确规定双方的权利、义务和责任。

5. B 【解析】根据《中华人民共和国教师法》第七条规定可知，教师享有教育教学权、科学研究权、管理学生权、获得报酬权、民主管理权和进修培训权。因此，排除 A、C、D 三项，答案选 B 项。

6. A 【解析】《中华人民共和国教师法》于 1993 年 10 月 31 日经第八届全国人民代表大会常务委员会第四次会议通过，自 1994 年 1 月 1 日起施行。因此，《中华人民共和国教师法》颁布于 1993 年。

7. C 【解析】根据我国《教师法》第三十六条规定，对依法提出申诉、控告、检举的教师进行打击报复的，由其所在单位或者上级机关责令改正；情节严重的，可以根据具体情况给予行政处分。

8. D 【解析】根据我国《教师法》第十一条规定可知，取得小学教师资格，应当具备中等师范学校毕业及其以上学历。

9. C 【解析】根据《中华人民共和国教师法》第七条规定，教师享有参加进修或者其他方式的培训的权利，故 C 项说法正确。根据第八条规定，A、B、D 三项属于教师应当履行的义务。

10. C 【解析】管理学生权既是教师履行自己职责的权利，也是与教师在教育教学过程中的主导地位相适应的基本权利。

11. C 【解析】根据我国《教师法》第二章第七条规定，教师享有以下六方面的权利：(1)教育教学权；(2)科学研究权；(3)管理学生权；(4)获得报酬权；(5)民主管理权；(6)进修培训权。因此，张老师参加专业学术会议，提高自身业务水平的行为，是在行使教师权利。故 C 项说法正确。

12. D 【解析】我国相关法律并没有明确规定学校可以决定新老师的提前转正，故 A、B、C 三项说法错误。根据《中华人民共和国教师法》第十三条规定，取得教师资格的人员首次任教时，应当有试用期。因此，题干中的校长破格让小王转正的做法是违法的，违反了《中华人民共和国教师法》，故答案选 D 项。

13. A 【解析】根据《中华人民共和国教师法》第三十五条规定，侮辱、殴打教师的，根据不同情况，分别给予行政处分或者行政处罚；造成损害的，责令赔偿损失；情节严重，构成犯罪的，依法追究刑事责任。

14. B 【解析】根据《中华人民共和国教师法》第六条规定，每年九月十日为教师节。

15. A 【解析】根据《中华人民共和国教师法》第三十八条规定，地方人民政府对违反本法规定，拖欠教师工资或者侵犯教师其他合法权益的，应当责令其限期改正。

16. A 【解析】根据《中华人民共和国教师法》第十条规定，国家实行教师资格制度。中国公民凡遵守宪法和法律，热爱教育事业，具有良好的思想品德，具备本法规定的学历或者经国家教师资格考试合格，有教育教学能力，经认定合格的，可以取得教师资格。

17. B 【解析】根据《中华人民共和国教师法》第三十七条规定，教师有下列情形之一的，由所在学校、其他教育机构或者教育行政部门给予行政处分或者解聘。(1)故意不完成教育教学任务给教育教学工作造成损失的；(2)体罚学生，经教育不改的；(3)品行不良、侮辱学生，影响恶劣的。田老师说话刻薄，在很多场合挫伤了学生的自尊心，所以，学校可以给予其行政处分。

18. A 【解析】根据我国《教师法》第二十七条规定，地方各级人民政府对教师以及具有中专以上学历的毕业生到少数民族地区和边远贫困地区从事教育教学工作的，应当予以补贴。

19. D 【解析】根据《中华人民共和国教师法》第七条规定，教师有“对学校教育教学、管理工作和教育行政部门的工作提出意见和建议，通过教职工代表大会或者其他形式，参与学校的民主管理”的权利。因此，李老师向校领导反映学校考评考核制度中存在的问题是在行使教师权利。

20. A 【解析】根据《中华人民共和国教师法》第三十九条规定，教师对学校或者其他教育机构侵犯其合法权益的，或者对学校或者其他教育机构作出的处理不服的，可以向教育行政部门提出申诉，教育行政部门应当在接到申诉的三十日内，作出处理。因此，受理王某申诉的机构应当是当地县教育局。

21. D 【解析】根据《中华人民共和国教师法》第二十二条规定，学校或者其他教育机构应当对教师的政治思想、业务水平、工作态度和工作成绩进行考核。教育行政部门对教师的考核工作进行指导、监督。

22. A 【解析】教育教学权是指教师享有进行教育教学活动、开展教育教学改革和实验的权利，这是教师为履行教育教学职责必须具备的最基本权利。故答案选 A 项。

23. D 【解析】获取报酬权是指教师有权按时获取工资报酬，享受国家规定的福利待遇以及寒暑假期的带薪休假，这是教师的基本物质保障权利，是宪法赋予公民的劳动权和劳动者休息权的具体化。

24. A 【解析】根据《中华人民共和国教师法》第十四条规定，受到剥夺政治权利或者故意犯罪受到有期徒刑以上刑事处罚的，不能取得教师资格；已经取得教师资格的，丧失教师资格。《教师资格条例》第十八条规定，依照教师法第十四条的规定丧失教师资格的，不能重新取得教师资格，其教师资格证书由县级以上人民政府教育行政部门收缴。据此，黄某将丧失教师资格，并且不能再次取得教师资格，故其终身不能从事教师职业。

25. C 【解析】根据《中华人民共和国教师法》第三条规定，教师是履行教育教学职责的专业人员，承担教书育人，培养社会主义事业建设者和接班人、提高民族素质的使命。

26. C 【解析】根据《中华人民共和国教师法》第七条规定，教师享有民主管理权，即对学校教育教学、管理工作和教育行政部门的工作提出意见和建议，通过教职工代表大会或者其他形式，参与学校的民主管理。

27. A 【解析】根据《中华人民共和国教师法》第十四条规定，受到剥夺政治权利或者故意犯罪受到有期徒刑以上刑事处罚的，不能取得教师资格；已经取得教师资格的，丧失教师资格。

28. B 【解析】教师的学术自由权是指教师有从事科学研究、学术交流，参加专业的学术团体，在学术活动中充分发表意见的权利。张老师将自己在教育教学中的成功经验总结升华，撰写成论文并成功发表，这是张老师行使学术自由权的体现。

29. B 【解析】根据《中华人民共和国教师法》第五条规定，学校和其他教育机构根据国家规定，自主进行教师管理工作。

30. B 【解析】从事科学研究、学术交流，参加专业的学术团体，在学术活动中充分发表意见。这是教师作为专业技术人员的一项基本权利。校长的做法侵犯了李老师的学术研究权。

31. A 【解析】根据《中华人民共和国教师法》第二条规定，本法适用于在各级各类学校和其他教育机构中专门从事教育教学工作的教师。第七条规定，教师享有“按时获取工资报酬，享受国家规定的福利待遇以及寒暑假期的带薪休假”的权利。因此，非正式在编的教师也受我国《教师法》的保护，享受教师应有的权利，故题干中学校的做法是不正确的。

32. C 【解析】根据我国《教师法》第十三条规定，中小学教师资格由县级以上地方人民政府教育行政部门认定。

33. A 【解析】根据《中华人民共和国教师法》第三十七条规定可知，教师有故意不完成教育教学任务给教育教学工作造成损失的，由所在学校、其他教育机构或者教育行政部门给予行政处分或者解聘。因此，题干中的教师魏某多次旷工给学校教学工作造成严重损失，他的这种行为违反了《中华人民共和国教师法》，学校可以对魏某采取予以解聘的措施。

34. B 【解析】根据《中华人民共和国教师法》第二十六条规定，中小学教师和职业学校教师享受教龄津贴和其他津贴，具体办法由国务院教育行政部门会同有关部门制定。

35. A 【解析】根据《中华人民共和国教师法》第二十四条规定，教师考核结果是受聘任教、晋升工资、实施奖惩的依据。

36. B 【解析】根据《中华人民共和国教师法》第十一条规定可知，取得高级中学教师资格和中等专业学校、技工学校、职业高中文化课、专业课教师资格，应当具备高等师范院校本科或者其他大学本科毕业及其以上学历。故 A 项说法错误。

根据《中华人民共和国教师法》第十八条规定，非师范学校应当承担培养和培训中小学教师的任务。故 C 项说法错误。

根据《中华人民共和国教师法》第十三条规定，普通高等学校的教师资格由国务院或者省、自治区、直辖市教育行政部门或者由其委托的学校认定。故 D 项说法错误。

根据《中华人民共和国教师法》第十四条规定，受到剥夺政治权利或者故意犯罪受到有期徒刑以上刑事处罚的，不能取得教师资格；已经取得教师资格的，丧失教师资格。故答案选 B 项。

37. A 【解析】根据《中华人民共和国教师法》第一条规定，为了保障教师的合法权益，建设具有良好思想品德修养和业务素质的教师队伍，促进社会主义教育事业的发展，制定本法。

38. D 【解析】根据《中华人民共和国教师法》第八条规定可知，A、B、C 三项均属于教师应当履行的

义务。根据第九条规定可知,各级人民政府、教育行政部门、有关部门、学校和其他教育机构为保障教师完成教育教学任务,应当提供必需的图书、资料及其他教育教学用品。故 D 项不属于教师应当履行的义务。

39. B 【解析】根据《中华人民共和国教师法》第十一条规定,取得高级中学教师资格和中等专业学校、技工学校、职业高中文化课、专业课教师资格,应当具备高等师范院校本科或者其他大学本科毕业及其以上学历。因此,具备高等师范专科学校或者其他大学专科毕业学历的公民不得申请高级中学教师资格证。

40. C 【解析】根据《中华人民共和国教师法》第二十六条规定,中小学教师和职业学校教师享受教龄津贴和其他津贴,具体办法由国务院教育行政部门会同有关部门制定。所以 C 项表述错误。根据第二十九条规定,教师的医疗同当地国家公务员享受同等的待遇。故 A 项表述正确。根据第三十条规定,教师退休或者退职后,享受国家规定的退休或者退职待遇。故 B 项表述正确。根据第二十八条规定,县、乡两级人民政府应当为农村中小学教师解决住房提供方便。故 D 项表述正确。

二、多项选择题

1. ABC 【解析】根据《中华人民共和国教师法》第七条规定,教师有指导学生的学习和发展,评定学生的品行和学业成就的权利,即管理学生权(指导评价权)。具体来讲,管理学生权主要包括三个方面:(1)指导学生权,体现为教师有权根据学生的身心发展状况和特点,因材施教,有针对性地指导学生,并就学生的特长、就业、升学等方面的发展给予指导。故 A 项说法正确。(2)成绩评定权,体现为教师有权对学生的思想政治、品德、学习等方面给予客观、公正和恰如其分的评价。故 B 项说法正确。(3)个别教育权,体现为教师有权运用正确的指导思想、科学的方式方法,使学生的个性和能力得到充分发展。故 C 项说法正确。

2. ABCD 【解析】根据《中华人民共和国教师法》第九条规定,为保障教师完成教育教学任务,各级人民政府、教育行政部门、有关部门、学校和其他教育机构应当履行下列职责:(1)提供符合国家安全标准的教育教学设施和设备;(2)提供必需的图书、资料及其他教育教学用品;(3)对教师在教育教学、科学研究中的创造性工作给以鼓励和帮助;(4)支持教师制止有害于学生的行为或者其他侵犯学生合法权益的行为。

3. CD 【解析】根据《中华人民共和国教师法》第十七条规定,教师的聘任应当遵循双方地位平等的原则,由学校和教师签订聘任合同,明确规定双方的权利、义务和责任。故聘任是双方的法律行为,确立的是双方的法律关系;聘任双方在平等地位上签订的聘任合同具有法律效力,对聘任双方都有约束力。故 A 项说法错误,D 项说法正确。另外,根据聘任合同领取相应的工资,职务工资应反映教师的工作业绩、教育教学水平,体现按劳分配的原则。故 B 项说法错误,C 项说法正确。

4. ACD 【解析】根据《中华人民共和国教师法》第二十二条规定,学校或者其他教育机构应当对教师的政治思想、业务水平、工作态度和工作成绩进行考核。

5. ABCD 【解析】根据《中华人民共和国教师法》第三十三条规定,教师在教育教学、培养人才、科学研究、教学改革、学校建设、社会服务、勤工俭学等方面成绩优异的,由所在学校予以表彰、奖励。

6. BD 【解析】根据我国《教师法》第七条和第八条规定可知,教师有民主管理权和制止侵犯学生合法权益的行为的义务,因此 A 项说法错误。根据我国《教师法》第三十七条规定可知,在本题中,教师张明只是正确行使了自己的权利,学校解聘他的做法是错误的,因此 C 项说法错误。故答案选 B、D 两项。

7. ACD 【解析】根据《中华人民共和国教师法》第三条规定,教师是履行教育教学职责的专业人员,承担教书育人,培养社会主义事业建设者和接班人、提高民族素质的使命。教师应当忠诚于人民的教育事业。

8. ACD 【解析】根据《中华人民共和国教师法》第三十七条规定，教师有下列情形之一的，由所在学校、其他教育机构或者教育行政部门给予行政处分或者解聘：(1)故意不完成教育教学任务给教育教学工作造成损失的；(2)体罚学生，经教育不改的；(3)品行不良、侮辱学生，影响恶劣的。故C、D两项符合要求。A项属于违法犯罪行为，应及时移送公安机关依法处理，同时该教师也可能会受到学校的行政处分或者解聘的处理，故A项符合要求。B项属于正常的教育教学行为。

9. AB 【解析】根据《中华人民共和国教师法》第十一条规定，取得初级中学教师、初级职业学校文化、专业课教师资格，应当具备高等师范专科学校或者其他大学专科毕业及其以上学历；取得高级中学教师资格和中等专业学校、技工学校、职业高中文化课、专业课教师资格，应当具备高等师范院校本科或者其他大学本科毕业及其以上学历。故C、D两项说法错误。

10. BCD 【解析】根据《中华人民共和国教师法》第七条、第八条规定可知，B、C、D三项属于教师享有的权利，A项属于教师应当履行的义务。

11. ABCD 【解析】根据《中华人民共和国教师法》第十条规定，国家实行教师资格制度。中国公民凡遵守宪法和法律，热爱教育事业，具有良好的思想品德，具备本法规定的学历或者经国家教师资格考试合格，有教育教学能力，经认定合格的，可以取得教师资格。

12. ABC 【解析】根据《中华人民共和国教师法》第三十五条规定，侮辱、殴打教师的，根据不同情况，分别给予行政处分或者行政处罚；造成损害的，责令赔偿损失；情节严重，构成犯罪的，依法追究刑事责任。根据我国《刑法》第十七条规定，已满十四周岁不满十六周岁的人，犯故意杀人、故意伤害致人重伤或者死亡、强奸、抢劫、贩卖毒品、放火、爆炸、投放危险物质罪的，应当负刑事责任。题干中的学生已满15周岁，其恶意使用砖头殴打老师的行为，情节较为严重，已构成犯罪，因此应由公安机关给予其刑事拘留，责令其赔偿损失并依法追究其刑事责任。

13. AC 【解析】党和国家有关教师和知识分子工作的一系列方针政策，为制定《教师法》提供了重要的政策依据。主要体现在两个方面：(1)关于教师队伍建设的政策；(2)关于知识分子的政策。

14. ABCD 【解析】根据《中华人民共和国教师法》第十一条规定，取得教师资格应当具备相应的学历；第十四条规定，受到剥夺政治权利或者故意犯罪受到有期徒刑以上刑事处罚的，不能取得教师资格；根据《教师资格认定体检标准》可知，教师有重大身体疾病或者曾有严重的精神病史，也无法申请教师资格证。

15. ABCD 【解析】根据《中华人民共和国教师法》第二十五条规定，教师的平均工资水平应当不低于或者高于国家公务员的平均工资水平，并逐步提高。故A项说法正确。根据《教师法》第二十九条规定，教师的医疗同当地国家公务员享受同等的待遇；定期对教师进行身体健康检查，并因地制宜安排教师进行休养。故B项说法正确。根据《教师法》第七条规定，教师享有下列权利：(1)进行教育教学活动，开展教育教学改革和实验；(2)从事科学研究、学术交流，参加专业的学术团体，在学术活动中充分发表意见；(3)指导学生的学习和发展，评定学生的品行和学业成绩；(4)按时获取工资报酬，享受国家规定的福利待遇以及寒暑假期的带薪休假；(5)对学校教育教学、管理工作和教育行政部门的工作提出意见和建议，通过教职工代表大会或者其他形式，参与学校的民主管理；(6)参加进修或者其他方式的培训。故C、D两项说法正确。

16. AB 【解析】C项属于侵犯学生的身体健康权，故C项不符合相关法律规定。《中华人民共和国教师法》首次以法律形式明确规定"国家实行教师资格制度"，故D项说法错误。

17. ABC 【解析】根据《中华人民共和国教师法》第二十二条规定，学校或者其他教育机构应当对教师的政治思想、业务水平、工作态度和工作成绩进行考核。教育行政部门对教师的考核工作进行指导、监督。第二十三条规定，考核应当客观、公正、准确，充分听取教师本人、其他教师以及学生的意见。第二十四条规定，教师考核结果是受聘任教、晋升工资、实施奖惩的依据。故A、B、C三项说法不恰当。

18. ABCD 【解析】根据《中华人民共和国教师法》第四条规定，各级人民政府应当采取措施，加强教师的思想政治教育和业务培训，改善教师的工作条件和生活条件，保障教师的合法权益，提高教师的社会地位。全社会都应当尊重教师。所以，A、B、C、D 四项符合题意。

19. ABC 【解析】根据《中华人民共和国教师法》第三十五条规定，侮辱、殴打教师的，根据不同情况，分别给予行政处分或者行政处罚；造成损害的，责令赔偿损失；情节严重，构成犯罪的，依法追究刑事责任。

20. BCD 【解析】题干中校长私自扣除教职工工资的行为属于不合法的行为，侵犯了教师的劳动报酬权和个人财产自由权，违反了国家要求的不得对学校和教师乱摊派的规定。A 项说法明显错误。

21. ABCD 【解析】教师聘任形式依其聘任主体实施行为的不同可分为招聘、续聘、解聘、辞聘等形式。

22. AB 【解析】根据《中华人民共和国教师法》第二十一条规定，各级人民政府应当采取措施，为少数民族地区和边远贫困地区培养、培训教师。

23. ABCD 【解析】根据《中华人民共和国教师法》第十九条规定，各级人民政府教育行政部门、学校主管部门和学校应当制定教师培训规划，对教师进行多种形式的思想政治、业务培训。故 A 项说法正确。第二十三条规定，考核应当客观、公正、准确，充分听取教师本人、其他教师以及学生的意见。故 B 项说法正确。第二十七条规定，地方各级人民政府对教师以及具有中专以上学历的毕业生到少数民族地区和边远贫困地区从事教育教学工作的，应当予以补贴。故 C 项说法正确。第三十三条规定，教师在教育教学、培养人才、科学研究、教学改革、学校建设、社会服务、勤工俭学等方面成绩优异的，由所在学校予以表彰、奖励。故 D 项说法正确。

三、判断题

1. √ 【解析】根据《中华人民共和国教师法》第七条和第八条规定可知，教师有参加进修或者其他方式的培训的权利，同时有不断提高思想政治觉悟和教育教学业务水平的义务。教师参加进修，也是为了不断提高思想政治觉悟和教育教学业务水平。所以，教师参加进修学习，不仅是义务，同时也是权利。故本题说法正确。

2. × 【解析】根据《中华人民共和国教师法》第三十七条规定，教师有下列情形之一的，由所在学校、其他教育机构或者教育行政部门给予行政处分或者解聘：(1)故意不完成教育教学任务给教育教学工作造成损失的；(2)体罚学生，经教育不改的；(3)品行不良、侮辱学生，影响恶劣的。教师有前款第(2)项、第(3)项所列情形之一，情节严重，构成犯罪的，依法追究刑事责任。因此，根据题干所述，应当依法追究教师的刑事责任。故本题说法错误。

3. √ 【解析】根据《中华人民共和国教师法》第四十条规定，中小学教师，是指幼儿园、特殊教育机构、普通中小学、成人初等中等教育机构、职业中学以及其他教育机构的教师。

4. × 【解析】根据《中华人民共和国教师法》第十七条规定，教师的聘任应当遵循双方地位平等的原则，由学校和教师签订聘任合同，明确规定双方的权利、义务和责任。

5. × 【解析】根据《中华人民共和国教师法》第二条规定，本法适用于在各级各类学校和其他教育机构中专门从事教育教学工作的教师。

6. × 【解析】聘任教师担任一定的职务的任期一般为三至五年。

7. √ 【解析】根据《中华人民共和国教师法》第八条规定，教师应当履行的义务之一是：关心、爱护全体学生，尊重学生人格，促进学生在品德、智力、体质等方面全面发展。

8. × 【解析】根据我国《教师法》第九条规定，为保障教师完成教育教学任务，各级人民政府、教育行政部门、有关部门、学校和其他教育机构应当履行下列职责：(1)提供符合国家安全标准的教育教学设施和设备；(2)提供必需的图书、资料及其他教育教学用品；(3)对教师在教育教学、科学研究中的创造性工作给以鼓励和帮助;(4)支持教师制止有害于学生的行为或者其他侵犯学生合法权益的行为。故题干所述不属于教师的职责或义务。

9. × 【解析】根据《中华人民共和国教师法》第二十五条规定,教师的平均工资水平应当不低于或者高于国家公务员的平均工资水平,并逐步提高。建立正常晋级增薪制度,具体办法由国务院规定。

10. × 【解析】教育教学权是指教师享有进行教育教学活动、开展教育教学改革和实验的权利。这是教师为履行教育教学职责必须具备的最基本权利。任何人不得非法剥夺在聘教师行使教育教学权。

11. √ 【解析】根据《中华人民共和国教师法》第三十条规定,教师退休或者退职后,享受国家规定的退休或者退职待遇。县级以上地方人民政府可以适当提高长期从事教育教学工作的中小学退休教师的退休金比例。

12. × 【解析】王老师对学生的体罚情节较为严重,已构成犯罪,根据《中华人民共和国教师法》第三十七条规定,应依法追究王老师的刑事责任,不能免除。

13. √ 【解析】教师的义务是指法律对教师在从事教育教学活动中一定行为的约束,它要求教师必须做出一定行为或不做出一定行为。

14. × 【解析】根据《中华人民共和国教师法》第二十条规定,国家机关、企业事业单位和其他社会组织应当为教师的社会调查和社会实践提供方便,给予协助。

15. × 【解析】根据《中华人民共和国教师法》第十五条规定,各级师范学校毕业生,应当按照国家有关规定从事教育教学工作。国家鼓励非师范高等学校毕业生到中小学或者职业学校任教。

四、辨析题

1. 教师考核可以由学校自主进行。

(1)这种说法是正确的。(2)根据《中华人民共和国教师法》第二十二条规定,学校或者其他教育机构应当对教师的政治思想、业务水平、工作态度和工作成绩进行考核。教育行政部门对教师的考核工作进行指导、监督。因此,学校是负责考核教师的具体实施者,可根据学校实际情况自主进行。

2. 寒暑假指的是学生的放假,因此学校或教育行政部门可以随意安排教师寒暑假从事与教育教学相关的各种工作。

(1)这种说法是不正确的。(2)根据《中华人民共和国教师法》第七条规定,教师享有国家规定的寒暑假期的带薪休假权。随意安排教师寒暑假从事与教育教学相关的各种工作侵犯了教师的权利。

五、简答题(参考答案)

1. 简述教师的职业权利。

根据《中华人民共和国教师法》第七条规定,教师享有下列权利:(1)进行教育教学活动,开展教育教学改革和实验(教育教学权);(2)从事科学研究、学术交流,参加专业的学术团体,在学术活动中充分发表意见(科学研究权,又称学术自由权);(3)指导学生的学习和发展,评定学生的品行和学业成绩(管理学生权,又称指导评价权);(4)按时获取工资报酬,享受国家规定的福利待遇以及寒暑假期的带薪休假;(5)对学校教育教学、管理工作和教育行政部门的工作提出意见和建议,通过教职工代表大会或者其他形式,参与学校的民主管理(民主管理权,又称参与教育管理权);(6)参加进修或者其他方式的培训(进修培训权)。

2. 我国《教师法》规定了教师的义务,请列举其中三项。

根据《中华人民共和国教师法》第八条规定,教师应当履行下列义务:(1)遵守宪法、法律和职业道德,为人师表;(2)贯彻国家的教育方针,遵守规章制度,执行学校的教学计划,履行教师聘约,完

成教育教学工作任务；(3)对学生进行宪法所确定的基本原则的教育和爱国主义、民族团结的教育，法制教育以及思想品德、文化、科学技术教育，组织、带领学生开展有益的社会活动；(4)关心、爱护全体学生，尊重学生人格，促进学生在品德、智力、体质等方面全面发展；(5)制止有害于学生的行为或者其他侵犯学生合法权益的行为，批评和抵制有害于学生健康成长的现象；(6)不断提高思想政治觉悟和教育教学业务水平。

(考生根据要求列举其中任意三项即可)

六、案例分析题(参考答案)

1. (1)案例中县教育局主要侵犯了张老师的荣誉权、财产权、教育教学权和科学研究权。

(2)荣誉权指公民或法人获得并维护荣誉称号的权利。公民的荣誉是公民在学习、生产、工作或战斗中表现突出，成绩卓著或立有功勋而获得的荣誉称号，如劳动模范、先进工作者、战斗英雄、模范教师等。根据《民法典》第一千零三十一条规定，民事主体享有荣誉权。任何组织或者个人不得非法剥夺他人的荣誉称号，不得诋毁、贬损他人的荣誉。案例中，县教育局突然撤销张老师所获得的“模范教师”称号，侵犯了张老师的荣誉权。

根据《民法典》第三条规定，民事主体的人身权利、财产权利以及其他合法权益受法律保护，任何组织或者个人不得侵犯。作为公民，教师享有宪法和其他法规所规定的一切权利，如选举权、被选举权、人身权、姓名权、隐私权、财产权等。案例中，县教育局收回张老师所得奖金，侵犯了张老师的财产权。

根据《中华人民共和国教师法》第七条规定，教师享有下列权利：①进行教育教学活动，开展教育教学改革和实验；②从事科学研究、学术交流，参加专业的学术团体，在学术活动中充分发表意见；③指导学生的学习和发展，评定学生的品行和学业成绩；④按时获取工资报酬，享受国家规定的福利待遇以及寒暑假期的带薪休假；⑤对学校教育教学、管理工作和教育行政部门的工作提出意见和建议，通过教职工代表大会或者其他形式，参与学校的民主管理；⑥参加进修或者其他方式的培训。其中，教师依据法律规定享有进行教育教学活动，开展教学改革和实验的权利，这是国家赋予教师职业的特定权利，任何人都无权干涉或阻挠。科学研究权(学术自由权)是教师作为专业技术人员的一项基本权利。教师在完成规定的教育教学任务的前提下，有权进行科学研究、技术开发、撰写学术论文、著书立说；有权参加有关的学术交流活动，参加依法成立的学术团体并在其中兼任工作；有权在学术研究中发表自己的学术观点，开展学术争鸣。案例中，县教育局的领导打击报复张老师的行为，侵犯了教师享有的合法权益，即教育教学权和科学研究权，县教育局对此应承担相应的法律责任。

2. (1)根据我国《教师法》第三十七条规定，教师有下列情形之一的，由所在学校、其他教育机构或者教育行政部门给予行政处分或者解聘：①故意不完成教育教学任务给教育教学工作造成损失的；②体罚学生，经教育不改的；③品行不良、侮辱学生，影响恶劣的。教师有前款第②项、第③项所列情形之一，情节严重，构成犯罪的，依法追究刑事责任。案例中的女教师没有出现上述三种情形，而学校以各种“非正当”理由将其解聘的行为，是不正确的，侵犯了该教师的合法权益。

(2)根据我国《教师法》第三十九条规定，教师对学校或者其他教育机构侵犯其合法权益的，或者对学校或者其他教育机构作出的处理不服的，可以向教育行政部门提出申诉，教育行政部门应当在接到申诉的三十日内，作出处理。案例中女教师在自己的合法权益受到侵害时，向教育局提出申诉，经区教育局有关部门与学校多次协调后，学校留下了这名教师。这说明教育申诉提供了救济，可以切实地保障教育行政相对人的合法权益。

(3)工作虽然被安排了，但这名教师觉得已经得罪了学校领导，最后还是离开了这所学校。这说明该教师的法律意识不够强，不能很好地运用法律手段保护自己。

专题六 《中华人民共和国未成年人保护法》

答案速查：

1～5	BCADD	6～10	DBAAC	11～15	BDDAA	16～20	ABBCD
21～24	CCDC			1～6	ABC AB ABCD ABC ABCD ABCD		
1～5	√ √ √ √ √			6～10	× √ √ √ √		

一、单项选择题

1. B 【解析】根据《中华人民共和国未成年人保护法》(2020年修订)第三十八条规定，学校、幼儿园不得安排未成年人参加商业性活动，不得向未成年人及其父母或者其他监护人推销或者要求其购买指定的商品和服务。B项行为不适宜。A、C、D三项均属于弘扬传统文化的教学实践活动，行为并无不当。故选B项。

2. C 【解析】根据《中华人民共和国未成年人保护法》(2020年修订)第五十九条规定，禁止向未成年人销售烟、酒、彩票或者兑付彩票奖金。A项、B项行为不合法。根据《中华人民共和国未成年人保护法》第五十八条规定，营业性歌舞娱乐场所、酒吧、互联网上网服务营业场所等不适宜未成年人活动场所的经营者，不得允许未成年人进入。D项行为不合法。“小李在烧烤店买了500元的羊肉串”属于对自己财产的支配，该行为合法。故选C项。

3. A 【解析】根据《中华人民共和国未成年人保护法》第一百一十三条规定，对违法犯罪的未成年人，实行教育、感化、挽救的方针，坚持教育为主、惩罚为辅的原则。

4. D 【解析】根据《中华人民共和国未成年人保护法》第七十条规定，学校应当合理使用网络开展教学活动。未经学校允许，未成年学生不得将手机等智能终端产品带入课堂，带入学校的应当统一管理。这属于对未成年人的网络保护。

5. D 【解析】《中华人民共和国未成年人保护法》第十一条规定，任何组织或者个人发现不利于未成年人身心健康或者侵犯未成年人合法权益的情形，都有权劝阻、制止或者向公安、民政、教育等有关部门提出检举、控告。

6. D 【解析】根据《中华人民共和国未成年人保护法》第三十五条规定，学校、幼儿园安排未成年人参加文化娱乐、社会实践等集体活动，应当保护未成年人的身心健康，防止发生人身伤害事故。

7. B 【解析】根据《中华人民共和国未成年人保护法》(2020年修订)第七十七条规定，任何组织或者个人不得通过网络以文字、图片、音视频等形式，对未成年人实施侮辱、诽谤、威胁或者恶意损害形象等网络欺凌行为。

8. A 【解析】根据《中华人民共和国未成年人保护法》(2020年修订)第二条规定，本法所称未成年人是指未满十八周岁的公民。

9. A 【解析】根据《中华人民共和国未成年人保护法》(2020年修订)第五十九条规定，任何人不得在学校、幼儿园和其他未成年人集中活动的公共场所吸烟、饮酒。故本题答案选A项。

10. C 【解析】根据《中华人民共和国未成年人保护法》(2020年修订)第二十一条规定，未成年人的父母或者其他监护人不得使未满八周岁或者由于身体、心理原因需要特别照顾的未成年人处于无人看护状态，或者将其交由无民事行为能力、限制民事行为能力、患有严重传染性疾病或者其他不适宜的人员临时照护。故A项表述正确。根据第十六条规定可知，未成年人的父母或者其他监护人应当履行的监护职责之一是关注未成年人的生理、心理状况和情感需求。故B项表述正确。根据第十五条规定，共同生活的其他成年家庭成员应当协助未成年人的父母或者其他监护人抚养、教育和保护未成年人。条文中强调“成年家庭成员”，C项中没有体现这一点，故C项表述不正确。根据第十七条规定，未成年人的父母或者其他监护人不得实施的行为之一是违法

处分、侵吞未成年人的财产或者利用未成年人牟取不正当利益。故D项表述正确。因此，本题答案选C项。

11. B 【解析】十三届全国人民代表大会常务委员会第二十二次会议对《中华人民共和国未成年人保护法》进行了修订，增加了“网络保护”和“政府保护”两章。

12. D 【解析】根据《中华人民共和国未成年人保护法》第七十五条规定，网络游戏服务提供者不得在每日二十二时至次日八时向未成年人提供网络游戏服务。

13. D 【解析】根据《中华人民共和国未成年人保护法》(2020年修订)第六十三条规定，除下列情形外，任何组织或者个人不得开拆、查阅未成年人的信件、日记、电子邮件或者其他网络通讯内容：(1)无民事行为能力未成年人的父母或者其他监护人代未成年人开拆、查阅；(2)因国家安全或者追查刑事犯罪依法进行检查；(3)紧急情况下为了保护未成年人本人的人身安全。故D项违反了《中华人民共和国未成年人保护法》的规定。

14. A 【解析】《中华人民共和国未成年人保护法》(2020年修订)第五十六条规定，公共场所发生突发事件时，应当优先救护未成年人。

15. A 【解析】根据《中华人民共和国未成年人保护法》第一条规定，为了保护未成年人身心健康，保障未成年人合法权益，促进未成年人德智体美劳全面发展，培养有理想、有道德、有文化、有纪律的社会主义建设者和接班人，培养担当民族复兴大任的时代新人，根据宪法，制定本法。故答案选A项。

16. A 【解析】根据《中华人民共和国未成年人保护法》第四条规定，保护未成年人，应当坚持最有利于未成年人的原则。处理涉及未成年人事项，应当符合下列要求：(1)给予未成年人特殊、优先保护；(2)尊重未成年人人格尊严；(3)保护未成年人隐私权和个人信息；(4)适应未成年人身心健康发展的规律和特点；(5)听取未成年人的意见；(6)保护与教育相结合。

17. B 【解析】根据《中华人民共和国未成年人保护法》第二十七条规定，学校、幼儿园的教职员工应当尊重未成年人人格尊严，不得对未成年人实施体罚、变相体罚或者其他侮辱人格尊严的行为。根据第一百一十九条规定，学校、幼儿园、婴幼儿照护服务等机构及其教职员工违反本法第二十七条、第二十八条、第三十九条规定的，由公安、教育、卫生健康、市场监督管理等部门按照职责分工责令改正；拒不改正或者情节严重的，对直接负责的主管人员和其他直接责任人员依法给予处分。

18. B 【解析】《中华人民共和国未成年人保护法》是我国保护儿童权益的专项法律。故答案选择B项。

19. C 【解析】《中华人民共和国未成年人保护法》在第四章“社会保护”中规定，任何组织或者个人不得刊登、播放、张贴或者散发含有危害未成年人身心健康内容的广告；不得在学校、幼儿园播放、张贴或者散发商业广告；不得利用校服、教材等发布或者变相发布商业广告。故题中所述为社会保护。

20. D 【解析】《中华人民共和国未成年人保护法》第四条规定，保护未成年人，应当坚持最有利于未成年人的原则。处理涉及未成年人事项，应当符合下列要求：(1)给予未成年人特殊、优先保护；(2)尊重未成年人人格尊严；(3)保护未成年人隐私权和个人信息；(4)适应未成年人身心健康发展的规律和特点；(5)听取未成年人的意见；(6)保护与教育相结合。故本题选D项。

21. C 【解析】根据《中华人民共和国未成年人保护法》第三十条规定，学校应当根据未成年学生身心发展特点，进行社会生活指导、心理健康辅导、青春期教育和生命教育。

22. C 【解析】根据《中华人民共和国未成年人保护法》(2020年修订)第四十四条规定，爱国主义教育基地、图书馆、青少年宫、儿童活动中心、儿童之家应当对未成年人免费开放；博物馆、纪念馆、科技馆、展览馆、美术馆、文化馆、社区公益性互联网上网服务场所以及影剧院、体育场馆、动物园、植物园、公园等场所,应当按照有关规定对未成年人免费或者优惠开放。

23. D 【解析】隐私权是指公民生活中不愿为他人公开或知悉的个人秘密的不可侵犯的人身权利。根据《中华人民共和国未成年人保护法》第四条规定可知,处理涉及未成年人事项,应当保护未成年人隐私权和个人信息。因此,题干中教师不得私自拆读邮寄到学校的学生信件的规定是为了保护学生的隐私权。故本题选 D 项。

24. C 【解析】根据《中华人民共和国未成年人保护法》(2020 年修订)第二十八条规定,学校应当保障未成年学生受教育的权利,不得违反国家规定开除、变相开除未成年学生。学校作为教育机构,让未成年人退学且不同意其复学的行为属于违法行为,故 C 项正确。

二、多项选择题

1. ABC 【解析】2020 年新修订的《中华人民共和国未成年人保护法》在现行法律的基础上增加了多项内容,包括:(1)增设了发现未成年人权益受侵害时强制报告制度,以及密切接触未成年人行业从业人员的准入资格制度;(2)首次对学生欺凌进行了定义,学校应当建立学生欺凌防控制度;(3)加强家庭保护,细化家庭监护职责;(4)针对留守儿童监护缺失,完善委托照护制度;(5)明确国家监护制度,为未成年人保护兜底;等等。因此,答案选 A、B、C 三项。D 项属于修订前就有的内容,故排除。

2. AB 【解析】根据《中华人民共和国未成年人保护法》第四十四条规定,爱国主义教育基地、图书馆、青少年宫、儿童活动中心、儿童之家应当对未成年人免费开放;博物馆、纪念馆、科技馆、展览馆、美术馆、文化馆、社区公益性互联网上网服务场所以及影剧院、体育场馆、动物园、植物园、公园等场所,应当按照有关规定对未成年人免费或者优惠开放。

3. ABCD 【解析】根据《中华人民共和国未成年人保护法》第十六条规定,未成年人的父母或者其他监护人应当履行下列监护职责:(1)为未成年人提供生活、健康、安全等方面的保障;(2)关注未成年人的生理、心理状况和情感需求;(3)教育和引导未成年人遵纪守法、勤俭节约,养成良好的思想品德和行为习惯;(4)对未成年人进行安全教育,提高未成年人的自我保护意识和能力;(5)尊重未成年人受教育的权利,保障适龄未成年人依法接受并完成义务教育;(6)保障未成年人休息、娱乐和体育锻炼的时间,引导未成年人进行有益身心健康的活动;(7)妥善管理和保护未成年人的财产;(8)依法代理未成年人实施民事法律行为;(9)预防和制止未成年人的不良行为和违法犯罪行为,并进行合理管教;(10)其他应当履行的监护职责。

4. ABC 【解析】根据《中华人民共和国未成年人保护法》(2020 年修订)可知,我国对未成年人的保护分为家庭保护、学校保护、社会保护、网络保护、政府保护和司法保护。因此,答案选 A、B、C 三项。

5. ABCD 【解析】《中华人民共和国未成年人保护法》第三十条规定,学校应当根据未成年学生身心发展特点,进行社会生活指导、心理健康辅导、青春期教育和生命教育。故 A 项说法正确。第二十八条规定,学校应当对尚未完成义务教育的辍学未成年学生进行登记并劝返复学;劝返无效的,应当及时向教育行政部门书面报告。故 B 项说法正确。第三十三条规定,学校不得占用国家法定节假日、休息日及寒暑假期,组织义务教育阶段的未成年学生集体补课,加重其学习负担。故 C 项说法正确。第二十九条规定,学校应当关心、爱护未成年学生,不得因家庭、身体、心理、学习能力等情况歧视学生。对家庭困难、身心有障碍的学生,应当提供关爱;对行为异常、学习有困难的学生,应当耐心帮助。故 D 项说法正确。因此,答案选 A、B、C、D 四项。

6. ABCD 【解析】根据《中华人民共和国未成年人保护法》(2020 年修订)第二十五条规定,学校应当全面贯彻国家教育方针,坚持立德树人,实施素质教育,提高教育质量,注重培养未成年学生认知能力、合作能力、创新能力和实践能力,促进未成年学生全面发展。

三、判断题

1. √ 【解析】根据《中华人民共和国未成年人保护法》第三十三条规定,幼儿园、校外培训机构不得对学龄前未成年人进行小学课程教育。故本题说法正确。

2. √ 【解析】根据《中华人民共和国未成年人保护法》第三十七条规定，未成年人在校内、园内或者本校、本园组织的校外、园外活动中发生人身伤害事故的，学校、幼儿园应当立即救护，妥善处理，及时通知未成年人的父母或者其他监护人，并向有关部门报告。

3. √ 【解析】《中华人民共和国未成年人保护法》第十一条规定，任何组织或者个人发现不利于未成年人身心健康或者侵犯未成年人合法权益的情形，都有权劝阻、制止或者向公安、民政、教育等有关部门提出检举、控告。

4. √ 【解析】《中华人民共和国未成年人保护法》第十一条规定，任何组织或者个人发现不利于未成年人身心健康或者侵犯未成年人合法权益的情形，都有权劝阻、制止或者向公安、民政、教育等有关部门提出检举、控告。故吴老师可以就小花父母侵犯小花受教育权的违法行为向有关部门提出检举、控告。题干说法正确。

5. √ 【解析】根据《中华人民共和国未成年人保护法》第四条规定，保护未成年人，应当坚持最有利于未成年人的原则。处理涉及未成年人事项，应当符合下列要求：(1)给予未成年人特殊、优先保护；(2)尊重未成年人人格尊严；(3)保护未成年人隐私权和个人信息；(4)适应未成年人身心健康发展的规律和特点；(5)听取未成年人的意见；(6)保护与教育相结合。

6. × 【解析】根据《中华人民共和国未成年人保护法》(2020 年修订)第六十一条规定，任何组织或者个人不得招用未满十六周岁未成年人，国家另有规定的除外。故题干说法错误。

7. √ 【解析】根据《中华人民共和国未成年人保护法》(2020 年修订)第一百零八条规定，未成年人的父母或者其他监护人不依法履行监护职责或者严重侵犯被监护的未成年人合法权益的，人民法院可以根据有关人员或者单位的申请，依法作出人身安全保护令或者撤销监护人资格。

8. √ 【解析】根据《中华人民共和国未成年人保护法》第三条规定，国家保障未成年人的生存权、发展权、受保护权、参与权等权利。

9. √ 【解析】根据《中华人民共和国未成年人保护法》第三十九条规定可知，对严重的欺凌行为，学校不得隐瞒，应当及时向公安机关、教育行政部门报告，并配合相关部门依法处理。

10. √ 【解析】根据《中华人民共和国未成年人保护法》(2020 年修订)第五十八条规定，游艺娱乐场所设置的电子游戏设备，除国家法定节假日外，不得向未成年人提供。故本题正确。

四、案例分析题(参考答案)

(1)违法主体是苏奶奶、美容产品店店主和网络直播平台。

①根据《中华人民共和国未成年人保护法》第十六条规定，未成年人的父母或者其他监护人应当履行下列监护职责：为未成年人提供生活、健康、安全等方面的保障；对未成年人进行安全教育，提高未成年人的自我保护意识和能力；保障未成年人休息、娱乐和体育锻炼的时间，引导未成年人进行有益身心健康的活动等。材料中，苏奶奶作为苏同学的监护人，在苏同学持续长时间晚归的情况下，没有及时了解真实情况。在向苏同学询问后，苏同学对其撒谎，苏奶奶也没有向学校核实苏同学说明的情况，说明苏奶奶履行监护职责不到位，没有做好家庭保护。

②根据《中华人民共和国未成年人保护法》第六十一条规定，任何组织或者个人不得招用未满十六周岁未成年人，国家另有规定的除外。材料中，美容产品店店主为了营销产品，与正在上初一的苏同学进行签约，付费让其每天直播 1 小时，因此店主的行为违反了上述规定。

③根据《中华人民共和国未成年人保护法》第七十六条规定，网络直播服务提供者不得为未满十六周岁的未成年人提供网络直播发布者账号注册服务；为年满十六周岁的未成年人提供网络直播发布者账号注册服务时，应当对其身份信息进行认证，并征得其父母或者其他监护人同意。材料中，网络直播平台同意了上初一的苏同学注册直播账号，网络直播平台监管不到位，故违反了上述规定。

(2)周老师践行了自觉爱国守法、关心爱护学生、坚守廉洁自律的职业行为准则。

①自觉爱国守法,要求教师要忠于祖国,忠于人民,恪守宪法原则,遵守法律法规,依法履行教师职责;不得损害国家利益、社会公共利益,或违背社会公序良俗。材料中,周老师自觉遵守法律法规,并依法履行教师应尽的义务,在店主不能认识和改正自身的错误行为时,及时采取法律手段向有关部门举报,这属于自觉爱国守法的体现。

②关心爱护学生,要求教师要严慈相济,诲人不倦,真心关爱学生,严格要求学生,做学生良师益友;不得歧视、侮辱学生,严禁虐待、伤害学生。材料中,周老师关注学生的学习情况,必要时进行家访,并及时制止有害于学生的行为。这属于关心爱护学生的体现。

③坚守廉洁自律,要求教师要严于律己,清廉从教;不得索要、收受学生及家长财物或参加由学生及家长付费的宴请、旅游、娱乐休闲等活动,不得向学生推销图书报刊、教辅材料、社会保险或利用家长资源谋取私利。材料中,面对店主的讨好,周老师不为所动,这属于坚守廉洁自律的体现。

专题七 《中华人民共和国预防未成年人犯罪法》

答案速查:

1~5	CDBCD	6~9	DDCD
1~3	ABC BD ABCD	1~5	√ × × √ ×

一、单项选择题

1. C 【解析】根据《中华人民共和国预防未成年人犯罪法》(2020年修订)第六十一条规定,公安机关、人民检察院、人民法院在办理案件过程中发现实施严重不良行为的未成年人的父母或者其他监护人不依法履行监护职责的,应当予以训诫,并可以责令其接受家庭教育指导。根据第三十八条规定可知,恐吓他人属于严重不良行为。故选C项。

2. D 【解析】根据《中华人民共和国预防未成年人犯罪法》第三十七条规定,未成年人的父母或者其他监护人、学校发现未成年人组织或者参加实施不良行为的团伙,应当及时制止;发现该团伙有违法犯罪嫌疑的,应当立即向公安机关报告。

3. B 【解析】根据《中华人民共和国预防未成年人犯罪法》第三十五条规定,未成年人无故夜不归宿、离家出走的,父母或者其他监护人、所在的寄宿制学校应当及时查找,必要时向公安机关报告。

4. C 【解析】根据《中华人民共和国预防未成年人犯罪法》(2020年修订)第二条规定,预防未成年人犯罪,立足于教育和保护未成年人相结合,坚持预防为主、提前干预,对未成年人的不良行为和严重不良行为及时进行分级预防、干预和矫治。

5. D 【解析】根据《中华人民共和国预防未成年人犯罪法》第六十五条规定,教唆、胁迫、引诱未成年人实施不良行为或者严重不良行为,构成违反治安管理行为的,由公安机关依法予以治安管理处罚。在本题中,高某教唆六岁的小强砸碎车玻璃,所以,高某应承担相应的责任。小强年仅六岁,属于无民事行为能力人,所以,其监护人应承担相应的责任。

6. D 【解析】根据《中华人民共和国预防未成年人犯罪法》第四条规定,预防未成年人犯罪,在各级人民政府组织下,实行综合治理。

7. D 【解析】根据《中华人民共和国预防未成年人犯罪法》(2020年修订)第三十四条规定,未成年学生旷课、逃学的,学校应当及时联系其父母或者其他监护人,了解有关情况;无正当理由的,学校和未成年学生的父母或者其他监护人应当督促其返校学习。

8. C 【解析】根据《中华人民共和国预防未成年人犯罪法》(2020年修订)第三十九条规定,未成年人的父母或者其他监护人、学校、居民委员会、村民委员会发现有人教唆、胁迫、引诱未成年人实施严重不良行为的,应当立即向公安机关报告。根据第三十八条规定可知,"吸食、注射毒品,或者

向他人提供毒品”属于严重不良行为。根据题干中的描述可知不良青年正在蛊惑小君吸食毒品，因此其父母发现这一行为后应当立即向公安机关报告。

9. D 【解析】根据《中华人民共和国预防未成年人犯罪法》第四十五条规定，未成年人实施刑法规定的行为、因不满法定刑事责任年龄不予刑事处罚的，经专门教育指导委员会评估同意，教育行政部门会同公安机关可以决定对其进行专门矫治教育。

二、多项选择题

1. ABC 【解析】根据《中华人民共和国预防未成年人犯罪法》第二十八条规定，本法所称不良行为，是指未成年人实施的不利于其健康成长的下列行为：(1)吸烟、饮酒；(2)多次旷课、逃学；(3)无故夜不归宿、离家出走；(4)沉迷网络；(5)与社会上具有不良习性的人交往，组织或者参加实施不良行为的团伙；(6)进入法律法规规定未成年人不宜进入的场所；(7)参与赌博、变相赌博，或者参加封建迷信、邪教等活动；(8)阅览、观看或者收听宣扬淫秽、色情、暴力、恐怖、极端等内容的读物、音像制品或者网络信息等；(9)其他不利于未成年人身心健康成长的不良行为。根据第三十八条规定可知，D 项属于严重不良行为。因此，答案选 A、B、C 三项。

2. BD 【解析】我国《预防未成年人犯罪法》(2020 年修订)第六十一条规定，公安机关、人民检察院、人民法院在办理案件过程中发现实施严重不良行为的未成年人的父母或者其他监护人不依法履行监护职责的，应当予以训诫，并可以责令其接受家庭教育指导。根据第三十八条规定可知，任意损毁、占用公私财物属于严重不良行为。

3. ABCD 【解析】《中华人民共和国预防未成年人犯罪法》第三十八条规定，本法所称严重不良行为，是指未成年人实施的有刑法规定、因不满法定刑事责任年龄不予刑事处罚的行为，以及严重危害社会的下列行为：(1)结伙斗殴，追逐、拦截他人，强拿硬要或者任意损毁、占用公私财物等寻衅滋事行为；(2)非法携带枪支、弹药或者弩、匕首等国家规定的管制器具；(3)殴打、辱骂、恐吓，或者故意伤害他人身体；(4)盗窃、哄抢、抢夺或者故意损毁公私财物；(5)传播淫秽的读物、音像制品或者信息等；(6)卖淫、嫖娼，或者进行淫秽表演；(7)吸食、注射毒品，或者向他人提供毒品；(8)参与赌博赌资较大；(9)其他严重危害社会的行为。所以本题选 A、B、C、D 四项。

三、判断题

1. √ 【解析】根据《中华人民共和国预防未成年人犯罪法》第四十四条规定，未成年人有下列情形之一的，经专门教育指导委员会评估同意，教育行政部门会同公安机关可以决定将其送入专门学校接受专门教育：(1)实施严重危害社会的行为，情节恶劣或者造成严重后果；(2)多次实施严重危害社会的行为；(3)拒不接受或者配合本法第四十一条规定的矫治教育措施；(4)法律、行政法规规定的其他情形。故本题说法正确。

2. × 【解析】根据《中华人民共和国预防未成年人犯罪法》第五十八条规定，刑满释放和接受社区矫正的未成年人，在复学、升学、就业等方面依法享有与其他未成年人同等的权利，任何单位和个人不得歧视。因此，题干描述错误。

3. × 【解析】根据《中华人民共和国预防未成年人犯罪法》第十六条规定，未成年人的父母或者其他监护人对未成年人的预防犯罪教育负有直接责任。

4. √ 【解析】根据《中华人民共和国预防未成年人犯罪法》第三十一条规定，学校对有不良行为的未成年学生，应当加强管理教育，不得歧视；对拒不改正或者情节严重的，学校可以根据情况予以处分或者采取以下管理教育措施：(1)予以训导；(2)要求遵守特定的行为规范；(3)要求参加特定的专题教育；(4)要求参加校内服务活动；(5)要求接受社会工作者或者其他专业人员的心理辅导和行为干预；(6)其他适当的管理教育措施。故题干表述正确。

5. × 【解析】根据《中华人民共和国预防未成年人犯罪法》(2020 年修订)第三十八条规定可知，严重不良行为，是指未成年人实施的有刑法规定、因不满法定刑事责任年龄不予刑事处罚的行为，以及其他严重危害社会的行为。根据第三十八条规定可知，传播淫秽的读物或者音像制品属于严重不良行为。由第四十一条规定可知，对有严重不良行为的未成年人，公安机关可以根据具体情况，采取相应矫治教育措施。故题干表述有误。

四、案例分析题

1. ABD 【解析】所谓监护，是对未成年人和精神病人的人身、财产及其他合法权益进行监督和保护的民事法律制度。小文父亲让其独自回家，未尽到法定监护职责。A 项说法正确。
根据《中华人民共和国未成年人保护法》第一百三十条可知，学生欺凌，是指发生在学生之间，一方蓄意或者恶意通过肢体、语言及网络等手段实施欺压、侮辱，造成另一方人身伤害、财产损失或者精神损害的行为。小谭和小陈找小文要钱并殴打小文，属于校园欺凌行为，B 项说法正确。
根据《中华人民共和国未成年人保护法》第三十九条规定，学校对学生欺凌行为应当立即制止，通知实施欺凌和被欺凌未成年学生的父母或者其他监护人参与欺凌行为的认定和处理；对相关未成年学生及时给予心理辅导、教育和引导；对相关未成年学生的父母或者其他监护人给予必要的家庭教育指导。刘老师没有尽到自己的职责，C 项说法错误。
根据《中华人民共和国预防未成年人犯罪法》第三十四条规定，未成年学生旷课、逃学的，学校应当及时联系其父母或者其他监护人，了解有关情况；无正当理由的，学校和未成年学生的父母或者其他监护人应当督促其返校学习。D 项说法正确。
2. ABC 【解析】留守儿童的家长应承担起教子之责。父母必须加强与孩子的沟通。教师也应多和家长沟通。留守儿童的健康成长需要家长和教师共同关心、关爱和关注。所以，D 项说法错误。

专题八 《学生伤害事故处理办法》

答案速查：

1～5	DBDDC	6～10	CAACC	11～15	BBDDD	16～21	CACBAB
1～5	AC ABC ABC ACD ABD			6～7	ABC BCD		
1～5	× × √ √ ×			6～8	× × ×		

一、单项选择题

1. D 【解析】学校承担学生伤害事故的责任范围之一为，学生伤害事故必须是在学校负有教育管理职责的时间和空间范围内发生的。周某在上课期间逃课上网，属于学校负有教育管理职责的时间范围内，因此学校应承担相应的责任。
2. B 【解析】根据《学生伤害事故处理办法》第二条规定，在学校实施的教育教学活动或者学校组织的校外活动中，以及在学校负有管理责任的校舍、场地、其他教育教学设施、生活设施内发生的，造成在校学生人身损害后果的事故的处理，适用本办法。因此，学生自行组织的校外活动不属于《学生伤害事故处理办法》的适用范围。
3. D 【解析】王超在课堂上不慎将同学眼睛戳伤，属于意外事件。意外事件是无法预见、无法克服和不可避免的，教师对事件的发生无任何过错，校方不负任何责任。处于七年级的王超属于限制民事行为能力人，故赔偿责任由其父母承担。
4. D 【解析】根据《学生伤害事故处理办法》第二十七条规定，因学校教师或者其他工作人员在履行职务中的故意或者重大过失造成的学生伤害事故，学校予以赔偿后，可以向有关责任人员追偿。
5. C 【解析】小学生李阳在体育课上因地面不平摔倒受伤，这主要是由于学校提供给学生的场地存在明显的不安全因素造成的。因此，根据《学生伤害事故处理办法》第九条规定，学校应承担事故的主要责任。
6. C 【解析】根据《学生伤害事故处理办法》第二十八条规定，未成年学生对学生伤害事故负有责

任的，由其监护人依法承担相应的赔偿责任。因此，A 项说法正确。根据《学生伤害事故处理办法》第十四条规定，因学校教师或者其他工作人员与其职务无关的个人行为，或者因学生、教师及其他个人故意实施的违法犯罪行为，造成学生人身损害的，由致害人依法承担相应的责任。因此，B 项说法正确。根据《学生伤害事故处理办法》第十二条规定可知，在对抗性或者具有风险性的体育竞赛活动中发生意外伤害的，学校已履行了相应职责，行为并无不当的，无法律责任。因此，C 项说法错误。根据《学生伤害事故处理办法》第十一条规定，学校安排学生参加活动，因提供场地、设备、交通工具、食品及其他消费与服务的经营者，或者学校以外的活动组织者的过错造成的学生伤害事故，有过错的当事人应当依法承担相应的责任。因此，D 项说法正确。

7. A 【解析】根据《学生伤害事故处理办法》第七条规定可知，学校对未成年学生不承担监护职责，但法律有规定的或者学校依法接受委托承担相应监护职责的情形除外。根据《学生伤害事故处理办法》第五条规定，学校应当对在校学生进行必要的安全教育和自护自救教育。故 B、D 两项说法错误。根据第五条规定，学校对学生进行安全教育、管理和保护，应当针对学生年龄、认知能力和法律行为能力的不同，采用相应的内容和预防措施。故 C 项说法错误。故 A 项为最佳答案。

8. A 【解析】根据《学生伤害事故处理办法》的有关规定可知，学校事故的归责原则是过错责任原则和过错推定原则。

9. C 【解析】根据《学生伤害事故处理办法》第十四条规定，因学校教师或者其他工作人员与其职务无关的个人行为，或者因学生、教师及其他个人故意实施的违法犯罪行为，造成学生人身损害的，由致害人依法承担相应的责任。题干中，李老师在学校晨读期间，让学生夏某到校外为自己买早点，从而间接造成学生夏某遭遇车祸，这是由教师与其职务无关的个人行为造成的，故对于该事故李老师应该承担一定的责任；车祸肇事方作为事故的加害者，也应当承担责任。因此，本题答案选 C 项。

10. C 【解析】根据《学生伤害事故处理办法》第十三条规定，在放学后、节假日或者假期等学校工作时间以外，学生自行滞留学校或者自行到校发生的造成学生人身损害后果的事故，学校行为并无不当的，不承担事故责任。题干中，小张在假期期间自行到学校温习功课，不幸在楼梯口踩空摔伤，这是由小张自身行为引发的人身损害事故，故应该承担责任的主体是小张及其监护人。

11. B 【解析】根据《学生伤害事故处理办法》第十条规定可知，学生行为具有危险性，学校、教师已经告诫、纠正，但学生不听劝阻、拒不改正，由此造成的学生伤害事故，学生或者未成年学生监护人应当依法承担相应的责任。题干中教师已经反复强调注意事项和纪律，但学生王某对教师的强调置之不理，由此产生的学生伤害事故，应由学生王某或者其监护人依法承担相应的责任。

12. B 【解析】《学生伤害事故处理办法》中明确规定了教育机构依法负有对未成年人的教育、管理和保护的义务，如果因过错没有尽其相应的义务，致使发生学生伤害事故的，学校应当承担与其过错相应的民事责任。因此，根据以上描述可知，在学校或教育机构学习期间发生的学生伤害事故的责任，在性质上属于违反法定义务的过错责任。

13. D 【解析】根据《学生伤害事故处理办法》第九条规定可知，学校组织学生参加教育教学活动或者校外活动，未对学生进行相应的安全教育，并未在可预见的范围内采取必要的安全措施，造成学生伤害事故的，学校应当依法承担相应的责任。在学校运动会中，志愿者李某被参赛选手王某砸中，说明学校未在可预见的范围内采取必要的安全措施，所以学校是承担赔偿责任的主体。

14. D 【解析】根据《学生伤害事故处理办法》第十二条规定，因学生自杀、自伤造成的学生伤害事故，学校已履行了相应职责，行为并无不当的，无法律责任。D 项中的老师在发现杨某郁郁寡欢后及时给予了开导，其行为并无不当或失责，故学校不应当承担相应的法律责任。根据《学生伤害事故处理办法》第九条规定，针对 A、B、C 三项所述情形而造成的学生伤害事故，学校应当依法承担相应的责任。

15. D 【解析】根据《学生伤害事故处理办法》第二十二条规定，事故处理结束，学校应当将事故处理结果书面报告主管的教育行政部门；重大伤亡事故的处理结果，学校主管的教育行政部门应当向同级人民政府和上一级教育行政部门报告。因此，根据题干中的描述可知，学校处理事故后，应当向主管的县级教育行政部门报告。

16. C 【解析】根据《学生伤害事故处理办法》第九条规定，学校的校舍、场地、其他公共设施，以及学校提供给学生使用的学具、教育教学和生活设施、设备不符合国家规定的标准，或者有明显不安全因素造成的学生伤害事故，学校应当依法承担相应的责任。在本题中，这一伤害事故是由于学校提供给学生林某的体育设施存在明显的不安全因素造成的，因此，学校应当依法承担相应的责任。

17. A 【解析】根据《学生伤害事故处理办法》第十条规定，学生违反法律法规的规定，违反社会公共行为准则、学校的规章制度或者纪律，实施按其年龄和认知能力应当知道具有危险或者可能危及他人的行为的，造成学生伤害事故的，由学生或未成年学生监护人承担法律责任。小学生属于未成年学生，故承担主要责任的是家长。

18. C 【解析】学生伤害事故的责任，应当根据相关当事人的行为与损害后果之间的因果关系依法确定。

19. B 【解析】监护责任为无限责任，实行无过错原则，只要被监护人致人损害，监护人不论是否有过错都要承担责任。教育保护为有限责任，只有当学校教育管理有过错时才承担相应责任。故本题选择 B 项。

20. A 【解析】《学生伤害事故处理办法》中的规定明确了教育机构依法负有对未成年人的教育、管理和保护的义务，如果因过错没有尽其相应的义务，致使发生学生伤害事故的，学校应当承担与其过错相应的民事责任。因此，学校对学生伤害事故的责任，在性质上是违反法定义务的过错责任。

21. B 【解析】根据《学生伤害事故处理办法》第三十一条规定，学校有条件的，应当依据保险法的有关规定，参加学校责任保险。教育行政部门可以根据实际情况，鼓励中小学参加学校责任保险。提倡学生自愿参加意外伤害保险。这样一方面可以减轻学校的压力，另一方面可以较好地解决学生伤害事故的赔偿。

二、多项选择题

1. AC 【解析】根据《学生伤害事故处理办法》第九条规定可知，因学校向学生提供的药品、食品、饮用水等不符合国家或者行业的有关标准、要求的；学校知道教师或者其他工作人员患有不适宜担任教育教学工作的疾病，但未采取必要措施的。上述两种情形造成的学生伤害事故，学校应当依法承担相应的责任。故 A、C 两项符合题干要求。根据第十条规定可知，B、D 两项是由于学生或者未成年学生监护人的过错造成的伤害事故，应由学生或者未成年学生监护人承担事故责任。

2. ABC 【解析】根据《学生伤害事故处理办法》第二条规定可知，在学校实施的教育教学活动或者学校组织的校外活动中，以及在学校负有管理责任的校舍、场地、其他教育教学设施、生活设施内发生的，造成在校学生人身损害后果的事故，都属于学生伤害事故。因此，A、B、C 三项都属于学生伤害事故。

3. ABC 【解析】根据《学生伤害事故处理办法》第十三条规定，下列情形下发生的造成学生人身损害后果的事故，学校行为并无不当的，不承担事故责任；事故责任应当按有关法律法规或者其他有关规定认定：(1)在学生自行上学、放学、返校、离校途中发生的；(2)在学生自行外出或者擅自离校期间发生的；(3)在放学后、节假日或者假期等学校工作时间以外，学生自行滞留学校或者自行到校发生的；(4)其他在学校管理职责范围外发生的。

4. ACD 【解析】按照学生被侵害权利的不同，学生伤害事故包括以下三种类型：(1)死亡(生命权被侵害)；(2)患病(健康权被侵害)；(3)伤残(身体权被侵害)。

5. ABD 【解析】根据《学生伤害事故处理办法》第九条规定可知，A、B、D 三项中发生的学生伤害事

故，学校应当依法承担法律责任。根据《学生伤害事故处理办法》第十条规定可知，C 项中小丽的家长未将小丽患病的情况告知学校，故应由其家长依法承担相应的责任。

6. ABC 【解析】学校事故作为一种侵权行为，具有如下特征：(1)学校或教师侵害了学生的合法权益；(2)侵权行为的侵害对象是学生的人身权；(3)必须是学校或教师基于过错而实施的行为。

7. BCD 【解析】吴军将孙刚打倒在地，造成孙刚手臂骨折，故吴军应负主要责任。但是吴军是未成年人，因此根据法律的规定，由其监护人承担赔偿责任。根据《学生伤害事故处理办法》第二十七条规定，因学校教师或者其他工作人员在履行职务中的故意或者重大过失造成的学生伤害事故，学校予以赔偿后，可以向有关责任人员追偿。体育课上，体育老师不认真履行自己教育教学的义务，而在操场旁玩手机，对学生监督不力，因此，学校在承担经济赔偿以后，可向体育老师进行全部或部分追偿。故本题答案选 B、C、D 三项。

三、判断题

1. × 【解析】根据《学生伤害事故处理办法》第十六条规定，发生学生伤害事故，情形严重的，学校应当及时向主管教育行政部门及有关部门报告；属于重大伤亡事故的，教育行政部门应当按照有关规定及时向同级人民政府和上一级教育行政部门报告。

2. × 【解析】根据《学生伤害事故处理办法》第十四条规定可知，因学校教师或者其他工作人员与其职务无关的个人行为，或者因学生、教师及其他个人故意实施的违法犯罪行为，造成学生人身损害的，由致害人依法承担相应的责任。因此，学校不承担责任。

3. √ 【解析】确定监护人的方式有两种，一种是法定监护，另一种是指定监护。因此，题干说法正确。

4. √ 【解析】根据《学生伤害事故处理办法》第十二条规定可知，学生有特异体质、特定疾病或者异常心理状态，学校不知道或者难于知道造成的学生伤害事故，学校已履行了相应职责，行为并无不当的，无法律责任。由于题干中的张某对海鲜严重过敏，其父母也没有告知学校，故张某发生的伤害事故，学校不用承担相应责任。

5. × 【解析】根据《学生伤害事故处理办法》第十八条规定，发生学生伤害事故，学校与受伤害学生或者学生家长可以通过协商方式解决；双方自愿，可以书面请求主管教育行政部门进行调解。成年学生或者未成年学生的监护人也可以依法直接提起诉讼。

6. × 【解析】与学生本身有关的学校事故，从责任承担方式上，大致可分为学校直接责任事故、学校间接责任事故、学校无责任事故。其中，在正常的教育教学时间内，教师不准学生进教室上课或让学生中途离校，而导致学生在校外发生事故的，这类学生伤害事故一般属于学校间接责任事故。故题干表述错误。

7. × 【解析】根据《学生伤害事故处理办法》第十条规定可知，未成年学生的身体状况、行为、情绪等有异常情况，监护人知道或者已被学校告知，但未履行相应监护职责而造成学生伤害事故，学生或者未成年学生监护人，应当依法承担相应的责任。故题干说法错误。

8. × 【解析】学生伤害事故必须是在学校负有教育管理职责的时间和空间范围内发生的伤害事故，学生在学校负有教育管理职责的校园内外和由学校提供并管理的校舍、场地和设施内的活动中造成的人身损害，就属于学生伤害事故；在学校管理职责范围之外发生的伤害事故则不属于学生伤害事故。所以，不能用校园围墙的界限来区分学生伤害是否为学校事故，而要从学校所负有的教育管理职责来区分。

四、案例分析题(参考答案)

1. (1)《学生伤害事故处理办法》中的规定明确了教育机构依法负有对未成年人的教育、管理和保护的义务，如果因过错没有尽其相应的义务，致使发生学生伤害事故的，学校应当承担与其过错相应的民事责任。因此，教育机构对学生伤害事故的责任，在性质上是违反法定义务的过错责任。根据《学生伤害事故处理办法》第十二条规定，在对抗性或者具有风险性的体育竞赛活动中发生意外伤害的，学校已履行了相应职责，行为并无不当的，无法律责任。本案例中张某在篮球比赛这种对抗性、风险性的体育活动中受到意外伤害，学校行为并无不当，因此学校没有过错。

(2)根据《学生伤害事故处理办法》第二十六条规定，学校无责任的，如果有条件，可以根据实际情况，本着自愿和可能的原则，对受伤害学生给予适当的帮助。因此，学校不需要承担张某的全部医疗费用，但可根据实际情况，适当给予人道主义的补偿。

2. (1)学校应该承担责任。根据《学生伤害事故处理办法》第九条规定，学校的校舍、场地、其他公共设施，以及学校提供给学生使用的学具、教育教学和生活设施、设备不符合国家规定的标准，或者有明显不安全因素的，学校应当依法承担相应的责任。在本案例中，学生因地面不平而摔倒受伤，是由于学校提供给学生的场地具有不安全因素，故学校应该承担相应的责任。

(2)王某的父母应该承担责任。限制行为能力人只在一定程度上具有独立参与法律活动的能力。因而限制行为能力人的权利能力的实现，需要有人监护或者代理。当未成年学生在学校学习期间发生法律纠纷时，通常要由其父母或者其他法定监护人代负法律责任。王某今年11岁，属于限制行为能力人，他在体育课上奔跑时不小心踩到李某的小腿，造成李某小腿骨折，因此，他的父母应该承担相应的法律责任。

专题九　其他相关教育政策法规

答案速查：

1～5	DDCAC	6～10	BBBDB	11～15	AAACB	16～20	CCBBC
21～25	CADBB	26～30	CBBDC	31～35	ACCBC	36～40	ADABA
41～45	BADAD	46～50	DBDAD	51～55	BABCA	56～60	DCCBC
61～65	DCABA	66～70	BABAA	1～5	ABCD BCD ABD BCD ABCD		
6～10	BD BD ABCD ABD BCD			11～15	BCD ABC ABD ABCD ABCD		
16～20	ABCD ACD ABCD BC CD			21～25	BCD ABCD BD BCD BC		
26～30	BD ABCD ABCD ABCD ABCD			31～35	ABC ABCD ACD ABC ABCD		
1～5	√ √ √ √ √			6～10	× × √ × √		
11～15	√ √ × √ ×			16～20	× √ √ √ √		
21～25	√ × × × ×						

一、单项选择题

1. D 【解析】《新时代中小学教师职业行为十项准则》中的“传播优秀文化”要求教师要带头践行社会主义核心价值观，弘扬真善美，传递正能量；不得通过课堂、论坛、讲座、信息网络及其他渠道发表、转发错误观点，或编造散布虚假信息、不良信息。故本题选D项。

2. D 【解析】自2021年3月1日起施行的《中小学教育惩戒规则（试行）》第三条规定，学校、教师应当遵循教育规律，依法履行职责，通过积极管教和教育惩戒的实施，及时纠正学生错误言行，培养学生的规则意识、责任意识。

3. C 【解析】根据《中小学教育惩戒规则（试行）》第七条规定，学生有下列情形之一，学校及其教师应当予以制止并进行批评教育，确有必要的，可以实施教育惩戒：(1)故意不完成教学任务要求或者不服从教育、管理的；(2)扰乱课堂秩序、学校教育教学秩序的；(3)吸烟、饮酒，或者言行失范违反学生守则的；(4)实施有害自己或者他人身心健康的危险行为的；(5)打骂同学、老师，欺凌同学

或者侵害他人合法权益的;(6)其他违反校规校纪的行为。因此,A、B、D三项属于应该进行教育惩戒的情形,答案选C项。

4. A 【解析】《中共中央 国务院关于全面深化新时代教师队伍建设改革的意见》提出的基本原则之一是突出师德,要求把提高教师思想政治素质和职业道德水平摆在首要位置,把社会主义核心价值观贯穿教书育人全过程,突出全员全方位全过程师德养成,推动教师成为先进思想文化的传播者、党执政的坚定支持者、学生健康成长的指导者。

5. C 【解析】《中国教育现代化2035》中提出的推进教育现代化的八大基本理念包括:更加注重以德为先,更加注重全面发展,更加注重面向人人,更加注重终身学习,更加注重因材施教,更加注重知行合一,更加注重融合发展,更加注重共建共享。

6. B 【解析】《大中小学劳动教育指导纲要(试行)》提出的劳动教育基本理念之一是强调身心参与,注重手脑并用。把握劳动教育的根本特征,让学生面对真实的个人生活、生产和社会性服务任务情境,亲历实际的劳动过程,善于观察思考,注重运用所学知识解决实际问题,提高劳动质量和效率。

7. B 【解析】《中国教育现代化2035》中提出,创新人才培养方式,推行启发式、探究式、参与式、合作式等教学方式以及走班制、选课制等教学组织模式,培养学生创新精神与实践能力。

8. B 【解析】《关于进一步加强中小学生睡眠管理工作的通知》中规定,根据不同年龄阶段学生身心发展特点,小学生每天睡眠时间应达到10小时,初中生应达到9小时,高中生应达到8小时。学校、家庭及有关方面应共同努力,确保中小学生充足睡眠时间。

9. D 【解析】《中国教育现代化2035》中提出的2035年主要发展目标是:建成服务全民终身学习的现代教育体系、普及有质量的学前教育、实现优质均衡的义务教育、全面普及高中阶段教育、职业教育服务能力显著提升、高等教育竞争力明显提升、残疾儿童少年享有适合的教育、形成全社会共同参与的教育治理新格局。

10. B 【解析】《新时代中小学教师职业行为十项准则》中,潜心教书育人要求教师落实立德树人根本任务,遵循教育规律和学生成长规律,因材施教,教学相长;不得违反教学纪律,敷衍教学,或擅自从事影响教育教学本职工作的兼职兼薪行为。故本题选B项。

11. A 【解析】《义务教育质量评价指南》中提出了坚持正确方向、坚持育人为本、坚持问题导向和坚持以评促建四项基本原则。其中,坚持正确方向是指践行为党育人、为国育才使命,坚持正确政绩观和科学教育质量观,促进义务教育公平发展和质量提升。

12. A 【解析】《中共中央 国务院关于深化教育教学改革全面提高义务教育质量的意见》中指出,人力资源社会保障部门要依法落实教师待遇,为学校招聘教师提供支持。

13. A 【解析】《深化新时代教育评价改革总体方案》指出,完善立德树人体制机制,扭转不科学的教育评价导向,坚决克服唯分数、唯升学、唯文凭、唯论文、唯帽子的顽瘴痼疾。因此,答案选A项。

14. C 【解析】《中共中央 国务院关于全面加强新时代大中小学劳动教育的意见》指出,初中要注重围绕增加劳动知识、技能,加强家政学习,开展社区服务,适当参加生产劳动,使学生初步养成认真负责、吃苦耐劳的品质和职业意识。故答案选C项。

15. B 【解析】《中共中央 国务院关于深化教育教学改革全面提高义务教育质量的意见》强调,要坚持以习近平新时代中国特色社会主义思想为指导,全面贯彻党的教育方针,落实立德树人根本任务,遵循教育规律,强化教师队伍基础作用,围绕凝聚人心、完善人格、开发人力、培育人才、造福人民的工作目标,发展素质教育,培养德智体美劳全面发展的社会主义建设者和接班人。

16. C 【解析】中共中央、国务院印发的《关于深化教育教学改革全面提高义务教育质量的意见》中提出,要依法保障教师权益和待遇。要求制定实施细则,明确教师教育惩戒权。依法依规妥善处理涉及学校和教师的矛盾纠纷,坚决维护教师合法权益。所以答案选 C 项。

17. C 【解析】《中共中央 国务院关于深化教育教学改革全面提高义务教育质量的意见》中提出,坚持"五育"并举,全面发展素质教育。具体表现为:(1)突出德育实效;(2)提升智育水平;(3)强化体育锻炼;(4)增强美育熏陶;(5)加强劳动教育。所以,"五育"指的是德育、智育、体育、美育、劳动教育。

18. B 【解析】《中共中央 国务院关于深化教育教学改革全面提高义务教育质量的意见》中提出的主要任务有:(1)坚持立德树人,着力培养担当民族复兴大任的时代新人。(2)坚持"五育"并举,全面发展素质教育。(3)强化课堂主阵地作用,切实提高课堂教学质量。(4)按照"四有好老师"标准,建设高素质专业化教师队伍。(5)深化关键领域改革,为提高教育质量创造条件。(6)加强组织领导,开创新时代义务教育改革发展新局面。因此,答案选 B 项。

19. B 【解析】根据我国《学校卫生工作条例》第五条规定,学校应当合理安排学生的学习时间。学生每日学习时间(包括自习),小学不超过六小时,中学不超过八小时,大学不超过十小时。

20. C 【解析】中共中央办公厅、国务院办公厅印发的《加快推进教育现代化实施方案(2018～2022年)》中指出,加快推进教育现代化的指导思想是:以习近平新时代中国特色社会主义思想为指导,全面贯彻党的十九大和十九届二中、三中全会精神,以培养社会主义建设者和接班人为根本任务,以全面加强党对教育工作的领导为根本保证,以促进公平和提高质量为时代主题,围绕加快推进教育现代化这一主线,聚焦教育发展的战略性问题、紧迫性问题和人民群众关心的问题,统筹实施各类工程项目和行动计划,着力深化改革、激发活力,着力补齐短板、优化结构,更好发挥教育服务国计民生的作用,确保完成决胜全面建成小康社会教育目标任务,为推动高质量发展、实现 2035 年奋斗目标夯实基础。因此,A、B、D 三项表述正确,C 项表述不正确。

21. C 【解析】《新时代爱国主义教育实施纲要》提出,新时代爱国主义教育要面向全体人民、聚焦青少年。要充分发挥课堂教学的主渠道作用。培养社会主义建设者和接班人,首先要培养学生的爱国情怀。要把青少年作为爱国主义教育的重中之重,将爱国主义精神贯穿于学校教育全过程,推动爱国主义教育进课堂、进教材、进头脑。在普通中小学、中职学校,将爱国主义教育内容融入语文、道德与法治、历史等学科教材编写和教育教学中,在普通高校将爱国主义教育与哲学社会科学相关专业课程有机结合,加大爱国主义教育内容的比重。根据文件内容可知,本题答案选 C 项。

22. A 【解析】根据《互联网上网服务营业场所管理条例》第九条规定,中学、小学校园周围 200 米范围内和居民住宅楼(院)内不得设立互联网上网服务营业场所。

23. D 【解析】根据《教育行政处罚暂行实施办法》第四条规定,实施教育行政处罚的机关,除法律、法规另有规定的外,必须是县级以上人民政府的教育行政部门。

24. B 【解析】《中国教育现代化 2035》中指出,要着力提高教育质量,促进教育公平,优化教育结构,为决胜全面建成小康社会、实现新时代中国特色社会主义发展的奋斗目标提供有力支撑。

25. B 【解析】《中国教育现代化 2035》提出 2035 年主要发展目标是:建成服务全民终身学习的现代教育体系、普及有质量的学前教育、实现优质均衡的义务教育、全面普及高中阶段教育、职业教育服务能力显著提升、高等教育竞争力明显提升、残疾儿童少年享有适合的教育、形成全社会共同参与的教育治理新格局。

26. C 【解析】根据《学校卫生工作条例》第二十条规定,城市普通中小学、农村中心小学和普通中学设卫生室,按学生人数六百比一的比例配备专职卫生技术人员。

27. B 【解析】根据我国《教师资格条例》第二十条规定,参加教师资格考试有作弊行为的,其考试成绩作废,3 年内不得再次参加教师资格考试。

28. B 【解析】《中小学减负措施》中指出,组织学生参加文体活动,培养运动兴趣,确保每天锻炼 1

小时，条件允许的情况下尽量安排在户外。

29. D 【解析】《中小学德育工作指南》中德育的总体目标是培养学生爱党爱国爱人民，增强国家意识和社会责任意识，教育学生理解、认同和拥护国家政治制度，了解中华优秀传统文化和革命文化、社会主义先进文化，增强中国特色社会主义道路自信、理论自信、制度自信、文化自信，引导学生准确理解和把握社会主义核心价值观的深刻内涵和实践要求，养成良好政治素质、道德品质、法治意识和行为习惯，形成积极健康的人格和良好心理品质，促进学生核心素养提升和全面发展，为学生一生成长奠定坚实的思想基础。

30. C 【解析】为深入贯彻落实习近平总书记关于教育的重要论述和全国教育大会精神，全面提升教师思想政治素质和职业道德水平，2019 年 11 月 15 日教育部等七部门印发了《关于加强和改进新时代师德师风建设的意见》。

31. A 【解析】《幼儿园教师专业标准(试行)》中指出，教师应科学照料幼儿日常生活，指导和协助保育员做好班级常规保育和卫生工作。

32. C 【解析】中共中央、国务院印发的《关于深化教育教学改革全面提高义务教育质量的意见》中指出，改革开放特别是党的十八大以来，在以习近平同志为核心的党中央坚强领导下，我国义务教育取得了举世瞩目的成就，整体水平已经跃居世界中上行列。进入新时代，我国义务教育正由基本均衡向优质均衡迈进，人民群众的教育需求正由“有学上”向“上好学”转变。

33. C 【解析】根据《学校教职工代表大会规定》第十一条规定，教职工代表大会代表以教师为主体，教师代表不得低于代表总数的 60%，并应当根据学校实际，保证一定比例的青年教师和女教师代表。民族地区的学校和民族学校，少数民族代表应当占有一定比例。

34. B 【解析】《健康中国行动——儿童青少年心理健康行动方案(2019 ~ 2022 年)》提出，到 2022 年底，各级各类学校建立心理服务平台或依托校医等人员开展学生心理健康服务，学前教育、特殊教育机构要配备专兼职心理健康教育教师。

35. C 【解析】《中共中央 国务院关于全面深化新时代教师队伍建设改革的意见》中提出，到 2035 年，教师综合素质、专业化水平和创新能力大幅提升，培养造就数以百万计的骨干教师、数以十万计的卓越教师、数以万计的教育家型教师。

36. A 【解析】《加快推进教育现代化实施方案(2018 ~ 2022 年)》提出了推进教育现代化的十项重点任务，任务之一为推进基础教育巩固提高，要求着力减轻中小学生过重课外负担，支持中小学校普遍开展课后服务工作。

37. D 【解析】中共中央、国务院印发的《关于全面加强新时代大中小学劳动教育的意见》中指出，根据各学段特点，在大中小学设立劳动教育必修课程，系统加强劳动教育。

38. A 【解析】《新时代中小学教师职业行为十项准则》中传播优秀文化的要求表现在：教师带头践行社会主义核心价值观，弘扬真善美，传递正能量；不得通过课堂、论坛、讲座、信息网络及其他渠道发表、转发错误观点，或编造散布虚假信息、不良信息。故题干中霍老师的行为即体现了其对传播优秀文化准则的践行。

39. B 【解析】根据《中小学教师违反职业道德行为处理办法(2018 年修订)》第三条规定，处分包括警告、记过、降低岗位等级或撤职、开除。

40. A 【解析】《新时代中小学教师职业行为十项准则》中“潜心教书育人”的准则，要求教师要落实立德树人根本任务，遵循教育规律和学生成长规律，因材施教，教学相长；不得违反教学纪律，敷衍教学，或擅自从事影响教育教学本职工作的兼职兼薪行为。

41. B 【解析】《中共中央国务院关于深化教育改革，全面推进素质教育的决定》中提出，实施素质教育，就是全面贯彻党的教育方针，以提高国民素质为根本宗旨，以培养学生的创新精神和实践能力为重点，造就“有理想、有道德、有文化、有纪律”的、德智体美等全面发展的社会主义事业建设者和接班人。

42. A 【解析】教育部《关于全面深化课程改革落实立德树人根本任务的意见》指出，改进学科教学的育人功能。全面落实以学生为本的教育理念。各地要组织开展育人思想和方法研讨活动，将教育教学的行为统一到育人目标上来。

43. D 【解析】根据《中小学教师违反职业道德行为处理办法》第七条第三项规定，开除处分，公办学校教师由所在学校提出建议，学校主管教育部门决定并报同级人事部门备案；民办学校教师或者未纳入人事编制管理的教师由所在学校决定并解除其聘任合同，报主管教育部门备案。

44. A 【解析】《深化新时代教育评价改革总体方案》中指出：坚持科学有效，改进结果评价，强化过程评价，探索增值评价，健全综合评价，充分利用信息技术，提高教育评价的科学性、专业性、客观性。

45. D 【解析】根据《中小学教师违反职业道德行为处理办法（2018 年修订）》第四条的规定可知，教师组织、参与有偿补课，或为校外培训机构和他人介绍生源、提供相关信息，属于教师违反职业道德的行为，应予处理。故 D 项说法错误。

46. D 【解析】《中共中央 国务院关于全面深化新时代教师队伍建设改革的意见》提出，注重加强对教师思想政治素质、师德师风等的监察监督，强化师德考评，体现奖优罚劣，推行师德考核负面清单制度，建立教师个人信用记录，完善诚信承诺和失信惩戒机制，着力解决师德失范、学术不端等问题。

47. B 【解析】《中共中央 国务院关于全面加强新时代大中小学劳动教育的意见》中指出，劳动教育是国民教育体系的重要内容，是学生成长的必要途径，具有树德、增智、强体、育美的综合育人价值。

48. D 【解析】《关于全面深化新时代教师队伍建设改革的意见》中指出：加强理想信念教育，深入学习领会习近平新时代中国特色社会主义思想，引导教师树立正确的历史观、民族观、国家观、文化观，坚定中国特色社会主义道路自信、理论自信、制度自信、文化自信。故本题选 D 项。

49. A 【解析】《关于规范校外线上培训的实施意见》中指出，校外线上培训机构要具有完善的招聘、审查、管理培训人员的办法，师资队伍相对稳定，不得聘用中小学在职教师。

50. D 【解析】根据《新时代中小学教师职业行为十项准则》可知，“坚持言行雅正”的准则包括：为人师表，以身作则，举止文明，作风正派，自重自爱；不得与学生发生任何不正当关系，严禁任何形式的猥亵、性骚扰行为。故答案选 D 项。而 A 项属于“关心爱护学生”的准则，B 项属于“自觉爱国守法”的准则，C 项属于“潜心教书育人”的准则。

51. B 【解析】根据《新时代中小学教师职业行为十项准则》可知，A 项违反了加强安全防范的准则，不符合题干要求；B 项遵守了秉持公平诚信的准则，符合题干要求；C 项违反了传播优秀文化的准则，不符合题干要求；D 项违反了坚守廉洁自律的准则，不符合题干要求。故本题答案选 B 项。

52. A 【解析】《新时代中小学教师职业行为十项准则》指出，教师应加强安全防范。增强安全意识，加强安全教育，保护学生安全，防范事故风险；不得在教育教学活动中遇突发事件、面临危险时，不顾学生安危，擅离职守，自行逃离。故 A 项说法错误。

53. B 【解析】《新时代中小学教师职业行为十项准则》中规定，坚持言行雅正要求教师为人师表，以身作则，举止文明，作风正派，自重自爱；不得与学生发生任何不正当关系，严禁任何形式的猥亵、性骚扰行为。

54. C 【解析】《新时代中小学教师职业行为十项准则》中规定，传播优秀文化要求教师带头践行社会主义核心价值观，弘扬真善美，传递正能量；不得通过课堂、论坛、讲座、信息网络及其他渠道发

表、转发错误观点，或编造散布虚假信息、不良信息。

55. A 【解析】《新时代爱国主义教育实施纲要》指出：坚持把实现中华民族伟大复兴的中国梦作为鲜明主题。坚持以维护祖国统一和民族团结为着力点。所以本题选 A 项。

56. D 【解析】根据《教师资格条例》第十九条规定，被撤销教师资格的，自撤销之日起 5 年内不得重新申请认定教师资格，其教师资格证书由县级以上人民政府教育行政部门收缴。

57. C 【解析】根据《教师资格条例》第五条规定，取得教师资格的公民，可以在本级及其以下等级的各类学校和其他教育机构担任教师。高级中学教师资格与中等职业学校教师资格相互通用。因此，题干中张红取得的高级中学教师资格证可以在小学、初中、高中和中等职业类学校任教，而不能在高等学校任教。

58. C 【解析】根据《教师资格条例》第十九条规定，有下列情形之一的，由县级以上人民政府教育行政部门撤销其教师资格：(1)弄虚作假、骗取教师资格的；(2)品行不良、侮辱学生，影响恶劣的。被撤销教师资格的，自撤销之日起 5 年内不得重新申请认定教师资格，其教师资格证书由县级以上人民政府教育行政部门收缴。

59. B 【解析】根据我国《〈教师资格条例〉实施办法》第二十条规定，教师资格认定机构根据教师资格专家审查委员会的审查意见，在受理申请期限终止之日起 30 个法定工作日内作出是否认定教师资格的结论，并将认定结果通知申请人。符合法定的认定条件者，颁发相应的《教师资格证书》。

60. C 【解析】根据《教师资格条例》第十九条规定，弄虚作假、骗取教师资格的，由县级以上人民政府教育行政部门撤销其教师资格。

61. D 【解析】根据《中小学教师继续教育规定》第八条规定，中小学教师继续教育要以提高教师实施素质教育的能力和水平为重点。

62. C 【解析】教育部办公厅关于《严禁商业广告、商业活动进入中小学校和幼儿园的紧急通知》指出，经批准同意进入校园的各类教育活动，必须坚持公益性原则，不得干扰学校正常的教育教学秩序，不得给学校和师生增加额外负担。

63. A 【解析】《关于切实减轻中小学生课外负担开展校外培训机构专项治理行动的通知》要求，坚决治理违背教育规律和青少年成长规律的行为，加快解决人民群众反映强烈的中小学生过重课外负担问题，确保中小学生健康成长全面发展。

64. B 【解析】在全国教育大会上，习近平指出，培养什么人，是教育的首要问题。我国是中国共产党领导的社会主义国家，这就决定了我们的教育必须把培养社会主义建设者和接班人作为根本任务，培养一代又一代拥护中国共产党领导和我国社会主义制度、立志为中国特色社会主义奋斗终身的有用人才。这是教育工作的根本任务，也是教育现代化的方向目标。

65. A 【解析】中国学生发展核心素养，以科学性、时代性和民族性为基本原则，以培养“全面发展的人”为核心，分为文化基础、自主发展、社会参与三个方面。综合表现为人文底蕴、科学精神、学会学习、健康生活、责任担当、实践创新六大素养，具体细化为人文积淀、国家认同、批判质疑等 18 个基本要点。其中，自主发展包括学会学习和健康生活。健康生活主要是学生在认识自我、发展身心、规划人生等方面的综合表现。具体包括珍爱生命、健全人格、自我管理等基本要点。故题干所述属于培养学生核心素养中的健康生活素养。

66. B 【解析】根据我国《校车安全管理条例》第二条规定，本条例所称校车，是指依照本条例取得使用许可，用于接送接受义务教育的学生上下学的 7 座以上的载客汽车。我国九年义务教育包括小学（初级教育）和初中（初级中等教育）。

67. A 【解析】根据《国家教育考试违规处理办法》第十三条规定，考试工作人员应当认真履行工作职责，在考试管理、组织及评卷等工作过程中，有应回避考试工作却隐瞒不报的，应当停止其参加当年及下一年度的国家教育考试工作，并由教育考试机构或者建议其所在单位视情节轻重分别给予相应的行政处分。行政处分属于行政法律责任，故本题答案选A项。

68. B 【解析】根据《〈教师资格条例〉实施办法》第八条规定，申请认定教师资格者的教育教学能力应当符合下列要求：(1)具备承担教育教学工作所必须的基本素质和能力；(2)普通话水平应当达到国家语言文字工作委员会颁布的《普通话水平测试等级标准》二级乙等以上标准；(3)具有良好的身体素质和心理素质，无传染性疾病，无精神病史，适应教育教学工作的需要，在教师资格认定机构指定的县级以上医院体检合格。

69. A 【解析】《中共中央、国务院关于全面深化新时代教师队伍建设改革的意见》在战略意义中强调，教师承担着传播知识、传播思想、传播真理的历史使命，肩负着塑造灵魂、塑造生命、塑造人的时代重任，是教育发展的第一资源，是国家富强、民族振兴、人民幸福的重要基石。

70. A 【解析】中国学生发展核心素养，分为文化基础、自主发展、社会参与三个方面，综合表现为人文底蕴、科学精神、学会学习、健康生活、责任担当、实践创新六大素养。其中，责任担当主要是学生在处理与社会、国家、国际等关系方面所形成的情感态度、价值取向和行为方式。“为中华之崛起而读书”正是责任担当的体现，故答案选A项。

二、多项选择题

1. ABCD 【解析】《大中小学劳动教育指导纲要(试行)》中强调，将劳动教育纳入人才培养全过程，丰富、拓展劳动教育实施途径。劳动教育途径包括：(1)独立开设劳动教育必修课；(2)在学科专业中有机渗透劳动教育；(3)在课外校外活动中安排劳动实践；(4)在校园文化建设中强化劳动文化。故本题答案全选。

2. BCD 【解析】教育部办公厅印发的《中学教育专业师范生教师职业能力标准(试行)》《小学教育专业师范生教师职业能力标准(试行)》等五个文件，分别明确中学教育、小学教育、学前教育、中等职业教育和特殊教育专业师范生教师职业基本能力，即师德践行能力、教学实践能力、综合育人能力和自主发展能力。

3. ABD 【解析】《中国教育现代化2035》提出了推进教育现代化的基本原则：坚持党的领导、坚持中国特色、坚持优先发展、坚持服务人民、坚持改革创新、坚持依法治教、坚持统筹推进。

4. BCD 【解析】根据《中小学教育惩戒规则(试行)》第八条规定，教师在课堂教学、日常管理中，对违规违纪情节较为轻微的学生，可以当场实施以下教育惩戒：(1)点名批评；(2)责令赔礼道歉、做口头或者书面检讨；(3)适当增加额外的教学或者班级公益服务任务；(4)一节课堂教学时间内的教室内站立；(5)课后教导；(6)学校校规校纪或者班规、班级公约规定的其他适当措施。A项中的做法是“教室外站立”，故A项错误，B、C、D三项正确。

5. ABCD 【解析】《中学教师专业标准(试行)》提出，“专业理念与师德”维度包括：(1)职业理解与认识；(2)对学生的态度与行为；(3)教育教学的态度与行为；(4)个人修养与行为。

6. BD 【解析】《新时代中小学教师职业行为十项准则》中的十项准则包括：坚定政治方向、自觉爱国守法、传播优秀文化、潜心教书育人、关心爱护学生、加强安全防范、坚持言行雅正、秉持公平诚信、坚守廉洁自律、规范从教行为。故答案选B、D两项。

7. BD 【解析】《中国学生发展核心素养》中指出自主发展的素养包括：(1)学会学习；(2)健康生活。

8. ABCD 【解析】《中国教育现代化2035》的突出特点包括服务国家人民、体现前瞻引领、立足国情世情、突出改革创新、注重规划实施。

9. ABD 【解析】《中国教育现代化2035》提出了推进教育现代化的八大基本理念：更加注重以德为

先，更加注重全面发展，更加注重面向人人，更加注重终身学习，更加注重因材施教，更加注重知行合一，更加注重融合发展，更加注重共建共享。故答案选A、B、D三项。

10. BCD 【解析】《关于加强和改进新时代师德师风建设的意见》中提出要坚持尊重规律的基本原则。遵循教育规律、教师成长发展规律和师德师风建设规律，注重高位引领与底线要求结合、严管与厚爱并重，不断激发教师内生动力。因此，答案选B、C、D三项。

11. BCD 【解析】教育部等九部门联合印发的《关于印发中小学生减负措施的通知》指出，严控书面作业总量。小学一二年级不布置书面家庭作业，三至六年级家庭作业不超过60分钟，初中家庭作业不超过90分钟，高中也要合理安排作业时间。所以，B、C、D三项正确。

12. ABC 【解析】《中共中央 国务院关于全面加强新时代大中小学劳动教育的意见》指出，根据教育目标，针对不同学段、类型学生特点，以日常生活劳动、生产劳动和服务性劳动为主要内容开展劳动教育。

13. ABD 【解析】教育部印发的《大中小学劳动教育指导纲要（试行）》明确了劳动教育的目标有：(1)树立正确的劳动观念；(2)具有必备的劳动能力；(3)培育积极的劳动精神；(4)养成良好的劳动习惯和品质。

14. ABCD 【解析】《深化新时代教育评价改革总体方案》中提出，各级党委要认真落实领导责任，建立健全党委统一领导、党政齐抓共管、部门各负其责的教育领导体制，履行好把方向、管大局、作决策、保落实的职责，把思想政治工作作为学校各项工作的生命线紧紧抓在手上，贯穿学校教育管理全过程，牢固树立科学的教育发展理念，坚决克服短视行为、功利化倾向。故本题选A、B、C、D四项。

15. ABCD 【解析】《中共中央 国务院关于全面加强新时代大中小学劳动教育的意见》中规定，设置劳动教育课程。整体优化学校课程设置，将劳动教育纳入中小学国家课程方案和职业院校、普通高等学校人才培养方案，形成具有综合性、实践性、开放性、针对性的劳动教育课程体系。

16. ABCD 【解析】《中共中央 国务院关于全面深化新时代教师队伍建设改革的意见》指出，要健全师德建设长效机制，推动师德建设常态化长效化，创新师德教育，完善师德规范，引导广大教师以德立身、以德立学、以德施教、以德育德。

17. ACD 【解析】《中共中央 国务院关于全面深化新时代教师队伍建设改革的意见》提出的基本原则之一是突出师德，要求把提高教师思想政治素质和职业道德水平摆在首要位置，把社会主义核心价值观贯穿教书育人全过程，突出全员全方位全过程师德养成，推动教师成为先进思想文化的传播者、党执政的坚定支持者、学生健康成长的指导者。

18. ABCD 【解析】《中共中央 国务院关于全面深化新时代教师队伍建设改革的意见》中提出，加强教师队伍建设的基本原则有：(1)确保方向；(2)强化保障；(3)突出师德；(4)深化改革；(5)分类施策。

19. BC 【解析】《教育部办公厅关于严禁商业广告、商业活动进入中小学校和幼儿园的紧急通知》中指出，各地教育行政部门要立即组织力量对区域内中小学校、幼儿园开展一次全面检查，重点排查在中小学校、幼儿园开展商业广告活动，或利用中小学生和幼儿的教材、教辅材料、练习册、文具、教具、校服、校车等发布或者变相发布广告等行为。因此，A、D两项中的行为属于“商业广告、商业活动进校园”，而B、C两项不属于“商业广告、商业活动进校园”。

20. CD 【解析】《中共中央 国务院关于深化教育改革，全面推进素质教育的决定》提出，全面推进素质教育，根本上要靠法治、靠制度保障。各级人民政府和各部门要切实做到依法行政，保证教育方针的全面贯彻执行。

21. BCD 【解析】《中共中央 国务院关于深化教育教学改革全面提高义务教育质量的意见》对“促

进信息技术与教育教学融合应用”做的规定为：推进“教育＋互联网”发展，按照服务教师教学、服务学生学习、服务学校管理的要求，建立覆盖义务教育各年级各学科的数字教育资源体系。加快数字校园建设，积极探索基于互联网的教学。免费为农村和边远贫困地区学校提供优质学习资源，加快缩小城乡教育差距。加强信息化终端设备及软件管理，建立数字化教学资源进校园审核监管机制。

22. ABCD 【解析】《中共中央 国务院关于深化教育教学改革全面提高义务教育质量的意见》中指出，要坚持“五育”并举，全面发展素质教育。在突出德育实效、提升智育水平、强化体育锻炼、增强美育熏陶、加强劳动教育等方面提出了有针对性的举措，以构建德智体美劳全面培养的教育体系。

23. BD 【解析】根据《中小学生减负措施》政策指出，科学合理布置作业。作业难度水平不得超过课标要求，教师不得布置重复性和惩罚性作业，不得给家长布置作业或让家长代为评改作业。

24. BCD 【解析】《教师教育振兴行动计划（2018～2022年）》指出，振兴教师教育要在组织实施方面做到：(1)明确责任主体；(2)加强经费保障；(3)开展督导检查。

25. BC 【解析】B项中刘老师侵犯了同事的著作权；C项中梅老师的做法属于违反规定收受家长财物。故这两项中的行为都违反了教师职业道德。

26. BD 【解析】《〈教师资格条例〉实施办法》第一条规定，为实施教师资格制度，依据《中华人民共和国教师法》和《教师资格条例》，制定本办法。

27. ABCD 【解析】根据《中小学教师违反职业道德行为处理办法》(2018年修订)第四条规定可知，应予处理的教师违反职业道德行为如下：(1)在教育教学活动中及其他场合有损害党中央权威、违背党的路线方针政策的言行。(2)损害国家利益、社会公共利益，或违背社会公序良俗。(3)通过课堂、论坛、讲座、信息网络及其他渠道发表、转发错误观点，或编造散布虚假信息、不良信息。(4)违反教学纪律，敷衍教学，或擅自从事影响教育教学本职工作的兼职兼薪行为。(5)歧视、侮辱学生，虐待、伤害学生。(6)在教育教学活动中遇突发事件、面临危险时，不顾学生安危，擅离职守，自行逃离。(7)与学生发生不正当关系，有任何形式的猥亵、性骚扰行为。(8)在招生、考试、推优、保送及绩效考核、岗位聘用、职称评聘、评优评奖等工作中徇私舞弊、弄虚作假。(9)索要、收受学生及家长财物或参加由学生及家长付费的宴请、旅游、娱乐休闲等活动，向学生推销图书报刊、教辅材料、社会保险或利用家长资源谋取私利。(10)组织、参与有偿补课，或为校外培训机构和他人介绍生源、提供相关信息。(11)其他违反职业道德的行为。

28. ABCD 【解析】教育部、国家发展改革委和财政部发布的《关于切实做好义务教育薄弱环节改善与能力提升工作的意见》中指出，做好义务教育薄弱环节改善与能力提升工作应遵循以下原则：(1)突出重点，科学规划。紧密围绕整体改善义务教育办学条件和提升教育质量，重点解决现阶段人民群众反映强烈的突出问题，进一步巩固和提高义务教育均衡发展水平。坚持城乡并重，科学规划，合理布局，推进义务教育学校标准化建设。(2)对照标准，补齐短板。根据省级人民政府确定的义务教育学校基本办学标准，结合本地实际，按照“缺什么补什么”的原则，补齐义务教育基本办学条件短板，改善教书育人环境，满足教育教学和生活基本需要，坚决防止超标准建设。(3)结合发展，提高质量。坚持基本办学条件改善与办学内涵质量建设相结合、相促进，坚持教育信息化应用驱动和机制创新，推进教育信息化建设，不断提升办学质量和办学能力，促进学校内涵发展。(4)省级统筹，有序推进。由省级统筹中央和省级义务教育学校建设相关资金和项目，加大对贫困地区的补助力度，地市和县级确定轻重缓急和优先次序，合理制定工作目标，量力而行，明确具体任务，确保按时完成。

29. ABCD 【解析】《中共中央 国务院关于学前教育深化改革规范发展的若干意见》中指出，目前学前教育仍是整个教育体系的短板，发展不平衡不充分问题十分突出，“入园难”“入园贵”依然是

困扰老百姓的烦心事之一。主要表现为:学前教育资源尤其是普惠性资源不足,政策保障体系不完善,教师队伍建设滞后,监管体制机制不健全,保教质量有待提高,存在“小学化”倾向,部分民办园过度逐利、幼儿安全问题时有发生。

30. ABCD 【解析】《中共中央 国务院关于深化教育改革,全面推进素质教育的决定》指出,实施素质教育应当贯穿于幼儿教育、中小学教育、职业教育、成人教育、高等教育等各级各类教育,应当贯穿于学校教育、家庭教育和社会教育等各个方面。

31. ABC 【解析】2017 年教育部印发的《中小学德育工作指南》中提出的德育内容包括:(1)理想信念教育;(2)社会主义核心价值观教育;(3)中华优秀传统文化教育;(4)生态文明教育;(5)心理健康教育。

32. ABCD 【解析】中共中央、国务院在《关于全面深化新时代教师队伍建设改革的意见》中提出要弘扬高尚师德。健全师德建设长效机制,推动师德建设常态化长效化,创新师德教育,完善师德规范,引导广大教师以德立身、以德立学、以德施教、以德育德,坚持教书与育人相统一、言传与身教相统一、潜心问道与关注社会相统一、学术自由与学术规范相统一,争做“四有”好教师,全心全意做学生锤炼品格、学习知识、创新思维、奉献祖国的引路人。

33. ACD 【解析】《中小学教师违反职业道德行为处理办法》(2018 年修订)第四条规定,应予处理的教师违反职业道德行为如下:(1)在教育教学活动中及其他场合有损害党中央权威、违背党的路线方针政策的言行。(2)损害国家利益、社会公共利益,或违背社会公序良俗。(3)通过课堂、论坛、讲座、信息网络及其他渠道发表、转发错误观点,或编造散布虚假信息、不良信息。(4)违反教学纪律,敷衍教学,或擅自从事影响教育教学本职工作的兼职兼薪行为。(5)歧视、侮辱学生,虐待、伤害学生。(6)在教育教学活动中遇突发事件、面临危险时,不顾学生安危,擅离职守,自行逃离。(7)与学生发生不正当关系,有任何形式的猥亵、性骚扰行为。(8)在招生、考试、推优、保送及绩效考核、岗位聘用、职称评聘、评优评奖等工作中徇私舞弊、弄虚作假。(9)索要、收受学生及家长财物或参加由学生及家长付费的宴请、旅游、娱乐休闲等活动,向学生推销图书报刊、教辅材料、社会保险或利用家长资源谋取私利。(10)组织、参与有偿补课,或为校外培训机构和他人介绍生源、提供相关信息。(11)其他违反职业道德的行为。故本题答案选 A、C、D 三项。

34. ABC 【解析】2019 年中共中央、国务院颁布的《关于深化教育教学改革全面提高义务教育质量的意见》提出要优化教学方式。坚持教学相长,注重启发式、互动式、探究式教学,教师课前要指导学生做好预习,课上要讲清重点难点、知识体系,引导学生主动思考、积极提问、自主探究。融合运用传统与现代技术手段,重视情境教学;探索基于学科的课程综合化教学,开展研究型、项目化、合作式学习。精准分析学情,重视差异化教学和个别化指导。各地要定期开展聚焦课堂教学质量的主题活动,注重培育、遴选和推广优秀教学模式、教学案例。故本题答案选 A、B、C 三项。

35. ABCD 【解析】《中国教育现代化 2035》明确了实现教育现代化的实施路径为:(1)总体规划,分区推进。(2)细化目标,分步推进。(3)精准施策,统筹推进。(4)改革先行,系统推进。

三、判断题

1. √ 【解析】中共中央办公厅、国务院办公厅印发的《关于进一步减轻义务教育阶段学生作业负担和校外培训负担的意见》中提出,要全面压减作业总量和时长,减轻学生过重作业负担。提高作业设计质量。发挥作业诊断、巩固、学情分析等功能,将作业设计纳入教研体系,系统设计符合年龄特点和学习规律、体现素质教育导向的基础性作业。鼓励布置分层、弹性和个性化作业,坚决克服机械、无效作业,杜绝重复性、惩罚性作业。故题干说法正确。

2. √ 【解析】根据程度轻重,《中小学教育惩戒规则(试行)》将教育惩戒分为一般教育惩戒、较重教育惩戒和严重教育惩戒三类。故本题说法正确。

3. √ 【解析】《中共中央 国务院关于全面加强新时代大中小学劳动教育的意见》指出,劳动教育是国民教育体系的重要内容,是学生成长的必要途径,具有树德、增智、强体、育美的综合育人价值。

4. √ 【解析】2018 年 8 月 22 日,国务院办公厅印发的《关于规范校外培训机构发展的意见》中指出,面向中小学生的校外培训机构开展非学历教育培训是学校教育的补充,对于满足中小学生选择性学习需求、培育发展兴趣特长、拓展综合素质具有积极作用。故题干说法正确。

5. √ 【解析】中共中央、国务院印发的《关于深化教育教学改革全面提高义务教育质量的意见》,有利于进一步深化教育教学改革、全面提高义务教育质量,这是贯彻落实十九大精神和全国教育大会部署的重大举措,对于加快推进教育现代化、建设教育强国、办好人民满意的教育具有十分重要的意义。故题干说法正确。

6. × 【解析】《关于深化教育教学改革全面提高义务教育质量的意见》指出,义务教育学校不得引进境外课程、使用境外教材。

7. × 【解析】《中国教育现代化 2035》中指出,要推动各级教育高水平高质量普及。提升高中阶段教育普及水平,推进中等职业教育和普通高中教育协调发展,鼓励普通高中多样化有特色发展。故题干说法错误。

8. √ 【解析】2018 年 1 月 20 日,中共中央、国务院颁布了《关于全面深化新时代教师队伍建设改革的意见》,这是新中国成立以来,党中央出台的第一个专门面向教师队伍建设的里程碑式政策文件。

9. × 【解析】中共中央、国务院印发的《关于全面加强新时代大中小学劳动教育的意见》提出的基本原则中指出,要遵循教育规律。符合学生年龄特点,以体力劳动为主,注意手脑并用、安全适度,强化实践体验,让学生亲历劳动过程,提升育人实效性。

10. √ 【解析】《关于加强和改进新时代师德师风建设的意见》中提出:把立德树人的成效作为检验学校一切工作的根本标准,把师德师风作为评价教师队伍素质的第一标准。

11. √ 【解析】《关于加强和改进新时代师德师风建设的意见》中提出要突出课堂育德,在教育教学中提升师德素养。充分发挥课堂主渠道作用,引导广大教师守好讲台主阵地,将立德树人放在首要位置,融入渗透到教育教学全过程,以心育心、以德育德、以人格育人格。

12. √ 【解析】2018 年 1 月,中共中央、国务院印发了《关于全面深化新时代教师队伍建设改革的意见》。《意见》中指出,全面深化新时代教师队伍建设改革,目的是要造就党和人民满意的高素质专业化创新型教师队伍。

13. × 【解析】根据《教师资格条例》第十六条规定,教师资格证书在全国范围内适用。

14. √ 【解析】《大中小学劳动教育指导纲要(试行)》开宗明义指出:“劳动教育是新时代党对教育的新要求,是中国特色社会主义制度的重要内容,是全面发展教育体系的重要组成部分,是大中小学必须开展的教育活动。”《大中小学劳动教育指导纲要(试行)》还明确了劳动教育的主要内容包括:日常生活劳动、生产劳动和服务性劳动中的知识、技能与价值观。

15. × 【解析】《中共中央 国务院关于全面深化新时代教师队伍建设改革的意见》指出到 2035 年,教师综合素质、专业化水平和创新能力大幅提升,培养造就数以百万计的骨干教师、数以十万计的卓越教师、数以万计的教育家型教师。教师管理体制机制科学高效,实现教师队伍治理体系和治理能力现代化。故题干说法错误。

16. × 【解析】《中共中央 国务院关于全面加强新时代大中小学劳动教育的意见》指出,大中小学每学年设立劳动周,可在学年内或寒暑假自主安排,以集体劳动为主。高等学校也可安排劳动月,集中落实各学年劳动周要求。题干表述过于绝对,故判错。

17. √ 【解析】根据《新时代中小学教师职业行为十项准则》中提出的“潜心教书育人”的准则可知,教师不得违反教学纪律,敷衍教学,或擅自从事影响教育教学本职工作的兼职兼薪行为。故题干说法正确。

18. √ 【解析】《中小学德育工作指南》中提倡小学生每天课外阅读至少半小时、中学生每天课外阅读至少1小时。

19. √ 【解析】《中共中央 国务院关于进一步加强和改进未成年人思想道德建设的若干意见》中指出，加强和改进未成年人思想道德建设是一项重大而紧迫的战略任务。学校是对未成年人进行思想道德教育的主渠道，必须按照党的教育方针，把德育工作摆在素质教育的首要位置，贯穿于教育教学的各个环节。

20. √ 【解析】根据《中小学教师违反职业道德行为处理办法》(2018年修订)第五条规定，学校及学校主管教育部门发现教师存在违反职业道德行为的，应当及时组织调查核实，视情节轻重给予相应处理。作出处理决定前，应当听取教师的陈述和申辩，听取学生、其他教师、家长委员会或者家长代表意见，并告知教师有要求举行听证的权利。故题干表述正确。

21. √ 【解析】根据《中小学教师违反职业道德行为处理办法》(2018年修订)第八条规定，处分决定应当书面通知教师本人并载明认定的事实、理由、依据、期限及申诉途径等内容。故题干表述正确。

22. × 【解析】根据《〈教师资格条例〉实施办法》第二十七条规定，对使用假资格证书的，一经查实，按弄虚作假、骗取教师资格处理，5年内不得申请认定教师资格，由教育行政部门没收假证书。

23. × 【解析】教育部等九部门印发的《关于印发中小学生减负措施的通知》提出，引导孩子健康生活，不让孩子长时间看电视，保证小学生每天睡眠时间不少于10个小时，初中生不少于9个小时，高中阶段学生不少于8个小时。

24. × 【解析】教育部出台的《严禁中小学校和在职中小学教师有偿补课的规定》中指出，严禁在职中小学教师为校外培训机构和他人介绍生源、提供相关信息。

25. × 【解析】《中共中央关于教育体制改革的决定》指出，把发展教育的责任交给地方，有步骤地实行九年义务教育。

四、填空题

1. 专业理念
2. 社会参与　实践创新
3. 增殖评价
4. 游戏和模拟
5. 全面发展　共建共享

五、简答题(参考答案)

1. 中国学生发展核心素养，以培养“全面发展的人”为核心，分为文化基础、自主发展、社会参与三个方面。综合表现为人文底蕴、科学精神、学会学习、健康生活、责任担当、实践创新六大素养。具体细化为人文积淀、国家认同等18个基本要点。
2. 《小学教师专业标准(试行)》中教师专业能力由以下几个方面构成：(1)教育教学设计能力；(2)组织与实施能力；(3)激励与评价能力；(4)沟通与合作能力；(5)反思与发展能力。
3. 教育惩戒是教师履行教育教学职责的必要手段和法定职权。在实际教学中，教师在惩戒学生时可以从以下几个方面进行把握：(1)育人为本，惩戒目的要正当明确；(2)合法合规，惩戒过程要公开公正；(3)过罚适当，选择适当的惩戒措施；(4)保障安全，惩戒手段不能损害学生身心健康。
4. 《关于全面加强新时代大中小学劳动教育的意见》提出要明确劳动教育总体目标。通过劳动教育，使学生能够理解和形成马克思主义劳动观，牢固树立劳动最光荣、劳动最崇高、劳动最伟大、劳动最美丽的观念；体会劳动创造美好生活，体认劳动不分贵贱，热爱劳动，尊重普通劳动者，培养勤俭、奋斗、创新、奉献的劳动精神；具备满足生存发展需要的基本劳动能力，形成良好劳动习惯。

六、论述题(参考答案)

1. 学生发展核心素养,主要指学生应具备的,能够适应终身发展和社会发展需要的必备品格和关键能力。培养学生核心素养理念是适应世界教育改革发展趋势、提升我国教育国际竞争力的迫切需要。

   以语文学科教学为例,具体措施有:(1)注重培养学生对语言的建构与运用能力。(2)注重对学生的思维发展与提升。(3)注重提高学生的审美鉴赏与创造能力。(4)注重培养学生对文化的传承意识。

   以英语学科教学为例,具体措施有:(1)利用主语情境,培养学生的语言能力和文化艺术。(2)利用分层阅读教学,培养学生的学习能力。(3)创设形式多元的课堂活动,培养学生的思维能力。(4)注重语言运用能力,培养学生的跨文化交际意识。

   (考生可结合具体的学科教学加以阐述,言之有理即可)

2. (1)突出德育实效。完善德育工作体系,认真制定德育工作实施方案,深化课程育人、文化育人、活动育人、实践育人、管理育人、协同育人。

   (2)提升智育水平。着力培养认知能力,促进思维发展,激发创新意识。

   (3)强化体育锻炼。坚持健康第一,实施学校体育固本行动。严格执行学生体质健康合格标准,健全国家监测制度。

   (4)增强美育熏陶。实施学校美育提升行动,严格落实音乐、美术、书法等课程,结合地方文化设立艺术特色课程。

   (5)加强劳动教育。充分发挥劳动综合育人功能,制定劳动教育指导纲要,加强学生生活实践、劳动技术和职业体验教育。

七、案例分析题(参考答案)

1. (1)案例一中甲、乙、丙三位学生的观点是不全面的。

   根据《中小学教育惩戒规则(试行)》(以下简称《规则》)第八条规定,教师在课堂教学、日常管理中,对违规违纪情节较为轻微的学生,可以当场实施以下教育惩戒:①点名批评;②责令赔礼道歉、做口头或者书面检讨;③适当增加额外的教学或者班级公益服务任务;④一节课堂教学时间内的教室内站立;⑤课后教导;⑥学校校规校纪或者班规、班级公约规定的其他适当措施。因此,案例一中的张老师对李鹏进行一节课堂教学时间内的教室内站立的教育惩戒是合理、合法的,并没有侵犯李鹏的受教育权。根据《规则》第十一条规定,学生扰乱课堂或者教育教学秩序,影响他人或者可能对自己及他人造成伤害的,教师可以采取必要措施,将学生带离教室或者教学现场,并予以教育管理。案例一中,李鹏严重影响课堂秩序后,张老师对其予以教育惩戒,但其仍不改正。于是,张老师将李鹏叫到办公室继续进行教育管理。因此,张老师的做法是合理的,并没有剥夺李鹏的受教育权。

   (2)①把握好教育惩戒的教育属性。《规则》第二条明确规定,教育惩戒是指"学校、教师基于教育目的,对违规违纪学生进行管理、训导或者以规定方式予以矫治,促使学生引以为戒、认识和改正错误的教育行为"。因此,实施教育惩戒要基于关爱学生的宗旨,注重人文关怀,使学生认识和改正错误,达到教育学生遵守规则、增强自律、改过向上的目的,决不能为了惩戒而惩戒。在本案例中,该小学生(刘某女儿)属于《规则》的调整范畴,如其确有违规违纪行为,可以按照《规则》予以教育惩戒。但是根据《规则》,对低年级(小学一二年级)学生只能实施第八条、第九条及与之相当的教育惩戒措施。

   ②实施教育惩戒措施要适当。《规则》强调,实施教育惩戒应当选择适当措施,与学生过错程度相适应。在本案例中,班主任是根据班规,对刘某女儿等 5 名违反管理纪律的学生进行了罚跑 10 圈的处理。根据《规则》第八条规定可知,《规则》允许通过适当增加运动要求的方式实施教育惩戒,

但对刚满6岁的一年级学生罚跑10圈，已经超出了这个年龄段学生正常的体育活动量，可以认定为超出了正常教育惩戒的范围。为此，该班主任也在事后受到了学校的处分。这就提醒广大教师，实施教育惩戒一定要结合学生年龄、性格等特点，综合考虑学生的一贯表现、主观认识、悔过态度以及家庭环境等因素，以求达到最佳育人效果。

③学校应当为教师依法实施教育惩戒提供保障。学校应完善相关制度，加强对教师的培训，规范教师的教育教学管理行为，对于因教师管理行为发生的纠纷，学校应当及时予以处理，切实保障教师权益。

④要建立家校合作机制。《规则》第五条明确规定，"学校制定校规校纪，应当广泛征求教职工、学生和学生父母或者其他监护人（以下称家长）的意见；有条件的，可以组织有学生、家长及有关方面代表参加的听证。校规校纪应当提交家长委员会、教职工代表大会讨论，经校长办公会议审议通过后施行，并报主管教育部门备案。教师可以组织学生、家长以民主讨论形式共同制定班规或者班级公约，报学校备案后施行"。在本案例中，学生家长刘某在"罚跑"事件发生后，坚持认为其女儿在学校受到体罚，但班主任又声称是根据班规才对学生进行了罚跑。由此可见，制定班规一定要充分征求家长意见，得到家长认可，或者至少让家长能了解班规。

⑤要积极维护教师的合法权益。《规则》第十六条明确规定，"家长威胁、侮辱、伤害教师的，学校、教育行政部门应当依法保护教师人身安全、维护教师合法权益；情形严重的，应当及时向公安机关报告并配合公安机关、司法机关追究责任"。因此，学校在遇到类似事件时，应当积极主动维护教师权益，尤其是像侮辱、诽谤罪等不告不立的，还应当积极协助教师向有关机关提起刑事自诉。

2.（1）根据《中华人民共和国教师法》第三十五条规定，侮辱、殴打教师的，根据不同情况，分别给予行政处分或者行政处罚；造成损害的，责令赔偿损失；情节严重，构成犯罪的，依法追究刑事责任。在本案例中，高某散布李老师索取高额回报的谣言、诬告李老师进行有偿补课，这些行为违反了《中华人民共和国教师法》第三十五条规定，因此可对高某给予行政处罚。

（2）校长的做法是不正确的，没有履行维护教师合法权益的义务。

根据《中华人民共和国教育法》第三十条规定，学校及其他教育机构应当履行"维护受教育者、教师及其他职工的合法权益"的义务。在本案例中，作为学校负责人的校长，在高某四处散布李老师索取高额回报的消息时，不但没有认真核实调查这一消息，反而为了避免事件扩大，要求李老师向高某道歉。因此，校长的做法是不正确的。

（3）《新时代中小学教师职业行为十项准则》是教师职业行为的基本规范，主要包括坚定政治方向、自觉爱国守法、传播优秀文化、潜心教书育人、关心爱护学生、加强安全防范、坚持言行雅正、秉持公平诚信、坚守廉洁自律、规范从教行为十项内容。

①李老师遵守了"自觉爱国守法"的准则。"自觉爱国守法"要求教师忠于祖国，忠于人民，恪守宪法原则，遵守法律法规，依法履行教师职责；不得损害国家利益、社会公共利益，或违背社会公序良俗。在本案例中，李老师规范使用微信群，不在群里公开学生成绩或布置家庭作业，这体现了李老师遵守法律法规，依法履行教师职责。

②李老师遵守了"秉持公平诚信"的准则。"秉持公平诚信"要求教师坚持原则，处事公道，光明磊落，为人正直；不得在招生、考试、推优、保送及绩效考核、岗位聘用、职称评聘、评优评奖等工作中徇私舞弊、弄虚作假。在本案例中，李老师针对学生家长高某发布广告的行为，在群里再三提醒，未能奏效，便发布严正警告，这体现了李老师坚持原则，处事公道，光明磊落。

③李老师遵守了"坚守廉洁自律"的准则。"坚守廉洁自律"要求教师严于律己，清廉从教；不得索要、收受学生及家长财物或参加由学生及家长付费的宴请、旅游、娱乐休闲等活动，不得向学生推销图书报刊、教辅材料、社会保险或利用家长资源谋取私利。在本案例中，李老师果断拒绝高某送的礼物，做到了"坚守廉洁自律"。

④李老师遵守了"规范从教行为"的准则。"规范从教行为"要求教师勤勉敬业，乐于奉献，自觉抵制不良风气；不得组织、参与有偿补课，或为校外培训机构和他人介绍生源、提供相关信息。在本案例中，李老师没有参与有偿补课，做到了"规范从教行为"。

第二章　新课程改革

专题一　新课程与教学改革概述

答案速查：

1～5	BCCAD	6～12	ABABDCA	1～4	ABCD ABCD BCD ABD

一、单项选择题

1. B 【解析】学习方式的转变是新课程改革的显著特征和核心任务，故答案选 B 项。

2. C 【解析】我国当前教学改革的基本策略是坚持整体教学改革和实验。

3. C 【解析】2001 年我国正式实施了新中国成立以后规模最大、影响最深的一次课程改革，叫作“第八次基础教育课程改革”，它的标志是 2001 年颁布的《基础教育课程改革纲要（试行）》。

4. A 【解析】确立新的教育观念，是教学改革的首要任务。

5. D 【解析】“中小学语文教材‘部编本’将取代‘一纲多本’”的目的是“解决‘一纲多本’的教材质量参差不齐、忽视传统文化的情况”，这说明我国的课程改革开始重视传统文化，即重视文化因素。故选 D 项。

6. A 【解析】课程改革的焦点是协调国家和学生发展需要之间的关系。

7. B 【解析】建立合理的课程结构是我国当前教学改革的重心。

> **易错提示：**我国当前教学改革的主要观点是考生易混淆的知识点，考生可根据下面的内容进行识记：主题——素质教育；基本策略——教学改革和实验；重心——课程结构。

8. A 【解析】课程改革就其实质来讲就是课程现代化的问题。

9. B 【解析】教学改革的首要任务是确立新的教育观念，即要改革旧的教育观念，真正确立起与新课程相适应的、体现素质教育精神的教育观念。

10. D 【解析】课程在学校教育中处于核心地位，教育的目标、价值主要通过课程来体现和实施，因此，课程改革是教育改革的核心内容。

11. C 【解析】以学生发展为本、促进学生全面发展与培养个性相结合是新课程改革的发展趋势之一。以学生发展为本的课程是把学生的发展作为课程开发的着眼点和目标，强调学生是能动实践的主体。

12. A 【解析】实施素质教育是我国当前教学改革的主题。

二、多项选择题

1. ABCD 【解析】当代世界各国的课程改革，存在着一些共同的发展趋势：（1）重视课程内容的现代化、综合化；（2）重视基础学科和知识的结构化；（3）重视能力的培养；（4）重视个别差异。

2. ABCD 【解析】我国基础教育课程改革的发展趋势主要表现为：（1）以学生发展为本、促进学生全面发展与培养个性相结合；（2）稳定并加强基础教育；（3）加强道德教育和人文教育，促进课程科学性与人文性融合；（4）加强课程综合化；（5）课程与现代信息技术相结合，加强课程个性化和多样化；（6）课程法制化。

3. BCD 【解析】影响课程变革的主要因素包括：（1）政治因素；（2）经济因素；（3）文化因素；（4）科技革新；（5）学生发展。

4. ABD 【解析】随着对教育民主化、国际理解教育、回归生活教育、教育的可持续发展、个性化教育、创新教育等的强调，现代课程发展的基本理念也呈现出许多新的特点和趋势。尽管各国课程发展的基本理念并不完全相同，但却有很多相似之处，诸如均强调全人发展的课程价值取向、科学与人文相结合的课程文化观、回归生活的课程生态观、均衡化的课程设计观、缔造取向的课程实施

观、民主化的课程政策观等,使现代课程出现了前所未有的新发展。故答案选 ABD 三项。(具体内容参见裴娣娜主编的《现代教学论基础》)

三、简答题(参考答案)

简述我国实行基础教育课程改革的背景。

(1)时代发展特征的新要求(时代背景);(2)我国政治经济发展的客观需要(社会背景);(3)我国基础教育发展的内在需求;(4)国外课程改革的启示。

专题二　新课程改革的目标与理念

答案速查:

1~5	AABAD	6~10	BBDDA	11~15	DDBAA
1~6	AB ACD ABCD BCD ACD ABC			1~2	√ ×

一、单项选择题

1. A 【解析】以学生发展为本的理念,是新一轮课程改革所倡导的主导理念。

2. A 【解析】新课程结构的选择性是针对地方、学校与学生的差异而提出的,它要求学校课程要以充分的灵活性适应地方社会发展的现实需要,以显著的特色性适应学校的办学宗旨和方向,以选择性适应学生的个性发展。选择性集中体现在新课程减少了国家课程在学校课程体系中的比重。在义务教育阶段,将 10% ~12% 的课时量给予了地方课程和校本课程。

3. B 【解析】关于课程结构的变革,《基础教育课程改革纲要(试行)》提出,整体设置九年一贯的义务教育课程,小学阶段以综合课程为主,初中阶段设置分科与综合相结合的课程;高中以分科课程为主。故 B 项不符合我国当前基础教育课程设置精神。

4. A 【解析】贯穿于第八次课程改革的核心理念是:为了中华民族的复兴,为了每位学生的发展。

5. D 【解析】新课程结构的综合性是针对过分强调学科本位、科目过多和缺乏整合的现状而提出的。它体现在三个方面:(1)加强学科的综合性。就一门学科而言,注重联系儿童经验和生活实际;就不同学科而言,提倡和追求彼此之间相互关联,相互补充。(2)设置综合课程。(3)增设综合实践活动课程。题干所述体现了对学科的综合性的加强。

6. B 【解析】新课程教学评价倡导的基本理念包括关注学生发展、强调教师成长和重视以学论教。题干中的小学在走廊边、教室里展示学生的绘画作品、优秀作业、荣誉证书,记录学生的点滴成长与进步,这体现了对学生发展的关注。

7. B 【解析】邓小平同志“三个面向”思想指的是教育要面向现代化,面向世界,面向未来。

8. D 【解析】题干中的李老师“占用体育课给学生补习语文”,不利于学生全面和谐发展,违背了新课改的均衡性原则。

9. D 【解析】新课程倡导“立足过程,促进发展”的课程评价,改变课程评价过分强调甄别与选拔的功能,发挥评价促进学生发展、教师提高和改进教学实践的功能。D 项说法错误。

10. A 【解析】实现课程功能的转变是从单纯注重传授知识转变为引导学生学会学习、学会合作、学会生存、学会做人,打破传统的基于精英主义思想和升学取向的过于狭窄的课程定位,关注学生“全人”的发展。

11. D 【解析】基础教育课程改革应全面贯彻党和国家的教育方针,以提高国民素质为宗旨,面向全体学生,加强思想品德建设,重视培养学生的创新精神和实践能力、终身学习的愿望和能力以及对自然和社会的责任感,为学生全面发展和终身发展奠定基础。根据这一要求,不仅要重视学生的学科学习目标,而且要重视学生的一般性发展目标。故选 D 项。

12. D 【解析】新课程倡导“立足过程,促进发展”的课程评价,这不仅仅是评价体系的变革,更重要的是评价理念、评价方法与手段以及评价实施过程的转变。

13. B 【解析】学校文化的重建是课程改革的直接诉求和终极目标。学校文化的变革是课程与教学改革最深层次的改革,创建富有个性的学校文化正是课程改革的核心课题。

14. A 【解析】新课程改革在《基础教育课程改革纲要(试行)》中首先确立了课程改革的核心目标即课程功能的转变。

15. A 【解析】新课程结构的选择性是针对地方、学校与学生的差异而提出的,它要求学校课程要以充分的灵活性适应于地方社会发展的现实需要,以显著的特色性适应于学校的办学宗旨和方向,以选择性适应于学生的个性发展。开设戏曲体验课程适应了地方差异,有助于学生的个性发展,体现了新课程的选择性原则。

二、多项选择题

1. AB 【解析】现代教学评价强调三种基本理念:(1)关注学生发展;(2)强调教师成长;(3)重视以学论教。

2. ACD 【解析】新课程结构的综合性是针对过分强调学科本位、科目过多和缺乏整合的现状而提出的。它体现在以下三个方面:(1)加强学科的综合性;(2)设置综合课程;(3)增设综合实践活动课程。

3. ABCD 【解析】新课程改革的具体目标之一就是改善学生的学习方式。改变课程实施过于强调接受学习、死记硬背、机械训练的现状,倡导学生主动参与、乐于探究、勤于动手,培养学生收集和处理信息的能力、获取新知识的能力、分析和解决问题的能力以及交流与合作的能力。

4. BCD 【解析】建立促进教师不断提高的评价体系,强调教师对自己教学行为的分析与反思,建立以教师自评为主,校长、教师、学生、家长共同参与的评价制度,使教师从多渠道获得信息,不断提高教学水平。

5. ACD 【解析】新课程在重建课程结构时,强调综合性,加强选择性,并确保均衡性,倡导一种和谐发展的教育。

6. ABC 【解析】三级课程管理制度的确立有助于教材的多样化,有利于满足地方经济、文化发展的需要和学生发展的需要。

三、判断题

1. √ 【解析】基础教育课程改革的具体目标之一是密切课程内容与生活和时代的联系。它要求加强课程内容与学生生活以及现代社会和科技发展的联系,关注学生的学习兴趣和经验,精选终身学习必备的基础知识和技能。

2. × 【解析】新课程倡导“立足过程,促进发展”的课程评价,要求改变课程评价过分强调甄别与选拔的功能,发挥评价促进学生发展、教师提高和改进教学实践的功能。故题干表述错误。

四、填空题

1. 素质教育
2. 生活
3. 全面发展
4. 设置综合课程

五、简答题(参考答案)

新课程改革的具体目标有哪几项?

(1)实现课程功能的转变;(2)体现课程结构的均衡性、综合性和选择性;(3)密切课程内容与生活和时代的联系;(4)改善学生的学习方式;(5)建立与素质教育理念相一致的评价与考试制度;(6)实行三级课程管理制度。

六、案例分析题(参考答案)

1. 案例中的语文老师的这节课存在一些问题,教学效果较差。

(1)在教学目标上,新课程改革倡导知识与技能、过程与方法、情感态度与价值观的“三维目标”,教师应全面设置不同维度的教学目标。案例中的语文老师主要是关注学生的“知识与技能”目标,目标设置片面;而且当学生将“刿”读作“岁”时,教师也没有及时指出,说明语文老师连基本的“知识与技能”目标也没有关注到。

(2)在教学方法的运用上,这节课以讨论法为主,本身就存在方法单一的问题。况且,在运用讨论法的过程中又存在不当之处。在运用讨论法时,教师应该在讨论结束后,进行小结,并提出需要进一步思考的问题,这样才能帮助学生得出结论,学到知识。而语文老师却对学生们的讨论不做任何评析,导致学生学不到实质性知识。

(3)教学效果较差。新课程倡导教师是学生学习的促进者,在教学过程中要对学生给予帮助、引导。而案例中的语文老师由于没有设置正确的教学目标,没有恰当运用教学方法,缺乏对教学进程的合理把控,导致学生没有学到实质性知识,也没有得到情感上的发展。

2. (1)问题:案例中反映的主要问题是教师没有做到以人为本,违背了新课程的核心理念。新课程改革的核心理念是:为了中华民族的复兴,为了每一位学生的发展。新课程强调以人为本,关注人是新课程的核心理念在教学中的具体体现。它意味着:①关注每一位学生。每一位学生都是生动活泼的人、发展的人、有尊严的人,在教师的课堂教学理念中,包括每一位学生在内的全体学生都是自己应该关注的对象。而有些老师在课堂上却只提问“尖子生”和“种子选手”,忽视了其他学生,没有做到关注每一位学生。②关注学生的情绪生活和情感体验。教学过程应该成为学生的一种愉悦的情绪生活和积极的情感体验。案例中老师用学习成绩稳定的学生的出色回答来获得成就感的做法,可能会打击班级中的其他学生,从而影响这些学生的学习。

(2)改变措施:①新课程倡导教学关注学生更要关注人。老师在以后的教学中应当关注全体学生,在教学过程中关注学生的情绪生活和情感体验、道德生活和人格养成。②在对待师生关系上,新课程强调尊重、赞赏;在对待教学关系上,新课程强调帮助、引导。老师首先应当尊重学生、赞赏学生;其次引导学生积极思考,正确运用启发式教学;最后还应当给学生及时反馈,鼓励学生的积极行为。

3. (1)新课程改革的目标之一是改变课程过于注重知识传授的倾向,强调形成积极主动的学习态度,使获得基础知识与基本技能的过程同时成为学会学习和形成正确价值观的过程。

(2)这位父亲的观点是:做题就比不做强,多做就比少做强。这正是“题海战术”的“理论依据”。再往下推论,就会得出只有加重学生负担,才能考得出好成绩的结论。这种学习方式片面地强调“熟能生巧”,不承认“多能生厌”;只看见了眼前收获的分数,看不见孩子浪费了多少精力做无用功,剥夺了孩子游戏与休息的时间。

(3)新课程确定的基础教育阶段的培养目标的内涵是多元的,不仅仅包括知识的获得,更重视创新精神和实践能力的培养。在信息时代,拥有创新精神和实践能力的人才是王者。

专题三　教师角色与教学行为

答案速查:

1 ~ 5	BBBAD	6 ~ 10	ACADD	11 ~ 14	DBBD	1 ~ 2	ABD ABCD

一、单项选择题

1. B 【解析】新课程倡导建立民主平等的师生关系,即教师要公正平等地对待每一个学生。题干中的班主任让李某坐在教室最后一排且不让其他同学与之说话,这说明该班主任没有民主平等地对待李某。

2. B 【解析】新课程倡导的教师角色之一是“教师是课程的开发者和建设者”。新课程倡导民主、开放、科学的课程理念，同时确立了国家、地方、学校三级课程管理政策，这就要求课程与教学相互整合，教师必须在课程改革中发挥主体作用。教师不仅是课程实施的执行者，更应成为课程的开发者和建设者。故本题选 B 项。

3. B 【解析】新课程强调教学是教与学的交往、互动，师生双方相互交流、相互沟通。对教师而言，交往意味着教师角色定位的转换：教师由教学中的主角转向“平等中的首席”，由传统的知识传授者转向现代的学生发展的促进者。

4. A 【解析】新课程背景下教师教学行为的变化如下表：

	教师教学行为
对待师生关系	尊重、赞赏
对待教学关系	帮助、引导
对待自我	反思
对待与其他教育者的关系	合作

在对待师生关系上，新课程强调尊重、赞赏。故本题选择 A 项。

5. D 【解析】教师即教育教学的研究者，意味着教师在教学过程中要以研究者的心态置身于教学情境之中，以研究者的眼光审视和分析教学理论与教学实践中的各种问题，对自身的行为进行反思，对出现的问题进行探究，对积累的经验进行总结，最终形成规律性的认识。D 项符合题意。

6. A 【解析】“集体和教师首先看到学生的优点”说明教师要欣赏学生，尊重学生。故选 A 项。

7. C 【解析】题干所述隐含了对忽视学生的主体性的批判。新课程倡导教师由管理者转化为引导者，故选 C 项。

8. A 【解析】新课程倡导教师是学生学习的促进者。这是教师最明显、最直接、最富时代性的角色特征，是教师角色中的核心特征。

9. D 【解析】在教育教学过程中，教师除了面对学生外，还要与周围其他教师发生联系，要与学生家长进行沟通与配合。A 项正确。课程的综合化趋势特别需要教师之间的合作，不同年级、不同学科的教师要相互配合，齐心协力地培养学生。B 项正确。教师之间一定要相互尊重、相互学习、团结互助，这不仅具有教学的意义，而且还具有教育的功能。C 项正确。选项 D 属于教师在对待自我上的变化。

10. D 【解析】在传统教育中，相对于学生来讲，教师是“社会代表者”，他们拥有至高无上的权威。而新课程给教师角色的定位是“平等中的首席”，要求教师在与学生对话、互动中，首先是一个学习者。故 D 项不符合新课程对教师的定位。

11. D 【解析】在对待教学关系上，新课程强调帮助、引导。

12. B 【解析】新课程倡导民主、开放、科学的课程理念，同时确立了国家、地方、学校三级课程管理政策，这就要求课程与教学相互整合，教师必须在课程改革中发挥主体作用。教师不仅仅是课程的实施者，更应该成为课程的开发者和建设者。题干中教师的认识忽视了教师的这一角色，故选 B 项。

13. B 【解析】“行动研究”把教学与研究有机地融为一体，它是教师由“教书匠”转变为“教育家”的前提条件，是教师持续进步的基础，是提高教学水平的关键，是创造性实施新课程的保证。

14. D 【解析】教师在教学中承担促进者的角色，即教师需要引导、帮助学生确定适当的学习目标，帮助学生确认和协调达到目标的最佳途径，帮助学生掌握学习策略，指导学生掌握基础知识和基本技能，指导学生在获得知识的同时发展各种能力，激发学生的学习动机，帮助学生形成正确的学习态度，促进学生在学习态度、学习方法等方面实现有效迁移。所以，题干所述集中体现了张老师在教学中的促进者角色。

二、多项选择题

1. ABD 【解析】在对待自我上，新课程强调反思。依据教学进程，教学反思分为教学前、教学中、教学后三个阶段。A 项属于教师教学前的反思，B 项属于教师教学中的反思，D 项属于教师教学后的反思。C 项描述的是教师帮助学生进行反思，不属于教师的教学反思。

2. ABCD 【解析】新课程理念下课堂教学行为的转变包括：(1)教师角色行为的转变；(2)教学准备行为的转变；(3)教学实施行为的转变；(4)教学评价行为的转变。(具体内容参见裴娣娜主编的《教学论》)

三、辨析题

教师要做学生学习的促进者，表明传授知识已经不再是新课程对教师的要求了。

(1)这种说法是不正确的。(2)教师是学生学习的促进者，其内涵主要包括以下两个方面：①教师是学生学习能力的培养者。教师不仅传授知识，而且重在检查学生对知识的掌握程度。教师应成为学生学习的激发者，各种能力和积极个性的培养者。②教师是学生人生的引路人。因此，传授知识仍是新课程对教师的要求之一。

四、简答题(参考答案)

简述新课改提倡的教师角色。

(1)从教师与学生的关系看，教师是学生学习的促进者；(2)从教学与研究的关系看，教师是教育教学的研究者；(3)从教学与课程的关系看，教师是课程的开发者和建设者；(4)从学校与社区的关系看，教师是社区型开放的教师。

专题四　新的教学观

答案速查：

1～5	ABADA	6～9	BBCD	1～3	ABC ABCD ABCD
1～6	× √ × × × ×				

一、单项选择题

1. A 【解析】当代教学观的变革趋势之一是从重视教师的教向重视学生的学转变。依据题干描述，夏老师过于注重知识的传授，重视教的方面，没有做到让学生学会学习，故夏老师应从重视教师的教法转变为重视学生的学法。

2. B 【解析】新课程倡导全面发展的教学观，要求关注学生的情绪生活和情感体验。题干引文中从“知”到“好”再到“乐”，这是一个情绪和情感不断递进的过程，故体现的课程理念是关注学生的情绪生活和情感体验。

3. A 【解析】传统课程倡导的教学观认为课程是教学的方向、目标或计划，是在教学过程之前和教学情境之外预先规定的，教学的过程就是忠实而有效地传递课程的过程，教师是既定课程的阐述者和传递者，学生则是课程的接受者和吸收者。A 项属于传统课程倡导的教学观。

4. D 【解析】新课改提倡开放与生成的教学观，认为教学不只是课程传递和执行的过程，更是课程创生与开发的过程。

5. A 【解析】蒋老师的做法说明他在教学中具有开放与生成的教学观，善于利用身边的资源创生和开发课程。所以，蒋老师具有课程开发的意识。

6. B 【解析】贯彻新课程“以人为本”的教育理念首先应该做到尊重学生人格，关注个别差异。

7. B 【解析】新课程倡导交往与互动的教学观，认为教学不只是教师教学生学的过程，更是师生交往、积极互动、共同发展的过程。

8. C 【解析】新课程倡导交往与互动的教学观，认为教与学的关系问题是教学过程的本质问题。教学是教师教与学生学的统一，这种统一的实质是交往、互动。

9. D 【解析】新课改倡导全面发展的教学观，认为教学重结论更要重过程，教学关注学科更要关注人。

二、多项选择题

1. ABC 【解析】新课程强调以人为本，关注人是新课程的核心理念——“为了每位学生的发展”在教学中的具体体现。它意味着：(1)关注每一位学生；(2)关注学生的情绪生活和情感体验；(3)关注学生的道德生活和人格养成。

2. ABCD 【解析】当代教学观的变革主要体现为以下六大趋势：(1)从重视教师的教向重视学生的学转变；(2)从重视知识传授向重视能力培养转变；(3)从重视教法向重视学法转变；(4)从重视认知向重视发展转变；(5)从重视结果向重视过程转变；(6)从重视继承向重视创新转变。

3. ABCD 【解析】新课程倡导交往与互动、开放与生成的教学观，强调学生的主体性，鼓励学生参与教学，鼓励教师积极开发课程，呈现创造性的教学过程。教学不只是教师教学生学的过程，更是师生交往、积极互动、共同发展的过程，是教学相长的过程。树立“用教材教，而不是教教材”的观念，唤起教学活动的“目标”意识，反对“教总比不教好，教多总比教少好，教得越多越好”的经验主义做法。

三、判断题

1. × 【解析】新课程实现了基础教育课程概念的重建，体现出课程是教师、学生、教材、环境四个因素动态交互作用的“生态系统”这一特点。学生与教师的经验即课程，生活即课程，自然即课程。分门别类的教材只是课程的一个因素，只有在和其他因素整合起来，成为课程“生态系统”的有机构成的时候，这个因素才发挥应有的作用。故本题说法错误。

2. √ 【解析】新课程提倡的师生关系是合作伙伴关系。为此，要处理好师生之间的伙伴关系：(1)要尊重学生，尊重每一位学生的尊严和价值；(2)要民主，民主是师生关系的融化剂，是师生平等对话的前提。

3. × 【解析】题干的描述体现了师生互动的形式化，是错误的。

4. × 【解析】传统课程倡导的教学观认为教学的过程就是忠实而有效地传递课程，教师是既定课程的阐述者和传递者，学生则是课程的接受者和吸收者。

5. × 【解析】新课程改革背景下，课程不只是“文本课程”(教学计划、教学大纲、教科书等文件)，更是“体验课程”(被教师与学生实实在在地体验到、感受到、领悟到、思考到的课程)。题干说法错误。

6. × 【解析】从教学角度来讲，教学结论即教学所要达到的目的或所需获得的结果；所谓教学过程，即达到教学目的或获得所需结论而必须经历的活动程序。毋庸置疑，教学的目的之一就是使学生理解和掌握正确的结论。但是，如果不经过学生一系列的质疑、判断与比较，以及相应的分析、综合等认识活动，结论就难以获得，也难以真正理解和巩固。更重要的是，没有以多样性、丰富性为前提的教学过程，学生的创新精神和创新思维就不可能培养起来。所以，教学不仅要重结论，更要重过程。

四、简答题(参考答案)

简述新课程改革倡导的教学观。

(1)全面发展的教学观；(2)交往与互动的教学观——教学不只是教师教学生学的过程，更是师生交往、积极互动、共同发展的过程；(3)开放与生成的教学观——教学不只是课程传递和执行的过程，更是课程创生与开发的过程。

五、案例分析题(参考答案)

1.(1)全面发展的教学观认为,教师在教学过程中,既要重结论更要重过程,既要关注学科,但是更应该关注人的发展。材料中的张老师在考虑学生的建议之后调整了原本的教学计划,转而关注学生的学习状态,符合全面发展的教学观。

(2)交往与互动的教学观认为,教学不只是教师教学生学的过程,更是师生交往、积极互动、共同发展的过程。材料中的张老师通过与学生之间的交流,引导学生说出了自己内心的想法,体现了交往与互动的教学观。

(3)开放与生成的教学观认为,教学不只是课程传递和执行的过程,更是课程创生与开发的过程。因此老师在教学中要能够根据课堂情况进行灵活的安排,实现新课的创生与开发。材料中的张老师在听完学生的理由之后能够调整原本的安排,引导学生完成了表演,体现了开放与生成的教学观。

2.(1)我不赞同小李的教学观,他对新课程的教学观认识有误。

①教学中应将教师的主导作用与学生主体作用相结合。教师要善于引导,教学的本质在于引导。材料中的小李老师只是注重发挥学生的主动性,忽略了自己在教学中的主导作用,因而很难取得良好的教学效果。②教学是师生交往、积极互动、共同发展的过程。在这个过程中,教师与学生分享彼此的思考、经验和知识,交流彼此的情感、体验与观念,丰富教学内容,求得新的发现,从而达成共识、共享、共进,实现教学相长和共同发展。小李老师在上课的过程中,没有参与到学生的学习中,没有与学生进行充分的交流,这是不正确的。③上好一堂课除了气氛热烈,还应做到目标明确、重点突出、内容正确、方法得当,教学进程要组织严密、结构紧凑,这样才能使学生明确一堂课的任务和重难点,使学生每节课学到知识。小李老师只注重课堂气氛,忽略了其他方面的要求,这也是小李老师今后应当改进的地方。

(2)材料中的小张上课的问题在于生硬地照搬优秀教师的教学,而忽视了具体的教学情境及学生的学习程度。教学方法的选择应充分考虑教学内容、教学目标、学生的学习程度及可接受性等。

3.(1)章老师的做法符合现代教学观。①新课程倡导全面发展的教学观。教学重结论更要重过程,教师要注意引导学生,同时善于创造丰富的教学过程,注重培养学生的能力。教学关注学科更要关注人。教师要尊重、关心学生,关注学生的情绪生活和情感体验。在案例中,当学生的注意力转移到小猫身上时,章老师并没有斥责学生,而是激发学生的学习兴趣,引导学生学习,体现出了对教学过程的关注,同时也表现出了对学生的尊重、对学生情绪情感的重视。②新课程倡导交往与互动的教学观——教学不只是教师教、学生学的过程,更是师生交往、积极互动、共同发展的过程。案例中的章老师在教学中注重与学生的平等交流,并根据教学情境调整教学方向,体现出了良好的师生互动关系。③新课程倡导开放与生成的教学观——教学不只是课程传递和执行的过程,更是课程创生与开发的过程。案例中的章老师恰当运用教育机智,把突发事件转化为有意义的教学活动,充分发挥了学生在课程中的主体性。

(2)积极意义:此次教学活动中章老师充分调动了学生的主动性和积极性,引导他们通过独立思考、积极探索,生动活泼地学习。在教学过程中,章老师正确处理教与学的关系,既发挥了教育者的主导作用,又充分调动了学习者的积极性。

启示:①在教育教学过程中,要贯彻启发性教学原则,充分发扬教学民主,调动学生学习的积极性和主动性。②在教学过程中要遵循教师的主导作用与学生的主体作用相统一的教学规律。③在教学过程中要积极学习新课程的相关理念,并应用到自己的教学实践当中,充分尊重学生的主体性,构建民主平等的师生关系,促进教师和学生的共同发展。

4.(1)新课程改革强调教学关注学科更要关注人。传统的学校教育以学科为本,重认知轻情感,重教书轻育人。新课程强调以人为本,关注人是新课程的核心理念——“为了每位学生的发展”在教学中的具体体现。它意味着在教学中,教师应关注每一位学生,关注学生的情绪生活和情感体验。案例中,教师积极主动地关注学生的情感体验,促进学生的发展,体现了新课程的核心理念。

(2)新课程倡导的现代学生观强调学生是发展中的人,要用发展的观点认识学生。在教育实践中,人们往往忽视学生正在成长的特点而要求学生十全十美,这是不现实的,也是不符合学生发展规律的。案例中的教师就认识到了这一点,把学生作为发展中的人来对待,理解学生身上存在的不足,主动帮助学生解决问题,从而促进了学生的进步和发展。

(3)在对待师生关系上,新课程强调尊重、赞赏。教师必须尊重每一位学生做人的尊严和价值,还要学会发现学生的闪光点,学会赞赏每一位学生。案例中的教师发现学生在课堂上存在的问题后,并没有对其进行批评训斥,而是私下了解情况并提出建议,与学生形成了很好的默契,做到了尊重学生。

专题五　学习方式的变革

答案速查:

<table>
<tr><td>1 ~ 5</td><td>ACBCD</td><td>6 ~ 10</td><td>BCAAA</td><td>1 ~ 5</td><td>ABC ABD ABD ABCD ACD</td></tr>
<tr><td>6 ~ 9</td><td colspan="3">ABCD ABCD BD ABCD</td><td>1 ~ 5</td><td>× √ × × ×</td></tr>
</table>

一、单项选择题

1. A 【解析】转变学习方式,要以培养学生的创新精神和实践能力为主要目的。换句话说,要构建旨在培养创新精神和实践能力的学习方式及其对应的教学方式。

2. C 【解析】探究学习的过程:问题阶段—计划阶段—研究阶段—解释阶段—反思阶段。

3. B 【解析】主动性是现代学习方式的首要特征,它对应于传统学习方式的被动性。

易错提示:现代学习方式的首要特征和核心特征是考生容易混淆的知识点。考生可参考下图,对比传统学习方式的特征进行识记。

传统学习方式		现代学习方式
被动性	←——→	主动性(首要特征)
依赖性	←——→	独立性(核心特征)

4. C 【解析】合作学习是指学习者通过小组里的互助性学习,共同完成学习任务。小组成员既需要承担个人责任,还需要进行互动活动,进行促进性的学习。常见的合作学习形式有:讨论、角色扮演、竞争、协同、伙伴。

5. D 【解析】探究学习的特点表现为:(1)问题性;(2)过程性;(3)开放性。D 项属于合作学习的特点。

6. B 【解析】新课程倡导的学习方式有自主学习、探究学习、合作学习。其中合作学习是指学生以小组为单位进行学习的方式。采用小组式学习模式,体现了新课程提出的合作学习。

7. C 【解析】独立性是现代学习方式的核心特征,它对应于传统学习方式的依赖性。

8. A 【解析】自主学习是一种独立学习。自主学习的实质就是独立性,独立性是自主学习的灵魂。

9. A 【解析】新课程改革后,教学方式和学习方式转变的基本精神是:自主、合作、创新。

易错提示:"新课程倡导的学习方式"与"教学方式、学习方式转变的基本精神"是易混淆的知识点。考生在识记这两个知识点时,可根据两者的不同点来记忆,即含有"探究"的属于新课程倡导的学习方式,含有"创新"的属于教学方式、学习方式转变的基本精神。

10. A 【解析】合作学习的五个基本要素是积极互赖、个人责任、社交技能、小组自评、混合编组。A 项排除。

二、多项选择题

1. ABC 【解析】新课程改革倡导的学习方式包括:自主学习、合作学习和探究学习。

2. ABD 【解析】自主学习关注学习者的主体性和能动性,是学生自主而不受他人支配的学习方式。自主学习的特点包括:(1)自主学习是一种主动学习;(2)自主学习是一种独立学习;(3)自主学习是一种元认知监控的学习。

3. ABD 【解析】现代学习观要求学生在学习的各方面和整个过程中尽可能摆脱对教师或他人的依赖,由自己做出选择和判断,独立自主地开展学习活动。由他主到自主,由强调学习结果到强调学习过程,这是现代学习方式转变的基本特征。从依赖性学习到自主性学习逐渐以学生为本,体现了学习观、学习方式及师生关系的变化。

4. ABCD 【解析】合作学习的特点具体表现为:互助性、互补性、自主性和互动性。

5. ACD 【解析】现代学习方式的基本特征有:主动性、独立性、独特性、体验性、问题性。材料中的教师让学生通过自主质疑、合作朗读、角色扮演等方式进行课文学习,注重了主动性、问题性和体验性。B 项不属于现代学习方式的特征。

6. ABCD 【解析】可以组织学生合作学习的情况主要有:(1)在教学内容的重点和难点处;(2)在教学内容的易混淆处;(3)在思维的交锋处;(4)在思维的发散处;(5)在规律的探索处。

7. ABCD 【解析】新课程提倡自主、探究、合作的学习方式。其中,自主学习关注学习者的主体性和能动性,是学生自主而不受他人支配的学习方式;探究学习是一种以问题为依托的学习,是学生通过主动探究解决问题的过程;合作学习是指学生以小组为单位进行学习的方式。A 项关注的是学生的情绪和情感体验(激发学习兴趣,主动探究),体现了自主、探究式学习;B、D 项均体现合作学习;C 项体现的是探究式学习。所以,选项均体现了新课程倡导的学习方式。

8. BD 【解析】自主学习关注学习者的主体性和能动性,是学生自主而不受他人支配的学习方式。教师应该成为学生学习的引路人,学生自主学习、自主发展的组织者、指导者、参与者、研究者、服务者,教学全程的管理者,A 项错误;自主学习要避免直接告诉学生问题的答案,C 项错误。

9. ABCD 【解析】探究学习是一种以问题为依托的学习,是学生通过主动探究解决问题的过程。其程序包括创设问题情境、建立假设、建设解决方案、对结论进行解释交流。题干中的老师先是通过做实验的方式激发学生的好奇心,这体现了探究学习中的“创设问题情境”;题干中的“让学生提出假设”体现了“建立假设”这一程序;让学生“利用学校实验室及图书资料进行探究求证”体现了“建设解决方案”这一程序;所有参与的同学最后进行了解释和交流体现了“对结论进行解释和交流”这一程序。

三、判断题

1. × 【解析】接受性学习仍然是重要的学习方式,它具有研究性学习所不可替代的优点,是不能抛弃的。

2. √ 【解析】自主学习关注学习者的主体性和能动性,是学生自主而不受他人支配的学习方式。这是自主学习的概念,故题干说法正确。

3. × 【解析】小组合作开始前,教师的角色主要是组织者;小组合作开始后,教师的角色主要是指导者。

4. × 【解析】自主学习关注学习者的主体性和能动性,是学生自主而不受他人支配的学习方式。教师则应该成为学生学习的引路人,学生自主学习、自主发展的组织者、指导者、参与者、研究者、服务者,教学全程的管理者。

5. × 【解析】探究学习也称为发现学习,是一种以问题为依托的学习,是学生通过主动探究解决问题的过程。学生在学习情境中通过自己的探索寻找来获得问题答案的学习方式属于发现学习。

四、案例分析题(参考答案)

(1)随着科技的发展和网络时代的到来,中学生的学习方式发生了很大变化,由原先单一、被动和陈旧的学习方式,逐渐转变为自主、探究、合作的学习方式。中学生可以通过先进的学习系统和工具获得丰富的学习资源,并且根据自己的需要,主动选择各种网络工具和资源来进行学习。

(2)①在“互联网+教育”时代,教师要学会把握信息技术,运用信息技术作为教学的辅助手段,提高自己的教育教学能力。

②教师要从传授学生知识转变为教会学生学习,使学生具有适应社会的灵活性和竞争能力,形成终身学习的观念和不断创新的精神。

专题六　综合实践活动

答案速查:

1~5	BDBDC	6~9	ACAA	1~5	ABCD ABD ABD ACD ABCD
1~3	√ √ ×				

一、单项选择题

1. B 【解析】根据《基础教育课程改革纲要(试行)》的规定,从小学至高中设置综合实践活动课程并作为必修课程,其内容主要包括:信息技术教育、研究性学习、社区服务与社会实践以及劳动与技术教育。强调学生通过实践,增强探究和创新意识,学习科学研究的方法,发展综合运用知识的能力。故 ACD 三项说法正确,B 项说法错误。

2. D 【解析】综合实践活动的特点包括整体性(综合性)、实践性、开放性、生成性、自主性。

3. B 【解析】《基础教育课程改革纲要(试行)》提出从小学至高中设置综合实践活动并作为必修课程。B 项表述错误。

A 项:综合实践活动是基于学生的直接经验,密切联系学生自身生活和社会生活,体现对知识的综合运用的课程形态。这是一门以学生的经验与生活为核心的实践性课程。A 项表述正确。

C 项:综合实践活动作为我国新一轮基础教育课程改革的新领域,划分为国家的指定领域和非指定领域。C 项表述正确。

D 项:综合实践活动的内容主要包括:信息技术教育、研究性学习、社区服务与社会实践、劳动与技术教育。这四个领域并非综合实践活动内容的全部,而是国家为了帮助学校更好地落实综合实践活动而特别指定的几个领域。D 项表述正确。

4. D 【解析】综合实践活动具有自主性的特点,学生可以自己选择学习的目标、内容、方式及指导教师,自己决定活动结果呈现的形式,指导教师只对其进行必要的指导,不包揽学生的工作。学生在开展“保护绿水青山”主题的综合实践活动中,自己选择指导教师,自己确定活动方案,这体现的是综合实践活动课程的自主性特点。

5. C 【解析】为使“研究性学习”方式尽快深入人心,有必要设置专门的“研究性学习”课程。再者,即使各门学科有效渗透了“研究性学习”方式,也有必要设置“研究性学习”课程。故 C 项错误。

6. A 【解析】综合实践活动课程实施大致包括活动导入、活动展开、活动总结三个阶段。

7. C 【解析】由题干“综合实践活动是由国家设置、地方和学校根据实际开发的课程领域”可知,综合实践活动具有三级课程管理制度的特征和功能。

8. A 【解析】《基础教育课程改革纲要(试行)》中提出,从小学至高中设置综合实践活动并作为必修课程。2017 年教育部印发的《中小学综合实践活动课程指导纲要》中规定,自小学一年级至高中三年级全面实施综合实践活动课程。故综合实践活动设置的时段为小学一年级到高中阶段。

9. A 【解析】研究性学习是指学生在教师指导下,从学习生活和社会生活中选择和确定研究专题,

主动获得知识、应用知识、解决问题的学习活动。题干所述为研究性学习的概念。

二、多项选择题

1. ABCD 【解析】实施综合实践活动须遵循的原则包括:(1)正确处理学生的自主选择、主动实践与教师的有效指导的关系;(2)恰当处理学校对综合实践活动的统筹规划与活动具体展开过程中的生成性目标、生成性主题的关系;(3)课时集中使用与分散使用相结合;(4)整合校内课程与校外课程;(5)以融合的方式设计和实施四大指定领域;(6)把信息技术与综合实践活动的内容和实施过程有机整合起来。

2. ABD 【解析】综合实践活动的性质主要有:(1)相对于学科课程而言,综合实践活动课程是一门经验性课程,不存在内在的知识逻辑和知识体系,按主题的形式来展开设计;(2)相对于分科课程而言,综合实践活动是一门综合性课程,包括内容综合、学习方式综合和活动时空综合三个方面;(3)综合实践活动还是一门实践性课程,强调对学生实践能力的培养;(4)综合实践活动课程是三级管理的课程。C 项排除。

3. ABD 【解析】综合实践活动课程的内容主要包括:信息技术教育、研究性学习、社区服务与社会实践以及劳动与技术教育。A 项属于研究性学习,B 项属于社区服务,D 项属于社会实践。C 项属于体育活动,不属于综合实践活动课程。故本题选 A、B、D 项。

4. ACD 【解析】相对于分科课程而言,综合实践活动是一门综合性课程,包括内容综合、学习方式综合和活动时空综合三个方面。因此,B 项错误。

5. ABCD 【解析】综合实践活动课程的内容主要包括:信息技术教育、研究性学习、社区服务与社会实践以及劳动与技术教育。

三、判断题

1. √ 【解析】综合实践活动是一个开放的课程领域,具有开放性。综合实践活动考虑中小学生的现实生活需要和社会需要,立足于时代对中小学生素质发展的挑战和需要,以促进学生个性发展为总目的。综合实践活动的目标具有强烈的针对性,它根据学生的现实生活和个性差异需要,满足他们融入社会生活的综合实践能力需要。

2. √ 【解析】作为一种学习方式,“研究性学习”渗透于学生的所有学科、所有活动之中。

3. × 【解析】“研究性学习”既是一种学习方式,也是一种课程形态。作为一种学习方式,“研究性学习”是指教师不把现成结论告诉学生,而是学生自己在教师指导下自主地发现问题、探究问题、获得结论的过程。作为一种课程形态,“研究性学习”课程是为“研究性学习”方式的充分展开所提供的相对独立的、有计划的学习机会。

四、论述题(参考答案)

综合实践活动作为一种基本的课程形态,试述其基本理念。

(1)坚持学生的自主选择和主动参与,发展学生的创新精神和实践能力。综合实践活动的开发与实施要以学生的直接经验或体验为基础,将学生的需要、动机和兴趣置于核心地位,充分发挥学生的主动性和积极性,鼓励学生自主选择活动主题,积极开展活动,在活动中发展创新精神和实践能力。

(2)面向学生完整的生活领域,为学生提供开放的个性发展空间。综合实践活动的开发与实施要克服当前基础教育课程脱离学生自身生活和社会生活的倾向,面向学生完整的生活领域,引领学生走向现实的社会生活,促进学生与生活的联系,为学生的个性发展提供开放的空间。

(3)注重学生的亲身体验和积极实践,促进学习方式的变革。综合实践活动的开发与实施强调学生乐于探究、勤于动手和勇于实践,注重学生在实践性学习活动过程中的感受和体验,要求学生超越单一的接受学习,亲身经历实践过程,体验实践活动,实现学习方式的变革。

第三章　教师职业道德

专题一　教师职业道德概述

答案速查：

1～5	CCAAC	6～10	AADCB	11～15	CADBB	16～21	BAACBD
1～4	ABCD BC ABCD ABCD			1～10	× × √ √ √ √ × √ × √		

一、单项选择题

1. C 【解析】教师职业道德是教师在从事教育劳动时所应遵循的行为规范和必备的品德的总和，是调节教师与他人、与社会等关系时所必须遵守的基本道德规范和行为准则，以及在此基础上所表现出来的道德观念、情操和品质。故选 C 项。

2. C 【解析】从教师的人格评价来看，新时期教师职业道德具有超越一般职业道德的示范性。C 项正确。

3. A 【解析】教师职业道德影响的广泛性，是指教师的思想道德不仅影响在校学生，而且会通过学生和家长进而影响整个社会。

4. A 【解析】教师职业道德的文化价值是指，教师职业道德既是一种行为规范，又是一种文化现象。它的发展，不仅仅是提出一定的职业道德规范或根据社会及教育的实际变化更新教师职业道德，同时总是伴随着对这些规范的理论解释，它反映着教育对自身文明和社会文明的系统思考和追寻，体现出浓郁而又独特的文化意蕴，进而使教师职业道德不仅呈现出一种独特的规范存在，也体现出一种独特的文化存在。

5. C 【解析】教师职业道德具有教育人、感化人的作用。无论是教师个人的道德品质，还是教师的集体风貌，都具有独特的示范性。正如孔子所言："其身正，不令而行；其身不正，虽令不从。"

6. A 【解析】教师要以身作则、为人师表，这是教师职业道德区别于其他职业道德的显著标志。

7. A 【解析】教师职业道德具有调节作用、教育作用、导向作用、促进作用。其中，对教育过程的调节作用是教师职业道德最基本、最重要的作用。

8. D 【解析】所谓教师职业道德影响的深远性，是指教师职业道德直接关系到学生人格的塑造，影响着学生一生的做人品质，并进而影响着整个社会的前途和未来。题干的描述体现了教师职业道德影响的深远性的内涵。

9. C 【解析】教师职业道德适用的针对性表现为教师职业道德对教育善恶的体现和专门要求，这是教师职业道德的一个基本特点。

10. B 【解析】师德的教育价值不仅表现为对教师自我专业发展的引导，对学生也有着巨大的教育功能。

11. C 【解析】所谓教师职业作风，就是教师在自身职业活动中表现出来的一贯态度和行为。

12. A 【解析】师德是教师职业胜任、职业作为及其不断提升的重要品质。这种品质的生成、强化及实际上的修养和体现，都不可忽视对师德基本意蕴的不断了解和全面的把握。

13. D 【解析】在教师职业道德的结构中，职业良心要求教师应做到：(1)有强烈的教育信念；(2)具有高度的责任感和使命感；(3)不断反思，经常对自己的行为思想进行道德控制和道德评价。王老师的行为体现了其具备职业良心。

14. B 【解析】教师的职责是既要教学生有关具体事物的知识，又要让学生知晓立身处世的品德，是教书与育人的统一。题干中的"教员"体现的是教书要求，"教育者""生活的导师""道德的引路人"体现的是育人要求，所以题干所述反映了教师职业道德体现教书和育人要求的一致性特点。

15. B 【解析】师德是教育伦理价值的集中体现，因为与其他的职业道德相比，师德具有特殊价值——伦理道德价值。师德的伦理价值是由教师职业劳动的特殊性决定的。从劳动对象角度看，学校教育是以向师性和模仿性强的未成年人为对象的。

10. A 【解析】从教师个体职业良心形成的角度看,教师的职业良心首先会受到社会生活和群体的影响。

11. B 【解析】教师公正的内容主要有:(1)坚持真理,伸张正义;(2)一视同仁,爱无差等;(3)办事公道,赏罚分明;(4)因材施教,长善救失;(5)确立性别平等意识,公正地对待不同性别的学生。所以“坚持真理、赏罚分明”体现了教师的公正意识。

12. A 【解析】教师在人格修养上要采取“取法乎上”的策略。

二、多项选择题

1. ABCD 【解析】教师职业道德主要范畴包括教师义务、教师良心、教师公正、教师荣誉、教师幸福、教师人格、教师仁慈。

2. ABCD 【解析】教师良心的特点主要有公正性、综合性、稳定性、内隐性和广泛性。

3. AD 【解析】教师良心与其他职业良心相比,有两个主要的特点:(1)层次性高;(2)教育性强。

4. ABC 【解析】教师义务的内容主要有:(1)不断提高思想政治觉悟和教育教学业务水平;(2)尽职尽责,教书育人;(3)创设一个良好的内部教育环境。

5. ABC 【解析】教师公正的内容有:(1)坚持真理,伸张正义;(2)一视同仁,爱无差等;(3)办事公道,赏罚分明;(4)因材施教,长善救失;(5)确立性别平等意识,公正地对待不同性别的学生。

6. CD 【解析】准确把握和理解教师幸福的含义,应从四个方面着眼:(1)教师幸福更多体现在精神层面;(2)教师幸福具有给予性和被给予性;(3)教师幸福具有集体性;(4)教师幸福具有无限性。

7. ABD 【解析】师表美主要包括:(1)“表美”;(2)“道美”;(3)风格美。

8. ABD 【解析】教师荣誉的内容包括:(1)光荣的角色称号;(2)无私的职业特性;(3)崇高的人格形象。

9. ABC 【解析】教师职业道德基本原则包括:(1)集体主义原则;(2)教育人道主义原则;(3)教书育人原则;(4)乐教勤业原则;(5)教育民主原则;(6)教育公正原则;(7)人格示范原则;(8)依法执教原则。

三、判断题

1. × 【解析】教师公正是指教师在教育职业活动中,公平合理地对待和评价全体合作者。它是教育公正的核心内容,教育公正不仅包括教师公正,而且也包括教育的制度性公正。故题干说法错误。

2. × 【解析】教师公正是指教师在教育职业活动中,公平合理地对待和评价全体合作者。其中,公平合理地评价和对待每个学生是教师公正最基本的内容。教师要公正地对待每一个学生,必须走出的误区是对优生的偏爱和对差生的歧视。

3. × 【解析】教师在劳动中的自由是以履行教育义务为前提的,没有教育义务就没有教育自由,所以教师的劳动自由与道德义务关系紧密。义务是真实自由的前提,在教育工作中,教师履行自己的道德义务同样是职业自由获得的重要前提。

4. × 【解析】教师良心是隐藏在教师内心深处的一种对教师社会道德责任感、义务感的认识和感情以及自我评价能力,是教师在教育劳动过程中发自“肺腑”的一种内在的精神力量,也是一定社会的道德原则和规范体现在教师内心深处的认识、情感、意志、信念、理想和行为的有机统一。题干所述体现了教师良心的内隐性特征。

5. × 【解析】教师良心是教师在教育实践中通过对自身所承担义务的正确认识和深刻体验而形成的一种内心信念,也是外部的义务要求内化为教师内心的道德要求和个人品质的结果,并通过教师的劳动体现出来。

6. √ 【解析】教师荣誉是教师道德行为的调节器,对教师道德行为、品质的取向具有导向和制约作用。

7. √ 【解析】教育人道主义,乃是现代教育的重要特征,即现代教育区别于维护人的依赖关系的封建教育的标志之一。题干表述正确。

专题三 《中小学教师职业道德规范》解读

答案速查:

1~5	BDADA	6~10	BDBCA	11~15	ADACC	16~20	ADCDA
21~25	ADACB	26~30	BABBD	31~35	BCCDB	36~41	ABBCCD
1~5	ABD ABC CD ABCD ABD			6~10	ABCD ABC ABCD ABC ABC		
1~5	√ √ × × ×						

一、单项选择题

1. B 【解析】2008 年修订的《中小学教师职业道德规范》中关于"终身学习"方面所规定的具体职业行为要求之一是:崇尚科学精神,树立终身学习理念,拓宽知识视野,更新知识结构。题干引文的意思是:没有一件事不应该学习,没有一个时刻不应该学习,没有一个地方不应该学习。好学者事事、时时、处处都应该学习。这句话体现了教师要树立终身学习理念。故本题选 B 项。

2. D 【解析】廉洁从教的师德规范要求教师坚守高尚情操,发扬奉献精神,自觉抵制社会不良风气影响。不利用职责之便谋取私利。因此,题干所述内容违背了教师职业道德规范中廉洁从教的要求。

3. A 【解析】2008 年修订的《中小学教师职业道德规范》中关于"为人师表"方面所规定的具体职业行为要求之一是:自觉抵制有偿家教,不利用职务之便谋取私利。故题干何老师拒绝有偿家教的行为遵守了为人师表的教师职业道德规范。

4. D 【解析】廉洁从教要求教师要坚守高尚情操,发扬奉献精神,自觉抵制社会不良风气影响。不利用职责之便谋取私利。以教谋私、有偿家教的现象违背了廉洁从教的教师职业道德规范。

5. A 【解析】关爱学生是师德的灵魂。

6. B 【解析】关爱学生要求教师关心爱护全体学生,尊重学生人格,平等公正对待学生;不讽刺、挖苦、歧视学生,不体罚或变相体罚学生。陶行知这句话的意思是:教师不要歧视学生,要平等公正地对待学生。这反映的是关爱学生的教师职业道德规范。

7. D 【解析】爱与责任是贯穿 2008 年修订的《中小学教师职业道德规范》的核心和灵魂。

8. B 【解析】2008 年 9 月,教育部、中国教科文卫体工会全国委员会联合发布了重新修订的《中小学教师职业道德规范》。

9. C 【解析】教书育人是教师在处理其与职业劳动的关系时所应遵循的原则要求。

10. A 【解析】2008 年修订的《中小学教师职业道德规范》中的教书育人要求教师不以分数作为评价学生的唯一标准。由题干描述可知,周老师的想法主要违背了教师职业道德中教书育人方面的要求。

11. A 【解析】2008 年修订的《中小学教师职业道德规范》中关于"关爱学生"的要求之一是教师要关心爱护全体学生,尊重学生人格,平等公正对待学生。故老师偏爱优生违背了关爱学生的师德规范。

12. D 【解析】2008 年修订的《中小学教师职业道德规范》中关于"为人师表"的要求之一是自觉抵制有偿家教,不利用职务之便谋取私利。题干中的王老师的做法明显违背了为人师表的师德规范。

13. A 【解析】2008 年修订的《中小学教师职业道德规范》中的"爱岗敬业"要求教师对工作高度负责,认真备课上课,认真批改作业,认真辅导学生,不得敷衍塞责。题干中梁老师的行为正是教师爱岗敬业的职业素养的充分体现。

14. C 【解析】2008 年修订的《中小学教师职业道德规范》中关于"爱岗敬业"方面所规定的具体职业行为要求有:(1)对工作高度负责;(2)认真备课上课;(3)认真批改作业;(4)认真辅导学生;

(5)不得敷衍塞责。倡导"爱岗敬业"就是要求教师对教育事业具有强烈的责任感和深厚的感情。因此,题干中校长的话表明教师应该做到爱岗敬业。

15. C 【解析】"教书育人"所规定的具体职业行为要求有:(1)遵循教育规律,实施素质教育;(2)循循善诱,诲人不倦,因材施教;(3)培养学生良好品行,激发学生创新精神,促进学生全面发展;(4)不以分数作为评价学生的唯一标准。教师要完成教书育人的任务,应当采取科学的方法:(1)转变教育观念,改革人才培养模式;(2)积极进行教学改革,提高课堂教学的质量;(3)把教书育人延伸到课外活动中。故 ABD 三项符合教书育人的规定和要求,C 项不符合。

16. A 【解析】题干中的王老师认为自己快要退休了就不用学习,不用参加培训,这说明他缺乏终身学习的理念。

17. D 【解析】教师应该关心爱护全体学生。尊重学生人格,平等公正对待学生。王老师对不需要帮助的小萍家访达到十次以上,有明显的偏向性,有违公正平等对待学生的要求,故选 D 项。

18. C 【解析】教书育人的师德规范要求教师培养学生良好品行,激发学生创新精神,促进学生全面发展。题干中教师对学生的不良行为视而不见,不注意培养学生的良好品行,违反了教书育人的师德规范。

19. D 【解析】教师的天职是教书育人,"身教重于言教"并没有忽视这一天职,A 项说法错误。爱国守法是《中小学教师职业道德规范》的要求之一,所以"教师应该遵守法律"既是法律要求也是道德要求,B 项说法错误。廉洁从教不仅是教师教书育人的道德要求,而且对于净化社会风气也具有重要意义。廉洁从教与市场经济并不矛盾,C 项说法错误。2008 年修订的《中小学教师职业道德规范》要求教师要终身学习,因此,教师不思进取也不符合师德要求。D 项说法正确。

20. A 【解析】2008 年修订的《中小学教师职业道德规范》中的"关爱学生"要求教师对学生严慈相济,做学生的良师益友;不讽刺、挖苦、歧视学生,不体罚或变相体罚学生。题干中李老师的做法符合关爱学生的教师职业道德规范要求。

21. A 【解析】2008 年修订的《中小学教师职业道德规范》中的"为人师表"要求教师作风正派,廉洁奉公,不利用职务之便谋取私利。题干中陈老师拒绝家长的礼物的行为符合为人师表的职业道德规范。

22. D 【解析】2008 年修订的《中小学教师职业道德规范》中的"关爱学生"要求教师关心爱护全体学生,尊重学生人格,平等公正对待学生。题干中,汪老师资助家庭经济困难的学生,鼓励学生克服困难,帮助学生学习的行为体现了汪老师能够做到关爱学生。

23. A 【解析】2008 年修订的《中小学教师职业道德规范》中关于"爱岗敬业"方面所规定的具体职业行为要求有:(1)对工作高度负责;(2)认真备课上课;(3)认真批改作业;(4)认真辅导学生;(5)不得敷衍塞责。所以题干所述体现的是爱岗敬业的教师职业道德规范。

24. C 【解析】题干中"以身立教"的意思是用自身的行为去感染他人,体现了以身作则、为人师表的重要性。

25. B 【解析】教书育人的教师职业道德规范要求教师不以分数作为评价学生的唯一标准。题干中的班主任老师按成绩排名的做法违反了这一规范。关爱学生的教师职业道德规范要求教师关心爱护全体学生,尊重学生人格,平等公正对待学生。题干中这位老师对学生所说的话是不尊重学生的表现,违反了这一规范。

26. B 【解析】平等公正对待学生要求教师关爱全体学生,而不是某一部分学生。B 项教师对优等生和差等生的不同态度说明教师违背了平等公正对待学生的要求。

27. A 【解析】A 项,"学为人师,行为世范"的意思是:所学要为世人之师,所行应为世人之范。这句话与"为人师表"的内涵是一致的。

B 项,"凡学之道,严师为难"意为:凡是求学的道理,以尊敬教师最难做到。与题干无关。

C 项,"德无常师,主善为师"意为:道德修养没有不变的榜样,以善为准则就是榜样。与题干无关。

D 项,“仰之弥高,钻之弥坚”意为:越是抬头看,就越觉得高远;越是用劲钻研,就越觉得深邃。与题干无关。

28. B 【解析】为人师表的教师职业道德规范要求教师严于律己,以身作则,作风正派,廉洁奉公,自觉抵制有偿家教,不利用职务之便谋取私利。题干中班主任利用家长会帮商家推广“心算”教材,是利用职务之便谋取私利的做法,虽然没有强制家长购买,但仍然违背了为人师表的教师职业道德规范。

29. B 【解析】题干中教师的话表明其对教育事业具有强烈的责任感和深厚的感情。这体现了爱岗敬业的师德规范。

30. D 【解析】2008 年修订的《中小学教师职业道德规范》要求教师“教书育人”,倡导“教书育人”就是要求教师以育人为根本任务。教师必须遵循教育规律,实施素质教育,以培养学生良好品行,激发学生创新精神,促进学生的全面发展。题干中教师在传授知识的基础上弘扬热爱祖国、积极探索、献身事业的精神,这表明杜老师做到了“教书育人”。

31. B 【解析】终身学习的师德规范要求教师崇尚科学精神,树立终身学习理念,拓宽知识视野,更新知识结构;潜心钻研业务,勇于探索创新,不断提高专业素养和教育教学水平。王老师不断学习,努力提高自身能力水平,是贯彻终身学习的职业道德规范的表现。

32. C 【解析】题干内容主要说明了赵老师严谨治学,潜心钻研,针对不同班级的情况因材施教,并没有体现出严慈相济的内容。

33. C 【解析】在中小学教师职业道德规范中,依法执教是完成本职工作的前提基础,是国家和社会对教师提出的道德要求。它是判断教师行为是非善恶的最根本的道德标准,具有重要的现实意义。

34. D 【解析】尊重学生家长就是要尊重学生家长的人格,尊重学生家长对教育过程的监督和对教育教学工作的批评、建议。首先,必须尊重学生家长的人格,在任何时候和任何情况下,都不要说侮辱学生家长人格的话,不要做侮辱学生家长人格的事,更不要以自己有教育其子女责任的特殊地位,或以“教育专家”自居,训斥、指责家长,损伤家长的自尊心,引起学生家长的反感。其次,要客观、慎重、中肯地与家长交流学生的情况,理解学生家长对自己子女的感情。再次,要以真诚、平等的态度对待学生家长。最后,要虚心听取学生家长的批评和建议。

35. B 【解析】教育爱的纯洁性要求教师对学生的爱要正直、公正、坦荡、无私。题干中的教师在教学中容易偏爱优等生,忽视后进生,没有公正地对待学生,违背了教育爱的纯洁性。

36. A 【解析】爱岗敬业的师德规范要求教师对工作高度负责,认真备课上课,认真批改作业,认真辅导学生,不得敷衍塞责。李老师即使被学生家长辱骂和投诉,还是努力做好本职工作,这是爱岗敬业的表现。

37. B 【解析】终身学习的教师职业道德规范要求教师树立终身学习的理念,拓宽知识视野,更新知识结构,不断提高专业素养和教学水平。题干所述要求体现了终身学习的重要性。

38. B 【解析】“爱岗敬业”是教师职业的本质要求。

39. C 【解析】爱国守法是教师职业的基本要求。

40. C 【解析】2008 年修订的《中小学教师职业道德规范》中关于“教书育人”方面所规定的具体职业行为要求有:(1)遵循教育规律,实施素质教育;(2)循循善诱,诲人不倦,因材施教;(3)培养学生良好品行,激发学生创新精神,促进学生全面发展;(4)不以分数作为评价学生的唯一标准。故题干所述是 2008 年修订的《中小学教师职业道德规范》中的“教书育人”的要求。

41. D 【解析】爱岗敬业是教师职业的本质要求,教书育人是教师的天职,关爱学生是师德的灵魂,终身学习是教师专业发展的不竭动力。故本题答案选择 D 项。

二、多项选择题

1. ABD 【解析】一般认为,爱岗敬业、教书育人和为人师表是师德的核心内容,关爱学生是最基本内容。

2. ABC 【解析】“做好老师，要有仁爱之心。”体现出教师要关爱学生。2008 年修订的《教师职业道德规范》中关于“关爱学生”方面所规定的具体职业行为要求有以下几点：(1)关心爱护全体学生，尊重学生人格，平等公正对待学生；(2)对学生严慈相济，做学生的良师益友；(3)保护学生安全，关心学生健康，维护学生权益；(4)不讽刺、挖苦、歧视学生，不体罚或变相体罚学生。故本题答案选 A、B、C。

3. CD 【解析】根据 2008 年修订的《中小学教师职业道德规范》，教师要自觉抵制有偿家教，不利用职务之便谋取私利，因此 C 项做法不恰当；赵老师很久没学习，也不重视自身的学习违背了终身学习的教师职业道德规范，因此 D 项做法不恰当。

4. ABCD 【解析】为人师表的内容可以概括为：教师的语言示范，教师的行为示范，教师的衣着、仪表示范，教师的举止示范。

5. ABD 【解析】2008 年修订的《中小学教师职业道德规范》具有以下特点：(1)坚持“以人为本”；(2)坚持继承与创新相结合；(3)坚持广泛性与先进性相结合；(4)倡导性要求与禁行性规定相结合；(5)他律与自律相结合。C 项表述不准确。

6. ABCD 【解析】严谨治学的基本要求有：(1)要有精深的专业知识；(2)要有刻苦钻研、精益求精的精神；(3)要有谦虚谨慎的态度；(4)要有锐意创新的品质。

7. ABC 【解析】教师要以身作则、为人师表，应将礼物退回，并告知家长会平等关爱全体学生。故 D 项做法正确，ABC 三项的做法都不恰当。

8. ABCD 【解析】师德规范中的“为人师表”要求教师要坚守高尚情操，知荣明耻，衣着得体，语言规范，举止文明。

9. ABC 【解析】让学生利用课外活动时间，甚至占用上课时间去给老师家里收割庄稼或采摘瓜果，这种做法侵犯了学生的受教育权，也违背了教师职业道德规范中为人师表的要求。这种做法是违法的，并不是尊重教师的表现。

10. ABC 【解析】2008 年修订的《中小学教师职业道德规范》中关于“爱国守法”方面所规定的具体职业行为要求有：(1)全面贯彻国家教育方针；(2)自觉遵守教育法律法规，依法履行教师职责权利；(3)不得有违背党和国家方针政策的言行。D 项属于关爱学生的师德规范的要求。

三、判断题

1. √ 【解析】对于学生表达敬意的自绘贺卡，教师是可以接受的，不违背教师职业道德规范。

2. √ 【解析】题干所述为 2008 年修订的《中小学教师职业道德规范》中关于“终身学习”方面所规定的具体职业行为要求之一。

3. × 【解析】热爱学生是教育学生的感情基础，是教师职业道德高低的试金石。

4. × 【解析】社会公德、家庭美德和职业道德是社会道德体系的三个领域。师德规范体系是由四种基本关系和三个基本层次组成的。四种基本关系：教师与教育事业的关系；教师与受教育者(学生)的关系；教师与其他教师及教师集体的关系；教师与家长及其他相关人员的关系。三个基本层次：理想层次、原则层次和规则层次。所以，题干混淆了师德规范体系与社会道德体系。

5. × 【解析】教师的天职是教书育人，做好自己的本职工作是对教师的基本要求，除此之外，教师还应当关爱学生，团结协作，等等。

四、简答题(参考答案)

1. 2008 年修订的《中小学教师职业道德规范》中规定的教师职业道德的主要内容是什么？

(1)爱国守法；(2)爱岗敬业；(3)关爱学生；(4)教书育人；(5)为人师表；(6)终身学习。

2. 从师德角度，说说教师如何关爱学生。

(1)关心爱护全体学生，尊重学生人格，平等公正对待学生；(2)对学生严慈相济，做学生的良师益友；(3)保护学生安全，关心学生健康，维护学生权益；(4)不讽刺、挖苦、歧视学生，不体罚或变相体罚学生。

五、案例分析题(参考答案)

(一)案例客观题

1. B 【解析】《中小学教师职业道德规范(2008 年修订)》中关于“爱岗敬业”方面所规定的具体职业行为要求有:对工作高度负责;认真备课上课;认真批改作业;认真辅导学生;不得敷衍塞责。材料中张老师脚伤还没有痊愈,就回到了学校,为了方便与学生进行课堂交流与互动,坚持“跪着”上课等都表明张老师对工作高度负责、不敷衍塞责,这符合“爱岗敬业”的教师职业道德规范。

2. BD 【解析】由题干中“坐着上课,无法看到所有学生,不方便与学生进行课堂交流和互动”可知,张老师“跪着”上课主要是为了增强课堂效果、保证教学质量,关注全班同学、重视师生互动。故选 BD 两项。

3. ABC 【解析】理想的师生关系是师生主体间关系的优化,从其发生、发展的过程及其结果来看,具有三个基本特征:(1)尊师爱生,相互配合;(2)民主平等,和谐亲密;(3)共享共创,教学相长。故选 ABC 三项。

(二)案例主观题

1. (1)材料中杨老师的行为违反了 2008 年修订的《中小学教师职业道德规范》中“爱国守法”“关爱学生”“教书育人”的要求。

①“爱国守法”的师德规范要求教师全面贯彻国家教育方针,自觉遵守教育法律法规,依法履行教师职责权利。材料中的杨老师动手打李同学,并让班级其他同学去打李同学 5 个耳光或用教鞭打手掌的行为违反了《中华人民共和国未成年人保护法》中的规定,违背了“爱国守法”的师德规范。

②“关爱学生”的师德规范要求教师关心爱护全体学生,尊重学生人格,平等公正对待学生。不讽刺、挖苦、歧视学生,不体罚或变相体罚学生。材料中的杨老师动手打李同学的行为违背了关爱学生的师德规范。

③“教书育人”的师德规范要求教师遵循教育规律,实施素质教育。循循善诱,诲人不倦,因材施教。培养学生良好品行,激发学生创新精神,促进学生全面发展。不以分数作为评价学生的唯一标准。材料中的杨老师因为李同学没有完成课后作业而动手打李同学,甚至让班级其他同学打李同学的行为严重违背了“教书育人”的师德规范。

(2)①与学生进行交流,关心爱护学生,安抚学生受伤的心灵。

②与家长进行沟通,站在家长的立场上,安抚家长的情绪。

③与杨老师进行沟通,让其理解自己的行为侵犯了学生的人身权,侮辱了学生的人格。使杨老师认识到自己的错误,并争取获得学生及家长的原谅。

④召开班会,指出老师打学生以及学生打学生的行为是错误的,引导学生与班级同学互相关爱,促进学生身心健康发展。

2. (1)王老师的做法践行了关爱学生这一教师职业道德规范,关爱学生要求教师关心爱护全体学生,尊重学生人格,平等公正对待学生。案例中“王老师不仅像别的老师那样经常关注那些能说会道、反应灵敏的学生,她还经常关注那些比较胆小、很少回答问题的学生”即体现了王老师关心爱护全体学生,平等地对待每个学生。

(2)王老师的做法践行了教书育人这一教师职业道德规范,教书育人要求教师循循善诱,诲人不倦,因材施教。案例中“在课下,王老师主动与学生交往,培养学生的语言表达能力”体现了这一点。

(3)王老师的做法践行了为人师表这一教师职业道德规范,为人师表要求教师团结协作,尊重家长。案例中“主动与家长沟通,共同探讨教育孩子的方法”体现了王老师对家长的尊重。

3. (1)爱岗敬业的教师职业道德规范要求教师对工作高度负责,认真备课、上课,认真批改作业,认真辅导学生,不得敷衍塞责。案例中的张老师从教 30 年来,一直兢兢业业,认真讲课,每天都要给四五个班上课等符合爱岗敬业的教师职业道德规范要求。

(2)为人师表的教师职业道德规范要求教师坚守高尚情操,知荣明耻;严于律己,以身作则;衣着得体,语言规范,举止文明;关心集体,团结协作,尊重同事,尊重家长;作风正派,廉洁奉公;自觉抵制有偿家教,不利用职务之便谋取私利。案例中的张老师深受学生们的爱戴,被同事们评价为一位勤勤恳恳的老实人,给学生做了很好的榜样作用,符合为人师表的教师职业道德规范要求。

(3)关爱学生的教师职业道德规范要求教师关心爱护全体学生,尊重学生人格,平等公正对待学生;对学生严慈相济,做学生的良师益友;保护学生安全,关心学生健康,维护学生权益;不讽刺、挖苦、歧视学生,不体罚或变相体罚学生。案例中的张老师发现学生身体不舒服后,让她独自回宿舍休息,说明张老师忽视了学生在回宿舍途中的安全,而且在课后没有跟任何人提起此事,说明张老师没有进一步关心学生的健康,这违背了关爱学生的职业道德规范的要求。

4. 吴老师的职业行为符合2008年修订的《中小学教师职业道德规范》中"爱岗敬业"和"关爱学生"的教师职业道德规范;违背了"为人师表"的教师职业道德规范。

(1)"爱岗敬业"的师德规范要求教师:对工作高度负责;认真备课上课;认真批改作业;认真辅导学生;不得敷衍塞责。吴老师立志成为一名优秀的人民教师,工作努力,认真负责,体现了爱岗敬业的师德规范。

(2)"关爱学生"的师德规范要求教师:关心爱护全体学生,尊重学生人格,平等公正对待学生;对学生严慈相济,做学生的良师益友;保护学生安全,关心学生健康,维护学生权益;不讽刺、挖苦、歧视学生,不体罚或变相体罚学生。吴老师在得知班上学生要退学去打工后,主动联系家长,给家长转账,恳请家长把孩子送回学校的行为,维护了学生受教育的权利,体现了关爱学生的师德规范。

(3)"为人师表"的师德规范要求教师自觉抵制有偿家教,不利用职务之便谋取私利。吴老师收取补课辛苦费的行为就违背了为人师表的师德规范。

5. (1)张老师的做法符合爱岗敬业的教师职业道德规范。2008年修订的《中小学教师职业道德规范》中关于"爱岗敬业"方面所规定的具体职业行为要求有以下几点:①对工作高度负责;②认真备课上课;③认真批改作业;④认真辅导学生;⑤不得敷衍塞责。案例中的张老师每天认真备课、讲课,这体现出张老师的做法符合爱岗敬业的教师职业道德规范。

(2)张老师的做法符合终身学习的教师职业道德规范。2008年修订的《中小学教师职业道德规范》中关于"终身学习"方面所规定的具体职业行为要求之一是潜心钻研业务,勇于探索创新,不断提高专业素养和教育教学水平。案例中的张老师努力提高自己的教学技能,还综合运用多媒体教学和网络教学手段进行授课。这体现了张老师的做法符合终身学习的教师职业道德规范。

(3)张老师的做法不符合关爱学生的教师职业道德规范。2008年修订的《中小学教师职业道德规范》中关于"关爱学生"方面所规定的具体职业行为要求有以下几点:①关心爱护全体学生,尊重学生人格,平等公正对待学生;②对学生严慈相济,做学生的良师益友;③保护学生安全,关心学生健康,维护学生权益;④不讽刺、挖苦、歧视学生,不体罚或变相体罚学生。案例中的张老师把没有完成默写的37名学生一一叫上讲台,批评的同时还对其进行掌掴,没有尊重学生的人格。这体现出张老师的做法不符合关爱学生的教师职业道德规范。

(4)张老师的做法不符合教书育人的教师职业道德规范。2008年修订的《中小学教师职业道德规范》中关于"教书育人"方面所规定的具体职业行为要求之一是循循善诱,诲人不倦,因材施教。案例中的张老师对没有完成默写的37名学生直接进行批评,还对其进行掌掴的做法,表明张老师没有做到循循善诱地对学生进行教育。这体现出张老师的做法不符合教书育人的教师职业道德规范。

(5)张老师的做法不符合爱国守法的教师职业道德规范。爱国守法的教师职业道德规范要求教师自觉遵守教育法律法规,依法履行教师职责权利,不得有违背党和国家方针政策的言行。材料中的张老师对没有完成默写的37名学生进行体罚,违背了《中华人民共和国教师法》等相关法律法规,不符合爱国守法的教师职业道德规范。

专题四　教师职业道德修养与评价

答案速查：

1 ~ 5	BDABB	6 ~ 10	CADDB	11 ~ 15	CACDD
1 ~ 5	ABCD BCD ACD ABCD ABC			6 ~ 8	ABC ABD ABCD
1 ~ 5	√ √ × √ ×			6 ~ 11	√ × × √ √ √

一、单项选择题

1. B 【解析】教师职业道德修养的最终目的是要养成良好的职业道德行为习惯。
2. D 【解析】教师良好的师德修养不是与生俱来的，而是在科学理论的指导下，经过长期的社会实践，不断完善自身的结果。提高师德修养，必须掌握正确的途径与方法。教师的师德修养，只有在实践中才能得到不断的充实、提高和完善。
3. A 【解析】坚定教师职业道德信念是教师职业道德修养的核心问题。
4. B 【解析】职业责任感是教师在职业道德活动中形成的对他人或社会应负责任的内心体验和道德情感，它既是教师职业道德行为的出发点，又是激励教师实现某种道德目标的动力。
5. B 【解析】闻一知十的意思是：听到一点就能理解很多，常用来形容善于类推，不属于加强自我修养的方法。
6. C 【解析】慎独是指在没有外界监督、独自一人的情况下，也能自觉遵守道德规则，不做任何对国家、对社会、对他人不道德的事情。题干所述体现的教师职业道德修养方法就是慎独。
7. A 【解析】教师职业道德修养不仅是培养教师职业道德的首要环节，也是加强社会主义职业道德建设的迫切要求。
8. D 【解析】教师职业道德意志是产生职业道德信念和养成职业道德行为习惯的前提条件。
9. D 【解析】坚定教师职业道德信念，是师德修养的核心问题。教师职业道德信念是教师对职业理想、职业人格、职业原则、职业规范的坚定不移的信仰，是深刻的师德认识、炽热的师德情感和顽强的师德意志的统一，是把师德认识转变为师德行为的中间媒介和内驱力，并使师德行为表现出明确性和一贯性。比如，许多优秀的边远地区教师，不怕条件艰苦，不计个人得失，坚定不移地战斗在教育岗位上，其中一个重要原因，就是他们具有献身边远地区教育的坚定信念。
10. B 【解析】师德修养的基本的特点之一是历史继承性。中华民族历来是一个崇尚师德和师德修养的民族，从古代的孔子、孟子，到现代的陶行知、蔡元培，历代圣哲先贤、教育家对师德内涵和修养都提出过非常深刻独到的见解和观点，并终其一生践行自己的主张，成为世人楷模。倡导师德修养，首先就需要教师从深厚的历史和文化底蕴中汲取丰富的精神营养，责无旁贷地传承和弘扬中华民族的优秀师德。
11. C 【解析】良好的师德修养不是与生俱来的，而是在科学理论的指导下，经过长期的社会实践，不断完善自身的结果，理论与实践相结合是师德修养的根本途径。
12. A 【解析】职业道德理想体现了教师职业道德要求的本质。
13. C 【解析】坚定教师职业道德信念，是教师职业道德修养的核心问题。它是正确的职业道德知识、真诚的职业道德情感和坚毅的职业道德意志的“合金”，也是形成职业道德行为的强大动力和精神支柱。题干的描述体现了教师职业道德信念的内涵。
14. D 【解析】作为崇高的教师职业道德境界，“慎独”标志着一个教师的职业道德修养已达到高度自觉的程度。
15. D 【解析】是否具备坚强的职业道德意志是衡量教师职业道德素质高低的重要标志。

二、多项选择题

1. ABCD 【解析】要做到“慎独”：首先教师要注意把师德规范内化为教师的内心信念，化作行为的品质，并且以此来支配教师的行动，即使在无人监督之时，也依然按照师德规范行事。其次，要在“隐”和“微”处着手，狠下功夫。最后，要重视在无人监督时，自觉履行师德规范，养成良好的师德行为习惯。
2. BCD 【解析】教师职业道德评价的基本要求包括：(1)肯定评价与否定评价相结合，以肯定评价为主；(2)动态评价与静态评价相结合，以动态评价为主；(3)单项评价与综合评价相结合，以综合

评价为主;(4)定量评价与定性评价相结合,以定性评价为主;(5)终结性评价与形成性评价相结合,以形成性评价为主;(6)动机评价与效果评价相结合,以动机评价为主;(7)他人评价与自我评价相结合,以他人评价为主。

3. ACD 【解析】教师职业道德修养的方法包括:(1)加强理论学习,注重内省、慎独。(2)勇于实践磨炼,增强情感体验。(3)虚心向他人学习,自觉与他人交流。(4)确立可行目标,坚持不懈努力。B 项属于教师职业道德修养的基本原则。(具体内容参看黄明友编著的《教师职业理念与职业道德》)

4. ABCD 【解析】教师职业道德评价的方法有:自我评价法、学生评价法、社会评价法、加减评分法、模糊综合评判法。

5. ABC 【解析】教师职业道德修养的基本原则包括:(1)坚持知和行的统一;(2)坚持动机和效果的统一;(3)坚持自律和他律相结合;(4)坚持个人和社会相结合;(5)坚持继承和创新相结合。D 项是教师职业道德修养的方法之一。

6. ABC 【解析】"慎独"是教师职业道德修养的最高层次,它是指:在没有外界监督、独自一人的情况下,也能自觉遵守道德规则,不做任何对国家、对社会、对他人不道德的事情。所以,A、B、C 项理解均有误。

7. ABD 【解析】教师职业道德评价应遵循的原则有方向性原则、客观性原则、科学性原则、教育性原则和民主性原则。

8. ABCD 【解析】具体来说,教师职业道德修养主要包括职业道德理想、知识、情感、意志、信念和行为习惯六个方面:(1)树立远大的职业道德理想;(2)掌握正确的职业道德知识;(3)陶冶真诚的职业道德情感;(4)磨炼坚强的职业道德意志;(5)确立坚定的职业道德信念;(6)养成良好的职业道德行为习惯。

三、判断题

1. √ 【解析】教师职业道德修养中坚持继承和创新结合,是由师德的特点决定的。教师职业道德作为社会道德的一个组成部分,同属于社会意识形态,具有历史继承性。而中外师德传统中固然有许多精华值得我们借鉴和吸收,但当代师德建设更需要体现时代精神。因此,继承前代教师道德的优秀成果,并为自身服务,这是教师职业道德修养的一个必不可少的条件。

2. √ 【解析】教师职业道德修养的基本途径有:(1)努力学习教师道德理论,树立人民教师道德的理论人格;(2)参加社会实践,做到知行统一。故题干表述正确。

3. × 【解析】教师职业道德修养的具体方法之一是加强理论学习,注重内省、慎独。"慎独"是指在无人监督的情况下,也要坚守自己的道德信念,对自己的言行小心谨慎,绝不做任何不道德的事情。教师要做到"慎独",就应在"隐"和"微"处着手,不管有无监督,都要自重、自爱、自律。所以题干表述错误。

4. √ 【解析】教师职业道德修养是将教师职业道德要求转化为自己的信念并付诸行动的活动。简单说,教师职业道德修养是一种自我锻炼、自我改造、自我陶冶、自我教育的过程。

5. × 【解析】师德修养的时代性特点要求教师与时俱进,丰富和发展中华民族的优秀师德。

6. √ 【解析】学习和掌握教师职业道德知识是教师职业道德修养的首要环节和最初阶段。

7. × 【解析】教师职业道德修养既要用外在因素进行约束,又不能忽视主观能动性,要做到自律和他律相结合。

8. × 【解析】职业道德情感是人们在职业活动中选择道德行为的直接推动力量,职业道德情感一旦形成,就会积极地影响和调节人们的道德行为。

9. √ 【解析】教师道德修养的特点之一是自觉性。师德修养贵在自觉,严于律己是提高自我道德修养的关键。

10. √ 【解析】职业良心感是教师对自己的职业道德行为、对自己同他人及社会职业道德关系的自觉意识和自我评价能力,是一种对职业关系和职业活动是非、善恶的内心体验。它是教师职业责任感和义务感的发展,并与教师对职业道德行为的选择和职业道德实践紧密相连。职业良心对教师的职业活动具有重要的调节作用。故题干表述正确。

11. √ 【解析】社会主义方向性是我们开展教师职业道德评价的最根本的指导思想和工作原则。因为我们是社会主义国家,我国的教育是社会主义教育,我们的教师职业道德建设和评价必须坚持社会主义方向。

第四章 教育教学技能

专题一 教学技能与教学设计技能

答案速查:

1～5	ABABC	6～10	CDBBA	11～14	DDAB
1～6	ABCD ACD ABD ABC ABD ABCD	1～5	× × × × ×		

一、单项选择题

1. A 【解析】设计教案(课时计划)是教师备课工作的最后一个环节,也是教师备课工作中最全面系统、深入具体的一步,是保证教师有计划、有步骤地上好课的必要手段,对提高教学质量有着重要意义。

2. B 【解析】教学过程是整个教案的核心和主体,是教案编写的重中之重。

3. A 【解析】教学技能是教师在已有知识经验基础上,通过实践练习和反思体悟而形成的一系列教学行为和心智活动方式。这一定义至少包括以下三层含义:(1)教学技能是一系列教学行为和心智活动方式的整体体现;(2)教学技能的形成是内外兼修的结果;(3)教学技能是在教师已有知识经验的基础上形成和发展起来的。教学技能的形成不仅是教师长期练习和训练的结果,而且是教师在经验基础上体悟反思的结果。所以并不是教师的教学时间越长,教学技能就越丰富。故本题选择 A 项。

4. B 【解析】记叙式教案是指主要用文字形式将教学方案表达出来的教案,教学信息容量较大,表达细致,编制简单,是最基本、最常用的教案形式。

5. C 【解析】课堂教学技能是整个教学技能的核心,是课堂教学优质高效的保证,是有效激发学生学习兴趣的教师素质的重要组成部分。

6. C 【解析】教案是教师经过周密策划而设计出来的关于课堂教学的具体实施方案,通常以一节课为单位编写,也称之为课时教学进度计划。它既是备课成果的提炼和升华,又是备课的继续和深入。设计教案是教师备课工作的最后一个环节,也是教师备课工作中最全面系统、深入具体的一步,是保证教师有计划、有步骤地上好课的必要手段,对提高教学质量有着重要意义。所以,田老师的观点不正确,准备教案是教学中必不可少的环节。

7. D 【解析】教学艺术是教学技能发展的最高形态,是在教学技艺的基础上,使教学处处闪烁着创造的火花,教学中刻意追求的痕迹越来越少,内化的个性特点由不随意性转化为随意性,真正到了收放自如的境地。

8. B 【解析】表达学习结果的行为是一个学程结束后应获得的知识、技能和产生的行为,目标行为应该是可观察到的,必须用能精确、具体地描述行为的词来表达。在教学目标中,行为的表述是基本部分。

9. B 【解析】一般来说,教案内容主要由概况、教学过程、板书设计、教学后记或教学反思四部分组成。故本题选择 B 项。

10. A 【解析】正确表述教学目标是实现教学目标的基础和前提。

11. D 【解析】按照行为观点描述教学目标一般包括行为主体(教学对象)、行为活动、行为条件和行为标准等几个构成要素。在题干所述教学目标中,"学生"是行为主体(教学对象),"借助透明正方形胶片"是行为条件,"说明正方形面积等于边长乘边长的理由"是行为活动,所以,题干所述教学目标中缺少了对行为标准的描述。

12. D 【解析】编制教学目标要求做到明晰性、整体性、灵活性。其中,明晰性要求包括两个方面:一是尽可能将模糊的、以心理动词表述的目标转换成外显的行为性目标。二是将教学目标细化,分解成一系列具体的操作目标。故题干所述体现了编制教学目标所要求的明晰性。

13. A 【解析】讲义式教案类似于讲稿,就是把教学进程的每一环节都详细设计出来,这种教案要特别注意语句的连贯性。新教师一般用得较多,它可以保证教学的系统性和准确性,但缺乏灵活性。

14. B 【解析】教案编写的原则有:自然性原则、明确性原则、系统结构原则、过程性原则。其中,明确性原则是指教学的具体细节都要明明白白地写出来,以便教师上课时做到心中有数,有的放矢。切不可含含糊糊、疏忽某些细节,因为细节的差错,将会影响到一堂课的教学质量。故本题选择 B 项。

二、多项选择题

1. ABCD 【解析】教案的编写不仅要切合学生实际,还要坚持“五性”,即科学性、主体性、教育性、经济性和实用性。

2. ACD 【解析】教案从基本形式上可分为三大类:记叙式教案、表格式教案、卡片式教案。

3. ABD 【解析】教学技巧、教学技艺、教学艺术是教学技能在不同发展阶段表现出的三种不同形态。

4. ABC 【解析】教学目标正确的表述应具备的特征是外显性、可操作性和可测性。

5. ABD 【解析】教师在设计教案时,课时教学内容的分配要科学合理、突出重点、分散难点。

6. ABCD 【解析】题干中的这两个教学目标指向的主体都是教师,存在教学目标指向主体错误的问题;关注知识与技能等目标,忽视了过程与方法目标,存在教学目标不全面的问题;用语文课程目标代替了课堂教学目标,存在教学目标层次混乱问题;表述过于宽泛,不够确切,难以检测。

三、判断题

1. × 【解析】教师编制教学目标时既不能片面强调“高难度”,也不能过低估计学生的学习潜力,要坚持难度适中的原则。

2. × 【解析】一般来说,教案的内容主要由概况、教学过程、板书设计、教学后记或教学反思四部分组成。因此,设计教学过程只是设计教案的一个部分。

3. × 【解析】在具体教学实施中,教案并不是不可改变的,相反,教师要根据课堂上的实际情况随机应变,对教案进行必要的修改和调整,适应情况的变化,以便更好地完成教学任务。

4. × 【解析】在教学目标的表述中,行为主体指的是学习者,因为行为目标描述的是学生的行为,而不是教师的行为。

5. × 【解析】教学技巧是教学技能发展的初级形态,是教学技能达到一定熟练程度的标志。教学艺术的主要特征是教师形成了自己独特的教学风格。

四、简答题(参考答案)

1. 简述教学目标设计的步骤。

(1)钻研课程标准,分析课程内容;(2)分析学生已有的学习状态;(3)确定教学目标分类;(4)列出综合性目标;(5)陈述具体的行为目标。

2. 简述教案设计的要求。

(1)端正态度,高度重视;(2)切合实际,坚持“五性”;(3)优选教法,精设课型;(4)重视“正本”,关注“附件”;(5)认真备课,纠正“背课”;(6)内容全面,及时调整。

专题二　课堂导入技能

答案速查:

1~5	CBBAB	6~10	BABBD	11~15	BACAA
16~18	DBD		1~5	ACD ABCD ACD ABD AD	
1~5	× × √ × √				

一、单项选择题

1. C 【解析】课堂导入的主要目的是把新旧知识联结起来,引出新知识,使学生更好地学习新知识。因此,教师一定要把握好导入的“度”。课堂导入应尽量做到简练省时,力争用最少的话语、最短的时间导入新课，引出新的教学内容。一般而言，导入的时间以3～5分钟为宜。C项说法错误。

2. B 【解析】课堂导入要根据教学实际有针对性地设计，导入设计要与学科性质、教学内容和教学目标相适应。题干所述体现了导入的针对性。

3. B 【解析】直观导入指教师借助实物、标本、挂图等直观教具，以及投影、录像等媒体或示范性实验，对与教学内容相关的信息进行演示，并引导学生通过观察产生疑问，进行思考，从而自然进入新课学习的一种导入方法。题干中教师在讲解内容之前，先让学生观察圆柱和圆锥的模型及侧面展开图，这有利于学生获得有关圆柱和圆锥的感性知识，进而调动学生的学习积极性，这属于对直观导入的运用。

4. A 【解析】课堂导入具有“激发学习兴趣，引起学习动机”的功能。学生的学习受到多方面因素的影响，其中最主要的是受学习动机的支配。学习动机是直接推动学生学习的一种内部动力，是激励和指引学生学习的一种需要。学习兴趣是激发内在学习动机的主要因素。有效的导入可以激发学生对所学知识的兴趣，使学生积极主动地参与学习活动。故选A项。

5. B 【解析】悬念导入是一种以认知冲突的方式设疑，使学生思维进入惊奇、矛盾等状态，构成悬念的导入方法。悬念的设置有助于吸引学生的注意力，使学生思维处于一种激活状态，产生非弄清楚不可的求知心理，从而迅速进入学习知识的最佳状态，在思考、研究中学习新知识。教师利用折纸实验使学生们心理上形成反差，从而激发学生对新知识的求知欲，这种导入方式属于悬念导入。

6. B 【解析】悬念导入是一种以认知冲突的方式设疑，使学生思维进入惊奇、矛盾等状态，构成悬念的导入方法。题干中教师通过“老虎和狐狸哪种动物更厉害”这一巧妙提问，引起了学生的认知冲突，有助于吸引学生的注意力，使学生迅速进入学习知识的最佳状态，这种导入方式属于悬念导入。

7. A 【解析】课堂导入是课堂教学的起始环节，俗称开场白，是教师在新的教学内容和教学活动开始时，通过简短的言语或行为，引导学生迅速进入学习状态的教学行为方式。

8. B 【解析】悬念导入是一种以认知冲突的方式设疑，使学生思维进入惊奇、矛盾等状态，构成悬念的导入方法。题干中的语文老师的开讲充分激发了学生的好奇心，引起了学生对学习新知识的兴趣，运用的是悬念导入法。

9. B 【解析】材料中的教师在新课开始前用谜语导入新课，属于谜语导入。

10. D 【解析】实验导入是指上课伊始，教师巧设实验，使学生通过对实验的观察去发现规律，进行归纳总结，推导出结论，来导入新课。题干中的李老师通过让学生们分别用轻微、用力、非常用力三个力度鼓掌的实验来谈感受，进而学习“作用力与反作用力”。这说明李老师的课堂教学导入属于实验导入。

11. B 【解析】事例导入、悬念导入、表演导入都是教师在进入课堂之前设计好并做了相关准备的。教师除了预设课堂导入，也可以根据课间发生的一些随机性的事件启动课堂教学。由于随机事件是刚刚发生的，学生的感受和体会都真切而深刻，以此来导入教学更容易激发学生的学习兴趣。随机事件的导入方法需要教师对学生的举动保持高度的敏感，并且能够充分挖掘随机事件的教学价值。故选B项。

12. A 【解析】直接导入是指教师上课伊始直接阐明本节课的学习内容、目标和要求的导入方法。这是最简单和最常用的一种导入方法。直接导入一般借用课题、人物、事件、名词、成语等为引入语，然后直接概述新课的主要内容及教学程序，使学生明确本课所要完成的任务，从而把学生的注意力吸引到这节课所要学习的问题上来，准备参与教学活动。题干中的张老师直接阐明了教学内容，是对直接导入的运用。

13. C 【解析】故事导入，即通过讲故事的方法导入新课，这种导入符合学生的认知心理，能够激发他们对即将学习的新课产生浓厚的兴趣。题干中，老师通过唐僧师徒四人西天取经的故事导入新课，体现的是故事导入。

14. A 【解析】直观导入既适用于自然科学类内容的教学，也适用于人文社会科学类内容的教学。

15. A 【解析】情境导入是指教师运用满怀激情的朗读、演讲或者通过音乐、动画、录像等创设有趣

的学习情境，感染学生，引起学生丰富的想象和联想，使其情不自禁地进入学习情境的一种导入方法。王老师经常使用故事、游戏、图片等形式为学生创设学习情境，使学生自然而然地进入学习状态，这种导入属于情境导入。

16. D 【解析】直观导入指教师借助于实物、标本、挂图等直观教具，以及投影、录像等媒体或示范性实验，对与教学内容相关的信息进行演示，并引导学生通过观察产生疑问，进行思考，从而自然进入新课学习的一种导入方法。

17. B 【解析】直接导入是指教师上课伊始直接阐明本节课的学习内容、目标和要求的导入方法。这是最简单和最常用的一种导入方法。

18. D 【解析】经验导入是以学生原有的生活经验为出发点，教师通过生动而富有感染力的讲解、谈话或提问引起回忆，从而引导学生发现问题的导入方法。题干表述的是经验导入的概念。

二、多项选择题

1. ACD 【解析】创设有效导入的基本原则包括趣味性原则、针对性原则以及新颖性原则。题干中的胡老师在讲授《廉颇蔺相如列传》时，从同样与蔺相如有关的“和氏璧”的故事入手，进而开展新课，新颖有趣且富有针对性，即遵循了这三个原则。

2. ABCD 【解析】课堂导入的结构：(1)引起注意；(2)激发动机；(3)组织指引；(4)建立联系。

3. ACD 【解析】创设有效导入的具体要求包括：(1)符合教学的系统性。导入、呈现、理解、巩固和结束的教学过程实际上是一个整体，构成了完整的教学，各个教学程序之间具有一定的连续性，要把导入与整个教学过程综合起来考虑。(2)符合教学内容本身的科学性。(3)从学生的实际需要出发。(4)从课型的需要入手。(5)导语尽量简洁。(6)形式要多种多样。直接导入法是最简单和最常用的一种导入方法。B 项说法错误。

4. ABD 【解析】课堂导入在教学方面起着不可替代的作用，主要表现在：(1)安定学习情绪；(2)吸引学生注意；(3)激发学习兴趣；(4)沟通师生情感；(5)明确教学目的；(6)启迪学生思维；(7)确定全课基调。(具体内容参见鲁宏飞编著的《课堂教学艺术研究》)

5. AD 【解析】直接导入是最简单和最常用的一种导入方法；教师通过提出富有启发性的问题进而引入新的教学内容的方法是问题导入，故 B、C 项错误。

三、判断题

1. × 【解析】不同类型的课要选择不同的导入形式。新授课、过渡课、练习课、复习课等不同类型的课由于学习任务和学习内容的不同，所需要的导入也会有所区别。故题干说法错误。

2. × 【解析】提倡启发式，反对注入式，是当代运用教学方法的指导思想。因此，课堂导入要具有启发性。

3. √ 【解析】温故导入是指教师通过帮助学生复习与即将学习的新知识有关的旧知识，从中找到新旧知识的联结点，合乎逻辑、顺理成章地引导学生学习新知识的一种导入方法。温故导入是由已知导向未知，过渡流畅自然，适用于连贯性和逻辑性较强的知识内容。

4. × 【解析】一般而言，导入的时间以 3 ~ 5 分钟为宜。

5. √ 【解析】课堂导入要符合教学的系统性。导入、呈现、理解、巩固和结束的教学过程实际上是一个整体，构成了完整的教学，各个教学程序之间具有一定的连续性，要把导入与整个教学过程综合起来考虑。

四、简答题(参考答案)

1. 简述课堂导入的基本要求。

(1)导入要有针对性；(2)导入要有启发性、趣味性；(3)导入要有新颖性；(4)要恰当把握导入的“度”。

2. 课堂导入的类型主要有哪些？

(1)直接导入；(2)温故导入；(3)直观导入；(4)问题导入；(5)实例导入；(6)情境导入；(7)审题导入；(8)悬念导入；(9)活动导入；(10)故事导入；(11)经验导入；(12)诗文导入；(13)随机事件

的导入。此外,常用的导入类型还有游戏导入、练习导入等。

五、案例分析题(参考答案)

1.(1)材料中语文老师通过让学生根据自己的诗词积累,回忆跟黄鹂有关的诗文,进而过渡到孙犁的《黄鹂》,运用了温故导入的方法。

(2)①有效的课堂导入能够牢牢吸引学生的注意力,使学生迅速进入课堂角色;②有效的课堂导入可以强烈地激发学生的学习兴趣和求知欲,使学生迅速做好学习新知识的心理准备,并产生学习期待;③有效的课堂导入能够使学生明确学习目标,建立新旧知识之间的联系,营造和谐的课堂氛围等。材料中的老师在使用温故导入时,吸引了学生的注意力,启发了学生的思维,能够使学生迅速进入课堂角色,也有利于建立新旧知识之间的联系。

2.(1)案例中吴老师运用的课堂导入类型为诗文导入。诗文导入是指教师利用适当的诗文材料(如诗歌、故事、成语、对联、笑话、歇后语、谜语等)导入新内容的导入方式。

(2)①优点:诗文导入易于创设学生学习的情境,激发学生的学习情感及兴趣,增强上课的韵律和吸引力。②适用范围:常用于文科。

(3)教师采用诗文导入的方式应注意所选择的诗文材料与新课内容要有紧密联系,同时要注意启发性和趣味性。

专题三　课堂观察、倾听与提问技能

答案速查:

1～5	BDCDD	6～10	AADDD	11～13	BDC
1～5	ABC ABD BCD ABCD ABCD			1～4	√ √ × ×

一、单项选择题

1. B 【解析】理解性提问是用来检查学生对已学的知识及技能的理解和掌握情况的提问方式,多用于某个概念、原理讲解之后,或一个完整的课程结束之后。学生要回答这类问题必须对已学过的知识进行回忆、解释、重新组合,对学习材料进行内化处理,组织语言然后表达出来。题干中的物理老师在讲解牛顿力学后,结合与力学相关的实例对学生进行提问属于理解性提问。

2. D 【解析】"不愤不启,不悱不发"的意思是:学生如果不经过思考并有所体会,想说却说不出来时,就不去开导他;如果不是经过冥思苦想而又想不通时,就不去启发他。也就是说,只有在学生"愤、悱"的状态下,才是启发(提问)的最佳时机。即学生"心求通而未得之意""口欲言而未能之貌"的时候,这个时候,学生注意力集中、思维活跃,对教师的提问往往能够积极地投入思考,从而让课堂教学收到良好的效果。因此,"不愤不启,不悱不发"要求教师在提问时把握好时机。故本题选D项。

3. C 【解析】课堂观察的原则主要有同步性原则、即时性原则、全面性原则、客观性原则以及反省性原则。其中,课堂观察的反省性原则强调课堂观察的目的是改进课堂教学,加强师生之间的理解和沟通,教师不能仅仅满足于看到了什么,还要进一步反省自己所看到的问题并进行深度的反思。

4. D 【解析】评价水平的提问可用来帮助学生根据一定的标准来判断材料的价值,它要求学生对一些观念、价值观、问题解决办法或伦理行为进行判断和选择,能提出自己的见解。如"你怎样看待这篇散文"。

5. D 【解析】在准备开展课堂讨论时,即使教师提的问题很有启发性,措词恰当,也不能保证学生一定会开始讨论。学生还要进行思考,不会马上进入讨论的状态,这时教师要做的就是等待,等待第一个学生的回答。

6. A 【解析】分析水平的提问可以用来分析知识的结构、因素,弄清事物间的关系或事项的前因后果,它要求学生进行批判性思维,能分析资料,以确定原因,进行推论。在这一水平的提问中,教师经常使用的关键词是:为什么、什么因素、得出结论、证明、分析等。题干这一提问要求学生分析五

四运动成为中国新民主主义革命开端的原因,属于分析型提问。

7. A 【解析】探究是指在教师提问之后,学生虽然提供了正确答案,但他们提供的答案往往不够深入,或者不够详细,或者不够清楚,或者不够规范,这时教师要求学生提供补充信息,进一步解释或澄清自己的观点,使得自己的回答更深入、更详细、更清晰、更规范的一种理答方式。根据题意,黄老师应该进行的追问方式是探究。

8. D 【解析】处理答问是指教师在学生回答问题后,对学生的答案进行的处理工作,其一般过程为:(1)积极倾听;(2)准确判断;(3)恰当提示;(4)及时评价。

9. D 【解析】理解提问是检查学生对事物本质和内部联系的把握程度的提问。需要学生对已学过的知识进行回忆、解释、重新整合,对学习材料进行内化处理,组织语言然后表达出来。提问使用的关键词是:怎样理解、有何根据、为什么、怎么样、何以见得等。

10. D 【解析】教师和每个学生的空间距离不一样,观察的准确性也就不同。无论在授课过程中,还是在学生做练习时,教师都不应该始终站在讲台上,而应不定时地到学生中间进行巡视,以此收集来自学生的更为准确的反馈信息,并对学生的学习进行监控。故选 D 项。

11. B 【解析】教师提高倾听技能应注意做到善于理解。教师应该采取换位思考的方式体验学生的心理、精神和内心世界,即"将心比心""设身处地"地替学生思考。教师理解尊重学生,就容易与学生在感情和思想上产生共鸣。

12. D 【解析】由题干中"可以给学生提供参与讨论、发表意见、锻炼语言表达能力的机会"可知,课堂提问可以培养学生的参与能力。

13. C 【解析】分析水平的提问可以用来分析知识的结构、因素,弄清事物间的关系或事项的前因后果,它要求学生进行批判性思维,能分析资料,以确定原因,进行推论。例如,"引起'代沟'的原因是什么"。在这一水平的提问中,教师经常使用的关键词是:为什么、什么因素、得出结论、证明、分析等。

二、多项选择题

1. ABC 【解析】创设问题情境的原则有:(1)问题要小而具体;(2)问题要新颖有趣;(3)要有适当的难度;(4)要富有启发性。故答案选 A、B、C 三项。

2. ABD 【解析】提问过程的介入阶段即在学生回答问题有困难、不能作答或回答不完全时,教师应适时介入,以不同的方式鼓励、引导、启发、帮助学生回答问题。教师的行为主要考虑以下五个方面:(1)核查:核对查问学生是否明白问题的意思;(2)催促:鼓励学生尽快作出回答或完成教学指示;(3)提示:提示问题的要点、关键或答案的结构,帮助学生作出完整的回答;(4)重复:在学生没听清题意时,原样重复所提问题;(5)重述:在学生对题意不理解时,教师用不同词句重述问题或重新表述一次问题。

3. BCD 【解析】教师在提问时,应该采用"先发问,后叫学生"的发问顺序,这样有助于调动全体学生积极思考,否则,先叫学生后提问,会使得被问到的学生因为不知道教师要提什么样的问题而惴惴不安,唯恐回答不出,其他学生由于这一问题与自己无关而作袖手旁观状,不去积极思考。故 A 项做法不恰当。

4. ABCD 【解析】根据布卢姆的目标分类学中关于认知目标的层次,可把课堂提问划分为回忆提问、理解提问、应用提问、分析提问、综合提问和评价提问六种类型。

5. ABCD 【解析】有效提问的时机包括:(1)在新课导入时提问;(2)在学生发生思维障碍时提问;(3)在重难点处提问;(4)在学生无疑处提问;(5)在知识需要迁移时提问。除此之外,教师还可以在需要建立新旧知识之间的联系时,需要建立新的知识结构或图式时抓住时机,提出有效问题。

三、判断题

1. √ 【解析】一个完整的提问过程,包括引入阶段、陈述阶段、介入阶段、评价阶段。

2. √ 【解析】课堂提问要注意照顾有特殊需要的学生,如提问注意力容易分散的学生可以使其集中精力,对胆小害羞的学生提问其力所能及的问题可以帮助其树立自信等。

3. × 【解析】一般来说难度较大的问题应在课前提出,教师和学生有所准备可以充分讨论解决。

4. × 【解析】课堂提问可分为封闭式提问和开放式提问。封闭式问题的答案通常只需要回答“是”或“不是”,或通过事实得出问题的答案,问题的答案无须通过思考或发挥创造力得出。开放式问题的回答可能有很多种,但问题本身并没有一个正确的答案,学生可以根据自己的想象或兴趣,侧重于不同的方面来回答问题。因此,题干中李老师的问题属于开放式问题。

四、简答题(参考答案)

1. 简述课堂提问的基本要求。

(1)合理地设计问题;(2)面向全体学生提问;(3)目的明确,把握好时机;(4)提问的语言要准确,具有启发性;(5)提问的态度要温和自然;(6)及时进行评价和总结。

2. 简述课堂提问的意义。

(1)激发学习动机,集中注意力;(2)提示学习重点;(3)启发学生思维;(4)培养学生参与能力;(5)实现师生互动交流,活跃课堂气氛。

专题四 课堂板书技能

答案速查:

1~5	BBCAA	6~8	BBA	1~5	ABD AC ABC ABCD AC
1~3	× × √				

一、单项选择题

1. B 【解析】板书的要求包括:计划性、简洁性、科学性、条理性、启发性、适时性和艺术性。板书要有简洁性是指,板书是对教学内容的提炼,板书语言不仅应该是精练概括的,而且应恰当地反映教学内容的本质,尤其是重点和难点内容。故本题选 B 项。

2. B 【解析】词语式板书是教师在对讲授内容深入研究的基础上,从中找出一些关键性的词语,或者总结出一些能准确反映讲授内容的词语,在授课时把这些词语分区域、按次序地书写在黑板上。其特点是紧扣课文,突出教学的重点,激发学生思考,引起学生的联想。

3. C 【解析】纲要式板书是最常见的一种板书形式,几乎适用于所有学科。

4. A 【解析】据研究,人们对处于不同位置内容的观察频度是不同的。对位于左上的内容的观察频度最高,其次是左下,右下最低。所以,如果系统板书不多,则应放在中间偏左的位置;如果系统板书较多,则应根据板书各部分的重要程度,依次安排在左上、左下、右上、右下的位置上。所以,答案选 A 项。

5. A 【解析】板书的时机一般分先讲后书、先书后讲、边讲边书。如果要巧妙引入新课,使学生在不知不觉中获得新知,往往采取先讲后书,总结后再出示课题,收到画龙点睛之效。

6. B 【解析】辅助板书的特点是能反映教学内容中有关诠释性、延伸性信息,能提示有关零散的知识。辅助性板书是对基本板书的具体补充或辅助说明,一般随教学进程的发展随写随擦或择要保留。

7. B 【解析】课堂板演是教学过程不可缺少的环节,把这一环节留给学生——让学生板演有利于发挥学生的主体作用,树立学生自主意识,激发学生学习的兴趣,调动学习积极性。

8. A 【解析】线条式板书又称脉络式板书,它是以文字表述为主,并用线条、数字或符号把文字组成一个框架,表现事物的结构、顺序、过程等的板书形式。题干所述为线条式板书的概念。

二、多项选择题

1. ABD 【解析】使用板书结构化策略时要注意以下几个问题:(1)对教学内容要充分理解和加工;(2)板书要有利于学生记忆和思考,特别要突出启发性;(3)板书的字迹要端正和清楚,在黑板四周留空,保持结构美观;(4)教师书写板书时应站在一边,尽可能让视线与学生接触,不要对着黑板讲话;(5)可使用彩色粉笔,使结构化板书更具有艺术性;(6)尽量形成习惯,将黑板分成两部

分，一部分是教学内容结构化，一部分是辅助性板书。

2. AC 【解析】板书设计的原则有：(1)语言准确，有科学性；(2)重点突出，有计划性；(3)书写规范，有示范性；(4)层次分明，有条理性；(5)布局合理，有艺术性；(6)形式多样，有启发性。B、D 项不符合课堂板书的原则。

3. ABC 【解析】辅助板书又称附属板书或副板书。其特点是能反映教学内容中有关诠释性、延伸性信息，能提示有关零散的知识。辅助板书是对基本板书的具体补充或辅助说明，一般随教学进程的发展随写随擦或择要保留。故 D 项说法错误。

4. ABCD 【解析】课堂板书设计的原则包括：规范性原则、客观性原则、针对性原则、启发性原则、时效性原则。

5. AC 【解析】板书设计要针对教学内容和学生特点，因文因人制宜，不能千篇一律。根据不同的目的，板书设计也要不同。A 项正确。板书设计要注意书写规范和内容规范。所谓内容规范，就是要浓缩整节课的内容为一体，板书的词句要简明精练，内容表达要明确、清晰、简明。不能不写或少写板书，也不能板书过多过滥，B、D 项表述错误。板书还要注重时效性，板书的时机一般分先讲后书、先书后讲和边讲边书，对难度较大的概念、公式等一般适宜先书后讲。C 项正确。

三、判断题

1. × 【解析】教学板书的造型是指板书形式的安排，是体现板书形式美、外在美的主要手段。它要求板书图示的排列和组合在准确体现内容的前提下，力求生动活泼，给人形式上的美感。故题干表述错误。

2. × 【解析】教师在板书的运用上应注意避免不写或少写板书以及板书过多过滥的问题。

3. √ 【解析】课堂板书的特点包括：(1)直观形象性；(2)高度概括性；(3)艺术性。

四、简答题(参考答案)

教师在板书的运用上存在哪些错误倾向?

(1)不写或少写板书；(2)板书过多过滥；(3)教师虽然精心设计了板书，但只是结论性的文字显示；(4)教师在教学中注意了学法指导，但如果没板书出来，正确的学习方法很难在学生脑海里留下印象。

专题五　巩固、反馈、强化与结课技能

答案速查：

1～5	AABBB	6～11	BCDCBC	1～4	ABCD ABCD BCD ABCD

一、单项选择题

1. A 【解析】归纳总结式结课是中小学最常见的结课方式。

2. A 【解析】悬念结课是指教师通过设置疑问、留下悬念以启发学生思考的结课方法。杨老师在一堂课结束时为引起学生的求知欲而留下疑问的方法即为悬念结课法。

3. B 【解析】言语强化是指教师通过语言对学生的行为及其结果给予肯定，从而使学生的行为向着教师所希望的方向发展的强化。教师通过口头表扬对小明回答问题的表现进行强化，属于言语强化。

4. B 【解析】游戏式的课堂总结(游戏结课)是指根据学生的年龄与心理特点，运用游戏结束课堂教学，以游戏作小结，寓教于乐。题干中张老师通过小游戏环节进行课堂总结的方式属于游戏式。

5. B 【解析】拓展延伸结课是指教师要把教学内容做进一步延伸和拓展进行结课的方法。运用拓展延伸结课时，教师要考虑到学生能获得的课程资源，提出的要求一定是学生通过努力能够做到的。题干中，教师介绍了欧·亨利的小说的特点后，又向学生推荐了他的两篇代表作品，鼓励学生抽时间读一读。这体现的是拓展延伸结课。

6. B 【解析】探索式结课方法，即教师利用课堂教学的结束环节，结合该节课的教学内容，提出问

题，引导和鼓励学生把所学的知识向课外延伸，激发学生学习和研究新知识的兴趣，提高分析问题和解决问题的能力。

7. C 【解析】归纳表格式巩固是指有些教学内容之间存在着相近的关系，学生的记忆容易产生混淆，教师应引导学生共同概括所学知识，并列成表格以达到巩固教学内容的目的。

8. D 【解析】在巩固教学时教师还可让学生上讲台模仿教师的演示进行实验，这就是实验演示式巩固。题干所述内容为实验演示式巩固的典型事例。

9. C 【解析】复述式巩固是指教师在导入新课时，复述与新知相关的旧知，或教师要求学生复述所学的重要内容。题干中教师让学生说说关于圆的知识，这种巩固方式属于复述式巩固。

10. B 【解析】活动结课是指教师采用讨论、实验、演示、竞赛等形式进行结课的方法。题干中教师采用分组竞赛的方式进行结课属于活动结课。

11. C 【解析】归纳结课法是指教师用总结性的语言提纲挈领地再现一节课或一个章节的知识结构体系，从而结束课堂教学的方法。由题干“对整节课的内容进行概括总结”可判断刘老师采用的结课方法为归纳法。

二、多项选择题

1. ABCD 【解析】教学反馈是完成教学进程的重要环节，是强化和调控目标检测的重要手段，具有激励、调控、媒介和预测的作用。

2. ABCD 【解析】结课的基本要求是：(1)结课要有针对性；(2)结课要有全面性和深刻性；(3)结课要简洁明快；(4)结课要有趣味性。

3. BCD 【解析】日常教学中的巩固是指日常教学中新授课开始时的引导性复习、新授课进行中的复习、部分新内容教学后的局部复习、新授课结束时的总复习和完成课外作业。

4. ABCD 【解析】结束技能是教师结束教学任务的方式，通过归纳总结、实践活动、转化升华等教学活动，对所学的知识和技能进行及时的系统化、巩固和运用，使新知识有效地纳入学生原有的认知结构中。小结要紧扣教学内容的目的、重点和知识结构，做到简明、精要，有利于学生回忆、检索和运用；要安排适当的实践活动，如练习、口答和实验等。A 项属于归纳结课，B、C 项属于拓展延伸结课，D 项运用的是结课方法中的练习法，有利于学生巩固所学知识，符合结束技能要求。

专题六　教学语言技能

答案速查：

1～5	DACBA	6～11	DCABDC	1～3	ABD ABCD ABCD
1～5	√ × √ √ ×				

一、单项选择题

1. D 【解析】体态语在教学最优化中的意义，概括起来有六点：帮助组织教学、增进师生感情、激活学习情绪、突出教学重点、调控教学进程、提高教学效果。其中，帮助组织教学体现在：上课铃响，教师步入教室在讲台上站定，用目光扫视一下全班学生，学生即可安定下来，班长就会主动喊“起立”。这样教师不费一言，上课就会正式开始。

2. A 【解析】教学口语是由语音和吐字、音量和响度、语速、语调和节奏、词汇、语法等几个相互联系、相互制约的要素构成的。其中，响度是指声音的高低。教学中要努力使坐在每个位置的学生都能毫不费力地听清楚教师讲的每句话、发出的每个音节，并且耳感舒适。故 A 项说法正确。

3. C 【解析】教学口语是教师教学中最基本、最广泛的表达工具。

4. B 【解析】相对于教学口语而言，教态语言具有的特征是：(1)辅助性；(2)连续性；(3)表情性；(4)动作性；(5)情境性。

5. A 【解析】教师的身姿变化主要包括站姿、走姿和手势。A 项属于教师的面部表情。
6. D 【解析】手势是传情达意的有效手段和工具，是教师角色行为中动作变化最快、最多、最大的。
7. C 【解析】摹状手势用以摹形状物，往往给学生一种形象可感的印象，如方圆、大小、长短的摹拟。它所摹拟的事物特征，一般应是形象性、直观性强，容易为学生所接受的。
8. A 【解析】教师的站姿要端庄、稳重、挺直，并与全体学生保持相对稳定，在讲课时应根据教学实际需要而适当活动。因此，教师可以适当变换站姿。
9. B 【解析】教师语言的准确性，即教师的语言要准确、鲜明、简练。所谓简练，是指语言言简意赅。论述简明扼要，提纲挈领；分析鞭辟入里，丝丝入扣；描绘画龙点睛，入木三分；见解独到深刻，令人耳目一新。
10. D 【解析】教师的教态语言主要有三类，即身姿变化、面部表情和外表修饰三个方面。其中面部表情包括眼神、微笑。故本题选择 D 项。
11. C 【解析】教学中的手势按其构成方式和功能的不同分为以下几类：(1)指示性手势：是用以具体指明表述中论及的人或事物及其所在位置的手势。这种手势有实指和虚指之分。(2)描述性手势：用来摹形状物的手势。这是以手运动的轨迹来勾勒人或事物的外形轮廓，从而给听众具体印象的手势。其表现在于神似，而不苛求形似，往往只具有示意性。(3)会意性手势：主要通过手势的动作趋向来示意说话人的思想、情感。虽然看起来比较抽象，但用得准确、恰当，就能引起听众心理上的联想，启发思维。(4)象征性手势：这是一种用于表示抽象意念的手势。题干中陈老师把食指竖起来放在嘴上，表示他想让大家安静下来。陈老师的动作反映了他的想法，故其手势属于会意性手势。

二、多项选择题

1. ABD 【解析】教师在运用体态语时，应尊重学生的人格，保护学生的自尊心，不能使用蔑视甚至敌视性的体态语。用手指戳学生的做法严重损伤了学生的自尊心和自信心，不利于学生的身心健康发展，也影响教师在学生心目中的形象。故选 ABD 三项。
2. ABCD 【解析】教学口语是由语音和吐字、音量和响度、语速、语调和节奏、词汇、语法等几个相互联系、相互制约的要素构成的。
3. ABCD 【解析】教态语言的功能包括：(1)教育功能；(2)传递信息功能；(3)激励功能；(4)调控功能；(5)强化功能。

三、判断题

1. √ 【解析】“手是会说话的工具”，优秀的教师应该学会在课堂教学中灵活运用手势语的张力，掌握手势运用的幅度和准确把握手势动作的范围。在充分运用和发挥手势语作用的同时，要做到手势运用恰到好处，合理地将手势语与有声语言、面部表情密切结合，与教学内容、学生情绪和谐一致，以取得最佳的教学效果。
2. × 【解析】教学语言是教师进行课堂教学最主要的工具，是连接教与学的主要媒介。
3. √ 【解析】教学口语除了具备一般语言的简洁、准确、生动、形象、得体等特点外，还具有教育性、科学性、针对性、规范性、口头性、启发性和可接受性。
4. √ 【解析】面部表情是教师通过眼、眉、唇等器官和面部肌肉的活动变化来传递信息的一种形式。教师要善于利用面部表情来表达自己的情感，调控整个教学活动。
5. × 【解析】教师讲授时的语速以稍慢于日常生活说话速度为宜。

四、简答题（参考答案）

简述课堂教学口语的基本要求。

(1)符合规范，内容科学，合乎逻辑；(2)通俗易懂，生动活泼，富于启发；(3)条理清晰，层次分明，重点突出；(4)富于创造性，有独特的风格。

专题七　说课技能与教学反思技能

答案速查：

1～5	CACBC	6～10	CABAA	1～4	ABCD CD ABCD BCD
1～6	√ × √ × × √				

一、单项选择题

1. C 【解析】教师行为模式的形成与确立常常受一定“先在”观念（或知识）的导向支配和影响，习惯是人的第二天性，教师的观念和行为一旦结成某种结构或体系，形成习惯，便处于一种“自以为是”的“固执”状况。因此，反思教师的教学行为是教学反思的重中之重。

2. A 【解析】教师授课的两大基础，即学生水平与教材要求。其中，学生的学习情况及其水平是教师教学设计活动的重要基础之一，是确定教学目标及重点、难点的基本依据。在说学情时，教师必须说明两方面情况：一是学生的学习基础，即学生的知识、能力起点水平如何，他们已经具备了哪些知识与能力，具有哪些生活经历，这些知识、技能、经验能否支持学生完成对新授教学内容的学习；二是学生的学习特点与风格，如中学生学习本门课程的一般特点如何，其心理年龄特征与思维发展水平如何，学生之间的学习水平差距与个性差异情况如何；等等。故选 A 项。

3. C 【解析】说课的核心在于说理，在于说清“为什么这样教”。故本题答案选择 C 项。

4. B 【解析】课前反思主要是备课过程中的反思，包括新学期开始时对所讲授课程的教学目标的确立、对课程教学计划安排的反复考虑和琢磨，以及自我试讲后的思量、修正。也包括上课前经过再三查证和省察而对教学资源的挖掘、选取和舍弃、补充与延伸，对教学策略、教学方法和教学媒体的选择和使用，对学生参与程度的预测，对课堂上有可能出现问题的估计，等等。

5. C 【解析】说课是说课者运用一定的理论，将自己教学系统设计的思路、依据或者教学后的反思，借助口头语言和其他辅助手段，简约地与同行、教学研究人员以及教育部门有关领导进行交流、探讨，以改进说课者的教学设计、提高教学质量、促进教师成长发展的一种教学研究活动和方式。因此学生不属于说课对象。

6. C 【解析】说课是说课者运用一定的理论，将自己教学系统设计的思路、依据或者教学后的反思，借助口头语言和其他辅助手段，简约地与同行、教学研究人员以及教育部门有关领导进行交流、探讨，以改进说课者的教学设计、提高教学质量、促进教师成长发展的一种教学研究活动和方式。简言之，说课就是教师阐述在课堂教学中做什么，怎么做，为什么这么做的教学研究活动。故 C 项正确，当选。

7. A 【解析】说课的重点是“为什么这样做”，要把教学构想、教学效果及其理论依据说清楚。

8. B 【解析】按照教学反思时间的前后，可把教学反思分为课前反思、课中反思与课后反思。

9. A 【解析】教学反思是指教师对已经发生或正在发生的教学活动进行积极、持续、周密、深入、自我调节性的思考，并寻求多种方法解决问题的过程。

10. A 【解析】研讨性说课是指以教研组或年级组为单位，以集体备课为主要形式对说课本身进行探索性研讨的说课。这种类型的说课，一般是为突破教学难点，探讨教学热点问题，寻找解决问题的方法而进行的说课。

二、多项选择题

1. ABCD 【解析】教学反思的有效途径有：(1)记教学日记；(2)说课；(3)听课与评课；(4)征求学生意见；(5)评价学生学习的效果；(6)总结和提炼教学经验。

2. CD 【解析】教学反思是指教师对已经发生或正在发生的教学活动进行积极、持续、周密、深入、自我调节性的思考，并寻求多种方法解决问题的过程。在教学过程中，可以允许老师犯错，但老师

在发现自己的错误时,应查找错误的根源,及时纠错改错,并吸取经验教训,进行深刻反思。A、B两项的做法都不利于教师的专业成长,因而不可取。

3. ABCD 【解析】教学反思的特点包括:(1)超越性;(2)实践性;(3)过程性;(4)主体性;(5)发展性。

4. BCD 【解析】说课就是教师阐述在课堂教学中做什么、怎么做、为什么这么做的教学研究活动。说课的重点是“为什么这样做”。说课的内容包括说教学目标、教学内容、学生情况、教学方法、教学程序设计(教学过程)、练习的内容与方法,并不等同于宣讲教案,浓缩课堂教学过程。评课的重点不在于评价教师的讲授水平,也不在于鉴定某一节课的教学效果,而是要诊断教师在课堂教学中存在的问题和不足,以此来促进教师个体专业发展。故B、C、D项说法错误。

三、判断题

1. √ 【解析】教学反思是指教师以自己的教学活动为意识对象,对自己的教育理念、教学行为、决策以及由此所产生的结果进行认真的自我审视、评价、反馈、控制、调节、分析的过程。从时间维度上,反思可分为行动前、行动中、行动后反思。

2. × 【解析】说课不是宣讲教案,不是浓缩课堂教学过程,说课的核心在于说理,在于说清“为什么这样教”。

3. √ 【解析】评比性说课是指以评价教师说课和教学水平为主要目的的说课,也叫评价性说课或竞赛性说课。故题干说法正确。

4. × 【解析】检查性说课是指以检查考核教师业务水平和工作状况为主要目的的说课。它是对教学设想、教学效果等的检查和督促,又叫作“汇报性说课”。它是一种大型的、综合的、全面的说课,凡涉及教学过程的内容都要说到,既要突出重点,又要力求全面。示范性说课一般是选择素质好的优秀教师,向听课教师示范性说课,再由听说课者谈听的感受、认识和收获,最后组织教师或教研人员对该教师的说课及课堂教学做出客观公正的评析。这种说课具有一定的指导和导向功能。

5. × 【解析】理论阐释在说课中占有突出的地位,是整个说课的灵魂所在。说课不仅要说出教什么、怎么教,而且要说出为什么要教这些、为什么要这样教。

6. √ 【解析】说课的检查功能即领导可以通过教师说课,检查其备课情况,指出存在的问题,促使其修改教学方案,进一步提高备课质量。

四、简答题(参考答案)

1. 说课的内容有哪些?

(1)说教学目标;(2)说教学内容;(3)说学生情况;(4)说教学方法;(5)说教学程序设计(说教学过程);(6)说练习的内容与方法。

2. 简述教学反思的作用。

(1)教学反思有利于提升教师的教学经验;(2)教学反思有利于提高教师的职业幸福感;(3)教学反思有利于教师形成自己的实践性知识体系。

图书反馈

亲爱的考生：

感谢您对山香教育的信任和支持，您的建议是我们前进的动力！为进一步提高图书质量，我们特向全国各地的考生开展有奖反馈活动。

1.凡提供山香图书的错题反馈者，均能获得价值99元的山香网课《高频考点》（基础版）大礼包1份。

2.凡提供反馈项目者，可获得价值299元的山香网课《高频考点》（豪华版）超级大礼包1份。

3.我们从意见被采纳人员中每月抽取幸运者2名，各奖励价值1380元的山香网校网课大礼包一份。

图书反馈链接

¥99
大礼包

¥299
超级大礼包

反馈项目

姓名：　　专业：　　报考地区：

手机号：　　QQ号：

1.您认为图书中可以增加哪些模块或内容，有助于您的学习？

2.您对本书的印刷、装订、封面有何意见和建议？

3.结合山香现有图书和考情需要，您还需要哪些形式的备考资料？

图书订正链接

联系方式：400-600-3363　　**研发部**QQ：1831595423

招教网：http：//www.zhaojiao.net　　**山香网校**：http：//www.sx1211.cn